समाजविज्ञान विश्वकोश

(Encyclopedia of Sociology and Allied Sciences)

डॉ. जे.पी. सिंह
प्रोफेसर, स्नातकोत्तर समाजशास्त्र विभाग
पटना विश्वविद्यालय, पटना

PHI Learning Private Limited
New Delhi-110001
2009

Rs. 650.00

समाजविज्ञान विश्वकोश (Encyclopedia of Sociology and Allied Sciences)
जे.पी. सिंह

ISBN-978-81-203-3699-5

The export rights of this book are vested solely with the publisher.

Published by Asoke K. Ghosh, PHI Learning Private Limited, M-97, Connaught Circus, New Delhi-110001 and Printed by Rekha Printers Private Limited, New Delhi-110020.

विषय-सूची

आमुख

समाजशास्त्र को समाजविज्ञान का एक केन्द्रीय विषय माना जाता है । इसे समाजविज्ञानों की जननी के रूप में परिभाषित किया जाता रहा है । इसी तथ्य को ध्यान में रखकर इस विश्वकोश की रचना की गई है । इस विश्वकोश में समाजशास्त्र से सम्बद्ध विभिन्न विषयों की प्रमुख अवधारणाओं को शामिल किया गया है । मानवशास्त्र, अर्थशास्त्र, राजनीतिशास्त्र, दर्शनशास्त्र, अपराधशास्त्र, जनांकिकी, लोक प्रशासन, इतिहास, भूगोल, प्राकृतिक विज्ञान, मनोविज्ञान एवं सांख्यिकी के अन्तर्गत ऐसी अनगिनत अवधारणाएँ हैं, जिनका समाजशास्त्रीय साहित्य में अक्सर प्रयोग होता रहता है ।

प्राकृतिक विज्ञानों की तरह, सामाजिक विज्ञानों की अवधारणाओं के अर्थ न तो अधिक विशिष्ट हैं, न ही अधिक निश्चित । समाजविज्ञानों को वैज्ञानिक होने में यही अड़चन पैदा करता रहा है । अत: यह आवश्यक है कि इनसे जुड़ी विभिन्न अवधारणाओं के अर्थों का मानकीकरण किया जाय । लेकिन, यह तभी सम्भव होगा, जब सभी समाजविज्ञानी किसी शब्द को समान अर्थ में प्रयोग करें । इसके साथ यह भी जरूरी है कि लोग यह जानें कि किसी शब्द का विभिन्न सन्दर्भों में किस प्रकार प्रयोग किया जाता है । यह विश्वकोश इस दिशा में एक प्रयास है । अत: यह विश्वकोश एक अध्येता कोश के रूप में प्रस्तुत किया जा रहा है । विषय-वस्तु की महत्ता के अनुसार ही इसमें किसी शब्दावली पर संक्षेप या विस्तार में लिखा गया है । पुस्तक के नाम के अलावा जिन अवधारणाओं का प्रयोग एक-से-अधिक बार हुआ है या जिनकी चर्चा इस पुस्तक में कहीं की जा चुकी है, उन्हें मोटे अक्षरों में चिह्नित किया गया है ।

भारत सरकार एवं वैयक्तिक स्तर पर कतिपय विद्वानों ने कुछ सामाजिक विज्ञानों के आंग्ल-हिन्दी शब्दकोशों को प्रकाशित किया है । लेकिन, उन शब्दकोशों में कई तरह की कमियाँ देखने को मिलीं, जैसे– बहुत सारे शब्दों का ऐसा अनुवाद किया गया है, जो सम्बन्धित विषय की अन्तर्वस्तु से पूरी तरह मेल नहीं खाता है । कई जगहों पर अँगरेज़ी में उपलब्ध विश्लेषणों का मात्र शब्दानुवाद है, जिसे समझने में काफी कठिनाई होती है । विषय की जानकारी के अभाव में कई जगहों पर गलत अनुवाद देखने को मिलता है, जैसे– **Crude birth rate** का **रुक्ष** या **अपरिपुष्ट प्रजनन-दर**, जबकि इस शब्द का सही अनुवाद मात्र **अपरिष्कृत जन्मदर** ही होगा । इतना ही नहीं, कई जगहों पर लोक प्रचलित शब्दों को छोड़कर संस्कृत के कठिन शब्दों का भी प्रयोग किया गया है, जिससे सामान्य पाठकों को समझने में काफी कठिनाइयाँ हो सकती हैं । समाजशास्त्र एवं अन्य विज्ञानों में सिर्फ नये-नये पारिभाषिक शब्द ही नहीं आते रहे हैं, बल्कि पुराने शब्दों के अर्थ भी समय के साथ बदलते रहे हैं । जिस अर्थ में एमिल डर्कहाइम ने **Anomie** शब्द का प्रयोग किया था, उस अर्थ में आर. के. मर्टन जैसे समाजशास्त्री ने उस शब्द का प्रयोग नहीं किया है। प्रारम्भ में बहुत सारे शब्दों का प्रयोग बहुत ही संकुचित अर्थ में किया गया था, लेकिन समय के साथ उनके अर्थ में काफी विस्तार हुआ है। उदाहरणार्थ, सामाजिक विज्ञानों में **'Bourgeoisie'** एक वैसा ही शब्द है । आजकल बूर्जुआ शब्द का प्रयोग अनेक अर्थों में हो रहा है । लोग इसे 'शासी वर्ग', 'मध्यवर्ग', 'पूँजीपति', 'अ-समाजवादी' और 'अ-मार्क्सवादी' अर्थों में प्रयुक्त करते हैं । इस प्रकार की और भी कई बातें हैं, जिन्हें ध्यान में रखकर इस विश्वकोश की रचना की गयी है ।

इस विश्वकोश में इस बात का भी ध्यान रखा गया है कि भारत एवं एशिया के अन्य देशों में जो समाजशास्त्रीय अवधारणाएँ प्रचलित हैं, उन्हें भी इसमें स्थान दिया गया है; क्योंकि वैसी अवधारणाओं की चर्चा सामान्य तौर पर पाश्चात्य देशों से प्रकाशित शब्दकोशों में देखने को नहीं मिलती है । जहाँ कहीं भी किसी विद्वान की किसी विशेष अवधारणा की चर्चा की गयी है, वहाँ उन विद्वानों के नाम के बाद उनके जन्म और मृत्यु का वर्ष दे दिया गया है, ताकि पाठक यह जान सकें कि उक्त विद्वान का जीवनकाल या कार्यकाल कब-से-कब तक का था । जीवित विद्वानों के साथ स्वाभाविक रूप से एक ही वर्ष (जन्म) का उल्लेख किया गया है । पुस्तक के नाम के साथ वर्ष का उल्लेख उसके प्रकाशन-वर्ष को सूचित करता है ।

चूँकि लोग अँगरेज़ी के शब्दों का उच्चारण अपनी मातृभाषा की तरह ही करने के आदी हो गये हैं, इसलिए पारिभाषिक शब्दावली के ठीक बाद कोष्ठक में मानक उच्चारण उधृत कर दिया गया है । इसके साथ ही विदेशी विचारकों के नामों का भी सही-सही उच्चारण देने का प्रयास किया गया है । ऐसा इसलिए जरूरी है कि विभिन्न हिन्दी की पुस्तकों में पाश्चात्य नामों को बहुत ही अटपटे ढंग से लिखा गया है । अनुवाद एवं उच्चारण की शुद्धता के लिए यहाँ पर मुख्य रूप से Daniel Jones का **Everyman's English Pronouncing Dictionary, Oxford English Reference Dictionary** (2002), **Oxford Talking Dictionary, Oxford English-English-Hindi Dictionary** (2008), हरदेव वाहरी के अँगरेज़ी-हिन्दी पारिभाषिक शब्दकोश तथा फ़ादर कामिल बुल्के के अँगरेज़ी-हिन्दी कोश को आधार माना गया है । उच्चारण की शुद्धता के लिए कतिपय ध्वन्यात्मक चिह्नों (Phonetic symbol) का प्रयोग किया गया है । कुछ स्थितियों में हिन्दी-भाषियों की उच्चारण-व्यवस्था को ध्यान में रखकर कहीं-कहीं कुछ परिवर्तन भी किये गये हैं । उच्चारण में बलाघात (Accent) का भी संकेत दिया गया है । उस अक्षर के पूर्व, जिस पर बलाघात पड़ता है, बलाघात चिह्न लगाया गया है । कोई शब्द कहाँ पर टूटता है, यह भी निर्देशित किया गया है, जैसे– **Accommodation** (अ कॉम 'डेशन्)। इसमें उच्चारण सम्बन्धी कुछ कमियाँ शेष रह गयी होंगी, क्योंकि अँगरेज़ी शब्दों के उच्चारण को हिन्दी में हू-ब-हू लिखना काफी कठिन है । लेकिन, कोशिश अवश्य रही है कि हिन्दी में उच्चारण अधिक-से-अधिक शुद्ध हो । चूँकि यहाँ उच्चारण का मुख्य आधार **Oxford English Reference Dictionary** है, इसलिए इसकी शुद्धता की जाँच किसी अँगरेज़ी-हिन्दी शब्दकोश को आधार मानकर नहीं की जानी चाहिए । देशज़ शब्दों का उच्चारण देने की आवश्यकता नहीं समझी गयी है । यह भी उल्लेखनीय है कि इसमें अँगरेज़ी भाषा की तरह ही यहाँ मूल शब्दों को अल्पविराम (,) के माध्यम से अलग कर वर्णक्रम में रखा गया है, जैसे- **Family, elementary; Family, extended** इत्यादि ।

अनुवाद में इस बात का ध्यान रखा गया है कि हिन्दी में यदि अरबी, फ़ारसी या अँगरेज़ी के शब्द प्रचलित हो गये हैं, तो उन्हें उसी रूप में हिन्दी में स्वीकार कर लिया जाय । ऐसा इसलिए किया गया है कि सभी पाठक समान रूप से संस्कृत का ज्ञान नहीं रखते हैं । इस विश्वकोश को अन्य शब्दकोशों की तरह संस्कृतनिष्ठ न बनाकर हिन्दुस्तानी बनाने का प्रयास किया गया है, ताकि हिन्दी की सामान्य जानकारी रखनेवाले पाठक भी समाजविज्ञान की अवधारणाओं को आसानी से समझ सकें । हिन्दी भाषा के प्रचार एवं प्रसार की दृष्टि से यह कदम ज्यादा उपयोगी सिद्ध होगा, ऐसा मुझे लगता है । लेकिन, ऐसा नहीं है कि संस्कृत शब्दों का जरूरी प्रयोग नहीं किया गया है ।

समाजशास्त्र पर अँगरेज़ी भाषा में उपलब्ध विभिन्न शब्दकोशों को आधार मानकर इसकी रचना की गयी है । अत: यह किसी भी अँगरेज़ी में उपलब्ध शब्दकोश से ज्यादा वृहत्तर है । इसमें किसी शब्द का शब्दानुवाद नहीं है, बल्कि सरल हिन्दी में विभिन्न शब्दावली का सटीक भावार्थ तथा नवीन उदाहरणों के साथ अर्थ स्पष्ट करने की चेष्टा की गयी है । यह कोश मुख्य रूप से समाजविज्ञान की सही-सही जानकारी हासिल करनेवालों की समस्याओं को दूर करने के उद्देश्य से तैयार किया गया है । मुझे आशा है कि शिक्षकों, लेखकों एवं विद्यार्थियों के लिए यह समान रूप से उपादेय होगा । उम्मीद की जाती है कि समाजविज्ञान की पारिभाषिक शब्दावली के लिए यह एक विश्वसनीय कोश प्रमाणित होगा ।

मैं उन तमाम मित्रों, शुभचिन्तकों, सहकर्मियों एवं विज्ञ समीक्षकों का कृतज्ञ हूँ जिनकी प्रशंसा के साथ-साथ रचनात्मक सुझावों की मदद से यह पुस्तक वर्तमान स्वरूप को प्राप्त कर सकी है । मैं प्रोफेसर सिद्धेश्वर प्रसाद (पूर्व राज्यपाल, त्रिपुरा), अँगरेज़ी के पूर्व प्राध्यापक डा. रवीन्द्र राजहंस तथा प्रोफेसर अमर कुमार सिंह (अध्यक्ष, हिन्दी विभाग), पटना विश्वविद्यालय के प्रति भी काफी आभारी हूँ जिन्होंने अपने सुझावों से पुस्तक की गुणवत्ता में सुधार लाने का प्रयास किया है । मैं अपने शोध-छात्र सुभाष चन्द्र प्रभात एवं मनीष सिंह, पटना विश्वविद्यालय तथा वाचस्पतिजी के प्रति विशेष रूप से आभार व्यक्त करना चाहूँगा, जिन्होंने पांडुलिपि तैयार करने तथा प्रूफ-शोधन में महत्त्वपूर्ण योगदान दिया । उनके सहयोग के अभाव में इस स्तर की पुस्तक की रचना मेरे लिए अकेले शायद सम्भव नहीं हो पाती । अन्त में, मैं श्री आनन्दवर्द्धन ओझा के प्रति आभारी हूँ जिन्होंने भाषा सम्बन्धी त्रुटियों को काफी कम करने का प्रयास किया है ।

जे.पी. सिंह

Aa

abandoned child (अ'बैन्डन्ड् चाइल्ड्) **परित्यक्त बालक :** ऐसा बालक, जिसे उसके माता-पिता अथवा किसी अन्य संरक्षक ने अपने संरक्षण से अलग कर दिया हो। अपाहिज या असामान्य बालक एवं अवैध सन्तान के साथ इस प्रकार की घटनाएँ अक्सर सुनने व देखने को मिल जाती हैं।

abandoner (अ'बैन्डनर्) **परित्यागी :** ऐसा व्यक्ति, जिसने अपने अधिकार, रुचि अथवा स्वार्थ की चीज़ों का हमेशा के लिए त्याग कर दिया हो। भारतीय समाज में इस प्रकार की समस्याएँ साधु-सन्तों के साथ विशेष रूप से देखने को मिलती हैं।

abandonment (अ'बैन्डन्मन्ट्) **परित्याग :** किसी को छोड़ने अथवा त्यागने की क्रिया, जैसे– पति या पत्नी का एक-दूसरे को स्थायी रूप से सम्बन्ध-विच्छेद के इरादे से छोड़ना; माता-पिता के द्वारा बच्चे को त्याग देना; रोगी, वृद्ध, शिशु या अन्य बेसहारा लोगों का, जो स्वयं अपनी देख-भाल करने में असमर्थ हों, त्याग करना आदि।

abbreviative definition (ॲब्रीविए'टीव् डेफ़ि'निश्न्) **संक्षेपात्मक परिभाषा :** गणितीय विषयों में वह परिभाषा, जो यह बताती है कि अमुक प्रतीक अमुक सूत्र का संक्षिप्त रूप है और उसके स्थान पर प्रयुक्त होगा। बीजगणित (Algebra) एवं रसायनशास्त्र के मूल में संक्षेपात्मक परिभाषा ही है। जैसे-जैसे विज्ञान का विकास होगा, संक्षेपात्मक परिभाषाओं का महत्त्व वैसे-वैसे अधिक होने की सम्भावना है : देखें– **Definition** ।

abduction (ऐब्'डक्श्न्) **अपहरण :** किसी स्त्री या पुरुष को बलात्कार के या अन्य उद्देश्यों से बलपूर्वक या फुसलाकर भगा ले जाना अथवा कहीं रोककर उसे अपने अधीन रखना। इस प्रकार की सामाजिक समस्याएँ परम्परागत तथा आधुनिक समाजों में समान रूप से देखने को मिलती हैं : देखें– **Kidnapping** ।

aberrant behaviour (ऐ'बरन्ट् बि'हेव्यर्) **पथभ्रष्ट** या **विपथगामी व्यवहार :** पथभ्रष्ट व्यवहार एक ऐसा व्यवहार है, जिससे किसी कानून अथवा किसी मानदण्ड **(Norm)** का उल्लंघन व्यक्तिगत लाभ हेतु होता है। विपथगामी व्यवहार और असंगत व्यवहार **(Non-conforming behaviour)** में अन्तर है। सामान्यत: असंगत व्यवहार से तात्पर्य ऐसे व्यवहार से है, जिससे सामाजिक मानदण्ड का सार्वजनिक उल्लंघन होता है और जो अक्सर सामाजिक परिवर्तन लाने के उद्देश्य से प्रेरित होते हैं। इसके विपरीत पथभ्रष्ट व्यक्ति न तो मूल्यों की न्यायिकता को महत्त्व देता है और न ही पुराने मूल्यों को नये मूल्यों से बदलने पर बल देता है : देखें– **Behaviour, deviant** ।

aberrant deviance (ऐ'बरन्ट्'डीविअन्स्) **विपथगामी विसामान्यता :** इस शब्द का सर्वप्रथम प्रयोग रॉबर्ट के. मर्टन (Robert K. Merton, 1910-2003) ने अपने विपथगामी विसामान्यता के सिद्धान्त के प्रतिपादन के सन्दर्भ में किया था। यह एक ऐसा कार्य है, जिसे कोई भी व्यक्ति अपने स्वार्थों की पूर्ति हेतु समाज या राज्य के नियम-कानूनों का उल्लंघन करता है। यह दो शक्लों में प्रकट हो सकता है– एक तो वह, जिसके अन्तर्गत व्यक्ति समाज द्वारा मान्यता-प्राप्त जीवन के उद्देश्यों को गलत रास्ते से अपनाता है, जैसे– चोरी-डकैती के माध्यम से धनवान बनने की कोशिश। यह नवाचार विसामान्यता **(Innovative deviance)** के नाम से जाना जाता है और दूसरा वह जिसके अन्तर्गत व्यक्ति समाज द्वारा स्थापित उच्चस्तरीय नियम-कानूनों एवं नैतिक मूल्यों का उल्लंघन करता है, जिसे मर्टन ने पश्चगमनवाद या अपावर्त्तन

(**Retreatism**) कहा है, जैसे– साधु या फ़कीर बन जाना (देखें– Robert K. Merton, **Social Theory and Social Structure**, 1968) ।

aberrant individual (ऐ'बरन्ट् इन्डि'विज़ुअल्) **विपथगामी व्यक्ति** : ऐसा व्यक्ति, जिसका व्यवहार उसके समूह अथवा समाज के स्वीकृत व्यवहार के प्रतिकूल हो । भारतीय समाज में साधु या फकीर और पाश्चात्य देशों में 1960-70 के दशक के हिप्पी (**Hippy**) विपथगामी व्यक्ति की श्रेणी में शुमार किये जाते थे : देखें– **Deviant** ।

abetter (अ'बेट्र्) **दुष्प्रेरक**, **अपराध-सहकारी** : ऐसा व्यक्ति, जो किसी को अनुचित कार्य या अपराध करने के लिए उकसाता हो । कमजोर व चालाक व्यक्ति किसी आपराधिक के षड्यन्त्र में अपनी सहभागिता दुष्प्रेरक के रूप में ही निभाने की कोशिश करते हैं ।

ability (अ'बलिटि) **क्षमता, सामर्थ्य** : किसी प्रशिक्षण के पूर्व या उपरान्त व्यक्ति में किसी मानसिक या शारीरिक कार्य करने की क्षमता । मनोवैज्ञानिक सामर्थ्य एवं अभिरुचि (**Aptitude**) में अन्तर मानते हैं; क्योंकि सामर्थ्य व्यक्ति की नैसर्गिक क्षमता का नाम है । दूसरी तरफ समाजशास्त्री सामर्थ्य एवं निपुणता (**Skill**) के बीच अन्तर बतलाते हैं । उनके अनुसार, निपुणता ऐसी सामर्थ्य की द्योतक है, जो प्रशिक्षण के द्वारा प्राप्त होती है ।

ability test (अ'बलिटि टेस्ट्) **योग्यतापरीक्षण** : किसी व्यक्ति की सहज प्रतिभा अथवा किसी विशेष कार्य से सम्बन्धित अर्जित की गई क्षमता या कुशलता का परीक्षण ।

abnegation (ऐब्नि'गेश्न्) **आत्मनिषेध** : किसी उच्चतर लक्ष्य की प्राप्ति के लिए अपनी इच्छाओं या लौकिक स्वार्थ का त्याग । भारतीय समाज में मोक्ष प्राप्ति के लिए आत्मनिषेध पर काफी बल दिया गया है; क्योंकि लौकिक स्वार्थ आध्यात्मिक लक्ष्य की प्राप्ति में अड़चन पैदा करता है । घर-बार छोड़कर संन्यास ले लेना एक प्रकार का आत्मनिषेध है ।

abnormal (ऐब्'नॉमल्) **असामान्य** : साधारणतया इस शब्द का तात्पर्य है– सामान्य से भिन्न अथवा पृथक् । इस प्रकार का मानसिक पक्ष अथवा व्यवहार की विशृंखलता असामान्य मनोविज्ञान एवं समाजशास्त्र की विषय-वस्तु है । सामान्य का अर्थ है– समूह की औसत या मूल भावना । यह वस्तुगत एवं संख्यात्मक विचारधारा है । असामान्यता का अनुमान व्यक्ति के व्यवहार को देखकर ही किया जाता है । जो व्यक्ति अपनी नैतिक-सामाजिक वास्तविकता के साथ अपना सन्तुलन स्थापित नहीं कर पाता, उसका व्यवहार असामान्य माना जाता है : देखें– **Madness** ।

abolitionism (ऐब्'लिशनिज़म्) **दासता उन्मूलन आन्दोलन**, **उन्मूलनवाद** : इस शब्द का प्रचलन अमरीकी इतिहास में दासों के साथ अमानवीय व्यवहार के विरोध में किये गए आन्दोलन के साथ हुआ । अठारहवीं सदी में दासप्रथा को समाप्त करने के लिए अमरीका में एक सशक्त आन्दोलन हुआ, जिसमें विलियम विल्बर्फॉर्स् (William Wilberforce, 1759-1833) की अग्रणी भूमिका रही । संयुक्त राज्य अमरीका में सन् 1832 से सन् 1862 ई. के बीच दासप्रथा के विरुद्ध आन्दोलन किया गया । इस आन्दोलन के अन्तर्गत स्वामियों के चंगुल से भागे हुए दासों की सहायता, दासता उन्मूलन के लिए निजी संस्थानों द्वारा शक्ति का प्रयोग तथा राज्य सरकार द्वारा मुक्त दासों की क्षतिपूर्ति के लिए विधेयक पास करना आदि शामिल था । बाद में इस शब्द का प्रयोग कारागारों एवं कैदियों के सन्दर्भ में भी होने लगा । कतिपय समाजविज्ञानियों की ऐसी मान्यता है कि कारागार की व्यवस्था का कोई औचित्य नहीं है; क्योंकि यह अपने उद्देश्यों में असफल रहा है, अत: इसे समाप्त कर दिया जाना चाहिए । यह मानवीय अधिकारों का उल्लंघन है ।

aboriginal (ऐब्'रिजन्ल्) **आदिवासी** : किसी भी क्षेत्र के मूल निवासियों से सम्बन्धित । किसी प्रदेश के वैसे लोग, जो वहाँ आदिकाल से निवास कर रहे हैं, उन्हें उस प्रदेश का आदिवासी कहा जाता है । ऑस्ट्रेलिया के मूल निवासियों के लिए यह शब्द काफी प्रयोग में आता है : देखें– **Tribe; Scheduled tribes** ।

abortion (अ'बॉर्श्न्) **गर्भपात** (**गर्भस्राव**) : गर्भ के असमय (प्रथम 12 सप्ताह के भीतर) नष्ट होने की क्रिया को

गर्भपात कहते हैं। यह कई बार स्वत: या नैसर्गिक रूप से होता है और कई बार इसे किसी इरादे से किया जाता है। गर्भ-नाल के विकास में त्रुटि अनेक स्रावों का कारण होती है। ऐसे रोगियों में गर्भस्राव का कोई विशेष कारण निश्चित नहीं किया जा सकता। रोगों, हारमोन की कमी, पोषण की अति न्यूनता अथवा माता की रचनात्मक त्रुटियाँ गर्भवृद्धि के अवरोध का विशेष कारण होती हैं और उससे गर्भस्राव हो सकता है।

प्राकृतिक कारणों के अतिरिक्त कभी-कभी सामाजिक कारणों से भी गर्भपात कराया जाता है, जैसे– कुमारी या विधवा के गर्भ ठहर जाने की स्थिति में। इस स्थिति में गर्भस्राव कराया जाना अधिकांश देशों में किसी-न-किसी रूप में अवैधानिक और दण्डनीय माना जाता है। इस कारण, प्रत्येक देश में बहुत बड़े पैमाने पर गैरकानूनी गर्भपात करवाने का व्यापार चलता है। परिवार नियोजन की एक विधि के रूप में भारत में एक अधिनियम (Medical Termination of Pregnancy Act, 1971) के द्वारा विशेष परिस्थितियों में इसे कानूनी मान्यता दी गई है। तीसरे और सातवें महीने के बीच भ्रूण के निष्कासन को गर्भस्राव कहा जाता है।

abortion rate (अ'बॉश्न् रेट्) **गर्भपात-दर :** किसी दिए गए वर्ष में 15 से 44 साल की प्रति हजार महिलाओं में गर्भपात की अनुमानित संख्या।

abortion ratio (अ'बॉश्न् 'रेशिओ) **गर्भपात अनुपात :** किसी दिए गए वर्ष में प्रति हजार जीवित जन्म में गर्भपात की अनुमानित संख्या।

abreaction (ऐब्रि'ऐक्श्न्) **भावविरेचन :** यह धारणा मनोविश्लेषण में सिगमण्ड फ्रॉयड (Sigmund Freud, 1856-1939) द्वारा प्रतिपादित की गयी है। इसका अर्थ है– दमित भावों को व्यक्त क्रियाओं अथवा अतिवर्द्धक संवेगात्मक प्रदर्शन द्वारा बाहर निकालना, जैसे– विरोध-भाव की अभिव्यक्ति तेवर बदलकर, गाली-गलौज कर, अपशब्द बोलकर की जा सकती है। यह भावविरेचन चिकित्सा **(Abreaction therapy)** के नाम से भी जाना जाता है।

abridged life-table (अ'ब्रिजड् लाइफ़् 'टेब्ल्) **संक्षिप्त जीवन-तालिका, संक्षिप्त जीवन-सारणी :** पूर्ण जीवन-तालिका न केवल लम्बी ही होती है, बल्कि इसमें अनावश्यक विस्तृत सूचनाओं को सम्मिलित कर लिया जाता है। ये विस्तृत सूचनाएँ किसी विशेष सन्दर्भ में ही उपयोगी हो सकती हैं। पूर्ण जीवन-तालिकाओं के निर्माण में त्रुटियाँ होने की सम्भावना ज्यादा होती है। पूर्ण जीवन-तालिकाओं से जन-अनावश्यक विस्तार हटाकर मात्र जीवन के प्रमुख वर्षों का जीवन-इतिहास इसमें लिखा जाता है, इसलिए यह संक्षिप्त जीवन-तालिका कहलाती है : देखें– **Life-table**।

abrogation of marriage (ऐब्रो 'गेश्न् ऑव़् 'मैरिज्) **विवाह निराकरण :** कानूनों के द्वारा विवाह-सम्बन्ध को रद्द करना। इसे कानूनी तलाक भी कहा जा सकता है : देखें– **Divorce**।

absciss (अब्'सिस) **भुज :** किसी बिन्दु से लम्बवत रेखा या Y Axis तक की दूरी जो कि क्षैतिज रेखा या X Axis के बराबर होती है।

absconder (अब् 'स्कॉन्ड्र्) **भगोड़ा, फ़रार :** वह व्यक्ति, जो धोखे से अदालत अथवा कानून की गिरफ्त से भाग निकला हो।

absentee capitalist (ऐब्सन्'टी 'कैपिट्लिस्ट्) **दूरवासी पूँजीपति :** वैसे पूँजीपति, जो अन्यत्र स्थानों में रहकर उद्योगों में पूँजी लगाते हों। वे स्वयं उनकी देख-रेख अथवा प्रबन्धन नहीं करते हैं। वे अप्रत्यक्ष रूप से अपनी पूँजी पर नियन्त्रण और निगरानी रखते हैं : देखें– **Capitalist**।

absentee ownership (ऐब्सन्'टी 'ओनर्शिप्) **दूरस्थ स्वामित्व :** दूरवासी स्वामित्व से तात्पर्य वैसे उद्योगपतियों, व्यवसायियों या भू-स्वामियों से है, जो स्वयं नियमित रूप से कार्य-स्थलों से दूर रहकर अपने व्यवसाय अथवा भूमि की देख-रेख करते हैं। उनकी अनुपस्थिति में उनके प्रतिनिधि उद्योगों और भूमि का प्रबन्ध करते हैं।

absentee voting (ऐब्सन्'टी 'व़ोटिंग्) **दूरस्थ मतदान, अनुपस्थित मतदान :** सामान्यत: प्रत्येक मतदाता को मतदान केन्द्र में मतदान करना पड़ता है, किन्तु इसके कुछ अपवाद भी हैं। कुछ व्यक्तियों को अनुपस्थित मतदान करने का अधिकार प्राप्त होता है। बहुत देशों में कुछ लोगों को डाक से मत देने का अधिकार है। भारत में ऐसे व्यक्ति पाँच श्रेणियों में रखे जाते हैं। पहली श्रेणी में सैनिक और उनकी पत्नियाँ तथा विदेश स्थित भारतीय दूतावासों के कर्मचारी और उनकी पत्नियाँ हैं। दूसरी श्रेणी में राष्ट्रपति, राज्यों के राज्यपाल, लोकसभा के अध्यक्ष और उपाध्यक्ष, राज्यसभा के सभापति तथा केन्द्रीय और राज्य सरकारों के मंत्री हैं। इन लोगों की पत्नियाँ तीसरी श्रेणी में आती हैं। चौथी श्रेणी में वे लोग हैं, जो चुनाव सम्बन्धी कार्यों में लगाए गये हैं। पाँचवीं श्रेणी के अन्तर्गत नजरबन्दी कानून में कैद व्यक्ति आते हैं।

absenteeism (ऐब्सन्'टीइज़्म्) **अनुपस्थिति :** एक कर्मचारी अथवा सम्पूर्ण कर्मचारी वर्ग की किसी कालावधि में अपने कार्य से अनुपस्थित रहने की स्थिति।

absolute ('ऐब्सलूट्) **निरपेक्ष :** (1) सामान्यत: इस पद का अर्थ है– वह जिसका अन्य वस्तुओं से किसी प्रकार का सम्बन्ध न हो या जो अन्य बाह्य आरोपण तथा वस्तुओं से किसी प्रकार से सम्बन्धित न हो। (2) मुख्यत: अध्यात्मवादी विचारधारा में, सर्वोच्च सत्ता जो सर्वग्राही, स्वयंभू, निरपेक्ष, निरूपाधिक नित्य, स्वतन्त्र और पूर्ण है (इस अर्थ को प्रकट करने के लिए यह शब्द (Absolute) प्राय: बड़े A से लिखा जाता है)।

absolute deprivation ('ऐब्सलूट् डेप्रि'व़ेशन्) **चरमवंचन :** देखें– **Deprivation** ।

absolute divorce ('ऐब्सलूट् डि'व़ॉस्) **पूर्ण तलाक :** कानूनी तौर पर विवाह का पूरी तरह भंग हो जाना पूर्ण तलाक है। ऐसी स्थिति में स्त्री-पुरुष दोनों को पुनर्विवाह का अधिकार प्राप्त हो जाता है : देखें– **Divorce** ।

absolute existence ('ऐब्सलूट् इग्'ज़िस्टन्स्) **निरपेक्ष अस्तित्व :** वह तत्त्व, जो किसी पर निर्भर नहीं होता और न अपने अस्तित्व के लिए किसी की अपेक्षा ही करता है। परमात्मा, ब्रह्माण्ड, आकाश आदि तत्त्वों को एक निरपेक्ष अस्तित्व के रूप में परिभाषित करने की कोशिश की जाती है। चूँकि, समाजविज्ञानों में वस्तुपरकता या विचारों में वैज्ञानिकता की बात की जाती है इसलिए निरपेक्ष अस्तित्व जैसी अवधारणा का यहाँ बहुत महत्त्व नहीं रह जाता है।

absolute family wage ('ऐब्सलूट् 'फ़ैमलि 'वेज्) **निरपेक्ष परिवार-मज़दूरी :** किसी परिवार के सदस्यों द्वारा उपार्जित आय के आँकडे, जिसमें अन्य किसी प्रकार के फायदे या सुविधाएँ सम्मिलित न हों।

absolute good ('ऐब्सलूट् गूड्) **परम शुभ :** नैतिक जीवन का वह लक्ष्य, जो अपने में शुभातिशुभ हो, जिससे अधिक श्रेष्ठ किसी वस्तु की कल्पना न की जा सकती हो। मोक्ष या दैवी गुणों की प्राप्ति निरपेक्ष शुभ माने जाते हैं।

absolute idea ('ऐब्सलूट् आइ'डिआ) **परम प्रत्यय :** वह प्रत्यय, जिसका सत्य किसी अन्य प्रत्यय की सत्यता पर निर्भर नहीं करता है। यही ज्ञान का अन्तिम लक्ष्य और मूलगत आधार भी है। अधिकतर दार्शनिक मानते हैं कि 'परमसत्ता' ही एकमात्र 'निरपेक्ष' प्रत्यय हो सकता है।

absolute idealism ('ऐब्सलूट् आइ'डीअलिज़्म्) **निरपेक्ष आदर्शवाद :** वह दार्शनिक सिद्धान्त, जिसके अनुसार निरपेक्ष प्रत्यय ही एकमात्र तत्त्व है और सम्पूर्ण विश्व इसी तत्त्व का परिणाम है। इस सिद्धान्त का विशुद्ध रूप जी. डब्ल्यू. हीगल (G. W. F. Hegel, 1770-1831) के दर्शन में देखने को मिलता है।

absolute pluralism ('ऐब्सलूट्'प्लुअर् लिज़्म्) **निरपेक्ष बहुतत्त्ववाद :** अनुभववादियों और वस्तुवादियों (यथार्थवादियों) का यह सिद्धान्त कि संसार में अनेक वस्तुओं का अस्तित्व है और इस अनेकता का प्रत्येक तत्त्व विशिष्ट और स्वतन्त्र है।

absolute poverty ('ऐब्सलूट्'पॉवर्टि) **चरम निर्धनता :** चरम निर्धनता का अर्थ उस व्यक्ति या परिवार की आर्थिक अक्षमता से है, जो अपने जीवन की बुनियादी आवश्यकताओं को जुटा पाने में सक्षम नहीं है, जैसे– घोर निर्धन व्यक्ति, भिखारी आदि।

absolute proof (ˈऐब्सलूट् प्रूफ) **पूर्ण प्रमाण :** ऐसा प्रमाण, जो पूर्णतः निर्णायक अर्थात् सन्देह को पूरी तरह से समाप्त कर देने वाला हो । पृथ्वी पर पेड़-पौधों के अस्तित्व के लिए सूर्य का होना नितान्त आवश्यक है । यह एक पूर्ण प्रमाण का विषय है ।

absolute realism (ˈऐब्सलूट् ˈरिअलिज़म्) **निरपेक्ष यथार्थवाद :** वह मत कि ज्ञान का विषय चाहे यथार्थ हो या अ-यथार्थ, सदैव ज्ञाता से स्वतन्त्र अर्थात् वास्तविक होता है ।

absolute reality (ˈऐब्सलूट् रिˈऐलिटि) **निरपेक्ष परमतत्त्व :** वह चरमसत्ता, जो एक और एक ही है, किन्तु विविधताओं में स्वयं को अभिव्यक्त करती है । परमात्मा को निरपेक्ष परमतत्त्व माना गया है ।

absolute space (ˈऐब्सलूट् स्पेस्) **निरपेक्ष दिक् :** दिक् का वह स्वरूप, जो स्थान घेरनेवाली और स्थिति रखने वाली वस्तुओं से स्वतन्त्र हो ।

absolute spirit (ˈऐब्सलूट्ˈस्पिरिट्) **परमचित् :** जी. डब्ल्यू. हीगल (G. W. F. Hegel, 1770-1831) के दर्शन में परमसत्ता के लिए प्रयुक्त पद ।

absolute term (ˈऐब्सलूट् टर्म्) **निरपेक्ष पद :** तर्कशास्त्र में वह पद, जो स्वतः बोधगम्य हो तथा जिसके अर्थ के स्पष्टीकरण के लिए किसी अन्य पद की अपेक्षा न हो, जैसे– सूर्य, पृथ्वी, जल, आकाश आदि ।

absolute value (ˈऐब्सलूट् ˈवैल्यू) **निरपेक्ष मूल्य :** इस शब्द का प्रयोग दो अर्थों में किया जाता है– (1) वह मूल्य, जो देश-काल आदि से परे और शाश्वत हो । (2) गणित में बीजीय चिह्नों के बिना किसी पद या संख्या का मान उसका निरपेक्ष मान कहलाता है । इसका दूसरा नाम मापांक है, जैसे– n का निरपेक्ष मान अथवा मापांक n होगा तथा + P का निरपेक्ष मान अथवा मापांक P होगा । इस प्रकार +5 का और –5 दोनों का निरपेक्ष मान 5 होगा । निरपेक्ष मान अथवा मापांक का प्रयोग उच्चतर कोटि-सम्बन्धों (Higher order relations) और साध्यों के लिए किया जाता है । इसका चिह्न दो समांतर खड़ी रेखाएँ (।।) हैं ।

absolutism (ˈऐब्सलू टिज़्म्) **निरपेक्षवाद :** (1) वह सिद्धान्त, जो ब्रह्म को परमतत्त्व तथा ज्ञान का अन्तिम विषय मानता है । (2) ज्ञानमीमांसा में, यह सिद्धान्त कि सापेक्ष ज्ञान के अतिरिक्त निरपेक्ष ज्ञान भी संभव है । (3) मूल्यमीमांसा में, वह मत जो नैतिक तथा नैतिकेत्तर मानकों को शाश्वत, अतिमानवीय तथा निरपेक्ष मानता है ।

absolutist state (ˈऐब्सलू टिस्ट् स्टेट्) **निरंकुश राज्य :** इस शब्द का प्रयोग आमतौर पर 17वीं और 18वीं सदी के यूरोप के निरंकुश राजतन्त्र के लिए किया जाता था । उनलोगों का मानना था कि उन्हें शासन करने का दैविक हक प्राप्त है । इस व्यवस्था के अन्तर्गत राजा के लिए कोई कानून नहीं होता था । वे जो कहते थे वही कानून था । आज इस शब्द का प्रयोग वैसी शासन प्रणाली के लिए भी किया जाता है, जिसमें शासन-सत्ता के ऊपर जनता का कोई नियन्त्रण नहीं होता है और सरकार शक्तियों का प्रयोग अपने ढंग से करती है । इस शासन प्रणाली में शासितों को प्रतिनिधित्व प्राप्त करने अथवा मतदान करने का अधिकार नहीं होता और न उन्हें प्रशासन में किसी तरह का हिस्सा लेने का अधिकार होता है : देखें– **Dictatorship** ।

absorption (of culture) (अब्ˈसॉर्प्शन् (ऑव् ˈकल्चर्) **आत्मसात्करण :** परसंस्कृति ग्रहण की प्रक्रिया में उन्नत एवं बहुसंख्यक संस्कृतियों द्वारा अन्य अल्पसंख्यक संस्कृति के तत्त्वों अथवा व्यक्तियों को अपने में पूर्ण रूप से आत्मसात् कर लेना । भारत में पश्चिमीकरण की प्रक्रिया आत्मसात्करण का एक उदाहरण है ।

abstinence (ˈऐब्स्टिनन्स्) **परिवर्जन, संयम :** सामाजिक निषेध या नैतिक प्रतिबन्धों के कारण किसी इच्छा का स्वयं त्याग करना । किन्हीं विशेष अवसरों या अनुष्ठानों पर यौन, मांस, मदिरा आदि से दूर रहना संयम कहलाता है । यह संयम धार्मिक, व्यक्तिगत अथवा स्वास्थ्य के कारणों से किया जाता है । कभी-कभी ऐसा परिवर्जन परिवार नियोजन की दृष्टि से भी किया जाता है ।

abstract ('ऐब्स्ट्रैक्ट्) **अमूर्त :** वह अवधारणा जो देश-काल से परे हो, जैसे– आत्मा, परमात्मा, धर्म, सत्य आदि । चीनी मीठी होती है, सन्तान की उपलब्धि से माता-पिता खुश होते हैं, ये सभी अमूर्त अनुभव हैं ।

abstract duty ('ऐब्स्ट्रैक्ट् 'ड्यूटी) **निर्विशेष कर्त्तव्य :** वह कर्म जो विशेष देश, काल और परिस्थिति का विचार किये बिना ही सामान्य रूप से कर्त्तव्य समझा जाता है । लाचार, बेसहारा या किसी विपत्ति में फंसे व्यक्ति की मदद करना निर्विशेष कर्त्तव्य है ।

abstract idea ('ऐब्स्ट्रैक्ट् आइ 'डिआ) **अमूर्त प्रत्यय :** वे विचार अथवा अवधारणाएँ, जिनकी मात्र मानसिक सत्ता होती है, वास्तविक सत्ता नहीं । आत्मा और परमात्मा अमूर्त प्रत्यय माने जाते हैं ।

abstract science ('ऐब्स्ट्रैक्ट् 'साइन्स्) **अमूर्त विज्ञान :** सैद्धान्तिक विज्ञान अर्थात् ज्ञान और विज्ञान के ऐसे विषय, जिनकी विवेचना केवल सिद्धान्त रूप में की जाये और उनके व्यावहारिक पक्ष को अछूता ही छोड़ दिया जाये ।

abstract social class ('ऐब्स्ट्रैक्ट् 'सोश्ल् क्लास्) **अमूर्त सामाजिक वर्ग :** देखें– **Class, abstract social** ।

abstracted empiricism (अब् 'स्ट्रैक्टिड् इम् 'पिरि सिज़म्) **कल्पित अनुभववाद :** इस शब्द का प्रयोग सर्वप्रथम सी. राईट मिल्स (C. Wright Mills, **The Sociological Imagination**, 1959) ने समाजशास्त्र के अन्तर्गत ऐसे अनुसन्धान कार्यों के लिए किया था, जो मुख्यरूप से परिमाणात्मक अनुसन्धान प्रविधियों **(Quantitative research techniques)** के उपयोग से समाजशास्त्र को आनुभविक विज्ञानों के बराबर खड़ा करने का प्रयास है । मिल्स समाजशास्त्र में सांख्यिकी के प्रयोग के विरोधी नहीं हैं, पर उन्होंने समाजशास्त्रीय विश्लेषण में गुणात्मक पद्धतियों की महत्ता पर विशेष रूप से जोर दिया है । मिल्स का मानना है कि परिमाणात्मक प्रविधियों का प्रयोग कर समाजशास्त्र को प्राकृतिक विज्ञानों की तरह एक विज्ञान नहीं बनाया जा सकता है (देखें– R. Bannister, **Sociology and Scientism: The American Quest for Objectivity, 1880-1949**, 1987) ।

abstraction (अब् 'स्ट्रैक्शन्) **अमूर्तीकरण :** अमूर्तीकरण की प्रक्रिया के माध्यम से चीज़ों को बहुत ही सरल बना कर समझा जाता है । (1) यह एक ऐसी वैचारिक प्रक्रिया है, जिसके द्वारा किसी सत्ता के किसी गुण या पक्ष को पृथक् किया जाता है । यह शब्द वस्तु से अलग उसके गुण की अभिव्यक्ति करता है और उसके मूर्तरूप को बताने की बजाय उसके आन्तरिक रूप की ओर संकेत करता है । इस सन्दर्भ में इस शब्द का उपयोग मानव-व्यवहार के वर्णात्मक विवरण की जगह सैद्धान्तिक विचारों को अभिव्यक्त करने के लिए किया जाता है । (2) दर्शनशास्त्र में सामान्य के बोध के लिए आवश्यक मानसिक क्रिया ।

academic freedom (ऐक 'डेमिक् 'फ़्रीडम्) **शैक्षणिक स्वतन्त्रता :** शिक्षा या ज्ञान को बढ़ाने के उद्देश्य से उसे किसी बाह्य दबाव के नियन्त्रण से मुक्त रखना । महाविद्यालय या विश्वविद्यालय को सरकारी, किसी स्वार्थसमूह या समाज के नियन्त्रण से मुक्त रखना ताकि शिक्षा के स्तर को ऊँचा रखा जा सके ।

acceleration incentive (अक् सेल 'रेशन् इन् 'सेन्टिव्) **त्वरण प्रोत्साहन :** किसी निर्णायक या कार्यकर्ता को उसके योगदान के अनुसार दी जाने वाली आर्थिक राशि । जब यह राशि उसकी उपलब्धि की वृद्धि की दर पर निर्भर करती है, तब इसे स्तर को ऊँचा करने वाली अभिप्रेरणा भी कहा जाता है ।

accession (एक् 'सेशन्) **परिग्रहण, राज्यरोहण :** किसी समूह में अन्य समूह का मिलना या एक राष्ट्र का दूसरे राष्ट्र में सम्मिलित हो जाना । चीन के द्वारा तिब्बत को या भारत के द्वारा सिक्किम को अपने अधीन करना राज्यरोहण का उदाहरण है ।

accident investigation branch ('ऐक्सिडन्ट् इन् वेस्टि 'गेशन् ब्रान्च्) **दुर्घटना जाँच शाखा :** कल्याण विभाग की वह शाखा, जो कारखानों या अन्य क्षेत्रों में कार्य करते समय श्रमिकों के दुर्घटनाग्रस्त हो जाने पर आवश्यक खोजबीन और जाँच-पड़ताल करती है ।

accident prevention movement ('ऐक्सिडन्ट् प्रि'वेन्शन् 'मूवमन्ट्) **दुर्घटना निवारण (सुरक्षा) आन्दोलन :** व्यापार तथा अन्य श्रमिक संघों के द्वारा श्रमिकों की सुरक्षा के लिए चलाये गये आन्दोलन, जिसमें कल-कारखानों में होने वाली दुर्घटनाओं के कारणों की जाँच कर उन्हें समाप्त या कम करने की कोशिश की जाती है ।

accident prone individual ('ऐक्सिडन्ट् प्रोन् इन्डि'विज़ुअल्) **दुर्घटना-प्रवृत्त व्यक्ति :** ऐसे व्यक्ति, जो अन्य सामान्य व्यक्तियों की तुलना में समान परिस्थितियों में कार्य करने पर अधिक दुर्घटनाग्रस्त होते हैं ।

accident rate ('ऐक्सिडन्ट् रेट्) **दुर्घटना-दर :** एक विशेष अवधि और विशेष परिस्थितियों में कारखानों के अन्दर घटने वाली दुर्घटनाओं की औसत दर ।

accident record ('ऐक्सिडन्ट्'रेकॉर्ड्) **दुर्घटना विवरण :** कारखानों के अन्दर घटने वाली दुर्घटनाओं का लेखा-जोखा, जिसमें यह दर्ज रहता है कि कब, क्यों, कैसे और कितनी दुर्घटनाएँ घटीं ।

accident severity rate ('ऐक्सिडन्ट् सिवे'रिटि रेट्) **दुर्घटना-गंभीरता दर :** श्रम विधान के अन्तर्गत कारखानों में घटित गंभीर दुर्घटनाओं का औसत दर ।

accidental definition (ऐक्सि'डेन्टल् डेफ़ि'निशन्) **आकस्मिक परिभाषा :** वह परिभाषा, जो किसी पद के गुणार्थ को न बताकर मात्र उसके आकस्मिक गुणों को बताये, जैसे– मनुष्य हँसनेवाला प्राणी है ।

accidentalism (ऐक्सि'डेन्ट् लिज़म्) **आकस्मिकतावाद, आकस्मिकता :** एक सिद्धान्त, जिसकी एक मान्यता यह है कि घटनाएँ बिना किसी कारण घट जाती हैं या घट सकती हैं । समाजविज्ञानों में आकस्मिकता सम्बन्धी विचारों के लिए जगह कम है; क्योंकि यहाँ मान्यता यह है कि प्रत्येक घटना के पीछे कोई-न-कोई कारण अवश्य होता है ।

acclimatization (क्लाइमटाइ 'ज़ेशन्) **पर्यनुकूलन, परिस्थिति-अनुकूलन :** इस अवधारणा का प्रयोग एक से अधिक अर्थों में होता है– (1) एक ऐसी प्रक्रिया, जिसमें अप्रवासी धीरे-धीरे कायिक रूप में नए वातावरण के साथ समायोजन की स्थिति में हो जाते हैं । इसके साथ ही लाक्षणिक रूप में, नए सामाजिक परिवेश के साथ व्यक्ति का मानसिक एवं सामाजिक समायोजन भी होता है । (2) किसी प्राणी का परिवर्तित परिवेश में कुछ पीढ़ियों के मध्य स्वयं को उसके अनुकूल बना लेने अथवा अधिक सहनशक्ति अर्जित कर लेने की प्रक्रिया ।

accommodation (अ कॉम'डेशन्) **समायोजन :** देखें– **Social accommodation** ।

accompanying circumstances (अ 'कम्पनिइन्ग् 'सर्कम्स्टन्सेस्) **अनुषंगी परिस्थितियाँ :** वे परिस्थितियाँ, जो किसी घटना के साथ गौण रूप में विद्यमान रहती हों ।

accomplice (अ 'कम्प्लिस्) **सहापराधी :** ऐसा व्यक्ति, जो अपराधमूलक, अनैतिक एवं अनुचित क्रियाकलाप में मुख्य अपराधी को सहयोग देता है । धार्मिक, जातीय या भाषाई दंगों में राजनेताओं की भूमिका अक्सर सहापराधी की होती है । पर्दे पर कोई, तो पर्दे के पीछे कोई और ही होता है ।

accounts (अ'काउन्ट्स) **विवरण, वृत्तांत :** इसका तात्पर्य ऐसे स्पष्टीकरण से है, जो एक व्यक्ति दूसरे व्यक्तियों द्वारा पूछे जाने पर अपने पक्ष में प्रस्तुत करता है, उदाहरणार्थ– कोई व्यक्ति जो दफ्तर में विलम्ब से आने के उपरान्त या किसी कानून का उल्लंघन करने पर जो स्पष्टीकरण देता है, उसे 'विवरणी' या 'वृत्तांत' कहते हैं । ऐसे विवरण समाजशास्त्रीय दृष्टि से बहुत महत्त्वपूर्ण होते हैं । इन विवरणों के द्वारा कोई व्यक्ति दूसरे व्यक्तियों की नजरों में अपनी एक छवि बनाता है ।

acculturation (अ कल'चरेशन्) **परसंस्कृति-ग्रहण :** यह एक ऐसी प्रक्रिया है, जिसके अन्तर्गत कोई व्यक्ति या व्यक्तियों का कोई समूह दूसरे लोगों से प्रत्यक्ष सम्बन्ध एवं अन्तःक्रिया स्थापित कर अपने जीवन में कुछ उतारने की कोशिश करता है । वैयक्तिक स्तर पर इसकी तुलना समाजीकरण से तथा सामाजिक स्तर पर परसंस्कृति-ग्रहण से की

जा सकती है । कभी-कभी व्यक्ति और समाज दोनों अपने से भिन्न समाज की संस्कृति को ग्रहण करने की कोशिश करता है । संस्कृति-सम्पर्क द्वारा होने वाले परिवर्तन की प्रक्रिया को परसंस्कृति-ग्रहण कहा जाता है । इस प्रक्रिया में एक संस्कृति दूसरी संस्कृति के तत्त्वों को स्वेच्छा से अथवा दबाव से ग्रहण करती है । भारत के सन्दर्भ में पश्चिमीकरण की प्रक्रिया इसका उदाहरण है ।

acculturation, contra (अ कल'चॅरेशन्, कॉनट्रॅ) **प्रति परसंस्कृति-ग्रहण :** यह एक ऐसी प्रक्रिया है, जिसके अन्तर्गत कोई व्यक्ति या समूह अपनी संस्कृति की मूल या प्रभावी विशेषताओं के विपरीत किसी अन्य संस्कृति के मूल्यों को अपनाता है, जैसे– 20वीं सदी के साठ एवं सत्तर के दशक में कतिपय अमरीकी युवक एवं युवतियों द्वारा हिप्पी संस्कृति **(Hippy culture)** को अपनाये जाने की प्रक्रिया ।

accumulation (अ क्यूम्यु'लेशन्) **संचयन :** संचयन का अर्थ है जमा करना । किसी वस्तु का संचय भविष्य में उसके उपयोग के लिए भी किया जा सकता है या फिर उत्पादन के साधनों की वृद्धि के लिए भी किया जा सकता है । इस प्रकार संचयन के दो उद्देश्य हो सकते हैं, खपत तथा निवेश के बीच का अन्तर । संचयन की दर लाभ की दर पर निर्भर करती है । वेतन तथा कीमतें अधिकांशत: संचयन के स्तर पर निर्भर करती हैं । कार्ल मार्क्स (Karl Marx, 1818-1883) और शुमपीटर (Joseph Alois Schumpeter, 1883 -1950) का आर्थिक विश्लेषण तथा सिद्धान्त इसी प्रवृत्ति के इर्दगिर्द घूमते हैं । लाभ तथा संचयन की यह प्रवृत्ति पूँजीवादी अर्थव्यवस्था की एक प्रमुख विशेषता है : देखें– **Capital accumulation** ।

accuracy score ('ऐक्यरसि स्कॉर्) **यथार्थता प्राप्तांक :** ऐसा प्राप्तांक, जिनमें किसी प्रकार की अशुद्धि अथवा त्रुटि न हो । इस शब्द का प्रयोग सामाजिक सर्वेक्षण तथा मनोवैज्ञानिक अनुसन्धान में होता है ।

acephalous (society) (अ'सेफ़लस् (सॅ'साइअटि) **शिरोहीन, नेतृत्वहीन :** इसका शाब्दिक अर्थ शिरोहीन होता है । लेकिन समाज के सन्दर्भ में शिरोहीन (या नेतृत्वहीन) व्यवस्था वह है, जिसमें समस्त समाज का कोई एक मुखिया, प्रधान या नेता नहीं होता है और राज्य अभिकरण के बिना किसी अन्य ढंग से कानून-व्यवस्था कायम की जाती है । सम्भवत: ऐसे समाज में बुजुर्ग लोग सामाजिक परिपाटियों के आधार पर कानून-व्यवस्था चलाते हैं । इस प्रकार की स्थिति आदिमकालीन समाजों की विशेषता रही है : देखें– **Cephalous** ।

achieved criterion (अ'चीव्ड् क्राइ'टिअरिअन्) **अर्जित कसौटी :** ऐसी विशेषता या गुण पर आधारित कसौटी, जिसे अर्जित या प्राप्त किया जा सके । उच्च शिक्षा व्यक्ति की एक अर्जित कसौटी है : देखें– **Achieved status** ।

achieved status (अ'चीव्ड् 'स्टेटस्) **अर्जित स्थिति :** एक सामाजिक स्थिति, जो व्यक्ति अपने प्रयास से, पसन्द से या फिर अपने गुणों से हासिल करता है । जवाहरलाल नेहरू का प्रथम प्रधानमंत्री होना, डा. राजेन्द्र प्रसाद का 'देशरत्न' से अलंकृत होना, सरदार वल्लभभाई पटेल को 'लौहपुरुष' का दर्जा दिया जाना या अमिताभ बच्चन को महानायक कहा जाना आदि अर्जित स्थिति के चर्चित उदाहरणों में से हैं (देखें– Ralph Linton, **The Study of Man**, 1936; Robert K. Merton, **Social Theory and Social Structure**,1968) : देखें– **Status, achieved** ।

achievement (अ'चीव्मन्ट्) **उपलब्धि :** उपलब्धि सामाजिक रूप से एक परिभाषित शब्द है, जिसका अर्थ वैसी सफलताओं से है, जिन्हें समाज की स्वीकृति प्राप्त हो । उपलब्धि वह विशेषता है, जिसे व्यक्ति अपने व्यवहारों या प्रयासों से जीवन में प्राप्त करता है । उपलब्धि जन्मजात नहीं होती है । यह आधुनिक समाज की प्रमुख विशेषता है ।

achievement orientation or **motivation** (अ'चीव्मन्ट् ऑरिएन्'टेशन् ऑर् मोटिव़े'शन्) **उपलब्धि-उन्मुखता या अभिप्रेरणा :** सामाजिक रूप से स्वीकृत उद्देश्य को प्राप्त करने की इच्छा, उम्मीद या ज्ञान ही अर्जित अभिप्रेरणा है । मनोवैज्ञानिक डेविड मक्लीलैंड (David McClelland (1917-1998), **The Achieving Society,** 1961) ने इसे मापने के कुछ वैज्ञानिक उपाय सुझाये हैं । 1950 से 1960 के दशक में समाजविज्ञानियों के बीच तीसरी दुनिया के आर्थिक विकास

के सन्दर्भ में यह विचार एक फैशन-सा हो गया था कि वहाँ के लोगों में उपलब्धि-अभिप्रेरणा की भारी कमी है। आगे चलकर इस विचारधारा की काफी आलोचना हुई। आलोचकों में मार्क्सवादी चिन्तक आंद्रे गुंडर् फ्रैंक (Andre Gunder Frank (1929-2005), **Latin America: Underdevelopment or Revolution**, 1969) का नाम विशेष रूप से शामिल किया जा सकता है।

achievement oriented society (अ'चीव्‌मन्ट् ऑरिएन्'टेड् सॅ'साइअटि) **उपलब्धि-अभिमुखी समाज :** जिस समाज के अन्तर्गत कार्य-कलाप की योजना अक्सर किसी उद्देश्य को सामने रखकर बनाई जाती है, वैसा समाज सदा अपने किसी-न-किसी अंग के विकास और उन्नति के लिए सचेत रहता है। परम्परागत समाज (**Traditional society**) उपलब्धि-अभिमुखी समाज नहीं था। एशियाई देशों की तुलना में पाश्चात्य देश सापेक्षिक रूप से ज्यादा उपलब्धि-अभिमुखी समाज माने जाते हैं।

achievement role (अ'चीव्‌मन्ट् रोल्) **उपलब्धि की भूमिका :** देखें– **Role; Role, achieved** ।

achievement test (अ'चीव्‌मन्ट् टेस्ट्) **उपलब्धि की परीक्षा :** व्यक्ति द्वारा किसी कार्य या अध्ययन-क्षेत्र में उपलब्ध ज्ञान अथवा कुशलता के स्तर की मानक परीक्षा। उपलब्धि सम्बन्धी परीक्षाएँ मनोविज्ञान में अधिक प्रयुक्त होती हैं; क्योंकि मनोविज्ञान एक व्यक्ति केन्द्रित विषय है।

acosmism (अ'कॉस्‌मिज़्म्) **अविश्ववाद, अप्रपंचवाद :** वह जो भौतिक जगत् के अस्तित्व को अस्वीकार करता है, जैसे– यह कहना कि जगत् मिथ्या है, यहाँ प्रत्येक चीज़ नश्वर है इत्यादि।

acquired character (अ'क्वाइर्‌ड् 'कैरक्टर्) **उपार्जित गुण** या **लक्षण :** किसी पात्र या व्यक्ति का ऐसा गुण, जो जन्मजात न हो, वरन् अन्य किसी स्रोत से प्राप्त किया गया हो। इन गुणों का अर्जन व्यक्ति द्वारा सामाजिक परिवेश में संभव होता है। किसी व्यक्ति का अच्छा गायक होना, अच्छा वक्ता होना या किसी विषय का बहुत बड़ा विद्वान होना उपार्जित गुण है।

acquired pattern (अ'क्वाइर्‌ड् 'पैट्‌र्न्) **उपार्जित प्रतिरूप :** वैसा व्यवहार, जिसे किसी व्यक्ति ने समाज के एक सदस्य के रूप में सीखा हो। महात्मा गाँधी का अहिंसा का पुजारी होना या अपने से बड़े व्यक्ति का सम्मान करना, किसी व्यक्ति की धार्मिक भावना को ठेस न पहुँचाना आदि भारतीय समाज के कुछ उपार्जित लक्षण हैं।

acquired status (अ'क्वाइर्‌ड् 'स्टेटस्) **अर्जित स्थिति :** देखें– **Status, achieved** ।

acquisitive society (अ'क्विज़िटिव् सॅ'साइअटि) **अर्थलोलुप समाज :** ऐसा समाज, जिसमें धन-सम्पदा, भौतिक वस्तुओं और व्यक्तिगत सन्तुष्टि के अन्य साधनों का उपार्जन व्यक्तियों का मुख्य उद्देश्य होता है। भारतीय लोगों की दृष्टि में पाश्चात्य समाज सापेक्षिक रूप से काफी अर्थलोलुप है।

acquisitive want (अ'क्विज़िटिव् वॉन्ट्) **परिग्रही इच्छा :** किसी भी वस्तु को प्राप्त करने और उसे अपने अधिकार में रखने की बलवती इच्छा। बालकों में इस प्रकार की प्रवृत्तियाँ आमतौर पर अधिक देखने को मिलती हैं।

acquittal (अ'क्विट्‌ल्) **दोषमुक्ति :** किसी प्रकार के आरोपित दोष से कानूनी तौर पर बरी हो जाना। भारत में राजनेता लोग ठोस सबूत के अभाव में अपने अपराधी दोषों से न्यायालय के द्वारा अक्सर दोषमुक्त हो जाते हैं।

act; action (ऐक्ट्; 'ऐक्शन्) **कार्य, क्रिया :** समाजशास्त्री व्यवहार और क्रिया में अन्तर करते हैं। दोनों के बीच के अन्तर को सबसे पहले मैक्स वेबर (Max Weber, 1864-1920) ने उजागर किया था। लेकिन, बाद के समाजशास्त्रियों ने क्रिया शब्द के अर्थ का विस्तार किया। समाजशास्त्र में किसी लक्ष्य की ओर प्रेरित व्यवहार को क्रिया कहा जाता है। इसके अन्तर्गत चार तत्त्वों का होना आवश्यक है– (1) कर्त्ता, (2) लक्ष्य, (3) परिस्थिति और (4) मानदण्ड। टैलकॉट पार्सन्स (Talcott Parsons, 1902-1979) के अनुसार, क्रिया एक मानवीय व्यवहार है, जिसकी चार स्थितियाँ हैं– (1)

यह लक्ष्य प्राप्ति या अन्य प्रत्याशित क्रियाओं की ओर उन्मुख होता है; (2) इसका निष्पादन विशिष्ट स्थिति में होता है; (3) यह समाज के मानदण्डों और मूल्यों से नियन्त्रित होता है एवं (4) इसमें ऊर्जा लगाना या प्रयास करना ज़रूरी होता है : देखें– **Action theory; Behaviour; Social action**।

acting crowd (ऐक्टिङ् क्राउड्) **क्रियाशील भीड़ :** हिंसा पर उतारू भीड़ । कभी-कभी कुछ बातों को लेकर भीड़ हिंसात्मक कार्रवाई के लिए काफी उत्तेजित हो जाती है । जुलूस, रैलियाँ, प्रदर्शन आदि ऐसी भीड़ के उदाहरण हैं ।

action, affective (ऐक्शन्, अ'फेक्टिव्) **भावात्मक क्रिया :** ऐसी क्रिया, जो किसी भावनात्मक स्थिति के प्रभाव में की जाये, उदाहरणस्वरूप– किसी व्यक्ति के मरने के उपरान्त उसके सगे-सम्बन्धियों की आखों में आँसू आना एक भावात्मक क्रिया है ।

action approach (ऐक्शन् अ'प्रोच्) **क्रियात्मक दृष्टिकोण :** यह अनुसन्धान का एक ऐसा प्रकार है, जिसके अन्तर्गत अनुसन्धानकर्ता सामाजिक परिवर्तन के एक अभिकर्ता के रूप में काम करता है । आमतौर पर वैसे अनुसन्धान का क्षेत्र समाज की समस्या हुआ करता है और अनुसन्धानकर्ता उन समस्याओं से निजात पाने का रास्ता बताने का काम करता है ।

action frame of reference (ऐक्शन् फ्रेम ऑव् 'रेफ़रन्स्) **क्रिया की सन्दर्भ-परिधि :** देखें– **Action theory (approach)**।

action pattern (ऐक्शन् 'पैट्र्न्) **कार्यसंरूप :** सामाजिक क्रियाओं की व्यवस्था का वह रूप, जो उद्देश्यमूलक होता है । इसके स्थैतिक और गतिक दोनों पक्ष संभव हैं । सामाजिक प्रक्रियाएँ तथा सामाजिक संरचनाएँ कार्यसंरूप हैं और दोनों में क्रमशः गतिक एवं स्थैतिक पक्ष पर बल होता है ।

action programme (ऐक्शन् 'प्रोग्रैम्) **क्रियात्मक कार्यक्रम :** ऐसी कार्यप्रधान योजना, जिसके जरिए किसी समाज या वर्ग में किसी समस्या के हल के लिए उसमें कोई गुणात्मक परिवर्तन लाने की चेष्टा की जाती है । जैसे, परिवार के आकार में परिवर्तन लाना या परिवार नियोजन की तकनीकों का प्रचार, साक्षरता, पर्यावरण अथवा स्वास्थ्य एवं चिकित्सा सम्बन्धी कार्यक्रम आदि ।

action-reaction (ऐक्शन् रि'ऐक्शन्) **क्रिया-प्रतिक्रिया :** किसी क्षेत्र-विशेष में दो समुदायों के बीच इस प्रकार की प्रतिक्रियाएँ देखी जा सकती हैं । जैसे– बाबरी मस्जिद को ध्वस्त करने की प्रतिक्रिया स्वरूप मुसलमानों द्वारा मुम्बई में बम विस्फोट से हजारों की जान ले लेना या देश में साम्प्रदायिक दंगा करना या कराना क्रिया-प्रतिक्रिया का चर्चित उदाहरण है । उसी प्रकार आरक्षण के विरोध में उच्च जातियों का लामबन्द होना तथा सरकारी सम्पत्तियों की तोड़-फोड़ करना, पिछड़ों को मारना-पीटना आदि । यह पिछली सदी में उत्तर भारत की महत्त्वपूर्ण सामाजिक एवं राजनीतिक क्रिया-प्रतिक्रिया थी । एक-दूसरे अर्थ में, आयुद्ध प्रतिस्पर्द्धा का वह पहलू, जिसके अन्तर्गत प्रतियोगी राष्ट्र प्रतिरक्षा की दृष्टि से सम्भावित आक्रमण के प्रतिक्रिया-स्वरूप सुरक्षात्मक व्यवस्था करते हैं ।

action research (ऐक्शन् रि'सर्च्) **क्रियानिष्ठ अनुसन्धान :** जब अन्वेषक किसी समूह अथवा समुदाय की समस्याओं को सुलझाने के सामूहिक प्रयास में समाजशास्त्रीय अथवा मनोवैज्ञानिक अनुसन्धान की विधाओं का प्रयोग स्वयं क्रियात्मक रूप में सहभागी होकर करता है, तो उसे क्रियानिष्ठ अनुसन्धान कहते हैं । यहाँ पर वैज्ञानिक सिद्धान्तों की खोज का महत्त्व गौण होता है । क्रियानिष्ठ अनुसन्धान एक प्रकार का व्यावहारिक अनुसन्धान **(Applied research)** है । अधिकांश क्रियात्मक शोध किसी सामाजिक स्थिति अथवा दशा में संशोधन अथवा सुधार की इच्छा से प्रेरित होता है । जहाँ व्यावहारिक अनुसन्धान में किसी समस्या के समाधान के लक्ष्य को सामने रखकर अध्ययन किया जाता है, वहीं क्रियात्मक अनुसन्धान में सामाजिक समस्या से सम्बद्ध अध्ययनों के निष्कर्ष को मुख्यतः किसी योजना या कार्यक्रम को कार्यान्वित करने के लिए उपयोग में लाया जाता है ।

action system (ऐक्शन् 'सिसटम्) **क्रिया-पद्धति :** इसके अन्तर्गत व्यवहार से ज्यादा क्रिया पर बल दिया जाता है ।

ध्यान देने की बात इतनी ही है कि क्रिया कर्त्ता के लिए विशेष महत्त्वपूर्ण होती है, जबकि व्यवहार कर्त्ता के लिए हमेशा महत्त्वपूर्ण नहीं भी हो सकता है, जैसे– सहजात व्यवहार **(Instinctive behaviour)** ।

action theory (approach) (ऐक्‌शन्‌ 'थिअरि (अ'प्रोच्‌) **क्रिया-सिद्धान्त (दृष्टिकोण)** : क्रिया-सिद्धान्त के क्षेत्र में सबसे महत्त्वपूर्ण योगदान मैक्स वेबर (Max Weber, 1864-1920) का है । इस सिद्धान्त के ऊपर आगे चलकर टैलकॉट पार्सन्स (Talcott Parsons, 1902-1979) ने महत्त्वपूर्ण योगदान दिया । यह सिद्धान्त व्यक्तियों के व्यवहार को सामाजिक परिप्रेक्ष्य में समझने का प्रयास करता है । धीरे-धीरे यह सिद्धान्त दो धाराओं में बँट गया– शास्त्रार्थ मीमांसा **(Hermeneutic)** एवं प्रत्यक्षवादी **(Positivist)** सिद्धान्त और ये दोनों प्रतीकात्मक अन्त:क्रियावाद **(Symbolic interactionism)** के सिद्धान्त से जुड़ा हुआ है । क्रिया सम्बन्धी पार्सन्स का विचार क्रिया की सन्दर्भ परिधि **(Action frame of reference)** की अवधारणा के नाम से जाना जाता है । पार्सन्स के अनुसार, सामाजिक कर्त्ता **(Actor)** किसी भी क्रिया को स्वैच्छिक रूप में करता है अर्थात्‌ क्रिया से सम्बन्धित लक्ष्य-साधनों के उपलब्ध विकल्पों में से अपने इच्छानुसार चुनाव करता है । चयन की प्रक्रिया को सामाजिक रूप से सीमित करने में सामाजिक मानदण्डों **(Norms)** और मूल्यों की महत्त्वपूर्ण भूमिका होती है ।

actionalism (ऐक्‌शन्‌ लिज़्म्‌) **क्रियावाद** : क्रियावाद, क्रिया-सिद्धान्त **(Action theory)** या क्रिया की सन्दर्भ परिधि **(Action frame of reference)** को एक ही समझने की भूल नहीं की जानी चाहिए। क्रियावाद को फ्रांसीसी समाजशास्त्री अलेन टूरें (Allain Touraine, **The Self Production of Society**, 1973) के नाम के साथ जोड़ा जाता है । उनका उद्देश्य समाजशास्त्र को समाज के अध्ययन की जगह सामाजिक कर्त्ताओं का विज्ञान बनाना था । वे व्यक्तिनिष्ठ एवं वस्तुनिष्ठ के अन्तर को नहीं मानते थे । टूरें ने अपने सामाजिक विश्लेषण में कर्त्ता को केन्द्रीय स्थान तो दिया है, लेकिन इसका तात्पर्य यह नहीं कि उन्होंने समूहों की अवहेलना की है : देखें– **Action theory** ।

active crowd (ऐक्‌टिव्‌ क्राउड्‌) **क्रियाशील भीड़** : किसी प्रकार के अव्यवस्थित सामाजिक भीड़ या झगड़े फ़साद में भाग लेने वाले समूह को क्रियाशील भीड़ कहा जाता है : देखें– **Crowd** ।

active population (ऐक्‌टिव्‌ पॉप्यु 'लेशन्‌) **अर्जक जनसंख्या** : अर्जक जनसंख्या देश का कमाऊ वर्ग होता है, जो उत्पादन कार्यों तथा आय-अर्जन में लगा हुआ होता है । इसे देश की श्रमशक्ति का स्रोत माना जाता है । जनांकिकीय दृष्टि से देश की जनसंख्या को आयुवर्गीय ढाँचे अथवा आयु संरचना के अनुसार तीन वर्गों में बाँटा जा सकता है– (1) 15 वर्ष से कम आयु के लोग– आश्रित बच्चे, (2) 65 वर्ष से ऊपर की आयु के आश्रित वृद्ध लोग तथा (3) 15 से 65 वर्ष की आयु की अर्जक जनसंख्या । भारतीय जनगणना के अनुसार, अर्जक जनसंख्या 15-60 वर्ष के आयुवर्ग को माना जाता है ।

activism (ऐक्‌टि विज़्म्‌) **क्रियावाद, कर्मण्यतावाद** : वह सिद्धान्त, जिसमें सत्य का मूल तथ्य क्रिया-कर्मण्यता माना गया है, विशेष रूप से आध्यात्मिक कर्मण्यता । इस धारणा की उत्पत्ति अरस्तू की दैव-धारणा से हुई है । इसके अनुसार, सत्य की कुंजी क्रिया है । व्यक्तिगत अर्थ में कर्मण्यतावाद का तात्पर्य रचनात्मक इच्छामात्र नहीं है, अपितु इसका संकेत ज्ञान से भी है, जो अबाध दैविक क्रिया के लिए उत्तरदायी है । यह एक प्रकार का आकस्मिकवाद है । आधुनिक मनोविज्ञान की यह धारा कि मन का अर्थ क्रियामात्र है, कर्मण्यतावाद की ही देन है ।

activist (ऐक्‌ 'टिविस्ट्‌) **सक्रियतावादी, सक्रिय कार्यकर्ता** : ऐसा व्यक्ति, जो किसी राजनीतिक संगठन, हित-समूह या आन्दोलन की गतिविधियों में बढ़-चढ़कर हिस्सा लेता हो । वह केवल अपने संगठन के उद्देश्यों की सिद्धि में विश्वास करता है । नर्मदा बचाओ आन्दोलन की नेत्री मेघा पाटकर एक सक्रियतावादी व्यक्ति की पहचान रखती हैं : देखें– **Agitator** ।

actor; social actor (ऐक्‌टर्‌; 'सोशल्‌ ऐक्‌टर्‌) **कर्त्ता, सामाजिक कर्त्ता** : देखें– **Action theory; Self; Social actor** ।

actuary ('ऐक्‌चुअरि) **बीमांकिक** : वह व्यक्ति, जो जीवन-बीमा के प्रीमियम तथा बीमा से सम्बद्ध जोखिम आदि का संकलन व विश्लेषण करता है ।

adapt; adaptation (अ'डैप्ट; ऐडैप्'टेशन्) **अनुकूलन :** मूलरूप से इस शब्द का प्रयोग जीवविज्ञान में इस अर्थ में होता था कि कैसे कोई प्राणी अपने-आपका वातावरण के साथ अनुकूलन करता है। लेकिन, समाजशास्त्र के क्षेत्र में इसका प्रयोग थोड़ा अन्य अर्थ में होता है। यहाँ इस शब्द का प्रयोग इस प्रक्रिया को इंगित करने के लिए किया जाता है कि कैसे कोई व्यक्ति, परिवार या सामाजिक समूह अपने-आपका नये सामाजिक परिवेश में समंजन कर पाता है (देखें– Talcott Parsons and Neil J. Smelser, **Economy and Society**, 1956) : देखें– **Social adaptation**।

adaptability (अ डैप्ट्'बिलटि) **अनुकूलनशीलता :** परिस्थितियों के अनुकूल समायोजन करने की क्षमता। नये परिवेश में प्रत्येक व्यक्ति या प्रत्येक समुदाय में अनुकूलनशीलता की क्षमता अलग-अलग होती है। यह विशेषता सिर्फ किसी समुदाय या व्यक्ति में ही नहीं पायी जाती, बल्कि अन्य जीवों में भी पायी जाती है। जानवर भी नयी परिस्थितियों में समायोजन कर अपने-आपको अक्षुण्ण रखने का प्रयास करते हैं। 'योग्यतम की उत्तरजीविता' (**Survival of the fittest**) का सिद्धान्त विभिन्न प्राणियों की इसी क्षमता की ओर इशारा करता है।

adaptation (modes of individual) (ऐडैप्'टेशन् (मोड्स् ऑव् इन्डि'विज़ुअल्) **अनुकूलन :** देखें– **Anomie**।

adaptive and material culture (अ'डैप्टिव ऐन्ड् म 'टिअरिअल् 'कल्चर्) **अनुकूली भौतिक संस्कृति :** देखें– **Culture, adaptive and material**।

adaptive trait (अ'डैप्टिव ट्रेट्) **अनुकूली गुण :** वैसी विशेषताएँ, जो किसी खास पर्यावरण में अपने-आपको अनुकूलित करने के योग्य बनाता है। प्रवासियों के द्वारा किसी नई जगह की भाषा व संस्कृति सीखना मनुष्यों का अनुकूली गुण माना जाता है।

addict (अ'डिक्ट्) **व्यसनी :** ऐसा व्यक्ति, जो घातक नशीली वस्तुओं के सेवन का आदी हो गया हो। यह मूलरूप से कुछ लोगों की एक मनोवैज्ञानिक समस्या है।

addiction (अ'डिक्शन्) **लत, व्यसन :** इसे कुछ रासायनिक पदार्थों (दवा या शराब आदि) के अभाव में नियमित जीवनचर्या में असमर्थ होने का रोग कहा जाता है।

addiction, drug (अ'डिक्शन्, ड्रग) **मादक द्रव्यपान :** देखें– **Drugs, drug addiction**।

additive overlapping clustering (ऐडिटिव् ओवर्'लैप् इन्ग क्लस्टर्'इङ्) **योग्यात्मक अंशछादन झुण्ड :** इसका सम्बन्ध गुच्छ विश्लेषण से होता है। इस अवधारणा का सम्बन्ध सांख्यिकी से है : देखें– **Cluster analysis**।

additive tree (ऐडिटिव् ट्री) **योग्यात्मक दरख्त :** इसका प्रयोग सांख्यिकी में होता है। सांख्यिकी के अन्तर्गत इसका सम्बन्ध गुच्छ विश्लेषण से है : देखें– **Cluster analysis**।

adeism (एडी'इज़्म्) **अदेववाद, देवता-निषेध :** विशिष्ट देवताओं के अस्तित्व की अस्वीकृति। निरीश्वरवाद और देवता-निषेध को पृथक् करने के लिए मैक्समूलर (Max Müller, 1823-1900) ने 'एडीइज़्म' शब्द का प्रयोग किया। इस्लाम एक अदेवतावादी धर्म की श्रेणी में आता है।

adelphic polyandry (अ'डेल्फ़िक् 'पॉलि ऐन्ड्रि) **भ्रातृक बहुपति विवाह :** यह एक प्रकार का बहुपति विवाह है। महाभारत की द्रौपदी का विवाह इसका लोक प्रचलित उदाहरण है : देखें– **Polyandry**।

ad-hoc (ऐड्'हॉक्) **अस्थायी, तदर्थ :** ऐसी कल्पना या तर्क, जो अनिश्चित या अस्थायी हो और जिसे किसी अन्य तथ्य के आधार पर व्याख्या के लिए उपस्थित किया गया हो।

ad-hoc argument (ऐड्'हॉक्'आग्युमन्ट्) **तदर्थ युक्ति :** किसी तथ्य के घटित हो जाने के पश्चात् उसकी व्याख्या के लिए दी जाने वाली युक्ति।

adjudication (अ जूडि'केश्न्) **अधिनिर्णय, निर्णयादेश :** अधिनिर्णय न्यायालय, न्यायाधिकरण, आयोग या किसी अन्य वैसी संस्थाओं के द्वारा विवादास्पद विषयों को सुलझाने की प्रक्रिया है, जिसके अन्तर्गत निर्णय सम्बद्ध पक्षों के लिए बाध्य होता है ।

adjustment (अ'जस्ट्मन्ट्) **समायोजन :** विकासवादी सिद्धान्त के अनुसार, उत्तरोत्तर अधिक समायोजन ही विकास का उद्देश्य है । व्यक्ति और वातावरण में, आन्तरिक और बाह्य सम्बन्धों में, यथासम्भव पूर्ण समायोजन हो, यही विकास का लक्ष्य है । दर्शनशास्त्र में इस विचार का ऐतिहासिक महत्त्व बहुत बड़ा है । आधुनिक काल में जी. डब्ल्यू. हीगल (G. W. F. Hegel, 1770-1831) तथा हर्बर्ट स्पेन्सर (Herbert Spencer, 1820-1903) की विचारधारा में समायोजन के सिद्धान्त का परिपक्व रूप देखा जा सकता है । उनका मत है कि समाज में विकास होते-होते एक ऐसी स्थिति का निर्माण होगा, जब प्राकृतिक तथा सामाजिक प्रवृत्तियों में पूर्ण समायोजन स्थापित होगा । यह समायोजन केवल सामाजिक ही नहीं, बल्कि जैविक भी होगा । इस अवस्था में व्यक्ति दीर्घजीवी होगा और उसकी प्रवृत्तियों और क्षमताओं की परिपूर्णता संभव होगी ।

adjustment equation (अ'जस्ट्मन्ट् इ'क्वेश्न्) **समायोजन समीकरण :** असन्तुलन की स्थिति में अर्थ-व्यवस्था या बाज़ार के रवैये के रुख को बताने वाले समीकरण । इन समीकरणों द्वारा हमें सन्तुलन की स्थितियों, उसको बिगाड़ने वाले कारकों और ऐसे तत्त्वों का ज्ञान होता है, जिनके द्वारा अर्थ-व्यवस्था पुनः समायोजित होती है एवं सन्तुलन की ओर आती है ।

adjustment of personality (अ'जस्ट्मन्ट् ऑव् परस'नैलटि) **व्यक्तित्व-समायोजन :** वह प्रक्रिया, जिसके द्वारा व्यक्ति स्वयं को पर्यावरण के अनुरूप ढालता है : देखें– **Personality** ।

adolescence (ऐड'लेसन्स्) **किशोरावस्था :** बाल्यावस्था और वयस्कावस्था के बीच की स्थिति किशोरावस्था कहलाती है । कोई बालक किशोर है अथवा नहीं, इसका निर्णय समाजशास्त्री आयु के आधार पर ही करते हैं (देखें– J. C. Coleman, **The Nature of Adolescence**, 1980; David Elkind, **All Grown up and no Place to go**, 1984) ।

adolescent friendship (ऐड'लेसन्ट् फ्रेन्ड्शिप्) **किशोरकालीन मैत्री :** किशोरावस्था की मैत्री, जिसमें भावनाओं की प्रधानता होने के कारण प्रायः स्थायित्व कम पाया जाता है ।

adolescent sterility (ऐड'लेसन्ट् स्ट'रिलटि) **किशोरकालीन बंध्यता :** किशोर-विवाह में प्रथम सहवास और पहले प्रसव के बीच लम्बी अवधि किशोरकालीन बंध्यता कहलाती है । यह बंध्यता किसी प्रकार के कृत्रिम जन्मनिरोध के साधनों के प्रयोग के बावजूद हो सकती है ।

adoptee (अ'डॉप्टि) **दत्तक :** वह सन्तान, जिसे अपना उत्तराधिकारी बनाने के उद्देश्य से स्वेच्छापूर्वक गोद लिया जाता है ।

adopter (अ'डॉप्टर्) **दत्तकग्राही :** वह व्यक्ति, जो किसी दूसरे की सन्तान को अपना उत्तराधिकारी बनाने के उद्देश्य से स्वेच्छापूर्वक गोद लेता है । स्पष्टतः इस प्रकार की चीज़ें तब होती हैं, जब कोई व्यक्ति सन्तानहीन होता है ।

adoption (अ'डॉप्श्न्) **गोद लेना, दत्तक ग्रहण :** किसी दूसरे व्यक्ति के बच्चे को अपना उत्तराधिकारी बनाने के उद्देश्य से स्वेच्छापूर्वक गोद लेना । जिन व्यक्तियों को कोई सन्तान नहीं होती, वे किसी अन्य व्यक्ति की सन्तान को, विशेषकर पुत्र को, गोद ले लेते हैं । गोद ली हुई सन्तान को वास्तविक सन्तान की भाँति सभी प्रकार के अधिकार प्रदान किये जाते हैं । वह नये माता-पिता की सम्पत्ति का अधिकारी बनता है । उस पुत्र को उनके प्रति वैसे ही कर्त्तव्य करने होते हैं, जो एक वास्तविक पुत्र के होते हैं । इस प्रकार की पद्धति का मुख्य उद्देश्य अपनी जमीन-जायदाद और वंश को कायम रखना होता है । पिण्डदान तथा वंश-रक्षा के लिए ऐसे पुत्र को गोद लेना आवश्यक माना गया है । हिन्दू धर्मग्रन्थों के अनुसार, प्रायः गोद लिया जाने वाला व्यक्ति लड़का ही होना चाहिए तथा वह दत्तक पुत्र समान जाति का भी होना चाहिए ।

adoption agency (अ'डॉप्श्न् 'एजेन्सि) **दत्तक ग्रहण अभिकरण :** ऐसा अभिकरण या संस्था, जो परिवार अथवा व्यक्ति को बच्चे गोद लेने या देने में सहायता प्रदान करती है।

adoptionism (अ'डाप्शॅ निज़्म्) **दत्तकवाद :** आठवीं शताब्दी में स्पेन के ईसाइयों में प्रचलित वह विश्वास कि ईसा प्रारम्भ से ईश्वर का अंश नहीं था, बल्कि दत्तकमात्र के रूप में ईश्वर का पुत्र था।

adoptive father (अ'डॉपटिव् 'फादर्) **दत्तक-पिता :** ऐसा व्यक्ति, जो किसी दूसरे के बच्चे को अपना उत्तराधिकारी बनाने के उद्देश्य से गोद लेता है।

adoptive marriage (अ'डॉपटिव् 'मैरिज्) **घरजमाई प्रथा :** वैसी विवाह-प्रथा, जिसमें पति को पत्नी के परिवार में अपना लिया जाता है और वह उस परिवार का पुत्र कहलाने लगता है। इस प्रकार पितृवंशीय परिवार को पुत्र मिल जाता है और उसकी सन्तान पत्नी के वंश की मानी जाती है।

adult education (ऐडल्ट् एजु'केश्न्) **प्रौढ़** या **वयस्क शिक्षा :** स्कूली शिक्षा की सामान्य आयु से अधिक आयु वाले लोगों की शिक्षा। भारत में निरक्षरता में कमी लाने के उद्देश्य से प्रौढ़ शिक्षा को सरकार की ओर से बढ़ावा दिया जा रहा है; क्योंकि बच्चों की तुलना में वयस्कों के बीच निरक्षरता की समस्या कुछ ज्यादा ही गंभीर है।

adult franchise (ऐडल्ट् 'फ्रैन्चाइज़्) **वयस्क मताधिकार :** इसका सरल अर्थ है प्रत्येक वयस्क स्त्री-पुरुष को मतदान का अधिकार। उदाहरण के लिए, भारतीय संविधान के अन्तर्गत भारत का प्रत्येक नागरिक, जिसकी आयु 18 वर्ष या इससे अधिक है तथा जो दिवालिया, पागलपन, अपराध अथवा भ्रष्ट या अवैध आचार के कारण कानून द्वारा अयोग्य घोषित नहीं कर दिया गया है, मतदान करने का अधिकारी है। इसमें लिंग, शिक्षा, सम्पत्ति, जाति और धर्म का कोई प्रतिबन्ध नहीं है।

इंग्लैंड में स्त्रियों को मत देने का अधिकार 1928 में दिया गया और संयुक्त राज्य अमरीका में स्त्रियों को मत देने का अधिकार 1920 में दिया गया। फ्रांस में पुरुषों को वयस्क मताधिकार 1875 में और महिलाओं को 1944 में प्राप्त हुआ। स्विट्जरलैंड में आज भी महिलाओं को मत देने का अधिकार नहीं है। आजादी के बाद भारत में 1950 में सभी वयस्क नागरिकों को एकसाथ मत देने का अधिकार प्रदान कर दिया गया।

adult probation (ऐडल्ट् प्र'बेश्न्) **प्रौढ़** या **वयस्क परिवीक्षा :** दण्डित प्रौढ़ अपराधियों को सामाजिक पुनर्वास के उद्देश्य से किसी प्रशिक्षित कार्यकर्ता की देख-रेख में रखने की आधुनिक प्रणाली, जिसमें अच्छे आचरण के लिए न्यायालय द्वारा अपराधी का दण्ड भी कम कर दिया जाता है।

adult suffrage (ऐडल्ट् 'सॅफ्रिज़) **वयस्क मताधिकार :** यह **Adult franchise** का ही दूसरा नाम है : देखें– **Adult franchise**।

adultery (अ'डल्ट्रि) **व्यभिचार, परगमन :** विवाहितों के द्वारा अपने पति या पत्नी के अतिरिक्त किसी अन्य के साथ सामाजिक रूप से अस्वीकृत या अवैध यौनसम्बन्ध रखना।

***advaita* अद्वैत :** यह एक भारतीय दर्शन से जुड़ा हुआ शब्द है। शंकराचार्य का वह वैदान्तिक दर्शन, जो एक ईश्वर के अस्तित्व में विश्वास करता है।

advanced capitalism (अॅड्'वान्सड् 'कैपिटलिज़्म्) **अग्रवर्ती पूँजीवाद :** अमरीका या अन्य पश्चिमी देशों की पूँजीवादी व्यवस्था को इसी श्रेणी में रखा जाता है। इसे ही उत्तर-औद्योगिक समाज भी कहा जाता है : देखें– **Capitalism**।

adventism (ऐडवे'न्टिज़्म्) **अवतारवाद :** ईसाई धर्म का मत कि ईसा मसीह का संसार में पुन: आगमन होगा तथा संसार का अन्त समीप है। अवतारवाद का उल्लेख हिन्दू धर्म में पहले से ही मौजूद था। जब-जब इस संसार में धर्म

की हानि होती है, परमात्मा उससे छुटकारा दिलाने की कोशिश करते हैं। हिन्दुओं में ऐसा विश्वास है कि महाप्रलय के माध्यम से इस पापी संसार का नाश होगा और फिर एक नयी सृष्टि का सृजन होगा।

advocacy research (ऐड्व़कसि रि'सर्च्) **समर्थन अनुसन्धान :** यह एक प्रकार का वर्णनात्मक नीतिगत अनुसन्धान है, जिसका उद्देश्य आम लोगों तथा सरकार को समाज की अहम समस्याओं के प्रति जगाना होता है।

aesthetic enjoyment (ईस्'थेटिक् इन्'जॉइमन्ट्) **सौन्दर्योपभोग :** किसी सुन्दर कलाकृति का आनन्द लिया जाना। यह एक प्रकार की वैयक्तिक एवं अमूर्त अनुभव से जुड़ी हुई प्रक्रिया है।

aesthetic ethics (ईस्'थेटिक् 'एथ़िक्स्) **सौन्दर्यपरक नीतिशास्त्र, सौन्दर्यमूलक नीतिशास्त्र :** वह नीतिशास्त्र, जो सौन्दर्य के मापदण्डों का निर्धारण करता है।

aesthetic judgement (ईस्'थेटिक् जजमन्ट्) **सौन्दर्यपरक निर्णय :** निर्धारित मापदण्ड के अनुसार किसी वस्तु को सुन्दर अथवा असुन्दर बताने वाला निर्णय।

aesthetic values (ईस्'थेटिक् 'व़ैल्यूज) **सौन्दर्य मूल्य :** वे मूल्य, जिनके आधार पर वस्तुओं, कलाकृतियों, भावनाओं आदि को सुन्दर या असुन्दर माना जाता है। सौन्दर्यपरक मूल्य व्यक्तिपरक मूल्यों से प्रभावित होते हैं अर्थात्, वैसे मूल्यों में वस्तुपरकता की कमी होती है।

aesthetics (ईस्'थेटिक्स) **सौन्दर्यशास्त्र :** दर्शनशास्त्र की वह शाखा, जो सौन्दर्य, उसके मानकों तथा निर्णयों का विवेचन करती है। इस अवधारणा का सम्बन्ध दर्शन एवं साहित्य से ज्यादा और समाजशास्त्र से कम है।

aetiology (etiology) (ईटि'ऑलॉजि) **कारणविज्ञान :** वस्तुओं और घटनाओं के कारणों को खोजने वाला विज्ञान। इस अवधारणा का अधिकतम प्रयोग चिकित्सा समाजशास्त्र (**Medical sociology**) में होता है।

affect; affective (अ'फेक्ट; अ'फेक्टिव़) **प्रभाव, भावात्मक :** यह एक प्रकार का संवेग है। संवेगों को अनुभव करने की योग्यता और उनके प्रति प्रतिक्रिया करने की प्रवृत्ति भावात्मकता कही जाती है। समाजशास्त्र में, इस शब्द का प्रयोग इस विचार को व्यक्त करने के लिए किया जाता है कि प्रत्येक क्रिया का मुख्य उद्देश्य संवेगात्मक सन्तुष्टि होती है।

affective action (अ'फेक्टिव़'ऐक्शन्) **भावात्मक क्रिया :** देखें– **Action, affective**।

affective development (अ'फेक्टिव़ डि'व़ेलप्मन्ट्) **भावात्मक विकास :** भावों और अनुभवों को सीखने की प्रक्रिया। बच्चों में इसका विकास समाजीकरण की प्रक्रिया से संभव होता है।

affective individualism (अ'फेक्टिव़ इन्डि'व़िड्युअ लिज़म्) **भावात्मक व्यक्तिवाद :** ऐसी सामाजिक प्रक्रिया, जो विवाह के लिए रूमानी सम्बन्धों को आवश्यक आधार मानती है। इस शब्द की रचना इंग्लैंड के परिवार एवं विवाह में होने वाले परिवर्तनों के सन्दर्भ में की गयी है (देखें– Lawrence Stone, **The Family, Sex and Marriage in England, 1500-1800**, 1977)।

affective objective naturalism (अ'फेक्टिव़ अब्'जेक्टिव़ 'नेचॅर् लिज़म्) **भावात्मक वस्तुनिष्ठ प्रकृतिवाद :** वह प्रभावी सिद्धान्त, जिसके अनुसार नैतिक कथन इसलिए वस्तुनिष्ठ हैं कि वे प्राकृतिक जगत् के वैज्ञानिक एवं आनुभविक अन्वेषणों के द्वारा प्रमाणित किये जाते हैं।

affective theory of values (अ'फेक्टिव़ 'थ़िअरि ऑव़् 'व़ैल्यूज) **भावपरक मूल्य-सिद्धान्त :** वह सिद्धान्त, जो नैतिक मूल्य के निर्णय को व्यक्तियों की भावात्मक प्रतिक्रियाओं पर आधारित मानता है।

affectivity (अफेक्'टिवीटि) **भावात्मकता :** देखें– **Affect**।

affiance (अ'फ़ाइअन्स) **मँगनी, विवाह-प्रतिज्ञा :** माता-पिता का सन्तान के विवाह के लिए अथवा व्यक्ति-विशेष का स्वयं के विवाह के लिए वचनबद्ध होना। यह विशेषरूप से भारतीय समाज की विशेषता है : देखें– **Kinship**।

affinal; affinity (अ 'फ़ाइनल; अ 'फ़िनिटि) **वैवाहिक, विवाह सम्बन्ध :** विवाह द्वारा होने वाला सम्बन्ध विवाहजन्य सम्बन्ध कहलाता है। कुछ मानवशास्त्री वैवाहिक और अन्य नातेदारी सम्बन्धों के बीच अन्तर मानते हैं : देखें– **Affine; Kinship**।

affine (अ 'फ़ाइन) **विवाहजन्य रिश्ता :** ऐसा सम्बन्ध, जिसका निर्माण विवाह से होता हो, जैसे– जीजा-साला का सम्बन्ध : देखें– **Affinal; Kinship**।

affined (अ 'फ़ाइन्ड्) **विवाहजन्य सम्बन्धी :** विवाह के आधार पर पति का पत्नी के रक्त-सम्बन्धियों के साथ अथवा पत्नी का पति के रक्त-सम्बन्धियों के साथ स्थापित हुए सम्बन्धों को विवाह-सम्बन्धी कहा जाता है : देखें– **Affine; Kinship**।

affirmative action (अ 'फर्मटिव् 'ऐक्शन्) **सकारात्मक क्रिया :** पुरानी विसंगतियों को दूर करने का ऐसा तरीका, जिसके अन्तर्गत समाज के कमजोर वर्ग के लोगों को ऊपर उठाने के लिए आरक्षण की व्यवस्था की जाती है। किसी उद्देश्य की प्राप्ति के लिए नियोजकों द्वारा एक विशेष कानूनी प्रक्रिया अपनाना। इसे भारत में सामाजिक न्याय (**Social justice**) की नीति के रूप में जाना जाता है : देखें– **Reservation policy**।

affirmative proposition (अ 'फर्मटिव् प्रॉप 'ज़िशन्) **स्वीकारात्मक प्रतिज्ञप्ति :** वह प्रतिज्ञप्ति, जो किसी बात का विधान करे। ऐसे भी कहा जा सकता है कि जिसमें विधेय पद उद्देश्य पद के किसी तथ्य का विधान अथवा उसको स्वीकार करता है, जैसे– मनुष्य मरणशील है।

affluent society ('ऐफ़्लुअन्ट् स 'साइअटि) **समृद्ध समाज, दौलतमन्द समाज :** वह समाज, जिसके पास मूलभूत ज़रूरतों की पूर्ति के लिए आवश्यक संसाधनों के अतिरिक्त धन या वस्तुएँ हों। इसका प्रयोग अर्थशास्त्री जे. के. गालब्रेथ (J. K. Galbraith, 1908-2006) द्वारा किया गया है। गालब्रेथ के अनुसार कई आधुनिक समाज अभाव की समस्याओं का उन्मूलन करते-करते काफी धनवान हो गये हैं। ऐसे समाज के लोग गन्दगी का सार्विकीकरण और समृद्धि का निजीकरण करने में लगे हुए हैं।

affluent worker ('ऐफ़्लुअन्ट् वकर्) **सुसम्पन्न श्रमिक :** देखें– **Embourgeoisement**।

after-care home ('आफ़्टर् 'केअर् होम्) **उत्तरसेवा गृह :** ऐसी संस्था, जहाँ किशोर अपराधियों तथा वयस्क अपराधियों को परोल (**Parole**) पर छूटने अथवा जेल से रिहा होने पर उत्तरसेवा के लिए रखा जाता है। इस संस्था में उनकी व्यक्तिगत समस्याओं पर विशेष रूप से ध्यान दिया जाता है : देखें– **Parole**।

after-care programme ('आफ़्टर् 'केअर् 'प्रोग्रैम्) **उत्तरसेवा कार्यक्रम :** किशोर तथा वयस्क अपराधियों के परोल पर छूटने अथवा जेल से रिहा होने पर उनकी व्यक्तिगत समस्याओं के निदान के लिए कार्यक्रमों की योजना। इसके अन्तर्गत किशोरों के लिए बालभवन, बोर्स्टल स्कूल (**Borstal school**), दत्तक निवास तथा वयस्कों के लिए शिक्षा, व्यवसाय, धार्मिक कार्यक्रम तथा मनोरंजन के साधन जुटाने के प्रयास किये जाते हैं : देखें– **After-care home**।

after-effect ('आफ़्टर् इ 'फ़ेक्ट्) **अनुप्रभाव :** उत्तेजक के समाप्त होने के पश्चात् ज्ञानेन्द्रियों में अनुभव-प्रक्रिया का इस प्रकार जारी रहना कि संवेदना होती रहे। इसे उत्तर संवेदना भी कहते हैं। शराब पीने या भांग खाने के उपरान्त किसी व्यक्ति को जो एक विशेष प्रकार का अनुभव होता रहता है, उसे ही अनुप्रभाव की संज्ञा दी गई है।

after-life ('आफ़्टर् लाइफ़्) **मरणोत्तर जीवन :** आत्मा को अविनाशी माननेवाले अधिकतर धर्मों की मान्यता के अनुसार शरीर के नाश के पश्चात् बना रहने वाला अस्तित्व। हिन्दू धर्म में आत्मा को अविनाशी माना गया है।

after-sensation ('आफ़्टर् सेन् 'सेशन्) **उत्तर संवेदन :** देखें– **After-effect**।

after-world ('आफ़्टर् वर्ल्ड्) **परलोक, यमलोक :** कुछ धर्मों में ऐसे स्थान की कल्पना की गयी है, जहाँ मनुष्य मृत्यु के पश्चात् जाता है। इसका सम्बन्ध हिन्दू धर्म से है, जहाँ स्वर्ग और नरक की कल्पना की गई है।

age (एज्) **आयु, युग, काल :** यह मुख्यरूप से दो अर्थों में प्रयुक्त होता है– (1) वह कालावधि, जिसमें कोई वस्तु अथवा प्राणी जीवित या विद्यमान रहा हो तथा (2) पृथ्वी के इतिहास की एक काल-सीमा, जिसमें एक विशेष प्रकार का जीवन प्रधान रहा हो, जैसे– ताम्रयुग, कांस्ययुग, लौहयुग इत्यादि ।

age-and-area hypothesis (एज् ऐन्ड्'अरिआ हाइ'पॉथ़सिस्) **काल एवं क्षेत्र प्राक्कल्पना :** एक संकल्पना, जिसके अनुसार किसी संस्कृति-क्षेत्र की सीमा पर प्राप्त सांस्कृतिक विशेषकों की आयु केन्द्र में प्राप्त विशेषकों से अधिक प्राचीन मानी जाती है । कारण, ये विशेषक बहुत समय पहले केन्द्र से परिधि की ओर विसरित हुए थे । अतएव इनकी आयु की गणना केन्द्र से परिधि तक की दूरी के अध्ययन के साथ-साथ केन्द्र में प्राप्त उनसे सम्बन्धित विशेषकों द्वारा की जा सकती है । इस प्रकार संस्कृति केन्द्र के अन्वेषणों द्वारा परिधि पर प्राप्त सांस्कृतिक विशेषकों के वस्तुतः प्राचीन स्वरूप के प्रमाणों का अनावरण किया जा सकता है । इस प्राक्कल्पना की प्रामाणिकता के सम्बन्ध में सांस्कृतिक मानवशास्त्रियों के बीच मतभेद देखने को मिलता है ।

age category (एज्'कैटगरि) **आयु-विभाजन :** समाजशास्त्रीय सन्दर्भ में, आयु-विभाजन जनसांख्यिकीय दृष्टि से परिभाषित आयु-अवधि है, जैसे– शैशवावस्था, बाल्यावस्था, किशोरावस्था तथा वृद्धावस्था आदि । किसी समाज में कितने आयु-वर्ग हैं, इस सम्बन्ध में समाजों के बीच थोड़ी भिन्नता पाई जाती है ।

age class (एज् क्लास्) **आयु-वर्ग :** समवयस्क श्रेणी एवं लगभग समान आयु वाले व्यक्तियों का वर्ग । यह आयु समूह (**Age group**) के रूप में भी जाना जाता है । जनसंख्याशास्त्र में आमतौर पर आयु-वर्ग 5 या 10 वर्ष का मानकर विश्लेषण किया जाता है ।

age cohort (एज् 'कोहॉट) **आयु सहगण :** समान उम्र के व्यक्तियों का एक समूह ।

age dependency ratio (एज् डि'पेन्डन्सि 'रेशिओ) **आयु निर्भरता अनुपात :** कार्यशील आबादी (15-64 साल के बीच की आबादी) की तुलना में 15 साल से कम और 64 साल से ऊपर के लोगों की कुल आबादी के अनुपात को आयु निर्भरता अनुपात कहा जाता है ।

age differential (एज् डिफ़'रेन्श्ल्) **आयु विभेद :** आयु से सम्बन्धित विभेद की वह मात्रा या अनुपात, जो समान व्यक्तियों या व्यक्तियों के समूह के बीच पाया जाता है । किसी राज्य के अन्तर्गत विभिन्न आयु वर्गों के बीच साक्षरता-दर में अन्तर का आयु विभेद-विश्लेषण किया जा सकता है ।

age distribution (एज् डिस्ट्रि'ब्यूशन्) **आयु श्रेणीकरण :** आयु के आधार पर किसी जनसंख्या का वर्गीकरण करना : देखें– **Age class** ।

age grade (एज् ग्रेड्) **आयु श्रेणी :** इस शब्द का प्रयोग सामान्यतः उम्र के आधार पर समाज के अन्तर्गत पाए जाने वाले बँटवारे के लिए होता है । इस प्रकार का सामाजिक बँटवारा सामाजिक अनुष्ठानों के समय स्पष्ट रूप से दिखाई पड़ता है । मानवशास्त्रियों का कहना है कि यह एक प्रकार का स्तरण है, जो विभिन्न जनजातीय एवं वंशक्रम की सीमाओं को लांघकर समाज में स्तरण स्थापित करता है : देखें– **Age set** ।

age group (एज्'ग्रूप्) **आयु समूह :** समवयस्क श्रेणी एवं लगभग समान आयु वाले व्यक्तियों का वर्ग । जब जनगणना या किसी सर्वेक्षण से प्राप्त आँकड़ों के आयु-विश्लेषण की आवश्यकता होती है, तो समग्र को आयु के आधार पर विभिन्न वर्गों में सिलसिलेवार ढंग से बाँट दिया जाता है, जिसमें पाँच या दस वर्ष का अन्तराल रखा जाता है, जैसे– 0-4, 5-9, 10-14 या फिर 0-9, 10-19, 19-30 इत्यादि । वैसे ही आँकड़ों को आयु समूह के नाम से जाना जाता है । इसका प्रयोग आमतौर पर जनांकिकीय विश्लेषण में होता है ।

age mate (एज् मेट्) **समवयस्क :** एक ही आयु के सदस्य समवयस्क कहे जाते हैं। समवयस्क से मतलब मात्र वैसे व्यक्तियों से नहीं है जो बिल्कुल समान वर्ष के हैं। साल-दो-साल के अन्तर वाले व्यक्ति भी समवयस्क ही माने जाते हैं। स्कूलों के अन्तर्गत एक वर्ग के सभी छात्र एवं छात्राएँ समवयस्क मानी जाती हैं।

age of consent (एज् ऑव़् कन्'सेन्ट्) **अनुमति-आयु :** वह निम्नतम आयु, जब कन्या को विवाह अथवा अवैध सम्भोग की अनुमति देने के लिए बालिग समझा जाता है और सम्बन्धित पुरुष को बलात्कर के लिए दोषी नहीं माना जाता। यह आयु-सीमा प्रत्येक देश व समाज में भिन्न हो सकती है। भारत में अनुमति-आयु की निम्नतम समय सीमा 18 वर्ष निर्धारित की गई है।

age of maximum criminality (एज् ऑव़् 'मैक्सिमम् क्रिमिनैल्'इटि) **महत्तम अपराध आयु वर्ग :** अपराध सांख्यिकी के आधार पर व्यक्ति की कालानुक्रमिक आयु, जिसमें दण्डविधि के साथ उसके अधिकतम संघर्ष की सम्भावना होती है।

age pyramid (एज्'पिर्मिड्) **आयु पिरामिड :** ग्राफ के माध्यम से किसी समाज में विभिन्न आयु वर्गों में कितने पुरुष व स्त्री हैं, हम यह दर्शाने का प्रयास करते हैं। इसके माध्यम से हमें उस समाज की जनसंख्या की आयु एवं लिंग संरचना का ज्ञान होता है। चूँकि इस आलेख का स्वरूप पिरामिड जैसा होता है इसलिए इसका नामकरण भी वैसा ही किया गया है।

age regiment (एज्'रेजिमन्ट्) **आयु श्रेणी :** यह **Age grade** की ही तरह है : देखें– **Age grade**।

age set (एज् सेट्) **समवयस्क श्रेणी :** समान आयु के सदस्यों का ऐसा समूह, जो औपचारिक रूप से जुड़ा हुआ है। एक ही श्रेणी (स्त्री या पुरुष) एवं लगभग एक ही आयु के व्यक्तियों का समूह, जिसके कुछ निश्चित कर्त्तव्य और विशेषाधिकार होते हैं और जो समाज का एक अंश या भाग होता है। प्रत्येक आयु श्रेणी को भिन्न-भिन्न स्तरों से गुजरना पड़ता है और प्रत्येक की अपनी सुनिश्चित परिस्थिति, आनुष्ठानिक क्रियाकलाप एवं कर्त्तव्य होते हैं।

age-sex specific death rate (एज् सेक्स् स्प'सिफ़िक् डेथ़् रेट्) **आयुलिंग-मूलक मृत्यु-दर :** प्रति हजार व्यक्तियों में प्रत्येक उम्र एवं लिंग समूह में मरने वालों का औसत। आयुलिंग-मूलक मृत्यु-दर के अध्ययन की महत्ता इस बात में है कि मृत्यु की सम्भावनाएँ प्रत्येक उम्र के लोगों के लिए कभी भी समान नहीं होती हैं। यहाँ तक कि यौन के आधार पर भी मृत्यु-दर में फर्क देखा जाता है। समान उम्र की नारी और पुरुष के मरने की सम्भावनाएँ विश्व में समान नहीं हैं, जैसे– भारत में बालिका शिशुओं के मरने की सम्भावना बालक शिशुओं की तुलना में ज्यादा है, तो विकसित देशों के अन्तर्गत यह स्थिति ठीक उल्टी है। उसी प्रकार एक साल के शिशुओं के बीच पाँच साल के बच्चों की तुलना में काफी अधिक मृत्यु-दर देखी जाती है तथा वयस्कों की तुलना में वृद्धों के बीच मृत्यु-दर काफी अधिक होती है।

age-sex structure (एज् सेक्स्'स्ट्रक्चर्) **आयु लिंग संरचना :** प्रत्येक उम्र के पुरुष एवं स्त्री को मिलाकर जनसंख्या का निर्माण होता है। किसी जनसंख्या में लिंगानुपात **(Sex ratio)** तथा विभिन्न उम्र समूह **(Age group)** के प्रतिशत में बँटवारे की मदद से जनसंख्या की संरचना को समझने में मदद मिलती है। यह कार्यशील आबादी, जन्म-दर, मृत्यु-दर एवं प्रवास की प्रवृत्ति को समझने में मदद करती है।

age-specific death rate (एज् स्प'सिफ़िक् डेथ़् रेट्) **आयु विशिष्ट मृत्यु-दर :** किसी जनसंख्या में किसी विशेष आयु समूह में मृत्यु की दर, जैसे– बाल मृत्यु-दर। आयु विशिष्ट मृत्यु-दर भी आयु विशिष्ट प्रजननता-दर की भाँति निकाली जाती है। इसके लिए हमें सर्वप्रथम देश की (या अगर किसी क्षेत्र या शहर की दर निकाल रहे हों तो उस क्षेत्र या शहर की) जनसंख्या की आयु संरचना जाननी चाहिए। फिर प्रत्येक आयु समूह में होने वाली मृत्यु की गणना करते हैं। इसके लिए प्रत्येक मरने वाले व्यक्ति की मृत्यु के समय आयु की जानकारी होनी चाहिए।

age-specific rate (एज् स्प'सिफ़िक् रेट्) **आयु विशिष्ट दर :** वैसी दर, जो विशेष उम्र समूह से प्राप्त होती है, जैसे– प्रजननता-दर, मृत्यु-दर, विवाहदर, निरक्षरतादर, विद्यालय नामांकन दर इत्यादि। विभिन्न प्रकार की जनांकिकीय एवं

सामाजिक प्रक्रियाओं व घटनाओं का सम्बन्ध व्यक्ति की उम्र से सीधा जुड़ा हुआ होता है, इसलिए आयु विशिष्ट दर के आधार पर आँकड़ों का विश्लेषण किया जाता है ।

age stratification (एज् स्ट्रैटिफ़ि 'केश्न्) **आयु स्तरण :** आयु के आधार पर व्यक्तियों का सामाजिक वर्गीकरण यथा शिशु, बालक, प्रौढ़, वृद्ध आदि । प्राय: सभी समाजों में वयोवृद्ध का सामाजिक दर्जा वयस्कों से ऊपर होता है तथा उसी प्रकार नवयुवकों को बालकों की श्रेणी से ऊपर रखा जाता है, चूँकि उम्र के साथ अनुभव का गहरा सम्बन्ध होता है । अत: वृद्ध लोगों को समाज विशिष्ट प्रतिष्ठा की नजर से देखने की कोशिश करता है : देखें– **Stratification** ।

age structure (एज् 'स्ट्रक्चर्) **आयु संरचना :** आयु के आधार पर किसी जनसंख्या का विभिन्न आयु समूहों में वर्गीकरण कर जनांकिकीय प्रक्रियाओं को समझने की चेष्टा की जाती है । इसके आधार पर हम आमतौर पर प्रजननता-दर, मृत्यु-दर, देशान्तरण एवं कार्यसहभागिता सम्बन्धी प्रक्रियाओं को समझने का प्रयास करते हैं ।

ageing (aging) ('एज्इन्ग) **जीर्णन, वयोवृद्धि :** समय के साथ किसी व्यक्ति या जनसंख्या में उम्र से सम्बन्धित गुणों का प्रकट होना । चूँकि मृत्यु-दर में भारी गिरावट आयी है इसलिए लोगों के जीवित रहने की सम्भावना अब काफी बढ़ गयी है । यही कारण है कि पाश्चात्य देशों की आबादी में वयोवृद्ध लोगों का अनुपात काफी बढ़ गया है । धीरे-धीरे यह समस्या बढ़ती ही जा रही है, इसे ही जनसंख्या का जीर्णन कहा जाता है : देखें– **Ageing of population** ।

ageing, sociology of ('एज्इन्ग, सोसि 'ऑलजि ऑव्) **जीर्णन** या **वयोवृद्धि का समाजशास्त्र :** देखें– **Sociology of ageing**।

ageing of population ('एज्इन्ग ऑव् पॉप्यु 'लेश्न्) **जनसंख्या जीर्णन :** यह एक जनसंख्यात्मक प्रक्रिया है, जिसमें वयस्क तथा बुजुर्गों की जनसंख्या में बढ़ोतरी होती है और बच्चों तथा युवकों के अनुपात में कमी आती है । क्षय तभी होता है जब प्रजननता-दर घटती है और जीवन की प्रत्याशा स्थिर रहती है या बूढ़े लोगों के जीवित रहने की सम्भावना में धीरे-धीरे वृद्धि होती है : देखें– **Sociology of ageing** ।

ageism ('एज्इज़्म्) **आयुवाद**, **वयवादिता :** उम्र पर आधारित पूर्वाग्रह । वह विचारधारा, जो आयु के आधार पर भिन्न-भिन्न व्यक्तियों में भेदभाव को उचित एवं तर्कसंगत ठहराती है । इसमें वृद्ध लोगों पर विशेष ध्यान रखने की माँग की जाती है । इसके अन्तर्गत यह तर्क दिया जाता है कि समाज के प्रचलित ढाँचे के भीतर, जो वृद्ध लोग सम्पदाएँ, शक्ति और पद-प्रतिष्ठा से वंचित हो जाते हैं, उनकी भौतिक और भावनात्मक सुरक्षा करना समाज का दायित्व है ।

agelecism (एज्लि सिज़्म्) **समाजाधृत सिद्धान्त, समूहवाद :** इस शब्द का निर्माण सर्वप्रथम एमिल बिनाइ-स्मलियाँ (E. Benoit-Smullyan) ने ग्रीक भाषा की मदद से किया था । बाद में इस शब्द का प्रयोग फ्रेंच समाजशास्त्री एमिल डर्कहाइम (Émile Durkheim, 1858-1917, हिन्दी में इस व्यक्ति के नाम का शुद्ध उच्चारण मात्र एमिल डर्कहाइम है) ने किया । समूहवाद से तात्पर्य उस सामान्य समाजशास्त्रीय सिद्धान्त से है, जो सामाजिक समूह को कारणात्मक प्राथमिकता प्रदान करता है । समूहवादी विचारधारा का मत है कि सामाजिक समूह का अस्तित्व व्यक्ति से ऊपर होता है । समूहवाद संस्कृति और व्यक्ति के जीवन के मूल्यों का स्रोत है तथा यह उसके व्यवहार का निर्धारण करता है, ऐसा डर्कहाइम मानते थे ।

agency and structure ('एजेन्सि ऐन्ड् 'स्ट्रक्चर्) **अभिकरण एवं संरचना :** समाजशास्त्रीय सिद्धान्त के क्षेत्र में इस विषय पर अक्सर बहस होती रही है कि किस प्रकार सामाजिक संरचना व्यक्ति के व्यवहार को प्रभावित करती है तथा व्यक्ति किस हद तक सामाजिक संरचना से स्वतन्त्र होकर कोई काम करता है । इसके साथ ही, इस विषय पर भी वाद-विवाद होता रहा है कि सामाजिक संरचना का निर्माण व्यक्तियों के द्वारा कैसे संभव होता है तथा सामाजिक संरचना किस हद तक व्यक्ति से स्वतन्त्र होती है ।

agency of socialization ('एजेन्सि ऑव् सोशॅलाइ'ज़ेश्न्) **समाजीकरण के अभिकरण :** समाजीकरण की प्रक्रिया में भाग लेने वाले व्यक्ति, जैसे– माता-पिता, परिवार, मित्र, शिक्षक या कोई समूह या समिति जो समाजीकरण की प्रक्रिया में भाग लेते हैं, वे समाजीकरण के अभिकरण के रूप में जाने जाते हैं : देखें– **Socialization** ।

agenda setting (अ 'जेन्डा 'सेटिङ्) **कार्यसूची** या **कार्यावली स्थापन** : दूर-संचार के समाजशास्त्र (**Sociology of mass media**) में यह विचार व्यक्त किया गया है कि दूर-संचार के साधनों (दूरदर्शन, रेडियो एवं प्रेस) के द्वारा मात्र सूचनाओं का प्रचार-प्रसार ही नहीं होता, बल्कि इन माध्यमों के द्वारा एक निश्चित प्रकार की कार्यसूची आम लोगों तक पहुँचाने की कोशिश भी की जाती है। ऐसा इसलिए किया जाता है कि दूर-संचार के माध्यमों के द्वारा निश्चित प्रकार के सूचनाओं को निश्चित प्रकार के लोगों के द्वारा किसी निश्चित उद्देश्य से जनता तक पहुँचाने का प्रयास किया जाता है।

agent provocateur ('एजन्ट् प्रावॅ 'केटिअर्) **प्रोत्तेजक** : यह फ्रांसीसी भाषा का शब्द है, जिसका प्रयोग उस व्यक्ति के लिए किया जाता था, जो संदिग्ध अपराधियों का पता लगाने के लिए उन्हें अपराध करने को उकसाता था। लेकिन, वर्तमान सन्दर्भ में किसी संघर्ष के दौरान विरोधी पक्ष में भेजे जाने वाले उस व्यक्ति को प्रोत्तेजक माना जाता है, जो विरोधी पक्ष में जाकर विरोधी का विश्वास-भाजन बन जाता है और ऐसे कार्य करता या कराता है, जिससे विरोधी पक्ष को क्षति होती है। सरकार, जनता या विरोधी श्रमिक संगठनों को तोड़ने या उनकी योजनाएँ निष्फल करनेवाला यह एक षड्यन्त्रकारी व्यक्ति के रूप में जाना जाता है। दो देशों के बीच संघर्ष में भी प्रोत्तेजकों का उपयोग किया जाता है।

agglomeration (urban) (अ गलॉम 'रेशन्) **नगरीय समूह** : देखें– **Urban agglomeration** ।

aggravated assault ('ऐग्र वेट्ड अ 'सॉल्ट्) **उत्तेजित हमला** : बिना किसी खास उत्तेजना के किसी व्यक्ति को जान से मार डालने की इच्छा से घातक हथियार द्वारा सहसा आक्रमण करना ।

aggregate ('ऐग्रिगट्) **संचय, समुच्चय** : समुच्चय एक स्थान तथा एक समय में व्यक्तियों का संचयन मात्र है। व्यक्तियों का ऐसा समूह, जिसमें अन्त:क्रिया और समान उद्देश्य की कमी होती है, जैसे– बस अड्डे एवं रेलवे स्टेशन पर जनसमूह ।

aggregate meaning ('ऐग्रिगट् 'मीनिङ्) **समूहार्थ** : तर्कशास्त्र में समूह के द्वारा स्वीकृत सामान्य अर्थ ।

aggression (अ 'ग्रेशन्) **आक्रमण** : इस शब्द का प्रयोग आमतौर पर दो व्यक्तियों के बीच घटने वाली रोषपूर्ण प्रक्रिया के लिए किया जाता है। आक्रमण का स्वरूप हमेशा भौतिक ही नहीं होता, बल्कि कभी-कभी यह शब्दों के माध्यम से या मनोवैज्ञानिक रूप से भी संभव होता है। जब आक्रमण एक से अधिक सामाजिक समूहों के बीच होता है, तो उसे संघर्ष (**Conflict**) और जब यह दो देशों के बीच होता है, तो इसे युद्ध (**War**) कहते हैं (देखें– J. Dollard *et al.*, **Frustration and Aggression**, 1939) ।

aggressive mob (अ 'ग्रेसिव् मॉब्) **आक्रामक भीड़** : अत्यन्त ही उत्तेजित भीड़, जिसका एक ही उद्देश्य और हित (स्वार्थ) होता है और जिससे अभिप्रेरित हो भीड़ के व्यक्ति विनाश, हिंसा या आक्रमण के लिए तत्पर होते हैं।

agitation (ऐजि 'टेशन्) **आन्दोलन** : आन्दोलन लोगों की उत्तेजना अथवा उनके अव्यवस्थित व्यवहार के कारण होनेवाला उपद्रव है। कुछ लोग राजनीतिक प्रयोजनों की सिद्धि के लिए उत्तेजना उत्पन्न करने का प्रयास करते हैं। यह आवश्यक नहीं है कि इस प्रकार का प्रयत्न अव्यवस्थित ही हो। इसी प्रकार, आन्दोलनकर्ता वह व्यक्ति है, जो स्त्री-पुरुषों की एक बड़ी संख्या के चिन्तन तथा आचरण को उत्तेजना की दिशा में मोड़ देता है।

agitator ('ऐजि टेटर्) **आन्दोलनकर्ता, उपद्रवी** : वैसा व्यक्ति, जो सामाजिक, आर्थिक तथा धार्मिक व्यवस्था में हलचल उत्पन्न कर आन्दोलन की स्थिति पैदा कर दे : देखें– **Activist** ।

agnate, agnation ('ऐग्नेट, ऐग् 'नेशन्) **सपिण्ड, पितृसम्बन्धी** : रोमन कानून में इस शब्द का प्रयोग वैसे स्त्री-पुरुषों के समूह के लिए होता था, जो समान वंश के होते थे। आज इस शब्द का प्रयोग सामाजिक मानवशास्त्र में मात्र पितृवंशीय पुरुषों के समूह के लिए होता है।

agnostic naturalism (ऐग'नॉस्टिक 'नेचॅर् लिज़्म्) **अज्ञेयवादी प्रकृतिवाद :** वह सिद्धान्त, जो प्रकृति को परमतत्त्व और अज्ञेय मानता है ।

agnosticism (ऐग'नॉस्टि सिज़्म्) **अज्ञेयवाद :** यह विश्वास कि ईश्वर के बारे में कुछ भी नहीं जाना जा सकता है ।

agrarian society (अ'ग्रेरिअन् सॅ'साइअटि) **कृषक समाज :** वह समाज, जिसमें लोगों के जीविकोपार्जन का प्रमुख साधन कृषि या कृषि पर केन्द्रित अन्य धन्धे होते हैं । इस प्रकार के समाज की उत्पत्ति आज से लगभग 12,000 साल पूर्व हुई थी, जो आज भी पाया जाता है । इसका प्रारम्भ खेती और बागबानी **(Horticulture)** से माना जाता है । इस अवस्था में लोग छोटे-छोटे समुदायों में रहा करते थे । जीविकोपार्जन का मुख्य स्रोत कृषि था, लेकिन कुछ लोग शिकारी जीवन भी व्यतीत कर रहे थे । इस अवस्था में लोग बहुत ही आक्रामक और हिंसात्मक जीवन जी रहे थे, लेकिन पशुचारी समाज की तुलना में इनके जीवन में उतना अधिक युद्ध और हिंसा नहीं पायी जाती थी । समाज में स्तरण प्रारम्भ हो गया था तथा शासन की बागडोर सामुदायिक मुखिया **(Community chief)** के हाथ में हुआ करती थी (देखें– V. Gordon Childe, **What Happened in History**,1964) : देखें– **Agricultural society** ।

agrarianism (अ'ग्रेरिअ निज़्म्) **भूमि सुधारवाद, कृषकवाद :** यह मुख्यरूप से दो अर्थों में प्रयुक्त होता है– (1) एक ऐसा विचार कि भूमि सुधार या हदबन्दी के माध्यम से ग्रामीण क्षेत्र के लोगों के जीवन में सुधार संभव है । (2) इसका अभिप्राय खेतीबारी के धन्धे के ऐसे रूमानी विचारों से भी है, जो इस मान्यता पर आधारित है कि पारिवारिक जीवन के लिए ग्रामीण परिवेश ही सबसे अधिक उपयुक्त एवं आदर्श है ।

agribusiness ('ऐग्रि बिज़्निस्) **कृषि व्यापार :** इस शब्द का प्रयोग सर्वप्रथम अमरीकी अर्थशास्त्री डेविस (J. H. Davis) ने किया था । इसका प्रयोग दो अर्थों में होता है– प्रथम, एक ऐसा आर्थिक कार्यकलाप, जो मुख्यरूप से कृषि पर आधारित है । दूसरा, अधिकतम लाभ हेतु कृषि में मशीनों के उपयोग से कृषि क्षेत्र में बहुमात्र उत्पादन कर अपनी आमदनी को बढ़ाना ।

agricultural labourer ('ऐग्रिकल्चरल् 'लेबरर्) **खेतीहर मज़दूर :** वे सामाजिक श्रेणियाँ, जो मुख्यतया कृषि कार्यों में श्रमशक्ति बेचकर आजीविका चलाती हैं ।

agricultural society ('ऐग्रिकल्चरल् सॅ'साइअटि) **खेतीहर समाज :** जीवन-यापन के लिए हल-बैल से खेती पर निर्भर रहने वाला समाज। भारत का ग्रामीण समाज खेतीहर समाज है : देखें– **Agrarian society** ।

agricultural structure ('ऐग्रिकल्चरल् 'स्ट्रक्चर्) **कृषीय संरचना :** यह मुख्यरूप से ग्रामीण समाजशास्त्र या कृषि समाजशास्त्र का विषय है । इसके अन्तर्गत हम यही देखने का प्रयास करते हैं कि किस प्रकार कृषि उत्पादन के विभिन्न कारक एक-दूसरे से जुड़े हुए हैं । इसके माध्यम से यह समझने का प्रयास किया जाता है कि कृषिगत समाज में होनेवाले परिवर्तनों का क्या स्वरूप है ।

agriculture, sociology of ('ऐग्रिकल्चर्, सोसि'ऑलजि ऑव्) **कृषि-समाजशास्त्र :** समाजशास्त्रीय अध्ययन की एक ऐसी विधा, जो खेती से जुड़े सामाजिक सम्बन्धों का अध्ययन करती है । मार्क्सवादी चिन्तक ग्रामीण समाजशास्त्र की जगह कृषि समाजशास्त्र पर जोर देते हैं । इस विषय के अन्तर्गत मुख्यरूप से खेतीबारी की संरचना, पूँजीवादी व्यवस्था के अन्तर्गत खेतीबारी नीति, खेतीहर मज़दूर, क्षेत्रीय असन्तुलन एवं खेतीहर पारिस्थितिकी का अध्ययन किया जाता है ।

agriculturist ('ऐग्रिकल्चॅरिस्ट्) **कृषक, किसान :** वह व्यक्ति, जो पशु अथवा यान्त्रिकी साधनों के द्वारा जमीन की जुताई कर जीवन बसर करता है या यह कहा जाये कि कृषक वे हैं जो कृषि पर आधारित जीवन व्यतीत करते हैं ।

ahimsa (non-violence) **अहिंसा :** भारतीय चिन्तन के अन्तर्गत, वह सिद्धान्त या नीति, जिसमें अपने विरोधी को प्रेम से जीता जाता है, घृणा या लड़ाई से नहीं । यह सिद्धान्त बहुत पुराना है । आधुनिक युग में महात्मा गाँधी (1869-1948)

ने भारत के स्वाधीनता संग्राम के दौरान अहिंसा को एक राजनीतिक सिद्धान्त के रूप में अपनाया और इसकी शक्ति को प्रमाणित किया। यह भौतिक शक्ति को नौतिक शक्ति के आगे झुकाने की कला है।

ahistorical (अ हि'सटॉरिक्ल्) **अनादिकाल :** जिसके प्रारम्भ का कोई इतिहास न हो। सूर्य, पृथ्वी, आकाश, परमात्मा का अस्तित्व अनादिकाल से है। यह ठीक-ठीक कोई नहीं जानता है कि वे कब से अपने वर्तमान अस्तित्व में मौजूद हैं।

AIDS एड्स : यानी 'अक्वायर्ड इम्यूनो डिफिसियेंसी सिंड्रोम' एचआईवी (**HIV**), संक्रमण के बाद की स्थिति है, जिसमें मानव अपनी प्राकृतिक प्रतिरक्षण क्षमता खो देता है। एड्स स्वयं कोई बीमारी नहीं है। यह एक ऐसी समस्या है, जो शरीर की ऑटो इम्यून पद्धति (**Auto-immune system**) को समाप्त करती है। फलस्वरूप जब कोई व्यक्ति किसी बीमारी का शिकार होता है, तो उसका उपचार संभव नहीं हो पाता है और उसे अपने जीवन से हाथ धोना पड़ जाता है; क्योंकि एचआईवी रक्त में मौजूद प्रतिरोधी पदार्थ लिफ्मोसाइट्स पर हमला करता है। एड्स पीड़ित के शरीर में प्रतिरोधक क्षमता के क्षय होने से क्रमशः कोई भी संक्रमण, यानी सर्दी जुकाम से लेकर टी.बी. जैसे रोग तक सहजता से हो जाते हैं और उनका इलाज करना कठिन हो जाता है। एचआईवी संक्रमण को एड्स की स्थिति तक पहुँचने में 8 से 10 वर्ष या इससे भी अधिक समय लग सकता है। एचआईवी से ग्रसित व्यक्ति अनेक वर्षों तक संलक्षणों के बिना रह सकते हैं। एड्स वर्तमान युग की सबसे बड़ी स्वास्थ्य समस्याओं में से एक है। एड्स के संक्रमण के तीन मुख्य कारण हैं– यौन द्वारा, रक्त द्वारा तथा माँ-शिशु संक्रमण द्वारा। माना जाता है कि सबसे पहले इस रोग का विषाणु एचआईवी अफ्रीका की खास प्रजाति के बन्दर में पाया गया और वहीं से यह पूरी दुनिया में फैला। अभी तक यह लाइलाज माना जाता है, लेकिन दुनिया भर में इसके इलाज पर शोधकार्य चल रहे हैं।

alarmist (अ'लामिस्ट्) **भय प्रसारक :** ऐसा व्यक्ति, जो किसी अनिष्ट की आशंका से लोगों के मन में डर पैदा करने की कोशिश करता है। साधारणतः ऐसा व्यक्ति स्वयं बहुत जल्दी भयभीत हो जाता है और फिर अपनी घबराहट को इस ढंग से प्रकट करता है, जिससे दूसरे लोग भी भयभीत हो जायें।

albinism ('ऐल्बि निज़्म्) **रंजकहीनता :** त्वचा, आँख तथा बालों में रंजकता की कमी। यह खानदानी होता है, किन्तु जीवन में परिवर्तन होने से कभी-कभी अचानक भी उपस्थित हो सकता है।

alcoholism ('ऐल्क 'हॉलिज़्म्) **मद्यव्यसनिता, अतिमद्यपता :** मदिरा की असाधारण लत को अतिमद्यपता कहते हैं। यह एक दीर्घकालिक रोग है, जिसमें व्यक्ति सामान्य से बहुत अधिक मात्रा में बार-बार शराब पीता है। इससे उसका कामकाज, पारिवारिक, सामाजिक और आर्थिक जीवन प्रभावित होता है।

alibi ('ऐलबाइ) **अन्यत्रता :** ऐसी स्थिति जबकि अपराधी कानून से बचने के लिए अपनी उपस्थिति किसी अन्य स्थान पर सिद्ध करे और साबित कर दे कि वह अपराध के समय उक्त स्थान पर नहीं था।

alien ('एलिअन्) **अन्यदेशीय, विदेशी :** विदेशी वे व्यक्ति होते हैं, जो राज्य के प्रदेशों में स्थायी अथवा अस्थायी रूप से निवास करते हैं, लेकिन वे उस राज्य के प्रति निष्ठावान् नहीं होते हैं, उदाहरणस्वरूप– भारत में कार्य करने वाले बहुत से ईसाई धर्म-प्रचारक या बांग्लादेशी शरणार्थी आदि।

alienated ('एलिअ नेटड्) **विमुखता :** समाज में कुछ ऐसे भी व्यक्ति होते हैं, जिन्हें अपना ही समाज अच्छा नहीं लगता है। वे समाज की मुख्यधारा से अलग होकर जीना चाहते हैं, जैसे– पाश्चात्य देशों में हिप्पी एवं भारत में साधु या फकीर समाज से असम्बद्ध होकर जीवन-निर्वाह करना चाहते हैं। मार्क्सवादी साहित्य में इस अवधारणा का अर्थ कुछ और ही है : देखें– **Alienation**।

alienation (एलिअ'नेशन्) **परकीयन, इतरीकरण :** सामान्यतः अलगाव एक क्रिया है या उस क्रिया की निष्पत्ति है, जिसके द्वारा व्यक्ति अन्य सभी वस्तुओं से अलग हो जाता है। इस अवधारणा का प्रयोग जी. डब्ल्यू. हीगल (G. W. F. Hegel, 1770-1831) ने किया था। यह शब्द अस्तित्ववादी दर्शन में प्रयुक्त हुआ है। अस्तित्ववादी दर्शन में स्वयं

से और यदि ईश्वर है, तो ईश्वर से भी अलगाव हो जाता है । इस प्रकार के अलगाव को अस्तित्ववाद में अप्रामाणिक सत्ता माना गया है ।

परन्तु एक समाजशास्त्रीय प्रत्यय के रूप में इसे कार्ल मार्क्स (Karl Marx, 1818-1883) ने विकसित किया । अलगाव व्यक्ति की एक ऐसी सामाजिक-मनोवैज्ञानिक स्थिति अथवा दशा है, जिसमें व्यक्ति समाज की मुख्यधारा से कट जाता है या कटा हुआ महसूस करता है । इस अवधारणा में सामाजिक व मनोवैज्ञानिक स्तर पर शक्तिहीनता, प्रतिमानहीनता, पृथकता, मानकशून्यता, आत्म-विलगाव, अवैयक्तीकरण जैसी प्रक्रियाओं को भी सम्मिलित किया जाता है । पृथकत्व के कई रूप हो सकते हैं, यथा–

(1) अर्थहीनता : अर्थात् व्यक्ति को अपने जीवन या कार्यों अथवा उपलब्धियों आदि का कोई अर्थ या उद्देश्य ही प्रतीत नहीं होता है ।

(2) शक्तिहीनता : इससे व्यक्ति को यह अनुभव होता है कि उसके हाथों में सामाजिक, आर्थिक तथा राजनीतिक शक्तियों का अभाव है और वह अत्यन्त निस्सहाय है ।

(3) नियमहीनता : जब व्यक्ति समाज में प्रतिमानों, नियमों, आदर्शों आदि को खण्डित होते हुए देखे तथा सदाचार और नियमित जीवन से उसकी आस्था उठ जाये ।

(4) कार्यहीनता : यद्यपि समाजशास्त्रीय साहित्य में इस प्रकार के विलगाव को कोई पृथक् स्थान नहीं मिल पाया है, तथापि यह देखने में आ रहा है कि आजकल कई सरकारी कार्यालयों, शोध-संस्थानों आदि में कर्मचारी कोई समुचित कार्य न होने के फलस्वरूप भी पृथकत्व का अनुभव करते हैं । पृथकत्व की भावना व्यक्ति के जीवन में निराशा पैदा करती है; क्योंकि व्यक्ति समाज से कतराने लगता है तथा उससे पीछे हटने का प्रयास करने लगता है । आधुनिक विश्व में प्रजातिवाद, जातिवाद, राजनीतिक दलबन्दी, वर्ग-भेद, संस्थात्मक राग-द्वेष आदि के कारण अधिकाधिक व्यक्तियों के जीवन में पृथकत्व की भावना फैल रही है तथा उनमें असामाजिकता पनप रही है । इसे रोकने की दिशा में विशेष उल्लेखनीय प्रयासों का अभाव अभी भी बना हुआ है (देखें– Robert Blauner, **Alienation and Freedom**,1964; Herbert Marcuse, **One-dimensional Man**,1964; B. Ollman, **Alienation: Marx's Critique of Man in Capitalist Society**,1971; J. Torrance, **Estrangement, Alienation and Exploitation**, 1977) ।

alienist (एलिअनिस्ट) **अदालती मनश्चिकित्सक :** मस्तिष्कीय विकारों का विशेषज्ञ, जो अदालत की ओर से अपराधी की वर्तमान मानसिक अवस्था तथा अपराध करते समय की मानसिक अवस्था दोनों स्थितियों की पूर्ण जाँच करता है ।

aligning and realigning action (अ'लाइनिंग ऐन्ड् रिअ'लाइनिंग 'ऐक्शन्) **पंक्तिबद्ध एवं अपंक्तिबद्ध क्रिया :** इस अवधारणा का सर्वप्रथम प्रयोग समाजशास्त्री इरविंग गॉफ़मैन (Erving Goffman, 1922-1982) ने किया है । पंक्तिबद्ध एक ऐसा कार्य है, जो यह सूचित करता है कि अपेक्षा के अनुरूप कुछ होने जा रहा है; जैसे– सिनेमाघरों में जब रोशनी बुझाई जाती है, तो दर्शक स्वत: शान्त हो जाने की कोशिश करते हैं; क्योंकि यह फिल्म प्रारम्भ होने का संकेत है । ठीक इसके विपरीत जब अपेक्षा के अनुरूप कोई कार्य आगे नहीं बढ़ता है, तो लोग प्रतिक्रिया स्वरूप अपंक्तिबद्ध व्यवहार करने लगते हैं, जैसे– सिनेमाघरों में किसी संवाद या दृश्य के राजनीतिक कारणों से विरोध में किया गया आचरण (देखें– Erving Goffman, **The Presentation of Self in Everyday Life**,1959) ।

alimony ('ऐलिमनि) **निर्वाह-धन, संभरण :** पुरुष अथवा स्त्री द्वारा विवाहित स्थिति का त्याग किए जाने पर, अदालत के आदेश पर त्यागने वाले पक्ष से, परित्यक्त पक्ष को दिलवाई जाने वाली धनराशि । इस धनराशि की मात्रा तथा इसके भुगतान की अवधि, त्यागने वाले व्यक्ति की आर्थिक स्थिति, स्तर तथा अन्य परिस्थितियों पर निर्भर करती है ।

alliance (अ'लाइअन्स्) **विवाह, सहबन्ध, सन्धि :** इस शब्द का प्रयोग दो अर्थों में किया जाता है– (1) समाजशास्त्र तथा मानवशास्त्र में इस अवधारणा का प्रयोग वैवाहिक आधार पर निर्मित सम्बन्धों के लिए किया जाता है । (2) लेकिन,

व्यापक अर्थ में सन्धि का अभिप्राय दो या दो से अधिक व्यक्तियों या गुटों का किसी ऐसे सरकारी उपक्रम में परस्पर में मिलना है, जिसे सक्रिय विरोध का सामना करना पड़ रहा हो। यह विरोध वास्तविक सम्भाव्य भी और लाक्षणिक भी हो सकता है।

alliance theory (अ 'लाइअन्स् 'थिअरि) **विवाह-सिद्धान्त :** सामाजिक मानवशास्त्र के क्षेत्र में यह एक प्रकार का नातेदारी-सिद्धान्त है। इस सिद्धान्त के प्रवर्त्तक यह मानते हैं कि नातेदारी एवं वंशावली के क्षेत्र में खड़ी वंशावली समानांतर वंशावली से कम महत्त्वपूर्ण है।

allocation (ऐल्'केश्न्) **आबंटन, बँटवारा :** सामानों या किसी योजना के लिए किसी राशि का आबंटन।

alogical (अॅ'लॉजिक्ल्) **तर्कातीत :** तर्क के क्षेत्र से बाहर या उससे परे। परमात्मा का होना या न होना तर्कातीत है।

alpine ('ऐल्पाइन) **ऐल्पाईन प्रजाति :** एशिया और पूर्वी मध्य यूरोप में मूलरूप से रहने वाली कॉकास्वायड या श्वेत प्रजाति (**Caucasoid** or White race) का एक भाग, जिनकी खोपड़ियाँ चौड़ी, चेहरे और जबड़े चौड़े, बाल भूरे या काले और रंग साफ होते हैं।

alternating generation (ऑल्टर्नेट'इन्ग जेन'रेशॅन) **एकान्तर पीढ़ी :** ऐसी पीढ़ियाँ, जो मध्य पीढ़ी के द्वारा एक-दूसरे से कड़ीबद्ध होती हैं, जैसे– दादा और पोते की पीढ़ियाँ।

alteration (ऑल्ट'रेश्न्) **परिवर्तन, गुणांतरण :** अरस्तू के अनुसार, गुण में होनेवाला परिवर्तन, जिसका परिमाण और स्थान के परिवर्तन से भेद किया गया है। सामाजिक विज्ञानों में इसका अर्थ कुछ भिन्न है। साधारण रूप से शिक्षित व्यक्ति का कुशल कारीगर होना या किसी समुदाय के जीवन स्तर में मामूली बदलाव आना गुणांतरण है।

alternation (ऑल्टर्'नेश्न्) **एकान्तरण :** सापेक्षिक रूप से एक मामूली ईजाद, जो संस्कृति के कुछ पहलुओं में सतही परिवर्तन को इंगित करते हैं। इससे किसी व्यापक परिवर्तन का बोध नहीं होता है। मैसूर नरसिम्हाचार श्रीनिवास (M. N. Srinivas, 1916-1999) द्वारा प्रतिपादित संस्कृतीकरण की अवधारणा से भारतीय समाज में जिस परिवर्तन का बोध होता है, वह कोई मौलिक परिवर्तन नहीं है, बल्कि वह स्पष्टतौर पर एकान्तरण का उदाहरण है।

alternative culture (ऑल्'टर्नटिव्'कल्चर्) **वैकल्पिक संस्कृति :** समाज में कुछ वैसे भी व्यक्ति होते हैं, जो अपने ही समाज की संस्कृति की मुख्यधारा से दूर हो जाते हैं और किन्हीं अन्य सांस्कृतिक मूल्यों को अपनाना बेहतर समझते हैं। भारत में रहकर पाश्चात्य संस्कृति को अपनाना इसका एक उदाहरण है। यह सामाजिक जीवन के किसी भी क्षेत्र में हो सकता है, जैसे– धर्म, राजनीति, कला आदि : देखें– **Counter culture**।

alternative medicine (ऑल्'टर्नटिव् 'मेडिसिन्) **वैकल्पिक औषधि :** यह विषमचिकित्सा (**Allopathy**) या वैज्ञानिक औषधि का एक विकल्प माना जाता है। इसका विकास बीसवीं सदी में उपभोक्ताओं की वैज्ञानिक औषधि से असन्तुष्टि के परिणामस्वरूप हुआ है। लेकिन इस वैकल्पिक औषधि की व्यावहारिक और दार्शनिक जड़ें काफी प्राचीन हैं। होमिऑपैथी (**Homeopathy**), आयुर्वेद, सुईदाबचिकित्सा (**Acupuncture**), नाड़ीचिकित्सा (**Chiropractic**), प्राकृतिक चिकित्सा (**Naturopathy**) एवं मनःचिकित्सा (**Psychic healing**) सभी वैकल्पिक औषधि की श्रेणी में रखे जाते हैं।

alternative movement (ऑल्'टर्नटिव्'मूवमन्ट्) **वैकल्पिक आन्दोलन :** ऐसा आन्दोलन, जिसका उद्देश्य व्यक्ति के व्यवहार में बदलाव लाना है। योग एवं प्राणायाम के माध्यम से निरोग रहना या बेहतर स्वास्थ्य हासिल करना, स्वास्थ्य एवं चिकित्सा के क्षेत्र में एक वैकल्पिक आन्दोलन है।

altruism (ऐल्'ट्रुइज़म्) **परोपकारिता, परहितवाद :** (1) इसका अर्थ है नियन्त्रण रखना अथवा स्व-केन्द्रित इच्छाओं का उन्मूलन। परहितवाद वह नैतिक सिद्धान्त है, जिसके अनुसार परोपकार जीवन का आदर्श है। यह धारणा कि वह सम्प्रदाय, जो स्वार्थ-विरोधात्मक है, फ्रांसीसी चिन्तक ऑगस्त कौंत (Auguste Comte, 1798-1857) द्वारा निर्मित की

गई है । (2) मनोविज्ञान में इस शब्द का प्रयोग निःस्वार्थभाव की ओर रुख और सामान्य पशु-जीवन से अपने को मुक्त रखने के प्रसंग में हुआ है । (3) सीमित अर्थ में कभी-कभी इसका प्रयोग चिन्तनशील व्यक्ति के लिए किया गया है (देखें– Émile Durkheim, **Suicide**, 1951) ।

altruistic hedonism (ऐल्टु'इस्टिक् हीडॅनिज़्म्) **परसुखवाद** : वह नैतिक मापदण्ड, जिसके अनुसार दूसरों का सुख नैतिक निर्णय का आधार है– परसुखवाद कहलाता है । यह मत जे. बेन्थम (Jeremy Bentham, 1748-1832) और जे. एस. मिल (John Stuart Mill, 1806-1873) का है । मिल ने सुखों के गुणात्मक पक्ष की ओर ध्यान दिलाकर परसुखवाद के विकास में एक महत्त्वपूर्ण कदम उठाया । जिस तरह भोजन करने से प्राप्त सुख की तुलना में काव्य-रसानुभूति का सुख उच्चतर है, उसी तरह व्यक्तिगत इच्छापूर्ति से जो सुख प्राप्त होता है, उसकी तुलना में परकल्याण से प्राप्त सन्तोष कहीं महत्तर है । हर्बर्ट स्पेन्सर (Herbert Spencer, 1820-1903) का विकासवादी सुखवाद और जे. बेन्थम का उपयोगितावाद भी परसुखवाद के ही विभिन्न पक्षों पर आधारित है : देखें– **Utilitarianism** ।

altruistic suicide (ऐल्टु'इस्टिक् 'सूइ साइड्) **परोपकारी आत्महत्या** : देखें– **Suicide, altruistic** ।

amalgamation (अ मैल्ग'मेश्न्) **समामेलन, एकीकरण** : यह मुख्यरूप से दो अर्थों में प्रयुक्त होता है– (1) दो या दो से अधिक भिन्न प्रजाति के लोगों का विवाह एवं प्रजनन के माध्यम से मिश्रित प्रजाति का हो जाना । (2) एक-दूसरे का दूसरे समूह में अन्तर्विवाह के कारण आत्मसात्करण ।

ambivalence (ऐम् 'बिवलन्स) **उभयभाविता, द्वैधवृत्ति** : यह मानव-स्वभाव है कि कोई एक व्यक्ति एकसाथ दो प्रतिद्वन्द्वी भावों की अनुभूति किसी वस्तु या व्यक्ति के प्रति करता है । द्विभाव सामान्य अनुभूति है । व्यक्ति में एक स्तर पर राग और दूसरे स्तर पर घृणा का भाव रहता है । जब ज्ञात मन में आकर्षण का भाव होता है, अज्ञात मन में घृणा-उपेक्षा का भाव मिलता है । सिगमण्ड फ्रॉयड (Sigmund Freud, 1856-1939) की पुस्तकों में द्वैध वृत्ति पर काफी चर्चा हुई है ।

amercement (अ'मर्समन्ट) **अर्थ-दण्ड, जुर्माना** : न्यायालय के निर्णय पर अपराधी को आर्थिक दण्ड प्रदान करने की व्यवस्था ।

Americanist (अ'मेरिकनिस्ट्) **अमरीकी विद्याविद्** : अमरीकी समाज और संस्कृति का विशेषज्ञ ।

Americanization (अ'मेरिकनाइ'ज़ेश्न्) **अमरीकीकरण** : जे. पी. सिंह की पुस्तक (**आधुनिक भारत में सामाजिक परिवर्तन**, 2005) में अमरीकीकरण पर काफी चर्चा हुई है । अमरीकीकरण से तात्पर्य विकासशील देशों के समाज तथा संस्कृति में होनेवाले उन परिवर्तनों से है, जो प्रौद्योगिकी, सामाजिक संस्थाओं, विचारधारा, जीवन प्रणाली, मूल्यों आदि में परिलक्षित हो रहा है । अमरीका को तमाम विकासशील देशों की तुलना में सापेक्षिक रूप से बहुत ही प्रभुत्वसम्पन्न देश एवं विशिष्ट संस्कृति के देश के रूप में देखा जाने लगा है । आज स्थिति यह है कि विश्व का हरेक कोना अमरीकी संस्कृति की गिरफ्त में आ चुका है । स्वतन्त्र भारत में सामाजिक परिवर्तन का स्रोत मात्र ब्रिटिश मॉडल ही नहीं है, बल्कि अमरीकी मॉडल भी है, जो ब्रिटिश मॉडल की तुलना में ज्यादा सशक्त है । चूँकि, सोवियत संघ के विघटन के बाद अमरीका विश्व का सबसे अधिक ताकतवर देश माना जा रहा है तथा तकनीकी एवं प्रौद्योगिकी के क्षेत्र में उच्चस्तरीय विकास के चलते विश्व में सबसे अधिक प्रभावशाली देश बन गया है इसलिए बहुत सारे विकासशील देशों में वह चाहे-अनचाहे प्रगति के आदर्श के रूप में देखा जा रहा है । विकासशील देश के लोगों को ऐसा लग रहा है कि उनकी संस्कृति या जीवन के मूल्यों में कहीं कुछ खोट है, जिसके चलते वे काफी गरीब हैं । ऐसी परिस्थिति में अमरीकी संस्कृति को एक सकारात्मक सन्दर्भ-संस्कृति (**Positive reference culture**) के रूप में लिया जाना कोई आश्चर्य की बात नहीं है । छोटे शहरों से लेकर महानगरों तक अमरीकी जीवन प्रणाली की अन्धाधुन्ध नकल की जा रही है ।

amitate ('ऐमिटेट्) **पितृश्वसा अधिकार, बुआ अधिकार** : जिस प्रकार से मातृसत्तात्मक परिवार में मामा का अधिक

महत्त्व और विशेषाधिकार होता है, वैसे ही पितृसत्तात्मक परिवार में पिता की बहन जिसे पितृश्वसा कहते हैं, का विशेष महत्त्व पाया जाता है। महिला के अपने भाई के बच्चों से किसी-किसी समाज में एक विशिष्ट प्रकार का सम्बन्ध पाया जाता है। वैसे समाज में बच्चों का बुआ की सम्पत्ति या बुआ की बच्ची के जीवन में एक विशेष प्रकार का दखल पाया जाता है। वैसा समाज आमतौर पर नारी-प्रधान समाज होता है।

amnesia (ऐम्नी'ज़िआ) **स्मृति-लोप :** शब्द के प्रारम्भ में ग्रीक उपसर्ग 'ए' का अर्थ है 'अभाव'। स्मृति-लोप मानसिक रोग का एक लक्षण है। कभी स्मृति का पूर्ण ह्रास होता है, कभी आंशिक। आंशिक विस्मृति काल और स्थान अथवा काल की घटना के स्मरण का न हो सकना।

amnesty ('ऐम्नस्टि) **राजक्षमा, सर्वक्षमा :** यह शब्द ग्रीक भाषा के 'एम-नेस्टिया' शब्द से बना है। राजक्षमा द्वारा राजनीतिक अथवा अन्य प्रकार के अपराधियों को क्षमा दी जाती है तथा सजा पाए व्यक्तियों को मुक्त कर दिया जाता है। भारत में यह अधिकार राष्ट्रपति को प्राप्त है।

amoral (ए'मॉरल्) **नीतिनिरपेक्ष :** ऐसा व्यवहार, जिसे नैतिकता की कसौटी पर नहीं कसा जा सकता, अर्थात् जिसे नैतिक या अनैतिक की श्रेणी में नहीं रखा जा सकता। उदाहरण के लिए, प्राकृतिक विज्ञान के नियम नैतिकता से परे हैं।

amoralism (ए'मॉरलिज़्म्) **नीति-निरपेक्षवाद :** यह सिद्धान्त कि शुभ-अशुभ के साधारण मानक संभव नहीं हैं।

amuck; amok (अ'मक्; अ'मॉक्) **हिंसोन्मत्त, उन्मत्त :** मानसिक अवसाद के भारी दबाव के कारण मस्तिष्क में उन्मत्तता की स्थिति, जिसके फलस्वरूप व्यक्ति का व्यवहार नितान्त उच्छृंखल एवं असंयत हो जाता है और कभी-कभी वह हत्या करने पर उतारू हो जाता है।

anal eroticism ('एन्ल् इ'रॉट्इ सिज़्म्) **गुद-कामुकता :** मनोविश्लेषण की एक विशेष धारणा। कामशक्ति के विकास की विभिन्न अवस्थाओं में यह प्रारम्भ की अवस्था है, जिसमें काम सम्बन्धी रुचि और तुष्टि गुदा में संस्थापित रहती है। मलमूत्र त्यागने में बालक को कामुक आह्लाद होता है।

anal stage ('एन्ल् 'स्टेज्) **गुद-स्तर :** बच्चों के जीवन में समाजीकरण का यह दूसरा चरण है। इस स्तर का काल लगभग एक से तीन साल तक का होता है, पर इस अवधि की लम्बाई समाज पर भी निर्भर करती है। इस अवस्था में माँ अपने बच्चों को स्तन्य-त्याग **(Weaning)** एवं शौच प्रशिक्षण **(Toilet training)** देने का प्रयास करती है ताकि वह थोड़ा आत्मनिर्भर हो सके। इस अवस्था में बालक को बातचीत करने तथा चलने-फिरने को भी सिखाया जाता है।

analgesia (ऐनल्'जीज़िआ) **पीड़ा असंवेदिता :** किसी वेदना के प्रति सम्पूर्ण अथवा आंशिक रूप से संवेदनहीन हो जाना। किसी शल्य-चिकित्सा से उत्पन्न पीड़ा को कम करने के लिए रोगी को पीड़ा शून्यता की दवा दी जाती है। वैसी दवाओं को **Analgesic** कहा जाता है।

analogical hypothesis (ऐनॅ'लॉजिकल हाइ'पॉथ्सिस्) **सादृश्यमूलक प्राक्कल्पना :** सादृश्य पर आधारित प्राक्कल्पना, उदाहरणस्वरूप- पृथ्वी के समान कुछ लक्षणों को मंगलग्रह में देखकर यह कल्पना करना कि वहाँ भी जीवन होगा। यह एक सादृश्यमूलक प्राक्कल्पना है।

analogical inference (ऐनॅ'लॉजिक्ल् इन् 'फ़ॅरॅन्स) **सादृश्यानुमान, साम्यानुमान :** साम्य या सादृश्य पर आधारित अनुमान, जैसे- गाय को देखकर नीलगाय का अनुमान : देखें- **Analogy**।

analogue ('ऐनॉ लॉग) **सदृश होना :** कोई भी वस्तु जो प्रकार्यात्मक अर्थ में किसी दूसरी वस्तु के समान हो, जैसे- कम्प्यूटर तथा मानव मस्तिष्क की समानता।

analogy (अ'नैलजि) **सादृश्यानुमान, साम्यानुमान :** (1) तर्कशास्त्र में, दो वस्तुओं के बीच बातों के सादृश्य होने के

आधार पर एक वस्तु में कोई एक विशेष बात देखकर दूसरी में भी उस बात के होने का अनुमान करना। (2) सादृश्यानुमान–सामान्य अर्थ में, दो वस्तुओं की समानता के आधार पर कोई अनुमान करना।

analysis of variance (अ'नैलसिस् ऑव् 'वे़अरिअन्स्) **प्रसरण विश्लेषण :** प्रसरण का विश्लेषण संक्षेप में एनोवा **(ANOVA)** के नाम से जाना जाता है। इस सांख्यिकीय तकनीक का प्रयोग यह सुनिश्चित करने के लिए किया जाता है कि किस प्रकार एक चर **(Variable)** दूसरे चर को प्रभावित करता है। यह कई प्रकार के अन्तर वाले और कई प्रकार के वर्गीकृत प्रश्नों के एकसाथ संयुक्त विश्लेषण की एक सांख्यिकीय विधि है, जिसका उद्देश्य यह अनुमान करना होता है कि प्रदत्त वर्गों में किसी प्रकार के अन्तर महत्त्वपूर्ण हैं या नहीं। यदि सम्पूर्ण प्रदत्त वितरण केवल संयोग मात्र से ही होना संभव प्रतीत होता है; अर्थात् प्रत्येक वर्ग की संयोगिक रचना के कारण उसमें विद्यमान न्यून अथवा अधिक परिवर्त्यता का परिणाम है, तो अन्तर महत्त्वपूर्ण नहीं माना जाता है।

प्रसरण विश्लेषण प्रसरणों के बीच के अन्तर का परीक्षण करने वाली विधि है। इस विधि द्वारा माध्यों की समांगता की जाँच की जाती है। प्रसरण विश्लेषण द्वारा हम इस बात का अनुमान लगाते हैं कि प्रत्येक उपादान का कुल विचरण में कितना योगदान है। प्रसरण विश्लेषण द्वारा आँकड़ों में निहित कुल विचरण का विभिन्न स्त्रोतों द्वारा हुए घटक-विचरणों में विभाजन किया जाता है।

analytic induction (ऐन्'लिटिक् इन्'डक्शन्) **विश्लेषणात्मक आगमन :** गुणात्मक अनुसन्धान इस तर्क पर आधारित होता है कि कुछ घटनाओं या विषयों का विस्तृत एवं गहराईपूर्ण अध्ययन कर समस्त के बारे में सामान्यीकरण दिया जा सकता है। एम. एन. श्रीनिवास (M. N. Srinivas, 1916-1999) द्वारा प्रतिपादित यह विचार कि भारत में सामाजिक परिवर्तन पश्चिमीकरण एवं संस्कृतीकरण की प्रक्रिया के माध्यम से संभव हुआ है, यह विश्लेषणात्मक आगमन पर आधारित विचार है। उनके अध्ययन का आधार मैसूर का एक ग्रामीण समाज है, न कि कोई अखिल भारतीय सर्वेक्षण।

analytical Marxism (ऐन्'लिटिक्ल् मा:क्स इज़्म्) **विश्लेषणात्मक मार्क्सवाद :** इस शब्द का प्रयोग आमतौर पर इरिक ऑलिन रायट, जे. एलस्टर एवं जे. रोमर (Erik Olin Wright, Jon Elster, John Roemer) जैसे समाजशास्त्रियों की कृतियों को इंगित करने के लिए किया गया है। इन विद्वानों ने 1980 एवं 1990 के दशक के बीच यूरोप तथा अमरीका के अन्तर्गत मार्क्सवादी अध्ययन-पद्धति के साथ बहुत-सी नई वैकल्पिक अध्ययन-पद्धतियों को जोड़कर मार्क्सवादी समाजशास्त्र में नया प्राण फूँकने का प्रयास किया तथा कार्ल मार्क्स (Karl Marx, , 1818-1883) के सिद्धान्तों में कमियों को निकाल कर उसमें संशोधन करने का प्रयास किया। उन लोगों ने अन्य विचारों के साथ-साथ कार्ल मार्क्स के आर्थिक निर्धारणवाद के सिद्धान्त का भी खण्डन किया। लेकिन, उनका यह प्रयास असफल रहा; क्योंकि जब कार्ल मार्क्स का यह मूल विचार ही दोषपूर्ण था, तो मार्क्सवाद की कमी को दूर करने के उदेश्य से किया गया प्रयास स्वाभाविक रूप से निरर्थक साबित हो गया। यही कारण है कि उनके इस प्रयास को कोई विशेष प्रसिद्धि प्राप्त नहीं हो सकी (देखें– Tom Mayer, **Analytical Marxism**, 1994)।

anarchism (ऐनॉ किज़्म्) **अराजकतावाद :** सामाजिक व्यवस्था को बनाये रखने वाली दमनकारी सत्ता का अभाव। राज्य की साधारण बोलचाल की भाषा में अराजकतावाद का अर्थ लूटमार, हत्या और उपद्रव होता है, लेकिन समाजविज्ञान में इसका एक विशिष्ट अर्थ होता है। अराजकतावादी व्यवस्थित सामाजिक जीवन के विरोधी नहीं हैं। उनका मानना है कि लोगों को आज़ाद छोड़ देने से व्यवस्था स्थापित हो जायेगी। राज्य को समाज में व्यवस्था बनाए रखने के लिए दमनकारी शक्ति के प्रयास की कोई आवश्यकता नहीं है। समाज में राज्य की कोई आवश्यकता नहीं है। राज्य समाज का शत्रु है तथा उसके विलोप द्वारा ही समाज की समस्याओं का हल संभव है। अराजकतावादियों के अनुसार, चूँकि राज्य एक बुराई है, इसलिए वह अनावश्यक है। अराजकतावाद जीवन की सरलता और व्यवहारों में अकृत्रिमता पर बल दिया जाता है (देखें– D. Woodcock, **Anarchism**, 1963; D. Miller, **Anarchism**, 1984)।

anascopic (ऐन्'स्कोपिक्) **भव्य सिद्धान्त :** इस शब्द का प्रयोग वैसे सिद्धान्तों के लिए किया जाता है, जो व्यक्तियों

के अध्ययन के आधार पर समस्त समाज के सम्बन्ध में कुछ कहने की कोशिश की जाती है । जॉर्ज सी. होमन्स (George C. Homans, 1910-1989) का विनिमय सिद्धान्त या फिर सिगमण्ड फ्रॉयड (Sigmund Freud, 1856-1939) का यौन सम्बन्धी विचार इसके उदाहरण हैं (देखें– M. Bookchin, **Post Scarcity Anarchism**, 1971) ।

ancestor (ऐनसेस्टर्) **पूर्वज :** पूर्वज स्त्री और पुरुष कोई भी हो सकता है । पूर्वज वर्तमान में रहने वाले लोगों के साथ एक सम्बन्ध को दर्शाता है । वह व्यक्ति, जो उद्‌भव रेखा में दादा-दादी की अपेक्षा बहुत पहले जन्मा हो और जिसके द्वारा वंशावली का प्रादुर्भाव हुआ हो ।

ancestor worship ('ऐनसेस्टर् 'वर्शिप्) **पूर्वज पूजा :** वैसे पूर्वजों की आत्मा की पूजा, जिन्हें देवता मान लिया गया है । यह धर्म के विकास की प्रारम्भिक अवस्था है, ऐसा मानवशास्त्री ई. बी. टॉइलर (Edward B. Tylor, 1832-1917) का कहना है । इस प्रथा के अनुसार पूर्वजों की पूजा देवताओं की भाँति सम्पूर्ण धार्मिक क्रियाओं के साथ की जाती है : देखें– **Animism** ।

androcentric society (ऐन्'ड्रोसेन्ट्रिक स'साइअटि) **पुरुषप्रधान समाज, पुरुष केन्द्रित समाज :** ऐसा समाज, जहाँ पुरुष को प्रधानता दी जाती है और महिलाओं पर उसका प्रभुत्व होता है । परम्परागत मुस्लिम समाज इसका उपयुक्त उदाहरण है ।

androcentrism (ऐन्'ड्रोसेन ट्रिज़म्) **पुरुष-प्रधानता :** औद्योगिक समाज में परिवार की महत्ता में धीरे-धीरे कमी आ रही है । फलस्वरूप परिवार में पिता की महत्ता में भी सापेक्षिक रूप से कमी आयी है । बदले परिवेश में अब फिर से पुरुष की प्रधानता की बात की जा रही है ।

androcracy (ऐन्'ड्रोक्रसि) **पुरुषतन्त्र, पुरुषाधिपत्य :** ऐसी सामाजिक व्यवस्था, जिसमें सर्वत्र पुरुष का आधिपत्य देखने को मिलता है, अर्थात् जिसमें स्त्री को हीन या अधीन स्थिति में रखा जाता है । इसके अन्तर्गत परिवार पिता की छत्रछाया में रहता है; परिवार में पिता की स्थिति और सत्ता सर्वोपरि मानी जाती है; वंशपरम्परा पिता से चलती है और सम्पत्ति का उत्तराधिकार पिता से पुत्र को प्राप्त होता है । सामाजिक व्यवस्था का यही ढंग समान रूप से प्रचलित है । इसके विपरीत स्थिति को स्त्रीतन्त्र **(Gynarchy)** कहा जाता है (देखें– B. Hess and M. Ferree (eds.), **Analyzing Gender: A Handbook of Social Science Research**, 1987; Cynthia Fuchs Epstein, **Deceptive Distinctions: Sex, Gender and the Social Order**, 1988) ।

androgenital syndrome (ऐन्'ड्रोजेन्इटल 'सिन्ड्रोम) **उभयलिंगी संलक्षण :** लिंग सम्बन्धी विलक्षणता, जो पुरुष जैसा आचरण स्त्रियों में और स्त्रियों जैसा आचरण पुरुषों में उत्पन्न करता है । हिजड़ों में इस प्रकार के लक्षण देखने को मिलते हैं ।

androgyny (ऐन्'ड्रोजिनी) **उभयलिंगी, उभयलिंगता :** पुरुष तथा स्त्री के यौनलक्षणों और समर्थता का समान रूप से किसी व्यक्ति में पाया जाना, जैसे– हिजड़ा ।

anecdotal method (ऐनिक'डोटल मे'थॅड) **घटना-वर्णन विधि :** बालकों तथा पशुओं के व्यवहार के अध्ययन करने की एक विशिष्ट विधि, जिसके अन्तर्गत उनके जीवन की छिटपुट महत्त्वपूर्ण घटनाओं के आधार पर उनके क्रिया-व्यापार, स्वभाव के सम्बन्ध में अनुमान लगाया जाता है । विश्लेषण की यह विधि बहुत वैज्ञानिक नहीं है ।

anhistoric (ऐन हि'सटॉरिक) **अन-ऐतिहासिक :** ऐसे पुरावशेष, जिनकी तिथि शिलालेखों अथवा प्रलेखनों द्वारा निर्धारित नहीं की जा सकती है ।

aniconism (ऐनि'कोनिज़म्) **अमूर्तिवाद :** वास्तविक प्रतिरूपात्मक वस्तु के स्थान पर प्रतीकात्मक अथवा संकेतात्मक वस्तु की पूजा करना । जल, सूर्य, चाँद, अग्नि, वृक्ष, जानवर आदि की पूजा अमूर्तिवाद का उदाहरण है ।

animal faith ('ऐनिम्ल् फ़ेथ) **पशुसहज आस्था :** किसी बात में (जैसे– बाह्य जगत् के अस्तित्व में) सहज रूप से विश्वास। आमतौर पर पशुसहज आस्था अशिक्षित लोगों में विशेष रूप पायी जाती है।

animal inference ('ऐनिम्ल् इन् 'फ़ॅरॅन्स) **पशुसहज अनुमान :** ऐसा अनुमान, जिसे हम अपनी स्वाभाविक बुद्धि से सहज रूप में कर सकते हैं।

animatism ('ऐनि मेटिज़्म्) **प्राणवाद :** यह विचार या विश्वास कि प्रकृति को प्राणयुक्त मान कर उसकी पूजा करनी चाहिए।

animism ('ऐनि मिज़्म्) **सर्वात्मवाद, जीववाद :** ऐनिमा (Anima) का अर्थ होता है– आत्मा। आदिमकालीन धर्म सम्बन्धी इस विचारधारा को माननेवालों का कहना है कि विश्व की तमाम चीज़ों में आत्मा विद्यमान है। इस विचारधारा के प्रवर्त्तक ई. बी. टॉइलर (Edward B. Tylor, 1832-1917) माने जाते हैं। टॉइलर धर्म की उत्पत्ति पूर्वजों की आत्मा की पूजा से बताते हैं। इस सिद्धान्त के अनुसार, यह माना जाता है कि सभी जड़ या चेतन वस्तुओं (पेड़, पहाड़, चट्टान, बादल, जानवर आदि) में आत्मा का निवास है। इस आत्मा का अस्तित्व प्राणी से है, जिसमें वे वास करती हैं। अत: ये अन्य प्राणियों की मृत्यु या वस्तुओं के नष्ट हो जाने के बाद भी बची रहती हैं। ऐसा माना जाता है कि ये आत्माएँ ही समस्त कार्यों का मूल कारण होती हैं (देखें– Bryan Wilson, **Religion in Sociological Perspective**, 1982)।

annales school (ऐनल्ज स्कूल) **ऐनल्ज विचारधारा :** इस सम्प्रदाय का प्रादुर्भाव फ्रांस के कतिपय इतिहासकारों द्वारा संभव हुआ। इसके प्रवर्त्तकों (L. Febvre; M. Bloch; E. le Roy Ladurie एवं F. Braudel) का विचार था कि इतिहास को राजनीतिक, सामाजिक एवं आर्थिक घटनाओं का मात्र कालानुक्रमिक वर्णन के रूप में प्रस्तुत नहीं किया जाना चाहिए, बल्कि इतिहास की घटनाओं को पूरी समग्रता में एक लम्बे कालखण्ड के स्तर पर समझने का प्रयास किया जाना चाहिए। अत: इन लोगों ने यूरोप की पूरी सभ्यता और संस्कृति का विश्लेषण प्रस्तुत करने का प्रयास किया, जिसका बृहत् इतिहास के समाजशास्त्रीय विश्लेषण पर काफी गहरा प्रभाव पड़ा। इमैन्युअल वॉलर्सटाईन (Immanuel Wallerstein, 1930-) की चर्चित रचना **The Modern World System** (1976) इसी विचारधारा के प्रभाव की उत्पत्ति मानी जाती है (देखें– Marc Bloch, **Feudal Society**, 1961; Fernand Braudel, **The Perspective of the World: Civilization and Capitalism**, 1984)।

annihilation (अ नाइअ'लेशन्) **विनाश, सर्वनाश :** प्रभावी समूह के द्वारा अल्पसंख्यक समूह को पूर्ण रूप से विलीन कर दिये जाने की प्रक्रिया।

annihilationism (अ नाइअ'लेशनइज़्म्) **उच्छेदवाद :** वह सिद्धान्त, जो जगत् को अवास्तविक मानता है। बहुत से भारतीय दार्शनिकों ने जगत् को मिथ्या और परमात्मा को सत्य माना है।

annual earnings ('ऐन्युअल् अर्नइन्गस्) **वार्षिक आय :** सम्पूर्ण वर्ष में किसी व्यक्ति द्वारा सभी स्रोतों से अर्जित कुल धनराशि।

annulment of marriage (अ'नलमंट् ऑव् 'मैरिज्) **विवाह विलोपन, विवाहोच्छेद :** न्यायालय द्वारा विवाह की अमान्यता की घोषणा। इसे ही कानूनी तलाक भी कहा जाता है : देखें– **Abrogation of marriage**।

anomic suicide (अनॉ'मिक 'सूइ साइड्) **अस्वाभाविक आत्महत्या :** देखें– **Suicide**।

anomie ('ऐनॅमी) **अप्रतिमानता, मानदण्डहीनता :** एनॉमी फ्रांसीसी भाषा का शब्द है। इस शब्द का प्रयोग सर्वप्रथम उन्नीसवीं शताब्दी के समाजशास्त्री एमिल डर्कहाइम (Émile Durkheim, 1858-1917, हिन्दी में इस व्यक्ति के नाम का शुद्ध उच्चारण मात्र एमिल डर्कहाइम है) ने सामाजिक सहभागिता के विभिन्न पक्षों पर प्रकाश डालने के लिए किया था। यह नियमों के निलम्बन की एक ऐसी स्थिति है, जिसमें व्यक्ति यह निर्णय नहीं कर पाता है कि वह क्या करे

और क्या न करे। मनुष्य अपने-आपको अकेला या समाज से कटा हुआ महसूस करता है । सामाजिक मूल्य अस्पष्ट एवं बिखरे हुए लगते हैं और व्यक्ति सामाजिक कार्यकलापों के प्रति आत्मीयता अनुभव नहीं करता। काफी वर्षों बाद, रॉबर्ट के. मर्टन (Robert K. Merton, 1910-2003) ने इस अवधारणा को थोड़ा नया अर्थ देते हुए कहा कि मानदण्डहीनता की स्थिति में सामाजिक संरचना टूट जाती है और एक ऐसी स्थिति उत्पन्न हो जाती है, जिसमें समाज के स्वीकृत लक्ष्यों तथा उन्हें प्राप्त करने के साधनों के बीच आपसी तालमेल समाप्त हो जाता है और ऐसी स्थिति में साधन लक्ष्यों के अनुरूप नहीं रहते हैं। इसके तीन भिन्न, परन्तु परस्पर सम्बन्धित, अर्थों का बोध होता है– प्रथम, व्यक्तिगत विघटन अर्थात् एक व्यक्ति इतना अधिक विघटित हो जाता है कि वह सामाजिक नियमों, प्रतिमानों और व्यवस्था की चिन्ता न करते हुए अपनी इच्छानुसार कार्य करता है और अनुत्तरदायित्व की भावना प्रदर्शित करता है। द्वितीय, सामाजिक परिस्थितियाँ इतनी अधिक संघर्षमय हो जाती हैं कि व्यक्ति के लिए नियमानुसार और एक निश्चित व्यवस्था के अधीन कार्य करना कठिन हो जाता है। तृतीय, एक ऐसी सामाजिक व्यवस्था, जिसमें कोई प्रतिमान नहीं रह जाता है और अराजकता की स्थिति उत्पन्न हो जाती है (देखें– Émile Durkheim, **Suicide**,1951; Marshall B. Clinard, **Anomie and Deviant Behaviour**, 1964)।

anomie theory of deviance ('ऐनॅमी 'थिअरि ऑव् 'डीविअन्स्) **विचलन का अप्रतिमानता-मूलक सिद्धान्त :** इस सिद्धान्त के समर्थकों का मानना है कि कभी-कभी जीवन के सामान्य अधिकारों से वंचित व्यक्ति समाज के नियमों को तोड़कर अपनी इच्छा या स्वार्थ की पूर्ति करता है या फिर, जब सामाजिक प्रतिमान टूट जाते हैं, तो लोग उसके साथ स्वाभाविक रूप से विसामान्य व्यवहार करने लगते हैं (देखें– Marco Orru, **Anomie: History and Meanings**, 1967; Robert K. Merton, **Social Theory and Social Structure**, 1968)।

ANOVA ('ऐन वा) **ऐनोवा :** देखें–**Analysis of variance**।

antagonistic acculturation (ऐन्‌टैग्'निस्टिक्अ अ कल'चॅरेशन्) **विरोधी परसंस्कृति-ग्रहण :** मानवशास्त्र के क्षेत्र में किसी समाज के द्वारा साधन रूप में ऐसे संस्कृति-विशेषकों का अंगीकरण, जिनसे उसी सांस्कृतिक अतिक्रमण का भरपूर विरोध किया जा सके। बहुत लोग पश्चिमी संस्कृति का भरपूर विरोध करते हैं, लेकिन जब उनके अपने बच्चों की बात आती है, तो वे उनके लिए अँगरेज़ी शिक्षा के साथ-साथ पाश्चात्य वेशभूषा ही ज़्यादा उपयुक्त या ज़रूरी समझते हैं : देखें–**Voluntary acculturation**।

anthropocentrism (ऐन्थ्रपॉ'सेन्ट्रिज़्म्) **मानवकेन्द्रवाद :** वह मत कि मनुष्य ही सृष्टि का केन्द्र है अथवा सभी बातें मानव-सापेक्ष हैं, जैसे– प्राचीन यूनानी सॉफिस्तों (Sophists, C 450 BC-C 400BC) द्वारा मनुष्य को ही प्रमाण माननेवाला मत।

anthropoid (ऐन्थ्रपॉइड) **मानवाकार :** ऐसा जानवर, जिसमें मनुष्य के सभी प्रारम्भिक गुण पाये जाते हैं, जैसे– बन्दर, लंगूर, चिम्पांजी आदि।

anthropological dualism (ऐन्थ्र'पॉलजिक्ल् 'ड्यूअ लिज़्म्) **देहात्म-द्वैत :** मनुष्य देह और आत्मा नामक दो पृथक् सत्ताओं का योग है अथवा ऐसा माननेवाला सिद्धान्त। हिन्दू धर्म में देहात्म-द्वैत के दर्शन देखने को मिलते हैं।

anthropology (ऐन्थ्र'पॉलजि) **मानवशास्त्र :** एक ऐसा सामाजिक विज्ञान, जो मानवजाति और उसकी संस्कृति के उद्‌भव का अध्ययन करता है। यह मानव जाति के पूर्व उद्योग और विकास का भी अध्ययन करता है।

anthropology, cultural (ऐन्थ्र'पॉलजि, 'कल्चरल्) **सांस्कृतिक मानवशास्त्र :** देखें– **Cultural anthropology**।

anthropology, social (ऐन्थ्र'पॉलजि, 'सोशल्) **सामाजिक मानवशास्त्र :** देखें– **Social anthropology**।

anthropometry (ऐन्थ्रॅ'पॉमिट्रि) **मानवमिति :** शारीरिक मानवशास्त्र (**Physical anthropology**) का यह एक ऐसा

क्षेत्र है, जिसके अन्तर्गत मानवशरीर के विभिन्न अंगों, उसकी लम्बाई, चौड़ाई, मस्तिष्क की बनावट, बालों के प्रकार और रंग, त्वचा के रंग आदि का अध्ययन किया जाता है । लेकिन, सामाजिक मानवशास्त्र के अध्ययन में जिन सांख्यिकीय आँकडों का विश्लेषण के लिए प्रयोग किया जाता है, उन्हें सामाजिक मानवमिति (**Social anthropometry**) कहा जाता है।

anthropomorphism (ऐन्थ्रॅ'पॅमॉफ़िज़म्) **मानवत्वारोपणवाद :** यह सिद्धान्त, जो मानवेत्तर सत्ताओं (प्रकृति और ईश्वर) पर मानवीय आकार, गुण और व्यवहार का आरोपण करता है । परमात्मा को मनुष्य के रूप में देखना या गंगा नदी की देवी के रूप में कल्पना करना मानवत्वारोपणवाद है ।

anti-authority ('ऐन्टि ऑ'थ़ॉरिटि) **सत्ता-विरोधी :** वह व्यक्ति, जो सदैव असत्य कथन करता है और जिसके बारे में यह विश्वास किया जा सकता है कि भविष्य में वह जो भी कथन करेगा, वह असत्य ही होगा ।

anti-bifurcationism('ऐन्टि बाइफ़ॅ केशॅ'निज़म्) **द्विविभाजन विरोधिता :** वस्तुओं को विरोधी वर्गों में विभाजित करने की प्रवृत्ति का विरोध ।

anti-colonialism ('ऐन्टि कॅ'लोनिअ लिज़म्) **प्रति-उपनिवेशवाद :** उपनिवेशवाद-विरोध अथवा प्रति-उपनिवेशवाद का अर्थ है उपनिवेशवाद और उपनिवेशों की स्थापना करने वाली शक्तियों के विरुद्ध आन्दोलन । यह विरोध इस मान्यता पर आधारित है कि उपनिवेशवादी शक्तियों का मूल उद्देश्य औपनिवेशिक राज्यों का शोषण करना होता है : देखें– **Colonialism** ।

anticipatory socialization (ऐन्'टिसिपेटरि सोशॅलाइ'ज़ेशन्) **प्रत्याशित समाजीकरण :** भविष्य में हासिल होने वाली भूमिकाओं को इस उम्मीद में निभाना कि उन्हें एक-न-एक दिन उस भूमिका को निभाना है । समाज के कुछ सदस्य इस उम्मीद में अपना व्यवहार बदलते हैं कि गैर-सदस्यता सन्दर्भ समूह की सदस्यता उन्हें प्राप्त हो जायेगी। व्यक्ति के जीवन में यह प्रक्रिया चेतन और अचेतन दोनों रूपों में चल सकती है (देखें– Robert K. Merton, **Social Theory and Social Structure**, 1968) : देखें– **Socialization** ।

anti-familism ('ऐन्टि'फ़ैमलिज़म्) **परिवार विरोधवाद :** परिवार के मूल्यों और मान्यताओं का विरोध करने वाली विचारधारा, जिसमें व्यक्ति परिवार के साथ अटूट सम्बन्धों, सामान्य हितों तथा पारस्परिक सहायता सम्बन्धी आदर्शों का विरोध करता है ।

anti-intellectualism ('ऐन्टि इन्टि'लेक्ट्युअ लिज़म्) **प्रति-बुद्धिवाद, बुद्धि विरोधवाद :** सामान्यत: वे सभी प्रवृत्तियाँ, जो बुद्धि की क्षमता में सन्देह जगाती हैं, बुद्धिविरोधी कही जा सकती हैं । इस दृष्टि से बुद्धिवाद के विकास के साथ ही साथ बुद्धि विरोधीवादी प्रवृत्तियाँ भी हमेशा काम करती रही हैं; क्योंकि मानवीय बुद्धि की सफलताओं और सम्भावनाओं के साथ-साथ उनकी कमियों और दोषों की ओर भी उसने विचारकों का ध्यान खींचा है ।

anti-natalist coercive policy ('ऐन्टि न'टैलिस्ट् को'अर्सिव़'पॉलसि) **अवपीड़क प्रसव-विरोधी नीति :** अतिरिक्त गर्भाधान को गर्भपात करवा कर या परिवार नियोजन को किसी बाध्यता के माध्यम से स्वीकार करवा कर परिवार को छोटा करने की सरकारी नीति ।

anti-natalist persuasive policy ('ऐन्टि न'टैलिस्ट् पर्'स्वेसिव़'पॉलसि) **विश्वोत्पादक प्रसव-विरोधी नीति :** सार्वजनिक शिक्षा या लोगों को समझा-बुझाकर परिवार को छोटा करने की नीति । भारत में जनसंख्या नियन्त्रण के लिए इसी नीति का अनुसरण किया जा रहा है ।

anti-natalist policy ('ऐन्टि न'टैलिस्ट्'पॉलसि) **प्रसव-विरोधी नीति :** ऐसी सरकारी या सामाजिक नीति, जो अनियन्त्रित प्रजनन पर प्रतिबन्ध लगाती है । इसका उद्देश्य जनसंख्या वृद्धि की रफ्तार को कम करना होता है ।

antinomianism ('ऐन्टि नॉमियनइज़्म्) **विधिमुक्तिवाद** : यह मुख्यरूप से दो अर्थों में प्रयुक्त होता है– (1) विशेषत: ईसाई धर्म में, यह विश्वास कि आस्था या ईश्वर की कृपा से व्यक्ति हरेक प्रकार के कानून या नियम से मुक्त हो जाता है । (2) किसी व्यक्ति का ऐसा धार्मिक विश्वास कि उसे बृहत् समाज के धार्मिक नियम-कानूनों को मानना ज़रूरी नहीं है । भारत में ऐसे बहुत सारे साधु-सन्त या सम्प्रदाय हैं, जिनकी उत्पत्ति हिन्दू धर्म से हुई है, लेकिन वे बृहत् हिन्दू धर्म के कायदे-कानून एवं नैतिक मूल्यों को मानना ज़रूरी नहीं समझते हैं, जैसे– नागा साधु, औघड़ आदि ।

anti-psychiatry ('ऐन्टि साइ'काइअट्रि) **प्रति-मनोरोगविज्ञान** : इस आन्दोलन की शुरूआत 1950 एवं 1960 के दशकों में ऐसे विद्वानों द्वारा हुआ है, जो मनोरोगविज्ञान सम्बन्धी विचारों एवं प्रयोग के आलोचक थे । इन लोगों ने मनोरोगियों को पागलखाने में रखकर इलाज का विरोध किया; क्योंकि मनोरोगियों को पागल (Mad) नहीं समझा जाना चाहिए। ये इस बात पर जोर देते थे कि मनोरोगियों को समाज में रखकर ही उनका इलाज किया जाना चाहिए (देखें– Thomas Szasz, **The Myth of Mental Illness**, 1961) ।

anti-social ('ऐन्टि'सोशल्) **समाजविरोधी** : वे सभी गतिविधियाँ, जो सामाजिक मान-मर्यादाओं तथा परिपाटियों में खलल पैदा करती हैं तथा सामज के हित और अस्तित्व के लिए घातक सिद्ध होती हैं, उन्हें समाजविरोधी माना जाता है । जैसे, जातीय आधार पर भेदभाव करना या दलितों को मन्दिर में प्रवेश न करने देना या छुआछूत में विश्वास करना समाजविरोधी आचरण है ।

anti-social behaviour ('ऐन्टि'सोशल् बि'हेव्यर्) **समाजविरोधी व्यवहार** : देखें– **Behaviour, anti-social** ।

antithesis ('ऐन्टि'थीसिस्) **प्रतिसंवाद, प्रतिस्थापना** : (1) इमैन्युअल काण्ट (Immanuel Kant, 1724-1804) के दर्शन में, इस पद का प्रयोग विवेक के तर्क-प्रतितर्क के निषेधात्मक पहलू की ओर ध्यान दिलाता है, उदाहरणार्थ, यदि स्थापना यह है कि 'जगत् देश-काल में सीमित है' तो प्रतिस्थापना यह होगी कि 'जगत् असीम है ।' (2) जी. डब्ल्यू. हीगल (G. W. F. Hegel, 1770-1831, हिन्दी में इस नाम का शुद्ध उच्चारण मात्र हीगल ही है) के दर्शन में, द्वन्द्वात्मक न्याय का वह चरण, जो पक्ष का निषेध करता है और अगले सपक्ष चरण में स्वयं भी पीछे छूट जाता है । (3) कार्ल मार्क्स (Karl Marx, 1818-1883) के दर्शन में, एक-दूसरे सन्दर्भ में प्रतिस्थापना का प्रयोग हुआ है : देखें– **Marxism; Thesis; Synthesis** ।

anti-urban bias ('ऐन्टि'अर्बन् 'बाइअस्) **शहरविरोधी पक्षपात** : ऐसी मान्यता है कि नगरीय जीवन, ग्रामीण जीवन से घटिया है । परम्परावादी या अनपढ़ लोग ग्रामीण जीवन को शहरी जीवन से बेहतर समझते हैं । शहरी जीवन को कृत्रिम और फरेब भरा माना जाता है ।

anti-urbanism ('ऐन्टि'अर्ब निज़्म्) **प्रति-नगरवाद** : सामाजिक विज्ञानों के अन्तर्गत यह एक ऐसी बौद्धिक विचारधारा है, जो यह स्वीकार करने को तैयार नहीं है कि नगरीय जीवन एक अलग सामाजिक व्यवस्था का प्रकार है : देखें– **Urbanism** ।

antyajas **अंत्यज** : तथाकथित उच्च जातीय हिन्दुओं की बस्तियों से बाहर रहने वाले अछूतों की एक कोटि । आज वे दलित के नाम से भी जाने जाते हैं ।

anuloma **अनुलोम** : एक उच्च सामाजिक स्थिति या जाति के पुरुष की नीची सामाजिक स्थिति या जाति की स्त्री के साथ विवाह सम्बन्ध को हिन्दू धर्म में अनुलोम विवाह कहते हैं ।

anxiety (ऐङ्'जाइअटि) **दुश्चिन्ता** : किसी व्यक्ति, स्थिति या वस्तु से ज़रूरत से ज्यादा भयभीत होने की स्थिति । यह प्राय: ऐसी स्थिति से उत्पन्न होती है कि उस स्थिति में उसे कोई मदद करनेवाला दिखाई नहीं पड़ता है । जब भय या चिन्ता का कोई कारण या स्रोत स्पष्ट रूप से समझ में नहीं आता है, तो उसे मुक्तप्रवाही दुश्चिन्ता (**Free floating anxiety**) कहते हैं ।

apartheid (अ'पाथ़ाइट्) **रंगभेद, प्रजातीय पृथग्वासन :** श्वेत (गोरे) और श्याम (काले) वर्णवाले लोगों को अलग-अलग रखना । यह शब्द अफ्रीकन शब्द 'एपार्टहुड' से निकला है । दक्षिण अफ्रीका की नेशनल पार्टी ने दक्षिण अफ्रीका की लगभग 70 प्रतिशत अश्वेत जनता को राजसत्ता से दूर रखने और शासन में गोरी प्रजातियों का प्रभुत्व बनाए रखने के लिए यह नारा बुलन्द किया। इसका उद्देश्य था प्रजातीय रक्त-शुद्धता और पृथक् जीवन। दक्षिण अफ्रीका में उपनिवेशवाद की जड़ें मजबूत बनाने के लिए गोरे शासकों को प्रजातीय एवं सांस्कृतिक भेदभावों को बनाये रखना ही नहीं, बल्कि उन्हें बढ़ाना भी ज़रूरी लगा । इस नीति को लागू करने में कई बातें आती थीं, जैसे- काले वर्णवालों को गोरों से अलग रखना, देश को ऐसे क्षेत्रों में बाँटना कि काली-गोरी प्रजातियाँ अलग-अलग बसें, काले-गोरे लोगों के पारस्परिक विवाहों पर प्रतिबन्ध, विभिन्न जातियों के लोगों के यौन-सम्बन्धों पर रोक, सामान्य नागरिक सुविधाओं- जैसे परिवहन, प्रतीक्षालय आदि की अलग-अलग व्यवस्था, विभिन्न प्रजातियों के लिए अलग-अलग शिक्षा-संस्थाओं की व्यवस्था आदि : देखें- **Racism** ।

apartheid, petty (अ'पाथ़ाइट्, 'पेट्इ) **अदना रंगभेद :** सार्वजनिक स्थलों, जैसे- रेस्तराँ, शौचालयों, उद्यानों, परिवहन और सिनेमा घरों जैसी छोटी-छोटी सुविधाओं को काले और गोरे लोगों के लिए अलग-अलग कर देने की घटना को अदना रंगभेद कहते हैं ।

apathy ('ऐप्थि) **विराग, उदासीनता :** मानसिक अस्वस्थता का एक लक्षण । जीवन में अधिक तनाव या संघर्ष होने पर कभी-कभी व्यक्ति में हरेक विषय-वस्तु की ओर से विराग का भाव उत्पन्न हो जाता है और तब ऐसी परिस्थितियाँ भी, जो सामान्यत: भाव-संवेग को उद्दीप्त करने के लिए पर्याप्त हैं, संवेगात्मक प्रतिक्रिया उत्पन्न करने में असमर्थ हो जाती हैं । रोगी के लिए सभी उत्तेजक तत्त्व निर्बल हो जाते हैं । रोगी स्व-केन्द्रित हो जाता है और बाह्य जगत् से पूर्णत: विमुख या उदासीन हो जाता है ।

a posteriori (ए पॉस्टेरि'ऑराइ) **अनुभवोत्तर, अनुभवाश्रित :** मनोविज्ञान तथा ज्ञानमीमांसा में उन तथ्यों को अनुभवोत्तर कहा जाता है, जिनका स्रोत व्यक्ति के आन्तरिक अनुभव से बाहर हो और जो मन की सहजात ज्ञान प्रणाली में समाविष्ट न हों । तर्कशास्त्र में, इसका अर्थ थोड़ा भिन्न है । यहाँ अनुभवाश्रित अनुमान का अर्थ ऐसा अनुमान है जो निरीक्षित तथ्यों के आधार पर सामान्य निष्कर्षों की ओर बढ़ जाता है ।

apostle (अ'पॉस्ल्) **देवदूत, धर्मदूत :** (1) देवदूत- विशेषत: ईसाई धर्म में ईश्वर का सन्देश मनुष्य तक पहुँचाने वाला दूत । ईसाई धर्म में ईसा मसीह को देवदूत माना गया है । (2) धर्मदूत- धर्म का विदेश में जाकर प्रचार करनेवाला ।

apotheosis (अ पॉथि'ओसिस) **देवत्त्वारोपण :** मनुष्य को देवता बना देने की वह प्रवृत्ति, जो ऐतिहासिक पुरुषों की मूर्तियाँ बनवा कर पूजने, राजाओं के दैवी अधिकार मानने आदि में प्रकट होती हैं ।

appearance and reality (अ'पिअरन्स् ऐन्ड् रि'एलिटि) **आभास और वास्तविकता :** कार्ल मार्क्स (Karl Marx, 1818-1883) का कहना था कि उनका पूँजीवादी समाज, जो ऊपर से दिखायी पड़ता है, वह अन्दर से नहीं है । वास्तविकता कुछ और ही है । इस सन्दर्भ में उन्होंने तीन बातें कही हैं- (1) आभास यथार्थ को छिपा लेता है, (2) यथार्थ के द्वारा आभास का विश्लेषण किया जा सकता है और (3) आभास युक्तियुक्त होता है तथा एक अर्थ में वास्तविक भी । इस सन्दर्भ में उन्होंने कहा है कि पूँजीवादी समाज में कामगारों को मज़दूरी करने की पूरी आजादी है । वह अपनी इच्छा के अनुसार कहीं भी काम कर सकता है । बाज़ार पूरी तरह खुला है, यह मात्र आभास होता है । पर वस्तुस्थिति ऐसी नहीं है । यथार्थ यह है कि पूँजीपति मज़दूरों को कम वेतन देकर उनका शोषण करते हैं । मज़दूरों को मेहनत के लिए दी जाने वाली मज़दूरी एक वास्तविक घटना है, लेकिन इसके अन्तर्गत शोषण की प्रक्रिया छिपी होती है, जो एक वास्तविकता है (देखें- Nicholas Abercrombie, **Class, Structure, and Knowledge**, 1980) ।

appeasement (अ'पीज़्मेन्ट) **तुष्टीकरण :** ऐसी नीति, जिसमें आक्रमणकारियों की माँगें लगातार स्वीकार कर ली जाती

हैं, ताकि उन्हें प्रसन्न करके उनके अत्याचारों से बचा जा सके। एक अन्य अर्थ में तुष्टीकरण की नीति (जैसे– धर्म और जाति के आधार पर नौकरियों में आरक्षण देने की नीति) से कुछ खास जाति या धर्म के लोगों का समर्थन प्राप्त कर चुनाव में राजनीतिक लाभ उठाने की कोशिश की जाती है।

applied ethics (अॅ'प्लाइड 'एथिक्स्) **व्यावहारिक नीतिशास्त्र :** वह शास्त्र, जो नीतिशास्त्र के सिद्धान्तों को कानून, चिकित्सा, व्यवसाय आदि के क्षेत्र-विशेष में लागू करता है।

applied research (अॅ'प्लाइड रि'सर्च्) **व्यावहारिक अनुसन्धान :** व्यावहारिक उद्देश्यों की पूर्ति के लिए किया गया अनुसन्धान। मुसलमानों के बीच परिवार नियोजन के कार्यक्रम को कैसे बढ़ावा दिया जाय, यह एक व्यावहारिक अनुसन्धान का विषय है : देखें– **Pure research** ।

applied science (अॅ'प्लाइड 'साइन्स्) **व्यावहारिक विज्ञान :** वैज्ञानिक कार्य-प्रणाली से उपयोगी ज्ञान की खोज करना, जो व्यावहारिक समस्याओं को सुलझाने में उपयोगी हो सके। चिकित्सा विज्ञान या इंजीनियरिंग की शिक्षा व्यावहारिक विज्ञान है। दूसरी तरफ गणित, भौतिकशास्त्र, रसायनशास्त्र विशुद्ध विज्ञान की श्रेणी में आता है।

applied sociology (अॅ'प्लाइड सोसि'ऑलजि) **व्यावहारिक समाजशास्त्र :** देखें– **Sociology, applied** ।

appropriate technology (अ'प्रोप्रिएट् टेक्'नॉलजि) **उपयुक्त प्रविधि :** विकासशील देशों में आमतौर पर श्रमिकों की अधिकता होती है, इसलिए बहुत सारे समाजशास्त्रियों एवं अर्थशास्त्रियों की ऐसी मान्यता है कि पाश्चात्य प्रविधियाँ इन देशों के लिए उपयुक्त नहीं हैं। पाश्चात्य देशों की प्रविधियाँ उत्पादन-प्रधान हैं, अर्थात् उनकी उपयोगिता कम-से-कम श्रमिकों को लगाकर अधिक-से-अधिक उत्पादन करने में है। तीसरी दुनिया के सन्दर्भ में श्रमप्रधान प्रविधियों को ही उपयुक्त माना जाता है।

approximation (अ प्रॉक्सि'मेशन्) **सन्निकटन :** आर्थिक सांख्यिकी में अध्ययन के लिए इकट्ठे किए जाने वाले आँकड़े, तथ्य आदि अधिकांशत: शत-प्रतिशत सही नहीं होते इसलिए उनके निकटतम मानों के प्रयोग की विधि को सन्निकटन कहा जाता है। सन्निकटन के लिए अध्ययन समूह या नमूना तैयार करने के लिए कई प्रकार के सांख्यिकी प्रक्रम किए जाते हैं और उनसे कोई भविष्यवाणी की जाती है।

a priori (ए प्राइ'ऑरि) **अनुभवपूर्व, प्रागनुभव :** वे निर्णय या सिद्धान्त, जिनकी प्रामाणिकता संवदेन-प्रत्यक्ष से बिल्कुल स्वतन्त्र हों। इस धारणा का प्रयोजन उस निर्णय और सिद्धान्त से है, जिसकी सार्थकता इन्द्रियानुभव से सदैव मुक्त है। इस अर्थ में इस शब्द का प्रयोग दार्शनिक इमैन्युअल काण्ट (Immanuel Kant, 1724-1804) ने किया है, जो शब्द पूर्णत: सिद्ध है और वह अनुभव-मिश्रित नहीं होता। सामाजिक विज्ञानों में पूर्णत: सिद्ध शब्द का प्रयोग उस सिद्धान्त के लिए किया जाता है, जो अनुभव और कल्पना से ऊपर है और जिसे विचार से ही जाना जा सकता है।

a priori proposition (ए प्राइ'ऑरि प्रॉप'ज़िशन्) **प्रागनुभविक प्रतिज्ञप्ति, अनुभवनिरपेक्ष प्रतिज्ञप्ति :** वह प्रतिज्ञप्ति, जिसके सत्यापन के लिए अनुभव की अपेक्षा नहीं होती, जैसे– 'क' है या नहीं है।

aptitude ('ऐप्टि ट्यूड्) **अभिवृत्ति :** एक विशिष्ट क्षेत्र में झुकाव अथवा सूक्ष्मदर्शिता का होना, उदाहरण के लिए अभिवृत्तियों के आधार पर विद्यार्थियों के द्वारा विभिन्न विषयों (कला, विज्ञान) का चयन करना, जो कि उनके परीक्षा-परिणामों में परिलक्षित होते हैं।

arbitration (आर्बि'ट्रेशन्) **मध्यस्थता :** ऐसी सामाजिक प्रविधि, जिसमें कोई बाहरी व्यक्ति या दल संघर्षरत दलों के मुद्दों का मूल्यांकन करता है और एक सामान्य समाधान निकालता है जो उन दोनों दलों पर लागू होता है।

archaeology (आर्कि'ऑलजि) **पुरातत्त्वशास्त्र :** पुरातत्त्वशास्त्र प्रमुखत: प्राचीन संस्कृतियों तथा आधुनिक सभ्यताओं की भूतकालीन दशाओं का अध्ययन है। मानवशास्त्र की एक ऐसी शाखा, जिसका सम्बन्ध मानव के इतिहास से आगे

की संस्कृति को ऐतिहासिक रूप से पुनर्निर्मित करने की कोशिश है । इसमें भौतिक अवशेषों के अध्ययन द्वारा पुरातन मानव तथा उसके समाज एवं संस्कृति के उद्भव, विकास तथा पतन का पता लगाया जाता है । पुरातत्त्वशास्त्र का प्रामाणिक चिह्न कुदाल है ।

archaic (आर्'केइक्) **पुरातन, अप्रचलित :** वह समाज, जो प्राचीन है या पुराने ढंग का है । अत्यन्त ही पुरातन युग की विशेषताओं वाला अथवा उनसे सम्बन्धित समाज । भारत के पहाड़ी या जंगली क्षेत्रों में आज भी बहुत-सी ऐसी जनजातियाँ हैं, जो अपनी पुरातन अवस्था में मौजूद हैं ।

area programme ('अरिआ'प्रोग्रैम्) **क्षेत्रीय कार्यक्रम :** ऐसे अनेक क्षेत्र हैं, जिनपर प्रकृति की कृपा नहीं हुई । इन क्षेत्रों के निर्धन लोगों की सहायता के लिए विभिन्न कार्यक्रम चलाए जाते हैं ।

area research ('अरिआ रि'सर्च्) **क्षेत्रीय अनुसन्धान :** देखें– **Research** ।

area study ('अरिआ 'स्टडि) **क्षेत्र अध्ययन :** किसी निश्चित क्षेत्र के मानव समुदायों का नृवैज्ञानिक अध्ययन । नागा या संथाल जैसी अन्य जनजातियों की संस्कृति का अध्ययन क्षेत्रीय अध्ययन कहा जायेगा ।

argot ('आर्गो) **खास बोली, चोरभाषा :** किसी उपसंस्कृति के अन्तर्गत बोली जानेवाली सांकेतिक भाषा, जिसे कुछ ही लोग समझते हों । व्यवस्थित ढंग से क्रियाशील चोरों या बदमाशों की एक अपनी ही भाषा होती है, जिसे सिर्फ वे ही लोग समझते हैं, उसे ही 'चोर भाषा' की संज्ञा दी जाती है ।

argument ad crumenum ('आग्युमन्ट् ऐड् क्र'मेनम्) **स्वार्थोत्तेजक युक्ति :** वह युक्ति, जो श्रोताओं के स्वार्थ या आर्थिक हित से सम्बन्धित बातों का समर्थन प्राप्त करने की चेष्टा करती है ।

argumentum ad hominem ('आग्युमन्ट्म ऐड् 'हॉमिनेम्) **लांछन युक्ति :** एक प्रकार का तर्कदोष, जिसमें किसी व्यक्ति के मत को मिथ्या सिद्ध करने के लिए उचित तर्क प्रस्तुत करने के स्थान पर उस व्यक्ति के चरित्र आदि पर आक्षेप किया जाता है ।

argumentum ad invidiam ('आग्युमन्ट्म ऐड् इन्'विडीयम्) **क्षुद्रभावोत्तेजक युक्ति :** यह युक्ति, जिसमें लोगों की निम्नकोटि की भावनाओं को उत्तेजित करके या उनके पूर्वाग्रहों का लाभ उठाकर अपनी बात को सिद्ध किया जाता है ।

argumentum ad personam ('आग्युमन्ट्म ऐड् परसॅनॅम्) **स्वार्थोत्तेजक युक्ति :** यह युक्ति, जिसमें अपने पक्ष को सबल बनाने के लिए लोगों की स्वार्थ-भावना को उकसाया जाता है ।

argumentum ad populum ('आग्युमन्ट्म ऐड् पॉप्यूलम्) **लोकोत्तेजक युक्ति :** वह युक्ति, जो तथ्य अथवा तर्क पर आधारित न होकर, सामान्य जन की भावनाओं को उत्तेजित कर या उनकी कमजोरियों का लाभ उठाकर बल प्राप्त करे।

aristocracy (ऐरि'स्टॉक्रसि) **कुलीनतन्त्र :** व्युत्पत्ति की दृष्टि से इस शब्द का अर्थ है– समाज के सर्वश्रेष्ठ व्यक्तियों का शासन । लेकिन व्यवहार में इसका अभिप्राय है– ऐसी शासन-व्यवस्था, जिसमें राज्यसत्ता कुलीन व्यक्तियों के हाथों में केन्द्रित होती है । इसका अर्थ 'सर्वोत्कृष्ट व्यक्तियों का शासन', अर्थात् ऐसे विशिष्ट वर्ग (**Elite**) के लोगों के शासन से है, जिनमें कुछ विशिष्ट गुण एवं विशेषताएँ होती हैं और जो शासन के लिए अपेक्षित माने जाते हैं । कुलीनतन्त्र की सबसे बड़ी विशेषता यह है कि इसमें गणना की अपेक्षा गुण पर अधिक बल दिया जाता है । एक प्रकार से यह राजतन्त्र और लोकतन्त्र के बीच की व्यवस्था है । जनता ऐसे प्रशासन में भाग नहीं ले पाती। कुलीनतन्त्र मुख्यतया अनुदार शासन होता है ।

aristocracy of labour (ऐरि'स्टॉक्रसि ऑव्'लेबर्) **अभिजात श्रमिक वर्ग :** इस अवधारणा का ईज़ाद फ्रिडरिक्स ऐंगल्ज (Friedrich Engles, 1820-1895) ने उस वर्ग के लिए किया था, जो उच्च वेतनभोगी हो और वह रिश्वत लेकर अपने वर्ग के स्वार्थ को तिलांजलि दे सकता हो ।

arithmetic mean (अ'रिथ्मटिक् मीन्) **गणितीय माध्य** : गणितीय माध्य एक ऐसी सांख्यिकीय माप है, जो बंटन की केन्द्रीय प्रवृत्ति को दर्शाती है । व्यावहारिक रूप में इसे 'माध्य' या औसत भी कहा जाता है । माध्य वह संख्या है, जो पदमानों के योग को पदसंख्या द्वारा विभाजित करने से प्राप्त होती है–

$$\text{माध्य} = \frac{\text{पद मानों का योग}}{\text{पद संख्या}}$$

arithmetic progression (अ'रिथ्मटिक् 'प्रोग्रेशन्) **गणितीय वृद्धि** : आधार अंकों में क्रमशः वृद्धि, जैसे– 1, 2, 3, 4, 5 इत्यादि : देखें- **Geometric progression** ।

arms race (आर्मस् रेस्) **आयुध-प्रतिस्पर्द्धा** : एक ऐसी प्रतियोगिता, जिसमें दो या दो से ज्यादा राष्ट्रों के बीच आयुध के क्षेत्र में श्रेष्ठता प्राप्त करने का प्रयास ।

arms trade (आर्मस् ट्रेड्) **आयुध-व्यापार** : आर्थिक लाभ के लिए सरकार या किसी ठेकेदार द्वारा हथियार का व्यापार करना ।

artefact; artifact (आर्टि फ़ैक्ट) **हस्तकृति** : किसी भी प्रकार की वस्तु, जो मानव के हाथों से बनी हो, जैसे– उपकरण, शस्त्र, मिट्टी के बरतन तथा सभी तक्षित एवं उत्कीर्णित वस्तुएँ ।

artefact (statistical and methodological) (आर्टि फ़ैक्ट (स्ट 'टिस्टिक्ल् ऐन्ड् मेथडॉ'लाजिक्ल्) **शिल्प-तथ्य** (सांख्यिकीय एवं प्रणालीतन्त्रीय) : ऐसा अनुमान, जो पक्षपातपूर्ण ढंग से एकत्रित आँकड़ों या आँकड़ों के पक्षपातपूर्ण विश्लेषण पर आधारित हो ।

artificial classification (आर्टि'फ़िशल् क्लैसिफ़ि 'केशन्) **कृत्रिम वर्गीकरण** : तथ्यों का ऐसा वर्गीकरण, जो किसी विशेष उद्देश्य की पूर्ति के लिए किया जाये, न कि उन तथ्यों के विषय में व्यवस्थित ज्ञानप्राप्ति के लिए । यह वर्गीकरण वस्तुओं की मौलिक समानताओं पर आधारित न होकर, उनकी कृत्रिम समानताओं पर आधारित होता है और किसी विशेष उद्देश्य की पूर्ति के लिए होता है, उदाहरणार्थ– जब शब्दकोश में शब्दों का वर्णानुक्रमिक वर्गीकरण किया जाता है, तो एक विशेष उद्देश्य सामने होता है– ज्यादा-से-ज्यादा आसानी के साथ प्रत्येक शब्द को ढूँढ़ पाना । इस तरह के वर्गीकरण को विशिष्ट वर्गीकरण भी कहते हैं ।

artisan (आर्टि'जैन्) **शिल्पी, कारीगर** : वैसा कारीगर, जो खासतौर पर दस्तकारी का काम करता है, जैसे– दर्जी, कशीदाकार, चूड़ीहार, शिल्पकार, लोहार आदि ।

***arya samaj* आर्य समाज** : आर्य समाज ने उत्तर भारत में हिन्दू धर्म में सुधार लाने का बीड़ा उठाया। उसकी स्थापना 1875 में स्वामी दयानन्द सरस्वती (1824-1883) ने की । स्वामी दयानन्द सरस्वती राजा राममोहन राय के पूरक थे और कुछ हद तक प्रतीक भी । धार्मिक क्षेत्र में वह मूर्तिपूजा, बहुदेववाद, अवतारवाद, पशुबलि, श्राद्ध, जंत्र, मंत्र, तन्त्र तथा झूठे कर्मकाण्ड को स्वीकार नहीं करते थे । वह वेद को ईश्वरीय ज्ञान मानते थे और उपनिषद् काल तक के साहित्य को स्वीकार करते थे। शेष को, विशेषकर पुराणों को, जिनमें ऊपर लिखे विश्वासों का विवरण मिलता है, मनगढ़न्त कथाओं का ढेर मानते थे । उन्नीसवीं सदी में भारत में आरम्भ हुए धार्मिक आन्दोलनों में आर्य समाज सर्वाधिक लोकप्रिय और दीर्घजीवी सिद्ध हुआ ।

ascending generation (अ'सेन्डइन्ग जेन'रेशॅन) **आरोही पीढ़ी** : वर्तमान व्यक्ति की पूर्व की पीढ़ियाँ, जैसे– शाहजहाँ से बाबर तक की पीढ़ियाँ ।

ascending mobility (अ'सेन्डइन्ग मो'बिलटि) **आरोही गतिशीलता :** आरोही गतिशीलता को आंग्ल भाषा में **Social climbing** या **Mounting social mobility** भी कहा जाता है । जब समाज के निम्न स्तर से कोई व्यक्ति या समूह उच्च स्तर की ओर बढ़ता है तो उसे आरोही गतिशीलता कहा जाता है । इसके अन्तर्गत व्यक्ति की सामाजिक स्थिति में इजाफा होता है । लॉटरी निकलने पर यदि कोई भिखारी लखपति हो जाता है, तो उसे आरोही गतिशीलता कहेंगे : देखें– **Mobility** ।

ascetic (अ'सेटिक) **तपस्वी :** वह व्यक्ति, जो भौतिक सुखों को त्यागकर कठोर आत्मसंयम अथवा सादगी का जीवन व्यतीत करता हो । हिन्दू, बौद्ध एवं जैन धर्मों में तपस्वी होने की परम्परा काफी पुरानी है ।

asceticism (अ'सेटि सिज़्म्) **तपश्चर्या :** जीवन का ऐसा मूल्य, जिसमें व्यक्ति अपनी मर्जी से सांसारिक सुखों का त्याग करता है ।

ascribed criteria (अ'स्क्राइबड् क्राइ'टिअरिआ) **प्रदत्त कसौटी :** वह कसौटी, जिसका आधार कोई वैयक्तिक गुण या सामाजिक कारक होता है, जो किसी व्यक्ति को दी गई है या वह विशेषता, जिसके बारे में सोचा जाता हो कि वह उस व्यक्ति में अन्तर्निहित है । जैसे– किसी राजा के बेटे के बारे में यह स्वीकार कर लेना कि वह एक कुशल प्रशासक होगा या किसी बड़े व्यापारी के पुत्र के बारे में यह मान लेना कि वह भी एक सफल व्यापारी होगा, यह एक प्रकार की प्रदत्त कसौटी है ।

ascribed role (अ'स्क्राइबड् 'रोल्) **प्रदत्त भूमिका :** देखें- **Role; Status** ।

ascribed status (अ'स्क्राइबड् 'स्टेटस्) **आरोपित स्थिति :** देखें- **Status, ascribed or ascriptive** ।

ascription (अ'स्क्रिप्शन्) **आरोपण :** आरोपित विशेषताएँ या गुण वे हैं, जो हमें जन्म से या जैवकीय आधार पर प्राप्त होते हैं। इसे प्राप्त करने के लिए हमें अलग से प्रयास नहीं करना पड़ता है, जैसे– किसी जाति या प्रजाति-विशेष की सदस्यता, स्त्री या पुरुष होना, बच्चा या बुजुर्ग होना इत्यादि । जो सामाजिक स्थिति समाज से आरोपित है, उसमें व्यक्ति की अपनी भूमिका कम होती है और समाज की भूमिका अधिक होती है : देखें– **Achievement** ।

ashrama, brahamcharya **ब्रह्मचर्य आश्रम :** जीवन का वह चरण, जो पढ़ने-लिखने और अविवाहित जीवन से सम्बन्धित हो । हिन्दू के जीवन के चार चरणों में यह प्रथम चरण माना जाता है । इसके अन्तर्गत उपनयन के बाद पुरुष किसी योग्य गुरु के पास जाता है और हरेक प्रकार की सेवा-शुश्रूषा के आधार पर गुरु की कृपा पाकर शिक्षा अर्जित करता है । शिक्षा-काल में भिक्षाटन और जमीन पर सोना हरेक शिक्षार्थी का कर्त्तव्य होता है । इसके लिए आत्मसंयम का पालन करना आवश्यक माना जाता है ।

ashrama, grihastha **गृहस्थ आश्रम :** जीवन का वह चरण, जिसमें व्यक्ति जीविकोपार्जन करता है और परिवार को पालता है । अन्य आश्रमवासियों को सहारा देनेवाला होने के कारण, यह आश्रम सभी आश्रमों में श्रेष्ठ माना जाता है । इसमें पुरुष विवाह करके तथा परिवार का अधिपति बनकर, निर्लिप्तता के साथ पारिवारिक जीवन व्यतीत करता है । परम्परागत विश्वास के अनुसार, धन का अर्जन भोग के लिए न होकर, त्याग के लिए होना चाहिए और पत्नी-समागम यौन-तृप्ति के लिए न होकर सन्तानोत्पत्ति के लिए होना चाहिए । गृहस्थ जीवन व्यतीत करते हुए भी विरक्त भावना के साथ ज्ञान और विवेक बढ़ाते हुए चारों प्रकार के पुरुषार्थ (धर्म, अर्थ, काम और मोक्ष) का निर्वहन करना प्रत्येक पुरुष के लिए ज़रूरी है ।

ashrama, sanyasa **संन्यास आश्रम :** जीवन का अन्तिम चरण, जिसमें व्यक्ति केवल मोक्ष की प्राप्ति के लिए प्रयास करे । सांसारिक विषयेच्छाओं को त्यागना ही वस्तुतः संन्यास है । इसके विशिष्ट लक्षणों में से कुछ हैं– रागद्वेष का परित्याग, कर्म-साहित्य, अक्रोध, आर्जव, भिक्षाटन, सर्वभूतसमानता आदि । इस बात का विश्वास भी प्रचलित है कि गृहस्थ जीवन व्यतीत करने के बाद ही संन्यास ग्रहण करना चाहिए । यह भी कहा जाता है कि संन्यास आश्रम को स्वीकार

करना पुनर्जन्म प्राप्त करने के समान है। जो व्यक्ति संन्यासी बन जाता है, वह पुन: पूर्वाश्रमों को स्वीकार करने का अधिकारी नहीं हो सकता।

ashrama, vanprastha **वानप्रस्थ आश्रम :** जंगल में घूमने का जीवन। इस अवस्था में व्यक्ति सभी सम्बन्धों से नाता तोड़कर अलग जीवन व्यतीत करता है। यह संन्यास से पहले का चरण है। इसके अन्तर्गत प्रत्येक पुरुष का यह कर्त्तव्य हो जाता है कि बुढ़ापे में वह सांसारिक माया-मोह से स्वयं को अलग करते हुए घर-बार, जायदाद आदि अपने पुत्रों को सुपुर्द करके स्थायी रूप से जंगलों की ओर प्रस्थान करे और वहाँ ऋषियों-जैसा जीवन व्यतीत करे।

ashrama vyavastha **आश्रम व्यवस्था :** सनातन हिन्दू धर्म में मानव जीवन के लिए सौ वर्ष की अवधि की कल्पना की गयी है। इस जीवनावधि को चार विश्राम-स्थलों में बाँटा गया है, ताकि जीवन का सही आनन्द लेते हुए जीवन के अन्तिम उद्देश्य (मोक्ष) को निर्विघ्न प्राप्त किया जा सके। जीवन के इन पड़ावों या विश्राम-स्थलों को ही 'आश्रम' का नाम दिया गया है। ब्रह्मचर्याश्रम, गृहस्थाश्रम, वानप्रस्थाश्रम और संन्यासाश्रम जीवन की चार अवस्थाओं या चरणों का संकेत देते हैं। इन चारों आश्रमों के अलग-अलग कर्त्तव्य और कार्य बताये गये हैं।

Asiatic mode of production (ऐशि'ऐटिक मो'ड ऑव् प्र'डक्शन्) **एशियाई उत्पादन प्रणाली :** कार्ल मार्क्स (Karl Marx, 1818-1883) इस अवधारणा के जन्मदाता माने जाते हैं। उन्होंने समाज के ऐतिहासिक विश्लेषण के सन्दर्भ में दिए गए विभिन्न चरणों में इसे सबसे आधारभूत चरण माना है। ऐसा इसलिए कि यह मानवसमाज के विकास का सबसे न्यूनतम विकसित चरण था। इस स्तर में निजी सम्पत्ति की अवधारणा का सर्वथा अभाव था। आगे चलकर इस विचारधारा को लेकर उनकी काफी आलोचना हुई।

कार्ल मार्क्स ने मिस्र (Egypt) से लेकर चीन तक के क्षेत्र को एशियाई उत्पादन प्रणाली का क्षेत्र कहा है। इस सन्दर्भ में उन्होंने कहा है कि विश्व का यह प्राचीन क्षेत्र एक स्थिर व्यवस्था का क्षेत्र था। एशियाई उत्पादन प्रणाली की प्रमुख विशेषताएँ इस प्रकार हैं– गाँवों की आर्थिक रूप से आत्मनिर्भरता, स्वतन्त्र नगरों का अभाव, दस्तकारी एवं कृषि सम्बन्धी कार्यों की एकता एवं उत्पादन के साधनों की सरलता आदि। कार्ल मार्क्स ने इस सम्बन्ध में कहा है कि चूँकि इस स्तर में निजी सम्पत्ति की अवधारणा नहीं थी, इसलिए इस व्यवस्था में वर्ग संघर्ष का भी अभाव था। वैसे समाजों के अन्तर्गत परिवर्तन सामन्तवाद एवं उपनिवेशवाद व्यवस्था की शोषणपूर्ण-पद्धति के प्रादुर्भाव से संभव हुआ। इस सिद्धान्त की इस बात के लिए आलोचना की जाती है कि अप्रत्यक्ष रूप से एशियाई उत्पादन प्रणाली को उपनिवेशवाद और साम्राज्यवाद न्यायोचित करार करता है। इस अवधारणा के आविर्भाव के पीछे एक प्रमुख कारण यह भी था कि कार्ल मार्क्स एवं ऐंगल्ज (हिन्दी में ऐंगल्स अशुद्ध उच्चारण है) को दक्षिण एशिया के देशों की जानकारी नहीं के बराबर थी (देखें– Barry Hindess and Paul Hirst, **Precapitalist Modes of Production**, 1975)।

asocial (ए'सोशल्) **असामाजिक :** ऐसा व्यक्ति, जो सामाजिक क्रियाकलापों के प्रति उदासीन हों। यह अक्सर देखने को मिलता है कि बुद्धिजीवी लोग काफी असामाजिक होते हैं। अधिकांश साधु, संन्यासी असामाजिक होते हैं।

aspiration gap (ऐस्पि'रेशन् गैप) **आकांक्षा अन्तराल :** रोज़गार की पसन्दगी और रोज़गार अवश्य स्वीकार करना चाहिए, इन दोनों स्थितियों में कभी-कभी फर्क पाया जाता है, जिसे आकांक्षा अन्तराल कहा जाता है।

aspiration level (ऐस्पि'रेशन् 'लेवल्) **आकांक्षा या महत्त्वाकांक्षा स्तर :** एक स्तर जहाँ तक पहुँचने की कोई व्यक्ति आकांक्षा रखता है। यह स्वशक्ति का ऐसा प्रमाप अथवा स्तर है, जिसके अनुसार कोई व्यक्ति सफलता अथवा असफलता का अनुभव करता है। इस स्वशक्ति का प्रत्येक व्यक्ति एक अनुमान रखता है और वही उसकी स्वशक्ति का मापस्तर है।

assembly line (अ'सेम्ब्लि् लाइन्) **क्रमिक संयोजन :** यह आधुनिक फैक्टरी प्रणाली का एक तत्त्व है, जिसमें श्रमिक किसी वस्तु के विभिन्न हिस्से व पुर्जे को जोड़ते हैं अथवा उनपर कुछ काम करते हैं। इसमें प्रत्येक श्रमिक का अपना निश्चित काम होता है। इससे उत्पादन में गति आती है।

asset ('ऐसेट्) **परिसम्पत्ति :** किसी व्यक्ति, कम्पनी या फर्म की सभी प्रकार की चल-अचल सम्पत्ति, जिसके द्वारा वह अपने ऋणों का कानूनी भुगतान कर सकता है । वैसी चीज़ों को तीन श्रेणियों में बाँटा जा सकता है– (क) भौतिक सम्पत्ति (भूमि, भवन, मशीनें व उपकरण, स्थायी उपयोग की वस्तुएँ जैसे–कार, फर्नीचर, वाशिंग मशीन आदि । (ख) वित्तीय सम्पत्ति, जैसे– नकद राशि, बैंक जमा, शेयर, ऋण-पत्र, बाँड आदि तथा (ग) अभौतिक सम्पत्ति, जैसे– ब्रांड नेम, पेटेंट, तकनीकी ज्ञान आदि ।

assimilation (अ सिमि'लेशन्) **आत्मसात्करण :** समाजविज्ञान के सन्दर्भ में इसका अभिप्राय समान होने की नृजातीय प्रक्रिया या किसी व्यवस्था में अन्तर्लयन होने की प्रक्रिया से है । अपने से भिन्न दूसरी संस्कृति को अपने जीवन में ढाल लेने की प्रक्रिया को आत्मसात्करण कहते हैं । इस शब्द का सर्वप्रथम प्रयोग अमरीकी प्रजातीय सम्बन्ध अनुसन्धान **(Race relations research)** के सन्दर्भ में हुआ था । चूँकि, अमरीका में विभिन्न संस्कृति के लोग आकर बस गये थे, वहाँ के समाजशास्त्रियों ने यह जानने का प्रयास किया कि विभिन्न नृजाति समूह के लोग किस प्रकार अमरीकी समाज एवं संस्कृति को स्वीकार कर रहे हैं । यह एक ऐसी प्रक्रिया है, जिसके द्वारा अल्पसंख्यक समूह अपनी सांस्कृतिक पहचान बहुसंख्यक समुदाय के साथ बना लेता है तथा उसकी अपनी पहचान प्रभुत्व समूह (Dominant group) में लुप्त हो जाती है ।

association (अॅ सोसि'एशन्) **समिति :** समिति एक ऐसा समूह है, जिसका संगठन किसी एक हित या अनेक सामान्य हितों की पूर्ति के लिए किया जाता है । यह एक ऐसा समूह है, जिसका संगठन एक विशेष प्रयास द्वारा इसलिए संभव होता है कि संगठन के सभी सदस्यों के हितों की पूर्ति की बात की जाती है । यह शब्द **'संस्था'** का पर्यायवाची नहीं है; क्योंकि संस्था शब्द का प्रयोग समाजशास्त्र में व्यावहारिक तौर पर उन नियमों के समग्र के लिए किया जाता है, जिनके आधार पर सामाजिक सम्बन्धों की संरचना होती है : देखें– **Institution** ।

association coefficient (अॅ सोसि'एशन् कोइ'फ़िशॅन्ट) **सहसम्बन्ध-गुणांक :** सांख्यिकी में यह एक ऐसी संख्या है, जो यह बतलाती है कि दो चरों के बीच में किस प्रकार का और कितना गहरा सम्बन्ध है ।

assumption (अ'सम्पशन्) **पूर्वमान्यता :** कोई ऐसा वाक्य, जो अनुमान-प्रक्रिया को सम्भाव्य बनाने के लिए और किसी निष्कर्ष तक पहुँचने के लिए स्वीकार कर लिया जाता है । ऐसे वाक्य की सत्यता के बारे में विचारक के मन में विश्वास न हो, तो भी तर्कशास्त्रीय दृष्टि से उसका महत्त्व बना रहता है ।

asylum (अ'साइलम्) **शरणस्थल :** वह स्थान, जहाँ पलायनकर्ता किसी विशेष परिस्थिति में शरण लेता है और उसे वहाँ से वापस नहीं लिया जा सकता; क्योंकि उन स्थानों की एक विशेष मर्यादा अथवा शर्त होती है । पलायनकर्ता बहुधा धार्मिक या आध्यात्मिक संस्था, शासक अथवा किसी विशेष व्यक्ति या देश की शरण लेता है । इन शरणस्थलों के विशेष नियमों का पालन प्रायः विश्वव्यापी होता है ।

asymmetric society (एसि'मिट्रिक सॅ'साइअटि) **असममित** या **विषम समाज :** इस शब्द का ईज़ाद अमरीकी मानवशास्त्री जैम्स कॉलमैन (James S. Coleman, 1926-1995) ने अपनी पुस्तक **Asymmetric Society** (1982) में किया है । यहाँ उन्होंने बताया है कि विकसित पूँजीवादी व्यवस्था में विभिन्न प्रकार के निकायों का विकास हुआ है, जहाँ व्यक्तियों और निकायों के बीच एक प्रकार का विषम सम्बन्ध उत्पन्न हो गया है । इसकी विशेषता यह है कि इसके अन्तर्गत शक्ति का संचार व्यक्ति से निकाय की ओर होता है, जबकि आमतौर पर व्यक्ति के व्यवहारों या क्रियाओं का संचालन सामाजिक शक्तियों के प्रभाव में होता है ।

asymmetrical causal process (एसि'मिट्रिकल् 'कॉ:ज़ॅल 'प्रोसेस्) **असममित अनियमित प्रक्रिया :** यह एक ऐसी अपरिवर्तनशील एकतरफा प्रक्रिया है, जिसके अन्तर्गत **'क'** नाम का चर **'ख'** नाम के चर को तो प्रभावित करता है,

लेकिन 'ख' 'क' को प्रभावित नहीं कर पाता है । इस प्रकार की प्रक्रियाएँ भौतिक और सामाजिक– दोनों दुनिया में देखने को मिलती हैं।

atheism ('एथि इज़म्) **अनीश्वरवाद, नास्तिकवाद :** नास्तिकता अथवा नास्तिकवाद वह विचारधारा है, जो ईश्वर के अस्तित्व का खण्डन करती है । नास्तिक लोग ईश्वर (भगवान) को झूठ करार देते हैं । अधिकांश नास्तिक किसी भी देवी-देवता, पारलौकिक शक्ति, धर्म और आत्मा को नहीं मानते । हिन्दू दर्शन में नास्तिक शब्द उनके लिए भी प्रयुक्त होता है, जो वेदों को मान्यता नहीं देते। बौद्धधर्म, जैनधर्म, चार्वाक दर्शन, साम्यवाद (कम्युनिस्ट दर्शन) नास्तिक दर्शन माने जाते हैं । नास्तिकता के पक्ष में प्रमुख तर्क इस प्रकार हैं– (1) ईश्वर के अस्तित्व का कोई सबूत नहीं है । उसे देखा, सुना तथा महसूस नहीं किया जा सकता । (2) प्रकृति के सारे नियम-कानून विज्ञान से समझे जा सकते हैं । जगत् और जीवन का उद्भव भी विज्ञान समझा सकता है । (3) धर्मग्रन्थों में बकवास लिखा गया है । उनकी कहानियाँ परीकथाएँ लगती हैं, जिनका ऐतिहासिक प्रमाण नहीं है । यदि ईश्वर है, तो दुनिया में इतना पाप, दु:ख और दर्द क्यों है ।

atheism, methodological ('एथि इज़म्, मेथडॉ'लाजिकल्) **प्रणालीतन्त्रीय नास्तिकवाद :** साधारणत: नास्तिकवाद का अर्थ ईश्वर के अस्तित्व को नकारना है । समाजशास्त्र में पीटर् बर्जर (Peter Berger) ने इसका प्रयोग धर्म के अध्ययन में किया है । उनका मानना था कि धर्म मनुष्य के चिन्तन की उपज है । इस प्रकार उन्होंने यह प्रश्न खड़ा कर दिया कि धर्म का मनुष्य से स्वतन्त्र कोई अस्तित्व है या नहीं ।

atheist (एथि'इस्ट) **अनीश्वरवादी, नास्तिक :** जो ईश्वर के अस्तित्व में विश्वास नहीं रखता है, जैसे– साम्यवादी लोग। साम्यवादी अक्सर नास्तिक होते हैं; क्योंकि कार्ल मार्क्स का ऐसा मानना था कि धर्म आम जनता के लिए अफीम की तरह है ।

atheistic existentialism (एथि'स्टिक एग्ज़ि'स्टेन्श लिज़म्) **निरीश्वर अस्तित्ववाद :** अस्तित्ववाद का वह रूप, जो ईश्वर की सत्ता को नहीं मानता ।

atomism ('ऐटॅ मिज़म्) **परमाणुवाद :** सामान्यत: यह मत कि समस्त विश्व (भौतिक एवं मानसिक) अन्तत: सूक्ष्म एवं अविभाज्य कणों से बना हुआ है, जिनको 'परमाणु' कहते हैं ।

atomism and holism ('ऐटॅ मिज़म् ऐन्ड् 'हॉल्इज़म्) **व्यष्टिवाद एवं साकल्यवाद :** यह दृष्टिकोण व्यक्तिपूरक और मनोवैज्ञानिक है । इसके अनुसार, एक सामाजिक व्यवस्था व्यक्तियों के संग्रह से अधिक कुछ नहीं है । यह विचार इस बात पर बल देता है कि सम्पूर्ण, भागों का योगमात्र है, इसके परे कुछ नहीं। अत: समाज को व्यक्तियों के अध्ययन के माध्यम से समझा जाना चाहिए । समाज की सबसे छोटी इकाई व्यक्ति है, इसलिए कोई भी अध्ययन व्यक्तिपरक होना चाहिए । दूसरी तरफ, साकल्यवाद समाज को पूरी समग्रता में समझने पर बल देता है । समाज व्यक्तियों का एक समूहमात्र नहीं है । इसके बावजूद व्यक्तियों के अभाव में समाज की कल्पना नहीं की जा सकती है । इस प्रकार, प्रमाणवाद एवं साकल्यवाद एक-दूसरे का विरोधी परिप्रेक्ष्य है (देखें– George Homans, **The Human Group**, 1950; Herbert Blumer, **Symbolic Interactionism: Perspective and Method**, 1969) ।

attitude ('ऐटि ट्यूड्) **मनोवृत्ति :** किसी वस्तु, व्यक्ति या स्थिति के प्रति अनुकूल या प्रतिकूल प्रतिक्रिया करने की प्रवृत्ति को मनोवृत्ति कहा जाता है । मनोवृत्तियाँ मानसिक दशाओं को प्रकट करती हैं, जिन्हें प्रत्यक्षत: देखा-परखा नहीं जा सकता है । इनके विषय में आचरण (शाब्दिक व्यवहार सहित) द्वारा अनुमान लगाया जाता है । प्रतिकूल या ऋणात्मक मनोवृत्ति पूर्वाग्रह को जन्म देती है । पूर्वाग्रही व्यक्ति की दृष्टि में आलोचना और प्रमाण का कोई महत्त्व नहीं रह जाता । मनोवृत्ति का क्षेत्र बड़ा व्यापक होता है । प्रेम और घृणा हमारी अनुकूल और प्रतिकूल मनोवृत्ति के ही परिणाम हैं । ये अभिप्रेरणा (**Motivation**) की अपेक्षा अधिक स्थिर और स्थाई होती हैं, विचारधाराओं की अपेक्षा किन्हीं नामित स्थितियों और वस्तुओं से विशिष्ट रूप में सम्बन्धित होती हैं तथा आन्तरिक रूप में इनमें मूल्यांकन का भाव निहित होता है । इनका उद्भव मूल्यों से होता है, किन्तु फिर भी ये मूलत: मूल्यों के समरूप नहीं होतीं ।

attitude scale ('ऐटि ट्यूड् स्केल्) **मनोवृत्ति पैमाना :** मनोवैज्ञानिक पैमाने के अन्तर्गत बहुत सारे मानकीकृत प्रश्न या कथन होते हैं, जिनके सम्बन्ध में उत्तरदाता को सहमति या असहमति व्यक्त करने के लिए कहा जाता है । उन्हीं उत्तरों के माध्यम से व्यक्तियों की किसी विषय-वस्तु के सम्बन्ध में वैज्ञानिक ढंग से मनोवृत्तियों को मापा जाता है । इस प्रक्रिया में विभिन्न प्रकार की सांख्यिकीय प्रविधियों का इस्तेमाल किया जाता है । इस सन्दर्भ में एल. गॅटमैन (L. Guttman), आर. लिकर्ट (R. Likert) और एल. एल. थर्स्टन (L .L. Thurstone) द्वारा निर्मित मनोवृत्ति पैमाना विशेषरूप से उल्लेखनीय है (देखें– Seymour Sudman and Norman R Bradburn, **Asking Question: A Practical Guide to Questionnaire Design**, 1983) ।

attribute (ऐ'ट्रिब्यूट्) **गुण, विशेषता :** (1) सामान्य रूप से, किसी वस्तु की विशेषता जो आवश्यक या अनावश्यक भी हो सकती है । (2) विशेषत: आर. डेकार्ट (René Descartes, 1596-1650), बी. स्पिनोजा (Benedict de Spinoza, 1632-1677) आदि विचारकों के दर्शन में मानसिक और भौतिक द्रव्य की अपरिहार्य विशेषताओं में से एक ।

attribute class (ऐ'ट्रिब्यूट् क्लास्) **गुणवाचक वर्ग :** कुछ खास समानताओं या विशेषताओं के आधार पर एकसाथ रखे गए लोगों का समूह या आर्थिक हैसियत, रोज़गार या सामाजिक हैसियत के आधार पर बनाए गए समूह ।

attribution, social (ऐट्रि'ब्यूशन्, 'सोशल्) **सामाजिक गुणारोपण :** देखें– **Attribution theory** ।

attribution theory (ऐट्रि'ब्यूशन्'थिअरि) **गुणारोपण-सिद्धान्त :** यह सिद्धान्त इस मान्यता पर आधारित है कि जब कोई व्यक्ति दूसरे को समझाने का प्रयास करता है, तो वह अपने-आपको उस स्थिति में रखकर यह समझने का प्रयास करता है कि उस व्यक्ति ने ऐसा व्यवहार क्यों किया। विश्लेषण के दौरान वह यह कहता है कि उसका व्यक्तित्व ही ऐसा है कि उसने इस प्रकार का व्यवहार किया, जैसे– किसी गरीब को देखकर यह कहना कि वह गरीब इसलिए है कि वह कठिन परिश्रम से हिचकता है या फिर किसी धनी व्यक्ति को देखकर यह कहना कि वह धनी इसलिए है कि वह काफी गुणवान और परिश्रमी है । यह आमलोगों की विशेषता है कि वह विभिन्न प्रकार की स्थितियों, समस्याओं एवं घटनाओं के साथ अपनी ओर से कुछ अर्थ आरोपित कर अपने-आपको या अन्य को समझाने का प्रयत्न करता है (देखें– G. Weary, M. A. Stanley, and J. H. Harvey, **Attribution**, 1989) ।

attrition (अॅ'ट्रिशन्) **अपूर्ण पश्चात्ताप :** अपने किये हुए पापों के परिमाणस्वरूप होनेवाला आंशिक शोक अथवा प्रक्रिया ।

Auburn system ('ऑबर्न्'सिस्टम्) **सुनहरा पद्धति, ऑबर्न पद्धति :** कारावास की एक पद्धति, जिसका आरम्भ 1821 में तथा पूर्ण विकास 1823 में हुआ। इसका नाम न्यूयार्क के ऑबर्न नामक स्थान पर पड़ा, जहाँ कारावास में बन्दियों को रात्रि में छोटी-छोटी कोठरियों में अलग-अलग रखा जाता था और दिन में वे एक-दूसरे के साथ दुकानों में काम करते थे । इन पर अनुशासन के तौर पर कड़ा अंकुश रहता था और इनके लिए आपस में बातचीत करना मना होता था ।

audience ('ऑडिअन्स्) **श्रोतागण, श्रोता :** यह सामान्य भीड़ **(Crowd)** से मिलता-जुलता समूह है, पर इससे भिन्न है। इसलिए किम्बॉल यंग (Kimball Young, 1893-1972) ने इसे संस्थात्मक भीड़ (Institutional crowd) कहा है, अर्थात् ऐसी भीड़, जिसे समाज के नियमों से स्वीकृति मिली हुई हो । यह एक ऐसा जन-समूह है, जो किसी पूर्व-निश्चित स्थान पर विशेष उद्देश्य से एकत्रित होता है । श्रोता विशेष रूप से संगठित होता है । श्रोता और भीड़ में बड़ा अन्तर है । भीड़ के सदस्य किसी स्थान पर किसी घटना के घटित होने पर, उसे आकर्षण का केन्द्रबिंदु मानकर एकत्र होते हैं । श्रोतागण विश्व के किसी भी स्थान की समस्या अथवा सूक्ष्मातिसूक्ष्म विषय, जैसे– आध्यात्मिकता आदि को लेकर भी व्यक्ति एकत्र हो जाते हैं। भीड़ में उपस्थित बुद्धिमान-से-बुद्धिमान व्यक्ति भी अपनी विचार-शक्ति को खो बैठता है, उसके क्रियाकलाप भी अन्य लोगों के समान ही हो जाते हैं । परन्तु श्रोतावृंद में बुद्धि का लोप नहीं होता। इसमें चिन्तन और विवेक ज्यों-का-त्यों बना रहता है, जबकि भीड़ की स्थिति इसके विपरीत होती है : देखें– **Crowd** ।

auspicious (ऑ'स्पिशस्) **शुभ :** सौभाग्य, सफलता के साथ इस शब्द का प्रयोग सकारात्मक या भाग्यशाली अवसरों को चिह्नित करता है । लगभग सभी धर्मों में शुभ-अशुभ की बात की जाती है । इसका सम्बन्ध मुख्यरूप से व्यक्ति के विश्वास से है।

autarchy ('ऑ:टॉकि) **आत्मनिर्भर अर्थव्यवस्था, निरंकुश शासन :** इस शब्द का प्रयोग दो अर्थों में किया जाता है– (1) वह स्थिति, जिसमें कोई राज्य अपनी आवश्यकता की वस्तुओं का उत्पादन स्वयं करता है, आयात पर निर्भर नहीं रहता। इसके लिए कुछ देश अपने आयात को सीमित कर देते हैं और जिन वस्तुओं को बाहर से मँगाते हैं, उनके स्वदेशी उत्पादन को बढ़ावा देते हैं । यह नीति बन्द अर्थव्यवस्था का समर्थन करती है । (2) इस शब्द का प्रयोग वैसी शासन प्रणाली के लिए भी किया जाता है, जिसमें शासन-सत्ता के ऊपर जनता का कोई नियन्त्रण नहीं होता है और सरकार शक्तियों का प्रयोग अपने ढंग से करती है ।

authenticity (ऑथेन्'टिसिटी) **प्रामाणिकता :** आधुनिक दर्शनशास्त्र में इस पद का प्रयोग व्यक्ति की उस निजी विशेषता के अर्थ में किया जाता है, जो उसके जीवन को मूल्य प्रदान करती है । इस तरह 'प्रामाणिकता' का अर्थ है, अपने आन्तरिक वैशिष्ट्य के प्रति निष्ठा ।

authoritarian personality (ऑ थॉरि'टेअरिअन् पर्स'नैलटि) **सत्तावादी व्यक्तित्व :** इस शब्द का ईज़ाद थ्योडर अडोरनो (Theodor W. Adorno, 1903-1969) ने व्यक्तित्व के ऐसे प्रकार के लिए किया था, जो पूर्वाग्रह से ग्रस्त, लोकतन्त्र-विरोधी, अति रूढ़िवादी, असहिष्णु, अपरिवर्तनशील तथा प्रभुता में विश्वास करनेवाला होता है । ऐसे व्यक्ति अपने मातहत व्यक्ति के प्रति दम्भपूर्ण तथा आतंकित करनेवाला व्यवहार करते हैं । वास्तव में यह व्यक्तित्व का एक आदर्श प्रतिरूप **(Ideal type)** है और इसमें दूसरे प्रकार के व्यक्तित्व के भी तत्त्व पाये जाते हैं (देखें– R. W. Adorno, E. Frenkel-Brunswik, D. J. Levinson and R. N. Sandford, **The Authoritarian Personality**, 1950) ।

authoritarian praetorianism (ऑ थॉरि'टेअरिअन् प्रिटॉर्'इअनिज़्म्) **सत्तावादी सैन्यशासीवाद :** यह एक ऐसा सैनिक शासन है, जिसमें सेनादल अ-सैनिक अधिकारियों की मदद से राज्य के शासन का संचालन करते हैं, उदाहरणस्वरूप पाकिस्तान में जेनरल मुशर्रफ का शासन ।

authoritarianism (ऑ थॉरि'टेअरिअ निज़्म्) **सत्तावाद :** सत्ताधारी की आज्ञाओं का चुपचाप पालन करने का सिद्धान्त। व्यवस्था में ऊपर से जारी किए गए आदेश को बिना किसी विरोध के कार्यान्वित करना और नहीं करने पर कठोर दण्ड का भागी बनना ही सत्तावाद है (देखें– C. J. Friedrich, and Z. Brzezinski, **Totalitarian Dictatorship and Autocracy**, 1965) : देखें– **Dictatorship** ।

authority (ऑ'थॉरिटि) **सत्ता, प्राधिकार :** यह वह शक्ति है, जिसे वैधता प्राप्त हो । उसे शक्तिसम्पन्न एवं शक्तिहीन दोनों प्रकार के लोगों द्वारा स्वीकृति प्राप्त होती है । शक्ति (Power) को जब वैधता मिल जाती है, तो वह सत्ता का रूप ले लेती है । यह वैधता पारम्परिक, तर्कसंगत, विधिपूर्ण और चामत्कारिक प्राधिकार से प्राप्त की जा सकती है। मैक्स वेबर (Max Weber, 1864-1920) ने सत्ता के तीन रूपों की चर्चा की है– पारम्परिक सत्ता (**Traditional authority**), कानूनी तार्किक सत्ता (**Rational-legal authority**) और करिश्माई सत्ता (**Charismatic authority**) (देखें– A. R. Willner, **The Spellbinders: Charismatic Political Leadership**, 1984) ।

authority, charismatic (ऑ'थॉरिटि, कैरिज़्'मैटिक्) **करिश्माई प्रभुत्व, चामत्कारिक सत्ता :** करिश्माई या चमत्कारी सत्ता का आधार व्यक्ति का चमत्कारी गुण अथवा विलक्षण व्यक्तित्व होता है । जिन व्यक्तियों के पास किसी प्रकार की विलक्षण शक्ति अथवा करामात होती है, वे करिश्माई सत्ता के अधिकारी होते हैं । इस प्रकार के सत्ताधारी व्यक्ति की आज्ञा का पालन श्रद्धा-भक्ति के साथ किया जाता है । ऐसी सत्ता में नेता के आदेश इसलिए माने जाते हैं; क्योंकि

अनुयायियों को नेता के असाधारण गुणों में विश्वास होता है । महात्मा गाँधी की सत्ता का आधार यही करिश्माई शक्ति थी। पीर, पैगम्बर, अवतार, धार्मिक नेता या योद्धा आदि की सत्ता इसी श्रेणी में आती है ।

authority, legal-rational (ऑ'थ़ॉरिटि, 'लीगल् रैश्नल्) **कानूनी तार्किक सत्ता :** इस प्रकार की सत्ता में नियमित और सार्वजनिक प्रक्रिया से बने नियमों का पालन किया जाता है । कानूनी तार्किक सत्ता का पालन किसी पद पर नियुक्ति के कारण नहीं, अपितु उस वैधानिक व्यवस्था द्वारा होता है, जो उस पद के साथ जुड़ी हुई है ।

authority, traditional (ऑ'थ़ॉरिटि, ट्र'डिश्नल्) **परम्परागत सत्ता :** ऐसा प्राधिकार, जिसका आधार परम्परागत विश्वास और दस्तूर होता है । इस सत्ता की वैधता के आधार प्राचीनकाल से चली आ रही व्यवस्था, परम्परा अथवा स्वीकृत प्रतिमान होते हैं । पारम्परिक सत्ता एक व्यक्ति को परम्परा द्वारा स्वीकृत पद पर आसीन होने के कारण प्राप्त होती है । मैक्स वेबर ने परम्परागत प्राधिकार, चमत्कारी तथा विधिक प्राधिकार में अन्तर बताया है ।

autism ('ऑटिज़्म्) **स्वलीनता :** वास्तविकता से पलायन करने का एक रूप, जिसमें व्यक्ति अपनी ही कल्पना के जगत् में लीन रहता है । ऐसा किसी पहुँचे हुए सन्त या फकीर के जीवन में होता है या फिर उनके जीवन में, जो किसी मानसिक रोग के शिकार होते हैं ।

autochthon (ऑ'टॉक्थन) **मूलवासी :** किसी भी स्थान के मूलनिवासी, जिनका उद्भव वहीं हुआ माना जाता है । जैसे– तमिल लोग तमिलनाडु के मूलवासी माने जाते हैं ।

autocracy (ऑ'टाक्रसि) **तानाशाही, निरंकुशता :** जब किसी राज्य में किसी नेता, सामान्यत: कोई तानाशाह के द्वारा शासन किया जाता है, तब यह शासन-व्यवस्था स्वेच्छाचारी शासन कहलाती है । वह शक्ति-संगठन, जिसमें प्रशासनिक सोपान के शिखर पर एक व्यक्ति की सर्वोच्च स्थिति हो, ऐसी विधियों अथवा रीति-रिवाजों का अभाव हो, जिनके आधार पर शासक को उसके कार्यों के लिए उत्तरदायी ठहराया जा सके तथा शासक के शक्ति-प्रयोग पर किसी प्रकार का परम्परागत अथवा वैधानिक प्रतिबन्ध न हो ।

autocratic military rule (ऑट्'क्रैटिक् 'मिलिट्रि रूल्) **तानाशाही सैनिक प्रशासन :** एक विशेष सैनिक नेता, जो शासन की बागडोर अपने हाथों में रखता है ।

automation (ऑटो'मेश्न्) **स्वचलन, स्वचालन :** इस अवधारणा का प्रयोग एक से अधिक अर्थों में होता है– (1) उत्पादन का मशीनीकरण; (2) मनुष्यों द्वारा उत्पादन के वे तरीके, जो मशीन के द्वारा चलाए और नियन्त्रित किए जाते हैं । मनुष्य सिर्फ यह देखता रहता है कि मशीन कुछ गलत न कर बैठे । सैद्धान्तिक स्तर पर यह उत्पादन की श्रमिकहीन व्यवस्था है, लेकिन व्यवहार में उत्पादन व्यक्तियों द्वारा संचालित कम्प्यूटर तथा रोबोट के माध्यम से होता है । उत्पादन की प्रक्रिया में श्रमिकों का प्रत्यक्ष उपयोग नहीं होता है (देखें– H. Shaiken, **Work Transformed: Automation and Labour in the Computer Age**, 1986) ।

automation theory (ऑटो'मेश्न् 'थ़िअरि) **यन्त्रवाद :** वह सिद्धान्त कि जीव भौतिकी और यान्त्रिकी के नियमों से परिचालित मात्र है ।

autonomy (ऑ'टॉन्मि) **स्वायत्तता, स्वशासन :** किसी व्यक्ति की ऐसी क्षमता कि वह अपने जीवन के मूल्यों को समाज के मानदण्डों से स्वतन्त्र होकर निर्धारित कर सके। नीतिशास्त्र में स्वातन्त्र्य और स्वायत्तता का करीब-करीब एक ही अर्थ में प्रयोग किया गया है । लेकिन, कुछ विचारकों ने स्वातन्त्र्य शब्द का प्रयोग अधिक व्यापक रूप में किया है और स्वायत्तता का अर्थ लिया है– आत्मा द्वारा अपने नियमों को स्वयं निर्धारित करना ।

average deviation ('ऐव़रिज् डीवि'एश्न्) **औसत विचलन :** विचलनों का माध्य या औसत अर्थात् माध्यम से घटने-बढ़ने का औसत ।

aversive therapy (अ'वर्सिव् थे'रॅपि) **निवारक उपचार :** एक सुनिश्चित तरीके से मनुष्य के व्यवहार को बदलने का तरीका– वंचित रखकर या सजा के द्वारा । मनोरोगियों को किसी विशेष अस्पताल में रखकर इलाज करने की कोशिश निवारक उपचार है ।

avoidance (अ'व़ॉइडन्स्) **परिहार, विमुखता :** इसका अर्थ है कि कुछ सम्बन्धी आपस में विमुखता बरतें, एक–दूसरे से कुछ दूरी बनाये रखने का प्रयत्न करें और पारस्परिक सामाजिक अन्त:क्रिया को टालने का प्रयास करें । इस रीति के अनुसार कई सम्बन्धियों के नाम लेना वर्जित है या किसी–न–किसी प्रकार से सम्बन्धियों के साथ परिचित रीति से बात करना वर्जित है । कभी–कभी तो वे सम्बन्धी एक–दूसरे को देख भी नहीं सकते, बातचीत नहीं कर सकते, आमने–सामने नहीं आ सकते ।

व्यवहार का यह रूप प्राय: भिन्न लिंगों के मनुष्यों के बीच होता है, जो विवाह द्वारा एक–दूसरे के नातेदार बन जाते हैं या समान–रक्त–सम्बन्धी भी होते हैं । इस प्रकार के सम्बन्ध में भाव की मुख्य विशेषता एक–दूसरे के साथ प्रत्यक्ष सम्पर्क न रखकर उनकी उपेक्षा करना है । इसमें एक–दूसरे का स्पर्श करना, बात करना अथवा नाम लेना वर्जित होता है । कुछ समाजों में एक–दूसरे को देखना तक भी वर्जित होता है । इस प्रकार के सम्बन्ध मुख्यत: वैवाहिक सम्बन्धियों के बीच पाये जाते हैं । जैसे– भारत के कुछ समुदायों में जेठ और बहू, ससुर और दामाद तथा सास व दामाद के बीच ऐसा सम्बन्ध व्यवहार मिलता है । परन्तु कुछ समाजों में इस प्रकार के सम्बन्ध रक्त–सम्बन्धियों में भी पाये जाते हैं: देखें– **Avoidance relationship** ।

avoidance relationship (अ'व़ॉइडन्स् रि'लेश्न्शिप्) **परिहार सम्बन्ध :** परिवार तथा परिवार के अतिरिक्त कुछ खास व्यक्तियों के साथ सम्बन्धों में विमुखता बरतने, सम्बन्धों को टालने अथवा सामाजिक दूरी प्रदर्शित करने वाली प्रथा को परिहार सम्बन्ध कहते हैं । कई समाज अपने सदस्यों को मुक्त मेलजोल बढ़ाने की स्वीकृति नहीं देते, उदाहरण के लिए दामाद व सास के बीच विशेष सम्बन्ध, जिसके द्वारा वे घनिष्ठता अथवा शारीरिक सम्पर्क से बचते हैं : देखें– **Avoidance** ।

avunculate (अ'वंक्युलेट्) **मातुल सम्बन्ध, मातुलेय :** यह प्रथा मातृसत्तात्मक परिवारों में पाई जाती है । जहाँ मामा अपने भाँजे–भाँजियों के जीवन में प्रमुख स्थान रखता है, पिता से अधिक मामा का दायित्व होता है, भाँजों की वफादारी पर मामा का विशेषाधिकार होता है, सम्पत्ति मामा से भाँजे को हस्तान्तरित की जाती है, भाँजे पिता की बजाय मामा के लिए कार्य करते हैं । इस प्रकार यदि सभी पुरुष सम्बन्धियों की तुलना में मामा का भाँजे एवं भाँजियों के लिए सर्वप्रथम स्थान हो, तब उस प्रथा को मातुलेय कहा जाता है और मामा की ऐसी सत्ता को मातुल सत्तात्मकता कहते हैं ।

इसमें मुख्यत: निम्न प्रकार के सम्बन्ध मिलते हैं– (1) मामा–भाँजे के बीच परिहास, (2) मामा का भाँजे के ऊपर नियन्त्रण तथा (3) मामा की सम्पत्ति पर भाँजे का उत्तराधिकार । इस प्रकार के समाज में भाँजा अपने मामा के साथ मजाक का रिश्ता स्थापित कर सकता है और मामा अपनी भाँजी से वैवाहिक सम्बन्ध स्थापित कर सकता है । काफी हद तक दक्षिण भारत का हिन्दू समाज इसका उदाहरण है ।

awareness (अ'वेअर्नेस) **बोध, जागृति :** चेतना का वह पक्ष, जिसमें चौकन्नेपन का स्थान मुख्य है, न कि संवदेन विशेष का ।

axiom (ऐक्सिअम्) **स्वयंसिद्ध, अभिगृहीत :** (1) स्वयंसिद्ध– वह प्रतिज्ञप्ति जो स्वत: प्रमाणित हो तथा अन्य प्रतिज्ञप्तियों के प्रमाण का आधार हो। स्वयंसिद्ध प्रमाण ऐसे कथन या सूक्तियाँ हैं, जिनकी सत्यता या तो स्वत: स्पष्ट होती है या वह इतनी प्रामाणिक होती है कि उसकी सत्यता विश्वसनीयता के परे होती है तथा उसे किसी भी विज्ञान के क्षेत्र में सार्वभौम रूप में स्वीकार कर लिया गया हो। इसकी सत्यता की दुबारा जाँच करने की आवश्यकता नहीं होती

है । समाजशास्त्र में भी ऐसे कुछ स्वयंसिद्ध तथ्य हैं, जिन्हें आधार मानकर अनुसन्धान किया जाता है, जैसे– सभी मानवीय कार्य तर्कपूर्ण या विवेकपूर्ण होते हैं । (2) अभिगृहीत– विशेषत: आधुनिक तर्कशास्त्र में वह आधारभूत प्रतिज्ञप्ति, जिसको प्रमाणित किये बिना स्वीकार कर लिया जाता है ।

axiomatic method (ऐक्सिअ'मैटिक् मे'थॅड) **स्वयंसिद्ध पद्धति :** वह तार्किक पद्धति, जिसमें कुछ स्वत: सिद्ध वक्तव्यों के आधार पर समस्त विचार प्रणाली में प्रयुक्त वक्तव्यों को प्राप्त किया जाता है ।

axiomatic theory (ऐक्सिअ'मैटिक् 'थिअरि) **स्वयंसिद्ध सिद्धान्त :** स्वयंसिद्ध की रचना अवधारणाओं के आधार पर बनी हुई प्राक्कल्पनाओं द्वारा होती है । इन प्राक्कल्पनाओं को एक संस्तरण क्रम में रखा जाता है । सबसे ऊपर सर्वाधिक अमूर्त कथन होते हैं, जिनसें अन्य सभी सैद्धान्तिक कथनों की रचना की जाती है । बाद वाले ये कथन प्रस्थापनाएँ कहलाती हैं । यह निगमनात्मक सिद्धान्त का एक विशिष्ट रूप है । समाजशास्त्र में सिद्धान्त रचना का यह रूप काफी समय तक अज्ञात रहा, किन्तु अब समाजशास्त्र तथा मनोविज्ञान में इस सिद्धान्त का तीव्रगति से प्रचार-प्रसार हो रहा है ।

Bb

baby-boom ('बेबि बूम) **उग्र प्रजनन, शिशु धूम :** द्वितीय विश्वयुद्ध के तुरन्त बाद 1946 से 1964 के बीच संयुक्त राज्य अमरीका, कनाडा (शुद्ध उच्चारण कैनडा है), ऑस्ट्रेलिया तथा न्यूजीलैंड में सहसा नाटकीय ढंग से प्रजननता-दर में वृद्धि हुई, जिसे 'शिशु धूम' का युग कहा गया है ।

baby bust ('बेबि ब'स्ट) **उग्र प्रजनन ह्रास :** प्रजनन में सहसा वृद्धि के तुरन्त बाद संयुक्त राज्य अमरीका, कनाडा, ऑस्ट्रेलिया तथा न्यूजीलैंड में 1961-1981 के बीच जन्म-दर में तेजी से गिरावट आयी। उसे ही उग्र प्रजनन ह्रास कहा जाता है ।

backlash ('बैक्लैश्) **प्रत्याघात :** किसी सामाजिक आन्दोलन को आगे बढ़ते हुए देखकर, जो समूह उसे अपने मूल्यों या हितों के लिए ख़तरे का स्त्रोत समझते हैं, उनकी ओर से तीव्र प्रतिक्रिया की कार्रवाई को ही प्रत्याघात कहा जाता है ।

back region (बैक् 'रीजन्) **पश्च-क्षेत्र :** इस अवधारणा का प्रयोग इरविंग गॉफ़मैन (Erving Goffman, 1922-1982) ने किया था । इस सम्बन्ध में उनका कहना है कि व्यक्ति के व्यावहारिक जीवन में एक ऐसा क्षेत्र होता है, जो प्रत्यक्ष जीवन से थोड़ा दूर होता है । यह क्षेत्र व्यक्ति के अनौपचारिक व्यवहार का पहलू होता है, जहाँ व्यक्ति स्वच्छंद ढंग से विश्राम करना पसन्द करता है । यह एक स्वाभाविक स्थिति या प्रक्रिया है; क्योंकि व्यक्ति हमेशा औपचारिक ढंग से ही व्यवहार करना पसन्द नहीं करता है ।

back to work movement (बैक् टू वॅर्क् 'मूवमन्ट्) **कार्य-वापसी आन्दोलन, हड़ताल-तोड़ आन्दोलन :** कर्मचारियों के संघ द्वारा हड़ताल वापस लेने की घोषणा करने से पहले ही हड़तालियों द्वारा हड़ताल समाप्त कर काम पर वापस लौट आने का आन्दोलन ।

backstage and frontstage role (बैक्'स्टेज् ऐन्ड् फ़्रन्ट्'स्टेज् रोल्) **पार्श्वमंच एवं अग्रमंच भूमिका :** इरविंग गॉफ़मैन (Erving Goffman, 1922-1982) ने सामाजिक अन्त:क्रिया के अपने अभिनयशास्त्रीय दृष्टिकोण (**Dramaturgical perspective**) के अन्तर्गत पार्श्वमंच और अग्रमंच की अवधारणाओं का प्रयोग किया है । उनका कहना है कि एक व्यक्ति की समाज में एक से अधिक भूमिकाएँ होती हैं, जैसे– एक ही साथ कोई व्यक्ति किसी का पति या डॉक्टर हो सकता है । जब वह व्यक्ति किसी रोगी का इलाज कर रहा होता है, तो उसके लिए डॉक्टर की भूमिका अग्रमंच की भूमिका कही जायेगी और उस समय पति के रूप में उसकी भूमिका पार्श्वमंच की भूमिका कही जायेगी। लेकिन, वही व्यक्ति जब अपने घर वापस लौटता है, तो पत्नी के सामने पति के रूप में उसकी भूमिका अग्रमंच की होगी और रोगी के सन्दर्भ में उसकी भूमिका पार्श्वमंच की भूमिका कही जायेगी अर्थात्, कोई भूमिका पार्श्वमंच की है या अग्रमंच की, यह इस बात पर निर्भर करता है कि वह भूमिका किस व्यक्ति के सन्दर्भ में अदा की जा रही है ।

जब कोई व्यक्ति किसी अवसर पर कोई भूमिका निभा रहा होता है, तो वह एकसाथ एक से अधिक भूमिका में होता है । एक वह भूमिका, जो वह दर्शकों के समक्ष निभा रहा होता है और दूसरी वह भूमिका, जो वह अभी नहीं निभा पा रहा है, किन्तु वह भी उसकी भूमिका है । इस प्रकार दर्शकों के समक्ष निभाई जाने वाली भूमिका को अग्रमंच भूमिका और छुपी हुई भूमिका (जो भूमिका वह अभी नहीं निभा रहा है) को पृष्ठ या पार्श्वमंच भूमिका कहा गया है (देखें– Erving Goffman, **The Presentation of Self in Everday Life**,1959) : देखें– **Role conflict** ।

backward child ('बैक्वर्ड चाइल्ड्) **पिछड़ा बालक :** बौद्धिक तथा सामाजिक विकास की दृष्टि से अपनी ही अवस्था के अन्य बालकों से अपेक्षाकृत हीन अथवा पिछड़ा हुआ बालक, जिसकी बुद्धि उपलब्धता 75 से लेकर 90 तक पाई जाती है । मूढ़, मूर्ख एवं मन्द बुद्धि से श्रेष्ठ होते हुए भी उसकी बौद्धिक क्षमता साधारण बालकों की अपेक्षा कम होती है । गणित, विज्ञान, व्याकरण आदि के प्रति उसमें सहज अरुचि पाई जाती है । इन विषयों को वह प्रायः स्मरण नहीं रख पाता। नैतिक दृढ़ता एवं आत्मविश्वास के अभाववश और अस्वस्थ वातावरण के फलस्वरूप तरह-तरह की चारित्रिक दुर्बलताओं का शिकार होता है । शारीरिक कार्यों में उसकी विशेष रुचि होती है । कभी-कभी अनुकूल वातावरण एवं उपयुक्त पथ प्रदर्शन के प्रभावस्वरूप वह जीवन में सामान्य बालकों के समान ही सफल होता देखा जाता है ।

backward classes ('बैक्वर्ड क्लासेस) **पिछड़ा वर्ग :** भारतीय समाज में, लोगों के वे वर्ग, जो बाकी समाज की तुलना में शैक्षिक, सामाजिक और आर्थिक दृष्टि से पिछड़े हुए माने जाते हैं । यद्यपि संविधान में इस शब्द का एकाधिक स्थलों पर प्रयोग हुआ है, लेकिन इसकी परिभाषा कहीं भी नहीं दी गई है । इनमें साधारणतः इन वर्गों को रखा जाता है– अनुसूचित जातियाँ, अनुसूचित जनजातियाँ, भूतपूर्व अपराधी जनजातियाँ, यायावार जनजातियाँ और अर्द्ध-यायावार जनजातियाँ । जिन जातियों के लोग सामाजिक और शैक्षिक दृष्टि से पिछड़े हुए हैं, वे अनुसूचित जातियों या अनुसूचित जनजातियों की कोटि में नहीं आते, बल्कि उन्हें अन्य पिछड़े वर्गों (**OBC**) के रूप में मान्यता दी गई है । प्रत्येक राज्य के लिए अगड़ी एवं दलित जातियों की अलग-अलग सूची है । इन दोनों के मध्य की जातियाँ ही पिछड़े वर्ग की हैं ।

स्वतन्त्रता के बाद विशेष सामाजिक विकास पर ध्यान दिए जाने की आवश्यकता महसूस की गयी। भारतीय समाज को तीन वर्गों में बाँट कर देखा जा सकता है– (1) आदिवासी समूह; (2) दलित समूह, जिन्हें पहले अस्पृश्य के रूप में देखा जाता था । इन दोनों समूहों को क्रमशः अनुसूचित जनजाति तथा अनुसूचित जाति के नाम से जाना जाता है। इन समूहों को विशेष संरक्षण देने की बात भारतीय संविधान में की गयी है; (3) इन समूहों के अतिरिक्त हिन्दू एवं मुस्लिम समाज में कुछ ऐसी जातियाँ हैं, जिन्हें अति निम्न माना गया है तथा जो सामाजिक, आर्थिक एवं शैक्षणिक दृष्टि से समाज के सम्पन्न वर्गों की तुलना में काफी कमजोर और निम्नस्तर पर हैं, उन्हें अन्य पिछड़ा वर्ग (**Other backward classes**) के नाम से सम्बोधित किया गया है । इस संवर्ग में अस्पृश्यों से ऊँची, परन्तु निम्न परिस्थिति की जातियाँ हैं । इन्हें पिछड़ी जाति कहा जाता है । संविधान के प्रावधान के आलोक में वी. पी. मंडल की अध्यक्षता में आयोग गठित किया गया और आयोग की अनुशंसा के आलोक में काफी जद्दोजहद के बाद पिछड़े वर्ग के लोगों के लिए शिक्षण संस्थानों एवं सरकारी सेवाओं में 27 प्रतिशत आरक्षण का प्रावधान किया गया, जिसका विभिन्न वर्गों एवं आम लोगों ने प्रत्यक्ष एवं परोक्ष रूप से भरपूर विरोध किया। लेकिन, सर्वोच्च न्यायालय के निर्णय के आलोक में सरकार को इस पर अमल करना ही पड़ गया। लेकिन इनमें से अपेक्षाकृत सम्पन्न हिस्सों को मलाईदार परत (Creamy layer) की संज्ञा देते हुए उन्हें विशेष संरक्षण के दायरे से बाहर रखा गया है ।

backwardness ('बैक्वर्डनेस) **पिछड़ापन :** किसी व्यक्ति अथवा समूह का सामाजिक, आर्थिक तथा शिक्षा के क्षेत्र में दूसरों की अपेक्षा पीछे रह जाना, जैसे– भारत में पिछड़ी जाति के लोगों या दलितों का विकास की दौड़ में पिछड़ जाना उनका सामाजिक पिछड़ापन है ।

bad analogy (बैड् अ'नैलजि) **कुसाम्यानुमान :** वह दोषयुक्त साम्यानुमान, जो वस्तुओं के मुख्य गुणों में समानता पर आधारित न होकर गौण समानताओं पर आधारित हो ।

bad debt (बैड् डेट्) **अप्राप्य** या **डूबा ऋण :** ऋण की वह राशि, जिसकी वसूली की सम्भावना कम अथवा न हो ।

balance of trade ('बैलेन्स ऑव् ट्रेड्) **व्यापार सन्तुलन :** किसी देश के वार्षिक विदेश व्यापार के अन्तर्गत कुल आयात और निर्यात के मूल्य में अन्तर । जब निर्यात का मूल्य अधिक हो, तो उस अन्तर को अधिशेष (Surplus) के रूप में दिखाया जाता है और जब आयात का मूल्य अधिक हो तो इस अन्तर को घाटे के रूप में दिखाया जाता है ।

balance theory ('बैलन्स 'थिअरि) **सन्तुलन-सिद्धान्त :** यह सिद्धान्त इस तथ्य का विश्लेषण करता है कि दो व्यक्तियों या समूहों के बीच पाये जाने वाले सम्बन्धों के जाल में कितने सकारात्मक या नकारात्मक बिन्दु या सम्पर्क हैं । यदि सकारात्मक बन्धन नकारात्मक बिन्दु से ज्यादा प्रभावशाली पाया जाता है, तो उसे सन्तुलित माना जाता है ।

balancing equation ('बैलन्सिन्ग इ'क्वेश्न्) **सन्तुलन समीकरण :** यह एक बुनियादी जनसांख्यिकीय सूत्र है, जिसके सहारे समय के दो बिन्दुओं के बीच अज्ञात जनसंख्या में परिवर्तन का अनुमान लगाया जाता है । जनसंख्या में परिवर्तन के विभिन्न तत्त्वों, जैसे– जन्म, मृत्यु और प्रवास के आधार पर जनसंख्या का आकलन किया जाता है । यदि किसी एक तत्त्व की जानकारी नहीं है, तो उसके बारे में भी इस समीकरण के द्वारा पता लगाया जाता है ।

balkanization (बॉल्कनाइ'ज़ेश्न्) **बाल्कनीकरण, विभाजनीकरण :** बाल्कन शब्द तुर्की भाषा का शब्द है, जिसका अर्थ है– पहाड़ । पर्वतीय क्षेत्र होने के कारण बाल्कन प्रायद्वीप में सांस्कृतिक और राष्ट्रीय एकता का विकास नहीं हो सका और वहाँ हमेशा भौगोलिक तथा प्रजातीय विविधता बनी रही, जिसके फलस्वरूप उसके इतिहास में विभाजन, संघर्ष और अराजकता का दौर रहा । इस क्षेत्र की इस विशेषता के कारण ही बाल्कनीकरण का अर्थ हो गया है– किसी भौगोलिक क्षेत्र का खण्ड-खण्ड में विभाजन होना, उसमें निरन्तर अव्यवस्था, अराजकता और युद्ध की स्थिति का बना रहना।

band (बैन्ड्) **टोली, खानाबदोशी जत्था :** क्षेत्र-विशेष में रहने वाला मानव समुदाय, जो संख्या की दृष्टि से कबीले या जनजाति से छोटा होता है । जनजातियों का सबसे सरल प्रकृति का संगठन खानाबदोशी जत्था है । इसकी सदस्य संख्या कम होती है और उसके सदस्य एक निश्चित भू-भाग में ही घूमते हैं । इन लोगों का कोई स्थायी निवास नहीं होता है । यह मानव समुदाय का प्राथमिक स्वरूप है, जिसमें बहुधा यायावर अथवा अर्द्ध-यायावर लोग होते हैं । ऐसे समूह अधिकांशतः निर्वाहमूलक अर्थव्यवस्था (आखेटक तथा खाद्य संग्रहक) वाले समाजों में पाए गए हैं । इनका सामाजिक संगठन अपेक्षाकृत सरल और सामाजिक नियन्त्रण अनौपचारिक होता है । प्रत्येक टोली की अपनी पृथक् संस्कृति और उसका एक अपना मुखिया होता है ।

***bandh* बन्द :** भारत में पिछले कुछ वर्षों से विकसित जन-आन्दोलन का एक नया रूप, जिसके अन्तर्गत समाज का कोई विशेष वर्ग न स्वयं काम करता है और न दूसरों को करने देता है । यह श्रमिक वर्ग की तालाबन्दी और हड़ताल जैसी कार्यविरोधक पद्धतियों का ही एक नया रूप है, जो छात्रों, अध्यापकों, सरकारी एवं गैर-सरकारी कर्मचारियों आदि विभिन्न असन्तुष्ट वर्गों में व्याप्त होता जा रहा है ।

banishment ('बैनिशमन्ट्) **देश निकाला, निर्वासन :** जघन्य अपराध करने पर अपराधी को मृत्युदण्ड न देकर देश से निकाल देना । इस प्रथा का चलन आदिम व सभ्य दोनों ही समाजों में था । यह प्रथा प्राचीन यूनान, रोम, इंग्लैंड, टर्की तथा रूस में प्रचलित थी । काफी हद तक ऑस्ट्रेलिया एवं अमरीका में गोरी आबादी का होना इसी का परिणाम है ।

baptism ('बैप्टिज़्म्) **दीक्षा-स्नान :** किसी व्यक्ति को ईसाई धर्म में दीक्षित करने के लिए किया जानेवाला धार्मिक कृत्य, जिसमें जल, मधु, मदिरा आदि से स्नान कराया जाता है ।

barbarian, barbarism (बार्'बेअरिअन्, 'बार्ब रिज़्म्) **बर्बर, बर्बरता :** (1) बोलचाल में इस शब्द का प्रयोग गँवार अथवा असभ्य व्यक्ति के लिए किया जाता है । (2) प्रारम्भ में इस शब्द का प्रयोग गैर-रोमन लोगों के लिए किया जाता था । (3) लेकिन आगे चलकर एल. एच. मॉर्गन (Lewis Henry Morgan, 1818-1881) ने इस शब्द का प्रयोग एक अलग अर्थ में अपनी पुस्तक **Ancient Society** (1877) में किया । तब से 'बर्बरता' शब्द का प्रयोग मानव जाति के सामाजिक विकास के मध्य चरण को इंगित करने के लिए किया जाता है । मॉर्गन ने कहा है कि मानव जाति की शुरूआत जंगलीपन (**Savagery**) से हुई, तत्पश्चात् दूसरा चरण बर्बरता का प्रारम्भ हुआ, जिसने बाद में सभ्यावस्था को जन्म दिया । इस अवस्था में कृषि का आद्य स्वरूप और पशुचारण की आर्थिक व्यवस्था मिलती है, परन्तु लिखित भाषा का पूर्ण अभाव रहा था ।

bar chart (बार् चार्ट्) **पट्टी या रेखा चार्ट**, देखें– **Bar diagram** ।

bar diagram (बार् 'डाइअग्रैम्) **दण्ड-आरेख :** इस प्रकार के चित्रों में तथ्यों या आँकड़ों के परिणामों या मापों को केवल सीधी रेखाओं द्वारा प्रदर्शित न करके चौड़ाई लिए हुए लम्बे दण्डों द्वारा प्रदर्शित किया जाता है । यद्यपि चौड़ाई का कोई अर्थ नहीं होता है और एक दण्ड कितनी चौड़ी होगी, इसका निर्धारण चित्र बनाने वाला ही कलात्मक दृष्टि से निर्धारित करता है । पर दण्डों की लम्बाई उसी अनुपात में होती है जिस अनुपात में तथ्यों के परिणामों को प्रदर्शित करना होता है । दो दण्डों के बीच बराबर स्थान छोड़ दिया जाता है ।

barren hypothesis ('बैरन् हाइ'पॉथसिस्) **निष्फल प्राक्कल्पना :** वह दोषयुक्त प्राक्कल्पना, जिससे कोई तार्किक परिणाम न निकाला जा सके और जिसका सत्यापन संभव न हो । जैसे– यह मानना कि आत्मा परमात्मा का ही अभिन्न अंग है, यह एक निष्फल प्राक्कल्पना है ।

barter system ('बार्टर् 'सिस्टम्) **वस्तु-विनिमय पद्धति :** मानवसमाज के सांस्कृतिक एवं आर्थिक विकास की वह अवस्था, जिसमें विनिमय किसी प्रकार की मुद्रा अथवा अन्य साधन के द्वारा क्रय-विक्रय के रूप में न होकर, केवल वस्तुओं की अदला-बदली के रूप में होता था । वस्तु विनिमय व्यवस्था में विभिन्न वर्गों के व्यक्ति अपनी फालतू वस्तुएँ बाज़ार में ले जाते थे और उनके बदले आवश्यक वस्तुएँ प्राप्त करते थे । इस प्रकार अनाज के बदले दूध, दूध के बदले कम्बल, कम्बल के बदले बकरी अथवा बकरी के बदले वस्त्र प्राप्त किये जा सकते थे । यह सरल समाज का एक आवश्यक अंग है । वस्तु-विनिमय का उद्देश्य लोगों में सुदृढ़ और संस्थागत सम्बन्धों का प्रदर्शन करना है । प्राय: वस्तुओं के विनिमय का उद्देश्य दो समूहों के बीच परस्पर संघर्ष की सम्भावनाओं को कम करना तथा उनके बीच सौहार्दपूर्ण सम्बन्ध बनाए रखना होता है, उदाहरणस्वरूप– ग्रामीण भारत में जन्म, विवाह, मृत्यु आदि अनेक मौकों पर उपहारों का आदान-प्रदान होता है । सरल समाज में उपहारों के आदान-प्रदान से परस्पर सहयोग की भावना को मजबूती मिलती है ।

base and super structure (sub-structure) (बेस् ऐन्ड् 'सूपर्'स्ट्रक्चर् (सबॅ'स्ट्रक्चर्) **आधार और अधिरचना :** इन अवधारणाओं का सर्वप्रथम प्रयोग मार्क्सवादी चिन्तकों ने आर्थिक व्यवस्था एवं सामाजिक व्यवस्था के बीच के सम्बन्धों को स्पष्ट करने के लिए किया था । आर्थिक व्यवस्था को आधार और उस पर आधारित सामाजिक व्यवस्था को अधिरचना की संज्ञा दी गयी है । कार्ल मार्क्स (Karl Marx, 1818-1883) के अनुसार, अर्थव्यवस्था के तीन तत्त्व होते हैं, जो प्रत्येक समाज की विशेषता है– मज़दूर वर्ग, उत्पादन के साधन और गैर-मज़दूर वर्ग (पूँजीपति), जो उत्पादित वस्तु का स्वामी होता है । कार्ल मार्क्स ने बताया है कि अधिरचना के स्वरूप का निर्धारण आधार के स्वरूप से होता है (देखें– Karl Marx, **A Contribution of the Critique of Political Economy**, 1970) ।

base line (बेस् लाइन) **आधार रेखा :** वह अनुमानित कालरेखा, जिसका उपयोग सामाजिक तथा सांस्कृतिक सर्वेक्षण में प्राक्कल्पना के प्रतिपादन के लिए किया जाता है । सम्पूर्ण सर्वेक्षण की संरचना इसी प्रकार आधारित रहती है, जैसे– संस्कृति परिवर्तन की समस्या के अध्ययन में किसी समय-विशेष की संस्कृति को आधार मानकर अध्ययन किया जाये ।

base map (बेस् मैप्) **आधार मानचित्र :** किसी क्षेत्र का मानचित्र, जिसमें वहाँ के भौगोलिक और आर्थिक विशेषताओं वाले स्थानों को दिखाया जाये तथा जिसका प्रयोग वहाँ की किसी सामाजिक घटना के विस्तार की रूपरेखा अंकन के लिए किया जाये । इसे सामाजिक आधार मानचित्र भी कहते हैं ।

base population (बेस् पॉप्यु'लेशन्) **आधार जनसंख्या :** किसी दिए हुए क्षेत्र (जैसे– राष्ट्र, प्रदेश या नगर) की ऐसी जनसंख्या, जिसे निर्देशन के मान के रूप में इस्तेमाल किया जाता है । यह एक ऐसे समय या वर्ष की जनसंख्या होती है, जिसे सूचकांक के आधार के रूप में माना जाता है । सुविधा के लिए आधार को 100 के बराबर माना जाता है ।

base or basic need, primary need (बेस् ऑर् 'बेसिक् नीड्, 'प्राइमरि नीड्) **मूल आवश्यकता, प्राथमिक आवश्यकता :** मानवमात्र की सबसे महत्त्वपूर्ण आवश्यकताएँ जो मानव और पशुओं में समान होती हैं, जैसे– आहार, रक्षा और मैथुन

तथा उसकी अपनी अन्य शारीरिक और मानसिक गठन के कारण कुछ विशेष आवश्यकताएँ, जो श्वसन, निद्रा, पिपासा आदि से सम्बद्ध होती हैं ।

basic personality type ('बेसिक् पर्स'नैलटि टाइप्) **बुनियादी व्यक्तित्व प्रतिरूप :** व्यक्तित्व का स्वरूप सामाजिक स्तर पर बिल्कुल भिन्न-भिन्न होता है । प्रत्येक समाज में व्यक्तित्व कुछ इस प्रकार विकसित होता है, जो उस संस्कृति की बुनियादी विशेषता होती है । समान संस्कृति के सभी व्यक्तियों की काफी हद तक एक ही प्रकार के व्यक्तित्व की विशेषताएँ होती हैं। इस तथ्य को स्पष्ट करने के लिए अब्राम कॉर्डीनर (Abram Kardiner, 1891-1981) ने बुनियादी व्यक्तित्व प्रतिरूप की अवधारणा को प्रतिपादित किया है । लेकिन, इसका अर्थ यह नहीं समझा जाना चाहिए कि एक संस्कृति के सभी व्यक्तियों का व्यक्तित्व एक ही प्रकार का होता है : देखें– **Personality** ।

basic postulate ('बेसिक् 'पॉस्ट्युलेट्) **आधार अभ्युपगम :** किसी भी विशेष धर्म, दर्शन अथवा विज्ञान में अन्तर्निहित संकल्पनाएँ, जो अपने-आप में प्रमाण, तथ्य निरूपक, युक्तियुक्त, अकाट्य तथा अनिवार्य होती हैं ।

basic research ('बेसिक् रि'सर्च्) **आधारभूत अनुसन्धान :** ऐसे ज्ञान को उत्पन्न करना, जिसकी कोई तात्कालिक उपयोगिता नहीं होती है, लेकिन भविष्य के लिए वह काफी उपयोगी होता है : देखें– **Applied research** ।

basic wage ('बेसिक् वेज्) **मूल मज़दूरी :** श्रमिक के जीवनस्तर के अनुसार उसे देय वेतन की मानक-दर, जिसका निर्धारण उसके जीवन-व्यय का परिकलन कर किया जाता है ।

beggary ('बेगरि) **भिखमंगी, भिक्षावृत्ति :** भीख माँगने की प्रथा कई देशों में, लेकिन विशेष रूप से भारत में, प्रचलित है । प्राय: कई प्रकार के भिखारी देखने में आते हैं, जैसे– घोर निर्धन व्यक्ति, असमर्थ व्यक्ति, अन्धे व्यक्ति, लंगड़े-लूल्हे व्यक्ति, रोगग्रस्त व्यक्ति, बेकार व्यक्ति, मानसिक रूप से कमजोर अथवा अस्वस्थ व्यक्ति, साधु अथवा अपराधी व्यक्ति। भिखारियों में अक्सर ऐसे बालक भी होते हैं, जिनको लोग या तो कहीं से खरीद लेते हैं या उठाकर ले आते हैं और उनसे भीख मँगवाकर वे खुद आराम का जीवन बिताते हैं । बहुत लोगों के लिए यह एक प्रकार का पेशा है । भारतीय जनता प्राय: अपनी धार्मिक प्रवृत्ति के कारण भिखारियों को रुपया-पैसा, भोजन, वस्त्र आदि देती रहती है ।

behaviour (बि'हेवयर्) **व्यवहार :** किसी परिस्थिति विशेष में अवयव की सम्पूर्ण प्रतिक्रिया ही व्यवहार है । व्यवहार के अन्तर्गत मांसपेशी और ग्रन्थि सम्बन्धी प्रतिक्रियाएँ भी निहित हैं । व्यवहार के अन्तर्गत वे समस्त चीज़ें चली आती हैं, जो व्यक्ति करता, कहता, सोचता या महसूस करता है; चाहे वह उद्देश्यपूर्ण एवं अर्थपूर्ण हो या न हो। तमाम प्रकार की सामाजिक अन्त:क्रियाएँ व्यवहार कही जा सकती हैं । कुछ लेखकों ने व्यवहार तथा क्रिया (**Action**) की अवधारणा का प्रयोग समानार्थक रूप में किया है, किन्तु 'व्यवहार' की अवधारणा क्रिया से अधिक व्यापक है । व्यवहार कई प्रकार के हो सकते हैं, जैसे– विसामान्य व्यवहार (**Deviant behaviour**), असामान्य व्यवहार (**Abnormal behaviour**), सामाजिक व्यवहार (**Social behaviour**), असामाजिक व्यवहार (**Anti-social behaviour**), सामूहिक व्यवहार (**Collective behaviour**), जनसमूह व्यवहार (**Mass behaviour**), परम्परागत व्यवहार (**Conventional behaviour**), विवेकी एवं अविवेकी व्यवहार (**Rational** or **irrational behaviour**), सहज या स्वाभाविक व्यवहार (**Innate behaviour**), प्रकट व्यवहार (**Overt behaviour**), अप्रकट व्यवहार (**Covert behaviour**) आदि ।

behaviour, aberrant (बि'हेवयर्, ऐ'बरन्ट्) **विपथगामी व्यवहार :** देखें– **Aberrant behaviour** ।

behaviour, anti-social (बि'हेवयर्, 'ऐन्टि'सोश्ल्) **समाजविरोधी व्यवहार :** समाज-विशेष के मूल्यों तथा मान्यताओं का तिरस्कार करनेवाला व्यवहार, विशेषकर उन मान्यताओं का, जो सम्बन्धित समाज के सदस्यों की दृष्टि में महत्त्वपूर्ण होती हैं, जैसे– मन्दिर से मूर्त्ति चुरा लेना, छुआछूत में विश्वास रखना या जातिवाद का समर्थन करना आदि ।

behaviour, clinical (बि'हेवयर्, 'क्लिनिक्ल्) **व्यवहार निदानशाला :** ऐसी निदानशाला, जिसमें बच्चों तथा वयस्कों की व्यवहार सम्बन्धी समस्याओं का उपचार किया जाता है ।

behaviour, collective (बि 'हेवियर्, क 'लेक्टिव्) **सामूहिक व्यवहार** : व्यक्तियों के समूह के ऐसे व्यवहार को सामूहिक व्यवहार के नाम से जाना जाता है, जो सहभागियों के पारस्परिक उद्दीपन द्वारा स्वत: उत्पन्न होता है तथा जिसमें सापेक्षिक रूप में असंगठित, अनिश्चित, अस्थायी एवं नियोजनहीन होने के गुण विद्यमान होते हैं । भीड़, जनविद्रोह, धार्मिक व्यवहार आदि सामूहिक व्यवहार के ही भिन्न रूप हैं (देखें– Neil J. Smelser, **Theory of Collective Behaviour,** 1962; Ralph H. Turner, and Lewis Killian (ed.), **Collective Behaviour**, 1987) ।

behaviour, deviant (बि 'हेवियर्, 'डीविअन्ट) **विसामान्य व्यवहार** : जब कभी लोगों द्वारा स्वीकृत 'सामान्य व्यवहार' का उल्लंघन किसी के व्यवहार के द्वारा होता है, तो उसे विसामान्य व्यवहार की संज्ञा दी जाती है । विसामान्य व्यवहार सिर्फ ऐसा व्यवहार नहीं है, जो मानदण्ड का उल्लंघन करता है, बल्कि यह एक ऐसा व्यवहार है, जिसका उल्लंघन कर्त्ता उसकी ओर अभिमुख होकर करता है । यह अभिप्रेरित उल्लंघन है । समाजशास्त्री इस अवधारणा के अन्तर्गत गंभीर अपराधों और नैतिक संहिताओं के उल्लघंन को सम्मिलित करते हैं ।

behaviour, political (बि 'हेवियर्, प 'लिटिक्ल्) **राजनीतिक व्यवहार** : देखें– **Political behaviour** ।

behaviour modification (बि 'हेवियर् मॉडिफि 'केशन्) **व्यवहार आशोधन** : एक ऐसा विचार, जो इस मान्यता पर आधारित है कि पुरस्कार और दण्ड के माध्यम से मनुष्यों के व्यवहार में बदलाव लाया जा सकता है । समाज मनोविज्ञान के अन्तर्गत सीखने के सिद्धान्त पर आधारित ऐसी चिकित्सा-विधि, जिसमें केवल व्यक्ति के अवांछित व्यवहार को बदलने का प्रयत्न किया जाता है; इसके लिए उसके सम्पूर्ण व्यक्तित्व को बदलने की कोशिश की जाती है ।

behaviour pattern (बि 'हेवियर् पैट्र्न्) **व्यवहार प्रतिरूप** : एक आचार प्रतिमान, जिससे किसी व्यक्ति अथवा समूह का व्यवहार परिलक्षित होता है । दूसरे शब्दों में, व्यक्तियों का एक ऐसा सीखा हुआ या स्थापित व्यवहार का तरीका, जो किसी उत्प्रेरक की प्रतिक्रिया के परिणामस्वरूप प्रकट होता है । इसे संस्कृति की सबसे छोटी इकाई माना जाता है।

behaviour process (बि 'हेवियर् 'प्रोसेस्) **व्यवहार प्रक्रिया** : क्रियाओं का अनुक्रम, जिन्हें व्यक्ति किसी विशिष्ट स्थिति में उत्प्रेरणाओं के प्रतिक्रियास्वरूप व्यक्त करता है, जैसे– किसी व्यक्ति से मिलने पर उनका अभिवादन करना, अपना परिचय देना, फिर मिलने का उद्देश्य बतलाना, बातचीत को आगे बढ़ाना तथा अपनी विदाई के समय प्रेम-पूर्वक एक-दो शब्द बोलकर अलग हो जाना व्यवहार प्रक्रिया है ।

behaviour therapy (बि 'हेवियर् थे 'रपि) **व्यवहार चिकित्सा** : मनोवैज्ञानिकों द्वारा प्रयोग में लायी जानेवाली ऐसी प्रविधि, जिसके द्वारा किसी व्यक्ति के अवांछनीय व्यवहार में परिवर्तन लाया जाता है । आमतौर पर, इसका प्रयोग मनोरोगों को दूर करने के लिए किया जाता है । मानसिक तनाव एवं भय को दूर करने के लिए व्यवस्थित असंवेदनशीलन **(Systematic de-sensitization)** प्रविधि का प्रयोग काफी प्रचलन में है ।

behavioural conformity (बि 'हेवियर्ल कन् 'फ़ॉमिटि) **व्यवहारात्मक अनुकूलता** : कुछ लोगों में इस प्रकार की प्रवृत्ति पायी जाती है कि वे समाज के प्रचलित मानदण्डों के अनुसार ही आचरण करते हैं, इसके बावजूद कि उनका निजी विश्वास और विचार कुछ और ही होता है । दूसरे शब्दों में, मानते कुछ और दिखाते कुछ और हैं । ऐसा व्यवहार इसलिए दिखलाते हैं कि समाज उन्हें इज्जत बख्शे, उदाहरणस्वरूप– बहुत से जातिवादी व्यक्ति ऐसा आचरण दिखाते हैं कि लोग यह समझें कि वे जात-पाँत से ऊपर हैं, जबकि वे व्यक्तिगत जीवन में घोर जातिवादी होते हैं ।

behavioural interactional approach (बि 'हेवियर्ल इन्ट्र् 'ऐक्शन्ल् अ 'प्रोच्) **व्यवहारात्मक अन्तर्क्रिया दृष्टिकोण** : सामाजिक सिद्धान्त के इस दृष्टिकोण के अन्तर्गत बाह्य व्यवहार के उन प्रतिमानों, जिनको देखा-परखा जा सकता है, के माध्यम से सामाजिक जीवन को समझने का प्रयास किया जाता है । सामाजिक क्रिया सिद्धान्त की भाँति इसमें व्यक्ति

के व्यक्तिपरक इरादों अथवा स्थितियों को महत्त्व नहीं दिया जाता; क्योंकि व्यवहारवादियों के अनुसार, इन्हें समझने का कोई सही मापदण्ड नहीं है ।

behavioural science (बि'हेव़्यर्ल 'साइन्स्) **व्यवहार विज्ञान :** विज्ञान की वे शाखाएँ, जो मानव-व्यवहार का अध्ययन करती हैं । इनमें मनुष्यों के व्यक्तिगत या सामूहिक व्यवहार पर ध्यान दिया जाता है, जबकि सामाजिक विज्ञानों के अन्तर्गत मानव-व्यवहार के सामूहिक या सामाजिक पक्ष का अध्ययन किया जाता है । उदाहरण के लिए, मनोविज्ञान व्यवहारपरक विज्ञान है, सामाजिक विज्ञान नहीं है । वहीं दूसरी ओर, समाजशास्त्र एक सामाजिक विज्ञान है : देखें– **Social science** ।

behaviouralism; behaviourism (बि'हेव़्यर् लिज़म्; बि'हेव़्य रिज़म्) **व्यवहारितावाद; व्यवहारवाद :** एक सिद्धान्त के रूप में इस दृष्टिकोण का जन्म बीसवीं शताब्दी के प्रारम्भ में तत्कालीन प्रचलित 'अन्तर्निरीक्षणवाद' (**Introspectionism**) के विरोध में हुआ । इवान पावलोव (Ivan P. Pavlov, 1849-1936) एवं जे. बी. वाट्सन (J. B. Watson, 1878-1958) इस विचारधारा के प्रमुख प्रवर्त्तक थे । व्यवहारवादियों के अनुसार, व्यवहार के अतिरिक्त मनोविज्ञान का कोई अन्य विषय नहीं हो सकता और व्यवहार का ज्ञान केवल प्रेरकों और प्रतिक्रियाओं के अध्ययन द्वारा ही संभव है । व्यवहारवाद मनोविज्ञान का वह सम्प्रदाय है, जिसमें प्रतिक्रियाओं के बाह्य अध्ययन की महत्ता पर मूलरूप से बल दिया गया है । इसमें मन विषय पर तो विचार किया गया है, किन्तु चेतना पर नहीं। यह दृष्टिकोण इस बात पर केन्द्रित है कि व्यवहार-प्रतिमानों की रचना पूर्णत: पुरस्कार और दण्ड के माध्यम से अनुकूलन (**Conditioning**) की प्रक्रिया द्वारा होती है । व्यवहारवाद केवल उन तथ्यों की प्रामाणिकता को महत्त्व देता है, जो इन्द्रियों के प्रयोग द्वारा प्रेक्षण-परीक्षण पर आधारित है । लेकिन, समाजशास्त्री इस दृष्टिकोण को स्वीकार नहीं करते हैं । उनका विचार है कि व्यवहार को वैयक्तिक पहलू से दूर कर नहीं देखा जाना चाहिए। समाजशास्त्री तथा मनोवैज्ञानिक क्रिया और व्यवहार में अन्तर करते हैं । समाजशास्त्र का सम्बन्ध मुख्यरूप से अर्थपूर्ण क्रिया से है, व्यवहार मात्र से नहीं (देखें– B. F. Skinner, **Behaviourism**, 1973; G. E. Zuriff, **Behaviourism: A Conceptual Reconstruction**,1985) : देखें– **Act** ।

behaviouralism, post (बि'हेव़्यर् लिज़म्, पोस्ट्) **उत्तर व्यवहारितावाद :** यह व्यवहारवाद के प्रतिक्रियास्वरूप उत्पन्न एक वैचारिक आन्दोलन है, जो अध्ययन-विश्लेषण में तथ्य और मूल्य के विवेकसम्मत समन्वय पर बल देता है । व्यवहारवाद के नाम पर प्रयोग की गई प्राकृतिक विज्ञानों की कठोर शोध-पद्धति को नकार दिया गया है, जिसमें मूल्यों को कोई महत्त्व नहीं दिया जाता है । उत्तर व्यवहारवादिता क्रिया और उसकी प्रासंगिकता पर बल देती है ।

behaviouristics (बि'हेव़्य्'रिस्टिक्स्) **व्यवहार विज्ञान :** व्यक्ति तथा समाज के व्यवहार का अध्ययन करनेवाला शास्त्र । मनोविज्ञान व्यवहार विज्ञान की श्रेणी में आता है ।

belief (बि'लीफ़्) **विश्वास :** किसी वस्तु या विचार के विषय में असंदिग्धता या सन्देहशून्यता का भाव । यह एक आन्तरिक अवस्था है, जो या तो तर्क या चिन्तन के बाद आती है या परोक्ष, साक्षात् ज्ञान द्वारा । समाजशास्त्रीय दृष्टि से विश्वास सामूहिक रूप से स्वीकृत ऐसी मान्यताएँ हैं, जिनका तर्कपूर्ण आधार नहीं होता । धर्म का पूरा आधार ही विश्वासों पर टिका रहता है । किसी प्रस्ताव अथवा विचार को सत्य मानना विश्वास का द्योतक है । सामान्यत: यह स्वीकृति बौद्धिक होती है, किन्तु कभी-कभी यह उद्वेगों द्वारा भी प्रेरित हो सकती है ।

bench parole (बेन्च् प'रोल्) **परिवीक्षा :** अपराधियों तथा अपचारी बालकों को विशेष उपचार के लिए अदालत के आदेश पर सुधार संस्थाओं में प्रशिक्षित अधिकारियों की देखरेख में रखना ।

benefaction (बेनि'फ़ैक्शन्) **धर्मदान :** धर्मार्थ अथवा दूसरों के हित के लिए दिया गया दान । धर्मशाला का निर्माण कराना या दातव्य औषधालय चलाना धर्मदान का ही रूप है ।

benevolent despot (ब'नेव़लन्ट् 'डेस्पॉट्) **प्रजाहितकारी तानाशाह :** ऐसा शासक, जिस पर कानून, संविधान या अन्य किसी व्यवस्था का नियन्त्रण नहीं होता और वह अपनी इच्छा से प्रजा के हित का ध्यान रखता है ।

bequeath (बि'क्वीद्) **वसीयत करना :** स्वेच्छा से की गई औपचारिक घोषणा, जिससे व्यक्ति की मृत्यु के उपरान्त उसकी सम्पत्ति प्राप्त करने का अधिकार किसी व्यक्ति अथवा संस्था को मिलता है ।

berdache (बरडेक) **विलिंगी आचरण :** ऐसा व्यक्ति, जो अपने से भिन्न लिंग की वेशभूषा धारण कर वैसा ही आचरण का प्रदर्शन करता है ।

best estimator (बेस्ट एस्टि'मेट्र्) **श्रेष्ठ आकलक :** नमूने द्वारा दी गई सूचना के आधार पर किसी समष्टि के प्राचलों का ऐसा आकलन, जो यथार्थ या वास्तविक मान (Real value) के निकट होता है, श्रेष्ठ आकलक कहलाता है ।

best way (बेस्ट वे) **सर्वोत्तम ढंग :** प्रचारकों की यह मान्यता कि किसी कार्य को पूरा करने के लिए कोई-न-कोई सबसे उत्कृष्ट ढंग अवश्य होता है । प्रबन्धन के क्षेत्र में इस विचार के जन्मदाता एफ. डब्ल्यु. टेलर (F. W. Taylor, 1856-1915) माने जाते हैं । प्रबन्धन के क्षेत्र में एक प्रकार का यह गलत विचार कि किसी काम का सम्पादन और भी बेहतर ढंग से संभव है। लेकिन, यह विचार विवादास्पद है; क्योंकि सर्वोत्तम ढंग प्रत्येक व्यक्ति के लिए हमेशा समान नहीं हो सकता है ।

beti vyavhar* बेटी व्यवहार :** भारतीय सन्दर्भ में वह सम्बन्ध, जिसमें सामाजिक समूहों के बीच विवाह की अनुमति हो, अर्थात् जिसमें बेटी व्यवहार (विवाह) संभव होता है, वह समूह प्राय: आकार में छोटा होता है । लेकिन जिसमें रोटी व्यवहार ***(Roti vyavhar) किया जाता है, वह समूह अपेक्षाकृत बड़ा होता है ।

betrothal (बि'ट्रोदल) **मंगनी :** स्त्री और पुरुष का विवाह के लिए परस्पर वचनबद्ध होना या भविष्य में विवाह सम्पन्न कराने के लिए वचनबद्ध होना ।

***bhakti* भक्ति :** समर्पण का एक भाव, जिसमें व्यक्ति इष्टदेव की उपासना के अलावा हर चीज़ को भुला देता है : देखें– ***Bhakti* and neo-*vedantic* movement** ।

***bhakti* and neo-*vedantic* movement भक्ति एवं नव-वेदान्तिक आन्दोलन :** भक्ति आन्दोलन वे धार्मिक आन्दोलन हैं, जो 12वीं से लेकर 14वीं शताब्दी के बीच तक भारत में चरम अवस्था में थे । इन आन्दोलनों में पारलौकिक शक्ति के साथ व्यक्तिगत सम्बन्धों पर बल दिया गया तथा जाति विभाजन को अस्वीकार किया गया । इस आन्दोलन में नामदेव, तुकाराम (महाराष्ट्र), मीराबाई, कबीरदास, सूरदास, रैदास (उत्तर भारत), आन्दल, महादेविका (दक्षिण भारत) जैसे 'भक्तों' का योगदान महत्त्वपूर्ण है । 'नव-वेदान्तिक' आन्दोलन 19वीं शताब्दी में अस्तित्व में आया । इस क्षेत्र में दयानन्द सरस्वती ने हिन्दूवाद को शुद्ध रूप में पुन: स्थापित करने का प्रयास किया। इसे हिन्दूवाद का पुनरोत्थानवाद भी कहा जाता है । हिन्दूवाद की इस पुनर्व्याख्या में संस्कार एवं अन्ध-विश्वास जैसे तत्त्वों को पृथक् कर दिया गया ।

***bhoodan* movement भूदान आन्दोलन :** यह आन्दोलन प्रसिद्ध गाँधीवादी रचनात्मक कार्यकर्ता आचार्य विनोबा भावे ने प्रारम्भ किया था । भूमि सुधार करने, कृषि में संस्थागत परिवर्तन लाने तथा भूमि का पुनर्वितरण एक आन्दोलन के जरिये करने के सन्दर्भ में भूदान कार्यक्रम चलाया गया था । आचार्य विनोबा भावे द्वारा 1950 के दशक के प्रारम्भ में इस आन्दोलन के लिए गाँधीवादी रचनात्मक कार्यों, तकनीकों तथा ट्रस्टीशिप जैसे विचारों को प्रयोग में लाया गया । इस आन्दोलन के तहत विनोबा भावे ने सर्वोदय समाज की स्थापना की। यह रचनात्मक कार्यकर्ताओं का अखिल भारतीय संघ था । इसका मुख्य उद्देश्य अहिंसात्मक तरीके से भारत में सामाजिक परिवर्तन लाना था । 1956 ई. तक यह आन्दोलन अत्यधिक जोर-शोर से जारी रहा । किन्तु इसके बाद इस आन्दोलन की सक्रियता में कमी आने लगी तथा इसे मिलने वाली भूमि की मात्रा भी कम हो गयी । 1955 ई. में इस आन्दोलन ने एक नया रूप धारण किया, जिसे ग्रामदान आन्दोलन कहते हैं । यह भी आगे चलकर निष्क्रिय हो गया ।

bias ('बाइअस्) **पूर्वाग्रह, पक्षपात :** वह प्रवृत्ति, जो प्राय: अनजाने में किसी वस्तु को इच्छा के अनुरूप, दिलचस्पी तथा मूल्यों के कारण एक भिन्न तरीके से देखता हो ।

biased sample ('बाइअस्ड 'साम्प्ल्) **पक्षपातपूर्ण नमूना :** जब किसी नमूने का चुनाव इस ढंग से किया जाता है कि कुछ इकाइयों के चुने जाने की सम्भावना अन्य इकाइयों की अपेक्षा अधिक होती है, तब इसे पक्षपातपूर्ण नमूना कहते हैं । ऐसा नमूना समग्र का प्रतिनिधित्व करनेवाला नहीं होता है ।

bigamous ('बिग्मस्) **द्विविवाही, द्विविवाही प्रथा से सम्बन्धित :** वह स्थिति जिसमें एक ही समय में किसी पुरुष की दो पत्नियाँ या किसी स्त्री के दो पति होते हैं ।

big brother (बिग् 'ब्रदर्) **ज्येष्ठ भ्राता :** सर्वशक्तिमान राज्य का प्रतीक, जो अपनी कार्यशैली से सर्वाधिकारवादी **(Totalitarian)** होता है । इस शब्द का प्रयोग दो देशों के बीच भी होता है, जैसे– श्रीलंका या नेपाल भारत के लिए इस शब्द का प्रयोग करता है ।

bigot ('बिगॅट) **धर्मांध :** वह व्यक्ति, जिसके मन में अपने धार्मिक विश्वासों और विचारों के प्रति अगाध निष्ठा एवं दुराग्रह हो तथा जो अन्य धर्मों के प्रति असहिष्णु, विवेकहीन और तर्कशून्य हो ।

bilateral (बाइ'लैटरल्) **द्विपक्षीय :** जब वंशावली या सम्पत्ति का हस्तान्तरण माता-पिता दोनों की ओर से समान रूप से चलता है, तो उसे द्विपक्षीय कहा जाता है ।

bilateral agreement (बाइ'लैटरल् अ'ग्रीमन्ट) **द्विपक्षीय करार :** दो पक्षों के बीच होनेवाला करार । ये करार उन बहुपक्षीय करारों से भिन्न होते हैं, जिनमें दो से अधिक पक्ष भागीदार होते हैं ।

bilateral descent (बाइ'लैटरल् डि'सेन्ट्) **द्विपक्षीय वंश :** ऐसा परिवार, जिसमें वंशज माता और पिता के साथ समान रूप से सम्बन्धित होता है ।

bilineal family (बाइ'लिनिअल 'फ़ैमलि) **उभयवंशीय परिवार :** ऐसा परिवार, जिसमें व्यक्ति उत्तराधिकार एवं वंशावली के स्तर पर माता-पिता दोनों से समान रूप से सम्बन्धित होता है ।

bilocal residence (बाइ'लोकॅल रे'जिडन्स) **उभयस्थानिक आवास :** बहुत से समाजों में विवाहित दम्पती को यह हक प्राप्त होता है कि विवाह के उपरान्त अपनी मर्जी के अनुसार वह अपने माता-पिता या सास-ससुर के परिवार में या उसके नजदीक निवास करे ।

binomial distribution (बाइ'नोमिअल् डिस्ट्रि'ब्यूशन्) **द्विपद बंटन :** द्विपद बंटन की संकल्पना जेम्स बर्नूली द्वारा प्रतिपादित की गई है । यह एक ऐसा खण्डित आवृत्ति बंटन है, जो द्वन्द्वात्मक विकल्पों, सफलता तथा असफलता से एक समूह की प्रसम्भाव्यता को व्यक्त करता है । यदि हम एक सिक्के को उछालें तो हेड (**H** या सफलता) प्राप्त करने की सफलता P, 1/2 के बराबर है तथा टेल (T या असफलता) की प्रायिकता भी 1/2 है, अर्थात् $q=1/2$ है ।

bio-anthropology (बाइओ'ऐन्थ्र'पॉलजि) **जैविक मानवशास्त्र :** मानवविज्ञान की वह शाखा, जो मनुष्य की सृजनात्मक उपलब्धियों और उसकी अभिवृत्तियों का उसकी शारीरिक क्रियाओं से सहसम्बन्ध स्थापित करने के लिए जीवविज्ञान के सिद्धान्तों का दार्शनिक दृष्टि से परीक्षण करती है ।

biograms (बाइ'ऑग्राम्स) **आंशिक आत्मजीवनी :** विरासत में प्राप्त जैवकीय प्रवृत्तियों का समूह, जो व्यक्ति के क्रिया-कलापों को नियन्त्रित करता है । ऐसा माना जाता है कि महिलाओं एवं पुरुषों की आंशिक आत्मजीवनी अलग-अलग होती हैं, इसलिए दोनों की प्रतिक्रियाएँ और आचरण समान परिस्थितियों में भिन्न-भिन्न होते हैं ।

biography (बाइ'ऑग्रफ़ि) **जीवनी-साहित्य :** किसी दूसरे व्यक्ति के द्वारा रचित जीवनी । यह आत्मकथा **(Autobiography)** का विपर्याय है ।

biological (organic) **analogy** (बाइअ 'लॉजिक्‌ल्‌ (ऑर्‌ 'गैनिक्‌) अ 'नैलजि) **जैविक सादृश्य** या **अनुरूपता :** एमिल डर्कहाइम (Émile Durkheim, 1858-1917) ने सामाजिक एकजुटता तथा हर्बर्ट स्पेंसर (Herbert Spencer, 1820-1903) ने व्यक्ति और समाज के बीच के सम्बन्धों को दर्शाने के लिए जैविकीय अनुरूपता पर आधारित विश्लेषण प्रस्तुत किया है : देखें– **Mechanical solidarity; Organic solidarity; Organismic theory** ।

biological determinism (बाइअ 'लॉजिक्‌ल्‌ डि 'टर्‌मि निज़्म्‌) **जैविक नियतिवाद :** यह विचार कि मानव-व्यवहार मूलत: जन्मजात, वंशागत, जातीय या प्रजातीय विशेषताओं का परिणाम होता है और यही विशेषताएँ भिन्न-भिन्न व्यक्तियों की भिन्न-भिन्न मनोवृत्तियों और अभिक्षमताओं **(Aptitudes)** के लिए उत्तरदायी हैं ।

biological family (बाइअ 'लॉजिक्‌ल्‌ 'फ़ैमलि) **जैविक परिवार :** देखें– **Family, biological** ।

biological reductionism (बाइअ 'लॉजिक्‌ल्‌ रि 'डॅकश निज़्म्‌) **जैविक अपचयवाद :** यह विश्लेषण इस तथ्य पर आधारित है कि किसी सामाजिक व्यवस्था को शरीर विज्ञान **(Physiology)** आनुवंशिक विज्ञान **(Genetics)** तथा जनसंख्या का दबाव किस प्रकार प्रभावित करता है । यह इस मान्यता पर आधारित है कि व्यक्ति के व्यवहार का विश्लेषण जैविक ढाँचे की पृष्ठभूमि में संभव है ।

biological theories of deviance (बाइअ 'लॉजिक्‌ल्‌ 'थिीअरिज्‌ ऑव्‌ 'डीविअन्स्‌) **विसामान्यता का जैविक सिद्धान्त :** प्रारम्भिक फ्रांसीसी मानवशास्त्री पॉल ब्रोका (Paul Broca , 1824-1880) ने अपराध को अपराधियों के मस्तिष्क एवं खोपड़ी (Brain and skulls) की बनावट के आधार पर समझने का प्रयास किया है । उनका कहना था कि शान्तिप्रिय एवं कानून का पालन करने वाले लोगों के मस्तिष्क एवं खोपड़ी की बनावट अपराधकर्मियों से भिन्न होती है । इटैलियन चिकित्सक एवं अपराध विज्ञान के वैज्ञानिक चिन्तक **(Positive school of criminology)** सी. लॉम्ब्रोसो (Cesare Lombroso, 1836-1909) ने 1870 के दशकों में यह विचार दिया कि कुछ लोग जन्म से ही अपराधी होते हैं, तो कुछ अपराधी जैविक एवं मनोवैज्ञानिक स्तर पर त्रुटिपूर्ण होते हैं । उनके सिद्धान्त को पूर्वजानुरूप या एटाविस्टिक सिद्धान्त **(Atavistic theory)** कहा जाता है । लम्बे समय तक यह विचारधारा काफी प्रचलित रही, लेकिन बाद में इसकी काफी आलोचना हुई। इस सन्दर्भ में चार्ल्स गोरिंग (Charles B.Goring, 1870-1919) का नाम विशेष रूप से उल्लेखनीय है। उन्होंने इस शताब्दी के प्रारम्भ में ब्रिटिश कैदियों का अध्ययन कर यह प्रमाणित किया कि कोई व्यक्ति जन्म से अपराधी नहीं होता है । अमरीकी मनोवैज्ञानिक एवं चिकित्सक, विलियम ए. सेल्डन (William A. Sheldon, 1898-1977) ने 1940 के दशक में शारीरिक गठन के वर्गीकरण **(Constitutional typology)** के आधार पर फिर से जैविकीय सिद्धान्त में प्राण फूँका । उन्होंने 200 विसामान्य व्यक्तियों के शरीर की बनावट के आधार पर उन्हें तीन भागों में बाँटा और यह प्रमाणित करने का प्रयास किया कि जो लोग शरीर से काफी हृष्ट-पुष्ट **(Mesomorph)** होते हैं, वे आमतौर पर दुबले-पतले **(Ectomorph)** या मांसल शरीर वाले व्यक्तियों **(Endomorph)** की तुलना में ज्यादा अपराधी किस्म के व्यक्ति होते हैं । हाल के वर्षों में अपराध को उत्पत्तिमूलक कारकों **(Genetic factors)** से जोड़ने का प्रयास किया गया है । इस विचारधारा के समर्थकों का कहना है कि जिन व्यक्तियों के अन्तर्गत 'Y' गुणसूत्र **('Y' chromosome)** एक से अधिक होते हैं **(XYY)**, वे लोग आमतौर पर अपराधी किस्म के होते हैं । लेकिन, बाद में इस विचारधारा की भी आलोचना हुई । संभव है कि जैविक कारक कुछ खास प्रकार के अपराधों से जुड़े हुए हों, लेकिन अपराधी प्रकृति को मात्र जैविक कारकों के आधार पर ही नहीं समझा जा सकता है ।

biologism (बाइअ 'लॉजिज़्म्‌) **जीवनतत्त्ववाद :** देखें– **Biological reductionism** ।

bio-social (बाइऑ 'सोश्‌ल्‌) **जैव सामाजिक :** इस शब्द से तात्पर्य उन गुणों से है, जिन्हें जैविक तथा सामाजिक गुणों की पारस्परिक क्रिया के फलस्वरूप व्यक्ति ग्रहण करता है और उनके अनुरूप व्यवहार करता है, जैसे– यौन व्यवहार या भाषा का ज्ञान ।

bio-technology (बाइऑटेक्'नॉलजि) **जैव प्रौद्योगिकी :** प्रौद्योगिकी का वह पहलू, जिसमें जैविक तथा इंजीनियरिंग, आँकड़ों का प्रयोग मानव तथा मशीन के पारस्परिक समायोजन की समस्या हल करने के लिए किया जाता है ।

biotic community (बाइ'ऑटिक क'म्यूनटि) **जैव समुदाय :** इस शब्द का सर्वप्रथम प्रयोग मानव परिस्थिति विज्ञान **(Human ecology)** में हुआ । इस अवधारणा की इतनी आलोचना हुई कि यह अब शायद ही प्रचलन में है । सम्बद्ध जीवों में परस्पर सम्बन्धों की प्रणालियाँ एवं संरूप बनाने की प्रवृत्ति होती है । ये संरूप अपने जैसे अन्य संरूपों से पूर्णतया स्वतन्त्र होते हैं । उदाहरण के लिए, किसी एक वन या तालाब में जीवों के बीच परस्पर सम्बन्ध दूसरे वन या तालाब के वैसे ही जीवों के पारस्परिक सम्बन्ध से भिन्न होते हैं । इस प्रकार के गुण अस्तित्व एवं एक उत्तरजीवन के लिए आवश्यक हैं । रॉबर्ट पार्क (Robert Ezra Park, 1864-1944) का मानना था कि यह गुण थोड़ा-बहुत मनुष्यों के बीच भी पाया जाता है ।

bipartite; bipartisan (बाइ'पार्टाइट; बाइ'पार्टिज़न) **द्विखण्डी; द्विदलीय :** दो दलों के बीच औपचारिक आर्थिक एवं सामाजिक बातचीत या कामकाज । यह स्थिति प्राय: उस समय उत्पन्न होती है, जब तीसरे दल का कुछ नहीं चल पाता है ।

birth-and-death process (बर्थ् ऐन्ड् डेथ्'प्रोसेस्) **जन्म एवं मृत्यु प्रक्रिया :** सांख्यिकी के अन्तर्गत यह एक प्रकार की स्टोकैस्टिक प्रक्रिया **(Stochastic process)** है, जिसका प्रयोग मुख्यरूप से जनांकिकी **(Demography)** में होता है । इस मॉडल के अन्तर्गत प्रायिकता नियम **(Law of probability)** के अनुसार, किसी जनसंख्या में सम्भावित जन्म लेने वाले व्यक्ति को जोड़ा जाता है और सम्भावित मृत्यु प्राप्त व्यक्ति को उस जनसंख्या से घटाया जाता है । इस मॉडल का प्रयोग जनसंख्या में वृद्धि की दर जानने के लिए किया जाता है ।

birth cohort (बर्थ् 'कोहॉट) **जन्म सहगण :** वैसे लोग, जिनका जन्म-वर्ष समान हो। उसी प्रकार विवाह सहगण **(Marriage cohort)** भी होता है, अर्थात् वैसे लोग जिनके विवाह का वर्ष समान है ।

birth control (बर्थ् कन्'ट्रोल्) **परिवार नियोजन :** बच्चों के जन्म पर रोक लगाने की क्रिया जन्म नियन्त्रण कहलाती है । यह परिवार नियोजन कार्यक्रमों से सम्बद्ध है और इसका उपयोग सन्तानों के बीच उचित अन्तराल लाने या उनकी संख्या कम रहने के लिए किया जाता है । इस अवधारणा का प्रयोग गर्भनिरोध, प्रजनन नियन्त्रक, परिवार नियोजन या परिवार कल्याण के पर्यायवाची के रूप में भी किया जाता है ।

birth order (बर्थ्'ऑर्डर्) **जन्म-क्रम :** किसी दम्पती को लड़का एवं लड़की पैदा होने का क्रम। इसमें से प्रत्येक अगली सन्तान को पहले की अपेक्षा भिन्न पारिवारिक वातावरण प्राप्त होता है और वह भिन्न-भिन्न रूपों में उन्हें प्रभावित करता है । पहली तथा अन्तिम सन्तान में विकृति होने की सम्भावना थोड़ी अधिक रहती है (देखें– C. Ernst and J. Angst, **Birth Order: Its Influence on Personality**, 1983) ।

birth prevented (बर्थ् प्रि'वेन्टेड) **निरुद्ध जन्म :** गर्भ निरोधकों के प्रयोग से रोके गए जन्मों की संख्या या दर । यह संख्या ज्ञात करने के लिए उपयुक्त प्रजननता-दर, संरक्षण के आकलित दम्पती वर्ष तथा सांख्यिकी एवं जनांकिकी चरों का प्रयोग किया जाता है । यह सूचकांक ऐसे सभी देशों में तैयार किया जाता है, जहाँ पर परिवार नियोजन कार्यक्रम को स्वीकार किया गया है । परिवार नियोजन नीति के मूल्यांकन व निर्धारण पर इसका काफी प्रभाव पड़ता है ।

birth rate (बर्थ् रेट्) **जन्म-दर :** किसी दी गयी आबादी के अन्तर्गत प्रति वर्ष एवं प्रति हजार व्यक्तियों में प्रजनन की संख्या (देखें– Henry S. Shryock *et al.*, **The Methods and Materials of Demography**, 1976) : देखें– **Crude birth rate** ।

birth rite (बर्थ् राइट्) **जन्म-संस्कार :** बच्चे के जन्म पर किया जानेवाला अनुष्ठान । विभिन्न समाजों में बच्चों के जन्म

के उपरान्त विभिन्न प्रकार के धार्मिक अनुष्ठान सम्पन्न किये जाते हैं, ताकि बच्चों का स्वास्थ्य ठीक रहे तथा उनका जीवन मंगलमय हो।

birth trauma (बर्थ् ट्रॉम्'अ) **जन्माघात :** प्रसवकाल में बालक द्वारा अनुभव आघात। प्रसव को जीवन का प्रारम्भिक सर्वाधिक विश्वजनीन क्षोभात्मक अनुभव बतलाया गया है। भयोत्पादक उत्तेजनाओं में इसे सर्वप्रथम और मूलभूत माना जाता है। यदि बालक इस पर पूर्ण नियन्त्रण नहीं प्राप्त कर सका, तो भावी जीवन में यह स्नायविक चिन्ता अथवा भय के रोग के रूप में अभिव्यक्त होता है।

bisexual (बाइ'सेक्स्युअल) **उभयलिंगी :** वह व्यक्ति जो सम और विषम लिंगो की तरफ समान रूप से आकर्षित होता है।

bisexuality (बाइ सेक्शु'ऐल्टि) **उभयलिंगी :** देखें– **Bisexual**।

bivariate analysis (बाइवेअ़र्इट अ'नैलसिस्) **द्विविचर विश्लेषण :** दो चरों के बीच के सम्बन्धों का सांख्यिकीय विश्लेषण। शिक्षा का प्रजननता-दर पर प्रभाव का विश्लेषण द्विविचर विश्लेषण कहा जाता है।

black (ब्लैक्) **काले लोग :** इस शब्दावली का प्रयोग अफ्रीका से 1619 में अमरीका पहुँचने वाले काले या नीग्रो लोगों तथा उनकी सन्तानों के लिए किया गया। यह उन लोगों के लिए एक अपमानजनक विशेषण था। इस अपमानजनक स्थिति से अपने-आप को निकालने के लिए उन लोगों ने अपने को एकीकृत किया और काले शब्द को गौरवान्वित करने के लिए 'काली शक्ति' **(Black power)** जैसी शब्दावली को तूल दिया गया। अब इस शब्द का प्रयोग यू. के. (U.K.) में सिर्फ नीग्रो के लिए ही नहीं, बल्कि एशियाई मूल के लोगों के लिए भी किया जाने लगा है। यह बात दूसरी है कि एशियाई मूल के लोग अपने को रंग से नहीं, बल्कि अपनी मातृभूमि या मातृभाषा समूह, धर्म एवं अपने देश के राज्यों से जोड़कर बताना ज्यादा सम्मानजनक मानते हैं।

black and white thinking (ब्लैक् ऐन्ड् वाइट् थिन्क्'इन्ग) **अतिवादी चिन्तन :** बिल्कुल विपरीत विकल्पों के रूप में सोचने का दोष, जैसे– यह सोचना कि यदि एक वस्तु काली नहीं है, तो वह सफेद है, जबकि वह काली के अलावा किसी भी रंग की हो सकती है।

black economy (ब्लैक् इ'कॉनमि) **काली अर्थव्यवस्था :** ऐसी अर्थव्यवस्था, जिसके अन्तर्गत कुछ कामकाजी लोगों को सरकारी आँकड़ों में शामिल नहीं किया गया हो। इससे प्राप्त आय सरकारी टैक्स व्यवस्था के दायरे से बाहर रहता है। यह एक प्रकार की गैरकानूनी या छद्म व अनौपचारिक अर्थव्यवस्था है।

black magic (ब्लैक् 'मैजिक्) **काला जादू :** देखें– **Magic, black**।

black market (ब्लैक् 'मार्किट्) **काला बाज़ार, चोरबाज़ार :** ऐसा बाज़ार, जहाँ दुर्लभ वस्तुओं को निर्धारित मूल्य से अधिक या कम मूल्य पर चोरी-छिपे बेचा और खरीदा जाता है।

Black report (ब्लैक् रि'पॉर्ट्) **ब्लैक रपट :** इंग्लैंड में स्वास्थ्य के क्षेत्र में व्याप्त असमानता पर सर डगलस ब्लैक (Sir Douglas Black, 1913-2002) की अध्यक्षता में तैयार की गयी वह रपट, जिसे ब्रिटिश सरकार के सामने सुधार हेतु पेश किया गया। रपट के प्रकाशन से वहाँ के बुद्धिजीवियों के बीच काफी विवाद उत्पन्न हुआ; क्योंकि समाज में विभिन्न वर्गों के बीच स्वास्थ्य के स्तर में काफी असमानता और भेदभावपूर्ण तथ्य पाये गये थे।

black-slate (black-paper) hypothesis (ब्लैक् स्लेट् ('ब्लैक् 'पेपर्) हाइ'पॉथसिस्) **काली पट्टी या कोरा कागज प्राक्कल्पना :** देखें– **Tabula rasa**।

blasphemy ('ब्लैस्फ़मि) **ईश्वर-निन्दा, धर्मनिन्दा :** ईश्वर, धर्म या किसी भी पवित्र वस्तु के प्रति अनादर प्रकट

करनेवाला व्यवहार। मन्दिर, मस्जिद या गिरजाघरों पर टीका-टिप्पणी करना या विभिन्न धर्मों के अन्दर पाये जाने वाले धार्मिक अनुष्ठानों का वैज्ञानिक विश्लेषण करना, धर्मनिन्दा है।

blended family (ब्ले'न्डड् 'फ़ैमलि) **मिश्रित परिवार :** किसी-किसी परिवार के साथ ऐसी घटनाएँ घटती हैं, जब तलाक या पति-पत्नी में से किसी एक की मृत्यु से परिवार का आकार छोटा हो जाता है और फिर विवाह के माध्यम से उस परिवार में बच्चों के लिए कोई सौतेला पिता या सौतेली माँ आ जाती है। ऐसी स्थिति में बच्चों को वह प्यार या स्नेह नहीं मिल पाता, जो उसे अपने माता या पिता से स्वाभाविक रूप से प्राप्त होता था। ऐसे परिवार को मिश्रित परिवार (**Compound family**) कहा जाता है। इसे संयुक्त परिवार (**Joint family**) नहीं कहा जाता है (देखें– M. G. Powers (ed.), **Measures of Socioeconomic Status**, 1982)।

blockbusting ('ब्लॉक बस्'टिन्ग) **भवन समूह-भंजन :** अधिक संख्या में नीग्रो परिवार के लोगों के द्वारा गोरे लोगों के आवासीय क्षेत्र में निवास करने की कोशिश, ताकि वहाँ रहने वाले गोरे लोग आतंकित होकर कम मूल्य पर अपना मकान बेचकर स्थानान्तरण कर सकें। इस ढंग की घटनाएँ आमतौर पर अमरीका में देखने को मिलती हैं।

blood and iron policy (ब्लड् ऐन्ड् आइन् 'पॉलसि) **कठोर नीति :** ऐसी नीति, जिसमें सरकार अपने लक्ष्य की पूर्ति के लिए किसी भी भीषण युद्ध और रक्तपात से भी न हिचके। इस शब्दावली का प्रयोग सर्वप्रथम बिस्मार्क (Otto von Bismarck, 1815-1898) ने 1886 में किया था।

blood brotherhood (ब्लड् 'ब्रदर्हूड) **रक्त भ्रातृत्व :** दो भाइयों में परस्पर जन्मजात भाई का सम्बन्ध न होने पर प्रतीकात्मक रूप में रक्त विनिमय द्वारा बन्धुत्व का घनिष्ठ बन्धन स्थापित करते हैं और वे एक-दूसरे के प्रति भाइयों जैसी निष्ठा रखने लगते हैं। रक्त ही बन्धुत्व का कारण है– इसी आधार पर रक्त का मिश्रण किया जाता है।

blood feud (ब्लड् फ़्यूड) **कुल बैर :** दो जनजातियों या वंशजों के बीच खूनी बैर, जिसमें खून का बदला खून से लिया जाता है।

blood fine (ब्लड् फ़ा'इन्) **रक्तदण्ड :** घायल व्यक्ति के सगे-सम्बन्धी को चोट की क्षतिपूर्ति के लिए जुर्माने के रूप में दिया जानेवाला धन या कोई अन्य वस्तु।

blood letting (ब्लड् लीटिइन्ग) **रक्तपात :** मानव की हत्या कर रक्त बहाना या जीवन का अन्त करना। प्राचीन एवं मध्यकालीन युद्धों के दौरान रक्तपात की घटनाएँ विशेष घटती थीं।

blood money (ब्लड् 'मनि) **हत्या धन :** किसी व्यक्ति के मारे जाने पर उसके निकटतम सम्बन्धी को हत्या के एवज में दिया जानेवाला धन।

blood relationship (ब्लड् रि'लेश्न्शिप्) **रक्त-सम्बन्ध :** रक्त द्वारा सम्बन्धित अथवा सामान्य पूर्वज के वंश का होना। पिता-पुत्र का सम्बन्ध इसका उदाहरण है।

blood revenge (ब्लड् रि'वेन्ज्) **रक्त प्रतिशोध :** खून का बदला खून। अपराधी व्यक्ति या उसके सम्बन्धी को मार कर अपने सम्बन्धी की हत्या का प्रतिशोध लेने की अपरिहार्य रीति।

blue blood (ब्लू ब्लड्) **कुलीन, अभिजात :** कुलीन, सम्भ्रान्त या सामाजिक रूप से प्रतिष्ठित वंश, जैसे– ब्रिटेन एवं नेपाल का राजघराना।

blue-collar worker and white-collar worker (ब्लू 'कॉलर् वकर् ऐन्ड् वाइट्'कॉलर् वॅर्क्र्) **कायिक कर्मी एवं सफ़ेदपोश बाबू :** कामकाजी लोगों को मुख्यरूप से दो भागों में बाँटा जाता है– एक तो वे, जो श्रमदान देकर जीविकोपार्जन करते हैं और दूसरे वे जो बौद्धिक कार्यों के माध्यम से जीविकोपार्जन करते हैं। मज़दूर वर्ग के लोगों को कायिक कर्मी तथा ऑफिस में काम करने वाले किरानी बाबू या अफसर लोगों को सफ़ेदपोश बाबू की श्रेणी में रखा जाता है। आमतौर पर कायिक कर्मी को निम्न श्रेणी कर्मी के रूप में देखा जाता है, लेकिन कभी-कभी कायिक कर्मी

और सफ़ेदपोश बाबू के बीच अन्तर करना मुश्किल हो जाता है; क्योंकि बहुत सारे ऐसे कार्य हैं, जहाँ सफ़ेदपोश बाबू को भी कायिक कर्मी का काम करना होता है : देखें– **Work** ।

bodily transfer (ˈबॉडिलि ट्रैन्स्ˈफ़र्) **कायान्तरण :** आत्मा का अपने शरीर को छोड़कर दूसरे शरीर में प्रवेश करना। योग दर्शन में इसे परकाया-प्रवेश कहते हैं ।

bodily value (ˈबॉडिलि ˈवैल्यू) **दैहिक मूल्य :** स्वास्थ्य, शक्ति, स्फूर्ति आदि शारीरिक गुण, जो जीवन के लिए अनिवार्य होते हैं ।

body, sociology of (ˈबॉडि, सोसिˈऑलजि ऑव्) **शरीर समाजशास्त्र :** मानवशास्त्र में तो प्रारम्भ से ही शरीर का महत्त्व काफी रहा है, लेकिन समाजशास्त्र के क्षेत्र में इसकी महत्ता बहुत बाद में समझी गयी। समाजशास्त्र में जब नारी अधिकारवाद **(Feminism)**, जनसंख्या का जीर्णन **(Ageing of population)** एवं उत्तर-आधुनिक समाज सम्बन्धी सिद्धान्त एवं उपभोक्तावाद का अध्ययन किया जाने लगा, तब से शरीर से जुड़ी विषयवस्तु पर समाजशास्त्र में भी विचार किया जाने लगा। वर्तमान समय में शरीर का समाजशास्त्रीय विश्लेषण विशेष रूप से किया जाने लगा है । कुछ समाजशास्त्रियों का कहना है कि शरीर मात्र जैविक तथ्य नहीं, बल्कि यह एक सामाजिक रचना भी है । आधुनिक समाज में शरीर के आकर्षण, अनुशासन एवं नियन्त्रण पर काफी जोर दिया जाता है । आज शरीर को विभिन्न प्रकार की सामाजिक अन्त:क्रियाओं की एक विशेषता के रूप में रखा जा रहा है; क्योंकि शरीर के माध्यम से कोई व्यक्ति अपने स्व को प्रस्तुत करता है या दूसरे लोग उसे समझने में उसके शरीर को माध्यम बनाते हैं । शरीर के अवलोकन के माध्यम से किसी व्यक्ति के व्यक्तित्व को भी समझना सरल हो जाता है (देखें– Bryan S. Turner, **The Body and Society**, 1996) ।

body language (ˈबॉडि लैङ्ग्विज्) **शारीरिक भाषा :** शरीर के अंगों जैसे– आँख, हाथ, चेहरे के भाव या संकेत आदि के माध्यम से विचारों का संचार करना ।

body- politic (ˈबॉडि ˈपॉलिटिक्) **राजनीतिक निकाय :** मनुष्यों का ऐसा कोई भी समुदाय, जिसमें किसी तरह का शासन या सरकार मौजूद हो, अर्थात् जहाँ लोगों के व्यवहार को नियमित करने की प्रभावशाली व्यवस्था की गई हो ।

Bogardus social distance scale (बोगार्ड्स ˈसोशल् ˈडिस्टन्स् स्केल) **बोगार्ड्स सामाजिक दूरी पैमाना :** इस पैमाने का ईजाद इमॉरी एस. बोगार्ड्स (Emory S. Bogardus, 1882-1973) ने किया था । इस प्रकार के पैमानों के द्वारा विभिन्न वर्गों अथवा व्यक्तियों के बीच पाए जाने वाले सामाजिक अन्तर या भेद का पता लगाया जाता है । बोगार्ड्स के पैमाने में कुछ ऐसी परिस्थितियों को चुन लिया जाता है, जिससे कि सामाजिक दूरी की तीव्रता प्रकट हो। इन परिस्थितियों को तीव्रता के आधार पर एक क्रम में सजा दिया जाता है और फिर जिन समूहों के बीच सामाजिक दूरी का पता लगाना होता है, उनके सम्मुख उस पैमाने को प्रस्तुत किया जाता है ।

Bolshevism (बोल्शविज़्म्) **बोल्शविकवाद :** यह शब्द रूसी भाषा के 'बोल्शिस्तवो' शब्द से बना है, जिसका अर्थ बहुमत होता है । 1903 में रूस के सामाजिक लोकतन्त्रात्मक दल (**Social Democratic Party**) में फूट पड़ गई और लेनिन (V. I. U. Lenin, 1870-1924) के नेतृत्व में उसके उग्र पक्ष को बहुमत प्राप्त हुआ, जिसके फलस्वरूप वह बोल्शेविक दल कहलाने लगा। नरम समाजवादी, जो अल्पमत में रह गए थे, मेन्शविक (**Menshevik**) कहलाए । 1917 में बोल्शविकों ने रूस में सत्ता ग्रहण कर ली और उन्होंने समूचे समाज को नये सिरे से संगठित किया। उनके मुख्य सिद्धान्त थे– कट्टर मार्क्सवाद के प्रति अन्धश्रद्धा, केन्द्रीकृत तथा सोपानबद्ध दल-व्यवस्था और सुधारवादी पद्धतियों के स्थान पर क्रांतिकारी पद्धतियों में आस्था। बोल्शविकवाद को अन्तर्राष्ट्रीय श्रम आन्दोलन में एकमात्र संगत क्रांतिकारी मार्क्सवादी प्रवृत्ति भी कहा गया है ।

आजकल बोल्शविकवाद और रूसी साम्यवाद प्राय: पर्यायवाची शब्द हो गए हैं और उसके मुख्य लक्षण निम्न माने जाते हैं– (क) धर्मनिरपेक्ष तथा वर्गविहीन सामाजिक और राजनीतिक व्यवस्था, (ख) सोवियत यथार्थवाद तथा

भौतिकवाद पर आधारित नीतियाँ और पद्धतियाँ और (ग) दल तथा शासन के क्षेत्र में हर स्तर पर केन्द्रीकरण के सिद्धान्त का प्रयोग ।

bonded labour ('बॉन्डिड् 'लेबर्) **बन्धुआ मज़दूर :** ऐसे लोगों को बन्धुआ मज़दूर की संज्ञा दी जाती है, जो धनाभाव की स्थिति में अपनी आवश्यकताओं की पूर्ति (जीवनयापन) के लिए समाज के सम्पन्न एवं धनाढ्य वर्ग के पास स्वयं को गिरवी रखकर ऋण प्राप्त करते हैं । जब तक वे ऋण से मुक्त नहीं होते, तब तक वे ऋण देने वाले व्यक्ति के बन्धन से मुक्त नहीं हो पाते हैं । वह श्रमिक कर्ज की अदायगी के लिए उसके खेत आदि पर काम करता रहता है ।

bonding (बॉन्डइन्ग) **बन्धन :** शिशु जैसे-जैसे बड़ा होता जाता है वह अपनी माँ को अधिक आसानी से पहचानने लगता है और माँ एवं बच्चों के बीच सम्बन्ध गहराने लगता है । माँ एवं बच्चों के बीच तदात्मीकरण बन्धन का एक उदाहरण है ।

bondman ('बॉन्ड्मन्) **क्रीतदास :** ऐसा व्यक्ति, जो बिना पारिश्रमिक के किसी अन्य व्यक्ति के यहाँ दास के रूप में कार्य करता हो ।

boom (बूम्) **गरम बाज़ारी :** मन्दी की विपरीत स्थिति 'बूम' कहलाती है । अर्थव्यवस्था में यह स्थिति तब उत्पन्न होती है, जब आर्थिक क्रियाओं का तेजी से विस्तार होता है । यह स्थिति माँग में वृद्धि के परिणामस्वरूप उत्पन्न होती है।

bootlegging (बूट्'लेगिइन्ग) **मद्यतस्करी :** जहाँ शराब लाने-ले जाने पर पाबन्दी हो, वहाँ चोरी-छिपे शराब लाने-ले जाने की गतिविधि ।

bordar (बॉर्'डार्) **दास :** सामन्ती व्यवस्था के अन्तर्गत ऐसा काश्तकार, जिसके पास रहने के लिए एक झोपड़ी और काश्त के रूप में मालिक के द्वारा दी गयी कुछ भूमि होती है । उसके बदले में उन्हें दास की भाँति अपने स्वामी की सेवा करनी पड़ती है । उसकी स्थिति एक बन्धुआ मज़दूर की ही होती है ।

Borstal (बॉर्स्टल) **किशोर सुधार केन्द्र :** किशोर एवं युवा अपराधियों के सुधार एवं परिष्कार के लिए अँगरेज़ों के द्वारा गठित संस्थाएँ 'बॉर्स्टल' कहलाती हैं । इन संस्थाओं में अलग-अलग प्रकार के अपराधियों के लिए अलग-अलग सुधारात्मक व्यवस्था होती है । भारत में इस प्रकार के बॉर्स्टल स्कूल किशोर अपराधियों (16-21 वर्षों के आयु-समूह) के लिए कुछ शहरों में स्थापित किए गये हैं ।

boundary ('बाउन्ड्रि) **सीमा :** प्रत्येक समाज की संरचना या सामाजिक पद्धति की कुछ ऐसी सीमाएँ होती हैं, जो दो समूहों के बीच पायी जाती हैं और उनके द्वारा व्यक्ति या व्यक्तियों के समूह के व्यवहार का निर्धारण होता है । सैनिक एवं पुलिस के लोगों को अलग-अलग वर्दी और प्रतीक धारण करना होता है, जिनसे यह स्पष्ट होता है कि दोनों में क्या अन्तर है तथा एक ही व्यवस्था के अन्तर्गत विभिन्न पदों पर कार्यरत लोगों के बीच किस प्रकार का सोपानक्रम है । बृहत् सामाजिक व्यवस्था के स्तर पर भी इस प्रकार के अन्तर देखे जा सकते हैं, जो नृजातीय समूहों का वर्गीकरण करने में मदद करते हैं । कोई व्यक्ति या समूह किसी नृजातीय समूह का सदस्य है या नहीं, इसका निर्धारण परम्परागत सामाजिक नियमों या सीमाओं के माध्यम से संभव होता है । कोई व्यक्ति या व्यक्तियों का समूह किसी अन्य के साथ कैसा आचरण करेगा, यह उस समाज की सीमाओं से निर्धारित होता है । समाज के अन्तर्गत विभिन्न समूहों के लिए अलग-अलग किस्म की सीमाएँ होती हैं । कुछ को पार करना कठिन, तो कुछ को पार करना आसान होता है । पेशे की सीमा को पार करना परिवार की सीमा को पार करने से ज्यादा आसान होता है ।

boundary maintenance mechanism ('बाउन्ड्रि 'मेन्टन्न्स् 'मेक निज़्म्) **सीमा रख-रखाव क्रिया-विधि :** किसी उपसांस्कृतिक समूह के द्वारा अपनायी गयी एक ऐसी क्रियाविधि, जिसके द्वारा बाहरी लोगों को दूर रखा जाता हो ।

bounded rationality (बाउन्'डेड् रैश'नैलिटी) **सीमित विवेकशीलता :** निर्णयन प्रतिरूप सिद्धान्त के सम्बन्ध में

अर्थशास्त्र में आमतौर पर मान्यता यह है कि किसी व्यावसायिक व्यवस्था के अन्तर्गत लोग सभी प्रकार की सूचनाओं को ध्यान में रखकर ही किसी निर्णय पर पहुँचते हैं । दूसरी तरफ समाजशास्त्र में मान्यता यह है कि निर्णय लेने वाले व्यक्तियों को किसी मुद्दे या विषय-वस्तु के ऊपर सभी सूचनाएँ एकसाथ नहीं प्राप्त हो पाती हैं । अत: लोग सीमित सूचनाओं के आधार पर ही किसी निर्णय पर पहुँचते हैं । इसलिए जिस कार्य या निर्णय को, विवेकपूर्ण या बुद्धिसंगत निर्णय की संज्ञा दी जाती है, वह वस्तुत: काफी हद तक सीमित निर्णय ही होता है (देखें– Herbert. A. Simon, **Models of Bounded Rationality**, 1982) ।

bourgeois democracy ('बुअर्ज़्वा डि'मॉक्रसि) **बूर्जुआ लोकतन्त्र :** वैसा औद्योगीकृत पूँजीवादी राज्य, जो सामन्तवाद के अन्त के बाद बूर्जुआ वर्ग के नेतृत्व में स्थापित किया जाता है । इस राज्य में बूर्जुआ के हितों की प्रधानता तो रहती है, परन्तु इसमें लोकतन्त्र से जुड़ी हुई संस्थाओं की भी स्थापना की जाती है । इसमें सर्वहारा वर्ग को परस्पर सम्पर्क स्थापित करने, अपना संगठन बनाने तथा अपने हितों को अभिव्यक्त करने का अवसर प्राप्त होता है ।

bourgeois morals ('बुअर्ज़्वा 'मॉरल्स) **बूर्जुआ आचार-नीति :** पूँजीप्रधान समाज की नैतिकता । कठिन परिश्रम से प्रचुर धनोपार्जन करना वर्तमान समाज की बूर्जुआ आचार-नीति है ।

Bourgeois Pichats method ('बुअर्ज़्वा पिशा मे'थॅड) **बूर्जुआपिशा विधि :** बूर्जुआपिशा विधि स्थिर जनसंख्या के आधार पर जैव दरों की गणना करने की ऐसी अप्रत्यक्ष विधि है, जिसमें आयु बंटनों का उपयोग करके जन्म-दर की गणना की जाती है । इस विधि से निवल जन्म-दर और मृत्यु-दर की गणनाएँ की जाती है ।

bourgeoisie (बुअर्ज़्वा'ज़ी) **बूर्जुआ, मध्यवर्ग :** यह 16वीं सदी की फ्रांसीसी भाषा का शब्द है । कहा जाता है कि फ्रांस एवं कुछ अन्य यूरोपीय देशों में इस वर्ग के लोगों ने काफी उन्नति की, अपनी पूँजी बढ़ाई और सभी वर्गों को पीछे धकेल दिया। बढ़ते-बढ़ते उसने सम्पूर्ण राजनीतिक शक्ति हथिया ली । मार्क्सवादियों ने शायद इन्हीं कारणों से पूँजीपतियों के लिए भी यह शब्द इस्तेमाल किया है । लेकिन, द्वन्द्वात्मक प्रक्रिया के फलस्वरूप बूर्जुआ वर्ग ने उन साधनों का ही विकास नहीं किया जिनसे उसका अपना अन्त हो, बल्कि उसने उन व्यक्तियों को भी जन्म दिया, जो इन साधनों का प्रयोग कर सकते थे। वे व्यक्ति हैं आधुनिक श्रमजीवीवर्ग या सर्वहारा वर्ग। इस वर्ग में वैसे तमाम लोग शुमार होते हैं, जिनकी जमीन-जायदाद, कारखानों तथा उत्पादन के सभी साधनों पर नियन्त्रण है । कार्ल मार्क्स के मतानुसार, बूर्जुआ वह वर्ग है, जिनके पास उत्पादन के साधन का स्वामित्व है । उदाहरण के लिए सामन्तवादी युग में भूपति, पूँजीपति युग में उद्योगपति। पूँजीवादी समाज में यह एक प्रभुत्ववर्ग है ।

आज मुख्यतया इस शब्द का प्रयोग ढीले-ढाले अर्थ में मध्यवर्ग या शासीवर्ग के लिए किया जाता है । इस शब्द का प्रयोग वैसे शहरी मध्यवर्ग के लिए भी किया जाता है, जो पूँजीवादी व्यवस्था में विश्वास रखते हैं । इसके अन्तर्गत पूँजीवादी समाज में उत्पादन के साधनों के स्वामी, जिनमें छोटे दुकानदारों से लेकर बड़े-बड़े उद्योगपति तक सम्मिलित होते हैं । इस वर्ग के पास सम्पत्ति, पूँजी या उद्योग जैसे उत्पादन के साधनों पर स्वामित्व और नियन्त्रण होता है । बूर्जुआ उत्पादक श्रम में हिस्सा नहीं लेते तथा वे राज्य की मशीनरी पर नियन्त्रण रखते हैं । वे शासक-वर्ग के लोग होते हैं ।

आजकल बूर्जुआ शब्द का प्रयोग अनेक अर्थों में हो रहा है । साम्यवादी इसे 'शासीवर्ग', 'मध्यवर्ग', 'पूँजीपति', 'अ-समाजवादी' और 'अ-मार्क्सवादी' अर्थों में प्रयुक्त करते हैं । इस प्रकार मार्क्सवादी विचारधारा में 'बूर्जुआ समाज' का अर्थ 'पूँजीवादी समाज', 'बूर्जुआ दलों' का अर्थ 'अ-समाजवादी दल' और 'बूर्जुआ समाजवाद' का अर्थ 'अ-मार्क्सवादी समाजवाद' है (देखें– A. Woodiwiss, **Social Theory after Postmodernism**, 1990) ।

bourgeoisie, petite (बुअर्ज़्वा'ज़ी, पॅ'टीट) **निम्न बूर्जुआ, निम्न मध्यवर्ग :** यह कार्ल मार्क्स (Karl Marx, 1818-1883) के लेखन की एक प्रमुख अवधारणा है । कार्ल मार्क्स ने पूँजीपति समाज में बूर्जुआ (बुर्जूआजी) और सर्वहारा

वर्ग के बीच के ऐसे 'संक्रातिक (अन्तर्वर्ती) वर्ग' को निम्न बूर्जुआ कहा है, जिसमें दोनों प्रमुख वर्गों के हितों का सम्मिश्रण होता है । यह एक ऐसी सामाजिक स्थिति है, जहाँ दोनों के हित मिलते हैं और दोनों का अन्तर धुंधला हो जाता है ।

bourgeoisiefication (बुअर्ज़्वा'ज़ीफिकेश्न्) **बूर्जुआकरण :** बूर्जुआकरण ऊर्ध्वगामी सामाजिक गतिशीलता की प्रक्रिया है, उदाहरणस्वरूप– जब मज़दूर वर्ग या साधारण किसान काफी जमीन-जायदाद खरीद कर खेती के लिए दिहाड़ी मज़दूरों को लगा देते हैं तो इस प्रक्रिया को बूर्जुआकरण कहा जाता है ।

boycott ('बाइकॉट) **बहिष्कार :** यह मुख्यरूप से दो अर्थों में प्रयुक्त होता है– (1) भारत के स्वाधीनता आन्दोलन के दौरान, आदर्शवादी विचारकों का यह सिद्धान्त कि विदेश में बनी वस्तुओं की खरीद और प्रयोग बन्द कर दिया जाये; विदेशी संस्थाओं और जीवनशैली से दूर रहा जाये, ताकि स्वदेशी वस्तुओं, स्वदेशी संस्कारों और स्वेदशी संस्कृति को प्रोत्साहन देकर आत्मनिर्भरता, आत्मविश्वास और आत्मसम्मान को बढ़ावा दिया जा सके । (2) श्रम-सम्बन्धों (Labour relations) के क्षेत्र में, मज़दूरों की यह कार्यवाही कि जिस माल-निर्माता के साथ उनका कोई विवाद चल रहा हो, उसके उत्पादनों को खरीदना बन्द कर देते हैं, ताकि वे अपनी माँगें पूरी कराने के लिए उस पर दबाव डाल सकें ।

brahamcharya ashram* ब्रह्मचर्य आश्रम :** देखें– ***Ashram, Brahamcharya ।

brain drain (ब्रेन् ड्रेन) **मेधा पलायन :** एक महत्त्वपूर्ण अनुपात में किसी देश के उच्च कोटि के कुशल व्यक्ति या उच्च शिक्षा प्राप्त व्यावसायिक जनसंख्या का दूसरे देशों में पलायन करना । जैसे– विकासशील देश के चिकित्सक और अभियन्ता एक बेहतर जीवन अवसर की तलाश में विकसित देशों में प्रवास करते हैं ।

brain trust (ब्रेन् ट्रस्ट्) **विज्ञमण्डल :** किसी देश में उन विशेषज्ञ परामर्शदाताओं का समूह, जो अपने-अपने अध्ययन-क्षेत्र के विशेषज्ञ होने के कारण देश की उन्नति की योजनाएँ बनाने और उनकी पूर्ति के उपाय ढूँढ़ने में महत्त्वपूर्ण भूमिका निभाते हैं ।

brainwashing (ब्रेन वॉशिन्ग) **मत-आरोपण :** किसी व्यक्ति को समझा-बुझाकर या डरा-धमकाकर उसके विचारों में उसकी इच्छा के विरुद्ध परिवर्तन करना मत-आरोपण है । इस प्रक्रिया के अन्तर्गत पुराने विचारों की जगह नए विचारों को मस्तिष्क में स्थापित किया जाता है । लोगों को यह सिखाया जाता है कि अब तक जो तुम जानते या करते आए हो, वे तमाम गलत हैं और जो तुम्हें बताया जा रहा है, मात्र वही सही है । सामान्यत: इस शब्द का प्रयोग उन राजनीतिक बन्दियों के सन्दर्भ में किया गया, जो साम्यवादियों के हाथों में पड़ गए और साम्यवादी साम-दाम-दण्ड-भेद के प्रयोग द्वारा कैदियों को अपना अपराध स्वीकार करने, अपनी रीति-नीति को गलत समझने तथा साम्यवादी पद्धति को श्रेष्ठ समझने के लिए विवश किया गया ।

bread labour (ब्रेड्'लेबर्) **शारीरिक-श्रम :** महात्मा गाँधी (1864-1948) के चिन्तन से जुड़ा हुआ यह सिद्धान्त कि प्रत्येक व्यक्ति को अपने उपभोग की वस्तुओं के उत्पादन के लिए स्वयं अपने शरीर से श्रम करना चाहिए, ताकि कोई किसी दूसरे के श्रम पर आश्रित न रहे और सबकी न्यूनतम आवश्यकताएँ पूरी करने के लिए पर्याप्त उत्पादन किया जा सके।

bride-price; bride-wealth (ब्राइड् प्राइस्; ब्राइड् वेल्थ्) **कन्यामूल्य, वधूशुल्क; वधूधन :** समय के साथ कन्यामूल्य को ही वधूशुल्क कहा जाने लगा । वर अथवा उसके प्रतिनिधियों द्वारा वधू के परिवार को दिया जानेवाला धन, सम्पत्ति या सेवाएँ वधूधन या वधूशुल्क कहलाती है । कभी-कभी वधूधन को माता-पिता द्वारा पुत्री के पालन-पोषण पर किए गये खर्च की क्षतिपूर्ति भुगतान के रूप में देखा जाता है । यह मूल्य धन, पशु या वस्तुओं के रूप में हो सकता है। विभिन्न संस्कृतियों में इसके अर्थ एवं स्वरूप भिन्न हैं । यह प्रथा बहुधा आदिमजनों में पाई जाती है । अफ्रीका, भारत और विश्व के कई अन्य देशों की कई जनजातियों में यह प्रथा प्रचलित रही है । अफ्रीका में इस पद्धति को 'लाबोला' प्रथा कहा जाता है । केन्या, नाइजीरिया, कांगो आदि देशों में 'लाबोला' की धन-राशि आजकल बहुत बढ़ गयी है, जिसके फलस्वरूप अनेक शिक्षित व्यक्तियों को बहुत लम्बे समय तक और कई मामलों में तो जीवनभर अविवाहित रहना पड़ रहा है ।

bride purchase (ब्राइड् 'पर्चेस्) **कन्या क्रय :** ऐसी प्रथा जिसमें वधू प्राप्त करने के लिए वर या उसके सम्बन्धी वधू के पिता या उसके सम्बन्धियों को धन देते हैं ।

bride-wealth (ब्राइड् वेल्थ्) **वधूशुल्क :** देखें– **Bride-price** ।

broken home ('ब्रोकन् होम्) **खण्डित परिवार :** ऐसा परिवार, जिसमें माता-पिता में से कोई एक घर की सीमा का परित्याग कर अथवा कानूनी रूप से तलाक लेकर अन्यत्र रहने लगे ।

broken windows thesis ('ब्रोकन् विन्डोज 'थ़ीसिस्) **खण्डित खिड़की अभिधारणा :** यह विचार इस मान्यता पर आधारित है कि बड़े-बड़े अपराधों पर नियन्त्रण पाने के लिए यह ज़रूरी है कि सर्वप्रथम छोटी-मोटी अव्यवस्थाओं और गैरकानूनी घटनाओं पर नियन्त्रण पाया जाय । जब समाज में कुछ अव्यवस्थाएँ दिखाई पड़ती हैं, तो दूसरे लोग भी व्यक्तिगत स्वार्थों की पूर्ति हेतु गलत काम करने लगते हैं और फिर बड़े-बड़े अपराध सामने आने लगते हैं । अमरीकी शहरों में बढ़ते अपराध की समस्याओं से निबटने के लिए इस तरह की अभिधारणा का विकास हुआ था (देखें– George Kelling and Cathrine Coles, **Fixing Broken Windows: Restoring Order and Reducing Crime in our Communities**, 1996) ।

bucolic (ब्यू'काल्इक) **देहाती :** ठेठ ग्रामीण जीवन से सम्बन्धित अथवा ग्रामीण । हल-बैल से खेती या पशुपालन के माध्यम से जीवनयापन करना, ठेठ ग्रामीण जीवन की विशेषता है ।

Buddhism (बुद्धिज़्म) **बौद्ध धर्म :** यह भारत की श्रमण परम्परा से निकला धर्म और दर्शन है । इसके जन्मदाता महात्मा बुद्ध शाक्यमुनि (गौतम बुद्ध) थे । वे छठवीं से पाँचवी शताब्दी ईसापूर्व के बीच के काल के थे। उनके गुजरने के अगले पाँच शताब्दियों में बौद्ध धर्म पूरे भारतीय उपमहाद्वीप में फैला और अगले दो हजार सालों में मध्य, पूर्वी और दक्षिण-पूर्वी जम्बु महाद्वीप में भी फैल गया । आज, बौद्ध धर्म में तीन मुख्य सम्प्रदाय हैं– थेरवाद, महायान और वाज्रयान। बौद्ध धर्म को पैंतीस करोड़ से अधिक लोग मानते हैं और यह दुनिया का चौथा सबसे बड़ा धर्म है । 'बुद्ध' उनको भी कहा जाता है, जिन्होंने सालों-साल के ध्यान के बाद यथार्थता का सत्य भाव पहचाना हो । इस पहचान को बोधि नाम दिया गया है । जो भी 'अज्ञानता की नींद' से जागते हैं, वे 'बौद्ध' कहलाते हैं । कहा जाता है कि बुद्ध शाक्यमुनि केवल एक बुद्ध हैं- उनके पहले बहुत सारे बुद्ध थे और भविष्य में और भी होंगे। उनका कहना था कि कोई भी बुद्ध बन सकता है, अगर वह उनके 'धर्म' के अनुसार एक धार्मिक जीवन जिए और अपनी बुद्धि को शुद्ध करे । बौद्ध धर्म का अन्तिम लक्ष्य है, इस दुःख भरी स्थिति का अन्त । 'मैं केवल एक ही चीज़ सिखाता हूँ– दुःख और दुःख निरोध' (बुद्ध) । बौद्ध धर्म के अनुयायी आर्य अष्टांग मार्ग के अनुसार जीकर अज्ञानता और दुःख से मुक्ति और निर्वाण पाने की कोशिश करते हैं ।

बुद्ध के अनुसार, मानव प्राणी इच्छाओं के त्याग द्वारा जन्म-मरण (पुनर्जन्म) के चक्र से मुक्त हो सकते हैं । मुक्ति के इस मार्ग को आत्मानुशासन और ध्यान के जीवन से (इस सांसारिक विश्व से अलग होकर) प्राप्त किया जा सकता है । बौद्ध धर्म का चरम लक्ष्य निर्वाण प्राप्त करना है । 'निर्वाण' से तात्पर्य पूर्ण आध्यात्मिक तुष्टि से है । बौद्ध धर्म अनीश्वरवादी और अनात्मवादी है, किन्तु पुनर्जन्म की धारणा में इसका विश्वास है । इसमें धर्मशास्त्र, अध्यात्म और पूजापाठ का कोई महत्त्व नहीं है । शाश्वतता, अमरता या ईश्वर के बारे में इस धर्म में कोई विचार नहीं किया गया है । जीव, आत्मा, ब्रह्माण्ड, स्वर्ग-नरक आदि धारणाओं को इसमें वाग्जाल बताया गया है ।

बौद्ध धर्म के अनुसार, कोई भी व्यक्ति नैतिकता, ध्यान और अन्तर्ज्ञान के पथ पर चलते हुए जन्म-पुनर्जन्म के अनन्त चक्र से छुटकारा प्राप्त कर सकता है । यह धर्म सार्वभौमिक मानवतावाद का प्रतिपादन करता है तथा जन्म पर आधारित घोर मानवीय असमानता का प्रतिकार करता है । इसमें जाति-भेद जैसी धारणा को कोई स्थान नहीं दिया गया है । योग्यता और कर्म पर आधारित सामाजिक व्यवस्था इस धर्म का मूलाधार है । ऊँच-नीच, सामाजिक विषमता, सामाजिक कुरीतियों तथा ब्राह्मणवादी कर्मकाण्डों और पशुबलि का यह धर्म प्रबल विरोध करता है ।

budget ('बजिट्) **बजट, आय-व्यय पत्र :** भावी अवधि के आय-व्यय का लेखा-जोखा ही बजट कहलाता है । यहाँ बजट का तात्पर्य सरकारी बजट से है । अत: अर्थशास्त्र में बजट वह प्रपत्र है, जिसमें सार्वजनिक आय और सार्वजनिक व्यय की स्वीकृत व्यवस्था की जाती है ।

buffer state ('बफ़र स्टेट्) **मध्यमवर्ती राज्य :** दो बड़े राज्यों के बीच में स्थित एक छोटा स्वशासी राज्य । इस राज्य का एक लाभ यह है कि यह उन दोनों राज्यों के बीच लड़ाई रोकता है। जैसे– भूटान एवं नेपाल मध्यवर्ती राज्य की श्रेणी में आता है।

bureaucracy (ब्युअ'रॉक्रसि) **नौकरशाही, दफ्तरशाही :** नौकरशाही का अर्थ है सरकारी कर्मचारियों द्वारा संचालित शासन-प्रणाली । इस शब्द का प्रयोग प्रशासकीय अधिकारियों द्वारा सम्पादन किये जाने वाले कार्य-कलापों तथा कार्यपद्धति दोनों का बोध कराने के लिए एक सामूहिक शब्द के रूप में किया जाता है । मैक्स वेबर (Max Weber, 1864-1920) ने इसकी विशेषताओं की चर्चा इन शब्दों में की है– कानून तथा नियमों द्वारा निर्धारित कार्यालय के कार्यों का निश्चित क्षेत्र, लिखित प्रलेखों पर आधारित प्रशासन व्यवस्था, प्रशासन का प्रशिक्षित व्यक्तियों द्वारा नियमानुसार संचालन, तकनीकी योग्यता के आधार पर अधिकारियों का चुनाव, व्यक्तिगत रूप में स्वतन्त्र अधिकार, कार्यालय तथा प्रशासन के किसी भी साधन की अधिकारियों की वरिष्ठता एवं योग्यता के आधार पर पदोन्नति तथा एक निश्चित वेतन-व्यवस्था आदि । संक्षेप में, अधिकारीतन्त्र स्पष्टत: परिभाषित कार्यकलापों के प्रतिमानों की एक ऐसी स्तरणात्मक व्यवस्था है, जिसमें बृहत् स्तर पर प्रशासकीय कार्यों को चलाने हेतु व्यक्तियों के कार्यों का युक्तिसंगतता तथा औपचारिकता के आधार पर समन्वय किया जाता है । इस स्तरित व्यवस्था में प्रत्येक अधिकारी अपने से उच्च अधिकारी के प्रति उत्तरदायी होता है । नौकरशाही सरकार के मुख्य दोष हैं– नियन्त्रण और निरीक्षण का केन्द्रीकरण, लालफीताशाही, रोज़मर्रा के कार्यों से चिपटे रहना, गोपनीयता और नौकरी के संरक्षण की अनुचित माँगें । जिन लोगों के हाथों में सत्ता होती है, वे लोगों की आवश्यकताओं की शायद ही चिन्ता करते हैं । वे अपने दृष्टिकोण में संकुचित होते हैं और इस कारण न तो उनके पास लोगों की इच्छाओं को महसूस करने के साधन होते हैं और न ही लोगों की माँग के अनुसार अपनी नीति के समन्वय करने की प्रेरणा होती है (देखें– S. Andreski, **Max Weber's Insight and Errors**, 1984)।

bureaucratic authority (ब्युअर'क्रैटिक ऑ'थॉरिटि) **दफ्तरशाही अधिकारी :** ऐसा अधिकारी वर्ग, जिसे वैध समझा जाता हो; क्योंकि वह ऐसे नियम-कानून पर आधारित है जिसे समाज के सभी सदस्य स्वीकृत करते हैं, जैसे– जिलाधिकारी, कमिश्नर या सचिव आदि ।

bureaucratic rational legal state (ब्युअर'क्रैटिक रैशनल् 'लीगल् स्टेट्) **नौकरशाही आधारित तर्क-विधिक राज्य :** यह आधुनिक समाजों का एक प्रमुख लक्षण है । इसमें संहिताबद्ध कानून और सरकार का तर्कसंगत संगठन होता है।

bureaucratic socialism (ब्युअर'क्रैटिक 'सोश लिज़म्) **नौकरशाही समाजवाद :** देखें– **Communism** ।

bureaucratic state (ब्युअर'क्रैटिक स्टेट्) **नौकरशाही राज्य :** यह विचार कि आधुनिक युग में सब तरह की राजनीतिक प्रणालियों में नौकरशाह की प्रधानता बढ़ती जा रही है, जैसा कि जर्मन समाजवैज्ञानिक मैक्स वेबर (Max Weber, 1864-1920) ने कहा है । अत: धीरे-धीरे इन सब प्रणालियों का चरित्र एक जैसा हो जायेगा, चाहे उनमें सरकारी स्तर पर जो भी विचारधारा अपनाई गई हो ।

bureaucratization (ब्युअ'रॉक्रैटाइ'ज़ेशन्) **नौकरशाहीकरण :** वह प्रक्रिया, जिसके अन्तर्गत किसी संगठन या समाज के भीतर समय के साथ-साथ नौकरशाही का विकास हो जाता है और वह विशेषज्ञ, प्रशासनिक उपकरण का रूप धारण कर लेता है ।

burial practice ('बेरिअल् 'प्रैक्टिस्) **दफ़नाने की प्रथाएँ :** मृतकों को दफ़नाने की प्रथा का शुभारम्भ प्रागैतिहासिक काल में ही हो चुका था । इस काल के उत्तर-पाषाण युग में मानव के परलोक सम्बन्धी विश्वास काफी परिपक्व हो

गये थे । इस काल के लोग किसी व्यक्ति के मृत होने पर उसे गड्ढे में दफ़ना देते थे । दफ़नाते समय वे मृतक के साथ आभूषण, खाद्य पदार्थ एवं हथियार भी रखते थे । उन लोगों में मृतकों को लाल रंग से रंगने की विचित्र प्रथा थी । प्राचीन मिस्रवासियों में मृतकों का विधिवत संस्कार करना धर्म का एक मुख्य अंग समझा जाता था । उनका विश्वास था कि मृत्यु के उपरान्त आत्मा परलोक में शुद्धि के लिए चली जाती है और शुद्धि के उपरान्त वह पुनः मृतक के शरीर में प्रवेश करने का प्रयास करती है । इसी विश्वास के कारण मिस्रववासी मृतकों के शरीर को नष्ट होने से बचाने के लिए उन पर मसालों का लेप करते थे तथा फिर उन्हें विशाल पिरामिडों या समाधियों में सुरक्षित ढंग से दफ़ना देते थे । दफ़नाते समय वे मृतक की आर्थिक हैसियत के अनुसार विभिन्न वस्तुएँ, जैसे– आभूषण, कपड़े, फर्नीचर आदि भी रखते थे । रोमन साम्राज्य में ईसाई धर्म के अभ्युदय तथा विकास के उपरान्त मृतकों को ताबूत में रखकर दफ़नाया जाने लगा । आज भी इस प्रथा को देखा जा सकता है । इस्लाम धर्म में कुरानशरीफ के अनुसार, पृथ्वी पर मनुष्य का जन्म प्रथम एवं आखिरी जन्म है । इस जीवन की समाप्ति के उपरान्त मनुष्य का शरीर जब कब्र में दफ़ना दिया जाता है, तब भी उसकी आत्मा एक भिन्न प्रकार की कब्र में जीवित पड़ी रहती है और उसी आत्मा को कयामत के दिन उठकर ऊपर जाना पड़ता है ।

business cycle ('बिज़्नस् साइक्ल्) **व्यापारचक्र** : आर्थिक विकास की प्रक्रिया में तेजी और मन्दी का दौर स्वाभाविक रूप से चलता रहता है । कुछ अर्थशास्त्रियों का कहना है कि यह दौर 5 साल का होता है । लेकिन आधुनिक अर्थशास्त्रियों, जैसे Simon Kuznets ने इसका खण्डन करते हुए कहा है कि व्यापारचक्र कोई 15 से 20 वर्ष का भी हो सकता है ।

business ethics ('बिज़्नस् 'एथिक्स्) **व्यवसाय-नीति** : व्यवसायों में प्रयुक्त नीति। आमतौर पर यही कहा जाता है कि व्यवसायों में कोई नैतिकता नहीं होती । लोग छल-प्रपंच एवं धोखा-धड़ी के रास्ते आगे बढ़ते हैं । लेकिन, यथार्थ यह है कि प्रत्येक व्यवसाय की अपनी नैतिकता और कुछ मूल्य होते हैं, जो हमेशा केन्द्र में बने रहते हैं ।

business improvement districts (BIDs) ('बिज़्नस् इम्'प्रूवमन्ट् 'डिस्ट्रिक्ट्स्) **व्यापार-सुधार-क्षेत्र** : अमरीका एवं कैनडा (कनाडा)के महानगरों के केन्द्र में वातावरण की बदहाली को सुधारने की ऐसी योजना, जिसके तहत वहाँ के बड़े उद्योगपतियों या व्यवसायियों के आर्थिक सहयोग के माध्यम से महानगरों की स्थिति में सुधार लाया गया ।

buyer's market ('बाइअरस् 'मार्किट्) **क्रेता बाज़ार** : ऐसा बाज़ार, जिसमें माँग की तुलना में पूर्ति बढ़ जाती है । अतः बिकने वाली वस्तुओं में पर्याप्त विविधता पाई जाती है और विक्रेताओं में परस्पर प्रतिस्पर्द्धा का वातावरण रहता है । अतः क्रेता या खरीदार को कम क़ीमत पर अपनी पसन्द की वस्तु खरीदने का पर्याप्त अवसर मिलता है ।

Cc

cake of custom (केक् ऑव् 'कस्टम्) **रीति-रिवाज की पर्त, घनीभूत प्रथा :** अँगरेज़ दार्शनिक वाल्टर बैजॉट (Walter Bagehot,1826-1877) की अवधारणा के अनुसार, रीति-रिवाज, आदतें और परम्पराएँ परत-दर-परत एक-दूसरे से जुड़ कर एक दृढ़ शक्ति का रूप धारण कर लेती हैं । इससे समाज में स्थिरता तो आती है, लेकिन आगे चलकर इससे गतिरोध भी पैदा हो जाता है । ऐसी हालत में प्रगति के रास्ते की रुकावट दूर करने के लिए 'रीति-रिवाजों' की परत को तोड़ना ज़रूरी हो जाता है, ताकि पुराने विचारों और संस्थाओं का खण्डन करके नए विचारों को अनपाया जा सके और नई संस्थाओं की नींव डाली जा सके । जिन समाजों में 'चर्चा की प्रवृत्ति' (Instinct of discussion) पाई जाती है, वहाँ रीति-रिवाज को तोड़ने में कोई विशेष कठिनाई नहीं होती है, जैसे– पाश्चात्य समाज ।

calculated risk ('कैल्क्यु लेटड् रिस्क्) **नपा-तुला जोखिम :** ऐसी कार्रवाई, जो यह सोचकर की जाती है कि कोई कार्रवाई न करने पर या कोई दूसरी कार्रवाई करने पर ज़्यादा ख़तरे की सम्भावना है । दूसरे शब्दों में, जब सब ओर ख़तरा हो, तब सोच-विचार कर सबसे कम ख़तरे का रास्ता चुनने की कार्रवाई को नपा-तुला जोखिम कहा जाता है।

calling ('कॉल्इन्ग) **आजीविका :** किसी कार्य या पेशे को ऐसा धार्मिक कर्त्तव्य मानकर करना, जिसके लिए उसके धर्म ने निर्देश दिया हो, जैसे–भारत में जातिगत पेशा ।

Calvinism ('कैल्वि निज़्म्) **कैल्विनवाद, कैल्विन धर्म :** ईसाई धर्म के प्रोटेस्टैन्ट धर्म की चार मुख्य धाराएँ हैं– मैथेडिज्म, पाइटिज्म, बैप्टिज्म और कैल्विनिज्म। कैल्विन धर्म के तीन मुख्य आधारभूत सिद्धान्त हैं– ब्रह्माण्ड ईश्वर के महान् गौरव के प्रसार के लिए बनाया गया है, सर्वशक्तिमान ईश्वर की लीला के उद्देश्य मानवीय समझ से परे हैं तथा बहुत थोड़े से लोग ईश्वर की शाश्वत कृपा के लिए चुने जाते हैं, अर्थात् पूर्वनियति में विश्वास ।

Camorra (क'मॉर्अ) **कमोरा :** सन् 1830 से लेकर सन् 1922 ई. तक इटली में भूमिगत गुप्त अपराधियों का एक सक्रिय संगठन, जो छल, बेईमानी या कुत्सित कार्यों के लिए कुख्यात था । हालाँकि 20वीं शताब्दी के प्रारम्भ में इसे दबा दिया गया, लेकिन छिटपुट ढंग से बाद में भी सक्रिय रहा और इसके कुछ सदस्य अमरीका जाकर माफिया गिरोहों से मिलकर अपराध करने लगे।

campaign (कैम् 'पेन्) **अभियान :** राजनीति के क्षेत्र में वह कार्रवाई, जिसके अन्तर्गत किसी विशेष उम्मीदवार को मनोनीत कराने या चुनाव में जिताने का प्रयत्न किया जाता है या सामाजिक तथा क़ानूनी प्रणाली में कोई विशेष परिवर्तन कराने के लिए संगठित प्रयास किया जाता है ।

cannibalism ('कैनिब लिज़्म्) **नरभक्षण :** मनुष्यों में मानवमांस खाने की प्रथा। यह प्रथा अत्यन्त दुर्लभ है । हालाँकि अफ्रीका के कुछ समुदायों में मनुष्यों की बलि देकर उनके मांस को बाँट कर खाने की बात कही जाती है ।

canon ('कैनन) **धर्मसूत्र :** धर्म के कानून, नियम और सामान्य सिद्धान्त । मनुस्मृति परम्परागत हिन्दू समाज के धर्मसूत्रों का संग्रह है । प्रत्येक धर्म के अन्तर्गत लोगों के आचरण को निर्धारित करने के लिए कुछ-न-कुछ धर्मसूत्र होते हैं ।

canonical correlation (क'नॉनिक्ल् कॉर'लेशन्) **विहित सहसम्बन्ध :** चरों के समुच्चयों के बीच सम्बन्ध। इस विधि का प्रचलन सांख्यिकीविद् हॉटेलिंग (Harold Hotelling) द्वारा किया गया था । इस विधि में विचारों के दो समुच्चयों

के स्थान पर प्रत्येक समुच्चय में विहित विचारों को रैखिक संयोजन के रूप में लिखा जाता है, जिसे विहित विचार कहते हैं। फिर इनके बीच सहसम्बन्ध को अधिकतम बनाया जाता है, जिसे विहित सहसम्बन्ध कहते हैं।

CAPI (Computer assisted personal interviewing) ('कैपि, कॅम्'प्यूट्र् अ'सिस्टेड् 'पर्सन्ल् 'इन्टरव्यूविङ्ग) **कम्प्यूटर आधारित वैयक्तिक साक्षात्कार :** कम्प्यूटर आधारित वैयक्तिक साक्षत्कार पाश्चात्य देशों में आजकल प्रश्नावली का प्रयोग नहीं कर लैपटॉप पर साक्षात्कार करने की पद्धति शुरू हुई है। इसका सीधा लाभ यह होता है कि प्रश्नावली के माध्यम से एकत्रित आँकड़ों को अलग से कम्प्यूटर में डालने की आवश्यकता नहीं होती है, बल्कि जैसे-जैसे आँकड़े इकट्ठे होते जाते हैं, वैसे-वैसे आँकड़े सीधे कम्प्यूटर में पहुँच जाते हैं। यह दो प्रकार से संभव होता है– पहला, साक्षात्कारकर्ता और उत्तरदाता आमने-सामने की स्थिति में होकर प्रश्नों के उत्तर को कम्प्यूटर में उपलब्ध पैकेज के अन्दर रिकॉर्ड करते चले जाते हैं। यह **CAPI** के नाम से जाना जाता है। दूसरा, साक्षात्कारकर्ता दूरभाष के माध्यम से उत्तरदाता का साक्षात्कार कर उसका जवाब कम्प्यूटर में रिकॉर्ड करता चला जाता है। इसे **CATI** कहा जाता है। पुरानी पद्धतियों पर आधारित साक्षात्कार की तुलना में **CATI** एवं **CAPI** प्रविधि से आँकड़ा प्राप्त करने में कम समय, खर्च और मेहनत लगती है।

capital ('कैपिट्ल्) **पूँजी :** पैसा या वस्तु, जिसका इस्तेमाल किसी वस्तु के उत्पादन में लगाया जाता है, जैसे– यातायात के साधन, उद्योग, भवन आदि। जिन चीज़ों का प्रत्यक्ष रूप से उपभोग किया जाता है, उन वस्तुओं को पूँजी के अन्तर्गत नहीं रखा जाता है। दूसरे शब्दों में, पूँजी उत्पादन का एक प्रमुख साधन है। उत्पादन के अन्य तीन साधन हैं– भूमि, श्रम तथा उद्यम (देखें– Karl Marx, **Capital: A Critique of Political Economy**, 1975)।

capital, decomposition of ('कैपिट्ल्, डी कॉम्पज़िश्न् ऑव्) **पूँजी-अपघटन :** विकसित पूँजीवादी समाजों के सन्दर्भ में रैल्फ डारेनडॉफ (Ralf Dahrendorf, b.1929-) ने कहा है कि एक समय था, जब उत्पादन के साधनों पर कुछ लोगों का एकाधिकार था। लेकिन, धीरे-धीरे एकाधिकार की स्थिति में विकेन्द्रीकरण की प्रक्रिया शुरू हो गई है। पूँजी पर नियन्त्रण और मालिकाना हक एक से अधिक हाथों में चला गया है, जैसे– विकसित पूँजीवादी समाज में बैंकिंग, उत्पादन, बीमा कम्पनी, पेंशन फंड एवं विभिन्न प्रकार के व्यावसायिक निकाय अलग-अलग हाथों में देखने को मिलते हैं। पूँजी पर नियन्त्रण मात्र कुछ पूँजीपतियों तक सीमित न होकर विभिन्न प्रकार के व्यावसायिक निकायों एवं बड़े-बड़े वेतनभोगी प्रबन्धकों के हाथ में भी होता है। पूँजीवादी व्यवस्था में शोषण सम्बन्धी कार्ल मार्क्स के चिन्तन या विचारों का इस प्रक्रिया से खण्डन होता है।

capital, techno- ('कैपिट्ल्, 'टेकनो) **प्राविधिज्ञ पूँजीवाद :** पाश्चात्य पूँजीवादी व्यवस्था के सन्दर्भ में कुछ विशेषज्ञों ने कहा कि वर्तमान समाज न तो उत्तर-आधुनिक और न ही उत्तर-औद्योगिक युग में है, बल्कि यह पूरी तरह पूँजीवादी युग में है, जिसे प्राविधिज्ञ पूँजीवाद का नाम दिया गया है। पूर्ववर्त्ती काल के पूँजीवाद के अन्तर्गत उत्पादन की प्रक्रिया में मानवीय श्रमशक्ति और मशीन हुआ करती थी। लेकिन, वर्तमान समय में तकनीकी और वैज्ञानिक ज्ञान, स्वचालन, कम्प्यूटर और रोबॉट केन्द्रित हो गया है। मानवीय श्रमशक्ति एवं भारी मशीनों की उपयोगिता में कमी आयी है। इलेक्ट्रॉनिक्स पर आधारित उत्पादन को अधिक-से-अधिक प्रश्रय मिला है।

capital accumulation ('कैपिट्ल् अक्यूम्यु'लेश्न्) **पूँजी संचयन :** अर्थशास्त्र के क्षेत्र में इस शब्द का अभिप्राय संसाधनों के संग्रहण से है और जिसे उद्योग में पुनः निवेश कर दिया जाता है, ताकि उद्योग का विस्तार किया जा सके। यह किसी देश के आर्थिक विकास का एक महत्त्वपूर्ण तत्त्व है। मार्क्सवादी साहित्य में इस शब्द का प्रयोग एक अन्य अर्थ में होता है। मार्क्सवादियों के अनुसार, यह एक ऐसी प्रक्रिया है, जिसके अन्तर्गत पूँजी का विस्तार उत्पादन, विनियोजन एवं अतिरिक्त उत्पादन को हड़पने से संभव होता है।

capital consumption ('कैपिट्ल् कन्'सम्प्श्न्) **पूँजी-उपभोग :** उत्पादन प्रक्रिया के दौरान पूँजी का उपभोग होता है, जिसके कारण पूँजी में गिरावट आती है। परिणामस्वरूप मूल्यों में होनेवाली कमी को पूँजी-उपभोग कहते हैं।

capital formation ('कैपिट्ल् फ़ॉर्'मेशन्) **पूँजी निर्माण :** कुल स्थायी परिसम्पत्ति पर किया गया विनियोग, जिससे पूँजी के स्टॉक में वृद्धि होती है ।

capital fractions ('कैपिट्ल् फ्रैक्'शनस्) **पूँजी भिन्नांक :** मार्क्सवादी साहित्य में पूँजी को कई स्तरों पर विभाजित किया गया है, जैसे– बृहत् पूँजी, लघु पूँजी, औद्योगिक पूँजी, वित्तीय पूँजी, भूमिगत पूँजी । इन सभी प्रकार की पूँजी में स्वार्थों की समरूपता होती है; क्योंकि सभी किसी-न-किसी प्रकार की पूँजी ही हैं ।

capital gain ('कैपिट्ल् गेन्) **पूँजीगत लाभ :** जब कभी किसी सम्पत्ति को उसकी मूल कीमत से अधिक कीमत पर बेचा जाता है, तो उसे पूँजीगत लाभ कहते हैं ।

capital goods ('कैपिट्ल् गुड्स्) **पूँजीगत वस्तुएँ :** मशीनों व उपकरणों के रूप में प्रयुक्त पूँजी, जिसे लम्बे समय तक प्रयोग में लाया जा सकता है, वे पूँजीगत वस्तुएँ कहलाती हैं ।

capital-intensive production ('कैपिट्ल् इन्'टेन्सिव् प्र'डक्शन्) **पूँजी-प्रधान उत्पादन :** यह उत्पादन की प्रविधि का बोध करता है । इससे यह मालूम होता है कि उत्पादन का आधार पूँजी है या मज़दूर । बहुत से उद्योग ऐसे होते हैं, जहाँ उत्पादन की प्रक्रिया मज़दूर केन्द्रित होती है, जिसे मज़दूरप्रधान उत्पादन (Labour intensive production) कहा जाता है । जिन देशों के अन्तर्गत आबादी बहुत ज्यादा होती है, वहाँ पर यही कोशिश की जाती है कि ज्यादा-से-ज्यादा काम मशीनों की जगह मज़दूरों से हो। इससे बेरोज़गारी में कमी आती है । ठीक इसके विपरीत उन्नत विकसित देशों में उत्पादन मशीन या पूँजीप्रधान होता है । इस अवधारणा का प्रयोग आमतौर पर किसी समाज के सन्दर्भ में औद्योगीकरण के स्वरूप को परिभाषित करने के लिए किया जाता है । कभी-कभी इसका प्रयोग यह व्याख्या करने के लिए भी किया जाता है कि औद्योगीकरण के परिणामस्वरूप उत्पादन की तुलना में रोज़गार की दर में क्या वृद्धि हुई है ।

capital logic ('कैपिट्ल् लॉजिक) **तर्कसंगत पूँजी :** यह राज्य के सम्बन्ध में एक ऐसा सिद्धान्त है, जो इस मान्यता पर आधारित है कि राज्य में बहुत सारे कार्यकलाप पूँजी को ध्यान में रखकर किए जाते हैं, न कि पूँजीपति को । अपनी ज़रूरतों के अनुसार राज्य स्वयं पूँजी की सुरक्षा के लिए कार्य करता रहता है, जैसे– राज्य पूँजी को ध्यान में रखकर सड़कों का निमार्ण करता है, न कि पूँजीपति को ।

capital market ('कैपिट्ल्'मार्किट्) **पूँजी बाज़ार :** वस्तुओं के बाज़ार की तरह ही मुद्रा का भी बाज़ार होता है । यह वह बाज़ार है, जहाँ दीर्घकालीन ऋण की आवश्यकताओं की पूर्ति की जाती है, उदाहरणस्वरूप– स्टॉक एक्सचेंज और अन्य संस्थाएँ, जहाँ शेयरों तथा अन्य प्रतिभूतियों का क्रय-विक्रय किया जाता है । ऐसे बाज़ार में व्यक्ति, संस्थाएँ और सरकारें देश की बचतों को उन क्षेत्रों में प्रयुक्त करती हैं, जिनका प्रयोग लाभप्रद रूप में अन्यत्र नहीं किया जा सकता। पूँजी बाज़ार में शेयरों, ऋण-पत्रों तथा अन्य प्रकार की वित्तीय प्रतिभूतियों का कारोबार किया जाता है ।

capital punishment ('कैपिट्ल्'पनिश्मन्ट्) **मृत्युदण्ड, प्राणदण्ड :** शासन-सत्ता द्वारा किसी अपराधी को सामाजिक नीति के साधन के रूप में सोच-समझकर मृत्यु-दण्ड देने की प्रथा है । प्राणदण्ड सबसे कठोर दण्ड है और यह ऐसे भयंकर अपराधियों को ही दिया जाता है, जिन्होंने हत्या जैसे जघन्य अपराध किए हों । यह व्यक्ति के विरुद्ध समाज का प्रतिशोध है और उसका आधार है– खून का बदला खून । आदिम समाजों में प्राणदण्ड की व्यवस्था मनुष्य-वध, यौनि तथा धार्मिक या अर्द्ध-धार्मिक अपराधों के लिए अपरिहार्य मानी जाती थी । धीरे-धीरे प्राणदण्ड बहुत-से अपराधों के लिए दिया जाने लगा ।

capitalism ('कैपिटलिज़्म्) **पूँजीवाद :** इस आर्थिक व्यवस्था का उद्भव 16वीं एवं 17वीं शताब्दी में पश्चिमी यूरोप में हुआ । पूँजीवाद समाज की वह ऐतिहासिक अवस्था है, जिसमें उत्पादन के साधन भूमि एवं श्रम होते हैं । ऐसा आर्थिक संगठन, जिसमें सम्पत्ति का निजी स्वामित्व, पूँजी पर निजी नियन्त्रण, स्वतन्त्र बाज़ार प्रणाली और श्रमिकों की व्यवस्था

हो तथा जिसका लक्ष्य अधिक-से-अधिक लाभ कमाना हो । आधुनिक पूँजीवाद का सैद्धान्तिक स्रोत ऐडम स्मिथ (Adam Smith, 1723-1790) की पुस्तक **The Wealth of Nations** (1776) को माना जा सकता है । 18वीं शताब्दी में यूरोप की औद्योगिक क्रांति के साथ पूँजीवाद को नया बल मिला । उसके प्रभाव से 1770 और 1840 के बीच आर्थिक और व्यापारिक क्षेत्रों में क्रांतिकारी परिवर्तन हुए और समाज का सारा ढाँचा ही बदल गया । यान्त्रिक सभ्यता की देन के कारण बड़े-बड़े कारखानों में काम करने वाले मज़दूरों की स्थिति बहुत खराब हो गई। कार्ल मार्क्स (Karl Marx, 1818-1883) ने 1867 में अपनी पुस्तक **Das Capital** में वर्तमान पूँजीवादी व्यवस्था का विश्लेषण प्रस्तुत किया और पूँजीवादी व्यवस्था के विरोध में 'वैज्ञानिक समाजवाद' अथवा साम्यवाद का विचार प्रस्तुत किया । पूँजीवादी व्यवस्था के विरुद्ध पहली सफल क्रांति रूस (1917) में हुई और इसके बाद अनेक देशों ने व्यक्तिगत उद्यम को समाप्त कर राज्य-नियन्त्रण की पद्धति को अपनाया है । पूँजीवाद की कभी कोई निश्चित परिभाषा स्थिर नहीं हुई। देश-काल और नैतिक मूल्यों के अनुसार इसके भिन्न-भिन्न रूप बनते रहे हैं । पूँजीवाद एक आर्थिक व्यवस्था है, जिसमें पूँजी के निजी स्वामित्व, उत्पादन के साधनों पर व्यक्तिगत नियन्त्रण, स्वतन्त्र औद्योगिक प्रतियोगिता तथा उपभोग-पदार्थों के अनियन्त्रित वितरण की व्यवस्था रहती है । उत्पादन के साधनों पर पूँजी के स्वामियों का ही नियन्त्रण होता है, जो अपने निजी हित या लाभ के लिए काम करते हैं तथा सार्वजनिक क्षेत्र के विस्तार और आर्थिक गतिविधियों में सरकारी हस्तक्षेप का विरोध करते हैं ।

इस व्यवस्था में मुख्यरूप से दो वर्गों का अस्तित्व होता है– पूँजीपति वर्ग का तथा श्रमिक वर्ग का। पूँजीपति वर्ग का उत्पादन तथा वितरण के साधनों व अन्य आर्थिक गतिविधियों पर नियन्त्रण होता है । श्रमिक वर्ग को पूँजीपति वर्ग की अधीनता में काम करना पड़ता है और उसके पास केवल एक ही वस्तु होती है– अपना श्रम, जिसे बेचकर वह अपने जीवन-निर्वाह का साधन जुटाता है । इस विषय पर टॉम बॉटमोर (Thomas B. Bottomore) की कृति **The Theories of Modern Capitalism** (1985) एवं सुजन स्ट्रेंज (Susan Strange) की कृति **Casino Capitalism** (1986) विशेषरूप से उल्लेखनीय है (देखें– George D. H. Cole, **A History of Socialist Thought**, 1959; Ernest Mandel, **Late Capitalism**, 1975; Richard C. Edwards, Michael Reich and Thomas E. Weisskopf (eds.), **The Capitalist System**, 1986) ।

capitalism, disorganized ('कैपिटलिज़म्, डिस्'आर्ग् नाइजड्) **अव्यवस्थित पूँजीवाद :** कुछ राजनीतिक समाजशास्त्रियों का तर्क है कि पूँजीवाद के विकास के साथ विभिन्न प्रकार की सामाजिक और आर्थिक विघटन की प्रक्रियाएँ प्रारम्भ हो गयी हैं । राज्य, पूँजी, श्रमिक-संघ एवं श्रमिक, सभ्य समाज (**Civil society**) आदि के बीच दूरियाँ बढ़ती जा रही हैं । यह प्रक्रिया मुख्यरूप से उन्नत पूँजीवादी व्यवस्था वाले पाश्चात्य देशों में देखने को मिलती है (देखें– S. Lash and J. Urry, **The End of Organized Capitalism**, 1987) ।

capitalism, spirit of ('कैपिटलिज़म्, 'स्पिरिट् ऑव्) **पूँजीवाद सार-तत्त्व :** देखें– **Protestant ethic thesis** ।

capitalism, state ('कैपिटलिज़म्, स्टेट्) **राज्य-पूँजीवाद :** देखें– **State capitalism** ।

capitalist ('कैपिट्लिस्ट्) **पूँजीपति :** उत्पादन की औद्योगिक प्रणाली में पूँजी अर्थात् धन, सम्पत्ति, औजार आदि उत्पादन के साधनों के स्वामी को पूँजीपति (पूँजीवादी) कहा जाता है ।

capitalist class ('कैपिट्लिस्ट् क्लास्) **पूँजीवादी वर्ग :** देखें– **Bourgeoisie** ।

capitalist-democratic set-up ('कैपिट्लिस्ट् डेम्'क्रैटिक् सेट् अप्) **पूँजीवादी लोकतान्त्रिक व्यवस्था :** इस व्यवस्था में स्वतन्त्र बाज़ार की अर्थव्यवस्था, सम्पत्ति का निजी स्वामित्व और लोकतान्त्रिक राजनीतिक ढाँचा होता है । अमरीका इसका एक उदाहरण है ।

capitalist society ('कैपिट्लिस्ट् सॅ'साइअटि) **पूँजीवादी समाज :** कार्ल मार्क्स (Karl Marx, 1818-1883) के अनुसार,

सामन्तों एवं कृषिदासों के बीच पारस्परिक संघर्ष के परिणामस्वरूप पूँजीवादी समाज अस्तित्व में आया । इस समाज में भी मुख्य दो वर्ग हैं– पूँजीपति (**Capitalist**) और श्रमिक या सर्वहारा (**Proletariat**) । यहाँ पर मध्यमवर्ग दोनों वर्गों के बीच एक कड़ी का काम करता है । इस समाज में उत्पादन के साधनों पर मुख्य अधिकार पूँजीपतियों का होता है, जबकि उत्पादन-कार्य में मेहनत श्रमिकों की होती है । इस समाज में कानूनी समानता, राजनीतिक समानता तथा सामाजिक समानता पायी जाती है, लेकिन सतही कानूनी समानता के पीछे छुपा हुआ आर्थिक शोषण होता है । पूँजीवादी व्यवस्था से असमानता, बेरोज़गारी तथा गरीबी बढ़ती है, जो क्रांति की वस्तुनिष्ठ स्थिति तैयार करती है । पूँजीपति सदा श्रमिकों का शोषण करते हैं । फलस्वरूप इससे दोनों वर्गों के बीच वर्ग संघर्ष की प्रक्रिया चलती रहती है ।

carceral organization (कार्'सर्अल ऑगनाइ'ज़ेशन्) **कारागार संगठन** : एक ऐसी संस्था, जिसमें व्यक्ति को बाहरी वातावरण से बिल्कुल अलग रखा जाता है, जैसे– जेल, मानसिक अस्पताल, सेना की छावनी, स्कूल और छात्रावास।

career (क'रिअर्) **जीवनवृत्त** : जीवनवृत्त किसी व्यक्ति के द्वारा सम्पादित विभिन्न पेशों की एक शृंखला है । विभिन्न पेशों को आमदनी तथा प्रतिष्ठा के आधार पर शृंखलाबद्ध किया जा सकता है । इस अवधारणा का प्रयोग आमतौर पर विभिन्न पेशों के समाजशास्त्रीय अध्ययन के लिए किया जाता है ।

career mobility (क'रिअर् मो'बिलटि) **जीवनवृत्त गतिशीलता** : पेशे में परिवर्तन के माध्यम से सामाजिक गतिशीलता की क्षमता या सम्भावना । आधुनिक युग में लोग अपनी इच्छा एवं योग्यता के आधार पर पेशों का चयन कर सकते हैं; जिससे जीवन में काफी गतिशीलता संभव होती है । परम्परागत समाजों में जीवनवृत्त गतिशीलता का अभाव होता है ।

cargo cult ('कार्गो कॅल्ट) **जहाजीमाल पंथ** : एक प्रकार का धार्मिक सम्प्रदाय, जिसका विकास 20वीं सदी में न्यू गिनी (New Guinea) एवं उसके आस-पास के द्वीपों में हुआ। इसकी मान्यता यह थी कि उनके पूर्वज एक-न-एक दिन पानी के जहाज (बाद में हवाई जहाज) पर इतने अधिक आधुनिक तकनीक, मशीनरी, कलपुर्जे और विभिन्न प्रकार के सामान भेजेंगे कि उनकी मदद से यूरोपवासियों को वे आसानी से यहाँ से मार भगाएंगे और फलस्वरूप यहाँ के मूलवासियों का जीवनस्तर वहाँ बसे यूरोपियन लोगों जैसा या उससे बेहतर हो सकेगा ।

carpet-crossing ('कार्पिट क्रॉस इन्ग) **पक्ष-परिवर्तन, दल-बदल** : नाइजीरिया की संसद के भीतर दल-बदल के लिए प्रयुक्त शब्द । वहाँ सरकारी पक्ष तथा विरोधी पक्ष के लिए अलग-अलग कालीन बिछे रहते हैं और जब कोई सदस्य अपने दल का त्याग कर विरोधी दल से मिलना चाहता है, तो उसे कालीन पार करना पड़ता है । इस शब्द का प्रयोग अन्य देशों में पायी जाने वाली दल-बदल प्रक्रिया के लिए भी किया जाने लगा है ।

carrying capacity (कै'रिन्ग क'पैसिटी) **वाहन क्षमता** : किसी भी क्षेत्र की भौतिक सम्पदा सीमित होती है, लेकिन जब वहाँ की आबादी काफी बढ़ जाती है, तो अगली पीढ़ी की आबादी का भविष्य खतरे में हो जा सकता है ।

cartel (कार्'टेल) **उत्पादक संघ** : उद्योगपतियों का ऐसा समूह, जो आपस में मिलकर बाज़ार पर एकाधिकार या पूर्ण नियन्त्रण कर लेता है ।

case (केस्) **केस, प्रकरण** : कोई एक इकाई, जो गहराईपूर्ण अध्ययन के लिए चुनी जाती है । यह इकाई कोई एक व्यक्ति, समूह, समुदाय या एक संस्था हो सकती है या सम्पूर्ण एक राष्ट्र भी हो सकता है : देखें– **Case study** ।

case fatality rate (केस् फ'टैलिटि रेट्) **केस की सांघातिकता दर** : किसी दिए गये वर्ष में प्रति 1 लाख आबादी में किसी विशेष बीमारी का शिकार होकर मृत्यु को प्राप्त करने वाले लोगों की संख्या ।

case history (केस् 'हिस्टॅरि) **व्यक्तिवृत्त** : देखें– **Case study** ।

case rate (केस् रेट्) **केस दर** : देखें– **Case fatality rate** ।

case study (method) (केस् 'स्टडि (मे'थॅड) **केस** या **वैयक्तिक अध्ययन** (पद्धति) : वैयक्तिक अध्ययन गुणात्मक

अध्ययन का विशेष स्वरूप है, जिसके अन्तर्गत किसी व्यक्ति, परिस्थिति अथवा संस्था का अत्यधिक सावधानीपूर्वक और पूर्णरूप से अवलोकन किया जाता है । गुणात्मक विश्लेषण के ऐसे रूप को एकल अथवा वैयक्तिक अध्ययन-विधि कहा जाता है, जिसमें किसी एक व्यक्ति, घटना अथवा संस्था का सर्वांगीण अध्ययन किया जाता है । यह शोध-विधि की अपेक्षा अध्ययन-विश्लेषण का एक दृष्टिकोण है, जो अध्ययन की किसी एक सामाजिक इकाई को उसकी समग्रता में देखने पर बल देता है । यह दृष्टिकोण इस पूर्वानुमान पर आधारित होता है कि अध्ययन किया जानेवाला केस कुछ प्रकार के केसों में विशिष्ट है, जिससे उसके गहन विश्लेषण द्वारा सामान्यीकरण किया जा सकता है और जो इस प्रकार के दूसरे केसों पर लागू हो सकता है । यह पद्धति बहुत से विशिष्ट विवरणों के गहन विश्लेषण का अवसर प्रदान करती है जो अन्य विधियों द्वारा प्राय: छूट जाती हैं (देखें– J. R. Feagin, A. M. Orum, and G. Sjoberg, **A Case for the Case Study**, 1991) ।

cash crop (कैश् क्रॉप) **नकदी फसल :** ऐसी फसल, जो किसान लोग पैसा अर्जन के उद्देश्य से लगाते हैं। शहरों के आस-पास फल-फूल एवं सब्जियों की खेती इसी श्रेणी में आती है ।

cash nexus (कैश् 'नेक्सस्) **नकदी अभिबन्ध :** इस अवधारणा का सर्वप्रथम प्रयोग कार्ल मार्क्स (Karl Marx, 1818-1883) और फ्रिडरिक्स ऐंगल्ज (Friedrich Engles, 1820-1895) ने अपनी पुस्तक **Communist Manifesto** (1848) में किया था । लेकिन अब इसका प्रयोग औद्योगिक समाजशास्त्र में बहुत ही बृहत् अर्थ में होता है । इस शब्द का प्रयोग आमतौर पर रोज़गार के उस स्वरूप को इंगित करने के लिए किया जाता है कि मालिक और कर्मचारी के बीच मात्र पैसों का सम्बन्ध होता है । मालिक कर्मचारी को कम-से-कम पैसा देकर अधिक-से-अधिक काम लेना चाहता है, तो दूसरी ओर कर्मचारी कम-से-कम काम करके अधिक-से-अधिक उपार्जन करना चाहता है । इस प्रकार दोनों के सम्बन्धों के बीच अपनत्व की भावना का अभाव होता है और सम्बन्धों का स्वरूप बिल्कुल रुपयों-पैसों पर आधारित होता है।

caste (कास्ट्) **जाति :** मूलत: 'Caste' शब्द की उत्पत्ति लैटिन भाषा के 'Castas' शब्द हुई है जिसका अर्थ शुद्ध (Pure) होता है । उसकी जगह पर पुर्तगालियों ने भारतीय सामाजिक व्यवस्था को अपनी भाषा व्यक्त करने के लिए 'Casta' शब्द का प्रयोग किया जिसका अर्थ प्रजाति, मत तथा भेद होता है। Casta शब्द का प्रयोग सन् 1665 में ग्रेसियम डी॰ ओरेटा द्वारा हुआ था । जाति एक आनुवंशिक समाजिक समूह है जो अपने सदस्यों को सामाजिक गतिशीलता की अनुमति प्रदान नहीं करती । इसमें जन्म के आधार पर प्रस्थिति अथवा श्रेणी निर्धारित होती है जो व्यक्ति के व्यवसाय, विवाह और सामाजिक सम्बन्धों को प्रभावित करती है । जाति शब्द का प्रयोग एक इकाई (समूह) और व्यवस्था दोनों ही रूपों में होता है। ईकाई के रूप में जाति एक 'बन्द-क्रम स्थिति समूह' (Closed status group) होती है, अर्थात् एक ऐसा समूह जिसमें उसके सदस्यों की स्थिति, उनका पेशा, जीवनसाथी के चयन का क्षेत्र तथा दूसरों के साथ अन्तर्क्रिया आदि निश्चित होते हैं। व्यवस्था के रूप में जाति का अर्थ 'प्रतिबन्धों की सामूहिकता (Collectivity) से होता है, जैसे सदस्यता परिवर्तन, व्यवसाय, विवाह और सहभोज तथा सामाजिक सम्बन्ध आदि पर प्रतिबन्ध । इस सन्दर्भ में एक पूर्वधारणा यह है कि कोई भी जाति पृथक नहीं रह सकती अथवा प्रत्येक जाति दूसरी जातियों से आर्थिक, राजनैतिक और संस्कार सम्बन्धों (Ritualistic relations) के जाल में बंधी हुई है। यह व्यवस्था इतना पेचिदा है कि विभिन्न विद्वानों ने जाति को अपने-अपने ढंग से परिभाषित किया है ।

जाति व्यक्तियों का एक छोटा और विशेष नाम वाला एक ऐसा समूह है, जो सजातीय विवाह, आनुवंशिक सदस्यता और एक विशिष्ट व्यवसाय को करता है और जिसे पवित्रता और अपवित्रता की अवधारणाओं पर आधारित श्रेणीबद्ध व्यवस्था में न्यूनाधिक रूप में एक विशिष्ट सांस्कारिक परिस्थिति प्राप्त होती है । जाति हिन्दुओं के सम्पूर्ण जीवन को नियमित एवं प्रभावित करती है । प्रत्येक जाति जन्म से ही अपने सदस्यों को एक सामाजिक पद प्रदान करती है, जो आजीवन बना रहता है । जाति द्वारा थोपे हुए सामाजिक पद में कोई व्यक्ति अपनी विद्या, बुद्धि, कौशल या काम से कोई परिवर्तन नहीं कर सकता । अपने से नीची जाति के साथ शारीरिक या सामाजिक सम्पर्क को हीनता का द्योतक

समझा जाता है । प्रत्येक जाति का एक निश्चित व्यवसाय होता है । समान्यत: विवाह अपनी ही जाति में होता है, किन्तु अपवादस्वरूप जाति के बाहर भी विवाह होते देखे गये हैं, जिसके प्रमाण हैं प्रतिलोम तथा अनुलोम विवाह की प्रथाएँ। नारी की जाति जन्म के अतिरिक्त विवाह पर भी निर्भर होती है । पितृसत्तात्मक पारिवारिक व्यवस्था में नारी जिस जाति के पुरुष के साथ विवाह करती है, उसी पुरुष के सामाजिक पद को प्राप्त करती है तथा उसकी सन्तान भी उसके पति की जाति की मानी जाती है। इनमें से बहुत-सी बातें आजकल परिवर्तित हो रही हैं ।

जाति व्यवस्था भारतीय सामाजिक संरचना की मुख्य विशेषता रही है । प्राचीन काल से ही हिन्दू धर्म के लोग जातीय आधार पर श्रेणीबद्ध होते रहे हैं । जाति व्यवस्था की उत्पत्ति के पूर्व हिन्दू समाज वर्ण-व्यवस्था के आधार पर श्रेणीबद्ध था। जाति व्यवस्था के आने से हिन्दू समाज हजारों खण्डों में समस्तरीय और विषमस्तरीय रूप से (Horizontally and vertically) विभक्त हो गया । वर्ण-व्यवस्था की तुलना में जाति व्यवस्था के अन्तर्गत श्रेणीबद्ध समूहों की संख्या बहुत ज्यादा है । जाति व्यवस्था के विभिन्न तत्त्वों या विशेषताओं में काफी परिवर्तन हुए हैं, इसके बावजूद यह आज भी जीवित है (देखें– Harold. A. Gould, **The Hindu Caste System: The Sacralization of a Social Order**, 1987) : देखें– **Caste System; *Varna*** ।

caste, scheduled (कास्ट्, 'शेड्यूल्ड) **अनुसूचित जाति** : देखें– **Scheduled castes; *Dalit*** ।

caste alliance (कास्ट् अ 'लाइअन्स्) **जाति गठबन्धन** : विभिन्न जातियों या उपजातियों के समूह के लोगों का कुछ उद्देश्यों की प्राप्ति के लिए परस्पर समीप आना, उदाहरणार्थ– जातीय गठबन्धन आम चुनावों के समय किसी विशिष्ट नेता को समर्थन देने का निर्णय कर सकता है ।

caste and class models of social stratification (कास्ट् ऐन्ड् क्लास् 'मॉडल्स् ऑव् 'सोश्ल् स्ट्रैटिफ़ि 'केश्न्) **सामाजिक स्तरीकरण की जाति एवं वर्ग प्रतिरूप** : आदर्श रूप में सामाजिक स्तरीकरण की जाति एवं वर्ग प्रतिरूप परस्पर विरोधी माने जाते हैं । जाति स्तरीकरण की विशेषता बन्द, स्थिर, प्रदत्त, कर्मकाण्डीय एवं ग्रामीण प्रकृति मानी जाती है, जबकि वर्ग स्तरीकरण को खुला, अर्जनोन्मुख, धर्म-निरपेक्ष एवं नगरीय माना जाता है । तथापि हमें यह तथ्य ध्यान में रखना चाहिए कि भारतीय समाज में जाति एवं वर्ग सदियों से घनिष्ठ रूप से परस्पर अन्त:सम्बन्धित रहे हैं ।

caste conflict (कास्ट् 'कॉन्फ्लिक्ट्) **अन्तर-जातीय संघर्ष** : भारतीय समाज में कई धार्मिक समुदाय हैं । उनमें हिन्दू, सिक्ख, जैन और मुस्लिम समुदायों में जातियों के रूप में सामाजिक विभाजन पाया जाता है । मूलत: हिन्दू समाज में हजारों जातियाँ एवं उपजातियाँ हैं । इन जातियों में पिछली कई शताब्दियों से परस्पर ईर्ष्या, द्वेष एवं प्रतियोगिता रही और कई बार तो यह इतनी अधिक हुई कि हिंसा, मार-पीट, धमकी आदि को अपनाया गया । अतीत में शूद्रों के प्रति सवर्ण जातियों ने और विशेषकर ब्राह्मणों ने, शोषण व सामाजिक अन्याय का रुख अपना रखा था, जिसके फलस्वरूप इनमें परस्पर संघर्ष होता रहा । मैसूर, महाराष्ट्र, बिहार, राजस्थान, उत्तरप्रदेश आदि राज्यों में इस प्रकार के संघर्ष का प्रतिरोध करने के लिए पिछले कई दशकों से दलित जातियों का आन्दोलन तीव्रतापूर्वक चल रहा है ।

अन्तर-जातीय संघर्ष भारतीय ग्रामीण समाज व्यवस्था का महत्त्वपूर्ण प्रतिमान रहा है । एक गाँव में जो प्रभुत्व-सम्पन्न जाति होती है, वह वहाँ की अधिकांश आवासीय और कृषि की भूमि पर अधिकार बनाये रखने तथा अपनी जनसंख्या के बाहुल्य के कारण वहाँ निवास करने वाली अन्य जातियों को डरा-धमकाकर, मार-पीटकर, आग लगाकर या हत्या आदि करके अपने नियन्त्रण में रखने का प्रयास करती रही है ।

caste endogamy (कास्ट् एन् 'डॉगमि) **जातीय अन्तर्विवाह** : देखें– **Endogamy, caste** ।

caste mobility (कास्ट् मो 'बिलटि) **जातीय गतिशीलता** : जातीय स्तरण व्यवस्था में लोगों का एक जातीय स्थिति से दूसरी जातीय स्थिति में पहुँचना । संस्कृतीकरण की प्रक्रिया द्वारा बहुत सीमित अर्थ में यह घटित होता है ।

caste organization (कास्ट् ऑगनाइ'ज़ेशन्) **जाति संगठन :** जाति पंचायत जैसा संगठन, जिसके माध्यम से कोई भी जाति एक संगठन के रूप में संगठित होती है । शहरों के अन्तर्गत भी विभिन्न जातियों का अलग-अलग संगठन पाया जाता है । इस प्रकार के संगठनों का निर्माण सर्वप्रथम उच्च जातियों के बीच प्रारम्भ हुआ और बाद में धीरे-धीरे सभी जातियों के बीच पनपने लगा ।

caste school of race relations (कास्ट् स्कूल् ऑव् रेस् रि'लेशन्स्) **प्रजातीय सम्बन्धों की जातीय विचारधारा :** इस सम्प्रदाय में वैसे विद्वानों को रखा गया है, जो यह मानते हैं कि अमरीका में काले-गोरे का विभेद भारतीय जाति व्यवस्था के समतुल्य है (Gunnar Myrdal, **An American Dilemma**, 1944) । लेकिन, इस विचारधारा की काफी आलोचना हुई है (Oliver C. Cox, **Caste, Class and Race**, 1948) ।

caste system (कास्ट् 'सिस्टम्) **जाति व्यवस्था :** वह व्यवस्था, जिसमें व्यक्तियों के विवाह, नातेदारी (बन्धुत्व), पेशे, खान-पान, रीति-रिवाज आदि जन्म के आधार पर निर्धारित होते हैं । ऐसे समूहों में प्रत्येक जाति के निश्चित नियम तथा निषेध होते हैं । किसी जाति का अपना कोई पृथक अस्तित्व नहीं होता है । उसकी स्थिति अन्य सभी जातियों के सन्दर्भ में ही जानी जा सकती है, जिनके सदस्य आर्थिक, राजनीतिक तथा आनुष्ठानिक गठबन्धन में घनिष्ठ रूप से सम्बद्ध होते हैं । जाति व्यवस्था की कार्यविधि इन्हीं पारस्परिक गठबन्धनों द्वारा समझी जा सकती है । भारतीय हिन्दू समाज इसका उदाहरण है : देखें– **Caste; Class** ।

casteism ('कास्ट्इज़म्) **जातिवाद :** जातिवाद अपनी जाति अथवा उपजाति के प्रति एक प्रकार की समूह-भक्ति है, जो कि अन्य जातियों के हितों की कोई परवाह नहीं करती और अपने समूह के सामाजिक, आर्थिक व राजनीतिक तथा अन्य हितों को प्राप्त करने की चेष्टा करती है । जो व्यक्ति जिस जाति या उपजाति का सदस्य है, वह परम्परागत रूप में अपनी जाति के ही व्यक्तियों को, जिन्हें वह अपनी जाति-बिरादरी मानता है, यथासम्भव सहायता, रक्षा अथवा नैतिक एवं भौतिक बल प्रदान करना अपना कर्त्तव्य समझता रहा है । ब्राह्मणवाद या कायस्थवाद जातिवाद का एक उदाहरण है । जातिवाद भारतीय सामाजिक जीवन की एक महत्त्वपूर्ण समस्या के रूप में सैकड़ों वर्षों से विद्यमान है । यदि प्रतिक्रिया सकारात्मक है, तो लोग उसे प्राप्त करने का प्रयास करते हैं और यदि नकारात्मक है, तो लोग इसका तिरस्कार करते हैं या उससे दूर रहने की चेष्टा करते हैं ।

कुछ लोग अपनी जाति के योग्य व कुशल व्यक्ति को दरकिनार कर किसी अन्य जाति के लोगों को प्रश्रय देने का प्रयास करते हैं, ताकि उन्हें अन्य जाति के लोगों का सहयोग या समर्थन प्राप्त हो सके । अपनी ही जाति या उपजाति के लोगों की योग्यता या कुशलता को किसी राजनीतिक लाभ के लिए अनदेखा करना भी एक प्रकार का जातिवाद ही है । इसे नकारात्मक जातिवाद (Negative casteism) कहा जा सकता है ।

casting vote ('कास्टिन्ग व़ोट्) **निर्णायक मत :** जब किसी बैठक में दोनों विरोधी पक्षों के मत बराबर हों, तब गतिरोध दूर करने के लिए बैठक के सभापति द्वारा डाला गया मत निर्णायक मत कहलाता है ।

castration complex (कै'स्ट्रेशन् 'कॉम्प्लेक्स्) **शिवनूलोय मनोग्रन्थि :** देखें– **Psycho analysis** ।

casual crowd ('कैजुअल् क्राउड्) **आकस्मिक भीड़ :** किसी समय में किसी विशेष स्थान पर कुछ लोगों का समूह, जैसे– कोई धार्मिक मेला । सड़कों के किनारे कुछ बेचने वाले लोगों या जादू दिखाने वाले लोगों के समीप लगने वाली भीड़ को आकस्मिक भीड़ कहा जाता है ।

casual employment ('कैजुअल् इम्'प्लॉइमन्ट्) **आकस्मिक रोज़गार :** ऐसा रोज़गार, जिसमें कामगार के घंटे नियत नहीं होते और उसे नियमित मज़दूरी भी नहीं दी जाती । हरेक बार कोई विशेष काम करने के लिए उपयुक्त पारिश्रमिक दे दिया जाता है ।

catastrophe (कैटॉ'स्ट्राफि) **महाविपत्ति, संकट :** अचानक, एकदम तीव्र घटना या घटना की लगातार कड़ी, जिसके कारण समाज में भारी बदलाव आता है या होता है।

catastrophic change (कैटॉ'स्ट्राफिक् 'चेन्ज्) **भयंकर** या **आपाती परिवर्तन :** सामाजिक व्यवस्था में अचानक भारी परिवर्तन होना, जिसके फलस्वरूप असन्तुलन, अस्थिरता तथा विघटन की स्थिति उत्पन्न हो जाने का भय रहता है। भौतिक रूप से ये परिवर्तन चक्रवात, भूकम्प, बाढ़, महामारी, युद्ध आदि के फलस्वरूप हो सकते हैं। इन विपत्तियों से समाज में अव्यवस्था की स्थिति आ जाती है, जिससे उसका सन्तुलन बिगड़ जाता है।

categoric variable (कैटि'गॉरिक् 'वे़रिअब्ल्) **सुस्पष्ट चर :** सामाजिक अनुसन्धान के क्षेत्र में कुछ वैसे चर होते हैं, जो एक-दूसरे से बिल्कुल भिन्न या अलग होते हैं, जैसे– पुरुष, अशिक्षित आदि। ठीक इसके प्रतिकूल कुछ चरों में निरन्तरता पायी जाती है, जैसे–आमदनी, शिक्षित, उम्र आदि। इसे अविच्छिन्न चर (**Continuous variable**) कहा जाता है : देखें– **Variable**।

categorical judgement (कैटि'गॉरिक्ल् जजमन्ट्) **सुस्पष्ट निर्णय :** वह निर्णय, जिसमें कोई उपाधि या शर्त शामिल न हो, जैसे– सर्वोच्च न्यायालय के द्वारा किसी अपराधी को 10 साल की सजा सुनाया जाना।

categorical knowledge (कैटि'गॉरिक्ल् 'नॉलिज्) **सुस्पष्ट ज्ञान :** वह ज्ञान, जो किसी दूसरे ज्ञान की अपेक्षा के बिना होता है।

category ('कैटिगरि) **सम्वर्ग :** यह समान प्रकार के व्यक्तियों, वस्तुओं या आँकड़ों की एक श्रेणी है, जैसे–शिक्षित, अशिक्षित, स्त्री या पुरुष, शिक्षक व विद्यार्थी। एक सम्वर्ग के लोगों के गुणों या विशेषताओं में काफी हद तक समानता तथा एकरूपता पायी जाती है : देखें– **Social category**।

catharsis (क'थॉर्सिस) **भाव-विरेचन :** किसी प्रकार के मानसिक तनाव या चिन्ता को बातचीत के माध्यम से कम करने की प्रक्रिया। यह तनाव को कम करने की एक मनोविश्लेषणात्मक पद्धति है। उदाहरण के लिए, नाटक या चलचित्र में मारपीट के दृश्य देखने पर व्यक्ति के मन में मारपीट की इच्छा कुछ हद तक शान्त हो जाती है।

cathectic (क'थिकटिक) **भावप्रवरण :** देखें– **Cathexis**।

cathexis (क'थिकसीस) **भावाभिनिवेश :** सिगमण्ड फ्रॉयड (Sigmund S. Freud, 1856-1939) द्वारा रचित इस शब्द का तात्पर्य यह है कि किसी वस्तु, व्यक्ति, विचार, समूह या परिस्थिति के बारे में लोगों में नकारात्मक या सकारात्मक प्रतिक्रिया होती है। ऐसी प्रवृत्ति, जिसमें व्यक्ति सुख-सन्तोष प्रदान करने वाली वस्तुओं के साथ लगाव रखता है और कष्टप्रद वस्तुओं या स्थितियों से परे रहने की कोशिश करता है।

Catholic church ('कैथ्लिक् चर्च्) **कैथलिक चर्च :** इसे रोम का चर्च भी कहा जाता है। इसका मुख्यालय वैटिकन सिटी में है और इस चर्च के प्रमुख पोप होते हैं। सुधारवाद से पहले यही ईसाई धर्म का मुख्य चर्च था। सुधारवाद के बाद इससे कई अलग पंथ बन गए, जैसे– कल्विनवादी, लूथरवादी, बैप्टिस्ट आदि।

CATI (Computer assisted telephone interviewing) कैटि (कॅम्'प्यूट्र् अ'सिस्टेड् 'टेलिफ़ोन् 'इन्टरव्यूविन्ग) : देखें– **CAPI**।

caucus ('कॉकस) **बैठक, प्रसम्मिलन :** किसी दल अथवा गुट के प्रमुख सदस्यों की बैठक, जिसके हाथों में दल के नेताओं का चुनाव करने, सार्वजनिक पद के लिए उम्मीदवारों को मनोनीत करने या नीति निर्धारण करने की व्यावहारिक शक्ति केन्द्रित हो। इस शब्द का पहले-पहल प्रयोग औपनिवेशिक युग में अमरीकी राजनीति में किया गया था। आगे चलकर इस शब्द का प्रयोग विभिन्न राजनीतिक बैठकों के लिए होने लगा।

causal explanation ('कॉ:ज़ॅल एक्स्प्ल'नेश्न्) **कारणात्मक व्याख्या :** इसके अन्तर्गत विश्लेषण का आधार किसी

खास कारक को माना जाता है, जैसे यह कहना कि नारी शिक्षा के प्रचार से प्रजननता-दर में कमी आती है । पर समाजशास्त्र के क्षेत्र में इस ढंग की व्याख्या का बहुत वैज्ञानिक महत्त्व नहीं है; क्योंकि यहाँ प्रयोगात्मक अनुसन्धान करना काफी कठिन है ।

causal modelling ('कॉ:ज़ॅल मॉडॅ'लिन्ग) **कारणात्मक प्रतिरूपण** : समाजशास्त्री कभी-कभी कुछ घटनाओं के पीछे बहुत से कारकों की भूमिका का एकसाथ अध्ययन करने का प्रयास करते हैं । इस तरह का अध्ययन आमतौर पर सांख्यिकीय प्रविधियों, जैसे- बहु-समाश्रयण विश्लेषण (**Multiple regression analysis**), पाथ विश्लेषण (**Path analysis**) और लॉग रेखीय विश्लेषण (**Log linear analysis**) के माध्यम से संभव होता है । अनुसन्धानकर्ता सैद्धान्तिक रूप से किसी घटना के पीछे विभिन्न कारकों का एक प्रतिरूप तैयार कर विभिन्न चरों के प्रभाव को माप कर कार्य-कारण सम्बन्ध को स्थापित करने का प्रयास करते हैं। इस प्रकार का विश्लेषण सर्वेक्षण से प्राप्त आँकड़ों के आधार पर होता है । पाश्चात्य समाजशास्त्र में इस प्रकार के विश्लेषण का काफी प्रचलन है ।

causal relationship ('कॉ:ज़ॅल रि'लेशन्शिप्) **कारणात्मक सम्बन्ध** : एक ऐसा सम्बन्ध, जिसके द्वारा किसी घटना के पीछे कार्य-कारण सम्बन्ध को समझने की कोशिश की जाती है ।

causality (कॉ:'जैलिटी) **कारण-कार्य सम्बन्ध, कारणता** : वस्तुओं, घटनाओं और क्रियाओं में ऐसा सम्बन्ध, जिससे एक के घटने या होने पर दूसरी क्रियाओं का घटना या होना अनिवार्य हो ।

causation (कॉ: 'जेशन्) **कार्य-कारण सम्बन्ध** : यह विचार कि सभी घटनाएँ कार्य और कारण के सम्बन्ध से निर्धारित होती हैं । विज्ञान का उद्देश्य उन नियमों का पता लगाना है, जो उस सम्बन्ध की व्याख्या कर सके ।

causation, social (कॉ:'जेशन्, 'सोशल्) **सामाजिक कार्य-कारण सम्बन्ध** : देखें- **Social causation**।

ceiling ('सीलिइन्ग) **सर्वाधिक सीमा** : भूमि का स्वामित्व धारण करने की अधिकतम सीमा का निर्धारण सीमाबन्दी कहलाता है ।

census ('सेन्सस्) **जनगणना** : किसी देश की संख्यात्मक, सामाजिक, जनांकिकीय व आर्थिक विषमताओं की जानकारी हेतु सरकार द्वारा की जानेवाली गणना को जनगणना कहते हैं । भारत में जिस साल के अन्त में एक होता है, वह जनगणना का वर्ष माना जाता है, जैसे- 1981, 1991, 2001 आदि । जो लोग जहाँ मिलें और वहीं पर उनको शुमार कर लिया जाये, तो उसे वास्तविक जनगणना (*De facto* census) कहते हैं । लेकिन, जो व्यक्ति स्थायी तौर पर जहाँ निवास करते हों और उन्हें वहीं शुमार किया जाय, तो उसे कानूनी जनगणना (*De jure* census) कहा जाता है ।

census follow-up survey ('सेन्सस् 'फ़ॉलो ॲप सर्'वे) **जनगणना अनुवर्ती सर्वेक्षण** : कुछ मुल्कों में जनगणना के उपरान्त अतिरिक्त नमूना सर्वेक्षण (**Sample survey**) की परिपाटी है । इसका मुख्य उद्देश्य की गई जनगणना की कमियों को जानना होता है । सर्वेक्षण के माध्यम से जनगणना की कमियों के बारे में पता लगाया जाता है ।

census method ('सेन्सस् मे'थड्) **जनगणना विधि** : जब किसी क्षेत्र की समस्त इकाइयों को अध्ययन का आधार बनाया जाता है, तब शोध-शब्दावली में इसे जनगणना विधि कहा जाता है । 'सेन्सस' शब्द का प्रयोग पूर्ण गणना के अर्थ में किया जाता है । अनुसन्धान एवं सर्वेक्षण के प्रारम्भिक वर्षों में जनगणना-पद्धति द्वारा ही अध्ययन किया जाता था । आज भी जिन विषयों के बारे में पूर्ण शुद्धता की आवश्यकता होती है, वहाँ जनगणना विधि का ही उपयोग किया जाता है । इसका सबसे अधिक उपयोग जनगणना में होता है, जिसमें प्रत्येक परिवार के पास जाकर सम्बन्धित सूचनाएँ एकत्रित की जाती हैं : देखें- **Survey** ।

census of population ('सेन्सस् ऑव् पॉप्यु'लेशन्) **जनसंख्या की जनगणना** : किसी भी क्षेत्र में निवासियों की समग्र गणना को जनगणना कहते हैं । वस्तुतः यह आंशिक गणना से भिन्न है; क्योंकि आंशिक गणना नमूनों की होती है और

समग्र गणना समष्टि की । इसमें प्रयास यह किया जाता है कि सभी व्यक्तियों की गिनती निर्धारित समय के भीतर की जा सके । भारत में जनगणना प्रति दस वर्षों के बाद की जाती है । पहली जनगणना 1871-72 में की गई थी : देखें– **Census** ।

census quality check ('सेन्सस् 'क्वॉलिटि चेक्) **जनगणना गुणवत्ता जाँच** : कुछ मुल्कों में जनगणना के उपरान्त अतिरिक्त नमूना सर्वेक्षण (**Sample survey**) की परिपाटी है । इसका मुख्य उद्देश्य की गई जनगणना की कमियों को जानना होता है । जनगणना और सर्वेक्षण में फर्क इतना ही है कि सर्वेक्षण के अन्तर्गत उत्तरदाता को सहयोग देने के लिए बाध्य नहीं किया जा सकता है ।

census schedule ('सेन्सस् 'शेड्यूल) **जनगणना अनुसूची** : जनगणना के समय सूचनाएँ एकत्रित करने के लिए जो प्रपत्र काम में लाया जाता है, उसे जनगणना अनुसूची कहते हैं। इनमें अधिकांश अनुसूचियाँ प्रश्नावलियों के रूप में होती हैं । दूसरी ओर कुछ ऐसी भी अनुसूचियाँ होती हैं, जो कार्यकर्ताओं द्वारा अन्य सूत्रों से प्राप्त सूचनाओं के आधार पर भरी जाती हैं। अनुसूचियों के आगे उनके प्रयोग पर भी अनेक भेद किये जा सकते हैं, जैसे– व्यक्ति अनुसूची, आवास अनुसूची, सामूहिक अनुसूची या गणनाकार अनुसूची इत्यादि ।

central business district ('सेन्ट्रल् बिज़्नस् डिस् 'ट्रिक्ट्) **आन्तरिक केन्द्रीय व्यापारिक क्षेत्र** : यह शहर का वह स्थान है, जहाँ गगनचुम्बी इमारतें मिलती हैं । यहाँ पर दुकानें, थियेटर, होटल, दफ्तर तथा अन्य व्यापारिक प्रतिष्ठान होते हैं । यह क्षेत्र वास्तविक रूप से खुदरा व्यापार-क्षेत्र, हल्के विनिर्माण और व्यापारिक मनोरंजन की सुविधा वाला होता है । शिकागो में इस क्षेत्र को लूप (**Loop**) कहा गया है । न्यूयॉर्क में इसे रिहाइशी एवं केन्द्राभिमुख क्षेत्र कहते हैं। पिट्सबर्ग में इसे गोल्डन टेम्पल (**Golden temple**) का नाम दिया गया है । अमरीकी नगरों में यह क्षेत्र विशेष रूप से बहुत थोड़ी-सी जगह घेरे रहता है, यहाँ पर कम स्थान घेरनेवाले विकसित उद्योग मिलते हैं । इसका अधिकांश भाग अरिहाइशी होता है ।

central city ('सेन्ट्रल् 'सिटि) **केन्द्रीय नगर** : केन्द्रीय नगर महानगरों का वह क्षेत्र है, जहाँ पर बहुत सघन आबादी होती है और वहाँ पर विभिन्न किस्म के व्यावसायिक कार्य होते हैं । वैसे क्षेत्रों में विभिन्न प्रकार के लोगों का जमाव होता है ।

central life interest ('सेन्ट्रल् लाइफ़् 'इन्ट्रस्ट्) **केन्द्रीय जीवन रुचि** : कई बार ऐसा होता है कि श्रमिकों को अपने काम से सन्तुष्टि नहीं मिल पाती है और वे अपने कार्य से धीरे-धीरे दूर होते जाते हैं । वैसी स्थिति में श्रमिकों में अभिवृत्ति पैदा की जाती है और श्रमिक को अपने द्वारा उत्पादित चीज़ों से एक प्रकार की कार्यसन्तुष्टि (**Job satisfaction**) मिलती है ।

central organizing trait ('सेन्ट्रल् ऑर्'गॅनाइजिन्ग् ट्रेट्) **केन्द्रीय संघटित गुण** : ऐसी विशेषता, जो किसी व्यक्ति को उसके बारे में निर्णय लेने में सबसे अधिक प्रभावशाली हो, जैसे– हम किसी व्यक्ति की पहचान उसके विशिष्ट पद से करते हैं ।

central tendency (measures of) ('सेन्ट्रल् 'टेन्डन्सि ('मेजर्स ऑव्) **केन्द्रीय प्रवृत्ति की माप**: आँकड़ों के विश्लेषण के दौरान उन्हें एक निश्चित ढंग में वितरित किया जाता है, जिसे सांख्यिकीय में आवृत्ति वितरण (**Frequency distribution**) कहा जाता है । इसमें कभी-कभी यह देखने की आवश्यकता होती है कि किसी आँकड़े का माध्य क्या है । औसत माध्य या माध्यांक ही केन्द्रीय प्रवृत्ति की माप कहलाती है ।

centralism ('सेन्ट्र लिज़्म्) **केन्द्रवाद** : वह राजनीतिक व्यवस्था, जिसमें सम्पूर्ण देश एक केन्द्रीय स्थान से नियन्त्रित हो । यह व्यवस्था संघ-शासन जैसी विकेन्द्रित होती है, जिसके अन्तर्गत स्थानीय इकाइयाँ (राज्य अथवा प्रान्त) न्यूनाधिक रूप से स्वायत्तता का उपभोग करती हैं ।

centrality ('सेन्ट्रलिटी) **केन्द्रीयता** : किसी भी सामाजिक समूह के अन्तर्गत संचार की एक अपनी व्यवस्था होती है,

जिसमें कुछ लोग दूसरे व्यक्तियों से तुलनात्मक रूप में अधिक महत्त्वपूर्ण हुआ करते हैं । समूह में जो व्यक्ति संचार की दृष्टि से ज्यादा महत्त्वपूर्ण होते हैं या जिनका लगाव अधिक-से-अधिक व्यक्तियों से होता है, वे केन्द्रीय व्यक्ति माने जाते हैं, जैसे– राज्यस्तर पर नौकरशाही में मुख्य सचिव या नेताओं के बीच मुख्यमंत्री आदि ।

centralization ('सेन्ट्रलाइ'ज़ेशन्) **केन्द्रीयकरण, केन्द्रीकरण :** यह एक ऐसी प्रक्रिया है, जिसके अन्तर्गत विभिन्न किस्म की वस्तुओं का उत्पादन, सेवाओं, राजनीतिक शक्ति एवं आबादी का शहरों के केन्द्र में अधिकतम जमाव होता है । राजनीतिशास्त्र में वह राजनीतिक व्यवस्था, जिसमें शासन की शक्तियाँ थोड़े-से लोगों के हाथों में केन्द्रित हों और समूचे देश पर उनका आदेश प्रभावी हो । केन्द्रीकरण शब्द का प्रयोग निन्दा के रूप में होता है; क्योंकि केन्द्रित शक्ति के दुरुपयोग की बहुत सम्भावना रहती है ।

centre party ('सेन्ट्र् 'पार्टि) **केन्द्रवर्त्ती दल :** राजनीति में दो अतिवादी स्थितियों– दक्षिण पक्ष तथा वाम पक्ष– के बीच का दल । केन्द्र का वाम पक्ष अपेक्षाकृत अधिक क्रांतिकारी होता है और केन्द्र का दक्षिण पक्ष अधिक अनुदारवादी । कांग्रेस पार्टी को केन्द्रवर्त्ती दल माना जा सकता है; क्योंकि यह सैद्धान्तिक रूप से दो अतिवादी दलों– बी. जे. पी. एवं मार्क्सवादी के बीच अवस्थित है ।

centre-periphery model ('सेन्ट्र् प'रिफ़रि'मॉड्ल्) **केन्द्र-परिधि मॉडल :** ई. सिल्स (Edward A. Shils, 1911-1995) ने बताया है कि किसी समाज के केन्द्र में समाज का सबसे प्रमुख मूल्य अवस्थित होता है, जिसको यथावत बनाये रखने के लिए समाज हमेशा सजग रहता है । यही मूल्य समाज में व्यक्तियों की भूमिका तथा सामाजिक व्यवस्था के स्वरूप का निर्धारित करता है । समाज के विशिष्ट वर्ग समाज के केन्द्र में अवस्थित होते हैं और अन्य सामाजिक समूह समाज की परिधि में । जैसे-जैसे संचार के साधनों के औद्योगीकरण के परिणामस्वरूप विकास होता है, समाज की परिधि में रहने वाले समूह केन्द्र की ओर बढ़ने का प्रयास करते हैं और अधिक-से-अधिक सामाजिक प्राधिकारों पर अपना स्वामित्व स्थापित करने का प्रयास करते हैं । इसी प्रयास ने समाज में आधुनिक राज्यों, राष्ट्रीय पहचान और नागरिक अधिकारों की अवधारणाओं को जन्म दिया है ।

आंद्रे गुंडर् फ्रैंक (Andre Gunder Frank, 1929-2005) ने इस सैद्धान्तिक मॉडल का प्रयोग एक भिन्न अर्थ में किया है । उन्होंने भूमण्डलीय अर्थव्यवस्था को एक सोपानक्रम में रखकर यह स्पष्ट करने का प्रयास किया है कि विकसित देश विश्व अर्थव्यवस्था के केन्द्र में होते हैं और विकासशील देश उसकी परिधि में । विकसित देश सैन्यबल, राजनीतिक एवं व्यावसायिक व्यवस्था के माध्यम से परिधीय राष्ट्रों का अधिक-से-अधिक आर्थिक रूप से शोषण और दोहन करते हैं । उनका उपनिवेशवाद (**Colonialism**) का सिद्धान्त इसी विचारधारा पर अवस्थित है । उन्होंने बताया है कि केन्द्रीय और परिधीय राष्ट्र के बीच इस प्रकार का सम्बन्ध होता है कि परिधीय राष्ट्र कभी भी आर्थिक रूप से स्वतन्त्र होकर विकसित नहीं हो सकते हैं । उन्हें हमेशा औद्योगिक रूप से विकसित केन्द्रीय राष्ट्रों पर निर्भर रहना होगा । आर्थिक विकास का इस प्रकार का मार्क्सवादी विश्लेषण राष्ट्र-विशेष के अन्तर्गत ही संभव है (देखें– Andre G. Frank, **Dependent Accumulation**, 1978; Samir Amin, **Unequal Development**, 1976) ।

cephalous ('सेफ़लस्) **शिरस्थ, मुखियावाला :** वह समाज, जिसमें समाज के द्वारा मान्यता प्राप्त मुखिया, प्रधान या राजा होता है, जो समाज के नियम-कानूनों का पालन करवाता है : देखें– **Acephalous** ।

ceremonial (सेरि'मोनिअल्) **उपचार कृत्य, औपचारिक :** समारोह की प्रथा अथवा औपचारिकता के मानवीकृत अनुष्ठान, संस्कार अथवा कर्मकाण्ड को उपचार कृत्य कहते हैं । समारोह अथवा संस्कार कृत्यों में सम्बन्धित अत्यन्त छोटी-छोटी रीति-विधियों को महत्त्वपूर्ण स्थान दिया जाता है ।

ceremonialism (सेरि'मोनिअलिज़म्) **समारोहपरता :** उत्सवों, विशेषकर धार्मिक उत्सवों के अनुपालन को, अधिक महत्त्व देना और मनाना ।

ceremony (ˈसेरमनि) **अनुष्ठान :** व्यवहार का एक औपचारिक, सुव्यवस्थित क्रम, जो प्रतीकात्मक रूप से किसी घटना, अवसर या विश्वास के महत्त्व को प्रदर्शित करता है। उत्सव प्रायः सामूहिक रूप से मनाये जाते हैं और जिस घटना के लिए उत्सव किया जाता है, उससे सम्बद्ध धार्मिक या औपचारिक बातों पर विशेष ध्यान रखा जाता है। उत्सवों से समूह की एकता दृढ़ होती है : देखें– **Ritual**।

chain migration (चेन माइˈग्रेशन्) **देशान्तर शृंखला :** जब कुछ लोग एक स्थान से दूसरे स्थान पर प्रवास करते हैं, तो उनके पीछे समय के साथ कई प्रवासियों की एक शृंखला-सी बन जाती है। इसी प्रक्रिया को देशान्तर शृंखला कहा जाता है।

chance omen (चान्स् ˈओमेन्) **अप्रत्याशित शकुन :** उल्का अथवा पुच्छल तारे से सम्बन्धित शकुन, जो आकस्मिक और विशेष प्रभावकारी माने जाते हैं। इस प्रकार उल्का अशुभ की पूर्व-सूचना देनेवाला नक्षत्र माना जाता है।

chandal **चांडाल :** हिन्दू समाज में अछूत लोगों की एक विशेष जाति, जिनको सामाजिक स्तरण में सबसे निम्नतम माना गया है और उन्हें गन्दे व्यवसायों को सम्पन्न करने के लिए बाध्य किया जाता रहा है : देखें– ***Dalit***।

change (चेन्ज्) **परिवर्तन :** देखें– **Social change**।

change agent (चेन्ज् ˈएजन्ट्) **परिवर्तन अभिकर्ता :** एक व्यक्ति, जो परिवर्तन के प्रति जागरूक एवं वचनबद्ध है, और उसकी यह कोशिश होती है कि दूसरे लोग भी परिवर्तन की ओर अभिमुख हों।

channels of mobility (चैनˈलस् ऑव् मोˈबिलटि) **गतिशीलता के माध्यम :** वे संस्थागत साधन, जिनके द्वारा व्यक्तियों की परिस्थिति में परिवर्तन होता है। शिक्षा, आधुनिक पेशा, राजनीतिक शक्ति आदि गतिशीलता के प्रमुख माध्यम हैं।

character structure (ˈकैरक्टर् ˈस्ट्रक्चर्) **चरित्र-संरचना, स्वभाव-समीक्षा :** देखें– **Personality**।

characterology (कैरक्टरॉलोˈजी) **चरित्र-विज्ञान, स्वभाव-समीक्षा :** चरित्र का मनोवैज्ञानिक अध्ययन, जिसमें व्यक्तित्व के उन विभिन्न पहलुओं का पर्यावरण के सन्दर्भ में विचार किया जाता है, जिनके कारण व्यक्ति कुछ मूल्यों को अन्य मूल्यों की तुलना में बेहतर समझता है।

charisma, routinization of charisma (कˈरिज़्मा, रूटीनाइ ज़ेशन् ऑव् कˈरिज़्मा) **चमत्कार, करिश्मा का नेमीकरण :** करिश्माई अथवा चामत्कारिक सत्ता के किसी व्यवस्था के अन्तर्गत पूरी तरह से संस्थागत हो जाने की प्रक्रिया। किसी व्यक्ति (आमतौर पर किसी नेता) के पारलौकिक, दैवी गुण अथवा दैवी कृपा से प्राप्त विशिष्टता, जो उसकी सत्ता का स्रोत होती है तथा जिसके अन्तर्गत दूसरे लोग उस नेता के अनुयायी बन जाते हैं। इस शब्द का एक लम्बे काल तक धर्मशास्त्रीय साहित्य तथा चर्च इतिहास में प्रयोग होता रहा है। समाजशास्त्रीय साहित्य में इस अवधारणा का प्रयोग मैक्स वेबर (Max Weber, 1864-1920) ने ऐसे व्यक्तियों के लिए किया है, जो असाधारण योग्यता, प्रतिभा तथा शक्ति के धनी होते हैं। आम लोग उन्हें स्वाभाविक रूप से अपना नेता स्वीकार करते हैं। आज इस शब्द का प्रयोग ढीले-ढाले ढंग से वैसे नेताओं के लिए भी किया जाता है, जो प्रशासनिक मशीनरी के बल पर राज्य के कार्यों का सम्पादन करते हैं (देखें– Reinhard Bendix, **Max Weber**, 1960)।

charismatic authority (कैरिज़्ˈमैटिक् ऑˈथ़ॉरिटि) **करिश्माई प्रभुत्व, चामत्कारिक सत्ता :** देखें– **Authority**; **Authority, charismatic**।

charismatic expression (कैरिज़्ˈमैटिक् इक्सप्रेˈशन्) **चमत्कारी अभिव्यक्ति :** बहुत ही आवेशपूर्ण धार्मिक अभिव्यक्ति, विशेषकर वह, जो मुँह से बोली जाती है। प्रायः सभी धार्मिक गुरु चमत्कारी अभिव्यक्ति से अपने श्रोताओं एवं अनुयायियों को प्रभावित करने की भरसक कोशिश करते हैं। आचार्य रजनीश अपनी चमत्कारी अभिव्यक्ति के लिए जाने जाते थे।

charismatic leadership (कैरिज़् 'मैटिक् 'लीडर्शिप्) **चमत्कारी नेतृत्व, करिश्माई नेतृत्व :** ऐसा नेतृत्व, जो प्राथमिक रूप से आनुवंशिक अथवा अर्जित पद-स्थिति पर आधारित न होकर, नेता की वीरता या पवित्रता पर अथवा उसके व्यक्तित्व की किसी अन्य सम्मोहक विशेषता पर आधारित होता है । जादूगर, ऋषि-मुनि, संन्यासी, पीर या योद्धा आदि इसी प्रकार के नेता होते हैं । ऐसे व्यक्तियों के नेतृत्व को, उनमें पाये जाने वाले कुछ अद्वितीय, असाधारण तथा विलक्षण गुणों के कारण लोग स्वीकारते हैं । महात्मा गाँधी इसी प्रकार के नेतृत्व के एक सर्वोत्तम उदाहरण हैं ।

charity ('चैरटि) **दान, परोपकार :** ज़रूरतमन्दों को निःस्वार्थ भाव से कुछ देना परोपकार कहलाता है । लेकिन किसी दल को राजनीतिक उद्देश्य से कुछ देने को दान या परोपकार नहीं कहा जाता है । हितैषी व्यवस्थाओं के माध्यम से समाज सेवा के काम को बढ़ावा मिलता है, इसलिए बहुत प्रकार के दान को सरकार ने कर-मुक्त कर दिया है ।

chattel slavery (चैटॅल 'स्लेव़रि) **चल सम्पत्ति दासता :** इस प्रकार की दासता के अन्तर्गत दासों की चल सम्पत्ति की तरह खरीद-बिक्री होती है । उसका अपना कुछ भी नहीं होता है । काम के एवज में उसे मज़दूरी भी नहीं दी जाती है ।

chauvinism ('शोवि निज़म्) **उग्र राष्ट्रवाद :** इस फ्रांसीसी शब्द का प्रयोग अन्ध देशभक्ति और अतिवादी राष्ट्रीयता के लिए किया जाता है । निकोलस शोविन फ्रांस का एक वीर सिपाही था, जिसने क्रांतिकालीन सरकार तथा नैपोलियन प्रथम की सेनाओं में काम किया था । उसके वीरतापूर्ण तथा अन्ध देशभक्तिपूर्ण उद्गारों के आधार पर उसके सहयोगियों ने 'शोविनिज्म' शब्द की रचना कर डाली, जो कालान्तर में राष्ट्रवाद का वाचक हो गया । इटली में फासीवाद, जर्मनी में राष्ट्रीय समाजवाद अथवा हिटलरवाद, रूस में स्तालिनवाद तथा मध्य-पूर्व एशिया में नासिरवाद– ये सब उग्र राष्ट्रवाद के उदाहरण हैं ।

check interviewer (चेक् 'इन्टर्व्यूअर) **जाँच साक्षात्कर्ता :** वैसा व्यक्ति, जो प्रारम्भिक जाँचकर्ता द्वारा संकलित सूचना की पुष्टि के लिए दुबारा जाँच-पड़ताल करे ।

Chicago school of sociology (शि'कागो स्कूल् ऑव़् सोसि'ऑलजि) **शिकागो विचार-पद्धति :** अमरीका में सर्वप्रथम सन् 1892 में शिकागो विश्वविद्यालय में समाजशास्त्र विभाग की स्थापना की गई, वही कालान्तर में समाजशास्त्रीय जगत् में शिकागो सम्प्रदाय के नाम से प्रसिद्ध हुआ । दोनों विश्वयुद्धों के बीच शिकागो विश्वविद्यालय के समाजशास्त्रियों ने नगरीय समाजशास्त्र के क्षेत्र में इतना अधिक योगदान दिया कि समस्त विश्व में उस विभाग को प्रसिद्धि प्राप्त हो गयी । इसके साथ ही उन लोगों ने अध्ययन-पद्धति के रूप में पारिस्थिकीय तथा नृविज्ञान विधियों का प्रयोग कर शोध-अध्ययन को नया आयाम दिया । बाद में इसी सम्प्रदाय के मूल विचारों के आधार पर 'अन्तर्क्रियावादी परिप्रेक्ष्य' का विकास हुआ। शिकागो परम्परा ने गुणात्मक शोध के साथ-साथ परिमाणात्मक शोध में भी अपनी विशिष्टता प्रदर्शित की है । अनेक सामाजिक सर्वेक्षणों और समुदाय आधारित सांख्यिकीय शोध तथा सामाजिक क्षेत्रों के संख्यात्मक निर्धारण द्वारा इस तथ्य की पुष्टि होती है । इस विचारधारा का प्रमुख कार्यक्षेत्र नगर और नगरीय समस्याएँ रही हैं । नगरीय समाजशास्त्र की अधिकांश जड़ें इसी परम्परा में गड़ी हुई हैं । वास्तव में, जिन व्यक्तियों ने द्रुतगति से बढ़ते हुए नगर संवृद्धि से जनित समस्याओं पर काम किया, बाद में उनकी अध्ययन-पद्धति एवं विचारों को ही शिकागो सम्प्रदाय का नाम दिया गया । 1818-39 के बीच शिकागो विश्वविद्यालय के समाजशास्त्र विभाग ने जो विचार विश्व के सामने रखे, वे सभी शिकागो विचार-पद्धति के अन्तर्गत रखे जाते हैं । सहभागी अवलोकन, हाशिए का मानव, नगरवाद, विकृत शहरी क्षेत्र के अध्ययन के क्षेत्र में, इस सम्प्रदाय के समाजशास्त्रियों का योगदान उल्लेखनीय है (देखें– R. E. L. Faris, **Chicago Sociology**, 1967; M. Bulmer, **The Chicago School of Sociology**, 1984; Herbert Blumer, **The Chicago School of Sociology: Institutionalization, Diversity, and the Rise of Sociological Research**, 1984) ।

child abuse (चाइल्ड् अब्यू ज़्) **बाल अत्याचार :** बच्चों का भौतिक तथा संवेदनात्मक दुरुपयोग । इसके अन्तर्गत माता-पिता या अभिभावक के द्वारा बच्चों का यौन दुरुपयोग, बहिष्कार, परित्याग और विभिन्न किस्म की तकलीफें शामिल हैं (देखें– N. Parton, **The Politics of Child Abuse**, 1985) ।

child bearing age (चाइल्ड् बे'अरिन्ग एज्) **प्रजनन-काल** : आमतौर पर औरतों के प्रजनन-काल की अवधि 15-49 वर्ष है। लेकिन, पाश्चात्य देशों के जनांकिकी विश्लेषण में प्रजनन-काल की अवधि 15-44 वर्ष को ही मानक माना जाता है।

childcare, state intervention in (चाइल्ड्केअर, स्टेट् इन्टर्'वेन्शन् इन्) **शिशु-संरक्षण में राजकीय हस्तक्षेप** : बच्चे राष्ट्र के भविष्य होते हैं इसलिए राज्य हमेशा इस बात की कोशिश करता रहता है कि बच्चों का जीवन या स्वास्थ्य उत्तम हो। सरकार बहुत सारी कार्य-योजनाओं और कार्यक्रमों के माध्यमों से अच्छी शिक्षा और स्वास्थ्य की सुविधाएँ देने की कोशिश करती है, ताकि उसके देश के नागरिक स्वास्थ्य, कौशल और राष्ट्र की जिम्मेवारियों के प्रति सचेत रहें। बाल मज़दूरी पर नियन्त्रण भी इसी दिशा में एक प्रभावी कदम है।

childhood ('चाइल्ड्हुड) **बाल्यावस्था** : जन्म से लेकर वयस्कता के पूर्व की अवस्था। बाल्यावस्था का काल सभी समाज एवं संस्कृति के लिए समान नहीं है। यह काल कहीं 18 वर्ष में तो कहीं 21 वर्ष में समाप्त होता है : देखें– **Infant**।

child-women ratio (चाइल्ड् 'विमिन् 'रेशिओ) **बाल-स्त्री अनुपात** : 15 से 49 वर्ष की प्रति हजार औरतों पर पाँच वर्ष से कम उम्र के बच्चों की संख्या। इसका प्रयोग आबादी में प्रजननता-दर को जानने के लिए किया जाता है।

chiliasm (कि'लीआज़म्) **सहस्राब्दवाद** : कतिपय ईसाई धर्मावलम्बियों के बीच ऐसी मान्यता कि मसीहा का 1000 साल के लिए इस पृथ्वी पर पुनः पदार्पण होगा और ऐसा होने के पूर्व पृथ्वी पर भीषण प्राकृतिक आपदा होगी : देखें– **Millenarianism**।

chi-square test (काई स्क्वेअर् टेस्ट्) **काई-वर्ग परीक्षण** : अनुमानों की जाँच के लिए उपलब्ध प्रमुख वितरण नियम रहित एवं अप्राचल सांख्यिकीय विधि। प्रायः इसका उपयोग उन परिस्थितियों में किया जाता है, जब किसी जन-समूह में किन्हीं दो परितत्त्वों की परस्पर स्वतन्त्रता के अनुमान की परीक्षा करनी होती है और जो प्रदत्त आवृत्तियों के रूप में होते हैं। वास्तविक आवृत्ति के वर्ग एवं प्रत्याशित आवृत्ति के अनुपातों के योग और कुल आवृत्ति के अन्तर को X^2 कहते हैं।

Christianity (क्रिस्टि'ऐनटी) **ईसाई धर्म** : ईसाई धर्म की स्थापना फिलस्तीन (इज़रायल) में लगभग दो हजार वर्ष पूर्व ईसा मसीह द्वारा की गयी थी। इस धर्म को यहूदी धर्म का परिष्कृत रूप भी माना जाता है। ईसाई धर्म का मुख्य धार्मिक ग्रन्थ बाईबिल है, जिसे इस धर्म को माननेवाले ईसा के उपदेश मानते हैं। ईसाई एक ही ईश्वर को मानते हैं। लेकिन वे ईश्वर को त्रीयक के रूप में समझते हैं– परमपिता परमेश्वर, उनके पुत्र ईसा मसीह (यीशु मसीह) और पवित्र आत्मा। परमपिता (God– the Father) इस दुनिया के रचयिता हैं और इसके शासक भी। ईसा (यीशु– Jesus Christ) एक यहूदी थे, जो इस्राइल के गाँव बेथलिहेम (Bethlehem) में जन्मे थे (4 ईसापूर्व)। ईसाई मानते हैं कि उनकी माता मारिया (मरियम) सदाकुमारी (Virgin) थीं। ईसा उनके गर्भ में परमपिता परेश्वर की कृपा से चामत्कारिक रूप से आये थे। ईसा के बारे में यहूदी नबियों ने भविष्यवाणी की थी कि एक मसीहा (अर्थात् 'राजा' या तारनहार) जन्म लेगा। कुछ विद्वान यह मानते हैं कि ईसा हिन्दुस्तान आये थे और यहीं निवास कर उन्होंने जीवन की अन्तिम साँस ली थी। शूली पर चढ़ाने की बात कपोल कल्पित है। ईसा ने इस्राइल में यहूदियों के बीच प्रेम का सन्देश सुनाया और कहा कि वे ही ईश्वर के पुत्र हैं। इन बातों पर पुराणपंथी यहूदी धर्मगुरु भड़क उठे और उनके कहने पर इस्राइल के रोमन राज्यपाल ने ईसा को क्रूस पर चढ़ाकर मारने का प्राणदण्ड दे दिया। ईसाई मानते हैं कि इसके तीन दिन बाद ईसा का पुनरुत्थान हुआ और ईसा मृत शरीर में से जी उठे। ईसा के उपदेश बाईबिल के नये नियम में उनके शिष्यों द्वारा लिखे गये हैं। पवित्र आत्मा ऐसी चीज़ है, जिससे व्यक्ति को अपने अन्दर ईश्वर का अहसास होता है। ये ईसा के चर्च को निर्देशित करती हैं। ईसाई धर्मग्रन्थ बाईबिल में दो भाग हैं। पहला भाग (पुराना नियम– **Old Testament**) और यहूदियों का धर्मग्रन्थ एक ही है। दूसरा भाग (नया नियम– **New Testament**) ईसा के उपदेश, कारनामे और उनके शिष्यों के काम से रिश्ता रखता है। ईसाइयों के मुख्य तीन सम्प्रदाय हैं– (1) रोमन कैथलिक– रोमन कैथलिक रोम के पोप को सर्वोच्च धर्मगुरु मानते हैं। (2) प्रोटेस्टैन्ट– प्रोटेस्टैन्ट किसी पोप को नहीं मानते, लेकिन बाईबिल में

पूरी श्रद्धा रखते हैं । (3) आर्थोडॉक्स– ऑर्थोडॉक्स रोम के पोप को नहीं मानते, पर अपने-अपने राष्ट्रीय धर्मसंघ के पैट्रिआर्क को मानते हैं और परम्परावादी होते हैं । ईसाई धर्म के कई पक्षों का समाजशास्त्रीय अध्ययन किया गया है, जिसमें मैक्स वेबर (Max Weber) का **The Protestant Ethic and Capitalism** (1905) विशेष रूप से उल्लेखनीय है (देखें– Karl Kautsky, **Foundations of Christianity: A Study of Christian Origin**, 1908) ।

chronological data (क्रॉन'लॉजिक्ल् 'डेटा) **कालानुक्रमी आँकड़े** : आँकड़ों को दीर्घ अवधि के लिए कालक्रमानुसार दिखाने की विधि को कालानुक्रमी आँकड़ों की विधि कहते हैं । ये आँकड़े किन्हीं दो अवधियों में प्रवृत्तियों की तुलना के काम आते हैं । इसके आधार पर आर्थिक संकेतक तथा उनके आरेख तैयार किए जाते हैं ।

church (चर्च्) **गिरजाघर** : (लातीनी Ecclesia- इक्लीज़िया) इस शब्द के कम-से-कम दो मतलब हो सकते हैं– एक, ईसाई धर्म में ईश्वर की पूजा-प्रार्थना करने का धर्मस्थल या भवन और दूसरा, ईसाई धर्म के अन्तर्गत आने वाला कोई भी धार्मिक संगठन या सम्प्रदाय । यह एक बृहत् दफ्तरशाही जैसे सोपानक्रम में व्यवस्थित धार्मिक व्यवस्था है, जहाँ मुख्यरूप से उच्च एवं मध्यमवर्ग के लोग नियुक्त किये जाते हैं । ईसाइयों के मुख्य सम्प्रदाय हैं– रोमन कैथलिक- रोमन कैथलिक रोम के पोप को सर्वोच्च धर्मगुरु मानते हैं । ये स्वयं ही एक चर्च है । प्रोटेस्टैन्ट किसी पोप को नहीं मानते, लेकिन बाईबिल में पूरी श्रद्धा रखते हैं । इस सम्प्रदाय में कई चर्च आते हैं । प्रोटेस्टैन्ट-ऑर्थोडॉक्स रोम के पोप को नहीं मानते, पर अपने-अपने राष्ट्रीय धर्मसंघ के पैट्रिआर्क को मानते हैं और परम्परावादी होते हैं । हरेक राष्ट्र का सामान्यत: अपना अलग चर्च होता है : देखें– **Cult**; **Denomination** ।

cicisbeism (चि'चिज़्बीज़्म्) **उपपति प्रथा** : समाज-सम्मत प्रथा, जिसमें विवाहिता स्त्री को अपने पति के अतिरिक्त भी कोई प्रेमी रखने की अनुमति दी जाती है । इसका प्रचलन 18वीं सदी में इटली में देखा गया था । विवाहोपरान्त लड़की अपने पूर्व प्रेमी तथा पति के साथ निवास करती थी ।

circular definition ('सर्क्यूलर् 'डेफ़ि'निश्न्) **वृत्ताकार परिभाषा** : वह दोषयुक्त परिभाषा, जिसमें परिभाष्य पद को ही दूसरे शब्दों में या उसी शब्द के दूसरे रूपों में दोहराया गया हो, जैसे– 'नेता उस मनुष्य को कहते हैं, जो नेतृत्व करता है ।

circular evidence ('सर्क्यूलर् एविडन्स्) **वृत्ताकार प्रमाण** : ऐसा प्रमाण, जिसमें सिद्ध किये जाने वाले निष्कर्ष को आधारवाक्यों में पहले से ही अप्रत्यक्ष रूप में मान लिया गया है ।

circular function ('सर्क्यूलर् 'फ़ङ्क्श्न्) **वृत्तीय फलन** : ऐसा फलन, जो किसी चर की आवधिक घट-बढ़ से इस प्रकार सम्बन्धित होता है कि वह घड़ी की सुइयों की तरह समय पथ पर बार-बार दोहराने की प्रक्रिया में चक्रीय प्रकार की आकृति का निर्माण करता है ।

circulation of elite ('सर्क्यूलेश्न् ऑव् ए'लीट्) **सम्भ्रान्तवर्ग परिभ्रमण** : इटैलियन समाजशास्त्री विलफ्रेडो पारेटो (Vilfredo F. D. Pareto, 1848-1923, हिन्दी में शुद्ध उच्चारण मात्र पारेटो है) ने सम्भ्रान्तवर्ग के परिभ्रमण का सिद्धान्त दिया है । सम्भ्रान्तवर्ग के परिभ्रमण के विश्लेषण के सन्दर्भ में काफी भ्रान्तियाँ उत्पन्न हो गयी हैं । कई भारतीय लेखकों ने यह लिख रखा है कि परिभ्रमण की प्रक्रिया सम्भ्रान्तवर्ग (**Elite**) एवं गैर-सम्भ्रान्तवर्ग (**Non-elite**) के बीच होती है । इस तथ्य को नकारा नहीं जा रहा है कि समाज में परिभ्रमण सम्भ्रान्त (**Elite**) एवं गैर-सम्भ्रान्तवर्ग (**Non-elite**) के बीच भी होता है । लेकिन, पारेटो ने अपने परिभ्रमण के सिद्धान्त का विश्लेषण शासी सम्भ्रान्तवर्ग (**Governing elite**) एवं गैर-शासी सम्भ्रान्तवर्ग (**Non-governing elite**) के सन्दर्भ में किया था । पारेटो के अनुसार परिभ्रमण की प्रक्रिया सहज नहीं है । सम्भ्रान्तवर्ग के लोग इसका भरपूर विरोध करते हैं । सम्भ्रान्तवर्ग के लोग विभिन्न किस्म के तरीकों को अपनाकर परिभ्रमण की प्रक्रिया को रोकना चाहते हैं : देखें– **Elite** ।

circumcision (सर्कम्'सिज़न्) **ख़तना, सुन्नत** : विश्व की कई जनजातियों तथा मुसलमानों में यह प्रथा प्रचलित रही है कि लड़कों की सुन्नत की जाये। यौवनारम्भ संस्कारों में यह एक अत्यन्त महत्त्वपूर्ण संस्कार होता है। कीनिया के मुस्लिम लड़कों के लिंग के आगे का भाग समुदाय के वयोवृद्ध व्यक्तियों के आगे काटा जाता है, लेकिन ऐसा करने से पूर्व कई दिनों तक उसकी शारीरिक कष्ट सहने की क्षमता की परीक्षा ली जाती है। इस समुदाय में लड़कियों का भगशिश्न भी काटा जाता है। इस प्रथा का मूल उद्देश्य एक लड़के को युवा जीवन में शारीरिक और सामाजिक रूप से प्रवेश पाने का अधिकारी बनाना होता है। यौनक्रिया में आनन्द की वृद्धि करने के उद्देश्य से भी लड़के-लडकियों की सुन्नत की जाती है। लेकिन यह निःसन्देह सबसे महत्त्वपूर्ण कारण नहीं है। वस्तुतः इसका प्रथम उद्देश्य तो यही है कि लड़के-लड़कियों को शारीरिक कष्ट सहन करते हुए इस प्रकार की शल्य-चिकित्सा करने के उपरान्त सामाजिक जीवन में युवा व्यक्ति माना जाये तथा उन्हें यौन-जीवन में प्रवेश पाने का अधिकार दिया जाये। यह प्रथा मात्र मुस्लिम लड़कों तक ही सीमित नहीं रही है, बल्कि अरब मुल्कों की महिलाओं के बीच भी इस प्रथा का काफी प्रचलन रहा है और आज भी भारी संख्या में ऐसा ही किया जा रहा है। भारत में मुसलमानों में सुन्नत को मुसलमानी करना भी कहा जाता है। इसे कोई नाई या सर्जन करता है। इस अवसर पर मिठाई या मीठे चावल बाँटने, बकरा हलाल करने तथा गाने-बजाने के काम किए जाते हैं। दक्षिण एशिया के देशों में सुन्नत सिर्फ लड़कों तक ही सीमित होती है।

circumstantial evidence (सर्कॅम्'स्टैन्शॅल'एविडन्स्) **पारिस्थितिक प्रमाण** : वे बातें, जो विवादाधीन बात को सीधे प्रमाणित नहीं करतीं, पर ऐसी बातों को अवश्य सिद्ध करती हैं, जो अनुभव से प्रायः सदैव विवादाधीन बात की सहचरी पायी गई हैं और जिन्हें विवादाधीन बात का प्रमाण मानना उचित समझा जा सकता है।

citizenship (सिटिज़ॅनशीप) **नागरिकता** : यह एक ऐसी स्थिति है, जो व्यक्तियों को किसी राज्य के अन्तर्गत कुछ अधिकार और शक्ति से सम्पन्न करती है, जैसे– नागरिक अधिकारों के अन्तर्गत भाषण की स्वतन्त्रता एवं कानून की नजरों में समानता का हक। राजनीतिक अधिकार लोगों को चुनाव में मतदान का अधिकार देता है। आर्थिक अधिकार के तहत व्यक्ति राज्य से आर्थिक कल्याण की माँग कर सकता है (देखें– Thomas H. Marshall, **Citizenship, Social Class, and Other Essays**, 1950; Reinhard Bendix, **Nation-building and Citizenship**, 1977; Jack Barbalet, **Citizenship**, 1988)।

city ('सिटि) **नगर** : नगर को परिभाषित करना अत्यन्त कठिन है। प्रत्येक व्यक्ति यह जानता है कि नगर क्या है, किन्तु किसी ने भी इसकी सन्तोषजनक परिभाषा नहीं दी है। नगर घनी आबादी वाला अपेक्षाकृत छोटा भौगोलिक क्षेत्र, जहाँ के लोग कृषि इतर उद्योगों एवं वाणिज्यमूलक अर्थव्यवस्था में संलग्न होते हैं और इन लोगों को किन्हीं विशेष कार्यों में विशेष योग्यता प्राप्त होती है। कार्य की दृष्टि से ये परस्पर सम्बन्धित एवं एक-दूसरे पर निर्भर करते हैं। इन स्थानों का प्रशासन औपचारिक स्वायत्त निकायों के माध्यम से होता है।

city, pre-industrial ('सिटि, प्री इन्'डस्ट्रिअल्) **प्राक्-औद्योगिक नगर** : सर्वप्रथम जी. सोबर्ग (G. Sjoberg) ने प्राक्-औद्योगिक नगर के विचार का प्रतिपादन किया। उन्होंने कहा कि इस प्रकार के नगर की उत्पत्ति ईसापूर्व 4000 वर्ष पहले हुई और आज भी विश्व के कुछ हिस्सों में ये मौजूद हैं। मक्का (Mecca) इसका उदाहरण है। सोबर्ग का कहना था कि उस समय की सामाजिक, आर्थिक, राजनीतिक एवं पारिस्थितिक **(Ecological)** स्थितियाँ आज के नगरों से काफी भिन्न थीं। आज के नगरों का मुख्य आधार जहाँ उद्योग है, वहीं औद्योगिक क्रांति के पूर्व नगरों के विकास का आधार कुछ और ही था। नगरों का विकास मुख्यतौर पर वहीं हुआ, जहाँ बड़ी-बड़ी नदियों के किनारे सभ्यता का विकास हुआ या धार्मिक तथा प्रशासनिक दृष्टिकोण से जिन जगहों का एक अपना अलग महत्त्व था। आज भी भारत में ऐसे बहुत से नगर हैं, जिनका आधार उद्योग नहीं है, बल्कि धार्मिक एवं प्रशासनिक कारणों से उनका विकास हुआ है, जैसे– इलाहाबाद, बनारस, पटना, गया आदि। नगरों का आकार जितना बड़ा आज दिखाई पड़ रहा है, उतना पहले कभी संभव नहीं हो पाया था।

city planning ('सिटि प्लान् इन्ग) **नगर-नियोजन :** यह नगरों के विकास की एक ऐसी प्रक्रिया है, जिसमें नगर के परिवेश का विकास लोगों की भौतिक समस्याएँ, आर्थिक और सामाजिक आवश्यकताओं को ध्यान में रख कर किया जाता है । इसके दो प्रमुख पक्ष हैं– भौतिक नियोजन और सामाजिक नियोजन । नियोजन के अन्तर्गत जनसंख्या दबाव, भूमि, भवन-निर्माण, कला, संचार-सुविधा, प्राकृतिक संसाधन, जलवायु तथा नगरों के मुख्य प्रकार्य को ध्यान में रखा जाता है ।

city-region ('सिटि 'रीजन्) **नगर-प्रदेश :** नगर-प्रदेश का प्रयोग एक समान स्थिति रखने वाले अधिक विस्तृत पैमाने पर फैले क्षेत्र के लिए किया जा सकता है । यह वह क्षेत्र है, जो मानव-बस्ती को चारों ओर से घेरता है और उससे स्थानिक संगठन के रूप में जुड़ा होता है । यह केन्द्रीय बस्ती नगरों की अपेक्षा आकार में छोटी भी हो सकती है, लेकिन यह शब्द छोटे ग्रन्थित प्रदेशों को शामिल करने के लिए स्वेच्छा से प्रयोग में लाया जा सकता है, जब ऐसा करना उपयुक्त हो ।

city-state ('सिटि स्टेट्) **नगर-राज्य :** ऐसा नगर, जो एक स्वतन्त्र राज्य हो, अर्थात् वह किसी बृहत्तर राजनीतिक इकाई के अधीन न हो, जैसे– सिंगापुर । नगर-राज्य का अधिकार-क्षेत्र नगर-विशेष के बाहर ग्राम्य क्षेत्र या आस-पास के अन्य क्षेत्रों तक व्याप्त हो सकता है । प्राचीन यूनान के एथेंस और स्पार्टा तथा मध्ययुगीन यूरोप के वेनिस और जिनीवा नगर-राज्य इसके प्रसिद्ध उदाहरण हैं ।

civic culture ('सिविक 'कल्चर्) **नागरिक संस्कृति :** आल्मण्ड एवं वर्बा (G. A. Almond and S.Verba, **The Civic Culture**, 1963) ने पाँच देशों से कुछ चुने गये लोगों की अपने देश की राजनीतिक संस्थानों के प्रति रुझान एवं मनोवृत्ति का गहराईपूर्ण अध्ययन कर यह बताने का प्रयास किया कि वहाँ के लोगों में सत्ता और वैयक्तिक स्वतन्त्रता के प्रति विचार कैसा है । इस अध्ययन में उन्होंने पाया कि आमतौर पर सभी लोग लोकतान्त्रिक संस्थाओं एवं वैयक्तिक स्वतन्त्रता के मूल्यों में आस्था रखते हैं । इसी राजनीतिक संस्कृति को विद्वानों ने लोक संस्कृति की संज्ञा दी है, जो लोकतन्त्र के लिए काफी महत्त्वपूर्ण है : देखें– **Political culture** ।

civic nationalism ('सिविक 'नैशन् लिज़म्) **नागरिक राष्ट्रीयतावाद :** देखें– **Nationalism** ।

civil attention and civil inattention ('सिविल् अ 'टेनशन् ऐन्ड् सिवल इनअ 'टेनशन्) **नागरिक अपेक्षा एवं नागरिक उपेक्षा :** इरविंग गॉफमैन (Erving Goffman, 1922-1982) ने सामाजिक अन्तर्क्रिया के अपने अभिनयशास्त्रीय सिद्धान्त के सन्दर्भ में बताया है कि व्यक्ति कभी-कभी यह भाव या धारणा व्यक्त करने का प्रयास करता है कि वह अपनी भूमिका को ठीक ढंग से निर्वाह कर रहा है, लेकिन यथार्थ कुछ उल्टा ही होता है, जैसे– वर्ग में बैठे विद्यार्थी शिक्षक के सामने सिर हिलाकर या कभी-कभी मुस्कुराकर यह धारणा प्रस्तुत करने की कोशिश करते हैं कि वह काफी ध्यानपूर्वक सुन रहा है । लेकिन यथार्थ में वह किसी दिवास्वप्न में लिप्त होता है ।

दूसरी तरफ एक ऐसी भी स्थिति होती है कि कोई व्यक्ति किसी कार्य या व्यवहार के माध्यम से यह भाव प्रकट करने की कोशिश करता है कि जो कुछ भी उसके आस-पास हो रहा है, उसके बारे में वह पूरी तरह अनभिज्ञ है, लेकिन यथार्थ यह होता है कि वह हर चीज़ को गौर से देख या समझ रहा है (देखें– Erving Goffman, **Behaviour in Public Places**, 1963) : देखें– **Dramaturgical perspective** ।

civil defence ('सिविल् डि 'फेन्स्) **नागरिक सुरक्षा :** किसी बाह्य शक्ति द्वारा आक्रमण होने पर या उसकी सम्भावना दिखाई देने पर सरकार द्वारा सार्वजनिक सुरक्षा की व्यवस्था । इसमें जनसाधारण को चेतावनी तथा आत्मरक्षा का प्रशिक्षण देना, बेसहारा लोगों को सहारा देना और क्षतिग्रस्त स्थानों की मरम्मत कराना विशेष रूप से महत्त्वपूर्ण है ।

civil disobedience ('सिविल् डिस 'बीड्यन्स) **सविनय अवज्ञा :** वे व्यक्ति, जो कानून को नैतिक रूप से गलत मानते हुए उसका उल्लंघन करते हैं और उल्लंघन की सजा भुगतने के लिए हमेशा तैयार रहते हैं । भारत में महात्मा गाँधी ने अँगरेज़ी हुकूमत का विरोध करने के लिए सविनय अवज्ञा आन्दोलन प्रारम्भ किया था ।

civil law ('सिविल् लॉ) **दीवानी कानून :** अपराधी कानून की तुलना में दीवानी कानून राज्य में व्यक्तियों के आचरण को निर्धारित करता है और जिस व्यक्ति के साथ अन्याय होता है, कानून उसकी क्षतिपूर्ति करता है । व्यावसायिक कानून, संविधान, परिवार कानून, विवाह कानून, सम्पत्ति कानून इत्यादि सभी दीवानी कानून के अन्तर्गत आते हैं । फ्रांसीसी समाजशास्त्री एमिल डर्कहाइम (Émile Durkheim) ने कहा है कि समाज अपनी सरल स्थिति से जटिल स्थिति की ओर जैसे-जैसे बढ़ता है, वैसे-वैसे अपराधी कानून की तुलना में दीवानी कानून ज्यादा महत्त्वपूर्ण होता जाता है । उनका तर्क इस बात पर आधारित था कि आदिम समाज के अन्तर्गत दीवानी कानून का महत्त्व नगण्य था । सारे नियम-कानून समाज में व्याप्त अपराधों से निबटने के लिए ही थे। यह दूसरी बात है कि उस समय कानूनों का स्वरूप लिखित नहीं होता था ।

civil liberty ('सिविल् 'लिबर्टि) **नागरिक स्वतन्त्रता :** नागरिक स्वतन्त्रता एक प्रकार का बुनियादी नागरिक अधिकार है, जो प्रत्येक व्यक्ति को समाज में प्राप्त होता है । राज्य के कानून उसकी रक्षा करते हैं । किसी व्यक्ति या राज्य को मनमाने ढंग से स्वतन्त्रता के हनन करने का अधिकार प्राप्त नहीं होता है । जैसे– लोकतन्त्र के अन्तर्गत अपनी इच्छा के मुताबिक एक जगह से दूसरी जगह जाने की आजादी, विचारों की स्वतन्त्रता एवं अपनी सम्पत्ति को अपनी इच्छा के मुताबिक खर्च करने का अधिकार नागरिक स्वतन्त्रता के दायरे में आते हैं । सिर्फ शर्त यह है कि किसी व्यक्ति के उस आचरण से दूसरे की आजादी का हनन न हो : देखें– **Civil right** ।

civil marriage or **court marriage** ('सिविल् 'मैरिज् ऑर् कॉर्ट् 'मैरिज्) **लोक विवाह** या **कानूनी विवाह :** ऐसे विवाह, जो धार्मिक अथवा आनुष्ठानिक पद्धति की बजाय न्यायालय के माध्यम से सम्पन्न किए जाते हैं : देखें– **Marriage**।

civil nationalism ('सिविल् 'नैशन लिज़्म) **लोक राष्ट्रवाद :** राष्ट्रवाद कई प्रकार के होते हैं । एक ऐसा भी राष्ट्रवाद होता है, जिसके अन्तर्गत व्यक्तियों की अपनी कोई नागरिकता नहीं होती, वे पूरी तरह स्वतन्त्र होते हैं, जिसे कुछ विशेषज्ञों ने लोक राष्ट्रवाद कहा है (देखें– Liah Greenfield, **Nationalism : Five Roods to Modernity,** 1992) । ठीक इसके विपरीत नृजातीय राष्ट्रवाद (**Ethnic nationalism**) की भी बात की जाती है, जो लोगों को जन्म से प्राप्त होता है । आजकल अधिकांश लोगों की नागरिकता पारिवारिक स्तर पर स्वतः हस्तांतरित होती रही है। व्यक्तियों को अपनी नागरिकता चुनने की आजादी नहीं होती है : देखें– **Nationalism** ।

civil religion ('सिविल् रि 'लिजन्) **नागरिक धर्म, लोकधर्म :** इस शब्द का सर्वप्रथम प्रयोग जे.-जे. रूसो (Jean-Jacques Rousseau, 1712-1778) ने किया था और समाजशास्त्र में इसका विस्तार से प्रयोग एमिल डर्कहाइम (Émile Durkheim, 1858-1917) ने किया है । उन्होंने इस शब्द का प्रयोग वैसे धार्मिक विश्वासों, अनुष्ठानों, प्रतीकों और संस्थाओं के लिए किया है, जो सामाजिक व्यवस्था को वैधता प्रदान कर सामाजिक एकता पैदा करता है । औद्योगिक समाजों के अन्तर्गत परम्परागत धर्मों का धर्मनिरपेक्षीकरण हुआ है, जिसके परिणामस्वरूप समाज में राष्ट्रीय प्रतीकों और अनुष्ठानों का प्रादुर्भाव हुआ और उसका समाज में वही प्रकार्य है, जो परम्परागत समाज में धर्म का । आधुनिक समाज में राष्ट्रीय गान, राष्ट्रीय झण्डा, स्वतन्त्रता दिवस पर आयोजित राष्ट्रीय कार्यकलाप, गाँधी दर्शन इत्यादि लोकधर्म के अभिन्न अंग हैं । अमरीका के सन्दर्भ में रॉबर्ट एन. बेला (Robert N. Bellah) ने नागरिक धर्म का विस्तार से अध्ययन किया है । उन्होंने बताया है कि यहूदी-ईसाई परम्परा अर्जित मूल्यों एवं व्यक्तिवाद को बढ़ावा देती है । राष्ट्रीय घटनाएँ, संवैधानिक धर्मनिरपेक्षता, धर्मनिरपेक्ष मूल्य एवं प्रतीक अमरीका के प्रमुख नागरिक धर्म हैं, जो विभिन्न नृजातीय एवं प्रजातीय समूहों को एक सूत्र में पिरोने का काम करते हैं । बेला का मानना है कि यह राष्ट्रीय एकता को बढ़ावा देता है (देखें– W. G. McLoughlin and Robert N. Bellah (eds.), **Religion in America**, 1968; Robert N. Bellah, **The Broken Covenant;** Robert N. Bellah and Philip E. Hammond, **Varieties of Civil Religions**, 1980) ।

civil right ('सिविल् राइट्) **नागरिक अधिकार :** किसी भी राष्ट्र में वहाँ के नागरिकों को दिए गये कानूनी अधिकार। नागरिक अधिकारों का अर्थ वे मूल सामाजिक स्वतन्त्रताएँ हैं, जिनका उपयोग नागरिक कर सकता है और यदि इन अधिकारों के उपयोग में किसी ओर से कोई बाधा हो, तो वह न्यायालयों अथवा प्रशासनिक अधिकरणों की सहायता

से उनके उपभोग की सुविधा प्राप्त कर सकता है । नागरिक को ये अधिकार विधि अथवा रीति-रिवाज द्वारा प्राप्त होते हैं और नागरिक उनके उपयोग के लिए विधिवत दावा प्रस्तुत कर सकता है । संविधान राज्य के स्वेच्छाचारी और दमनमूलक आचरण के विरुद्ध नागरिकों को इन अधिकारों की गारंटी प्रदान करते हैं । नागरिक अधिकार सापेक्ष होते हैं, निरपेक्ष नहीं और नागरिकों को क्या-क्या नागरिक अधिकार सुलभ किए जायें, यह देशकाल के ऊपर निर्भर है : देखें– **Civil liberty** ।

civil sense (ˈसिविल् सेन्स्) **नागरिक भावना** : नागरिक के मन की ऐसी भावना, जिससे वह पूरे नागरिक समाज के सामान्य हित और सुख-सुविधाओं को ध्यान में रखता है और दूसरों को कष्ट से बचाने के लिए स्वयं कष्ट सहने को तैयार रहता है । उदाहरण के लिए, वह गंदगी नहीं फैलाता, शोर नहीं करता और दूसरों के काम में बाधा नहीं डालता ।

civil service (ˈसिविल् ˈसर्विस्) **प्रशासनिक सेवा, सिविल सेवा** : सरकार के उन उच्चाधिकारियों का समूह, जिन्हें विभिन्न प्रशासनिक विभागों में नियुक्त किया जाता है, जैसे– भारत में भारतीय प्रशासनिक सेवा (**Indian Administrative Service**) या राज्य प्रशासनिक सेवा ।

civil society (ˈसिविल् सॅ ˈसाइअटि) **लोक-समाज, नागरिक समाज** : इस शब्द के अनेक अर्थ रहे हैं और उनमें समय-समय पर परिवर्तन होता रहा है । अँगरेज़ी में यह शब्द 1594 में आया, जिसका तात्पर्य समुदाय में रहने वाले लोगों से था । 18वीं और 19वीं सदी में इसमें कुछ नये अर्थ जुट गए, जिसका तात्पर्य ऐसे सभ्य समाज से था, जहाँ राज्य निरंकुशता के तत्त्व पर आधारित नहीं था । बर्बर समाज के विपरीत के समाज के लिए इस शब्द का प्रयोग किया जाने लगा । 19वीं सदी में कार्ल मार्क्स (Karl Marx, 1818-1883) ने सिविल समाज की अवधारणा का प्रयोग एक ऐसे भ्रष्ट पूँजीवादी समाज के लिए किया है, जो चरम व्यक्तिवादिता तथा भौतिकवादी प्रतिस्पर्द्धा पर आधारित होता है । भ्रष्ट पूँजीवादी समाज के फलस्वरूप उत्पन्न संघर्ष और दुर्गति को रोकने एवं नियन्त्रित करने के लिए ही आधुनिक राज्य की आवश्यकता हुई ।

वर्तमान समय में सिविल समाज का प्रयोग राज्य और विस्तृत परिवार की मध्यवर्ती संस्थाओं के समुच्चय के लिए होता है, जैसे– गैर-सरकारी स्वयंसेवी संस्थान। इसमें धार्मिक संगठन, शिक्षण-संस्थाएँ, मनोरंजन-क्लब तथा अनेक स्वैच्छिक संगठन आ जाते हैं, जो व्यक्ति के जीवन और दृष्टिकोण पर गहरा प्रभाव डालते हैं । ये संगठन व्यक्ति को स्वार्थ से ऊपर उठाकर सामाजिक जीवन में अपनी सार्थकता ढूँढ़ने की प्रेरणा देते हैं; साथ ही ये व्यक्ति की निष्ठा के वैकल्पिक केन्द्र प्रस्तुत करके राज्य की सत्ता को प्रतिसन्तुलित करते हैं । नागरिक समाज के अन्तर्गत व्यक्तिगत नियम पाए जाते हैं, लेकिन दूसरी तरफ राजनीतिक समाज में आम नियम पाए जाते हैं । पूँजीवाद में नागरिक समाज का अस्तित्व निजी सम्पत्ति पर आधारित होता है और राजनीतिक समाज का अस्तित्व प्रजातन्त्र के आधार पर टिका होता है (देखें– Karl Marx , **Economic and Philosophical Manuscripts of 1884**, 1964; C. Mouffe, **Gramsci and Marxist Theory**, 1979; Z. A. Pelczynski, **The State and Civil Society**, 1984) ।

civil war (ˈसिविल् वॉर्) **गृहयुद्ध** : किसी राज्य के भीतर दो या दो से अधिक गुटों के बीच ऐसा सैनिक संघर्ष, जिसमें प्रत्येक गुट शासन पर अपना नियन्त्रण स्थापित करना चाहता हो। गृहयुद्ध और विद्रोह में मुख्य अन्तर यह है कि गृहयुद्ध में प्रतिद्वन्द्वी शक्तियाँ संगठित होती हैं और उनके साथ इतनी सैन्य शक्ति होती है कि वे युद्ध में विजय की आशा कर सकें, परन्तु विद्रोह की स्थिति में ऐसा होना ज़रूरी नहीं है ।

civilization (ˈसिवलाइ ˈज़ेशन्) **सभ्यता** : सभ्यता शब्द के अर्थ के सन्दर्भ में अभी तक कोई एकमत नहीं बन पाया है । लेकिन, अधिकांश लोग यही मानते हैं कि सभ्यता वह है, जिसमें हम जीते हैं और संस्कृति वह है, जो हममें जीती है । जो कुछ हम हैं, वही संस्कृति है तथा जो कुछ हमारा है, वही सभ्यता है । विलियम एफ. ऑगबर्न (William F. Ogburn, 1886-1959) ने संस्कृति के दो पक्षों, यथा– भौतिक एवं गैर-भौतिक की चर्चा की है । गैर-भौतिक पक्ष को ही उन्होंने सभ्यता कहा है । सभ्यता से तात्पर्य उस सम्पूर्ण क्रियाविधि, मशीनी तन्त्र और संगठन से है, जिनकी रचना

मनुष्य ने अपने जीवन की दशाओं और परिस्थितियों को नियन्त्रित करने के प्रयत्न के क्रम में की है । सभ्यता मूलतः उन भौतिक उपादानों से सम्बद्ध होती है, जिन्हें मनुष्य ने वातावरण में अपना जीवन व्यवस्थित करने के लिए निर्मित या आविष्कृत किया है । सभी मानवनिर्मित भौतिक उपादान सभ्यता के उदाहरण हैं ।

सभ्यता संस्कृति से भिन्न है; क्योंकि संस्कृति में प्रायः विचार, आदर्श, परम्पराएँ आदि गुणात्मक तत्त्व सम्मिलित होते हैं, जबकि सभ्यता के अन्तर्गत भौतिक साधन, यन्त्र, औजार, समाज आदि आते हैं । संस्कृति प्रायः वैसी ही बनी रहती है, जैसी कि पहले थी। लेकिन सभ्यता प्रगति करती जाती है; क्योंकि नये आविष्कार, खोजें और अनुभव उसमें सम्मिलित होते जाते हैं । इस प्रकार के मत का यद्यपि समाजशास्त्रीय साहित्य में प्रचलन रहा है, लेकिन अब अमरीकी और ब्रिटिश समाजशास्त्री इसको छोड़ते जा रहे हैं । ई. बी. टॉइलर (Edward B. Tylor, 1832-1917), रॉबर्ट रेडफील्ड (Robert Redfield, 1897-1958) और ए. एल. क्रोबर (Alfred L. Kroeber, 1876-1960) आदि सामाजिक मानवशास्त्रियों ने सभ्यता का एक भिन्न अर्थ दिया है । वे सभ्यता को संस्कृति का जटिल, विस्तृत और संगृहीत स्वरूप मानते हैं । इसमें विज्ञान, तकनीकी और प्रौद्योगिकी जटिलता महत्त्वपूर्ण स्थान रखती है । यद्यपि यह पहले मत से अधिक पुराना मत है तथापि यही अब पुनः अधिक पसन्द किया जाने लगा है (देखें– Norbert Elias, **The Civilizing Process: The History of Manners** Vol. 1, 1939) : देखें–**Culture** ।

clan ('क्लैन्) **गोत्र, कुल** : एक ही रक्त के ऐसे सम्बन्धियों की पीढ़ी-दर-पीढ़ी परम्परा को कुल या गोत्र कहा जाता है, जो एक-दूसरे की सन्तानों के रूप में परस्पर सम्बन्धित हों । उस वंश-परम्परा में विवाहित होकर आनेवाली स्त्रियाँ भी उस कुल में सम्मिलित मान ली जाती हैं । गोत्र सदैव एकपक्षीय होता है । ये केवल पितृ-पक्षीय या मातृ पक्षीय होते हैं । गोत्र की सदस्यता जन्मजात होती है, परन्तु पूर्वज का निश्चित पता नहीं होता है (देखें– William H. R. Rivers, **Kinship and Social Organization**, 1914) ।

class (क्लास्) **वर्ग** : कार्ल मार्क्स (Karl Marx, 1818-1883) से लेकर अबतक अनगिनत सामाजिक वैज्ञानिकों ने इस विषय पर काफी चिन्तन किया है । मार्क्सवादी समाज-दर्शन में 'वर्ग' की धारणा महत्त्वपूर्ण है । ऐसे मनुष्यों का समूह जो उत्पादन के साधनों की दृष्टि से आपस में ऐसा आर्थिक सम्बन्ध रखते हैं, जिसके कारण उनका किसी अन्य समूह से संघर्ष होता है, 'वर्ग' है । सामन्तवादी समाज में दो मुख्य वर्ग हैं– जमींदार और किसान तथा पूँजीवादी समाज के मुख्य वर्ग हैं– पूँजीपति और मज़दूर । मार्क्सवाद के अनुसार, प्रत्येक वर्ग का अपना दार्शनिक, नैतिक और सांस्कृतिक दृष्टिकोण होता है । जब तक साम्यवादी क्रांति द्वारा वर्गहीन समाज की स्थापना नहीं होगी, समस्त मानव-समाज के लिए एक ही दर्शन या एक ही नीतिशास्त्र का निर्माण नहीं किया जा सकता है ।

कार्ल मार्क्स के विचार से वर्ग का आधार मुख्यतः आर्थिक है । किसी अर्थव्यवस्था में किसी समूह का किस प्रकार का नियन्त्रण है, यही समाज के स्तरण का मुख्य आधार है । दूसरी तरफ, मैक्स वेबर (Max Weber, 1864-1920) ने यह बताया है कि वर्ग का आधार मात्र आर्थिक नहीं है, बल्कि वर्ग का आधार यह भी है कि किसी व्यक्ति की सेवा की बाज़ार में कीमत क्या है । व्यक्ति की योग्यता एवं शिक्षा इस बात का निर्धारण करती है कि उस व्यक्ति की सेवा की खुले बाज़ार (**Market situation**) में क्या कीमत है । इन तथ्यों को ध्यान में रखकर आधुनिक समाज को मैक्स वेबर ने चार भागों में श्रेणीबद्ध किया है– (1) धनी वर्ग (**Propertied class**), (2) बुद्धिजीवी, प्रशासनिक एवं प्रबन्धक वर्ग (**Intellectual, administrative and managerial class**), (3) परम्परागत निम्न-मध्यवर्गीय व्यापारी वर्ग (**Traditional petty bourgeoisie class of businessman**) तथा (4) मज़दूर वर्ग (**Working class**) ।

अब वर्ग से तात्पर्य व्यक्तियों के एक ऐसे समूह या संगठन से होता है, जिसकी समान विशेषताएँ होती हैं, जिसकी सामाजिक और आर्थिक स्थिति तथा रहन-सहन का ढंग और स्तर अन्य समूह अर्थात् वर्गों से भिन्न होता है । एक वर्ग अपने को दूसरे से भिन्न या उच्च अनुभव करता है तथा अपने रहन-सहन के तरीकों के द्वारा इस भावना को प्रकट करता है । एक वर्ग के सदस्य अपने वर्ग की जनरीतियों, व्यवस्थाओं तथा स्तर के अनुसार ही व्यवहार करते हैं । अब लिंग

(Sex) के आधार पर वर्ग की बात की जा रही है (देखें– Karl Marx, and Friedrich Engels, **Manifesto of the Communist Party**, 1932; Harry Braverman, **Labour and Monopoly Capital**, 1974)।

class, abstract social (क्लास्, 'ऐब्स्ट्रैक्ट् 'सोश्ल्) **अमूर्त सामाजिक वर्ग :** व्यक्तियों का ऐसा वर्ग, जिसके सदस्यों में एक इकाई के रूप में सामूहिक आत्म-जागरूकता और सामान्य हित की भावना बहुत कम पायी जाती है अर्थात् इनमें भौतिक संगठन अथवा एकता की भावना पर्याप्त मात्रा में नहीं होती है।

class, housing (क्लास्, 'हाउज़िङ्) **वर्ग आवासन** : देखें– **Housing class** ।

class, middle (क्लास्, मिड्ल्) **मध्यमवर्ग** : देखें– **Middle class** ।

class, predatory (क्लास्, 'प्रेड्ट्रि) **लुटेरा वर्ग** : (1) जो लूट-पाट और शिकार द्वारा जीवन-निर्वाह करता है। (2) लुटेरा वर्ग समाज में उन लोगों की ओर भी संकेत करता है जो उत्पादन तन्त्र में कोई योगदान नहीं करते, लेकिन दूसरों की मेहनत पर अधिकार जमाते हैं ।

class, social (क्लास्, 'सोश्ल्) **सामाजिक वर्ग** : देखें– **Class** ।

class attitude (क्लास् 'ऐटि ट्यूड्) **वर्ग मनोवृत्ति** : देखें– **Class imagery** ।

class awareness (क्लास् अ'वेअर्नेस) **वर्ग जागरूकता :** वर्ग जागरूकता से तात्पर्य जनमानस में सामाजिक वर्ग की व्यक्तिपरक परिभाषा और व्याख्या से है, अर्थात् किसी समूह में कोई व्यक्ति अपने-आपको किस सामाजिक वर्ग में रखता है। किसी समूह के सदस्यों में समान जीवन-शैली और समान उपभोग के प्रतिमानों द्वारा एक स्थिति-समूह के रूप में आत्म-पहचान का जो भाव उत्पन्न होता है, वही है वर्ग जागरूकता। बहुधा इस अवधारणा का प्रयोग वर्ग-पहचान **(Class identification)** के पर्यायवाची अर्थ में किया गया है। वर्ग जागरूकता और मार्क्सवादी वर्ग-चेतना की अवधारणाओं में काफी साम्यता है और समाजशास्त्रीय लेखनों में कहीं-कहीं इनका प्रयोग एक-दूसरे के स्थान पर भी किया गया है। फिर भी दोनों अवधारणाएँ अलग अर्थ और सन्दर्भ लिए हुए हैं : देखें– **Class consciousness** ।

class church (क्लास् चर्च्) **वर्ग गिरजाघर** : धार्मिक व्यवस्था, जो सामान्यत: स्थिर होती है और दूसरे धर्मों का आदर करती है। इसमें आमतौर पर सदस्यों की बड़ी संख्या होती है।

class conflict (क्लास् 'कॉन्फ्लिक्ट्) **वर्ग संघर्ष :** जब अपने हितों की रक्षा के लिए विपरीत एवं परस्पर विरोधी वर्ग आपस में टकराते हैं, तो वह वर्ग संघर्ष कहलाता है। कार्ल मार्क्स के अनुसार, प्राचीन काल में, यह संघर्ष स्वामी और दास के बीच, मध्यकाल में सामन्त और खेतिहर मज़दूर के बीच तथा आधुनिक काल में औद्योगिक समाजों में पूँजीपति और औद्योगिक श्रमिक के मध्य निरन्तर चल रहा है। इसलिए कार्ल मार्क्स ने अपनी बहुप्रसिद्ध कृति **Communist Manifesto** (1848) की शुरूआत इन शब्दों में की है, 'आज तक के विद्यमान सभी समाजों का इतिहास वर्ग संघर्ष का इतिहास रहा है।' कार्ल मार्क्स ने वर्गविहीन, जाति-विहीन तथा राज्य-विहीन समाज की कल्पना की थी। ऐसे समाज में कार्ल मार्क्स के मान्यतानुसार वर्ग संघर्ष की गुंजाइश नहीं होगी।

सामाजिक व्यवस्था में वर्ग का स्थान प्राय: इस बात से निश्चित होता है कि उत्पादन के साधनों के साथ उनका क्या सम्बन्ध है। यह सम्बन्ध प्राय: कानूनी रूप में निश्चित और निर्धारित होता है। ये सम्बन्ध या तो स्वामित्व के होते हैं या केवल श्रम करके उत्पादन के उन साधनों से। उपभोग की वस्तुएँ पैदा करने के समाज में निर्धारित अपने स्थान के कारण एक वर्ग दूसरे वर्ग के श्रम को मुफ्त में हजम कर सकता है, अर्थात् उत्पादन के साधनों पर वैयक्तिक अधिकार होने के कारण मालिक उन साधनों से उत्पादन करनेवाले मज़दूरों का शोषण कर सकता है। इस प्रकार दो वर्ग बन जाते हैं– एक पूँजीपति और दूसरा सर्वहारा। इन दोनों वर्गों के हित कभी एकसाथ नहीं हो सकते। उनमें अन्तर्विरोध अवश्यंभावी है। कार्ल मार्क्स के अनुसार, समस्त समाजों का इतिहास, दास-व्यवस्था से लेकर पूँजीवादी

व्यवस्था तक, वर्ग संघर्ष का इतिहास है । वर्ग संघर्ष कहाँ कितना तीव्र या मन्द होगा, यह ऐतिहासिक परिस्थितियों पर निर्भर करता है, किन्तु जब तक उत्पादन के साधनों पर से वैयक्तिक अधिकार समाप्त नहीं होता, वर्ग संघर्ष हुए बिना नहीं रह सकता ।

class consciousness and false consciousness (क्लास् 'कॉन्शस्नस् ऐन्ड् फ़ॉल्स् 'कॉन्शस्नस्) **वर्गचेतना एवं चेतनहीनता :** कार्ल मार्क्स (Karl Marx, 1818-1883) ने वर्गचेतना को एक ऐसी सामाजिक दशा के रूप में परिभाषित किया है, जिसमें एक सामाजिक वर्ग के सदस्य (विशेषतः सर्वहारा वर्ग), एक वर्ग के रूप में अपनी दयनीय दशा के सम्बन्ध में जागरूक हो जाते है अर्थात्, वे अपने-आपको बूर्जुआ वर्ग से एक भिन्न वर्ग समझने लगते हैं । वर्ग-विशेष का सदस्य होने तथा उसके अभिन्न अंग के रूप में मान्यता दिए जाने में गौरव की भावना की अनुभूति करते हैं । इस प्रकार की वर्गचेतना के कारण व्यक्ति अन्य वर्गों या समूहों की अपेक्षा स्वयं को तथा अपने वर्ग को श्रेष्ठतर मानता है तथा दूसरे वर्गों को नीचा दिखाने का प्रयत्न करता है । साम्यवादी विचारक कहते हैं कि वर्गबोध जगाकर सर्वहारा वर्ग को सामाजिक क्रांति की ओर बढ़ना राजनीतिक कर्त्तव्य ही नहीं, वरन् दार्शनिक कर्त्तव्य भी है । दूसरी तरफ एक स्थिति यह होती है कि लोगों को अपना वर्गबोध नहीं होता है । ऐतिहासिक स्तर पर समाज में वर्गबोध अपवाद के स्वरूप रहा है । जो समाज के प्रभावी वर्ग के लोग होते हैं, वे समाज की विभिन्न संरचनाओं के ऊपर अपना नियन्त्रण रखने की कोशिश करते हैं तथा उनकी कोशिश हमेशा यही रहती है कि समाज में वर्गबोध न फैले, ताकि उनकी अपार धन-सम्पत्ति सुरक्षित रहे और गरीब यह सोचने के लिए विवश रहें कि उनकी गरीबी के पीछे मुख्यरूप से उन्हीं की जिम्मेवारी है (देखें– M. Mann, **Consciousness and Action in the Western Working class**, 1973) ।

class dealignment (क्लास् डिॲलाइनमन्ट्) **वर्ग अपंक्तिबन्धन :** देखें– **Voting** ।

class endogamy (क्लास् एन् 'डॉगमि) **वर्ग अन्तर्विवाह :** देखें– **Endogamy, class** ।

class imagery (क्लास् इम् 'इजरि) **वर्गबिम्ब :** विभिन्न लोग वर्ग-व्यवस्था को विभिन्न ढंग से देखते हैं । जो लोग जिस वर्ग के होते हैं, वे उसी को ध्यान में रखकर वर्ग-व्यवस्था को देखने का प्रयास करते हैं । समाज में विभिन्न वर्गों की भिन्न विशेषताओं, जैसे-संख्या, आकार, गठन आदि से सम्बन्धित समाज के सामान्य सदस्यों द्वारा सामाजिक वर्ग के बारे में आम धारणाओं को वर्गबिम्ब कहा जाता है (देखें– J. H. Goldthorpe, D. Lockwood, F. Bechhofer, and J. Platt, **The Affluent Worker in the Class Structure**, 1969; Martin Bulmer (ed.), **Working Class Images of Society**, 1975) ।

class interest (क्लास् 'इन्ट्रस्ट्) **वर्गहित :** किसी भी सामाजिक वर्ग के इतिहास, आकांक्षाएँ और मान्यताएँ, जिनमें उसके सदस्य समान रूप से विश्वास करते हैं (देखें– Erik Olin Wright, **Classes**, 1985) ।

class interval (क्लास् 'इन्टर्वल्) **वर्ग-अन्तराल :** सांख्यिकीय विश्लेषण में मापों की आवृत्ति वितरण (**Frequency distribution**) की सारणी बनाते समय सुविधानुसार बनाए गए वर्गों के बीच की दूरी ।

class model (क्लास् 'मॉड्ल्) **वर्ग-प्रतिरूप :** एक ऐसी राजनीतिक प्रक्रिया, जो किसी आर्थिक व्यवस्था में प्रभावी वर्ग को एक शासक-वर्ग के रूप में देखता है और वह शासक-वर्ग समाज के विभिन्न पहलुओं पर अपना नियन्त्रण काबिज़ करता है ।

class morality (क्लास् म 'रैलटि) **वर्ग नैतिकता :** किसी सामाजिक वर्ग के लोकाचार से सम्बन्धित विचार, जिन्हें उस वर्ग के सदस्य स्वयं अपनाते तथा अपने बच्चों को सिखलाते हैं ।

class position (क्लास् प 'ज़िशन्) **वर्गपद :** ब्रिटिश समाजशास्त्री डेविड लॉकवुड (David Lockwood) ने लिपिकों की वर्गचेतना से सम्बन्धित अपने एक अध्ययन में वर्गपद की अवधारणा को प्रस्तुत किया है । उन्होंने बताया कि एक व्यक्ति की वर्ग-स्थिति के निर्धारण में तीन कारक– बाज़ार-स्थिति, कार्य-स्थिति और स्थिति-स्थिति का योगदान होता

है । इन्हीं कारकों द्वारा वर्गचेतना का निर्माण होता है (देखें– John H. Goldthorpe *et al.*, **The Affluent Worker: Political Attitudes and Behaviour**, 1968 and **The Affluent Worker: Industrial Attitudes and Behaviour**, 1968) : देखें– **Class consciousness** ।

class prejudice (क्लास् 'प्रेजुडिस्) **वर्ग पूर्वाग्रह** : एक वर्ग की दूसरे वर्ग के प्रति दुराग्रहपूर्ण अभिवृत्तियाँ, व्यवहार अथवा विद्वेष की भावना । प्रत्येक वर्ग में कुछ-न-कुछ वर्ग पूर्वाग्रह पाया जाता है ।

class society (क्लास् सॅ 'साइअटि) **वर्गमूलक समाज** : ऐसा समाज, जो लौकिक आधारों (शिक्षा, आमदनी, पेशा, आदि) पर विविध वर्गों में विभाजित होता है, यथा– अमरीकी समाज । ऐसा समाज जातिबद्ध भारतीय समाज से भिन्न है ।

class structure (क्लास् 'स्ट्रक्चर्) **वर्ग-संरचना** : उत्पादन के साधनों के स्वामित्व, पद, व्यवसाय, प्रतिष्ठा आदि के आधार पर समाज की सोपानिक संरचना ।

class struggle (क्लास् 'स्ट्रग्ल्) **वर्ग संघर्ष** : विभिन्न वर्गों के बीच संघर्ष अथवा विरोध की भावना, जो प्रायः पूँजीपति एवं सर्वहारा वर्गों के बीच होती है । दो परस्पपर विरोधी सामाजिक वर्गों के मध्य संघर्ष इतिहास को गति प्रदान करता है : देखें– **Class conflict** ।

class system (क्लास् 'सिस्टम्) **वर्ग-व्यवस्था** : वर्ग-व्यवस्था किसी समाज की वह सोपानात्मक व्यवस्था होती है, जिसमें व्यक्तियों को उनकी विभिन्न सामाजिक और आर्थिक स्थितियों के आधार पर विभिन्न सामाजिक वर्गों में विभाजित किया जाता है । एक वर्ग के प्रायः सभी समुदायों की सामाजिक और आर्थिक स्थिति प्रायः एक-सी ही होती है । वर्गों में परस्पर ऊँच-नीच का कोई क्रम अवश्य देखने में आता है । यदि हम भारतीय समाज का ही उदाहरण लेकर इस व्यवस्था को समझाना चाहें, तो हम पाते हैं कि इसमें तीन प्रमुख वर्ग हैं– उच्च वर्ग, मध्यवर्ग और निम्नवर्ग ।

class thought (क्लास् थॉट्) **वर्ग-विचारधारा** : किसी वर्ग के सदस्यों के विचार, अभिवृत्ति, संकल्पना आदि का समग्र। प्रत्येक वर्ग की अपनी कुछ विशिष्टताएँ होती हैं, जिनसे उस वर्ग के सदस्यों की पहचान की जाती है ।

classes, backward (क्लासेस्, बैक्वर्ड) **पिछड़े वर्ग** : देखें– **Backward classes** ।

classical criminology, classicism (क्लैसिक्ल् क्रिमि'नॉलजि, क्लैसिसिज़्म्) **क्लासिकी अपराध विज्ञान** : देखें– **Criminology classical** ।

classical economic theory (क्लैसिक्ल् ईक'नॉमिक् 'थिअरि) **क्लासिकी आर्थिक सिद्धान्त** : इसके अन्तर्गत अर्थशास्त्र के वैसे सिद्धान्त आते हैं, जिनका विकास 18वीं और 19वीं सदी में इंग्लैंड में हुआ। ऐडम स्मिथ (Adam Smith, 1723-1790), जे. बेन्थम (J. Bentham, 1748-1832), टी. आर. माल्थस (Thomas Robert Malthus, 1766-1834), डेविड रिकॉर्डो (David Ricardo, 1772-1823) आदि कुछ ऐसे नाम हैं, जो इस क्षेत्र के प्रमुख अर्थशास्त्री माने जाते हैं । शास्त्रीय आर्थिक सिद्धान्त इस मान्यता पर आधारित है कि मनुष्यों का व्यवहार मुख्यरूप से तर्कसंगत होता है और उनके व्यवहार का संचालन व्यतिगत स्वार्थों से होता है । इन अर्थशास्त्रियों ने निजी सम्पत्ति और वैयक्तिक आजादी पर काफी बल दिया है । इनलोगों ने यह दलील भी दी है कि विभिन्न प्रकार की आर्थिक प्रक्रियाओं में राज्य का न्यूनतम हस्तक्षेप होना चाहिए ।

classical social movement theory (क्लैसिक्ल् 'सोशल् 'मूवमन्ट् 'थिअरि) **क्लासिकी सामाजिक आन्दोलन-सिद्धान्त** : यह मुख्यरूप से मनोवैज्ञानिक विचारों पर आधारित समाजशास्त्रीय सिद्धान्त है । इस सिद्धान्त की प्रमुख मान्यता यह है कि जब कोई व्यक्ति किसी प्रकार की वैयक्तिक समस्याओं या संवेगात्मक तनाव की स्थिति से गुजरता है, तो उससे निजात पाने के लिए अन्य व्यक्तियों का समर्थन प्राप्त करने की कोशिश करता है और अपनी वैयक्तिक समस्याओं को सामूहिक रूप देकर विरोध प्रकट करता है और वही विरोध सामाजिक आन्दोलन का स्वरूप ले लेता है । मनोविज्ञान

के अन्तर्गत कुण्ठा-आक्रामकता सिद्धान्त (**Frustration-aggression theory**), जनसमूह सिद्धान्त (**Mass society theory**) एवं संरचनात्मक तनाव सिद्धान्त (**Structural strain theory**) शास्त्रीय सामाजिक आन्दोलन-सिद्धान्त के अन्तर्गत रखे जाते हैं (देखें– A. Oberschall, **Social Conflict and Social Movements**, 1973; Charles Tilly, **From Mobilization to Revolution**, 1978)।

classification (क्लैसिफ़ि 'केश्न्) **वर्गीकरण :** वर्गीकरण वह प्रविधि है, जिसके द्वारा व्यक्तियों, वस्तुओं या मदों को उनके सादृश्य के अनुसार वर्गों में क्रमबद्ध किया जाता है । यह ऐसी विधि है, जिसके द्वारा समरूप, असमरूप तथ्यों को क्रमबद्ध एवं तर्कसंगत ढंग से अलग-अलग वर्गों में समाहित किया जाता है । वर्गीकरण से आँकड़ों के स्वरूप के बारे में स्पष्ट तथा यथार्थ निर्णय करने में सहायता मिलती है । भौगोलिक, कालानुक्रमिक, गुणात्मक या संख्यात्मक अभिलक्षणों के आधार पर वर्गीकरण को निम्न चार प्रकार से विभाजित किया जा सकता है– (1) भौगोलिक वर्गीकरण; (2) कालानुक्रमिक वर्गीकरण; (3) गुणात्मक अथवा गुणानुसार वर्गीकरण; (4) मात्रात्मक अथवा संख्यात्मक वर्गीकरण।

classification of prisoner (क्लैसिफ़ि 'केश्न् ऑव् 'प्रिज़्नर्) **बन्दी-वर्गीकरण :** वह प्रणाली, जिसके द्वारा कैदी की सामाजिक पृष्ठभूमि का अध्ययन और साथ ही उसकी व्यक्तिगत अभिवृत्तियों तथा आवश्यकताओं की जाँच एवं मूल्यांकन किया जाता है, जिससे उस कैदी के साथ उसकी विशेष आवश्यकताओं के अनुसार व्यवहार किया जा सके ।

classificatory system (क्लैसिफ़ि 'केटॅरि 'सिस्टम्) **वर्गबोधक प्रणाली, वर्गसूचक प्रणाली :** देखें– **Classificatory term; Kinship**।

classificatory terms (kinship) (क्लैसिफ़ि 'केटॅरि टर्म्स ('किन्शिप्) **वर्गबोधक शब्द, वर्गसूचक शब्द :** देखें– **Kinship terms, classificatory** ।

classless society (क्लास् 'लेस् सॅ 'साइअटि) **वर्गविहीन समाज :** ऐसा समाज, जो सामाजिक वर्गों के अधिक्रम में विभाजित नहीं होता है । इसकी कल्पना सबसे पहले कार्ल मार्क्स ने की थी । यह एक काल्पनिक विचार है । कार्ल मार्क्स का मानना था कि साम्यवादी समाज एक वर्गविहीन समाज होगा।

cleavage ('क्लीवइज़) **दरार, मतभेद, विदरण :** इस शब्द का प्रयोग समाज के लम्बवत विभाजन के लिए किया जाता है । भाषा, क्षेत्र, प्रजाति एवं धर्म के आधार पर विभाजन को इस श्रेणी में रखा जाता है । समाज दो ऐसे बड़े-बड़े समूहों में बँट जाता है, जो अपनी अलग-अलग पहचान बना लेते हैं और अपनी-अपनी निष्ठा के अलग केन्द्र विकसित कर लेते हैं । ये समूह एक-दूसरे को अपना विरोधी समझते हैं तथा एक समूह दूसरे समूह को अपनी दुर्दशा के लिए जिम्मेवार ठहराता है ।

clergy ('क्लर्जि) **पुरोहित वर्ग :** विभिन्न प्रकार के दीक्षित पुरोहितों के लिए यह एक सामान्य शब्द है । ईसाई धर्म के अन्तर्गत Bishop, Priest, Deacon या Father इसी श्रेणी में रखे जाते हैं ।

cline (क्लाइन्) **प्रवणता :** आनुवंशिक गुणों का एक ऐसा अनुक्रम, जिसको वस्तुपरक ढंग से मापा जा सके, जैसे– उत्तरी अमरीका या यूरोप से जैसे-जैसे हमलोग विषवत रेखा की ओर बढ़ते हैं, वैसे-वैसे चमड़ी का रंग क्रमशः काला होता जाता है या यह कहा जाये कि विषवत रेखा से हमलोग जैसे-जैसे उत्तरी ध्रुव की ओर बढ़ते हैं, वैसे-वैसे चमड़ी का रंग पीला होता जाता है । रंगों की ऐसी क्रमिक ढाल या चढ़ाव को प्रवणता कहा जाता है । भूगोल में इस शब्द का प्रयोग भौतिक गुणों के क्रमिक ढाल या चढ़ाव के लिए किया जाता है ।

clientelism; client-patron relationship (क्लीआन्टेलिज़म्; कलाइअॅन्ट पैट्रॅन रि 'लेश्न्शिप्) **आश्रितवाद, आश्रित-संरक्षक सम्बन्ध :** बहुत से समाजवैज्ञानिक, विशेषकर इतिहासकार, आश्रितवाद की जड़ रोमन साम्राज्य में ढूँढ़ते हैं । पर इसमें सन्देह की बात नहीं है कि मध्यकालीन यूरोप में यह बड़े पैमाने पर पाया जाता रहा है । आश्रयवाद

कृषक समाज की एक प्रमुख विशेषता रही है । जमींदार और खेतीहर मज़दूरों के बीच का सम्बन्ध आश्रयवाद के सम्बन्ध का उदाहरण है । आश्रयवाद का सम्बन्ध यूरोप के बाहर एशियाई देशों में आज भी देखने को मिलता है । अपने साम्राज्यवाद के विकास में यूरोप के लोग जहाँ कहीं भी गए, वहाँ आश्रयवाद का प्रचार-प्रसार हुआ। जिस किसी भी कृषिप्रधान समाज में गरीब-अमीर के बीच दूरी जितनी ही अधिक होगी, आश्रयवाद की प्रणाली वहाँ उतनी अधिक मजबूत होगी। भारत में पायी जाने वाली यजमानी प्रथा आश्रित-संरक्षक सम्बन्ध को ही सूचित करती है ।

clinical behaviour ('क्लिनिक्ल् बि'हेव्यर्) **व्यवहार निदानशाला :** देखें– **Behaviour, clinical** ।

clinical depression ('क्लिनिक्ल् डि'प्रेशन्) **नैदानिक अवसाद :** अवसाद एक ऐसी मानसिक स्थिति है, जिसके अन्तर्गत व्यक्तियों में उदासीनता, निराशा एवं जीवन के प्रति नीरसता की भावना पाई जाती है । लेकिन यही स्थिति दीर्घकालीन एवं अधिक तीव्र हो जाती है, तो उसे नैदानिक अवसाद कहा जाता है । अवसाद कई प्रकार के होते हैं । पुरुषों की तुलना में महिलाओं के बीच यह अधिक देखने को मिलता है । चिकित्सकों का मानना है कि यह अवसाद की समस्या जैव रासायनिक प्रक्रियाओं से जुड़ी हुई है ।

clinical sociology ('क्लिनिक्ल् सोसि'ऑलजि) **रोगविषयक समाजशास्त्र, नैदानिक समाजशास्त्र :** व्यावहारिक समाजशास्त्र की वह शाखा, जिसमें निम्न विषयों का समन्वयन एवं अध्ययन किया जाता है– (1) व्यक्ति के सामाजिक अनुकूलन की प्रकार्यात्मक समस्याओं का सामाजिक मनश्चिकित्सकीय अध्ययन। (2) संस्थागत समायोजन की प्रकार्यात्मक समस्याओं का सामाजिक-तकनीकी अध्ययन : देखें– **Medical sociology** ।

cliometrics (क्लाइ'मेट्रिक्स्) **इतिहासमिती :** इस अवधारणा का सम्बन्ध इतिहास में सांख्यिकी के प्रयोग से है । इस अवधारणा का विकास 1950 के दशक में अमरीका में हुआ । कुछ इतिहासकारों का ऐसा मानना था कि अन्य सामाजिक विज्ञानों की भाँति इतिहास में भी सांख्यिकी का प्रयोग संभव है । इन लोगों ने आर्थिक स्थिति के ऐतिहासिक विश्लेषण में सांख्यिकी का भरपूर प्रयोग किया । लेकिन, इतिहास के नये परिमाणात्मक विश्लेषण का कुछ लोगों ने विरोध भी किया । आज कम्प्यूटर के आ जाने से इतिहास के क्षेत्र में अनुसन्धान को अधिक-से-अधिक वैज्ञानिक बनाने के लिए समाजविज्ञान के सिद्धान्तों एवं सांख्यिकी का प्रयोग धीरे-धीरे बढ़ता जा रहा है ।

clique (क्लीक) **गुट :** एक छोटा सामाजिक समूह, जिसके सदस्य प्रायः आमने-सामने का अनौपचारिक सम्बन्ध रखते हैं । वे आवश्यक रूप से सम्बन्धी हों, ऐसा अनिवार्य नहीं है । उनमें एकता की भावना होती है । गुट के सदस्य परस्पर रुचियों और अरुचियों तथा अन्य व्यक्तियों या समूहों से विरोध रखने की भावना के आधार पर संगठित होते हैं तथा अनौपचारिक रूप से अपने विरोधियों के प्रति गुप्त योजनाएँ बनाये रखते हैं । गुट के सदस्यों के लिए कोई निर्धारित नियम या आचार-संहिता नहीं होती, लेकिन परस्पर सहायता करने तथा भावनात्मक रूप से स्नेह करने और अपनी गुप्त बातों को अपने गुट में ही सीमित रखने के लिए बाध्य होते हैं । भारत में गुटों के निर्माण में प्रायः जाति, धर्म, पड़ोस, स्थानीयता, आर्थिक लाभ, राजनीतिक उद्देश्य और समान वादों के प्रति आस्था महत्त्वपूर्ण कारण होते हैं ।

cloning (क्लोनिन्ग) **कृन्तक :** जीवन के रूप की ठीक उसी प्रकार एक नकल तैयार करना । विज्ञान के विकास से कृन्तक क्षेत्र में क्रांतिकारी परिवर्तन संभव हुआ है और अनुसंधान के माध्यम से नये प्रकार के प्राणियों को विकसित करने की कोशिश जारी है ।

closed domesticated nuclear family (क्लोज़्ड डमे'स्टिकेटेड 'न्यूक्लिअर् 'फ़ैमलि) **बन्द घरेलू मूल परिवार :** इस प्रकार का परिवार आधुनिक पश्चिमी देशों की विशेषता है । यह एक ऐसा मूल परिवार है, जो आस-पास के समुदायों से बिल्कुल अलग-थलग रहता है । इतिहासकार लॉरेन्स स्टोन (Lawrence Stone) ने इसे परिवार के विकास का तीसरा चरण कहा है । इस प्रकार का परिवार घर की चहारदीवारी के अन्दर सीमित होने लगा । परिवार पर समुदाय का नियन्त्रण बिल्कुल समाप्त हो गया । परिवार में पति-पत्नी, माता-पिता और बच्चों के बीच संवेगात्मक सम्बन्ध ज्यादा गाढ़ा होने

लगा। परिवार के अन्तर्गत एकान्तता की प्रवृत्ति बढ़ने लगी। ऐसे परिवार का प्रजनन और बच्चों का लालन-पालन मुख्य उद्देश्य हो गया। ऐसे परिवारों में युवक-युवतियों के बीच विवाह का आधार वैयक्तिक पसन्द, चुनाव एवं प्रेम होता है। गिडेन्स (Anthony Giddens) ने इस काल के परिवार की मुख्य विशेषता को भावात्मक व्यक्तिवाद (**Affective individualism**) कहा है।

closed economy (क्लोज़्ड इ'कॉनमि) **बन्द अर्थव्यवस्था :** ऐसी अर्थव्यवस्था, जिसमें विदेश-व्यापार से सम्बन्धित लेन-देन नहीं किया जाता और बाहर के किसी देश से कोई आर्थिक सम्पर्क नहीं रखा जाता। यह खुली अर्थव्यवस्था की विपरीत की स्थिति प्रस्तुत करती है।

closed group and **open group** (क्लोज़्ड 'ग्रूप् ऐन्ड् ओ 'पन 'ग्रूप्) **बन्द समूह** और **खुला समूह :** सामाजिक समूहों को मुख्यरूप से दो भागों में बाँटा जा सकता है– बन्द एवं खुला। कुछ समूह ऐसे होते हैं, जिनकी सदस्यता कुछ सीमित लोगों के लिए होती है। समूह-विशेष के लोग बाहरी समूहों से न्यूनतम सम्बन्ध रखते हैं। भारतीय सन्दर्भ में जातीय समूह बन्द समूह का ही उदाहरण है। दूसरी तरफ ऐसे बहुत समूह हैं, जहाँ से बाहर निकलना या बाहरी लोगों के लिए उनकी सदस्यता प्राप्त करना काफी सरल होता है। भारत में ढेर सारे ऐसे धार्मिक सम्प्रदाय हैं, जिनकी सदस्यता कोई भी व्यक्ति आसानी से प्राप्त कर सकता है। वे सभी खुले समाज के नाम से जाने जाते हैं।

closed morality (क्लोज़्ड म 'रैलटि) **बन्द नैतिकता, संकुचित नैतिकता :** परम्परागत रीति-रिवाज पर आधारित नैतिकता। माता-पिता के सामने धूमपान (प्रचलन में धूम्रपान है, लेकिन यह एक अशुद्ध शब्द है।) या शराब का सेवन नहीं करना चाहिए, यह भारत में बन्द नैतिकता के रूप में देखा जाता है। बन्द नैतिकता की कोई विश्वव्यापी परिभाषा संभव नहीं है; क्योंकि नैतिकता की कोई विश्वव्यापी कसौटी संभव नहीं है। ब्राह्मणों का पैर छूकर आशीर्वाद लेना अब भारत में संकुचित नैतिकता माना जाता है।

closed population (क्लोज़्ड पॉप्यु 'लेशन्) **बन्द जनसंख्या :** एक ऐसी जनसंख्या, जहाँ प्रवासियों का आवागमन बिल्कुल नहीं है, बल्कि जहाँ की जनसंख्या में बदलाव (बढ़त-घटत) सिर्फ जन्म और मृत्यु से होता है।

closed question (क्लोज़्ड 'क्वेस्चन्) **बन्द प्रश्न :** प्रश्नावली में बहुत तरह के प्रश्न पूछे जाते हैं। उसमें बन्द प्रश्न, प्रश्नों का एक ऐसा प्रकार है, जिसके अन्तर्गत उत्तरदाता को सीमित उत्तरों में से किसी एक उत्तर को चिह्नित करना होता है, उदाहरणार्थ– आधुनिक शिक्षा-पद्धति गैर-साम्प्रदायिक है– सहमत, असहमत, नहीं कह सकते। यदि उत्तर इस प्रकार तीन वर्गों में विभक्त नहीं हो, तो उसे खुला प्रश्न (Open question) कहा जाता है। खुले प्रश्न के अन्तर्गत उत्तरदाता कुछ भी जवाब देने के लिए स्वतन्त्र होता है।

closed response (क्लोज़्ड रि 'स्पॉन्स्) **बन्द प्रत्युत्तर :** प्रश्नावली एवं अनुसूची के अन्तर्गत कई बार उत्तरदाताओं को किसी प्रश्न के उत्तर में प्रत्येक कही हुई बात को रिकॉर्ड करने का अवसर नहीं दिया जाता है, बल्कि किसी पूर्व-निश्चित उत्तर को मात्र चिह्नित करने के लिए कहा जाता है, जैसे– लोकतन्त्र शासन की सबसे अच्छी प्रणाली है– (1) सहमत, (2) असहमत एवं (3) नहीं कह सकते हैं : देखें– **Closed question**।

closed sentence (क्लोज़्ड 'सेन्टन्स्) **अवरुद्ध वाक्य :** वह वाक्य, जिसमें स्वतन्त्र चरों का प्रयोग न किया गया हो। यदि यह कहा जाये कि गरीबों की तुलना में अमीर लोग ज्यादा झूठ बोलते हैं, तो इसे अवरुद्ध वाक्य कहा जायेगा; क्योंकि इस वाक्य में कोई स्पष्ट स्वतन्त्र चर नहीं है।

closed shop (क्लोज़्ड शॉप्) **बन्द प्रतिष्ठान :** कुछ ऐसे प्रतिष्ठान होते हैं, जहाँ रोज़गार मिलने के पूर्व या रोज़गार मिलने के बाद उसकी सदस्यता हासिल करनी पड़ती है। अमरीका, ब्रिटेन तथा यूरोप के अन्य देशों में किसी प्रतिष्ठान में नौकरी पाने के लिए इस प्रकार की शर्त पर प्रतिबन्ध लगा दिया गया है; क्योंकि यह वैयक्तिक स्वतन्त्रता के खिलाफ है तथा वैसे प्रतिष्ठानों के अन्तर्गत कामकाजी लोगों का शोषण हो सकता है।

closed society (क्लोज़्ड सॅ'साइअटि) **बन्द समाज, अवरुद्ध समाज :** (1) जॉन ड्यूई (John Dewey, 1859-1952, इस नाम का शुद्ध उच्चारण मात्र जॉन ड्यूइ है) के अनुसार, वह समाज, जो किसी भी नवीन तत्त्व अथवा भिन्न तत्त्व को ग्रहण करने में संकोच करे तथा विकास का विरोधी हो। (2) एक परम्परागत समाज, जिसमें सामाजिक गतिशीलता की दर अत्यन्त मन्द होती है, उदाहरणार्थ– परम्परागत भारतीय समाज। मुक्त एवं बन्द समाज के विभाजन का मुख्य आधार सामाजिक गतिशीलता की तीव्रता है। यदि किसी समाज में व्यक्ति या व्यक्तियों के समूह में किसी प्रकार की गतिशीलता नहीं है या काफी कम है, तो उसे बन्द समाज कहेंगे। दूसरी तरफ बन्द समाज के अन्तर्गत व्यक्तियों की सामाजिक स्थिति जन्म से पूर्व-निर्धारित (**Pre-determined**) होती है। बन्द समाज के अन्तर्गत प्रदत्त मूल्य (**Ascriptive values**) की प्रधानता होती है : देखें– **Society**।

closed system of social stratification (क्लोज़्ड 'सिस्टम् ऑव् 'सोश्ल् स्ट्रैटिफ़ि 'केश्न्) **बन्द सामाजिक स्तरण व्यवस्था :** वह समाज, जहाँ व्यक्तियों के जीवन में सामाजिक गतिशीलता संभव नहीं है। प्राचीन एवं मध्यकालीन भारतीय समाज काफी हद तक एक बन्द समाज था; क्योंकि निम्न जाति के लोगों के लिए ऊपर उठना काफी कठिन कार्य था। पुश्त-दर-पुश्त लोग एक ही सामाजिक स्थिति में बने रहते थे। एक सामाजिक स्थिति से दूसरी स्थिति में खिसकना अपवादस्वरूप कभी-कभी संभव हो पाता था।

closure, social ('क्लोज़र्, 'सोश्ल्) **सामाजिक अवरोध :** इस अवधारणा के माध्यम से समाजशास्त्रियों ने सामाजिक असमानता की स्थिति का विश्लेषण करने का प्रयास किया है। जो व्यक्ति या व्यक्तियों का समूह समाज के ऊँचे स्तर पर बैठा हुआ है, उसकी भरसक यह कोशिश होती है कि कोई बाह्य व्यक्ति वहाँ तक नहीं पहुँचे। नृजाति, जाति, प्रजाति एवं धर्म कुछ ऐसी व्यवस्थाएँ हैं, जो सामाजिक अवरोध का काम करती हैं। उसमें दो प्रकार की प्रक्रियाएँ शामिल हैं– बहिष्करण और समावेशन (Exclusion and inclusion), लगभग सभी समाजों में एक समूह दूसरे समूह को सकारात्मक जीवन के अवसरों से वंचित रखने का प्रयास करता है। समाज में प्रायः वही होता है, जो शक्तिशाली समूह उचित समझता है। प्रत्येक समाज में सामाजिक अवरोध की प्रक्रिया एक ओर हाशियाकरण के माध्यम से, तो दूसरी ओर समावेशन की प्रक्रिया से निरन्तर चलती रहती है। सामाजिक अवरोध के आधार भिन्न-भिन्न समाज में भिन्न-भिन्न ढंग से कार्य करते हैं, जैसे– शैक्षणिक योग्यता, दल की सदस्यता, चमड़ी का रंग, धार्मिक पहचान, सम्पत्ति, सामाजिक मूल (उद्गम), चाल-चलन, जीवन-शैली और प्रदेश आदि के आधार पर किसी समूह में कुछ व्यक्तियों को शामिल किया जाता है, तो कुछ को बाहर रखा जाता है (देखें– Raymond Murphy, **Social Closure: The Theory of Monopolization and Exclusion, 1988**)।

club (क्लब्) **क्लब, सभा :** यह औपचारिक रूप से संगठित वर्ग है, जिसका उद्देश्य प्रायः प्रतिक्रियात्मक नहीं होता है, जैसे– राजनीतिक क्लब (सभा), जिसका उद्देश्य आंशिक रूप में प्रतिक्रियात्मक हो सकता है, लेकिन उसका अन्तिम उद्देश्य राजनीतिक सत्ता प्राप्त करना होता है। क्लब सामाजिक, सांस्कृतिक एवं शैक्षणिक भी होते हैं।

cluster ('क्लस्टर्) **गुच्छ :** विश्लेषण के लिए परस्पर प्रतिचयन इकाइयों या किसी सांख्यिकीय समष्टि का समीपस्थ अवयव समूह, जैसे– किसी खण्ड के सारे आवास गृह या एक ही मकान में रहने वाले सारे लोग एक गुच्छ के रूप माने जा सकते हैं।

cluster analysis ('क्लस्टर् अ'नैलसिस्) **गुच्छ विश्लेषण :** सांख्यिकी के अन्तर्गत यह एक ऐसी प्रविधि है, जिसका प्रयोग मुख्यरूप से आँकड़ों के अन्तर्गत आन्तरिक संरचना के स्वरूप के बहुचर विश्लेषण के लिए किया जाता है। जब किसी सर्वेक्षण के अन्तर्गत विभिन्न मुद्दों पर लोगों की मनोवृत्तियों के आँकड़ों के अन्तर्गत कई छोटे-छोटे समूह दिखाई पड़ते हैं, तो वैसी परिस्थिति में इस प्रविधि का व्यक्तियों या चरों के समूह का पता लगाने में प्रयोग किया जाता है।

cluster sampling ('क्लस्टर् साम्प्लिन्ग) **गुच्छ प्रतिचयन :** जब किसी समष्टि की प्रतिचयन इकाई समूह या गुच्छ

हो, तब नमूनों का चुनाव भी गुच्छों के रूप में किया जाता है, इसे ही गुच्छ प्रतिचयन कहते हैं । गुच्छ प्रतिचयन में किसी समष्टि के अवयवों को एक-एक करके नहीं चुना जाता, बल्कि उन्हें वर्ग या समूह मानकर एक गुच्छ के रूप में चुना जाता है । ऐसे नमूने के प्रसरण में तथा उसी आकार के सरल प्रतिचयन द्वारा चुने गए नमूने के प्रसरण में, जो अनुपात होता है, उसे गुच्छ प्रभाव कहा जाता है ।

Coal and Demeny method (कोल ऐन्ड् डेमेन मे'थॅड) **कोल तथा डेमेन विधि :** ऐंसली जे. कोल तथा पॉल डेमेन (Ansley J. Coal and Paul Demeny) द्वारा तैयार की गई 326 जीवन-सारणियों के सामंजस्य को क्षेत्रीय आधार पर पूर्वी, पश्चिमी, उत्तरी तथा दक्षिणी 4 भागों में विभक्त करके विभिन्न आन्तरिक वृद्धि-दरों और मर्त्यता स्तरों के अनुसार स्थिर जनसंख्याओं और जीवन-सारणियों की गणना की विधि । इसमें यह माना जाता है कि कुल जनसंख्या का मॉडल स्थिर प्रकार का है । इस विधि की सहायता से किसी जनसंख्या के आयु बंटन के आधार पर उस जनसंख्या की जैव दरों की गणना भी की जा सकती है । इस विधि में मुख्य समस्या यह रहती है कि किसी विशेष देश के लिए कौन-सी क्षेत्रीय-जीवन सारणी का प्रयोग किया जाये ।

coalition (कोअ'लिशन्) **सहमिलन :** इस अवधारणा का सम्बन्ध मुख्यरूप से राजनीतिक समाजशास्त्र से है; क्योंकि कई बार ऐसा होता है कि एक से अधिक दल आपस में मिलकर सरकार बनाने में कामयाब हो जाते हैं; विशेषकर उस स्थिति में जब कोई एक दल अकेले सरकार बनाने में सक्षम नहीं होता है । कभी-कभी विरोधी दलों के लोग भी एकसाथ मिलकर सरकार का विरोध करने के लिए एक संघ का निर्माण करते हैं । विलियम गैम्सन (William A. Gamson) का कहना है कि संघ का निर्माण सिर्फ अधिकतम शक्ति प्राप्त करने के लिए ही नहीं होता, बल्कि इसका निर्माण अधिक-से-अधिक पारितोषिक पाने के लिए भी होता है (देखें– William A. Gamson, 'A theory of coalition formation', **American Sociological Review**, 1968 (Vol.22); Theodore Caplow, **Two Against One: Coalitions in Triads**, 1968) ।

code, linguistic (कोड, लिन्'ग्विस्टिक्) **भाषाई संकेतकी :** देखें– **Linguistic code** ।

co-determination (कोडि टर्मि'नेशन्) **श्रमिक साझेदारी :** 1950 के दशक में जर्मनी में विभिन्न प्रकार के व्यावसायिक प्रतिष्ठानों के बेहतर प्रबन्धन के लिए मज़दूरों की सहभागिता को प्रोत्साहित किया गया । कानून के माध्यम से मज़दूरों को व्यावसायिक प्रतिष्ठानों के विभिन्न क्षेत्रों में प्रतिनिधित्व दिया जाने लगा और फिर धीरे-धीरे इस प्रकार की पद्धति का यूरोप के अन्य देशों में भी प्रचार-प्रसार हुआ ।

coding (कॉड्इन्ग) **संकेतन :** शोध की भाषा में, वर्णात्मक तथा गुणात्मक तथ्यों को संकेतों में बदलने की प्रक्रिया संकेतन कहलाती है । संकेतन प्राय: अंकों के माध्यम से होता है ।

co-education (कोएजु'केशन्) **सह-शिक्षा :** लड़के और लड़कियों को एक ही कक्षा और एक ही स्कूल में साथ-साथ शिक्षा देना सह-शिक्षा कहलाती है ।

co-efficient (कोइ'फ़िशॅन्ट) **गुणांक :** ऐसे स्थिरांक, जिन्हें समीकरण में चरों के साथ लिखा जाता है, यथा– $ax+by+c = 0$ में a, b तथा c गुणांक है ।

co-efficient of association (कोइ'फ़िशॅन्ट ऑव् ॲ सोसि'एशन्) **साहचर्य गुणांक :** दो गुणों में परस्पर सम्बन्धता या संयोग को जानने के लिए साहचर्य गुणांक का परिकलन किया जाता है । साहचर्य गुणांक को Q द्वारा सूचित किया जाता है ।

co-efficient of correlation (कोइ'फ़िशॅन्ट ऑव् कॉर'लेशन्) **सहसम्बन्ध-गुणांक :** सहसम्बन्ध गुणांक दो श्रेणियों के बीच सहसम्बन्ध का संख्यात्मक माप होता है, तथा γ द्वारा सूचित किया जाता है ।

co-efficient of regression (कोइ'फ़िशॅन्ट ऑव् रिग्रे'शन्) **समाश्रयण गुणांक :** समाश्रयण गुणांक उस मान को कहते हैं, जिसमें एक चर (**Variable**) में परिवर्तन दूसरे चर में इकाई परिवर्तन (Unit change) के लिए होते हैं। इस प्रकार दो चरों के लिए दो समाश्रयण समीकरण तथा दो समाश्रयण गुणांक होते हैं ।

coercion (को'अर्शन्) **अवपीड़न :** अवपीड़न लगभग किसी-न-किसी रूप में प्रत्येक समाज में पाया जाता है । इसे दो भागों में बाँटा जा सकता है– पहला सक्रिय अवपीड़न । जो दबाव अपने अधीनस्थ कर्मचारियों के खिलाफ किया जाता है, उसे सक्रिय अवपीड़न कहा जाता है । राज्य भी कानून बनाकर अपने प्रदेश के नागरिक को एक निश्चित प्रकार का आचरण करने के लिए विवश करता है । दूसरा, परिस्थिति-जन्य अवपीड़न (Situational coercion) । कई बार लोगों को अपनी परिस्थितियों के दबाव में रहकर आचरण करना होता है । नहीं चाहने पर भी उसे बाध्य होकर करना होता है, जैसे– सम्पत्तिहीन मज़दूरों को कम मज़दूरी पर भी जीवन-यापन करना होता है । वे अपनी परिस्थितियों से विवश होकर ऐसा करते हैं ।

coercive power (को'अर्सिव् 'पाउअर्) **अवपीड़क शक्ति या सत्ता :** जो भौतिक उत्पीड़न के माध्यम से उत्पन्न होता है, वह अवपीड़क शक्ति है । चुनाव में बन्दूक की नोक पर मतदान हासिल करना या चुनाव में समर्थन पाने के लिए लोगों को प्रताड़ित करने की धमकी देना, अवपीड़क शक्ति का खुला प्रदर्शन है ।

cognate, cognatic (कॉग्नेट, कॉग्नेटिक्) **सगोत्र, सजातीय :** जब दो व्यक्ति माता या पिता की ओर से समान पूर्वज से जुड़े होते हैं, तो उसे सगोत्र कहा जाता है, जैसे– मौसेरा या चचेरा भाई या बहन ।

cognition (कॉग्'निशन्) **संज्ञान :** इस शब्द का प्रयोग दो अर्थों में किया जाता है– (1) मन का वह पक्ष, जो संवेग और संकल्प से भिन्न है । मुख्यरूप से यह बाह्य वस्तुओं या घटनाओं से परिचय प्राप्त करने की क्रिया से सम्बन्धित है । यह ज्ञान प्राप्त करने की ऐसी प्रक्रिया है, जो अवलोकन या तर्क के माध्यम से संभव होती है । (2) सर्वाधिक व्यापक अर्थ में जानने की क्रिया ।

cognitive ('कॉग्निटिव) **संज्ञानात्मक :** मनुष्य अपने प्रतिदिन के संसार को समझने के लिए जिन वर्गीकरणों और अवधारणाओं का सहारा लेते हैं, उन्हें पैदा करने की धर्म की क्षमता। यह ऐसा गुण है, जिससे कोई व्यक्ति अपनी इन्द्रियों के द्वारा अच्छे-बुरे, सुन्दर-असुन्दर आदि का अन्तर जानता है । इसका सम्बन्ध किसी विषय के बोधन या समझने से है । उदाहरण के लिए, जब आप कुर्सी को देखते हैं, तो आप यह जानते हैं कि यह कुर्सी है; क्योंकि इसका एक विशिष्ट आकार होता है और यह लकड़ी या धातु की बनी होती है आदि ।

cognitive consistency theory ('कॉग्निटिव कन्'सिस्टन्सि 'थिअरि) **संज्ञानात्मक संगति-सिद्धान्त :** 20वीं सदी के कुछ अमरीकी समाज मनोवैज्ञानिकों का ऐसा विचार था कि प्रत्येक व्यक्ति के व्यक्तित्व में उसके विचारों, अनुभवों एवं आचरणों की एक अर्थपूर्ण व्यवस्था पायी जाती है । यह प्रत्येक व्यक्ति के व्यक्तित्व की केन्द्रीय विशेषता होती है । इन मनोवैज्ञानिकों ने यह भी बताया कि इन चीज़ों के बीच सामंजस्य में कमी एक दु:खद मनोवैज्ञानिक स्थिति मानी जाती है।

cognitive consonance ('कॉग्निटिव कॉन्सॅनॅन्स) **संज्ञानात्मक सामंजस्य :** इस अवधारणा का तात्पर्य यह है कि संज्ञानात्मक पद्धति की विभिन्न इकाइयों, जैसे– विश्वास, विचार, प्रत्यक्षीकरण एवं ज्ञान के विभिन्न पहलुओं के बीच एक प्रकार का सामंजस्य पाया जाता है । संज्ञानात्मक सामंजस्य कोई निरपेक्ष गुण नहीं है, बल्कि विभिन्न व्यक्तियों के व्यक्तित्व के बीच सामंजस्य के स्तर में मात्रा का फर्क होता है ।

cognitive dissonance ('कॉग्निटिव डिस'नॅन्स) **संज्ञानात्मक विसंगति** या **असंगति :** यह प्रत्यक्ष ज्ञान और वास्तविक संज्ञान के बीच असंगति की स्थिति का द्योतक है । इस अवधारणा के माध्यम से यह विश्लेषण किया जाता है कि कोई व्यक्ति क्यों कभी-कभी अतार्किक व्यवहार करता है, उदाहरणार्थ– कोई व्यक्ति क्यों धूमपान (प्रचलन में धूम्रपान है,

लेकिन यह एक अशुद्ध शब्द है) यह जानते हुए करता है कि वह स्वास्थ्य के लिए हानिकारक है । इस सन्दर्भ में इस सिद्धान्त के प्रवर्तक फेस्टिंगर (Leon Festinger– **A Theory of Cognitive Dissonance**, 1957) का कहना है कि व्यक्ति हमेशा अपने तर्क से प्रभावित होकर ही आचरण नहीं करता, बल्कि वह अपनी मनोवैज्ञानिक ज़रूरतों को पूरा करने के लिए भी वैसा करने को मजबूर होता है । विसंगति में कमी व्यक्ति के व्यवहार या मनोवृत्ति में परिवर्तन के माध्यम से ही संभव हो पाती है ।

cognitive skill ('कॉग्निटिव स्किल्) **संज्ञानात्मक निपुणता :** बौद्धिक क्षमता, जैसे– तर्कशक्ति, विचारशक्ति, याददाश्त, भाषा के व्यवहार की क्षमता ही संज्ञानात्मक निपुणता है । एक सफल अधिवक्ता वही हो पाता है, जिसमें संज्ञानात्मक निपुणता काफी पायी जाती है ।

cognitive sociology ('कॉग्निटिव सोसि'ऑलजि) **संज्ञानात्मक समाजशास्त्र :** यह नृजातीय पद्धतिशास्त्र (**Ethnomethodology**) का एक ऐसा पहलू है, जिसका उद्देश्य रोज़मर्रे के जीवन से जुड़ी समस्याओं के अर्थ का विश्लेषण करना है । यह नृजातीय पद्धति एवं भाषाविज्ञान के बीच में कड़ी का काम करता है । ऐरॉं सिसोरल (Aaron V. Cicourel) इसके मुख्य प्रवर्त्तक हैं ।

cognitive theory ('कॉग्निटिव 'थिअरि) **संज्ञानात्मक सिद्धान्त :** यह एक मनोवैज्ञानिक सिद्धान्त है, जो इस बात पर बल देता है कि व्यक्ति अपने विचारों तथा अर्थबोध के अनुसार व्यवहार करता है । संज्ञानात्मक सिद्धान्त इस अर्थबोध अथवा संज्ञान के निर्धारण पर परिवर्तन के नियमों की खोज करता है । संज्ञान के अन्तर्गत व्यक्ति के प्रत्यक्षीकरण, कल्पना चिन्तन तथा तर्क-वितर्क की क्षमताओं आदि को सम्मिलित किया जाता है । इसी धारणा के आधार पर यह कहा जा सकता है कि प्रत्येक व्यक्ति का संसार के प्रति अपना एक संज्ञानात्मक मानचित्र होता है (देखें– J. R. Eiser, **Cognitive Social Psychology**, 1980) ।

cohabitation (को हैबि'टेशन्) **सहवास :** यह दो अर्थों में प्रयोग होता है । (1) पति-पत्नी का एकसाथ रहना, जिसमें परस्पर यौन सम्बन्ध अपेक्षित होता है, परन्तु कानून की दृष्टि से यह आवश्यक नहीं है । (2) पति-पत्नी की भाँति एकसाथ रहना, चाहे सामाजिक अथवा कानूनी रूप से विवाह सम्पन्न न हुआ हो ।

cohesion (को'हीज़न) **सम्बद्धता :** व्यक्तियों को एकजुट करने वाली एकता का बोध । सम्बद्धता धर्म का एक प्रमुख कार्य है (देखें– Talcott Parsons, **The Social System**, 1951; Ferdinand Töennies, **Community and Society**, 1963) ।

cohort ('कोहॉट) **सहगण :** जनांकिकी में एक वर्ष में उत्पन्न हुए सभी शिशुओं को एक सहगण माना जाता है । सहगण को पुरुष सहगण एवं स्त्री सहगण के रूप में पृथक्-पृथक् किया जा सकता है । जीवन तालिका तथा प्रजननता विश्लेषण का अभिप्राय एक ऐसी विधि से है, जिसमें व्यक्ति के सहगणों का अध्ययन प्रजननता-दर, विवाह, मृत्यु-दर अथवा सामाजिक, राजनीतिक दृष्टि से उनके सम्पूर्ण जीवनकाल या किसी विशिष्ट अवधि तक के लिए किया जाता है : देखें– **Cohort analysis** ।

cohort analysis ('कोहॉट अ'नैलसिस्) **सहगण विश्लेषण :** इस प्रकार का विश्लेषण आमतौर पर जनसंख्याशास्त्र में होता है । जैसे, प्रजनन व्यवहार का अध्ययन कभी-कभी ऐसे व्यक्तियों के समूह का किया जाता है, जो किसी खास वर्ष में पैदा हुए हों । जैसे 1950-1960 के बीच पैदा लेने वाले व्यक्तियों की प्रजनन प्रक्रियाओं के विश्लेषण को हम प्रजनन सहगण विश्लेषण के नाम से जानते हैं ।

coincidence (को'इन्सिडॅन्स) **सहघटन :** दो ऐसी घटनाओं का एकसाथ घटना, जिनका एक-दूसरे से कोई निश्चित कार्य-कारण सम्बन्ध ज्ञात न हो, जैसे– किसी व्यक्ति के विवाह की पूर्व-संध्या पर उसके पिता की अचानक मृत्यु हो जाना ।

cold war (कोल्ड् वॉर्) **शीत युद्ध :** दो राज्यों के बीच गम्भीर तनाव की स्थिति, जिसमें युद्ध के सारे लक्षण मौजूद हों,

लेकिन वास्तव में युद्ध न हो रहा हो। द्वितीय विश्वयुद्ध के बाद उभरी दो महाशक्तियों– अमरीका और रूस के बीच मनमुटाव तथा आपस में श्रेष्ठता की होड़ के कारण बनी स्पर्धा को ही शीत युद्ध कहा जाता है । ऐसा कई बार हुआ कि ये दोनों देश युद्ध के कगार तक पहुँच गए, पर इनमें आपसी सैन्य युद्ध कभी नहीं हुआ । लेकिन ये स्पर्धा सिर्फ सैन्य मामलों तक सीमित नहीं थी, बल्कि इसमें आर्थिक, वैज्ञानिक तथा राजनीतिक पहलू भी जुड़े हुए थे । दोनों देशों की नीतियों का समर्थन करने वाले देशों के दो अलग गुट बने । एक गुट रूस का समर्थन करता था और इन राष्ट्रों को रूस का समर्थन तथा सहायता प्राप्त होती थी तथा दूसरे गुट के राष्ट्रों को अमरीका का । ऐसे ही समय गुटनिरपेक्ष आन्दोलन का जन्म हुआ । इस आन्दोलन के सदस्य-राष्ट्र किसी गुट का समर्थन या विरोध नहीं करते थे । आपसी सहयोगी राष्ट्रों के संघर्ष में ये दोनों देश सैन्य मदद भी करते थे, जिसके कारण दोनों देशों के बीच तनाव बढ़कर युद्ध की सम्भावना तक आ जाती थी । 1991 में सोवियत रूस के विघटन के साथ ही शीत युद्ध समाप्त हो गया । रूस अब महाशक्ति नहीं रहा । इस कारण वह अमरीका से आर्थिक स्पर्धा में पीछे छूट गया ।

Coleman report (कॉलमैन रि'पॉर्ट्) **कॉलमैन की रपट :** अमरीकी स्वास्थ्य, शिक्षा और कल्याण विभाग ने 1966 में एक रपट तैयार की थी, जिसमें यह कहा गया कि किसी व्यक्ति की शैक्षणिक सफलता के पीछे घरेलू वातावरण की प्रमुख भूमिका होती है (देखें– James Coleman, **Equality of Educational Opportunity,** 1966) ।

collective (क'लेक्टिव्) **सामूहिक :** परस्पर अन्त:क्रिया कर रहे व्यक्तियों द्वारा निर्मित एक संयुक्त क्रिया, विचार या आदर्श । जैसे– दक्षिण एशियाई देशों के राजनीतिक नेताओं के द्वारा सार्क (**SAARC**) का गठन ।

collective action (क'लेक्टिव् ऐक्शन्) **सामूहिक कार्रवाई :** ऐसा कार्य, जिसे समूह के सभी सदस्यों द्वारा इकट्ठे मिलकर समान स्वार्थपूर्ति हेतु किया जाता है । ऐसा माना जाता है कि समान स्वार्थवाले सभी लोग एकसाथ मिलकर कार्रवाई करते हैं । पर अनुभव यह बताता है कि बहुत बार सभी समान स्वार्थवाले व्यक्ति एकसाथ मिलकर प्रयास नहीं कर पाते हैं । इस विषय पर हार्डिन की रचना विशेष रूप से उल्लेखनीय है (देखें– Russell Hardin, **Collective Action,** 1982) ।

collective and distributive power (क'लेक्टिव् ऐन्ड् डिस'ट्रिब्यूटिव् 'पाउअर्) **सामूहिक और वितरणात्मक शक्ति :** टैलकॉट पार्सन्स (Talcott Parsons) ने इन दोनों प्रकार की शक्तियों में अन्तर बताया है, सामूहिक शक्ति वह है जिसे 'क' और 'ख' दोनों साथ मिलकर प्रयोग करते हैं, इस स्थिति में 'क' और 'ख' की संयुक्त शक्ति काफी बढ़ जाती है । वे दोनों इकट्ठा 'ग' पर शक्ति का अधिक प्रयोग करते हैं । वितरणात्मक शक्ति के अन्तर्गत 'क' 'ख' के ऊपर शक्ति का प्रयोग करता है और इसके अन्तर्गत 'क' और 'ख' की अलग-अलग सीमित शक्ति होती है । सामूहिक शक्ति की तुलना में वितरणात्मक शक्ति सापेक्षिक रूप से कमजोर शक्ति है ।

collective bargaining (क'लेक्टिव् 'बार्गनिङ्) **सामूहिक सौदाकारी :** मज़दूर यूनियन के प्रतिनिधि तथा प्रबन्धन के प्रतिनिधियों के बीच शान्तिपूर्ण ढंग से किसी संघर्ष का निष्पादन या समझौता, जैसे– मज़दूरी, काम करने के घंटे, काम की स्थिति, स्वास्थ्य बीमा, अवकाश पेंशन आदि सम्बन्धों से समझौता ।

collective behaviour (क'लेक्टिव् बि'हेव्यर्) **सामूहिक व्यवहार :** देखें– **Behaviour, collective** ।

collective consciousness/conscience (क'लेक्टिव् 'कॉन्शसनस्/ कॉन्शन्स्) **सामूहिक चेतना :** किसी समाज के सदस्यों के बीच सामान्य विश्वासों, मान्यताओं एवं भावनाओं की एक व्यवस्था की रचना सामूहिक चेतना है । एमिल डर्कहाइम (Émile Durkheim) ने इस विचार को व्यक्त करने के लिए **Collective conscience** का प्रयोग किया है (देखें– Émile Durkheim, **The Division of Labour in Society**, 1933; Mannuel Castells, **The Urban Question: A Marxist Approach**, 1977) : देखें– **Collective representation** ।

collective consumption (क'लेक्टिव् कन्'सम्प्शन्) **सामूहिक उपभोग :** इस शब्द का प्रयोग नव-मार्क्सवादी मैनुएल

कैस्टेल्स (Manuel Castells) ने किया था । पूँजीवादी व्यवस्था के विकास में एक ऐसा चरण आता है, जब राज्यों को श्रमिकों के लिए एक ही जगह पर अनेक सेवाएँ मुहैया करनी पड़ती हैं, जैसे– शिक्षा, यातायात के साधन, स्वास्थ्य सुविधा । कुछ ऐसी चीज़ें, जिनका लोग सामूहिक रूप से इस्तेमाल करते हैं । कुछ लोगों का कहना है कि यह शब्द एक प्रकार का अ-यथार्थ नाम है; क्योंकि सरकार सामूहिक सेवा प्रदान करती है (देखें– Peter Saunders, **Social Theory and the Urban Question**, 1986) ।

collective economy (क'लेक्टिव् इ'कॉनमि) **संचयी अर्थव्यवस्था :** ऐसी अर्थव्यवस्था, जिसमें मनुष्य खाद्य-कंद, मूल, फल, फूल इत्यादि का संग्रह कर जीवन-निर्वाह करता है । संस्कृति के प्रारम्भिक चरणों में कृषि के पूर्व मानवसमाज में यही अर्थव्यवस्था पायी जाती थी ।

collective effervescence (क'लेक्टिव् एफ़र'वेसन्स्) **सामूहिक उत्तेजना :** सामूहिक उत्साह की भावना । इससे व्यक्तियों के आपसी बन्धन और अधिक मजबूत हो जाते हैं और जिससे वे समाज में अपनी सदस्यता पर गर्व करते हैं, जैसे– ईद मिलन या होली मिलन का आयोजन । बाराती के सदस्यों के द्वारा नाच-गान करना भी सामूहिक उत्तेजना है ।

collective good (क'लेक्टिव् गुड्) **सामूहिक हित :** वह शुभ, जो एक व्यक्ति का न होकर, पूरे समूह का हो । सड़क, अस्पताल, पुल या रेल सामूहिक हित की चीज़ें हैं : देखें– **Public good** ।

collective goods (क'लेक्टिव् गुड्स्) **सामूहिक वस्तुएँ :** ऐसी वस्तुएँ, सेवाएँ या हितलाभ, जो किसी समाज या किसी संस्था के अन्तर्गत सभी सदस्यों के लिए समान रूप से सुलभ हों, भले ही उनका ख़र्च समाज के कतिपय लोग ही उठाते हों । उदाहरण के लिए, राज्य में प्रतिरक्षा, पुलिस, सार्वजनिक स्वास्थ्य या सार्वजनिक शिक्षा ।

collective judgement (क'लेक्टिव् जजमन्ट्) **संकलनात्मक निर्णय :** वह निर्णय, जो दृष्टान्तों की अधिकतम गणना पर आधारित होता है, जैसे– गणतन्त्र दिवस पर सभी सरकारी भवनों पर झण्डे फहराये जाते हैं । भारत के पहाड़ी लोग ऊँचे कद के नहीं होते हैं, यह भी एक प्रकार का संकलनात्मक निर्णय है ।

collective labourer (क'लेक्टिव् 'लेबरर्) **सामूहिक श्रमिक :** कार्ल मार्क्स (Karl Marx, 1818-1883) का कहना था कि पूँजीवाद के विकास में एक ऐसा स्तर आता है, जब कुछ चीज़ों का मज़दूर अकेले उत्पादन नहीं कर सकता है, बल्कि बहुत सारे मज़दूर मिलकर कुछ चीज़ों का उत्पादन करते हैं । इस शब्द से एक जटिल श्रमिक प्रक्रिया का बोध होता है, जिसके अन्तर्गत उच्च स्तर का श्रम-विभाजन पाया जाता है ।

collective leadership (क'लेक्टिव् 'लीडर्शिप्) **सामूहिक नेतृत्व :** यह विचार कि यथार्थ या तथाकथित सामूहिक निर्णय विस्तृत वाद-विवाद और बहुमत पर आधारित होना चाहिए, किसी सर्वोच्च नेता की इच्छा पर नहीं। साम्यवादी जगत् में व्यक्ति-पूजा की प्रवृत्ति पर रोक लगाने के लिए सामूहिक नेतृत्व पर विशेष बल दिया जाता है ।

collective representation (क'लेक्टिव् रेप्रिजेन'टेशन्) **सामूहिक प्रतिनिधान :** इससे एमिल डर्कहाइम (Émile Durkheim, **The Elementary Forms of the Religious Life**, 1912) का तात्पर्य है कि समाज द्वारा मान्य उन विचारों, धारणाओं, भावनाओं तथा प्रतीकों को सामूहिक प्रतिनिधान की संज्ञा दी जाती है, जो सामूहिक रूप से समस्त समूह का प्रतिनिधित्व करते हैं । इन्हें समाज के सदस्य आदर की दृष्टि से देखते हैं । इनका निर्माण सामाजिक अन्तःक्रियाओं के दौरान या व्यक्तिगत चेतना के पारस्परिक प्रभावों के फलस्वरूप होता है : देखें– **Collective conscience** ।

collective responsibility (क'लेक्टिव् रिस्पॉन्स'बिलटि) **सामूहिक उत्तरदायित्व :** मंत्रिमण्डल अथवा संसदीय शासन-प्रणाली का एक मान्य सिद्धान्त, जिसके अनुसार आधारभूत नीति के समस्त प्रश्नों पर मंत्रिपरिषद् सामूहिक रूप से लोकसभा अथवा निम्न सदन के प्रति उत्तरदायी होता है । सदन के प्रति मंत्रिपरिषद् के सामूहिक उत्तरदायित्व का

अभिप्राय यह हो जाता है कि मंत्रिपरिषद् सदन के सामने एक टीम के रूप में आती है । मंत्रियों के लिए आवश्यक है कि वे सदन में विभिन्न आवाज़ों में न बोलें। जब मंत्रिमण्डल कोई निर्णय कर लेता है, तो सदन में सभी मंत्रियों के लिए उसका समर्थन करना आवश्यक है । यह भारतीय संविधान की एक विशेषता है कि उसमें लोकसभा एवं अन्य निम्न सदनों के प्रति मंत्रिमण्डल के सामूहिक उत्तरदायित्व का स्पष्ट उल्लेख कर दिया गया है ।

collectivism (क'लेक्टि विज़्म्) **सामूहिकवाद, सामूहिकतावाद :** इस शब्द का प्रयोग अनेक अर्थों में हुआ है। सामान्य तौर पर सामूहिकतावाद से तात्पर्य किसी भी ऐसे राजनीतिक या सामाजिक-आर्थिक सिद्धान्त के तौर-तरीके से है, जो उत्पादन और वितरण के साधनों पर सामुदायिक या राजकीय स्वामित्व या नियन्त्रण को बढ़ावा देते हैं। यह विचारधारा कार्ल मार्क्स के इस आधारभूत सिद्धान्त को स्वीकार करती है कि वर्तमान पूँजीवादी व्यवस्था उत्पादन एवं वितरण के साधनों को केवल थोड़े-से व्यक्तियों के हाथों में केन्द्रित करके अन्याय करती है और समाज की भारी जनसंख्या को जीवन की प्रारम्भिक आवश्यकताओं तक से वंचित रखती है तथा सामाजिक उन्नति की दृष्टि से यह अति आवश्यक है कि इस व्यवस्था का अन्त हो और उसके स्थान पर एक ऐसी सामाजिक और आर्थिक व्यवस्था का निर्माण हो, जिसमें उत्पादन तथा वितरण के साधनों का राष्ट्रीयकरण हो, जिसके फलस्वरूप प्रत्येक व्यक्ति को अपने जीवन की प्रारम्भिक आवश्यकताएँ पूरी करने का अवसर मिल सके तथा मनुष्य के द्वारा मनुष्य का शोषण न हो सके। तथापि, यह विचारधारा कार्ल मार्क्स के वर्ग संघर्ष के सिद्धान्त, श्रमिक अधिनायकत्व और क्रांतिकारी कार्य-पद्धति जैसे विचारों को स्वीकार नहीं करती। यह विचारधारा मुख्यरूप से मार्क्सवाद के विकासात्मक पक्ष पर जोर देती है और इसकी मान्यता है कि समाज एक जीवित प्राणी के तुल्य है, जिसमें धीरे-धीरे विकास होता है ।

collectivist organization (क'लेक्टि विस्ट् ऑगनाइ'ज़ेश्न्) **समूहवादी संगठन** : देखें– **Collectivism** ।

collectivity (क'लेक्टि विटि) **सामूहिकता** : व्यक्तियों का एक भौतिक समूह, जैसे–भीड़, मेला आदि (देखें– Robert K. Merton (ed.), **Social Theory and Social Structure**,1968) ।

collectivization (क'लेक्टिवाइ'ज़ेश्न्) **सामूहिकीकरण** : यह एक ऐसी प्रक्रिया है, जिसके अन्तर्गत भूमि के स्वामित्व को समाप्त करके उसपर राज्य या समुदाय का स्वामित्व कर दिया जाता है । इसका सबसे प्रमुख उदाहरण भूतपूर्व सोवियत संघ है । वहाँ जोसेफ़ स्टालिन (Joseph Stalin, 1879-1953) ने 1930 के दशक में बड़े-बड़े ज़मींदारों से ज़मीन छीनकर विशाल सामूहिक कृषिक्षेत्र बना दिया था और उनपर किसानों को खेती करने के लिए लगा दिया था । यही प्रयास पूर्वी यूरोप के देशों में भी किया गया । इससे कृषि-उत्पादन में विशेष फ़ायदा नहीं हुआ; क्योंकि किसान अपनी-अपनी भूमि के साथ जुड़े नहीं रहे; अत: वे पूरी लगन से काम नहीं कर पाए और उनकी क्षमताओं का भी पूरा उपयोग नहीं हो पाया ।

collusion (क'लूज़्न्) **दुरभिसंधि** : इस शब्द का प्रयोग दो अर्थों में किया जाता है– (1) दो या उससे अधिक देशों या संगठनों के बीच ऐसा गुप्त समझौता, जिसका उद्देश्य दूसरों को धोखा देना होता है; (2) किसी वस्तु (या वस्तुओं) के विक्रेताओं के बीच ऐसा गुप्त समझौता, जिसमें वे परस्पर प्रतियोगिता से बचने के लिए उस वस्तु की सामान्य क़ीमत निर्धारित कर देते हैं या बाज़ार में से अपना-अपना हिस्सा बाँट लेते हैं ।

colonial masters (कॅ'लोनिअल् 'मास्टरस्) **उपनिवेशवादी स्वामी** : उपनिवेशवादी प्राय: यह समझते हैं कि वे सर्वगुणसम्पन्न हैं और दूसरों को सीख देने में सर्व-समर्थ हैं । वे ऐसा मानते थे कि सारे जगत् को सभ्य बनाना उनका कर्त्तव्य है । इसलिए सभी काले लोग 'गोरे व्यक्तियों के बोझ' बतलाए जाते थे ।

colonialism (कॅ'लोनिअ लिज़्म्) **उपनिवेशवाद** : किसी एक शक्तिशाली राष्ट्र द्वारा दूसरे देश पर बलपूर्वक अधिकार करना तथा उसकी स्वाधीनता का हनन करना, आर्थिक रूप से उसे शोषित करना, उसकी संस्कृति एवं सभ्यता पर कुठाराघात करना, उसके रीति-रिवाज एवं परम्पराओं पर प्रहार करना आदि उपनिवेशवाद कहलाता है । वास्तव में, उपनिवेशवाद वह नीति है, जिसके द्वारा कोई विदेशी शक्ति अन्य प्रदेशों पर अपना राजनीतिक आधिपत्य स्थापित कर

अपनी आर्थिक उन्नति के लिए उसके संसाधनों का शोषण करती है । उपनिवेशवाद साम्राज्यावाद का ही एक रूप है। वैसे तो उपनिवेशवाद के उदाहरण प्राचीन काल से मिलते रहे हैं, पर आधुनिक काल में इंग्लैंड, फ्रांस, स्पेन, पुर्तगाल तथा हॉलैंड आदि यूरोपीय देशों ने एशिया और अफ्रीका के पिछड़े हुए क्षेत्रों में अपने उपनिवेश स्थापित कर वहाँ का आर्थिक शोषण किया है तथा उपनिवेशवादी नीति पर विशेष रूप से अमल किया है । किन्तु नवीन साम्राज्यवाद के तहत इन उपनिवेशों में राजनीतिक शक्ति का प्रसार करने तथा अतिरिक्त जनसंख्या को बसाने के उपाय आरम्भ किये गये (देखें– W. J. Mommsen, **Theories of Imperialism**, 1980) : देखें– **Colonialism, neo-** ।

colonialism, internal (कॅ'लोनिअ लिज़्म्, इन्'टर्न्ल्) **आन्तरिक उपनिवेशवाद :** आन्तरिक (घरेलू) उपनिवेशवाद जैसे शब्द का प्रयोग केन्द्र और परिधि के बीच शोषण पर आधारित सम्बन्धों को दर्शाने के लिए किया जाता है । एक ही समाज या राज्य के अन्तर्गत कभी-कभी ऐसी स्थिति पाई जाती है कि एक समूह दूसरे समूह का शोषण करता है। कुछ समाज मनोवैज्ञानिकों का मानना है कि अमरीका में गोरे और काले के बीच इसी प्रकार का सम्बन्ध है । दूसरे देशों के सन्दर्भ में भी केन्द्र और परिधि की अवधारणा के माध्यम से आन्तरिक उपनिवेशवाद की चर्चा की जा रही है (देखें–M. Hechter, **Internal colonialism**, 1975) : देखें–**Centre-periphery model** ।

colonialism, neo- (कॅ'लोनिअ लिज़्म्, नीओ) **नव-उपनिवेशवाद :** देखें– **Colonialism; Neo-colonialism** ।

colony ('कॉलनि) **उपनिवेश :** वह देश या क्षेत्र, जहाँ किसी विदेशी राष्ट्र के लोग आकर बस जाते हैं और बाद में वहाँ अपना शासन स्थापित कर लेते हैं । वहाँ के प्राकृतिक एवं मानवीय संसाधनों का उपयोग अपने मूल देश की उन्नति के लिए करते हैं ।

colour bar ('कलर् बार्) **रंगभेद :** विभिन्न कार्यों में काले लोगों को गोरे लोगों के साथ भाग लेने से रोकना या अनुमति न देना, उनके साथ कठोरता का व्यवहार करना और सामाजिक भेदभाव बरतना । इस प्रकार, कुछ व्यवसाय परम्परा से काले लोगों के लिए निषिद्ध होते हैं और कुछ उन्नत व्यवसायों से उन्हें कानून द्वारा बहिष्कृत कर दिया जाता है । रंगभेद पर आधारित व्यवहार श्वेत या अश्वेत दोनों ही वर्गों के लोग एक-दूसरे के विरुद्ध करते हैं : देखें– **Racism** ।

column chart ('कॉलम् चार्ट्) **पट्टी या रेखा चार्ट :** ऐसा चार्ट, जिसमें राशियों (मात्रा) को समान चौड़ाईवाले आयतों से दर्शाया जाता है । इस चार्ट में लम्बाई मात्रा बतलाती है ।

command economy (कॅ'मान्ड इ'कॉनमि) **अधिगृहीत अर्थव्यवस्था :** अधिगृहीत अर्थव्यवस्था से तात्पर्य योजनाबद्ध अर्थव्यवस्था से नहीं, बल्कि पूर्णतः केन्द्र के द्वारा संचालित अर्थव्यवस्था से है । साम्यवादी व्यवस्था की स्थापना के उपरान्त सोवियत संघ में इसी प्रकार की अर्थव्यवस्था की स्थापना की गई थी । इसके अन्तर्गत अर्थव्यवस्था के संचालन के सम्बन्ध में सारे निर्णय केन्द्रीय सरकार के होते हैं ।

command socialism (कॅ'मान्ड 'सोश लिज़्म्) **सर्वोपरि समाजवाद :** ऐसी आर्थिक व्यवस्था, जिसमें सारे संसाधन राज्य के अधीन होते हैं । उनका आवंटन और उपयोग नियोजन से जुड़ी हुई सर्वोपरि सत्ता के निर्देशन में रहता है, जहाँ निर्णयन की सारी शक्तियाँ केन्द्रित होती हैं तथा बाज़ार-शक्तियों की भूमिका नगण्य हो जाती है ।

commensality (कॉमन्'सैलिटि) **सहभोजिता, सहभोज :** इस सन्दर्भ में इस शब्द का अर्थ है एक ही मेज पर भोजन करना । परिवार के सभी सदस्यों के लिए एक ही रसोईघर में खाना बनता है और सभी लोग साथ होते हैं । इसका दूसरा अर्थ एक समूह का सार्वजनिक रूप से बैठकर एकसाथ भोजन करना भी होता है । जाति व्यवस्था में विभिन्न जातियों के बीच सहभोजिता की कमी रही है ।

commercial and industrial capitalist (क'मर्शल् ऐन्ड् इन्'डस्ट्रिअल् 'कैपिटलिस्ट्) **वाणिज्यिक एवं औद्योगिक पूँजीपति :** वाणिज्यिक एवं औद्योगिक संस्थानों तथा बृहत्स्तरीय व्यापार के स्वामी ।

commodification, commoditization (कमॉड् 'इफिकेशन्, कमॉडी 'टाइ ज़ेशन्) **वस्तुकरण :** मार्क्सवादी परिप्रेक्ष्य में जब वस्तुओं का उत्पादन एवं उत्पादनकर्ता द्वारा प्रत्यक्ष रूप में प्रयोग किये जाने के स्थान पर उसके वितरण के लिए उत्पादन किया जाता है, तब वह वस्तुकरण कहलाता है । इस अवधारणा का प्रयोग तीसरी दुनिया के देशों के अध्ययनों में प्रचुरमात्रा में किसानों की ऐसी क्रियाओं के लिए किया गया है, जब वे अपने उत्पादन का उपभोग न करके, उसे नकद दामों के बदले में बेच देते हैं ।

commodity chains; commodity chains analysis (क 'मॉडिटि चेन्स; क 'मॉडिटि चेन्स अ 'नैलसिस्) **व्यापार-सामग्री शृंखला; व्यापार-शृंखला विश्लेषण :** यह आर्थिक सम्बन्धों का ऐसा जाल है, जो बहुराष्ट्रीय निकायों और बाज़ारों के एकीकरण का भाव दर्शाता है । इसके माध्यम से विश्वस्तर पर कामकाजी लोगों की सेवाएँ और बाज़ार के लिए उपभोक्ता की वस्तुएँ उपलब्ध होती हैं । इस अवधारणा को सार्वभौमिक व्यापार-सामग्री शृंखला (**Global commodity chains**) भी कहा जाता है। यह इस मान्यता का खण्डन करता है कि पूँजीवाद एक राष्ट्रकेन्द्रित आर्थिक व्यवस्था है। पूँजीवाद एक विश्वव्यापी व्यवस्था है, जो विश्व के सभी राष्ट्रों को अपने आर्थिक जाल में समेटने या एकीकरण की क्षमता रखता है (देखें– G. Gereffi and M. Korzeniewicz (eds.), **Commodity Chains and Global Capitalism**, 1994) ।

commodity fetishism (क 'मॉडिटि फ़ीट् 'इशिज़म्) **वस्तुकरण :** इस शब्द का सर्वप्रथम प्रयोग कार्ल मार्क्स (Karl Marx– **Das Capital**) ने किया था । लेकिन आज विचारों के सिद्धान्त में इस शब्द का काफी प्रयोग हो रहा है । इसका तात्पर्य एक ऐसी प्रक्रिया से है, जिसके अन्तर्गत सामाजिक सम्बन्धों को हम किसी प्राकृतिक वस्तु की तरह देखने का प्रयास करते हैं : देखें– **Reification** ।

common good ('कॉमन् गुड्) **सामान्य हित :** सामान्य हित की अवधारणा इस विचार पर आधारित है कि व्यक्तियों के व्यक्तिगत हितों में चाहे कितनी भी भिन्नताएँ क्यों न हों, इनके पीछे एक ऐसा सामान्य हित छिपा होता है, जहाँ उनके हित एक-दूसरे के साथ मिल जाते हैं । सामान्य हित का पता लगाकर समाज के लिए ऐसी नीति और व्यवस्था का निर्माण कर सकते हैं, जिनसे पूरे समाज का कल्याण संभव है ।

common law ('कॉमन् लॉ) **लोकविधि :** इस शब्द का प्रयोग दो अर्थों में किया जाता है– (1) किसी समाज में प्रचलित, वे नियम, जिन्हें कानून का रूप नहीं दिया गया हो, पर जिन्हें सामाजिक स्तर पर वैधता प्राप्त होती है । (2) ऐसा क़ानून, जो न्यायाधीशों की सूझ-बूझ और तर्कबुद्धि की देन माना जाता है । यह उस लिखित क़ानून से भिन्न है, जो विधानमण्डल या संसद द्वारा बनाया जाता है । इसकी उत्पत्ति इंग्लैंड में प्रचलित प्रथाओं से हुई है : देखें– **Law** ।

common law marriage ('कॉमन् लॉ 'मैरिज्) **प्रथागत विवाह :** क्षेत्रीय अथवा सामाजिक रीति के अनुसार स्त्री और पुरुष का वैवाहिक समझौता । इस प्रकार के समझौते को धर्म अथवा देश के कानून से मान्यता प्राप्त नहीं भी हो सकती है : देखें– **Marriage** ।

common market ('कॉमन् 'मार्किट्) **साझा बाज़ार :** जब अनेक राष्ट्र एक-जैसी आर्थिक नीति अपना कर अपनी-अपनी अर्थव्यवस्थाओं को इस तरह जोड़ लेते हैं कि वहाँ एक-दूसरे के देश में पूँजी और श्रम के मुक्त विचरण का रास्ता खुल जाता है, तब उनमें साझा बाज़ार स्थापित हो जाता है ।

common property resource ('कॉमन् 'प्रॉपर्टि रि 'सॉर्स) **सर्वमान्य सम्पत्ति संसाधन :** कोई ऐसी सम्पत्ति जिस पर सारे समुदाय का समान अधिकार हो । पूरा समुदाय जिसका उपभोग, वितरण के कुछ हिस्से ऐसे निश्चित नियमों के अनुसार करे, जिससे प्रत्येक उपभोक्ता को अपना उचित हिस्सा मिले ।

common sense ('कॉमन् सेन्स्) **सामान्य बुद्धि, सहज बुद्धि :** व्यक्ति को ऐसा बोध कराने वाली शक्ति, जिसकी प्रत्याशा किसी विषय का विशेष ज्ञान प्राप्त किये बिना प्रत्येक सामान्य व्यक्ति से की जाती है ।

commonsense belief ('कॉमन् सेन्स् बि'लीफ़्) **सामान्यबुद्धि-मूलक विश्वास :** ऐसा विश्वास, जिसमें समाज के साधारण-से-साधारण व्यक्ति समान रूप से विश्वास करते हैं । जैसे– काले घने बादलों को देखकर वर्षा की उम्मीद करना ।

commonsense knowledge ('कॉमन् सेन्स् 'नॉलिज्) **सहजबुद्धि ज्ञान :** इस शब्द का प्रयोग घटना-क्रिया-वैज्ञानिक समाजशास्त्र **(Phenomenological sociology)** में एक तकनीकी शब्द के रूप में होता है । इसका तात्पर्य ऐसे ज्ञान से है, जो रोज़मर्रे के जीवन में प्रयोग में आता है । रोज़मर्रे का जीवन एक मौलिक और वास्तविक यथार्थ है, जिसमें लोग जीते हैं (देखें– Thomas Luckmann, **The Social Construction of Reality**, 1967) ।

commonsense morality ('कॉमन् सेन्स् म 'रैलटि) **सामान्य बुद्धि नीति :** उचित-अनुचित की सामान्य बुद्धि पर आश्रित धारणाएँ । रात में किसी अपरिचित व्यक्ति को घर पर आश्रय नहीं देना चाहिए, यह सामान्य बुद्धि नीति की बात मानी जाती है ।

communal economy ('कॉम्यूनल् इ'कॉनमि) **सामुदायिक अर्थव्यवस्था :** यह एक ऐसी अर्थव्यवस्था है, जिसके अन्तर्गत वस्तुओं व सेवाओं का उत्पादन, वितरण तथा नियन्त्रण सामुदायिक स्तर पर किया जाता है । भूमि, मशीन एवं उत्पादन के अन्य साधनों पर नियन्त्रण निजी हाथों में नहीं होता है । ऐसी व्यवस्था के अन्तर्गत निजी सम्पत्ति एक व्यक्ति को प्राप्त नहीं होती, बल्कि समाज के सभी लोग इकट्ठे देख-भाल करते हैं । इस प्रकार की अर्थव्यवस्था के उदाहरण बागवानी समाज **(Horticultural society)** या शिकारी एवं एकत्रीकरण समाज **(Hunting and gathering society)** में पाये जाते हैं (देखें– Gerhard E. Lenski, Jean Lenski, and Patrick Nolan, **Human Societies**, 1991) ।

communal feast ('कॉम्यूनल् फ़ीस्ट्) **सहभोज :** सामुदायिक भोज, जिसका एक प्रतीकात्मक अर्थ तथा विशेष सांस्कारिक स्वरूप होता है । ये भोज व्यक्ति के जीवन की महत्त्वपूर्ण घटनाओं, जैसे– जन्म, विवाह, मृत्यु आदि अवसरों पर आयोजित किये जाते हैं ।

communal house ('कॉम्यूनल् हाउस्) **सामुदायिक गृह :** बहुधा आदिम जनजातियों में अच्छा बड़ा स्थान या कुटीर, जिसमें 15-20 लोग रह सकते हैं और जो उस समाज के प्रमुख कार्यकलाप का केन्द्र होता है । आदिवासियों के बीच युवा गृह **(Youth dormitory)** एक प्रकार का सामुदायिक गृह है ।

communal production systems ('कॉम्यूनल् प्र'डक्शन् 'सिस्टम्स्) **सामुदायिक उत्पादन व्यवस्था :** इस अवधारणा का प्रयोग, एक ऐसी विनिमय प्रणाली के लिए किया जाता है, जो औपचारिक उत्पादन एवं घरेलू उत्पादन व्यवस्था के बीच सम्पन्न होता है । इस व्यवस्था के अन्तर्गत, जो लोग खर्च वहन करते हैं, उनको थोड़ा-सा लाभ दे दिया जाता है, उदाहरणार्थ– पाश्चात्य देशों में जब कोई जोड़ी घर के बाहर किसी व्यवस्था में काम करती है, तो वैसी स्थिति में उनके बच्चों की देख-भाल दूसरे लोग करते हैं, जिन्हें Babysitter कहा जाता है और जिसके एवज में उन्हें कुछ रकम दी जाती है या फिर उस कार्य के बदले उन्हें कोई दूसरी सेवा उस कामकाजी जोड़ी के द्वारा दी जाती है ।

communalism ('कॉम्यून लिज़म्) **समुदायवाद :** समाजविज्ञान में इस शब्द के दो प्रमुख अर्थ हैं– (1) सामुदायिकता की भावना या सामुदायिकता; (2) कम्यून व्यवस्था । यूरोपीय राजनीति के प्रसंग में 'कॉम्युनलिज्म' शब्द का अर्थ उस व्यवस्था से था, जिसमें कम्यूनों अथवा इसी तरह की छोटी-छोटी राजनीतिक इकाइयों को केन्द्रीय सरकार की ओर से पर्याप्त विधायी शक्तियाँ प्राप्त रहती थीं । बीसवीं शताब्दी में अँगरेज़ी भाषा में यह शब्द एक ही राज्यक्षेत्र में निवास करने वाली विभिन्न जातियों के बीच संघर्ष अथवा तनाव की स्थिति का वाचक हो गया है । लेकिन, भारत में इस शब्द का प्रयोग एक तीसरे अर्थ में होता है । भारत में इस शब्द का प्रयोग मुख्यरूप से सामाजिक-धार्मिक समूहों के बीच वैमनस्यता और शत्रुता की भावना को व्यक्त करने के लिए किया जा रहा है। भारतीय राजनीति में हिन्दू-मुसलमानों की साम्प्रदायिक समस्या के सन्दर्भ में इस शब्द का विशेष प्रचलन हुआ । सामान्यतः लोग इस शब्द का अर्थ मात्र

साम्प्रदायिकता की भावना से लेते हैं, जो गलत है, जबकि साम्प्रदायिकता का अर्थ सिर्फ **Sectarianism** से निकलता है : देखें– **Sectarianism; Commune** ।

commune ('कॉम्यून्) **समुदाय :** व्यक्तियों का एक ऐसा समूह, जिसके अन्तर्गत लोग एक-दूसरे से जुड़े हुए नहीं होते हैं, पर वे एकसाथ रहते हैं और एक-दूसरे के साथ सहयोगात्मक भावना रखते हैं । यह परम्परागत परिवार का एक विकल्प है (देखें– Andrew Rigby, **Alternative Realities**, 1973) ।

communication (कॅ'म्यूनि केश्न्) **संचार :** यह एक ऐसी प्रक्रिया है, जिसके अन्तर्गत हम विचारों, भावनाओं और विश्वासों को सामान्यत: किसी भाषा, दृष्टिमूलक विधि या भाव-भंगिमा के माध्यम से व्यक्त करते हैं । संचार सामाजिक अन्त:क्रिया का केन्द्रबिंदु है । चूँकि, भाषा मानवसमाज या संस्कृति की एक विशिष्ट विशेषता है । इसलिए संचार सबसे अधिक भाषा के माध्यम से ही संभव होता है । चूँकि, संचार-प्रणाली के माध्यम से ही विभिन्न प्रकार की अन्त:क्रियाएँ और सामाजिक परिवर्तन समाज में संभव हो पाते हैं, इसलिए हाल के वर्षों में संचार का समाजशास्त्र (**Sociology of communication**) काफी प्रमुखता से उभरा है ।

communication, non-verbal (कॅ'म्यूनि केश्न्, नॅन्'वॅ:बॅल) **अशाब्दिक संचार :** दो व्यक्तियों के बीच ऐसा संचार, जो किसी भाषा के माध्यम से न होकर चेहरे के माध्यम से या शारीरिक हाव-भाव से संचारित होता है । मानवसमाज में सिर्फ शब्दों के माध्यम से ही संचार संभव नहीं होता, बल्कि कभी-कभी विभिन्न प्रकार के संकेतों के द्वारा भी संचार संभव हो जाता है । इसीलिए तो कहा जाता है कि आँखों आँखों से भी बातें होती हैं । कभी-कभी अपनी जीत को प्रदर्शित करने के लिए लोग दो अँगुलियों के माध्यम से बताने की कोशिश करते हैं । शैशवकाल में समाजीकरण का माध्यम गैर-मौखिक संचार ही होता है । संचार पाँच माध्यमों से संभव होता है– (1) अन्तरंग व्यक्तिगत संचार (स्वयं से बातचीत); (2) अन्तर व्यक्तिगत संचार (दूसरों से आमने-सामने की बातचीत); (3) समूह संचार (समूह गतिकी); (4) जनसंचार (जनसंचार के साधनों द्वारा प्रसारित सन्देश); (5) अतिरिक्त व्यक्तिगत संचार (पशुओं, मशीनों, कम्प्यूटरों द्वारा बातचीत)। संचार की प्रक्रिया कई अलग-अलग स्तरों पर हो सकती है, जैसे– व्यक्तियों के बीच, व्यक्ति एवं समूह के बीच तथा दो या उससे अधिक समूहों के बीच ।

communication structure (कॅ'म्यूनि केश्न् 'स्ट्रक्चर्) **संचार संरचना :** कौन व्यक्ति किसके साथ कितनी बार और कितने समय तक अन्त:क्रिया करता है, यह संचार संरचना का तत्त्व है । यह इसीलिए महत्त्वपूर्ण है कि सभी व्यक्ति सभी से सामान्य रूप से सामान्य समय तक बात नहीं कर सकते । इतना ही नहीं, संचार संरचना के बीच दो व्यवस्थाओं के बीच भी फर्क होता है, जैसे– परिवार के सदस्यों के बीच जिस प्रकार संचार होता है, ठीक उसी प्रकार का संचार सरकारी दफ्तरों में नहीं होता। सेना के लोगों पर तो बाहरी व्यक्तियों से बात करने पर भी प्रतिबन्ध है । संचार संरचना सामाजिक अन्त:क्रिया की आधारशिला की तरह है । इसके टूटने से सामाजिक व्यवस्था में टूट की सम्भावना हो जाती है, जैसे– पति-पत्नी के बीच संचार ठीक न हो, तो तलाक की पूरी-पूरी सम्भावना बनती है ।

communion (क 'म्यून्यन्) **समागम :** विभिन्न धर्मों में ईश्वर और जीवात्माओं का समागम ।

communism ('कॉम्यु निज़म्) **साम्यवाद :** एक ऐसी सामाजिक एवं राजनीतिक व्यवस्था, जिसमें वर्गभेद न हो; उत्पादन के साधनों पर समाज का अधिकार हो, न कि कुछ व्यक्तियों का और जीवन का निर्देशन राज्य के माध्यम से न हो। कार्ल मार्क्स (Karl Marx, 1818-1883) ने साम्यवादी समाज को उद्विकास का अन्तिम चरण माना है । उनके अनुसार इस समाज में वर्ग संघर्ष की प्रक्रिया का अन्त संभव है; क्योंकि विकास के इस चरण में वर्गविभाजन के साथ-साथ राज्य की भी समाप्ति हो जायेगी (Withering away of state)। लेकिन, अबतक के ऐतिहासिक अनुभवों से लगता है कि निकट भविष्य में इसकी कोई भी सम्भावना नहीं है । साम्यवाद एक सामाजिक दर्शन के रूप में, आर्थिक सेवाओं तथा उत्पादन के भौतिक साधनों के सार्वजनिक स्वामित्व का प्रतिनिधित्व करता है । कार्ल मार्क्स इस तन्त्र की स्थापना की चरम परिणति सर्वहारा के अधिनायकतन्त्र में देखते हैं ।

साम्यवाद व्यापक रूप से वैसे विचारकों का सिद्धान्त है, जिन्होंने एक ऐसे समाज की कल्पना की, जिसमें व्यक्तिगत सम्पत्ति का उन्मूलन हो जायेगा तथा सम्पत्ति और अन्य सुविधाओं का समाज अपनी आवश्यकतानुसार सामूहिक रूप से उपभोग कर सकेगा। मार्क्सवादियों का मूल विचार यह है कि राज्य विशुद्ध रूप से पूँजीपतियों की संस्था है । इसी वर्ग के हाथों में उत्पादन और वितरण के साधन केन्द्रित रहते हैं । साम्यवाद उत्पादन और वितरण के साधनों पर श्रमिकों का नियन्त्रण चाहता है । उसके विचार से, यह उद्देश्य शान्तिपूर्ण उपायों द्वारा संभव नहीं है । अतः वह हिंसक क्रांति के द्वारा राजसत्ता पर श्रमिकों के अधिकार का समर्थन करता है । साम्यवादियों द्वारा प्रतिपादित श्रमिकों का अधिनायकत्व समाज से पूँजीपतियों और उनके विचारों के समूल विनाश के लिए प्रयुक्त होगा। इसका चरम लक्ष्य एक ऐसे वर्ग-विहीन और राज्य-विहीन समाज की स्थापना करना है, जिसमें सबके अबाध विकास का आधार प्रत्येक व्यक्ति का स्वतन्त्र विकास है (देखें– Karl Marx and Friedrich Engles, **Manifesto of the Communist Party**, 1932; Karl Marx, **Economic and Philosophical Manuscripts of 1884**, 1964; F. Claudin, **The Communist Movement: Form Comintern to Cominform**, 1975; Janos Kornai, **Contradictions and Dilemmas: Studies on the Socialist economy and Society**, 1986) : देखें– **Socialism** ।

communist anarchism ('कॉम्युनिस्ट ऐनॉ किज़म्) **साम्यवादी अराजकतावाद** : देखें– **Anarchism** ।

communitarian; communitarianism (क म्यूनि 'टेरियन्; क म्यूनि 'टेरियनिज़म्) **समुदाय सदस्य; समुदायवाद** : इस शब्द का प्रचलन अमरीकी समाजविज्ञानियों के एक छोटे समूह द्वारा 1990 के दशक में हुआ। इसका शाब्दिक अर्थ साम्यवादी समुदाय का सदस्य होता है । लेकिन, समाजशास्त्रियों ने इसे एक विशिष्ट अर्थ में प्रयोग किया है । अमीताई इत्सीऑनी (Amitai Etzioni, इस नाम का शुद्ध उच्चारण इत्सीऑनी है) एवं अन्य समुदायवादियों का कहना है कि औद्योगिक रूप से विकसित पाश्चात्य पूँजीवादी समाज में व्यापक नैतिक अस्त-व्यस्तता की समस्या उत्पन्न हो गई है; क्योंकि व्यक्ति इतना स्वतन्त्र हो गया है कि वह अपनी जिम्मेवारियों को भूलता जा रहा है । पारिवारिक स्तर पर हम यह देखते हैं कि माता-पिता अपने बच्चों के प्रति उत्तरदायित्व से दूर होते जा रहे हैं, जिससे बहुत प्रकार की सामाजिक समस्याओं की उत्पत्ति हो रही है । इन समाजविज्ञानियों का विचार है कि पूँजीवाद के विकास की इस अवस्था में लोगों को अधिकार कम और जिम्मेवारी अधिक दी जानी चाहिए। इन समाजविज्ञानियों के विचार से यह नहीं समझा जाना चाहिए कि वे 1950 से पूर्व पायी जानेवाली श्रम-विभाजन की प्रणाली के समर्थक थे, जिसके अन्तर्गत पुरुष घर से बाहर और महिलाएँ घर के अन्दर काम करती थीं, बल्कि वे लोग इस विचारधारा के समर्थक थे कि पुरुष और नारी को समानरूप से अपने बच्चों के प्रति जिम्मेवारी निभानी चाहिए, ताकि उसके व्यक्तित्व के विकास पर कोई प्रतिकूल प्रभाव न पड़े (देखें– Amitai Etzioni, **The New Golden Rule: Community and Morality in a Democratic Society**, 1996) ।

communitas ('कॉम्यूनिटाज्) **बिरादरी** : इस शब्द का प्रयोग तीर्थयात्रियों के सन्दर्भ में भी हुआ है । यहाँ बिरादरी का अर्थ होता है दूसरे तीर्थयात्रियों के साथ एकत्व की भावना, तमाम सामाजिक प्रतिबन्धों, वर्ग या पंथ से मुक्ति । यह तबतक चलता है, जबतक तीर्थयात्री स्थल में रहता है ।

community (क 'म्यूनटि) **समुदाय** : इसका अभिप्राय, ऐसे सामाजिक जीवन से है, जिसमें ऐसे अनेक मनुष्य सम्मिलित होते हैं, जो सामाजिक सम्बन्धों की परिस्थितियों के अन्तर्गत साथ-साथ रहते हैं, जो परिवर्तनशील होने पर भी समान बनी रहनेवाली रूढ़ियों और प्रचलनों द्वारा परस्पर सम्बद्ध होते हैं तथा उनमें कुछ सीमा तक सामान्य सामाजिक लक्ष्यों और रुचियों की समझ होती है । गाँव समुदाय का सर्वोत्तम उदाहरण है । वास्तव में, समुदाय ऐसा मानव-समूह है, जिसे औपचारिक रूप से संगठित नहीं किया जाता । वह स्वतः ही उत्पन्न होता है । सभी सदस्य किसी क्षेत्र की सीमा में इस प्रकार समग्र जीवन बिताते हैं कि वे किसी विशेष हित की पूर्ति मात्र ही नहीं, बल्कि सामान्य जीवन की सभी बुनियादी

शर्तों की पूर्ति में पारस्परिक सहयोग करते हैं (देखें– Ferdinand Töennies, **Community and Society**, 1963; Robert Nisbet, **The Sociological Tradition**, 1966) ।

community, minority (क'म्यूनटि, माइ'नॉरटि) **अल्पसंख्यक समुदाय** : देखें– **Minority community** ।

community, moral (क'म्यूनटि, मॉरॅल) **नैतिक समुदाय** : देखें– **Moral community** ।

community care (क'म्यूनटि केयर) **सामुदायिक देख-भाल** : सामुदायिक सेवा से तात्पर्य समाज के लाचार एवं कमजोर लोगों को समाज में रहते हुए सेवा प्रदान करने से है, न कि उन्हें किसी संस्था या समिति में अलग से रखकर। समाज में वृद्ध, मानसिक रूप से बीमार एवं विकलांग लोगों की सेवा समाज के एक अभिन्न सदस्य के रूप में की जानी चाहिए, ताकि लोगों को यह लगे कि सरकार समाज के कमजोर लोगों के प्रति सचेत और चिन्तनशील है । इससे वैसे लोगों को समाज में सामंजस्य स्थापित करने में सहूलियत होगी तथा वैसे लोगों का समाज में सेवा प्रदान करना भी सापेक्षिक रूप से सस्ता होगा (देखें- Erving Goffman, **Asylums**, 1968) ।

community control (क'म्यूनटि कन्'ट्रोल्) **सामुदायिक नियन्त्रण** : यह एक ऐसा परिप्रेक्ष्य है, जो सामाजिक नियन्त्रण की प्रविधियों में आमूल परिवर्तन **(Radical change)** की वकालत करता है । अमरीकी समाजविज्ञानियों ने सामाजिक नियन्त्रण का एक लोक-लुभावन सुझाव देते हुए यह कहा है कि पुलिस की कानूनी शक्तियों का विकेन्द्रीकरण इस प्रकार होना चाहिए कि जनता का प्रतिनिधित्व पुलिस प्रशासन को और पुलिस का कुछ कार्य जनता को सौंपा जाना चाहिए । समाज को पुलिस की जिम्मेवारियों के प्रति सचेत रहना और पुलिस को अपनी सामाजिक जिम्मेदारियों के प्रति जिम्मेदाराना व्यवहार करना चाहिए, तभी समाज में बेहतर कानून व्यवस्था की स्थापना हो सकती है ।

community development (क'म्यूनटि डि'वे़लप्मन्ट्) **सामुदायिक विकास** : यह ऐसा कार्यक्रम है, जिसमें समुदाय का विकास सरकार के साथ सहयोग के माध्यम से संभव होता है । समुदाय का सर्वांगीण विकास समुदाय की अन्तर्निहित क्षमता, शक्ति एवं उपलब्ध साधनों द्वारा सामूहिक प्रयास से संभव होता है । स्वतन्त्रता मिलने के बाद भारत सरकार ने 1952 में सामुदायिक विकास की अवधारणा को अमलीजामा पहनाने के लिए सामुदायिक विकास योजना की शुरूआत की । देश के सभी राज्यों में प्रखण्ड-विकास का कार्यक्रम इसी हेतु संचालित किया गया, लेकिन अभी तक अपेक्षित सफलता नहीं मिल पायी है ।

community disorganization (क'म्यूनटि डिस् ऑगनाइ'ज़ेशन्) **सामुदायिक विसंगठन** : देखें– **Disorganization, community; Community organization** ।

community medicine (क'म्यूनटि'मेडिसिन्) **सामुदायिक चिकित्सा** : 1950 के दशक से ब्रिटेन एवं अमरीका में इस बात पर अधिकतम जोर दिया गया कि विभिन्न प्रकार के रोगियों का इलाज अस्पताल में भर्ती न कर, समाज में रखकर ही किया जाये तो बेहतर होगा । यह इस मान्यता पर आधारित है कि रोगियों की ज़रूरतों के लिए अस्पताल उपयुक्त जगह नहीं है, खासकर वैसे लोगों के लिए, जो मानसिक रूप से विक्षिप्त हैं । इस मान्यता के अन्तर्गत यह भी बात कही जाती है कि बहुत लोगों का अस्पताल के प्रति जो सकारात्मक विचार था, वह भ्रम साबित हो रहा है तथा अस्पतालों के अन्तर्गत उपचार ज्यादा मँहगा भी होता जा रहा है । इन्हीं तथ्यों के आलोक में सामुदायिक चिकित्सा के विचार को एक देख-रेख की वैकल्पिक व्यवस्था के रूप में बढ़ावा दिया जा रहा है ।

community organization (क'म्यूनटि ऑगनाइ'ज़ेशन्) **सामुदायिक संगठन** : समुदाय का कार्यात्मक संगठन अर्थात् वह रूप, जिसमें वह अपने सदस्यों की आवश्यकताओं की पूर्ति के लिए संगठित होता है । समुदाय के प्रमुख समूहों के बीच परस्पर सम्बन्धों का संरूप ।

community power (क'म्यूनटि 'पाउअर्) **सामुदायिक शक्ति** : मैक्स वेबर (Max Weber, 1864 -1920) के शब्दों में,

सामुदायिक क्रिया में कुछ व्यक्तियों के द्वारा दूसरे व्यक्तियों (जिनकी उस क्रिया में सहभागिता है) के विरोध के बावजूद अपनी इच्छा की पूर्ति की सम्भावना को शक्ति कहते हैं । शक्ति की इस परिभाषा को सार्वभौमिक स्वीकृति नहीं है; क्योंकि शक्ति का एक अपना सोपानक्रम होता है । विभिन्न स्तरों पर शक्ति का प्रयोग अपने-अपने ढंग से होता है । कुछ विशेषज्ञों का ऐसा विचार है कि स्थानीय शक्ति का प्रयोग स्थानीय अधिकारीगण, राजनीतिज्ञ एवं प्रमुख व्यापारी किया करते हैं । दूसरी तरफ ऐसे भी समाजविज्ञानी हैं, जो शक्ति के सोपानक्रम की व्यवस्था का खण्डन करते हैं । अत: सामुदायिक शक्ति का विचार विवादों के घेरे में है (देखें– F. Hunter, **Community Power Structure**, 1953) ।

community safety (क'म्यूनटि सेफ़टि) **सामुदायिक सुरक्षा** : इस अवधारणा का प्रयोग कभी-कभी अपराध नियन्त्रण (Crime prevention) के पर्यायवाची के रूप में किया जाता है । अपराधशास्त्र में एक स्थापित विचार यह है कि समुदाय अपराध का कारण और निदान दोनों है । इसीलिए अपराध की समस्या से निबटने के लिए सामुदायिक स्तर पर विचार करना चाहिए । किसी भी समुदाय की बेहतर सुरक्षा तभी संभव है, जब स्थानीय समुदाय की सहभागिता पुलिस प्रशासन में और पुलिस की सहभागिता स्थानीय सामुदायिक समस्या में हो । दोनों ही तरफ से यह काम कानून से ज्यादा नैतिक स्तर पर विचार कर किया जाना चाहिए ।

community study (क'म्यूनटि 'स्टडि) **समुदाय अध्ययन** : मानव व्यवहार के अध्ययन की विधि, जो समुदाय-विशेष के सम्पूर्ण विश्लेषण पर केन्द्रित होती है । यह अध्ययन-पद्धति का एक ऐसा रूप है, जिसमें समुदाय को विश्लेषण की इकाई माना जाता है (देखें– Colin Bellard Howard Newby, **Community Studies**, 1972) ।

community survey (क'म्यूनटि सर् 'वे) **समुदाय सर्वेक्षण** : महामारी की समस्या से निबटने के लिए कभी-कभी चिकित्सक लोग स्वतन्त्र रूप से छोटे-मोटे समुदायों का स्वतन्त्र सर्वेक्षण कराकर यह पता लगाने की कोशिश करते हैं कि वहाँ स्वास्थ्य एवं किसी गंभीर बीमारी होने की क्या सम्भावना है । इस प्रकार के सर्वेक्षण में हम बड़े-बड़े संस्थानों, जैसे– जेल, अस्पताल, विश्वविद्यालय एवं बेघर लोगों को शामिल नहीं करते हैं ।

compadrazgo (कॅम् 'पराज्जो) **दैवकुल** : अँगरेज़ी भाषा में इस शब्द का अर्थ God parenthood है । यह एक प्रकार की काल्पनिक नातेदारी प्रथा है, जिसकी उत्पत्ति यूरोप के मध्यकालीन कैथलिक चर्च में हुई । नामकरण संस्कार **(Baptism)** के माध्यम से कैथलिक चर्च के लोग बच्चों के माता-पिता का सम्बन्ध आध्यात्मिक माता-पिता से जोड़ते हैं । इसके उपरान्त ही धार्मिक शिक्षा के लिए बच्चों को उपयुक्त माना जाता है । जैविक माता-पिता और आध्यात्मिक माता-पिता एक-दूसरे के सह-माता-पिता के रूप में जाने जाते हैं । चर्च की मान्यता है कि कोई जन्म ले लेने मात्र से अपने समुदाय का सदस्य नहीं होता । जैविक माता-पिता को सामाजिक माता-पिता का दर्जा देने के लिए ज़रूरी है कि बच्चे के माता-पिता को आध्यात्मिक माता-पिता से जोड़ा जाये । इस पद्धति के द्वारा बालक के वास्तविक (जैविकीय माता-पिता) और आध्यात्मिक (धर्म) माता-पिता के बीच पारस्परिक दायित्वों और स्नेह के सम्बन्धों को स्थापित किया जाता है । आज इस शब्द का प्रयोग बालिकाओं के ऐसे नियोजकों के लिए किया जाता है, जो उसकी सेवा के बदले उसकी स्कूली शिक्षा की भी व्यवस्था करते हैं । कभी-कभी इस शब्द का प्रयोग ऐसे सम्बन्धों के लिए भी किया जाता है, जो दो असमान स्तर के व्यक्तियों के बीच पाया जाता है और जो बहुत ज्यादा शक्तिशाली होता है । वे अपने अधीनस्थ लोगों के लिए विशेष रूप से मददगार साबित होते हैं ।

companionate marriage (कम् 'पैन्यनेट् 'मैरिज्) **साहचर्य-विवाह** : परम्परागत विवाह, जिसमें पति-पत्नी के बीच प्राथमिक बन्धन प्रेम और साहचर्य का होता है तथा सन्तान को गौण स्थान दिया जाता है : देखें– **Marriage** ।

comparable worth ('कॉम्पॅरॅबॅल वर्थ़) **तुलनीय योग्यता** : बहुत सारे औपचारिक व्यवसायों में लिंग के आधार पर मज़दूरी निर्धारित करने में भेदभाव किया जाता है । एक ही काम के लिए पुरुष और महिला को अलग-अलग मज़दूरी दी जाती है । महिलाओं के प्रति भेदभाव के रवैये का बहुत से पाश्चात्य देशों में विरोध हुआ। इसी सन्दर्भ में अमरीका

में तुलनीय योग्यता की बात की गई। वहाँ यह कहा गया कि महिला और पुरुष को सिर्फ समान काम के लिए ही समान वेतन नहीं दिया जाना चाहिए, बल्कि अलग प्रकार के कार्यों के लिए भी समान वेतन दिया जाना चाहिए, यदि महिला और पुरुष की योग्यता और जिम्मेवारी तुलनात्मक रूप से समान स्तर की है (देखें– Peter M. Blau and Otis Dudley Duncan, **The American Occupational Structure**, 1967; Williams Sewell and Robert Hauser, Education, **Occupation and Earnings: Achievement in the Early Career**, 1975; Helen Remick (ed.), **Comparable Worth and wage Discrimination**, 1984) ।

comparative concept (कम्'पैरटिव़् 'कॉन्सेप्ट्) **तुलनात्मक अवधारणा** : वे संप्रत्यय जिनके बीच तुलना की जाती है, जैसे– 'उससे अधिक' 'उससे कम' आदि ।

comparative method or **approach** (कम्'पैरटिव़् मे'थॅड ऑर् अ'प्रोच्) **तुलनात्मक पद्धति** या **दृष्टिकोण** : अनुसन्धान करने की एक विधि, जो कुछ समान गुण रखने वाले व्यक्तियों अथवा वर्गों का परीक्षण एवं उनकी समानताओं तथा भिन्नताओं का निरीक्षण करती हुई कार्य करती है । यद्यपि तुलनात्मक पद्धति का उदय विकासवादियों के साथ ही हुआ, परन्तु इसका विस्तृत वर्णन सर्वप्रथम एमिल डर्कहाइम (Émile Durkheim, 1858-1917, इस नाम का शुद्ध उच्चारण मात्र एमिल डर्कहाइम है) ने दिया। उनके अनुसार समाजशास्त्रीय व्याख्या कारणात्मक सम्बन्धों की खोज में निहित है । प्राकृतिक विज्ञानों में इसे प्रयोगों के द्वारा प्राप्त किया जाता है । परन्तु समाजशास्त्र में यह संभव नहीं है, इसलिए इसे दो या दो से अधिक सामाजिक तथ्यों की तुलना से प्राप्त किया जा सकता है ।

comparative perspective (कम्'पैरटिव़् पर्'स्पेक्टिव़्) **तुलनात्मक परिप्रेक्ष्य** : तुलनात्मक परिप्रेक्ष्य इस मान्यता पर आधारित है कि दुनिया में बहुत प्रकार के समाज और संस्कृतियाँ हैं, जिन्हें समान रूप से अध्ययन कर नहीं समझा जा सकता है । विभिन्न प्रकार की सामाजिक व्यवस्थाओं को समझने के लिए 2002 से अधिक प्रकार के समाजों का तुलनात्मक अध्ययन किया जाना चाहिए । इस परिप्रेक्ष्य की मुख्य परेशानी यह है कि समाज विभिन्न स्तरों पर एक-दूसरे से इतने भिन्न होते हैं कि अर्थपूर्ण ढंग से तुलना करना संभव नहीं होता है । सामाजिक गतिशीलता की दर दो समाजों के बीच में शायद ही समान होती है (देखें– M. Kohn (ed.), **Cross-national Research in Sociology,** 1989) ।

comparative sociology (कम्'पैरटिव़् सोसि'ऑलजि) **तुलनात्मक समाजशास्त्र** : देखें– **Sociology, comparative** ।

compartmentalization (कम्पार्ट्'मेन्ट्लाइ ज़ेश्न्) **कोष्ठीकरण** : एक भूमिका को दूसरी भूमिका से अलग करने की प्रक्रिया, ताकि दोनों भूमिकाओं में द्वन्द्व उत्पन्न न हो जैसे, किसी विषय अथवा वस्तु को अलग-अलग विभाजित करना । सामाजिक विज्ञानों के कोष्ठीकरण से अभिप्राय सामाजिक विज्ञानों का विभिन्न विषयों में विभाजन से है, जैसे– इतिहास, अर्थशास्त्र, राजनीतिशास्त्र, समाजशास्त्र आदि ।

compensatory education (कम्पेन्'सेटरि एजु'केश्न्) **क्षतिपूरक शिक्षा** : ऐसी शिक्षा नीति, जिसके अन्तर्गत शिक्षा से वंचित विद्यार्थियों को विशिष्ट शिक्षा व्यवस्था कर अन्य विद्यार्थियों के समकक्ष लाने का प्रयास किया जाता है ।

competition (कॉम्प'टिश्न्) **प्रतियोगिता, प्रतिस्पर्धा** : प्रतियोगिता किसी उद्देश्य की प्राप्ति के लिए वैयक्तिक या सामूहिक प्रयास है, जिसे कोई एक ही हासिल कर पाता है । सहयोग की तरह प्रतियोगिता भी एक विश्वव्यापी सामाजिक प्रक्रिया है । प्रतियोगिता किसी उद्देश्य को बेहतर-से-बेहतर ढंग से हासिल करने का एक नतीजा है । प्रतियोगिता तब पैदा होती है, जब कुछ सीमित लक्ष्यों को अनेक लोग प्राप्त करना चाहते हैं । संघर्ष में भी यही होता है, किन्तु संघर्ष में हिंसा की भावना होती है, जबकि प्रतियोगिता एक हिंसा-रहित प्रक्रिया है । प्रतियोगिता दो प्रकार की हो सकती है– नियन्त्रित प्रतियोगिता **(Regulated competition)** एवं अनियन्त्रित प्रतियोगिता **(Unregulated competition)** । यदि प्रतिस्पर्धा के कारणों को ध्यान में रखा जाये तो इसे पाँच भागों में विभक्त किया जा सकता है– आर्थिक प्रतिस्पर्धा, सांस्कृतिक प्रतिस्पर्धा, सामाजिक प्रतिस्पर्धा, राजनीतिक प्रतिस्पर्धा, प्रजातीय प्रतिस्पर्धा (देखें– Paul Baran and Paul Sweezy, **Monopoly Capitalism**, 1964; K. Cowling, **Monopoly Capitalism**,1982) ।

competition, ecological (कॉम्प'टिश्न्, ईकॉ'लजिक्ल्) **पारिस्थितिक प्रतिस्पर्द्धा :** यह शब्द जैवविज्ञान से लिया गया है । पारिस्थितिक परस्पर क्रिया का वह रूप है, जिसमें दो या दो से अधिक प्राणी वातावरण में उपलब्ध संसाधनों को ज्यादा-से-ज्यादा प्राप्त करने का प्रयास करते हैं । इस शब्द के प्रयोग के माध्यम से यह बताया जाता है कि सामाजिक समूहों एवं जीवन की बुनियादी ज़रूरतों के बीच किस प्रकार कोई अन्त:क्रिया चलती है, जैसे– बढ़ती आबादी और सीमित भूतल के बीच असन्तुलन की एक ऐसी स्थिति बन जाती है कि बहुत प्रकार की सामाजिक, राजनीतिक और आर्थिक समस्याओं की उत्पत्ति होती है ।

complementary (कॉम्प्लि'मेन्ट्रि) **पूरक :** ऐसा काम, जिससे सहायता या समर्थन मिलता है, उदाहरण के लिए नर्स की भूमिका डॉक्टर की भूमिका की पूरक है ।

complementary hypothesis (कॉम्प्लि'मेन्ट्रि हाइ'पॉथसिस्) **पूरक प्राक्कल्पना :** ऐसी प्राक्कल्पना, जो मुख्य प्राक्कल्पना को सहयोग देती है । लघु समूह के अन्तर्गत पाये जानेवाले आपसी सम्बन्धों के सन्दर्भ में दो प्राक्कल्पनाएँ हो सकती हैं, जैसे– लोग एक-दूसरे के प्रति इसलिए आकर्षित होते हैं कि वैयक्तिक गुणों में, जैसे– मनोवृत्ति, उम्र, स्वभाव, अभिरुचि और स्वार्थ आदि में समानता पायी जाती है । दूसरी अनुपूरक प्राक्कल्पना वह है कि दो व्यक्तियों के बीच कतिपय ऐसे गुण पाये जाते हैं, जो एक-दूसरे की कमी की भरपाई करते हैं : देखें– **Hypothesis** ।

completed fertility rate (कॅम्'प्लीटेड् फ़र्'टिलिटि रेट्) **पूर्ण प्रजननता-दर :** प्रति महिला बच्चों की संख्या, जो वह अपने सम्पूर्ण प्रजनन काल में प्राप्त करती है ।

complex ('कॉम्प्लेक्स्) **मनोग्रन्थि :** मनोविज्ञान के क्षेत्र में इसका सम्बन्ध ऐसे विश्वासों, मनोवृत्तियों, विचारों, मान्यताओं तथा स्मृतियों के समूह से है, जो व्यक्तियों में दमित अवस्था में मौजूद रहता है । मनोग्रन्थियाँ कई प्रकार की हो सकती हैं । पर मुख्यरूप से हम उन्हें दो भागों में बाँट सकते हैं, जैसे– हीनता की मनोग्रन्थि और उच्चता की मनोग्रन्थि । कुछ मनोवैज्ञानिकों का मानना है कि विभिन्न प्रकार के मानसिक रोगों के मूल में हीनता की ग्रन्थि ही रहती है ।

complex number ('कॉम्प्लेक्स् नम्बर्) **सम्मिश्र संख्या :** ऐसी संख्या, जिसमें साधारणतया एक वास्तविक तथा एक अधिकल्पित भाग होता है,

यथा, $a + bi$

यहाँ a वास्तविक भाग है तथा bi अधिकल्पित । स्वयं 'b' एक वास्तविक संख्या है और $i = \sqrt{-1}$

इसकी संयुग्मी संख्या (Conjugate number) $a - bi$ होती है ।

complex organization ('कॉम्प्लेक्स् ऑगनाइ'ज़ेशन्) **जटिल संगठन :** ऐसी सामाजिक व्यवस्था, जिसमें उद्देश्यों को हासिल करने के लिए बहुत सारे नियम-कानून होते हैं । आमतौर पर, इसका स्वरूप औपचारिक होता है । यह लोकतान्त्रिक समूहों, परिवारों और समुदायों जैसी सामाजिक व्यवस्था से भिन्न होती है और ऐसा इसलिए कि जटिल संगठनों का स्वाभाविक रूप से विकास नहीं होता, बल्कि योजनाबद्ध तरीकों से एक निश्चित उद्देश्य के लिए ऐसे संगठन बनाये जाते हैं, जैसे– नौकरशाही एक जटिल व्यवस्था का उदाहरण है, जो निश्चित रूप से परिवार या समुदाय की तुलना में काफी जटिल है ।

complex role system ('कॉम्प्लेक्स् रोल्'सिस्टम्) **जटिल भूमिका प्रणाली :** इस भूमिका प्रणाली में भूमिकाओं में काफी विभिन्नता एवं विशिष्टता होती है ।

complex sampling ('कॉम्प्लेक्स् साम्प्लिन्ग) **बहुचरणीय प्रतिचयन :** यह बहुचरणीय प्रतिचयन के नाम से भी जाना जाता है (देखें– Leslie Kish, **Survey Sampling**, 1965) : देखें– **Multistage sampling** ।

complex society ('कॉम्प्लेक्स् सॅ 'साइअटि) **जटिल समाज :** वैसा समाज, जिसमें संरचनात्मक स्तर पर बहुत सारी विभिन्नताएँ पायी जाती हैं । आदिम समाज की तुलना में आधुनिक समाज को अधिक जटिल समाज माना जाता है ।

compliance (type of compliance) (कॅम् 'प्लाइअॅन्स (टाइप ऑव् कॅम् 'प्लाइअॅन्स) **अनुपालन, अनुपालन के प्रकार :** संघटनात्मक समाजशास्त्री (Organizational sociologist) अमीताई इत्सीऑनी (Amitai Etzioni- इस विद्वान के नाम का शुद्ध उच्चारण मात्र अमीताई इत्सीऑनी है) ने बताया है कि किसी संगठन के अन्तर्गत तीन प्रकार से अनुपालन संभव हो पाता है । वस्तुत: यह तीन प्रकार की शक्तियाँ हैं, जिनके माध्यम से समाज में अनुपालन होता है– (1) उत्पीड़क शक्ति **(Coercive power)**– शारीरिक भय (Physical force) के द्वारा भी अनुपालन होता है, (2) पारिश्रमिक शक्ति **(Remunerative power)**– कभी-कभी किसी कार्य के लिए मेहनताना देकर भी अनुपालन संभव होता है । इसे पारिश्रमिक शक्ति की संज्ञा दी गई है । पुरस्कार के माध्यम से लोगों में संगठन के उद्देश्यों के मुताबिक काम करने की इच्छा होती है एवं (3) मानकीय शक्ति **(Normative power)** के द्वारा भी अनुपालन करवाया जाता है, जैसे– किसी व्यक्ति में अधिक प्यार या प्रेम, इज्जत या उपाधि के माध्यम से संगठन के प्रति प्रेम पैदा किया जाता है । इसियानी का कहना है कि प्रशासन प्रथम विधि का प्रयोग करता है, व्यावसायिक क्षेत्रों में दूसरी विधि का इस्तेमाल होता है और शिक्षण संस्थानों में तीसरी विधि का प्रयोग किया जाता है (देखें– Amtai Etzioni, **A Comparative Analysis of Complex Organizations,** 1961) ।

composite culture ('कॉम्पजिट् 'कल्चर्) **मिश्रित संस्कृति :** जब कोई देश अपनी प्रमुख संस्कृति के साथ किन्हीं गौण संस्कृतियों को अपने साथ मिला ले, अर्थात् उनकी महत्त्वपूर्ण विशेषताओं को आत्मसात् करके अपनी मूल संस्कृति का अंग बना ले, तो उसे मिश्रित संस्कृति कहते हैं । इस प्रक्रिया के फलस्वरूप कोई संस्कृति नष्ट नहीं होती, बल्कि सभी संस्कृतियाँ एकसाथ मिलकर एक समन्वित संस्कृति का निर्माण करती हैं : देखें– **Culture** ।

composite family ('कॉम्पजिट् 'फ़ैमलि) **मिश्रित परिवार :** ऐसा परिवार, जिसमें दो या दो से अधिक मूल परिवार मिलकर एक घर-बार का निर्माण करते हैं। भारत में ऐसे परिवारों की बहुलता है ।

compound family ('कम्पाउन्ड् 'फ़ैमलि) **सम्मिश्रित परिवार :** देखें– **Family compound** ।

compound group ('कम्पाउन्ड् 'ग्रूप्) **सम्मिश्रित समूह :** व्यक्तियों का वह समूह, जिसकी संरचना में केवल समूह के व्यक्तियों के सम्बन्ध ही नहीं, अपितु व्यक्तियों के उपसमूह के सम्बन्ध भी शामिल होते हैं ।

compound status ('कम्पाउन्ड् 'स्टेटस्) **सम्मिश्रित स्थिति :** सम्मिश्रित स्थिति के अन्तर्गत प्रकट एवं अप्रकट दोनों स्थितियाँ शुमार की जाती हैं । आधुनिक काल में व्यक्ति की एक से अधिक स्थितियाँ होती हैं। पर एक समय में एक प्रकट और दूसरी अप्रकट होती है । जैसे– एक व्यक्ति अपने परिवार के मुखिया की स्थिति में होता है, तो वही व्यक्ति अपने दफ्तर में एक सरकारी सेवक की हैसियत में भी होता है : देखें– **Latent status ; Manifest status** ।

compounding crime ('कम्पाउन्ड्इन्ग क्राइम्) **अपराध शमन :** किसी प्रकार के प्रलोभन आदि से प्रभावित होकर अपराध सम्बन्धी साक्ष्यों को जान-बूझकर छिपाना ।

comprador, comprador class (कम्प्र् 'डॅर, कम्प्र् 'डॅर क्लास्) **खरीददार, खरीददार वर्ग :** यह मूलरूप से पुर्तगाली शब्द है । उपनिवेशवाद के विस्तार के साथ यूरोप के देशों से काफी लोग बाहर गये, जहाँ के लोग एक अलग परम्परा, भाषा और सामाजिक संस्थाओं का निर्वाह कर रहे थे, वहाँ उन्होंने अपने व्यवसाय के लिए एजेंट को खड़ा किया । वर्तमान समाजशास्त्र में इस शब्द का प्रयोग ऐसे वर्ग के लिए होता है, जो महानगरों एवं गाँवों और कस्बों के बीच एजेंट का काम करते हैं । वैसे लोगों को स्वाभाविक रूप से पश्चिमी चीज़ों, विचारों, जीवन-पद्धति एवं राजनीतिक व्यवस्था के प्रति विशेष झुकाव होता है ।

comprador bourgeoisie (कम्पर् 'डॅर बुअरज़्वा 'ज़ी) **कम्परैडोर बूर्जुआ, कम्परैडोर मध्यवर्ग :** 'कम्परैडोर' पुर्तगाली भाषा का शब्द है, जिसका शाब्दिक अर्थ ऐसा 'खरीददार' होता है, जो विदेशी व्यापारियों के लिए अपने देश में स्थानीय एजेन्ट का काम करता है । इस शब्द के अर्थ का विस्तार करते हुए कम्परैडोर बूर्जुआ शब्द का प्रयोग आज वैसे लोगों के लिए किया जाता है, जो अपने राष्ट्रीय हितों को दरकिनार कर बाहरी आर्थिक शक्तियों को मदद पहुँचाने का काम करते हैं । इसे राष्ट्रीय मध्यवर्ग (**National bourgeoisie**) का विपरीतार्थक शब्द माना जाता है; क्योंकि राष्ट्रीय मध्यवर्ग बाहरी आर्थिक शक्तियों को लाभ पहुँचाने के बजाय अपने राष्ट्रीय आर्थिक हित में काम करते हैं ।

compromise ('कॉम्प्र माइज़्) **समझौता :** ऐसी सामाजिक प्रक्रिया, जिसमें दो दल आपस में मिल-बैठ कर किसी समस्या का निदान ढूँढ़ते हैं ।

compulsion (कॅम् 'पल्शॅन) **बाध्यता :** यह एक ऐसी मनोवैज्ञानिक स्थिति है, जिसके अन्तर्गत कोई व्यक्ति अपनी इच्छा के खिलाफ आचरण करता है या कभी-कभी व्यक्ति को उसकी अपनी इच्छाओं के विपरीत आचरण करने के लिए बाध्य किया जाता है, इसे ही बाध्यता कहा जाता है ।

computer package (कॅम् 'प्यूटर् पैक् 'इज) **परिकलक पैकेज :** परिमाणात्मक समाजशास्त्री (Quantitative sociologist) इन दिनों बृहत् पैमाने पर इकट्ठा किये गये आँकड़ों का विश्लेषण करने में काफी रुचि ले रहे हैं; क्योंकि कम्प्यूटर के माध्यम से विभिन्न प्रकार की सांख्यिकीय प्रविधियों का प्रयोग करना काफी सहज और सरल हो गया है । विभिन्न प्रकार के पैकेज में SPSS (Statistical package for social science) एवं **Minitab** काफी लोकप्रिय हैं । आज व्यावसायिक प्रबन्धन के क्षेत्र में बहुत तरह के कम्प्यूटर पैकेज का प्रयोग किया जा रहा है ।

conation (क 'नेशन्) **क्रियावृत्ति :** यह एक मनोवैज्ञानिक अवधारणा है । इसका शाब्दिक अर्थ है चेतन प्रयास । यह वैसी वास्तविक शक्ति या प्रेरक का द्योतक है, जो व्यक्ति को कोई आचरण करने के लिए बाध्य करता है । किसी भी मनोवैज्ञानिक प्रक्रिया में इन चीज़ों का होना आवश्यक है– संज्ञान (Cognition), भाव (Affect) या प्रभाव (Effect)।

concentration (कॉन्सन् 'ट्रेशन्) **संकेंद्रण, एकाग्रता :** एक पारिस्थितिक प्रक्रिया, जिसके अन्तर्गत किसी क्षेत्र-विशेष में निवास करनेवालों की संख्या में उत्तरोत्तर वृद्धि होती है । इस शब्द का प्रयोग प्रतिवर्ग मील व्यक्तियों की औसत जनसंख्या या घनत्व जानने के लिए किया जाता है ।

concentric zone hypothesis (कॉन् 'सेन्ट्रिक् जोन् हाइ 'पॉथसिस) **संकेन्द्रित क्षेत्र प्राक्कल्पना :** देखें– **Concentric zone theory** ।

concentric zone theory (कॉन् 'सेन्ट्रिक् जोन् 'थिअरि) **संकेन्द्रित क्षेत्र सिद्धान्त :** इ. डब्ल्यू. बर्ज़िस (E. W. Burgess, 1886-1966, इस विद्वान के नाम का शुद्ध उच्चारण मात्र बर्ज़िस है) का कहना है कि शहरों का विकास केन्द्र से बाहर की ओर होता है । शहर के केन्द्र में बसे लोग ही शहर के बाहर वाले क्षेत्रों में निवास-स्थान बनाकर शहर का क्रमशः विस्तार करते हैं । भूतल के ऊपर शहरों के विकास या विस्तार का यह एक आदर्श सिद्धान्त है, जिसके अन्तर्गत यह कहा जाता है कि शहर का केन्द्र एक संक्रांति का क्षेत्र है, इस रूप में कि धीरे-धीरे वहाँ से लोग शहर के परिधिवाले क्षेत्र में जा बसते हैं । इसमें यह बताया गया है कि शहरों का विकास एक वर्तुलाकार रूप में है । जैसे-जैसे शहरों का विकास होता है, वैसे-वैसे विशिष्ट समूह में बँटने की प्रक्रिया प्रारम्भ हो जाती है, जिसके कई आधार हो सकते हैं, जैसे– पेशा, जाति, प्रजाति, नृजाति, धर्म, भाषा, सामाजिक स्थिति इत्यादि । शहर के प्रत्येक क्षेत्र की अपनी कुछ स्वाभाविक विशेषता होती है । कहीं किसी क्षेत्र में लोग समान व्यवसाय या खेमे के होते हैं, तो किसी क्षेत्र में लोग समान धर्म या जाति के होते हैं । इन्हीं सामान्य विशिष्टताओं को ध्यान में रखकर विभिन्न संकेन्द्रित क्षेत्रों को स्वाभाविक या नैसर्गिक क्षेत्र (**Natural area**) कहा जाता है (देखें– R. E. Park and E. W. Burgess, **The City**, 1925) ।

concept ('कॉन्सेप्ट्) **अवधारणा, संप्रत्यय :** किसी भी चीज़ के अन्तर्गत आनेवाली प्रत्येक वस्तु एवं विचार में समान

रूप से निहित सम्बन्ध एवं विशेषताएँ– यथा, मनुष्यों में मनुष्यत्व, संगीत में माधुर्य आदि । संप्रत्यय मूर्त वस्तुओं के भी हो सकते हैं, (यथा-काली गाय) और अमूर्त विचारों के भी (यथा-समानता, न्याय) । समाजविज्ञान में इसका अभिप्राय सिद्धान्त की तुलना में निम्न स्तरीय अमूर्तीकरण की अवधारणा से है । अवधारणा सिद्धान्त का एक अभिन्न अंग होती है । सिद्धान्तों का निर्माण विभिन्न अवधारणाओं को तार्किक रूप से जोड़ने से होता है ।

concept formation ('कॉन्सेप्ट् फ़ॉर्'मेशन्) **अवधारण-निर्माण :** किसी अवधारणा का निर्माण एक जटिल मानसिक प्रक्रिया है । इसमें विश्लेषण, संश्लेषण, तुलना, एकीकरण, अन्तर्निर्धारण, भावनिर्धारण एवं अमूर्तन की प्रक्रियाएँ सन्निहित हैं । इसके पाँच स्तर हैं– (1) व्यक्तियों अथवा वस्तुओं का निरीक्षण, (2) उनमें से प्रत्येक की विशेषताओं का विश्लेषण, (3) विशेषताओं को ध्यान में रखते हुए, एक-दूसरे से तुलना–समानताओं तथा असमानताओं का निर्धारण, (4) समानताओं का एकीकरण अर्थात् समान विशेषताओं को एक विचार-विशेष के अन्तर्गत लाना तथा (5) नामकरण– यथा अपराधी की अवधारणा के निर्माण के लिए उस प्रकार के व्यक्तियों का अधिक-से-अधिक संख्या में निरीक्षण करना, उनकी विशेषताओं की ओर ध्यान देना, उनकी समानताओं तथा असमानताओं, विशेषकर उसी कोटि के अन्य लोगों के बारे में निर्णय करना, विशेषताओं को विचार-विशेष के अन्तर्गत लाना तथा उन्हें अपराधी की संज्ञा देना ।

conception (कन्'सेप्शन्) **संकल्पनित, संप्रत्ययित :** सामान्य प्रत्यय के निर्माण की प्रक्रिया, परन्तु कभी-कभी यह परिणाम के लिए भी प्रयुक्त होती है ।

conceptual approach (कन्'सेप्चुअल् अ'प्रोच्) **अवधारणात्मक दृष्टिकोण :** विज्ञान की किसी भी शाखा के अध्ययन की एक विधि, जिसमें उसकी मूल संकल्पनाओं के स्पष्टीकरण को विशेष महत्त्व दिया जाता है । उन्हें अग्रिम विश्लेषण, संगठन, विस्तार और आधार सामग्री की ऐतिहासिक तथा समस्यामूलक दृष्टिकोण से भिन्न माना जाता है ।

conceptual definition (कन्'सेप्चुअल् डेफ़ि'निशन्) **संप्रत्ययात्मक** या **अवधारणात्मक परिभाषा :** देखें– **Definition, conceptual** ।

conceptual realism (कन्'सेप्चुअल्'रिअलिज़म्) **संप्रत्ययात्मक यथार्थवाद :** वह मत, जो यह मानता है कि संप्रत्ययों की सत्ता मन से स्वतन्त्र है ।

conceptual scheme (कन्'सेप्चुअल् स्कीम्) **वैचारिक योजना :** अवधारणाओं का ऐसा समुच्चय, जिसका प्रयोग यथार्थ के किसी सीमित अंश की व्याख्या के लिए किया जाता है ।

conceptualization (कन्'सेप्चुअलाइ ज़ेशन्) **संप्रत्ययीकरण :** अवधारणाओं के निर्माण की क्रिया । विभिन्न प्रकार की प्रक्रियाओं या घटनाओं को देखकर किसी विचार अथवा प्रतिरूप का बौद्धिक स्तर पर खाका तैयार करना ही संप्रत्ययीकरण है : देखें– **Concept formation** ।

concomitant variable (कॅन्'कॉमइटॅन्ट 'वेरिअबल्) **सहगामी चर :** सहगामी चर ऐसे चर होते हैं, जो किसी मॉडल में एकसाथ परिवर्तित होते हैं और एक-दूसरे पर आश्रित नहीं होते । आर्थिक विश्लेषण में कभी-कभी आश्रित चर और स्वतन्त्र चर का भेद करना कठिन होता है । अतः इस स्थिति से बचने के लिए सहगामी चरों का प्रयोग किया जाता है ।

concrete ('कॉङ्क्रीट्) **मूर्त :** सामान्य और अमूर्त के विपरीत अर्थ का द्योतक विशेषण शब्द । वह जो वस्तुओं के समान गुणों की ओर नहीं, वरन् स्वयं वस्तुओं की ओर संकेत करे । कभी-कभी यह विशेषण इस बात को भी व्यक्त करता है कि किसी विशेष वस्तु की केवल धारणा या प्रत्यय ही नहीं, बल्कि उसका प्रत्यक्ष ज्ञान भी संभव है, उदाहरणस्वरूप– समकोण त्रिभुज अथवा कोई भी विशिष्ट रंग, जैसे– 'हरा' ।

concrete term ('कॉङ्क्रीट् टर्म्) **मूर्त पद :** तर्कशास्त्र में वस्तु का बोधक पद, जैसे– 'मनुष्य'। समाजविज्ञानों में इसका तात्पर्य वस्तुपरक तथ्यों या विचारों से है ।

concubinage (कन्'क्यूब्इनिज) **उपपत्नी प्रथा, रखैलपन :** ऐसी प्रथा, जिसमें पुरुष को अपनी पत्नी के अतिरिक्त किसी अन्य स्त्री को सम्भोग अथवा सहवास के उद्देश्य से रखने की समाज द्वारा स्वीकृति प्राप्त होती है और इससे उत्पन्न सन्तान वैध होती है । भारत में रखैलपन प्रथा मुसलमानों के बीच काफी प्रचलित थी ।

concurrence (कॅन्'कॅरॅन्स) **सहघटन :** यह तीन अर्थों में प्रयुक्त होता है– (1) दो घटनाओं का एकसाथ घटित होना, जैसे– सूर्योदय के साथ वातावरण में गर्मी बढ़ना। (2) ऑगस्टाइन के दर्शन में ईश्वर की कृपा के बिना पाप-कर्म से मुक्ति संभव नहीं है । यहाँ ईश्वर की कृपा एवं पाप-कर्म से मुक्ति– इन दोनों पदों को सहघटन के रूप में प्रयोग किया गया है । (3) ईश्वर (मुख्य कारण) और मनुष्य (गौण कारण) का एकसाथ मिलकर कार्य करना ।

condition of existence (कन्'डिश्न् ऑव् इग्'ज़िस्टन्स्) **अस्तित्व शर्त :** शर्तों का ऐसा समुच्चय, जो किसी चीज़ के होने के लिए आवश्यक हो । मार्क्सवादी समाजशास्त्र में आर्थिक निर्धारणवाद के सिद्धान्त को अर्थव्यवस्था का 'अस्तित्व शर्त' माना गया है । लुइ अल्थ्युसर् (Louis Althusser, 1918-1990, इस व्यक्ति के नाम का शुद्ध उच्चारण मात्र लुइ अल्थ्युसर् है) ने कानूनी व्यवस्था के अन्तर्गत पायी जाने वाली सम्पत्ति एवं संविदा के कानून को आधुनिक पूँजीवादी व्यवस्था का अस्तित्व शर्त कहा है ।

conditional curse(कन्'डिशन्ल् कर्स्) **प्रतिबन्धित शाप, सोपाधिक शाप :** वह शाप, जो कुछ विशेष कर्म-काण्ड अथवा किसी अभिचार का पालन न करने पर मिलता है और जिसका दुर्भाग्यपूर्ण प्रभाव शापित वस्तु पर पड़ता है ।

conditional relationship (कन्'डिशन्ल् रि'लेशन्शिप्) **प्रतिबन्धित सम्बन्ध :** देखें– **Conditioning** ।

conditional response (कन्'डिशन्ल् रि'स्पॉन्स्) **प्रतिबन्धित प्रत्युत्तर :** देखें– **Conditioning** ।

conditional stimulus (कन्'डिशन्ल्'स्टिम्यूलस) **प्रतिबन्धित उद्दीपन :** देखें– **Conditioning** ।

conditioning (कन्'डिशंनि) **अनुकूलन :** इस अवधारणा का प्रयोग सर्वप्रथम व्यवहारवादी मनोवैज्ञानिकों ने सीखने के सिद्धान्त **(Theory of learning)** के सन्दर्भ में किया था । उन लोगों का कहना था कि उद्दीपक एवं प्रतिक्रिया **(Stimulus and response)** के बीच एक प्रकार का प्रतिबन्धित सम्बन्ध (**Conditional relationship)** होता है, जैसे– किसी कुत्ते को घंटी बजाने के बाद खाना दिया जाता है, तो कुछ दिनों के बाद देखा जाता है कि मात्र घंटी बजने से ही कुत्ते के मुँह से लार टपकने लगती है । लेकिन, यही क्रिया लम्बे समय तक की जाये और घंटी बजने पर कुत्ते को खाना न दिया जाय, तो कुत्ते में लार टपकने की क्रिया बन्द हो जाती है; क्योंकि घंटी के साथ भोजन मिलने की सम्भावना समाप्त हो गई है (देखें– B. F. Skinner, **The Behaviour of Organisms**, 1938) ।

condominium (कॉन्ड'मिन्इॲम) **सह-साम्राज्य :** जब दो या उससे अधिक राज्य एक प्रदेश पर एक ही समय में प्रभुसत्ता रखते हों, तब वह सह-साम्राज्य की स्थिति होती है । यह स्थिति सामान्यत: उस समय उत्पन्न होती है, जब किसी प्रदेश के स्वामित्व के सम्बन्ध में दो राज्यों का दावा हो और उनका विवाद किसी प्रकार न सुलझ सके ।

configuration (कन् फ़िग'रेश्न्) **समग्राकृति :** परस्पर सम्बन्धित भागों का संगठित संरूप । विन्यास के अध्ययन में विभिन्न भागों का विश्लेषण अलग-अलग न कर, दूसरे के सन्दर्भ में किया जाता है और सम्पूर्ण संरचना पर बल दिया जाता है ।

conflict ('कॉन्फ्लिक्ट्) **संघर्ष, द्वन्द्व :** यह एक ऐसी अवधारणा है, जो एक से अधिक अर्थों में प्रयुक्त होती आयी है । जब दो या दो से अधिक व्यक्ति अथवा समूह सीमित साधनों पर नियन्त्रण प्राप्त करने के लिए शान्तिपूर्ण तरीके अपनाते हैं, तब यह स्थिति 'प्रतिस्पर्द्धा' **(Competition)** कहलाती है । किन्तु जब इन सीमित उद्देश्यों एवं हितों की पूर्ति के लिए बल-प्रयोग तथा हिंसा का सहारा लिया जाता है, तब प्रतिस्पर्द्धा की यह स्थिति संघर्ष में परिणत हो जाती है ।

संघर्ष में कम-से-कम दो विरोधी दल होते हैं, जो अपने स्वार्थों की पूर्ति के लिए एक-दूसरे को समाप्त कर देना

चाहते हैं । संघर्ष शब्द के साथ प्राय: हिंसात्मक भावनाएँ जुड़ी रहती हैं । यद्यपि संघर्ष एक विरोधी प्रक्रिया है, तथापि यह सहयोग से अलग नहीं है । दोनों एक ही सिक्के के दो पहलू हैं । जहाँ संघर्ष है, वहाँ सहयोग और जहाँ सहयोग है, वहाँ संघर्ष और वह इसलिए कि कोई भी समाज न तो निरन्तर संघर्ष की स्थिति में रह सकता है और न हमेशा सहयोग की स्थिति में रह सकता है । संघर्ष और सहयोग समाज की मूल प्रक्रिया है । संघर्ष को अनेक स्वरूपों में विभाजित किया जा सकता है, जिसमें से प्रमुख निम्न हैं– वैयक्तिक संघर्ष, सामूहिक संघर्ष, वर्ग संघर्ष, राजनीतिक संघर्ष, प्रजातीय संघर्ष (देखें– Lewis A. Coser, **The Functions of Social Conflict**, 1964; Randall Collins, **Conflict Sociology: Towards an Explanatory Science**, 1975) : देखें– **Conflict theory** ।

conflict, group ('कॉन्फ्लिक्ट्, ग्रूप्) **समूह द्वन्द्व :** लोगों का ऐसा समूह, जिसका मानदण्ड बृहत् समाज से भिन्न होता है तथा जो लोग बृहत् समाज के अन्तर्गत अपने सांस्कृतिक अस्तित्व के लिए संघर्ष करते हैं, जैसे– दलितों के द्वारा सवर्णों या बड़े काश्तकारों के विरोध में ग्रामीण क्षेत्रों में संघर्ष करना । सिक्ख आन्दोलन एक प्रकार का समूह आन्दोलन ही था ।

conflict, inter-caste ('कॉन्फ्लिक्ट्, इन्टर् कास्ट्) **अन्तर-जातीय संघर्ष** : देखें– **Caste conflict** ।

conflict, social ('कॉन्फ्लिक्ट्, 'सोशल्) **सामाजिक संघर्ष :** विरोधी हितों पर आधारित सामाजिक सम्बन्ध या प्रतिक्रिया जिसका परिणाम दो विरोधी समूहों के बीच टकराहट या तनाव होता है : देखें– **Conflict; Conflict theory** ।

conflict model of society ('कॉन्फ्लिक्ट् 'मॉड्ल् ऑव् स 'साइअटि) **समाज का संघर्ष प्रतिरूप** : इस प्रतिरूप की मान्यता है कि समाज आन्तरिक संघर्ष और असहमति का नतीजा है, न कि एकता और सहमति का । यह समाज के प्रति एक दृष्टिकोण है, जिसमें व्यवस्था की बजाय उसके तनावों और संघर्षों पर बल दिया जाता है । कार्ल मार्क्स के अनुसार उत्पादन के सामाजिक सम्बन्ध तनाव एवं संघर्ष का आधार है ।

conflict theory ('कॉन्फ्लिक्ट् 'थिअरि) **संघर्ष-सिद्धान्त :** संघर्ष सम्बन्धी विचार प्राचीन काल से ही सामाजिक चिन्तकों का मुख्य विषय रहा है । पॉलिबियस (Polybius, ca203-120BC) ने कहा था कि जानवर की तरह ही मानव में भी समूह में रहने एवं संघर्ष करने की प्रवृत्ति पायी जाती है । शासक वर्ग के अत्याचार से बचने एवं उसे अपदस्थ करने के लिए सदा शासित जन-समूह को संगठित होकर संघर्ष करना पड़ा है । जी. डब्ल्यू. हीगल (G. W. F. Hegel, 1770-1831, हिन्दी में इस नाम का शुद्ध उच्चारण मात्र हीगल है) एवं कार्ल मार्क्स (Karl Marx, 1818-1883) दो प्रमुख सामाजिक विचारक हैं, जिनके संघर्ष-सिद्धान्तों ने समाजविज्ञानियों का ध्यान विशेष रूप से आकृष्ट किया है । द्वन्द्व के सिद्धान्त का मानना है कि सामाजिक जीवन का केन्द्र या आधार विरोधी तत्त्वों का द्वन्द्व है । इस सिद्धान्त के प्रवर्त्तक यह नहीं मानते हैं कि समाज निर्विघ्न उच्च और जटिल स्तर तक पहुँच सकता है । उनके अनुसार समाज की हरेक क्रिया, विश्वास और अन्त:क्रिया की विरोधी प्रतिक्रिया अवश्य होती है ।

संघर्ष दृष्टिकोण को माननेवालों का कहना है कि वर्तमान समाज को सन्तुलित समाज मान लेना एक त्रुटिपूर्ण धारणा है । उनके अनुसार वर्तमान समाज स्वार्थों के संघर्ष से काफी ग्रसित है । सामाजिक जीवन का प्रमुख आधार सामान्य सहमति नहीं है, परन्तु असहमति के वे विभिन्न आयाम ज़रूर हैं, जो विभिन्न समूहों के मध्य सत्ता पाने की प्रतिस्पर्द्धा के फलस्वरूप प्रकट होते हैं । अत: समाज की प्रमुख प्रक्रिया सन्तुलन अथवा एकात्मता की नहीं है, बल्कि वह उस संघर्ष से प्रकट होती है, जिसके अन्तर्गत वे व्यक्ति, जो अभावग्रस्त हैं, जीवन में सुविधाएँ प्राप्त करना चाहते हैं और दूसरे वे जिनके पास सुविधाएँ हैं तथा जो इन लोगों को अधिक सुविधाएँ प्राप्त हों, इसमें बाधक बनते हैं । वर्तमान में फ्रैंकफर्ट विचारधारा **(Frankfurt School)** एवं अतिवादी समाजशास्त्र **(Radical Sociology)** की विचारधारा ने इस दृष्टिकोण को अपने अध्ययन का केन्द्र बनाकर काफी बुद्धिजीवियों को प्रभावित किया है । इसी से मिलती-जुलती एक नयी विचारधारा 'नया वामपक्ष' **(New left)** के नाम से पाश्चात्य विश्वविद्यालयों में काफी प्रचलित हुई है (देखें– Lewis A. Coser, **The Functions of Social Conflict,** 1956; Randall Collins, **Conflict Sociology: Towards an Explanatory Science**, 1975 and **Theoretical Sociology**,1988) : देखें– **Conflict; Radical sociology** ।

conforming personality (कन् 'फ़ॉर्म्‌मिंग पर्‌स 'नैलटि) **समनुरूप व्यक्तित्व** : देखें– **Behavioural conformity** ।

conformist (कन् 'फ़ॉम्इस्ट) **अनुसारक** : रॉबर्ट के. मर्टन (Robert K. Merton, 1910-2003) के अनुसार ऐसा व्यक्ति, जो किसी उद्देश्य को सही माध्यमों के द्वारा प्राप्त करता है । दूसरे शब्दों में, वह व्यक्ति जो समाज में व्याप्त रीति-रिवाज, रूढ़ि, परिपाटी, परम्परा, व्यवहार, प्रथा व लोकाचार आदि का पूर्णत: समर्थन व अनुपालन करता है ।

conformity (कन् 'फ़ॉम्टि) **अनुकूलता, अनुरूपता** : अनुरूपता एक ऐसी क्रिया है, जो सामाजिक मानदण्ड की ओर उन्मुख होती है और जिसे मानदण्ड के अन्तर्गत स्वीकृत व्यवहार माना जाता है । दूसरे शब्दों में, अनुरूपता उस व्यवहार को कहते हैं जो समाज के प्रचलित नियम-कानूनों के अनुरूप होता है । जिस आचरण को सामाजिक मान्यता प्राप्त नहीं है, उस आचरण को अनुरूपता नहीं कहा जा सकता है । जब कोई व्यवहार सामाजिक मानदण्ड या नियमों के अनुरूप होता है, तो उसे अनुरूपता कहते हैं (देखें– Robert Merton, **Social Theory and Social Structure**, 1968)।

Confucianism (कन् 'फ्यूशियनिज़म्) **कन्फ्यूशियनवाद, कुन्फ्यूशियस धर्म** (अर्थात् विद्वानों का आश्रम) : यह चीन का एक प्राचीन और मूल धर्म, दर्शन एवं सदाचार की विचारधारा है । इसके प्रवर्त्तक थे चीनी दार्शनिक कुन्फ्यूशियस (Confucius, चीनी भाषा में इसका सही उच्चारण कुंग-फू-त्सू है) । इनका जन्म 551 ईसा पूर्व और मृत्यु 479 ईसा पूर्व माना जाता है । यह धर्म मुख्यत: सदाचार और दर्शन की बात करता है, देवताओं और ईश्वर के बारे में ज्यादा कुछ नहीं कहता । इसलिए इसे धर्म कहना गलत प्रतीत होता है, अत: इसे जीवनशैली कहना अधिक उचित है । यह धार्मिक प्रणाली कभी चीनी साम्राज्य का राजधर्म हुआ करती थी । उनके द्वारा प्रतिपादित सिद्धान्तों एवं नियमों को उनके नाम के आधार पर 'कन्फ्यूशियनवाद' की संज्ञा दी गई है । कन्फ्यूशियस मूलत: एक शिक्षक थे । एक शिक्षक के रूप में उन्होंने सद्व्यवहार, सदाचरण एवं शिष्टाचार के नियमों पर अत्यधिक बल दिया है । यद्यपि उन्होंने किसी नये धर्म का प्रवर्त्तन तो नहीं किया, किन्तु उनका प्रयास था कि चीनी समाज में व्याप्त कुरीतियों एवं बुराइयों को दूर किया जा सके । कन्फ्यूशियस ने पिता और पुत्र के मध्य, पति और पत्नी के मध्य, बड़े और छोटे भाइयों के मध्य तथा राज्य और उनके सलाहकारों के मध्य व्यवहार के लिए विशेष नियम प्रतिपादित किया । प्रत्येक नागरिक से उन्होंने आह्वान किया कि सही बात को समझना और फिर उसके अनुसार आचरण न करना कायरता है । उनका कहना था कि दयालुता का बदला दयालुता से एवं चोट का बदला न्याय से देना चाहिए । वे पुरानी परम्परा को पुन:स्थापित करने के इच्छुक थे एवं जीवन में निष्ठा, संयम आदि पर विशेष बल देते थे । उनका निश्चित मत था कि संसार से पलायन करना मूर्खता है । वास्तव में, कन्फ्यूशियस की शिक्षाएँ धार्मिक गुत्थियों एवं जटिलताओं से परे, नैतिकता एवं सत्पुरुष के आचरणों की संहिता के रूप में थी ।

conglomerate (कॅङलॉमरट) **संगुटिका** : यह ऐसा निकाय है, जिसके अन्तर्गत एक से अधिक निकाय होते हैं और जो लोगों को आसानी से विभिन्न प्रकार की वस्तुएँ एवं सेवाएँ प्रदान करने का काम करते हैं, जैसे– भारत में टाटा एक ऐसा गैर-सरकारी निकाय है, जो भारत के अन्तर्गत विभिन्न प्रकार की सेवाएँ एवं वस्तुएँ मुहैया करने में सक्षम है ।

congregation (कॉङग्रि 'गेशन्) **धर्मसंघ, समवेतता** : ईश्वर की पूजा तथा धार्मिक आदेश के लिए बुलाई गई सभा, जिसे सत्संग भी कहते हैं ।

congregational organization (कॉङग्रि 'गेशन्‌ल् ऑगनाइ 'ज़ेशन्) **धार्मिक संगठन** : एक प्रकार का गिरजाघर का संगठन, जो अपने नेताओं को भाड़े पर लाते हैं फिर निष्कासित कर देते हैं ।

conjectural history (कन् 'जेक्चरल 'हिस्टॅरि) **अटकलपच्चू इतिहास** : सीमित सूचना का प्रयोग करके एक सम्भावित व्याख्या की रचना । जहाँ ठोस सबूत कम पड़ जाते हैं, वहाँ पर सीमित सूचनाओं के आधार पर स्वाभाविक रूप से अनुमान लगाना पड़ता है । मानव का प्राचीन इतिहास काफी हद तक एक अटकलपच्चू इतिहास ही है ।

conjugal ('कॉन्जग्ल्) **दाम्पत्यमूलक :** विवाह, विवाहित अवस्था व विवाहित व्यक्तियों से सम्बन्धित, यथा वैवाहिक प्रेम, दाम्पत्य अधिकार, इत्यादि ।

conjugal family ('कॉन्जग्ल् 'फ़ैमलि) **दाम्पत्य परिवार :** देखें– **Family, conjugal** ।

conjugal right ('कॉन्जग्ल् राइट्) **दाम्पत्य अधिकार :** पति-पत्नी का एकसाथ रहने का अधिकार। परिवार का निर्माण दाम्पत्य अधिकार से ही संभव होता है ।

conjugal role ('कॉन्जग्ल् रोल्) **दाम्पत्य भूमिका :** ऐसी भूमिका, जो पति-पत्नी साथ निभाते हों। बच्चों का लालन-पालन करना पति-पत्नी का समान दायित्व होता है, इसलिए इसे दाम्पत्य भूमिका कहा जाता है : देखें– **Conjugal** ।

conjuncture (कॅन् 'जॅन्क्चर्) **संयोग, संकट :** यह एक ऐसा शब्द है, जिसे संरचनात्मक मार्क्सवादियों ने ऐसी स्थिति को व्यक्त करने के लिए किया है, जो किसी असंतुलित रूप से विकसित समाज के किसी विशेष कालखण्ड में सामाजिक एवं राजनीतिक शक्तियों के बीच वास्तविक सन्तुलन के रूप में दिखाई पड़ता है ।

connotative versus **denotative definition** ('कॅनो टॅटिव वॅर्सॅस 'डिनो टॅटिव डेफ़ि 'निश्न्) **गुणार्थक** बनाम **वस्त्वर्थक परिभाषा :** जो परिभाषा पद के गुणार्थ को स्पष्ट करती है, उसे गुणार्थक कहा जाता है । वह पद, जो परिभाष्य पद के वस्त्वर्थ पर आधारित है, उसे वस्त्वर्थक परिभाषा कहा जाता है ।

connubium (कन्यूबिअम्) **वैवाहिकता, वैवाहिक नियम :** मानवशास्त्रीय साहित्य में कन्यूबिअम शब्द का प्रयोग विवाह के एक ऐसे रूप के लिए किया जाता है, जिसमें एक समूह-विशेष के सदस्य किसी निर्धारित समूह की स्त्रियों में से अपनी पत्नियाँ चुन सकते हैं । यह माना जा सकता है कि ये दोनों समूह वैवाहिक नियम का पालन कर रहे हैं या इनका कन्यूबिअम है ।

consanguine family (कॉन्सैन् 'ग्विन् 'फ़ैमलि) **समरक्त परिवार :** परिवार का वह स्वरूप, जो रक्त-सम्बन्ध को प्राथमिकता देता है । मात्र पति-पत्नी वाले परिवार को समरक्त परिवार नहीं कहा जायेगा । समरक्त परिवार में वैसे सदस्यों का होना आवश्यक है, जिनका जन्म उस परिवार में हुआ हो ।

consanguineous (कॉन्सैन् 'ग्विनिअस) **रक्त-सम्बन्धी :** वे जो रक्त द्वारा सम्बद्ध हों, जैसे– माता-पिता और उनके बच्चे, भाई-बहन आदि ।

consanguinity (कॉन्सैन् 'ग्विनूइटि) **समरक्तता, रक्त-सम्बन्ध :** इसका अर्थ रक्त के सम्बन्ध से है । किसी व्यक्ति के सगे नातेदार उसके समरक्त (सगोत्र) होते हैं । वास्तविक अथवा कल्पित सहपूर्वज के वंशानुक्रम के आधार पर स्थापित सामाजिक सम्बन्ध । समरक्तता या तो एकरेखीय होती है, जिसमें एक व्यक्ति दूसरे का प्रत्यक्ष पूर्वज होता है या फिर स्वशाखीय होती है, जिसका पूर्वज सामान्य होता है, परन्तु इसमें व्यक्तियों का परस्पर सम्बन्ध एकरेखीय नहीं होता है ।

conscience, collective (कॉन्शन्स्, क 'लेक्टिव्) **सामूहिक चेतना :** देखें– **Collective conscience** ।

conscientious objector (कान्शि 'एन्शस् अब् 'जेक्टर्) **अन्तःप्रेरित आपत्तिकर्ता :** प्रथम विश्वयुद्ध (1914-1918) के दिनों में ऐसा व्यक्ति, जो अपनी अन्तरात्मा की प्रेरणा से युद्ध में हिस्सा लेने से इनकार करता था । इन व्यक्तियों के अनुसार विवादों के समाधान के लिए युद्ध का रास्ता उचित नहीं है; क्योंकि इससे अपार क्षति होती है और निर्दोष लोगों को अपनी जान भी देनी पड़ती है ।

conscious model and **unconscious model** (कॉन्शस् 'मॉड्ल् ऐन्ड् अॅन्कॉन्शस् मॉड्ल्) **चेतन प्रतिरूप** तथा **अचेतन**

प्रतिरूप : चेतन प्रतिरूप के बारे में समाज में व्यक्ति जागरूक होता है तथा इसके बारे में व्यक्ति किसी चीज़ को तर्कपूर्ण ढंग से समझने का प्रयास करता है । संरचनावाद चेतन को गलत मानता है । अचेतन प्रतिरूप वह है, जिसके बारे में समाजविज्ञानी जागरूक रहते हैं । आम आदमी की समझ से वह बाहर रहता है : देखें– **Model** ।

consciousness, class ('कॉन्शस्नस्, क्लास्) **वर्ग-चेतना** : देखें– **Class awareness; Class consciousness; False consciousness** ।

consciousness, false ('कॉन्शस्नस्, 'फॉल्स्) **चेतनाहीनता** : देखें– **Class consciousness; False consciousness** ।

consciousness, social ('कॉन्शस्नस्, 'सोश्ल्) **सामाजिक चेतना** : देखें– **Social consciousness** ।

consciousness of kind ('कॉन्शस्नस् ऑव् काइन्ड्) **स्वजाति चेतना** : स्वजाति चेतना की धारणा का विकास एफ. एच. गिडिंग्ज (Franklin Henry Giddings, 1855-1931) द्वारा समाज के एक ऐसे यथार्थ की अभिव्यक्ति के लिए किया गया, जिसमें एक समूह के सदस्य यह अनुभव करते हैं कि वे समान विचारों, लक्षणों तथा परिस्थितियों द्वारा आबद्ध हैं । जब व्यक्ति यह अनुभव करता है कि उसके तथा अन्य व्यक्तियों के व्यवहार में इस प्रकार की न केवल समानता है, अपितु उनमें भाईचारा तथा एक-दूसरे के प्रति सहानुभूति भी विद्यमान है । यह अनुभूति ही स्वजाति चेतना है । इसी स्वजाति चेतना के आधार पर समान जाति, धार्मिक या भाषाई समूह के लोग किसी बात को लेकर आसानी से इकट्ठा हो जाया करते हैं ।

consensual union (कन्'सेन्स्युअल 'यूनिअन्) **सहमति-जन्य संयोजन** : अविवाहित स्त्री-पुरुष का सम्भोग के उद्देश्य से एकसाथ रहना । कभी-कभी तो यह स्थिर अवस्था के रूप में पाया जाता है, लेकिन इसे वैवाहिक जीवन की मान्यता प्राप्त नहीं है ।

consensus, social consensus (कन्'सेन्स्स, 'सोश्ल् कन्'सेन्स्स) **सामंजस्य; सामाजिक सामंजस्य** : सामाजिक व्यवस्था दो प्रकार से संभव हो पाती है या यह कहा जाये कि सामाजिक व्यवस्था के सन्दर्भ में समाजशास्त्रीय विचारों को दो भागों में विभक्त किया जा सकता है । प्रथम तो यह कि उत्पीड़न के द्वारा लोगों को एक रखकर समाज में व्यवस्था को बनाये रखा जाता है । जो कोई भी समाज के मूल्यों के विपरीत आचरण करता है, उसे समाज दण्डित करने का प्रयास करता है । दूसरी तरफ टैलकॉट पार्सन्स (Talcott Parsons) की तरह कुछ ऐसे समाजशास्त्री हैं, जो यह मानते हैं कि सामाजिक मूल्यों को लोगों द्वारा समाजीकरण के माध्यम से इस प्रकार आत्मसात् कर लिया जाता है कि समाज में व्यवस्था स्वत: स्थापित होती है । समाजीकरण के माध्यम से समाज में लोग समान परिस्थिति में आचरण करते हैं अर्थात्, यह कहा जाये कि समाजीकरण के माध्यम से समाज में सामंजस्य स्थापित होता है (देखें– Talcott Parsons, **The Social Systems**, 1951) ।

consensus theory (कन्'सेन्सस 'थिअरि) **सामंजस्य-सिद्धान्त** : देखें– **Consensus** ।

consequentialism (कॉन्सि'क्वेन्शॅ लिज़म्) **परिणामवाद** : यह वह सिद्धान्त है जो किसी कार्य के परिणाम को ध्यान में रखकर उचित या अनुचित मानता है । इसके अनुसार जिस कार्य का परिणाम सबसे कल्याणकारी हो, उसे सर्वोत्तम मानना चाहिए ।

conservative (कन्'सर्व़टिव़्) **रूढ़िवादी, दक़ियानूसी** : परिवर्तन और प्रवर्तन के प्रति रुचि न रखने की प्रवृत्ति। धार्मिक नेताओं की यह खास विशेषता है । रूढ़िवाद और यथास्थितिवाद समान अभिप्राय रखते हैं ।

conservative justice (कन्'सर्व़टिव़् 'जॅस्टिस) **रूढ़िवादी न्याय** : न्याय का वह रूप, जो समाज में प्रचलित व्यवस्था को क़ायम रखने में विश्वास रखता है । यह अधिकारों के मौजूदा वितरण में परिवर्तन का विरोध करता है । कोई व्यवस्था अपने पुराने तौर-तरीके पर कायम रहे, यह रूढ़िवादी न्यायप्रणाली है ।

conservative movement (कन्'सर्व़टिव़्'मूवमन्ट्) **रूढ़िवादी आन्दोलन** : ऐसा सामाजिक आन्दोलन, जिसका उद्देश्य समाज की वर्तमान विशेषताओं को सुरक्षित रखना होता है । इस दृष्टि से यह प्रगतिवादी आन्दोलन का विपरीत रूप है । अन्तर्जातीय विवाह का विरोध करना या उच्च जातियों के द्वारा समाज पर प्रभुत्व बनाये रखने की चेष्टा करना रूढ़िवादी आन्दोलन है ।

conservatism (कन्'सर्व़टिज़म्) **रूढ़िवाद, रूढ़िवादिता** : व्युत्पत्ति की दृष्टि से इस शब्द का यह अर्थ है कि जो चीज़ जिस रूप में स्थापित हुई है, उसे उसी में बनाए रखने की प्रवृत्ति । एक विचारधारा के रूप में परम्परागत आचार-विचार को ही सत्य माननेवाला तथा उससे भिन्न आचार-विचार को अग्राह्य माननेवाला मत अथवा मनोवृत्ति (देखें– Robert Eccleshall, **Political Ideologies**, 1984) ।

conservatism and liberalism (कन्'सर्व़टिज़म् ऐन्ड् लिबॅरलिज़म्) **अनुदारवाद एवं उदारवाद** : इन दो अवधारणाओं के बीच अन्तर करना काफी कठिन है; क्योंकि इन दोनों शब्दों के अर्थ में समय के साथ परिवर्तन होता रहा है । एक राजनीतिक विचारधारा के रूप में अनुदारवाद की उत्पत्ति फ्रांसीसी क्रांति से जुड़ी हुई मानी जाती है । यह मानव स्वभाव के ऐसे निराशावादी विचारों पर आधारित है, जो यह मानता है कि मानव स्वभावत: दुष्ट, विवेकहीन और हिंसात्मक प्रवृत्ति का होता है । मोटेतौर पर, यह ऐसी विचारधारा को इंगित करता है, जो परिवर्तन के लिए तैयार नहीं है, अर्थात् यह विचारों की यथास्थिति में विश्वास करता है । उदारवाद की उत्पत्ति यूरोपीय ज्ञानोदय से जुड़ी मानी जाती है । यह वैयक्तिक स्वतन्त्रता के सिद्धान्त पर आधारित विचारधारा है । उदारवाद को सबसे अधिक प्रोत्साहन आधुनिक राज्यों से प्राप्त हुआ । उदारवादी चिन्तकों को ऐसा लग रहा था कि पूँजीवाद के विकास से व्यक्तिवाद पर नियन्त्रण बढ़ जायेगा, इसलिए राज्यों के माध्यम से लोगों में वैयक्तिक अधिकारों की हिफाजत और प्रोत्साहन की बात की जाने लगी । खैर, दोनों अवधारणाओं का सम्बन्ध वर्तमान समय में इस बात से है कि कोई व्यक्ति परिवर्तन के लिए तैयार है या नहीं। एक समय ऐसा भी था, जब पाश्चात्य देशों में साम्यवादी विरोधियों को अनुदारवादी और साम्यवादियों को उदारवादी माना जाता था । लेकिन, दूसरी तरफ साम्यवादी देशों में साम्यवादियों को अनुदारवादी और पूँजीवाद के समर्थकों को उदारवादी माना जाता था (देखें– Robert Nisbet, **Conservation**, 1986) ।

consolidated metropolitan statistical area (कन्'सॉल् इडेटिड् मेट्र'पॉलि्टन स्ट'टिस्टिक्ल्'अरिआ) **समेकित महानगरीय सांख्यिकीय क्षेत्र** : देखें– **Metropolitan** ।

consortium (कन्'सॉर्टिअम्) **सहयोग-संघ** : ऐसा राष्ट्रीय या अन्तर्राष्ट्रीय संगठन, जो वित्त और व्यापार जैसे क्षेत्र में किसी सामान्य उद्देश्य की पूर्ति के लिए बनाया जाता है ।

conspicuous consumption (कन्'स्पिक्युअस् कन्'सम्प्शन्) **प्रदर्शन उपभोग, दर्शकीय उपभोग** : धन-सम्पदा अथवा सेवाओं के ऐसे उपभोग को दर्शकीय उपभोग कहा गया है, जिसे कोई उपभोक्ता दूसरे उपभोक्ता को मात्र दिखावे के उद्देश्य से करता है । जो दूसरों का ध्यान आकर्षित करता है तथा उन लोगों की ऊँची हैसियत को दर्शाता है, जैसे– कोई व्यक्ति मोती की माला एवं हीरे की अंगूठी पहने हो । इस अवधारणा का प्रयोग टी. वेबलन (Thorstein Veblen, 1857-1929) द्वारा रचित उनकी कृति **The Theory of the Leisure Class** (1934) में यह बताने के लिए किया गया कि जिन लोगों के पास अपने निर्वाह-स्तर से अत्यधिक अतिरिक्त धन-सम्पदा होती है, वे उसका प्रयोग लोकोपयोगी अथवा रचनात्मक कार्यों की अपेक्षा ऐसे कार्यों में करते हैं, जिनसे उनकी सामाजिक प्रतिष्ठा में वृद्धि हो। वे बहुमूल्य वस्तुओं का उपभोग दिखावे की भावना से प्रेरित होकर करते हैं, न कि इनमें कोई आन्तरिक मूल्य विद्यमान होने के कारण : देखें– **Leisure class** ।

conspicuous leisure (कन्'स्पिक्युअस्'लेज़र्) **दर्शकीय अवकाश** : देखें– **Leisure class** ।

conspiracy (कन्'स्पिरसि) **षड्यन्त्र, साजिश** : ऐसा कार्य, जिसे कुछ लोग किसी ग़ैर-क़ानूनी उद्देश्य की पूर्ति के लिए करते हैं ।

constant ('कॉन्स्टन्ट्) **स्थिरांक** : ऐसा संकेत, जिसका मान विश्लेषण के दौरान स्थिर या एक जैसा रहता है । जैसे मृत्यु-दर प्राप्त करने के लिए किसी वर्ष में होने वाली मृत्यु की संख्या को उस वर्ष की कुल आबादी से भाग दिया जाता है और उस भागफल को 1000 से गुणा कर दिया जाता है । यहाँ 1000 स्थिरांक है ।

constant conjunction ('कॉन्स्टन्ट् कॅन् 'जॅन्क्शन्) **स्थिर संयोजन** : देखें– **Cause** ।

constellation of interests (कॉन्स्टॅ'लेशन् ऑव् इन्ट्रस्ट्स्) **स्वार्थ-पुंज** : देखें– **Decomposition of capital** ।

constitution (कॉन्स्टि'ट्यूशन्) **गठन, संविधान** : विभिन्न विषयों में इस शब्द के विभिन्न अर्थ हैं । वर्तमान समय में फ्रांसीसी संरचनावादी (**French structuralist**) इस शब्द का प्रयोग ऐसी प्रक्रिया के लिए करते हैं कि कैसे किसी मानवीय व्यक्तिनिष्ठ विचारों को वैयक्तिक स्तर पर समझा जाता है । यह कार्य भाषा के माध्यम से ही संभव हो पाता है । किसी भाषा के अभाव में मनुष्य के लिए शायद सोचना संभव नहीं हो पाता है । राजनीतिशास्त्र में इसका अर्थ संविधान होता है । इसी से देश की राजनीतिक व्यवस्था, कानून एवं लोगों का सामूहिक आचरण निर्धारित होता है । प्राय: प्रत्येक देश का एक अपना संविधान होता है । आजादी के बाद भारत ने अपना संविधान 1950 में अपनाया ।

constitutional monarch (कॉन्स्टि'ट्यूशन्ल् 'मॉनर्क्) **संवैधानिक राजतन्त्र** : राजा या रानी, जो मात्र नाम के प्रधान होते हैं । वास्तविक शक्ति दूसरे राजनीतिक नेताओं में निहित होती है, जैसे– इंग्लैंड में संवैधानिक राजतन्त्र है ।

constitutionalism (कॉन्स्टि'ट्यूशन् लिज़म्) **संविधानवाद** : वह सिद्धान्त, जिसके अनुसार किसी राज्य का शासन संविधान के अनुसार चलाया जाना चाहिए ताकि शासन का कोई अंग या पदाधिकारी मनमानी न कर पाए ।

constraint theory of deviance (कन्'स्ट्रेन्ट 'थिअरि ऑव्'डीविअन्स्) **बाध्यता-मूलक विसामान्यता सिद्धान्त** : जब किसी व्यक्ति का समाज के साथ सम्बन्ध-विच्छेद हो जाता है या सम्बन्ध थोड़ा ढीला पड़ जाता है, तो वैसी स्थिति में वह विसामान्य व्यवहार करने लगता है । अमरीका के शिकागो विश्वविद्यालय के समाजशास्त्रियों ने 20वीं सदी के दूसरे एवं तीसरे दशक में इस विचार को दुनिया के सामने रखा । उनके ऐसा करने का मुख्य कारण यह था कि अधिकांश विचलनकारी व्यवहार करने वाले वैसे व्यक्ति थे, जो खण्डित परिवार (**Broken homes**) के सदस्य थे । उन समाजशास्त्रियों ने यह भी पाया कि जिस समाज के अन्तर्गत मनोरंजन की व्यवस्था कम है या वहाँ स्वयंसेवी संस्थाएँ आम जनता के लिए कुछ नहीं करती हैं, वैसे समाजों में विसामान्यता की घटनाएँ ज्यादा घटती हैं। फ्रिडरिक थ्रैसर (F. Thrasher) ने अपनी पुस्तक **The Gang** में बताया है कि जिन समाजों के अन्तर्गत समाजीकरण के अभिकरण, जैसे– परिवार, विद्यालय एवं धार्मिक संस्थाएँ ठीक से काम नहीं करती हैं, वहाँ पर अपराध की घटनाएँ अधिक होती हैं । उनका अध्ययन भी यही बताता है कि जब व्यक्ति और समाज के बीच बन्धन कमजोर पड़ जाते हैं, तो व्यक्ति के अपराधी होने की सम्भावना बढ़ जाती है ।

construct (कॅन्स्ट्रॅक्ट) **अवधारणा, विचार** : यह एक ऐसी अवधारणा है, जो किसी वैज्ञानिक विश्लेषण और सामान्यीकरण की प्रक्रिया में मदद करती है । इसका निर्माण अवलोकनीय घटनाओं के आधार पर होता है । पर इससे यह नहीं समझा जाना चाहिए कि इस अवधारणा के माध्यम से किसी घटना का ठोस विवरण सुनिश्चित होता है, बल्कि यह अनुसन्धान का एक ऐसा प्रत्यक्ष तरीका है, जिसके माध्यम से घटनाओं को समझने में आसानी होती है, जैसे– स्थिति, भूमिका आदि : देखें– **Concept** ।

constrictive population pyramid (कन् 'स्ट्रिक्टिव पॉप्यु 'लेशन् 'पिर्मिड्) **जनसंख्या संकीर्णक सूचीस्तम्भ** या **पिरामिड** : यह एक ऐसा जनसंख्या संकीर्णक सूचीस्तम्भ है, जिसका आधार संकीर्ण होता है और मध्य भाग थोड़ा फैला होता है। जब विकसित देशों की जनसंख्या का उम्र के आधार पर पिरामिड बनाया जाता है तो उसका स्वरूप वैसा ही दिखाई पड़ता है । यह किसी समाज के निम्न प्रजननता-दर का सूचक है । जब विकसित देशों की जनसंख्या

को ग्राफ पेपर के ऊपर उम्र एवं यौन के आधार पर आलेखित किया जाता है, तो संकीर्णक सूचीस्तम्भ का स्वरूप उभरता है : देखें– **Population pyramid** ।

constructionism; constructivism (कन्ˈस्ट्रॅक्श्निज़म्; कॅन्ˈस्ट्रक्टि विज़म्) **रचनात्मकता; रचनात्मकवाद** : देखें– **Social constructionism** ।

constructive dependence (कन्ˈस्ट्रक्टिव डिˈपेन्ड्न्स) **सकारात्मक निर्भरता** : किसी संसाधन पर ऐसी निर्भरता, जिसके कारण उस संसाधन के उपभोक्ता ऐसा सन्तुलन बनाए रखें और यह ध्यान रखें कि एक ओर जहाँ मनुष्यों की आवश्यकताएँ पूरी हों, वहीं दूसरी ओर प्राकृतिक संसाधनों का विनाश भी न हो । जनसंख्या एवं संसाधन के बीच सन्तुलन की नितान्त आवश्यकता है ।

consumer (कन्ˈस्यूमर्) **उपभोक्ता** : ऐसा व्यक्ति, जो किसी अर्थव्यवस्था के अन्तर्गत किसी वस्तु या सेवा का उपभोग करता हो । उपभोक्ता की वस्तुओं एवं सेवाओं के सम्बन्ध में उसकी अपनी पसन्द एवं प्राथमिकताएँ होती हैं, जिसका सम्बन्ध उपभोक्ता के आर्थिक स्थिति पर निर्भर करता है और यही वस्तुओं एवं सेवाओं की माँग का प्रमुख निर्धारक होता है ।

consumer resistance (कन्ˈस्यूमर् रिˈज़िस्टन्स्) **उपभोक्ता-प्रतिरोध** : ऐसी संगठित कार्रवाई, जिसका ध्येय खुले बाज़ार में उपभोक्ताओं को विक्रेताओं की धोखाधड़ी या चालाकी से बचाना हो । इसमें उपभोक्ता के इस अधिकार पर बल दिया जाता है कि वह अपनी पसन्द की वस्तु चुन सके और धोखा होने की स्थिति में विक्रेता से उसकी शिकायत करके उसका हर्जाना वसूल कर सके ।

consumer society (कन्ˈस्यूमर् सॅˈसाइअटि) **उपभोक्ता-समाज** : इस शब्द का प्रयोग आमतौर पर आधुनिक पाश्चात्य समाज के लिए किया जाता है, इसलिए कि यह समाज मुख्यरूप से उपभोक्ता केन्द्रित है । इस प्रकार के समाज में वस्तुओं और सेवाओं के उत्पादन से अधिक सेवाओं एवं उपभोक्ता वस्तुओं के प्रयोग की विशेष महत्ता है : देखें– **Conspicuous consumption** ।

consumer sovereignty (कन्ˈस्यूमर्ˈसॉव्र् न्टि) **उपभोक्ता की प्रभुसत्ता** : यह विचार कि उपभोक्ता अपने हितों का सर्वोत्तम निर्णायक है । एक स्वतन्त्र अर्थव्यवस्था में उपभोक्ता को सार्वभौमिक शक्तिसम्पन्न माना जाता है; क्योंकि उसकी रुचि के आधार पर ही उत्पादक फर्म वस्तुओं की डिजाइन एवं मात्रा का निर्धारण करती है । स्वतन्त्र अर्थव्यवस्था में उपभोक्ता की रुचि की उपेक्षा करना संभव नहीं है ।

consumerism (कन्ˈस्यूम् रिज़्म्) **उपभोक्तावाद** : यह एक ऐसा आन्दोलन है, जो उपभोक्ता के मौलिक अधिकारों और हितों की सुरक्षा करने तथा उसे शोषण से बचाने की बात करता है । इस दृष्टिकोण के अनुसार उपभोक्ताओं के लाभ के लिए आर्थिक जीवन का संचालन किया जाता है । ऐसी मान्यता है कि उपभोक्ता को एक व्यापक क्षेत्र में वस्तुओं का चुनाव करना होता है और इस कारण उपभोक्ता का ज्ञान उत्पादक फर्मों की अपेक्षा सीमित रहता है ।

consummation (कॅन्सˈमेश्न्) **सहवास, गौना** : लैंगिक संसर्ग द्वारा विवाहित जीवन की पूर्णता प्राप्त करने का अधिकार । उत्तर भारत के कुछ क्षेत्रों में इसे गौना भी कहा जाता है । भारत के विभिन्न प्रदेशों में इसके विभिन्न नाम हैं । गौना सम्पन्न होने के बाद ही लड़की अपनी ससुराल में स्थायी रूप से निवास करती है । इस प्रकार की प्रथा के विकास के पीछे मुख्यरूप से बाल-विवाह की प्रथा रही है । विवाह और गौना के बीच कुछ समय का अन्तराल रखा जाता है । अन्तराल की अवधि इस बात पर निर्भर करती है कि विवाह के समय वर-वधू की उम्र क्या है ।

consumption, sociology of (कन्ˈसम्प्श्न्, सोसिˈऑलजि ऑव्) **उपभोग का समाजशास्त्र** : समाजशास्त्र की इस विधा की उत्पत्ति 1980 के दशक में हुई। पाश्चात्य विकसित पूँजीवादी देशों के अन्तर्गत एक उपभोक्तावादी संस्कृति का विकास हुआ है, वही इस विधा का मुख्य केन्द्रबिंदु है । इस विधा के प्रवर्त्तकों का मानना है कि अब तक समाजशास्त्री

चाहे-अनचाहे 19वीं सदी की सामाजिक समस्याओं से जुड़े सिद्धान्तों, जैसे–अलगाव, नौकरशाही, वर्ग-व्यवस्था, श्रम-विभाजन, वर्ग संघर्ष, सामाजिक व्यवस्था आदि में रुचि दिखाते रहे हैं । उनका यह भी कहना है कि वर्तमान पूँजीवादी समाज की समस्याओं का भी विश्लेषण किया जाना चाहिए । यही कारण है कि अब अवकाश, फैशन, पर्यटन, उद्योग आदि विषयों पर ध्यान केन्द्रित किया जा रहा है । यह इस विषय की प्रमुख विषय-वस्तु है (देखें– Per Otnes (ed.), **The Sociology of Consumption, 1988;** Stephen Edgell (eds.), **Consumption Matters,** 1996) ।

consumption cleavages (कन् 'सम्प्शन् क्लीव् 'इज) **उपभोग विदरण, उपभोक्ता-दरार :** समाजशास्त्रीय लेखन में वर्ग सामाजिक विभाजन या दरार का एक प्रमुख आधार है । लेकिन, समाज में विभाजन सिर्फ वर्ग-व्यवस्था के आधार पर ही नहीं होता है, बल्कि सामाजिक विभाजन इस बात पर भी निर्भर करता है कि कौन-सा वर्ग किस मात्रा में वस्तुओं और सेवाओं का कितना उपभोग करता है, अर्थात् व्यक्तियों का व्यवहार सिर्फ उसके वर्ग से प्रभावित नहीं होता, बल्कि इस बात से भी प्रभावित होता है कि उस व्यक्ति के पास भोग-विलास के लिए कैसा और कितना मकान या अन्य संसाधन प्राप्त है ।

contagion theory (कन् 'टेजन 'थिअरि) **संसर्ग** या **संक्रमण-सिद्धान्त :** भीड़ के सभी सदस्यों के बीच आन्तरिक क्रिया तथा नकल के द्वारा समान प्रकार के व्यवहार एवं विश्वास का फैलाव । इसे आपातिक मानदण्ड-सिद्धान्त (**Emergent norm theory**) भी कहा जाता है ।

contamination (कैन् 'टैमि नेशन्) **सम्पर्क प्रभाव :** सांख्यिकी के क्षेत्र में इस शब्द का एक विशेष अर्थ है । इससे यह बोध होता है कि किसी बहुचर विश्लेषण (**Multivariate analysis**) में बाह्य रूप से प्रभावित करने वाले कौन से कारक हैं, जो आँकड़ों के विश्लेषण को प्रभावित करते हैं । इसे 'कोलाहल' (Noise) की भी संज्ञा दी जाती है । इससे बचने के लिए कई प्रकार की मानकीकृत (**Standardization**) प्रविधियाँ हैं । चिकित्साशास्त्र में इस अवधारणा का अर्थ किसी चीज़ को सम्पर्क के माध्यम से दूषित करने से होता है, जिसके परिणामस्वरूप किसी प्रकार की बीमारी होने की सम्भावना बढ़ जाती है ।

content analysis (कन् 'टेन्ट् अ 'नैलसिस्) **अन्तर्वस्तु-विश्लेषण :** भाषात्मक अथवा चित्रात्मक तथ्यों का विश्लेषण, जो प्रकारात्मक भी हो सकता है और मात्रात्मक भी । इसका प्रमुख उपयोग चलचित्रों, नाटकों, कहानियों, निबन्धों अथवा रेखाचित्रों के विश्लेषण के माध्यम से किसी विषय-वस्तु को गहराईपूर्ण ढंग से समझने के लिए किया जाता है ।

contest and sponsored mobility ('कन्टेस्ट् ऐन्ड् 'स्पान्सरड् मो 'बिलटि) **संघर्षमय एवं प्रायोजित गतिशीलता :** एक ऐसी शिक्षा प्रणाली, जिसके अन्तर्गत सभी बच्चों को एक-दूसरे से प्रतियोगिता करने के लिए प्रेरित किया जाता है, ताकि बच्चे अपने शैक्षणिक जीवन में ज्यादा-से-ज्यादा अच्छा कर सकें ।

contextual model (कॉन् 'टेक्स्ट्यूअॅल 'मॉड्ल्) **सन्दर्भ प्रतिरूप :** यह बहुस्तरीय (Multi-level) एवं सोपानिक (Hierarchical) मॉडल के नाम से भी जाना जाता है । इस मॉडल के अन्तर्गत लघु एवं बृहत् (Micro and Macro) स्तरीय सामाजिक यथार्थों के बीच सम्बन्धों का विश्लेषण होता है । इस प्रतिरूप के अन्तर्गत इस तथ्य का विश्लेषण किया जाता है कि व्यक्ति के आचरण पर सामाजिक समूह का क्या प्रभाव पड़ता है । एमिल डर्कहाइम (Émile Durkheim, 1858-1917) के आत्महत्या (**Suicide**) के सिद्धान्त से इस मॉडल के अन्तर्गत पायी जाने वाली मान्यताओं का समर्थन होता है : देखें– **Model** ।

continence in marriage ('कॉन्टिनन्स इन् 'मैरिज्) **वैवाहिक संयम :** वैवाहिक जीवन में सम्भोग का त्याग कर संयमित दाम्पत्य जीवन व्यतीत करना । सम्भवत: रामकृष्ण परमहंस इसके उदाहरण माने जाते हैं ।

contingency table (कॅन् 'टिन्जॅन्सि 'टेब्ल्) **आसंग सारणी :** यह संकर सारणीयन (**Cross-tabulation**) के नाम से भी जाना जाता है । किसी आँकड़े के अन्तर्गत दो चरों के बीच सम्बन्ध देखने के लिए इस प्रकार की सारणी का निर्माण किया जाता है ।

continuous variable (कन 'टिन्युअस् 'वेरिअबल्) **निरन्तर चर** : यह एक मात्रात्मक चर है, जिसकी मात्रा धीरे-धीरे घटती या बढ़ती है । बढ़ने और घटने की मात्रा का एक निश्चित विस्तार या आकार होता है, जैसे– किसी व्यक्ति की लम्बाई, वजन, उम्र आदि निरन्तर चर के उदाहरण माने जाते हैं ।

continuum (कन 'टिन्यूअम्) **अविच्छिन्नक, सातत्यक** : कोई भी तत्त्व या तथ्य, जिसमें निरन्तरता हो और स्पष्ट आन्तरिक भेद न हो । सामाजिक अनुसन्धान के अन्तर्गत ऐसी मापन-विधि या योजना, जिसमें एक-दूसरे के विपरीत गुणों को एक सरल रेखा के दोनों सिरों पर रखते हुए यह स्वीकार किया जाता है कि इनमें से एक सिरे से दूसरे सिरे तक एक प्रकार की निरन्तरता है, जैसे– शिक्षा का स्तर ।

contra-acculturation (कॉनट्रॅ अ कल 'चॅरेशन्) **प्रति परसंस्कृति-ग्रहण** : देखें– **Acculturation, contra** ।

contraception (कॉन्ट्र 'सेप्शन्) **गर्भनिरोध** : नर-नारी के लैंगिक मिलन के बावजूद गर्भधारण न होने देना । गर्भनिरोध के दो पहलू हैं– अनचाही सन्तान को जन्म न लेने देना और जनसंख्या नियन्त्रण । इनमें प्रथम दृष्टिकोण समाज के शिक्षित वर्ग का है, जो स्वेच्छा से गर्भनिरोध करना चाहता है । यह शिक्षित वर्ग यौनसुख का उपभोग करना चाहता है, लेकिन सन्तान उत्पन्न करना नहीं चाहता । इसलिए वह गर्भनिरोध के लिए कृत्रिम साधनों, जैसे– लूप, निरोध, जेली, पिल्स, क्रीम आदि का अधिकाधिक उपयोग करता है ।

गर्भनिरोध का दूसरा पहलू है, जनसंख्या नियन्त्रण । भारत जैसे विकासशील देशों में, जहाँ भूमि सीमित है और जनसंख्या तेजी से बढ़ती जा रही है, गर्भनिरोध के साधनों का प्रयोग जनसंख्या-नियन्त्रण में काफी सहायता कर रहा है । भारत में तीव्र जनसंख्या की वृद्धि के दो मुख्य कारण हैं– गरीबी और अशिक्षा । गरीब जनता के मनोरंजन का एकमात्र साधन यौनसुख होता है, जिसका परिणाम होता है, अधिक सन्तान । सन्तान न चाहते हुए भी वहन करनी ही पड़ती है; क्योंकि अशिक्षा और अज्ञान के कारण उनमें सन्तानोत्पत्ति को रोक सकने की सामर्थ्य नहीं होती । वे उन तमाम कृत्रिम साधनों से अपरिचित रहते हैं, जो अनचाही सन्तानों को पैदा होने से रोक सकें । अगर उन्हें साधनों से परिचित कराने का प्रयत्न भी किया जाता है, तो अपने रूढ़िगत अन्धविश्वासों के कारण वे स्वयं ही इससे परिचित होने से इनकार कर देते हैं । गरीब व्यक्ति अपनी गरीबी से निजात पाने के लिए या अपना भविष्य सुधारने के लिए बड़ा परिवार रखना ही बुद्धिमानी समझता है ।

contraceptive (कॅन्ट्रॅ 'सेप्टिव्) **गर्भनिरोधक** : ऐसी वस्तु या युक्ति, जिसके माध्यम से या तो डिम्बाणु और शुक्राणु के मिलन पर रोक लगा दी जाये या शुक्र को नष्ट करके गर्भ का निवारण किया जा सके । गर्भनिरोधकों में गर्भपात, बंध्याकरण या पूर्ण संयम के उपाय शामिल नहीं किये जाते हैं ।

contract labour ('कॅन्ट्रैक्ट 'लेबर्) **अनुबन्धित श्रमिक** : ऐसा मज़दूर, जो किसी उद्देश्य से एक निश्चित समय के लिए ठेके पर काम करता है । तीसरी दुनिया के अन्तर्गत, जैसे– भारत या अन्य दक्षिण एशियाई देशों में, इसका अर्थ ऐसे श्रमिकों से है, जो मध्यस्थ लोगों के द्वारा नियोजक तक पहुँचाये जाते हैं ।

contra-culture ('कॉन्ट्रॅ 'कल्चर्) **प्रतिरोधी संस्कृति** : देखें– **Counter-culture**; **Subculture** ।

contradiction (कॉन्ट्र 'डिक्शन्) **विरोधाभास** : कार्ल मार्क्स (Karl Marx, 1818-1883) के द्वारा व्यवहार किया गया शब्द, जो विरोधी (प्रतिद्वन्द्वी) प्रवृत्तियों का सूचक है । मनोविज्ञान में इस अवधारणा का सर्वप्रथम प्रयोग जे. पियाजे (J. Piaget) ने एक अलग अर्थ में किया था । उनके अनुसार सामाजिक आत्मन के विकास का एक ऐसा चरण है, जिसमें बच्चे दुनिया की भौतिक चीज़ों को देखकर विचार बनाते हैं । इस अवस्था में बच्चे अमूर्त या काल्पनिक चीज़ों को समझने में सक्षम होते हैं (देखें– Gunnar Myrdal, **An American Dilemma**, 1945; George Lukacs, **History and Class Consciousness**, 1971; Daniel Bell, **The Cultural Contradictions of Capitalism**, 1979) ।

contradictory class location (कॉन्ट्र'डिक्टरि क्लास् लो'केशन्) **विरोधात्मक वर्ग का स्थान** : वर्ग संरचना के अन्तर्गत ऐसा स्थान, जो सफेदपोश और निम्न प्रबन्धन सेवाओं के बीच का होता है। विरोधात्मक वर्ग के लोगों में उनसे उच्च और थोड़ा उनसे निम्न श्रेणी के लोगों के गुणों या विशेषताओं का मिश्रित रूप देखा जा सकता है (देखें– John Urry, **Capital Labour and the Middle Classes**, 1983)।

control group (कन्'ट्रोल् 'ग्रूप्) **नियन्त्रित समूह** : सामाजिक विज्ञानों के अन्तर्गत प्रयोगात्मक अनुसन्धान के लिए कभी-कभी दो समूहों के तुलनात्मक अध्ययन को एकसाथ प्रयोग में लाया जाता है। जैसे– दूरदर्शन का बच्चों पर क्या प्रभाव पड़ता है, यह जानने के लिए बच्चों के दो ऐसे समूहों का तुलनात्मक अध्ययन किया जा सकता है, जो अक्सर दूरदर्शन देखते हैं और दूसरे वे जो कभी दूरदर्शन नहीं देखते हैं। बच्चों के ऐसे समूह को नियन्त्रित समूह कहा जाता है (देखें– Morris Rosenberg, **The Logic of Survey Analysis**, 1968)।

control variable (कन्'ट्रोल् 'वे़रिअब्ल) **नियन्त्रित चर** : हालात जो सम्बन्धों का अवलोकन करता है और वह भी जो सम्बन्धों को धुंधला करता है। जब किसी अध्ययन के अन्तर्गत दो से अधिक चर होते हैं, तो बारी-बारी से विभिन्न चरों के प्रभाव को सांख्यिकी विश्लेषण के माध्यम से नियन्त्रित कर किन्हीं दो चर के बीच सम्बन्धों की तीव्रता को समझने की कोशिश की जाती है। प्रयोगशाला पर आधारित अनुसन्धानों में नियन्त्रित चरों का प्रयोग विशेष हो पाता है।

conurbation (कॉनर'बेशन्) **उपनगरीय समूहन** : परिस्थितिविज्ञान एवं भूगोल के अन्तर्गत नगर-विस्तार की वह प्रक्रिया, जिसमें अनेक निकटवर्ती नगर एक-दूसरे की ओर बढ़ने लगते हैं और अन्ततः एक-दूसरे में मिल जाते हैं। पैट्रिक गेड्डिस (Patrick Geddes, 1854-1932) ने इस अवधारणा का प्रयोग सर्वप्रथम अपनी पुस्तक **Cities in Evolution** (1915) में किया था। आजकल इसका प्रयोग एक सर्वमान्य तकनीकी अवधारणा के रूप में ऐसे बृहत् रूप से फैले हुए नगरीय क्षेत्रों के लिए किया जाता है, जिनका निर्माण उद्योगों तथा बस्तियों के फैलने के कारण आस-पास के नगरों के आपसी घुलन-मिलन द्वारा हुआ है।

उपनगर तथा मुख्यनगर के बीच कुछ-न-कुछ ग्रामीण क्षेत्र होता है, जो मानवरहित क्षेत्र कहलाता है। जब बड़े व छोटे नगर को जोड़ने वाले मार्ग के किनारे-किनारे बड़े नगर का निर्मित भू-भाग (Built-up area) छोटे नगर तक फैल जाता है, तो वह क्षेत्र उपनगरीय समूहन कहलाता है। औद्योगिक क्षेत्र में स्थापित नगरों में ऐसी विशेषता विशेष रूप से देखने को मिलती है। ग्रेट ब्रिटेन, यू. एस. ए., जर्मनी आदि देशों में ऐसे समूह काफी देखने को मिलते हैं। ग्रेट ब्रिटेन के बरमिंघम तथा लंदन के चारों ओर उपनगरीय समूहन का बहुत विकास हुआ है।

conventional contraceptive (कन्'वे़न्शनल् कॉन्ट्र'सेप्टिव़) **परम्परागत गर्भनिरोधक** : इस पद का प्रयोग व्यापक रूप से ऐसे गर्भनिरोधक उपायों के लिए किया जाता है, जिसका प्रयोग सम्भोग के समय किया जाता है। इसके अन्तर्गत निम्न उपाय शामिल हैं– (क) मध्यपट अथवा डाइफ्राम तथा जेली, (ख) निरोध, (ग) ऐरेसोल फेन अथवा झागदार गोलियाँ, (घ) शुक्रनाशक जेली तथा क्रीम, (ङ) शुक्राणु नाशक, फेनील गोलियाँ, (च) डूश, (छ) मैथुन अन्तरागम अथवा निवर्त्तन, (ज) आवर्त्तन प्रणाली आदि।

conventional crowd (कन्'वे़न्शनल् क्राउड्) **रूढ़िगत भीड़, पारिपाटिक जनसंकुल** : एक ऐसी भीड़, जिसमें सदस्यों के बीच एक व्यवस्था पाई जाती है। उदाहरण के लिए, खेल के मैदान में क्रिकेट या हॉकी देखने वाली भीड़ निश्चित अवसरों पर तालियाँ बजाती है या अन्य बँधे-बँधाए तरीके से अपने मन का भाव प्रकट करती रहती है।

conventional imitation (कन्'वे़न्शनल् इमि'टेशन्) **पारिपाटिक अनुकरण** : अपने ही आयु वर्ग अथवा समकालीन लोगों की अभिवृत्तियों तथा व्यवहार-स्वरूप का साभिप्राय अनुकरण।

conventional language (कन्'वे़न्शनल् लैङ्ग्विज्) **रूढ़िगत भाषा** : रोज़मर्रे के जीवन की ऐसी शब्दावली, जिसका सही-सही विचार-क्षेत्र निर्धारित करना कठिन हो। अतः ऐसी भाषा घटनाओं की वैज्ञानिक व्याख्या में विशेष सहायक नहीं होती।

conventional sign (कन् 'व़ेन्शन्ल् साइन्) **परम्परागत चिह्न :** वैसी पहचान या चिह्न जो परिपाटी से या साधारण व्यवहार (प्रयोग) में होता आ रहा है । सड़क के किनारे ट्राफिक लाइट या विभिन्न प्रकार के चिह्न परम्परागत चिह्न के उदाहरण हैं ।

conventionalism (कन् 'व़ेन्शन् लिज़म्) **रीतिवाद :** इस शब्द का विशेष अर्थ होता है । वैज्ञानिकों के बीच यह मान लिया जाता है कि आमलोग किसी एक सिद्धान्त को दूसरे सिद्धान्त की तुलना में सहज रूप से स्वीकार कर लेते हैं। इसे ही रीतिवाद कहा जाता है । विज्ञान के दर्शन में यह कहा जाता है कि उत्कृष्ट-से-उत्कृष्ट वैज्ञानिक नियम-कानून या सिद्धान्त व्यावहारिक तथ्यों से पूरी तरह सत्यापित नहीं हो पाता है । आमतौर पर यह लोग मान लेते हैं कि वह सिद्धान्त पूरी तरह विश्वव्यापी है । ऐसा रीतिवाद के ही कारण होता है ।

convergence (thesis) (कॅन् 'व़र्जन्स ('थ़ीसिस्) **अभिसरण स्थापना :** देखें– **Convergence theory** ।

convergence theory (कॅन् 'व़र्जन्स 'थ़िअरि) **अभिसरण-सिद्धान्त :** इस सिद्धान्त की मान्यता यह है कि औद्योगीकरण की प्रक्रिया ने समान प्रकार की राजनीतिक, सामाजिक एवं सांस्कृतिक विशेषताओं को जन्म दिया है, अर्थात् औद्योगीकरण के परिणामस्वरूप विभिन्न किस्म के समाजों में क्रमशः एकरूपता आयी है, इस तथ्य के बावजूद कि उन सभी समाजों की ऐतिहासिक पृष्ठभूमि और उसकी संरचना अलग-अलग क्यों न रही हो । सभी प्रकार के समाज औद्योगीकरण के परिणामस्वरूप एक ही प्रकार की विशेषताएँ दिखाते हैं । उनमें से कुछ प्रमुख विशेषताएँ इस प्रकार हैं– विस्तृत श्रम-विभाजन, परिवार और काम में दूरी का बढ़ जाना, गतिशीलता, नगरीकृत विचार एवं अनुशासित कामकाजी लोग। अभिसरण का सिद्धान्त यही कहता है कि सभी उद्योगीकृत समाज समान रूप से गैर-साम्प्रदायिक नगरीकृत, गतिशील और लोकतान्त्रिक मूल्यों पर आधारित होता है । इस सिद्धान्त के विरोध में बहुत सारी बातें कही जाती हैं, जैसे– यह स्पष्ट रूप से नहीं कहा जा सकता है कि विश्व के सभी समाज औद्योगीकरण के परिणामस्वरूप समान विशेषताएँ दिखाएँगे । यह भी कहना कठिन है कि समान विशेषताओं के पीछे औद्योगीकरण की भूमिका है या फिर तकनीकी विकास की । इस बात का कोई ठोस प्रमाण नहीं है कि सभी विशेषताएँ औद्योगीकरण के परिणाम न होकर पूँजीवाद के परिणाम हैं । अभिसरण का सिद्धान्त 1960 के दशक में इस मान्यता पर विकसित हुआ कि औद्योगीकरण समान प्रकार की विशेषताओं वाले समाज को बढ़ावा देगा । उस समय के समाजविज्ञानियों की ऐसी आशावादी सोच थी, जो कि 21वीं सदी के प्रारम्भ में भी पूरी तरह यथार्थ के रूप में प्रमाणित होती हुई नहीं दिखती है (देखें– J. Scott, **Corporations, Classes, and Capitalism**, 1979) ।

conversation analysis (कॉन्व़र् 'सेशन् अ 'नैलसिस्) **वार्तालाप-विश्लेषण :** दो या दो से अधिक व्यक्तियों के बीच शाब्दिक संचार (वार्तालाप) का अनुभवाश्रित अध्ययन। इस प्रविधि का इस्तेमाल नृजातीय पद्धतिशास्त्र **(Ethnomethodology)** में विशेष रूप से होता है । वार्तालाप के अध्ययन के माध्यम से लोगों के आचरण एवं चिन्तन प्रणाली को समझने का प्रयास किया जाता है । यह अध्ययन की एक नयी पद्धति है ।

conversionism (कॅन्व़ॅ:शॅ 'निज़म्) **धर्मपरिवर्तनवाद :** धर्म के क्षेत्र में इस शब्द का अर्थ है, आकस्मिक या नाटकीय ढंग से परमात्मा का ऐसा अनुभव होना, जिससे किसी व्यक्ति की धार्मिक स्थिति में एकाएक परिवर्तन आ जाता है । सामान्य रूप में इस शब्द का अर्थ किसी विचार के अचानक ग्रहण करने से भी है ।

co-operation (को ऑप 'रेश़न्) **सहयोग :** वैयक्तिक या सामूहिक उद्देश्यों की प्राप्ति के लिए व्यक्तियों या समूहों के द्वारा किया गया साझा प्रयास सहयोग कहा जाता है । सहयोग दो या दो से अधिक व्यक्तियों द्वारा किसी कार्य को करने या किसी समान उद्देश्यों को प्राप्त करने के लिए किया जानेवाला निरन्तर एवं सामूहिक प्रयत्न है । वही साझा प्रयास सहयोग की श्रेणी में आता है, जो सापेक्षिक रूप से काफी लम्बे समय के लिए होता है । यदि कुछ व्यक्ति इकट्ठा

होकर किसी सरकारी ऑफिस या किसी कम्पनी के मालिक के खिलाफ सिर्फ नारेबाजी करें, तो उनके बीच दिखाई पड़ने वाला आपसी सहयोग समाजशास्त्रीय अर्थ में सहयोग नहीं कहा जायेगा ।

co-operation, antagonistic (को ऑप 'रेशन्, ऐन् 'टैग् 'निस्ट्क) **विरोधी सहयोग :** सहयोग की ऐसी भावना, जिसमें परस्पर व्यक्तिगत विरोध का दमन कर सार्वजनिक हित को वरीयता प्रदान की जाये । गाँवों के अन्तर्गत जब किसी बात को लेकर दो जातियों के बीच झगड़ा होता है, तो लोग जाति के अन्तर्गत पायी जाने वाली आपसी वैमनस्यता को भुलाकर जाति के नाम पर इकट्ठा हो जाते हैं, यही है विरोधी सहयोग ।

co-operation, compulsory (को ऑप 'रेशन्, कम् 'पल्सरि) **अनिवार्य सहयोग :** लोगों के बीच ऐसा सहयोग, जो सत्ता पक्ष द्वारा अनिवार्य रूप से उन पर थोपा जाता है । ऐसा कई बार होता है कि दफ्तर के अन्तर्गत कर्मचारियों के बीच आपसी मतभेद और मनमुटाव होते हैं, लेकिन उच्चाधिकारी के डर-भय से उनमें आपसी एकता बनी रहती है या दिखाई पड़ती है । इसे ही अनिवार्य सहयोग कहा जाता है ।

co-operation, direct (को ऑप 'रेशन्, डाइ 'रेक्ट्) **प्रत्यक्ष सहयोग :** जब दो या दो से अधिक व्यक्ति अथवा समूह समान उद्देश्य के लिए एक-दूसरे के साथ मिलकर समान कार्य करें, तो इसे प्रत्यक्ष सहयोग कहा जाता है । इसमें व्यक्तियों के बीच आमने-सामने का सम्बन्ध पाया जाता है ।

co-operation, indirect (को ऑप 'रेशन्, इन्डाइ 'रेक्ट्) **अप्रत्यक्ष सहयोग :** जब किसी समान उद्देश्य की पूर्ति के लिए सहयोग करने वाले लोग असमान या भिन्न-भिन्न प्रकार के कार्य करते रहते हैं, तो इसे अप्रत्यक्ष सहयोग कहते हैं । इस प्रकार के सहयोग में उद्देश्य समान होता है, परन्तु कार्य भिन्न-भिन्न होते हैं । किसी अस्पताल में विभिन्न कर्मचारियों द्वारा दिया गया सहयोग अप्रत्यक्ष सहयोग का उदाहरण है ।

co-operation, primary (को ऑप 'रेशन्, 'प्राइमरि) **प्राथमिक सहयोग :** इस प्रकार का सहयोग सामान्यत: प्राथमिक समूहों में पाया जाता है, जहाँ घनिष्ठ व आमने-सामने के सम्बन्ध होते हैं । इसमें व्यक्ति और समूह के स्वार्थ में कोई अन्तर नहीं होता है । व्यक्ति समूह के हित और कल्याण को ही अपना हित और कल्याण समझता है ।

co-operation, secondary (को ऑप 'रेशन्, 'सेकन्डरि) **द्वितीयक सहयोग :** स्वार्थवश दिये गये सहयोग को द्वितीयक सहयोग कहा जाता है । जैसे- चिकित्सक आर्थिक लाभ हेतु रोगियों का इलाज करता है । इसी प्रकार विभिन्न प्रकार की सेवाएँ किसी-न-किसी प्रकार के लाभ को ध्यान में रखकर दी जाती हैं ।

co-operation, tertiary (को ऑप 'रेशन्, 'टर्शरि) **तृतीयक सहयोग :** यह एक अलग प्रकार का सहयोग है, इसलिए कि इसमें प्राथमिक या द्वितीयक किस्म के समूहों के बीच सहयोग जैसी कोई स्थिति नहीं होती है । जब दो समूह आपस में अपने स्वार्थवश लड़ते हैं और लड़ाई का परिणाम दोनों के लिए हानिकारक होता है, तो ऐसी स्थिति में वे कभी-कभी समझौता करने को भी तैयार हो जाते हैं । इस समझौते से जो स्थिति बनती है, वह तृतीयक सहयोग कहलाती है ।

co-operation, voluntary (को ऑप 'रेशन्, 'व़ॉलन्ट्रि) **स्वैच्छिक सहयोग :** लोगों के बीच ऐसा सहयोग, जो उन पर आरोपित नहीं होता, अपितु उनके द्वारा स्वैच्छिक रूप से स्वीकार किया जाता है ।

co-operative (को 'ऑपरेटिव) **सहकारी :** यह एक ऐसी स्वैच्छिक व्यवस्था होती है, जिसके अन्तर्गत सम्पत्ति और पूँजी पर किसी व्यक्ति का अधिकार नहीं होता है, बल्कि सभी चीज़ों पर सभी का समान अधिकार होता है । सभी लोग एकसाथ मिलकर वैसी संस्थाओं की नीतियों का निर्धारण करते हैं ।

co-operative conflict (को 'ऑपरेटिव 'कॉन्फ्लिक्ट्) **सहकारी संघर्ष :** सहभागियों के बीच समान उद्देश्य के कारण संघर्ष का सीमित होना ।

coparcenary (को 'पार्सनरि) **हिस्सेदारी :** पितृवंशीय समाज में परिवार के पुरुष सदस्यों में सम्पत्ति का संयुक्त स्वामित्व।

core (कॉर्) **अन्तर्भाग :** विश्व-प्रणाली सिद्धान्त के अन्तर्गत पश्चिमी यूरोप के देश, संयुक्त राज्य अमरीका और जापान, जो बैंक-व्यापार, वित्त-व्यवस्था और औद्योगिक उत्पादन के क्षेत्र में अपना वर्चस्व स्थापित कर चुके हैं । अतः आर्थिक रूप से पिछड़ा विकासशील देश परिधीय (Peripheral) श्रेणी का हिस्सा होता है : देखें– **Core society** ।

core economy (कॉर् इ'कॉनमि) **मूल अर्थव्यवस्था :** यह एकाधिकारी अर्थव्यवस्था का दूसरा नाम है । इस प्रकार की आर्थिक व्यवस्था के अन्तर्गत कुछ ही बृहत् उद्योगपतियों के हाथों में उत्पादन और सेवा देने की विशिष्ट क्षमता केन्द्रित होती है । बाज़ार में ऐसे उद्योगों का दबदबा और माँगें बहुत होती हैं । ऐसी अर्थव्यवस्था सापेक्षिक रूप से ज्यादा स्थायी होती है । इस्पात, पेट्रोलियम, मोटरकार, दवाएँ एवं कपड़ा सम्बन्धी उद्योग आदि इसी श्रेणी में आते हैं ।

core sector (कॉर्'सेक्टर्) **आंतरक-क्षेत्र :** आर्थिक विकास के लिए जिन आधारभूत संरचनाओं की आवश्यकता होती है तथा जिनके विकास के आधार पर ही अन्य उद्योगों की स्थापना संभव है, उसे कोर सेक्टर कहते हैं, जैसे– सीमेंट, लौह-इस्पात, भारी मशीनें, पेट्रोलियम आदि। उद्योग के क्षेत्र में कोर सेक्टर का तात्पर्य आधारभूत चयनित उद्योग से होता है : देखें– **Core economy** ।

core society (कॉर् सॅ'साइअटि) **आंतरक समाज :** इमैन्युअल वॉलर्सटाईन (Immanuel Wallerstein) ने विभिन्न राष्ट्रों को तीन भागों में बाँटा है– (1) आंतरक **(Core)**, (2) परिधीय **(Peripheral)** एवं (3) अर्द्धपरिधीय **(Semi peripheral)**। उन्होंने वैसे औद्योगिक पूँजीवादी राष्ट्रों को प्रथम श्रेणी में रखा है, जो विश्व की सम्पदा, सामरिक वस्तुओं एवं कौशल, आधुनिक उत्पादन की तकनीक, वित्तीय संसाधनों पर अधिकतम नियन्त्रण रखते हैं । अमरीका, फ्रांस, जर्मनी एवं इंग्लैंड जैसे राज्य आंतरक या केन्द्रीय राष्ट्र की श्रेणी में रखे जाते हैं (देखें– Immanuel Wallerstein, **The Modern World System II**, 1980) ।

corporate class ('कॉपरेट् क्लास्) **समष्टि वर्ग :** औद्योगिक पूँजीवादी समाज के अन्तर्गत एक ऐसा सामाजिक और आर्थिक वर्ग, जो वर्ग-व्यवस्था के अन्तर्गत सबसे ऊपर माना जाता है । समाज के सबसे उच्च वर्ग के ठीक नीचे रखे जानेवाले वर्ग को समष्टि वर्ग कहा जाता है । इस वर्ग की बहुत सारी विशेषताएँ उच्च वर्ग की विशेषताओं जैसी होती हैं। उत्पादन के साधनों पर इनका मालिकाना हक नहीं होता, लेकिन उस पर नियन्त्रण ज़रूर होता है; क्योंकि विभिन्न प्रकार के व्यवसायों के प्रबन्धन में इनकी अहम भूमिका होती है । इस वर्ग के अन्तर्गत सरकारी उच्चाधिकारी भी आते हैं, जो पूँजीवादी व्यवसाय के पोषक होते हैं । इसलिए इन्हें कभी-कभी सेवा-वर्ग **(Service class)** के नाम से भी जाना जाता है, उदाहरणस्वरूप– उच्च पदस्थापित इंजीनियर, प्रबन्धन विशेषज्ञ, सरकार के उच्च प्रशासनिक अधिकारी आदि (देखें– Nicholas Abercrombie and John Urry, **Capital, Labour, and the Middle Classes**, 1983) ।

corporate group ('कॉपरेट् ग्रूप्) **सामूहिक समूह :** एक ऐसा समूह, जिसके अन्तर्गत उसके सदस्यों पर उस समूह का सारा नियम-कानून समान रूप से लागू होता है । इसका स्वरूप आर्थिक, राजनीतिक, धार्मिक या सांस्कृतिक कुछ भी हो सकता है । कुछ लोगों ने नातेदारी समूह को भी सामूहिक समूह के अन्तर्गत रखा है । संयुक्त पूँजी एवं राजनीतिक दल को सामूहिक समूह की संज्ञा दी जाती है ।

corporate state ('कॉपरेट् स्टेट्) **निगमित राज्य :** ऐसी शासन प्रणाली, जिसमें व्यापारिक और व्यावसायिक निकाय राज्य-व्यवस्था के आधार-स्तम्भ होते हैं । ये निगम देश के आर्थिक और राजनीतिक जीवन की विभिन्न शाखाओं में मालिकों और मज़दूरों का प्रतिनिधित्व करते हैं ।

corporateness ('कॉपरेट्नेस) **सामूहिकता, सम्मिलितता :** ऐसे व्यक्तियों के समूह के प्रति समूहशीलता की भावना, जो समान विचार रखते हों ।

corporation (कॉप'रेशन्) **निगम :** एक बड़ा व्यापार, जिसमें अधिक रोज़गार देने तथा अधिक उत्पादन की क्षमता हो।

corporatism ('कॉपरेटिज़्म्) **समष्टिवाद, निगमवाद** : इस शब्द का प्रयोग दो अर्थों में किया जाता है– (1) एक प्रकार की सामाजिक व्यवस्था, जिसके अन्तर्गत मुख्यतः आर्थिक, राजनीतिक एवं सामाजिक पहलुओं पर कोई समूह इकट्ठा निर्णय लेता है । कोई व्यक्ति उस समूह के सदस्य के रूप में ही उसे प्रभावित कर सकता है । ट्रेड यूनियन या कोई व्यावसायिक निकाय इसका उदाहरण है । (2) परम्परागत अर्थ में वह सिद्धान्त, जो निगमित राज्य की कार्य-प्रणाली को व्यक्त करता है । आधुनिक लोकतन्त्र के अन्तर्गत वह सिद्धान्त, जिसमें सरकार नीति-निर्माण के विषयों पर संगठित एवं सरकारी मान्यता प्राप्त हितों के साथ बातचीत करने को तैयार रहती है और सार्वजनिक नीति इसी बातचीत का परिणाम होती है (देखें– J. H. Goldthorpe (ed.), **Order and Conflict in Contemporary Capitalism**, 1984) ।

correlation (कॉर'लेश्न्) **सहसम्बन्ध** : इस सांख्यिकी प्रविधि का प्रयोग तब होता है, जब दो या दो से अधिक चरों के बीच अनुसन्धानकर्ता सम्बन्धों का विश्लेषण करने का प्रयास करता है । आमदनी एवं शिक्षा के स्तर के बीच सहसम्बन्ध को देखा जा सकता है । सहसम्बन्ध मुख्यतः दो प्रकार के हो सकते हैं– (क) अनुलोम सहसम्बन्ध **(Positive correlation)** एवं (ख) विलोम सहसम्बन्ध **(Negative correlation)** ।

correlation, spurious (कॉर'लेश्न्, स्प्युअरिअस्) **अप्रामाणीकरण सहसम्बन्ध** : देखें– **Spurious correlation**।

correlational method (कॉर'लेश्नल् मे'थॅड) **सहसम्बन्ध पद्धति** : वह पद्धति, जिसमें गुणात्मक रूप से भिन्न तथ्यों के पारस्परिक सम्बन्धों की तीव्रता को सांख्यिकीय विधि से समझने की कोशिश की जाती है।

corruption (क'रप्श्न्) **भ्रष्टाचार** : राजनीतिक शक्ति का वैयक्तिक अथवा किसी गुट या वर्ग के स्वार्थ और लाभ हेतु इस ढंग से प्रयोग कि विधि अथवा उच्च नैतिक आचरण के प्रतिमानों का उल्लंघन होता हो। भ्रष्टाचार के अनेक रूप हो सकते हैं– सरकारी अधिकारियों को रिश्वत देना, सरकारी अभिलेखों में हेरा-फेरी करना, सरकारी धन का गबन, नौकरियों तथा पदोन्नति आदि के मामलों में अपनी जाति या नाते-रिश्तेदारों के साथ पक्षपात, कानून का पालन करने-कराने में ढील आदि ।

Cosa Nostra (ourthing) (कौज़अ् नॉस्ट्र) **कौज नॉस्ट्र** : अमरीका में संगठित आपराधिक संगठन, जिसे माफिया के नाम से जाना जाता है ।

cosmological argument (कॉज़्मॉ'लाजिक्ल् 'आग्युमन्ट्) **सृष्टिकारण-युक्ति** : विश्व के अस्तित्व के आधार पर ईश्वर के अस्तित्व को प्रमाणित करने के लिए दी जाने वाली युक्ति, विश्व में प्रत्येक वस्तु का कोई कारण है, जैसे– कारणों की इस शृंखला के पीछे अवश्य ही एक ऐसा आदिकारण है, जिसका कोई अन्य कारण नहीं है । यही आदिकारण ईश्वर है ।

cosmology (कॉज़ 'मॉलजि) **ब्रह्माण्डमीमांसा** : दर्शनशास्त्र की वह शाखा, जो ब्रह्माण्ड की प्रकृति एवं रचना का अध्ययन करती है । इसमें ब्रह्माण्ड और उसके विभिन्न भागों, उसके जीवधारियों और उनकी प्रकृति तथा पदक्रम की सैद्धान्तिक बातों की चर्चा की जाती है ।

cosmopolitan (कॉस्म्'पॉलिटन) **विश्वजनीन, विश्ववादी** : वैसे लोग, जो विभिन्न सामाजिक सम्बन्धों या समस्याओं के बारे में बहुत ही व्यापक दृष्टिकोण रखते हैं । यह स्थानिक का ठीक प्रतिकूल है ।

cosmopolitanism (कॉस्म्'पॉलिटनिज़्म्) **विश्वबन्धुत्व** : प्राचीन दर्शन में सबसे पहले 'सिनिक' सम्प्रदाय के अनुयायियों ने इस बात पर जोर दिया कि 'परिवार' और 'नगर' कृत्रिम संस्थाएँ हैं और ज्ञानी मनुष्य वह है, जो सारे विश्व को अपना 'घर' समझता है । यह विचारधारा समय-समय पर चिन्तकों को प्रभावित करती रही है और दर्शन को विश्व-संस्कृति का अंग बनाने में सहायता प्रदान करती रही है । आधुनिक युग में विश्वबन्धुत्व की धारणा अन्तर्राष्ट्रीयता के सभी क्षेत्रों में प्रतिबिम्बित है ।

cost- benefit analysis (कॉस्ट बे'निफ़िट अ'नैलसिस्) **लागत-हितलाभ विश्लेषण :** यह एक ऐसी प्रविधि है, जिसके माध्यम से यह मूल्यांकन किया जाता है कि किसी परियोजना की कितनी आवश्यकता है । आमतौर पर विश्लेषण का उपयोग पब्लिक सेक्टर प्रोजेक्ट **(Public sector project)** के सन्दर्भ में किया जाता है; क्योंकि बहुत सारी परियोजनाओं की कीमत निर्धारित करना संभव नहीं हो पाता है । इस प्रकार के विश्लेषण में कुछ ऐसे निर्देशक सिद्धान्त बनाये जाते हैं, जिनके आधार पर साधनों का आवंटन किया जाता है । सामान्य नियम जिनका अनुपालन किया जाता है, वह यह है कि किसी भी उपाय की सीमान्त सामाजिक लागत उसके सीमान्त सामाजिक लाभ के बराबर होनी चाहिए । इस पद्धति की मुख्य समस्या यह है कि सामाजिक लाभ और सामाजिक लागत की संकल्पना इतनी अस्पष्ट है कि इनको आँकना और इनका मूल्यांकन करना व्यावहारिक दृष्टि से बहुत ही कठिन होता है ।

costs (कॉस्टस्) **लागत :** किसी वस्तु के उत्पादन या सेवा दिये जाने के लिए उपयोग की गयी जमीन, मज़दूरी एवं पूँजी के मूल्य को लागत कहा जाता है ।

coterie ('कोटरि) **गोष्ठी, मण्डली :** व्यक्तियों की एक टोली या समूह, जिसका सम्मेलन सामाजिक, राजनीतिक साहित्यिक व दूसरे सांस्कृतिक उद्देश्य के लिए होता है ।

counter argument ('काउन्टर्'आग्युमन्ट्) **प्रतियुक्ति :** वह युक्ति, जो किसी अन्य युक्ति के विरोध में प्रस्तुत की जाय। न्यायालयों में युक्ति एवं प्रतियुक्ति के आधार पर ही फैसले सुनाए जाते हैं ।

counter-culture ('काउन्टर्'कल्चर्) **प्रतिरोधी संस्कृति :** इस शब्द का प्रयोग 1960 के दशक में तब हुआ, जब कुछ अतिवादी विद्यार्थी तथा अन्य लोगों ने परम्परागत संस्कृति के प्रतिमानों के प्रतिकूल विचार रखकर कुछ करने या जीने का प्रयास किया । प्रतिरोधी संस्कृति एक प्रकार की उपसंस्कृति है, जो मुख्य संस्कृति, जिसका कि वह उपभाग है, कुछ महत्त्वपूर्ण लक्षणों को अस्वीकार या उनका विरोध करती है । कभी-कभी समाज के कुछ सदस्य अपनी संस्कृति के सामान्य मानदण्डों, नैतिक मूल्यों तथा आदर्श की अवहेलना या उल्लघंन करने लगते हैं । ऐसी स्थिति प्रतिरोधी संस्कृति को प्रकट करती है । प्रतिरोधी संस्कृति एक किस्म की चरम उपसंस्कृति **(Extreme sub-culture)** है । अमरीका में हिप्पी लोगों का समूह इसी संस्कृति का द्योतक है । प्रतिरोधी संस्कृति अपनाने वाला समूह विरोधी तरीकों, विचारों व नियमों को सामान्य संस्कृति से अधिक महत्त्व देता है (देखें–Theodore Roszak, **The Making of a Counterculture,** 1968) : देखें– **Material culture** ।

counterfactual ('काउन्टर् फ़ैक्चुअल्) **प्रतितथ्य :** यह एक प्रकार की प्रतिस्थापना है, जो इस बात पर आधारित है कि यदि कोई चीज़ नहीं होती तो उसके अभाव में वैसी नहीं, बल्कि वैसी होती, जैसे– औद्योगिक क्रांति ने बृहत् परिवार को समाप्त कर दिया। यदि औद्योगिक क्रांति नहीं होती, तो परिवार का स्वरूप आज जैसा है, वैसा नहीं होता। अनुसन्धान के दौरान जब कभी हम परीक्षण की प्राक्कल्पनाओं की बात सोचते हैं, तो उस समय यह भी विचार रखा जाता है कि उसका प्रतिकूल स्वरूप कैसा होता ।

counterfactual conditional ('काउन्टर् फ़ैक्चुअल् कन्'डिशन्ल्) **प्रतितथ्य सोपाधिक :** कार्य-कारण विश्लेषण में यह अक्सर कहा जाता है कि एक 'अ' 'ब' को प्रभावित करता है या 'अ' 'ब' का प्रभावी कारक है । इस तर्क का आशय यह हुआ कि यदि 'अ' नहीं होता, तो 'ब' भी नहीं होता । इस प्रकार के विश्लेषण आमतौर पर प्रयोगात्मक अनुसन्धान में देखने को मिलते हैं । ऐतिहासिक विश्लेषण में इस प्रकार के तर्क के लिए कोई बहुत जगह नहीं है, लेकिन ऐसा कभी-कभी एक प्राक्कल्पना के रूप में कहा जाता है कि यदि अमुक नहीं होता, तो इस प्रकार की घटना नहीं घटती, जैसे– यह कहा जाता है कि यदि हिटलर नहीं होता, तो द्वितीय विश्वयुद्ध नहीं होता। इसे ही प्रतितथ्य सोपाधिक कहा जाता है ।

counter-intuitive thinking ('काउन्टर् इन्'ट्यूटिव़ थिन्क्'इन्ग) **प्रतिअन्तर्ज्ञान, अन्तर्दृष्टि :** ऐसा सोच-विचार जो

सामान्य बुद्धि के प्रतिकूल हो । विज्ञान के क्षेत्र में विभिन्न आविष्कारों का मुख्य आधार वैज्ञानिकों का प्रतिअन्तर्ज्ञान ही रहा है ।

counter movement ('काउन्टर् 'मूव़मन्ट्) **प्रति-आन्दोलन :** ऐसी संगठित प्रतिक्रिया, जो किसी सामाजिक आन्दोलन के विरोध में उत्पन्न होती है । यथास्थितिवादी लोग बहुत सारी वैकल्पिक व्यवस्था या विचारों को नकारात्मक ढंग से लेते हैं और संगठित आन्दोलन के माध्यम से उसका विरोध करते हैं । अमरीका में नारीवाद के विरोध को प्रति-आन्दोलन की संज्ञा दी जाती है । प्रति-आन्दोलन जन-भावनाओं की स्वतःस्फूर्त अभिव्यक्तियाँ हो सकती हैं, जैसे– भारत में नौकरियों में आरक्षण के विरोध में ऊँची जातियों के द्वारा किया गया मण्डल आयोग का विरोध प्रति-आन्दोलन का उदाहरण है ।

counter revolution ('काउन्टर् रेव़ 'लूशन्) **प्रतिक्रांति :** जब कोई क्रांति चल रही हो या सम्पन्न हो चुकी हो, उसे विफल करने के सशक्त प्रयास जिनका उद्देश्य पुरानी व्यवस्था को फिर से स्थापित करना होता है ।

counter rioter ('काउन्टर् रा'अटअर्) **प्रति-उपद्रवी :** ऐसे लोग, जो उपद्रवियों को शान्त होने की प्रेरणा देते हैं । स्वतन्त्रता आन्दोलन के समय महात्मा गाँधी एवं अन्य कांग्रेसी नेताओं की भूमिका प्रति-उपद्रवी की थी, चूँकि उनका विश्वास अहिंसात्मक आन्दोलन में था ।

countervailing power ('काउन्टर् 'वेलइन्ग् 'पाउअर्) **प्रतिकारी शक्ति :** इस शब्द का सर्वप्रथम प्रयोग अमरीकी अर्थशास्त्री जे. के. गालब्रेथ (John Kenneth Galbraith, 1908-2006– **American Capitalism: The Concept of Countervailing Power**, 1952) ने यह स्पष्ट करने के लिए किया था कि विकसित पूँजीवादी लोकतन्त्र के अन्तर्गत बहुत सारे शक्तिशाली समूह स्वार्थसमूह होते हैं, जो आपस में एक-दूसरे पर अधिकार जमाने की कोशिश करते हैं । यह दूसरी बात है कि किसी शक्ति के लिए एक-दूसरे पर हावी होना पूरी तरह संभव नहीं हो पाता है । ट्रेड यूनियन, उपभोक्ता संगठन, विभिन्न प्रकार की व्यावसायिक मण्डलियाँ, सरकारी नियम-कानून आदि एक इकट्ठी व्यवस्था के रूप में बड़े उद्योगों के एकाधिकार के स्वार्थों के विरोध में एक प्रतिकारी शक्ति के रूप में काम करते हैं ।

coup (कू) **बलात् राज्यपरिवर्तन, तख्तापलट :** आधुनिक काल में कई देशों में ऐसा देखा गया है कि सेना के आला अधिकारी जबरदस्ती शासनाध्यक्ष को हटाकर स्वयं गद्दी पर बैठ जाते हैं । कभी-कभी एक बलात् राज्यपरिवर्तन का खात्मा दूसरे बलात् राज्यपरिवर्तन से हो जाता है । दक्षिण एशिया में इस प्रकार की घटनाएँ पाकिस्तान और बांग्लादेश में देखने को मिलती हैं ।

coup d'etat (कू डी'टा) **तख्ता पलटना :** ऐसा शासन, जिसमें सत्ता गैरकानूनी तरीके या सैनिक बल से प्राप्त की जाती है । सत्ता हथियाने में हिंसा हो भी सकती है और नहीं भी हो सकती है (देखें– E. Luttwak, **Coup d'etat: A Practical Handbook**, 1968) ।

courtship ('कॉट्शिप्) **प्रणय-याचन :** अविवाहित स्त्री और पुरुषों के बीच ऐसा साहचर्य, जिसका लक्ष्य विवाह हो सकता है । कोर्टशिप की पद्धतियाँ भिन्न-भिन्न होती हैं और ये विवाह एवं परिवार व्यवस्था को नियन्त्रित करने वाली मान्यताओं और प्रतिमानों से सम्बन्धित होती हैं । पश्चिमी देशों तथा अमरीका में इसे वैवाहिक जीवन-साथी के चुनाव का एक सामान्य एवं मान्य तरीका माना जाता है । प्रणय-याचन की प्रथा के कुछ भिन्न रूप संसार की कई आदिवासी जातियों में भी पाये गये हैं ।

cousin ('कज़न्) **चचेरा, फुफेरा, ममेरा या मौसेरा भाई या बहन :** देखें– **Cross-cousin; Parallel cousin** ।

couvade (कू'वाड्) **कूवाद, सहप्रसविता, सहकष्टी प्रथा :** कुछ जनजातियों में ऐसी प्रथा है कि जब पत्नी को सन्तान होने वाली हो तब पुरुष को उन सारे निषेधों का पालन करना पड़ता है जिनका पालन उसकी पत्नी करती है । सन्तान के जन्म के समय माँ के साथ-साथ पिता प्रसूति-क्रिया का अभिनय करता है । पति को अपने घर में ही रहना होता

है । वह अपने काम-काज पर नहीं जा सकता है, उसे पत्नी की भाँति बीमार की तरह लेटे रहना होता है और स्त्री की भाँति चिल्लाना-पुकारना पड़ता है । वह प्रायः वही भोजन करता है, जो प्रसव-अवस्था में उसकी पत्नी को दिया जाता है । संक्षेप में, पुरुष को स्त्री के प्रसवकाल से सम्बन्धित उन सभी निषेधों एवं क्रियाओं का पालन करना होता है, जिनका पालन उसकी पत्नी प्रसवावस्था में करती है ।

covariation (कॉ वे़रि'एश्न्) **सह-परिवर्तन** : दो वस्तुओं या स्थितियों में एकसाथ परिवर्तन होना, उदाहरण- सूर्य के उदय होते ही कमल का फूल खिल जाना (देखें– George W. Bohrnstedt and David Knoke, **Statistics for Social Data Analysis**, 1988) : देखें– **Association coefficients** ।

covenant ('कॅविनॅन्ट) **प्रसंविदा** : ऐसा समझौता, जिसमें भाग लेने वाले सदस्य भविष्य में कोई कार्रवाई करने या कर्त्तव्य निभाने का वचन देते हैं । यह साधारण वचन से थोड़ा भिन्न है; क्योंकि कोई वचन केवल व्यक्तिगत इच्छा की अभिव्यक्ति हो सकती है, परन्तु प्रसंविदा के अन्तर्गत कोई पक्ष, जो दायित्व स्वीकार करता है, वह दोनों के हित में आवश्यक समझा जाता है ।

covert observation ('कॅवर्ट् ऑब्ज़र्'वेश्न्) **अप्रकट अवलोकन** : अवलोकन जब बिना बताये हुए किया जाय, तो उसे अप्रकट अवलोकन कहा जाता है । कई बार ऐसा होता है कि किसी बाहरी व्यक्ति को लोग अपने समाज में झाँकने का अवसर नहीं देना चाहते हैं । लोगों को यह अच्छा नहीं लगता है कि उनके निजी जीवन में कोई बाहरी व्यक्ति ताक-झाँक करे, चाहे उसका उद्देश्य कितना ही शैक्षणिक क्यों न हो । वैसी स्थिति में अनुसन्धानकर्ता को लुकछिपकर या बिना बताए हुए अवलोकन करना होता है । पर इस प्रकार का अनुसन्धान नैतिकता की समस्याओं को भी खड़ा करता है । हमफ्रीज (L. Humphries) के द्वारा समलैंगिकता का अध्ययन इस प्रकार के अवलोकन का उदाहरण है (देखें– Laud Humphries, **Tearoom Trade**, 1970) ।

craze (क्रेज़्) **धुन, सनक** : सामूहिक व्यवहार का वह स्वरूप, जो क्षणिक होता है और जिसका समाज के कुछ लोग बिना सोचे-समझे अनुसरण करते हैं । कुछ लोग सामान्य सामाजिक चलन से हटकर सजने-सँवरने, पहनने, बोलने या चलने के किसी नए ढंग को एकसाथ पसन्द करने लगते हैं और उसे अपनाने को व्यग्र हो जाते हैं : देखें– **Fashion** ।

creative evolution (क्रि'एटिव् ईव़'लूश्न्) **सृजनात्मक विकासवाद, सृजनात्मक उद्विकास** : प्राकृतिक विकास या अभिव्यक्ति की जो प्रचलित धारणा थी, उसे अस्वीकार करते हुए हेनरी बर्गसां (Henri Bergson, 1859-1941) ने कहा कि विकास कई दिशाओं में एकसाथ होता है । विकास की क्रिया किसी बाह्य लक्ष्य की पूर्ति के लिए नहीं चलती है । विकास के पीछे प्राणशक्ति है, जो उत्तरोत्तर अधिक विकसित अंगियों के व्यवहार में नये स्तरों पर संरक्षित और परिष्कृत होती रहती है । बर्गसां के अनुसार यह मत कि विकास के नये-नये स्तरों पर ऐसे नवीन तत्त्वों का उदय होता है, जिनकी पिछले स्तरों के तत्त्वों के आधार पर व्याख्या नहीं की जा सकती । इस तरह के विकास को बर्गसां ने सृजनात्मक विकासवाद का नाम दिया है : देखें– **Evolution** ।

creative freedom (क्रि'एटिव़् 'फ़्रीडम्) **सृजनात्मक स्वतन्त्रता** : स्वतन्त्रता की वह अवधारणा, जिसमें मनुष्य को एक सृजनशील प्राणी मानते हुए यह माँग की जाती है कि उसे समाज में अपनी सृजनात्मक प्रेरणा के अनुरूप स्वयं-निर्धारित लक्ष्यों की पूर्ति हेतु साधन और अवसर प्राप्त होना चाहिए ।

creative intelligence (क्रि'एटिव् इन्'टेलिजन्स्) **सृजनात्मक बुद्धि** : वह बुद्धि, जो विकास-क्रम में नवीन उपायों की सृष्टि करती है । बिजली का विभिन्न क्षेत्रों एवं रूपों में उपयोग सृजनात्मक बुद्धि की ही उपज है ।

crèche (क्रेश) **नर्सरी** : इसमें जन्म से लेकर दो-चार वर्ष तक के शिशु की शिक्षा का प्रबन्ध होता है । रूस में इसी प्रकार की शिक्षा-व्यवस्था है । वहाँ राज्य की ओर से प्रत्येक फैक्टरी, व्यवसाय, प्रशासन, प्रबन्ध और सामूहिक तथा सरकारी फॉर्म को यह उत्तरदायित्व प्राप्त है कि वह अपने कामगारों के बच्चों के लिए नर्सरी का प्रबन्ध करे । रूस में

प्राय: सभी स्त्रियाँ घर से बाहर किसी-न-किसी रूप में कार्य करती हैं । अत: उनके शिशुओं की देख-भाल की आवश्यकता हो जाती है । पूँजीवादी देशों में इस काम के लिए बेबीसिटर (Babysitters) को नियुक्त किया जाता है, किन्तु रूस में इसके लिए क्रेस की व्यवस्था है । इसमें माँ की अनुपस्थिति में नन्हें शिशुओं के शारीरिक, संवेगात्मक, मानसिक एवं नैतिक सभी प्रकार के विकास पर ध्यान रखा जाता है ।

credential inflation (क्रि'डेन्शल् इन्'फ़्लेशन्) **प्रत्यय स्फीति** : देखें– **Diploma disease** ।

credentialism (क्रि'डेन्शलिज़्म्) **प्रत्यय-पत्रवाद, प्रत्यायकवाद** : यह मान्यता कि किसी कर्मचारी को नौकरी पाने के लिए किसी खास उपाधि की आवश्यकता है, लेकिन सेवा देने के लिए उसकी कोई वास्तविक आवश्यकता नहीं होती है (देखें– Randall Collins, **The Credential Society**, 1979) ।

creed (क्रीड) **पंथ** : विश्वास अथवा विचारों की ऐसी पद्धति, जो किसी धार्मिक सिद्धान्त पर आधारित हो। ईसाई सिद्धान्त-सार को भी क्रीड कहा जाता है । ओशो दर्शन भी एक प्रकार का पंथ है ।

cremation (क्रि'मेशन्) **दाह संस्कार** : शव को अग्नि से जलाने की क्रिया, जिससे वह पूरी तौर पर भस्म हो जाता है । उदाहरण के लिए हिन्दुओं के शव का अन्तिम संस्कार इसी प्रकार होता है ।

crime (क्राइम्) **अपराध** : बह कार्य, जो कानूनी तौर पर निषिद्ध हो तथा जिसके किए जाने पर राज्य की ओर से दण्ड का विधान हो । कौन-सा कार्य अपराध है और कौन-सा नहीं, इस सम्बन्ध में विभिन्न राज्यों में तथा विभिन्न युगों में अलग-अलग धारणाएँ रही हैं । प्रत्येक देश में इसकी अलग-अलग परिभाषा है । अपराध को कानूनी और समाजशास्त्रीय दृष्टिकोणों से परिभाषित किया गया है । कानूनी दृष्टि से अपराध कानून का उल्लंघन है । समाज-विरोधी ऐसा व्यवहार अपराध है, जो किसी समूह-विशेष द्वारा अस्वीकार किया जाता है तथा जिसके लिए समूह द्वारा दण्ड के निर्धारण की व्यवस्था होती है ।

समाज यह निश्चित करता है कि क्या उचित है और क्या अनुचित है? कौन-सा विशेष कार्य अपराध की स्थापना करता है । विभिन्न समाज स्वयं अपनी धारणा में मतभेद रखते हैं कि क्या उचित है और क्या अनुचित है? इसी के साथ कोई भी समाज अपने मूल्यों एवं मनोवृत्तियों में परिवर्तन करता है । इसी के अनुरूप अपराध का सम्बन्ध समाज और समय से होता है । एक समाज में जिसे अपराध समझा जाता है, हो सकता है, दूसरे समाज में उसे वैसा न माना जाता हो। आज किसी विशेष समाज में जिस वस्तु को अपराध के रूप में परिभाषित किया जाता है, उसे विगत दिनों में समाज अपराध नहीं मानता था और भविष्य में भी ऐसा हो सकता है ।

इस दृष्टि-भेद के बावजूद अपराधों के सम्बन्ध में कुछ सार्वभौम धारणाएँ अवश्य पाई जाती हैं– (1) सामान्यत: इस प्रकार का आचरण सामाजिक दृष्टि से हानिकारक होता है और नैतिक दृष्टि से दोषपूर्ण, (2) इस प्रकार का आचरण इतना गंभीर होता है कि उसमें राज्य का हस्तक्षेप आवश्यक हो जाता है । नागरिकों को इस बात के लिए आजाद नहीं छोड़ा जा सकता कि वे न्यायालयों में मुकदमे लड़कर एक-दूसरे के प्रति किए गए अपराधों का प्रतिकार कर लें । लेकिन, इस सम्बन्ध में यह भी स्मरणीय है कि सभी समाज-विरोधी कार्य अपराध नहीं होते । कौन कार्य नैतिक दृष्टि से उचित है और कौन अनुचित, इसकी कोई निष्पक्ष कसौटी निर्धारित नहीं की जा सकती है । अनेक ऐसे भी अनैतिक कार्य हैं जो अपराध की विधि के क्षेत्र से सर्वथा बाहर हैं : देखे– **Biological theory of deviance** ।

crime, hate (क्राइम्, हेट्) **घृणाजनित अपराध** : देखें– **Hate crime** ।

crime, organized (क्राइम्,'ऑर्ग् नाइज्ड्) **संगठित अपराध** : देखें– **Organized crime** ।

crime, political (क्राइम्, प'लिटिक्ल्) **राजनीतिक अपराध** : देखें– **Political crime** ।

crime, social (क्राइम्, 'सोश्ल्) **सामाजिक अपराध** : देखें– **Social crime** ।

crime, victimless or **crimes without victims** (क्राइम्, विक्'टिमलेस ऑर् क्राइमस् वि'दाउट विक्'टिमस्) **शिकारहीन अपराध :** प्रत्येक अपराध के अन्तर्गत कोई-न-कोई व्यक्ति किसी के अपराधी व्यवहार का शिकार होता है, लेकिन कुछ ऐसे भी अपराध होते हैं, जिनमें कोई अन्य व्यक्ति शिकार नहीं होता, जैसे– नशापान, जुआ, वेश्यावृत्ति (देखें– E. Schur, **Crimes Without Victims**, 1965) : देखें– **Victimless crime** ।

crime, white-collar (क्राइम्, वाइट्'कॉलर्) **सफ़ेदपोश अपराध** : देखें– **White-collar crime** ।

crime of the state (क्राइम् ऑव् द् स्टेट्) **राज्य-अपराध** : देखें– **Political crime** ।

crime prevention (क्राइम् प्रि'व़ेन्शन्) **अपराध निवारण** : देखें– **Community safety** ।

crime rate (क्राइम् रेट्) **अपराध-दर :** अपराध-दर निकालने के लिए हम अपराध की संख्या को इस समाज की सम्पूर्ण आबादी से विभाजित करते हैं और उसे फिर एक लाख से गुणा करते हैं । इससे हमलोग यह पता लगाने की कोशिश करते हैं कि प्रति लाख व्यक्ति अपराध की घटना की किसी दिये गये वर्ष में क्या दर है । अपराध का वैज्ञानिक विश्लेषण इस प्रविधि के माध्यम से कर सकते हैं । मात्र अपराध की संख्या को लेकर दो राज्यों या समाजों की तुलना नहीं की जा सकती है; क्योंकि अपराध की संख्या का सम्बन्ध वहाँ की आबादी से भी होता है ।

criminal ('क्रिमिनल्) **अपराधी :** जो लोग कानून की नजरों में कोई समाज-विरोधी कार्य करते हैं, उसे अपराधी कहा जाता है । जुआरी, तस्कर, चोर, डकैत, अपहरणकर्ता एवं हत्यारे लोग इसी श्रेणी में आते हैं । भारत में, जो आचरण या हरकत भारतीय दण्डसंहिता के अन्तर्गत दण्डनीय मानी गयी है, वही अपराध कहलाती है । देश और काल के अनुसार अपराध की परिभाषा में बदलाव आता रहता है ।

criminal, professional ('क्रिमिनल्, प्र'फेश्न्ल्) **पेशेवर अपराधी :** एक ऐसा व्यक्ति, जो अक्सर अपराध करता है तथा जिसने अपराध को अपनी जीवन-शैली का एक हिस्सा बना रखा है तथा वह अपने जीवन के प्रति एक विशिष्ट प्रकार की धारणा की सृष्टि कर लेता है । पेशेवर अपराधियों को अपराध-कला एवं तकनीक में विशिष्ट दक्षता एवं निपुणता हासिल होती है । ऐसे व्यक्तियों की आय का प्रमुख स्त्रोत अपराध ही होता है ।

criminal argot ('क्रिमिनल्'आगो) **अपराधियों की गुटबोली :** विशेष प्रकार का निर्दिष्ट कूट शब्द व संकेत, जिसका प्रयोग अपराधी आपसी बातचीत में करते हैं । सामान्यतः अपराधियों की गुटबोली का ज्ञान केवल उन्हीं व्यक्तियों को होता है, जो उनके द्वारा प्रशिक्षित किए गए हों ।

criminal culture ('क्रिमिनल्'कल्चर्) **आपराधिक संस्कृति** : देखें– **Culture, criminal** ।

criminal justice ('क्रिमिनल्'जॅस्टिस) **आपराधिक दण्ड-न्याय :** अपराध के क्षेत्र में दण्ड सम्बन्धी न्याय । किसी हत्यारे को आजीवन कारावास या प्राणदण्ड देना आपराधिक दण्ड-न्याय प्रणाली का हिस्सा है ।

criminal law ('क्रिमिनल् लॉ) **दण्ड-विधि, दण्ड-कानून :** न्यायशास्त्र की वह शाखा, जो अपराधों से सम्बन्धित होती है । इसमें मुख्यतः उन अपराधों का समावेश होता है, जो सिविल विधि के अन्तर्गत नहीं आते हैं ।

criminal statistics ('क्रिमिनल् स्ट'टिस्टिक्स्) **आपराधिक आँकड़ा :** वर्तमान समय में प्रायः सभी देशों में अपराध सम्बन्धी आँकड़े इकट्ठे किये जाते हैं । भारत में अपराध सम्बन्धी आँकड़े गृह विभाग द्वारा इकट्ठे और प्रकाशित किये जाते हैं । आँकड़ों के अभाव में अपराध की समस्याओं को समझना और उनसे मुक्ति पाना शायद कठिन है । चूँकि, अपराध की कोई सामान्य परिभाषा नहीं है इसलिए विभिन्न देशों के बीच अपराध सम्बन्धी आँकड़े अलग-अलग ढंग से प्रस्तुत किये जाते हैं । अपराध के आँकड़ों का सीधा सम्बन्ध अपराध की परिभाषा से है ।

criminal tribe ('क्रिमिनल् ट्राइब्) **अपराधी जनजाति :** वे जनजातियाँ, जिनकी संस्कृति अपनी जनजाति के सदस्यों को छोड़कर अन्य व्यक्तियों के साथ एक ऐसा व्यवहार करने की स्वीकृति देती है, जो स्थानीय कानून द्वारा निषिद्ध है।

भारत में स्वतन्त्रता के पूर्व इस प्रकार के कुछ समुदाय थे, जिन्हें तत्कालीन शासन ने अपराधी जनजातियाँ घोषित किया था । इनमें सांसी, कंजर, नट आदि प्रमुख जनजातियाँ थीं ।

criminalistics (क्रिमिन'लिस्टिक्स्) **अपराधखोज विद्या :** अपराध के सम्बन्ध में खोजबीन का विज्ञान, जो अपराधियों के अतिरिक्त मनोविज्ञान, भौतिकी, रसायनशास्त्र तथा अन्य विज्ञानों के अनुप्रयोग पर आधारित होता है ।

criminalization (क्रिमिनलाइ'ज़ेश्न्) **अपराधीकरण :** यह एक ऐसी प्रक्रिया का नाम है, जिसके अन्तर्गत किसी सही आचरण को, कानून में परिवर्तन लाकर अपराधी आचरण घोषित किया जाता है । बहुत से समाजशास्त्रियों का ऐसा मानना है कि कानूनी आचरण को गैरकानूनी घोषित कर हम समस्याओं पर विजय नहीं पा सकते हैं; क्योंकि कभी-कभी समस्याएँ और भी जटिल हो जाती हैं । वेश्यावृत्ति को कानूनी आचरण मानकर इस समस्या से निजात नहीं पाया जा सकता । अनेक विद्वान यह दलील देते हैं कि वेश्यावृत्ति का प्रति-अपराधीकरण (De-criminalization) किया जाना चाहिए ।

criminate (क्रिम'इनेट) **अपराधारोपण :** दोष लगाना, दोषारोपण करना तथा अपराध के जाल में फँसाना ।

criminogenesis ('क्रिमिनॉ'जेन्इसिस) **अपराधोत्पत्ति :** अपराध की व्युत्पत्ति अथवा उद्भव ।

criminogenic ('क्रिमिनॉ'जेनिक्) **अपराधजनक :** अपराध या अपराधिता को जन्म देने वाले कारक। अत्यधिक लालच या किसी दुर्लभ वस्तु को हासिल करने की इच्छा अपराधजनक भी हो सकती है । गरीबी या अन्याय भी अपराधजनक प्रवृत्ति को बढ़ावा देते हैं ।

criminology (क्रिमि'नॉलजि) **अपराधविज्ञान, अपराधशास्त्र :** समाजविज्ञान की वह शाखा, जिसमें विभिन्न प्रकार के अपराधों, दण्ड के सिद्धान्तों, कारणों तथा अपराधियों के व्यवहार से सम्बन्धित विधिक प्रतिमानों एवं सामाजिक अभिवृत्तियों का अध्ययन किया जाता है । इसके अन्तर्गत कानून बनाने तथा उन्हें भंग करने की प्रक्रिया के अतिरिक्त कानून भंग किए जाने पर होने वाली प्रतिक्रिया का अध्ययन भी किया जाता है । समाज में अपराधों का जन्म कैसे होता है, एक व्यक्ति अपराधी कैसे बनता है, अपराध और अपराधी के प्रति समाज का क्या रुख है, अपराध की रोकथाम के लिए समाज क्या उपाय करता है, जैसे– विषय अपराधशास्त्र की परिधि में आते हैं (देखें– G. M. Sykes, **Criminology**, 1992) : देखें– **Biological theory of deviance** ।

criminology, classical (क्रिमि'नॉलजि, क्लैसिक्ल्) **क्लासिकी अपराधविज्ञान :** इस सिद्धान्त का विकास दार्शनिकों के द्वारा 18वीं शताब्दी में किया गया। इस सिद्धान्त के प्रणेता वास्तव में अपराधी को मनमाने ढंग से सजा या दण्ड देने के पक्ष में नहीं थे, बल्कि उनका दृष्टिकोण मानवतावादी था । वे लोग अपराध के कारण होनेवाले नुकसान के अनुपात में दण्ड दिये जाने या प्रतिशोध की भावना से दण्ड दिये जानेवाली प्रक्रिया के विरोधी थे ।

criminology, critical (क्रिमि'नॉलजि, 'क्रिटिक्ल्) **विवेचनात्मक अपराधविज्ञान :** इस दृष्टिकोण की उत्पत्ति 1970 के दशक के प्रारम्भिक वर्षों से हुई। अपराध और कानून की परम्परागत धारणाओं की नये तरीके से व्याख्या की गई, जिससे अपराधविज्ञान के क्षेत्र में एक नये दृष्टिकोण का जन्म हुआ। यही 'विवेचनात्मक सिद्धान्त' के नाम से जाना जाता है । यह दृष्टिकोण अपराध एवं समाज के बीच सम्बन्धों की पुनर्व्याख्या करता है, इस परिप्रेक्ष्य के अन्तर्गत अपराध को व्यक्तिगत दोष के रूप में नहीं देखा जाता है । यहाँ तक कि अपराध के सम्बन्ध में प्रचलित कानूनों को भी न्यायोचित्त नहीं मानता है । यह अपराध को सामाजिक समस्याओं से जोड़कर देखने की कोशिश करता है । यह परिप्रेक्ष्य मार्क्सवाद के विचारों से काफी प्रभावित रहा है । उनका तर्क है कि अबतक अपराध को सामन्तवादी एवं पूँजीवादी मूल्यों के परिप्रेक्ष्य में देखने का प्रयास किया गया है। विवेचनात्मक अपराधविज्ञान के समर्थक वर्तमान अपराधविज्ञान को 'बूर्जुआ अपराधशास्त्र' की संज्ञा देते हैं । विवेचनात्मक अपराधशास्त्र को आमूल परिवर्तनवादी अपराधशास्त्र (**Radical criminology**) के नाम से भी जाना जाता है (देखें– Bob Roshier, **Controlling Crime, The Classical Perspective in Criminology**, 1989) ।

criminology, environmental (क्रिमि'नॉलजि, इन् वाइर्न्'मेन्ट्ल) **पर्यावरणीय अपराधविज्ञान :** परम्परागत रूप से अपराध की घटना को पर्यावरण से जोड़ा जाता रहा है । इस विषय पर सबसे महत्त्वपूर्ण योगदान शिकागो सम्प्रदाय के समाजशास्त्रियों का रहा है । इस सम्प्रदाय को माननेवाले समाजशास्त्री यही तर्क देते रहे हैं कि वातावरण और अपराध की घटना के बीच सीधा सम्बन्ध है । अत: अपराध का निदान वातावरण के सन्दर्भ में ढूँढ़ा जाना चाहिए ।

criminology, feminist (क्रिमि'नॉलजि, 'फ़ेम निस्ट्) **नारीमूलक अपराधविज्ञान :** आमतौर पर, अपराध पुरुषों से जुड़ी घटना है और वह इस रूप में कि अधिकांश अपराध पुरुषों के द्वारा ही किया जाता है । इस तथ्य ने अपराध को लैंगिकता से जोड़कर देखने के लिए विद्वानों को मजबूर किया है । फलस्वरूप नारीमूलक अपराधशास्त्र को प्रोत्साहन मिला । विद्वानों के बीच प्रश्न यह खड़ा हुआ कि लैंगिकता के बीच क्या खास बात है कि अपराध मुख्यरूप से पुरुषों से जुड़ा हुआ है । नारीमूलक अपराधशास्त्रियों ने यह भी विचार करना प्रारम्भ किया है कि पुरुषों के द्वारा नारियों के प्रति किए गये अपराध को पुरुषप्रधान समाज में गौण रखा जाता है । पुरुषों द्वारा नारियों के प्रति किया गया अपराध एक बहुत ही अहम समस्या है, जिसपर गहराई से विचार किया जाना चाहिए । इस क्षेत्र में बहुत सारे उच्चस्तरीय शोध उभरकर आये हैं (F. Adler, **Sisters in Crime,** 1975 एवं R. Simon, **Women and Crime,** 1975 एवं Carol Smart, **Women, Crime and Criminology,** 1976) ।

criminology, positivist (क्रिमि'नॉलजि, पॉज़िटि'विस्ट) **प्रत्यक्षवादी अपराधविज्ञान :** इस सम्प्रदाय को माननेवाले अपराध-वैज्ञानिकों का कहना है कि अपराध सम्बन्धी आँकड़ों का परिमाणात्मक विश्लेषण (**Quantitative analysis**) किया जाना चाहिए। अपराध के कारणों के विश्लेषण में अपराधी व्यवहार के जैविक या पैतृक पक्ष पर बल दिया गया। प्रत्यक्षवादी वैज्ञानिक प्राक्कल्पनाओं का निर्माण कर आनुभाविक आँकड़ों का संकलन कर उनकी परीक्षा करते हैं । आलोचकों का कहना है कि यह सम्प्रदाय एक मूल्य-बोझिल विश्लेषण प्रस्तुत करता है । इसमें वस्तुनिष्ठता का काफी अभाव है । यह वैज्ञानिक आँकड़ों का विश्लेषण न कर, पहले के आँकड़ों को विभिन्न वर्गों में बाँटकर देखने का प्रयास करता है । अत: इस सम्प्रदाय में वैज्ञानिकता की कमी है (देखें– Envico Ferri, **The Positive School of Criminology**, 1901) ।

criminology, realist (क्रिमि'नॉलजि, 'रिअलिस्ट) **यथार्थवादी अपराधविज्ञान :** यथार्थवादी अपराधविज्ञान का विकास 1980 के दशक में हुआ। चूँकि, इस सम्प्रदाय के माननेवालों के विचार बहुत कुछ वामपंथियों से मेल खाते हैं, इसलिए इसे कभी-कभी वामपंथी यथार्थवाद (Left realism) भी कहा जाता है । इस सम्प्रदाय को माननेवाले अपराध के सामाजिक कारणों तथा सामाजिक नियन्त्रण के विभिन्न अभिकरणों (जैसे– पुलिस और न्यायालय), अपराधी, पीड़ित व्यक्ति और जनता के बीच होनेवाली अन्त:क्रिया पर विशेष बल देते हैं । इन लोगों का मानना है कि अपराध के लिए सामाजिक और आर्थिक व्यवस्था सबसे अधिक जिम्मेवार है । ये लोग जन्मजात गुणों या जैविक कारकों को उतना महत्त्वपूर्ण नहीं मानते हैं, जितनी कि परिस्थिति को ।

crisis ('क्राइसिस्) **संकट :** किसी व्यवस्था में अचानक असाधारण स्थिति या उत्तेजना का पैदा होना, जिसके लिए वह पहले से तैयार न हो ।

critical method ('क्रिटिक्ल् मे'थॅड) **आलोचनात्मक विधि, विवेचनात्मक विधि :** इमैन्युअल काण्ट (Immanuel Kant, 1724-1804) ने अपनी दार्शनिक पद्धति को आलोचनात्मक विधि का नाम दिया है । इसका अर्थ है कि विवेक की अन्वेषण शक्ति में निहित तत्त्वों या तथ्यों को व्यक्त रूप में उपस्थित करना । इमैन्युल काण्ट की ज्ञानमीमांसा में ये निहित तत्त्व अनुभव को सर्वमान्यता और प्रामाणिकता ही नहीं प्रदान करते हैं, बल्कि उसकी सम्भावना को भी आधार मानते हैं ।

critical situation ('क्रिटिक्ल् सिचु'एश्न्) **विकट स्थिति :** ऐसी सामाजिक हालत, जो द्रुतगति से माँगों की पूर्ति करने

के लिए विवश करती है । यह लोगों के वर्तमान व्यवहार और प्रवृत्ति पर दबाव डालती है । जैसे भूकम्प की स्थिति में लोगों की जान-माल की सुरक्षा प्रदान करने में सरकार को एक प्रकार की विकट स्थिति का सामना करना पड़ता है ।

critical sociology ('क्रिटिक्ल् सोसि'ऑलजि) **आलोचनात्मक समाजशास्त्र** : देखें– **Critical theory** ।

critical theory ('क्रिटिक्ल्'थिअरि) **आलोचनात्मक सिद्धान्त** : इस सिद्धान्त की उत्पत्ति 1930-40 के दशक में जर्मनी के Frankfurt Institute for Social Research में हुई। इस सिद्धान्त का मुख्य आधार मार्क्सवादी चिन्तन था । इस सिद्धान्त ने प्रत्यक्षवाद (**Positivism**) का विरोध किया और मूल्यनिरपेक्ष सामाजिक विज्ञान को आगे बढ़ाया। इस सिद्धान्त का सम्बन्ध 20वीं सदी की फ्रैंकफर्ट विचारधारा (**Frankfurt School**) से है, लेकिन जहाँ तक आलोचना की अवधारणा का सम्बन्ध है, वह काफी पुराना है । इस सिद्धान्त की उत्पत्ति मार्क्सवादियों के द्वारा की गयी पूँजीवादी व्यवस्था की आलोचना से असन्तुष्टि के कारण हुई है । इस सिद्धान्त के समर्थक यह मानते थे कि 19वीं सदी की पूँजीवादी व्यवस्था में अब काफी परिवर्तन आ चुका है, इसलिए मार्क्सवादियों के द्वारा पूँजीवादी व्यवस्था की खामखाह आलोचना करना सही नहीं है । वे मार्क्सवादी होते हुए पूँजीवाद के कुछ तत्त्वों का समर्थन करते थे, अर्थात् वे अन्धमार्क्सवादी नहीं थे (देखें– Jürgen Habermas, **Knowledge and Human Interests**, 1971; David Held, **Introduction to Critical Theory**, 1980; Rolf Wiggeraus, **The Frankfurt School**, 1995) ।

cross-cousin (क्रॉस् 'कज़न्) **ममेरे-फुफेरे भाई-बहन** : रक्त से जुड़े दो भिन्न लिंग (भाई-बहन) के लोगों की सन्तान आपस में ममेरे-फुफेरे भाई-बहन कहे जाते हैं, जैसे– मामा का बेटा-बेटी– ममेरा भाई-बहन, फुआ का बेटा-बेटी– फुफेरा भाई-बहन इत्यादि ।

cross-cousin marriage (क्रॉस् 'कज़न्'मैरिज्) **ममेरे-फुफेरे भाई-बहन, भ्राता-भगिनि सन्तति विवाह, मेनारिक विवाह** : देखें– **Marriage, cross-cousin** ।

cross-cultural comparison (क्रॉस् 'कल्चरल् कम्'पैरिसन्) **अन्तःसांस्कृतिक तुलना** : यह अध्ययन की एक ऐसी पद्धति है, जो समाजशास्त्र, राजनीतिशास्त्र एवं कुछ अन्य सामाजिक विज्ञानों में विशेष रूप से प्रचलित है । इस अध्ययन-पद्धति के अन्तर्गत व्यक्तियों की कुछ विशेषताओं या फिर पूरे समाज की विशेषताओं, समानताओं एवं असमानताओं को दो भिन्न प्रकार के समाजों से तुलना कर समझने का प्रयास किया जाता है । मैक्स वेबर (Max Weber, 1864-1920) ने इस पद्धति का उपयोग विश्व के प्रमुख धर्मों के सन्दर्भ में यह विश्लेषण करने के लिए किया कि धर्म किस प्रकार आर्थिक विकास की स्थिति को प्रभावित करता है । यह तुलनात्मक अध्ययन-पद्धति इस मान्यता पर आधारित है कि किसी भी समाज को हम गहराईपूर्ण ढंग से तभी समझ सकते हैं, जब किसी दूसरे समाज और संस्कृति के सन्दर्भ में समझने का प्रयास करें (देखें– M. Kohn (ed.), **Cross-national Research,** 1989) ।

cross-cultural index (क्रॉस् 'कल्चरल्'इनडेक्स्) **अन्तःसांस्कृतिक सूचकांक** : केन्द्रीय संग्रहालय अथवा संचिका, जिसमें विश्वभर की संस्कृतियों के बारे में सूचना संगृहीत की गई हो । इस संचिका में भिन्न संस्कृतियों और विषयों के विस्तृत प्रकार पर सामग्री एकत्र होती है, जो मूल स्त्रोतों या विशेषकर क्षेत्र सर्वेक्षणों द्वारा प्राप्त की जाती है और जिसे विषय तथा संस्कृति विशेष के अनुसार संकलित एवं अनुक्रमित किया जाता है ।

cross-cultural perspective (क्रॉस् 'कल्चरल् पर्'स्पेक्टिव्) **अन्तःसांस्कृतिक दृष्टिकोण** : ऐसा आँकड़ा, जो किसी एक ही समय में समाज के विभिन्न हिस्सों से या विभिन्न समाजों से इकट्ठा किया गया हो। इस प्रकार के आँकड़ों की आवश्यकता तुलनात्मक अध्ययन के लिए किये होती है । किसी तुलनात्मक अध्ययन के लिए यह अति आवश्यक है कि आँकड़े किसी निश्चित समय के हों, इसलिए कि समय के साथ आँकड़ों की प्रकृति में परिवर्तन होने की सम्भावना बनी रहती है : देखें– **Cross-sectional study** ।

cross-cultural research (क्रॉस् 'कल्चरल् रि'सर्च्) **अन्तःसांस्कृतिक अनुसन्धान** : सामाजिक अनुसन्धान के अन्तर्गत

दो या दो से अधिक समाजों या उनकी उपप्रणालियों (Sub-systems) का तुलनात्मक अध्ययन। संथाल एवं नागा जनजातियों का तुलनात्मक अध्ययन अन्तःसांस्कृतिक अनुसन्धान का उदाहरण है ।

cross-cultural study (क्रॉस् 'कल्चरल्'स्टडि) **अन्तःसांस्कृतिक अध्ययन :** विभिन्न संस्कृतियों का तुलनात्मक अध्ययन, जैसा कि नृजातिविज्ञान में किया जाता है । इसे ही अन्तःसांस्कृतिक अनुसन्धान भी कहा जा सकता है : देखें– **Cross-cultural research** ।

cross-fertilization in social change (क्रॉस् फर्टिलाइ'ज़ेशन् इन 'सोशल् चेन्ज्) **सामाजिक परिवर्तन में प्रति-उर्वरकता :** किसी एक क्षेत्र में खोज या अनुसन्धान कर उसका दूसरे क्षेत्र में प्रयोग करना । पाश्चात्य देशों में लोक-समाज (**Civil society**) एवं गैर-सरकारी संस्थाओं (**NGOs**) की सफलताओं को देखकर भारत में भी उनके माध्यम से विकास या परिवर्तन हासिल करने की कोशिश करना, सामाजिक परिवर्तन के क्षेत्र में प्रति-उर्वरकता है ।

cross-sectional data (क्रॉस् से'क्शनल 'डेटा) **प्रतिनिध्यात्मक आँकड़े :** सांख्यिकीय विश्लेषण के अन्तर्गत किसी तथ्य के विभिन्न पहलुओं के सम्बन्ध में विभिन्न प्रकार के आँकड़ों का इस प्रकार विश्लेषण करते हैं कि किसी घटना के सम्बन्ध में वस्तुपरक ढंग से कुछ कहा जा सके । जैसे, यदि बी.जे.पी. जैसे राजनीतिक दल के बारे में विभिन्न जातियों, धर्मों एवं क्षेत्रों के लोगों से पूछकर यह समझने का प्रयास किया जाये कि इस दल की नीति राष्ट्रहित में कितनी है, तो वैसे अध्ययन का आधार प्रतिनिध्यात्मक आँकड़े ही होंगे । इस प्रकार के आँकड़ों की मुख्य सीमा यह है कि इसके द्वारा कालानुक्रमिक अनुसन्धान (**Longitudinal research**) संभव नहीं हो पाता है, बल्कि किसी एक ही अवधि की घटना का विश्लेषण होता है (देखें– Hubert M. Blalock, **Causal Inferences in Nonexperimental Research**, 1964) ।

cross-sectional study (क्रॉस् से'क्शनल 'स्टडि) **प्रतिनिध्यात्मक अध्ययन :** किसी विषय-वस्तु पर विस्तारपूर्वक किसी एक समय में किसी बिन्दु से जुड़े तथ्यों को इकट्ठा कर अध्ययन की विशिष्ट पद्धति । प्रतिनिध्यात्मक आँकड़ों का विश्लेषण ही प्रतिनिध्यात्मक अध्ययन है ।

cross-tabulation, cross-classification (क्रॉस् टैब्यु'लेशन्, क्रॉस् क्लैसिफ़ि'केशन्) **प्रति-सारणीयन, प्रति-वर्गीकरण :** जब दो या दो से अधिक चरों के बीच किसी प्रकार के सहसम्बन्ध देखने की आवश्यकता होती है, तो उसे हम सारणी की शक्ल में रखकर देखने का प्रयास करते हैं, जिसे प्रति-सारणीयन कहा जाता है, जैसे– शिक्षा एवं आमदनी के बीच सम्बन्ध देखने के लिए बनायी गयी सारणी (देखें– Morris Rosenberg, **The Logic of Survey Analysis**, 1968) : देखें– **Contingency table** ।

crowd (क्राउड्) **भीड़, जनसमूह :** भीड़ मनुष्यों का ऐसा संग्रह है, जो शारीरिक रूप से एक-दूसरे के निकट होता है और एक-दूसरे से सीधा, अस्थायी एवं असंगठित सम्पर्क स्थापित करता है । समान आकर्षण के किसी केन्द्र अथवा बिन्दु के इर्द-गिर्द जमा लोगों के अच्छे-खासे संग्रह को भीड़ कहते हैं । इसकी सबसे बड़ी विशेषता यह होती है कि इसमें लोग एक-दूसरे की भावनाओं और विचारों को जानने की स्थिति में स्वयं को नहीं पाते । इतना ही नहीं, जनसमूह में चर्चाओं, बहस-मुबाहिसों की भी सम्भावना नहीं होती है, उदाहरणस्वरूप– सिनेमा के दर्शक या किसी मेले में उपस्थित लोग । ऐसे जनसमूह में हरेक व्यक्ति अकेला होता है । औरों के समक्ष अपने विचारों को व्यक्त करने का अवसर उसे नहीं मिलता । इनमें सम्मिलित सारे लोग एक विचार या चिन्तन के नहीं होते । ये परस्पर एक-दूसरे की मानसिक स्थितियों को नहीं जानते । इनमें यदि कोई समानता होती है, तो सिर्फ यही कि ये सब एक ही सिनेमा के दर्शक या एक ही मेले में हिस्सा लेने-वाले होते हैं : देखें– **Audience** ।

crowd compeller (क्राउड् कम्'पेलर्) **भीड़-सम्मोहक :** वह व्यक्ति जो अपनी वाक्पटुता और चातुर्य के बल पर भीड़ का विश्वास प्राप्त कर उस पर अपना प्रभाव डालता है । राजनीतिक नेता तथा धार्मिक पुनरुद्धारक इसी श्रेणी के व्यक्ति होते हैं । वे अपने अनुयायियों को सम्मोहित कर लेते हैं । महाराष्ट्र में ठाकरे परिवार के कतिपय लोग इसी प्रकार का

कार्य कर रहे हैं। अपना राजनीतिक उल्लू सीधा करने के लिए वे कभी मुसलमानों के विरुद्ध, तो कभी हिन्दीभाषी लोगों के विरुद्ध वहाँ के आमलोगों के बीच नफरत का जहर फैला रहे हैं।

crowd decision theory (क्राउड् डि'सिश्‌न् 'थिअरि) **भीड़-निर्णय सिद्धान्त** : भीड़ से सम्बन्धित व्यवहार का सिद्धान्त। ऐसी मान्यता है कि भीड़ एक निर्णय लेने वाली व्यवस्था है तथा वह सोचती व समझती है कि उसे किस परिस्थिति में कैसा व्यवहार करना चाहिए।

crowd-exponent (क्राउड् ए'क्स्पोनन्ट) **भीड़ व्याख्याता** : वह व्यक्ति, जो भीड़ की मनःस्थिति को भलीभाँति समझकर उसकी भावनाओं को अभिव्यक्त करता है तथा उन्हें क्रियान्वित करने में मार्गदर्शन देता है। अपना उल्लू सीधा करने के लिए बहुत से राजनीतिक नेता भीड़ व्याख्याता का ही कार्य करते हैं।

crude birth rate (क्रूड् बर्थ् रेट्) **अपरिष्कृत जन्म-दर** : किसी भी जनसंख्या की अपरिष्कृत जन्म-दर। यह एक वर्ष में जन्मे बच्चों की संख्या को उस देश की उस वर्ष की जनसंख्या से भाग देकर 1000 से गुणा करने से निकलती है। इससे प्रति एक हजार व्यक्ति जन्म-दर की जानकारी होती है। अपरिष्कृत जन्म-दर एवं जन्म-दर एक ही अर्थ में प्रयोग की जाती है। सूत्र में इसे निम्न प्रकार स्पष्ट किया जा सकता है–

$$\text{अपरिष्कृत जन्म-दर} = \frac{\text{सम्बन्धित वर्ष में जन्मे बच्चों की संख्या}}{\text{उस वर्ष के मध्य की कुल जनसंख्या}} \times 1000$$

crude death rate (क्रूड् डेथ् रेट्) **अपरिष्कृत मृत्यु-दर** : यह वास्तव में उसी तरह निकाली जाती है, जिस तरह 'अपरिष्कृत जन्म-दर' निकलती है, अर्थात् यह वह दर है, जो प्रति एक हजार व्यक्ति मृत्यु-दर दर्शाती है। यह मात्र मृत्यु-दर के नाम से भी जानी जाती है। सूत्र में इसे निम्न प्रकार स्पष्ट किया जा सकता है–

$$\text{अपरिष्कृत मृत्यु-दर} = \frac{\text{सम्बन्धित वर्ष में मृतकों की संख्या}}{\text{उस वर्ष के मध्य की कुल जनसंख्या}} \times 1000$$

जैसे, अगर 30,000 की जनसंख्या में से 300 व्यक्ति मरते हैं, तो मृत्यु-दर प्रति हजार 300/30,000 x 1000 = 10 प्रति हजार व्यक्ति होगी। हम अगर चाहें, तो प्रतिशत मृत्यु-दर भी निकाल सकते हैं, जैसे– 300/30,000 x 100 = 1%।

crude divorce rate (क्रूड् डि'वॉर्स् रेट्) **अपरिष्कृत तलाक-दर** : देखें– **Divorce rate**।

crystallization, status (क्रिस्टलाइ'ज़ेश्‌न्, 'स्टेटस्) **स्थिति क्रिस्टलीकरण** : देखें– **Status crystallization**।

cue (क्यू) **मनोभाव, संकेत** : सामाजिक रूप से मान्यता-प्राप्त संकेत, जो एक व्यक्ति से दूसरे व्यक्ति तक पहुँचाता है। यह शब्दों के सहारे तथा मुखाकृति के माध्यम से भी व्यक्त किया जा सकता है। विभिन्न किस्म की आवाज़ निकालना, आलिंगन करना सभी इसी श्रेणी में आते हैं। तभी तो कभी यह जान-बूझकर व्यक्त किया जाता है, तो कभी यह अनजाने में व्यक्त होता है। अपने शिक्षकों को देखकर विद्यार्थियों द्वारा सिर झुका लेना मनोभाव ही कहलायेगा।

cult (कल्ट्) **पंथ, सम्प्रदाय** : मानवशास्त्रीय सन्दर्भ में, पंथ किसी स्थानीय देवी-देवता से सम्बन्धित एक समूह के रीति-रिवाजों और विश्वासों के पुंज को कहते हैं। समाजशास्त्रीय अर्थ में, सम्प्रदाय धार्मिक रूप से सक्रिय व्यक्तियों का एक छोटा-सा समूह होता है, जिनके विश्वास विशिष्ट रूप में रहस्यमय, व्यक्तिवादी और समन्वयपरक होते हैं। अलग-अलग समूहों में विश्वास की भिन्नता नहीं के बराबर होती है। ये मोक्ष प्राप्ति अथवा ईश्वरीय भक्ति के अलग-अलग रास्ते निकालते हैं (देखें– Howard Becker, **Through Values to Social Interpretation**, 1950) : देखें– **Sect**।

cultic milieu (कल्टिक् मी'ल्यॅ) **पंथ-परिवेश :** इस शब्द का सर्वप्रथम ईजाद कॉलिन कैम्पबेल (Colin Campbell) ने किया था । इसका तात्पर्य ऐसी सांस्कृतिक पृष्ठभूमि से है, जिससे नये सम्प्रदायों की उत्पत्ति संभव होती है । समाज में बहुत-सी ऐसी घटनाएँ कभी-कभी घट जाती हैं, जिसे व्यक्ति आसानी से नहीं समझ पाते हैं और फलस्वरूप कालान्तर में उससे एक नई सांस्कृतिक विचारधारा या सम्प्रदाय को बढ़ावा मिल जाता है ।

cultural alternative ('कल्चरल् ऑल्'टर्नटिव्) **सांस्कृतिक विकल्प :** उन व्यवहार प्रतिमानों को सांस्कृतिक विकल्प कहा जाता है, जो व्यक्तिगत चुनाव के लिए स्वतन्त्र होते हैं तथा जिनका व्यक्तियों के ऐसे समूहों द्वारा पालन किया जाता है, जिन्हें सामाजिक रूप में मान्यता प्राप्त नहीं होती है । एक अन्य अर्थ में, यह एक ऐसी परिस्थिति है, जिसमें एक से अधिक प्रकार के व्यवहारों को उचित माना जाता है ।

cultural anthropology ('कल्चरल् ऐन्थ्र'पॉलजि) **सांस्कृतिक मानवशास्त्र :** मानवशास्त्र का वह क्षेत्र, जिसका उद्देश्य मानव संस्कृतियों की उत्पत्ति, इतिहास, उद्विकास एवं मानव जीवन के भौतिक कार्य-कलापों एवं भौतिक उपलब्धियों का अध्ययन करना है । लेकिन, विकसित समाज की भौतिक उपलब्धियों की चर्चा सांस्कृतिक मानवशास्त्र में शायद ही होती है । सांस्कृतिक मानवशास्त्र का सम्बन्ध पुरातन सामाजिक और सांस्कृतिक तथ्यों तक ही मुख्यरूप से सीमित होता है (देखें– Raymond Williams, **Problem in Materialism and Culture**,1980) ।

cultural assimilation ('कल्चरल् असिमि'लेशन्) **सांस्कृतिक आत्मसात्करण :** देखें– **Assimilation** ।

cultural base ('कलचरल् बेस्) **सांस्कृतिक आधार :** किसी समय-विशेष में किसी संस्कृति से जुड़े सारे विचार एवं मानवाकृति (**Artefact**), जो इस संस्कृति का प्रमुख आधार है ।

cultural capital ('कल्चरल् 'कैपिट्ल्) **सांस्कृतिक पूँजी :** इस अवधारणा का सर्वप्रथम प्रयोग फ्रांसीसी समाजशास्त्री पी. बोरड्यू (Pierre Bourdieu, 1930-2002) ने किया था । उन्होंने बताया है कि किसी भी शैक्षणिक व्यवस्था की सफलता इस बात पर निर्भर करती है कि कोई व्यक्ति किसी शैक्षणिक व्यवस्था के अन्तर्गत अपनी प्रभावी संस्कृति को कितना ग्रहण कर पाया है । जो व्यक्ति शिक्षण-संस्थाओं के माध्यम से अपनी संस्कृति को सीखता है, वही उसकी सांस्कृतिक पूँजी कहलाती है । उनका कहना है कि जो व्यक्ति समाज में शक्ति पर नियन्त्रण रखता है, वह संस्कृति पर भी नियन्त्रण रखकर अपनी सामाजिक स्थिति को उसी रूप में बनाये रखने का प्रयास करता है (देखें– Pierre Bourdieu and Jean-Claude Passeron, **Society, Culture, and Education,** 1977) : देखें– **Cultural reproduction** ।

cultural change ('कल्चरल् चेन्ज्) **सांस्कृतिक परिवर्तन :** संस्कृति में होने वाला परिवर्तन, जो संस्कृति की विशेषताओं और सम्मिश्रणों में वृद्धि, कमी अथवा रूपान्तरण द्वारा संभव होता है । सांस्कृतिक परिवर्तन के अनेक कारण हैं, परन्तु मुख्यत: ये अन्य संस्कृतियों के सम्पर्क, नवीनतम आविष्कारों अथवा संस्कृति के आन्तरिक समायोजन से संभव होते हैं । लोगों के धार्मिक विश्वासों में परिवर्तन होना सांस्कृतिक परिवर्तन का उदाहरण है ।

cultural conditioning ('कल्चरल् कन्'डिशनिन्ग) **सांस्कृतिक अनुकूलन :** वह प्रक्रिया, जिसके द्वारा समाज-विशेष में व्यक्तियों के विचार एवं आचरण उनकी संस्कृति द्वारा प्रभावित होते हैं (देखें– Stephen Castles with Heather Booth and Tina Wallace, **Here for Good: Western Europe's New Ethnic Minorities**, 1984) ।

cultural configuration ('कल्चरल् कन् फ़िग'रेशन्) **सांस्कृतिक संविन्यास :** प्रत्येक संस्कृति की कुछ बुनियादी और प्रमुख विशेषताएँ होती हैं, जिनके आधार पर उस संस्कृति के लोगों की जीवन-शैली का निर्धारण होता है । यह सांस्कृतिक संरूप ही है, जिसके आधार पर दो संस्कृतियों के बीच के अन्तर को समझने का प्रयास किया जाता है, उदाहरणस्वरूप– हम सिक्ख और हिन्दू समाज को एक नजर में देखकर ही एक-दूसरे से भिन्न बताने का प्रयास करते हैं और वह इसलिए कि अवलोकनकर्ता के मस्तिष्क में दोनों समुदायों के बारे में दो तरह के सांस्कृतिक संरूप पाये जाते हैं ।

cultural convergence ('कल्चरल् कन् 'व़र्जन्स्) **सांस्कृतिक अभिसरण :** वह स्थिति, जिसमें दो या दो से अधिक संस्कृतियों के अन्तर्गत एक-जैसी सांस्कृतिक विशेषताओं का विकास देखने को मिलता है । यह स्थिति या तो दोनों संस्कृतियों के सम्पर्क के कारण पैदा होती है या दोनों के स्वतन्त्र और समानांतर विकास का परिणाम होती है ।

cultural deprivation ('कल्चरल् डेप्रि'व़ेश्न्) **सांस्कृतिक वंचन :** श्रमिक वर्ग या किसी नृजातीय समूह के बच्चे विद्यालयों में मध्य एवं उच्च वर्गीय बच्चों की तुलना में अक्सर कम सफलता हासिल करते हैं । समाज के निम्नवर्ग के लोगों का किसी प्रतियोगिता में पीछे छूट जाने का मुख्य कारण सांस्कृतिक अन्तर माना गया है ।

cultural determinism ('कल्चरल् डि'टर्मि निज़्म्) **सांस्कृतिक निर्धारणवाद, सांस्कृतिक नियतत्त्ववाद :** एक ऐसी धारणा, जिसके अनुसार यह माना जाता है कि सभी सामाजिक घटनाएँ संस्कृति की उपज हैं । यह दृष्टिकोण इस बात पर बल देता है कि मानव का व्यक्तित्व तथा व्यवहार दोनों ही मुख्यतः सांस्कृतिक कारकों से निर्धारित होते हैं । यह संकल्पना विवादास्पद है ।

cultural deviant ('कल्चरल् 'डीवि़अन्ट) **सांस्कृतिक विचलक :** एक ऐसा व्यक्ति, जो अपनी संस्कृति के अपने आदर्श या मानदण्ड के प्रतिकूल व्यवहार करता हो, जैसे– कोई नास्तिक व्यक्ति । पाश्चात्य देशों में 20वीं सदी के 60-70 के दशक में हिप्पी (Hippy) लोगों का प्रादुर्भाव सांस्कृतिक विचलन था ।

cultural diffusion ('कल्चरल् डि फ्यूजन्) **सांस्कृतिक प्रसार :** सांस्कृतिक गुणों, विशेषताओं, व्यवहार के प्रतिमानों तथा नमूनों के एक क्षेत्र से दूसरे क्षेत्र या क्षेत्रों में चले जाने या प्रसारित हो जाने को ही सांस्कृतिक प्रसार या संक्रमण कहते हैं । ऐसा प्रसार उधार लेने, सुझाव देने, स्थान परिवर्तन करने आदि के फलस्वरूप हो सकता है । यदि हम विश्व के किसी भी भाग में स्थित एक मानव के दैनिक जीवन में प्रयोग में लायी गयी वस्तुओं तथा व्यवहार के प्रतिमानों का अध्ययन करें, तो यह पायेंगे कि उसमें ऐसे अनेक तत्त्व हैं, जिन्हें अन्य देशों, क्षेत्रों, समुदायों की संस्कृतियों से किसी-न-किसी रूप में अपना लिया गया है । प्राचीन काल में देशान्तरण, युद्धों और व्यापार के माध्यम से सांस्कृतिक प्रसार खूब तेजी से हुआ था । आजकल आवागमन के साधनों, जनसंचार के साधनों तथा अन्तर्राष्ट्रीय व्यापार, देशान्तरण तथा विभिन्न आधुनिक उपकरणों के माध्यम से सांस्कृतिक प्रसार बढ़ता जा रहा है ।

cultural drift ('कल्चरल् ड्रिफ्ट्) **सांस्कृतिक प्रवाह :** किसी संस्कृति के अन्तर्गत ऐसा अनियोजित परिवर्तन, जो एक ही दिशा में अनेक छोटे-छोटे परिवर्तनों की श्रृंखला का परिणाम होता है । इन परिवर्तनों के संचित प्रभाव के कारण प्रस्तुत संस्कृति में नई-नई सांस्कृतिक विधाओं का आविर्भाव होता है । कुछ मनोवैज्ञानिकों ने इस संकल्पना का प्रयोग यह स्पष्ट करने के उद्देश्य से किया है कि कोई संस्कृति अन्य संस्कृतियों के प्रभाव को किस प्रकार स्वीकार या अस्वीकार करती है।

cultural dynamics ('कल्चरल् डाइ'नैमिक्स्) **सांस्कृतिक गतिकी :** सांस्कृतिक गतिशीलता के अन्तर्गत सांस्कृतिक परिवर्तनों में होने वाले परिणामों की चर्चा की जाती है ।

cultural ethos ('कल्चरल् ई'थॉस) **सांस्कृतिक लोकाचार :** किसी संस्कृति अथवा उपसंस्कृति से सम्बन्धित प्रमुख विचार, मूल्य तथा आदर्श, जो उसे एक विशिष्ट रूप प्रदान करते हैं । एक समुदाय का सांसारिक दृष्टिकोण।

cultural evolution ('कल्चरल् ईव़्'लूशन्) **सांस्कृतिक उद्विकास :** एक समय सापेक्ष क्रमिक प्रक्रिया, जो सतत तथा सामान्यतः संचयी और विकासोन्मुख होती है । इससे सांस्कृतिक घटनाओं में एक रूप या स्तर से दूसरे रूप या स्तर में व्यवस्थित रूप से परिवर्तन होते रहते हैं । संस्कृति पर उद्विकास के सामान्य सिद्धान्त लागू होने की प्रक्रिया को सांस्कृतिक उद्विकास कहा जाता है । 19वीं शताब्दी के उत्तरार्द्ध में सांस्कृतिक उद्विकास को विकास की संज्ञा दी गई। यह मत आज भी मान्य है ।

cultural group ('कल्चरल् ग्रूप्) **सांस्कृतिक समूह :** सांस्कृतिक विशेषताओं का समूह अथवा संग्रह । भजन-कीर्तन

मण्डली, भरतनाट्यम प्रदर्शन करने वाले समूह या भारतीय ललित कला के कलाकारों के समूह को भी सांस्कृतिक समूह की संज्ञा दी जाती है ।

cultural hegemony ('कल्चरल् हि'जेमनि) **सांस्कृतिक आधिपत्य :** एक ऐसा सिद्धान्त, जिसमें एक प्रभावी समूह किसी दमनकारी व्यवस्था में अपने मूल्यों, मानदण्डों, विचारों एवं नैतिकता सम्बन्धी नियमों को समाज के अन्य समूहों पर थोपते हैं, ताकि उस व्यवस्था से वे लोग अधिक-से-अधिक लाभ कमा सकें ।

cultural imperative ('कल्चरल् इम्'परेटिव़्) **सांस्कृतिक अनिवार्यता :** सांस्कृतिक जीवन से जुड़े वैसे तरीक़े, जो किसी समाज को जीवित रखने के लिए सर्वथा आवश्यक हैं । इनमें भोजन और आवास, शिशुपालन, ज्ञान के संप्रेषण और आन्तरिक संघर्ष के नियन्त्रण के तरीक़े आ जाते हैं । किसी भी समाज में सांस्कृतिक अनिवार्यताएँ मनुष्यों की भौतिक और सामाजिक आवश्यकताओं पर आधारित होती हैं ।

cultural imperialism ('कल्चरल् इम्'पिअरिअ लिज़्म्) **सांस्कृतिक साम्राज्यवाद :** वह प्रवृत्ति, जिसके अन्तर्गत कोई शक्तिशाली देश सैनिक, आर्थिक और राजनीतिक शक्ति के बल पर नहीं, बल्कि सांस्कृतिक साधनों (जैसे कि विचारों, जीवन-शैली, साहित्य, कलाकृतियों, चलचित्रों और दूरदर्शन) की सहायता से अन्तर्राष्ट्रीय स्तर पर अपने प्रभाव को बढ़ावा देता है । समकालीन विश्व में अमरीकी संस्कृति का प्रभाव जिस तरह फैलता रहा है, वह इसका उपयुक्त उदाहरण प्रस्तुत करता है । वैसे ब्रिटेन और फ़्रांस भी अपने-अपने सांस्कृतिक प्रभाव को बढ़ाने में काफी सक्रिय हैं ।

cultural industries ('कल्चरल् इन्'डस्ट्रिज़्) **सांस्कृतिक उद्योग :** कुछ विशेषज्ञों का कहना है कि आधुनिक काल में बहुत ऐसे साधन हैं, जिनसे लोक-संस्कृति का प्रचार-प्रसार होता है, जैसे– दूरदर्शन, रेडियो, पुस्तक, समाचार-पत्र, संगीत, संग्रहालय, विज्ञापन माध्यम, खेल-कूद संगठन। इस सन्दर्भ में फ़्रैंकफर्ट चिन्तनधारा **(Frankfurt School)** के समर्थकों का कहना है कि सांस्कृतिक उद्योगों के द्वारा पूँजीवादी व्यवस्था का प्रचार-प्रसार होता है । उपर्युक्त माध्यमों के द्वारा पूँजीवादी व्यवस्था अपने समर्थन में विभिन्न प्रकार के विचारों का प्रचार-प्रसार कर काफी गहराईपूर्ण ढंग से जड़ जमाने का प्रयास करती है ।

cultural inertia ('कल्चरल् इन'र्शिआ) **सांस्कृतिक जड़ता :** एक अवधारणा जिसके अनुसार संस्कृति-विशेषक **(Trait)** तथा संस्कृति-संकुल अपनी उपयोगिता समाप्त होने के पश्चात् भी अवस्थित रहते हैं ।

cultural integration ('कल्चरल् इन्टि'ग्रेशन्) **सांस्कृतिक एकीकरण या एकता :** सांस्कृतिक एकीकरण का अभिप्राय संस्कृति के विभिन्न तत्त्वों, रीति-रिवाजों, संस्थाओं की कार्यात्मक अन्योन्याश्रिता तथा सुदृढ़ीकरण से है । इसके साथ ही इसका अभिप्राय यह भी है कि किसी संस्कृति के अन्तर्गत विभिन्न तत्त्व एवं विशेषताएँ किस प्रकार एक-दूसरे से सुव्यवस्थित ढंग से जुड़ी हुई हैं ।

cultural island ('कल्चरल्'आइलन्ड्) **सांस्कृतिक द्वीप :** वह स्थानीय सांस्कृतिक क्षेत्र, जिसमें प्रचलित सांस्कृतिक गुण आस-पास के क्षेत्रों में प्रचलित गुणों की तुलना में अनन्य होते हैं ।

cultural lag ('कल्चरल् लैग्) **सांस्कृतिक पश्चता या विलम्बन :** वह अवस्था, जिसमें संस्कृति का कोई एक पक्ष उसके अन्य पक्षों की तुलना में पिछड़ा रह जाता है । सांस्कृतिक पश्चता की अवधारणा को अमरीकी समाजशास्त्री विलियम एफ. ऑगबर्न (William F. Ogburn, 1886-1959) ने अपनी पुस्तक **Social Change** (1922) में प्रतिपादित किया था । इस सिद्धान्त के अनुसार प्रत्येक संस्कृति को दो उपखण्डों में विभाजित किया गया है– (i) भौतिक संस्कृति **(Material culture)** एवं (ii) अभौतिक संस्कृति **(Non-material culture)** । भौतिक संस्कृति, जिसमें मशीनें, मकान, सड़कें, फैक्टरियाँ आदि आती हैं तथा अभौतिक संस्कृति, जिसमें आदर्श विचार, परम्पराएँ आदि आती हैं। भौतिक संस्कृति सम्बन्धी परिवर्तन प्राय: शीघ्रता से हो जाते हैं, लेकिन उनसे सम्बन्धित आदर्शों, विचारों, परम्पराओं अथवा प्रयोग सम्बन्धी सूचनाओं को भली-भाँति अपनाने से सम्बन्धित आवश्यक परिवर्तन उतनी शीघ्रता से नहीं हो पाते। फलस्वरूप इन दोनों

प्रकार के परिवर्तनों की गति में अन्तर आ जाता है अथवा अभौतिक संस्कृति का विकास और परिवर्तन-क्रम भौतिक संस्कृति के विकास या परिवर्तन-क्रम से पिछड़ जाता है । कभी-कभी अभौतिक संस्कृति की तुलना में भौतिक संस्कृति आगे बढ़ जाती है और अभौतिक संस्कृति पिछड़ जाती है । इन दोनों संस्कृतियों के बीच उत्पन्न इस पिछड़ेपन की स्थिति को ही ऑगबर्न ने सांस्कृतिक विलम्बन या सांस्कृतिक पश्चता कहा है : देखें– **Structural lag** ।

cultural materialism ('कल्चरल् म'टिअरिअलिज़म्) **सांस्कृतिक भौतिकवाद :** यह एक प्रकार का बृहत् मानवशास्त्रीय सिद्धान्त है, जो इस मान्यता पर आधारित है कि मानव संस्कृति की अधिकांश चीज़ों या पहलुओं को भौतिक सन्दर्भ में समझा जा सकता है (देखें– Marvin Harris, **The Rise of Anthropological Theory**, 1968 and **Cultural Materialism**, 1979) ।

cultural order ('कल्चरल् 'ऑर्डर्) **सांस्कृतिक व्यवस्था :** अर्थपूर्ण प्रतीकों की बृहत् व्यवस्था । इलोरा, अजन्ता एवं कोणार्क मन्दिर में पायी जाने वाली चित्रकारी एवं मूर्त्तियाँ भारत की सांस्कृतिक व्यवस्था का एक नमूना है ।

cultural parallelism ('कल्चरल् पैरले 'लिज़म्) **सांस्कृतिक समानान्तरता** या **समरूपता :** भौगोलिक रूप से अलग-अलग स्थित दो या अधिक संस्कृतियों की जटिल व्यवस्थाओं अथवा किसी एक विशेष पक्ष या तत्त्व में सैद्धान्तिक दृष्टि से कुछ समानता, समरूपता या समानान्तरता पायी जाती है, जिसे सांस्कृतिक समानान्तरता या समरूपता कहते हैं । सर्वथा पृथक् संस्कृतियों में समान अथवा समरूप आविष्कारों अथवा सांस्कृतिक रूपों का स्वतन्त्र रूप से विकास होता है । संस्कृति समांतर शब्द से इस सिद्धान्त का भी संकेत मिलता है कि सभी संस्कृतियों का विकास बहुधा एक ही दिशा में होता है । उदाहरणस्वरूप बहुत-सी संस्कृतियों में समान प्रकार के वाद्ययन्त्र प्रयोग होते हैं । उसी प्रकार एकल परिवार आज विभिन्न समाजों में समान रूप से पाया जाता है ।

cultural pattern ('कल्चरल् 'पैट्र्न्) **सांस्कृतिक प्रतिमान :** किसी सम्पूर्ण संस्कृति के ढाँचे में एक विशेष ढंग या क्रम से सजे हुए संस्कृति-संकुलों के मिश्रित रूपों को सांस्कृतिक प्रतिमान कहते हैं । 'सांस्कृतिक प्रतिमान' शब्द का प्रयोग सर्वप्रथम अमरीकी महिला मानवशास्त्री रूथ बेनेडिक्ट (Ruth Benedict) ने अपनी पुस्तक **Patterns of Culture** (1934) में किया था । उनके अनुसार सम्पूर्ण केवल अपने भागों का योग ही नहीं होता, अपितु भागों के परस्पर अद्वितीय ढंग से व्यवस्थित होने और मिलने से निर्मित होनेवाली एक नवीन इकाई भी होता है । किसी संस्कृति-विशेष में, जो भी लोकरीतियाँ या रीति-रिवाज या व्यवहार के प्रतिमान देखने में आते हैं, वे सांस्कृतिक प्रतिमान ही होते हैं । सांस्कृतिक प्रतिमानों का एक सरल विभाजन आदर्श प्रतिमान और व्यावहारिक प्रतिमान के रूप में भी किया जा सकता है ।

cultural pluralism ('कल्चरल् 'प्लुअर् लिज़म्) **सांस्कृतिक बहुलवाद, बहु-संस्कृतिवाद :** जब किसी समाज में एकाधिक संस्कृतियों के लोग साथ-साथ रहते हैं तथा उनके इस प्रकार के सहअस्तित्व का समर्थन भी किया जाता है, तब यह स्थिति सांस्कृतिक बहुलवाद के नाम से जानी जाती है । ऐसे समाज में सजातीय तथा अल्पसंख्यक समूह अपना-अपना अलग सांस्कृतिक अस्तित्व बनाए रखते हैं। अमरीका या भारत इसके उदाहरण हैं ।

cultural relativity ('कल्चरल् रेल'टिव्टि) **सांस्कृतिक सापेक्षता :** विवाह, पारिवारिक सम्बन्धों अथवा सांस्कृतिक, चारित्रिक या नस्ल सम्बन्धी पारस्परिक समानताओं के आधार पर एक या एक से अधिक संस्कृतियों के व्यक्तियों का पारस्परिक बन्धुत्व । भारत में रहनेवाली विभिन्न जातियों, समुदायों और समूहों के सदस्यों के बीच सांस्कृतिक भिन्नता होने पर भी उनमें लोक-साहित्य, सांस्कृतिक मान्यताओं, व्यवहार के प्रतिमानों, धार्मिक विचारों और परम्पराओं आदि के स्तर पर सांस्कृतिक सापेक्षता दिखाई पड़ती है । यही बात अफ्रीका के निवासियों के लिए भी सही है । सांस्कृतिक सापेक्षता के विकास में नस्लों की समानता, परस्पर विवाह-सम्बन्धों की स्थापना तथा संस्कृतीकरण, समाजीकरण एवं पर-संस्कृतीकरण का बहुत बड़ा हाथ रहता है ।

cultural reproduction ('कल्चरल् रीप्र'डक्श्न्) **सांस्कृतिक पुनरुत्पादन :** इस अवधारणा को पी. बोरड्यू (Pierre

Bourdieu, 1973) ने प्रतिपादित किया है । उनका कहना है कि आधुनिक शिक्षापद्धति प्रभुत्वसम्पन्न वर्गों की संस्कृति का वाहक एवं पोषक है । आधुनिक शिक्षा के माध्यम से समाज के प्रभावशाली वर्ग के लोग अपनी संस्कृति को समस्त समाज पर लादने का प्रयास करते हैं । शिक्षण-संस्थान उनकी संस्कृति के प्रचार-प्रसार का एक सशक्त माध्यम के रूप में काम करता है (देखें- Pierre Bourdieu and Jean-Claude Passeron, **Society, Culture and Education**, 1977) ।

cultural revitalization ('कल्चरल् रि'वाइट्लाइ ज़ेशन्) **सांस्कृतिक पुनरुज्जीवन :** यह एक ऐसी प्रक्रिया है, जिसके माध्यम से किसी पतनशील या पिछड़े समाज में उसके अपने अतीत के माध्यम से एक नया प्राण फूँका जाता है । प्राचीन इतिहास की घटनाओं को इस ढंग से नवीन सन्दर्भ में पेश किया जाता है कि उस समाज के लोगों में कुछ करने का जोश आता है । लोग अपनी सांस्कृतिक विरासत को नये ढंग से पहचानने की कोशिश करते हैं । आजादी की लड़ाई के समय भारत में सांस्कृतिक पुनरुज्जीवन की प्रक्रिया सबसे अधिक तेज थी ।

cultural revolution ('कल्चरल् रेव़'लूशन्) **सांस्कृतिक क्रांति :** वह अभियान, जो जनवादी चीन गणराज्य के अन्तर्गत माओ-त्से तुंग (MaoTse-tung या Mao Zedong, 1893-1976) के नेतृत्व में 1966-1969 के दौरान चलाया गया । वहाँ यह अनुभव किया गया कि उत्तर-क्रांतिकारी समाज में एक नया विशिष्ट वर्ग पैदा हो गया था, जो अपने-आपको जनसाधारण से अलग करके अपना विशेषाधिकार क़ायम रखना चाहता था । ऐसी हालत में वहाँ लाल रक्षकों को यह निर्देश दिया गया कि वे ऐसे जन-विरोधी लोगों का पता लगाकर उन्हें दण्ड दें, उनका अपमान करें और उन्हें सही रास्ते पर लाने की कोशिश करें । इस उथल-पुथल के दौरान आमूल परिवर्तनवादियों **(Radicals)** को संयतमार्गी **(Moderate)** सरकारी अधिकारियों और बुद्धिजीवियों का संहार करने की खुली छूट दे दी गई थी ।

cultural shock ('कल्चरल् शॉक) **सांस्कृतिक आघात** या **सदमा :** जब किसी व्यक्ति को विदेशी संस्कृति के साथ समायोजन करने में काफी परेशानी महसूस होती है, तो उसे सांस्कृतिक आघात कहते हैं । कभी-कभी लम्बे समय तक विदेशों में निवास करने के बाद लोगों को अपने देश वापस लौटने पर भी सांस्कृतिक सदमे का अनुभव होता है ।

cultural speciality ('कल्चरल् स्पेशि'ऐल्टि) **सांस्कृतिक विशेषता :** ऐसे मानदण्ड, जो किसी व्यक्ति या व्यक्तियों के समूह के लिए उपयुक्त माने जाते हैं । ऐसे ही मानदण्ड को लोगों की विशिष्टता माना जाता है, जैसे- भारत में सिर पर बड़े बाल, दाढ़ी-मूछें, चन्दन-टीका, लाल या पीले वस्त्र, गले में विभिन्न प्रकार की मालाएँ साधुओं के लिए सांस्कृतिक विशेषताएँ मानी जाती हैं ।

cultural substitution ('कल्चरल् सॅब्स्टि'च्यूशन्) **सांस्कृतिक प्रतिस्थापन :** वह प्रक्रिया, जिसके द्वारा एक सांस्कृतिक तत्त्व, किसी दूसरे सांस्कृतिक तत्त्व का स्थान पूरी तरह अथवा आंशिक रूप से ग्रहण कर लेता है ।

cultural symbol ('कल्चरल् 'सिम्ब्ल्) **सांस्कृतिक प्रतीक :** वह विषय एवं वस्तु, जिसके साथ किसी जाति द्वारा विशिष्ट अर्थ अथवा अभिव्यंजना जुड़ी होती है, जैसे- सिर पर पगड़ी एवं हाथों में कड़ा सिक्ख समुदाय का सांस्कृतिक प्रतीक है । उसी प्रकार चन्दन-टीका भी हिन्दू समाज का एक सांस्कृतिक प्रतीक है ।

cultural system ('कल्चरल् 'सिस्टम्) **सांस्कृतिक पद्धति :** संस्कृति के विभिन्न तत्त्वों, जैसे- विश्वास, मूल्य, मानदण्ड, विभिन्न प्रकार के संकेतों के समग्र को सांस्कृतिक पद्धति कहा जाता है ।

cultural theme ('कल्चरल् थ़ीम्) **सांस्कृतिक लय, सांस्कृतिक विषय :** सांस्कृतिक लय किसी संस्कृति में कहा गया या माना हुआ वह स्वयंसिद्ध सिद्धान्त, स्थिति या प्रसंग होता है, जो प्राय: व्यवहार को नियन्त्रित करने अथवा क्रिया को प्रेरणा प्रदान करने में सहायक होता है तथा जो समाज में स्वयं विकसित हुआ होता है या स्पष्ट रूप से विकसित किया जाता है, उदाहरणार्थ- अमरीका के कुछ रेड इंडियन लोगों में एक महत्त्वपूर्ण सांस्कृतिक लय प्रचलित है कि पुरुष स्त्रियों से सभी अर्थों में अधिक श्रेष्ठ होता है । इसी प्रकार हिन्दू समाज में यह सांस्कृतिक लय प्रचलित है कि

शूद्रों में सवर्णों की अपेक्षा बुद्धि कम होती है । भारतीय समाज में भाग्यवादिता एक राष्ट्रीय लय है । यह आवश्यक नहीं है कि सांस्कृतिक लय तर्कसंगत, उचित अथवा लाभप्रद हो । सामाजिक व सांस्कृतिक परिवर्तनों को लाने के लिए सांस्कृतिक लयों में परिवर्तन लाने का प्रयास किया जाता है, नयी लय लायी जाती है और उसका महत्त्व बतलाया जाता है तथा पुरानी लयों की निरर्थकता को साबित किया जाता है और उनके त्याग पर अत्यधिक बल दिया जाता है । आधुनिक युग में विज्ञान और तकनीकी के विकास के कारण सांस्कृतिक लयों में बहुत कुछ परिवर्तन हो रहा है ।

cultural theory ('कल्चरल् 'थ़िअरि) **सांस्कृतिक सिद्धान्त :** इसके माध्यम से संस्कृति के विभिन्न आयामों को विभिन्न प्रकार से समझने का प्रयास किया जाता है । यह संस्कृति और प्रकृति के बीच, प्रकृति और समाज के बीच, जटिल और सरल संस्कृति के बीच की दूरी, विभिन्न प्रकार की संस्कृतियों के बीच समानता और विभिन्नता को विश्लेषित करने का प्रयास करता है । इतिहासकार भी संस्कृति के उत्थान-पतन का अध्ययन करते रहे हैं । आज संस्कृति को प्रजाति और नृजाति से भी जोड़कर देखने का प्रयास किया जा रहा है । नारीवादी चिन्तक भी सांस्कृतिक सिद्धान्तों से प्रभावित होकर नारियों की निम्न सामाजिक स्थिति का विश्लेषण करते हैं । वर्तमान समय में सईद (Edward Wadie Said, 1935-2003) ने अपनी पुस्तक **Orientalism** (1978) में दो सभ्यताओं (प्राच्य एवं पश्चिमी सभ्यता) के बीच टकराहट के सन्दर्भ में इसी सांस्कृतिक सिद्धान्त की बात की है । इस विषय पर इस कृति को देखने की आवश्यकता है (देखें– L. Grossberg et al. (eds.), **Cultural Studies**, 1992) ।

cultural traits ('कल्चरल् ट्रेट्स्) **सांस्कृतिक लक्षण** या **विशेषक :** सांस्कृतिक लक्षण या तत्त्व किसी भी संस्कृति-विशेष की सबसे छोटी, पहचानने योग्य इकाई होती है, जिसका कार्य की दृष्टि से विभाजन नहीं हो सकता, उदाहरणार्थ– हुक्का, कोई औजार, गाड़ी, खिलौना, वस्त्र आदि भी सांस्कृतिक लक्षण हैं । केवल वस्तुएँ ही सांस्कृतिक तत्त्व नहीं होतीं, अपितु कोई भी विशेष रीति-रिवाज, व्यवहार या प्रचलन भी सांस्कृतिक तत्त्व कहला सकता है, उदाहरणार्थ– टोडा लोगों में बहुपति प्रथा और हिन्दुओं में मूर्तिपूजा, श्राद्ध आदि सांस्कृतिक तत्त्व या लक्षण ही हैं । किसी भी संस्कृति के लक्षणों या तत्त्वों का स्पष्ट ज्ञान हुए बिना उस संस्कृति को भली-भाँति समझना संभव नहीं हो सकता ।

cultural transmission theory ('कल्चरल् ट्रैन्स् 'मिशन् 'थ़िअरि) **सांस्कृतिक संचार-सिद्धान्त :** इसका सम्बन्ध उस प्रक्रिया से है, जिसके द्वारा भाषा, प्रवृत्तियाँ, (धार्मिक) विश्वास आदि सांस्कृतिक घटक शिक्षा और प्रशिक्षण द्वारा एक पीढ़ी से दूसरी पीढ़ी में पहुँचते हैं ।

cultural universalism ('कल्चरल् 'यूनिवर्स लिज़्म्) **सांस्कृतिक सार्वभौमवाद :** एक ऐसा विचार कि मानवसमाज में विभिन्नताओं के बावजूद कुछ एकता भी पायी जाती है । मानव में कुछ ऐसी विशेषताएँ हैं, जो प्रत्येक समाज में समान रूप से पायी जाती हैं, जिन्हें सांस्कृतिक सार्वभौमिक तत्त्व कहा जाता है । जैसे– भाषा **(Language)**, पारिवारिक व्यवस्था **(Family system)**, विवाह **(Marriage)**, धार्मिक संस्कार **(Religious rituals)**, सम्पत्ति का अधिकार **(Right to property)** एवं कौटुम्बिक व्यभिचार **(Incest prohibition)** आदि प्रमुख सांस्कृतिक सार्वभौमिक तत्त्व हैं । इनके वास्तविक स्वरूपों में अलग-अलग समाजों में भिन्नता हो सकती है ।

cultural universals ('कल्चरल् 'यूनिव़र्सलस्) **सांस्कृतिक सार्वभौमिक तत्त्व :** ऐसी सामान्य सांस्कृतिक विशेषताएँ, जिसके बारे में यह माना जाता है कि वे सभी संस्कृतियों में समान रूप से पाये जाते हैं (देखें– George P. Murdock, **Ethnographic Atlas**, 1987) : देखें– **Cultural universalism** ।

cultural variation ('कल्चरल् व़ेरि 'एशन्) **सांस्कृतिक विविधता :** वह स्थिति, जो मानव समुदायों में सांस्कृतिक विविधताओं को निर्दिष्ट करती है । चूँकि विभिन्न देशों की अपनी विशिष्ट परिस्थितियाँ रही हैं, इसलिए विभिन्न देशों के बीच सांस्कृतिक एकरूपता और समानता दिखाई नहीं पड़ती है । सांस्कृतिक विविधताओं के परिणामस्वरूप विभिन्न समुदायों के बीच कभी तनाव तो कभी देश के अन्दर ही विभाजन की स्थिति उत्पन्न होती रही है । यदि इस विश्व में

सांस्कृतिक विविधताएँ नहीं होती तो शायद तमाम लोग भिन्न प्रकार का भोजन, वस्त्र, आवास, कला, भाषा आदि का प्रयोग नहीं करते।

culturalism ('कल्चर् लिज़्म्) **संस्कृतिवाद** : देखें– **Cultural determinism**।

culturation, de- (कल'चॅरेश्न्, डि) **विसंस्कृतीकरण** : जब कोई समाज बाह्य संस्कृति के प्रभाव में अपनी संस्कृति के तत्त्वों को खोने लगता है, तब उस प्रक्रिया को विसंस्कृतीकरण कहा जाता है। वैयक्तिक स्तर पर विसंस्कृतीकरण से तात्पर्य है, व्यक्तियों द्वारा अपनी संस्कृति के प्रमुख तत्त्वों को धीरे-धीरे छोड़ते जाने और बाह्य संस्कृति के तत्त्वों को अपनाने की प्रक्रिया।

culturation, neo- (कल'चॅरेश्न्, नीओ) **नव-संस्कृतीकरण** : नवीन सांस्कृतिक-तत्त्वों को अपनाने, सीखने की प्रक्रिया को नव्य-संस्कृतीकरण कहते हैं। भारतीय समाज का पश्चिमीकरण की प्रक्रिया से गुजरना नव्य-संस्कृतीकरण कहा जायेगा।

culturation, trans- (कल'चॅरेश्न्, ट्रैन्स्) **पारस्परिक संस्कृतिग्रहण** : जब दो संस्कृतियाँ आपस में सांस्कृतिक तत्त्वों का आदान-प्रदान करती हैं, तब इस प्रक्रिया को पारस्परिक संस्कृतिग्रहण कहते हैं। जैसे– भारत में हमलोगों ने बहुत कुछ अँगरेज़ी संस्कृति से ग्रहण किया, तो अँगरेज़ों ने भी भारतीय संस्कृति की कई चीज़ों को अपनाया।

culture ('कल्चर्) **संस्कृति** : मानवशास्त्रियों के अनुसार संस्कृति वह जटिल समग्रता है, जिसमें समाज के एक सदस्य के नाते मनुष्य द्वारा अर्जित ज्ञान, विश्वास, कला, नैतिकता, विधि-विधान, रीति-रिवाज के अलावा उसकी अन्य क्षमताएँ एवं आदतें शामिल हैं। कतिपय विद्वानों के अनुसार मानव निर्मित समस्त चीज़ें संस्कृति कहलाती हैं। दूसरी तरफ, समाजशास्त्रियों का कहना है कि संस्कृति एक ऐसा तथ्य है, जिसे सीखा जाता है, यह कोई सहजात या स्वाभाविक व्यवहार (**Instinctive behaviour**) नहीं है। सीखकर ही इसे समाज में एक पीढ़ी से दूसरी पीढ़ी तक पहुँचाया जाता है। इस अर्थ में किसी भौतिक वस्तु को संस्कृति नहीं माना जाता है। बहुत लोगों ने संस्कृति एवं सभ्यता को पर्यायवाची के रूप में प्रयोग किया है, जबकि समाजशास्त्र में इन दो अवधारणाओं को अलग-अलग अर्थ में प्रयोग किया जाता है। सभ्यता तथा संस्कृति का अन्तर निम्न तालिका के द्वारा सरलता से समझा जा सकता है–

सभ्यता (**Civilization**)	संस्कृति (**Culture**)
(1) बाह्य।	(1) आन्तरिक।
(2) साधन।	(2) साध्य।
(3) निश्चित मानदण्ड।	(3) निश्चित मानदण्ड नहीं होता।
(4) सदैव उन्नति करती है।	(4) सदैव उन्नति नहीं करती।
(5) बिना प्रयास प्रसारित होती है।	(5) बिना प्रयास प्रसारित नहीं होती।
(6) ग्रहण करने में परिवर्तन नहीं होते हैं।	(6) ग्रहण करने में परिवर्तित हो जाती है।
(7) मूल्य निर्धारित किया जा सकता है।	(7) मूल्य निर्धारित नहीं किया जा सकता है।
(8) सुविधा से स्थान-परिवर्तन कर सकती है।	(8) सुविधा से स्थान-परिवर्तन नहीं कर सकती।

culture, adaptive and material ('कल्चर्, अ'डैपूटिव ऐन्ड् म'टिअरिअल्) **अनुकूली एवं भौतिक संस्कृति** : इस शब्द का प्रयोग मुख्यरूप से अमरीकी सांस्कृतिक मानवशास्त्र में विचारों, विश्वासों, मूल्यों एवं प्रथाओं को अपनाने के सन्दर्भ में होता है। इस अवधारणा का प्रयोग विशेषकर भौतिक वस्तुओं को अपनाने की विपरीत स्थिति में होता है।

culture, alien ('कल्चर्, 'एलिअन्) **अन्य देशी संस्कृति :** बाह्य संस्कृति, जो प्रकृति अथवा लक्षण की दृष्टि से देशज संस्कृति से भिन्न है ।

culture, criminal ('कल्चर्, 'क्रिमिनल्) **आपराधिक संस्कृति :** समाज में अपराधी समूह के क्रियाकलाप एवं संस्कृति, जो बृहत् समाज के कानूनी प्रतिमानों के प्रतिकूल होती है । प्रत्येक आधुनिक समाज में कुछ लोग ऐसे होते हैं जो अपराधी प्रवृत्ति के होते हैं । उनका अपना समूह और उनकी अपनी संस्कृति होती है । नागालैंड की कुछ जनजातियों के बीच आपराधिक संस्कृति तो उस समाज की मूल संस्कृति रही है; क्योंकि वहाँ लोगों का सर कलम कर **(Head hunting)** उसे गले में आभूषण की तरह लटकाने की परम्परा रही है, जिसके चलते उन्हें मुण्ड आखेटक भी कहा जाता रहा है । उग्रवादियों का विचार एवं कार्यकलाप आपराधिक संस्कृति का ही हिस्सा है ।

culture, idealistic ('कल्चर्, आइडिअ'लिस्टिक) **आदर्शवादी संस्कृति :** देखें– **Idealistic culture** ।

culture, ideational ('कल्चर्, आइ'डिएश्न्ल्) **आदर्शात्मक संस्कृति :** देखें– **Ideational culture** ।

culture, implicit ('कल्चर्, इम्'प्लिसिट्) **अप्रकट संस्कृति :** देखें– **Covert culture** ।

culture, mass ('कल्चर्, मैस्) **जन-संस्कृति :** पुस्तकें, पत्र-पत्रिकाएँ, रेडियो, दूरदर्शन, फिल्म जैसे जन-माध्यमों को देखने, पढ़ने अथवा सुनने के परिणामस्वरूप एक बृहत् एवं विजातीय समाज में ऐसे सांस्कृतिक तत्त्वों का उदय जन-संस्कृति के नाम से जाना जाता है, जो समाज को एक सूत्र में बाँधने का कार्य करते हैं । जन-संस्कृति आधुनिक औद्योगिक एवं जटिल समाजों की एक प्रमुख विशेषता है ।

culture, material ('कल्चर्, म'टिअरिअल्) **भौतिक संस्कृति :** भौतिक संस्कृति से तात्पर्य संस्कृति की उपज या शिल्प-तथ्यों से है । भौतिक संस्कृति के अन्तर्गत समाज की भौतिक उपलब्धियों को रखा जा सकता है । ये मूर्त होती हैं, इन्हें हम स्पर्श कर सकते हैं एवं देख सकते हैं । ये मनुष्य और मशीनों के द्वारा निर्मित होती हैं, जैसे– वायुयान, रेफ्रीजरेटर, घड़ी, वस्त्र, कलम, भवन आदि। मनुष्य ने अपनी आवश्यकताओं के अनुसार अनेक औजारों और उपादानों का आविष्कार किया है । ये सभी उपलब्धियाँ भौतिक संस्कृति की श्रेणी में आती हैं : देखें– **Culture, non-material**।

culture, non-material ('कल्चर्, नॉन् म'टिअरिअल्) **अभौतिक संस्कृति :** अभौतिक संस्कृति वह है, जिसे हम स्पर्श नहीं कर सकते हैं एवं उसे देख भी नहीं सकते हैं । अभौतिक संस्कृति अमूर्त (**Abstract**) एवं व्यक्तिनिष्ठ (**Subjective**) होती है । प्रथा, लोकरीति, दार्शनिक विचारधारा, धर्म, सामाजिक मूल्य, कला, साहित्य, आदर्श, विज्ञान इत्यादि अभौतिक संस्कृति के उदाहरण हैं : देखें– **Culture, material** ।

culture, organizational ('कल्चर्, ऑगनाइ'ज़ेश्न्ल्) **संगठनात्मक संस्कृति :** देखें– **Organizational culture** ।

culture, peasant ('कल्चर्, 'पेज़न्ट्) **कृषक संस्कृति :** देखें– **Peasant society; Peasant community** ।

culture, political ('कल्चर्, प'लिटिक्ल्) **राजनीतिक संस्कृति :** देखें– **Political culture** ।

culture, popular ('कल्चर्, 'पॉप्युलर्) **लोकप्रिय संस्कृति :** देखें– **Popular culture** ।

culture, sensate ('कल्चर्, 'सेन्सेट) **इन्द्रियपरक संस्कृति :** देखें– **Sensate culture** ।

culture, sub- ('कल्चर्, सब्) **उपसंस्कृति :** प्रत्येक बृहत् संस्कृति के अन्तर्गत कुछ छोटी-छोटी उपसंस्कृतियाँ होती हैं, जैसे– भारत में बंगाली संस्कृति, तमिल संस्कृति, पंजाबी संस्कृति, गुजराती संस्कृति आदि कई उपसंस्कृतियाँ मौजूद हैं । ये सभी छोटी-छोटी संस्कृतियाँ बृहत् भारतीय संस्कृति की पूरक संस्कृति हैं । जब किसी समाज में बहुत सारी ऐसी उपसंस्कृतियाँ होती हैं, तो ऐसे समाज में राष्ट्रीय एकता में कमी आती है । अक्सर क्षेत्रीय भावना की स्थिति उत्पन्न होती रहती है । उपसंस्कृति एवं मुख्य संस्कृति के बीच जितनी अधिक दूरी होगी, राष्ट्रीयता की भावना में उतनी ही कमी होगी । क्षेत्रीयता की भावना को उतना ही अधिक बढ़ावा मिलेगा ।

इस अवधारणा का प्रयोग अपराधों एवं अपचारों की व्याख्या तथा युवा संस्कृति के अध्ययनों में विशेष रूप से किया गया, जिसके आधार पर 'अपराधी उपसंस्कृति' की धारणा का विकास हुआ है । अपराधी उपसंस्कृति ऐसे विश्वासों, मूल्यों, नियमाचारों, आशाओं, प्रत्याशाओं तथा व्यवहार के रूपों को प्रदर्शित करती है, जिसमें अपराधी एवं अपचारी व्यवहार का प्रत्यक्ष अथवा परोक्ष रूप से अनुमोदन कर उन्हें प्रश्रय दिया जाता है ।

culture and personality school ('कल्चर् ऐन्ड् पर्स'नैलटि स्कूल) **संस्कृति एवं व्यक्तित्व विचारधारा :** देखें– **Organizational culture** ।

culture area ('कल्चर् 'अरिआ) **संस्कृति-क्षेत्र :** प्रत्येक संस्कृति का एक सीमित भौगोलिक क्षेत्र होता है । जब किसी भौगोलिक क्षेत्र की सामाजिक विशेषताएँ समान होती हैं, तो उसे संस्कृति-क्षेत्र कहा जाता है । दक्षिण भारत में द्रविड़ों का क्षेत्र भाषा तथा संगोत्रता पद्धति की दृष्टि से उत्तरी भारत से अलग है । इस प्रकार, एक विशाल सांस्कृतिक क्षेत्र में आन्तरिक विविधताएँ भी होती हैं । कभी-कभी एक ही राज्य की सीमा के अन्तर्गत बहुत सारे संस्कृति क्षेत्र होते हैं। तभी तो नगरीय संस्कृति, ग्रामीण संस्कृति, जनजातीय संस्कृति जैसी अवधारणाओं की बात की जाती है ।

culture complex ('कल्चर् 'कॉम्प्लेक्स्) **संस्कृति सम्मिश्र :** बहुत सारे संस्कृति-विशेषक जब एकसाथ मिल जाते हैं, तो उसे संस्कृति सम्मिश्र कहते हैं। दूसरे शब्दों में, यह सांस्कृतिक विशेषकों का समग्र है । जैसे– किसी भी समाज में आदर या प्यार प्रदर्शित करने के अनेक तरीके होते हैं । यदि उन सभी तरीकों को एकसाथ मिलाकर देखें और समझें, तो उसे संस्कृति समूह कहते हैं । भारतीय ग्रामीण समाज में प्रचलित यजमानी प्रथा संस्कृति समूह का एक अच्छा उदाहरण है ।

अगर संस्कृति-विशेषक संस्कृति की सबसे छोटी इकाई है और संस्कृति सम्मिश्र आकार में मध्यवर्ती है, तो संस्कृति प्रतिरूप विशेषकों एवं सम्मिश्रों की विशिष्ट जीवन-प्रणाली की सबसे बड़ी व्यवस्था है, जिससे संस्कृति का निर्माण होता है । किसी संस्कृति या संस्कृति क्षेत्र के अन्तर्गत प्रकार्यात्मक रूप में समाकलित एवं संरूपित संस्कृति-विशेषकों का संकलन संस्कृति सम्मिश्र है ।

culture conflict ('कल्चर् 'कॉन्फ्लिक्ट्) **संस्कृति द्वन्द्व :** जब दो समूहों या समुदायों के बीच कोई वैचारिक मतभेद या विरोध हो, तो उसे 'संस्कृति द्वन्द्व' कहा जाता है । सही मायने में यह अवधारणा एक प्रकार का पदलोप (**Ellipsis**) है, इसलिए कि द्वन्द्व दो भिन्न संस्कृतियों के बीच नहीं होता, बल्कि दो भिन्न समाज के लोगों के बीच होता है । मानव के इतिहास में धर्म के नाम पर काफी संघर्ष हुए हैं । यह धर्मयुद्ध या ज़ेहाद संस्कृति द्वन्द्व का एक उदाहरण है । यह विभिन्न संस्कृतियों के अन्तर्गत अपूर्ण आत्मसात्करण से उत्पन्न व्यवहार के स्वरूपों तथा मूल्यों का द्वन्द्व है ।

culture construct ('कल्चर् कन्'स्ट्रक्ट्) **संस्कृति अभिकल्प :** संस्कृति अभिकल्प एक अमूर्त विवरण या व्याख्या है, जो वास्तविक जीवन के यथार्थ पर आधारित होता है । मनुष्यों की जीवन-शैली एक प्रसंग है और नृविज्ञानी इस जीवन-शैली का अध्ययन करके, जो लिखता है, वह दूसरा प्रसंग है । जीवन-शैली एक यथार्थ है और उसका विवरण इस यथार्थ का अमूर्तीकरण है । जीवन-शैली संस्कृति है और हमारी जीवन-शैली का विवरण संस्कृति अभिकल्प है ।

culture contact ('कल्चर् 'कॉन्टैक्ट्) **संस्कृति सम्पर्क :** विभिन्न संस्कृति-समूहों के सदस्यों के बीच पारस्परिक सम्बन्ध, जिसके परिणामस्वरूप सम्पर्क में आने वाली संस्कृतियों के संस्कृति-विशेषकों का विसरण होता है ।

culture diffusion ('कल्चर् डि फ्यूजन्) **संस्कृति प्रसार :** वह प्रक्रिया, जिसके द्वारा संस्कृति-लक्षण, संस्कृति-संकुल अथवा संस्कृति-संरूप अपने मूल स्थान से दूसरे स्थानों तथा क्षेत्रों में फैलते हैं ।

culture-genius ('कल्चर्'जीन्यस्) **संस्कृति की आत्मा :** एक संस्कृति में सभी जीवन-शैलियों के बीच एक प्रकार की सुसंगति होती है । यह सुसंगति, रूथ बेनेडिक्ट (Ruth Benedict, 1887-1948) के अनुसार उस मुख्य प्रवृत्ति, धारा

या रुझान से पैदा होती है, जो प्रत्येक संस्कृति के सभी पक्षों में देखी जा सकती है । इस मुख्य प्रवृत्ति, रुझान अथवा धारा को रूथ बेनेडिक्ट ने संस्कृति की आत्मा कहा है । संस्कृति की यह आत्मा ही संस्कृति को एकजुट कर उसे एक विशिष्ट रूप प्रदान करती है । बेनेडिक्ट के अनुसार संस्कृति की यह आत्मा, जो संस्कृति के प्रतिमान को जीवन प्रदान करती है, यह दो प्रकार की होती है– देवधर्मी एवं दानवधर्मी ।

culture hero (ˈकल्चर् ˈहिअरो) **संस्कृति नायक :** एक कल्पित आकृति, जो भिन्न रूपों में निरूपित की जाती है । यह किसी पशु, पक्षी, मानव अथवा यक्ष की आकृति हो सकती है, जिसने उन सभी विशेषताओं को आरोपित कर लिया हो, जो उस संस्कृति के लिए आवश्यक है ।

culture industry (ˈकल्चर् इन्ˈडस्ट्रि) **संस्कृति उद्योग :** इस शब्द का प्रयोग उस व्यवस्था के लिए किया जाता है, जो लोकसंस्कृति को बढ़ावा देता है, जैसे– टेलीविजन, रेडियो, अखबार, पत्र–पत्रिका आदि । कुछ लोगों का कहना है कि इसके माध्यम से पूँजीवादी व्यवस्था को बढ़ावा मिलता है । दूसरी तरफ कुछ ऐसे भी लोग हैं, जो यह कहते हैं कि इससे सांस्कृतिक विरोधाभास उत्पन्न होता है ।

culture of poverty (ˈकल्चर् ऑव् ˈपॉव़र्टि) **गरीबी की संस्कृति :** अमरीकी मानवशास्त्री ऑस्कर लूइस (Oscar Lewis, 1914-1970) ने एक लम्बे समय तक मेक्सिको (Mexico) एवं प्यूरटो रिको (Puerto Rico) के शहरी समाज का अध्ययन किया, जिसके आधार पर उन्होंने गरीबी की संस्कृति की अवधारणा का 1950 के दशक में प्रतिपादन किया। बहुत सारे विद्वानों का कहना है कि लूइस ने जिसे संस्कृति कहा है, उसे सही मायने में संस्कृति नहीं कहा जाना चाहिए; क्योंकि जिस संस्कृति की बात वे कह रहे हैं, वह बृहत् संस्कृति का एक अंग है । उनकी अवधारणा को अधिक–से–अधिक गरीबी की उप–संस्कृति (**Sub-culture of poverty**) कहा जा सकता है (देखें– Oscar Lewis, **Five Families: Mexican case Studies in the Culture of Poverty**, 1959; Charles A. Valentine, **Culture and Poverty**, 1968) ।

culture pattern (ˈकल्चर् ˈपैटर्न्) **संस्कृति प्रतिरूप :** रूथ बेनेडिक्ट (Ruth Benedict, 1887-1949) ने सर्वप्रथम इस प्राक्कल्पना का प्रयोग किया था । वे प्रमुख मूल्य तथा विश्वास, जो किसी संस्कृति की विशेषताएँ होती हैं, संस्कृति प्रतिरूप कहे जाते हैं । व्यवहार के समान तरीकों तथा उनसे जुड़े हुए विश्वासों को संस्कृति प्रतिरूप कहते हैं । इस अर्थ में प्रत्येक समाज का अपना एक विशिष्ट संस्कृति प्रतिरूप होता है । अगर संस्कृति–विशेषक (Culture trait) संस्कृति की सबसे छोटी इकाई है और संस्कृति सम्मिश्र आकार में मध्यवर्ती है, तो संस्कृति प्रतिरूप विशेषकों एवं सम्मिश्रों की विशिष्ट जीवन–प्रणाली की सबसे बड़ी व्यवस्था है, जिससे संस्कृति का निर्माण होता है । जब हम संस्कृति के बहुत सारे विशेषकों एवं समूहों को एकसाथ मिलाकर देखते हैं, तो उसे संस्कृति प्रतिरूप कहा जाता है, अर्थात् संस्कृति प्रतिरूप का स्थान संस्कृति की विभिन्न इकाइयों एवं संस्कृति समूहों से ऊपर है । संस्कृति प्रतिरूप दो प्रकार के होते हैं– आदर्श संस्कृति प्रतिरूप (**Ideal culture pattern**) एवं वास्तविक संस्कृति प्रतिरूप (**Real culture pattern**) ।

culture relativism (ˈकल्चर् रेलॅटि विज़म्) **संस्कृति सापेक्षवाद :** इस सिद्धान्त के अनुसार सभी क्रियाओं, प्रेरकों और मूल्यों को उनकी संस्कृति प्रसंग में देखा जाता है । एक ऐसी विचारधारा, जिसके अन्तर्गत मान्यता यह है कि कोई भी संस्कृति किसी के आगे या पीछे नहीं होती है, बल्कि सभी का अपना–अपना अलग स्थान होता है । 19वीं सदी तक मानवशास्त्रियों ने किसी एक संस्कृति को दूसरी संस्कृति के सन्दर्भ में विश्लेषित करने का प्रयास किया, जिसे संस्कृति की नृजातिकेन्द्रित विचारधारा (**Ethnocentric view**) कहा जाता है । उन लोगों ने विभिन्न संस्कृतियों के बारे में विभिन्न प्रकार का विचार दिया, जो काफी पक्षपातपूर्ण था ।

culture strain (ˈकल्चर् स्ट्रेन्) **संस्कृति लेश :** परसंस्कृति ग्रहण के प्रक्रम में विसन्तुलन के कारण अस्थिरता तथा अशान्ति की व्यवस्था । यह नई संस्कृति के स्वीकार अथवा अस्वीकार करने की इच्छा के बीच द्वन्द्व का परिणाम होता है ।

culture type ('कल्चर् टाइप्) **संस्कृति प्ररूप :** सांस्कृतिक विशेषताओं एवं मूल्य-प्रत्ययों का योग, जो एक निश्चित समय या स्थान पर मान्य होता है।

culturology (कल्चॅर्'ऑलजि) **संस्कृतिशास्त्र :** संस्कृतिशास्त्र संस्कृति का विज्ञान है। इस विषय के अन्तर्गत संस्कृति के विभिन्न आयामों का वैज्ञानिक अध्ययन किया जाता है। मान्यता यही है कि संस्कृति एक अधिजैविक (Super-organic) चीज़ है : देखें– **Culture**।

cumulative fertility rate ('क्यूम्यूलेटिव फ़र्'टिलटि रेट्) **संचयी प्रजननता-दर :** संचयी प्रजननता-दर तथा कुल प्रजननता-दर (Total fertility rate) के बीच यह अन्तर है कि संचयी प्रजननता-दर गर्भधारण अवस्था से लेकर किसी विशिष्ट अवधि तक 1000 स्त्रियों के सहगण से पैदा होने वाले बच्चों की संख्या होती है। 45-49 वर्ष से ऊपर इसे पूर्ण प्रजननता-दर कहा जाता है।

cumulative frequency curve ('क्यूम्यूलेटिव 'फ्रीक्वन्सि कर्व्) **संचयी बारम्बारता वक्र :** संचयी बारम्बारता वक्र विभिन्न वर्गों की बारम्बारताओं के ग्राफ से तैयार किया जाता है। यदि यह ज्ञात करना हो कि कितने पद ऐसे हैं, जिनका मान एक कथित मान से कम या बराबर है, तो संचयी बारम्बारता का प्रयोग किया जाता है। इसे तोरण भी कहा जाता है। ग्राफ द्वारा निरूपण की इस विधि में वर्ग-अन्तरालों की ऊपरी सीमाओं को क्षैतिज अक्ष पर अंकित किया जाता है और इनकी संचयी बारम्बारता को कोट्याक्ष पर आलेखित किया जाता है।

curriculum (क'रिक्युलम्) **पाठ्यक्रम :** विद्यालयों एवं महाविद्यालयों में अध्ययन का पाठ्यक्रम। अतिरिक्त एवं सह-पाठ्येत्तर कार्यकलाप, जैसे– खेल, संगीत, व्यायाम इत्यादि औपचारिक पाठ्यक्रम के अतिरिक्त अंग माने जाते हैं (देखें– P. Wexler, **Sociology of the Curriculum**, 1991)।

curriculum, hidden (क'रिक्युलम्, 'हिडन्) **अदृश्य पाठ्यक्रम :** देखें– **Hidden curriculum**।

curve (कर्व्) **वक्र :** एक समतल में किसी फलनीय सम्बन्ध द्वारा व्यक्त निर्देशांकों या बिन्दुओं का रेखापथ। भिन्न-भिन्न शक्लों के वक्रों की अपनी-अपनी विशेषताएँ होती हैं, जिनके अनुसार उनके फलन ज्ञात किए जा सकते हैं। इनकी आकृतियों के अनुसार वक्रों के नाम भिन्न-भिन्न होते हैं।

curvilinear relationship (कॅर्वी'लिनिअर् रि'लेश्न्शिप्) **वक्ररेखीय सहसम्बन्ध :** जब दो श्रेणियों या परिणामों में परिवर्तन का अनुपात समान न हो अर्थात् उनमें भिन्न-भिन्न अनुपात में परिवर्तन होते हों तो उनमें वक्ररेखीय सहसम्बन्ध होगा। रेखीय सहसम्बन्ध वाली श्रेणियों को बिन्दुपथ पर अंकित करने पर एक सीधी रेखा बनती है, जबकि वक्ररेखीय सहसम्बन्ध में ऐसा नहीं होता : देखें– **Linear correlation**।

custom ('कस्टम्) **प्रथा :** सामाजिक मान्यता प्राप्त व्यवहार, जो दीर्घकाल से चला आ रहा हो और परम्परा बनकर समाज में पूरी तरह स्थापित हो गया हो और जिसे औपचारिक मान्यता प्राप्त हो गई है– प्रथाएँ कहलाती हैं। इस प्रकार के व्यवहार का उल्लंघन करना प्राय: अनुचित माना जाता है। ये प्रथाएँ समाज के लिए उपयोगी होती हैं। अत: ये एक पीढ़ी से दूसरी पीढ़ी को हस्तांतरित होती रहती हैं और समूह के मनुष्यों को अपने अनुसार कार्य करने के लिए बाध्य करती हैं। प्रथा एक प्रकार से अभौतिक संस्कृति का ही दूसरा रूप है। उदाहरण के लिए अपने से बड़ों के सामने आदर का भाव व्यक्त करना प्रथा का ही अंग है। प्रथाओं की शक्ति के सामने राज्य की शक्ति भी दुर्बल प्रतीत होती है (देखें– George P. Murdock, **Ethnographic Atlas**, 1967)। प्रथा का उल्लंघन करने पर समाज के द्वारा भारी विरोध का सामना करना पड़ता है। इसमें बाध्यता और अनिवार्यता का भाव निहित होता है। इसी कारण यह पीढ़ी-दर-पीढ़ी चलती रहती है। प्रथा अच्छी हो या बुरी, लोग उसे बदलने से घबराते हैं; क्योंकि प्रथा को तोड़ने में सामाजिक मर्यादा के भंग होने का भय रहता है। भारत में बाल-विवाह एक प्रथा है। पश्चिमी समाज में युवक-युवतियाँ

बालिग होने पर और कुटुम्ब का आर्थिक उत्तरदायित्व संभालने के योग्य होने पर ही विवाह करती हैं । वहाँ विधवाएँ स्वच्छन्दतापूर्वक विवाह कर सकती हैं : देखें– **Tradition** ।

customary law ('कस्टमरि लॉ) **प्रथागत विधि :** ऐसा कानून, जिसका आधार सामाजिक प्रथा है । प्रत्येक समाज में ऐसे बहुत सारे कानून हैं जिनकी पृष्ठभूमि में सामाजिक नियम, धार्मिक विश्वास और मूल्य हैं । भारत में हिन्दू लॉ, मुस्लिम लॉ या विवाह अधिनियम का मुख्य आधार धर्म एवं सामाजिक प्रथा ही है । प्रथागत कानून के पीछे राज्य और समाज दोनों की शक्ति निहित होती है । इसे तोड़नेवालों की समाज यदि निन्दा करता है, तो कानून उन्हें औपचारिक दण्ड देता है । अतः प्रथागत नियम-कानून अन्य कानूनों की तुलना में ज्यादा सशक्त होते हैं ।

cybernetics (साइबर्'नेटिक्स) **सन्तांत्रिकी, साइबरनेटिक्स :** संप्रेषण और नियन्त्रण सिद्धान्त से सम्बन्धित विज्ञान । इसका सम्बन्ध विशेष रूप से स्वचालित नियन्त्रण-पद्धति से है । मशीन, पशु और मानव के बीच संचार का अध्ययन, विशेष रूप में नियन्त्रण की प्रक्रिया में प्रतिपुष्टि सूचना की भूमिका के अध्ययन को सन्तांत्रिकी कहा जाता है । इस सिद्धान्त का प्रयोग मुख्यरूप से औपचारिक संगठनों के अध्ययन में किया गया है ।

cybernetics hierarchy (साइबर्'नेटिक्स 'हाइ अराकि) **सोपानक्रम सन्तांत्रिकी :** देखें– **Social system** ।

cybersociety (साइबर् सॅ'साइअटि) **सन्तांत्रिक** या **साइबर समाज :** संचार के क्षेत्र में सारी दुनिया के अन्तर्गत इतना अधिक विकास हुआ है कि लोग एक-दूसरे से कम्प्यूटर के माध्यम से गहरे रूप से जुड़ गये हैं । लोगों के बीच भौतिक दूरी का कोई महत्त्व नहीं रह गया है । इलेक्ट्रॉनिक माध्यमों से लोग आमने-सामने होकर आसानी से एक-दूसरे से बातकर रहे हैं । लोग फुर्सत में आसानी से गपशप और मनोरंजन भी कर लेते हैं । उन्हें मनोरंजन के लिए या किसी से मिलने-जुलने के लिए बाहर जाने की आवश्यकता कम होती जाती रही है । घर बैठे ही लोग कम्प्यूटर के माध्यम से मनोरंजन करने में सक्षम हो गये हैं । यहाँ तक कि अब लोगों को चिट्ठियों या पत्रों की भी आवश्यकता नहीं होती। कम्प्यूटर के माध्यम से समाचार, विज्ञापन एवं ई-मेल से सूचना प्राप्त करना काफी सहज हो गया है (देखें– Steven G. Jones (ed.), **Cyber Society,** 1994) ।

cycle of deprivation ('साइक्ल् ऑव् डेप्रि'वेशन्) **वंचन-चक्र :** कुछ सामाजिक वैज्ञानिकों, विशेषकर मानवशास्त्रियों का ऐसा मानना है कि गरीबी पीढ़ी-दर-पीढ़ी इस रूप में चलती रहने वाली व्यवस्था है कि सामाजिक एवं आर्थिक रूप से कमजोर व्यक्ति का उत्तराधिकारी भी कमजोर ही होगा, अर्थात् समाज में गरीबी का हस्तांतरण होता रहता है। यह एक ऐसा चक्र है, जिसमें परिवार यदि एक बार फँस जाता है, तो उससे निकलना कठिन हो जाता है । वंचन-चक्र का सिद्धान्त ऑस्कर लूइस (Oscar Lewis, 1914-1970) के 'गरीबी की संस्कृति' से काफी करीब से जुड़ा हुआ है (देखें– N. Rutter and N. Madge, **Cycle of Disadvantage,** 1976) : देखें– **Culture of poverty** ।

cycle of urbanization ('साइक्ल् ऑव् अर्बनाइ'ज़ेशन्) **नगरीकरण का चक्र :** नगरीकरण की प्रक्रिया यदि कहीं शुरू होती है तो कहीं-न-कहीं जाकर यह स्थिर भी हो जाती है । इन दो अवस्थाओं के बीच नगरीकरण की प्रक्रिया को कई चरणों से गुजरना होता है । नगरीकरण की इस प्रवृत्ति को ही नगरीकरण का चक्र कहते हैं । ट्रिवार्दा (G.T. Trewartha) के शब्दों में नगरीकरण वह चक्रीय प्रक्रिया है जिसमें से कोई राष्ट्र कृषक सामाजिक व्यवस्था से औद्योगिक सामाजिक व्यवस्था की ओर बढ़ता है ।

cyclical change ('साइक्लिक्ल् चेन्ज्) **चक्रीय परिवर्तन :** वैसा बदलाव, जो बार-बार दुहराता रहता है और जिसका मूल फल यह होता है कि सामाजिक विधि में कोई परिवर्तन नहीं होता है । समाज जिस अवस्था से आगे निकलता है, वह कुछ दिनों बाद पुनः उसी अवस्था में वापस चला आता है । इस प्रकार समाज में परिवर्तन वर्तुल गति से चलता रहता है : देखें– **Cyclical theory** ।

cyclical theory ('साइक्लिक्ल् 'थिअरि) **चक्रीय सिद्धान्त :** इस सिद्धान्त की यह मान्यता है कि समाज में उत्थान,

विकास और पतन होता है । सोरोकिन (P. A. Sorokin, 1889-1968) द्वारा प्रतिपादित सामाजिक परिवर्तन का सिद्धान्त चक्रीय सिद्धान्त है : देखें– **Cyclical change** ।

cyclical unemployment ('साइक्लिक्ल् अनिम्'प्लॉइमन्ट्) **चक्रीय बेरोज़गारी :** व्यापार-चक्र के कारण अर्थव्यवस्था में मन्दी आ जाने से माँग में कमी हो जाती है और माँग में कमी आ जाने से वस्तुएँ बिक नहीं पाती हैं, जिस कारण मज़दूरों की छँटनी हो जाती है । पुनः तेजी आ जाने से उन्हें रोज़गार प्राप्त हो जाता है, फिर मन्दी आ जाने पर छँटनी हो जाती है । बेरोज़गारी की इस स्थिति को चक्रीय बेरोज़गारी कहते हैं : देखें– **Unemployment** ।

cyclical view of ritual ('साइक्लिक्ल् व्यू ऑव्'रिच्युअल्) **संस्कार का चक्रीय दृष्टिकोण :** ऐसा संस्कार, जो एक नियमित समय पर होता रहता है, जैसे– किसी व्यक्ति की पुण्यतिथि का मनाया जाना । इसका प्रयोग जीवन के चक्रीय संस्कारों के चक्रीय दृष्टिकोण के लिए भी होता है । हिन्दुओं में ऐसा विश्वास है कि मोक्ष की प्राप्ति न होने तक मृत्यु के बाद जन्म और जन्म के बाद मृत्यु का अन्तहीन चक्र चलता रहता है ।

cynicism ('सिनि सिज़म्) **सिनिकवाद :** प्राचीन यूनानी दार्शनिकों के एक सम्प्रदाय की विचार-प्रणाली । डायोजिनीज़ (Diogenes) (लगभग 400-325 ई. पू.) को इस सम्प्रदाय का प्रमुख विचारक माना जाता है । सिनिक दार्शनिकों के अनुसार अपनी इच्छाओं और आवश्यकताओं का दमन ही सद्जीवन की कुंजी है । मनुष्य को सच्चा सुख तभी मिल सकता है, जब उसके मन में कोई इच्छा न रह जाये ।

Dd

dakhama, dakhma or dokhama **दाखमा, दोखमा :** वह स्थान, जहाँ पर पारसी लोगा मृत-शरीर को छोड़कर चले जाते हैं । यह 'शान्ति की मीनार' के नाम से भी जाना जाता है । यह एक ऊँची गोल मीनार की तरह होता है, जिसके अन्दर के मध्य भाग में एक जंगला लगा रहता है । उस पर शवों को रख दिया जाता है ताकि मांसभक्षी पक्षी उन्हें खा जाये । मांसरहित अस्थियाँ जंगले के नीचे गर्त में गिरती हैं ।

dalit **दलित :** यह शूद्र, हरिजन एवं अनुसूचित जाति का पर्यायवाची है । लेकिन, अनुसूचित जाति अपने-आपको दलित कहना एवं कहलाना ही ज्यादा उचित समझते हैं । दलित, अनुसूचित जातियों के लिए एक गैर-संवैधानिक शब्द है । दलित एक विशेष प्रकार की राजनीति में रंगा शब्द है : देखें– **Scheduled castes** ।

dance, ritual (डान्स्, 'रिच्युअल्) **आनुष्ठानिक नृत्य :** सामूहिक आशाओं, भय, सुख-दुःख तथा महत्त्वपूर्ण घटना का लयबद्ध भाव-भंगिमाओं द्वारा प्रदर्शन करना । परम्परागत समाज में यह विशेष रूप से पाया जाता है ।

dangerous classés ('डेन्जरस् क्लासेस्) **खतरनाक वर्ग :** चार्ल्स एल. ब्रॉस (Charles L. Brace) द्वारा लिखित पुस्तक **The Dangerous Classes of New York** में घुमक्कड़ों, चोरों, अपराधियों, वेश्याओं को खतरनाक वर्ग की संज्ञा दी गई है; क्योंकि इस वर्ग के लोगों के पास समाज में अशान्ति एवं अव्यवस्था फैलाने की एक गुप्त कार्यसूची **(Hidden agenda)** पायी जाती है ।

dart (डार्ट्) **शल्य, प्रासक :** एक लघु प्रक्षेपणास्त्र । यह एक नुकीला दण्ड होता है, जिसका एक सिरा भारी होता है और दूसरे पर पंख लगे होते हैं । इसको फुँकनी द्वारा अथवा हाथ से फेंका जाता है ।

Darwinism ('डार्वि निज़्म्) **डार्विनवाद :** प्राकृतिक प्रवरण के द्वारा उद्विकास की धारणा डार्विनवाद है । चार्ल्स डार्विन (Charles Darwin, 1809-1882) ने इस सिद्धान्त का प्रतिपादन उद्विकास सम्बन्धी अपने दो ग्रन्थों– ऑरिजन ऑव् स्पीसीज़ (**Origin of Species by Means of Natural Selection,** 1859) तथा डिसेन्ट ऑव् मैन (**Descent of Man,** 1871) में किया है । इस कार्यविधि को ही 'प्राकृतिक प्रवरण' **(Natural selection)** कहते हैं । वे प्राणी, जो पर्यावरण से भली-भाँति समायोजन करने की योग्यता रखते हैं, वे बच जाते हैं और जो पर्यावरण से अनुकूलन में अक्षम रहते हैं, वे मर जाते हैं । इसी के आधार पर एक लम्बी अवधि में इस प्रक्रिया द्वारा प्राणियों की जातियों (स्पीसीज़) की रचना हुई । हर्बर्ट स्पेन्सर (Herbert Spencer, 1820-1903) ने ही इस सिद्धान्त के सन्दर्भ में बहुत प्रसिद्ध सूक्ति 'योग्यतम की उत्तरजीविता' (**Survival of the fittest**) का विचार दिया, जिसे भूल से कभी-कभी डार्विन की सूक्ति मान ली जाती है ।

Darwinism, social ('डार्वि निज़म्, 'सोश्ल्) **सामाजिक डार्विनवाद :** सामाजिक घटनाओं की व्याख्या में डार्विनवाद का विस्तार ही सामाजिक डार्विनवाद के नाम से जाना जाता है । उन्नीसवीं शताब्दी में विकसित सामाजिक डार्विनवाद का प्रयोग, चार्ल्स डार्विन (Charles Darwin, 1809-1882) के उद्विकासीय सिद्धान्त की सामाजिक घटनाओं की व्याख्याओं में होता है । इस सिद्धान्त द्वारा यह प्रतिपादित किया गया है कि सामान्य रूप में सामाजिक जीवन और विशेष रूप से सामाजिक विषमता या असमानता उद्विकास का परिणाम है । सामाजिक जीवन की घटनाओं की व्याख्या में इस सिद्धान्त का सर्वप्रथम प्रयोग ब्रिटेन में हर्बर्ट स्पेन्सर (Herbert Spencer, 1820-1903) और बाद में अमरीका में बहुत हद तक विलियम ग्राहम समनर् (William G. Sumner, 1840-1910) ने किया । यह सिद्धान्त इस तथ्य पर बल देता है कि समाज

प्राकृतिक संसार की भाँति है, जिसमें प्रतिस्पर्द्धा और 'योग्यतम' (सर्वोत्तम) की उत्तरजीविता' आधिपत्य होती है (देखें– William Graham Sumner, **What Social Classes Owe to Each Other**, 1883; Richard Hofstadter, **Social Darwinism in American Thought**, 1955) ।

data ('डेट्रा) **तथ्य, आँकड़े :** Data, 'Datum' शब्द का बहुवचन है । प्रयोग अथवा परीक्षण के विवरण में दिए गये एवं प्रेक्षण, परिगणन अथवा मापन द्वारा प्राप्त तथ्य । वह तथ्य, जो किसी निष्कर्ष अथवा तर्क का आधार हो अथवा जिससे किसी भी प्रकार की बौद्धिक प्रणाली निर्मित की गई हो । ये आँकड़े, गुणात्मक अथवा संख्यात्मक होते हैं । संख्यात्मक आँकड़े, प्रायः सारिणी, लेखाचित्र, व्यक्त वर्गीकृत, आवृत्ति, अंको-आँकड़ों, प्रतिशत, अनुपात आदि के रूप में हुआ करते हैं ।

data, primary ('डेट्रा, 'प्राइमरि) **प्राथमिक आँकड़े :** प्राथमिक तथ्य, मौलिक सूचनाएँ तथा आँकड़े होते हैं, जिनका संकलन पहली बार किया गया है । प्रथम बार संकलित किए जाने के कारण ही इन्हें प्राथमिक तथ्य कहा जाता है । सामाजिक विज्ञानों में इन तथ्यों के एकत्रीकरण के लिए सामान्यतः अवलोकन, साक्षात्कार, प्रश्नावली आदि विधियों का प्रयोग किया जाता है : देखें– **Data, secondary** ।

data, qualitative ('डेट्रा, 'क्वॉलिटेटिव़्) **गुणात्मक आँकड़े :** ऐसे आँकड़े गुणात्मक प्रकृति के होते हैं, जिन्हें किन्हीं वर्णित विशेषताओं के आधार पर पहचाना जा सकता है, जैसे– लिंग को संख्यात्मक इकाइयों में नहीं बाँटा जा सकता है : देखें– **Data, quantitative** ।

data, quantitative ('डेट्रा, 'क्वॉन्टिटेटिव) **परिमाणात्मक आँकड़े :** ऐसे तथ्य परिमाणात्मक कहलाते हैं, जिन्हें किसी माप की इकाइयों के आधार पर तथा अन्य कालिक इकाइयों में प्रदर्शित किया जाता है । इन तथ्यों को मापा-तौला जा सकता है । इनकी माप-तौल की इकाइयाँ निश्चित की जा सकती हैं । इन्हें संख्याओं, आँकड़ों अथवा अंकों में प्रदर्शित किया जाता है : देखें– **Data, qualitative** ।

data, secondary ('डेट्रा, 'सेकन्डरि) **द्वितीयक आँकड़े :** पूर्व-संकलित तथ्यों को द्वितीयक आँकड़ा कहा जाता है । ऐसे तथ्यों का संकलन शोधकर्ता के किसी विशिष्ट उद्देश्य से प्रेरित नहीं होता । ऐसे तथ्यों का संकलनकर्ता तथा प्रयोगकर्ता दो अलग-अलग व्यक्ति अथवा संस्थाएँ होती हैं । लिखित प्रलेख, जन-माध्यमों से प्रचारित रिपोर्ट, सरकारी दस्तावेज आदि द्वितीयक आँकड़े माने जाते हैं : देखें– **Data, primary** ।

data archive; data bank ('डेट्रा आर्काइव़्; 'डेट्रा बैंक) **तथ्य अभिलेखागार; तथ्य बैंक :** आधुनिक काल में विभिन्न प्रकार के वैज्ञानिक अध्ययनों के लिए आँकड़े इकट्ठे किए जाते हैं । चूँकि, उन आँकड़ों की उपयोगिता लम्बे समय तक रहती है इसलिए विभिन्न प्रकार के आँकड़ों का संग्रहण किया जाता है । कम्प्यूटर के ईजाद होने से विभिन्न प्रकार के सर्वेक्षणों के आँकड़े को रखना काफी आसान हो गया है । आँकड़ों के अभिलेखागार के तीन प्रमुख कार्य हैं, जैसे– आँकड़ों को इकट्ठा करना, उनका संचयन करना और फिर कम्प्यूटर की मेमरि (Memory) में डालना और फिर मेमरि से सूचना प्राप्त कर विश्लेषण करना । कभी-कभी आँकड़ों को पुस्तक की शक्ल में छापकर भी रखा किया जाता है । इस प्रकार के कार्य सरकारी और गैर-सरकारी संस्थानों में प्रायः सभी देशों में किए जाने लगे हैं (देखें– C. Hakim, **Secondary Analysis in Social Research**, 1982) ।

data collection ('डेट्रा क'लेक्शन्) **तथ्य संग्रह :** आँकड़ा अन्वेषण का आधार होता है । वैज्ञानिक अन्वेषण के लिए आँकड़ों का संग्रह नितान्त आवश्यक है । तथ्य संग्रह किसी भी अन्वेषण का प्रथम चरण माना जाता है । संग्रह करने योग्य आँकड़े दो प्रकार के होते हैं– (क) प्राथमिक आँकड़े **(Primary data)** (ख) द्वितीयक आँकड़े **(Secondary data)**। आँकड़ों का संग्रह करने में, जो विधियाँ काम में लायी जाती हैं उनमें प्रमुख हैं– (क) साक्षात्कार की विधि, (ख) डाक द्वारा प्रश्नावली भेजने की विधि तथा (ग) अनुसूची की विधि आदि । आँकड़े या तो नमूना सर्वेक्षण की सहायता से संगृहीत किये जाते हैं या पूर्ण गणना द्वारा, जैसे– जनगणना के समय ।

data processing (ˈडेट्रा प्रोसे ˈसिन्ग) **आँकड़ों का प्रक्रमण** : आँकड़ों के प्रक्रमण में निम्न कार्य शामिल किए जा सकते हैं– (क) सम्पादन (Editing), (ख) वर्गीकरण (Classification), (ग) सारणीयन (Tabulation) तथा (घ) विश्लेषण (Analysis) ।

dating (ड्रेट ˈइन्ग) **काल-निर्धारण, डेटिंग** : भिन्न यौनवर्ग के दो व्यक्तियों का पूर्व-निर्धारित समय पर आमोद-प्रमोद के लिए मिलना ।

day care (डे के ˈअर) **दिवस परिचर्या** : इस व्यवस्था के अन्तर्गत छह वर्ष से कम आयु के उन बच्चों की सेवा, देखरेख या शिक्षा का प्रबन्ध किया जाता है, जिनके कामकाजी माता-पिता, काम पर चले जाने के कारण, अपने बच्चों की देखरेख नहीं कर पाते हैं ।

de-addiction (डि अ ˈडिक्‌शन्) **व्यसन-मुक्ति** : वह प्रक्रिया, जिसमें मादक द्रव्य-व्यसन (**Addiction**) में लिप्त व्यक्ति को उस व्यसन से मुक्त कर के सामान्य जीवन जीने में मदद की जाती है : देखें– **Addiction** ।

death custom (डेथ् ˈकस्‌टम्) **मृत्यु-प्रथा** : आनुष्ठानिक प्रथाएँ, जिनका पालन मृत्यु के उपरान्त किया जाता है । हिन्दुओं के बीच श्राद्ध-कर्म या मुसलमानों के बीच चालीसवाँ मनाना मृत्यु-प्रथा का ही अंग है ।

death dance (डेथ् डान्स्) **मृत्यु-नृत्य** : मृतात्मा की शान्ति व तुष्टि के लिए किया जानेवाला नृत्य ।

death duty (डेथ् ˈड्यूटि) **मृत्यु-कर** : व्यक्ति की मृत्यु पर उसके उत्तराधिकारी को प्राप्त होने वाली सम्पत्ति पर एक बार लगनेवाला कर । कुछ पाश्चात्य देशों में मृत्यु-कर खासतौर पर देखने को मिलता है ।

death rate (डेथ् रेट्) **मृत्यु-दर** : किसी दिए गए वर्ष में प्रति 1000 आबादी में मरने वालों की संख्या । चूँकि, जनसंख्या में वृद्धि होती रहती है, इसलिए वर्ष के मध्य में जो जनसंख्या होती है, उसी को सम्पूर्ण जनसंख्या मान लिया जाता है । इस प्रकार प्राप्त मृत्यु-दर अशोधित होती है । यदि इसमें किसी आधार पर संशोधन कर दिया जाये, तो वह शोधित मृत्यु-दर कहलाती है । इसे ही अशोधित मृत्यु-दर भी कहा जाता है (देखें– Henry S. Shryock *et al.*, **The Methods and Materials of Demography**, 1976) : देखें– **Crude death rate** ।

debauchery (डि ˈबॉच्‌रि) **विलासिता, लम्पटता** : खाने-पीने अथवा काम-वासनाओं की तृप्ति में अत्यधिक रूप से लिप्त होना ।

debt-bondage (डेट् ˈबॉन्डिज्) **ऋण बन्धन** : देखें– **Patron-client relationship** ।

debt slavery (डेट् ˈस्लेव़रि) **ऋण दासता** : ऋण के भुगतान के लिए ऋणदाता के पास दास के रूप में कार्य करने की प्रथा । यह बन्धुआ मजदूरी का ही एक विकृत रूप है : देखें– **Bonded labour** ।

debt trap (डेट् ट्रैप) **ऋण-पाश** : वह स्थिति, जिसमें कोई विकासशील देश अपने विकास को बढ़ावा देने के लिए विदेशों से ऋण लेता है और फिर उस ऋण को चुकाने का कोई रास्ता नहीं निकाल पाता । फलस्वरूप वह ऋण-पाश में फँस जाता है ।

decarceration (डीकार्‌स रेशन्) **कारागार बहिर्गमन** : बाहरी दुनिया में ठीक से निवास करने के उद्देश्य से मानसिक अस्पताल या जेल से बहुत ज्यादा संख्या में व्यक्तियों को छोड़ना (देखें– Andrew Scull, **Decarceration**, 1949)।

decentralization (डी सेन्‌ट्रलाइ ˈज़ेशन्) **विकेन्द्रीकरण** : अधिकारों और शक्तियों का, केन्द्रीय सत्ता की ओर से प्रादेशिक तथा स्थानीय शासन-संस्थाओं के बीच विभाजन। विकेन्द्रीकरण की प्रवृत्ति केन्द्रीकरण की प्रवृत्ति से उल्टी होती है और इसमें स्थानीय उपक्रम तथा साधनशीलता पर विशेष जोर दिया जाता है । संघात्मक शासन-व्यवस्था में शासन की शक्तियों

का केन्द्रीय सरकार तथा राज्यों की सरकारों के बीच विभाजन कर दिया जाता है। आधुनिक सरकारें अपने कार्य का बोझ हल्का करने के लिए स्थानीय मामलों से सम्बन्धित कार्य स्थानीय संस्थाओं को सौंप देती हैं।

decentred self (डी'सेन्टर्ड सेल्फ़्) **विकेन्द्रित स्व, विकेन्द्रित आत्मन :** इस अवधारणा का सम्बन्ध संरचनावाद सम्बन्धी विचारों से जुड़ा हुआ है : देखें– **Structuralism**।

decision theory (डि'सिझ़न् 'थिअरि) **निर्णय-सिद्धान्त :** यह युक्तिमूलक चयन पद्धति सम्बन्धी विचार से जुड़ा हुआ है, जो मुख्यतौर पर दो प्रकार का होता है– विवेकपूर्ण चयन-सिद्धान्त **(Rational choice theory)** एवं खेल-सिद्धान्त **(Game theory)** : देखें– **Rational choice theory**।

dé classé (डि'क्लैसे) **वर्गच्युत, पतित :** व्यक्ति को अपने वर्ग से अलग कर देना। इस प्रकार की घटनाएँ मात्र वर्ग-व्यवस्था पर आधारित समाजों में ही नहीं बल्कि जाति पर आधारित हिन्दू समाज में भी देखने को मिलती रहीं हैं। आज भी ग्रामीण परिवेश में जब कोई ब्राह्मण या अन्य उच्च जाति का व्यक्ति किसी निम्न जाति की महिला, विशेषकर दलित से, विवाह करता है, तो उसे समाज पतित का दर्जा देता है। उनसे उत्पन्न बच्चे तो निश्चित रूप से वर्गच्युत होते ही हैं। यह स्थिति विशेष रूप से तब स्पष्ट होती है, जब वे विवाह योग्य हो जाते हैं।

decolonization (डी कॉलनाइ'ज़ेश्न्) **प्रति-उपनिवेशीकरण :** वह प्रक्रिया जिसके अन्तर्गत उपनिवेशवाद से पीड़ित देशों को विदेशी शासन से स्वाधीनता प्राप्त हो जाती है। एशिया और अफ़्रीका में प्रति-उपनिवेशीकरण की प्रक्रिया दूसरे विश्व-युद्ध (1939-45) के बाद शुरू हुई। इनमें सबसे पहला स्वाधीन होने वाला देश भारत था, जिसे 1947 में आजादी प्राप्त हो गई : देखें– **Colonialism and imperialism**।

decomposition of capital (डी कॉम्पज़िश्न् ऑव़् 'कैपिट्ल्) **पूँजी-अपघटन :** देखें– **Capital, decomposition of**।

decomposition of labour (डी कॉम्पज़िश्न् ऑव़् 'लेबर्) **श्रम-अपघटन :** देखें– **Labour, decomposition of**।

deconcentration (डी कॉन्सन्'ट्रेश्न्) **विसकेन्द्रण :** एक पारिस्थितिक प्रक्रिया, जिसमें नगर के केन्द्रीय भाग में रहने वाले लोगों के अनुपात में कमी हो जाती है और वे नगर या महानगर के सीमान्त क्षेत्रों में जाकर बस जाते हैं। नगरों के विकास में यह एक प्रमुख प्रक्रिया रही है।

deconstruction (डीकन्'स्ट्रक्श्न्) **विखण्डन :** किसी चीज़ को समझने का यह एक नज़रिया है। उत्तर-संरचनावादी चिन्तकों का ऐसा मानना है कि किसी शब्द को हम दूसरे शब्द के सन्दर्भ में ही समझते हैं। शब्दों को कभी भी प्रत्यक्ष और स्वतन्त्र रूप से नहीं समझा जाता है। शब्द से किसी ठोस वस्तु का बोध नहीं होता। शब्द का निर्माण तो किसी दूसरे शब्द के सन्दर्भ में होता है, जैसे– हम जब पुरुषत्व कहते हैं, तो इसका अर्थ नारीत्व या हिजड़े से जोड़कर समझा जाता है, उसी तरह सामाजिक उत्पीड़न की अवधारणा को समझने के लिए सामाजिक न्याय जैसे शब्द का सहारा लेते हैं। जैक्स डेरिडा (Jacques Derrida, 1930-2004) का ऐसा मानना है कि किसी भाषा या शब्द का अर्थ अस्थिर एवं अनिश्चित होता है, इसलिए यथार्थ **(Reality)** का अर्थ भी अस्थिर और अनिश्चित होता है। किसी वस्तु या विषय को ठीक ढंग से समझने के लिए उस विषय या वस्तु से जुड़े शब्द के अर्थ को समझने का प्रयास करना होता है। इन्होंने हर चीज़ को समझने के लिए सन्दर्भ की महत्ता पर बल दिया है। विखण्डन शब्दों के अर्थ को समझने की एक ऐसी विधि है, जिसमें हम शब्दों का एक-दूसरे के साथ जोड़कर अर्थ निकालने का प्रयास करते हैं। विखण्डन एक प्रकार से भाषा का आत्म-विश्लेषण है। किसी शब्द में अन्तर्निहित पूर्वाग्रस्त अर्थ को हटना ही विखण्डन है (देखें– Jacques Derrida, **Writing and Difference**, 1978)।

decorative art (डे'कर्टिव़् आर्ट्) **अलंकरण कला :** ऐसी कला, जो हस्तकृतियों को अलंकृत कर अधिक भव्य और आकर्षक बना देती है।

de-culturation (डि कल'चॅरेशन्) **विसंस्कृतीकरण** : देखें– **culturation, De-** ।

deduction (डि'डक्शन्) **निगमन** : (1) अनुमान का वह प्रकार, जिसमें हम सामान्य के आधार पर विशेष निष्कर्ष निकालते हैं; (2) एक या एक से अधिक आधार-वाक्यों की सहायता से निकाला गया निष्कर्ष, जिसकी व्याप्ति आधार-वाक्यों के बराबर अथवा उससे कम होती है ।

deductive method (डि'डॅक्टिव मे'थॅड) **निगमन विधि** : दृष्टान्तों को ज्ञात नियम पर घटाकर उसकी सत्यता को प्रमाणित किया जाता है, तब तर्कशास्त्र में इसे निगमन विधि या पद्धति कहते हैं । इसमें खोज की प्रक्रिया सामान्य से विशिष्ट की ओर चलती है । मानव मरणशील है, अत: राम, मोहन, श्याम सभी मरेंगे । यह निगमन विधि का ही एक उदाहरण है : देखें– **Inductive method** ।

deed (डीड्) **दस्तावेज** : वह कानूनी प्रपत्र जो किसी सम्पत्ति को बन्धक रखने से सम्बन्धित होता है ।

defaulter (डि'फ़ॉल्टर्) **व्यतिक्रमी** : निर्धारित नियमों के विपरीत जानेवाला व्यक्ति । समय पर ऋण नहीं चुकाने वाले को भी व्यतिक्रमी ही कहा जाता है । यह जीवन के किसी भी क्षेत्र में हो सकता है ।

defection (डि'फ़ेक्शन्) **पलायन, देश-त्याग, दल-बदल** : यह शब्द अनेक अर्थों में प्रयोग होता है– सैनिक का अपने नियत कर्त्तव्य से पलायन, सरकार के साथ प्रबल राजनीतिक मतभेद होने की स्थिति में उसके दण्ड से बचने के लिए देश का त्याग कर भाग जाना, नेता द्वारा पक्ष अथवा लक्ष्य का त्याग, आधुनिक भारतीय राजनीति के सन्दर्भ में व्यक्ति ने जिस दल के झण्डे के नीचे चुनाव लड़ा था, उस दल का त्याग । लोकतन्त्रात्मक देशों में दल-बदल कोई असामान्य घटना नहीं है । दल-बदल के संवैधानिक इतिहास में परम्परागत शब्द पक्ष-परित्याग या 'फ्लोर क्रॉसिंग' है । ब्रिटेन के हाउस ऑफ कॉमन्स (House of Commons) में सदस्यों के बैठने की व्यवस्था कुछ इस प्रकार है कि सत्तारूढ़ दल तथा विरोधी दल के सदस्य आमने-सामने बैठते हैं । जब कोई विधायक पक्ष-परित्याग करता है, तो वह सरकारी पक्ष से उठकर विरोधी पक्ष में जा बैठता है या विरोधी पक्ष से उठकर सरकारी पक्ष में आ बैठता है ।

defence mechanism (डि'फेन्स् 'मेक निज़म्) **रक्षायुक्ति** : यह एक अचेतन मनोवैज्ञानिक युक्ति है, जिसके बारे में सर्वप्रथम सिगमण्ड फ्रॉयड (Sigmund Freud, 1856-1939) ने बताया था । उनका कहना था कि जब कभी भी व्यक्ति के अहम् पर किसी प्रकार का आघात पहुँचता है, तो उसे वह आसानी से स्वीकार नहीं करता, जैसे– जब कोई व्यक्ति चोरी या किसी अन्य गलत कार्य में पकड़ा जाता है, तो वह अपने-आपको उस रूप में स्वीकार करने के लिए तैयार नहीं होता और एक रक्षायुक्ति के रूप में यही सोचता या कहता है कि उसके जैसे समाज में बहुत सारे लोग हैं । वह अपने तरह का कोई अकेला व्यक्ति नहीं है ।

defensive magic (डि'फेन्सिव़ 'मैजिक्) **रक्षात्मक जादू** : अमंगल और अनिष्ट से रक्षा करने अथवा उनके कुप्रभावों का विनाश करने के उद्देश्य से जादू का प्रयोग ।

deference ('डेफ़रन्स्) **श्रद्धा, अनुवर्तन** : इस शब्द का प्रयोग मैक्स वेबर (Max Weber, 1864-1920) की सत्ता की अवधारणा के सन्दर्भ में हुआ है । उनका कहना था कि समाज में बहुत-सी ऐसी सामाजिक अन्त:क्रियाएँ होती हैं, जो परम्परागत सत्ता के प्रभाव से व्यक्तियों में स्वत: उत्पन्न हो जाती हैं । जब कोई व्यक्ति किसी को अपने से परम्परागत तौर पर बेहतर समझता है, तो उसके प्रति एक आदर भाव का आचरण होता है और परम्परागत नेताओं की अपने अनुयायियों से यही अपेक्षा भी होती है । औद्योगिक समाज में श्रद्धापूर्ण आचरण में धीरे-धीरे कमी आती जा रही है; क्योंकि आधुनिक समाज का आर्थिक और नैतिक आधार परम्परागत समाज से भिन्न होता है (देखें– Howard Newby, **The Deferential Worker**, 1977) ।

deferential worker (डेफ़ 'रेन्शॅल वकर्) **बहुमानित मज़दूर** : यह एक प्रकार के कामकाजी लोगों का ऐसा समूह

है, जो शासक-वर्ग को समाज के स्वाभाविक नेता के रूप में देखता है । इस प्रकार की चीज़ें आमतौर पर परम्परागत समाज में ज्यादा देखने को मिलती हैं । सामन्ती एवं खेतीहर समाज के अन्तर्गत गरीब मज़दूर वैसे बड़े भूस्वामियों को अपना स्वाभाविक नेता मानते हैं, जो उन्हें यदा-कदा काम दिया करते हैं । अत: उनके प्रति वैसे कामकाजी लोगों की विशेष श्रद्धा व आदरभाव होता है । डी. लॉकवुड (D. Lockwood, b.1929-) के इस विचार का कई विद्वानों ने खण्डन किया है ।

deferred consummation (डिफ़ॅ:ड कॅन्स्'मेश्न्) **विलम्बित सहवास :** विवाह के पश्चात् परम्परागत रूप से पति-पत्नी का पारस्परिक सम्भोग कार्य स्थगित रखना । सम्भोग के लिए वयस्कता और गौना दोनों की आवश्यकता होती है । विलम्बित सहवास या गौना की स्थिति बाल-विवाह की स्थिति में होती है । जब विवाह बालपन में सम्पन्न किया जाता है, तो गौना के लिए वयस्क होने तक इन्तजार किया जाता है ।

deferred gratification (डिफ़ॅ:ड ग्रैटिफ़ि'केश्न्) **विलम्बित परितोषण :** यह एक ऐसा आचरण है, जिसके तहत व्यक्ति भविष्य में प्राप्त होने वाले अधिक पुरस्कार, सुख या लाभ की आशा में वर्तमान में प्राप्त सुख या लाभ को छोड़ देता है । यह प्रवृत्ति विशेषकर मध्यमवर्ग के लोगों में पायी जाती है, जिसके कारण इस वर्ग के बालक-बालिकाएँ शिक्षा के क्षेत्र में अपेक्षाकृत अधिक सफलता प्राप्त करते हैं, उदाहरणस्वरूप- किसी एम.बी.बी.एस. डिग्री प्राप्त डॉक्टर के द्वारा अपनी नौकरी छोड़कर इस प्रत्याशा में लंदन जाकर एफ.आर.सी.एस. या एम.आर.सी.पी. करना कि इससे उन्हें भविष्य में बेहतर नौकरी प्राप्त होगी, विलम्बित परितोषण कहलाता है ।

deficit financing ('डेफ़िसिट् फ़ाइनैन्'सिन्ग) **घाटे की अर्थव्यवस्था :** जब सरकार आय से अधिक व्यय का बजट बनाती है, तो व्यय के इस अधिव्यय को केन्द्रीय बैंक से ऋण लेकर अथवा नये नोटों को छापकर पूरा किया जाता है । इस तरह की व्यवस्था घाटे की वित्त व्यवस्था या 'घाटे की अर्थव्यवस्था' कहलाती है ।

defilement (डि'फ़ाइल्मन्ट्) **अपवित्रीकरण, दूषण :** अपवित्रता अथवा दूषित होने के कर्म अथवा अवस्था । मन्दिर में जूता ले जाना, शराब पीना, थूकना इत्यादि अपवित्रीकरण है । उसी प्रकार मस्जिद के अन्दर सूअर का आना भी अपवित्रीकरण है ।

definition (डेफ़ि'निश्न्) **परिभाषा :** परिभाषा किसी वस्तु अथवा घटना का तार्किक वर्णन अथवा किसी शब्द अथवा पद का अर्थ व्यक्त करने वाली व्याख्या है । इस व्याख्या में उसके महत्त्वपूर्ण विशिष्ट गुणों एवं लक्षणों के उल्लेख के साथ-साथ उसकी अन्तर्वस्तु एवं सीमाओं का निर्धारण सम्मिलित होता है ।

definition, conceptual (डेफ़ि'निश्न्, कन्'सेप्चुअल्) **संप्रत्ययात्मक** या **अवधारणात्मक परिभाषा :** वे परिभाषाएँ, जिसमें एक संकल्पना का स्पष्टीकरण किन्हीं अन्य संकल्पनाओं के माध्यम से किया जाता है, संप्रत्ययात्मक परिभाषाएँ कहलाती हैं ।

definition, operational (डेफ़ि'निश्न्, ऑप्'रेशनल) **प्रायोजक परिभाषा :** देखें- **Operational definition** ।

definition of the situation (डेफ़ि'निश्न् ऑव् द् सिचु'एश्न्) **स्थिति की परिभाषा :** जब हम किसी व्यक्तिनिष्ठ व्यवहार को उसके वस्तुनिष्ठ परिणामों के सन्दर्भ में समझने का प्रयास करते हैं, तो उसी दृष्टिकोण को स्थिति की परिभाषा की संज्ञा दी जाती है । किसी भी स्थिति या घटना के दो दृष्टिकोण होते हैं- वस्तुनिष्ठ एवं व्यक्तिनिष्ठ । जब कोई व्यक्ति किसी घटना या अनुभव का विश्लेषण करता है, तो उसपर वह दो सन्दर्भों में विचार करता है- प्रथम, वह अपनी ज़रूरतों व इच्छाओं के सन्दर्भ में विचार प्रारम्भ करता है और दूसरा, वह सामाजिक परम्पराओं, प्रथाओं, विश्वासों एवं सामान्य सामाजिक परिवेशों के सन्दर्भ में विचार करता है । जब व्यक्ति किसी चीज़ पर सामाजिक वातावरण के सन्दर्भ में विचार करता है, तो उसे भी 'स्थिति की परिभाषा' कहा जाता है (देखें- F. Znaniecki, **The Polish Peasant in Europe and America**, 1918-20; P. McHugh, **Defining the Situation**, 1968) ।

definitional fallacy (डेफ़ि'निश्‌न्‌ल फ़ैलॅसि) **परिभाषामूलक तर्कदोष :** वे तार्किक दोष, जो पदों की उचित परिभाषाओं के अभाव से उत्पन्न होते हैं । परिभाषाओं में ये दोष हो सकते हैं– अव्याप्तता, अतिव्याप्तता, आकस्मिकता, अप्रासंगिकता, पर्यायोक्ति, अलंकारिता, निषेधकता, चक्रकता इत्यादि ।

deflation (डि'फ्लेशन्) **मुद्रा अवस्फीति :** जब बाज़ार में मुद्रा की कमी हो जाने के कारण वस्तुओं की कीमतें गिर जाती हैं, उत्पादन की प्रक्रिया बन्द कर देनी पड़ती है, परिणामत: बेरोज़गारी फैल जाती है तो ऐसी स्थिति को मुद्रा अवस्फीति कहते हैं ।

de-functionalization (डी'फ़ङ्क्‌शन्‌लाइ'ज़ेशन्) **विप्रकार्यीकरण** : देखें– **Functionalization, de** ।

degradation ceremony (डिग्रॅ'डेशन्'सेरमनि) **अपकर्ष अनुष्ठान :** इस अवधारणा का ईजाद हैरल्ड गारफिंकल (Harold Garfinkel, 1917-) ने किया था । उनका कहना है कि समाज में व्यक्तियों का कभी-कभी सामाजिक रूप से दर्जा घटाया जाता है । इस प्रकार की क्रियाएँ प्रत्येक समाज में किसी-न-किसी रूप में चलती रहती हैं । जैसे– न्यायालयों के द्वारा किसी व्यक्ति को चोर, डकैत या अपराधी साबित करने की प्रक्रिया को अपकर्ष अनुष्ठान कहा जा सकता है । गॉरफिंकल ने अधिवक्ताओं और न्यायाधीशों को पेशेवर पदच्युतक (Professional degrader) कहकर पुकारा है ।

degradation-of-work thesis (डिग्रॅ'डेशन् ऑव् वर्क्'थीसिस्) **व्यवसाय-अपकर्ष का सिद्धान्त :** यह एक ऐसा सिद्धान्त है, जिसके अन्तर्गत तर्क यह दिया गया है कि जैसे-जैसे पूँजीवादी व्यवस्था पर आधारित औद्योगीकरण की प्रक्रिया बढ़ी है, वैसे-वैसे निपुण मज़दूरों की महत्ता में कमी आयी है । 20वीं सदी में वैज्ञानिक प्रबन्धन को बढ़ावा मिला है । प्रत्येक कार्य को योजनाबद्ध तरीके से किया जा रहा है, ताकि पूँजीपति अधिक-से-अधिक लाभ उठा सकें । प्रत्येक कार्य का कम्प्यूटर पैकेज बनाकर लोगों से काम लिया जा रहा है, फलस्वरूप किसी कार्य का सम्पादन करने के लिए बहुत अधिक निपुणता की आवश्यकता नहीं होती है । श्रमिकों का काम मात्र मशीनों का बटन दबाना है । मशीन को क्या करना है, इसका पूर्व-निर्धारित आदेश कम्प्यूटर को दिया हुआ होता है ।

deicide ('डीइ साइड) **देव-हत्यारा, देवहत्या :** देवता की हत्या करनेवाला । देवहत्या का कार्य कई प्रकार से संभव है । वह अनुष्ठानकर्ता, जो कुछ धार्मिक अनुष्ठानों में अलौकिक गुणों से युक्त व्यक्तियों अथवा पशुओं की बलि देता है । दिव्य आत्मा अथवा ऐसी किसी आत्मा के प्रतीकात्मक स्वरूप की हत्या करना ।

deification (डीइफ़ि'केशन्) **देवत्वारोपण, देवत्व-प्राप्ति :** (1) किसी मनुष्य या वस्तु में देवत्व का आरोपण कर देना अर्थात् उसे देवता या ईश्वर मान लेना। (2) कुछ धर्मों की मान्यता के अनुसार ईश्वर में लीन हो जाना अर्थात् देवता में अन्तर्निहित हो जाना, जैसे– आत्मा का ।

de-industrialization (डि इन् डस्ट्रिअलाइ'ज़ेशन्) **प्रति-औद्योगीकरण :** औद्योगीकरण के प्रतिकूल चलनेवाली प्रक्रिया का नाम ही प्रति-औद्योगीकरण है । बहुत से मुल्कों में बड़े उद्योगों में काम करने वाले लोगों के प्रतिशत में गिरावट आयी है और अन्य क्षेत्रों में बढ़ोतरी हुई है । औद्योगिक उत्पादन की मात्रा में या उस क्षेत्र में काम करने वाले लोगों की संख्या में कमी होने और गैर-औद्योगिक क्षेत्र की मात्रा में उत्पादन या उसमें काम करनेवाले लोगों की संख्या में वृद्धि होने की क्रिया को प्रति-औद्योगीकरण कहा जाता है : देखें– **Industrialization** ।

deism ('डीइज़म्) **देववाद** : देखें– **Theism** ।

deity (डेअटि) **देवता, देवी :** इस शब्द का प्रयोग प्राय: देवता या ईश्वर के अर्थ में किया जाता है । परन्तु कभी-कभी उसकी विशेषता यानी दैवी गुण के लिए भी इसका प्रयोग होता है । अँगरेज़ दार्शनिक सैमुअल अलेक्जेंडर (Samuel Alexander, 1859-1938) ने विकास-क्रिया के अन्तिम स्तर पर प्रकट होने वाले (उन्मज्जी) गुण के अर्थ में इसका प्रयोग किया है ।

delegation of power (डेलि'गेश्न् ऑव़् 'पाउअऱ्) **शक्ति का प्रत्यायोजन, अधिकार हस्तांतरण** : वह प्रक्रिया, जिसके अन्तर्गत कोई संगठन या उच्चाधिकारी अपनी शक्ति और उत्तरदायित्व किसी अधीनस्थ अधिकारी या अधिकारियों को सौंप देता है, ताकि सारा कार्य एक जगह केन्द्रित न हो सके और प्रशासन में उत्तरदायित्व की भावना के साथ-साथ कार्यकुशलता बनी रहे ।

delict (डी 'लिक्ट) **नियमोल्लंघन** : विधि के विरुद्ध अपराध अथवा सामाजिक नियमों का उल्लंघन । दो भिन्न जातियों के बीच विवाह, नियमोल्लंघन का उदाहरण है । हिन्दू समाज में पत्नी के जीवित रहने की स्थिति में दूसरी शादी करना नियमोल्लंघन है, लेकिन मुसलमानों के बीच इसे धार्मिक स्वीकृति प्राप्त है ।

delinquency (डि 'लिन्क्वन्सि) **अपचार** : नियमों और आदर्शों का उल्लंघन, जो अक्सर अपराध माना जाता है । समाजानुमोदित कार्य को सम्पन्न किए जाने की विफलता या किसी सामाजिक दायित्व के उल्लंघन को अपचार की संज्ञा दी जाती है (देखें– Richard A. Cloward and Lloyd E. Ohlin, **Delinquency and Opportunity: A Theory of Delinquent Gangs**, 1960; G. Pearson, **Hooligan : A History of Respectable Fears**, 1983) ।

delinquency, juvenile (डि 'लिन्क्वन्सि, 'जूव नाइल्) **बाल अपराध** : देखें– **Juvenile delinquency** ।

delinquency area (डि 'लिन्क्वन्सि 'अरिआ) **अपचारी या अपराधी क्षेत्र** : किसी नगर का कोई ऐसा क्षेत्र, जिसमें समान आकार तथा जनसंख्या वाले अन्य क्षेत्रों की तुलना में अपचारिता की अत्यधिक ऊँची दर हो, अपराधी-क्षेत्र कहलाता है ।

delinquent (डि 'लिङ्क्वन्ट्) **अपचारी** : समाज-विरोधी व्यवहार के ऐसे दोषी व्यक्ति को अपचारी कहा जाता है, जिसके व्यवहार को सामान्यत: उस व्यक्ति के दुराचार से कम माना जाता है, जिसे 'अपराधी' कहा जाता है ।

delinquent drift (डि 'लिङ्क्वन्ट् ड्रिफ्ट) **अपचारी अपसरण** : डेविड मैत्सा (David Matza) का कहना है कि समाज में कुछ ऐसे व्यक्ति होते हैं, जो कानूनी और नैतिक मानदण्डों को अपने ढंग से परिभाषित करते हुए उन्हें व्यर्थ बताते हैं । वे कहते हैं कि ये मानदण्ड निरर्थक, अनुपयुक्त, अव्यावहारिक और महत्त्वहीन हैं अत: इनका पालन करना आवश्यक नहीं है । एक बार जब व्यक्ति ऐसे मानदण्डों के प्रति उपेक्षा का भाव रखते हैं, तब वे बाद में बिना किसी शर्मिन्दगी और अपराध दोष-भाव के सभी कार्यों को करते चले जाते हैं । जिस समाज के अपने नैतिक मूल्य धीरे-धीरे कमजोर पड़ जाते हैं, उस समाज में युवकों के बीच अपचारी भाव की प्रवृत्ति विशेष रूप से देखने को मिलती है (देखें– David Matza, **Delinquency and Drift**, 1964) ।

demagogue ('डेमॅ गॉग) **जनोत्तेजक** : ऐसा नेता, जो लोगों के मन में लोभ, भय और घृणा पैदा करके उनके सोचने-समझने की शक्ति को कुण्ठित कर देता है और अपने स्वार्थ की पूर्ति हेतु उन्हें किसी विशेष दिशा में गतिमान करता है । ऐसा नेता कोई युक्तिसंगत तर्क नहीं देता, बल्कि लोगों की भावनाओं से खिलवाड़ करके उनका समर्थन लेने की कोशिश करता है ।

demagogy ('डेमॅ गॉगि) **जनोत्तेजन, नेतागीरी** : नेतागीरी शब्द का प्रयोग ऐसे राजनीतिक नेतृत्व के लिए किया जाता है, जो अच्छा न समझा जाता हो । जनोत्तेजक नेता अपने आवेशपूर्ण तथा तर्क-हीन व्याख्यानों तथा छिछली युक्तियों द्वारा जनता पर प्रभाव डालता है ।

dematerialization (डीम 'टिरिअलाइ'ज़ेश्न्) **अभौतिकीकरण** : इस शब्द का प्रयोग दो अर्थों में किया जाता है– (1) भौतिक आकार का अदृश्य हो जाना, जैसे– प्रेतात्मादि भौतिक आकार ग्रहण करने के बाद पुन: अदृश्य हो जाते हैं। (2) भौतिक गुणों का आध्यात्मिक गुणों में रूपान्तरित होना ।

demiurge ('डेमि ॲर्ज) **विश्वकर्मा, सृष्टिकर्ता** : विश्व के निर्माता के लिए प्रयुक्त शब्द । प्लेटो ने अपने दर्शन में इस तत्त्व को सृष्टि का निमित्त कारण माना है ।

democracy (डि'मॉक्रसि) **लोकतन्त्र :** शासन की एक ऐसी पद्धति, जिसमें सत्ता सामूहिक रूप से लोगों में निहित रहती है । यह समाज का शासन है, जिसमें लोगों को राजनीतिक, सामाजिक और कानूनी अधिकारों की समानता दी जाती है । शाब्दिक दृष्टि से भी लोकतन्त्र का अर्थ 'जनता की सत्ता' है । जनता अपने चुने हुए प्रतिनिधियों द्वारा समाज पर शासन-प्रशासन करती है । जहाँ राजतन्त्र में राज्य की सर्वोच्च सत्ता एक व्यक्ति के हाथों में और कुलीनतन्त्र में कुछ व्यक्तियों के हाथों में केन्द्रित होती है, वहाँ लोकतन्त्र में वह सर्वसाधारण में निहित समझी जाती है ।

लोकतन्त्र के दो भेद हैं– (1) प्रत्यक्ष या विशुद्ध लोकतन्त्र (Direct or pure democracy) और (2) परोक्ष या प्रतिनिधिक लोकतन्त्र (Indirect or representative democracy) । प्रत्यक्ष लोकतन्त्र में समस्त नागरिक स्वयं ही राज्य-कार्यों में भाग लेते हैं और अपने निर्वाचित प्रतिनिधियों पर निर्भर नहीं रहते । प्राचीन यूनान के नगर-राज्यों में प्रत्यक्ष लोकतन्त्र की प्रणाली के अनुसार शासन होता था । आजकल प्रत्यक्ष लोकतन्त्र स्विट्जरलैंड के कुछ केन्टनों में ही प्रचलित है । परोक्ष या प्रतिनिधिक लोकतन्त्र की व्यवस्था के अन्तर्गत जनता समय-समय पर अपने प्रतिनिधियों का निर्वाचन करती है और ये प्रतिनिधि विधान सभाओं में जनता की आकांक्षाओं का प्रतिनिधित्व करते हैं (देखें– Jack Lively, **Democracy**, 1975; Thomas B. Bottomore, **Political Sociology**, 1979; G. Duncan, **Democratic Theory and Practice**, 1983; David Held, **Models of Democracy**, 1987)) : देखें– **Autocracy; Direct democracy** ।

democracy, industrial (डि'मॉक्रसि, इन्'डस्ट्रिअल्) **औद्योगिक लोकतन्त्र :** देखें– **Industrial democracy** ।

democracy, participatory (डि'मॉक्रसि, पार् टिसि'पेटरि) **सहभागी लोकतन्त्र :** देखें– **Participatory democracy** ।

democratic elitism (डेम'क्रैटिक् एलीटिज़्म्) **लोकतन्त्रीय सम्भ्रान्तवर्गवाद :** यह लोकतन्त्र की सीमाओं का सिद्धान्त है । इस सिद्धान्त की मान्यता यह है कि लोकतन्त्र में जनता की भागीदारी मात्र नेताओं के चुनाव तक ही सीमित होती है । यह सिद्धान्त लोकतन्त्र के व्यवहार में बाधक नहीं, बल्कि यह स्वीकार करता है कि लोकतन्त्रीय प्रक्रिया में सर्वसाधारण को यह जाँच करने का मौका मिलता है कि कौन-सा विशिष्टवर्ग उनका हित-साधन करने में कितना सक्षम है । अत: वे अपनी पसन्द के विशिष्टवर्ग का चुनाव करके अपनी अभिलाषाएँ पूरी करने का अवसर जुटा लेते हैं । इस सिद्धान्त के मुख्य प्रवर्त्तक जोसेफ़ ए. शुमपीटर (Joseph Alois Schumpeter, 1883-1950), कार्ल मैन्हाइम (Karl Mannheim, 1893-1947), रेमण्ड् अरों (Raymond Aron, 1905-1983) और ज्योवानी सार्टोरी (Giovanni Sartori, 1924-) हैं । इस सिद्धान्त की मुख्य त्रुटि यह है कि यह लोकतन्त्र को केवल विशिष्टवर्गों की प्रतिस्पर्द्धा का विषय बना देता है और शासन के कार्य में नागरिकों की सहभागिता को समुचित महत्त्व नहीं देता, जो कि लोकतन्त्र की प्रमुख विशेषता है ।

democratic ethics (डेम'क्रैटिक् 'एथिक्स्) **लोकतन्त्रीय नीति :** लोगों यानी जनता के अनुमोदन को कर्म के औचित्य का आधार बनाने वाली नीति । समाज के कमजोर-से-कमजोर व्यक्ति आम चुनाव में स्वतन्त्र रूप से भाग ले सकें, यह लोकतन्त्रीय नीति है ।

democratic family (डेम'क्रैटिक् 'फ़ैमलि) **लोकतान्त्रिक परिवार :** एक वैसा परिवार, जिसमें अधिकार पति-पत्नी के बीच समान रूप से बँटा होता है । इस प्रकार के परिवार में सभी सदस्य इकट्ठा किसी निर्णय पर पहुँचने का प्रयास करते हैं ।

democratic leadership (डेम'क्रैटिक् 'लीडर्शिप्) **लोकतन्त्रात्मक नेतृत्व :** देखें– **Leadership, democratic** ।

democratic planning (डेम'क्रैटिक् प्लान् इन्ग) **लोकतान्त्रिक नियोजन :** इस नियोजन में निजी और सार्वजनिक क्षेत्र दोनों एक-दूसरे के सहयोगी होते हैं । आधारभूत उद्योगों और सेवाओं का राष्ट्रीयकरण कर दिया जाता है तथा आय सम्बन्धित असमानताओं को दूर करके सभी नागरिकों के लिए न्यायपूर्ण व उचित जीवन-स्तर, सामाजिक कल्याण व

सुरक्षा प्रदान की जाती है । योजना बनाते समय इस बात का ध्यान रखा जाता है कि आर्थिक शक्ति का केन्द्रीकरण न हो, शोषण का अन्त हो तथा सभी नागरिकों की आर्थिक, सामाजिक व सांस्कृतिक स्वतन्त्रता बनी रहे ।

democratic socialism (डेम'क्रैटिक् 'सोश लिज़म्) **लोकतान्त्रिक समाजवाद :** इस शब्द का प्रयोग आमतौर पर पूँजीवादी राज्य या सरकारी पूँजीवाद के लिए किया जाता है, जिसे आंग्ल भाषा में **State capitalism** कहा जाता है । इस व्यवस्था के अन्तर्गत देश के सारे उद्योग-धन्धों पर राज्य का मालिकाना हक होता है । साम्यवादी देशों के अन्तर्गत इसी व्यवस्था को बढ़ावा दिया जाता रहा है । बड़े-बड़े उद्योग-धन्धे सरकारी क्षेत्र में ही लगाये जाते हैं । यह स्वतन्त्र बाज़ार (Free market) की विरोधी व्यवस्था है । ऐसी व्यवस्था के अन्तर्गत राज्य की तुलना में पूँजीपतियों का स्थान गौण होता है । राज्य की पूरी कोशिश होती है कि वहाँ पूँजीवाद विकास न करे; क्योंकि पूँजीवाद को जनता के शोषणतन्त्र के रूप में देखा जाता है : देखें– **Socialism** ।

democratization (डि'मॉक्रटाइ'ज़ेश्न्) **लोकतन्त्रीकरण, जनतन्त्रीकरण :** वह प्रक्रिया, जिसके अन्तर्गत समाज या किसी संगठन की निर्णय-प्रक्रिया में उन निर्णयों से प्रभावित होने वाले समूहों को समुचित प्रतिनिधित्व देने की व्यवस्था की जाती है तथा उनके दृष्टिकोण मालूम होने पर उस पर समुचित विचार किया जाता है, उदाहरण के लिए– विश्वविद्यालय में लोकतन्त्रीकरण का अर्थ यह होगा कि शिक्षा-नीति और कार्यक्रम के निर्माण में शिक्षकों एवं विद्यार्थियों के दृष्टिकोणों को समुचित प्रतिनिधित्व दिया जाये ।

demographic book-keeping (डीमॉ'ग्रैफ़िक बुक् 'कीपिङ्ग) **जनसांख्यिकीय बहीखाता-पद्धति :** जनसंख्या की वृद्धि के बारे में जन्म, मृत्यु, अप्रवासन और उत्प्रवासन आदि कारणों के आधार पर हिसाब-किताब रखने की पद्धति को जनसांख्यिकीय बहीखाता-पद्धति कहते हैं ।

demographic structure (डीमॉ'ग्रैफ़िक 'स्ट्रक्चर्) **जनसांख्यिकीय संरचना :** किसी देश की जनसंख्या के वितरण का हिसाब, जिसमें स्त्री-पुरुषों की संख्या, आयु, वैवाहिक स्थिति तथा अन्य उपयुक्त श्रेणियों, जैसे– प्रजाति, सामाजिक-आर्थिक स्थिति, धर्म आदि का विवरण दिया जाता है ।

demographic transition (डीमॉ'ग्रैफ़िक ट्रान 'ज़िश्न्) **जनसांख्यिकीय संक्रमण :** इस सिद्धान्त के अन्तर्गत जनसंख्या तीन चरणों से गुजरती है– प्राक्-औद्योगिक अवस्था, जिसमें जन्म-दर और मृत्यु-दर दोनों ऊँची होती हैं; आरम्भिक औद्योगीकरण अवस्था, जिसमें जन्म-दर तो ऊँची रहती है, परन्तु मृत्यु-दर गिर जाती है । फलस्वरूप जनसंख्या वृद्धि की रफ्तार में तेजी आती है । इसके उपरान्त प्रजननता-दर में गिरावट की प्रक्रिया प्रारम्भ होती है । यह उन्नत औद्योगीकरण की अवस्था है, जिसमें जन्म-दर और मृत्यु-दर दोनों नीची हो जाती है (देखें– Ansley J. Coale and Susan Watkins (eds.), **The Decline of Fertility in Europe**, J. A. Weinstein, **Demographic Transition and Social Change**, 1976) ।

demography (डि'मॉग्रफ़ि) **जनसांख्यिकी, जनसंख्याशास्त्र, जनांकिकी :** जनांकिकी में हम जनसंख्या के आकार, जनसंख्या की सघनता, विस्तार, भौगोलिक वितरण, जनसंख्या की संरचना तथा उसमें होने वाले परिवर्तनों आदि का अध्ययन करते हैं तथा इन पर पड़ने वाली सामाजिक तथा आर्थिक अवस्थाओं पर प्रभाव देखा जाता है । जनसंख्याशास्त्र के अन्तर्गत हम जनसंख्या की जन्म-दर, मृत्यु-दर, संरचना, प्रवास तथा सामाजिक गतिशीलता (सामाजिक स्तर में परिवर्तन) का अध्ययन करते हैं ।

demography, historical (डि'मॉग्रफ़ि, हि'सटॉरिक्ल्) **ऐतिहासिक जनसांख्यिकी :** देखें– **Historical demography** ।

demography, social (डि'मॉग्रफ़ि, 'सोश्ल्) **सामाजिक जनसांख्यिकी :** देखें– **Social demography** ।

demonetization (डी'मॅनिटाइ'ज़ेश्न्) **विमुद्रीकरण :** काले धन को निकालने के लिए अपनायी गयी ऐसी युक्ति, जिसके अन्तर्गत सरकार पुरानी मुद्रा को समाप्त कर उसकी जगह नयी मुद्रा चालू कर देती है, तो उसे विमुद्रीकरण कहते हैं ।

demonism ('डीम निज़म्) **पिशाचवाद :** प्रेतात्माओं के अस्तित्व में विश्वास तथा उन्हें वश में रखने के लिए अथवा उनके उपशमन के लिए जादू-टोना, पूजा-पाठ तथा अन्य अनुष्ठानों का प्रतिपालन। प्रेतात्माएँ विभिन्न प्रकार के कल्पित रूपों, जैसे– पिशाच, जिन, डाइन, वनस्पति, पशु के प्रेतों तथा अन्य छोटे-छोटे देवी-देवताओं के रूप में रहती हैं। वे परोपकारी तथा अपकारी दोनों ही प्रकार की होती हैं।

demonolater (डीम'नॉलेटर्) **पिशाचपूजक :** पिशाच की पूजा करनेवाला व्यक्ति, जिसे उसके अस्तित्व में विश्वास होता है। यह परम्परागत समाज की विशेषता है।

demonology (डीम'नॉल्अजि) **भूतविद्या, पैशाचिकी :** ज्ञान की एक शाखा, जिसके अन्तर्गत भूत-प्रेतों के प्रति विश्वास अथवा उनके अन्धविश्वासों के बारे में अध्ययन किया जाता है।

demoralization (डि मारलाइ'ज़ेशन्) **भ्रष्टीकरण, नैतिक पतन :** समाज के सदस्यों के नैतिक पतन की वैसी प्रक्रिया, जिसके अन्तर्गत व्यक्ति असहाय और उदासीन हो जाता है। ऐसी परिस्थिति आमतौर पर परम्परागत नैतिक मूल्यों के टूटने के परिणामस्वरूप उत्पन्न होती है।

denationalization (डि नैश्न्लाइ'ज़ेशन्) **विराष्ट्रीयकरण :** वह कार्रवाई जिसके अन्तर्गत किसी देश में किसी राष्ट्रीयकृत उद्यम को सार्वजनिक स्वामित्व से हटाकर निजी स्वामित्व के लिए खुला छोड़ दिया जाता है। अतः यह कार्रवाई राष्ट्रीयकरण का विपरीत रूप प्रस्तुत करती है और यह निजीकरण से मिलती-जुलती है।

denomination (डि नॉमि'नेशन्) **सम्प्रदाय, पंथ :** कोई धार्मिक व्यवस्था, विशेषकर धार्मिक समूह अथवा एक ही मत में विश्वास रखने वाले समुदाय को सम्प्रदाय कहते हैं। यह एक प्रकार का धार्मिक संगठन है, जिसका स्वरूप चर्च से छोटा और पंथ **(Sect)** से बड़ा होता है। इसके अन्तर्गत सदस्यता जन्म से ही प्राप्त की जाती है। धार्मिक सत्ता का स्वरूप उतना औपचारिक नहीं होता है, जितना कि किसी धर्म-विशेष में, उदाहरणस्वरूप– प्रेजबिटेरियॅन **(Presbyterian)**, प्रोटेस्टैन्ट **(Protestant)** धर्म को एक प्रमुख सम्प्रदाय के रूप में जाना जाता है। उसी प्रकार हिन्दू धर्म के अन्तर्गत भी कबीरपंथ तथा वैष्णव समूह को सम्प्रदाय के रूप में माना जाता है। ऐसे धार्मिक सम्प्रदायों के अन्तर्गत पुनरोत्थान की क्षमता नहीं पायी जाती है। यह एक संस्थागत धार्मिक व्यवस्था के रूप में स्थिर हो जाता है (देखें– Howard Becker, **Systematic Sociology**, 1950; Ernst Troeltsch, **The Social Teachings of the Christian Churches**, 1956)।

denotative meaning (डि'नोटॅटिव़'मीनिङ्) **वस्त्वर्थक अर्थ :** देखें– **Connotative versus denotative meaning**।

density ('डेन्सटि) **सघनता :** किसी तन्त्र में एक-दूसरे को जानने वाले लोगों का अनुपात। लेकिन भूगोल, अर्थशास्त्र एवं जनसंख्याशास्त्र के अन्तर्गत सघनता का तात्पर्य किसी क्षेत्र में रहने वाले या कार्यरत लोगों की संख्या या सापेक्षिक अनुपात से है : देखें– **Population density**।

deontological (डीऑन्'टॉलजिक्ल्) **फल-निरपेक्ष :** वह दृष्टिकोण, जिसमें किसी सिद्धान्त, नियम या कार्य-प्रणाली के सही-सही पालन की माँग की जाती है; उसके परिणामों पर विचार नहीं किया जाता।

deontology (डीऑन्'टॉलजि) **कर्त्तव्य शास्त्र :** नीतिशास्त्र का यह सिद्धान्त कि कुछ नैतिक कर्त्तव्य सर्वथा बाध्यकारी होते हैं, चाहे उनका परिणाम कुछ भी क्यों न हो। सामान्यतः इसके अन्तर्गत नैतिक नियमों के पालन में पूर्ण निष्ठा की माँग की जाती है, चाहे इन नियमों के पालन से कोई सांसारिक लाभ प्राप्त हो या न हो। यह सिद्धान्त प्रयोजनवाद **(Teleology)** का विपरीतार्थक है।

dependence (डि'पेन्ड्न्स) **निर्भरता :** निर्भरता की समस्या को दो स्तरों पर देखा जा सकता है– शारीरिक एवं

मनोवैज्ञानिक। शारीरिक स्तर पर यह प्रभाव पड़ता है कि नशीली दवा का सेवन किए बिना सामान्य शारीरिक कार्यकलाप संभव नहीं होते। मनोवैज्ञानिक स्तर पर यह प्रभाव पड़ता है कि व्यक्ति हमेशा नशीली दवाओं के बारे में सोचता रहता है कि कैसे उसका उपयोग करे, कैसे उसे प्राप्त करे । यह व्यक्ति दवा का सेवन किए बिना भावात्मक दृष्टि से सामान्य जीवन नहीं जी सकता ।

dependency (डि 'पेन्डन्सि) **अधीन राष्ट्र** : राजनीतिशास्त्र में, वह देश अथवा प्रदेश, जो किसी दूसरे देश के अधीन हो, पर उसका अभिन्न भाग न हो । अधीन राष्ट्र तथा उसके प्रभुत्वपूर्ण राष्ट्र के बीच का सम्बन्ध, दो राजनीतिक समुदायों का सम्बन्ध होता है, इनमें एक प्रबल होता है, दूसरा आश्रित । आश्रित राज्य प्रभुत्वपूर्ण राष्ट्र की सरकार द्वारा परोक्ष रीति से शासित होता है । प्रभुत्वपूर्ण राज्य प्रभुसत्तासम्पन्न होता है, लेकिन आश्रित राज्य ऐसा नहीं होता । सामान्य रूप से अधीन राष्ट्रों को उपनिवेश कहा जाता है ।

dependency ratio (डि 'पेन्डन्सि 'रेशिओ) **आश्रितता अनुपात** : किसी जनसंख्या में आश्रित बच्चों (<15 वर्ष) तथा आश्रित वृद्ध व्यक्तियों (65 वर्ष+) को क्रियाशील जनसंख्या (**Working population**–15-59 वर्ष) से विभाजित कर 100 से गुणा करने के बाद जो प्रतिफल होता है, वही निर्भरता अनुपात के रूप में जाना जाता है । आश्रित जनसंख्या में बच्चे और बूढ़े को शामिल किया जाता है । इस प्रकार आश्रितता अनुपात से यह पता चलता है कि कार्यशील जनसंख्या पर किस सीमा तक अनुत्पादक जनसंख्या आश्रित है । देश-काल के अनुसार अर्जक वर्ग की आयु की निम्न और ऊपरी सीमा भिन्न-भिन्न देशों में अलग-अलग हो सकती है । सूत्र में इसे निम्न प्रकार स्पष्ट किया जा सकता है–

$$\text{आश्रितता अनुपात} = \frac{\text{0-14 आयु वर्ग की जनसंख्या} + \text{65 के ऊपर की जनसंख्या}}{\text{15-64 आयु वर्ग की कुल जनसंख्या}} \times 100$$

dependency theory (डि 'पेन्डन्सि 'थिअरि) **आश्रितता सिद्धान्त** : इस सिद्धान्त की मान्यता यह है कि तीसरी दुनिया के अधिकांश देशों में अपनी आर्थिक व्यवस्था पर पूर्ण नियन्त्रण की क्षमता नहीं पायी जाती है; क्योंकि औद्योगिक रूप से विकसित राष्ट्रों का उन देशों पर काफी नियन्त्रण पाया जाता है । गरीब देशों (तृतीय विश्व के अनौद्योगिक देश) में विकास कैसे हो या कैसे किया जाये, इस सम्बन्ध में कई सिद्धान्त विकसित हुए हैं । आश्रितता का सिद्धान्त, विकास के मामले में तृतीय विश्व के देशों का विकसित देशों पर आश्रितता के विचार का प्रतिपादन करता है । अत: यह माना जाता है कि तृतीय विश्व के देशों में हो रहे आर्थिक विकास को तब तक भली-भाँति नहीं समझा जा सकता, जब तक इन देशों और निहित स्वार्थी औद्योगिक देशों के बीच जो आश्रितता के सम्बन्ध हैं, उन्हें समझा नहीं जाता । आश्रितता का सिद्धान्त एक ऐसी अवधारणा है, जो तृतीय विश्व (अनौद्योगिक) के देशों में औद्योगिक देशों द्वारा भारी निवेश के बाद भी आर्थिक विकास की असफलता के कारणों की व्याख्या करती है (देखें– Andre G. Frank, **Capitalism and Underdevelopment in Latin America**, 1969; Samir Amin, **Unequal Development: An Essay on the Social Formation of Peripheral Capitalism**, 1976) ।

dependent class (डि 'पेन्डन्ट् क्लास्) **पराधीन वर्ग** : मार्क्सवादी विश्लेषण के अन्तर्गत वह वर्ग, जो उत्पादन के साधनों का स्वामी नहीं होता और अपने जीवन-निर्वाह के लिए अपने श्रम पर आश्रित होता है । यह वर्ग आर्थिक और राजनीतिक दोनों स्तरों पर प्रभुत्वशाली वर्ग के नियन्त्रण में रहता है ।

dependent population (डि 'पेन्डन्ट् पॉप्यु 'लेशन्) **आश्रित जनसंख्या** : 15 वर्ष से कम उम्र के बच्चे तथा चौसठ वर्ष से ज्यादा उम्र के लोगों को आश्रित जनसंख्या माना जाता है : देखें– **Dependency ratio** ।

dependent variable (डि 'पेन्डन्ट् 'वेरिअबल्) **आश्रित चर** : देखें– **Variable, dependent** ।

de-personalization (डि पर्सनलाइ 'ज़ेशन्) **व्यक्तित्व-लोप** : बहुत-सी मनोविक्षिप्तियों में पाया जानेवाला एक व्यक्तित्व

परिवर्तन, जिसमें व्यक्ति को अपनी क्रियाएँ, अपने संकल्प से नहीं, स्वत: ही होती हुई लगती हैं, वह स्वयं अपनी क्रियाओं का संचालक नहीं होता, द्रष्टा मात्र होता है । व्यक्ति को बाह्य परिवेश के पदार्थ, अपनी आन्तरिक अवस्था अथवा सम्पूर्ण परिस्थिति अवास्तविक प्रतीत होने लगती है । शारीरिक तथा बौद्धिक योग्यताओं में कोई कमी नहीं होती, परन्तु रोगी को प्राय: चुपचाप अकेले, हतोत्साह बैठे देखा जाता है । आस-पास होने वाली घटनाओं में उसे रुचि नहीं रह जाती। उसे सब-कुछ बदला हुआ लगता है, जैसे उसका अपना जीवन एक स्वप्नमात्र ही है । अपने सम्बन्धियों के प्रति भी कोई भाव मन में नहीं उठते । अन्य व्यक्ति अपने से बहुत श्रेष्ठ और कभी-कभी अलौकिक लगने लगते हैं । उनमें अलौकिक शक्तियाँ तथा योग्यताएँ प्रतीत होती हैं । व्यक्ति स्वयं अपने को उनसे बहुत ही हीन समझता है । कभी-कभी तो रोगी को लगता है कि वह स्वयं पेचों तथा कब्जों से जोड़ कर खड़ा किया गया एक कृत्रिम पदार्थ है- कदाचित् किसी वैज्ञानिक द्वारा निर्मित एक यन्त्र । बाह्य पदार्थ भी अवास्तविक ही नहीं, अस्वाभाविक ही नहीं, बल्कि मात्रा में छोटे अथवा बड़े आकार के प्रतीत होते हैं ।

de-population (डि पॉप्यु 'लेशन्) **जनसंख्या ह्रास :** आबादी के क्षीण या ह्रास होने की प्रवृत्ति । आर्थिक विकास में असन्तुलन के कारण ग्रामीण क्षेत्रों से जनसंख्या निकटवर्ती औद्योगिक केन्द्रों की ओर जाती रहती है । इसके फलस्वरूप छोटे-छोटे गाँव या कस्बे कुछ काल के बाद इस स्थिति तक पहुँच जाते हैं कि वहाँ आबादी बिल्कुल नगण्य रह जाती है । इस प्रवृत्ति या घटना को जनसंख्या ह्रास की संज्ञा भी दी जाती है । इसके कारण कभी-कभी दैवी विपत्तियाँ भी होती हैं । जैसे- बाढ़, भूचाल या अन्य भौगोलिक परिवर्तन और युद्ध आदि ।

depressed class (डि 'प्रेसड् क्लास्) **दलित वर्ग, शोषित वर्ग :** वह वर्ग, जो सामाजिक, आर्थिक, शैक्षिक और दूसरे क्षेत्रों में उन्नत न हो तथा सदैव ही शोषित रहा हो ।

depression (डि 'प्रेशन्) **मन्दी :** अर्थशास्त्र के अन्तर्गत किसी देश की अर्थव्यवस्था में ऐसा दौर, जिसमें आर्थिक गतिविधि लम्बे समय तक इतनी कम रह जाती है कि काफी लोग लगातार बेरोज़गार हो जाते हैं और मशीनें बेकार पडी रहती हैं । मनोविज्ञान में इसका कुछ और ही अर्थ है, जिसे अवसाद के नाम से जाना जाता है ।

depression; clinical depression (डि 'प्रेशन्; 'क्लिनिक्ल् डि 'प्रेशन्) **अवसाद; नैदानिक अवसाद :** यह एक प्रकार का मानसिक रोग है, जिसके अन्तर्गत व्यक्तियों में उदासी, नैराश्य एवं किसी भी काम में रुचि की कमी पायी जाती है । जब यह स्थिति लम्बे समय तक बनी रहती है, तो उसे ही नैदानिक अवसाद कहा जाता है । ये अवसाद कई प्रकार के होते हैं। पुरुषों की तुलना में यह महिलाओं में अधिक पाया जाता है । आजकल बहुत प्रकार की दवाइयों का ईजाद हुआ है, जिसके द्वारा अधिकांश प्रकार के नैदानिक अवसादों को दूर किया जा सकता है, लेकिन यदा-कदा इसके उभरने की सम्भावना बनी रहती है (देखें- George Brown and Tirril Harris, **Social Origins of Depression**, 1978) ।

depression, neurotic (डि 'प्रेशन्, न्यू 'रॉटिक) **मनस्ताप, अवसाद :** देखें- **Neurotic, depression** ।

deprivation (डेप्रि 'वेशन्) **वंचन :** इसका शाब्दिक अर्थ किसी चीज़ का किसी व्यक्ति से बेदखल करना होता है । लेकिन, सामाजिक विज्ञानों में इसका थोड़ा भिन्न अर्थ इस रूप में होता है कि यदि कोई व्यक्ति किसी ज़रूरी चीज़ को हासिल करने में असमर्थ है, तो उसके लिए भी वंचन शब्द का प्रयोग होता है, जैसे- यदि कोई व्यक्ति, भोजन, मकान, शिक्षा, भावनात्मक देख-भाल से वंचित रह जाता है, तो उस स्थिति के लिए भी इस शब्द का प्रयोग किया जाता है । वंचन दो तरह का होता है- पूर्ण वंचन (**Absolute deprivation**), सापेक्षिक वंचन (**Relative deprivation**) । जब कोई गरीब व्यक्ति शिक्षा पाने में पूर्ण रूप से असफल होता है, तो उसे पूर्ण वंचन कहा जाता है । लेकिन, जब कोई व्यक्ति दूसरे लोगों की तुलना में अपनी इच्छित चीज़ों को थोड़ा कम हासिल कर पाते हैं, तो उसे सापेक्षिक वंचन कहा जाता है (देखें- M. Rutter and N. Madge, **Cycle of Disadvantage**, 1976; Charles Tilly, **From Mobilization to Revolution**, 1978; M. Brown and N. Madge, **Despite the Welfare state**, 1982; Z. Ferge and S. M. Miller, **Dynamics of Deprivation**, 1987) : देखें- **Relative deprivation** ।

deprivation, maternal (डेप्रि'वे़श्न्, म'टर्न्ल्) **मातृत्व वंचन** : देखें– **Maternal deprivation** ।

deprivation-satiation proposition (डेप्रि'वे़श्न् सेशिएश्न् प्रॉप'ज़िश्न्) **अवसाद परितृप्ति प्रस्ताव** : देखें– **Success proposition** ।

deregulation (डी रेग्यु'लेश्न्) **निर्विनियमन** : वह प्रक्रिया, जिसके अन्तर्गत लोगों की आर्थिक गतिविधि पर सरकारी नियन्त्रण में ढील दे दी जाती है, ताकि बाजार शक्तियों को स्वतन्त्र रूप से कार्य करने में कोई अड़चन न हो ।

derivations (डेरि'वे़श्न्स्) **भ्रान्त तर्क** : विलफ्रेडो पारेटो (Vilfredo Pareto, 1848-1923, हिन्दी में शुद्ध उच्चारण मात्र पारेटो ही है) द्वारा प्रतिपादित इस शब्द का अर्थ होता है, गैर-तार्किक या गैर-बौद्धिक कार्यों के लिए बौद्धिक व्याख्या । पारेटो तथा उनके अनुयायियों ने भ्रान्त तर्क की अवधारणा का प्रयोग, क्रियाओं के एक ऐसे व्यापक समूह के लिए किया है, जिसके द्वारा व्यक्ति व्यवहार की तार्किकता या औचित्य के सम्बन्ध में स्वयं अपने-आपको तथा अपने साथियों को समझाने या विश्वास दिलाने का प्रयत्न करता है । इन तर्कों को भ्रान्त तर्क इसलिए कहा जाता है कि ये सामान्य मत के विपरीत अतर्कसंगत तथा अप्रयोगसिद्ध आधारों पर आधारित होते हैं । कर्त्ता अपने व्यवहार की यथार्थता या औचित्य को बड़े ही तार्किक ढंग से प्रस्तुत करता है, किन्तु वास्तव में न वे सत्य होते हैं और न ही उचित : देखें– **Residues** ।

descendant (डि'सेन्डन्ट) **वंशज** : केन्द्र व्यक्ति के बाद की पीढ़ी के स्वशाखीय अथवा भिन्न शाखीय रक्त-सम्बन्ध । जैसे– पिता की ओर से शाहजहाँ मंगोल वंशीय बाबर का वंशज था ।

descent (डि'सेन्ट्) **वंशानुक्रम, वंशक्रम** : एक परम्परागत सामाजिक नियम, जिसके अनुसार व्यक्ति जन्म से ही अपने सम्बन्धियों के विशिष्ट समूह से सम्बद्ध होता है और उनके साथ उनके घनिष्ट सम्बन्ध होते हैं । सामाजिक दृष्टि से वंशानुक्रम अपने पूर्वजों के साथ व्यक्ति का मान्यता-प्राप्त सम्बन्ध होता है । इसके लिए यह आवश्यक नहीं है कि वह जैविक रूप से निर्धारित हो, परन्तु उसे सामाजिक मान्यता प्राप्त होना आवश्यक है ।

वंश का सम्बन्ध माता और पिता दोनों से हो सकता है । परिवार एक ऐसी संस्था है, जिसमें वंश को माता और पिता दोनों से गिना जाता है । इसलिए परिवार के रूप को उभयपक्षीय वंश (**Bilateral descent**) कहते हैं । गोत्र एक ऐसी संस्था है, जिसमें वंश को केवल पिता या माता से गिनते हैं । इसलिए गोत्र के रूप को एकपक्षीय वंश (**Unilateral descent**) कहते हैं । जिन परिवारों का वंश माता से चलता है, उनके सदस्य परस्पर मातृवंश सम्बन्धी (**Matrilineal kins**) कहे जाते हैं ।

माता के वंश के लड़के-लड़कियाँ मातृ-सहवंशी (**Cognates**) और पिता के वंश के लड़के-लड़कियाँ पितृ-सहवंशी (**Agnates**) कहलाते हैं । जब वंश सीधी दिशा में, जैसे– पिता, पुत्र, पौत्र आदि गिना जाता है, तब इस प्रकार के सम्बन्धी स्वशाखीय सम्बन्धी (**Lineal kins**) कहे जाते हैं । जब वंश शाखा-प्रशाखा वाली दिशा में, जैसे– चाचा, भतीजे इत्यादि गिना जाता है, तब ऐसे सम्बन्धी पार्श्ववर्ती सम्बन्धी (**Collateral kins**) कहे जाते हैं । वंश सम्बन्धियों का यह ज्ञान, स्थिति, विवाह और सम्पत्ति विभाजन के लिए आवश्यक होता है । नातेदारी शब्दों के दो प्रमुख तरीके होते हैं– एक, जिसमें शब्द किसी व्यक्ति-विशेष के लिए प्रयोग नहीं किए जाते, वरन् सम्बन्धियों के वर्गों पर, जो कि बहुत बड़े हो सकते है, लागू किए जाते हैं और दूसरा, जिसमें शब्द एक अकेले व्यक्ति का बोध कराता है । भिन्न-भिन्न प्रकार से वंश-क्रम का निर्धारण करने से मानवसमाजों में वंशक्रम की विभिन्न पद्धतियाँ पाई जाती हैं ।

descent, alternate (डि'सेन्ट्, ऑल्'टर्नेट्) **वैकल्पिक वंशक्रम** : जब पुरुष से उसकी पुत्रियों एवं महिला से उसके पुत्रों को वंशक्रम की सदस्यता मिलती है, तब इसे वैकल्पिक या वक्र वंशानुक्रम कहते हैं । यह वंशक्रम-व्यवस्था बहुत कम पाई जाती है ।

descent, bilateral (डि'सेन्ट्, बाइ'लैटरल्) **उभयपक्षीय वंशक्रम** : देखें– **Descent; Lineage** ।

descent, parallel (डि 'सेन्ट्, 'पैर लेल्) **समानांतर वंशक्रम :** देखें– **Parallel descent** ।

descent group (डि 'सेन्ट् ग्रूप्) **वंशक्रम समूह :** देखें– **Descent** ।

descent theory (डि 'सेन्ट् 'थिअरि) **वंशक्रम-सिद्धान्त :** सामाजिक मानवशास्त्र में नातेदारी व्यवस्थाओं की व्याख्या हेतु मोटे रूप में दो सिद्धान्तों, यथा वैवाहिक बन्धन-सिद्धान्त (**Alliance theory**) और वंशक्रम-सिद्धान्त (**Descent theory**) का प्रयोग हुआ है । सन् 1930 और 1960 के बीच सामाजिक मानवशास्त्र में वंशक्रम सिद्धान्त का बोलबाला था । मेयर फोटीस (Meyer Fortes, 1906-1983) जैसे अफ्रीकी समाज के अध्ययनकर्ता और ए. आर. रैडक्लिफ-ब्राउन (A. R. Radcliffe-Brown, 1881-1955) जैसे सामाजिक मानवशास्त्रियों के नाम इस सिद्धान्त के नाम से जुड़े हुए हैं। वंशक्रम सिद्धान्त इस धारणा पर आधारित है कि नातेदारी व्यवस्थाएँ इस कारण से चलती रहती हैं, ताकि वंशसमूह एक लम्बी अवधि तक राजनीतिक सत्ता में बने रहें ।

de-schooling (डि स्कूल 'इन्ग) **अ-विद्यालयीकरण :** एक ऐसा वैचारिक आन्दोलन, जो बालक के विकास की प्रक्रिया में आधुनिक औपचारिक शैक्षणिक व्यवस्था की भूमिका की सार्थकता पर प्रश्नचिह्न खड़ा करता है । अत: बालकों को स्कूल के अहाते में भेजकर उनके स्वाभाविक विकास की प्रक्रिया को अवरुद्ध करना है । इस आन्दोलन के साथ इवान इलिच (Ivan Illich, **Deschooling Society,** 1971 एवं Paulo Freire, **Pedagogy of the Oppressed,** 1970) का नाम जुड़ा हुआ है । इन विद्वानों के पूर्व रेने डूमाँ (देखें– René Dumont, **False Start in Africa,** 1962) ने भी विद्यार्थियों की भूमिका की आलोचना की है ।

descriptive kin terms (डि 'स्क्रिप्टिव् किन टर्म्स) **वर्णनात्मक बन्धुत्वबोधक, सम्बन्धसूचक शब्द :** सम्बन्धसूचक शब्द वे होते हैं, जिनसे एक शब्द के द्वारा एक ही सम्बन्धी विशेष का बोध होता है । इन शब्दों के बोलते ही एकदम ठीक-ठीक सम्बन्ध का ज्ञान हो जाता है । उदाहरण के लिए, पिता, माता, चाचा, चाची, पति, पत्नी आदि ऐसे सम्बोधन हैं, जिनके प्रयोग से वास्तविक सम्बन्धी का पता चल जाता है । जिस सम्बोधन के द्वारा उसी सम्बन्धी का पता चल जाता है, जिसके लिए वह सम्बोधन प्रयोग किया गया है उसे सम्बन्धसूचक शब्द कहते हैं : देखें– **kinship terms, Classificatory** ।

descriptive statistics (डि 'स्क्रिप्टिव् स्ट 'टिस्टिक्स्) **वर्णनात्मक सांख्यिकी :** देखें– **Statistics** ।

descriptive system (डि 'स्क्रिप्टिव् 'सिस्टम्) **वर्णनात्मक व्यवस्था :** देखें– **kinship terms, Descriptive; kinship terms, Classificatory** ।

desegregation (डि सेग्रि 'गेशन्) **विपृथक्करण, पार्थक्य निवारण :** दो समूहों के बीच आपसी दूरी कम होने की प्रक्रिया । इस कार्रवाई के अन्तर्गत उन क़ायदे-क़ानूनों का अन्त कर दिया जाता है, जो किन्हीं विशिष्ट समूहों को आवास तथा सार्वजनिक सुविधाओं से विशेषकर स्कूलों में प्रवेश के अधिकार से वंचित करते थे ।

de-sensitization (डि सेन्सिटाइ 'ज़ेशन्) **विसुग्राहीकरण :** देखें– **Behaviouralism** ।

desertification (डि ज़:टिफी 'केशन्) **मरुस्थलीकरण :** वह प्रक्रिया, जिसमें धरती का कोई हिस्सा शुष्क और बंजरभूमि में परिवर्तित हो जाता है और वहाँ किसी कृत्रिम जलस्रोत के बिना जीवन को क़ायम रखने की कोई सम्भावना नहीं रह जाती । बहुधा इसमें मिट्टी की ऊपरी पर्त नष्ट हो जाती है, जिससे वह भूमि कृषि योग्य नहीं रह पाती है ।

desertion (डि 'ज़रशन्) **परित्याग :** बिना औपचारिक तलाक अथवा पृथक्करण अथवा पति-पत्नी बिना बतलाये आपस में सहवास बन्द कर दें, तो यह स्थिति परित्याग कहलाती है ।

desire (डि 'ज़ाइअर्) **इच्छा :** किसी आवश्यकता की पूर्ति करने वाली वस्तु को प्राप्त करने का चेतन आवेग, जैसे– पुत्र या सम्पत्ति आदि प्राप्त करने की इच्छा ।

de-skilling (डी स्किलिन्ग) **अवकुशलन** : इस शब्द का प्रयोग एक ऐसी प्रक्रिया के लिए हुआ है, जिसके अन्तर्गत कुशल श्रमिकों को हटाकर आधुनिक तकनीक के माध्यम से उत्पादन किया जाने लगा। जब औद्योगिक पूँजीवाद का विकास हो रहा था, तो प्रारम्भ में काफी कुशल श्रमिक काम करते थे। लेकिन, पूँजीपतियों ने अपनी वस्तुओं की गुणवत्ता एवं उत्पादन की मात्रा को बढ़ाने और सुधारने के लिए श्रमिकों की जगह नयी मशीनों के प्रयोग को बढ़ावा दिया। आजकल दफ्तरों एवं कल-कारखानों में सफेदपोश बाबुओं की जगह कम्प्यूटर के इस्तेमाल की बढ़ती प्रक्रिया के लिए भी अवकुशलन शब्द का प्रयोग किया जाने लगा है। इस शब्द का प्रयोग एक अन्य अर्थ में भी होता है। उत्पादन के जटिल काम को सरल और छोटे-छोटे टुकड़ों में बाँट दिया जाता है और कुशल श्रमिकों की जगह थोड़ा बहुत प्रशिक्षण देकर साधारण रूप से कुशलता प्राप्त श्रमिकों द्वारा काम लिया जाता है। इस प्रकार, काम को विभिन्न छोटी-मोटी इकाइयों में बाँटकर कुशल कारीगरों की जगह अकुशल कारीगरों के द्वारा काम लेने की प्रक्रिया को अवकुशलन कहा जाता है (देखें– Harry Braverman, **Labour and Monopoly Capital: The Degradation of Work in the Twentieth Century**, 1974; Stephen Wood, **The Degradation of Work?,** 1982)।

de-socialization (डि सोशॅलाइ'ज़ेशन्) **अ-समाजीकरण** : देखें– **Socialization**।

despotism ('डेस्पॉ टिज़्म्) **निरंकुशता** : निरंकुशता का अभिप्राय वह शासन-प्रणाली है, जिसमें शासन की सत्ता के ऊपर किसी प्रकार के परम्परागत अथवा वैधिक प्रतिबन्ध नहीं लगे होते और शासक अपनी सत्ता का प्रयोग मनमाने ढंग से करता है। यह शब्द प्रायः बुरे अर्थ में प्रयुक्त होता है। यह लोकतन्त्र की विरोधी व्यवस्था है : देखें– **Authoritarianism**।

destiny ('डेस्टनि) **नियति** : वह घटना, जिसका होना पहले से निश्चित हो अथवा ईश्वर के द्वारा पहले से निर्धारित घटना-क्रम।

destructive dependence (डि'स्ट्रक्टिव् डि'पेन्ड्न्स) **नकारात्मक निर्भरता** : किसी संसाधन पर ऐसी निर्भरता, जो किसी संसाधन की कमी से या लाभ के उद्देश्य से हुई हो। इस उद्देश्य की पूर्ति के लिए उपभोक्ता संसाधन को नष्ट करता है। ऐसा करते समय उसे इस बात का ध्यान नहीं रहता है कि वह संसाधन दुबारा फल-फूल सके।

detached observation (डि'टैच्ड ऑबजर्'वेशन्) **असम्बद्ध अवलोकन** : ऐसा अवलोकन, जिसमें शोधकर्ता बिना अपने-आपको उसमें निर्लिप्त किये हुए, घटनाओं पर विशेष ध्यान रखता है।

determinant (डि'टर्मिनन्ट) **निर्धारक** : वह कारक, जो अन्य कारकों पर अपना प्रभाव रखता है। जैसे– किसी व्यक्ति का शैक्षणिक स्तर उसकी आर्थिक स्थिति पर भी निर्भर करता है, यहाँ आर्थिक स्थिति एक कारक के रूप में है।

determinism (डि'टर्मि निज़्म्) **नियतिवाद** : यह दृष्टिकोण कि समस्त घटनाएँ किसी विशिष्ट कारण या परिस्थिति का परिणाम होती हैं। यह बात प्राकृतिक तथा सामाजिक दोनों तरह की घटनाओं पर लागू होती है (देखें– Émile Durkheim, **The Rules of the Sociological Method**, 1938 and **Sociology and Philosophy**, 1974)।

deterrent theory of punishment (डि'टेरन्ट 'थिअरि ऑव् 'पनिश्मन्ट्) **निवारण-दण्ड सिद्धान्त** : अपराधविज्ञान का एक सिद्धान्त, जिसके अनुसार दण्ड देने का मुख्य उद्देश्य अपराध को रोकना है। इसके मूल में यह मान्यता है कि कठोर दण्ड मिलने पर अपराधी भयवश पुनः अपराध नहीं करेगा तथा अन्य लोग भी अपराध करने का दुःसाहस नहीं करेंगे।

detour ('डीटुअर्) **चक्करदार मार्ग** : किसी लक्ष्य तक का ऐसा टेढ़ा-मेढ़ा तथा अस्पष्ट रास्ता, जिसे व्यक्ति या पशु को एक समस्यापूर्ण वस्तुस्थिति में अवश्य ही खोजना पड़ता है। थॉर्नडाइक (E. E. Thorndike, 1874-1949) और उनके समर्थकों के अनुसार पेचीदा मार्ग को अन्ध प्रयास और भूल की विधि से खोजा जाता है। कोहलर (W. Kohler, 1887-1967) के अनुसार यह अन्तर्दृष्टि से होता है।

detoxification (डि टॉक्सिफि'केशन्) **निर्विषीकरण :** दवाओं के प्रयोग को बन्द करने की वह प्रक्रिया, जिसके द्वारा धीरे-धीरे व्यक्ति को दवा के प्रयोग के बिना जीने का आदी बनाया जाता है ।

de-tribalization (डि ट्राइबलाइ'ज़ेशन्) **जनजातीयता क्षयण :** किसी दूसरी संस्कृति के सम्पर्क के फलस्वरूप जनजातीय समाजों **(Scheduled tribes)** में सामाजिक एवं सांस्कृतिक संरचनाओं का विघटन तथा नयी जीवन-प्रणाली को अपनाने की प्रक्रिया ।

de-urbanization (डि अर्‌बनाइ'ज़ेशन्) **वि-नगरीकरण :** बड़े शहरों की जनसंख्या का छोटे शहरों और फिर गाँवों की ओर लौटना । इसे ग्रामीकरण भी कह सकते हैं : देखें– **Urbanization** ।

devaluation (डी वैल्यु'एशन्) **अवमूल्यन :** अन्तर्राष्ट्रीय व्यापार के क्षेत्र में किसी राष्ट्र की ओर से ऐसी कार्रवाई, जिसमें अन्य राष्ट्रों की मुद्रा की तुलना में अपनी मुद्रा का मूल्य कम कर दिया जाता है, ताकि अन्तर्राष्ट्रीय बाज़ार में उसके उत्पादन अपेक्षाकृत सस्ते हो जायें और उनकी बिक्री बढ़ जाये : देखें– **Inflation** ।

***devdasi* system देवदासी प्रथा :** प्राचीनकाल से भारत में यह प्रथा चली आ रही है कि मन्दिरों को कुछ व्यक्ति कन्याएँ दान या भेंट करते रहे हैं । पौराणिक धर्म के प्रचलन से देवताओं की सामूहिक अर्चना पर उत्तर-वैदिककाल से इस पर बल दिया जाता रहा है । फलस्वरूप, जिस प्रकार साधारण जनता मन्दिरों में प्रसाद, धन आदि भेंटस्वरूप चढ़ाती थी, उसी प्रकार राज्य, परिवार और कई धनवान व्यक्ति मन्दिरों को नर्तकियाँ भेंट करते थे ।

इसके अतिरिक्त यह प्रथा भी प्रचलित रही है कि जब किसी विवाहित युगल से कोई सन्तान उत्पन्न नहीं होती थी या बार-बार सन्तानें मर जाती थीं, तो प्राय: वे संकल्प कर लिया करते थे कि अब आगे यदि पहली सन्तान कन्या उत्पन्न होगी, तो उसे देवताओं को ही भेंट कर दिया जायेगा । विशेषतया दक्षिण भारत में इस प्रकार की प्रथा कुछ समय पूर्व तक प्रचलित रही है । इसका मुख्य कार्य मन्दिरों में रहकर देवताओं के समक्ष नृत्य-गायन करना था । पंडे-पुजारियों की यौन भावनाओं की सन्तुष्टि इन्हें धार्मिक कृत्य मानते हुए करनी होती थी । एक प्रकार से आजन्म अविवाहिता रहने की प्रथा होने पर भी इनका स्तर प्राय: धार्मिक वेश्याओं जैसा होता था । महिलाओं का इस प्रकार का शोषण भारतीय समाज में अनेक सदियों तक चलता रहा है ।

developing countries (डि'वेलप्इन्ग'कन्ट्रिज़) **विकासशील देश :** 'विकासशील देश', 'विकासशील राष्ट्र' या 'तीसरी दुनिया के देश' एशिया, अफ्रीका और लातिन अमरीका के उन देशों को कहा जाता है, जिनमें निम्न विशेषताएँ पाई जाती हैं– (क) औद्योगिक दृष्टि से विश्व के उन्नत देशों की तुलना में इनके आर्थिक विकास का स्तर बहुत नीचा है; (ख) ये देश पूँजीवादी जगत् (पहली दुनिया– जिसमें पश्चिमी यूरोप के देश, संयुक्त राज्य अमरीका, कनाडा (शुद्ध कैनडा), ऑस्ट्रेलिया और न्यूज़ीलैंड) और साम्यवादी जगत् (दूसरी दुनिया– जिसमें भूतपूर्व सोवियत समाजवादी गणराज्य संघ और उसके प्रभावक्षेत्र में आने वाले पूर्वी यूरोप के देश आते थे) के प्रभाव से अपने-अपको मुक्त रखने की कोशिश करते रहे (1991 के बाद से सोवियत गुट का विघटन हो चुका है); और (ग) इनमें से एशिया और अफ्रीका के देशों को उपनिवेशवादी प्रभुत्व से राजनीतिक स्वाधीनता दूसरे विश्व-युद्ध (1939-1945) के बाद प्राप्त हुई है ।

development (डि'वेलप्मन्ट्) **विकास :** समाज द्वारा नियोजित एवं इच्छित सामाजिक परिवर्तन की प्रक्रिया। जिस प्रकार उद्विकास के अर्थ बहुत स्पष्ट एवं निश्चित नहीं हैं, विकास की अवधारणा भी बहुत स्पष्ट नहीं है । अर्थशास्त्र के क्षेत्र में इसके अर्थ के सम्बन्ध में कोई विशेष विवाद नहीं है, पर समाजशास्त्र के क्षेत्र में इस शब्द का प्रयोग काफी ढीले-ढाले अर्थों में होता आया है । प्रारम्भिक समाजशास्त्रियों, विशेषकर ऑगस्त कौंत (Auguste Comte, 1798-1857), हर्बर्ट स्पेन्सर (Herbert Spencer, 1820-1903) एवं हॉबहाउस (L. T. Hobhouse, 1864-1929) ने सामाजिक उद्विकास **(Social evolution)**, प्रगति **(Progress)** एवं सामाजिक विकास **(Social development)** को एक ही अर्थ में प्रयोग किया था । आधुनिक समाजशास्त्री इन शब्दों को विशिष्ट अर्थ में प्रयोग करते हैं ।

आज समाजशास्त्र के क्षेत्र में विकास से हमारा तात्पर्य मुख्यत: सामाजिक विकास से है । इसका प्रयोग विशेषकर औद्योगीकरण एवं आधुनिकीकरण के चलते विकसित एवं विकासशील देशों के बीच अन्तर स्पष्ट करने के लिए होता है । सामाजिक विकास में आर्थिक विकास का भी भाव छिपा होता है और उसी के तहत हम परम्परागत समाज (**Traditional society**), संक्रमणशील समाज (**Transitional society**) एवं आधुनिक समाज (**Modern society**) की बात करते हैं । यहाँ कोई उद्विकास का भाव नहीं है ।

development, sociology of (डि'वे़लप्मन्ट्, सोसि'ऑलजि ऑव़्) **विकास का समाजशास्त्र** : देखें– **Sociology of development** ।

development, uneven (डि'वे़लप्मन्ट्, अन्'ईव़न्) **अनियमित विकास** : देखें– **Uneven development** ।

development bank (डि'वे़लप्मन्ट् बैंक) **विकास बैंक** : बहुत से राज्यों एवं गैर–सरकारी लोगों ने ऐसे वित्तीय संस्थानों का विकास किया है, जिसका उद्देश्य सरकार को या बड़े पूँजिपतियों को ऋण देकर आर्थिक विकास की गति में तेजी लाना होता है, जैसे– इन्टरनेशनल डेवलपमन्ट् एजेन्सी (IDA), एशियन डेवलपमन्ट् बैंक (ADB) आदि ।

development cycle (डि'वे़लप्मन्ट् साइक्ल्) **विकास चक्र** : प्रत्येक परिवार, आकार की दृष्टि से जन्म, विवाह, उसके किसी सदस्य की मृत्यु और सम्पत्ति के बँटवारे के रूप में एक विकास चक्र के दौर से गुजरता है, उदाहरण के लिए– बँटवारे के बाद एक संयुक्त परिवार नये नाभिकीय परिवारों में बँट जाता है । पैतृक पीढ़ी के दादा–परदादा जैसे बड़े व्यक्तियों की मृत्यु तथा किसी सन्तान के विवाह के पश्चात् यदि नवविवाहित दम्पती माता–पिता के साथ रहते हैं, तो एक नाभिकीय परिवार एक विस्तृत परिवार बन सकता है । किसी तीसरी पीढ़ी के बच्चे (पोता, पोती, नाती, नातिन) के जन्म के साथ वही इकाई एक संयुक्त परिवार बन सकती है । एक अवस्था से दूसरी अवस्था में लगातार परिवर्तन की प्रक्रिया को ही परिवार का विकास चक्र कहते हैं ।

deviance, social ('डीवि़अन्स्, 'सोश्ल्) **सामाजिक विसामान्यता, सामाजिक विचलन** : वह क्रिया, जो समाज–स्वीकृत क्रियाओं के विरोध में या उसके प्रतिकूल होती है । विसामान्यता मात्र नियमों का उल्लंघन नहीं है । कभी–कभी व्यक्ति अनजाने में भी नियमों का उल्लंघन कर देता है । लेकिन, यदि वह उल्लंघन किसी व्यक्ति के द्वारा जान–बूझकर किया जाता है, तो उसे विसामान्य व्यवहार कहा जाता है । जैसे– यदि कोई व्यक्ति जान–बूझकर किसी का सामान उठा लेता है, तो उसे विसामान्य व्यवहार कहा जायेगा। पर यदि कोई व्यक्ति अनजाने में किसी का सामान उठा कर रख लेता है, तो उसे विसामान्य व्यवहार नहीं कहा जायेगा; क्योंकि वह ऐसा जान–बूझकर नहीं कर रहा है । जब कोई व्यवहार सामाजिक मानदण्ड से विचलित हो जाता है, तो उसे सामाजिक विचलन या विसामान्यता कहते हैं (देखें– Howard S. Becker, **Outsiders: Studies in the Sociology of Deviance**, 1963; D. Downes and P. Rock, **Understanding Deviance**, 1982) ।

deviance amplification ('डीवि़अन्स् ऐम्प्लिफ़ि'केश्न्) **विचलन प्रवर्धन** : विचलन प्रवर्धन अपराधशास्त्र के क्षेत्र की एक ऐसी अवधारणा है, जिसके अनुसार यह माना जाता है कि एक छोटी–सी प्रारम्भिक भूल (विचलन), दोषारोपण (लैबलिंग) या अति सक्रियताओं की प्रक्रिया द्वारा निरन्तर उत्तरोत्तर महत्त्व प्राप्त कर बढ़ती जाती है, जिसे हम सामान्य भाषा में 'तिल को ताड़ बना देना' कहते हैं । यह कहावत विचलन प्रवर्धन पर पूर्णत: चरितार्थ होती है । इस अवधारणा का सर्वप्रथम प्रयोग लेस्ली विलकिन्स (L. Wilkins) ने अपनी पुस्तक **Social Deviance** (1964) में किया । इस अवधारणा का प्रयोग नशीली दवा के सेवनकर्ताओं से लेकर एड्स से ग्रस्त व्यक्तियों जैसे कई समूहों पर किया गया है । विचलन प्रवर्धन एक ऐसी स्थिति है, जो पुलिस और मीडिया जैसे साधनों के विपथगामी व्यवहार के प्रति सामाजिक प्रतिक्रिया के कारण उत्पन्न होती है और इसके परिणामस्वरूप विचलन (अपराध) में कमी लाने की अपेक्षा उसमें उत्तरोत्तर बढ़ोतरी होती जाती है (देखें– L. T. Wilkins, **Social Deviance: Social Policy, Action, and Research**, 1964)।

deviance career (ˈडीविअन्स् कˈरिअर) **जीवनवृत्त विचलन** : देखें– **Career** ।

deviance disavowal (ˈडीविअन्स् डिस्ˈवावल्) **अस्वीकृत विसामान्यता** : समाज में ऐसे विसामान्य व्यक्ति होते हैं, जो अपने-आपको विसामान्य कहा जाना स्वीकार नहीं करते हैं । जो लोग शरीरिक रूप से विकलांग होते हैं, वे लोग अपनी विकलांगता को कम-से-कम आँककर अपने-आपको दिखलाना स्वीकार करते हैं । इसे लोग अपनी सामाजिक प्रतिष्ठा से जोड़कर देखते हैं ।

deviant (ˈडीविअन्ट) **अपचारी, पथभ्रष्ट व्यक्ति** : वह व्यक्ति, जो समाज अथवा समूह की अपेक्षाओं (कानूनों या लोकाचारों) का उल्लंघन करता है, उसे अपचारी या पथभ्रष्ट व्यक्ति कहा जाता है : देखें– **Deviant culture** ।

deviant act (ˈडीविअन्ट ऐक्ट्) **विसामान्य कार्य** : विसामान्य कार्य की कोई सर्वव्यापक परिभाषा नहीं है । प्रत्येक समाज अपने आचरण के नियमों के अनुसार किसी कार्य को सामान्य या विसामान्य मानता है । मेटा स्पेंसर (Metta Spencer) ने विसामान्य कार्यों के अन्तर्गत तीन प्रकार के आचरणों को रखा है– अपराध **(Crime)**, यौन-सम्बन्धी विसामान्यता **(Sexual deviance)** एवं आत्महत्या **(Suicide)** । प्रथम दो किस्म की विसामान्यताओं की परिभाषा के सम्बन्ध में अन्तिम रूप से कुछ नहीं कहा जा सकता है । जैसा कि पहले ही कहा जा चुका है कि प्रत्येक समाज अपने-अपने ढंग से अपराध को परिभाषित करने का प्रयास करता है । अपराध के सम्बन्ध में विभिन्न समाजों में अलग-अलग कानून होते हैं । आमतौर पर, यौन सम्बन्धी विसामान्यताओं को चार श्रेणियों में रखा जाता है– समलिंगरति **(Homosexuality)**, स्त्रीसमलिंगीरति **(Lesbianism)**, वेश्यावृत्ति **(Prostitution)** एवं कौटुम्बिक व्यभिचार **(Incest)** ।

deviant behaviour (ˈडीविअन्ट बिˈहेव्यर्) **विसामान्य व्यवहार** : देखें– **Behaviour, deviant** ।

deviant culture (ˈडीविअन्टˈकल्चर्) **विसामान्य संस्कृति** : बृहत् संस्कृति के अन्तर्गत छोटी-छोटी संस्कृतियाँ उत्पन्न हो जाती हैं । समाज में कुछ वैसे भी विसामान्य मनोवृत्ति के लोग होते हैं, जो समाज के परम्परागत मूल्यों एवं आचरणों में विश्वास नहीं करते हैं । वे अपनी परम्परागत संस्कृति के प्रतिकूल नये सांस्कृतिक मूल्यों का निर्माण करते हैं या बढ़ावा देते हैं और वे इसी के अनुसार जीवन-यापन करने का भी प्रयास करते हैं । जैसे– पाकेटमारी, चोरी, डकैती एवं अपहरण के कार्यों से जुड़े लोगों की एक अपनी संस्कृति होती है, जिसे समाजशास्त्रीय भाषा में विरोधी संस्कृति **(Counter culture** or **deviant sub-culture)** कहा जाता है । बड़े शहरों, जैसे– मुम्बई, दिल्ली, चेन्नई, कोलकाता जैसे महानगरों में अपराधियों के बीच विसामान्य संस्कृति के अनगिनत उदाहरण देखने को मिलते हैं ।

deviant habit (ˈडीविअन्टˈहैबिट्) **विसामान्य आदत** : विसामान्य आदतें थोड़ी या बहुत अधिकांश व्यक्तियों में पायी जाती हैं, जैसे– मद्यपान या नशाखोरी, जुआ, धूमपान, बात-बात में गाली देने की आदत आदि । कुछ वैसे भी समाज हैं, जहाँ शराब पीना कोई विसामान्य आदतों की श्रेणी में नहीं आता है, पर भारत जैसे देश में इसे बहुत लोग विसामान्य आदत समझते हैं । यहाँ की स्थिति तो ऐसी है कि कुछ लोग मांसाहारी भोजन को भी विसामान्य आदत के रूप में लेते हैं । छोटी-मोटी विसामान्य आदतों को समाज प्रायः बुरा नहीं मानता है ।

deviant psychologies (ˈडीविअन्ट साइˈकॉल्जिज्) **विसामान्य मनोवृत्तियाँ** : जैसे-जैसे नगरीकरण का प्रभाव बढ़ता जा रहा है, वैसे-वैसे समाज में विभिन्न प्रकार की समस्याएँ और जटिलताएँ बढ़ती जा रही हैं, जिसके फलस्वरूप समाज में विभिन्न प्रकार की मनोवैज्ञानिक समस्याएँ उत्पन्न हो रही हैं । भारत की तुलना में पाश्चात्य देशों में यह समस्या कुछ ज्यादा ही गंभीर है । एक अध्ययन में ऐसा पाया गया है कि अमरीका में आमतौर पर हर बारहवें व्यक्ति को कभी-न-कभी मानसिक समस्याओं से ग्रसित होकर मानसिक रोग के अस्पताल में जाना पड़ा है । भारत में भी गाँव की तुलना में शहरों में समस्या इतनी गंभीर है कि धीरे-धीरे मानसिक रोगियों का प्रतिशत बढ़ता जा रहा है ।

deviation (डीविˈएशन्) **विचलन** : किसी व्यक्तिगत अंक की सामूहिक माध्य से दूरी । प्रायः इसको अंकों की इकाई से विचलन-समूह में प्राप्त किसी इकाई में परिवर्तित कर लिया जाता है । ऐसी तीन प्रमुख इकाइयाँ– चतुर्थक विचलन,

माध्य विचलन तथा मानक विचलन हैं । चतुर्थक विचलन अंक वितरण के 25वें तथा 75वें शतम तक के बीच के विस्तार का आधा होता है । माध्य विचलन सभी व्यक्तिगत अंकों के विचलनों का माध्य होता है । मानक विचलन सभी व्यक्तिगत अंकों के विचलनों के वर्गों के माध्य का वर्गमूल होता है ।

devil ('डेव्ल्) **शैतान :** यहूदी तथा ईसाई धर्मशास्त्र के अनुसार घोर अनिष्टकारी देहधारी जो मनुष्य जाति का शत्रु तथा ईश्वर का प्रतिद्वन्द्वी माना जाता है । यद्यपि वह ईश्वर के अधीनस्थ होता है और उसी के आदेशानुसार कार्य करता है। शैतान को नरक का शासक माना जाता है ।

diachronic (डाइअ'क्रॉन्इक) **कालक्रमिक :** किसी भी ऐतिहासिक विश्लेषण में किसी भी समाज के अतीत और वर्तमान दोनों पर विचार किया जाता है । मान्यता यह है कि अतीत को जाने बिना वर्तमान को नहीं समझा जा सकता : देखें– **Synchronic and diachronic** ।

diagnosis (डाइअग्'नोसिस्) **निदान :** विभिन्न लक्षणों के आधार पर रोगों की व्याख्या-निदान करना । प्रत्येक मानसिक रोग के अपने कुछ विशेष लक्षण हैं, जिनका प्रेक्षण और परीक्षण करके रोग का निदान सहज ही किया जा सकता है ।

diagnostic studies (डाइअग्'नॉसटिक 'स्टडिज़) **नैदानिक अध्ययन :** किसी समस्या के लक्षण, परिणाम व उपायों को सामने रखकर किया गया अध्ययन । इसका उद्देश्य किसी सामाजिक समस्या जैसे– प्रवसन, नगरीकरण तथा परिवार नियोजन आदि के कार्यक्रमों के तकनीकी पहलुओं तथा कठिनाइयों पर विचार करना होता है और यह पता लगाना होता है कि इससे सम्बन्धित नीतियाँ कहाँ तक सफल हुई हैं अथवा किस प्रकार का परिवर्तन अपेक्षित है ।

dialect ('डाइअ लेक्ट्) **बोली** (उपभाषा) **:** यह बोलचाल की भाषा है । क्षेत्र परिवर्तन के साथ ही इसमें अन्तर हो जाता है, जैसे– भोजपुरी, मगधी, अंगिका, ब्रजभाषा इत्यादि : देखें– **Language** ।

dialectic (डाइअ'लेक्टिक) **द्वन्द्ववाद, द्वन्द्वात्मक पद्धति :** द्वन्द्ववाद का अभिप्राय है विचार-विनिमय द्वारा सत्य की खोज, दो परस्पर विरोधी शक्तियों अथवा प्रवृत्तियों के बीच संघर्ष। आरम्भ में डायलेक्टिक्स शब्द तर्कशास्त्र अथवा तर्क विद्या का पर्याय माना जाता था । प्राचीनकाल में विद्वानों द्वारा यह विश्वास किया जाता था कि चिन्तन की प्रक्रिया में विरोधों अथवा विपरीत मतों का प्रकट होना, सत्य तक पहुँचने का एक संकेत है । प्रारम्भ में चिन्तन की इस द्वन्द्वात्मक प्रणाली का प्रयोग प्राकृतिक घटनाओं को समझने में किया गया और यह विश्वास किया जाने लगा कि प्रकृति का विकास प्रकृति में विरोधों के विकास द्वारा अर्थात् प्रकृति में विरोधी शक्तियों की अन्त:क्रिया के फलस्वरूप होता है । बाद में, चिन्तन की इस प्रणाली का प्रयोग जी. डब्ल्यू. हीगल (G. W. F. Hegel, 1770-1831, हिन्दी में इस नाम का शुद्ध उच्चारण मात्र हीगल है) द्वारा किया गया । उनके अनुसार संसार में प्रत्येक वस्तु की विरोधी अर्थात् प्रतिवादी वस्तु अवश्य होती है । पहले 'वाद' **(Thesis)** का जन्म होता है और बाद में उसके 'प्रतिवाद' **(Anti-thesis)** का । इन दोनों के बीच के द्वन्द्व से एक तीसरी चीज़ उत्पन्न होती है, जिसे 'संवाद' **(Synthesis)** कहा जाता है । इस 'संवाद' में 'वाद' एवं 'प्रतिवाद' दोनों की विशेषताओं का समावेश होता है । 'संवाद' की स्थिति अस्थायी होती है । यह 'संवाद' आगे चलकर 'वाद' में परिणत हो जाता है और पुन: इसके 'प्रतिवाद' का जन्म होता है । बाद में, इन दोनों के संघर्ष द्वारा 'संवाद' का जन्म होता है । वाद, प्रतिवाद और संवाद की यह प्रक्रिया निरन्तर चलती रहती है ।'

कार्ल मार्क्स (Karl Marx , 1818-1883) ने जी. डब्ल्यू. हीगल के आत्मा तथा निरपेक्ष विचारों को अस्वीकारते हुए कहा कि संसार 'निरक्षेप विचार' अर्थात् विश्वात्मा का मूर्त रूप नहीं है । इसके विपरीत, संसार अपनी प्रकृति के अनुसार 'भौतिक' है । संसार की अनगिनत घटनाओं का आधार गतिशील भौतिक तत्त्व या पदार्थ है, जो अपने आन्तरिक स्वभाव द्वारा विकसित होकर विभिन्न रूपों में प्रकट होता है । यह विकास भौतिक पदार्थ में निहित एक आन्तरिक विरोध द्वारा संचालित होता है । कार्ल मार्क्स ने अपने द्वन्द्वात्मक भौतिकवाद की धारणा का प्रयोग आधुनिक पूँजीवादी समाज की अनिवार्य समाप्ति के प्रतिपादन में किया। उनके अनुसार एक-न-एक दिन पूँजीवादी व्यवस्था का स्थान समाजवादी व्यवस्था ले ही लेगी : देखें– **Conflict theory** ।

dialectical interpretation of change (डाइअ'लेक्टिकल इन्टर् 'प्रिटेशन् ऑव् चेन्ज्) **परिवर्तन का द्वन्द्वात्मक विश्लेषण** : सामाजिक परिवर्तन का वैसा विश्लेषण, जो इस मान्यता पर आधारित है कि विरोधी वर्गों के बीच संघर्ष के द्वारा ही सामाजिक परिवर्तन संभव है । संघर्ष इसलिए पैदा होता है कि मूलत: कोई तत्त्व पूर्ण नहीं होता अत: उसका विरोधी तत्त्व अपने-आप अस्तित्व में आ जाता है । इन दोनों परस्पर-विरोधी तत्त्वों को क्रमश: वाद या पक्ष और प्रतिवाद या प्रतिपक्ष कहा जाता है । इन दोनों अपूर्ण तत्त्वों में टकराव होता है । इसके परिणामस्वरूप एक नए तत्त्व का जन्म होता है, जिसमें पुराने तत्त्वों के वे अंश बने रहते हैं, जो सत्य होते हैं । इस तीसरे तत्त्व को संवाद या सम्पक्ष कहा जाता है । परन्तु यह नया तत्त्व भी पूर्ण नहीं होता, अत: पुरानी प्रक्रिया फिर से शुरू हो जाती है और यह क्रम तब तक चलता रहता है, जब तक समाज अपने पूर्ण उत्कर्ष तक नहीं पहुँच जाता । विकास की इस पद्धति को द्वन्द्वात्मक पद्धति कहा जाता है ।

dialectical materialism (डाइअ'लेक्टिक्ल् म 'टिअरिअलिज़्म्) **द्वन्द्वात्मक भौतिकवाद** : कार्ल मार्क्स (Karl Marx, 1818-1883) के द्वन्द्वात्मक भौतिकवाद की विचारधारा के अनुसार द्वन्द्वात्मक दर्शन का मूलमंत्र यह है कि सत्य अथवा विकास दो विरोधी तत्त्वों या प्रवृत्तियों के संघर्ष से उत्पन्न होने वाली वस्तुएँ हैं । जी. डब्ल्यू. हीगल (G. W. F. Hegel, 1770-1831, हिन्दी में इस नाम का शुद्ध उच्चारण मात्र हीगल है) के दार्शनिक जगत् की सबसे बड़ी देन यह है कि उन्होंने इस पद्धति का न केवल वैचारिक क्षेत्र में, अपितु सामाजिक क्षेत्र में भी प्रयोग किया । हीगल का कहना था कि समाज का विकास विरोधों के माध्यम से होता है । समाज में किसी समय कोई एक विशेष प्रवृत्ति बलवान होती है । जब यह प्रवृत्ति अपनी चरम सीमा पर पहुँच जाती है, तब समाज में उसकी एक बिल्कुल उलटी प्रवृत्ति सामने आती है, फिर यह प्रवृत्ति कुछ समय तक चलती है और आगे चलकर इन दोनों प्रवृत्तियों का संश्लेषण हो जाता है । संश्लेषण वाली प्रवृत्ति में उक्त दोनों प्रवृत्तियों के कुछ-कुछ गुण रहते हैं । हीगल ने उक्त तीनों प्रवृत्तियों को क्रमश: क्रिया **(Thesis)** प्रतिक्रिया **(Anti-thesis)** और संश्लेषण **(Synthesis)** नाम दिया है ।

यद्यपि विरोधों के माध्यम से समाज की प्रगति का विचार हीगल और कार्ल मार्क्स दोनों में समान रूप से पाया जाता है, फिर भी हीगल और कार्ल मार्क्स के द्वन्द्ववाद में काफी अन्तर है । यह अन्तर आदर्शवाद और भौतिकवाद का अन्तर है । हीगल क्रिया, प्रतिक्रिया और संश्लेषण के माध्यम से समाज की प्रगति को तो स्वीकार करते हैं, परन्तु वे यह नहीं बताते कि यह सब होता कैसे है? इसकी प्रेरक शक्तियाँ क्या हैं? हीगल के दर्शन में ऐसा आभास होता है, मानो यह सब अपने-आप ही हो रहा है, कोई अलौकिक सत्ता (Supernatural power) इसका संचालन कर रही है और व्यक्तियों की सचेत इच्छा का इसमें कोई योग नहीं है, मानो वे उस अलौकिक सत्ता के हाथों में खिलौने मात्र हों । कार्ल मार्क्स इस व्याख्या को नहीं मानते और इसे 'थोथा रहस्यवाद' कहते हैं । कार्ल मार्क्स के अनुसार सामाजिक विकास की प्रेरक शक्तियाँ आर्थिक परिस्थितियाँ हैं । उनके मत से, समाज का जैसा आर्थिक संगठन होता है, उसी के अनुरूप समाज की समस्त संस्थाएँ बनती हैं । कार्ल मार्क्स के हाथों में हीगल का द्वन्द्ववाद आर्थिक नियतिवाद का रूप धारण कर लेता है ।

मार्क्सवाद के दार्शनिक आधार को द्वन्द्वात्मक भौतिकवाद इसलिए कहा जाता है कि प्राकृतिक घटनाचक्र को समझाने का दृष्टिकोण द्वन्द्वात्मक (तर्कसम्मत) है तथा उसके प्राकृतिक घटना-चक्र की व्याख्या तथा इस घटना-चक्र सम्बन्धी मान्यता और विचारधारा भौतिकवादी है । यह वह सिद्धान्त है, जो प्रत्येक वस्तु की व्याख्या परिवर्तन के सन्दर्भ में करता है । यह परिवर्तन पदार्थ में अन्तर्निहित विरोधी शक्तियों के निरन्तर विरोधाभास के कारण होता है । इस दार्शनिक सिद्धान्त के अनुसार पदार्थ का स्वत: अस्तित्व होता है । पदार्थ के अस्तित्व का कारण कोई दैविक अथवा जगत् से परे तथ्य नहीं है और न तो इसका अस्तित्व मानव के मन पर ही निर्भर है । प्रत्येक पदार्थ जो वास्तविक है, उसमें स्वपरिवर्तन की प्रक्रिया चला करती है; क्योंकि यह विषय-वस्तु विरोधी शक्ति-तथ्यों से निर्मित है । आन्तरिक हलचल से प्रत्येक

वस्तु एक-दूसरे से सम्बन्धित होती है और वह वस्तु दूसरे रूप में बदलती है । द्वन्द्वात्मक विधि का प्रयोजन है, सभी वस्तुओं का ऐतिहासिक अन्वेषण करना : देखें– **Dialectic** ।

diaspora (डाइ 'ऐसपोरअ्) **प्रसार** : इसका शाब्दिक अर्थ लोगों का सारी दुनिया में फैलना होता है । लेकिन, इस शब्द का प्रारम्भिक प्रयोग यहूदियों के सन्दर्भ में हुआ था । जब यहूदियों को फिलिस्तीन से और बाद में इजरायल से मुस्लिम लोगों ने निकाल बाहर किया, तो वे सारी दुनिया में फैल गये और वैसे ही यहूदियों के लिए डाइऐसपोरा (**Diaspora**) शब्द का प्रयोग किया गया । अब तो इस शब्द का प्रयोग सामान्यत: विश्व के विभिन्न देशों में फैले ऐसे नृजातिक समूहों के प्रवजन के लिए किया जाता है, जिनकी समान संस्कृति और विरासत होती है (देखें– Paul Gilory, **The Black Atlantic**, 1993) ।

dichotomy (डाइ 'कॉटमि) **द्विभाजन, द्विभागी** : किसी वस्तु का दो भागों में विभाजन । दर्शनशास्त्र में यह शब्द उस वैचारिक प्रवृत्ति की ओर संकेत करता है, जिससे सत्ता को दो विपरीत पक्षों में अलग-अलग करके उसका अध्ययन किया जाता है, जैसे– देह और मन, जड़ और चेतन, गोचर और अगोचर आदि । इस प्रवृत्ति की आलोचना की गई है और यह आपत्ति उठाई गई कि 'द्विभागीकरण' में अतिसामान्यीकरण का दोष उत्पन्न होना अनिवार्य है । मनोविज्ञान में व्यक्तित्व को 'अन्तर्मुखी' (**Introvert**) और 'बहिर्मुखी' (**Extrovert**) में वर्गीकृत करना भी द्विभागीकरण है । ऐसे वर्गीकरण की भी आलोचना की गई है; क्योंकि व्यक्तित्व की सजीवता और परिवर्तनशीलता को ध्यान में रखते हुए यह विभाजन अवास्तविक प्रतीत होता है ।

dictatorship (डिक् 'टेटर् शिप) **अधिनायकवाद, अधिनायकतन्त्र** : एक राजनीतिक व्यवस्था, जिसमें एक व्यक्ति या व्यक्तियों के एक लघु समूह को, किसी देश के समस्त व्यक्तियों के जीवन पर शासन करने का अधिकार होता है । ऐसे देश में लेखन, भाषण, संगठन तथा आवेदन-निवेदन की स्वतन्त्रता सहित सभी नागरिक अधिकार बहुत सीमित या बिल्कुल नहीं होते हैं तथा सत्ता में रहने वाले व्यक्ति अथवा व्यक्तियों को हटाने के लिए जनता के पास क्रांति के अतिरिक्त अन्य कोई साधन नहीं होता ।

अधिनायकतन्त्र के निम्न लक्षण निर्धारित किए गये हैं– (क) ऐसे रीति-रिवाजों अथवा विधियों का अभाव, जिनके आधार पर शासक अथवा शासितों को उनके कार्यों के लिए उत्तरदायी ठहराया जा सके या अपदस्थ किया जा सके, (ख) सत्ता के प्रयोग पर मर्यादाओं का अभाव, (ग) पहले से विद्यमान विधियों के उल्लंघन द्वारा सर्वोच्च सत्ता की प्राप्ति, (घ) व्यवस्थित उत्तराधिकार-पद्धति का अभाव, (ङ) सत्ता का केवल सीमित समुदाय के लाभ के लिए प्रयोग, (च) प्रजा का केवल डर के कारण आज्ञापालन, (छ) सत्ता का एक व्यक्ति के हाथों में सकेन्द्रण एवं (ज) आतंक का प्रवर्त्तन : देखें– **Authoritarianism** ।

dictatorship of the proletariat (डिक् 'टेटर् शिप ऑव् द् प्रोलि'टेअरिअट्) **सर्वहारा का अधिनायकवाद** : मार्क्सवादी सिद्धान्त के अनुसार यह माना जाता है कि पूँजीवादी तथा समाजवादी व्यवस्थाओं के बीच एक ऐसी संक्रमणकालीन स्थिति आयेगी, जब बहुसंख्यक कामगारों के हित में काम करने वाले कुछ अल्पसंख्यकों का राज्य-सत्ता पर एकान्तिक अधिकार होगा। इस स्थिति को ही कार्ल मार्क्स ने 'सर्वहारा का अधिनायकवाद' कहा है । कार्ल मार्क्स और ऐंगल्ज (Karl Marx and Friedrich Engels) (हिन्दी में ऐंगल्स अशुद्ध उच्चारण है) सर्वहारा वर्ग के अधिनायकवाद को लोकतन्त्र का विलोम नहीं मानते थे । वे सर्वहारा वर्ग के अधिनायकवाद से उस समाज की कल्पना करते थे, जिसमें राज्य की शक्ति श्रमिक वर्ग में निवास करेगी और सम्भवत: श्रमिक वर्ग उस सत्ता का बल-पूर्वक प्रयोग करेंगे, ताकि उनके पूर्ववर्त्ती शासक उनसे सत्ता छीन न लें । कार्ल मार्क्स और ऐंगल्ज मान लेते हैं कि श्रमिक वर्ग के प्रतिनिधि उत्पादन के साधनों पर अपना कब्जा जमायेंगे और यदि कोई इस दिशा में उनका विरोध करेगा, तो वे बल का प्रयोग करेंगे । मार्क्सवादी दर्शन में सर्वहारा वर्ग का अधिनायकवाद एक संक्रांतिकालीन अवस्था है; क्योंकि उसका अन्तिम उद्देश्य तो

एक ऐसे स्वचालित समाज की स्थापना करना है, जिसमें न कोई शोषित होगा, न कोई शोषक, विभिन्न वर्ग समाप्त हो जायेंगे और राज्य की आवश्यकता न रहेगी।

difference ('डिफ़रन्स्) **अन्तर :** मूलरूप में इस शब्द का प्रयोग दूसरे दौर के नारीवादी लेखकों ने पुरुष और महिला के बीच अन्तर को दर्शाने के लिए किया था। उन लोगों ने इस शब्द का प्रयोग यह स्पष्ट करने के लिए किया था कि पुरुष जाति के लोग किस प्रकार नारियों का शोषण और उत्पीड़न करते हैं। जीवन के हरेक क्षेत्रों में महिलाओं का अनुभव पुरुषों से भिन्न और विपरीत होता है। लेकिन, आजकल इस शब्द का प्रयोग नृजातीय समूहों, वर्ग एवं सामाजिक समूह के अन्तर्गत उम्र के आधार पर पाये जाने वाले विभाजनों के लिए किया जाता है।

difference principle ('डिफ़रन्स् 'प्रिन्सपल्) **अन्तर सिद्धान्त, सैद्धान्तिक अन्तर :** सामाजिक न्याय या सकारात्मक क्रिया का विचार अन्तर सिद्धान्त पर आधारित है : देखें– **Social justice; Affirmative action**।

differential association (डिफ़'रेन्श्ल् अॅ सोसि'एशन्) **विभेदी साहचर्य :** यह एक ऐसी प्रक्रिया है, जिसके अन्तर्गत विसामान्य व्यवहार करने के लिए कुछ विशिष्ट ज्ञान और कुशलता की आवश्यकता होती है। शहरों के अन्तर्गत ऐसे बहुत सारे अपराधियों के गैंग तथा व्यावसायियों के समूह होते हैं, जो बाज़ारों के अन्तर्गत धोखाधड़ी का काम करते हैं। उस काम के लिए एक विशिष्ट निपुणता की आवश्यकता होती है। ऐसा माना जाता है कि जिस समाज के अन्तर्गत व्यवस्थाएँ जितनी जटिल होती हैं, वहाँ पर विसामान्य आचरण उतना ही अधिक होता है। विभेदी साहचर्य का विचार सर्वप्रथम इडविन सदरलैंड (Edwin H. Sutherland, 1893-1950) ने विसामान्य व्यवहार की घटनाओं का विश्लेषण करने के लिए किया था। उनका यह विचार इस मान्यता पर आधारित है कि अपराध मूलत: सीखी जानेवाली घटना है। अपराधी व्यवहार आनुवंशिक होने की बजाय दुष्चरित्र व्यक्तियों के संसर्ग में सीखी जानेवाली प्रक्रिया का नाम है। एक व्यक्ति जब ऐसे व्यक्तियों के संसर्ग में अधिक रहता है, जहाँ अपराध को अच्छा माना जाता है और उन व्यक्तियों के साथ उनका सम्पर्क कम होता है, जो अपराध को गलत क्रिया मानते हैं, तब ऐसा व्यक्ति अपराध करना सीख जाता है। अत: संगति की विभेदी प्रक्रिया आपराधिक क्रियाओं को सीखने का मूल कारण है। सदरलैंड ने कहा कि एक व्यक्ति अपराधी तब बनता है जब वह अधिकतर ऐसे व्यक्तियों के बीच रहता है, जो कानून के उल्लघंन को बुरा मानने की बजाय अच्छा मानते हैं (देखें– Edwin H. Sutherland and Donald R. Cressey, **Principles of Criminology**, 2000) : देखें– **Differential association theory of deviance**।

differential association theory of deviance (डिफ़'रेन्श्ल् अॅ सोसि'एशन् 'थिअरि ऑव़् 'डीविअन्स्) **विसामान्यता का विभेदी साहचर्य-सिद्धान्त :** अमरीकी समाजशास्त्र के शिकागो परम्परा (**Chicago School**) के प्रतिनिधि इडविन एच. सदरलैंड (Edwin H. Sutherland, 1893-1950) ने बहुत सारे अनुभवाश्रित तथ्यों के आधार पर इस सिद्धान्त का प्रतिपादन 20वीं शताब्दी के मध्य में किया था। कभी-कभी इसे ही संस्कृति संचरण सिद्धान्त (**Cultural transmission theory**) या उप-संस्कृति सिद्धान्त (**Sub-cultural theory**) भी कहा जाता है। सदरलैंड का मुख्य उद्देश्य अपराध के एक सुगठित समाजशास्त्रीय सिद्धान्त की रचना करना था। उन्होंने अपने इस सिद्धान्त द्वारा यह साबित करने का प्रयास किया है कि अपराध अपराधियों के संसर्ग से एक सीखा हुआ व्यवहार है।

सदरलैंड का कहना है कि जब व्यक्ति को समाज में समायोजित करने का कोई वैध तरीका नजर नहीं आता है, तो वह विसामान्य व्यवहार करने लगता है। यह विसामान्य व्यवहार करने वाले व्यक्ति की कोई व्यक्तिगत खोज नहीं है। चूँकि, समाज में पहले से इस प्रकार की उप-संस्कृति मौजूद रहती है और वह व्यक्ति उसके सम्पर्क में आकर उसका मात्र अनुसरण करता है। व्यक्ति का कोई व्यवहार उस विसामान्य उप-संस्कृति के सन्दर्भ में नहीं होता है, बल्कि बृहत्तर संस्कृति के सन्दर्भ में होता है, जिसका उप-संस्कृति एक छोटा-सा अंग है। सदरलैंड का विचार है कि लोग अपराधी जन्म से नहीं होते हैं। व्यक्ति समाज में आकर अपराध सीखता है : देखें– **Differential association**।

differential fertility (डिफ़'रेन्श्ल् फ़र्'टिलटि) **विभेदी प्रजननता :** किसी जनसंख्या में विभिन्न समूहों अथवा वर्गों

की प्रजननता में भिन्नता, जैसे– एक समाज के अन्तर्गत शिक्षित और अशिक्षित लोगों के बीच प्रजननता-दर में भिन्नता पायी जाती है : देखें– **General fertility rate** ।

differential identification theory (डिफ़'रेन्श्ल् आइडेन्टिफ़ि'केशन् 'थिअरि) **विभेदी पहचान-सिद्धान्त :** डेनियल ग्लेज़र (D. Glazer) ने सदरलैंड (Edwin H. Sutherland, 1893-1950) के 'विभेदी साहचर्य का सिद्धान्त' के स्थान पर 'विभेदी पहचान का सिद्धान्त' का प्रतिपादन किया है । 'विभेदी पहचान' की अवधारणा मूलरूप में विभेदी संगति का एक संशोधित रूप है । ग्लेज़र के अनुसार एक व्यक्ति तब अपराध करता है, जब वह अपनी पहचान उन वास्तविक अथवा काल्पनिक व्यक्तियों के साथ जोड़ता है, जिनकी नजर में उसका अपराधी व्यवहार मान्य होता है । वह ऐसे व्यक्तियों का चुनाव करता है, जिनके साथ वह अपने-आपको उन व्यक्तियों के समकक्ष समझने का प्रयत्न करता है। ऐसे व्यक्ति उसके व्यवहार के लिए मॉडल का कार्य करते हैं तथा उसके लिए भूमिका का आदर्श प्रस्तुत करते हैं ।

differential opportunity structure (डिफ़'रेन्श्ल् ऑपर्'ट्यूनटि'स्ट्रक्चर्) **विभेदी अवसर संरचना :** विसामान्यता की घटना के विश्लेषण के सन्दर्भ में यह कहा जाता है कि समाज में प्रत्येक व्यक्ति को जीवन में आगे बढ़ने का समान अवसर नहीं मिल पाता; क्योंकि सामाजिक स्तरण और मूल्यों का स्वरूप ही ऐसा होता है । जब व्यक्ति को आगे बढ़ने का समान अवसर प्राप्त नहीं होता, तो वह विवश होकर अनैतिक या गैरकानूनी रास्तों को अपनाकर आगे बढ़ने का प्रयास करता है । अपराध एवं अपचारिता समाज के लक्ष्यों को वैधानिक रूप में प्राप्त करने के लिए किये गये असफल प्रयत्नों का परिणाम है (देखें– Richard A. Cloward and Lloyd B. Ohlin, **Delinquency and Opportunity**, 1960) ।

differentiation (डिफ़रेन्शि'एश्न्) **विभेदीकरण :** अलग करने वाली विशेषताओं की उपस्थिति या पृथक् करने वाली विशेषताओं का विकास विभेदीकरण है । सामाजिक विभेदीकरण के अन्तर्गत विभिन्न व्यक्तियों या समूहों के बीच एक प्रकार का विभाजन पाया जाता है, जिसमें ऊँच-नीच या हीनता की भावना नहीं भी रह सकती है । यह एक तटस्थ प्रक्रिया है । सामाजिक स्तरण के आधार जटिल हो सकते हैं । इसके आधार पारिवारिक प्रतिष्ठा, सम्पत्ति, शिक्षा, पेशा, शक्ति आदि भी हो सकते हैं, जबकि सामाजिक विभेदीकरण में ऐसी बात नहीं होती है । सामाजिक विभेदीकरण के आधार कुछ ज्यादा ही स्पष्ट होते हैं । इसका आधार जैविक भी हो सकता है, जैसे– रूप-रंग, उम्र, यौन विभेद, स्वास्थ्य आदि । सामाजिक विभेदीकरण सामाजिक स्तरण की तुलना में अधिक प्राचीन है । स्तरण समाज का एक समस्तरीय **(Horizontal)** विभाजन है, तो विभेदीकरण विषमस्तरीय या खड़ा **(Vertical)** बँटवारा है (देखें– Émile Durkheim, **The Division of Labour in Society**, 1933) : देखें– **Evolutionary theory** ।

differentiation, social or structural (डिफ़रेन्शि'एश्न्,'सोश्ल् ऑर्'स्ट्रक्चर्ल) **सामाजिक या संरचनात्मक विभेदीकरण :** देखें– **Structural differentiation** ।

diffuse crowd (डि'फ्यूस् क्राउड्) **विसृत भीड़ :** देखें– **Crowd** ।

diffused power (डि'फ्यूज़ड 'पाउअर्) **विसरित शक्ति :** देखें– **Organizational reach** ।

diffusion (of culture) (डि'फ्यूजन् ऑव्'कल्चर्) **संस्कृति-प्रसार, प्रसारण :** सांस्कृतिक जगत् के परिवर्तन में प्रसार का प्रमुख योगदान रहा है । पश्चिमीकरण **(Westernization)**, आधुनिकीकरण **(Modernization)** एवं भूमण्डलीकरण **(Globalization)** जैसी प्रक्रियाओं का मुख्य आधार प्रसार ही रहा है । आधुनिक युग में प्रौद्योगिकी का इतना अधिक विकास हुआ है कि प्रसार की गति बहुत तेज हो गयी है (देखें– Edward Tylor, **Primitive Culture**, 1958; Everett M. Rogers, **Diffusion of Innovations**, 1983) ।

diffusionism (डि'फ्यूज़ निज़म्) **प्रसारवाद, विसरणवाद :** यह एक समूह से दूसरे समूह तक संस्कृति के तत्त्वों के प्रसार का सिद्धान्त है । सभ्यता की कुछेक आदिकालीन सांस्कृतिक पद्धतियों के प्रसार को दृष्टिगत करते हुए मानव इतिहास के पुनर्निर्माण का प्रयत्न इस धारणा का आधार है । इस सिद्धान्त का उद्भव 18वीं और 19वीं शताब्दी में मूलतः

उद्विकासवाद की प्रतिक्रिया के फलस्वरूप हुआ। संस्कृति विकास की व्याख्या करनेवाला वह सिद्धान्त, जिसके अनुसार यह माना जाता है कि संस्कृति का विकास एवं वृद्धि, सांस्कृतिक तत्त्वों के एक संस्कृति से दूसरी संस्कृति में फैलने के द्वारा होती है। प्रसारवादी मानते हैं कि विभिन्न संस्कृतियों में समान तत्त्वों की विद्यमानता का कारण स्वतन्त्र रूप से आविष्कार न होकर प्रसार है। पारस्परिक लेन-देन के कारण रीति-रिवाजों, प्रथाओं, धर्म, कला तथा भौतिक वस्तुओं आदि का एक समाज से दूसरे समाज में प्रसार होता है (देखें– W. J. Perry, **The Growth of Civilization**, 1926)।

digamy (डिग'मि) **पुनर्विवाह :** पति या पत्नी की मृत्यु हो जाने अथवा उनके द्वारा तलाक दिए जाने पर दूसरा विवाह।

dimension (डाइ'मेन्शन्) **आयाम :** आयाम किसी चीज़ की वह विशेषता है, जिसे मापा जा सकता है या किसी कागज के ऊपर एक निश्चित तरीके से दर्शाया जा सकता है। मैक्स वेबर (Max Weber, 1864-1920) के सिद्धान्त को माननेवाले समाजविज्ञानियों का कहना है कि सामाजिक स्तरण के तीन प्रमुख आयाम होते हैं– वर्ग (**Class**), स्थिति (**Status**) एवं शक्ति (**Power**)। किसी भी व्यक्ति या व्यक्तियों के समूह को इन तीन आयामों के माध्यम से समाज में स्थान निर्धारित या चिह्नित किया जा सकता है। यह बात दूसरी है कि बहुत से समाजविज्ञानियों ने स्तरीकरण के इस आयाम का खण्डन किया है।

dimensional sociology (डाइ'मेन्शन्ल् सोसि'ऑलजि) **विमितीय समाजशास्त्र :** समाजशास्त्र की वह शाखा, जिसमें गणितीय ढंग से अभिव्यक्त सामाजिक संकल्पनाओं का विवेचन होता है।

diploma disease (डि'प्लोमा डि'ज़ीज़्) **उपाधि-पत्र रोग :** इस शब्द का सर्वप्रथम प्रयोग रोणल्ड डोर् (Ronald Dore) ने इस बात की आलोचना करने के लिए किया था कि समाज में बहुत लोग इस बीमारी से ग्रस्त हैं कि उच्च शिक्षा या विभिन्न प्रकार के प्रशिक्षणों के माध्यम से वे ऊँची आमदनी वाली नौकरी आसानी से प्राप्त कर सकते हैं। लोग ज्ञान और कुशलता से अधिक सर्टिफिकेट को अहमियत देते हैं। एकसाथ कई विषयों में विश्वविद्यालयों से उपाधि ग्रहण करने की कोशिश भी इसी बीमारी का सूचक है।

direct action (डाइ'रेक्ट् 'ऐक्शन्) **सीधी कार्रवाई, प्रत्यक्ष कार्रवाई :** ऐसी सामूहिक कार्रवाई, जिसमें किसी राजनीतिक, सामाजिक या आर्थिक परिवर्तन की माँग पर सरकार और जनता का ध्यान केन्द्रित करने के उद्देश्य से ग़ैर-राजनीतिक तरीकों का सहारा लिया जाता है, जैसे कि हड़ताल, प्रदर्शन, तोड़-फोड़, हिंसा या अहिंसात्मक प्रतिरोध।

direct (causal) effect (डाइ'रेक्ट् ('कॉज़ल) इ'फ़ेक्ट्) **प्रत्यक्ष (नैमित्रक) प्रभाव :** देखें– **Causal modelling**।

direct correlation (डाइ'रेक्ट् कॉर'लेशन्) **प्रत्यक्ष सहसम्बन्ध :** देखें– **Correlation**।

direct democracy (डाइ'रेक्ट् डि'मॉक्रसि) **प्रत्यक्ष लोकतन्त्र** या **लोकशाही :** लोकतन्त्र का वह रूप, जिसमें समस्त नागरिक स्वयं ही राजकाज में भाग लेते हैं और अपने निर्वाचित प्रतिनिधियों पर निर्भर नहीं रहते। इस पद्धति में निर्वाचित विधान सभाएँ नहीं होतीं, जहाँ कि जन-प्रतिनिधि शासन की नीति का निर्धारण या विविध विधियों का निर्माण करते हैं : देखें– **Democracy**।

direct effect (डाइ'रेक्ट् इ'फ़ेक्ट्) **प्रत्यक्ष प्रभाव :** देखें– **Effects, statistical**।

direct knowledge (डाइ'रेक्ट् 'नॉलिज्) **प्रत्यक्ष ज्ञान :** वह ज्ञान, जिसमें ज्ञाता और ज्ञेय के बीच किसी मध्यस्थ सत्ता की आवश्यकता न हो। उपरोक्त ज्ञान को स्वीकार करने से जहाँ व्यक्ति और यथार्थ में सीधा सम्बन्ध स्थापित होता है, वहाँ यह कठिनाई भी उपस्थित होती है कि यदि ज्ञान अपरोक्ष है, तो भ्रम और मिथ्या ज्ञान क्यों होता है। यदि ज्ञाता और ज्ञेय के बीच कोई रुकावट नहीं है तो ज्ञेय वस्तु विकृत रूप में क्यों अनुभूत होती है? इस प्रश्न का सन्तोषजनक उत्तर न मिलने से कुछ दार्शनिक कहते हैं कि केवल धार्मिक साधना से ही होनेवाले ज्ञान को या कलात्मक सहानुभूति को प्रत्यक्ष ज्ञान कहा जा सकता है। बुद्धि और प्रत्यक्ष पर आधारित ज्ञान का किसी-न-किसी सीमा तक परोक्ष होना अनिवार्य है।

direct tax (डाइ'रेक्ट् टैक्स्) **प्रत्यक्ष कर :** ऐसा कर, जिसे करदाता सीधे सरकार को देता है, जैसे कि आय-कर, सम्पत्ति-कर इत्यादि। इसके विपरीत उत्पाद-शुल्क को अप्रत्यक्ष कर कहा जाता है ।

direction of relationship (डाइ'रेक्शन् ऑव् रि'लेशन्शिप्) **सम्बन्ध निर्देश :** दो चरों के बीच किस प्रकार का सम्बन्ध है, इस विषय में विशेष रूप से अध्ययन किया जाता है । विभिन्न प्रविधियों के माध्यम से यह दर्शाने की कोशिश की जाती है कि विभिन्न चरों के बीच सकारात्मक या नकारात्मक सम्बन्ध है । कभी-कभी सम्बन्ध सीधे होते हैं, तो कभी वक्रीय भी : देखें– **Curvilinear correlation; Linear correlation; Positive correlation; Negative correlation** ।

dirty public goods ('डर्टि 'पब्लिक् गुड्स्) **दूषित सार्वजनिक वस्तुएँ :** ऐसे सार्वजनिक प्रबन्ध या परियोजनाएँ, जो विशाल जनसंख्या के लाभ के लिए स्थापित की जाती हैं, परन्तु उनके निकट रहने वाले लोगों को उनसे हानि भी उठानी पड़ती है । उदाहरण के लिए, बिजलीघर, इस्पात संयन्त्र और हवाई अड्डे बहुत बड़ी जनसंख्या के हित में स्थापित किये जाते हैं, परन्तु उनके निकट रहने वाले लोगों को शोर, भीड़भाड़, घुटन और अन्य तरह के प्रदूषण को सहन करना पड़ता है ।

disability (डिस 'बिलटि) **निर्योग्यता :** मुख्यरूप से व्यक्तियों में दो प्रकार की निर्योग्यताएँ पाई जा सकती हैं– शारीरिक एवं मानसिक । इसका स्वरूप तात्कालिक एवं स्थायी हो सकता है । मानसिक एवं शारीरिक निर्योग्यताएँ कई प्रकार की हो सकती हैं और जिन्हें विभिन्न समाजों में विभिन्न तरह से देखा जा सकता है ।

disablement (डिस्'एबलमन्ट) **विकलांग, अंगहानि :** दण्ड का एक तरीका, जिसका उद्देश्य यह होता है कि अपराधी को इस स्थिति में ला दिया जाये कि भविष्य में वह कोई अपराध न कर सके ।

disarmament (डिस् 'आर्ममन्ट) **निःशस्त्रीकरण :** यह एक ऐसी प्रक्रिया या नीति है, जिसके तहत देश लड़ाई के हथियारों में कमी लाता है । इसका मुख्य उद्देश्य अन्तर्देशीय और अन्तर्राष्ट्रीय तनाव में कमी लाना है । परमाणु-युग में इस नीति की आवश्यकता और भी अधिक हो गई है । यहाँ यह भी उल्लेख करना महत्त्वपूर्ण है कि निःशस्त्रीकरण हथियार नियन्त्रण (**Arms control**) का पर्यायवाची नहीं है ।

disaster, sociological aspect of (डि'ज़ास्टर्, सोसिअ'लॉजिकल् 'ऐसपेक्ट् ऑव्) **आपदा का समाजशास्त्रीय पहलू :** मुख्यरूप से आपदा दो प्रकार की होती है– प्राकृतिक आपदा एवं मानवनिर्मित आपदा । भूकम्प, ज्वालामुखी एवं समुद्री तूफान प्राकृतिक आपदा हैं, तो युद्ध के परिणामस्वरूप होने वाली क्षति मानवनिर्मित आपदा है । आपदा का स्रोत या कारण जो भी हो, मानवसमाज पर इसका प्रभाव बहुत गहरा होता है । समाजशास्त्री मुख्यरूप से यह अध्ययन करने का प्रयास करते हैं कि आपदा का व्यक्ति और समाज पर किस प्रकार का प्रभाव पड़ता है । समाजशास्त्री आपदा के विभिन्न पहलुओं का अध्ययन कर सामाजिक सिद्धान्तों का भी निर्माण करते हैं (देखें– G. W. Baker and D. W. Chapman, **Man and Society in Disaster**, 1962) ।

discontinuity, social (डिस् कॉन्टि'न्यूअटि, 'सोशल्) **सामाजिक अन्तराल :** इस शब्द का ईजाद रूथ बेनेडिक्ट (Ruth Benedict, 1887-1949) ने पहली बार किया था । उन्होंने बताया है कि अलग-अलग समाजों में सांस्कृतिक भूमिकाएँ लोगों को अलग-अलग ढंग से सिखायी जाती हैं । कहीं तो यह लगातार सिखायी जाती है, तो कहीं पर रुक-रुक कर बतायी जाती हैं । जैसे भारत में विभिन्न वर्ण आश्रमों के लिए विभिन्न प्रकार की भूमिकाओं की चर्चा की गई है । एक आश्रम से दूसरे आश्रम में जाने पर एकाएक व्यक्ति की भूमिकाएँ बदल जाती थीं। आज भी बहुत सारी जनजातियों में भिन्न-भिन्न प्रकार के लोगों के लिए विभिन्न प्रकार की भूमिकाएँ सीखायी जाती हैं और दो भूमिकाओं के बीच एक अन्तराल हुआ करता है ।

discontinuity of socialization (डिस् कॉन्टि'न्यूअटि ऑव् सोशॅलाइ'ज़ेशन्) **विच्छिन्न समाजीकरण :** जब जीवन के किसी एक चरण का समाजीकरण जीवन के दूसरे चरण के काम में मदद नहीं करता है या बाधा उत्पन्न करता है तो उसे विच्छिन्न या असंगत समाजीकरण कहते हैं ।

discourse and discourse formation ('डिस्कॉर्स ऐन्ड् 'डिस्कॉर्स फ़ॉर'मेश्न्) **प्रबन्ध एवं प्रबन्ध निर्माण :** प्रबन्ध लिखित या अलिखित संवाद एवं चिन्तन में अन्तर्निहित एक विषय-वस्तु का नाम है । माइकल फूको (Michel Foucault, 1926-1986) ने कहा है कि प्रबन्ध समाजशास्त्रीय दृष्टि से इसलिए महत्त्वपूर्ण है कि इसके माध्यम से हम यह समझने का प्रयास करते हैं कि कैसे कोई व्यक्ति इस दुनिया के बारे में बात करता या सोचता है, जो उसके आचरण और चिन्तन को प्रभावित करता है और अन्ततोगत्वा उससे वह एक नई दुनिया का निर्माण करता है । इस प्रकार लोग प्रबन्ध के माध्यम से किसी यथार्थ का निर्माण कर उसे उसी रूप में अनुभव करने का प्रयास करते हैं और जब ऐसा हो जाता है, तो उस यथार्थ के बारे में एक निश्चित तरीके से लोग सोचते और आचरण करने लगते हैं । फलस्वरूप उस यथार्थ के सम्बन्ध में अन्य वैकल्पिक तरीकों से सोचने व आचरण करने के तरीको को बन्द कर देते हैं ।

यौन एवं पागलपन माइकल फूको के लेखन के दो प्रमुख विषय रहे हैं, जिनके सम्बन्ध में उन्होंने बताया है कि कैसे हम इन विषयों पर संवाद के माध्यम से एक निश्चित प्रकार का विचार-निर्माण करते हैं और उसके अनुरूप अपना आचरण करते हैं । लैंगिकता का कैसे आनन्द लिया जाये या यह मानना कि विषम-लिंगियों के बीच ही सही लैंगिकता है । व्यक्ति अपने समाज में प्रचलित विचारों व संवादों को समझकर अपने विचार का निर्माण कर आचरण करने का प्रयास करता है । फूको ने यह भी बताया है कि पागलपन क्या होता है या किसी पागल के प्रति कैसा आचरण करना चाहिए । व्यक्ति समाज में व्याप्त विचारों को आधार मानकर अपने विचार का निर्माण करता है और उसी के अनुसार आचरण करने का प्रयास करता है (देखें– Michel Foucault, **Madness and Civilization: A History of Insanity in the Age of Reason**, 1971and **The History of Sexuality**, 1979) ।

discourse formation ('डिस्कॉर्स फ़ॉर'मेश्न्) **तर्कमूलक रचना :** देखें– **Discourse and discourse formation**।

discrete variable and continuous variable (डि'स्क्रीट 'व़ेरिअब्ल् ऐन्ड् कन'टिन्युअस् 'व़ेरिअब्ल्) **असतत चर एवं निरन्तर चर :** देखें– **Variable** ।

discretion (डि'स्क्रेश्न्) **विवेक, विवेकाधिकार :** किसी व्यवस्था में सभी नियम-कानून या कार्य-पद्धति पूर्व-निश्चित नहीं होती । यह कतई संभव नहीं कि समस्त कार्यप्रणालियों को पहले से ही लिखा जाय, इसलिए हरेक व्यवस्था के अन्तर्गत बड़े अधिकारियों को कुछ-न-कुछ अपना अधिकार प्राप्त होता है, जिसका प्रयोग वे विशेष परिस्थितियों में करते हैं । प्रशासन या नौकरशाही के क्षेत्र में इस प्रकार की चीज़ें विशेष रूप से देखने को मिलती हैं, जिन्हें प्रशासकीय विशेषाधिकार (Administrative discretion) कहा जाता है ।

discriminant analysis (डि'स्क्रिमइ नॅन्ट अ'नैलसिस्) **विविक्तकार, विभेदी विश्लेषण :** देखें– **Multivariate analysis** ।

discrimination (डि स्क्रिमि'नेश्न्) **भेदभाव :** सामान्य अर्थ में भेदभाव का तात्पर्य 'अन्यायपूर्ण बर्ताव' से है । समाजशास्त्र में, इसका प्रयोग अधिकांशतः नृजातीय एवं प्रजातीय सम्बन्धों के सन्दर्भ में हुआ है । इसका प्रयोग भारतीय सन्दर्भ में विभिन्न जातियों के बीच स्थापित दुरावपूर्ण सम्बन्धों को लेकर हुआ है । विलियम ग्राहम समनर् और एफ. एच. गिडिंग्ज (William G. Sumner and F. H. Giddings) जैसे प्रारम्भिक समाजशास्त्रियों ने भेदभाव को 'नृजातिकेन्द्रवाद' (**Ethnocentrism**) की एक अभिव्यक्ति के रूप में देखा है ।

discrimination, institutionalized (डि स्क्रिमि'नेश्न्, इन्स्टि'ट्यूशन्लाइज़्ड) **संस्थागत भेदभाव :** देखें– **Institutionalized discrimination** ।

discrimination, positive (डि स्क्रिमि'नेश्न्, 'पॉज़िटिव़्) **सकारात्मक भेदभाव :** कई समाजों में जाति, प्रजाति, नस्ल, लिंग और धर्म के आधार पर लम्बे समय से भेदभाव बरता जा रहा है । ऐसे समाजों में इस प्रकार के भेदभाव से पीड़ित

वर्गों को राहत देने, उनके उत्थान और उद्धार की दृष्टि से कुछ नीतियाँ और नियम-कानून बनाये गये हैं, जो इन पीड़ित समूहों के उत्थान के लिए आवश्यक हैं । कई स्थानों पर ऐसे समूहों के लिए शिक्षा, नौकरी तथा अन्य क्षेत्रों में आरक्षण की व्यवस्था की गई है । भारत में, सदियों से पीड़ित दलित, अस्पृश्य और पिछड़ी जातियों के लिए स्वतन्त्रता के बाद, संवैधानिक तथा सरकारी एवं गैरसरकारी प्रयासों द्वारा इनकी दयनीय सामाजिक, आर्थिक एवं राजनीतिक स्थिति में परिवर्तन लाने का प्रयास किया जा रहा है । आर्थिक रूप से शोषित और सामाजिक रूप से पीड़ित समाज के वर्गों को न्याय और उन्नति के समान अवसर उपलब्ध कराने के प्रयासों को ही 'सकारात्मक भेदभाव' कहा गया है । भारत तथा कुछ अन्य देशों में इसके लिए 'क्षतिपूरक भेदभाव' या 'संरक्षात्मक भेदभाव' जैसे शब्दों का भी प्रयोग हुआ है । यह संरक्षात्मक भेदभाव सुरक्षात्मक कवच का कार्य करता है । आरक्षण नीति इसी भेदभाव की एक अभिव्यक्ति है : देखें– **Affirmative action** ।

discrimination, racial (डि स्क्रिमि'नेश्न्, 'रेश्ल्) **प्रजातीय भेदभाव** : देखें– **Racial discrimination** ।

disease (डि 'ज़ीज़) **बीमारी** : देखें– **Sociology of health and illness; Sociology of medicine** ।

disenchantment of the world (डिसिन्'चान्ट्मन्ट् ऑव् द् वर्ल्ड्) **विश्व-विरक्ति** : विश्व के प्रति आदर-भाव की समाप्ति । लोग विश्व से अब आकर्षित और चकित नहीं होते हैं । वे इसकी शक्तियों तथा रहस्यों को जानकर उनपर नियन्त्रण कर लेते हैं, अत: उन्हें यह आकर्षक या रोमांचक नहीं लगता ।

disengagement theory (डिसिन्'गेजमन्ट् 'थिअरि) **मुक्ति-सिद्धान्त** : ऐसा विचार कि वयोवृद्ध लोगों के अन्तर्गत नए सामाजिक सम्बन्धों को स्थापित करने या किसी भूमिका को अदा करने की चाह कम होती है और वे लोग धीरे-धीरे अपने-आपको विभिन्न प्रकार के सामाजिक दायित्वों से दूर रखने की चेष्टा करते हैं (देखें– Elaine Cumming and William Henry, **Growing Old: The Process of Disengagement**, 1961) ।

disequilibrium (डिसईक्वि'लिब्रिअम्) **असन्तुलन** : देखें– **Equilibrium** ।

disguised unemployment (डिस्'गाइज़्ड् अनिम्'प्लॉइमन्ट्) **प्रच्छन्न बेरोज़गारी** : यह वह स्थिति है, जिसमें निश्चित कार्य करने के लिए आवश्यकता से अधिक संख्या में लोगों को रोज़गार दिया जाता है । ज़रूरत से ज्यादा लोग, वास्तव में उस व्यवस्था में बेरोगजार हैं; क्योंकि वे ज़रूरत का कार्य नहीं करते, यद्यपि उन्हें पारिश्रमिक मिलता है । भारत में कृषि क्षेत्र में इस प्रकार की बेरोज़गारी विद्यमान है । भारत में कोई 60 % श्रमिकों को कृषि क्षेत्र में रोज़गार मिला हुआ है, यदि इसमें से कुछ प्रतिशत श्रमिकों को हटा भी दिया जाये, तो कृषि उत्पादन में कोई कमी नहीं आयेगी; क्योंकि वहाँ ज़रूरत से ज्यादा लोग कार्यरत हैं । इसे ही प्रच्छन्न बेरोज़गारी कहा जाता है ।

disguised wage- worker (डिस्'गाइज़्ड् वेज वकर्) **प्रच्छन्न श्रमिक** : ऐसे कामकाजी लोग, जो प्रथम दृष्टि में स्वतन्त्र या स्व-रोज़गारी दिखायी पड़ते हैं । लेकिन, वास्तव में वे अपने जीवन-यापन के लिए पूँजीपतियों पर निर्भर करते हैं। इसके अन्तर्गत वैसे कामकाजी लोग आते हैं, जो कमीशन पर पूँजीपतियों का काम करते हैं । खेतों में काम करनेवाले बटाईदार भी इसी श्रेणी में रखे जाते हैं । वे लोग पूँजीपतियों के यहाँ औपचारिक रूप से मज़दूरी तो नहीं करते, लेकिन अप्रत्यक्ष रूप से पूँजीपति उनसे लाभ अवश्य उठाते हैं, ऐसा बहुत से मार्क्सवादी चिन्तकों का मानना है ।

disintegration (डिस् इन्टि'ग्रेश्न्) **विघटन, विखण्डन** : किसी इकाई का उससे निर्णायक भागों में बँट जाने की प्रक्रिया को विघटन या विखण्डन कहते हैं । इस प्रकार के विघटन में संरचना एवं प्रकार्य, संगठन तथा एकात्मकता का ह्रास होता है । विघटन किसी व्यक्ति, समूह, संस्था अथवा राष्ट्र आदि इकाइयों का हो सकता है । इस प्रक्रिया में इकाई पूर्णतया लुप्त हो जाती है और लुप्त होने से पूर्व की अवस्था को विघटन कहते हैं। समाजशास्त्रीय दृष्टि से, हम-भावना या समान हितों के लोप हो जाने तथा समूह को निर्मित करने वाली निर्णायक विभागीय इकाइयों के पृथक्-पृथक् हो जाने की अवस्था विघटन कहलाती है ।

disinterestedness, norm of (डिस् 'इन्ट्रस्टड्नस्, नॉर्म् ऑव्) **मानदण्ड की तटस्थता :** देखें– **Science, norms of** ।

disinvestment (डिसिन 'व़ेस्टमॅन्ट्) **विनिवेश :** वह कार्रवाई, जिसके अन्तर्गत सरकार सार्वजनिक क्षेत्र के उद्यमों के शेयर निजी उद्यमियों को बेच देती है, ताकि उन्हें कुशल व्यवसाय-प्रबन्ध के सिद्धान्तों के अनुरूप चलाया जा सके और उनसे प्राप्त धन से सरकारी खर्च पूरा किया जा सके ।

disorganization (डिस् ऑगनाइ 'ज़ेशन्) **विसंगठन, विघटन :** किसी क्रमबद्ध व्यवस्था तथा उसकी क्रियाशीलता की योजना के विघटन या टूट जाने की प्रक्रिया विघटन कहलाती है । विघटन की स्थिति अव्यवस्था तथा दुष्क्रियाशीलता की दशा को प्रकट करती है । सुसंगत व्यवस्था तथा प्रकार्यात्मक योजना के विघटित अथवा भंग होने की प्रक्रिया, जो समन्वित तथा समाकलित व्यवहार के लोप हो जाने पर घटित होती है । यह अवस्था व्यक्ति, समूह अथवा सामाजिक वर्ग, किसी में भी घटित हो सकती है ।

disorganization, community (डिस् ऑगनाइ 'ज़ेशन्, क 'म्यूनटि) **सामुदायिक विसंगठन :** किसी समुदाय के स्थापित सामाजिक सम्बन्धों में विघटन की स्थिति सामुदायिक विसंगठन कहलाती है ।

disorganization, family (डिस् ऑगनाइ 'ज़ेशन्, 'फ़ैमलि) **पारिवारिक विसंगठन :** वैवाहिक तथा पैतृक सम्बन्धों से सम्बन्धित आचारों के विपरीत किया गया कोई भी व्यवहार पारिवारिक विसंगठन का द्योतक है ।

disorganization, personal (डिस् ऑगनाइ 'ज़ेशन्, 'पर्सनल्) **व्यक्तिगत विसंगठन :** किसी व्यक्ति द्वारा समाजानुमोदित प्रतिमानों के साथ अनुरूप व्यवहार करने की उसकी ऐसी योग्यता या बेरुखेपन की स्थिति व्यक्तिगत विघटन की द्योतक है, जो व्यक्ति को सामाजिक विसंगठन की ओर धकेलने में सहायक है । सामान्यतः विसंगठन व्यक्ति के दृष्टिकोण एवं व्यवहार तथा सामूहिक मूल्यों के बीच संघर्ष का परिणाम है ।

disorganized capitalism (डिस् ऑगनाइज़्ड् 'कैपिटलिज़्म्) **अव्यवस्थित पूँजीवाद :** देखें– **Capitalism, disorganized** ।

dispersion (डि 'स्पर्शन्) **परिक्षेपण :** प्रेक्षण-समुच्चय में विचरण को परिक्षेपण कहते हैं । परिक्षेपण उस सीमा या विस्तार के परिणाम का सूचक है, जो प्रेक्षणों के बीच अन्तर तथा भिन्नता को व्यक्त करता है । परिक्षेपण को विचरण या परिवर्तिता भी कहते हैं । परिक्षेपण समष्टि में स्थित विषमांगता का द्योतक है तथा पदनामों में एक समानता के अभाव का सूचक है । परिक्षेपण हमें यह बताता है कि कोई एक विचर-बंटन अपने केन्द्रीय मान के इर्द-गिर्द किस मात्रा तक फैला हुआ है या संकेन्द्रित है ।

dispersion, measures of (डि 'स्पर्शन्, 'मेजर्स ऑव्) **परिक्षेपण माप :** देखें– **Variation** (statistical) ।

displaced person (डिस् 'प्लेसड् 'पर्सन्) **विस्थापित व्यक्ति :** ऐसे व्यक्ति, जिन्हें अपने मूल स्थान से हटाकर किसी नये स्थान पर पुनः जीवन आरम्भ करने के लिए बसाया जाता है ।

displacement (डिस् 'प्लेस्मन्ट्) **विस्थापन :** (1) वह स्थिति जब विशेष प्रकार के कार्यों की माँग न रह जाने के कारण लोग अपने रोज़गार से वंचित हो जाते हैं; (2) वह स्थिति जब नए नगर बस जाने, नई सड़कें, पुल, बाँध, कल-कारखाने आदि बन जाने के कारण लोग अपने घर से बेघर हो जाते हैं । (3) लेकिन, मनोविज्ञान में इसका तात्पर्य ऐसी प्रक्रिया से है, जिसके अन्तर्गत कोई व्यक्ति किसी दूसरी वस्तु या व्यक्ति के बारे में कोई तीव्र सकारात्मक या नकारात्मक प्रतिक्रिया रखता है ।

disposable income (डि 'स्पोज़बल् 'इन्कम्) **प्रयोज्य आय :** वह राशि, जो किसी व्यक्ति के वेतन में से व्यक्तिगत आय-कर तथा अन्य अनिवार्य कटौतियाँ स्वैच्छिक बचत करने के लिए उपलब्ध होती है ।

dissent (डिसे 'न्ट) **असहमति :** (1) वह स्थिति जब किसी समूह का सदस्य बहुमत के निर्णय पर अपनी सहमति व्यक्त

नहीं करता या उससे भिन्न मत व्यक्त करता है (2) वह स्थिति जब कोई नागरिक सत्तारूढ़ वर्ग के विचारों, सिद्धान्तों, नीतियों या कार्यक्रमों को स्वीकार नहीं करता या सार्वजनिक रूप से उसकी आलोचना करता है ।

dissimilarity, index of (डि 'सिमिलैरिटि, इन्डे 'क्स ऑव्) **असमानता सूचकांक :** सांख्यिकी की ऐसी प्रविधि, जिसके द्वारा दो समूहों के बीच प्रतिशत के रूप में पाये जानेवाले समस्त अन्तर को सूचकांक के माध्यम से विश्लेषण करने का प्रयास करते हैं ।

dissimilarity, measures of (डि 'सिमिलैरिटि, 'मेजर्स ऑव्) **असमानता की माप:** देखें– **Association coefficient**।

dissolution of marriage (डिस 'लूशन् ऑव् 'मैरिज्) **विवाह-विच्छेद :** देखें– **Marriage, dissolution of** ।

dissonance ('डिसनॅन्स) **विसंवादिता :** देखें– **Cognitive dissonance** ।

distance ('डिस्टन्स्) **दूरी :** देखें– **Social distance** ।

distribution (डिस्ट्रि 'ब्यूशन्) **वितरण :** जिसके द्वारा वस्तुओं और सेवाओं को ग्राहक तक पहुँचाया जाता है । पूँजीवादी व्यवस्था के अन्तर्गत वितरण एक महत्त्वपूर्ण आर्थिक प्रक्रिया है ।

distribution of income and wealth (डिस्ट्रि 'ब्यूशन् ऑव् 'इन्कम् ऐन्ड् वेल्थ्) **आय एवं सम्पत्ति-वितरण :** आय और आमदनी का बँटवारा सामाजिक असमानता को समझने के लिए बहुत ही महत्त्वपूर्ण सूचक है । लेकिन, इस सम्बन्ध में सबसे अधिक कठिनाई इस बात की है कि लोग अपनी आमदनी और सम्पत्ति की सही सूचना नहीं देते हैं । इसलिए इस सम्बन्ध में जो भी आँकड़े उपलब्ध होते हैं, वे पूरी तरह विश्वसनीय नहीं हो पाते। दुनिया में शायद ऐसा कोई समाज नहीं है, जहाँ हरेक व्यक्ति की आय समान हो या भौतिक संसाधनों के बँटवारे में एकरूपता हो । विकसित समाजों में यह समस्या सरल समाजों की तुलना में ज्यादा पेचिदा है ।

distribution (statistical or frequency) (डिस्ट्रि 'ब्यूशन् (स्ट 'टिस्टिक्ल् ऑर् 'फ्रीक्वन्सि) **सांख्यिकीय या आवृत्ति वितरण :** देखें– **Frequency distribution** ।

distribution studies (population) (डिस्ट्रि 'ब्यूशन् 'स्टडिज़ (पॉप्यु 'लेशन्) **वितरणमूलक अध्ययन** (जनसंख्या) **:** जनसंख्या को भिन्न-भिन्न क्षेत्रों में बाँटकर उसकी विशेषताओं का अध्ययन वितरणमूलक अध्ययन कहलाता है । इसमें देश की समस्त जनसंख्या को कई क्षेत्रों और उपक्षेत्रों में बाँट दिया जाता है और फिर उन्हें जनांकिकीय दृष्टि से एक अलग इकाई मानकर वहाँ की जनसंख्या के सम्बन्ध में अध्ययन किए जाते हैं । इन क्षेत्रों या इलाकों का परिसीमन दशाब्दिक जनगणना से पहले कर लिया जाता है । प्रत्येक ऐसे क्षेत्र या इलाके को 'गणना जिला' या 'गणना क्षेत्र' की संज्ञा दी जाती है ।

distributive justice (डि 'स्ट्रिब्यूटिव् 'जॅस्टिस) **वितरणात्मक न्याय :** सामाजिक नीति का यह सिद्धान्त कि आर्थिक विकास का लाभ इने-गिने लोगों तक सीमित नहीं रहना चाहिए, बल्कि इन्हें विभिन्न वर्गों तक पहुँचना चाहिए, विशेषत: निम्न वर्गों तक। इसमें यह विचार भी निहित है कि लाभ के वितरण में योग्यता के साथ-साथ आवश्यकता को भी ध्यान में रखा जाना चाहिए । यह सामाजिक न्याय की नीति से मिलता-जुलता है : देखें– **Social justice** ।

distributive power (डि 'स्ट्रिब्यूटिव् 'पाउअर्) **वितरणात्मक शक्ति :** देखें– **Collective and distributive power**।

divergent evolution (डाइ 'वर्जन्ट ईव् 'लूशन्) **अपसारी उद्विकास :** संस्कृति के उद्विकास का वह सिद्धान्त, जिसके अनुसार संस्कृति का विकास भिन्न-भिन्न क्षेत्रों के सांस्कृतिक विशेषकों में निरन्तर रूपान्तरण द्वारा होता है । यह विकास रेखीय न होकर अपसारी एवं पुन:अपसारी होता है । उद्विकास को सम्पूर्ण के योग द्वारा आँका जाता है । संस्कृति उद्विकास की प्रवृत्ति जैव उद्विकास की भाँति प्रतिस्थानिक न होकर संचयन होती है ।

divination (डिवि 'नेश्‌न्) **शकुन विचार, भविष्य-कथन :** अलौकिक शक्तियों से सम्पर्क का प्रयास करके भविष्य बताना । भविष्य में होने वाली घटनाओं के सम्बन्ध में जानने या उनके सम्बन्ध में भविष्यवाणी करने अथवा अज्ञात ज्ञान को समझने की कला या अभ्यास, जिससे दैवज्ञ शकुन विचार द्वारा अलौकिक शक्ति के सहयोग से भविष्य-कथन करता है ।

diviner (डि 'व़ाइनअर्) **दैवज्ञ, प्राक्ख्यापक :** वह व्यक्ति, जो भविष्यवाणी करता है, दैवज्ञ कहलाता है । चूँकि, हिन्दू एवं मुस्लिम समाजों में भाग्यवादिता पर बहुत जोर दिया गया है इसलिए उन समाजों में प्राक्ख्यापकों की काफी बड़ी संख्या है । कुछ लोग जन्मकुण्डली देखकर, तो कुछ लोग हाथ या चेहरा देखकर लोगों के भाग्य के बारे में भविष्यवाणी करते हैं । कुछ तो ऐसे भी हैं जो व्यक्ति को देखकर ही भविष्य में घटनेवाली घटनाओं की सही-सही पूर्व-सूचना देने का दावा करते हैं ।

divine right (डि 'व़ाइन् राइट्) **दैवी अधिकार :** वे अधिकार, जो ईश्वर या देवी-देवताओं की देन माने जाते हैं । ब्राह्मणों के द्वारा पूजा-पाठ करना व कराना उनका दैवी अधिकार माना जाता रहा है ।

division of labour (डि 'व़िज़न् ऑव़् 'लेबर्) **श्रम-विभाजन :** जहाँ उम्र, लिंग, ज्ञान, कौशल आदि के आधार पर व्यक्ति अपनी योग्यता के अनुसार अलग-अलग कार्य करते हैं । श्रम-विभाजन के द्वारा समाज के विभिन्न अंगों में आर्थिक निर्भरता में वृद्धि होती है । विश्व के प्रत्येक समाज में किसी-न-किसी किस्म का श्रम-विभाजन अवश्य पाया जाता है । जो समाज जितना अधिक विकसित होता है, श्रम-विभाजन एवं उससे उत्पन्न आर्थिक निर्भरता भी उतनी ही अधिक पायी जाती है ।

श्रम-विभाजन सामाजिक विज्ञानों की एक सर्वाधिक पुरानी अवधारणा है । श्रम-विभाजन से तात्पर्य किसी भी स्थाई संगठन में मिल-जुलकर काम करने वाले व्यक्तियों या समूहों द्वारा भिन्न, किन्तु समन्वयात्मक क्रियाओं के सम्पादन से है । श्रम-विभाजन के अन्तर्गत विभाजित काम के प्रत्येक भाग को किसी पृथक् व्यक्ति अथवा व्यक्तियों के समूह द्वारा सम्पादित किया जाता है (देखें– Émile Durkheim, **The Division of Labour in Society**, 1933; Harry Braverman, **Labour and Monopoly Capital**, 1974) ।

division of labour, domestic (डि 'व़िज़न् ऑव़् 'लेबर्, ड 'मेस्टिक्) **घरेलू श्रम-विभाजन :** घर-परिवार के भीतर कार्यों, भूमिकाओं तथा दायित्वों का विभाजन घरेलू श्रम-विभाजन को प्रतिबिम्बित करता है । विवाहित महिलाओं को अधिकाधिक रूप में घर से बाहर औपचारिक नियोजन (नौकरी) की तलाश एवं संलग्नता ने समाजशास्त्रियों का इस विषय पर अपना ध्यान आकर्षित किया है । आजकल समाजशास्त्री उन प्रक्रियाओं का बारीकी से अध्ययन कर रहे हैं जो घर और कार्यस्थल को जोड़ते हैं (देखें– Ann Oakley, **The Sociology of Housework**, 1974; Lydia Morris, **The Working of the Household**, 1990) ।

division of labour, sexual (डि 'व़िज़न् ऑव़् 'लेबर्, सेक्शुअल्) **लैंगिक श्रम-विभाजन :** देखें– **Sexual division of labour** ।

division of labour, theory of (डि 'व़िज़न् ऑव़् 'लेब्र्, 'थिअरि ऑव़्) **श्रम-विभाजन सिद्धान्त :** एमिल डर्कहाइम (Émile Durkheim, 1858-1917, विभिन्न हिन्दी की पुस्तकों में इस व्यक्ति के नाम का उच्चारण गलत है) ने श्रम-विभाजन के सिद्धान्त को प्रतिपादित करते समय निम्न प्रश्नों के उत्तर देने की कोशिश की है– सामाजिक व्यवस्था कैसे बनाई रखी जाती है? व्यक्ति एवं समाज के बीच क्या सम्बन्ध है? समाज किस प्रकार एक स्तर से दूसरे स्तर में परिवर्तित होता है? इन प्रश्नों का निर्माण डर्कहाइम ने तब किया, जब उन्होंने महसूस किया कि फ्रांस की क्रांति के कारण सामाजिक व्यवस्था में बिखराव आया, व्यक्ति एवं समाज के बीच तनाव की स्थिति पैदा हो गई तथा मानव-जीवन में तनाव एवं व्यक्तिवादी प्रवृत्ति का जन्म होने लगा। संक्षेप में, डर्कहाइम ने यह पता लगाने की कोशिश की कि वह कौन-सी शक्ति एवं प्रवृत्ति है, जिसके कारण व्यवस्था की समस्या का लक्षण दिखाई दे रहा है । रेमण्ड् अरों (Raymond

Aron, 1905-1983, इस फ्रांसीसी नाम का शुद्ध उच्चारण यही है) के अनुसार, डर्कहाइम ने श्रम-विभाजन के सिद्धान्त में दो बातों पर जोर दिया है । पहला, समाज को समग्र के रूप में मानना तथा दूसरा, जब भी व्यक्ति या समाज की इकाई की व्याख्या की जाती है, तो व्यक्ति की व्याख्या समाज के सन्दर्भ में होती है । श्रम-विभाजन का प्रकार्य समाज में सामाजिक एकता लाना है और समूह के बीच सद्‌भावना बढ़ाना है ।

divorce (डि'व़ॉस्) **विवाह-विच्छेद, तलाक :** कानून अथवा अन्य समर्थ संस्था के नियमों के अनुरूप वैवाहिक सम्बन्ध का भंग होना विवाह-विच्छेद है । आधिकारिक वैवाहिक सम्बन्धों की वैधानिक समाप्ति तलाक कहलाती है । इसका प्रमुख उद्देश्य उन व्यक्तियों को राहत देना है, जहाँ सामान्य वैवाहिक सम्बन्ध दूभर हो गये हैं । पश्चिमी समाजों में, जहाँ तलाक बहुप्रचलित है, वहाँ तलाक को एक ऐसी प्रक्रिया माना जाती है, जिसमें वैध माने जाने वाले विवाह को वैवाहिक जीवन-साथियों के जीवनकाल में तोड़ा जा सकता है तथा इसके बाद वे पुनः अकेले हो जाते हैं तथा दूसरा विवाह करने के लिए स्वतन्त्र रहते हैं । तलाक और पृथक्करण में भिन्नता है । पृथक्करण की स्थिति में वैवाहिक युग्म वैधानिक रूप से पृथक् घरों में रहना स्वीकार करते हैं, किन्तु वे पुनर्विवाह करने के लिए स्वतन्त्र नहीं होते हैं; क्योंकि उनकी वैवाहिक स्थिति पृथक्करण के बावजूद यथावत बनी रहती है । सभी संस्कृतियों में पृथक्करण को इन कड़े अर्थों में स्वीकार नहीं किया गया है ।

divorce rate (डि'व़ॉस् रेट्) **तलाक-दर :** किसी दिये गये वर्ष में प्रति 1000 जनसंख्या में तलाकों की संख्या । इसका प्रयोग जनांकिकीय विश्लेषण में होता है ।

divorced family (डि'व़ॉर्स्ड'फ़ैमलि) **तलाकशुदा परिवार :** देखें– **Family** ।

doctrinaire (डॉक्ट्रि'नेअर्) **मताग्रही, मतवादी :** ऐसा दृष्टिकोण, जो राजनीतिक, आर्थिक या धार्मिक प्रणाली पर कोई पूर्वनिर्धारित सिद्धान्त लागू करने को तत्पर हो और ऐसा करते समय उसकी व्यावहारिक कठिनाइयों या सैद्धान्तिक त्रुटियों पर ध्यान देने को तैयार न हो ।

doctrine of lapse ('डॉक्ट्रिन ऑव़् लैप्स) **राज्यलोप नीति :** इसे 'शान्तिपूर्ण विलय की नीति' के नाम से भी जाना जाता है । इस नीति का प्रयोग 1848-56 ई. तक भारत के गवर्नर जनरल लॉर्ड डलहौजी ने किया। इस सिद्धान्त के द्वारा कुछ महत्त्वपूर्ण रियासतें अँगरेज़ी साम्राज्य में विलय कर ली गयीं । डलहौजी का मानना था कि झूठे रजवाड़ों और कृत्रिम मध्यस्थ शक्तियों द्वारा प्रशासन की पुरानी पद्धति से प्रजा की परेशानियाँ बढ़ती हैं । इसीलिए उसने ऐसे सभी राज्यों को अँगरेज़ी साम्राज्य में मिला लिया ।

documentary research (डॉक्यू'मेन्टरि रि'सर्च्) **दस्तावेजी शोध :** विभिन्न प्रकार के दस्तावेजों के आधार पर किया गया अनुसन्धान । महात्मा गाँधी हों या कार्ल मार्क्स, उनपर अब दस्तावेजी अनुसन्धान ही संभव है । इतिहास एवं राजनीतिशास्त्र में दस्तावेजी शोध की प्रधानता है ।

dogma ('डॉग्मा) **अन्धविश्वास :** विश्वास, अनेक विश्वासों का तन्त्र, जिसे किसी विशेषाधिकारी (विशेष रूप से चर्च) द्वारा बिना कोई सन्देह रहे स्वीकार करने के लिए प्रस्तुत किया जाता है ।

dole (डोल) **अनुदान, खैरात :** इसका प्रचलन सर्वप्रथम रोमन राज्य में देखा गया था । रोम के शहरों में गरीब जनता को राजा की ओर से मुफ्त में अनाज (मक्का) दिया जाता था, लेकिन आधुनिक काल में इसका प्रचलन कुछ पाश्चात्य देशों में भी देखा जाता है । जो लोग बेरोज़गार होते हैं, उनको सरकार की ओर से जीवन-यापन के लिए बेरोज़गारी भत्ता दिया जाता है । विभिन्न देशों में यह विभिन्न नामों से जाना जाता है ।

domain assumptions (डॅ'मेन् अ'सम्प्शन्स) **प्रभावक्षेत्र अभिग्रहण :** देखें– **Axiom** ।

domestication (ड'मेस्टिकेशन्) **पालतू बनाना :** किसी पशु अथवा वनस्पति को उसकी वन्य स्थिति से हटाकर घरेलू बनाना और उसका संवर्धन करना ।

domestic colonialism (ड'मेस्टिक् कॅ'लोनिअ लिज़्म्) **आन्तरिक उपनिवेशवाद** : देखें– **Colonialism, internal** ।

domestic division of labour (ड'मेस्टिक् डि'विज़्न् ऑव्'लेबर्) **घरेलू श्रम-विभाजन** : देखें– **Division of labour, domestic** ।

domestic labour (ड'मेस्टिक् 'लेबर्) **घरेलू मज़दूर** : घरेलू मज़दूर आमतौर पर घरों के अन्दर रहकर अपने मालिक के लिए काम करते हैं और जिसके एवज में उन्हें भोजन, वस्त्र, थोड़ी बुनियादी ज़रूरत की चीज़ें और न्यूनतम मज़दूरी दी जाती है । इनके द्वारा घरों के अन्तर्गत कोई विशेष आर्थिक उत्पादन तो नहीं होता, बल्कि छोटे-मोटे कामों में ये अपना हिस्सा बँटाते हैं । भारत में बहुत बड़ी संख्या में पिछड़ी एवं निम्न जाति के गरीब बच्चे शहरों के अन्तर्गत मध्यवर्गीय एवं उच्चवर्गीय घरों में काम कर जीवन-यापन करते पाए जाते हैं (देखें– Ann Oakley, **Women's Work: The Housewife, Past and Present**, 1974) ।

domestic violence (ड'मेस्टिक् वाइअलन्स्) **घरेलू हिंसा** : परिवार के किसी सदस्य के द्वारा किसी अन्य सदस्य के प्रति हिंसापूर्ण व्यवहार । घरेलू हिंसा का गंभीर स्वरूप आमतौर पर पुरुषों के द्वारा स्त्रियों के प्रति देखने को मिलता है ।

dominant caste ('डॉमिनन्ट कास्ट्) **प्रभुजाति, प्रभुत्वशाली जाति** : वे जातियाँ, जो कर्मकाण्डीय रूप से उच्च न हों, परन्तु सम्पत्ति, राजनीतिक शक्ति एवं संख्यात्मक शक्ति के आधार पर गाँव अथवा क्षेत्र में अत्यन्त प्रभावशाली हों। 'प्रभुत्वपूर्णता' की अवधारणा का सामाजिक विज्ञानों में सर्वप्रथम प्रयोग अफ्रीकी राजनीतिक व्यवस्था के विश्लेषण में हुआ। भारतीय समाजशास्त्र में इस अवधारणा को सर्वप्रथम प्रयोग में लाने वाले मैसूर नरसिम्हाचार श्रीनिवास (M. N. Srinivas, 1916-1999) रहे हैं, जिन्होंने इसका प्रयोग जाति-व्यवस्था के विश्लेषण में करते हुए इसके सम्बन्ध में लिखा है कि उस जाति को प्रबल या प्रभुजाति कहा जा सकता है, जो किसी गाँव अथवा क्षेत्र-विशेष में आर्थिक एवं राजनीतिक दृष्टि से महत्त्वपूर्ण प्रभाव डालती है । इस जाति का पारम्परिक एवं प्रथानुगत जातीय श्रेणी में सर्वोच्च स्थान होना ज़रूरी नहीं है । किसी जाति की जनसंख्या की ताकत, शिक्षा, राजनीतिक हैसियत तथा सांस्कारिक परिस्थिति जैसे कुछ ऐसे कारक हैं, जो किसी जाति को किसी गाँव-विशेष में अथवा ग्रामीण भारत के किसी क्षेत्र में उसे प्रभुजाति का दर्जा देते हैं ।

dominant culture ('डॉमिनन्ट 'कल्चर्) **प्रभावी संस्कृति** : पारम्परिक समाजों में संस्कृतियों का ताना-बाना लगभग एक-सा रहता है । वहीं आधुनिक समाजों में एक से अधिक प्रकार की संस्कृतियाँ देखने को मिलती हैं, जहाँ विभिन्न सांस्कृतिक मूल्यों के बीच प्रतिस्पर्द्धा देखने को मिलती है । वैसे समाजों में प्रभावी संस्कृति वे होती हैं, जिनके पीछे आर्थिक और राजनीतिक शक्तियाँ तथा उन्नत भाषा का बल होता है । इस क्षेत्र में संचार के माध्यमों की भूमिका बहुत ही अहम होती है । आजादी के पूर्व भारत के नगरों में पायी जाने वाली अँगरेज़ी संस्कृति प्रभावी संस्कृति के रूप में काम कर रही थी : देखें- **Culture** ।

dominant group ('डॉमिनन्ट ग्रूप्) **प्रभुत्वशाली समूह** : ऐसा समूह जो समाज के महत्त्वपूर्ण संसाधनों पर अपना नियन्त्रण स्थापित कर लेता है और अपनी इच्छा के अनुसार उनका उपयोग करता है । इन संसाधनों के बल पर वह समाज के अन्य समूहों के जीवन और उनके भविष्य को नियन्त्रित करने की शक्ति प्राप्त कर लेता है ।

dominant ideology thesis ('डॉमिनन्ट आइडि'ऑलजि'थीसिस्) **प्रभुत्वशाली विचारधारा-सिद्धान्त** : यह मार्क्सवादी सिद्धान्त की उपज है । इस सिद्धान्त के अन्तर्गत यह कहा जाता है कि अल्पसंख्यक एवं कमजोर वर्ग के लोग प्रभावी वर्ग की संस्कृति को स्वीकार करने के लिए बाध्य होते हैं; क्योंकि समाज में प्रचलित मूल्यों एवं संस्कृति पर प्रभावी समूह का एक विशेष प्रभाव होता है । समाज के कमजोर वर्ग के लोग धीरे-धीरे अपने सांस्कृतिक मूल्यों से दूर होते जाते हैं । बहुत सारे समाज की मान्यता यह है कि कठिन परिश्रम एवं विशिष्ट योग्यता के माध्यम से आर्थिक क्षेत्र में लोग भारी सफलता हासिल कर सकते हैं और प्रभावी समूह के लोग समाज में शिक्षण-संस्थानों एवं संचार माध्यमों के द्वारा यही प्रचार भी करते हैं । इस यथार्थ पर वे लोग शायद ही प्रकाश डालते हैं कि समाज के प्रभावी समूह में

काफी लोग ऐसे हैं, जिन्होंने सम्पत्ति उत्तराधिकार के रूप में हासिल की है । प्रभावी समूह के लोग विशिष्ट योग्यता एवं मेहनत पर अधिक जोर इसलिए देते हैं, ताकि वह साबित कर सकें कि सामाजिक असामानता एक वैध व्यवस्था है (देखें– Nicholas Abercrombie, Stephen Hill and Bryan S. Turner, **The Dominant Ideology Thesis**, 1980) : देखें– **Ideology** ।

dominant value system ('डॉमिनन्ट 'वैल्यू 'सिस्टम्) **मूल्य-प्रभावी व्यवस्था** : देखें– **Dual consciousness** ।

domination (डॉमि'नेश्न्) **प्रभुत्व** : सामान्य तौर पर, इस शब्द का प्रयोग वैसे प्रभाव के अर्थ में किया जाता है, जो एक समूह दूसरे समूह पर या बुर्जुग नवयुवकों पर या फिर पुरुष नारियों पर प्रयोग करते हैं । मैक्स वेबर (Max Weber, 1864-1920) ने इस शब्द का प्रयोग सत्ता (**Authority**) के अर्थ में किया है : देखें– **Authority** ।

donatio (डोने 'शिअ) **स्त्रीधन** : स्त्री को विवाह के समय मिलने वाला धन व सम्पत्ति जिसका प्रचलन रोम साम्राज्य में था । इस सम्पत्ति पर सदैव स्त्री का अधिकार होता था और पति के कर्ज को चुकाने के लिए भी इस धन का उपयोग पत्नी की अनुमति के बिना नहीं किया जाता था । तलाक की स्थिति में यह धन स्त्री के पास ही रहता था ।

door of the death (डॉर् ऑव् द् डेथ्) **शवद्वार** : शव को घर से बाहर ले जाने के लिए विशेष रूप से निर्मित द्वार। शव को बाहर ले जाने के बाद इस द्वार को बन्द कर दिया जाता है, ताकि मृत व्यक्ति का प्रेत घर में पुन: प्रवेश करके अन्य लोगों का अहित न करे ।

dormitory ('डॉर्मिटरी) **युवागृह** : आदिवासी समाजों में कुछ ऐसी समितियाँ अथवा संगठन पाये जाते हैं, जिनका कार्य अपने समाज के युवक-युवतियों को समाज की संस्कृति में शिक्षित-दीक्षित करना, उनके लिए वैवाहिक जीवन की आवश्यक पृष्ठभूमि तैयार करना तथा उन्हें अपने भावी जीवन के सभी पहलुओं की जानकारी देना होता है । ये संगठन ही युवागृह कहलाते हैं । भिन्न-भिन्न जातियों में इन्हें अपनी स्थानीय भाषा में अलग-अलग नाम से पुकारा जाता है । भारत के मुड़िया व गौड़ों में घोटुल, उरावों में घुमकुरिया, नागाओं में मौरुंगव किचुकी के नाम से इन्हें जाना जाता है ।

double descent ('डबल डि'सेन्ट्) **द्वैध वंशानुक्रम** : वंशानुक्रम का वह नियम, जिसके अनुसार व्यक्ति एक ही समय में माता के मातृपक्षीय तथा पिता के पितृपक्षीय वंशों से सम्बन्धित होता है ।

double hermeneutic ('डबल हॅ:मि'न्यूटिक्) **दोहरा शास्त्रार्थ मीमांसा** : देखें– **Hermeneutics** ।

double standards of morals ('डबल 'स्टैन्डर्डस ऑव् 'मॉरल्स) **नैतिकता के दोहरे मानक** : ऐसे नैतिक सिद्धान्त, जिनके अनुपालन की अपेक्षा समाज के भिन्न समूहों से भिन्न रूपों में की जाती है । विशेषकर स्त्री व पुरुषों से अपेक्षित यौन-व्यवहार संहिता दोनों के लिए भिन्न होती है ।

doubling time (डॅ'बलिन्ग टाइम्) **दोगुन काल** : किसी देश की जनसंख्या को दुगुना होने में जो समय लगता है, उसे दोगुन काल कहते हैं। भारत की आबादी के लिए दोगुन काल लगभग 37 साल का है ।

dower ('डाउअर्) **विधवादाय** : मृत पति की सम्पत्ति का वह भाग, जो उसकी विधवा को जीवन-यापन के लिए कानून द्वारा दिया जाता है ।

dowry ('डाउरि) **दहेज** : वह धन, सम्पत्ति अथवा उपहार, जो विवाह में वधू के पिता अथवा उसके परिवार के सदस्यों द्वारा वर या उसके परिवार के सदस्यों अथवा केवल वधू को दिए जाते हैं । विवाह के अवसर पर भेंट देने की प्रथा एक सार्वभौम परिपाटी है ।

dramatic role presentation (ड्र'मैटिक रोल् प्रे'ज़न्टे'श्न्) **नाटकीय भूमिका प्रस्तुति** : एक सचेत स्थिति में इस प्रकार से अपनी भूमिकाओं को निभाना कि दूसरों पर उसका सहज प्रभाव पड़े ।

dramaturgical perspective (ड्रॅमै'टर्जिक्ल् पर्'स्पेक्टिव्) **अभिनयशास्त्र परिप्रेक्ष्य :** नाटकों में प्रयुक्त रूपक अलंकार के आधार पर सामाजिक अन्त:क्रिया का किया गया अध्ययन । जॉर्ज एच. मीड (George Herbert Mead, 1863-1931) तथा चार्ल्स एच. कूली (Charles H. Cooley, 1864-1929) की परम्परा का अनुसरण करते हुए इरविंग गॉफ़मैन (Erving Goffman, 1922-1982) द्वारा सांकेतिक अन्तर्क्रियावादी सिद्धान्त के एक विशिष्ट रूप को अभिनयशास्त्र परिप्रेक्ष्य की संज्ञा दी गई है । अभिनयशास्त्रीय दृष्टिकोण के अनुसार 'स्व' की रचना कई भूमिकाओं द्वारा होती है, जिसे व्यक्ति अदा करता है । सामाजिक अभिनेताओं का प्रमुख लक्ष्य अपने विभिन्न आत्मनों को इस प्रकार प्रस्तुत करना होता है, जिससे उनकी एक विशिष्ट (सामान्यत: अच्छी) छवि विकसित होती है (देखें– Erving Goffman, **The Presentation of Self in Everyday Life**, 1959; A. P. Hare, **Social Interaction as Drama**, 1984; D. Brisset and C. Edgley (eds.), **Life as Theatre**, 1990) : देखें– **Backstage and frontstage role**; **Civil attention and civil inattention** ।

dramaturgy (ड्रॅमै'टर्जि) **नाट्यकला :** इरविंग गॉफ़मैन (Erving Goffman, 1922-1982) ने इस शब्द का प्रयोग एक उपमा के रूप में किया है । उनका मानना था कि समाज भी एक रंगमंच की तरह है, जिसमें इसके सदस्य रंगकर्मी की भूमिका निभ‌ाते हैं । व्यक्तियों का आचरण रंगमंचीय अभिनय से मिलता-जुलता है । अध्ययन की इस विधि के पीछे मूल धारणा यह है कि अन्त:क्रियाओं के दौरान व्यक्ति एक-दूसरे के साथ अभिनय कैसा करते हैं और दूसरों की प्रतिक्रियाओं के आधार पर मंच का व्यवस्थापन करते हैं । अत: व्यक्ति अपने-आपको अधिकाधिक रूप में इस प्रकार प्रस्तुत करते हैं, ताकि उनके उद्देश्यों की पूर्ति हो सके । अभिनयशास्त्रीय परिप्रेक्ष्य के अनुसार यह माना जाता है कि 'स्व' की रचना कई भूमिकाओं द्वारा होती है, जिसे व्यक्ति समय-समय पर विश्व-रंगमंच पर अदा करता रहा है : देखें– **Dramaturgical perspective** ।

dream work (ड्रीम् वॅर्क्) **स्वप्नकार्य :** देखें– **Psychoanalysis** ।

drinking and alcoholism (ड्रिन्क्'इन्ग ऐन्ड् ऐल'कॅहॉलिज़म्) **मद्यपान एवं मद्यव्यसनिता :** इस प्रकार की समस्या लगभग प्रत्येक संस्कृति में देखने को मिलती है । कुछ संस्कृतियों में धार्मिक आधार पर मद्यपान एवं मद्यव्यसनिता निषेध है, तो कुछ समाजों में कानून के माध्यम से इस पर नियन्त्रण पाने की कोशिश की जाती है । कुछ ऐसे भी धर्म हैं, जहाँ मद्यपान धार्मिक अनुष्ठानों के अवसर पर किए जाते हैं । दोनों शब्द एक-दूसरे के काफी करीब हैं। लेकिन, मद्यव्यसनिता एक ऐसे गंभीर नशे पर निर्भर है, जिसकी चिकित्सीय जाँच-पड़ताल संभव है । इसे एक प्रकार की बीमारी, आनुवंशिक, अव्यवस्था, मनोवैज्ञानिक समस्या के रूप में लिया जाता है ।

drive (ड्राइव्) **अन्तर्नोद, चालक :** अन्तर्नोद या चालक शब्द का प्रयोग शारीरिक उद्दीपनों के लिए किया जाता है । शारीरिक शक्तियों की गतिशील अथवा उत्तेजित अवस्था को अन्तर्नोद कहते हैं । अन्तर्नोद अवस्था में व्यक्ति अपने अन्दर असंतोष का अनुभव करता है, जो उसकी सामान्य प्रवृत्तियों को क्रियाशील करती है । यह शरीर में चालक (मोटर) के समान कार्य करता है, जिसके परिणामस्वरूप शरीर की मांसपेशियों एवं ग्रन्थियों को शक्ति प्राप्त होती है । यह एक जन्मजात गुण है, जो पूरा नहीं होने पर शरीर में एक किस्म का तनाव उत्पन्न करता है और जब इसकी पूर्ति हो जाती है तब व्यक्ति तनावरहित महसूस करता है : देखें– **Social drive; Instinct** ।

drives, innate and acquired (ड्राइव्ज़्, 'इनेट ऐन्ड् अक्वाइअर्ड) **सहजात तथा अर्जित चालक :** प्रेरणा का जीवन में बहुत महत्त्वपूर्ण स्थान है, किसी उद्देश्य को हासिल करने के लिए प्रेरणा का होना नितान्त आवश्यक है । मुख्यरूप से इन्हें हम दो भागों में बाँट सकते हैं- कुछ प्रेरणाएँ सहजात (शारीरिक) हुआ करती हैं, तो कुछ अर्जित होती हैं । सिगमण्ड फ्रॉयड (Sigmund Freud, 1856-1939) ने प्रेरणा के लिए Trieb शब्द का प्रयोग किया है । प्रेरणा के लिए मूल-प्रवृत्ति (**Instinct**) पर्यायवाची नहीं मानी जाती है : देखें– **Instinct** ।

drug (ड्रॅग) **औषध, नशीली दवा :** उस रासायनिक पदार्थ को कहते हैं, जिसे लेने से मस्तिष्क पर उसकी रासायनिक

प्रतिक्रिया होती है । इसका शरीर और मन के सामान्य कार्यकलापों पर प्रभाव पड़ता है : देखें– **Drugs, drug addiction** ।

drug abuse (ड्रॅग अ'ब्यूस्) **नशीली दवाओं का सेवन** : कुछ रासायनिक पदार्थों का इतनी मात्रा में बार-बार उपयोग करना कि उसके फलस्वरूप व्यक्ति के शारीरिक तथा मानसिक कार्यकलापों पर हानिकारक प्रभाव पड़ता है ।

drugs, drug addiction (ड्रॅग्स्, ड्रॅग अ'डिक्शन्) **मादक द्रव्य, मादक द्रव्यपान** : ड्रग का साधारण अर्थ दवा या औषधि से है, लेकिन सामाजिक विज्ञानों में इस शब्द का प्रयोग ऐसे मादक द्रव्यों के प्रयोग से है, जिसका सेवन गैरकानूनी है । प्रमुख मादक द्रव्यों में गाँजा (CannabiS), हेरोइन (Heroin), कोकेन (Cocaine), एल.एस.डी. (L.S.D.), एंफ़ेटामीन (Amphetamine), एकस्टसि (Ecstasy) इत्यादि हैं । अन्तर्राष्ट्रीय स्तर पर इसके व्यापार एवं सेवन पर प्रतिबन्ध लगाने की पूरी चेष्टा की जा रही है । आधुनिक समाजों में औद्योगीकरण के बढ़ने से मादक द्रव्यों का सेवन भी बढ़ा है । अनादिकाल से मानव कड़ी मेहनत की थकान और जीवन की नीरसता या एकरसता को मिटाने के लिए ऐसे पदार्थों का सेवन करता रहा है । कुछ लोग इसका प्रयोग धार्मिक कारणों या अज्ञात को जानने की इच्छा से करते रहे हैं। संवेदनात्मक पदार्थों का प्रयोग और इसके चलन की शुरूआत कब और कैसे हुई, यह निश्चित तौर पर नहीं कहा जा सकता है । किन्तु, ऐसा माना जाता है कि सम्भवत: धार्मिक और पारलौकिक अनुभवों की इच्छा ने ऐसे पेड़-पौधों की बागवानी की प्रेरणा दी होगी, जो उन्हें समाधि लगाने में और अज्ञात संसार के रहस्यों को जानने में सहायक हो सके (देखें– V. Berridge and G. Edwards, **Opium and the People**, 1987) ।

dryad ('ड्राइअड) **वनपरी** : वन में वास करने वाली परी । इसका सम्बन्ध दन्त-कथाओं एवं लोक साहित्य से है । ऐसा माना जाता है कि वनपरी पेड़ों पर निवास करती है, लेकिन वह दृष्टिगोचर नहीं होती है ।

dry cultivation (ड्राइ कल्टि'व़ेशन्) **असिंचित कृषि** : ऐसी कृषि, जिसमें आवश्यक नमी केवल वर्षा से प्राप्त होती है । पहाड़ी क्षेत्रों में तो असिंचित कृषि ही हो पाती है ।

dual burden of work ('ड्यूअल् 'बर्डन् ऑव़् वॅर्क्) **उद्यम का दोहरा बोझ** : घरेलू अवैतनिक उद्यमों का बोझ और वैतनिक रोज़गार का बोझ । कामकाजी भारतीय महिलाओं को दोनों प्रकार के कार्यों को चाहे-अनचाहे करना होता है ।

dual career family ('ड्यूअल् क'रिअर् 'फ़ैमलि) **द्वैध जीविका परिवार** : ऐसा परिवार, जिसमें माता-पिता दोनों जीवन-यापन के लिए किसी औपचारिक पेशे से जुड़े होते हैं । यह शहरी ज़ीवन की विशेषता है ।

dual career marriage ('ड्यूअल् क'रिअर् मैरिज्) **द्वैध जीविका विवाह** : जिस परिवार के अन्तर्गत पति और पत्नी दोनों किसी सेवा या पेशे में होते हैं, उसे द्वैध जीविका विवाह या द्वैध जीविका परिवार कहते हैं : देखें– **Dual career family** ।

dual consciousness ('ड्यूअल् 'कॉन्शस्नस्) **द्वैध चेतना** : जब कोई व्यक्ति एकसाथ दोहरी असंगत चेतनाओं को जीवन में अपनाते हैं, तो ऐसा देखा जाता है कि जिन चीज़ों को हम एक जगह अच्छा मानते हैं, उन्हें दूसरी जगह गलत करार देते हैं । ऐसे बहुत से लोग हैं, जो अपने संस्थानों में ईमानदारी से काम करने पर जोर देते हैं, लेकिन ठीक इसके विपरीत दूसरी जगहों पर वही दूसरों को बेईमानी करने के लिए स्वार्थवश प्रेरित करते हैं । इस प्रकार की मानसिकता आधुनिक समाज की एक समस्या है । प्रत्येक समाज में ऐसे लोग काफी तादाद में होते हैं, जो दोहरी मानसिकता लिए हुए जीते हैं (देखें– Frank Parkin, **Class Inequality and Political Order**, 1972) ।

dual earner families; dual earner marriages ('ड्यूअल् ॲर्नर् फ़ैम्'इलिज़; 'ड्यूअल् ॲर्नर् मैरिजेज्) **द्वैध उपार्जक परिवार; द्वैध अर्जक विवाह** : देखें– **Dual career marriage** ।

dual economy ('ड्यूअल् इ'कॉनमि) **द्वैध अर्थव्यवस्था** : जैसे-जैसे विकासशील देशों में पूँजीवाद का विकास होता है, वैसे-वैसे अर्थव्यवस्था पर उद्योग और पूँजीवादियों के प्रभाव में वृद्धि होती है । फलस्वरूप, कृषि पर आधारित आर्थिक

व्यवस्था का धीरे-धीरे पतन हो जाता है । जब उद्योग अर्थव्यवस्था के केन्द्र में और खेतीबारी परिधि में चली जाती है, तो वैसी अर्थव्यवस्था को द्वैध अर्थव्यवस्था कहेंगे । इस अर्थव्यवस्था के अन्तर्गत उद्योगों से जुड़े कामकाजी लोगों की मज़दूरी में धीरे-धीरे वृद्धि होती है, तो दूसरी तरफ खेतीबारी से जुड़े मज़दूरों की मज़दूरी में थोड़ा ह्रास होता है । **Dual economy** एवं **Dualistic economy** समान अर्थ सूचक हैं (देखें– Robert T. Averitt, **The Dual Economy: The Dynamics of American Industry Structure**, 1968) : देखें– **Dualistic economy** ।

dual labour-market (ड्यूअल् 'लेबर् 'मार्किट्) **द्वैध श्रम-बाज़ार :** पूँजीवादी व्यवस्था के अन्तर्गत श्रम-बाज़ार को मुख्यरूप से दो भागों में बाँटा जा सकता है– प्राथमिक बाज़ार (**Primary market**) और द्वितीयक बाज़ार (**Secondary market**) । प्राथमिक बाज़ार के अन्तर्गत वैसी सेवाएँ आती हैं, जिनके लिए ऊँची कुशलता की आवश्यकता होती है और तदनुसार वेतन की राशि भी काफी ऊँची होती है । श्रमिकों की सेवाओं में भी काफी स्थिरता होती है । श्रमिकों को निम्न स्तर पर काम देकर धीरे-धीरे प्रोन्नति दी जाती है । दूसरी तरफ, द्वितीयक श्रमिक बाज़ार के अन्तर्गत सेवाओं की प्रकृति क्षणभंगुर होती है । काम के लिए अधिक योग्यता और कार्यकुशलता की आवश्यकता नहीं होती है । साथ ही वेतन भी काफी कम होता है । श्रमिक अपनी सेवाओं से दीर्घकालीन सम्बन्ध नहीं रखते हैं । कुछ विशेषज्ञों ने द्वैध (Dual) की जगह पर खण्डित (Segmented) शब्द का भी इस्तेमाल किया है । उन लोगों का मानना है कि खण्डित अर्थव्यवस्था एक मायने में श्रमिक वर्ग का स्तरीकरण है । सारी दुनिया के अन्तर्गत पुरुष और महिला, बहुसंख्यक एवं अल्पसंख्यक अलग-अलग कार्यों में लगे होते हैं । दूसरी तरफ, कुछ लोगों का कहना है कि श्रमिक हरेक जगह खण्डित नहीं होते । सभी लोग सभी प्रकार के कार्यों में पाये जाते हैं । खण्डित श्रमिक बाज़ार के माध्यम से यह समझने में आसानी होती है कि शिक्षा, प्रजाति, लिंग-भेद, धर्म किस प्रकार सेवा के अवसरों को कारक के रूप में प्रभावित करते हैं, जिससे समाज में असमानता देखने को मिलती है (देखें– Robert T. Averott, **The Dual Economy: The Dynamics of American Industry Structure**, 1968) ।

dual organization (ड्यूअल् ऑगनाइ ज़ेशन्) **द्वैध संगठन :** जब किसी आदिवासी जाति के सभी गोत्र मिलकर दो भागों मे अर्थात्, अद्धांशों में बँट जाते हैं, तब जिस नवीन सामाजिक संरचना का निर्माण होता है, वह द्वैध संगठन कहलाता है । इसमें प्रत्येक अद्धांश 'द्विदल' या मोईटी (**Moiety**) के नाम से जाना जाता है । ये अद्धांश समूह सामान्यत: बहिर्विवाही होते हैं । किन्तु इसके कुछ अपवाद भी हैं । भारत की कई जनजातियों में द्वैध संगठन प्रचलित है ।

dual personality (ड्यूअल् पर्स 'नैलटि) **द्वैध व्यक्तित्व :** द्वैध व्यक्तित्व एक प्रकार का अस्वाभाविक संगठन है, जिसके अन्तर्गत दो पूर्णत: भिन्न व्यक्तित्व-प्रणालियाँ व्यक्त होती हैं । इनमें से प्रत्येक प्रणाली की अपनी स्पष्टत: भिन्न संवेगात्मक एवं चिन्तन प्रक्रियाएँ होती हैं और वे लगभग स्थायी व्यक्तित्व का प्रतिनिधित्व करती हैं । द्वैध व्यक्तित्व बारी-बारी से एक-दूसरे व्यक्तित्व में प्रवेश करता रहता है और एक व्यक्तित्व की बातें दूसरे व्यक्तित्व में भूल जाता है । यह कुछ ही समय में दूसरा रूप ले लेता है ।

dual record system (ड्यूअल् 'रेकॉर्ड् 'सिस्टम्) **दोहरी अभिलेख-पद्धति :** दोहरी अभिलेख-पद्धति का तात्पर्य है, दो विधियों से या दोतरफा रिकार्ड तैयार करना । जीवन सम्बन्धी प्रमुख घटनाओं (जैसे जन्म, मृत्यु, विवाह आदि) के बारे में आँकड़े इकट्ठे करने के लिए दोहरी अभिलेख-पद्धति अपनाई जाती है । इस पद्धति से दो प्रकार की विधियाँ काम में लाई जाती हैं– (क) ऐसी प्रमुख घटनाओं के बारे में सूचियों या फार्मों पर निरन्तर विधिवत सूचनाएँ एकत्रित की जाती हैं और उसे रजिस्टर में दर्ज किया जाता है; (ख) उस क्षेत्र में समय-समय पर घरों में जाकर साक्षात्कार सर्वेक्षण किए जाते हैं और उनसे घटनाओं के बारे में आँकड़े एकत्रित किए जाते हैं ।

dualism (ड्यूअ लिज़म्) **द्वैतवाद, द्वैधता :** इस शब्द का प्रयोग दो अर्थों में किया जाता है– (1) यह एक तात्विक सिद्धान्त है, जिसमें दो स्वतन्त्र सत्ताएँ मानी गई हैं, जिनमें एक का दूसरे में तिरोहित होना अथवा परिवर्तित हो जाना किसी प्रकार भी संभव नहीं है । प्लेटो का इन्द्रियग्राह्य और अधिगम जगत् का द्वैतवाद, कार्टिजन का विचार और विस्तारित

तथ्य का द्वैतवाद तथा इमैन्युअल काण्ट (Immanuel Kant, 1724-1804) का परसत्ता और व्यावहारिक तथ्य प्रसिद्ध है। (2) विकास से सम्बन्धित अध्ययन के अन्तर्गत ऐसी परिस्थिति, जिसमें दो परस्पर-विरोधी स्थितियाँ एकसाथ मौजूद हों। इनमें एक स्थिति विकास के उच्च स्तर का संकेत देती है और दूसरी विकास के निम्न स्तर को व्यक्त करती है । ये स्थितियाँ समाज के भिन्न-भिन्न समूहों को दो हिस्सों में बाँट देती हैं और इस तरह भारी सामाजिक विषमता का संकेत देती हैं ।

dualism, economic (ˈड्यूअ लिज़्म्, ईकˈनॉमिक्) **आर्थिक द्वैधता :** देखें– **Dualistic economy** ।

dualistic economy (ड्यूअˈलिसटिक् इˈकॉनमि) **द्वैध अर्थव्यवस्था :** ऐसी अर्थव्यवस्था, जहाँ बाज़ार-अर्थव्यवस्था और निर्वाह-अर्थव्यवस्था दोनों हों, दोहरी अर्थव्यवस्था कहलाती है । लगभग सभी अल्पविकसित देशों की अर्थव्यवस्था दोहरी अर्थव्यवस्था होती है । बाज़ार-अर्थव्यवस्था नगरों में तथा उनके निकट होती है जबकि निर्वाह-अर्थव्यवस्था ग्रामीण क्षेत्रों में । नगरों में केन्द्रित अर्थव्यवस्था (मार्केट) अत्यन्त आधुनिक होती है, जिसमें जीवन की लगभग सारी सुविधाएँ प्राप्त होती हैं, जैसे– रेडियो, कार, बसें, दूरभाष, सिनेमाघर, शानदार इमारतें, कॉलेज, अच्छे स्कूल आदि, जबकि ग्रामीण क्षेत्रों में निर्वाह-अर्थव्यवस्था रहती है और वह प्रमुख रूप से कृषि पर आधारित होती है । **Dualistic economy** एवं **Dual economy** समान अर्थ सूचक हैं : देखें– **Dual economy** ।

dummy variable (ˈडमी ˈव़ेरिअब्ल्) **मूक चर:** ऐसे न्यून चर या अधिचर, जो हमें न्यूनतमीकरण या अधिकतमीकरण के सन्दर्भ में प्रतिबन्धित असिमकाओं को पूर्ण समीकरणों में बदलने में सहायता देते हैं (देखें– George W. Bohrnstedt and David Knoke, **Statistics for Social Data Analysis**, 1988) : देखें– **Variable** ।

duolocal marriage (ड्युˈलोकल् ˈमैरिज्) **द्विस्थानिक विवाह :** विवाहोपरान्त, पति तथा पत्नी का एकसाथ न रहकर अपने-अपने माता-पिता के साथ रहना। यह प्रथा दक्षिण भारत की मातृवंशीय नायर जाति में मिलती है, जहाँ पति-पत्नी विवाह के बाद अपने ही तारवाड़ में रहते हैं ।

duopoly (ड्युˈपॉली) **द्वि-अधिकार :** देखें– **Oligopoly** ।

dyad (ˈडाइऐड) **युग्म :** दो ऐसे व्यक्तियों का समूह, जिनमें निकट सम्बन्ध पाया जाता है, जैसे कि पति-पत्नी का जोड़ा। इसे जर्मन समाजशास्त्री जॉर्ज जिमेल (Georg Simmel, 1858-1918, हिन्दी में इस जर्मन नाम का शुद्ध उच्चारण मात्र जॉर्ज जिमेल ही है) ने युग्म कहा है ।

dyadic-group (डाइˈऐडिक ग्रूप्) **द्विकीय समूह :** सामाजिक सम्बन्धों के क्षेत्र में व्यक्तियों का युग्म, जैसे– पति-पत्नी, गुरु-शिष्य, पिता-पुत्र इत्यादि ।

dyarchy (ˈडाइआकि) **द्वैध शासन :** द्वैध शासन का अर्थ है दोहरा शासन । इसमें शासन दो क्षेत्रों में विभाजित होता है और इन दोनों क्षेत्रों का प्रशासन-कार्य दो पदाधिकारियों के द्वारा किया जाता है । इनके स्वरूप एवं उत्तरदायित्व भिन्न होते हैं । भारत में ब्रिटिश शासनकाल में हमें द्वैध शासन का प्रयोग दो अवसरों पर देखने को मिलता है । पहला गैर-संवैधानिक रूप से रॉबर्ट क्लाइव द्वारा बंगाल में 1756 ई. में और दूसरा संवैधानिक प्रयोग ईस्ट इंडिया कम्पनी द्वारा 1919 के अधिनियम के रूप में किया गया। उसमें प्रान्तों में उत्तरदायी सरकार की स्थापना के लिए इस व्यवस्था को प्रारम्भ किया गया । वैसे तीसरी बार द्वैध शासन की व्यवस्था 1935 के अधिनियम द्वारा संघ सरकार के लिए की गयी ।

dynamic civilization (डाइˈनैमिक सिविलाइˈज़ेशन्) **गतिशील सभ्यता :** उच्चस्तरीय सांस्कृतिक समाज, जिसमें निरन्तर परिवर्तन अथवा सांस्कृतिक आदान-प्रदान होता है ।

dynamic society (डाइˈनैमिक सॅˈसाइअटि) **गतिशील समाज :** वे समाज, जिनमें परिवर्तन की शक्ति निहित रहती है और जो नवीन मूल्यों के प्रति जागरूक रहते हैं । इनमें नवीन तकनीकी एवं वैज्ञानिक परिवर्तनों को आत्मसात् करने की क्षमता होती है ।

dysfunction (डिस्'फ़ङ्क्शन्) **दुष्प्रकार्य, अपक्रिया** : किसी क्रिया अथवा घटना के ऐसे परिणामों को दुष्कार्य कहा जाता है, जिसमें किसी सामाजिक इकाई (समूह अथवा समाज) अथवा उसके किसी भाग की एकता तथा स्थायित्व में कमी आती है और जो उसके अतिजीवन तथा निरन्तरता की सम्भावनाओं को कम करते हैं । इन्हें घटना के नकारात्मक प्रकार्य भी कहा जाता है । रॉबर्ट के. मर्टन (Robert K. Merton, 1910-2003) पहले समाजशास्त्री थे, जिन्होंने प्रकार्य एवं दुष्प्रकार्य के बीच के अन्तर की ओर ध्यान आकृष्ट किया । उनका कहना है कि समाज के विभिन्न अंगों या तत्त्वों का कार्य हमेशा सकारात्मक ही नहीं होता । चूँकि मर्टन ने आधुनिक समाज में उन दोनों प्रवृत्तियों को देखा, इसलिए उन्होंने प्रकार्य एवं दुष्प्रकार्य का विस्तार से एक वैज्ञानिक विश्लेषण प्रस्तुत किया । बी. मैलनॉफस्की (Bronislaw K. Malinowski, 1884-1942, हिन्दी में शुद्ध उच्चारण मात्र मैलनॉफस्की ही है) के विचार के ठीक विपरीत मर्टन का मानना है कि कुछ इकाइयाँ प्रकार्य की जगह दुष्प्रकार्य या अपक्रिया (**Dysfunction**) करें, ऐसा संभव है । दूसरे शब्दों में, कुछ इकाइयाँ सामाजिक संरचना एवं व्यवस्था को संगठित न कर विघटित करने का भी प्रयास करती हैं । मर्टन की दृष्टि में कुछ सामाजिक इकाइयाँ प्रकार्यात्मक होती हैं, तो कुछ आंशिक रूप से दुष्प्रकार्यात्मक (**Partially dysfunctional**), कुछ अप्रकार्यात्मक (**Non-functional**) तो कुछ पूर्णरूपेण दुष्प्रकार्यात्मक (**Totally dysfunctional**) भी। यह संभव है कि संरचना की कुछ इकाइयाँ अप्रकार्यात्मक (**Non-functional**) होते हुए भी सामाजिक संरचना में बनी रहें । प्रकार्य की तरह दुष्प्रकार्य को भी दो भागों में बाँटा जा सकता है– प्रकट दुष्प्रकार्य (**Manifest dysfunction**) एवं अप्रकट दुष्प्रकार्य (**Latent dysfunction**) ।

प्रकट दुष्प्रकार्य एवं अप्रकट दुष्प्रकार्य के बीच के अन्तर को एक उदाहरण के द्वारा स्पष्ट किया जा सकता है । जैसे– धर्म के आधार पर हिन्दू-मुस्लिम के बीच दंगा होना एक प्रत्यक्ष दुष्प्रकार्य है; क्योंकि धर्म का कार्य लोगों को आपस में जोड़ना होता है । दंगा-फसाद के परिणामस्वरूप दोनों समुदायों के बीच कुछ लोगों का मरना या अपाहिज होना प्रकट दुष्प्रकार्य है । दोनों के बीच झगड़े के फलस्वरूप मन्दिर-मस्जिद का घ्वस्त हो जाना या राष्ट्रीय सम्पत्ति का नष्ट होना भी प्रकट दुष्प्रकार्य ही कहा जायेगा। लेकिन यदि दंगा-फसाद का नतीजा देश का विभाजन होता है, तो उसे अप्रकट दुष्प्रकार्य कहा जायेगा; क्योंकि दंगा करनेवाले लोगों की यह इच्छा नहीं होती है कि वे धर्म के आधार पर अलग-अलग देश का निर्माण करें : देखें– **Function** ।

dysfunctional consequence (डिस्'फ़ॅन्क्शन्ल 'कॉन्सिक्वनस्) **अप्रक्रियात्मक परिणाम** : देखें– **Functional perspective** ।

dysnomia (डिस्'नोमिआ) **डिसनोमिया** : समाज की अस्वस्थ और खराब स्थिति ।

dysphoria (डिस्'फोरिया) **दु:खाभास** : देखें– **Euphoria**; **Social euphoria** ।

Ee

eccentricity (एक्सेन'ट्रिसिटि) **सनक :** व्यक्ति के स्वाभाविक व्यवहार में परिलक्षित बेतुकापन अथवा विचलन, जो इस सीमा तक या इस ढंग का हो कि उसे मानसिक विकृति का चिह्न माना जा सके ।

ecclesia ('इक्लीजिअ) **समधर्मी समूह :** किसी एक धर्म के माननेवाले सभी लोग चाहे उनमें धार्मिक भिन्नताएँ क्यों न हों, वे इकलिजिया ही कहलाते हैं । ईसाई धर्म में आमतौर पर एक चर्च होता है, जिसके आधार पर पूरा धार्मिक समूह संगठित रहता है । भारत में हिन्दू धर्म में अथवा चीन के धर्मों में ऐसा संगठन मौजूद नहीं रहा है ।

eclecticism (इ'क्लेक्टि सिज़म्) **संकलनवाद :** इस शब्द का प्रयोग दो अर्थों में किया जाता है– (1) वह सिद्धान्त, जो मौलिक न होकर विभिन्न दार्शनिक और धार्मिक सम्प्रदायों के तत्त्वों को लेकर बनाया गया हो अथवा ऐसे तत्त्वों को ग्रहण करके आत्मसात् करने की वृत्ति। यह वृत्ति उन विचारों में विशेषत: पाई जाती है, जिनमें मौलिकता नहीं होती । (2) मनोविज्ञान में यह विचारधारा 20वीं शताब्दी के द्वितीय-तृतीय दशक में मिलती है । विचारों के मिलने की प्रक्रिया विभिन्न मनोविज्ञान के सम्प्रदायों में मिलती है– जैसे मनोविश्लेषण और व्यवहारवादी सम्प्रदायों के योग का प्रयास तथा गस्टाल्टवादी और व्यवहारवादी विचारधाराओं के योग का प्रयास । परिपक्वता, भाषा-निर्माण और क्रियात्मक कुशलता व विकास, वस्तुगत अध्ययन का योग, चरित्र-निर्माण, व्यक्तित्व शैली से हुआ ।

ecological city (ईक'लॉजिक्ल् 'सिटि) **पारिस्थितिक नगर :** किसी नगर का जहाँ तक उपनगरीय क्षेत्र के रूप में फैलाव होता है, उसे पारिस्थितिक नगर कहा जाता है । स्वाभाविक रूप से पारिस्थितिक नगर का भौगोलिक क्षेत्र मुख्य नगर से बड़ा होता है : देखें– **Urban ecology** ।

ecological competition (ईक'लॉजिक्ल् कॉम्प'टिश्न्) **पारिस्थितिक प्रतिस्पर्द्धा :** देखें– **Competition, ecological** ।

ecological concentration (ईक'लॉजिक्ल् कॉन्सन्'ट्रेश्न्) **पारिस्थितिक केन्द्रीकरण :** किसी क्षेत्र में आवास के रूप में वितरित जनसंख्या की सघनता । जनसंख्या का घनत्व वहाँ के निवास स्थानों की सघनता में देखा जाता है ।

ecological cooperation (ईक'लॉजिक्ल् को'ऑपरेश्न्) **पारिस्थितिक सहयोग :** पारिस्थितिक सहयोग के दो स्वरूप होते हैं– (1) सीमित साधनों को सन्तुलन में रखना, जिन पर सभी जीवन निर्भर करते हैं । (2) ऐसे सभी पर्यावरणीय संकटों को कम करना, जिनसे समस्त जीवों को हानि पहुँचने की आशंका होती है : देखें– **Competition, ecological** ।

ecological distance (ईक'लॉजिक्ल् 'डिस्टन्स्) **पारिस्थितिक दूरी :** भौगोलिक दूरी मील अथवा किलोमीटर में मापी जाती है, जबकि पारिस्थितिक दूरी एक स्थान से दूसरे स्थान पर पहुँचने में लगे समय और आर्थिक लागत के रूप में मापी जाती है ।

ecological fallacy (ईक'लॉजिक्ल् फ़ैलॅसि) **पारिस्थितिकीय तर्कदोष :** कभी-कभी सामूहिक स्तर पर पाई जानेवाली विशेषताओं के आधार पर हमलोग व्यक्ति-विशेष के आचरण का विश्लेषण करने लगते हैं, जैसे– यह अक्सर तर्क दिया जाता है कि बेकारी एवं अपराध की दरों के बीच सहसम्बन्ध है । पुलिस के लोग भी ऐसा कहते हुए पाये जाते हैं कि अपराध की समस्या का सम्बन्ध बेकारी की समस्या से जुड़ा हुआ है, जबकि ऐसा भी संभव है कि बेकारी की

दर और अपराध की दर के बीच सांख्यिकीय दृष्टि से कोई महत्त्वपूर्ण सम्बन्ध न हो । उसी प्रकार किसी चुनाव क्षेत्र से यदि कोई व्यक्ति भारी बहुमत से जीत जाय, तो यह निष्कर्ष निकालना कि प्रत्येक व्यक्ति की रुझान उसी दल के प्रति थी या प्रत्येक व्यक्ति का झुकाव उसी तरफ है, यह पारिस्थितिकीय तर्कदोष कहा जायेगा ।

ecological invasion (ईक 'लॉजिक्ल् इन्'वेज़न्) **पारिस्थितिकीय आक्रमण :** यह एक ऐसी प्रक्रिया है, जिसके अन्तर्गत कोई ऐसा सामाजिक समूह जो किसी खास परिस्थिति में सबसे अधिक अनुकूलन की क्षमता रखता है और वह वहाँ के मौजूदा समूह या समुदाय पर हावी होने में सफल हो जाता है । कभी विदेशी मुसलमान तथा अँगरेज़ लोग इतने सक्षम थे कि भारत के मूल हिन्दू समाज और संस्कृति पर हावी हो गये ।

ecological mobility (ईक 'लॉजिक्ल् मो 'बिलटि) **पारिस्थितिकीय गतिशीलता :** पारिस्थितिकीय स्थिति में परिवर्तन की क्षमता, परिवर्तन की मात्रा या परिवर्तन की गति का बोध होता है ।

ecological succession (ईक 'लॉजिक्ल् सक् 'सेशॅन्) **पारिस्थितिकीय अनुक्रमण :** इस शब्द का प्रयोग मुख्यरूप से नगरीय पारिस्थितिकी में वैसी प्रक्रिया के लिए होता है, जिसके अन्तर्गत एक प्रकार के समूह या उसके कार्य-कलाप एक विशेष प्रकार के प्रभावी समूह या कार्य-कलापों द्वारा प्रतिस्थापित हो जाता है । जैसे– जब नगरों का विस्तार होता है, तो नगरों के इर्द-गिर्द बसे ग्रामीण क्षेत्रों में नगरीय जीवन इस प्रकार प्रवेश कर जाते हैं कि वहाँ की जीवन-प्रणाली में भारी रूपान्तरण हो जाता है । परम्परागत व्यवसायों को छोड़कर लोग नये व्यवसायों से जुड़ जाते हैं । इसी प्रक्रिया को पारिस्थितिकीय अनुक्रमण कहा जाता है ।

ecology (इ'कॉलजि) **पारिस्थितिकी, परिस्थितिविज्ञान :** विज्ञान की वह शाखा, जिसमें किसी जीव तथा उसके पर्यावरण के बीच के अन्तर-सम्बन्धों का अध्ययन किया जाता है । मानवशास्त्र में इस धारणा का उपयोग मानव और प्राकृतिक वास (**Habitat**) में क्या सम्बन्ध है तथा मानव संस्कृति भौगोलिक वातावरण के अनुकूल होती है, इस प्रसंग में हुआ है (देखें– Robert E. Park, Ernest Burgess and Roderick D. McKenzie (eds.), **The City**, 1925; Amos Hawley, **Human Ecology: A Theoretical Essay**, 1986) ।

ecology, human (इ'कॉलजि, 'ह्यूमन्) **मानव पारिस्थितिकी :** ऐसा विषय, जो मानव और पर्यावरण के बीच के सम्बन्धों का अध्ययन करता है । पर्यावरण प्राकृतिक या मानवनिर्मित कुछ भी हो सकता है । मानवीय पारिस्थितिकी सामान्य पारिस्थितिकी की एक शाखा है । समाजशास्त्र के क्षेत्र में यह एक महत्त्वपूर्ण सम्प्रदाय रहा है ।

ecology, social (इ'कॉलजि, 'सोशल्) **सामाजिक पारिस्थितिकी :** देखें– **Social ecology** ।

ecology, urban (इ'कॉलजि, 'अर्बन्) **नगरीय पारिस्थितिकी :** विकासात्मक, प्राकृतिक तथा नैतिकतारहित दृष्टि से नगरों में व्यक्तियों, सामाजिक समूहों एवं संस्थाओं के भौगोलिक वितरण का अध्ययन करने वाली ज्ञान की शाखा को नगरीय पारिस्थितिकी कहते हैं । इस विषय में यह अध्ययन किया जाता है कि शहरी वातावरण वहाँ की आबादी के घनत्व, वितरण, आवासीय व्यवस्था एवं व्यवसायों के केन्द्रीकरण को किस प्रकार प्रभावित करती है (देखें– Amos H. Hawley, **Urban Society: An Ecological Approach**, 1981 and **Human Ecology: A Theoretical Essay**, 1986) ।

econometrics (ईकनॉ'मेट्रिक्स) **अर्थमिति :** अर्थमिति वह विज्ञान है, जो अर्थशास्त्र के क्षेत्र में संख्यात्मक मात्राओं का विवेचन करने और आर्थिक सिद्धान्तों को सत्यापित करने का प्रयत्न करता है । इसका आधार आर्थिक सिद्धान्त का विकास और पर्यवेक्षण तथा उससे सम्बद्ध उपयुक्त सांख्यिकीय अर्थमिति-पद्धति है । अर्थमिति का उद्देश्य आर्थिक व्यवहार सम्बन्धी प्रेक्ष्य चरों को सरल समीकरणों के फलनों के रूप में दर्शाना होता है और फिर गणितीय विधियों के आधार पर कलन करके उनके सम्बन्ध में किसी प्रकार की भविष्यवाणी करना या पूर्वानुमान लगाना होता है । अर्थमिति में मात्रिक प्रकथनों की व्याख्या बीजगणितीय संकेतों और चिह्नों के द्वारा की जाती है ।

economic activity rates (ईक'नॉमिक् ऐक्'टिविटि रेट्स्) **आर्थिक क्रियाकलाप-दर :** किसी जनसंख्या में कामकाजी

लोगों का क्या प्रतिशत है, इस विधि से मालूम होता है । लेकिन, सबसे अधिक कठिनाई की बात यह है कि श्रमिक की कोई सर्वमान्य परिभाषा ही नहीं है । बहुत से मुल्कों में सेना में कार्यरत लोगों एवं मौसमी श्रमिकों को श्रमिक की श्रेणी में नहीं रखा जाता है । उसी प्रकार विद्यार्थियों, घर में काम करने वाली महिलाओं तथा सेवानिवृत्त लोगों को श्रमिक माना जाये या नहीं, इस सम्बन्ध में भी मतभेद है । अत: विश्वस्तर पर आर्थिक गतिविधि-दर का विश्लेषण तुलनात्मक दृष्टि से कठिन कार्य है ।

economic analysis (ईक'नॉमिक् अ'नैलसिस्) **आर्थिक विश्लेषण** : आर्थिक विश्लेषण में कुछ मान्यताओं के आधार पर आर्थिक पद्धति के कार्य-कारण सम्बन्धों का अध्ययन किया जाता है । इसका मुख्य उद्देश्य आर्थिक घटनाओं, आर्थिक मात्राओं, व्यवसाय चक्र आदि के निर्वचन का अध्ययन करना होता है । आर्थिक विश्लेषण के अन्तर्गत हम सांख्यिकीय विधियों तथा गणितीय विधियों द्वारा आर्थिक सिद्धान्त के नियमों व मनुष्य के अर्थपरक व्यवहार का विश्लेषण करते हैं। इसके तीन भाग होते हैं- (क) सिद्धान्त और संकल्पनाओं का प्रतिपादन (ख) इनमें की गई भविष्यवाणियों या पूर्वकथनों का वास्तविक तथ्यों पर घटाना (निगमन) तथा (ग) इसका परीक्षण करना ।

economic determinism (ईक'नॉमिक् डि'टर्मि निज़्म्) **आर्थिक निर्धारणवाद** या **नियतत्त्ववाद** : एक विचारधारा, जिसके अनुसार यह माना जाता है कि सामाजिक जीवन तथा सामाजिक परिवर्तन को प्रभावित करनेवाला सर्वाधिक प्रबल कारक आर्थिक है । इस कारक की अभिव्यक्ति उत्पादन एवं वितरण के लिए आवश्यक जमीन (प्राकृतिक संसाधन), प्रौद्योगिकी, सम्पत्ति तथा सामाजिक सम्बन्धों जैसे कारकों में होती है । यह अवधारणा मूलत: 'इतिहास की व्याख्या' का ही पर्यायवाची है । इस सिद्धान्त को अपने आधुनिक प्रचलित रूप में प्रतिपादित करने का श्रेय कार्ल मार्क्स (Karl Marx, 1818-1883) को जाता है । कार्ल मार्क्स के अनुसार सभी सामाजिक प्रक्रियाओं का निर्धारण उत्पादन के सम्बन्धों (आर्थिक कारक) द्वारा होता है। मैक्स वेबर (Max Weber, 1864-1920) ने इस विचारधारा को उलट कर प्रस्तुत किया है ।

economic development (ईक'नॉमिक् डि'वे़लप्मन्ट्) **आर्थिक विकास** : प्राय: आर्थिक विकास शब्द का प्रयोग अल्पविकसित देशों के लिए किया जाता है । इसका सम्बन्ध पिछड़े हुए देशों से है, जहाँ पर साधनों का पूर्ण उपयोग नहीं हुआ, जबकि उनके विकास की सम्भावना है । आर्थिक व्यवस्था में उत्पादन के साधनों, जैसे- कृषि, उद्योग, श्रम, पूँजी, व्यापार आदि के विकास को आर्थिक विकास की संज्ञा दी जाती है । आर्थिक विकास का एक ओर जनसंख्या वृद्धि, आयु संरचना और प्राकृतिक साधनों से घनिष्ठ सम्बन्ध होता है तथा दूसरी ओर इसका सम्बन्ध प्रौद्योगिकी से होता है । विकास को हम वृद्धि-दरों के रूप में मापते हैं और इसके स्तर का निर्धारण आर्थिक कल्याण या रहन-सहन के स्तर की तुलना से करते हैं । जिन देशों के आर्थिक कल्याण का मापांक अथवा सकल राष्ट्रीय उत्पादन, वहाँ की जनसंख्या के अनुपात में कम होता है, उन्हें अल्पविकसित देश कहा जाता है : देखें- **Economic growth** ।

economic drain (ईक'नॉमिक् ड्रेन) **आर्थिक निष्कासन** : इसे 'आर्थिक निकास' भी कहा जाता है । इस अवधारणा का प्रतिपादन सर्वप्रथम दादा भाई नौरोजी ने किया । उन्होंने अपनी पुस्तक **Poverty and Un-British Rule in India** में सर्वप्रथम आर्थिक निकास का सिद्धान्त प्रस्तुत किया । उन्होंने बताया कि भारतीय उत्पाद का वह हिस्सा, जो जनता के उपभोग के लिए उपलब्ध नहीं था तथा राजनीतिक कारणों से, जिसका प्रवाह इंग्लैंड की ओर हो रहा था, उसके बदले में भारत को कुछ प्राप्त नहीं होता था, उसे ही दादा भाई नौरोजी ने आर्थिक निष्कासन की संज्ञा दी ।

economic dualism (ईक'नॉमिक् 'ड्यूअ लिज़्म्) **आर्थिक द्वैतवाद** : देखें- **Dual economy** ।

economic exchange (ईक'नॉमिक् इक्स्'चेन्ज्) **आर्थिक विनिमय** : देखें- **Exchange, economic** ।

economic freedom (ईक'नॉमिक् 'फ्रीडम्) **आर्थिक स्वतन्त्रता** : वह सिद्धान्त, जो आर्थिक जीवन में स्वतन्त्रता की माँग करता है । पूँजीवादी और समाजवादी इसकी व्याख्या भिन्न-भिन्न ढंग से देते हैं । पूँजीवादियों के अनुसार यह सिद्धान्त उद्योग, व्यापार और अनुबन्ध के मामलों में सरकार के न्यूनतम हस्तक्षेप की माँग करता है, ताकि व्यक्ति अपनी योग्यता के अनुसार जितनी चाहे, सम्पत्ति और आय अर्जित कर सके ।

economic growth (ईक'नॉमिक् ग्रोथ्) **आर्थिक वृद्धि** : प्राय: आर्थिक वृद्धि का प्रयोग विकसित देशों के लिए किया जाता है । आय-स्तर को ऊँचा करना सामान्यतया अमीर देशों में आर्थिक वृद्धि कहलाता है, जबकि गरीब देशों के लिए आर्थिक विकास कहलाता है । आर्थिक वृद्धि का सम्बन्ध देश के प्रति व्यक्ति की आय के उत्पादन में एक मात्रात्मक निरन्तर वृद्धि से है, जो उसकी श्रमशक्ति, उपभोग, पूँजी और व्यापार की मात्रा प्रसार के साथ होती है । दूसरे शब्दों में, जनसंख्या के प्रति व्यक्ति के अनुसार एक निश्चित समय में वास्तविक वस्तुओं और सेवाओं जैसे उत्पादन को आर्थिक वृद्धि कहते हैं, जिसकी माप सामान्य रूप में 'सकल राष्ट्रीय उत्पादन' (**GNP**) में की जा सकती है । जब किसी देश की सकल राष्ट्रीय आय में वार्षिक वृद्धि, जनसंख्या की वार्षिक वृद्धि से अधिक होती है, तब यह स्थिति आर्थिक वृद्धि की परिचायक होती है । आर्थिक वृद्धि अनिवार्यत: उपभोग में वृद्धि और सम्पदा एवं जनकल्याण के वितरण में सुधार को प्रकट नहीं करती । इसमें मुख्यत: इस तथ्य पर बल दिया जाता है कि अधिक उत्पादन का प्रयोग कैसे और किनके द्वारा किया जाता है : देखें– **Economic development** ।

economic holding (ईक'नॉमिक् होल्डिइन्ग) **लाभकर जोत** : लाभकर जोत का अभिप्राय लाभप्रद कृषि-कार्य के लिए आवश्यक न्यूनतम क्षेत्र से है अर्थात् वह जोत जो परिवार का एक न्यूनतम सन्तोषजनक जीवन-स्तर (Minimum standard of living) उपलब्ध करा सके । यहाँ यह कहना कठिन है कि न्यूनतम अथवा उचित जीवन-स्तर में किस चीज़ को शामिल किया जाये ।

economic imperialism (ईक'नॉमिक् इम्'पिअरिअ लिज़म्) **आर्थिक साम्राज्यवाद** : वह स्थिति, जिसमें एक देश दूसरे देश की अर्थव्यवस्था पर इतना छा जाता है कि परिणामस्वरूप दूसरे देश की प्रभुसत्ता को क्षति पहुँचने लगती है । आर्थिक साम्राज्यवाद वस्तुत: साम्राज्यवाद के आर्थिक पक्ष को व्यक्त करता है । इस तरह, आर्थिक साम्राज्यवाद का सिद्धान्त साम्राज्यवादी युग की स्थिति की व्याख्या देता था । साम्राज्यवाद के पतन के बाद नवोदित देशों में उन्नत देशों के आर्थिक प्रभुत्व का विस्तार एक नई स्थिति है, जिसे आर्थिक उपनिवेशवाद या 'नव-उपनिवेशवाद' की संज्ञा दी जाती है ।

economic institution (ईक'नॉमिक् इन्स्टि'ट्यूशन्) **आर्थिक संस्था** : सामाजिक मानकों या आदर्शों का एक समन्वित रूप, जो वस्तुओं और सेवाओं तथा उत्पादन एवं वितरण से जुड़ा होता है ।

economic interpretation of history (ईक'नॉमिक् इन्टर्'प्रिटेशॅन् ऑव्'हिस्टॅरि) **इतिहास की आर्थिक व्याख्या** : कार्ल मार्क्स (Karl Marx, 1818-1883) द्वारा प्रतिपादित इतिहास सम्बन्धी दृष्टिकोण, जिसके अनुसार इतिहास में आकस्मिकताओं, संयोगों और व्यक्तिगत आकांक्षाओं का कोई स्थान नहीं है, प्रत्युत् इतिहास को एक तार्किक एवं क्रमबद्ध विकास का परिणाम माना जाता है । सामाजिक तथा राजनीतिक परिवर्तन जीवन की भौतिक अवस्थाओं के कारण अर्थात् उत्पादन और वितरण के साधनों में परिवर्तन के फलस्वरूप होते हैं, सत्य या न्याय के अमूर्त विचारों अथवा भगवान की इच्छा के कारण नहीं । राजनीतिक संस्थाएँ, सामाजिक संगठन, दार्शनिक पद्धतियाँ और साहित्यिक परम्पराएँ आदि समाज के प्रचलित उत्पादन और वितरण प्रणाली पर निर्भर रहती हैं ।

economic life, sociology of (ईक'नॉमिक् लाइफ़्, सोसि'ऑलजि ऑव्) **आर्थिक जीवन का समाजशास्त्र** : देखें– **Sociology of economic life** ।

economic man (ईक'नॉमिक् मैन्) **आर्थिक मानव** : मनुष्य एक सामाजिक प्राणी मात्र नहीं, बल्कि एक आर्थिक प्राणी भी है । क्लासिकी अर्थशास्त्रीय सिद्धान्त (**Classical economic theory**) में ही नहीं, बल्कि वर्तमान आधुनिक सिद्धान्तों के अन्तर्गत भी व्यक्ति को बाज़ार-व्यवस्था में महत्त्व दिया गया है । व्यक्ति अपने हितों को ध्यान में रखकर स्वयं के बारे में निर्णय लेने की स्थिति में होता है, जिसका प्रभाव पूरी आर्थिक व्यवस्था में देखा जा सकता है । नि:सन्देह व्यक्ति आर्थिक दृष्टि से भी एक विवेकशील प्राणी की तरह बाज़ार में अपना अस्तित्व रखता है ।

economic model (ईक'नॉमिक् 'मॉड्ल्) **आर्थिक मॉडल :** आर्थिक मॉडल का तात्पर्य कुछ ऐसे पूर्व साध्यों के समुच्चय से है, जिसके आधार पर मात्रिक समीकरणों द्वारा आर्थिक सम्बन्धों को व्यक्त किया जाता है । अर्थशास्त्रियों को प्राय: विशिष्ट आर्थिक परिवर्तनों के प्रभाव के बारे में पूर्वानुमान लगाने के लिए कहा जाता है तथा अपेक्षा की जाती है कि वे कौन-से नीति सम्बन्धी परिवर्तनों का सुझाव देना चाहेंगे । इस प्रकार के अध्ययनों के लिए उन्हें निम्न बातों का ध्यान रखना पड़ता है, जैसे– अन्तर्जात कारक, बहिर्जात कारक, फलनात्मक सम्बन्ध, प्रायकिता बंटन (**Probability**)। इनको दर्शाने वाले विशिष्ट फलनों के निर्देश को आर्थिक मॉडल कहा जाता है । इसके अन्तर्गत दो प्रकार की समीकरण प्रणाली होती है– पहला, पूर्ति और माँग के स्वायत्त समीकरणों का समुच्चय, जिसे संरचनागत समीकरण प्रणाली कहा जाता है । ऐसे समीकरणों के प्राचलों को संरचना प्राचल (**Parameter**) कहा जाता है और दूसरा, अस्वायत्त व्युत्क्रमित समीकरणों की प्रणाली, जिसमें एक चर परिवर्तनशील होता है ।

कुछ मॉडल प्रसम्भाव्य प्रकार के होते हैं । इनमें एक से अधिक प्राक्कल्पनाओं का समावेश किया जाता है । इन मॉडलों को बीजगणितीय संकेतों और समीकरणों के रूप में लिखा जाता है । मॉडल का अभिगृहीत मान्यताओं के आधार पर संक्षिप्त नामकरण निम्न प्रकार से किया जा सकता है– (1) रैखिक मॉडल, (2) शून्येतर सारणिक मॉडल, (3) जैड का रैखिक स्वतन्त्र मॉडल, (4) समीकरण अभिनिर्धारण मॉडल आदि ।

economic nationalism (ईक'नॉमिक् 'नैश्न् लिज़्म्) **आर्थिक राष्ट्रवाद :** इसके अन्तर्गत कोई भी राष्ट्र अपने उपनिवेश में अपने आर्थिक हितों व व्यापार का संरक्षण करता है । इसमें अन्य देश के व्यापार व उद्योग-धन्धों का अपने हित में ज्यादा-से-ज्यादा आर्थिक शोषण किया जाता है । ब्रिटेन ने भी भारत का आर्थिक शोषण किया तथा व्यापार को हानि पहुँचायी ।

economic order (ईक'नॉमिक् 'ऑर्डर्) **आर्थिक व्यवस्था :** सामानों के उत्पादन, वितरण और उपभोग में शामिल गतिशील, समन्वित व्यवस्थाओं का समुच्चय ।

economic organization (ईक'नॉमिक् ऑगनाइ'ज़ेश्न्) **आर्थिक संगठन, आर्थिक व्यवस्था :** जिसके द्वारा वस्तुओं का उत्पादन, वितरण और उपभोग किया जाता है ।

economic planning (ईक'नॉमिक् प्लान् इन्ग) **आर्थिक नियोजन :** आर्थिक नियोजन आर्थिक समस्याओं के समाधान का एक यन्त्र है । रॉबिन्स (Lionel Charles Robbins, 1898-1984) के अनुसार आज के युग में नियोजन आर्थिक समस्या के समाधान की अचूक औषधि है । वास्तव में आर्थिक नियोजन का तात्पर्य केन्द्रीय सार्वजनिक अधिकारी द्वारा उपलब्ध साधनों के विवेकपूर्ण प्रयोग एवं आर्थिक शक्तियों के युक्तिपूर्ण नियन्त्रण द्वारा एक निश्चित समय में निश्चित उद्देश्य की प्राप्ति करना है, जिससे अधिकतम सामाजिक कल्याण संभव हो सके ।

economic policy (ईक'नॉमिक् 'पॉलसि) **आर्थिक नीति :** आर्थिक नीति का अर्थ 'राष्ट्रीय आर्थिक नीति' से लिया जाता है और नीति को लागू करनेवाला संगठन या समूह सरकार होती है, जो आर्थिक सिद्धान्तों की कमजोरियों पर प्रकाश डालती है और उचित आर्थिक सिद्धान्तों के निर्णय में सहायता करती है ।

economic power (ईक'नॉमिक् 'पाउअर्) **आर्थिक शक्ति :** धन-सम्पदा, उत्पादन के साधनों या अन्य दुर्लभ संसाधनों के स्वामित्व के बल पर निर्धन लोगों या निर्धन राष्ट्रों के जीवन की परिस्थितियों पर नियन्त्रण स्थापित करने की शक्ति ।

economic reform (ईक'नॉमिक् रि फ़ॉ:म्) **आर्थिक सुधार :** उदारीकरण और आर्थिक सुधार के परिणामस्वरूप भारत विश्व की एक आर्थिक महाशक्ति के रूप में उभरा है । सुधारों से पूर्व मुख्यरूप से भारतीय उद्योगों और व्यापारों पर सरकारी नियन्त्रण का बोलबाला था और सुधार लागू करने से पूर्व इसका जोरदार विरोध भी हुआ था, परन्तु आर्थिक सुधारों के अच्छे परिणाम सामने आने से विरोध काफी हद तक कम हुआ है । हालांकि मूलभूत ढाँचे में तेजी से प्रगति न होने से एक बड़ा तबका अब भी नाखुश है और एक बड़ा हिस्सा इन सुधारों से अभी भी लाभान्वित नहीं हुआ है।

लगभग 568 बिलियन के सकल घरेलू उत्पाद के साथ इस समय भारत विश्व अर्थव्यवस्था में 12वें स्थान पर है । लेकिन, प्रति व्यक्ति आय कम होने की वजह से इस प्रगति के अपने कोई मायने नहीं रहते । सन् 2003 में प्रति व्यक्ति आय के लिहाज से विश्वबैंक के अनुसार भारत का 143वाँ स्थान था । पिछले वर्षों में भारत में वित्तीय संस्थानों ने विकास में बड़ी भूमिका निभायी है : देखें– **Indian economy** ।

economic service (ईक'नॉमिक् 'सर्विस) **आर्थिक सेवा :** किसी देश के बजट में आर्थिक गतिविधियों, जैसे–कृषि अथवा इससे सम्बन्धित कार्य, ऊर्जा, उद्योग व खनिज, यातायात, विज्ञान, तकनीकी और पार्यावरण के सम्बन्ध में बनायी गयी विभिन्न परियोजनाएँ आर्थिक सेवा के अन्तर्गत आती हैं ।

economic sociology (ईक'नॉमिक् सोसि'ऑलजि) **आर्थिक समाजशास्त्र :** देखें– **Sociology of economic life**।

economic system (ईक'नॉमिक् 'सिस्टम्) **आर्थिक-पद्धति :** इसका तात्पर्य वैधानिक तथा संस्थात्मक ढाँचे (Legal and institutional framework) से है, जिसके अन्तर्गत आर्थिक क्रियाएँ संचालित होती हैं । वास्तव में, आर्थिक प्रणाली संस्थाओं का एक ऐसा ढाँचा है, जिसके द्वारा उत्पत्ति के साधनों तथा उनके द्वारा उत्पादित वस्तुओं के प्रयोग पर सामाजिक नियन्त्रण किया जाता है । आर्थिक-पद्धति वह व्यवस्था है जिसका सम्बन्ध वस्तुओं और सेवाओं के उत्पादन तथा वितरण से जुड़ा हुआ है । इसके अन्तर्गत कई बातों का अध्ययन किया जाता है– (क) किन-किन वस्तुओं का उत्पादन किया जाये ? (ख) उत्पादन कैसे किया जाये अथवा उत्पादन की तकनीक क्या हो ? (ग) वर्तमान एवं भविष्य के बीच चयन कैसे किया जाये ?

economics of scale (ईक'नॉमिक्स् ऑव् स्केल) **परिमाणात्मक सुलाभ, बड़े पैमाने की किफ़ायतें :** जब किसी वस्तु का उत्पादन बड़े पैमाने पर किया जाता है, तो उत्पादित वस्तुओं की प्रति इकाई कीमत में कमी आती है । आधुनिक काल में परिष्कृत संयन्त्रों के माध्यम से बड़े पैमाने पर उत्पादन, कम-से-कम कीमत पर उपभोग की वस्तुएँ उपलब्ध हो रही हैं ।

economism (ईक'नॉमिज़म्) **आर्थिकवाद :** इस शब्द का प्रयोग दो भिन्न एवं नकारात्मक अर्थों में होता है, जिसके अन्तर्गत यह कहा जाता है कि अर्थव्यवस्था ही बुनियादी संरचना है । अधिरचना (**Super structure**) जैसे– समाज, शिक्षा, संस्कृति, परिवार इत्यादि का कोई स्वतन्त्र वजूद नहीं है । यह बुनियादि संरचना पर निर्भर करता है । एक दूसरे अर्थ में, इस शब्द का प्रयोग श्रमिकों के बीच वर्ग-जागृति के लिए होता है । अपनी आर्थिक स्थिति को सुधारने के लिए ट्रेड यूनियन के माध्यम से पूँजीपतियों के विरोध का यह सूचक है । इन दोनों अर्थों में इस शब्द का प्रयोग मार्क्सवादी चिन्तन में देखने को मिलता है ।

economy (इ'कॉनमि) **अर्थव्यवस्था :** जिस व्यवस्था या ढाँचे के अन्तर्गत समस्त आर्थिक क्रियाओं का वर्णन किया जाता है, उसे ही अर्थव्यवस्था कहते हैं । अर्थव्यवस्था का तात्पर्य किसी क्षेत्र या देश की आवश्यकताओं की सन्तुष्टि से भी है । जिस क्षेत्र या देश में आवश्यकताओं की सन्तुष्टि जितनी अधिक होगी, वहाँ की अर्थव्यवस्था भी उतनी ही अधिक मजबूत मानी जायेगी (देखें– Wilbert Moore, **Economy and Society**, 1955; Max Weber, **Economy and Society**, 1968; Richard Swedberg, **Economics and Sociology**, 1990) ।

economy, black (इ'कॉनमि, ब्लैक्) **काला धन :** देखें– **Black economy** ।

economy, command (इ'कॉनमि, कॅ'मान्ड) **नियन्त्रित अर्थव्यवस्था :** देखें– **Command economy** ।

economy, informal (इ'कॉनमि, इन्'फ़ॉर्म्ल्) **अनौपचारिक अर्थव्यवस्था :** देखें– **Informal economy** ।

economy, mixed (इ'कॉनमि, 'मिक्स्ड्) **मिश्रित अर्थव्यवस्था :** देखें– **Mixed economy** ।

economy, subsistence (इ'कॉनमि, सॅब्'स्टिन्स्) **निर्वाह अर्थव्यवस्था :** देखें– **Subsistence economy** ।

ecopopulism (ईकॉ'पॉप्लिज़्म्) **परिस्थिति लोकवाद :** इस शब्द का प्रयोग पाश्चात्य देशों, विशेषकर अमरीका में समकालीन आन्दोलन के सन्दर्भ में किया गया। लोगों ने खतरनाक जैविक नाभिकीय एवं विषाक्त वस्तुओं के यत्र-तत्र ढेर करने के सरकारी प्रयासों का विरोध किया। विरोधियों का ऐसा मानना था कि प्राकृतिक संसाधनों के साथ ज्यादा छेड़-छाड़ नहीं की जानी चाहिए। प्रकृति का जिस रूप में विकास हुआ है, उसे उसी रूप में रहने देना समाज के हित में है।

ecosystem ('ईकॉ सिस्टम्) **पारिस्थितिक तन्त्र :** फसली भूमियों, वन भूमियों, चारागाहों और परती जमीनों का एक ऐसा समेकित तन्त्र, जिसमें भूमि के उपयोग का हरेक घटक आपस में एक-दूसरे के साथ इस प्रकार जुड़ा हो कि जब किसी एक घटक में कोई परिवर्तन हो, तो इसका प्रभाव अन्य सभी घटकों पर भी पड़े।

ecstasy ('एकस्टसि) **परमानन्द :** इस शब्द का प्रयोग दो अर्थों में किया जाता है– (1) भावातिरेक– तीव्र भावात्मक उत्तेजना की वह अवस्था, जिसमें व्यक्ति तर्क से ऊपर उठ जाता है और आत्म-संयम खो बैठता है। (2) हर्षातिरेक– आध्यात्मिक आनन्द, सुख की जबर्दस्त अनुभूति। हर्ष या आनन्द की तीव्रता की वह अवस्था, जिसमें आत्मा अपने आराध्य से तादात्म्य स्थापित कर लेती है और व्यक्ति उसमें इतना लीन हो जाता है कि उसकी साधारण लौकिक चेतना लुप्त हो जाती है।

ecumenism (ई'क्युमे निज़्म्) **सार्वभौमवाद :** एक ऐसा आन्दोलन, जो विभिन्न धार्मिक समूहों के बीच समरसता के भाव पर जोर देता है। इस विचारधारा के समर्थक विभिन्न धर्मों के बीच समान बातों पर जोर देते हैं, न कि विभिन्नताओं पर।

editing, edit checks ('एडिटिन्ग, 'एडिट चेक्स) **सम्पादन, सम्पादकीय जाँच :** देखें– **Coding**।

educated unemployed ('एजु केटिड अँनिम्'प्लॉइड) **शिक्षित बेरोज़गार :** वह व्यक्ति, जिसने स्कूल की शिक्षा समाप्त कर ली है और रोज़गार की तलाश में लगा है, शिक्षित बेरोज़गार समझा जाता है। यहाँ महत्त्वपूर्ण बात यह है कि उस व्यक्ति को रोज़गार की तलाश में बहुत प्रकार की सक्रियता से लगा होना चाहिए।

education (एजु'केशन्) **शिक्षा :** स्कूल-कॉलेज जैसी किसी विशेष व्यवस्थित प्रणाली के माध्यम से दिया जानेवाला ज्ञान। यह एक बृहत् विषय है। इसका क्षेत्र इतना व्यापक है कि इसका वर्गीकरण कई प्रकार से संभव है। इसके स्वरूप में दिन-ब-दिन विकास होता जा रहा है। इस विषय के विशिष्टीकरण के रूप में शिक्षा के समाजशास्त्र (**Sociology of education**) एवं शिक्षा के मनोविज्ञान (**Psychology of education**) का विकास हुआ है।

education, formal (एजु'केशन्, 'फ़ॉर्मल्) **औपचारिक शिक्षा :** केवल सीखने-सिखाने के लिए ही निर्मित संस्थाओं से बालक जो कुछ ग्रहण करता है, उसे औपचारिक शिक्षा कहते हैं। शिक्षा को नियमित, नियन्त्रित, संगठित तथा सोद्देश्य बनाने के लिए पाठशालाएँ-विद्यालय आदि होते हैं। इस नियमित तथा सोद्देश्य संगठित शिक्षा के अन्तर्गत बालक का विधिवत संस्कार किया जाता है तथा विशिष्ट प्रणाली एवं वातावरण में बालक का विकास होता है : देखें– **Informal education**।

educational attainment (एजु'केशन्ल् अटेन'मन्ट्) **शैक्षणिक उपलब्धि :** 1950 एवं 60 के दशक में सामाजशास्त्रियों ने विद्यार्थियों की शैक्षणिक उपलब्धियों का गहराई से अध्ययन किया। उन लोगों ने बताया कि सभी विद्यार्थियों की शैक्षणिक उपलब्धि समान नहीं होती, जैसे– निम्नवर्ग के परिवार से आनेवाले बच्चों की उपलब्धि उच्च वर्ग से आनेवाले बच्चों की तुलना में कम होती है। बालिकाओं की उपलब्धि भी बालकों की तुलना में कम होती है, अर्थात् विद्यार्थियों की शैक्षणिक उपलब्धि में उसकी वर्ग-विशेषता एवं लिंग की भी भूमिका होती है। ब्रिटेन के अध्ययनों में यह पाया गया है कि प्रौढ़ावस्था तक लड़कियाँ लड़कों से बेहतर अंक प्राप्त करती हैं। लेकिन, उच्च स्तरों पर लड़के लड़कियों से बेहतर प्रदर्शन करते हैं। लड़कियाँ आमतौर पर गणित, विज्ञान एवं इंजीनियरिंग जैसे विषयों में सापेक्षिक रूप से कम रुचि रखती हैं। वे नारीसुलभ या नारी केन्द्रित विषयों को पढ़ना अधिक पसन्द करती हैं, जैसे– मनोविज्ञान, समाजशास्त्र, साहित्य आदि।

educational grouping (एजु'केश्न्ल् ग्रूप्'इन्ग्) **शैक्षणिक समूह** : प्रत्येक समाज की बुनियादी आवश्यकता यह है कि वह आनेवाली पीढ़ी को समाज की संस्कृति एवं आवश्यकताओं से अवगत कराये । इन कार्यों को पूरा करने के लिए समाज में अनेक शिक्षण-संस्थाएँ होती हैं, यथा– विद्यालय, महाविद्यालय आदि ।

educational institution (एजु'केश्न्ल् इन्स्टि'ट्यूश्न्) **शैक्षणिक संस्था** : सामाजिक मानकों या आदर्शों की एक ऐसी मिश्रित व्यवस्था, जो लोगों को औपचारिक प्रशिक्षण एवं शिक्षा देती है ।

educational psychology (एजु'केश्न्ल् साइ'कॉलजि) **शिक्षा-मनोविज्ञान** : अध्ययन की वह शाखा, जिसके अन्तर्गत शिक्षा के क्षेत्र से जुड़ी हुई मनोवैज्ञानिक समस्याओं पर विचार किया जाता है और उनके समाधान के लिए मनोवैज्ञानिक पद्धतियों एवं तकनीकों का प्रयोग किया जाता है ।

educational sociology (एजु'केश्न्ल् सोसि'ऑलजि) **शिक्षा-समाजशास्त्र** : समाजशास्त्र की वह प्रमुख शाखा, जो शिक्षा के प्रशासन या प्रक्रियाओं का वैज्ञानिक रूप से अध्ययन करती है, शैक्षिक समाजशास्त्र के नाम से जानी जाती है । शिक्षा समाजशास्त्र का मूल उद्देश्य शैक्षणिक तथा शिक्षा से सम्बन्धित सामाजिक प्रश्नों का हल ढूँढ़ना है (देखें– Lynn M. Mulkey, **Sociology of Education**, 1993) ।

educative theory of punishment (एजु'केटिव़् 'थिअरि ऑव़् 'पनिश्मन्ट्) **शिक्षार्थ दण्ड-सिद्धान्त** : सुधारात्मक दण्ड-सिद्धान्त का एक प्रकार, जिसके अनुसार दण्ड का उद्देश्य शिक्षा द्वारा अपराधी का सुधार करना होता है ।

effects, statistical (इ'फेक्टस्, स्ट'टिस्टिक्ल्) **सांख्यिकीय प्रभाव** : स्वतन्त्र चरों का आश्रित चरों पर हमेशा समान प्रभाव नहीं होता । दो चरों के प्रभाव में भिन्नता पाई जाती है, जैसे– शिक्षा और जाति का प्रजनन पर समान प्रभाव नहीं पड़ता । चरों पर प्रभाव प्रत्यक्ष और अप्रत्यक्ष दोनों प्रकार का होता है । जैसे– शिक्षा का प्रभाव प्रजनन पर अप्रत्यक्ष रूप से होता है; क्योंकि शिक्षा के प्रभाव में विवाह, उम्र और परिवार नियोजन के प्रयोग में प्रविधियों की वृद्धि होती है । विवाह उम्र और परिवार नियोजन की प्रविधियों का प्रयोग प्रजनन का प्रत्यक्ष निर्धारक है, जबकि शिक्षा अप्रत्यक्ष ।

effective fertility (इ'फ़ेक्टिव़् फ़र्'टिलटि) **प्रभावी प्रजनन** : कुल जन्म लेने वाले बच्चों की संख्या से पूर्ण विकसित गर्भ में हुई मृत्युओं और एक वर्ष से छोटे बच्चों की मृत्युओं की संख्या को घटाकर जो अन्तर प्राप्त होता है, वह जन्म-दर प्रभावी प्रजननता-दर कहलाता है ।

effemination (इ'फेमि नेश्न्) **स्त्रैणीकरण** : स्त्री की भाँति होना अथवा स्त्रीसुलभ गुणों व विशेषताओं का अंगीकरण किया जाना। समलिंगता का एक रूप, जिसमें पुरुष की काम भावनाएँ तथा मानसिक विशेषताएँ स्त्रियों जैसी होती हैं ।

efficiency (इ'फ़िश्न्सि) **दक्षता** : दुर्लभ साधनों तथा वस्तुओं या सेवाओं के उत्पादन के सम्बन्ध को यदि भौतिक रूप में जाना जाये, तो यह तकनीकी दक्षता कहलाती है । यदि उत्पादन की मात्रा तथा साधनों पर व्यय की गयी लागत का अनुपात लिया जाये तो, यह आर्थिक दक्षता कहलाती है । उत्पादन की कुल लागत में उत्पादन-मात्रा या संख्या से भाग देने पर औसत लागत प्राप्त होती है । यह औसत लागत जितनी कम होगी, आर्थिक दक्षता उतनी अधिक होगी ।

efficiency, sampling (इ'फ़िश्न्सि, साम्प्लिन्ग) **नमूना क्षमता** : देखें– **Sampling efficiency** ।

effort bargaining ('एफ़र्ट् 'बार्गनिङ्) **प्रयत्न सौदाकारी** : यह एक ऐसी प्रक्रिया है, जिसके अन्तर्गत पूँजीपति अपने उद्योगों में लगे श्रमिकों को कुछ अतिरिक्त पारितोषिक देकर उत्पादन में मात्रात्मक या गुणात्मक वृद्धि करने का प्रयास करते हैं । मार्क्सवादी चिन्तकों के अनुसार यह श्रमिकों के शोषण का एक तरीका है (देखें– W. Baldamus, **Efficiency and Effort**, 1961) ।

egalitarian; egalitarianism (इ गैलि'टेअरिअन्; इ गैलि'टेअरिअनिज़म्) **समतावादी; समतावाद** : वह व्यवस्था, जिसमें समाज के सभी वर्गों के अधिकार और सुविधाएँ करीब-करीब एक समान हों । समतावाद की धारणा न्यूनाधिक

मात्रा में और समान स्थितियों में समान आचरण को प्रकट करने के साथ-साथ व्यक्तियों का निरर्थक मापदण्डों के आधार पर वर्गीकरण अस्वीकार करती है ।

egalitarian family (इ गैलि'टेअरिअन् 'फ़ैमलि) **समतावादी परिवार :** ऐसा परिवार, जिसमें पति-पत्नी अपने अधिकार एवं उत्तरदायित्व का पालन समान रूप से करते हैं ।

egalitarian movement (इ गैलि'टेअरिअन्'मूव्‌मन्ट्) **समतावादी आन्दोलन :** एक सामाजिक आन्दोलन, जो किसी वर्ग-विशेष के लिए समानता प्राप्त करने की कोशिश करता है, जैसे- भारत में अछूतोद्धार आन्दोलन ।

egalitarian society (इ गैलि'टेअरिअन् सॅ'साइअटि) **समतावादी समाज :** ऐसा समाज, जो सभी मनुष्यों की समानता में विश्वास करता है । इसमें यह माँग की जाती है कि समाज में मनुष्यों के साथ एक-जैसा बर्ताव होना चाहिए और उन्हें अपने-अपने विकास के लिए समान अवसर और समान अधिकार प्राप्त होने चाहिए ।

ego ('ईगो) **केन्द्र व्यक्ति, अहम् :** इस शब्द का प्रयोग दो अर्थों में किया जाता है- (1) वह व्यक्ति, जिसका बन्धुत्व प्रणाली के अन्तर्गत केन्द्र मानकर अध्ययन किया जाता है । (2) एक अन्य अर्थ यह है कि अहम् की उत्पत्ति इदम् पर नियन्त्रण रखने के लिए हुई है । अहम् का प्रयोग '**स्व**' (**Self**) के अर्थ में किया गया है । '**स्व**' के अर्थ में व्यक्ति अपने सम्बन्ध में अपना क्या मत रखता है, कहीं-कहीं अहम् का प्रयोग इस आशय के प्रतिनिधि के रूप में भी किया गया है । अहम् का कार्य बीच का रास्ता खोजकर इच्छा की पूर्ति करना है । व्यक्तित्व का वह भाग अहम् के नाम से जाना जाता है, जो व्यक्ति को वास्तविक तथ्यों की चेतन जानकारी देता है । मनोविश्लेषण में (फ्रॉयड द्वारा) अहम् व्यक्ति का वह अंश माना गया है, जिसका कार्य 'इड' के प्रकृत इच्छा-भावों और नैतिक मन (पराहम्) के कठोर नियमों के बीच मध्यस्थता करना है । यह भाग आंशिक रूप से चेतन व आंशिक रूप से अचेतन होता है । इड की भाँति यह भाग तात्कालिक एवं प्रकृत सुख नहीं चाहता है, किन्तु यह वास्तविक सापेक्ष सुख पाने में इड की मदद अवश्य करता है । वस्तुत: अहम् इड का ही परिष्कृत स्वरूप है, जो बाह्य जगत् के प्रभाव के प्रतिफल तथा चेतना से उत्प्लावित होता है । निद्रा अथवा सुप्तावस्था में भी इड पर इसका नियन्त्रण रहता है : देखें- **Id** ।

ego, super ('ईगो, 'सूपर्) **सुप्राहम्, पराहम् :** देखें- **Super ego** ।

egocentric (ईगो'सेनट्रिक) **अहंकेन्द्रिता :** प्रत्येक वस्तुस्थिति को वैयक्तिक दृष्टिकोण से देखने, समझने तथा अपने-आप में केन्द्रित रखने की प्रवृत्ति अहंकेन्द्रिता कहलाती है । इस प्रवृत्ति से ग्रसित व्यक्ति अपने को ब्रह्माण्ड का केन्द्र समझता है और आशा करता है कि विश्व उसके चारों ओर फिरे । ऐसा व्यक्ति बहुत कुछ (अंशों तक) दूसरे के अधिकारों एवं ज़रूरतों की अवहेलना करता है ।

egocentrism ('ईगो'सेनट्रिज़म्) **अहंकेन्द्रवाद :** पीयाजे (Jean Piaget, 1897-1980) के अनुसार बच्चों के प्रारम्भिक जीवन का विशेष गुण। बच्चे आमतौर पर अपने आस-पास के वातावरण में अपने को केन्द्रबिंदु मानकर ही विभिन्न चीज़ों या घटनाओं को समझने का प्रयास करते हैं ।

ego generation ('ईगो जेन'रेशॅन) **केन्द्रव्यक्ति पीढ़ी :** केन्द्रव्यक्ति, जिस पीढ़ी में आता है, उसे केन्द्रव्यक्ति पीढ़ी कहते हैं । इसका सम्बन्ध मानवशास्त्र से है ।

ego ideal ('ईगो आइ'डिअल्) **अहमादर्श :** व्यक्ति के सम्मुख आदर्श का वह रूप, जिसे प्राप्त करने के लिए वह प्रयत्नशील रहता है ।

egoism ('ईगो इज़्म्) **स्वार्थवाद, अहंवाद :** इस शब्द का प्रयोग दो अर्थों में किया जाता है- (1) नीतिशास्त्र में, व्यक्ति के निहित स्वार्थ को ही साध्य माननेवाला सिद्धान्त (2) एक अन्य सिद्धान्त, जिसके अनुसार यह माना जाता है कि सभी

व्यवहार आत्म-लाभ की इच्छा से प्रेरित होते हैं। अहंवादी व्यक्ति की सभी क्रियाएँ ऐसे लाभों के अहम् की ओर मंडराती रहती हैं, जिन्हें वह अपना लाभ समझता है ।

egoistic hedonism (ईगो'इस्टिक हीडॅनिज़म्) **स्वसुखवाद, स्वार्थमूलक सुखवाद :** वह मत कि स्वयं अपने सुख की प्राप्ति ही व्यक्ति का नैतिक लक्ष्य होना चाहिए ।

egoistic suicide (ईगो'इस्टिक 'सूइ साइड्) **स्वार्थवादी आत्महत्या :** देखें– **Suicide** ।

egotism ('ईगो टिज़्म्) **अहंकार :** स्वयं को बड़ा और अन्य को तुच्छ समझने की प्रवृत्ति । जर्मनी का अडोल्फ हिटलर (Adolf Hitler, 1889-1945) इसका ऐतिहासिक उदाहरण है ।

eidolism (आइडो 'लिज़्म्) **प्रेतवाद :** देहमुक्त आत्माओं अथवा भूत-प्रेतों में विश्वास । मानव-धर्म के मूल में यह विश्वास प्रधान है ।

eidos, social (आइडो 'स, 'सोश्ल्) **सामाजिक प्रज्ञप्ति :** अल्फ्रेड एल. क्रोबर एवं बेट्सन (Alfred L. Kroeber and G. Bateson) ने आदिम समाजों के अपने अध्ययनों के दौरान संस्कृति के दो प्रमुख पक्षों, यथा- आइडोस (**Eidos**) तथा ईथॉज (**Ethos**) की ओर ध्यान आकर्षित किया है । संस्कृति के सुस्पष्ट मूलतत्त्व अथवा उसका बाह्य रूप जिन्हें संस्कृति-विशेष के ताने-बाने की संज्ञा दी जा सकती है । इन्हीं के समन्वित एवं सामंजस्यपूर्ण रूप को आइडोस कहते हैं । बेट्सन ने आदिम समाज सम्बन्धी पुस्तक नावेन (1936) में संस्कृति के क्रियाशील संज्ञानात्मक पक्ष को प्रज्ञप्ति की संज्ञा दी है ।

elaborated code (इ'लैबरेट्ड् कोड्) **विस्तृत कूट :** देखें– **Linguistic code** ।

elaborated language (इ'लैबरेट्ड् लैङ्ग्विज) **विस्तृत भाषा :** देखें– **Linguistic code** ।

election (इ'लेक्शन्) **चुनाव, निर्वाचन :** निर्वाचन वह प्रक्रिया है, जिसके अन्तर्गत बहुत से लोग एकसाथ कुछ लोगों का मतदान के माध्यम से चुनाव करते हैं । चुनाव लोकतान्त्रिक प्रक्रिया की जड़ है । संसदीय लोकतन्त्र में चुनाव का कार्य आमतौर पर चुनाव आयोग द्वारा सम्पन्न कराया जाता है । आमतौर पर चुनाव लड़ने तथा वोट देने की उम्र सीमा होती है । चुनाव में भाग लेना ऐच्छिक होता है, लेकिन कुछ ऐसे भी देश हैं, जहाँ जनता को मतदान देने की कानूनी बाध्यता है, जैसे– ऑस्ट्रेलिया ।

elective affinity (इ'लेक्टिव् अ'फ़िनिटि) **परिभाषामूलक गुण-बन्धुता :** इस शब्द का सर्वप्रथम प्रयोग मैक्स वेबर (Max Weber, 1864-1920) ने प्रोटेस्टैन्ट धर्म एवं पूँजीवाद के बीच के सम्बन्धों को दर्शाने के लिए किया था । उन्होंने बताया है कि पूँजीवाद का प्रोटेस्टैन्ट धर्म के साथ बहुत ही गहरा सम्बन्ध है : देखें– **Protestant ethics** ।

electra complex (इ'लेक्ट्रा 'कॉम्प्लेक्स्) **एलेक्ट्रा मनोग्रन्थि :** मनोविश्लेषणात्मक सिद्धान्त के अनुसार यह माना जाता है कि पुत्र माँ की ओर तथा पुत्री पिता की ओर आकर्षित होती है । पुत्री की पिता के प्रति आसक्ति और आकर्षण अथवा रुझान उसकी माता के प्रति ईर्ष्या की भावना उत्पन्न करती है । यही स्थिति इलेक्ट्रा मनोग्रन्थि के नाम से जानी जाती है । यह शब्द एक ग्रीक पौराणिक कथा पर आधारित है : देखें– **Oedipus complex** ।

elementary education (इलि'मेन्ट्रि एजु'केशन्) **प्रारम्भिक शिक्षा :** 18 नवम्बर, 2001 को 93वें संविधान संशोधन के द्वारा एक अधिनियम पारित किया गया, जिसमें यह घोषणा की गयी है कि ऐसे बच्चे जिनकी उम्र 6-14 वर्ष है उनको निःशुल्क तथा अनिवार्य शिक्षा प्राप्त करने का मौलिक अधिकार है । यह तो अभिभावकों का भी मौलिक कर्त्तव्य है कि वे 6-14 वर्ष के प्रत्येक बच्चे को शिक्षा प्राप्त करने के अवसर प्रदान करें। प्रारम्भिक शिक्षा को दो भागों में विभक्त कर सकते हैं– (क) कक्षा 1-5 तक को प्राथमिक विद्यालय, जिसके लिए बच्चों की आयु 6-11 वर्ष तथा (ख) उच्च प्राथमिक विद्यालय, जिनके लिए बच्चों की आयु 11-14 वर्ष है ।

elite (ए'लीट्) **सम्भ्रान्तजन, विशिष्ट वर्ग :** सामान्य रूप से 'एलीट' का अर्थ है– समाज के विशिष्ट व्यक्ति, अर्थात्

वे व्यक्ति, जिन्होंने किसी विशेष क्षेत्र में ख्याति अर्जित की हो अथवा जिनके हाथों में शक्ति के सूत्र केन्द्रित हों। लेकिन, यह ज़रूरी नहीं है कि वह व्यक्ति अपने समाज के सबसे प्रतिष्ठित व्यक्तियों में से हों। मूलतः यह शब्द फ्रांसीसी भाषा का है, जहाँ इसका अर्थ 'चुनी हुई वस्तुएँ' है। अठारहवीं शताब्दी के आते-आते यह शब्द विभिन्न क्षेत्रों में वैशिष्ट्य का द्योतक हो गया। बाद में इस शब्द का प्रयोग समाज के श्रेष्ठ व्यक्तियों के लिए किया जाने लगा। सम्भ्रान्तवर्ग उन व्यक्तियों से मिलकर बनता है, जो समाज के श्रेष्ठ तथा किसी एक क्षेत्र में अग्रणी माने जाते हैं। इस प्रकार के व्यक्ति राजनीतिक, व्यापारिक, कलात्मक, वैज्ञानिक तथा धार्मिक, सभी क्षेत्रों में होते हैं। सम्भ्रान्तवर्ग के सदस्य अपने उस क्षेत्र में समाज के मूल्यों तथा अभिवृत्तियों के निर्धारण में विशेष भूमिका निभाते हैं। इन व्यक्तियों की संख्या समाज में कम ही होती है। ये सामाजिक रूप से उत्कृष्ट होने का दावा करते हैं। ये समाज के कुछ अंश को प्रभावित और नियन्त्रित रखते हैं। इन लोगों की यह उत्कृष्टता चाहे परम्परा से प्राप्त हो या स्वयं अर्जित हो। यह समूह प्रचलित सामाजिक व्यवस्था का संरक्षण करता है और कभी-कभी उसे परिवर्तित भी करता है। व्यक्तियों का यह समूह समाज में अल्पसंख्या में ही होता है।

इस विषय पर लिखनेवाले प्रारम्भिक लेखक विल्फ्रेडो पारेटो (Vilfredo F. D. Pareto, 1848-1923, शुद्ध उच्चारण मात्र पारेटो है), जी. मोस्का (G. Mosca, 1858-1941) तथा आर. मिचेल्स इस विशिष्ट वर्ग को शासक-वर्ग या कुलीनतन्त्र के रूप में मानते हैं। पारेटो ने अपनी पुस्तक **Mind and Society** में शासक, गैरशासक, विशिष्ट वर्ग तथा गैरविशिष्ट वर्ग में भिन्नता दर्शायी है। राजनीति-विज्ञान में यह शब्द विशिष्ट व्यक्तियों अथवा व्यक्ति-समूहों का द्योतक हो गया है। आधुनिक काल में वी. पारेटो तथा एच. डी. लॉसवेल ने समाज में विशिष्ट वर्गों की भूमिका पर विशेष बल दिया है। वी. पारेटो ने समाज में दो वर्ग माना है–निम्नवर्ग, जिसे वह अविशिष्ट वर्ग कहता है और उच्च वर्ग अथवा विशिष्ट वर्ग जिसका उसने दो भाग माना है– शासक विशिष्ट वर्ग और अ-शासक विशिष्ट वर्ग। एच. डी. लॉसवेल ने विशिष्ट वर्ग को मूल्यों का वाहक माना है और कहा है कि समाज में सत्ता, धन, सम्पदा, आदर-सम्मान तथा ज्ञान इन सबके अपने-अपने विशिष्ट वर्ग होते हैं (देखें– G. Mosca, **The Ruling Class**, 1939; C. Wright Mills, **The Power Elite**, 1956; Vilfredo Pareto, **The Mind and Society: A Treatise on General Sociology, vol. 1, Non-Logical Conduct**, 1963; P. Bachrach, **The Theory of Democratic Elitism,** 1967; G. Parry, **Political Elites**, 1969) : देखें– **Elitism**।

elite, power (ए'लीट्, 'पाउअर्) **शक्तिशाली सम्भ्रान्त** : देखें– **Power elite**।

elite pluralism (ए'लीट् 'प्लुअर् लिज़म्) **बहुलवाद सम्भ्रान्तजन** : देखें– **Power structure**।

elitism (ए'लीटिज़म्) **सम्भ्रान्तवर्गवाद** : सरल शब्दों में इसका अर्थ कुछ व्यक्तियों का बहुत लोगों पर शासन से है। सम्भ्रान्त सम्बन्धी विचारों को तीन भागों में बाँटा गया है– (1) आदर्शक तर्क (**Normative argument**) यह कहता है कि कुछ विशिष्ट गुणों से सम्पन्न लोगों का स्वाभाविक रूप से समाज पर वर्चस्व होना चाहिए; क्योंकि यदि वैसे लोगों का समाज पर वर्चस्व नहीं होगा, तो समाज में विभिन्न प्रकार की बुराइयों को बढ़ावा मिलेगा। अतः कुछ लोगों का शासन समाज के सामान्य हित में है। अच्छे लोगों को समाज में शासन करने की वैधता प्राप्त है, लेकिन इस सम्बन्ध में विवाद यह है कि वे कौन ऐसे गुण हैं, जो किसी व्यक्ति के विशिष्ट होने के लिए ज़रूरी हैं। जन्म, बुद्धि, विशिष्ट ज्ञान व क्षमता कुछ वैसे गुण हैं, जिनके ऊपर विभिन्न प्रकार के विवाद देखने को मिलते हैं। (2) सम्भ्रान्तवर्ग सम्बन्धी दूसरा विचार अनुभवाश्रित तर्क (**Empirical argument**) की उत्पत्ति 19वीं सदी के उत्तरार्द्ध में लोकतान्त्रिक व्यवस्था के खिलाफ हुई। कुछ लोग समाज में बहुत तेज-तर्रार, तिकड़मी और ताकतवर होते हैं, जिनमें प्रशासन की स्वाभाविक क्षमता पायी जाती है। ऐसे लोग इतने व्यवस्थित और एकजुट होते हैं कि बहुत प्रकार के बिखरे हुए लोगों पर आसानी से वे शासन करते हैं। इस विचारधारा के समर्थकों ने लोकतान्त्रिक व्यवस्था की घोर निन्दा की है। (3) सम्भ्रान्तवर्ग सम्बन्धी तीसरा तर्क बहुवादी सिद्धान्त (**Pluralistic theory**) के नाम से जाना जाता है। इन लोगों का मानना है कि

लोकतन्त्र को तभी बचाए रखा जा सकता है, जब एक से अधिक विशिष्ट व्यक्तियों का समूह आपस में सत्ता पर काबिज होने के लिए प्रतियोगिता करे। पाश्चात्य देशों के लोकतन्त्र में इस प्रकार की चीज़ें देखने को मिलती है : देखें– **Elite**।

Elmira system ('ऐलमीरा 'सिस्टम्) **एल्मीरा पद्धति** : अमरीका की प्रथम सुधारवादी प्रबन्ध-प्रणाली, जिसका नामकरण न्यूयार्क के अल्मीरा स्थान में स्थित सुधार-संस्था के नाम पर हुआ। इस प्रणाली के अनुसार युवा अपराधियों को सुधारने के उद्देश्य से उन्हें व्यावसायिक प्रशिक्षण दिया जाता है। बन्दी अपने आदर्शपूर्ण व्यवहार से अपनी सजा कम करने के लिए अंक प्राप्त करते हैं। इस पद्धति को आइरिश पद्धति से प्रेरणा मिली थी।

elopement (marriage by) (इ'लोपमन्ट्) ('मैरिज् बाइ) **सहपलायन** (विवाह) : वह विवाह सहपलायन कहलाता है, जिसके अनुसार लड़का या लड़की बिना बताये घर से भाग जाते हैं और विवाह रचा लेते हैं। बाद में ऐसे विवाहों को सामाजिक स्वीकृति मिल जाती है। कभी-कभी माता-पिता की विवाह की अनुमति नहीं मिल पाने या आवश्यक वधू-मूल्य नहीं चुकाये जाने के कारण या सामान्य विवाह में आने वाली अन्य बाधाओं के उत्पन्न होने के भय से लड़के-लड़कियों को भागकर विवाह के इस तरीके को अपनाने के लिए मजबूर होना पड़ता है। इस प्रकार का विवाह प्रणय-विवाह का ही एक रूप है।

emancipation (इ'मैनसि पेशन्) **मुक्ति, मोक्ष** : बन्धन (विशेषत: कर्मफल, संसार या आवागमन) से छुटकारा। हिन्दू धर्म में मोक्ष की प्राप्ति व्यक्ति के जीवन का परम उद्देश्य माना गया है।

embezzler (इम् 'बेज़्लर्) **गबन करनेवाला** : वह व्यक्ति, जो दस्तावेज आदि में फेरबदल कर किसी संस्था या न्यास की सम्पत्ति का, जिसका वह स्वयं संरक्षक हो, दुर्विनियोग करता है।

embourgeoisement (इम्बुअर्श्ज़्वा 'मन्ट्) **बूर्जुआकरण** : बूर्जुआकरण से तात्पर्य निम्नवर्ग के व्यक्तियों का ऊपर की ओर सामाजिक उत्कर्ष से है अर्थात्, सम्पत्ति और शक्ति के अधिग्रहण के द्वारा मज़दूर वर्ग के किसी व्यक्ति का सम्भ्रान्तवर्ग में प्रवेश पाने से है (देखें– F. Zweig, **The Worker in an Affluent Society**, 1961; John H. Goldthorpe, David Lockwood, F. Bechhofer and J. Platt, **The Affluent Worker in the Class Structure**, 1969)।

emergence, emergent properties (इ'मर्जन्स्, इ'मरजन्ट् 'प्रॉपर्टिज़्) **आविर्भाव, उद्‌गामी गुणधर्म** : यह एक ऐसी प्रक्रिया है, जिसके द्वारा विभिन्न तत्त्व आपस में मिलकर एक नई व्यवस्था का निर्माण करते हैं। इस अवधारणा का प्रयोग उद्विकासीय सिद्धान्त के सन्दर्भ में काफी हुआ। आगे चलकर इसका प्रयोग प्रतीकात्मक अन्त:क्रियावादी सिद्धान्त (**Symbolic interactionism theory**) में भी काफी हुआ। जॉर्ज एच. मीड (George Herbert Mead, 1863-1931) और हर्बर्ट ब्लूमर (Herbert Blumer, 1900-1987) ने अपने सिद्धान्त में शरीर (Body) मस्तिष्क (Mind) एवं स्व (Self) के बीच अनवरत अन्त:क्रिया की बात कही है, जिसके फलस्वरूप समाज का विकास संभव हुआ। बहुत से सामाजिक तथ्यों का विकास भी विभिन्न प्रकार के तत्त्वों के बीच इसी तरह की अन्त:क्रिया के माध्यम से संभव हुआ है, जैसे–जाति, वर्ग एवं धर्म इत्यादि (देखें– Émile Durkheim, **The Rules of the Sociological Method**, 1938)।

emergent evolution (इ'मरजन्ट् ईव़्'लूशन्) **उन्मज्जी उद्विकास** : विशेषत: लॉयड मॉर्गन (Lloyd Morgan) के अनुसार विकास का वह प्रक्रम, जिसमें प्रत्येक स्तरों पर अप्रत्याशित रूप से नये गुणों का उदय होता है, जिनकी विकास की पिछली अवस्था के आधार पर कोई व्याख्या नहीं दी जा सकती।

emergent norms (इ'मरजन्ट् नॉर्म्स) **आपातकालीन मानदण्ड** : इसका तात्पर्य किसी व्यवहार के ऐसे मानकों से है, जो बहुत लोगों के एकसाथ इकट्ठा होने पर स्वाभाविक रूप से निर्मित हो जाते हैं। सामाजिक व्यवहार के ऐसे मानक दंगे-फ़साद, भगदड़ या ऐसी ही आपातकालीन स्थितियों में उभर कर सामने आते हैं और सामाजिक व्यवस्था के हित में उस विशेष परिस्थिति में यही नए मानक मान्य होते हैं। यद्यपि भीड़ वैसे लोगों का समूह है, जिनकी कोई सामान्य मनोवृत्ति, अभिवृत्ति और मूल्य नहीं होते। तथापि, लोगों के एकसाथ इकट्ठा हो जाने पर बाहर के लोगों को ऐसा प्रतीत होता है कि सभी लोग एक सामान्य उद्देश्य के लिए इकट्ठा हुए हैं और आचरण की दृष्टि से भी सभी एक ही हैं।

emergent norm theory (इ'मरजन्ट् नॉर्म् 'थिअरि) **आपाती मानदण्ड-सिद्धान्त :** भीड़ के व्यवहार का ऐसा सिद्धान्त, जो उपयुक्त सामूहिक व्यवहार को प्रेरित करता है तथा अनुपयुक्त व्यवहार का विरोध करता है । इस सिद्धान्त की प्रमुख मान्यता यह है कि जैसे-जैसे भीड़ में वृद्धि होती है, वैसे-वैसे उसकी क्रियाओं का भी विकास होता है (देखें– Ralph H. Turner and Lewis M. Killian (ed.), **Collective Behaviour**, 1987) ।

emic and etic analysis (इमिक ऐन्ड् 'इटिक अ'नैलसिस्) **स्वानिमी** (देशज) और **परनिमी** (सार्वभौमिक) **विश्लेषण :** यह परिप्रेक्ष्य भाषाविज्ञान से मानवशास्त्र में आया। इमिक दृष्टिकोण किसी समाज के आन्तरिक मूल्यों का विश्लेषण करता है, जबकि इटिक दृष्टिकोण के अन्तर्गत बाह्य समाज के प्रतिरूप को ध्यान में रखकर किसी चीज़ का विश्लेषण करते हैं । मानवशास्त्र के स्रोत में इन्हीं दो विचारों को ध्यान में रखकर किसी चीज़ का विश्लेषण किया गया है ।

emigration (out-migration) (एमि'ग्रेशन् (आउट माइ'ग्रेशन्) **उत्प्रवास :** अपने देश से बाहर दूसरे देश में जाकर बसने की क्रिया या पद्धति । यदि कोई भारतीय विदेश में जाकर रहने लगता है, तो उसे उत्प्रवास कहा जायेगा । निवास की अवधि के अनुसार उत्प्रवासन दो प्रकार का होता है– (1) स्थायी, (2) अस्थायी । स्थायी उत्प्रवासन में व्यक्ति देश से बाहर एक वर्ष से अधिक समय के लिए जाता है, जबकि अस्थायी उत्प्रवासन में अवधि एक वर्ष से कम की होती है, परन्तु इसमें दूसरे देश में व्यवसाय अथवा नौकरी लेना आवश्यक है । उत्प्रवासियों में पर्यटक व कुछ समय के लिए जाने वाले व्यक्ति सम्मिलित नहीं किये जाते हैं : देखें– **Immigration** ।

emigration rate (एमि'ग्रेशन् रेट्) **उत्प्रवास-दर :** किसी दिये गये वर्ष में प्रति 1000 जनसंख्या का उस देश से बाहर प्रवास करनेवालों की दर ।

eminent domain (ए'मइनॅन्ट ड'मेन्) **सर्वोपरि अधिकार, अभिग्रहण अधिकार :** सरकार का यह अधिकार कि वह निजी भूमि के मालिक को मुआवजा देकर उसे सार्वजनिक उपयोग के लिए अपने अधिकार में ले सकती है ।

emotion (इ'मोशन्) **संवेग :** संवेग की निश्चित परिभाषा देना या उसका वर्णन करना अत्यन्त कठिन है, जबकि संवेगात्मक प्रतिक्रिया की परिभाषा दी जा सकती है और उसका वर्णन भी किया जा सकता है । व्यक्ति की अत्यधिक उत्तेजित दशा को संवेग का नाम दिया गया है, जिसमें कुछ विचार, भावनाएँ और सामान्यत: चालक अभिव्यक्तियाँ मिलकर व्यक्ति की चेतन अनुभूति, व्यवहार और अन्तरावयवों में एक प्रकार की हलचल मचा देती है । क्रोध, भय, शोक, वात्सल्य, प्रेम आदि संवेग के ही उदाहरण हैं । संवेगों में तीन बातें होती हैं– आन्तरिक शारीरिक परिवर्तन, चेष्टात्मक अभिव्यक्ति और किसी-न-किसी तरह का अनुभव । क्रोध में खून खौलने लगना, दिल की धड़कन का तेज हो जाना आदि आन्तरिक शारीरिक परिवर्तन हैं, दांत पीसने लगना, मुट्ठी का मिच जाना आदि चेष्टात्मक अभिव्यक्तियाँ हैं और शरीर में आग लग जाने का बोध क्रोध के संवेग का अनुभव है । संवेगों के इन तीनों पक्षों और उनके पारस्परिक सम्बन्ध पर विचार करके ही संवेगों को अच्छी तरह समझा जा सकता है । भूख, प्यास, आत्मरक्षा आदि शारीरिक प्रवृत्तियों की भाँति संवेग भी उद्देश्यमूलक होते हैं और वे प्राणी के परिवेश की किसी विषम परिस्थिति से सन्तुलन कर सकने के लिए व्यवहार करने को प्रेरित करते हैं । प्रत्येक संवेग के पीछे कोई-न-कोई उद्देश्यमूलक व्यवहार अवश्य होता है, जैसे– डरकर पीछे भागना । प्राणी के उद्देश्यमूलक व्यवहार में संवेगों का वही महत्त्व होता है, जो शारीरिक प्रवृत्तियों का ।

emotion, sociology of (इ'मोशन्, सोसि'ऑलजि ऑव्) **संवेग-समाजशास्त्र :** 1970 के दशक में समाजशास्त्रियों का ध्यान संवेगों के अध्ययन की ओर आकृष्ट हुआ। समाजशास्त्रियों की रुचि इस बात में थी कि कैसे किसी व्यक्ति के जीवन में क्रोध, भय, शोक, वात्सल्य, प्रेम, घृणा, दु:ख जैसे संवेगों का सांस्कृतिक रूप से निर्माण, अनुभव, आत्मसात् और परिवर्तन होता है । सामाजिक क्रिया-सिद्धान्त (**Social action theory**) में इस विषय का विशेष महत्त्व रहा है। समाजशास्त्री इस बात पर विचार करते रहे हैं कि संस्कृति एवं संवेग में किस प्रकार का सम्बन्ध है । इस विषय में केम्पर

(T. Kemper) की पुस्तक (**Research Agendas in the Sociology of Emotions**, 1990) विशेष रूप से उल्लेखनीय है (देखें– Arlie Hochschild, **The Managed Heart**, 1983)।

emotional dependency (इ'मोशन्ल डि'पेन्डन्सि) **संवेगात्मक पराश्रितता :** व्यक्ति की स्वयं पर निर्भर न होने की मनोदशा। ऐसा व्यक्ति भावनात्मक रूप से परिपक्व नहीं होता और सदैव दूसरों पर सांत्वना, निर्देश और निर्णय के लिए निर्भर करता है। बच्चे अपने माता-पिता पर संवेगात्मक रूप से पराश्रित होते हैं।

emotional labour (इ'मोशन्ल 'लेबर्) **संवेगात्मक श्रमिक :** कुछ ऐसी भी वैयक्तिक सेवाएँ हैं, जिनमें सेवा देने वाले व्यक्तियों के संवेगों की विशिष्ट महत्ता है। ऐसा माना जाता है कि उन लोगों को अपने संवेगों को बेचने के लिए ही तनख्वाह मिलती है, जैसे– हवाई परिचारिका, परिवेशिका (Waitress), नर्स एवं होटलों में काम करने वाले स्वागतकर्त्री आदि।

empathy ('एम्पथि) **सहवेदना, परानुभूति :** किसी अन्य व्यक्ति के साथ वेदनात्मक तादात्म्य-स्थापन करने की क्रिया। इसके अन्तर्गत कोई व्यक्ति अपनी कल्पना-शक्ति के सहारे अपने-आपको दूसरे व्यक्ति की स्थिति में रखकर उसके समान अनुभव करने लगता है। इससे वह दूसरों की भावनाओं को समझने और उनके व्यवहार का अर्थ लगाने की क्षमता प्राप्त कर लेता है (देखें– William Outhwaite, **Understanding Social Life: The Method of Called Verstehen**, 1975)।

empire ('एमपाइअर्) **साम्राज्य, प्रभुत्व :** देखें– **World- systems theory**।

empirical (इम्'पिरिक्ल्) **अनुभवसिद्ध, इन्द्रियानुभविक :** वह ज्ञान जो जाँच-परख व प्रयोगों पर आधारित हो, किसी आस्था व अन्धविश्वास पर नहीं। वस्तुपरक तरीके से आँकड़ों को इकट्ठा करने के लिए अवलोकन तथा अन्य परीक्षित पद्धतियों का प्रयोग।

empirical approach (इम्'पिरिक्ल् अ'प्रोच्) **अनुभवसिद्ध उपागम :** सामाजिक विज्ञानों के अध्ययन का वह दृष्टिकोण, जिसमें केवल ज्ञानेन्द्रियों (आँख, कान, नाक, जिह्वा और त्वचा) के अनुभव पर आधारित सामग्री पर विचार किया जाता है, अर्थात् इसमें केवल तथ्यों के आधार पर निष्कर्ष निकाले जाते हैं। अनुभवातीत (**Transcendental**) तत्त्वों और मूल्य-निर्णय या सौन्दर्य-बोध से जुड़े प्रश्नों पर विचार नहीं किया जाता है।

empirical data (इम्'पिरिक्ल् 'डेटा) **अनुभवसिद्ध आँकड़े :** एक प्रकार का प्रमाण, जो सावधानीपूर्वक अवलोकन या अनुसन्धान की किसी अन्य प्रत्यक्ष पद्धति के माध्यम से इकट्ठा किया गया हो।

empirical generalization (इम्'पिरिक्ल् जेन्रलाइ'ज़ेशन्) **इन्द्रियानुभविक सामान्यीकरण :** वह सामान्य प्रतिज्ञप्ति, जो इन्द्रियानुभव से प्राप्त होती है, जैसे– सभी कौए काले होते हैं। घटनाएँ किस प्रकार घटती हैं, इस सम्बन्ध में प्रस्तुत किये गए एक सरल कथन को आनुभविक सामान्यीकरण की संज्ञा दी गई है। यह कथन दो या दो से अधिक चरों (**Variables**) के बीच सहसम्बन्धों के अवलोकन पर आधारित होता है, जैसे– स्त्रियों में पुरुषों की अपेक्षा अधिक धार्मिक भावनाएँ पाई जाती हैं।

empirical investigation (इम्'पिरिक्ल् इन्'वेसटि'गेशन्) **इन्द्रियानुभविक अन्वेषण :** किसी दिए गए समाजशास्त्रीय अध्ययन के अन्तर्गत वैयक्तिक स्तर पर तथ्यों को पता लगाने या इकट्ठा करने की पद्धति।

empirical law (इम्'पिरिक्ल् लॉ) **इन्द्रियानुभविक नियम :** वे नियम, जो पूर्णतया अनुभवाश्रित होते हैं अथवा जिनकी स्थापना साधारण गणनामूलक आगमन द्वारा की जाती है, उदाहरणस्वरूप– सभी मनुष्य मरणशील हैं। इन्द्रियानुभविक नियम विशिष्ट दृष्टान्तों के निरीक्षण पर आधारित प्रतिज्ञप्तियों के सामान्यीकरण पर भी आधारित हो सकते हैं।

empirical research (इम्'पिरिक्ल् रि'सर्च्) **इन्द्रियानुभविक अनुसन्धान :** अनुभव, प्रेक्षण अथवा प्रयोग पर आधारित अनुसन्धान। प्राकृतिक विज्ञान, मनोविज्ञान, समाजशास्त्र आदि विषयों में इन्द्रियानुभविक अनुसन्धान के माध्यम से ही ज्ञान को बढ़ाने की चेष्टा की जाती है। अनुभवातीत ज्ञान के लिए कोई जगह नहीं है।

empirical science (इम्'पिरिक्ल् 'साइन्स्) **इन्द्रियानुभविक विज्ञान :** अनुभवमूलक विज्ञान से तात्पर्य ऐसे ज्ञान एवं विश्वासों से है, जिन्हें अवलोकन, निरीक्षण, परीक्षण तथा व्यवस्थित प्रयोगों द्वारा प्राप्त किया जाता है । उन्हीं तथ्यों को आनुभविक कहा जाता है, जिनकी सत्यता का परीक्षण ज्ञानेन्द्रियों द्वारा संभव होता है ।

empirical sociology (इम्'पिरिक्ल् सोसि 'ऑलजि) **अनुभवसिद्ध समाजशास्त्र :** समाजशास्त्र मूलरूप से एक इन्द्रियानुभविक विज्ञान है । अमूर्त या आधारहीन तथ्यों के विश्लेषण के लिए इस विषय में कोई स्थान नहीं है । समाजशास्त्र के अन्तर्गत वैसी सामाजिक घटनाओं या तथ्यों का अध्ययन किया जाता है, जो वस्तुनिष्ठ या इन्द्रियानुभविक हों । इन्द्रियानुभविक विज्ञान की महत्त्वपूर्ण विशेषता यह है कि उसके तथ्यों या सामान्यीकरण की पुन: परीक्षा की जा सकती है । समाजशास्त्र का दूसरा आयाम सैद्धान्तिक समाजशास्त्र (**Theoretical sociology**) है ।

empiricism (इम्'पिरि सिज़म्) **इन्द्रियानुभववाद, अनुभववाद :** ज्ञानमीमांसा में यह मुख्यत: दो अर्थों में प्रयुक्त होता है– (1) इन्द्रियों से प्राप्त होने वाला अनुभव एवं (2) किसी भी रूप में होने वाला अनुभव ही ज्ञान और समझ का एकमात्र अन्तिम आधार है । सामाजिक विज्ञान के अन्तर्गत वह सिद्धान्त, जो केवल अनुभवमूलक उपागम में विश्वास करता है; अन्य किसी दृष्टिकोण को मान्यता नहीं देता । सामान्यत: ऐसे ज्ञान को अन्त:प्रज्ञा पर आधारित ज्ञान से अलग किया जाता है । कभी-कभी इसे तर्कवाद का विपर्याय भी माना जाता है । यह तार्किक ज्ञान से भिन्न होता है, जो सामान्य दार्शनिक सिद्धान्त से निष्कर्षित निगमन विधि पर आधारित होता है । यह मनोविज्ञान के संवेदनावाद (**Sensationism**) और साहचर्यवाद (**Associationism**) के अनुरूप है । अनुभववादियों के अनुसार प्रत्यक्षीकरण संवेदनाओं और प्रतिमाओं का साहचर्य है ।

empiricism, abstracted (इम्'पिरि सिज़म्, ऐबस्ट्रैक्टेड्) **कल्पित अनुभववाद :** देखें– **Abstracted empiricism**।

empiricism, logical (इम्'पिरि सिज़म्, लॉजिक्ल्) **तार्किक अनुभववाद :** देखें– **Logical empiricism; Verification; Vienna circle** ।

employer strategies (इम्'प्लॉइअर् 'स्ट्रैटजिज्) **नियोजक कौशल :** इसके अन्तर्गत वे सारी चीज़ें चली आती हैं, जिनका सम्बन्ध किसी व्यवसाय से होता है और उद्योगपति द्वारा व्यवसाय को नियन्त्रित किया जाता है । नियोजक हमेशा इस बात पर ध्यान रखता है कि व्यवसाय में श्रमिकों पर कैसे अधिक-से-अधिक नियन्त्रण रखकर उत्पादन की मात्रा और उसकी गुणवत्ता को अधिक-से-अधिक बढ़ाया जाय । व्यवसाय के अन्तर्गत हमेशा शान्ति और सहयोग का माहौल बना रहे, नियोजक इसका पूरा-पूरा ख़याल रखता है; क्योंकि यह उत्पादन की प्रक्रिया को सकारात्मक रूप से प्रभावित करता है । उत्पादन की प्रक्रिया नियोजक के कौशल से सीधे रूप से जुड़ी हुई है ।

employment coefficient (इम्'प्लॉइमन्ट् कोइ'फ़िशंन्ट) **नियोजन गुणांक :** किसी दिए हुए उत्पादन के क्षेत्र में कुछ निर्गत और उस क्षेत्र में लगाई गयी श्रमिक-शक्ति के अनुपात को नियोजन गुणांक कहते हैं । यह गुणांक किसी क्षेत्र-विशेष में निर्गत की प्रति इकाई के पीछे लगायी जाने वाली श्रमिक-शक्ति का द्योतक होता है ।

employment function (इम्'प्लॉइमन्ट्'फ़ङ्क्शन्) **नियोजन फलन :** नियोजन फलन से हमारा तात्पर्य नियोजन और उसके निर्धारक कारकों के सम्बन्ध से है । इन कारकों में मुख्यत: वास्तविक मज़दूरी, प्रभावी श्रम-पूर्ति एवं राष्ट्रीय आय आदि सम्मिलित होती हैं ।

employment status (इम्'प्लॉइमन्ट्'स्टेटस्) **रोज़गार स्थिति :** इसका तात्पर्य किसी व्यक्ति की रोज़गार सम्बन्धी कानूनी या वास्तविक स्थिति के स्वरूप से है । यह बहुत श्रेणियों में बाँटकर देखा जाता है, जैसे– कोई व्यक्ति अपने स्वरोज़गार में है, सरकारी रोज़गार में है, गैर-सरकारी रोज़गार में है, पूर्णरूपेण रोज़गार में है या न्यूनतम मज़दूरी से जुड़े रोज़गार में है ।

empowerment of women (इम्'पाउअर्मन्ट् ऑव्'विमिन्) **महिला सशक्तीकरण :** यह विचार कि यदि स्त्रियों को

आर्थिक तथा सामाजिक क्षेत्र में, सन्तान को जन्म देने के मामले में, उपयुक्त विकल्प के चयन का अवसर दिया जाय, तो इससे उनकी सामाजिक स्थिति बेहतर होगी, जनसंख्या की वृद्धि-दर में कमी आयेगी और सम्पूर्ण समाज के विकास को बढ़ावा मिलेगा।

empty nest syndrome ('एम्प्टि ने'स्ट 'सिन्ड्रोम) **नीड़ शून्यता लक्षण-समिष्ट :** जीवन की एक ऐसी स्थिति, जिसमें माता-पिता यह अहसास दिलाते हैं कि उनका जीवन सन्तान के अभाव में बेकार है।

encapsulation (इन्'कैप्सु'लेशन्) **परिसम्पुटन :** यह एक ऐसी प्रक्रिया है, जिसके अन्तर्गत कोई अल्पसंख्यक नृजातीय समूह अपने-आपको बहुसंख्यक लोगों से अलग-थलग कर अपनी सांस्कृतिक विशिष्टता को बचाये रखने की कोशिश करता है।

enclave ('इन्क्लेव़) **विदेशी अन्तःक्षेत्र :** इस शब्द का प्रयोग अविकसित राष्ट्रों या तीसरी दुनिया के देशों के अन्तर्गत पाये जानेवाले वैसे आर्थिक क्षेत्रों के लिए किया जाता है, जहाँ वस्तुओं का निर्माण मुख्यरूप से निर्यात के लिए किया जाता है। यह उस देश की मुख्य राष्ट्रीय आर्थिक धारा से जुड़ा हुआ नहीं होता है, बल्कि विदेशी अर्थव्यवस्था से ज्यादा नजदीक से जुड़ा हुआ होता है; क्योंकि वह विदेशी बाज़ारों के लिए ही विभिन्न वस्तुओं का निर्माण करता है।

encompassing and encompassed (इन्'कॅम्पसिन्ग ऐन्ड् इन्'कॅम्पासड्) **सम्मिलित करनेवाला; सम्मिलित किया हुआ :** जातिगत सोपानक्रम के वर्णन हेतु लूई डूमाँ (Louis Dumont, 1911-1998, इस नाम का शुद्ध उच्चारण मात्र लूई डूमाँ ही है) द्वारा प्रयुक्त अवधारणा। प्रत्येक जाति में उससे नीचे की जाति निहित होती है तथा उससे ऊपर की जाति में वह निहित होती है।

encounter (इन'काउन्टर्) **मुठभेड़ :** एक प्रकार की आकस्मिक अन्तःक्रिया, जो काफी क्षणभंगुर होती है तथा इसकी कोई निश्चित सीमा और नियम नहीं होते हैं (देखें– Erving Goffman, **Encounters**, 1961)।

encounter group (इन'काउन्टर् ग्रूप्) **मुठभेड़-समूह :** ऐसा समूह, जो विशेष प्रयास के द्वारा किसी खास उद्देश्य से निर्मित होता है। इसके सदस्य एक-दूसरे को पहले से नहीं जानते हैं, लेकिन जब वे मिलते हैं, तो उनके बीच प्राथमिक समूह की विशेषताएँ देखने को मिलती हैं।

enculturation (इन् कल'चॅरेशन्) **संस्कृतीकरण, संस्कृतिग्रहण :** आमतौर पर, मानवशास्त्री इस शब्द का प्रयोग समाजीकरण के अर्थ में करते हैं, लेकिन इसका अर्थ कुछ ज्यादा ही व्यापक है। एक ऐसी प्रक्रिया संस्कृति-ग्रहण या संस्कृतीकरण कहलाती है, जिसके द्वारा मानव-प्राणी अपने समूह की संस्कृति के अनुसार अपने-आपको ढालता है तथा अपनी परिस्थिति एवं भूमिकाओं से सम्बन्धित कार्यों को करना सीखता है। समाजशास्त्र में इससे मिलती-जुलती एक अन्य प्रक्रिया है, जिसे 'समाजीकरण' कहते हैं। यह प्रक्रिया व्यक्ति के जीवन में चेतन या अचेतन रूप में सर्वदा चलती रहती है। संस्कृतीकरण शब्द का प्रयोग सर्वप्रथम एम. जे. हर्सकोविट्ज (M.J. Herskovits, 1895-1963) ने किया था।

end-of-ideology theory (एन्ड् ऑव् आइडि'ऑलजि'थिअरि) **विचारधारा-अवसान सिद्धान्त, विचारधारा-अन्त सिद्धान्त :** 1950 के दशक में अमरीका में कुछ समाजशास्त्रियों ने एक नवीन विचार को रखा 'जिसे विचारधारा का अन्त' के नाम से जाना जाता है। इस सन्दर्भ में डैनियल बेल (Daniel Bell, 1919-) की पुस्तक **The End of Ideology** (1960) एवं एस. एम. लिपसेट (Seymour Martin Lipset, 1922-) की पुस्तक **Revolution and Counter Revolution** (1969) विशेष रूप से उल्लेखनीय हैं। इन समाजविज्ञानियों ने यह विचार व्यक्त किया कि पूँजीवाद की प्रकृति में भारी परिवर्तन, श्रमिकों की लोकतान्त्रिक राजनीति में भागीदारी और सामाजिक कल्याण-योजनाओं में वृद्धि हुई है। साथ ही साथ, वामपंथ और दक्षिणपंथ सम्बन्धी विचारधारा में अलगाव या मतभेद उतना महत्त्वपूर्ण नहीं रह गया है। पश्चिमी समाजों ने अपनी पुरानी सामाजिक समस्याओं का बातचीत और समझौते के माध्यम से समाधान किया है। इन्हीं परिवर्तनों के सन्दर्भ में यह कहा जाने लगा कि वैचारिक मतभेद का अन्त हो गया है। लेकिन, दूसरी तरफ

1960 के बाद के दशकों में अमरीका में प्रजातीय दंगों में वृद्धि, यूरोप में छात्रों का आन्दोलन, वियतनाम युद्ध के नाम पर ध्रुवीकरण और औद्योगिक विवादों की घटनाओं में वृद्धि ने उपर्युक्त बातों पर प्रश्नचिह्न लगा दिया है। अतः यह कहा जा सकता है कि विचारधारा का अवसान सिद्धान्त एक विवादास्पद सिद्धान्त है। वस्तुतः 'विचारधारा-अन्त' की बात केवल उदारवादी पूँजीवादी दायरे में ही सुनने को मिलती है; समाजवादी क्षेत्र में इसे कोई महत्त्व नहीं दिया जाता। तीसरी दुनिया के देशों के लिए विचारधारा आज भी उतनी ही महत्त्वपूर्ण है और वह जन-समूह को प्रगति की दिशा में गतिमान करने का प्रभावशाली साधन है (देखें– Daniel Bell, **The End of Ideology**, 1960; C. I. Waxman (ed.), **The End of Ideology Debate**, 1986)।

endogamy (एन्ˈडॉगमि) **अन्तर्विवाह, सजातीय विवाह :** विवाह का ऐसा नियम जिसके अनुसार व्यक्ति समाज में निर्धारित समूह के अन्तर्गत ही विवाह करता है। इसकी सीमा वर्ग, धर्म, जाति, जनजाति, प्रजाति, भाषा तथा भौगोलिक आधार पर निर्धारित होती है। भारत में इस नियम के अनुसार एक हिन्दू को अपनी ही जाति में विवाह करना अनिवार्य होता है। हिन्दुओं में अन्तर्विवाह के सम्बन्ध में कठोर नियम हैं। किसी व्यक्ति को अपनी जाति के बाहर विवाह नहीं करना चाहिए। जो व्यक्ति अपनी जाति के बाहर विवाह करता है, उसे प्रायः अपने परिवार या जाति से बहिष्कृत कर दिया जाता है। ब्राह्मण, ब्राह्मण से ही विवाह कर सकता है और क्षत्रिय, क्षत्रिय से, यद्यपि अपवाद प्राचीनकाल में भी मिलते थे और आजकल भी मिलते हैं। अन्तर्विवाह केवल भारत में ही नहीं पाया जाता है, अपितु विश्व के अनेक समाजों में मिलता है। अन्तर्विवाह का मुख्य उद्देश्य प्रजातीय रक्त-सम्बन्धी शुद्धता को बनाये रखना है। प्रायः प्रत्येक प्रजाति को अपने रक्त की श्रेष्ठता पर विश्वास और गर्व होता है : देखें– **Exogamy**।

endogamy, caste (एन्ˈडॉगमि, कास्ट्) **सजातीय विवाह :** हिन्दुओं में जातीय अन्तर्विवाह की प्रथा प्रचलित रही है। लोग अपनी ही जाति के अन्दर विवाह करने के लिए बाध्य होते हैं। वैश्य, क्षत्रिय, शूद्र, अपनी-अपनी जाति के अन्दर ही विवाह करते हैं : देखें– **Endogamy**।

endogamy, class (एन्ˈडॉगमि, क्लास्) **वर्ग अन्तर्विवाह :** समाज में अनेक आर्थिक वर्ग बन गये हैं, जैसे– उच्च वर्ग, मध्यवर्ग और निम्नवर्ग। जब उच्च वर्ग के लोग अपने ही वर्ग के अन्दर विवाह करते हैं, तो उसे वर्ग अन्तर्विवाह कहा जाता है : देखें– **Endogamy**।

endogamy, race (एन्ˈडॉगमि, रेस्) **प्रजाति अन्तर्विवाह :** इसके अन्तर्गत एक प्रजाति अपनी ही प्रजाति में विवाह करती है, उसके बाहर विवाह करना निषिद्ध है, उदाहरणार्थ– नीग्रो या पिग्मी प्रजाति के लोग अपनी ही प्रजाति में विवाह करते हैं। वे अपनी प्रजाति के बाहर शायद ही कभी विवाह करते हैं : देखें– **Endogamy**।

endogamy, sub-caste (एन्ˈडॉगमि, ˈसब्कास्ट्) **उपजाति अन्तर्विवाह :** ब्राह्मणों में अनेक उपजातियाँ है, जैसे– सरयूपारीन, कान्यकुब्ज, गौड़ ब्राह्मण आदि। ये उपजातियाँ अपनी ही उपजाति के अन्तर्गत विवाह करना ठीक समझती हैं। इसे उपजातीय अन्तर्विवाह कहते हैं : देखें– **Endogamy, caste**।

endogenic criminal (एन्ˈडॉजिनिक ˈक्रिमिनल्) **सहज अपराधी :** ऐसे अपराधी, जिनकी अपराधवृत्ति शारीरिक तथा मानसिक रूप में वंशानुगत होती है।

endogenous change (एन्ˈडॉजिनस चेन्ज्) **अन्तर्जात परिवर्तन :** ऐसा परिवर्तन, जिसका आविर्भाव समाज के आन्तरिक स्रोतों से हो। अतः यह बहिर्जात परिवर्तन का विपरीत रूप प्रस्तुत करता है, जैसे– संस्कृतीकरण की प्रक्रिया से भारतीय समाज में होने वाला परिवर्तन : देखें– **Exogenous change**।

endogenous depression (एन्ˈडॉजिनस डिˈप्रेशन्) **अन्तर्जात अवसाद :** देखें– **Depression, clinical**।

endogenous movement (एन्ˈडॉजिनस ˈमूवमन्ट्) **अन्तर्जात आन्दोलन :** ऐसा मसीही आन्दोलन, जिसके अन्तर्गत अत्याचार या दमन का स्रोत समाज के अन्दर होता है।

endogenous variable (एन्'डॉजिनस 'वेरिअबल्) **अन्तर्जात चर** : अन्तर्जात चर वे चर हैं, जो व्यवस्था को प्रभावित नहीं करते, बल्कि स्वत: उससे प्रभावित होते हैं ।

ends value (ए'न्ड्स 'वैल्यू) **उद्देश्यपरक मूल्य** : ऐसा साध्य मूल्य, जो साधन मूल्य की तुलना में काफी साधारण, लेकिन महत्त्वपूर्ण होता है ।

enlightened despotism (इन्'लाइटॅनड् 'डेस्पॉटिज़म्) **प्रबुद्ध स्वेच्छाचारिता** : प्रबुद्ध स्वेच्छाचारिता को 'प्रबुद्ध निरंकुशवाद' के नाम से भी जाना जाता है । उदारवादी दर्शन से प्रभावित यह एक प्रकार का निरंकुश राजतन्त्र है । प्रबुद्ध स्वेच्छाचारिता का सिद्धान्त अधिनायकवाद तथा अनुदारवाद का एक मिश्रण था; क्योंकि उसमें जहाँ एक ओर व्यक्ति की स्वतन्त्रता पर पूर्ण बल दिया गया, वहीं दूसरी ओर यह भी माना गया कि प्रजा की भलाई के लिए शासक को निरंकुश होना चाहिए । प्रबुद्ध स्वेच्छाचारिता निरंकुश राजतन्त्र के इतिहास में अन्तिम चरण था, जिसने संवैधानिक राजतन्त्र का मार्ग प्रशस्त किया । सामान्यत: इतिहासकार इस शब्द का प्रयोग उत्तरी तथा पश्चिमी यूरोप के 17वीं एवं 18वीं सदी के राजतन्त्रों के सन्दर्भ में करते हैं । इन राजतन्त्रों में शासकों को असीमित अधिकार प्राप्त थे, किन्तु उन्होंने इन अधिकारों का प्रयोग अपनी प्रजा की भलाई के लिए किया । वे निरंकुश शासक की तरह शासन करते थे तथा अपनी स्वेच्छा से नीतियों का निर्धारण करते थे ।

enlightenment, the (इन्'लाइट्न्मन्ट्, द्) **प्रबोधकाल** : अठारहवीं शताब्दी के यूरोपीय दार्शनिक और सामाजिक आन्दोलन को प्रबोधकाल का नाम दिया गया है । इसे बहुधा 'विवेक-युग' के नाम से भी पुकारा जाता है । प्रबोधकालीन दार्शनिकों ने अनेक प्रगतिशील विचारों को जन्म दिया, जैसे– अभिव्यक्ति और विचारों की स्वतन्त्रता, धर्म की आलोचना, विज्ञान एवं तर्क की महत्ता, सामाजिक प्रगति के प्रति प्रतिबद्धता तथा व्यक्तिवादिता का महत्त्व । इस युग में यह विश्वास पनपा कि प्रकृति और समाज, दोनों का वैज्ञानिक ढंग से अध्ययन किया जा सकता है । इस दौरान मानवीय तार्किकता और प्रगति के विचार विकसित हुए । आधुनिक समाजों के उद्भव में इन आलोचनात्मक और लौकिक विचारों ने महत्त्वपूर्ण भूमिका अदा की (देखें– Theodore Adorno and Max Horkheimer, **The Dialectic of Enlightenment**, 1972) ।

enterprise society; enterprise culture (एन्ट प्राइज़् सॅ'साइअटि; 'एन्ट प्राइज़् 'कल्चर्) **उद्यमशील समाज; उद्यमशील संस्कृति** : ऐसा समाज, जिसके अन्तर्गत समाज के सांस्कृतिक मूल्य व्यक्तियों को आगे बढ़ाने, उत्साहित करने एवं आत्मविश्वास बढ़ाने में मदद करता है । ऐसे समाजों में नागरिकों को अधिकतम सुविधाएँ प्रदान की जाती हैं । विभिन्न प्रकार के सार्वजनिक एवं कल्याणकारी योजनाओं को बढ़ावा दिया जाता है । व्यक्तियों को उद्यमशील होने के लिए समाज या राज्य प्रेरणा देने का काम करता है । संक्षेप में, यह एक ऐसी संस्कृति का द्योतक है, जो समाज में व्यक्तियों को बढ़ने के लिए प्रेरित एवं प्रोत्साहित करता है ।

entitlement (इन्'टाइटलमेंट) **हकदारी** : देखें– **Justice, social** ।

entrenched sect (इन'ट्रेन्चड् सेक्ट्) **संस्थापित सम्प्रदाय** : एक धार्मिक सम्प्रदाय, जो अपने-आपको विश्व या किसी धर्म के विरुद्ध स्थापित करने का प्रयास करता है : देखें– **Sect** ।

entrepreneur; entrepreneurship (ऑन्ट्रपे'नर्; ऑन्ट्रपे'नर्शिप्) **उद्यमी; उद्यमवृत्ति** : अर्थशास्त्र में उद्यमी ऐसे व्यक्ति को कहा जाता है, जो उत्पादन के साधनों के नये-नये समन्वयों को विकसित करने के साथ-साथ उनका प्रयोग करते हैं । उद्यमी एक ऐसा व्यक्ति है, जो अच्छे वित्तीय मुनाफे की आशा में पूँजी और अन्य संसाधनों के जोखिम उठाने के लिए तैयार रहता है अथवा यह एक ऐसा व्यक्ति होता है, जिसे दुर्लभ संसाधनों का उपयोग करने और उनमें समन्वय स्थापित करने सम्बन्धी निर्णयात्मक निर्णय लेने में महारत हासिल होती है । कभी-कभी इस शब्द का प्रयोग बड़े ही लचीले ढंग से किसी नये, छोटे-बड़े और सफल कारोबार के मालिक अथवा सृजनकर्ता के लिए किया जाता है । यही नहीं, ऐसे किसी भी व्यक्ति को उद्यमी मान लिया जाता है, जो एक छोटा-सा कारोबार (दुकान, फैक्ट्री आदि)

शुरू करता है, इसमें न तो कोई अभिनव प्रयोग की आवश्यकता है और न ही पूँजीनिवेश की ज़रूरत पड़ती है। समाजशास्त्रियों की दृष्टि में उद्यमी व्यापार क्षेत्र का एक सृजनात्मक अभिनवकर्ता है (देखें– J. Schumpeter, **The Theory of Economic Development**)।

entrepreneurial capitalism (ऑन्ट्रप्रे'नरिअल 'कैपिटलिज़म्) **उद्यमी पूँजीवाद :** देखें–**Capitalism**।

enumeration (इ'न्यूमरेशन्) **गणना :** इस शब्द का तात्पर्य सम्पूर्ण या समस्त समष्टि की गिनती से है। जनसंख्या के सन्दर्भ में ऐसी गिनती नियत अवधि पर की जाती है, जैसे– दशाब्दिक जनगणना आदि। इसमें 10 वर्षों के बाद सारे देश की जनसंख्या की सूचियाँ बनाकर (विधित:) अथवा एक निर्धारित समय पर जहाँ-कहीं और जिस-किसी भी स्थिति में कोई व्यक्ति मिले, उसकी वस्तुत: गिनती की जाती है।

environment (इन् 'वाइर्न्मेन्ट्) **परिवेश, पर्यावरण :** किसी प्राणी या प्रणाली के चारों ओर की समस्त वस्तुओं, प्राणियों, शक्तियों और अन्य तत्त्वों का समुच्चय जिनके साथ वह कोई अन्त:क्रिया **(Interaction)** करती है। यह आवश्यक नहीं कि अन्त:क्रिया करनेवाला अपने पर्यावरण के समस्त तत्त्वों के निकट या तात्कालिक सम्पर्क में हो। परिवेश या पर्यावरण को मुख्यरूप से दो बृहत् स्तरों पर देखा जा सकता है– सामाजिक एवं प्राकृतिक। सामाजिक स्तर पर परिवार के अन्दर या बाहर की स्थिति को परिवेश या माहौल कहा जा सकता है। प्राकृतिक स्तर पर पर्यावरण से तात्पर्य समस्त भौतिक स्थिति से है।

environmental criminology (इन् वाइर्न् 'मेन्ट्ल क्रिमि'नॉलजि) **पर्यावरणी अपराधशास्त्र :** देखें– **Criminology, environmental**।

environmental sociology (इन् वाइर्न् 'मेन्ट्ल सोसि'ऑलजि) **पर्यावरणी समाजशास्त्र :** देखें– **Environmentalism; Environmental studies**।

environmental studies (इन् वाइर्न् 'मेन्ट्ल 'स्टडिज़) **पर्यावरणी अध्ययन :** पर्यावरण का अध्ययन समाजविज्ञान के दृष्टिकोण से भी होता है। इसके अन्तर्गत यह अध्ययन किया जाता है कि पर्यावरण में होने वाले परिवर्तनों से समाज पर किस प्रकार का प्रभाव पड़ता है। जिस प्रकार आबादी बढ़ने से पर्यावरण के सन्तुलन पर प्रभाव पड़ता है, उसी प्रकार पर्यावरण में परिवर्तन का भी समाज पर प्रभाव पड़ता है। हाल के वर्षों में तो पर्यावरण में परिवर्तन के फलस्वरूप मानव शरीर और मस्तिष्क में होने वाले परिवर्तनों का भी अध्ययन किया जाने लगा है। पर्यावरण और समाज के बीच इतना गहरा सम्बन्ध है कि लोगों का भोजन, कपड़ा, मकान एवं अन्य भौतिक ज़रूरतें भी पर्यावरण के अनुरूप ही होती हैं (देखें– Tim Hayward, **Ecological Thought**, 1995; David Goldblatt, **Social Theory and the Environment**, 1996)।

environmentalism (इन् वाइर्न् 'मेन्ट् लिज़म्) **पर्यावरणवाद, परिवेशवाद :** व्यक्ति अथवा प्रजाति के विकास का एक सिद्धान्त, जिसमें आनुवंशिकता की अपेक्षा पर्यावरण को अधिक महत्त्व दिया जाता है। संक्षेप में, इस विचारधारा में वंशपरम्परा के विरोध और परिवेश को महत्ता दी गई है। वॉटसन (J. B. Watson, 1878-1958) का व्यवहारवाद महत्त्वपूर्ण है। वॉटसन ने मूल प्रवृत्तियों तथा वंशपरम्परागत मानसिक विशेषताओं के अस्तित्व को नहीं माना है। वॉटसन का यह दृष्टिकोण है कि परिवेश पर नियन्त्रण रखने की स्वतन्त्रता होने पर किसी भी बालक को शिक्षित कर एक कुशल व्यक्ति बनाया जा सकता है, जैसे– डॉक्टर, वकील, कलाकार आदि। उसके निर्माण में उसके वंशज की प्रच्छन्न विशेषताएँ, भावनाएँ, योग्यताएँ महत्त्वपूर्ण नहीं होतीं।

epidemiology (एपि डीमि'ऑलजि) **महामारी विज्ञान :** यह एक ऐसा वैज्ञानिक विषय है, जिसका उद्देश्य किसी जनसंख्या में महामारी के प्रसार एवं उसके कारणों का अध्ययन करता है (देखें– Barbara Valanis, **Epidemiology in Nursing and Health Care**, 1986)।

episcopal organization (इ'पिस्कपल ऑगनाइ 'ज़ेशन्) **धर्माध्यक्षीय संगठन :** एक प्रकार का धार्मिक संगठन, जिसके अन्तर्गत पुरोहितों के अधिकारों की स्पष्ट सोपानिकी **(Hierarchy)** देखने को मिलती है। ईसाई धर्म में पुरोहितों के बीच एक स्पष्ट सोपानिकी दिखाई पड़ती है।

episodic approach (एपि'सॉड्इक अ'प्रोच्) **उपख्यानात्मक उपागम** : देखें–**Social evolution** ।

epistemological anarchy (ए पिस्टी'मालजिक्ल् 'ऐनाकि) **ज्ञानशास्त्रीय अराजकता** : देखें– **Methodological, pluralism** ।

epistemological anomie (ए पिस्टी'मालजिक्ल् 'ऐनॅमी) **ज्ञानशास्त्रीय मानदण्डहीनता** : देखें– **Methodological pluralism** ।

epistemological pluralism (ए पिस्टी'मालजिक्ल् 'प्लुअर् लिज़्म्) **ज्ञानशास्त्रीय बहुतत्त्ववाद, बहुलवाद या अनेकतावाद** : देखें– **Methodological pluralism** ।

epistemology (ए पिस्टी'मालजि) **ज्ञानमीमांसा :** दर्शनशास्त्र की वह शाखा जो ज्ञान की उत्पत्ति, आकार-प्रकार, सीमा, सत्यता और उसकी कसौटियों का विवेचन करती है। ज्ञान की क्या प्रकृति है, ज्ञान कैसे उत्पन्न होता है, उसके क्या आधार हैं, व्यक्ति जो ज्ञान प्राप्त करता है, वह उसे कैसे प्राप्त करता है, वह उसे कैसे मिलता है, इन सभी प्रश्नों की खोज ज्ञानमीमांसा में की जाती है। कभी-कभी इस शब्द का प्रयोग मात्र वैज्ञानिक विधियों से प्राप्त ज्ञान के लिए ही कर लिया जाता है, किन्तु बहुधा व्यापक अर्थों में इसका प्रयोग सभी प्रकार के ज्ञान और ज्ञान प्राप्ति की विधियों के लिए किया जाता है। ज्ञानमीमांसा और मनोविज्ञान में समीपवर्ती सम्बन्ध है, क्योंकि समान रूप से इनका विषय ज्ञानात्मक प्रक्रियाएँ– प्रत्यक्षीकरण, स्मृति, कल्पना, चिन्तन और तर्क है। प्राचीनकाल में प्लेटो ने और आधुनिक युग में तार्किक प्रत्यक्षवादियों ने ज्ञानमीमांसा को अत्यधिक महत्त्व प्रदान किया। कुछ समसामयिक दार्शनिकों के अनुसार तत्त्वमीमांसा 'निरर्थक' है और ज्ञानमीमांसा ही दर्शन का केन्द्रबिंदु है (देखें– R. Keat and John Urry, **Social Theory as Science**, 1975)।

equal appearing intervals ('ईक्वल् अ'पिअरिंग्'इन्टर्वल्स्) **समान तुल्याभसी अन्तराल :** थर्सटन (L. L. Thurstone, 1887-1955) के मनोवृत्ति माप के अन्तर्गत इस विधि का प्रयोग हुआ है। इस विधि के अन्तर्गत सभी बिन्दुओं के बीच बराबर दूरी रखी जाती है। किसी विषय के प्रति सहमति और असहमति के बीच एक से अधिक बिन्दु हो सकते हैं और उन सभी बिन्दुओं के बीच अंकों के माध्यम से समान दूरी रखकर किसी विषय के प्रति मनोवृत्ति को मापा जाता है : देखें–**Thurstone's scale** ।

equality (इ'क्वॉलिटि) **समानता :** समानता के चार प्रमुख रूपों की चर्चा की जाती है, यथा (1) सत्तामूलक समानता अर्थात् व्यक्तियों की समानता का सिद्धान्त, (2) वांछनीय लक्ष्यों को प्राप्त करने में अवसरों की समानता, (3) दशाओं में समानता, जिसमें जीवन की दशाओं को विधानों द्वारा समान बनाया जाता है और (4) निष्पत्ति या परिणामों की समानता : देखें– **Social equality** ।

equality; social equality (इ'क्वॉलिटि;'सोशल् इक्वॉल्'इटि) **समानता; सामाजिक समानता** : देखें– **Democracy; Egalitarianism; Justice, Social; Socialism** ।

equality before law (इ'क्वॉलिटि बि'फोर् लॉ) **क़ानूनी समानता :** ब्रिटिश संविधान का एक सिद्धान्त, जिसे भारतीय संविधान में भी अपना लिया गया है। इसका अर्थ यह है कि राज्य में सभी वर्गों के नागरिक समान रूप से देश के साधारण क़ानून के अधीन होंगे और क़ानून का शासन न्यायालयों के हाथों में रहेगा। यह सिद्धान्त सभी नागरिकों के लिए क़ानूनी समानता स्थापित करता है।

equality of opportunity (इ'क्वॉलिटि ऑव् ऑपर्'ट्यूनटि) **अवसर की समानता :** वह स्थिति, जिसमें समाज के सभी सदस्यों को अपनी-अपनी योग्यता, परिश्रम और सूझ-बूझ के अनुसार शक्ति, सम्पदा, शिक्षा एवं नौकरी प्राप्त करने का समान अवसर प्राप्त होता है : देखें–**Justice, social** ।

equilibrium; social equilibrium (ईक्वि 'लिब्रिअम; 'सोश्ल् ईक्वि 'लिब्रिअम्) **सन्तुलन; सामाजिक सन्तुलन :** यह शब्द ऐसी स्थिति का संकेत देता है जिसमें परस्पर-विरोधी समूहों की खींचातानी लगभग नहीं रहती है और सामाजिक जीवन कुछ नियमों से बँधकर प्राय: स्थिर हो जाता है या उसमें केवल सीमित और व्यवस्थित परिवर्तन की गुंजाइश रह जाती है । टैलकॉट पार्सन्स (Talcott Parsons, 1902-1979) ने इसे सीमा अनुरक्षण पद्धति (Boundary maintaining system) कहा है । प्रत्येक समाज में हमेशा दो नियतांक (Constants) देखने को मिलते हैं– (1) स्थिरता (Static) एवं (2) चलायमान (Moving) । पार्सन्स ने दूसरे को सामाजिक परिवर्तन की व्यवस्थित प्रक्रिया का नाम दिया है । प्रत्येक सामाजिक व्यवस्था के अन्तर्गत सन्तुलन बनाए रखने की एक अन्त:निर्मित व्यवस्था होती है, जो समाज में सन्तुलन की स्थिति कायम रखने में मदद करती है । इस संकल्पना का प्रयोग मुख्यत: रैडक्लिफ ब्राउन ने सामाजिक संरचना के सैद्धान्तिक अध्ययन में किया है (देखें– Talcott Parsons, **The Social Systems** , 1951) ।

equilibrium theory (ईक्वि 'लिब्रिअम् 'थिअरि) **सन्तुलन-सिद्धान्त :** यह सिद्धान्त इस मान्यता पर आधारित है कि किसी दिये हुए समय में समाज एक सन्तुलन की स्थिति में होता है या सन्तुलन की स्थिति में जाने की चेष्टा करता है ।

equitable distribution ('एक्विटॅबल् डिस्ट्रि'ब्यूश्न्) **न्यायोचित वितरण :** आर्थिक विकास के लाभों का ऐसा वितरण, जिससे समाज के निम्न स्तरों को उसमें से उचित हिस्सा मिले और उनकी दशा में भारी सुधार हो सके ।

equity ('एक्विटि) **साम्या :** सामाजिक नीति का यह सिद्धान्त कि आर्थिक विकास का लाभ गिने-चुने लोगों तक सीमित नहीं रहे । यह इस मान्यता पर आधारित है कि समाज के निम्न स्तर के लोगों की स्थिति में समुचित सुधार हो ।

equivocal (इ'क्विव़क्ल्) **अनेकार्थक :** एक से अधिक अर्थ रखने वाला (शब्द या पद), जैसे– हरि, धर्म, प्रेम आदि ।

ergonomics (एरगो'नॉमिक्स) **श्रमदक्षताशास्त्र :** किसी श्रमिक की कार्यक्षमता और उसके द्वारा किये जानेवाले वास्तविक कार्य के बीच के सम्बन्ध का अध्ययन करनेवाला विषय श्रमदक्षताशास्त्र कहलाता है । इसका उद्देश्य श्रम की उत्पादकता एवं क्षमता में वृद्धि करना होता है ।

Eros ('इरोस) **जीवनवृत्ति या सृजनात्मक वृत्ति :** यह वृत्ति जीवन और समुदाय को बनाये रखने में मदद करता है । इसकी रचना अहम् और कामेच्छा के समन्वय द्वारा होती है । कामवृत्ति का सर्वाधिक विश्लेषण फ्रॉयड (S. Freud, 1856-1939) और अन्य मनोविश्लेषणवादियों के साहित्य में हुआ है । इस वृत्ति का लक्ष्य है– (1) जीवन का संरक्षण, (2) जाति का संरक्षण । यह अहम् और कामेच्छा, दोनों के कार्यों का समन्वय है । मनोविश्लेषणात्मक साहित्य में सबसे अधिक विश्लेषण कामवृत्ति का हुआ है ।

erotic, eroticism (erotism) (इ'रॉट्इक, इ'रॉट्इ सिज़्म्) **रत्यात्मक, रत्यात्मकता :** वह व्यक्ति, जिसकी कामात्मक वर्ग की संवेदनाओं और भावनाओं में अत्यधिक रुचि हो। मनोविश्लेषण में कामोद्दीपन के लिए रत्यात्मकता एक सामान्य शब्द है । मनोविकृति में इस पद द्वारा काम-भाव और इससे सम्बन्धित प्रतिक्रियाओं का अत्यधिक विकसित रूप प्रदर्शित होता है ।

error ('एरर्) **त्रुटि :** यह आधुनिक अनुसन्धान का एक बहुत ही महत्त्वपूर्ण पहलू है । जब अनुसन्धान के लिए विभिन्न प्रकार के आँकड़ों को इकट्ठा किया जाता है, तब अनुसन्धानकर्ता यह पता लगाने की कोशिश करता है कि उन आँकड़ों में किस प्रकार की त्रुटियाँ रह गई हैं । सामान्यत: त्रुटियाँ दो प्रकार की हो सकती हैं– (1) यादृच्छिक त्रुटि (**Random error**), (2) पक्षपात (**Bias**) से जुड़ी त्रुटियाँ । यादृच्छिक त्रुटि के साथ त्रुटियाँ अव्यवस्थित रूप से दिखाई पड़ती हैं ।

आँकड़ों के किसी भी पहलू में किसी भी प्रकार के दोष हो सकते हैं, जबकि पक्षपातपूर्ण त्रुटियों के साथ समस्या यह है कि आँकड़ों में दोष व्यवस्थित रूप से दिखाई पड़ते हैं, जैसे– जब अपराध के बारे में आँकड़े देखें जाते हैं, तो कुछ ऐसे भी अपराध होते हैं, जिन्हें जान-बूझकर कम करके बताया जाता है।

error, sampling ('एरर्, साम्प्लिन्ग) **प्रतिचयन त्रुटि** : देखें– **Sampling error**।

error of coverage ('एरर् ऑव् 'कव्रिज्) **समावेश सम्बन्धी त्रुटि** : विवरण सम्बन्धी ऐसी त्रुटियाँ जो जनगणना के समय कुछ व्यक्तियों को छोड़ दिये जाने या उन्हें दो बार गिन लिए जाने के कारण उत्पन्न होती हैं। छोड़ने या भूल की त्रुटियाँ इन कारणों से उत्पन्न होती हैं– (1) कुछ घरों में किसी व्यक्ति से सम्पर्क न हो पाने से है तथा (2) कुछ घरों के पूरी तरह से छूट जाने से।

error of expectation ('एरर् ऑव् एक्स्पेक्'टेशन्) **प्रत्याशा-त्रुटि** : यह न्यूनतम परिवर्तन-विधि से किए गए मनोभौतिकीय प्रयोगों में प्रयोज्य की उपस्थापित उत्तेजना के घटने अथवा बढ़ने का आभास होने से उत्पन्न होनेवाली एक त्रुटि है। इस आभास के कारण प्रयोज्य किसी भी श्रेणी में आने वाले परिवर्तन के लिए अतिप्रस्तुत हो जाता है। अवधान की अति और प्रत्याशा की प्रबलता से, उसे अनुमानित आगामी परिवर्तन अपने समय से पूर्व ही प्रतीत होता है। यदि यह प्रत्याशा-प्रभाव अभ्यास-प्रभाव से अधिक हुआ, तो न्यूनतम अबोध्य अन्तर की अपेक्षा न्यूनतम बोध्य अन्तर समानता मान के समीप लगता है। अभ्यास त्रुटि भी आरोही एवं अवरोही श्रेणियों के उपयोग द्वारा कम की जा सकती है।

escapism (इ'स्केपिज़्म्) **पलायनवाद** : वह प्रवृत्ति, जिसमें व्यक्ति नीरस और कटु यथार्थ की अनदेखी करके मधुर कल्पनाओं से मन बहलाने का प्रयास करता है। इस तरह वह सामाजिक जीवन के यथार्थ को सुलझाने के उत्तरदायित्व से दूर भागता है।

eschatology (एस्क'टॉलजि) **मरणोत्तर विद्या, परलोकविद्या** : रूढ़िवादी ईश्वरमीमांसा (**Dogmatic theology**) का वह भाग, जो स्वर्ग, नरक इत्यादि मरणोत्तर बातों का विवेचन करता है।

esprit-de-corps (ए'स्प्रीट् डी कॉर्) **संघभाव, वयंभाव** : समूह के सदस्यों में परस्पर एकता, निकटता तथा अपनत्व की भावना होना। इसकी प्रेरणा से समूह के सदस्यों के उद्देश्य एक समान होते हैं और वे एक-दूसरे के कल्याण के लिए उत्सुक रहते हैं तथा भावनात्मक रूप में एक-दूसरे से जुड़े होते हैं। सामाजिक संसक्ति का यह महत्त्वपूर्ण अंग है।

essentialism (इ'सेन्श् लिज़्म्) **तत्त्ववाद** : इस शब्द का सर्वप्रथम प्रयोग कार्ल. आर. पॉपर् (Karl R. Popper, 1902-1994) ने उस विचार को स्पष्ट करने के लिए किया था जिसके अन्तर्गत यह माना गया है कि विज्ञान का मुख्य उद्देश्य किसी वस्तु या घटना के उस स्वरूप को समझना है, जिसके द्वारा उसके आन्तरिक तत्त्वों की जानकारी हो सकती है। जिस अवधारणा के द्वारा हम किसी चीज़ को परिभाषित करते हैं, उसे तत्त्ववाद कहा जाता है। इसी सन्दर्भ में उन्होंने एक और अवधारणा का प्रयोग किया, वह है– प्रणालीतन्त्रीय नाममात्रवाद (**Methodological nominalism**)। उन्होंने प्रत्येक वैज्ञानिक खोज के लिए इसी अवधारणा का प्रयोग किया है। उनका मानना था कि प्रत्येक बौद्धिक खोज का मुख्य उद्देश्य यह पता लगाना होता है कि कोई घटना या व्यवहार बार-बार एक निश्चित तरीके से क्यों घटती रहती है। इन दोनों अवधारणाओं को स्पष्ट करने के लिए इस प्रकार से प्रश्न खड़े किए जा सकते हैं, ऊर्जा क्या है? पदार्थ क्या है? इस प्रकार के प्रश्न प्रणालीतन्त्रीय तत्त्ववादी (**Methodological essentialism**) खड़े करते हैं; जबकि दूसरी तरफ प्रणालीतन्त्रीय नाममात्रवादी (**Methodological nominalist**) इस प्रकार का प्रश्न करते हैं– सूर्य की ऊर्जा को किस प्रकार काम में लाया जा सकता है या फिर किस स्थिति में कोई अणु से प्रकाश निकलता है (देखें– Karl R. Popper, **The Logic of Scientific Discovery**, 1959; **Conjecture and Refutations**, 1969)।

essentialism, methodological (इ'सेन्श् लिज़्म्, मेथड'लॉजिक्ल्) **प्रणालीतन्त्रीय तत्त्ववाद** : देखें– **Essentialism**।

essentially contested concepts (इ'सेन्शिअॅलि 'कन्टेस्ट्ड् कॉन्से 'प्ट्स) **मूलभूत-विवादास्पद अवधारणा :** देखें– **Community power; Community study** ।

established sect (इ'स्टैब्लिशड् सेक्ट्) **सुव्यवस्थित सम्प्रदाय :** वैसा धार्मिक सम्प्रदाय, जो प्रभावी समाज के साथ समायोजित करता है : देखें– **Sect** ।

estate (इ'स्टेट्) **इस्टेट, जागीर, जायदाद :** सापेक्षिक रूप से थोड़ा बन्द वर्ग । इसके अन्तर्गत स्तरण को कानूनी मान्यता प्राप्त होती है । यह यूरोप एवं रूस में पायी जाने वाली स्तरण की ऐतिहासिक पद्धति है, जिसमें जाति की तरह, छोटे स्तरों के बीच स्पष्ट अन्तर एवं कठोर घेरा होता था । 17वीं तथा 18वीं शताब्दी के मध्यकालीन यूरोपीय समाज में प्रचलित सामाजिक वर्गीकरण की व्यवस्था, जिसमें समाज विभिन्न समूहों में बँटा हुआ था और जिनके ऊपर अलग-अलग कानून लागू होते थे और जिनकी सामाजिक परिस्थिति अलग-अलग होती थी । कुछ लेखकों ने इस शब्द का हिन्दी अनुवाद 'जागीर' किया है । वैसे इसके कई अर्थ हैं और जागीर उनमें से एक है । लेकिन स्तरण के सन्दर्भ में 'जागीर' एक अनुपयुक्त अनुवाद है । यूरोपीय समाज कभी इस्टेट के आधार पर स्तरित था । जाति व्यवस्था की ही तरह, लोग विभिन्न सामाजिक, आर्थिक एवं राजनीतिक समूहों में इस प्रकार श्रेणीबद्ध थे कि एक सामाजिक स्तर से दूसरे सामाजिक स्तर में जाना काफी कठिन था । जातियों के प्रतिकूल इस्टेट का निर्माण धार्मिक नियम-कानून की बजाय, मानव-निर्मित राजनीतिक कानूनों के द्वारा हुआ था । मध्यकालीन युग में यूरोप का समाज मुख्यरूप से तीन इस्टेट में विभक्त माना जाता था– प्रथम इस्टेट, द्वितीय इस्टेट और तृतीय इस्टेट (देखें– T. H. Marshall, **Class, Citizenship and Social Development**, 1964) ।

estate, first (इ'स्टेट्, फ़र्स्ट्) **प्रथम इस्टेट :** प्रथम श्रेणी के इस्टेट के अन्तर्गत राजा-महाराजा, उच्च शासनाधिकारी एवं बड़े-बड़े जागीरदार आते थे। वे सभी कुलीन वर्ग के लोग माने जाते थे । उनके जीवन के तौर-तरीके, सामाजिक मूल्य और प्रतिमान सभी कुछ विशिष्ट ढंग के हुआ करते थे । वे लोग अपने ही समूह के अन्दर शादी-विवाह किया करते थे ।

estate, second (इ'स्टेट्, 'सेकन्ड्) **द्वितीय इस्टेट :** चर्च के लोग दूसरे इस्टेट के प्रतिनिधि माने जाते थे, अर्थात् पादरी वर्ग (**Clergy**) के लोगों का स्थान समाज में कुलीन वर्ग के बाद माना जाता था । कुलीन वर्ग के लोगों की तुलना में उनकी सामाजिक हैसियत और सुविधाएँ थोड़ी कम थीं, पर आमलोगों की तुलना में उनका स्थान बेहतर था ।

estate, third (इ'स्टेट्, थ़र्ड) **तृतीय इस्टेट :** तीसरी श्रेणी में समाज के साधारण लोग आते थे, जैसे– दास, मज़दूर किसान, व्यापारी, कारीगर आदि । यदि जाति-व्यवस्था की तुलना इस श्रेणी से की जाती है तो इसमें वैश्यों और दलितों के अलावा वैसे राजपूतों को भी रखा जा सकता है, जो शासन के उच्च पदों पर आसीन नहीं थे । इसे साधारण वर्ग भी कहा जाता है । इस्टेट व्यवस्था जाति व्यवस्था से इस रूप में भिन्न थी कि वैयक्तिक योग्यता, गुण, उपलब्धि के आधार पर इस वर्ग के लोगों को राजा से कभी-कभी उच्च उपाधि भी प्राप्त होती थी और कभी-कभी इन तीन श्रेणी के लोगों के बीच शादियाँ भी हो जाया करती थीं । इस्टेट व्यवस्था का स्वरूप यूरोप के किसी भी देश में राष्ट्रीय या राजकीय पैमाने पर एक समान नहीं पाया जाता था, बल्कि इसका स्वरूप क्षेत्रीय था । फ्रांसीसी क्रांति से पूर्व फ्रांस में बुर्जुआ वर्ग को तृतीय इस्टेट के नाम से पुकारा जाता था ।

estate, fourth (इ'स्टेट्, फॉर्थ्) **चतुर्थ वर्ग, पत्रकार वर्ग :** इन तीन वर्गों के अलावा भी एक चौथे वर्ग का अस्तित्व स्वीकार किया गया है, जो राजनीतिक शक्ति का हिस्सेदार है और वह है पत्रकार समुदाय । विशेषकर लोकतन्त्रात्मक व्यवस्था में पत्रकार वर्ग की भूमिका बड़ी महत्त्वपूर्ण मानी जाती है और उसे राजनीतिक-सामाजिक व्यवस्था का एक आवश्यक अंग समझा जाता है । इसीलिए इस समुदाय को चतुर्थ वर्ग के नाम से पुकारा जाने लगा है । ब्रिटेन आदि पाश्चात्य देशों के समाज में पादरी (Lord spiritual), कुलीन (Lord temporal) और सर्व-साधारण (Commons) तीन परम्परागत वर्ग माने गए हैं, जो राजनीतिक शक्ति में साझेदार रहे हैं ।

estate duty (इ'स्टेट् ड्यूटी) **जायदाद शुल्क :** किसी व्यक्ति की मृत्यु के पश्चात् उसकी कुल सम्पत्ति के हस्तांतरण के समय जो कर लगाया जाता है, उसे ऐस्टेट ड्यूटी कहते हैं । भारत में 1985 से यह कर समाप्त कर दिया गया ।

estate system (इ'स्टेट् 'सिस्टम्) **जागीर व्यवस्था :** देखें– **Feudalism** ।

esteem (इ'स्टीम) **सम्मान :** स्थिति धारण करने वाले सभी व्यक्ति अपने कर्तव्यों, दायित्वों एवं भूमिकाओं का निर्वाह समान रूप से नहीं करते हैं, अतः उनकी प्रतिष्ठा समान होते हुए भी उनके सम्मान में अन्तर पाया जाता है । उदाहरण के लिए, दक्ष एवं दयालु डॉक्टर का सम्मान साधारण डॉक्टर से एवं परिश्रमी अध्यापक का सम्मान लापरवाह अध्यापक से अधिक होता है । इस प्रकार सम्मान का सम्बन्ध एक पद पर कार्य कर रहे व्यक्ति की सफलता-असफलता, दक्षता-अदक्षता एवं कार्य करने की क्षमता से होता है । सम्मान के सन्दर्भ में गौर करने की बात यह है कि कोई व्यक्ति जो किसी दूसरे व्यक्ति के प्रति श्रद्धा और सम्मान बिना इस बात को ध्यान में रखे रहता है कि उस व्यक्ति का समाज में क्या स्थान है ।

estimation (एस्टि'मेश्न्) **आकलन :** आकलन का तात्पर्य किसी अज्ञान समष्टि के मानों से है, जैसे– किसी नमूने में अधूरे आँकड़ों में से, सांख्यिकी की प्रविधियों के प्रयोग से संख्यात्मक मानों का पता लगाना है । ये मान किन्हीं निश्चित नियमों के आधार पर आकलित किये जाते हैं । ऐसे नियमों या प्रक्रियाओं को आकलन कहते हैं । अज्ञात प्राचल **(Parameter)** के लिए अगर कोई अकेली संख्या निकाली जाती है, तो उसे बिन्दु आकलन कहा जाता है और यदि इसके लिए किसी अन्तराल का अनुमान लगाया जाता है, तो उसे अन्तराल आकलन कहा जाता है : देखें– **Statistical inference** ।

ethical dualism ('एथ़िक्ल् 'ड्यूअ लिज़म्) **नैतिक द्वैत :** किसी समाज में जब एक आचार-संहिता उस समाज के सदस्यों के पारस्परिक सम्बन्धों को नियन्त्रित करती है और दूसरी आचार-संहिता बाहरी लोगों के सम्बन्धों को, तो इस प्रकार की व्यवस्था को नैतिक द्वैत कहते हैं ।

ethical prophet ('एथ़िक्ल् 'प्रॉफ़िट्) **नैतिक पैगम्बर :** नैतिक पैगम्बर धार्मिक लोगों के बीच प्रभावशाली उपदेश देते हैं । ये उन पुरानी सामाजिक व्यवस्था का पतन चाहते हैं, जिसे वे बुरा मानते हैं । ये अनुयायियों को एक नई दिशा देते हैं और ईश्वर से सम्पर्क सिद्ध करने का प्रयास करते हैं । यहूदी धर्म, ईसाई धर्म, इस्लाम धर्म पैगम्बरों के धर्म हैं ।

ethical relativism ('एथ़िक्ल् 'रेलॅटि व़िज़म्) **नैतिक सापेक्षवाद :** एक संस्कृति से दूसरी संस्कृति के मूल्यों की विभिन्नता को नैतिक सापेक्षवाद कहते हैं ।

ethical religion ('एथ़िक्ल् रि'लिजन्) **नैतिक धर्म :** ऐसा धर्म जो महान् धर्मगुरुओं या आदर्श पुरुषों के नैतिक आग्रह पर निर्भर करता है । ऐसे धर्मों के अन्तर्गत दैवी शक्ति की सर्वोपरि शक्ति के रूप में उतनी प्रधानता नहीं होती है, जैसे– बौद्ध, जैन, कन्फ्यूसियस धर्म इत्यादि ।

ethics ('एथ़िक्स्) **नीतिशास्त्र, आचारनीति :** ऐसा नैतिक अध्ययन-क्षेत्र और अनुशासन, जिसका सम्बन्ध अनुमोदन और निरनुमोदन के फैसले से है ।

ethnic ('एथ्निक्) **नृजाति विषयक :** ऐसे समूहों के समुदाय से सम्बन्धित जिनकी सांस्कृतिक विशेषताएँ समान हों, जैसे– भारत में तिब्बती या चीनी लोग, अमरीका में पाकिस्तानी या भारतीय लोग ।

ethnic colony ('एथ्निक् 'कॉलनि) **नृजातीय उपनिवेश :** वैसे व्यक्तियों का समूह, जो मूलरूप से समान नृजाति के हैं और अपने समुदाय या प्रदेश से कहीं बाहर जाकर इकट्ठे बसे हुए हैं तथा उनकी सांस्कृतिक जीवनशैली उस समाज से मेल नहीं खाती है, जहाँ वे बस गये हैं, बल्कि उससे मेल खाती है, जो उनका उद्भव समुदाय रहा है ।

ethnic group ('एथ्निक् ग्रूप्) **नृजातीय समूह :** ऐसा सांस्कृतिक समूह, जो किसी जनसंख्या में आसानी से पहचान लिया

जा सके । समाजशास्त्रीय स्तर पर इसे समूह नहीं माना जाता है, यह मात्र व्यक्तियों का समूह होता है । व्यक्तियों के एक ऐसे समूह को नृजातीय स्तर पर परिभाषित किया जाता है । वे स्वयं या दूसरों के द्वारा यह समझे जाते हैं कि उनमें कुछ ऐसी सामान्य विशेषताएँ हैं, जो उन्हें समाज के अन्य समूहों से अलग करती हैं । इस समूह का अपना एक अलग विशिष्ट सांस्कृतिक व्यवहार होता है । कभी-कभी नस्ल **(Race)** और नृजातीयता को एक ही समझ लिया जाता है, किन्तु ये दो भिन्न धारणाएँ हैं । वास्तव में, नृजातीयता शब्द की रचना नस्ल शब्द के विरोध में हुई है (देखें– John Rex and David Mason, **Theories of Race and Ethnic Relations**, 1986) ।

ethnic identity ('एथ्निक् आइ'डेन्टिटि) **नृजाति पहचान** : वह स्थिति, जिसमें कोई व्यक्ति अपने-आपको अपने नृजाति के सदस्य के रूप में पहचानता है और इस तरह शेष समाज से अपना अलग अस्तित्व ढूँढ़ता है ।

ethnic marker ('एथ्निक् माक्'अॅर्) **नृजातीय चिह्नक** : यह एक ऐसी सांस्कृतिक विशेषता है, जिसके आधार पर हम समुदाय को एक-दूसरे से अलग करते हैं, जैसे– भाषा के आधार पर हम किसी नृजातीय समूह की पहचान कर सकते हैं । लेकिन कभी-कभी भाषा के आधार पर नृजातीय समूहों को पहचानना कठिन हो जाता है; क्योंकि जिस समाज में वह बस गया है, वहाँ की भाषा को वह ग्रहण कर लेता है । वैसी स्थिति में विवाह-सम्बन्धी परिपाटियों, खान-पान एवं वेशभूषा के आधार पर किसी नृजातीय समूह को चिह्नित किया जाता है । दो नृजातीय समूहों के बीच अन्तर करने के आधार को ही नृजातीय चिह्नक कहा जाता है ।

ethnic minorities ('एथ्निक् माइ'नॉरटिज़्) **नृजातीय अल्पसंख्यक वर्ग** : किसी राज्य की जनसंख्या में उन लोगों के समूह, जो बहुसंख्यक वर्ग से भिन्न जाति, भाषा, धर्म और संस्कृति के आधार पर अलग से पहचाने जाते हैं, जैसे– भारत में चीनी, नेपाली, तिब्बती तथा बांग्लादेशी लोग ।

ethnic nationalism ('एथ्निक् 'नैश्न लिज़्म्) **नृजातीय राष्ट्रवाद** : देखें– **Nationalism** ।

ethnic pluralism ('एथ्निक् 'प्लुअर् लिज़्म्) **नृजाति बहुलतावाद** : ऐसा सम्बन्ध जिसमें दो या दो से ज्यादा नृजाति समुदाय के लोग एक ही क्षेत्र में निवास करते हों और जिसमें कोई भी समुदाय दूसरे पर प्रभावी बनने का प्रयास नहीं करता है । विभिन्न नृजातीय समूहों के बीच सामाजिक अन्तःक्रिया कम पायी जाती है ।

ethnic religion ('एथ्निक् रि'लिजन्) **नृजाति धर्म** : ऐसा धर्म, जो स्थान-विशेष या व्यक्तियों के किसी समूह-विशेष से जुड़ा हुआ हो ।

ethnic stratification ('एथ्निक् स्ट्रैटिफ़ि'केश्न्) **नृजाति स्तरीकरण** : दो या दो से ज्यादा नृजाति समूहों के बीच का स्तरण, जो व्यवस्थित और नियमित हो ।

ethnicism (एथ्'निसिज़्म्) **नृजातिवाद** : देखें– **Discrimination; Racism** ।

ethnicity (एथ्'निसिटि) **नृजातीयता, संजातीयता** : एक ऐसा वर्गीकरण, जो लोगों को सांस्कृतिक विशेषता के आधार पर अलग करता है, जैसे– भाषा (देखें– P. Peach, **Ethnic Segregation in Cities**, 1981; Stanley Lieberson and M. C. Waters, **From Many Stands: Ethnic and Racial Groups in Contemporary America**, 1988) ।

ethno history ('एथ्नो 'हिस्टॅरि) **नृजाति इतिहास** : पुरातात्विक अवशेषों के आधार पर संस्कृतियों के विकास का अध्ययन ।

ethno-sociology ('एथ्नो सोसि'ऑलजि) **नृजाति-समाजशास्त्र, लोक-समाजशास्त्र** : किसी समाज-विशेष के अध्ययन के आधार पर निर्मित सिद्धान्तों का परिप्रेक्ष्य आंचलिक या लोक-समाजशास्त्र कहलाता है । पिछले कुछ वर्षों में विकासशील देशों में यह अनुभव किया गया है कि पश्चिम में निर्मित एवं विकसित सिद्धान्त व अवधारणाएँ किसी ऐसे अन्य समाज के अध्ययन हेतु अनुपयुक्त व निरर्थक हैं, जिनकी संस्कृति-सभ्यता, सामाजिक संरचना तथा ऐतिहासिक

पृष्ठभूमि पश्चिमी समाजों से भिन्न रही है । इस आवश्यकता ने ही आंचलिक समाजशास्त्र को जन्म दिया है, ताकि समाज–विशेष के सन्दर्भ में उत्पन्न अवधारणाओं एवं सिद्धान्तों के आधार पर सामाजिक यथार्थ को समझा–परखा जा सके।

कुछ वर्षों से विकासशील देशों के समाजशास्त्रियों ने इस बात पर बल दिया है कि पश्चिम में विकसित अवधारणा व सिद्धान्त एक ऐसे समाज के अध्ययन के लिए अनुपयुक्त है, जिसकी संस्कृति, संरचना व ऐतिहासिक पृष्ठभूमि हमारे समाज से भिन्न है । अत: नृजाति–समाजशास्त्र (**Ethno-sociology**) की प्रस्थापना आवश्यक है, जिसमें एक विशेष समाज से उत्पन्न अवधारणा व सिद्धान्त सामाजिक यथार्थ को समझने में उपयुक्त हो सकते हैं । आंचलिकता का यह सत्य समाजविज्ञानों की विशिष्टता से भिन्न है । भारत के सन्दर्भ में यह मानना अधिक युक्तिसंगत लगता है ।

ethnocentric transnational ('एथ्नो 'सेन्ट्रिक ट्रैन्स् 'नैश्नल्) **नृजातिकेन्द्रित बहुराष्ट्रीय कम्पनी :** ऐसी बहुराष्ट्रीय कम्पनियाँ, जिनका संचालन उनके मूल देश से होता है, जैसे– भारत में सुजुकी मोटर्स, एल. जी., सैमसंग आदि ।

ethnocentrism ('एथ्नो 'सेन्ट्रिज़म्) **नृजातिकेन्द्रवाद, नस्लवाद :** अपनी जाति अथवा सामाजिक समूह को संस्कृति का केन्द्र मानने की प्रवृत्ति । इस अवधारणा का सर्वप्रथम प्रयोग विलियम ग्राहम समनर् (William G. Sumner, 1840-1910) ने अपनी पुस्तक **Folkways** (1906) में अन्त:समूह और बाह्य समूह के बीच ऐसी पक्षपातपूर्ण मनोवृत्तियों को समझाने के लिए किया, जिनके द्वारा हम अपने रीति–रिवाजों, व्यवहार–प्रतिमानों और विश्वासों को सबसे बेहतर ठहराते हैं । नृजातिकेन्द्रवाद सांस्कृतिक सापेक्षवाद (**Cultural relativism**) की प्रतिकूल विचारधारा है । यह लगभग हर–एक समाज या व्यक्ति में देखने को मिलती है । जब किसी व्यक्ति के मन में यह धारणा हो कि उसकी संस्कृति सबसे अच्छी है और दूसरे की संस्कृति निम्नस्तरीय है, तो उसे नृजातिकेन्द्रवाद कहते हैं । एक भावात्मक अभिवृत्ति, जिसके अनुसार व्यक्ति अपने समूह, प्रजाति अथवा समाज को दूसरे प्रजातीय अथवा सांस्कृतिक तत्त्वों से श्रेष्ठ समझता है और बाहरी व्यक्तियों तथा उनके रीति–रिवाजों को अपने सांस्कृतिक मानकों को आधार मानकर हीन समझता है ।

ethnographical principle (एथ्नॉ 'ग्रैफ़िक्ल् 'प्रिन्सप्ल्) **नृजातीय सिद्धान्त :** यह सिद्धान्त कि एक ही जाति, धर्म, भाषा और संस्कृति से जुड़े हुए लोग एक ही राज्य के रूप में संगठित होने चाहिए ।

ethnography (एथ् 'नॉग्रफ़ि) **नृजाति वर्णन, नृजातिलेखन :** किसी समाज के प्रथानुगत, विश्वासों एवं मनोवृत्तियों का विस्तृत वर्णनात्मक लेखा–जोखा तैयार करने की विद्या नृजातिलेखन कहलाती है । सांस्कृतिक मानवशास्त्र की यह शाखा सामान्यत: आदिम अथवा पूर्वशिक्षित समाजों के विवरणात्मक अध्ययनों से सम्बन्धित है । ज्ञान की इस शाखा में विश्लेषण एवं व्याख्या की अपेक्षा वर्णन को ही प्रमुखता दी जाती है । नृजातिलेखन में बहुधा सहभागिक अवलोकन की शोध–विधि का प्रयोग किया जाता है (देखें– Martyn Hammersley and Paul Atkinson, **Ethnography: Principles and Practice**, 1983; William F. Whyte, **Learning from the Field: A Guide from Experience**, 1984) ।

ethnology (एथ् 'नॉलजि) **नृजाति विज्ञान :** विभिन्न समाजों के सांस्कृतिक तत्त्वों का तुलनात्मक अध्ययन करने वाली सांस्कृतिक मानवशास्त्र की एक शाखा नृजाति विज्ञान के नाम से जानी जाती है । विभिन्न संस्कृतियों के बीच क्या भिन्नता है और इस भिन्नता के क्या कारण हैं, नृजाति विज्ञान के अध्ययन की प्रमुख विषय–वस्तु है । इस विषय–वस्तु का अध्ययन करने के लिए संस्कृतियों के बीच तुलना की जाती है । सांस्कृतिक तत्त्वों की तुलना के अतिरिक्त सांस्कृतिक क्षेत्रों का समूहीकरण तथा उद्विकासीय प्रवृत्तियों का भी इसमें अध्ययन किया जाता है । इस प्रकार नृजाति विज्ञान में संस्कृतियों का वैज्ञानिक एवं तुलनात्मक अध्ययन किया जाता है ।

ethnomedicine (एथ्नॉ 'मेडिसिन्) **नृजाति–औषध :** बहुत सारे परम्परागत समाजों के अन्तर्गत विभिन्न प्रकार की बीमारियों के इलाज के लिए जड़ी–बूटियाँ औषधियों के रूप में मौजूद होती हैं, जैसे– हर्बल औषधि, आयुर्वेदिक दवाएँ, तिब्बी औषधि इत्यादि । वे सब नृजाति–औषध के नाम से जानी जाती हैं । प्रत्येक परम्परागत समाज में आमलोगों के बीच विभिन्न बीमारियों से बचने के उपाय बताए जाते हैं । चीनी और तिब्बती समाज में नृजाति–औषध का खूब प्रचार रहा है ।

ethnomethodology (एथ्नॉ मेथ'डॉलजि) **नृजातीय पद्धतिशास्त्र :** यह लोक या जनसाधारण लोगों के अध्ययन की एक मानवशास्त्रीय पद्धति है । जनसाधारण लोग जो कुछ करते हैं और विशेषकर जो कुछ कहते हैं, उससे अर्थ निकाला जाता है । नृजातीय विधि का प्रमुख कार्य यह जानना है कि कोई व्यक्ति किस प्रकार सामाजिक अन्त:क्रियाओं के दौरान संकेतात्मक अभिव्यक्तियों को अर्थ प्रदान करते हैं । सामाजिक विज्ञानों में इस दृष्टिकोण का विकास कुछ वर्षों पहले ही हुआ है । इस दृष्टिकोण के प्रमुख प्रवर्त्तक हैरल्ड गारफिंकल (Harold Garfinkel) रहे हैं । उनकी पुस्तक **'Studies in Ethnomethodology'** (1967) से इस दृष्टिकोण का सूत्रपात हुआ । गारफिंकल के अनुसार, एँथनॉमेथडोलाजी का उद्देश्य जनसामान्य को अपने समाज के बारे में उसी रूप में सामान्य ज्ञान उपलब्ध कराना है जिस प्रकार वह स्वयं किसी भी वस्तु के बारे में सामान्य ज्ञान प्राप्त करता है ।

नृजातीय पद्धतिशास्त्र ने समाजशास्त्र की कई परम्परागत विचारधाराओं को चुनौती दी है । यह मुख्यरूप से मानवीय व्यवहार के उन पक्षों के अध्ययन करने पर बल देता है, जो व्यक्ति के जीवन में प्रतिदिन की दिनचर्या (Routine) व व्यावहारिक क्रियाओं से सम्बन्धित है । इस दृष्टिकोण के अन्तर्गत मुख्यरूप से तीन पहलुओं के अध्ययन पर बल दिया जाता है– (1) दिन-प्रतिदिन की सामान्य क्रियाएँ, (2) भाषा का सामाजिक पक्ष एवं (3) सामाजिक प्रतिमानों का वह पक्ष, जो व्यक्ति अपने व्यवहार में उपयोग करता है । इस अध्ययन-पद्धति के अन्तर्गत भाषा (Language) एवं बातचीत (Conversation) के माध्यम से सामाजिक आचरण का अध्ययन किया जाता है (देखें– E. Livingston, **Making Sense of Ethnomethodology**, 1987) ।

ethnos (एथ्नॉस्) **संजाति समूह :** राष्ट्रीयता तथा प्रजाति भावना से आबद्ध लोगों का समूह, वस्तुत: वैसे समूह के अन्तर्गत बहुत प्रकार के विभेदन पाये जाते हैं । वाह्य समूह के सदस्यों द्वारा अनजाने में इसे समजातीय समूह के रूप में स्वीकार कर लिया जाता है । भारतीय समाज इसका एक उदाहरण है । यहाँ विभिन्न नृजाति समूह के लोग रहते हैं और उन सभी को आमतौर पर विदेशियों द्वारा एक ही मान लिया जाता है ।

ethology (ई'थॉलजि) **जीव पारिस्थितिकी :** इस शब्द का प्रयोग दो अर्थों में किया जाता है– (1) यह एक ऐसा शास्त्र है, जो मानवीय संचारों का अध्ययन विभिन्न संकेतों एवं भावों के माध्यम से करता है । (2) जानवरों के व्यवहारों का उसके प्राकृतिक वातावरण में अध्ययन को भी जीव पारिस्थितिकी कहा जाता है (देखें– R. A. Hinde, **Ethology**, 1982; Joseph Lopreato, **Human nature and Biocultural Evolution**, 1984) ।

ethos ('ईथॉस) **लोक-चरित्र, लोक-स्वभाव :** किसी संस्कृति का वह गुणात्मक पहलू, जो उसे किसी दूसरी संस्कृति से अलग करता है । इस शब्द की रचना ए. एल. क्रोबर (Alfred L. Kroeber, 1876-1960) ने की है । ईथॉस संस्कृति की आत्मा का प्रतीक शब्द है । वह भावना, जो समाज-विशेष के विचारों, रीति-रिवाजों तथा क्रियाओं को अभिप्रेरित करती है, ईथॉस कहलाती है । इसके द्वारा संस्कृति के भावात्मक पक्ष का प्रतिनिधित्व होता है । लोक-चरित्र विशिष्ट जीवन-शैली की एक सम्पूर्णता है । इसके द्वारा एक समूह को दूसरे समूह से पृथक् पहचाना जाता है । ईथॉस का सम्बन्ध कार्य की विषय-वस्तु की अपेक्षा कार्य करने की पद्धति से होता है । हमारी क्रियाओं के संचालन में इसकी महती भूमिका होती है ।

etiology of crime (ईटि'ऑलजि ऑव् क्राइम्) **अपराध निदानशास्त्र :** केस अध्ययन अथवा निदानात्मक प्रणाली द्वारा अपराधी व्यवहार के कारणों का विश्लेषण, जो सामान्यत: अलग-अलग व्यक्तियों के अध्ययन पर आधारित होता है ।

eufunction (यू'फ़ॅन्क्शन्) **सुकार्य** : देखें– **Function** ।

eugenics (यू'जेन्इक्स्) **सुप्रजननशास्त्र, सुजननिकी :** वह विज्ञान जो मानवीय वंशानुक्रम के सिद्धान्तों पर आधारित है तथा जिसमें मानव-प्रजाति के सुधार पर बल दिया जाता है । सुप्रजननशास्त्र का मुख्य उद्देश्य मानव-प्रजाति में उन गुणों की वृद्धि करनी है, जो समाज के लिए वांछनीय और उपयोगी समझे जाते हैं । इस पद की रचना एफ. गाल्टन

(F. Galton, 1822-1911) ने मानवजाति में सुधार लाने के लिए की थी। इस शास्त्र के अन्तर्गत विभिन्न मानव नस्लों की विशेषताओं, अशुद्धियों, शारीरिक और मानसिक क्षमताओं आदि की सही जानकारी की जाती है तथा मेंडल (Gregor J. Mendel, 1822-1884) के नियम व अन्य कई नियमों की सहायता से वंशपरम्पराओं में सुधार लाने का प्रयास किया जाता है । यह विज्ञान विवाह के इच्छुक व्यक्तियों के लिए एक महत्त्वपूर्ण जानकारी प्रदान कर सकता है कि उन्हें किस प्रकार का जीवन-साथी चुनना चाहिए, जिससे कि उत्तम योग्यताओं या विशेषताओं वाली सन्तानें जन्म ले सकें। पिछड़ी हुई नस्लों व राष्ट्रों के उत्थान में इस शास्त्र का अत्यधिक महत्त्व हो सकता है ।

eugenic sterilization (यू'जेनिक स्टे'रिलाइ ज़ेशन्) **सुजनन बंध्यकरण** : जनसंख्या में गुणात्मक सुधार लाने के लिए ऐसी नीति का अनुसरण करना जिससे कि आने वाली पीढ़ियों में अवांछनीय गुणों का संक्रमण न होने पाये । समाज के कुछ वर्गों की जनसंख्या का चिकित्सीय आधार पर अनिवार्यत: बंध्यकरण कर दिया जाता है, ताकि उनके हानिकारक जीन अगली पीढ़ी के लोगों में संक्रमण न कर सकें । इस प्रकार के कार्यक्रम को सुजनन बन्ध्यकरण कहा जाता है ।

eugenism (यू'जेनिज़म्) **सुजननवाद** : विभिन्न प्रभावों का योग, जो किसी जाति, विशेषकर मानव प्रजाति के जन्मजात गुणों को सुधारने में सहायक होता है ।

euphoria (यू 'फॉरिआ) **सुखबोध (उल्लासोन्माद)** : इन्द्रिय-तुष्टि तथा कुशल-क्षेम की एक सामान्य भावना को सुखबोध या यूफॉरिआ कहा जाता है । किसी बड़े खेल में जीत हासिल होने पर खिलाड़ियों के बीच उल्लासोन्माद की स्थिति दिखाई पड़ती है ।

euphoria, social (यू'फ़ॉरिआ, 'सोशल्) **सामाजिक सुखाभास** : इस शब्द का सर्वप्रथम प्रयोग रेडक्लिफ-ब्राउन (A. R. Radcliffe-Brown, 1881-1955) ने आदिम विधि (**Primitive Law**) पर विचार-विमर्श के सन्दर्भ में सामाजिक कल्याण की भावना को इंगित करने के लिए किया था । ठीक इसके विपरीत एक दूसरी अवस्था सामाजिक दुखाभास (**Social dysphoria**) की होती है । यह स्थिति तब उत्पन्न होती है, जब कोई व्यक्ति समाज के प्रचलित नियम-कानूनों या नैतिक मूल्यों का उल्लंघन कर सामाजिक अव्यवस्था पैदा करता है । ऐसी स्थिति में समाज वैसे व्यक्ति को दण्डित करने का प्रयास करता है, ताकि वैसी घटना की पुनरावृत्ति भविष्य में न हो ।

euthanasia (यूथ'नेज़िआ) **सुखमृत्यु** : रोगी के जीवन को अनावश्यक पीड़ा से बचाने के लिए उसके जीवन को समाप्त कर देना सुखमृत्यु कहा जाता है ।

euthenics (यूथ'निक्स्) **सुजीवन-विज्ञान, सुजीवनिकी** : वह विज्ञान, जो मनुष्य के जीवन की परिस्थितियों में सुधार लाकर उसे अधिकाधिक कुशल और सुयोग्य बनाता है।

evaluation (इ वैल्यु'एशन्) **मूल्यांकन** : इसका सम्बन्ध तुलनात्मक मूल्य-निर्णय से है । किसी वस्तु का मूल्य या किसी व्यक्ति की योग्यता के निर्धारण का कार्य मूल्यांकन कहा जायेगा ।

evaluation research (इ वैल्यु'एशन् रि'सर्च्) **मूल्यांकनात्मक शोध** : देखें- **Research, evaluative** ।

evaluative theory (इ वैल्यु'एटिव् 'थिअरि) **मूल्यांकनपरक सिद्धान्त** : देखें- **Normative theory** ।

event-history analysis (इ'वेन्ट् 'हिस्टॅरि अ'नैलसिस्) **घटना इतिहास विश्लेषण** : यह एक प्रकार का अनुलम्ब अध्ययन (**Longitudinal study**) है । इसके अन्तर्गत अध्ययन का विषय कोई व्यक्ति या व्यक्तियों का समूह न होकर सामाजिक रूप से महत्त्वपूर्ण घटनाओं का सिलसिला होता है, जैसे- हिन्दू समाज में विधवा विवाह एवं दहेज की समस्याओं का ऐतिहासिक अध्ययन या फिर दलितों के जीवन में पेशागत परिवर्तन आदि (देखें- Hans Peter Blossfeld, **Event History Analysis**, 1989 and **Techniques of Event History Modelling**, 1995) ।

everyday life, sociology of ('एव्रि डे लाइफ़्, सोसि'ऑलजि ऑव्) **रोज़मर्रे के जीवन का समाजशास्त्र** : देखें- **Sociology of everyday life** ।

evolution, social (ईव्'लूशन्, 'सोशल्) **सामाजिक उद्विकास :** (उद्विकास या उदविकास अशुद्ध है । मात्र 'उद्विकास' ही शुद्ध है ।) : देखें– **Social evolution** ।

evolutionary change (ईव़ 'लूशनरि चेन्ज्) **उद्विकासीय परिवर्तन :** किसी निश्चित दिशा में निरन्तर एवं क्रमिक बदलाव उद्विकासीय परिवर्तन का द्योतक है । किसी विशिष्ट पर्यावरण, जो स्वयं परिवर्तनशील है, के अनुरूप अनुकूलन अथवा समायोजन की प्रक्रिया, निरन्तर बढ़ता हुआ वैभिन्नीकरण, विभिन्न कार्यों के अनुरूप बनती हुई जटिल संरचना उद्विकासीय परिवर्तन की प्रमुख विशेषताएँ हैं ।

evolutionary Marxian theory (ईव़'लूशनरि मा:क्सिअन् 'थिअरि) **मार्क्सवादी उद्विकासीय सिद्धान्त :** कार्ल मार्क्स ने अपनी पुस्तक **German Ideology** (Marx and Engles, 1960) में स्वामित्व (Ownership) के विकास के सम्बन्ध में चार सोपानों की चर्चा की है– जनजातीय (**Tribal**), पुरातन (**Ancient**), सामन्ती (**Feudal**) एवं पूँजीवादी (**Capitalist**)। आगे चलकर उन्होंने अपनी पुस्तक **Critique of Political Economy** एवं **Pre-Capitalist Economic Formation** में उत्पादन के तरीकों (**Modes of production**) के चार स्तरों की चर्चा की, वे इस प्रकार हैं– एशियाई (**Asiatic**), पुरातन (**Ancient**), सामन्ती (**Feudal**) एवं पूँजीवादी (**Capitalist**) । इन दो प्रकार के चरणों में फर्क कोई विशेष नहीं है, सिवा इसके कि प्रारम्भिक 'जनजातीय' (**Tribal**) स्तर को बाद में उन्होंने ऐशिऐटिक कहना ज्यादा उचित समझा। मार्क्सवादी और गैर-मार्क्सवादी, दोनों प्रकार के विद्वानों ने कार्ल मार्क्स के इस विकासवादी विचार का खण्डन किया है : देखें– **Marxism** ।

evolutionary socialism (gradualism) (ईव़'लूशनरि'सोश लिज़म् (ग्रेड्यूअ'लिज़म्) **उद्विकासात्मक समाजवाद** (उत्तरोत्तरवाद) : वह सिद्धान्त जो धीरे-धीरे या क्रमिक विकास के तरीक़े से समाजवाद की स्थापना का समर्थन करता है । इसकी मूल मान्यता यह है कि समाजवाद की स्थापना के लिए सारी व्यवस्था को एक ही बार में पलट देना ज़रूरी नहीं, बल्कि समाजवाद पर धीरे-धीरे अमल करना अधिक उपयुक्त होगा। उद्विकासात्मक समाजवाद मुख्यत: लोकतन्त्रीय तरीके से समाजवाद की स्थापना की आशा करता है, अत: यह लोकतन्त्रीय समाजवाद के साथ निकट से जुड़ा हुआ है ।

evolutionary theories of religion (ईव़'लूशनरि 'थिअरिज ऑव् रि'लिजन्) **धर्म का उद्विकासीय सिद्धान्त :** धर्म की उत्पत्ति के सम्बन्ध में प्राय: सभी सिद्धान्तों का स्वरूप उद्विकासीय है । धर्म का उद्विकासीय सिद्धान्त यही कहता है कि धर्म का विकास धीरे-धीरे कई चरणों में हुआ है । एमिल डर्कहाइम (Émile Durkheim, 1858-1917, इस नाम का शुद्ध उच्चारण मात्र एमिल डर्कहाइम ही है) का कहना है कि जब समाज अपने विकास के प्रारम्भिक चरण में था, तो उस समय धर्म का स्वरूप काफी सरल था और जैसे-जैसे सरल समाज जटिल होता गया, धर्म में भी पेचीदगियाँ आती गईं । मानवशास्त्री ई. बी. टॉइलर (Edward B. Tylor, 1832-1917) एवं जेम्स फ्रेजर (James Frazer, 1854-1941) का धर्म सम्बन्धी विचार भी उद्विकासीय सिद्धान्त ही है । टॉइलर ने बताया है कि धर्म की उत्पत्ति पूर्वज-पूजा से हुई और वह धीरे-धीरे बहुदेववाद (**Polytheism**) की ओर बढ़ी है । फ्रेजर ने अपने उद्विकासीय सिद्धान्त के अन्तर्गत यह कहा है कि मानव का बौद्धिक विकास तीन चरणों में हुआ है– जादू (**Magic**), धर्म (**Religion**) एवं विज्ञान (**Science**) । आधुनिक समाजशास्त्री रॉबर्ट बेला (Robert Bellah) ने अपनी पुस्तक **Beyond Belief** (1970) में धर्म सम्बन्धी विषय को उद्विकासीय सिद्धान्त से जोड़ा है । बेला के अनुसार धर्म का विकास पाँच स्तरों में हुआ है, जो इस तरह है– (1) आदिम (Primitive), (2) पुरातन (Archaic), (3) ऐतिहासिक (Historic प्राचीन के सन्दर्भ में), (4) प्रारम्भिक आधुनिक (Early modern) एवं (5) आधुनिक (Modern) ।

evolutionary universals (ईव़'लूशनरि यूनि'व़र्सल्स) **उद्विकासीय सार्वभौमिक तत्त्व :** टैलकॉट पार्सन्स (Talcott Parsons, 1902-1979) ने अपने उद्विकासीय सिद्धान्त के सम्बन्ध में उद्विकासीय सार्वभौमिक तत्त्वों की चर्चा की है ।

उन्होंने कहा है कि सामाजिक एवं जैविक उद्विकास में काफी समानता है, जैसे– उद्विकास के क्रम में विभिन्न प्राणियों में दृष्टि (Vision) का विकास हुआ, जो कि एक प्रकार का उद्विकासीय सार्वभौमिक तत्त्व है, उसी प्रकार मानवसमाज में उद्विकास के साथ सार्वभौमिक तत्त्वों का विकास हुआ, जैसे– भाषा, नातेदारी, धर्म इत्यादि । पूर्ववर्ती उद्विकासवादी सामाजिक चिन्तकों की तरह पार्सन्स ने यह विचार व्यक्त किया है कि समाज उद्विकास के चलते निम्न विभेदीकरण (Low level of differentiation) से उच्च विभेदीकरण (High level of differentiation) के स्तर की ओर बढ़ता है (देखें– Talcott Parsons, **Societies**, 1966 and **The System of Modern Societies**, 1971) ।

evolutionism (ईव़'लूशनिज़म्) **उद्विकासवाद** : एक ऐसा सिद्धान्त, जो इस विचार पर आधारित है कि प्रत्येक समाज निश्चित चरणों से गुजरता हुआ जटिलता की ओर बढ़ता है : देखें– **Evolution, social** ।

exchange (इक्स्'चेन्ज्) **विनिमय** : देखें– **Exchange Theory; Gift relationship** ।

exchange, economic (इक्स्'चेन्ज्, ईक'नॉमिक्) **आर्थिक विनिमय** : आर्थिक विनिमय समाजशास्त्रीय दृष्टि से भी एक महत्त्वपूर्ण अवधारणा है; क्योंकि इसका सामाजिक जीवन पर भी गहरा प्रभाव पड़ता है । यह विभिन्न समाजों में विभिन्न रूपों में पाया जाता रहा है । वस्तु के बदले दूसरी वस्तु का देना एक सरलतम प्रकार का विनिमय है । मुद्रा के प्रचलन ने वस्तुओं के विनिमय में भारी कमी कर दी ।

exchange theory (इक्स्'चेन्ज्'थ़िअरि) **विनिमय-सिद्धान्त** : दूसरों को लाभ देकर उसके बदले में स्वयं लाभान्वित होने की आशा, विनिमय-सिद्धान्त का केन्द्रीय विचार है । समाजशास्त्र के क्षेत्र में विनियम पर दो स्तरों पर विचार किया गया है– प्रथम स्तर मूलरूप से अमरीकी समाजशास्त्रियों का है, जिसके अन्तर्गत दो व्यक्तियों के बीच होने वाली अन्त:क्रिया की बात की गयी है, जैसे– पति-पत्नी एक-दूसरे को या दो दोस्त अपने बीच प्रेम या आदर का भाव प्रकट इस आशा से करते हैं कि दूसरे भी उनके साथ वैसा ही आचरण करेंगे । ठीक उसी प्रकार नौकरशाही के अन्तर्गत भी आला अधिकारी को खुश करने के लिए छोटे अधिकारी उनके आदेशों का पालन करते हैं और शायद ऐसा यह सोचकर करते हैं कि कभी कोई ज़रूरत पड़ी, तो बड़े अधिकारी उनकी मदद करेंगे । लेकिन, इस विचारधारा की यह कहकर आलोचना की गई है कि दो व्यक्तियों के बीच के अलावा भी अन्त:क्रिया की स्थिति पाई जाती है, जैसे– सामाजिक अन्त:क्रिया दो या दो से अधिक समूहों के बीच भी होती है । इस सिद्धान्त की आलोचना इस बात के लिए भी हुई है कि अन्त:क्रिया हमेशा एक बाज़ार जैसी स्थिति में नहीं होती । सभी व्यक्ति हमेशा कुछ लाभ देखकर ही कोई काम करते हैं, ऐसी बात नहीं है ।

सामाजिक विनिमय-सिद्धान्त का एक दूसरा स्तर सामूहिक है । विशेषकर यूरोप के समाजशास्त्रियों ने वैयक्तिक विनिमय की बात पर जोर न देकर सामूहिक विनिमय की बात की है । दो व्यक्तियों की जगह सामाजिक अन्त:क्रिया व्यक्तियों के समूह के बीच भी संभव होती है । जैसे– ईद-मिलन और होली-मिलन के अवसर पर पायी जाने वाली सामाजिक अन्त:क्रियाएँ यूरोपीय विनिमय-सिद्धान्त की परिधि में आते हैं । यूरोपीय सामाजिक विनिमय-सिद्धान्त के मूल में सामाजिक मूल्य है, जो अमरीकी विनिमय-सिद्धान्त के अन्तर्गत पाये जाने वाले मूल्यों से थोड़े भिन्न हैं (देखें– Peter M. Blau (ed.), **Exchange and Power in Social Life,** 1986; K. S. Cook (ed.), **Social Exchange Theory,** 1987; J. S. Coleman, **Foundation of Social Theory,** 1990) ।

exemplary prophet (इग्'ज़ेमप्लॅरि'प्रॉफ़िट्) **आदर्श पैग़म्बर** : ऐसा पैग़म्बर जो मुख्यत: स्वयं आदर्श जीवन जीकर अपने अनुयायियों को भी जीने का सही ढंग सिखाता है । इस दृष्टि से यह उपदेशक पैग़म्बर **(Ethical prophet)** से भिन्न होता है : देखें– **Ethical prophet** ।

existential analysis (इग्ज़ि'स्टेन्शल अ'नैलसिस्) **अस्तित्वपरक विश्लेषण** : स्विस मनोचिकित्सक लुडविग बिन्स्वैन्गार (Ludwig Binswanger) का सम्प्रदाय, जो हुसर्ल (E. Husserl, 1859-1938) के दृश्यघटना-विज्ञान

(Phenomenology) हाइडेगर (M. Heidegger, 1889-1975) के अस्तित्ववाद और सिगमण्ड फ्रॉयड (S. Freud, 1856-1939) के मनोविश्लेषण का मिश्रित रूप है। यह परिप्रेक्ष्य व्यक्तियों का उसके नैसर्गिक वातावरण में विश्लेषण करने का दावा करता है।

existential generalization (rule) (इग्ज़ि'स्टेन्शल जेन्रलाइ'ज़ेशन् (रूल) **अस्तित्वपरक सामान्यीकरण** (नियम) **:** अनुमान का एक नियम, जिसके अनुसार गुणधर्म 'अ' एक वस्तु 'ब' में पाया जाता है। इस प्रकार के एक कथन से कम-से-कम एक ऐसी वस्तु अस्तित्व रखती है, जिसमें गुणधर्म 'अ' पाया जाता है। इस तरह के एक कथन का अनुमान किया जा सकता है।

existential sociology (इग्ज़ि'स्टेन्शल सोसि'ऑलजि) **अस्तित्ववादी समाजशास्त्र :** यह प्रमुखत: अमरीकी समाजशास्त्र की एक शाखा है, जिसका उद्‌भव समाजशास्त्र के सर्वाधिक रूढ़िवादी वैज्ञानिक स्वरूप की प्रतिक्रिया के फलस्वरूप हुआ। इस सिद्धान्त के कुछ प्रणेताओं के अनुसार विश्व अर्थहीन है और समाजशास्त्रियों का दायित्व है कि वे उन प्रक्रियाओं का अध्ययन करें, जिनके द्वारा व्यक्ति अपने जीवन और परिवेश को अर्थ प्रदान करते हैं। अस्तित्ववादी समाजशास्त्र मानवीय अस्तित्व की प्रकृति की व्यवस्थित खोज पर बल देता है। इसमें अकेलापन, दीर्घकालीन दर्द, मृत्यु और नैतिक दायित्व जैसे तात्कालिक अनुभवों के अध्ययन को प्राथमिकता दी जाती है (देखें– E. Tiryavian, **Sociologism and Existentialism**, 1962; Jack Douglas and J. Johnson, **Existential Sociology**, 1977; J. Kortaba and A. Fontana, **The Existential Self in Society**, 1984)।

existentialism (इग्ज़ि'स्टेन्श लिज़म्) **अस्तित्ववाद :** अस्तित्ववाद एक दार्शनिक प्रवृत्ति और दृष्टिकोण है, न कि निश्चित सिद्धान्त प्रणाली है। किअकगॉर्ड (Soren Kierkegaard, 1813-1855), हाइडेगर (M. Heidegger, 1889-1975), सार्त्र (Jean Paul Sartre, 1905-1980) आदि कुछ समकालीन दार्शनिकों के नाम के साथ जुड़े हुए एक दार्शनिक मत का नाम, जिसका उद्देश्य चिन्तन को विचारों और वस्तुओं से हटाकर मानवीय अस्तित्व पर केन्द्रित करना है। द्वितीय विश्वयुद्ध के बाद विवेक, व्यवस्था और उन्नति की धारणाओं के प्रति अविश्वास की जो लहर उठी, उसके फलस्वरूप अस्तित्ववाद की ओर तेजी से विचारकों का ध्यान आकृष्ट हुआ। यह दृष्टिकोण इसलिए भी प्रभावशाली सिद्ध हुआ कि इसने दर्शन के साथ-साथ साहित्य, कला, धर्म और मनोविज्ञान की मान्यताओं का भी पुन: मूल्यांकन अनिवार्य कर दिया। अस्तित्ववाद समसामयिक होते हुए भी पूर्णतया नवीन प्रवृत्ति नहीं है। उन्नीसवीं शताब्दी के कुछ विचारकों, मुख्यत: दोस्तोयेव्स्की (F. M. Dostoyevsky, 1821-1881) और फ्रिडरिक्स नीचअ (Friedrich Wilhelm Nietzsche, 1844-1900– हिन्दी में इस जर्मन नाम का शुद्ध उच्चारण फ्रिडरिक्स नीचअ ही है)। ने कुछ ऐसी समस्याओं को उठाया था, जिन्हें आज के अस्तित्ववादी दर्शन में महत्त्वपूर्ण स्थान प्राप्त हैं : देखें– **Existential sociology**।

exodus ('एक्सडस्) **महानिष्क्रमण :** प्रारम्भ में इस शब्द का प्रयोग धार्मिक अत्याचारों की वजह से यहूदी धर्मावलम्वियों द्वारा पश्चिम एशिया से बाहर भाग जाने की प्रक्रिया के लिए हुआ। अब इस शब्द का प्रयोग किसी बड़े राष्ट्रीय या अन्तर्राष्ट्रीय प्रवास की प्रक्रिया के लिए भी किया जाता है।

ex officio (एक्सॅ'फ़िशिओ) **पदेन :** वह स्थिति जिसमें कोई व्यक्ति किसी विशेष पद पर नियमित रूप से आसीन होने के कारण किसी अन्य पद का अधिकारी भी हो जाता है। उदाहरणस्वरूप भारत के उपराष्ट्रपति राज्यसभा के पदेन सभापति होते हैं।

exogamy (एक्'सॉगमि) **बहिर्विवाह प्रथा :** अपने कुल या समूह से बाहर विवाह करने की प्रथा। विवाह की ऐसी पद्धति, जिसके अनुसार व्यक्ति हमेशा अपने गोत्र, कुल, समूह या गाँव से बाहर ही विवाह कर सकता है।

exogamy, *gotra* (एक्'सॉगमि, गोत्र) **गोत्र बहिर्विवाह :** एक गोत्र के लोग अपने को एक ही पूर्वज की सन्तान मानते

हैं, अत: अपने को भाई-बहन समझते हैं और आपस में विवाह नहीं करते। गोत्र वास्तव में परम्परागत वंश के समान है। इसलिए विवाह प्राय: गोत्र के बाहर किये जाते हैं। क्षत्रिय तथा वैश्य के गोत्र उनके पुरोहितों के अनुसार होते हैं। वे लोग अपने पुरोहितों के गोत्र के बाहर विवाह-सम्बन्ध स्थापित करते हैं। बोधायन ने गोत्रों की संख्या करोड़ों मानी है, किन्तु उन सबके नाम आज नहीं मिलते। बोधायन ने लिखा है कि सगोत्र कन्या से विवाह करने पर 'चांद्रायण' नामक व्रत करके प्रायश्चित करना चाहिए तथा उस कन्या के साथ माता या बहन का व्यवहार करना चाहिए।

exogamy, village (एक्'सॉगमि, 'विलेज्) **ग्राम बहिर्विवाह :** देखें– **Village exogamy** ।

exogenic criminal (एक्'स्जेनिक 'क्रिमिनल्) **परिस्थितिजन्य अपराधी :** ऐसा अपराधी जिसकी अपराधिता का सम्बन्ध जन्म से अर्थात् वंशानुगत न होकर परिस्थितियों से हो।

exogenous change (एक्'सॉजिनस चेन्ज्) **बहिर्जात परिवर्तन :** ऐसा परिवर्तन जो समाज के बाह्य स्रोतों से संभव होता हो। अत: यह अन्तर्जात परिवर्तन (**Endogenous change**) का विपरीत रूप प्रस्तुत करता है, जैसे– पश्चिमीकरण की प्रक्रिया से भारतीय समाज में होने वाला परिवर्तन : देखें– **Endogenous change**।

exogenous movements (एक्'सॉजिनस 'मूवमन्ट्स्) **बहिर्जात आन्दोलन :** ऐसा मसीही आन्दोलन, जिसके अन्तर्गत अत्याचार या दमन का स्रोत समाज के बाहर से होता है।

exogenous variable (एक्'सॉजिनस 'वेरिअब्ल्) **बहिर्जात चर :** किसी अर्थव्यवस्था या प्रणाली में गैर-आर्थिक कारणों से प्रेरित उन चरों को बहिर्जात चर कहा जाता है, जो अर्थव्यवस्था को बदलने में सहायक होते हैं, पर उससे प्रभावित नहीं होते, जैसे– अकाल अथवा वर्षा न होने अथवा राजनीतिक उपद्रवों अथवा ऐतिहासिक कारणों से होने वाले परिवर्तन आदि इस प्रकार के चर माने जाते हैं। सांख्यिकी में इसका अभिप्राय ऐसे चरों से है जो किसी घटना या प्रक्रिया को बाहर से प्रभावित करते हैं।

exoteric (एक्सो'टेरिक) **बहिरंग, लोकप्रचलित :** जो सामान्य जन हैं, जो दीक्षित अथवा विशेषज्ञ नहीं हैं, उनसे सम्बन्धित तथा उनके लिए उपयोगी समझी जानेवाली बातें।

expansionism (इक्'सपैन्शॅनिज़्म्) **विस्तारवाद, प्रसारवाद :** अन्तर्राष्ट्रीय राजनीति में किसी राष्ट्र की ऐसी नीति और प्रवृत्ति, जिसके अन्तर्गत वह सैनिक या कूटनीतिक तरीकों का इस्तेमाल करके अपनी सीमाओं का विस्तार करता चला जाता है, ताकि वह दूसरों पर अपनी शासन-प्रणाली स्थापित कर सके।

expatriate (एक्स्'पैट्रिअट) **निर्वासित, प्रवासी :** इस अवधारणा का प्रयोग एक से अधिक अर्थों में होता है– (1) देश की परम्परा अथवा कानून द्वारा किसी व्यक्ति को देश से निर्वासित कर देना या बलपूर्वक निकाल देना। (2) व्यक्ति का अपने देश की नागरिकता के अधिकार व दायित्व का परित्याग कर दूसरे देश की नागरिकता को अंगीकार करना।

expectation of life (एक्स्पेक्'टेशन् ऑव् लाइफ़्) **जीवन की प्रत्याशा :** यह जीवन-सारणी में दिया गया ऐसा अनुमानित वर्ष है, जो यह बताता है कि कोई नवजात शिशु औसतन कितने वर्ष तक जीवित रहेगा। यह चालू आयु विशिष्ट मृत्यु-दर (Current age specific mortality rate) पर आधारित सम्भावित आकलन है। इसे जीवन-सारणी व जनांकिकी मॉडलों में e^0_0 द्वारा दिखाया जाता है : देखें– **Life table** ।

experientialism (इक् स्पेअरि'एन्शॅ'लिज़्म्) **अनुभववाद :** वह अनुभूति (ऐन्द्रिक अनुभव से भिन्न) जो नैतिक, धार्मिक, कलात्मक एवं आध्यात्मिक संवेदनाओं से सम्बन्धित होती है। सामान्य अनुभव बाह्य ज्ञानेन्द्रियों द्वारा प्राप्त ज्ञान के लिए ही किया जाता है, किन्तु अनुभूतियों से सम्बन्धित होता है। केवल अर्थक्रियावादी दार्शनिक, जैसे– विलियम जेम्स (William James, 1842-1910) ने अपने अनुभववाद में अनुभव के भीतर बाह्य अनुभव एवं आन्तरिक अनुभूतियों दोनों को लिया है। इसी कारण इसके अनुभववाद को उत्कृष्ट अनुभववाद (**Radical empiricism**) के नाम से जाना जाता है।

experiment (इक्'स्पेरिमन्ट्) **प्रयोग :** प्रमाण की विधि जिसमें सामान्यत: एक समूह को यथावत रखकर दूसरे में कोई परिवर्तन करनेवाला कारक डाला जाता है और फिर दोनों समूहों की तुलना की जाती है । यदि उनमें विभेद आये, तब यह विभेद उस कारक का परिणाम होता है । जब इस विधि से खोजकर्ता स्वयं प्रयोगशाला में दो समूहों का निर्माण करता है, तो इसे प्रत्यक्ष प्रयोग माना जाता है । लेकिन, जब प्रयोगशाला न हो तो समाज में घटित तथ्यों को इस भाँति खोज के लिए व्यवस्थित किया जाता हो कि मानो वहाँ प्रयोगशाला मौजूद है । यह भाव वैचारिक स्तर पर बना रहता है । इस प्रकार के अध्ययनों को अप्रत्यक्ष प्रयोग (Indirect experiment) कहा जा सकता है (देखें– Royce A. Singleton, Bruce C. Straits and Margaret M. Straits (ed.), **Approaches to Social Research**, 1993) ।

experiment or **experimental method** (इक्'स्पेरिमन्ट् ऑर् इक्'स्पेरिमन्टल् मे'थॅड) **प्रयोग** या **प्रयोगात्मक विधि :** विभिन्न विज्ञानों के द्वारा अपनायी जाने वाली अनुसन्धान प्रणाली, जिसमें परिस्थितियों को पूरी तरह नियन्त्रण में रखकर वैज्ञानिक किसी प्राक्कल्पना की सच्चाई की जाँच करता है । प्रयोग एक वैज्ञानिक शोध है, जिसमें चरों **(Variables)** के बीच कारण–प्रभाव सम्बन्धों को ज्ञात करने का प्रयास किया जाता है । प्रायोगिक शोध–अभिकल्प में अध्ययन किए जाने वाले चरों के सम्बन्धों पर अधिकाधिक नियन्त्रण लगाने पर बल दिया जाता है । इस विधि में शोधकर्ता एक अथवा अधिक स्वतन्त्र चरों को परिचालित तथा नियन्त्रित कर आश्रित चरों में उत्पन्न हुए परिवर्तन को ज्ञात करता है ।

experimental design (इक्'स्पेरिमन्टल् डि'ज़ाइन्) **प्रायोगिक रूपरेखा :** चिकित्साशास्त्र और मनोविज्ञान आदि विषयों में अनुसन्धान करने की एक विधि, जिसमें नियन्त्रित प्रायोगिक कारक में स्थिर कारक के साथ तुलना के उद्देश्य से विशिष्ट उपाय किये जाते हैं ।

experimental error (इक्'स्पेरिमन्टल्'एरर्) **प्रायोगिक त्रुटि :** वे त्रुटियाँ जो कि प्रयोगशाला में प्रयोग होने वाले यन्त्रों में दोष, प्रतिक्रिया काल में परिवर्तन, प्रतिचयन में दोष तथा अस्थिर चरों, जिन्हें प्रयोगकाल में भलीभाँति नियन्त्रित नहीं किया जा सकता है, के कारण होती हैं ।

experimental group (इक्'स्पेरिमन्टल् ग्रूप्) **प्रायोगिक समूह :** देखें– **Experiment** ।

experimenter effect (इक्'स्पेरिमेन्टर् इ'फ़ेक्ट्) **प्रयोगकर्ता का प्रभाव :** कभी–कभी कुछ प्रयोगों के ऊपर प्रयोगकर्ता के व्यवहारों का अनजाने में प्रयोग के फल पर प्रभाव होता है, जो वैज्ञानिक दृष्टि से प्रयोग के लिए अच्छा नहीं माना जाता है ।

expiation (एक्सपि'एशन्) **प्रायश्चित, पापशोधन :** दोषमुक्त होने के लिए अपनी इच्छा से ऐसा दु:ख भोगना, जो उस दोष के दण्डस्वरूप भोगना चाहिए था ।

explanandum and explanans (explicandum and explicans) ('एक्सप्लन्नडम् एन्ड् 'एक्सप्लान्नस) **व्याख्येय एवं व्याख्यापक :** व्याख्येय वह है जिसकी व्याख्या होनी बाकी है, जबकि व्याख्यापक वह है जो किसी घटना के कारणों, शर्तों या स्थितियों की व्याख्या करता है ।

explanation (एक्सप्ल'नेशन्) **व्याख्या :** देखें– **Causal explanation; Causal modelling** ।

explicit culture (इक्'सप्लिसिट्'कल्चर्) **प्रकट संस्कृति, सुव्यक्त संस्कृति :** संस्कृति के वे पक्ष जिनसे समाज के सभी सदस्य पूर्ण रूप से अवगत होते हैं तथा जो प्रत्यक्ष रूप में देखे जा सकते हैं । सुव्यक्त संस्कृति में उचित तथा अनुचित, व्यवहार के विशिष्ट संरूप, प्रौद्योगिकी तथा संस्कृति के समस्त दूसरे सुपरिचित मानक सम्मिलित होते हैं । इसको प्रकट संस्कृति भी कहा जाता है ।

exploitation (एक्स्प्लॉइ'टेशन्) **शोषण :** शोषण सामाजिक विषमता का कारण और परिणाम दोनों ही है । प्रत्येक समाज में शोषण अपने विभिन्न रूपों में मौजूद रहा है । शोषण का स्वरूप धार्मिक, आर्थिक, सामाजिक, वैयक्तिक या सामूहिक कुछ भी हो सकता है । सामान्यत: प्रभावी व्यक्ति या समूह अपने से कमजोर लोगों का ही शोषण करता है ।

exponential growth (एक्स्पो'नेन्श्ल् ग्रोथ्) **चरघातांकी वृद्धि** : जनसंख्या की वृद्धि गणितीय चरघातांकी वृद्धि नियम के अनुसार होती है। इस संकल्पना में यह माना जाता है कि आबादी निरन्तर एक परिकल्पित प्रतिशत के अनुसार बढ़ती है तथा वृद्धि की यह दर किसी एक अवधि या जनसंख्या-चक्र में स्थिर रहती है। इस फलन के अनुसार जनसंख्या की वृद्धि के जो अनुमान लगाये जाते हैं, उन्हें चरघातांकी वृद्धि की संज्ञा दी जाती है। इस चरघातांकी फलन को एक चक्र के रूप में भी दिखाया जा सकता है।

ex post facto (एक्स 'पोस्ट फ़ैक्टो) **कार्योत्तर** : वह स्थिति जिसमें अभीष्ट कार्य कर लेने के बाद उसकी वैधता का आधार स्थापित किया जाता है। दफ्तरों में किसी कार्य के सम्पन्न करने या करा लेने के बाद उच्चाधिकारी से अनुमोदन करा लिया जाता है, ताकि भविष्य में उसे कोई अवैध करार न कर सके।

expressive crowd (इक्'स्प्रेसिव़् क्राउड्) **अभिव्यंजित भीड़** : ऐसी भीड़ जिसका ध्यान अपने-आप ज्यादा केन्द्रित हो। भीड़ के सदस्य बिना किसी निश्चित उद्देश्य के अपने भाव को व्यक्त करते रहते हैं, जैसा कि किसी खेल के मैदान में दर्शकों या धार्मिक सम्प्रदाय की भीड़ में देखने को मिलता है। यह एक ऐसा भाव है, जो व्यक्ति समूह के परिवेश में ही व्यक्त करता है।

expressive interaction (इक्'स्प्रेसिव़् इन्टर्'ऐक्शन्) **भावबोधक अन्तःक्रिया** : ऐसी अन्तःक्रिया, जिसे करने में ही सुख मिलता है, अतः उसका अन्य कोई उद्देश्य नहीं होता। मिल-जुलकर मनोरंजन करने की अधिकांश क्रियाएँ इसी कोटि में आती हैं।

expressive leadership (इक्'स्प्रेसिव़् 'लीडर्शिप्) **भावबोधक नेतृत्व** : नेतृत्व का वह पक्ष, जो समूह के स्नेह और सामंजस्य में सहायक होता है। इस प्रकार का गुण सामान्यतः धार्मिक नेताओं के बीच देखने को मिलता है।

expressive meaning (इक्'स्प्रेसिव़् 'मीनिङ्) **भावबोधक अर्थ** : किसी पद या वाक्य का वह अर्थ, जो किसी वस्तुस्थिति को नहीं बताता, बल्कि वक्ता के मन की अवस्था या उसके भाव या संवेग को व्यक्त करता है।

expressive orientation (इक्'स्प्रेसिव़् ऑरिएन्'टेशन्) **भावबोधक अभिविन्यास** : इस शब्द का प्रयोग लघु समूह अध्ययन के सन्दर्भ में रॉबर्ट एफ. बेल्स (Robert F. Bales) ने ऐसी अन्तःक्रिया की विशेषताओं को स्पष्ट करने के लिए किया है, जिसे किसी समूह के लोग, किसी वस्तु या व्यक्ति के सन्दर्भ में पसन्दगी एवं नापसन्दगी व्यक्त करने के लिए संवेगात्मक रूप से करते हैं।

expressive relationship (इक्'स्प्रेसिव़् रि'लेशन्शिप्) **सौहार्द्रपूर्ण सम्बन्ध** : ऐसे सम्बन्ध जिनके होने मात्र से सन्तोष मिलता है। इनके साथ स्वार्थ नहीं जुड़ा होता है।

expressive role and task role (इक्'स्प्रेसिव़् रोल् ऐन्ड् टास्क रोल्) **भावबोधक भूमिका एवं नियमत-कार्य भूमिका** : इस अवधारणा के मुख्य प्रवर्त्तक रॉबर्ट एफ. बेल्स (Robert F. Bales) माने जाते हैं। उन्होंने समूह-प्रक्रियाओं के सन्दर्भ में बताया है कि प्रत्येक सामाजिक समूह में मुख्यरूप से दो प्रकार की अन्तःक्रियाएँ होती हैं। प्रथम, प्रत्येक सामाजिक समूह में कुछ लोग ऐसे होते हैं, जो यह देखने का प्रयास करते हैं कि समूह के सदस्यों के बीच किसी भी प्रकार के तनाव की स्थिति कैसे कम हो। वे यही कोशिश करते हैं कि विभिन्न सदस्यों के बीच आपसी तालमेल, सहयोग एवं भाईचारा बना रहे। सबको हँसी-खुशी रखने का प्रयास किया जाता है। इसे ही भावबोधक भूमिका की संज्ञा दी गयी है। दूसरी तरफ, कुछ वैसे लोग भी होते हैं, जो अपने समाज के सदस्य को किसी उद्देश्य की प्राप्ति के लिए अक्सर प्रेरित करते रहते हैं। उनकी इस भूमिका को नियमत-कार्य भूमिका की संज्ञा दी गई है। शिक्षक अपने विद्यार्थी के साथ आमतौर पर नियमत-कार्य भूमिका में होते हैं। इसे नैमित्तिक भूमिका (**Instrumental role**) की भी

संज्ञा दी जाती है (देखें– Robert F. Bales, **Interaction Process Analysis: A Method for the Study of Small Groups**, 1950)।

expressive ties and instrumental ties (इक्'स्प्रेसिव़ टाइज़ ऐन्ड् इन्स्ट्र'मेन्ट्ल् टाइज़) **भावबोधक एवं नैमित्तिक सम्बन्ध :** सामाजिक सम्बन्ध के विभिन्न स्वरूपों को स्पष्ट करने के लिए इन दो अवधारणाओं का प्रयोग किया गया है। एक सम्बन्ध तो वह है, जो सामाजिक उत्तरदायित्त्व को ध्यान में रखकर विश्लेषित किया जाता है। जैसे– अपने सम्बन्धियों, दोस्तों या जाति-बिरादरी के लोगों को मदद करने की चेष्टा भावबोधक सम्बन्ध का परिणाम है। यह एक प्रकार की नैसर्गिक जिम्मेवारी के दबाव में किया गया कार्य होता है। ठीक इसके विपरीत कुछ सम्बन्ध क्षणभंगुर और तात्कालिक होते हैं, जो किसी खास उद्देश्य की पूर्ति के लिए किये जाते हैं। इस प्रकार के कार्यों में सम्बन्ध क्षणभंगुर होते हैं, जैसे– डॉक्टर एवं रोगी के बीच का सम्बन्ध या ग्राहक एवं दुकानदार के बीच का सम्बन्ध नैमित्तिक या यन्त्रीय होता है।

expulsion (इक्'स्पल्श्न्) **अपसारण, बहिष्करण :** अल्पसंख्यक वर्ग के सदस्यों को प्रभावी वर्ग के क्षेत्र से भगाने या छोड़ने के लिए प्रेरित करने की प्रक्रिया, जैसे– मुम्बई में ठाकरे परिवार के नेता सस्ती लोकप्रियता हासिल करने के लिए कभी दक्षिण भारतीयों को, तो कभी उत्तर भारतीय हिन्दी भाषी लोगों के साथ गलत व्यवहार कर वहाँ से भगाने का प्रयास करते रहते हैं।

extended burial (इक्'स्टेनडिड् 'बेरिअल्) **विस्तीर्ण शवाधान :** ऐसा शवाधान जिसमें शव को पूरी लम्बाई में पीठ के बल लिटाया जाता है।

extended family (इक्'स्टेनडिड् 'फ़ैमलि) **विस्तृत परिवार :** देखें– **Family, extended**।

extension of sentiment (इक्'स्टेन्शन् ऑव् से'न्टिमन्ट्) **भावना-विस्तार :** मामा और भाँजे के घनिष्ठ सम्बन्धों की ए. आर. रैडक्लिफ-ब्राउन (Alfred R. Radcliffe-Brown, 1881-1955) की व्याख्या के सन्दर्भ में इसका अर्थ यह है कि जो भावनाएँ माँ के लिए होती हैं, उन्हीं का उसके भाई के लिए भी विस्तरण कर दिया जाता है।

extensive power (इक्'स्टेन्सिव् 'पाउअर्) **व्यापक शक्ति :** ब्रिटिश समाजशास्त्री मॉइकेल मन्न (Michael Mann) ने व्यवस्था के संचालन के सन्दर्भ में दो प्रकार की शक्ति की बात की है– (1) व्यापक शक्ति (**Extensive power**) एवं (2) गहन शक्ति (**Intensive power**)। यदि कोई व्यवस्था बड़े भू-भाग में फैली हो और उसका संचालन किसी खास जगह से किया जाय, तो उसे व्यापक शक्ति कहेंगे, जैसे– नक्सलपंथियों या उग्रवादियों की शक्ति। ठीक इसके विपरीत कभी-कभी इस व्यवस्था के अन्तर्गत शक्ति किसी छोटे क्षेत्र में सीमित हो और वहीं से शक्ति का संचालन हो, तो उसे गहन शक्ति कहते हैं, जैसे– सेना की कमान, जो किसी विशिष्ट जगह पर केन्द्रित रहकर शक्ति का संचालन करती है।

exteriority (इक् स्टिऑर्'रिटि) **बाह्यता :** विशेष रूप से ज्ञाता के मन से बाहर होने का गुण। कई बार व्यक्ति समाज के भय से किसी कार्य को करता है। धर्म या पाप-पुण्य का भय भी उसी प्रकार का है। समाज या धर्म व्यक्ति के लिए बाह्यता का ही कार्य करता है।

external arena (इक्'स्टर्न्ल् अ'रीना) **बाह्य कार्यक्षेत्र :** किसी खास अवधि में वे देश जो विश्व-अर्थव्यवस्था की परिधि से बाहर (अनभिज्ञ) रहते हैं।

external labour-market (इक्'स्टर्न्ल् 'लेबर् 'मार्किट्) **बाह्य श्रम-बाज़ार :** किसी राज्य या समुदाय के स्तर पर श्रमिकों के उपलब्ध बाज़ार के विपरीत श्रमिकों के बाज़ार में अन्तर्राष्ट्रीय स्तर पर जो संभव होता है, वह बाह्य श्रम-बाज़ार के नाम से जाना जाता है : देखें– **Internal labour market**।

external sanction (इक्'स्टर्नल्'सैन्क्शन्) **बाह्य दण्ड-विधान** : वे बाहरी शक्तियाँ, जो व्यक्ति को नीतिनिष्ठ बनाती हैं अर्थात्, उसे नैतिकता के मार्ग पर आरूढ़ करती हैं, जैसे– दण्ड का भय।

external system (इक्'स्टर्नल्'सिस्टम्) **बाह्य पद्धति** : जॉर्ज सी. होमन्स (George C. Homans, 1910-1989) ने अपनी पुस्तक **The Human Group** (1951) में स्पष्ट किया है कि समूह के सन्दर्भ में बाह्य पद्धति काम करती है। समय पर तनख्वाह मिलना, किसी अच्छे काम के लिए पारितोषिक या शाबाशी मिलना, काम नहीं करने पर किसी तरह का दण्ड दिया जाना एवं सेवा सम्बन्धी बहुत-सारे नियम-कानूनों का होना बाह्य पद्धति का ही अंग माना जाता है। इससे अलग उन श्रमिकों के बीच एक आन्तरिक व्यवस्था भी पायी जाती है। श्रमिकों के बीच आपसी भाईचारा, अपनापन, हँसी-मजाक, सूचनाओं का आदान-प्रदान, किसी समान उद्देश्य के प्रति जागरूक होकर एकजुट होने का प्रयास करना आन्तरिक पद्धति का हिस्सा माना जाता है। बाह्य पद्धति आन्तरिक पद्धति को हमेशा प्रत्यक्ष और अप्रत्यक्ष रूप से प्रभावित करती रहती है। आन्तरिक पद्धति का स्वरूप अनौपचारिक तथा बाह्य पद्धति का स्वरूप औपचारिक होता है।

external world (इक्'स्टर्नल् वर्ल्ड) **बाह्य जगत** : मन से स्वतन्त्र सत्ताओं और तथ्यों की समष्टि, जिसे एक व्यवस्थित इकाई के रूप में कल्पित किया जाता है और इन्द्रिय-प्रत्यक्ष द्वारा परिचय प्राप्त करने की जिसकी सम्भाव्यता स्वीकार की जाती है।

externalism (इक्'स्टर्नलिज़म्) **बाह्यादानवाद** : शिक्षा-दर्शन में, वह सिद्धान्त कि मस्तिष्क प्रारम्भ में बिल्कुल कोरा होता है और फलतः बाहर से वस्तुओं को ग्रहण करके ही उसका विकास होता है : देखें– **Tabula-rasa**।

externality (एक्स्टर्'नैल्इटि) **बाह्यता** : अर्थशास्त्र के क्षेत्र में एक ऐसा सिद्धान्त, जो इस मान्यता पर आधारित है कि उत्पादन में कई बार हम कुछ खास प्रकार की कीमतों या लाभों को वस्तुओं के बाज़ार-मूल्य में शुमार नहीं करते हैं। बाज़ार में उस वस्तु की जो कीमत होनी चाहिए, वह वास्तविक कीमत से भिन्न होती है, जैसे– बड़े उद्योगों में उत्पादन के परिणामस्वरूप वातावरण प्रदूषित हो जाता है, जिसका मूल्य आमलोगों को अप्रत्यक्ष रूप से चुकाना पड़ता है। इस प्रकार की कीमत जो बाज़ार में उपलब्ध वस्तुओं की कीमत से अलग होती है, उसे ही बाह्यता कहा जाता है।

externalization (इक् स्टर्नलॉइ'ज़ेशन्) **बाह्यीकरण** : घटना-क्रियाविज्ञान एवं मार्क्सवादी सम्प्रदाय के समाजशास्त्रियों ने इस अवधारणा का प्रयोग मुख्यरूप से यह व्यक्त करने के लिए किया है कि कैसे कोई व्यक्ति अपने विचारों को बाह्य जगत् पर अंकित करने का प्रयास करता है। टॉमस लुकमान (Thomas Luckmann, 1927-) ने भी अपनी पुस्तक **The Social Construction of Reality** (1966) में यह बताया है कि सामाजिक प्रक्रियाओं में एक प्रकार की द्वन्द्वात्मक प्रक्रियाएँ शामिल होती हैं। व्यक्ति अपने विचारों एवं आचरण से बाह्य जगत् को प्रभावित करने का प्रयास करता है और फिर बाह्य जगत् व्यक्ति के आन्तरिक जगत् को प्रभावित करने की कोशिश करता है। इस प्रकार बाह्य जगत् और आन्तरिक जगत् के बीच एक प्रकार का द्वन्द्वात्मक सम्बन्ध होता है।

extraneous variable (इक्'स्ट्रेनिअस्'वेरिअबल्) **असंगत चर** : देखें– **Spurious correlation**।

extremist (इक्'स्ट्रीमइस्ट) **उग्रवादी, उग्रपंथी** : वह व्यक्ति जो किसी विचार या कार्रवाई की चरम सीमा पर पहुँच जाने में विश्वास करता हो। ऐसा व्यक्ति केवल उसी का साथ देता है, जो उससे पूरी तरह सहमत हो तथा वह किसी दूसरे के साथ किसी तरह का समझौता करने को तैयार नहीं होता हो। उग्रवादी साधारणतः संकीर्ण उद्देश्य के लिए लड़ता है और संकीर्ण मनोवृत्ति का परिचय देता है। कोई उग्रवादी अपने धर्म, जाति, भाषा, संस्कृति इत्यादि के आधार पर पृथक् राज्य या पृथक् देश की माँग कर सकता है; अपने इस उद्देश्य की पूर्ति के लिए वह किसी भी तरह के साधन अपना सकता है; तोड़-फोड़, लूटपाट और हिंसा पर उतारू हो सकता है। यदि कोई उग्रवादी अन्धाधुन्ध तोड़-फोड़, लूटपाट, हिंसा और निर्दोष लोगों की हत्याएँ शुरू कर दे, तो वह आतंकवादी की श्रेणी में आ जाता है। यह ज़रूरी

नहीं है कि प्रत्येक उग्रवादी आतंकवादी बन जाये, परन्तु प्रत्येक आतंकवादी उग्रवादी अवश्य होता है । सामाजिक विज्ञानों के बाहर उग्रवाद एवं आतंकवाद को समान अर्थ में प्रयोग किया जाता है ।

extrinsic value (एक्सट्रिन्सिक वै़ल्यू) **बाह्य मूल्य, परत मूल्य** : इस शब्द का प्रयोग दो अर्थों में किया जाता है– (1) वे मूल्य जो स्वतः साध्य न होकर किसी अन्य साध्य के साधन के रूप में प्रयुक्त होते हैं । (2) वे वस्तुएँ जो कि स्वयं मूल्यवान नहीं होतीं, बल्कि किसी शुभ उद्देश्य की प्राप्ति के हेतु मूल्य रखती हैं ।

extroversion and introversion (एक्स्ट्र'वॅर्शन् ऐन्ड् इन्ट्र'वॅर्शन्) **बहिर्मुखता एवं अन्तर्मुखता** : कार्ल जी. युँग (Carl G. Jung, 1875-1961, इस नाम का शुद्ध उच्चारण मात्र कार्ल जी. युँग ही है) ने व्यक्तित्व को दो भागों में बाँटकर देखने का प्रयास किया है– बहिर्मुखी व्यक्तित्व (**Extrovert personality**) और अन्तर्मुखी व्यक्तित्व (**Introvert personality**)। जो लोग काफी मिलनसार, सामाजिक और खुले दिल के होते हैं, उन्हें बहिर्मुखी व्यक्तित्व का कहा जाता है । ठीक इसके विपरीत जो व्यक्ति गैर-सामाजिक या गैर-मिलनसार एवं अपने-आप तक ही सीमित होते हैं उन्हें अन्तर्मुखी व्यक्तित्व वाला कहा जाता है। वैसे लोग आमतौर पर शर्मीले और शान्त स्वभाव के होते हैं : देखें– **Extrovert** ।

extrovert ('एक्स्ट्र व़र्ट) **बहिर्मुखता** : कार्ल जी. युँग (Carl G. Jung, 1875-1961) ने बहिर्मुखता के बारे में कहा है कि यह मनुष्यों का एक ऐसा समूह है, जो किसी भी स्थिति में तत्काल प्रतिक्रिया करने को तैयार हो जाता है और ऐसा लगता है मानो उसे अपने व्यवहार के बिल्कुल ठीक होने पर पूरा विश्वास हो । ऐसे समूह का झुकाव बहिर्मुखी होता है । बहिर्मुखी व्यक्ति खूब मिलनसार होता है । वह हरेक काम में रुचि लेता है और जरा-जरा-सी बात पर चिन्तित नहीं होता । वह ज्यादा बातचीत करना भी पसन्द नहीं करता है और दूसरों की बातों से जल्दी प्रभावित हो जाता है । उसका दृष्टिकोण कुछ रूढ़िवादी होता है और वह परम्परा का आदर करता है : देखें– **Extroversion and introversion** ।

Ff

Fabian; Fabianism (फ़ैबियन; फैबियनिज़्म्) **फ़ैबियन; फ़ैबियनवाद** : यह इंग्लैंड के समाजवादियों का एक पुराना संगठन रहा है, जो काफी लम्बे दिनों तक चला। इंग्लैंड में फेबियन समाज की स्थापना 1884 में हुई थी। इस समाज के सदस्यों का विश्वास था कि सामाजिक परिवर्तन बिना किसी हिंसात्मक क्रांति के, क्रमिक संसदीय प्रक्रियाओं के माध्यम से ही लाया जा सकता है। फेबियन नाम प्रसिद्ध रोमन सेनापति क्विटस फेबियस के नाम से ग्रहण किया गया था। फेबियन समाज द्वारा यह नाम चुने जाने का कारण यह था कि उसकी विचारधारा भी अपने शत्रु पूँजीवाद के प्रति बहुत कुछ ऐसी ही थी। वह पूँजीवाद से सीधी टक्कर लेने में यकीन नहीं रखता था, प्रत्युत धीरे-धीरे राज्य के कार्यक्षेत्र के विस्तार द्वारा उसके विनाश का विश्वासी था। प्रारम्भ से ही फेबियनों का लक्ष्य शैक्षणिक एवं संसदीय उपायों द्वारा समाजवाद का प्रचार करना रहा है। वे कार्ल मार्क्स (Karl Marx, 1818-1883) के वर्ग संघर्ष की अनिवार्यता को नहीं मानते। उनका मत है कि सामाजिक सुधार का आधार वर्गों का संघर्ष नहीं, सहयोग होना चाहिए। संख्या की दृष्टि से यह एक छोटा संगठन था। इसका मुख्य उद्देश्य राजनीतिक प्रक्रियाओं को प्रभावित करना था, न कि राजनीतिक शक्ति प्राप्त करना। वे क्रांतिकारियों की श्रेणी में नहीं रखे जा सकते हैं। वे मिजाज से काफी नौकरशाह और अभिजात वर्गीय होते हैं। वे समाज में परिवर्तन क्रांति के माध्यम से न लाकर, समाजवादी नीतियों का अनुसरण कर संभव करना चाहते हैं। इंग्लैंड के सामाजिक एवं राजनीतिक जीवन पर इन समाजवादियों का कभी बहुत गहरा प्रभाव रहा है। फेबियन संघ स्वयं मुख्यरूप से एक गवेषणा-संस्थान रहा है और उसने विभिन्न सामाजिक एवं राजनीतिक विषयों पर उच्चकोटि के ग्रन्थ प्रस्तुत किये हैं। फेबियन संघ के कई सदस्य इंग्लैंड में मंत्री रह चुके हैं। इंग्लैंड के मज़दूर दल ने उसकी नीतियों को अपने अधिकृत कार्यक्रम के रूप में स्वीकार किया है।

face-to-face interaction (फ़ेस टु फ़ेस इन्टर्'ऐक्श्न्) **प्रत्यक्षी अन्तःक्रिया** : यह एक ऐसी प्रक्रिया है, जब दो या दो से अधिक व्यक्ति आपस में मिलते हैं, तो दोनों एक-दूसरे को समान रूप से प्रभावित करते हैं। यह प्रभाव आपस में मिलने वाले व्यक्तियों के क्रियाकलापों में स्पष्ट रूप से दिखाई पड़ता है (देखें– Erving Goffman, **The Presentation of Self in Everyday Life,** 1959)।

facility (फ़ै'सिलटि) **सुसाध्यता** : यह ऐसा साधन है, जिसके माध्यम से किसी उद्देश्य की प्राप्ति होती है। आर्थिक दुनिया में पैसा एक सामान्य प्रकार का सुसाध्य है। जितनी प्रकार की सम्पत्ति हो सकती है, खासकर जिसका हस्तांतरण संभव है, वे सभी सुसाध्य की श्रेणी में आते हैं (देखें– Peter L. Berger and Thomas Luckmann, **The Social Construction of Reality,** 1967)।

fact (फ़ैक्ट्) **तथ्य** : तथ्यों का ऐसा वर्णनात्मक विवरण, जिसके सम्बन्ध में सभी कुशल अवलोकनकर्ता समान विचार रखते हैं। वैसे तथ्य पुनर्परीक्षा एवं पुनरावलोकन के उपरान्त सही पाये जाते हैं। वे आकस्मिक न होकर अर्थपूर्ण होते हैं। घटनाओं के सम्बन्ध में ऐसे कथन ही तथ्य की श्रेणी में आते हैं, जिनका आनुभविक आधार पर परीक्षण किया जा सकता है।

fact, social (फ़ैक्ट्, 'सोश्ल्) **सामाजिक तथ्य** : कोई अभिज्ञेय विषय जो सामाजिक सम्बन्ध, प्रक्रिया और मान्यता की प्रकृति के अनुकूल हो। एक अत्यन्त जटिल विचार, जिसमें बाह्यता, बाध्यता और अपरिहार्यता के गुण विद्यमान होते हैं। एमिल डर्कहाइम (Émile Durkheim, 1858-1917) के शब्दों में, एक सामाजिक तथ्य व्यवहार (सोचने-समझने,

अनुभव करने या क्रिया सम्पादित करने) का एक भाग है, जो प्रेक्षक की दृष्टि में वस्तुपरक है तथा जिसकी प्रकृति बाध्यतामूलक होती है। डर्कहाइम ने सामाजिक सम्बन्ध तथा इन्हें नियन्त्रित करने वाली प्रथाओं, परम्पराओं, कानून, धार्मिक विश्वास, व्यावसायिक मान्यताओं की व्याख्या सामाजिक तथ्य के रूप में की है।

facticity (फ़ैक्टीसिटी) **तथ्यात्मकता :** घटनाशास्त्रीय समाजशास्त्र (**Phenomenological sociology**) में इस शब्द का विशेष रूप से प्रयोग हुआ है। इसका अभिप्राय वैसी बाह्य और सामाजिक नैसर्गिक चीज़ों से है, जो लोगों को प्रथम दृष्टि में ठोस वस्तु या एक प्रकार की सत्यता के रूप में दिखाई पड़ती है, जैसे– परिवार कोई वस्तु नहीं है, लेकिन लोग उसे एक स्वतन्त्र या विशिष्ट वस्तु के रूप में देखने का प्रयास करते हैं।

faction ('फ़ैक्‌शन्) **गुट :** प्राचीन रोम के लोग सर्कस के लड़ाकुओं को समूहों में बाँट देते थे, जिन्हें 'फ़ैक्शन' कहा जाता था। प्रत्येक समूह की नौका-दौड़ के जत्थों की भाँति अपनी विशेष पताका होती थी। चूँकि इन लड़ाकुओं की एक-दूसरे के विरुद्ध प्रतियोगिता की भावना रहती थी, अतः 'फ़ैक्शन' शब्द राजनीतिक पक्षधरों के लिए प्रयुक्त होने लगा। आजकल इस शब्द का राज्य, शासन, राजनीतिक दल अथवा किसी अन्य संगठन के अन्तर्गत उन छोटे-छोटे गुटों, समूहों अथवा संयोगों के लिए प्रयोग होता है, जो प्रायः समान हित की उपेक्षा कर अपने संकुचित स्वार्थों की पूर्ति में लगे रहते हैं और इसके लिए आपस में लड़ते-झगड़ते और षड्यन्त्र रचते रहते हैं। गुट की उत्पत्ति विशेषतः किसी पद अथवा प्रभाव की प्रतिस्पर्द्धा के लिए होने वाले सत्ता के संघर्ष के कारण होती है। अतः गुट से ऐसे तनावपूर्ण सम्बन्धों का आभास होता है, जो एक स्वार्थ-समूह का दूसरे स्वार्थ-समूह के साथ होता है। रचना की दृष्टि से प्रायः ऐसे समूह काफी ढीले-ढाले तथा अस्थायी प्रकृति के होते हैं।

factionalism ('फ़ैक्‌शन् लिज़म्) **गुटवाद, गुटबन्दी :** किसी बड़े समूह के भीतर ऐसे छोटे-छोटे समूह बनाने की प्रवृत्ति, जो बड़े समूह की नीतियों और नेतृत्व को चुनौती देते हुए उससे अपना सम्बन्ध तोड़ देने की धमकी देते हैं या अपनी-अपनी नीतियों और नेतृत्व को बढ़ावा देने के लिए आपस में प्रतिस्पर्द्धा करते हैं।

factory system ('फ़ैक्‌टॅरि 'सिस्‌टम्) **फ़ैक्टरी पद्धति :** यह आधुनिक काल की उत्पादन की ऐसी पद्धति है, जिसमें निश्चित पूँजी, श्रमिक, आधिकारिक संरचना एक या एक से अधिक स्थानों पर किसी वस्तु के उत्पादन के लिए केन्द्रित होती है। इसने घरेलू परम्परागत उद्योग-धन्धों को तितर-बितर कर दिया। ऐसा किन कारणों से हुआ, यह एक विवाद का विषय रहा है। यह पूँजीवादी व्यवस्था की जड़ में है। इसके विकास से श्रमिकों की कार्य-कुशलता (**De-skilling**) में कमी आती है।

factual correlation (फ़ैक्‌ट्यूअॅल कॉर'लेशन्) **तथ्यात्मक सहसम्बन्ध :** समकालीन दार्शनिकों के अनुसार ऐसी प्रतिज्ञप्तियाँ, जो न तो विश्लेषणात्मक हैं और न स्वतोव्याघाती, अपितु जो इन्द्रियों द्वारा सत्यापित किये जा सकते हैं। आबादी बढ़ने से देश में बेकारी बढ़ती है, यह तथ्यात्मक सहसम्बन्ध है।

factual meaning ('फ़ैक्‌ट्यूअॅल 'मीनिङ्) **तथ्यात्मक अर्थ :** ऐसी प्रतिज्ञप्ति का अर्थ, जिसकी सत्यता किसी तथ्य पर निर्भर होती है।

fad (फ़ैड्) **सनक, धुन :** फैशन का एक ऐसा रूप 'फैड' कहलाता है, जिसे जल्दी ही अपना लिया जाता है और जल्दी ही छोड़ भी दिया जाता है। फैशन की अपेक्षा इसमें परिवर्तन की गति अति तीव्र होती है। धुन फैशन से अधिक अस्थायी होता है। इसका स्वरूप असंगठित होता है। यह धनी वर्ग और युवा श्रेणी को अधिक प्रभावित करता है। फैशन के समान धुन भी व्यवहार के ऊपरी स्वरूपों से सम्बन्धित है। किम्बॉल यंग (Kimball Young, 1893-1972) के अनुसार, संयुक्त राज्य अमरीका में कोई भी धुन एक वर्ष से अधिक नहीं चलती और इसमें भावना तथा नकल बड़ी महत्त्वपूर्ण होती है। फैशन और धुन दोनों में नकल करने की प्रवृत्ति होती है, परन्तु फैशन स्थापित माध्यमों से फैलते हैं और धुन सीधे सम्पर्क से : देखें– **Fashion**।

faith (फ़ेथ) **आस्था, मत** : किसी सत्ता अथवा विचार में विश्वास, जिसके पक्ष अथवा विपक्ष में यथेष्ट प्रमाण उपलब्ध न हों अथवा जो प्रमाणों से बिल्कुल अतीत हों और जिसका आधार मात्र भावात्मक हो, जैसे– ईश्वर, अमरत्व, नैतिक, आदर्श इत्यादि ।

falangism (फ़े'लैंजिज़म्) **फैलेंजिवाद** : यह स्पेन के दक्षिणपंथी राजनीतिक आन्दोलन का नाम है, जिसका विकास 20वीं सदी के तीसरे दशक में फॉसीवाद को फिर से आगे बढ़ाने के लिए हुआ : देखें– **Fascism** ।

fallacy (फ़ैलॅसि) **तर्कदोष** : तर्क में होने वाला कोई दोष, विशेषतः ऐसे तर्क में जो ऊपर से निर्दोष प्रतीत होता है अथवा, कोई भी दोष जो तर्क की सहायक प्रक्रियाओं के किसी नियम के उल्लघंन से पैदा होता है, जैसे– परिभाषा, हेत्वानुमान आदि में आने वाला दोष ।

fallacy of composition (फ़ैलॅसि ऑव् कॉम्पज़िशन्) **संघटन की भ्रामकता** : सामूहिक हित एवं विवेकशीलता सम्बन्धी गलत पूर्वधारणा । अगर किसी समूह के सभी सदस्य विवेकशील हैं, तो यह मान लेना कि वह समूह भी सामूहिक रूप से विवेकशील है और वह समस्त कार्यों को सामूहिक हित में ठीक वैसे ही करता है, जैसे कोई सदस्य विवेकशील ढंग से अपने हित में कार्य करता है । किसी भी समूह की यह स्थिति संघटन की भ्रामकता है ।

fallacy of misplaced concreteness (फ़ैलॅसि ऑव् मिस्'प्लेस्ड'कॉङ्क्रीट्नेश्) **अनुचित मूर्तत्व की भ्रान्ति** : कभी-कभी लोग अमूर्त चीज़ों को भी मूर्त रूप में समझने का प्रयास करते हैं, जैसे– किसी बेजान मॉडल को देखकर यह कल्पना करना कि वास्तविक रूप में वह चीज़ भी वैसी ही होगी, जैसी वह दिखाई पड़ रही है । तुलसीदास के रामचरितमानस को पढ़कर यह समझ बैठना कि किसी राजा या महान् व्यक्ति का व्यक्तित्व राम जैसा होता है, ऐसा मान लेना शाश्वत सत्य नहीं, अपितु एक भ्रान्ति है । इसे मूर्तत्व की भ्रान्ति कहा जा सकता है ।

false analogy (फ़ॉल्स् अ'नैलजि) **मिथ्या साम्यानुमान** : वह साम्यानुमान जो दो वस्तुओं के मुख्य गुणों की अपेक्षा उनके गौण गुणों की समानता पर आधारित हो या उपमा और रूपक के प्रयोग पर आश्रित हो । कुत्ता और गाय के बीच समानता ढूँढ़ना मिथ्या साम्यानुमान है ।

false consciousness (फ़ॉल्स्'कॉन्शसनस्) **मिथ्या चेतना** : देखें– **Class consciousness and false consciousness** ।

falsification; falsificationism (फ़ॉल्सिफ़ि'केश्न्; फ़ॉल्सिफ़ि'केशनिज़म्) **मिथ्याकरण; मिथ्याकरणवाद** : इस विचार के प्रणेता कॉर्ल पॉपर् (Karl R. Popper, 1902-1994) का कहना है कि विज्ञान का विकास मिथ्याकरण की प्रक्रिया से हुआ है । किसी चीज़ को सही साबित करना कठिन काम है । इसीलिए ऐसी प्राक्कल्पनाओं का निर्माण किया जाना चाहिए, जिसकी परीक्षा हो सके । परीक्षा के माध्यम से ही किसी प्राक्कल्पना को सही या गलत साबित किया जा सकता है । मिथ्याकरण की प्रक्रिया के माध्यम से प्राक्कल्पनाओं को गलत साबित कर ही सत्य तक पहुँचा जा सकता है । अन्त में जो शेष बच जाता है, वही विज्ञान है । जो सही या गलत साबित न हो सके, वह प्राक्कल्पनाओं की श्रेणी में नहीं आ सकता है । पॉपर् के इस विचार का खण्डन करते हुए कून (Thomas S. Kuhn, 1922-1996) ने कहा है कि प्राक्कल्पनाओं को गलत साबित करने से विज्ञान नहीं बढ़ा है, बल्कि विज्ञान का विकास विभिन्न रूपावलियों (**Paradigms**) का विकल्प ढूँढ़ने से हुआ है (देखें– Karl R. Popper, **The Logic of Scientific Discovery**, 1959) ।

familial institution (फ़'मिलिअल इन्स्टि'ट्यूशन्) **पारिवारिक संस्था** : सामाजिक आदर्शों का एक समन्वित ढाँचा, जो प्रजनन तथा नातेदारी व्यवस्था का संचालन करता है ।

familiar spirit (फ़'मिलिअर् 'स्पिरिट्) **सिद्ध प्रेत, सिद्ध आत्मा** : अलौकिक शक्ति या अनुचर जो किसी पुरुष अथवा स्त्री को व्यक्तिगत रूप से उत्प्रेरित करता है तथा उसकी रक्षा करता है । यह सही है कि बहुत से साधु या फकीरों को अलौकिक शक्ति की सिद्धि होती है ।

familism ('फ़ैम लिज़्म्) **कुटुम्बवाद, परिवारवाद :** एक ऐसा मूल्य जो लोगों को विवाह तथा प्रजनन के लिए प्रेरित करता है। एक सामाजिक संरूप, जिसमें परिवार तथा पारिवारिक एकता, परम्परा एवं सामाजिक परिस्थिति को समाज में व्यक्तिगत अधिकारों तथा अभिरुचियों से अधिक महत्त्वपूर्ण माना जाता है। परिवारवाद व्यक्ति में पारिवारिक लगाव की एक अति तीव्र भावना, निष्ठा, पारिवारिक सदस्यों के मध्य पारस्परिक सहयोग तथा एक इकाई के रूप में परिवार को बनाये रखने की चेतना उत्पन्न करता है। संगठन का यह स्वरूप परिवार के सदस्यों को अपने व्यक्तिगत हितों तथा व्यक्ति को पारिवारिक समूह के हितों तथा कल्याण की बलिवेदी पर उत्सर्ग करने की प्रेरणा देता है।

family ('फ़ैमलि) **परिवार :** परिवार एक सामाजिक समूह है, जिसकी प्राथमिक विशेषताएँ सामान्य निवास, आर्थिक सहयोग, सन्तानोत्पत्ति और समाजीकरण है। परिवार में स्त्री और पुरुष दोनों ही वर्गों के ऐसे वयस्क रहते हैं, जिनमें से कम-से-कम दो के बीच समाज द्वारा स्वीकृत यौन-सम्बन्ध होते हैं और इनके प्रजनित अथवा गोद लिए बच्चे भी इसमें सम्मिलित होते हैं। परिवार के विभिन्न स्वरूप होते हैं, जिनमें मूल अथवा जैविक परिवार, संयुक्त परिवार तथा विस्तृत परिवार प्रमुख हैं (देखें– William Goode, **The Family**, 1964; C. C. Harris, **The Family and Industrial Society**, 1983; Marvin B. Sussman and Suzanne K. Steinmetz (eds.), **Handbook of Marriage and the Family**, 1987; Bert N. Adams and Jan Trost, **Handbook of World Families**, 2005) : देखें– **Household**।

family, atomistic ('फ़ैमलि, ऐ'टमिस्टिक्) **अतिलघु परिवार :** कार्ल सी. जिमरमैन (Carle C. Zimmerman) ने अपनी पुस्तक **Family and Civilization** (1947) में ऐसे सबसे छोटे परिवार को आणविक अथवा अतिलघु परिवार की संज्ञा दी है, जो पति-पत्नी तथा उनकी अविवाहित सन्तानों द्वारा बने होते हैं। इसे व्यक्तिवादी परिवार भी कहा जाता है; क्योंकि इसमें व्यक्ति-विशेष का स्वार्थ ही परिवार का स्वार्थ माना जाता है। यह मूल परिवार का वह स्वरूप है, जहाँ वैयक्तिक स्वार्थ अपनी चरम सीमा पर होता है और पारिवारिक स्वार्थ बिल्कुल गौण हो जाता है।

family, autonomic ('फ़ैमलि, ऑ'टॉनम्इक) **स्वायत्ततामूलक परिवार :** एक ऐसा परिवार जिसमें पति व पत्नी दोनों को अलग-अलग रूप में निर्णय लेने का समान अधिकार प्राप्त होता है। यह समतावादी आधुनिक परिवार की एक प्रमुख विशेषता है।

family, avunculocal ('फ़ैमलि, अवांकू 'लोकल्) **मातुल स्थानीय परिवार :** इस प्रथा के अन्तर्गत विवाहित लड़का अपनी पत्नी के साथ अपने मामा के घर या समुदाय में निवास करने लगता है। इस तरह वह अपने माता-पिता से दूर हो जाता है।

family, biolocal ('फ़ैमलि, बाइअ'लोकल्) **उभयवाही परिवार :** कुछ समाजों में नवदम्पती को पति अथवा पत्नी में से किसी एक के परिवार में रहने की छूट होती है। वे दोनों में से किसी एक के माता-पिता के साथ रह सकते हैं। पारिवारिक संगठन की यह व्यवस्था उभयवाही परिवार के नाम से जानी जाती है।

family, biological ('फ़ैमलि, बाइअ'लॉजिक्ल्) **जैविक परिवार, जैविक कुटुम्ब :** ऐसा परिवार, जिसमें पति-पत्नी तथा उनके बच्चे (अपने या गोद लिए) सम्मिलित हों। ऐसे परिवार को ही लघु परिवार, दाम्पत्यमूलक परिवार या मूल परिवार कहा जाता है।

family, broken ('फ़ैमलि, 'ब्रोकन्) **खण्डित परिवार :** ऐसा परिवार जिसमें माता-पिता में से कोई एक घर का परित्याग कर अथवा कानूनी रूप से तलाक लेकर अन्यत्र रहने लगे। इस प्रकार के परिवार शहरी या आधुनिक समाज की विशेषता हैं।

family, companionship ('फ़ैमलि, कम्'पैनिअन्शिप्) **साहचर्य परिवार :** इ. डब्ल्यू. बर्ज़िस (E.W. Burgess, 1886-1966, इस नाम का शुद्ध उच्चारण मात्र इ. डब्ल्यू. बर्ज़िस ही है) एवं लॉक ने दो प्रकार के परिवारों का वर्णन किया है, यथा– संस्थागत परिवार और साहचर्य परिवार। साहचर्य परिवार को संस्थागत परिवार के विपर्याय के रूप में प्रस्तुत करते हुए बर्ज़िस एवं लॉक ने दाम्पत्य स्नेह एवं एकमत्यता पर आधारित परिवार को साहचर्य परिवार की संज्ञा दी है। बर्ज़िस का मत है कि अमरीकी परिवार संस्थात्मक परिवार से साहचर्य परिवार में परिवर्तित हो रहा है।

family, composite (ˈफ़ैमलि, ˈकॉम्पजिट्) **सम्मिश्र** या **मिश्रित परिवार :** मिश्रित परिवार उस समाज में पाया जाता है, जहाँ बहुविवाह की प्रथा है। इसका निर्माण तभी होता है, जब एक पति और एक से अधिक पत्नियाँ होती हैं या फिर एक पत्नी और एक से अधिक पति होते हैं। इसे जी. पी. मरडॉक (G. P. Murdock, 1897-1985) ने तीन भागों में विभाजित किया है– (1) विस्तृत एक-विवाही परिवार (Extended monogamous family), (2) स्वतन्त्र बहुविवाही परिवार (Independent polygamous family) एवं (3) विस्तृत बहुविवाही परिवार (Extended polygamous families)।

family, compound (ˈफ़ैमलि, कम्पाउन्ड्) **सम्मिश्रित परिवार :** दो या अधिक मूल परिवारों से मिलकर बना परिवार, जिसका निवास एक ही स्थान पर, एक इकाई के रूप में होता है। इसमें दो या दो से अधिक केन्द्रीय परिवार किसी एक सामान्य घर में साथ-साथ रहते हैं।

family, conjugal (ˈफ़ैमलि, ˈकॉन्जग्ल्) **दाम्पत्य परिवार :** ऐसा परिवार, जिसमें पति-पत्नी तथा उनके बच्चे (अपने या गोद लिए) सम्मिलित हों। दूसरे शब्दों में यह पति, पत्नी तथा उनके अविवाहित बच्चों पर केन्द्रित होता है। इस प्रकार के परिवार की उत्पत्ति विवाह के आधार पर होती है। दाम्पत्य परिवार को छोटा परिवार अथवा मूल परिवार भी कहते हैं : देखें– **Family, elementary**।

family, consanguine (ˈफ़ैमलि, कॉन्सैन् ˈग्विन) **समरक्त परिवार, सगोत्रीय परिवार :** जिस परिवार के सदस्यों का आपसी सम्बन्ध विवाह की बजाय वंश द्वारा हो, उसे समरक्त परिवार कहते हैं, अर्थात् रक्त-सम्बन्धियों के इस परिवार में भाई-बहनों और उनके माता-पिता आदि का विशेष महत्त्व होता है। समरक्त परिवार में बहुधा दो या तीन पीढ़ियों के सदस्य सम्मिलित होते हैं।

family, consanguineous (ˈफ़ैमलि, कॉन्सैन्ˈग्विनिअस) **समरक्त परिवार :** एल. एच. मॉर्गन (Lewis Henry Morgan, 1818-1881) के अनुसार समरक्त परिवार को परिवार के उद्विकास का प्रथम चरण माना जाता है। इस काल में यौन-सम्बन्ध के स्थापित नियमों का सर्वथा अभाव था। इस स्तर में भाई-बहन के बीच भी यौन-सम्बन्ध होते थे। मॉर्गन ने उदाहरण के तौर पर पॉलिनीजियन (Polynesian) समाज का विशेष रूप से उल्लेख किया है।

family, domestic (ˈफ़ैमलि, डˈमेस्टिक्) **घरेलू परिवार :** कार्ल सी. जिमरमैन (Carle C. Zimmerman) के अनुसार यह अतिलघु परिवार एवं न्यासिता परिवार के बीच की स्थिति है। कुछ ऐसे भी परिवार होते हैं, जहाँ व्यक्ति के स्वार्थ एवं परिवार के स्वार्थ में एक समझौते की स्थिति होती है। वैसे परिवार के अन्तर्गत व्यक्ति एवं परिवार के हितों की रक्षा एवं पूर्ति की भरसक कोशिश की जाती है। यह दोनों प्रकार के परिवार के बीच की सक्रांति (Transition) की स्थिति है। घरेलू परिवार के अन्तर्गत अतिलघु परिवार एवं न्यासिता परिवार दोनों के तत्त्व पाये जाते हैं। ऐसे परिवारों के अन्तर्गत माता-पिता बच्चों के विवाह के बाद भी उससे सम्बन्ध बनाए रखते हैं। ज़रूरत पड़ने पर बच्चे एवं माता-पिता पारिवारिक समस्याओं पर मिल-जुलकर विचार-विमर्श करते रहते हैं। संयुक्त निर्णय लेने की भी कोशिश की जाती है, जबकि अतिलघु परिवार में माता-पिता अपने बच्चों के शादी-विवाह के बाद बिल्कुल दूर हो जाते हैं। पाश्चात्य देशों में अतिलघु परिवार एवं भारत जैसे विकासशील देशों में घरेलू परिवार की प्रधानता है।

family, dulocal (ˈफ़ैमलि, ड्यूˈलोकल्) **द्विस्थानीय परिवार :** ऐसे परिवार द्विस्थानीय परिवार कहलाते हैं, जिनमें विवाह के बाद भी पति-पत्नी एकसाथ नहीं रहते, अपितु वे अलग-अलग उन्हीं परिवारों में रहते हैं, जिनमें उनका जन्म हुआ है। लक्षद्वीप तथा केरल के कुछ भागों में परिवार का यह रूप देखने में आया है। पति रात बिताने अपनी पत्नी के घर अवश्य जाता है, किन्तु दिन के समय पुनः अपने जन्म के परिवार (अपने परिवार) में लौट आता है।

family, elementary/nuclear (ˈफ़ैमलि, एलिˈमेन्ट्रि/ ˈन्यूक्लिअर्) **मूल परिवार :** मूल परिवार की अवधारणा की ओर सबसे पहले हमारा ध्यान जी. पी. मरडॉक (G. P. Murdock, 1897-1985) ने 1949 में आकर्षित किया था। आकार और संगठन की दृष्टि से मूल परिवार सबसे छोटा होता है। इनका संगठन पति-पत्नी एवं उन पर आश्रित बच्चों के योग

से निर्मित होता है । इन परिवारों के अन्दर गहरी अन्तःक्रिया होती है । इसीलिए विचारों, भावों तथा क्रियाओं का आदान-प्रदान उन्हीं के बीच सीमित रहता है । ऐसे परिवारों में बच्चे वयस्क होते ही अपने पृथक् मूल परिवार का निर्माण कर लेते हैं । पश्चिमी देशों में परिवार का यही स्वरूप व्यापक रूप से प्रचलित है । आजकल भारतीय समाजों में, विशेषकर महानगरों एवं नगरों में, इस तरह के परिवार का प्रचलन बढ़ रहा है । मरडॉक ने इसे 'सार्वभौमिक मानवीय समूह' की संज्ञा दी है । उन्होंने इसे मानव-जाति के अतिजीवन और सामाजिक निरन्तरता के लिए आवश्यक बताया है । इसके विभिन्न स्वरूपों पर विचार करने के लिए कुछ विद्वानों ने इसे दो खण्डों में विभक्त कर देखने का प्रयास किया है– दाम्पत्य परिवार **(Conjugal family)** और समरक्त परिवार **(Consanguine family)**। जिस मूल परिवार के अन्तर्गत पति-पत्नी के सम्बन्धों पर विशेष बल दिया जाता है, उसे दाम्पत्य परिवार **(Conjugal family)** कहते हैं : देखें– **Conjugal family** ।

family, extended ('फ़ैमलि, इक्'स्टेनडिड्) **विस्तृत परिवार** : दो या अधिक मूल परिवारों से मिलकर बना परिवार, जो पति-पत्नी के सम्बन्ध के विस्तार की अपेक्षा माता-पिता और उनके बच्चों के सम्बन्ध के विस्तार पर आधारित होता है, अर्थात् ऐसे परिवार में विवाहित व्यक्ति का परिवार अपने माता-पिता के परिवार के साथ संयुक्त होता है ।

family, fraternal polyandrous ('फ़ैमलि, फ्र'टर्न्ल् पॉलि'ऐनड्रस) **भ्रातृबहुपतिक परिवार** : पति जब आपस में भाई-भाई होते हैं, तो ऐसे परिवार को भ्रातृबहुपतिक परिवार कहते हैं ।

family, gay-parent ('फ़ैमलि, गे 'पेअरन्ट्) **विलासी माता-पिता परिवार** : पाश्चात्य देशों में एक नये प्रकार के परिवार की उत्पत्ति हुई है । कुछ ऐसे भी परिवार पाये जाते हैं, जहाँ दो समलिंगी **(Homosexuals)** साथ रहते हैं और जिसे विलासी माता-पिता परिवार के नाम से जाना जाता है । इसमें से कुछ लोग वैसे हैं, जो आपस में विवाह भी रचाते हैं । यह दो प्रकार का होता है– एक वह है, जिसमें दो पुरुष एकसाथ रहते हैं और दूसरा वह है, जिसमें दो महिलाएँ एकसाथ रहती हैं । कृत्रिम गर्भाधान **(Artificial insemination)** के तरीके से वैसी महिलाएँ बच्चों को जन्म भी देती हैं ।

family, institutional ('फ़ैमलि, इन्स्टि'ट्यूशन्ल) **संस्थात्मक परिवार** : इ. डब्ल्यू. बर्जिस (E. W. Burgess,1886-1966) द्वारा इंगित परिवार का एक ऐसा रूप, जिसमें सदस्यों का व्यवहार लोकाचारों तथा जनरीतियों द्वारा नियन्त्रित किया जाता है, इसे संस्थात्मक परिवार कहते हैं ।

family, joint ('फ़ैमलि, जॉइन्ट्) **संयुक्त परिवार** : एक संयुक्त परिवार उन व्यक्तियों का समूह है, जो सामान्यतः एक भवन में रहते हैं और जो एक रसोई में पका भोजन करते हैं, जो सामान्य सम्पत्ति के स्वामी होते हैं और जो सामान्य पूजा में भाग लेते हैं और जो किसी-न-किसी प्रकार एक-दूसरे के रक्त-सम्बन्धी होते हैं । अतः उस घर को हम संयुक्त परिवार कह सकते हैं, जिसमें अनेक पीढ़ियों के (तीन से अधिक) सदस्य एकसाथ निवास करते हैं और सम्पत्ति, आय तथा पारस्परिक अधिकारों व दायित्वों के द्वारा एक-दूसरे से सम्बन्धित होते हैं । भारतीय समाज में इस प्रकार का संयुक्त परिवार व्यापक रूप से प्रचलित रहा है । ऐसे परिवार में दादा-दादी, चाचा-चाची तथा चचेरे भाई-बहनों जैसे कई पीढ़ियों के लोग एकसाथ रहते हैं । संयुक्त परिवार की पूरी सत्ता परिवार के एक मुखिया में केन्द्रित होती है, जिसे कर्त्ता कहा जाता है । कर्त्ता पूरे परिवार का एकाधिकारी होता है ।

family, maternal ('फ़ैमलि, म'टर्न्ल्) **मातृक परिवार** : परिवार का ऐसा रूप, जिसमें परिवार की सत्ता की औपचारिक मालकिन माँ अथवा स्त्री-मुखिया होती है तथा जिसमें पुरुष कुछ सीमा तक पत्नी के सम्बन्धियों के मातहत होते हैं, मातृक परिवार कहलाता है । मातृसत्तात्मक परिवारों की भाँति मातृक परिवारों में भी वंश-गणना स्त्री (माँ) के कुल एवं गोत्र के आधार पर ही की जाती है ।

family, matriarchal ('फ़ैमलि, मेट्रि'आकल) **मातृसत्तात्मक परिवार** : जब परिवार का सर्वोच्च या प्रमुख अधिकार

माता या स्त्री में केन्द्रित होता है, तब उस परिवार को मातृसत्तात्मक परिवार कहते हैं। ऐसे परिवार में नियन्त्रण एवं निर्देश का अधिकार मुख्यरूप से माता या स्त्री में निहित होता है। सिद्धान्ततः मातृसत्तात्मक परिवार रक्तमूलक (रक्त-सम्बन्धों पर आधारित) होते हैं और जो मातृवंशीयता तथा मातृस्थानीयता के नियमों के आधार पर गठित होते हैं तथा जिनमें परिवार की देख-रेख वृद्धा स्त्री जैसे नानी द्वारा होती है। परन्तु इससे यह नहीं समझना चाहिए कि पुरुषों को आर्थिक तथा सामाजिक अधिकारों से पूर्णरूपेण वंचित किया जाता है। परिवार में जो कार्य पुरुषोपयुक्त होता है, उन्हें पूरा करने का दायित्व पुरुषों पर ही होता है।

family, matricentric ('फ़ैमलि, मैट्रि'सेन्ट्रिक) **मातृकेन्द्रित परिवार :** एक ऐसा परिवार, जिसमें माँ की केन्द्रीय स्थिति तथा पिता की गौण स्थिति होती है, मातृकेन्द्रित परिवार कहलाता है। कई मातृवंशीय व्यवस्थाओं में यह देखने को मिला है कि जहाँ पत्नी विवाह के उपरान्त भी अपने ही रक्त-सम्बन्धियों के साथ रहती है, वहाँ पति का अपनी पत्नी के साथ स्थाई सम्बन्ध नहीं होता। पत्नी के परिवार में उसकी स्थिति एक आगन्तुक अथवा एक सम्मानित अतिथि की होती है।

family, matrilineal ('फ़ैमलि, मैट्रि'लिनिअल) **मातृवंशीय परिवार :** ऐसा परिवार, जिसमें वंशपरम्परा माता के नाम से चलती है और सम्पत्ति की अधिकारिणी पुत्री अथवा पुत्री का पुत्र होता है। ऐसे परिवारों में सत्ता माता, मातामही (नानी) अथवा अन्य किसी स्त्री के द्वारा संचालित होती है। मातृवंशीयता को मातृसत्तात्मक के साथ मिलाने की भूल नहीं की जानी चाहिए, जिसमें सत्ता स्त्रियों के हाथों में होती है।

family, matrilocal ('फ़ैमलि, मैट्रि'लोकल्) **मातृस्थानीय परिवार :** जब विवाहित दम्पती वधू के माता-पिता अथवा उनके स्वजनों के साथ या समीप रहते हैं, तब ऐसे परिवार को मातृस्थानीय परिवार कहा जाता है। पर यह हमेशा के लिए नहीं होता है। मातृस्थानीय परिवार स्वाभाविक रूप से मातृसत्तात्मक होता है। इन समाजों में बच्चे अपने परिवार का नाम माता से ग्रहण करते हैं, न कि पिता से।

family, matri-patrilocal ('फ़ैमलि, मैट्रि पेट्रि'लोकल्) **मातृ-पितृस्थानीय परिवार :** पितृस्थानीय परिवार के ही एक भिन्न रूप को जी. पी. मरडॉक (G. P. Murdock, 1897-1985) ने 'मातृ-पितृस्थानीय परिवार' कहा है। निवास-स्थान के इस नियमानुसार, नवदम्पती कुछ समय के लिए पत्नी के माता-पिता और तदुपरान्त स्थायी रूप से पति के माता-पिता के साथ रहने के लिए चले आते हैं।

family, matronymic ('फ़ैमलि, मैट्रनिमिक्) **मातृनाम परिवार :** मातृनाम परिवार वह परिवार है, जिसके अन्तर्गत सन्तान का नामकरण माता की ओर से चलता है। ऐसा मातृवंशीय परिवार में पाया जाता है।

family, monogamous ('फ़ैमलि, म'नॉगमस्) **एक-विवाही परिवार :** एक पुरुष द्वारा एक स्त्री के साथ विवाह के उपरान्त जो परिवार गठित होता है, उसे एक-विवाही परिवार कहते हैं। सामान्यतः एक-विवाही परिवार में एक जीवन-साथी के जीवित रहते हुए, दूसरा विवाह नहीं किया जा सकता। एक-विवाही परिवार का निर्माण एक पुरुष और एक स्त्री के वैवाहिक सम्बन्धों से होता है। उनके अविवाहित एवं आश्रित बच्चे भी साथ में रह सकते हैं या नहीं भी रह सकते हैं। ऐसे परिवारों का मुख्य आधार एक पुरुष से एक ही स्त्री का विवाह करना है। दोनों में से किसी एक की मृत्यु होने पर दूसरा पक्ष पुनः विवाह कर सकता है अथवा तलाक द्वारा विवाह सम्बन्ध-विच्छेद के बाद ही दोनों पुनः नया जीवन-साथी चुन सकते हैं। एक-विवाही परिवार सबसे अधिक विकसित अवश्य है, पर सबसे अधिक प्रचलित प्रथा नहीं है; क्योंकि मरडॉक ने 238 समाजों के वैवाहिक पद्धति का अध्ययन किया और पाया कि उसमें मात्र 43 में ही मुख्यरूप से एक-विवाही परिवार का प्रचलन था। शेष सभी बहु-विवाही परिवार था।

family, neolocal ('फ़ैमलि, नीओ'लोकल) **नवस्थानीय परिवार :** जब विवाहित दम्पती न पति के स्वजनों के साथ रहें और न पत्नी के परिवार में, वरन् नया घर बसा कर रहें, तो इसे नवस्थानीय परिवार कहते हैं। इस प्रकार का परिवार आधुनिक समाज की देन है। ऐसे परिवारों में पति-पत्नी स्वतन्त्र रूप से अपने-अपने माता-पिता से अलग निवास

स्थापित करते हैं। आज नगरों में ऐसे परिवारों का काफी विस्तार हो रहा है। पाश्चात्य समाज की तो यह एक प्रमुख विशेषता ही है।

family, non-fraternal polyandrous ('फ़ैमलि, नॉन् फ्र'टर्नल् पॉलि'ऐनड्रस) **अभ्रातृबहुपतिक परिवार :** एक स्त्री के कई पति हों, परन्तु उस स्त्री के सभी पति अगर भाई-भाई नहीं हैं, केवल रिश्तेदार हैं या उनके बीच कोई नातेदारी का बन्धन न हो, तो ऐसे परिवार को अभ्रातृबहुपतिक परिवार कहते हैं। भारत की टोडा तथा मालावार (केरल) की नायर जनजातियों में यह विवाह-प्रथा वर्तमान समय में आंशिक तौर पर प्रचलित है। यह तिब्बत के गरीब तबके के लोगों के बीच भी देखने को मिलता है।

family, nuclear ('फ़ैमलि,'न्यूक्लिअर्) **मूल परिवार, केन्द्रीय परिवार :** देखें– **Family, elementary/nuclear**।

family, nuclear independent ('फ़ैमलि,'न्यूक्लिअर् इन्डि'पेन्डन्ट्) **स्वतन्त्र मूल परिवार :** जी. पी. मरडॉक (G.P. Murdock, 1897-1985) ने परिवार को दो भागों में विभाजित किया है– (1) स्वतन्त्र मूल परिवार एवं (2) मिश्रित परिवार। मूल परिवार की चर्चा अन्यत्र देखी जा सकती है। इसे दो भागों में बाँटा जाता है– एक तो वह, जहाँ एकाकी विवाह का प्रचलन है और दूसरा वह, जहाँ बहुपत्नी विवाह का प्रचलन है : देखें– **Family, elementary**।

family, open lineage ('फ़ैमलि, 'ओपन् 'लिनिइज) **खुला वंशावली परिवार :** लॉरेन्स स्टोन (Lawrence Stone) ने खुला वंशावली परिवार को परिवार के विकास का प्रथम चरण माना है, जो 16वीं सदी के पूर्व यूरोपीय देशों में पाया जाता था। इस अवस्था में परिवार छोटे-छोटे घरों में निवास करता था, अर्थात् परिवार का आकार काफी छोटा हुआ करता था तथा परिवार और समुदाय के बीच बहुत ही नजदीक का सम्बन्ध पाया जाता था। व्यक्ति को अपना जीवन-साथी चुनने का अधिकार नहीं के बराबर था। युवक-युवतियों का विवाह उसके माता-पिता अपने समुदाय के लोगों की राय से करते थे।

family, paternal ('फ़ैमलि, प'टर्नल्) **पैतृक परिवार :** जब परिवार की सत्ता परिवार के किसी पुरुष-मुखिया के हाथ में होती है, तब ऐसा परिवार पैतृक परिवार के नाम से जाना जाता है। ऐसे परिवारों में सत्ता का मालिक सामान्यतः परिवार का कोई ज्येष्ठ पुरुष होता है। पैतृक परिवारों में वंश-गणना भी पुरुष के कुल से होती है।

family, patriarchal ('फ़ैमलि, पेट्रि'ऑकल) **पितृसत्तात्मक परिवार :** जब परिवार का सर्वोच्च अधिकार पिता या पुरुष में केन्द्रित होता है, तब ऐसे परिवार को पितृसत्तात्मक परिवार कहा जाता है। दुनिया के अधिकांश समाजों में पितृसत्तात्मक परिवार ही सबसे ज्यादा प्रचलित है। इसे **Paternal family**, **Patripotestal family** एवं **Patrifocal family** के नाम से भी जाना जाता है। पितृसत्तात्मक परिवार में परिवार पर पुरुष की श्रेष्ठता होती है। वह एक से अधिक पत्नियाँ रख सकता है। पुरुषों को स्त्रियों की तुलना में अधिक अधिकार प्राप्त थे। हरेक कार्य पुरुषों की मर्जी से होता था। मध्य एवं दक्षिण एशिया के देशों में इस प्रकार के परिवार की आज भी प्रधानता है।

family, patricentric ('फ़ैमलि, पेट्रि'सेन्ट्रिक) **पितृकेन्द्रित परिवार :** मातृकेन्द्रित परिवार के ठीक विपरीत एक ऐसे परिवार का रूप, जिसमें घर के कामकाज, सत्ता एवं नियन्त्रण आदि की दृष्टि से पिता की केन्द्रीय स्थिति होती है। इसे पितृकेन्द्रित परिवार कहा जाता है।

family, patrilineal ('फ़ैमलि, पैट्रि'लिनिअल) **पितृवंशीय परिवार :** ऐसे परिवारों में वंशपरम्परा का नियम यह होता है कि वंशक्रम या नाम पिता की ओर से चलता है। विवाह के बाद स्त्री अपने पति का उपनाम ग्रहण करती है और इस तरह उसकी सन्तति पिता के वंशनाम के अनुसार चलती है। ऐसे परिवारों को पितृवंशीय परिवार कहा जाता है।

family, patrilocal ('फ़ैमलि, पैट्रि'लोकल) **पितृस्थानीय परिवार :** बहुत सारे लेखकों ने इस सम्बन्ध में यह लिख रखा है कि जब विवाह के बाद पत्नी अपने पति के घर निवास करती है, तो उसे पितृस्थानीय परिवार कहा जाता है। लेकिन, यह कहना सरासर गलत है। पितृस्थानीय का सीधा अर्थ यह होता है कि विवाह के बाद पत्नी अपने पति के पुराने

घर के आस-पास या उसके समुदाय में एक नयी सदस्या के रूप में निवास करती है। पति के माता-पिता के साथ उसका रहना आवश्यक नहीं है। चूँकि, नये परिवार के निवास की परम्परा पुरुष की ओर से निर्धारित होती है इसलिए पितृस्थानीय परिवार पितृसत्तात्मक परिवार भी होता है।

family, patronymic (ˈफ़ैमलि, पैट्रनिमिइक) **पितृनाम परिवार :** पितृनाम परिवार वह परिवार है, जिसके अन्तर्गत सन्तान का नामकरण पिता की ओर से चलता है। यह पितृवंशीय परिवार की एक विशेषता है। परिवार के सदस्यों के नामकरण के आधार पर परिवार को दो भागों में बाँट सकते हैं– पितृनाम परिवार एवं मातृनाम परिवार।

family, polyandrous (ˈफ़ैमलि, पॉलिˈऐनड्रस्) **बहुपति परिवार :** बहुपत्नी विवाह की तुलना में यह बहुत ही कम प्रचलित वैवाहिक प्रथा है। ऐसे परिवारों में एक स्त्री के कई पति होते हैं।

family, polygamous (ˈफ़ैमलि, पॉलिˈगमस्) **बहुविवाही परिवार :** जब कोई स्त्री एक से अधिक पुरुषों से या कोई पुरुष एक से अधिक स्त्रियों से विवाह करता है, तो बहुविवाही परिवार का निर्माण होता है। ऐसे परिवार में दो या अधिक मूल परिवार सम्मिलित होते हैं। बहुत से लोग शायद यही जानते हैं कि एक-विवाही परिवार विश्व में सबसे अधिक लोकप्रिय परिवार है। मरडॉक (G. P. Murdock, 1897-1985) ने इसे एक भ्रामक तथ्य माना है। उन्होंने 565 समाजों का एक तुलनात्मक अध्ययन किया और यह पाया कि इस विश्व में 80% समाजों के अन्तर्गत बहुविवाह प्रथा का प्रचलन है।

family, polygynous (ˈफ़ैमलि, पॉलिˈजिनस्) **बहुपत्नी परिवार :** बहुविवाह के अन्तर्गत बहुपत्नी विवाह सबसे अधिक प्रचलित प्रथा है। मरडॉक के एक तुलनात्मक अध्ययन से यह प्रमाणित होता है कि 238 में 193 समाज में बहुपत्नी विवाह पाया जाता है, अर्थात् 81% बहुविवाह बहुपत्नी विवाह है। जब एक पुरुष कई स्त्रियों से विवाह कर सभी को एक ही पारिवारिक इकाई के रूप में रखता है, तब ऐसे परिवार को बहुपत्नी विवाही परिवार कहते हैं। ऐसे परिवारों में पति एक एवं पत्नियाँ एक से अधिक होती हैं। आमतौर पर पहली मुख्य पत्नी **(Primary wife)** के रूप में जानी जाती है। सबों में उसका स्थान सर्वोपरि होता है।

family, reconstitution (ˈफ़ैमलि, रीकॉन्स्टिˈट्यूशन्) **परिवार पुनर्गठन :** यह एक ऐसी प्रविधि है, जिसके माध्यम से हम विभिन्न जनांकिकी प्रक्रियाओं के बारे में, जैसे– जन्म, मृत्यु, विवाह, सम्बन्धी दरों का, गिरिजाघरों में रखी गयी पंजिका के आधार पर पता लगाते हैं। जनसंख्याशास्त्र के विकास के प्रारम्भिक काल में ऐसे स्रोतों से प्राप्त आँकड़ों का काफी उपयोग किया गया था।

family, restricted patriarchal (ˈफ़ैमलि, रिस्ˈट्रिक्टेड् पेट्रिˈऑकल) **प्रतिबन्धित पितृसत्तात्मक परिवार :** इतिहासकार लॉरेन्स स्टोन (Lawrence Stone) ने इसे परिवार के विकास का दूसरा चरण कहा है। इसका काल 16वीं सदी के प्रारम्भ से लेकर 18वीं सदी के प्रारम्भ तक का माना जाता है। इस प्रकार का परिवार मुख्यरूप से समाज के उच्च वर्गों में पाया जाता था। इसका स्वरूप मूल परिवार जैसा था, लेकिन यह पहले चरण की तरह समुदाय से उतना घनिष्ठ रूप से जुड़ा हुआ नहीं था, बल्कि समुदाय के नियन्त्रण से काफी दूर था।

family, romance (ˈफ़ैमलि, रोˈमैन्स्) **रूमानी परिवार :** परिवार के सदस्यों का पारस्परिक राग-द्वेष। साधारणत: माँ का आकर्षण पुत्र की ओर और पिता का पुत्री की ओर होता है। भाई-बहन तथा अन्यान्य सम्बन्धियों के प्रति भी आसक्ति-जनित आकर्षण-विकर्षण का भाव पाया जाता है। पिता इच्छा-पूर्ति में सहायक होने के कारण पुत्र के राग का और माँ के सम्बन्ध में बाधक होने के कारण द्वेष का पात्र बनता है। इसी प्रकार माँ भी लड़की के लिए राग और द्वेष दोनों की पात्र होती है। बाल्यावस्था की संवेगात्मक अनुभूतियों पर सम्पूर्ण व्यक्तित्व का विकास निर्भर करता है।

family, stem (ˈफ़ैमलि, स्टेम्) **शाखा परिवार :** ऐसा प्रचलन भारत में भी देखने को मिलता है कि जब किसी को अपनी सन्तान नहीं होती, तो लोग अपने भाँजे को गोद ले लेते हैं और बाद में वह मामा की सम्पत्ति का उत्तराधिकारी हो जाता है। ऐसे परिवार को भी हम शाखा परिवार की ही संज्ञा देंगे।

family, symmetrical (ˈफ़ैमलि, सिˈमेट्रिक्ल्) **सममितिक** या **प्रतिशय परिवार** : पति और पत्नी के युग्म से निर्मित एक ऐसा नाभिक परिवार, जो अपने सम्बन्धियों से किसी प्रकार की सहायता प्राप्त नहीं करता और न ही सहायता की आशा करता है। यह पूर्णत: आत्मनिर्भर एक स्व-प्रशासित परिवार होता है। सन् 1973 में लगभग दो हजार परिवार के एक नमूने के आधार पर किये गये एक सर्वेक्षण द्वारा परिवार का जो रूप उभर कर आया, उसी के लिए यंग एवं विलमोट (Michael Young and P. Willmott) ने सममितिक परिवार की संकल्पना का प्रयोग किया। सममितिक का अर्थ एक ऐसी व्यवस्था से है, जिसके सभी अंग या भाग समान होते हैं।

family, syncretic (ˈफ़ैमलि, सिन्क्रेˈटिक) **समन्वयवादी परिवार** : एक ऐसा परिवार, जिसमें पति-पत्नी मिलकर अधिकांश निर्णय लेते हैं, समन्वयवादी परिवार कहलाता है।

family, trusteeship (ˈफ़ैमलि, ट्रस्टिˈशिप) **न्यासिता परिवार** : जब किसी परिवार के अन्तर्गत व्यक्तिगत स्वार्थ की तुलना में समस्त परिवार का स्वार्थ सर्वोपरि हो जाता है, तो वैसे परिवार को न्यासिता परिवार कहा जाता है। न्यासिता परिवार में उसके सदस्यों की स्थिति एक न्यास की होती है। परिवार के स्वार्थों की हिफाजत की जिम्मेदारी सभी सदस्यों पर होती है। परिवार की भलाई, स्वार्थ की पूर्ति या उसकी प्रतिष्ठा को बनाए रखने या बढ़ाने की जिम्मेदारी परिवार के सभी सदस्यों की होती है। व्यक्तियों का निजी स्वार्थ गौण होता है। उसे अपने स्वार्थ से ऊपर उठकर परिवार के स्वार्थ की बात सोचनी होती है। इसका स्वरूप कुछ विस्तृत परिवार से मिलता है; क्योंकि यहाँ व्यक्ति से ऊपर परिवार का स्थान है। भारतीय संयुक्त परिवार एवं विस्तृत परिवार न्यासिता परिवार का बहुत ही उपयुक्त उदाहरण है।

family allowance (ˈफ़ैमलि अˈलाउअन्स्) **पारिवारिक भत्ता** : एक न्यूनतम आमदनी की सीमा के अन्तर्गत जीवन यापन करने वाले या रहनेवाले लोगों के लिए सरकार अपनी ओर से एक निश्चित भत्ते के रूप में आर्थिक सहायता देती है। इस प्रकार की चीज़ें आमतौर पर पाश्चात्य देशों में देखने को मिलती है। यह मुख्यरूप से 20वीं सदी में प्रारम्भ हुआ। भत्ते की राशि इतनी कम होती है कि लोग किसी तरह से गुजारा कर पाते हैं। ब्रिटेन में इसकी शुरूआत 1946 में हुई थी। अनुदान की राशि न्यूनतम इसलिए रखी जाती है कि लोग काम ढूँढ़ने के लिए प्रेरित हों। अमरीका में इसे निर्वाहदान (Dole) कहा जाता है।

family capitalism (ˈफ़ैमलि ˈकैपिटलिज़्म्) **पारिवारिक पूँजीवाद** : ऐसा पूँजीवादी उद्योग, जिसका मालिक या प्रशासन उद्योगपति के पारिवारिक सदस्यों के हाथ में होता है।

family cycle (ˈफ़ैमलि साइक्ल्) **परिवार-चक्र** : व्यक्ति के जन्म, विवाह और मृत्यु से सम्बन्धित क्रियाकलाप, जो अनवरत रूप से चलते रहते हैं। इस चक्र के अन्तर्गत पहले और सबसे छोटे बच्चे के जन्म और विवाह की घटनाओं के अतिरिक्त उन बच्चों के पालन-पोषण की प्रक्रिया से लेकर वृद्धावस्था तक की सभी घटनाएँ सम्मिलित होती हैं।

family holding (ˈफ़ैमलि ˈहोल्डिङ्) **पारिवारिक जोत** : वह जोत जो स्थानीय परिस्थितियों के अनुसार वहाँ के प्रचलित तौर-तरीकों से एक औसत आकार वाले परिवार को एक हल इकाई उपलब्ध करा सके। इसका तात्पर्य यह है कि एक परिवार के जोत का आकार इतना छोटा भी न हो कि एक किसान और एक हल को भी पूरा कार्य न मिल सके और न ही इतना बड़ा हो कि अपने परिवार के सदस्यों सहित एक किसान एक हल सहित उस जमीन पर पूरी तरह से खेती करने में सफल न हो।

family of orientation (ˈफ़ैमलि ऑव् ऑरिएन्ˈट्रेशन्) **प्रभव परिवार, जन्म-परिवार** : वह परिवार, जिसमें व्यक्ति जन्म लेता है तथा जिसमें उसका समाजीकरण होता है। मूल परिवार को डब्लू. एल. वार्नर (W. L. Warner, 1898-1970) ने दो भागों में बाँटा है– प्रभव परिवार **(Family of orientation)** एवं प्रजनन परिवार **(Family of procreation)**। एन्टनी गिडेन्स (Anthony Giddens) ने बताया है कि प्रभव परिवार वह परिवार है, जिसमें व्यक्ति पैदा होता है। बच्चों के लिए उसके माता-पिता का परिवार प्रभव परिवार कहा जायेगा। वही माता-पिता के लिए उनका

परिवार 'प्रजनन परिवार' माना जाता है और वही परिवार बच्चे के लिए प्रभव परिवार बन जाता है : देखें– **Family of procreation** ।

family of procreation (फ़ैमलि ऑव़् प्रोक्रि'एश्न्) **जनन परिवार** : विवाह के उपरान्त व्यक्ति जिस परिवार को स्वयं जन्म देता है तथा जिसमें सन्तानोत्पत्ति करता है, जनन परिवार कहलाता है। पर यदि किसी दम्पती को कोई सन्तान नहीं होती है, तो वैसे मूल परिवार में प्रभव परिवार का स्वरूप या पहलू गौण होता है तथा दोनों या दो में से किसी एक की मृत्यु के उपरान्त उस परिवार की समाप्ति हो जाती है। यहाँ ध्यान देने की बात यह है कि एक ही परिवार को प्रभव परिवार एवं प्रजनन परिवार दोनों कहा जा सकता है; क्योंकि वर्गीकरण का आधार व्यक्ति-विशेष का सन्दर्भ है। माता-पिता के लिए उनका परिवार 'प्रजनन परिवार' माना जाता है और वही परिवार को बच्चे के लिए प्रभव परिवार कहा जाता है : देखें– **Family of orientation** ।

family planning ('फ़ैमलि प्लान् इन्ग) **परिवार नियोजन** : ऐसी चेतनापूर्ण प्रक्रिया, जिसके अन्तर्गत कोई दम्पती अपने बच्चों की संख्या या प्रजनन के सम्बन्ध में स्वयं निर्णय लेते हैं। सामान्यत: परिवार नियोजन तथा जन्मनिरोध को समानार्थी समझने की भूल की जाती है। परिवार नियोजन का तात्पर्य पितृत्व से है, जिसमें जन्मनिरोध को अन्य पारिवारिक समस्याओं के समाधान के एक साधन के रूप में स्वीकार किया जाता है। भारत में इसे अब परिवार कल्याण के नाम से जाना जाता है।

fana **फाना, तदाकार होना, लीन होना** : मुसलमान सूफियों की मान्यता के अनुसार समाधि की अवस्था, जिसमें साधक ईश्वर से एकाकार हो जाता है और अपने अस्तित्व को बिल्कुल भूल जाता है।

fanatic (फ'नैटिक) **मतान्ध, धर्मान्ध** : ऐसा व्यक्ति जो तर्कबुद्धि को परे रखकर किसी विशेष धार्मिक या राजनीतिक विचार का प्रबल समर्थन करता है। अल-कायदा या तालिबान मुसलमानों के बीच धर्मान्ध व्यवस्था है। उसी प्रकार महाराष्ट्र में शिव सेना भी एक मतान्ध राजनीतिक व्यवस्था है।

fanaticism (फ'नैटि सिज़्म्) **धर्मान्धता, कट्टरता, दुराग्रह** : किसी विषय, भावना या विचारधारा के प्रति अत्यधिक लगाव, उत्साह या उसके पक्ष में अनियन्त्रित एवं असंयत दृष्टिकोण अथवा व्यवहार, जो किसी भी प्रकार के तर्क तथा विवेक की सीमा का उल्लंघन कर गया है। इसमें ज्ञान और तर्क का पूर्णत: अभाव होता है और भाव-संवेग की प्रचुरता होती है। मानसिक अवस्था भाव-प्रधान होती है, यथा– धर्मोन्मत्तता में व्यक्ति का अन्य धर्म और उसके अनुयायियों के प्रति अभावात्मक दृष्टिकोण और अपने के प्रति अतार्किक रूप से सजीले भाव का होना। इस प्रकार की मनोवृत्ति के उद्भव-विकास का कारण उस जाति अथवा समूह-विशेष की संस्कृति है। मानव की संवेग-वृत्ति का उपयुक्त रूप से सन्तोषण-परिमार्जन न होने पर ऐसी मनोवृत्ति का विकास होता है।

farmer ('फ़ार्मअर्) **किसान** : बड़े भूस्वामी को किसान कहा जाता है। वे खेती में आधुनिक औद्योगिक, प्रौद्योगिक का उपयोग कर बाज़ार के लिए उत्पादन करते हैं।

farm labour (फ़ार्म'लेबर्) **कृषि श्रमिक, खेतीहर मज़दूर** : ऐसा व्यक्ति, जिसे भूस्वामी अथवा फार्म प्रबन्धक द्वारा कृषि कार्य के लिए वेतन पर रखा जाये।

fascism ('फैसइज़्म्) **फासीवाद**, **तानाशाही** : राजनीतिक आन्दोलन और विचारधारा के रूप में फासिज़्म का कार्यकाल मुख्यरूप से 1922 से 1943 तक मुसोलिनी (B. Mussolini, 1883-1945) के नेतृत्व में इटली में सक्रिय रहा था। इटली में 1922 से 1943 के बीच मुसोलिनी ने जिस सामूहिकतावादी राजनीतिक व्यवस्था को जन्म दिया, उसे ही बाद में फासीवाद का नाम दिया गया है। इस शब्द का प्रयोग बहुधा इससे मिलते-जुलते राजनीतिक आन्दोलनों जैसे जर्मनी के नाजीवाद (**Nazisın**) और स्पेन के फलंज (Falange) के लिए भी किया जाता है। फासीवाद एक सत्तावादी, राष्ट्रवादी और उदारताविहीन राजनीतिक आन्दोलन था जिसकी उत्पत्ति की जड़ें प्रथम विश्वयुद्ध के बाद की सामाजिक और आर्थिक

संकट में गड़ी हुई थीं। अपने उन्नत रूप में फासिज़्म एक दल का शासन है, जिस पर अधिनायक का नियन्त्रण रहता है। यह अधिनायक एक निरंकुश सर्वाधिकारवादी राज्य की स्थापना करता है। फासिज़्म के निम्न मुख्य सिद्धान्त उभरकर सामने आते हैं– (1) फासिज़्म एक व्यक्ति का ही शासन है। सर्वशक्तिशाली अधिनायक अथवा नेता अपने दल द्वारा सर्वसाधारण के ऊपर अपना प्रभाव जमाता है। (2) फासिज़्म ने अपनी विचारधारा के पोषण में डार्विनवाद का खुलकर उपयोग किया है। इस सिद्धान्त के अनुसार संघर्ष जीवन का एक अनिवार्य नियम है और संसार में केवल उसी व्यक्ति को जीवित रहने का अधिकार है, जो सभी प्रकार से योग्य हो (देखें– Barrington Moore, **The Social Origins of Dictatorship and Democracy**, 1966; S. J. Woolf (ed.), **The Nature of Fascism**, 1968; Nico Poulantzas, **Fascism and Dictatorship**, 1970) : देखें– **Dictatorship; Authoritarianism** ।

fascist society (फ़ा'सिस्ट सॅ'साइअटि) **फासीवाद समाज :** एक फासीवादी समाज वह है, जिसमें तानाशाह के द्वारा राष्ट्रीयता की भावना को जगाकर शासन किया जाता है, जैसा कि जर्मनी में हिटलर, इटली में मुसोलिनी एवं स्पेन में फ्रॅांको ने किया।

fashion ('फ़ैशन्) **फैशन, चलन :** फैशन ऊपरी व्यवहार, साज-सज्जा तथा कार्यशैली से जुड़े उन तरीकों को कहते हैं, जो किसी समाज में एक समय में प्रचलित होते हैं। फैशन का सम्बन्ध व्यक्ति के आन्तरिक गुण से नहीं, बल्कि देखे जाने वाले (Observable) व्यवहार से सम्बन्धित है। फैशन एक ऐसे व्यवहार का नाम है, जो कुछ समय के लिए काफी तेजी से अधिकतम व्यक्तियों द्वारा अपनाया जाता है। यह प्राय: संकेतों और आकृतियों की वस्तुओं के रूप में प्रकट होती है। व्यक्तियों में सदैव नवीन वस्तुओं को पाने या अपनाने की इच्छा होती है। अत: जब भी नयी आकृति की वस्तुएँ बाज़ारों में बिकने जाती हैं और कुछ उच्च वर्गों के व्यक्ति उन्हें अपनाने लगते हैं, तो सामान्य जन भी उन्हें अपनाने के लिए लालायित हो उठते हैं। पुरानी वस्तुएँ या व्यवहार के प्रतिमान भी कुछ समय के बाद पुन: प्रचलन में आ सकते हैं और इस प्रकार कई बार फैशन लहरों की भाँति ऊपर चढ़ते और नीचे उतरते रहते हैं। अधिकतर व्यक्ति इसीलिए फैशन करते हैं, जिससे वे उच्च वर्गों के समझे जाने लगें : देखें– **Fad** ।

fatalism ('फ़ैटॅलिज़म्) **भाग्यवाद, दैववाद :** वह मत कि मनुष्य के जीवन में जो कुछ भी होता है या मनुष्य खुद करता है, वह पहले से ही भाग्य के द्वारा निश्चित होता है। वह वैचारिक प्रवृत्ति, जिसके प्रभाव से मानवीय जीवन में स्वतन्त्रता को अवास्तविक समझा जाता है और मानव की समस्त क्रियाओं और अवस्थाओं को पूर्वनिर्धारित माना जाता है। इसमें धार्मिक विश्वास का भी पुट है, जिसके कारण कभी-कभी भाग्य और ईश्वर में कोई भेद नहीं रह जाता। नीतिशास्त्र में भाग्यवादी प्रवृत्ति नियतिवाद या निर्धारणवाद को पुष्ट करती है, लेकिन यह ज़रूरी नहीं है कि निर्धारणवाद सदा भाग्य की कल्पना पर आधारित हो। निर्धारणवाद, समाज, प्रकृति, पर्यावरण या पूर्वकर्म की धारणाओं पर भी आधारित हो सकता है (देखें– Oscar Lewis, **Children of Sanchez**, 1961; David Robbins (ed.), **Rethinking Social Inequality**, 1982)।

fatherland ('फ़ादर् लैन्ड्) **पितृभूमि, स्वदेश :** इस शब्द का प्रयोग दो अर्थों में किया जाता है– (1) व्यक्ति की जन्मभूमि या देश, जिसके प्रति वह अपनी निष्ठा रखता है। (2) पिता अथवा पूर्वजों की जन्मभूमि।

father right ('फ़ादर् राइट्) **पितृ अधिकार :** एक प्रकार की सामाजिक व्यवस्था, जिसकी विशेषताएँ पैतृक निवास, पैतृक सत्ता तथा पैतृक वंशानुगत उत्तराधिकार होती है।

feast (फ़ीस्ट्) **भोज :** सामुदायिक अथवा अनौपचारिक भोज। ये धार्मिक अनुष्ठानों से सम्बन्धित कृत्यों के भाग होते हैं। इनका आयोजन बहुधा जीवनयात्रा के सामाजिक संस्कारों, जैसे– जन्म, दीक्षा, विवाह, अंत्येष्टि आदि के अवसरों पर किया जाता है।

feast for the dead (फ़ीस्ट् फॉर द् डेड्) **मृतक भोज :** वह भोज, जिसे व्यक्ति के मरणोपरान्त उसके सम्बन्धी आयोजित

करते हैं। ऐसे भोज मृत्यु के बाद तत्काल अथवा नियतकाल के बाद दिए जाते हैं। इन भोजों का मुख्य उद्देश्य मृत को भोजन कराना, उसके लिए सुख-शान्ति की कामना करना, उसके साथ भोजन कर उससे निकट सम्बन्ध स्थापित करना तथा उसके प्रेत का उपशमन करना होता है।

fecundity (फ़ि'कॅन्डिटि) **प्रजनन-क्षमता :** कोई स्त्री या पुरुष किसी अवरोध या निरोध के जितने बच्चे उत्पन्न कर सकता है, यह उसकी प्रजनन-क्षमता कहलाती है। प्रजनन-क्षमता को प्रजननता-दर से भिन्न समझना चाहिए; क्योंकि प्रजननता-दर विभिन्न अवरोधों या निरोधों के बाद वास्तविक प्रजनन के आधार पर मापी जाती है। प्रजनन का सम्बन्ध वास्तविक प्रजननता, अर्थात् पैदा हुए बच्चों की कुल संख्या से है, जबकि प्रजनन-क्षमता का तात्पर्य प्रजनन की जैविक शक्ति से है (देखें– Rodolfo Bulatao and Ronald D. Lee (eds.), **Determinants of Fertility in Developing Countries**, 1983) : देखें– **Fertility**।

federalism ('फ़ेडरॅ्लिज़म्) **संघवाद :** किसी भी देश की संवैधानिक व्यवस्था का निर्धारण उस देश-विशेष में विद्यमान दल-प्रणाली से होता है। संघवाद, राजनीतिक व्यवस्था की एक प्रणाली है। इस प्रणाली में विद्यमान दल प्रणाली की सामर्थ्य, प्रादेशिक और राष्ट्रीय राजनीतिक नेतृत्व की महत्ता, राष्ट्रीय और प्रादेशिक दलों की तुलनात्मक शक्ति, राजनीतिक दलों की शक्ति-संरचना आदि तत्त्व संघ व्यवस्था के व्यावहारिक क्रियान्वयन को प्रभावित करती हैं। संघवादी प्रणाली वाले देशों के शासन में, शासन के विभिन्न स्तरों के साथ-साथ दलीय प्रणाली के विभिन्न स्तर परिलक्षित होते हैं। संघीय सिद्धान्त शक्ति के विभाजन का एक तरीका है, जिससे सामान्य (संघीय) एवं क्षेत्राधिकारी (राज्य) सरकार अपने-अपने क्षेत्र में प्रथम एवं समान होती है। भारतीय संविधान निर्माताओं ने संघीय एवं एकात्मक व्यवस्था के मध्य का मार्ग अपनाया है। भारतीय संविधान का बाह्यरंग संघात्मक है एवं अन्तरंग एकात्मक। इसीलिए संविधान में जहाँ कुछ लक्षण संघवाद के हैं, वहाँ कुछ एकात्मक व्यवस्था के।

feeling ('फ़ीलिङ्) **भावना :** किसी वस्तु, व्यक्ति अथवा घटना के प्रति प्रीतिकर अथवा अप्रीतिकर संवेगात्मक अनुभवों को भावना कहते हैं। सुख-दुःख की चेतन अनुभूति भावना को प्रकट करती है। भावना के तीन आयाम हैं– तनाव-शिथिलता, उत्तेजना-अवसाद तथा सुख-वेदना।

felony ('फ़ेलनि) **महापराध, घोर अपराध :** जघन्य अपराध, जिसके लिए कठोर दण्ड दिया जाये। इस शब्द की उत्पत्ति अपराधों के कानूनी वर्गीकरण के आधार पर हुई है, जिसके अनुसार अपराध को दो वर्गों में बाँटा जाता है– साधारण और महापराध। साधारण अपराध वाले अपराधी समाज-सुरक्षा की दृष्टि से खतरनाक नहीं होते। इसके विपरीत, गंभीरता एवं नृशंसता पर आधारित महापराधों द्वारा सम्पूर्ण समाज के हितों को नुकसान पहुँचने का भय बना होता है। किसी को गाली-गलौज करना साधारण अपराध है, लेकिन किसी की हत्या करना महापराध है।

feminism ('फ़ेमि निज़म्) **महिलावाद, नारीवाद :** जीवन के प्रत्येक क्षेत्र में पुरुषों के बराबर स्त्रियों के अधिकारों के समर्थन को नारीवाद या महिलावाद का नाम दिया गया है। इस विचारधारा की उत्पत्ति मूलतः पितृसत्तात्मकता अर्थात् पुरुष-प्रभुत्व के प्रतिक्रियास्वरूप हुई है। इसकी व्याख्या दो रूपों में की जा सकती है। (1) संकुचित राजनीतिक विचारधारा के अर्थ में, जैसे– यह महिलाओं की समानता के लिए किया गया एक सामाजिक आन्दोलन है, जो लिंगवादी सिद्धान्त, अर्थात् पुरुष प्रभुता और सामाजिक शोषण की प्रथा की समाप्ति पर बल देता है। (2) विस्तृत अर्थों में, जैसे– महिलावाद कई भिन्न, किन्तु अन्तर्सम्बन्धित संकल्पनाओं का एक पुंज है, जिसका प्रयोग लिंग की सामाजिक यथार्थता तथा लिंग असामनता की उत्पत्ति, प्रभाव एवं परिणामों के अध्ययन, विश्लेषण एवं विवेचन में किया जाता है (देखें– Jessie Bernard, **Academic Women**, 1964; Rosemarie Tong, **Feminist Thought: A Comprehensive Introduction**, 1989; Terry Lovell (ed.), **British Feminist Thought**, 1990) : देखें– **Gender**।

feminist methodology ('फ़ेम निस्ट् मेथ'डॉलजि) **महिलावादी पद्धतिशास्त्र :** जब से नारीवादी आन्दोलनों की शुरूआत हुई है, तब से कुछेक लोगों ने महिलावादी पद्धतिविज्ञान की माँग की है, जो पुरुषों के पुरुषवादी वर्चस्व और

मनोभावों से मुक्त हो । वह नारीवादी सामाजिक विज्ञान ही नहीं, अपितु पूर्णतः एक अलग-थलग के विज्ञान की पक्षधर है, जिसकी अन्वेषण की पद्धतियाँ नारी के जीवन एवं कार्यविधा से ओतप्रोत और अचेतन लैंगिक अभिनति से मुक्त हो । इन सक्रियतावादी महिलाओं के विचार में विद्यमान अन्वेषण की पद्धतियों को पूर्णतः पक्षपातरहित नहीं कहा जा सकता । इनकी दृष्टि में महिलाओं का अध्ययन वस्तुपरक संरचित साक्षात्कारों और परिमाणात्मक विश्लेषण के स्थान पर अत्यधिक प्रतिवर्ती **(Reflexive)** एवं संक्रियात्मक असंरचित साक्षात्कारों के द्वारा किया जाना चाहिए, ताकि सूचना देने वाली महिलाएँ अपने विषय में अधिकाधिक बता सकें । इस प्रकार के साक्षात्कारों द्वारा महिलाओं के जीवन और उनकी समस्याओं के सूक्ष्मातिसूक्ष्म परतों को खोलने में मदद मिलेगी ।

feminist social theory (ˈफ़ेम निस्ट् ˈसोशल् ˈथिअरि) **नारीवादीमूलक सामाजिक सिद्धान्त :** बीसवीं शताब्दी के नारीवादीमूलक सामाजिक सिद्धान्त को एक सामाजिक आन्दोलन के रूप में हुए महिलावाद से न अलग किया जा सकता और न ही पृथक् रूप में समझा जा सकता है । नारीवाद आन्दोलन की शुरूआत सन् 1920 में समान मताधिकार के मुद्दे को लेकर हुई थी, जो कि बाद में सवैतनिक कार्य (नौकरी) के क्षेत्र और घरेलू कार्यकलापों, कानूनी सम्बन्धों और सांस्कृतिक प्रथाओं में मूलभूत लैंगिक समानता **(Gender equality)** के एक आमूल परिवर्तनवादी आन्दोलन में बदल गया । अतः नारीवादीमूलक सामाजिक सिद्धान्त का उद्भव भी कई भिन्न रूपों– उदारवाद, मार्क्सवाद और उत्तर आधुनिकतावाद में हुआ । सामान्य रूप में, नारीमूलक सामाजिक सिद्धान्त का उद्देश्य लैंगिक भेदभाव और विशिष्ट रूप में पितृसत्तात्मक सिद्धान्त के सन्दर्भ में समाज में महिलाओं की अधिकारहीनता की स्थिति को समझना और स्पष्ट करना है (देखें– R. A. Wallace (ed.), **Feminism and Sociological Theory**, 1989) ।

feminity (फ़ेˈमनिटि) **नारीत्व, स्त्रीत्व :** नारियों की स्वाभाविक व्यवहार सम्बन्धी विशिष्ट विशेषताएँ, जो किसी खास संस्कृति की विशेषता है, जैसे– भारतीय विवाहित महिलाओं के द्वारा माँग में सिन्दूर भरना । अनेक समाजों में स्त्रियों और पुरुषों को भिन्न तथा विशिष्ट विशेषताओं से आभूषित किया गया है । भारतीय समाज में नारी को ममता, करुणा, संवेदनशीलता, स्नेह, लज्जा, श्रद्धा, विनम्रता आदि गुणों की प्रतिमूर्ति बताया गया है । इन गुणों के सम्बन्ध में भारी विवाद है कि क्या ये गुण स्त्रीलिंग की वास्तविक विशेषताएँ हैं, क्या इनका निर्धारण जैवकीय या सामाजिक रूप में होता है तथा ये गुण किस प्रकार समाज में पुरुष सत्ता और प्रभुत्व को बनाये रखने में सहायक होते हैं ।

feminization and masculinization (फेमिनाइˈज़ेशन् ऐन्ड् मैस्क्वलिनाइˈज़ेशन्) **स्त्रीलिंगीकरण एवं पुरुषत्वीकरण :** स्त्रीलिंगीकरण एक ऐसी प्रक्रिया है, जिसके अन्तर्गत सामाजिक जीवन में महिलाओं की महत्ता में वृद्धि होती है, जैसे– बहुत से ऐसे पेशे हैं, जहाँ पहले पुरुष लोग काफी संख्या में काम कर रहे थे, लेकिन धीरे-धीरे पुरुषों की जगह महिलाएँ ले रही हैं । इसके साथ यह भी देखने को मिल रहा है कि सामाजिक जीवन में कुछ अन्य प्रक्रियाओं का प्रभाव बढ़ता जा रहा है, जैसे– तलाक के परिणामस्वरूप पाश्चात्य देशों में महिलाकेन्द्रित परिवारों की संख्या धीरे-धीरे बढ़ती जा रही है और परिणामस्वरूप वे गरीबी का शिकार होती जा रही हैं । इसे गरीबी का स्त्रीलिंगीकरण (Feminization of poverty) कहा जायेगा । ठीक इसके विपरीत दूसरी तरफ विभिन्न पेशों में नारियों की जगह पुरुषों की संख्या में वृद्धि नहीं हो रही है । स्त्रीलिंगीकरण की तुलना में पुरुषत्वीकरण एक न्यूनतम महत्त्व की प्रक्रिया है; क्योंकि महिलाओं के क्षेत्र में पुरुषों के दखल नहीं बढ़ रहे हैं ।

feminization of poverty (फेमिनाइˈज़ेशन् ऑव् ˈपॉवर्टि) **निर्धनता का स्त्रीकरण :** यह प्रवृत्ति कि निर्धन लोगों में स्त्रियों की प्रतिशत-संख्या लगातार बढ़ रही है और इनमें से बहुत-सी स्त्रियाँ अपने ही बूते पर बच्चों का भरण-पोषण करती हैं : देखें– **Feminization and masculinization** ।

feral child (ˈफ़ेरल चाइल्ड्) **वन्य** या **पशुपोषित बच्चा :** वैसा बच्चा, जिनका लालन-पालन समाज के बाहर हुआ हो । अतः वे स्वाभाविक रूप से समाजीकृत नहीं हो पाते हैं । वैसे लोगों का आचरण आम मनुष्यों से भिन्न या फिर जानवरों जैसा होता है ।

fertility (फ़र्'टिलटि) **प्रजननता :** किसी जनसंख्या में एक विशिष्ट कालावधि में बच्चों का जन्म किस आवृत्ति से होता है, यह प्रजननता का द्योतक है। प्रजनन-क्षमता वास्तविक प्रजनन निष्पादन की ओर संकेत करता है, चाहे वह व्यक्ति अथवा समूह पर लागू किया गया हो, प्रजनन का जीवित जन्मे बच्चों की संख्या के रूप में माप किया जाता है। प्रजननता-दर का सूत्र निम्न प्रकार से स्पष्ट किया जा सकता है–

$$\text{प्रजननता-दर} = \frac{\text{15-49 आयु वर्ग की स्त्रियों से जीवित जन्मे बच्चों की संख्या}}{\text{15-49 आयु वर्ग की स्त्रियों की कुल जनसंख्या}} \times 1000$$

जब प्रजननता-दर प्रति स्त्री देखी जाती है, तो उसे जनसंख्याशास्त्र के अन्तर्गत कुल प्रजननता-दर (**Total fertility rate**) की संज्ञा दी जाती है। यदि भारत की कुल प्रजननता-दर 3 पायी जाती है, तो इसका स्पष्ट अर्थ यह होता है कि एक भारतीय महिला अपने पूरे जीवनकाल में औसतन 3 बच्चे पैदा करती है : देखें– **General fertility rate**।

fertility and fecundity (फ़र्'टिलटि ऐन्ड् फ़ि'कॅन्डिटि) **प्रजननता एवं प्रजनन-क्षमता :** जीवित शिशुओं के जन्म की प्रक्रिया को प्रजननता कहते हैं, जबकि शिशुओं के जन्म देने की जैविक क्षमता को प्रजनन-शक्ति कहते हैं। स्पष्ट है कि प्रजनन-शक्ति प्रजननता की ऊपरी सीमा को निर्धारित करती है।

fertility cult (फ़र्'टिलटि कल्ट्) **उर्वरताकल्प, प्रजननता पंथ :** ऐसे विधि-विधान एवं धर्मानुष्ठान, जिनके द्वारा वनस्पति, पशुओं तथा मानव की उत्पादन-क्षमता को सुनिश्चित करने और बढ़ाने की कामना की जाती है।

fertility rites (फ़र्'टिलटि राइट्स) **प्रजननता धर्मकृत्य, उर्वरता संस्कार :** प्रत्येक विवाहित स्त्री में सन्तान को जन्म देने की अभिलाषा स्वाभाविक रूप से होती है। प्रायः सभी समुदायों में सन्तान का और अधिकतर समुदायों में विशेषतया पुत्र का उत्पन्न होना बहुत आवश्यक माना जाता है। विश्व में कई समुदायों में यौवनारम्भ तथा विवाह के संस्कारों के अन्तर्गत ऐसे कई धर्म, जादू व यौन क्रियाएँ सम्बन्धी कार्य किये जाते हैं, जिनके द्वारा एक कन्या अथवा स्त्री को सन्तानों को जन्म देने के लिए उर्वर (गर्भधारण करने योग्य) बनाया जा सके। सन्तान प्राप्ति के लिए प्राचीन भारत में देवताओं की पूजा या यज्ञ करना, नरबलि चढ़ाना, जादू-टोना करना आदि प्रचलित था। धार्मिक पुजारियों से भी यौन-सम्पर्क करना तथा नियोग पद्धति के अन्तर्गत किसी भी अन्य उपयुक्त व्यक्ति से यौन-सम्पर्क करवाना, जिससे कि सन्तान उत्पन्न हो सके, भारत में प्रचलित रहा है।

festival ('फ़ेस्टिवल) **उत्सव :** विश्व के प्रायः सभी समुदायों अथवा संस्कृतियों में त्योहार और उत्सव मनाने की प्रथा बहुत ही प्राचीनकाल से चली आ रही है। न केवल जनजातीय समुदाय अपितु, सभ्य नागरिक समुदाय भी विभिन्न प्रकार के उत्सवों को मनाते हैं। अधिकतर उत्सव धार्मिक और सांस्कृतिक प्रसंगों से सम्बन्धित होते हैं। लेकिन राजनीतिक, आर्थिक व संस्थात्मक कारकों से सम्बन्धित उत्सव भी मनाये जाते हैं। इन सभी प्रकार के उत्सवों में इनके आयोजन करने वाले विशिष्ट व्यक्ति अपने रिश्तेदारों, मित्रों, समुदाय के अन्य सदस्यों तथा संस्था के अन्य व्यक्तियों को उनमें भाग लेने के लिए आमंत्रित करते हैं। फ्रांसीसी समाजशास्त्री एमिल डर्कहाइम (Émile Durkheim, 1858-1917) के अनुसार धार्मिक उत्सवों के पीछे सामूहिक प्रतिनिधित्व की भावना विद्यमान रहती है। ऐसे अवसर व्यक्तियों को आश्वस्त कर देते हैं कि वे वस्तुतः इस जगत् में अकेले नहीं हैं, अपितु वे अपने रिश्तेदारों, मित्रों, जाति या समुदाय के एक बहुत बड़े सामाजिक संगठन के ही अंग हैं। एक समुदाय की संस्कृति को अक्षुण्ण बनाये रखने में तथा उसके सदस्यों का समाजीकरण करने में उत्सवों का बहुत बड़ा महत्त्व होता है।

fetishism (फ़ेटि'शिज़म्) **देवकपूजा, जड़-पूजा :** एक ऐसा विश्वास कि सभी वस्तुओं में अलौकिक शक्ति विद्यमान है, जिसके माध्यम से कोई अच्छा या बुरा कार्य सम्पन्न किया जा सकता है। जब इन्हें इस भावना से पूजा जाता है, तो इन वस्तुओं को देवक अथवा दैवी (**Fetish**) और इससे जुड़े विश्वास को देवकपूजा कहते हैं।

fetishism of commodities (commodity fetishism) (फ़ेटि'शिज़म् ऑव् क'मॉडिटिज्) **वस्तुओं की जड़पूजा :** पूँजीवाद के विश्लेषण के सन्दर्भ में कार्ल मार्क्स (Karl Marx, 1818-1883) ने कहा है कि वस्तुओं को हम दैवस्वरूप प्रदान कर देखते हैं। विभिन्न वस्तुओं और सेवाओं के बारे में हम यह मान लेते हैं कि अमुक मूल्य उसका नैसर्गिक मूल्य है। किसी दूसरी वस्तु को जैसे– सोना, चाँदी या रुपया-पैसा के मूल्य की तरह ही, हम सभी वस्तुओं और सेवाओं को मापने का प्रयास करते हैं। लेकिन, लोग यदि एक-दूसरे को सेवा देने में सहयोग करें, तो बहुत प्रकार की वस्तुओं को बाज़ार में बेचने की आवश्यकता नहीं होगी।

कार्ल मार्क्स ने लिखा है कि पूँजीवादी व्यवस्था के अन्तर्गत भिन्न-भिन्न वस्तुओं का उत्पादन करने वाले लोग एक विशेष सामाजिक सम्बन्ध से बँध जाते हैं, जिसमें स्वयं मनुष्य नगण्य हो जाते हैं। इन मनुष्यों का सामाजिक सम्बन्ध इस बात से निर्धारित नहीं होता कि उनकी अपनी निपुणताएँ क्या-क्या हैं और उनके उत्पादनों में किस-किस प्रकार का और कितना-कितना श्रम लगा है, बल्कि वह इस बात पर निर्भर होता है कि बाज़ार में उनके उत्पादनों का विनिमय मूल्य क्या है। इस तरह वस्तुओं का परस्पर सम्बन्ध, मनुष्यों के परस्पर सम्बन्ध पर हावी हो जाता है, उदाहरणस्वरूप– दर्जी और बढ़ई का परस्पर सम्बन्ध इस बात का संकेत देता है कि बाज़ार में कोट और कुर्सी का विनिमय मूल्य क्या है। यह इस बात का संकेत नहीं देता कि इन दोनों वस्तुओं को बनाने में कैसी निपुणता की ज़रूरत है और किस-किस तरह का और कितना श्रम लगता है। कार्ल मार्क्स के अनुसार वस्तुओं का यह परस्पर सम्बन्ध तो यथार्थ सम्बन्ध होता है, परन्तु यह उनके निर्माताओं के यथार्थ सम्बन्ध को छिपा देता है। इसका मतलब यह हुआ कि पूँजीवाद की आर्थिक प्रणाली मनुष्यों के यथार्थ सामाजिक सम्बन्धों पर एक तरह के 'मिथ्या सम्बन्ध' आरोपित कर देती है। यही कारण है कि इस प्रणाली के अन्तर्गत पूँजी को लाभ का स्रोत मान लिया जाता है, जबकि पूँजी अपने-आप में कोई मूल्य पैदा नहीं करती। वास्तव में पूँजीपति का लाभ श्रमिक के शोषण का परिणाम होता है, जिसे कार्ल मार्क्स ने अतिरिक्त मूल्य (Surplus value) के रूप में व्यक्त किया है (देखें– Nicholas Abercrombie, **Class, Structure and Knowledge**, 1980) : देखें– **Alienation; Surplus value**।

feud (फ्यूड) **पुश्तैनी दुश्मनी, कुल-बैर :** परिवारों अथवा कुलों के बीच चिरकाल तक चलने वाले संघर्ष, जिनमें रक्तपात अथवा अन्य प्रकार की क्षति का प्रतिशोध लेने के लिए एक-दूसरे पर आक्रमण किया जाता है।

feudal society ('फ्यूडल् स'साइअटि) **सामन्ती समाज :** एक ऐसा समाज, जो जमीन के मालिक और दूसरे सामाजिक वर्गों के बीच पारस्परिक कार्य (उत्तरदायित्व) पर आधारित है अथवा जमीन्दारों और किसानों के सम्बन्धों पर आधारित राज्यतन्त्र, जो जमीन्दारों द्वारा जमीन हथियाने के फलस्वरूप पैदा होता है। कार्ल मार्क्स का विचार है कि सामन्ती समाज का आगमन भूसम्पत्ति पर मालिकाना हक की पैदाइश तथा दास एवं मालिक के बीच परस्पर संघर्ष के परिणामस्वरूप हुआ। इस समाज में भी दो वर्ग थे, वे थे– सामन्त **(Feudal lords)** और कृषिदास **(Serfs)**। सामन्त उत्पादन के साधनों के स्वामी थे। कृषिदास सामन्तों के अधीन कार्यों में हाथ बँटाते थे तथा युद्ध की स्थिति में सामन्त के सिपाही के रूप में लड़ते थे। इस समाज में निजी सम्पत्ति की धारणा और ज्यादा मजबूत हुई। सामन्तों एवं कृषिदासों के बीच संघर्ष निरन्तर चलते रहते थे (देखें– Mark Bloch, **Feudal Society**, 1961) : देखें– **Feudalism**।

feudalism (फ्यूड'लिज़म्) **सामन्तवाद :** इसका तीन रूपों में विश्लेषण किया जा सकता है– (1) यह समाज की वह ऐतिहासिक अवस्था है, जिसमें उत्पादन के साधन भूमि एवं श्रम होते हैं। (2) यह एक आर्थिक प्रणाली है, जिसमें श्रमिक मालिक या स्वामी के अधीन होते हैं और उत्पादन केवल पेट पालने भर के लिए किया जाता है। (3) यह सामाजिक संगठन का वह स्वरूप है, जिसके अन्तर्गत व्यक्ति के अधिकारों एवं कर्त्तव्यों का निर्धारण उसके भूमि पर अधिकारों के आधार पर होता है।

यूरोप में सामन्तवाद का उदय रोमन साम्राज्य के ध्वंसावशेषों पर हुआ था और प्राय: 500 ई. से 1500 ई. तक यूरोप की सामाजिक-राजनीतिक व्यवस्था का आधार सामन्तवाद ही था। यह काल रोमन साम्राज्यवाद और आधुनिक युग के राष्ट्रवाद के बीच का संक्रमण-काल माना जाता है। सामन्तवादी व्यवस्था में सार्वजनिक सम्बन्धों के आधार पर लोगों के भूमि-विषयक अधिकार थे। सामन्तवाद की मुख्य विशेषताएँ थीं– (1) दास को अपने मालिकों से जमीन मिलती थी; (2) दास और मालिक के बीच व्यक्तिगत सम्बन्धों का अस्तित्व था और (3) जागीरदार अपनी रिआया पर आंशिक या पूर्ण प्रभुसत्ता का प्रयोग कर सकता था। सामन्तवाद को ईसाई धर्म-सत्ता से काफी सहायता प्राप्त हुई थी। यह है इसकी संक्षिप्त ऐतिहासिक पृष्ठभूमि।

समाजविज्ञान के नजरिये से देखा जाय तो यह स्पष्ट होता है कि सामन्तवादी संगठन का स्वरूप पिरामिडनुमा होता है और इसमें शासक तथा कृषि दासों को छोड़कर प्रत्येक सामन्त अपने अधीन व्यक्तियों का सामन्त होता है और अपने से ऊपर के व्यक्तियों का सेवक। सामन्ती शासन-व्यवस्था का आधार भूमि थी। किसी भी राज्य की सम्पूर्ण भूमि पर नियन्त्रण तो शासक का होता था, परन्तु उसका उपभोग बड़े से लेकर छोटे सामन्त तक करते थे। ये छोटे और बड़े सामन्त आवश्यकतानुसार शासक को सैनिक सहायता भी दिया करते थे। इस पिरामिडनुमा संगठन के शीर्ष पर शासक और धरातल पर कृषक या दास थे। कार्ल मार्क्स (Karl Marx, 1818-1883) के अनुसार, सामन्तवाद की विशेषताएँ हैं- निजी सम्पत्ति, एकलविवाही परिवार, राज्य, वर्ग, श्रम-विभाजन इत्यादि। इस अवस्था में मुख्यरूप से दो वर्ग पाये जाते हैं– सामन्त (Feudal lord) और खेत जोतने वाला (Serf)। सामन्त को उत्पादन के साधन पर अधिकार होता है और खेत जोतने वाले दास को उनके श्रम पर। इस समाज को हम कृषक समाज **(Peasant society)** भी कह सकते हैं। भारत की जाति व्यवस्था तथा संयुक्त परिवार इसी समाज की ओर इंगित करता है। इस समाज में आर्थिक शोषण सामाजिक शोषण से जुड़ा हुआ तथा उत्पादन स्थानीय होता है (देखें– Rushton Coulborn, **Feudalism in History**, 1956; Marc Bloch, **Feudal Society**, 1961; Robert J. Holton, **The Transition from Feudalism to Capitalism**, 1985) : देखें– **Feudal society**।

fiction (ˈफ़िक्शन्) **कल्पितार्थ, कल्पना :** मस्तिष्क के द्वारा निर्मित कोई रचना जो उपलब्ध न हो। किसी भी आधारहीन चीज़ को काल्पनिक माना जाता है। जो वस्तुपरक या इन्द्रियानुभविक नहीं है, उसे समाजविज्ञानों में काल्पनिक की श्रेणी में रखा जाता है। बहुत-सी ऐसी चीज़ें होती हैं, जो मानसिक स्तर पर ही पायी जाती हैं। उन्हें अपनी ज्ञान-इन्द्रियों के माध्यम से नहीं जाना जा सकता है। वे सभी कल्पितार्थ माने जाते हैं।

fictive kin (ˈफ़िक्टिव किन) **कल्पित सम्बन्धी :** देखें– **Kinship**।

field experiment (फ़ील्ड् इक्ˈस्पेरिमन्ट्) **क्षेत्र-प्रयोग :** एक ऐसा प्रयोग, जो प्रयोगशाला के बाहर नैसर्गिक परिवेश में सम्पन्न किया जाता है, क्षेत्र-प्रयोग कहलाता है। इसमें शोधकर्ता द्वारा कृत्रिम परिवेश की रचना नहीं की जाती है। भौतिकविज्ञानों में प्रयोगशालाई अनुसन्धान एवं क्षेत्र-प्रयोग दोनों ही चलता है। समाजविज्ञान के लिए तो समस्त समाज ही अध्ययन क्षेत्र और प्रयोगशाला है। समाजविज्ञान में किसी अध्ययन के वैज्ञानिक या वस्तुपरक होने के लिए कुछ-न-कुछ क्षेत्र-प्रयोग तो करना ही होता है।

field method (फ़ील्ड् मेˈथॅड) **क्षेत्र-पद्धति :** क्षेत्र-कार्य की समस्या तथा व्यापक वैज्ञानिक सिद्धान्तों के अध्ययन के लिए नृवैज्ञानिक द्वारा प्रयुक्त सुनियोजित दृष्टिकोण। अवलोकन **(Observation)** एवं साक्षात्कार एक क्षेत्र-विधि के रूप में प्रयोग होता है।

field research (फ़ील्ड् रिˈसर्च्) **क्षेत्र-अनुसन्धान :** सामाजिक विज्ञानों के सन्दर्भ में अनुसन्धान की इस विधि के अन्तर्गत निरीक्षणकर्ता उन लोगों के बीच जाता है, जिनका निरीक्षण करना होता है। क्षेत्र-अनुसन्धान एवं क्षेत्र-अध्ययन एक-दूसरे के पर्यायवाची हैं : देखें– **Field work**।

field study (फ़ील्ड् 'स्टडि) **क्षेत्र अध्ययन :** एक प्रकार का अनुसन्धान, जिसमें अन्वेषक व्यक्तियों का अध्ययन किसी प्रयोगशाला के कृत्रिम वातावरण में न कर, जीवन के सामान्य परिवेश में करता है । नृविज्ञान में इस प्रकार के अध्ययन के लिए विभिन्न प्रविधियों का प्रयोग किया जाता है । क्षेत्र अनुसन्धान एवं क्षेत्र अध्ययन एक-दूसरे के पर्यायवाची हैं ।

field theory (फ़ील्ड् 'थिअरि) **क्षेत्र-सिद्धान्त :** एक मनोवैज्ञानिक सिद्धान्त, जिसके अन्तर्गत यह माना जाता है कि व्यक्ति का व्यवहार विशिष्ट मूर्त परिस्थितियों की सम्पूर्णता द्वारा निर्धारित होता है, न कि व्यक्ति के अर्मूत लक्षणों द्वारा । सामाजिक विज्ञानों में इस सिद्धान्त को कुर्ट लिविन (Kurt Lewin, 1890-1947) की देन माना जाता है । क्षेत्र-सिद्धान्त व्यक्ति के सामाजिक व्यवहार की व्याख्या के लिए सम्पूर्ण सामाजिक परिस्थितियों की छोटी-से-छोटी बात की आपसी अन्त:क्रिया पर बल देता है । लिविन के अनुसार प्रत्येक व्यक्ति अनेक शक्तियों द्वारा घिरा होता है । जिन शक्तियों के क्षेत्र में व्यक्ति अन्त:क्रिया करता है, लिविन ने उसे 'जीवन-क्षेत्र' (**Life space**) कहा है । इस जीवन-क्षेत्र द्वारा ही व्यक्ति के व्यवहार का निर्धारण होता है । लिविन ने बताया है कि व्यवहार वर्तमान पर आश्रित रहता है, अतीत अथवा भविष्य पर नहीं । भविष्य की घटनाओं की भाँति, अतीत की घटनाएँ इस समय उपस्थित नहीं हैं, अत: इस अर्थ में वे वर्तमान को प्रभावित करने में सक्षम नहीं होतीं ।

field work (फ़ील्ड् वॅर्क्) **क्षेत्र-शोधकार्य :** यह नृवैज्ञानिक आधार-सामग्री को संग्रह करने का प्रमुख तरीका है । जिन लोगों का नृशास्त्रीय अध्ययन किया जाता है, उनके क्षेत्र में जाकर अनुसन्धान की प्रविधियों तथा किसी सुव्यवस्थित सिद्धान्त के आधार पर तथ्य एकत्रित किये जाते हैं (देखें– R. G. Burgess, **In the Field: An Introduction to Field Research**, 1984) ।

fifth columnist (फ़िफ्थ् कॉलम् 'निस्ट्) **पंचमाँगी, देशद्रोही :** वह व्यक्ति या समूह जो शासन के पदों पर रहते हुए, भीतर से तोड़-फोड़ और जासूसी करके शासन को क्षति पहुँचाने की कोशिश करता है ।

filtration theory (फ़िल् 'ट्रेशन् 'थिअरि) **छनन सिद्धान्त, निस्यंदन सिद्धान्त :** इस अवधारणा को भारत में अँगरेज़ी हुकूमत के सन्दर्भ में समझने की आवश्यकता है । इस सिद्धान्त की मान्यता यह थी कि शिक्षा, सर्वप्रथम समाज के उच्च वर्ग को सुलभ की जाय और फिर इस वर्ग से होते हुए शिक्षा का प्रचार-प्रसार जन-साधारण तक स्वत: संभव हो सकेगा । शिक्षा नीति में छनन सिद्धान्त इस अनुमान पर आधारित था कि शिक्षण संस्थान केवल नगरों में स्थापित किये जायें, जहाँ से शिक्षा स्वाभाविक रूप में एक अन्तराल के पश्चात् गाँवों में प्रवेश कर जायेगी । यह विचार जब उत्पन्न हुआ, तो इस आधार पर प्रत्येक जिला-केन्द्र में एक उच्च विद्यालय को शिक्षा के केन्द्र के रूप में स्थापित किया गया । ईसाई धर्म-प्रचारकों ने इस सिद्धान्त का समर्थन करते हुए अपना प्रयास प्रारम्भ किया । उनकी मान्यता थी कि भारत में यदि उच्च जाति के हिन्दुओं को ईसाई बना लिया जाये, तो निम्न जति के व्यक्ति ईसाई बनने में संकोच नहीं करेंगे; क्योंकि बड़े आदमियों के आचरण के ताल-कदम पर ही इनका आचरण होता है । भारतीय शिक्षा के इतिहास में लॉर्ड मैकॉले (Lord T. B. Macaulay, 1800-1859) इसी सिद्धान्त के समर्थक थे ।

fire worship ('फ़ाइअर् 'वर्शिप्) **अग्नि पूजा :** बहुत से आद्य समाजों में अग्नि को पवित्र एवं पूज्य माना जाता है । बहुदेववादी अग्नि के विभिन्न रूपों में देवत्व की प्रतिष्ठा करके उनकी पूजा करते थे । कुछ समूह अग्नि को सदैव प्रज्वलित रखते हैं । अग्नि का प्रयोग आहुति, प्राक्ख्यापन तथा अग्नि परीक्षा के लिए व्यापक रूप से किया जाता रहा है ।

first world (फ़र्स्ट् वर्ल्ड्) **प्रथम विश्व :** ऐसे राष्ट्रों का समूह, जहाँ उद्योगों पर आधारित अर्थव्यवस्था बहुत ही उन्नत स्तर की है तथा वैसी अर्थव्यवस्था का आधार पूँजीवादी उद्योग होता है : देखें– **Second world; Third world** ।

first world societies (फ़र्स्ट् वर्ल्ड् स 'साइअटिज्) **प्रथम विश्व समाज :** इस अवस्था की शुरूआत यूरोप एवं अमरीका में 18वीं सदी में हुई । इस अवस्था में अधिकांश लोग नगरों में रहने लगे और आबादी का एक छोटा-सा हिस्सा कृषि पर आधारित जीवन व्यतीत करने लगा । समाज में असमानताओं का आधार वर्ग माना जाता है, पर विभिन्न वर्गों के

बीच उतनी अधिक सामाजिक दूरी नहीं होती है। आधुनिक तकनीक और उद्योग इतना विकसित होता है कि लोगों के जीवन में भौतिक सुखों का स्तर काफी ऊँचा होता है। कनाडा (शुद्ध कैनडा), अमरीका, इंग्लैंड, फ्रांस, जर्मनी, जापान एवं अन्य विकसित देश आज इसी श्रेणी में आते हैं : देखें– **Second world; Third world**।

fiscal policy ('फ़िस्कल 'पॉलसि) **राजकोषीय नीति** : वे सिद्धान्त और नीतियाँ, जिनके अन्तर्गत कोई सरकार अपनी आय और व्यय तथा इनके परस्पर सम्बन्ध पर विचार करती है। यह सरकार की नीति का एक अंग है, जो स्वयं सरकार द्वारा कार्यान्वित की जाती है। आर्थिक विकास से सम्बन्धित आर्थिक क्रियाओं के कारण उत्पन्न समस्याओं को दूर करने के लिए सरकार द्वारा कई उपाय किये जाते हैं, जो राजकोषीय नीति के आवश्यक अंग होते हैं।

flexible specialization ('फ्लेक्सिबल् 'स्पेशलाइ ज़ेशन्) **लचीला विशेषीकरण** : पूँजीवादी व्यवस्था के अन्तर्गत उत्पादन दो स्तरों पर होता है। प्रथम, केन्द्रीय स्तर पर बहुल उत्पादन, जो फ़ॉर्डवाद **(Fordism)** के नाम से जाना जाता है। दूसरी तरफ, छोटे स्तरों पर विकेन्द्रीकृत उत्पादन होता है, जिसके अन्तर्गत श्रमिकों की संख्या, उनकी कार्य-क्षमता, मज़दूरी एवं कार्यों के बोझ में आवश्यकता के अनुसार कमी-बेसी होती रहती है (देखें– R. Dore, **Flexible Rigidity**, 1986)।

floor crossing (फ्लॉर क्रॉस् इन्ग) **फर्श पार करना, दल-बदल** : देखें– **Carpet-crossing**।

focused crowd ('फ़ोकस्ड् क्राउड्) **संकेन्द्रित भीड़** : लोगों की ऐसी भीड़, जो सामान्य उद्देश्य के लिए एकसाथ कार्यरत हो।

focused interaction ('फ़ोकस्ड् इन्टर् 'ऐक्शन्) **संकेन्द्रित अन्तःक्रिया** : ऐसी अन्तःक्रिया, जो दो व्यक्तियों के बीच सामान्य कार्यों का परिणाम हो या ऐसी स्थिति, जो प्रत्यक्ष रूप से एक से अधिक व्यक्तियों के बीच वार्तालाप का परिणाम हो।

focused interview ('फ़ोकस्ड् 'इन्टर् व्यू) **केन्द्रित साक्षात्कार** : देखें– **Interview, focused**।

foetal death ('फ़ीटल् डेथ्) **भ्रूर्ण-मृत्यु** : गर्भस्थ शिशु की माँ के पेट में मृत्यु को भ्रूण मृत्यु कहते हैं। इस दशा में गर्भावस्था में ही बच्चे के जीवन के चिह्न समाप्त हो जाते हैं और प्रसव के समय मृत शिशु ही जन्म लेता है। इसमें गर्भस्राव, गर्भपात और मृतप्रसव तीनों सम्मिलित होते हैं। सामान्यतया 28 सप्ताह या 7 महीने के पूर्व के मृत प्रसवों को भ्रूण मृत्यु की संज्ञा दी जाती है।

folk (फ़ोक्) **जनसाधारण, लोक** : सजातीय सामाजिक समूह के जनवृंद, जिनसे उक्त समूह की सांस्कृतिक विशिष्टताएँ निश्चित होती हैं और जो अपनी सभ्यता, रीति-रिवाज, कला, शिल्प, दंतकथाओं, परम्पराओं तथा अन्धविश्वासों को पीढ़ी-दर-पीढ़ी कायम रखते हैं।

folk-art (फ़ोक् आर्ट्) **लोककला** : अशिक्षित जनजातियों, पिछड़े समुदायों और सामाजिक रूप से निम्न स्तर के व्यक्तियों की संस्कृति में कई प्रकार की लोक-कलाएँ देखने में आती हैं, यथा– चित्रकारी, पच्चीकारी, मूर्ति बनाना, संगीत-रचना करना, भाँति-भाँति के नृत्य करना, सजावट करना, खिलौने बनाना, नृत्य के लिए कौड़ियों, पंखों, सींगों आदि से बने हुए मुकुट, मुखौटे, वस्त्र आदि का निर्माण। उनके प्राकृतिक पर्यावरण में जो-जो वस्तुएँ उपलब्ध होती हैं, यथा– बाँस, सींकें, घास, लकड़ी, पत्थर, चिकनी मिट्टी, शंख, मछली, हड्डियाँ, पक्षी-विशेष आदि, उनसे भाँति-भाँति की वस्तुएँ निर्मित की जाती हैं। इनका न केवल मनोरंजनात्मक महत्त्व होता है, अपितु आर्थिक मूल्य भी होता है; क्योंकि इनका क्रय-विक्रय किया जाता है, जिस पर उनका जीवन निर्भर होता है। गुजरात, राजस्थान, तमिलनाडु, उड़ीसा आदि की लोक-कलाएँ अत्यन्त मनोहारी और रोचक होती है और अब तो उनकी माँग न केवल भारत में, अपितु विदेशों में भी बढ़ रही है और उससे भारत विदेशी मुद्रा कमाने लगा है। इन कलाओं के माध्यम से देश की विभिन्न संस्कृतियाँ अजर-अमर बनी हुई हैं। लेकिन अब इनका पतन होने लगा है; क्योंकि ये आधुनिक युग के मनोरंजन के साधनों की प्रतिस्पर्द्धा के आगे नहीं टिक पा रही हैं।

folk culture (फ़ोक् 'कल्चर्) **लोक-संस्कृति** : लोक-संस्कृति की अवधारणा का सर्वप्रथम प्रयोग रॉबर्ट रेडफील्ड

(Robert Redfield, 1897-1958) ने युकातन (Yucatan, Mexico) लोगों के अध्ययन में किया, जिसमें उन्होंने लोक-संस्कृति को नगरीय जीवन के प्रतिकूल एक विशिष्ट संस्कृति के रूप में प्रदर्शित किया है। लोक-संस्कृति को जीवन की एक ऐसी सामान्य विधि के रूप में समझा जा सकता है, जो एक क्षेत्र-विशेष के बहुत से गाँवों तथा कस्बों के कुछ या सभी व्यक्तियों का एक संगठित समूह है और जो एक लोक-संस्कृति से बँधा होता है। निकोलस एवरक्रॉमी (N. Abercrombie) के अनुसार लोक-संस्कृति से तात्पर्य प्राक्-औद्योगिक समाज की संस्कृति से है। उनके इस विचार से यह स्पष्ट होता है कि लोक-संस्कृति मुख्यरूप से कृषक समाज की संस्कृति है, जो औद्योगिक समाज एवं सरल या जनजातीय समाज की संस्कृति से भिन्न है। दूसरे शब्दों में, लोक-संस्कृति सरल या जनजातीय समाज की संस्कृति एवं आधुनिक समाज की संस्कृति के बीच की संस्कृति है या यह कहा जाये कि यह दोनों के बीच की एक कड़ी के समान है। प्रारम्भ में उन्होंने लोक-संस्कृति की अवधारणा के लिए 'कृषक संस्कृति' **(Peasant culture)** शब्द का प्रयोग किया था (**Folk Culture of Yucatan**, 1941)। इससे यह स्पष्ट होता है कि लोक-संस्कृति और कृषक संस्कृति का समान अर्थ होता है। सामान्य शब्दों में लोक-समाज **(Folk society)** की संस्कृति ही लोक-संस्कृति है।

folk-dance (फ़ोक् डान्स्) **लोकनृत्य :** ग्रामीण या जनजातीय समाज के धार्मिक और सांस्कृतिक मूल्यों से जुड़े नृत्य। इस प्रकार के नृत्य में संगीत का शास्त्रीय पहलू लगभग गौण रहता है। प्रत्येक समाज के अन्तर्गत परम्परागत मूल्यों पर आधारित कुछ-न-कुछ नृत्य अवश्य होते हैं। वह नृत्यशैली जो आगे चलकर देश की विशिष्टता बन जाती है। ये पीढ़ी-दर-पीढ़ी धर्म-निरपेक्ष होती जाती हैं।

folk-game (फ़ोक् गेम्) **लोकक्रीड़ा :** जनजातियों व पिछड़े समुदायों में कई प्रकार की लोकक्रीड़ाएँ अथवा खेल-कूद प्रचलित रहे हैं, जिनका आजकल लोप हो रहा है। भारत में एलविन वैरीयर, डी. एन. मजूमदार तथा अनेक मानवशास्त्रियों ने अपने शोध-अध्ययनों से पता लगाया है कि विभिन्न समुदायों में किन-किन अवसरों पर कौन-कौन-से खेल किन-किन समूहों द्वारा खेले जाते हैं। कई खेलों में केवल बालक ही भाग लेते हैं, किन्हीं में केवल स्त्रियाँ, तो किन्हीं में केवल अविवाहित व्यक्ति। इन लोकक्रीड़ाओं का आयोजन धार्मिक अनुष्ठानों, विवाहों, पंचायत और सामाजिक मेल-मिलाप के अवसरों पर होता है। भारतीय ग्रामों में कुश्ती-कबड्डी, गिल्ली-डंडा खेलना, बैलगाड़ियों, घोड़ों व रथों को दौड़ाना, मुर्गा, बटेर और भेड़ों को लड़ाना, कबूतर उड़ाना, पतंगबाजी आदि विशेष रूप से प्रचलित रहे हैं। नीलगिरि की टोडा जनजातियों में भैंसों से सम्बन्धित कई खेल-कूदों के आयोजन किये जाते हैं। लोकक्रीड़ाओं का उद्देश्य व्यक्तिगत मनोरंजन तो होता ही है, लेकिन इससे भी बड़ा उद्देश्य है– सामूहिक एकता और उल्लास को प्रदर्शित करना। भारत में अभी तक इस विषय पर कोई विशेष उल्लेखनीय शोध-अध्ययन नहीं हुए हैं।

folklore (फ़ोक्लॉर्) **लोककथा, लोकगाथा :** प्रत्येक मानव समुदाय का अपना लोकसाहित्य होता है जिसमें लोककथाएँ मौखिक स्तर पर जीवित रहती हैं। इसका आधार कोई पौराणिक धर्मग्रन्थ नहीं होता। यह एक पीढ़ी से दूसरी पीढ़ी तक गीतों और कहानियों के माध्यम से चलती जाती हैं। बाद में कभी-कभी किसी समाज में इसका स्वरूप लिखित भी हो जाता है। तोता-मैना की कहानी, बहुत किस्म के भूत-पिशाच, किन्नर, जिन्न एवं परियों की कहानियाँ भारतीय लोकसाहित्य की अभिन्न अंग बन गयी हैं। भारतीय लोकसाहित्य बहुत समृद्ध है। भारतीय जनजातियों के लोकसाहित्य के कई रूप देखने में आते हैं, यथा– (1) दोहे, (2) छंद या चौपाई, (3) लोक-गीत, (4) लोक-कथाएँ, (5) पहेलियाँ, (6) कहावतें और (7) पौराणिक कथाएँ। इनमें विभिन्न प्रकार की ऐतिहासिक, धार्मिक, सामाजिक और सांस्कृतिक मान्यताओं, नैतिकता तथा आकांक्षाओं और भय की स्पष्ट झाँकी देखने में आती है।

folk society (फ़ोक् सॅ'साइअटि) **लोक-समाज :** लोक-समाज को परिभाषित करते हुए रॉबर्ट रेडफील्ड (Robert Redfield, 1897-1958) ने कहा है कि नगरीय समाज से भिन्न विशेषताएँ प्रदर्शित करने वाले समाज को हम लोक-समाज कहते हैं। लोक-समाज एक ऐसा समाज है, जिसका आकार छोटा होता है तथा जिसके अन्तर्गत व्यवस्थित शिक्षा का अभाव, सदस्यों के व्यवहारों में समरूपता, रूढ़िवादिता तथा सामूहिक दृढ़ता की विशेषताएँ पाई जाती हैं।

folk-song (फ़ोक् सॉङ्) **लोकगीत :** किसी क्षेत्र अथवा देश के जनसाधारण का परम्परागत गीत, जो उनकी विशिष्ट संस्कृति का अंग होता है। होली के अवसर पर गाये जाने वाले गीत इसके उदाहरण हैं।

folk-urban continuum (फ़ोक् 'अर्बन् कन'टिन्यूअम्) **लोक-नगर अविच्छिन्नक या सातत्यक :** एक अवधारणा जो गाँवों से नगर की ओर निरन्तरता की प्रक्रिया का संकेत देती है। यह अवधारणा पूर्णत: ग्रामीण नगरीय भेद की अवधारणा से प्रतिकूल है। रॉबर्ट रेडफील्ड (Robert Redfield, 1897-1958) ने 'लोक' तथा 'नगरीय' अवधारणाओं का एक प्रयोग एक-दूसरे के विपरीत दो अलग धारणाओं के रूप में करते हुए 'लोक-लोक-नगर अविच्छिन्नक' की अवधारणा का प्रतिपादन किया है। इस अवधारणा के अनुसार लोक (ग्रामीण) एवं नगरीय समाज, सामाजिक संरचना के दो छोर या ध्रुव ज़रूर हैं, लेकिन वे एक-दूसरे के पूरी तरह विपरीतार्थक नहीं हैं। दोनों प्रकार के समाज की विशेषताएँ गाँवों या नगरों में मौजूद रहती हैं। इस अवधारणा के पक्षधर विद्वान् मानते हैं कि ग्राम तथा नगर के भेद बहुत कुछ सापेक्षिक हैं।

folk-ways; folkways (फ़ोक् वेज) **लोक-रीति :** लोक-रीति का शाब्दिक अर्थ होता है, आम लोगों के रीति-रिवाज। लोक-रीति शब्द का विशेष प्रचार समाजविज्ञान सम्बन्धी साहित्य के अन्तर्गत विलियम ग्राहम समनर् (William G. Sumner, 1840-1910) ने अपनी पुस्तक **Folkways** (1906) द्वारा किया है। सीखा गया ऐसा व्यवहार, जो किसी समूह में सर्वमान्य रूप से प्रचलित होता है। लोक-रीतियाँ समाज में आचरण के मान्य या स्वीकृत तरीके हैं। व्यवहार के ऐसे तरीके, जो दैनिक जीवन एवं परस्पर क्रिया को नियन्त्रित करते हैं। लोक-रीतियाँ जनता द्वारा स्वीकृत पद्धतियाँ होती हैं। वे सामाजिक विरासत की एक महत्त्वपूर्ण तथा जनता के आचरण की अभिन्न अंग होती हैं। वे मनुष्यों के पूर्व-चिन्तन से सम्पन्न नहीं होतीं। वे मनुष्यों के विवेक का परिणाम नहीं होती हैं। उनमें असंख्य आदतें सम्मिलित होती हैं, उदाहरणार्थ– भोजन करने की रीति को लीजिए। भारतीय अधिकतर हाथ से भोजन करते हैं, जबकि चीनी सींक से ही चावल खाते हैं। भारत में स्त्रियाँ साड़ी तथा ब्लाउज पहनती हैं तथा कुछ स्त्रियाँ चादर ओढ़ती हैं। मुस्लिम देशों में स्त्रियाँ बुर्का व पायजामा पहनती हैं। जब लोक-रीतियाँ बार-बार दुहराई जाती हैं, तो आदत का रूप धारण कर लेती हैं और तब हमारे मस्तिष्क और शरीर दोनों को नियन्त्रित करती हैं : देखें– **Mores**।

forager (फ़ॉरिजर) **चारा :** देखें– **Hunter-gatherer society**।

forces of production (फ़ॉर्सेज् ऑव् प्र'डक्शन्) **उत्पादन के कारक :** यह किसी समाज में आर्थिक विकास के कारक को इंगित करता है। इस शब्द का सर्वप्रथम प्रचलन कार्ल मार्क्स (Karl Marx,1 818-1883) ने किया था। उन्होंने इस शब्द का प्रयोग समाज में विभिन्न किस्म के उत्पादन के कारकों के लिए किया था, जैसे– जमीन, तकनीक आदि।

Fordism (फ़ॉर्'डिज़म्) **फ़ॉर्डवाद :** उत्पादन की एक व्यवस्था, जिसे अमरीकी उद्योगपति हेनरी फ़ॉर्ड (Henry Ford, 1863-1947) ने जन्म दिया। इसके अन्तर्गत विभिन्न उद्योगों द्वारा उत्पादित वस्तुओं को जोड़कर किसी वस्तु को अन्तिम रूप दिया जाता है। उदाहरणस्वरूप किसी वाहन या टी. वी. के सभी पार्ट-पुर्जे किसी एक जगह निर्मित नहीं किये जाते, बल्कि उन्हें विभिन्न जगहों पर उत्पादित कर किसी एक जगह पर अन्तिम रूप से निर्मित वस्तु की शक्ल दी जाती है।

forefather (फ़ॉर् फ़ादर्) **पूर्वज, पुरखा :** वंशानुक्रम में अपने से बहुत पुरानी पीढ़ी के लोग, जैसे– बाबर, शाहजहाँ के पूर्वज थे : देखें– **Ancestor**।

formal ('फ़ॉर्मल्) **औपचारिक :** ऐसी पद्धति, जिसमें नियमों पर आधारित स्पष्ट व्यवस्था होती है। जैसे– अस्पताल, स्कूल या सरकार एक औपचारिक व्यवस्था है, लेकिन परिवार एक अनौपचारिक व्यवस्था है। सरकार भी एक औपचारिक व्यवस्था ही है।

formal education (फ़ॉर्मल् एजु'केशन्) **औपचारिक शिक्षा :** देखें– **Education formal**।

formal interaction (फ़ॉर्मल् इनटर्'एक्शन्) **औपचारिक अन्त:क्रिया :** ऐसी अन्त:क्रिया, जिसमें बँधे-बँधाए तरीकों

और मानकों का अनुसरण किया जाता है। ये मानक बहुधा लिखित रूप से विद्यमान होते हैं। जैसे स्कूलों में विद्यार्थी एवं शिक्षक के बीच या न्यायालय में न्यायाधीश एवं अधिवक्ता के बीच की अन्त:क्रिया : देखें– **Interaction**।

formal method (ˈफ़ॉर्म्ल् मेˈथॅड) **रूपात्मक पद्धति :** रूपात्मक पद्धति विकासवादी दृष्टिकोण के विरुद्ध एक प्रतिक्रिया के रूप में उभरी। इसे जर्मन समाजशास्त्री जॉर्ज जिमेल (Georg Simmel, 1858-1918, हिन्दी में इस जर्मन नाम का शुद्ध उच्चारण मात्र जॉर्ज जिमेल ही है) ने विकसित किया और काफी दिनों तक यह जर्मन पद्धति के रूप में ही प्रचलित रही। इसके अन्तर्गत सामाजिक सम्बन्धों एवं सम्पर्कों के रूपों का पता लगाया जाता है। जिमेल द्वारा व्यवहृत रूप सम्बन्धी विचार बहुत ठोस नहीं थे। हाल के वर्षों में जॉर्ज सी. होमन्स (George C. Homans, 1910-1989) ने सामाजिक व्यवहार के प्रारम्भिक स्वरूपों के रूप में समूहों का अध्ययन किया है।

formal model (ˈफ़ॉर्म्ल् ˈमॉड्ल्) **औपचारिक प्रतिरूप :** औपचारिक प्रतिरूप किसी चीज़ का एक व्यवस्थित गणितीय या मौखिक विचारों का एक प्रकार का आदर्श प्रकार (**Ideal type**) है। यह कोई सिद्धान्त नहीं है। यह किसी चीज़ को समझने या स्पष्ट करने का वैज्ञानिक तरीका है। समाजशास्त्र के क्षेत्र में मैक्स वेबर (Max Weber, 1864-1920) का आदर्श प्रकार और जॉर्ज जिमेल (Georg Simmel, 1858-1918) का औपचारिक समाजशास्त्र (**Formal Sociology**) इसका महत्त्वपूर्ण उदाहरण है। समाजशास्त्र के क्षेत्र में यह विचार मुख्यरूप से अर्थशास्त्र, सांख्यिकी एवं गणित से आया है।

formal operational period (ˈफ़ॉर्म्ल् ऑपरेˈशनल ˈपिरिअड्) **औपचारिक परिचालन अवधि :** इस अवधारणा का सम्बन्ध व्यक्तित्व के क्रमिक विकास की विभिन्न अवस्थाओं से है। मनोवैज्ञानिकों के अनुसार एक शिशु के व्यक्तित्व का विकास कई चरणों में होता है। पियाजे (Jean Piaget, 1897-1980) के अनुसार यह एक संज्ञान विकास की अवस्था है, जिसमें एक बढ़ता हुआ बच्चा अमूर्त अवधारणाओं एवं परिकल्पनात्मक स्थितियों को समझने में सक्षम हो जाता है।

formal organization (ˈफ़ॉर्म्ल् ऑगनाइˈज़ेशन्) **औपचारिक संगठन :** कोई पूर्ण सुव्यवस्थित सामूहिक संगठन, जिसके औपचारिक रूप से निर्धारित नियम, स्पष्ट दायित्व तथा अधिकार होते हैं, जैसे– निकाय, न्यायपालिका, विश्वविद्यालय या चर्च आदि। मैक्स वेबर (Max Weber, 1864-1920) ने नौकरशाही (**Bureaucracy**) को सबसे अधिक जटिल और विकसित औपचारिक व्यवस्था के रूप में देखा है; क्योंकि इसके अन्तर्गत अधिकारों का एक कठोर सोपानक्रम एवं श्रम-विभाजन की व्यवस्था होती है। औपचारिक व्यवस्था के अन्तर्गत लोगों के बीच अनौपचारिक सम्बन्ध तो होते हैं, लेकिन वे स्पष्ट रूप से न तो परिभाषित होते हैं और न ही उन सम्बन्धों से कोई विशेष वैयक्तिक लाभ ही हासिल हो पाता है (देखें– Martin Albrow, **Bureaucracy**, 1970; Eugene Kamenka, **Bureaucracy**, 1989)।

formal sanction (ˈफ़ॉर्म्ल् ˈसैन्क्शन्) **औपचारिक मंजूरी :** देखें– **Sanction**।

formal school; formalism (ˈफ़ॉर्म्ल् स्कूल्; फ़ॉरम्ˈलिज़म्) **रूपात्मक विचारधारा; रूपवाद :** इस मत के प्रमुख प्रवर्त्तक फर्डिनंड टॉनीज (Ferdinand Töennies, 1855-1936) एवं जॉर्ज जिमेल (Georg Simmel, 1858-1918) हैं। इस मत से जुड़े अन्य विद्वानों में ए. वीरकांट (A. Vierkandt, 1867-1953), एल. वॉन वीज (L. von Wiese, 1876-1969) आदि प्रमुख हैं। इस विचारधारा से जुड़े समाजशास्त्रियों की मान्यता है कि अन्य विज्ञानों, जैसे– राजनीतिशास्त्र, मनोविज्ञान, अर्थशास्त्र, मानवशास्त्र, भौतिकशास्त्र, रसायनशास्त्र आदि के समान समाजशास्त्र भी एक स्वतन्त्र एवं विशेष विज्ञान है। जैसे प्रत्येक विज्ञान की अपनी कुछ विशिष्ट समस्याएँ होती हैं, जिनका अध्ययन उस शास्त्र के अन्तर्गत किया जाता है, उसी प्रकार समाजशास्त्र के अन्तर्गत भी उसकी कोई अपनी समस्या होनी चाहिए। ऐसा होने पर ही समाजशास्त्र एक विशिष्ट एवं स्वतन्त्र विज्ञान बन सकेगा और इसका क्षेत्र निश्चित हो सकेगा।

जिमेल का विचार था कि समाजशास्त्र की विषय-वस्तु सामाजिक सम्बन्धों का स्वरूप होती है, जैसे– प्रतियोगिता को एक विशिष्ट प्रकार की औपचारिक विशेषता के रूप में देखा जाना चाहिए, जो अपने विभिन्न स्वरूपों में बाज़ार, खेल के मैदान, राजनीति या परीक्षा में दिखाई पड़ती है। जिमेल ने सामाजिक सम्बन्धों के रूप में इसी स्वरूप पर बल

दिया है। इस सम्प्रदाय के समाजशास्त्री सामाजिक सम्बन्धों की विषय-वस्तु को बहुत महत्त्व नहीं देते हैं (देखें– John Lofland, **Doing Social Life**, 1976; Carl Couch, **Constructing Social Life**, 1975)।

formal social control ('फ़ॉर्म्‌ल् 'सोश्‌ल् कन्'ट्रोल्) **औपचारिक सामाजिक नियन्त्रण :** औपचारिक नियन्त्रण वह नियन्त्रण है, जो निश्चित लिखित कानूनों के द्वारा सम्पन्न होता है तथा जिसे व्यक्ति या समूह को मानना ही पड़ता है। औपचारिक नियन्त्रण के साधनों का विरोध करने पर दण्ड देने की व्यवस्था होती है, जैसे– अपहरणकर्ता पर मुकदमा चलाकर न्यायालय द्वारा दण्ड दिया जाना आदि।

formal sociology ('फ़ॉर्म्‌ल् सोसि'ऑलजि) **स्वरूपवादी समाजशास्त्र :** समाजशास्त्र के स्वरूपवाद के उद्‌भव के साथ जर्मनी के जॉर्ज जिमेल (Georg Simmel, 1858-1918, हिन्दी में इस नाम का शुद्ध उच्चारण मात्र जॉर्ज जिमेल ही है) का नाम जुड़ा हुआ है। सामान्य अर्थों में, स्वरूपवाद बौद्धिक विश्लेषण की एक विधा है, जिसमें किसी वस्तु अथवा घटना की अन्तर्वस्तु अथवा वास्तविक प्रकृति को जानने की अपेक्षा उसके स्वरूप के अध्ययन पर बल दिया जाता है : देखें– **Formal school**।

formal status ('फ़ॉर्म्‌ल् 'स्टेटस्) **औपचारिक स्थिति :** समूह के किसी व्यक्ति को औपचारिक रूप से प्रदान की गई हैसियत, जिसमें वह कुछ विशेषाधिकारों का उपभोग तथा कर्त्तव्यों का पालन करता है। उदाहरणार्थ किसी निगम का कार्मिक प्रबन्धक या मठ आदि का महंत।

formal structure ('फ़ॉर्म्‌ल् 'स्ट्रक्‌चर्) **औपचारिक संरचना :** किसी स्थापित नियम, तरीके, शक्ति और अधिकारों की अन्तिम संगठनात्मक रूपरेखा। स्कूल या अस्पताल का एक औपचारिक स्वरूप होता है।

formalization (फ़ॉर्म्‌लाइ'ज़ेश्‌न्) **नियमितीकरण :** वह प्रक्रिया जिसके अन्तर्गत संगठनात्मक गतिविधि के लिए प्रामाणिक निर्देश निर्धारित किए जाते हैं, ताकि संगठन के सारे अंग उसके लक्ष्य की सिद्धि में सहायक हों।

foster father ('फ़ॉस्टर् 'फादर्) **पालक पिता, पोषक पिता :** वह पुरुष जो किसी अन्य व्यक्ति की सन्तान का पालन-पोषण पिता की तरह करता है।

fostering ('फ़ॉस्टरइङ्ग) **पालन :** माँ-बाप के अतिरिक्त किसी दूसरे व्यक्ति द्वारा बच्चे का पालन-पोषण होना।

foundation sacrifice (फ़ाउन्'डेश्‌न् 'सैक्रिफ़ाइस्) **नींव बलि, आधार बलि :** यह प्राचीन युग की एक प्रथा है, जिसमें किसी व्यक्ति को मारकर उसके शव को बलि के रूप में इमारत की नींव में रखा जाता था। इस तरह वह इमारत का संरक्षी प्रेत बन जाता था। इस कार्य के लिए विशेष रूप से खरीदे हुए बच्चे की बलि दी जाती थी।

four freedoms (फ़ॉर 'फ्रीडमस्) **चार स्वतन्त्रताएँ :** अमरीका के राष्ट्रपति फ्रेंकलिन रूजवेल्ट (Franklin D. Roosevelt, 1882-1945) ने द्वितीय विश्वयुद्ध के दौरान घोषण की थी कि लोकतन्त्रात्मक राष्ट्रों का लक्ष्य यह होना चाहिए कि युद्ध के बाद संसार के सभी देशों को चार स्वतन्त्रताएँ प्राप्त हो जायें– भय से स्वतन्त्रता, अभाव से स्वतन्त्रता, भाषण की स्वतन्त्रता और उपासना की स्वतन्त्रता।

fourth estate (फ़ॉर्थ् इ'स्टेट्) **चतुर्थ वर्ग, पत्रकार समुदाय :** देखें– **Estate, fourth**।

fourth world (फ़ॉर्थ् वर्ल्ड्) **चौथी दुनिया :** चौथी दुनिया के अन्तर्गत वैसे अल्पविकसित तथा विकासशील देश आते हैं, जिनपर अत्यधिक विदेशी ऋण है तथा पेट्रोल निर्यातक देशों द्वारा मूल्यवृद्धि से विशेष प्रभावित होते हैं। जैसे– नेपाल, बांग्लादेश, भूटान, इथियोपिया जैसे अत्यधिक ऋण बोझ वाले अल्पविकसित देश।

frame, sampling (फ्रेम्, साम्प्लिङ्ग) **प्रतिचयन रचना :** देखें– **Sampling frame**।

frame of reference (फ़्रेम् ऑव् 'रेफ़रन्स्) **सन्दर्भ-परिधि :** विचार-विमर्श का एक विशिष्ट क्षेत्र अर्थात् तथ्यों और

स्वत: सिद्ध सिद्धान्तों का एक सम्बद्ध ढाँचा, जिसकी परिधि में किसी समूह के सदस्य सोच-विचार करते हैं, घटना अथवा स्थितियों को परिभाषित करते हैं, सन्दर्भ-परिधि कहलाती है । इसके अन्तर्गत व्यक्ति द्वारा इस प्रकार की स्थितियों के सम्बन्ध में बनाई गई व्यक्तिगत तथा सामूहिक भूमिकाओं की धारणा के साथ-साथ उन्हीं के द्वारा बनाए गए ऐसे विचारों तथा मनोवृत्तियों की अभिव्यक्ति सम्मिलित होती है ।

franchise ('फ़्रैन्चाइज़्) **मताधिकार :** सरल शब्दों में इसका अर्थ लोकतन्त्रात्मक शासन-व्यवस्थाओं में मतदान का अधिकार होता है । प्राय: सभी पाश्चात्य देशों में मताधिकार का विस्तार धीरे-धीरे हुआ । उदाहरण के लिए, सार्वभौम वयस्क मताधिकार तक पहुँचने में ब्रिटेन को लगभग एक शताब्दी लग गई । वहाँ महिलाओं को भी पुरुषों के समान मताधिकार पाने के लिए एक लम्बा और कटु संघर्ष करना पड़ा । स्विट्ज़रलैंड जैसे देश में फरवरी 1970 में महिलाओं को मताधिकार प्राप्त हो सका । कई अन्य देशों में आज भी मतदान का अधिकारी होने के लिए सम्पत्ति, शिक्षा और चमड़ी के रंग की शर्तें लागू हैं । किन्तु भारत के संविधान ने एकसाथ ही प्रारम्भ में 21 वर्ष और अब न्यूनतम 18 वर्ष या उससे अधिक के सभी नर-नारियों को बिना किसी भेदभाव या शर्त के मतदान का अधिकार दे दिया है ।

Frankfurt school ('फ़्रैंकफर्ट स्कूल्) **फ्रैंकफर्ट विचारधारा :** पश्चिमी जर्मनी के फ्रैंकफर्ट विश्वविद्यालय के अन्तर्गत सन् 1923 में 'एक सामाजिक अनुसन्धान संस्थान' की स्थापना की गई थी । इस संस्थान ने सामाजिक जीवन के क्षेत्र में शोध-कार्य के जिस वैचारिक प्रतिरूप और रूपांकन (Design) का प्रतिपादन किया, वही बाद में 'फ्रैंकफर्ट सम्प्रदाय' के नाम से विख्यात हुआ । यह सम्प्रदाय प्रमुख रूप से मार्क्सवादी चिन्तन से प्रभावित था, जो मार्क्सवादी विचारधारा के आधार पर तत्कालीन विश्व के बदलते हुए परिवेश की व्याख्या में संलग्न था । जर्मनी में हिटलर के उत्कर्ष के बाद इस संस्थान को कोलम्बिया विश्वविद्यालय (अमरीका) में स्थानान्तरित होना पड़ा । किन्तु द्वितीय विश्वयुद्ध में हिटलर के पतन के बाद सन् 1949 में इसे पुन: फ्रैंकफर्ट में स्थापित किया गया । इस सम्प्रदाय के अध्ययन के प्रमुख विषय ज्ञानमीमांसा, मार्क्सवाद और संस्कृति रहे हैं, किन्तु इस सम्प्रदाय के विद्वानों ने अमरीका में प्रजातिवाद और पूर्वाग्रह जैसे विषयों पर भी महत्त्वपूर्ण आनुभविक शोध किया है । इस सम्प्रदाय के अग्रणी व्यक्तियों में डब्ल्यू. बेन्जमिन (Walter Bendix Schönflies Benjamin 1892-1940), एम. होकहाइमर (Max Horkheimer, 1895-1973), एच. मार्क्यूज़अ (Herbert Marcuse, 1898-1979), टी. डब्ल्यू. अडोर्नो (Theodor Ludwig Wiesengrund Adorno, 1903-1969), एरिक फ्रॉम (Erich Pinchas Fromm, 1900-1980) और हाबर्मैस (Jürgen Habermas) का नाम विशेष उल्लेखनीय है ।

फ्रैंकफर्ट सम्प्रदाय का प्रमुख योगदान आलोचनात्मक सिद्धान्त के क्षेत्र में है, जिसमें मार्क्सवाद का एक नया रूप दिया गया, जो नव-मार्क्सवाद के नाम से जाना जाता है । नव-मार्क्सवादी मार्क्स के ऐतिहासिक विश्लेषण के तो पक्षधर हैं, किन्तु वे कार्ल मार्क्स के इतिहास के सिद्धान्त, आर्थिक मूल्य और उत्पादन की प्रक्रिया की आलोचना करते हैं । वे इन्हें मार्क्सवाद के प्रमुख घटक नहीं मानते । नव-मार्क्सवादियों के अनुसार, मार्क्सवाद की सार्थकता 'चेतना के आलोचनात्मक विश्लेषण' में निहित है और इसके लिए वे 'मिथ्या चेतना' (**False consciousness**) और 'अलगावग्रस्त चेतना' (**Alienated consciousness**) की पुनर्व्याख्या की बात करते हैं । आलोचनात्मक सिद्धान्त के समर्थक यह दलील देते हैं कि सामाजिक विश्लेषण का उद्देश्य चेतना की व्याख्या करना तथा यह स्पष्ट करना है कि किन-किन उत्पादन-सम्बन्धों के द्वारा किस प्रकार की सामाजिक व्यवस्थाएँ जन्म लेती हैं और उनकी नैतिक प्रकृति क्या है : देखें– **Critical theory** ।

fraternal joint family (फ्र'टर्नल् जॉइन्ट् 'फ़ैमलि) **भ्रातृीय संयुक्त परिवार :** वैसा संयुक्त परिवार जिसमें केवल भाइयों के परिवार सम्मिलित हों ।

fraternity (फ्र'टर्निटि) **बन्धुत्व, भ्रातृभावना, भाईचारा :** किसी राष्ट्र के लोगों की वह भावना, जो मनुष्य में अपने-पराये का भेद मिटाकर सबको एक-दूसरे के निकट लाती है और व्यक्ति की गरिमा स्थापित करके राष्ट्रीयता की भावना को बढ़ावा देती है ।

fratricide (फ्रैट्रि साइड) **भ्रातृहत्या :** अपने भाई अथवा बहन की हत्या करने का दुष्कर्म । इतिहासकार सम्राट अशोक पर अपने 99 भाइयों की हत्या कर मगध साम्राज्य की गद्दी हड़पने का इल्जाम लगाते हैं । आधुनिक काल में भ्रातृहत्या आम घटना के रूप में ली जाती है ।

freak (फ़्रीक्) **अनूठा :** अनूठा वैसे लोगों को कहा जाता है, जो किसी सामान्य व्यवहार या स्वरूप के अन्तिम किनारे पर हैं । पर इसके अन्तर्गत वैसे लोग भी आते हैं, जो मानसिक रोग से ग्रस्त हैं । वैसे लोगों को भी अनूठा कहा जाता है, जो कभी-कभी ऐसा काम कर जाते हैं कि सामान्य लोगों को यह बात समझ में नहीं आती है कि उसने ऐसा काम आखिर क्यों किया ?

free city (फ़्री 'सिटि) **स्वतन्त्र नगर :** स्वाधीन नगर अथवा नगर-राज्य वह है, जो प्राय: प्रभुसत्ता सम्पन्न हो । 11वीं शताब्दी अथवा उसके बाद के जर्मनी के कुछ नगर, जिनमें स्वतन्त्र प्रतिनिधिक संस्थाओं का अस्तित्व था । पूर्वकालीन डेन्जिग जैसी एक प्रादेशिक इकाई, जिसमें एक नगर तथा कुछ आस-पास के प्रदेश थे तथा जो अन्तर्राष्ट्रीय संगठन की देख-रेख में एक अर्द्धस्वायत्तशासी राजनीतिक सत्ता के रूप में कार्य करते थे, ये सब स्वतन्त्र नगर के उदाहरण हैं । युद्ध-काल में कभी-कभी किसी नगर को विनाश से बचाने के लिए स्वतन्त्र नगर घोषित कर दिया जाता है और शत्रु सेनाओं को बेरोक-टोक उसमें से निकल जाने की अनुमति दे दी जाती है इस आशा और विश्वास के साथ कि वे नगर की इमारतों, स्मारकों और निवासियों को हानि पहुँचाये बिना आगे बढ़ जायेंगी ।

freedom of choice (फ़्रीडम् ऑव् चॉइस्) **चयन की स्वतन्त्रता :** वह स्थिति, जिसमें किसी व्यक्ति या समाज को अपनी आवश्यकताओं की पूर्ति के लिए विविध प्रकार के विकल्प उपलब्ध होते हैं और जिनमें से वह अपनी पसन्द की वस्तुएँ चुन सकता है ।

free enterprise system (फ़्री 'एन्टरप्राइज़् 'सिस्टम्) **स्वतन्त्र उद्यम व्यवस्था :** ऐसी आर्थिक व्यवस्था, जिसके अन्तर्गत उपभोक्ता माँगों की पूर्ति का काम ग़ैर-सरकारी क्षेत्रों में रहने दिया जाता है; वहाँ सरकार का काम व्यक्तियों के अधिकारों की रक्षा करना और उनके स्वतन्त्र अनुबन्धों को लागू करना रह जाता है । अधिकांश पाश्चात्य देशों में इसी प्रकार की व्यवस्था पायी जाती है, फर्क सिर्फ मात्रा (Degree) का है ।

free labour (फ़्री 'लेबर्) **स्वतन्त्र श्रम :** यह ऐसे मज़दूरों का श्रम है, जो ठेके पर काम करते हैं तथा अपना रोज़गार, नियोक्ता और रोज़गार की शर्तें चुनने के लिए स्वतन्त्र होते हैं ।

free rider (फ़्री राइड्'अर) **मुफ्तख़ोर :** ऐसा व्यक्ति, जो किसी सामूहिक गतिविधि या प्रबन्ध का बोझ तो नहीं उठाता, परन्तु उसका फ़ायदा उठा लेता है, उदाहरणस्वरूप– कुछ लोग आवास-समिति या अपने मुहल्ले के रख-रखाव के लिए नियमित चन्दा तो नहीं देते, पर उसकी सफाई और पहरेदारी का फायदा उठा लेते हैं ।

free school (फ़्री स्कूल) **स्वतन्त्र विद्यालय :** अभिभावकों या बच्चों के माता-पिता के द्वारा चलाये जाने वाले वैसे निजी विद्यालय, जिसमें स्कूल की योजनाओं तथा कार्यक्रमों के बारे में विद्यार्थियों से विचार-विमर्श कर विद्यार्थियों के सहयोग से संचालित किये जाते हैं ।

free speech (फ़्री स्पीच्) **वाक्-स्वातंत्र्य :** लोकतन्त्रीय व्यवस्था में एक राजनीतिक सिद्धान्त, जिसके अनुसार बिना किसी प्रशासनिक व्यवधान के लोग आपस में लोक समस्याओं पर खुलकर विचार-विमर्श कर सकते हैं । जनसाधारण का यह मौलिक अधिकार होता है । लेकिन, वाक्-स्वतन्त्रता की भी एक अपनी सीमा होती है ।

free thinker (फ़्री 'थिन्कॅर) **मुक्त चिन्तक :** श्रुति, इलहाम, पैगम्बर इत्यादि का अन्धानुसरण न करनेवाला, आप्तप्रमाण को न माननेवाला तथा सूक्ष्म (विशेषत: धर्म और नीति की) बातों को तर्कगम्य माननेवाला व्यक्ति । कबीर और आचार्य रजनीश जैसे व्यक्ति मुक्त चिन्तक की श्रेणी में रखे जा सकते हैं ।

free thought (फ़्री थॉट्) **स्वतन्त्र विचार, मुक्त विचार** : बर्ट्रेन्ड रसल (Bertrand Russell, 1872-1970) के अनुसार वह विचार जो कानूनी या आर्थिक लाभ-हानि के दायरे से स्वतन्त्र प्रमाण मात्र के बल पर आश्रित होता है।

free trade (फ़्री ट्रेड्) **मुक्त व्यापार** : वह नीति, जिसमें आर्थिक गतिविधियों को सरकारी विनियमन और नियन्त्रण से मुक्त रखा जाता है ताकि, भिन्न-भिन्न देशों के बीच वस्तुओं के मुक्त व्यापार को बढ़ावा दिया जा सके। इस सिद्धान्त के मुख्य प्रवर्त्तक अठारहवीं शताब्दी के ब्रिटिश अर्थशास्त्री ऐडम स्मिथ (Adam Smith, 1723-1790) थे : देखें– **Laissez-faire economics** ।

free union (फ़्री 'यूनिअन्) **मुक्त सहवास** : ऐसा सहवास, जिसके लिए विवाह के बन्धन में बँधना ज़रूरी नहीं होता। यह काफी हद तक पाश्चात्य समाज की विशेषता है।

free will theory (फ़्री विल् 'थिअरि) **मुक्त इच्छा-शक्ति सिद्धान्त, स्वेच्छा सिद्धान्त** : संकल्प-साधन का एक सिद्धान्त, जिसके अनुसार बाह्य प्रभावों से प्रभावित हुए बिना ही व्यक्ति स्वयं स्वतन्त्र रूप से कर्म अथवा विचारधारा का प्रतिपादन करता है।

frequency curve ('फ्रीक्वन्सि कर्व्) **आवृत्ति वक्र, बारम्बारता वक्र** : बारम्बारता बहुभुज (Frequency polygon) के बिन्दुओं को मिलाने के लिए सरल रेखाओं की बजाय यदि एक निष्कोण वक्र हाथ से खींच दिया जाये, तो जो चित्र बनता है, उसे बारम्बारता वक्र कहा जाता है। आवृत्ति वक्र भी एक आवृत्ति बहुभुज ही होता है, केवल अन्तर इतना होता है कि आवृत्ति वक्र खींचते समय बहुभुज में जो टेढ़ा-मेढ़ा तथा नुकीलापन होता है उसे समाप्त करते हुए मृदु वक्र खींच दिया जाता है। दूसरे शब्दों में, आवृत्ति बहुभुज में प्रत्येक वर्गान्तर (Class intervals) के मध्यबिन्दुओं को सीधी व सरल रेखाओं द्वारा मिलाया जाता है, जबकि आवृत्ति वक्र में उन्हीं मध्यबिन्दुओं को सहज रूप (Free hand) में एक वक्र द्वारा मिलाया जाता है : देखें– **Frequency polygon** ।

frequency distribution ('फ्रीक्वन्सि डिस्ट्रि'ब्यूश्न्) **आवृत्ति वितरण, बारम्बारता वितरण** : मात्रात्मक वर्गीकरण की ऐसी विधि, जिसमें प्रेक्षण तथा उनकी बारम्बारता से निर्मित व्यवस्था को दिखाया जाता है। इस सारणी में प्रायः तीन स्तम्भ होते हैं। पहले में अंक अथवा अंक वर्गान्तर, दूसरे में प्रत्येक वर्गान्तर में प्राप्त अंकों को गिनने की सुविधा के लिए आवृत्ति चिह्न की संख्या। अंक वर्गान्तरों की संख्या प्रायः 10 और 20 के बीच हुआ करती है। आवृत्ति बंटन का लेख-चित्रीय निरूपण जब किया जाता है तब वह आवृत्ति बहुभुज, आवृत्ति आयत चित्र अथवा आवृत्ति वक्र का रूप ले लेता है : देखें– **Frequency curve** ।

frequency polygon ('फ्रीक्वन्सि 'पॉलिगन्) **आवृत्ति बहुभुज, बारम्बारता बहुभुज** : बारम्बारता बहुभुज के आँकड़ों को प्रस्तुत करने की एक आलेखनीय विधि, जिसकी रचना निम्न प्रकार से की जाती है– (1) वर्ग अन्तरालों के मध्य बिन्दुओं को क्षैतिज अक्ष पर अंकित किया जाता है। (2) वर्ग अन्तराल को आधार मानकर आयतचित्र का निर्माण कर लिया जाता है। (3) प्रत्येक आयत के मध्य बिन्दुओं को सरल रेखा द्वारा मिला दिया जाता है।

इस प्रकार का चित्र बनाने के लिए सर्वप्रथम आवृत्ति आयत चित्र **(Histogram)** ही बनाना पड़ता है। तत्पश्चात् सभी आयतों के शीर्ष भाग के मध्य बिन्दु ज्ञात कर उन्हें मिला दिया जाता है। आवृत्ति बहुभुज बिना आयतों को बनाए भी खींचे जा सकते हैं, पर नियम वही होता है अर्थात्, प्रत्येक आवृत्ति से सम्बन्धित बिन्दु को अंकित करते समय उसे उसी से सम्बन्धित वर्गान्तर के मध्य बिन्दु के सामने लगाया जाता है। प्रत्येक बिन्दु एक-एक वर्गान्तर के मध्य सीध में हो, इस बात का ध्यान रखना आवश्यक होता है। इसीलिए आयतों के सहारे इस प्रकार का चित्र बनाना अधिक सुविधाजनक होता है : देखें– **Frequency curve** ।

frictional unemployment ('फ्रीक्श्न्ल अनिम्'प्लॉइमन्ट्) **घर्षी बेरोज़गारी** : ऐसी बेरोज़गारी जो व्यक्तियों के श्रमबल में प्रवेश करने या बाहर जाने के कारण पैदा होती है। यह व्यक्तिगत समंजन या पुनर्समंजन के प्रयास की द्योतक होती

है तथा इसके औद्योगिक परिवर्तनों या व्यवसाय चक्र के उतार-चढ़ाव अथवा उच्चावचन (Cyclical fluctuation) से कोई सम्बन्ध नहीं होता : देखें– **Unemployment; Underemployment** ।

friendship (ˈफ़्रेन्ड्शिप्) **मित्रता :** यह एक ऐसा विषय है, जिस पर समाजशास्त्र में बहुत ज्यादा अनुसन्धान नहीं हो पाया है। इस विषय पर जो भी थोड़ा-बहुत काम संभव हुआ है, उससे स्पष्ट होता है कि मित्रता का स्वरूप वर्ग और लिंग-भेद से भी प्रभावित होता है। ऐसा पाया गया है कि कामकाजी वर्ग के लोगों के बीच मध्यवर्ग की तुलना में कम मित्रता पायी जाती है। कामकाजी लोगों के पास न तो इतना समय और न ही इतना पैसा होता है कि वे मित्र बनाने या उसका विस्तार करने में प्राय: सक्षम हो सकें। महिलाओं की तुलना में पुरुषों के बीच मित्रता अधिक पाई जाती हैं; क्योंकि महिलाओं की जीवनशैली कुछ ऐसी होती है कि वे घर से बाहर कम निकलती हैं। दोस्तों की तुलना में अपने सम्बन्धियों के प्रति महिलाओं का लगाव ज्यादा स्वाभाविक और गहरा होता है।

front (फ़्रॅन्ट्) **मंचमुख** : देखें– **Backstage and frontstage** ।

front region (फ़्रॅन्ट्ˈरीजन्) **मुखक्षेत्र** : देखें– **Backstage and frontstage** ।

front stage (फ़्रॅन्ट्ˈस्टेज्) **अग्रक्षेत्र** : देखें– **Backstage and frontstage** ।

frustration (फ़्रˈस्ट्रेशन्) **कुण्ठा, कुण्ठात्व :** अवरोध के कारण किसी भी तीव्र प्रेरक इच्छा की पूर्ति अथवा ध्येय की प्राप्ति न होने पर मन की एक विचित्र क्षुब्धावस्था।

frustration-aggression theory (फ़्रˈस्ट्रेशन् अˈग्रेशन्ˈथिअरि) **कुण्ठा आक्रमणता सिद्धान्त :** यह विचलन का एक ऐसा सिद्धान्त है, जो इस मान्यता पर आधारित है कि बहुत लोग जीवन में किसी कुण्ठा के चलते आक्रामक या विचलित व्यवहार करते हैं। जब कोई व्यक्ति किसी उद्देश्य को हासिल करने में असफल हो जाता है, तो उसमें एक प्रकार की कुण्ठा का विकास होता है और फलस्वरूप वह कभी-कभी दूसरे व्यक्तियों के प्रति आक्रामक रुख अपना लेता है (देखें– John Dollard, Leonard M. Doob, Neal E. Miller, Orval H. Mowrer and Robert R. Sears, **Frustration and Aggression**, 1939)।

frustration theory of deviance (फ़्रˈस्ट्रेशन्ˈथिअरि ऑव्ˈडीविअन्स्) **विसामान्यता का कुण्ठामूलक सिद्धान्त :** इस सिद्धान्त की मुख्य मान्यता यह है कि जब सामाजिक अनुरूपता के बावजूद किसी व्यक्ति या समूह की उम्मीदों पर पानी फिर जाता है, तो वह अपने उद्देश्यों की प्राप्ति के लिए सामाजिक नियमों या मान्यताओं का उल्लंघन करने को प्रेरित हो जाता है। अल्बर्ट कोइन (Albert Cohen) ने बताया है कि निम्न वर्गीय नवयुवकों के बीच अधिक उद्दण्डता या अपराध की घटनाएँ देखने को मिलती हैं क्योंकि जब उनकी आशाओं पर पानी फिर जाता है, तो वे अपने उद्देश्यों की पूर्ति के लिए समाज विरोधी गतिविधियों में विश्वास करने लगते हैं। इस सिद्धान्त से यही विचार प्रतिपादित होता है कि जब व्यक्ति के सामाजिक उद्देश्य और मूल्य के बीच तनाव उत्पन्न हो जाता है, तो लोग सामाजिक मूल्यों के विरुद्ध व्यवहार करने लगते हैं।

fugitive criminal (ˈफ्यूजिटिव्ˈक्रिमिनल्) **पलायक अपराधी** : वह अपराधी जो अपराध करने के पश्चात् सजा से बचने के लिए भाग जाता है।

full employment (फुल इम्ˈप्लॉइमन्ट्) **पूर्ण रोज़गार :** किसी देश की आर्थिक व्यवस्था में वह स्थिति, जब कोई व्यक्ति बेरोज़गार नहीं रहता। यह संकल्पना मूलत: इंग्लैंड के लिए विलियम बेवरिज (William Baveridge, 1879-1963) ने 1944 में प्रस्तुत की थी। यह स्थिति कल्याणकारी राज्य की महत्त्वपूर्ण विशेषता मानी जाती है। इस सन्दर्भ में बेरोज़गार केवल उन लोगों को माना जाता है, जो काम करने में समर्थ हों और इसके लिए तैयार भी हों, पर जिन्हें अपनी आजीविका अर्जित करने के लिए काम न मिले। जो लोग काम करने में असमर्थ या अनिच्छुक हों, उन पर इस सन्दर्भ में विचार नहीं किया जाता है।

function ('फ़ङ्क्शन्) **प्रकार्य** : वह प्रक्रिया जिसमें किसी पद्धति के एक-दूसरे से जुड़े अंग, उसकी स्थिरता और स्थायित्व में महत्त्वपूर्ण भूमिका निभाते हैं। रॉबर्ट के. मर्टन (Robert K. Merton, 1910-2003) ने प्रकार्य को परिभाषित करते हुए बताया है कि प्रकार्य वे दृष्टिगोचर परिणाम (Observable consequences) हैं, जो व्यवस्था-विशेष के अनुकूलन या सामंजस्य को संभव बनाते हैं। प्रकार्य दो प्रकार के हो सकते हैं– प्रकट प्रकार्य (**Manifest function**) और अप्रकट प्रकार्य (**Latent function**)।

function, latent ('फ़ङ्क्शन्, 'लेट्न्ट्) **अप्रकट प्रकार्य, अव्यक्त प्रकार्य** : सामाजिक क्रिया के वे परिणाम अप्रकट प्रकार्य (**Latent function**) हैं, जो न तो मान्य (Recognised) होते हैं और न इच्छित (Intended)। अप्रकट प्रकार्यों में प्रेरणा (Motive), परिस्थिति (Situation) एवं परिणाम (Consequence) की जानकारी कर्त्ता को पहले से नहीं होती है। अप्रकट प्रकार्य के परिणाम बहुत दूरगामी होते हैं। अप्रकट प्रकार्य के बारे में कर्त्ता को पूर्व ज्ञान नहीं होता है : देखें– **Function, Manifest** ।

function, manifest ('फ़ङ्क्शन्, 'मैनि फ़ेस्ट्) **प्रकट प्रकार्य, व्यक्त प्रकार्य** : प्रकट प्रकार्य वे दृष्टिगोचर परिणाम हैं, जो व्यवस्था में अनुकूलन या सामंजस्य बनाये रखते हैं तथा व्यवस्था में सहयोग देने वालों के द्वारा वह प्रकार्य मान्य तथा अभीष्ट होते हैं। प्रकट प्रकार्य कर्त्ता द्वारा स्वीकृत (Recognised) परिणाम है। प्रकट प्रकार्य बाहरी तौर पर स्पष्ट होता है, जबकि अप्रकट प्रकार्य भीतर-ही-भीतर क्रियाशील रहता है : देखें– **Function** ।

functional alternative ('फ़ङ्क्शन्ल् ऑल् 'टर्नटिव्) **प्रकार्यात्मक विकल्प** : प्रारम्भिक प्रकार्यवादी इस मत का पोषण करते रहे हैं कि व्यवस्था का प्रत्येक तत्त्व या इकाई उसके अनुरक्षण एवं अतिजीवन के लिए अपरिहार्य हैं। इस मत का खण्डन करते हुए रॉबर्ट के. मर्टन (Robert K. Merton, 1910-2003) ने प्रकार्यात्मक विकल्प (Functional alternatives), प्रकार्यात्मक समतुल्य (Functional equivalents) तथा प्रकार्यात्मक अनुकल्प की अवधारणाओं को प्रस्तुत किया। मर्टन के अनुसार एक सामाजिक अथवा सांस्कृतिक तत्त्व के अनेक प्रकार्य हो सकते हैं तथा उस सांस्कृतिक तत्त्व के ऐसे वैकल्पिक तत्त्व भी हो सकते हैं, जिसमें उसी प्रकार्य को सम्पादित करने की क्षमता हो।

functional analysis/explanation ('फ़ङ्क्शन्ल् अ'नैलसिस् /एक्स्प्ल'नेशन्) **प्रकार्यात्मक विश्लेषण या व्याख्या** : प्रकार्यात्मक विश्लेषण से तात्पर्य किसी भी घटना के अस्तित्व में आने अर्थात् उस घटना के घटने के कारणों को खोजना या किसी क्रिया के परिणामों को मालूम करना तथा किसी स्थाई सामाजिक व्यवस्था को बनाये रखने में उस क्रिया के योगदान को जानना है, उदाहरणार्थ– जब हम अपराध की समाज में उपस्थिति की प्रकार्यात्मक व्याख्या करते हैं, तब हम यह जानने का प्रयास करते हैं कि अपराध किस प्रकार सामाजिक संगठन को बनाये रखने में (दण्ड के माध्यम से) मदद करता है। दूसरे शब्दों में अपराध किस प्रकार समाजोनुमोदित व्यवहार की सीमाओं को सुदृढ़ बनाता है, ताकि अपराध को सामाजिक जीवन का एक सामान्य लक्षण माना जा सके ।

functional consequence ('फ़ङ्क्शन्ल् 'कॉन्सिक्वन्स्) **प्रकार्यात्मक परिणाम** : देखें– **Functional perspective** ।

functional illiteracy ('फ़ङ्क्शन्ल् इ'लिट्रसि) **प्रकार्यात्मक निरक्षरता** : पढ़ने-लिखने की योग्यता का इतना अभाव कि वह समाज का सक्षम सदस्य नहीं हो सकता है।

functional imperative ('फ़ङ्क्शन्ल् इम 'पेरटिव्) **प्रकार्यात्मक अनिवार्यता** : समाज के छोटे-बड़े सभी समूहों की सामाजिक प्रणाली को जीवित रखने के लिए प्रकार्यात्मक आवश्यकताएँ। इनमें वातावरण से अनुकूलन, समाज के सदस्यों के बीच वैयक्तिक सम्बन्धों के संयोजनों के संरूप तथा संघर्ष व तनाव को नियन्त्रित करने की विधियाँ सम्मिलित हैं (देखें– Talcott Parsons, **The Social System**, 1951; Alvin W. Gouldner, **The Coming Crisis of Western Sociology**, 1970) : देखें– **Functional prerequisites** ।

functional interdependence ('फ़ङ्क्शन्ल् इन्टर् डि 'पेन्ड्न्स) **प्रकार्यात्मक अन्तर्निर्भरता** : व्यक्तिगत कार्यों को

सम्पादित करने में सहायता देने के उद्देश्य से सामाजिक इकाइयों की एक-दूसरे पर निर्भर रहने की प्रवृत्ति को प्रकार्यात्मक अन्तर्निर्भरता की संज्ञा दी गई है।

functional model ('फ़ङ्क्शन्ल् 'मॉड्ल्) **प्रकार्यात्मक प्रतिरूप :** इस प्रतिरूप की मान्यता यह है कि समाज के विभिन्न अंगों के बीच एक प्रकार का सन्तुलन पाया जाता है। प्रत्येक अंग एक-दूसरे के बने रहने में ऐसा योगदान करते हैं कि समस्त समाज का अस्तित्व स्वतः बना रहता है।

functional model of society ('फ़ङ्क्शन्ल् 'मॉड्ल् ऑव् सॅ'साइअटि) **समाज का प्रकार्यात्मक प्रतिरूप :** समाज के प्रति इस दृष्टिकोण में सामाजिक व्यवस्था तथा इस तथ्य पर बल दिया जाता है कि किस प्रकार विभिन्न सामाजिक संस्थाएँ और उप-प्रणालियाँ सक्रिय रहती हैं और समाज-व्यवस्था को कायम रखने में योगदान देती हैं।

functional perspective ('फ़ङ्क्शन्ल् पर्'स्पेक्टिव्) **प्रकार्यवादी दृष्टिकोण :** देखें- **Functionalism**।

functional prerequisites ('फ़ङ्क्शन्ल् प्री'रेक्विजिटस्) **प्रकार्यात्मक पूर्वापेक्षाएँ :** समाज की किसी इकाई के अस्तित्व में बने रहने के लिए आवश्यक है कि वह अपने कार्य का सम्पादन करे। इस परिप्रेक्ष्य के विचारकों ने सम्प्रेषण, वैचारिक सहभागिता, लक्ष्य निर्धारण, व्यवहार-नियम से लेकर भौतिक पर्यावरण के अनुकूलन तथा उसके प्रभावी उपयोग को किसी भी व्यवस्था की पूर्वावश्यकताओं में सम्मिलित किया है। टैलकॉट पार्सन्स (Talcott Parsons, 1902-1979) ने सामाजिक प्रणाली की चार प्रकार्यात्मक आवश्यकताएँ बताई हैं- अनुकूलन, प्रतिमान अनुरक्षण, एकीकरण तथा तनाव प्रबन्धन : देखें- **Functional imperative**।

functional realism ('फङ्क्शन्ल् 'रिअलिज़्म्) **प्रकार्यात्मक यथार्थवाद :** वह मत कि विश्व की द्रव्य, गुण, द्रष्टा, दृश्य आदि सभी वस्तुएँ परस्पर आश्रित हैं अर्थात्, प्रत्येक वस्तु शेष सभी वस्तुओं के द्वारा निर्धारित है।

functional relation ('फङ्क्शन्ल् रि'लेशन्) **प्रकार्यात्मक सम्बन्ध :** दो चरों के बीच आंशिक या पूर्ण रूप से आश्रित सम्बन्ध अर्थात् एक में परिवर्तन होने पर दूसरे में भी परिवर्तन होता है। परतन्त्र चर **(Dependent variable)** एवं स्वतन्त्र चर **(Independent variable)** के बीच की क्रिया प्रकार्यात्मक सम्बन्ध को दर्शाती है।

functional status ('फ़ङ्क्शन्ल् 'स्टेटस्) **प्रकार्यात्मक स्थिति :** समूह में किसी व्यक्ति की स्थिति, जो उसकी प्रतिष्ठा तथा प्राधिकार आदि पर निर्भर न होकर, उसके श्रेष्ठ कार्यों पर आधारित होती है।

functional theory of religion ('फ़ङ्क्शन्ल् 'थिअरि ऑव् रि'लिजन्) **धर्म का प्रकार्यवादी सिद्धान्त :** धर्म का प्रकार्यवादी सिद्धान्त धर्म के सम्बन्ध में यह विचार व्यक्त करता है कि धर्म का व्यक्ति, समुदाय या फिर समस्त समाज के जीवन में क्या उपयोग है। इस सम्प्रदाय के समर्थक बी. मैलनॉफस्की (Bronislaw K. Malinowski, 1884-1942, हिन्दी में शुद्ध उच्चारण मात्र मैलनॉफस्की है) ने यह बताया है कि धर्म और जादू व्यक्तियों को तनाव एवं चिन्ता की स्थिति में समायोजित करने में मदद करता है। धर्म समाज के संचालन में भी मदद करता है। यह विभिन्न प्रकार की समस्याओं को समझने में भी मदद करता है। दूसरी तरफ, एमिल डर्कहाइम (Émile Durkheim,1858-1917) ने अपनी पुस्तक **The Elementary Forms of Religious Life** में बताया है कि धर्म सामाजिक एकता को बढ़ावा देता है। रेडक्लिफ-ब्राउन (A. R. Radcliffe-Brown, 1881-1955) का भी विचार यही है कि धार्मिक उत्सवों एवं अनुष्ठानों के माध्यम से समाज में समरसता, एकता एवं भाईचारे को बढ़ावा मिलता है। समाज का अस्तित्व भविष्य में भी बना रहे, इस तथ्य को भी धार्मिक अनुष्ठानों से बल मिलता है। प्रकार्यवादी सम्प्रदाय के समर्थकों ने यह भी बताया है कि धर्म लोगों को एक पहचान देता है। इसके द्वारा समाज में व्यक्तियों का आचरण भी निर्धारित होता है। जो लोग गलत आचरण करते हैं, समाज उसे दण्डित करता है और जो लोग धर्म के अनुरूप आचरण करते हैं, समाज उनकी प्रशंसा करता है। बहरहाल धर्म के प्रकार्यवादी सिद्धान्त में वे सारे दोष हैं, जो प्रकार्यवाद में निहित हैं। धर्म के सन्दर्भ में जो

बातें प्रकार्यवादियों ने कही हैं, वे शायद ही साम्यवादी एवं धर्म-निरपेक्ष राज्यों के सन्दर्भ में सही हों; क्योंकि किसी निश्चित धर्म के अभाव में भी वैसे राज्यों में सामाजिक एकता बनी रहती है : देखें– **Functionalism** ।

functional theory of stratification ('फ़ङ्क्शन्ल् 'थिअरि ऑव़् स्ट्रैटिफ़ि 'केश्न्) **स्तरण का प्रकार्यवादी सिद्धान्त :** इस विचारधारा के प्रमुख प्रवर्त्तक किंगज्ली डेविस (Kingsley Davis– शुद्ध उच्चारण मात्र किंगज्ली डेविस है) एवं विलबर्ट मोर (Wilbert E. Moore) हैं । इस सिद्धान्त के समर्थकों का कहना है कि सामाजिक स्तरण समाज की ज़रूरतों की उपज है, न कि व्यक्तियों की ज़रूरतों की । सामाजिक स्तरण की यह विचारधारा तीन मान्यताओं पर आधारित है– (i) विश्व में ऐसा कोई भी समाज नहीं है, जहाँ स्तरण नहीं है । विभिन्न मानवशास्त्रियों के अध्ययनों से यह स्पष्ट पता चलता है कि प्रत्येक समाज में किसी-न-किसी तरह का स्तरण अवश्य पाया जाता है । (ii) प्रत्येक समाज में लगभग समान प्रकार से विभिन्न स्तरों के बीच प्रतिष्ठा का बँटवारा है । जैसे-जैसे सामाजिक स्थिति या श्रेणी में गिरावट आती है, वैसे-वैसे प्रतिष्ठा में भी गिरावट होती है । किसी भी समाज में प्रत्येक व्यक्ति समान रूप से प्रतिष्ठित नहीं होता है । जो लोग समाज के सबसे ऊँचे पदों पर आसीन हैं, उन्हें समाज में सबसे अधिक प्रतिष्ठा प्राप्त है । कोई भी व्यक्ति इसे आसानी से समझ सकता है कि राष्ट्रपति, प्रधानमंत्री तथा राज्यपाल को समान प्रतिष्ठा प्राप्त नहीं है । (iii) इस सिद्धान्त की तीसरी मान्यता यह है कि विभिन्न समाजों के बीच सामाजिक स्तरण के स्वरूप में भिन्नताएँ हैं, उदाहरणस्वरूप– सरल समाजों (**Simple societies**) में स्तरण का आधार साधारणतया उम्र एवं लिंग (**Age** and **Sex**) हुआ करता है, जबकि जटिल समाजों के अन्तर्गत स्तरण का आधार भी काफी जटिल हुआ करता है, जैसे– शिक्षा, वैयक्तिक गुण, राजनीतिक हैसियत, सम्पत्ति आदि । यहाँ डेविस एवं मोर के सिद्धान्त में स्तरण के बारे में दो बातें विशेष रूप से ध्यान देने की हैं– पहली तो यह है कि स्तरण एक विश्वव्यापी सामाजिक यथार्थ है और दूसरी यह है कि स्तरण के आधार सभी समाजों में एक-जैसे नहीं हैं (देखें– Melvil M. Tumin, **Readings on Social Stratification**, 1970) ।

functionalism ('फ़ङ्क्शन् लिज़म्) **प्रकार्यवाद :** समाजशास्त्र के विकास के साथ दो प्रमुख विचारधाराओं का विकास हुआ, जिसे संघर्ष का दृष्टिकोण (**Conflict perspective**) एवं सहमति का दृष्टिकोण (**Consensus perspective**) के नाम से जाना जाता है । ये दोनों एक-दूसरे की विरोधी विचारधारा के रूप में विकसित हुईं । समाजशास्त्रीय विचारधारा प्रकार्यवाद की दूसरी महत्त्वपूर्ण विचारधारा है, जिसका आधार सहमति का दृष्टिकोण है । कुछ समाजशास्त्रियों का मानना है कि प्रकार्यवाद की उत्पत्ति समाजशास्त्र की उत्पत्ति के साथ ही हुई है । इस विचारधारा के समर्थक प्रकार्यवाद की शुरूआत ऑगस्त कौंत एवं हर्बर्ट स्पेन्सर (Auguste Comte and Herbert Spencer) जैसे प्रारम्भिक समाजशास्त्रियों की कृतियों में ढूँढ़ते हैं । लेकिन सही अर्थ में प्रकार्यात्मक विश्लेषण का प्रारम्भिक स्वरूप एमिल डर्कहाइम की कृतियों में देखने को मिलता है और इसका पूर्ण विकसित रूप टैलकॉट पार्सन्स (Talcott Parsons, 1902-1979) एवं रॉबर्ट के. मर्टन (Robert K. Merton, 1910-2003) की कृतियों में है । यह सिद्धान्त 1940 से लेकर लगभग 1960 तक बहुत ही प्रमुख विचारधारा के रूप में अमरीकी समाजशास्त्र में लोकप्रिय रहा । पर धीरे-धीरे इस सिद्धान्त की लोकप्रियता में कमी आयी । इसके मुख्य दो कारण थे– प्रथम, इस सिद्धान्त की इतनी कड़ी आलोचना हुई कि लोग क्रमशः इससे दूर भागते गए । समय के साथ लोगों का झुकाव इस सिद्धान्त के प्रति कम होता गया । द्वितीय, समाजशास्त्र में 1960 के बाद बहुत किस्म की चिन्तनधाराओं की उत्पत्ति हुई, जो प्रकार्यात्मक सिद्धान्त की तुलना में बहुत उपयोगी एवं ठोस प्रमाणित होने लगी । प्रकार्यात्मक विचारकों का मत है कि सामाजिक प्रक्रियाओं एवं प्रतिमानों को हम ठीक से तभी समझ सकते हैं, जब हम यह विचार करें कि किसी संरचना की कोई इकाई समस्त संरचना को बनाए रखने में कितनी मदद करती है । प्रकार्यवादियों का मानना है कि समाज या समस्त सामाजिक संरचना का आधार सहमति है; क्योंकि तनाव एवं संघर्ष की स्थिति से सामाजिक संरचना के अस्तित्व को खतरा है । विकास के दौड़ में समाज जिस वर्तमान अवस्था में पहुँचा है, उसका आधार संघर्ष नहीं बल्कि सहमति है, प्रकार्यवादी अपने सिद्धान्त के समर्थन में ऐसी दलीलें देते आए हैं (देखें– Talcott Parsons, **The Structure of Social Action**, 1937; Alvin W. Gouldner, **The Coming Crisis of Western Sociology**, 1970) ।

functionalist (ˈफ़ङ्क्शन् लिस्ट) **प्रकार्यवादी :** वह समाजशास्त्री, जिसके मतानुसार समाज आपस में जुड़े अंगों की प्रणाली है और इन अंगों के प्रकार्यों से पूरी प्रणाली का अस्तित्व प्रभावित होता है : देखें– **Functionalism** ।

functionalization, de (ˈफ़ङ्क्शन्लाइˈज़ेशन्, डी) **विप्रकार्यीकरण :** एक ऐसी स्थिति, जिसमें किसी संस्था अथवा समूह के कार्य दूसरी संस्थाओं अथवा समूहों द्वारा ले लिए जाते हैं । इस अवधारणा का सर्वप्रथम प्रयोग विलियम एफ. ऑगबर्न (William F. Ogburn, 1886-1959) ने अन्य संस्थाओं द्वारा परिवार के प्रकार्यों के हस्तान्तरण के लिए किया था ।

fundamentalism (फ़न्डॅˈमेन्ट लिज़म्) **रूढ़िवाद, धार्मिक श्रेष्ठतावाद :** इस शब्द का प्रयोग दो अर्थों में किया जाता है– (1) मुख्यत: प्रोटेस्टैन्ट सम्प्रदाय में इस अर्थ में प्रचलित शब्द कि धार्मिक सिद्धान्त उनकी आधुनिक व्याख्याओं की अपेक्षा अधिक प्रामाणिक है । (2) किसी भी मूल धार्मिक ग्रन्थों, मान्यताओं का अक्षरश: अनुसरण । यह शब्द विश्वास और सिद्धान्त के मामलों में धर्मग्रन्थ की विश्वसनीयता पर बल देता है । यह पौराणिक धर्मग्रन्थों या प्रकट धर्म के मौलिक तत्त्वों की ओर लौटने का आग्रह करता है । मूलत: इस अवधारणा की प्रकृति धर्मशास्त्रीय है, फिर भी इसका प्रयोग समाज-सुधार की योजनाओं को क्रियान्वित करने या राजनीतिक सत्ता को हथियाने के लिए एक हथियार के रूप में किया जाता है । यह एक ऐसा विश्वास है, जो इस मान्यता पर आधारित है कि धर्मग्रन्थों के मात्र शाब्दिक अर्थ को ही ध्यान में रखकर कोई कार्य किया जाना चाहिए (देखें– George M. Marsden, **Fundamentalism and American Culture**, 1980; Edward Mortimer, **Faith and Power: The Politics of Islam**, 1982) ।

fundamental right (फ़न्डॅˈमेन्ट्ल् राइट्) **मूल अधिकार :** किसी राज्य का क्या स्वरूप है, इसका अनुमान हमें उन अधिकारों द्वारा होता है, जिसे राज्य किसी विशेष काल में अपने नागरिकों के लिए सुलभ कर सकता है । मूल अधिकार में बहुत-से महत्त्वपूर्ण नागरिक और राजनीतिक अधिकार होते हैं, जिन्हें राज्य अपने संविधानों में स्थान देते हैं । अधिकारों को मूल अधिकार इसलिए कहा जाता है कि जहाँ साधारण अधिकारों को विधान-मण्डल द्वारा साधारण विधि-प्रक्रिया से बदला जा सकता है, वहीं मूल अधिकारों में इतनी सरलता से परिवर्तन नहीं किया जा सकता । चूँकि नागरिकों को मूल अधिकारों का आश्वासन देश की मूल विधि देती है, अत: राज्य का कोई भी अंग-कार्यांग, विधानांग या न्यायांग- इन अधिकारों का उल्लंघन नहीं कर सकता और यदि वह ऐसा करेगा, तो उसका यह कार्य अमान्य होगा ।

fusion of culture (फ्यूजन् ऑव्ˈकल्चर्) **संस्कृति-संलयन :** दो या अधिक संस्कृतियों के एक हो जाने की प्रक्रिया, जिसमें सम्बन्धित संस्कृतियों के कुछ विशेषकों का प्रतिरक्षण, कुछ का रूपान्तरण तथा कुछ का नये विशेषकों द्वारा प्रतिस्थापन हो जाता है ।

futurology (फ्यूचˈरॉलजि) **भविष्यविज्ञान :** विज्ञान की वह शाखा, जिसके अन्तर्गत धरती और उसके पर्यावरण की वर्तमान स्थिति, इसके प्राकृतिक और मानवीय संसाधनों, परिवर्तन की प्रवृत्तियों और ज्ञात वैज्ञानिक नियमों के आधार पर यह पता लगाते हैं कि भविष्य में विश्व की स्थिति क्या होगी (देखें– Anthony Wiener, **The Year 2000**, 1967) ।

Gg

Gallup poll (ˈगैलप पोल्) **गैलप मतदान :** सांख्यिकीविद् जॉर्ज गैलप (George Horace Gallup, 1901-1984) द्वारा प्रवर्तित लोकमत जानने की एक विशेष पद्धति। इस पद्धति के अन्तर्गत समाज के कुछ प्रतिनिधि वर्गों से प्रश्न पूछे जाते हैं और उनके आधार पर निर्वाचन-परिणामों की घोषणा की जाती है । भारत में भी इस प्रद्धति का उपयोग किया जाता है । वर्तमान में इसे एक्जिट पोल भी हम कह सकते हैं ।

gambling, sociology of (ˈगैम्ब्लिंग, सोसिˈऑलजि ऑव्) **जुआ का समाजशास्त्र :** देखें– **Sociology of gambling**।

game stage (गेम ˈस्टेज्) **क्रीड़ा अवस्था :** जॉर्ज एच. मीड (George Herbert Mead, 1863-1931) के अनुसार, बच्चों के विकास की वह अवस्था जिसके अन्तर्गत वे एकसाथ एक से अधिक व्यक्तियों की भूमिकाओं का अनुसरण करते हैं।

game theory (गेम ˈथिअरि) **खेल-सिद्धान्त :** खेल-सिद्धान्त ऐसे नियमों, परिपाटियों या रूढ़ियों का समुच्चय है जिनका किसी क्रीड़ा (Play) में अनुपालन किया जाता है । यह एक ऐसा सिद्धान्त है, जो इस मान्यता पर आधारित है कि आमतौर पर लोग कोई व्यवहार यह सोचकर करते हैं कि कौन-सा व्यवहार उनके लिए सबसे अधिक लाभकारी है अर्थात्, व्यक्तिगत लाभ को ध्यान में रखकर ही लोग एक विशेष प्रकार का व्यवहार करते हैं । इस सिद्धान्त का प्रयोग खेलों के साथ-साथ ऐसी सामाजिक घटनाओं के विवेचन में भी किया जा सकता है, जिनसे कुछ खेल काफी मिलते-जुलते हैं । रोज़मर्रा के सामाजिक व्यवहार की कुछ विशिष्ट स्थितियों में प्रत्येक सहभागी अधिक-से-अधिक लाभ और कम-से-कम हानि उठाना चाहता है । इसमें संघर्ष और सहयोग की प्रक्रियाएँ साथ-साथ काम करती हैं । खेल जीतने के लिए व्यूह-रचना की भी आवश्यकता होती है । यह खेल-सिद्धान्त का मूल आधार है । इन खेलों में तार्किकता तब तक बनी रहती है, जब तक चालें नियमानुसार चली जाती हैं । आजकल इस सिद्धान्त का प्रयोग मेलजोल सम्बन्धी व्यवहार, न्यायिक व्यवहार, अन्तर्राष्ट्रीय राजनीति की संघर्षात्मक स्थितियों के क्षेत्र में खूब किया जाता है । अर्थशास्त्र में खेल सिद्धान्त का प्रयोग विपणन व्यवहार में किया जाता है, जिसमें खिलाड़ी के रूप में विभिन्न फर्में अपनी-अपनी चाल चलती हैं । ये चालें या तो प्रतिद्वन्द्वी फर्म की प्रतिक्रिया पर निर्भर करती हैं या प्रतिद्वन्द्वी की प्रतिक्रिया की परिकल्पना पर। ध्यान रहे कि इस सिद्धान्त के अन्तर्गत 'खेल' शब्द का प्रयोग एक रूपक के रूप में किया गया है (देखें– Robert Gibbsons, **A Primer in Game Theory,** 1992; K. G. Binmore, **Fun and Games**, 1992) ।

Gandhism (गाँधीज़म्) **गाँधीवाद :** आधुनिक युग के महापुरुष महात्मा गाँधी को संसार एक श्रेष्ठ राजनीतिज्ञ, उच्च कोटि का समाज-सुधारक, महान् राष्ट्रीय नेता और महान् देशभक्त के रूप में जानता है । लेकिन, उनका कोई सुस्पष्ट राजनीतिक दर्शन था या नहीं, इस बारे में अधिकांश लोगों को सन्देह है । महात्मा गाँधी हॉब्स, लॉक या रूसो की भाँति ऐसे राजनीतिक दार्शनिक नहीं थे, जिन्होंने अपना समय किसी सुसंबद्ध राजनीतिक दर्शन के निर्माण में लगाया हो। उनका वास्तविक उद्देश्य भारत का और फिर सारे संसार का, सत्य और अहिंसा के आदर्शों पर नए सिरे से निर्माण करना था। भारत की स्वतन्त्रता के लक्ष्य को प्राप्त करने का एक साधन मात्र था । ऐसी स्थिति में महात्मा गाँधी ने समय-समय पर अपने लेखों, भाषणों और पत्रों में भावी सामाजिक व्यवस्था के बारे में अपने विचार प्रकट किए थे, जिनके ऊपर चिन्तन करने से यह ज्ञात होता है कि चाहे महात्मा गाँधी और उनके निकटतम अनुयायियों को इसका ज्ञान न भी रहा हो, फिर भी यह स्वीकार किया जाता है कि महात्मा गाँधी ने एक नूतन राजनीतिक दर्शन की स्थापना की है । गाँधीजी की शिक्षा एवं विचारों को अक्सर 'गाँधीवाद' नाम से सम्बोधित किया गया है, पर इस शब्द पर उन्हें स्वयं आपत्ति थी।

उनका कहना था, 'गाँधीवाद नाम की कोई चीज़ नहीं है और मैं अपने बाद कोई सम्प्रदाय छोड़ना नहीं चाहता । मैं कभी इस बात का दावा नहीं करता कि मैंने केवल व्यक्तिगत रूप से वास्तविक सच्चाइयों को अपने दैनिक जीवन और समस्याओं पर लागू करने की चेष्टा की है और यह मत जो मैंने अपनाया है और ये परिणाम जो मैंने प्राप्त किए हैं, अन्तिम नहीं हैं । मैं उन्हें कल बदल सकता हूँ ।'

gang (गैन्ग) **टोली, गिरोह :** प्राथमिक समूह की विशेषताओं से युक्त एक समूह, जो आमने-सामने के प्रत्यक्ष सम्बन्धों के आधार पर स्वतः विकसित होता है । यह अन्य प्रकार के प्राथमिक समूहों से इस बात में भिन्न होता है कि इसकी प्रकृति संघर्षमय होती है । इस शब्द का प्रयोग विभिन्न परिस्थितियों में विभिन्न वर्गों के लिए अलग-अलग किया जाता है, जैसे- लड़कों की टोली, अपराधियों का गिरोह, लड़कियों की टोली, पुरुष और महिलाओं के दल आदि । एक टोली में समान वय, सामाजिक स्थिति तथा समान अभिरुचियों के व्यक्ति सम्मिलित होते हैं । अधिकांश गिरोह अविवाहित पुरुषों द्वारा बने होते हैं, किन्तु इनमें लड़कियाँ भी सम्मिलित हो सकती हैं । पूर्णतः लड़कियों द्वारा बने समूह यदाकदा ही देखने को मिलते हैं । गिरोह की शुरूआत एक अस्थायी, ढीले-ढाले तथा अव्यवस्थित समूह से होती है । धीरे-धीरे ऐसे समूह में एकता की मात्रा बढ़ती जाती है और इसमें तीव्र सुदृढ़ता तथा नेतृत्व पनपने लगता है ।

gang, criminal (गैन्ग, 'क्रिमिनल्) **अपराधी गिरोह :** अपराधियों का एक समूह, जो अपराध करने अथवा इसी प्रकार के अन्य सम्बन्धित मामलों में एक सहकारी इकाई के रूप में संगठित होकर कार्य करता है, अपराधी गिरोह कहलाता है ।

gang age (गैन्ग एज्) **समान आयु-टोली :** बाल्यकाल की वह अवस्था जिसमें एक ही आयु के लड़के या लड़कियाँ किन्हीं विशेष प्रकार के क्रियाकलापों में संलग्न रहते हैं ।

gang theory (गैन्ग 'थिअरि) **गिरोह-सिद्धान्त :** समाजशास्त्र, विशेषकर अपराधशास्त्र में, गिरोह-प्रवृत्ति और अपराध में गिरोह की भूमिका को लेकर जो सैद्धान्तीकरण हुआ है, उसमें फ्रेड्रिक थ्रैसर (F. M. Thrasher, **The Gang**, 1927) का नाम विशेष उल्लेखनीय है । थ्रैसर ने गिरोह सम्बन्धी पुरानी धारणाओं को चुनौती देते हुए लिखा है कि गिरोह सड़कों पर घूमने वाले और कानूनों के उल्लंघनकारी व्यक्तियों से निर्मित ढीले-ढाले समूह नहीं होते, अपितु ऐसे समूह कामकाजी वर्ग के युवाओं द्वारा संरचित होते हैं, जो निष्ठा, स्थानीयता और संस्तरण के भाव से बँधे होते हैं (देखें- William Foote Whyte, **Street-Corner Society,** 1955)।

gangster ('गैङ्गस्टर्) **आततायी :** अपराधियों के झुण्ड अथवा दस्यु संगठन के सदस्य ।

gatekeeping ('गेट् किपिंग) **प्रतिहारी, दरवानगिरी :** चूँकि अधिकांश औपचारिक संगठनों के अन्तर्गत एक विशिष्ट प्रकार का सोपानक्रम होता है, जिसके अन्तर्गत कुछ व्यक्तियों को इतना अधिकार प्राप्त हो जाता है कि संगठनों के अन्तर्गत वे सबसे अधिक शक्तिशाली हो जाते हैं । वैसी परिस्थिति में अधिकांश प्राधिकारियों की प्रशासनिक शक्ति में कमी आ जाती है । ऊपर का अधिकारी नीचे वालों को सोपानक्रम में उठने नहीं देता है, इस प्रक्रिया को प्रतिहारी या दरवानगिरी कहते हैं । जैसे- किसी मंत्रालय में सचिव इतने अधिकार सम्पन्न होते हैं कि दूसरे व्यक्तियों का मंत्रियों तक पहुँचना तथा काम करवाना कठिन हो जाता है ।

gay studies (गे 'स्टडिज़) **समलैंगिक अध्ययन :** हाल के दशकों में समाजशास्त्रियों का ध्यान इस विषय पर भी गया है । समाजशास्त्रियों ने यह जानने का प्रयास किया है कि क्यों कुछ पुरुष दूसरे पुरुष के साथ और कुछ महिला अन्य महिला के साथ यौन-आनन्द लेने का प्रयास करते हैं । चर्च के विरोध के बावजूद दो स्त्री या दो पुरुष आपस में विवाह रचाते हैं । अन्य धर्मों की तरह पाश्चात्य देशों में चर्च मात्र विषमलिंगी को ही विवाह की स्वीकृति देते हैं ।

geisteswissenschaften (गीज़्टेस्वीजेनशॉफ्टन्) **मानव-विज्ञान :** इस जर्मन भाषा के शब्द का प्रयोग सामान्य रूप से सामाजिक विज्ञानों के लिए इस्तेमाल किया जाता है । इस विषय की मान्यता यह है कि सामाजिक विज्ञानों में प्राकृतिक

विज्ञानों की अध्ययन-पद्धति का इस्तेमाल नहीं किया जाना चाहिए; क्योंकि सामाजिक विज्ञानों की विषय-वस्तु प्राकृतिक विज्ञानों से बिल्कुल भिन्न है (देखें– J. Cahnman and Alvin Boskoff (eds.), **Sociology and History**, 1964)।

gemeinschaft (गेमाइन'शॉफ्ट) **समुदाय, बन्धुताबद्ध समाज :** एक समुदाय अथवा पारम्परिक या धर्मरूढ़ समाज की संकल्पना। फर्डिनंड टॉनीज (Ferdinand Töennies, 1855-1936) के अनुसार, समाज या सामाजिक सम्बन्ध के दो आधारभूत स्वरूप हैं– समुदाय (***Gemeinschaft***) और समाज (***Gesellschaft***)। गेमाइनशाफ्ट 'प्राकृतिक इच्छा' (**Natural will**) पर आधारित समूह है अर्थात्, ऐसा समूह निर्माण करने में सदस्यों का मुख्य उद्देश्य एक-दूसरे के साथ सम्बद्ध होना होता है । यह एक सावयवी इच्छा (**Organic will**) रखने वाले व्यक्तियों का संघ है, जिनका संगठन या एकात्मता निश्चय ही सगोत्रता की प्राकृतिक शक्ति के कारण पनपती है । टॉनीज के अनुसार, समुदाय की प्रमुख विशेषताएँ हैं– सामान्य इच्छा, सदस्यों का कोई व्यक्तिगत महत्त्व नहीं, सामुदायिक स्वार्थों का प्रभुत्व, विश्वास, धर्म, रूढ़ियाँ एवं प्रथाएँ, सावयवी, प्राकृतिक एकात्मता तथा सामान्य सामुदायिक सम्पत्ति : देखें– ***Gesellschaft***।

gender ('जेन्डर्) **लिंग :** पुरुष सम्बन्धी अथवा स्त्री सम्बन्धी विशेषताओं से सम्बद्ध वे तत्त्व, जो संस्कृति द्वारा निर्धारित होते हैं । पुरुष एवं स्त्री अथवा पुरुषत्व एवं नारीत्व से सम्बद्ध सामाजिक, सांस्कृतिक एवं मनोवैज्ञानिक पक्ष को ही लिंग की संज्ञा दी जाती है । **Gender** एक सामाजिक अवधारणा है, तो **Sex** एक जैविक अवधारणा है । यहाँ यही सबसे प्रमुख बात है । मानव समुदाय लिंग के आधार पर दो भागों में विभाजित है– नारी और पुरुष, जबकि यौन भेदभाव जीव-विज्ञान के द्वारा विभाजित किए गए हैं । लैंगिक भेदभाव सांस्कृतिक आधार पर बनाए गए हैं । स्त्री न केवल जैविक अस्तित्व है, बल्कि उससे अपने समाज के मानदण्डों के अनुसार कुछ कार्यों को पूरा करने की प्रत्याशा भी की जाती है । स्त्रियों की लिंग-भूमिका समाज और परिवार, जिसमें वे पैदा होती हैं, उनके अनुसार निर्धारित होती हैं (देखें– Ann Oakley, **Sex, Gender and Society**, 1972; Sara Delamont, **Sociology of Women**, 1980) : देखें– **Sex** ।

gender assignment ('जेन्डर् असाइन् मन्ट्) **लिंग आवंटन :** जब कोई व्यक्ति या समाज किसी व्यक्ति के लिंग को ध्यान में रखकर किसी कार्य की जिम्मेवारी सौंपता है, तो उसे लिंग आवंटन कहा जाता है ।

gender discrimination ('जेन्डर् डि स्क्रिमि'नेशन्) **लैंगिक भेदभाव या विभेद :** नारीवाद के समर्थकों का ऐसा मत, जिसके अनुसार समाज के अन्तर्गत नारी का स्थान दोयम दर्जे का है; क्योंकि पुरुषों ने अपनी सुख-सुविधाओं और स्वार्थों को ध्यान में रखकर ही सामाजिक और सांस्कृतिक मूल्यों का निर्माण व पोषण किया है । नारियों को समाज में कैसा आचरण करना चाहिए, उसका निर्धारण भी पुरुषों ने ही किया है । महिलाओं के साथ जीवन के विभिन्न आयामों में भेदभाव पुरुष-प्रधान समाज में एक स्वाभाविक घटना है । नारी सशक्तीकरण के माध्यम से ही लैंगिक समानता की बात संभव है ।

gender identity ('जेन्डर् आइ'डेन्टिटि) **लैंगिक पहचान :** किसी व्यक्ति के द्वारा सामाजिक स्तर पर सीखा हुआ वह विचार, जो उसे यह पहचानने में मदद करता है कि वह पुरुष है या नारी अथवा बालक है या बालिका ।

gender role ('जेन्डर् रोल्) **लैंगिक भूमिका :** वह प्रक्रिया, जिसके द्वारा लड़कों और लड़कियों तथा बाद में पुरुष और स्त्रियों को सामाजिक अपेक्षाओं के आधार पर भूमिकाएँ सौंपी जाती हैं । जैसे, औरतों से यह अपेक्षा रखना कि वे भोजन बनाएँ तथा घर को साफ-सुथरा रखें, यह उनकी लैंगिक भूमिका है ।

gender segregation ('जेन्डर् से'ग्रिगेशन्) **लैंगिक पार्थक्य या पृथक्करण :** रोज़गार के क्षेत्र में स्त्री और पुरुष के बीच इस बात की असमानता या पृथक्करण की समस्या है कि एक ही कार्य के लिए नारी और पुरुष को समानरूप से उपयुक्त नहीं माना जाता है । कभी-कभी एक ही औपचारिक व्यवस्था के अन्तर्गत भी नारी और पुरुषों के बीच भेदभाव किया जाता है । कठिन और जोखिम भरे कार्यों में आमतौर पर पुरुषों को प्राथमिकता दी जाती है । आज जीवन के प्रत्येक क्षेत्र में नारियों को काम करने का अवसर और अधिकार प्राप्त है, लेकिन दोनों को किसी एक ही कार्य में समान रूप से लगाने में भेदभाव किया जाता है ।

gender socialization ('जेन्डर् सोशॅलाइ'ज़ेशन्) **लैंगिक समाजीकरण :** इसका अर्थ है समाज के सदस्यों द्वारा पुरुष-प्रधान या स्त्री-प्रधान सामाजिक कर्त्तव्यों और मूल्यों को सीखना ।

gender stereotype ('जेन्डर् 'स्टेरिअ टाइप्) **लैंगिक रूढ़ि :** प्रत्येक समाज में स्त्रियों और पुरुषों के बारे में अतिशयोक्तिपूर्ण विचार प्रचलित हैं, इसलिए उनसे वैसे ही आचरण की उम्मीद की जाती है, जैसे– स्त्रियाँ भोजन बनाने या बच्चों का लालन-पालन का कार्य पुरुषों की तुलना में बेहतर ढंग से कर सकती हैं। स्त्रियाँ भावुक और कोमल हृदय की मानी जाती हैं तो पुरुष कठोर और निर्दयी । उसी प्रकार पुरुषों की तुलना में नारियों को अधिक शक्की स्वभाव का माना जाता है । विभिन्न समाजों में नारियों के बारे में विभिन्न प्रकार की रूढ़ियाँ रही हैं, जिनका सम्बन्ध उन समाजों की संस्कृतियों से होता है : देखें– **Gender type** ।

gender type ('जेन्डर् टाइप) **लैंगिक किस्म :** यह एक ऐसी अवधारणा है, जो बिना विवेक के स्त्री और पुरुष के बीच भेद करती है । इसके अनुसार स्त्रियाँ घरेलू काम-काज के लिए उपयुक्त एवं बौद्धिक कामों के लिए अनुपयुक्त मानी जाती हैं । लैंगिक किस्म या प्रकार मूलतः रूढ़िवादी अवधारणा है : देखें– **Gender stereotype** ।

genealogical (जीनिअ'लॉजिकल्) **वंशानुगत :** एक पूर्वज से जोड़ा गया कोई सम्पर्क, जो वंशानुक्रम पर आधारित है ।

genealogical method (जीनिअ'लॉजिकल् मे'थॅड) **वंशावली-पद्धति, वंशावली प्रणाली :** नृविज्ञान **(Ethnology)** में सामग्री संकलित करने की एक प्रविधि, जिसमें वंश-वृक्षों को वंशावली-सारणी में संकलित किया जाता है । इस पद्धति के द्वारा विशेषकर बन्धुत्व प्रणाली, बन्धुत्व शब्दावली, उत्तराधिकार, विरासत तथा विवाह के नियम आदि से सम्बन्धित सामग्री एकत्रित की जाती है ।

genealogy (जीनि'आलजि) **वंशावली :** वंशानुक्रम, वंशपरम्परा या वंशावली का अनुसन्धान । मानवशास्त्र में वंशावली के माध्यम से विभिन्न पीढ़ियों के बीच या उसके अन्तर्गत भी वास्तविक अथवा काल्पनिक नातेदारी की कड़ी खोजने में मदद मिलती है । इसका सबसे अधिक प्रयोग नातेदारी प्रथा एवं परिवार के अध्ययन के क्षेत्र में होता है ।

general fertility rate (GFR) ('जेन्रल् फ़र्'टिलिटि रेट्) **सामान्य प्रजननता-दर :** प्रति हजार 15 वर्ष से 44 वर्ष की महिलाओं के बीच जीवित जन्म का अनुपात । सामान्य जन्म-दर को निकालने के लिए हम कुल जन्म को कुल जनसंख्या से भाग न देकर केवल बच्चे पैदा करने वाली आयु की स्त्रियों की संख्या से भाग देते हैं । प्रजननता-दर को समस्त जनसंख्या से भाग देने से कोई लाभ नहीं होता है । पुरुष तो बच्चे पैदा करते नहीं हैं। इसलिए पुरुषों की संख्या को पूरी तरह से निकाल दिया जाता है । स्त्रियों में से भी केवल बच्चे पैदा करने के योग्य स्त्रियों की संख्या से ही भाग दिया जाता है । सामान्यतया 15 वर्ष से 44 वर्ष तक की स्त्रियाँ ही बच्चे पैदा कर सकती हैं । इसलिए केवल उनकी संख्या से ही भाग दिया जाता है । सामान्यतया 'सामान्य प्रजननता-दर' रुक्ष प्रजननता-दर से 4 या 5 गुना अधिक रहती है, क्योंकि बच्चे पैदा करने की आयु की स्त्रियाँ कुल जनसंख्या 1/4 या 1/5 भाग ही होती है : देखेंμ **Fertility; Total fertility rate** ।

general health questionnaire (GHQ) ('जेन्रल् हेल्थ् क्वेस्च'नेअर् (जी.एच.क्यू.) **सामान्य स्वास्थ्य प्रश्नावली :** इस प्रकार की प्रश्नावली का प्रयोग विशेष रूप से सामाजिक सर्वेक्षण एवं अनुसन्धान के क्षेत्र में होता है । इसका मुख्य उद्देश्य लोगों की स्वास्थ्य सम्बन्धी स्थिति एवं वैसी बीमारियों की जानकारी प्राप्त करना है, जिनका इलाज न किया गया हो या फिर जो लाइलाज हों। प्रश्नावली के अन्तर्गत प्रमुख बीमारियों के लक्षणों का चेक लिस्ट समाविष्ट रहता है, ताकि यह जाना जा सके कि किसी समुदाय-विशेष में किस प्रकार की बीमारियों से अधिकांश लोग शिकार होते हैं । इसे छानबीन उपकरण (**Screening instrument**) भी कहते हैं ।

generalised belief ('जेन्रलाइज़्ड् बि'लीफ़्) **सामान्यीकृत विश्वास :** समाज के सर्वसाधारण लोगों द्वारा स्वीकृत विश्वास, जैसे नेता झूठा होता है ।

generalised cause ('जेन्रलाइज़्ड् कॉज़्) **सामान्यीकृत कारण :** कारण का वह रूप, जिसमें कार्य के विभिन्न दृष्टान्तों में शामिल सभी उपाधियों को न लेकर, केवल समान उपाधियों को लिया गया हो ।

generalised others ('जेन्रलाइज़्ड् 'अदर्स) **सामान्यीकृत अन्य :** किसी व्यक्ति की स्वयं के बारे में वह धारणा, जो दूसरे लोग उसके बारे में रखते हैं । इसका तात्पर्य व्यक्तियों की उन अवधारणाओं से है, जो वे अपने समुदाय या समाज के समस्त मूल्यों एवं आदर्शों के बारे में सोचते या समझते हैं । इसे ही ध्यान में रखकर कोई व्यक्ति अपने व्यवहार या स्वयं के बारे में कोई निर्णय लेता है । जॉर्ज एच. मीड (George Herbert Mead, 1863-1931) ने इस अवधारणा का प्रतिपादन किया है ।

generalization (जेन्रलाइ'ज़ेश्न्) **सामान्यीकरण :** यह चिन्तन की एक सामान्य विधि है जिसके अन्तर्गत लोग निगमन के द्वारा किसी निर्णय पर पहुँचते हैं । दूसरे शब्दों में, यह विशिष्ट उदाहरणों के आधार पर सामान्य प्रत्यय तक पहुँचने की प्रक्रिया है । ये कथन घटनाओं के मध्य एक सार्वभौमिक सम्बन्ध की उपस्थिति का संकेत देते हैं । तथ्यों में नियमितता स्थापित करने के उद्देश्य से सामान्यीकरणों की रचना की जाती है । आगमनात्मक तर्कशास्त्र मुख्यत: इसी प्रक्रिया पर आधारित है ।

generation (जेन'रेश्न्) **पीढ़ी :** लगभग एक ही समय में जन्म तथा जीवन-यापन करने वाले लोग एक पीढ़ी की संरचना करते हैं । माता-पिता एक पीढ़ी के हैं, तो उनकी सन्तान दूसरी पीढ़ी की सदस्य मानी जाती है (देखें– Karl Mannheim, **Essay on the Sociology of Knowledge**, 1952; Shmuel N. Eisenstadt, **From Generation to Generation**, 1956)।

generation gap (जेन'रेश्न् गैप्) **पीढ़ीगत अन्तर :** समाजशास्त्रीय दृष्टि से इसका अर्थ है युवकों तथा वृद्ध लोगों के बीच तनाव । किस प्रकार उनके मूल्यों, नैतिक आदर्शों, विचारों तथा आचरण में अन्तर होता है (देखें– Karl Mannheim, **The Problem of Generations**, 1952)।

generational mobility (जेन'रेशॅन्ल् मो'बिलटि) **पीढ़ी गतिशीलता :** देखें– **Mobility** ।

genetic (जि'नेटिक) **आनुवंशिक :** वंशानुगत की पद्धति का वैज्ञानिक अध्ययन । जीव-विज्ञानों की तरह समाजविज्ञानों में भी इस तथ्य को स्वीकार किया जाता है कि मनुष्यों का आचरण बहुत कुछ आनुवंशिक होता है । यही कारण है कि व्यक्तित्व एवं अपराध की घटनाओं को आनुवंशिकता से जोड़कर विश्लेषण करने की कोशिश की जाती रही है ।

genetic change (जि'नेटिक चेन्ज्) **आनुवंशिक परिवर्तन :** मुख्यत: विकासवादी समाजशास्त्रियों एवं नृविज्ञानियों द्वारा प्रतिपादित संकल्पना, जिसके अनुसार विभिन्न सामाजिक संगठनों एवं व्यवस्थाओं की उत्पत्ति की व्याख्या की जाती है।

genetic transmission (जि'नेटिक ट्रैन्स्'मिश्न्) **आनुवंशिक संचरण :** ऐसी क्रिया विधि, जिसके द्वारा माता-पिता की वंशागत शारीरिक विशेषताएँ उनकी सन्तान को प्राप्त होती हैं ।

genetrix (जेने'ट्रिक्स्) **जननी :** बालक को वास्तविक रूप में जन्म देने वाली स्त्री अर्थात् जैवकीय माँ, जननी कहलाती है । कई समाजों में माता (मेटर) तथा जननी में भेद किया जाता है ।

genitor (जेनिटर्) **जनक :** बालक का जैवकीय पिता जनक कहलाता है। कई समाजों, जैसे– अफ्रीका तथा ऑस्ट्रेलिया, में जनक एवं पिता में अन्तर किया जाता है । दत्तकता की प्रथा के कारण जन्म देने वाले पिता (जनक) और सामाजिक पिता (दत्तक पिता) में अन्तर होता है ।

genocide ('जेन साइड्) **प्रजाति-संहार, जनसंहार :** प्रजातीय अथवा नृजातीय समूह का उन्मूलन करने के लिए संकल्पित एवं व्यवस्थित कार्यवाही। 'जनसंहार' शब्द उन नीतियों या कार्यों का सूचक होता है, जिनके फलस्वरूप किसी राष्ट्रीय, प्रजातीय, धार्मिक, राजनीतिक या भाषायी इकाई का सर्वनाश करने की कोशिश की जाती है (देखें– F. Chalk and Jonassohn, **The History and Sociology of Genocide**, 1989) ।

gens (जीन्स्) **पितृवंशीय समूह** : इस प्रकार के समूहों में वंशावली पिता की ओर से चलती है और पिता ही परिवार की सत्ता के केन्द्र में होता है । यह पितृसत्तात्मक परिवार की विशेषता के रूप में है ।

gentrification (जेन्ट्रिफि'केशन्) **नगर-नवीकरण** : पुराने नगरों के अन्तर्गत जब कुछ आवासीय भवन या कोई अन्य किस्म की इमारत स्वत: टूटने की स्थिति में आ जाती है, तो उनका नवीकरण किया जाता है ताकि फिर उनका सदुपयोग किया जा सके । कभी तो पुरानी इमारतों को हम पूरी तरह नष्ट कर देते हैं और उनकी जगह पर नये भवन निर्मित किये जाते हैं, पर कभी-कभी उन्हें ध्वस्त करने की बजाय उनकी मरम्मत कर उसमें नयापन लाने की कोशिश की जाती है । इसी प्रक्रिया को नगर-नवीकरण कहा जाता है । इस ढंग की चीज़ें यूरोपीय देशों में काफी देखने को मिलती हैं। कभी-कभी भारत में भी विशेषकर कोलकाता, चेन्नई एवं मुम्बई में, थोड़ी-बहुत नवीकरण की प्रक्रिया देखने को मिलती है । जिन भवनों का ऐतिहासिक महत्त्व होता है, आमतौर पर सरकार ही उनका नवीकरण कराना पसन्द करती है : देखें- **Urban recycling** ।

gentry ('जेन्ट्रि) **भद्रलोग** : यूरोप में इस वर्ग का स्थान अभिजात वर्ग **(Aristocracy)** के ठीक नीचे और मध्यमवर्ग के ऊपर था । वे लोग विवाहों के माध्यम से अभिजात वर्ग से जुड़े हुए थे तथा उनकी जीवनशैली भी उन्हीं लोगों से मिलती-जुलती थी। दूसरी तरफ, वे परिवारों के माध्यम से मध्यमवर्ग से जुड़े हुए थे, जिनके जीविकोपार्जन का मुख्य साधन खेती था । आर्थिक रूप से कुलीन वर्ग के लोग काफी धनवान थे; क्योंकि उनके पास अपार भूमि, खनिज एवं नगरीय सम्पदा थी ।

geocentric transnational (जिओ'सेन्ट्रिक ट्रैन्स्'नैश्नल्) **भूकेंद्रिक बहुराष्ट्रीय उद्योग** : ऐसा उद्योग जो एक से अधिक देशों में फैला हो तथा जिसका संचालन किसी एक देश से न होकर सभी देशों से होता हो : देखें- **Multinational corporation** ।

geographic environment (जिऑ'ग्रैफ़िक इन्'वाइर्न्मेन्ट) **भौगोलिक वातावरण** : वे सभी प्राकृतिक वस्तुएँ, जो मानव जीवन के उद्‌भव या शारीरिक अथवा सामाजिक विकास को प्रभावित करती हैं, यथा- जलवायु, तापमान, ऋतुएँ, सूर्य का प्रकाश, वर्षा, बाढ़, सूखा, मिट्टी, धातुएँ, स्थलाकृति, भूमि जलवायु, ऊँचाई, अक्षांश, देशान्तर स्थिति इत्यादि। भौगोलिक वातावरण का सामाजिक क्रिया को निश्चित करने में महत्त्वपूर्ण स्थान होता है ।

geographic mobility (जिऑ'ग्रैफ़िक मो'बिलटि) **भौगोलिक गतिशीलता** : एक भौगोलिक क्षेत्र से दूसरे भौगोलिक क्षेत्र में जाने की प्रक्रिया : देखें- **Migration** ।

geographical determinism (जिऑ'ग्रैफ़िकल् डि'टर्मि निज़म्) **भौगोलिक नियतिवाद** : एक ऐसा सिद्धान्त, जो इस मान्यता पर आधारित है कि सांस्कृतिक भिन्नताओं के पीछे भौगोलिक भिन्नताएँ ही मुख्य कारक हैं ।

geographical races (जिऑ'ग्रैफ़िकल् रे'सेस्) **भौगोलिक प्रजाति** : भौगोलिक क्षेत्र पर आधारित प्रजाति का वर्गीकरण, जैसे- यूरोपियन प्रजाति, ऑस्ट्रेलियन प्रजाति या पूर्वी एशियाई प्रजाति इत्यादि । विभिन्न प्रजातियों की उत्पत्ति के पीछे भौगोलिक अलगाव को प्रमुख कारण माना जाता है ।

geometric progression (जिऑ'मेट्रिक् 'प्रोग्रेशन्) **ज्यामितीय विकास या वृद्धि** : विकास की ऐसी दर, जो दुगुनी रफ्तार से बढ़ती हो, जैसे- 1, 2, 4, 8, 16 इत्यादि : देखें- **Arithmetic progression** ।

geopolitics (जिओ'पॉलटिक्स्) **भूराजनीति** : अध्ययन की इस शाखा के अन्तर्गत यह विचार किया जाता है कि किसी देश की राजनीति पर, विशेषकर उसकी विदेश नीति पर, वहाँ के भूगोल, अर्थ-व्यवस्था और जनसांख्यिकी का क्या प्रभाव पड़ता है ।

geriatrics (जेरि'ऐट्रिक्स) **जराचिकित्सा :** उम्रदराज लोगों की स्वास्थ्य-समस्या का अध्ययन करना । पाश्चात्य देशों में जरा-चिकित्सा के क्षेत्र में शिक्षा और अनुसन्धान का कार्य काफी विकसित है; क्योंकि वहाँ की आबादी में वृद्ध लोगों का अनुपात काफी है और वह धीरे-धीरे बढ़ता ही जा रहा है : देखें– **Sociology of ageing** ।

gerontocracy (जेरॉन्'टॉक्रेसी) **जरातन्त्र, वृद्धतन्त्र :** समाज के वृद्ध व्यक्तियों द्वारा शासन किए जाने को वृद्धतन्त्र कहा जाता है । ऐसा माना जाता है कि शासन का विकास वृद्धतन्त्र से ही हुआ है । वृद्धतन्त्र शासन के उद्विकासीय क्रम का प्रारम्भिक चरण रहा होगा, जब समाज के वयोवृद्ध व्यक्तियों के हाथ में समाज की बागडोर थी । अनुभवी, ज्ञान के अपार भण्डार, जादुई शक्ति के जानकार के रूप में वृद्धों को जो सम्मान प्राप्त था, उसी के कारण वे दूसरों पर शासन करते थे । किसी सीमा तक वृद्धों द्वारा शासन की प्रवृत्ति आज भी जीवित है ।

इस प्रकार की व्यवस्था में वृद्धों को सबसे अधिक सम्मान मिलता है तथा वे बालकों, स्त्रियों और युवकों को अपने से बहुत नीचा समझते हैं । वे जो भी कार्य करते हैं, वह बहुत कुछ पुरातन काल से चली आ रही परम्पराओं, रीति-रिवाजों तथा व्यवहार के प्रतिमानों के अनुसार ही होता है । वृद्ध लोग नये परिवर्तन को प्राय: समझ नहीं पाते और अन्य सभी वर्गों के व्यक्तियों पर अपनी ही इच्छाएँ थोपने का भरसक प्रयास करते हैं । भारतीय समाज में कई जनजातियों तथा ग्रामीण समुदायों में इस प्रकार के वृद्धतन्त्र की व्यवस्था अभी तक प्रचलित है । अफ्रीका तथा विश्व के अन्य कई भागों में भी जनजातियों तथा ग्रामीण समुदायों में इस प्रकार की व्यवस्था विद्यमान रही है । प्रशासन का एक प्रकार, जिसमें राजनीतिक सत्ता समुदाय के वृद्ध जनों में निहित होती है (देखें– Robert H. Binstock and Linda K. George (eds.), **Handbook of Aging and the Social Sciences**, 1990) ।

gerontology (जेरॉन्'टॉलजि) **जराविज्ञान :** विज्ञान की वह शाखा, जिसके अन्तर्गत आयु-वृद्धि के साथ जुड़े हुए सामाजिक विज्ञान के विभिन्न पहलुओं का अध्ययन किया जाता है : देखें– **Sociology of ageing** ।

gesellschaft (गेजेल'शॉफ्ट) **समाज, गेजेलशाफ्ट :** 'गेजेलशाफ्ट' शब्द का सर्वप्रथम प्रयोग जर्मन समाजशास्त्री फर्डिनंड टॉनीज (Ferdinand Töennies, 1855-1936) ने किया था । टॉनीज के अनुसार, समाज या सामाजिक सम्बन्ध के दो आधारभूत स्वरूप हैं– समुदाय (***Gemeinschaft***) और समाज (***Gesellschaft***) । इसके विपरीत समाज व्यक्तियों की एक समग्रता (Totality) है, जो अपने-अपने वैयक्तिक इच्छानुसार अपने निजी उद्देश्यों की प्राप्ति हेतु अन्त:क्रिया करते हैं । यह एक प्राकृतिक या स्वाभाविक उपज नहीं है और किसी भी रूप में एक प्राकृतिक सावयव भी नहीं है । वास्तव में यह एक कृत्रिम यन्त्र रचना (Artificial mechanism) है । इस प्रकार के स्वरूप को एमिल डर्कहाइम (Émile Durkheim) ने सावयवी संगठन या एकात्मता पर आधारित एक समूह माना है । टॉनीज के अनुसार, समाज की प्रमुख विशेषताएँ हैं– वैयक्तिक इच्छा, सदस्यों का व्यक्तिगत महत्त्व, वैयक्तिक स्वार्थों का प्रभुत्व, सिद्धान्त (वाद), जनमत, फैशन, धुन, ढंग, यन्त्रवत्, अनुबन्धात्मक एकात्मता, वाणिज्य और विनिमय तथा निजी सम्पत्ति । आधुनिक समाजों में जो सामाजिक व्यवस्था धीरे-धीरे विकसित होती जा रही है, वह इसी प्रकार की है ।

gestalt qualitat (ग'श्टाल्ट् क्वॉ'लिटेट) **गस्टाल्ट गुण :** जर्मन भाषा से लिया गया एक शब्द जो किसी भी उद्दीपक **(Stimulus)** वस्तुस्थिति के रूप, गुण की ओर संकेत करता है । यह एक बाह्यकार या रूप के लक्षण होने की ओर संकेत करता है ।

gestalt theory (ग'श्टाल्ट् 'थिअरि) **गस्टाल्ट सिद्धान्त, समग्रता सिद्धान्त :** 'गस्टाल्ट' जर्मन भाषा का एक शब्द है, जिसका अर्थ है आकार, आकृति या ढाँचा । इसका सम्बन्ध पूर्ण समष्टि से है । एक अविभाजित, किन्तु सन्धियुक्त समष्टि, जिसकी रचना परस्पर निर्भर भागों द्वारा हुई है । मनोविज्ञान के गस्टाल्ट सम्प्रदायवादी इस स्थिति को 'गस्टाल्ट' की संज्ञा देते हैं । एक लम्बे समय तक मनोविज्ञान में प्रत्यक्षीकरण **(Perception)** के अन्तर्गत विभिन्न चीज़ों को खण्डों में विभक्त कर देखने की परिपाटी थी, लेकिन 20वीं सदी के कुछ जर्मन मनोवैज्ञानिकों (जैसे– Max Wertheimer, Wolfgang

Kohler एवं Kurt Koffka) ने परम्परागत प्रत्यक्षीकरण सिद्धान्तों का खण्डन करते हुए बताया कि प्रत्यक्षीकरण का आधार किसी वस्तु को समग्रता में देखना होता है । गस्टाल्टवादियों के अनुसार, समष्टि की रचना को भागों के जोड़ की अपेक्षा उनको एकीकरण में देखा जाना चाहिए । उनके अनुसार, प्रत्येक भाग सम्पूर्ण वस्तु का एक अंश (इकाई) होता है । अत: प्रत्येक भाग की प्रकृति सम्पूर्ण में उसकी सदस्यता पर निर्भर करती है । समाजशास्त्र पर भी इस विचारधारा का काफी प्रभाव पड़ा । संक्षेप में, यहाँ यही कहा जा सकता है कि हम किसी व्यक्ति के एक या दो अंगों को देखकर उस व्यक्ति के बारे में नहीं जानते, बल्कि उस व्यक्ति के विभिन्न अंगों को एकसाथ देखकर उसके बारे में किसी निश्चित निष्कर्ष पर पहुँचते हैं।

gesture ('जेस्चर्) **हाव-भाव, भाव-भंगिमा** : अमरीकी समाजशास्त्री जॉर्ज मीड (George Herbert Mead, 1863-1931) के आत्म-विकास **(Self development)** के सिद्धान्त के सन्दर्भ में इस शब्द की विशिष्ट महत्ता है । उनका मानना था कि भाव-भंगिमा के माध्यम से भी व्यक्तियों के बीच में अन्त:क्रिया एवं संवाद की प्रक्रियाएँ चलती हैं । माता-पिता एवं शिशुओं के बीच समाजीकरण की प्रक्रिया में भाव-भंगिमा की अहम भूमिका होती है; क्योंकि भाषा के माध्यम से शिशुओं के साथ संवाद प्रारम्भिक अवस्था में नहीं हो पाता है (देखें– Richard M. Titmuss, **The Gift Relationship**, 1971) ।

gesture language ('जेस्चर् लैङ्ग्विज्) **सांकेतिक भाषा** : साधारणत: मानव में पाये जानेवाले भाव-संवेग के आदान-प्रदान का प्रणाली-विशेष, जिसके अन्तर्गत मुद्राओं (हाथ अथवा अन्यान्य अंग-प्रत्यंगों की विभिन्न स्थितियों) का सुनिश्चित दृश्यचिह्नों अथवा प्रतीकों के रूप में व्यवहार किया जाता है ।

gherao **घेराव** : घेराव का शाब्दिक अर्थ है चारों ओर से घेर लेना । यह श्रमिक आन्दोलन में एक नया भारतीय शब्द है और व्यवहार में इसका रूप यह है कि श्रमिक प्रबन्धकों को चारों ओर से घेर लेते हैं और कभी-कभी उन्हें ताले में बन्द तक कर देते हैं और तब तक मुक्त नहीं करते, जब तक कि उनकी माँगें पूरी नहीं हो जातीं । पश्चिम बंगाल में 1967 के चौथे आम चुनावों के पश्चात् संयुक्त मोर्चे की सरकार के शासन-काल में 'घेराव' की अनेक घटनाएँ हुई थीं जिससे विधि और व्यवस्था को गंभीर खतरा पहुँचा । आरम्भ में पश्चिम बंगाल की सरकार का 'घेराव' करने वाले मज़दूरों के प्रति सहानुभूतिपूर्ण दृष्टिकोण था, लेकिन बाद में कलकत्ता उच्च न्यायालय ने घेराव को अवैध घोषित कर दिया । इस पर पश्चिम बंगाल सरकार ने घेराव के मामले में पुलिस को हस्तक्षेप करने की अनुमति प्रदान कर दी । घेराव का क्षेत्र अब व्यापक हो गया है और यह सामाजिक, राजनीतिक, आर्थिक, शैक्षिक तथा बौद्धिक सभी क्षेत्रों में प्रयुक्त होने लगा है । औद्योगिक क्षेत्र में मज़दूर अपने मालिकों का, शैक्षिक क्षेत्र में छात्र अपने अध्यापकों, कुलपति तथा कुल-सचिव का, अध्यापक शिक्षा-संस्थाओं के प्रबन्धकों का, राजनीति में प्रतिपक्ष के लोग सत्तारूढ़ राजनेताओं मंत्रियों का और सरकारी दफ्तरों में कर्मचारी अपने अफसरों का घेराव करने लगे हैं ।

ghetto ('गेटो) **घेट्टो** : भूतकाल में और आजकल भी कुछ देशों में यह देखने में आता है कि यहूदी लोग प्राय: नगरों के बाहर या नगर में ही अपनी एक पृथक् बस्ती में स्वेच्छा से अथवा कानून या राजाज्ञा के फलस्वरूप रहते हैं । उनकी इस बन्द प्रकार की बस्ती को घेट्टो कहते हैं । यहाँ बाह्य सामाजिक और सांस्कृतिक मूल्यों तथा व्यवहार-प्रतिमानों को नहीं आने दिया जाता तथा सभी व्यक्तियों के व्यवहार को उनकी परम्परागत आचार-संहिता के अनुसार ढालने का प्रयास किया जाता है । इसके फलस्वरूप उसके निवासियों में व्यवहार के निश्चित और कठोर प्रतिमान पनप जाते हैं तथा एक प्रकार की विघटनकारी अथवा पिछड़ी हुई सामाजिक व्यवस्था व्याप्त हो जाती है । आजकल इस शब्द का प्रयोग किसी भी देश में अल्पसंख्यकों की इस प्रकार की पृथक् जातियों के लिए किया जाने लगा है, जिनमें संकीर्णता, परम्परा तथा अन्धविश्वास अथवा पुरातन के प्रति दृढ़ आस्था विद्यमान होती है (देखें– Louis Wirth, **The Ghetto**, 1928)।

gift relationship (गिफ़्ट रि'लेश्न्शिप्) **उपहार सम्बन्ध** : मानवशास्त्रीय अध्ययनों के आधार पर यह कहा जा सकता है कि उपहारों का आदान-प्रदान एक विश्वव्यापी घटना है । आदिमकाल से लेकर आधुनिक काल तक उपहारों का

आदान-प्रदान किसी-न-किसी रूप में अवश्य होता रहा है । उपहारों के आदान-प्रदान से ऐसा लगता है कि सामाजिक सम्बन्धों में अर्थ एक महत्त्वपूर्ण पहलू है । कुछ विशेषज्ञों का यह मानना है कि सामाजिक सम्बन्धों में अर्थ की महत्त्वपूर्ण भूमिका का आधार धार्मिक है । इस विषय पर सॉलिन्स (Marshall Sahlins, **Stone Age Economics**, 1972) ने विस्तार से विभिन्न समाजों में पाये जाने वाले विभिन्न प्रकार के उपहारों की चर्चा की है । उन्होंने विभिन्न समाजों में पाये गये उपहार-सम्बन्धों को कुछ प्रकारों में विभाजित किया है । उन्होंने एक सिरे पर उन उपहारों को रखा है, जो अनुग्रह की भावना से प्रेरित होते हैं । दूसरे सिरे पर ऐसे उपहार रखे गए हैं जो शोषण सम्बन्धों पर आधारित होते हैं । इन उपहारों के माध्यम से शोषण की भी प्रक्रिया चलती है । अत: उपहारों का आदान-प्रदान हमेशा सुखदायी ही नहीं होता (देखें– Richard M. Titmuss, **The Gift Relationship**, 1971) ।

***girijan* गिरिजन :** दबे-कुचले लोग, अनुसूचित जातियों तथा अनुसूचित जनजातियों दोनों के लिए इस शब्द का प्रयोग किया जाता है । इसका सामान्य अर्थ जंगल व पहाड़ों में निवास करने वाले लोगों से है : देखें– **Scheduled tribes** ।

glandular theory (ˈग्लैन्ड्यूलर् ˈथिअरि) **ग्रन्थि-सिद्धान्त :** व्यवहार विज्ञान का एक सिद्धान्त, जिसके अनुसार अन्तःस्त्रावी ग्रन्थियों के, जिनका सम्बन्ध संवेग तथा व्यवहार से होता है, असामान्य रूप से कार्य करने पर व्यक्ति असामाजिक तथा आपराधिक कार्य करने की ओर उन्मुख होता है । परन्तु, अन्तःस्त्राव विज्ञान इस मत का समर्थक नहीं है ।

global city (ˈग्लोब्ल् ˈसिटि) **वैश्विक नगर :** नई वैश्विक अर्थव्यवस्था के अन्तर्गत ऐसे नगर, जो विश्व-व्यापार का प्रमुख केन्द्रबिंदु है, जैसे– लंदन, न्यूयार्क, टोकियो, सिंगापुर आदि । मुख्यालय नगरों को सासकीया ससेन (Saskia Sassen) ने भूमण्डलीय नगर कहना पसन्द किया है । चूँकि, इन नगरों में अन्तर्राष्ट्रीय व्यापार के केन्द्र हैं तथा विश्व के अधिकांश उद्योगों एवं व्यवसायों का संचालन इन्हीं नगरों से होता है इसलिए ससेन ने ऐसे मुख्यालय नगरों को वैश्विक नगर या विश्व-नगर का नाम दिया है : देखें– **Headquarters city** ।

global commodity chains (ˈग्लोब्ल् कˈमॉडिटि चेन्स्) **सार्वभौम व्यापार-सामग्री शृंखला :** अन्तर्राष्ट्रीय आयात-निर्यात की प्रक्रिया से विभिन्न देशों के श्रमिकों एवं निकायों के बीच एक विश्वव्यापी शृंखला का निर्माण हुआ है । दूसरी तरफ मार्क्सवादी तो यह कहते हैं कि पूँजीवाद के विकास से राष्ट्र के अन्तर्गत श्रमिकों का उद्योगपतियों के द्वारा शोषण होता है, जिससे सार्वभौम व्यापार-सामग्री शृंखला सम्बन्धी विचारों का खण्डन होता है । पूँजीवाद का अन्तर्राष्ट्रीय स्तर पर विकास होने से एक नयी सार्वभौम व्यवस्था से जुड़े परिप्रेक्ष्य का विकास हुआ है । आज जीवन की बुनियादी ज़रूरतों से लेकर भोग-विलास की सामग्री विश्व स्तर पर उपलब्ध हो रही है, जिससे सभी वर्गों के लोगों को लाभ मिलना संभव हो गया है ।

global village (ˈग्लोब्ल् ˈविलेज्) **वैश्विक गाँव :** सूचना तकनीक के क्षेत्र में हुई अभूतपूर्व क्रांति, जिसमें नवीन दुनिया बनी है, चाहे वह क्रांति उपग्रह के माध्यम से हुई हो या माइक्रोवेव से अथवा कम्प्यूटर प्रणाली से । सूचना के मामले में दुनिया का आकार दिन-प्रतिदिन छोटा होता जा रहा है अर्थात्, हम एक-दूसरे के अत्यधिक निकट आते जा रहे हैं। मार्शल मैक्लूहन (Marshall H. McLuhan, 1911-1980) ने इस स्थिति को ही 'वैश्विक गाँव' कहा है ।

global warming (ˈग्लोब्ल् वॉःम् इन्ग) **भूमण्डलीय उष्मीकरण :** यह विचार कि जीवाश्म ईंधन (Fossil fuel) अर्थात् पेट्रोल, डीज़ल इत्यादि के उपयोग से पर्यावरण में कॉर्बन डाई-ऑक्साइड की मात्रा बढ़ जाती है और धरती का तापमान बढ़ने लगता है । अब यह डर पैदा हो गया है कि इससे मौसम के मिज़ाज में भारी परिवर्तन आ जायेगा; ध्रुवीय हिम-शिखर पिघलने लगेंगे और समुद्र-तल ऊँचा हो जायेगा । इन सारी प्रक्रियाओं के परिणाम बहुत विनाशकारी होंगे । यह विचार मानवता के भविष्य पर सवालिया निशान पैदा करने लगा है ।

globalization (ग्लोब्लाइˈज़ेशन्) **वैश्वीकरण, भूमण्डलीकरण :** वैश्वीकरण का शाब्दिक अर्थ है विश्व की अर्थव्यवस्था के साथ जुड़ जाना । वैश्वीकरण अन्तर्राष्ट्रीय व्यापार के माध्यम से होता है । व्यापार दो तरह के होते हैं– (क) आन्तरिक

व्यापार और (ख) बाह्य व्यापार । आन्तरिक व्यापार में वस्तुओं के साथ-साथ उत्पादन के साधन भी गतिशील होते हैं, किन्तु, बाह्य व्यापार में उत्पादन के साधनों में उतनी गतिशीलता नहीं पायी जाती है । बाह्य व्यापार (अन्तर्राष्ट्रीय व्यापार) में अनेक प्रतिबन्ध होते हैं, जैसे– कोटा, तटकर आदि । इस प्रकार कहा जा सकता है कि जब मौद्रिक, राजकोषीय एवं औद्योगिक क्षेत्रों के साथ-साथ व्यापारिक क्षेत्रों में भी उदारीकरण की नीति अपनायी जाती है, तब उसे वैश्वीकरण कहते हैं ।

इस प्रक्रिया में हम आर्थिक रूप से वैश्विक अथवा अन्तर्राष्ट्रीय स्तर पर पारस्परिक रूप से निर्भर होते हैं । अनेक विदेशी उत्पादक अपना माल और सेवाएँ भारत में बेच सकते हैं । हम भी अपना निर्मित माल और सेवाएँ दूसरे देशों को बेच सकते हैं। कोई भी देश किसी भी देश में बिक्री करने अथवा निर्यात करने के लिए इस प्रकार का उत्पादन कर सकता है । इसी प्रकार भारतीय उद्यमी भी दूसरे देशों में जाकर पूँजी-निवेश कर सकते हैं । वैश्वीकरण एक रोमांचक शब्द है, जो आर्थिक सुधार के पैकेज में एक महत्त्वपूर्ण तत्त्व माना जाता है । इसके चार तत्त्व हैं– (क) व्यापार अवरोधकों (Barriers) को कम करना ताकि वस्तुओं का आदान-प्रदान बिना रुकावट के हो सके, (ख) ऐसी परिस्थितियाँ उत्पन्न करना, जिनमें विभिन्न राज्यों में पूँजी का स्वतन्त्र रूप से प्रवाह हो सके, (ग) टेकनॉलाजी का निर्बाध प्रवाह हो सके और (घ) ऐसा वातावरण कायम करना कि दूसरे देशों से श्रमिकों का आदान-प्रदान हो सके।

सामाजिक-आर्थिक सम्बन्धों का सम्पूर्ण विश्व तक विस्तार ही वैश्वीकरण है । वर्तमान समय में, मानव जीवन के अनेक पक्ष, जिन समाजों में हम रह रहे हैं, उनसे हजारों मील दूर स्थित संगठनों और सामाजिक ताने-बाने से प्रभावित होने लगे हैं । इस प्रकार, विश्व एक एकल समाज व्यवस्था का रूप धारण करता जा रहा है । इस सम्बन्ध में सर्वाधिक महत्त्वपूर्ण बात यह है कि विश्ववाद के द्वारा एक ऐसी नवीन चेतना का उदय हो रहा है, जिसमें सम्पूर्ण विश्व के राष्ट्र-राज्य अब कई मामलों में एक जगह मिलजुल कर बैठ, मानव जीवन को अधिकाधिक खुशहाल एवं बेहतर बनाने के लिए एकसाथ निर्णय करने लगे हैं ।

इस सम्बन्ध में सर्वाधिक महत्त्वपूर्ण तथ्य यह है कि भूमण्डलीकरण की अवधारणा विश्व के बारे में एकल समष्टि के रूप में एक नवीन चेतना के उद्‌भव को इंगित करती है । अत: भूमण्डलीकरण को विश्व की एक मूर्त संरचना की सम्पूर्णता के रूप में परिभाषित किया जाता है । आज विश्व स्तर पर इस चेतना का उदय और विस्तार होता जा रहा है कि 'विश्व' एक गतिशील संरचित परिवेश है (देखें– Peter Worsley, **The Three Worlds: Culture and World Development,** 1984) ।

globalization theory (ग्लोबुलाइ'जेशन् 'थिअरि) **वैश्वीकरण-सिद्धान्त :** यह सिद्धान्त इस तथ्य का विश्लेषण करता है कि कैसे विश्व स्तर पर एक साझा या सामान्य संस्कृति का विकास संभव हुआ है । सूचना तकनीक में क्रांति के फलस्वरूप विश्वस्तर पर धीरे-धीरे ही सही एक सामान्य संस्कृति, जीवन-शैली, सार्वभौम उत्पादन, उपभोक्ता प्रणाली, विश्वव्यापी खेल-कूद की प्रतियोगिता, विश्वव्यापी पर्यटन, विश्वव्यापी पर्यावरण, स्वास्थ्य सम्बन्धी जागरूकता एवं समस्याओं का निदान, राजनीतिक स्तर पर संयुक्त राष्ट्रसंघ का उदय एवं धार्मिक विषयों एवं मान्यताओं पर विश्वव्यापी संवाद होना संभव हुआ है । इस सिद्धान्त की यह भी मान्यता है कि विभिन्न लोगों और राष्ट्रों के बीच भौगोलिक दूरी में कमी आयी है और लोग एक-दूसरे के करीब हुए हैं ।

वैश्वीकरण की तुलना विश्व-पद्धति सिद्धान्त (**World-systems theory**) से नहीं की जानी चाहिए; क्योंकि इस सिद्धान्त की मान्यता है कि सांस्कृतिक सार्वभौमवाद (**Cultural globalism**) मात्र आर्थिक सार्वभौमवाद (**Economic globalism**) का परिणाम है । वर्तमान समय में वैश्वीकरण-सिद्धान्त के अन्तर्गत सिर्फ समजातीयकरण (**Homogenization**) की प्रक्रिया का ही विश्लेषण नहीं होता, बल्कि विभेदीकरण (**Differentiation**) की प्रक्रिया का भी उतना ही विश्लेषण होता है । समाजशास्त्रियों का मानना है कि वैश्वीकरण की प्रक्रिया कोई सहज प्रक्रिया नहीं है, बल्कि इसके अन्तर्गत स्थानीयता (**Localism**) एवं सार्वभौमवाद (**Globalism**) के बीच अक्सर अन्त:क्रिया चलती रहती है; क्योंकि दोनों

एक-दूसरे की विपरीत स्थिति के द्योतक है। वैश्वीकरण-सिद्धान्त का दायरा विश्व-पद्धति सिद्धान्त से बृहत्तर है। इस विषय पर कुछ प्रमुख कृतियाँ इस प्रकार हैं– Martin Albrow and Elizabeth King, **Globalization, Knowledge and Society**,1990; Malcolm Waters, **Globalization**,1995)।

glossolalia (ग्लास'लेलिअ) **अनर्गल भाषा** : एक धार्मिक अनुभव, जिसमें कोई भी व्यक्ति शब्दों का उच्चारण किसी प्रचलित भाषा को आधार मानकर नहीं करता है।

gnosticism ('नॉस्टि'सिज़म्) **गूढ़ज्ञानवाद, ज्ञेयवाद** : नॉस्टिक सम्प्रदाय का सिद्धान्त। विशेषत: ईसाई धर्म के अन्तर्गत उसके इतिहास के प्रारम्भ में कुछ रहस्यवादी सम्प्रदायों की विचारधारा के लिए प्रयुक्त शब्द। इन सम्प्रदायों को बाद में चर्च ने धर्मविरुद्ध घोषित कर दिया था।

goal (गोल) **लक्ष्य, ध्येय** : लक्ष्य वह कार्यावस्था है, जिसकी ओर व्यक्ति का व्यवहार अथवा मानसिक और पेशीय क्रियाएँ निर्देशित या उन्मुख होती हैं। गतिक मनोविज्ञान ने इस विषय पर बहुत-से अन्वेषण किए हैं। लक्ष्य उस व्यक्ति के परे वातावरण में निहित नहीं होता, जिस ओर उसका व्यवहार निर्देशित होता है। व्यक्ति लक्ष्य की प्राप्ति के लिए चेतन या अचेतन रूप से सदैव प्रयास किया करता है।

goal displacement (गोल डिस्प्लेस'मन्ट्) **लक्ष्य या उद्देश्य विस्थापन** : जब कोई संगठनात्मक नियम-कानून अपने संगठन के उद्देश्यों से ज्यादा महत्त्वपूर्ण हो जाता है, तो उसे उद्देश्य विस्थापन कहा जाता है। भारत में नौकरशाही की समस्या उद्देश्य विस्थापन की समस्या है। सरकारी संगठनों के नियम-कानून इतने अधिक महत्त्वपूर्ण हो गये हैं कि नियम-कानून ही संगठन के मुख्य उद्देश्य प्रतीत होने लगे हैं।

goal specificity (गोल स्पे'सिफ़िसिटि) **लक्ष्य सुनिश्चय** या **सुनिर्दिष्ट करना** : वह स्थिति जिसमें किसी सामाजिक समूह के लक्ष्य सुनिर्दिष्ट और सुस्पष्ट रूप से प्रस्तुत कर दिए जाते हैं, ताकि कार्रवाई के अनेक विकल्पों में से उपयुक्त विकल्प के चयन के लिए सही-सही मानदण्ड उपलब्ध कराये जा सकें।

go-between (गो बि'ट्वीन) **मध्यस्थ, अगुआ** : दो व्यक्तियों अथवा समूहों के बीच समझौता या लेन-देन तय कराने वाला व्यक्ति।

golden handshake ('गोल्डन् हैन्ड्शेक) **स्वैच्छिक सेवानिवृत्ति** : वह प्रक्रिया, जिसके अन्तर्गत किसी कम्पनी के कर्मचारी को सेवा-अनुबन्ध की समाप्ति से पहले उपयुक्त क्षतिपूर्ति देकर अपने पद से हटा दिया जाता है।

Goldthorpe class scheme ('गोल्डथॉर्प क्लास् स्कीम्) **गोल्डथॉर्प वर्गविभाजन योजना** : ब्रिटिश समाजशास्त्री जॉन गोल्डथॉर्प (John H. Goldthorpe) ने व्यक्तियों और परिवारों को कई सामाजिक वर्गों में बाँटकर अपने देश के अन्तर्गत होने वाली सामाजिक गतिशीलता का अध्ययन किया (देखें– **Social Mobility and Class Structure in Modern Britain**, 1980)। उनका यह सात खण्डों वाला वर्गविभाजन मुख्यरूप से पाश्चात्य देशों के सन्दर्भ में ही ज्यादा उपयुक्त है। यही कारण है कि उनका यह वर्गविभाजन पाश्चात्य समाजों के अध्ययन के सन्दर्भ में काफी लोकप्रिय हुआ।

good analogy (गुड् अ'नैलजि) **सुसाम्यानुमान** : इस शब्द का प्रयोग दो अर्थों में किया जाता है– (1) वह साम्यानुमान जो दृष्टान्तों एवं सामान्य विशेषताओं की अधिकतम संख्या और गुणवत्ता के ऊपर आधारित हो। (2) दो पदार्थों, व्यक्तियों या अवधारणाओं में महत्त्वपूर्ण समानता।

good offices (गुड् ऑफ़िसेस्) **सद्प्रयत्न** : दो पक्षों के बीच मतभेद पैदा हो जाने पर कोई तीसरा पक्ष उन दोनों के प्रति अपनी सद्भावना के बल पर उनमें सुलह कराने का प्रयत्न करता है, तो उसे ही सद्प्रयत्न कहा जाता है।

gotra **गोत्र** : हिन्दू समाज में गोत्र के आधार पर वंशक्रम का समान पूर्वजों से निर्धारण होता है।

gotra **exogamy** (गोत्र एक्'सॉगमि) **गोत्र बहिर्विवाह** : देखें– **Exogamy, *gotra***।

government institution (गॅव़र्न्मन्ट् इन्स्टि'ट्यूशन्) **सरकारी संस्था :** सरकारी नियम-कानूनों का एक ऐसा समूह, जो समाज में व्यवस्था या अनुरूपता कायम रखने में मदद करता है । विभिन्न प्रकार के कानून एवं संविधान सरकारी संस्था के अभिन्न अंग हैं ।

graft (ग्राफ़्ट) **घूस :** ऐसा धन या लाभ जो अपनी योग्यता या परिश्रम की देन नहीं होता, बल्कि प्रशासनिक भ्रष्टाचार के माध्यम से अर्जित किया जाता है ।

grand theory (ग्रैन्ड् 'थ़िअरि) **महासिद्धान्त :** समाजशास्त्र में कई प्रकार के सिद्धान्तों का प्रचलन है । इस शब्दावली का सर्वप्रथम प्रयोग अमरीकी समाजशास्त्री सी. राइट मिल्स (C. Wright Mills, 1916-1962)- **The Sociological Imagination** (1959) ने एक निन्दनीय अर्थ में टैलकॉट पार्सन्स (Talcott Parsons, 1902-1979) जैसे समाजशास्त्रियों द्वारा प्रतिपादित सिद्धान्तों के लिए किया था । मिल्स समाजशास्त्र में व्यापक स्तर पर अमूर्त सामान्यीकरण (**Abstract generalization**) की प्रवृत्ति के विरोधी थे; क्योंकि उनका विचार यह था कि इस प्रकार के सिद्धान्तों से समाज का गहराईपूर्ण ढंग से विश्लेषण नहीं किया जा सकता है।

graph theory (ग्राफ् 'थ़िअरि) **लेखाचित्र-सिद्धान्त :** यह गणित की एक ऐसी शाखा है, जिसके माध्यम से विभिन्न बिन्दुओं के जोड़ों के बीच रेखाओं को प्रदर्शित किया जाता है, लेकिन समाजविज्ञान के क्षेत्र में लेखाचित्र का एक विशेष महत्त्व है; क्योंकि इसके माध्यम से व्यक्तियों, भूमिकाओं, व्यवस्थाओं के बीच सामाजिक सम्बन्धों, जैसे– नातेदारी, दोस्ती, विभिन्न प्रकार के संचारों या सत्ता से जुड़े सम्बन्धों को दर्शाया जाता है । व्यक्तियों के बीच विभिन्न प्रकार के सम्बन्धों को दर्शाने के तरीके को समाजमिती (**Sociometry**) या सामाजिक जाल (**Social network**) की संज्ञा दी जाती है।

grassroots approval (ग्रासरूट्स अ'प्रूव़ल्) **आधारमूल समर्थन :** किसी कार्यक्रम या नीति के प्रति ग्रामीण तथा अनपढ़ जनता और आम शहरी लोगों का अनुकूल रवैया आधारमूल समर्थन कहलाता है । आधारमूल समर्थन की संकल्पना को, अनेक सामाजिक कार्यों, यथा– परिवार नियोजन आदि की सफलता के लिए एक अनिवार्य परिस्थिति माना जाता है ।

great man theory (ग्रेट मैन 'थ़िअरि) **महापुरुष सिद्धान्त :** वह सिद्धान्त, जो इतिहास को समझने के लिए महापुरुषों को कुंजी मानता है या इतिहास के निर्माण में उनका महत्त्व मानता है । कुछ इतिहासकार यह तर्क देते हैं कि यदि किसी इतिहास के काल-खण्ड को ठीक से समझना है, तो उस काल के महत्त्वपूर्ण या महान् व्यक्ति के जीवन को समझने की आवश्यकता है ।

great tradition (ग्रेट ट्र'डिशन्) **बृहत् परम्परा :** बृहत् एवं लघु परम्परा की दो जुड़वा अवधारणाओं का प्रतिपादन रॉबर्ट रेडफील्ड (Robert Redfield, 1897-1958) द्वारा कृषक समुदायों के सांस्कृतिक जीवन के विश्लेषण की एक पद्धति के रूप में किया गया है । जो परम्पराएँ धर्मग्रन्थों एवं आदिग्रन्थों पर आधारित हैं, उन्हें हम बृहत् परम्परा कहते हैं। इस परम्परा का विकास विद्यालयों तथा देवालयों में होता है । दार्शनिकों, चिन्तकों तथा साहित्यकारों की परम्पराओं का सृजन एवं हस्तान्तरण सचेतन प्रयासों द्वारा होता है । यह परम्परा समाज के सम्भ्रान्तवर्ग या चिन्तनशील लोगों (**Elites** or reflective few) की होती है । मिल्टन सिंगर (Milton Singer, 1912-1994) ने भारतीय सन्दर्भ में बृहत् परम्परा के बारे में बताया है कि यह वह परम्परा है, जो विद्यालय एवं मन्दिरों में पोषित होती है । यह ब्रह्मज्ञानी एवं साहित्यिक व्यक्तियों की परम्परा है । यह परम्परा भारतीय समाज के प्राचीन ग्रन्थों पर आधारित है। बृहत् परम्परा को अभिजन या नगरीय परम्परा भी कहा जाता है : देखें– **Little tradition** ।

green revolution (ग्रीन रेव्'लूशन्) **हरित क्रांति :** हरित क्रांति का अभिप्राय कृषि-क्षेत्र में उन जैविक तथा मशीनी नवीनताओं से है, जिनके माध्यम से उच्च पैदावार वाले बीजों, रासायनिक खादों, ट्रैक्टरों, नलकूपों आदि के सम्मिलित प्रयोग द्वारा अन्न उत्पादन में तेजी से हुई वृद्धि। हरित क्रांति से आशय भारत में 20वीं शताब्दी के छठवें दशक में अपनायी

गयी कृषि विकास की नीति से है, जिसमें कृषि के आधुनिक यान्त्रिक उपकरणों, रासायनिक खादों, सिंचाई की समुचित व्यवस्था और उच्च उत्पादकता वाले बीजों के इस्तेमाल पर जोर दिया गया था । सबसे पहले हरित क्रांति पंजाब, हरियाणा और पश्चिमी उत्तर प्रदेश में आयी तथा धीरे-धीरे अन्य प्रदेशों में भी फैल गयी । इससे कृषि के उत्पादन और फसल सघनता में महत्त्वपूर्ण वृद्धि हुई ।

1960 ई. के मध्य में मैक्सिको से लाए गये गेहूँ के उन्नत बीजों से भारतीय कृषि वैज्ञानिकों ने संस्करण द्वारा नई-नई गेहूँ की अधिक उपज देने वाली प्रजातियाँ विकसित की, जिनकी प्रति हेक्टेयर उपज क्षमता 60-65 क्विंटल थी। 1960 ई. के दशक के मध्य में कृषि में हरित क्रांति आयी, जिसके परिणामस्वरूप खाद्यान्न में आत्मनिर्भरता आयी, जिसका श्रेय नॉबेल पुरस्कार विजेता कृषि वैज्ञानिक नॉरमन बोरलॉग (Norman E. Borlaug,1914-) को है । भारत के सन्दर्भ में इसका श्रेय एम. एस. स्वामीनाथन को भी जाता है । हरित क्रांति का मुख्य सम्बन्ध गेहूँ और चावल से रहा । मक्का उत्पादन के क्षेत्र में भी प्रभावशाली प्रगति हुई है, जबकि अन्य मोटे अनाजों और दालों में कोई वृद्धि नहीं हुई ।

gregariousness (ग्रि'गेअरिअसनेश) **यूथचारिता :** अपने ही प्रकार के व्यक्तियों के साथ-साथ अन्तर्क्रिया करने तथा मेल-मिलाप बढ़ाने की सामाजिक प्रवृत्ति यूथचारिता कहलाती है । यह मनुष्य जाति की कतिपय स्वाभाविक विशेषताओं में से एक है ।

grihastha ashrama **गृहस्थ आश्रम :** देखें– ***Ashrama, grihastha*** ।

gross migration rate (ग्रोस् माइ'ग्रेशन् रेट्) **सकल प्रवास-दर :** एक प्रकार से किसी देश या क्षेत्र में आने वाले लोगों और वहाँ से जाने वाले लोगों का जोड़ है । यह प्रति 1000 आबादी में प्रवास करने वाले लोगों की संख्या है ।

gross national product (ग्रोस् 'नैश्नल् प्रॉ'डक्ट) **सकल राष्ट्रीय उत्पादन :** किसी दिए गए वर्ष में किसी देश के अन्तर्गत वस्तुओं और सेवाओं के समस्त उत्पादन का मूल्यांकन ।

gross reproduction rate (ग्रोस् रीप्र'डक्शन् रेट्) **सकल प्रजननता-दर :** प्रति 1000 महिलाओं के द्वारा समस्त प्रजनन काल में दिए गए जीवित बालिकाओं की औसत संख्या, जो फिर अपने जीवनकाल में माँ बनने का अवसर प्राप्त करती हैं। इस दर को निकालने के लिए हम न केवल कुल जनसंख्या में से पुरुषों व बच्चे न पैदा करने वाली आयु की स्त्रियों को निकाल देते हैं, बल्कि जन्म होने वाले बच्चों की संख्या में से लड़कों को भी निकाल देते हैं । ऐसा इसलिए किया जाता है कि जो बच्चे पैदा होते हैं, उनमें से केवल लड़कियाँ ही तो भविष्य में बच्चे पैदा कर माताएँ बनेंगी । इस दर को निकालने के लिए हम यह मानते हैं कि हरेक 1000 स्त्रियों का समूह, जो बच्चे पैदा होने की आयु (15-44) का है, उसकी हरेक स्त्री **Menopause** (रजस्राव से निवृत्ति की अवस्था) की आयु तक जीवित रहती है ।

grounded theory (ग्राउन्डेड 'थिअरि) **बुनियादी सिद्धान्त :** बुनियादी सिद्धान्त के विचार का प्रतिपादन बर्नी ग्लेसर (Barney Glaser) और अन्सेल्म स्ट्रॉस (Anselm L Strauss) ने अपनी पुस्तक **The Discovery of Grounded Theory** (1967) में किया, जिसमें सिद्धान्त का निर्माण विश्व का निकटता से अवलोकन के आधार पर किया जाता है। बुनियादी सिद्धान्त औपचारिक या अमूर्त सिद्धान्तों के विपरीत, जिनका विकास प्राक्कल्पनाओं के परीक्षण-पुनर्परीक्षण के आधार पर होता है, आगमनात्मक सिद्धान्त-निर्माण की प्रक्रिया का प्रयोग करता है अर्थात्, इसमें अध्ययन की विषय-वस्तु के प्रत्यक्ष अवलोकन के आधार पर सैद्धान्तिक विचारों का विकास किया जाता है ।

group (ग्रूप्) **समूह :** व्यक्तियों की समाकलित सामाजिक संरचना, जिसमें वे समान हितों, उद्देश्यों, कार्यों तथा प्रतिमानों आदि की दृष्टि से परस्पर सम्बद्ध होते हैं । इसमें ऐसे दो या अधिक लोग शामिल होते हैं, जिनमें परस्पर उद्देश्यपूर्ण सम्बन्ध होते हैं और जिनका लक्ष्य भी समान होता है । समूह के अन्तर्गत व्यक्तियों के बीच एक-दूसरे के साथ परस्पर अन्त:क्रिया की प्रक्रिया चलती रहती है । लेकिन, यह तभी संभव है, जब लोग एक-दूसरे को जानते हों । चूँकि भीड़ के अन्तर्गत सभी लोग एक-दूसरे को नहीं जान पाते हैं, इसीलिए सभी के बीच सामाजिक अन्त:क्रिया नहीं हो पाती

है । अत: भीड़ को सामाजिक समूह नहीं कहा जा सकता है (देखें– Dorwin Cartwright and Alvin Zander (eds.), **Group Dynamics: Research and Theory** , 1968; Michael Olmstead and Paul A. Hare, **The Small Group**, 1978) ।

group, artificial (ग्रूप्, आर्‌टि'फिशल्) **कृत्रिम समूह :** आधुनिक समाज में ऐसे समूहों की प्रधानता होती है, जिसे हम विचार-विमर्श कर निर्माण करते हैं । ऐसे समूह अपने-आप विकसित नहीं होते हैं, बल्कि इसे किसी योजना के तहत विकसित किया जाता है, जैसे– नौकरशाही, धार्मिक समूह, राजनीतिक समूह, आर्थिक समूह, खेल-कूद समूह आदि ।

group, associational (ग्रूप्, असोसि'एशनल्) **सहचारी समूह :** ये ऐसे समूह हैं, जिन्हें समाज के सदस्यगण जान-बूझकर निर्मित करते हैं । ये औपचारिक समूह होते हैं, जिन्हें समाज के सदस्य अपने कुछ खास उद्देश्यों की पूर्ति के लिए जान-बूझकर निर्मित करते हैं ।

group, closed and open (ग्रूप्, क्लोज़्ड ऐन्ड् ओपॅन) **खुला और बन्द समूह :** कुछ ऐसे समूह होते हैं, जिनका सदस्य बनना सहज नहीं हो, जैसे– धार्मिक समूह या विशेष प्रकार के क्लब या कमीटि । ऐसे समूहों को बन्द समूह कहा जाता है । जिन समूहों की सदस्यता छोड़ना या प्राप्त करना आसान होता है, उसे खुला समूह कहते हैं, जैसे– राजनीतिक दल ।

group, comparative and **normative reference** (ग्रूप्, कम्'पैरटिव् ऐन्ड्'नॉर्मटिव 'रेफ़रन्स्) **तुलनात्मक एवं आदर्शक सन्दर्भ समूह :** तुलनात्मक सन्दर्भ समूह उन समूहों को कहते हैं, जिनसे हम अपने समूह की तुलना करते हैं और तब यह निष्कर्ष निकालते हैं कि हमारे समूह में कौन-सा मूल्य ऐसा नहीं है, जो अन्य समूहों में है । आदर्शक सन्दर्भ समूह उन समूहों को कहते हैं, जिनके मानदण्डों एवं मूल्यों को हम आदर्श मानते हैं एवं यह समझते हैं कि हमें उन्हें अपनाना चाहिए ।

group, consanguine (ग्रूप्, कॉन्सैन्'ग्विन) **समरक्त कुटुम्ब :** ऐसा सामाजिक समूह, जिसकी रचना रक्त-सम्बन्ध के आधार पर की जाती है । ये रक्त-सम्बन्ध वास्तविक के अतिरिक्त परिकल्पित अथवा मानित भी हो सकते हैं । इनमें सभी सम्बन्धी बन्धुत्व के सूत्र से बँधे होते हैं । समरक्तता या तो एकरेखीय होती है, जिसमें एक व्यक्ति दूसरे का प्रत्यक्ष पूर्वज होता है, या फिर स्वशाखीय होती है, जिसका पूर्वज समान होता है । परन्तु इसमें व्यक्तियों का परस्पर सम्बन्ध एकरेखीय नहीं होता है ।

group, descent (ग्रूप्, डि'सेन्ट्) **वंशक्रम समूह :** पूर्वजों एवं वंशजों से निर्मित समूह को वंशक्रम समूह कहते हैं ।

group, dyadic (ग्रूप्, डाइऐड्'इक) **युग्मिक समूह :** मिलनसार मानव-प्राणियों का एक जोड़ा या युग्म, जिसकी प्रकृति सामान्यत: साहचर्यात्मक नहीं होती, युग्मिक समूह कहलाता है ।

group, economic (ग्रूप्, इक'नॉमिक्) **आर्थिक समूह :** समाज में रहते हुए हमें अपनी आर्थिक आवश्यकताओं की पूर्ति करनी होती है । वस्तुओं का उत्पादन एवं उनका उचित वितरण समाज की एक आवश्यकता होती है, जिसकी पूर्ति विभिन्न प्रकार के आर्थिक समूह करते हैं, जैसे– किसानों का समूह, मिल मालिकों का समूह, मज़दूरों का समूह एवं व्यापारियों का समूह आदि ।

group, horizontal (ग्रूप्, हॉरि'ज़ॉन्ट्ल्) **समस्तरीय समूह :** ऐसे समूहों में सभी सदस्य लगभग एक ही सामाजिक-आर्थिक स्तर के होते हैं । मजदूर संगठन, रंगकर्मी संघ, शिक्षक संघ आदि समूहों को समस्तरीय समूह की श्रेणी में रखा जा सकता है । ऐसे समूहों में तुलनात्मक दृष्टि से सभी सदस्यों की हैसियत, प्रतिष्ठा या सामाजिक-आर्थिक स्तर आदि लगभग एक जैसे होते हैं । ऐसे समूहों की सर्वप्रमुख विशेषता यह होती है कि सदस्यों की सामाजिक स्थिति के कारण इनके सदस्यों में आपसी सम्बन्ध घनिष्ठ होते हैं ।

group, in- (ग्रूप्, इन्) **अन्तःसमूह :** ऐसा समूह, जिसके सदस्यों के बीच परस्पर अपनत्व, समूह के प्रति निष्ठा तथा अनन्यता की भावना होती है । अन्तःसमूह की अवधारणा सर्वप्रथम विलियम ग्राहम समनर् (William G. Sumner, 1840-1910) ने दी है । यह वह समूह है, जिसके हम सदस्य होते हैं और जिससे हमारा अपनापन होता है या अपनापन की भावना होती है । इसमें एक प्रकार की 'वयं-भावना' (**We-feeling**) पायी जाती है, इसीलिए इसे कुछ लोगों ने 'We-group' भी कहकर पुकारा है । जो व्यक्ति सम्बन्धित समूह के सदस्य नहीं होते, उन्हें ये अपने से अलग समझते हैं : देखें– **Outgroup** ।

group, interest (ग्रूप्,'इन्ट्रस्ट्) **हित समूह :** हित समूह सामान्यतः उन समूहों को कहते हैं, जिनकी सदस्यता औपचारिक रूप से हितों की सुरक्षा, वृद्धि एवं प्रतियोगिता के लिए ग्रहण की जाती है । हितों की ऐसी समता व्यावसायिक समूहों अथवा श्रेणीगत समूहों में ही हो सकती है, इसलिए इन्हें श्रेणी सम्बन्धी समूह (Sectional group) भी कहा जाता है। आमतौर पर एक पेशे वाले, एक तरह का कार्य करने वाले, समान उद्देश्यों की रक्षा करने वाले हित समूहों का गठन करते हैं । हित समूह की धारणा सबसे पहले इटली के समाजशास्त्री रॉबर्ट मिशेल्स (Robert Michels, 1876-1936) ने 1911 में राजनीतिक दलों के सम्बन्ध में दी थी ।

group, membership (ग्रूप्,'मेम्बर्'शिप) **सदस्यता समूह :** रॉबर्ट के. मर्टन (Robert K. Merton, 1910-2003) ने समूह को दो भागों में बाँटा है– सदस्यता समूह एवं गैर-सदस्यता समूह । समाज में कुछ ऐसे भी समूह होते हैं, जिनके सदस्य हम जन्म से होते हैं, जैसे– परिवार, धर्म, जाति, गाँव, शहर, राष्ट्र । ऐसे समूहों को रॉबर्ट के. मर्टन ने सदस्यता समूह कहा है । कभी-कभी विवाह के आधार पर भी समूह की सदस्यता प्राप्त होती है । पितृसत्तात्मक परिवार के अन्तर्गत महिलाओं को विवाह के आधार पर किसी नये परिवार में सदस्यता प्राप्त होती है । आमतौर पर सदस्यता समूह का लगाव जन्म या विवाह से होता है । ऐसे समूह की तुलना विलियम ग्राहम समनर् (William G. Sumner, 1840-1910) के अन्तःसमूह से की जा सकती है ।

group, multibonded or **multifunctional** (ग्रूप्, 'मल्टि'बॉन्डिड ऑर् 'मल्टि'फ़ङ्क्शनल्) **बहु-बन्धन** या **बहुकार्यात्मक समूह :** जब किसी समूह के लोग एक से अधिक प्रकार के बन्धनों से बँधे होते हैं, तो उसे बहु-बन्धन कहा जाता है, जैसे– परिवार एक बहु-बन्धन समूह है; क्योंकि उसके सदस्य विभिन्न आधारों पर एक-दूसरे से जुड़े होते हैं । परिवार में पति-पत्नी यदि वैवाहिक आधार पर जुड़े होते हैं, तो पिता-पुत्र या भाई-बहन रक्त-सम्बन्धों के आधार पर जुड़े होते हैं।

group, negative reference (ग्रूप्,'नेगेटिव्'रेफ़रन्स्) **नकारात्मक सन्दर्भ समूह :** किसी व्यक्ति के लिए वह सन्दर्भ समूह नकारात्मक सन्दर्भ समूह है, जिसके प्रचलित नियम, कानून एवं मूल्य को वह न सिर्फ अस्वीकार करता है, बल्कि प्रायः उस समूह के प्रचलित नियम एवं मूल्यों के विपरीत नियम तथा मूल्यों को स्वयं मानता है या अपने समूह में उसको प्रचारित करता है ।

group, non-membership (ग्रूप्,'नॉन्'मेम्बर्शिप) **गैर-सदस्यता समूह :** व्यक्ति जब वयस्क हो जाता है, तो वह विभिन्न प्रकार का ज्ञान और शिक्षा प्राप्त करता है और बहुत प्रकार के ऐसे समूहों के सम्पर्क में आता है, जिसका वह सदस्य नहीं है । कभी तो वह ऐसे समूहों का सदस्य हो जाता है, तो कभी वह सदस्य नहीं बनना चाहता है । शिक्षा, पेशा, प्रवास, व्यवसाय आदि के आधार पर व्यक्ति जीवन में बहुत प्रकार के समूहों का सदस्य बनता है, तो कभी वह सदस्यता को प्राप्त नहीं भी करना चाहता है । ऐसे समूहों को रॉबर्ट के. मर्टन (Robert K. Merton, 1910-2003) ने गैर-सदस्यता समूह कहा है । यह बहुत कुछ बाह्य समूह की अवधारणा से मिलता-जुलता है : देखें– **Membership group** ।

group, non-voluntary (ग्रूप्,'नॉन्'वॉलन्ट्रि) **अनैच्छिक समूह :** कुछ वैसे भी समूह होते हैं, जिनमें शामिल होना या न होना हमारी इच्छा पर निर्भर नहीं करता है । परिवार समूह, जाति समूह, प्रजाति समूह आदि कुछ ऐसे ही समूहों के उदाहरण हैं । ऐसे समूहों की सदस्यता जन्म से प्राप्त होती है ।

group, out- (ग्रूप्, आउट्) **बाह्य समूह** : इस समूह की अवधारणा सर्वप्रथम विलियम ग्राहम समनर् (William G. Sumner, 1840-1910) ने दी है। यह कई नामों से जाना जाता है, जैसे– '**They-group**' एवं '**Others-group**'। यह ऐसा सामाजिक समूह है, जिसके हम सदस्य नहीं होते हैं। ऐसी परिस्थिति में ऐसे समूहों के साथ हमारा व्यवहार न सहानुभूतिपूर्ण होता है और न ही इसके साथ कोई अपनापन-भरा लगाव। ऐसे समूहों को हम प्राय: अपना विरोधी मानते हैं और यही कारण है कि इसे हम सन्देह की दृष्टि से भी देखते हैं : देखें– **In-group**।

group, pariah (ग्रूप्, प'राइआ) **अछूत समूह** : देखें– **Pariah group**।

group, peer (ग्रूप्, पिअर्) **सम समूह** : देखें– **Peer group**।

group, political (ग्रूप्, प'लिटिक्ल्) **राजनीतिक समूह** : समाज को सुचारु रूप से चलाने के लिए कानून और व्यवस्था पर निगरानी रखनी होती है। इसके लिए हमें अनेक समूहों पर निर्भर रहना पड़ता है, जैसे– राजनीतिक दल, पुलिस, न्यायालय आदि।

group, positive reference (ग्रूप्, 'पॉज़िटिव् 'रेफ़रन्स्) **सकारात्मक सन्दर्भ समूह** : यह वह समूह है, जिसके प्रचलित नियम, कानून, मूल्य आदि को जो सही मानता है और उसके अनुरूप अपने व्यक्तित्व को ढालने की कोशिश करता है : देखें– **Negative reference group**।

group, pressure (ग्रूप्, 'प्रेशर्) **दबाव समूह** : दबाव समूह अपरिभाषित सदस्यता वाले ऐसे समूहों को कहते हैं, जो एक या बहुत कम माँगों के लिए सरकार अथवा अन्य केन्द्रों पर अपनी तमाम शक्ति लगाकर सक्रियता के दबाव डालते हैं। उदाहरण के लिए, गन्ना उपजाने वाले किसानों के समूह। ये समूह जब गन्ने का मूल्य बढ़ाने के लिए आन्दोलन करते हैं, तब वे एक दबाव समूह के रूप में ही कार्य करते हैं।

group, primary (ग्रूप्, प्राइ'मरि) **प्राथमिक समूह** : इस अवधारणा का जिक्र सर्वप्रथम चार्ल्स एच. कूली (Charles H. Cooley, 1864-1929, हिन्दी में इस व्यक्ति के नाम का शुद्ध उच्चारण मात्र चार्ल्स एच. कूली ही है) की पुस्तक **Social Organization** (1909) में देखने को मिलता है। उन्होंने कहा है कि प्राथमिक समूहों से हमारा तात्पर्य उन समूहों से है, जिनमें सदस्यों के बीच आमने-सामने के घनिष्ठ सम्बन्ध एवं पारस्परिक सहयोग की विशेषता होती है। ऐसे समूह अनेक अर्थों में प्राथमिक होते हैं, लेकिन विशेष रूप से इस अर्थ में कि ये व्यक्ति के सामाजिक स्वभाव और विचार के निर्माण में बुनियादी योगदान देते हैं। परिवार एवं पड़ोसी प्राथमिक समूह के उपयुक्त उदाहरण हैं : देखें– **Group, secondary**।

group, recreational (ग्रूप्, रेक्रि'एशन्ल्) **मनोरंजनात्मक समूह** : व्यक्ति प्रतिदिन अपना अधिकांश समय विभिन्न प्रकार के कार्यों को करने में व्यतीत करता है, जो कभी-कभी उबाऊ महसूस होता है। ऐसी स्थिति में व्यक्ति की इच्छा मनोरंजनात्मक कार्यों में समय व्यतीत करने की होती है। इस कार्य के लिए समाज में बहुत प्रकार के सांस्कृतिक एवं गैर-परम्परागत समूह या मण्डलियाँ होती हैं। नाटक-मण्डली, दूरदर्शन, सिनेमा इत्यादि ऐसे ही समूहों के उदाहरण हैं।

group, reference (ग्रूप्, 'रेफ़रन्स्) **सन्दर्भ समूह** : देखें– **Reference group**।

group, religious (ग्रूप्, रि'लिजस्) **धार्मिक समूह** : प्रारम्भिक काल से आज तक प्रत्येक समाज में धर्म का कोई-न-कोई स्वरूप अवश्य देखने को मिलता है। आधुनिक युग में भी जब भौतिकता पराकाष्ठा को छूने को है, फिर भी धर्म समाज का एक प्रमुख आधार है। धर्म एक माध्यम है, जिसके सहारे व्यक्ति अपने-आपको अध्यात्म से जोड़ता है। 'हरे कृष्ण आन्दोलन' एक धार्मिक समूह का उदाहरण है।

group, secondary (ग्रूप्, 'सेकन्डरि) **द्वितीयक समूह, गौण समूह** : जो समूह प्राथमिक नहीं है, उसे लोगों ने द्वितीयक समूह का नाम दिया। इस प्रकार की सदस्यता का उद्देश्य सामूहिक अथवा वैयक्तिक हितों की पूर्ति करना होता है।

इसकी सदस्यता ऐच्छिक तथा अल्पकालिक होती है । द्वितीयक समूह अपेक्षाकृत काफी बड़े होते हैं एवं उनमें पाये जाने वाले सम्बन्ध काफी अवैयक्तिक होते हैं । इस तरह के समूह में आमने-सामने का सम्बन्ध काफी कमजोर होता है, समूह के सदस्यों के बीच में घनिष्ठता की कमी होती है, जैसे– दुकानदार-ग्राहक का सम्बन्ध, डॉक्टर-रोगी का सम्बन्ध, नेता एवं अनुयायी का सम्बन्ध, दफ्तर में ऑफिसर एवं किरानी का सम्बन्ध आदि । ऐसे सम्बन्धों का हमलोग जान-बूझकर या योजनाबद्ध ढंग से निर्माण करते हैं । द्वितीयक समूह में सम्बन्धों में स्थायित्व की कमी एवं सम्बन्धों में छिछलेपन का होना स्वाभाविक है, क्योंकि आमतौर पर इसका आकार प्राथमिक समूह की तुलना में काफी बड़ा होता है : देखें– **Group, primary** ।

group, societal (ग्रूप्, स'साइटल्) **समाजीय समूह** : इस प्रकार के समूह की चर्चा करते हुए रॉबर्ट बीयरस्टेट (Robert Bierstedt, 1913-1998) ने कहा है कि यह वह समूह है, जिसमें सामाजिक समूह की सिर्फ एक ही विशेषता अर्थात् सदस्यों में समता की चेतना पायी जाती है । सामाजिक अन्त:क्रिया एवं सामाजिक संगठन जैसी विशेषताएँ ऐसे समूहों में अनुपस्थित रहती हैं । ऐसे समूहों के सबसे अच्छे उदाहरण नृजातीय एवं एक भाषा-भाषी समूह हैं । वर्तमान समाजशास्त्र में इसे समूह नहीं कहा जाता है ।

group, statistical (ग्रूप्, स्ट'टिस्टिक्ल्) **सांख्यिकीय समूह** : इसकी चर्चा करते हुए रॉबर्ट बीयरस्टेट (Robert Bierstedt, 1913-1998) ने कहा है कि यह ऐसा मानवीय समूह है, जिसमें सामाजिक समूह की तीनों विशेषताएँ अर्थात्– समता की चेतना, सामाजिक अन्त:क्रिया एवं सामाजिक संगठन अनुपस्थित रहती हैं । वस्तुत: इन समूहों का निर्माण समाज के सदस्य नहीं करते हैं, बल्कि सांख्यिकीय विशेषज्ञ एवं समाजशास्त्रीगण अपने अध्ययन हेतु इन समूहों का निर्माण करते हैं, जैसे– आयु समूह या लिंग समूह, शिक्षित या अशिक्षित समूह आदि इसके उदाहरण हैं। लेकिन सही अर्थ में इसे समूह नहीं कहा जाना चाहिए ।

group, unibonded or **unifunctional** (ग्रूप्, 'यूनि'बॉन्डिड ऑर् 'यूनि'फ़ङ्क्शन्ल्) **एकल-बन्धन समूह** या **एक कार्यात्मक समूह** : सोरोकिन (Pitirim A. Sorokin, 1889-1968) ने वैसे समूह को एकल-बन्धन समूह कहा है, जिसमें सभी लोग एक ही आधार पर एक-दूसरे से जुड़े होते हैं । यदि कुछ लोग प्रजाति **(Race)**, लिंग **(Sex)**, उम्र **(Age)**, नातेदारी **(Kinship)**, भाषा, धर्म एवं शिक्षा के आधार पर समूह का निर्माण करते हैं, तो उसे एकल-बन्धन समूह कहा जाता है।

group, vertical (ग्रूप्, 'वर्टिक्ल्) **विषमस्तरीय समूह** : वैसे समूह विषमस्तरीय समूह कहे जाते हैं, जिनके अन्तर्गत सभी सदस्य विभिन्न स्तरों में विभक्त रहते हैं । जाति व्यवस्था इसका सबसे अच्छा उदाहरण है; क्योंकि इसके सदस्यों का पद, प्रतिष्ठा एवं भूमिका एक-दूसरे से भिन्न होती है । ऐसे समूहों में सदस्यगण स्वयं ही विभिन्न आधारों पर कई स्तरों में विभक्त रहते हैं ।

group, voluntary (ग्रूप्, 'व़ॉलन्ट्रि) **ऐच्छिक समूह** : इसके अन्तर्गत वे समूह आते हैं, जिनकी सदस्यता हम अपनी स्वतन्त्र इच्छा से हासिल करते हैं । इसके लिए हमारे ऊपर कोई दबाव नहीं होता है । किसी क्लब की सदस्यता, राजनीतिक दल की सदस्यता, ट्रेड यूनियन आदि जैसे समूहों की सदस्यता ऐच्छिक समूह के उदाहरण हैं ।

group and institutional social control (ग्रूप् ऐन्ड् इन्स्टि'ट्यूशन्ल् 'सोश्ल् कन्'ट्रोल्) **सामूहिक एवं संस्थागत सामाजिक नियन्त्रण** : जे. एच. फिक्टर (J. H. Fichter) ने बताया है कि समाज बहुत किस्म के समूहों के मिलने से निर्मित होता है और उन समूहों के द्वारा व्यक्ति का आचरण निर्धारित होता है । व्यक्ति के जीवन पर समूह का प्रभाव इसलिए होता है कि वह किसी-न-किसी समूह का सदस्य अवश्य होता है । सामाजिक नियन्त्रण के सन्दर्भ में विभिन्न किस्म के समूहों की चर्चा फिक्टर ने की है, जैसे– परिवार, आर्थिक एवं राजनीतिक समूह, मनोरंजन एवं धार्मिक समूह एवं विभिन्न प्रकार के स्वयंसेवी समूह । फिक्टर ने यह भी कहा है कि द्वितीयक समूह की तुलना में प्राथमिक समूह के द्वारा सामाजिक नियन्त्रण ज्यादा प्रभावशाली होता है । विभिन्न प्रकार के समूहों की तुलना में परिवार जैसे प्राथमिक समूह की महत्ता नियन्त्रण के साधन के रूप में सबसे अधिक है ।

group behaviour (ग्रूप् बि'हेव्यर्) **सामूहिक व्यवहार :** किसी जनसमूह का समन्वित व्यवहार जो बहुधा भावना, आवेश और अनुभूति पर आधारित होता है । समूह का यह व्यवहार उसी समूह के व्यक्तियों के व्यक्तिगत व्यवहार से सामान्यत: भिन्न हो सकता है । जब यन्त्रीकरण तथा नगरीकरण बहुत बढ़ जाता है, तब वहाँ प्राय: प्राथमिक समितियों तथा अनौपचारिक सम्बन्धों की नियन्त्रण व्यवस्था शिथिल हो जाती है तथा समूह-समाज स्थापित हो जाता है । व्यक्तियों का व्यवहार भीड़ के सदस्यों की भाँति प्राय: अनुत्तरदायित्वपूर्ण और अल्पबौद्धिक होता है । अधिकतर सदस्यों के जीवन में पृथकत्व, नैराश्य और वर्गभेद की भावना व्याप्त होती है । समाज मनोविज्ञान में सामूहिक व्यवहार समूह में व्यक्ति के व्यवहार से भिन्न नहीं माना जाता है । समूह एक इकाई के रूप में दृष्टिगत होता है ।

group boundary (ग्रूप् 'बाउन्ड्रि) **समूह सीमा :** ऐसी कसौटी जो सदस्यों एवं गैर-सदस्यों के बीच अन्तर बतलाती है । इन्हीं कसौटियों के आधार पर किसी समूह को परिभाषित किया जाता है ।

group centrism (ग्रूप् सेन्'ट्रिज़म्) **समूह श्रेष्ठमान्यता :** मानव-समूहों में अहमन्यता की प्रवृत्ति, जिससे वे सम्पूर्ण मानव-अनुभवों पर अपने समूह के सन्दर्भ में विचार करते हैं और अपने समूह को दूसरों की अपेक्षा श्रेष्ठ मानते हैं।

group cohesiveness (ग्रूप् को'हीसिव्नेस्) **समूह संसक्ति :** समूह के व्यवहार का एकीकरण समूह संसक्ति है, जो उन सामाजिक बन्धनों, आकर्षणों अथवा शक्तियों के परिणामस्वरूप होती है और जो किसी समयावधि में समूह के व्यक्तियों को परस्पर क्रिया में नियन्त्रित करती है ।

group conflict (ग्रूप् 'कॉन्फ्लिक्ट्) **समूह संघर्ष** : देखें– **Conflict, group** ।

group contact (ग्रूप् कॉन्'टैक्ट) **समूह सम्पर्क** : ऐसे सम्पर्क जो समूह के सदस्यों में अन्त: या अन्तरवैयक्तिक रूप में समूह तथा व्यक्ति के बीच अथवा समूह तथा समूह के बीच होते हैं ।

group contagion (ग्रूप् कन्टे'जन) **समूह संसर्ग** : व्यक्तियों के परस्पर संसर्ग द्वारा विचारों, धारणाओं अथवा व्यवहार के प्रारूपों का भावानात्मक रूप से तीव्रता के साथ प्रसार ।

group deviant (ग्रूप् 'डीविअन्ट) **समूह विचलन** : ऐसा व्यक्ति जो किसी विचलित समूह या उपसंस्कृति के मानदण्डों का अनुसरण करता है । ऐसा व्यक्ति अपने समाज के मानदण्डों में विश्वास नहीं करता है ।

group dynamics (ग्रूप् डाइ'नैमिक्स्) **समूह गतिकी, समूह गतिशीलता** : समूह गतिकी से तात्पर्य समूहों की संरचना एवं कार्यशीलता का अध्ययन है । इसके अन्तर्गत समूह में अन्त:क्रिया, समूह एवं पर्यावरण के अन्य समूहों के अन्त:सम्बन्धों के अध्ययन के संरूप के आधार पर छोटे समूहों का अध्ययन किया जाता है । दूसरे शब्दों में, छोटे समूहों में व्यवहार के मनोवैज्ञानिक पक्षों का अध्ययन (देखें– George C. Homans, **The Human Group**, 1950; J. Klein, **Working with Groups**, 1961; Dorwin Cartwright and Alvin Wander (eds.), **Group Dynamics: Research and Theory**, 1968; Paul A. Hare, **Handbook of Small Group Research**, 1976) ।

group fallacy (ग्रूप् 'फ़ैलॅसि) **समूह भ्रान्ति** : संगठित समूह की क्रिया में व्यतिक्रम का उपस्थित होना । ऐसे समूह में समूहगत अहम्, संकीर्णता अथवा आत्माभिमान की सम्भावना हो सकती है, जो सामाजिक दृष्टि से भ्रान्तिमूलक होते हैं।

group federation (ग्रूप् फेड्'रेशन्) **समूह महासंघ** : समूहों के ऐसे संगठन जो आपस में मिलकर कोई नियोजित सहकारी कार्य करते हैं और सामूहिक उद्देश्यों की प्राप्ति में प्रयत्नशील रहते हैं, जैसे– संगठित क्लब आदि ।

group fusion (ग्रूप् फ्यूजन्) **समूह विलयन** : दो पृथक् समूहों का संगठित अथवा असंगठित रूप में एक ही समूह में अन्तर्लयन । दो राजनीतिक दलों का एक राजनीतिक दल में विलय होना, समूह विलयन है ।

group goal (ग्रूप् गोल्) **समूह लक्ष्य** : सामूहिक क्रिया द्वारा प्राप्त किए जाने वाले लक्ष्य, जिन पर समूह का अस्तित्व

निर्भर करता है । ये लक्ष्य समूह के व्यक्त उद्देश्यों से भिन्न हो सकते हैं। ये समूह के सदस्यों के प्राथमिक लक्ष्यों से भी अलग हो सकते हैं ।

group identification (ग्रूप् आइडे'न्टिफिकेशन्) **तादात्मीकरण समूह :** एक प्रकार की सामूहिक प्रवृत्ति अथवा परस्पर सम्बन्धित होने की अनुभूति को समूह-तादात्मीकरण कहते हैं । तादात्मीकरण समूह की स्थिति में व्यक्ति का 'स्व' दूसरों के साथ एक रूप हो कर घुलमिल जाता है । समूह के आदर्शों को 'स्व' के गुणों के रूप में अन्तरीकृत कर लिया जाता है तथा समूह के आदर्श व्यक्ति के आदर्श बन जाते हैं । व्यक्ति इन्हें बाहरी दबाव के रूप में अनुभव नहीं करता ।

group marriage (ग्रूप्'मैरिज्) **समूह विवाह :** विवाह-प्रथा का एक प्रकार, जिसमें कुछ निश्चित स्त्रियों और पुरुषों में परस्पर विवाह सम्बन्ध होते हैं । इस प्रकार के विवाह में समूह के सभी पुरुष समूह की सभी स्त्रियों के समान रूप में पति माने जाते हैं । पुरुषों का समूह सगे अथवा चचेरे भाइयों या अन्य व्यक्तियों का भी हो सकता है । इसी प्रकार स्त्रियों का समूह सगी अथवा चचेरी बहनों या अन्य स्त्रियों से मिलकर बना हो सकता है । उद्विकासवादियों ने इस प्रकार के विवाह की कल्पना उद्विकास के प्रारम्भिक स्तर पर की है । यह प्रथा सिक्किम, तिब्बत और भूटान की कई जनजातियों में पायी जाती है । यह प्रथा सबसे अधिक ऑस्ट्रेलिया में मिलती है ।

group mind (ग्रूप् माइन्ड्) **समूह मानस, सामूहिक चित्त :** किसी विषय के प्रति समूह के सदस्यों की एक जैसी एवं प्राय: संगठित अभिवृत्तियाँ, जो व्यावहारिक रूप में समूह की भावना को प्रभावित करती हैं।

group mind theory (ग्रूप् माइन्ड् 'थिअरि) **सामूहिक मानस सिद्धान्त :** इनके अनुसार, भीड़ शारीरिक रूप से एक-दूसरे के निकट अवस्थित लोग अपनी व्यक्तिगत चेतना-शक्ति खो देते हैं । इसके स्थान पर पूरे समूह का एक सामूहिक दिमाग कुछ समय के लिए विकसित हो जाता है ।

group morale (ग्रूप् म'राल्) **समूह मनोबल :** समूह के सदस्यों में समूह के उद्देश्यों की सम्भावित पूर्ति के प्रति अगाध विश्वास, एकता, दृढ़ निश्चय और सन्तोष का होना ।

group process (ग्रूप्'प्रोसेस्) **समूह प्रक्रिया :** समूह से सम्बन्धित व्यक्तियों की परस्पर मानसिक क्रिया से उत्पन्न और विकसित क्रियाओं की श्रृंखला अथवा सतत क्रियाएँ ।

group production (ग्रूप् प्र'डक्शन्) **सामूहिक उत्पादन :** ऐसा उत्पादन, जो किसी व्यक्ति-विशेष से न होकर, व्यक्तियों के एक समूह के द्वारा सम्पन्न होता है ।

group settlement (ग्रूप्,'सेटल्मन्ट) **समूह अधिवासन :** आवासन की वह प्रक्रिया, जिसमें मूल निवास से पृथक् होकर एक समूह या उसकी कोई प्रशाखा अन्यत्र नई बस्ती या उपनिवेश की स्थापना करती है ।

group slavery (ग्रूप्'स्लेवरि) **समूह दासता :** एक पूरे सामाजिक समूह का दासता से बँध जाना । प्राचीन एवं मध्यकालीन भारतीय समाज में निम्न जाति के लोगों को कम-से-कम मजदूरी देकर काम करने के लिए बाध्य करना सामूहिक दासता ही थी ।

group solidarity (ग्रूप् सॉलि'डैरटि) **समूह समेकता :** सामूहिक व्यवहार का समाकलन, जो सामाजिक बन्धनों, आकर्षणों अथवा शक्तियों के फलस्वरूप समय-विशेष पर समूह के सदस्यों में अन्त:क्रिया की अभिव्यक्ति होती है ।

group stimulation (ग्रूप् स्टिम्'यूलेशन्) **समूह उद्दीपन :** समूह का उद्दीप्त अथवा प्रेरित होना या उसके द्वारा उद्दीपक क्रिया का संचार करना । जातिवाद या धार्मिक उन्माद फैलाना समूह उद्दीपन है । सामान्यत: जातीय व धार्मिक दंगा इसी का नतीजा होता है ।

group therapy (ग्रूप् थे'रॅपि) **समूह चिकित्सा :** यह एक मनोचिकित्सा की ऐसी प्रविधि है, जिसके अन्तर्गत छ: से

आठ मनोरोगियों का इलाज एक या एक से अधिक मनोचिकित्सकों की मौजूदगी में किया जाता है । कुछ मनोचिकित्सकों का मानना है कि बहुत सारी मानसिक समस्याएँ इसलिए उत्पन्न होती हैं कि व्यक्ति समाज से टूट जाता है या अलग हो जाता है । इसलिए वैसे लोगों को धीरे-धीरे एकसाथ जोड़कर इलाज करने पर उपचार ज्यादा सहज हो जाता है तथा रोगियों का सामाजिक समायोजन आसान हो जाता है ।

group thought (ग्रूप् थॉट्) **समूह विचारधारा :** दो या अधिक व्यक्तियों का मिला-जुला विचार, जिसमें यह स्पष्ट होता हो कि वह व्यक्तिगत विचारों तथा अन्तःसम्बन्धित विचारों का योग मात्र नहीं है । यह अवधारणा विवादास्पद है (देखें– Irving L. Janis, **Victims of Groupthink**, 1982) ।

group tradition (ग्रूप् ट्र'डिश्न्) **समूह-परम्परा :** समूह-विशेष की संस्कृति के व्यक्तिपरक पहलू, यथा– विचार, मूल्य, विश्वास, भावनाएँ, प्रवृत्तियाँ, चिन्तन तथा सोचने-विचारने एवं क्रियाकलाप की अन्य विधियाँ, जिसका एक पीढ़ी से दूसरी पीढ़ी में अन्तरण होता है ।

grouping ('ग्रूप्इन्ग) **समूहन :** समाज में समान व्यक्तियों का किसी विशेष ढंग से समूहबद्ध होना । जाति या धार्मिक विश्वास के नाम पर इकट्ठा होना समूहन की प्रक्रिया है ।

grouping, educational ('ग्रूप्इन्ग, एजु'केश्न्ल्) **शैक्षणिक समूह :** देखें– **Educational grouping** ।

growth components (of population) (ग्रोथ् कम'पोनन्ट्स्) **वृद्धि घटक** (जनसंख्या) **:** किसी भी देश की जनसंख्या की वृद्धि के घटक हैं– मृत्यु-दर, प्रजननता-दर तथा प्रवसन । इनका परस्पर सम्बन्ध इन समिकाओं द्वारा दिखाया जा सकता है– जनसंख्या वृद्धि = जन्म संख्या - मृत्यु संख्या + आप्रवास - उत्प्रवास । जनसंख्या वृद्धि-दर = अशोधित जन्म-दर - अशोधित मृत्यु-दर + आप्रवसन-दर - उत्प्रवसन-दर । जनांकिकी अनुसन्धान की तकनीक व विश्लेषण में जनसंख्या का पूर्वानुमान लगाने के लिए इन सूत्रों का बहुधा प्रयोग किया जाता है ।

guardian bureaucracy ('गार्डिअन् ब्युअ'रॉक्रसि) **संरक्षक अधिकारीतन्त्र :** ऐसी नौकरशाही (**Bureaucracy**), जो अपने-आपको राज्य की स्थिरता और अखण्डता के मुख्य संरक्षक के रूप में देखती है ।

guardianship ('गार्डिअन्शिप) **अभिभावकता :** वह स्थिति, जिसमें व्यक्ति कुछ विशेष कारणों से किसी अन्य व्यक्ति का अभिभावक नियुक्त होता है । यह विशेष स्थितियों में होता है, जैसे– व्यक्ति का अवयस्क होना अथवा शारीरिक तथा मानसिक रूप से निजी हित की रक्षा करने में असमर्थ होना। अभिभावकता विधि तथा समाज द्वारा मान्य होती है ।

guerrilla (ग'रिला) **छापामार, गुरिल्ला :** यह एक स्पेनिश शब्द है, जिसका अर्थ लघुयुद्ध होता है । लेकिन, वर्तमान समय में इस शब्द का प्रयोग विभिन्न किस्म की छोटी-मोटी भूमिगत लड़ाइयों के लिए किया जाता है । इस प्रकार के युद्धों का प्रयोग वामपंथियों द्वारा किया जाता रहा है । भारत में माओवादी एवं अन्य उग्रवादी संगठन पहाड़ी व जंगली क्षेत्रों में इस प्रकार के युद्ध भारतीय सरकार के खिलाफ सत्ता पर काबिज होने या क्षेत्रीय स्वतन्त्रता के उद्देश्य से करते रहे हैं ।

guerrilla movement (ग'रिला'मूव्मन्ट्) **गुरिल्ला आन्दोलन :** गैर-सरकारी संगठित सेना या सैन्यबल । भारत में नक्सलपंथी, माओवादी तथा विभिन्न प्रकार के आतंकवादी संगठन गुरिल्ला आन्दोलन के माध्यम से राज्य एवं प्रशासन पर नियन्त्रण हासिल करना चाहते हैं ।

guided democracy (गाइड्ड डि'मॉक्रसि) **निर्दिष्ट लोकतन्त्र :** पाकिस्तान के सैन्य अधिनायकवादी राष्ट्रपति मुहम्मद अयूब खां (1958-1969) की कल्पना का लोकतन्त्र, जिसमें मुख्य सत्ता सेना के अधिनायक के हाथों में बनी रहती है और जो अपनी देख-रेख में जनता को धीरे-धीरे लोकतन्त्र की दिशा में ले जाने का वायदा करता है । निर्दिष्ट लोकतन्त्र निरंकुश शासन का ही एक रूप है ।

guild (gild) (गिल्ड्) **गिल्ड, व्यावसायिक संघ :** एक ही व्यवसाय अथवा शिल्पकारों का समाज, जो पारम्परिक

सहयोग एवं सुरक्षा हेतु संगठित है । यह नियोजक के व्यावसायिक हितों की हिफाजत करता है । गिल्ड मध्यकालीन अर्थव्यवस्था की विशेषता थी ।

guild socialism (गिल्ड् 'सोश लिज़म्) **गिल्ड समाजवाद :** 'गिल्ड समाजवाद' समाजवाद का एक विकासवादी रूप है और राजनीति-दर्शन को इंग्लैंड की यह विशेष देन है । 'गिल्ड समाजवाद' को बहुधा समाजवाद या समष्टिवाद तथा 'सिंडिकलिज़्म' के बीच का मार्ग समझा जाता है । अन्य समाजवादी विचारधाराओं की भाँति 'गिल्ड समाजवाद' भी पूँजीवादी व्यवस्था को अन्यायपूर्ण मानता है । वर्तमान सामाजिक विषमताओं से छुटकारा पाने का एकमात्र उपाय यह है कि पुरानी सामाजिक व्यवस्था को समाप्त कर, उसके स्थान पर एक ऐसी नूतन सामाजिक व्यवस्था का निर्माण किया जाये, जिसमें उद्योग का संचालन श्रमिक-संघों के हाथों में हो । गिल्ड-समाजवाद के अन्तर्गत राज्य की समाप्ति तो नहीं होती, पर उसे आर्थिक क्षेत्र से बहिष्कृत कर दिया जाता है । इस व्यवस्था में उद्योगों के ऊपर राज्य का कोई नियन्त्रण नहीं रहेगा, परन्तु राष्ट्रीय दृष्टि से आवश्यक अन्य वस्तुओं का प्रबन्ध राज्य के हाथों में रहेगा । 'गिल्ड समाजवाद' अपने उद्देश्यों को प्राप्त करने के लिए संवैधानिक और विकासवादी साधनों में आस्था रखता है ।

guild system (गिल्ड् 'सिस्टम्) **शिल्पसंघ-व्यवस्था, गिल्ड पद्धति :** यूरोप में 1000 ई. से 1600 ई. तक पाई जाने वाली शिल्प-संघों की व्यवस्था । ये शिल्प-संघ शिल्पियों के जीवन के प्रायः सभी पहलुओं का नियन्त्रण करते थे और उनके कार्य की दशाओं में सुधार के लिए प्रयत्नशील रहते थे । कभी-कभी ये सामूहिक रूप से नागरिक सेवाएँ भी उपलब्ध कराते थे, उदाहरण के लिए पुल या गिरजाघर बनवाना । विधि-व्यवस्था बनाए रखने में भी ये शासकों को सहायता देते थे। इन्होंने शक्तिशाली राजतन्त्रों की स्थापना में भी योगदान दिया था । इन्होंने अपनी कट्टरता के कारण सामाजिक और आर्थिक तनाव उत्पन्न किए और अपने नगर तथा क्षेत्र में एकाधिकार पाने के प्रयास किए तथा अधिकांश स्थितियों में इन्हें सफलता भी मिली । यद्यपि शिल्प-संघ-व्यवस्था 17वीं शताब्दी में समाप्त हो गई, लेकिन इसकी परवर्ती रूमानी चिन्तनधारा पर छाप रही है । अनेक समाज-सुधारकों ने शिल्प-संघों को भावी समाज-संगठन का आधार मानकर सामाजिक पुनर्निर्माण की योजनाएँ प्रस्तुत की हैं । गिल्ड समाजवाद गिल्डों को ही अपने समाजवादी संगठन का आधार बनाना चाहता है ।

gurukul **गुरुकुल :** आर्य समाज के सिद्धान्तों पर आधारित एक शैक्षिक संस्था । प्राचीन भारत में यह पूरी तरह जातिगत मूल्यों से ग्रसित व्यवस्था थी । आमतौर पर शिक्षक ब्राह्मण होते थे और विद्यार्थी राज-पुत्र (इसे राजपूत नहीं समझा जाना चाहिए), क्षत्रिय एवं वैश्य हुआ करते थे । शूद्रों तथा अन्य निम्न जातियों व आदिम जातियों के लिए गुरुकुल के दरवाजे बन्द होते थे । यहाँ मुख्यरूप से धर्म, युद्ध एवं प्रशासनिक नीतियों की शिक्षा दी जाती थी । यह सवर्णों के द्वारा तथा सवर्णों के लिए परम्परागत शिक्षा की व्यवस्था थी ।

gynaecocracy (गाइनि 'कॉक्रसि) **स्त्रीराज्य, स्त्रीतन्त्र :** एक ऐसा समाज, जहाँ स्त्रियों का राजनीतिक एवं सामाजिक प्रभुत्व होता है । व्यवहार में इस प्रकार की व्यवस्था शायद ही कहीं देखने को मिलती है ।

gypsy ('जिप्सि) **खानाबदोश, जिप्सी, यायावर :** साधारणतया 'जिप्सी' शब्द का प्रयोग किसी भी घुमंतू (खानाबदोश) जनजाति या समुदाय के लिए किया जाता है । लेकिन, वस्तुतः इसका प्रयोग सही अर्थ में उन्हीं समुदायों के लिए किया जाना चाहिए, जिन्हें यूरोप, रूस और अमरीका में घुमंतू रूप में पाया जाता है तथा जो विभिन्न नामों से पुकारे जाने पर भी अपनी परम्परागत लोक-भाषा को 'रोमानी' कहते हैं और स्वयं को भी 'रोम' या 'रोमानी' कहते और कहलाना पसन्द करते हैं । विभिन्न देशों में ये विभिन्न नामों से पुकारे जाते हैं, जैसे– इंग्लैंड तथा अमरीका में 'जिप्सी' ।

ये लोग प्रायः लोहारी का काम करना, हस्तरेखाएँ देखना, गाना, बजाना, नाचना, घोड़े खरीदना और बेचना, चोरी करना आदि काम करते रहे हैं । इन सभी देशों के इन समुदायों में प्रकृति प्रेम, उन्मुक्त हास-परिहास, भोग-विलास, स्वतन्त्रता की भावना, संगीत के प्रति उत्कट अभिरुचि तथा स्त्रियों में आकर्षक लावण्य देखने में आता है । रूस को छोड़कर प्रायः प्रत्येक देश में जिप्सियों को चोर, उचक्का, जादूगर, अविश्वसनीय, गन्दा व अनैतिक माना जाता है ।

Hh

habitat (हैबि टैट) **प्राकृतिक वास, आवास :** इस शब्द का प्रयोग दो अर्थों में किया जाता है– (1) एक भौगोलिक क्षेत्र, जहाँ कोई जीव निवास करता है या कोई पौधा विकसित होता है । (2) किसी स्थान का प्राकृतिक परिवेश, जहाँ मानव-समूह निवास करता है ।

habituation (हैबिट्यू'एश्न्) **अभ्यस्तता :** जब व्यक्ति किसी काम को बार-बार एक ही ढंग से करता है, तो उस काम को उसी ढंग से करने की आदत पड़ जाती है । समाज में विभिन्न किस्म की प्रथाओं, विश्वासों, आदर्शों, मान्यताओं तथा प्रतिमानों का हम आदतन अनुसरण करते हैं । बहुत सारे व्यवहार हमारी आदतों का एक हिस्सा बन जाते हैं।

habitus (हैबिट्स्) **अर्जित गुणों एवं व्यवहारों का समुच्चय :** पी. बोरड्यू (Pierre Bourdieu, 1930-2002) ने बताया है कि सामाजिक संरचना और सामाजिक क्रिया के बीच एक कड़ी होती है और यह कड़ी व्यक्ति द्वारा अर्जित विचारों, व्यवहारों एवं उसकी अभिरुचियों की एक सेट होती है, जिसे उन्होंने हैबिट्स् कहा है (देखें–Pierre Bourdieu, **Outline of Theory and Practice**, 1977) ।

half brother (हाफ़् 'ब्रदर्) **सौतेला भाई :** ऐसे भाई, जिनकी एक ही माता, पर पिता भिन्न हों अथवा एक ही पिता पर, माता भिन्न हों । प्रथम प्रकार के सौतेले भाई पाश्चात्य देशों में, तो दूसरे प्रकार के सौतेले भाई दक्षिण एशियाई मुल्कों में अधिक देखने को मिलते हैं ।

half truth (हाफ़् ट्रूथ) **अर्द्धसत्य :** ऐसे कथन जो अपने-आप में सत्य हों, परन्तु वे पूरी तरह सत्य न हों अर्थात् सत्य कुछ और भी हो, परन्तु प्रस्तुत कथन में उसे छिपाया गया हो । धूर्त व्यक्ति आधा सही और आधा गलत बोलकर लाभ उठाने की कोशिश करता है ।

halo effect (हेलो इ'फेक्ट्) **परिवेश प्रभाव :** कभी-कभी सतही तौर पर देखकर कुछ तत्त्वों के आधार पर बहुत सारे लोगों के बारे में एक प्रकार का इकट्ठा विचार या सामान्यीकरण बना लिया जाता है, जो वास्तविक रूप में सही नहीं होता है, जैसे– कई बार कुछ लोगों का आचरण ऐसा होता है कि साधारण ज्ञानी पुरुष भी दूसरों के द्वारा ज्ञानी पुरुष समझे जाते हैं ।

handicraft economy (हैन्डि क्राफ्ट् इ'कॉनमि) **हस्तशिल्प अर्थव्यवस्था :** औद्योगिक अर्थव्यवस्था के पूर्व कृषिप्रधान समुदायों में पायी जाने वाली अर्थव्यवस्था, जो कारीगरों अथवा शिल्पियों द्वारा तैयार की गई वस्तुओं पर आधारित होती है ।

hard data (हार्ड् 'डेटा) **दृढ़ प्रदत्त आँकड़े या विश्वसनीय आँकड़े :** इस शब्द का प्रयोग दो अर्थों में किया जाता है– (1) संवेदन में व्याख्या, अर्थबोध आदि मनःकल्पित अंशों को निकाल देने के बाद बचा हुआ सार अंश, जिसके बारे में ज्ञाता दृढ़ विश्वास के साथ कह सकता है कि वह बाहर से आया है । (2) सही और विश्वसनीय आँकड़ा ।

hard loan (हार्ड् लोन्) **कठिन ऋण :** सामान्यतया बाज़ार शर्तों पर लिया गया ऋण कठिन ऋण कहलाता है, जिसके अन्तर्गत बाज़ार जोखिम, ऋण अदायगी से सम्बद्ध करेन्सी तथा अदायगी की शर्तों के विषय में अग्रिम रूप से तय हो जाता है ।

harijan **हरिजन :** जिन्हें महात्मा गाँधी ने हरिजन कहकर पुकारा है, उन्हें ही शूद्र, दलित एवं अनुसूचित जाति के नाम से भी जाना जाता है : देखें– **Castes, scheduled** ।

harmony ('हार्मनि) **सामंजस्य, समरसता :** किसी व्यवस्था में उसके अवयवों अथवा घटकों की समुचित रूप से अनुकूलित व सुव्यवस्थित होने की स्थिति ।

hasty generalization (हेस्'टि जेन्रलाइ'ज़ेश्न्) **अविचारित सामान्यीकरण :** वह दोषपूर्ण सामान्यीकरण, जिसमें पूरी छानबीन किये बिना ही थोड़े-से प्रमाणों के आधार पर एक सामान्य कथन निकाल लिया जाता है ।

hate crimes (हेट् क्राइम्स) **घृणाजनित अपराध :** समाज में प्रजातीय, जातीय, धार्मिक या लैंगिक पूर्वाग्रहों से ग्रसित होकर जो अपराध किये जाते हैं । भेदभावपूर्ण अपराध भी इसी प्रकार की श्रेणी में रखे जाते हैं । पाश्चात्य देशों में यहूदियों एवं काले लोगों के खिलाफ पूर्वाग्रहों से ग्रसित होकर स्थानीय लोगों ने अपराध किया है । घृणा पर आधारित अपराध पर कुछ अच्छे समाजशास्त्रीय अनुसन्धान हुए हैं (देखें– G. M. Herek and K.T. Berrill, **Hate Crimes**, 1992) ।

haute bourgeoisie (औटॅ बुअर्ज़्वा'ज़ी) **उच्च बूर्जुआ वर्ग :** मार्क्सवाद के अन्तर्गत बूर्जुआ वर्ग का वह स्तर, जो अत्यधिक धनवान वर्ग की कोटि में आता है । बड़े-बड़े सेठ-साहूकार, बैंक-व्यापार के संचालक, एकाधिकार सम्पन्न पूँजीपति एवं उद्योगपति उच्च बूर्जुआ वर्ग की श्रेणी में आते हैं । यह शब्दावली निम्न बूर्जुआ वर्ग **(Petty bourgeoisie)** के विपरीत अर्थ प्रस्तुत करती है ।

have-nots (हैव् नॉटस्) **निर्धन :** वैसे व्यक्ति जो मज़दूरी के लिए काम करते हैं और जिनके पास अपनी कोई सम्पत्ति नहीं होती है ।

Hawthorne effect (हॉथॉ:न् इ'फ़ेक्ट्) **हॉथॉर्न प्रभाव :** जब किसी अनुसन्धान के अन्तर्गत अध्ययन किए जाने वाले व्यक्ति को यह जानकारी होती है कि कोई उसका अवलोकन कर रहा है, तो अनुसन्धानकर्ता की मौजूदगी में उसके व्यवहार में स्वाभाविक परिवर्तन दिखायी पड़ता है । इसी परिवर्तन को हॉथॉर्न प्रभाव की संज्ञा दी गयी है (देखें– M. Rose, **Industrial Behaviour**, 1988) ।

Hawthorne studies (हॉथॉ:न्'स्टडिज़्) **हॉथॉर्न अध्ययन :** कर्मचारियों की उत्पादन-क्षमता तथा कार्य-कुशलता पर सामाजिक कारकों के महत्त्व को प्रकाश में लाने वाला प्रथम अध्याय माना जाता है । ऐसा माना जाता है कि इसी प्रयोग ने आधुनिक औद्योगिक समाजशास्त्र की आधारशिला रखी । यह प्रयोग 1924 में अमरीका के शिकागो नगर के सिसरो नामक स्थान पर वेस्टर्न इलेक्ट्रिक कम्पनी के हॉथॉर्न कारखाने में पाँच वर्षों तक किया गया था (देखें– John Madge, **The Origins of Scientific Sociology**, 1963) ।

headman (हेड्मैन) **प्रधान व्यक्ति :** किसी जनजातीय समूह का ऐसा नेता, जिसे समाज की ओर से कोई विशिष्ट अधिकार प्राप्त नहीं होता, लेकिन वह अपने समाज पर व्यक्तिगत प्रभाव रखता है ।

head of household (हेड ऑव् हाउस्होल्ड) **प्रधान कर्त्ता, परिवार का मुखिया :** इस शब्द का प्रयोग आमतौर पर घर के सबसे वरीय पुरुष सदस्य के लिए होता है, जो पति या पिता की भूमिका में होते हैं । परिवार में वैसे व्यक्ति के न होने की स्थिति में इस शब्द का प्रयोग मुख्य उपार्जक के लिए होता है । पाश्चात्य देशों की स्थिति के मद्देनजर परिवार के मुखिया के निर्धारण सम्बन्धी विचार की काफी आलोचना हुई है; क्योंकि कई बार ऐसा भी होता है कि पुरुष और महिला समान रूप से जीविकोपार्जन करती हैं और दोनों में किसी एक को मुखिया मान लेना युक्तिसंगत नहीं है। इस पर सबसे अधिक विरोध महिलाओं के द्वारा हुआ है । भारत के सन्दर्भ में जनगणना एवं सर्वेक्षण के समय परिवार में, जिस पुरुष या नारी को मुखिया बताया जाता है, उसे उसी रूप में अंकित कर लिया जाता है ।

headquarters city (हेड्'क्वार्टज़् 'सिटि) **मुख्यालय नगर :** मुख्यालय नगर उसे कहते हैं, जहाँ विभिन्न प्रकार के उद्योगों, व्यापारों एवं प्रशासन के मुख्य दफ्तर होते हैं। यह वह नगर है, जहाँ अधिकांश उद्योगपति अपने काम-काज का मुख्य केन्द्र रखना पसन्द करते हैं । भारत में दिल्ली एवं मुम्बई, पाकिस्तान में कराँची, थाइलैंड में बैंकॉक, इंग्लैंड में लंदन आदि मुख्यालय नगर के प्रमुख उदाहरण हैं ।

health and illness, sociology of (हेल्थ् एण्ड 'इल्नस्, सोसि'ऑलजि ऑव्) **स्वास्थ्य एवं रुग्णता का समाजशास्त्र :** देखें– **Sociology of health and illness** ।

healthcare system (हेल्थ् केयर 'सिस्टम्) **स्वास्थ्य देख-भाल व्यवस्था :** इसके अन्तर्गत स्वास्थ्य सम्बन्धी विभिन्न प्रकार के सरकारी एवं गैर-सरकारी संस्थान रखे जाते हैं, जिनका उद्देश्य जनता को विभिन्न प्रकार के स्वास्थ्य सम्बन्धी लाभ पहुँचाना होता है । मध्यकालीन यूरोप में यह काम गिरिजाघरों का था । लेकिन, आधुनिक काल में इस व्यवस्था में काफी विकास हुआ है और यह समय के साथ काफी जटिल भी हुआ है । पाश्चात्य देशों या औद्योगिक रूप से विकसित देशों में स्वास्थ्य सम्बन्धी सेवाएँ मुख्यरूप से गैर-सरकारी क्षेत्रों में हैं, जहाँ लोगों को व्यक्तिगत तौर पर फीस या बीमा के माध्यम से चिकित्सा का लाभ उठाना पड़ता है । दूसरी तरफ, भारत में स्वास्थ्य से सम्बन्धित व्यवस्था मुख्यरूप से सरकार द्वारा सम्पोषित होती है और लोग इसका नि:शुल्क लाभ उठाते हैं ।

hedonism ('हीडॅ निज़म्) **सुखवाद :** एक सिद्धान्त, जिसके अन्तर्गत यह माना जाता है कि व्यक्ति का व्यवहार सुख-दु:ख की भावनाओं से प्रेरित और निर्धारित होता है । व्यक्ति प्रत्यक्ष-अप्रत्यक्ष ऐसे कार्य करने का यत्न करता है, जिसमें उसे अधिकाधिक सुख की प्राप्ति की सम्भावना रहती है । वह ऐसे कार्यों से बचता है, जिसमें दु:ख मिलने की सम्भावना रहती है । फलत: सुख को प्राप्त करना अथवा उसमें बढ़ोतरी करना ही जब व्यक्ति का उद्देश्य बन जाता है, तब यह सुखवाद कहलाता है । इस सिद्धान्त के अनुसार, यह भी माना जा सकता है कि सुख की प्राप्ति की अभिलाषा ही उसे अपराध जैसे असामाजिक कार्य करने की प्रेरणा देती है ।

hegemony (हि'जेमनि) **प्रभुत्व, सर्वोच्चता :** इस अवधारणा का प्रयोग ए. ग्रैमशी (A. Gramsci, 1891-1937) द्वारा यह स्पष्ट करने के लिए किया गया कि राजनीतिक और वैचारिक साधनों के तालमेल से किस प्रकार एक वर्ग द्वारा दूसरे वर्ग पर प्रभुत्व स्थापित किया जाता है । ऐसी प्रक्रिया, जिसमें समाज का कोई वर्ग, विशेषकर सत्ताधारी वर्ग, अपने जीवन-मूल्यों और आदर्शों को बाकी समाज पर थोपता है । इसका परिणाम यह होता है कि बाहर से तो समाज में सर्वसम्मति का वातावरण दिखता है, पर वास्तव में समाज बँटा हुआ रहता है ।

राजनीति में सर्वोच्चता का अभिप्राय एक राज्य की दूसरे राज्यों के ऊपर प्रभुता अथवा नियन्त्रण है । इसका अभिप्राय है, एक महान् शक्तिसम्पन्न राष्ट्र द्वारा राज्यों के एक वर्ग का नेतृत्व । ये राज्य राजनीतिक, भाषाई, आर्थिक तथा भौगोलिक कारणों से सम्बद्ध होते हैं । यह सही है कि प्रभुत्व स्थापना के लिए राजनीतिक बल हमेशा महत्त्वपूर्ण होता है, किन्तु अधीनस्थ वर्ग की सहमति प्राप्त करने के लिए विचारधारा की भूमिका इससे भी अधिक महत्त्वपूर्ण होती है । अवपीड़न और सहमति के बीच सन्तुलन अलग-अलग समाजों में अपने ढंग से होता है । पूँजीवादी समाजों में सहमति अधिक मूल्यवान होती है । ग्रैमशी के अनुसार, राज्य दमन का मुख्य हथियार है, किन्तु वैचारिक प्रभुत्व और सहमति समाज की नागरिक संस्थाओं, जैसे– परिवार, धार्मिक संगठन और मज़दूर संगठनों द्वारा प्राप्त की जा सकती है (देखें– Antonio Gramsci, **Selections from Prison Notebooks**, 1971) ।

heir (एअर्) **उत्तराधिकारी :** वे वंशज, जो एक नाम, अवस्थिति तथा सम्पत्ति के उत्तराधिकारी होते हैं । हिन्दू समाज में पुत्र जन्म से ही अपने माता-पिता की सम्पत्ति का उत्तराधिकारी होता है ।

henotheism ('हेनॉ थीइज़म्) **एकैकाधिदेववाद :** ईश्वर केन्द्रित ऐसा धर्म, जो इस मान्यता पर आधारित है कि प्रत्येक समुदाय या प्रजाति के अलग-अलग भगवान होते हैं । यह बहुदेववाद का एक परिवर्तित रूप है । हिन्दू धर्म काफी हद तक एकैकाधिदेववादी है; क्योंकि वहाँ विभिन्न जातियों, समुदायों एवं भाषाई समूहों के अलग-अलग देवता होते हैं ।

herd (हर्ड्) **यूथ, झुण्ड :** यूथ अथवा झुण्ड एक प्रकार की भीड़ है, जिसका एक नेता होता है, किन्तु इस प्रकार की भीड़ में तीव्र भावात्मक प्रेरणा का प्राय: अभाव होता है । झुण्ड का नेता इस प्रकार की भीड़ के सदस्यों को बिना विरोध किए आदेशों के पालन के लिए प्रोत्साहित करता है । एक पथ-प्रदर्शकयुक्त सैलानियों का समूह झुण्ड का एक अच्छा उदाहरण है ।

hereditary (हि'रेडिट्रि) **वंशानुगत :** नाम, स्थिति अथवा सम्पत्ति जैसी कोई भी वस्तु जिसे एक पीढ़ी से दूसरी पीढ़ी तक वंशक्रम के अनुरूप हस्तान्तरित किया जाये ।

hereditary theory of crime (हि'रेडिट्रि 'थिअरि ऑव् क्राइम) **आनुवंशिक अपराध सिद्धान्त :** अपराध का एक ऐसा सिद्धान्त, जो इस मान्यता पर आधारित है कि अपराधिता का गुण किसी व्यक्ति को विरासत में मिलता है । यह सिद्धान्त मनुष्य के विकास के मूल में ले जाता है ।

heredity (हि'रेडिटि) **आनुवंशिकता :** इस अवधारणा का प्रयोग एक से अधिक अर्थों में होता है– (1) वंश अथवा जातिगत गुणों-अवगुणों तथा स्वभावगत विशेषताओं का माता-पिता द्वारा सन्तानों में संक्रमण (2) सन्तान में माता-पिता द्वारा संक्रमित जाति, वंश अथवा स्वभावगत विशेषताओं की समग्रता, यथा– बालक का वंशानुक्रम ।

पैतृकता के गुणों का संचरण 'जीन्स' के द्वारा होता है । इस सिद्धान्त की खोज जी. जे. मेण्डल (Gregor J. Mendel, 1822-1884) ने सन् 1865 में मटर के बीज पर प्रयोग द्वारा की थी । आनुवंशिकी के मेण्डेलियन सिद्धान्त को अपरिष्कृत, किन्तु सरल शब्दों में इस प्रकार व्यक्त कर सकते हैं कि 'समान, समान को जन्म देता है ।' यह सही है कि यह सिद्धान्त जीवविज्ञान के क्षेत्र में काफी लाभदायक और महत्त्वपूर्ण सिद्ध हुआ है, किन्तु इसके मानवशास्त्र और समाजशास्त्र में प्रयोग पर काफी वाद-विवाद छिड़ा है । उन्नीसवीं शताब्दी के समाजशास्त्र में इसका प्रयोग हुआ है और आनुवंशिक गुणों के संक्रमण के आधार पर तत्कालीन अपराधशास्त्र के क्षेत्र में यह कहा गया है कि 'अपराधी, अपराधी को जन्म देता है ।' यह स्वीकार करना कदापि संभव नहीं है कि आनुवंशिकी पूर्णत: मनुष्यों के शरीर, मन और बुद्धि को निर्धारित करती है, जैसा कि आनुवंशिकतावादी मानते हैं ।

hermeneutic circle (हॅ:मि'न्यूटिक् सर्क्ल्) **शास्त्रार्थ मीमांसा मण्डल : देखें– Hermeneutics ।**

hermeneutics (हॅ:मि'न्यूटिक्स्) **शास्त्रार्थ मीमांसा :** यह ग्रीक भाषा का शब्द है, जिसका अर्थ विश्लेषण या स्पष्ट करना होता है । इस शब्द का सर्वप्रथम प्रयोग बाईबिल के विश्लेषण के सन्दर्भ में हुआ था । इस परिप्रेक्ष्य की मान्यता यह है कि किसी चीज़ को मात्र देखकर या पढ़कर विश्लेषण नहीं किया जाना चाहिए । विश्लेषण के लिए ज़रूरी यह है कि उस चीज़ को उसी सन्दर्भ में देखा जाय, जिस सन्दर्भ में उस चीज़ के बारे में कहा गया है । मानव की क्रियाओं या व्यवहारों का भी अध्ययन सन्दर्भगत किया जाना चाहिए, जैसे– किसी चित्र को, उस समाज की जो विश्वदृष्टि है, उसी के सन्दर्भ में समझा जाना चाहिए । किसी वस्तु या कथन के विश्लेषण से एक विश्वदृष्टि (**World view**) या फिर उस विश्वदृष्टि से एक छोटी-सी घटना या कथन का विश्लेषण होता है, अर्थात् एक छोटी-सी इकाई से समग्रता का और फिर समग्रता से छोटी इकाई का विश्लेषण संभव होता है । यह एक प्रकार से वर्तुलाकार सम्बन्ध है, जिसे वर्तुला शास्त्रार्थ मीमांसा (**Circular hermeneutics**) कहा जाता है । यदि किसी पुस्तक का विश्लेषण करना है, तो उसे उसी सन्दर्भ में समझा जाना चाहिए, जिस सन्दर्भ में लेखक ने अपनी बातों को कहने का प्रयास किया है (देखें– Zygmunt Bauman, **Hermeneutics and Social Science**, 1978; Paul Ricoeur, **Hermeneutics and the Human Sciences**, 1981) ।

hero worship ('हिअरो 'वर्शिप्) **वीरपूजा :** एक ऐसा विश्वास कि कोई महान् विभूति या दिवगंत शूर-वीर व्यक्तित्व विश्व की घटनाओं को ज़रूरत पड़ने पर प्रभावित कर सकता है । वैसे वीरपुरुष प्रेरणा के स्रोत ही नहीं होते, बल्कि समाज में पूजनीय भी होते हैं ।

heterodoxy ('हेटर् डॉक्सि) **अरूढ़िवादिता :** किसी भी धर्म के अनुयायी के उसके रूढ़ या पारम्परिक स्वरूप का अन्धानुसरण न करते हुए, किन्हीं बातों में उससे दूर जाने या हट जाने की अवस्था ।

heterogeneity (हेटॅराजि'नीअटि) **विजातीयता, विषमांगता :** दो या दो से अधिक व्यक्तियों या वर्गों के बीच भिन्नताओं तथा विषमताओं के गुण ।

heterogeneous (हेटॅरॉ'जीन्यस) **विषमरूपी :** यह 'समरूपी' का विलोम है । इसका अर्थ है विविधता, एक-दूसरे से भिन्न तत्त्वों का संघटन । उदाहरणत:, भारत को एक विषमजातीय समाज माना जाता है; क्योंकि इसमें विभिन्न भाषाओं, धर्मों तथा संस्कृतियों के लोग रहते हैं ।

heteronomy (हेटॅ'रॉनॅमि) **परतन्त्रता :** अपने से बाहर के नियम के अधीन या दूसरे की इच्छा के वशीभूत होने के लक्षण।

heterosexual (हेटॅरॉ'सेक्स्युअल) **इतरलिंगी, इतरलिंगीकामी :** वैसा व्यक्ति, जो केवल विपरीत यौन (जैसे– नारी एवं पुरुष) के प्रति आकृष्ट होता है । इस दुनिया में अधिकांश लोग इतरलिंगी ही होते हैं ।

heuristic device (हयूअॅ'रिस्टिक डिवाइस) **अन्वेषणात्मक युक्ति :** यह एक ऐसी काल्पनिक अवधारणा है, जो सामाजिक घटनाओं या प्रक्रियाओं को समझने में मदद करती है । इसके अन्तर्गत बहुत सारे अनुभवपरक अनुसन्धानों के आधार पर एक सामान्य प्रतिरूप का निर्माण कर लिया जाता है और उसको आधार मानकर तथ्यों का विश्लेषण किया जाता है । इससे समाज में होनेवाले परिवर्तन का विश्लेषण करने में सरलता होती है । कम शब्दों में अन्वेषणात्मक युक्ति को एक प्रकार का सैद्धान्तिक मॉडल कहा जा सकता है । यह विश्लेषण का एक प्रारम्भिक तरीका है ।

heuristic fiction (हयूअॅ'रिस्टिक 'फ़िक्शन्) **अन्वेषणोपयोगी कल्पितार्थ :** एक ऐसी वैचारिक अवधारणा, जो किसी वास्तविकता की बोधक तो नहीं होती, पर नई बातों की खोज करने में सहायक अवश्य होती है और इसलिए वैज्ञानिक उसका त्याग नहीं करते । परमाणु को किसी-किसी ने ऐसा ही एक अन्वेषणोपयोगी कल्पितार्थ माना है ।

heuristic method (हयूअॅ'रिस्टिक मे'थॅड) **अन्वेषणात्मक विधि :** ग्रीक भाषा में इसका अर्थ है खोज करना । जब कोई व्यक्ति अपनी ज्ञानेन्द्रियों के द्वारा अवलोकन, निरीक्षण और प्रयोग करके स्वयं ज्ञान प्राप्त करने का प्रयत्न करता है, तब यह विधि 'अन्वेषणात्मक विधि' कहलाती है । इस विधि का सर्वप्रथम प्रयोग आर्मस्ट्रोंग द्वारा ब्रिटेन में द्वितीय विश्व-युद्ध के बाद किया गया। इस विधि में अध्यापक विद्यार्थियों को किसी विषय से सम्बन्धित कुछ जानकारी देकर छोड़ देता है, ताकि विद्यार्थी स्वयं निरीक्षण-परीक्षण-प्रयोग और तर्क-वितर्क करके अध्ययन को आगे बढ़ाये और निष्कर्ष निकालने का प्रयास करे । इस विधि में अध्यापक की भूमिका अधिकांशत: एक मार्गदर्शक की होती है ।

hidden curriculum ('हिडन् कॅरिक्'यूलम) **अप्रत्यक्ष** या **गुप्त पाठ्यक्रम :** ऐसी प्रवृत्ति या व्यवहार, जो विद्यालय में सीखा जाता है, लेकिन वह औपचारिक पाठ्यक्रम का हिस्सा नहीं होता है । अप्रत्यक्ष पाठ्यक्रम एक प्रकार का अनकहा पाठ्यक्रम है । इसे प्रत्येक विद्यालय की अपनी विशिष्ट विशेषता के रूप में समझा जा सकता है (देखें– Philip Jackson, **Life in theClassrooms**, 1968; Benson R. Snyder, **The Hidden Curriculum**, 1971) ।

hierarchy ('हाइअराकि) **सोपानकी, सोपानक्रम :** इसका तात्पर्य ऊपर से नीचे अथवा नीचे से ऊपर क्रम में रखने की व्यवस्था से है । उदाहरण के लिए, जाति व्यवस्था में इस तरह का क्रम होता है । भारत में जाति स्तरीकरण के सर्वाधिक आवश्यक पक्षों में से यह एक है । इसके अन्तर्गत धार्मिक छुआछूत के आधार पर एक जाति को दूसरी जाति के ऊपर अथवा नीचे स्थान दिया जाता है । इस सोपानात्मक व्यवस्था में ब्राह्मण सबसे ऊपर और शूद्र सबसे नीचे होता है । अन्य जातियों को इन दोनों के बीच में रखा जाता है । विश्व के प्राय: सभी समुदायों में, चाहे वे अशिक्षित जनजातीय समुदाय हों अथवा शिक्षित सभ्य समुदाय, सोपानात्मक संगठन देखने में आते हैं । एक सम्पूर्ण सामज दो या अधिक सोपानों, भागों, श्रेणियों या समुदायों में विभक्त पाया जाता है, जिनमें उतार या चढ़ाव का एक क्रम देखने में आता है, उदाहरणार्थ– हिन्दू समाज में परम्परागत रूप से वर्ण तथा बाद में जाति के आधार पर सोपानात्मक व्यवस्था विद्यमान रही है, जैसे कि सबसे उच्च ब्राह्मण, उनसे नीचे क्षत्रिय, उनसे नीचे वैश्य और सबसे निम्न स्तर पर शूद्रों को रखा गया है । ब्राह्मणों में भी, जो उपजातियाँ देखने में आती हैं, उनमें भी परस्पर ऊँच-नीच का एक सोपान, स्तरण या क्रम देखने में आता है । इसी प्रकार की व्यवस्था क्षत्रियों, वैश्यों और शूद्रों में भी पायी जाती है । अनेक जनजातीय समुदायों में भी बहुअंशक समाज, कुल, गोत्र, टोटम या कार्यों आदि के आधार पर कई विभिन्न संगठन पाये जाते हैं, जिनमें ऊँच-नीच की कोई-न-कोई व्यवस्था विद्यमान होती है ।

hierarchy of credibility ('हाइ अराकि ऑव् क्रे'डिबिल्इटि) **विश्वसनीयता का सोपानक्रम :** इस अवधारणा का सर्वप्रथम प्रयोग हॉवर्ड एस.बेकर (Howard S. Becker, b.1928-) ने सामाजिक असमानता के विश्लेषण के सन्दर्भ में किया था । उनका कहना है कि किसी भी व्यवस्था या समाज के अन्तर्गत पाया जानेवाला सोपानक्रम, जो सबसे ऊपर होता है, उसे सबसे अधिक विश्वसनीय माना जाता है और जो सोपानक्रम में सबसे नीचे होता है, वह सबसे कम विश्वसनीय होता है अर्थात् विश्वसनीयता के आधार का भी समाज में एक प्रकार का सोपानक्रम होता है ।

hierarchy of sciences ('हाइ अराकि ऑव् 'साइअन्सेस्) **विज्ञानों का सोपानक्रम :** ऑगस्त कौंत (Auguste Isidore Marie François Xavier Comte, 1798–1857, हिन्दी में इस फ्रांसीसी विद्वान के नाम का शुद्ध उच्चारण मात्र ऑगस्त कौंत है) का कहना है कि वैज्ञानिक चिन्तन का क्रमिक उद्विकास हुआ है । उनका मानना है कि समाजशास्त्र की उत्पत्ति सबसे बाद में हुई है, इसीलिए यह सबसे अधिक जटिल विषय है । चूँकि गणित (Mathematics) सबसे बुनियादी और सरल विषय है इसलिए इसकी उत्पत्ति सबसे पहले हुई है । कौंत का कहना है कि हरेक पूर्ववर्ती विज्ञान बाद में आनेवाले विषय से ज्यादा सरल है । जो विषय-वस्तु दूसरी विषय-वस्तु पर जितनी ही अधिक निर्भर करेगी, वह उतनी ही जटिल होगी । कौंत के अनुसार, विज्ञानों का सोपानक्रम इस प्रकार है– गणित (Mathematics), खगोलशास्त्र (Astronomy), भौतिकशास्त्र (Physics), रसायनशास्त्र (Chemistry), प्राणिशास्त्र (Biology) एवं समाजशास्त्र (Sociology) ।

high trust system (हाई ट्रॅस्ट् 'सिस्टम्) **अधिविश्वास पद्धति :** ऐसा संगठन या ढाँचा, जिसमें व्यक्ति को व्यवस्था के हित में कुछ ज्यादा ही स्वतन्त्रता प्राप्त होती है ।

higher education (हाई'अर् एजु'केश्न्) **उच्च शिक्षा :** ऐसी शिक्षा, जो स्कूल स्तर से आगे (उपर) की हो, जैसे– महाविद्यालय एवं विश्वविद्यालय की शिक्षा ।

Hindu marriage (हिन्दू 'मैरिज्) **हिन्दू विवाह :** भारतीय धर्मशास्त्रों में आठ प्रकार के विवाह की चर्चा की गयी है– (1) ब्राह्म, (2) आर्ष, (3) प्राजापत्य, (4) दैव, (5) आसुर, (6) गांधर्व, (7) राक्षस तथा (8) पैशाच। इनमें से प्रथम चार प्रकार के विवाह प्रशस्त विवाह या समाज द्वारा स्वीकृत थे और बाद के चार अप्रशस्त या समाज द्वारा अस्वीकृत विवाह के भेद थे । मनु ने ब्राह्मणों के लिए दैव, आर्ष तथा प्राजापत्य विवाह, क्षत्रियों के लिए राक्षस और वैश्यों एवं शूद्रों के लिए आसुर विवाह को उचित बतलाया है ।

(1) **ब्राह्म विवाह :** कन्या को वस्त्र, अलंकार आदि से सुसज्जित करके विद्वान तथा शीलवान वर को स्वयं आमंत्रित करके कन्यादान करे, यही ब्राह्म विवाह है । इसमें मुख्य धार्मिक संस्कार हैं– हवन, पाणिग्रहण तथा सप्तपदी । यह विवाह सर्वश्रेष्ठ माना जाता है । आजकल हिन्दू समाज में यही विवाह प्रचलित है, परन्तु इसमें दहेज की बुराई और कुछ स्थानीय रूढ़ियाँ शामिल हो गयी हैं ।

(2) **प्राजापत्य विवाह :** मनुस्मृति में इस विवाह का लक्षण इस प्रकार दिया गया है– 'तुम दोनों एकसाथ मिलकर गृहस्थधर्म का आचरण करना'- यह कहकर तथा वर की विधिवत पूजा करके, जो कन्यादान किया जाता है, वह प्राजापत्य विवाह कहलाता है । इसमें और ब्राह्म विवाह में कोई विशेष अन्तर नहीं है । इसलिए वशिष्ठ ने इसे अलग भेद नहीं माना है ।

(3) **आर्ष विवाह :** मनुस्मृति के अनुसार, आर्ष विवाह की परिभाषा इस प्रकार है– 'वर से एक गाय और एक बैल अथवा एक जोड़ा गाय और एक जोड़ा बैल लेकर धर्म के अनुकूल विधि के अनुसार कन्या वर को दे दे'। यह एक प्रकार से कन्या का विक्रय था, जो आजकल भी कई निम्न जातियों में या निर्धनों में प्रचलित है ।

(4) **दैव विवाह :** मनुस्मृति के अनुसार, प्राचीनकाल में वस्त्र और अलंकारों से सुसज्जित कन्या का दान यज्ञ करानेवाले ब्राह्मण को किया जाता था । यह निम्न स्तर का विवाह है; क्योंकि इसमें गुणसम्पन्न वर की खोज नहीं की

जाती थी, बल्कि जो पुरोहित यज्ञ कराने आता था, उसे ही कन्या दे दी जाती थी । यह वास्तविक विवाह नहीं प्रतीत होता, बल्कि इसे समाज के समृद्ध और शक्तिशाली वर्गों में प्रचलित बहुविवाह-प्रथा के साथ रखैल प्रथा जैसा समझना चाहिए।

(5) **आसुर विवाह :** मनुस्मृति में आसुर विवाह का लक्षण इस प्रकार दिया गया है– 'जब विवाह के लिए इच्छुक व्यक्ति, अपनी इच्छा से कन्या के कुटुम्बियों को या कन्या को धन देकर, कन्या से विवाह कर ले, तो इसे आसुर विवाह कहते हैं'। यद्यपि आजकल इसे ठीक नहीं समझा जाता है, किन्तु कहीं-कहीं यह अब भी प्रचलित है, जैसे– बंगाल में अकुलीन ब्राह्मण शुल्क देकर पत्नी प्राप्त करते रहे हैं । हिन्दू कानून के अनुसार मूल्य लेना अवैध नहीं है ।

(6) **गांधर्व विवाह :** 'कन्या तथा वर परस्पर प्रेम से वशीभूत होकर यदि आपस में यौनाचरण कर लें, और विवाह के लिए तैयार हो जायें, तो यह गांधर्व विवाह है'। इसमें वैवाहिक संस्कार यौन समागम के बाद भी पूरा किया जा सकता है । वात्स्यायन ने अपने ग्रन्थ 'कामसूत्र' में गांधर्व विवाह को आदर्श विवाह माना है । पश्चिमी प्रगतिशील प्रजातियों में यह प्रथा प्रचलित है । भारत में भी अब यह प्रथा बढ़ती जा रही है ।

तैत्तिरीय संहिता में लिखा है कि गंधर्व नाम की कामुक जाति में ऐसा विवाह काफी प्रचलित था । इसीलिए इसे गांधर्व विवाह कहा जाता है । इस विवाह का सबसे उत्तम उदाहरण है दुष्यंत और शकुंतला का विवाह।

(7) **राक्षस विवाह :** कन्या के माता-पिता को मार-काटकर, उनका घर तोड़-फोड़कर रोती-बिलखती हुई कन्या को बलपूर्वक उसके घर से उठा लेना और उससे विवाह कर लेना राक्षस विवाह है । दूसरे शब्दों में, इस विवाह में युद्ध के द्वारा कन्या को प्राप्त किया जाता है । मनु ने क्षत्रियों के लिए यह विवाह उचित बतलाया है । इस विवाह के अनुसार, स्त्री विजय का पुरस्कार होती है । आधुनिक समय में इस विवाह को अमानुषिक माना जाता है ।

(8) **पैशाच विवाह :** मनुस्मृति 'सोती हुई, मद्यपान से विह्वल अथवा किसी अन्य प्रकार से उन्मत्त स्त्री से एकान्त में समागम करने के बाद उससे विवाह कर लेना, पैशाच विवाह है' इस विवाह-पद्धति को निकृष्टतम तथा हेय माना जाता है ।

वर्तमान समय में इन आठों प्रकार के विवाहों में से केवल दो प्रकार के (ब्राह्म और आसुर) विवाह प्रचलित हैं । उच्च जातियों में ब्राह्म और नीची तथा निर्धन जातियों में आसुर विवाह प्रचलित है । परन्तु आर्ष विवाह की प्रथा भी प्रचलित है । कुछ माता-पिता स्वयं धन लेकर कन्या का विक्रय कर देते हैं, जो प्राचीन आर्ष विवाह का ही रूप है। वर्तमान समय में हिन्दुओं के बीच पाये जानेवाले विवाह के प्रकारों को हम स्थूल रूप में दो भागों में विभक्त कर सकते हैं– (1) एकल विवाह (**Monogamy**) और (2) बहुविवाह (**Polygamy**)।

(1) **एकल विवाह**– एकल विवाह एक पुरुष का केवल एक स्त्री से विवाह करना तथा पत्नी के जीवित रहते हुए दूसरा विवाह न करना अथवा पति के जीवित रहते हुए पत्नी का दूसरा विवाह न करना, एकल विवाह कहा जाता है । विवाह-विच्छेद होने के बाद अथवा पत्नी अथवा पति की मृत्यु के बाद, पति अथवा पत्नी दूसरा विवाह कर सकता है । हिन्दू कोड बिल के अनुसार, कोई पुरुष एक पत्नी के रहते हुए दूसरा विवाह नहीं कर सकता । बहुविवाह अवैध घोषित कर दिया गया है । आजकल यदि कोई सरकारी कर्मचारी बहुविवाह कर ले, तो उसके विरुद्ध अनुशासनिक कार्रवाई की जा सकती है और उसे नौकरी से निकाल दिया जा सकता है ।

(2) **बहुविवाह**– बहुविवाह के दो रूप हैं– (क) बहुपत्नी विवाह और (ख) बहुपति विवाह । एक पुरुष यदि अनेक स्त्रियों से विवाह कर ले, तो इसे बहुपत्नी विवाह कहते हैं । बहुपत्नी विवाह के कारण थे- उच्छृंखल कामवासना की तृप्ति अथवा पुत्र प्राप्ति । कोई स्त्री जब अनेक पुरुषों के साथ विवाह करती है, तब उसे बहुपति विवाह कहते हैं, जैसे– महाभारत में द्रौपदी का पाँचों पांडवों के साथ विवाह । बहुपति तथा बहुपत्नी विवाह-प्रथा निषिद्ध है, फिर भी कुछ परिस्थितियों में इसकी अनुमति है ।

वेस्टरमार्क (E. A. Westermarck, 1862-1939) का कहना है कि बहुपतित्व के उदाहरण विश्व के अनेक भागों में मिलते हैं, किन्तु बहुत थोड़े क्षेत्रों में लोगों ने बहुपतित्व का व्यवहार किया है । इनमें से अधिक उल्लेखनीय तिब्बत तथा भारत के कुछ क्षेत्र हैं । तिब्बत में बहुपतित्व अनंतकाल से चला आ रहा है और वहाँ पर इसका प्रचलन अभी भी बहुत है । नियमानुसार सभी पति आपस में भाई होते हैं । पत्नी के चुनाव का अधिकार सबसे बड़े भाई को होता है । भ्रातृत्व सम्बन्धी बहुपतित्व न्यूनाधिक रूप में हिमालय क्षेत्र के असम तथा तिब्बत के क्षेत्रों में प्रचलित है । बहुपतित्व का दूसरा बड़ा केन्द्र दक्षिण भारत में नीलगिरि के तोड़ा तथा उत्तर-पश्चिम भारत में उत्तराखण्ड के जौनसार बावर क्षेत्र (देहरादून जिला) के खास लोगों में बहुपतित्व का प्रचलन है ।

बहुपतित्व के दो भेद हैं– (क) भ्रातृक बहुपतित्व तथा (ख) अभ्रातृक बहुपतित्व । जब परिवार के समस्त भाई मिलकर एक स्त्री से विवाह कर लेते हैं, तब उसे भ्रातृक बहुपतित्व कहते हैं । सभी भाई एकल पत्नी के साथ समागम करने में स्वतन्त्र होते हैं, किन्तु ऐसे समागम से जो सन्तान उत्पन्न होती है, वह बड़े भाई की सन्तान मानी जाती है । जौनसार बावर में यह प्रथा अब भी प्रचलित है । इस प्रथा का अनुसरण करनेवाले लोगों का कहना है कि इसमें पैतृक सम्पत्ति का विभाजन होने से बच जाता है ।

जब स्त्री के अनेक पति आपस में भाई-भाई नहीं होते, तो उसे अभ्रातृक बहुपतित्व कहते हैं । स्त्री बारी-बारी से प्रत्येक पति के घर जाकर रहती है । बहुत समय पहले दक्षिण भारत की कुछ जातियों में यह प्रथा प्रचलित थी । स्त्री जब एक पति के घर रहती थी, तो अन्य पतियों का उस पर कोई अधिकार नहीं होता था । इस प्रथा के अन्तर्गत पति स्त्री के घर जाकर बारी-बारी से नियत समय के लिए रहते थे । स्त्री से उत्पन्न सन्तान सभी पतियों की होती थी । अब यह प्रथा समाप्त हो गयी है ।

Hinduism ('हिन्दू इज़म्) **हिन्दू धर्म :** हिन्दू धर्म विश्व का एक प्राचीनतम धर्म है । अन्य धर्मों की तरह हिन्दू धर्म का विकास एकाएक नहीं हुआ है । इसका विकास क्रमशः हुआ है । हिन्दू धर्म के पीछे किसी खास व्यक्ति या पैगम्बर की भूमिका नहीं रही है । ऐसा माना जाता है कि इसका विकास सिन्धु नदी के आस-पास के क्षेत्रों में एक जीवनशैली के रूप में हुआ है, जिसे अरबवासियों ने आगे चलकर हिन्दू कहकर पुकारा है । ऐसा माना जाता है कि हिन्दू धर्म का सम्बन्ध सिन्धु शब्द से है । चूँकि, इसकी उत्पत्ति किसी धर्म के विरोध में नहीं हुई है इसलिए अन्य धर्मों की तरह इसमें धार्मिक संकीर्णता की भावना उतनी तीव्र नहीं है । यथार्थ यह है कि अन्य धर्मों का विकास हिन्दू धर्म के विरोध में हुआ, जिसने हिन्दू धर्म में सामुदायिकता की भावना को बढ़ावा दिया ।

चूँकि हिन्दू धर्म का विकास धीरे-धीरे एक लम्बे समय में हुआ है, इसलिए यह धर्म आस्थाओं, विश्वासों और कर्मकाण्डों के पुंज के रूप में है । अन्य धर्मों की भाँति हिन्दू धर्म का कोई एक सर्वमान्य ग्रन्थ नहीं है और न ही कोई ईश्वर का सन्देशवाहक अर्थात् पीर पैगम्बर । इसलिए इस धर्म के अन्तर्गत आज भी क्षेत्रीय विविधता पाई जाती है । इसके अन्तर्गत कोई सर्वस्वीकृत उपासना भी नहीं है, न ही इसका कोई निश्चित धार्मिक स्थल और न संगठन है। हिन्दू धर्म एक सार्वभौमिक आध्यात्मिकता है । वेदों के अन्तर्गत हिन्दू शब्द का कोई उल्लेख भी नहीं है, फिर भी उसे हिन्दू धर्म का आधारग्रन्थ माना जाता रहा है । वैदिक उपासना-पद्धति और परम्परा से चले आ रहे विश्वासों और कर्मकाण्डों के विरोध में सिर्फ बौद्ध, जैन और सिक्ख धर्म की ही उत्पत्ति नहीं हुई, बल्कि हिन्दू धर्म के अन्तर्गत भी विभिन्न प्रकार के सम्प्रदायों की उत्पत्ति हुई । विश्व में मात्र हिन्दू धर्म ही एक ऐसा धर्म है, जिसमें लोग बाहर से आकर नहीं जुड़े, लेकिन सभी धर्मों में यहाँ से लोग बाहर गये । वर्तमान हिन्दू धर्म की तुलना वैदिक काल से नहीं की जा सकती है; क्योंकि समय-समय पर विभिन्न प्रकार के आन्दोलनों और सुधार प्रयासों से इसमें काफी परिवर्तन आए हैं या अन्य धर्मों की तुलना में हिन्दू धर्म ज्यादा समन्वयवादी, सहिष्णु एवं उदारवादी रहा है । लेकिन दूसरी तरफ, यह विरोधाभास देखने को मिलता है कि हिन्दू धर्म के अन्तर्गत ही विभिन्न जातियों के बीच भेद-भावपूर्ण व्यवहार और असमानता के तत्त्व मौजूद हैं । यह दूसरी बात है कि जाति व्यवस्था हिन्दुओं की सामाजिक संरचना का आधारभूत तत्त्व

नहीं है, बल्कि इसे ब्राह्मणों ने अपने स्वार्थ में बढ़ावा देकर एक कुरीति के रूप में विकसित करने में प्रत्यक्ष और अप्रत्यक्ष रूप से सहयोग दिया है । यह एक बहुदेववादी धर्म है । अन्य धर्मों के लोग मूर्त्तिपूजा के नाम पर इसका विरोध तो करते हैं, लेकिन बहुत लोगों को यह नहीं मालूम कि जितना हिन्दू धर्म मूर्त्ति पूजक है, उतना ही निरंकार परमब्रह्म में भी विश्वास करता है । यदि एक तरफ कुछ लोग अनेकेश्वरवादी हैं, तो दूसरी तरफ एकेश्वरवादी भी । कुछ लोग यदि द्वैतवाद में विश्वास करते हैं, तो कुछ लोग अद्वैतवाद में विश्वास करते हैं । कुछ लोग परमात्मा को अपने से बाहर मानते हैं, तो कुछ लोग उन्हें अन्दर भी मानते हैं । इस धर्म के अन्तर्गत आत्मा और परमात्मा की बात की गई है । चूँकि आत्मा परमात्मा का अंश माना गया है इसलिए आत्मा को अमर माना गया है । यदि किसी ने ज्ञानमार्ग को अपनाया है, तो दूसरों ने भक्तिमार्ग को अपनाया है । हिन्दू धर्म के अन्तर्गत कट्टरता के चार प्रमुख स्रोत रहे हैं– प्राचीन काल में बौद्ध धर्म के द्वारा ब्राह्मणों का विरोध, मध्यकालीन युग में मुसलमानों द्वारा धार्मिक भेदभाव और क्रूरता का आचरण, आधुनिक भारत में पादरियों के द्वारा प्रलोभन के माध्यम से धर्म परिवर्तन का अभियान तथा समकालीन भारत में अल्पसंख्यक लोगों को वोट के उद्देश्य से कुछ राजनीतिक दलों द्वारा अल्पसंख्यक सम्प्रदायवाद (**Minority communalism**) का बढ़ावा । हिन्दू धर्म अपने अनुयायियों के प्रति इतना सहिष्णु है कि कोई भी व्यक्ति बिना मन्दिर गये या कर्मकाण्डों का विरोध कर के भी आजीवन हिन्दू बना रह सकता है । यह हिन्दू धर्म की सहिष्णुता का परिणाम है कि भारत में विभिन्न धर्मों को पनपने का मौका मिला है । शायद विश्व की धरती पर किसी अन्य देश के विविध धर्मावलम्बियों को इस स्तर तक विकसित होने का अवसर प्राप्त नहीं हुआ है । वास्तव में, हिन्दू धर्म को हिन्दूवाद ही कहा जाना चाहिए; क्योंकि यह एक जीवनशैली का नाम है । अँगरेज़ों ने हिन्दू के साथ धर्म शब्द को जोड़ दिया । जिस भाव में धर्म का प्रचलन इस्लाम, बौद्ध, जैन, सिक्ख तथा ईसाई के साथ होता है, वह भाव हिन्दू के साथ नहीं होता । लेकिन, हिन्दुओं के साथ धर्म शब्द प्रचलन में आ गया है । इसलिए इस शब्द का प्रयोग हो रहा है । यह दूसरी बात है कि यह शब्द उपयुक्त नहीं है । समाजशास्त्र में अन्य धर्मों की तरह हिन्दू धर्म पर भी थोड़ा-बहुत काम हुआ है, पर उतना नहीं हुआ है, जितना कि दर्शनशास्त्र के क्षेत्र में हुआ है । यह स्वाभाविक है कि हिन्दू धर्म के अन्तर्गत जितने प्रकार के दर्शन आए हैं, उतने दर्शन विश्व के किसी अन्य धर्मों के अन्तर्गत देखने को नहीं मिलते हैं । दर्शन की दृष्टि से हिन्दू धर्म विश्व का जटिलतम धर्म है, जिस पर कोई साधारण विद्वान आसानी से मीमांसा प्रस्तुत नहीं कर सकता है । मैक्स वेबर (Max Weber, 1864-1920) ने हिन्दू धर्म के सन्दर्भ में आर्थिक विकास का विश्लेषण तो किया है, लेकिन उनकी कृति में भारतीय जीवनदर्शन की गहराईपूर्ण सोच हो, ऐसा नहीं लगता (देखें– Max Weber, **The Religion of India,** 1958) ।

***Hindutva* हिन्दुत्व** : हिन्दुत्व शब्द फारसी शब्द 'हिन्दू' और संस्कृत प्रत्यय 'त्व' से बना है । हिन्दू धर्म के अनुयायियों के द्वारा हिन्दुओं के लिए एक अलग या स्वतन्त्र राष्ट्रनिर्माण की अवधारणा है । हिन्दुत्ववादियों के अनुसार, हिन्दुत्व कोई उपासना-पद्धति नहीं, बल्कि हिन्दू लोगों द्वारा बना एक राष्ट्र है । वीर सावरकर ने हिन्दुत्व और हिन्दू शब्दों की जो परिभाषा दी थी, वह हिन्दुत्ववादियों के लिए बहुत महत्त्वपूर्ण है । उन्होंने कहा कि हिन्दू वह व्यक्ति है, जो भारत को अपनी पितृभूमि और अपनी पुण्यभूमि दोनों मानता है ।

hinterland ('हिन्टर् लैन्ड्) **पृष्ठ प्रदेश** : इस शब्द का प्रयोग बंदरगाह-नगरों के उन क्षेत्रों के लिए किया गया, जिसके लिए वह माल मंगाते या एकत्र करते हैं । दूसरे अर्थ में इस शब्द का प्रयोग उन नगरों के प्रभावक्षेत्र के लिए किया जा सकता है, जहाँ माल का आदान-प्रदान होता है और इस दृष्टि से हर नगरीय बस्ती अपना हिन्टरलैंड रखती है । दूसरे शब्दों में, किसी नगर या महानगर के पास का क्षेत्र, जहाँ से सामान्यत: नगरीय उद्योगों के लिए कच्चा माल प्राप्त होता है । इस क्षेत्र से नगर या महानगर की अन्य आवश्यक वस्तुओं की पूर्ति होती है ।

hire purchase (हाइअर् 'पर्चेस्) **किस्ती खरीद** : जब कोई वस्तु मासिक, वार्षिक किस्तों के आधार पर खरीदी जाती है अर्थात् वस्तुओं के क्रय की वह पद्धति, जिसमें तत्काल उस वस्तु के मूल्यों का एक छोटा-सा भाग अदा किया जाता है और शेष राशि ब्याजसहित किस्तों में भुगतान की जाती है, तो इस विधि को किस्ती खरीद कहते हैं । इसमें वस्तु का स्वामित्व उसके मूल्य का पूरा भुगतान होने के बाद ही मिलता है ।

histogram ('हिस्टॉ ग्रैम) **आयत चित्र :** एक प्रकार का आवृत्ति वितरण लेखाचित्र। ऐसा चित्र, जिसमें वर्ग अन्तरालों को क्षैतिज अक्ष पर अंकित किया जाता है और प्रत्येक वर्ग अन्तराल को आधार मानकर उस पर एक आयत इस प्रकार से बनाया जाता है कि आयत का क्षेत्रफल उस वर्ग की बारम्बारता को निरूपित करे। आयत की ऊँचाई इतनी होनी चाहिए, जो क्षेत्रफल वर्ग की बारम्बारता के आनुपातिक हो। सभी स्तम्भों की चौड़ाई समान होती है और प्रत्येक वर्ग की सीमाएँ ही स्तम्भ की चौड़ाई की सीमाएँ होती हैं।

historical demography (हि'सटॉरिक्ल् डि'मॉग्रफ़ि) **ऐतिहासिक जनांकिकी :** जनांकिकी की यह एक ऐसी शाखा है, जिसके अन्तर्गत हम किसी देश की आबादी का आकार, प्रजनन, मृत्यु या देशान्तरण की दरों का अध्ययन ऐतिहासिक परिप्रेक्ष्य में करते हैं। जनांकिकी की इस विधा की उत्पत्ति द्वितीय विश्वयुद्ध के बाद यूरोप में हुई। इसके अन्तर्गत मुख्यरूप से समाज के उस ऐतिहासिक चरण की जनसंख्या का अध्ययन किया गया, जिसके सम्बन्ध में जनगणना के अध्ययन के माध्यम से कोई जानकारी प्राप्त नहीं हो सकी। 16वीं शताब्दी से लेकर 19वीं सदी के बीच पाई जानेवाली वैवाहिक एवं तलाक की स्थिति एवं परिवार के निर्माण और विघटन की प्रक्रियाओं के अध्ययन के लिए यूरोपीय देशों पर कई अध्ययन किये गये। चर्च से प्राप्त बहुत प्रकार के रिकॉर्ड के आधार पर सामाजिक जनांकिकी के क्षेत्र में काफी शोध किये गये, जिससे ऐतिहासिक जनांकिकी का महत्त्व उजागर हुआ। यहाँ विशेष रूप से उल्लेखनीय बात यह है कि वर्तमान समय में जनांकिकी के अन्तर्गत अनुसन्धानों का आधार सर्वेक्षण एवं जनगणना से प्राप्त वैसे आँकड़े हैं, जिनकी सत्यता के बारे में अन्तिम तौर से कहना कठिन है।

historical determinism (हि'सटॉरिक्ल् डि'टर्मि निज़्म्) **ऐतिहासिक नियतत्त्ववाद :** ऐसा मत, जिसमें कि ऐतिहासिक घटना-क्रम किसी पूर्व-निश्चित योजना के अनुसार चल रहा है अथवा प्रत्येक ऐतिहासिक घटना एक या अधिक जातिगत, भौगोलिक, आर्थिक आदि कारकों के द्वारा पूर्णतः निर्धारित होती है।

historical explanation (हि'सटॉरिक्ल् एक्स्प्ल'नेशन्) **ऐतिहासिक व्याख्या :** घटनाओं की ऐतिहासिक सन्दर्भ में व्याख्या, जैसे– अँगरेज़ों ने भारत में उपनिवेश कैसे खड़ा किया, यह एक ऐतिहासिक व्याख्या का विषय है।

historical materialism (हि'सटॉरिक्ल् म'टिअरिअलिज़्म्) **ऐतिहासिक भौतिकवाद :** मार्क्सवादी दर्शन में द्वन्द्वात्मक भौतिकवाद के सिद्धान्तों के अनुसार किये गए सामाजिक इतिहास की समीक्षा को ऐतिहासिक भौतिकवाद कहते हैं। लेनिन (V. I. U. Lenin, 1870-1924) का दावा है कि ऐतिहासिक भौतिकवाद की दृष्टि से यदि मानवीय इतिहास के विभिन्न युगों का अध्ययन किया जाय, तो द्वन्द्वात्मक भौतिकवाद की सत्यता स्पष्ट रूप से प्रमाणित होती है। ऐसा माना जाता है कि कार्ल मार्क्स (Karl Marx, 1818-1883) पहले विचारक थे, जिन्होंने 'ऐतिहासिक भौतिकवाद' की अवधारणा को समाजविज्ञानियों के बीच रखा। यह सिद्धान्त इतिहास, संस्कृति और सामाजिक परिवर्तन की सभी आदर्शवादी व्याख्याओं को नकारता है। मानवशास्त्रीय दर्शन पर केन्द्रित यह सिद्धान्त, इतिहास की व्याख्या, मानव द्वारा विश्व और समाज के साथ सामंजस्य स्थापित करने के लिए किए गये आर्थिक प्रयत्नों और मूलभूत आर्थिक भिन्नताओं के कारण उत्पन्न वर्ग-संघर्षों के रूप में करता है।

ऐतिहासिक भौतिकवाद मुख्यतः इस बात पर बल देता है कि सर्वाधिक आधारभूत ऐतिहासिक प्रक्रियाएँ तथा विरोधाभास आर्थिक प्रणाली से सम्बन्धित हैं, जो अन्य सभी प्रकार की सामाजिक घटनाओं– राजनीतिक, धार्मिक, नैतिक सांस्कृतिक आदि को प्रभावित करते हैं। कार्ल मार्क्स ने ऐतिहासिक युगों के परिवर्तन की समस्त प्रक्रियाओं को भौतिक मूल्यों पर आधारित अतिवादी, एकनिष्ठ और निर्धारणवादी होने का आरोप लगाया है। मार्क्सवादी द्वन्द्वात्मक भौतिकवाद का सिद्धान्त कुछ अर्थों में ऐतिहासिक भौतिकवाद से भिन्न है। ऐतिहासिक भौतिकवाद समाज और इतिहास का सिद्धान्त है, जबकि द्वन्द्वात्मक भौतिकवाद मूलतः पदार्थ के व्यवहार को निर्धारित करने वाली प्रक्रिया– वाद, प्रतिवाद और संवाद से सम्बन्धित है (देखें– William H. Shaw, **Marx's Theory of History**, 1978)।

historical method or **approach** (हि'सटॉरिक्ल् मे'थॅड ऑर् अ'प्रोच्) **ऐतिहासिक पद्धति** या **दृष्टिकोण** : इसका प्रयोग समाजशास्त्र के आरम्भ में ही हुआ है । वस्तुत: विकासवादी चिन्तकों (Evolutionists) ने मानवसमाज का अध्ययन एक ऐतिहासिक परिप्रेक्ष्य में करना शुरू किया । इन अध्ययनों में समाजशास्त्रियों ने विकास के नियम, विकास के चरण एवं विकास के परिणामों की चर्चा सामाजिक संस्थाओं तथा सामाजिक संरचनाओं के सन्दर्भ में की । इसके अन्तर्गत सामाजिक तथ्यों की व्याख्या, उसकी उत्पत्ति, उसके क्रमिक विकास एवं विकास के अलग-अलग चरणों के रूप में की गई । कुछ समाजशास्त्रियों ने इसे उद्विकासीय दृष्टिकोण **(Evolutionary approach)** भी कहा है ।

historical relativism (हि'सटॉरिक्ल् 'रेलॅटि विज़म्) **ऐतिहासिक सापेक्षवाद** : लुकैक्स (G. Lukacs, 1885-1971) का सिद्धान्त कि निरपेक्ष रूप से सत्य या असत्य कुछ नहीं है, बल्कि सत्यता का एक लक्ष्य है, जिसे इतिहास को प्राप्त करना है और ज्ञान सदैव सीमित और अपूर्ण होता है ।

historical sociology (हि'सटॉरिक्ल् सोसि'ऑलजि) **ऐतिहासिक समाजशास्त्र** : ऐतिहासिक समाजशास्त्र में समाजशास्त्रीय सामान्यीकरणों को प्राप्त करने के लिए ऐतिहासिक आँकड़ों का विश्लेषण किया जाता है । सभ्यता व समाज के परिवर्तन और विकास में व्यापक प्रवृत्तियों को खोजने का प्रयास किया जाता है तथा कभी-कभी यह किसी विशिष्ट समस्या के विश्लेषण तक ही सीमित रहता है (देखें– Immanuel Wallerstein, **The Modern World System**, 1976; Norbert Elias, **The Civilizing Process**, 1978; E. H. Carr, **What is History?**; Philip Abrams, **Historical Sociology**, 1980) ।

historicism (हि'सटॉरि सिज़म्) **इतिहासपरतावाद** : इतिहासपरतावाद के दो अर्थ हैं– प्रथम, इतिहासपरतावाद का तात्पर्य यह माना जाता है कि इतिहास की व्याख्या उन निश्चित नियमों एवं सिद्धान्तों के सन्दर्भ में की जा सकती है, जो सामाजिक परिवर्तन की व्याख्या करते हैं । द्वितीय, इतिहासपरतावाद एक ऐसा परिप्रेक्ष्य है, जो यह मानता है कि सामाजिक जीवन के किसी भी पक्ष को उसके ऐतिहासिक काल के सन्दर्भ में समझा जा सकता है । इस अर्थ में, इतिहास घटनाओं का वर्णन मात्र नहीं है, अपितु इसके द्वारा घटनाओं की व्याख्या भी की जा सकती है । 'हिस्टोरिसिज़्म' शब्द इसी अर्थ को उजागर करते हुए इतिहास को एक व्याख्यात्मक सिद्धान्त के रूप में प्रतिष्ठित करता है (देखें– Karl R. Popper, **The Poverty of Historicism**, 1957) । इतिहासपरतावादियों की मान्यता है कि ऐतिहासिक युग एक-दूसरे से सर्वथा भिन्न होते हैं । अत: ऐतिहासिक घटनाओं का अध्ययन तथा मूल्यांकन अपने ही सन्दर्भों में किया जाना चाहिए, न कि आधुनिक सन्दर्भों में । प्रत्येक ऐतिहासिक युग अपने-आप में अद्वितीय है और नई ऐतिहासिक परिस्थितियाँ नवीन सामाजिक-सांस्कृतिक व्यवस्था को जन्म देती हैं । इसलिए सामाजिक-सांस्कृतिक घटनाओं के विश्लेषण के लिए ऐतिहासिक सन्दर्भ को प्रमुखता दी जानी चाहिए ।

historiography (हि सटॉरि'ऑगरॅफ़ि) **इतिहास लेखन** : ऐतिहासिक तथ्यों को एक विशेष परिप्रेक्ष्य में रखने का नाम ही इतिहास लेखन है । कुछ लोगों ने इतिहास को घटनाओं के वृत्तान्त के रूप में रखा, तो कुछ लोगों ने इसे राजाओं एवं महाराजाओं की कहानी के रूप में प्रस्तुत किया। दूसरी तरफ, कतिपय विद्वानों ने ऐतिहासिक तथ्यों को राजनीतिक, आर्थिक एवं सामाजिक व्यवस्थाओं के एक उद्विकासीय विश्लेषण के रूप में प्रस्तुत किया । प्रत्येक देश में विभिन्न कालों में अपने देश की पुरानी व्यवस्थाओं को अपने-अपने ढंग से रखने का प्रयास किया गया है । यही कारण है कि इतिहासकारों के बीच एक ही घटना के सम्बन्ध में अलग-अलग विचार देखने को मिलते हैं ।

history, social ('हिस्टॅरि, 'सोशल्) **सामाजिक इतिहास** : देखें– **Social history** ।

HIV एचआईवी: एचआईवी यानी 'ह्युमन इम्युनो डिफिसियेंसी वायरस' एक अतिसूक्ष्म वायरस यानी विषाणु है, जिसकी वजह से एड्स हो सकता है । एड्स स्वयं में कोई रोग नहीं है, बल्कि यह रोगों का एक संलक्षण है । यह मनुष्य को अन्य रोगों से लड़ने की नैसर्गिक प्रतिरोधक क्षमता को घटा देता है । प्रतिरोधक क्षमता के क्रमश: क्षय होने से कोई भी संक्रामक, यानी आम सर्दी-जुकाम से लेकर निमोनिया, टी. बी., डायरिया या अतिसार जैसे रोग तक सहजता से हो

जाते हैं और इनका इलाज करना कठिन हो जाता है और मरीज की मृत्यु भी हो सकती है । यही कारण है कि एड्स परीक्षण महत्त्वपूर्ण है । सिर्फ एड्स परीक्षण से ही निश्चित रूप से संक्रमण का पता लगाया जा सकता है । अक्सर एचआईवी से संक्रमित लोगों में लम्बे समय तक एड्स के कोई लक्षण नहीं दिखते । दीर्घ समय तक (3-6 महीने या अधिक) एचआईवी विषाणु औषधिक परीक्षा में भी नहीं उभरते । अधिकांशतः एड्स के मरीजों को फ्लू या वायरल बुखार हो जाता है, पर इससे एड्स होने की पहचान नहीं होती । एड्स के कुछ प्रारम्भिक लक्षण हैं– बुखार, सिरदर्द, थकान, हैजा, मिचली (Nausea), भोजन में अरुचि, लसीकाओं (Lymph nodes) में सूजन आदि । ध्यान रहे कि समस्त लक्षण साधारण बुखार या अन्य सामान्य रोगों के भी हो सकते हैं । अतः एड्स की निश्चित रूप से पहचान केवल डाक्टरी परीक्षण (Medical test) से ही की जा सकती है व की जानी चाहिए ।

holism (ˈहॉल्इज़म्) **पूर्णवाद, साकल्यवाद :** मुख्यतः इस शब्द का प्रयोग दो अर्थों में किया जाता है– (1) स्मट्स (Jan Christiaan Smuts, 1870–1950) का सिद्धान्त कि प्रकृति और विकास-प्रक्रिया में भावी तत्त्व अवयवी का साकल्य होते हैं और अवयवी अपने घटकों के योग से सदैव अधिक होता है । (2) किसी भी घटना का अध्ययन उसकी सम्पूर्णता में किया जाना चाहिए । पूर्ण ज्ञान के द्वारा ही किसी तत्त्व अथवा घटना के सार को जाना जा सकता है । अध्ययन के इस दृष्टिकोण का प्रयोग प्राकृतिक विज्ञानों, विशेषतः जीवविज्ञान तथा सामाजिक विज्ञानों में किया गया है । जीवविज्ञान का सावयववादी सिद्धान्त इस बात पर बल देता है कि जीव को उसके अंगों का जोड़ न मानकर, उसकी सम्पूर्णता में अध्ययन किया जाना चाहिए । समाजशास्त्रीय दृष्टि में पूर्णवाद का आधार यह विचार है कि सामाजिक व्यवस्था व्यक्तियों का योग मात्र नहीं है, अपितु इससे कुछ अधिक है । इसका अस्तित्व व्यवस्था के सहभागी व्यक्तियों पर निर्भर रहते हुए भी उनसे परे है । इस सिद्धान्त को उन्मज्जी उद्विकास **(Emergent evolution)** भी कहते हैं ।

home based production (होम् बेसड् प्रˈडक्शन्) **गृह आधारित उद्योग :** मुख्यतः पारिवारिक श्रम पर आधारित उत्पादित वस्तुएँ, जैसे– बीड़ी, तम्बाकू, सत्तू, गुड़ एवं करघों के माध्यम से उत्पादित बहुत प्रकार के कपड़े गृह आधारित उद्योग की वस्तुएँ हैं ।

homoeopathic magic (होम्यिोˈपैथिक् ˈमैजिक्) **सादृश्यमूलक जादू :** सांस्कृतिक मानव-विज्ञान के अन्तर्गत ऐसा जादू जो 'सादृश्य' के नियम पर आधारित हो । इसके पीछे यह विचार निहित है कि एक-जैसी वस्तुएँ या क्रियाएँ एक-जैसी वस्तुओं या क्रियाओं को जन्म देती हैं अर्थात् कारण और परिणाम आपस में मिलते-जुलते हैं ।

homeostasis (होम्यिोˈस्टेटिसस्) **समस्थिति :** इस शब्द का प्रयोग आमतौर पर जीव-विज्ञान एवं पारिस्थितिकी में हुआ है, जिसका अर्थ किसी अवयव **(Organism)** के अन्तर्गत स्थिरता या सन्तुलन बनाये रखने की स्थिति का बोध होता है । बहुत सारे प्राणियों के जीवित रहने के लिए रक्त में विभिन्न प्रकार के रासायनिक तत्त्वों या शारीरिक तापमान में सन्तुलन की आवश्यकता होती है । लगभग इसी अर्थ में प्रकार्यवादियों **(Functionalist)** ने भी इस शब्द का प्रयोग मानवशास्त्र और समाजशास्त्र में यह कहते हुए किया है कि कैसे सामाजिक संरचना के विभिन्न तत्त्वों के बीच एक सन्तुलन की स्थिति बनी रहती है । जब तक सन्तुलन में कोई बदलाव नहीं आता है, तब तक सामाजिक परिवर्तन की कोई सम्भावना नहीं बनती है । संघर्षवादी चिन्तकों (Conflict theorists) ने यह कहकर इसकी आलोचना की है कि प्रकार्यवादी सिद्धान्त से सामाजिक संरचना के बारे में समस्थिति का भाव उजागर होता है (देखें– Walter B. Cannon, **The Wisdom of the Body**, 1963) ।

homestead (ˈहोम्स्टेड) **वासस्थान :** पारिवारिक घर या निवास, जहाँ एक ही गृहस्थी के लोग रहते हैं ।

homework; homeworking (ˈहोम्वर्क्; होम्ˈवर्किन्ग) **घरेलू कार्य; घरेलू कामकाजी :** आजकल बहुत ऐसे रोज़गार हैं, जिसे घर बैठे ही लोग कर सकते हैं । ऐसे बहुत सारे उद्योग हैं, जो प्राइवेट लोगों को घर बैठे ही रोज़गार मुहैया कर प्रति इकाई या अंश की दर से मज़दूरी का भुगतान करते हैं ।

hominid; hominoid ('हॉमिनिड्;'हॉमि नॉइड्) **प्राक्मनुष्य** : सभी प्रकार के मानव, जो धरती पर रहते हैं । इसके अन्तर्गत वनमानुष भी सम्मिलित किये जाते हैं ।

homogamy (हॉ'मॉगमि) **समलोम विवाह** : समजातीय एवं समस्तरीय सामाजिक वर्गों में विवाह ।

homogeneity; homogeneous (होमॅजि'नीइटि; होमॅ'जीनयस्) **समजातीयता** : दो या दो से अधिक व्यक्तियों या वर्गों के बीच कुछ गुणों की समानता, उदाहरणतः एक आदिम जनजाति, जिसका प्रत्येक सदस्य समान संस्कृति, भाषा, धर्म आदि वाला होता है । इसलिए उसे समजातीय सामाजिक समूह माना जाता है ।

homophobia (होमॅ'फ़ोबिआ) **समलैंगिक दुर्भीति** : कुछ लोगों में यह एक प्रकार का मनोवैज्ञानिक भय है कि उसके साथ समलैंगिकता की घटना घट सकती है (देखें–George Weinberg, **Society and Health Homosexual**, 1972)।

homo sapiens (होमो'सैपि एन्ज़्) **प्राज्ञ मानव** : मानव विकास की अन्तिम कड़ी होमो सैपिएन्ज़ है और आज जितने भी मानव हैं, सब उन्हीं की सन्तानें हैं । यह मानव सर्वाधिक विकसित है । इसने जिस मानव जाति को जन्म दिया, उसे सैपिएन्ज़ कहते हैं ।

homosexuality (होमॅ सेक्शु'ऐलृटि) **समलैंगिकता** : व्यक्तित्व के विकास की वह अवस्था, जिसमें वह अपने ही वर्ग की ओर आकर्षित होता है । इसमें पुरुष का आकर्षण पुरुष रहा है और वह कामवृत्ति की सन्तुष्टि के लिए पर्याप्त होता है । कभी-कभी तो यह मनस्ताप का रूप ले लेता है और यह समलिंगी मनस्ताप है (देखें– M. Foucault, **History of Sexuality**, 1976) ।

horde (हॉर्ड्) **होर्ड** : ऐसे लोगों का समूह, जो परस्पर नातेदारी से जुड़े हों । ये प्रायः खानाबदोश शिकारियों व खाद्य संचयी समूहों में पाये जाते हैं । यह सामाजिक व्यवस्था का एक प्राथमिक रूप है । यायावरों का वह यूथ, जो विशिष्ट निर्धारित क्षेत्रों में आखेट करने अथवा पशुओं को चराने का विशेषाधिकार रखते हैं । बहुधा ये क्षेत्र उनके घूमने की सीमा होते हैं ।

horizontal mobility (हॉरि'ज़ॉन्ट्ल् मो'बिलटि) **क्षैतिज गतिशीलता** : क्रम-विन्यास के लम्बवत स्वरूप को प्रभावित किये बिना व्यक्तियों अथवा समूहों का एक स्थिति से दूसरी स्थिति की तरफ जाना । व्यक्ति तथा समूह की सामाजिक स्थिति में परिवर्तन होता है, किन्तु वर्गस्थिति पूर्ववत रहती है, जैसे– किसी पेशे में तबादले से होनेवाला परिवर्तन : देखें– **Vertical mobility** ।

horizontal work group (हॉरि'ज़ॉन्ट्ल् वॅर्क् ग्रूप्) **समस्तरीय कार्य-समूह** : कर्मचारियों का ऐसा समूह, जिसमें सभी व्यक्तियों के कार्य, आय, दक्षता, अधिकारों की मात्रा और स्थिति के स्तर वस्तुतः समान होते हैं ।

horticulture; horticultural society ('हॉर्टि कल्चर्; हॉर्टि'कल्चरल् सॅ'साइअटि) **बागवानी; उद्यानकर्मी समाज** : ऐसा समाज, जो बागवानी के माध्यम से जीवन-यापन करता हो । ऐसा माना जाता है कि इस प्रकार का समाज कृषि पर आधारित जीवन जीनेवाला प्रथम समाज था । इस प्रकार के समाज का विकास सम्भवतः खाद्य संग्रहण एवं आखेट पर जीनेवाले सामाजिक जीवन के बाद हुआ । इसका विकास सम्भवतः ईसा के सात हजार वर्ष पूर्व मध्य एशिया में हुआ था । चूँकि उद्विकास के इस चरण में जीवन-यापन का आधार कृषि था इसलिए लोग एक ही जगह पर लम्बे समय तक रहने लगे और धीरे-धीरे एक ही जगह पर आबादी बढ़ने लगी और एक जटिल श्रम-विभाजन पर आधारित समाज विकसित हुआ। ऐसा माना जाता है कि जब मानवसमाज विकास के इस चरण में आया, तो दास प्रथा की उत्पत्ति हुई (देखें– Gerhard Lenski, Jean Lenski and Patrick Nolan, **Human Societies: An Introduction to Macrosociology**, 1991) ।

hospice ('हॉस्पिस) **आश्रम, धर्मशाला :** पाश्चात्य देशों में एक ऐसा स्थान, जहाँ मृतप्राय लोगों को सुरक्षा या सेवा के लिए छोड़ दिया जाता है ।

hospitality (हॉस्पि'टैलटि) **आतिथ्य :** एक सामाजिक प्राणी होने के नाते मनुष्य में अनेक सामाजिक गुणों का होना वांछनीय ही नहीं, अपितु आवश्यक भी होता है । उनमें आतिथ्य अथवा अतिथि का आदर-सत्कार करना एक अत्यन्त महत्त्वपूर्ण गुण है । ऐसा देखने में आया है कि विश्व की प्रायः सभी प्राचीन व महान् सभ्यताओं तथा पिछड़ी-से-पिछड़ी और सभ्य-से-सभ्य संस्कृतियों और समुदायों में अतिथि-सत्कार करने के लिए उचित व्यवहार-प्रतिमान समाजीकरण की प्रक्रिया के एक महत्त्वपूर्ण अंग के रूप में सिखाये जाते हैं । आतिथ्य की विविध प्रथाएँ विभिन्न संस्कृतियों में देखने में आती हैं । प्राचीन वैदिक काल में प्रत्येक गृहस्थ का यह धर्म था कि अतिथि को भोजन कराने से पूर्व परिवार का कोई भी सदस्य भोजन न करे । इसी कारण प्राचीन भारत में अतिथि के गौरव को दृष्टिगत करते हुए 'अतिथि देवो भव' की उक्ति प्रचलित थी । अरब की खूँखार जनजातियों तथा एस्किमो लोगों में लगभग सौ वर्ष पूर्व तक अतिथियों के भोग हेतु परिवार की स्त्रियों को रात में प्रस्तुत करने की प्रथा रही है । 'अली बाबा और चालीस चोर' की प्रसिद्ध कहानी में भी इसका उल्लेख आया है । प्रायः सभी समुदायों में अतिथि का आना शुभ, आनन्ददायक तथा सामाजिक सम्मान बढ़ाने वाला अवसर माना जाता है । जिस परिवार में कोई अतिथि नहीं आता, वह दुर्भाग्यशाली तथा असामाजिक परिवार माना जाता है ।

house, head of (हाउस्, हेड ऑव्) **कर्त्ता, घर का मुखिया :** देखें– **Head of household** ।

household ('हाउस्होल्ड्) **घर-बार :** परिवार कहने से हमेशा नातेदारी (**Kinship**) का बोध होता है, जबकि घर-बार के साथ ऐसी बात नहीं है । घर-बार के अन्तर्गत सभी सदस्यों के बीच रक्त या विवाह के माध्यम से सम्बन्ध हो, यह कोई आवश्यक नहीं है । यह एक आवासीय पारिवारिक इकाई है, जिसमें परिवार के सदस्य, उनके निकट व दूर के सम्बन्धियों के अतिरिक्त वैसे व्यक्ति भी सम्मलित हो सकते हैं, जो परिवार के सदस्य न हों । यह एक घराने के रूप में सामाजिक-आर्थिक इकाई माना जाता है । इसमें एक स्थान पर इकट्ठे रहने वाले सभी व्यक्ति एकसाथ भोजन तथा जीवन की अन्य आवश्यकताओं की पूर्ति के लिए किसी साझी व्यवस्था पर निर्भर करते हैं : देखें– **Family** ।

household allocative system ('हाउस्होल्ड् ऐलॅके'टिव 'सिस्टम्) **घरेलू आवंटन व्यवस्था :** इस अवधारणा का सर्वप्रथम जॉन पॉल (Jan Pahl- **Money and Marriage**) ने 1979 में ईजाद किया था । इस पद्धति के माध्यम से वे यह स्पष्ट करना चाहते थे कि किसी परिवार के अन्तर्गत वित्तीय संसाधन पर नियन्त्रण किस व्यक्ति का है । सम्पूर्ण मज़दूरी पद्धति (**Whole wage system**) के अन्तर्गत परिवार में कोई एक व्यक्ति कमाता है और वही सम्पूर्ण आमदनी पर नियन्त्रण भी रखता है । एक दूसरी व्यवस्था वह है, जिसके अन्तर्गत एक से अधिक व्यक्ति स्वतन्त्र रूप से उपार्जन करते हैं और वे स्वतन्त्र रूप से खर्च भी करते हैं । किसे किस चीज़ पर कितना खर्च करना है, यह पहले से निश्चित रहता है । एक और पद्धति यह है, जिसके अन्तर्गत कोई एक महिला या पुरुष परिवार की सम्पूर्ण वित्तीय व्यवस्था पर नियन्त्रण रखते हैं, जिसे एकीकरण व्यवस्था (**Pooling system**) कहते हैं ।

household dynamics ('हाउस्होल्ड् डाइ'नैमिक्स्) **घरेलू गत्यात्मकता :** इस अवधारणा का सम्बन्ध मुख्यरूप से परिवार के अन्तर्गत होने वाले परिवर्तनों से है । इसके अन्तर्गत हम यह विचार करते हैं कि परिवार का बनना और टूटना कैसे संभव होता है । प्रत्येक समाज के अन्तर्गत बच्चों की उम्र की वृद्धि के साथ विवाह के द्वारा नये परिवार का निर्माण या तलाक के द्वारा परिवार के विखण्डन की प्रक्रिया अनवरत रूप से चलती रहती है ।

household works strategy ('हाउस्होल्ड् वॅर्क्स स्ट्रैटजी) **घरेलू कार्य-योजना :** इस अवधारणा का मुख्य अभिप्राय परिवार के सदस्यों के बीच श्रम-विभाजन से है । जब परिवार का आकार बड़ा होता है, तो विभिन्न लोगों के बीच योग्यता व क्षमता के अनुसार काम का बँटवारा हो जाता है । किसी घर-बार को सन्तुलित एवं एकत्रित बनाये रखने के लिए श्रम-विभाजन की योजना काफी महत्त्वपूर्ण मानी जाती है ।

housework ('हाउस्वर्क्) **गृहकार्य** : ऐसा कार्य, जो घर के अन्दर किया जाता है, जिसके लिए कर्त्ता को कोई वेतन नहीं मिलता है । इसका सम्बन्ध दिन-प्रतिदिन के घरेलू कार्यों से है ।

housework, sociology of ('हाउस्वर्क्, सोसि'ऑलजि ऑव्) **घरेलू कार्य का समाजशास्त्र** : देखें– **Sociology of housework** ।

housing, sociological studies of ('हाउज़िङ्, सोसिअ'लॉजिक्ल् 'स्टडिज़ ऑव्) **आवास का समाजशास्त्रीय अध्ययन** : समाजशास्त्र में आवास की विशिष्ट परिभाषा नहीं दी गई है; क्योंकि आवास का स्वरूप मात्र भौतिक होता है । समाजशास्त्री इस बात का अध्ययन करते हैं कि कैसे सामाजिक सरंचना एवं प्रक्रियाओं से घरों का निर्माण प्रभावित होता है । इसमें कोई सन्देह की बात नहीं है कि आवासों के भौतिक विकास एवं उसके स्वरूप को सामाजिक मूल्य प्रभावित करते हैं । इसी सन्दर्भ में समाजशास्त्र आवास का अध्ययन करता है । इसके प्रमुख आयाम इस प्रकार से हैं– संस्कृति एवं सामाजिक विभाजन (जैसे– वर्ग, जाति, प्रजाति, धर्म इत्यादि) का आवास के प्रतिरूप पर क्या प्रभाव पड़ता है । आवासों के जमीन पर आवंटन या बँटवारे में सामाजिक प्रभाव दिखाई पड़ते हैं, जैसे– एक जाति, प्रजाति और धर्म के लोग एकसाथ इकट्ठा रहना पसन्द करते हैं । आवासों के आवंटन का प्रभाव पड़ोस-निर्माण में भी दिखाई पड़ता है । आवासों का सम्बन्ध आस-पास में रहनेवाले व्यक्तियों के बीच सामाजिक अन्तःक्रिया से भी है । आवास का समाजशास्त्र सिर्फ यही अध्ययन नहीं करता है कि सामाजिक मूल्य आवास को किस प्रकार प्रभावित करते हैं, बल्कि इसमें यह भी अध्ययन किया जाता है कि विभिन्न आवासों के बीच भौतिक दूरी कैसे सामाजिक दूरी बनाये रखने में मदद करती है । इसमें कोई सन्देह की बात नहीं कि विभिन्न जातियों एवं प्रजातियों के बीच सामाजिक दूरी बनी रहने में भौतिक दूरी मदद करती है ।

housing class ('हाउज़िङ् क्लास्) **आवास वर्ग** : इस अवधारणा की उत्पत्ति का सम्बन्ध यू.के. (United Kingdom-राष्ट्रकुल) के बरमिन्घम शहर के अन्तर्गत आवासों के बँटवारे से है । कौन व्यक्ति शहर के किस क्षेत्र में होगा, यह प्रजातीय या किसी अन्य संकीर्ण कारकों से निर्धारित नहीं होता, बल्कि इसका निर्धारण व्यक्ति की अपनी वर्ग-विशेषताओं से होता है । आमतौर पर साधारण लोग शहर के केन्द्र में अवस्थित तंग गलियों वाले निजी मकान में रहते हैं, तो उच्च वर्ग के लोगों का रहना शहर के बाहर उप-नगरों में होता है । भारत के शहरों की स्थिति इस रूप में थोड़ी भिन्न है, यहाँ गरीब लोग शहर के मुख्य केन्द्र में न होकर शहर के बाहर गन्दी बस्तियों में निवास करते हैं । आवास वर्ग को अन्य प्रकार के वर्गों से नहीं जोड़ा जाना चाहिए । जिस प्रकार विभिन्न वर्गों के बीच संघर्ष होता है, उसी प्रकार समाज में भी लोगों के बीच आवास के लिए संघर्ष होता हुआ पाया जाता है ।

human capital ('ह्यूमन् 'कैपिट्ल्) **मानव-पूँजी** : मानव भी एक प्रकार की पूँजी ही है । श्रम-बाज़ार में उसकी उपयोगिता का निर्धारण उसके गुणों व क्षमताओं से होता है । यही कारण है कि बहुत सारे उद्योगों के अन्तर्गत श्रमिकों को विशेष किस्म का प्रशिक्षण दिया जाता है । प्रशिक्षण के माध्यम से श्रमिकों की क्षमताओं में विकास किया जाता है, ताकि उत्पादनों में गुणात्मक एवं मात्रात्मक वृद्धि की जा सके । मानव-पूँजी को बढ़ाने में शिक्षा का सबसे महत्त्वपूर्ण योगदान होता है । कुछ लोगों की ऐसी मान्यता है कि उत्पादन का सम्बन्ध शिक्षा से कम और तनख्वाह से अधिक है । लेकिन, यहाँ इस बात से इन्कार नहीं किया जा सकता है कि तनख्वाह का सम्बन्ध सीधे-सीधे शिक्षा से भी है (देखें– Gary S. Becker, **Human Capital**, 1975) ।

human capital model ('ह्यूमन् 'कैपिट्ल् 'मॉड्ल्) **मानव-पूँजी प्रतिरूप** : इस प्रतिरूप के अनुसार लोगों की कुशलता एवं मनोवृत्तियों को समाज की आर्थिक खुशहाली तथा व्यक्तियों के व्यक्तिगत लाभ के लिए किया जाता है ।

human development index ('ह्यूमन् डि'वेलप्मन्ट् इन्डेक्स) **मानव विकास सूचकांक** : यह किसी देश की बुनियादी

मानवीय योग्यता की औसत प्राप्ति की माप है । इसका आकलन सम्बन्धित देश में जीवन-प्रत्याशा, शिक्षा-स्तर और वास्तविक आय के आधार पर किया जाता है । विभिन्न देशों के लिए यू. एन. डी. पी. (UNDP) मानव विकास सूचकांकों का संकलन करती है । इसके लिए विश्वसनीय आँकड़े सर्वेक्षण के माध्यम से उपलब्ध किए जाते हैं । इन सूचकांकों को मानव विकास रिपोर्ट में प्रकाशित किया जाता है ।

UNDP ने सर्वप्रथम सन् 1990 में इस सूचकांक को प्रकाशित किया था । तब से प्रतिवर्ष UNDP एक मानव विकास रपट प्रस्तुत करती है, जिसमें विभिन्न देशों का मानव सूचकांक के स्तर पर श्रेणीकरण भी किया जाता है । मानव विकास सूचकांक तीन सामाजिक अभिसूचकों अथवा मापदण्डों का एक मिश्रित सूचक है, जिसमें वास्तविक प्रतिव्यक्ति सकल घरेलू उत्पादन (GDP) का भी ध्यान रखा जाता है । किसी देश के HDI का मूल्य निकालने के लिए निम्न तीन सूचकों को लिया जाता है– (1) दीर्घायु (Longevity)– इसे जन्म के समय जीवन की प्रत्याशा (Expectation of life at birth) द्वारा मापा जाता है, जिसे वर्तमान समय में अर्थशास्त्रियों द्वारा न्यूनतम 25 वर्ष तक अधिकतम 85 वर्ष तक दर्शाया जा रहा है । (2) शैक्षणिक उपलब्धियाँ (Educational attainment)– शैक्षणिक उपलब्धियों की माप अग्रलिखित 2 चरों द्वारा की जाती है– (क) प्रौढ़ साक्षरता-दर (Adult literacy ratio– ALR) एवं (ख) सकल नामांकन-दर (Gross enrolment ratio– GER) । (3) प्रति व्यक्ति वास्तविक सकल घरेलू उत्पाद या आय (Per capita real gross domestic product or income)– इसके द्वारा लोगों की क्रयशक्ति या वस्तुएँ तथा सेवाएँ ख़रीदने की शक्ति या व्यक्तियों का जीवन स्तर मालूम किया जाता है ।

human ecology ('ह्यूमन् इ'कॉलजि) **मानव पारिस्थितिकी** : देखें– **Ecology, human** ।

human engineering ('ह्यूमन् एन्जि'निअरिंग) **मानव इंजीनियरिंग** : देखें– **Biotechnology** ।

human movement ('ह्यूमन् 'मूव़मन्ट्) **मानव गतिविधि** : कुछ विशेष सामाजिक, राजनीतिक, आर्थिक या पर्यावरणीय कारणों से काफी मात्रा में लोगों का एक भौगोलिक क्षेत्र से दूसरे भौगोलिक क्षेत्र में जाना मानव गतिविधि है : देखें– **Migration** ।

human nature ('ह्यूमन् नेचर्) **मानव स्वभाव** : मानव स्वभाव का विश्लेषण एक से अधिक प्रकार से हुआ है; क्योंकि विभिन्न विद्वानों ने मानव की कुछ सामान्य विशेषताओं पर विचार अपने-अपने ढंग से प्रकट किया है । मानव स्वभाव की कौन-सी विशेषता बुनियादी है, यह एक विवाद का विषय है । कुछ समाजविज्ञानियों का कहना है कि मनुष्य स्वभावत: बहुत स्वार्थी और अहंकेन्द्रित मनोवृत्ति का होता है, तो दूसरी तरफ कुछ लोगों का कहना है कि मनुष्य स्वभावत: बहुत सहयोगी एवं परमार्थवादी होता है । कुछ ऐसे भी समाजविज्ञानी हैं, जिन्होंने मानव स्वभाव की अवधारणा का खण्डन यह कहते हुए किया है कि मानव प्रकृति जैसी कोई चीज़ नहीं होती है ।

human poverty index ('ह्यूमन् 'पॉव़र्टि इन्डेक्स) **मानव विकास सूचकांक** : इस सूचकांक की प्रमुख विशेषताएँ निम्न हैं– (i) मानव निर्धनता सूचकांक विकासशील व विकसित देशों के लिए अलग-अलग बनाया जाता है । विकासशील देशों के सूचकांक को HPI-1 तथा विकसित देशों के सूचकांक को HPI-2 कहा जाता है । (ii) विकासशील देशों के मानव निर्धनता सूचकांक में मानव विकास सूचकांक के ही तीनों आधारों पर अभावों (**Deprivations**) का आकलन किया जाता है । (iii) दीर्घायु (जीवन प्रत्याशा) के अभाव का आकलन 40 वर्ष तक जीवित न रहने वाले लोगों के प्रतिशत के आधार पर किया जाता है । (iv) ज्ञान (शिक्षा के स्तर) के अभाव का आकलन निरक्षर प्रौढ़ों के प्रतिशत के आधार पर किया जाता है । (v) जीवन के स्तर के अभाव का आकलन दो चरों के माध्यम से किया जाता है– सुधरे हुए जल स्रोतों का प्रयोग न करने वाले लोगों का प्रतिशत तथा पाँच वर्ष से कम आयु वर्ग के बच्चों में अल्प भार वाले बच्चों का प्रतिशत । (vi) औद्योगिक देशों के लिए मानव निर्धनता सूचकांक में HDI-1 के मानकों के अतिरिक्त सामाजिक बहिष्कार (**Social exclusion**) को भी सम्मिलित किया जाता है । (vii) इस सूचकांक में दीर्घायु

के अभाव का आकलन 60 वर्ष तक जीवित न रहने वाले लोगों के प्रतिशत के आधार पर किया जाता है। (viii) ज्ञान के अभाव का आकलन निरक्षर लोगों के प्रतिशत के आधार पर किया जाता है। (ix) जीवन के स्तर के अभाव का आकलन गरीबी की रेखा के नीचे जीवनयापन करने वाले लोगों के प्रतिशत के रूप में किया जाता है। गरीबी रेखा व्यय योग्य घरेलू आय के माध्य के 50 प्रतिशत पर निर्धारित की जाती है। (x) सामाजिक बहिष्कार का आकलन 12 माह या अधिक तक बेरोज़गार रहने वाली श्रम शक्ति के आधार पर किया जाता है।

human relations approach ('ह्यूमन् रिले'शन्स अ'प्रोच्) **मानवीय सम्बन्ध दृष्टिकोण :** औद्योगिक सम्बन्धों के अन्तर्गत एक ऐसा दृष्टिकोण, जिसके अन्तर्गत श्रमिकों को एक सामाजिक प्राणी या विवेकशील प्राणी के रूप में लिया जाता है। यह दृष्टिकोण इस मान्यता पर आधारित है कि मनुष्य रोबोट की तरह नहीं है, बल्कि यह विचार श्रमिक के उत्पादन और उसकी सन्तुष्टि से जुड़ा हुआ है। इस दृष्टिकोण के प्रवर्तन का श्रेय ब्रिटिश मनोवैज्ञानिक सी. एस. मायर्स Charles Samuel Myers (1873–1946) को जाता है (देखें– Elton Mayo, **The Social Problems of an Industrial Civilization**, 1949; M. Rose, **Industrial Behaviour**, 1988)।

human relations area file ('ह्यूमन् रिले'शन्स 'अरिआ फ़ाइल्) **मानवीय सम्बन्धों की क्षेत्रीय संचिका :** केन्द्रीय संग्रहालय अथवा संचिका, जिसमें विश्व भर की संस्कृतियों के बारे में सूचना संगृहीत की गई हो। इस संचिका में भिन्न संस्कृतियों और विषयों के ऊपर विभिन्न प्रकार की सामग्री एकत्रित होती है, जो मूल स्त्रोतों या विशेषकर क्षेत्र सर्वेक्षणों द्वारा प्राप्त की जाती है और जिसे विषय तथा संस्कृति-विशेष के अनुसार संकलित एवं अनुक्रमित किया जाता है।

human relations movement ('ह्यूमन् रिले'शन्स 'मूवमन्ट्) **मानवीय सम्बन्ध आन्दोलन :** इस सम्प्रदाय की उत्पत्ति द्वितीय विश्वयुद्ध के पूर्व हुई थी। इस सम्प्रदाय के माननेवाले समाजविज्ञानियों का कहना था कि औद्योगिक पूँजीवाद में उत्पादन इस बात पर निर्भर करता है कि उत्पादन में हिस्सा लेने वाले लोग एक-दूसरे के साथ सामाजिक स्तर पर कितना सहयोग करते हैं। उनका मानना था कि श्रमिकों के बीच आपसी एकता तथा टीम में काम करने की भावना जितनी अधिक होगी, उत्पादन के लिए वह उतनी ही अधिक लाभकारी सिद्ध होगी। लेकिन, यदि किसी कारण से आपसी एकता का उपयोग स्वार्थों की पूर्ति के लिए होता है, तो वह उत्पादन के लिए नकारात्मक भी साबित हो सकती है। इस विचार की स्थापना में एल्टन मेयो (Elton Mayo, 1880-1949) एवं उनके सहकर्मियों की अग्रणी भूमिका रही है। उन लोगों ने अपने हॉथॉर्न अध्ययन (**Hawthorne studies**) में पाया कि श्रमिकों की कार्यक्षमता मुख्यरूप से इस बात से प्रभावित होती है कि उन लोगों के बीच आपसी सम्बन्ध कितने गहरे हैं। उनकी इस दलील से वैज्ञानिक प्रबन्धन की इस बात का खण्डन होता है कि श्रमिक लोग उच्च उत्पादन, उच्च तनख्वाह की स्थिति में कर पाते हैं। बाद में हॉथॉर्न प्रयोगों से प्राप्त इस प्रकार के निष्कर्षों की, यह कहते हुए आलोचना की गयी कि निष्कर्षों को इन साक्ष्यों के आधार पर प्रमाणित नहीं किया जा सकता कि श्रमिक लोग अपने श्रमकार्य के बदले मिले आर्थिक पुरस्कार (वेतन आदि) की अपेक्षा सामाजिक पुरस्कार को अधिक महत्त्व देते हैं। यही नहीं, इन प्रयोगों की अध्ययन-पद्धति की कमियों की भी आलोचना की गयी। इस विषय पर मॉइकल रोज़ (Michael Rose) की कृति **Industrial Behaviour** (1975,1988) विशेष रूप से उल्लेखनीय है।

human resources ('ह्यूमन् रि'सार्सेस्) **मानव संसाधन :** लोगों के गुणों और विशेषताओं से सम्बन्धित चीज़ों को मानव संसाधन कहा जाता है। शिक्षा, खेल-कूद आदि मानव संसाधन के अभिन्न अंग हैं।

human rights ('ह्यूमन् राइट्स) **मानवाधिकार :** संयुक्त राष्ट्र संघ ने अपने चार्टर में मानव के मूल अधिकारों में, मानव की गरिमा और महत्त्व में और छोटे-बडे सभी राष्ट्रों के समान अधिकारों में 'आस्था' को फिर से दोहराया है। वास्तव में संयुक्त राष्ट्र संघ की स्थापना जिन उद्देश्यों के लिए की गई थी, उनमें एक उद्देश्य है, 'जाति, लिंग, भाषा अथवा धर्म के आधार पर बिना भेदभाव किए समस्त लोगों के लिए मानव-अधिकारों एवं मूलभूत स्वतन्त्रताओं के प्रति सम्मान को बढ़ावा देने व उन्नत करने में' अन्तर्राष्ट्रीय सहयोग प्राप्त करना। संयुक्त राष्ट्र संघ की महासभा ने 10 दिसम्बर, 1948

को मानव-अधिकारों अर्थात्, 'समस्त लोगों व समस्त राष्ट्रों द्वारा संप्राप्ति के लिए एक समान मानक' की सार्वलौकिक घोषणा की। इस प्रकार इतिहास में प्रथम बार मानव-अधिकारों की सुरक्षा व उस दिशा में कार्य करने का दायित्व औपचारिक रूप से अन्तर्राष्ट्रीय समुदाय के कंधों पर आया और उसका स्थायी दायित्व स्वीकार किया गया।

समकालीन सामाजिक विज्ञानों में मानववाद कई रूपों में उभरा है, उदाहरणार्थ– मार्क्सवादी मानववाद का जन्म कार्ल मार्क्स के प्रारम्भिक लेखन से हुआ, विशेषत: कार्ल मार्क्स की अलगाव (**Alienation**) की विचारधारा से। 'मानवतावादी मनोविज्ञान' (**Humanistic psychology**), जिसे कभी-कभी 'तृतीय-शक्ति' भी कहा जाता है, व्यवहारवाद और मनोविश्लेषण दोनों का विरोध प्रकट करता है और स्व और उसकी अन्त:शक्ति पर बल देता है, जैसा कि गॉर्डन आल्पोर्ट, विलियम जेम्स और ए. एच. मेसलो की कृतियों में देखने को मिलता है। इसी प्रकार, मानवतावादी समाजशास्त्र (**Humanistic sociology**) भी है, जिसके साथ सी. डब्ल्यू. मिल्स और अल्फ्रेड मैकक्लंग ली का नाम जुड़ा हुआ है। वर्तमान समय में अन्तर्राष्ट्रीय स्तर पर मानवाधिकारों की चर्चा की जा रही है। लोक-समाजों (**Civil societies**) के द्वारा व्यक्तियों के अधिकारों की माँग की जा रही है। लोगों का मानना है कि हरेक व्यक्ति के अपने कुछ बुनियादी अधिकार होते हैं और उन अधिकारों की रक्षा सरकार के द्वारा की जानी चाहिए। देश के कानून के दायरे में रहकर प्रत्येक व्यक्ति को स्वतन्त्र रूप से जीने का पूरा-पूरा हक है। इन्हीं बुनियादी अधिकारों को ध्यान में रखकर बहुत सारे मुल्कों में मानवाधिकार आयोग का गठन किया गया है। मानवाधिकार का स्वरूप व्यक्तियों के पुराने नैसर्गिक अधिकारों से मिलते-जुलते हैं।

humanism ('ह्यूम निज़म्) **मानवतावाद :** मानवतावाद पुनर्जागरण की प्रमुख विशेषता थी। मानवतावाद या मानववाद का अभिप्राय है– मानव जीवन में रुचि लेना, मानव की समस्याओं का अध्ययन करना, मानव का आदर करना, मानव जीवन के महत्त्व को स्वीकार करना तथा उसके जीवन को सुधारने, समृद्ध करने तथा उन्नत बनाने का प्रयास करना। आधुनिक विचारकों के मतानुसार, पुनर्जागरण में 'मानवतावाद' शब्द का इतना अधिक प्रयोग हुआ है कि इसका अर्थ व्यापक सन्दर्भ में लिया जाना चाहिये था। लेकिन, इस मानवतावाद में ईसाई से जुड़े मानवतावाद का अभिप्राय दृष्टिगोचर होता है। इस विचारधारा का जन्म मूलत: शोषण एवं सामाजिक बुराई के विरोधस्वरूप हुआ। चौदहवीं से सोलहवीं शताब्दी के बीच सामन्तवाद और मध्ययुगीन धर्म के विरोध में आधुनिक मानवतावाद का जन्म एक विशिष्ट वैचारिक आन्दोलन के रूप में प्रारम्भ हुआ। इसके प्रमुख संस्थापक डैंटी, पैट्रार्क, ब्रूनो, मातेन, कापर्निकस, बेकन आदि विद्वान रहे हैं। मानववादी दृष्टिकोण मानव को मानव के नाते समुचित महत्त्व देने पर बल देते है। 'सभी मानव समान हैं,' इस विचारधारा का मूलमंत्र है। अत: किसी भी व्यक्ति की किन्हीं कारणों से स्थिति में गिरावट आती है, तो यह सम्पूर्ण मानवसमाज का दायित्व है कि वह उस व्यक्ति की दशा सुधारने में उसकी मदद करे। यह विचारधारा व्यक्ति स्वातंत्र्य का समर्थन और धार्मिक बन्धनों का विरोध करती है (देखें– C. W. Reese, **The Meaning of Humanism**, 1945)।

humanistic sociology (ह्यूम'निस्टिक सोसि'ऑलजि) **मानवतावादी समाजशास्त्र :** विगत कई वर्षों से विज्ञानवादी विचारधारा का समाजशास्त्र में प्रभुत्व रहा है। प्राय: सभी समाजशास्त्रियों ने विगत दशकों में विज्ञान को समाजशास्त्रीय विश्लेषण के लिए महत्त्वपूर्ण माना है। विज्ञानवाद भौतिकीय प्रतिरूप पर आधारित है, जिसमें यह माना जाता है कि सामाजिक घटना को भौतिकशास्त्र के सैद्धान्तिक परिप्रेक्ष्य में ही देखा-समझा जा सकता है। पिछले कुछ वर्षों में नवविकसित मानववादी समाजशास्त्र के दृष्टिकोण ने विज्ञान और उसकी पद्धति को कई कारणों से अस्वीकार किया है (देखें– Robert A. Nisbet, **The Sociological Tradition,** 1966; Alfred McClung Lee, **Sociology for Whom?**, 1978; **The Present Age**, 1988)।

humanitarianism (ह्यू मैनि'टेअरि निज़म्) **मानवतावाद :** मानव-कल्याण की भावना, जिससे प्रेरित होकर हम गरीब, असमर्थ और असहाय मनुष्यों की सहायता को तत्पर होते हैं। इस दृष्टि से इसमें यह विचार निहित है कि मनुष्य को केवल मनुष्य के नाते सामाजिक संरक्षण प्राप्त करने का अधिकार है।

humanities (ह्यू'मैनिटिज़) **मानविकी** (विषय के सन्दर्भ में) : ज्ञान की वे शाखाएँ, जिनका मुख्य सम्बन्ध मनुष्य के सांस्कृतिक जीवन के अध्ययन से है । इनका मुख्य ध्येय मानव जीवन के विविध रूपों, मानव-व्यवहार और मानवीय गुणों व अनुभवों की जानकारी प्राप्त करना है ।

hunting and **gathering society** ('हॅन्‌टिन्ग ऐन्ड् गैद्'अरिन्ग सॅ'साइअटि) **शिकारी एवं एकत्रीकरण समाज :** शिकार और एकत्रीकरण करने वाला समाज अपना निर्वाह शिकार करके तथा विभिन्न प्रकार की जड़ों, कंद-मूलों और फलों को इकट्ठा करके करते हैं । ऐसे समाजों का प्रकृति के साथ नजदीकी सम्बन्ध होता है । ऐसे समाज के लोग जानवरों, फलों, जड़ों और कंद-मूलों की तलाश में एक स्थान से दूसरे स्थान पर घूमते रहते हैं । मनुष्य जानवरों की तरह झुण्ड में रहा करता था । इस प्रकार के समाज की उत्पत्ति आज से लगभग 50,000 साल पूर्व मानी जाती है, जो अब धीरे-धीरे समाप्त हो रहा है । भारत में आज भी कुछ जनजातियाँ कहीं-कहीं पर इसी स्तर में दिखायी पड़ती हैं (देखें– Gerhard Lenski, Jean Lenski and Patrick Nolan, **Human Societies: An Introduction to Macrosociology**, 1991) ।

hybrid society ('हाइब्रिड सॅ'साइअटि) **संकर समाज :** ऐसा आदिवासी समाज, जो जीवन-निर्वाह के दो या दो से अधिक तरीकों, जैसे– आखेट, कृषि, मछली पकड़ने इत्यादि पर एकसाथ आश्रित हो ।

hypergamy (हाइ'परगमि) **कुलीन विवाह, अनुलोम विवाह :** विवाह का एक रूप, जिसमें ऊँची जाति का व्यक्ति निम्न जाति की कन्या से विवाह करता है । मनु ने इसका विधान किया है । अनुलोम के द्वारा कोई व्यक्ति सामाजिक गतिशीलता को अस्तित्व में लाता है तथा गतिशीलता के क्षेत्र का विस्तार करता है । यह प्रतिलोम विवाह से भिन्न है। प्रतिलोम विवाह प्रतिबन्धित था; क्योंकि ऊँची जाति की स्त्री को नीची जाति के पुरुष से शादी करने की अनुमति नहीं थी । अनुलोम विवाह की स्वीकृत प्रथा के अन्तर्गत प्रतिलोम **(Hypergamy)** एक मात्र अपवाद था ।

hyper-inflation (हाइपर् इन्'फ़्लेशन्) **अतिस्फीति :** इसका तात्पर्य ऐसी वार्षिक मूल्य वृद्धि की दर से है, जो मूल्य वृद्धि की अनुमानित या निर्धारित सीमा की दर से आगे निकल गयी हो। वैसी स्थिति में सरकार को मूल्य वृद्धि पर नियन्त्रण लगाने के लिए कठोर कदम उठाने पड़ते हैं । आमतौर, पर ऐसी समस्याएँ तीसरी दुनिया के देशों में देखने को मिलती हैं, जैसे– ब्राजील, मैक्सिको, पाकिस्तान, बांगलादेश आदि ।

hyphenated American ('हाइफ नेटेड् ॲमे'रिकन) **संयोजित अमरीकी :** वैसे अमरीकी, जिन्हें पूरी तरह अमरीकी के रूप में स्वीकार नहीं किया गया हो, जैसे– पॉलिश-अमरीकी, ग्रीक-अमरीकी, इटालियन-अमरीकी आदि । लेकिन, भारतीय-अमरीकी इस श्रेणी में नहीं आएँगे; क्योंकि वे एक अलग प्रजाति के लोग हैं । इस शब्द का प्रयोग मात्र गोरे अमरीकी के लिए ही किया जाता है ।

hypnosis (हिप्'नोसिस) **सम्मोह, सम्मोहन :** यह ट्रान्स (Trance) की अवस्था है । इस अवस्था में सम्मोहित व्यक्ति का मन सम्मोहक के वश में रहता है । सम्मोहित व्यक्ति में अपनी इच्छा और अपना स्वतन्त्र दृष्टिकोण नहीं रहता। सम्मोहित अवस्था की तुलना हिस्टीरिया से की गई है । जिस प्रकार हिस्टीरिया में व्यक्ति निद्रा-विचरण करता है, वही अवस्था उसकी इसमें होती है ।

hypnotism ('हिप्नटिज़्म्) **सम्मोहन :** मनोविज्ञान के अन्तर्गत वह प्रक्रिया, जिसमें कोई मनोवैज्ञानिक संसूचन की क्षमता का प्रयोग करके दूसरे व्यक्ति को कृत्रिम निद्रा-जैसी दशा में ले आता है और उसकी चेतना एवं व्यवहार पर पूर्ण नियन्त्रण स्थापित कर लेता है ।

hypochondria (हाइपॅ'कॉन्ड्रिअ) **रोगभ्रम, स्वकाय दुश्चिंता :** अपने स्वास्थ्य के बारे में विकृत चिन्ता अर्थात् रोगी का यह भाव कि वह किसी शारीरिक रोग से पीड़ित है । दृष्टान्त के लिए, यह सोचना कि उसे अनीमिया या क्षयरोग हो गया है आदि। यह अकारण और आधारहीन होता है । वस्तुत: व्यक्ति शरीर से स्वस्थ रहता है और यह उसकी कोरी

कल्पनामात्र रहती है कि वह रोगी है । अल्फ्रेड एडलर (Alfred Adler, 1870–1937) के अनुसार, यह अवस्था हीनत्व ग्रन्थि के कारण होती है । इस मानसिक विकृत लक्षण को हटाने में मुक्त साहचर्य और संसूचन की विधियाँ विशेष सफल सिद्ध होती हैं ।

hypogamy (हाइपॅ'गमि) **प्रतिलोम विवाह** : वह विवाह, जिसमें पुरुष निम्न जाति का और स्त्री उच्च जाति की होती है । इस विवाह का शास्त्रों में उल्लेख है : देखें– **Hypergamy** ।

hypothesis (हाइ'पॉथ़सिस्) **प्राक्कल्पना, परिकल्पना** : किसी घटना की व्याख्या के लिए अथवा उसके कारण के रूप में अपर्याप्त प्रमाण के आधार पर की गई कोई कामचलाऊ कल्पना पूर्णत: सिद्ध या असिद्ध होने के लिए और अधिक प्रेक्षण और प्रयोग की अपेक्षा रखती है । इसे कई तरह से परिभाषित किया जाता है । यह एक ऐसा परस्पर सम्बद्ध अवधारणाओं का कथन है, जिनकी वैधता की जाँच होनी बाकी है । प्राक्कल्पना अनुसन्धान और सिद्धान्त के बीच एक आवश्यक कड़ी है, जो ज्ञान वृद्धि की खोज में सहायक होती है । प्राक्कल्पना एक कामचलाऊ सामान्यीकरण है, जिसकी सत्यता की परीक्षा बाकी है । प्राक्कल्पना एक ऐसी मान्यता होती है, जिसकी सत्यता सिद्ध करने के लिए उसका परीक्षण किया जा सकता है (देखें– Steven R. Brown and Lawrence E. Melamed, **Experimental Design and Analysis**, 1990) : देखें– **Theory** ।

hypothesis, alternative (हाइ'पॉथ़सिस्, ऑल्'टर्नटिव्) **वैकल्पिक प्राक्कल्पना** : शून्य (Null) प्राक्कल्पना की अस्वीकृति के बाद जिस प्राक्कल्पना को स्वीकार किया जाता है, वह वैकल्पिक प्राक्कल्पना कहलाती है ।

hypothesis, bivariate (हाइ'पॉथ़सिस्, बाइवे'अर्इअट) **द्वि-परिवर्ती प्राक्कल्पना** : दो परिवर्त्यों **(Variables)** के बीच सम्बन्ध प्रकट करने वाली प्राक्कल्पना, द्वि-परिवर्ती प्राक्कल्पना कहलाती है । जैसे-जैसे उम्र बढ़ती है, प्रजननता-दर में वैसे-वैसे कमी आती जाती है । यहाँ उम्र और प्रजननता-दर दो चर हैं ।

hypothesis, multivariate (हाइ'पॉथ़सिस्, मल्टिवे'अर्इअट) **बहुपरिवर्ती प्राक्कल्पना** : दो या दो से अधिक परिवर्त्यों **(Variables)** के बीच सम्बन्धों को प्रदर्शित करने वाली प्रस्थापना को बहुपरिवर्ती प्राक्कल्पना कहते हैं ।

hypothesis, null (हाइ'पॉथ़सिस्, नल्) **शून्य प्राक्कल्पना** : देखें– **Null hypothesis** ।

hypothetico-deductive method (हाइपॉथे'टि्को डिडॅक्टिव् मे'थॅड) **प्राक्कल्पना निगमनात्मक विधि** : विज्ञान में प्रयुक्त वह विधि, जिसमें घटना के कारणों की प्राक्कल्पना कर ली जाती है और उससे निगमनात्मक निष्कर्ष निकालकर प्रेक्षण और प्रयोग से उनकी जाँच की जाती है । इस अध्ययन-पद्धति के मुख्य आधार अनुभवाश्रित तथ्य होते हैं (देखें– Hans Zetterberg, **On Theory and Verification in Sociology**, 1965) ।

hysteria (हि'स्टिअरिआ) **वातोन्माद, उन्माद, अपतन्त्रक** : यह शब्द यूनानी 'हिस्टेरा' शब्द से बना है, जिसका अर्थ स्त्री का गर्भाशय होता है । प्राचीन काल में हिस्टीरिया रोग को स्त्रियों तक ही सीमित माना जाता था, किन्तु आजकल हिस्टीरिया शब्द का पुराना अर्थ बदल गया है और अब उसे स्त्रियों तक ही सीमित नहीं माना जाता है । सिगमण्ड फ्रॉयड (Sigmund Freud) और पी. जने (Pierre Janet) ने हिस्टीरिया के लक्षणों की व्याख्या करके उसका कारण मनोजन्य बताया है । हिस्टीरिया तंत्रिकातापों के अन्तर्गत आनेवाला एक विकार है । हिस्टीरिया का प्रमुख लक्षण मानसिक विघटन होता है, जिसकी अभिव्यक्ति मानसिक क्रियाओं में भी हो सकती है और शरीर के किसी अंग में भी। व्यक्तित्व व्यक्ति की विभिन्न क्षमताओं की संगठित इकाई होता है । मानसिक विघटन में व्यक्तित्व की संगठित इकाई नष्ट हो जाती है, जिससे विभिन्न मानसिक क्रियाएँ परस्पर असम्बद्ध हो जाती हैं ।

Ii

i and me (आइ ऐन्ड् मी) **'मैं' और 'मुझे' :** व्यक्तित्व का विकास कैसे होता है, इस सम्बन्ध में जॉर्ज एच. मीड (George Herbert Mead, 1863-1931) ने 'मैं' और 'मुझे' की दो जुड़वा अवधारणाओं का विकास किया। मीड ने 'मैं' की धारणा का प्रयोग व्यक्तिगत अथवा सम्पूर्ण स्व के उस पक्ष को इंगित करने के लिए किया है, जिसकी रचना स्वतःस्फूर्त चालकों तथा इच्छाओं द्वारा होती है। दूसरे व्यक्ति उसे किस प्रकार से चाहते हैं, यह भाव 'मुझे' को प्रतिबिम्बित करता है। दूसरे शब्दों में, मेरे द्वारा किये गए व्यवहार पर दूसरों की प्रतिक्रिया 'मुझे' को व्यक्त करती है। 'मुझे' स्व के सामाजिक पक्ष, अर्थात् वस्तुपरक दृष्टिकोण का प्रतिनिधित्व करता है।

iatrogenesis (आइट्रॉ'जेनिसिस्) **चिकित्सा क्रियाकलापजनित रुग्णता :** इसका तात्पर्य उन बीमारियों से है, जो चिकित्सक द्वारा चिकित्सा के दौरान उत्पन्न होती है। कई बार ऐसा होता है कि किसी बीमारी के इलाज के दौरान दवाओं के कुप्रभाव से कोई दूसरी बीमारी हो जाती है या फिर कभी किसी शल्य-चिकित्सा के परिणामस्वरूप दूसरी रोगजन्य समस्या उत्पन्न हो जाती है। कभी-कभी चिकित्सा पर आश्रित व्यक्तियों को मानसिक समस्याएँ भी झेलनी पड़ती हैं। कभी-कभी किसी रोगी को ऐसा लगने लगता है कि उसकी बीमारी का निदान परहेज या सन्तुलित जीवन से न होकर, डाक्टरी इलाज से ही संभव होगा और फलस्वरूप रोगी की निर्भरता चिकित्सक पर और भी ज्यादा बढ़ जाती है। संक्षेप में, आधुनिक चिकित्सा के दौरान कभी-कभी रोगी को दूसरे रोगों का भी शिकार होना पड़ जाता है, जिसे चिकित्सा क्रियालापजनित रुग्णता कहा जाता है (देखें–Ivan Illich, **Medical Nemesis**, 1976)।

id (इड) **सुप्तवासना, इदम् :** सुप्तवासना एक अचेतन अवस्था है, जो व्यक्तियों की सहजात इच्छाओं (Instinctive desires), विशेषकर वासना एवं आक्रमण का बोध कराता है। यह व्यक्तियों में एक प्रकार की भूख (Appetites) है, जो उसे विभिन्न कार्यों के लिए प्रेरित करती रहती है। इदम् का निर्माण दमित, पाशविक एवं असामाजिक इच्छाओं एवं आवेगों द्वारा होता है। व्यक्तित्व के इस भाग को तर्कहीन तथा अनैतिक माना जाता है। यह कामुक तथा आक्रामक दोनों असीमित शक्तियों का अपार भण्डार है। सिगमण्ड फ्रॉयड (Sigmund Freud, 1856-1939) के शब्दों में, यह उबलती हुई भावनाओं का कड़ाह है। फ्रॉयड ने इड के कार्य से मिलने वाली तृप्ति को सुख-सिद्धान्त कहा है। इड की शक्ति से हमारे जन्मजात प्रेरकों की आवश्यकताओं की तृप्ति होती है, जिसे फ्रॉयड ने इदम् कहा है, उसी को चार्ल्स एच. कूली (Charles H. Cooley, 1864-1929, हिन्दी में इस नाम का शुद्ध उच्चारण मात्र चार्ल्स एच. कूली है) ने बुनियादी मानव स्वभाव (Original human nature) एवं जॉर्ज एच. मीड (George Herbert Mead, 1863-1931) ने मैं ('I') कहा है।

idea (आइ'डिआ) **विचार, प्रत्यय :** प्राचीन काल से ही इस शब्द का प्रयोग अनेक अर्थों में हुआ है, जैसे– दृश्य या अदृश्य, स्थूल या सूक्ष्म, सामान्य या विशेष किसी भी वस्तु का मानसिक प्रतिरूप या प्रतिनिधि। विभिन्न सन्दर्भों में और विभिन्न दार्शनिक मतवादों में, इस शब्द का प्रयोग अनेक अर्थों में हुआ है, जैसे– मानसिक धारणा, बाह्य वस्तु का मन में प्रतिबिम्ब, किसी भौतिक सत्ता की मानसिक अनुकृति या प्रतिमा, वह जो मन में वस्तु का प्रतिनिधित्व करे, सत्ता का रूप या सार, जो उसके भौतिक अस्तित्व का आधार है, वह धारणा, जो सामान्य है, न कि विशेष। यह है प्राचीन ग्रीक दार्शनिकों का विचार। सत्रहवीं शताब्दी में यह विचार मानव-मस्तिष्क के आत्मनिष्ठ संप्रत्ययों (**Subjective concepts**) के रूप में निरूपित किया जाने लगा।

ideal (आइ'डिअल्) **आदर्श** : मुख्यत: इस शब्द का प्रयोग दो अर्थों में किया जाता है– (1) वह वांछित अभीष्ट, जिसे मनुष्य प्राप्त करना चाहता है । विविध क्षेत्रों में उपयुक्त प्रकार के विभिन्न लक्ष्य (आदर्श) होते हैं, जैसे– सौन्दर्य, पूर्णता, नैतिक या भौतिक उत्कर्ष आदि । (2) आदर्श, व्यवहार के सन्दर्भ में ऐसे अपेक्षित लक्ष्य, जिन्हें प्रतिष्ठाजनक, अच्छा और श्रेष्ठ माना जाता है । आदर्श वास्तविक नहीं होते, बल्कि अपेक्षित होते हैं । बहुधा आदर्शों को सामाजिक लक्ष्यों के रूप में स्वीकार किया जाता है ।

ideal pattern (आइ'डिअल् 'पैट्र्न्) **आदर्श ढाँचा, आदर्श प्रतिरूप** : समाज द्वारा स्वीकृत व्यवहार या मानक का एक सांस्कृतिक ढाँचा । विद्यार्थियों को शिक्षकों के सामने पूरी तरह अनुशासित आचरण करना चाहिए, यह विद्यार्थी जीवन का एक आदर्श ढाँचा है ।

ideal personality (आइ'डिअल् पर्स'नैलटि) **आदर्श व्यक्तित्व** : ऐसा व्यक्तित्व, जिसमें अपेक्षित गुणों की पराकाष्ठा हो । महात्मा गाँधी भारतीय राजनीति के आदर्श व्यक्तित्व थे : देखें– **Personality** ।

ideal type (आइ'डिअल् टाइप) **आदर्श प्रतिरूप** : 'आदर्श' शब्द का प्रयोग 'अच्छे' अथवा 'बुरे' या वांछनीयता के अर्थ में नहीं किया जाता है । यह पूर्णत: मानकीय अर्थों से रहित एक अवधारणा है । यह एक मानसिक रचना है, जिसका निर्माण सामान्य लक्षणों के आधार पर निर्मित सामान्यीकरणों की अपेक्षा आदर्शात्मक तार्किकीकरण की प्रक्रिया द्वारा किया जाता है । यह पारम्परिक तर्क, सांख्यकीय औसत तथा सार-तत्त्व की धारणाओं से भी भिन्न है । मैक्स वेबर (Max Weber, 1864-1920) द्वारा विकसित एक शोध-पद्धति का साधन, जिसमें किसी वस्तु या घटना के सामान्य लक्षणों को सिद्धान्त के रूप में व्यक्त किया जाता है ।

आदर्श प्रतिरूप किसी घटना, वस्तु अथवा वर्ग-विशेष की समस्त आवश्यक विशेषताओं का सम्पूर्ण अथवा लगभग सम्पूर्ण रूप में चित्रण करने की विधि आदर्श-प्रतिरूप के नाम से जानी जाती है । इन सभी विशेषताओं का यथार्थ रूप में किसी एक वास्तविक इकाई में मिलना कठिन है । आदर्श-प्रतिरूप की अवधारणा के पीछे मूल मंतव्य यही है कि सामाजिक घटनाओं का विश्लेषण, उनकी परिवर्तनशील एवं जटिल प्रकृति के कारण, उनकी विशेषताओं के आत्यन्तिक रूपों के सन्दर्भ में ही किया जा सकता है, जिन्हें यथार्थ में पाया जाना कठिन है ।

आदर्श-प्रतिरूप विशेषताओं का एक पुंज या समूह है, जिसकी रचना अध्ययन किए जाने वाले वर्ग, वस्तु अथवा घटना के नमूनों में बहुधा देखी जाने वाली विशेषताओं द्वारा होती है । इन विशेषताओं का किसी एक घटक में उपस्थित होना आवश्यक नहीं है, किन्तु इन सभी विशेषताओं का सभी घटकों में प्रचुर मात्रा में विद्यमान होना आवश्यक है तथा इनमें से कोई भी विशेषता अन्य इंगित विशेषताओं के साथ असंगति प्रकट नहीं करती हो। एक पद्धतिशास्त्रीय उपकरण के रूप में इसका प्रयोग दो या अधिक सामाजिक घटनाओं के तुलनात्मक विश्लेषण के लिए किया जाता है (देखें– Max Weber, **Theory of Social and Economic Organisation**, 1947; Peter Winch, **The Idea of Social Science**, 1958; Susan J. Hekman, **Max Weber and Contemporary Social Theory**, 1983)।

idealised norm (आइ'डिअलाइज़्ड् नॉर्म्) **आदर्शकृत मानदण्ड** : वैसा मानदण्ड, जो सामाजिक स्तर पर स्पष्ट रूप से परिभाषित है । जैसे, आम जनता के सामने महिलाओं के लिए अभद्र भाषा का प्रयोग नहीं करना चाहिए, यह आदर्शकृत मानदण्ड है ।

idealism (आइ'डिअलिज़्म्) **आदर्शवाद** : आइडियल शब्द का वास्तविक अर्थ होता है– विचारगत या विचार-सम्बन्धी। दार्शनिक विचारधारा का एक दृष्टिकोण, जिसके अनुसार ब्रह्माण्ड की व्याख्या पदार्थ अथवा भौतिक वस्तुओं की अपेक्षा विचारों के आधार पर की जाती है । आदर्शवाद के अनुसार यह माना जाता है कि यथार्थता मुख्यत: इस बात में निहित है कि व्यक्ति उसके बारे में सोच-विचार करते हैं और यह सब कुछ मानवीय विचारों और सिद्धान्तों पर निर्भर करता है । यह भौतिकवाद का विरोधी विचार है, जिसमें यह माना जाता है कि बाह्य संसार मानव मस्तिष्क की उपज है ।

आदर्शवाद के सर्वाधिक प्रभावशाली रूप को हम जी. डब्ल्यू. हीगल (G. W. F. Hegel, 1770-1831) के दर्शन में देख सकते हैं (देखें– Peter Winch, **The Idea of a Social Science**, 1958; Ted Benton, **Philosophical Foundations of the Three Sociologies**, 1977)।

idealist (आइडिअ'लिस्ट) **आदर्शवादी** : वह व्यक्ति, जिसकी विचारधारा या व्यवहार, अव्यावहारिक या अवास्तविक हो अथवा कला, दर्शन या साहित्य में आदर्शवाद पर आधारित हो। बहुत लोगों ने महात्मा गाँधी एवं जवाहरलाल नेहरू जैसे व्यक्तियों को बहुत बड़ा आदर्शवादी नेता माना है। उनके बहुत से विचारों का व्यावहारिक पहलू कमजोर था।

idealistic culture (आइडिअ'लिस्टिक 'कल्चर्) **आदर्शवादी संस्कृति** : पिट्रिम ए. सोरोकिन (Pitirim Alexandrovich Sorokin, 1889-1968) का विचार है कि आदर्शवादी संस्कृति में इन्द्रियपरक संस्कृति (**Sensate culture**) एवं आदर्शात्मक संस्कृति (**Ideational culture**) दोनों के तत्त्व पाए जाते हैं। यह संस्कृति दोनों संस्कृति के बीच की स्थिति है। जब समाज की संस्कृति इन्द्रियपरक से आदर्शात्मक या आदर्शात्मक से इन्द्रियपरक संस्कृति की ओर परिवर्तित होती है, तो कुछ समय के लिए आदर्शवादी संस्कृति की स्थिति आती है। सोरोकिन के विचार में ऐसी स्थिति तब विशेष रूप से उत्पन्न होती है, जब आदर्शात्मक संस्कृति चेतनात्मक संस्कृति में बदलती है। ऐसी संस्कृति में भौतिक एवं आध्यात्मिक मूल्यों का अच्छा समन्वय देखने को मिलता है।

ideational culture (आइडि 'एशनल 'कल्चर्) **आदर्शात्मक संस्कृति** : पिट्रिम ए. सोरोकिन (Pitirim Alexandrovich Sorokin, 1889-1968) के अनुसार, आदर्शात्मक संस्कृति का सम्बन्ध आत्मा (**Soul**), मस्तिष्क (**Mind**), आध्यात्मिक विचार या भावना (**Spirit**) आदि से है। इस अवस्था में भौतिक सत्य की जगह परम सत्य (**Absolute truth**) की बात की जाती है। इसमें भौतिकवादी विचारों की जगह अभौतिकवादी विचारों को अधिक स्वीकारा जाता है। इस संस्कृति में ज्ञान, कला, दर्शन, धर्म, साहित्य आदि को आध्यात्मिक दृष्टिकोण से देखा जाता है। प्राचीन एवं मध्यकालीन भारत तथा मध्यकालीन यूरोप आदर्शात्मक संस्कृति के अच्छे उदाहरण हैं।

identification (आइ डेन्‌टिफ़ि'केशन्) **तदात्मीकरण, एकीकरण** : एक प्रक्रिया, जिसके द्वारा एक व्यक्ति अपने–आपको परिभाषित करता है; अर्थात् अपने 'स्व' की पहचान को 'अ–स्व' से अलग करता है। सामान्य अर्थों में, ऐसी प्रक्रिया, जिसके अन्तर्गत कोई व्यक्ति काल्पनिक रूप से दूसरे व्यक्ति की जगह पर अपने–आपको रखकर उसकी विशेषताओं का अनुकरण करता है। मनोविश्लेषण की एक अवधारणा के रूप में यह एक सुरक्षा युक्ति है, जिसमें एक व्यक्ति दूसरों का अनुकरण इसलिए करता है, ताकि वह अत्यधिक प्रेरकों पर नियन्त्रण स्थापित कर सके।

identity crisis (आइ'डेन्‌टिटि क्राइसिस्) **पहचान-संकट** : अमरीकी मनोवैज्ञानिक इरिक एच. इरिक्सन (Erik H. Erikson, 1902-1994) इस अवधारणा के जन्मदाता माने जाते हैं। इस शब्द का प्रयोग उन्होंने समाजीकरण की प्रक्रिया के सन्दर्भ में किया था। उन्होंने बताया है कि कोई व्यक्ति जब अपने बालपन से प्रौढ़ावस्था में प्रवेश करता है, तो कभी–कभी उसके सामने यह समस्या उत्पन्न हो जाती है कि वह कौन–सी भूमिका करता रहे और कौन–सी नहीं। भूमिकाएँ कभी–कभी उस अवस्था में स्पष्ट नहीं होती हैं। पहचान–संकट की समस्या का एक दूसरा स्वरूप यह है कि जब किसी व्यक्ति के जीवन में सामाजिक स्थिति में बढ़ोतरी होती है, तो उसे ऐसा महसूस होता है कि वह जो है, उसकी पहचान उस रूप में नहीं रही है। ऐसी स्थिति में वह अपने व्यवहार से यह बताने की कोशिश करता है कि दूसरे लोग जो उसे समझते हैं, उससे वह कहीं आगे है (देखें– Erik H. Erikson, **Life History and the Historical Moment**, 1975)।

ideographic versus nomothetic approaches (इडिऑ'ग्रैफ़िक वॅ:सॅस नॉमोथिटीक् ॲप्रोचेज्) **भावलेखात्मक बनाम नियमान्वेषी दृष्टिकोण** : इन दो अवधारणाओं के बीच के अन्तर को सर्वप्रथम जर्मन दार्शनिक विलहेम विन्डेवैंड (Wilhelm Windelband) ने प्रकाश में लाने का प्रयास किया। उनका कहना था कि भावलेखात्मक नजरिये का सम्बन्ध

वैयक्तिक घटनाओं या तथ्यों से होता है । इस प्रकार का परिप्रेक्ष्य आमतौर पर जीवनी साहित्य एवं इतिहास में अधिक देखने को मिलता है । नृविज्ञान में भी ऐसा ही परिप्रेक्ष्य देखने को मिलता है । ठीक इसके विपरीत नियमान्वेषी दृष्टिकोण के अन्तर्गत सामान्यीकरण समस्त को देखकर बनाया जाता है । आमतौर पर हम प्राकृतिक विज्ञानों की प्रविधियों को आधार मानकर सामान्य नियमों का निर्माण करते हैं, इसलिए भावलेखात्मक दृष्टिकोण की तुलना में नियमान्वेषी दृष्टिकोण ज्यादा वैज्ञानिक एवं लोकप्रिय हुआ ।

ideological conservative (आइडिअ'लॉजिक्ल् कन्'सर्व़टिव़्) **वैचारिक अनुदारवाद :** राजनीति के क्षेत्र में, वह विचार जो उदारवादी नीति का अनुमोदन तो करता है, लेकिन कल्याणकारी राज्य की अवधारणा का विरोध करता है।

ideological power (आइडिअ'लॉजिक्ल्'पाउअर्) **वैचारिक शक्ति :** प्रचलित या प्रस्तावित व्यवस्था को 'सर्वोत्तम व्यवस्था' के रूप में प्रस्तुत करके या उसे लोगों की दृष्टि में उचित ठहराकर उसके लिए लोगों की सहमति और समर्थन प्राप्त करने की क्षमता।

ideological reductionism (आइडिअ'लॉजिक्ल् रि'डक्श निज़म्) **वैचारिक अपचयवाद :** वह दृष्टिकोण या प्रवृत्ति, जिसके अन्तर्गत केवल अनुभवमूलक ज्ञान विश्वस्त ज्ञान की कोटि में रखा जाता है । सामाजिक चिन्तन या सामाजिक पुनर्निर्माण की किसी भी योजना को, विचारधारा की अभिव्यक्ति मानकर परे रख दिया जाता है । इसमें विचारधारा को, मिथ्या चेतना का विषय मानकर, विश्वस्त ज्ञान का विषय नहीं माना जाता है ।

ideological state apparatus (आइडिअ'लॉजिक्ल् स्टेट् अॅप'रेटॅस) **वैचारिक राजकीय उपकरण :** इस शब्द को लोकप्रिय बनाने में लुइ अल्थ्युसर् (Louis Althusser, 1918-1990, इस व्यक्ति के नाम का शुद्ध उच्चारण मात्र लुइ अल्थ्युसर् है) की प्रमुख भूमिका रही है । उनका कहना था कि पूँजीवादी समाज के अन्तर्गत धार्मिक एवं शैक्षणिक संस्थाएँ, संचार के साधन, परिवार, राजनीतिक दल आदि वैचारिक राजकीय उपकरण की तरह काम करते हैं । पूँजीवादी समाज के अन्तर्गत प्रभावी वर्गों का प्रभुत्व इन्हीं दमनकारी राजकीय उपकरणों (**Repressive state apparatuses**) के माध्यम से संभव होता है । विचारों की भूमिका प्रभावी वर्गों के प्रभुत्व की तुलना में नगण्य होती है । इन दोनों प्रकार के उपकरणों के बीच सन्तुलन सभी समाजों में समान रूप से नहीं पाये जाते हैं । समाज की अन्दरूनी परिस्थितियों के अनुरूप इन दोनों उपकरणों का प्रभाव अलग-अलग देखने को मिलता है ।

ideology (आइडि'ऑलजि) **आदर्श, विचारधारा :** (1) प्रत्ययविज्ञान– फ्रेंच दार्शनिक दिस्तत्त द त्रास (Destutt de trace, 1754-1836) द्वारा प्रत्ययों का विश्लेषण करने और संवेदनों से उनकी उत्पत्ति दिखाने वाले विज्ञान के लिए सर्वप्रथम प्रयुक्त शब्द । (2) सिद्धान्तवाद– कुछ अर्थनियतत्त्ववादियों द्वारा प्रभावोत्पादक व्यवहार के विपरीत प्रभावहीन या कोरे विचारों या सिद्धान्तों के अर्थ में प्रयुक्त । (3) वैचारिकी विचारधारा– सुव्यवस्थित तथा क्रमबद्ध धारणाओं, सिद्धान्त और लक्ष्य, विश्वासों, मनोवृत्तियों और विचारों की एक प्रणाली, जो कि राजनीतिक पार्टी, समूह, परिवार अथवा व्यक्ति का मार्गदर्शन और दिशा निर्देश करती है । विश्वास और प्रतीक की वह प्रणाली, जिसका अनुयायियों पर असर पड़े । यह एक ऐसा विचार या विश्वास माना जाता है, जो प्रभुत्वशाली समूहों के हितों की रक्षा करता है एवं उसे न्यायोचित भी ठहराता है । सभी समाजों में विचारधाराओं का अस्तित्व होता है । विभिन्न समूहों के बीच एक सुव्यवस्थित एवं गहरी असमानता होती है । विचारधारा की अवधारणा शक्ति के प्रश्न से जुड़ी हुई है और विचारधारात्मक प्रणाली विभिन्न समूहों की विभेदी शक्तियों को वैधता प्रदान करती है (देखें– Karl Marx, **The German Ideology**, 1846; Karl Mannheim, **Essays on the Sociology of Knowledge**, 1952; David E. Apter (ed.), **Ideology and Discontent**, 1964; Jorge Larrain, **The Concept of Ideology**, 1979) ।

idiot ('इडिअट्) **जड़बुद्धि, जड़मति :** बौद्धिक विकास के दृष्टिकोण से अत्यधिक हीन अथवा पिछड़ा हुआ व्यक्ति, जिसकी बुद्धि-लब्धि 0 से 25 तक के बीच पाई जाती है । बड़ा होने पर भी इसका व्यवहार दो साल के बच्चे के व्यवहार

के समान ही रहता है। सामाजिक विकास के दृष्टिकोण से जड़ बुद्धि अत्यधिक हीन होता है और जीवन की साधारण-से-साधारण परिस्थितियों में भी वह अपने को अभियोजित करने में असमर्थ पाता है।

idolatry (आइ'डॉलट्रि) **प्रतिमापूजा** : किसी भी भौतिक वस्तु को ईश्वर का रूप मानकर उपासना करना, विशेषकर ईश्वर की मूर्ति का आकार देकर उसकी पूजा करना।

illegitimacy (इल'जिट्मसि) **जारजता, अवैधता** : समाज अथवा कानून की दृष्टि में अवैध होने की अवस्था। संक्षेप में, नाजायज अथवा अवैध होना।

illegitimacy rate (इल'जिट्मसि रेट्) **अवैधता-दर** : इसका तात्पर्य प्रति हजार अविवाहित स्त्रियों के पीछे अवैध रूप से पैदा होने वाले बच्चों की संख्या से है।

imagination (इ मैजि'नेशन्) **कल्पना** : विगत अनुभूतियों के आधार पर नवीन मानसिक सृष्टि। वह मानसिक प्रक्रिया, जिसमें पहले देखे गए अनुभवों का जो उसके वर्तमान अनुभव में प्रत्यय के स्तर पर दृश्य के रूप में उभरती है अथवा जो अनुभव की समग्रता की पुनरावृत्ति न होकर एक नए रूप में हमारे समक्ष उपस्थित होती है।

imitation (इमि'टेशन्) **अनुकरण** : कोई चेतन अथवा अचेतन व्यवहार, जो किसी व्यक्ति के व्यवहार अथवा लक्षणों को देखकर ठीक वैसा ही किया जाता है, अनुकरण कहलाता है। अनुकरण मूल-प्रवृत्ति नहीं है, जैसा कि प्राचीन मनोवैज्ञानिक मानते थे। सीखने के महत्त्व को स्वीकार करने वाले आधुनिक मनोवैज्ञानिक अनुकरण को जन्मजात भी नहीं मानते। वे इसे सीखने की एक प्रक्रिया मानते हैं। सीखने के अन्य स्वरूपों की भाँति अनुकरणात्मक क्रियाएँ भी सीखी जाती हैं।

imitative magic ('इमिटटिव् 'मैजिक्) **अनुकारी जादू** : देखें– **Magic, imitative**।

immanent change ('इमनन्ट चेन्ज्) **अन्तर्वर्ती परिवर्तन** : यह विचार कि सामाजिक जीवन में जब कोई क्रिया एक बार आरम्भ या गतिमान कर दी जाती है, तो उससे स्वत: ही अन्य क्रियाएँ प्रारम्भ हो जाती हैं।

immanent justice ('इमनन्ट 'जॅस्टिस) **अन्तर्वर्ती न्याय** : यह विचार कि पाप, अत्याचार या नियमों के उल्लंघन करने वाले को ईश्वर या किसी अन्य दिव्य सत्ता के प्रकोप का सामना करना पड़ता है, जिससे उस पर अपने-आप विपत्तियाँ आने लगती हैं।

immediate knowledge (इ'मीडिअट् 'नॉलिज्) **प्रत्यक्ष ज्ञान, अव्यवहित ज्ञान** : ज्ञानेन्द्रियों से बाह्य वस्तुओं का और आन्तरिक प्रत्यक्ष से स्वयं अपनी मानसिक अवस्थाओं का साक्षात् अर्थात् किसी मध्यस्थ के बिना होने वाला ज्ञान। कतिपय दर्शनों में बाह्य वस्तुओं के इन्द्रिय प्रत्यक्ष को अव्यवहित ज्ञान की कोटि में स्वीकार नहीं किया जाता है।

immigration (in-migration) (इमि'ग्रेशन्) **अप्रवासन, आव्रजन** : प्रवास की वह स्थिति, जिसमें दूसरे देशों के लोग किसी विशेष देश में आकर बस जाते हैं, परन्तु जिन्हें वहाँ की नागरिकता प्राप्त नहीं होती है, उसे अप्रवासन कहा जाता है। एक ही व्यक्ति को अप्रवासी और उत्प्रवासी दोनों ही कहा जा सकता है। यह इस बात पर निर्भर करता है कि कहने वाले व्यक्ति का सन्दर्भ क्या है, जैसे– यदि कोई भारतीय भारत के बाहर जाकर रहता है, तो भारत के लोग उस प्रक्रिया को उत्प्रवास कहेंगे और जिस देश में वह गया है, उस देश के लोग भारतीय प्रवासियों की इस प्रक्रिया को अप्रवास कहेंगे: देखें– **Emigration**।

immigration rate (इमि'ग्रेशन् रेट्) **अप्रवास-दर** : प्रति 1000 जनसंख्या में देशान्तर या प्रवासियों की दर।

immobility (इमो'बिलटि) **अगतिशीलता, गतिहीनता** : किसी भी गतिशील व्यवस्था में गति का समाप्त हो जाना और निष्क्रियता तथा स्थिरता का व्याप्त होना गतिहीनता है। सामाजिक एवं आर्थिक विकास के क्षेत्र में ऐसा कभी-कभी होता है।

immortality (इमॉर्'टैलटि) **अमरता, अमरत्व** : मृत्यु के पश्चात् आत्मा के बने रहने की अवधारणा। हिन्दू धर्म आत्मा की अमरता में विश्वास करता है। पुनर्जन्म की अवधारणा इसी तर्क पर आधारित है कि आत्मा नश्वर नहीं है।

immunity (इ'म्यूनटि) **विमुक्ति** : मुख्यतः इस शब्द का प्रयोग दो अर्थों में किया जाता है– (1) समाज के कुछ वर्गों की सामान्य सार्वजनिक दायित्वों से विमुक्ति, जैसे कि कराधन (Taxation) से विमुक्ति। (2) वह स्थिति, जिसमें विदेशी राजनयिकों, युद्धपोतों अथवा अन्तर्राष्ट्रीय संगठनों के प्रतिनिधियों के सन्दर्भ में स्थानीय विधियाँ स्थगित कर दी जाती हैं। इस विमुक्ति का प्रयोजन यह होता है कि कोई एक राष्ट्र दूसरे राष्ट्र के युद्ध-प्रयत्नों में बाधा न पहुँचा सके अथवा अन्तर्राष्ट्रीय संगठन के प्रतिनिधि अपने राजनीतिक दायित्वों का सुचारु रीति से निर्वाह कर सकें । राजनयिकों को इसलिए विमुक्ति प्राप्त होती है; क्योंकि वे अपने राज्य-प्रधानों के प्रतिनिधि होते हैं और उनके ऊपर उनके शासकों के अतिरिक्त और किसी का क्षेत्राधिकार नहीं होता ।

imperfect competition (इम'पर्फ़िक्ट् कॉम्प'टिश्न्) **अपूर्ण प्रतिस्पर्द्धा** : बाज़ार की ऐसी स्थिति या ढाँचा, जिसमें वस्तुओं की क़ीमतें परस्पर प्रतिस्पर्द्धा से निर्धारित नहीं होतीं, बल्कि उत्पादनकर्ताओं को अपने उत्पादनों की क़ीमतों पर किसी-न-किसी तरह का नियन्त्रण प्राप्त होता है । यह स्थिति पूर्ण प्रतिस्पर्द्धा का विपरीत रूप प्रस्तुत करती है : देखें– **Perfect competition** ।

imperialism (इम्'पिअरिअ लिज़म्) **साम्राज्यवाद** : साम्राज्य स्थापित या विस्तार करने के लिए, जिस प्रणाली का सहारा लिया जाता है, उसे साम्राज्यवाद कहते हैं । साम्राज्यवाद की सम्पूर्ण प्रणाली को दो भागों में विभक्त कर सकते हैं– प्राचीन साम्राज्यवाद तथा नव-साम्राज्यवाद । प्राचीन साम्राज्यवाद का प्रारम्भ लगभग 15वीं शताब्दी से माना जाता है । उसके पूर्व तक यूरोप के लोग अपने महाद्वीप के अतिरिक्त अन्य किसी भी देश से परिचित नहीं थे। 15वीं शताब्दी के अन्तिम चरण में एक नयी प्रवृत्ति का विकास हुआ, जिसके अन्तर्गत भूगोलवेत्ता और अनुसन्धानकर्ता नये-नये प्रदेशों को खोज निकालने के लिए जिज्ञासु प्रतीत होने लगे । नये यन्त्रों के आविष्कार से समुद्री यात्रा सुलभ होने के कारण स्वाभाविक रूप से नये भू-भागों और राष्ट्रों से सम्पर्क स्थापित होने लगा, जिससे उपनिवेशों की स्थापना की जाने लगी। 19वीं शताब्दी में औद्योगिक क्रांति के फलस्वरूप एक नयी विचारधारा का उदय हुआ, जिसे 'नव-साम्राज्यवाद' (**Neo-imperialism**) कहा गया । तत्कालीन यूरोप के शासक अपने राजनीतिक और सैनिक आकांक्षाओं की पूर्ति हेतु बाहरी देशों पर आक्रमण करने लगे । यूरोपीय देशों के लोग उपनिवेश बनाने या बने हुए उपनिवेश को हड़पने के लिए आपस में लड़ने लगे थे । लेकिन, आजकल इस शब्द का प्रयोग मुख्यरूप से अधिक विकसित राष्ट्रों द्वारा विकासशील देशों पर आधिपत्य जमाने का भाव इंगित करने लिए किया जाता है । कभी-कभी इस शब्द का प्रयोग उपनिवेशवाद (**Colonialism**) के पर्यायवाची के रूप में भी किया जाता है । वामपंथी लेखकों ने साम्राज्यवाद को पूँजीवादी विकास की एक विशेषता के रूप में लिया है । वामपंथी अर्थशास्त्रियों का मानना है कि जब पूँजीवादियों को अपने देश के अन्तर्गत लाभ मिलना कम हो जाता है, तो वे लोग स्वाभाविक रूप से बाहर पैर फैलाने लगते हैं, जहाँ से उन्हें कच्चा माल आसानी से उपलब्ध हो जाता है । कुछ विशेषज्ञों ने मार्क्सवादियों के इस विचार का यह कहकर खण्डन किया है कि साम्राज्यवाद का विकास पूँजीवाद के विकास के पूर्व हो चुका था । साम्राज्यवाद को पूँजीवाद की एक उपज मानना यथार्थ को झुठलाने जैसा है ।

impersonation (इम् पर्स'नेश्न्) **पररूपधारण, पररूप** : किसी दूसरे व्यक्ति का रूप धारण करना अथवा अपने-आपको किसी दूसरे व्यक्ति के रूप में प्रस्तुत करना । भारतीय दण्ड संहिता में पररूपधारण के अनेक रूपों का विवेचन किया गया है, जैसे– सिपाही का रूप धारण करना, सरकारी कर्मचारियों का रूप धारण करना, मुकदमें अथवा अभियोजन के लिए किसी अन्य व्यक्ति का रूप धारण करना और जूरी-सभा या उसके सहायक का रूप धारण करना ।

implicit definition (इम्'प्लिसिट डेफ़ि'निश्न्) **निहित परिभाषा** : प्रतीकात्मक तर्कशास्त्र में स्वयंसिद्ध वाक्यों के एक समुच्चय में आये हुए अपरिभाषित पदों को इस प्रकार से परिभाषित करना कि उन पदों के निर्देश अभिप्रेत वस्तुओं तक

ही सीमित रहें और ऐसा स्वयंसिद्ध वाक्यों में ऐसी शर्तों को समाविष्ट करके किया जाता है, जिन्हें वस्तुओं का कोई एक समुच्चय कर सकता है ।

implicit faith (इम्'प्लिसिट फ़ेथ) **अन्तर्निहित आस्था :** ईसाई धर्मशास्त्र में ऐसे व्यक्ति की धार्मिक आस्था के लिए प्रयुक्त पद, जो चर्च की शिक्षाओं को पूर्णतः सत्य मानता है, परन्तु स्पष्ट रूप में यह नहीं जानता कि वे हैं क्या।

import-substitution industrialization (इम् पॉ:ट् सॅब्स्टि'च्यूशन् इन् डस्ट्रिअलाइ'ज़ेशन्) **आयात-प्रतिस्थापन औद्योगीकरण :** यह एक ऐसी आर्थिक नीति है, जिसका उद्देश्य वैसे उद्योगों को बढ़ावा देना है, जिससे बाहर से कम-से-कम माल आयात करना पड़े । औद्योगीकरण को वैसे क्षेत्रों में बढ़ावा दिया जाता है, जिन क्षेत्रों में वह देश बाहर के मुल्कों से सामान आयात करता है । यह किसी देश को आर्थिक रूप से स्वतन्त्रता प्रदान करने की नीति है । लातीनी अमरीका में इस नीति को आधार मानकर औद्योगीकरण नीति को बढ़ावा दिया गया, लेकिन जब कोई विशेष सफलता नहीं मिली, तो उन मुल्कों के नीति-निर्धारकों ने निर्यात को बढ़ावा देने के उद्देश्य से नये उद्योगों को बढ़ावा देने का प्रयास किया।

impression formation (इम्'प्रेशन् फ़ॉर्'मेशन्) **प्रभाव-निर्माण :** यह समाज मनोविज्ञान का एक ऐसा शब्द है, जिसका प्रयोग इस अर्थ में होता है कि कैसे कोई अनजान व्यक्ति एक-दूसरे के बारे में राय बनाता है ।

impression management (इम्'प्रेशन् 'मैनिज्मन्ट्) **प्रभाव-प्रबन्धन :** यह एक नाट्यशास्त्रीय अवधारणा (**Dramaturgical concept**) है, जिसकी सर्वप्रथम चर्चा इरविंग गॉफ़मैन (Erving Goffman, 1922-1982) ने अपनी पुस्तक **The Presentation of Self in Everyday Life** (1959) में की थी । इस सन्दर्भ में उन्होंने बताया है कि कैसे कोई व्यक्ति दूसरे व्यक्ति के सम्पर्क में आने पर अपने-आपको विशिष्ट ढंग से रखने का प्रयास करता है । प्रत्येक व्यक्ति की यही कोशिश होती है कि वह, जो दूसरों को दिखायी पड़ रहा है, उससे अपने-आपको बेहतर साबित कर सके ।

impressionistic study (इम्प्रे शन्'निस्टिक 'स्टडि) **प्रभाववादी अध्ययन :** ऐसा अध्ययन, जिसमें अनुसन्धानकर्ता अपने व्यक्तिगत अनुभवों, विचारों या संवेदनाओं के आधार पर आँकड़े इकट्ठा कर विश्लेषण प्रस्तुत करने का प्रयास करता है । इसके अन्तर्गत आँकड़े इकट्ठा करने का वैज्ञानिक उपकरण या औपचारिक प्रविधियों का प्रयोग नहीं किया जाता है । यह आत्मगत अध्ययन का एक उदाहरण है ।

inborn (इन्'बार्न्) **जन्मजात :** जन्मजात विशेषताएँ अथवा प्राकृतिक देन, यथा- गुण, स्वभाव, प्रवृत्तियाँ आदि । मनुष्यों में भाषा सीखने की क्षमता जन्मजात होती है । उसी के माध्यम से संस्कृति का अन्तरण और विकास होता है ।

inbreeding (इन्'ब्रीडिन्ग) **अन्त:प्रजनन :** एक प्रक्रिया, जिसके द्वारा एक समूह अथवा संस्था नवीन जैवकीय एवं मनोवैज्ञानिक तत्त्वों अथवा नवीन व्यक्तियों के अभाव के कारण गतिहीन अथवा पतनोन्मुख बन जाती है । जैवकीय क्षेत्र में एक ही जाति अथवा समूह के अन्तर्गत विवाह करने से यह प्रक्रिया उत्पन्न होती है ।

incapacitated (इन्क'पैसिटेटड्) **अपाहिज, अक्षम :** व्यक्ति की प्राकृतिक क्षमताओं का स्वत: नष्ट हो जाना अथवा उनका विनाश कर, उसे अपंग और लाचार बना देना ।

incapacitation (इन्कपैसि'टेशन्) **पंगुकरण :** अपराधियों को जेल में बन्दकर अपराध पर नियन्त्रण पाने की प्रक्रिया।

incarnation (इन्कार्'नेशन्) **अवतार :** यह विश्वास कि ईश्वर या अन्य कोई देवता, मनुष्य अथवा पशु का शरीर धारण कर कुछ समय के लिए प्रकट होता है या उस रूप में पूरा जीवन बिताता है । सन्तों के जीवन पर लिखी रचनाओं से सम्बन्धित अवतरण के मायने हैं- किसी आध्यात्मिक धारणा को निश्चित अथवा मूर्त रूप देना । यह माना जाता है कि विष्णु के दस अवतार हैं, जिनमें से प्रत्येक किसी भीषण सामाजिक संकट की घड़ी में प्रकट हुआ करते हैं । कृष्ण इन्हीं में से एक हैं । अन्य अवतारों में से कुछ हैं- वाराह, मत्स्य, कूर्म, राम, परशुराम। दशम अवतार बुद्ध को माना गया है ।

incentive (इन्'सेन्टिव्) **प्रोत्साहन :** वे वस्तुएँ, परिस्थितियाँ या घटनाएँ, जो प्राणी में शारीरिक अन्तर्नादों द्वारा जाग्रत् प्रवृत्ति अथवा व्यवहार को बढ़ाती अथवा कायम रखती हैं और एक विशेष दिशा की ओर निर्दिष्ट करती हैं । भोजन भूख का उद्दीपक है; परवर्गी काम का । किन्तु सभी वस्तुएँ सभी स्थान-समय पर उद्दीपक का काम नहीं करतीं । साधारण भोजन भूख से पीड़ित व्यक्ति के लिए उद्दीपक नहीं होता ।

incentive payment (इन्'सेन्टिव् 'पेमन्ट्) **प्रोत्साहन भुगतान :** यह उत्पादन के परिणाम पर आधारित भुगतान है । यह श्रमिकों से अधिक-से-अधिक काम लेने की नीति है । आधुनिक पूँजीवादी समाज में इसका प्रचलन काफी बढ़ा है । यह एक प्रकार का श्रमिकों के अप्रत्यक्ष शोषण का भी तरीका है ।

incest ('इन्सेस्ट) **अगम्यगमन, अजाचार :** समाज द्वारा वर्जित निकट रक्त सम्बन्धियों के बीच काम-सम्बन्ध की स्थापना, यथा– पिता-पुत्री, माता-पुत्र अथवा सहोदर भाई-बहन इत्यादि । कतिपय राजघरानों को छोड़ (प्राचीन मिस्र में) इस प्रकार के यौन सम्बन्धों को सर्वत्र घृणास्पद माना गया है । वर्तमान सामाजिक व्यवस्था की अपेक्षा प्राचीन आदिम जातियों में रक्त-सम्बन्धों को विशेष महत्त्व दिया जाता था और इसलिए प्राचीन साहित्य में इस प्रकार के सम्बन्धों का उल्लंघन करनेवालों के लिए कठोर-से-कठोर दण्ड की व्यवस्था का उल्लेख मिलता है । मनोवैज्ञानिक सिगमण्ड फ्रॉयड (Sigmund Freud, 1856-1939) के अनुसार, यह निषेध ऐसे घनिष्ठ रिश्तेदारों के मध्य यौन आकर्षण रोकने के लिए होता है, जो बचपन से साथ-साथ रहते आये हैं । जबकि मानवशास्त्री बी. मैलनॉफस्की (Bronislaw K. Malinowski, 1884-1942, हिन्दी में शुद्ध उच्चारण मात्र मैलनॉफस्की है) के अनुसार, यदि काम-उत्तेजनाओं को परिवार में स्वतन्त्रता दे दी जाये, तो पारस्परिक ईर्ष्या-द्वेष का जन्म हो जायेगा और परिवार की एकता छिन्न-भिन्न हो जायेगी । इससे समूह के स्थायित्व और प्रगति में बाधाएँ उपस्थित हो जायेंगी । यह भी देखा गया है कि ऐसे सम्बन्धों के परिणामस्वरूप उत्पन्न सन्तान शारीरिक तथा मानसिक दृष्टि से प्राय: अपरिपक्व होती है ।

incest taboo ('इन्सेस्ट ट'बू) **अगम्यगमन निषेध :** कुछ निश्चित सम्बन्धियों के मध्य यौन सम्बन्धों का वर्जित होना। विभिन्न समाजों में विभिन्न श्रेणी के सम्बन्धियों के बीच यौन सम्बन्ध वर्जित होते हैं । सभी समाजों में ऐसे कुछ नियम हैं, जो व्यक्तियों की विशिष्ट श्रेणियों के बीच विवाह और लैंगिक सम्बन्धों की स्वीकृति नहीं देते । सामान्यत: व्यक्तियों की ये श्रेणियाँ रक्त-सम्बन्धों की निकटता पर आधारित हैं । अगम्यगमन निषेध का दायरा हमेशा रक्त-सम्बन्धों द्वारा ही निर्धारित हो, ऐसी बात नहीं है । ऐसे भी समाज कम नहीं हैं, जहाँ लैंगिक सम्बन्ध ऐसे कुछ व्यक्तियों के बीच भी स्थापित नहीं किये जा सकते, जो रक्त-सम्बन्धों द्वारा जुड़े नहीं होते हैं ।

income differentials ('इन्कम् डिफ़'रेन्शअल्स) **आय विभेदक :** कुछ सामाजिक, आर्थिक विशेषताओं पर आधारित उपार्जन में अन्तर ।

incommensurability (इन्कॅ'मेन्शर्'बलिटि) **अतुलनीय :** प्रत्येक माप के अन्तर्गत माप की समान या मानक इकाई होनी चाहिए । इसके साथ ही साथ, स्केल भी मानक होना चाहिए । जबतक माप का स्केल मानक नहीं होता है, तबतक माप को कभी भी वैज्ञानिक या वस्तुपरक नहीं माना जायेगा । इसे अतुलनीय कहा जायेगा ।

incomplete induction (इनकॅम्'प्लीट इन्'डक्शन्) **अपूर्ण आगमन :** अवैज्ञानिक आगमन का वह प्रकार, जिसके मूल में प्रकृति-समरूपता के नियम को आधार मानकर किसी सामान्य निष्कर्ष को प्रतिपादित किया जाता है । उदाहरणार्थ– अनेक कौओं को काला देखकर सभी कौओं के काले होने का निष्कर्ष प्रतिपादित करना ।

incorporation (इन् कॉर्प'रेशन्) **निगमन :** यह एक ऐसी प्रक्रिया है, जिसके द्वारा कोई श्रमिक संघ किसी बड़ी व्यवस्था का हिस्सा बन जाता है या बना दिया जाता है । ऐसा होने से श्रमिक वर्ग-व्यवस्था के अंग बन जाते हैं और ऐसा नहीं होने पर वे लोग व्यवस्था के विरोध में हमेशा आवाज़ उठाते रहते हैं ।

incorrigibility (इन्कॉरिजि'बिलइटि) **असुधार्य, असाध्यता :** व्यक्ति की ऐसी मानसिक स्थिति, जिसमें किसी प्रकार का सुधार या उपचार संभव न हो ।

incremental change (इन्क्रि'मेन्ट्ल चेन्ज्) **उत्तरोत्तर परिवर्तन** : सामाजिक परिवर्तन का वह सिद्धान्त, जो आकस्मिक परिवर्तन या क्रांति का विरोध करते हुए समाज में थोड़ा-थोड़ा करके परिवर्तन लाने का समर्थन करता है। कार्ल पॉपर् (Karl R. Popper, 1902-1994) ने अपनी कृतियों में इस सिद्धान्त का विस्तृत निरूपण किया है । उन्होंने अपनी पुस्तक **The Open Society and its Enemies** (1945) के अन्तर्गत यह तर्क दिया है कि जैसे वैज्ञानिक अन्वेषण के अन्तर्गत हम यह दावा कभी नहीं कर सकते कि हमने 'सत्य' पा लिया है, वैसे ही राजनीति के अन्तर्गत निश्चयपूर्वक हम यह नहीं बता सकते कि 'सर्वगुणसम्पन्न शासक' कैसा होना चाहिए ।

indentured (इन्'डेन्चॅड) **करारबद्ध** : दो व्यक्तियों अथवा दो दलों के बीच परस्पर सहमति से लिखित अथवा मौखिक रूप में किया गया कोई अनुबन्ध, जिसकी शर्तों को मानने के लिए दोनों दल बाध्य होते हैं ।

independent variable (इन्डि'पेन्डन्ट् 'वेरिअब्ल्) **स्वतन्त्र परिवर्त्य, स्वतन्त्र चर** : वह परिवर्तनशील मात्रा अथवा मात्रा का प्रतीक, जो अपने परिवर्तनों के लिए किसी दूसरे परिवर्त्य के अधीन न हो । जब किसी चर का मान हेतुक दृष्टि से सम्बद्ध चरों के मान से मुक्त रहकर निर्दिष्ट किया जा सकता है, तब उस चर को स्वतन्त्र चर कहते हैं ।

index number ('इन्डेक्स नम्बर्) **सूचकांक** : सूचकांक प्रत्यक्ष रूप में न मापे जा सकने वाले चरों में आपेक्षिक परिवर्तनों को मापने की युक्ति है । इसका उपयोग विभिन्न समयों पर या एक ही समय में विभिन्न स्थानों पर किसी विशेष घटना के स्तर की तुलना करने के लिए किया जाता है । किसी वस्तु या मद के मूल्यों में आधार वर्ष या अन्य अवधि की तुलना में हुए प्रतिशत परिवर्तन को दर्शाने वाला अंक सूचकांक कहलाता है, जैसे– उपभोक्ता मूल्य सूचकांक (CPI), थोक मूल्य सूचकांक (WPI), उत्पादन मूल्य सूचकांक (PPI), शेयर मूल्य सूचकांक आदि।

सूचकांक सामान्य परिवर्तनों को प्रतिशत के रूप में व्यक्त करता है और फिर उनका माध्य निकाल कर परिवर्तन की प्रवृत्ति का माप करता है । इसे विशेष प्रकार का माध्य (Average) भी कहा जाता है । इसके द्वारा काल-श्रेणी (Time series) अथवा किसी स्थानिक श्रेणी (Spatial series) में होनेवाले सापेक्ष परिवर्तनों की माप की जाती है । इन्हें सापेक्ष परिवर्तन इसलिए कहा गया है; क्योंकि निर्देशांक किसी समय-विशेष (जैसे– आधार वर्ष) की तुलना में प्रचलित वर्ष (वर्तमान वर्ष) के मूल्य स्तर के प्रतिशत परिवर्तन को प्रकट करता है । इसी प्रकार, एक स्थान की तुलना दूसरे स्थान से की जा सकती है ।

index of dissimilarity ('इन्डेक्स ऑव् डि'सिमिलैरिटि) **असमानता सूचकांक** : कभी-कभी किसी समूह या सेट के बारे में यह पता लगाना आवश्यक होता है कि वह किसी गुण की दृष्टि से दूसरे समूह या सेट के समान है या भिन्न। इसको जाँचने के लिए, जिस सूचकांक का प्रयोग किया जाता है, उसे असमानता सूचकांक कहते हैं । तुलना करने के लिए किसी गुण का विभिन्न वर्गों में प्रतिशत बंटन मालूम करके एक-दूसरे का अन्तर ज्ञात किया जाता है तथा समान चिह्नों वाले अन्तर को जोड़कर यह सूचकांक ज्ञात कर लिया जाता है ।

indexicality (इन्'डेक्सिक्लिटि) **सन्दर्भता** : किसी सामाजिक अन्तःक्रिया के दौरान कोई क्या कहता है या क्या करता है, इसका अर्थ परिस्थितिविशेष के सन्दर्भ में समझा जाना चाहिए। 'सन्दर्भता' की अवधारणा नृजातिशास्त्र (**Ethnomethodology**) के उपागम की केन्द्रीय अवधारणा है । नृजातिपद्धति के अनुयायियों का कहना है कि हमारी सभी क्रियाएँ तथा कथन सन्दर्भ से जुड़े होते हैं, अर्थात् उनके अर्थ किसी शब्द या क्रिया के अर्थ हमेशा सन्दर्भगत हुआ करता है, जैसे– घर के अन्तर्गत जब कोई गृहणी Fire की बात करती है तब इसका वह अर्थ कभी नहीं होता, जो अर्थ युद्ध के मैदान में किसी सैनिक अधिकारी के द्वारा कहे जाने पर होता है । किसी चीज़ का अर्थ सन्दर्भों पर निर्भर करते हैं, जिनसे वह जुड़ा हुआ होता है । कर्त्तागण दूसरों की क्रियाओं अथवा कथनों का अर्थ लगाते समय उनके सन्दर्भों का भी ध्यान रखते हैं, जिन सन्दर्भों में वे क्रियाएँ घटित हुई हैं या वे कथन कहे गये हैं ।

Indian economy ('इन्डियन इ'कॉनमि) **भारतीय अर्थव्यवस्था :** आज़ादी के बाद भारत के तत्कालीन प्रधानमंत्री जवाहरलाल नेहरू ने समाजवाद को पूरी तरह से नहीं अपनाया, पर भारत की आर्थिक नीति में समाजवाद के लक्षण साफ देखे जा सकते थे। भारत में ज्यादातर उद्योगों को सरकारी नियन्त्रण के अन्तर्गत रखे जाने के लिए कई तरह के नियम बनाये गये। इस तरह की नीति को कई अर्थशास्त्रियों ने लाइसेंस राज और इंस्पेक्टर राज का भी नाम दिया। बिजली, सड़कें, पानी, टेलीफोन, रेल यातायात, हवाई यातायात, होटल इन सभी पर सरकारी नियन्त्रण था या तो निजी क्षेत्र को इन उद्योगों में पूँजी निवेश की अनुमति नहीं थी या फिर बहुत ही नियन्त्रित अनुमति थी। दूसरे कई उद्योगों में (जैसे– खिलौने बनाना, रीटेल आदि) बड़ी निजी कम्पनियों को पूँजी निवेश की अनुमति नहीं थी। बैंको को भी सरकारी नियन्त्रण में रखा जाता था। 1951 से 1979 तक भारतीय आर्थिक विकास–दर 3.1 प्रतिशत थी। प्रति व्यक्ति विकास–दर 1.0 प्रतिशत थी। विश्व में इसे हिन्दू ग्रोथ रेट के नाम से जाना जाता था। भारतीय उद्योगों की विकास–दर 5.4 प्रतिशत थी, कृषि विकास–दर 3.0 प्रतिशत थी। कई कारणों से भारत का आर्थिक विकास बहुत कम था। मुख्य कारण थे- कृषि उद्योग में संस्थागत कमियाँ, देश में कम तकनीकी विकास, भारत की अर्थव्यवस्था का विश्व के दूसरे विकसित देशों से एकीकृत न होना, चीन और पाकिस्तान से हुए चार युद्ध, बांग्लादेशी शरणार्थियों की देश में बाढ़, 1965, 1966, 1971 और 1972 का सुखाड़, देश के वित्तीय संस्थानों का पिछड़ा हुआ होना, विदेशी पूँजी निवेश पर सरकारी रोक, शेयर बाज़ार में अनेक बड़े और छोटे घपले, कम शिक्षा–दर, कम पढ़ी–लिखी जनसंख्या तथा भारत में सन् 1985 से बैलेंस ऑफ पेमेंट की समस्या का शुरू होना। 1991 में चन्द्रशेखर सरकार के शासन के दौरान भारत में बैलेंस ऑफ पेमेंट की समस्या ने विकराल रूप धारण किया और भारत की पहले से चरमरायी हुई अर्थव्यवस्था घुटनों पर आ गयी। भारत में विदेशी मुद्रा का भण्डार केवल तीन हफ्तों के आयातों के बराबर रह गया। यह एक बहुत ही गम्भीर समस्या थी। नरसिम्हा राव के नेतृत्व वाली भारत सरकार ने भारत में बड़े पैमाने में आर्थिक सुधार करने का फैसला किया। उदारीकरण कहलाने वाले इन सुधारों के प्रणेता थे मनमोहन सिंह। मनमोहन सिंह ने आने वाले समय में भारत की अर्थनीति को पूरी तरह से बदलने की शुरूआत की। उनके किये हुए आर्थिक सुधार मुख्यत: तीन श्रेणियों में आते हैं– उदारीकरण (**Liberalization**), वैश्वीकरण (**Globalization**), निजीकरण (**Privatization**)। 1996 से 1998 तक पी. चिदम्बरम भारत के वित्त मंत्री हुए और उन्होंने मनमोहन सिंह की नीतियों को आगे बढ़ाया। 1998 से 2004 तक देश में एन. डी. ए. (राजग) गठबन्धन के नेतृत्व में गठित भारतीय जनता पार्टी की सरकार ने और भी ज्यादा उदारीकरण और निजीकरण किया। इसके बाद 2004 में आधुनिक भारत की अर्थनीति के रचयिता मनमोहन सिंह भारत के प्रधानमंत्री बने और पी. चिदम्बरम वित्त मंत्री। इन सभी सालों में भारत ने काफी तेज़ी से तरक्की की। अर्थव्यवस्था में आमूल–चूल परिवर्तन हुए और भारत ने विश्व अर्थव्यवस्था में अपना स्थान बनाना शुरू किया।

Indian left ('इन्डियन लेफ्ट) **भारतीय वामपंथ :** भारत में वामपक्ष या वामपंथ का उदय प्रथम विश्वयुद्ध के पश्चात् माना जा सकता है। सारे विश्व को हिला देने वाली रूसी क्रांति का भारत पर भी गहरा प्रभाव पड़ा। रूस की सर्वहारा क्रांति ने युवकों तथा मज़दूरों में नई आशा तथा विश्वास उत्पन्न किया। साथ ही, उसने राष्ट्रीय स्वतन्त्रता आन्दोलन को नई दिशा एवं गति प्रदान की। भारतीय राष्ट्रीय कांग्रेस में इस दौर में जहाँ राष्ट्रीय शक्तियों के मध्य एकता की भावना पर बल दिया गया, वहीं दूसरी ओर कांग्रेस के अन्दर तथा बाहर वामपंथी गुट ने स्वाधीनता के लिए संघर्ष किया तथा श्रमिक वर्ग के अधिकारों का मुद्दा उठाया। नि:सन्देह कांग्रेस में वामगुटों के साधनों, युक्तियों, विचारधाराओं एवं रणनीति को लेकर काफी मतभेद था। किन्तु वे राष्ट्रीय स्वाधीनता के लिए समाजवादी विचारधारा को लागू किये जाने के पक्षधर थे। वैसे भारतीय साम्यवादी दल ने स्वतन्त्रता के पूर्व अपने पूरे अस्तित्वकाल में अस्थिर नीति का प्रदर्शन किया। उसने इस बात को निर्धारित नहीं किया कि राष्ट्रीय बूर्जुआ वर्ग के साथ उसे टकराव का मार्ग अपनाना चाहिये या सहयोगी का। कमोबेश यह समस्या साम्यवादियों के साथ आज भी बनी हुई है। बहरहाल, साम्यवादी दल श्रमिक संघ या ट्रेड यूनियन मोर्चे पर काफी सक्रिय है। यद्यपि सोवियत संघ के पतन से उसे झटका लगा है, किन्तु कुछ राज्यों में अभी भी ये अपना अस्तित्व बनाये हुए हैं।

indicator ('इन्डि केटर्) **संकेतक :** यह एक ऐसी मात्रात्मक माप है, जो समाज की आर्थिक या सामाजिक स्थिति का बोध कराती है, जैसे– बेरोजगारीदर, प्रजननता–दर, मृत्यु–दर इत्यादि ।

indirect democracy (इन्डाइ'रेक्ट् डि'मॉक्रसि) **परोक्ष लोकतन्त्र :** लोकतन्त्र का वह रूप, जिसमें जनता समय–समय पर अपने प्रतिनिधियों का निर्वाचन करती है और वे प्रतिनिधि विधानसभाओं में जनता की आकांक्षाओं का प्रतिनिधित्व करते हैं । इस प्रकार, विधियों का निर्माण और शासन का संचालन प्रत्यक्षत: स्वयं जनता द्वारा नहीं प्रत्युत, परोक्षत: जनता के प्रतिनिधियों द्वारा होता है । इसे प्रतिनिधिक लोकतन्त्र भी कहते हैं । आजकल प्रत्यक्ष लोकतन्त्र प्राय: समाप्त हो गया है और लोकतन्त्र का अभिप्राय ही परोक्ष या प्रतिनिधिक लोकतन्त्र माना जाता है ।

indirect descent (इन्डाइ 'रेक्ट् डिसे'न्ट) **अप्रत्यक्ष वंशानुक्रम :** वंशानुक्रम की ऐसी पद्धति, जिसके अनुसार बच्चे अपनी माँ या पिता के टोटमी कुल से सम्बन्धित न होकर, पितामह के टोटमी कुल से सम्बन्धित रहते हैं ।

indirect social control (इन्डाइ 'रेक्ट् 'सोशल् कन् 'ट्रोल्) **अप्रत्यक्ष सामाजिक नियन्त्रण :** अप्रत्यक्ष नियन्त्रण से तात्पर्य व्यक्ति के शेष सामाजिक व भौतिक वातावरण द्वारा व्यक्ति पर नियन्त्रण से है । विभिन्न संस्थाओं और संगठनों द्वारा लगाया गया बन्धन अप्रत्यक्ष नियन्त्रण है । नियन्त्रण का यह स्वरूप अत्यधिक सूक्ष्म व छोटे–से–छोटे व्यवहारों को नियन्त्रित करता है । इसके द्वारा व्यक्ति को एक विशेष प्रकार का व्यवहार करने को बाध्य किया जाता है, उदाहरणस्वरूप, किसी बड़े व्यक्ति को सामने देखकर खड़ा हो जाना आदि । यह नियन्त्रण कालान्तर में हमारे व्यक्तित्व का अंग बन जाता है ।

indispensable (इन्डि स्पेन्सबल) **अपरिहार्य :** वह वस्तु अथवा क्रिया, जो मूलभूत रूप से आवश्यक है और जिसे अन्य वस्तु अथवा क्रिया से पूरा नहीं किया सकता ।

individual deterioration (इन्डि 'विज़ुअल् डिटिअरिअ 'रेशन्) **व्यक्तिगत अवह्रास :** व्यक्ति की स्थिति बिगड़ने की प्रक्रिया, जिसमें पहले की अपेक्षा वह हीनतर हो जाता है ।

individual deviant (इन्डि 'विज़ुअल् 'डीविअन्ट) **वैयक्तिक विचलन :** वह व्यक्ति, जो किसी संस्कृति या उपसंस्कृति के मानदण्डों से विचलित होकर कोई कार्य करता है ।

individual mobility (इन्डि 'विज़ुअल् मो'बिलटि) **वैयक्तिक गतिशीलता :** ऐसी गतिशीलता, जो व्यक्तिगत प्रयास से संभव होती है । इसके अन्तर्गत वैयक्तिक प्रवास (Individual migration) की प्रक्रिया को शामिल नहीं किया जाता है ।

individualism (इन्डि 'विज़ुअलिज़म्) **व्यक्तिवाद :** एक परिप्रेक्ष्य अथवा एक विचारधारा, जो व्यक्ति की महत्ता अथवा श्रेष्ठता पर बल देती है । व्यक्तिवाद का मूल सूत्र यह है कि प्रत्येक सामाजिक या राजनीतिक विचारधारा का केन्द्रबिंदु व्यक्ति ही है । नीतिशास्त्र में, यह मानने की प्रवृत्ति कि नैतिक मानकों का मूल्य व्यक्तिपरक है, सार्वभौम या निरपेक्ष नहीं । समाजशास्त्र का वह सिद्धान्त, जिसके अनुसार व्यक्ति का मूल्य प्राथमिक और समाज गौण होता है । राजनीतिक सिद्धान्त के रूप में व्यक्तिवाद, व्यक्ति की स्वतन्त्रता, गरिमा तथा हितों से सम्बन्धित एक ऐसा दृष्टिकोण है, जो इन्हीं के आधार पर न्याय, राजनीतिक दायित्वों तथा जनहितों की तुष्टि की विवेचना करता है । व्यक्तिवाद की बहुधा समूहवाद से तुलना की जाती है, जिसमें व्यक्तिगत हितों की अपेक्षा सामूहिक हितों को सर्वोपरि समझा जाता है ।

व्यक्तिवाद की धारणा काफी पुरानी है । आधुनिक अर्थों में इस शब्द का सर्वप्रथम प्रयोग हमें सन् 1838 में ए. डी. टॉकवील (Alexis-Charles-Henri Clérel de Tocqueville, 1805-1859) की पुस्तक **Democracy in America** में देखने को मिलता है । व्यक्तिवाद का प्रयोग एक अन्य अर्थ में भी किया गया है । इस दूसरे अर्थ में, सामाजिक व्यवस्थाएँ मुख्यत: व्यक्तियों से बनती हैं और उन्हें व्यक्तियों की विशेषताओं, हितों तथा इच्छा–अनिच्छा के आधार पर समझा जा सकता है । व्यक्तिवाद का यह अर्थ इस प्रमुख समाजशास्त्रीय आधार को चुनौती देता है कि सामाजिक प्रणालियाँ उनके निर्णायक भागों के जोड़ से कुछ अधिक हैं तथा उन व्यक्तियों के बिना भी सामाजिक प्रणालियों का स्वतन्त्र अस्तित्व है, जिनके द्वारा वे बनती हैं (देखें– Steven Lukes, **Individualism**, 1973; Thomas C. Heller, Morton Sosna and David E. Wellbery, **Reconstructing Individualism**, 1986) ।

individualist (इन्डि 'विज़ुअलिस्ट) **व्यक्तिवादी :** इस शब्द का प्रयोग मुख्यत: दो अर्थों में किया जाता है– (1) ऐसा व्यक्ति, जो अपने व्यक्तित्व तथा अहम् के अस्तित्व की संपुष्टि करता है तथा किसी प्रकार के बाह्य दबाव से प्रभावित नहीं होता है । (2) व्यक्तिवाद का समर्थक ।

individualistic hedonism (इन्डि 'विज़ुअलिस्टिक हीडॅनिज़्म्) **व्यष्टिपरक सुखवाद :** स्वसुखवाद का दूसरा नाम : देखें– **Egoistic hedonism** ।

individualization (इन्डि 'विज़ुअलाइ ज़ेश्न्) **वैयक्तिकीकरण :** वह प्रक्रिया, जिसके द्वारा व्यक्ति ऐसी विशेषताओं का अर्जन करता है, जिससे उसका व्यक्तित्व दूसरों से भिन्न हो जाता है : देखें– **Individuation** ।

individuation (इन्डि 'विड्युएश्न्) **वैयक्तिकता, व्यक्तीयन :** विकसित व्यक्तित्व की धारणा का प्रयोग युंग (Carl G. Jung, 1875-1961) ने एक विशेष अर्थ में किया है । इसकी चार अवस्थाएँ होती हैं । पहली अवस्था में व्यक्ति को अपनी भावना-इच्छा, स्वाभाविक प्रकृति के साथ समझौता करना होता है । 'शैडो' (Shadow) व्यक्ति का आवश्यक अंग है, इसका निष्कासन करके व्यक्ति का आध्यात्मिक विकास संभव नहीं होता; बल्कि इसकी प्रकृति को समझकर व्यक्ति को इसे अपनाना होता है । दूसरी अवस्था वह है, जिसमें स्त्रीभाव-प्रतिमा (Anima) तथा पुरुषभाव-प्रतिमा (Animus) का ज्ञान होता है । जब तक ये भाव-प्रतिमाएँ अज्ञात मन में पड़ी रहती हैं, व्यक्ति का जीवन एक उलझन-सा रहता है । पुरुष का असंगत आकर्षण स्त्री की ओर और स्त्री का पुरुष की ओर बना रहता है । इनकी चेतना होने पर व्यक्तित्व में स्थिरता आती है । तीसरी अवस्था में वाइज ओल्ड मैन (Wise old man) और मैगना मैटर (Magna mater) से तादात्म्य होता है । चौथी अवस्था में आत्मा (Self) का आविर्भाव होता है और व्यक्ति एक विशेष शक्ति का अनुभव करता है और सुख-दु:ख से परे हो जाता है । यह आध्यात्मिक, संवेगात्मक और बौद्धिक प्रौढ़ता का सूचक है ।

indoctrination (इन 'डॉक्ट्रि नेश्न्) **मतारोपण, मत-शिक्षण :** इस शब्द का प्रयोग मुख्यत: दो अर्थों में किया जाता है– (1) प्रत्येक समाज अपने सदस्यों को कुछ करने या नहीं करने का पाठ पढ़ाता रहता है । उसे यह नहीं सोचना है कि क्या गलत है और क्या सही है । उसे समाज के द्वारा निर्देशित मार्गों का अनुसरण करना है । समाजीकरण एक ऐसी प्रक्रिया है, जिसके माध्यम से समाज अपने सदस्यों को सामाजिक मानदण्डों के अनुरूप व्यवहार करने को प्रेरित करता है, इसे ही मतारोपण कहा जाता है । (2) व्यक्तियों को किसी विशेष विचारधारा की इस प्रकार शिक्षा देना, जिससे वे उसी के रँग में रँग जायें । साम्यवादी व्यवस्थाओं में इसका विशेष प्रचलन माना जाता है ।

induction (इन् 'डक्श्न्) **आगमन, सामान्यानुमान :** अनुमान का वह प्रकार, जिसमें विशेष तथ्यों से सामान्य निष्कर्ष निकाला जाता है । उदाहरणार्थ– चूँकि राम मरणशील है, मोहन मरणशील है और सोहन मरणशील है, अत: सभी मनुष्य मरणशील हैं ।

inductive method (इन् 'डक्टिव मे'थॅड) **आगमन विधि :** तर्कशास्त्र की वह पद्धति, जिसमें अवलोकन-प्रेक्षण के आधार पर परिणाम निकाले जाते हैं, आगमन विधि कहलाती है । इस विधि में खोज की प्रक्रिया विशिष्ट से सामान्य की ओर चलती है । राम, श्याम, मोहन सभी मर चुके हैं; क्योंकि मानव मरणधर्मा है । यह आगमन विधि का एक उदाहरण है । न्यूटन ने पेड़ से गिरते हुए सेव को देखकर ही तो गुरुत्वाकर्षण शक्ति के नियम की रचना की थी। उनका यह विचार आगमन विधि पर आधारित था ।

industrial action (इन् 'डस्ट्रिअल् 'ऐक्श्न्) **औद्योगिक क्रिया या गतिविधि :** उद्योगों में रोज़गार के सम्बन्ध में उद्योग मालिकों एवं श्रमिकों के लिए कई प्रकार के कानूनी हक प्राप्त होते हैं, जैसे– सेवा सम्बन्धी शर्तों में बदलाव या सुधार लाने के लिए श्रमिकों को हड़ताल पर जाने या काम रोको प्रस्ताव पर अमल करने का अधिकार है, तो दूसरी तरफ उद्योगों के मालिकों को काम नहीं करने वाले श्रमिकों की तनख्वाह रोकने तथा मज़दूरों की छटनी का हक प्राप्त है।

इसके अलावा उद्योगपतियों को तालाबन्दी का भी अधिकार होता है, ताकि आलसी व झगड़ालू श्रमिकों को काम तथा मज़दूरी से वंचित किया जा सके ।

industrial capitalism (इन्'डस्ट्रिअल् 'कैपिटलिज़म्) **औद्योगिक पूँजीवाद** : देखें– **Capitalism** ।

industrial conflict (इन्'डस्ट्रिअल् 'कॉन्फ्लिक्ट्) **औद्योगिक संघर्ष** : औद्योगिक संस्थाओं में आपसी हितों के टकराव से उत्पन्न संघर्ष, जो श्रमिकों तथा प्रबन्धकों के बीच चलते हैं । इसके अनेक कारण हो सकते हैं, जैसे– श्रमिकों की मज़दूरी की बढ़ोतरी, बोनस का प्रश्न, काम करने के घंटों में कमी, कार्यकाल की परिस्थितियाँ तथा प्रबन्धकों की निरंकुशताएँ आदि । बहुधा इन माँगों को मनवाने के लिए श्रमिक हड़ताल व आन्दोलनों का सहारा लेते हैं और मिल मालिक उन्हें झुकाने के लिए तालाबन्दी तथा अन्य उपाय अपनाते हैं (देखें– Stephen Hill, **Competition and Conflict at Work**, 1981) ।

industrial democracy (इन्'डस्ट्रिअल् डि'मॉक्रसि) **औद्योगिक जनतन्त्र** : इस अवधारणा का प्रयोग एक से अधिक अर्थों में हुआ है । सामान्य अर्थ में किसी उद्योग या व्यावसायिक प्रतिष्ठान में श्रमिकों एवं अन्य कर्मचारियों की आंशिक या पूर्ण सहभागिता की व्यवस्था को औद्योगिक जनतन्त्र कहते हैं । इसके अन्तर्गत उत्पादन के साधनों पर श्रमिकों के स्वामित्व पर बल दिया जाता है । निर्णय मात्र उद्योगपतियों का न होकर श्रमिकों का भी होता है । औद्योगिक जनतन्त्र आधुनिक पूँजीवादी व्यवस्था की देन है । इसका विकास मज़दूरों के हितों की सुरक्षा के लिए हुआ है ।

industrial integration (इन्'डस्ट्रिअल् इनृटि'ग्रेशन्) **औद्योगिक एकीकरण** : अधिकतम लाभ के उद्देश्य से व्यावसायिक एकीकरण एक ऐसी प्रवृत्ति है, जिसके अन्तर्गत विभिन्न व्यावसायिक प्रतिष्ठानों को जोड़ा जाता है । यह दो स्तरों पर संभव होता है– पहला, समान वस्तुओं के उत्पादन करनेवाले विभिन्न प्रतिष्ठानों को जोड़कर चलाया जाता है और दूसरा विभिन्न स्वतन्त्र कम्पनियों को एकसाथ जोड़कर समान नियन्त्रण प्रणाली के अन्दर रखकर व्यवसाय चलाया जाता है ।

industrial policy (इन्'डस्ट्रिअल् 'पॉलसि) **औद्योगिक नीति** : उद्योगों के क्षेत्र में आचरण सम्बन्धी लक्ष्य । इन लक्ष्यों की पूर्ति के लिए व्यापार संगठन, फर्म तथा नेतागण उद्योग सम्बन्धी प्रक्रिया तथा कार्यनीति की घोषणा करते हैं, जिससे वे सरकारी विभागों के आदेशों के अनुसार नीति अपनाने का लक्ष्य निर्धारित कर सकें ।

industrial prison (इन्'डस्ट्रिअल् प्रिज़्'न्) **उद्योगप्रधान कारागार** : ऐसे कारागार, जहाँ अभियुक्तों को जीवन में पुनर्वास के उद्देश्य से उद्योगों में लगाया जाता है । मुख्यत: यह सब लम्बे सश्रम कारावास में घोर अपराधियों से ही कराया जाता है ।

industrial relations (इन्'डस्ट्रिअल् रि'लेशन्स) **औद्योगिक सम्बन्ध** : इसका प्रयोग नियोजन से सम्बद्ध तथा इससे सम्बन्धित संस्थाओं के लिए किया जाता है । इसके अन्तर्गत कामगारों, कार्य-समूहों, कर्मचारी संगठनों और प्रबन्धकों, प्रतिष्ठानों व मालिकों के संगठनों के बीच सम्बन्ध स्थापित किये जाते हैं । औद्योगिक सम्बन्धों का अध्ययन कई विज्ञानों, यथा– औद्योगिक समाजशास्त्र, श्रम-अर्थशास्त्र, श्रमिक संगठनों का इतिहास तथा कुछ सीमा तक मनोवैज्ञानिक और राजनीतिक शास्त्र के द्वारा किया जाता है । अत: यह विषय अन्तरविज्ञानीय अध्ययन का क्षेत्र है (देखें– Delbert Miller and William Form, **Industrial Sociology in Organizational Life**, 1980) ।

industrial reserve army (इन्'डस्ट्रिअल् रि'ज़र्व'आर्मि) **अतिरिक्त औद्योगिक श्रमिक दल** : यह शब्द कार्ल मार्क्स (Karl Marx, 1818-1883) के साहित्य से आया है, जिसका अभिप्राय श्रमिकों के वैसे निम्न तथा गरीब तबके से है, जिन्हें काम का अवसर तभी प्राप्त होता है, जब एकाएक किसी व्यवसाय या उद्योगों का विस्तार होता है या जब उद्योगों में लगे श्रमिक अनिश्चितकालीन हड़ताल पर चले जाते हैं । यह श्रमिकों का एक ऐसा सुरक्षित दल है, जो उद्योगपतियों के लिए ज़रूरत के समय आसानी से उपलब्ध होता है ।

industrial revolution (इन्'डस्ट्रिअल् रेव्'लूशन्) **औद्योगिक क्रांति** : 1750-1850 की अवधि में यूरोप में आर्थिक,

औद्योगिक और वाणिज्यिक क्षेत्रों में जो युगांतकारी परिवर्तन हुए और जिनके फलस्वरूप सामाजिक तथा राजनीतिक क्षेत्रों में व्यापक परिवर्तनों की राह खुल गई, इन्हीं परिवर्तनों को समग्र रूप से औद्योगिक क्रांति का नाम दिया जाता है । इस क्रांति का मूलतत्त्व यह था कि पहले जो काम मनुष्य शरीरिक-श्रम से करता था, वह काम मशीनों तथा तकनीकी साधनों से किया जाने लगा । भापशक्ति जैसी नई खोजों, पावरलूम, कताई मशीन आदि जैसे आविष्कारों ने उत्पादन के क्षेत्र में क्रांति ला दी । इसी अवधि के दौरान कारखाना प्रणाली तथा पूँजीवाद का उदय हुआ । तकनीकी आविष्कारों ने पूर्णतः उत्पादन-प्रक्रिया को बदल दिया तथा उद्योगों को घर की चारदीवारी तथा उत्पादन की लघु प्रणाली से निकालकर बृहत् कारखानों में परिणत कर दिया । औद्योगिक क्रांति संसार के विभिन्न भागों में अलग-अलग समय में हुई है । इस क्रांति का नेता इंग्लैंड था, जहाँ 1780 के आस-पास यह क्रांति आरम्भ हुई। पश्चिमी यूरोप तथा संयुक्त राज्य अमरीका में यह क्रांति उन्नीसवीं शताब्दी के मध्यकाल में हुई और रूस, जापान तथा पूर्वी और दक्षिणी यूरोप में उन्नीसवीं शताब्दी के अन्तिम चरण में। बीसवीं शताब्दी के आरम्भ में चीन तथा तुर्की जैसे एशियाई देशों में इस क्रांति का प्रादुर्भाव हुआ। भारत में औद्योगिक क्रांति का बीजारोपण तो उन्नीसवीं शताब्दी के अन्तिम चरण में हो गया था, पर इसकी गति में तीव्रता स्वतन्त्रता के बाद ही आ सकी । आजकल एक 'द्वितीय औद्योगिक क्रांति' (**Second industrial revolution**) की भी बात की जा रही है, जिसकी शुरूआत सन् 1880 तथा 1910 के बीच, विशेषतः जर्मनी तथा अमरीका में हुई है। इस क्रांति की प्रमुख विशेषताएँ उद्योग में अधिकाधिक स्वचालित तथा अत्याधुनिक मशीनों का प्रयोग, ऊर्जा के रूप में बिजली तथा अणु शक्ति का प्रयोग, ज्वाइंट स्टाक कम्पनियों की स्थापना, व्यापार एवं वाणिज्य में परिष्कृत बाज़ार प्रणाली का प्रयोग आदि हैं (देखें– R. M. Hartwell, **The Causes of the Industrial Revolution in England**, 1967; E. J. Hobshawm, **Industry and Empire**, 1968; P. Mathais, **The First Industrial Revolution: An Economic History of Britain 1700-1914**, 1983) ।

industrial sector (इन्'डस्ट्रिअल्'सेक्टर्) **औद्योगिक क्षेत्र** : प्राथमिक क्षेत्र (**Primary sector**) में उत्पादन की भारी वृद्धि से द्वितीयक क्षेत्र (**Secondary sector**) का विकास होता है । अर्थव्यवस्था के द्वितीयक क्षेत्र को ही औद्योगिक क्षेत्र कहा जाता है । औद्योगिक क्षेत्र के विकास से आदमियों की जगह मशीनों का प्रयोग बढ़ जाता है और उससे भारी मात्रा में उत्पादन में वृद्धि होती है । औद्योगिक क्षेत्र का दूसरा नाम उत्पादन क्षेत्र (Manufacturing sector) भी है । बड़े-बड़े कल-कारखानों या उद्योगों को इसी क्षेत्र के अन्तर्गत रखा जाता है । कभी-कभी भवन निर्माण को भी औद्योगिक क्षेत्र का हिस्सा मान लिया जाता है ।

industrial society (इन्'डस्ट्रिअल् सॅ'साइअटि) **औद्योगिक समाज** : अति सरल अर्थ में, औद्योगिक समाज से तात्पर्य एक ऐसी सामाजिक व्यवस्था से है, जिसमें उत्पादन की विधि के रूप में शक्ति संचालित मशीनों का प्रयोग किया जाता है । इसमें उद्योगवाद की सभी विशेषताएँ पाई जाती हैं । इस शब्द की रचना सैन सीमाँ (C. Saint-Simon,1760-1825, हिन्दी में इस नाम का शुद्ध उच्चारण यही है) द्वारा एक ऐसे समाज को इंगित करने के लिए की गई, जिसमें उत्पादन के विशिष्ट रूप में बृहत् उद्योगों का प्रयोग होता हो । इस प्रकार के समाज की प्रमुख विशेषताएँ यन्त्रीकरण, श्रम-विभाजन, विशेषीकरण तथा इनके साथ जुड़े हुए कुछ अन्य परिवर्तन हैं, जिनमें प्रमुखतः संचार के साधनों तथा परिवहन के उन्नत रूपों का प्रयोग, बढ़ता हुआ शहरीकरण, बृहत् बाज़ार प्रणाली, प्रवजन, उपभोग की आदतों में परिवर्द्धन आदि विशेष उल्लेखनीय हैं (देखें– Wilbert E. Moore, **The Impact of Industry**, 1965; Christopher Saunders, **The Political Economy of the New and Old Industrial Countries**, 1981) ।

industrial sociology (इन्'डस्ट्रिअल् सोसि'ऑलजि) **औद्योगिक समाजशास्त्र** : समाजशास्त्र की वह शाखा, जो समाज में उद्योग-धन्धों, कल-कारखानों के उद्‌भव, विकास, पुनर्गठन, उत्पादन, उपभोग, वितरण एवं सामाजिक व्यवस्था के साथ इनके अन्तःसम्बन्धों का समाजशास्त्रीय सिद्धान्तों तथा अनुसन्धान पद्धतियों द्वारा विश्लेषण करती है । औद्योगिक समाजशास्त्र में मुख्यतः उद्योग के प्रबन्धों, श्रमिक संघों, कर्मचारी समूहों और औद्योगिक व्यवसायों का अध्ययन किया जाता है (देखें– Keith Grint, **The Sociology of Work**, 1991) ।

industrial union (इन्'डस्ट्रिअल् 'यूनिअन्) **औद्योगिक श्रमिक संगठन :** किसी उद्योग में बिना किसी भेदभाव के सभी श्रेणियों के शिल्पियों के संगठन, जिनके द्वारा वे अपनी समस्याओं को प्रशासन के समक्ष प्रस्तुत करते हैं और अपने अधिकारों के लिए संघर्ष करते हैं ।

industrialism (इन्'डस्ट्रिअ लिज़्म्) **उद्योगवाद :** व्यावहारिक विज्ञान के प्रयोग द्वारा उन्नत तकनीकी विकास की अवस्था उद्योगवाद की परिचायक है । यह स्थिति एक ऐसी प्रक्रिया का संकेत देती है, जिसमें उद्योग की स्थापना के साथ-साथ उसे बनाये रखा जाता है तथा इस प्रकार के उत्पादन के ढंग के अनुरूप जीवन को ढाला जाता है । उद्योगवाद की धारणा केवल उद्योगों में मशीनों के प्रयोग तक सीमित नहीं है, अपितु यह खेती के क्षेत्र में उन्नत बीज की किस्मों, रासायनिक खाद आदि के उत्पादन में यन्त्रीकरण के विस्तार को भी अपने में समेटता है ।

industrialization (इन् डस्ट्रिअलाइ'ज़ेशन्) **औद्योगीकरण :** औद्योगीकरण एक ऐसी प्रक्रिया है, जिसमें आधुनिकतम प्रौद्योगिकी का प्रयोग किया जाता है और जिसका उद्देश्य उत्पादन के साधनों में वृद्धि करना, मनुष्यों की जगह मशीनों पर निर्भर करना और कम-से-कम मेहनत में जीवन के स्तर को ऊपर उठाना होता है । इसके माध्यम से मनुष्यों की मशीन पर निर्भरता बढ़ती है और प्रकृति पर मनुष्यों के नियन्त्रण में भी वृद्धि होती है । औद्योगीकरण कोई ऐसी प्रक्रिया नहीं है, जो कल-कारखानों तक ही सीमित रहती है, बल्कि यह मूलतः एक आर्थिक प्रक्रिया है, जिसके अन्तर्गत मशीनों के माध्यम से उत्पादन में वृद्धि की जाती है । प्रारम्भ में यह प्रक्रिया कल-कारखानों तक अवश्य सीमित थी, पर वर्तमान काल में यह एक व्यापक आर्थिक प्रक्रिया बनकर उभरी है । औद्योगीकरण की प्रक्रिया खेत-खलिहान से लेकर कल-कारखानों तक चलती है । जहाँ कहीं भी आधुनिक मशीनों का प्रयोग उत्पादन बढ़ाने के लिए किया जाता है, वे सभी औद्योगीकरण ही माने जाते हैं ।

industrialization, de (इन् डस्ट्रिअलाइ'ज़ेशन्, डि) **प्रति-औद्योगीकरण :** समृद्ध पश्चिमी राष्ट्रों के प्राथमिक एवं द्वितीयक औद्योगिक क्षेत्रों में राष्ट्रीय उत्पादन या इनमें कार्यरत श्रमिकों का घटता हुआ अनुपात प्रति-औद्योगीकरण का द्योतक है । प्रति-औद्योगीकरण की मात्रा और कारणों के बारे में विवाद है । लगभग सभी पश्चिमी अर्थतन्त्रों में इस प्रकार की प्रवृत्ति देखी गई है, किन्तु कुछ राष्ट्रों, जैसे– ब्रिटेन में घटते हुए पूँजी निवेश तथा विनिर्माण की मात्रा में अत्यधिक ह्रास प्रति-औद्योगीकरण की घटना की पुष्टि करते हैं ।

inequality (इनइ'क्वॉलिटि) **असमानता :** धन, लाभ, शिक्षा शक्ति एवं अन्य सभी संसाधनों एवं सुविधाओं का असमान वितरण । समानता का अभाव, पद में, हैसियत में अथवा अवसर में अन्तर

inequality, social (इनइ'क्वॉलिटि, 'सोश्ल्) **सामाजिक असमानता :** जब व्यक्तियों को किसी समूह में जीवन-यापन के समान अवसरों से वंचित होना पड़ता है, तो उसे सामाजिक असमानता कहा जाता है । सामाजिक विषमता लगभग प्रत्येक समाज की एक विशेषता रही है । लेकिन, विभिन्न समाजों में इसकी उत्पत्ति के स्रोत या कारण भिन्न-भिन्न रहे हैं । आर्थिक आधार पर विषमताएँ लगभग प्रत्येक समाज में समान रूप से व्याप्त रही हैं । लेकिन, उसमें मात्रा का फर्क होता है । पारिवारिक पृष्ठभूमि, जाति, प्रजाति, सम्पत्ति, शिक्षा, धर्म, व्यवसाय इत्यादि सामाजिक विषमता की पृष्ठभूमि रही है । जटिल समाजों की तुलना में सरल समाजों में सामाजिक असमानता कम रही है । जिस किसी भी समाज में सामाजिक स्तरण है, वहाँ निश्चित रूप से सामाजिक असमानता पायी जाती है । ठीक इसके विपरीत, जहाँ सामाजिक समानता है, वहाँ सामाजिक स्तरण कम पाया जाता है । वर्तमान समय में समाजशास्त्री नारी की स्थिति के सन्दर्भ में लैंगिक असमानता (**Gender inequality**) की भी बात करते हैं । प्रत्येक समाज के अन्तर्गत आज यह कोशिश की जा रही है कि वस्तुओं और संसाधनों के असमान वितरण तथा जीवन-अवसर (Life chances) के सम्बन्ध में लोगों के बीच कम-से-कम असमानता हो ।

infamous crime ('इन्फ़मस क्राइम्) **कुख्यात अपराध :** नैतिकता अथवा राजनीतिक दृष्टि से जघन्य माने जाने वाले अपराध, यथा– देशद्रोह, अपचार आदि । बिहार का चारा घोटाला, हर्षद मेहता का प्रतिभूति घोटाला तथा तेलगी का स्टाम्प घोटाला आजाद भारत के कुछ बहुत ही चर्चित कुख्यात अपराधों में से है ।

infancy ('इन्फ़न्सि) **शैशव :** जन्मोत्तर विकास की अत्यधिक प्रारम्भिक अवस्था (प्रथम दो वर्ष), जबकि बालक लगभग पूर्णत: अपने अभिभावकों के पोषण पर ही निर्भर करता है । व्यापक अर्थ में, कभी-कभी इस शब्द का प्रयोग जन्म से लेकर परिपक्वता तक की अवस्था के लिए भी किया जाता है ।

infant mortality rate ('इन्फ़न्ट् मॉर्'टैलटि रेट्) **शिशु मृत्यु-दर :** प्रति 1000 जन्म पर एक वर्ष से कम आयु के शिशुओं की मृत्यु-दर । उच्च बाल मृत्यु-दर के कारणों का पता लगाने के लिए यह दर विशेष महत्त्व की है (देखें– Henri S. Shryock, Jacob Siegel *et al.*, **The Methods and Materials of Demography**, 1976) ।

infanticide (इन्'फ़ैन्टि साइड) **शिशुहत्या :** शिशु की हत्या करना । कुछ समाजों में अवांछित शिशुओं को जन्म लेते ही अथवा कुछ काल के उपरान्त हत्या करने की प्रथा । आजकल भारत में बहुत से लोग दहेज की समस्या के चलते बालिकाओं की हत्या शैशवकाल में ही कर देते हैं ।

infantile ('इन्फ़न् टाइल्) **शैशवकालीन :** इस शब्द का प्रयोग मुख्यत: दो अर्थों में किया जाता है– (1) बच्चे अथवा बचपन से सम्बन्धित। (2) आयु में बड़ा होने पर भी शिशु के समान व्यवहार करना।

infecundity (इनफ़ि'कॅन्डिटि) **बंध्यता :** प्रजनन अथवा सन्तानोत्पत्ति की क्षमता का अभाव । यह किसी व्यक्ति की जन्मजात जैविक दुर्बलता को दर्शाता है ।

inferential statistics (इन्फ़'रेन्शल स्ट'टिस्टिक्स्) **अनुमान-सिद्ध सांख्यिकी :** कुछ चुने गए नमूने पर आधारित सांख्यिकीय साधारणीकरण।

inferior goods (इन्'फ़िअरिअर् गुड्स्) **हीन वस्तुएँ, घटिया वस्तुएँ :** उपभोक्ताओं की आय का स्तर बढ़ जाने पर, जिन वस्तुओं की माँग कम हो जाती है, उन्हें अर्थशास्त्र की भाषा में हीन वस्तुएँ कहा जाता है । ये सामान्य और उत्तम वस्तुओं का विपरीत रूप प्रस्तुत करती हैं ।

inferiority complex (इन् फिअरि'ऑरिटि 'कॉम्प्लेक्स्) **हीनता-ग्रन्थि :** मानव-व्यवहार के विश्लेषण के सम्बन्ध में अल्फ्रेड एडलर (Alfred Adler, 1870–1937) द्वारा प्रतिपादित एक धारणा । विकृत व्यवहार के प्रसंग में इसका उपयोग गुप्त रूप से होता है । हीनता-ग्रन्थि का मूल कारण स्वाग्रह की प्रवृत्ति का सन्तोषण न हो सकना है, और इसी से व्यक्ति में हीनता का भाव उठता है । हीनत्व भाव एक प्रकार से अपनी ही आलोचना है । हीनत्व भाव आन्तरिक है और इसका सम्बन्ध संवेगात्मक अनुभूति से है ।

infertile (इन्'फ़र्टाइल्) **अनुर्वर, बंध्य :** इस शब्द का प्रयोग मुख्यत: दो अर्थों में किया जाता है– (1) प्रजनन शक्तिविहीन प्राणी । (2) कुछ उपजाया न जा सकने वाली बंजर भूमि । इस शब्द का प्रयोग जैविक तथा भौतिक दोनों अर्थों में होता है ।

infiltration (इन्फ़िल्'ट्रेशन्) **घुसपैठ :** (1) किसी नेता द्वारा शत्रु-देश पर आक्रमण करते समय पहले से कुछ व्यक्तियों को चोरी-छिपे शत्रु-देश के भीतर भेज देना, जिससे कि वे आवश्यकता पड़ने पर तोड़-फोड़ का कार्य कर सकें । 1965 में पाकिस्तान ने कश्मीर पर आक्रमण के समय बहुत से घुसपैठियों को भारत के विभिन्न भागों में भेज दिया था । (2) किसी संगठन में चोरी-छिपे प्रवेश करना और वहाँ जम जाना तथा अवसर आने पर उसे हानि पहुँचाना ।

infirmary (इन्'फर्मरि) **रुग्णालय, जीर्णरोगीशाला :** अस्पताल या ऐसे स्थान, जहाँ अशक्त रोगी व्यक्तियों को रखा जाता है और उनका उपचार किया जाता है । यहाँ बहिर्रोगियों का उपचार भी किया जाता है ।

inflation (इन्ˈफ़्लेशन्) **मुद्रास्फीति :** मुद्रास्फीति वह तरकीब है, जिससे बाज़ार में मुद्रा का फैलाव मापा जाता है । उदाहरण के लिए, 2000 में सौ रुपये में जितना सामान आता था, अगर 2008 में उसे खरीदने के लिए दो सौ रुपये की ज़रूरत पड़ती है, तो यह कहा जायेगा कि मुद्रास्फीति में शत-प्रतिशत की बढ़ोतरी हुई । चीज़ों की कीमतों में बढ़ोतरी और मुद्रा की कीमत में कमी को वैज्ञानिक ढंग से सूचीबद्ध करना मुद्रास्फीति का काम होता है । इससे ब्याज दरें भी तय होती हैं । अर्थशास्त्र के साथ-साथ यह समाजशास्त्रीय महत्त्व का भी विषय है (देखें– Michael Gilbert, **Inflation and Social Conflict**, 1986) ।

influence (ˈइन्फ्लुअन्स्) **प्रभाव :** किसी व्यक्ति या समूह की अपने इच्छानुसार दूसरे व्यक्तियों या समूहों को परिवर्तित करने की क्षमता को प्रभाव कहते हैं । कुछ समाजविज्ञानियों ने प्रभाव को शक्ति का एक रूप माना है, जबकि कुछ लोग शक्ति को प्रभाव का रूप मानते हैं । प्रभाव अनुनयात्मक होता है । इसमें शक्ति की भाँति दमन, हिंसा तथा बल प्रयोग का भाव निहित नहीं होता है । व्यक्ति प्रभाव के सम्मुख स्वेच्छापूर्वक नतमस्तक हो जाते हैं, जबकि शक्ति व्यक्ति को झुकने के लिए विवश करती है ।

informal care (इन्ˈफ़ॉर्म्ल् ˈकेअर्) **अनौपचारिक देख-भाल :** औपचारिक चिकित्सकीय संस्थानों के बाहर बीमार और वृद्ध लोगों के लिए देख-रेख की व्यवस्था को ही अनौपचारिक देख-भाल की संज्ञा दी जाती है । बीमार और असहाय लोगों को अस्पतालों में न रखकर समुदाय के अन्तर्गत ही रखकर सेवा-शुश्रूषा की व्यवस्था की जाती है । इसका प्रचलन धीरे-धीरे पाश्चात्य देशों के शहरों के अन्तर्गत बढ़ता जा रहा है ।

informal economy (इन्ˈफ़ॉर्म्ल् इˈकॉनमि) **अनौपचारिक अर्थव्यवस्था :** अनौपचारिक अर्थव्यवस्था से तात्पर्य गैर-बाजारू कार्यकलापों (Non-market work) से है । दैनिक मज़दूरी करने वाले श्रमिक, घरेलू कार्यों में लगे लोग या फिर सड़कों पर काम करने वाले श्रमिक, जैसे– ठेला चालक, रिक्शा चालक, फेरी करने वाले लोग अनौपचारिक व्यवसाय के अन्तर्गत गिने जाते हैं । जिन देशों में जितनी अधिक गरीबी होगी, वहाँ अनौपचारिक अर्थव्यवस्था उतनी ही अधिक होगी। यही कारण है कि विकसित राष्ट्रों की तुलना में विकासशील देशों के अन्तर्गत अनौपचारिक व्यवस्था का फैलाव ज्यादा है । चूँकि अनौपचारिक अर्थव्यवस्था के बारे में उपलब्ध आँकड़े काफी अविश्वसनीय और कमजोर होते हैं, इसलिए अब किसी देश की अनौपचारिक अर्थव्यवस्था की ठोस जानकारी नहीं हो पाती है ।

informal education (इन्ˈफ़ॉर्म्ल् एजुˈकेशन्) **अनौपचारिक शिक्षा :** स्कूली शिक्षा के दायरे से बाहर की शिक्षा। जैसे– विद्यालयों से बाहर हस्तकला की शिक्षा इसका एक उदाहरण है ।

informal interaction (इन्ˈफ़ॉर्म्ल् इन्टर्ˈऐक्शन्) **अनौपचारिक अन्तःक्रिया :** ऐसी अन्तःक्रिया, जो सहज स्वभाव से प्रेरित होती है । यह औपचारिक नियमों या मानकों के अनुरूप नहीं होती है । साधारणतः यह अन्तःक्रिया वैयक्तिक होती है ।

informal organization (इन्ˈफ़ॉर्म्ल् ऑगनाइˈज़ेशन्) **अनौपचारिक संगठन :** एक ऐसा संगठन, जो किसी निश्चित औपचारिक नियमों पर आधारित नहीं होता है । ऐसे संगठन के अन्तर्गत लोगों के बीच प्राथमिक सम्बन्ध पाये जाते हैं, जैसे– परिवार ।

informal sanctions (इन्ˈफ़ॉर्म्ल् ˈसैन्क्शन्स्) **अनौपचारिक दण्डविधान :** अनौपचारिक दण्डविधान वह है, जिसे समाज अपने सदस्यों पर लागू करता है । यह अलिखित या मौखिक होता है, जैसे– परिवार के नियम ।

informal sector (इन्ˈफ़ॉर्म्ल् ˈसेक्टर्) **अनौपचारिक क्षेत्र :** भारत में उत्पादन गतिविधियों, मोटे तौर पर औपचारिक तथा अनौपचारिक क्षेत्र में गतिविधियाँ औपचारिक संस्थाओं द्वारा बनाए गए कानूनों और नियमों से नियन्त्रित होती हैं। अनौपचारिक क्षेत्र से हमारा मतलब उन तमाम आर्थिक गतिविधियों से है, जो बिना किसी किस्म के कानूनी रिकॉर्ड के किए जाते हैं । इनकी गतिविधियाँ देश भर में फैली हुई होती हैं । ज्यादातर स्व-नियुक्त लोग इस श्रेणी में आते हैं।

informal social control (इन्'फ़ॉर्म्ल्'सोश्ल् कन्'ट्रोल्) **अनौपचारिक सामाजिक नियन्त्रण :** वे प्रक्रियाएँ, जिनके अन्तर्गत विभिन्न समूह– विशेषकर प्राथमिक समूह– वैयक्तिक और अनौपचारिक ढंग से अपने सदस्यों को प्रचलित मानकों के अनुसरण के लिए प्रेरित या विवश करते हैं, उदाहरणस्वरूप– माता-पिता के एक इशारे पर ही बच्चे शैतानी बन्द कर देते हैं और भाई-बहन एक-दूसरे के सुख का ध्यान रखते हुए मिल-बाँट कर घर की वस्तुओं का प्रयोग करते हैं । अनौपचारिक नियन्त्रण का सम्बन्ध राज्य से न होकर समाज से होता है । यह औपचारिक नियन्त्रण की तुलना में अधिक प्रभावशाली सिद्ध होता है । प्रथाएँ, लोकरीतियाँ, लोकाचार, नैतिकता, धर्म, परिवार, जनमत, अलिखित नियम इत्यादि अनौपचारिक सामाजिक नियन्त्रण के प्रमुख साधन हैं ।

informal status (इन्'फ़ॉर्म्ल्'स्टेटस्) **अनौपचारिक स्थिति :** व्यवस्थित समूह में किसी व्यक्ति की औपचारिक प्रतिष्ठा से भिन्न स्थिति, जिसका आधार सामाजिक अधिक्रम की अपेक्षा उसकी विलक्षण प्रतिभा या गुण होता है । यह स्थिति वंश परम्परा, कुल उत्तराधिकार, प्रजाति आदि पर निर्भर करती है ।

informal structure (इन्'फ़ॉर्म्ल्'स्ट्रक्चर्) **अनौपचारिक संरचना :** एक ऐसा संगठन, जिसमें अलिखित नियम और समझ सभी सदस्यों के बीच रहती है । परिवार एवं जाति अनौपचारिक संरचना के उदाहरण हैं ।

informant (इन्फ़ॉम'अन्ट) **सूचनादाता :** अध्ययनाधीन समूह का वह सदस्य, जिसे सम्बन्धित समूह के बारे में सूचनाएँ देने के लिए चुना जाता है । किसी अपराधी के बारे में पुलिस को सूचना देने वाला व्यक्ति भी सूचनादाता ही कहा जाता है ।

information society (इन्फार्'मेश्न् सॅ'साइअटि) **सूचना समाज :** जिस समाज के अन्तर्गत सूचनाओं का आदान-प्रदान सस्ते एवं सुगम ढंग से संभव हो जाता है, उसे सूचना समाज कहा जाता है । कम्प्यूटर के आ जाने से सूचना तकनीक में काफी विस्तार हुआ है । आधुनिक संचार माध्यमों के उपयोग से घर बैठे ही लोगों को क्षणभर में विश्व के विभिन्न कोने से सूचनाओं का मिलना काफी सहज और सस्ता हो गया है । इसलिए कई विद्वानों ने आधुनिक तथा आधुनिकोत्तर समाज को सूचना समाज, सेवा समाज या ज्ञान समाज कहकर पुकारा है (देखें– Manuel Castells, **The Informational City**, 1989; Nathan Weinberg, **Computers in the Information Society**, 1990) ।

information technology (इन्फार्'मेश्न् टेक्'नॉलजि) **सूचना प्रौद्योगिकी :** देखें– **Cybersociety** ।

information theory (इन्फार्'मेश्न्'थिअरि) **सूचना-सिद्धान्त :** विज्ञान की एक शाखा, जो एक औपचारिक गणितीय अवधारणा के रूप में सूचनाओं के संचरण की व्याख्या करती है । मूलतः इसका विकास सम्भाव्य सिद्धान्त तथा विद्युत संचार व्यवस्था से जुड़ा हुआ है । आधुनिक सूचना-सिद्धान्त आर. वी. एल. हार्टले (Ralph Vinton Lyon Hartley, 1888–1970) के शोधों पर आधारित है ।

infrastructure (इन्फ्र'स्ट्रक्चर्) **अधोसंरचना, आधारिक संरचना :** उत्पादन के लिए अपेक्षित बुनियादी स्थितियाँ। कार्ल मार्क्स के अनुसार, किसी भी समाज की आधारशिला उस समाज की आर्थिक संरचना से होती है । यह मूलतः उत्पादन प्रणाली से बनती है । अतः इसमें उत्पादन शक्तियाँ और उत्पादन सम्बन्ध सम्मलित होते हैं । इसी के ऊपर समाज की अधिसंरचना टिकी होती है ।

in-group ('इन्ग्रूप्) **अन्तःसमूह :** देखें– **Group, in-** ।

inheritance (इन्'हेरिटन्स्) **विरासत, वंशागत :** मृत व्यक्ति की स्थावर अथवा वैयक्तिक सम्पत्ति का उसके उत्तराधिकारियों द्वारा अधिग्रहण । वंशागत समाज के अन्तर्गत सम्पत्ति हस्तान्तरण के नियम अन्तर्निहित होते हैं ।

inheritance, bilateral (इन्'हेरिटन्स्, बाइ'लैटरल्) **उभयवाही उत्तराधिकारी :** उभयवाही शब्द का प्रयोग पुरुष तथा स्त्री दोनों के वंशक्रम या सम्पत्ति-संचरण की व्यवस्था के लिए किया जाता है । जब एक व्यक्ति को पितृपक्ष और मातृपक्ष दोनों से अलग-अलग प्रकार से सम्पत्ति का हस्तान्तरण होता है, तब यह व्यवस्था उभयवाही उत्तराधिकारी कहलाती है।

inheritance, collateral (इन्'हेरिटन्स्, क'लैटरल्) **समस्त्रोतीय या सपिण्ड उत्तराधिकार :** जब पद एवं सम्पत्ति का हस्तान्तरण पुत्रों की अपेक्षा भाइयों के बीच होता है, तब यह व्यवस्था समस्त्रोतीय या सपिण्ड उत्तराधिकार कहलाती है ।

inheritance, matrilineal (इन्'हेरिटन्स्, मैट्रि'लिनिअल) **मातृरेखीय उत्तराधिकार :** जब सम्पत्ति एवं पद का हस्तान्तरण सन्तानों को मातृ-पक्ष के आधार पर होता है, तब इसे मातृरेखीय उत्तराधिकार कहते हैं । यह व्यवस्था मातृवंशीय समाजों की मुख्य विशेषता है, जिनमें सम्पत्ति के हस्तान्तरण के दो प्रमुख रूप देखने में आये हैं, यथा– माँ से पुत्री को और मामा से भानजे को । जहाँ परिवार की सम्पत्ति स्त्रियों की समझा जाता है तथा उन्हें मालिकाना हक प्राप्त होता है, वहाँ सम्पत्ति का हस्तान्तरण माँ से पुत्री को होता देखा गया है । भारत की खासी जनजाति इसका सर्वोत्तम उदाहरण है । कई मातृवंशीय समाजों में उत्तराधिकार की यह प्रक्रिया मामा से भानजे की ओर चलती है ।

inheritance, patrilineal (इन्'हेरिटन्स्, पैट्रि'लिनिअल) **पितृरेखीय उत्तराधिकारी :** जब पद एवं सम्पत्ति सम्बन्धी अधिकारों के संचरण की प्रक्रिया पुरुष रेखा का अनुसरण करते हुए पिता से पुत्र के रूप में चलती है, तब यह व्यवस्था पितृरेखीय उत्तराधिकार कहलाती है ।

initiation (इ निशि'एश्न्) **श्रीगणेश, दीक्षा, दीक्षण प्रारम्भ :** इस अवधारणा का प्रयोग एक से अधिक अर्थों में होता है– (1) आरम्भ, स्थापना अथवा उद्‌भव होने की क्रिया अथवा प्रक्रिया । (2) वह अनुष्ठान तथा कठिन परीक्षा, जिसके द्वारा आदिम समुदाय में युवक को औपचारिक रूप से प्रौढ़ के रूप में प्रतिष्ठापित किया जाता है ।

initiation ceremony (इ निशि'एश्न् 'सेरमनि) **दीक्षा समारोह** : देखें– **Initiation rites** ।

initiation rites (इ निशि'एश्न् राइट्स) **दीक्षा संस्कार :** इस शब्द का प्रयोग मुख्यत: दो अर्थों में किया जाता है– (1) जब कोई बालक वयस्क होता है, तो विभिन्न समाजों में उस अवसर पर कुछ अनुष्ठान किये जाते हैं, उसे ही दीक्षा संस्कार कहा जाता है । (2) कभी-कभी जब कोई व्यक्ति सांसारिक जीवन से हटकर धार्मिक या आध्यात्मिक जीवन में प्रवेश करता है, तब भी उसे दीक्षित किया जाता है या फिर जब कोई व्यक्ति किसी गोपनीय समाज (**Secret society**) का सदस्य बनता है, तो उसे भी दीक्षित किया जाता है । इन सभी प्रकार के क्रियाकलापों को भी दीक्षा संस्कार की संज्ञा दी जाती है ।

innate ('इनेट) **सहजात, जन्मजात :** किसी व्यक्ति या वस्तु में बिना किसी बाहरी प्रभाव के अर्थात् जन्म के साथ ही स्वत: होने वाली क्रिया, जैसे– किसी व्यक्ति में गणित की जन्मजात प्रतिभा ।

innate and acquired drives ('इनेट ऐन्ड् अक्वाइअर्‌ड ड्राइव्ज़्) **सहजात तथा अर्जित चालक** : देखें– **Drives, innate and acquired** ।

innate ideas ('इनेट आइ'डिआज़्) **सहज प्रत्यय, जन्मजात प्रत्यय :** आधुनिक दर्शनशास्त्र में इसके समर्थक आर. डेकार्ट (René Descartes, 1596-1650), जी. डब्ल्यु. लिबनीज़ (G. W. Leibniz, 1646-1716), इमैन्युअल काण्ट (Immanuel Kant, 1724-1804) आदि के अनुसार, कोई भी विचार अनुभव के द्वारा नहीं प्राप्त होता है, बल्कि विचारों का मन में इस प्रकार प्रवेश होता है कि उन्हें निश्चित रूप से स्वीकार कर लिया जाता है, उदाहरणार्थ– रेखागणित सम्बन्धी स्थान, समय, गति के विचार । परन्तु यह विचारधारा इमैन्युल काण्ट आदि दार्शनिकों तथा आनुवंशिकता तक ही सीमित रही ।

inner city ('इन्अर् 'सिटि) **अन्तरंग शहर** : देखें– **Zone of transition** ।

inner-directedness ('इन्अर् डाइ'रेक्टड्नेश्) **अन्तरंग निर्देशित** : देखें– **Other-directedness; Other- directed society** ।

inner-directed personality ('इन्अर् डाइ'रेक्ट्ड परस'नैलटि) **अन्त:निर्देशित व्यक्तित्व :** डेविड रिजमैन (David

Riesman, 1909-2002) के अनुसार, व्यक्तित्व का एक ऐसा प्रकार, जिसे सामाजिक मनोवृत्तियों, मूल्यों एवं मानदण्डों को अपने व्यवहार का एक अभिन्न अंग बना लिया गया है ।

inner-directed society ('इनअर् डाइ'रेक्ट्ड सॅ'साइअटि) **अन्तःनिर्देशित समाज :** डेविड रिजमैन (David Riesman, 1909-2002) तथा उनके साथियों द्वारा विकसित समाज की एक रूप सम्बन्धी अवधारणा। एक ऐसा समाज, जो अपने विशिष्ट सदस्यों में समाजानुमोदित जीवन जीने सम्बन्धी सामाजिक चरित्र को प्रश्रय देता है । यह सामाजिक चरित्र, जीवन के प्रारम्भिक वर्षों में लक्ष्यों के आत्मसात्करण का परिणाम होता है ।

innovation (इन'वेश्न्) **नवीकरण, नवाचार :** खोज तथा आविष्कार का संयुक्त रूप । किसी संस्कृति में नये तत्त्वों अथवा प्रतिरूपों का विकास अथवा समावेश होना । यह एक व्यापक क्रिया है, जिसमें बड़े आविष्कार तथा छोटे-छोटे परिवर्तन भी सम्मिलित होते हैं । समाजशास्त्र में इस अवधारणा का प्रयोग उस स्थिति के लिए किया गया है, जिसमें एक व्यक्ति सांस्कृतिक लक्ष्यों को तो स्वीकारता है, किन्तु उन्हें प्राप्त करने वाले संस्थागत साधनों को वह अस्वीकार कर देता है । इस स्थिति में व्यक्ति समाजानुमोदित लक्ष्यों की प्राप्ति के लिए येन-केन-प्रकारेण प्रयास करता है, चाहे उसमें आदर्श नियमाचारों का हनन ही क्यों न होता हो । सफेदपोश अपराध इस स्थिति का एक उदाहरण है ।

innovation centre (इनॅ'वेश्न् 'सेन्ट्र्) **नवोत्पाद केन्द्र :** एक शहर या नगर, जहाँ नई प्रविधियों एवं तकनीकों को ईज़ाद किया जाता है । वैसे नगरों को लोग इस रूप में जानते हैं कि वहाँ कुछ-न-कुछ विज्ञान और प्रौद्योगिकी के क्षेत्र में खोज का काम चलता रहता है । यह खोज का काम प्रायः किसी विश्वविद्यालय या अनुसन्धानशाला के अन्तर्गत चलता है । इंग्लैंड में कैम्ब्रीज और अमरीका में कैलिफोर्निया की सिलीकन घाटी इसी रूप में जानी जाती है ।

innovative deviance (इनॅवेटिव 'डीवि़अन्स्) **नवाचार विसामान्यता :** देखें– **Aberrant deviance** ।

innovator (इनॅ'वेटर्) **नवप्रवर्त्तक :** वैसा व्यक्ति, जो समाज के उद्देश्यों को तो स्वीकार करता है, पर उसे प्राप्त करने के साधनों में विश्वास नहीं रखता है । वह अपने ही तरीके से समाज में आगे बढ़ने का प्रयास करता है । जबरदस्ती वोट प्राप्त कर विधायक होना इसका उदाहरण है ।

inorganic evolution (इनॉर् 'गैनिक् ईव़'लूश्न्) **अजैव-उद्विकास :** जड़ पदार्थों की सरल से जटिल एवं जटिलतर होने की नैसर्गिक प्रक्रिया ।

input-output analysis ('इन्पुट'आउट्पुट् अ'नैलसिस्) **आगत-निर्गत विश्लेषण :** किसी प्रणाली– जैसे कि सामाजिक, आर्थिक या राजनीतिक प्रणाली के अध्ययन का वह तरीका, जिसमें यह पता लगाते हैं कि उस प्रणाली में बाहर से कौन-कौन-से तत्त्व प्रवेश करते हैं और वे किस-किस रूप में बदलकर उस प्रणाली से बाहर आते हैं ।

insight ('इन्साइट्) **सूझ, अन्तर्दृष्टि :** इसका सामान्य अर्थ है मानसिक ग्रहणशीलता । टिचनर के अन्तर्दृष्टिवाद में सूझ शब्द का प्रयोग किसी विषय-वस्तु के अर्थ अथवा भाव के प्रत्यक्ष ज्ञान के रूप में हुआ ।

instinct ('इन्स्टिन्क्ट) **सहजवृत्ति, मूलवृत्ति :** एक जटिल आचरण-पद्धति, जो जैविक रूप में विरासत में मिली है और जो एक जाति के सदस्यों के लिए एक समान है । लक्ष्य-विशेष की ओर प्रेरित, अभियोजनशील, अपेक्षाकृत जटिल प्रतिक्रिया अथवा व्यवहारसंघात, जिसका दैहिक आधार सम्बद्ध अंगों की परिपक्वता पर निर्भर हो, यथा– पक्षियों में घोंसला बनाने की प्रवृत्ति । मूल प्रवृत्तियों को लेकर मनोवैज्ञानिकों में भारी मतभेद रहा है । यह तो सभी स्वीकारते हैं कि मूलप्रवृत्तियाँ जन्मजात होती हैं और उन्हें सीखा नहीं जाता, किन्तु मूलप्रवृत्तियों की संख्या तथा उनकी प्रकृति के सम्बन्ध में एकात्मता का अभाव है । आजकल बहुमत यह है कि मूलप्रवृत्तियाँ यद्यपि निम्न प्राणियों में भी पाई जाती हैं, तथापि मानवों में इनका स्वरूप स्पष्ट नहीं हैं । कुछ विद्वान तो मूलप्रवृत्ति की सत्ता को बिल्कुल ही स्वीकार नहीं करते ।

institution (इन्स्टि'ट्यूश्न्) **संस्था :** साधारणतया संस्था शब्द का अर्थ एक ऐसा संगठन होता है, जिसका रूप मूर्त

होता है, जैसे– स्कूल, अस्पताल आदि । परन्तु समाजविज्ञान में 'संस्था' का एक विशेष अर्थ होता है । आम बोलचाल की भाषा में अधिकांश लोग समिति को संस्था कहते हैं । इस बात से कोई इन्कार नहीं है कि वे संस्था भी हैं । पर जिसे गैर-समाजशास्त्री लोग संस्था समझते हैं, उसे सही मायने में संस्था नहीं कहा जाता है । संस्था का स्वरूप कभी भी मूर्त नहीं होता है । आम लोगों के बीच संस्था के अर्थ के सम्बन्ध में मतभेद तो हैं ही, समाजशास्त्र में भी थोड़ी परेशानी अवश्य है; क्योंकि विभिन्न समाजशास्त्रियों ने इस शब्द का प्रयोग हमेशा एक निश्चित अर्थ में नहीं किया है।

हम समितियों का निर्माण करते हैं । साथ ही साथ, समितियों के कार्य करने के कुछ सामान्य नियम तथा कार्य-प्रणाली भी तय करते हैं । जब सुव्यवस्थित या संगठित इन नियमों को स्थायी रूप दिया जाता है और जब यह कार्य-प्रणाली या कार्यविधि समाज द्वारा स्वीकृत हो जाती है, तब इन नियमों एवं कार्य-प्रणाली को हम संस्था कहते हैं । समाज में कार्य करने के औपचारिक, मान्य, स्थापित वैसे तरीके को संस्था कहते हैं, जिसे समाज की स्वीकृति प्राप्त हो : देखें– **Association** ।

institution, social (इन्स्टि'ट्यूशन्, 'सोशल्) **सामाजिक संस्था** : देखें– **Institution** ।

institution, total (इन्स्टि'ट्यूशन्, 'टोट्ल्) **समग्र संस्था** : देखें– **Total institution** ।

institution-building (इन्स्टि'ट्यूशन् 'बिल्डिङ्) **संस्था-निर्माण** : सामाजिक और राजनीतिक जीवन में नेतृत्व की ओर से ऐसा प्रयत्न, जिसके अन्तर्गत व्यक्तियों और समूहों को उपयुक्त नियमों और प्रथाओं के अनुसार व्यवहार करने के लिए प्रोत्साहित और प्रशिक्षित किया जाता है, ताकि वे अपने विचारों, भावनाओं और माँगों को प्रकट करने के लिए सामाजिक व्यवस्था को अस्त-व्यस्त न कर दें ।

institutional competition (इन्स्टि'ट्यूशनल् कॉम्प 'टिशन्) **संस्थागत प्रतिस्पर्द्धा** : सामाजिक अन्त:क्रिया की एक प्रक्रिया, जिससे यह बात सुनिश्चित होती है कि संस्थाओं का अस्तित्व उनके सदस्यों की सक्रियता, कर्मठता तथा संगठन पर निर्भर करता है और इनके अभाव में उनका अस्तित्व संकट में पड़ जाता है ।

institutional movement (इन्स्टि'ट्यूशनल् 'मूवमन्ट्) **संस्थागत आन्दोलन** : ऐसा सामाजिक आन्दोलन, जो समाज की वर्तमान संस्थाओं के माध्यम से मनचाहा कार्य कराने को तत्पर हो, जैसे– दबाव गुट, वर्तमान विधायी और कार्यकारी संस्थाओं से ही अपना काम निकलवाने की युक्तियाँ जुटाते हैं ।

institutional population (इन्स्टि'ट्यूशनल् पॉप्यु'लेशन्) **संस्थागत जनसंख्या** : ऐसे व्यक्ति, जो किसी संस्था में एकसाथ रहते हों, जैसे– छात्रावासों में रहने वाले विद्यार्थी, अस्पतालों में रहने वाले रोगी, कैदी, सैनिक छावनियों के कर्मचारी आदि । किन्हीं प्रशासकीय कारणों से इन संस्थाओं में रहने वाले लोगों की गणना अलग से की जाती है ।

institutional racism (इन्स्टि'ट्यूशनल् रे'शिज़म्) **संस्थागत प्रजातिवाद** : अल्पसंख्यक प्रजाति के लोगों को व्यापार, शिक्षा, कानून तथा इस प्रकार की अन्य संस्थाओं में दबाकर या निम्नपद पर रखने की प्रक्रिया ।

institutional sexism (इन्स्टि'ट्यूशनल् 'सेक्सिज़म्) **संस्थागत यौनवाद** : लिंग पर आधारित एक प्रकार का भेदभाव। बहुत सारे सामाजिक एवं गैर-सामाजिक संगठनों के अन्तर्गत ऐसी परम्पराओं का निर्माण हो जाता है कि एक लिंग के लोग दूसरे लिंग के लोगों को उचित या जायज अवसर देना नहीं चाहते हैं, बल्कि जीवन में बढ़ने के अवसरों को भेदभावपूर्ण ढंग से अलग करने की पूरी कोशिश करते हैं ।

institutionalization (इन्स्टि'ट्यूशनलाइ'जेशन्) **संस्थागतकरण** : ऐसी प्रक्रिया, जिसके अन्तर्गत व्यवहार रोज़मर्रे के जीवन का अंग बन जाता है । यह एक-दूसरे अर्थ में भी प्रयुक्त होता है, जैसे– नई संस्थाओं की उत्पत्ति को भी संस्थागतकरण कहा जाता है ।

institutionalization of (class) **conflict** (इन्स्टि'ट्यूशनलाइ'जेशन् ऑव् (क्लास्) 'कॉन्फ्लिक्ट्) **वर्ग संघर्ष का**

संस्थापन : जब औद्योगिक पूँजीवाद का विकास हो रहा था, तब समाज एवं उद्योगों के अन्तर्गत संघर्ष में बढ़ोतरी हो रही थी और उससे ऐसा लगने लगा था कि वह एक-न-एक दिन क्रांति का रूप धारण कर लेगा। लेकिन वैसा नहीं हुआ, बल्कि जैसे-जैसे पूँजीवाद का विकास हुआ, क्रांति की सम्भावना का भय आधुनिक समाज में धीरे-धीरे कम होने लगा। इसी सन्दर्भ में समाजशास्त्रियों ने कहा कि सामाजिक संघर्ष संस्थागत हो गया है। क्रांति का रूप लेने की सामाजिक संघर्ष की सम्भवाना कम-से-कम दिखायी पड़ने लगी है (देखें– Ralf Dahrendorf, **Conflict After Class**, 1967)।

institutionalized discrimination (इन्स्टि'ट्यूशन् लॉइज़्ड डि स्क्रिमि'नेशन्) **संस्थागत विभेद, संस्थागत भेदभाव :** बहुत से समाज में संकीर्ण सामाजिक दायरों के आधार पर एक लम्बे समय से भेदभाव का सिलसिला जारी रहा है, जिसे देखने से ऐसा लगता है कि समाज ने उसे स्वीकृति प्रदान कर दी है, जैसे–नारियों के प्रति पुरुषों द्वारा भेदभाव, उच्च जाति के लोगों द्वारा पिछड़ी और दलित लोगों के साथ भेदभाव और पाश्चात्य देशों में गोरे लोगों के द्वारा काले लोगों के साथ भेदभाव आदि संस्थागत भेदभाव के उदाहरण हैं।

instrumental activity (इन्स्ट्र'मेन्ट्ल् ऐक्'टिव़िटि) **यांत्रिक क्रिया-कलाप :** ऐसे क्रिया-कलाप, जिनका उद्देश्य भौतिक उद्देश्यों को प्राप्त करना होता है।

instrumental interaction (इन्स्ट्र'मेन्ट्ल् इन्टर्'ऐक्शन्) **नैमित्तिक अन्तःक्रिया :** ऐसी अन्तःक्रिया, जो किसी लक्ष्य की पूर्ति के उद्देश्य से की जाती है, जैसे कि व्यापारिक लेन-देन; क्योंकि यह आर्थिक लाभ के उद्देश्य से किया जाता है। अतः यह अभिव्यंजक अन्तःक्रिया **(Expressive interaction)** का विपरीत रूप प्रस्तुत करता है।

instrumental leadership (इन्स्ट्र'मेन्ट्ल्'लीडर्शिप्) **नैमित्तिक नेतृत्व :** ऐसा नेतृत्व, जिसका ध्येय अपने अनुयायियों को किसी कार्य या लक्ष्य की सिद्धि के लिए संगठित करना, रास्ता दिखाना और उनमें प्रेरणा का संचार करना होता है।

instrumental role (इन्स्ट्र'मेन्ट्ल् रोल्) **उपकरणीय भूमिका :** परिवार और उसके बाहर के लोगों के बीच के सम्बन्ध, जैसे– परिवार के बाहर कोई पेशागत कार्य।

instrumental value (इन्स्ट्र'मेन्ट्ल्'व़ैल्यू) **साधन मूल्य :** वह वस्तु, जो साधन के रूप में मूल्यवान हो या जिसका मूल्य उससे निकलने वाले वास्तविक या सम्भावित परिणामों पर आश्रित हो।

instrumentalism (इन्स्ट्र'मेन्टलिज़म्) **उपकरणवाद :** श्रमिकों के अन्तर्गत एक ऐसी प्रवृत्ति, जिसका उद्देश्य अधिक-से-अधिक आर्थिक लाभ उठाकर या उच्च वेतन प्राप्त कर अपनी सेवा से अधिकतम सन्तुष्टि प्राप्त की जाय। यह प्रवृत्ति उस प्रकार की सन्तुष्टि से भिन्न है, जो किसी विशिष्ट सेवा में होने से श्रमिकों को स्वाभाविक रूप से प्राप्त होती है।

insulation (इन्स्यु'लेशन्) **पृथक्करण :** प्रत्येक व्यक्ति को समाज की अपेक्षाओं के अनुरूप ही भूमिका अदा करनी चाहिए, पर कभी-कभी ऐसी स्थिति उत्पन्न हो जाती है कि दो या दो से अधिक व्यक्तियों की भूमिकाएँ समान होती हैं या फिर एक ही व्यक्ति की एक से अधिक भूमिकाएँ होती हैं। वैसी स्थिति में भूमिकाओं के बीच टकराहट होती है। विभिन्न प्रकार की भूमिकाओं के बीच या विभिन्न व्यक्तियों की भूमिकाओं के बीच टकराहट न हो, इसके लिए समाज में विभिन्न व्यक्तियों एवं विभिन्न परिस्थितियों के लिए अलग-अलग भूमिकाओं का निर्माण किया जाता है। पुलिस अधीक्षक की भूमिका जिलाधीश से अलग होती है। वे अपने अधिकारों की सीमा में रहकर ही कानून पर अमल करते हैं।

intangible asset (इन्'टैन्जिब्ल्'ऐसेट्) **अमूर्त सम्पत्तियाँ :** इन सम्पत्तियों का आन्तरिक मूल्य शून्य होता है अर्थात् भौतिक अस्तित्व होता ही नहीं है। किन्तु इनका मूल्य स्वामित्व और कब्जे (Ownership and possession) के द्वारा प्रदत्त अधिकारों से प्राप्त किया जाता है, जैसे– ख्याति, पैटेन्ट, कॉपीराइट आदि।

integrated area ('इन्टि ग्रेटेड 'अरिआ) **एकीकृत क्षेत्र :** इसका अभिप्राय एक ही क्षेत्र के अन्तर्गत गिने जाने वाले इलाके

से है । वितरण मूलक अध्ययन करने के लिए कभी-कभी एकीकृत क्षेत्रों की जनसंख्या को वस्तुपरक ढंग से बाँटकर विश्लेषण करने की चेष्टा की जाती है । वैसे इलाके एक-दूसरे पर आमतौर पर निर्भर होते हैं तथा आर्थिक गतिविधियों एवं प्रशासकीय दृष्टि से वे एक-दूसरे से एक सूत्र में बँधे रहते हैं । ज्यादातर एकीकृत क्षेत्र का विकास ऐसे केन्द्र के इर्द-गिर्द बस्तियों या उपनगर के रूप में होता है, जो यातायात, औद्योगिक अथवा व्यापारिक केन्द्र होते हैं । केन्द्रीय क्षेत्र को मुख्य नगर माना जाता है और इसके इर्द-गिर्द के इलाकों को उपनगरीय क्षेत्र माना जाता है ।

integration (इन्टि'ग्रेशन्) **एकीकरण :** भिन्न-भिन्न समूहों के सदस्यों के बीच वास्तविक सामाजिक अन्त:क्रिया। ऐच्छिक या अनैच्छिक पृथक्करण को दूर करने वाली नीति। यथा– अल्पसंख्यकों को जीवन के किसी भी क्षेत्र में कार्य करने की पूरी सुविधा ।

integration, industrial (इन्टि'ग्रेशन्, इन्'डस्ट्रिअल्) **औद्योगिक एकीकरण :** उद्योग के क्षेत्र में एक नई प्रवृत्ति यह देखने को मिलती है कि उद्योगपति समान प्रकार के बिखरे हुए उद्योगों को एकसाथ जोड़कर अधिक-से-अधिक लाभ कमाने की कोशिश करते हैं । औद्योगिक एकीकरण कई प्रकार से संभव होता है, जैसे– एक से अधिक उद्योगों को मिलाकर उत्पादन को नियन्त्रित या संचालित करना या फिर कई उद्योगों के मालिकों द्वारा अलग-अलग उत्पादन कर बाज़ार पर इकट्ठा नियन्त्रण करने का प्रयास करना ।

integrative-orientation (इन्टि'ग्रेटिव ऑरिएन्'टेशन्) **समन्वयकारी उन्मुखता :** भिन्न-भिन्न परिस्थितियों, प्रवृत्तियों, व्यवहारों, मान्यताओं के बीच सामाजिक समीकरण का एक प्रक्रियात्मक भाव । संस्कृतीकरण की प्रक्रिया के द्वारा उच्च जातियों में समाहित होना इसका उदाहरण है ।

intellectual (इन्टि'लेक्चुअल्) **बुद्धिजीवी :** सामान्य अर्थों में वह व्यक्ति, जो प्रमुख रूप से किसी-न-किसी विचारों से जुड़ा हुआ है तथा उसके जीविकोपार्जन का मुख्य साधन उसका ज्ञान होता है । वर्तमान समय में बुद्धिजीवी लोगों का कोई स्पष्ट वर्ग नहीं होता है । वे समाज के विभिन्न वर्गों में पाये जाते हैं । आधुनिककाल के प्रारम्भ तक चिन्तकों, दार्शनिकों एवं समाज-सुधारकों को बुद्धिजीवी माना जाता था । प्राचीनकाल में ओझा व धार्मिक अनुष्ठान करने-कराने वाले पुजारियों को भी बुद्धिजीवी माना जाता था । आधुनिककाल में बुद्धिजीवी वर्ग के लोग समाज के हाशिए पर चले गये हैं । विश्वविद्यालयों में काम करने वाले शिक्षक पेशेवर हो गये हैं । आजीविका इनका परम लक्ष्य होता है । ऐसे लोगों को द्वितीय श्रेणी का बुद्धिजीवी माना जाता है (देखें– Paul Johnson, **Intellectuals**, 1958; Rusell Jacoby, **The Last Intellectuals**, 1987; Steve Kimball, **Tenured Radicals**, 1988) ।

intellectual function (इन्टि'लेक्चुअल् 'फ़ङ्क्शन्) **बौद्धिक कार्य :** प्राकृतिक घटनाओं, जन्म, मृत्यु, बीमारी, धर्म, विज्ञान एवं साहित्य आदि विषयों से जुड़ी चीज़ों की व्याख्या करने की क्षमता ।

intellectual leader (इन्टि'लेक्चुअल् 'लीडर्) **बौद्धिक नेता :** ऐसा नेता, जो किसी सामाजिक आन्दोलन को वैचारिक आधार प्रदान करता है, विशेषत: ऐसा सिद्धान्त प्रस्तुत करता है, जिससे उस आन्दोलन के साध्यों और साधनों को न्यायसंगत ठहराया जा सके, जैसे– भारत में महात्मा गाँधी ।

intellectual property (इन्टि'लेक्चुअल् 'प्रॉपर्टि) **बौद्धिक सम्पत्ति :** ऐसी सम्पत्ति, जो मनुष्य के बौद्धिक परिश्रम या सृजनात्मक क्षमता का परिणाम हो । यह सम्पत्ति धन या मूल्यवान वस्तुओं के रूप में मनुष्य के पास नहीं रहती, बल्कि अपने बौद्धिक परिश्रम के परिणाम पर उसके अधिकार को व्यक्त करती है, जिससे पर्याप्त धन अर्जित किया जा सकता है । उदाहरणस्वरूप– वैज्ञानिक आविष्कार, साहित्यिक, संगीतात्मक और कलात्मक रचनाएँ आदि मनुष्य की बौद्धिक सम्पत्ति हो सकती हैं ।

intellectual technology (इन्टि'लेक्चुअल् टेक्'नॉलजि) **बौद्धिक प्रौद्योगिकी :** व्यवसाय या किसी समाज के संगठन के लिए आवश्यक प्रबन्ध और तकनीक ।

intelligence (इन्'टेलिजन्स्) **बुद्धि :** बुद्धि की अनेक परिभाषाएँ दी जा चुकी हैं। कुछ लोग बुद्धि को एक विशेष योग्यता या क्षमता मानते हैं, तो कुछ लोग सीखने की शक्ति और कुछ लोग सम्बन्ध जान सकने की शक्ति । कुछ लोग बुद्धि को जन्मजात भी मानते हैं । इन परिभाषाओं में एक सामान्य बात यह मिलती है कि बुद्धि नई परिस्थितियों में नये ढंग से सफलतापूर्वक और शीघ्र अभियोजन कर सकने की जन्मजात सामर्थ्य है । बुद्धिसंगत व्यवहार की चार प्रमुख विशेषताएँ हैं– गत अनुभव का उपयोग, अभियोजनशीलता, सूझबूझ, दूरदर्शिता ।

intelligence quotient (इन्'टेलिजन्स् क्वो'शन्ट) **बुद्धिलब्धि, बुद्धिफल :** किसी व्यक्ति की वर्ष-क्रम आयु तथा उसकी मानसिक आयु से प्राप्त संख्यात्मक औसत को दशमलव से मुक्त रखने के लिए 100 से गुणा करने पर जो निष्कर्ष प्राप्त होते हैं, वे बुद्धिलब्धि कहलाते हैं । बुद्धिफल का प्रयोग व्यक्ति की बौद्धिक क्षमता को ज्ञात करने के लिए किया जाता है । इसके लिए बुद्धि-परीक्षण किये जाते हैं ।

intelligence test (इन्'टेलिजन्स् टेस्ट्) **बुद्धि-परीक्षण :** बुद्धि को मापने के लिए उपयोग में लाए जाने वाले परीक्षण। इन परीक्षणों में कोई समस्या या समस्याओं की शृंखला अथवा कोई कार्य या कार्यों की शृंखला सम्पादित करने के लिए दी जाती है और इसी आधार पर व्यक्ति की जन्मजात बौद्धिक योग्यता का अनुमान किया जाता है ।

intelligence testing (इन्'टेलिजन्स् टेस्टिंग) **बुद्धिपरीक्षण :** देखें– **Intelligence quotient; Intelligence test**।

intelligentsia (इन् टेलि'जॅन्सिऑ) **बुद्धिजीवी वर्ग :** किसी समाज के उच्च शिक्षा प्राप्त व्यक्तियों का ऐसा समूह, जो सामाजिक जीवन के विभिन्न क्षेत्रों में मुख्यत: बौद्धिक श्रम से अपनी आजीविका अर्जित करते हैं, शारीरिक श्रम से नहीं । पूर्व में इस शब्द का प्रयोग यूरोपीय समाज, विशेषकर 19वीं सदी के रूसी समाज के ऐसे लोगों के लिए किया जाता था, जो कृषक वर्ग एवं तानाशाह जार (Tsar) के मध्य अवस्थित था । यूरोप में प्रबोधकाल से 19वीं शताब्दी तक अपने समय के उच्च संस्कृति के निर्माताओं, दार्शनिकों, वैज्ञानिक आविष्कारकों की गणना बुद्धिजीवियों में की जाती थी । वे ऐसे विचारक थे, जिन्होंने अपने विचारों और नये ज्ञान से पारम्परिक समाजों के इतिहास को ही बदल डाला। इस तरह कहा जा सकता है कि बुद्धिजीवी वर्ग समाज में क्रांति के जनक होते हैं । वे दोषपूर्ण संस्थाओं पर प्रहार करते हैं । अच्छी संस्थाओं को प्रहार से बचाते तथा उन्हें आगे बढ़ाने का प्रयास करते हैं ।

intensification (इन् टेन्सिफि'केशन्) **तीव्रीकरण :** कुछ लोग अपने-आपको अपनी संस्कृति, सामाजिक परम्पराओं तथा विश्वासों से इतना अधिक जोड़ लेते हैं कि वे उनका सांस्कृतिक कर्मकाण्ड की तरह अनुकरण करने लगते हैं और समय के साथ उनके व्यावहारिक जीवन के अभिन्न अंग बन जाते हैं । इसी प्रक्रिया का नाम तीव्रीकरण है ।

intensive power (इन्'टेन्सिव्'पाउअर्) **गहन क्षमता या शक्ति :** देखें– **Organizational reach** ।

interaction (social) (इन्टर्'ऐक्शन्) **अन्त:क्रिया :** एक से अधिक व्यक्तियों के बीच उद्देश्यपूर्ण एवं अर्थपूर्ण मानवीय व्यवहार को अन्त:क्रिया कहते हैं । तमाम प्रकार की अन्त:क्रियाएँ व्यवहार कही जा सकती हैं, जबकि तमाम व्यवहार को अन्त:क्रिया की संज्ञा नहीं दी जा सकती है । सामाजिक अन्त:क्रिया सामाजिक जीवन की सबसे महत्त्वपूर्ण प्रक्रिया है; क्योंकि समाज का निर्माण इसी प्रक्रिया पर आधारित है । सामाजिक अन्त:क्रिया मानवीय व्यवहारों का ही परिणाम है । परन्तु सभी प्रकार के मानवीय व्यवहार सामाजिक क्रिया एवं अन्त:क्रिया को जन्म नहीं देते हैं । अन्त:क्रिया के चार महत्त्वपूर्ण तत्त्व होते हैं– (1) उत्तेजक या उद्दीपन (Stimulus), (2) प्रतिक्रिया (Response), (3) सामाजिक सम्पर्क (Social contact) एवं (4) संचार (Communication) (देखें– Alfred Schutz, **The Phenomenology of the Social World**, 1972) : देखें– **Social interaction** ।

interaction, focused (इन्टर्'ऐक्शन्, 'फ़ोकस्ड्) **केन्द्रित अन्त:क्रिया :** देखें– **Focused interaction** ।

interactionism (इन्टर्'ऐक्शनिज़म्) **अन्त:क्रियावाद :** मन और शरीर का सम्बन्ध स्पष्ट करने के लिए आर. डेकार्ट

द्वारा प्रस्तावित वह सिद्धान्त कि मन तथा शरीर परस्पर एक-दूसरे पर क्रिया-प्रतिक्रिया करते हैं । इस प्रकार, मनोदैहिक समस्या का समाधान इस सिद्धान्त में हुआ है । क्रिया-प्रतिक्रिया सिद्धान्त में दार्शनिक द्वैतवाद की समस्या निहित है । किन्तु एक साधारण प्राक्कल्पना के रूप में इसे स्वीकार करना मनोवैज्ञानिकों को मान्य रहा है ।

interactionist model or **perspective** (इन्टर् ऐक्शनिस्ट् 'मॉड्ल् ऑर् पर् 'स्पेक्टिव्) **अन्तःक्रियात्मक प्रतिरूप** या **परिप्रेक्ष्य** : एक ऐसा प्रतिरूप, जो व्यक्ति और समाज के बीच सम्बन्धों के आधार पर किसी तथ्य का विश्लेषण करता है, जैसे– चार्ल्स एच. कूली (Charles H. Cooley, 1864-1929, हिन्दी में इस व्यक्ति के नाम का शुद्ध उच्चारण मात्र चार्ल्स एच. कूली है) इस सम्प्रदाय के प्रणेता के रूप में एक प्रमुख उदाहरण हैं (देखें– George Herbert Mead, **Mind, Self and Society**, 1934; Charles Horton Cooley, **Human Nature and the Social Order**, 1964; Herbert Blumer, **Symbolic Interactionism: Perspective and Method**, 1969) ।

inter-caste marriage (इन् 'टर् कास्ट् 'मैरिज्) **अन्तर-जातीय विवाह** : अन्तर-जातीय विवाह का अभिप्राय प्रत्येक जाति को एक-दूसरे से विवाह करने की स्वतन्त्रता है । अन्तर-जातीय विवाह के दो रूप माने गये हैं–

(क) अनुलोम विवाह (**Hypergamy**)– हिन्दुओं की अनुलोम विवाह-प्रथा की व्याख्या करते हुए एस. राधाकृष्णन् कहते हैं कि 'प्राचीनकाल में अनुलोम विवाह, जिसमें ऊँची जाति के पुरुष नीची जाति की स्त्रियों से विवाह करते हैं, मान्य था और ऐसे विवाहों से उत्पन्न सन्तानें मध्यम जाति में रखी जाती थीं।' के. एम. कापड़िया का कहना है कि 'एक ब्राह्मण अपनी जाति के अतिरिक्त अन्य तीन जातियों में भी विवाह कर सकता है । एक क्षत्रिय अपनी जाति में तथा अपने से नीची दो जातियों में से पत्नी स्वीकार कर सकता है । वैश्य दो पत्नियाँ रख सकता है और शूद्र केवल एक।'

इस प्रकार अनुलोम विवाह का अर्थ है, उच्च वर्ण के लोगों का निम्न वर्ण की कन्याओं से विवाह करने की स्वतन्त्रता । प्रत्येक जाति में ऊँची-नीची अनेक उपजातियाँ हैं । अनुलोम विवाह उच्च उपजातियों को निम्न उपजातियों की कन्या से विवाह करने की स्वतन्त्रता प्रदान करता है । भारतीय महाकाव्यों और अन्य साहित्य के प्रमाणों से यह निःसन्देह कहा जा सकता है कि ईसा के जन्म के पूर्व अनुलोम विवाहों की पद्धति प्रचलित थी । मनु ने यद्यपि सवर्ण विवाहों को श्रेष्ठ बतलाया है, किन्तु अनुलोम विवाहों को भी मान्यता दी है । देश में अनुलोम विवाह की प्रथा 10वीं शताब्दी तक प्रचलित थी ।

(ख) प्रतिलोम विवाह (**Hypogamy**)– प्रतिलोम विवाह का नियम अनुलोम विवाह के विपरीत है । एस. राधाकृष्णन् के अनुसार, 'प्रतिलोम विवाह, जिसमें ऊँचे वर्ण की स्त्रियाँ नीचे वर्ण के पुरुषों के साथ विवाह करती हैं, निषिद्ध था और ऐसे वर्ण से उत्पन्न बच्चे चार वर्णों में सम्मिलित नहीं किये जाते थे, बल्कि वे चांडाल या निषाद हो जाते थे' कापड़िया के अनुसार, नीचे वर्णों के पुरुष का ऊँचे वर्ण की स्त्री से विवाह करना प्रतिलोम विवाह कहलाता है ।

इस प्रकार के विवाहों के उदाहरण प्राचीन साहित्य में मिलते हैं । यद्यपि इतिहास में ऐसा समय कभी नहीं रहा, जिसमें प्रतिलोम विवाह, पूर्णरूप से प्रचलित रहे हों । फिर भी कुछ उदाहरण अवश्य मिलते हैं । कदंब वंश के शकुतृस्थ वर्मा नामक ब्राह्मण राजा ने अपनी कन्याएँ गुप्त राजाओं को दी थी । प्रतिलोम विवाह के जो उदाहरण मिलते हैं, वे ऊँचे स्तर के व्यक्तियों के हैं । इससे यह विदित होता है कि समान आर्थिक स्तर के व्यक्तियों के सांस्कृतिक जीवन में अन्तर नहीं था, इसलिए उनके बीच प्रतिलोम विवाहों की प्रथा प्रचलित थी । 10वीं शताब्दी तक भारत में अनुलोम विवाह उच्च वंशों में समान आर्थिक एवं सांस्कृतिक स्तर के व्यक्तियों में प्रचलित था । अतः कहा जा सकता है कि अन्तर-जातीय विवाह केवल 20वीं शताब्दी की ही अपनी मौलिक विशेषता नहीं है ।

interdisciplinary research (इन्टर् डिसि 'प्लिनरि रि 'सर्च्) **अन्तःशास्त्रीय शोध** : सामाजिक घटनाएँ विविध पक्षीय एवं बहुकारकीय होती हैं, जिनका अध्ययन एक विज्ञान की सीमा के परे है । सामाजिक घटनाओं की इस जटिलता के कारण विभिन्न विज्ञानों के विद्वान मिलकर एक दल के रूप में, जब शोध कार्य करते हैं, तब इस प्रकार का गवेषण

अन्तर्विज्ञानीय शोध कहलाता है । दल के रूप में विभिन्न विज्ञान के शोधकर्ताओं के कार्य अपने-अपने क्षेत्र की विशेषताओं के अनुसार बँटे होते हैं । किन्तु, वे सहयोग एवं समन्वयपरकता की आधारभूत आवश्यकताओं द्वारा आपस में जुड़े भी होते हैं ।

interest aggregation ('इन्ट्रस्ट् ऐग्रि'गेशन्) **हित-समूहन :** वह प्रक्रिया, जिसके अन्तर्गत विभिन्न स्वार्थों के लोगों का स्वार्थ समान हो जाता है और उसकी पूर्ति के लिए लोग इकट्ठा हो जाते हैं । वर्तमान समय में हित-समूहन के प्रमुख माध्यम राजनीतिक दल हैं ।

interest articulation ('इन्ट्रस्ट् आर् टिक्यु'लेशन्) **हित स्पष्टीकरण :** वह प्रक्रिया, जिसके अन्तर्गत समान हित से जुड़े हुए लोगों के विचारों, अभिवृत्तियों और मान्यताओं को एक निश्चित माँगो के रूप में प्रस्तुत किया जाता है । इस कृत्य को निभाने वाली प्रमुख संरचना हित समूह है । राजनीतिक दल यही भूमिका निभाते हैं ।

interest group ('इन्ट्रस्ट् ग्रूप्) **निहित स्वार्थ समूह, लाभकार समूह :** समाज के किसी वर्ग-विशेष के हितों की सिद्धि के लिए प्रयत्नशील गुट । वैसे तो स्वार्थ समूह किसी-न-किसी रूप में सभी शासन-प्रणालियों में पाए जाते हैं, लेकिन लोकतन्त्र में इनकी विशेष भूमिका होती है । अधिक समृद्ध और शक्तिशाली स्वार्थ समूह अपनी स्वार्थसिद्धि में सफल हो जाते हैं और आम लोगों या साधारण उपभोक्ताओं के हितों की अवहेलना हो जाती है (देखें– Jeffrey M. Berry, **The Interest Group Society**, 1984) ।

interests ('इन्ट्रस्ट्स्) **अभिरुचि, स्वार्थ :** इस शब्द का प्रयोग एक से अधिक अर्थों में होता है । आमतौर पर, इसका प्रयोग चयनात्मक अर्थ में किया जाता है, अर्थात् अनेक मौजूद चीज़ों में से किसी खास चीज़ पर विशेष ध्यान देने की प्रवृत्ति को अभिरुचि कहते हैं । एक अन्य अर्थ में, इसका प्रयोग सम्पत्ति के लिए भी किया जाता है । मनोविज्ञान में इस शब्द का अर्थ कुछ अधिक ही विस्तृत है । किसी व्यक्ति की किसी वस्तु, विचार या किसी अन्य चीज़ों में विशिष्ट रुचि को स्वार्थ की संज्ञा दी जाती है ।

intergenerational mobility (इन्टर् जेन'रेशॅनल् मो'बिलटि) **अन्तःपीढ़ी गतिशीलता :** देखें– **Mobility, intergeneration** ।

intergroup antagonism (इन्टर्'ग्रूप् ऐन्'टैग्निज्म्) **अन्तःसमूह विरोध :** दो या अधिक सामाजिक समूहों के बीच विरोध या प्रतिद्वंद्विता का भाव ।

interjectionism (इन्टर्'जेक्शॅनिज़म्) **उद्‌गारवाद :** यह सिद्धान्त कि अच्छा, बुरा, शुभ, अशुभ बताने वाले मूल्य-निर्णय किन्हीं वस्तुनिष्ठ विशेषताओं को प्रकट नहीं करते, अपितु वक्ता के निजी भावों या संवेगों को व्यक्त करने वाले मात्र उद्‌गार व्यक्त होते हैं ।

interlocking directorate (इन्टर्'लॉक्'इन्ग डाइरे'क्टरिट) **अन्तर्ग्रथित निदेशकगण :** एक ऐसी व्यवस्था, जिसमें कुछ ही व्यक्ति एक से अधिक औद्योगिक निदेशक मण्डलों के सदस्य होते हैं ।

intermediate technology (इनटॅमीड्यॅट टेक्'नॉलजि) **मध्यवर्ती या माध्यमिक प्रौद्योगिकी :** देखें– **Appropriate technology** ।

internal (or domestic) **colonialism** (इन्'टर्न्ल् (ऑर् ड'मेस्टिक्) कॅ'लोनिअ लिज़म्) **आन्तरिक या देशीय उपनिवेशवाद :** देखें– **Colonialism, internal** ।

internal labour-market (इन्'टर्न्ल् 'लेबर् 'मार्किट्) **आन्तरिक श्रमिक बाज़ार :** देश के अन्दर उपलब्ध श्रमिक बाज़ार अन्तर्राष्ट्रीय श्रमिक बाज़ार की विपरीतार्थक अवधारणा है : देखें– **Labour market** ।

internal migration (इन् 'टर्नल् माइ 'ग्रेशन्) **आन्तरिक प्रवसन** : देखें– **Migration, internal** ।

internalism (इन् 'टर्न्लिज़्म्) **अन्तर्विकासवाद** : मानव-व्यवहार का वह सिद्धान्त, जिसके अनुसार मनुष्य का व्यवहार ऐसी जैविक या आध्यात्मिक शक्तियों, प्रक्रियाओं या घटनाओं का परिणाम है, जो मनुष्य के भीतर विद्यमान है । अत: यह सिद्धान्त पर्यावरण या बाह्य कारकों के प्रभाव को विशेष महत्त्व नहीं देता।

internalization (इन् टर्न्लाइ 'जेशन्) **आत्मसात्करण, आन्तरीकरण** : ऐसी प्रक्रिया, जिसके अन्तर्गत व्यक्ति सामाजिक मूल्यों या मानकों को अपने जीवन का अंग बना लेते हैं । आन्तरीकरण सामाजिक व्यवस्था को बनाये रखने की एक महत्त्वपूर्ण प्रक्रिया है । इसके द्वारा व्यक्ति संस्कृति के विभिन्न पक्षों को अपने जीवन का अंग बनाता है । अपने देश के प्रति देशभक्ति की भावना, अपने कार्य के प्रति निष्ठा, ईश्वर में विश्वास आदि बातें एक बालक में आन्तरीकरण द्वारा उत्पन्न होती हैं : देखें– **Externalization** ।

international migration (इन्टर् 'नैश्नल् माइ 'ग्रेशन्) **अन्तर्राष्ट्रीय प्रवसन** : दो या दो से अधिक देशों की सीमाओं के बीच चलने वाली प्रवास की प्रक्रिया को अन्तर्राष्ट्रीय प्रवास कहते हैं । जब यह देश के भीतर हो, तो उसे आन्तरिक प्रवसन (**Internal migration**) कहते हैं । यह प्रवसन अकेले व्यक्ति का भी हो सकता है अथवा कुछ समूहों में भी। बाहर जाने वाले व्यक्तियों को उत्प्रवासी (**Emigrant**) कहा जाता है और जिस देश में वे पहुँचते हैं, उन्हें वहाँ पर आप्रवासी (**Immigrant**) कहा जाता है । अन्तर्राष्ट्रीय प्रवसन के सम्बन्ध में विभिन्न देशों की सरकारें अपने देश की जनसंख्या का नियन्त्रण या पुनर्वितरण प्रवसन नीति द्वारा करती हैं ।

internationalism (इन्टर् 'नैश्न लिज़्म्) **अन्तर्राष्ट्रीयता** : अन्तर्राष्ट्रीयता, मानव-भ्रातृत्व की भावना का राजनीतिक रूपान्तरण है । अन्तर्राष्ट्रीयता की भावना के अनुसार, मानव-समाज मूलरूप से एक इकाई है । अत: आज की दुनिया में राष्ट्रों के बीच जो दीवारें खड़ी हो गई हैं, उन्हें कम किया जाना चाहिए । अन्तर्राष्ट्रीयता की विचारधारा का चरम लक्ष्य राष्ट्रीय प्रभुसत्ता का अन्त कर देना है और सारे राष्ट्रीय राज्यों (**Nation states**) का एक अन्तर्राष्ट्रीय संघ के रूप में, एक विश्वराज्य के रूप में एकीकरण किया जाना है ।

internet (इन्टर् 'नेट्) **इन्टरनेट** : विभिन्न कम्प्यूटरों के बीच, जो वैश्विक सम्बन्ध सूचनाओं के आदान-प्रदान के लिए स्थापित होते हैं, उसे ही इन्टरनेट कहा जाता है । यह WWW (World Wide Web) के रूप में भी जाना जाता है। संचार माध्यमों की दुनिया में इन्टरनेट के आ जाने से 1980 के दशक के बाद एक नयी क्रांति आ गई है । इसे 20वीं सदी की सबसे क्रांतिकारी उपलब्धि के रूप में देखा जा सकता है (देखें– Rob Shields (eds.), **Cultures of Internet**, 1996) ।

interpolation (इन्टर्पॉ 'लेशन्) **अन्तर्वेशन** : सम्पूर्ण आँकड़ों की अनुपस्थिति में किसी फलन (Function) के अज्ञात मान के सन्निकट आकलन प्राप्त करने की विधि को अन्तर्वेशन कहते हैं । सांख्यिकी में अन्तर्वेशन का अर्थ, किसी स्वतन्त्र चर के प्रदत्त मान के अनुरूप किसी आश्रित चर के अज्ञात मान के आकलन का पता लगाना है । अन्तर्वेशन की कुछ प्रमुख विधियाँ ये हैं– (1) आलेखीय विधि, (2) बीजीय विधि, (3) न्यूटन विधि, (4) लागरांजी विधि, (5) विभक्त अन्तरों की विधि ।

interpretative sociology (इन् 'टर्प्रिटेटिव सोसि 'ऑलजि) **व्याख्यात्मक समाजशास्त्र** : यह अभिव्यक्ति ऐसे समाजशास्त्रीय अध्ययन के लिए प्रयुक्त की जाती है, जो किसी ठोस आँकड़े पर आधारित हो । इस प्रकार का अध्ययन सिद्धान्त केन्द्रित तो नहीं होता, लेकिन नि:सन्देह ऐसे सैद्धान्तिक परिप्रेक्ष्य का प्रयोग अवश्य होता है, जिससे किसी ठोस आँकड़े का विश्लेषण वस्तुपरक ढंग से होता है । व्याख्यात्मक समाजशास्त्र के अन्तर्गत किसी सामाजिक आचरण का विश्लेषण विश्लेषणकर्ता एवं दूसरे व्यक्ति द्वारा दिये गये अर्थ के सन्दर्भ में होता है । व्याख्यात्मक समाजशास्त्र इस बात का खण्डन करता है कि व्यक्ति कोई आचरण मात्र बाह्य कारक के प्रभाव में ही नहीं करता, बल्कि किसी आचरण के पीछे व्यक्ति

की आन्तरिक स्थितियों या प्रभावों की भी भूमिका रहती है । इस विचार को मैक्स वेबर (Max Weber, 1864-1920) ने अपने क्रिया के सिद्धान्त के सन्दर्भ में भी रखा है (देखें– Max Weber, **The Methodology of the Social Sciences**, 1904-17; Anthony Giddens, **The Constitution of Society**, 1984) ।

interpretative understanding (इन्ˈटर्प्रिटेटिव अन्डॅˈस्टैंडिन्ग) **व्याख्यात्मक समझ :** मैक्स वेबर (Max Weber) ने ***Verstehen*** (इसका शुद्ध उच्चारण फ़ेस्टेअन है) की अवधारणा के माध्यम से यह स्पष्ट करने का प्रयास किया है कि किसी समाजशास्त्रीय परिप्रेक्ष्य का मुख्य उद्देश्य सामाजिक कार्य (**Action**) के अर्थ को स्पष्ट करना है । प्रत्येक कार्य के पीछे छिपे अर्थ को समझना ही समाजशास्त्रीय अध्ययन का मुख्य उद्देश्य होता है ।

inter subjectivity (इन्टर् सब्जेक्ˈटिविटि) **अन्तरविषयिकता :** इस अवधारणा का प्रयोग मुख्यरूप से घटनाशास्त्रीय समाजशास्त्र (**Phenomenological sociology**) में यह प्रयोग दर्शाने के लिए किया जाता है कि कैसे दो या दो से अधिक व्यक्ति आपस में अन्तःक्रिया के माध्यम से सामाजिक सम्बन्धों का निर्माण करते हैं । कई बार ऐसा होता है कि किसी चीज़ को इसीलिए लोग स्वीकार करते हैं कि उनके बीच एक प्रकार का सीधा सम्बन्ध स्थापित हो। परन्तु इसका यह तात्पर्य नहीं है कि उस पर सभी लोग पूरी तरह एकमत हैं (देखें– Peter L. Berger and Thomas Luckmann, **The Social Construction of Reality**, 1967; Alfred Schutz, **The Phenomenology of the Social World**, 1967) ।

interval scale (ˈइन्टर्वल् स्केल) **अन्तराल माप या पैमाना, अन्तरमापनी :** एक ऐसा पैमाना, जहाँ किसी चीज़ को नीचे से ऊपर या ऊपर से नीचे एक निश्चित दूरी पर रखकर देखा जा सकता है । ऐसे मनोवैज्ञानिक मापदण्ड, जिन पर क्रमिक माप श्रेणियों के बीच के सभी अन्तर समान परिमाण में होते हैं । इसलिए इन्हें समान इकाई वाले मापदण्ड भी कहा जाता है । इनकी समान अन्तररूपी इकाइयाँ समान अनुभवगत अन्तरों की द्योतक होती हैं । इनके द्वारा प्रदत्तों की मात्राओं का नहीं, बल्कि इनके परस्पर अन्तरों का ही मापन होता है । सुविधा के लिए किसी एक माप श्रेणी को शून्य मान लिया जाता है । परन्तु यह शून्य कहीं भी रखा अथवा खिसकाया जा सकता है ।

intervening variable (इन्टर्वीˈनिङ्ग ˈवेरिअबल्) **मध्यवर्त्ती चर :** यह दो चरों के बीच की कड़ी है । कभी-कभी ऐसा लगता है कि किसी खास चर के प्रभाव से दूसरे चरों में परिवर्तन संभव हुआ है । लेकिन, वास्तव में दो चरों के बीच कोई तीसरा चर होता है, जो आश्रित चर को प्रभावित करता है, जैसे– प्रजनन के घटने की प्रक्रिया में शिक्षा का सकारात्मक प्रभाव निश्चित रूप से देखा जाता है । यहाँ पर शिक्षित लोगों के बीच देर से शादी होना और उनके द्वारा परिवार नियोजन की प्रविधियों का अधिकतम अपनाना, मध्यवर्त्ती चर के रूप में काम करता है । प्रजनन पर शिक्षा का प्रभाव इन्हीं मध्यवर्त्ती चरों के माध्यम से संभव हो पाता है (देखें– Morris Rosenberg, **The Logic of Survey Analysis**, 1968) ।

interview (ˈइन्टर् व्यू) **साक्षात्कार :** किसी व्यक्ति के साथ किसी विशिष्ट प्रयोजन से की गई औपचारिक अन्तर्वार्ता। मनोविज्ञान में इसका प्रयोग परिस्थितियों, जनमत एवं सामाजिक जीवन को समझने, व्यक्तित्व सम्बन्धी अनुसन्धान, किसी व्यक्ति-विशेष की योग्यता का मूल्यांकन, व्यावसायिक रुझान अथवा मानसिक स्वास्थ्य को जानने के लिए या किसी मानसिक रोग के निदान के लिए किया जाता है । साक्षात्कार अन्तर्वैयक्तिक एवं सम्मुख भूमिका की स्थिति है, जिसमें साक्षात्कारकर्ता दूसरे व्यक्ति या उत्तरदाता से ऐसे प्रश्न पूछता है, जो शोध-समस्या के उद्देश्य के लिए उपयुक्त हों । साक्षात्कार एक ऐसी प्रविधि है, जो कि एक व्यक्ति या व्यक्तियों के व्यवहार को देखने, कथनों को लिखने तथा सामाजिक या सामूहिक अन्तःक्रिया के वास्तविक परिणामों का निरीक्षण करने के लिए प्रयोग में लायी जाती है । अतः यह एक ऐसी सामाजिक प्रक्रिया है, जिसमें दो व्यक्तियों के मध्य अन्तःक्रिया सम्मिलित होती है ।

interview, diagnostic (ˈइन्टर् व्यू, डाइअग्ˈनॉसटिक) **निदानात्मक साक्षात्कार :** इस प्रकार के साक्षात्कार का उद्देश्य किसी सामाजिक समस्या के कारणों को ज्ञात करना होता है । जिस प्रकार से एक डॉक्टर रोग के कारणों को जानने

के लिए रोगी से पूछताछ करता है, उसी प्रकार से सामाजिक समस्याओं एवं घटनाओं के कारणों को जानने के लिए अनुसन्धानकर्ता सूचनादाता से साक्षात्कार करता है ।

interview, focused ('इन्टर् व्यू, 'फ़ोकस्ड्) **केन्द्रित साक्षात्कार** : इस प्रकार के साक्षात्कार का सर्वप्रथम प्रयोग अमरीकी समाजशास्त्री रॉबर्ट के. मर्टन (Robert K. Merton, 1910-2003) ने 1946 में सार्वजनिक सन्देशवाहन के साधनों, जैसे– रेडियो, टी. वी., फिल्म, समाचार-पत्र आदि के सामाजिक एवं मनोवैज्ञानिक प्रभावों को जानने के लिए किया था। उन्होंने सामाजिक जीवन पर रेडियो के 150 प्रभावों का उल्लेख किया है । यह साक्षात्कार उन्हीं सूचनादाताओं से लिया जाता है, जो अध्ययन-विषय से सम्बन्धित रहे हों । उदाहरण के लिए, किसी रेडियो कार्यक्रम को सुनने अथवा किसी फिल्म को देखने के बाद उसके प्रभाव को जानने के लिए श्रोताओं एवं दर्शकों का साक्षात्कार लिया जाता है । केन्द्रित साक्षात्कार न तो पूर्णतया संरचित है और न पूर्णतया असंरचित । अतः, इसे अर्द्धसंरचित साक्षात्कार (Semi-structured interview) कहा जा सकता है । इस विधि में साक्षात्कारकर्ता, जहाँ एक ओर उत्तरदाताओं को अपने अनुभव प्रस्तुत करने के लिए स्वतन्त्र रखता है, वहीं दूसरी ओर वह उनका ध्यान विशेष अनुभवों की ओर केन्द्रित करने का भी प्रयत्न करता है । इस कार्य के लिए वह साक्षात्कार निर्देशिका (**Interview guide**) का भी उपयोग करता है ।

interview, formal ('इन्टर् व्यू, 'फ़ॉर्म्ल्) **औपचारिक साक्षात्कार** : इस प्रकार का साक्षात्कार पूर्व-नियोजित एवं व्यवस्थित ढंग से किया जाता है, जिसमें प्रश्नों का रूप, क्रम एवं ढंग प्रत्येक उत्तरदाता के लिए लगभग समान होता है । इसके द्वारा तुलनीय आँकड़े संकलित हो सकते हैं ।

interview, group ('इन्टर् व्यू, ग्रूप्) **सामूहिक साक्षात्कार** : यह सामूहिक स्थिति में लिया गया साक्षात्कार है । इसमें एक ही समय में एक से अधिक उत्तरदाताओं का सम्मिलित साक्षात्कार किया जाता है । इस प्रकार के साक्षात्कार के अन्तर्गत एक साक्षात्कारकर्ता एक समय में एक से अधिक अथवा एक समूह से इच्छित एवं आवश्यक सूचनाओं को प्राप्त करता है । वह समूह में लोगों से बारी बारी से प्रश्न कर सकता है । किसी प्रश्न का उत्तर समूह का कोई नेता, व्यक्तिगत या समूहिक रूप से दे सकता है । रॉबर्ट के. मर्टन (Robert K. Merton, 1910-2003) ने सामूहिक साक्षात्कार की संरचना की चर्चा करते हुए कहा है कि शोधकर्ता ऐसी स्थिति में प्रशासनिक सुविधा के लिए समूह की बनावट एवं आकार को एक निश्चित सीमा में रखता है । जहाँ तक संभव हो, एक समान शैक्षणिक एवं बौद्धिक स्तर के व्यक्तियों का समूह होना चाहिए । समूह का आकार इतना बड़ा भी न हो कि व्यवस्था-सम्बन्धी अनावश्यक गड़बड़ी उत्पन्न हो जाये।

interview, individual ('इन्टर् व्यू, इन्डि 'विज़ुअल्) **व्यक्तिगत साक्षात्कार** : जब साक्षात्कार की स्थिति में एक साक्षात्कारकर्ता और एक ही सूचनादाता होता है, तब इसे व्यक्तिगत साक्षात्कार कहते हैं ।

interview, informal ('इन्टर् व्यू, इन् 'फ़ॉर्म्ल्) **अनौपचारिक साक्षात्कार** : इसमें शोधकर्ता को छूट होती है कि वह अनौपचारिक एवं असंरचित रूप में सूचनादाताओं से तथ्य संकलित करे। यह अत्यधिक लचीली विधि है । अनिर्देशित साक्षात्कार या असंरचित साक्षात्कार भी अनौपचारिक साक्षात्कार का ही स्वरूप है ।

interview, non-directive ('इन्टर् व्यू, नॉन् डाइ 'रेक्टिव) **अनिर्देशित साक्षात्कार** : यह विधि सबसे अधिक असंरचित एवं अनौपचारिक है । इस विधि का मूल सिगमण्ड फ्रॉयड (Sigmund Freud,1856-1939) की मनोविश्लेषणात्मक पद्धति में देखा जा सकता है । रोजर्स, रोथलिसबर्ग एवं डिक्सन (Rogers, Roethlishberg and Dickson) ने इस विधि का प्रयोग सफलतापूर्वक किया था ।

interview, personal ('इन्टर् व्यू, 'पर्सन्ल्) **वैयक्तिक साक्षात्कार** : इस प्रकार के साक्षात्कार में एक समय में एक साक्षात्कार लेने वाला एवं एक सूचनादाता परस्पर विषय से सम्बन्धित वार्तालाप करते हैं । इसमें साक्षात्कारकर्ता प्रश्न पूछता जाता है और सूचनादाता उसका उत्तर देता जाता है । इसमें सूचनादाता को साक्षात्कारकर्ता से व्यक्तिगत प्रेरणा भी मिलती है, जिससे वह व्यक्तिगत तथ्यों को स्वतन्त्रतापूर्वक व्यक्त करता है ।

interview, structured ('इन्टर् व्यू, 'स्ट्रक्चॅड्) **संरचित साक्षात्कार :** इस प्रकार के साक्षात्कार में अध्ययन-विषय से सम्बन्धित कुछ प्रश्नों का पहले ही निर्माण कर लिया जाता है और इन्हें एक व्यवस्थित क्रम में रख लिया जाता है। साक्षात्कारकर्ता इन प्रश्नों को सूचनादाता से पूछकर जानकारी प्राप्त करता है । प्रश्नों की इस सूची को साक्षात्कार अनुसूची **(Interview schedule)** कहते हैं । इस विधि को अन्य नाम भी दिए जाते हैं, जो विशेषताओं में लगभग संरचित साक्षात्कार के समान हैं, जैसे– नियन्त्रित साक्षात्कार, मानकीकृत साक्षात्कार आदि । मोसर (C.A. Moser) ने इसे औपचारिक साक्षात्कार कहा है ।

interview, unstructured ('इन्टर् व्यू, अन्'स्ट्रक्चॅड्) **असंरचित साक्षात्कार :** इस प्रकार के साक्षात्कार को अनिर्देशित, अनौपचारिक तथा असंचालित साक्षात्कार भी कहते हैं । इस प्रकार के साक्षात्कार में साक्षात्कारकर्ता के पास प्रश्नों की कोई पूर्व-निर्धारित सूची नहीं होती है, वरन् विषय से सम्बन्धित प्रश्नों का तत्काल ही निर्माण किया जाता है । इस प्रकार के साक्षात्कार के अन्तर्गत अमानकीकृत साक्षात्कारों को रखा जाता है। अनिर्देशित या गहन साक्षात्कार, वार्तालाप साक्षात्कार, केन्द्रित साक्षात्कार, पुनरावृत्ति साक्षात्कार, चिकित्सीय साक्षात्कार आदि असंचालित साक्षात्कार की विभिन्न प्रविधियाँ हैं ।

interview guide ('इन्टर् व्यू गाइड्) **साक्षात्कार-निर्देशिका :** साक्षात्कार-निर्देशिका की ऐसे शोध-प्रसंगों अथवा विषयों की एक सूची होती है, जिसमें पूर्व-निश्चित प्रश्न क्रमानुसार लिखे होते हैं । निर्देशिका का मुख्य कार्य साक्षात्कारकर्ता को उन प्रसंगों एवं विषयों की याद दिलाना है, जिनके सम्बन्ध में उसे सूचनाएँ एकत्रित करनी है । इसका प्रयोग असंरचित प्रकार के साक्षात्कारों, जैसे गहन साक्षात्कार या केन्द्रित साक्षात्कार में किया जाता है । इसके अतिरिक्त, जब इसका प्रयोग संरचित साक्षात्कार में किया जाता है, तब इसकी भूमिका साक्षात्कार अनुसूची के एक सहायक उपकरण की होती है । ऐसी निर्देशिका में साक्षात्कार सम्बन्धी निर्देशों के साथ-साथ साक्षात्कार-अनुसूची में प्रयोग किये गये प्रश्नों का स्पष्टीकरण भी लिखा होता है ।

interview schedule ('इन्टर् व्यू 'शेड्यूल) **साक्षात्कार अनुसूची :** देखें–**Schedule, interview** ।

interview technique ('इन्टर् व्यू टेक्'नीक्) **साक्षात्कार प्रविधि :** सामाजिक विज्ञानों में आधार सामग्री एकत्र करने की प्रविधि, जिसमें अन्वेषक सूचनादाता से प्रश्नोत्तर द्वारा सामग्री संगृहीत करता है ।

interviewee ('इन्टर् व्यूई) **साक्षात्कार देनेवाला :** वह व्यक्ति, जिससे साक्षात्कार के माध्यम से सूचना प्राप्त की जाती है।

interviewer ('इन्टर् व्यूअर्) **साक्षात्कारकर्ता :** वह व्यक्ति, जो अपने अनुसन्धान कार्य से सम्बन्धित सामग्री-संग्रह के लिए व्यक्ति-विशेष के समक्ष बैठकर प्रश्न पूछता है ।

intragenerational mobility (इन्ट्रॅ जेन'रेशॅनल् मो'बिलटि) **अन्तरपीढ़ी गतिशीलता :** देखें– **Mobility, intragenerational** ।

intra-state issue (इनट्रॅ स्टेट्'इस्यू) **अन्तःप्रदेश-समस्या :** एक प्रदेश की सीमा के अन्दर ऐसी समस्या, जिस पर एक क्षेत्र का दूसरे क्षेत्र से विवाद हो ।

intrinsic value (इन्'ट्रिन्जिक 'वैल्यू) **अन्तर्निहित मूल्य :** किसी वस्तु का वह मूल्य, जो उसकी अपनी आन्तरिक रचना, अपने स्वभाव या अपने ही अस्तित्व के कारण होता है अथवा वह वस्तु, जो स्वयं अपने अच्छे परिणामों के कारण, न कि किसी दूसरी वस्तु के साधन के रूप में मूल्यवान होती है ।

introspection (इन्ट्रॉ'स्पेक्शन्) **आत्मनिरीक्षण :** प्रेक्षण का एक रूप, जिसमें एक व्यक्ति अपने स्वयं के व्यक्तिपरक अनुभवों पर सोच-विचार करता है । यह विविध व्यक्तियों द्वारा सामाजिक यथार्थ के मूल्यांकन का मुख्य स्रोत है ।

introspectionism (इन्ट्रॉ'स्पेक्श् निज़्म्) **अन्तर्निरीक्षणवाद :** अपने अनुभवों, मानसिक क्रियाओं, भावनाओं और व्यवहार को स्वयं के द्वारा ही निरीक्षण करने की विधिवत प्रक्रिया को अन्तर्निरीक्षणवाद कहते हैं : देखें– **Behaviourism** ।

introvert (इन्ट्रॉ वर्ट) **अन्तर्मुखता :** युंग (Carl G. Jung, 1875-1961) ने व्यक्तित्व के एक प्रकार के आन्तरिक परिवर्तन को अन्तर्मुखता नाम दिया है, जो मनोविज्ञान में अत्यन्त प्रचलित है । युंग के शब्दों में 'मनुष्यों का एक ऐसा समूह, जो किसी उद्दीपन के प्रति प्रतिक्रिया करने के पहले कुछ झिझक दिखाता है, मानो मन-ही-मन वह प्रतिक्रिया न करना चाहता हो . . . ऐसे वर्ग का रुझान अन्तर्मुखी होता है ।' किसी व्यक्ति के अन्तर्मुखी होने की सापेक्ष परीक्षा उसके व्यवहार से की जा सकती है । अन्तर्मुखी व्यक्ति संकोची तथा लज्जालु होता है । वह नयी स्थितियों को नापसन्द करता है और उनके प्रति सावधान रहता है । यहाँ तक कि वह कभी-कभी उनसे डरता भी है । वह एकान्त-प्रेमी होता है और लोगों से बहुत कम सम्पर्क रखता है । वह विचार और कल्पनाप्रधान होता है । वह ज्यादा संवेदनशील होता है । जरा-सी बात भी उसे जल्दी चुभ जाती है और वह चिन्तित हो जाता है । वह जिद्दी भी होता है और बहस करना पसन्द करता है । वह नवीन विचारों का समर्थक होता है और प्रचलित रीति-रिवाजों एवं परम्परागत बातों का ज्यादा आदर नहीं करता। वह कर्म की अपेक्षा उद्देश्य के प्रति ज्यादा सजग रहता है और उसका दृष्टिकोण आलोचनात्मक होता है । उसमें अपने आदर्शों और मूल्यों के प्रति अधिक उत्तरदायित्वपूर्ण भावना होती है ।

intuitive understanding (इन्'ट्यूटिव् अन्डॅ'स्टैंडिन्) **अन्तःप्रज्ञात्मक ज्ञान :** जर्मन समाजवैज्ञानिक मैक्स वेबर (Max Weber, 1864-1920) के अनुसार, अन्य व्यक्तियों की क्रियाओं की व्याख्या करते समय हमें अपने-आप यह सूझता है कि यदि हम स्वयं वही क्रियाएँ कर रहे होते, तो हमारी भावनाएँ और विचार क्या होते ?

invasion (इन्'वे़जन्) **आक्रमण :** इस प्रकार के विचार का पारिस्थितिकी में उपयोग यह इंगित करने के लिए किया जाता है कि कभी-कभी कोई जीव नए प्राकृतिक क्षेत्रों में प्रवेश कर वास करने लगते हैं, जहाँ पहले कोई और जीव मुख्यरूप से रह रहे थे । पुराने बशिन्दे वहाँ से कहीं और चले जाते हैं या पूरी तरह मिट जाते हैं ।

invasion-succession model (इन्'वे़जन् सक्'सेशॅन् 'मॉड्ल्) **उत्तरोत्तर आक्रमण मॉडल :** एक सैद्धान्तिक अवधारणा है, जो एक ऐसी कड़ी को दर्शाता है, जिसके अन्तर्गत सामाजिक क्रियाओं के माध्यम से एक समूह दूसरे समूह पर अपने अधिकार जमाता है और अपने-आप में मिलाने की कोशिश करता है, जैसे- नगरीकरण की प्रक्रिया के अन्तर्गत यह देखा जाता है कि शहरी क्षेत्र शहर के इर्द-गिर्द बसे ग्रामीण समुदायों को अपने अन्दर समाविष्ट करने की कोशिश करता है।

invention (इन्'वे़न्श्न्) **आविष्कार :** प्राकृतिक और सामाजिक तत्त्वों का किसी नये रूप में किया गया सक्रिय संघटन आविष्कार कहलाता है । मानवविज्ञान के अध्ययन में आविष्कारों का अध्ययन बहुत महत्त्वपूर्ण होता है । मनुष्य को आहार और आवास उपलब्ध कराने वाली जितनी भी विधियाँ हो सकती हैं, वे सभी आविष्कारों पर निर्भर हैं ।

inverse correlation ('इन्व़र्स् कॉर'लेश्न्) **प्रतिलोम सहसम्बन्ध :** जब दो चरों के बीच इस प्रकार का सम्बन्ध हो कि एक के घटने पर दूसरा बढ़ता हो या इसके विपरीत कोई प्रक्रिया होती हो, तो उसे प्रतिलोम सहसम्बन्ध कहा जाता है : देखें- **Correlation** ।

invisible hand (इन्'व़िज़िवल् हैन्ड्) **अदृश्य हस्त :** इस शब्द का सर्वप्रथम प्रयोग ऐडम स्मिथ (Adam Smith, 1723-1790) की पुस्तक **The Wealth of Nations** (1776) में हुआ । उन्होंने इस शब्द का प्रयोग इस अर्थ में किया कि जब कोई व्यक्ति या पूँजीपति अपने व्यक्तिगत स्वार्थ में किसी व्यवसाय को बढ़ाता है, तो उससे सिर्फ उसे ही लाभ नहीं मिलता, बल्कि चाहे-अनचाहे इसका कल्याणकारी प्रभाव समाज पर भी पड़ता है । इस प्रक्रिया के पीछे, जो शक्ति काम करती है, उसे ही अदृश्य हस्त कहा जाता है ।

invisible religion (इन्'व़िज़िवल् रि'लिजन्) **अदृश्य धर्म :** व्यक्तिगत धर्म जो औपचारिक धार्मिक व्यवस्था तथा मान्यताओं से भिन्न है । यह मुख्यरूप से धर्मनिरपेक्ष समाज की विशेषता है । पी. बर्गर् (Peter Berger) और टी. लुकमान (T. Luckmann) ने पारम्परिक धर्म के समाजशास्त्र द्वारा ईसाई धर्म के प्रति अपनाये गये संकुचित दृष्टिकोण की आलोचना की है । उनके मत में धर्म का समाजशास्त्र और ज्ञान का समाजशास्त्र दोनों ही समान रूप से उन प्रक्रियाओं

की व्याख्या करते हैं, जिनके द्वारा रोज़मर्रा का जगत् अर्थपूर्ण बनता है । उन्होंने अपनी पुस्तक **The Social Construction of Reality** (1967) में बताया है कि सामाजिक यथार्थ की रचना और उसे बनाये रखने में धर्म की आधारभूत भूमिका है (देखें– Thomas Luckmann, **The Invisible Religion**, 1963) ।

I. Q. or **intelligence quotient** (आई. क्यू. ऑर् इन्टे'लइजन्स क्वो'शन्ट) **बौद्धिक स्तर, बुद्धि-लब्धि** : मानसिक आयु और वास्तविक आयु के औसत को 100 से गुणा करने पर व्यक्ति की बुद्धि-लब्धि मालूम की जा सकती है । बुद्धि के परिमाणात्मक परीक्षण के लिए मनोवैज्ञानिकों ने अनेक उपाय निकाले, जिनमें से एक है फ्रांसीसी मनोविज्ञानी अल्फ्रेड बिने (Alfred Binet, 1857-1911) द्वारा विकसित बुद्धि-लब्धि का सूत्र, जो इस प्रकार है–

$$\text{I. Q.} = \frac{\text{मानसिक आयु}}{\text{वास्तविक आयु}} \times 100$$

अर्थात् किसी की मानसिक आयु को उसकी वास्तविक (कालिक) आयु से भाग देने पर और उसमें सौ से गुणा करने पर यह मालूम किया जा सकता है कि उसमें कितने प्रतिशत बुद्धि हैं । मानसिक आयु ज्ञात करने के लिए बिने ने कुछ प्रश्न तैयार किये थे, जिन्हें विभिन्न आयु वर्गों के बालकों से पूछा जाता था ।

iron curtain ('आइयन् 'कर्ट्न्) **लौहपट्ट, लौह-आवरण** : इस अभिव्यंजना का लाक्षणिक प्रयोग पश्चिमी यूरोप के 'स्वतन्त्र राष्ट्रों' और सोवियत रूस के प्रभाव क्षेत्रों में रहने वाले राज्यों के बीच की विभाजक-रेखा को स्पष्ट करने के लिए सर्वप्रथम सर विंस्टन चर्चिल (Sir Winston Churchill, 1874-1965) ने किया था । आजकल इस शब्द का प्रयोग सोवियत रूस और सोवियत प्रभाव वाले पूर्वी यूरोप के साम्यवादी देशों (जिनमें बल्गारिया, चेकोस्लोवाकिया, हंगरी, पोलैंड और रूमानिया हैं) को शेष यूरोप से अलग करने वाली सीमाओं के लिए किया जाता है । इन सात देशों में विचार-स्वातंत्र्य के अभाव को सूचित करने के लिए भी उक्त शब्द का लाक्षणिक प्रयोग किया जाता है । एक भाव यह भी है कि साम्यवादी देशों में क्या होता है, उसका पता चलना असम्भव नहीं तो बहुत कठिन अवश्य है; क्योंकि उनके चारों ओर एक लोहे का परदा पड़ा रहता है, जिससे उस पार देखना संभव नहीं ।

iron law of oligarchy ('आइयन् लॉ ऑव् ऑल्'इगाकि) **स्वल्पतन्त्र का लौह-नियम, गुटतन्त्र का लौह-नियम** : जर्मन समाजवैज्ञानिक रॉबर्ट मिशेल्स (Robert Michels, 1876-1936) के अनुसार, यह लगभग एक नियम-सा है कि धीरे-धीरे किसी व्यवस्था के अन्तर्गत कानून या शक्ति कुछ ही लोगों के हाथों तक सिमट कर रह जाती है । यही लोग सम्पूर्ण संगठन के लिए सारे महत्त्वपूर्ण निर्णय करते हैं । अतः व्यावहारिक स्तर पर प्रत्येक संगठन गुटतन्त्र (**Oligarchy**) का रूप धारण कर लेता है ।

iron man ('आइयन् मैन्) **लौहपुरुष** : दृढ़संकल्प और असाधारण संगठन-क्षमता से सम्पन्न व्यक्ति । भारत में सरदार पटेल को लौहपुरुष की संज्ञा दी गयी है ।

iron triangle ('आइयन् 'ट्राइऐङ्ग्ल्) **लौह-त्रिकोण** : वह अभेद्य गढ़, जो समाज में शक्ति के तीन मुख्य केन्द्रों के गठजोड़ से बनता है । ये तीन केन्द्र हैं– व्यापारिक वर्ग, नौकरशाही और विधायक-वर्ग । ये तीनों अपनी शक्ति का प्रयोग करते समय जनहित (Public interest) की दुहाई तो देते हैं, परन्तु यथार्थ के स्तर पर वे इस शक्ति का प्रयोग स्वार्थ-पूर्ति के लिए या एक-दूसरे को लाभ पहुँचाने के लिए करते हैं ।

irrationalism (इ'रैशन्लिज़म्) **तर्कशून्यतावाद** : इस सिद्धान्त के अनुसार, मनुष्य की तर्कबुद्धि बहुत सीमित है । अतः लोगों को अपनी समस्याओं की व्याख्या और समाधान के लिए ऐसी घटनाओं का सहारा लेना पड़ता है, जो तर्कबुद्धि की पकड़ से बाहर है । यह सिद्धान्त मनुष्यों के व्यवहार की व्याख्या के लिए तर्कबुद्धि की बजाय उनकी भावनाओं,

परम्पराओं, चिर-प्रचलित मान्यताओं आदि का सहारा लेने का सुझाव देता है । अतः यह तर्कबुद्धि **(Rationalism)** का विपरीत रूप प्रस्तुत करता है ।

Islam ('इज़्लाम्) **इस्लाम :** इस्लाम शब्द अरबी भाषा का शब्द है, जिसका मूल शब्द सल्लमा है और जिसकी दो परिभाषाएँ हैं– (1) शान्ति और (2) आत्मसमर्पण । इस्लाम धर्म का प्रमुख विश्वास यह है कि ईश्वर सिर्फ़ एक है, और पूरी सृष्टि में सिर्फ़ वह ही इबादत के लायक है और दूसरा यह कि सृष्टि में हर चीज़, जिन्दा और बेज़ान, दृश्य और अदृश्य उसकी इच्छा के सामने आत्मसमर्पित और शान्त है । इस्लाम धर्म की पवित्र पुस्तक का नाम कुरान है, जिसका अरबी में मतलब 'पढ़ाई' है । इसके अनुयायियों को अरबी में मुस्लिम और हिन्दी में मुसलमान कहा जाता है। मुसलमान यह विश्वास रखते हैं कि कुरान गेवरियल (Gabriel) नामक एक फ़रिश्ते के द्वारा एक सन्देशवाहक (पैगम्बर या रसूल) के दिल पर (एक पुस्तक की सूरत में) उतरी, जिनका नाम मुहम्मद था । मुसलमानों के लिए मुहम्मद ईश्वर के अन्तिम दूत थे और कुरान मनुष्य जाति के लिए अन्तिम सन्देश । विश्व के तीन बड़े एकेश्वरवादी धर्मों (ईसाई, यहूदी और इस्लाम) में से एक मुस्लिम धर्म है । इस धर्म का उदय सातवीं शताब्दी में पैगम्बर मुहम्मद द्वारा अरब में हुआ, जिन्होंने सर्वप्रथम मक्का और मदीना नामक दो व्यापारिक नगरों में धर्म-प्रचार किया और बाद में बहुदेववादी कबीलों और जनजातियों को इस धर्म में दीक्षित किया । एक शताब्दी में ही यह धर्म धर्मयुद्ध द्वारा परसिया (प्रशा), मध्य-पूर्व के देशों, उत्तरी अफ्रीका और स्पेन तक फैल गया । वर्तमान में यह धर्म लगभग 45 देशों में एक अरब से अधिक लोगों द्वारा माना जाता है । इस धर्म में मक्का और मदीना अत्यधिक पवित्र नगर माने जाते हैं ।

इस्लाम धर्म पूर्णतः ईश्वर (अल्लाह) के समक्ष समर्पण-भाव पर आधारित है । इसकी पवित्र पुस्तकों में कुरान (जिसे अल्लाह का शब्द माना जाता है) और हदीश (जिसे पैगम्बर का आख्यान माना जाता है) प्रमुख पुस्तकें हैं। इस्लाम के अनुसार, ईश्वर पूर्णतः अद्वितीय, सर्वशक्तिमान, सर्वज्ञ और दयालु है । इस्लाम के सभी अनुयायी एक समान आस्था द्वारा बँधे हुए हैं और वे अपने-आपको एक समुदाय का सदस्य मानते हैं । मुस्लिम धर्म के पाँच प्रमुख सिद्धान्त हैं– (1) अल्लाह में आस्था (2) पैगम्बर मुहम्मद में विश्वास (3) कुरान में आस्था (4) देवदूत में आस्था (5) कयामत के दिन में विश्वास । इसी प्रकार, इस्लाम धर्म के सभी अनुयायियों को इस धर्म के पाँच कर्त्तव्यों (नियमों) का पालन करना आवश्यक है, जो इस धर्म के पाँच स्तम्भ माने जाते हैं, जैसे– (1) खुदा (ईश्वर) एक है (2) दिन में पाँच बार प्रार्थना करना अर्थात् नमाज पढ़ना (3) निर्धनों को जकात देना (4) रमजान के अवसर पर उपवास रखना (5) जीवन में कम-से-कम एक बार मक्का की तीर्थयात्रा (हज) करना । ज़िहाद, अर्थात्, धर्मयुद्ध को भी मुस्लिम धर्म के अनुयायियों का एक कर्त्तव्य बताया गया है, किन्तु इसे उपरोक्त पाँच कर्त्तव्यों के बराबर महत्त्व नहीं दिया गया है । इसे आध्यात्मिक उन्नति के एक साधन के रूप में देखा गया है ।

इस्लाम के दो सम्प्रदाय हैं– सुन्नी और शिया । मुसलमानों की 90 प्रतिशत जनसंख्या सुन्नी सम्प्रदाय के माननेवालों की है । शिया लोग ईरान में अधिसंख्य हैं । इराक, सीरिया और लेबनान में भी ये प्रमुख अल्पसंख्यक रूप में पाये जाते हैं । अधिकांश मुस्लिम जनंसख्या का केन्द्रीकरण एशिया और अफ्रीका में है ।

Islamization (इज़्लामाइ'जेशन्,) **इस्लामीकरण :** सांस्कृतिक प्रक्रिया, जहाँ समूह या व्यक्ति अपनी शुद्धता द्वारा गैर-मुस्लिम से भिन्नता रखते हैं ।

isolation (आइस्'लेशन्) **निःसंगता, विलगन :** एक समूह का अपने जैसे दूसरे समूहों में पृथक् रहना अथवा किसी व्यक्ति का उस समूह से अलग-थलग रहना, जिसका वह सदस्य है तथा उसके किसी भी सुव्यवस्थित क्रियाकलाप में भाग न लेना ।

isolationism (आइस्'लेश निज़्म) **पृथक्तावाद :** एक सौन्दर्यशास्त्रीय मत, जिसके अनुसार किसी भी कलाकृति को सम्यक् रूप से समझने के लिए एकाग्र होकर किसी भी बाहरी तत्त्व की ओर ध्यान दिये बिना उसे देखते, सुनते या पढ़ते जाना आदि आवश्यक होता है ।

Jj

***jagir* जागीर :** मध्यकाल में मुगल शासकों द्वारा अपने अधीनस्थ राजाओं और सामन्तों को एक निश्चित आय के साधन हेतु कुछ क्षेत्र प्रदान किया जाता था, जिसे 'जागीर' कहा जाता था । जागीर प्राप्त करने वाले मनसबदार या 'जागीरदार' कहलाते थे । जागीरदारी प्रथा मुगलों के अधीन एक विशिष्ट संस्था के रूप में विकसित हुई । इस प्रथा के व्यापक नियम थे । अकबर ने इस प्रथा की नींव डाली, किन्तु शाहजहाँ ने इसे एक जटिल संस्था के रूप में विकसित कर दिया । धीरे-धीरे यह व्यवस्था मुगल प्रशासनिक व्यवस्था का विशिष्ट अंग बन गयी ।

***jajmani* system यजमानी व्यवस्था :** आश्रित जातियों द्वारा प्रभावशाली जातियों की व्यक्तिगत, संस्कारगत एवं विशिष्ट सेवा की प्रथा । यह जातीय विभाजन पर आधारित वस्तुओं और सेवाओं के विनिमय की पारम्परिक व्यवस्था है । ग्रामीण भारत में प्राचीनकाल से ही परम्परागत रूप से ही यजमानी व्यवस्था एक महत्त्वपूर्ण सामाजिक संस्था रही है । यह पुरानी सामाजिक संस्था है, जो भारत के गाँवों में व्याप्त अन्तर-जातीय, अन्तर-पारिवारिक, सामाजिक, आर्थिक, राजनीतिक और अनुष्ठान सम्बन्धी बन्धनों की परिचायक है । पारम्परिक ग्रामीण भारत में सेवक जातियों (जैसे कृषि श्रमिक, बढ़ई, धोबी) द्वारा उत्पादक जातियों को यजमान कहा जाता था । ये सेवक जातियाँ अपनी सेवा के बदले उत्पादकों (यजमानों) से नग़द अथवा वस्तु के रूप में पारिश्रमिक ग्रहण करते थे । सेवा के लेन-देन की इस विधि को ग्रामीण क्षेत्रों में यजमानी प्रथा कहा जाता है ।

Japanization (जेपानाइ ज़ेशन्) **जापानीकरण :** यह प्रक्रिया मानव संसाधन प्रबन्धन से जुड़ी हुई है । इसके अन्तर्गत श्रमिकों को व्यवसायों में स्थायी रूप से सेवा का अवसर, योग्यता के अनुसार तनख्वाह में वृद्धि तथा विभिन्न स्तर के कर्मचारियों के बीच कम-से-कम सामाजिक दूरी रखने का प्रयास किया जाता है, ताकि श्रमिक खुश रहकर अधिक-से-अधिक वचनबद्धता के साथ काम कर सकें । श्रमिकों से अधिक-से-अधिक काम लेना प्रबन्धन का एक नया तरीका है । बहरहाल, जापानीकरण, जिन तरीकों पर आधारित है, वह एक विवादास्पद विषय के रूप में देखा जाता है (देखें– Oliver and B. Wilkinson, **The Japanization of British Industry**, 1988) ।

jargon ('जार्गन्) **शब्दजाल :** किसी सिद्धान्त या विचार को व्यक्त करने वाली ऐसी शब्दावली, जिसे गिने-चुने लोग समझते हों और दूसरों को अनूठा प्रतीत हो । साधारण बात को ऐसे विलक्षण शब्दों में व्यक्त करने की प्रवृत्ति, जिससे वह बहुत गंभीर और महत्त्वपूर्ण लगे ।

***jati* जाति :** हिन्दू धर्म और व्यवसाय पर आधारित पदक्रम से व्यवस्थित सामाजिक समूह । भारत में हजारों की संख्या में जातियाँ हैं : देखें– **Caste** ।

***jazia* जज़िया :** यह एक प्रकार का वैयक्तिक या व्यक्तिगत कर था, जिसे मध्यकालीन भारतीय मुस्लिम शासकों ने अपनी गैर-मुस्लिम प्रजा से वसूल किया । इस्लामी कानून या शरीयत के अनुसार, प्रजा दो प्रकार की होती है– इस्लामी तथा गैर-इस्लामी । पुनश्चः, गैर-इस्लामी प्रजा के भी दो प्रकार हैं– मूर्तिपूजक (जैसे हिन्दू) और जिम्मी (ग्रन्थों के लोग या संरक्षित लोग, अर्थात् वे लोग, जिनके धार्मिक विश्वास का आधार पवित्र ग्रन्थ होते हैं, जैसे– यहूदी, पारसी, ईसाई इत्यादि ।) लगभग सभी मुस्लिम शासकों ने (कुछ अपवादों को छोड़कर) जिम्मियों को उनके धर्म का पालन करने की इजाजत दी तथा उनसे सहिष्णुतापूर्वक व्यवहार किया। ज़जिया को बहुत से इतिहासकार हिन्दू विरोधी कर-प्रणाली मानते हैं ।

jihad (जि'हैद) **जिहाद :** जिहाद का मतलब है– मेहनत और मशक़्क़त करना । इस्लाम में इसकी बड़ी अहमियत है । जिहाद दो तरह के बताए गए हैं– एक है जिहाद अल अकबर यानी बड़ा जेहाद और दूसरा है जिहाद अल असगर यानी छोटा जिहाद । जिहाद अल अकबर अहिंसात्मक संघर्ष है, जिसमें आदमी अपने सुधार के लिए प्रयास करता है। इसका उद्देश्य है बुरी सोच या बुरी ख्वाहिशों को दबाना और कुचलना । जिहाद अल असगर का उद्देश्य इस्लाम के संरक्षण के लिए संघर्ष करना होता है । जब इस्लाम के अनुपालन की आज़ादी न दी जाये, उसमें रुकावट डाली जाये या किसी मुस्लिम देश पर हमला हो, मुसलमानों का शोषण किया जाये तथा उन पर अत्याचार किया जाये, तो उसको रोकने की कोशिश करना और उसके लिए बलिदान देना जिहाद अल असगर है ।

कुछ मुस्लिम न्यायशास्त्रियों के विचार से जिहाद (धर्म-युद्ध) मुसलमानों का छठा कर्त्तव्य है । उनके अन्य पाँच कर्त्तव्य हैं- यह विश्वास कि अल्लाह एक है और मोहम्मद उसके पैगम्बर हैं, प्रार्थना, उपवास, भिक्षादान और तीर्थयात्रा। जिहाद का शाब्दिक अर्थ है 'अपना जोर दिखाना', 'अपनी बात को बलपूर्वक कहना ।' ईस्वी सन् 632 में मदीना में थोड़े से लोग ही इस्लाम के अनुयायी थे । जिहाद के द्वारा ही आरम्भिक मुस्लिम नेताओं और शासकों ने इस्लाम को एक विश्वव्यापी धर्म बनाया और विशाल साम्राज्यों की स्थापना की । इस्लाम के आरम्भिक वर्षों में माना जाता था कि जिहाद का अर्थ युद्ध है और तलवार के द्वारा ही इस्लाम को सारे संसार में फैलाया जा सकता है । लेकिन, अब मुस्लिम न्यायविदों की यह राय नहीं है । जिहाद के सम्बन्ध में कुरान तथा शरियत में कुछ निश्चित नियम बताए गये हैं । जिहाद का नेतृत्व किसी इमाम (खलीफा या उसके किसी प्रतिनिधि को, जो स्वयं राज्य का प्रधान हो) को करना चाहिए। मुसलमानों का यह कर्त्तव्य है कि वे इस्लाम स्वीकार करने के लिए अपने प्रतिपक्षियों को मौका दें । यदि वे इस्लाम स्वीकार कर लेते हैं, तब तो वे पूरी तरह से मुसलमान बन जाते हैं । यदि वे इस्लाम स्वीकार न करें, तब भी कर देकर 'अधीन प्रजा' के रूप में रह सकते है : देखें– **Jazia** ।

jingoism ('जिन्गो इज़म्) **उद्धत राष्ट्रवाद :** इस शब्द का पहले-पहल प्रयोग 1878 में रूस के प्रति ग्रेट ब्रिटेन की युद्ध-प्रधान विदेश-नीति के संदर्भ में हुआ था और लॉर्ड बीकन्सफील्ड इसके मुख्य प्रतिपादक थे। अब इसका प्रयोग एक ऐसे उग्र राष्ट्रवाद के लिए होता है, जिसका प्रधान लक्षण विदेश नीति के लक्ष्यों की पूर्ति के लिए युद्ध का आश्रय लेना हो ।

job evaluation (जॉब् इवैल्यु 'एशन्) **रोज़गार** या **नौकरी मूल्यांकन :** यह नौकरियों के वर्गीकरण की एक ऐसी पद्धति है, जिसके द्वारा सेवाओं की ग्रेडिंग, श्रमिकों का वेतनमान, उनकी योग्यता एवं क्षमता को ध्यान में रखकर किया जाता है (देखें– A. Pollert, **Girls, Wives, Factory Lives**, 1981) ।

job satisfaction (जॉब् सैटिस्'फैक्शन्) **रोज़गार सन्तुष्टि :** एक प्रकार का मनोवैज्ञानिक अनुभव कि कोई पेशा कितना सन्तोषप्रद है । सन्तुष्टि का आधार यह नहीं होता है कि उसका रोज़गार जीविकोपार्जन का मुख्य साधन है । पेशे से सन्तुष्टि का सम्बन्ध काम करने वाले व्यक्ति की मनोवृत्ति से होता है ।

joint conjugal roles (जॉइन्ट्'कॉन्जगल् रोलस्) **संयुक्त दाम्पत्य भूमिका :** समाज में कुछ ऐसी भूमिकाएँ होती हैं, जिन्हें पति और पत्नी एकसाथ मिलकर निभाते हैं । दोनों की भूमिकाओं में बहुत बड़ा अन्तर नहीं होता, उदाहरणस्वरूप– विवाह के अवसर पर पति-पत्नी परस्पर भूमिकाएँ निभाते हैं । किसे कौन-सा काम करना है, यह पहले से निर्धारित नहीं होता है ।

joint family (जॉइन्ट्'फ़ैमलि) **संयुक्त परिवार :** देखें– **Family, joint** ।

joint method of agreement and difference (जॉइन्ट मे'थॅड ऑव् अ'ग्रीमेंट् ऐन्ड्'डिफ़रन्स्) **संयुक्त-सहमति-असहमति व्यतिरेक विधि :** मिल (John Stuart Mill, 1806-1873) के तर्कशास्त्र में कार्यकारण का सम्बन्ध निर्धारित करने की एक विधि, जिसका सूत्र यह है कि यदि एक घटना के घटने के कई दृष्टान्तों में एक परिस्थिति समान रूप से विद्यमान

रहती है और उस घटना के न घटने के कई दृष्टान्तों में अन्य बातों के प्रायः समान रहते हुए उस परिस्थिति का भी अभाव रहता है तो उस घटना तथा परिस्थिति में कार्य-कारण का सम्बन्ध है । उदाहरण के लिए, यदि एक व्यक्ति अनेक बार यह देखता है कि जब भी उसने लाल मिर्च खाया, उसके पेट में दर्द हुआ और लाल मिर्च न खाने पर पेट में दर्द नहीं हुआ, तो यह तर्क दिया जा सकता है कि लाल मिर्च खाना पेट के दर्द का कारण है ।

joking relationship (जोकिङ् रि'लेशन्शिप्) **परिहास सम्बन्ध :** दो सम्बन्धियों के बीच सामाजिक रूप से सम्मत परिहास की रीति । कुछ सम्बन्धियों के बीच ये सम्बन्ध पारस्परिक होते हैं । तथा कुछ के बीच एकतरफा होते हैं । ये सम्बन्धी आपस में मिलने पर एक-दूसरे को खिझाते और हंसी-मजाक करते हैं । कभी-कभी ये मजाक अश्लील अथवा अपमानजनक होते हैं, पर इनका बुरा नहीं माना जाता है । बहुधा यह सम्बन्ध वैवाहिक सम्बन्धियों में ही अधिक प्रचलित और अपरिहार्य होता है (देखें– A. R. Radcliffe-Brown, **African Systems of Kinship and Marriage**, 1950) ।

journey man ('जर्नि मैन्) **कारीगर, कार्मिक :** पहले इस शब्द का तात्पर्य ऐसे व्यक्ति से था, जिसे दैनिक मज़दूरी पर रखा जाता था । वर्तमान में इसका तात्पर्य हस्तशिल्प अथवा अन्य किसी व्यवसाय में निपुण व्यक्ति से होता है ।

Judaism (जूडेइज़्म्) **यहूदीवाद :** सम्भवतः यह सबसे पुराना एकेश्वरवादी धर्म है । इस धर्म में आचरण की शुद्धता पर अधिक बल दिया गया है । ईसाई धर्म को यहूदी धर्म का आधुनिक स्वरूप माना जाता है । ईसाई धर्मावलम्बी ईसा मसीह (यीशू) को यहूदियों का एक उद्धारक मसीहा मानते हैं । उन्होंने यीशू के अनुयायियों के हिब्रू लेखों को अपनी पुस्तक बाईबिल में सम्मिलित किया है । यहूदियों की तरह ईसाई लोग परमेश्वर को पिता, पुत्र और पवित्र आत्मा के मिथक के रूप में देखते हैं । वे परमेश्वर को पिता, यीशू को परमेश्वर का पुत्र और परमेश्वर की सतत उपस्थिति के रूप में पवित्र आत्मा मानते हैं । ईसाई धर्मावलम्बियों का पवित्र ग्रन्थ बाईबिल या 'न्यू टेस्टामेन्ट (**New Testament**) है, जबकि यहूदियों का पवित्र ग्रन्थ हिब्रू बाईबिल (तोरहा) है, जिसे ईसाई लोग 'ओल्ड टेस्टामेन्ट' (**Old Testament**) कहते हैं (देखें– W. Sombart, **The Jews and Modern Capitalism**, 1911; Max Weber, **Ancient Judaism**, 1917-19) ।

judgement of fact (जजमन्ट् ऑव् फ़ैक्ट्) **तथ्य-निर्णय :** वस्तुस्थिति को बतानेवाला या बताने का दावा करनेवाला निर्णय, जैसे– चन्द्रमा एक ठंडा उपग्रह है । इस प्रकार के निर्णय प्राकृतिक या वर्णनात्मक विज्ञान के क्षेत्र में आते हैं।

judicial activism (जु'डिश्ल् 'ऐक्टिविज़्म्) **न्यायिक सक्रियतावाद, न्यायपालिका की सक्रियता :** ऐसी प्रवृत्ति, जिसमें देश की न्यायपालिका (Judiciary) सामाजिक और प्रशासनिक गतिविधियों को नियमित करने में शासन के अन्य अंगों– विधानमण्डल (Legislature) और कार्यपालिका (Executive) में बढ़-चढ़कर भूमिका निभाने लगती है ।

judicial process (जु'डिश्ल् 'प्रोसेस्) **न्याय-प्रणाली, न्यायिक-प्रक्रिया :** न्यायालयों की स्थापित व्यवस्था के माध्यम से न्याय-प्रशासन के विभिन्न अवस्थान ।

judicial separation (जु'डिश्ल् सेप्'रेशन्) **न्यायिक पृथक्करण :** पति-पत्नी को न्यायिक रूप से कुछ विशेष कालावधि के लिए अलग रहने की अनुमति मिलना । यह पूर्ण विवाह-विच्छेद के पूर्व की अवस्था होती है ।

junta ('जन्टा) **सैन्य परिषद् :** स्पैनिश भाषा से आये इस शब्द का अर्थ एक प्रशासनिक परिषद् या छोटा-सा समूह है। यह समूह सामान्यतया सैनिकों का होता है, जो किसी राजनीतिक उद्देश्य के लिए गठित किया जाता है । सैनिक क्रांति या शक्ति द्वारा राजनीतिक सत्ता प्राप्ति से सम्बद्ध होने के कारण इस शब्द में अनादर का भाव है ।

jurisprudence (जुऑरिस'प्रूड्अन्स) **विधिशास्त्र, न्यायशास्त्र :** क़ानून के अध्ययन की वह शाखा, जिसमें क़ानून और न्याय के सैद्धान्तिक, दार्शनिक और वैज्ञानिक आधार का विश्लेषण किया जाता है । इसमें क़ानून की उत्पत्ति, प्रकृति और उसके विविध रूपों पर विशेष रूप से विचार किया जाता है । इसे क़ानून के व्याकरण के रूप में देखा जाता है ।

jurisprudence, sociological (जुऑरिस'प्रूड्अन्स, सोसिअ'लॉजिक्ल्) **समाजशास्त्रीय न्यायशास्त्र :** देखें– **Sociological jurisprudence**।

jus sanguinis (जॅस सैन्ग्विनिस) **रक्त वंशाधिकार सिद्धान्त :** नागरिकता के अर्जन का एक सिद्धान्त, जिसके अनुसार बच्चों को अपने माता-पिता की ही नागरिकता प्राप्त होती है। उदाहरण के लिए, यदि किसी बच्चे का जन्म विदेश में हो तब भी वह उसी देश का नागरिक माना जायेगा, जहाँ के उसके माता-पिता होंगे। इस प्रकार, इंग्लैंड के नागरिक का पुत्र चाहे वह कहीं भी हॉलैंड, फ्रांस या अमरीका में पैदा हो, रक्त वंशाधिकार सिद्धान्त के अनुसार वह इंग्लैंड का ही नागरिक माना जायेगा।

jus soli (जॅस सॅलि) **जन्मस्थान-सिद्धान्त :** इस सिद्धान्त के अनुसार, बच्चे को नागरिकता उसी देश की प्राप्त होती है, जहाँ पर उसका जन्म हुआ हो। उदाहरण के लिए, यदि ब्रिटिश नागरिक के पुत्र का जन्म अमरीका में हो, तो वह बच्चा जन्मस्थान-सिद्धान्त के अनुसार अमरीका का नागरिक बन जाता है।

justice, social ('जॅस्टिस, 'सोशल्) **सामाजिक न्याय :** देखें– **Social justice; Discrimination, positive**।

just-in-time system (JIT) (जस्ट इन् टाइम् 'सिस्टम्) **कालबद्ध पद्धति :** इस अवधारणा का सम्बन्ध जापानी उद्योग-धन्धों से जुड़ा हुआ है। आधुनिक उद्योग-धन्धों के क्षेत्र में उत्पादन का कार्य भिन्न-भिन्न जगहों पर होता है और उन सबों को एक जगह इकट्ठा कर इच्छित वस्तुओं को अन्तिम रूप दिया जाता है। इसके लिए यह आवश्यक है कि सभी उद्योगों में उत्पादन का कार्य मात्रा और गुण की दृष्टि से एक निश्चित समय में हो जाए, ताकि वस्तुओं का उत्पादन ठीक समय पर हो सके।

juvenile court ('जूव नाइल् कॉट्) **बाल-अपराधी न्यायालय :** वह न्यायालय, जो एक निश्चित आयु तक के बच्चों द्वारा किए गए कार्यों से सम्बन्धित मामलों की सुनवाई करता है। यह एक कानूनी अदालत है, जिसमें निश्चित आयु वर्ग से कम आयु के बच्चों के मामलों का फैसला होता है। बाल अपराधियों को साधारण न्यायालयों के सामने प्रस्तुत नहीं किया जाता। ऐसे न्यायालयों में प्राय: स्त्रियाँ न्यायाधीश होती हैं; क्योंकि यह माना जाता है कि स्त्रियों में बच्चों के प्रति अधिक प्रेम होता है। किसी भी बाल-अपराधी को, जब उच्च न्यायालय के सामने प्रस्तुत किया जाता है, तो उसके बारे में पूरी जानकारी प्रस्तुत की जाती है और उसके आधार पर ही समुचित फैसला सुनाया जाता है। प्राय: इस प्रकार के न्यायालय बाल-अपराधियों को परिवीक्षा **(Probation)** पर छोड़ देते हैं अथवा बालसुधार गृह में भेज देते हैं। इन न्यायालयों का मुख्य उद्देश्य बाल-अपराधियों को सही प्रकार से सुधारना होता है।

juvenile delinquency ('जूव नाइल् डि'लिन्क्वन्सि) **बाल-अपराध :** किसी निश्चित आयु-सीमा के नीचे के बालकों द्वारा किये गये समाज-विरोधी व्यवहार को बाल-अपराध कहते हैं। भारत में 15 वर्ष की आयु तक के तथा अमरीका में 16 वर्ष की आयु तक के ऐसे बालक, जो समाज-विरोधी अपराधों या कुकृत्यों में लिप्त पाये जायें, बाल-अपराधी कहलाते हैं। ऐसे बालक चोरी, जेबकतरी, आवारागर्दी, बुरे व्यक्तियों के साथ घूमना-फिरना, भीख माँगना, यौन-अनाचार, शराब लाना और ले जाना, लूटमार, गुंडागर्दी, स्कूल से भाग जाना, अनुशासन भंग करना आदि कामों में लिप्त पाये जाते हैं। प्राय: निर्धनता, छोटे और गन्दे मकान, बुरी परिस्थितियाँ, टूटे परिवार, पारिवारिक संघर्ष, स्नेह का अभाव, बुरी संगति आदि के फलस्वरूप बालक अपराधी बन जाते हैं। मनोरंजन के अभाव, बुरे मनोरंजन, यौन साहित्य, मानसिक हीनता, उद्वेगात्मक संघर्ष और अस्थिरता, बुरे चलचित्र, टेलीविजन आदि भी बालकों को बुरे मार्ग पर चलने को प्रेरित करते हैं।

Kk

***kaccha* food कच्चा भोजन :** पानी में पकाया भोजन, अधिकांश प्रमुख भोज्य पदार्थ 'कच्चे' होते हैं, जैसे– चावल, सब्जी, दाल इत्यादि ।

***karma* कर्म :** कर्म की अवधारणा का अर्थ किसी व्यक्ति के अच्छे या बुरे कार्यों के प्रभाव में विश्वास से है । कर्म सम्बन्धी सिद्धान्त का सर्वप्रथम प्रतिपादन हिन्दू धर्म में किया गया है । यह गीता की शिक्षा का केन्द्रबिंदु है । कर्म का अर्थ है– साधारण कार्य, जो किया जाता है । लेकिन, गीता के समय तक इसका एक अर्थ 'यज्ञ' को भी मान लिया गया था । गीता में कर्म का प्रयोग मुख्यतया कर्त्तव्य के अर्थ में हुआ है, जो उस समय विभिन्न वर्णों के लिए निश्चित किये गये थे । कुछ स्थानों पर इस शब्द का प्रयोग प्रार्थना के सन्दर्भ में भी किया गया था । गीता में हम देखते हैं कि श्रीकृष्ण कुरुक्षेत्र में अर्जुन को अपना कर्म करने का उपदेश देते हैं ।

Kerr-Siegel hypothesis (केर् सीगल हाइ'पॉथसिस्) **केर-सीगल प्राक्कल्पना :** क्लार्क केर (Clark Kerr) एवं अब्राहम सीगल (Abraham Siegel) ने विभिन्न उद्योगों के बीच हड़ताल की घटना सम्बन्धी विभिन्नता के सन्दर्भ में यह विचार व्यक्त किया है कि जिन उद्योगों के अन्तर्गत मज़दूरों में इतरीकरण (**Alienation**) की भावना अधिक पायी जाती है या जहाँ पर श्रमिकों के बीच अपने काम के प्रति रूचि कम पायी जाती है, वैसे उद्योगों में कर्मचारियों द्वारा हड़ताल करने की घटना अधिक देखी जाती है (देखें– A. Kornhauser *et al.*, **Industrial Conflict**, 1954) ।

kibbutzim (किबुत्'सीम्) **किबुत्सीम :** इसरायल में स्थापित एक ऐसा समुदाय, जिसमें उत्पादन सहकारी आधार पर होता है । ऐसे समुदाय में आर्थिक विषमताएँ कम-से-कम पायी जाती हैं (देखें– B. Bettelheim, **The Children of the Dream,** 1969) ।

kidnapping ('किड्नैपिन्ग) **बलात् अपहरण :** किसी शिशु या वयस्क को किसी जगह से प्रलोभन देकर ले जाना या किसी व्यक्ति को जबरदस्ती उठाना और उसे आपराधिक हिरासत में रखना बलात् अपहरण कहलाता है ।

kin (किन्) **नातेदार, स्वजन :** इस शब्द का प्रयोग वैसे लोगों के लिए होता है जो वंश या विवाह के माध्यम से सम्बन्धित हों । अधिकतर नातेदार परिवार से अलग रक्तमूल के होते हैं । रक्त-सम्बन्धों की मान्यता बहुधा सांस्कृतिक प्रतिमानों द्वारा निर्धारित होती है । यही कारण है कि सम्बन्ध श्रेणियों में कुछ व्यक्ति स्वजन या नातेदार माने जाते हैं, जबकि कुछ अन्य सम्बन्धियों को सिद्धान्ततः स्वीकर नहीं किया जाता ।

kin, collateral (किन्, क'लैटरल्) **भिन्नशाखाई नातेदार (स्वजन) :** जो स्वजन मुख्य समूह से प्रशाखा के रूप में अलग हो जाते हैं, जैसे– चाचा और चचेरे भाई-भतीजे आदि भिन्न शाखाई स्वजन कहलाते हैं । सरल भाषा में, व्यक्ति के समरेखीय स्वजनों के वंशजों को भिन्नशाखाई स्वजन कहा जाता है ।

kin, lineal (किन्, लिन्इ'अल) **समरेखीय नातेदारी** या **स्वजन :** जो स्वजन वंशानुक्रम में प्रत्यक्षतः एक-दूसरे से सम्बन्धित होते हैं, उन्हें समरेखीय या एकशाखाई स्वजन कहते हैं । समरेखीय स्वजन एक व्यक्ति के प्रत्यक्ष पूर्वज तथा प्रत्यक्ष वंशज होते हैं, जैसे– व्यक्ति के माता-पिता, दादा-दादी, परदादा-परदादी तथा उनकी सन्तानें व पोते-पोतियाँ ।

kin, primary (किन्, 'प्राइमरि) **प्राथमिक स्वजन (नातेदार) :** नातेदारी के आधार पर जुड़े व्यक्ति प्राथमिक स्वजन

की श्रेणी में गिने जाते हैं, जैसे– पिता-पुत्र, पिता-पुत्री, माता-पुत्री, भाई-बहन, बहन-बहन तथा पति-पत्नी प्राथमिक स्वजनों की श्रेणी में आते हैं। इनमें पति-पत्नी को छोड़कर, जो कि वैवाहिक सम्बन्धी होते हैं, सभी रक्त-सम्बन्धी हैं।

kin, secondary (किन्, 'सेकन्डरि) **द्वितीयक स्वजन (नातेदार)** : प्राथमिक स्वजनों के प्राथमिक सम्बन्धी द्वितीयक स्वजनों की श्रेणी में आते हैं, जैसे– किसी व्यक्ति का साला, दादा, मामा, नाना आदि। मानवशास्त्री जी. पी. मरडॉक (G. P. Murdock, 1897-1985) ने इसमें 33 प्रकार के सम्बन्धियों का उल्लेख किया है।

kin, tertiary (किन्, 'टर्शरि) **तृतीयक स्वजन** : द्वितीयक सम्बन्धियों के प्राथमिक की गणना तृतीयक स्वजनों में की जाती है, जैसे– साले की पत्नी या पुत्र। जी. पी. मरडॉक (G. P. Murdock, 1897-1985) के अनुसार, एक व्यक्ति के 151 प्रकार के तृतीयक स्वजन होते हैं।

kin community (किन् क'म्यूनटि) **स्वजन समुदाय** : जब कोई स्थानीय समुदाय जाति समूह के रूप में संगठित हो, तो उसे स्वजन समुदाय कहा जा सकता है।

kin group (किन् ग्रूप्) **स्वजन समूह** : बन्धुत्व से आबद्ध सामाजिक समूह, उदाहरणार्थ– मूल परिवार एक स्वजन समूह होता है।

kindred ('किन्ड्रिड) **सहवंशीय स्वजन, विरादरी** : उभयपक्षी वंशानुक्रम पर आधारित निकट स्वजनों का समूह, जिसे किसी केन्द्रीय व्यक्ति के सन्दर्भ में निर्दिष्ट किया जाता है। ये वंशज माता अथवा पिता दोनों की ओर से हो सकते हैं। इसमें पिता के भाई, बहन व उनकी सन्तानों के सन्तानों की साथ-साथ माता के भाई-बहन व उनकी सन्तानें सहवंशी माने जाते हैं।

kinds-of-people theory (काइन्डस् ऑव् पी'पल 'थिअरि) **मानव-प्रकार सिद्धान्त** : यह सिद्धान्त इस मान्यता पर आधारित है कि विचलनकारी व्यक्तियों की अपनी एक अलग जैविक या मनोवैज्ञानिक पहचान होती है।

kinsfolk ('किन्ज़्फ़ोक्) **स्वजन, कुटुम्ब** : एक ही स्वजन समूह के लोग। एक ही परिवार या वंश के लोगों को स्वजन कहा जाता है। सगे-सम्बन्धियों के समूह को भी स्वजन ही कहा जायेगा।

kinship ('किन्शिप्) **बन्धुत्व, सगोत्रता, नातेदारी** : सामाजिक रूप से मान्यता-प्राप्त ऐसे सम्बन्धों को नातेदारी या स्वजन कहा जाता है, जो रक्त, विवाह अथवा दत्तकता पर आधारित होते हैं। नातेदारी के सम्बन्ध में इन तथ्यों पर गौर करने की आवश्यकता है– (1) बन्धुता जैविक सम्बन्धों की सामाजिक मान्यता है। (2) बन्धुता जैविक प्रसंग में सामाजिक सम्बन्धों की अभिव्यक्ति है। (3) समरक्तीय और वैवाहिक सम्बन्धों की सामाजिक मान्यता और अभिव्यक्ति को बन्धुता कहते हैं। इसमें काल्पनिक और वास्तविक दोनों ही प्रकार के वंशावलिक रिश्तों पर आधारित तथा समाज द्वारा स्वीकृत सम्बन्ध सम्मिलित होते हैं (देखें– George Peter Murdock, **Social Structure**, 1949; Bernard Farber, **Conceptions of Kinship**, 1981; Jack Goody, **The Development of the Family and Marriage in Europe**, 1983)।

kinship, affinal ('किन्शिप्, ॲफ़ाइ 'नल्) **विवाहमूलक नातेदारी** : पति-पत्नी के मध्य आपसी तथा एक-दूसरे के पक्ष के साथ बनने वाले सम्बन्धों को विवाहमूलक नातेदारी कहते हैं। एक पुरुष का साला उसका विवाहमूलक नातेदार है। इसी प्रकार, एक स्त्री के पति का भाई या बहन उस स्त्री के लिए विवाहमूलक नातेदार है।

kinship, consanguineous ('किन्शिप्, कॉन्सैन् 'ग्विनिअस) **रक्तमूलक नातेदारी** : नातेदारी का यह रूप समान रक्त-सम्बन्ध पर आधारित होता है। माता-पिता एवं सन्तानों के मध्य तथा सहोदरों के मध्य पाए जाने वाले सम्बन्धों को रक्तमूलक नातेदारी कहते हैं। रक्त-सम्बन्ध भी गोत्र की एक प्रमुख विशेषता माना गया है। गोत्र के सदस्य एक-दूसरे से अपना रक्त-सम्बन्ध समझते हैं। उनके अनुसार, गोत्र के सदस्य का रक्त उनका रक्त है तथा गोत्र की रक्षा भी सभी सदस्य मिलकर करते हैं। यही कारण है कि गोत्र में बहिर्विवाह की प्रथा प्रचलित है।

kinship system ('किन्शिप् 'सिस्टम्) **नातेदारी व्यवस्था** : विवाहजन्य सम्बन्ध और रक्तजन्य सम्बन्धों पर आधारित सामाजिक सम्बन्धों की एक व्यवस्था। यह मुख्यरूप से मानवशास्त्र का विषय-वस्तु है : देखें– **Kinship**।

kinship system, bilateral ('किन्शिप् 'सिस्टम्, बाइ'लैटरल्) **द्विपक्षी नातेदारी व्यवस्था** : नातेदारी व्यवस्था का एक रूप, जिसमें एक व्यक्ति माता एवं पिता दोनों के सम्बन्धियों से समान रूप से जुड़ा होता है। कुछ ऐसे भी समाज हैं, जहाँ नातेदारी व्यवस्था मातृवंशीय और पितृवंशीय दोनों ही नहीं है।

kinship terminology ('किन्शिप् टर्मि'नॉलजि) **नातेदारी शब्दावली** : वह शब्दावली, जो वैवाहिक या जनकीय सम्बन्धों पर आधारित सामाजिक सम्बन्धों का बोध कराती है, जैसे– मामा, चाचा, भाई, बहन इत्यादि।

kinship terms, classificatory ('किन्शिप् टर्म्स, क्लैसिफ़ि'केटॅरि) **वर्गात्मक नातेदारी शब्दावली** : वर्गसूचक वे सम्बोधन होते हैं, जिनको सम्बन्धियों के एक वर्ग को सम्बोधित करने के लिए प्रयोग में लाया जाता है। आंग्ल भाषा के 'अंकल', 'आन्ट', 'नीज', आदि शब्द वर्गात्मक नातेदारी के बोधक हैं। इन शब्दों के द्वारा विभिन्न रिश्तेदारों को एक ही सम्बोधक शब्द के द्वारा पुकारा जाता है, न कि विशेष रिश्तेदार को। अतः इसमें एकदम बिना किसी सूचक शब्द की सहायता के रिश्तेदारी का ठीक-ठीक ज्ञान नहीं हो पाता, वरन् केवल इतना पता चलता है कि सम्बन्ध आस-पास के हैं। वर्गसूचक प्रणाली, व्यक्तियों की अपेक्षा समूहों के बीच की नातेदारी की गणना करती है। इन बन्धुत्व वर्गों की व्याख्या पीढ़ी, लिंग तथा वंशावली सम्बन्धों के आधार पर की जाती है, जैसे– आंग्ल समाज में एक ही शब्द 'अंकल' (Uncle) का प्रयोग चाचा, मामा, ताऊ, फूफा, मौसा आदि के लिए किया जाता है। एल. एच. मॉर्गन (Lewis Henry Morgan, 1818-1881) प्रथम मानवशास्त्री थे, जिन्होंने विश्व के कई समाजों की नातेदारी शब्दावली का सुव्यवस्थित एवं गहन अध्ययन किया और बाद में इन्हें मोटे वर्गों, यथा– व्यक्तिकात्मक और वर्गात्मक नातेदारी शब्दावली में विभाजित किया : देखें– **Kinship terms, descriptive**।

kinship terms, descriptive ('किन्शिप् टर्म्स, डिस्'क्रिप्टिव) **व्यक्तिकात्मक नातेदारी शब्दावली** : जब प्रत्येक सम्बन्धी के लिए विशिष्ट संज्ञा का प्रयोग होता है, तब इस व्यवस्था को व्यक्तिकात्मक नातेदारी शब्दावली कहते हैं। व्यक्तिपरक व्यवस्था यथार्थ-सम्बन्ध सूचक होती है और केवल उन व्यक्तियों के लिए ही प्रयुक्त की जाती है, जिनके सन्दर्भ या जिनको सम्बोधन करते हुए बात की जाती है। माँ और पिता शब्द व्यक्तिकात्मक नातेदारी सूचक हैं : देखें– **Kinship terms, classificatory**।

kinship terms of address ('किन्शिप् टर्म्स् ऑव् अ'ड्रेस्) **नातेदारी सम्बोधन शब्दावली** : एक व्यक्ति द्वारा अपने किसी सम्बन्धी को पुकारने या सम्बोधन करने के लिए, जिस संज्ञा का प्रयोग किया जाता है, वह नातेदारी सम्बोधन शब्दावली कहलाती है। मम्मी, पापा, डैडी, बाबा इसी शब्दावली के उदाहरण हैं।

kinship terms of reference ('किन्शिप् टर्म्स् ऑव् 'रेफ़रन्स्) **सन्दर्भगत नातेदारी शब्दावली** : यह **Kinship terms of address** का पर्यायवाची की तरह है : देखें– **Kinship terms of address**।

kinsmen ('किन्ज़्मेन्) **नातेदार, बन्धु** : नातेदार, बन्धु या रिश्तेदार उन पुरुषों, स्त्रियों, लड़कों और लड़कियों को कहा जाता है, जो वैवाहिक अथवा रक्त-सम्बन्धों द्वारा परस्पर सम्बन्धित होते हैं। विभिन्न समुदायों में भिन्न-भिन्न नातेदारों के लिए भिन्न-भिन्न नाम प्रचलित होते हैं। कई सम्बन्धी पिता के वंश से सम्बन्धित होते हैं, तो कई माता के वंश से। इनके अतिरिक्त कई बन्धु दूर के सम्बन्धी होते हैं, जो या तो कई पीढ़ियों पहले के होते हैं अथवा माता-पिता के अन्य सम्बन्धियों के सम्बन्धी होते हैं। कई व्यक्ति सम्बन्धी न होने पर भी घनिष्ठता के आधार पर सम्बन्धी के समक्ष ही मान लिए जाते हैं। उनके साथ भी सम्बन्धियों के साथ दिया जानेवाला सामाजिक व्यवहार किया जाता है। सम्बन्धियों के साथ व्यवहार करने में ऊँच-नीच बरतने, कम आदर, अधिक आदर करने, भेंट लेने-देने, आतिथ्य स्वीकार करने या अस्वीकार करने से सम्बन्धित अनेकानेक व्यवहार के प्रतिमान प्रायः प्रत्येक समूह में देखने में आते हैं। जनजातीय

समुदायों, पिछड़े समुदायों तथा ग्रामीण समुदायों में नातेदारी को बहुत अधिक महत्त्व प्राप्त होता है, जबकि लोक-समाजों **(Civil societies)** में उनका स्थान अपेक्षाकृत कम महत्त्वपूर्ण होता है ।

Kish grid; Kish selection table (किस् ग्रिड; किस् स'लेक्शन् 'टेब्ल्) **किस-चयन सारणी :** इस प्रविधि को एल. किस (L. Kish) ने ईजाद किया था, इसलिए इसे किस ग्रिड के नाम से जाना जाता है । यह सर्वेक्षण के उद्देश्य से उत्तरदाताओं को चुनने की एक ऐसी प्रविधि है, जिसमें सभी उत्तरदाताओं को समग्र से चुने जाने की समान सम्भावना होती है । उत्तरदाताओं को उसके पता, उम्र या इस ढंग के और किसी वस्तुनिष्ठ कसौटी के आधार पर सूचीबद्ध कर लिया जाता है तथा उसमें से वस्तुनिष्ठ ढंग से कुछ उत्तरदाताओं को साक्षात्कार के लिए चुन लिया जाता है ।

kitchen cabinet ('किचिन् कैबिनट्) **अन्तरंग मंत्रिमण्डल :** शासनाध्यक्ष के अनौपचारिक परामर्शदाता, जिनका उस पर आधिकारिक मंत्रिमण्डल की अपेक्षा अधिक प्रभाव माना जाता है ।

knowledge ('नॉलिज्) **ज्ञान :** जिसे हम वास्तविक रूप में देखते या सही समझते हैं, उसे ही सामाजिक विज्ञानों में ज्ञान की संज्ञा दी जाती है । समाजशास्त्र की दृष्टि से ज्ञान की अवधारणा प्रमुख इसलिए है कि इसकी पैदाइश समाज में होती है और इसी ज्ञान से हमारे विभिन्न आचरणों का निर्धारण होता है । हरेक व्यक्ति के पास रोज़मर्रा के जीवन के बारे में ज्ञान का एक भण्डार होता है । उसे यह पता होता है कि सामाजिक दुनिया कैसे कायम है । जैसे हम सभी को यह पता है कि फोन की घंटी बजने के बाद हमें क्या करना है, क्या पूछना है, क्या जवाब देना है आदि । यह सर्वसाधारण ज्ञान (Commonsense knowledge) के नाम से जाना जाता है । ए. शुट्स (A. Schutz) ने इसे Stock knowledge कहकर पुकारा है (देखें– Karl Mannheim, **Ideology and Utopia**, 1936 and **Essays on the Sociology of Knowledge**, 1952) : देखें– **Sociology of knowledge** ।

knowledge, sociology of ('नॉलिज्, सोसि'ऑलजि ऑव्) **ज्ञान का समाजशास्त्र :** देखें– **Sociology of knowledge**।

Kondratieff cycles (कॉन्ड्रातिफ् साइक्ल्स्) **कन्डरातिफ चक्र :** कन्डरातिफ एक रूसी अर्थशास्त्री थे, जिन्होंने यह विचार व्यक्त किया है कि आर्थिक व्यवस्था में मन्दी और तेजी के दौर का चक्र एक लम्बे समय का हो सकता है। अन्य अर्थशास्त्रियों के विपरीत उनका यह मानना था कि तेजी का दौर 15 से 20 वर्षों का न होकर औसतन कोई आधी सदी का भी हो सकता है : देखें– **Business cycle** ।

kremlin (क्रेमलिन) **क्रेमलिन :** यह एक रूसी शब्द है, जिसका अर्थ महल होता है । मास्को में जारों (Tsars) का पुराना निवास-स्थान, जो अब सोवियत सरकार की पीठ है । सोवियत सरकार अथवा सोवियत राजनीतिक शक्ति के केन्द्र-स्थल के लिए भी इस शब्द का प्रयोग किया जाता है ।

kulak ('कूलैक) **कुलक, सम्पन्न किसान जमींदार :** मूलत: रूसी भाषा का शब्द, जिसका अर्थ मुक्का होता है । जोसेफ़ स्टालिन (J. Stalin, 1879-1953) ने इस शब्द का प्रयोग उन सम्पन्न किसानों के सन्दर्भ में किया था, जिनकी सम्पत्ति छीनकर सामूहिक कृषि व्यवस्था की बुनियाद रखी गई थी। चूँकि, ये किसान सरकार के विरुद्ध 'मुक्का तानकर' खड़े थे, इसलिए उन्हें कुलक की संज्ञा दे दी गई। बाद में यह शब्द सोवियत रूस तथा अन्य देशों में सम्पन्न किसानों के लिए, विशेषत: उनके निहित स्वार्थों का संकेत देने के लिए चल पड़ा।

kula ring (कूलॉ रिंग) **कूलावलय :** बी. मैलनॉफस्की (Bronislaw Kasper Malinowski, 1884-1942, हिन्दी में शुद्ध उच्चारण मात्र ही मैलनॉफस्की है) ने ट्रोबिएंड द्वीपवासियों के बीच उपहार-विनिमय की बात की है, जिसे वहाँ कूलावलय के नाम से जाना जाता है । एक समुदाय दूसरे समुदाय को खास चीज़ों की भेंट प्रदान करता है । जिस व्यक्ति को उपहार मिलता है, वह उसे अपने पास लम्बे समय तक नहीं रखता है । वह भी किसी और को दे देता है । इस तरह से विनिमय का सिलसिला एक वर्तुल गति से चलता रहता है । लोग विभिन्न द्वीपों के बीच घूमते रहते हैं और साल में लगभग दो बार उपहार लेने-देने का कार्य करते हैं । इन चीज़ों का आर्थिक महत्त्व उतना नहीं होता, जितना

कि सामाजिक और सांस्कृतिक । उपहार की मात्रा या वस्तुओं से लोगों की प्रतिष्ठा का निर्धारण होता है (देखें– Bronislaw Malinowski, **Argonauts of the Western Pacific**, 1922) ।

Kulturkampf (कुल'टूअर् कैम्फ्) **संस्कृति-संघर्ष :** यह शब्द रोमन कैथलिक चर्च और यूरोप के अनेक राष्ट्रों के बीच उन्नीसवीं और बीसवीं शताब्दी तक चले आते रहे संघर्ष का द्योतक है । इस संघर्ष में जर्मनी, फ्रांस और इटली मुख्यरूप से चर्च के खिलाफ रहे । जर्मन भाषा में इस अवधारणा का अर्थ है संस्कृति या सभ्यता के लिए संघर्ष (कुल्टुर-संस्कृति, काम्फ संघर्ष)। झगड़ा पोप की उस घोषणा से आरम्भ हुआ, जिसमें कहा गया था कि पोप का वचन आप्तवचन है, वह कभी गलत नहीं हो सकता । यह वह समय था, जब धर्म का राजनीति में दखल होता था । बिस्मार्क ने सांकेतिक रूप से इस घोषणा का विरोध किया । रोमन कैथलिक पादरियों पर कुछ पाबंदियाँ लगा दी गई । इस प्रकार, चर्च और राज्य के पीठस्थान वैटिकन (Vatican) के बीच विवाद इतना बढ़ा कि पोप ने वैटिकन की चारदीवारी से बाहर न निकलने की घोषणा की और कहा कि जो कैथलिक धर्मावलम्बी इटली के राजकाज में हाथ बँटाएँगे या राष्ट्रीय चुनावों में वोट तक देंगे, वे धर्मविरोधी माने जायेंगे । यह झगड़ा मुसोलिनी के समय तक चलता रहा था । फ्रांस में भी यह संघर्ष उन्नीसवीं शताब्दी के उत्तरार्द्ध से प्रथम महायुद्ध के अन्त तक चलता रहा । संघर्ष के अन्तिम परिणामस्वरूप चर्च की शक्ति का ह्रास ही हुआ ।

kurtosis (कर्'टोसिस्) **ककुदता :** ककुदता किसी वक्र की शिखरता या चपटापन को कहते हैं । ऐसा वक्र, जिसका ऊपरी तल चपटा तथा पूँछ छोटी हो, सपाटककुदी वक्र (Platykurtic curve) कहलाता है । जिस वक्र का शिखिर तीक्ष्ण तथा पूँछ लम्बी हो, उसे तुंगककुदी वक्र (Leptokurtic curve) कहते हैं ।

Kuznet's cycle (कूज़्'नेट्स साइक्ल्) **कूज़नेट चक्र** : देखें– **Business cycle** ।

Ll

labelling theory of deviance (ले'बलिंग 'थिअरि ऑव़् 'डीविअन्स्) **विसामान्यता का लेबिल सिद्धान्त :** यह सिद्धान्त किसी एक व्यक्ति द्वारा क्रमबद्ध ढंग से विकसित किया हुआ नहीं है, बल्कि यह एक किस्म के विचारों का संग्रह है, जिसमें स्कूर (Issai Schur, 1875-1941), एडवीन लीमर्ट (Edwin M. Lemert, 1912-1996), इरविंग गॉफ़मैन (Erving Goffman, 1922-1982), हॉवर्ड एस. बेकर (Howard S. Becker, b.1928-) आदि के विचार संगृहीत हैं । इस सिद्धान्त के समर्थकों का कहना है कि चूँकि समाज कुछ लोगों की अच्छे या बुरे व्यक्ति के रूप में पहचान करता है और जिनकी पहचान बुरे व्यक्ति के रूप में हो जाती है, वे गलत काम करने के लिए स्वाभाविक रूप से प्रेरित होते हैं । यह किसी को अच्छा नहीं लगता है कि उसे कोई व्यक्ति गलत कहे । इस प्रकार के वर्गीकरण का काम समाज में विभिन्न तरह से होता है, जैसे– अमीर-गरीब के लिए, पुरुष-महिलाओं के लिए, वृद्ध-नवयुवकों के लिए और बहुसंख्यक-अल्पसंख्यकों के लिए कानून बनाकर उस पर नियन्त्रण रखने का प्रयास करते हैं । घर के अन्तर्गत भी माता-पिता अपने बच्चों के लिए मौखिक नियम-कानून बनाकर उसका निर्वाह करने का प्रयास करते हैं अर्थात्, जो लोग समाज में ज्यादा प्रभुत्व वाले हैं, वे कमजोर लोगों के लिए एक प्रकार के लेबुल का निर्माण करते हैं और यही नामचिप्पी समाज में कुछ व्यक्तियों के लिए परेशानी का कारण बन जाती है । यह नामचिप्पी का ही परिणाम है कि सोनार या बनिया को कुछ लोग ठग या बेईमान समझते हैं (देखें– Edwin M. Lemert, **Human Deviance, Social Problems and Social Control**, 1951; Howard S. Becker, **Outsiders: Studies in the Sociology of Deviance**, 1973) ।

labour; labour force ('लेबर्; 'लेबर् फ़ॉर्स्) **श्रमिक; श्रमशक्ति :** बाज़ार के वे सब व्यक्ति श्रमिक हैं, जो किसी उद्योग या मिल में कार्य करते हैं या बेकारी की अवस्था में नौकरी की तलाश करते हैं । किसी समय-विशेष में 15 से 65 वर्ष के सभी काम करने योग्य व्यक्तियों की संख्या जो या तो रोज़गार में लगी हो या फिर काम की तलाश में हो । श्रमशक्ति देश में आर्थिक वस्तुओं और सेवाओं का उत्पादन करती है । इसमें बिना वेतन के काम करनेवाले परिवार के सदस्य भी शामिल किये जा सकते हैं । परन्तु इसमें घरेलू काम-काज करने वाले सदस्यों, जैसे– गृहणियों आदि को शामिल नहीं किया जाता है (देखें– Marilyn Waring, **If Women Counted: A New Feminist Economics**, 1988) ।

labour, decomposition of ('लेबर्, डी कॉम्पज़िश्न् ऑव़्) **श्रम-अपघटन या वियोजन :** रैल्फ डारेनडॉफ (Ralf Dahrendorf, b.1929-) ने अपनी पुस्तक **Class and Class Conflict in Industrial Societies** (1959) में बताया है कि श्रमिकों के बीच भी वैयक्तिक कार्यकुशलताओं और क्षमताओं के आधार पर स्तरण पाया जाता है । श्रमिक हमेशा समरूप नहीं होते, बल्कि उनके बीच भी विभेदीकरण होता है । अत: श्रमिकों को अपघटन कर देखा जाना चाहिए ।

labour, division of ('लेबर्, डि 'विज़न् आव़्) **श्रम-विभाजन :** देखें– **Division of labour** ।

labour and labour power ('लेबर् एण्ड 'लेबर् 'पाउअर्) **श्रमिक और श्रमिक-शक्ति :** कार्ल मार्क्स (Karl Marx, 1818-1883) ने श्रमिकों को श्रम (Labour) और श्रमिकों की काम करने की क्षमता (Labour power) में अन्तर स्पष्ट करने का प्रयास किया है । पूँजीवादी समाज में नियोजक श्रमिकों की कार्य-क्षमता को खरीदता है, न कि श्रमिक को (देखें– Karl Marx, **Capital: A Critique of Political Economy**, 1975; G. Hodgson, **Capitalism, Value, and Exploitation**, 1982) ।

labour aristocracy ('लेबर् ऐरि'स्टॉक्रसि) **श्रमिक अभिजात वर्ग** : इसका तात्पर्य ऐसे श्रमिक वर्ग से है, जो अपनी विशिष्ट कार्यकुशलता और अपने गुणों के आधार पर कायिक कर्मियों के बीच सबसे उच्च स्तर के माने जाते हैं। उच्च स्तरीय कायिक कर्मियों के बारे में कहा जाता है कि वे सामान्य कायिक कर्मियों से दूर और मध्यवर्गीय लोगों के नजदीक होते हैं, इसलिए वे बहुत क्रांतिकारी किस्म के नहीं होते (देखें– Robert Gray, **The Aristocracy of Labour in Nineteenth Century Britain, C.1850-1914**, 1981)।

labour camp ('लेबर् 'कैम्प्) **श्रम-शिविर** : ऐसे शिविर, जहाँ अपराधियों को दण्डस्वरूप परिश्रम करने के लिए बाध्य किया जाता है।

labour force participation rate ('लेबर् फ़ॉर्स् पार् टिसि'पेशन् रेट्) **श्रम-बल सहभागिता दर** : यह श्रमिक बल सहभागिता-दर (Work force participation rate) का पर्यायवाची है : देखें– **Work force participation rate**।

labour-intensive technology ('लेबर् इन्'टेनसिव टेक्'नॉलजि) **श्रमप्रधान प्रौद्योगिकी** : उत्पादन के ऐसे उपकरण और विधियाँ, जिनमें मानव-श्रम और उसकी निपुणताओं का विस्तृत प्रयोग किया जाता है। इस प्रक्रिया में छोटे पैमाने पर उत्पादन होता है। हालाँकि, उसमें विविधता की पूरी गुंजाइश रहती है। अत: यह पूँजीप्रधान प्रौद्योगिकी (**Capital-intensive technology**) से भिन्न है।

labour legislation ('लेबर् लेजिस्'लेशन्) **श्रम-विधान** : ऐसे नियम जिनसे श्रमिकों की कार्य-सुविधाएँ, क्षमता, सुरक्षा, स्वास्थ्य, वेतन, कार्य-घंटे तथा नौकरी की अन्य दूसरी शर्तें निश्चित और नियन्त्रित की जाती हैं। इन्हीं नियमों से मज़दूरों तथा मिल-मालिकों के आपसी झगड़े तय किये जाते हैं।

labour market ('लेबर्'मार्किट्) **श्रमिक बाज़ार, श्रम-बाज़ार** : आर्थिक आदान-प्रदान का वह क्षेत्र, जहाँ मालिक श्रमिकों की खोज करते हैं और श्रमिक अपने लिए कार्य खोजते हैं (देखें– Charles Horton Cooley, **Social Organization**, 1962; Robert T. Averott, **The Dual Economy: The Dynamics of American Industry Structure**, 1968)।

labour market flexibility ('लेबर् 'मार्किट् फ्लेक्स'बिलटि) **श्रम-बाज़ार की नम्यता** या **लचीलापन** : इसका तात्पर्य श्रमिकों की ऐसी बाज़ार-व्यवस्था से है, जहाँ विभिन्न प्रकार के श्रमिकों एवं उनके कार्यों के बीच बहुत स्पष्ट विभाजन नहीं होता है। श्रमिक आसानी से एक पेशे से दूसरे पेशे में चले जाते हैं। श्रमिकों के द्वारा काम करने की कोई निश्चित समय-सीमा नहीं होती। बहुत सारे कार्य लोग अपने घर पर ही रहकर कर लेते हैं। श्रम के लिए मज़दूरी भी समान रूप से निश्चित नहीं होती। मज़दूरी सम्बन्धी कानून इतने लचीले होते हैं कि श्रमिकों की तनख्वाह कम्पनी के लाभ-हानि की मात्रा से प्रभावित होती रहती है।

labour market segmentation ('लेबर् 'मार्किट् सेग्मेन्'टेशन्) **श्रम-बाज़ार का खण्डीकरण** : वह प्रक्रिया, जिसके अन्तर्गत रोज़गार का क्षेत्र पृथक्-पृथक् खण्डों (Segments) में विभाजित हो जाता है। जिस प्रकार से वस्तुओं का बाज़ार होता है, उसी प्रकार श्रमिकों का भी एक बाज़ार होता है, जहाँ श्रम खरीदे और बेचे जाते हैं। लेकिन, वस्तुओं की तरह श्रमिक समरूप नहीं होते। वे अपनी रुचि, स्वार्थ तथा इच्छा के अनुसार श्रम के अवसर का चयन करते हैं। श्रमिक बहुत स्तरों में विभक्त होते हैं। प्रत्येक श्रमिक सभी काम कर भी नहीं सकते हैं ; क्योंकि पेशागत विशिष्टीकरण की अपनी एक सीमा होती है। कुछ पेशे एक-दूसरे के समान होते हैं, तो कुछ विरोधी। डॉक्टर और नर्स के पेशे एक-दूसरे के पूरक होते हैं, लेकिन दोनों की बाज़ार व्यवस्था अलग-अलग होती है (देखें– R. Loveridge and A. Mok, **Theories of Labour Market Segmentation**, 1979) : देखें– **Dual labour market**।

labour movement ('लेबर् 'मूव्मन्ट्) **श्रमिक आन्दोलन, मज़दूर-आन्दोलन** : श्रमिकों द्वारा अपनी राजनीतिक तथा आर्थिक स्थिति एवं सामाजिक स्थिति को सुधारने के उद्देश्य से किये गये सामूहिक प्रयत्न (देखें– M. Regin (ed.), **The Future of Labour Movements**, 1992)।

labour of love ('लेबर् ऑव् लव्) **निष्काम कर्म** : ऐसा कार्य, जिसे करने में बहुत लगन और परिश्रम की ज़रूरत पड़े, परन्तु उसे करनेवाला केवल सेवा और समर्पण की भावना से प्रेरित हो, इसमें सांसारिक लाभ (धन, पद, यश इत्यादि) की गुंजाइश बहुत कम रहती है ।

labour process ('लेबर् 'प्रोसेस्) **श्रम-प्रक्रिया** : इस अवधारणा का प्रयोग उत्पादन की ऐसी प्रक्रिया के लिए किया जाता है, जिसके अन्तर्गत श्रमशक्ति के माध्यम से कच्चे माल को मशीन की सहायता से परिष्कृत माल के रूप में परिवर्तित किया जाता है । इसी तथ्य को ध्यान में रखकर कार्ल मार्क्स (Karl Marx, 1818-1883) ने कहा है कि श्रमिक ही अपने श्रम से किसी वस्तु में मूल्य भरता है (देखें– Hanry Baverman, **Labour and Monopoly Capital**, 1974)।

labour relations ('लेबर् रि'लेशन्स) **श्रमिक सम्बन्ध** : यह औद्योगिक सम्बन्ध (**Industrial relations**) के नाम से भी जाना जाता है । इसके अन्तर्गत श्रमिक संगठन, व्यवसाय-मालिकों या नियोजकों के द्वारा कम्पनी का प्रबन्धन, सामूहिक सौदेबाजी (**Collective bargaining**), श्रम संविदा सम्बन्धी कानून, वेतन निर्धारण सम्बन्धी कानून इत्यादि विषय आते हैं । यह क्षेत्र इतना विस्तृत है कि इससे औद्योगिक समाजशास्त्री एवं मनोवैज्ञानिक, अर्थशास्त्री तथा इतिहासकार प्रत्यक्ष एवं परोक्ष रूप से जुड़े रहे हैं । इस क्षेत्र में इन विषयों का विशिष्ट योगदान रहा है (देखें– J. T. Dunlop, **Industrial Relations Systems**, 1958)।

labour theory of value ('लेबर् 'थिअरि ऑव् 'वैल्यू) **श्रममूलक मूल्य-सिद्धान्त** : अर्थशास्त्र के अन्तर्गत किसी वस्तु का वास्तविक मूल्य इस बात से निर्धारित होता है कि उसके उत्पादन में शुरू से वर्तमान रूप देने तक कितना श्रम लगा है । यह सिद्धान्त सर्वप्रथम डेविड रिकार्डो (David Ricardo, 1772-1823) ने रखा था । बाद में कार्ल मार्क्स (Karl Marx, 1818-1883) ने इसकी विस्तृत व्याख्या की । पूँजीवादी समाज में सभी वस्तुओं का उत्पादन सिर्फ अपने ही उपभोग के लिए नहीं होता, बल्कि उनका विनिमय भी होता है । लेकिन, किसी वस्तु का विनिमय मूल्य क्या होगा, यह इस बात पर निर्भर करता है कि उन वस्तुओं के उत्पादन में कितना श्रम लगा है । इसके साथ यह भी सही है कि वस्तुओं के मूल्य का निर्धारण हमेशा इस बात पर निर्भर नहीं करता कि उनके उत्पादन में कितना समय लगा है, बल्कि वस्तुओं के मूल्य के निर्धारण में कई अन्य कारक भी होते हैं ।

labour turnover ('लेबर् टर्न्'ओवर्) **श्रमिक आवर्त** : उद्योग या किसी कार्यव्यवस्था में कर्मचारी वर्ग का स्थानान्तरण अथवा प्रतिस्थापन, ताकि नये कर्मचारियों के आने से कार्य को गति व प्रोत्साहन मिल सके तथा श्रमिकों की अकर्मण्यता व कुसमायोजन/असंगत समायोजन को दूर किया जा सके ।

labour union ('लेबर् 'यूनिअन्) **श्रमिक संघ, मज़दूर संघ** : एक सामूहिक संगठन, जो मज़दूरी व वेतन-अर्जक मज़दूरों से मिलकर बनता है । उसके माध्यम से मज़दूर अपनी कार्य-दशाओं तथा सामाजिक एवं आर्थिक स्थिति को सुधारने का प्रयास करते हैं : देखें– **Trade unionism** ।

laissez-faire economics (लेसए 'फेअॅर् ईक'नॉमिक्स) **अहस्तक्षेप अर्थतन्त्र; अहस्तक्षेप अर्थशास्त्र** : (1) आमतौर पर समझा जाता है कि यह पद अठारहवीं शताब्दी में फ्रांस के जैक्स द गोर्ने (Jacques Vincent de Gournay, 1712-1759) की देन है । व्यापार पर लगी अनेक पाबन्दियों से तंग आकर एक दिन उनके मुँह से 'लेस फेर्' अर्थात् 'चीज़ों को अपने हाल पर छोड़ दो' निकल पड़ा । ऐडम स्मिथ ने इसे अपनी कृतियों में स्थान दिया । (2) एक ऐसी आर्थिक व्यवस्था, जिसके अन्तर्गत व्यक्तियों को अधिकतम आर्थिक स्वतन्त्रता होती है । इसके अन्तर्गत सरकार का हस्तक्षेप और नियन्त्रण न्यूनतम होता है । क्लासिकी अर्थशास्त्रियों, जैसे– ऐडम स्मिथ (Adam Smith, 1723-1790), टी. आर. माल्थस (T. R. Malthus, 1766-1834) एवं डेविड रिकार्डो (David Ricardo, 1772-1823) ने अपनी रचनाओं में अर्थव्यवस्था में सरकारी अहस्तक्षेप की नीति पर बल दिया । ये सभी विद्वान आर्थिक समृद्धि के लिए यह आवश्यक मानते थे कि आर्थिक गतिविधियों को मुक्तस्पर्धा और बाज़ार के हवाले कर देना चाहिए । अर्थशास्त्र की क्लासिकी विचारधारा

में इस सिद्धान्त का महत्त्वपूर्ण स्थान रहा है । 1930 के दशक में घोर मन्दी के कारण आर्थिक क्षेत्र में निर्बाध नीति (अहस्तक्षेप की नीति) की विचारधारा कमजोर पड़ गई और केन्जवादी (अर्थशास्त्र के क्षेत्र में वह विचारधारा जिसका प्रतिपादन John Maynard Keynes,1883-1946 के द्वारा हुआ) आर्थिक विचारधारा ने जोर पकड़ लिया। यह विचारधारा आर्थिक क्षेत्र में राज्य के हस्तक्षेप पर जोर देती है, ताकि राज्य के खर्च (निवेश) द्वारा बेरोज़गारी को कम किया जा सके । इस विचारधारा से प्रेरित होकर मिश्रित अर्थव्यवस्था (सार्वजनिक और निजी उद्योग दोनों को साथ-साथ बढ़ावा) की नीति को अपनाया गया । वर्तमान समय में मुक्त अर्थव्यवस्था की तर्ज पर फिर से निजीकरण पर जोर दिया जा रहा है (देखें– Adam Smith, **The Wealth of Nations**, 1776) ।

laissez-faire policy (लेसए 'फेअॅर् 'पॉलसि) **अहस्तक्षेप नीति** : यह नीति व्यक्ति को अधिकतम स्वतन्त्रता देने की पक्षधर है, ताकि वह अपनी इच्छाओं एवं रुचियों, विशेषत: आर्थिक जगत् सम्बन्धी, को पूरा कर सके । यह सिद्धान्त इस बात पर बल देता है कि सरकार को आर्थिक क्षेत्र में न्यूनतम हस्तक्षेप तथा न्यूनतम नियन्त्रण का प्रयोग करना चाहिए। इस सिद्धान्त का तार्किक आधार यह रहा है कि प्रत्येक व्यक्ति को सर्वोच्च पुरस्कार उसकी सर्वोत्कृष्ट कृति के लिए दिया जाता है । अत: यदि व्यक्ति को अधिकतम स्वतन्त्रता यह खोजने में दी जाये कि वह किस प्रकार अपने लिए सर्वोच्च पुरस्कार हासिल कर सके, तो वह अपनी तथा समाज दोनों की महती सेवा कर सकता है (देखें– Milton Friedman, **Capitalism and Freedom**, 1961) ।

lama ('लामॅ) **लामा** : मूल तिब्बती शब्द ब्लामा है, जो बौद्ध पुजारी अथवा भिक्षु का वाचक है । तिब्बत और मंगोलिया में बौद्ध धर्म ने जो रूप धारण किया, वह लामा धर्म कहलाने लगा । इसके अन्तर्गत आध्यात्मिक और भौतिक सभी शक्तियाँ लामाओं में अथवा पुजारी वर्ग में केन्द्रित रहती हैं तथा एक प्रमुख लामा होता है, जिसे भगवान् बुद्ध का अवतार माना जाता है । तिब्बत के सर्वोच्च और सर्वमान्य नायक और शासनाध्यक्ष को दलाईलामा कहा जाता था । तिब्बत में एक और भी प्रमुख लामा की गद्दी थी, जिसके अधिष्ठाता को पंचनलामा कहा जाता था । लेकिन, जब तिब्बत में साम्यवादी चीनी सेनाओं ने प्रवेश किया तथा धार्मिक स्थानों और संस्थाओं को नष्ट करना शुरू किया, तो वर्तमान दलाईलामा तथा उनके अनुयायी अनेक लामाओं ने तिब्बत से भागकर भारत में शरण ली। तभी से ये लामा भारत में रह रहे हैं । मंगोलिया का मुख्य लामा तेश या ताशी लामा कहलाता है ।

Lamaism ('लामॅ इज़म्) **लामाधर्म, लामावाद** : महायान बौद्ध धर्म का वह रूप, जो मुख्यत: तिब्बत में, पर साथ ही भूटान, लद्दाख, सिक्किम तथा मध्य एशिया के अन्य प्रदेशों में भी देखने को मिलता है और जिसमें पुराने 'बोन' नामक जादूटोना प्रधान धर्म के तथा तन्त्र के तत्त्व मिश्रित है ।

land ceiling (लैन्ड् सील् 'इन्ग) **भूमि हदबन्दी** : जोत की उच्चतम सीमा पर लगाया गया विधायी प्रतिबन्ध । अब तो शहरी जमीन के सन्दर्भ में भी सरकारी स्तर पर भूमि हदबन्दी की बात की जाती है ।

land reform (लैन्ड् रि फ़ॉ:म्) **भूमि-सुधार** : भूमि के स्वामित्व, वितरण और उपयोग प्रणाली में परिवर्तन लाने का तरीका । साम्यवादी दल के लोग ग्रामीण भारतीय समाज में व्याप्त असमानता को दूर करने के उद्देश्य से भूमि-सुधार का पुरजोर समर्थन करते हैं ।

landed aristocracy (लैन्डड् ऐरि'स्ट्रॉक्रसि) **भूस्वामी वर्ग** : वह विशिष्ट वर्ग, जिसके सदस्य वंशपरम्परा से विशाल भूसम्पत्ति के स्वामी होते हैं । ये अपनी इसी सम्पदा के बल पर सरकार की नीतियों और निर्णयों को प्रभावित करने में समर्थ होते हैं । वर्तमान युग में यह वर्ग सामन्तवाद (**Feudalism**) का अवशेष माना जाता है और अपनी विशिष्ट स्थिति को बनाए रखने के लिए यह सामन्तवाद से जुड़े हुए मूल्यों और मान्यताओं को बढ़ावा देता है ।

language (लैङ्ग्विज्) **भाषा** : भावनाओं और विचारों को अभिव्यक्त करने अथवा सूचित करने की प्रणाली को भाषा कहते हैं । भाषा से तात्पर्य मुख्यरूप से मनुष्यों द्वारा बोली जाने वाली भाषा से है । भाषा के माध्यम से विचारों का

आदान-प्रदान ही नहीं होता, बल्कि मानवसमाज अपनी उपलब्धियों को संजोये भी रखता है । भाषा का ज्ञान कोई जन्मजात गुण नहीं है, बल्कि व्यक्ति समाज में रहकर इसे सीखता है । मनुष्य में कुछ नैसर्गिक बुद्धि ऐसी होती है, जिससे किसी भाषा को सीखना उसके लिए आसान हो जाता है । भाषा और संस्कृति के बीच बहुत गहरा सम्बन्ध है। भाषा मुख्यरूप से सामाजिक भाषाविज्ञान (**Sociolinguistics**) का विषय है । लेकिन, इस क्षेत्र में समाजशास्त्रियों, मानवशास्त्रियों, दर्शनशास्त्रियों एवं मनोवैज्ञानिकों का प्रमुख योगदान रहा है (देखें– Benjamin L. Whorf, **Language, Thought and Reality**, 1956; Noam Chomsky, **Syntactic Structures**, 1957; Dale Spender, **Man-made Language**, 1980) ।

larceny ('लासनि) **चोरी, चौर्य :** अवैधानिक रूप से किसी की सम्पत्ति को उठा लेना । यह एक प्रकार की चोरी है, पर इस चोरी का सम्बन्ध किसी की वैयक्तिक सम्पत्ति चुराने से है ।

latency (लेट्न्सि) **अन्तर्हिति, अव्यक्तावस्था, शक्ति-संचार :** दर्शनशास्त्र में इस शब्द का प्रयोग विकासमान गुणों और परिणामों की अव्यक्त अवस्था के लिए किया गया है । मनोविज्ञान के क्षेत्र में सिगमण्ड फ्रॉयड (S. Freud, 1856-1939) ने इस शब्द के द्वारा मन की उन स्थितियों की ओर संकेत किया है, जो चेतना की सतह से नीचे रह जाती हैं । समाजशास्त्र में, टैलकॉट पार्सन्स (Talcott Parsons, 1902-1979) के अनुसार, सामाजिक प्रणाली के चार कार्यों में से वह कार्य, जिसके अन्तर्गत वह लोगों को समाज के हित में कार्य करने को प्रेरित करता है और इस कार्य से पैदा होने वाले तनाव और थकान को हल्का कर देता है । आधुनिक समाज में परिवार यह कार्य सम्पन्न करता है । अतः यह अनुकूलन (**Adaptation**), लक्ष्यसिद्धि (**Goal attainment**) और एकीकरण (**Integration**) से भिन्न है ।

latent ('लेट्न्ट्) **अव्यक्त :** छिपा हुआ या जो दिखाई न दे । जो अविकसित अवस्था में हो और जिसे विकसित किया जा सकता है । शादी-विवाह के अवसर पर किसी व्यक्ति को महँगा उपहार देना, प्रच्छन्न घूस या रिश्वत भी हो सकता है ।

latent change ('लेट्न्ट् चेन्ज्) **अव्यक्त परिवर्तन :** सामाजिक जीवन में ऐसा परिवर्तन, जो स्वयं होता रहता है, उदाहरणस्वरूप– बच्चों के मन में माता-पिता के प्रति सम्मान की भावना कब और कैसे कम हो गई, किसी को इसका पता ही नहीं चलता । यह एक प्रकार का अव्यक्त परिवर्तन है ।

latent function ('लेट्न्ट् 'फ़ङ्क्शन्) **अप्रकट प्रकार्य, अव्यक्त प्रकार्य :** देखें– **Function, latent** ।

latent status ('लेट्न्ट् 'स्टेटस्) **अप्रकट स्थिति :** जिस प्रकार किसी व्यक्ति की एक से अधिक भूमिकाएँ होती हैं, उसी प्रकार किसी व्यक्ति की एक से अधिक स्थितियाँ भी होती हैं, जिसे स्थिति समुच्चय (**Status set**) कहा जाता है । अप्रकट स्थिति वह है, जो किसी अन्य व्यक्ति के आमने-सामने की स्थिति में गौण होती है । किसी प्रोफेसर या डॉक्टर की स्थिति उसके दफ्तर में पिता या पति के रूप में गौण होती है । दफ्तर में किसी व्यक्ति के प्रोफेसर या डॉक्टर के रूप में दिखाई पड़ने वाली स्थिति को प्रकट स्थिति (**Manifest status**) कहा जायेगा ।

lateral mobility ('लैटरल मो'बिलटि) **पार्श्व गतिशीलता :** किसी देश के एक क्षेत्र से दूसरे क्षेत्र में व्यक्तियों का आना-जाना या दो देशों के बीच में प्रवास की प्रक्रिया । जैसे– भारत एवं नेपाल के बीच या बिहार और दिल्ली के बीच के प्रवास को पार्श्व गतिशीलता कहा जायेगा ।

latifundia **लातिन जमींदार; लातीनी इस्टेट :** लातिन अमरीका में स्पैनिश राजाओं के द्वारा कुछ लोगों को काफी जमीन-जायदाद दी गयी । इन बड़े भू-स्वामियों के विकास से सामन्ती व्यवस्था का उदय हुआ और इन लोगों ने गोश्त, चमड़े एवं खाद्यान्न के निर्यात से भरपूर पैसा कमाया, जिससे वहाँ पर क्रमशः पूँजीवादी व्यवसाय का विकास हुआ ।

law (लॉ) **कानून :** समाज में व्यक्ति के व्यवहार-निर्देशन हेतु बनाए गए नियम अथवा अधिनियम, जिनका पालन करना उस समाज के सदस्यों के लिए आवश्यक माना जाता है । राज्य के अन्तर्गत राज्य के नागरिकों के व्यवहार का नियन्त्रण

राज्य के कानून से होता है । कानून आधुनिक समाज की प्रमुख विशेषता है; क्योंकि प्रत्येक आधुनिक समाज के साथ राज्य अवश्य जुड़ा हुआ होता है । जिस प्रकार लोकाचार और लोकरीतियों का निर्माण समाज में स्वत: होता है, कानून का निर्माण उस तरह से नहीं होता है । कानून तो कहीं कुछ लोग बैठकर, सोच-समझकर, योजनाबद्ध तरीके से बनाते हैं । कानून राज्य का औपचारिक मानदण्ड है । यह प्रत्येक आधुनिक समाज की विशेषता है । कानूनी मानदण्ड के पीछे राज्य की शक्ति होती है । आधुनिक समाज में जेल भेजना, जुर्माना लगाना, मौत की सजा सुनाना इत्यादि कानूनी मानदण्डों को लागू करने का अधिकार केवल राज्य को ही प्राप्त है । सामान्यतया कानून का स्वरूप औपचारिक होता है । चूँकि, कानून विभिन्न प्रकार के नियमों की तुलना में काफी विकसित और जटिल होता है इसलिए यह आमतौर पर लिखित होता है । कानून को हम मुख्यरूप से दो भागों में बाँट सकते हैं– (1) प्रथागत कानून (**Customary law**) एवं (2) पारित कानून (**Legislated law**) (देखें– Émile Durkheim, **The Division of Labour in Society**, 1933; Charles E. Reasons and Robert M. Rich, **The Sociology of Law**, 1978) ।

law, repressive (लॉ, रि'प्रेस्इव) **दमनकारी कानून :** एमिल डर्कहाइम (Émile Durkheim, 1858-1917, इस व्यक्ति के नाम का शुद्ध उच्चारण मात्र एमिल डर्कहाइम है) ने दो प्रकार की सामाजिक व्यवस्थाओं यथा– यान्त्रिक (Mechanical) तथा सावयविक (Organic) के आधार पर दो प्रकार के कानूनों की चर्चा की है– दमनकारी एवं प्रतिकारी कानून । दमनकारी कानूनों का उद्देश्य सामूहिक चेतना अथवा इच्छा के विरुद्ध समझे जाने वाले कार्यों को रोकना है । ये कानून अपराधी द्वारा की गई क्षति की पूर्ति के लिए नहीं होते, अपितु इनका निर्माण समाज में नैतिक सन्तुलन बनाये रखने तथा अपराधी को पुन: अपराध करने से रोकने और भयभीत करने के लिए होते हैं । इस प्रकार के कानून हमें यान्त्रिक एकता पर आधारित समाजों में देखने को मिलते हैं ।

law, restitutive (लॉ, 'रेस्टि ट्यूटिव) **प्रतिकारी कानून :** ये कानून आधुनिक समाज की विशेषता हैं । इस प्रकार के कानून का मुख्य उद्देश्य अपराधी द्वारा की गई क्षति की पूर्ति करना है । आधुनिक समाजों में अपराध को समस्त समाज के विरुद्ध कार्य या सामूहिक इच्छा का उल्लंघन न मानकर व्यक्ति के विरुद्ध कार्य माना जाता है । अत: अपराधी से क्षतिपूर्ति की आशा की जाती है, ताकि सामूहिक इच्छा की पुनर्स्थापना हो सके ।

law, sociology of (लॉ, सोसि'ऑलजि ऑव्) **कानून का समाजशास्त्र :** देखें– **Sociology of law** ।

law and order (लॉ ऐन्ड्'ऑर्डर्) **विधि-व्यवस्था :** किसी समाज की वह स्थिति, जिसमें फ़ौजदारी और दीवानी क़ानून की नियत प्रक्रिया में रुकावट पैदा न हो; पुलिस और न्यायालय अपनी कार्य-कुशलता क़ायम रखें और देश के अन्दर आमतौर पर शान्ति बनी रहे । बग़ैर नागरिक समाज के अस्तित्व के क़ानून-व्यवस्था की शर्तें पूरी नहीं हो सकतीं और इस स्थिति में राजनीतिक स्वतन्त्रता तथा नागरिक स्वतन्त्रता निरर्थक हो जाती है ।

law of causality (लॉ ऑव् कॉ:'जैलिटी) **कारणता का नियम :** प्रत्येक तथ्य या घटना के कई कारण होते हैं । 'प्रथम कारण' को इस नियम का एकमात्र अपवाद माना जाता है । कारणता का नियम इस मान्यता पर आधारित होता है कि विश्व आकस्मिक घटनाओं या विच्छिन्न तथ्यों का समूह नहीं है ।

law of diminishing returns (लॉ ऑव् डि मिन्इशिन्ग रि'टर्न्स) **ह्रासमान प्रतिफल का नियम :** अर्थशास्त्र के अन्तर्गत उत्पादन की प्रक्रिया से जुड़ा हुआ नियम यह बताता है कि यदि उत्पादन के कुछ तत्त्वों की मात्रा स्थिर रखी जाती है और दूसरे तत्त्वों की मात्रा बढ़ा दी जाती है, तो इससे शुरू में जितना उत्पादन बढ़ेगा, बाद में उसकी मात्रा में उत्तरोत्तर कमी होती जायेगी ।

law of diminishing utility (लॉ ऑव् डि मिन्इशिन्ग यू'टिलटि) **ह्रासमान उपयोगिता का नियम :** उपयोगिता के प्रयोग से जुड़े हुए इस नियम के अनुसार, किसी वस्तु का उपभोग करने वाले को उस वस्तु की मात्रा बढ़ायी जाने पर शुरू में जितनी सन्तुष्टि प्राप्त होगी, बाद में उस सन्तुष्टि की मात्रा में उत्तरोत्तर कमी होती जायेगी ।

law of natural selection (लॉ ऑव़् 'नेच्रल् स 'लेक्श्न्) **प्राकृतिक चयन का नियम :** यह चार्ल्स डार्विन (Charles Darwin, 1809-1882) के विकासवाद के सिद्धान्त का अंश है । भौतिक या सामाजिक जगत् में अस्तित्व के लिए संघर्ष। चयन की एक सहज प्रक्रिया, जिसमें लोग भौतिक और सामाजिक वातावरण में सबसे अधिक सशक्त हैं, वही जीवित रहते हैं, कमजोर का कोई स्थान नहीं होता है ।

law of primogeniture (लॉ ऑव़् प्राइमजे 'निचर्) **ज्येष्ठाधिकार नियम :** वह नियम, जिसके अनुसार ज्येष्ठ पुत्र या सन्तान या उत्तराधिकारी को दाय प्राप्ति का एकमात्र अधिकार प्राप्त होता है । रामचरितमानस के राम को इसी नियम के तहत अयोध्या की राजगद्दी सौंपी गयी थी ।

law of succession (लॉ ऑव़् सक्से 'शॅन्) **अनुवर्तिता नियम :** वे प्राकृतिक नियम, जो आगे-पीछे घटने वाली घटनाओं के नियत सम्बन्धों को प्रकट करते हैं ।

law of three stages (लॉ ऑव़् थ्री 'स्टेजॅज्) **तीन स्तरों का सिद्धान्त :** ऑगस्त कौंत (Auguste Isidore Marie François Xavier Comte, 1798-1857, हिन्दी में इस फ्रांसीसी विद्वान के नाम का शुद्ध उच्चारण मात्र कौंत है) के अनुसार, मानव का बौद्धिक विकास तीन चरणों से गुजरता है । जैसे-जैसे मानवसमाज एक चरण से दूसरे चरण में प्रवेश करता है, वैसे-वैसे समाज में जटिलता एवं गहनता बढ़ती जाती है, जो इस प्रकार हैं– धर्मशास्त्रीय **(Theological)**, तात्त्विक **(Metaphysical)** एवं प्रत्यक्षवादी **(Positivistic)** ।

law violator (लॉ व़ाइ'अलेटर्) **विधि अधिक्रमक :** वह व्यक्ति, जो समाज द्वारा संस्थापित एवं मान्य नियमों का अतिक्रमण करता है । घूसखोर या चोर को विधि अधिक्रमक कहा जायेगा ।

lay-off (ले ऑफ्) **ले ऑफ :** माँग में कमी होने के कारण उत्पादन में कमी आ जाती है, जिस कारण औद्योगिक इकाई से कर्मचारियों को उनकी सेवा से अलग कर दिया जाता है, जो छँटनी से भिन्न होता है ।

leader ('लीडर्) **नेता :** वह व्यक्ति, जो सम्मान, सत्ता अथवा स्थिति द्वारा दूसरे व्यक्तियों की क्रियाओं का नियन्त्रण, निर्देशन तथा संगठन करके सामाजिक व्यवहार को प्रेरित करता है, नेता अथवा अगुआ कहलाता है । सीमित अर्थों में, वह व्यक्ति, जो अपनी अनुनय-विनय की विशेषताओं तथा अपने अनुसरणकर्ताओं की स्वैच्छिक स्वीकृति के आधार पर अगुआ का कार्य करता है, नेता कहलाता है । कोई भी व्यक्ति तब तक नेता कहलाता है, जब तक उसमें दूसरों के व्यवहार को प्रभावित करने की क्षमता, कुशलता एवं निपुणता होती है ।

leadership ('लीडर्शिप्) **नेतृत्व :** सामाजिक सम्बन्धों अथवा समूह में किसी एक व्यक्ति अथवा कुछ व्यक्तियों के प्रभावशाली एवं सत्ता में होने की स्थिति । नेतृत्व से हमारा तात्पर्य लोगों को प्रोत्साहित करने अथवा निर्देशित करने की वह योग्यता है, जो पद के अलावा व्यक्तिगत गुणों से आती है । नेता का कार्य मुख्यत: समूह की गतिविधियों को समूह के उद्देश्य की प्राप्ति के लिए समन्वित करना होता है । नेतृत्व की प्रतिष्ठा एवं सफलता प्राय: समूह-विशेष के सामाजिक कार्यकलापों, सूचनाओं तथा निर्णयों आदि के सन्दर्भ में आँकी जाती है । मैक्स वेबर (Max Weber, 1864-1920) के अनुसार, यह तीन प्रकार के होते हैं– परम्परागत नेतृत्व (**Traditional leadership**), लोकतान्त्रिक नेतृत्व (**Democratic leadership**), करिश्माई नेतृत्व (**Charismatic leadership**) । कुछ विशेषज्ञों ने नेता व अनुयायियों के पारस्परिक सम्बन्धों के आधार पर नेतृत्व का मुख्यत: चार प्रकार है– (i) हृदयग्राही नेतृत्व, (ii) प्रभुत्वशाली नेतृत्व, (iii) संस्थागत नेतृत्व एवं (iv) विशेषज्ञों का नेतृत्व (देखें– Fred. E. Fiedler, **A Theory of Leadership Effectiveness**, 1967) ।

leadership, autocratic/authoritarian ('लीडर्शिप्, ऑट्'क्रैटिक्/ऑ थॉरि'टेअरिअन्) **निरंकुश नेतृत्व :** अनुसरणकर्ताओं की इच्छा-अनिच्छा की अवहेलना करते हुए स्वेच्छा के आधार पर मनमाने रूप में अपने अनुयायियों के व्यवहार को बलपूर्वक प्रभावित करना निरंकुश नेतृत्व कहलाता है । इस प्रकार की व्यवस्था में, समूह के व्यवहार सम्बन्धी लक्ष्यों एवं नियमों का निर्धारण स्वयं नेता करता है । उसे समूह के अन्य सदस्यों की राय अथवा जनमत जानने की ज़रूरत

नहीं पड़ती । वह निर्बाध सत्ता का स्वामी होता है । हिटलर, स्टालिन और मुसोलिनी निरंकुश नेतृत्व के उदाहरण बताये जा सकते हैं ।

leadership, charismatic ('लीडर्शिप्, कैरिज़'मैटिक्) **करिश्माई नेतृत्व :** देखें– **Charismatic leadership**।

leadership, democratic ('लीडर्शिप्, डेम'क्रैटिक्) **लोकतान्त्रिक नेतृत्व :** पारस्परिक स्नेह, सहयोग एवं सहकारिता के आधार पर अपने अनुयायियों से विचार-विमर्श कर साथ-साथ आगे बढ़ने का भाव लोकतन्त्रात्मक नेतृत्व को परिलक्षित करता है । लोकतन्त्रात्मक नेता अपने अनुयायियों के विचारों, भावनाओं, सुख-सुविधाओं का सम्मान करते हुए समूह की इच्छाओं का अनुसरण करता है । वह अपनी शाखाओं को अपने अनुसरणकर्ताओं पर नहीं थोपता । एकजुट होकर समूह द्वारा लिए गए निर्णयों का वह स्वयं तथा समूह के अन्य सदस्य पालन करते हैं । एक जनतन्त्री नेता समूह के अन्य सदस्यों के अधिकारों को स्वीकार करता है तथा उन्हें महत्त्व देता है ।

leadership, traditional ('लीडर्शिप्, ट्र'डिशनल्) **परम्परागत नेतृत्व :** परम्परागत नेतृत्व, परम्परा के आधार पर होता है, जैसे– कोई राजा अपनी प्रजा पर शासन करता है, तब उसका आधार परम्परा होता है । राजा समाज के रीति-रिवाजों के आधार पर नियम बनाता है । राजा जनता को विभिन्न नियमों द्वारा नियन्त्रित करता है । समाज में विभिन्न वर्गों के लिए विभिन्न नियम होते हैं । परम्परागत नेतृत्व में नेता की शक्ति को चुनौती नहीं दी जाती है । परम्परागत नेतृत्व में धर्म तथा नैतिकता सत्ता का आधार होता है, जैसे– धर्मगुरु या मुल्ला । परम्परागत नेतृत्व में उम्र तथा लिंग का भी आधार होता है, जैसे– परिवार में पिता का मुखिया होना, उनकी उम्र तथा लिंग से जुड़ा हुआ होता है ।

learning theory ('लर्निंग् 'थिअरि) **सीखने का सिद्धान्त :** सीखने के क्षेत्र में मनोवैज्ञानिकों ने कई सिद्धान्तों का प्रतिपादन किया है, जो मुख्यरूप से प्रेरणा **(Stimulus)** एवं प्रतिक्रिया **(Response)** से जुड़े विचारों पर आधारित होता है । अनुकूलन सिद्धान्त **(Theory of conditioning)** विशेष रूप से उल्लेखनीय है ।

least developed countries (लीस्ट् डिवे'लॅप्ड् 'कन्ट्रिज़) **अत्यल्प विकसित देश :** तीसरी दुनिया के वे देश जो सबसे निर्धन हैं । इन्हें अलग से पहचानने के लिए चौथी दुनिया (Fourth World) भी कहा जाता है । इनमें अधिकांश देश अफ्रीका एवं एशिया के हैं । इन देशों में लोगों की आय और साक्षरता का स्तर बहुत नीचा है । इनमें औद्योगिक उत्पादन (Manufacturing base) का कोई आधार ही नहीं होता है ।

leftist ('लेफ्टिस्ट्) **वामपंथी, वाममार्गी :** व्यावहारिक राजनीति के अन्तर्गत ऐसा व्यक्ति, जो क़ानून, सरकारी नीतियों और सरकारी तन्त्र को अधिक न्यायपूर्ण बनाने के लिए उनमें आमूल-परिवर्तन (Radical change) की माँग करता हो। इस शब्द का प्रयोग फ्रांसीसी राष्ट्रीय सभा की एक प्रथा से हुआ है, जहाँ आमूल-परिवर्तनवादी सदस्य सभाध्यक्ष की बायीं ओर बैठते थे; संयतमार्गी (Moderate) सभाध्यक्ष के सामने और रूढ़िवादी (Conservative) उनकी दायीं ओर बैठते थे। अत: विश्व के किसी भी देश में आमूल-परिवर्तनवादियों को वामपंथी और विरोधियों को दक्षिणपंथी (Rightist) कहा जाता है ।

legal ethics ('लीग्ल् 'एथिक्स्) **विधिक नीतिशास्त्र :** नीतिशास्त्र का वह क्षेत्र, जो नैतिकता के मापदण्डों का निर्धारण विधिपरक नियमों के माध्यम से करता है । किसी अभियुक्त को अपराधी न मानकर न्यायालय में आगे की कार्रवाई की जानी चाहिए, यही है विधिक नीतिशास्त्र ।

legal-rational authority ('लीगल् रैश्नल् ऑ'थ्ऑरिटि) **कानूनी-तार्किक सत्ता :** देखें– **Authority, legal-rational**।

legend ('लेजॅन्ड) **दन्तकथा, संकेतिका :** ऐसी कहानी, जो अतीत से चली आ रही हो, विशेषकर वह कथा, जो परम्परा से प्राप्त हुई हो तथा सामान्यतया ऐतिहासिक मानी जाती हो, यद्यपि उसे पूर्णरूप से प्रमाणित किया जा सकता हो।

legitimacy (लि'जिटिमसि) **वैधता :** ऐसा विश्वास कि कोई राजनीतिक व्यवस्था न्यायपूर्ण एवं उचित है ।

legitimate (लि'जिटिमट्) **वैध :** वह, जो किसी समाज के अधिकतम सदस्यों के द्वारा उचित, नैतिक या सही समझा जाता है । कोई भी चीज़ अपने-आप में वैध या अवैध नहीं होती । यह सभी की राय (मतैक्य) से स्थापित होती है (देखें– Max Weber, **Economy and Society**, 1968; Michael Mann, **The Sources of Social Power: A History of Power from the Beginning to A.D. 1760**, 1986; Rodney Barker, **Political Legitimacy and the State**, 1990) ।

legitimation crisis (लिजिटि'मेशन् 'क्राइसिस्) **वैधता का संकट :** नागरिकों में अपने राज्य के प्रति कर्त्तव्यनिष्ठा के बोध में कमी । जब लोग यह सोचने लगते हैं कि वर्तमान सरकार राज-काज के संचालन के लिए सक्षम नहीं है, तो राजनीतिक व्यवस्था के प्रति नागरिकों में अपने कर्त्तव्यों के प्रति वचनबद्धता में कमी आ जाती है ।

leisure ('लेज़र्) **अवकाश :** जीवन के व्यावहारिक कार्यों तथा दैनिक-दायित्वों को निभाने के बाद बचे हुए समय को अवकाश कहते हैं । अवकाश की अवधि में साधारण मस्तिष्क व्यावहारिक आवश्यकताओं से मुक्त होता है । अवकाश व्यक्ति को प्रतिदिन के सामाजिक दायित्वों से मुक्त कर ऐसी मनचाही क्रियाओं हेतु अवसर देता है, जो उसे प्रबल आन्तरिक मूल्यों एवं भावनाओं की तुष्टि द्वारा विषयान्तर तथा आनन्द प्रदान कर सके । अवकाश के समय का प्रयोग आराम करने, आमोद-प्रमोद, उपचार, स्वास्थ्य-वर्धन जैसी क्रियाओं में किया जाता है (देखें– Kenneth Roberts, **Leisure**, 1970; Stanley Parker, **The Future of Work and Leisure**, 1971) ।

leisure, conspicuous ('लेज़र्, कन्'स्पिक्युअस्) **दर्शकीय अवकाश :** इस अवधारणा का सर्वप्रथम प्रयोग टी. वेबलन (Thorstein Veblen, 1857-1929) ने अपने विलासी वर्ग के विचार के सम्बन्ध में किया है । इन्होंने बताया है कि विलासी वर्ग के लोगों का अवकाश बिताने का विशेष तरीका होता है । आम लोगों से प्रशंसा पाने के लिए वे लोग अपने अवकाश के समय में विभिन्न प्रकार से मनोरंजन करते हैं, जैसे– कॅसीनों में जुआ खेलना, अत्यधिक मँहगे होटल में नृत्य और भोजन करना, अत्यधिक मँहगी वस्तुओं जैसे सुबह-शाम के घूमने की अलग पोशाक, खेलकूद और व्यायाम का सामान, सैरगाह के विशिष्ट कपड़ों को खरीदना आदि : देखें– **Leisure class** ।

leisure, sociological studies of ('लेज़र्, सोसिअ'लॉजिक्ल् 'स्टडिज़ ऑव्) **अवकाश का समाजशास्त्रीय अध्ययन:** देखें– **Sociology of leisure** ।

leisure class ('लेज़र् क्लास्) **विलासी वर्ग :** समाज का वह वर्ग, जो भरण-पोषण की क्रियाओं में अपने-आपको प्रत्यक्षत: बिना संलग्न किए हुए सामाजिक परिपाटी के अनुसार जीवन का एक ऐसा स्तर बनाये रखता है, जो सामान्यत: औसत जीवनस्तर से उच्च माना जाता है । इस सुविधासम्पन्न स्थिति का आधार उसकी पैतृक स्थिति, भूमि अथवा अन्य सम्पत्ति से बिना कमाई हुई आय या कुछ विशिष्ट सुविधाएँ हो सकती हैं । विलासी वर्ग के पद की रचना टी. वेबलन (Thorstein Veblen, 1857-1929) ने अपनी पुस्तक **The Theory of the Leisure Class** (1899) में की है । वेबलन ने बताया है कि इस वर्ग का उदय पराश्रयी और परजीवी के रूप में अमरीका में हुआ, जिसके दर्शन हम आलसी और निष्क्रिय व्यापारिक अभिजनों के रूप में कर सकते हैं । ऐसे वर्ग में काम करने की प्रवृत्ति प्राय: न के बराबर होती है : देखें– **Theory of leisure class** ।

Leninism ('लेनि निज़म्) **लेनिनवाद :** रूसी नेता लेनिन (Vladimir I. U. Lenin, 1870-1924) ने रूस की विशिष्ट परिस्थितियों को ध्यान में रखकर कार्ल मार्क्स (Karl Marx, 1818-1883) की शिक्षाओं का जिस रूप में प्रयोग किया और उनकी व्याख्या की, वही लेनिनवाद का मुख्य तत्त्व है और उसकी विशेषताएँ निम्न हैं– (1) क्रांति की वह पद्धति, जिसे लेनिन ने 1905 और 1917 की क्रांति में अपनाया । इसके बाद जहाँ कहीं साम्यवादी क्रांतियाँ हुई हैं, वहाँ 1917 की रूसी क्रांति को ही आदर्श माना गया; (2) सर्वहारा वर्ग के अधिनायकत्व का सिद्धान्त; (3) दल के संगठन और कार्यक्रम की मान्यता; (4) अन्य देशों के साम्यवादी दलों के सम्बन्ध में विचार; (5) साम्राज्यवाद सम्बन्धी नीति; (6) द्वन्द्वात्मक भौतिकवाद की व्याख्या और (7) राष्ट्रीय एवं औपनिवेशिक प्रश्न ।

श्रमिक क्रांति के सम्बन्ध में कार्ल मार्क्स का कथन था कि वह वहीं सफल हो सकती है, जहाँ औद्योगीकरण बहुत बड़े पैमाने पर हो चुका हो । लेकिन, लेनिन का का यह मानना था कि रूस जैसे देश में, जो औद्योगिक दृष्टि से बहुत पिछड़ा हुआ है, श्रमिक क्रांति सफल हो सकती है । लेनिन ने अपनी पुस्तक '**The State and Revolution**' में सर्वहारा वर्ग के अधिनायकत्व की विस्तृत व्याख्या की है । लेनिन ने अपने सिद्धान्त में इस बात पर भी बल दिया कि उसके अन्तर्गत श्रमिकों एवं अन्य शोषित वर्गों के बीच मित्रता होनी चाहिए, लेकिन नेतृत्व श्रमिकों के ही हाथों में रहना चहिए । लेनिन ने साम्राज्यवाद को पूँजीवाद की उच्चतम अथवा अन्तिम अवस्था माना है । बहुत ही अधिकारपूर्ण शैली में उसने उन आर्थिक शक्तियों का विश्लेषण कर दिखाया, जो साम्राज्यवाद के मूल में निहित होती हैं । पूँजीवाद की साम्राज्यवादी अवस्था का वर्णन करते समय लेनिन ने कार्ल मार्क्स के पूँजी-संचयन के विवरण का विस्तार किया और उसे आजकल की वस्तु-स्थिति पर लागू किया।

लेनिन, कार्ल मार्क्स और ऐंगल्ज (Friedrich Engles, 1820-1895) (हिन्दी में ऐंगल्स अशुद्ध उच्चारण है) के द्वन्द्वात्मक भौतिकवाद के मूल सिद्धान्तों को अटल सत्य मानते थे तथा उनके विचार से उनसे जरा भी हटना घोर असत्य एवं प्रतिक्रिया थी, तथापि कार्ल मार्क्स के द्वन्द्वात्मक भौतिकवाद में और लेनिन के द्वन्द्वात्मक भौतिकवाद में एक महत्त्वपूर्ण अन्तर है। कार्ल मार्क्स का विचार था कि द्वन्द्वात्मक प्रक्रिया सामाजिक विज्ञानों के अध्ययन में विशेष उपयोगी होती है; क्योंकि उनकी विषय-वस्तु का विकास या वृद्धि में महत्त्वपूर्ण स्थान होता है । लेकिन, रसायनशास्त्र तथा भौतिकशास्त्र जैसे भौतिक विज्ञानों में जिनकी विषय-वस्तु पदार्थ है, अद्वन्द्वात्मक भौतिकवाद से भी काम चल सकता है । इसके विपरीत लेनिन का विचार था कि द्वन्द्वात्मक भौतिकवाद के सिद्धान्तों का, प्राकृतिक विज्ञानों के क्षेत्र में भी प्रयोग किया जा सकता है । इस तरह द्वन्द्वात्मक भौतिकवाद विज्ञान के प्रत्येक क्षेत्र में लागू होने वाला एक सार्वभौम सिद्धान्त बन गया (देखें– V. L. U. Lenin, **Imperialism, the Highest Stage of Capitalism**, 1916, **State and Revolution**, 1917; Robert Conquest, **Lenin**, 1972) ।

leper homes ('लेपर् होम्स) **कुष्ठाश्रम :** ऐसे आश्रम जहाँ कुष्ठ रोगियों को रखा जाता है और उनके भरण-पोषण एवं उपचार की व्यवस्था सरकारी या गैर-सरकारी संस्थाओं द्वारा की जाती है ।

lesbian and gay studies ('लेज़्बिअॅन ऐन्ड् गे'स्टडिज़) **स्त्रीसमलिंग कामुकता एवं पुरुषसमलिंग कामुकता अध्ययन :** इस विषय पर अध्ययन तो लम्बे समय से हो रहा है, लेकिन बीसवीं सदी के सत्तर के दशक में इस विषय पर विशेष रूप से अध्ययन किया जाने लगा । इसका मुख्य कारण यह है कि पाश्चात्य देशों में समलैंगिक महिलाओं और पुरुषों ने एक प्रकार का सामाजिक आन्दोलन चलाया । इस प्रवृत्ति का समाज ने प्रत्यक्ष और परोक्ष रूप से विरोध किया ।

lesbianism ('लेज़्बिअनिज़म्) **स्त्रीसमलिंगीरति :** समलिंगी कामुकता, जो स्त्रियों के बीच पायी जाती है : देखें– **Homosexuality**।

less developed countries (LDCs) (लेस् डिवे'लॅप्ड्'कन्ट्रिज़) **अल्पविकसित देश :** तीसरी दुनिया के वे देश, जिनमें उल्लेखनीय आर्थिक विकास हो चुका है । परन्तु उनकी अर्थ-व्यवस्था का आधुनिक हिस्सा अन्तर्राष्ट्रीय स्तर पर प्रतिस्पर्द्धा में नहीं ठहर सकता या फिर उसमें बहुराष्ट्रीय निगमों का प्रभुत्व है । इन देशों के विकास का स्तर अत्यल्प विकसित देशों (**Least developed countries**) से ऊँचा और नव-उद्योगीकृत देशों (**Newly industrialized countries**) से निम्न है : देखें– **Developing countries** ।

level of living ('लेवॅल् ऑव्'लिविङ्) **रहन-सहन का स्तर :** इससे यह संकेत मिलता है कि कोई व्यक्ति, परिवार या अन्य मानव-समूह अपनी शारीरिक और मानसिक आवश्यकताएँ किस हद तक पूरी कर पाता है । यदि वह किसी तरह भोजन, वस्त्र और आवास की न्यूनतम मात्रा का ख़र्च ही उठा पाता है, तो उसके रहन-सहन का स्तर निम्न माना जायेगा।

levels of measurement ('लेवॅल्स् ऑव 'मेज़र्मन्ट्) **माप के स्तर :** देखें– **Measurements** ।

levirate ('लेविरट) **देवर-भाभी विवाह :** लेविरेट में साधारणतया छोटा भाई बड़े भाई की मृत्यु के उपरान्त उसकी विधवा से विवाह करता है । भारत में कुछ जनजातियों के अतिरिक्त अन्य समुदायों में भी पति के मरने के बाद उसके भाई से विवाह की प्रथा है । हिन्दुओं में इसे चादर डालना कहते हैं । विभिन्न समाजों में इस प्रथा के भिन्न रूप तथा इसके साथ जुड़े हुए दायित्वों में भिन्नता है । जब स्त्री अपने पति की मृत्यु के बाद अपने देवर से विवाह करती है, तब इसे 'भाभी विवाह' (**Junior levirate**) कहते हैं एवं जब अपने जेठ से विवाह करती है, तब उसे 'ज्येष्ठ विवाह' (**Senior levirate**) कहते हैं । इसका कारण दोबारा वधूमूल्य देने से बचना है । लेवीरेट की प्रथा कोरू, थारू, खस आदि जनजातियों में प्रचलित है ।

liberal ('लिब्रल्) **उदारवादी :** ऐसा व्यक्ति, जो खुले विचारों का है और किसी सत्ता अथवा परम्परागत रूढ़िवादिता अर्थात् पुराने विश्वासों को नहीं मानता । जवाहरलाल नेहरू, जयप्रकाश नारायण, मौलाना अबुल कलाम आजाद आदि अपने समय के उदारवादी लोकतान्त्रिक नेता माने जाते थे ।

liberal democracy ('लिब्रल् डि'मॉक्रसि) **उदार लोकतन्त्र :** संसदीय व्यवस्था पर आधारित राजनीतिक पद्धति, जहाँ आर्थिक उत्पादन में स्वतन्त्र बाज़ार व्यवस्था की प्रधानता होती है । इसमें लोकतन्त्र की संस्थाओं और प्रक्रियाओं पर विशेष बल दिया जाता है । पश्चिमी जगत् में लोकतन्त्र शब्द उदार लोकतन्त्र के पर्याय के रूप में प्रयुक्त होता है ।

liberalism (लिबरलिज़म्) **उदारवाद :** 'लिबरलिज्म' शब्द की व्युत्पत्ति लैटिन शब्द 'लिबरलिस' से हुई है, जिसका अर्थ है 'स्वतन्त्र व्यक्ति से सम्बन्धित'। इसमें व्यक्ति के लिए ऐसे राजनीतिक और सामाजिक वातावरण के निर्माण पर बल दिया जाता है, जिसमें उसकी स्वतन्त्रता और नैतिक गरिमा सुरक्षित रहे । उदारवाद का विकास अठारहवीं शताब्दी में जीवन के विभिन्न पक्षों– राजनीतिक, आर्थिक और धार्मिक– में व्यक्तिगत स्वतन्त्रता हेतु आन्दोलन के फलस्वरूप हुआ । इस विचारधारा ने लोकतन्त्र के विकास, सार्वभौमिकता, मताधिकार, अभिव्यक्ति की स्वतन्त्रता, दासप्रथा की समाप्ति तथा नागरिक अधिकारों में वृद्धि का समर्थन किया । यह विचारधारा सरकार अथवा समृद्ध वर्ग द्वारा व्यक्तियों पर प्रभुत्व का प्रतिकार करती है ।

उन्नीसवीं शताब्दी में उदारवाद को उपयोगितावाद के समर्थकों से बल मिला । उपयोगितावाद के प्रसिद्ध विचारक जे. बेंथम (Jeremy S. Bentham, 1748-1832) ने कहा कि सरकार का उद्देश्य 'बहुजन हिताय, बहुजन सुखाय' होना चाहिए। बेंथम के साथ ही अनेक अर्थशास्त्रियों (ऐडम स्मिथ और रिकार्डो आदि) तथा जॉन स्टुअर्ट मिल आदि विचारकों ने इस चिन्तन-पद्धति को पुष्ट किया । टी. एच. ग्रीन ने इस विचारधारा को नया मोड़ दिया । उसका कहना था कि व्यक्ति का पूर्ण नैतिक सहयोग होना चाहिए और उदार समाज का यह कर्त्तव्य है कि वह ऐसी परिस्थितियाँ पैदा करे, जिसके द्वारा इस प्रकार का नैतिक सहयोग संभव हो । इस प्रकार ग्रीन के अनुसार, सरकार ऐसी संस्था है, जिसके द्वारा जनसामान्य के सामाजिक हितों की वृद्धि की जा सकती है ।

liberalization (लिबरलाइ'ज़ेशन्) **उदारीकरण :** उदारीकरण से तात्पर्य आर्थिक प्रतिबन्धों में ढील लाने से है । निजी क्षेत्र के कार्य-संचालन पर विभिन्न प्रकार के प्रतिबन्ध लगे रहते हैं । उदारीकरण के दौरान उन प्रतिबन्धों को हटा दिया जाता है या कम कर दिया जाता है, ताकि निवेश, उत्पादन, बिक्री आदि के सिलसिले में निजी क्षेत्र अधिक स्वतन्त्र रूप से कार्य कर सकें । वास्तव में अर्थव्यवस्था को मुक्त बाज़ार की ओर ले जाने वाली प्रक्रियाएँ ही उदारीकरण है । इसके अन्तर्गत आन्तरिक तथा अन्तर्राष्ट्रीय व्यापर से सम्बद्ध नियन्त्रणों (आयात कर तथा मात्रात्मक प्रतिबन्ध) को कम करना, मुद्रा को परिवर्तनशील बनाना, विदेशी पूँजी के देश में निवेश को प्रोत्साहन देना तथा देश के उद्योगों को यथासम्भव बन्धनमुक्त करने की नीतियाँ निहित होती हैं ।

उदारीकरण को दो स्तरों पर देखा जा सकता है । पहले में, निजी क्षेत्र के उन औद्योगिक क्रियाओं की संचालन की अनुमति दी जाती है, जिन्हें इससे पूर्व केवल सार्वजनिक क्षेत्र को दिया गया था । दूसरे में, उन सब नियमों और

प्रतिबन्धों से छूट दे दी जाती है, जिनसे पहले निजी क्षेत्र के विकास में रुकावट पड़ती थी। वे औद्योगिक कार्यक्रम, जिन्हें सार्वजनिक क्षेत्र के उद्यम संचालित करते थे, उन्हें निजी क्षेत्र के लिए खोल दिया गया हो। पहले बहुत सारी वस्तुएँ, जिन्हें निजी क्षेत्र को बनाने की अनुमति थी तथा उनके उत्पादन हेतु सरकार से पहले अनुमति लेनी पड़ती थी, इस प्रक्रिया में कुछ सामग्रियों को छोड़कर (शराब, सिगरेट, हानिकारक रसायन, औद्योगिक विस्फोटक पदार्थ, अन्तरिक्ष में जानेवाले विद्युतीय उपकरण और दवाएँ) अन्य सभी के लिए समाप्त कर दिया जाता है । अब निजी क्षेत्र भी बिजली, वायु परिवहन, जहाज निर्माण, भारी मशीनें और रक्षा सामग्री जैसे मूल उद्योगों के क्षेत्र में भी प्रवेश कर सकता है ।

liberation theology (लिब'रेशन् थि'ऑलजि) **विमुक्ति-धर्मशास्त्र :** यह विचार कि विश्व में जहाँ कहीं भी मानवता का शोषण और उत्पीड़न हो रहा हो, वहाँ लोगों के सामाजिक, आर्थिक और राजनीतिक दमन का विरोध करना और उन्हें अत्याचार से मुक्ति दिलाना ईसाई चर्च का कर्त्तव्य है; क्योंकि धर्म का उद्देश्य निर्धन लोगों का साथ देना है ।

libertarianism (लिब'टेऑर्इअॅ निज़्म्) **स्वेच्छातन्त्रवाद :** यह ऐसी राज्य-विरोधी विचारधारा है जो उदारवादी सिद्धान्तों पर आधारित है । इस विचारधारा की उत्पत्ति सत्रहवीं शताब्दी में इंग्लैंड के राजनीतिक दर्शनशास्त्री जॉन लॉक (John Locke, 1632-1702) से जुड़ी हुई है । उन्होंने जीवन की स्वतन्त्रता एवं सम्पत्ति के वैयक्तिक अधिकार पर काफी जोर दिया है । उनका मानना था कि राज्य व्यक्ति के इन अधिकारों का विरोधी होता है । संक्षेप में, यह विचारधारा वैयक्तिक अधिकार को बढ़ाने, राज्य के अधिकारों को कम करने तथा स्वतन्त्र बाज़ार-व्यवस्था में विश्वास करता है । स्वतन्त्रता और समानता के परस्पर-विरोधी दावे उपस्थित होने पर, यह स्वतन्त्रता को प्राथमिकता देता है और समानता को गौण मानता है । अत: यह समतावाद का विपरीत रूप प्रस्तुत करता है (देखें– Robert Nozick, **Anarchy, State and Utopia**, 1974) ।

libido (ल'बीडो) **कामलिप्सा, कामशक्ति :** सिगमण्ड फ्रॉयड (Sigmund Freud, 1856-1939) और अन्य मनोविश्लेषकों ने हमारी केन्द्रीय रागात्मक शक्ति को 'लिबीडो' नाम दिया है । लिबीडो की धारणा अत्यन्त विवादग्रस्त है । कुछ लोग उसे कामशक्ति समझते हैं, कुछ जीवनेच्छाशक्ति और शेष सुखेप्सा-शक्ति । किन्तु इतना सभी स्वीकार करते हैं कि कामलिप्सा एक प्रकार की ऐसी शक्ति, प्रभाव या राग होता है, जो किसी जन्मजात या अर्जित प्रेरक से सम्पर्क रखकर या उसके द्वारा प्रवाहित होकर उसे और सशक्त बना देता है । रागात्मकता के विकास की विभिन्न अवस्थाओं में लिबीडो का बड़ा महत्त्व होता है । 'कामशक्ति' ही मनोलोक का जीवन है और इस पर हरेक प्रकार की व्यवहार-क्रिया निर्भर है । जब इसका असाधारण दमन होता है, तो व्यक्ति मानसिक रोग का शिकार होता है और जब उसका उन्नयन किया जाता है, तो कला तथा धर्म की उत्पत्ति होती है । कामशक्ति के विकास की तीन अवस्थाएँ हैं– (1) स्वरति अवस्था (Auto-erotic stage), (2) आत्मरति अवस्था (Narcissistic stage) तथा (3) बाह्य वस्तु-रति अवस्था (Allo-eroticism stage) ।

life-chances (लाइफ़् चान्सिज़्) **जीवन-अवसर, जीवन-सम्भावनाएँ :** यह विचार कि किसी व्यक्ति के जीवन में आगे क्या पाने या खोने की सम्भवना है– जैसे कि वह कोई उच्च पद प्राप्त कर सकता है; किसी चलचित्र-तारिका से विवाह कर सकता है या फिर किसी रोग से उसकी अचानक मृत्यु हो सकती है । इसका सर्वप्रथम प्रयोग मैक्स वेबर (Max Weber, 1864-1920) ने किया था । सम्पत्ति पर अधिकार और बाज़ार में वस्तुओं का लेन-देन इस बात पर निर्भर करता है कि समाज में शक्ति-संरचना का स्वरूप कैसा है । सामाजिक क्रिया के दौरान व्यक्ति को लक्ष्य प्राप्त करने का कितना अवसर मिल सकेगा, यह इसी तथ्य पर निर्भर करता है । सामाजिक गतिशीलता का निर्धारण जीवन-अवसर से ही होता है । जीवन-अवसर के अन्तर्गत शैक्षणिक उपलब्धि, स्वास्थ्य, भौतिक पुरस्कार और स्थिति गतिशीलता आदि को सम्मिलित किया जाता है : देखें– **Life cycle** ।

life-course (लाइफ़् कॉर्स) **जीवन-मार्ग :** यह जीवन की घटनाओं के एक सिलसिले का बोध कराता है । इसके अन्तर्गत जन्म, विवाह, पितृत्व, तलाक एवं सेवा-निवृत्ति सम्बन्धी घटनाओं को शामिल किया जाता है । जनसंख्याशास्त्र

में इसे ही जीवन-चक्र (Life cycle) कहा जाता है (देखें– Shmuel N. Eisenstadt, **From Generation to Generation**, 1956; John A. Clausen, **The Life Course: A Sociological Perspective**, 1986) : देखें– **Life-cycle** ।

life-cycle (लाइफ़् 'साइकल्) **जीवन-चक्र :** किसी व्यक्ति, समूह या समाज के जीवन में क्रमश: आने वाला चरण, जैसे– प्रत्येक व्यक्ति अपने पूर्ण जीवन-काल में शैशव-काल, बचपन, जवानी और बुढ़ापे से गुजरकर अपने जीवन-चक्र को पूरा करता है ।

life-event (लाइफ़् इवे़ 'न्ट) **जीवन-घटना :** मानव जीवन विभिन्न प्रकार की घटनाओं और उपलब्धियों का एक प्रकार का इतिहास होता है ! शैशव-काल से जवानी, जवानी से बुढ़ापा, अशिक्षित से शिक्षित, बेरोज़गार से कामकाजी और बीमार से नीरोग होना आदि जीवन-घटना के कुछ उदाहरण हैं । जीवन-घटनाएँ व्यक्ति के जीवन में संक्रांतिकाल की तरह होती हैं। इन्हीं सामाजिक घटनाओं के अनुरूप व्यक्ति की सामाजिक भूमिकाओं में भी परिवर्तन होता है ।

life expectancy; average expectation of life at birth (लाइफ़् एक्स्पेक् 'टन्सि; 'ऐव़्रिज् एक्स्पेक् 'टेश्न् ऑव़् लाइफ़् ऐट् बर्थ) **जीवन-प्रत्याशा; जन्म के समय जीवन की औसत प्रत्याशा :** जीवन की औसत अवधि, जिसमें एक निर्धारित समय पर उत्पन्न बच्चों के जीने की सम्भावना हो सकती है । जीवन-प्रत्याशा वर्षों में मापी जाती है । यहाँ ध्यान देने की बात यह है कि जिसने जन्म लिया है, उसकी मृत्यु निश्चित है; परन्तु जिसने जन्म लिया है, उसकी मृत्यु शिशु-अवस्था में नहीं होनी चाहिए । साधारणतया जन्म के समय जीवन-प्रत्याशा स्वाभाविक रूप से उन शिशुओं के द्वारा जिए गए वर्षों की संख्या है, जो अपने जीवन के प्रथम वर्ष में जीवित रह पाये, आयु पर जीवन-प्रत्याशा को, लोगों के जीवित रहने के औसत प्रत्याशित वर्षों के रूप में मापा जाता है। इसलिए सुझाव दिया जाता है कि जीवन-प्रत्याशा एक वर्ष की आयु पर होनी चाहिए न कि जन्म के समय की ।

life-history (लाइफ़् 'हिस्टॅरि) **जीवन-वृत्तान्त :** व्यक्तियों के जीवन का ऐसा अध्ययन, जो मुख्यरूप से उनके द्वारा लिखी गयी या किन्हीं अन्य व्यक्तियों द्वारा सृजित दस्तावेजों पर आधारित है (देखें– Florian Znaniecki, **The Polish Peasant in Europe and America**, 1918) ।

life review (लाइफ़् रिव्यू) **जीवन-पुनरावलोकन :** रॉबर्ट बटलर (Robert Butler) ने बताया है कि वृद्ध लोगों में यह अवलोकन करने की प्रवृत्ति पायी जाती है कि बीते दिनों में उनका जीवन कैसा रहा है । लोग अक्सर पुरानी गलतियों और उपलब्धियों को याद कर अपने जीवन का विश्लेषण करने की चेष्टा करते हैं ।

life span (लाइफ़् स्पैन्) **जीवन-अवधि :** जैविक रूप से किसी प्राणी के अधिक-से-अधिक दिनों तक जीवित रहने की सम्भावना । अब भारत में महिलाओं और पुरुषों की जीवन-अवधि औसतन 60 साल से अधिक हो गयी है ।

life-stages (लाइफ़् 'स्टेजॅज्) **जीवन-अवस्था :** देखें– **Life-cycle** ।

life-style (लाइफ़् स्टॉइल) **जीवन-शैली :** जीवन-शैली के एक से अधिक अर्थ होते हैं– (1) इसका सरल अर्थ यही है कि किस प्रकार लोग समाज में उपलब्ध सेवाओं और वस्तुओं का प्रयोग जीवन जीने के लिए करते हैं । गाँवों और शहरों के बीच सामाजिक और सांस्कृतिक अन्तर मुख्यरूप से जीवन-शैली का ही है । असमानता जैसे विषयों के अध्ययन में भी इस अवधारण का प्रयोग होता है । उत्तर-आधुनिक काल (Post-modern period) भी एक जीवन-शैली को इंगित करता है । (2) किसी व्यक्ति के जीने का ढंग । इसका पता लगाने के लिए प्राय: यह देखा जाता है कि वह किस प्रकार की वस्तुओं और सेवाओं का उपभोग करता है; किस ढंग से उनका उपभोग करता है और अपना अधिकांश समय किस तरह बिताता है, जैसे– मनोविनोद में, सामान्य श्रम करके या कठोर श्रम करके (देखें– Eleanor D. Macklin and R. H. Rubin, **Contemporary Families and Alternative Lifestyles**, 1983) ।

life-table (लाइफ़् 'टेब्ल्) **जीवन-तालिका; जीवन-सारणी :** किसी भी जनसंख्या में विभिन्न उम्र के लोगों के जीवित

रहने या मरने की सम्भावना। इस तालिका के आधार पर जन्म के समय जीवन की प्रत्याशा का पता लगाया जाता है। जीवन-सारणी जीवन की औसत प्रत्याशा (Average expectation of life) बतलाती है। संक्षेप में, किसी समय-विशेष में जनसंख्या के विभिन्न आयु समूहों में उपलब्ध मृत्यु-दर के आधार पर जीवन एवं मरण की प्रवृत्ति एवं सम्भावनाओं के गणितीय प्रतिरूप को एवं उसके सारणीबद्ध चित्रण को जीवन-सारणी कहते हैं। जीवन तालिका काल्पनिक समूह अथवा सहगण का जीवन इतिहास है, जो मृत्यु के कारण धीरे-धीरे घटता जाता है। यह अभिलेख प्रत्येक सदस्य के जन्म से प्रारम्भ होता है तथा उस समय तक चलता रहता है जब तक एक भी व्यक्ति जीवित रहता है। अंकगणित की दृष्टि से यह तालिका बहुत ही समृद्ध प्रविधि पर आधारित होती है। इसका दूसरा नाम मर्त्यता सारणी (Mortality table) भी है। जीवन-सारणियाँ जन्म के समय प्रत्याशित आयु का अनुमान लगाने में बहुत महत्त्व रखती हैं और इस प्रकार इनका जनांकिकी संक्रमण (**Demographic transition**) की दृष्टि से विशेष अध्ययन किया जाता है : देखें– **Abridged life-table**।

life-world (लाइफ़् वर्ल्ड्) **जीवन-जगत :** इसका तात्पर्य आम लोगों के रोज़मर्रे के जीवन से है। घटनाशास्त्रीय समाजशास्त्र (**Phenomenological sociology**) के अन्तर्गत जीवन-जगत् ही समाजशास्त्रीय अध्ययन का केन्द्रबिंदु है। इस विषय की प्रमुख विशेषता यह है कि इसके अन्तर्गत हम सामाजिक तथ्यों और अन्त:क्रियाओं का उनके नैसर्गिक स्वरूप में अध्ययन करते हैं।

lightning strike ('लाइट्निङ् स्ट्राइक्) **आकस्मिक हड़ताल :** किसी दफ्तर या उद्योग में ऐसी हड़ताल, जो अचानक कोई अप्रिय घटना घट जाने पर उसके प्रति विरोध प्रकट करने के लिए की जाती है। ऐसी हड़ताल शुरू करने की कोई पूर्वसूचना नहीं दी जाती है या बहुत ही अल्पकाल की सूचना दी जाती है। तात्कालिक शिकायत दूर करने के लिए नियोजक आकस्मिक हड़ताल के माध्यम से बाध्य किये जाते हैं।

Likert scale (लिकर्ट स्केल) **लिकर्ट स्केल :** यह पैमाना व्यक्तियों की मनोवृत्ति को मापने के थर्सटन पैमाने (Thurstone scale) का एक संशोधित रूप है। आर. लिकर्ट (R. Likert) ने अपने इस पैमाने का प्रयोग सन् 1932 में विभिन्न समूहों के साम्राज्यवाद, प्रजातिवाद और अन्तर्राष्ट्रीयवाद जैसे विषयों के सम्बन्ध में मनोवृत्तियों एवं रुझानों को जानने के लिए किया था। इसमें उत्तरदाताओं के समक्ष कई मुद्दे रखे जाते हैं, जिनमें से कुछ को सकारात्मक रूप में, तो कुछ को नकारात्मक रूप में प्रस्तुत किया जाता है : देखें– **Scale**।

liminality (लिमिन'लिटि) **अन्तरालीयता :** यह दीक्षा संस्कार के दौरान एक ऐसी मध्यवर्ती कर्मकाण्डीय अवस्था है, जिसमें दीक्षा प्राप्त करने वाले व्यक्ति को उसकी द्विधात्मक सामाजिक स्थिति के कारण समाज की मुख्यधारा से पवित्र अथवा सम्भावित रूप में प्रदूषित करनेवाला माना जाता है। इस मध्यवर्ती अवस्था के दौरान व्यक्ति को नये सामाजिक नियमों की शिक्षा दी जाती है। इस अवधारणा का सर्वप्रथम प्रयोग Arnold Van Gennep ने अपनी रचना **Rites de Passage** (1909) में किया था।

limited war ('लिमिटिड् वॉर्) **सीमित युद्ध :** ऐसा युद्ध, जिसमें कम लोग सम्मिलित होते हैं और प्रमुख रूप से सिपाहियों के द्वारा लड़ा जाता है। एक लम्बे समय से कश्मीर में उग्रवादियों के खिलाफ भारत एक प्रकार का सीमित युद्ध ही लड़ रहा है।

line (लाइन्) **अधिकारी वर्ग :** इस शब्द का प्रयोग मुख्यत: दो अर्थों में किया जाता है– (1) किसी कम्पनी के वे सदस्य, जो शासन की सोपानिकी के अभिन्न अंग होते हैं तथा उन्हें प्रशासन का आदेश अपने से ऊपर के अधिकारी से प्राप्त होता है। (2) मानवशास्त्र के क्षेत्र में इस शब्द का प्रयोग मुख्यरूप से वंश के अर्थ में होता है, लेकिन समाजशास्त्र में इसका प्रयोग सन्दर्भ के अनुसार दोनों अर्थ में होता है।

line-and-staff (लाइन् ऐन्ड् स्टाफ़) **अधिकारी-कर्मचारी वर्ग, प्रधान और गौण संगठन :** इस शब्द का प्रयोग

मुख्यत: दो अर्थों में किया जाता है– (1) वैज्ञानिक प्रबन्धन के क्षेत्र में, जो व्यक्ति किसी व्यवस्था के अन्तर्गत नियन्त्रक एवं संचालक का काम करते हैं, वे अधिकारी के रूप में जाने जाते हैं तथा जो व्यक्ति किसी विशिष्ट सेवा की भूमिका में होते हैं, उन्हें आदेश देने का अधिकार प्राप्त नहीं होता, वे कर्मचारी की श्रेणी में आते हैं । लेकिन, कर्मचारी वर्ग के लोग अधिकारी को सलाह देने का हक रखते हैं । (2) लोक-प्रशासन के अन्तर्गत, जिस उद्देश्य की पूर्ति के लिए किसी प्रशासनिक विभाग की स्थापना की जाती है, उससे जुड़े हुए कार्य को सम्पन्न करने वाले संगठन को प्रधान संगठन कहा जाता है तथा उस कार्य में सहायता देने के लिए उस विभाग में जो अन्य संगठन रखा जाता है, उसे गौण संगठन कहा जाता है ।

line diagram (लाइन् 'डाइअग्रैम्) **रेखाचित्र :** रेखाचित्र उस चित्र को कहा जाता है जिसमें तथ्यों के परिणामों को साधारण सीधी रेखाओं द्वारा प्रदर्शित किया जाता है । ये सभी रेखाएँ खड़ी भी हो सकती है और पड़ी भी । इस प्रकार के चित्रों का उपयोग वहाँ किया जाता है जहाँ पर प्रदर्शित की जाने वाली इकाइयों की संख्या बहुत अधिक होती है ।

line of best fit (लाइन् ऑव् बेस्ट फ़िट) **श्रेष्ठ आसंजन-रेखा :** इसका प्रयोग समाश्रयण विश्लेषण **(Regression analysis)** में होता है । यह ग्राफ पत्र पर ऐसी रेखा के रूप में दिखाया जाता है, जो दो चरों को आपस में जोड़ता है : देखें– **Regression** ।

lineage ('लिनिइज) **वंश-परम्परा :** रक्तमूलक, एकपक्षीय समूह को वंश-परम्परा कहते हैं, जिसके सदस्य रक्त द्वारा अपने पूर्वजों से जुड़े होते हैं । पूर्वजों से जुड़ी कड़ियाँ सदस्यों को ज्ञात होती हैं । वंशक्रम माता या पिता के माध्यम से जाना जाता है । कहीं-कहीं पिता और माता दोनों के माध्यम से वंशक्रम जाना जाता है । वंश गोत्र की तुलना में छोटा समूह होता है । (1) यह ज्ञात अथवा सहपूर्वज के वंशजों का विस्तृत एवं एकपक्षीय रक्त-सम्बन्धियों का समूह है । वंश का अधिष्ठाता कोई काल्पनिक अथवा पौराणिक पात्र नहीं होता, अपितु वास्तविक व्यक्ति होता है । (2) वंश एक सामाजिक समूह है, जिसके सदस्य अपना अन्वय ज्ञात सहपूर्वज से एक ही अन्वय रेखा (मातृवंशीय अथवा पितृवंशीय) में निर्दिष्ट करते हैं : देखें– **Descent** ।

lineal ('लिनिअल) **वंशानुगत, परम्परागत स्वशाखीय :** इस शब्द का प्रयोग माता-पिता की सन्तान की प्रत्यक्ष अन्वय रेखा, उत्तराधिकार अथवा वंशागति को निर्दिष्ट करने के लिए किया जाता है । यह भिन्नशाखीय सम्बन्धियों जैसे मातृक तथा पैतृक पूर्वजों के सहोदरों के वंशज से रेखांकन करने के विपरीत है ।

linear correlation ('लिनिअर् कॉर'लेशन्) **रेखीय सहसम्बन्ध :** जब दो श्रेणियों या परिमाणों में विचरण सदैव समान अनुपात में हो, तो उसे रेखीय सहसम्बन्ध कहा जाता है : देखें– **Correlation** ।

linear dependence('लिनिअर् डि'पेन्ड्न्स) **रैखिक आश्रितता :** यदि किसी रैखिक संयोजन का योग शून्य हो तथा उसमें कम-से-कम एक अदिश हो, तो सदिश समूह रैखिक आश्रित कहलाता है । यदि सभी अदिश शून्य हों, तो सदिश समूह **'रैखिक मुक्त'** कहलाता है ।

linear evolution ('लिनिअर् ईव्'लूशन्) **रेखीय उद्विकास :** संस्कृति के सन्दर्भ में सिद्धान्त यह बताता है कि प्रत्येक समाज की संस्कृति का विकास एक निश्चित दिशा में होता है । अत: यह तर्क दिया जाना कि सभी समाजों की संस्कृति एक-न-एक समय समान प्रकार की होगी, यह रेखीय उद्विकास का सिद्धान्त है ।

linear growth ('लिनिअर् ग्रोथ्) **रेखीय वृद्धि :** यदि किसी चर की मात्रा में दूसरे चर के अनुरूप वृद्धि होती है, तो वैसी स्थिति में आलेख-पत्र पर सीधी रेखा का निर्माण होता है, इसे ही रेखीय वृद्धि कहा जाता है ।

linear model ('लिनिअर् 'मॉड्ल्) **रैखिक मॉडल :** रैखिक मॉडल से तात्पर्य एक ऐसे मॉडल से है, जिसमें सभी समीकरणों के पद स्थिरांकों के रूप में या प्राचलों **(Parameter)** के रूप में दिये होते हैं और चरों के गुणनफल भी स्थिरांकों या प्राचलों के रूप में होते हैं ।

linear programming (ˈलिनिअर् प्रोग्रैमिन्) **रैखिक प्रोग्रामन :** रैखिक प्रोग्रामन एक गणितीय विधि है, जिसके द्वारा किसी रैखिक ध्येय-फलन को व्यवरुद्ध समताओं को ध्यान में रखकर अधिकतम अथवा न्यूनतम किया जा सकता है। व्यवरुद्ध समताएँ तथा असमताएँ रैखिक होती हैं तथा जिस किसी ध्येय-फलन को अधिकतम या न्यूनतम करना होता है, उसके लिए रैखिक असमताओं तथा समताओं की सहायता से पहले उनका अव्यवहार्य क्षेत्र ज्ञात किया जाता है । इस व्यवहार्य क्षेत्र से कोणबिन्दुओं पर ध्येय (लक्षण) फलन के समान्तर रेखाएँ खींचकर केन्द्र से अधिकतम लम्बवत दूरी वाली समान्तर रेखा के कोणबिन्दु की समस्या का हल माना जाता है । रैखिक प्रोग्रामन समस्या में यह अभिगृहीत रहता है कि उसका हल एकल है । यदि ध्येयफलन को न्यूनतम करना होता है, तो व्यवहार्य क्षेत्र के उस कोने वाले बिन्दु को हल मानते हैं, जिस पर समान्तर रेखा सबसे नीचे रहती है ।

linear regression analysis (ˈलिनिअर् रिग्रेश्न् अˈनैलसिस्) **रेखीय समाश्रयण विश्लेषण :** सांख्यिकी में वह सिद्धान्त, जिसके द्वारा हम एक चर के अज्ञात मूल्यों के सर्वोत्तम सम्भाव्य मूल्य, दूसरे चर के ज्ञात मूल्यों के लिए निकाल सकें, समाश्रयण कहलाता है । अत: समाश्रयण विश्लेषण द्वारा हम एक चर के मूल्यों में होनेवाले निश्चित विचरण (**Variation**) से दूसरे चर के मूल्यों में माध्य विचरण (Average variation) के बारे में पता लगाते हैं ।

linear view of ritual (ˈलिनिअर् व्यू ऑव् ˈरिच्युअल्) **संस्कार का रेखीय दृष्टिकोण :** ऐसा संस्कार, जिसमें पूर्ण विराम होता है, जैसे– ईसाइयों में मृत्यु की धारणा । उनके अनुसार, मृत व्यक्ति पृथ्वी पर लौट कर नहीं आता। इस तरह वहाँ मृत्यु, जन्म से मृत्यु की ओर जानेवालों के लिए एकरेखीय या सीधे पथ पर समापन का बिन्दु होती है ।

linguistic code (लिन्ˈग्विस्टिक् कोड) **भाषाई कोड :** यह एक प्रकार की सांकेतिक भाषा है जिसके अपने कुछ नियम होते हैं । कूट भाषा सामाजिक रीति-रिवाजों से भी प्रभावित होकर बोली जाती है । कभी-कभी तो भाषाई कोड व्याकरण के नियमों से या फिर कभी स्वतन्त्र ढंग से व्यक्त किये जाते हैं । इसे मुख्य रूप से दो भागों में बाँटा जा सकता है– विस्तृत संकेतकी (**Elaborated code**) एवं सीमित संकेतकी (**Restricted code**)। प्रथम काफी स्पष्ट और निश्चित अर्थ को दर्शाता है तथा दूसरे का अर्थ श्रोता पर निर्भर करता है । निम्नवर्गीय कामकाजी लोग सीमित संकेत की भाषा का ज्यादा प्रयोग करते हैं, तो मध्यवर्ग के लोग दोनों प्रकार की संकेतकी भाषा का इस्तेमाल करते हैं (देखें– Basil Bernstein, **Class, Codes and Control**, Vol.1- 3, 1971 and 1977) ।

linguistic minority (लिन्ˈग्विस्टिक् माइˈनॉरटि) **भाषाई अल्पसंख्यक :** बड़े समुदाय के अन्तर्गत वह छोटा समुदाय, जिसकी बड़े समुदाय की भाषा से भिन्न अपनी विशिष्ट भाषा हो और जिसमें अपनी इस विशिष्ट भाषा के कारण पृथक् सत्ता का भान हो । जैसे– सिन्धी या कश्मीरी भाषा बोलने वाले लोग भाषाई अल्पसंख्यक माने जाते हैं । उसी प्रकार विभिन्न जनजातियों को भाषाई अल्पसंख्यक की श्रेणी में रखा जायेगा ।

linguistic states (लिन्ˈग्विस्टिक् स्टेट्स्) **भाषावार राज्य, भाषाई राज्य :** भाषा के आधार पर गठित राज्य अर्थात् राज्यों के गठन की वह पद्धति कि जिस निर्दिष्ट प्रदेश में एक ही भाषा बोलने वाले अधिक संख्या में पाए जाते हों, उसे एक राज्य का रूप दे दिया जाये । ब्रिटिश शासनकाल में भारतीय प्रान्तों के गठन का आधार प्रशासनिक और व्यावहारिक सुविधा मात्र था, कोई भाषायी अथवा सांस्कृतिक आधार नहीं । राज्य पुनर्गठन आयोग ने भारत के राजनीतिक मानचित्र का पुनर्निर्माण करने में भाषा को एक आधार माना था, एकमात्र आधार नहीं । परन्तु इसके फलस्वरूप देश में पृथकता और प्रादेशिकता की भावना को बढ़ावा मिला । इस समय देश के सम्मुख सबसे बड़ी समस्याएँ राष्ट्रीय एकता, सुरक्षा और आर्थिक विकास की हैं और इन समस्याओं को सुलझाने में भाषायी राज्यों से कोई सहायता मिलती नहीं मालूम होती, बल्कि वे प्रगति और एकता के मार्ग में बाधक ही अधिक बन गए मालूम होते हैं । अत: बहुत से विद्वान प्रधानमंत्री पण्डित नेहरू की भाषाई आधार पर राज्यों के पुनर्गठन की बुद्धिमत्ता पर सन्देह करने लगे हैं और कई क्षेत्रों में भाषाई राज्यों को समाप्त किए जाने की माँग भी उठी है ।

literacy ('लिट्रसि) **साक्षरता :** भारतीय जनगणना में साक्षरता को किसी भाषा में लिखने, पढ़ने तथा समझने की क्षमता के रूप में परिभाषित किया गया है । औपचारिक विद्यालय प्रणाली अथवा अनौपचारिक शिक्षा के माध्यम से पढ़ने और लिखने के आधारभूत कौशल के अधिग्रहण के रूप में इसकी व्याख्या की जाती है ।

literacy test ('लिट्रसि टेस्ट्) **साक्षरता परीक्षण :** कहीं-कहीं मताधिकार के साथ यह शर्त जुड़ी रहती है कि मतदाता को लिखना-पढ़ना आता हो । संयुक्त राज्य अमरीका के दक्षिण भाग में नीग्रो जाति को मतदान से वंचित रखने के लिए इस शर्त का विशेष रूप से प्रयोग किया जाता रहा है ।

litter ('लिटर्) **पालकी :** व्यक्ति को ले जाने की सवारी, जिसे दो या अधिक वाहक अपने कन्धों के सहारे ढोते हैं । पालकी दो स्तम्भों से जुड़ी झूला अथवा कुर्सी भी हो सकती है । यह बहंगी के लट्ठे से विकसित हुई है ।

little community ('लिट्ल् क'म्यूनटि) **लघु समुदाय :** एक ऐसा समुदाय, जो आकार की दृष्टि से छोटा, किन्तु सामाजिक जीवन की दृष्टि से विशिष्टता, समरूपता एवं आत्मनिर्भरता जैसी विशेषताओं से युक्त होता है, लघु समुदाय कहलाता है । इस अवधारणा की रचना सर्वप्रथम रॉबर्ट रेडफील्ड (Robert Redfield, 1897-1958) ने कृषक समुदायों के अपने अध्ययन में की है ।

little republic ('लिट्ल् रि'पब्लिक्) **लघु गणतन्त्र :** राजनीतिक प्रक्रिया में लोकप्रिय भागीदारी की विशेषता से युक्त लघु राजनीतिक सत्ता ।

little tradition ('लिट्ल् ट्र'डिश्न्) **लघु परम्परा :** सांस्कृतिक लक्षण या परम्पराएँ, जो मौखिक हैं और गाँव-स्तर पर व्याप्त हैं तथा जिन्हें सम्पूर्ण जनमानस में देखा जा सकता है । यह परम्परा समाज में सदियों से चली आनेवाली अलिखित परम्परा **(Oral tradition)** है । रेडफील्ड के अनुसार, छोटे ग्रामीण समुदायों में पायी जानेवाली जीवन-यापन की क्रियाओं, शिल्प, सम्बन्धित संगठन और प्रकृति पर आधारित धर्म को लघु परम्परा कहा जाता है । यह आम लोगों की परम्परा होती है । यह स्वत: सिद्ध मानी जाती है । आमतौर पर इसका परिमार्जन एवं सुधार नहीं होता है : देखें- **Great tradition** ।

live birth (लाइव् बर्थ्) **जीवित प्रसव :** ऐसा जन्म, जो प्रसवकाल तक जीवित रहे । जन्म के समय बच्चा जिन्दा भी हो सकता है और मरा हुआ भी । जब शिशु में जन्म के उपरान्त जीवन के चिह्न मौजूद होते हैं, तो इसे जीवित जन्म कहा जाता है । जन्म-दर और प्रजनन सम्बन्धी अध्ययन में जीवित जन्म सम्बन्धी आँकड़ों का विशेष महत्त्व होता है। यहाँ स्मरणीय है कि मृतजन्म, अकालजन्म तथा प्रेरित गर्भपात को जन्म में नहीं गिना जाता है; क्योंकि गर्भ से निकलने वाले ऐसे बच्चे पहले से ही मृत होते हैं । जन्म जनांकिकी की महत्त्वपूर्ण घटना है । यह जीवन का प्रारम्भ है । जीवित प्रसवों को ही जनांकिकी में जन्म की संज्ञा दी जाती है । यह वर्तमान की जनसंख्या को प्रभावित करता है तथा यह भविष्य की जनसंख्या, प्रजननता, आयु संरचना, वितरण आदि का निर्धारक तत्त्व है : देखें- **Still birth** ।

loaded question ('लोड्इड 'क्वेस्चन्) **भावाविष्ट प्रश्न :** किसी अनुसन्धान के अन्तर्गत वह प्रश्न, जो इस ढंग से पूछा जाये कि उसे सुनने वाला निष्पक्ष न रह जाये, बल्कि पूछने वाले को उससे इसका मनचाहा उत्तर मिल सके । इसे संकेतक प्रश्न **(Leading question)** भी कहा जाता है ।

lobby ('लॉबि) **समर्थन, उपकक्ष :** इस शब्द का प्रयोग मुख्यत: दो अर्थों में किया जाता है- (1) विधानमण्डल के भवन का वह कमरा, जो विधायकों के मुख्य कक्ष से लगा होता है । यहाँ साधारण नागरिक या दबाव समूह के प्रवक्ता और अधिवक्ता विधायकों से मिल सकते है; उनसे बात कर सकते हैं और वहाँ खड़े होकर विधायकों से किसी विधेयक के पक्ष या विपक्ष में मतदान करने के लिए आग्रह कर सकते हैं; उन्हें प्रेरित या उत्तेजित भी कर सकते हैं । (2) किसी विशेष हित से जुड़ा हुआ ऐसा दबाव समूह, जो अत्यन्त संगठित, मुखर, सक्रिय, प्रभावशाली और शक्तिशाली हो । साधारणत: यह दबाव समूह स्वार्थ-सिद्धि के लिए कोई भी तरीका अपनाने को तैयार रहता है और अपने प्रतिद्वंद्वियों के विधिसम्मत अधिकारों का हनन करने से भी नहीं चूकता ।

lobbying ('लॉबिङ्) **लॉबी-प्रथा, समर्थन निर्माण :** लॉबी मूलत: एक अमरीकी संकल्पना है । किसी विधेयक का समर्थन या विरोध करने के लिए सदस्यों पर व्यक्तिगत सम्पर्क द्वारा जोर डालना । प्राय: लॉबीज या विधानसभा भवन के सार्वजनिक प्रकोष्ठ में सदस्य एकसाथ मिलकर ऐसा करते हैं । अमरीका में चीनी या भारत और कृषक-लॉबी (कृषि सम्बन्धी हितों की रक्षा के लिए केन्द्र द्वारा अधिक आर्थिक सहायता का समर्थन करने वाले सदस्यों) के सन्दर्भ में प्राय: इस शब्द का प्रयोग होता है । अमरीका में प्राय: सभी प्रमुख हितों की लॉबियाँ हैं और इनसे राजनीतिक भ्रष्टाचार को प्रश्रय मिलता है ।

आदर्श रूप में लॉबी-प्रथा इतनी बुरी नहीं है, जितनी कि वह समझी जाती है । यदि विभिन्न हितों का अस्तित्व स्वीकार कर लिया जाये, तो लोकतन्त्रात्मक व्यवस्था में विभिन्न हितों के संघर्ष से जो निर्णय लिये जायेंगे, उनसे सभी के अधिकतम संभव हित में होने की स्वाभाविक आशा की जा सकती है । शर्त केवल यह है कि (1) सभी हितों की लॉबियाँ हों अर्थात्, सभी हितों को प्रतिनिधित्व प्राप्त हो तथा (2) सभी लॉबियों की शक्ति-सामर्थ्य लगभग समान हो । सच यह है कि यथार्थ में ऐसा होता नहीं और प्राय: साधारण उपभोक्ता और कर दाता को अधिकाधिक बोझ उठाना पड़ता है ।

local community ('लोकॅल् क'म्यूनटि) **स्थानीय समुदाय :** सांस्कृतिक एवं भाषाई विशिष्टताओं वाले स्थानीय समुदाय। ऐसे समुदायों में प्राय: स्थानीय निष्ठा पायी जाती है । जैसे– मुण्डा, ऊराँव जनजातियाँ झारखण्ड राज्य की स्थानीय समुदाय हैं । भारत में बहुत-सी जातियाँ स्थानीय समुदाय हैं ।

local exogamy ('लोकॅल् एक्'सॉगमि) **स्थानीय बहिर्विवाह, स्थानिक बहिर्विवाह :** किसी स्थानीय क्षेत्र से बाहर के व्यक्ति से विवाह करना ।

local knowledge ('लोकल् 'नॉलिज्) **स्थानीय ज्ञान :** किसी समुदाय में लम्बे समय तक रहने के कारण उस समुदाय के बारे में, जो ज्ञान हासिल होता है, वही स्थानीय ज्ञान कहलाता है ।

local labour-market ('लोकॅल् 'लेबर् 'मार्किट्) **स्थानीय श्रम-बाज़ार :** अन्तर्राष्ट्रीय स्तर पर मौजूद श्रम-बाज़ार के विपरीत स्थानीय श्रम-बाज़ार भी होता है, जहाँ पर उसी राज्य या समुदाय के श्रमिक उपलब्ध होते हैं । इसे ही स्थानीय श्रम-बाज़ार के रूप में जाना जाता है । इसे आन्तरिक श्रमिक बाज़ार (**Internal labour market**) के रूप में भी जाना जाता है : देखें– **Labour market segmentation** ।

localism ('लोकॅ लिज़्म्) **स्थानीयता :** सीमित भौगोलिक क्षेत्र या किसी छोटे सामाजिक समूह से सम्बन्धित विशेषताएँ।

locality studies (लो'कैल्इटि 'स्टडिज़्) **स्थानीक अध्ययन :** यह सामुदायिक अध्ययन के नाम से भी जाना जाता है : देखें–**Community study** ।

localization (लोकलाइ'जेश्न्) **स्थान निर्धारण, स्थानीयकरण :** निरीक्षक का किसी भी स्थान सम्बन्धी या आवाज़-सम्बन्धी उद्दीपन का स्थान अथवा मूलकारण को स्थिर कर लेना अथवा निर्धारित कर लेना कि इसका प्रादुर्भाव कहाँ से हुआ अथवा किस स्थान पर उत्तेजना उत्पन्न हुई ।

lock-out (लॉक् आउट्) **तालाबन्दी :** यह एक प्रकार की ऐसी औद्योगिक प्रक्रिया है, जिसके अन्तर्गत व्यावसायिक प्रतिष्ठानों के मालिक द्वारा व्यवसाय को बन्द कर दिया जाता है । ऐसी कार्रवाई आमतौर पर श्रमिकों द्वारा लम्बे समय तक अशान्ति फैलाने की स्थिति में दण्डात्मक क्रिया के रूप में की जाती है, ताकि कामगार अपने काम पर न आ सकें और वे मालिक की शर्तों को मानने के लिए विवश हो जायें ।

lock-up house (लॉक् अप हाउस्) **हवालात :** स्थानीय कारागृह, जहाँ न्यायालय में अपराध की सुनवाई होने के पूर्व अपराधी को बन्द किया जाता है ।

logical empiricism ('लॉजिक्ल् इम्'पिरि सिज़म्) **तार्किक इन्द्रियानुभववाद :** वियेना (Vienna) विश्वविद्यालय के कतिपय दार्शनिकों, गणितज्ञों एवं वैज्ञानिकों के द्वारा ऐसा विचार कि सभी परिकल्पनात्मक तात्त्विक एवं वैसे तमाम विचारों को, जिन्हें प्रमाणित नहीं किया जा सकता है, विज्ञान की श्रेणी से निकाल देना चाहिए । उन लोगों के अनुसार, वैज्ञानिक या तार्किक ज्ञान वही है, जिसका सत्यापन संभव है तथा जो बातें अनुभव द्वारा सत्यापित की जा सकती हैं, उन्हें अर्थहीन माना गया है । इसमें वैज्ञानिक दृष्टिकोण और सहयोग पर बल दिय गया है : देखें– **Logical positivism** ।

logical positivism ('लॉजिक्ल् पॉज्'इटिविज़म्) **तार्किक प्रत्यक्षवाद :** यह दर्शनशास्त्र में एक ऐसी विचारधारा है, जो सामान्यत: विज्ञान या मनोविज्ञान में भौतिकवाद बन जाता है अर्थात् एक ऐसा आन्दोलन, जिससे वैज्ञानिक भाषा भौतिकशास्त्र की जातीय भाषा में परिणत हुई है । यह दार्शनिक आन्दोलन वियेना में प्रारम्भ हुआ। इस आन्दोलन का उद्देश्य वैज्ञानिक तर्कों के क्रमबद्ध अन्वेषण द्वारा दर्शन का प्रतिस्थापन करना था । प्रत्यक्षवाद के तीन प्रकार होते हैं: (1) ऑगस्त कौंत (Auguste Comte, 1798-1857, हिन्दी में इस फ्रांसीसी विद्वान के नाम का शुद्ध उच्चारण मात्र कौंत है) का सामाजिक प्रत्यक्षवाद, (2) प्रयोगात्मक प्रत्यक्षवाद और (3) क्रियात्मक प्रत्यक्षवाद, जिसको तार्किक प्रत्यक्षवाद भी कहते हैं । क्रियात्मक प्रत्यक्षवाद प्रारम्भिक आधारभूत प्रदत्तों की ओर के गमन का एक प्रयास है और इस प्रकार कहा जा सकता है कि तार्किक प्रत्यक्षवाद का उद्देश्य सहयोग की वृद्धि करना और विरोध को कम करना है, जो अर्थ में अप्रत्याशित पृथक्ता के कारण उत्पन्न हो जाता है । यह विचार असफल है कि अनुभव वैज्ञानिक आधारभूत है । अन्तर्दृष्टि से तथ्यों का दिग्दर्शन होता है, इस पर बहुत वाद-विवाद हुआ । मनोविज्ञान में जिन कारणों से व्यवहारवाद ने अन्तर्निरीक्षण का स्थान ग्रहण किया, वस्तुत: उन्हीं कारणों से क्रियात्मक प्रत्यक्षवाद ने प्रयोगात्मक प्रत्यक्षवाद का स्थान ग्रहण किया। क्रियावाद इसका प्रमाण है । प्रत्यक्षवाद का प्रभाव मनोविज्ञान पर विशेष पड़ा : देखें– **Logical empiricism** ।

logical reduction ('लॉजिक्ल् रि'डॅकशन्) **तार्किक लघुकरण :** यह इस मान्यता पर आधारित है कि विज्ञान के सभी सिद्धान्तों एवं नियमों को लघुतम रूप में व्यक्त किया जा सकता है । जब हम राज्य, नौकरशाही एवं उद्योग जैसी अवधारणाओं का प्रयोग करते हैं, तो किसी व्यवस्था के समग्र रूप को हम लघु रूप में प्रस्तुत करते हैं । कार्ल मार्क्स (Karl Marx, 1818-1883) के आर्थिक निर्धारणवाद (**Economic determinism**) का सिद्धान्त तार्किक लघुकरण का एक उदाहरण है : देखें– **Reductionism** ।

logical universals ('लॉजिक्ल् यूनिवॅर्सल्स्) **तार्किक सार्वभौम :** इस शब्द का प्रयोग आमतौर पर टैलकॉट पार्सन्स (Talcott Parsons,1902-1979) द्वारा प्रतिपादित प्रतिरूप चर (**Pattern variables**), व्यवस्था समस्याएँ (**System problems**) एवं उद्विकासीय सार्वभौम (**Evolutionary universals**) आदि अवधारणाओं को तार्किक सार्वभौम कहा गया है ।

logistic curve (लॉ'जिस्टिक कर्व्) **लॉजिस्टिक वक्ररेखा, वृद्धिघात वक्र :** वृद्धि वक्र जनसंख्या की असीमित वृद्धि के विरुद्ध कार्य करने वाले तत्त्वों के प्रतिरोध को जनसंख्या में जोड़ने के बाद पायी जाने वाली वृद्धि की प्रवृत्ति के वेग के वर्ग के अनुपात से प्राप्त आँकड़ों की मदद से खींचा या अंकित किया जाता है । सर्वप्रथम इसका निरूपण 1835 में क्वेलेट (L. A. J. Quetelet, 1796-1874) ने किया था । इसका दूसरा नाम पर्ल रीड वक्र (Pearl Reed curve) भी है ।

अर्थशास्त्री रेमण्ड पर्ल (Reymond Pearl) ने, जो जनसंख्या वृद्धि से सम्बन्धित विचार दिया है, वह 'लॉजिस्टिक वक्र रेखा सिद्धान्त' के नाम से जाना जाता है । पर्ल ने बताया कि जनसंख्या सदैव तीव्र गति से नहीं बढ़ती है । यदि इसे ग्राफ द्वारा दिखाया जाये, तो अँगरेज़ी के (S) की भाँति एक वक्ररेखा प्राप्त होगी, जिसे लॉजिस्टिक वक्ररेखा कहते हैं । यह रेखा बतलाती है कि जनसंख्या पहले बहुत धीमी गति से बढ़ती है और बाद में वृद्धि की दर में गति आ जाती है । कुछ समय बाद जनसंख्या स्थिर हो जाती है और वह फिर धीरे-धीरे घटने लगती है । समाज की आन्तरिक स्थितियों में परिवर्तन आता है और पुन: जनसंख्या में वृद्धि होने लगती है । इस प्रकार जनसंख्या के बढ़ने-घटने का क्रम चलता रहता है । इस सिद्धान्त से माल्थस (T. R. Malthus, 1766-1834) के जनसंख्या सम्बन्धी विचारों का खण्डन होता है ।

Lombrosian theory (लॉम्बरो'सियन 'थिअरि) **लाम्ब्रासोवादी सिद्धान्त :** अपराधशास्त्र का एक सिद्धान्त, जिसका प्रतिपादन सी. लाम्ब्रोसो (C. Lombroso, 1836-1909) ने उन्नीसवीं शताब्दी के उत्तरार्द्ध में किया । उनके अनुसार अपराधी व्यवहार सामाजिक-मनोवैज्ञानिक अथवा पर्यावरणजन्य कारकों की अपेक्षा जैवकीय विशेषताओं की उपज है । लाम्ब्रोसो का विश्वास था कि अपराधी शारीरिक रूप से हीन तथा पाशविक वृत्तियों वाले व्यक्ति होते हैं । अत: अपराधियों को उनकी शारीरिक माप, जैसे– सिर की लम्बाई-चौड़ाई, सीने का घेरा, नासिका सूचकांक आदि के आधार पर मालूम किया जा सकता है । अपराधी व्यवहार की आधुनिक गवेषणाओं में इस सिद्धान्त को कोई महत्त्व नहीं दिया जाता । आजकल अपराधी व्यवहार को अन्य सामान्य व्यवहार प्रतिमानों की भाँति एक सीखा हुआ व्यवहार माना जाता है ।

lone wolf criminal (लोन् वुल्फ़ 'क्रिमिनल्) **एकाकी अपराधी :** ऐसे अपराधी, जो किसी सहयोगी का साथ लिए बिना अकेले ही अपराध करते हैं ।

longitudinal study (लॉन्गि'ट्यूड्इनल'स्टडि) **अनुदैर्घ्य अध्ययन :** अनुसन्धान की एक प्रणाली, जिसमें व्यक्तियों का एक निश्चित अवधि तथा क्रमिक अवस्थाओं में अध्ययन किया जाता है । इसमें अनुसन्धानकर्ता को प्रेक्षणों के ठीक पहले तथा बाद में सम्बन्धित व्यक्तियों के अनुभवों, प्रशिक्षण तथा उद्दीपन अनुक्रियाओं का अध्ययन करने का अवसर मिलता है (देखें– S. Menard, **Longitudinal Research**, 1991) ।

looking-glass self ('लुक्इन्ग् ग्लास सेल्फ) **आत्मदर्शन का दर्पण :** सामाजिक आत्मदर्शन का दर्पण एक समूह या समाज है, जिसके अन्तर्गत व्यक्ति यह अनुमान लगाता है कि दूसरे लोग उसे किस रूप में देखते हैं । इस सिद्धान्त की प्रथम चर्चा चार्ल्स एच. कूली (Charles H. Cooley, 1864-1929) की कृति **Human Nature and the Social Order** (1902) में देखने को मिलती है । कूली के आत्मन् **(Self)** के विकास का विचार उनके पूर्ववर्ती मनोवैज्ञानिक विलियम जेम्स (William James, 1842-1910) के सामाजिक आत्मन् **(Social self)** से मिलता है । जिस प्रकार कोई व्यक्ति किसी दर्पण में अपना स्वरूप देखने का प्रयास करता है, उसी प्रकार प्रत्येक व्यक्ति अपना स्वरूप समाजरूपी दर्पण में देखने का प्रयास करता है । देखने की इस प्रक्रिया में तीन तरह की प्रतिक्रियाएँ होती हैं– (i) दूसरे लोग मेरे बारे में क्या सोचते हैं, (ii) दूसरे जो मेरे बारे में सोचते हैं, उस सम्बन्ध में मैं अपने बारे में क्या सोचता हूँ एवं (iii) मैं अपने बारे में कैसा विचार रखता हूँ– अच्छा या बुरा । हर बालक में यह जानने की इच्छा होती है कि परिवार एवं परिवार के बाहर उसे किस रूप में देखा जाता है और उसके आधार पर वह अपने बारे में एक राय बनाता है ।

समाज किसी व्यक्ति के बारे में क्या सोचता है और फिर वह व्यक्ति उस सन्दर्भ में क्या सोचता है, यह एक ऐसी प्रक्रिया है, जो आजीवन चलती रहती है । इसी क्रिया एवं प्रतिक्रिया के द्वारा व्यक्तियों में आत्मन् का विकास होता है। व्यक्ति सामाजिक मूल्यों, आदर्शों एवं नियमों का इसलिए पालन करता है कि समाज उसे एक अच्छे व्यक्ति के रूप में स्वीकार करे । कूली का यह विचार जॉर्ज मीड से मिलता-जुलता है कि कोई भी व्यक्ति दूसरे व्यक्ति की मनोवृत्ति को ध्यान में रखकर ही आचरण करने का प्रयास करता है । यदि उसे यह महसूस होता है कि लोग उसके किसी व्यवहार को अच्छा नहीं समझेंगे, तो वह वैसा आचरण नहीं करना चाहता है । व्यक्ति हमेशा दूसरों को ध्यान में रखकर ही कोई आचरण करता है ।

loosely structured society (लूस 'लि'स्ट्रक्चॅड् सॅ'साइअटि) **अबद्ध संरचित समाज :** ऐसा समाज, जहाँ समाज के आदर्शों एवं मानदण्डों के सम्बन्ध में लोगों के बीच विचारों की विभिन्नताएँ पायी जाती हैं । वैसी स्थिति में समाज अपने सदस्यों की अभिव्यक्ति की स्वतन्त्रता को अनियन्त्रित छोड़ देता है । चूँकि शहरों के अन्तर्गत विभिन्न नृजाति, धर्म, भाषा और व्यवसाय के लोग रहते हैं, इसलिए शहरी समाजों की संरचना ढीली-ढाली होती है ।

Lorenz curve ('लॉरेन्टस् कर्व) **लॉरेन्ज वक्र :** इस वक्र का प्रयोग आमतौर पर सामाजिक स्तरण के अध्ययन में किया जाता है । इसके माध्यम से यह स्पष्ट करने की कोशिश की जाती है कि समाज में वास्तविक वितरण (जैसे आमदनी,

सम्पत्ति आदि) पूर्ण समानता की रेखा से कितना दूर है । पूर्ण समानता की रेखा से वितरण की रेखा (वक्र) जितनी दूर होगी, उस समाज में असमानता उतनी ही अधिक मानी जाती है और ठीक इसके विपरीत वक्ररेखा जितनी नजदीक होगी, उस समाज में समानता उतनी ही अधिक मानी जायेगी ।

lower class ('लोअर् क्लास्) **निम्नवर्ग :** विशिष्ट आर्थिक-राजनीतिक व्यवस्था वाले समाज का वह समूह, जिसकी आय, प्रतिष्ठा व व्यवसाय को सामाजिक संरचना में निम्न स्थान दिया गया है । लेकिन, यह आवश्यक नहीं है कि निम्न जाति अथवा प्रजाति के लोगों को ही इस वर्ग का सदस्य माना जाये । किसी भी विकासशील समाज में निम्नवर्ग के लोगों को मध्यम एवं उच्च वर्ग में शामिल हो जाने की सम्भावना बनी रहती है (देखें– Vic George and Roger Lawson, **Poverty and Inequality in Common Market Countries**, 1980) ।

low-intensity warfare (लो इन्'टेन्सटि 'वॉरफ़ेअर) **अल्पप्रचण्ड युद्ध :** ऐसी लड़ाई, जो बहुत छोटे पैमाने पर लड़ी जाती है और उसमें बहुत मामूली अस्त्र-शस्त्रों का प्रयोग होता है, जैसे कि आतंकवाद, छापामार युद्ध, विद्रोह इत्यादि।

low-trust systems (लो ट्रस्ट् 'सिस्टम्स्) **निम्नआस्था व्यवस्था :** ऐसा संगठन, जिसके अन्तर्गत वहाँ काम करने वाले लोगों पर बहुत कम भरोसा होता है । अत: उन्हें किसी काम का कम-से-कम उत्तरदायित्व सौंपा जाता है ।

loyalist ('लॉइअलिस्ट) **निष्ठावादी :** अमरीकी निष्ठावादियों की मान्यता थी कि राजनीतिक परिवर्तन के लिए क्रांति का मार्ग अग्राह्य है । मनुष्य की सामाजिक भावना का कानूनी रूप सरकार है और इस सामाजिक भावना को नष्ट किए बिना क्रांति संभव नहीं है । अधिकांश निष्ठावादी 'टोरी' थे और उनकी राय में सरकार का सर्वश्रेष्ठ रूप राजतन्त्र था । इस प्रकार अमरीका के निष्ठावादी इंग्लैंड के सम्राट और पार्लियामेंट को राष्ट्रीय एकता का प्रतीक मानते थे, जिसकी शक्ति उनकी राय में अविभाज्य और सर्वोच्च थी ।

lumpenproletariat ('लॅम्पेन प्रोलि'टेअरिअट्) **पतित सर्वहारा वर्ग :** सभी वर्गों के नकारा, अशिष्ट और निकम्मे व्यक्ति अल्पकालिक सर्वहारा के रूप में जाने जाते हैं । कार्ल मार्क्स (Karl Marx, 1818-1883) के अनुसार, यह 'सब वर्गों की तलछट (Refuse of all classes) है ।' इस वर्ग में लुच्चे-लफ़ंगे, गुंडे-बदमाश, चोर-लुटेरे, जेबकतरे और उठाईगीर, भिखारी और आवारागर्द, वेश्याएँ और उनके दलाल इत्यादि शुमार किये जाते हैं । वर्तमान समय में समाजशास्त्री इस शब्द का प्रयोग आधुनिक समाज के शिकार ऐसे गरीब लोगों के लिए करते हैं, जो बेघर हैं तथा किसी प्रकार के उत्पादन में अपना योगदान नहीं दे पाते हैं ।

luxury goods ('लक्शरि गुड्स्) **विलासिता की वस्तुएँ :** ऐसी वस्तुएँ, जिनकी माँग मुख्यत: उच्च आय-वर्ग के लोगों की ओर से पैदा होती है । ये वस्तुएँ साधारण जीवन जीने के लिए अनिवार्य नहीं मानी जातीं । उच्च वर्ग के लोग अधिक-से-अधिक इज्जत प्राप्त करने तथा जीवन का आनन्द लेने के लिए विलासिता की चीज़ों का प्रयोग करते हैं।

lynch (लिन्च्) **बेकायदा मार डालना, अपहनन :** बिना किसी कानूनी कार्रवाई के क्षेत्रीय मौलिक लोकाचार को भंग करने वाले लोगों को समाज द्वारा दण्ड देने की प्रथा। लेकिन, मूलत: इसका सम्बन्ध अमरीकी स्वतन्त्रता आन्दोलन के समय विलियम लिंच (William F. Lynch, 1801-1865) नाम के एक सैनिक अधिकारी के द्वारा गैरकानूनी तरीके से दण्ड देने के तरीकों से है ।

lynching mob (लिन्च् 'इन्ग मॉब्) **हिंसक उत्तेजक भीड़, अपहनन :** ऐसी भीड़, जो क्रोधावेश में अपने विरोधी के प्रति हिंसालु हो जाये और उसकी हत्या कर दे ।

Mm

Machiavellianism (मैक्या'वेलीनिज़म्) **मैक्यावेलीवाद :** एन. मैक्यावेली (N. Machiavelli, 1469-1527) की राजनीतिक विचारधारा को व्यक्त करने के लिए इस शब्द का प्रयोग किया जाता है । उसका कहना था कि राज्य की दृढ़ता और सुव्यवस्था को कायम रखने के लिए नैतिक-अनैतिक, वैध-अवैध सारे उपाय ठीक हैं । इस कथन को समझने के लिए तत्कालीन ऐतिहासिक परिस्थितियों पर दृष्टिपात आवश्यक है । मैक्यावेली संयुक्त इटली के पक्ष में थे । वे इटली को एक ऐसे राष्ट्र के रूप में देखना चाहते थे, जो फ्रांस, इंग्लैंड और स्पेन जैसे राष्ट्रों की बराबरी में खड़ा हो सके। उनका दृढ़ विश्वास था कि सुदृढ़ राष्ट्र के रूप में इटली को खड़ा करने के लिए ऐसा नेता होना चाहिए, जो पारम्परिक नैतिकता के दायरे को तोड़ सके और असीम शक्ति धाारण कर सके। कहा जा सकता है कि मैक्यावेली संसार के पहले राष्ट्रवादी व्यक्ति थे । उन्होंने इटली के लोगों में राष्ट्रीय भावना का प्रसार किया । मैक्यावेली का मत था कि यदि साध्य ठीक है, तो कोई भी साधन ठीक माना जायेगा । साध्य ही साधन को ठीक या गलत बता सकता है (गाँधीवाद ठीक इसके विपरीत दर्शन पर आधारित है) । इस अर्थ में मैक्यावेलीवाद आज भी एक सशक्त विचारधारा है, जिसके अन्तर्गत राष्ट्र की एकता अथवा स्वाधीनता को कायम रखने के लिए न्याय-अन्याय, मानवता-क्रूरता, यश-अपयश, ये सारी बातें गौण हो जाती हैं, केवल यही विचार सामने रह जाता है कि राष्ट्र का संयुक्त जीवन और स्वतन्त्रता कैसे कायम रहे । अब किसी भी ऐसे राजनीतिज्ञ को, जो अपने लक्ष्यों की पूर्ति के लिए अनैतिक कूटनीति का सहारा ले, उन्हें मैक्यावेलिअन कह दिया जाता है ।

machine production (म 'शीन् प्र 'डक्शन्) **यन्त्र उत्पादन :** ऐसा आर्थिक उत्पादन, जो ऊर्जा से संचालित मशीनों के प्रयोग से संभव होता है, जैसे– कोई वाहन, टी. वी., कलम, आधुनिक दवा आदि ।

macroeconomics ('मैक्रो ईक'नॉमिक्स्) **बृहत् अर्थशास्त्र :** अर्थशास्त्र की वह शाखा, जिसमें बृहत् आर्थिक व्यवस्थाओं का अध्ययन किया जाता है, जैसे कि राष्ट्रीय आय, बचत, निवेश, उपभोग, व्यय, रोज़गार और मुद्रा-पूर्ति की कुल मात्रा का अध्ययन ।

macro functionalism ('मैक्रो 'फ़ङ्क्शन् लिज़म्) **बृहत् प्रकार्यवाद :** एक समाजशास्त्रीय सैद्धान्तिक दृष्टिकोण, जो बृहत् सामाजिक व्यवस्थाओं के प्रकार्यात्मक विश्लेषण पर बल देता है । यह दृष्टिकोण इस पूर्व-मान्यता पर आधारित है कि समाजों में प्रकार्यात्मक एकता विद्यमान है, अत: विश्लेषण का समारम्भ किसी एक सम्पूर्ण समाज अथवा सभ्यता से किया जा सकता है । तत्पश्चात् समाज के अंगों, भागों अर्थात्, समूहों अथवा संस्थाओं का अध्ययन किया जाना चाहिए । इस अवधारणा का प्रयोग डॉन मार्टिन्डेल (Don Martindale) ने किया, जिन्होंने इस वर्ग में विलफ्रेडो पारेटो (Vilfredo F. D. Pareto), टैलकॉट पार्सन्स (Talcott Parsons) तथा रॉबर्ट के. मर्टन (Robert K. Merton) आदि समाजविज्ञानियों को सम्मिलित किया है । स्थूल प्रकार्यवाद की जड़ें समाजशास्त्रीय सावयववाद में गड़ी हुई हैं । इसमें सम्पूर्ण समाज को एक अधिसावयव मानकर अध्ययन किया जाता है ।

macro-segregation ('मैक्रो सेग्रि'गेशन्) **बृहत् पृथक्करण :** क्षेत्रीय स्तर पर विभिन्न प्रजातीय या नृजातीय समूहों को एक-दूसरे से अलग कर देखने की प्रक्रिया ।

macrosociology ('मैक्रो सोसि'ऑलजि) **बृहत् समाजशास्त्र :** कुछ समाजविज्ञानियों ने समाजशास्त्र को बृहत् एवं सूक्ष्म

समाजशास्त्र के रूप में विभाजित किया है । सामाजिक व्यवस्थाओं, संरूपों, प्रतिमानों तथा इन प्ररूपों के मध्य परस्पर अन्तःसम्बन्धों के बृहत् एवं व्यापक अध्ययन को बृहत् समाजशास्त्र कहते हैं । बृहत् समाजशास्त्र अपना ध्यान भूमण्डलीय एवं ऐतिहासिक प्रक्रियाओं पर केन्द्रित करता है । यह दृष्टिकोण व्यक्तियों की क्रियाओं अथवा लघु समूहों के अध्ययन के विपरीत बड़े सामाजिक संगठनों, जैसे– समुदाय, समाज, सैनिक संगठन, नगर आदि के विश्लेषण पर बल देता है। इसमें ऐसे सामान्य नियमों की खोज करने का प्रयास किया जाता है, जो सम्पूर्ण मानव-समाज पर लागू होता हो। मार्क्सवाद, प्रकार्यवाद और प्रणाली सिद्धान्त **(System Theory)** बृहत् समाजशास्त्र के ही कुछ उदाहरण हैं । ऑगस्त कौंत (Auguste Comte, 1798-1857), कार्ल मार्क्स (Karl Marx, 1818-1883), हर्बर्ट स्पेन्सर (Herbert Spencer, 1820-1903), विलफ्रेडो पारेटो (Vilfredo F. D. Pareto, 1848-1923), डर्कहाइम (Émile Durkheim, 1858-1917), मैक्स वेबर (M. Weber, 1864-1920) और टैलकॉट पार्सन्स (Talcott Parsons, 1902-1979) आदि विद्वान इसी परम्परा के प्रणेता हैं ।

बृहत् एवं सूक्ष्म समाजशास्त्र का अन्तर वास्तविक की अपेक्षा सैद्धान्तिक अधिक है । दोनों में स्पष्ट अन्तर करना और विभाजन की सुस्पष्ट रेखा खींचना कठिन है; क्योंकि अधिकांश समाजशास्त्रीय शोध को एक-दूसरे क्षेत्र में स्पष्ट रूप में नहीं रखा जा सकता है । वास्तव में, यह सामाजिक प्रणाली और सामाजिक कर्त्ता के बीच सम्बन्धों के बारे में निरन्तर चले आ रहे विवाद का ही एक हिस्सा है । मैक्स वेबर को सामान्यतः सामाजिक क्रिया के समाजशास्त्री के रूप में देखा जाता है, किन्तु इनकी कृतियों में बृहत् ऐतिहासिक प्रक्रियाओं और तुलनात्मक प्रणालियों का अध्ययन (प्रशासन तन्त्र, पूँजीवाद और प्रोटेस्टैन्ट आचार संहिता का सम्बन्ध) इन्हें मैक्रो समाजशास्त्री की कोटि में रखे जाने के लिए विवश करता है (देखें– Johnathan A. Turner, **A Theory of Social Interaction**, 1988; Gerhard E. Lenski, Jean Lenski and Patrick Nolan, **Human Societies: An Introduction to Microsociology**, 1991) ।

macro theory (ˈमैक्रो ˈथिअरि) **बृहत् सिद्धान्त :** ऐसा सिद्धान्त, जिसका सम्बन्ध पूरे समाज या विस्तृत सामाजिक सम्बन्धों के क्षेत्र से हो, जैसे कि विभिन्न सामाजिक संस्थाएँ एक-दूसरे पर क्या प्रभाव डालती हैं या समाज के सम्पूर्ण चरित्र में किस तरह से और किस तरह के परिवर्तन होते हैं । कार्ल मार्क्स (K. Marx, 1818-1883), सोरोकिन (P. A. Sorokin, 1889-1968), टैलकॉट पार्सन्स (Talcott Parsons, 1902-1979) आदि विद्वानों का विचार बृहत् सिद्धान्त की श्रेणी में आता है : देखें– **Grand theory** ।

madness (मैड् ˈनिस) **पागलपन :** समाजशास्त्र के क्षेत्र में पागलपन को एक बहुत ही आलोचनात्मक दृष्टि से देखा जाता है । यह विशिष्ट प्रकार की विसामान्यता का एक सामाजिक नामकरण है । पागलपन सामाजिक मानदण्डों एवं सामाजिक नियन्त्रण का उल्लंघन है । यह पुरुषों की तुलना में महिलाओं में अधिक पाया जाता है । मनोविज्ञान एवं मनोरोगविज्ञान के क्षेत्र में पागलपन की जगह मानसिक रुग्णता (Mental illness) शब्द का अधिक प्रयोग होता है । मानसिक रुग्णता को मुख्यरूप से दो भागों में बाँटा जाता है– तंत्रिकाताप **(Neurosis)** एवं मनोविकृति **(Psychosis)** । मनोविकृति के अन्तर्गत व्यक्ति यथार्थ से दूर हो जाता है, जबकि तंत्रिकाताप में व्यक्ति में अवसाद, चिन्ता एवं तनाव की स्थिति होती है । तंत्रिकाताप मनोविकृति की तुलना में सापेक्षिक रूप से थोड़ी कम गंभीर समस्या है । विचारों एवं भावनाओं में गड़बड़ी मानसिक रुग्णता को प्रकट करती है । जैविक अपक्रिया (Organic malfunctioning) या बचपन में व्यक्तित्व सम्बन्धी संघर्षों के परिणामस्वरूप आमतौर पर मानसिक रुग्णता की समस्या उठ खड़ी होती है। मनोचिकित्सा में इन बीमारियों को कई वर्गों में विभक्त कर देखा जाता है । आज मानसिक रोगों से निजात पाने के लिए बहुत प्रकार की दवाइयों का प्रयोग किया जाता है ।

mafia (ˈमैफिअ) **माफिया :** मूलतः इटली के प्रवासियों द्वारा आपराधिक तत्त्वों से बना एक गुप्त संगठन, जो समस्त विश्व (विशेषकर विकसित देशों में) में ठग-व्यापार, जुआ, नशीली वस्तुओं तथा अन्य अवैध क्रियाकलापों को नियन्त्रित करता है । परन्तु इन क्रियाकलापों पर कानूनी नियन्त्रण एवं निषेध होने के कारण अब इनका राष्ट्रीय एवं अन्तर्राष्ट्रीय स्तर पर विस्फोट हो गया है ।

magic ('मैजिक्) **जादू-टोना :** जादू उस शक्ति-विशेष का नाम है, जिससे अतिमानवीय जगत् पर नियन्त्रण प्राप्त किया जा सके और उसकी क्रियाओं को अपने इच्छानुसार भले या बुरे, शुभ-अशुभ उपयोग में लाया जा सके । फ्रेजर (James Frazer, 1851-1941) के अनुसार, जादू इस आधार पर एक आभासी विज्ञान है कि कार्य-कारण सम्बन्ध के एक अटल नियम के अनुसार यह प्रकृति पर दबाव डालता है । जब मनुष्य इच्छानुकूल परिणाम पाने के लिए कोई अन्य साधन नहीं पाता है, तो जादू द्वारा प्राप्त करने का प्रयत्न करता है । जादू की शक्ति से देवी-देवता और अलौकिक शक्ति को नियन्त्रित किया जाता है और धर्म के द्वारा उन्हें प्रार्थना और उपहार से प्रसन्न किया जाता है (देखें– B. Malinowski, **Magic, Science and Religion and other Essays**, 1948; James Frazer, **The Golden Bough**, 1990) ।

magic, aversive ('मैजिक्, अ'व़र्सिव) **निवारक जादू :** कष्ट के निरोध के लिए किया गया जादू । अनपढ़ जनजातियों के बीच आज भी निवारक जादू का प्रयोग देखने को मिलता है ।

magic, black ('मैजिक्, ब्लैक्) **काला जादू :** यह किसी व्यक्ति या समूह को हानि पहुँचाने के लिए होता है । जादू-टोना और मायाजाल **(Witchcraft)** काला जादू के अन्तर्गत आते हैं । इन्हें समाज की स्वीकृति प्राप्त नहीं होती है । जादू-टोने को कोई भी व्यक्ति सीख सकता है, लेकिन मायाजाल में अलौकिक शक्ति होती है । इसे प्रत्येक व्यक्ति नहीं सीख सकता है ।

magic, contagious ('मैजिक्, कन्'टेजस्) **संक्रामक जादू :** इस विश्वास पर आधारित जादू कि यदि किन्हीं वस्तुओं का आपस में सम्पर्क रहा है, तो अलग होने पर भी वे एक-दूसरे पर क्रिया एवं प्रतिक्रिया करता रहता है । उदाहरण के लिए, किसी व्यक्ति के बाल, नाखून, रक्त, बर्तन आदि वस्तुओं पर जादू कर सम्बन्धित व्यक्ति पर जादुई प्रभाव डाला जा सकता है । इसे सामान्यत: निषेधात्मक उद्देश्य से अमल में लाया जाता है ।

magic, imitative ('मैजिक्, 'इमिटटिव्) **अनुकारी जादू :** एक प्रकार का जादू, जो इस विश्वास पर आधारित होता है कि किसी वस्तु अथवा व्यक्ति पर उसके प्रतीकों के माध्यम से भी जादू किया जा सकता है, अर्थात् यदि उस प्रतीक पर कोई जादू किया जाता है, तो उसका प्रभाव लक्षित वस्तु या व्यक्ति पर पड़ता है । इस प्रकार के जादू का दूसरा नाम सम्मोहन जादू भी है । इसे हिन्दी में 'संसूचनात्मक जादू' कहकर पुकारा गया है ।

magic, white ('मैजिक्, वाइट्) **सफेद जादू :** किसी का हित करने के लिए प्रयुक्त होता है । इसके भी दो भेद किये जाते हैं । पहले प्रकार में वे जादू होते हैं, जिनका प्रयोग जीवन की अनिश्चितता एवं भावी खतरों से रक्षा के लिए होता है । दूसरे प्रकार में विचित्र घटनाओं आदि को रखा जाता है । जब कोई व्यक्ति जादू के कारण कोई चमत्कारी प्रदर्शन दिखाता है, तब इन दोनों का ही उद्देश्य सामाजिक दृष्टि से कल्याणकारी होता है । इस प्रकार के जादू को सामाजिक स्वीकृति प्राप्त होती है ।

Magna Carta (मैग्नॅ'काट्अॅ) **मैग्ना कार्टा :** अँगरेज़ों की स्वतन्त्रता का महान् अधिकारपत्र, जो उन्हें 1215 में सम्राट् जॉन से प्राप्त हुआ था । इस अधिकारपत्र में 36 धाराएँ थीं, जिनका मुख्य लक्ष्य यह था कि राजसत्ता अपनी शक्तियों का दुरुपयोग न कर सके और किसी भी प्रजाजन को मुकदमा चलाए बिना कारागार में न डाला जा सके ।

maintenance change ('मेन्टनन्स् चेन्ज्) **सम्पोषित परिवर्तन :** किसी सामाजिक व्यवस्था के तत्त्वों का समान प्रकार के सामाजिक तत्त्वों के द्वारा स्थानान्तरण । सामाजिक परिवर्तन की दृष्टि से इसका वास्तविक नतीजा शून्य होता है ।

majority (म'जॉरिटि) **वयस्कता, बहुमत, बहुसंख्यक :** इस पद का प्रयोग दो प्रमुख अर्थों में होता है– (1) वयस्कता-पूर्ण कानूनी आयु की स्थिति । (2) बहुमत, बहुसंख्यक– कुल सदस्य-संख्या में आधे-से-अधिक की सदस्य-संख्या ।

majority rule (म'जॉरिटि रूल्) **बहुमत का शासन :** राजनीति का वह सिद्धान्त, जिसके अनुसार समुदाय में बहुमत प्राप्त पक्ष अर्थात् आधी सदस्य-संख्या से एक भी अधिक संख्या वाला पक्ष शासन करता है ।

majority tyranny (म'जॉरिटि 'टिरनि) **बहुमत का अत्याचार, बहुसंख्यक-अत्याचार :** वह स्थिति, जिसमें बहुमत अपनी अधिक सदस्य-संख्या और उसके आधार पर प्राप्त वैधिक शक्ति के कारण अल्पमत की सर्वथा उपेक्षा कर देता है और अपनी निरंकुश शक्ति का प्रयोग करता है ।

maladjustment (मैल् अ'जस्ट्मन्ट्) **कुसमायोजन :** मनोवैज्ञानिक, सामाजिक तथा सांस्कृतिक प्रतिमानों के अनुरूप अपने-आपको ढालने की व्यक्ति अथवा समूह की अयोग्यता अथवा अनिच्छा की दशा अथवा प्रक्रिया कुसमायोजन कहलाती है । कुसमायोजन अनिवार्यतः एक निरपेक्ष स्थिति नहीं होती, अपितु यह एक ऐसी दशा है, जिसमें समस्याओं का समाधान इस ढंग से किया जाता है, ताकि वह अपने आन्तरिक एवं बाह्य संघर्ष-तनावों का, मूल्यों के प्रचलित मापदण्ड के अनुसार निराकरण कर सके ।

male chauvinism (मेल् शोव़इनिज्म) **पुरुष श्रेष्ठता :** पुरुषों के अन्तर्गत श्रेष्ठता का भाव, पुरुषों का स्त्रियों पर प्रभुत्व, पुरुषों का अक्खड़पन एवं संकुचित मानसिकता के भाव को दर्शाने के लिए इस शब्द का प्रयोग किया जाता है । इस शब्द का प्रयोग बीसवीं सदी के सत्तर के दशक में नारीवादियों ने पुरुषों के लिए किया था ।

malefactor (मैलइ फ़ैक्टर्) **दुष्कर्मी :** समाज में निर्धारित प्रतिमानों के प्रतिकूल अनैतिक एवं अपराध-कार्य करनेवाला व्यक्ति । होली के अवसर पर शराब पीकर सड़कों पर आमलोगों के साथ छेड़खानी करनेवाला व्यक्ति दुष्कर्मी कहा जाता है ।

male inexpressiveness (मेल् इनिक्'स्प्रेसिव़नेस) **पुरुष अव्यंजकता :** अपने विचारों, अनुभवों एवं संवेदनाओं को दूसरों तक पहुँचाने में कभी-कभी पुरुषों की अभिव्यक्ति की परेशानी होती है, जिसे पुरुष अव्यंजकता की संज्ञा दी जाती है।

malfeasance (मैल्'फ़ीज़न्स) **दुष्कर्म :** किसी ऐसे कार्य को करना, जिसे करने की मनाही हो या जो नैतिकता के विरुद्ध हो । ब्राह्मणों के द्वारा मद्यपान या मांसाहार करना दुष्कर्म माना जाता है ।

malnutrition cycle (मैलन्यु'ट्रिशन् साइकल्) **कुपोषण चक्र :** ऐसी स्थिति, जिसमें एक पीढ़ी का कुपोषण दूसरी पीढ़ी में अन्तरित होता है । पुरानी पीढ़ी के पास इतनी अधिक ऊर्जा नहीं होती है कि वह युवा पीढ़ी या आगे आने वाली पीढ़ी को ठीक से पोषित कर सके । कुपोषण से ग्रसित माँ कभी भी स्वस्थ बच्चे को जन्म नहीं दे सकती है ।

Malthusian theory of population (मैल्'थयूज़िअन् 'थिअरि ऑव् पॉप्यु'लेशन्) **माल्थस का जनसंख्या-सिद्धान्त :** वह जनसंख्या-सिद्धान्त, जिसे थॉमस माल्थस (Thomas Robert Malthus, 1766-1834) के द्वारा प्रतिपादित किया गया था । इसके अनुसार, मानव जनसंख्या पर यदि कोई रोक न लगाई गयी, तो वह ज्यामितिक अनुपात (Geometrical ratio) में बढ़ती है । जबकि जीवन-निर्वाह के विशेषतः खाद्यान्न का उत्पादन गणितीय अनुपात (Arithmetical ratio) समान्तर श्रेणी के अनुसार बढ़ता है । अतः जनसंख्या की तुलना में जीवन-निर्वाह के साधनों की कमी होती जाती है और उनपर जनसंख्या का दबाव बढ़ता जाता है । जनसंख्या के इस दबाव को रोकने के लिए आवश्यकता इस बात की है कि जनसंख्या को निर्बाध गति से बढ़ने न दिया जाये और उसके लिए नियन्त्रण के उपाय काम में लाये जायें। यदि ऐसा नहीं किया जाये तो स्वतः प्राकृतिक शक्तियाँ, जैसे- अकाल, बाढ़ या युद्धों के माध्यम से जनसंख्या तथा खाद्यान्न में सन्तुलन स्थापित कर देती हैं ।

management ('मैनिज्मन्ट्) **प्रबन्धन :** समाजशास्त्र प्रबन्धन के तीन आयामों से सम्बन्ध रखता है- (1) प्रबन्धक एक अभिजात वर्ग के रूप में; (2) विभिन्न प्रबन्धकों का अपनी सेवा में आपसी सम्बन्ध तथा उद्योगों के अन्तर्गत उनका अन्य कर्मचारियों से सम्बन्ध और (3) प्रबन्धन एक प्रक्रिया के रूप में । प्रबन्धन एक ऐसी प्रक्रिया के रूप में है, जो व्यवसायों पर एक नियन्त्रण का काम करता है । पूँजीवादी व्यवस्था ने प्रबन्धन के विकास को बहुत सकारात्मक योगदान दिया है । आज प्रत्येक बड़े उद्योग-धन्धों में प्रबन्धन की बात की जा रही है । प्रबन्धन जैसे विषय के विकास में कई विषयों का योगदान रहा है, जैसे-अर्थशास्त्र एवं वाणिज्य, समाजशास्त्र, मनोविज्ञान एवं सांख्यिकी (देखें- Mike Read, **The Sociology of Management**, 1989) ।

management of knowledge ('मैनिज्मन्ट् ऑव् 'नॉलिज्) **ज्ञान का प्रबन्धन :** सन् 1970 के 'नवीन' शिक्षा के समाजशास्त्र से सम्बन्धित एक पद जिसका प्रयोग ज्ञान और सत्ता के समाजशास्त्रों को जोड़ने के लिए किया गया है। यह पद एक ऐसी प्रक्रिया का संकेत देता है, जिसके द्वारा विद्यालय और शैक्षिक पाठ्यचर्या, प्रामाणिक ज्ञान का नियन्त्रण करते हैं । यही नहीं, इसमें वे विधियाँ भी सम्मिलित की जाती हैं, जिनके द्वारा ज्ञान प्राप्त किया जाता है तथा भ्रमपूर्ण अभिकल्पों और व्याख्याओं पर नियन्त्रण लगाया जाता है (देखें– Gerald Bernbaum, **Knowledge and Ideology in the Sociology of Education**, 1977) ।

managerial capitalism (मैनि'जिअर्इअल 'कैपिटलिज़म्) **प्रबन्धकीय पूँजीवाद :** ऐसी पूँजीवादी व्यवस्था, जिसके अन्तर्गत व्यवसायों का नियन्त्रण और संचालन प्रबन्धकों एवं व्यवस्थापकों के द्वारा होता है । इसमें उद्योगों के मालिकों की भूमिका तुलनात्मक रूप से काफी कम होती है ।

managerial grid (मैनि'जिअर्इअल ग्रीड) **प्रबन्धकीय जाली :** व्यवसाय-प्रबन्धन के अन्तर्गत प्रबन्धकीय विकास का एक तरीका। यह इस मान्यता पर आधारित है कि किसी संगठन में दो तत्त्वों पर ध्यान देना ज़रूरी है– (क) व्यक्तियों पर और (ख) वस्तुओं और सेवाओं के उत्पादन या परिणामों पर । परन्तु इन दोनों पर एकसाथ ध्यान देना कठिन है। यदि हम व्यक्तियों की चिन्ता करेंगे, तो उत्पादन की अनदेखी हो जायेगी ।

managerial revolution (मैनि'जिअर्इअल रेव्'लूशन्) **प्रबन्धन क्रांति :** इस पद का प्रयोग बृहत् व्यापारिक-औद्योगिक प्रतिष्ठानों के प्रबन्धन के क्षेत्र में, मालिकों से पेशेवर प्रबन्धकों के रूप में होने वाले परिवर्तन के लिए किया गया है। इस परिवर्तन ने प्रबन्धन के मामले में किसी भी उद्यम में पेशेवर प्रबन्धक को मालिक के स्थान पर एक प्रमुख व्यक्ति बना दिया है । अब सत्ता और निहित स्वार्थों का प्रमुख स्रोत स्वामित्व नहीं, अपितु नियन्त्रण होगा । इस परिवर्तन द्वारा आधुनिक पूँजीवाद में पारिवारिक पूँजीवाद और निजी सम्पत्ति का महत्त्व दिन-प्रतिदिन घटता जा रहा है (देखें– Adolf A. Berle and Gardiner C. Means, **The Modern Corporation and Private Property**, 1932; J. Burnham, **The Managerial Revolution**, 1941; P. H. Burch (Jr.), **The Managerial Revolution Reassessed**, 1972) ।

managerialism, urban (मैनि'जिअर्इअ लिज़म्, 'अर्बन्) **नगरीय प्रबन्धनवाद :** देखें– **Urban managerialism** ।

mania ('मेन्या) **उन्माद :** अतिरंजित सन्तोष और उत्फुल्लता की अनुभूति लिए हुए मानसिक या प्रभावकीय उत्तेजन की अवस्था को उन्माद कहा जाता है । कोई अच्छी खबर सुनकर या प्रत्याशित सफलता मिलने पर हर आदमी उत्फुल्ल हो जाता है । किन्तु उत्फुल्लता अगर तीव्र होकर झख का रूप ले ले और व्यक्ति के दृष्टिकोण और उत्तरदायित्व पर अपनी छाप डालने लगे, तो वह अपसामान्य रागात्मकता बन जाती है । उन्माद रागात्मकता की यही अपसामान्य अवस्था होती है, जिसमें व्यक्ति उत्फुल्लता के कारण वास्तविकता को भूल जाता है और उससे अपना उचित सन्तुलन नहीं कर पाता, चाहे वह इसे माने या न माने ।

manifest change ('मैनि फ़ेस्ट् चेन्ज्) **व्यक्त परिवर्तन, प्रकट परिवर्तन :** ऐसा परिवर्तन, जिस पर समाज के सदस्यों का ध्यान अवश्य जाता है, उदाहरणस्वरूप– औद्योगीकरण और शहरीकरण के विस्तार को समाज में स्पष्ट देखा जा सकता है । अत: यह अव्यक्त परिवर्तन **(Latent change)** का विपरीत रूप है ।

manifest function ('मैनि फ़ेस्ट्'फ़ङ्क्शन्) **प्रकट प्रकार्य :** देखें– **Function, manifest** ।

manifest status ('मैनि फ़ेस्ट्'स्टेटस्) **प्रकट स्थिति :** जो स्थिति किसी व्यक्ति के सन्दर्भ में सहज रूप से दिखाई पड़ती है, उसे प्रकट स्थिति कहते हैं । जब कोई डॉक्टर रोगी के सामने होता है, तो वह डॉक्टर के रूप में अपनी प्रकट स्थिति में होता है । परिवार में पिता या पति के रूप में डॉक्टर की उस स्थिति को अप्रकट स्थिति (**Latent status**) कहा जायेगा।

manners ('मैनरस्) **शिष्टाचार :** व्यक्ति के व्यवहार का वह गुण, जो सभ्य समाज के मूल्यों एवं मानदण्डों के अनुरूप होता है । अपने से बड़े व्यक्तियों से मिलने पर प्रणाम या ढंग से अभिवादन करना शिष्टाचार की बात है ।

manorial system (म'नोरियल'सिस्टम्) **जमींदारी प्रथा :** मध्यकालीन यूरोपीय समाज में, जो जमींदारी प्रथा विद्यमान थी, उसका स्वरूप सामान्यत: भारत में प्रचलित जमींदारी प्रथा से भिन्न था । यूरोप में प्रचलित इस जमींदारी प्रथा को 'मेनर व्यवस्था' के नाम से जाना जाता था । यह व्यवस्था यूरोपीय समाज के आर्थिक पहलू से सम्बन्धित थी । मेनर का अभिप्राय जागीर अथवा छोटी जमींदारी से था ।

manpower planning ('मैन'पाउअर् प्लान् इन्ग) **जनशक्ति नियोजन :** वह प्रक्रिया, जिसमें मानव संसाधनों की भावी आवश्यकताओं को ध्यान में रखते हुए निपुण और अर्द्ध-निपुण कामगार उपलब्ध कराने की योजना बनाई जाती है । इस उद्देश्य की पूर्ति के लिए शैक्षिक पूर्ववर्तिताएँ (Educational priorities) निर्धारित की जाती हैं और अपेक्षित निवेश के बारे में निर्णय किया जाता है ।

manual versus non-manual distinction ('मैन्युअॅल वॅर्सॅस नॉन् 'मैन्युअॅल डिस्टिन्क्शन्) **शारीरिक बनाम सफ़ेदपोश श्रम-अन्तर :** विभिन्न प्रकार के पेशों के स्तरण के सन्दर्भ में शारीरिक बनाम सफ़ेदपोश श्रम के बीच अन्तर की बात की जाती है; क्योंकि इसका श्रमिकों की आमदनी, स्वास्थ्य एवं शिक्षा के स्तर से सीधा सम्बन्ध है । अन्य चीज़ों के साथ-साथ समाज में व्यक्तियों के स्तरण के समय उसके व्यक्तिगत पेशों के स्वरूप को भी ध्यान में रखा जाता है । सामाजिक स्तरण शारीरिक श्रमिकों को सफ़ेदपोश बाबू के नीचे रखा जाता है । इसी सन्दर्भ में कायिक कर्मी **(Blue-collar worker)** एवं सफ़ेदपोश बाबू **(White-collar worker)** के बीच अन्तर की भी बात की जाती है ।

manufacturing (मैन्यु'फ्रैक्चॅरिन्) **विनिर्माण :** इसका सरल अर्थ किसी वस्तु की बिक्री के लिए उत्पादन से है । उत्पादन को अर्थव्यवस्था के द्वितीयक क्षेत्र **(Secondary sector)** के अन्तर्गत रखा जाता है ।

manumission (मैन्यु'मिशन्) **दासत्वमुक्ति :** वह कार्रवाई, जिसमें कोई स्वामी स्वत: अपने चंगुल से दास को मुक्त कर देता है । हालाँकि, क़ानूनीतौर पर ऐसा नहीं होता । दास प्रथा का अन्त करने के उद्देश्य से की गई सामाजिक क्रांति या संघर्ष, जिससे दास पूर्ण स्वतन्त्र हो सकें अथवा कृषिदास बनकर जीवन-यापन कर सकें ।

Maoism ('माओइज़्म्) **माओवाद :** चीन के साम्यवादी नेता मोआ-त्से-तुंग (Mao Zedong या Mao Tse-tung, 1893-1976) की विचारधारा और कार्य-पद्धति । माओ की राजनीतिक विचारधारा और कार्यपद्धति के निर्माण में तीन मुख्य तत्त्व हैं– (1) उसके देशकाल की ऐतिहासिक पृष्ठभूमि, (2) सामयिक बौद्धिक प्रवृत्तियाँ और (3) उसका अपना व्यक्तित्व । चीन के ऐतिहासिक विकास की कुछ प्रमुख विशेषताएँ हैं– वह अपने-आप में एक संसार रहा है और इसके परिणामस्वरूप चीन के लोगों में अपनी सभ्यता-संस्कृति के प्रति अभिमान की भावना रही है । चीन में अशासक-वर्ग के अपने निहित स्वार्थ रहे हैं और वहाँ कन्फ्यूशियस के इस सिद्धान्त को सदैव प्रतिष्ठा मिलती रही कि शासितों को शासकों के प्रति सदा प्रणत रहना चाहिए ।

माओ-त्से-तुंग पर अपने यौवन-काल की सामयिक बौद्धिक प्रवृत्तियों का गंभीर प्रभाव पड़ा । एक ओर तो उसने पाश्चात्य साहित्य और राजनीति का अध्ययन किया था और दूसरी ओर चीन के इतिहास तथा परम्पराओं में उनकी गहरी पैठ थी । 1917 की रूसी क्रांति के पश्चात् माओ बोल्शेविकावाद की ओर आकृष्ट हुए और उन्होंने मार्क्सवाद-लेनिनवाद का अध्ययन किया तथा उसे चीन की परिस्थितियों में लागू करने का प्रयास किया । माओ का जीवन आरम्भ से ही विद्रोही का रहा । उन्होंने बचपन में अपने पिता की सत्ता के प्रति विद्रोह किया और अपनी जीविका के उपार्जन के लिए निम्न दर्जे की नौकरी की तथा अनेक यातनाएँ सही । परिणामस्वरूप, उनके व्यक्तित्व तथा दृष्टिकाण में कठोरता का समावेश हुआ । यद्यपि माओ चीन के निरंकुश अधिनायक रहे हैं । उनकी रचनाओं में न तो लेनिन की तीव्र अन्तर्दृष्टि है और न सिद्धान्तों के प्रति वैसी आग्रह । उन्हें इस बात का श्रेय दिया जाता है कि उन्होंने चीन की परिस्थितियों के अनुरूप मार्क्सवाद-लेनिनवाद के एक विशेष रूप का प्रवर्त्तन किया है ।

marginal acculturation ('मार्जिन्ल अ कल'चॅरेश्न्) **उपान्त परसंस्कृति-ग्रहण, सीमान्त परसंस्कृति-ग्रहण :** परसंस्कृति-ग्रहण प्रक्रिया की वह स्थिति, जिसमें सांस्कृतिक तत्त्वों का आदान-प्रदान दो संस्कृतियों की सीमाओं तक ही सीमित रहता है । इस प्रक्रिया से बुनियादी सांस्कृतिक परिवर्तन नहीं होता है ।

marginal adaptation ('मार्जिन्ल ऐडैप्'टेश्न्) **सीमान्त अनुकूलन :** जो लोग दो संस्कृतियों की सीमा पर अवस्थित होते हैं और वे अपने लिए कभी-कभी समाज में कुछ विशेष जगह नहीं बना पाते हैं, तो वैसी परिस्थिति में वे प्रभावी संस्कृति के साथ अनुकूलन करने की कोशिश करते हैं, जैसे– बहुत सारे आंग्ल भारतीय लोग भारतीय संस्कृति में घुल-मिलकर अपना शेष जीवन व्यतीत करना पसन्द करते हैं । पंजाबी लोग कोलकाता में बंगाली बनकर नहीं रहते, बल्कि दोनों संस्कृतियों के मध्य एक नये सामाजिक परिवेश में अनुकूलन कर जीने का प्रयास करते हैं ।

marginal area (cultural) ('मार्जिन्ल 'अरिआ) ('कल्चरल्) **सीमान्त क्षेत्र :** दो संस्कृति क्षेत्रों के सन्निकट का क्षेत्र, जिसमें दोनों संस्कृतियों का मिश्रित रूप मिलता है । भारत के महानगर एक रूप में सीमान्त क्षेत्र हैं; क्योंकि वहाँ भारत तथा पाश्चात्य संस्कृति का मिश्रित रूप देखने को मिलता है ।

marginal group ('मार्जिन्ल ग्रूप्) **सीमान्त समूह, उपान्त समूह :** ऐसा समूह, जिसने अपने कुछ सांस्कृतिक मूल्यों का परित्याग कर दिया हो और जिसमें दूसरी संस्कृति के विशेषकों एवं मान्यताओं को आत्मसात् करने की प्रक्रिया चल रही हो । बहुधा ऐसे समूह दो संस्कृतियों के मध्य के सीमाप्रान्त में मिलते हैं ।

marginal land ('मार्जिन्ल लैन्ड्) **सीमान्त भूमि :** किसी समय-विशेष पर जोती जानेवाली भूमि में से सबसे निम्न कोटि की भूमि को सीमान्त भूमि कहते हैं तथा इससे श्रेष्ठ भूमि को पूर्व-सीमान्त भूमि कहते हैं । सीमान्त भूमि पर लगान नहीं लगता । चूँकि बाज़ार में वस्तु की कीमत सीमान्त भूमि की औसत लागत के बराबर होगी, इसलिए सीमान्त भूमि को कोई 'बचत'(Surplus) प्राप्त नहीं होती है ।

marginal man ('मार्जिन्ल मैन्) **सीमान्त मानव :** सीमान्त मानव वह है, जो एकसाथ दो भिन्न जीवन-प्रणालियों में, दोनों में से किसी के साथ पूरी तरह सम्बन्ध स्थापित किये बिना, हिस्सा लेता है । सर्वप्रथम इ. एच. स्टोनक्विस्ट (Everett H. Stonequist, 1901-1979) ने 'हाशिये का इंसान' या 'सीमान्त मानव' जैसी अवधारणा का प्रतिपादन किया है । यदि कोई व्यक्ति न पूरी तरह ग्रामीण है और न पूरी तरह शहरी या कोई व्यक्ति न तो पूरी तरह भारतीय है और न ही विदेशी, तो ऐसे लोगों को 'सीमान्त मानव' या 'हाशिये का इंसान' कहा जाता है । इस प्रकार, वह संक्रमण अवस्था का व्यक्ति है, जो दो संस्कृतियों के बीच फँसा हुआ है । 'सीमान्त मानव' खिचड़ी संस्कृति का प्रतिनिधित्व करता है ।

marginal population ('मार्जिन्ल पॉप्यु'लेश्न्) **उपान्त जनसंख्या :** रोज़गार या जीविका की तलाश में शहरों में या अधिक विकसित क्षेत्रों में जाने वाली जनसंख्या। बहुत से क्षेत्रों में जनसंख्या की वृद्धि बड़ी तेजी से होती है, किन्तु आर्थिक प्रगति अपेक्षाकृत कम होती है । आर्थिक दृष्टि से कमजोर वर्ग के लोग या ऐसी जनसंख्या उपान्त जनसंख्या कहलाती है । जब इन लोगों को नगरों में काम मिल जाता है, तो वे वहाँ रहते हैं और जब काम नहीं मिलता है, तो अपने ग्रामीण क्षेत्र में वापस आ जाते हैं । किसी भी देश की उपान्त जनसंख्या बहुत निर्धन होती है और भुखमरी के स्तर या गरीबी की सीमारेखा के नीचे रहने वाली मानी जाती है ।

marginal utility ('मार्जिन्ल यू'टिलटि) **सीमान्त उपयोगिता :** किसी वस्तु की उपयोगिता को मापने का एक तरीका। इससे यह संकेत मिलता है कि दी गयी वस्तु की एक अतिरिक्त इकाई का उपभोग करने पर उपभोक्ता को कितनी सन्तुष्टि प्राप्त होती है ।

marginalization (मार्जिन्लाइ'जेश्न्) **हाशियाकरण :** यह एक ऐसी प्रक्रिया है, जिसके द्वारा किसी व्यक्ति या समूह को एक समाज में आर्थिक, धार्मिक या राजनीतिक सत्ता के महत्त्वपूर्ण पदों और प्रतीकों को हासिल करने से रोका जाता है । यह संभव है कि एक सीमान्त समूह, जो संख्या की दृष्टि से वास्तव में बहुसंख्यक होता है (जैसा कि दक्षिण अफ्रीका

में काले लोग), फिर भी उसे ऐसे अल्पसंख्यक समूह से अलग-थलग रखा जाता है, जो संख्या की दृष्टि से छोटा होता है, किन्तु जिसके पास आर्थिक और राजनीतिक शक्ति/सत्ता होती है ।

सन् 1960 के दशक में हाशियाकरण समाजशास्त्रीय शोध का एक प्रमुख विषय बन गया है । इसका प्रमुख कारण यह रहा है कि कुछ विकसित देशों में, जिनमें तीव्र गति से आर्थिक विकास हुआ है, विकसित देशों से आये सभी लोगों को सफलता का समान पुरस्कार प्राप्त नहीं हुआ । इन देशों में असमानता की खाई उत्तरोत्तर बढ़ती गई । असमानता का विस्तार करने वाली प्रक्रिया को जानने का प्रयास ही इन अध्ययनों का मुख्य विषय रहा है । ये अध्ययन मुख्यत: आश्रितता, मार्क्सवाद और विश्वव्यवस्था सिद्धान्तों से प्रभावित थे, जिनका मानना था कि हाशियाकरण द्वारा असमानता का विस्तार विश्व पूँजीवादी व्यवस्था की देन है तथा यह कुछ विशिष्ट देशों तक सीमित नहीं है ।

marital abstinence ('मैरिटल 'ऐबस्टिनन्स्) **दाम्पत्य संयम :** विवाहित जीवन में यौन-संसर्ग से दूर रहना, जो या तो सम्पूर्णत: किसी विशेष उद्देश्य से अथवा भावनावश या केवल प्रजनन को रोकने या नियमित करने के लिए किया जाता है ।

marital fertility rate ('मैरिटल फ़र्'टिलिटि रेट्) **दाम्पत्य प्रजननता-दर :** प्रति 1000 विवाहित स्त्रियों (15-49) के बीच प्रजननता-दर : देखें- **Fertility rate** ।

marital status ('मैरिटल 'स्टेटस्) **वैवाहिक स्थिति :** व्यक्ति की वैवाहिक स्थिति उसके विवाह के होने या न होने के आधार पर निर्धारित की जाती है । इसे प्राय: चार भागों में बाँटा जाता है- (1) अविवाहित, (2) विवाहित, (3) विधवा या विधुर तथा (4) तलाकशुदा । ऐसी विवाहित स्त्रियाँ, जिनके पति सामान्यत: उनके साथ रहते हैं, वर्तमानत: विवाहित स्त्रियों (Currently married women) की श्रेणी में आती हैं । प्रजनन-विश्लेषण में वैवाहिक स्थिति का महत्त्वपूर्ण स्थान है।

market ('मार्किट्) **बाज़ार :** अर्थशास्त्र में वह व्यवस्था, जो क्रेताओं और विक्रेताओं में परस्पर सम्पर्क स्थापित करने के साधन प्रदान करती है, ताकि वे मुद्रा के बदले वस्तुएँ और वस्तुएँ के बदले मुद्रा प्राप्त कर सकें । यह व्यवस्था क्रेताओं की आवश्यकताएँ पूरी करने और विक्रेताओं को उनके उद्यम का लाभ प्रदान करने में सहायता देती है । समाजशास्त्र के अन्तर्गत बाज़ार का हमेशा अपना भौतिक क्षेत्र नहीं होता । इसका दायरा सामाजिक और सांस्कृतिक भी हो सकता है, जैसे- विवाह बाज़ार (Marriage market) । बाज़ार का स्वरूप भौतिक हो या अभौतिक, वहाँ किसी-न-किसी प्रकार की प्रतियोगिता अवश्य देखने को मिलती है ताकि वहाँ वस्तुओं और सेवाओं की कीमत पैसों में आँकी जा सके। बाज़ार व्यवस्था सामाजिक व्यवस्था तथा आर्थिक व्यवस्था दोनों को प्रभावित करती है । अत: समाजविज्ञानों में बाज़ार का एक विशिष्ट स्थान है । लेकिन, बाज़ार के ऊपर सबसे अधिक अनुसन्धान अर्थशास्त्र के क्षेत्र में देखने को मिलता है (देखें- Max Weber, **Economy and Society**, 1968; Robert E. Lane, **The Market Experience**, 1991) ।

market economy ('मार्किट् इ'कॉनमि) **बाज़ार अर्थव्यवस्था :** आजकल बाज़ार शब्द का प्रयोग कई अर्थों में लगाया जाता है । साधारणतया इसका अर्थ मनुष्यों के किसी ऐसे समुदाय से होता है जिसके बीच घनिष्ठ व्यापारिक सम्बन्ध हो और जो किसी वस्तु में विस्तृत व्यवसाय करते हैं । बाज़ार शब्द के पीछे स्पर्द्धात्मक दशाओं की मान्यता होती है । परन्तु जहाँ वस्तु पर एकाधिकार होता है वहाँ प्रतिस्पर्द्धा नहीं होती । प्रतिस्पर्द्धा के अभाव में हम खरीद व विक्री को बाज़ार के अन्तर्गत नहीं ले सकते हैं । आजकल के अर्थशास्त्री प्रतिस्पर्द्धा व पूर्ण ज्ञान को बाज़ार का आवश्यक तत्त्व नहीं मानते हैं । इस प्रकार यदि केवल एक ही विक्रेता हो तथा केवल एक ही ग्राहक हो तो बाज़ार का निर्माण हो जायेगा, बशर्ते ग्राहक विक्रेता से खरीद ले । इस प्रकार बाज़ार के लिए वस्तु की माँग व वस्तु की पूर्ति आवश्यक है । वास्तव में, बहुत से पदार्थों के लिए बाज़ार का अर्थ किसी भौगोलिक स्थान पर नहीं होता, वरन् क्रेता और विक्रेता से होता है जिनका पारस्परिक सम्पर्क डाक, टेलीफोन तथा अन्य किसी साधन के द्वारा हो सकता है । क्षेत्र या स्थान की दृष्टि से बाज़ार को चार भागों में बाँटा जा सकता है- (1) स्थानीय बाज़ार, (2) क्षेत्रीय बाज़ार, (3) राष्ट्रीय बाज़ार एवं (4) अन्तर्राष्ट्रीय बाज़ार ।

market mechanism ('मार्किट्'मेक निज़्म्) **बाज़ार तन्त्र :** ऐसी आर्थिक प्रणाली, जिसमें वस्तुओं की कीमतों पर बाहर से नियन्त्रण लागू नहीं होता; बल्कि ग्राहकों की माँग बढ़ जाने पर कीमतें बढ़ जाती हैं तथा वस्तुओं की पूर्ति बढ़ जाने पर कीमतें कम हो जाती हैं ।

market principle ('मार्किट्'प्रिन्सपल्) **बाज़ार-सिद्धान्त :** यह सिद्धान्त कि वस्तु-विशेष के उत्पादन की दक्षता और बाज़ार में उसकी माँग में कमी-बेशी के साथ-साथ वस्तु की कीमत और बनाने की मज़दूरी में उतार-चढ़ाव अनिवार्य है ।

market research ('मार्किट् रि'सर्च्) **बाज़ार-अनुसन्धान :** खरीददारों की मनोवृत्ति, अभिवृत्ति एवं वस्तु से जुड़ी उनकी रुचि को जानने के लिए उद्योगपति बाज़ार-अनुसन्धान का सहारा ले रहे हैं । छोटी-छोटी कम्पनियाँ तो बाज़ार-अनुसन्धान से जुड़े बाह्य संस्थानों की मदद से बाज़ार को समझने की कोशिश करती हैं, लेकिन बड़ी-बड़ी कम्पनियों के अन्तर्गत बाज़ार-अनुसन्धान का अपना एक स्वतन्त्र विभाग हुआ करता है । यदि कोई वस्तु पहले से बाज़ार में बिक रही है, तो बाज़ार-अनुसन्धान उसकी छवि को निखारने और उसकी बिक्री को बढ़ाने में मदद कर सकता है । बाज़ार-अनुसन्धान सिर्फ व्यावसायिक उद्देश्यों को लेकर ही अनुसन्धान नहीं करता, बल्कि शैक्षणिक उद्देश्य को भी ध्यान में रखकर करता है ।

market situation ('मार्किट् सिचु'एशन्) **बाज़ार-स्थिति :** देखें– **Class position** ।

market socialism ('मार्किट्'सोश लिज़्म्) **बाज़ार-समाजवाद :** समाजवाद का वह रूप, जिसमें अर्थव्यवस्था के कुछ स्तरों पर बाज़ार के नियमों को कार्य करने दिया जाता है । बाज़ार-समाजवाद के अन्तर्गत उत्पादन के साधनों को सार्वजनिक या सामूहिक स्वामित्व में ही रखा जाता है, जो कि समाजवाद की आवश्यक शर्त है । परन्तु संसाधनों के आवंटन को बाज़ार के नियमों के सहारे छोड़ दिया जाता है ।

market society ('मार्किट् सॅ'साइअटि) **बाज़ार-समाज :** समाज का वह प्रतिरूप, जिसमें सारे सामाजिक सम्बन्धों की तुलना बाज़ार-व्यवस्था से की जाती है । मूलतः बाज़ार-समाज का विचार एक प्रगतिशील विचार था । यह नागरिक समाज की संकल्पना का आर्थिक पक्ष प्रस्तुत करता है । इसका सार-तत्त्व यह है कि व्यक्ति (या परिवार) एक-दूसरे की आवश्यकताओं को जानकर या उनका पता लगाकर, उनकी पूर्ति कर सकते हैं । इसमें सारे दायित्व परस्पर लाभ के आधार पर निर्धारित किए जाते हैं ।

marriage ('मैरिज्) **विवाह :** पुरुष तथा स्त्री का ऐसा मान्यता-प्राप्त सम्बन्ध, जिसमें वे दोनों एक-दूसरे को पति-पत्नी के रूप में स्वीकार करते हैं और विवाह के बाद जन्मी उनकी सन्तान दोनों की वैध सन्तान मानी जाती है । विवाह एक सामाजिक संस्था है, जिसमें दो विषमलिंगी व्यक्ति परस्पर मिलकर यौनसम्बन्ध, सामाजिकता, सन्तति और व्यक्तित्व के विकास की आवश्यकताओं की पूर्ति नियमित रूप से करते हैं तथा मानवता के नाते इन सुखों के बदले कुछ उत्तरदायित्वों को स्वेच्छापूर्वक स्वीकार करते हैं ।

विवाह संस्था का आर्विभाव कब और कैसे हुआ, इस सम्बन्ध में निश्चयपूर्वक नहीं कहा जा सकता । परन्तु अनुमान यह लगाया जाता है कि विवाह की उत्पत्ति आदिम आदतों से हुई है । विवाह विषमलिंगी व्यक्तियों को इस योग्य बनाता है कि वे मिलकर संयुक्त प्रयास से परिवार की उत्पत्ति कर सकें तथा उसका पालन-पोषण कर सकें । इस बात पर हम इस कारण भी विश्वास कर सकते हैं कि आदिमकाल में भी पुरुष और स्त्री में परस्पर काम-सम्बन्ध स्थापित करने, एकसाथ रहने और मिलकर अपनी सन्तानों के पालन-पोषण करने का भार होता था और स्त्री उसकी सहायिका तथा बच्चों की परिचारिका होती थी (देखें– George P. Murdock, **Social Structure**, 1949 and **Ethnographic Atlas**, 1967; M. Whyte, **Dating, Mating and Marriage**, 1990) ।

marriage, alliance ('मैरिज्, अ'लाइअन्स्) **वैवाहिक मैत्रीयता (गठबन्धन) :** समाजविज्ञान में 'मैत्रीयता' या 'गठबन्धन' की अवधारणा का प्रयोग एक निश्चित प्रकार के आवृत्तिमूलक वैवाहिक सम्बन्धों के लिए किया जाता है । विवाह द्वारा व्यक्तियों तथा समूहों को जोड़ने-बाँधने की बात एक लम्बे अर्से से मानवशास्त्री करते चले आ रहे हैं ।

ए. आर. रैडक्लिफ-ब्राउन (Alfred R. Radcliffe-Brown) ने लिखा है कि 'विवाह दो परिवारों अथवा रिश्तेदारों के बीच मैत्रीयता अथवा गठबन्धन है ।' लूई डूमाँ (Louis Dumont, 1911-1998, इस नाम का शुद्ध उच्चारण यही है) के अनुसार, 'वैवाहिक मैत्रीयता' की अवधारणा बृहत् अथवा लघु समूहों के बीच अन्तर्पारस्परिक विवाहों की पुनरावृत्ति की सूचक है (देखें– Jessie Bernard, **The Future of Marriage**, 1972) ।

marriage, cross cousin ('मैरिज़्, क्रॉस् 'कज़्न्) **ममेरे-फुफेरे भाई-बहन विवाह, भ्राता-भगिनि सन्तति विवाह, मेनारिक सम्बन्ध** (तेलुगू) : इस प्रकार का विवाह दक्षिण भारत एवं उत्तर भारत की बहुत सारी जनजातियों के बीच लोकप्रिय रहा है । दक्षिण भारत में इस परम्परा के अन्तर्गत मामा-भाँजी के बीच शादी होती है। कुछ समाजों में इस प्रकार के विवाह अनिवार्य माने जाते हैं तथा कहीं-कहीं इन्हें वरीयता दी जाती है । इस प्रकार के विवाहों के दो रूप प्रचलित हैं । बहन के लड़के और भाई की लड़की के बीच विवाह को वरीयता दिए जाने वाले विवाह को मातृपक्षीय विलिंग सहोदर विवाह कहा जाता है । इसके विपरीत, जहाँ भाई के लड़के और बहन की लड़की के बीच विवाह को वरीयता दी जाती है, तो यह पितृपक्षीय विलिंग सहोदरज विवाह कहलाता है । संसार के अधिकांश आदिवासी समाजों में विलिंग सहोदरज विवाह पाये जाते हैं । दक्षिण भारत की कुछ जातियों में इस प्रकार के विवाह का प्रचलन देखा गया है । वहाँ मामा की लड़की को विवाह के रूप में वरीयता दी जाती है । विलिंग सहोदरज विवाह अन्तरवैवाहिक इकाइयों के बीच मैत्रीय सम्बन्धों का सृजन कर समाज को एक निरन्तरता प्रदान करता है ।

marriage, dissolution of ('मैरिज़्, डिस 'लूशन् ऑव्) **विवाह-विच्छेद** : विवाह-विच्छेद अथवा तलाक का अभिप्राय उस प्रक्रिया से है, जिसके द्वारा पति-पत्नी अपना वैवाहिक सम्बन्ध तोड़ लेते हैं । इसके बाद वे पति-पत्नी नहीं रहते, अपितु अविवाहित व्यक्ति की भाँति उन्हें पुन: अन्यत्र विवाह करने की स्वतन्त्रता होती है । विवाह-विच्छेद पृथक्करण (Separation) से भिन्न प्रक्रिया है । पृथक्करण में पति-पत्नी अलग-अलग घरों में रहते हैं, परन्तु उन्हें पुन: दूसरा विवाह करने की अनुमति नहीं होती; क्योंकि उस अवस्था में उनकी स्थिति विवाहितों जैसी होती है । यह तलाक के पूर्व की स्थिति है (देखें– Andrew J. Cherlin, **Marriage, Divorce, and Remarriage**, 1981; William J. Goode, **World Changes in Divorce Patterns**, 1993) ।

marriage, dual-career ('मैरिज़्, 'ड्यूअल् क 'रिअर) **द्वैध-जीवनवृत्त विवाह** : देखें– **Dual-career marriage** ।

marriage, group ('मैरिज़्, ग्रूप्) **समूह विवाह** : देखें– **Group marriage** ।

marriage, legitimate ('मैरिज़्, लि 'जिटिमट्) **वैध विवाह** : अधिमान्य विवाह का तात्पर्य उस विवाह से है, जिसके लिए समाज विशेष प्रकार की अधिमान्यताएँ प्रदान करता है । इसके विभिन्न रूप निम्न हैं– (क) भाई-बहिनों की सन्तानों में विवाह । यह प्रथा असम की गारो तथा मिकिर जातियों में प्रचलित है तथा झारखण्ड की खड़िया और गोंड जातियों में भी पायी जाती रही है । (ख) भाभी विवाह : बड़े भाई की मृत्यु के बाद भाभी से विवाह कर लेने की प्रथा कुछ जातियों में है । (ग) साली विवाह : यह प्रथा भी गोंड तथा खड़िया जातियों में पायी जाती है । यह दो प्रकार का होता है– (1) सीमित साली विवाह, जिसमें पत्नी की मृत्यु के बाद पति अपनी छोटी साली से विवाह कर लेता है और (2) समकालीन साली विवाह, जिसमें एक स्त्री से विवाह करने पर उसकी समस्त बहिनों से एकसाथ विवाह हो जाता है ।

marriage, parallel cousin ('मैरिज़्, 'पैर लेल् 'कज़्न्) **सलिंगी सहोदरज विवाह** : एक ही लिंग के सहोदरजों की सन्तानों (चचेरे-मौसेरे भाई बहन) के बीच होने वाले विवाह को सलिंग सहोदरज विवाह कहते हैं । इस प्रकार के विवाह का प्रचलन मुख्यत: अरब निवासियों तथा अन्य मुसलमानों के बीच पाया जाता है ।

marriage, patrilocal ('मैरिज़्, पैट्रि 'लोकल्) **पतिस्थानिक विवाह** : एक ऐसी विवाह-प्रथा, जिसमें पत्नी विवाह के उपरान्त पति के घर चली जाती है ।

marriage, preferential ('मैरिज़्, प्रेफ 'रेन्शल) **अधिमान्य विवाह** : विवाह की एक प्रथा या नियम, जिसके अनुसार

जीवन-साथी के चुनाव के लिए एक समूह-विशेष को वरीयता दी जाती है, ऐसे विवाहों के दायरे में नियोग विवाह, साली विवाह, सलिंग तथा विलिंग सहोदरज विवाह आते हैं । प्राय: देखा गया है कि इस प्रथा के अन्तर्गत किसी व्यक्ति का वैवाहिक साथी वह व्यक्ति होता है, जो पहले से ही नातेदारी व्यवस्था द्वारा उससे जुड़ा होता है ।

marriage age (ˈमैरिज् एज्) **विवाह-आयु :** ऐसी विशिष्ट आयु का अन्तराल, जिस पर विवाह करने के लिए अधिकांश लोग या जनसंख्या लालायित रहती है अथवा जिस आयु पर विवाह करने के लिए अधिकतर लोगों की भीड़ लगी रहती है । यह आयु देशकाल के अनुसार पुरुषों और स्त्रियों के लिए भिन्न-भिन्न हो सकती है । इस संकल्पना का एक चर के रूप में प्रजननता-दर व जनसंख्या वृद्धि पर बड़ा प्रभाव पड़ता है : देखें– **Marriageable population** ।

marriage by elopement (ˈमैरिज् बाई इलोपˈमन्ट्) **सहपलायन विवाह :** देखें– **Elopement** ।

marriage contract (ˈमैरिज् कान्ˈट्रैक्ट) **विवाह संविदा :** माता-पिता द्वारा विवाह के पूर्व किये गये वैवाहिक लेन-देन से सम्बन्धित अनुबन्ध की स्थिति ।

marriage court (ˈमैरिज् कॉट्) **विवाह न्यायालय :** न्यायालय का वह खण्ड, जहाँ विधि-सम्मत विवाह कराये जाते हैं । विवाह न्यायालय का प्रचलन पाश्चात्य देशों में शुरू हुआ । भारत के लिए यह अभी भी एक नवीन व्यवस्था है ।

marriage rate (ˈमैरिज् रेट्) **विवाह-दर :** किसी दिए गए वर्ष में प्रति 1000 जनसंख्या में विवाह करनेवालों की संख्या ।

marriageable population (ˈमैरिज्ॅबॅल पॉप्युˈलेशन्) **विवाहयोग्य जनसंख्या :** विवाहयोग्य जनसंख्या में ऐसे सभी व्यक्ति सम्मिलित होते हैं, जो कानूनी तौर पर विवाह के लिए करार कर सकते हैं । भारत में विवाह की न्यूनतम आयु लड़के और लड़की के लिए क्रमश: 18 व 15 वर्ष थी । अब इसे बढ़ाकर 21 व 18 कर दिया गया है । इसके विपरीत गैर-विवाहयोग्य जनसंख्या वह होती है, जो इस प्रकार का करार नहीं कर सकती । विधुर, विधवाएँ या तलाकशुदा व्यक्ति दुबारा विवाह कर सकते हैं, किन्तु उनके विवाह का अन्तर स्पष्ट करने के लिए 'पुनर्विवाह' की संज्ञा दी जाती है ।

martyr (ˈमार्टर्) **शहीद :** ऐसा व्यक्ति, जो अपने समाज या देश के हित में अपने प्राणों की आहुति दे देता है और वह समय के साथ प्रबल प्रेरणा का स्रोत तथा एकता और निष्ठा का प्रतीक बन जाता है ।

Marxism (ˈमा:क्सइज़म्) **मार्क्सवाद :** कार्ल मार्क्स (Karl Marx, 1818-1883) उन प्रमुख दार्शनिकों में हैं, जिन्होंने उन्नीसवीं-बीसवीं शताब्दी के चिन्तन को सबसे अधिक प्रभावित किया है । मार्क्सवाद की पहली विशेषता इतिहास के प्रति उसकी एक नई और समन्वित दृष्टि है । सम्पूर्ण मार्क्सवाद का ढाँचा वर्ग संघर्ष के सिद्धान्त पर निर्मित है । एक दृष्टिकोण के रूप में, मार्क्सवाद मानवीय प्रगति का एक द्वन्द्वात्मक सिद्धान्त है । इसके अनुसार, इतिहास को प्राकृतिक शक्तियों पर विजय पाने के मानवीय प्रयासों अर्थात् उत्पादन का प्रतिफल माना जाता है । चूँकि, समस्त उत्पादन सामाजिक संगठन के दायरे में सम्पन्न किए जाते हैं, अत: इतिहास सामाजिक व्यवस्था में होने वाले परिवर्तनों की एक क्रमिक श्रृंखला है । मानवीय सम्बन्धों का समस्त विकास उत्पादन-क्रिया अर्थात् उत्पादन की प्रणाली से जुड़ा हुआ है, जिसमें आर्थिक व्यवस्था 'आधार' का कार्य करती है तथा अन्य सभी सम्बन्ध, संस्थाएँ तथा वैचारिक व्यवस्थाएँ 'अधिसरंचना' का निर्माण करती हैं । मार्क्सवाद के मूल आधार हैं– (1) द्वन्द्वात्मक भौतिकवाद, (2) इतिहास की आर्थिक व्याख्या, (3) वर्ग संघर्ष का सिद्धान्त, (4) अतिरिक्त मूल्य का सिद्धान्त एवं (5) सर्वहारा वर्ग का अधिनायकत्व ।

मार्क्सवाद का दार्शनिक आधार द्वन्द्वात्मक भौतिकवाद है । कार्ल मार्क्स ने द्वन्द्वात्मक भौतिकवाद के विचार को जर्मन दार्शनिक हीगल (G. W. F. Hegel, 1770-1831, हिन्दी में इस नाम का शुद्ध उच्चारण मात्र हीगल है) से ग्रहण किया। हीगल और कार्ल मार्क्स के द्वन्द्वात्मक भौतिकवाद का मुख्य अन्तर आदर्शवाद और भौतिकवाद का अन्तर है । हीगल ने क्रिया-प्रतिक्रिया और संश्लेषण के माध्यम से समाज की प्रगति को तो स्वीकार किया है, पर उन्होंने स्पष्ट रूप से यह नहीं बताया है कि इस प्रगति के प्रेरक कारण क्या हैं । कार्ल मार्क्स ने सामाजिक विकास के प्रेरक कारणों को आर्थिक कारणों से अभिन्न माना है ।

कुल मिलाकर द्वन्द्वात्मक भौतिकवाद एक आशावादी सिद्धान्त है; क्योंकि वह अपने अनुयायियों में इस विश्वास को दृढ़ करता है कि मानव जाति निश्चितत: समाजवाद की ओर उन्मुख है । कार्ल मार्क्स के अनुसार, इतिहास एक तार्किक और क्रमबद्ध विकास है, वह मानव की भौतिक अवस्थाओं का परिणाम है । चूँकि, उनके मत से इतिहास की प्रगति में आर्थिक परिस्थितियों का सबसे अधिक हाथ रहता है इसलिए उसका इतिहास-विषयक सिद्धान्त इतिहास की आर्थिक व्याख्या कहलाता है । इस सिद्धान्त के अनुसार, सामाजिक तथा राजनीतिक परिवर्तन जीवन की भौतिक अवस्थाओं के कारण अर्थात् उत्पादन और वितरण के साधनों में परिवर्तन होने के फलस्वरूप होते हैं । दूसरे शब्दों में, समाज का आर्थिक ढाँचा ही वह आधार या बुनियाद है, जिस पर मनुष्य के अन्य कार्यक्षेत्रों की प्रणालियाँ खड़ी होती हैं ।

माक्सर्ववादी दर्शन में वर्ग संघर्ष के सिद्धांत का कितना महत्त्व है, यह कार्ल मार्क्स के इस कथन से जाना जा सकता है कि वर्ग संघर्ष का इतिहास मानव-जाति का इतिहास है । वर्ग संघर्ष के सिद्धान्त का अभिप्राय यह है कि समाज की एक अवस्था से दूसरी अवस्था की ओर प्रगति, उत्पादन-प्रणाली के आधार पर संगठित समाज के दो मुख्य वर्गों के बीच सत्ता के लिए संघर्ष द्वारा हुई है ।

कार्ल मार्क्स की मान्यता है कि बहुत दिनों पूर्व समाज दो वर्गों में विभक्त हो गया था । एक वर्ग वह था, जिसके पास उत्पादन के समस्त साधन थे। दूसरा वर्ग वह था, जिसके पास केवल अपना श्रम था, जिसे बेचकर वह अपनी जीविका कमा सकता था । इस श्रम-शक्ति को कार्ल मार्क्स ने अस्थिर पूँजी कहा है । पूँजीवादी वर्ग ही वह वर्ग है, जिसके नियन्त्रण में समस्त उत्पादन-साधन हैं । इन साधनों को कार्ल मार्क्स ने समेकित रूप से स्थिर पूँजी का नाम दिया है । श्रमिक अपने श्रम से जितना उत्पादन करता है, वह उसकी निजी आवश्यकताओं से कहीं अधिक होता है। किन्तु श्रमिक को पारिश्रमिक या वेतन के रूप में जो कुछ मिलता है, उससे वह मुश्किल से अपना जीवन-यापन ही कर सकता है । यदि किसी एक वस्तु के निर्माण में किसी श्रमिक को एक ही दिन लगा होता, तो अतिरिक्त मूल्य का प्रश्न ही नहीं उठता । न उस श्रमिक को नियोजित करने से किसी को कोई लाभ ही होता । किन्तु होता यह है कि एक श्रमिक दस घंटे काम करता है । इन दस घंटे में से वह पहले पाँच घंटे में ही सारे दिन के भरण-पोषण योग्य मूल्य अर्जित कर लेता है । किन्तु अगले पाँच घंटे में वह जो श्रम करता है, उसके लिए उसे कुछ भी नहीं मिलता । इन अन्तिम पाँच घंटे के श्रम के पारिश्रमिक को मालिक या नियोजक बलपूर्वक अपहृत कर लेता है । प्रथम पाँच घंटे में श्रमिक जो कुछ अर्जित करता है, यदि उसके दस घंटे का पारिश्रमिक जोड़ा जाए, तो वह कार्ल मार्क्स के सिद्धान्त के अनुसार वह अतिरिक्त मूल्य होगा **(Surplus value)** । अतिरिक्त मूल्य ही श्रमिक के शोषण की माप है ।

कार्ल मार्क्स (Karl Marx, 1818-1883) और फ्रिडरिक्स ऐंगल्ज (Friedrich Engles, 1820-1895) (हिन्दी में ऐंगल्स अशुद्ध उच्चारण है) सर्वहारा वर्ग के अधिनायकवाद से उस समाज की कल्पना करते थे, जिसमें राज्य की शक्ति श्रमिक वर्ग में निवास करेगी और सम्भवत: श्रमिक वर्ग उस सत्ता का बलपूर्वक प्रयोग करेंगे, ताकि उनसे पहले के शासक उनसे राज्यसत्ता छीन न लें । कार्ल मार्क्स और ऐंगल्ज मान लेते हैं कि श्रमिक वर्ग के प्रतिनिधि उत्पादन के साधनों पर अपना अधिकार कर लेंगे और यदि कोई उनका मार्ग अवरुद्ध करेगा, तो वे बल का प्रयोग करेंगे ।

यदि प्रभाव की दृष्टि से देखा जाये, तो मार्क्सवाद को आधुनिक युग की सबसे शक्तिशाली विचारधाराओं में मानना होगा । मार्क्सवाद एक क्रमबद्ध दार्शनिक, राजनीतिक, सामाजिक और आर्थिक विचारधारा होने के साथ-साथ वर्तमान समाज-व्यवस्था को बदलकर उसके स्थान पर एक आदर्श समाज व्यवथा को स्थापित करने की कार्य-पद्धति है । कार्ल मार्क्स का दर्शन जीवन की वास्तविकताओं से सम्बन्ध रखता है और बताता है कि जीवन की भौतिक परिस्थितियों का मनुष्य के विचारों, क्रियाकलापों एवं संस्थाओं पर क्या प्रभाव पड़ता है तथा इन परिस्थितियों में परिवर्तन करके मनुष्य अपनी संस्थाओं में किस प्रकार मनोवांछित सुधार कर सकता है । मार्क्सवादी विचारों से श्रमिकवर्ग को आन्दोलन की अभूतपूर्व प्रेरणा मिली है । उद्योगों की कार्यप्रणाली पर नकारात्मक प्रभाव भी देखने को मिलते हैं । इसने वर्तमान

सामाजिक मूल्यों में आमूल परिवर्तन कर दिया है और जीवन के प्रत्येक क्षेत्र के सम्बन्ध में हमारे दृष्टिकोण पर असर डाला है (देखें– David McLellan, **Karl Marx: His Life and Thoughts**, 1973)।

Marxist sociology (मा:क्सिस्ट सोसि'ऑलजि) **मार्क्सवादी समाजशास्त्र :** ऐसा कहा जाता है कि स्वयं कार्ल मार्क्स ने किसी समाजशास्त्र की रचना नहीं की, किन्तु राजनीतिक अर्थव्यवस्था की एक समीक्षा अवश्य प्रस्तुत की है। सम्भवत: सर्वप्रथम निकोलई बुखारिन (N. Bukharin) ने अपनी पुस्तक **Historical Materialism** (1921) में और बाद में मैक्स एडलर (Max Adler) ने कार्ल मार्क्स के विचारों में अन्तर्निहित सामान्य समाजशास्त्र की खोज की। कार्ल मार्क्स ने तत्कालीन सामाजिक विज्ञानों में समाज की उत्पत्ति, विकास एवं पतन की व्याख्या के लिए जिन नवीन अवधारणाओं की गवेषणा की विधि को विकसित किया, उनका बाद में इतिहास, राजनीतिशास्त्र, अर्थशास्त्र और समाजशास्त्र के लेखनों पर गहरा एवं व्यापक प्रभाव पड़ा है। मार्क्सवादी समाजशास्त्र इसी घटना की एक उपज है। कार्ल मार्क्स ने अपने सामाजिक विश्लेषण में उत्पादन प्रणाली, उत्पादन के साधन, आर्थिक संरचना, अधिसंरचना, वर्ग, वर्ग-चेतना, वर्ग संघर्ष, ऐतिहासिक भौतिकवाद जैसी अनेक अवधारणाओं का प्रयोग कर, उन्हें नये अर्थ दिये। ये ही अवधारणाएँ बाद में मार्क्सवादी समाजशास्त्र का मूलाधार बन गईं। ये अवधारणाएँ मार्क्सवादी विचारधारा की नींव के पत्थर हैं।

मार्क्सवादी समाजशास्त्र, समाज के यथास्थितिवादी विश्लेषण का विरोधी है। सामंजस्य एवं सन्तुलन की अपेक्षा संघर्ष की प्रक्रिया इसका दार्शनिक आधार है। यही कारण है कि सामाजिक व्यवस्था की मूलभूत विशेषता के रूप में मार्क्सवादी विचारधारा स्थायित्व की अपेक्षा परिवर्तन को अधिक महत्त्व देती है। मार्क्सवादी समाजशास्त्रियों की रुचि मुख्यत: सामाजिक घटनाओं की खोज एवं व्याख्या करने, आर्थिक कारकों की भूमिका, वर्गों के आपसी सम्बन्धों और अन्तर-सामूहिक संघर्ष जैसे विषयों में रहती है (देखें– C. Wright Mills, **The Marxists**, 1962; Thomas B. Bottomore, **Marxist Sociology**, 1975; Bertell Ollman and Edward Vernoff (eds.), **The Left Academy: Marxist Scholarship on American Campuses**, 1982; David McLellan (ed.), **Marx: The First Hundred Years**, 1983; Martin Shaw (ed.), **Marxist Sociology Revisited: Critical Assessments**, 1985)।

masculinity (मैस्क्यू'लिनिटि) **पुरुषत्व :** कई समाजों ने स्त्रियों और पुरुषों की अलग-अलग तथा विशिष्ट विशेषताएँ बताई हैं। आधुनिक पश्चिमी समाजों में आक्रमकता, स्वतन्त्रता और सक्रियता जैसे गुणों को पुरुषत्व की निशानी माना जाता है। इन गुणों के बारे में भारी विवाद है कि क्या ये वास्तव में लिंग-भेद (जेन्डर) के वास्तविक गुण हैं, क्या इन गुणों का निर्धारण जैवकीय या सामाजिक रूप में होता है और ये गुण किस प्रकार पुरुषसत्ता को बनाये रखते हैं (देखें– Andrew Talson, **The Limits of Masculinity**, 1976; J. Pleck, **The Myth of Masculinity**, 1981)।

masking (मास्किन्ग) **मुखावरण :** समाज मनोविज्ञान के अन्तर्गत ऐसी क्रिया, जिसमें कोई व्यक्ति अपनी वास्तविक अनुभूतियों को छिपाने के उद्देश्य से अपने चेहरे पर कोई दूसरा भाव प्रदर्शित करने की कोशिश करता है। इसका कारण प्राय: यह होता है कि प्रस्तुत सामाजिक स्थिति में वास्तविक भावनाओं के प्रदर्शन से सामाजिक मर्यादा का उल्लंघन हो सकता है या व्यक्ति के स्वभाव और चरित्र के बारे में कोई प्रतिकूल धारणा बनाई जा सकती है। किसी व्यक्ति के द्वारा अपने हृदय के दु:ख को छिपाकर अपने चेहरे पर मुस्कान प्रदर्शित करने की क्रिया को मुखावरण कहा जायेगा।

masochism ('मैसॅ किज़म्) **आत्मपीड़न कामुकता, परपीड़ित-कामुकता :** एक मानसिक विकृति, जिसमें व्यक्ति अपने-आपको पीड़ा पहुँचाकर सुख (विशेषकर यौनसुख) अनुभव करता है। यह स्थिति परपीड़न रति का विपरीत रूप प्रस्तुत करती है। परपीड़ित-कामुकता स्त्रीस्वभाव की विशेषता है। स्त्रियों की प्रकृति स्वपीड़न प्रकार की होती है। इस अवधारणा के विकास का श्रेय मनोविश्लेषक सिगमण्ड फ्रॉयड (Sigmund Freud, 1856-1939) को जाता है, जिन्होंने आस्ट्रिया के उपन्यासकार लूथर बान सैकर मैसाक (1835-95) की कहानियों में वर्णित घटनाओं के आधार पर इसे विकसित किया। फ्रॉयड के इस सिद्धान्त का खण्डन हुआ है। वस्तुत: परपीड़ित-कामुकता प्रवृत्ति और स्वभाव का प्रश्न नहीं है। यह विशेषत: सभ्यता संस्कृति का परिणाम है। संस्कृति के प्रभाव से स्त्रियों में इस प्रकार के स्वभाव

का विकास हो जाता है । कोई भी स्त्री या पुरुष जो विशिष्ट स्वभाव, प्रतिक्रिया या विचार रखते या प्रदर्शित करते हैं, वह उनकी संस्कृति का उनके व्यक्तित्व पर प्रभाव का परिणाम होता है । यह नव-फ्रॉयडवादी दृष्टिकोण है । स्वीपीड़न वास्तविक (जिसमें चाबुक वगैरह का प्रयोग होना) और प्रतीकात्मक (अपने ही प्रति दया का कारण ढूँढ़ना और उसमें आनन्द विभोर होना) दोनों प्रकार का होता है ।

mass (मैस्) **जनसमूह :** सामान्य जनों का वह बड़ा समूह, जिसमें विभिन्न प्रकार के लोग सम्मिलित होते हैं । इन लोगों का अपना कोई सामाजिक संगठन नहीं होता। फिर भी, सांस्कृतिक उद्दीपन के प्रति इनकी अनुक्रिया प्रायः एक समान होती है : देखें– **Public** ।

mass behaviour (मैस् बि 'हेव्यर्) **जन-व्यवहार :** किसी विशाल, विषम तथा अपारम्परिक जनसमूह का सामूहिक व्यवहार, जो उसके सदस्यों के बीच अवैयक्तिक तथा अप्रत्यक्ष सम्पर्क का परिणाम होता है । जन-व्यवहार के विकास में जन-संचार की महती भूमिका होती है । जन-संचार वैसे व्यक्तियों को आपस में बाँधकर रखता है, जिनमें एक-दूसरे के बीच कोई व्यक्तिगत सम्बन्ध नहीं होते और आपस में समानता भी बहुत कम होती है । आधुनिक राजनीतिक आन्दोलनों से लेकर लोकप्रिय वेशभूषा, नृत्य, संगीत में फैशनपरस्ती जन-व्यवहार के कुछ उदाहरण हैं ।

mass circulation (मैस् सर्क्यु 'लेशन्) **जनसमूह संचार :** संचार के आधुनिक माध्यमों के द्वारा श्रोताओं की बड़ी तादाद तक सूचना पहुँचाने की प्रक्रिया । इसमें अखबारों, पत्रिकाओं, रेडियो एवं दूरदर्शन की बहुत अहम भूमिका होती है ।

mass communication (मैस् कॅ 'म्यूनि केशन्) **जनसम्पर्क, जन-संचार :** किसी विशाल तथा विषम जन-समुदाय को प्रभावित करनेवाला सन्देश अथवा सांस्कृतिक प्रेरणा। जन-माध्यमों, जटिल संगठित तथा तकनीकी साधनों, जैसे– टी. वी., रेडियो, फिल्म, अखबार, किताबों, पत्रिकाओं आदि के द्वारा जन-संचार सम्पन्न किया जाता है (देखें– Shanto Iyengar and Donald R. Kinder, **News that Matters: Television and Public Opinion**, 1987; Paul Towler, **Investigating the Media**, 1988) ।

mass culture (मैस् 'कल्चर्) **जन-संस्कृति :** इस शब्द का प्रयोग मुख्यतः दो अर्थों में किया जाता है– (1) वह संस्कृति, जो जनसम्पर्क के साधनों के विकास के साथ जनपुंज समाज की विशेषता बन चुकी है । (2) अब यह शब्दावली लोकप्रिय संस्कृति का संकेत देने के लिए भी प्रयुक्त होने लगी है : देखें– **Culture, mass** ।

mass hysteria (मैस् हिस् 'टिअरिआ) **सामूहिक उन्माद :** कभी-कभी परिस्थितिवश किसी समाज या समुदाय के भौतिक रूप से सभी बिखरे लोग एकसाथ किसी खास प्रकार की उत्सुकता या फ़िक्र महसूस करते हैं, जिसे सामूहिक उन्माद के रूप में जाना जाता है ।

mass media (मैस् 'मीडिआ) **जनसंचार माध्यम :** संचार के विभिन्न साधन, जिनके द्वारा बहुत बड़ी संख्या में लोगों से सम्पर्क किया जा सकता है, यथा– पुस्तकें, पत्रिकाएँ, रेडियो, दूरदर्शन । विस्तृत रूप में इस विषय का अध्ययन जनसंचार माध्यम का समाजशास्त्र **(Sociology of mass media)** में किया जाता है ।

mass mobilization (मैस् मोबिलाइ 'ज़ेशन्) **जन-गतिशीलन :** वह प्रक्रिया, जिसमें कोई लोकप्रिय नेता बहुत बड़े जन-समूह को सम्बोधित करके, उन्हें किसी बहुत बड़े उद्देश्य की सिद्धि के लिए गतिमान कर देता है तथा उनके मन में प्रेरणा और ऊर्जा का संचार करता है, जिससे वे अपने नेता के निर्देशों के अनुरूप कार्य करने के लिए एकजुट हो जाते हैं ।

mass movement (मैस् 'मूव्मन्ट्) **जन-आन्दोलन :** देखें– **Movement; movement, Mass** ।

mass observation (मैस् ऑबजर् 'वेशन्) **सामूहिक अवलोकन :** देखें– **Observation; Observation, mass** ।

mass society (मैस् सॅ 'साइअटि) **जन-समाज :** इस अवधारणा का प्रयोग साधारणतः आधुनिक पश्चिमी समाजों, विशेषतः अमरीकी समाज की विशेषताओं का उल्लेख करने के लिए किया गया है, जहाँ बृहत् आधार पर औद्योगीकरण,

नगरीय विकास तथा प्रशासनतन्त्र के रूप में नौकरशाही का बोलबाला है । मस्तिष्कहीन (यान्त्रिक) सादृश्यता तथा सामन्तवाद, धर्म का ह्रास, अलगाव का भाव, नैतिक हीनता, कमजोर परिवार एवं सामुदायिक सम्बन्ध जन-समाज की कुछ महत्त्वपूर्ण विशेषताएँ हैं । ऐसे समाजों में कोई महत्त्वपूर्ण गंभीर नैतिक मूल्य नहीं होते, यद्यपि जन-समाज में वैचारिक कट्टरता के प्रति ललक अवश्य होती है । व्यक्तियों के बीच सम्बन्ध अत्यन्त कमजोर और द्वितीयक विशेषताएँ युक्त होते हैं, नातेदारी सम्बन्ध अत्यन्त छिछले या ना के बराबर होते हैं । ऐसा समाज राजनीतिक दृष्टि से उदासीन होता है तथा निरंकुशता और नौकरशाही उन पर हावी होती है । संस्कृति के सभी अंग, यथा– कला, साहित्य, संगीत, दर्शन और विज्ञान एक जनसंस्कृति का रूप धारण कर लेते हैं । अर्थात् उनके प्रति रुचि निकटतम स्तर पर पहुँच जाती है। जिन लेखकों ने जनसमाज की व्याख्या की है, उन्होंने इस अवधारणा का निकृष्टता के अर्थ में प्रयोग किया है और बहुधा इस प्रकार के समाज की बुराइयों के लिए पूँजीवाद और औद्योगीकरण को उत्तरदायी ठहराया है ।

जनसमाज एक विशेष प्रकार के सम्बन्धों का परिचायक समाज है, जिसका किसी सम्पूर्ण समाज अथवा उसके किसी एक भाग पर प्रभुत्व होता है । यह एक ऐसा समाज है, जिसकी अनेक अथवा अधिसंख्यक प्रमुख संस्थाओं की रचना इस प्रकार की गई होती है कि वह व्यक्ति को व्यक्ति के रूप में नहीं, वरन् समष्टिगत रूप में देखता है । इस प्रकार के समाज में व्यक्तियों के मनोभावों एवं व्यवहार की समानताओं को, भिन्नताओं की अपेक्षा अधिक महत्त्व दिया जाता है (देखें– Salvador Giner, **Mass Society**, 1976; A. Swinegood, **The Myth of Mass Culture**, 1977) ।

massacre ('मैसकर्) **जन-संहार, नर-संहार :** ऐसी घटना, जिसमें किसी देश के बहुत सारे निर्दोष लोगों को मौत के घाट उतार दिया जाता है । जर्मनी तथा इस्लामी मुल्कों में जन-संहार की अनगिनत घटनाओं का इतिहास साक्षी रहा है ।

master role ('मास्टर रोल्) **मास्टर या प्रभुभूमिका :** एक व्यक्ति को समाज में बहुत प्रकार की भूमिकाएँ निभानी होती हैं । उन्हीं भूमिकाओं में से सबसे महत्त्वपूर्ण भूमिका को प्रभुभूमिका कहा जाता है ।

master status ('मास्टर 'स्टेटस्) **प्रमुख स्थिति, मूल स्थिति :** समाज में एक व्यक्ति की एक से अधिक स्थितियाँ हो सकती हैं और उनमें से एक स्थिति ऐसी होती है, जो व्यक्ति-विशेष के लिए सबसे अधिक महत्त्वपूर्ण होती है । उसी स्थिति के लिए वही व्यक्ति मुख्यरूप से समाज में जाना जाता है, जिसे मूल स्थिति की संज्ञा दी जाती है : देखें– **Status; Status, master** ।

mater ('मेटर) **माता :** सामाजिक दृष्टि से जिस स्त्री को बालक की माँ माना जाता है, उसे माता कहते हैं । यह स्त्री वास्तविक रूप में बालक को जन्म देने वाली हो, आवश्यक नहीं है ।

material culture (म 'टिअरिअल् 'कल्चर्) **भौतिक संस्कृति :** देखें– **Culture, material** ।

material density (म 'टिअरिअल् 'डेन्सटि) **भौतिक घनत्व :** इसका तात्पर्य जनसंख्या के घनत्व से है, जैसा कि एमिल डर्कहाइम (Émile Durkheim) ने बताया है ।

material truth (म 'टिअरिअल् ट्रूथ) **वस्तुगत सत्यता :** प्रतिज्ञप्तियों की वह तार्किक विशेषता, जो तथ्यों से संगत होने पर उनमें आती है ।

materialism (म 'टिअरिअलिज़म्) **भौतिकवाद :** भौतिकवाद एक तात्त्विक सिद्धान्त है, जिसके अनुसार पदार्थ ही एकमात्र तत्त्व होता है । प्राचीनकाल में डिमोक्रिटस (Democritus) और इपीक्यूरस (Epicurus) ने भौतिकवादी एवं यान्त्रिक सिद्धान्त का विकास किया। अठारहवीं और उन्नीसवीं शताब्दी के चिन्तन में हॉब्स और लोमेट्रे ने इसे पुनर्जीवित किया । दर्शन की इस प्रसिद्ध धारा में मानसिक समस्याएँ भौतिक समस्याओं के रूप में प्रस्तुत हुई हैं । भौतिकवाद के प्रभाव के फलस्वरूप जर्मनी में मुख्यरूप से हैकल के शिष्यों में रूढ़िवादी यान्त्रिकवाद का विशेष विकास हुआ। फ्रांस और इटली में इस यन्त्रवादी विचारधारा का प्रभाव पड़ा और इसने अनात्मवादी मनोविज्ञान को जन्म दिया । वाट्सन (J. B. Watson) द्वारा प्रतिपादित व्यवहारवादी मनोविज्ञान भौतिकवाद के मनोविज्ञान पर प्रभुत्व का ही प्रतिफल था ।

कार्ल मार्क्स का द्वन्द्वात्मक भौतिकवाद जी. डब्ल्यू. हीगल के स्थापन (**Thesis**), प्रतिस्थापन (**Anti-thesis**) एवं संपक्ष (**Synthesis**) के सिद्धान्त पर आधारित भौतिकवाद का एक नया रूप है (देखें– James S. Coleman, **Introduction to Mathematical Sociology**, 1964; Robert K. Leik and Barbara F. Meeker, **Mathematical Sociology**, 1975; Thomas J. Farao (ed.), **Mathematical Ideas and Sociological Theory**, 1984) ।

materialism, dialectical (म'टिअरिअलिज़्म्, डाइअ'लेक्टिक्ल्) **द्वन्द्वात्मक भौतिकवाद** : देखें– **Dialectical materialism** ।

materialism, historical (म'टिअरिअलिज़्म्, हि'सटॉरिक्ल्) **ऐतिहासिक भौतिकवाद** : देखें– **Historical materialism** ।

materialist concept of history (म'टिरिअ लिस्ट 'कॉन्सेप्ट् ऑव् 'हिस्टॅरि) **इतिहास की भौतिकवादी अवधारणा** : इस विचारधारा के प्रमुख प्रवर्त्तक कार्ल मार्क्स (Karl Marx, 1818-1883) माने जाते हैं । उन्होंने समाज के विकास का ऐतिहासिक परिप्रेक्ष्य में भौतिकवादी विश्लेषण प्रस्तुत किया है, जिसमें आर्थिक कारकों की सामाजिक परिवर्तन में प्रमुख भूमिका बतलायी गयी है : देखें– **Historical materialism** ।

materialistic monism (म टिरिअ'लिस्टिक 'मॉनिज़्म्) **भौतिकवादी एकतत्त्ववाद** : वह तत्त्वमीमांसीय मत कि मूलतत्त्व केवल एक है और वह जड़ है ।

materialistic realism (म टिरिअ'लिस्टिक 'रिअलिज़्म्) **भौतिकवादी यथार्थवाद** : भौतिक वस्तुओं के स्वतन्त्र अस्तित्व में विश्वास रखने वाला मत । कार्ल मार्क्स का विचार भौतिकवादी यथार्थवाद का उदाहरण है ।

materialization (म टिरिअलाइ'ज़ेशन्) **भौतिकीकरण** : यूनानी चिन्तन में विशेष रूप से पाइथागोरस (Pythagoras, 560-480B.C) के अनुसार, मनुष्य की आत्मा, जो मूलत: दिव्य है, का भौतिक देह ग्रहण करना भौतिकीकरण की प्रक्रिया कही जाती है ।

maternal and child health (म'टर्नल् ऐन्ड् चाइल्ड् हेल्थ्) **मातृ-शिशु स्वास्थ्य** : वे सेवाएँ, जो माता और शिशु के शारीरिक एवं मानसिक कल्याण से सम्बन्धित होती हैं ।

maternal deprivation (म'टर्नल् डेप्रि'वेशन्) **मातृक वंचना** : स्वाभाविक मानसिक स्वास्थ्य के लिए माँ के स्नेह की आवश्यकता होती है । यदि किन्हीं कारणों से बालक को माँ की देखरेख और स्नेह से वंचित रहना पड़ता है, तब उसका स्वाभाविक विकास अवरुद्ध हो सकता है । इसी तथ्य को दर्शाने के लिए जॉन बोल्बी (John Bowlby, 1907-1990) ने 1953 में 'मातृक वंचना' पद का प्रयोग किया है । बालकों के पालन-पोषण की ज़रूरत सम्बन्धी शोधों द्वारा यह ज्ञात हुआ है कि बालक के विकास में स्नेह, लगाव और प्रेरणा की महत्त्वपूर्ण भूमिका होती है और ये उन्हें सर्वाधिक मात्रा में माँ से प्राप्त होती हैं । इनके अभाव अथवा विकृति का बालक पर बुरा प्रभाव पड़ता है । जिन बालकों को माँ के स्नेह से वंचित होना पड़ता है, उनमें मानसिक बीमारी या विचलन उत्पन्न होने की सम्भवाना रहती है ।

'मातृक वंचना' सिद्धान्त ने समाज में महिलाओं की स्थिति को महत्त्वपूर्ण रूप में प्रभावित किया है । यह सिद्धान्त महिलाओं को घर की चारदीवारी तक अपने कार्यक्षेत्र को सीमित रखने की सलाह देता है, ताकि वे अपने बच्चों की ठीक प्रकार से देख-रेख कर सकें। महिलावादियों ने इस सिद्धान्त पर प्रहार किया है; क्योंकि यह सिद्धान्त महिलाओं को श्रमक्षेत्र से बाहर रहने के लिए बाध्य करता है ।

maternal mortality rate (म'टर्नल् मॉर्'टैलटि रेट्) **मातृ मृत्यु-दर** : प्रति 100,000 जीवित प्रजनन में गर्भधारण एवं प्रजनन के कारण मरने वाली माताओं की संख्या ।

maternity and child welfare services (म'टर्निटि ऐन्ड् चाइल्ड् 'वेल्फ़ेअर् 'सर्विसेज़्) **प्रसूति और शिशु कल्याण सेवाएँ** : प्रसवकालीन मृत्यु-दर और शिशु मृत्यु-दर को कम करने के लिए माताओं और शिशुओं को दी जाने वाली

स्वास्थ्य व चिकित्सा सम्बन्धी सुविधाएँ। इनमें प्रसवपूर्व और प्रसवोपरान्त दोनों प्रकार की सेवाएँ सम्मिलित होती हैं। जनांकिकी अध्ययन के अन्तर्गत लोक स्वास्थ्य सम्बन्धी इन सेवाओं को कल्याण कार्यक्रमों का महत्त्वपूर्ण अंग माना जाता है।

mathematical logic (मैथ्'मैटिक्‌ल् लॉजिक) **तर्कगणित :** प्रतीकात्मक तर्कशास्त्र, जिसमें साधारण भाषा के दोषों से बचने के लिए प्रतीकों की भाषा और गणितीय संक्रियाओं का उपयोग किया जाता है।

mathematical sociology (मैथ्'मैटिक्‌ल् सोसि 'ऑलजि) **गणितीय समाजशास्त्र :** गणितीय समाजशास्त्र सामाजिक जीवन एवं विभिन्न प्रकार की सामाजिक प्रक्रियाओं को गणितीय सूत्रों के माध्यम से स्पष्ट करने की एक विधि है। गणितीय प्रारूपों के अलावा इसमें तार्किकता एवं सूचना विज्ञान का भी प्रयोग होता है। इस विधि का अधिकतम प्रयोग गतिशीलता, नातेदारी, सामाजिक सम्बन्धों के जाल (**Social network**) एवं समूह गतिकी (**Group dynamics**) के विश्लेषण के सन्दर्भ में हुआ है। एल. ए. गूडमैन (L. A. Goodman) जैसे अमरीकी समाजशास्त्री की कोशिश यही रही है कि सामाजिक प्रक्रियाओं को गणितीय सूत्रों के माध्यम से ठीक-ठीक ढंग से समझा जाये। इस विषय पर तो एक विशिष्ट शोध-पत्रिका का प्रकाशन भी आरम्भ कर दिया गया है : देखें– **Journal of Mathematical Sociology**।

mating (मेट्'इन्ग) **सहवास :** विभिन्न समाजों में सहवास को विवाह द्वारा ही सामाजिक मान्यता प्राप्त होती है। सरल समाजों में एकल विवाह-प्रथा सबसे अधिक प्रचलित विवाह-प्रथा है। कुछ जनजातियों में बहुविवाह-प्रथा का भी प्रचलन है, जिसके दो रूप होते हैं– बहुपत्नी विवाह (**Polygyny**) एवं बहुपति विवाह (**Polyandry**)।

matriarchal (मेट्रि'आकल) **मातृसत्तात्मक, मातृतन्त्रात्मक, मातृप्रधान :** ऐसी परिवार-व्यवस्था, जिसमें प्रशासन मातृतन्त्र द्वारा चलाया जाता है अर्थात्, जहाँ सत्ता का प्रभुत्व स्त्री में निहित रहता है तथा वंशपरम्परा एवं उत्तराधिकार स्त्री के द्वारा अनुरेखित किए जाते हैं। एक सामाजिक प्रथा, जो नारी-सत्ता और नारी-अधिकार पर आधारित होती है तथा परिवार में माता का प्रभुत्व मुखिया के रूप में होता है।

matriarchal family (मेट्रि'आकल'फ़ैमलि) **मातृसत्तात्मक परिवार :** देखें– **Family, matriarchal**।

matriarchal theory of the origin of state (मेट्रि'आकल'थिअरि ऑव् ऑरिजिन् ऑव् स्टेट्) **राज्य की उत्पत्ति का मातृसत्तात्मक सिद्धान्त :** इस सिद्धान्त के अनुसार, राज्य का आरम्भिक रूप मातृसत्तात्मक परिवारों में देखा जा सकता है अर्थात् उन परिवारों में, जिनमें परिवार का प्रमुख पिता नहीं, माता होती है। इस सिद्धान्त की विशेषताएँ हैं– (1) अस्थायी विवाह-सम्बन्ध, (2) स्त्री-माध्यम से सम्बन्ध-सूत्र, (3) समाज में माता की प्रधानता और (4) सम्पत्ति तथा शक्ति पर केवल स्त्रियों का उत्तराधिकार।

matriarchy ('मेट्रि आकि) **मातृवंशीय** या **मातृसत्तात्मक परम्परा :** जिस परिवार में वंशक्रम (मातृ) वर्ग के माध्यम से हो। इस व्यवस्था में पितृसत्ता तन्त्र के एकदम विपरीत तत्त्व होते हैं, परन्तु इस व्यवस्था के अस्तित्व का कोई प्रमाण नहीं मिला है (देखें– Friedrich Engels, **Origin of the Family, Private Property and the State**, 1984; Gerda Lerner, **The Creation of Patriarchy**, 1986; Riane Eisler, **The Chalice and the Blade**, 1987)।

matricide ('मेट्रि साइड) **मातृहत्या :** पुत्र अथवा पुत्री द्वारा अपनी माँ की हत्या कर देने की प्रक्रिया।

matri-clan, matrilineal clan ('मेट्रि'क्लैन्, मैट्रि'लिनिअल'क्लैन्) **मातृ-कुल, मातृगोत्र :** वह स्वजन समूह, जिसके सदस्य अपना अन्वय स्त्री-पूर्वज के द्वारा ही रेखांकित करते हैं।

matrifocality (मेट्रि'फोकलिटि) **मातृ केन्द्रितता :** ऐसा घर-बार या परिवार, जिसमें तलाकशुदा या विधवा महिला अपने बच्चों के साथ रहती हैं। यह ऐसा परिवार है, जिसमें पुरुष पति या पिता के रूप में नहीं होता है : देखें– **Matriarchy**।

matrilineal; matrilineage (Uterine descent) (मैट्रि'लिनिअल; मैट्रि'लिनिइज) **मातृवंशीय, मातृक वंशानुक्रम :** एक ऐसी व्यवस्था, जिसमें वंश की पहचान माता के माध्यम से की जाती है । यहाँ सत्ता, दाय अथवा वंशानुक्रम का प्रेषण केवल मातृरेखा में ही होता है । दक्षिण भारत की नायर जाति इसका अच्छा उदाहरण है ।

matrilineal clan (मैट्रि'लिनिअल 'क्लैन्) **मातृवंशीय गोत्र :** इनमें से एक स्त्री-पूर्वज की जितनी भी सन्तानें होती हैं, वे सब इस गोत्र की सदस्य मानी जाती हैं। परिवार की एक स्त्री, उसकी बहनें और उनके बच्चे भी इस गोत्र के सदस्य होते हैं।

matrilineal deprivation (मैट्रि'लिनिअल डेप्रि'व़ेशन्) **मातृत्व वंचन :** ऐसी स्थिति, जिसमें शिशु और छोटे बच्चे को माँ के संसर्ग से कुछ दिनों के लिए दूर रखा जाता है ।

matrilineal family (मैट्रि'लिनिअल 'फ़ैमलि) **मातृवंशीय परिवार :** देखें–**Family, matrilineal** ।

matrilineal kinship (मैट्रि'लिनिअल 'किन्शिप्) **मातृवंशीय बन्धुत्व :** एक ऐसा रिश्ता-समूह, जिसमें केवल मातृपक्ष के द्वारा ही सम्बन्ध स्थापित किए जाते हैं ।

matriliny (मैट्रि'लिनि) **मातृवंशिता, मातृवंश :** नातेदारी की वह व्यवस्था, जिसमें वंश का निर्धारण माँ की तरफ से हो । इसमें आवास पत्नीस्थानिक तथा सत्ता माता अथवा माता के सम्बन्धी की होती है ।

matrilocal family (मैट्रि'लोकल् 'फ़ैमलि) **मातृस्थानिक परिवार :** देखें– **Family, matrilocal** ।

matrilocal marriage (मैट्रि'लोकल् 'मैरिज्) **पत्नीस्थानिक विवाह :** कुछ समाजों में पाई जाने वाली प्रथा, जिसमें विवाह के उपरान्त दम्पती पत्नी के माता-पिता के घर अथवा समुदाय में निवास करते हैं ।

matrilocal residence (मैट्रि'लोकल् 'रेज़िडन्स्) **मातृस्थानिक आवास :** वह प्रथा, जिसके अन्तर्गत विवाह के बाद स्त्री अपनी माँ के घर में ही रहती है और उसका पति भी वहीं आकर रहने लगता है । इस तरह विवाहित स्त्री, उसकी माँ, नानी आदि एक ही घर में रहती हैं, जबकि विवाहित पुरुष, उसका पिता, दादा, परदादा इत्यादि अलग-अलग घरों में रहते हैं ।

matrimony ('मैट्रिमनि) **पाणिग्रहण :** विवाह-सूत्र में बँध जाने की स्थिति या विवाहित अवस्था ।

matripotestal (मैट्'रिपॉटेस्टल्) **मातृ अधिकार :** एक ऐसी सामाजिक व्यवस्था, जिसमें परिवार के समस्त अधिकार एवं सत्ता माँ के रक्त-बन्धुओं में केन्द्रित होती है, मातृ अधिकार के नाम से जानी जाती है ।

matrix ('मेट्रिक्स) **आव्यूह :** एक बीजगणितीय विधि, जिसमें किसी क्षेत्र से सम्बद्ध pq अवयवों को एक विशेष व्यवस्था के अन्तर्गत लिखा जाता है । आव्यूह के अन्तर्गत इन अवयवों को p पंक्तियों और q स्तम्भों के रूप में दिखाया जाता है । प्रत्येक अवयव की पहचान युग्म (i,j) द्वारा की जाती है, जो क्रमशः उस अवयव की पंक्ति या स्तम्भ की संख्या का द्योतक होता है । आव्यूह को आमतौर पर चिह्न 'A' द्वारा दिखाया जाता है अथवा संकेत (aij) के रूप में लिखा जाता है, जिसमें aij प्रविष्टि आव्यूह aij प्रविष्टि का द्योतक होती है ।

matronymic (मेट्'रनिमिक्) **मातृनामी :** माँ अथवा दूसरे मातृ सम्बन्धियों से व्यक्तिगत अथवा वंश का नाम प्राप्त करना।

maturation (मैट्यू'रेशन्) **परिपक्वन :** इस अवधारणा का प्रयोग एक से अधिक अर्थों में होता है– (1) मनोदैहिक तन्तु की पूर्ण विकास की अवस्था, (2) वह प्रक्रिया, जिसके द्वारा वह पूर्ण विकास को प्राप्त होता है । (3) वृद्धि तथा विकास, जो किसी अर्जित व्यवहार के प्रकट होने के (अर्जन किए जाने के) पूर्व आवश्यक है ।

me (मी) **मुझे :** जॉर्ज एच. मीड (George Herbert Mead, 1863-1931) के अनुसार, यह समाजीकृत आत्मन का हिस्सा है।

mean, statistical (मीन्, स्ट'टिस्टिकल्) **सांख्यिकीय माध्य :** सामाजिक विज्ञानों में सर्वाधिक व्यवहृत विश्वसनीय अथवा यथार्थ सांख्यिकीय माध्य अर्थात् किसी अंकावली का सार व्यक्त करने अथवा प्रतिनिधित्व करनेवाला अंक। माध्य

वह मूल्य है, जो किसी संख्यात्मक पदों की श्रेणी के समस्त पदों के मूल्य के योग में श्रेणी के पदों की संख्या को भाग देने से प्राप्त होता है । यह एक गणितीय माध्य है तथा अधिकांशत: औसत के इसी रूप का प्रयोग किया जाता है । माध्य के अन्य रूप हैं– गुणोत्तर माध्य (Geometric mean), हरात्मक माध्य (Harmonic mean) तथा समान्तर माध्य (Arithmetic mean) (देखें– George W. Bohrnstedt and David Knoke, **Statistics for Social Data Analysis**, 1988) ।

mean age (मीन् एज्) **औसत उम्र :** किसी जनसंख्या के सभी सदस्यों की अंकगणितीय औसत उम्र । समग्र जनसंख्या के विश्लेषण में औसत उम्र ही महत्त्वपूर्ण होती है : देखें– **Median age** ।

mean population (मीन् पॉप्यु'लेशन्) **औसत जनसंख्या :** औसत जनसंख्या किसी क्षेत्र की एक निश्चित अवधि के मध्य की जनसंख्या होती है । यदि अवधि कलैंडर वर्ष की हो, तो वर्ष के मध्य अर्थात् 30 जून की जनसंख्या को औसत जनसंख्या माना जायेगा ।

meaning, meaningful action ('मीनिङ्, 'मीनिङ् फूल् 'ऐक्शन्) **अर्थ, अर्थपूर्ण क्रिया** : देखें– **Meaningful action**।

meaning of kinship usages ('मीनिङ् ऑव् 'किन्शिप् यूज़् इज) **नातेदारी-नियामक व्यवहारों के अर्थ :** प्रत्येक नातेदार समूह में, चाहे वह विशेष परिवार हो और चाहे संयुक्त परिवार या गोत्र के समान उसका एक विस्तृत रूप हो, सह-क्रियाशील व्यवहार प्रतिमानों के कुछ प्रकार पाये जाते हैं । जिनमें एक व्यवस्था, एक कम या अधिक स्थायी और निश्चित ढाँचा होता है । इस प्रकार के मौखिक या लिखित व्यवहार के प्रकार नातेदारी के नियामक व्यवहारों की संरचना करते हैं ।

meaningful choice ('मीनिङ् फूल् चॉइस्) **सार्थक चयन :** राजनीतिशास्त्र में, यह सिद्धान्त कि मतदाता को अनेक विकल्पों में से अपनी पसन्द के विषय अर्थात् उम्मीदवार, दल या नीति आदि का चुनाव करने का अवसर मिलना चाहिए।

means of production (मीन्ज़् ऑव् प्र'डक्शन्) **उत्पादन के साधन :** उत्पादन के लिए आवश्यक सभी साधन तथा उत्पादन में सहयोग देने वाले तत्त्व आदि, जैसे– भूमि, पूँजी, तकनीक, कच्चा माल, फैक्ट्री तथा श्रम आदि ।

means-testing ('मीन्ज़् टे'स्टइन्ग) **जीविका-साधन कसौटी :** सामाजिक कल्याण हेतु कभी-कभी सरकार को इस बात की जाँच करनी पड़ती है कि समाज के कमजोर वर्ग को बेहतर जीवन प्रदान करने के लिए कौन-कौन-सी बुनियादी चीज़ों की आवश्यकता है । ऐसा इसलिए किया जाता है कि जो सही मायने में ज़रूरतमंद हैं, उन्हें लाभ पहुँचाया जा सके। इसका मूल्यांकन आमतौर पर मासिक आमदनी, सम्पत्ति एवं शिक्षा जैसी कसौटियों को ध्यान में रखकर किया जाता है। इस जानकारी के आधार पर समाज के सबसे कमजोर व्यक्ति को लाभ पहुँचाने में सरकार को सहूलियत होती है।

measurement ('मेज़र्मन्ट्) **माप, परिमापन :** वैज्ञानिक परीक्षण द्वारा प्राप्त प्रदत्तों, वस्तुओं, घटनाओं, गुणों के अनुभवों का नियमानुसार संख्याओं में वर्णन, जिससे उनकी मात्राओं का ज्ञान हो और जिससे सांख्यिकीय क्रियाओं द्वारा अन्य निष्कर्ष निकाला जा सके। मनोविज्ञान में मापन की प्रेरणा विशेष तथा एक-दूसरे के गुणों का पक्षपातरहित यथार्थ अनुमान, योग्यता, वृत्ति, मनोरचनाओं की मात्रा, विस्तार, गहराई आदि जानने की आवश्यकता से मिली है (देखें– Warren Torgerson, **Theory and Method of Scaling**, 1958; Hubert M. Blalock, **Conceptualization and Measurement in the Social Sciences**, 1982; Delbert C. Miller, **Handbook of Research Design and Social Measurement**, 1991) ।

measurement, interval ('मेज़र्मन्ट्, 'इन्टर्वल्) **अन्तराल परिमापन :** अन्तराल परिमापन में नामित (Nominal) एवं क्रमिक (Ordinal) दोनों पैमानों की विशेषताएँ होती हैं, जैसे– नामित माप के समान यह विभिन्न श्रेणियों में वर्गीकृत कर सकता है और क्रमिक माप के समान उन्हें क्रमवार श्रेणियों में बाँट सकता है । पर, साथ ही इसकी एक विशेषता और है, वह यह कि विभिन्न क्रमिक वर्गों के बीच की दूरी भी इसमें समान होती है : देखें– **Interval scale** ।

measurement, ordinal ('मेज़र्मन्ट्, 'आर्डिन्ल्) **क्रमिक परिमापन :** नामित परिमापन से ऊपर क्रमिक परिमापन है।

यहाँ पर अंकों का कार्य मात्र भिन्नता स्थापित कर वर्गीकरण करना ही नहीं है, बल्कि ये अंक क्रम का भी निर्धारण करते हैं, जैसे– कौन अधिक है और कौन कम, कौन उच्च है और कौन निम्न आदि । यहाँ पर विभिन्न वर्ग या श्रेणियों का स्तर नामित परिमापन की तरह समान नहीं होता है, बल्कि वे एक क्रम में सजे हुए होते हैं । लेकिन एक वर्ग से दूसरे वर्ग का, दूसरे से तीसरे वर्ग या श्रेणी का अन्तर समान नहीं होता है । इमॉरी एस. बोगार्ड्स (Emory S. Bogardus, 1882-1973) का सामाजिक दूरी पैमाना क्रमिक पैमाने का उदाहरण है : देखें– **Nominal scale** ।

measurement error ('मेज़र्‌मन्ट् 'एरर्) **मापन त्रुटि** : सामाजिक अनुसन्धान के क्षेत्र में विभिन्न प्रकार के सांख्यिकी की प्रविधियों के प्रयोग से अध्ययन की विषय-वस्तु को ढंग से मापने की कोशिश की जाती है । पर वह माप हमेशा दोषमुक्त नहीं होती । इसमें एक से अधिक प्रकार के दोष होने की सम्भावना बनी रहती है : देखें– **Error** ।

measurement level ('मेज़र्‌मन्ट् 'लेवॅल्) **मापन स्तर** : आँकड़ों की परीक्षा या माप कई स्तरों पर संभव है । मनोविज्ञान के क्षेत्र में कई प्रकार के पैमाने का प्रयोग होता रहा है, जैसे– नामित मापनी (**Nominal scale**), क्रमसूचक मापनी (**Interval scale**) । इन सभी मापनी के अन्तर्गत किसी अन्तिम निर्णय पर पहुँचने के लिए सांख्यिकी का भरपूर प्रयोग होता है : देखें– **Scale** ।

measures of central tendency ('मेजर्स् ऑव् 'सेन्ट्रल् 'टेन्डन्सि) **केन्द्रीय प्रवृत्ति-माप** : बारम्बारता बंटन (**Frequency distribution**) का संक्षिप्त रूप प्रतिनिधित्व करने वाली परिकालित संख्या है । यह संख्या उक्त बंटन की केन्द्रीय प्रवृत्ति की माप होती है तथा उसके परिमाण को बताती है । माध्य (**Mean**), माध्यिका (**Median**) एवं बहुलक (**Mode**) केन्द्रीय प्रवृत्ति-माप की प्रमुख विधियाँ हैं । इस माप के निम्न रूप होते हैं– (1) योगात्मक या समांतर माध्य (2) माध्यिका, बहुलक भारित माध्य, गुणोत्तर माध्य तथा हरात्मक माध्य ।

mechanical management system (मि'कैनिकल् 'मैनिज्मन्ट् 'सिस्टम्) **यान्त्रिक प्रबन्धन व्यवस्था** : देखें– **Organic management systems** ।

mechanical solidarity (मि'कैनिकल् सॉलि'डैरटि) **यान्त्रिक या सहज एकता** : एमिल डर्कहाइम (Émile Durkheim, 1858-1917, इस नाम का शुद्ध उच्चारण मात्र एमिल डर्कहाइम है) ने अपनी पुस्तक **Theory of Division of Labour** में बताया है कि समाज का परिवर्तन यान्त्रिक या सहज एकता से सावयवी एकता की ओर होता है । सहज एकता प्राचीन एवं सरल समाजों की विशेषता है । ऐसे समाज में व्यक्तियों की स्थिति, भूमिका, मूल्य, विश्वास, जीवनशैली, नैतिकता आदि में एकरूपता पायी जाती है । व्यक्तियों पर परम्परा, जनमत और धर्म का अत्यधिक प्रभाव होता है । कानून का स्वरूप दमनकारी होता है । अपराध को सामूहिक भावनाओं पर आघात माना जाता है । किसी समाज में एकता या एक होने की स्थिति पृथक् सामाजिक सांस्कृतिक विशेषताओं से भी उभर सकती है : देखें– **Organic solidarity** ।

mechanical solidarity and organic solidarity (मि'कैनिकल् सॉलि'डैरटि ऐन्ड् ऑर्'गैनिक् सॉलि'डैरटि) **यान्त्रिक और सावयवी एकात्मता** : एमिल डर्कहाइम (Émile Durkheim, 1858-1917) के अनुसार, यान्त्रिक एकात्मता का आधार है एकरूपता और गहरे सामाजिक बन्धन, जो कि लघु और पारम्परिक समाजों में देखे जाते हैं । सावयवी एकात्मता अन्तर्निर्भरता और विशिष्टीकरण पर आधारित है और आधुनिक औद्योगिक समाजों में पायी जाती है ।

media ('मीडिआ) **संचार माध्यम** : देखें– **Mass media** ।

median ('मीडिअन) **माध्यिका** : परिणामानुसार आरोही अथवा अवरोही क्रमानुसार अंकावली में प्राप्तांकों को समान संख्या के दो भागों में विभाजित करनेवाला माध्य का प्राप्तांक । माध्यिका एक केन्द्रीय मान होता है । माध्यिका मध्य-पद का मान है तथा श्रेणी को दो समान भागों में विभाजित करता है अर्थात्, माध्यिका उस पद की माप है, जिसके पूर्ववर्ती भी उतने ही पद हैं, जितने उसके परवर्ती या बाद में हैं । केन्द्रीय पद स्वयं माध्यिका नहीं है, बल्कि उसका परिणाम माध्यिका कहलाती है । कुल पदों में से आधे पद उससे बड़े तथा आधे उससे छोटे होते हैं (देखें– B. S. Turner, **Medical Power and Social Knowledge**, 1987) ।

median age ('मीडिअन एज्) **मध्य उम्र :** वह उम्र, जो जनसंख्या को दो बराबर भागों में बाँटती है । मध्य उम्र परिकलन की आवश्यकता तभी पड़ती है, जब वर्ग-अन्तराल का अन्तिम सिरा खुला होता है, जैसे– 65 एवं उससे अधिक । अन्यथा औसत उम्र का ही प्रयोग किया जाता है : देखें– **Mean age** ।

medical model ('मेडिकल् 'मॉड्ल्) **चिकित्सा-प्रतिरूप :** यह एक अस्पष्ट अवधारणा है । लेकिन, सामाजिक विज्ञान में अक्सर इसका प्रयोग होता रहा है । इरविंग गॉफ़मैन (Erving Goffman) ने अपनी पुस्तक **Asylums** (1961) में इस अवधारणा का प्रयोग इस सन्दर्भ में किया है कि चिकित्सक ज़रूरत पड़ने पर रोगियों की 'मरम्मत' करने का काम करता है । इस मॉडल में 'मरम्मत' करने वाले को एक विशेषज्ञ सेवादाता के रूप में और मरीज को किसी वस्तु की मरम्मत करने वाले व्यक्ति के रूप में देखा जाता है । चिकित्सा के क्षेत्र में रोगी का शरीर वस्तु के रूप में होता है, जिसकी मरम्मत की आवश्यकता होती है । इस विचार तथा 'मरम्मत' जैसे शब्द के औचित्य के ऊपर काफी विवाद होता रहा है ।

medical sociology ('मेडिकल् सोसि'ऑलजि) **चिकित्सा-समाजशास्त्र :** समाजविज्ञान का वह क्षेत्र, जिसके अन्तर्गत रोगों के सामाजिक पहलू का अध्ययन किया जाता है, जैसे कि विभिन्न रोगों के प्रति सामाजिक अभिवृत्तियाँ क्या-क्या हैं; कौन-कौन-से रोग किन-किन सामाजिक समूहों में विशेष रूप से पाये जाते हैं; रोग और सामाजिक मूल्य में क्या सम्बन्ध है आदि । इनके अलावा, इसमें चिकित्सालय-संगठन, रोगी, नर्स और डॉक्टर इत्यादि की सामाजिक भूमिकाओं का अध्ययन भी किया जाता है ।

medicalization ('मेडिकलाइ ज़ेशन्) **चिकित्सीकरण :** इस अवधारणा का प्रयोग इवान इलिच (Ivan Illich) और एम. फूको (M. Foucault) ने अपनी कृतियों में किया है । इसका तात्पर्य चिकित्सा-व्यवसाय के अधिकतम प्रचार-प्रसार से है । आजकल जन्म से लेकर मृत्यु तक जीवन से जुड़ी विभिन्न समस्याओं में चिकित्साशास्त्र का प्रयोग हो रहा है। चिकित्सा-विज्ञान का इतना अधिक प्रयोग बढ़ गया है कि व्यक्तियों की हरेक प्रकार की निजी समस्याओं, जैसे– मोटापा, अपराधी व्यवहार, मद्यपान, प्रजनन, बच्चों में अतिक्रिया की समस्या, यौन-दुर्व्यवहार जैसी समस्त समस्याओं से निजात पाने के लिए आधुनिक चिकित्सा-पद्धति का सहारा लिया जा रहा है । यहाँ तक कि चिकित्सकों से उन विषयों पर भी सलाह ली जाती है, जिन विषयों के बारे में स्वयं चिकित्सकों की जानकारी अच्छी नहीं होती (देखें– B. S. Turner, **Medical Power and Social Knowledge**, 1987) ।

medicine, sociology of ('मेडिसिन्, सोसि'ऑलजि ऑव्) **चिकित्सा-समाजशास्त्र :** देखें– **Sociology of medicine** ।

mediocracy (मीडि'ओकरसि) **अयोग्यतातन्त्र :** अयोग्यतातन्त्र ऐसी व्यवस्था है, जिसमें सत्ता या प्रशासन का सूत्र अयोग्य लोगों के हाथों में आता है । अत: ऐसे शासन के अन्तर्गत सूझ-बूझ, निपुणता और दूरदर्शिता का नितान्त अभाव रहता है । वस्तुत: यह कोई विशेष शासन-प्रणाली नहीं है, बल्कि जब किसी भी शासन-व्यवस्था में ऐसे लक्षण दिखाई देने लगते हैं, तो इन लक्षणों की ओर ध्यान खींचने के लिए उस व्यवस्था को अयोग्यतातन्त्र की संज्ञा दी जाती है ।

medium custody ('मीडिअम् 'कस्टडि) **सामान्य अभिरक्षा :** सुधारगृहों में रहने वाले उन कैदियों की, जो घोर अपराधी न हों, इस प्रकार देख-भाल करना कि वे अपने जीवन में पुन: स्थापित हो सकें, अर्थात् उन्हें कुछ ऐसी सुविधाएँ एवं निर्देश प्रदान करना, जिससे वे स्वत: अनुशासनपूर्ण जीवन बिताने के लिए अनुप्रेरित हो सकें ।

megalopolis (मेग'लोपलिस) **महानगर :** दो या दो से अधिक नगरों से बना एक ऐसा शहर, जो कभी विस्तृत खेत-खलिहानों द्वारा अलग-अलग छोटे-मोटे नगरों में बँटा हुआ था, किन्तु अब इनके बीच नगरीय तथा अर्द्ध नगरीय बस्तियों के विकास ने इन्हें जोड़कर महानगर में बदल दिया है । यह नगरों का नगर कहा जाता है, लेकिन इसकी आबादी लगभग एक करोड़ होनी चाहिए । घनी जनसंख्या ऐसे नगर की प्रमुख विशेषता है । मुम्बई, लंदन और मेक्सिको नगर इसके उदाहरण हैं। इस पद की रचना ममफोर्ड (Lewis Mumford, 1895-1990) ने प्राचीन यूनान में एक ऐसे

नगर-राज्य के लिए की थी, जो पूर्णतः नियोजित था । किन्तु आजकल इसका प्रयोग भिन्न अर्थों में किया जाता है । आधुनिक समय में इसका प्रयोग बृहत् उपनगरीय समूहन के अर्थ में किया जाता है (देखें– Mattei Dogan and John D. Kasarda (eds.), **The Metropolis Era: A World of Giant Cities**, 1988) ।

meliorism ('मीलइअ रिज़्म्) **सुधारवाद, उन्नयनवाद :** एक मत या सिद्धान्त, जिसके अनुसार संसार उन्नति की ओर उन्मुख है और मनुष्य इस दिशा में सहायक होता है ।

melting pot theory (मेल्ट'इन्ग पॉट'थ़िअरि) **विलयन सिद्धान्त :** यह मान्यता कि अमरीका में भिन्न-भिन्न नृजातीय पृष्ठभूमि के लोगों के बीच अन्ततः समान प्रकार की अमरीकी संस्कृति का विकास होगा और विभिन्न समुदायों के बीच सामाजिक एवं सांस्कृतिक दूरी कम होगी (देखें– Israel Zangwill, **The Melting Pot**, 1933) ।

members' methods ('मेम्बॅर्स् मे'थॅडस्) **सदस्यों की पद्धतियाँ :** इस शब्द का प्रयोग नृजातीय पद्धतिशास्त्रियों **(Ethnomethodologists)** ने उस पद्धति का अर्थ सूचित करने के लिए किया है, जिसके द्वारा व्यक्ति समाज के सदस्य के रूप में अपने द्वारा किये गए समस्त कार्यकलापों को अर्थपूर्ण ढंग से समझने का प्रयास करता है ।

membership group ('मेम्बर् शिप् ग्रूप्) **सदस्यता समूह :** वह समूह, जिसमें व्यक्ति स्वयं उसका सदस्य होता है । यह समूह सन्दर्भ-समूह के विपरीत होता है ।

mens rea (मेंस'रीया) **अपराधी मन :** व्यक्ति के मन की अपराधमूलक अवस्था या भावना, जिससे प्रेरित होकर वह अपराध करता है ।

mental age ('मेन्ट्ल एज्) **मानसिक आयु :** व्यक्ति के बौद्धिक विकास की एक माप, जिसकी इकाइयाँ वर्ष और मास होती हैं, परन्तु इसकी परीक्षार्थी की शारीरिक वर्षक्रम आयु से कोई सम्बन्ध नहीं होता । बिने (Alfred Binet, 1857-1911) के मापदण्ड के अनुसार, जो व्यक्ति जिस आयु के लिए निर्धारित परीक्षण ठीक से कर लेता है, वही उसकी मानसिक आयु होती है ।

mental hygiene ('मेन्ट्ल 'हाइजीन्) **मानसिक स्वास्थ्यविज्ञान :** मानसिक विकारों की रोकथाम और मानसिक स्वास्थ्य की उन्नति के लिए सामाजिक और मनोवैज्ञानिक सिद्धान्तों का प्रयोग तथा अध्ययन ।

mental illness ('मेन्ट्ल 'इल्नस्) **मानसिक रुग्णता :** देखें– **Madness** ।

mental labour ('मेन्ट्ल 'लेबर्) **मानसिक श्रम :** देखें– **Manual versus non-manual distinction** ।

mental subnormality ('मेन्ट्ल सॅब्नॉर्मैल्'इटि) **मानसिक अवसामान्यता :** इसके अन्तर्गत विभिन्न प्रकार की मानसिक अवसामान्यताओं को शामिल किया जाता है, जैसे– मानसिक हिंसा, मानसिक क्षति, मानसिक मन्दन, बुद्धिहीनता, अल्पबुद्धि, मन्दबुद्धि इत्यादि । इस प्रकार के लोगों में बौद्धिक क्षमता सामान्य स्तर से काफी नीचे होती है।

mercantile capitalism ('मॅर्कॅन् टॉइल 'कैपिटलिज़म्) **वाणिज्यिक पूँजीवाद :** ऐसी वस्तुओं की तिजारत से लाभ कमाना, जिन्हें पूँजीपति स्वयं उत्पादन नहीं करते हैं । गुलाम भारत में अँगरेज़ों ने जिस प्रकार के पूँजीवाद को बढ़ावा दिया, वह मुख्यरूप से वाणिज्यिक पूँजीवाद था : देखें– **Mercantilism** ।

mercantilism ('मॅर्कॅन्टि लिज़म्) **वाणिज्यवाद, वणिकवाद :** वाणिज्यिक क्रांति के विकास एवं प्रगति को जिस नयी नीति के अन्तर्गत बढावा तथा प्रश्रय मिला, वह नीति ही 'वाणिज्यवाद' कहलाती है । वास्तव में 'वणिकवाद' शब्द उस आर्थिक विचारधारा का नाम है, जो पाश्चात्य यूरोप, विशेषरूप से फ्रांस, इंग्लैंड तथा जर्मनी में सोलहवीं, सत्रहवीं तथा अठारहवीं शताब्दी की प्रथम छः दशाब्दियों में विद्यमान थी। फ्रांस में यह विचारधारा कॉल्बर्टवाद (Colbertism) के नाम से प्रसिद्ध थी । वाणिज्यवाद के जन्म के सम्बन्ध में विद्वानों में मतैक्य का अभाव है । कुछ विद्वान इसका जन्मकाल

चौदहवीं सदी, कुछ सत्रहवीं सदी एवं कुछ अठारहवीं सदी मानते हैं । वाणिज्यवाद को वाणिकवाद या व्यापारवाद के नाम से भी जाना जाता है । सामान्यतया वाणिज्यवाद उस आर्थिक विचारधारा का नाम है, जो पश्चिमी यूरोप, विशेष रूप से फ्रांस,जर्मनी एवं इंग्लैंड में 16वीं, 17वीं तथा 18वीं सदी में विद्यमान थी । वाणिज्यवाद आर्थिक मामलों (विशेष रूप से उद्योग के व्यापार के क्षेत्र) में राजकीय नियमन एवं नियन्त्रण को दर्शाता है । वस्तुत: यह एक ऐसा शब्द है, जिसका प्रयोग उन नीतियों, व्यवहारों व सिद्धान्तों के लिए किया गया, जिन्हें राष्ट्रों द्वारा तत्कालीन परिस्थितियों में अपनाया गया था तथा जिनके आधार पर वे राष्ट्र आर्थिक क्षेत्र में व्यक्ति, समृद्धि एवं सम्पत्ति प्राप्त कर सकें । इस विचारधारा के अन्तर्गत बहुमूल्य धातुओं के देश में आगमन को प्रोत्साहित किया जाता है और देश से निर्गमन को हतोत्साहित किया जाता है ।

वणिकवाद के कट्टर आलोचक ऐडम स्मिथ (Adam Smith, 1723-1790) ने वणिकवाद को व्यापार प्रणाली, जिसका उद्देश्य संरक्षकवाद को प्रोत्साहन देना था, बताया है । इनके द्वारा की गयी आलोचना के बाद इस विचारधारा की लोकप्रियता प्राय: समाप्त ही हो गयी थी, किन्तु जॉन मेनार्ड कीन्ज तथा एली हैक्श्चर ने वणिकवादी नीतियों का निष्पक्ष रूप से अध्ययन करके वणिकवाद का पुनर्प्रतिष्ठापन किया है (देखें– E. A. J. Johnson, **Predecessors of Adam Smith**, 1973) ।

merit ('मेरिट्) **पुण्य, योग्यता :** ऐसी धार्मिक रीतियाँ या प्रथाएँ, जिनका उद्देश्य व्यक्ति के अपने और दूसरों के भावी आध्यात्मिक कल्याण को बेहतर बनाना होता है । सामाजिक विज्ञानों में इस शब्द का प्रयोग योग्यता के सन्दर्भ में होता है और वह भी वैसी योग्यता जिसे वस्तुपरक ढंग से मापा जा सके या जिसका कम-से-कम वैज्ञानिक विश्लेषण किया जा सके ।

meritocracy (मेरि'टॉक्रसि) **योग्यतातन्त्र :** ऐसा समाज, जहाँ व्यक्तियों की स्थिति का निर्धारण उसकी विशेष योग्यताओं तथा गुणों के आधार पर होता है, न कि उसकी पैतृक स्थिति, आयु, लिंग या जाति के आधार पर । इस पद की रचना माइकेल यंग (Michael Young) ने **The Rise of the Meritocracy 1870-2033** (1958) में की है । उन्होंने इस पद का प्रयोग ऐसी सरकार के लिए किया, जो अत्यधिक योग्य एवं उच्च उपलब्धिपरक व्यक्तियों द्वारा चलाई जाती है । योग्यता से उनका तात्पर्य बुद्धि के साथ प्रयास के मेल से है (देखें– Randall Collins, **The Credential Society: An Historical Sociology of Education**, 1979) ।

messiah (मि'साइआ) **मसीहा :** ऐसा पैग़म्बर या शक्तिशाली नेता, जो दिव्यशक्ति से सम्पन्न माना जाता है और अपने अनुयायियों को विनाश या पतन की दशा से उबारने का दावा करता है । उदाहरणस्वरूप– ईसामसीह, मोहम्मद साहब, गुरु नानक आदि ।

messianic movement (मेसि'ऐनिक् 'मूव्मन्ट्) **मसीही आन्दोलन :** 'मसीही आन्दोलन' शब्द की उत्पत्ति मसीहा की धार्मिक अवधारणा से हुई है, जिसका अर्थ होता है अभिषेक करना । यह एक ऐसी धारणा है कि मसीहा को परमेश्वर के राज्य अर्थात् नये युग की स्थापना के लिए मानवसमाज में भेजा जाता है । प्रारम्भिक ईसाइयों द्वारा जीसस क्राइस्ट को मसीहा के रूप में देखा गया है । इसलिए ईसाई लोग क्राइस्ट के लिए 'यीशू मसीह' शब्द का प्रयोग करते हैं । धर्म के समाजशास्त्र में मसीही आन्दोलन शब्द का प्रयोग सामान्यत: किसी भी ऐसे सामाजिक आन्दोलन के लिए किया गया है, जो मसीहा के आने की आशा पर आधारित होता है । ऐसा माना जाता है कि मसीहा व्यक्तियों को उनके विद्यमान दु:ख-दर्दों से छुटकारा दिलवायेगा ।

metabolism (मि'टैब लिज़्म्) **चयापचयन, उपापचय :** प्रत्येक प्राणी के शरीर के अन्दर होने वाले भौतिक और रासायनिक परिवर्तन, जिनसे प्राणी को अपने विकास और जीवित रहने के लिए उपयुक्त कार्य करने की शक्ति मिलती है । इसके अन्तर्गत दो प्रमुख क्रियाएँ आती हैं– (1) उपचय (Anabolism)– ग्रहीत भोजन के अनेक जटिल परिवर्तनों

के पश्चात् शरीर का निर्माण करनेवाले आवश्यक तत्त्वों के रूप में परिवर्तित होना ही उपापचय प्राणियों में उनकी वृद्धि और विकास का कारण है । (2) अपचय (Catabolism)– शक्ति उत्पन्न करने के लिए सांस के द्वारा ऑक्सीजन लेने और कार्बनडाई-आक्साइड आदि को बाहर निकालने की क्रिया में शरीर के तत्त्वों का नाश होना और शक्ति का उन्मोचन होना। इसी को अपचय कहते हैं । निर्माण और नाश की ये क्रियाएँ ही जीवन की सभी प्रक्रियाओं का कारण और स्रोत हैं ।

metaphysical pathos (मेटॉ'फ़िजिक्ल् पे'थॉस) **तात्त्विक पीड़ा** : बृहत् सामाजिक संगठनों और आधुनिक विश्व के प्रशासनतन्त्रों का जो विश्लेषण हुआ है, उनमें एक प्रकार के निराशावाद का जो भाव उभर कर आया है, इसे ही 'तात्त्विक पीड़ा' का नाम दिया गया है । तात्त्विक पीड़ा नियति और लुप्त होती हुई स्वतन्त्रता के भाव की अभिव्यक्ति है । मैक्स वेबर (Max Weber, 1864-1920) ने इसी विचार को बड़े ही सुन्दर ढंग से 'लोहे के पिंजरे का प्रशासनतन्त्र' और 'विश्व के प्रति मोहभंग' की अपनी प्रसिद्ध उक्तियों द्वारा अभिव्यक्त किया है ।

metaphysics (मेटॉ'फिज़िक्स) **तत्त्वमीमांसा** : सम्पूर्ण विश्व की प्रकृति या संरचना सम्बन्धी विचारों को दर्शनशास्त्रीय लेखनों में तत्त्ववाद कहा गया है । आधुनिक तत्त्ववाद का विकास, पुरातन ग्रीस और यूरोप की सत्रहवीं शताब्दी की वैज्ञानिक क्रांति के सन्दर्भ में हुआ है । आर. डेकार्ट (René Descartes, 1596-1650), बी. स्पिनोजा (Benedict de Spinoza, 1632-1677) और जी. डब्ल्यु. लिबनीज़ (G. W. Leibniz, 1646-1716) जैसे दार्शनिकों के अनुसार, विश्व की वास्तविक प्रकृति का ज्ञान तर्क के व्यवस्थित प्रयोग से संभव है । यह ज्ञान हमारे रोज़मर्रा के ज्ञान और प्रतिदिन की इसकी समझ से भिन्न होता है । विज्ञान भी बहुत कुछ यही बात कहता है । डेविड ह्यूम (David Hume, 1711-1776) और इमैन्युअल काण्ट (Immanuel Kant, 1724-1804) जैसे दार्शनिकों ने तत्त्ववाद की मिथ्याओं के बारे में अपनी शंकाएँ प्रकट की हैं ।

meta science (मेटॉ'साइन्स्) **अधिविज्ञान** : विज्ञानों का विवेचन करनेवाला शास्त्र । इसे विज्ञानों का विज्ञान (Science of sciences or super-science) भी कहा जा सकता है । वैसा विज्ञान कितना वैज्ञानिक होगा, यह विवाद का विषय है ।

meta-sociology (मेटॉ सोसि 'ऑलजि) **अधिसमाजशास्त्र, अधिसमाजविज्ञान** : समाजशास्त्रीय सिद्धान्त की एक शाखा, जो सामाजिक अन्वेषणों के तार्किक ज्ञान और विधियों से सम्बन्धित होती है । इसमें सामाजिक जीवन के विषय, समस्याओं, सिद्धान्तों तथा सामान्यीकरण आदि के अध्ययन को सम्मिलित नहीं किया जाता है ।

metatheory; metatheoretical beliefs (मेटॉ'थिअरि; मेटॉ'थिअरे'टिक्ल् बि'लीफ़्स) **अधिसिद्धान्त; अधिसैद्धान्तिक विचार** : यह अपने-आप में कोई सिद्धान्त नहीं है, बल्कि इस शब्द का प्रयोग ऐसी दार्शनिक मान्यताओं की पृष्ठभूमि को सूचित करने के लिए किया जाता है, जो समाजशास्त्रीय सिद्धान्तों के निर्माण में मदद करता है तथा समाजशास्त्रीय अध्ययन-पद्धतियों को तर्कसंगत सिद्ध करता है । शास्त्रार्थ मीमांसा **(Hermeneutics)** एक प्रकार का अधिसिद्धान्त है ।

methodological artefact (मेथड'लॉजिक्ल् आर्टिफ़ैक्ट) **प्रणालीतन्त्रीय शिल्पतथ्य** : देखें– **Artefact, statistical and methodological** ।

methodological atheism (मेथड'लॉजिक्ल् 'एथि इज़्म्) **प्रणालीतन्त्रीय नास्तिकवाद** : देखें– **Atheism, methodological** ।

methodological holism (मेथड'लॉजिक्ल् 'हॉल्इज़्म्) **प्रणालीतन्त्रीय समग्रवाद, पद्धतिवैज्ञानिक समष्टिवाद, पद्धतिवैज्ञानिक साकल्यवाद** : प्रणाली वैज्ञानिक समग्रवाद सामाजिक विज्ञानों के अध्ययन का वह उपागम है, जिसके अन्तर्गत सामाजिक जीवन को एक सामूहिक सत्ता के रूप में देखा जाता है । जी. डब्ल्यू. एफ. हीगल (G. W. F. Hegel, 1770-1831), कार्ल मार्क्स (Karl Marx, 1818-83), ओस्वाल्ड स्पेंग्लर (Oswald J. Spengler, 1880-1936) और ऑर्नाल्ड टॉइनबी (Arnold J. Toynbee, 1899-1975) इस विचारधारा के प्रमुख प्रणेता माने जाते हैं ।

methodological individualism (मेथड'लॉजिक्ल् इन्डि'विड्युऑलिज़म्) **प्रणालीतन्त्रीय वैयक्तिकवाद :** इस विचारधारा की मान्यता यह है कि कोई भी सामाजिक व्यवस्था व्यक्तियों का एक समूह मात्र है । वह व्यक्तियों से अलग कुछ भी नहीं है । अत: किसी भी सामाजिक व्यवस्था को समझने के लिए यह ज़रूरी है कि व्यक्ति की विशेषताओं को ही ठीक ढंग से समझा जाये । समाज व्यक्तियों के समूह से ज्यादा कुछ नहीं है । यदि युद्ध को समझना है, तो युद्ध में संलिप्त सिपाहियों एवं राजनीतिक नेताओं को समझने की ज़रूरत है, न कि समस्त सैन्य-दल और राष्ट्र को। इसके अनुसार, सामाजिक तथ्यों की कोई भी व्याख्या तब तक विश्वसनीय नहीं हो सकती, जब तक उनसे जुड़े हुए व्यक्तियों के गुणों, उद्देश्यों, मान्यताओं और क्रिया-कलापों पर ध्यान केन्द्रित न किया जाये । मैक्स वेबर (Max Weber, 1864-1920) का कहना था कि समाजवैज्ञानिक के विश्लेषण की उपयुक्त इकाई 'वैयक्तिक कार्य' है । प्राकृतिक विज्ञानों के अध्ययन-विषय प्रकृति के निर्विकार नियमों से बँधे होते हैं, परन्तु मनुष्य अपनी मूल्यपरक अधिमान्यताओं के अनुसार अपने व्यवहार का चयन करते हैं । अत: पृथक्-पृथक् व्यक्तियों के व्यवहार का निरीक्षण ज़रूरी हो जाता है । इस दृष्टिकोण की पुष्टि करते हुए कार्ल पॉपर् (Karl R. Popper, 1902-1994) ने तर्क दिया है कि सामाजिक विज्ञान की विशिष्ट प्रकृति को देखते हुए, समग्र सामाजिक विकास के नियम स्थापित नहीं किए जा सकते, बल्कि इसमें छोटी-छोटी और पृथक्-पृथक् सामाजिक इकाइयों से सम्बन्धित नियम ही स्थापित किए जा सकते हैं । अत: सामाजिक घटनाओं के अध्ययन के लिए उनके सूक्ष्म हिस्सों या उनसे जुड़े हुए व्यक्तियों के व्यवहार पर ही ध्यान देना चाहिए। इस विचारधारा का काफी विरोध हुआ है । एमिल डर्कहाइम (Émile Durkheim, 1858-1917) इस विचारधारा का खण्डन करने वाले अग्रणी समाजशास्त्रियों में से रहे हैं ।

methodological naturalism (मेथड'लॉजिक्ल् 'नेचॅर् लिज़म्) **प्रणालीतन्त्रीय प्रकृतवाद :** कुछ लोगों का ऐसा विचार है कि यदि समाजशास्त्र में प्राकृतिक विज्ञानों की अध्ययन-पद्धति अपनायी जाये, तो उससे उसका स्वरूप वैज्ञानिक हो सकता है । दूसरी तरफ, इस बात का यह कहते हुए खण्डन हुआ है कि समाजशास्त्र की विषय-वस्तु ही ऐसी है, जो उसे पूरी तरह वैज्ञानिक होने में बाधा उत्पन्न करती है । सामाजिक विज्ञानों में प्राकृतिक विज्ञानों की अध्ययन-पद्धति को अपनाया जाना पूरी तरह संभव नहीं है ।

methodological nominalism (मेथड'लॉजिक्ल् नम्निलिज़म्) **प्रणालीतन्त्रीय नाममात्रवाद :** देखें– **Essentialism** ।

methodological pluralism (मेथड'लॉजिक्ल् 'प्लुअर् लिज़म्) **पद्धतीय बहुलवाद :** एक लम्बे अर्से तक समाजशास्त्र में गवेषणा की एक पद्धति के रूप में प्रत्यक्षवाद छाया रहा है, किन्तु सन् 1970 के दशक में समाजशास्त्रियों ने इस धारणा पर विचार करना शुरू कर दिया कि सामाजिक शोध का मात्र एक तरीका या एक रीति ही नहीं है, अपितु इसके अनेक तरीके, पद्धतियाँ और रीतियाँ हैं । इस धारणा ने समाजशास्त्र में प्रचलित दीर्घकालिक प्रत्यक्षवाद के वर्चस्व पर आघात किया । प्रत्यक्षवादी रूढ़िवाद के साथ प्रमुख रूप से पॉल लाजर्सफिल्ड (Paul F. Lazarsfield, 1901-1976) और टैलकॉट पार्सन्स (Talcott Parsons, 1902-1979) तथाकथित अमूर्त अनुभववाद के प्रमुख प्रस्थापक और प्रचारक का नाम जुड़ा हुआ है । घटनाक्रियावादी (**Phenomenology**) और संरचनावादी समाजशास्त्र के साथ-साथ नव-मार्क्सवाद और दर्शनशास्त्रीय सापेक्षवाद के उद्‌भव के फलस्वरूप समाजशास्त्र में नवीन पद्धतीय बहुलवाद का जन्म हुआ। कुछ लोगों ने पद्धतीय बहुलवाद के स्थान पर 'ज्ञानमीमांसीय बहुलवाद' या 'ज्ञानमीमांसीय मानकशून्यता' (**Epistemological anomie**) शब्दों का प्रयोग भी किया है । उन्होंने एक ऐसी स्थिति को मानकशून्यता कहा है, जिसमें ज्ञान के विभिन्न सिद्धान्त, प्रतिरूप या पराडाइम समाजशास्त्र में अपना वर्चस्व कायम करने के लिए प्रतिस्पर्द्धा करते हैं । फेयराबेन्ड (P. K. Feyerabend, 1927-1994) (**Against Method,** 1975) ने इस सम्बन्ध में कहा है कि प्राकृतिक विज्ञानों में भी कोई एक पद्धति नहीं है और वहाँ भी शोधकर्ता पद्धतियों को बदलते रहते हैं । वास्तव में, सफल विज्ञान का महल एक पद्धति के अनुसरण के आधार पर खड़ा नहीं किया जा सकता । अत: उन्होंने कई वैकल्पिक पद्धतियों के प्रयोग पर बल दिया । उन्होंने इस स्थिति को 'ज्ञानमीमांसीय अराजकता' (Epistemological anarchy) कहा और एक पद्धति

के विपरीत इस 'अराजकता' का पक्ष लिया। वास्तव में, पद्धतीय बहुलवाद के स्थान पर जिन शब्दों का भी प्रयोग किया गया, वे सभी पद्धतीय एकान्तिकता (**Methodogical individualism**) की धारणा को अस्वीकार करते हैं।

methodology (मेथ'डॉलजि) **प्रणालीविज्ञान, पद्धतिशास्त्र** : इस अवधारणा का प्रयोग मुख्यत: दो अर्थों में किया गया है। प्रथम अर्थ में, तथ्यों के संकलन-विश्लेषण की उन विधियों और तकनीकों के पुंज को प्रणालीविज्ञान के नाम से जाना जाता है, जो किसी विशिष्ट विषय की शाखा में प्रयोग किये जाते हैं। प्रणालीविज्ञान का यह सामान्य अर्थ है और इसी अर्थ में इस अवधारणा के सर्वाधिक प्रयोग का चलन है। पीएच. डी. की उपाधि के लिए लिखे जाने वाले अधिकांश शोध-प्रबन्धों में 'प्रणालीविज्ञान' के शीर्षक के अन्तर्गत गवेषणा में प्रयोग की गई विधियों एवं तकनीकों का ही उल्लेख होता है। द्वितीय अर्थ में, प्रणालीविज्ञान का प्रयोग तात्त्विक सिद्धान्त के लिए किया जाता है। ये दोनों ही प्रयोग भ्रामक हैं। शोध-पद्धतियाँ तथा तकनीकें तो अन्वेषण के सामान्य तौर-तरीके हैं। एक प्रणालीविज्ञान तो इन विधियों तथा तकनीकों का मूल्यांकन भी करता है कि वे किस सीमा तक ज्ञान प्राप्ति में सक्षम हैं (देखें– Royce A. Singleton, Bruce C. Straits and Margaret M. Straits, **Approaches to Social Research**, 1993)।

methodology, feminist (मेथ'डॉलजि, 'फ़ेम निस्ट्) **महिलावादी प्रणालीविज्ञान** : देखें– **Feminist methodology**।

metonym, metonymy ('मेटॅनिम, मि'टॉनॅमि) **लाक्षणिक शब्द, उपलक्षण** : कुछ शब्द ऐसे होते हैं, जिनका अपना अर्थ तो विशिष्ट होता है, लेकिन उन शब्दों के बोलने से कुछ और ही अर्थ की ओर संकेत होता है अर्थात्, कुछ शब्दों के लाक्षणिक अर्थ भी हुआ करते हैं, जैसे– गिलास कहने से पानी का बोध, कप कहने से एक प्याली चाय का बोध और राजनीति कहने से छल-प्रपंच का बोध होता है। कभी-कभी लोग किसी बात को सीधे ढंग से न कहकर, आलंकारिक भाषा में कहने की कोशिश करते हैं।

metropolis (मि'ट्रॉपलिस) **महानगर** : जिसकी आबादी दस लाख या उससे अधिक हो उसे, भारत में महानगर कहा जाता है। लेकिन, आमतौर पर यह एक ऐसा नगर होता है, जिसके अन्तर्गत उस नगर के विस्तार के परिणामस्वरूप आसपास के छोटे-मोटे नगर और कस्बे मिलकर एक बृहत् नगर का निर्माण करते हैं। ये बस्तियाँ तथा कस्बे आर्थिक, सामाजिक तथा सांस्कृतिक दृष्टि से महानगर पर निर्भर रहते हैं। इ. डब्ल्यू. बर्जिस (E. W. Burgess, 1886-1966) के अनुसार, ऐसे नगरों की कुल जनसंख्या दस लाख या इससे अधिक तथा जनसंख्या का घनत्व 150 प्रति वर्गमील या इससे अधिक होता है। यह एक पुराना मापदण्ड है।

metropolis-satellite relationship (मि'ट्रॉपलिस सेटॅलाइट रि'लेशन्शिप्) **महानगर-उपाश्रित नगर सम्बन्ध** : महानगर और उपाश्रित नगर के बीच एक गहरा आर्थिक सम्बन्ध होता है। चूँकि महानगरों का जीवन बहुत महंगा, संघर्षशील, तनावपूर्ण एवं प्रदूषित होता है, इसलिए महानगरों में काम करने वाले लोग उपाश्रित नगर में रहना पसन्द करते हैं। उपाश्रित नगर के लोगों को जीवन-यापन के लिए महानगरों पर निर्भर रहना पड़ता है। महानगरों के विकास के परिणामस्वरूप उपाश्रित नगर महानगर के अभिन्न अंग बन जाते हैं।

metropolitan area (मेट्र'पॉलिटन 'अरिआ) **महानगर-क्षेत्र** : महानगर ऐसे बड़े शहर हैं, जिनमें आसपास के सभी प्रदेशों से लोग आकर नौकरी या कारोबार के लिए बस जाते हैं और जहाँ अन्तर्राष्ट्रीय आवागमन होता रहता है। जनसंख्या की दृष्टि से महानगर कहलाने के लिए उस नगर की आबादी 10 लाख से ऊपर होनी चाहिए। महानगरों के क्षेत्र के अन्तर्गत नियमित क्षेत्र तथा छोटी-छोटी बस्तियाँ व उपनगर होते हैं, जहाँ से लोग केन्द्रीय स्थानों में पहुँचकर जीविकोपार्जन और कारोबार करते हैं।

metropolitan city (मेट्र'पॉलिटन 'सिटि) **महानगरीय शहर** : 10,00,000 से अधिक जनसंख्या सहित शहरी स्थान। महानगरों की भौगोलिक सीमा का निर्धारण आमतौर पर वहाँ की सरकार के द्वारा होता है।

metropolitan statistical area (मेट्र'पॉलिटन स्ट'टिस्टिक्ल् 'अरिआ) **महानगर सांख्यकीय क्षेत्र** : जब कोई महानगर

कई छोटे-मोटे शहरों से जुड़ जाता है, तो उसे Metropolitan statistical area कहा जाता है । इस शब्द का प्रयोग आमतौर पर अमरीका और अन्य पाश्चात्य देशों के नगरों के सन्दर्भ में होता है : देखें- **Conurbation** ।

mezzosegregation (मेट्सो सेग्रि 'गेश्न्) **मध्यम-पृथक्करण :** विभिन्न प्रजातियों का पड़ोस के आधार पर पृथक्करण।

microcosm ('माइक्रॅ काज़म्) **अणु विश्व :** ब्रह्माण्ड का लघुत्तम स्वरूप। ब्रह्माण्ड या किसी बृहत् समग्र का लघुत्तम रूप । कृत्रिम तारामण्डल आकाश का एक लघुत्तम रूप है । उसी प्रकार मानव जाति को ब्रह्माण्ड का एक अणु विश्व कहा जा सकता है ।

microdata ('माइक्रो 'डेटा) **सूक्ष्म आँकड़े :** वैयक्तिक उत्तरदाता के सम्बन्ध में जो आँकड़े होते हैं, उन्हें सूक्ष्म आँकड़े की संज्ञा दी जाती है । इस प्रकार के आँकड़े से उत्तरदाता के नाम और पते हटा दिये जाते हैं या गुप्त रखे जाते हैं ।

micro-functionalism ('माइक्रो 'फ़ङ्क्श्न् लिज़म्) **सूक्ष्म प्रकार्यवाद :** एक समाजशास्त्रीय सैद्धान्तिक दृष्टिकोण, जो लघु-स्तरीय सामाजिक प्रणालियों के प्रकार्यात्मक विश्लेषण पर बल देता है । इस दृष्टिकोण की उत्पत्ति गस्टाल्ट मनोविज्ञान (**Gestalt Psychology**) द्वारा हुई है । समूह गत्यात्मकता का अध्ययन इस दृष्टिकोण के केन्द्रीय महत्त्व के विषय रहे हैं। इस दृष्टिकोण के प्रमुख अनुसरणकर्ता विद्वानों में कुर्ट लिविन (Kurt Lewin, 1890-1947) तथा कार्टराइट (Rosalind Cartwright) का नाम विशेष उल्लेखनीय है । हार्वर्ड विश्वविद्यालय के रॉबर्ट बेल्स (Robert F. Bales, 1916-2004) ने लघु समूहों पर काफी प्रायोगिक काम किया है ।

microsegregation ('माइक्रोसेग्रि 'गेश्न्) **सूक्ष्म-पृथक्करण :** विभिन्न नृजातियों के बीच रोज़मर्रे के जीवन में पृथक्करण की प्रवृत्ति, जैसे- बस पड़ाव या रेलवे स्टेशन पर विभिन्न समुदाय के लोगों के लिए अलग-अलग प्रतीक्षालय का होना । वाहनों के अन्तर्गत महिलाओं के लिए अलग बैठने की सुविधा भी सूक्ष्म-पृथक्करण है ।

microsociology ('माइक्रो सोसि 'ऑलजि) **सूक्ष्म समाजशास्त्र :** सूक्ष्म समाजशास्त्र के अध्ययन का केन्द्रबिंदु क्रिया, अन्तर्क्रिया और इनकी अर्थ-संरचना है । सूक्ष्म समाजशास्त्र के अनुसरणकर्ता समाज की बुनियादी इकाई व्यक्ति और उसकी क्रियाओं को मानते हैं । अतः व्यक्तियों की आमने-सामने की सामाजिक अन्तर्क्रियाओं का अध्ययन ही सूक्ष्म समाजशास्त्रियों का प्रमुख विषय है । माइक्रो सिद्धान्तवेत्ता लघु समुदायों के अध्ययन द्वारा बृहत् समाजों को समझाने का प्रयास करते हैं । सूक्ष्म दृष्टिकोण के अध्ययनकर्ता मनोवैज्ञानिक पद्धति का प्रयोग करके आगमनात्मक नियमों की रचना करते हैं । जॉर्ज एच. मीड (George Herbert Mead, 1863-1931), अल्फ्रेड सूज़ (Alfred Schutz, 1899-1959), हर्बर्ट ब्लूमर (Herbert Blumer, 1900-1987), बी. एफ. स्कीनर (Burrhus Frederic Skinner, 1904-1990), जॉर्ज सी. होमन्स (George C. Homans, 1910-1989), इरविंग गॉफ़मैन (Erving Goffman, 1922-1982), हैरल्ड गारफिंकल (Harold Garfinkel, 1917-) आदि विद्वानों ने इसी परम्परा का अनुसरण करते हुए प्रतीकात्मक अन्तर्क्रियावाद (**Symbolic interactionism**), संरचनात्मक प्रकार्यवाद (**Structural functionalism**), विनिमय-सिद्धान्त (**Exchange theory**), नृजातीय पद्धतिशास्त्र (**Ethnomethodology**), दृश्यघटना-विज्ञान (**Phenomenology**) जैसे नये-नये परिप्रेक्ष्यों को जन्म दिया है ।

middle class ('मिड्ल् क्लास्) **मध्यवर्ग :** किसी विशिष्ट राजनीतिक-आर्थिक व्यवस्था वाले समाज का बहुसंख्य-समूह जो अपनी आय, प्रतिष्ठा एवं व्यवसाय के आधार पर अपने पृथक् अस्तित्व को कायम रखते हुए बदलती सामाजिक-आर्थिक परिस्थितियों में कभी उच्च वर्ग और कभी निम्नवर्ग के साथ तादात्म्य स्थापित करता है । मध्यमवर्ग में सामान्यतया ऐसे लोगों को रखा जाता है जो अपने हाथों से काम नहीं करते तथा जो अभिजात वर्ग की श्रेणी में भी नहीं आते । यह परिभाषा स्थूल एवं कुछ हद तक अस्पष्ट है, परन्तु इतिहास के अलग-अलग कालों में मध्यमवर्ग स्पष्ट रूप से पहचाना जा सकता है । मध्यकालीन यूरोप में व्यापार के प्रसार के साथ ऐसा वर्ग पैदा हुआ, जिसका व्यापार में काफी हिस्सा था, लेकिन वह धनिक नहीं था । अतः इन्हें समाज के कुलीन वर्ग में नहीं रखा जा सकता था । इस समय ऐसे वर्गों

का भी अभ्युदय हुआ, जो व्यापार के अलावा दूसरे पेशों में लगे थे। औद्योगिक क्रांति ने इन वर्गों के प्रसार में सहायता की और 1900 ई. तक विकसित औद्योगिक देशों में जनसंख्या का लगभग 20 प्रतिशत मध्यमवर्ग में गिना जाने लगा। धीरे-धीरे इसका राजनीति में दखल होने लगा। ज्यादातर शहरी होने के कारण इस वर्ग ने शहरी शासन में प्रवेश किया और धीरे-धीरे राष्ट्रीय स्तर पर भी इसका महत्त्व बढ़ने लगा (देखें– C. Wright Mills, **White Collar**, 1951; Nicholas Abercrombie and John Urry, **Capital, Labour, and the Middle Classes**, 1983)।

middle class, new ('मिड्ल् क्लास्, न्यू) **नया मध्यवर्ग :** विरोधात्मक वर्ग के स्थान का प्रतिनिधित्व करनेवाले को नया मध्यवर्ग कहा जाता है । यदि दलित समाज का कोई गरीब सदस्य उच्च शिक्षा या राजनीतिक शक्ति प्राप्त कर समाज में ऊपर की हैसियत को हासिल कर लेता है, तो उसे नया मध्यवर्ग माना जायेगा : देखें– **Contradictory class location** ।

middle range theory ('मिड्ल् रेन्ज् 'थिअरि) **मध्यवर्ती सिद्धान्त :** लघु कार्यवाहक प्राक्कल्पनाओं (Working hypothesis) तथा बृहत् अमूर्त सिद्धान्तों (Absent grand theory) के बीच की स्थिति को मध्यवर्ती सिद्धान्त का नाम दिया गया है । इस प्रकार के सिद्धान्तों की रचना आनुभविक शोध के वास्तविक तथ्यों के आधार पर होती है तथा ये सीमित क्षेत्र से सम्बन्धित होते हैं । किसी एक विचाराधीन विषय-वस्तु से सम्बन्धित परिभाषाओं, अनुमानों तथा सामान्य प्रस्थापनाओं के एक ऐसे समन्वित समूह को सीमित सिद्धान्त कहा जाता है, जिसके द्वारा विशिष्ट तथा परीक्षण योग्य प्राक्कल्पनाओं के एक व्यापक तथा स्थाई समूह का तार्किक आधार पर प्रतिपादन किया जा सकता है ।

मध्यवर्ती सिद्धान्त के विचार का प्रतिपादन समाजविज्ञानों में सर्वप्रथम टी. एच. मार्शल (T. H. Marshal, 1873-1982) ने सन् 1946 में लन्दन विश्वविद्यालय के अधिष्ठाता पद का भार ग्रहण करते समय अपने उद्बोधन में किया था । बाद में, इस विचार को अग्रसर करते हुए रॉबर्ट के. मर्टन (Robert K. Merton) ने कहा कि मध्यवर्ती सिद्धान्त तार्किक रूप से अन्तर्सम्बन्धित ऐसी अवधारणाएँ हैं, जो व्यापक तथा महती सीमित क्षेत्र से सम्बन्धित होती हैं । इन सिद्धान्तों का कार्य छोटी-छोटी प्राक्कल्पनाओं और बृहत् अमूर्त सिद्धान्तों के बीच की खाई को पाटना है (देखें– Robert K. Merton, **Social Theory and Social Structure**, 1957) ।

migration (माइ'ग्रेशन्) **प्रवास :** प्रवास एक ऐसी भौगोलिक एवं सामाजिक प्रक्रिया है, जो अनवरत आदिकाल से चलती आ रही है, पर प्रवास किसे कहते हैं, यह आज भी सामाजिक विज्ञानों के लिए एक समस्या है । प्रवास निवास-स्थल में एक स्थायी या अर्द्ध-स्थायी परिवर्तन का नाम है । इस परिभाषा से प्रवास के सम्बन्ध में स्थान-परिवर्तन पर कोई स्पष्ट प्रकाश नहीं पड़ता है । यदि इस परिभाषा को स्वीकार किया जाये, तो यह समझ में नहीं आता है कि कोई व्यक्ति अपने निवास-स्थान से कितनी दूरी पर जाकर निवास करेगा ताकि उसे प्रवासी कहा जाये । यह प्रश्न इसलिए खड़ा होता है कि क्या कोई व्यक्ति एक ही शहर के अन्तर्गत एक मुहल्ले से दूसरे मुहल्ले में जाकर निवास करने लगता है, तो उसे प्रवासी कहा जाये या नहीं । प्रवास कहे जाने के लिए यह ज़रूरी है कि व्यक्ति किसी भौगोलिक, प्रशासनिक या सामाजिक सीमा-क्षेत्र को पार करता हो । इस परिभाषा में सिर्फ स्थान-परिवर्तन के सम्बन्ध की परेशानी नहीं है, बल्कि समय-निर्धारण की भी परेशानी है । प्रवास के लिए समय-सीमा का भी होना बड़ा आवश्यक है, नहीं तो तीर्थाटन, व्यापार एवं स्वास्थ्य-लाभ हेतु स्थान-परिवर्तन करने वाले व्यक्तियों को भी प्रवासी कहा जायेगा। लेकिन, यह भी निर्धारित करना कम कठिन कार्य नहीं है कि कोई व्यक्ति कितने दिनों तक नए स्थान में रहे कि उसे प्रवासी मान लिया जाये। इस सम्बन्ध में कुछ सामाजिक वैज्ञानिकों के विचारों को रखना चाहेंगे, जिससे प्रवास की परिभाषा पर प्रकाश पड़ता है । पी. एच. रोसी (P. H. Rossi) ने कहा है कि यदि कोई व्यक्ति किसी नए स्थान में जाने की इच्छा रखता है, तो उसे प्रवासी कहा जाना चाहिए । विभिन्न सामाजिक विज्ञानों के बीच इसकी परिभाषा के सम्बन्ध में तो मतभेद है ही, एक ही सामाजिक विज्ञान के अन्तर्गत विद्वानों के बीच भी इसकी परिभाषा को लेकर काफी मतभेद है । चूँकि प्रवास सम्बन्धी आँकड़े मुख्यरूप से जनगणना से प्राप्त होते हैं, इसलिए जनगणना के द्वारा दी गई परिभाषा को आधार मानकर विभिन्न देशों में इस विषय पर चर्चा की जाती है ।

मुख्यरूप से प्रवास को दो भागों में बाँटा जाता है– आन्तरिक प्रवास (**Internal migration**) एवं अन्तर्राष्ट्रीय प्रवास (**International migration**)। प्रवास की जो प्रक्रिया अपने देश की सीमा के अन्तर्गत चलती है, उसे आन्तरिक प्रवास (Internal migration) कहा जाता है और ठीक इसके विपरीत दो या दो से अधिक देशों की सीमाओं के बीच चलने वाली प्रवास की प्रक्रिया को अन्तर्राष्ट्रीय प्रवास कहते हैं ।

migration, internal (माइ'ग्रेशन्, इन्'टर्नल्) **आन्तरिक प्रवसन :** जब प्रवसन देश की सीमा के अन्तर्गत होता है, तो उसे आन्तरिक प्रवसन कहते हैं ।

migration, sociological studies of (माइ'ग्रेशन्, सोसिअ 'लॉजिक्ल्'स्टडिज़ ऑव्) **प्रवास का समाजशास्त्रीय अध्ययन :** प्रवास की प्रक्रियाओं का अध्ययन मात्र भूगोल, अर्थशास्त्र एवं जनसंख्याशास्त्र तक ही सीमित नहीं है, बल्कि समाजशास्त्र के क्षेत्र में भी काफी हुआ है । प्रवास की विभिन्न प्रक्रियाओं में सामाजिक तथ्यों की भूमिका प्रमुख होती है । समाजशास्त्र के क्षेत्र में प्रवास पर अनगिनत काम हुए हैं । कुछ समाजशास्त्रियों ने तो प्रवास का सिद्धान्त भी प्रस्तुत किया है, जैसे– इ. एस. ली. (E. S. Lee), एस. ए. स्टूफर (S. A. Stouffer) इत्यादि । भारत में समाजशास्त्रियों ने प्रवास जैसे विषय के अध्ययन में अपेक्षाकृत कम रुचि दिखाई है; क्योंकि यहाँ समाजशास्त्र और जनसंख्याशास्त्र के बीच की कड़ी काफी कमजोर रही है : देखें– **Migration** ।

migration adjustment factor (माइ'ग्रेशन् अ'जस्ट्मन्ट् फैक्ट्र्) **प्रवसन समायोजन गुणांक :** वास्तविक प्रवसन करने वाले लोगों की संख्या और प्रवसन के लिए परिगणित लोगों की संख्या का अनुपात । यह अनुपात प्रवास करने वाले लोगों की दर का उपयोग करके निकाला जाता है ।

migration boundaries (माइ'ग्रेशन् बाउन्ड्रिज्) **प्रवसन सीमाएँ :** ऐसे परिसीमित क्षेत्र, जिनके बीच दो समुदायों या जनसंख्या वर्गों अथवा समूहों का प्रवसन होता है । आवश्यक नहीं कि ये सीमाएँ देश की भीतरी या बाहरी कानूनी सीमाओं के अनुरूप हों । इन क्षेत्रों की व्याप्ति प्रवसन के परिमाण के अनुसार परिभाषित की जाती है । ऐसा परिसीमन स्थानीय इकाइयों से भिन्न भी हो सकता है ।

migration interval (माइ'ग्रेशन् 'इन्टर्वल्) **प्रवसन अन्तराल :** किसी अवधि में एक स्थान से दूसरे स्थान पर आने-जाने वाले लोगों की संख्या से है । प्रवसन एक ऐसी घटना है, जो किसी निश्चित समय पर घटित होती है । इसलिए जब हम प्रवसन का उल्लेख करते हैं, तो उसका कालनिर्धारण भी आवश्यक हो जाता है, जैसे– 1 वर्ष, 5 वर्ष या 10 वर्ष । यह अवधि जितनी बड़ी होगी, प्रवसन करने वाले लोगों की औसत संख्या उतनी ही कम होगी । प्रवसन की इन अवधियों को प्रवसन अन्तराल कहा जाता है ।

migration rate (माइ'ग्रेशन् रेट्) **प्रवसन-दर :** इस शब्द का तात्पर्य प्रवसन की अपेक्षित बारम्बारता है । यह प्रवसन की घटना को दर्शाने वाली सम्भावित संख्या होती है ।

militancy ('मिलिटन्सि) **युयुत्सा, उग्रवाद :** इस शब्द का प्रयोग मुख्यरूप से ट्रेड यूनियन के कार्यकलापों से जुड़ा रहा है । कर्मचारियों के नेतागण श्रमिकों को लाभ दिलाने के लिए कई बार उग्र रूप से नियोजकों का विरोध करते हैं । इस प्रकार की कार्रवाई कई बार राजनीतिक कारणों से भी प्रभावित होकर होती है ।

militant ('मिलिटन्ट) **आतंकवादी, युद्धवादी :** ऐसा व्यक्ति, जो किसी राजनीतिक उद्देश्य के प्रति दृढ़ निष्ठा रखता हो, उसकी पूर्ति के लिए पूरी तरह प्रतिबद्ध हो और उसके लिए निरन्तर संघर्ष करने को तत्पर हो ।

military and militarism, sociological studies of ('मिलिट्रि ऐन्ड् मिलिट्रिज़म्, सोसिअ'लॉजिक्ल्'स्टडिज़ ऑव्) **सैन्य और सैन्यवाद का समाजशास्त्रीय अध्ययन :** आम समाजविज्ञानी अक्सर यह समझते हैं कि सेना-सम्बन्धी विषय के अध्ययन का सम्बन्ध समाजशास्त्र से नहीं के बराबर है । लेकिन, यथार्थ यह है कि समाजशास्त्रियों ने इस विषय

पर काफी अध्ययन किया है । सेना के जवान एक सामाजिक प्राणी हैं । उनकी भी समस्याएँ अन्य लोगों की तरह ही होती हैं । पाश्चात्य देशों में इस विषय पर समाजशास्त्रियों ने काफी अध्ययन किया है । इस विषय पर Samuel A. Stouffer *et al.,* **The American Soldier** (1949); Morris Janowitz, **The Professional Soldier** (1960); Samuel E. Finer, **The Man on Horseback** (1962); J. J. Johnson, **The Role of the Military in Underdeveloped Countries** (1962); Kurt Lang, **Military Institutions and the Sociology of War** (1972) और Colin Creighton (eds.), **The Sociology of War and Peace** (1988)– ये सभी उल्लेखनीय अध्ययन हैं ।

military-industrial complex ('मिलिट्रि इन्'डस्ट्रिअल् 'कॉम्प्लेक्स्) **सैन्य-औद्योगिक जटिलता/संश्लिष्टता:** भूतपूर्व अमरीकी राष्ट्रपति डी. डी. आइजेनहॉवर (Dwight D. Eisenhower, 1890-1969) ने इस शब्द का प्रयोग इस अर्थ में किया था कि औद्योगिक घरानों और सेना के बीच कुछ सामान्य हित होता है । अत: दोनों को एकसाथ मिलकर काम करने की कोशिश करनी चाहिए। विभिन्न प्रकार की सामरिक वस्तुओं के उत्पादन से औद्योगिक घराने के लोग काफी लाभ उठा सकते हैं । सामरिक वस्तुओं के उत्पादन से देश में शान्ति की बेहतर सम्भावना रहती है । विकास के लिए शान्ति या तनावमुक्त वातावरण ज़रूरी है । साथ ही साथ, आइजेनहॉवर ने यह भी कहा कि सामरिक चीज़ों के उत्पादन से शान्तिपूर्ण तरीके से राष्ट्रीय हितों की हिफाजत सम्बन्धी विश्वास में कमी आती है । साथ ही साथ विकास के लिए ज़रूरी संसाधनों में भी कमी आती है (देखें– C. Wright Mills, **The Power Elite**, 1956; Sam C. Sarkesian (ed.), **The Military-industrial Complex**, 1972) ।

military mind ('मिलिट्रि माइन्ड्) **फौजी (सैन्य) मत** : इस अवधारणा का विकास सैमुअल हटिंगटन (Samuel Huntington) ने किया था । उनका कहना था कि सेना के लोगों की इस विश्व के बारे में एक अलग ही विचारधारा है । वे लोग इस विश्व के बारे में अन्य लोगों की तुलना में कुछ अलग ही विचार रखते हैं ।

millenarianism (मिलि'नेअॅर्इअॅ निज़म्) **सहस्राब्दवाद** : ईसाइयों की एक मान्यता, जिसके अनुसार ईसा मानव-शरीर धारण करके संसार में आकर एक हजार वर्ष तक शासन करेंगे (देखें– N. Cohen, **The Pursuit of the Millennium**, 1957; Peter Worsley, **The Trumpet Shall Sound: A Study of 'Cargo Cults' in Melanesia**, 1970) ।

milling crowd (मिल् 'इन्ग क्राउड्) **भीड़-भड़ाका, हजूम** : व्यक्तियों का अस्त-व्यस्त समूह, जो निरुद्देश्य इकट्ठा होकर भ्रान्ति फैलाता हो । ऐसे समूह का कोई नेता या मार्गदर्शक नहीं होता । कोई स्थानीय हाट-बाज़ार या धार्मिक मेला भी इसका उदाहरण हो सकता है ।

million city ('मिल्यन् 'सिटि) **मिलियन नगर** : ऐसा नगर, जिसकी जनसंख्या 10 लाख या उससे अधिक हो जैसे– मुम्बई, कोलकाता, नयी दिल्ली, बंगलुरु आदि ।

minimum custody ('मिनिमम् 'कस्टडि) **न्यूनतम अभिरक्षा** : किसी संस्था में कैदियों की ऐसी देख-भाल, जिसमें उन्हें न्यूनतम प्रतिबन्धों और नियन्त्रणों के द्वारा सुरक्षित रखा जाता है और अधिकतम सम्भावित स्वतन्त्रता दी जाती है ।

minimum wage ('मिनिमम् वेज्) **न्यूनतम मज़दूरी** : किसी वैध सत्ता या ठेकेदार द्वारा मज़दूरों की न्यूनतम निर्धारित मज़दूरी, जो उनके जीवन-निर्वाह, स्वास्थ्य-क्षमता और कल्याण के लिए आवश्यक हो ।

minitab (मिनिटैब्) **मिनिटैब** : यह एक प्रकार का कम्प्यूटर पर आधारित सांख्यिकीय पैकेज है, जो मात्रात्मक आँकड़ों का विश्लेषण करने में मदद करता है । यह Statistical Package for the Social Sciences (SPSS) का लघु रूप है ।

minority (माइ'नॉरटि) **अल्पमत, अल्पसंख्यक** : इस शब्द का प्रयोग मुख्यत: दो अर्थों में किया जाता है– (1) बहुमत के विरुद्ध मतदान करने वाली छोटी संख्या अथवा भाग। (2) किसी देश या जन-समुदाय में लोगों का अल्पसंख्यक वर्ग। वह जन-समुदाय, जो संख्या में अपेक्षाकृत कम हो, पर जिसकी अपनी भाषाई, धार्मिक, सांस्कृतिक, साम्प्रदायिक अथवा जातीय विशेषताएँ हों और वे अपना संरक्षण चाहते हों (देखें– Albert Memmi, **Dominated Man**, 1964;

G. E. Simpson and J. M. Yinger, **Racial and Cultural Minorities: An Analysis of Prejudice and Discrimination)** ।

minority community (माइ'नॉरटि क'म्यूनटि) **अल्पसंख्यक समुदाय :** किसी बड़े समूह का एक उपसमूह, जो प्रायः अपनी प्रजाति, राष्ट्रीयता, भाषा, धर्म, क्षेत्रीयता अथवा विशेष सांस्कृतिक सम्बन्धों के कारण अपना पृथक् अस्तित्व रखता है । हरेक देश में विभिन्न वर्गों के लोग निवास करते हैं । लेकिन, कुछ शक्तिशाली वर्गों के लोग अपने भिन्न शारीरिक तथा सांस्कृतिक सम्बन्धों के आधार पर दूसरे वर्ग के लोगों को सामाजिक अधिकारों से वंचित कर देते हैं । सामाजिक दृष्टि से ऐसे वंचित और बहिष्कृत लोग 'अल्पसंख्यक समुदाय' के माने जाते हैं, उदाहरणस्वरूप– संयुक्त राज्य अमरीका के नीग्रो । अल्पसंख्यक समुदाय का दूसरा अभिप्राय संख्या की दृष्टि से कम लोगों वाली किसी जाति या सम्प्रदाय से होता है । शायद इसी आधार पर भारत में मुसलमानों को अल्पसंख्यक का दर्जा प्राप्त है, जबकि इन्डोनिजिया के बाद दुनिया में सबसे अधिक मुसलमान भारत में ही निवास करते हैं और उन्हें वे सभी हक प्राप्त हैं जो भारत के किसी भी नागरिक को प्राप्त है । इसके अलावा उन्हें वैसे तमाम कानूनी हक प्राप्त हैं, जो किसी मुस्लिम को अपने इस्लामिक मुल्क में प्राप्त हैं ।

miscegenation (मिसिजि'नेश्न्) **प्रजाति-मिश्रण, संकरण :** विवाह के माध्यम से विभिन्न प्रजाति के लोगों के मिश्रण की प्रक्रिया । इस प्रक्रिया के माध्यम से किसी प्रजाति के जैविक रूप से पतन का कोई सबूत उपलब्ध नहीं है ।

misdemeanant (मिस्डि'मीनन्ट) **अपराधी, कदाचारी :** वह व्यक्ति, जिसे दुष्कर्म अथवा दुराचरण के लिए अपराधी ठहराया जाये ।

misdemeanour (मिस्डि'मीनर्) **साधारण अपराध :** ऐसे अपराध, जिनके लिए अपराधियों को साधारण दण्ड, जैसे– एक वर्ष से कम का कारावास, अर्थदण्ड, परिवीक्षा पर छोड़ना, न्यायालय द्वारा चेतावनी देकर छोड़ देने की व्यवस्था होती है, साधारण अपराध की श्रेणी में आते हैं । इसके विपरीत, जघन्य अपराधों के लिए कठोर दण्ड का विधान होता है ।

mismatch (मिस्'मैच) **बेमेल :** जब किसी घटना के बारे में सूचनाओं को दो विधियों से एकत्रित किया जा रहा हो, तब ऐसी स्थिति आ सकती है कि किसी विशेष घटना के बारे में सूचनाएँ दोनों विधियों से अलग-अलग प्रकार की हों। इस स्थिति को बेमेल कहते हैं ।

misogamy (मि'सॉगमि) **विवाह-द्वेष :** विवाह-प्रथा अथवा विवाह-बन्धन के प्रति घृणा । प्रत्येक समाज में ऐसे कुछ लोग होते हैं जिन्हें नारी या विवाह जैसी संस्था के प्रति घृणा होती है । विभिन्न कारणों में सर्वाधिक महत्त्वपूर्ण कारण शायद मनोवैज्ञानिक ही है ।

misogyny (मि'साजिनि) **नारी-द्वेष :** नारी से घृणा या उसमें अविश्वास करने की परम्परा। वह व्यक्ति, जो नारी जाति से घृणा करता है (देखें– Andrea Dworkin, **Woman Hating**, 1974; B. Dijkstra, **Idols of Perversity: Fantasies of Feminine Evil**, 1987) ।

misoneism (मिसानिज़्म्) **नवीन के प्रति विकर्षण :** नवीन के प्रति घृणा की भावना अथवा नई परिस्थिति से भयभीत होने की प्रवृत्ति । दकियानूस या परिवर्तन विरोधी व्यक्ति को नवीन के प्रति विकर्षण होता है ।

mission ('मिश्न्) **मिश्न :** किसी सांस्कृतिक समूह या जटिल सामाजिक संगठन के अन्तर्गत पाये जाने वाले मुख्य लक्ष्य या कार्य । संगठन के सभी सदस्य समान उद्देश्यों एवं विचारों से प्रभावित होकर किसी निश्चित उद्देश्य से मिल-जुल कर कार्य करते हैं ।

missionaries ('मिश्नरिज़्) **धर्मप्रचारक, मिशनरी :** वे ईसाई धर्म प्रचारक, जो भारत में ईसाई धर्म का प्रचार करने, उसकी शिक्षा देने और भारतवासियों को उसमें दीक्षित करने के उद्देश्य से आये थे।

mixed economy (मिक्स्ट् इ'कॉनमि) **मिश्रित अर्थव्यवस्था :** सामान्यत: अर्थव्यवस्था दो प्रकार की होती है– पूँजीवादी अर्थव्यवस्था एवं समाजवादी अर्थव्यवस्था। जब इन दोनों अर्थव्यवस्थाओं के मध्य से नयी अवधारणा का जन्म होता है, तो उसे मिश्रित अर्थव्यवस्था कहते हैं। इस प्रकार की अर्थव्यवस्था में पूँजीवादी एवं समाजवादी दोनों ही प्रकार की अर्थव्यवस्थाओं की विशेषताएँ पायी जाती हैं। इस प्रकार की अर्थव्यवस्था में निजी क्षेत्र एवं सार्वजनिक क्षेत्र के सह-अस्तित्व को स्वीकार किया जाता है। भारत मिश्रित अर्थव्यवस्था का एक अच्छा उदाहरण है। स्वतन्त्रता के पश्चात् देश में नियोजित विकास की प्रक्रिया का शुभारम्भ करने तथा अर्थव्यवस्था की दिशा एवं दशा तय करने का समय आया, तो भारत के तत्कालीन नीति-निर्माताओं एवं नेताओं ने पाया कि भारत न तो पूर्णतया पूँजीवादी और न ही पूर्णतया समाजवादी अर्थव्यवस्था के लिए उपयुक्त था। ऐसी परिस्थितियों में दोनों ही अर्थव्यवस्थाओं के कुछेक तत्त्वों को शामिल कर भारतीय अर्थव्यवस्था को मिश्रित अर्थव्यवस्था बनाया गया।

mob (मॉब्) **भीड़ :** एक केन्द्रीभूत एवं सक्रिय भीड़, जो किसी हर्ष अथवा क्रोध के भाव से प्रेरित होती है। जमघट या जनसंकुल का नेता इस प्रकार की भीड़ के ध्यान को केन्द्रित कर भीड़ के सदस्यों को क्रिया करने के लिए प्रोत्साहित करता है।

mob mind (मॉब् माइन्ड्) **भावविष्ट भीड़-मना :** भीड़ के सदस्यों की मन:स्थिति, जो भावात्मक संवेग की चरम सीमा तक पहुँचकर विवेकहीन आवेगपूर्ण कार्य करने के लिए तत्पर हो जाती है।

mobile population ('मोबाइल पॉप्यु'लेशन्) **गतिशील जनसंख्या :** ऐसी जनसंख्या, जिसने पिछले दस या पाँच वर्षों में या जनसंख्या से एक वर्ष पूर्व भिन्न-भिन्न नगरों या स्थानों पर आवास किया हो। इनमें दो तरह के लोग आते हैं– पहले वे, जो एक ही जिले या राज्य के अन्दर के रहे हों और दूसरे वे, जो पड़ोस के अन्य राज्यों से आये हों। उक्त प्रकार की नियतकालिक गतिशीलता के अतिरिक्त जीवन के प्रारम्भ से या पिछले निवासस्थान से भी गतिशीलता मापी जा सकती है। इस प्रकार की गतिशीलता से परिवर्तनशील कालावधि की चल जनसंख्या का आकलन होता है : देखें– **Migration**।

mobility (मो'बिलटि) **गतिशीलता :** प्रत्येक समाज में दो प्रकार की गतिशीलता पायी जाती है– एक गतिशीलता वह है, जिसके अन्तर्गत किसी व्यक्ति या समूह के जीवन में प्रवास सम्बन्धी परिवर्तन होता है। इसे हम भौगोलिक गतिशीलता (प्रवास) या देशान्तर (**Geographical mobility, migration** or **Lateral mobility**) कहते हैं। देशान्तर थोड़ा लम्बे समय के लिए प्रवास करने की भावना से उत्पन्न प्रक्रिया है। चूँकि, स्थान-परिवर्तन में दिशा और भौतिक या भौगोलिक दूरी की बात है इसलिए इसे ज्यामितीय गतिशीलता (**Geometrical movement**) भी कहा जाता है। दूसरी गतिशीलता वह है, जिसके अन्तर्गत व्यक्ति सामाजिक धरातल (**Social space**) पर स्थान परिवर्तन करता है। इस दूरी को वस्तुपरक ढंग से भौगोलिक दूरी की तरह नहीं माप सकते हैं; क्योंकि सामाजिक धरातल एक अमूर्त अवधारणा है। सामाजिक धरातल पर होनेवाले परिवर्तन को हम सामाजिक गतिशीलता कहते हैं : देखें– **Social mobility**।

mobility, contest and sponsored (मो'बिलटि, 'कन्टेस्ट् ऐन्ड् स्पॉन्सॅड) **प्रतियोगिता और प्रायोजित गतिशीलता :** देखें– **Mobility**।

mobility, horizontal social (मो'बिलटि, हॉरि'ज़ॉन्ट्ल् 'सोशल्) **क्षैतिज या समस्तरीय सामाजिक गतिशीलता :** जिस किसी भी गतिशीलता के अन्तर्गत व्यक्ति या समूह की सामाजिक स्थिति में कोई बुनियादी परिवर्तन नहीं आता है, तो उसे हम समस्तरीय सामाजिक गतिशीलता कहते हैं। जैसे, यदि नाई अपने यजमानों से सम्बन्ध-विच्छेद कर शहर में सैलून के द्वारा जीवन-यापन शुरू करता है, तो उसे समस्तरीय सामाजिक गतिशीलता कहा जायेगा; क्योंकि दोनों स्थितियों में वह नाई का ही काम करता है। उसी तरह से, यदि किसी राज्यपाल का तबादला एक राज्य से दूसरे राज्य में हो जाता है, तो उनकी सामाजिक स्थिति में कोई परिवर्तन नहीं आता है। उनके इस कार्यक्षेत्र में परिवर्तन को हम

समस्तरीय सामाजिक गतिशीलता ही कहेंगे। पेशे में स्थानान्तरण या आमदनी में मामूली कमी और वृद्धि से उत्पन्न परिवर्तन को इसी प्रकार की गतिशीलता की श्रेणी में रखा जाता है, अर्थात् जिस किसी भी गतिशीलता के अन्तर्गत व्यक्ति या समूह की सामाजिक स्थिति में कोई बुनियादी परिवर्तन नहीं आता है, तो उसे हम समस्तरीय सामाजिक गतिशीलता कहते हैं।

mobility, intergenerational (मो'बिलटि, इन्टर् जेन'रेशॅनल्) **अन्तःपीढ़ी गतिशीलता :** जब हम व्यक्ति की सामाजिक स्थिति की तुलना उसके माता-पिता की सामाजिक स्थिति से करते हैं और यह पाते हैं कि वह अपने माता-पिता की सामाजिक स्थिति की तुलना में ऊपर उठा या नीचे गिरा है, तो उस गतिशीलता को अन्तःपीढ़ी गतिशीलता कहते हैं।

mobility, intragenerational (मो'बिलटि, इन्ट्रा जेन'रेशॅनल्) **अन्तरा-पीढ़ी गतिशीलता :** किसी व्यक्ति को एक सामाजिक स्थिति से दूसरी सामाजिक स्थिति में पहुँचने में कितनी पीढ़ी का समय लगता है, इसी आधार पर यह वर्गीकरण किया गया है। यदि कोई व्यक्ति या परिवार अपने ही जीवनकाल में एक स्थिति से दूसरी स्थिति में जाने में सफल हो जाता है, तो उसे हम अन्तरा-पीढ़ी गतिशीलता कहते हैं। इसे ही जीवनवृत्त **(Career mobility)** भी कहा जाता है।

mobility, occupational (मो 'बिलटि, ऑक्यु'पेश्नल्) **व्यावसायिक या पेशेवर गतिशीलता :** देखें– **Social mobility**।

mobility, social (मो'बिलटि, 'सोशल्) **सामाजिक गतिशीलता :** देखें– **Social mobility**।

mobility, vertical social (मो'बिलटि, 'व़र्टिक्ल् 'सोश्ल्) **विषमस्तरीय या लम्ब सामाजिक गतिशीलता :** जब किसी व्यक्ति या सामाजिक समूह के जीवन में दो भिन्न स्तरों के बीच गतिशीलता होती है तो उसे विषमस्तरीय या लम्ब गतिशीलता कहते हैं। जैसे, यदि कोई व्यक्ति निम्नस्तर में जन्म लेकर अपनी योग्यता या गुणों के आधार पर समाज के उच्च स्तर में पहुँच जाता है या ठीक इसके विपरीत यदि कोई व्यक्ति उच्च कुल में पैदा होकर अपने दुष्कर्मों के चलते समाज के निम्नस्तर में पहुँच जाता है, तो उसे लम्ब गतिशीलता कहते हैं।

mobilization (मोबिलाइ'ज़ेश्न्) **लामबन्दी, संग्रहण :** मानवशास्त्रीय सन्दर्भ में इसका अभिप्राय किसी नृजातीय आन्दोलनों में लोगों की सक्रिय रूप से भागीदारी को संगठित करना है। लेकिन, अन्य सामाजिक विज्ञानों में इस पद का प्रयोग किसी सामुदायिक या राजनीतिक उद्देश्यों से गोलबन्द होने की प्रक्रिया के लिए किया जाता है। लामबन्दी के प्रमुख आधार को ध्यान में रखकर राजनीतिक लामबन्दी, सामाजिक लामबन्दी, आर्थिक संग्रहण जैसी अवधारणाओं का प्रयोग किया जाता है (देखें– Amitai Etzioni, **The Active Society**, 1968)।

mobocracy (मॉ'बकरसि) **भीड़तन्त्र :** लोकतन्त्र के बारे में यह तर्क दिया जाता है कि सर्वसाधारण प्रायः अनपढ़ या जाहिल और ग़ैर-जिम्मेदार होते हैं। लोकतन्त्र में उनके मत को भी अहमियत दी जाती है। इसका परिणाम यह होता है कि गुणवत्ता की जगह परिमाण को प्रमुखता मिलने लगती है। यही कारण है कि लोकतन्त्र को कभी-कभी भीड़तन्त्र भी कहा जाता है।

modal personality ('मोडल परस्'नैलटि) **बहुलक व्यक्तित्व :** ऐसा व्यक्तित्व, जो किसी समूह या समाज-विशेष की अपनी विशेषता होती है। उसे अधिकांश लोगों के व्यक्तित्व के स्वरूप की एक समाकृति माना जा सकता है।

mode (statistical) (मोड्) **बहुलक :** किसी अंकमाला का सबसे अधिक आवृत्ति वाला अंक। यह वास्तविक अंकमाला का ही एक अंक होता है। इसलिए इसे एक प्रकार का वर्णनात्मक माध्य कहा जा सकता है अर्थात्, यह वह पदमान है, जो श्रेणी में सबसे अधिक बार घटित होता है। श्रेणी के दूसरे सब चर-मान बहुलक की तुलना में कम बार घटित होते हैं। बहुलक सामान्य तथा व्यापक प्रयोग वाला एक प्रतिरूपी मान तथा माध्य है। निरीक्षण मात्र से इसका स्थान

निर्धारण किया जा सकता है । बहुलक चरम विचरणों द्वारा प्रभावित नहीं होता है । यह अमात्रात्मक आँकड़ों के लिए भी उपयुक्त है ।

mode of production (मोड् ऑव् प्र 'डक्शन्) **उत्पादन प्रणाली :** आर्थिक व्यवस्था की विशिष्ट प्रकृति का वर्णन करने हेतु कार्ल मार्क्स (Karl Marx, 1818-1883) द्वारा प्रयुक्त अवधारणा। इसके अन्तर्गत उत्पादन की वे विशिष्ट शक्तियाँ या सम्बन्ध आते हैं, जो प्रत्येक युग में विशिष्ट होते हैं । उत्पादन की शक्ति और उत्पादन के सम्बन्ध, दोनों मिलकर उत्पादन प्रणाली को परिभाषित करते हैं । उदाहरण के लिए, पूँजीवादी उत्पादन के तरीके, सामन्तवादी उत्पादन के तरीके । उत्पादन की शक्तियों में औजार, मशीन, पूँजी, भूमि आदि सम्मिलित हैं । उत्पादन के सम्बन्धों में मालिकों और मज़दूरों के सम्बन्ध समाविष्ट हैं (देखें– Karl Marx, **A Contribution of the Critique of Political Economy**, 1970 and **Capital: A Critique of Political Economy**, 1975; Gerhard E. Lenski, Jean Lenski and Patrick Nolan, **Human Societies**, 1991) ।

model ('मॉड्ल्) **प्रतिरूप, मॉडल :** सम्बन्धों का एक स्वरूप, जो संकल्पनात्मक या गणितीय होता है और जो किसी सम्बन्ध के अनुकरण, पुनरावृत्ति अथवा उसके सादृश्य रूप का निदर्शन करता है, जैसे– सामाजिक संरचना और सामाजिक व्यवहार के प्रतिरूप । मॉडल किसी भी जटिल घटना को समझने, बोधगम्य बनाने, व्याख्या करने और अमूर्तीकरण का एक अच्छा साधन है । इसके द्वारा घटना से सम्बन्धित अवधारणाओं, चरों और उनके पारस्परिक सम्बन्धों को उजागर कर उसे एक व्यवस्थित रूपाकार दिया जाता है (देखें– Abraham Kaplan, **The Conduct of Inquiry**, 1964; Hubert M. Blalock (ed.), **Causal Models in Experimental and Panel Designs**, 1985) ।

model, analogous ('मॉड्ल्, अनैलगस) **उपमात्मक प्रतिरूप :** एक ऐसा प्रतिरूप, जो विचाराधीन घटना की कुछ विशेषताओं तथा किसी सर्वथा भिन्न घटना की समान विशेषताओं के बीच सादृश्यता प्रकट करता हो, उपमात्मक प्रतिरूप कहलाता है । सामाजिक विज्ञानों में बहुधा इसी प्रकार के प्रतिरूपों का प्रयोग हुआ है । सावयविक (Organic) तथा यान्त्रिक प्रतिरूप (Mechanical model) इसके प्रमुख उदाहरण हैं ।

model, conceptual ('मॉड्ल्, कन्'सेप्चुअल्) **अवधारणात्मक प्रतिरूप :** कई अन्तर्सम्बन्धित अवधारणाओं के आधार पर निर्मित प्रतिरूप को अवधारणात्मक प्रतिरूप कहते हैं । इस प्रकार के प्रतिरूप की अभिव्यक्ति गणितीय रूप में नहीं की जाती और न ही ऐसे प्रतिरूपों की रचना का उद्देश्य परिणामीकरण होता है । इस प्रकार के प्रतिरूपों की रचना के लिए किसी वास्तविक भौतिक वस्तु को आधार नहीं बनाया जाता है। सामाजिक विज्ञानों में प्रयोग किये गए प्रकार्यात्मक प्रतिरूप तथा आदर्श प्रतिरूप इस प्रकार के प्रतिकारों के उदाहरण हैं ।

model, formal ('मॉड्ल्, फ़ॉर्म्ल्) **स्वरूपात्मक प्रतिरूप :** किसी घटना के गणितीय अथवा मौखिक कथनों के रूप में एक आदर्श-प्ररूपीय विशेषताओं को ही सम्मिलित किया जाता है, सभी को नहीं। एक स्वरूपात्मक प्रतिरूप कोई सिद्धान्त नहीं होता है । वास्तविकता की रचना प्रतिरूप की इकाइयों द्वारा नहीं होती है और न ही प्रतिरूप किसी घटना की व्याख्या का कोई दावा करता है । वास्तव में, घटना के द्वारा इसकी सम्भावित आकृति की रचना होती है । समाजशास्त्र में इस प्रकार की अध्ययन-विधा का प्रयोग मैक्स वेबर (Max Weber) के **'आदर्श प्ररूप' (Ideal type)** और जॉर्ज जिमेल (G. Simmel, हिन्दी में इस जर्मन नाम का शुद्ध उच्चारण मात्र जॉर्ज जिमेल ही है) के स्वरूपवादी समाजशास्त्र सम्बन्धी धारणाओं में ढूँढ़ा जा सकता है ।

model, iconic ('मॉड्ल्, आइका 'निक) **प्रतिमात्मक प्रतिरूप :** विचाराधीन घटना की प्रत्यक्ष अनुकृति पर आधारित प्रतिरूप प्रतिमात्मक प्रतिरूप कहलाता है । यद्यपि प्रतिमात्मक प्रतिरूप अनुभवाश्रित घटनाओं का प्रतिनिधित्व करता है, तथापि अन्य प्रतिरूपों की भाँति इसकी प्रकृति मुख्यतः अमूर्तीकरण की ही होती है । यह प्रतिनिधित्व की जाने वाली वास्तविक घटना की कुछ बातों से भिन्न होता है । समाजमितीय चित्र प्रतिमात्मक प्रतिरूप का एक उदाहरण है । प्रतिमात्मक प्रतिरूपों की, बहुधा उपमात्मक तथा सांकेतिक प्रतिरूपों से तुलना की जाती है ।

model, mathematical ('मॉड्ल्, मैथ़'मैट्क्ल्) **गणितीय प्रतिरूप :** समाजविज्ञानी गणितीय प्रतिरूप शब्द का प्रयोग सामान्यत: किसी सिद्धान्त की आंकिक व्याख्या के अर्थ में करते हैं । सामाजिक विज्ञानों में, व्यक्तियों, क्रियाओं और घटनाओं के पारस्परिक सम्बन्धों को परिमाणात्मक रूप में अभिव्यक्त करने की विद्या को गणितीय प्रतिरूप का नाम दिया गया है । 'रिगरेशन मॉडल' (Regression model) और 'लॉगलिनियर मॉडल' (Loglinear model) इसी के प्रमुख उदाहरण हैं ।

model, symbolic ('मॉड्ल्, सिम्'बॉलिक्) **सांकेतिक प्रतिरूप :** एक ऐसा प्रतिरूप, जो अवधारणाओं के एक समूह के परस्पर तार्किक एवं सैद्धान्तिक सम्बन्धों पर आधारित होता है, सांकेतिक प्रतिरूप कहलाता है । सामान्यत: सांकेतिक प्रतिरूप की प्रतिमात्मक तथा उपमात्मक प्रतिरूप से तुलना की जाती है ।

modelling (मॉडॅ'लिन्ग) **प्रतिरूपण :** देखें– **Causal modelling** ।

moderate ('मॉडरेट) **संयतमार्गी, नरमदलीय :** ऐसा व्यक्ति, जो सामाजिक और राजनीतिक परिवर्तन तो चाहता है, परन्तु आकस्मिक और विस्तृत परिवर्तन का समर्थन नहीं करता। वह प्रचलित व्यवस्था में धीरे-धीरे परिवर्तन चाहता है।

modern society ('मॉडर्न् सॅ'साइअटि) **आधुनिक समाज :** ऐसा समाज, जिसमें अवैयक्तिक सम्बन्धों, अर्जित स्थितियों एवं द्वितीयक समूहों की प्रधानता होती है । वैसे समाज में विविध प्रकार के मूल्य और मानदण्ड पाये जाते हैं। आधुनिक समाज की अवधारणा को उसकी विशेषताओं के आधार पर आसानी से स्पष्ट किया जा सकता है । आधुनिक समाज की प्रमुख विशेषताएँ इस प्रकार हैं– (i) पूँजीपतियों द्वारा अधिक मुनाफा कमाने की दृष्टि से भारी उत्पादन (Profit-oriented production by capitalists); (ii) उच्च प्रौद्योगिकी का प्रयोग (Use of high technology); (iii) महानगरों का विकास; (iv) नौकरशाही संगठन (Bureaucratic organization) तथा (v) शिक्षा एवं वैज्ञानिक चिन्तन का प्रसार ।

modern society, post- ('मॉडर्न् सॅ'साइअटि, पोस्ट्) **आधुनिकोत्तर समाज :** कुछ समाज-वैज्ञानिकों ने विकसित देशों को आधुनिकोत्तर समाज कहना पसन्द किया है । आधुनिकोत्तर समाज की प्रमुख विशेषताएँ इस प्रकार हैं– इसमें अधिकांश लोग गैर-कृषि के कार्यों में जुड़े होते हैं, लोगों के मुख्य जीविकोपार्जन का साधन उद्योग, व्यापार एवं विशिष्ट सेवा होती है एवं समाज में व्यवसायी (Professionals) एवं तकनीशियन का प्रभाव कुछ ज्यादा ही होता है । तरक्की एवं चिन्तन का आधार विज्ञान होता है । इसलिए कुछ लोगों ने औद्योगिकोत्तर काल को वैज्ञानिक युग भी कहना पसन्द किया है । यातायात एवं संचार के साधनों में इतनी अधिक वृद्धि हो गई है कि अब लोग एक-दूसरे समाज के काफी निकट आ गये हैं । दुनिया के किसी भी हिस्से के बारे में किसी भी प्रकार की जानकारी पलभर में ही प्राप्त हो जाती है । इस प्रकार एक नये प्रकार की पूँजीवादी व्यवस्था का जन्म हुआ है । इस सन्दर्भ में विद्वानों ने यह विचार व्यक्त किया कि समाज औद्योगिक युग से आगे निकल चुका है । इस स्थिति को सर्वप्रथम अमरीका में डैनियल बेल (Daniel Bell) ने 1973 में तथा फ्रांस में अलेन टूरें (Alain Touraine) ने 1974 में उत्तर-औद्योगिक समाज (**Post-industrial Society**) कहा । इस अवधारणा पर बेल ने विस्तार से चर्चा अपनी पुस्तक **The Coming of the Post-Industrial Society** (1973) में की है । बेल तथा टूरें ने आधुनिकोत्तर समाज को ही औद्योगिकोत्तर समाज (**Post-industrial Society**) कहकर पुकारा है । कुछ लोगों ने इसे बहुलवस्तु समाज (**Post-scarcity Society**) भी कहा है । इस अवधारणा का प्रयोग बहुत सारे विद्वान उत्तर-पूँजीवादी व्यवस्था (**Post-capitalism**) के लिए भी करते हैं ।

modernism ('मॉडर् निज़्म्) **आधुनिकतावाद :** आधुनिकतावाद मानवीय सामाजिक जीवन की सम्भावनाओं और दिशा का एक विशिष्ट दृष्टिकोण है, जिसकी जड़ें तार्किक एवं वैज्ञानिक चिन्तन में गड़ी हुई हैं । इसकी शुरूआत प्रबोधकाल (**Enlightenment**) के साथ हुई। आधुनिकतावाद को तार्किक एवं वैज्ञानिक विधियों से जाना और समझा जा सकता है तथा जिनका निर्धारण संभव है । सामाजिक जीवन का यह दृष्टिकोण प्रगति को न केवल अपरिहार्य मानता है, अपितु उन साधनों को भी इंगित करता है, जिनके द्वारा मानवीय दशाओं पर अधिकाधिक नियन्त्रण तथा व्यक्ति के लिए

अधिकाधिक स्वतन्त्रता प्राप्त की जा सकती है। यह पश्चिमी समाजों में सन् 1880 और 1950 के बीच कला के क्षेत्र में कार्यरत अभियान का संकेत देता है। चित्रकारी में पिकासो, कविता में इलियट, साहित्य में जॉयसी, संगीत में स्ट्राविन्सकी तथा स्थापत्य में बहुआ नामक व्यक्ति इस अभियान में अग्रणी रहे हैं। किन्तु बीसवीं शताब्दी के मध्य में यही अभियान रूढ़िग्रस्त हो गया। कुछेक का कहना है कि अब इस अभियान का स्थान उत्तर आधुनिकतावाद ने ले लिया है।

आधुनिकता (Modernity), आधुनिकतावाद (Modernism) और आधुनिकीकरण (Modernization) भिन्न अवधारणाएँ हैं। आधुनिकता सोच-समझ के एक विशिष्ट दृष्टिकोण (तार्किक-वैज्ञानिक) को परिलक्षित करती है। आधुनिकतावाद समाज की एक विशिष्ट दशा या स्थिति को प्रदर्शित करने वाली एक विचारधारा है, जबकि इसे गतिशील बनाये रखने वाली प्रक्रिया को आधुनिकीकरण कहते हैं (देखें– Jean Baudrillard, **In the Shadow of the Silent Majorities**, 1983; Jean-Francois Lyotard, **The Post-Modern Condition**, 1984)।

modernism, post- (ˈमॉडर् निज़म्, पोस्ट्) **उत्तर आधुनिकतावाद** : देखें– **Post-modernism**।

modernity (मˈडर्नृटि) **आधुनिकता** : बुद्धिवाद (**Rationalism**) और उपयोगितावाद (**Utilitarianism**) के दर्शन पर आधारित सोचने-समझने के एक ऐसे ढंग को आधुनिकता कहते हैं, जिसमें प्रगति की आकांक्षा, विकास की आशा और परिवर्तन के अनुरूप अपने-आपको ढालने का भाव निहित होता है। तार्किक अभिवृत्ति, परानुभूति, वैज्ञानिक विश्वदृष्टि, सार्वभौमिक दृष्टिकोण इसके विशेष गुण हैं।

modernization (मॉडर्नाइˈज़ेशन्) **आधुनिकीकरण** : वैज्ञानिक और दार्शनिक विश्वदृष्टि के प्रति प्रतिबद्धता से उपजी परिवर्तन की प्रक्रिया। आधुनिकीकरण की एक निश्चित परिभाषा देना असम्भव तो नहीं, लेकिन कठिन काम अवश्य है। कठिनाई का मुख्य कारण यह है कि विभिन्न समाज-वैज्ञानिकों ने इस शब्द को विभिन्न अर्थों एवं सन्दर्भों में इस्तेमाल किया है। कठिनाई का एक दूसरा कारण यह भी है कि यह परम्परा के विपरीत की स्थिति है, जिसकी कोई सर्वमान्य परिभाषा नहीं है। आधुनिकीकरण की अवधारणा के साथ एक और बड़ी समस्या यह है कि यह एकसाथ बहुत सारी प्रक्रियाओं के लिए प्रयोग किया जाता रहा है, जैसे– अँगरेज़ीकरण (**Anglicization**), यूरोपीयकरण (**Europeanization**), पश्चिमीकरण (**Westernization**), नगरीकरण (**Urbanization**), उद्विकास (**Evolution**), विकास (**Development**), प्रगति (**Progress**) आदि। पर ऐसा किया जाना एक वैज्ञानिक विषय के हित में ठीक नहीं है। इस कठिनाई के बावजूद बहुत सारे विद्वानों ने आधुनिकीकरण को परिभाषित करने की कोशिश की है, उदाहरणस्वरूप– अलातास (S. H. Alatas) ने कहा है कि आधुनिकीकरण एक ऐसी प्रक्रिया है, जिसके द्वारा आधुनिक वैज्ञानिक ज्ञान (Modern scientific kowledge) का समाज में प्रचार एवं प्रसार होता है, जिससे समाज में व्यक्तियों के स्तर में सुधार होता है और समाज अच्छाई की तरफ बढ़ता है। आईजनस्टॉट (S. N. Eisenstadt) के विचार में आधुनिकीकरण समाज की संरचना एवं जनांकिकी पहलुओं में परिवर्तन है। कार्ल डुच (Karl Deutsch) ने आईजनस्टॉट के इस विचार का समर्थन किया है। डी. ए. रस्टोव (D. A. Rustow) के विचार में आधुनिकीकरण वह प्रक्रिया है, जिसके अन्तर्गत वैज्ञानिक ज्ञान का मानवीय जीवन के उत्थान में प्रयोग किया जाता है। एक परम्परागत कृषक, ग्रामीण प्रथा-आधारित विशिष्टतावादी संरचना से नगरीय, औद्योगिकीय, प्रौद्योगिकीय तथा सार्वभौमिकीय संरचना में होने वाले विकास की प्रक्रिया को आधुनिकीकरण कहा जाता है। उच्च प्रति व्यक्ति आय, उच्च साक्षरता दर, शहरीकरण, औद्योगिकीकरण, सामाजिक गतिशीलता, संचार का व्यापक जाल और नागरिकों का सामाजिक और राजनीतिक प्रक्रियाओं आदि में व्यापक सहयोग द्वारा आधुनिक राष्ट्र की मिश्रित विशेषताओं को प्राप्त करने की प्रक्रिया (देखें– Alex Inkeles, **Becoming Modern**, 1974)।

modernization, reflexive (मॉडर्नाइˈज़ेशन्, रिˈफ्लेक्स्इव्) **प्रतिवर्ती आधुनिकीकरण** : प्रतिवर्ती आधुनिकीकरण की अवधारणा के रचनाकार यूलरिच बेक (Ulrich Beck) ने आधुनिक सामाजिक विकास की एक ऐसी अवस्था के लिए इस अवधारणा का प्रयोग किया है, जब आधुनिकता के तीव्र विकास के कारण परम्परा और आधुनिकता के बीच सामंजस्य वाला चरण समाप्त हो जाता है। सामान्यत: सामाजिक विकास के प्रारम्भिक चरणों में परम्परा और आधुनिकता

के बीच तालमेल रहता है और यह सामाजिक विकास के लिए आवश्यक भी है । इस संकल्पना का एक अन्य प्रयोग औद्योगिक समाज में परिवर्तन के सन्दर्भ में किया गया है, जिसमें आधुनिकता में तीव्र गति से आमूलचूल परिवर्तन इस सीमा तक होता है कि यह औद्योगिक समाज की चूलें ही हिल जाती हैं इसके आधारों और नाक-नक्श को बदल देता है और एक अन्य प्रकार की आधुनिकता के द्वार खोल देता है । यह औद्योगिक समाज के एक पूरे युग के रचनात्मक आत्म-विनाश की सम्भावना का सूत्रपात करता है । इस प्रक्रिया में विद्यमान औद्योगिक समाज की जड़ों को नष्ट किया जाता है और इसके स्थान पर नवीन आधुनिकता द्वारा औद्योगिक समाज के अन्य रूपों का प्रत्यारोपण किया जाता है।

modernization theory (मॉडर्नाइ'ज़ेशन् 'थिअरि) **आधुनिकीकरण-सिद्धान्त :** यह सिद्धान्त इस मान्यता पर आधारित है कि सभी समाज विकास की कुछ निश्चित अवस्थाओं से गुजरते हैं और धीरे-धीरे अधिक जटिल होते जाते हैं । विकास मुख्यत: प्रौद्योगिकी के आयात और इसके प्रयोग के लिए आवश्यक ज्ञान के साथ-साथ कई राजनीतिक और अन्य सामाजिक परिवर्तनों, जो इन्हीं का परिणाम होते हैं, पर निर्भर करता है । आधुनिकीकरण अधिकाधिक उच्चतर शिक्षा तथा जन-संचार के साधनों की प्रचुरता पर बल देता है । ये दोनों ही लोकतान्त्रिक राजनीतिक संस्थाओं के विकास की पहली शर्त हैं । आधुनिकीकरण द्वारा यातायात और सम्प्रेषण की व्यवस्थाएँ अधिकाधिक परिष्कृत एवं सुलभ हो जाती हैं । यह सुलभता जनसंख्या की गतिशीलता (सामाजिक और भौगोलिक दोनों ही दृष्टि से) एवं नगरीयता की प्रवृत्ति को अधिक तीव्रता प्रदान करती है । बड़े-बड़े विस्तारित परिवार छोटे-छोटे नाभिक परिवारों में बदलने लगते हैं । धर्म का प्रभाव जन समुदाय पर घटता जाता है । इसका स्थान धर्मनिरपेक्ष प्रवृत्ति ले लेती है । आधुनिकीकरण द्वारा श्रम-विभाजन जटिलतर होता जाता है । व्यावसायिक, सरकारी तथा सभी संगठनों का स्वरूप कर्मचारी-नौकरशाहीतन्त्र में बदल जाता है। मुद्रा व्यवस्था का प्रचलन समस्त बाज़ार व्यवस्था को प्राथमिक-सामाजिक तन्त्र में बदल देता है, जो सभी अनौपचारिक और पारम्परिक विधियों का स्थान ग्रहण कर लेता है ।

आधुनिकीकरण सिद्धान्त के तीन प्रमुख रूप बताये जा सकते हैं, यथा– समाजशास्त्रीय, मनोवैज्ञानिक और आर्थिक । समाजशास्त्रीय स्वरूप परिवर्तन की प्रक्रिया में विभिन्न सामाजिक एवं सांस्थिक कारकों की भूमिका पर प्रकाश डालता है । मैक्स वेबर (Max Weber) ने इस सन्दर्भ में 'पारम्परिक' और 'आधुनिक' की आदर्शात्मक विशेषताओं का उल्लेख किया है । टैलकॉट पार्सन्स (Talcott Parsons) ने अपने 'परवर्ती प्रतिमान' **(Pattern variables)** के सहारे आधुनिकीकरण की प्रक्रिया पर प्रकाश डाला है ।

आधुनिकीकरण-सिद्धान्त का मनोवैज्ञानिक स्वरूप परिवर्तन की चालक शक्तियों में आन्तरिक एवं मनोवैज्ञानिक प्रेरणाओं पर विशेष बल देता है । डेविड मैकलिलैंड (David C. McClelland) ने इसी सन्दर्भ में अच्छे ढंग से कार्य करने की इच्छा के रूप में 'उपलब्धि की आवश्यकता' (Achievement motivation) को परिवर्तन की प्रमुख चालक शक्ति बताया है । आधुनिकीकरण के आर्थिक स्वरूप का अच्छा वर्णन-विश्लेषण हमें डी. ए. रस्टोव (D. A. Rustow, 1925-1996) के आर्थिक विकास की अवस्थाओं के सिद्धान्त में देखने को मिलता है । उन्होंने बताया है कि सभी समाज पाँच प्रमुख चरणों से गुजरते हैं, यथा– पारम्परिक समाज, परिवर्तन की पूर्वावस्था, परिवर्तन की प्रक्रिया की शुरूआत, वयस्कावस्था की ओर कदम और विपुल जन उपभोग की अवस्था (देखें– Daniel Lerner, **The Passing of Traditional Society**, 1958) ।

module production city ('मॉड्यूल् प्र'डक्शन् 'सिटि) **मापांक उत्पादन नगर :** विश्व में ऐसे भी नगर हैं, जहाँ पर आधुनिक वस्तुओं का या तो उत्पादन या संकलन होता है । एशिया के अन्तर्गत हाँगकाँग और सिंगापुर ऐसे ही नगर हैं, जहाँ विभिन्न प्रकार की आधुनिक वस्तुओं का उत्पादन या संकलन होता है । इंग्लैंड में बेलफास्ट एक ऐसा ही नगर है ।

moiety ('मॉइअटि) **आधा अंश, अर्द्धांश :** जनजातीय समाज जब नातेदारी के स्तर पर दो खण्डों में विभक्त होते हैं, तो प्रत्येक भाग को माइअटि कहते हैं । आमतौर पर वे लोग अपने अर्द्धांश के बाहर ही विवाह करते हैं, जिससे जनजातीय समूह के विभिन्न खण्डों के बीच आपसी सम्बन्ध बना रहता है ।

moksha **मोक्ष** : जन्म और मृत्यु के चक्र से मुक्ति और शाश्वत परमानन्द की प्राप्ति । इसका सम्बन्ध मूलरूप से हिन्दू धर्म से है ।

monandry (मॉ'नैन्ड्रि) **एकपतित्व, एकपतित्व प्रथा** : विवाह की एक ऐसी प्रथा, जिसमें एक स्त्री का जीवनपर्यन्त केवल एक ही पति होता है । इस अवधारणा का सम्बन्ध वैसे समाज से है, जहाँ स्त्री द्वारा एक से अधिक पति रखने का प्रचलन हो । आधुनिक युग में एक स्त्री के लिए एक पति का ही प्रचलन ज्यादा आम है ।

monarchical feudal ('मॉनर्किल् 'फ्यूडल्) **शाही-सामन्ती** : राजसी या मध्ययुगीन सामन्त । मध्यकालीन एवं ब्रिटिशकालीन भारत में वैसे सामन्तों की भारी संख्या थी ।

monarchy ('मॉनर्कि) **राजतन्त्र** : एक किस्म की सरकार, जिसका प्रमुख वंशानुगत होता है और उसके पास पूर्ण अधिकार होते हैं । राजतन्त्र वह शासन-प्रणाली है, जिसमें राज्य की सर्वोच्च सत्ता एक व्यक्ति अर्थात् राजा या सम्राट् में निहित होती है । राजा प्राय: निरंकुश शासक होता है और संवैधानिक दृष्टि से उसके अधिकार असीमित होते हैं । ऐतिहासिक दृष्टि से राजतन्त्र शायद सबसे पुरानी शासन-प्रणाली है । आरम्भिक युगों में वह संसार के प्राय: सभी देशों में प्रचलित थी । भारत में भी राजतन्त्रात्मक शासन की धारा बहुत प्राचीन है । यद्यपि प्राचीन भारतवर्ष में गणतन्त्रों का भी उल्लेख पाया जाता है, पर वे इतने शक्तिशाली कभी नहीं हो सके कि राजतन्त्रात्मक राज्यों से आगे बढ़ सकते। प्राचीन भारतवर्ष के प्राय: सभी राजनीतिक विचारकों, जैसे– मनु, व्यास, वशिष्ठ, कौटिल्य और शुक्र आदि ने राजा के महत्त्व, नियुक्ति, कर्त्तव्यों और अधिकारों का विशद् रूप से विवेचन किया है, जबकि राजा प्राय: वंशानुगत ही होते हैं । भारतवर्ष में निर्वाचित राजाओं की प्रथा भी रही है तथा कभी भी राजा को निरंकुश अधिकारों से सम्पन्न नहीं माना गया; क्योंकि राजा के लिए भी धर्म (Rule of law) का अनुकरण उतना ही आवश्यक माना गया है, जितना प्रजा के लिए। इतिहास में राजतन्त्र के दो भेद मिलते हैं– आनुवंशिक राजतन्त्र और निर्वाचित राजतन्त्र । आनुवंशिक राजतन्त्र के अन्तर्गत पदासीन राजा आजीवन शासन करता है और उसकी मृत्यु के पश्चात् उसकी गद्दी उसके ज्येष्ठ पुत्र को या उसके मनोनीत वंशज को मिलती है । इतिहास में अधिकतर इसी प्रकार के राजतन्त्र पाये जाते हैं। निर्वाचित राजतन्त्र के अन्तर्गत राजा का, प्रजा के कुछ विशिष्ट वर्गों द्वारा निर्वाचन होता है ।

monasticism (मॅ'नैस्टि सिज़्म्) **मठवाद, भिक्षुधर्म** : आध्यात्मिक विकास के लिए संसार से विरक्त होकर आश्रम या मठ में वास करते हुए चिन्तन-मनन, ध्यान, तपस्या या योगाभ्यास का उपदेश देनेवाला सिद्धान्त अथवा जीवन-पद्धति।

monetarism ('मॅनिटॅ रिज़्म्) **मुद्रावाद** : अर्थशास्त्र में ऐसी मान्यता है कि समस्त राष्ट्र की आर्थिक व्यवस्था मुद्रा आपूर्ति के माध्यम से संचालित और नियन्त्रित हो सकती है । इसके अन्तर्गत केन्द्रीय बैंकों की भूमिका प्रमुख होती है । लेकिन यह विचार विवादास्पद है ।

money-economy ('मनि इ'कॉनमि) **मुद्रा-अर्थव्यवस्था** : मुद्रा द्वारा किया गया कोई भी आर्थिक लेन-देन । आधुनिक युग में समस्त आर्थिक लेन-देन मुद्रा के ही माध्यम से सम्पन्न हो रहा है । वर्तमान अर्थव्यवस्था मुद्रा पर आधारित अर्थव्यवस्था है ।

monism ('मॉनिज़्म्) **एकतत्त्ववाद, अद्वैतवाद, एकलवाद** : (1) तत्त्वमीमांसा में वह मत कि विविधता से युक्त विश्व में मूलभूत तत्त्व या सत्ता एक है । हालांकि उसके स्वरूप को लेकर यह विवाद हो सकता है कि क्या वह भौतिक है, आध्यात्मिक है अथवा दोनों है । (2) ज्ञानमीमांसा में, यह मत कि प्रत्यक्ष के बाहर जो वस्तु होती है वह, तथा प्रत्यक्षकर्ता के मन में उसका जो प्रत्यय होता है वह, एक है । (3) यह राजनीतिक और कानूनी सिद्धान्त कि सामाजिक व्यवस्था की स्थिरता के लिए उसे एक ही सत्ता के नियन्त्रण में रखना चाहिए । अत: सम्पूर्ण सामाजिक प्रणाली एक ही कानून से बँधी रहनी चाहिए और उस कानून की वैधता का अन्तिम निर्णय शासन के किसी एक ही अंग के हाथ में रहना चाहिए । अत: यह सिद्धान्त बहुलवाद का विपरीत रूप प्रस्तुत करता है ।

monocausal relationship (मॉनो'कॉ:ज़ॅल रि'लेश्न्शिप्) **मशीनी या एककारणीय सम्बन्ध :** एक ही कारण पर आधारित सम्बन्ध, जैसे– अग्नि से पानी गर्म होता है एककारणीय व्याख्या है। यहाँ अग्नि को पानी के गर्म होने का एकमात्र कारण बताया गया है ।

monogamian family (मॉनॉ'गमिअन 'फ़ैमलि) **एक-विवाही परिवार :** एल. एच. मॉर्गन (Lewis Henry Morgan, 1818-1881) के अनुसार एक-विवाही परिवार के उद्विकास का अन्तिम और आधुनिक स्तर है। इसके अन्तर्गत एक पुरुष किसी एक ही स्त्री से विवाह करता है। उन्होंने कहा है कि समाज के विकास के साथ इस किस्म के परिवार में भी परिवर्तन की सम्भावना है। एक-विवाही परिवार सामाजिक उद्विकास का कोई अन्तिम चरण नहीं है।

monogamy (मॉ'नॉगमि) **एकल विवाह, एकविवाह-प्रथा :** एक पुरुष का केवल एक स्त्री से विवाह करना तथा पत्नी के जीवित रहते हुए दूसरा विवाह न करना अथवा पति के जीवित रहते हुए पत्नी द्वारा दूसरा विवाह न करना एकविवाह कहा जाता है। विवाह-विच्छेद के बाद या पत्नी अथवा पति की मृत्यु के बाद पति या पत्नी दूसरा विवाह कर सकते हैं। हिन्दू कोड बिल के अनुसार कोई पुरुष एक पत्नी के रहते हुए दूसरा विवाह नहीं कर सकता। बहुविवाह अवैध घोषित कर दिया गया है। आजकल यदि कोई सरकारी कर्मचारी बहुविवाह कर ले, तो उसके विरुद्ध अनुशासनिक कार्रवाई की जा सकती है और उसे नौकरी से निकाल दिया जा सकता है। लेकिन, एक मुस्लिम पुरुष एक से अधिक पत्नी एकसाथ रख सकता है। आधुनिक समाज में विवाह का यही रूप तर्कसंगत और सर्वमान्य है। अत: यह बहुविवाह-प्रथा (**Polygamy**) से भिन्न है।

monographic study (मॉन'ग्रैफ़िक 'स्टडि) **विनिबन्धात्मक अध्ययन :** किसी विशिष्ट विषय अथवा क्षेत्र के सम्बन्ध में विस्तार के साथ लिखित पांडित्यपूर्ण विवरण।

monopolistic competition (म नॉपॅ'लिस्टिक कॉम्प 'टिश्न्) **एकाधिकारमूलक प्रतिस्पर्द्धा :** एकाधिकार और प्रतिस्पर्द्धा परस्पर विरोधी स्थितियों को व्यक्त करती हैं। परन्तु विशेष परिस्थिति में ये दोनों एकसाथ भी उपस्थित हो सकते हैं, जो एक जैसी होने पर भी एक-दूसरे के स्थानापन्न न हों।

monopolistic economy (म नॉपॅ'लिस्टिक इ'कॉनमि) **एकाधिकारी अर्थव्यवस्था :** देखें– **Core economy**।

monopoly (म'नॉपलि) **एकाधिकार :** ऐसी स्थिति, जिसमें एक ही व्यक्ति या उद्योग का सभी पर स्पष्ट वर्चस्व स्थापित हो (देखें– Paul A. Baran and Paul M. Sweezy, **Monopoly Capital**, 1966; Harry Braverman, **Labour and Monopoly Capital**, 1974)।

monopoly capitalism (म'नॉपलि 'कैपिटलिज़म्) **एकाधिकार-पूँजीवाद :** मार्क्सवादियों के अनुसार, पूँजीवादी व्यवस्था के शुरूआती दौर में छोटे-छोटे और मध्यम आकार के पूँजीपतियों में प्रतिस्पर्द्धा चलती है। परन्तु आगे चलकर छोटे-छोटे प्रतिस्पर्धी मैदान से बाहर हो जाते हैं और सारी पूँजी इने-गिने उद्यमों तथा परस्पर-आश्रित विशाल निगमों और न्यासों के हाथों में केन्द्रित हो जाती है। इस अवस्था को एकाधिकार-पूँजीवाद कहा जाता है।

monotheism ('मॉनाथि इज़म्) **एकेश्वरवाद :** यह विश्वास कि ईश्वर एक है, अनेक नहीं। मानव की धार्मिक चेतना एकेश्वर तक पहुँचने से पहले कई मंजिलों से गुजर चुकी होती है। आदिम युग में प्राकृतिक शक्तियों को ही अलौकिक समझा गया और या तो उनकी आराधना की गई या उन्हें अपने वश में करने का प्रयत्न किया गया। जब ईश्वर की धारणा का आविर्भाव हुआ, तब भी कुछ मुख्य शक्तियों के पीछे अलग-अलग देवताओं का अस्तित्व माना गया। इससे अगला कदम था, एक ऐसे 'प्रधान देवता' को मानना, जिसका शासन सभी अन्य देवताओं को मानना पड़ता है।

Mont Pelerin Society, The (मॉन्ट'पेलेरिन् सॅ'साइअटि, दी) **मॉन्ट पेलेरिन समाज :** यह एक प्रकार का अन्तर्राष्ट्रीय संगठन है, जिसका उद्देश्य उदारवादी विचारधारा को बढ़ावा देकर समाजवाद एवं साम्यवाद का विरोध करना है। इस

संगठन की पहली बैठक 1947 में स्वीट्ज़रलैंड में हुई थी, जहाँ इस बात की चिन्ता व्यक्त की गई कि धीरे-धीरे उदारवादी विचारों में कमी आयी है । तब से लेकर आजतक बहुत सारी सभाएँ हुई हैं । इसमें अधिकांश लोग अन्तर्राष्ट्रीय स्तर के महान् विद्वान हैं । यह तीस से अधिक देशों में फैला हुआ है । विद्वानों के बाद दूसरे स्थान पर इसमें व्यावसायिक वर्ग के लोगों की संख्या है (देखें– R. M. Hartwell, **A History of the Mont Pelerin Society**, 1995) ।

moral ('मॉरल्) **नैतिक :** प्रचलित नैतिक नियमावली के समानुरूप नैतिकता, अनैतिकता, न्यायसंगतता, अच्छाई और बुराई से सम्बन्धित ।

moral atavism ('मॉरल् ऐ'टॅविज़म्) **नैतिक प्रत्यावर्तन :** पूर्व-नैतिकता की ओर लौटना, अर्थात् पूर्व में ग्रहण की गई नैतिकता को छोड़कर दूसरी नैतिकता को स्वीकार कर लेना, किन्तु तत्पश्चात् त्यागी गई पूर्व-नैतिकता को पुनः ग्रहण कर लेना।

moral code ('मॉरल् कोड) **नीति-संहिता, आचार-संहिता :** व्यक्ति के आचरण के औचित्य को आँकने के लिए समाज द्वारा निर्धारित नैतिक नियमों का संग्रह ।

moral community ('मॉरल् क'म्यूनटि) **नैतिक समुदाय :** शहरी समाज के विपरीत परम्परागत ग्रामीण समाज को इंगित करने के लिए इस अवधारणा का सर्वप्रथम प्रयोग एमिल डर्कहाइम (Émile Durkheim, 1898-1917, इस व्यक्ति के नाम का शुद्ध उच्चारण मात्र एमिल डर्कहाइम है) ने किया था । उनके अनुसार, नैतिक समुदाय वह है, जिसके अन्तर्गत सामाजिक एकता, भाईचारा या अपनापन एवं नैतिक एकता की भावना पायी जाती है । परम्परागत ग्रामीण समाज को नैतिक समुदाय की श्रेणी में रखा जा सकता है । वर्तमान सन्दर्भ में, इस अवधारणा का प्रयोग किसी धार्मिक सम्प्रदाय या लघु समूह, जैसे– सेना की इकाई के लिए भी किया जाता है ।

moral crusade ('मॉरल क्रूसेड) **नैतिक धर्मयुद्ध :** यह एक प्रकार का सामाजिक आन्दोलन है, जिसका उद्देश्य नशावृत्ति या अश्लील साहित्य जैसी समस्याओं का विरोध करना है । इस आन्दोलन का स्वरूप प्रतीकात्मक होता है । इसका छिपा हुआ उद्देश्य अपने धर्म और संस्कृति की हिफाजत करना होता है । मूलरूप से यह एक नैतिक उद्यम (**Moral enterprise**) है (देखें– Joseph R. Gusfield, **Symbolic Crusade**, 1963) ।

moral density ('मॉरल् 'डेन्सटि) **नैतिक घनत्व :** इससे तात्पर्य समाज के लोगों के बीच सम्पर्क के घनत्व से है, जैसा कि एमिल डर्कहाइम ने बताया है । ग्रामीण समुदायों के बीच नैतिक घनत्व अपेक्षाकृत अधिक होता है ।

moral duty ('मॉरल् 'ड्यूटि) **नैतिक कर्त्तव्य :** वह कर्त्तव्य, जिसका पालन करने के लिए कानून तो बाध्य नहीं करता, परन्तु समाज की नैतिकता के अनुसार जिसका पालन करने की व्यक्ति से अपेक्षा की जाती है ।

moral enterprise ('मॉरल् 'एन्टरप्राइज़्) **नैतिक उद्यम या कार्य :** इसका तात्पर्य ऐसी प्रक्रिया से है, जिसके अन्तर्गत कुछ नियमावली के माध्यम से समाज की समस्याओं के विरोध में चेतना उत्पन्न करने की होती है । जो लोग इस कार्य से जुड़े होते हैं, उन्हें नैतिक उद्यमी (Moral entrepreneur) कहा गया है । आस्था एवं संस्कार चैनल के ऊपर इस प्रकार के बहुत व्यक्ति हर रोज प्रवचन करते पाये जाते हैं । इस विषय पर विस्तृत चर्चा हॉवर्ड एस. बेकर (Howard S. Becker) की पुस्तक **Outsider** (1963) में देखने को मिलती है : देखें–**Moral crusade** ।

moral entrepreneur ('मॉरल् ऑन्ट्रपे'नर्) **नैतिक उद्यमकर्ता :** कुछ लोग समाज में प्रचलित गलत व्यवहारों एवं परिपाटियों का इतना अधिक विरोध करते हैं कि वे कानून के माध्यम से उन्हें समाप्त करने के पक्ष में होते हैं । राजा राममोहन राय को नैतिक उद्यमकर्ता कहा जा सकता है; क्योंकि उन्होंने कानून के माध्यम से सती-प्रथा को समाप्त करवाया था ।

moral evil ('मॉरल् 'ईव्ल्) **नैतिक अशुभ, नैतिक बुराई :** वह बुराई, जो नैतिकता के उल्लंघन से सम्बन्ध रखती है, जैसे– अन्याय, शोषण, चोरी, घूसखोरी आदि ।

moral fanaticism ('मॉरल् फ़ॅ'नैट्इसिज़्म्) **नैतिक मतांधता :** केवल अपने नैतिक मूल्य को ही सत्य एवं सर्वश्रेष्ठ माननेवाला तथा दूसरों के नैतिक मूल्यों को अस्वीकृत करनेवाला मत ।

moral hazard ('मॉरल् हैज़ड्) **नैतिक खतरा :** राज्य कभी-कभी उपेक्षित, बेसहारा और गरीब लोगों की अपनी कल्याणकारी योजनाओं के माध्यम से मदद करने की कोशिश करता है । लेकिन, यह कल्याणकारी प्रयास खतरों से खाली नहीं होता है; क्योंकि इससे लोगों के निकम्मा बने रहने की सम्भावना होती है । कभी-कभी वे लोग अनैतिक कार्य भी कर बैठते हैं । अत: इस सरकारी प्रयास को नैतिक खतरा कहा जाता है । पाश्चात्य देशों में बेरोज़गार एवं बेसहारा लोगों के लिए कार्यक्रम चलाये जाते हैं, इसलिए इस अवधारणा की उत्पत्ति का सन्दर्भ वहीं का समाज है ।

moral individualism ('मॉरल् इन्डि'विड्युअलिज़्म्) **नैतिक व्यक्तिवाद :** व्यक्तिवाद की ऐसी व्याख्या, जिसमें प्रत्येक व्यक्ति या मनुष्य को नैतिक दृष्टि से अपने-आप में साध्य (End-in-itself) मानते हुए उसकी गरिमा को स्वीकार किया जाता है और इस आधार पर सभी व्यक्तियों की स्वतन्त्रता और समानता का समर्थन किया जाता है ।

moral judgement ('मॉरल् जजमन्ट्) **नैतिक निर्णय :** किसी भी ऐच्छिक कर्म को नैतिक दृष्टि से शुभ या अशुभ, उचित या अनुचित बताना नैतिक निर्णय है ।

moral law ('मॉरल् लॉ) **नैतिक नियम :** विशेषत: काण्टीय नीतिशास्त्र में, व्यावहारिक तर्कबुद्धि का वह निरपेक्ष आदेश कि केवल कर्त्तव्यबुद्धि से कर्त्तव्य करो और उसे कर्त्तव्य मानो, जिसे तुम एक सार्वभौम सिद्ध के रूप में स्वीकार कर सको । प्रत्येक धर्म के अन्तर्गत नैतिक नियम की बात की जाती है, फर्क सिर्फ मात्रा का है ।

moral panic ('मॉरल् 'पैनिक) **नैतिक आतंक :** किसी मुद्दे को प्रचार-प्रसार के माध्यम से इतना अधिक उछालना कि समाज में उस मुद्दे के प्रति एक प्रकार की उथल-पुथल हो जाये और लोग उस समस्या से घबराने लगें। वास्तव में, इस प्रकार की समस्या उतनी गंभीर नहीं होती है, बल्कि मीडिया के माध्यम से इसे इतना अधिक संवेदनशील बना दिया जाता है कि लोग इससे डरने लगते हैं, जैसे– एड्स के सम्बन्ध में इतना अधिक प्रचार-प्रसार कर दिया गया है कि लोगों में स्वतन्त्र यौन से भारी घबराहट होती है (देखें– Stanley Cohen, **Folk Devils and Moral Panics**, 1972; Geoffrey Pearson, **Hooliganism: A History of Respectable Fears**, 1983) ।

moral philosopher ('मॉरल् फ़ि 'लॉस्फ़र्) **नैतिक दार्शनिक :** मानव, आचरण तथा मूल्यों का अध्ययन करने वाले विद्वान । इसका सीधा सम्बन्ध धर्म से है । विभिन्न धर्मों के अन्तर्गत नैतिक दार्शनिक पाये जाते हैं, जो लोगों को नैतिकता का पाठ पढ़ाया करते हैं । वैसे लोग आमतौर पर आधुनिकता-विरोधी होते हैं ।

moral philosophy ('मॉरल् फ़'लॉसफ़ि) **नैतिक दर्शन :** दर्शनशास्त्र की वह शाखा, जिसमें नैतिक तर्क की तार्किक संरचना का विश्लेषण किया जाता है और उसकी प्रमाणिकता की जाँच की जाती है । इसमें मुख्यत: यह देखते हैं कि हमारी नैतिक मान्यताओं का आधार क्या है; क्या ऐसी किसी मान्यता को सही या गलत सिद्ध किया जा सकता है? इसमें हम मानवजीवन के मूल्यों, साध्यों और परम साध्य पर विचार करते हैं ।

moral rearmament ('मॉरल् रीआम'मन्ट्) **नैतिक पुनरुत्थान :** विश्व की समस्याओं को सुलझाने के लिए चलाया गया एक आन्दोलन, जिसका सूत्रपात ईसाई धर्म प्रचारक फ्रैंक बुकमन (F. Buchman, 1878-1961) ने 1938 में किया था। इसका उद्देश्य वर्तमान जीवन में भौतिकवाद के बढ़ते हुए प्रभाव को निरस्त करना था । इसके लिए लोगों को यह प्ररेणा दी गयी है कि वे नैतिकता और प्रेम के उच्च आदर्शों के अनुरूप जीवन बिताएँ, ईश्वर की आज्ञा का पालन करें और सम्पूर्ण विश्व को उन आदर्शों के अनुरूप ढालने के लिए एक विश्वव्यापी संगठन का निर्माण करें ।

moral relativism ('मॉरल् 'रेलॅटि विज़्म्) **नैतिक सापेक्षवाद :** यह दृष्टिकोण कि समाज में जो मूल्य और आदर्श प्रचलित हैं, वे किसी विशेष सामाजिक और ऐतिहासिक परिस्थिति के सन्दर्भ में ही प्रामाणिक होते हैं । अत: कोई भी

मूल्य या आदर्श विश्वस्तर पर प्रामाणिक नहीं हो सकता। यह संभव है कि जो मूल्य एक समाज में मान्य हैं; वे दूसरे समाज में मान्य न हों तथा समय बदल जाने पर वे भी मान्य न रह जायें।

moral statistics ('मॉरल् स्ट'टिस्टिक्स्) **नैतिक सांख्यिकी :** फ्रांसीसी समाजशास्त्र में इस अवधारणा की विशेष रूप से चर्चा हुई है। वहाँ के समाजशास्त्रियों ने तलाक, आत्महत्या, मानसिक स्वास्थ्य, बलात्कार सम्बन्धी आँकड़े इकट्ठा कर समाजशास्त्रीय विश्लेषण करने का प्रयास किया। वैसे विषयों पर तमाम आँकड़ों को नैतिक सांख्यिकी कहा जाता है।

morale (म'रॉल्) **मनोबल :** वह स्थिति, जिसमें किसी समूह के सदस्य उस समूह के लक्ष्यों के प्रति हार्दिक प्रतिबद्धता अनुभव करते हैं और उन्हें पूरा विश्वास होता है कि उनका समूह इन लक्ष्यों को अवश्य प्राप्त कर लेगा। अत: वे अपनी मानसिकता को समूह के साथ एकाकार कर लेते हैं।

morality (म'रैलटि) **नैतिकता, नीति :** (1) नैतिकता– व्यक्ति के कर्म, आचरण या चरित्र की वह विशेषता, जो उसके नैतिक आदर्श के अनुरूप होने से या उसका अनुसरण करने से उसमें आती है। (2) नीति– नैतिक आदर्श की दृष्टि से आचरण का अध्ययन करनेवाला शास्त्र अथवा मुख्यरूप से मानव-स्वभाव, आदर्श और उसका अनुसरण करने के लिए बनाये गये नियमों से सम्बन्धित विचारों का तन्त्र विशेष।

moratorium (मारॅ'टारिअॅम्) **निलम्बन, निलम्बन-अवधि :** वह स्थिति, जब किसी ऋण के भुगतान या अन्य किसी दायित्व की पूर्ति को निर्दिष्ट समय के लिए रोक देने के लिए कानूनी अनुमति दे दी जाती है। यह अनुमति इसलिए दी जाती है, ताकि देनदार व्यक्ति कहीं से उधार लेकर, अपना माल बेचकर या कहीं से धन जुटाकर अपने दायित्व को पूरा करने में समर्थ हो सके।

morbidity (मॉर्'बिडटि) **रुग्णता, अस्वस्थता :** किसी जनसंख्या में रोग या किसी प्रकार की विकृति से ग्रसित होने वाले लोगों की संख्या। रुग्णता के अन्तर्गत दुर्घटना, घातक बीमारियों, महामारियों, चोट, संक्रामक रोगों और जन्मजात रोगों से सम्बद्ध आँकड़े इकट्ठे किये जाते हैं। इसमें जनांकिकी और जन-स्वास्थ्य सम्बन्धी अध्ययनों के रुग्णता सम्बन्धी आँकड़े विशेष महत्त्व रखते हैं। विश्व स्वास्थ्य संगठन (WHO) के अनुसार, स्वास्थ्य का अभिप्राय केवल बीमारी और दुर्बलता का अभाव नहीं है, वरन् उस अवस्था से है जब मनुष्य शारीरिक और सामाजिक रूप से पूरी तरह ठीक हो।

mores ('मॉ:रीज़्) **लोकाचार :** लोकरीति **(Folk-ways)** की तरह लोकाचार पर भी सबसे पहले अमरीकी समाजशास्त्री विलियम ग्राहम समनर् (William G. Sumner, 1840-1910) ने ही बृहत् रूप से विचार किया था। उन्होंने अपनी पुस्तक **Folkways** (1906) में पहली बार लोकाचार (Mores) को **Folk-ways** से अलग किया। प्रत्येक समाज कुछ खास किस्म के नियमों से चलता है, उन्हीं नियमों में कुछ वैसे नियम भी होते हैं, जिसे समाज किसी को तोड़ने की इजाजत नहीं देता है। उन्हें तोड़ना समाज बिल्कुल अनैतिक मानता है। अत: इन नियमों को तोड़नेवाले को समाज दण्ड भी देता है, ऐसे सभी नियमों को समनर् ने लोकाचार कहा है। उत्तर भारत के हिन्दू समाज में चचेरे, ममेरे एवं फुफेरे भाई-बहनों के बीच शादी-विवाह वर्जित है। जो लोग इस नियम-कानून का उल्लंघन करेंगे, समाज उन्हें बहिष्कार कर दण्डित करता है। इसलिए लोग इस ढंग के लोकाचार का उल्लंघन करने की हिम्मत नहीं जुटा पाते हैं। लोकाचार एक प्रकार के व्यक्तियों के आचरण का नियन्त्रक (Regulator) है। लोकाचार को हमेशा समाज के द्वारा सही और नैतिक माना जाता है। लोकाचार एक ऐसा नैतिक नियम या मूल्य है, जिसे समाज कभी भी टूटते हुए नहीं देख सकता है। चूँकि लोकाचार को समाज के सभी व्यक्ति की स्वीकृति रहती है इसलिए उसके टूटने से समाज में बेचैनी होती है। लोकाचार को समाज अपने स्थायित्व का आधार मानता है। उसे तोड़नेवाले को समाज विभिन्न तरह से दण्डित करने का प्रयास करता है। यदि कोई व्यक्ति समाज के प्रचलित तरीकों के खिलाफ अपने ढंग से वस्त्र पहनता है, तो उसे लोकरीति का उल्लंघन माना जायेगा, पर यदि कोई नंगा होकर सड़क पर घूमने का प्रयास करता है, तो उसे लोकाचार का उल्लंघन कहा जायेगा। लोकरीति और लोकाचार में इतना ही फर्क है कि लोकरीति का उल्लंघन करने

वाले को समाज कोई दण्ड नहीं देता है, जबकि लोकाचार का उल्लंघन करने वाले को समाज अधिक-से-अधिक दण्ड देने का प्रयास करता है । लोकरीति के साथ कोई अधिक नैतिकता की बात नहीं है, पर लोकाचार को पूरी तरह नैतिक माना जाता है : देखें– **Folkways** ।

moron ('मारॉन्) **मूढ़ :** मानसिक विकास की दृष्टि से अपेक्षाकृत पिछड़े व्यक्ति को मूढ़ कहा जाता है । मूढ़ व्यक्ति की बुद्धिलब्धि **(I. Q.)** 50 से 70 तक होती है । मूढ़ जीवन की साधारण परिस्थितियों में एक सीमा तक अपना समायोजन कर सकता है । वह ऐसे कामों को सीख सकता है, जिनमें विशेष कुशलता या बौद्धिकता की आवश्यकता न हो। वह पाँचवीं-छठी तक पढ़ भी सकता है । उसका सामाजिक विकास तो और लोगों की तरह ही होता है, किन्तु उसमें सामाजिक परिपक्वता और अपने-आप कुछ निर्णय कर सकने की क्षमता नहीं होती । मूढ़ किसी काम में बहुत देर तक लगा नहीं रह सकता । किसी दायित्व का निभाना उसके बश की बात नहीं होती । उसका अधिकांश व्यवहार उसकी आदतों और बचपन में मिले थोड़े बहुत प्रशिक्षण से ही संचालित होता है ।

morphology (मॉर् 'फ़ॉलजि) **आकृति विज्ञान :** किसी भी वस्तु, जैसे– पशु, वृक्ष आदि के आकार के रूप या संरचना का अध्ययन ।

mortality (मॉर् 'टैलटि) **मर्त्यता :** मर्त्यता अर्थात् मृत्यु एक ऐसा घटक है, जिससे जनसंख्या में कमी और उसकी संरचना में परिवर्तन होता है । जनसंख्याशास्त्र में इस विषय पर विशेष रूप से अध्ययन किया जाता है ।

mortality rate (मॉर् 'टैलटि रेट्) **मृत्यु-दर :** किसी जनसंख्या में एक वर्ष की अवधि में प्रति हजार व्यक्तियों में मृतकों की संख्या । इस प्रकार की मृत्यु संख्या में आयु, लिंग आदि का ध्यान नहीं रखा जाता है । मर्त्यता को अशोधित मृत्यु-दर, आयु विशिष्ट मृत्यु-दर अथवा मानकित मृत्यु-दर के रूप में मापा जाता है : देखें– **Death rate; Life table** ।

अशोधित मृत्यु-दर निकालने का सूत्र इस प्रकार है–

$$\text{अशोधित मृत्यु-दर} = \frac{\text{कुल मृत्यु}}{\text{मध्य वर्ष की जनसंख्या}} \times 1000$$

mortification (मॉर्टिफ़ि 'केशन्) **आत्मदमन :** इस शब्द का सर्वप्रथम प्रयोग इरविंग गॉफ़मैन (Erving Goffman) ने इस सन्दर्भ में किया है कि जब कोई व्यक्ति किसी बीमारी की अवस्था में अस्पताल जाता है या अपराध के कारण दण्डस्वरूप जेल जाता है, तो वह अपने पुराने स्व: **(Self)** से अलग हो जाता है और एक नये स्वरूप व चेहरे में स्वत: स्थापित हो जाता है । इसी प्रक्रिया को आत्मदमन कहा गया है । भारतीय सन्दर्भ में, यदि कोई व्यक्ति गृहस्थ जीवन से सन्यास जीवन में प्रवेश करता है, तो उसे भी आत्मदमन कहा जायेगा; क्योंकि उसका पुराना स्व: बदल जाता है ।

motherhood ('मदर् हुड्) **मातृत्व :** मातृत्व मूलरूप से एक सामाजिक अवस्था के रूप में है । यह कोई जैविक अवधारणा नहीं है । यह बात दूसरी है कि मातृत्व का सम्बन्ध प्रजनन जैसी जैविक प्रक्रिया से जुड़ा है । बहुत से अध्ययनों को देखने से पता चलता है कि विभिन्न समाजों में माँ और बच्चे के सम्बन्ध को अलग-अलग ढंग से परिभाषित किया गया है । यदि कुछ समाजों में बच्चों का लालन-पालन मात्र माँ की जिम्मेदारी है, तो कुछ समाजों में बच्चों के लालन-पालन की जिम्मेदारी परिवार की अन्य महिला सदस्यों की है । ऐसा कहा जाता है कि महिलाओं में एक किस्म की जैविक या स्वाभाविक प्रवृत्ति पायी जाती है, जो उन्हें माँ बनने के लिए प्रेरित करती है । विभिन्न समाजों में विवाह एक ऐसी संस्था है, जो मातृत्व की प्रक्रिया में मदद करती है । लेकिन, धीरे-धीरे पाश्चात्य समाजों में एक ऐसी प्रवृत्ति देखने को मिल रही है कि मातृत्व के लिए विवाह का होना अतिआवश्यक नहीं है । यह सही है कि माँ बनना या न बनना महिला की व्यक्तिगत इच्छा की बात है, लेकिन बहुत-से ऐसे समाज हैं, जहाँ सन्तानहीन स्त्रियों को अच्छी निगाहों

से नहीं देखा जाता। कुछ महिलाएँ ऐसी होती हैं, जो जीवनवृत्त के लिए मातृत्व पसन्द नहीं करतीं, तो कुछ महिलाएँ जीवनवृत्त को त्यागकर मातृत्व को श्रेयस्कर समझती हैं। नारीवादियों का तर्क है कि मातृत्व ही नारी के निम्न स्थान के लिए सबसे अधिक जिम्मेवार कारक है। नारी-मुक्ति आन्दोलन तभी संभव है, जब महिलाएँ अपनी मातृत्व सम्बन्धी जिम्मेवारियों से स्वतन्त्र हों (देखें– Nancy Chodorow, **The Reproduction of Mothering**, 1978)।

mother right ('मदर् राइट्) **मातृतन्त्र, मातृ अधिकार :** एक प्रकार का सामाजिक संगठन, जिसकी विशेषताएँ मातृस्थानिक आवास, मातृ-सत्तात्मक या मातुल अधिकार और मातृवंशीय वंशानुक्रम, उत्तराधिकार एवं वंशागति होती है।

motivation (मोटि'वेशन्) **अभिप्रेरणा :** हमारी प्रत्येक प्रतिक्रिया के पीछे कोई-न-कोई अभिप्रेरणा अवश्य होती है। प्रतिक्रिया करानेवाला प्रत्येक उद्दीपन व्यवहार का अभिप्रेरक होता है। प्रत्येक अभिप्रेरक के पीछे कोई उद्देश्य होता है। यों तो प्रत्येक अभिप्रेरक आन्तरिक या बाह्य रूप से व्यवहार करने की प्रेरणा देने वाला होता है, किन्तु आजकल मनोविज्ञान में किसी अभिप्रेरक को उद्देश्यमूलक तभी कहा जाता है, जब उस पर आन्तरिक नियन्त्रण किया जा सके। बाह्य नियन्त्रण से प्रेरित क्रियाओं को उद्देश्यमूलक नहीं माना जाता। तेज प्रकाश में पलकों के स्वतः झपक जाने को उद्देश्यमूलक नहीं कहना चाहिए; क्योंकि पलकों की क्रिया का नियन्त्रण और संचालन किसी परिवर्तनीय आन्तरिक शारीरिक स्थिति से न होकर, आँख की रचना से होता है। वस्तुतः कोई अभिप्रेरक उद्देश्यमूलक तभी होता है, जब वह भूख-प्यास जैसी परिवर्तनीय शारीरिक स्थितियों पर आधारित हो।

हमारी क्रियाएँ तब तक होती रहती हैं, जब तक हम तत्सम्बन्धी लक्ष्य प्राप्त नहीं कर लेते। लक्ष्य प्राप्ति के बाद तत्सम्बन्धी क्रिया समाप्त हो जाती है। अभिप्रेरणा से हमारे अन्दर तनाव पैदा हो जाता है, जिससे मुक्त होने के लिए हमें कुछ-न-कुछ करना पड़ता है। कभी-कभी अनेक प्रकार के व्यवहार में एक ही अभिप्रेरणा की अभिव्यक्ति होती है, जैसे– प्रतिष्ठा पाने के लिए कोई किताबें लिखता है, कोई धर्मशाला बनवाता है, कोई समाजसेवा करता है, तो कोई अतिशय धनोपार्जन करता है। इसी प्रकार, एक ही प्रकार के व्यवहार के पीछे अनेक अभिप्रेरणा हो सकती है। हत्या का कारण क्रोध, आत्मरक्षा, लालच या वासना आदि में से कोई भी हो सकता है।

motivational orientation (मोटि'वेशनल ऑरिएन्'टेशन्) **अभिप्रेरणात्मक उन्मुखता :** यह सामाजिक क्रिया के पहलू की ओर संकेत करती है। किसी समाज के ऐसे कारण या प्रयोजन समाज के मूल्यों या प्रतिमानों से सम्बन्धित नहीं होते, जैसे– किसी अवसर के लिए सबसे अच्छी साड़ी का चुनाव या जन्मदिन के लिए उपयुक्त कार्ड का चयन।

movement, alternative ('मूव्मन्ट्, ऑल्'टर्नटिव्) **वैकल्पिक आन्दोलन :** वैकल्पिक आन्दोलन वह आन्दोलन है, जिसके अन्तर्गत व्यक्ति के जीवन में आंशिक परिवर्तन लाने की कोशिश की जाती हैं। आज बहुत-सी ऐसी स्वयंसेवी संस्थाएँ हैं, जो धूमपान एवं नशाखोरी के विरोध में देश में आन्दोलन चला रही हैं। उनकी कोशिश यह हो रही है कि व्यक्ति के जीवन में ऐसे परिवर्तन लाए जाएँ, जिससे उन्हें उनकी बुरी आदतों से मुक्ति मिले और ऐसी बुराई समाज में और नहीं फैले। वैकल्पिक आन्दोलन ऐसा आन्दोलन है, जिसके द्वारा समाज के कुछ व्यक्तियों के जीवन में आंशिक परिवर्तन लाने की कोशिशें की जाती हैं। स्वामी रामदेवजी स्वास्थ्य के क्षेत्र में वैकल्पिक आन्दोलन चलाने का कार्य कर रहे हैं।

movement, mass ('मूव्मन्ट्, मैस्) **जन-आन्दोलन :** किसी समान लक्ष्य अथवा लक्ष्यों को प्राप्त करने के उद्देश्य से किसी समाज के अधिसंख्य व्यक्तियों द्वारा बिना किसी विशेष आयोजन-नियोजन के बृहत् आधार पर किये गये स्वतःस्फूर्त व्यवहार को जन-आन्दोलन कहते हैं। राजनीति अथवा धार्मिक उथल-पुथल, बृहत् आधार पर प्रव्रजन जैसे-जन समर्थित स्वतःस्फूर्त घटनाएँ जन-आन्दोलन की ही उदाहरण हैं। भारत में आजादी की लड़ाई एक जन-आन्दोलन थी।

movement, redemptive ('मूव्मन्ट्, रि'डेम्पटिव्) **मुक्ति आन्दोलन :** कभी-कभी समाज में ऐसी बुराइयाँ फैल जाती हैं, जो पूरे समाज के लिए खतरा बन जाती हैं। वैसी स्थिति में कुछ ऐसे आन्दोलन चलाए जाते हैं, जिससे समाज

को खतरे से बचाया जाये । घूसखोरी एक ऐसी समस्या है, जिससे पूरी राजनीतिक एवं सामाजिक व्यवस्था को खतरा है । यदि घूसखोरी को रोकने के लिए कोई आन्दोलन चलाया जाये, तो वैसे आन्दोलन को मुक्ति आन्दोलन कहेंगे। चूँकि, कबीर ने ब्राह्मणों एवं मुल्लों के कुप्रभावों से समाज को बचाने के लिए एक आन्दोलन चलाया था, इसलिए कबीरपंथ को एक मुक्ति आन्दोलन कहा जा सकता है ।

movement, reformative ('मूव्मन्ट्, रि'फ़ॉर्मटिव़्) **सुधारात्मक आन्दोलन :** समाज में कुछ आन्दोलन ऐसे भी होते हैं, जिनका उद्देश्य सीमित सामाजिक परिवर्तन होता है । जब समाज में कुछ दुर्गुण या अन्य किस्म की बुराइयाँ उत्पन्न होती हैं, तो उसे दूर करने के लिए सामाजिक आन्दोलन चलाना पड़ता है, ताकि मूल व्यवस्था को जीवन्त एवं उपयोगी बनाए रखा जाय। भारत में सूफी आन्दोलन, भक्ति आन्दोलन, आर्य समाज आन्दोलन एवं ब्रह्मोसमाज आन्दोलन इसी प्रकार के आन्दोलन माने जाते हैं ।

movement, social ('मूव्मन्ट्, 'सोश्ल्) **सामाजिक आन्दोलन :** देखें– **Social movement** ।

movement, transformative ('मूव्मन्ट्, ट्रैन्स्'फार्मटिव) **रूपान्तकारी आन्दोलन :** कुछ ऐसे भी सामाजिक आन्दोलन होते हैं, जिनका मुख्य उद्देश्य बुनियादी सामाजिक परिवर्तन होता है । अपने उद्देश्यों की पूर्ति के लिए कभी-कभी लोग हिंसा-नीति भी अपनाते हैं, जैसे– नक्सलबाड़ी आन्दोलन ।

Moynihan report (मोनिहन रि'पॉर्ट) **मोयनिहन रपट : The Negro Family: The Case for National Action** (1965) को ही मोयनिहन रपट जाना जाता है । अमरीकी सरकार ने उन्हें काले लोगों के बीच गरीबी की समस्या पर रपट तैयार करने के लिए कहा था । इस रपट में उन्होंने कहा है कि काले लोगों की उप-संस्कृति ही ऐसी है कि वे गरीब हैं । इसका स्पष्ट अर्थ यह है कि कोई अन्य नहीं, बल्कि काले लोग स्वयं अपनी गरीबी के लिए जिम्मेवार हैं। अत: लोगों के बीच एक प्रकार की पुश्त-दर-पुश्त गरीबी का चक्र चलता रहता है : देखें– **Culture of poverty** ।

multi-collinearity ('मॅल्टि 'कॉलिन्य'इटि) **बहुसरेखता :** इस प्रकार की समस्या समाश्रयण विश्लेषण (**Regression analysis**) में तब देखने को मिलती है, जब दो या दो से अधिक स्वतन्त्र चरों (**Independent variables**) के बीच गहरा सम्बन्ध होता है : देखें– **Regression analysis** ।

multi-cultural education ('मॅल्टि 'कल्चरल् एजु'केशन्) **बहुसांस्कृतिक शिक्षा :** ऐसी शिक्षा-प्रणाली, जिसमें समाज के प्रति सभी संस्कृतियों और प्रजातियों के योगदान पर विचार किया जाता है । इसका उद्देश्य एक साझी संस्कृति को बढ़ावा देना होता है, ताकि समाज में किसी प्रकार के सांस्कृतिक संघर्ष व तनाव की स्थिति उत्पन्न नहीं हो। कभी-कभी इसमें मुख्य संस्कृति को चुनौती देने की प्रवृत्ति भी पाई जाती है ।

multi-cultural society ('मॅल्टि 'कल्चरल् सॅ'साइअटि) **बहुसांस्कृतिक समाज :** ऐसा समाज, जहाँ एक से अधिक संस्कृतियों के लोग सह-अस्तित्व में विश्वास कर रहते हैं । एक आदर्श बहु-सांस्कृतिक समाज सांस्कृतिक विभिन्नताओं (धार्मिक, भाषाई, प्रजातिक आदि विविधता) को प्रश्रय देता है । बहुसंस्कृतिवाद (**Multi-culturalism**) का विचार समसंस्कृतिवाद (Monoculturalism) का उल्टा है । अमरीका, ब्रिटेन एवं भारत बहुसांस्कृतिक समाज का अच्छा उदाहरण है । अनेकता में एकता इन समाजों की अपनी विशिष्टता है ।

multi-ethnic ('मॅल्टि 'एथ्निक्) **बहुविध नृजातीय :** एक ऐसा समाज, जिसमें संस्कृति या धर्मों तथा भाषाओं की विविधता हो, जैसे– भारत, अमरीका, इंग्लैंड आदि ।

multiform economy ('मॅल्टि फ़ॉम् इ'कॉनमि) **विविध रूपी अर्थव्यवस्था :** इसका अभिप्राय भारतीय सन्दर्भ में दोनों प्रकार की अर्थव्यवस्था, पूर्व-पूँजीवादी और पूँजीवादी उत्पादन-पद्धति की मौजूदगी से है ।

multi-level models ('मॅल्‌टि 'लेव़ॅल्‌ 'मॉडल्स्) **बहुस्तरीय प्रतिरूप :** यह विभिन्न प्रकार के अन्तःसम्बन्धित दृष्टिकोणों का एक ऐसा सेट है, जो बृहत्‌ एवं लघुस्तरीय तथ्यों का विश्लेषण करता है । यह समाजशास्त्र में प्रसंगाश्रित प्रतिरूप **(Contextual model)** एवं सोपानिक प्रतिरूप **(Hierarchical model)** के नाम से भी जाना जाता है । इस प्रतिरूप की मान्यता यह है कि व्यक्ति का आचरण सामाजिक तथ्यों से प्रभावित होता है और व्यक्ति भी अपने आचरण से अपने सामाजिक वातावरण को प्रभावित करता है । एमिल डर्कहाइम (Émile Durkheim, 1858-1917) का आत्महत्या का सिद्धान्त इसका उदाहरण है । इन्हीं तथ्यों को उजागर एवं स्पष्ट करने के लिए बहुत से बहुस्तरीय सांख्यिकी प्रतिरूप **(Multi-level statistical model)** विकसित किये गए हैं ।

multilinear evolution ('मॅल्‌टि 'लिनिअर्‌ ईव़्‌'लूशन्‌) **बहुरेखीय उद्विकास :** सामाजिक उद्विकास की इस विचारधारा के अनुसार, विभिन्न समाजों का उद्विकास विभिन्न दिशाओं में होता है अर्थात्‌, यह विचारधारा समाज के उद्विकास की एकरेखीय विचारधारा का खण्डन करती है ।

multinational corporation ('मॅल्‌टि 'नैशनल्‌ कॉपरे 'शन्‌) **बहुराष्ट्रीय निगम :** ऐसी कम्पनियाँ, जो एक से अधिक राष्ट्रों में (विशेष कर विकासशील देशों में) अपना व्यावसायिक कामकाज कर रही हैं, बहुराष्ट्रीय निगम कहलाती हैं (देखें– Stephen Gill and David Law, **The Global Political Economy**, 1988; Alfred D. Chandler, Jr., **Scale and Scope: The Dynamics of Industrial Capitalism**, 1990) ।

multiple births ('मल्‌टिप्‌ल्‌ वर्थ्स्‌) **बहुजन्म :** जब किसी प्रसव में एक से अधिक बच्चों का जन्म हो, तो उस स्थिति को बहुजन्म की स्थिति कहते हैं । जनसांख्यिकी में ऐसी घटनाओं की अलग से गणना की जाती है; क्योंकि यदि ऐसा नहीं किया जाये, तो कुल जन्म लेने वाले शिशुओं (जीवित अथवा मृत दोनों) और प्रसवों की संख्या में अन्तर का समाधान नहीं हो पायेगा ।

multiple causation ('मल्‌टिप्‌ल्‌ कॉ:'जेशन्‌) **बहुविध कार्यकारण :** यह विचार कि किसी घटना के पीछे कोई एक कारण नहीं होता, बल्कि अनेक कारक एकसाथ मिलकर काम करते हैं ।

multiple deprivation ('मल्‌टिप्‌ल्‌ डेप्रि'व़ेशन्‌) **बहुल वंचन :** जब वंचन की समस्या जीवन के एक से अधिक क्षेत्रों में एकसाथ दिखायी दे, तो उसे बहुल वंचन की संज्ञा दी जाती है, जैसे– निम्न आमदनी और बेकारी साथ-साथ दिखायी पड़नेवाली समस्या है और वैसी स्थिति में खराब स्वास्थ्य होना या अशिक्षित होना स्वाभाविक बात है । यदि यही समस्या किसी परिवार में पुश्त-दर-पुश्त चलती रहे, तो उसे सम्प्रेषित वंचन (Transmitted deprivation) कहा जाता है : देखें– **Deprivation** ।

multiple sovereignty ('मल्‌टिप्‌ल्‌ 'सॉव़्र न्‌टि) **बहुविध सम्प्रभुता :** एक ऐसी स्थिति, जिसमें कोई एक ही सम्प्रभु सत्ता न हो, बल्कि सत्ता एक से अधिक लोगों के हाथों में केन्द्रित रहती हो ।

multistage sampling ('मॅल्‌टि स्टेज्‌ साम्प्लिन्ग) **बहुचरणी प्रतिचयन :** दो या अधिक अवस्थाओं में नमूना लेना । इस प्रक्रिया में प्रथम अवस्था में बृहत्‌ इकाइयों का चयन किया जाता है और दूसरी अवस्था में इन्हीं बृहत्‌ इकाइयों में से छोटी इकाइयों का चयन किया जाता है : देखें– **Sampling, multi-stage** ।

multivariate analysis (मॅल्‌ 'टिव़ेअरइट अ'नैलसिस्‌) **बहुचर विश्लेषण :** तीन या उससे अधिक चरों के अन्तःसम्बन्धों का विश्लेषण अथवा व्याख्या । इसका प्रयोग सांख्यिकी में तब किया जाता है, जब किसी घटना से सम्बन्धित कई चर विद्यमान होते हैं (देखें– George W. Bohrnstedt and David Knoke, **Statistics for Social Data Analysis**, 1988) ।

multivocal symbols (मॅल्‌ 'टिव़ॉक्‌ल्‌ 'सिम्‌ब्‌ल्स) **बहुवाणी संकेत या प्रतीक :** जिस प्रतीक की एक से अधिक व्याख्या संभव है, उसे बहुवाणी संकेत कहते हैं । ऐसे प्रतीकों/संकेतों के कारण बहुधा तनाव और झगड़ा उत्पन्न होने

की सम्भावना बनी रहती है; क्योंकि विभिन्न समूह इन प्रतीकों को अपने ढंग से परिभाषित करते हैं और उन परिभाषाओं को अपने कार्य-व्यापार का मापदण्ड मानते हैं ।

mutilation (म्यूटि'लेश्न्) **विखण्डन, अंगभंग :** सुन्दरता के लिए अथवा प्रायश्चित, पद, परिवार, कौशल आदि के प्रतीक स्वरूप शरीर के किसी अंग को शल्यक्रिया द्वारा अथवा भौतिक रूप से परिवर्तित करने की प्रथा ।

mysticism ('मिस्टि सिज़म्) **रहस्यवाद :** सामान्यत: इस धारणा का अर्थ है– यह विश्वास कि सत्य की प्राप्ति ध्यान द्वारा होती है, जो अन्तर्दृष्टि अथवा ज्ञान द्वारा अभेद्य है । इसका ज्ञान, बुद्धि, तर्क एवं भाषा से परे है । विलियम जेम्स (William James,1842–1910) के अनुसार, रहस्यवाद अनुभूति का वह आकार-रूप है, जिसमें व्यक्ति जगत् में ऐसे तथ्यों के सम्पर्क में आता है, जिनसे संवेदनात्मक और आध्यात्मिक प्रक्रियाओं द्वारा अवगत नहीं हो सकता । यह अदृश्य जगत् में झाँकी लेने की एक खिड़की है– सत्य से साक्षात्कार का एक तरीका, जो अदृश्य तिरोहित है । जेम्स ने इस अन्त:स्फुरित अनुभूति की अवस्था के बारे में दो सामान्य तथ्यों का नि:सारण किया है– (1) रहस्यात्मक अनुभूति सुखान्त है– यह दु:खवेदना पर विजय प्राप्त करने के पश्चात् अनुभव होती है और (2) इसमें जगत् का प्रदर्शन समन्वित रूप में होता है । मनोविश्लेषण अनुभूतियाँ पराहम् (**Super ego**) का प्रक्षेपण मात्र है ।

myth (मिथ्) **मिथक :** इस शब्द का प्रयोग मुख्यत: दो अर्थों में किया जाता है– (1) किसी संस्कृति अथवा उपसंस्कृति के अन्तर्गत अलौकिक अथवा असाधारण घटना का अत्यन्त ही प्रतीकात्मक वर्णन अथवा उससे सम्बन्धित कथा। मिथक में निहित प्रज्ञा, तत्त्व-ज्ञान, अन्त:प्रेरणा अथवा व्यावहारिकता का समाज में बारम्बार उल्लेख होता है । (2) सामाजिक या धार्मिक प्रतीक का साहित्यिक रूप । एक ऐसी कहानी, जिसमें अलौकिक शक्तियों के बारे में बताया जाता है और संसार कैसे बना, यह भी बताया जाता है । नायकों और देवताओं पर कहानियाँ बनाई जाती हैं और ये परम्परा के रूप में एक पीढ़ी से दूसरी पीढ़ी तक इनको सुनाया जाता है तथा इसमें विश्वास किया जाता है (देखें– Émile Durkheim, **The Elementary Forms of Religious Life**, 1965; Claude Lévi-Strauss, **Introduction to a Science of Mythology**, 1970-81) ।

mythology (मि'थॉल्जि) **मिथक विद्या :** ज्ञान की वह शाखा, जिसमें मिथक अर्थात् पौराणिक कथाओं का वर्णन होता है । चूँकि भारत की संस्कृति काफी प्राचीन है तथा इसके सृजन में विद्वानों, चिन्तकों, साधु एवं सन्तों की प्रमुख भूमिका रही है, हिन्दू धर्म के आदिग्रन्थों में काफी मिथक पाये जाते हैं, जो आज भी ज्ञान और प्रेरणा के प्रमुख स्रोत हैं ।

Nn

narcissism ('नार्सि सिज़म्) **नार्सिसवाद, आत्मरति :** अपने प्रति कामात्मक प्रेम-भाव । एक प्रसिद्ध पौराणिक कथा है, जिसके मुख्य पात्र ने अपनी छाया जल में देखी और उसी पर वह मुग्ध हो गया और कहा Look, look in the mirror, how beautiful I am..... । इस पौराणिक कथा के आधार पर सिगमण्ड फ्रॉयड (Sigmund Freud, 1856-1939) ने इस प्रत्यय अथवा कल्पना-धारणा का अनुमान लगाया है कि जब एक व्यक्ति कामेच्छा की तुष्टि हेतु अपने से बाहर की वस्तु की अपेक्षा अपने ही शरीर को चाहने लगता है, अपने-आप से ही प्यार करने लगता है, तो यह प्रवृत्ति नार्सिसवाद या आत्ममोह कहलाती है । इसमें कामवृत्ति को व्यक्ति स्वयं पर प्रक्षेपित करता है । आत्ममोह की यह प्रवृत्ति एक यूनानी मिथक से ली गई है । 'नार्सिस' (नरगिस) नामक एक काल्पनिक व्यक्ति स्वयं अपने चेहरे को देखकर अपने ही ऊपर इतना मुग्ध हो गया कि वह अपने-आप से ही प्यार करने लगा । मिथक के इस नायक के नाम पर ही फ्रॉयड ने आत्ममोह की इस घटना को 'नार्सिसवाद' का नाम दिया (देखें– Christopher Lasch, **The Culture of Narcissism**, 1980) ।

nation ('नेश्न्) **राष्ट्र :** राष्ट्र की परिभाषा कई प्रकार से दी जाती है । राजनीतिविज्ञान के विवेचन में प्रायः राज्य और राष्ट्र पर्यायवाची शब्द हैं । लेकिन, समाजविज्ञान के अनुसार, व्यावहारिक और परम्परागत दृष्टि से परिभाषा करना उचित है । राष्ट्र वह जनसमूह है, जिसकी भाषा, साहित्य, परम्परागत रीति-रिवाज तथा इतिहास सभी समान हैं । इसका अभिप्राय मंगलकारी चेतना के समान भाव से है तथा ऐसी भूमि से भी है, जिसमें भौगोलिक एकता पायी जाती है । राष्ट्र समाज का वह भाग है, जिसकी प्राकृतिक भौगोलिक सीमा अन्य राष्ट्रों से पृथक् होती है तथा वहाँ के लोगों का जातीय मूल काफी हद तक समान होता है और लोग एक भाषा बोलते हैं । सभ्यता और संस्कृति की समानता पायी जाती है । इस परिभाषा के अनुसार, भारत एक बहुराष्ट्रीय राज्य है ।

nation-state ('नेश्न् स्टेट्) **राष्ट्र-राज्य :** राष्ट्र-राज्य, राष्ट्रीयता की धारणा पर आधारित राज्य का वर्तमान स्वरूप है । राज्य के विकास में राष्ट्रीय राज्यों की अहम भूमिका रही है, जो मुख्यरूप से 18वीं एवं 19वीं शताब्दी में अस्तित्व में आये । सोलहवीं शताब्दी के चर्चित राजनीतिक चिन्तक मैक्यावेली (N. B. Machiavelli, 1469-1527) ने इटली की जनता में राष्ट्रीयता की भावनाओं का प्रचार-प्रसार किया । इन्हें आधुनिक युग का पहला महान् राष्ट्रवादी माना जाता है । राष्ट्रीयता की भावना का राष्ट्र-राज्य के विकास में काफी योगदान रहा है । वर्तमान समय में संसार के अधिकांश राज्य राष्ट्रीय राज्य हैं । ये सभी राज्य जातीय तथा भौगोलिक एकता पर विशेष बल देते हैं । राष्ट्रीयता की भावनाओं का प्रसार संसार के कोने-कोने में हो चुका है । आज के समय में सभी राष्ट्र यह प्रयास कर रहे हैं कि उनके निवासियों में एक राष्ट्रीय भावना का प्रचार-प्रसार हो ।

national ('नैश्नल्) **राष्ट्रीय, राष्ट्रिक :** राष्ट्रीय या राष्ट्रिक का अर्थ है किसी देश के नागरिक या देशवासी । जनांकिकीय अध्ययनों में किसी देश में रहने वाली जनसंख्या को, उनकी राष्ट्रीयता के अनुसार वर्गीकृत करने की प्रथा है । इसमें सबसे पहले देशवासी आते हैं । इसके पश्चात् दूसरे देशवासियों या विदेशियों की गणना की जाती है । जिन लोगों का किसी राज्य से सम्बन्ध नहीं होता, उन्हें राष्ट्रहीन लोगों की श्रेणी में रखा जाता है । एक से अधिक देशों से सम्बन्धित लोगों को बहुदेशी नागरिक माना जाता है (देखें– Eugene Kamenka (ed.), **Nationalism, The Nature and**

Evolution of an Idea, 1973; Anthony D. Smith (ed.), **Nationalist Movements**, 1976; Anthony Giddens, **The Nation-State and Violence**, 1985) ।

national bourgeoisie ('नैश्‌नल्‌ बुअर्ज़्वा'ज़ी) **राष्ट्रीय बूर्जुआ, राष्ट्रीय मध्यवर्ग :** यह कम्पैरडोर बूर्जुआ का विपरीतार्थक शब्द माना जाता है; क्योंकि राष्ट्रीय मध्यवर्ग बाहरी आर्थिक शक्तियों को लाभ पहुँचाने की बजाय अपने राष्ट्रीय आर्थिक हित में काम करते हैं : देखें– **Comprador bourgeoisie** ।

national character ('नैश्‌नल्‌ 'कैरक्‌टर्‌) **राष्ट्रीय चरित्र :** सामान्य व्यक्तित्व की तुलना में राष्ट्रीय चरित्र व्यक्ति की स्थायी विशेषताएँ हैं । सांस्कृतिक लक्षणों के आधार पर एक समाज को दूसरे समाज से अलग किया जाता है । राष्ट्रीय चरित्र के आधार पर ही भारतीयों को चीनी लोगों से अलग करके देखा जाता है । इस अवधारणा के अन्तर्गत यह माना जाता है कि एक समाज के सभी सदस्यों की व्यक्तित्व संरचना में एक प्रकार की विशिष्टता होती है । अत: एक समाज का सांस्कृतिक प्रतिमान एक विशिष्ट प्रकार के व्यक्तित्व को जन्म देता है, जो राष्ट्रीय चरित्र का द्योतक होता है ।

इस अवधारणा का सर्वप्रथम प्रयोग राष्ट्रीय भिन्नताओं का अध्ययन करने के लिए ए. डी. टॉकवील (A. Alexis Henri M. C. de Tocqueville, 1805-1859) द्वारा किया गया । बाद में इस अवधारणा का प्रयोग मानवशास्त्रियों ने मूलभूत व्यक्तित्व संरचना **(Basic personality type)** सम्बन्धी अपनी अवधारणा विकसित करने में किया । इस सन्दर्भ में, रूथ बेनेडिक्ट (Ruth Benedict, 1887-1949) द्वारा किया गया जापानियों के राष्ट्रीय चरित्र का प्रारम्भिक अध्ययन विशेष उल्लेखनीय है ।

national deviance conference (NDC) ('नैश्‌नल्‌ 'डीविअन्स्‌ कॉन्‌फ़रन्स्‌ (एन.डी.सी.) **राष्ट्रीय विचलन सम्मेलन :** यह ब्रिटिश समाजशास्त्रियों एवं अपराधशास्त्रियों का ऐसा समूह है, जो University of York में मिल-बैठकर 1960-1970 के बीच विचार-विमर्श किया करते थे । विसामान्यता की समस्या पर वे अपने उग्र उन्मूलनवाद के लिए जाने जाते थे । उनका मानना था कि विसामान्यता एवं अपराध की घटनाओं पर नियन्त्रण, मार्क्सवादी रास्ते पर चलकर ही हासिल किया जा सकता है । वे लोग अपराध का राजनीतिकरण के घोर विराधी थे ।

national egoism ('नैश्‌नल्‌ ईगो'इज़म्‌) **राष्ट्रीय अहंवाद :** अपनी राष्ट्रीय परम्पराओं की श्रेष्ठता में विश्वास । बहुधा इसमें दूसरे राष्ट्रों की अपेक्षा अपने राष्ट्र को अधिक महान्‌ एवं गरिमामय मानने की प्रवृत्ति निहित होती है ।

national integration ('नैश्‌नल्‌ इन्‌टि'ग्रेशन्‌) **राष्ट्रीय एकता :** वह प्रक्रिया, जिसके अन्तर्गत किसी राष्ट्र के भीतर भिन्न-भिन्न जाति, धर्म, भाषा, संस्कृति या क्षेत्र से सम्बन्ध रखने वाले समूह, परस्पर भेदभाव को भूलकर, मिलजुल कर रहने का प्रयास करते हैं । फलत:, वे एक-दूसरे की भाषा, संस्कृति, रीति-रिवाज और धार्मिक स्थलों की सद्‌भावना को सम्मान की दृष्टि से देखने लगते हैं तथा अपने-आपको एक राष्ट्र के रूप में पहचानने लगते हैं । राष्ट्र के भविष्य के निर्माण के लिए कंधे-से-कंधा मिलाकर परिश्रम करने लगते हैं ।

national interest ('नैश्‌नल्‌ 'इन्ट्रस्ट्‌) **राष्ट्रीय हित :** समूचे राष्ट्र का हित, जो राष्ट्रीय स्तर पर, राष्ट्र के एककों, विभिन्न क्षेत्रों, जातियों, समुदायों तथा व्यक्तियों के हित से तथा अन्तर्राष्ट्रीय धरातल पर अन्य देशों के हित से भिन्न समझा जाता है । विदेश-नीति के निर्माण में राष्ट्रहित का तर्क सबसे महत्त्वपूर्ण माना जाता है ।

national product ('नैश्‌नल्‌ 'प्रॉडक्ट्‌) **राष्ट्रीय उत्पाद :** किसी दिये गये वर्ष के दौरान देश के कुल उत्पादन का मूल्य राष्ट्रीय उत्पाद कहा जाता है ।

national self-determination ('नैश्‌नल्‌ सेल्फ़ डिटर्मि'नेशन्‌) **राष्ट्रीय आत्मनिर्णय :** लॉर्ड ब्राइस के अनुसार राष्ट्रीय आत्मनिर्णय का अर्थ एक ऐसे राष्ट्र-राज्य से है, जहाँ नागरिकों की सामान्य इच्छा पर आधारित स्वतन्त्र राष्ट्रीय सरकार हो । कई बार आत्म निर्णय के सिद्धान्त का गलत अर्थ निकाला जाता है और यह भुला दिया जाता है कि आत्म निर्णय का यह अधिकार केवल राष्ट्रों का अधिकार है, किसी राष्ट्र के एककों को, उसके विभिन्न क्षेत्रों, उसमें बसने वाले विभिन्न

धर्मावलम्बियों अथवा जातियों को ऐसा कोई अधिकार प्राप्त नहीं है और वे अपने-अपने देश के संविधान के अनुसार ही अपने अधिकारों की रक्षा कर सकते हैं।

nationalism ('नैश्‌न् लिज़म्) **राष्ट्रवाद :** राष्ट्रवाद ऐसे विचारों में विश्वास है, जिनसे राष्ट्र की एकता और राष्ट्रहित को बल मिलता है। कुछ समान आधारों के अनुसार लोगों में एकता की भावना का विकास राष्ट्रत्व और राष्ट्रीयता को पैदा करता है। ये आधार हैं– धर्म, अर्थव्यवस्था, राजनीति, भाषा, संस्कृति, आदि-आदि। यह एक भावात्मक राजनीतिक मान्यता है, जो सीधे शक्ति-संघर्ष से सम्बन्ध रखती है, राज्यों की व्यष्टिता को मानती है, विधि तथा शासन के क्षेत्रों में पाए जाने वाले अन्तरों को मानती है और सामान्य आदर्शों तथा विश्वासों के आधार पर एक समूह को दूसरे समूह से पृथक् करती है। राष्ट्रवाद मनुष्य की जन्मजात प्रवृत्तियों में से नहीं है। यह कई प्रवृत्तियों का परिणाम है। मनुष्य अपने जैसे दूसरे व्यक्तियों के साथ मिलकर रहना चाहता है। वह आत्म-रक्षा के लिए सदैव उत्कंठित रहता है और इसके लिए कभी-कभी दूसरों से लड़ता भी है। ये सारी प्रवृत्तियाँ राष्ट्रवाद के अन्तर्गत समाविष्ट हो जाती हैं। राष्ट्रवाद के कई रूप होते हैं। कहीं वह प्रजाति से सम्बन्ध रखता है, तो कहीं खास प्रकार की सामाजिक एवं सांस्कृतिक विरासत एवं आर्थिक व्यवस्था से। उदाहरण के लिए, जर्मनी में हिटलर ने राष्ट्रवाद का अर्थ यह समझा कि जर्मन प्रजाति को संसार का स्वामी बनाया जाये। इंग्लैंड और अमरीका जैसे देशों में राष्ट्रवाद का अभिप्राय, वहाँ के सामाजिक और आर्थिक उद्देश्यों, राज्य और संविधान के प्रति निष्ठा से है। एशिया और अफ्रीका के उन विभिन्न देशों में, जो लम्बे अरसे तक विदेशियों के प्रभुत्व में रहे, राष्ट्रवाद का अभिप्राय राष्ट्रीय स्वतन्त्रता प्राप्त करना और उसे कायम रखना होता है। अरब देशों में राष्ट्रवाद का मंतव्य अरब एकता को प्राप्त करना है। स्वतन्त्रता से पूर्व भारत में राष्ट्रवाद का अभिप्राय विदेशी शासन से मुक्ति प्राप्त करना था। स्वतन्त्रता प्राप्ति के पश्चात् राष्ट्रवाद का अभिप्राय राष्ट्रीय एकता में निष्ठा रखना तथा जाति, धर्म, प्रान्त आदि के संकीर्ण दायरों से ऊपर उठकर देश की चतुर्मुखी आर्थिक, सामाजिक, राजनीतिक और सांस्कृतिक उन्नति करने का प्रयास हो गया है। अतः यह स्पष्ट है कि जिस प्रकार एक मनुष्य-समूह दूसरे मनुष्य-समूह से भिन्न होता है, उसी प्रकार एक मनुष्य-समूह का राष्ट्रवाद भी दूसरे मनुष्य-समूह के राष्ट्रवाद से भिन्न होता है। राष्ट्रवाद की भावना कई तत्त्वों से मिलकर बनती है। लेकिन, यह आवश्यक नहीं है कि प्रत्येक राष्ट्र में ये सभी तत्त्व विद्यमान ही हों, राष्ट्र को सुदृढ़ करनेवाले मुख्य तत्त्व हैं– (1) भौगोलिक एकता, (2) प्रजातीय एकता, (3) विचारों या आदर्शों की एकता या समान संस्कृति, (4) भाषा की एकता, (5) धर्म की एकता, (6) विदेशी शासन के प्रति समान अधीनता (देखें– Ernest Gellner, **Nations and Nationalism**, 1983; A. D. Smith, **National Identity**, 1991)।

native behaviour ('नेटिव् बि'हेवियर्) **जन्मजात व्यवहार, देशज़ व्यवहार :** किसी व्यक्ति का, अपनी जन्मगत विशिष्टताओं एवं पारम्परिक सांस्कृतिक पर्यावरण से प्रभावित व्यवहार। मुसलमानों के द्वारा टोपी और लुंगी पहनना, सरदारों के द्वारा पगड़ी और कड़ा धारण करना, बंगालियों के द्वारा धोती और कुर्त्ता या आम भारतीय महिलाओं के द्वारा साड़ी पहनना आदि देशज़ व्यवहार के उदाहरण हैं।

nativism ('नेटि विज़म्) **आनुवंशिकतावाद, ज्ञानवाद, देशीयतावाद :** (1) जर्मन विचारक हेल्महोल्स (1821-1894) के द्वारा प्रतिपादित मत, जिसके अनुसार मानवीय ज्ञान में निःसन्देह कुछ ऐसे तत्त्व विद्यमान रहते हैं, जो संवेदना से प्राप्त नहीं होते, वरन् ये आनुवंशिक होते हैं। इसलिए ये तत्त्व प्रत्येक व्यक्ति को अनुभव-निरपेक्ष रूप से जन्मजात प्राप्त होते हैं। (2) इस शब्द का प्रयोग सामाजिक विज्ञानों में एक से अधिक अर्थों में होता रहा है। परसंस्कृति-ग्रहण से उत्पन्न तनाव की स्थिति में प्रतिक्रियास्वरूप मूल जनजातीय संस्कृति के पुनः स्वीकरण की ओर समाजों के उन्मुख होने की प्रवृत्ति। इस शब्द का प्रतिपादन रैल्फ लिंटन (Ralph Linton, 1893-1953) ने किया था।

nativistic movement ('नेटि विस्टिक 'मूव्‌मन्ट्) **स्वसंस्कृति आन्दोलन :** किसी समूह या समाज के द्वारा अपनी संस्कृति के विघटन की आशंका से उसे पुनःस्थापित अथवा चिरन्तन बनाये रखने के लिए किये गए सचेतन प्रयास, यथा- अपनी संस्कृति से विदेशी तत्त्वों के तथा समाज से विदेशियों के बहिष्कार का सामूहिक प्रयास।

natural area ('नैच्रल्'अरिआ) **प्राकृतिक क्षेत्र :** ऐसा भौगोलिक क्षेत्र, जिसकी अपनी विशिष्ट पारिस्थितिकी विशेषताएँ हों। इस अवधारणा का प्रयोग मुख्यत: मानवीय पारिस्थितिकी के क्षेत्र में किया गया है। मानवीय पारिस्थितिकी के सन्दर्भ में कुछ विशिष्ट भौतिक एवं सांस्कृतिक विशेषताएँ लिए हुए प्रादेशिक क्षेत्र को प्राकृतिक क्षेत्र कहते हैं। इस प्रकार के क्षेत्र नगरीय वृद्धि तथा विकास की स्वाभाविक तथा अनियोजित प्रक्रियाओं के परिणाम होते हैं। प्राकृतिक क्षेत्र सापेक्षिक रूप में सामाजिक एवं सांस्कृतिक समरसता लिए होते हैं। नगरीय समाजशास्त्र में इस अवधारणा का प्रयोग सर्वप्रथम शिकागो सम्प्रदाय के कुछ समाजशास्त्रियों ने सन् 1920 और 1930 के बीच किया।

natural dualism ('नैच्रल् 'ड्यूअ लिज़म्) **सहज द्वैतवाद :** वह सिद्धान्त, जो यह मानता है कि मनस् और भौतिक द्रव्य की सत्ता एक-दूसरे से भिन्न एवं स्वतन्त्र है।

natural environment ('नैच्रल् इन् 'व़ाइर्न्मेन्ट्) **प्राकृतिक पर्यावरण :** पर्यावरण के वे सभी पहलू, जिनकी रचना मनुष्य के द्वारा न होकर, प्रकृति के भौगोलिक कारकों, जैसे– प्राकृतिक धरातल, जलवायु, पैदावार, जीव-जन्तु आदि से होती है।

natural equity ('नैच्रल् ए'क्विटि) **नैसर्गिक समानता :** राजनीति का एक सिद्धान्त, जिसके अनुसार सभी मनुष्य प्रकृति से समान हैं। जाति, धर्म, क्षेत्र, भाषा, संस्कृति आदि के आधार पर लोगों को दूसरों से श्रेष्ठ या हीन नहीं माना जा सकता।

natural experiment ('नैच्रल् इक्'स्पेरिमन्ट्) **प्राकृतिक प्रयोग :** एक ऐसा प्रयोग, जो वास्तविक जीवन पर आधारित होता है। इस स्थिति पर अनुसन्धानकर्ता का कोई नियन्त्रण नहीं होता है।

natural group ('नैच्रल् 'ग्रूप्) **नैसर्गिक समूह :** मनुष्यों का ऐसा संगठन, जो मित्रता अथवा सौहार्द के आधार पर अनायास या स्वत: बन जाता है।

natural growth rate ('नैच्रल् ग्रोथ् रेट्) **प्राकृतिक वृद्धि-दर :** यह जनसंख्या से सम्बन्धित दर है। जन्म-दर में मृत्यु-दर घटाने के बाद जो शेष बचता है, उसे प्राकृतिक वृद्धि-दर कहते हैं। 2000 ई. के आधार पर भारत में प्रति हजार जनसंख्या पर जन्म-दर 25.8 और मृत्यु-दर 8.5 है, तो प्राकृतिक वृद्धि-दर = 25.8 - 8.5 = 17.3 ।

natural increase ('नैच्रल् इन्'क्रीस्) **नैसर्गिक वृद्धि :** जनांकिकी की एक अवधारणा। एक निश्चित समयावधि में मृत्यु की अपेक्षा जन्म की अधिकता के कारण किसी जनसंख्या में होने वाली संख्यात्मक वृद्धि को स्वाभाविक या नैसर्गिक वृद्धि कहते हैं। नैसर्गिक वृद्धि और कुल वृद्धि अथवा वास्तविक वृद्धि में अन्तर है। नैसर्गिक वृद्धि की गणना में देशान्तरण के कारण हुई कमी अथवा बढ़ोतरी को सम्मिलित नहीं किया जाता।

natural inequality ('नैच्रल् इनइ'क्वॉलिटि) **नैसर्गिक असमानता :** जन्म से असमानता या व्यक्तिगत भेदभाव। मसलन कोई कद से लम्बा, कोई छोटा।

natural justice ('नैच्रल् 'जॅस्टिस) **नैसर्गिक न्याय :** न्याय के वे सिद्धान्त जो लिखित नहीं हैं, परन्तु न्यायाधीश अपने न्याय-बोध के आधार पर सर्वत्र मान्यता देते हैं। इस सम्बन्ध में जो नियम विस्तृत रूप से प्रचलित हैं, वे इस प्रकार हैं– कोई व्यक्ति अपने मामले में स्वयं न्यायाधीश नहीं होगा; न्यायाधीश किसी भी मामले के पक्ष और विपक्ष दोनों को सुनेगा; न्यायाधीश किसी भी मामले पर पूरी तरह विचार करेगा और निर्णय करते समय ऐसी किसी बात पर विचार नहीं करेगा जिसका सम्बन्ध उस मामले के साथ न हो; एक-जैसे मामलों में एक जैसा निर्णय दिया जायेगा; केवल न्याय करना पर्याप्त नहीं, बल्कि यह स्पष्ट दिखाई भी देना चाहिए कि न्याय किया गया है और निर्णय के अन्तर्गत उसका कारण भी देना चाहिए।

natural law ('नैच्रल् लॉ) **नैसर्गिक नियम, प्राकृतिक नियम :** विधि-शास्त्र और राजनीतिशास्त्र में प्राकृतिक नियमों का आशय ऐसे आचार-नियमों में से है, जो राज्य से भी बड़ी सत्ता द्वारा बनाए गए हैं। इन नियमों को ईश्वरीय नियम

माना जाता है और जो मनुष्य के अस्तित्व के लिए आवश्यक हैं । इस प्रकार प्राकृतिक नियम, राज्य के कानूनों तथा प्रकृति के कानूनों से भिन्न हैं ।

natural resource ('नैच्रल् रि'सॉर्स्) **प्राकृतिक संसाधन :** किसी देश के ऐसे संसाधन, जो प्रकृति की देन हों और मनुष्य उनका उपयोग कर सकता हो, जैसे– उर्वर भूमि, जल, जंगल, सौरऊर्जा, खनिज पदार्थ, पहाड़ आदि ।

natural sanction ('नैच्रल् 'सैन्क्शन्) **प्राकृतिक अंकुश, भौतिक अंकुश :** जे. बेन्थम (Jeremy S. Bentham, 1748-1832) द्वारा प्रतिपादित चार नैतिक अंकुशों में से एक । इसके अनुसार शरीरिक स्वास्थ्य के लिए प्राकृतिक अथवा भौतिक नियमों का पालन करना आवश्यक है; क्योंकि इनका पालन न करने से मनुष्य को शरीरिक कष्ट, रोग आदि होते हैं । जैसे– सन्तुलित आहार न मिलने पर विभिन्न प्रकार के रोगों का होना ।

natural selection ('नैच्रल् स 'लेक्शन्) **: प्राकृतिक प्रवरण, प्राकृतिक चयन :** देखें– **Theory of natural selection** ।

naturalism ('नैचर् लिज़्म्) **प्रकृतिवाद :** (1) विश्व तथा मानव के महत्त्व से सम्बन्धित एक दार्शनिक सिद्धान्त, जो प्राकृतिक शक्तियों एवं नियमों के क्रिया-व्यापार पर बल देता है और इसके अतिरिक्त अन्य किसी सत्ता को नहीं मानता । बारहवीं और तेरहवीं शताब्दी में ग्रीकदर्शन के पुनरुत्थान पर मनीषियों की प्रकृतिवाद में रुचि उत्पन्न हुई । सत्रहवीं शताब्दी में व्याप्त भौतिकवादी परम्परा से हॉब्स (Thomas Hobbes, 1588-1679) भी प्रभावित हुए और इसी आधार पर उन्होंने अपने मानव-स्वभाव की उस विशद् कल्पना का निर्माण किया, जो कालान्तर में प्रकृतिवाद कहलाई । हॉब्स की मानव-स्वभाव की व्याख्या का आधार प्रकृतिवाद ही रहा । उनका कथन है कि मानव-स्वभाव वस्तुतः प्राकृत, ध्वंसात्मक एवं पशु-तुल्य होता है ।

(2) इस सिद्धान्त के प्रतिपादक जर्मन विद्वान मैक्समूलर (Max Müller, 1823-1900) हैं । उन्होंने धर्म की उत्पत्ति को प्राकृतिक शक्तियों एवं घटनाओं की पूजा में ढूँढ़ा । इसके लिए उन्होंने भारतीय एवं यूरोपीय पौराणिक कथाओं का सहारा लिया। इन पौराणिक कथाओं में सौरमण्डल और तारामण्डल से सम्बन्धित अनेक कथाएँ हैं, जो आकाशीय पिण्ड को सजीव के रूप में चित्रित करती हैं । वेदों में भी सूर्य, चन्द्र एवं तारों से सम्बन्धित गाथाएँ हैं, जिनको पढ़ने पर ज्ञात होता है कि जैसे वे जीवित प्राणियों की कथाएँ हों । प्राकृतिक शक्तियों के प्रति आदिम मानव के मन में भय, प्रेम, आश्चर्य एवं आतंक की भावना पैदा हुई : देखें– **Nature worship** ।

naturalistic humanism (नैचर'लिस्टिक 'ह्यूम निज़्म्) **प्रकृतिवादी मानववाद :** उन दार्शनिकों का मत, जो समस्त मानवों के हित को सर्वोच्च नैतिक आदर्श मानते हैं तथा मानव से सम्बन्धित समस्त समस्याओं का निराकरण अतिप्राकृतिक शक्तियों से न करके तर्क, विज्ञान एवं लोकतान्त्रिक प्रणालियों द्वारा करते हैं ।

naturalization (नैच्रलाइ'जेशन्) **देशीकरण :** संकुचित दृष्टि से देशीकरण का अभिप्राय आवेदन-पत्र के आधार पर किसी देश की नागरिकता की प्राप्ति से है । इस रीति के अनुसार जो व्यक्ति नागरिकता प्राप्त करना चाहता है, उसे सरकार को एक आवेदन-पत्र देना पड़ता है और आवेदन-पत्र में उल्लिखित कुछ शर्तों को पूरा करना पड़ता है ।

nature versus nurture debate ('नेचर् 'वर्सेस् नॅर्चर् डि'बेट) **प्रकृति बनाम पोषणवाद बहस :** समाजशास्त्र एवं मनोविज्ञान के क्षेत्र में इस बात पर लम्बे समय तक विवाद चलता रहा है कि व्यक्ति अपनी जैविक विरासत से अस्तित्व में है या कि फिर सांस्कृतिक विरासत से है । व्यक्ति का ज्यादा गहरा सम्बन्ध जीव-विज्ञान से है या उसकी संस्कृति से है । इन दोनों बिन्दुओं के पक्ष और विपक्ष में काफी ठोस और जोरदार तर्क दिये जाते रहे हैं । जैविक विरासत ज्यादा प्रमुख है या सांस्कृतिक विरासत; इस प्रश्न पर अन्तिम रूप से कुछ कहना काफी कठिन है । अब तक इसी तथ्य को स्वीकृति मिली हुई है कि व्यक्तित्व के निर्माण में दोनों प्रकार की विरासतों की अपनी विशिष्ट महत्ता है । किसी को घटा-बढ़ाकर देखना सत्य को झुठलाने जैसा है ।

nature worship (ˈनेचर् ˈवर्शिप्) **प्रकृति पूजा** : मूलत: सभ्यता के प्रारम्भिक काल में समुचित ज्ञान के अभाव में मानव के द्वारा प्रकृति की उपकारक शक्तियों को कृतज्ञता प्रकाशन तथा अधिक अनुग्रह के लिए देवता मानकर की जाने वाली उपासना तथा दुष्ट शक्तियों और उनके कोप की शान्ति के लिए उपासना : देखें– **Naturalism** ।

naturism (नेचˈरिज़म्) **प्रकृति पूजा, प्रकृतिदेववाद** : इस सिद्धान्त के प्रवर्त्तक मैक्समूलर (Max Müller, 1823-1900) हैं । उनके अनुसार प्रकृति की पूजा ही धर्म का आदि रूप है । मनुष्य और दैविक जगत् तथा जादुई शक्तियों के संसार के बीच सम्बन्ध को प्रकृतिवाद के द्वारा समझाया जाता है । इसमें मुख्यरूप से धर्म के अद्यतन रूप को प्रकृति की पूजा के रूप में लिया गया है । इसलिए मैक्समूलर ने इसे प्रकृतिवाद कहा ।

Naxal movement (नक्सल ˈमूव्‌मन्ट्) **नक्सलबाड़ी आन्दोलन** : नक्सलबाड़ी पश्चिमी बंगाल में 20 मील चौड़ी उस भारतीय पट्टी पर स्थित है, जो बांग्लादेश को नेपाल से पृथक् करती है । यह स्थान एक ओर बांग्लादेश व दूसरी ओर तिब्बत का सीमावर्ती है । 1962 के चीनी आक्रमण के पूर्व यहाँ चीन के पक्ष में काफी प्रचार हुआ था । इस क्षेत्र की आर्थिक स्थिति बहुत खराब है और भारतीय साम्यवादी दल ने पश्चिमी बंगाल में उथल-पुथल करने के लिए इस स्थान को अपना केन्द्र बनाया था । नक्सलबाड़ी क्रांतिकारियों के सिद्धान्तकार चारु मजूमदार थे और व्यावहारिक नेता कानू सान्याल । नक्सलबाड़ी आन्दोलन शुरू में कृषक-प्रधान आन्दोलन था । पश्चिमी बंगाल में ऐसे आर्थिक कारण विद्यमान थे, जिनसे इस विचारधारा के अनुयायियों की संख्या के बढ़ते जाने की सम्भावना थी । वहाँ अधिकांश किसान भूमिहीन थे । उत्तर प्रदेश तथा कुछ अन्य राज्यों की भाँति पश्चिमी बंगाल में ऐसा कोई कानून नहीं बनाया गया कि किसी एक व्यक्ति के पास कुछ निश्चित एकड़ से अधिक भूमि नहीं होगी । अवैध बेनामी हस्तान्तरणों के द्वारा एक-एक जोतदार ने 250 एकड़ भूमि पर अधिकार जमा रखा था । कुल मिलाकर भूमिहीन किसानों की स्थिति अत्यन्त शोचनीय थी और ये भूमिहीन किसान ही नक्सलबाड़ी आन्दोलन के कार्यकर्ता चीनी नेता माओ-त्से-तुंग के भक्त थे । मई दिवस (1 मई, 1996) को नक्सलबाड़ी नेता कानू सान्याल ने कलकत्ते की एक विशाल सार्वजनिक सभा में भारत के तीसरे साम्यवादी दल (लेनिनवादी-मार्क्सवादी) की स्थापना का ऐलान किया । नक्सलवादी अब बंगाल से बाहर भी कई अन्य राज्यों में अपना सर उठाने का प्रयास कर रहे हैं । यद्यपि यह स्पष्ट है कि ये लोग देश की एकता, राष्ट्रीयता तथा शान्ति और सुरक्षा के शत्रु हैं, फिर भी इनका सफल मुकाबला करने के लिए आवश्यकता इस बात की है कि आर्थिक और सामाजिक न्याय की पृष्ठभूमि दृढ़ की जाये तथा सरकार ऐसे कदम शीघ्रातिशीघ्र उठाये, जिनसे शोषित गरीब और बेरोज़गार लोगों को राहत मिले ।

Nazism (नाट्ˈसिज़म्) **नाजीवाद** : इटली के फासीवाद के प्रतिरूप में जर्मनी में नाजीवाद का उदय हुआ । प्रथम विश्वयुद्ध में जर्मनी की साम्राज्यवादी इच्छाओं का पूरा न हो पाना, पूँजीवाद-समाजवाद का टकराव और एक भयंकर आर्थिक संकट नाजीवाद के उत्थान की अपनी परिस्थितियाँ थीं । युद्ध के बाद के वर्षों में मुद्रा का बड़ी तेजी से प्रसार हुआ तथा अर्थव्यवस्था में आधारभूत परिवर्तन के लिए कोई कोशिश भी नहीं की गई । इससे सबसे ज्यादा बदहाली निम्न मध्यवर्ग की हुई और यही वर्ग सबसे पहले हिटलर (Adolf Hitler, 1889-1945) के नाजीवाद के साथ खड़ा हुआ ।

necessity goods (निˈसेसिटि गुड्स्) **आवश्यक वस्तुएँ** : ऐसी वस्तुएँ, जो मनुष्य को जीवित रखने के लिए सर्वथा आवश्यक हैं, जैसे– भोजन, वस्त्र, आवास, चिकित्सा आदि । ये विलासिता वस्तुओं से भिन्न हैं : देखें– **Luxury goods** ।

needs (नीड्स) **आवश्यकता** : आवश्यकता उसे कहते हैं, जो मनुष्य या किसी संगठन के अस्तित्व के लिए नितान्त आवश्यक है । आवश्यकता तथा चाहत (Desire) में अन्तर है । आवश्यकता से तात्पर्य कुछ ऐसी वस्तुओं से है, जो व्यक्ति, संगठन या किसी भी रचना के अस्तित्व के लिए आवश्यक होती है, जबकि चाहत उन वस्तुओं का संकेत देती है, जो अभीष्ट या वांछित है । अर्थशास्त्र के क्षेत्र में आवश्यकता (Wants) एवं चाहत या इच्छा (Desire) में अन्तर किया जाता है । आवश्यकता वह इच्छा है, जिसे पूरा या साकार किया जा सकता है । यह कोई ज़रूरी नहीं है कि मनुष्य की सारी आवश्यकताएँ जैविक या भौतिक ही हो । इसका स्वरूप सामाजिक और सांस्कृतिक दोनों हो सकता है । ऐसा

कहा जाता है कि पूँजीवादी समाज के अन्दर झूठी या गलत आवश्यकताएँ भी उत्पन्न होती रहती हैं। सामाजिक व्यवस्था के सिद्धान्त के सन्दर्भ में टैलकॉट पार्सन्स (Talcott Parsons, 1902-1979) ने यह विचार प्रकट किया है कि समाज में चार प्रकार की आवश्यकताएँ होती हैं, जिन्हें उन्होंने प्रकार्य अनिवार्यता **(Functional imperatives)** कहा है और जिनकी पूर्ति चार उप-व्यवस्थाओं से होती हैं– आर्थिक, राजनीतिक, अभिप्रेरणा तथा एकता सम्बन्धी उप-व्यवस्था।

needs, hierarchy of (नीड्स, 'हाइ अराकि ऑव्) **आवश्यकताओं का सोपानक्रम :** अमरीकी मनोवैज्ञानिक अब्राहम मैस्लो (Abraham Maslow, 1908-1970) ने अपनी पुस्तक **Motivation and Personality** (1970) में बताया है कि मनुष्य की सभी आवश्यकताएँ समान प्रकार या स्तर की नहीं होतीं। इन्हें भी एक सोपानक्रम में व्यवस्थित किया जा सकता है। कुछ आवश्यकताएँ बहुत ज्यादा ज़रूरी, तो कुछ कम ज़रूरी होती हैं, जैसे– भोजन, नींद एवं प्राकृतिक आपदा से सुरक्षा प्रथम श्रेणी की आवश्यकता है, तो सुरक्षित जीवन द्वितीय श्रेणी की आवश्यकता है। प्रेम, प्यार एवं इज़्ज़त की आवश्यकता तीसरे स्थान पर आती है। इसी तरह अन्य आवश्यकताओं को भी एक क्रम में व्यवस्थित किया जा सकता है। लेकिन, आवश्यकताओं का कोई विश्वव्यापी सोपानक्रम बनाना कठिन काम है; क्योंकि व्यक्ति की आवश्यकताओं का सम्बन्ध उसके सामाजिक एवं सांस्कृतिक मूल्यों से भी है।

negation (नि'गेशन्) **निषेध :** एक नई अवस्था, जो कि गुणात्मक परिवर्तन का परिणाम होती है तथा प्राचीन को प्रतिस्थापित करने के लिए एक प्रगतिशील परिवर्तन है।

negation of negation (नि'गेशन् ऑव् नि'गेशन्) **निषेध का निषेध :** जब कोई वस्तु किसी प्राचीन के निषेध के फलस्वरूप अस्तित्व में आती है, तो दोबारा इस वस्तु का निषेध गुणात्मक परिवर्तन के माध्यम से हो जाता है।

negative correlation ('नेगटिव् कॉर'लेशन्) **नकारात्मक या ऋणात्मक सहसम्बन्ध :** जब दो श्रेणियों में परिवर्तन एक ही दिशा में न होकर दो विपरीत दिशाओं में होता है, तो उनके सहसम्बन्ध को नकारात्मक या ऋणात्मक सहसम्बन्ध कहते हैं : देखें– **Positive correlation**।

negative reference group ('नेगटिव् 'रेफ़रन्स् ग्रूप्) **नकारात्मक सन्दर्भ-समूह :** ऐसे सन्दर्भ-समूह, जिनके मूल्यों, मानदण्डों और मान्यताओं को अनुपयुक्त, अग्राह्य और हेय समझा जाता है। अत: व्यक्ति उनके साथ समान व्यवहार करने से कतराता है, उदाहरणस्वरूप– किशोरावस्था में व्यक्ति उन तौर-तरीकों से परे रहने की कोशिश करता है, जिन्हें बड़ी उम्र के लोगों की विशेषता माना जाता है। यह सकारात्मक सन्दर्भ-समूह **(Positive reference group)** का विपरीत रूप प्रस्तुत करता है।

negative sanction ('नेगटिव् 'सैन्क्शन्) **नकारात्मक दण्ड-विधान :** सामाजिक मानदण्ड के उल्लंघन करने के फलस्वरूप समाज जो दण्ड देता है, उसे नकारात्मक दण्ड-विधान कहा जाता है।

negative social control ('नेगटिव् 'सोशल् कन्'ट्रोल्) **नकारात्मक सामाजिक नियन्त्रण :** नकारात्मक सामाजिक नियन्त्रण के अन्तर्गत नियन्त्रण के लिए आदेश और दण्ड का प्रावधान रहता है और जिसके भय से विसामान्य व्यवहारों पर प्रतिबन्ध लगाया जाता है। फाँसी, कैद, जुर्माना, समाज द्वारा निन्दा या उपहास इत्यादि नकारात्मक सामाजिक नियन्त्रण में सहायक होते हैं।

negativism ('नेगटि विज़म्) **नकारवृत्ति :** दूसरों द्वारा कथित अथवा निर्दिष्ट बातों का कड़ा विरोध करने की प्रवृत्ति। कभी-कभी यह प्रवृत्ति इतनी बढ़ जाती है कि व्यक्ति से जो कहो, वह उसका उल्टा करता है। यह सामान्य (सभी बातों का विरोध) अथवा विशिष्ट (कार्य विशेष, जैसे– खाने, पहनने, देखने, सुनने आदि का विरोध) दोनों ही प्रकार की होती है। छोटे-छोटे बच्चों में यह लक्षण अथवा प्रवृत्ति विशेष रूप से पाई जाती है। यह मानसिक रोग का एक प्रमुख लक्षण है।

negotiated order; negotiation of order (नि 'गोशि एटेड् 'ऑर्डर्; नि गोशि 'एश्न् ऑव् आर्डर) **बातचीत से तय क्रम, बातचीत की व्यवस्था :** कोई भी सामाजिक व्यवस्था एक प्रकार के सामाजिक समझौते की उपज होती है। प्रत्येक व्यवस्था के अन्तर्गत एक सामाजिक क्रिया के रूप में उसके सदस्यों के बीच निरन्तर समझौते की प्रक्रिया चलती रहती है।

neighbourhood ('नेबर् हुड) **पास-पड़ोस :** समाजविज्ञान की भाषा में किसी बड़े समुदाय के भीतर ऐसा छोटा-सा सामाजिक समूह, जो बहुत सीमित क्षेत्र में बसा हो और जिसके सदस्य एक-दूसरे को बहुत निकट से जानते हों।

neo-colonialism (नीओ कॅ 'लोनिअ लिज़्म्) **नव-उपनिवेशवाद :** नव-उपनिवेशवाद ऐसी रणनीति है, जिसमें उपनिवेशवादी राष्ट्र किसी विदेशी क्षेत्र में अपना राजनीतिक आधिपत्य कायम नहीं रखता, परन्तु कभी सहायता के बहाने और कभी दबाव डालकर उस क्षेत्र को आर्थिक और प्रौद्योगिक दृष्टि से अपना आश्रित बना देता है और उसका शोषण करता है : देखें– **Colonialism**।

neo-conservatism (नीओ कन् 'सव़टिज़्म्) **नव-रूढ़िवाद :** वह सिद्धान्त, जो समकालीन अनुभव के आधार पर रूढ़िवाद की मान्यताओं को दोहराता है और उनकी पुष्टि करता है। नव-रूढ़िवाद अमरीका में विशेष रूप से लोकप्रिय हुआ है। अमरीका के नव-रूढ़िवादी यह तर्क देते हैं कि अमरीकी समाज से निर्धनता और भेदभाव को मिटाने के सारे प्रयास विफल हो चुके हैं। नौकरियों में स्त्रियों और अश्वेत प्रजातियों को प्राथमिकता देने के कारण सुयोग्य पुरुषों और श्वेत प्रजातियों के साथ अनुचित भेदभाव बढ़ता जा रहा है। सामाजिक परिवर्तन की दिशा में ऐसे नए-नए प्रयोग करने पर उनके परिणाम निराशाजनक होते हैं। अतः परम्परागत तरीकों पर चलना ही श्रेयस्कर है।

neo-culturation (नीओ कल 'चॅरेश्न्) **नव-संस्कृतीकरण :** देखें– **culturation, Neo**।

neo-evolutionary theory (नीओ ईव़् 'लूशनरि 'थिअरि) **नव-उद्विकासीय सिद्धान्त :** उद्विकासीय सिद्धान्त की ऐसी मान्यता है कि समाज सरल व्यवस्था से जटिल व्यवस्था की ओर बढ़ रहा है। श्रम-विभाजन का स्वरूप धीरे-धीरे ज्यादा विस्तृत और जटिल होता जा रहा है। सरल प्रविधियों की जगह जटिल प्रविधियों का समाज में प्रादुर्भाव हो रहा है। पुरातन विकासवादी सिद्धान्त से यह इस अर्थ में भिन्न है कि यह मानता है कि प्रत्येक समाज का विकास सामान्य एवं अपरिवर्तनीय (एक जैसा नहीं) होता है : देखें– **Social evotlution**।

neo-imperialism (नीओ इम् 'पिअरिअ लिज़्म्) **नव-साम्राज्यवाद :** एक राज्य पर दूसरे राज्य का आर्थिक रूप से आधिपत्य। परम्परागत साम्राज्यवाद की तरह इसमें एक राष्ट्र का दूसरे राष्ट्र पर आधिपत्य नहीं होता है। विकसित राष्ट्रों का तीसरी दुनिया पर आर्थिक रूप से स्थापित आधिपत्य नव-साम्राज्यवाद का सटीक उदाहरण है : देखें– **Imperialism**।

neo-liberalism (नीओ लिबरलिज़्म्) **नव-उदारतावाद :** वह सिद्धान्त, जो समकालीन विश्व में हस्तक्षेप (**Laissez faire**) की नीति को फिर से लागू करने की वकालत करता है। यह कल्याणकारी राज्य का खण्डन करते हुए आर्थिक गतिविधि में राज्य के हस्तक्षेप और नियन्त्रण का विरोध करता है। इसकी मान्यता है कि दमनकारी राज्यों की नीतियों से व्यक्ति को स्वतन्त्र किया जाना चाहिए। वैयक्तिक अधिकारों की सुरक्षा राज्य के द्वारा कदापि संभव नहीं है। इस विचारधारा के नये प्रणेता मुख्यरूप से पाश्चात्य देशों में बैठे अर्थशास्त्री एवं राजनीतिशास्त्री हैं।

neolocal residence (नीओ 'लोकल् 'रेज़िडन्स्) **नवस्थानिक आवास :** जब नवविवाहिता दम्पती अपने-अपने माता-पिता के आवासों से अलग स्वतन्त्र रूप से नया आवास स्थापित करते हैं, तो ऐसे आवास नवस्थानिक कहलाते हैं।

neology (निऑ 'लजि) **नव्य प्रयोग :** सामान्यतः नये शब्द का प्रयोग अथवा पुराने शब्द का परम्परा से भिन्न किसी नये अर्थ में प्रयोग।

neo-Lombrosian (नीओ लोम्ब्रो 'सिअन) **नव-लोम्ब्रोज़ियाई :** लोम्ब्रोजो (C. Lombroso, 1836-1909) के सिद्धान्त को माननेवाले अपराधशास्त्री, जो मनोव्याधिकीय अवस्थाओं को अपराध का मूल कारण मानते हैं।

neo-Malthusianism (नीओ मैल्'थयूज़िअनिज़म्) **नव-माल्थसवाद :** परिवार नियोजन के माध्यम से बढ़ती हुई जनसंख्या पर नियन्त्रण पाने को नव-माल्थसवाद कहा जाता है। ऐसा इसलिए कहा जाता है कि माल्थस (Thomas Robert Malthus, 1766-1834) तेजी से बढ़ती आबादी के विरोधी थे, लेकिन उन्होंने इसके लिए परिवार नियोजन की वकालत नहीं की। नव-माल्थसवाद में इस बात का समर्थन किया जाता है कि जनसंख्या पर रोक लगाने के लिए जन्म-निरोधक कृत्रिम विधियों का प्रयोग किया जाये। माल्थस के जनसंख्या-सिद्धान्त के प्रसंग में यह कहा जायेगा कि आबादी की वृद्धि पर रोक लगाने के लिए केवल प्राकृतिक उपायों पर बल न देकर, उसके नवीन एवं समृद्ध आधुनिक स्वरूप पर बल दिया जाये : देखें– **Malthusian theory of population** ।

neo-Marxism (नीओ मा:क्सइज़म्) **नव-मार्क्सवाद :** बीसवीं शताब्दी में रूसी क्रांति के बाद कार्ल मार्क्स (Karl Marx, 1818-1883) के द्वारा प्रतिपादित विचारधारा पर काफी विचार मंथन हुआ। तदुपरांत विद्वानों ने कार्ल मार्क्स के बुनियादी विचारों के आलोक में संशोधन कर एक नये रूप में मार्क्सवादी सिद्धान्तों को प्रस्तुत किया, जिसे नव-मार्क्सवाद कहते हैं। इस विचारधारा का विकास लेनिन तथा स्टॉलिन द्वारा दिये गये विचारों के परिप्रेक्ष्य में हुआ है। जब रूस में नौकरशाही तथा साम्यवाद का वर्चस्व पूरे समाज में स्थापित हो गया, तो इसके विरोध में फ्रांस, अमरीका, जर्मनी इत्यादि के विद्वान मार्क्सवाद का सर्वेक्षण तथा पुनर्मूल्यांकन करने लगे। नव-मार्क्सवाद को हम चार भागों में बाँट सकते हैं– ऐतिहासिक मार्क्सवाद (Historical Marxism), मानववादी मार्क्सवाद (Humanist Marxism), विवेकवादी मार्क्सवाद (Rationalist Marxism), संरचनात्मक मार्क्सवाद (Structural Marxism) : देखें– **Marxism** ।

neo-natal and post neo-natal mortality (निओ नेट'ल ऐन्ड् पोस्ट निओ नेट'ल मॉर्'टैलटि) **नव-प्रासूतिक और नव-प्रासूतिक पश्चात मृत्यु-दर :** जब कोई बच्चा अपने जीवन के प्रथम चार सप्ताहों में मर जाता है, तो यह नव-प्रासूतिक मृत्यु के रूप में माना जाता है तथा जब बच्चा चार सप्ताह जीवित रहकर, किन्तु वर्ष के पूरा होने से पूर्व मर जाता है, तो उसे नव-प्रासूतिक पश्चात मृत्यु कहते हैं।

neo-positivism (नीओ पॉज्'इटिविज़म्) **नव-प्रत्यक्षवाद :** समाजशास्त्र में प्रणालीबद्ध दृष्टिकोण, जिसमें सामाजिक अनुसन्धान को भौतिक विज्ञानों की कार्यविधि पर आधारित किया जाता है तथा प्रकट व्यवहार के अध्ययन पर बल दिया जाता है। इसमें संक्रियात्मक संकल्पनाओं तथा मात्रात्मक तकनीक का व्यवहार किया जाता है (देखें– J. Gibbs, **Sociological Theory Construction**, 1972)।

nephew right ('नेफ्यू राइट्) **भाँजा अधिकार :** मामा तथा भाँजे के मध्य एक विशेष सम्बन्ध का होना, विशेषकर उत्तराधिकार का वह नियम, जिसके अनुसार किसी व्यक्ति की सम्पत्ति तथा पद का उत्तराधिकारी उसका भाँजा होता है।

nepotism ('नेपॅ टिज़्म) **भाई-भतीजावाद :** वह प्रवृत्ति, जिससे प्रेरित होकर कोई व्यक्ति अपने निकट सम्बन्धियों को लाभ पहुँचाने के लिए अपनी सत्ता का दुरुपयोग करता है। आधुनिक समाज में, विशेषकर अधिकारतन्त्र के अन्तर्गत, व्यक्ति-विशेष से यह आशा की जाती है कि वह अपनी आधिकारिक शक्तियों का प्रयोग निष्पक्ष भाव से, जन-हित में करेगा; किसी को अनुचित लाभ नहीं पहुँचाएगा और किसी को उचित अधिकार से वंचित नहीं करेगा। परन्तु जब अधिकारतन्त्र के सदस्य अपने इस कर्त्तव्य की उपेक्षा करके अपनी शक्तियों का प्रयोग अपने सगे-सम्बन्धियों को अनुचित लाभ पहुँचाने के लिए करने लगते हैं, तो इस प्रवृत्ति को 'भाई-भतीजावाद' कहा जाता है। 'Nepotism' शब्द की व्युत्पत्ति Nephewism से हुई है, जिसका शाब्दिक अर्थ 'भतीजावाद' है।

net migration (नेट् माइ'ग्रेशन्) **शुद्ध प्रवसन :** शुद्ध प्रवसन से तात्पर्य किसी क्षेत्र में आने वाले और वहाँ से बाहर जाने वाले लोगों के अन्तर से है। यदि बाहर जाने वाले लोगों की संख्या अधिक हो, तो इसे ऋणात्मक माना जाता है।

net reproduction rate (NRR) (नेट् रिप्र'डक्शन् रेट्) **शुद्ध पुनरुत्पादन-दर :** एक स्त्री जन्म-सहगण (**Age cohort**) से औसतन पैदा होने वाली लड़कियों की संख्या। इस दर का परिकलन करते समय प्रचलित मृत्यु-दर,

प्रजननता-दर, विवाह-दर तथा विवाहभंग-दरों को स्थिर या अपरिवर्तित माना जाता है। शुद्ध पुनरुत्पादन-दर वह होती है, जिसमें स्त्री जाति अपने-आपको प्रतिस्थापित करती है। किस सीमा तक माताएँ उन बालिकाओं को जन्म देती हैं, जो स्वयं उन्हें (माताओं) प्रतिस्थापित करने के लिए पूरे जीवनकाल तक जीवित रहती हैं। संक्षेप में, माताओं के द्वारा माताओं का जन्म या प्रतिस्थापन की दर।

network; social network theory ('नेट्वर्क; 'सोशल् 'नेट्वर्क 'थिअरि) **जाल; सामाजिक जाल-सिद्धान्त :** प्रत्येक व्यक्ति या समूह समाज में अपनी स्थिति तथा भूमिकाओं के ताने-बाने से जुड़ा हुआ होता है और वही सामाजिक जाल का निर्माण करता है। नातेदारी, सम्प्रेषण, मित्रता, सत्ता तथा लैंगिक सम्पर्क इसी के कुछ उदाहरण हैं। जब विभिन्न व्यक्तियों को अलग-अलग बिन्दु के रूप में जोड़कर एक रेखा के रूप में प्रदर्शित किया जाता है, तब इसका एक प्रतिरूप (मॉडल) के रूप में रेखाचित्र (ग्राफ) सिद्धान्त में प्रयोग किया जा सकता है। जे. एल. मोरेनो (J. L. Moreno,1940) ने इसी विधि का प्रयोग करते हुए 'समाजमिती' **(Sociometry)** को एक मापन विधि के रूप में विकसित किया है। इसी विधा के आधार पर बनाये गए रेखाचित्र को 'सोसियोग्राम' **(Sociogram)** कहा जाता है। किसी व्यक्ति या पूरे सामाजिक समूह का किसी परिस्थिति-विशेष में कैसा व्यवहार होगा, यह इस बात पर निर्भर करेगा कि वह सामाजिक जाल से कितना और किस प्रकार जुड़ा हुआ है (देखें– Peter V. Marsden and Nan Lin (eds.), **Social Structure and Network Analysis**, 1982; Barry Wellman and S. D. Berkowitz (eds.), **Social Structures**, 1988)।

neurotic (न्युअ'रॉटिक) **मनस्ताप :** यह शब्द विक्षिप्तता से सम्बद्ध है जो तन्त्रीय व्यवस्था से जुड़ा हुआ होता है। वह व्यक्ति जो थोड़ा मानसिक असन्तुलन से पीड़ित हो।

neurotic anxiety (न्युअ'रॉटिक ऐन्'ज़ाइअटि) **तंत्रिकातापी दुश्चिंता :** अति दुश्चिंता की ऐसी स्थिति, जब उपचार के लिए मनोचिकित्सक की आवश्यकता पड़ जाये तो उसे तंत्रिकातापी दुश्चिंता कहते हैं। इस स्थिति में लोगों को विभिन्न प्रकार का आधारहीन भय होने लगता है।

neurotic depression (न्युअ'रॉटिक डि'प्रेश्न्) **तंत्रिकातापी अवसाद :** अत्यधिक चिन्ता, रोआँसापन, सायंकाल में बदतर या बीमार होने का भाव और निर्णय लेने में कठिनाई, इस स्थिति के कुछ प्रमुख लक्षणों में से हैं। अब मनोविज्ञान तथा आधुनिक चिकित्साशास्त्र में इन समस्याओं का इलाज काफी हद तक संभव हो गया है।

new international economic order (न्यू इन्टर्'नैश्नल् ईक'नॉमिक् 'ऑर्डर्) **नई अन्तर्राष्ट्रीय आर्थिक व्यवस्था :** तीसरी दुनिया के देशों की यह माँग और उससे जुड़ा हुआ आन्दोलन कि निर्धन देशों के प्रति भेदभाव को दूर करने के लिए विश्व-अर्थव्यवस्था का पुनर्निर्माण होना चाहिए। इस विचार को संयुक्त राष्ट्र संगठन की महासभा में 1974 में उठाया गया।

new left (न्यू लेफ्ट्) **नया वामपक्ष :** नया वामपक्ष पुराने वामपक्ष की तुलना में कई बातों में भिन्न है। पुराना वामपक्ष कल-कारखानों को अपना आधार बनाकर विद्रोह प्रकट करता था, जबकि नये वामपक्ष के अन्तर्गत विद्रोह की प्रक्रिया विश्वविद्यालयों के प्रांगणों के माध्यम से विकसित हो रही है। नया वामपक्ष वर्ग संघर्ष पर उतना बल न देकर आर्थिक उपनिवेशवाद, नारी-मुक्ति आन्दोलन, सामाजिक न्याय, रंगभेद अथवा अन्य प्रकार के शोषण के विरोध में अपनी आवाज़ उठा रहा है। संघर्ष दृष्टिकोण के अनुसार समाज की विभिन्न समस्याओं का अध्ययन संघर्ष की प्रक्रिया को केन्द्र बनाकर किया जा सकता है। रूस, पूर्वी जर्मनी एवं यूरोप के अन्य देशों में साम्यवादी व्यवस्था के असफल होने से इस विचारधारा को काफी आघात पहुँचा है।

new middle class (न्यू मिडॅल क्लास्) **नव-मध्यवर्ग :** देखें– **Middle class, new; Contradictory class location**।

new realism (न्यू 'रिअलिज़म्) **नव-यथार्थवाद :** वह मत जिसके अनुसार ज्ञान का विषय ज्ञाता से स्वतन्त्र है और इनके

बीच बाह्य सम्बन्ध है। साथ ही वस्तुएँ ठीक वैसी ही हैं, जैसी प्रतीत होती हैं और ठीक वैसी ही हैं, जिसका ज्ञान साक्षात होता है, इसके लिए किसी माध्यम की अपेक्षा नहीं है। इसकी दो शाखाएँ हैं– एक का विकास जी. ई. मूर के नेतृत्व में इंग्लैंड में हुआ और दूसरे का होल्ट, मार्विन, पेरी, पिटकिन आदि के द्वारा अमरीका में।

new religions; new religious movements (NRMS) (न्यू रि'लिजन्स्; न्यू रि'लिजस् 'मूव्मन्ट्स) **नवधर्म, नव-धार्मिक आन्दोलन :** नव-धार्मिक आन्दोलन की अवधारणाओं का प्रयोग दो भिन्न धार्मिक घटनाओं के लिए हुआ है– (1) इन अवधारणाओं का प्रयोग तृतीय विश्व के देशों के आदिवासी (Native) लोगों और जनजातियों (Scheduled tribes) के उन आन्दोलनों के लिए किया गया है, जिनकी उत्पत्ति स्थानीय, देसी धर्मों अथवा ईसाई, हिन्दू या बौद्ध धर्म के साथ टकराव के कारण हुई है। ऐसे आन्दोलनों के लिए कई शब्दों, जैसे– मसीही आन्दोलन, देशज आन्दोलन या पुनर्जीवन आन्दोलन का प्रयोग हुआ है। भारत में ब्रह्मोसमाज और आर्यसमाज की स्थापना आदि इस प्रकार के आन्दोलनों के कुछ उदाहरण हैं। (2) पश्चिम के विकसित एवं औद्योगिक समाजों में युवाओं के द्वारा अपने धर्म के विरुद्ध आन्दोलनों और प्रति-संस्कृति आन्दोलनों के लिए भी नव-धार्मिक आन्दोलन शब्द का प्रयोग किया गया है। समाजशास्त्रियों का मानना है कि इस प्रकार के आन्दोलन उन युवा लोगों की कई मनोवैज्ञानिक और सामाजिक ज़रूरतों को पूरा करते हैं, जो जीवन के अर्थ खोजने के लिए उत्सुक रहते हैं तथा जिन्हें वे मुख्यधारा की सामाजिक परम्पराओं में रहकर प्राप्त करने में असमर्थ होते हैं। दिव्य ज्योति मिशन, हरे कृष्ण सम्प्रदाय, एकीकृत चर्च मिशन और विज्ञानवादी सम्प्रदाय इस प्रकार के आन्दोलनों के कुछ प्रमुख उदाहरण हैं।

new right (न्यू राइट्) **नव-दक्षिणवाद :** 1980 के दशक में, ब्रिटेन और अमरीका में, मार्गेट थैचर (Margaret Thatcher) और रोनल्ड रीगन (Ronald Reagan) के प्रशासन से प्रोत्साहित एक ऐसे राजनीतिक दर्शन की शुरूआत हुई, जिसने तत्कालीन सामाजिक लोकतन्त्रात्मक मूल्यों से अपनी असहमति प्रकट की और राजनीतिक-आर्थिक संगठन की एक नवीन विचारधारा की आधारशिला रखी। स्वतन्त्र बाज़ार, व्यक्तिगत स्वतन्त्रता, राज्य-हस्तक्षेप और समाज-कल्याण में कटौती, जनवादी नैतिकता और सत्तावाद जैसी कुछ प्रमुख विशेषताएँ हैं, जिनके प्रति इस नवीन धारा के समर्थकों ने अपनी प्रतिबद्धता प्रकट की है।

new social movements (NSMs) (न्यू 'सोशल् 'मूव्मन्ट्स) **नव-सामाजिक आन्दोलन :** वे सामाजिक आन्दोलन, जो मानव-जीवन में व्याप्त अन्याय के प्रति नई चेतना से प्रेरित होकर समकालीन विश्व के कुछ हिस्सों में उभरकर सामने आए हैं। इनमें नारी-अधिकार आन्दोलन, पर्यावरणवाद आन्दोलन, उपभोक्ता आन्दोलन और शान्ति आन्दोलन आदि सम्मिलित हैं।

new technology (न्यू टेक्'नॉलजि) **नव-प्रौद्योगिकी :** नव-प्रौद्योगिकी से तात्पर्य प्रौद्योगिकी में इस प्रकार का विकास, जिससे उत्पादन की मात्रा तथा गुणवत्ता में विकास संभव होता है तथा साथ ही साथ उत्पादन की लागत में भी कमी आती है। यहाँ 'नव' शब्द सापेक्षिक अर्थ रखता है; क्योंकि हरेक नयी चीज़ आगे आने वाले दिनों में पुरानी हो जाती है। अतः नव-प्रौद्योगिकी जैसी अवधारणा को ऐतिहासिक परिप्रेक्ष्य में समझा जाना चाहिए। नवीन प्रौद्योगिकी के जो परिणाम परिलक्षित हुए हैं, उनमें प्रमुखतः श्रमिकों की निपुणता में कमी, सर्वहाराकरण, स्वचालन, दूरसंचारकरण, रोज़गार में लचीलापन, तात्कालिक व्यवस्थाएँ, दोहरे एवं खण्डित श्रम-बाज़ार और एक नवीन अन्तर्राष्ट्रीय श्रम-विभाजन जैसी कुछ प्रवृत्तियाँ दृष्टिगोचर हुई हैं। इन सभी प्रवृत्तियों ने सामाजिक व्यवस्था के विभिन्न आयामों को भारी मात्रा में प्रभावित किया है, जो समाजशास्त्रीय दृष्टि से काफी महत्त्वपूर्ण है (देखें– B. Wilkinson's, **The Shopfloor Politics of the New Technology**, 1983)।

new working class (न्यू 'वर्किन्ग क्लास्) **नव-श्रमिक वर्ग :** 1960 के दशक में फ्रांसीसी समाजशास्त्री एस. मैले (S. Mallet), ए. गार्ज़ (A. Gorz) और अलेन टूरें (A. Touraine) ने यह कहा कि उद्योगों में उत्पादन की नयी प्रणालियों के विकास से एक नए श्रमिक वर्ग का प्रादुर्भाव हुआ है। परम्परागत श्रमिक वर्ग की तुलना में नया श्रमिक वर्ग ज्यादा

पढ़ा-लिखा एवं तकनीकी योग्यताओं से लैस है। यह वर्ग उद्योगों के अन्तर्गत नयी प्रविधियों को सुगमता से प्रयोग कर सकता है। चूँकि, नया श्रमिक वर्ग ज्यादा योग्य और कार्य-कुशल है इसलिए वह परम्परागत श्रमिकों की तुलना में कहीं ज्यादा संगठित, अपने अधिकारों के प्रति ज्यादा जागरूक तथा पूँजीपतियों के विरुद्ध ज्यादा उग्र है। दूसरे लोगों ने इस तथ्य और तर्क पर प्रश्नवाचक चिह्न लगाया है (देखें– D. Gallie, **In Search of the New Working Class**, 1978)।

new world (न्यू वर्ल्ड्) **नई दुनिया** : यह अमरीकी महाद्वीप समूह अर्थात् उत्तरी और दक्षिणी अमरीका का सांकेतिक नाम है; क्योंकि ये महाद्वीप चिरकाल तक यूरोपीय सभ्यता के लिए अनजान रहा। इस नामकरण के बाद पूर्वी गोलार्द्ध के महाद्वीपों अर्थात् यूरोप, एशिया और अफ्रीका को पुरानी दुनिया कहा जाने लगा।

newly industrializing countries ('न्यूलि इन्'डस्ट्रिअलाइजिन्ग 'कन्ट्रिज़) **नव-औद्योगिक देश** : तीसरी दुनिया **(Third World)** के वैसे राष्ट्र, जो पिछले दो-तीन दशकों में औद्योगिक रूप से काफी विकसित हुए हैं, जैसे– सिंगापुर, कुबैत, सऊदी अरब, मिस्र आदि।

nihilism ('नाइ लिज़म्) **शून्यवाद, नास्तिवाद** : वह मत जो सत्ता, सत्य ज्ञान अथवा मानवीय मूल्यों का निषेध करता हो। सोफिस्ट दार्शनिक गॉर्जिअस इस मत के महत्त्वपूर्ण प्रतिनिधि थे। उनका विश्वास था कि (1) संसार में कोई अस्तित्व नहीं है (2) यदि होता भी, तो अस्तित्व का ज्ञान संभव न होता और (3) यदि ज्ञान भी संभव होता, तो वह अनिर्वचनीय होता। इस मत के अनुसार सत्ता चतुष्ट कोटि से परे है अर्थात् (क) न वह सत् है, (ख) न असत् है, (ग) न उभय है (घ) न उभय से परे है, अर्थात् अनिर्वचनीय है। इस मत का प्रमुख उदाहरण नागार्जुन के बौद्धदर्शन में देखा जा सकता है।

nobility (नो'बिलटि) **कुलीनवर्ग, अभिजातवर्ग** : किसी राज्य या समाज का वह वर्ग, जिसके सदस्यों को जन्म के आधार पर श्रेष्ठ माना जाता है और समाज में ऊँचा स्थान दिया जाता है। साधारणत: वह अमीर और शासक-वर्ग होता है। सामन्तवाद के युग में इस वर्ग का विशेष महत्त्व रहा है : देखें– **Aristocracy**।

nomad; nomadism ('नोमैड; 'नोमैडिज़म्) **ख़ानाबदोश; ख़ानाबदोशी** : दोनों अवधारणाओं का प्रयोग ऐसे भ्रमणशील समूहों के लिए किया जाता है, जो जीवनयापन के लिए भिन्न-भिन्न स्थानों पर जाया करते हैं। ऐसे समूहों का अपना कोई स्थायी निवास नहीं होता और शायद ही वे किसी स्थान पर एक वर्ष से अधिक रह पाते हैं। मानवशास्त्रियों ने इस प्रकार के दो आम रूपों का उल्लेख किया है, जो आखेट-संग्रहण **(Hunting and gathering)** और पशुचारण (Pastoralists) की प्रवृत्तियों पर आधारित हैं। ऐसे समूह आर्थिक रूप से आत्म-निर्भर होते हैं (देखें– Judith Okely, **The Traveller- Gypsies**, 1983)।

nomadic society ('नोमैडिक स'साइअटि) **यायावर समाज, खानाबदोश समाज** : ऐसा सामाजिक समूह, जो किसी निश्चित स्थान पर स्थायी रूप से न बसा हो, बल्कि खाद्य तथा अन्य आवश्यकताओं की पूर्ति के लिए समय-समय पर अपने सारे साज़ो-सामान के साथ घूमता-फिरता रहता है। आमतौर पर यायावर समूह एक निश्चित क्षेत्र के भीतर अपने रहने की जगहों को बदलता रहता है।

nominal definition ('नॉमिन्ल् डेफ़ि'निशन्) **नामविषयक परिभाषा** : एक मत के अनुसार वह परिभाषा जो वस्तु की नहीं, बल्कि शब्द या नाम की होती है। इसमें कुछ तर्कशास्त्रियों को यह आपत्ति है कि परिभाषा सदैव नाम या शब्द की ही होती है, वस्तु की कदापि नहीं। अत: कॉपी (Irving Marmet Copi) आदि कुछ तर्कशास्त्री इस पद को 'स्वनिर्मित परिभाषा' का पर्याय मानते हैं।

nominal measurement; nominal data ('नॉमिन्ल् 'मेज़र्मन्ट्; 'नॉमिन्ल् डेटा) **नामित मापन; सांकेतिक आँकड़े** : देखें– **Measurement scale**।

nominalism ('नॉम्इन लिज़म्) **नामवाद, नाममात्रवाद** : इस शब्द का प्रयोग मुख्यत: दो अर्थों में किया जाता है– (1)

इस शब्द का प्रयोग सामाजिक समूह के सन्दर्भ में होता है । इस विचारधारा को माननेवालों का कहना है कि समूह सिर्फ नाम के होते हैं । समग्र विभिन्न समूहों से बनी एक बृहत् व्यवस्था है । (2) यह सिद्धान्त कि सामान्य कोई ऐसी वस्तु नहीं है, जिसका कोई अस्तित्व हो, जैसे– 'मनुष्य' आदि । ये किसी ऐसी वस्तु के अस्तित्व के सूचक नहीं होते, जो उन व्यष्टियों में समान हों; व्यष्टियों में समान केवल नाम होता है ।

nomothetic (नॉमोथिटीक्) **नियमान्वेषी** : देखें– **Idiographic and nomothetic** ।

non-conforming behaviour; non-conformism (नॉन् कन 'फ़ॉर्मिन्ग बि 'हेव्यर्, नॉन् कन् 'फ़ॉर्मिज़्म्) **परम्परा-विरोधी व्यवहार; गैर-अनुरूपतावाद** : देखें– **Aberrant behaviour; Deviance, social** ।

non-conformist deviance (नॉन् कन् 'फ़ॉम्इस्ट 'डीविअन्स्) **परम्परा विरोधी विसामान्यता** : अपनी विसामान्यता के सिद्धान्त के सन्दर्भ में रॉबर्ट के. मर्टन (Robert K. Merton, 1910-2003) ने कहा है कि गैर-परम्परा विरोधी विसामान्यता ऐसा व्यवहार है, जो सामाजिक हितों को ध्यान में रखकर किया जाता है, न कि वैयक्तिक स्वार्थ के हित में । गाँधीजी का सविनय अवज्ञा आन्दोलन (Civil disobedience movement) इसका ऐतिहासिक उदाहरण है । ऐसा आचरण समाज का ध्यान अपनी ओर आकृष्ट तथा आम लोगों का समर्थन प्राप्त करने हेतु किया जाता है । इस प्रकार की विसामान्यता का स्वरूप कभी-कभी विद्रोह का रूप धारण कर लेता है ।

non-constant sum game (नॉन् 'कॉन्स्टन्ट् सम् गेम्) **गैर-निश्चित खेल योग** : देखें– **Game theory; Zero sum game** ।

non-formal education (नॉन् फ़ॉर्म्ल् एजु 'केशन्) **अनौपचारिक शिक्षा** : शिक्षा का ऐसा कार्यक्रम, जिसमें स्कूल के बाहर के लोगों को पढ़ना-लिखना सिखाया जाता है और बुनियादी तालीम दी जाती है ।

non-habitual offender (नॉन् ह 'बिट्युअल् अ 'फ़ेन्डर) **अनभ्यस्त अपराधी** : ऐसा अपराधी, जो आदतन तो अपराधी नहीं होता, परन्तु उत्तेजनावश अपराध कर बैठता है ।

nonlinear correlation (नॉन् 'लिनिअर् कॉर 'लेशन्) **अरैखिक सहसम्बन्ध** : इसके अन्तर्गत हमें यह देखना होता है कि– (1) क्या अभिनिर्धारण का अरैखिक सहसम्बन्ध निचली कोटि के वक्र के आधार पर सार्थकता से बड़ा है अथवा छोटा, (2) क्या अरैखिक सहसम्बन्ध शून्य (0) से सार्थक रूप से बडा है । इस संकल्पना की सहायता से हम किसी समष्टि के सहसम्बन्ध का आकलन करते हैं । दो चरों के बीच के सम्बन्ध को जब सरल रेखा से प्रदर्शित नहीं किया जा सकता, तो हमें उनके बीच अरैखिक सहसम्बन्ध की संकल्पना की आवश्यकता पड़ती है ।

non-literate culture (नॉन् 'लिट्रिट् 'कल्चर्) **साक्षरतापूर्व संस्कृति** : मानव संस्कृति के क्रम में वह प्रारम्भिक अवस्था, जिसमें लिखित भाषा का अभाव होता है, प्रौद्योगिकी साधारण होती है और सामाजिक संगठन अपेक्षाकृत सरल होता है ।

non-logical action (नॉन् 'लॉजिक्ल् 'ऐक्शन्) **अतर्कसंगत** : ऐसे सभी व्यवहार जो तर्कसंगत की श्रेणी में नहीं आते हैं, जैसे– सजग बुद्धि क्रिया (Intuitive action)। इसे मैक्स वेबर (Max Weber, 1864-1920) समाजशास्त्रीय चिन्तन का विषय नहीं मानते हैं ।

non-material, culture (नॉन् म 'टिअरिअल् 'कल्चर्) **अभौतिक संस्कृति** : देखें– **Culture, non-material** ।

nonparametric statistics (नॉन् पैरॉ 'मेट्रिक स्ट 'टिस्टिक्स्) **अप्राचल सांख्यिकी** : किस प्रकार के आँकड़ों में सांख्यिकी की किस प्रविधि का प्रयोग किया जाये, यह इस बात पर निर्भर करता है कि आँकड़ों का स्वरूप कैसा है । आमतौर पर विभिन्न प्रकार की सांख्यिकी की प्रविधियों के प्रयोग के पीछे की बहुत सारी गणितीय शर्तें या मान्यताएँ (Mathematical assumptions) हैं । अप्राचल सांख्यिकी के अन्तर्गत ऐसी प्रविधियाँ आती हैं, जिनके उपयोग के लिए किसी विशिष्ट गणितीय मान्यता या शर्त की आवश्यकता नहीं होती है । इनका प्रयोग किसी भी प्रकार के आँकड़ों के विश्लेषण के लिए किया जा सकता है । इसलिए इसे वितरण स्वतन्त्र सांख्यिकी (Distribution free statistics) कहा

जाता है। ठीक इसके प्रतिकूल प्राचल सांख्यिकी (**Parametric statistics**) का प्रयोग वहीं होता है, जहाँ विशिष्ट प्रकार के आँकड़े होते हैं। आमतौर पर उन आँकड़ों को ग्राफ पर सजाने पर सामान्य वक्र (**Normal curve**) बनता है (देखें– Sidney Siegel and N. John Castellan Jr., **Nonparametric Statistics for the Behavioural Sciences**, 1988)।

non-participant observation (नॉन् पार'टिसिपेन्ट् ऑब्ज़र्'वेशन्) **असहभागी अवलोकन** : देखें– **Observation; Observation, non-participant**।

non-probability sampling (नॉन् प्रॉब'बिलिटि साम्प्लिन्ग) **सम्भाव्यता प्रतिचयन** : देखें– **Sampling, non-probability**।

non-renewable resources (नॉन् रिन्युअबल रि'सॉर्सेस्) **अपूरणीय संसाधन** : ऐसे प्राकृतिक संसाधन, जो केवल एक निश्चित मात्रा में उपलब्ध हैं और उनका उपयोग कर लेने के बाद, उनकी कमी पूरी नहीं की जा सकती, जैसे– पेट्रोल, कच्चा लोहा, कोयला और अन्य खनिज पदार्थ।

non-response (नॉन् रि'स्पॉन्स्) **अप्रत्युत्तर** : जब अनुसन्धानकर्ता प्रश्नावली या अनुसूची के माध्यम से स्वयं आँकड़ा इकट्ठा करता है, तो कई बार उत्तरदाता जवाब देना नहीं चाहता या जवाब देने के लिए उपलब्ध नहीं होता है। कई बार ऐसा भी होता है कि उत्तरदाता कुछ प्रश्नों का जवाब देते हैं और कुछ प्रश्नों पर चुप्पी साध लेते हैं। परिणामस्वरूप वैसे अनुसन्धान या सर्वेक्षण पर आधारित सामान्यीकरण (**Generalization**) में कुछ पक्षपात चला आता है। अतः एक अच्छे अनुसन्धानकर्ता की पूरी कोशिश होनी चाहिए कि अप्रत्युत्तर की समस्या न्यूनतम हो।

non-social (नॉन्'सोश्ल्) **सामाजिकेतर** : ऐसा व्यक्ति जो सामाजिक वृत्ति का न हो, विशेषकर वह जो दूसरों से विमुख एवं अलग-थलग रहता है। घर-बार त्याग कर मन्दिरों में निवास करनेवाला साधु-सन्त सामाजिकेतर व्यक्ति होता है।

non-social stimulation (नॉन्'सोश्ल्'स्टिम्युलेशन्) **सामाजिकेतर उद्दीपन** : सामाजिकेतर वस्तुओं या परिस्थितियों से प्रेरित उद्दीपन। यदि प्राकृतिक वातावरण या किसी आकस्मिक घटना को देखकर किसी व्यक्ति के विचार या आचरण में परिवर्तन होता है, तो वह उद्दीपक गैर-सामाजिक माना जायेगा।

non-standard worker; non-standard employment (नॉन्'स्टैन्डॅड वकर्; नॉन्'स्टैन्डॅड इम्'प्लॉइमन्ट्) **अमानक कामगार; अमानक रोज़गार** : इसके अन्तर्गत वैसे श्रमिकों को शुमार किया जाता है जो अस्थायी रूप से न्यूनतम वेतन पर काम करते हैं। वे न तो किसी यूनियन के सदस्य होते हैं और न ही उनकी सेवा के लिए उन्हें नियोजकों से अनुषंगी हितलाभ (Fringe benefits) मिल पाता है। ऐसे श्रमिकों की अनौपचारिक आर्थिक क्षेत्रों में बहुलता होती है।

non-verbal communication (नॉन् वर्'बल कॅ'म्यूनि केशन्) **अशाब्दिक संचार** : देखें– **Communication, non-verbal**।

non-violence (नॉन् वाइअलन्स्) **अहिंसा** : अहिंसा हजारों वर्षों से जीवन का एक शाश्वत नियम रही है और संसार के प्रमुख विचारक तथा धर्म-संस्थापक उसकी शिक्षा देते रहे हैं। भारत में सर्वप्रथम सम्राट अशोक ने अहिंसा को राज-धर्म के रूप में स्वीकार किया था, फिर भी महात्मा गाँधी (1869-1948) से पहले तक यह आदर्श प्रायः व्यक्ति-जीवन तक ही सीमित था, या तो केवल सन्त-महात्माओं के प्रयोग के लिए या दुर्बलों और कायरों की कमजोरी के आवरण के रूप में।

गाँधीजी के अनुसार, अहिंसा की निषेधात्मक परिभाषा का कारण यह है कि हिंसा शारीरिक जीवन की अपरिहार्य आवश्यकता है और हिंसा के बिना जीवन ही असम्भव है। निषेधात्मक अहिंसा का अर्थ है किसी जीवधारी को दुर्भावना से दुःख न पहुँचाना। गाँधीजी के मत से किसी को दुःख देने के लिए प्रयुक्त कठोर शब्द और कठोर निर्णय, दुर्भावना, क्रोध, निर्दयता, घृणा, मनुष्यों और जानवरों को यन्त्रणा देना, दुर्बल पर अत्याचार और उसका अपमान करना, ये हिंसा के विविध प्रकार हैं। अहिंसा सम्बन्धी अपने विचारों में गाँधीजी अहिंसा के शाब्दिक अर्थ से बँधकर नहीं चलते। उनके अनुसार हिंसा का सार है, किसी विचार, शब्द या कार्य के पीछे हिंसामय अर्थात् हानि पहुँचाने की भावना। गाँधीजी

के मत से अहिंसा को निषेधात्मक मानना एक भ्रम है । उनके अनुसार अहिंसा आवश्यक रूप से सकारात्मक और गत्यात्मक शक्ति है । सकारात्मक और क्रियात्मक रूप में अहिंसा का अर्थ है प्रेम, केवल मनुष्यों के लिए ही नहीं, वरन् सभी जीवमात्र के लिए- फूल, पौधों और हानिकारक कीड़े-मकोड़ों और जानवरों के लिए भी प्रेम । अहिंसा का मूल आधार है, जीवन के प्रति आदर का भाव, जीव में और जीवन में आस्था । अहिंसा की व्यापक परिधि में अन्यायी के प्रति भी प्रेम निर्विरोध आत्म-समर्पण अहिंसा का अर्थ नहीं । इसके विपरीत अहिंसा का अर्थ है, अन्यायी के प्रति किसी प्रकार की दुर्भावना ह्दय में लाए बिना अन्याय का समस्त शक्ति द्वारा विरोध । घृणा का विषय अन्याय है, अन्यायी नहीं । गाँधीजी अन्याय पर अहिंसा द्वारा विजय प्राप्त करने में विश्वास करते थे, हिंसा द्वारा नहीं ।

महात्मा गाँधी ने अहिंसा को दो धरातलों पर विचारा है– निरपेक्ष अहिंसा और व्यावहारिक अहिंसा । निरपेक्ष अहिंसा का अर्थ है, हिंसा से पूर्ण मुक्ति अर्थात् दुर्भावना, क्रोध एवं घृणा से छुटकारा और सबके प्रति प्रेम का भाव । पूर्ण अहिंसा के दृष्टिकोण से प्रत्येक प्रकार की हिंसा त्याज्य है; पर इस प्रकार की अहिंसा आदर्श में स्थित है और तभी प्राप्त हो सकती है जब मन, वाणी और कर्म में पूर्ण सामंजस्य हो । साधारण मनुष्य के लिए यह संभव नहीं है । व्यवहार के धरातल पर गाँधीजी ने अहिंसा के तीन भेद माने हैं । सबसे ऊँची अहिंसा वह है, जिसे साधन-युक्त व्यक्ति स्वेच्छा से समझ-बूझकर स्वीकारता है । महात्मा गाँधी ने अहिंसा की एक समग्र जीवन-दर्शन के रूप में कल्पना की है, जो उनकी समाज-नीति, राजनीति, अर्थ-नीति और शिक्षा-नीति के मूल में स्थित है ।

non-wedlock (नॉन्'वेड्लॉक्) **विवाहेतर** : अविवाहित संगमन से उत्पन्न या उससे सम्बन्धित, जैसे– विवाहेतर सम्बन्ध, विवाहेतर पिता, माता, बालक, वंशागत अथवा मातृत्व एवं पितृत्व इत्यादि । विवाहेतर प्रजनन पाश्चात्य समाज के अन्तर्गत कोई आश्चर्यजनक घटना नहीं है, बल्कि वह धीरे-धीरे आम होता जा रहा है ।

norm of reciprocity (नॉर्म् ऑव् रि'सिप्रॉसटि) **पारस्परिकता का प्रतिमान** : इस अवधारणा का सम्बन्ध विनिमय सिद्धान्त से है । प्रत्येक अन्त:क्रिया के विनिमय की प्रक्रियाएँ चलती रहती हैं । जैसे जब कभी भी कोई व्यक्ति किसी व्यक्ति को कोई उपहार देता है, तो बदले में उसे मात्र धन्यवाद ही नहीं मिलता, बल्कि भविष्य में उसे उपहार मिलने की सम्भावना भी बनी रहती है । जब कोई वक्ता भाषण देता है, तो कुछ श्रोता सिर हिलाकर या प्रश्न पूछकर वक्ता की बातों में रुचि दिखाता है । ये सभी एक प्रकार के विनिमय ही हैं और जब यही आदान-प्रदान का सिलसिला व्यवस्थित रूप में दिखाई पड़े, तो इसे पारस्परिकता का प्रतिमान कहते हैं ।

norms (नॉर्म्स्) **मानदण्ड** : प्रत्येक समाज के अन्तर्गत कुछ ऐसे पूर्व-निर्धारित मानदण्ड या आदर्श पाये जाते हैं, जिसे ध्यान में रखकर ही लोग व्यवहार करना पसन्द करते हैं । समाज अपने सदस्यों के लिए कुछ इस ढंग का मानदण्ड निर्धारित कर देता है, जिसका पालन समाज की अपेक्षा बन जाती है, जिसे समाजशास्त्रीय भाषा में आदर्श या मानदण्ड कहा जाता है । मानदण्ड हमारे रोज़मर्रे के जीवन को इस प्रकार प्रभावित करता है कि हमें यह कभी पता ही नहीं चलता है कि हमारा जीवन किसी नियम-कानून से संचालित होता है । यह मानवीय आदतों की तरह सामाजिक जीवन का एक अंग होता है । मानदण्ड एक नियम या आदर्श है, जो हमारे आचरण को उस सामाजिक परिस्थिति में निर्धारित करता है, जिसमें हम भाग लेते हैं । यह एक सामाजिक अपेक्षा है ।

बहुत लोग मानदण्ड को एक सांख्यिकी औसत (Statistical average) मानते हैं, लेकिन यह सही नहीं है । समाज अपने सदस्यों को यह कभी नहीं कहता है कि उसे कम-से-कम इस हद तक सामाजिक नियम का पालन करना चाहिए, बल्कि समाज स्पष्ट तौर पर यह निर्देश देता है कि उसे सामाजिक मानदण्ड का पालन करना है । मानदण्ड तो एक प्रकार का स्पष्ट अपेक्षित व्यवहार है । यह व्यवहारों का औसत नहीं है । समाज के सदस्यों को इसे स्वीकार करना उसकी सामाजिक मजबूरी है, जैसे– भारतीय समाज में यह समाज की अपेक्षा है कि विवाह के पूर्व युवक-युवतियों को यौन-सम्बन्ध स्थापित नहीं करना चाहिए । प्रत्येक समाज में किसी-न-किसी प्रकार के मानदण्ड की आवश्यकता अवश्य होती है; क्योंकि कोई भी समाज मानदण्ड के अभाव में कभी नहीं चल सकता है । मानदण्ड समाज में व्यक्तियों के

व्यवहार का संचालक है। कुछ विशेषज्ञों ने मानदण्डों का वर्गीकरण इस प्रकार किया है– (i) अधिनियम (**Legislations**); (ii) कानून (**Law**); (iii) जनरीतियाँ (**Folk-ways**); (iv) निषेध (**Taboos**); (v) लोकाचार (**Mores**); (vi) प्रथा (**Customs**); (vii) शिष्टाचार (**Etiquette**); (viii) परम्परा (**Convention**); (ix) अनुष्ठान (**Rites**) एवं (x) फैशन (**Fashion**) (देखें– Robert Bierstedt, **The Social Order**, 1970; Émile Durkheim, **Sociology and Philosophy**, 1974)।

norms, associational (नॉर्म्स, असोसि'एश्न्ल्) **सहचारी मानदण्ड :** समाज में कुछ ऐसे भी मानदण्ड होते हैं, जो समाज के विभिन्न उपखण्डों के स्तर पर पाये जाते हैं, जिसे रॉबर्ट बीयरस्टेट (Robert Bierstedt) ने सहचारी मानदण्ड कहा है। हिन्दुओं के द्वारा जनेऊ धारण करना एक सहचारी मानदण्ड है; क्योंकि हिन्दू समाज में तमाम जातियों के लिए समान रूप से यह आवश्यक नहीं रहा है।

norms, communal (नॉर्म्स,'कॉम्यूनल्) **सामुदायिक मानदण्ड :** समाज में कुछ ऐसे भी मानदण्ड होते हैं, जो सार्वभौम होते हैं। समाज के प्रत्येक सदस्य को उस मानदण्ड के अनुसार ही आचरण करना होता है। ऐसे आदर्श या मानदण्ड को सामुदायिक मानदण्ड कहा जाता है, जैसे कि भारतीय समाज में अपने गुरुजनों को प्रणाम करना सामुदायिक मानदण्ड कहलाता है।

norms, prescriptive (नॉर्म्स, प्रि'स्क्रिप्टिव्) **निर्देशात्मक मानदण्ड :** जिस मानदण्ड से हमारा आचरण निर्देशित होता है, उसे निर्देशात्मक मानदण्ड कहा जाता है। ऐसा सामाजिक मानदण्ड, जो व्यक्तियों को समाज में यह बतलाता है कि किसी व्यक्ति को किस परिस्थिति में, किस प्रकार का आचरण करना चाहिए। समाज यदि यह मानता है कि लोगों को अपने माता-पिता का आदर करना चाहिए, तो इसे निर्देशात्मक मानदण्ड कहा जायेगा : देखें– **Norms, proscriptive**।

norms, proscriptive (नॉर्म्स, प्रो'स्क्रिप्टिव्) **निषेधात्मक मानदण्ड :** ऐसा सामाजिक मानदण्ड, जो व्यक्तियों को समाज में यह बतलाता है कि उसे क्या नहीं करना चाहिए। जैसे– प्रत्येक आधुनिक समाज यह अपेक्षा रखता है कि सार्वजनिक स्थानों पर किसी को नग्न नहीं घूमना चाहिए। अन्तर्जातीय विवाह पर सामाजिक प्रतिबन्ध एक निषेधात्मक मानदण्ड है। निर्देशात्मक एवं निषेधात्मक मानदण्ड में इतना ही फर्क है कि निर्देशात्मक मानदण्ड जो निर्देश देता है उसे लोगों को करना चाहिए तथा निषेधात्मक मानदण्ड लोगों को यह निर्देश करता है कि लोगों को क्या नहीं करना चाहिए : देखें– **Norms, prescriptive**।

normal distribution ('नॉर्म्ल् डिस्ट्रि'ब्यूश्न्) **सामान्य वितरण :** जब किसी आँकड़े को किसी ग्राफपेपर पर दर्शाया जाता है, तो उसका स्वरूप घंटे के आकार का होता है, अर्थात् आँकड़ों का वितरण ऐसा होता है कि वह बीच में उठा हुआ और दोनों किनारे पर दबा हुआ होता है। इसे ही सामान्य वितरण कहा जाता है। इसी जानकारी के आधार पर यह निर्णय लिया जाता है कि इस प्रकार के आँकड़ों के विश्लेषण में अप्राचल सांख्यिकी या प्राचल सांख्यिकी का प्रयोग होगा (देखें– George W. Bohrnstedt and David Knoke, **Statistics for Social Data Analysis**, 1988)।

normalization (of data) (नॉर्म्लाइ'ज़ेशॅन) **प्रसामान्यीकरण :** जब किसी आँकड़े का वितरण सामान्य नहीं होता, तो सांख्यिकी की प्रविधियों के माध्यम से उन्हें सामान्य बना कर सांख्यिकी विश्लेषण की कोशिश की जाती है। किसी आँकड़े के सामान्य मूल्यों (Normal values) को लॉग मूल्य (Log values) में बदलकर वितरण का सामान्यीकरण किया जाता है।

normative approach ('नॉर्मटिव अ'प्रोच्) **मानकीय उपागम :** दर्शनशास्त्र तथा सामाजिक विज्ञानों के अध्ययन से जुड़ा हुआ वह दृष्टिकोण, जो शुभ-अशुभ तथा उचित-अनुचित के प्रश्नों से सम्बन्ध रखता है। ये मूल्य-निर्णय (Value judgement) के विषय हैं, अतः इन्हें अनुभवमूलक तरीकों से नहीं सुलझाया जा सकता है। समाजशास्त्र कोई आदर्शी या मानकी विषय नहीं है।

normative inconsistency (ˈनॉर्मटिव इन्कन्ˈसिस्टन्सि) **नियामक, आदर्शी** या **मानकी असंगति** : ऐसी स्थिति, जिसमें दो परस्पर विरोधी मानदण्ड या मूल्य एकसाथ अपनाये जाते हों ।

normative investigation (ˈनॉर्मटिव इन् वेस्टिˈगेश्न्) **आदर्शी** या **मानकी अन्वेषण** : ऐसा शोध, जो किसी किए गए शोध के निष्कर्षों की सम्पुष्टि के लिए किया जाता है ।

normative order (ˈनॉर्मटिव ˈऑर्डर्) **मानदण्डमूलक** या **आदर्शात्मक व्यवस्था** : किसी विशिष्ट स्थिति को संचालित करने वाली नियमों की व्यवस्था तथा सहभागिक आकांक्षाओं को आदर्शात्मक या मानदण्डमूलक व्यवस्था कहा जाता है । इस अवधारणा का प्रयोग अधिकांशत: प्रकार्यवादियों (विशेषत: टैलकॉट पार्सन्स) के लेखनों में हुआ है ।

normative power (ˈनॉर्मटिव ˈपाउअर्) **आदर्शी** या **मानकीय शक्ति** : वैसी शक्ति, जो प्रेम, प्रतिष्ठा, गौरव एवं प्रतीकों पर आधारित हो ।

normative science (ˈनॉर्मटिव ˈसाइन्स्) **मानकीय विज्ञान** : ज्ञान की वह शाखा जिसका मुख्य सम्बन्ध सामाजिक मूल्यों, नैतिकता एवं आदर्शों के अध्ययन से है । इसमें यह विचार किया जाता है कि किसी स्थिति में क्या होना चाहिए या क्या करना चाहिए । अत: इसमें यथार्थ का विवरण देने के बाद आदर्श के बारे में निर्णय किया जाता है; इसके लिए उपयुक्त मानदण्ड निर्धारित किए जाते हैं और उसके औचित्य स्थापन (Justification) से जुड़े हुए तर्क परखे जाते हैं ।

normative system (ˈनॉर्मटिव ˈसिस्टम्) **प्रतिमानित व्यवस्था** : प्रतिमानों, मूल्यों, विश्वासों तथा विचारों की वह व्यवस्था, जो समाज में सामाजिक व्यवहार को निर्देशित करती है ।

normative theory (ˈनॉर्मटिव ˈथिअरि) **आदर्शात्मक (मानकी) सिद्धान्त** : किसी घटना में किसे सही और किसे गलत कहा जाता है, क्या वांछनीय है और क्या अवांछनीय, क्या ठीक है और क्या ठीक नहीं हैं, इनके सम्बन्ध में अभिव्यक्त धारणाओं, कथनों या प्राक्कल्पनाओं को आदर्शात्मक सिद्धान्त की संज्ञा दी जाती है । क्या समाजशास्त्रियों को आदर्शात्मक कथनों (सिद्धान्तों) का अध्ययन करना चाहिए? क्या ये सिद्धान्त अध्ययन करने योग्य हैं ? क्या इन्हें समाजशास्त्र की अध्ययन-विषय-वस्तु में सम्मिलित किया जाना चाहिए? ये सभी प्रश्न, इस मूल प्रश्न से उद्भूत हैं कि क्या समाजशास्त्रियों का घटना की व्याख्या से घटना के मूल्यांकन की ओर अग्रसर होना गलत नहीं है ?

समाजशास्त्र को एक मूल्य युक्त और विषयपरक विज्ञान बनाने की दृष्टि से समाजशास्त्रियों को सभी प्रकार के मूल्य-निर्णयों से बचना चाहिए । सामाजिक विज्ञानों के सम्बन्ध में एक सर्वाधिक प्रतिष्ठित धारणा यह रही है कि मूल्यों का तथ्यात्मक आधार पर विवेचन नहीं किया जा सकता, उनकी सत्यता को तथ्यों के आधार पर नहीं देखा-परखा जा सकता है । नैतिक निर्देशों या अनुज्ञाओं की वस्तुपरक ढंग से सत्यता या असत्यता को सिद्ध नहीं किया जा सकता; क्योंकि मूल्य-निर्णयों का निर्धारण व्यक्तिपरक अधिमान्यता के आधार पर होता है, जो कि तर्कसम्मत अन्वेषण के घेरे में नहीं आता है (देखें– Derek L. Phillips, **Toward a Just Social Order**, 1986) ।

normlessness (ˈनॉर्मˈलेस्नेस्) **मानदण्डहीनता** : समाज में किसी उपयुक्त प्रतिमान का अभाव होना, जैसे– आपातकाल की स्थिति में समाज के तमाम नियम-कानून शिथिल पड़ जाते हैं : देखें– **Anomie** ।

nouveaux riches (नूवोरीश रीच्ˈइज़) **नव-धनाढ्य वर्ग, नव-धनिक** : अपने जीवनकाल में ही धनोपार्जन कर धनी बनने वाले व्यक्ति । ऐसे व्यक्ति पुराने धनी-मानियों के रीति-रिवाजों एवं परम्पराओं से अवगत नहीं होते और सामाजिक प्रतिष्ठा की दृष्टि से असुरक्षा का अनुभव करने के कारण ऐश्वर्य का भद्दा प्रदर्शन करते हैं ।

nuclear family (ˈन्यूक्लिअर् फ़ैमलि) **मूल परिवार, केन्द्रीय परिवार** : देखें– **Family, elementary/nuclear; Conjugal family; Household** ।

nuclear family, closed domesticated (ˈन्यूक्लिअर् फ़ैमलि, क्लोज़्ड डमेˈस्टिकेटेड) **बन्द घरेलू मूल परिवार** : देखें– **Closed domesticated nuclear family** ।

nuclear household ('न्यूक्लिअर् हाउस'होल्ड) **एकल गृहस्थी :** ऐसा परिवार जहाँ पति-पत्नी और उनकी अविवाहित सन्तान निवास करती है ।

nucleated group ('न्यूक्लिएटिड ग्रूप्) **आकेन्द्रित समूह :** चार्ल्स एच. कूली (Charles H. Cooley, 1864-1929) ने अपने प्राथमिक समूह (**Primary group**) के सन्दर्भ में कुछ वैसे समूहों की बात की है, जिसमें प्राथमिक समूह के तत्त्व नहीं पाये जाते हैं । उन्हीं तमाम समूहों को बाद में द्वितीयक समूह (**Secondary group**) कहा जाने लगा । लेकिन कूली ने स्वयं कभी द्वितीयक समूह का नाम भी नहीं लिया ।

nucleated settlement ('न्यूक्लिएटिड 'सेटल्मन्ट) **आकेन्द्रित बस्ती** या **व्यवस्थापन :** बस्तियों का एक प्रकार, जिसमें आवासों का संकेन्द्रण एक ही स्थान पर होता है ।

null hypothesis (नल् हाइ'पॉथ़सिस्) **शून्य प्राक्कल्पना :** शून्य प्राक्कल्पना एक ऐसी प्राक्कल्पना है, जिसके द्वारा दो परिवर्त्यों (**Variables**) के बीच शून्य सम्बन्धों को प्रकट किया जाता है । शून्य सम्बन्धों से तात्पर्य किसी प्रकार के सम्बन्ध न होने से है या दो परिवर्त्यों के बीच किसी प्रकार का अन्तर न होना है, जैसा कि स्त्रियों एवं पुरुषों की औसत बुद्धि में कोई सार्थक अन्तर नहीं होता या यह कि शिक्षा का सामाजिक गतिशीलता पर कोई प्रभाव नहीं पड़ता है । इस प्राक्कल्पना को नकारात्मक प्राक्कल्पना भी कहते हैं; क्योंकि इसके द्वारा दो परिवर्त्यों के बीच किसी भी प्रकार के सार्थक सम्बन्ध को नकारा (अस्वीकार) जाता है । यह एक सरल एवं निर्देश-रहित प्राक्कल्पना होती है ।

nuptiality (नॅप्'शिलटि) **वैवाहिकता :** किसी जनसंख्या में विवाह होने एवं विवाह टूटने की घटना की बारम्बारता । विवाह की आयु का जनसंख्या पर विशेष प्रभाव पड़ता है । प्रजननता-दर अथवा परिवार-नियोजन के सन्दर्भ में विवाह-दर का (जिसमें विवाह भंग अथवा तलाक और पृथक्करण, पुनर्विवाह भी शामिल है) विशेष महत्त्व होता है । विवाह-दर आयु और लिंग विशिष्टता के अनुसार अलग-अलग निकाली जाती है और जनांकिकीय अध्ययन के लिए इनकी अलग सारणियाँ भी बनायी जाती है ।

nuptials ('नप्शल्ज़्) **विवाहोत्सव :** विवाह समारोह और तत्सम्बन्धी संस्कार, जो विवाह को सम्पन्न करने के लिए किये जाते हैं ।

nurture ('नर्चर्) **पोषण :** इस शब्द का प्रयोग मुख्यत: दो अर्थों में किया जाता है– (1) भोजन, पोषाहार तथा संरक्षण प्रदान करना । (2) सामाजिक पर्यावरण के समस्त तत्त्व, जिनका प्रभाव व्यक्ति पर गर्भावस्था से पड़ने लगता है । ये तत्त्व सम्पूर्ण प्रकृति अथवा आनुवंशिकता के विरुद्ध व्यक्ति के शारीरिक, मानसिक तथा व्यक्तित्व के विकास को प्रभावित करते हैं ।

nutritional and social deprivation approaches to poverty (न्युट्रि'शनल् ऐन्ड् 'सोशल् डेप्रि'वे़शन् अ'प्रोच् टू पॉव़र्टि) **गरीबी के प्रति पौषणिक एवं तुलनात्मक वंचन दृष्टिकोण :** गरीबी के प्रति पौषणिक दृष्टिकोण के अन्तर्गत एक व्यक्ति की काम करने लायक क्षमता बनाए रखने के लिए आवश्यक न्यूनतम भोजन की मात्रा को ध्यान में रखा जाता है, परन्तु तुलनात्मक वंचन दृष्टिकोण में सम्पत्ति, आय, शिक्षा, राजनीतिक सत्ता आदि उन पहलुओं पर विचार किया जाता है, जो सामान्य रहन-सहन, गतिविधियों और सामाजिक जीवन में भागीदारी के लिए आवश्यक समझे जाते हैं ।

Oo

object relations theory ('अब्जिक्ट् रि'लेश्नस् 'थिअरि) **लक्ष्य-सम्बन्ध सिद्धान्त :** इस सिद्धान्त की प्रमुख विषय-वस्तु है– बच्चों का उसकी माँ के साथ सम्बन्ध। बचपन में बच्चों को अपनी माँ से बहुत लगाव होता है, लेकिन बच्चा जैसे-जैसे बड़ा होता है, माँ से उसकी दूरी धीरे-धीरे बढ़ती जाती है। माँ के साथ बच्चों का यह सम्बन्ध बालक और बालिकाओं के सन्दर्भ में अलग प्रकार का होता है। माँ से लड़के और लड़कियों की दूरी बढ़ने की प्रक्रिया में दोनों में अलग-अलग प्रकार की प्रक्रियाएँ होती हैं, ऐसा मनोवैज्ञानिकों एवं नारी अधिकारवादियों **(Feminist)** का मानना है।

objectification (अब् जेक्टिफि 'केश्न्) **वास्तवीकरण, जड़वस्तुकरण :** इस शब्द का प्रयोग मुख्यत: दो अर्थों में किया जाता है– (1) किसी विचार अथवा पहलू को वस्तुनिष्ठ रूप देने की क्रिया या प्रक्रम। (2) मार्क्सवाद के अनुसार, वह प्रक्रिया जिसके अन्तर्गत जीते-जागते मनुष्य का श्रम जड़वस्तु के रूप में बदल जाता है और वह पूँजीपति की निजी सम्पत्ति बन जाता है।

objective idealism (अब्'जेक्टिव़् आइ'डीअलिज़्म्) **वस्तुनिष्ठ प्रत्ययवाद :** मत की यह प्रकृति कि विश्व या जगत् प्रत्ययात्मक होने के बाद भी हमारे मन से स्वतन्त्र अस्तित्व रखता है, वस्तुनिष्ठ प्रत्ययवाद कहलाता है।

objective method (अब्'जेक्टिव़् मे'थॅड) **वस्तुनिष्ठ विधि :** विज्ञान की विभिन्न शाखाओं के समान समाजविज्ञान के अध्ययन में प्रयुक्त विधिविशेष, जिसके द्वारा प्राणी के स्वभाव का अनुशीलन विभिन्न भौतिक वस्तुओं के समान आत्म-निरपेक्ष दृष्टि से किया जाता है। इसकी विशेषताएँ निम्न हैं– (1) इसके अन्तर्गत जीव के व्यवहार-विशेष का भौतिक यन्त्रों से मात्रात्मक ब्योरा लिया जा सकता है। (2) इच्छानुसार विषय की सत्यता की परख की जा सकती है। (3) इसके अध्ययन का विषय, निरीक्षक से पृथक् उसके मनोवैज्ञानिक विस्तार में स्थित होगा। (4) निर्णय निरीक्षक के पक्षपात, द्वेष, पूर्वाग्रह आदि से अपेक्षाकृत स्वतन्त्र रहता है।

objective value (अब्'जेक्टिव'वैल्यू) **वस्तुनिष्ठ मूल्य :** व्यक्तियों, समूहों अथवा संस्थानों के सम्बन्ध में निर्णय अथवा संस्थापित मानक, जिन्हें मतैक्य के द्वारा स्थापित किया जाता है।

objectivism (अब्'जेक्टि विज़्म्) **विषयनिष्ठवाद, वस्तुनिष्ठवाद :** बाह्य जगत् का मन से स्वतन्त्र अस्तित्व माननेवाला सिद्धान्त।

objectivity (अब्जेक्'टिवटी) **वस्तुनिष्ठता, वस्तुपरकता :** विज्ञान का ऐसा वैज्ञानिक सिद्धान्त, जो अनुसन्धान में वैयक्तिक पक्षपात का विरोध करता है। वस्तुपरकता घटनाओं के अध्ययन का एक दृष्टिकोण है, जिसके अनुसार एक व्यक्ति घटना से सम्बन्धित तथ्यों को, पूर्वाग्रह अथवा भावनाओं की अपेक्षा, साक्ष्य एवं तर्क के आधार पर निष्पक्ष, तटस्थ तथा किसी भी प्रकार की अभिनति एवं पूर्वधारणाओं से मुक्त होकर देखता-परखता है। वैज्ञानिक शोध की यह एक परम आवश्यकता है कि शोधकर्ता अपने-आपको उन स्थितियों से अलग-थलग रखने की कोशिश करे। समाजशास्त्रीय पद्धतियों के प्रयोग में, उन विधियों एवं तरीकों (जैसे– यादृच्छिक प्रतिचयन का प्रयोग, विभिन्न नियन्त्रणों का प्रयोग, वैकल्पिक शब्दयुक्त प्रश्नावलियों को बनाकर उनका पूर्व-परीक्षण आदि) पर बल दिया जाता है कि किस प्रकार गवेषणाओं से सम्बन्धित तथ्यों को संकलित एवं विवेचना करते समय पक्षपात-मुक्त होना चाहिए और वस्तुपरकता को बनाये रखना चाहिए (देखें–Alvin W. Gouldner, **For Sociology: Renewal and Critique in Sociology Today**, 1975) : देखें–**Subjectivity**।

obscenity (ऑब्'सेन्टि) **अश्लीलता :** अश्लील शब्द का अर्थ, किसी भी समाज में मान्य नैतिक मापदण्डों के सापेक्ष से होता है। विचार से स्पष्ट है कि प्रत्येक समाज में इसके विभिन्न अर्थ होंगे और हैं भी। जैसे– सार्वजनिक रूप से चुम्बन करना भारतीय समाज में अश्लील माना जाता है, जबकि यूरोपीय तथा अन्य कुछ देशों में यह स्वीकृत नैतिकता का ही एक अंग है। किसी भी समाज में अश्लीलता की परिभाषा का निर्धारण, वहाँ के सत्तारूढ़ वर्ग द्वारा किया जाता है। इसका आधार उसके सामाजिक, राजनीतिक और आर्थिक हित होते हैं, जिनकी बाह्य अभिव्यक्ति नीतिशास्त्र के रूप में आकार ग्रहण करती है। इस स्वीकृत नैतिकता के बाहर, व्यक्ति का कोई भी व्यवहार अश्लीलता की सीमा में मान लिया जाता है। जैसे-जैसे मानव सभ्यता का विकास होता चला गया, नीतिशास्त्र के नियमों में परिवर्तन आता चला गया। इसमें प्रमुख बात यह है कि जिस अनुपात में नारी की सामाजिक स्थिति क्षीण होती चली गयी, उसी अनुपात में नैतिकता के बन्धन (श्लील-अश्लील सीमाएँ) भी मजबूत होते चले गये। आधुनिक युग में, जबकि नारी जिस रफ्तार में पुरुष के समान पूर्ण अधिकारों (अपनी पूर्वस्थिति की तरह) पर अपना दावा जता रही है, अपनी स्वाधीनता की घोषणाएँ करती जा रही है, उसी रफ्तार में श्लील और अश्लील की सीमाएँ भी क्षीण होती जा रही हैं।

नारी स्वाधीनता से अभिन्न रूप से जुड़ी हुई है, इसका स्पष्ट प्रमाण स्कैंडेनेवियन देशों (स्वीडन, डेनमार्क, नार्वे) तथा अन्य कुछ देशों में मिलता है। इन देशों में किसी भी प्रकार की सेंसरशिप नहीं है और यहाँ कुछ भी अश्लील नहीं माना जाता। यहाँ के समाज की इस अराजकतावादी स्वीकृति का कारण है समाज में किसी भी प्रकार की नैतिक वर्जनाओं का पूर्ण अभाव, जो नारी-पुरुष के पूर्ण स्वातंत्र्य के सिद्धान्त पर आधारित है। भारत जैसे औद्योगिक रूप से अविकसित देशों में, जहाँ अब भी कृषिप्रधान व्यवस्था है, श्लील-अश्लील का प्रश्न अभी भी वाद-विवाद का कारण बना हुआ है।

obscurantism (ऑब्स्क्युअ'रैन्टिज़म्) **अवरोधवृत्ति, पुराणपंथ :** ऐसी व्यवस्था, नीति या दृष्टिकोण, जिसमें वस्तु-जगत् को जान-बूझकर इस रूप में प्रस्तुत किया जाता है कि जनसाधारण को उसका सही-सही ज्ञान न हो सके।

observance (अब्'ज़र्वन्स्) **अनुपालन, रिवाज :** कोई धार्मिक अथवा आनुष्ठानिक कार्य, जो समाज द्वारा निर्धारित मानकों के अनुसार किया जाये।

observation (ऑब्ज़र्'वेशन्) **अवलोकन :** अवलोकन स्वाभाविक घटना के घटित होते समय का नेत्रों द्वारा सुव्यवस्थित एवं सोद्देश्य अध्ययन है। अवलोकन विधि-अनुसन्धान की अत्यधिक प्राचीन और सर्वाधिक प्रचलित विधि है। मानव ने अपने चारों ओर के विश्व का प्रारम्भिक ज्ञान अवलोकन द्वारा प्राप्त किया। मानव के पास संचित ज्ञान के अधिकांश भाग अवलोकन के ही परिणाम हैं। अवलोकन को, नेत्रों द्वारा सामूहिक व्यवहार एवं जटिल सामाजिक संस्थाओं के साथ ही साथ सम्पूर्णता की रचना करने वाली पृथक् इकाइयों के अध्ययन की विचारपूर्ण पद्धति के रूप में प्रयुक्त किया जा सकता है। अवलोकन का तात्पर्य है कानों अथवा वाणी के स्थान पर स्वयं अपनी दृष्टि का अधिकाधिक उपयोग करना है।

observation, controlled (ऑब्ज़र्'वेशन्, कन्'ट्रोलड्) **नियन्त्रित अवलोकन :** नियन्त्रित अवलोकन में अध्ययनकर्ता स्वयं पर या घटना पर योजनाबद्ध रूप से नियन्त्रण रखता है। वह वास्तविक स्थिति एवं प्राप्त सामग्री के बीच एक कड़ी या मध्यस्थ की भूमिका निभाता है। वह तथ्य संकलन के विभिन्न साधनों का प्रयोग करने का कार्य करता है। ये साधन स्वयं ही सामग्री का संग्रहण करते हैं, इसलिए इस विधि में तटस्थता तथा वैषयिकता बनी रहती है और तथ्यों का सत्यापन सरल रहता है। इस विधि को पूर्वनियोजित अवलोकन संरचित अवलोकन या व्यवस्थित अवलोकन भी कहते हैं।

observation, mass (ऑब्ज़र्'वेशन्, मैस्) **जनावलोकन, सामूहिक-अवलोकन :** चार्ल्स मेज़ एवं टॉम हैरिसन द्वारा सन् 1937 में स्थापित एक संगठन को जनावलोकन (**Mass observation**) का नाम दिया गया था। ब्रिटेन में

मानव-व्यवहार के वैज्ञानिक अध्ययन को विकसित करने के उद्देश्य से इस संगठन की स्थापना हुई थी। अध्ययन के लिए जिस तकनीक का प्रयोग किया गया था, उसकी मुख्य विशेषता यह थी कि इसमें प्रचार द्वारा बहुत से प्रेक्षकों का प्रयोग किया गया। प्रेक्षकों को अपने प्रतिदिन की जीवन की डायरी रखने, उसमें धूमपान सम्बन्धी आदतों, अन्धविश्वासों तथा पक्षियों को निहारने की प्रवृत्तियों को नोट करने के निर्देश दिये गये थे।

आजकल सामाजिक शोध की एक प्रतिष्ठित तकनीक के रूप में, सामूहिक-अवलोकन को, किसी घटना का एकाधिक अन्वेषकों द्वारा एक ही समूह पर, किन्तु अलग-अलग रूप में, अध्ययन की एक विधि माना जाता है। जनावलोकन का तात्पर्य किसी समूह के अवलोकन से नहीं है। अध्ययन की इस विधि में, प्रेक्षकों का एक समूह किसी घटना का एक साथ प्रेक्षण करता है।

observation, non-participant (ऑब्ज़र्'वेशन्, 'नॉन् पार्'टिसिपन्ट्) **असहभागी अवलोकन :** जब अवलोकनकर्ता किसी समूह के रोज़मर्रे के जीवन में भाग लिए बिना, समूह की क्रियाओं से अलग रहकर, एक वैज्ञानिक की भाँति तटस्थ द्रष्टा के रूप में उनका अध्ययन करता है।

observation, quasi-participant (ऑब्ज़र्'वेशन्,'क्वाज़्इ पार्'टिसिपन्ट) **अर्द्ध-सहभागी अवलोकन :** किसी भी अध्ययन में पूर्णतः सहभागी और पूर्णतः गैरसहभागी अवलोकन संभव नहीं हो पाता। इसे दोनों के मध्यवर्त्ती मार्ग के रूप में देखा जाता है, इसमें दोनों के गुणों का समावेश होता है। व्यक्ति के किसी एक (सहभागी अथवा गैरसहभागी) रूप को पूर्णतया अपनाने की अपेक्षा इन दोनों प्रविधियों को साथ-साथ प्रयोग में लाना व्यावहारिक माना जाता है। अर्द्ध-सहभागी अवलोकन में अध्ययनकर्ता समूह के दैनिक कार्यों में तो सहभागी बना रहता है, लेकिन किसी विशेष उत्सव, घटना, क्रिया एवं समारोह के अवसर पर दूर बैठकर उनका अध्ययन करता है। इस विधि में सहभागी और गैरसहभागी दोनों ही विधियों के लाभ प्राप्त होते हैं। इस प्रकार दोनों के दोषों से बचाव हो जाता है।

observation, uncontrolled (ऑब्ज़र्'वेशन्, अन्कन्'ट्रोल्ड) **अनियन्त्रित अवलोकन :** हम सामाजिक घटनाओं का अध्ययन नियन्त्रित और अनियन्त्रित दोनों प्रकार के अवलोकनों द्वारा कर सकते हैं। अनियन्त्रित अवलोकलन में अवलोकनकर्ता एवं अवलोकित किये जाने वाले समूह, दोनों में किसी भी प्रकार का नियन्त्रण नहीं रखा जाता है। अवलोकनकर्ता घटनाओं का उनके वास्तविक एवं स्वाभाविक रूप में ही अध्ययन करता है। अनियन्त्रित अवलोकन में किसी प्रकार की विशेष संरचना, औपचारिकता एवं नियोजन नहीं होता। एक साधारण क्रिया होने के कारण इसे 'सरल अवलोकन' **(Simple observation)** भी कहा जाता है। इसे 'असंरचित अवलोकन' भी **(Unstructured observation)** कहते हैं। अनियन्त्रित अवलोकन को 'स्वतन्त्र अवलोकन' **(Open observation)**, अनौपचारिक अवलोकन **(Informal observation)** तथा 'अनिर्देशित अवलोकन' **(Undirected observation)** आदि नामों से भी पुकारा जाता है।

observation bias (ऑब्ज़र्'वेशन्'बाइअस्) **अवलोकन पूर्वाग्रह :** जब कोई अवलोकनकर्ता अपने से भिन्न समाज का, अवलोकन के माध्यम से अध्ययन करने का प्रयास करता है, तो वह स्वभावतः अपनी संस्कृति के सन्दर्भ में दूसरों की संस्कृति का अवलोकन या विश्लेषण करने का प्रयास करता है। इस प्रक्रिया में स्वाभाविक रूप से कुछ पक्षपात आ जाने की सम्भावना बनी रहती है। इसे ही अवलोकन पूर्वाग्रह कहा जाता है।

observation method (ऑब्ज़र्'वेशन् मे'थॅड) **अवलोकन विधि :** किसी घटना अथवा वस्तु को व्यवस्थित एवं सूक्ष्म रूप से देखने-परखने तथा आलेखन की विधि अवलोकन या प्रेक्षण कहलाती है। घटनाओं को भौतिक रूप में देखने के साथ-साथ यह मानसिक रूप में देखने की एक विधि है।

observation schedule (ऑब्ज़र्'वेशन्'शेड्यूल) **अवलोकन अनुसूची :** देखें– **Schedule, observation** ।

obsession (अब्'सेशन्) **मनोग्रस्ति :** इस शब्द का प्रयोग व्यापक रूप में हुआ है और संकुचित अर्थ में भी। व्यापक

अर्थ में इसके अन्तर्गत सभी प्रकार के मनस्ताप या मानसिक विकार, जैसे– हिस्टीरिया, चिन्ता रोग, भीति रोग आदि सम्मिलित हैं। सामान्यत: ऑब्सेशन शब्द का प्रयोग सीमित अर्थ में ही किया गया है। वस्तुत: यह एक प्रकार का मनस्ताप है, जिसमें व्यक्ति के मन में कोई-न-कोई विचार-धारणा, भाव-विचार-कल्पना आधारहीन है, किन्तु उसका अपने पर वश नहीं रहता।

Occam's razor ('ओकॉम्ज रे़ज़्र) **ओकॅम की क्षुरिका, लाघव-न्याय :** सामान्यतया यह दो विशिष्ट अर्थों में प्रयोग होता है। (1) विलियम ऑफ ओकॅम (William of Occam, 1300-1349) द्वारा प्रतिपादित यह नियम कि किसी वस्तु की व्याख्या करते हुए अल्पमत प्राक्कल्पनाओं और सरलतम विचारों का प्रयोग करना चाहिए। चूँकि इसमें अनावश्यक वाक्यों को कतरने का सुझाव है, इसलिए इस नियम को ओकॅम की क्षुरिका की संज्ञा दी गई है। इस नियम को मितव्यतिता नियम (Law of parsimony) भी कहते हैं। (2) वैज्ञानिक व्याख्या का एक सिद्धान्त, जिसके अनुसार यदि आवश्यक न हो, तो बहुत-सारी वस्तुओं की कल्पना नहीं करनी चाहिए अथवा यदि कम वस्तुओं से काम चल जाता है, तो अधिक वस्तुओं को मानना व्यर्थ है। यह सिद्धान्त भारत में 'कल्पना-लाघव' या 'लाघव-न्याय' के नाम से बहुत पहले से प्रसिद्ध है और पश्चिम में भी ओकॅम के नाम से प्रसिद्ध होने के पहले से प्रयोग में है।

occasional criminal (अ'केजनल्'क्रिमिनल्) **अनभ्यस्त अपराधी :** ऐसा अपराधी, जो वास्तव में अपराध में पहले से अभ्यस्त नहीं होता है, परन्तु किन्हीं विशिष्ट परिस्थितियों में उत्तेजित होकर अपराध कर बैठता है।

occultism ('ऑकल् टिज़्म्) **गुह्यतन्त्र, गुप्तविद्या :** गुप्त, रहस्यमय या प्रेत में विश्वास तथा उन्हें वश में करने के लिए मंत्र-तन्त्र और अन्य गुह्य साधनों का प्रयोग। यह अगम्य विज्ञान, जैसे– कीमिया (Alchemy), ज्योतिषशास्त्र, थियोसाफ़ी (**Theosophy**) तथा वे सभी विज्ञान, जिनका उद्देश्य जादू अथवा मिथ्या जादू-प्रणाली द्वारा प्रकृति पर नियन्त्रण करना आदि के अभ्यास के लिए दिया गया सामान्य नाम है। मनोविज्ञान का एक नवीन क्षेत्र, जिसे 'साइकिकल रिसर्च' या परामनोविज्ञान कहते हैं, जिसमें 'सुपरनॉरमल' (Supernormal) अथवा अधिसामान्य पक्ष की वैज्ञानिक एवं सुव्यवस्थित खोज होती है तथा जो अन्त:प्रसारण या पारेन्द्रिय ज्ञान (**Telepathy**) और अध्यात्मवाद से सम्बन्धित है– ये समस्त तथ्य मनोविज्ञान के अन्तर्गत लाये गये हैं।

occupation (ऑक्यु'पेश्न्) **व्यवसाय :** जीवन-यापन के लिए व्यक्ति जो कार्य करता है, वही उसका व्यवसाय होता है। किसी भी व्यवसाय में श्रम को धन अथवा वेतन के बदले में बेचा जाता है। व्यवसाय व्यक्ति की स्थिति का निर्धारण करता है। किसी औपचारिक व्यवसाय में व्यक्ति के पास जो पद होता है या उसे जो आर्थिक या अन्य प्रकार का लाभ प्राप्त होता है, वह उसकी प्रतिष्ठा को निर्धारित करता है।

occupational classification (ऑक्यु'पेश्नल् क्लैसिफ़ि'केश्न्) **व्यावसायिक वर्गीकरण :** विभिन्न प्रकार के पेशों का वर्गीकरण एक कठिन काम है। किसी एक पेशे में तनख्वाह केन्द्रबिंदु में होती है, तो किसी अन्य पेशे में श्रमिक की शैक्षणिक योग्यता, तो फिर किसी और में विभिन्न पदों से जुड़े श्रमिकों के अधिकार एवं शक्तियाँ। पेशों का कोई सामान्य वर्गीकरण संभव नहीं है; क्योंकि विभिन्न पेशों के साथ विभिन्न समाजों में अलग-अलग सामाजिक प्रतिष्ठा जुड़ी हुई होती है। पेशों की प्रतिष्ठा में समय के साथ प्रत्येक समाज के अन्दर बदलाव भी आता रहता है। चूँकि, पेशों के वर्गीकरण की कोई निश्चित कसौटी नहीं है इसलिए पेशों के सोपानिक वर्गीकरण में स्वाभाविक रूप से पक्षपात आ ही जाता है (देखें– J. H. Goldthorpe and K. Hope, **The Social Grading of Occupation**, 1974)।

occupational culture (ऑक्यु'पेश्नल् 'कल्चर्) **व्यावसायिक संस्कृति :** किसी विशेष व्यवसाय से सम्बन्धित उपसांस्कृतिक विशेषकों का समूह, जो परम्परागत रूप से प्रचलित हो जाते हैं। व्यावसायिक संस्कृति के अपने निजी विश्वास, अभिवृत्तियाँ, अनुष्ठान, विशेष शब्द तथा अन्य तत्त्व होते हैं।

occupational disease (ऑक्यु'पेश्नल् डि'ज़ीज़्) **व्यवसायजनित रोग :** ऐसे रोग, जो कुछ व्यवसायों में दीर्घकाल तक काम करने के कारण हो जाते हैं, जैसे– कोयले की खान के खनिकों को बहुधा फेफड़ों से सम्बन्धित रोग हो जाते हैं।

occupational family (ऑक्यु'पेश्नल्'फ़ैमलि) **व्यावसायिक परिवार :** वह परिवार, जिसके सदस्य परम्परा के अनुसार अपने पिता या पूर्वजों के व्यवसाय को अपनाते हैं और वही जीविका का प्रमुख साधन होता है। उदाहरणार्थ लुहार परिवार में लुहारी और सुनार परिवार में स्वर्ण-कार्य को अपनाया जाता है। यजमानी प्रथा ने जातिगत व्यवसायों की निरन्तरता एवं स्थिरता को बनाये रखने में महत्त्वपूर्ण योगदान दिया है।

occupational group (ऑक्यु'पेश्नल्'ग्रूप्) **व्यावसायिक समूह :** वह समूह, जिसकी सदस्यता समान व्यवसाय पर आधारित होती है। इस समूह में कुछ सामान्य उद्देश्यों, मान्यताओं के साथ-साथ सामान्य रुचियों के प्रति जानकारी और व्यवसाय करनेवालों के साथ अभिन्नता की भावना होती है।

occupational hierarchy (ऑक्यु'पेश्नल्'हाइ अराकि) **व्यावसायिक अधिक्रम :** आय, प्रतिष्ठा अथवा अन्य प्रकार की कसौटियों के आधार पर व्यवसायों का श्रेणीकरण।

occupational mobility (ऑक्यु'पेश्नल् मो'बिलटि) **व्यावसायिक गतिशीलता :** व्यक्तियों द्वारा अपनी नौकरी या व्यवसाय बदलने की प्रवृत्ति व अवसर अर्थात् एक पेशे को छोड़कर दूसरे पेशे में जाना। व्यावसायिक गतिशीलता औद्योगिक व सामाजिक दोनों प्रकार के परिवर्तनों के कारण हो सकती है। यह व्यवसायों और उद्योग के भीतर व बाहर दोनों प्रकार से हो सकती है। व्यावसायिक गतिशीलता आधुनिक समाज की विशेषता है।

occupational prestige (ऑक्यु'पेश्नल् प्रे'स्टीश़्) **व्यावसायिक प्रतिष्ठा :** व्यावसायिक प्रतिष्ठा इस बात पर निर्भर करती है कि समाज भिन्न-भिन्न व्यवसायों का किस प्रकार मूल्यांकन करता है। प्रत्येक समाज में भिन्न-भिन्न व्यवसायों की अलग-अलग प्रतिष्ठा होती है। लोग किसी व्यवसाय को किस नजरिये से देखते हैं, उसे कितना तरजीह देते हैं, इस बारे में काफी फर्क होता है। आमतौर पर किसी व्यवसाय की प्रतिष्ठा के बारे में लोगों के विचार ज्ञात करने के लिए समाजशास्त्री यह पूछता है कि वे किसी व्यवसाय की सामान्य स्थिति का मूल्यांकन किस प्रकार करते हैं। इस प्रश्न के द्वारा व्यावसायिक प्रतिष्ठा को मापा जाता है और इसी के आधार पर समाज में किसी भी व्यवसाय या पेशे की सामाजिक प्रतिष्ठा की गणना की जाती है। लेकिन, समय या परिस्थितियों के साथ व्यावसायिक प्रतिष्ठा में भी परिवर्तन आता रहता है (देखें– D. J. Treiman, **Occupational Prestige in Comparative Perspective**, 1977)।

occupational segregation (ऑक्यु'पेश्नल् सेग्रि'गेशन्) **व्यावसायिक पृथक्करण या पार्थक्य :** प्रत्येक देश में जाति, प्रजाति, समुदाय एवं धर्म के आधार पर पेशागत भिन्नताएँ देखने को मिलती हैं, जैसे– भारत में चीक एवं कसाई गोश्त का रोज़गार करते हैं, तो मछुआ मछली का रोज़गार करता है। सिलाई के क्षेत्र में मुसलमानों की अधिकता है, तो आभूषण के कामों में सोनार जाति की बहुलता है। सिक्ख व्यवसाय और उत्पादन में अधिक देखे जाते हैं, तो बंगाली समुदाय के लोग नौकरी करना अधिक पसन्द करते हैं। पाश्चात्य देशों में भी विदेशी नागरिक श्रमिक के रूप में अधिक देखे जाते हैं। विभिन्न पेशों के बीच पृथक्करण की प्रवृत्ति सिर्फ जाति, प्रजाति और धर्म के आधार पर ही देखने को नहीं मिलती, बल्कि लिंग के आधार पर भी यह प्रवृत्ति पायी जाती है। महिलाएँ आमतौर पर शिक्षण, परिचारिका, दफ्तर, सचिव, स्वागती, टंकन एवं घरेलू कार्यों में अधिक दिखायी पड़ती हैं, तो पुरुष घर के बाहर कायिक कर्मी के रूप में अधिक दिखायी पड़ते हैं। यह स्वाभाविक भी है; क्योंकि सभी कार्य के लिए सभी लोग समान रूप से दक्ष और उपयुक्त नहीं हो सकते हैं। संक्षेप में, यह एक ऐसी व्यवस्था है, जिसके अन्तर्गत लिंग, प्रजाति या अन्य किसी मानदण्ड के आधार पर भिन्न-भिन्न लोगों को भिन्न-भिन्न कार्य करने के लिए रखा जाता है।

occupational socialization (ऑक्यु'पेश्नल् सोशॅलाइ'ज़ेशन्) **व्यावसायिक समाजीकरण :** किसी व्यवसाय में दक्षता प्राप्त करना या उस व्यवसाय से जुड़ी आवश्यक मनोवृत्तियों और व्यवहारों को सीखना ही व्यावसायिक समाजीकरण है। व्यावसायिक समाजीकरण प्रशिक्षकों, सहकर्मियों एवं दोस्तों से आमतौर पर संभव होता है। लेकिन, साथ ही साथ श्रमिक अपने कार्यों से भी सीखने का अवसर प्राप्त करते हैं।

occupational sociology (ऑक्यु'पेश्नल् सोसि'ऑलजि) **व्यावसायिक समाजशास्त्र :** विभिन्न व्यवसायों एवं धन्धों के विश्लेषण में समाजशास्त्र के सिद्धान्तों का अनुप्रयोग। जीवनवृत्तियों के प्रतिमानों का अध्ययन भी व्यावसायिक समाजशास्त्र का एक अंग है।

occupational structure (ऑक्यु'पेश्नल् 'स्ट्रक्चर्) **व्यावसायिक संरचना :** किसी देश की अर्जक जनसंख्या को विभिन्न व्यवसायों या पेशों के अनुसार भिन्न-भिन्न वर्गों में बाँट कर दिखाना। इसके अन्तर्गत हम उन बातों का अध्ययन करते हैं, जिनके कारण सम्पूर्ण व्यावसायिक ढाँचा निर्मित होता है (देखें– Peter M. Blau and Otis Dudley Duncan, **The American Occupational Structure**, 1967)।

oedipal stage ('ईडिपल 'स्टेज्) **मातृरति, मातृरति स्तर :** इसे समाजीकरण का तीसरा चरण माना जाता है। इसका विस्तार सामान्यत: चौथे वर्ष से प्रारम्भ होकर बारह या तेरह वर्ष की आयु तक चलता है। मनोवैज्ञानिकों ने इस चरण को ऑडीपल संकट का काल कहा है। इस सम्बन्ध में यह जान लेना उपयुक्त होगा कि ऑडीपल ग्रीक साहित्य का एक ऐसा किरदार था, जिसने अनजाने में अपनी माँ से विवाह किया था और एलेक्ट्रा (Electra) एक ऐसी नायिका थी, जिसने अनजाने में अपने पिता के साथ सहवास किया था। इन्हीं दो किरदारों को लेकर मनोवैज्ञानिकों ने यह स्पष्ट करने का प्रयास किया है कि मानव जीवन का यह एक ऐसा काल है, जब पुत्र अपनी माँ की ओर आकर्षित होता है और अपने पिता के प्रति उसके मन में द्वेष उत्पन्न होता है। ठीक इसके विपरीत पुत्री को अपने पिता से प्रेम होता है और माता के लिए उसके मन में वैर-भाव उत्पन्न होता है। पहली वाली स्थिति को मातृरति (**Oedipus complex**) और दूसरी वाली स्थिति को पितृरति या एलेक्ट्रा मनोग्रन्थि (**Electra complex**) कहा जाता है।

oedipus complex ('ईडिपस 'कॉम्प्लेक्स्) **मातृरति, मातृ मनोग्रन्थि :** प्रत्येक व्यक्ति में आनुवंशिक रूप से कुछ ऐसी प्रवृत्तियाँ प्राप्त होती हैं, जो कुछ मनोग्रन्थियों के निर्माण में सहायक बनती हैं। इस प्रकार कुछ मनोग्रन्थियों का निर्माण बिल्कुल अचेतन रूप से हो जाता है। लड़के का अपनी माँ के प्रति जो अतिशय राग होता है, उसके कारण उसके लिबीडो (**Libido**) का स्थिरण माँ पर हो जाता है। इस स्थिरण के परिणामस्वरूप लड़का अपनी माँ के ध्यान और प्यार को पूरी तरह से पाना चाहता है, लेकिन वह देखता है कि माँ पर उसके पिता का प्रभाव ज्यादा होने से ऐसा नहीं हो पाता। इससे लड़के के अन्दर अपने पिता के प्रति द्वेष और प्रतियोगिता की भावनाएँ पैदा होती हैं, किन्तु उस समय लड़के के पास अपनी भावनाओं को हल करने का केवल एक ही उपाय होता है– उनका दमन करना। इस प्रकार, लिबीडो का स्थिरण माँ पर होने से लड़के के मन में अचेतन रूप से अपने माँ-बाप के प्रति जो रागात्मक भाव बनते हैं, उन्हें इडिपस की कहानी के रूपक के आधार पर ही इडिपस मनोग्रन्थि नाम दिया गया है।

इडिपस ने अपने पिता की हत्या की और माँ से विवाह किया। इस आख्यायिका के आधार पर सिगमण्ड फ्रॉयड (S. Freud, 1856-1939) ने यह प्रमाणित करने का प्रयास किया कि लड़कों में माँ की ओर एक स्वाभाविक आकर्षण होता है और उसे प्राप्त करने की आकांक्षा होती है। नैतिक मन के कारण उसे इसकी चेतना नहीं हो पाती। यह सिद्धान्त मान्य नहीं है; क्योंकि इडिपस नहीं जानता था कि जिसकी वह हत्या कर रहा है, वह उसका पिता है और जिससे वह विवाह करने जा रहा है, वह उसकी माँ है। जिस स्त्री की ओर वह आकर्षित हुआ और उसने विवाह किया, वह उसकी सौतेली माँ थी।

office ('ऑफिस्) **पद :** किंगज्ली डेविस (Kingsley Davis, शुद्ध उच्चारण मात्र किंगज्ली डेविस है) ने स्थिति से मिलती-जुलती कई अवधारणाओं की विवेचना की है, उनमें पद भी एक प्रमुख अवधारणा है। किसी औपचारिक संगठन में वैधानिक नियमों द्वारा निर्मित स्थान या स्थिति को डेविस ने पद कहा है। यह एक ऐसी अर्जित स्थिति होती है, जिसे व्यक्ति अपनी योग्यता के आधार पर प्राप्त करता है। पद, वास्तव में, स्थिति का ही एक विशिष्ट रूप है, जिसे हम 'औपचारिक वैधानिक स्थिति' भी कह सकते हैं।

officialdom (अ'फ़िश्ल्डॅम) **सरकारीपन, अफसरशाही :** साधारणतया सरकारीपन शब्द को संकीर्ण अर्थ में लिया जाता है। इसके पीछे भावना यह है कि सरकारी कर्मचारी, चाहे वह किसी भी देश के हों, किसी भी विषय पर उदार और तात्त्विक दृष्टि नहीं रख सकते। सामान्यतया उनकी दृष्टि नियमों-विनियमों में उलझी रह जाती है, चाहे उसका परिणाम औचित्य और तर्क एवं व्यावहारिकता के कितने ही विपरीत क्यों न हो।

official statistics (अ'फ़िश्ल् स्ट'टिस्टिक्स्) **सरकारी** या **राजकीय सांख्यिकी :** सरकार के द्वारा निर्गत किये जानेवाले आँकड़ों को राजकीय सांख्यिकी की श्रेणी में रखा जाता है। सरकार के अधिकांश विभाग अपने विभागीय कार्यों और उपलब्धियों का ब्यौरा तैयार करते रहते हैं। योजना या शैक्षणिक दृष्टि से महत्त्वपूर्ण इन आँकड़ों का सरकारी और गैर-सरकारी लोग विश्लेषण करते रहते हैं। लेकिन, इस प्रकार के आँकड़ों की सबसे बड़ी समस्या यह होती है कि वह पूरी तरह विश्वसनीय नहीं होते। सरकार अपनी उपलब्धियों को उजागर करने के लिए कभी-कभी कुछ आँकड़ों को छिपा लेते हैं, तो कुछ को तोड़-मरोड़कर पेश करते हैं, उदाहरणस्वरूप– अपराध, सरकारी दफ्तरों में रिश्वतखोरी, बेरोज़गारी एवं हड़ताल सम्बन्धी आँकड़े सामान्यतया उतने विश्वसनीय नहीं होते।

old age assistance (ओल्ड् एज् अ'सिस्टन्स्) **वृद्धावस्था सहायता :** पूर्णतः या आंशिक रूप से निराश्रित वृद्धों को दी जाने वाली सरकारी अथवा सामाजिक सहायता।

old population (ओल्ड् पॉप्यु'लेशन्) **वृद्ध जनसंख्या :** एक ऐसी जनसंख्या, जिसमें वयोवृद्ध लोगों का औसत आमतौर पर अधिक होता है। वैसी आबादी में जनसंख्या की वृद्धि धीरे-धीरे होती है, जैसे– जापान की आबादी।

oligarchic military rule (ऑलि'गार्किक 'मिलिट्रि रूल्) **अल्पतांत्रिक सैन्य शासन :** सेना के छोटे समूह के द्वारा सरकार चलाने की व्यवस्था।

oligarchy ('ऑलि गार्कि) **अल्पतन्त्र :** अल्पतन्त्र सरकार की वह व्यवस्था है, जिसमें प्रशासन कुछ व्यक्तियों के हाथ में सीमित हो जाता है। अरस्तू (Aristotle, 384-322 BC) ने इस पर काफी विचार किया है। उनके अनुसार अल्पतन्त्र में नागरिकता और पद के लिए आवश्यक योग्यता का कोई विशेष महत्त्व नहीं रह जाता है। इसमें सत्ता एक ही परिवार के लोगों के हाथों में केन्द्रित हो सकती है, परन्तु अगर धन समाज के एक बड़े वर्ग में वितरित हो, तो अल्पतन्त्र सन्तुलित हो जाता है। अरस्तू के अनुसार अल्पतन्त्र की मुख्य समस्या धनी वर्ग द्वारा आम जनता का उत्पीड़न है। आज के बहुत से विचारकों का कहना है कि शासन-व्यवस्था चाहे कुछ भी हो, सत्ता तो अन्ततः कुछ ही लोगों के हाथों में सीमित होती है। किन्तु लोकतन्त्र के विपरीत जिस अर्थ में अल्पतन्त्र का प्रयोग किया जाता है, उस अर्थ में तो अल्पतन्त्रात्मक व्यवस्था अब प्रायः लुप्त हो गई है तथा जिन देशों में सत्ता कुछ थोड़े से परिवारों अथवा किन्हीं दलगत गुटों के हाथों में केन्द्रित है, वे भी अपने को किसी-न-किसी प्रकार का लोकतन्त्र ही मानते हैं (देखें– Robert Michels, **Political Parties**, 1967)।

oligopoly (ऑलि'गपॉली) **अल्पाधिकार :** इस अवधारणा का प्रयोग अर्थशास्त्र में बाज़ार की ऐसी स्थिति के लिए किया जाता है, जिसमें वस्तु-विशेष की आपूर्ति पर इने-गिने माल-निर्माताओं का एकाधिकार स्थापित होता है। अतः उस वस्तु के निर्माताओं को बाज़ार में प्रतिस्पर्द्धा का सामना नहीं करना पड़ता है, जैसे– भारत में सिगरेट, शराब, इस्पात, वाहन, प्राकृतिक गैस इत्यादि व्यवसायों में कुछ ही व्यावसायिक घरानों का एकाधिकार है : देखें– **Monopoly**।

ombudsman ('ओम्बुड्जमैन) **लोक-अदालतकर्ता या जज :** एक सरकारी व्यक्ति, जिसे किसी सरकारी व्यक्ति के खिलाफ शिकायतों की जाँच-पड़ताल करने का अधिकार प्राप्त हो। आधुनिक शासन की बढ़ती हुई शक्तियों से नागरिकों के हितों तथा अधिकारों की रक्षा करने के लिए जिन अनेक युक्तियों का आविष्कार किया गया है, उनमें 'ओम्बुड्जमैन' का नाम प्रमुख है। इसका आविर्भाव स्वीडेन में 1809 में हुआ था। 'ओम्बुड्जमैन' का कार्य सरकारी विभागों के विरुद्ध नागरिकों की शिकायतों की छान-बीन करना है। यदि उसे पता चलता है कि नागरिक की शिकायत सही है, तो वह

उसके प्रति हुए अन्याय के निवारण का प्रयत्न करता है । वह देश के उच्चतम न्यायालय के न्यायाधीश के पद का व्यक्ति होता है और सरकारी अधिकारियों के कुशासन की जाँच-पड़ताल कर सकता है । 'ओम्बुड्जमैन' की पद्धति बड़ी लचीली है । यही कारण है कि एक-दूसरे से सर्वथा भिन्न शासन-पद्धति वाले देश भी उसे अपनाने में समर्थ हो सके हैं । ओम्बुड्समैन की प्रत्येक देश में इस तरह व्यवस्था की गई कि वह वहाँ की स्थानीय आवश्यकताओं को पूरा कर सके । इसलिए, प्रत्येक देश में उसका क्षेत्राधिकार अलग-अलग है ।

omnipotence (ऑम्'निपटॅन्स) **सर्वशक्तिमतता :** ईश्वर सबसे अधिक शक्तिशाली माना जाता है । यह ईश्वर के प्रमुख गुणों में से एक है ।

omnipresence (ऑम्नि'प्रेज़ॅन्स) **सर्वव्यापकता :** ऐसा कहा जाता है कि परमात्मा सभी जगह मौजूद हैं, यह ईश्वर के प्रमुख गुणों में से एक है ।

omniscience (ऑम्नि'साइन्स्) **सर्वज्ञता :** यह एक विश्वास की बात है कि परमात्मा सब कुछ जानता है, यह ईश्वर के प्रमुख गुणों में से एक है ।

one-one relation (वन् वन् रि'लेशन्) **एकैक-सम्बन्ध :** वह सम्बन्ध, जो एक वस्तु का केवल और केवल एक ही अन्य वस्तु से होता है ।

ontological argument (ऑन्ट'लॉजिक्ल् 'आग्युमन्ट्) **सत्तामूलक युक्ति :** ईश्वर के अस्तित्व को प्रमाणित करने वाली पारम्परिक युक्तियों में एक युक्ति, जिसका प्रयोग आधुनिक युग में आर. डेकार्ट (René Descartes, 1596-1650) ने किया था । इस युक्ति के अनुसार, यह ईश्वर का प्रत्यय है । इस प्रत्यय के अनुसार, पूर्ण ईश्वर का अस्तित्व भी है । इमैन्युअल काण्ट (Immanuel Kant, 1724-1804) ने इस तर्क का खण्डन किया है । उनके अनुसार, प्रत्यय से प्रत्यय की सत्ता सिद्ध होती है, इसके अनुरूप वस्तु की नहीं ।

ontological object (ऑन्ट'लॉजिक्ल् अब्'जेक्ट्) **सद्वस्तु :** ज्ञान की वह वस्तु, जो कल्पनामात्र न हो, बल्कि जिसका भौतिक जगत् में वास्तव में अस्तित्व हो ।

ontology (ऑन्'टॉलजि) **सत्तामीमांसा :** यह तत्त्वमीमांसा की एक शाखा है । इसके अन्तर्गत सत्ता के सामान्य स्वरूप का विश्लेषण किया जाता है । प्रकृति तथा अस्तित्व के सार से सम्बद्ध एक तत्त्वमीमांसा । इसमें आदि-तत्त्वों का विवेचन और पदार्थ का वर्गीकरण आदि भी शामिल है । सर्वप्रथम क्रिस्चन वुल्फ् (Freiherr von Christian Wolff, 1679-1754) ने इस शब्द को यह अर्थ दिया, हालाँकि Ontologia शब्द का प्रयोग स्कलॉस्टिक (Scholastic) लेखकों ने सत्रहवीं शताब्दी में शुरू कर दिया था । कुछ इसे तत्त्वमीमांसा के पर्याय के रूप में लेते हैं (देखें– R. Keat and John Urry, **Social Theory as Science**, 1975) ।

open and closed societies ('ओपन् ऐन्ड् क्लोज़्ड सॅ'साइअटिज़्) **मुक्त एवं प्रतिबन्धित समाज :** मुक्त एवं प्रतिबन्धित समाज जैसी अवधारणाओं का सर्वप्रथम प्रयोग कार्ल पॉपर् (Karl R. Popper, 1902-1994) ने अपनी पुस्तक **The Open Societies and its Enemies** (1945) में किया है । बाद में, इनकी सविस्तार चर्चा उन्होंने अपनी एक अन्य पुस्तक **The Poverty of Historicism** (1957) में की है । पॉपर् ने मार्क्सवाद की आलोचना करते हुए इन दो प्रकार के समाजों की रूपरेखा प्रस्तुत की है । पॉपर् के अनुसार, मुक्त या खुले ऐसे समाज हैं, जिनमें सामाजिक नीतियाँ अनपेक्षित परिणामों को लेकर बनाई जाती हैं, उनकी खुले रूप में आलोचना की जाती है और इन आलोचनाओं के सन्दर्भ में उनमें संशोधन किया जाता है । ये समाज अनेक व्यक्तियों के कार्यकलापों, रचनाओं एवं आविष्कारों का प्रतिफल होती हैं तथा इनका विकास छोटी-छोटी सामाजिक अभियान्त्रिकी पर आधारित होता है । ऐसे समाज में उदारवादी तथा लोकतान्त्रिक दोनों होते हैं; क्योंकि इनमें ऐसे शासकों को हटाया जा सकता है, जो औचित्यपूर्ण आलोचनाओं के अनुसार कार्य करने में असफल रहते हैं । इसके विपरीत, प्रतिबन्धित या बन्द समाजों में तानाशाही और अमानवीय शासन

होता है, जिनमें परिवर्तन की सारी सामान्य प्रक्रियाएँ अवरुद्ध हो जाती है। मुक्त एवं प्रतिबन्धित समाज की उपर्युक्त प्राक्कल्पनाओं के आधार पर तत्कालीन सोवियत रूस से सर्वसत्तावादी शासन (**Totalitarian regime**) को प्रतिबन्धित समाज और पश्चिमी लोकतन्त्रों को मुक्त समाज की श्रेणी में रखा जाता है।

open class system ('ओपन् क्लास् 'सिस्टम्) **मुक्त-वर्ग पद्धति** : स्तरण की एक ऐसी व्यवस्था, जिसमें व्यक्तियों की स्थिति का निर्धारण उनकी विशिष्ट योग्यताओं या गुणों के आधार पर होता है। स्तरण की इस व्यवस्था के अन्तर्गत विषम स्तरीय गतिशीलता की सम्भावना होती है अर्थात् जिसमें व्यक्ति को सामज के एक स्तर में प्रवेश करने में परम्परागत एवं वैधानिक बाधा नहीं होती।

open economy ('ओपन् इ'कॉनमि) **मुक्त अर्थव्यवस्था** : मुक्त अर्थव्यवस्था एक अर्थव्यवस्था का दर्शन है। मुक्त अर्थव्यवस्था को अगर उसके शाब्दिक अर्थ से समझें, तो इसका मतलब एक ऐसा देश या समाज होता है, जहाँ किसी को किसी से भी व्यापार करने की छूट होती है। पर ऐसा नहीं कि इस व्यापार पर कोई सरकारी अंकुश या नियन्त्रण नहीं होता। इसके लिए सरकार ऐसी नीतियाँ बनाती है, जिनसे आमलोग उद्योग और अन्य प्रकार के व्यापार आसानी से शुरू कर सकें। ऐसी अर्थव्यवस्था में व्यापारों को आज़ाद रूप से फूलने-फलने दिया जाता है। सरकारी नियन्त्रण ऐसे बनाये जाते हैं, जिनमें व्यापारों को किसी भी प्रकार की बेईमानी से तो रोका जाता है, पर नियन्त्रण को इतना भी कड़ा नहीं किया जाता है कि ईमानदार व्यापार में असुविधा हो। खुली अर्थव्यवस्था न केवल उस समाज में देश के अंदरूनी व्यापार के लिए होती है, बल्कि बाहरी व्यापार को भी उसी दृष्टि से देखा जाता है।

open-ended question ('ओपन् एन्ड्ड 'क्वेस्चन्) **मुक्तोत्तर प्रश्न** : सामाजिक अनुसन्धान के अन्तर्गत ऐसा प्रश्न, जिसमें उत्तरदाता को बने-बनाए उत्तरों में से किसी एक पर निशान लगाने को नहीं कहा जाता, बल्कि उसे अपने शब्दों में और अपने ही दृष्टिकोण से प्रश्नों का उत्तर देने की स्वतन्त्रता दी जाती है।

open population ('ओपन् पॉप्यु'लेश्न्) **खुली जनसंख्या** : खुली जनसंख्या वह है, जिसमें प्रवसन के कारण पर्याप्त प्रभाव पड़ता हो। इसके विपरीत वह जनसंख्या, जिसमें प्रवसन का प्रभाव नगण्य हो, बन्द जनसंख्या कहलाती है। यदि प्रवसन इस प्रकार का हो कि अप्रवसन और उत्प्रवसन करनेवालों की संख्या समान होने से कुल संख्या पर प्रभाव शून्य हो, तब भी जनसंख्या खुली हो सकती है; क्योंकि प्रवसन के फलस्वरूप जनसंख्या की संरचना में फेर-बदल हो सकता है।

open response; open-ended question ('ओपन् रि'स्पॉन्स्; 'ओपन् एन्ड्ड 'क्वेस्चन्) **मुक्त प्रत्युत्तर; मुक्तोत्तर प्रश्न** : जब किसी अनुसूची या प्रश्नावली के अन्तर्गत प्रश्नों के उत्तर पूर्व-निर्धारित नहीं होते और उत्तरदाता एक से अधिक शब्दों में उत्तर देने के लिए स्वतन्त्र होता है, तो उसे मुक्त प्रत्युत्तर या मुक्तान्त प्रश्न कहा जाता है।

open society ('ओपन् सॅ'साइअटि) **मुक्त समाज** : मुक्त समाज वह है, जहाँ उच्च स्तर की गतिशीलता पायी जाती है। मुक्त एवं बन्द समाज के विभाजन का मुख्य आधार सामाजिक गतिशीलता की तीव्रता है। यदि समाज में नीचे से ऊपर बढ़ने एवं ऊपर से नीचे खिसकने की पूरी सम्भावना है, तो उसे मुक्त समाज कहेंगे। मुक्त समाज के अन्तर्गत व्यक्तियों को अपनी मेहनत एवं योग्यता के बल पर आगे बढ़ने का समुचित अवसर प्राप्त होता है। मुक्त समाज के अन्तर्गत अर्जित मूल्य की प्रधानता होती है।

open system of social stratification ('ओपन् 'सिस्टम् ऑव् 'सोश्ल् स्ट्रैटिफि'केश्न्) **सामाजिक स्तरण की मुक्त व्यवस्था** : वह समाज जो व्यक्तियों एवं समूहों को गतिशीलता के अवसर प्रदान करे। यह मुक्त समाज की विशेषता है। अमरीकी समाज सामाजिक स्तरण की मुक्त व्यवस्था का उदाहरण है : देखें– **Open society**।

opened question ('ओपनड् 'क्वेस्चन्) **मुक्त प्रश्न** : ऐसा प्रश्न, जो किसी भी व्यक्ति को पूर्वनिर्धारित और निश्चित विकल्पों जैसे 'हाँ' और 'न' में जवाब देने के लिए बाध्य नहीं करता। इसमें व्यक्ति को स्वतन्त्रता होती है कि वह मुक्त रूप से अपने शब्दों में विचार प्रकट कर सके। यह **Open-ended question** का पर्यायवाची है : देखें– **Open-ended question**।

operational definition (ऑप'रेश्नल् डेफ़ि'निश्न्) **प्रायोजक** या **संक्रियात्मक परिभाषा :** किसी अमूर्त अवधारणा को प्रेक्षण, परीक्षण तथा मापने योग्य तथ्यों में परिणत किये जाने की प्रक्रिया प्रायोजक परिभाषा कहलाती है । जब अमूर्त चरों एवं अवधारणाओं का प्रयोग वैज्ञानिक अनुसन्धान में होता है, तो उन्हें वस्तुपरक ढंग से मापना कठिन हो जाता है और वैसी परिस्थिति में चरों का प्रयोग संक्रियात्मक रूप में किया जाता है, ताकि उनका आसानी से परिमाणात्मक रूप में विश्लेषण किया जा सके । ऐसी परिभाषाएँ निश्चित नाप-जोख और प्रयोग की सहायता से संप्रत्ययों को स्पष्ट करने के लिए भौतिक विज्ञानों में शुरू हुईं । इसका प्रयोजन, विज्ञान से अस्पष्टता और अर्मूत प्रत्ययों को दूर करना तथा उसे अधिक उपयोगी बनाना था ।

operational model (ऑप'रेश्नल्'मॉड्ल्) **संक्रियात्मक प्रतिरूप :** इस प्रकार के मॉडल में प्राक्कल्पनाओं में निहित चरों के बीच सम्बन्ध बिल्कुल सुस्पष्ट रूप से परिभाषित होते हैं तथा अवधारणाओं और उनके बीच के सम्बन्धों को आसानी से मापा जा सकता है । इस प्रकार के मॉडल के अन्तर्गत अवधारणाओं के बीच के सम्बन्ध को गणितीय एवं सांख्यिकी स्तर पर स्पष्टता के साथ दर्शाया जाता है ।

operationalism (ऑप'रेशन लिज़म्) **प्रायोजिकतावाद :** विज्ञान का एक दर्शन, जो सत्य सम्बन्धी समस्त कथनों को प्रमाणनीय अवधारणाओं में परिणत करने का हामी है, प्रायोजिकतावाद कहलाता है ।

operationalization (ऑप'रेशनलाइ जेश्न्) **प्रायोजीकरण :** शोध की दृष्टि से अवधारणाओं की अमूर्तता एक समस्या है । किसी अमूर्त अवधारणा की उपयोगिता तब प्रदर्शित की जा सकती है, जब उस अवधारणा को किसी विशिष्ट मूर्त एवं आनुभविक घटना के साथ जोड़ा जाता है, अन्यथा अमूर्त अवधारणा को समझना तथा उसका महत्त्व जानना कठिन होता है । प्रायोजीकरण इसी समस्या का एक हल है । प्रायोजीकरण अमूर्त अवधारणाओं को वास्तविक घटनाओं अथवा वस्तुओं, जिन्हें हम देख-परख सकते हैं, के साथ जोड़ने की एक प्रक्रिया है । किसी अवधारणा को प्रायोजिक बनाने से तात्पर्य, उसे मापने तथा परिमापन योग्य बनाने से है, ताकि उसका परीक्षण किया जा सके ।

opinion (अ'पिन्यन्) **मत :** वह धारणा, जो तर्क पर आधारित न हो । किसी घटना, वस्तु, व्यक्ति, समूह अथवा स्थिति के प्रति व्यक्ति द्वारा दिया गया अपना निष्कर्ष या निर्णय सम्मति या मत कहलाता है । यह किसी मनोवृत्ति की एक शाब्दिक अभिव्यक्ति होती है ।

opinion leader (अ'पिन्यन्'लीडर्) **अभिमत नेता :** समुदाय का वह व्यक्ति, जिसके विचार अन्य सदस्यों के विचारों को अत्यधिक प्रभावित करते हैं । किसी कार्यक्रम या योजना को सफल बनाने के लिए स्थानीय सदस्य, जिसमें समाज के विभिन्न वर्गों के प्रबुद्ध व्यक्ति, जैसे– डॉक्टर, वकील, अध्यापक, सामाजिक कार्यकर्ता, राजनेता आदि शामिल होते हैं । ये लोग इन कार्यक्रमों के उद्देश्यों और इनसे होने वाले लाभों व इनके अन्तर्गत मिलने वाली सुविधाओं के बारे में अपने क्षेत्र के लोगों में जाकर प्रचार-प्रसार करने में सहायता प्रदान करते हैं व अन्य लोगों को प्रेरित करते हैं ।

opinion polls (अ'पिन्यन् पोल्स) **अभिमत संग्रह :** साक्षात्कार के द्वारा किसी विशिष्ट विषय पर लोगों के विचारों का पता लगाकर उनका मापन करना अभिमत संग्रह कहलाता है । इस प्रकार का अभिमत संग्रह बहुधा साक्षात्कार करने वाली संस्था के नाम से जाना जाता है । गैलप पॉल **(Gallup Poll)** के अनुसार, इस प्रकार के अभिमत संग्रह के विषय कई प्रकार के हो सकते हैं, जैसे– चुनाव में मतदान का रुझान और राजनीतिक दलों के प्रति लोगों की निष्ठा, तत्कालीन सरकार और उसकी नीतियों के प्रति विचार और समसामयिक मुद्दों पर आम लोगों के विचार आदि ।

opportunity cost (ऑपर्'ट्यूनिटि कॉस्ट्) **अवसर लागत :** दूसरे प्रकार के आर्थिक लाभों (अवसर) को खोना । उदाहरण के तौर पर, एक युवक अपनी पढ़ाई जारी रखने के लिए नौकरी मिलने के अवसर को गवाँ देता है । यहाँ पर नौकरी का मौका गँवाना अवसर लागत है (देखें– Richard A. Cloward and Lloyd E. Ohlin, **Delinquency and Opportunity: A Theory of Delinquent Gangs**, 1960) ।

opposition (ऑप्'जिश्न्) **विरोध :** परस्पर-क्रिया में पाई जाने वाली एक सर्वव्यापक प्रक्रिया, जिसमें व्यक्ति या समूह नेतृत्व प्राप्त करने के लिए आपस में प्रतिस्पर्द्धा और संघर्ष करने लगते हैं। लोकतान्त्रिक व्यवस्था में विरोध एवं प्रतिस्पर्द्धा विशेष रूप से देखने को मिलती है।

oppression (अ'प्रेसन्) **उत्पीड़न :** वह प्रक्रिया, जिसमें एक पक्ष दूसरे पक्ष का शोषण करने के लिए उसे शारीरिक, मानसिक या दोनों तरह का कष्ट पहुँचाता है। अतः यह शक्ति के प्रयोग का सबसे घिनौना रूप है।

optimism ('ऑप्टि मिज़म्) **आशावाद :** वह प्रवृत्ति या दृष्टिकोण, जिसमें व्यक्ति प्रस्तुत स्थिति के उज्जवल पक्ष को देखकर सन्तोष अनुभव करता है और भविष्य के प्रति आशावान रहता है। यह निराशावाद **(Pessimism)** का विपरीत रूप प्रस्तुत करता है।

optimum population ('ऑप्टिमम् पॉप्यु'लेश्न्) **अनुकूलतम जनसंख्या, इष्टतम जनसंख्या :** इष्टतम जनसंख्या एक आर्थिक संकल्पना है। इसका तात्पर्य यह है कि किसी भी क्षेत्र में जनसंख्या वहाँ के प्राकृतिक और आर्थिक संसाधनों के अनुकूल होनी चाहिए और यह संख्या ऐसी होनी चाहिए कि इन संसाधनों का सर्वोत्तम उपयोग किया जा सके। दूसरे शब्दों में, रहन-सहन का स्तर ऊँचा हो या प्रति व्यक्ति वास्तविक आय अधिकतम हो। इष्टतम जनसंख्या एक बदलती हुई संख्या होती है और यह तकनीकी विकास और विज्ञान की प्रगति के साथ भिन्न-भिन्न समयों में अलग-अलग हो सकती है। स्वीकृत एवं मान्यता प्राप्त सामाजिक लक्ष्यों को प्राप्त करने तथा उन्हें बनाये रखने की दृष्टि से यथेष्ट मात्रा वाली जनसंख्या को इष्टतम जनसंख्या कहते हैं। यह जनसंख्या आवश्यकता से न कम होती है और न ही अधिक। इष्टतम जनसंख्या की माप के लिए विभिन्न मापदण्डों का प्रयोग किया गया है। सामान्य तथा सर्वाधिक रूप में जीवन-स्तर के आधार पर इष्टतम जनसंख्या को आँका जाता है। अर्थशास्त्री बहुधा जनसंख्या की वृद्धि को राष्ट्रीय आय की वृद्धि से सम्बन्धित करके यह देखते हैं कि अधिकतम आय की दृष्टि से जनसंख्या का आकार इष्टतम है अथवा नहीं। जनसंख्या के इष्टतम होने पर प्रति व्यक्ति आय अधिकतम होती है : देखें– **Optimum theory of population** ।

optimum theory of population ('ऑप्टिमम् 'थिअरि ऑव् पॉप्यु'लेश्न्) **अनुकूलतम जनसंख्या का सिद्धान्त :** यह सिद्धान्त माल्थस (T. R. Malthus, 1766-1834) के जनसंख्या सिद्धान्त की प्रतिक्रिया का परिणाम है। इस सिद्धान्त का मूल विचार सर्वप्रथम हेनरी सिजविक (Henry Sidgwick, 1838-1900) ने अपनी प्रसिद्ध पुस्तक '**Principles of Political Economy**' में प्रस्तुत किया था। इडविन कैनन (Edwin Cannon) ने इस सिद्धान्त को क्रमबद्ध एवं वैज्ञानिक रूप प्रदान किया था। जनसंख्या के जिस बिन्दु पर रहने से देश का वार्षिक उत्पादन अधिकतम हो अथवा प्रति व्यक्ति आय अधिकतम हो, उसे ही आदर्शतम जनसंख्या का सिद्धान्त कहा जायेगा। आदर्शतम जनसंख्या जनाभाव **(Under-population)** तथा जनाधिक्य **(Over-population)** के बीच की स्थिति है। इस प्रकार आदर्श जनसंख्या वह है, जिसमें किसी देश के प्राकृतिक साधनों का समुचित एवं पूर्ण उपयोग हो सके तथा प्रति व्यक्ति आय अधिकतम हो सके : देखें– **Optimum population** ।

oracle ('ऑरकल) **देववाणी, वेदवाक्य :** इस शब्द का प्रयोग दो अर्थों में होता है– (1) वह व्यक्ति जो विशिष्ट रूप से किसी सर्वशक्तिमान से शक्ति प्राप्त करने में सक्षम हो। उसे कभी गलत नहीं माना जाता है; क्योंकि उसे फरिश्ता का दर्जा प्राप्त होता है। (2) वह जगह जहाँ किसी व्यक्ति को दिव्यवाणी सुनाई पड़ी हो या जहाँ किसी व्यक्ति को दैवी प्रेरणा प्राप्त हुई हो।

oral history ('ऑरल् 'हिस्टॅरि) **मौखिक इतिहास :** इतिहास लिखने के एक से अधिक आधार हो सकते हैं। उन्हीं में से एक मौखिक आधार भी होता है। मौखिक विधि के अन्तर्गत वयोवृद्ध व्यक्तियों से साक्षात्कार किया जाता है और उन घटनाओं के बारे में जानकारी इकट्ठा की जाती है, जो उनकी बाल्यावस्था, किशोरावस्था, युवावस्था और प्रौढ़ावस्था में घटी हैं और वे उनके प्रत्यक्ष या परोक्ष रूप से गवाह रहे हैं। इस तरह से इस विधि द्वारा विगत के इतिहास का लेखन

कर जीवन-इतिहासों का निर्माण होता है। यह विधि सर्वेक्षण विधि और सामाजिक इतिहास का एक मिश्रित रूप है (देखें– Paul Thompson, **The Voice of the Past**, 1978)।

oral stage ('ऑरल् 'स्टेज्) **मौखिक स्तर :** समाजीकरण का यह प्रथम चरण माना जाता है। जब कोई शिशु जन्म लेता है, तो वह उसी क्षण से बहुत प्रकार की परेशानियों एवं असुविधाओं का सामना करने लगता है। वह अपनी संवेदनाओं को रो-चिल्लाकर मुँह के माध्यम से अभिव्यक्त करता है। क्योंकि भाषा के अभाव में रोने, चेहरे के हाव-भाव एवं हाथ-पैर चलाने के अलावा अपनी संवेदनाओं को प्रकट करने का उसके पास कोई दूसरा माध्यम ही नहीं होता है। इस अवस्था में शिशु परिवार में मात्र अपनी माँ से ही सम्बन्ध स्थापित कर पाता है। बच्चा अपने-आपको माँ से अलग नहीं कर पाता है। माँ की गोद में उसे कुछ ऐसी अनुभूति होती है, जो उसे काफी अच्छी लगती है। सिगमण्ड फ्रॉयड (S. Freud, 1856-1939) ने इस स्थिति को प्राथमिक परिचय (Primary identification) कहा है। यह अवस्था जन्म से लेकर कोई एक-डेढ़ वर्ष तक की होती है।

oral tradition ('ऑरल् ट्र'डिश्न्) **श्रुति-परम्परा :** इस शब्द का प्रयोग साधारणत: लोक-समाजों के सन्दर्भ में होता है। इन समाजों में शिक्षा एवं लिखित साहित्य का अभाव होने के कारण पूर्वजों एवं बौद्धिक व्यक्तियों द्वारा सन्तति में ज्ञान और परम्पराओं का मौखिक रूप में हस्तान्तरण होता है। आज भी गाँवों में विभिन्न प्रकार के भजन और गीत गाए जाते हैं, जो कहीं लिखा हुआ नहीं है, जैसे– होली और विवाह के गीत। वे सभी भारतीय श्रुति परम्परा के अंग हैं।

order, social ('ऑडर्, 'सोश्ल्) **सामाजिक व्यवस्था :** देखें– **Social order**।

ordinal scale ('ऑर्डिन्ल् स्केल्) **क्रमसूचक मापनी :** ऐसा मनोवैज्ञानिक पैमाना, जिसके अन्तर्गत अध्ययन की जाने वाली चीज़ों या प्रतिक्रियाओं को उनके प्रदत्त गुणों के आधार पर ऊपर से नीचे पंक्तिबद्ध किया जा सकता है। ऐसी मनोवैज्ञानिक मापनी, जिनका उद्देश्य प्रदत्तों का किसी विशेष गुण की दृष्टि से स्थान निश्चित कर देना होता है। यह गुण ऊँचाई, ऊष्णता, तीव्रता, भाषायोग्यता, बहिर्मुखत्व आदि कुछ भी हो सकता है तथा प्रदत्त व्यक्ति, पदार्थ, जातियाँ, घटनाएँ अथवा गुण कुछ भी हो सकते हैं। प्राय: सर्वश्रेष्ठ विभक्ति को 'विभक्ति-1' कहा जाता है और उनके नीचे वाली विभक्तियों को क्रमश: 'विभक्ति-2', 'विभक्ति-3' आदि। क्रमसूचक मापनी पर प्राप्त मापनफलों के विषय में सांख्यिकीय क्रियाओं में से मध्यक, शतांशक तथा क्रमिक सहसम्बन्ध गुणक ज्ञात कर लेना विशिष्ट उपयोगी होता है।

organic (or **biological**) **analogy** (ऑर्'गैनिक् (ऑर बाइअ'लॉजिक्ल्) अ'नैलजि) **अवयवी अनुरूपता, जैव या जैविक सादृश्य :** देखें– **Biological analogy; Organismic theory**।

organic composition of capital (ऑर्'गैनिक् कॉम्पज़िश्न् ऑव़् 'कैपिट्ल्) **पूँजी का सर्वांगिक सम्मिश्रण या संघटन :** सरल अर्थ में यह पूँजी/श्रमिकों का अनुपात है, या यह कहा जाये कि कच्चे माल, मशीनरी एवं अन्य लागत तथा श्रमिकों की तुलना में उत्पादन की मात्रा कितनी है। कार्ल मार्क्स (Karl Marx, 1818-1883) का कहना था कि जैसे-जैसे पूँजीवाद का विकास होगा, वैसे-वैसे पूँजी के जैविक सम्मिश्रण में वृद्धि होगी; क्योंकि पूँजीवाद के विकास का सीधा सम्बन्ध उच्च तकनीक के विकास से है। आधुनिक तकनीक के प्रयोग से कम-से-कम श्रमिकों के उपयोग से बहुमात्र उत्पादन (**Mass production**) में वृद्धि संभव होती है।

organic management systems (ऑर्'गैनिक् 'मैनिज्मन्ट् 'सिस्टम्स्) **सर्वांगिक प्रबन्धन व्यवस्था :** टी. बर्न्स (T. Burns) एवं जी. एम. स्टॉकर (G. M. Stalker) ने अपनी पुस्तक **The Management of Innovation** (1961) में प्रबन्धन के तरीकों को दो भागों में बाँटा है– यान्त्रिक प्रबन्धन व्यवस्था (Mechanical management system) और सर्वांगिक प्रबन्धन व्यवस्था (Organic management system)। यान्त्रिक प्रबन्धन व्यवस्था के अन्तर्गत निर्णय लेने की प्रक्रिया कुछ ऐसी होती है कि हरेक व्यक्ति का एक अपना निश्चित कार्य और जिम्मेवारी होती है। उसकी जवाबदेही भी निश्चित होती है और आदेश हमेशा ऊपर से नीचे की ओर जाता है। लोग एक तरह से कठोर नियमों में बँधे होते हैं। अधिकारों

का एक सोपानक्रम होता है । इस प्रकार की प्रबन्धन व्यवस्था को नौकरशाही प्रबन्धन व्यवस्था (Bureaucratic management system) भी कहा जाता है । दूसरी तरफ, सर्वांगिक प्रबन्धन व्यवस्था के अन्तर्गत अधिकारों और कर्त्तव्यों का कोई सोपानक्रम नहीं होता । व्यवस्था इतनी लचीली होती है कि सभी लोग सभी चीज़ के लिए जिम्मेवार माने जाते हैं । विभिन्न स्तर के लोगों के बीच विचारों और कार्यों का आदान-प्रदान होता रहता है । इसमें सभी इकट्ठा या मिल-जुलकर निर्णय लेने की कोशिश करते हैं ।

organic nationalism (ऑर्'गैनिक् 'नैश्न लिज़म्) **जैविक राष्ट्रीयता, सर्वांगिक राष्ट्रीयता** : राष्ट्रीयता का एक से अधिक स्वरूप हो सकता है । यह एक सापेक्षिक अवधारणा है । जैविक राष्ट्रीयता से अभिप्राय राष्ट्र के प्रति पूरी तरह समर्पित होना है । लोगों के बीच इतनी गाढ़ी एकता हो कि वह राष्ट्र की आत्मा की तरह दिखाई पड़े । जिस देश के अन्तर्गत लोगों में इस प्रकार की भावना का अभाव होगा, वहाँ पर सम्प्रदायवाद एवं नृजाति उग्रवाद की घटनाएँ आम हो जाती हैं, जैसे–भारत ।

organic solidarity (ऑर्'गैनिक् सॉलि'डैरटि) **जैविक एकता, सर्वांगिक एकता** : सामाजिक एकता की एक संकल्पना, जिसे एमिल डर्कहाइम (Émile Durkheim, 1858-1917, इस व्यक्ति के नाम का शुद्ध उच्चारण मात्र एमिल डर्कहाइम है) ने प्रतिपादित किया। इस अवधारणा से अभिप्राय वैसे समाज से है, जो विकसित, जटिल (Complex), उद्योगीकृत और आधुनिक है । यह एक प्रकार की सामाजिक एकात्मता है, जिसमें वैयक्तिकता और वैयक्तिक सृजनशीलता को पनपने का पूरा अवसर मिलता है । इससे व्यक्ति एक-दूसरे से स्वतन्त्र न होकर आश्रित हो जाता है । यह एकता विशेष रूप से आधुनिक औद्योगिक समाजों में पाई जाती है । इस संकल्पना के अनुसार, समाज की एकता अनेक विशिष्ट भूमिकाओं तथा जटिल श्रम-विभाजन की अन्योन्याश्रितता पर आधारित होती है ।

organic welfare (ऑर्'गैनिक् 'वेल्फ़ेअर्) **सर्वांगिक कल्याण** : वह कल्याण व्यवस्था, जो न तो समाजपरक और न ही व्यक्तिपरक होती है । परन्तु दोनों के आपसी सम्बन्धों के आधार पर संस्थापित की जाती है । इसमें स्त्री और पुरुष जैसे किसी विशेष वर्ग की कल्याण-भावना सन्निहित नहीं होती, अपितु सभी उपभोक्ताओं का ध्यान रखा जाता है ।

organic whole (ऑर'गैनिक् होल्) **सर्वांगिक साकल्य** : ऐसा साकल्य या समुच्चय, जिसके अंग किसी जीव-देह के अंगों की तरह परस्पर सम्बन्धित हों । जैसे किसी पुर्जे को मशीन से निकाल दें, तो मशीन काम नहीं करती है; क्योंकि उस मशीन का स्वरूप एक सर्वांगिक साकल्य का है । ठीक उसी प्रकार शरीर के किसी अंग को शरीर से अलग कर दिया जाय, तो उस अंग का अस्तित्व तो समाप्त हो ही जायेगा, शरीर भी ज़रूरत के अनुसार सभी कार्यों को करने में सक्षम नहीं रह पायेगा । शरीर भी एक सावयवी व्यवस्था है ।

organism ('ऑर्ग् निज़म्) **अंगिवाद** : इस शब्द का प्रयोग मुख्यत: दो अर्थों में किया जाता है– (1) जीवन की व्याख्या के लिए प्रयुक्त एक सिद्धान्त, जो यह मानता है कि जीवन अवयव-व्यवस्था या आंगिक संगठन का परिणाम है, न कि शरीर के किसी एक घटक का कार्य । (2) यह धारणा कि समाज व्यष्टियों से ऊपर के स्तर का एक अंगी है अथवा जीव-देह के सदृश है और जन्म, परिपक्वता तथा मृत्यु की विभिन्न अवस्थाओं से गुजरता है ।

organismic theory (ऑर्ग्'निज़्मिक् 'थिअरि) **समाज का सर्वांगिक सिद्धान्त** : सर्वांगिक सिद्धान्त जिन मान्यताओं पर आधारित है, वह सामाजिक समझौते के सिद्धान्त के ठीक विपरीत है । सामाजिक समझौते के सिद्धान्त के अनुसार, व्यक्ति प्रधान है, वह समाज का निर्माता है तथा वह समाज पर हावी रहता है । किन्तु सर्वांगिक सिद्धान्त के अनुसार, समाज प्रधान है, व्यक्ति उस पर निर्भर करता है इसलिए समाज व्यक्ति पर हावी रहता है । समाजशास्त्र के कुछ प्रारम्भिक विद्वानों ने इसे स्पष्ट करने के लिए समाज की तुलना शारीरिक अवयव से की । उन्होंने यह विवेचन किया कि जिस प्रकार शरीर और उसके विभिन्न अंग मिलकर काम करते हैं, उसी प्रकार समाज की संरचना भी अवयवी है । समाज में उसी तरह की व्यवस्था है, जिस तरह शरीर में अलग-अलग अंग की है । यह पूरा शरीर अवयवों की एक

समन्वित इकाई है । समाज की व्यवस्था भी इसी ढंग की है, व्यक्ति उसके अंगमात्र हैं, जो मिलकर समाज का निर्माण करते हैं ।

इस परिप्रेक्ष्य के अनुसार, समाज को संरचना एवं प्रकार्य की दृष्टि से एक जैवकीय सावयव के समान माना जाता है । इस दृष्टिकोण के मुख्य प्रतिपादक हर्बर्ट स्पेन्सर (Herbert Spencer, 1820-1903) रहे हैं, जिन्होंने समाज को एक जैवकीय सावयव मानकर उसकी तुलना मानव अथवा किसी भी प्राणी के अन्तर्निर्भर अंगों द्वारा निर्मित सम्पूर्ण शारीरिक व्यवस्था से की है ।

organization (ऑगनाइ 'ज़ेश्न्) **संगठन :** यह एक ऐसा समूह है, जिसका निर्माण सोच-समझकर किया जाता है, जैसे– व्यवसाय निकाय, सरकारी उपक्रम, सेना, चर्च, ट्रेड यूनियन, राजनीतिक दल, स्कूल, कॉलेज, अस्पताल आदि । ये प्राथमिक समूहों, जैसे– परिवार, पड़ोसी एवं दोस्तों से भिन्न होते हैं । किसी व्यवस्था का निर्माण सोच-समझकर एक से अधिक लोगों के द्वारा किया जाता है, और इसके निश्चित उद्देश्य होते हैं । इसके अन्तर्गत अधिकारों एवं भूमिकाओं का एक सोपानक्रम होता है तथा विभिन्न कार्यों के लिए एक नियम प्रणाली होती है । इसे दो भागों में बाँटा जा सकता है– नौकरशाही व्यवस्था (Bureaucratic organization) तथा गैर-नौकरशाही व्यवस्था (Non-bureaucratic organization) । नौकरशाही व्यवस्था को ही औपचारिक या जटिल व्यवस्था (Formal organization or complex organization) कहा जाता है । गैर-नौकरशाही व्यवस्था को अनौपचारिक व्यवस्था (Non-formal organization) भी कहा जाता है । अनौपचारिक व्यवस्था के अन्तर्गत औपचारिक नियम-कानून नहीं होते हैं । यह सामाजिक नियम-कानून से नियन्त्रित होता है, जैसे– जाति एक अनौपचारिक व्यवस्था है ।

organization, formal (ऑगनाइ 'ज़ेश्न्, 'फ़ॉर्म्ल्) **औपचारिक संगठन :** देखें– **Organization** ।

organization man (ऑगनाइ 'ज़ेश्न् मैन्) **संस्थान या संगठनात्मक व्यक्ति :** संस्थान या संगठनात्मक व्यक्ति का सम्बोधन ऐसे व्यक्तियों के लिए किया जाता है, जो अपने मित्रों, परिवार और समुदाय से कटकर पूर्णतः प्रशासन-तन्त्र (नौकरशाही) ढाँचे में ढल जाते हैं । ऐसे व्यक्तियों के व्यक्तित्व पर नौकरशाही की विशेषताएँ हावी रहती हैं और उनके खुद के व्यक्तित्व का लोप हो जाता है । इस नौकरशाही व्यक्तित्व संरचना ने समविन्यास (Conformity) और बृहत् जन-समूहों द्वारा निर्मित उपनगरीय निजी जीवनशैली को उत्पन्न किया है तथा प्रतिस्पर्धी व्यक्तिवाद के अमरीकी मूल्यों को नष्ट कर दिया है । **Organization Man** नाम से ही सन् 1956 में विलियम वाईट (William H. Whyte) की बहुप्रसिद्ध पुस्तक का प्रकाशन हुआ था ।

organization theory (ऑगनाइ 'ज़ेश्न् 'थिअरि) **संगठन-सिद्धान्त :** देखें– **Organization; Organic management system; Sociology of organizations** ।

organizational culture (ऑगनाइ 'ज़ेश्नल् 'कल्चर्) **संगठनात्मक संस्कृति :** किसी औपचारिक संगठन में सामाजिक सम्बन्धों को निर्धारित करने वाले मूल्यों, मानदण्डों और व्यवहार-प्रतिमानों को संगठनात्मक संस्कृति कहते हैं । इस अवधारणा का प्रयोग निकाय संस्कृति (**Corporate culture**) के पर्यायवाची के रूप में होने लगा है । प्रबन्धन के लेखकों ने संगठनात्मक संस्कृति के सन्दर्भ में तीन बातों पर विशेष रूप से प्रकाश डाला है– (1) प्रबन्धन की संस्कृति में इतना लचीलापन होता है कि औद्योगिक घराने के लोग अपने निकायों में, कार्य-संस्कृति में ज़रूरत के अनुरूप परिवर्तन लाते रहते हैं । (2) निकाय की संस्कृति ऐसी होती है कि तमाम श्रमिकों को एक प्रकार के ताने-बाने में पिरोये रहती है और (3) यह एक ऐसी संस्कृति होती है, जो व्यवस्था को इस प्रकार बनाये रखती है कि प्रत्येक काम सुचारु ढंग से चलता रहता है । संगठनात्मक संस्कृति के सन्दर्भ में यह अक्सर कहा जाता है कि उच्चाधिकारी कार्य की एक ठोस संस्कृति को बढ़ावा दें । प्रत्येक श्रमिक का लगाव निकाय के साथ गहरा हो, नियोजक और श्रमिक के बीच तनाव या संघर्ष न हो, कम्पनी के कर्मचारी कम्पनी के उद्देश्यों को ठीक से समझें, उत्पादन की मात्रा एवं गुणवत्ता में उत्तरोत्तर वृद्धि

की प्रक्रिया चलती रहे, कार्य सम्बन्धी नियम-कानून कम-से-कम हों तथा लोग अपनी जिम्मेवारियों को स्वयं समझें। कहा जाता है कि जापान की कम्पनियों की सफलता के पीछे यही संगठनात्मक संस्कृति काम करती है। सन् 1980 के बाद अमरीकी और ब्रितानी प्रबन्ध की पाठ्य-पुस्तकों में इस अवधारणा का खूब प्रयोग हुआ है।

organizational mores (ऑगनाइ 'ज़ेशन्ल् 'मॉ:रीज़) **संगठनात्मक लोकरीति :** समाज के अन्तर्सम्बन्धों या मूल सामाजिक संरचना की परम्परागत मान्यताएँ एवं मूल्य, जिन्हें समाज के स्थायित्व के लिए अनिवार्य माना जाता है। जाति व्यवस्था या धर्म, हिन्दू समाज के लिए संगठनात्मक लोकरीति का काम करता है। उसी प्रकार रमजान मुसलमानों के लिए एक प्रकार का संगठनात्मक लोकरीति का काम करता है।

organizational reach (ऑगनाइ 'ज़ेशन्ल् रीच्) **संगठनात्मक विस्तार :** इससे यही अभिप्राय निकलता है कि किसी व्यवस्था के अन्तर्गत शक्ति का संचालन किसी एक केन्द्रबिंदु से होता है या बहुत से फैले हुए छोटे-छोटे केन्द्रों के माध्यम से संभव हो पाता है। संगठन का नियन्त्रण किसी एक निश्चित केन्द्र से हो या अनेक फैले हुए केन्द्रों के माध्यम से, यह हमेशा इस बात पर निर्भर करता है कि उस संगठन की अपनी क्या परिस्थिति व क्या उद्देश्य है। जब किसी संगठन का नियन्त्रण एक से अधिक केन्द्रों से होता हो, तो उसे ही विसरित शक्ति (**Diffused power**) कहा जाता है (देखें– Michael Mann, **The Social Sources of Power**, 1986)।

organized and **unorganized sector** ('आर्ग् नाइजड् ऐन्ड् अन्'आर्ग् नाइजड् 'सेक्टर्) **संगठित** और **असंगठित क्षेत्र :** यह भारतीय अर्थव्यवस्था का द्वैध स्वरूप है, जिसमें संगठित अथवा औपचारिक क्षेत्र और असंगठित अथवा अनौपचारिक क्षेत्र होते हैं। संगठित क्षेत्र की अपनी विशिष्टताएँ हैं, जैसे– विस्तृत पैमाने पर उद्योग। इसका अभिप्राय निम्न पूँजी और श्रम, वेतन, मज़दूरी, आधुनिक औद्योगिकी, सार्वजनिक और निजी स्वामित्वता, श्रम और उत्पादन के लिए नियमित और संरक्षित बाज़ार और कुशल श्रमिक आदि। दूसरी ओर असंगठित क्षेत्र उपक्रमों की विशेषताएँ हैं– लघु उद्योग, निजी अथवा पारिवारिक स्वामित्व, गहन श्रम, पिछड़ी प्रौद्योगिकी, अनियमित बाज़ार और असंरक्षित श्रमिक आदि (देखें– David Silverman, **The Theory of Organization**, 1970)।

organized crime ('आर्ग् नाइजड् क्राइम्) **व्यवस्थित अपराध :** किसी समूह के द्वारा योजनाबद्ध तरीके से अपराध को व्यवसाय की तरह चलाना, जैसे– लोगों का अपहरण। ऐसे अपराध संगठनों में प्राय: विभाजन, स्थिति, अधिक्रम, अनुशासन तथा संगठन के प्रति निष्ठा होती है (देखें– G. L.Posner, **Warlords of Crime: Chinese Secret Societies**, 1988)।

orgy ('ऑरजि) **विलासोत्सव :** आनन्दमय भीड़ का ऐसा जमाव, जो सामान्य लोकाचार एवं लोकरीति का उल्लंघन कर आनन्द लेते हैं। बहुत लोग नशे में नाचने-गाने के साथ-साथ अनैतिक लैंगिक आचरण के माध्यम से आनन्द लेने की कोशिश करते हैं। होली के अवसर पर वैसा आचरण अक्सर देखने और सुनने को मिल जाता है।

oriental despotism (ऑरि'एन्ट्ल् 'डेस्पॉटिज़्म) **प्राच्य निरंकुशतन्त्र, प्राच्य स्वेच्छाचारी शासन :** निरंकुशतन्त्र का वह रूप, जो प्राचीन एशियाई समाजों की विशेषता मानी जाती है। प्राच्य निरंकुशतन्त्र की संकल्पना परम्परागत चीनी अधिकारी तन्त्र और रूसी ज़ार के साम्राज्य के सन्दर्भ में विकसित की गई। इस अवधारणा को लोकप्रिय बनाने में जर्मन समाजशास्त्री के. विटफोजल (K. Wittfogel) की अहम भूमिका रही है। उन्होंने चीन और श्रीलंका के अध्ययन के सन्दर्भ में यह बताया है कि वहाँ की स्थिति ऐसी रही है कि वहाँ सरकार को खाद्यान्न का उत्पादन बढ़ाने के लिए वातावरण, जल और जमीन पर प्रत्यक्ष नियन्त्रण रखना पड़ा है। इस स्थिति ने स्वेच्छाचारी शासन को बढ़ाने में मदद की है। इसी प्रकार के तानाशाही व्यवस्था को उन्होंने प्राच्य स्वेच्छाचारी शासन कहा है। उनकी इस विचारधारा की काफी आलोचना हुई है। मैक्स वेबर (Max Weber) ने भी यह माना है कि बहुत सारे एशियाई देशों के शासन काफी स्वेच्छाचारी थे। उनके अनुसार, इसका मुख्य कारण स्वतन्त्र नगरों का विकास, तार्किक कानून एवं वैयक्तिक सम्पत्ति के अधिकार का

विकास न होना था। एशियाई समाज साधारणतः स्वच्छन्द, निरंकुश और गतिहीन रहे हैं; उनकी प्रगति के लिए बाह्य हस्तक्षेप ज़रूरी था। इस तर्क के आधार पर इस क्षेत्र में उपनिवेदशवाद के आगमन को उचित ठहराया जाता है (देखें– Karl Wittfogel, **Oriental Despotism**, 1957)।

orientalism (ऑरि'एन्ट् लिज़म्) **प्राच्यवाद :** प्राच्यवाद भारतीय शिक्षा सम्बन्धी एक विचारधारा थी, जो उन्नीसवीं शताब्दी में ज्यादा चर्चा में रही। प्राच्यवादी विचारधारा के माननेवालों में ब्रिटिश ईस्ट इंडिया कम्पनी के पुराने कर्मचारी थे। इस विचारधारा के समर्थकों का मत था कि भारतीय शिक्षा के सम्बन्ध में वारेन हेस्टिंग्ज (Warren Hastings, 1732-1818) एवं लॉर्ड मिंटो (Lord Minto, 1845-1914) की नीतियाँ ज्यादा उपयुक्त थीं अर्थात् अरबी तथा संस्कृत के अध्ययन को प्रोत्साहित किया जाये तथा भारतीय एवं पाश्चात्य ज्ञान एवं विज्ञान का प्रचार इन्हीं भाषाओं के माध्यम से किया जाये। प्राच्यवादी विचारधारा के अनुयायी यद्यपि विज्ञान की शिक्षा एवं विकास के विरोधी नहीं थे, किन्तु उनका मत था कि यूरोपीय ज्ञान–विज्ञान की शिक्षा ऐसी भाषा के माध्यम से दी जाये, जिससे भारतीय परिचित थे। कुछ विद्वान प्राच्यवाद को भारत की आधुनिकता में बाधक विचारधारा के रूप में प्रतिपादित करते हैं, किन्तु यह स्पष्ट है कि इस विचारधारा ने प्राचीन भारतीय स्वर्णकाल की परिकल्पना भारतीयों के भूतकाल के लिए न करके, भविष्य के लिए की थी। इस प्रकार यह किसी भी रूप में भारतविरोधी विचारधारा नहीं थी।

orientalist (आरि'एन्ट् लिस्ट) **प्राच्यविद् :** वे विद्वान जो पूर्वी (प्राच्य) संस्कृतियों, जैसे– चीन, भारत, श्रीलंका, पाकिस्तान, ईरान, इराक आदि का अध्ययन करते हैं।

orientation to work (ऑरिएन्'ट्रेशन् टू वॅर्क्) **कार्य-अभिविन्यास :** औद्योगिक समाजशास्त्री एक लम्बे समय तक यह कहते रहे हैं कि लोगों में काम करने की एक विश्वव्यापी इच्छा होती है, विशेषकर वैसे कामों में, जिनसे उन्हें आत्म–सन्तुष्टि मिलती है। लेकिन, बाद में चलकर यह कहते हुए इस विचार का खण्डन हुआ है कि लोग अपने काम के बाहर भी जीते हैं और उसी बाह्य दुनिया के जीवन को व्यक्तिगत रूप से ध्यान में रखकर किसी काम को पसन्द या नापसन्द करते हैं। लोगों में किसी काम के प्रति रुचि इस बात पर निर्भर करती है कि किसी काम को उसे करने की क्या ज़रूरत है तथा उस काम से उनके किन स्वार्थों की पूर्ति होती है। कार्य–अभिविन्यास का स्वरूप अलग–अलग लोगों के लिए अलग–अलग हुआ करता है। किसी कार्य के प्रति रुचि महिलाओं और पुरुषों में समान रूप से नहीं पायी जाती है। यहाँ तक कि महिलाओं में उनकी वैयक्तिक परिस्थिति के अनुसार अलग–अलग अभिविन्यास देखने को मिलते हैं, जैसे– अविवाहित औरतों की तुलना में विवाहित औरतें किसी काम के प्रति कम अभिरुचि रखती हैं। उसी प्रकार सन्तानहीन महिलाओं में काम के प्रति अभिरुचि सन्तानसम्पन्न महिलाओं की तुलना में कम होती है।

orphanage ('ऑर्फनिज्) **अनाथालय :** जिन बालकों के माता–पिता या संरक्षक की मृत्यु बचपन में ही हो जाती है तथा जिनकी देख–भाल करनेवाला कोई व्यक्ति नहीं होता है, उनका पालन–पोषण करने का दायित्व समाज पर पड़ता है। विश्व के प्रायः सभी सभ्य देशों में धार्मिक, सामाजिक और राजनीतिक संस्थाओं द्वारा उनके लिए अनाथालय चलाये जाते हैं।

ortho-cousin ('ऑर्थो'कज़्न्) **समलिंग सहोदरज** (भाई–बहन) **:** वंशानुक्रम के उसी समय के चचेरे मौसेरे भाई बहन, अर्थात् पैतृक वंशानुक्रम के अन्तर्गत पिता के भाई के बच्चे और मातृ–वंशानुक्रम के अन्तर्गत माता की बहन के बच्चे। दो सगे भाइयों की सन्तान आपस में समलिंग सहोदरज होती है और इसी प्रकार दो बहनों की सन्तान भी परस्पर सहोदरज कहलाएगी।

orthodoxy ('ऑर्थ् डॉक्सि) **रूढ़िवाद :** ऐसा विश्वास, जिसे सच के रूप में माना व स्वीकार किया जाता है, विशेष रूप से धर्म के मामले में इसे अधिकाधिक रूप से प्रस्तावित किया जाता है।

ostensive definition (ऑ'स्टेन्शिव् डेफ़ि'निशन्) **निदर्शनात्मक परिभाषा :** किसी (व्यक्तिवाचक या जातिवाचक)

नाम (प्रायः नये) का अर्थ बताने का एक तरीका, जिसमें नाम के उच्चारण के साथ-साथ उस वस्तु को दिखाया जाता है या उसकी ओर इशारा किया जाता है, जिसका वह नाम होता है ।

ostracism ('ऑस्ट्र सिज़म्) **बहिष्कार, निष्कासन** : अपराधी को समूह या सरपंच द्वारा दी जाने वाली सजा, जिसमें उसे पड़ोसियों तथा उसके स्वयं के परिवार के सदस्यों की सहायता से वंचित कर दिया जाता है ।

other ('अदर) **अन्य** : सामाजिक जीवन के अध्ययन से सम्बन्धित एक अवधारणा, जिसके द्वारा सामाजिक सम्बन्धों की व्याख्या की जाती है । समाजशास्त्रीय विश्लेषण में दो भिन्न 'अन्यों' का प्रयोग किया गया है । प्रथम 'विशिष्ट अन्य' **(Significant others)** की अवधारणा का प्रयोग मनोचिकित्सक एच. एस. सुलिवन ने उन व्यक्तियों के लिए किया, जिनके विषय में हमें थोड़ी-बहुत निश्चित जानकारी होती है । चूँकि हम उन्हें एक व्यक्ति के रूप में जानते हैं, अतः हम उनके व्यक्तिगत विचारों, भावनाओं, आकांक्षाओं को पर्याप्त महत्त्व देते हुए उनके साथ वैसा ही व्यवहार करते हैं । जैसे, जब हमें किसी दुकानदार के सम्बन्ध में यह ज्ञान होता है कि वह अपनी दुकान से टेलीफोन नहीं करने देता, तब हमें उसकी दुकान में घुसते समय यह बात ध्यान में आ जाती है और हम उससे टेलीफोन के लिए निवेदन नहीं करते ।

जॉर्ज एच. मीड (George Herbert Mead, 1863-1931) ने 'अन्य' शब्द का प्रयोग भिन्न अर्थ में करते हुए 'सामान्य अन्य' **(Generalized others)** की अवधारणा प्रस्तुत की है । 'सामान्य अन्य' से तात्पर्य किसी सामाजिक पद तथा उससे जुड़ी हुई भूमिका के अमूर्तीकरण से है, जैसे- जब हम किसी दुकान में जाते हैं और वहाँ दुकानदार से हमारा व्यवहार 'सामान्य अन्य' के आधार पर होता है, अर्थात् अन्य दुकानदारों के सम्बन्ध में हमारा जो सामान्य ज्ञान है, उसी ज्ञान का प्रयोग करते हुए हम इस दुकानदार से भी वैसा ही व्यवहार करते हैं । अधिकांश सामाजिक सम्बन्ध दोनों प्रकार के अनुभवों पर आधारित होते हैं । हमें हमारे दुकानदार के बारे में कुछ बातें पता हो सकती हैं, किन्तु बहुत-सा ज्ञान जिसके आधार पर हम व्यवहार करते हैं, वह किसी विशिष्ट परिस्थिति में सामाजिक पद और उससे जुड़ी भूमिका की हमारी समझ पर निर्भर करता है ।

ये दोनों ही अवधारणाएँ (विशिष्ट अन्य और सामान्य अन्य) समाजीकरण के अध्ययन के सन्दर्भ में काफी महत्त्वपूर्ण हैं । इन अवधारणाओं द्वारा यह स्पष्ट होता है कि किस प्रकार एक व्यक्ति सर्वप्रथम 'विशिष्ट अन्य' तथा उनकी विशिष्ट प्रत्याशाओं (विशेषतः माता-पिता और मित्रगण) और बाद में सामाजिक व्यवस्थाओं की सामान्य व्यवस्थाओं की सामान्य प्रत्याशाओं के अनुरूप अपने व्यवहार को ढालना सीखता है । वास्तव में, 'सामान्य अन्यों' को समझने की हमारी योग्यता ही हमें भूमिकाओं के सम्पादन के लिए सक्षम बनाती है (देखें- George Herbert Mead, **Mind, Self and Society**, 1934; Harry Stack Sullivan, **The Interpersonal Theory of Psychiatry**, 1953) ।

other-directedness ('अदर डाइ'रेक्टिड्नस्) **अन्यनिदेशित** : इस अवधारणा को आगे बढ़ाने का श्रेय डेविड रीज़मैन (David Riesman, 1909-2002) को जाता है (देखें-**The Lonely Crowd**, 1950) । उन्होंने बताया है कि कुछ व्यक्ति ऐसे होते हैं, जो समाज की अस्वीकृति एवं स्वीकृति सम्बन्धी बातों को ध्यान में रखकर आचरण करते हैं । प्राक्-औद्योगिक काल में लोग अपनी अन्तरात्मा को ध्यान में रखकर काम करते हैं । लेकिन, आज बात भिन्न है । रीज़मैन ने अपनी पुस्तक **Faces in the Crowd** (1952) और **Individualism Reconsidered** (1954) में कहा है कि अमरीकी समाज धीरे-धीरे औद्योगिक विकास के परिणामस्वरूप अन्यनिदेशित होता जा रहा है । आमलोग यह सोचकर आचरण करने लगे हैं कि उनके इस आचरण को समाज किस रूप में लेगा : देखें- **Other diverted society** ।

other-directed society ('अदर डाइ'रेक्टेड सॅ'साइअटि) **अन्यनिदेशित समाज** : 'अन्यनिदेशितता' **(Other directedness)** की अवधारणा के सन्दर्भ में डेविड रीज़मैन (David Riesman, 1909-2002) ने ऐसे समाज को अन्यनिदेशित समाज का नाम दिया है, जिसके सदस्यों में दूसरे व्यक्तियों की आकांक्षाओं तथा अभिरुचियों के प्रति संवेदनशील होने की प्रवृत्ति होती है । ऐसे समाज अत्यन्त गतिशील तथा अवैयक्तिकता लिए होते हैं । इन समाजों का एक विशिष्ट सामाजिक चरित्र

होता है, जो अन्यनिदेशित समाजों से भिन्न होता है । आधुनिक औद्योगिक, नगरीकृत, नौकरशाह तथा बृहत् उपभोगी समाज इस प्रकार के समाजों के उदाहरण हैं । इन समाजों में दूसरे व्यक्तियों के साथ ताल-मेल बिठाये रखने के लिए यह आवश्यक होता है कि व्यक्ति तात्कालिक सामाजिक परिस्थितियों के अनुरूप अपने को ढाले । ऐसे समाजों में व्यक्ति दूसरे व्यक्तियों के द्वारा चलित होते हैं । वे अपने व्यवहारों के लिए दूसरे व्यक्तियों की स्वीकृति और अनुमोदन की आशा करते हैं : देखें– **Other directedness** ।

other group (out group) ('अदर ग्रूप्) **इतर समूह, बाह्य समूह** : समूह के ऐसे सभी सदस्य, जो वयं समूह (We group) अथवा अन्तःसमूह (In-group) से बाहर के हों : देखें– **Group, out-** ।

outbreeding ('आउट् ब्रीडिन्ग) **विजाति-प्रजनन, बहिःप्रजनन** : किसी एक जाति अथवा जनजाति के व्यक्ति का किसी दूसरी जाति अथवा जनजाति के व्यक्ति के साथ विवाह कर सन्तान उत्पन्न करना ।

out-group (आउट् ग्रूप्) **बाह्य समूह** : देखें–**Group, out-** ।

outlier effects ('आउट् लाइअर इ'फ़ेक्ट्स्) **बहिर्वासी प्रभाव** : यह सांख्यिकी की एक अवधारणा है । इस अवधारणा को एक छोटे से उदाहरण द्वारा स्पष्ट किया जा सकता है । जब हम किसी शहर के अन्तर्गत पाँच स्कूलों का नमूना लेकर विद्यार्थियों और शिक्षकों के अनुदान का विश्लेषण करते हैं, तब वह सामान्य और अपेक्षित दिखलाई पड़ता है। लेकिन, जब नमूना में स्कूलों की संख्या दस हो जाती है, तो औसत सामान्य से काफी दूर हो जाता है । इसका तात्पर्य यह हुआ कि कुछ स्कूलों में शिक्षक-विद्यार्थी का अनुपात असन्तुलित था । इसे ही सांख्यिकी में बहिर्वासी प्रभाव कहा जाता है ।

outmigrant (आउट्'माइग्'रन्ट) **प्रवासी** : वह व्यक्ति, जो अपने मूल निवास-स्थान से किसी अन्य स्थान में जाकर बस जाता है ।

out-patient clinic ('आउट् पेशन्ट् 'क्लिनिक) **बाह्य रोगी निदानशाला** : ऐसे चिकित्सालय, जहाँ रोगियों को भर्ती नहीं किया जाता, बल्कि वे रोग के निदान और चिकित्सा के लिए चिकित्सक के पास जाते हैं ।

out work, out working ('आउट्वर्क्, आउट'वर्किन्ग) **अतिरिक्त कार्य, बहिर्कार्य, बहिर्कार्य प्रणाली** : इन दोनों शब्दों का प्रयोग ऐसे श्रम के लिए होता है जो नियोजकों द्वारा कार्य-स्थल के बाहर करवाया जाता है । श्रमिक खाली वक्त में किसी दूसरे व्यक्ति के लिए अपने घर पर काम कर अपनी आमदनी को बढ़ाने की चेष्टा करते हैं । संक्षेप में, इसे 'गृहकार्य' की संज्ञा दी जायेगी ।

over-determine; over-determination ('ओव़र् डि'टर्मिन्;'ओव़र् डिटर्मि'नेशन्) **अति-निश्चय, अति-निर्धारित; अतिनिर्धारण** : इस अवधारणा का सर्वप्रथम प्रयोग एस. फ्रॉयड (Sigmund Freud) ने स्वप्न के विश्लेषण के सन्दर्भ में बहुनिर्धारकों को व्यक्त करने के लिए किया था । बाद में इस अवधारणा का प्रयोग लुइ अल्थ्युसर् (Louis Althusser, 1918-1990, इस व्यक्ति के नाम का शुद्ध उच्चारण मात्र लुइ अल्थ्युसर् है) ने अपनी पुस्तक **For Marx** (1966) में जी. डब्ल्यू. हीगल (G. W. Hegel, 1770-1831) के द्वन्द्व सम्बन्धी सरल विचारों का खण्डन करने के लिए किया । लुइ अल्थ्युसर् का तर्क यह रहा है कि क्रांति बहुत सारे कारकों का इकट्ठा नतीजा है । क्रांति कभी भी किसी एक कारण से संभव नहीं होती ।

overlordship ('ओव़र् लॉर्ड्शिप्) **अधिपतित्व** : वह स्थिति, जिसमें कोई व्यक्ति अन्य शासकों के ऊपर शासन करता है । भारत में अँगरेज़ी शासन का स्वरूप अधिपतित्व का था; क्योंकि देसी रियासत, राजा, महाराजा आदि अँगरेज़ों के अधीन रहकर ही अपना शासन चलाते थे ।

over- population ('ओव़र् पॉप्यु'लेशन्) **जनातिरेक, अतिजनसंख्या, जनाधिक्य** : समाज की ऐसी स्थिति, जिसमें

उसकी जनसंख्या इतनी अधिक होती है कि समाज द्वारा मान्य सामाजिक एवं आर्थिक निर्वाह-स्तरों का पालन संभव नहीं हो पाता। ऐसी दशा में, जनसंख्या इष्टतम जनसंख्या से अधिक होती है। जन-अतिरेक और जन-अल्पता का सम्बन्ध किसी देश की कुल आबादी और उसके साधनों के बीच अनुपात का द्योतक होता है। यह संकल्पना देश के विकास के स्तर तथा वर्तमान प्रौद्योगिकी की स्थितियों के अनुसार भिन्न-भिन्न समयों में बदल भी सकती है : देखें– **Optimum population**।

over-socialized conception of man (ˈओवर् ˈसोशॅ लाइज़्ड कॉन् ˈसेपृशन् ऑव् मैन्) **व्यक्ति का अति-समाजीकृत संकल्पना** : इस अवधारणा का प्रयोग डी. एच. रौंग (D. H. Wrong) ने टैलकॉट पार्सन्स (Talcott Parsons) के समाजीकरण सम्बन्धी विचारों का खण्डन करने के लिए किया है। रौंग का कहना है कि अपने प्रकार्यवादी सिद्धान्तों के तहत व्यक्तियों के जिस समाजीकृत स्वरूप की चर्चा की गई है, वह बहुत ठीक नहीं लगता है। समाज में व्यक्तियों, का उतना समाजीकरण नहीं होता, जितना पार्सन्स ने बताने का प्रयास किया है। व्यक्तियों को एक सामाजिक प्राणी के रूप में बिना समाजीकृत हुए भी देखा जा सकता है। पार्सन्स का समाजीकरण सम्बन्धी विचार अति-समाजीकृत विचार है।

over-urbanization (ˈओवर् अर्बनाइ ˈज़ेशन्) **अति-नगरीकरण** : इसे अधिक शहरीकरण भी कह सकते हैं। इसमें शहरों की आबादी में अधिकाधिक विकास हो जाता है, जो शहरी क्षेत्रों में रोज़गार के विकास के अनुपात में काफी अधिक होता है। उनके इर्द-गिर्द ग्रामीण क्षेत्रों का बोलबाला होता है। शहरों के अन्दर ग्रामीण संस्कृति एवं व्यवसाय देखने को मिलता है। भारत, पाकिस्तान, बांग्लादेश आदि एशियाई देशों के नगर इसके उदाहरण माने जाते हैं।

overt culture (ओ ˈवर्ट ˈकल्चर्) **प्रकट संस्कृति** : संस्कृति के वे पक्ष, जिनके बारे में समाज के सदस्य पूर्णरूप से अवगत होते हैं और जिन्हें प्रत्यक्ष रूप में देखा जा सकता है। प्रकट संस्कृति के अन्तर्गत समाज में उचित और अनुचित व्यवहार के मानक तथा विशिष्ट संरूप, औद्योगिकी तथा संस्कृति के अन्य ऐसे पक्ष भी सम्मिलित होते हैं, जो सहज ही पहचाने जा सकते हैं।

overt-participant observation (ओ ˈवर्ट पार् ˈटिसिपन्ट ऑब्ज़र् ˈवेशन्) **प्रकट सहभागी अवलोकन** : जब अनुसन्धानकर्ता किसी समूह या समुदाय का अध्ययन उसका एक अभिन्न सदस्य बनकर करता है, तो उसे सहभागी अवलोकन कहा जाता है। अनुसन्धानकर्ता हमेशा अवलोकन किए जाने वाले सदस्यों को पूछकर ही सदस्य नहीं बनता, बल्कि वहाँ रहकर भी धीरे-धीरे अपने-आपको एक सदस्य के रूप में ढालने का प्रयास करता है, ताकि वह विभिन्न सामाजिक प्रक्रियाओं की गहराई में जाकर उसके नैसर्गिक रूप को देखे। लेकिन, जब कोई अनुसन्धानकर्ता समूह के सदस्यों को पूछकर उस समूह का सदस्य बनता है और उसका सहभागी अवलोकन प्रारम्भ करता है, तो उसे ही प्रकट सहभागी अवलोकन कहा जाता है। ऐसी स्थिति में अवलोकनकर्ता को उस समूह के सदस्यों से अपने अध्ययन के उद्देश्यों को स्पष्ट करना होता है। इससे समाज अनुसन्धानकर्ता को उसका सदस्य बनने में आसानी होती है।

ownership (ओनर् ˈशिप) **स्वामित्व** : किसी वस्तु पर सामाजिक रूप से स्थापित, मान्य और प्रवर्तनीय प्रभुत्व, जिसमें व्यक्ति को यह अधिकार होता है कि वह अपनी वस्तु का प्रयोग, नाश या उसका हस्तान्तरण कर दे। स्वामित्व का अधिकार पूर्ण अथवा आंशिक हो सकता है। परन्तु ये अधिकार सदैव समाज द्वारा प्रदत्त एवं सीमित होते हैं।

Pp

pacifism (ˈपैसि फिज़म्) **शान्तिवाद :** किसी समस्या को सुलझाने के लिए हिंसा और युद्ध का विरोध करने तथा शान्ति से काम लेने की नीति। महात्मा गाँधी इसी नीति के सच्चे अनुयायी थे।

paganism (पेगॅनिज़म्) **पैगनवाद, पैगनमत :** यहूदियों और ईसाइयों द्वारा अपने से इतर धर्मावलम्बियों, विशेषत: मूर्तिपूजकों व अनेक देवताओं को माननेवालों के लिए प्रयुक्त अपमानसूचक (अवमाननासूचक) मत।

pair marriage (पेअर् ˈमैरिज्) **समानाधिकार विवाह :** विवाह का एक प्रकार, जिसमें पति-पत्नी के अधिकार एवं दायित्व एक समान होते हैं। इसमें स्त्री को पूर्ण स्वतन्त्रता होती है और समाज में उसे पुरुष के बराबर सम्मान तथा स्थान मिलता है।

paired companion scale (पेˈअर्ड कम्ˈपैनिअन् स्केल) **युग्मित तुलना मापनी :** वह माप, जिसका निर्माण एक मद का दूसरे मद के साथ तुलनात्मक अध्ययन के लिए किया जाता है। युग्म मदों का मूल्यांकन इस आधार पर किया जाता है कि इनमें से परिमाण की दृष्टि से किसमें विशेषताएँ अधिक हैं। तदनंतर सभी युग्मित मदों को, मूल्यांकन के आधार पर क्रमसूचक मापनी के अनुसार व्यवस्थित किया जाता है।

palliative measures (ˈपैल्इअटिव ˈमेजर्स) **उपशमक उपाय :** ऐसे उपचार, जो रोग के मूल कारण तक न पहुँचकर ऊपरी तौर से व्यथा को कम करते हैं।

panchayti raj **पंचायती राज :** भारत में स्थानीय शासन की संस्था, जिसका उद्देश्य बुनियादी स्तर पर प्रतिनिधि-लोकतन्त्र के विचार को साकार करना है। यह संस्था प्राचीनकाल से चली आ रही थी, परन्तु विदेशी शासन के दौरान यह साधारणत: अशक्त या लुप्त हो गई। स्वाधीनता के बाद भारतीय संविधान में वर्णित राज्य-नीति के निदेशक तत्त्वों (Directive Principles of State Policy) के अन्तर्गत राज्य को यह निर्देश दिया गया कि वह ग्राम-पंचायतों का संगठन करे, ताकि वे स्वशासन की इकाइयों के रूप में कार्य कर सकें।

pan-Islamism (पैन इज़्लामिज़्म्) **सर्व-इस्लामवाद :** सर्व-इस्लामवाद का आशय उस विचारधारा या आन्दोलन से है, जिसका उद्देश्य इस्लाम धर्म के आधार पर संसार के सभी मुस्लिम-बहुल देशों तथा मुसलमानों को मिलाकर एक राजनीतिक इकाई बनाना है। उन्नीसवीं शताब्दी के अन्त और बीसवीं शताब्दी के आरम्भ में मुस्लिम प्रदेशों में पश्चिमी संस्कृति की घुसपैठ का विरोध करने तथा इस्लाम के अनुयायियों में एकता उत्पन्न करने वाले तत्त्वों को बढ़ावा देने के लिए इस आन्दोलन का प्रादुर्भाव हुआ। परन्तु जल्दी ही इसमें कुछ कठिनाइयाँ सामने आने लगीं। कुछ लोगों की राय यह थी कि मजहबी कट्टरता के साथ पश्चिम की हरेक बात का विरोध और बहिष्कार किया जाये। कुछ दूसरे लोगों का विचार था कि इस्लाम के प्रगतिशील पक्ष को सामने रखकर एकता स्थापित करने का यत्न करना चाहिए।

pan-psychism (पैनसाइक्ˈइज़्म्) **सर्वचित्तवाद :** यह मत कि सभी जड़ वस्तुएँ तथा प्रकृति चेतना से युक्त हैं।

panel study (ˈपैनल्ˈस्टडि) **तालिका अध्ययन :** यह कालानुक्रमिक अध्ययन (**Longitudinal studies**) के नाम से भी जाना जाता है। इसके अन्तर्गत चुने गए नमूनों से, चुनी गयी इकाइयों से एक निश्चित समय के अन्तराल पर एक से अधिक बार आँकड़े एकत्रित किये जाते हैं। यहाँ पैनल से तात्पर्य व्यक्तियों के समूह, घरों, नियोजकों या कोई भी

अन्य सामाजिक इकाई से है, जिनके बारे में जानकारी एकत्रित की जाती है । इस प्रकार की पद्धति परिवर्तनों या प्रवृत्तियों के अध्ययन में काफी लाभप्रद सिद्ध हुई है । इस अवधारणा पद्धति के अन्तर्गत मुख्यतया साक्षात्कार के माध्यम से आँकड़े इकट्ठे किये जाते हैं । चूँकि व्यक्तियों की सबसे बड़ी परेशानी यह है कि सभी उत्तरदाता हमेशा लम्बे समय तक एक ही जगह उपलब्ध नहीं होते । कुछ दूसरी जगह प्रवास कर जाते हैं, तो कुछ बीमारी के चलते उपलब्ध नहीं होते हैं और कुछ समय के साथ गुजर भी जाते हैं । कभी-कभी उत्तरदाता बार-बार एक ही बात को दुहराते हैं ।

panel technique ('पैनल् टेक्'नीक्) **पैनल विधि :** साक्षात्कार करने की विधि, जिसमें नमूना या जनसंख्या का साक्षात्कार कई बार किया जाता है । तथ्य संकलन की एक विधि, जिसमें किसी समग्र नमूने का अध्ययन कुछ अन्तरालों में एक लम्बे समय तक कई बार किया जाता है । इस प्रकार की विधि परिवर्तनों तथा प्रवृत्तियों के अध्ययन में काफी लाभप्रद सिद्ध हुई है । किन्तु इस प्रकार के अध्ययनों की सबसे बड़ी कठिनाई नमूने के चुनाव व पैनल को यथावत बनाए रखने की है ।

panic ('पैनिक्) **भगदड़ :** अत्यन्त डर तथा आत्म-नियन्त्रण की कमी के कारण बिना सोचे-समझे इधर-उधर भागने की क्रिया को भगदड़ कहते हैं । भगदड़ भीड़ की स्थिति में उत्पन्न एक विशिष्ट प्रकार की प्रतिक्रिया है ।

panopticon (पैन'ऑप्टिकॉन) **सर्वतोदृश्य बन्दीगृह :** यह एक ऐसा बन्दीगृह है, जिसके अन्तर्गत कारा-कर्मचारियों की निगाहें हमेशा बन्दी व्यक्तियों पर रहती हैं और बन्दी को भी इस बात की जानकारी होती है कि लोगों की नज़रें हमेशा उन पर बनी हुई हैं (देखें– Michel Foucault, **Discipline and Punish**, 1975) ।

pantheism ('पैनथीइज़्म्) **निमित्तोपादानेश्वरवाद :** यह मत कि ईश्वर विश्व का निमित्त और उपादान कारण है । वह विश्व में व्याप्त भी है और विश्वातीत भी है । हिन्दू धर्म इस विचार का समर्थक माना जाता है ।

paradigm ('पैरा डाइम) **रूपावली, दृष्टान्त प्रतिरूप :** पराडाइम शब्द का प्रयोग प्रतिमान, प्रतिरूप (मॉडल), उदाहरण आदि के अर्थों में किया गया है । अन्वेषण-विधा के सन्दर्भ में, किसी विशिष्ट शोध से सम्बन्धित अवधारणाओं, अनुमानों, प्रस्थापनाओं, शोध-विधियों के योजनाबद्ध समुच्चय को रूपावली कहते हैं । इस अवधारणा का सामाजिक विज्ञानों में सर्वप्रथम प्रयोग करने का श्रेय थॉमस कुन (Thomas Kuhn, 1922-1996) को है, जिन्होंने इसका प्रयोग कई अर्थों में किया । कुन ने पराडाइम का प्रयोग सार्वभौमिक रूप में मान्यता प्राप्त ऐसी वैज्ञानिक उपलब्धियों के विवेचन के लिए किया है, जो कुछ समय तक शोधकर्ताओं के एक समूह के समक्ष आदर्श समस्या (प्रश्न) तथा समाधान (उत्तर) का कार्य करता है । रूपावली का मुख्य कार्य शोध का नियोजन, संयोजन तथा निर्देशन करना है । समाजशास्त्रीय साहित्य में इस अवधारणा का सर्वप्रथम प्रयोग रॉबर्ट के. मर्टन (Robert K. Merton, 1910-2003) द्वारा शोध-सामग्री को व्यवस्थित रूप देने तथा उसे क्रमबद्ध रूप में विश्लेषित करने के निर्देशात्मक अर्थ में किया गया है (देखें– Thomas Kuhn, **The Structure of Scientific Revolutions**, 1970) ।

paradox (पैर'डॉक्स) **विरोधाभास :** तर्कशास्त्र में अनुमान की वह स्थिति, जब सत्य रूप में स्वीकृत आधारवाक्य से वैध निगमन द्वारा ऐसा निष्कर्ष प्राप्त किया जाता है, जो आधारवाक्य को असत्य दर्शाता है, जैसे– यह कथन कि 'मैं असत्य बोलता हूँ ।'

paralanguage (पैर लैङ्ग्विज्) **परा-भाषा :** व्यक्ति समाज में हमेशा शब्दों के माध्यम से ही अपने विचारों को व्यक्त नहीं करता, बल्कि वह शब्दाघात के माध्यम से भी कुछ कहने की कोशिश करता है । वह अपनी बात को कहने के लिए किसी विशेष शब्द पर अधिक जोर देता है, तो किसी पर कम, अर्थात् शब्दों के विशिष्ट उच्चारण के माध्यम से भी व्यक्ति अपनी बातों को कहने का प्रयास करता है ।

parallel cousin ('पैर लेल् 'कज़्न्) **चचेरे-मौसेरे भाई या बहन :** एक ही लिंग के सहोदरों की सन्तान, जैसे– भाइयों या बहिनों की सन्तान । सहोदर भाइयों की सन्तान आपस में चचेरे भाई-बहिन तथा बहिनों की सन्तान मौसेरे भाई-बहिन होते हैं ।

parallel cousin marriage ('पैर लेल् 'कज़्न् 'मैरिज्) **सलिंगी सहोदर विवाह :** जब एक ही लिंग के सहोदरों की सन्तानों में विवाह होता है (जैसे दो भाइयों या दो बहिनों की सन्तानें), तो इसे सलिंगी सहोदर विवाह कहते हैं। दो भाइयों की सन्तानों वाले विवाह को चचेरा विवाह तथा दो बहिनों की सन्तानों के विवाह को मौसेरा विवाह कहते हैं। मुसलमानों में दोनों ही प्रकार के विवाह प्रचलित हैं।

parallel descent ('पैर लेल् डि'सेन्ट) **समान्तर वंशक्रम :** इस व्यवस्था में वंशक्रम की सदस्यता पुरुषों द्वारा पुत्रों को और महिलाओं द्वारा पुत्रियों को मिलती है। इस व्यवस्था में स्त्रियों के मातृवंशीय समूह और पुरुषों के पितृवंशीय समूह साथ-साथ रहते हैं। वंशक्रम की इस तरह की व्यवस्था शायद ही कहीं पायी जाती है।

parallel evolution ('पैर लेल् ईव़्'लूशन्) **समान्तर उद्विकास :** सांस्कृतिक अर्द्धव्यास का एक रूप, जिसमें दो या अधिक समूहों में एक जैसे लक्षण स्वतन्त्र रूप से विकसित होते हैं।

parallel system of education ('पैर लेल् 'सिस्टम् ऑव़् एजु'केशन्) **समान्तर शैक्षिक व्यवस्था :** ऐसी शैक्षिक व्यवस्था, जिसमें अधिकारप्राप्त वर्ग के लिए बढ़िया साज-सामान वाली श्रेष्ठ शिक्षा होती है और विशेष अधिकारों से वंचित वर्गों के लिए घटिया शिक्षा।

parallelism (पैरले'लिज़म्) **समान्तरवाद :** पूर्णतः पृथक्कृत एवं विभिन्न संस्कृतियों अथवा प्रदेशों में समान अथवा एक-से अधिक सांस्कृतिक लक्षणों व रूपों अथवा आविष्कारों के स्वतन्त्र विकास को समानान्तरवाद कहा जाता है। इस अवधारणा का प्रयोग इस वैचारिक दृष्टिकोण की पुष्टि के लिए भी किया जाता है कि सभी संस्कृतियों का विकास समान स्तरों में हुआ है। बी. स्पिनोजा (Benedict de Spinoza, 1632-1677) के अनुसार, मन और शरीर के सम्बन्ध के बारे में प्रस्तुत एक सिद्धान्त, जिसके अनुसार मानसिक क्रिया के समानान्तर एक शारीरिक क्रिया होती है, परन्तु उनके मध्य कोई कारणात्मक सम्बन्ध नहीं होता।

paralogism (प'रैल जिज़म्) **तर्काभास :** सामान्यतः एक ऐसा दोषपूर्ण तर्क, जिसका ज्ञान उसके प्रयोग करने वाले को नहीं होता और इसलिए उसका प्रयोग दूसरे को धोखा देने के उद्देश्य से नहीं किया जाता। विशेषतः इमैन्युल काण्ट के द्वारा उन दोषपूर्ण युक्तियों के लिए प्रयुक्त किया गया जो आत्मा को एक द्रव्य, निःअवयव और नित्य सिद्ध करने के लिए प्रस्तुत किया जाता है।

parameter (प'रॉमिटर्) **प्राचल, पैरामीटर :** किसी जन-समूह के सभी व्यक्तियों के मापन से प्राप्त मापनफल या किसी जनसंख्या की विशिष्टताओं के सार तत्त्वों के माप को पैरामीटर कहा जाता है। इस प्रकार के माप, एक अलग नमूना के लिए न होकर, सम्पूर्ण जनसंख्या के लिए होते हैं। ऐसे पद किसी समीकरण में स्थिर होते हैं। इनके बदलने पर फलन के वक्र की स्थिति बदल जाती है।

parametric statistics (पैरॉ'मेट्रिक स्ट्'टिस्टिक्स्) **प्राचलिक सांख्यिकी :** एक प्रकार की सांख्यिकी, जिसमें यह आवश्यक होता है कि आँकड़े एक विशिष्ट प्रकार से वितरित जनसंख्या से लिये जायें। सामान्यतः प्राचलिक सांख्यिकी में नमूने सामान्य आवृत्ति वितरण वाली जनसंख्या से लिए जाते हैं।

paramountacy (पैरॉ'माउन्टसि) **परमोच्च शक्ति :** परमोच्च शक्ति को सार्वभौम सत्ता के नाम से भी जाना जाता है। भारत में उपनिवेशी दौर में देशी राज्यों का ब्रिटिश भारत के साथ प्रत्यक्ष संवैधानिक सम्बन्ध नहीं था। भारत एवं देशी राज्यों के मध्य सम्पर्क की एकमात्र कड़ी राजमुकुट था, जो ब्रिटिश भारत के सन्दर्भ में गवर्नर जनरल के माध्यम से तथा देशी राज्यों के सन्दर्भ में वायसराय के माध्यम से कार्य करता था। यहाँ उल्लेखनीय है कि गवर्नर जनरल एवं वायसराय एक ही व्यक्ति था। हाँ, अलग-अलग सन्दर्भों में उसकी भूमिकाएँ भिन्न-भिन्न थीं। जब राजमुकुट ने देशी राज्यों का अधिराजत्व ग्रहण कर लिया, तो उस समय से देशी राज्यों के प्रति उसका सम्बन्ध परमोच्च शक्ति (सार्वभौम सत्ता) शब्द से अभिव्यक्त होने लगा। यह अनेक विशिष्ट समझौते पर आधारित एक विशिष्ट सम्बन्ध था, जिसका ब्रिटिश साम्राज्य में या अन्य किसी स्थान पर कोई उदाहरण नहीं मिलता।

paranoia; paranoid reactions (पैर'नाईआ; 'पैरनॉइड रि'ऐक्श्न्स) **संभ्रान्ति; व्यामोहाय प्रतिक्रिया :** यह एक ऐसा मनोरोग है, जिसके अन्तर्गत व्यक्ति को कुछ विशेष प्रकार की भ्रान्तियाँ होती हैं, जैसे– महानता भ्रमाशक्ति (Delusion of grandeur), उत्पीड़न भ्रमाशक्ति (Delusion of persecution) इत्यादि (देखें– Theodor W. Adorno *et al.*, **The Authoritarian Personality**, 1950) ।

para-religion ('पैरा रि'लिजन्) **पारधर्म :** 1960 के दशक के बाद, विभिन्न धर्मों के अन्तर्गत बहुत से सम्प्रदायों, पंथों एवं निजी धार्मिक समूहों की उत्पत्ति हुई है । इनके प्रणेता मुख्यरूप से अपने से भिन्न पंथों और सम्प्रदायों की आलोचना करते हैं तथा पुरानी बात से नयी बात को जोड़कर मौलिक, धार्मिक, चिन्तक बनने की चेष्टा करते हैं (देखें– A. L. Greil and T. Robbins (eds.), **Between Sacred and Secular**, 1994) ।

parasite ('पैरासाइट्) **परजीवी :** यह शब्द जीव-विज्ञान से आया है । जो व्यक्ति छल, अनुग्रह अथवा यौनाकर्षण का सहारा लेकर दूसरों पर अथवा पूरे समुदाय पर आश्रित रहते हुए जीवन-यापन करता है, उसे परजीवी कहा जाता है, जैसे– वेश्या, दलाल, पॉकेटमार आदि ।

parent-child relationship ('पेअरन्ट् चाइल्ड् रि'लेश्न्शिप्) **अभिभावक-बालक सम्बन्ध :** यह बालक के भावी विकास की नींव है । बालक की सबसे पहली पाठशाला उसका परिवार है । अभिभावकों से प्राप्त मूल्यों की अमिट छाप बालक के जीवन पर पड़ती है इसलिए अभिभावकों के लिए यह आवश्यक है कि वे बालकों के सम्मुख ऐसा उदाहरण रखें, जिससे बालकों के आभ्यान्तरिक जीवन में मनोग्रन्थियाँ न पड़ें । उन्हें उचित प्यार, स्नेह एवं सुरक्षा प्रदान कर संवेगात्मक परिपक्वता प्राप्त करने में सहायक हों ।

parenthood ('पेअरन्ट्हुड्) **पितृत्व, मातृ-पितृत्व :** माता-पिता होने की स्थिति, प्रकार्य या प्रतिष्ठा ।

Pareto-improvement (पारेटो इम्प्रवुमन्ट्) **पारेटो सुधार या उन्नति :** इटैलियन अर्थशास्त्री एवं समाजशास्त्री वी. पारेटो (Vilfredo F. D. Pareto, 1848-1923, हिन्दी में शुद्ध उच्चारण मात्र पारेटो ही है) का कहना था कि सही कल्याणकारी सुधार उसी को कहा जायेगा, जिससे किसी एक व्यक्ति को लाभ प्रदान करने पर किसी अन्य व्यक्ति को कोई घाटा नहीं होता है । इसी को पारेटो सुधार के नाम से जाना जाता है ।

Pareto-principle (पारेटो 'प्रिन्सप्ल्) **पारेटो-सिद्धान्त या नियम :** पारेटो-सिद्धान्त वी. पारेटो (Vilfredo F. D. Pareto) के सुधारवादी विचार से जुड़ा हुआ है । उनके सिद्धान्त में मुख्यरूप से तीन बातों पर जोर दिया गया है– (1) प्रत्येक व्यक्ति अपने कल्याण का खुद ही अच्छा निर्णायक है; (2) सामाजिक कल्याण एकमात्र व्यक्तिगत कल्याण का एक प्रकार्य है और (3) यदि किसी एक व्यक्ति की स्थिति में सुधार होता है और दूसरे को इससे कोई हानि नहीं होती है, तब हम कह सकते हैं कि सामाजिक कल्याण में वृद्धि हुई है ।

pariah group ('पैरिअ 'ग्रूप्) **अछूत समूह :** ऐसा सामाजिक समूह, जिसे समाज में निम्न दृष्टि से देखा जाता हो, जैसे– अमरीका में काले (नीग्रो) लोग और भारत में दलितों के साथ भेदभावपूर्ण व्यवहार होते हैं तथा उन्हें निम्न दृष्टि से देखा जाता है ।

Parkinson's law ('पॉर्किनसन्ज़ लॉ) **पार्किंसन्स का नियम :** अन्य मान्यताओं में इस सिद्धान्त की यह मान्यता है कि नौकरशाही का धीरे-धीरे विस्तार होता है, चाहे उसकी ज़रूरत हो या न हो । एन. सी. नॉर्थकोट पार्किंसन्स (N. C. Northcote Parkinson) की पुस्तक **Parkinson's Law** (1958) में व्यंग के रूप में प्रतिपादित यह सिद्धान्त कि किसी कार्य में जितने ज्यादा व्यक्तियों को लगाया जायेगा, काम उतना ही कम होगा । यह नियम एक प्रकार से अर्थशास्त्र के ह्रासमान प्रत्यावर्तन नियम (**Law of diminishing return**) के अनुरूप है और मुख्यरूप से सार्वजनिक प्रशासन तथा निकम्मे व्यापारिक प्रशासन के सन्दर्भ में लागू होता है ।

parliamentary democracy (पार्‌लॅ'मेन्‌टॅरि डि'मॉक्‌रसि) **संसदीय लोकतन्त्र :** संसदीय लोकतन्त्र में संसद की स्थिति सर्वोच्च होती है । संसदीय लोकतन्त्र में संसद लोकतन्त्र की रक्षक होती है । इसे मंत्रिमण्डलीय शासन प्रणाली या उत्तरदायी शासन प्रणाली के नाम से भी जाना जाता है । भारत के संविधान निर्माताओं ने संविधान निर्माण के समय इस शासन प्रणाली को देश के लिए सर्वाधिक उपयुक्त पाया था । अत: भारत में इसी तरह की प्रणाली की स्थापना की गई है ।

parliamentary government (पार्‌लॅ'मेन्‌टॅरि गॅव़र्न्‌मन्ट्‌) **संसदीय सरकार :** यह ऐसी सरकार है, जिसके अन्तर्गत जनता द्वारा चुने गये प्रतिनिधियों को कानून बनाने, राष्ट्रीय बजट बनाने, विदेश नीति-निर्धारण करने एवं किसी अन्य राष्ट्र के विरुद्ध युद्ध घोषित करने या शान्ति-वार्ता करने का संवैधानिक अधिकार प्राप्त होता है । संसद को राष्ट्रहित में अन्तिम निर्णय लेने का हक प्राप्त होता है । संक्षेप में, देश के तमाम कार्य संसद से संचालित होते हैं ।

parochial (प'रॉक्यल्‌) **संकीर्ण :** कोई भी बात या वस्तु जो किसी स्थानीय क्षेत्र अथवा छोटे दायरे से सम्बन्धित हो । जाति एक संकीर्ण सामाजिक व्यवस्था है ।

parochialization (प'रॉक्यलाइ जेशन्‌) **संकीर्णीकरण :** उन सांस्कृतिक परम्पराओं के तत्त्वों के नीचे की ओर फैलने की प्रक्रिया, जो लिखित एवं सम्भ्रान्तवर्ग द्वारा स्वीकृत होते हैं । आंग्ल शब्द 'Parochial' का अर्थ 'संकीर्ण' या 'संकुचित' है । अत: शाब्दिक दृष्टि से वह प्रक्रिया, जो समूह की भावना को संकीर्ण बनाती है या समूहों में ग्रामों की स्थानीय विशेषताओं को उत्पन्न करती है, स्थानीयकरण की प्रक्रिया कहलाती हैं । वैसे तो संकीर्णीकरण की प्रक्रिया का सर्वप्रथम उल्लेख मॉरिस ई. ऑपलर (Morris E. Opler) ने किया था । बाद में मानवशास्त्री मकिम मैरियट (McKim Marriot) ने संकीर्णता को अधिक महत्त्व न देकर, स्थानीय धार्मिक विश्वासों को अधिक महत्त्व दिया । मकिम मैरियट संकीर्णीकरण को सार्वभौमीकरण की विपरीत विशेषताओं वाली प्रक्रिया मानते हैं । उनके अनुसार, जब बृहत्‌ परम्परा के तत्त्व लघु परम्परा के तत्त्वों में सम्मिलित हो जाते हैं, तो उनके स्वरूप बदल जाते हैं । बदलाव की इसी प्रक्रिया को हम संकीर्णीकरण कहते हैं ।

parole and langue (प'रोल्‌ ऐन्ड्‌ लैन्ग्‌) **वाणी और भाषा :** 'परोल' और 'लैंग' दोनों ही मूलत: भाषाशास्त्र से सम्बन्धित अवधारणाएँ हैं । स्विस भाषाशास्त्री फर्डिनंड डी सावस्योर (Ferdinand de Saussure, 1857-1913) ने संरचनावादी भाषाशास्त्र के साथ-साथ संरचनावादी समाजशास्त्र को गहरे रूप में प्रभावित किया है । इस विषय में समाजशास्त्रियों के लिए सावस्योर के द्वारा 'परोल और लैंग' के बीच किया गया अन्तर विशेष महत्त्व रखता है । भाषा की स्वरूपात्मक या व्याकरणात्मक व्यवस्था को सावस्योर ने लैंग कहा है । यह ध्वन्यात्मक तत्त्वों की एक व्यवस्था है, जिसके सम्बन्ध निश्चित नियमों द्वारा संचालित होते हैं । लैंग भाषा की व्यवस्थित संरचना को दर्शाती है और इसके कारण ही परोल अर्थात्‌ वाणी की उत्पत्ति होती है । परोल से तात्पर्य हमारी उस वास्तविक बोली या वाणी से है, जिसे हम भावाभिव्यक्ति के लिए प्रतिदिन बोलते हैं । वक्तागण अपने को अभिव्यक्त करने के लिए जिन शब्दों का प्रयोग करते हैं, सावस्योर ने उसे परोल कहा है । उनके अनुसार, लैंग संकेतों की एक संरचना है । प्रत्येक संकेत के अर्थ की उत्पत्ति इस व्यवस्था के अन्तर्गत अन्य संकेतों के साथ जोड़ कर होती है, उदाहरणस्वरूप– 'गर्म' शब्द के अर्थ को हम तभी समझते हैं, जब हम इसे 'ठंडे' शब्द के साथ जोड़ते हैं ।

parole system (प'रोल्‌ 'सिस्‌टम्‌) **परोल पद्धति :** परोल एक प्रकार से अपराधी की सशर्त मुक्ति है । जब एक अपराधी अपनी कैद की सजा का एक भाग सफलतापूर्वक बिता लेता है, तब जेलखाने अथवा किसी एक प्रशासकीय बोर्ड द्वारा उसे किसी जिम्मेदार व्यक्ति की निगरानी में रखकर मुक्त कर दिया जाता है । इस प्रकार की व्यवस्था को पेरोल पद्धति कहा जाता है । भारत में उत्तर प्रदेश राज्य में 1938 में बन्दियों को परिवीक्षा पर मुक्त करने का कानून **(Prisoners Release on Probation Act)** पारित किया गया था, जिसके अन्तर्गत परोल की व्यवस्था की गयी थी । यदि किसी कैदी का आचरण सन्तोषजनक होता है और राज्य सरकार को यह विश्वास हो जाता है कि वह आगे सद्‌व्यवहार करेगा, तो उसकी सजा की समाप्ति के पूर्व ही लाइसेंस देकर कुछ समय के लिए उसे घर जाने की अनुमति दी जा सकती है । देशद्रोहियों, सैनिक अपराधियों, ठगों, लुटेरों, डकैतों और जालसाजों को ऐसी सुविधा नहीं दी जाती ।

यह प्रणाली प्रौढ़ अपराधी में सुधार लाने के लिए अन्वेषित एक नई योजना है। इसमें अवधि पूर्ण होने से पहले ही अपराधी को कुछ काल के लिए कारागार से रिहा कर दिया जाता है। वस्तुत: यह अपराधी के आचरण की परीक्षा है। जिनका आचरण अच्छा रहता है, उन्हें कुछ छूट दी जाती है। इसका मुख्य लाभ यह है कि जो सुधार योग्य है, उन्हें अच्छा आचरण रखने का एक अवसर मिलता है, जिससे वे उपयुक्त लाभ उठा सकें। अपराधी कारगार से जल्दी रिहा होने की आशा में अच्छा व्यक्ति बनने के लिए प्रयत्नशील होता है। यह प्रथा असामाजिक व्यवहार में सुधार लाने के लिए एक प्रोत्साहन के रूप में है।

parricide ('पैरि साइड) **पितृहन्ता, पितृहत्या :** इस शब्द का प्रयोग मुख्यत: दो अर्थों में किया जाता है– (1) अपने पिता की हत्या करनेवाला व्यक्ति। (2) पिता की हत्या करना। आजकल इस तरह की घटनाएँ वैसे लोगों के बीच घटने लगी हैं, जहाँ कोई नवयुवक नौकरी की तलाश में घर में बैठा हो और पिता किसी नौकरी में स्थाई रूप से सेवारत हो। पिता के मरणोपरान्त पुत्र को अनुकम्पा के आधार पर नौकरी पाने का कानूनी प्रावधान इसका मुख्य कारण है।

parsimony; parsimonious ('पार्सिमनि, पार्सि'मोनिअस्) **मितव्ययिता; मितव्ययी :** सांख्यिकी के अन्तर्गत यह विचार कि सभी प्रकार के प्रारूपों **(Models)** में वही प्रतिरूप सबसे बेहतर है, जिसमें कम-से-कम पैरामीटर है। यहाँ सिद्धान्त यह है कि किसी तथ्य को एक से अधिक ढंग से विश्लेषित किया जा सकता है, पर सबसे अच्छा विश्लेषण वही है, जो सबसे अधिक सरल और स्पष्ट है। वैज्ञानिक लेखन के अन्तर्गत भी लेखक को इस रूप में मितव्ययी होने की आवश्यकता पड़ती है कि वह कम-से-कम शब्दों के माध्यम से अपने विचारों को व्यक्त करे।

parson ('पार्स्न्) **ग्राम-पादरी, पार्सन :** वह व्यक्ति जो चर्च सम्बन्धी तथा संघ सम्बन्धी सामूहिक मामलों में 'पेरिश' (Parish) का प्रतिनिधित्व करता है।

partial correlation ('पार्शल् कॉर'लेशन्) **आंशिक सहसम्बन्ध :** दो चरों का ऐसा सहसम्बन्ध, जिसमें अन्य चरों का प्रभाव निरस्त कर दिया गया हो, आंशिक सहसम्बन्ध कहलाता है। जब हम दो से अधिक चरों का अध्ययन करते हैं, तो एक चर से दूसरे चर का एकमात्र सम्बन्ध ज्ञात करने के लिए हमें अन्य चरों के प्रभावों को निरस्त करना पड़ता है या उनको स्थिर और अपरिवर्तित मानना पड़ता है (देखें– George W. Bohrnstedt and David Knoke, **Statistics for Social Data Analysis**, 1988)।

participant observation (पार्'टिसिपन्ट ऑबज़र्'वेशन्) **सहभागी अवलोकन :** सहभागी अवलोकन का तात्पर्य ऐसी दशा से है, जिसमें अवलोकनकर्ता अध्ययन किए जाने वाले समूह का अत्यधिक घनिष्ठ सदस्य बन जाता है तथा उस समूह की सभी गतिविधियों में स्वयं भाग लेता है। इस प्रविधि की प्रमुख विशेषता यह है कि उक्त समाज के लोग जैसा करते हैं, अनुसन्धानकर्ता भी उनके साथ मिलकर वैसा ही करता है। इस प्रविधि का प्रयोग विशेषकर नृविज्ञान तथा समाजविज्ञान में किया जाता है (देखें– D. L. Jorgensen, **Participant Observation: A Methodology For Human Studies**, 1989)।

participation rate (पार् टिसि'पेशन् रेट्) **सहभागिता-दर :** इसका अभिप्राय किसी कार्य या पेशे में सहभागिता से है : देखें– **Workforce participation rate** ।

participatory democracy (पार् टिसि'पेटरि डि'मॉक्रसि) **सहभागी लोकतन्त्र :** ऐसा लोकतन्त्र, जिसमें सभी लोग आपस में मिल-जुलकर किसी बड़े मसले पर निर्णय लेते हैं। इस प्रकार का लोकतन्त्र वहीं संभव है जहाँ की आबादी कम हो तथा लोग एक छोटे भू-भाग में सीमित हों। भारत के लिए सहभागी लोकतन्त्र एक अव्यावहारिक व्यवस्था होगी।

particularistic criteria (पर्'टिक्यलरिस्टिक क्राइ'टिअरिआ) **विशिष्टतापरक मानदण्ड :** ऐसे मानदण्ड जिनके अन्तर्गत कुछ लोगों के व्यवहार की जाँच करते समय उन्हें सामान्य व्यक्ति नहीं माना जाता, बल्कि उन्हें किसी विशेष समूह का सदस्य मानकर उनके लिए पहले से ही कोई राय बना ली जाती है।

particularistic fallacy (पर्'टिक्यलरिस्टिक फ़ैलॅसि) **विशिष्टतापरक भ्रान्ति, विशिष्टतापरक हेत्वाभास :** कुछ विशिष्ट तथ्यों का अवांछित सामान्यीकरण, जिसके अन्तर्गत किसी जटिल घटना से सम्बद्ध उसके व्यापक निष्कर्षों को कुछ विशिष्ट तथ्यों पर आधारित किया जाता है। ये तथ्य एक विशिष्ट दृष्टिकोण के अनुकूल होते हैं और इसमें अन्य तथ्यों की उपेक्षा की जाती है।

party, political ('पार्टि, प'लिटिक्ल्) **राजनीतिक दल :** देखें– **Political parties**।

partyless democracy ('पार्टिलेस् डि'मॉक्रसि) **दलविहीन लोकतन्त्र :** पश्चिम में जिस ढंग के लोकतन्त्र का विकास हुआ है, उसमें राजनीतिक दलों का अस्तित्व निम्न कारणों से अपरिहार्य माना जाता है– जनता को राजनीतिक प्रशिक्षण देने के लिए, चुनाव लड़ने के लिए, चुनाव में विजय प्राप्त करने के बाद सरकार का संचालन करने के लिए और यदि चुनाव में बहुमत प्राप्त न हुआ हो तो प्रतिपक्ष के रूप में कार्य करने के लिए। महात्मा गाँधी और उनके सर्वोदयी अनुयायी विशेषकर आचार्य विनोबा भावे तथा जयप्रकाश नारायण राजनीतिक दलों पर आधारित लोकतन्त्र के विरुद्ध थे और वे शक्तिमूलक राजनीति के स्थान पर सहयोगपूर्ण लोकनीति का समर्थन करते रहे थे।

passive empiricism ('पैसिव् इम्'पिरि सिज़म्) **निष्क्रिय इन्द्रियानुभववाद :** जॉन लॉक (John Locke, 1632-1702) एवं अन्य दार्शनिकों का यह सिद्धान्त कि ज्ञान का एकमात्र स्रोत इन्द्रियानुभव है और मन तबतक निष्क्रिय बना रहता है, जबतक बाह्य जगत् से आने वाली संवेदनाएँ उस तक नहीं पहुँच जातीं।

passive obedience theory ('पैसिव् ॲबीडयॅन्स 'थिअरि) **मूक आज्ञापालन-सिद्धान्त :** फ्रांसीसी धर्माचार्य जॉन कैल्विन (John Calvin, 1509-1564) का यह सिद्धान्त कि लोगों को राजा की आज्ञाओं का निर्विरोध पालन करना चाहिए; क्योंकि उसकी शक्ति स्वयं ईश्वर की देन है।

passive resistance ('पैसिव् 'रेज़िसटन्स्) **शान्तिपूर्ण प्रतिरोध, निष्क्रिय प्रतिरोध :** राजनीतिक संघर्ष का एक तरीका, जिसे महात्मा गाँधी (Mahatma Gandhi, 1869-1948) ने भारत के स्वाधीनता संग्राम के दौरान, विशेष रूप से 1930-1940 के दशक में, लोकप्रिय बनाया। महात्मा गाँधी ने अँगरेज़ों का भारत में विरोध करने के लिए इस आन्दोलन को मूर्त रूप दिया था। उन्होंने आज़ादी की लड़ाई लड़नेवालों से यह आग्रह किया था कि अँगरेज़ों के हरेक बर्बरतापूर्ण व्यवहार को शान्तिपूर्ण ढंग से सहना चाहिए। हिंसा के रास्ते पर चलकर हमें अँगरेज़ों का विरोध नहीं करना चाहिए। गाँधीजी का यह आन्दोलन उनके नैतिक मूल्यों से प्रभावित था। इसे ही गाँधीजी का सविनय अवज्ञा आन्दोलन (**Civil disobedience movement**) कहा जाता है।

passive worker thesis ('पैसिव् वकर् 'थ़ीसिस्) **निष्क्रिय कामगार सिद्धान्त :** ऑस्कर लूइस (Oscar Lewis, 1914-1970) ने अपनी पुस्तक **The Children of Sanchez** (1961) में यह विचार व्यक्त किया है कि महिलाएँ आमतौर पर निष्क्रिय श्रमिक की तरह होती हैं; क्योंकि वे पुरुषों की तुलना में ज्यादा भाग्यवादी होती हैं और प्रत्येक काम को भाग्य के भरोसे ही करती हैं। इसीलिए महिलाओं का शोषण पुरुषों की तुलना में सापेक्षिक रूप से ज्यादा होता है। उनका समाजीकरण ही कुछ वैसा होता है कि वे ज्यादा भाग्यवादी होती हैं और आर्थिक शोषण की प्रक्रिया को निष्क्रिय रूप से स्वभावतः सहती रहती हैं।

pastoral societies ('पास्टरल् सॅ'साइअटिज़्) **पशुचारी समाज :** पशुचारी समाज का मुख्य कार्य पशुपालन है। कुछ पशुचारी समूहों की अर्थव्यवस्था में कृषि भी शामिल हो जाती है। अपने जानवरों के लिए पर्याप्त पानी और चारा प्राप्त करने के लिए ऐसे समाजों को एक स्थान से दूसरे स्थान पर जाना पड़ता है। पशुचारी समाज का काल लगभग कृषक समाज से मिलता-जुलता है। जीवन-यापन के लिए लोगों ने मवेशियों को कई रूपों में इस्तेमाल किया। इस अवस्था में लोग झुण्ड (**Herds**) में रहा करते थे, जिसकी आबादी सौ से लेकर कुछ हजार तक की होती थी। सामाजिक असमानता का पूर्णरूप से विकास हो चुका था। झुण्डों का मुखिया एक सफल योद्धा हुआ करता था। इस अवस्था

में लोग एक-दूसरे पर आक्रमण किया करते थे। घोड़ों की सवारी कर वे आसानी से एक जगह से दूसरी जगह अपने मवेशियों के साथ जाया करते थे। भेड़, गाय, बकरी, ऊँट और घोड़े उनके मुख्य पालतू जानवर थे (देखें– Gerhard E. Lenski, Jean Lenski and Patrick Nolan, **Human Societies: An Introduction to Macrosociology**, 1991)।

pastoralist ('पास्टरलिस्ट) **पशुचारक** : वह समुदाय, जो जीवन-यापन के लिए कृषि की अपेक्षा पशुपालन पर निर्भर होता है, जैसे– गड़ेरिया।

pater ('पेटर) **पिता** : कुछ समाजों में उस व्यक्ति को पिता की संज्ञा दी जाती है, जिसके द्वारा बालक को वैधानिक दायित्व एवं अधिकारों का हस्तान्तरण होता है तथा जिस पर बालक के वयस्कावस्था में पहुँचने तक उसके व्यवहारों का सारा दायित्व होता है। ऐसे समाजों में पिता वास्तविक रूप में बालक को उत्पन्न करनेवाला ही हो, आवश्यक नहीं है।

paternal family (प'टर्नल् 'फ़ैमलि) **पितृय परिवार, पितृय कुटुम्ब** : वह परिवार, जिसमें सम्बन्धों का आरेखण पिता के द्वारा किया जाता है अथवा जिसमें केवल पिता के कुल के लोग शामिल होते हैं।

paternalism (प'टर्न लिज़्म्) **पितृवृत्ति, पितृव्यवहार** : एक प्रकार का नेतृत्व, जिसमें उच्च पदस्थ व्यक्ति अपने अधीनस्थ लोगों की निष्ठा एवं आज्ञाकारिता के बदले उनकी आम आवश्यकताओं की पूर्ति करने की कोशिश करता है। परिवार के अन्तर्गत पति-पत्नी के बीच इसी प्रकार के सम्बन्ध दिखाई पड़ते हैं। पति या पिता परिवार के अन्तर्गत अन्य लोगों की ज़रूरतों को इसलिए पूरा करने की चेष्टा करता है कि परिवार के अन्य सदस्यों की निष्ठा तथा आज्ञाकारिता उसके प्रति बनी रहे। औपचारिक व्यवस्था के अन्तर्गत भी कभी-कभी मालिक और श्रमिक के बीच इस प्रकार के सम्बन्ध दिखाई पड़ते हैं। श्रमिकों से अधिक-से-अधिक काम लेने के लिए मालिक एक अभिभावक की भूमिका में रहता है।

path analysis (पाथ् अ'नैलसिस्) **पथ विश्लेषण** : किसी तथ्य के विश्लेषण में यदि यह मालूम होता है कि विभिन्न चरों के बीच में एक कार्य-कारण सम्बन्ध है, तो वैसी स्थिति में पथगुणन प्रणाली द्वारा विभिन्न चरों के बीच के सम्बन्ध को मात्रात्मक स्तर पर मापा जा सकता है। यह एक प्रकार का बहुचर विश्लेषण (Multi-variate analysis) है (देखें– Patrick Joyce, **Work, Society and Politics**, 1980)।

pathological criminal (पैथ्'लॉजिक्ल् 'क्रिमिनल) **मनोविकारी अपराधी** : ऐसा अपराधी, जो मानसिक रूप से अस्वस्थ और असन्तुलित होता है। यद्यपि इस प्रकार के अपराधियों का कोई मान्य वर्गीकरण नहीं होता, तथापि वे मन्दबुद्धि, मनस्तापी, मनोविकृत तथा मानसिक व्याधियों से ग्रस्त होते हैं।

pathology, social (प'थ़ॉलजि, सोश्ल्) **सामाजिक विकृतिविज्ञान** : देखें– **Social pathology**।

patriarchal family (पेट्रि'ऑकल 'फ़ैमलि) **पितृसत्तात्मक परिवार** : देखें– **Family, patriarchal**।

patriarchal ideology (पेट्रि'ऑकल आइडि'ऑलजि) **पितृसत्तात्मक विचारधारा** : इसके अनुसार पूरे परिवार पर पुरुष-सदस्य का ही स्वामित्व एवं अधिकार होना चाहिए। वह पुरुष चाहे पति हो या पिता या परिवार का कोई अन्य पुरुष-सदस्य।

patriarchal society (पेट्रि'ऑकल सॅ'साइअटि) **पितृसत्तात्मक समाज** : ऐसा समाज, जिसकी संस्कृति में पुरुष की प्रधानता होती है और जिसमें सत्ता परिवार में पिता या बन्धुत्व समूह में ज्येष्ठ पुरुष के हाथ में होती है। ऐसे समाज के विशेष लक्षण है पतिस्थानिक आवास, पितृ वंशानुक्रम तथा पैतृकनामिता।

patriarchate (पेट्रि'आर्कट) **पुरुषप्रधान या पितृप्रधान व्यवस्था** : सामाजिक संगठन का एक प्रकार, जिसमें वंशानुक्रम, पतिस्थानिक आवास, वंशागति और उत्तराधिकार पैतृवंशिक होता है। पिता परिवार का प्रमुख होता है और स्त्रियाँ तथा बच्चे वैध रूप में उस पर आश्रित होते हैं।

patriarchy ('पेट्रि आकि) **पितृतन्त्रीय, पितृसत्तात्मक :** पितृ-तन्त्र ऐसी पारिवारिक व्यवस्था को कहते है, जिसमें सम्पूर्ण सत्ता पितृपक्ष में निहित होती है। परिवार का सबसे वृद्ध पुरुष उसका मुखिया होता है तथा समस्त सत्ता उसके हाथों में ही केन्द्रित होती है। पिता के नाम पर ही वंश चलता है। पुरुष-सदस्य बाहर के परिवारों से विवाह करके पत्नियाँ लाते हैं। स्त्रियों को चाहे वे रिश्ते में पत्नियाँ, माताएँ या अविवाहित पुत्रियाँ हों, अपने परिवार के पुरुषों अर्थात् पति, पिता व बुजुर्ग के अधीन रहना होता है। परिवार की सम्पत्ति, पीढ़ी-दर-पीढ़ी पुरुष-सन्तानों को हस्तान्तरित होती जाती है। इस प्रकार की व्यवस्था में स्त्रियों का स्तर पुरुषों से बहुत नीचा माना जाता है। यह व्यवस्था विश्व की कई जनजातियों में पायी जाती है। चीन, भारत, जापान आदि देशों में भी यह प्रणाली परम्परागत रूप में प्रचलित रही है।

patrician (पॅ'ट्रिशन्) **कुलीन, अभिजात :** रोम गणतन्त्र में भू-स्वामियों का वर्ग।

patrilineal (पैट्रि'लिनिअल) **पितृवंशक्रम, पितृवंशीय :** पुरुष को आधार मानकर वंश-परम्परा के मूल को खोजने का सिद्धान्त। भारत में यह वंशक्रम सबसे ज्यादा प्रचलित है। कहीं-कहीं पिता और माता दोनों के माध्यम से वंशक्रम जाना जाता है, उदाहरणस्वरूप– याको (Yako) जनजाति में अचल सम्पत्ति का उत्तराधिकार पितृवंश से माना जाता है और चल सम्पत्ति का उत्तराधिकार मातृवंशक्रम से।

patrilineal clan (पैट्रि'लिनिअल'क्लैन्) **पितृवंशीय गोत्र :** ऐसे गोत्र में एक पुरुष उसके भाई, उस पुरुष की सन्तानें और उसके भाइयों की सन्तानें सम्मिलित होती हैं, परन्तु बहनों की सन्तानें ऐसे गोत्र में नहीं आतीं।

patrilineal descent (पैट्रि'लिनिअल डि'सेन्ट्) **पितृवंशिक, पितृवंशानुक्रम :** वंशानुक्रम की एक पद्धति, जिसमें नाम, सम्पत्ति और प्राधिकार का पारेषण पुरुषों के द्वारा निर्धारित किया जाता है। सन्तान पिता के वंश और उसकी सम्पत्ति की अधिकारिणी होती है।

patrilinear (पैट्रि'लिनिअर्) **पितृवंशिक, पितृवंशीय :** जिस समाज में पुरुषों के द्वारा वंशानुक्रम निश्चित होता है, उसको पितृवंशिक अथवा पैतृक वंशानुक्रम कहते हैं।

patriliny (पैट्रि'लिनी) **पितृवंशिकता :** जहाँ वंश परम्परा को पिता के माध्यम से जाना जाता है, उसे पितृवंश परम्परा वाला समाज कहते हैं।

patrilocal residence (पैट्रि'लोकल 'रेजिडन्स्) **पतिस्थानिक आवास-व्यवस्था :** वह व्यवस्था, जिसमें विवाह के बाद स्त्री अपने पति के पितृ परिवार में जाकर रहती है तथा उसी परिवार में उसके बच्चों का जन्म तथा पालन-पोषण होता है।

patrimonialism (पैट्रि'मोनिअ लिज़्म्) **पुश्तैनीवाद :** राजनीतिक सत्ता के एक रूप में मैक्स वेबर (Max Weber, 1864-1920) ने अपनी पुस्तक **Economy and Society** (1922) में पुश्तैनीवाद की विवेचना की है। इस व्यवस्था में सत्ता, व्यक्तिगत और नौकरशाही की शक्ति पर निर्भर करती है, जिसका प्रयोग बपौती के रूप में राजघराने के द्वारा किया जाता है। इसमें सत्ता औपचारिक रूप में स्वैच्छिक होने के साथ-साथ शासक के प्रत्यक्ष नियन्त्रण के अन्तर्गत होती है। मैक्स वेबर ने इस प्रकार की सत्ता-व्यवस्था के उदाहरण पारम्परिक अफ्रीका तथा प्राच्य समाजों से दिये हैं, जहाँ पुश्तैनी नौकरशाही पाई गई है।

patrimony ('पैट्रिमनि) **पितृदाय, पैतृकी :** वह सम्पत्ति जो व्यक्ति अपने पिता अथवा पूर्वज से विरासत में प्राप्त करता है। पाश्चात्य देशों के विपरीत भारत में प्रत्येक व्यक्ति को पैतृक सम्पत्ति स्वतः विरासत में मिल जाती है। सन्तान अपने माता-पिता की सम्पत्ति का कानूनी उत्तराधिकारी होता है।

patriotism (पेट्रि'अटिज़्म्) **देशभक्ति :** स्वदेश के प्रति निष्ठा और उसके हितों के उन्नयन की चेष्टा सम्बन्धी विचार। जाति एवं धर्म का प्रभाव भारत में इतना अधिक रहा है कि यहाँ देशभक्ति का विकास काफी देर से हुआ। देशभक्ति के विकास में अँगरेज़ी हुकूमत की महत्त्वपूर्ण भूमिका रही है।

patripotestal authority ('पैट्'रि'पोटेस्टल् ऑ'थ़ॉरिटि) **पितृ शासन :** परिवार में पिता का प्रभुत्व । यह संकल्पना मूलत: प्राचीन रोम में प्रचलित प्रथा के आधार पर है, जिसके अनुसार परिवार के समस्त सदस्यों, यहाँ तक कि दासों पर भी, पिता का प्राधिकार होता था ।

patron-client relationship ('पेट्रॅन क्लाइॲन्ट रि'लेश्न्शिप्) **संरक्षक-मुवक्किल-सम्बन्ध :** पितृसत्तावाद (**Paternalism**) के विपरीत संरक्षण (Patronage) दो व्यक्तियों के बीच के सम्बन्ध को दर्शाता है– संरक्षक एवं मुवक्किल या ग्राहक । इस प्रकार के सम्बन्धों की मध्ययुगीन यूरोप में बहुलता थी; क्योंकि उस काल में दासप्रथा का प्रचलन था । समाज में दासों एवं जमींदारों के बीच इस प्रकार के अन्योन्याश्रय सम्बन्ध स्थापित हो गये थे कि एक के बिना दूसरे का अस्तित्व असम्भव-सा लग रहा था । आधुनिक समाज में चिकित्सक और रोगी के बीच का सम्बन्ध, विद्यार्थी और शिक्षक के बीच का सम्बन्ध, वकील और मुवक्किल के बीच का सम्बन्ध संरक्षक-मुवक्किल-सम्बन्ध के उदाहरण हैं । मध्यकालीन और आधुनिक युग के बीच फर्क इतना ही है कि आधुनिक युग में सम्बन्ध अल्पकालीन, अनौपचारिक है, तो मध्यकालीन युग में दीर्घकालीन और शाश्वत थे । सम्बन्ध आसानी से बनते और बिगड़ते नहीं थे । वे सापेक्षिक रूप से ज्यादा टिकाऊ हुआ करते थे । सम्बन्धों का मुख्य आधार कृषि था । मुवक्किल चाहकर भी संरक्षक से आसानी से सम्बन्ध तोड़ नहीं सकते थे । यह एक प्रकार के ऋण बन्धन (**Debt-bondage**) की व्यवस्था थी । अत: संरक्षण प्रदान करने वाले, संरक्षित व्यक्तियों का आसानी से शोषण करते थे : देखें– **Clientalism** ।

patronage ('पैट्रनिज्) **संरक्षण :** शासकों, राजाओं, भूस्वामियों तथा किसी शक्तिशाली या धनी व्यक्ति द्वारा किन्हीं कलाओं, शिल्पों और वास्तुकलाओं आदि को दिया जानेवाला प्रोत्साहन या उसकी सुरक्षा का आश्वासन ।

patronymic (पैट्र'निमिक) **पितृनाम, पैतृक नाम (व्यवस्था) :** वह व्यवस्था, जिसके अन्तर्गत सन्तान अपना उपनाम अपने पिता अथवा पैतृक पूर्वज से ग्रहण करती है । आज यह व्यवस्था बहुत देशों में देखने को मिलती है । लेकिन, दक्षिण भारत में इसका प्रचलन उत्तर भारत की तरह नहीं रहा है, हालाँकि उत्तर भारत में भी इस सन्दर्भ में क्षेत्रीय विभिन्नताएँ हैं ।

pattern number ('पैट्र्न् नम्बर्) **प्रतिरूप संख्या, आदर्शात्मक संख्या :** वह संख्या जिसकी समाज में विशेष अधिमान्यता होती है और जिसका विभिन्न सन्दर्भों में बारम्बार प्रयोग किया जाता है ।

pattern variables ('पैट्र्न् 'व़ेरिअब्ल्स) **परिवर्तनीय प्रतिमान :** सामाजिक सम्बन्धों के द्विभाजन की एक विशिष्ट योजना 'परवर्ती प्रतिमान' के नाम से जानी जाती है । इस योजना के प्रस्थापक टैलकॉट पार्सन्स (Talcott Parsons, 1902-1979) रहे हैं । उन्होंने पाँच ऐसे चरों का प्रतिपादन किया है जिनका यह विश्लेषण करने में उपयोग किया जा सकता है कि किस प्रकार लोग एक-दूसरे के साथ अन्त:क्रिया करते हैं । मूलत: यह योजना कर्त्ताओं द्वारा सम्पन्न की जाने वाली अन्तर्क्रियाओं के विभिन्न रूपों का अमूर्त प्रदर्शन है । जैसे-जैसे समाज ज्यादा जटिल होता जाता है, आमतौर पर व्यक्तियों की अन्त:क्रिया के तरीकों में भी वैसे-वैसे परिवर्तन होता रहता है । इस योजना के अनुसार, कर्त्ता के समक्ष क्रिया अथवा व्यवहार के कुछ वैकल्पिक जोड़े उपलब्ध होते हैं । किसी सामाजिक स्थिति में व्यवहार करने के पूर्व कर्त्ता इन जोड़ों में से किसी एक को अपने व्यवहार के लिए चुनता है, जैसे– आरोपित (**Ascriptive**) बनाम अर्जित (**Achieved**), व्यक्तिवादिता (**Particularism**) बनाम सार्वभौमिकता; समूह केन्द्रित (**Collective orientation**) बनाम आत्म-केन्द्रित (**Self-orientation**) इत्यादि । टैलकॉट पार्सन्स एवं एडवर्ड शील्स (Talcott Parsons and Edward A. Shils) ने दो विपरीत प्रकार के समाजों, परम्परागत या सरल समाज (**Traditional** or **simple society**) एवं आधुनिक या जटिल समाज (**Modern** or **complex society**) को ध्यान में रखकर प्रतिमान की योजना दी है । प्रतिमान की योजना को सारणी-1 में देखा जा सकता है–

सारणी-1

परिवर्तनीय प्रतिमान "A" परम्परागत समाज	परिवर्तनीय प्रतिमान "B" आधुनिक समाज
1. आरोपित (Ascription)	1. अर्जित (Achievement)
2. विस्तार (स्वार्थ या सम्बन्धों का) (Diffuseness)	2. विशिष्टता (Specificity)
3. व्यक्तिवादिता या पक्षपातपूर्णता (Particularism)	3. सार्वभौमिकता (Universalism)
4. भावात्मकता (Affectivity)	4. भावात्मक निष्पक्षता (Affective Neutrality)
5. समूह केन्द्रित (सामूहिक अवस्थिति) (Collective Orientation)	5. आत्म-केन्द्रित (Self-Orientation)

pauper oath ('पापर् ओथ्) **कंगाल शपथ :** अदालत में किसी आवेदक द्वारा लोक-सहायता लेने और अदालत की फीस न दे सकने का आवेदन, जिसमें वह इस बात की शपथ लेता है कि वह और उसका परिवार बेसहारा है और उसके निर्वाह का कोई साधन नहीं है।

pax britannica (पैक्स ब्रि'टैनिका) **ब्रिटेन का शान्तियुग :** संसार के विभिन्न भागों में ब्रिटेन द्वारा आरोपित शान्ति। 'पैक्स ब्रिटैनिका' शब्द लैटिन के 'पैक्स रोमाना' (**Pax Romana**) शब्द के अनुकरण पर बनाया गया है, जिसका अर्थ है रोम साम्राज्य के विभिन्न भागों में विद्यमान शान्ति।

pax romana (पैक्स रोमाना) **रोम का शान्तियुग :** रोम का शान्ति-युग (ई. सं. 96-180)। ईसा की दूसरी शताब्दी में जर्मन कबीलों ने रोम साम्राज्य पर आक्रमण कर उसे ध्वस्त कर दिया। रोम का शान्तियुग विश्व-इतिहास में, वह समय है, जब रोम साम्राज्य में राजनीतिक शान्ति और स्थिरता बनी रही, आर्थिक उन्नति हुई और रोम साम्राज्य के दूर-दूर तक फैले हुए क्षेत्रों में बसने वाली विभिन्न जातियों के बीच सांस्कृतिक सहयोग की स्थापना हुई।

peasant community ('पेज़न्ट् क'म्यूनटि) **कृषक समुदाय :** ग्रामीण कृषक समुदाय, जिसकी संरचना सरल व साधारण होती है तथा सांस्कृतिक परम्पराएँ और प्रौद्योगिकी बहुत ही सामान्य होती हैं। इनकी व्यावसायिक अवस्था कृषिमूलक और लघु-उद्योगप्रधान होती है। कृषकों के लिए कृषि-वृत्ति का उद्देश्य लाभ कमाना नहीं होता। वे व्यापार के लिए नहीं, वरन् उपभोग के लिए खेती करते हैं।

peasant proprietor ('पेज़न्ट् प्र'प्राइअटर्) **भूस्वामित्व वाले किसान :** वे किसान, जिन्हें भूस्वामित्व के अधिकार प्राप्त हैं। ये स्वतन्त्रता प्राप्ति के अपेक्षित योग्यताएँ हैं।

peasant society ('पेज़न्ट् सॅ'साइअटि) **कृषक समाज :** यह समाज मूलतः सरल प्रौद्योगिकी पर आधारित कृषि अर्थव्यवस्था के इर्द-गिर्द संगठित होता है। यहाँ महत्त्वपूर्ण कृषि नहीं है, बल्कि कृषि-कार्य को जहाँ तकनीकों और उपायों के आधार पर संगठित किया जाता है, वैसे समाज-विशेष को किसान समाज कहते हैं। ऐसे समाजों में पशु बल का प्रयोग होता है, सामान्य उपकरण होते हैं, मानवीय शक्ति का भरपूर प्रयोग होता है तथा पूरा समाज प्रत्यक्ष अथवा अप्रत्यक्ष रूप से भूमि और भूमि के उत्पादन से जुड़ा रहता है। ऐसा समाज न तो स्पष्ट रूप से जनजातीय होता है और न ही औद्योगिक। इसके चार प्रमुख लक्षण होते हैं– (1) इसमें बहुपक्षीय सामाजिक संगठन की मूल इकाई किसान परिवार होता है; (2) इसमें जीविका का प्रमुख साधन भूमि और कृषि होती है; जिनसे जीवन की प्रायः सभी आवश्यकताओं की पूर्ति होती हैं, (3) जीवनचर्या से सम्बन्धित इसकी विशिष्ट परम्परागत संस्कृति होती है तथा (4) इन पर बाहर के लोगों का आधिपत्य होता है।

peasants; peasantry ('पेज़ेन्ट्स्, 'पेज़ेन्ट्रि) **कृषक; कृषक वर्ग :** इस सन्दर्भ में, अँगरेज़ी के 'Farmer' शब्द को भी समझना ज़रूरी है । 'फाम्र' शब्द ऐसे व्यक्तियों के लिए प्रयोग में लाया जाता है, जो बड़े किसान हैं और जो खुद भूमि नहीं जोतते, किन्तु जोती जाने वाली भूमि पर उनका स्वामित्व और नियन्त्रण दोनों होता है । ऐसे व्यक्तियों को हिन्दी भाषा में जमींदार अथवा भू-स्वामी कहते हैं । इसके विपरीत कृषक ऐसे व्यक्ति को कहा जाता है, जो अपनी आजीविका कृषि अथवा दस्तकारी से चलाते हैं, जो स्वयं के उपभोग के लिए उत्पादन करते हैं तथा जिनकी अपनी पारम्परिक ग्रामीण जीवन-शैली होती है । इस वर्ग में कभी-कभी ऐसे लोगों का शुमार किया जाता है, जिनका भूमि पर स्वामित्व तो नहीं होता, किन्तु वे 'बटाईदार' या 'जोतदार' की हैसियत से खेती करते हैं । सामाजिक मानवशास्त्रियों ने कृषक की परिभाषा उसके सांस्कृतिक रीति-रिवाज, आदतें और मानदण्ड के साथ-साथ उसकी सीमित दृष्टि और परम्पराओं से चिपके रहने की प्रवृत्ति के आधार पर की है । मार्क्सवादियों ने उत्पादन के ढंग को आधार मानकर किसान को परिभाषित करने का प्रयास किया है । उन लोगों ने ऐसे व्यक्ति को किसान कहा है, जो ग्रामीण परिवेश में पारिवारिक आधार पर कृषि करता है, अर्थात् कृषि सम्बन्धित सभी कार्य परिवारजनों के सहयोग से खुद करता है । तीसरी दुनिया की आधुनिक संकल्पना-सन्दर्भ में कुछ समय से इस वर्ग का स्वरूप (बिम्ब) कुछ बदल गया है । आज का कृषक रूढ़िवाद की परिधि को लांघकर वैज्ञानिक अन्वेषण तथा तकनीकों का लाभ उठाते हुए अग्रगामी होता जा रहा है (देखें– Eric R. Wolf, **Peasants**, 1966 and **Peasant Wars of the Twentieth Century**, 1971) ।

pedagogy ('पेड गॉगि) **शिक्षाशास्त्र :** शिक्षा की औपचारिक प्रणाली के माध्यम से पढ़ाने की विधि ।

peer group (पिअर् 'ग्रूप्) **मित्रमण्डली :** यह ऐसे व्यक्तियों का समूह है, जो लगभग समान उम्र तथा समान हितों में विश्वास रखने वाले होते हैं । एक प्रकार का प्राथमिक समूह, जो संवृत्त और घनिष्ठ होता है और जिसके सदस्य बहुधा एक जैसी स्थिति के होते हैं । बच्चों के क्रीड़ा-समूह इसी प्रकार के समूह हैं ।

penal colony ('पीनल् 'कॉलनि) **अपराधी उपनिवेश, दण्डित उपनिवेश :** सुदूर एकान्त में द्वीप जैसा निर्जन स्थान, जहाँ विशिष्ट श्रेणी के अपराधियों को दण्डित होने पर भेज दिया जाता है । ऐसे निर्जन स्थानों में अपराधियों को भेजना या रखना ही दण्ड माना जाता है, जैसे– अँगरेज़ी शासनकाल में भारत के अन्तर्गत अंडमान द्वीप ।

Pennsylvania system (पेन्सिल 'विनिया 'सिस्टम्) **पेन्सिल्वेनिया व्यवस्था :** कारावास की एक प्रणाली, जिसका आरम्भ पूर्वी पेन्सिल्वेनिया में सन् 1829 के लगभग हुआ था । इस प्रणाली में प्रत्येक कैदी को अलग कोठरी में रखा जाता था और उसे केवल जेलर और पादरी के अतिरिक्त अन्य किसी व्यक्ति से मिलने नहीं दिया जाता था । कोठरी में इन्हें भिन्न-भिन्न काम देकर व्यस्त रखा जाता था, जिससे वे मानसिक रूप से स्वस्थ रह सकें ।

penology (पी 'नॉलजि) **दण्ड-विज्ञान, दण्डशास्त्र :** अपराधविज्ञान की एक शाखा, जिसमें विभिन्न समाजों में अपराधियों को विभिन्न कालों में दी जाने वाली सजाओं तथा उनके साथ किए जाने वाले व्यवहारों, उपचारों और उनके प्रभावों का अध्ययन किया जाता है ।

peonage (प्यून 'एज्) **ऋण सेवा, दासवृत्ति :** अनिवार्य सेवा की वह स्थिति, जो ऋणग्रस्तता के कारण होती है । बन्धुआ मजदूरी एक प्रकार की दासवृत्ति ही है ।

people's capitalism ('पीप्लस् 'कैपिटलिज़्म्) **जन-पूँजीवाद :** पूँजीवाद का वह रूप, जो समकालीन पूँजीवादी व्यवस्था का हिस्सा बनता जा रहा है । इसकी विशेषता यह है कि कई बड़े-बड़े उद्योग-धन्धों में जो पूँजी लगी होती है, वह किसी एक या इने-गिने पूँजीपतियों की निजी सम्पत्ति नहीं होती, बल्कि उसके स्वामी लाखों शेयरहोल्डर होते हैं । प्रत्येक शेयरहोल्डर का दायित्व, उसके शेयरों के मूल्य के बराबर होता है ।

people's democracy ('पीप्लस् डि 'मॉक्रसि) **जनवादी लोकतन्त्र :** मार्क्सवादी-लेनिनवादी विचारधारा के अनुसार, वह राजनीतिक संगठन, जो पूँजीवाद तथा समाजवाद के विकास के बीच अवस्थित था । इस अवधारणा का सबसे पहला

प्रयोग यूगोस्लाविया के साम्यवादी नेता मार्शल टीटो ने 1945 में पूर्वी-मध्य यूरोप के सोवियत-आश्रित राज्यों के लिए किया था। इन राज्यों में मुख्य थे– अल्बानिया, हंगरी, पोलैंड, चेकोस्लोवाकिया और पूर्वी जर्मनी। 1949 के बाद इस अवधारणा का प्रयोग एशिया के साम्यवादी शासित राज्यों– लाल चीन, उत्तर कोरिया, उत्तर वियतनाम के लिए भी होने लगा है। मूलतः 'जनवादी गणराज्य' (पीपुल्स रिपब्लिक्स) या 'जनवादी लोकतन्त्रात्मक गणराज्य' (पीपुल्स डेमोक्रेटिक रिपब्लिक) को, बूर्जुआ राज्य के पतन तथा सोवियत संघ के ढंग के 'सर्वहारा वर्ग के अधिनायकवाद' के बीच का चरण माना जाता था, जिसमें समाजवाद का निर्माण किया जा सके। यह द्वितीय विश्वयुद्ध का एक परिणाम था, जिसने पूँजीवाद और साम्राज्यवाद को कमजोर किया तथा सोवियत संघ की शक्ति को बढ़ा दिया और पूर्वी-मध्य यूरोप के देशों में प्रगतिशील सामाजिक तत्त्वों को फासिस्ट-विराधी मोर्चों के रूप में इकट्ठा कर दिया था। 1984 के पश्चात् विशेषकर 1953 में स्तालिन की मृत्यु के पश्चात्, पूर्वी-यूरोप के मूल जनवादी लोकतन्त्रों में अनेक महत्त्वपूर्ण परिवर्तन हुए तथा उन्होंने पूर्ण समाजवाद प्राप्त कर लेने का दावा किया और अपना नाम भी 'समाजवादी गणराज्य' रख लिया। इन राज्यों में स्तालिनवाद का प्रभाव कम होता गया।

perception (पर्'सेप्श्न्) **प्रत्यक्ष ज्ञान** : (1) ज्ञान का एक साधन-विशेष। (2) वह ज्ञान, जो इन्द्रिय और विषय के सम्पर्क से उत्पन्न होता है। (3) इन्द्रिय और विषय के सम्पर्क के बिना भी प्राप्त ज्ञान, जिसे अलौकिक या अनुभवातीत प्रत्यक्ष कहते हैं। पाश्चात्य दार्शनिकों में बर्ट्रेन्ड रसल (Bertrand Russell, 1872-1970) के अनुसार, परिचयात्मक या परिचयाश्रित ज्ञान (Knowledge by acquaintance) एक प्रकार का प्रत्यक्ष ज्ञान है। तार्किक प्रत्यक्षवादियों ने मात्र इन्द्रिय-आश्रित ज्ञान को प्रत्यक्ष ज्ञान माना है। दृश्यगत सूचनाओं को एकत्रित करने और उनकी व्याख्या करने सम्बन्धी प्रक्रियाओं के अध्ययन का विषय मुख्यतः सामाजिक मनोवैज्ञानिकों का क्षेत्र रहा है और यही स्थिति प्रत्यक्षण की है।

perfect competition ('पर्फेक्ट् कॉम्प'टिश्न्) **पूर्ण प्रतिस्पर्द्धा** : बाज़ार की ऐसी स्थिति या ढाँचा, जिसमें एक-जैसी वस्तुओं या सेवाओं के बहुत सारे ग्राहक और विक्रेता मौजूद हों, उन्हें बाज़ार की पूरी जानकारी हो और बाज़ार में मुक्त प्रवेश की सुविधा हो। ऐसी हालत वस्तुओं की माँग और पूर्ति के नियम से निर्धारित होती है; क्योंकि माँग बढ़ जाने पर वस्तु की कीमत बढ़ जाती है और पूर्ति बढ़ जाने पर वस्तु की कीमत कम हो जाती है : देखें– **Imperfect competition**।

perfectionism (पॅ'फ़ेकशॅ निज़म्) **पूर्णतावाद** : व्यक्ति या समाज की अथवा दोनों की ही पूर्णता की प्राप्ति को सर्वोच्च लक्ष्य माननेवाला नैतिक सिद्धान्त। प्लेटो, अरस्तू और ग्रीन इस सिद्धान्त के प्रबल समर्थक हैं।

perinatal mortality rate (प'रिनेटल मॉर्'टैलटि रेट्) **अर्द्ध-जन्म मृत्यु-दर** : मृतजात **(Still births)** एवं जन्म के प्रथम सप्ताह में मरनेवाले शिशुओं के कुल जोड़ को सम्पूर्ण जन्म लेने वाले शिशुओं (जीवित एवं मृत दोनों) की संख्या से विभाजित कर 1000 से गुणा करने पर प्राप्तांक को अर्द्ध-जन्म मृत्यु-दर कहा जाता है।

period analysis ('पिरिअड् अ'नैलसिस्) **आवर्त्तकालिक विश्लेषण** : इस प्रकार का विश्लेषण आमतौर पर जनसंख्याशास्त्र में होता है। किसी खास वर्ष में जन्म लेने वाले व्यक्तियों के प्रजनन-व्यवहार या मृत्यु-दर के अध्ययन को अवधि विश्लेषण कहा जाता है। यह सहगण विश्लेषण की तरह है। इस प्रकार के विश्लेषण में काल को समय-बिन्दु (Point of time) न मानकर समय-अन्तराल (Period of time) माना जाता है : देखें– **Cohort analysis**।

periodic data (पिअरि'ऑडिक् डेटा) **आवधिक आँकड़ा** : आवधिक आँकड़ों को आर्थिक इकाइयों, जैसे– बिक्री, उत्पादन, कीमतें, मज़दूरी या वेतन आदि के रूप में, प्रति सप्ताह, मास अथवा वर्ष के सन्दर्भ में दिखाया जाता है। इस प्रकार के आँकड़ों के आधार पर कालगत श्रेणियों के वक्र तैयार किये जाते हैं तथा सारणियाँ बनायी जाती हैं।

periphery (प'रिफ़रि) **परिधि** : वैसे देश जिनकी विश्व-अर्थव्यवस्था में भूमिका नगण्य होती है और वे विकसित राष्ट्रों के साथ बाह्य राज्य (Peripheral state) के रूप में अस्तित्व रखते हैं। अधिकांश विकासशील देश विकसित देशों के लिए बाह्य राज्य का ही अस्तित्व रखते हैं : देखें– **Centre-periphery model**।

permanent settlement ('पर्मनन्ट् 'सेटल्मन्ट) **स्थायी भूमि व्यवस्था** : 1793 में बंगाल प्रेसीडेन्सी में ब्रिटिश शासकों द्वारा लागू की गई भूस्वामित्व व्यवस्था। इस प्रणाली में कई गाँव या काफी बड़ा क्षेत्र नीलाम कर दिया जाता था और सबसे ऊँची बोली लगाने वाले को वह क्षेत्र दे दिया जाता था। जमींदार सरकार को प्रति वर्ष राजस्व की निश्चित राशि देता था। जमींदार इस राजस्व की या कर की वसूली काश्तकारों को अपनी जमीन पट्टे पर देकर करता था। देश एवं समाज के सन्दर्भ में भी वंचित वर्ग या समुदाय के विश्लेषण में इस अवधारणा का प्रयोग होता है।

permissive society (पर्'मिसिव् सॅ'साइअटि) **उन्मुक्त समाज** : ऐसा समाज, जिसमें कठोर मर्यादाओं के पालन पर बल नहीं दिया जाता। जैसे– स्त्री-पुरुषों के मिलने-जुलने और यौन भावनाओं की अभिव्यक्ति पर बहुत कड़ा प्रतिबन्ध नहीं लगाया जाता। कुछ हद तक इन प्रवृत्तियों को प्रोत्साहन भी दिया जाता है और इसे उन्नति का सूचक तक माना जाता है। अमरीका एवं अन्य पश्चिमी देशों के समाज उन्मुक्त समाज के रूप में देखे जाते हैं।

permissiveness (पॅरमिसिव'नेस) **वर्जनहीनता, अनुज्ञेयता** : समाज के सुस्थिर प्रतिमानों के विपरीत व्यवहारों को सहन करने की क्षमता। बहुधा यह अवर्जना यौन-व्यवहारों की स्वच्छदन्ता के प्रसंग में व्यक्त होती है।

persona (पर्'सोन्अ) **पर्सोना** : ऐसी क्रिया-शैली जो कि परिस्थितियों के समायोजन हेतु अथवा किसी विषय-वस्तु के सम्बन्ध में आवश्यक सुगमता उत्पन्न करने हेतु विद्यमान हो गई है, परन्तु वैयक्तिकता से भिन्न है। दूसरे शब्दों में, व्यक्ति की किसी वस्तु पर परिस्थिति के प्रसंग में प्रतिक्रियाओं का निर्धारण पर्सोना द्वारा ही होता है। युंग (Carl G. Jung, 1875-1961) ने इस धारणा का प्रयोग 'ऐनिमा' के विरोधी रूप में किया है : देखें– **Individuation** ।

personal adjustment ('पर्सनल् अ'जस्ट्मन्ट्) **वैयक्तिक समायोजन** : वह स्थिति और अवस्था, जिसमें व्यक्ति किसी भी सामाजिक अवस्था में औरों के साथ मैत्रीपूर्ण सम्बन्ध या सामंजस्य रखता है।

personal ascendancy ('पर्सनल् अ'सेन्डन्सि) **व्यक्तिगत प्रभुता** : समूह के किसी सदस्य के द्वारा किन्हीं सामाजिक परिस्थितियों में अपनी कुशलता एवं विनम्रता के द्वारा सहज रूप में नेतृत्व प्राप्त कर समूह का नियन्त्रण करना। यह स्थान वह अपने पद अथवा स्थिति की अपेक्षा व्यक्तिगत गुणों के आधार पर प्राप्त करता है।

personal construct theory ('पर्सनल् कन्'स्ट्रक्ट 'थिअरि) **वैयक्तिक व्याख्या-सिद्धान्त** : मनोवैज्ञानिक जी. ए. केली (G. A. Kelly, 1905-1967) का कहना है कि प्रत्येक व्यक्ति अपनी इर्द-गिर्द की दुनिया को अपने ढंग से समझने का प्रयास करता है और उसी समझ के अनुसार आचरण करता है। यह सही है कि समय और परिस्थितियों के अनुसार व्यक्ति अपनी समझ और चिन्तन में परिवर्तन लाता है, लेकिन जो चीज़ें उसके जीवन में भूत में घटी होती हैं, वह उसके भविष्य में भी उसी रूप में घटने की अपेक्षा रखता है। सामान्यतया व्यक्तियों की वर्तमान व्याख्या वैसी ही होती है, जैसी कि वह आगे आने वाले दिनों में उस विषय या घटना के बारे में समझता है, अर्थात् वर्तमान के परिप्रेक्ष्य में भविष्य के बारे में और भविष्य के परिप्रेक्ष्य में वर्तमान के बारे में सोचने व समझने की प्रवृत्ति लोगों में पायी जाती है (देखें– A. G. Kelly, **The Psychology of Personal Constructs**, 1955)।

personal disorganization ('पर्सनल् डिस् ऑगनाइ'ज़ेशन्) **वैयक्तिक विघटन** : व्यक्ति की अभिवृत्तियों, व्यवहार तथा सामाजिक मूल्यों एवं व्यवहार प्रतिमानों के बीच के संघर्ष के परिणामस्वरूप घटित व्यक्तिगत कुसमायोजन। ऐसे संघर्ष में समाज विरोधी तत्त्वों, जैसे– अपराध, वेश्यावृत्ति, आत्महत्या इत्यादि को प्रोत्साहन मिलता है।

personal documents ('पर्सनल् 'डॉक्युमन्ट्स) **वैयक्तिक दस्तावेज़** : वैयक्तिक अध्ययन प्रणाली के अन्तर्गत अध्ययन किये जाने वाले व्यक्ति के सम्बन्ध में उसके वैयक्तिक दस्तावेजों से आँकड़े प्राप्त किये जाते हैं। पत्र, संस्मरण, डायरी एवं आत्मकथा वैयक्तिक दस्तावेज़ के अभिन्न अंग माने जाते हैं।

personal evolution ('पर्सन्ल् ईव्'लूशन्) **व्यक्तिगत क्रमविकास, व्यक्तिगत उद्विकास :** व्यक्तित्व की वृद्धि और विकास, जो प्रारम्भिक अवस्था अर्थात् शैशवकाल में सहज रूप में व्यक्त होता है। यह आनुवंशिक विशेषताओं एवं सामाजिक व भौतिक परिवेश का समन्वित रूप होता है।

personal maladjustment ('पर्सन्ल् मैल अ'जस्ट्मन्ट्) **वैयक्तिक अपसमायोजन :** वह स्थिति और अवस्था, जिसमें व्यक्ति किसी भी सामाजिक स्थिति में समाज के अन्य व्यक्तियों के साथ सामंजस्य नहीं रख पाता।

personal network ('पर्सन्ल् नेट्वॅर्क्) **व्यक्तिगत तन्त्र :** अहम् के सम्पर्क में आने वाले व्यक्तियों के समूह को व्यक्तिगत तन्त्र कहा जाता है।

personal space ('पर्सन्ल् स्पेस्) **वैयक्तिक फासला :** जब कोई व्यक्ति किसी को वैयक्तिक तौर पर जानता है, तो वह उससे भौतिक रूप से कुछ दूर ही रहने का प्रयास करता है, अर्थात् दो या दो से अधिक व्यक्तियों के बीच एक प्रकार की भौतिक दूरी होती है, जिसे व्यक्तिगत फासला कहा जाता है।

personalism (पर्स'नैलिज्म) **व्यक्तिवाद :** दर्शन और मनोविज्ञान में 'व्यक्ति' अध्ययन तथा चिन्तन का केन्द्रबिंदु है। व्यक्तित्व की महत्ता प्रमुख है। सत्य का अर्थ अथवा वास्तविक तथ्य को समझने की यह कुंजी है। समाजशास्त्र इस परिप्रेक्ष्य को नकारता रहा है।

personality (पर्स'नैलटि) **व्यक्तित्व :** व्यक्तित्व शब्द बहुत प्रचलित है और इसका प्रयोग अनेक अर्थों में किया जाता है। व्यक्तित्व हमारी गत्यात्मक प्रवृत्तियों का गतिशील और परिवर्तनीय संगठन होता है। व्यक्तित्व एक व्यक्ति की आदतों, मनोवृत्तियों, लक्षणों तथा विचारों का ऐसा संगठित योग है, जो बाहरी तौर पर विशिष्ट एवं सामान्य भूमिकाओं एवं स्थिति के रूप में तथा आन्तरिक रूप में उसकी आत्म-चेतना या स्व: **(Self)** की धारणा, मूल्यों तथा उद्देश्यों के चारो ओर संगठित होता है। यह समझना 'मैं जो कुछ हूँ, वही हूँ,' अपने को धोखे में डालना है। व्यक्तित्व व्यक्ति और परिवेश के हजारों प्रकार के अन्तर्सम्बन्ध और उससे उत्पन्न होने वाली आन्तरिक और बाह्य स्थितियों के प्रति किये गये व्यवहार से प्रतिक्षण और प्रतिदिन निर्मित, परिवर्तित और निर्धारित होता रहता है। गत्यात्मक प्रवृत्तियों की संशोधन-शीलता के कारण व्यक्ति विभिन्न प्रकार की विषय स्थितियों में सामान्य रूप से व्यवहार करने योग्य बनता है। व्यक्ति के व्यवहार का सामान्य होना उसके व्यक्तित्व से निर्धारित होता है। सामान्य व्यवहार व्यक्तित्व के सही निर्माण पर निर्भर करता है। व्यक्तित्व में प्रमुखतः दो समस्याएँ संयुक्त हैं– (1) यह कि किस प्रकार अथवा कैसे एक व्यक्ति दूसरे व्यक्ति से भिन्न है, (2) यह कि मनुष्य की कैसे अथवा किस प्रकार से रचना हुई है कि वह दूसरे प्राणियों से भिन्न है। जैविक अथवा पार्थिव क्रम में, व्यक्ति का इतिहास उसकी आनुवंशिक सम्भावित शक्तियों को लिए हुए उसके गर्भाधान से शुरू होता है।

personality, authoritarian (पर्स'नैलटि, ऑ थॉरि'टेअरिअन्) **सत्तावादी व्यक्तित्व :** देखें– **Authoritarian personality**।

personality, basic/model (पर्स'नैलटि, 'बेसिक्/'मॉड्ल्) **मूलभूत व्यक्तित्व, मॉडल व्यक्तित्व :** एक समाज के व्यक्तियों के व्यक्तित्वों की उन विशेषताओं तथा प्रक्रियाओं को 'मूलभूत व्यक्तित्व' की संज्ञा दी जाती है, जो उस समाज के अधिसंख्य व्यक्तियों में देखने को मिलती हैं। प्रत्येक संस्कृति के सांस्कृतिक मानदण्ड एवं सामाजिक संस्थाएँ पुरुषों तथा स्त्रियों में एक विशिष्ट प्रकार के व्यक्तित्व को जन्म देती हैं। इसमें विशिष्ट प्रकार के व्यक्तित्व की धारणा का भी प्रयोग किया जाता है। दोनों में विशेष अन्तर नहीं है, फिर भी मॉडल व्यक्तित्व, संरचना की विभिन्न विशेषताओं को मालूम कर सांख्यिकी रूप में प्रस्तुत किया जाता है। सांख्यिकी-आधार पर निर्धारित व्यक्तित्व के सर्वाधिक प्रचलित रूप को ही 'मॉडल-व्यक्तित्व' कहते हैं।

personality, bohemian (पर्स'नैलटि, बोहीम्'यन) **रूढ़िमुक्त व्यक्तित्व :** उस व्यक्ति को 'बोहेमियन' कहा जाता है,

जो किसी भी वस्तु अथवा विचार से अपने-आपको नहीं जोड़ता, पर किसी भी नये विचार एवं नये अनुभव को सहज ही ग्रहण कर लेता है। रूढ़िमुक्तता इस प्रकार के व्यक्तित्व की एक महत्त्वपूर्ण विशेषता है।

personality, creative (पर्स'नैलटि, क्रिएटिव़्) **सृजनात्मक व्यक्तित्व :** सृजनात्मक व्यक्तित्व परिस्थिति की समस्त विशेषताओं के अनुसार नवीन तथ्यों को ग्रहण करता है तथा पुरानी चीज़ों को छोड़ता चला जाता है। इस प्रकार का व्यक्ति बोहिमियाई तथा 'फिलीस्टाइन' दोनों प्रकार की प्रवृत्तियों का सन्तुलित रूप होता है : देखें– **Bohemian personality; Philistine personality** ।

personality, philistine (पर्स'नैलटि, फिल्'इस्टाइन) **फिलीस्टाइन या विषयासक्त व्यक्तित्व :** फिलीस्टाइन व्यक्तित्व वाला व्यक्ति क्षुद्र बुद्धि वाला होता है। वह दूरदर्शी नहीं होता है और न ही उसकी रुचि नवीन बातों तथा नवीन अनुभवों को ग्रहण करने की होती है। ऐसा व्यक्ति यथास्थितिवादी होता है तथा किसी भी प्रकार के परिवर्तन के पक्ष में नहीं होता। फिलीस्टाइन, बोहिमियाई तथा सृजनात्मक व्यक्तित्व के रूपों का प्रयोग टामस ने किया है।

personality cult (पर्स'नैलटि कल्ट) **पर्सनैलिटि कल्ट, व्यक्ति-पूजा :** व्यक्ति-विशेष की सामर्थ्य, शक्ति, योग्यता आदि में अन्धविश्वास; किसी व्यक्ति अथवा व्यक्तियों में ऐसी श्रद्धा कि उनके द्वारा ही देश अथवा समाज का कल्याण संभव है; व्यक्ति अथवा व्यक्ति-विशेष की अत्यधिक चाटुकारिता करना या ऐसी प्रवृत्ति को प्रोत्साहन देना ही व्यक्ति-पूजा है ।

personality trait (पर्स'नैलटि ट्रेट्) **व्यक्तित्व विशेषक :** व्यक्ति के व्यवहार में निहित विशेषताएँ, जो भिन्न परिस्थितियों में उसकी व्यावहारिक प्रतिक्रियाओं में प्रतिलक्षित होती हैं और जिनसे उसके व्यक्तित्व को अन्य व्यक्तियों से अलग जाना जाता है, जैसे– झूठ नहीं बोलना गाँधीजी का व्यक्तित्व विशेषक था।

personnel management (पर्स'नेल् 'मैनिज्मन्ट्) **कार्मिक प्रबन्धन :** प्रबन्धन का वह क्षेत्र, जो श्रमिक एवं विभिन्न प्रकार के पेशेवर कर्मचारियों के चयन, प्रशिक्षण एवं सेवारत कर्मचारियों की प्रोन्नति का कार्य देखता है। प्रत्येक बड़े उद्योग के अन्तर्गत इस प्रकार की स्वतन्त्र इकाई की आवश्यकता होती है। वर्तमान समय में इसे ही मानव संसाधन प्रबन्धन (Human resource management) कहा जाता है।

personnel work (पर्स'नेल् वॅर्क्) **कार्मिक कार्य :** अनुप्रयुक्त समाजशासत्र की एक कार्य-प्रणाली, जिसमें भौतिक उत्पादन की अपेक्षा कर्मचारी वर्ग के कल्याण शामिल रहते हैं, जैसे– कर्मचारियों की पदोन्नति, वर्गीकरण, प्रशिक्षण, स्थानान्तरण, मज़दूरी-दर, बोनस, कार्यमुक्ति, स्वास्थ्य, मनोरंजन तथा निर्वाचन आदि ।

pessimism ('पेसि मिज़्म्) **निराशावाद :** वह मत कि संसार में दुःख, मृत्यु, अशुभ ही सत्य है, शेष सभी कुछ, सुख आदि क्षणिक और मिथ्या है। आधुनिक युग में शॉपेनहावर (Arthur Schopenhauer, 1788-1860) और प्राचीनकाल में बुद्ध (सर्व दुःखम) इस मत के मुख्य प्रवर्त्तक हुए।

peter principle ('पीट्र 'प्रिन्सप्ल्) **पीटर-सिद्धान्त :** इस सिद्धान्त के अन्दर यह कहा गया है कि प्रत्येक कर्मचारी अपने दफ्तरों में अपनी योग्यता से अधिक उच्च पद पाने की स्वाभाविक प्रवृत्ति रखता है। इस पर अमल करने के परिणामस्वरूप ऊपर के पदों पर अयोग्य एवं अक्षम व्यक्तियों की संख्या इतनी बढ़ जाती है कि व्यवस्था पर इसका नकारात्मक प्रभाव पड़ने लगता है।

petite (or petty) **bourgeoisie** (पॅ'टीट (ऑर्'पेट्इ) बुअर्ज़्वा'ज़ी) **निम्न मध्यवर्ग :** देखें– **Bourgeoisie, petite**।

petty apartheid ('पेट्इ अ'पाथाइट्) **अदना रंगभेद :** देखें– **Apartheid, petty** ।

petty commodity production ('पेट्इ क'मॉडिटि प्र'डक्शन्) **लघुवस्तु उत्पादन :** उत्पादन की यह ऐसी प्रणाली है, जिसके अन्तर्गत उत्पादन के साधनों पर स्वामित्व तो होता है, पर वस्तुओं और सेवाओं की उत्पादन की मात्रा इतनी

अधिक नहीं होती कि वेतनभोगी श्रमिकों को वहाँ काम मिल सके । पूँजी निर्माण (Capital accumulation) की मात्रा छोटी होती है । किसान एवं शिल्पकार इसके उदाहरण हैं ।

phenomenalism (फ़'नॉमिनॉ लिज़म्) **घटना-क्रियावाद** : एक दार्शनिक सिद्धान्त, जिसके अनुसार हम यथार्थ या वस्तुजगत के मूल स्वरूप को नहीं जान पाते; हम केवल उसके प्रकट रूप को ही अपनी ज्ञानेन्द्रियों से जान पाते हैं, जो प्रपंचमात्र होता है; उसका तात्त्विक रूप नहीं होता है ।

phenomenology (फ़ नॉमि'नॉलजि) **दृश्यप्रपंचशास्त्र, दृश्यघटना-विज्ञान** : एक ऐसा दर्शन, जो अवलोकित अथवा दिखाई पड़ने वाली वस्तुओं अथवा तथ्यों अथवा घटनाओं तथा उनके कारणों की पहचान कराता है । सर्वप्रथम इमैन्युअल काण्ट (Immanuel Kant, 1724-1804) के समकालीन जर्मन भौतिकशास्त्री दार्शनिक लैम्बर्ट (J. H. Lambert, 1728-1777) द्वारा 'आभासों की मीमांसा' के लिए प्रयुक्त शब्द । स्वयं इमैन्युल काण्ट द्वारा तत्त्वमीमांसा की उस शाखा के लिए प्रयुक्त शब्द, जो गति और गतिहीन वस्तुओं का विधेयों के रूप में विवेचन करती है । दर्शनशास्त्र की यह विधि 'यथार्थ' के मानवीय अनुभव की व्यक्तिनिष्ठ प्रवृत्ति पर बल देती है, अर्थात् व्यक्ति के स्वयं के अनुभव से जो कुछ प्राप्त होता है, उसे ही इसमें सम्मिलित किया जाता है । स्वयं के अनुभव से परे जो भी पूर्वाग्रह, पूर्व-मान्यताएँ और दार्शनिक बोध हैं, वे सभी इसके क्षेत्र से परे हैं । जी. डब्ल्यू. हीगल (G. W. F. Hegel, 1770-1831, इस नाम का शुद्ध उच्चारण मात्र हीगल है) की पुस्तक **Phenomenology of Mind** (1807) में सर्वप्रथम 'फिनॉमिनोलॉजी' शब्द के प्रयोग के बाद दर्शनशास्त्र की यह एक मुख्य अवधारणा बन गई । जी. डब्ल्यू. हीगल के द्वारा किसी तत्त्व की उत्तरोत्तर अधिक विकसित अभिव्यक्तियों का अध्ययन करने वाले शास्त्र के अर्थ में प्रयुक्त । किन्तु आधुनिक काल में इस परम्परा का मुख्य स्रोत हमें इडमंड हस्सर्ल (Edmund Husserl) की कृतियों में देखने को मिलता है, जिसका सम्बन्ध शुद्ध चेतना से था । मनोविज्ञान एक प्राग्-विज्ञान है; क्योंकि इसमें प्रायोगिक तथ्यों के पूर्व का अध्ययन होता है ।

इस विधि को समाजशास्त्र में प्रयोग करने का श्रेय हस्सर्ल के शिष्य अल्फ्रेड शूज़ (A. Schutz) का है । वास्तव में शूज़ की कृति **Phenomenology of the Social World** (1932) ने घटनाक्रियावादी समाजशास्त्र के उद्‌भव की नींव रखी । सन् 1960 के बाद घटनाक्रियावाद समाजशास्त्र पर छा गया । इसका चिरकालिक सर्वाधिक प्रभाव नृजातीय पद्धतिशास्त्र (**Ethnomethodology**) पर पड़ा । पीटर बर्गर् और टॉमस लुकमान (Peter Berger and T. Luckmann) ने अपनी पुस्तक **The Social Construction of Reality** (1967) में घटनाक्रियावाद पर आधारित एक सामान्य सिद्धान्त प्रस्तुत किया, जिसमें सामाजिक क्रिया और सामाजिक संरचना के दोनों सिद्धान्तों की मूल बातों को मिलाने का यत्न किया गया है । उनके अनुसार, सामाजिक विश्व का निर्माण प्रतीकीकरण की प्रक्रियाओं द्वारा होता है, जिसमें बाद में उन समूहों से ऊपर और परे, जिनके द्वारा सामाजिक विश्व की रचना होती है, वस्तुनिष्ठता के गुण का संचार हो जाता है । कुछेक समाजशास्त्रियों ने कार्ल मार्क्स के अलगाव (**Alienation**) के सिद्धान्त के साथ वस्तुपरकीकरण की इस प्रक्रिया को जोड़ने का प्रयत्न किया है ।

घटनाक्रियावादी समाजशास्त्र विज्ञानवाद की कई स्थापनाओं को नकारता है । घटनाक्रियावादियों की मान्यता है कि सामाजिक और प्राकृतिक विज्ञानों की विषय-वस्तु में मूलभूत अन्तर है, अतः प्राकृतिक विज्ञानों की विधियों और स्थापनाओं को मानव और उसके समाज के अध्ययन में यथावत प्रयुक्त नहीं किया जा सकता । मानव पदार्थ की भाँति चेतनाहीन नहीं है । उसके विचार, भावनाएँ, अर्थ, उद्देश्य, अपने अस्तित्व के बारे में ज्ञान आदि सभी इसी चेतना के परिचायक हैं । उसकी प्रत्येक क्रिया के पीछे एक अर्थ होता है । घटनाक्रियावाद इसी अर्थ को खोजने का प्रयास करता है (देखें– Alfred Schutz and Thomas Luckmann, **The Structures of the Life-World**, 1974) ।

phenomenon (फ़'नॉमिनन्) **घटना, तथ्य** : सामान्यतः कोई भी दृश्यवस्तु, तथ्य या घटना, जिसका वर्णन या व्याख्या विज्ञान के लिए महत्त्वपूर्ण हो । इस शब्द का प्रयोग मुख्यतया दो अर्थों में होता है– (1) इमैन्युअल काण्ट (Immanuel Kant, 1724-1804) दर्शन में वस्तु का वह रूप, जो हमें प्रतीत होता है और आत्मा की विभिन्न शक्तियों से प्रभावित

होता है । इसके विपरीत वस्तु का निजरूप (Noumenon) हमारे लिए सदैव अज्ञेय बना रहता है । (2) प्रतिभासित के लिए भी इस शब्द का प्रयोग हुआ है । निरीक्षित अवस्थाएँ (दृश्य सत्ता) प्रतिभासित होती हैं । (1) भौतिक वस्तुस्थिति अर्थात् वास्तविक और सम्भावित प्रत्यक्षित वस्तुओं का योग । (2) मानसिक वस्तुस्थिति– अन्तःप्रेक्षण की हुई वस्तुओं का योग । इसके दो रूप हैं– (क) वस्तुस्थिति की पृष्ठभूमि में उपस्थित सत्य की अस्वीकृति (ख) इसका समर्थन कि वस्तुओं की सत्यता अपने में ही है, किन्तु जानी नहीं जा सकती ।

philosophical anarchism (फ़िल्'सॉफ़िक्ल् ऐनॉ किज़्म्) **दार्शनिक अराजकतावाद** : अराजकतावाद की वह शाखा, जिसमें नैतिक तर्क के आधार पर राज्य के उन्मूलन का समर्थन किया जाता है । दार्शनिक अराजकतावाद के प्रवर्त्तक एन. लियो टॉल्स्टॉय (N. Leo Tolstoy, 1828-1910) ने यह तर्क दिया था कि नैतिक शक्ति का स्रोत व्यक्ति की आत्मा में निहित है ।

philosophical anthropology (फ़िल्'सॉफ़िक्ल् ऐन्थ्र'पॉलजि) **दार्शनिक मानवशास्त्र** : मानवविज्ञान की एक शाखा, जिसके अन्तर्गत मानव के सत्व तथा उसके विशिष्ट गुण और ब्रह्माण्ड में उसके स्थान के बारे में अध्ययन किया जाता है ।

philosophical method (फ़िल्'सॉफ़िक्ल् मे'थॅड) **दार्शनिक विधि** : दार्शनिक समस्याओं के समाधान के लिए स्वीकृत विधि, जैसे– प्लेटो (Plato, 429-347 BC) की संवाद विधि, आर. डेकार्ट (René Descartes, 1596-1650) की सन्देह विधि तथा रसल (Bertrand Russell, 1872-1970) की तार्किक विधि आदि ।

philosophy of science (फ़'लॉसफ़ि ऑव् 'साइअन्स) **विज्ञान-दर्शन** : वैज्ञानिक अध्ययन के क्षेत्र में आने वाली तार्किक, ज्ञानमीमांसीय और तत्त्वमीमांसीय समस्याओं का अध्ययन करनेवाला शास्त्र । इसमें वैज्ञानिक प्रणाली में प्रयुक्त पूर्व-मान्यताओं, प्राक्कल्पना, 'प्रयोग' आदि पदों को परिभाषित किया जाता है और 'बल', 'दिक्', 'काल', 'ऊर्जा', द्रव्यमान आदि संप्रत्ययों का विश्लेषण किया जाता है । वैज्ञानिक मान्यताओं की जाँच करना भी इसके क्षेत्र में आता है ।

phratry ('फ़्रैटरी) **फरैटरी समाज, भ्रातृदल** : रक्त पर आधारित यह कई कुल या गोत्र के बड़े समूह का एक संयुक्त रूप है । भ्रातृदल एक बहिर्विवाही तथा एकरेखीय वंशज समूह होता है । यह किसी भी जनजाति का प्रारम्भिक उप-विभाजन है । बाद में गोत्र, कुल, वंश आदि के आधार पर फिर से विभाजित किया जाता है ।

physical realism ('फ़िज़िक्ल्'रिअ्लिज़्म्) **भौतिक यथार्थवाद** : वियेना सर्कल (Vienna circle) के इन्द्रियानुभववादियों (Empiricists) का वह मत कि सभी भाषाओं और विज्ञानों में प्रयुक्त प्रत्येक सार्थक वाक्य का भौतिकी भाषा में अनुवाद किया जा सकता है, अर्थात् प्रेक्षण-योग्य वस्तुओं और उनके गुणधर्मों को व्यक्त करने वाली भाषा आदर्श भाषा है । कोई भी विचार वैज्ञानिक तभी माना जा सकता है जब उसका भौतिक दृष्टि से या वस्तुपरक ढंग से विश्लेषण किया जा सके । वैज्ञानिक ज्ञान का आधार वस्तुपरकता ही है, ऐसा वियेना मण्डली के विद्वानों का मानना था ।

physical sanction ('फ़िज़िक्ल् 'सैन्क्शन्) **भौतिक अंकुश** : जे. बेन्थम (Jeremy Bentham, 1748-1832) के अनुसार, प्रकृति का सामान्य व्यापार और उसके नियम, जो उनके विपरीत आचरण करनेवालों को उनमें बीमारी आदि उत्पन्न करके कष्ट देते हैं और इस प्रकार एक सीमा तक वह नैतिक आचरण करने के लिए बाध्य हो जाता है ।

physiocrats ('फ़िज़िओ क्रैट्स) **प्रकृतितन्त्रवादी** : अठारहवीं शताब्दी में राजनीति और आर्थिक सिद्धान्तों की एक प्रणाली, जिसे फ्रांसीसी भौतिकविज्ञानी और अर्थशास्त्री ने प्रारम्भ किया था । यह सिद्धान्त प्राकृतिक व्यवस्था पर आधारित है और लोक व राष्ट्रीय सम्पत्ति तथा लोक-राजस्व के उचित स्रोत के रूप में प्राकृतिक शक्ति पर अधिक बल देता है । 18वीं शताब्दी के उत्तरार्द्ध में, फ्रांसीसी सम्राट् लुई 15वें के चिकित्सक क्वेस्ने (F. Quesnay, 1694-1774) के नेतृत्व में सामाजिक-आर्थिक विचारकों का एक दल संगठित हुआ, जिसने आधुनिक अर्थशास्त्र की नींव डाली । इन विचारकों का विश्वास था कि मनुष्य के सामाजिक सम्बन्ध निश्चित नियमों से संचालित होते हैं, समाज की आदर्श व्यवस्था 'प्राकृतिक व्यवस्था' है तथा आर्थिक उत्पादन में राज्य का हस्तक्षेप 'प्राकृतिक अवस्था' की सिद्धि में बाधक है । इन

विचारकों में प्रमुख थे- Richard Cantillon (1680-1734), Jacques Vincent de Gournay (1712-1759), François Véron Duverger de Forbonnais (1722–1800), Anne-Robert-Jacques Turgot (1727–81) तथा François Quesnay (1694–1774)। इन सभी विचारकों को सामूहिक रूप से फिजियोक्रेट्स कहा जा सकता है। इस विचारधारा के जन्मदाता प्रकृतितन्त्रवादी क्वेस्ने ने समाज को तीन वर्गों में विभाजित किया है– (1) उत्पादक वर्ग, (2) अनुत्पादक वर्ग और (3) सम्पत्तिधारी वर्ग।

physiognomy (फ़िज़ि'ऑनॅमि) **आकृतिविज्ञान :** ज्ञान की वह शाखा, जिसके अन्तर्गत हम मनुष्य के मुखमण्डल की विशेषताओं का अध्ययन करते हैं। इसकी मान्यता है कि इन विशेषताओं के आधार पर किसी व्यक्ति के व्यक्तित्व और उसकी बुद्धिमता का अनुमान कर सकते हैं।

physiology (फ़िज़ि'ऑल्जि) **शरीर-क्रिया विज्ञान :** जीव-जन्तु अथवा समाज के जीवात्मक कार्य-कलापों के अध्ययन को शरीर-क्रिया विज्ञान कहते हैं।

picket ('पिकिट) **धरना देना, घेरा डालना :** व्यक्ति या समूह का किसी विवाद में पड़कर यह प्रयत्न करना कि अधिकारी वर्ग सीमा से बाहर न जा पाए और यदि बाहर है, तो उसे सीमा में नियन्त्रित रखा जा सके। वे कानून की सीमा के अन्दर ऐसे साधन अपनाते हैं, जिनसे अधिकारी वर्ग को अपनी बात मनवाने के लिए बाध्य कर सकें।

pictogram ('पिक्टॅ ग्रैम) **चित्राक्षर :** यह चित्रालेख ही है : देखें– **Pictograph**।

pictograph ('पिक्टॅ ग्राफ़्) **चित्रालेख :** किसी वस्तु का चित्रात्मक प्रतिरूप, जो चित्रलेखन में उस वस्तु का प्रतीक होता है। चित्रलिपि हमारी वर्णमाला का मूलरूप थी। छोटी-छोटी तस्वीरों के जरिये तथ्यों का प्रभाव दृश्य के माध्यम से डालने के लिए उनकी संख्या और आकार के अनुकूल चित्रालेख तैयार किये जाते हैं, जैसे– किसी कारखाने में एक वर्ष में कितनी कारें या ट्रैक्टर बने या कितने आवासों का निर्माण किया गया, आदि।

pidgin-English ('पिजिन् 'इङ्ग्लिश्) **मिश्रित अँगरेज़ी :** विभिन्न भाषा-भाषी लोगों के बीच सम्पर्क के लिए अँगरेज़ी-आधारित एक बोली, जिसमें स्थानीय शब्दावली तथा व्याकरण का भी काफी प्रयोग किया जाता है।

pie-chart; pie diagram (पाइ चार्ट्; पाई 'डाइअग्रैम्) **वृत्तखण्ड लेखाचित्र, वृत्त-आरेख :** भिन्न-भिन्न आँकड़ों या अनुपातों को दर्शाने के लिए एक वृत्त के अंशों या भागों के रूप में बाँटकर दिखाया गया चित्र। वृत्त-आरेख के अन्दर अनुपातों के परस्पर सम्बन्ध को प्रदर्शित करने वाले आँकड़े लिख दिये जाते हैं। ऐसे आरेख को प्रभावी बनाने के लिए वृत्त के भागों में अलग-अलग रंग भी भर दिये जाते हैं। सरकारी व्यय, राजस्व, करों के प्रभाव आदि को दिखाने के लिए वृत्त-आरेखों की विधि का सांख्यिकीविदों द्वारा प्रयोग किया जाता है। वृत्ताकार आरेख बनाने के लिए वर्गमूलों को त्रिज्या मानकर वृत्तों की रचना की जाती है। इसके लिए सभी वृत्तों के केन्द्र एक ही सरल रेखा में होने चाहिए और वृत्तों के बीच एक जैसा खाली स्थान रखना चाहिए।

pillarization ('पिलराइ जेशन्) **स्तम्भीकरण :** इस अवधारणा का सन्दर्भ डच (Dutch) समाज है। बीसवीं शताब्दी में लम्बे समय तक डच समाज धर्म एवं समूह-स्वार्थ (**Group interests**) के आधार पर कई खण्डों में विभक्त था। उसी आधार पर बहुत सारी संस्थाओं एवं राजनीतिक समूहों का विकास हुआ। यही प्रक्रिया स्तम्भीकरण के नाम से जानी जाती है, लेकिन 1960 के बाद समाज में विभिन्न तरह की मौजूद खाइयाँ पाटी जाने लगीं; धार्मिक समूह एक होने लगे। विभिन्न प्रकार के समाज में जो ऊँची-ऊँची दीवारें खड़ी हो गई थीं, वे राष्ट्रवाद एवं धर्मनिरपेक्षीकरण की प्रक्रियाओं के सामने ध्वस्त हो गयीं। स्तम्भीकरण की प्रक्रियाएँ इस तरह वर्तमान समाज में अनुपयोगी हो गयीं (देखें– A. Lipjhart, **The Politics of Accommodation**, 1968)।

pilot study ('पाइलट् 'स्टडि) **अग्रगामी या पूर्वगामी अध्ययन :** मुख्य शोध-कार्य किये जाने के पूर्व उपकरणों की लघु

स्तर पर जाँच । प्रश्नावली, अनुसूची, साक्षात्कार प्रदर्शिका, आदि तथा समग्र शोध-प्रचना (प्रयोग आदि) के परीक्षण को अग्रगामी या पूर्वगामी अध्ययन कहते हैं । इस प्रकार के अग्रगामी अध्ययन शोध-उपकरणों और शोध-प्रचना (रिसर्च डिजाइन) में प्रारम्भिक स्तर पर आवश्यक सुधार, संशोधन और परिष्करण के उद्देश्य से किये जाते हैं, ताकि बाद में बृहत् आधार पर किये जाने वाले शोध-कार्य में कोई कठिनाई न हो या कोई त्रुटि न रह जाये ।

pilot survey ('पाइलट्'सर्वे) **मार्गदर्शी सर्वेक्षण :** ऐसा सर्वेक्षण मूलतः किसी बड़े पैमाने या बृहत् सर्वेक्षण की दक्षता बढ़ाने के उद्देश्य से छोटे स्तर पर चुने गये नमूने या क्षेत्रीय आधार पर सूचना एकत्रित करने के लिए किया जाता है । इस विधि का उपयोग किसी बृहत् योजना की उपयुक्तता की जाँच करने की प्रतिचयन की इकाई का प्रभावकारी परिणाम आदि जानने के लिए किया जाता है ।

placebo (प्लॅ'सीबो) **छद्म-औषध, कूटभेषज :** यह एक ऐसी तथाकथित दवा है, जिसका कोई असर नहीं होता । इसका प्रयोग चिकित्साविज्ञान में कभी-कभी किसी कारणवश किया जाता है । रोगी को ऐसी दवा दी जाती है, जिसका कोई प्रभाव नहीं होता । कूटभेषज रोगी को खुश करने के लिए यह कहकर दिया जाता है कि यह दवा लेने से वह पूरी तरह स्वस्थ हो जायेगा । यहाँ पर इस तथाकथित दवा के प्रयोग से यह जानने की कोशिश की जाती है कि कैसे विश्वास मात्र से रोगी में परिवर्तन दिखायी पड़ने लगता है ।

planned change (प्लैन्ड चेन्ज्) **नियोजित परिवर्तन :** सामाजिक व्यवस्था के किसी पक्ष के सम्बन्ध में जब व्यक्तियों का कोई समूह परिवर्तन सम्बन्धी सामूहिक निर्णय लेता है, तब इसे नियोजित परिवर्तन कहते हैं । इसमें परिवर्तन सम्बन्धी लक्ष्य एवं साधन पूर्णतः परिभाषित होते हैं । भारत में सामुदायिक विकास योजना (**CDP**) की शुरूआत जवाहरलाल नेहरू ने नियोजित परिवर्तन के ही उद्देश्य से किया था ।

planned economy (प्लैन्ड इ'कॉनमि) **योजनाबद्ध अर्थव्यवस्था :** यह एक ऐसी आर्थिक व्यवस्था है, जिसके द्वारा सरकार विभिन्न प्रकार की योजनाओं से राज्य में तरक्की हासिल करने की कोशिश करती है । भारतीय अर्थव्यवस्था इसका एक सटीक उदाहरण है । लेकिन, इसकी तुलना साम्यवादी देशों में पायी जाने वाली केन्द्र से संचालित अर्थव्यवस्था (**Command economy**) से नहीं की जानी चाहिए; क्योंकि योजनाबद्ध अर्थव्यवस्था के अन्तर्गत पूँजीवादी अर्थव्यवस्था की महत्त्वपूर्ण भागेदारी होती है : देखें– **Command economy** ।

planning, social (प्लान् इन्ग 'सोशल्) **सामाजिक नियोजन :** सामाजिक नियोजन वांछनीय दशाओं, सम्बन्धों तथा मूल्यों को प्राप्त करने का एक बुद्धिसंगत प्रयास है । यह सामाजिक जीवन में परिवर्तन लाने वाली एक युक्तिपूर्ण एवं स्वेच्छाजन्य रूपान्तरण की एक प्रक्रिया है ।

plantation (प्लैन्'टेशन्) **बाग़ान :** बाग़ान आधारित अर्थव्यवस्था का प्रचार-प्रसार यूरोपीय लोगों ने लातिन अमरीका एवं कुछ एशियाई देशों में प्रारम्भ किया था । यूरोपीय लोगों ने अधिक-से-अधिक आर्थिक लाभ के लिए नकदी फसल, जैसे– गन्ना, रबर, चाय, कॉफी, तम्बाकू, नील, अफीम एवं मसाले के उत्पादन को बढ़ाबा देकर उसके निर्यात से अधिक-से-अधिक धन कमाने की चेष्टा की थी । इसके द्वारा उपनिवेशों से यूरोपीय देशों की अच्छी कमाई हुई । इसके साथ ही साथ श्रमिकों का एक देश से दूसरे देश में प्रवास की प्रक्रिया बढ़ी और साथ में कुप्रभाव के रूप में जंगलों की कटाई से प्रकृति का काफी शोषण और दोहन भी हुआ ।

plasticity (प्लै'स्टिसिटि) **परिवर्तन-क्षमता :** मानव-प्रकृति की वह विशेषता, जिससे व्यवहार के प्रतिरूप और सांस्कृतिक परिवेश के अनुरूप विभिन्न रूपों में वे ढल जाते हैं ।

platonic love (प्ल'टॉनिक् लव्) **निष्काम प्रेम, प्लटॉनिक प्रेम :** स्त्री-पुरुष के मध्य उत्कृष्ट आत्मीयता और प्रेम, जिसमें परस्पर कामलिप्सा का आकर्षण होते हुए भी वह आत्मसंयमी और आत्मनिग्रहप्रधान एवं निष्कामी होता है ।

plebeians (प्लि'बीअन्स) **साधारण जन :** भूमिहीन श्रमिक अथवा किरायेदारों का वर्ग । चूँकि, जनसंख्या की दृष्टि से

भारत एक बहुत बड़ा देश है तथा यहाँ चीन से अधिक आर्थिक असमानता की स्थिति है इसलिए साधारण जनों की संख्या विश्व में सबसे अधिक भारत में है ।

plebiscite ('प्लेब्इसिट) **जनमत-संग्रह** : परिपृच्छा (**Referendum**) का ही एक भेद जनमत-संग्रह है । Plebiscite का शाब्दिक अभिप्राय है– जनता का निश्चय । इस पद्धति का प्रयोग केवल ऐसे प्रश्नों पर जनता का मत लेने के लिए किया जाता है, जिनका राजनीतिक महत्त्व बहुत बढ़ा-चढ़ा हो । नये संविधान को स्वीकार करना एवं राज्यों के विलय या सम्बन्ध-विच्छेद आदि विषय, राजनीतिक दृष्टि से अत्यन्त महत्त्वपूर्ण होते हैं और उन पर जनमत-संग्रह करना आवश्यक समझा जाता है । कश्मीर के प्रसंग में जनमत-संग्रह का प्रश्न अनेक बार उठा है, किन्तु इसके बारे में देश में और देश से बाहर कई भ्रान्तियाँ हैं ।

plough agriculture (प्लाउ 'ऐग्रिकल्चर्) **हल-कृषि** : कृषि की ऐसी विधि, जिसमें हल एवं पालतू पशुओं से खेती की जाती है । आधुनिक सिंचाई के साधनों का भी उपयोग किया जाता है । अनुमान है कि इस प्रकार की कृषि पुरानी दुनिया (Old World) में लगभग 8000 वर्ष से प्रचलित है ।

plural society ('प्लुअरल् सॅ'साइअटि) **बहुविध समाज, बहुसामुदायिक समाज** : वह समाज, जिसमें विभिन्न प्रजाति, संस्कृति और समुदाय के लोग निवास करते हों तथा उसके सक्रिय सदस्य के रूप में कार्यरत रहते हों । भारत और अमरीका इसके उत्तम उदाहरण हैं । यद्यपि दक्षिणी अफ्रीका, चीन, इस्रायल आदि देशों में भी कुछ अन्य प्रजातियों के व्यक्ति देखने में आते हैं, लेकिन इन देशों में वस्तुतः अधिकतर व्यक्ति क्रमशः अफ्रीकी नीग्रो, चीनी और यहूदी ही हैं । ये अन्य लोगों को अपने में सम्मिलित नहीं करते ।

एक बहुविध समाज में चूँकि कई समुदायों, संस्कृतियों, प्रजातियों के छोटे-बड़े समूह विद्यमान रहते हैं, अतः यह स्वाभाविक ही है कि वह एक जटिल व्यवस्था वाला समाज होगा, जिसमें विभिन्न समुदायों में परस्पर एकता बनाये रखने और परस्पर संघर्ष उत्पन्न करनेवाली दोनों प्रकार की प्रवृत्तियाँ विद्यमान हों । इस प्रकार के समाज में दकियानूसीपन कम होता है; क्योंकि एक-दूसरे की देखा-देखी विभिन्न समुदाय प्रगति करने का प्रयास करते हैं । बहुसामुदायिक समाजों में प्रमुख समस्या सामाजिक एकीकरण की होती है । भारत और अमरीका में समय-समय पर होनेवाले साम्प्रदायिक और प्रजातीय दंगे या तनाव इसके प्रमाण हैं : देखें– **Pluralism** ।

pluralism ('प्लुअर् लिज़म्) **बहुतत्त्ववाद, बहुलवाद, अनेकतावाद** : (1) तत्त्व-विज्ञान का वह सिद्धान्त, जो दो या दो से अधिक मूलतत्त्वों के अस्तित्व को स्वीकार करता है । भौतिक जगत् की चार अथवा पाँच महाभूतों से उत्पत्ति माननेवाले, प्राचीन मतों से लेकर असंख्य चिदणुओं के अस्तित्व को माननेवाले लाइब्नित्ज (Gottfried Wilhelm Leibniz, 1646–1716) के मत को इसके भीतर समाहित किया जा सकता है । भारतीय दर्शन में जैन न्याय-वैशेषिक-परमाणुवाद बहुतत्त्ववाद का प्रतिनिधित्व करता है ।

(2) एक ऐसा सिद्धान्त, जिसमें अनेकता या विविधता को माना जाता है । ऐसी सामाजिक स्थिति, जिसमें विविध जातियों, धर्मों, भाषाओं, संस्कृतियों आदि से जुड़े हुए समूह अपनी-अपनी उपसंस्कृतियाँ और अपनी-अपनी स्वायत्तता कायम रखते हुए एक ही जटिल समाज के भीतर मिल-जुलकर रहते हैं ।

(3) राज्य की प्रभुत्व-शक्ति के सम्बन्ध में परम्परागत सिद्धान्त यह रहा है कि वह असीमित एवं अविभाज्य है । प्लेटो से लेकर ग्रीन तक सभी आदर्शवादी राज्य को एक ऐसा सर्वव्यापक संगठन समझते रहे हैं, जिसमें व्यक्ति के सारे सामाजिक हित समाविष्ट हैं और जो व्यक्ति की समस्त सामाजिक आवश्यकताओं की पूर्ति कर देता है । बहुलवाद राज्य की इस मान्यता का विरोध करता है । इस सिद्धान्त के अनुसार, राज्य व्यक्तियों का समुदाय नहीं, प्रत्युत समुदायों का समुदाय है । बहुवादी विचारकों के मत से राज्य व्यक्ति के समस्त हितों का प्रतिनिधित्व करने में असमर्थ है ।

pluralism, epistemological ('प्लुअर् लिज़म्, ए'पिस्टीमॉलॉजिक्ल्) **ज्ञानमीमांसीय बहुलवाद** : एक लम्बे समय

तक अनुसन्धान की एक पद्धति के रूप में प्रत्यक्षवाद (**Positivism**) छाया रहा है, किन्तु 1970 के दशक में समाजशास्त्रियों ने इस धारणा पर विचार करना शुरू कर दिया कि प्रत्यक्षवाद सामाजिक शोध का एकमात्र तरीका या रीति नहीं है, बल्कि अनुसन्धान के कई और तरीके, पद्धतियाँ और रीतियाँ हो सकती हैं। दृश्यघटना-विज्ञान (**Phenomenology**) और संरचनावाद (**Structuralism**) के साथ-साथ नव-मार्क्सवाद (**New-Marxism**) के उद्भव के फलस्वरूप समाजशास्त्र में कई नवीन पद्धतियाँ आईं और बहुलवाद का जन्म हुआ। कुछ लोगों ने पद्धतिशास्त्रीय बहुलवाद के स्थान पर 'ज्ञानमीमांसीय बहुलवाद' या 'ज्ञानमीमांसीय मानकशून्यता' (Epistemological anomie) शब्दों का भी प्रयोग किया है। ज्ञानमीमांसा के समर्थन में पॉल फेयराबेन्ड (Paul Feyerabend, **Against Method**,1975) ने कहा है कि प्राकृतिक विज्ञानों में भी अनुसन्धान की कोई एक पद्धति नहीं है। वहाँ भी शोधकर्ता पद्धतियों को आवश्यकता अनुसार बदलते रहते हैं। दरअसल एक अच्छे और कुशल विज्ञान का महल एक पद्धति के आधार पर कभी भी खड़ा नहीं किया जा सकता है।

pluralist theories of democracy (प्लुअर'लिस्ट 'थिअरिज़् ऑव़् डि'मॉक्रसि) **बहुवादी लोकतान्त्रिक सिद्धान्त, बहुलवादी लोकतान्त्रिक सिद्धान्त :** यह सिद्धान्त इस तथ्य पर जोर देता है कि जब विभिन्न समूहों या समुदायों के लोग एक-दूसरे के साथ प्रतियोगिता का भाव रखते हैं, तो कुछ राजनीतिक नेताओं के हाथ बहुत-सी सरकारी शक्ति का केन्द्रीकरण नहीं हो पाता है, जो लोकतन्त्र के लिए अच्छी चीज़ है।

pluralistic behaviour (प्लुअर'लिस्टिक बि'हेव़्यर्) **बहुवादी व्यवहार :** एक ही स्थान के लोगों में द्रष्टव्य व्यावहारिक समानता। समूह के नाम पर किया जानेवाला एक जैसा आचरण।

plutocracy (प्लू'टॉक्रॅसि) **धनिकतन्त्र :** धनिकों का वह शासन, जिसमें शासन की समस्त शक्ति धनिक वर्गों के हाथों में केन्द्रित होती है।

pogrom ('पॉग्रम) **सामूहिक हत्या :** असहाय एवं समाज के कमजोर लोगों का नरसंहार। ऑस्ट्रेलिया में अँगरेज़ों ने लम्बे समय तक वहाँ के मूल निवासियों के साथ यही काम किया था।

point scale (पॉइन्ट् स्केल) **अंकमापनी :** वह मनोवैज्ञानिक मापनी, जिस पर मापित गुण की विभिन्न मात्राओं को अंकों द्वारा व्यक्त किया जाता है। उत्तरदाता को प्रत्येक प्रश्न के उत्तर अथवा अन्य प्रतिक्रिया पर अंक मिलते हैं। इन अंकों को जोड़कर उस व्यक्ति का कुल कच्चा परीक्षणांक निकाल लिया जाता है और तब इसका व्यावहारिक अथवा मूल अर्थ जानने के लिए कभी उसके माध्य से दूरी मानक विचलनों में ज्ञात की जाती है और कभी उसे मानकांक, मानसिक आयु आदि में बदल लिया जाता है। योग्यतामापक अंक मापनी में सभी प्रश्नों का अथवा प्रत्येक विभिन्न क्रिया कराने वाले प्रश्नों का क्रम बढ़ती हुई कठिनता के अनुसार होता है। व्यक्तित्वमापक अंक मापनी में प्रश्नों का क्रम प्रायः यत्र-तत्र हुआ करता है।

Poisson distribution ('पवॉसन् डिस्ट्रि'ब्यूश्न्) **पवॉसन बारम्बारता :** पवॉसन बारम्बारता का प्रयोग प्रसम्भाव्यता विश्लेषण (**Probability analysis**) में होता है। इसका प्रयोग ऐसी घटनाओं का अध्ययन करने के लिए किया जाता है, जिसके घटने की सम्भाव्यता बहुत ही कम होती है, जैसे– भूकम्प, आगजनी आदि।

polarization (पोल्अराइ'ज़ेश्न्) **ध्रुवीकरण** (गुटों, समुदायों, विचारधाराओं या पद्धतियों का), **परस्पर विराधी शक्तियों का विभाजन :** किन्हीं दो समूहों, विचारों, रीतियों अथवा मान्यताओं का स्पष्ट विभाजन। अन्तर्राष्ट्रीय राजनीतिक जगत् में इस संकल्पना के अन्तर्गत यह माना जाता है कि संसार के विभिन्न देश दो गुटों– सोवियत गुट और आंग्ल-अमरीकी गुट में से किसी एक में सम्मिलित हो जायँ। राष्ट्रीय राजनीति में ध्रुवीकरण शब्द का संकेत देश के समस्त राजनीतिक दलों के मोटेतौर पर दो शिविरों में– समाजवादी और गैर-समाजवादी, वामपक्षी और दक्षिणपक्षी अर्थात् प्रगतिशील और अनुदार में विभाजित होने से है। इस प्रकार की प्रक्रियाएँ सामाजिक स्तर पर भी चलती हैं। इसे सामाजिक ध्रुवीकरण कहा जाता है (देखें– R. E. Pahl, **Divisions of Labour**, 1984)।

polarization of classes (पोल्अराइ'ज़ेश्न ऑव् क्लासेस्) **वर्गों का ध्रुवीकरण** : वर्गों के बीच अन्तर इतना बढ़ जाता है कि वे पृथ्वी के दो 'ध्रुव' की तरह एक-दूसरे के विपरीत हो जाते हैं। उनके हित, विचार, भौतिक स्थिति सभी कुछ एक-दूसरे के विपरीत हो जाती हैं।

polemics (पॉ'लेम्इक्स) **शास्त्रार्थ** : ऐसा प्रयत्न, जिसके अन्तर्गत किसी सिद्धान्त, मान्यता या विचार के पक्ष या विपक्ष में प्रचण्ड तर्क-वितर्क दिए जाते हैं। इसमें अनुभवमूलक साक्ष्य तथा सन्तुलित निर्णय पर उतना ध्यान नहीं दिया जाता, जितना प्रामाणिक विवेचन के लिए अपेक्षित होता है।

policy research ('पॉलसि रि'सर्च्) **नीतिपरक शोध** : सामान्यत: सामाजिक शोध का उद्देश्य सैद्धान्तिक होता है और यह अधिकांशत: शिक्षण-प्रशिक्षण से जुड़े बौद्धिक वर्गों तक सीमित होता है। किन्तु कभी-कभी शोध का उद्देश्य किसी समस्या-विशेष का समाधान होता है, जिसका प्रवर्तन किसी निजी या सरकारी संगठन द्वारा किया गया हो। अत: ऐसा शोध, जो किसी निजी या सरकारी संगठन की किसी समस्या के समाधान और नीति-निर्माण के उद्देश्य से चालित होता है, उसे नीतिपरक शोध कहा जाता है।

political anthropology (प'लिटिक्ल् ऐन्थ्र'पॉलजि) **राजनीतिक मानवशास्त्र** : इसके अन्तर्गत यह पता लगाते हैं कि विभिन्न आदिम और जनजातीय समुदायों के अन्तर्गत राजनीतिक कृत्य किस-किस तरह सम्पन्न किए जाते हैं? अधिकांश आदिम और जनजातीय समुदायों में औपचारिक राजनीतिक संरचनाएँ विकसित अवस्था में नहीं पाई जातीं : देखें– **Anthropology**।

political asylum (प'लिटिक्ल् अ'साइलम) **राजनीतिक शरण** : अन्तर्राष्ट्रीय विधि की वह प्रथा, जिसके अन्तर्गत कोई प्रभुतासम्पन्न देश अन्य देशों के राजनीतिक कार्यकर्ताओं को अपने यहाँ शरण दे सकता है और इस प्रकार उनकी राजनीतिक उत्पीड़न से रक्षा कर सकता है। पर यह आवश्यक है कि जिस व्यक्ति को राजनीतिक शरण दी गई है, वह जिस देश से भागकर आया है, उसके विरुद्ध कोई कार्रवाई न करे।

political behaviour (प'लिटिक्ल् बि'हेव्यर्) **राजनीतिक आचरण** : इसका तात्पर्य व्यक्तियों के ऐसे राजनीतिक कार्यकलापों से है, जिसका सम्बन्ध उस समाज के राजनीतिक संस्थानों से हो, जैसे– बालिग मताधिकार का प्रयोग करना या कराना। राजनीतिक आचरण का अध्ययन इस उद्देश्य से किया जाता है कि व्यक्तियों के राजनीतिक कार्यकलापों का प्रभाव राजनीतिक संस्थाओं पर किस रूप में पड़ता है। इसके साथ ही राजनीतिक संस्थाओं के व्यक्तियों के राजनीतिक आचरण पर पड़ने वाले प्रभाव का भी अध्ययन किया जाता है। मतदान का अध्ययन एक ऐसी ही विषय-वस्तु है।

political crime (प'लिटिकल् क्राइम्) **राजनीतिक अपराध** : इस अवधारणा के अर्थ बदलते रहे हैं, लेकिन वर्तमान समय में इसके अन्तर्गत वे ही अपराध आते हैं, जो राजनीति से प्रेरित हैं, जैसे– आतंकवादी गतिविधि। राजनीतिज्ञों द्वारा किये जाने वाले सभी अपराधों को राजनीतिक अपराध की श्रेणी में नहीं रखा जा सकता है (देखें– N. Chomsky, **The Culture of Terrorism**, 1988)।

political culture (प'लिटिक्ल् 'कल्चर्) **राजनीतिक संस्कृति** : किसी राजनीतिक व्यवस्था के सदस्यों के मूल्यों, मनोवृत्तियों, विश्वासों एवं प्रतीकों के ऐसे योग को राजनीतिक संस्कृति कहते हैं, जिसके द्वारा उस समूह का राजनीतिक व्यवहार निर्धारित होता है। राजनीतिक संस्कृति राजनीतिक क्रियाओं को एक अर्थ एवं व्यवस्था प्रदान करती है। राजनीतिक संस्कृति के अध्ययनों में इस संस्कृति की अन्तर्वस्तु, राजनीतिक सामाजीकरण (परिवार, शिक्षा, जनसंचार, राजनीतिक दलों की भूमिका सहित) और राजनीतिक मूल्यों के अन्तरीकरण की प्रक्रियाओं का अध्ययन किया जाता है (देखें– Gabriel A. Almond and Sidney Verba, **The Civic Culture: Political Attitudes and Democracy in Five Nations**, 1963; Lucian W. Pye and Sidney (eds.), **Political Culture and Political Development**, 1965)।

political economy (प'लिटिक्ल् इ'कॉनमि) **राजनीतिक अर्थव्यवस्था :** वह विज्ञान, जो उन सामाजिक सम्बन्धों का अध्ययन करता है, जो सम्बन्ध जनता के बीच भौतिक लाभों के उत्पादन, वितरण, विनिमय और उपभोग की प्रक्रिया में विकसित होते हैं या स्वत: बन जाते हैं (देखें– Karl Marx, **A Contribution of the Critique of Political Economy**, 1970 and **Capital: A Critique of Political Economy**, 1975) ।

political institution (प'लिटिक्ल् इन्स्टि'ट्यूशन्) **राजनीतिक संस्था :** ऐसी व्यवस्था, जो निर्दिष्ट अधिकार-क्षेत्र के भीतर राजनीतिक शक्ति उपार्जित करने और उसका प्रयोग करने की विधिसम्मत और औपचारिक प्रक्रिया निर्दिष्ट करती है । विभिन्न राजनीतिक दल लोकतन्त्र के अन्तर्गत राजनीतिक संस्थाओं का प्रतिनिधित्व करते हैं (देखें–R. E. Pahl, **Divisions of Labour**, 1984) ।

political mobilization (प'लिटिक्ल् मोबिलाइ'ज़ेशन्) **राजनीतिक सक्रियकरण, राजनीतिक लामबन्दी :** कुछ विशिष्ट उद्देश्यों की पूर्ति हेतु जाति समूहों का सक्रिय प्रयोग । अधिक-से-अधिक मतदान प्राप्त करने हेतु, उत्तर भारत में राजनीतिक स्तर पर चुनाव के दौरान विभिन्न धर्मों और जातियों को सक्रिय करने की प्रक्रिया चलती रहती है ।

political organization (प'लिटिक्ल् ऑगनाइ'ज़ेशन्) **राजनीतिक संगठन :** सम्पूर्ण संगठन का वह पक्ष राजनीतिक संगठन कहलाता है, जिसका उद्देश्य किसी क्षेत्र-विशेष में शारीरिक शक्ति के वैधानिक प्रयोग (वास्तविक प्रयोग की सम्भावनाओं) द्वारा सामाजिक व्यवस्था स्थापित करना एवं बनाए रखना होता है, उदाहरणार्थ– कांग्रेस पार्टी एक राजनीतिक संगठन है ।

political participation (प'लिटिक्ल् पार् टिसि'पेशन्) **राजनीतिक भागीदारी :** राजनीतिक भागीदारी वह प्रमुख साधन है, जिसके द्वारा किसी जनतन्त्र में सहमति दी जाती है अथवा हटा ली जाती है और शासकों को शासितों के प्रति जिम्मेदार बनाया जाता है । लोकतन्त्र में चुनाव के माध्यम से आमलोगों की राजनीतिक भागीदारी सुनिश्चित की जाती है ।

political party (प'लिटिक्ल् 'पार्टि) **राजनीतिक दल :** अपने संयुक्त प्रयास द्वारा कुछ परस्पर सहमत सिद्धान्तों पर आधारित जनहितों को आगे बढ़ाने के प्रयोजन से संगठित हुए मनुष्यों का समूह है । एक राजनीतिक दल की परिभाषा ऐसे नागरिकों के एक संगठित समूह के रूप में की जा सकती है, जो समान राजनीतिक विचारों में भाग लेते हैं और जो एक राजनीतिक इकाई के रूप में कार्य करते हुए सरकार पर नियन्त्रण करने का प्रयास करते हैं । एक राजनीतिक दल नागरिकों के एक समूह में निहित है, जो न्यूनाधिक संगठित है और जो एक राजनीतिक इकाई के रूप में काम करता है और जो अपनी मतदान की शक्ति का प्रयोग करके सरकार पर नियन्त्रण करने और अपनी सामान्य नीतियों पर अमल करने का लक्ष्य रखते हैं (देखें– Kay Lawson (ed.), **Political Parties and Linkage**, 1980; Giovanni Sartori, **Parties and Party Systems: A Framework for Analysis**, 1976) ।

political philosophy (प'लिटिक्ल् फ़'लॉसफ़ि) **राजनीति-दर्शन :** अध्ययन की वह शाखा, जिसमें मुख्यत: राजनीति के नैतिक तथा तात्त्विक पक्षों का विश्लेषण किया जाता है । राजनीतिक चिन्तन के इतिहास में इस प्रकार के अध्ययन की प्रधानता रही है । इसमें राज्य और राजनीतिक जीवन के स्वरूप, राजनीतिक दायित्व के आधार और विभिन्न राजनीतिक प्रणालियों की नैतिक गुणवत्ता की जाँच की जाती है और सार्वजनिक जीवन के लक्ष्य निर्धारित करने के लिए दर्शन और इतिहास की विधियों का प्रयोग किया जाता है ।

political pluralism (प'लिटिक्ल् 'प्लुअर् लिज़म्) **राजनीतिक बहुलवाद :** राजनीतिक चिन्तकों का ऐसा समूह, जिसका मत है कि समाज में अनेक सामाजिक संगठन हैं और राज्य भी उनमें से एक संगठन है ।

political science (प'लिटिक्ल् 'साइअन्स) **राजनीतिक विज्ञान :** राजनीतिक विज्ञान एक शैक्षणिक विषय के रूप में शक्ति और सत्ता के बँटवारे एवं स्रोतों का अध्ययन करता है । कैसे कोई राजनीतिक व्यवस्था बनी रहती है या परिवर्तित होती है, यह भी राजनीतिशास्त्र की ही विषय-वस्तु है । बृहत् अर्थ में किसी राज्य या राजनीतिक व्यवस्था के अन्तर्गत होनेवाले तमाम परिवर्तनों का राजनीतिशास्त्र में अध्ययन किया जाता है ।

political socialization (प'लिटिक्‌ल्‌ सोशॅलाइ'ज़ेश्‌न्‌) **राजनीतिक समाजीकरण** : राजनीतिक समाजीकरण राजनीतिक विकास का एक मनोवैज्ञानिक पहलू है। सीख की वह प्रक्रिया राजनीतिक समाजीकरण कहलाती है, जिसके अन्तर्गत व्यक्ति राजनीतिक व्यवस्था के आदर्शों एवं मूल्यों का अन्तरीकरण करता है। यह राजनीतिक मूल्यों, प्रतिमानों तथा व्यवहार के तौर-तरीकों, संक्षेप में राजनीतिक संस्कृति, का एक पीढ़ी से दूसरी पीढ़ी को हस्तान्तरण की एक प्रक्रिया है। इस प्रक्रिया द्वारा व्यक्ति अपनी एवं दूसरे की राजनीतिक भूमिकाओं के सम्बन्ध में जानकारी प्राप्त करता है। राजनीतिक समाजीकरण वह प्रक्रिया है, जिसके द्वारा राजनीतिक संस्कृतियाँ बनी रहती हैं और परिवर्तन होते रहते हैं। इस कार्य के करने वाले व्यक्तियों के रुख को, राजनीतिक संस्कृति में ढाला जाता है और राजनीतिक वस्तुओं की ओर उन्हें उन्मुख किया जाता है। राजनीतिक समाजीकरण का लक्ष्य व्यक्तियों को इस प्रकार प्रशिक्षित अथवा विकसित करना है कि वे एक राजनीतिक समाज के उत्कृष्ट कार्य करने वाले सदस्य बन जाएँ। इस प्रक्रिया के अन्तर्गत राजनीतिक समुदाय के सदस्य अपने शैशव काल से ही ऐसी अभिवृत्तियाँ, मान्यताएँ और व्यवहार सीख लेते हैं जिससे वे अपने समुदाय की राजनीतिक संस्थाओं और प्रक्रियाओं को वैधता प्रदान करते हैं, राजनीति में दिलचस्पी लेते हैं और अपनी वैध माँगों को राजनीति के माध्यम से पूरा कराने का प्रयत्न करते हैं। वस्तुतः इस प्रक्रिया के अन्तर्गत लोग अपने समाज की राजनीतिक संस्कृति का आत्मसात्‌ करते हैं।

यह वह प्रक्रिया है जिसके माध्यम से व्यक्ति अपने समाज में राजनीतिक जीवन के प्रति अनुकूल दृष्टिकोण बनाता है और जिसके माध्यम से समाज अपने राजनीतिक मानकों और आदर्शों, मान्याताओं और विश्वासों को एक पीढ़ी से दूसरी पीढ़ी तक पहुँचाता है। इसी प्रक्रिया से व्यक्ति अपने समाज, राष्ट्र या राज्य के प्रति निष्ठा और सत्ता के प्रति सम्मान का भाव विकसित करता है। इस प्रक्रिया में परिवार, मित्र मण्डली, शिक्षण संस्थान और दूसरे बड़े-बड़े समूह महत्त्वपूर्ण भूमिका निभाते हैं। जब लोग नागरिक और राजनीतिक जीवन में हिस्सा लेते हैं; जनसम्पर्क के साधनों से शक्तिशाली संकेत और संदेश प्राप्त करते हैं और अनेक सभा-संगठनों में उपस्थित होते हैं तो उनके इस दृष्टिकोण की पुष्टि होती है। यह ज़रूरी नहीं कि इस प्रक्रिया के परिणामस्वरूप सभी व्यक्ति बने-बनाए साँचों में ढल जाएँ, परन्तु इससे राजनीतिक जीवन में निरन्तरता बनी रहती है और राजनीतिक प्रणाली नए तनावों और दबावों को सहन करने की क्षमता विकसित कर लेती है।

political sociology (प'लिटिक्‌ल्‌ सोसि'ऑलजि) **राजनीतिक समाजशास्त्र** : समाजशास्त्र या राजनीतिशास्त्र की वह शाखा, जिसमें संस्थाओं, यथा– राज्य सरकार या शासन-तन्त्र की कार्य-पद्धतियों तथा अन्य सामाजिक संस्थाओं के साथ उनके सहसम्बन्धों का अध्ययन किया जाता है। राजनीतिक समाजशास्त्र की परिभाषा एक ऐसे सामाजिक विज्ञान के रूप में दी जा सकती है, जो समाज एवं राज्य व्यवस्था, सामाजिक संरचना एवं राजनीतिक संस्थाओं के पारस्परिक सम्बन्धों का अध्ययन करता है (देखें– Thomas B. Bottomore, **Political Sociology**, 1979; Robert E. Dowse and John A. Hughes, **Political Sociology**, 2000) : देखें– **Sociology of politics**।

political system (प'लिटिक्‌ल्‌'सिस्‌टम्‌) **राजनीतिक प्रणाली** : उन संरचनाओं और प्रक्रियाओं का समुच्चय, जिनके माध्यम से समाज में राजनीति के उद्देश्य पूरे किए जाते हैं। राजनीतिक दल, संविधान या सरकार राजनीतिक प्रणाली के अभिन्न अंग होते हैं। टॉम बॉटमोर (Thomas B. Bottomore, 1920-1992) ने वर्गीकरण की एक विस्तृत योजना प्रस्तुत की है, जिसमें निम्न श्रेणियाँ हैं– (1) आदिम समाज– (i) स्पष्ट एवं स्थाई राजनीतिक संरचना सहित (ii) एक स्पष्ट एवं स्थाई राजनीतिक संरचना सहित, किन्तु नातेदारी व धर्म से अत्यधिक प्रभावित। (2) नगर राज्य, (3) नगर राज्यों पर आधारित साम्राज्य, (4) सामन्तवादी राज्य, (5) केन्द्रित अधिकारीतन्त्र से युक्त एशियाई राज्य, (6) राष्ट्रीय राज्य– (i) आधुनिक लोकतन्त्रीय राज्य (ii) आधुनिक सर्वाधिकारी राज्य एवं (7) राष्ट्रीय राज्यों पर आधारित साम्राज्य (देखें– Thomas B. Bottomore, **Political Sociology**, 1979; Theda Skocpol, **States and Social Revolutions**, 1979; Doug McAdam, **Political Process and the Development of Black Insurgency 1930-1970**, 1982)।

polity ('पॉल्इटि) **राज्य व्यवस्था, बहुतन्त्र :** इस शब्द का प्रयोग मुख्यत: दो अर्थों में किया जाता है– (1) कुछ लोगों का ऐसा निकाय, जिन्होंने एक संगठित सरकार स्थापित कर ली हो या शासन-प्रणाली और सिद्धान्त विकसित कर लिए हों। (2) अरस्तू के वर्गीकरण के अनुसार, ऐसी शासन-प्रणाली, जिसमें शासन की शक्ति निर्धन एवं साधारण लोगों के हाथों में रहती है, धनवान एवं कुलीन लोगों के हाथों में नहीं और वे इसका प्रयोग राज्य के हित को ध्यान में रखकर करते हैं।

poll (पोल्) **मतदान, मतगणना :** देखें– **Opinion poll** ।

pollution (प'लूशन्) **प्रदूषण :** वह दशा, जब कोई कर्मकाण्डीय रूप से 'अछूत' जातियों व उनकी वस्तुओं के सम्पर्क में आता है। विज्ञान में इसका एक अलग अर्थ है; क्योंकि यहाँ प्रदूषण से तात्पर्य वातावरण या जलवायु के प्रदूषण से है।

polyandry ('पॉलि ऐन्ड्रि) **बहुपति प्रथा :** एक महिला द्वारा दो अथवा दो से अधिक पुरुषों से विवाह रचाने की प्रथा, जो बहुत कम पायी जाती है। उत्तर प्रदेश की खासा (Khasa) जाति और तमिलनाडु की टोडा जाति में बहुपति प्रथा का प्रचलन है। ऐसा विवाह, जिसमें स्त्री के एक से अधिक पति हों, जो एक-दूसरे के भाई हो सकते हैं और नहीं भी। अगर वे आपस में भाई-भाई हैं, तो उसे भ्रातृक बहुपति विवाह कहा जाता है।

polyandry, adelphic or **fraternal** ('पॉलि ऐन्ड्रि, अडेल्'फ़िक् ऑर् फ्र'ट्र्नल्) **भ्रातृक बहुपति प्रथा :** बहुपति प्रथा का एक प्रकार, जहाँ सभी पति आपस में भाई होते हैं। इस प्रथा में दो या अधिक भाइयों की एक ही पत्नी होती है। विवाह साधारणतया केवल बड़े भाई के साथ होता है, किन्तु पत्नी पर दूसरे भाइयों का समान अधिकार होता है। इस व्यवस्था का उद्देश्य पारिवारिक सम्पदा के विघटन को रोकना है। इस प्रथा के अन्तर्गत सभी सन्तान बहुधा सबसे बड़े भाई की मानी जाती है। भारत में यह प्रथा जौनसार बावर की खासा जनजाति में तथा दक्षिण में नीलगिरी की टोडा जनजाति में प्रचलित है। महाभारत में द्रौपदी का विवाह इसका उदाहरण है।

polycentric transnationals (पॉलि'सेनट्रिक ट्रैन्स्'नैश्नल्स्) **बहुकेन्द्रित बहुराष्ट्रीय उद्योग :** ऐसी बहुराष्ट्रीय कम्पनियाँ, जिनका संचालन एक से अधिक देशों में फैले दफ्तरों से होता है।

polygamy (पॉ'लिग्मि) **बहुविवाह-प्रथा :** विवाह की एक प्रथा, जिसमें कोई स्त्री या पुरुष एक समय में एक से अधिक विवाह कर सकता है। यह प्रथा तीन प्रकार की होती है– बहुपत्नी प्रथा, बहुपति प्रथा और समूह विवाह। एक पुरुष यदि अनेक स्त्रियों से विवाह कर ले, तो उसे बहुपत्नी विवाह **(Polygyny)** कहते हैं। बहुपत्नी विवाह के कारण थे- उच्छृंखल कामवासना की तृप्ति अथवा पुत्र-प्राप्ति। कोई स्त्री जब अनेक पुरुषों के साथ विवाह करती है, तब उसे बहुपति विवाह कहते हैं, जैसे महाभारत में द्रौपदी का पाँचों पांडवों के साथ विवाह। बहुपति तथा बहुपत्नी विवाह-प्रथा निषिद्ध है, फिर भी कुछ परिस्थितियों में इनकी अनुमति है : देखें– **Polyandry; Polygyny** ।

polygenetic theory of origin of races (पॉ'लिजि'नेटिक 'थिअरि ऑव्'ऑरिजन् ऑव् रेसस्) **प्रजाति उत्पत्ति के सिद्धान्त :** इस सिद्धान्त की यह मान्यता है कि प्रजाति की उत्पत्ति मेधावी मानव **(Homo sapien)** से पहले हुई है।

polygyny (पॉ'लिगिनि) **बहुपत्नी विवाह :** विवाह का वह स्वरूप, जिसमें एक पुरुष का एक समय में दो या दो से अधिक स्त्रियों के साथ विवाह होता है। इस प्रथा के अन्तर्गत कई परिवार एक ही पुरुष से उद्भूत होने के कारण एक-दूसरे के साथ जुड़े होते हैं। आर्थिक कठिनाइयों के कारण सामान्य रूप से बहुपत्नी विवाह नहीं किया जाता है। हिन्दुओं के बीच बहुपत्नी विवाह पर कानूनी प्रतिबन्ध है। कुछ जनजातियों में धनी व्यक्ति अधिकतर बहुपत्नी विवाह करते हैं। मुस्लिम समुदाय के साथ-साथ नागा, गोंड, बैगा, टोडा तथा मध्य भारत की कुछ जनजातियों में बहुपत्नी प्रथा पाई जाती है।

polytheism ('पॉलिथि इज़म्) **बहुदेववाद, अनेकेश्वरवाद** : एक से अधिक देवता की पूजा से सम्बन्धित। ऐसा सिद्धान्त, जिसके अनुसार देवता अनेक हैं और प्रत्येक देवता की स्वतन्त्र सत्ता है। हिन्दू समाज बहुदेववादी है। यहाँ विभिन्न प्रकार के देवी-देवताओं की पूजा की जाती है, पर जहाँ तक उनकी स्वतन्त्र सत्ता का प्रश्न है, इस पर मतभेद है। कुछ लोग प्रत्येक देवता की स्वतन्त्र सत्ता में विश्वास करते हैं, तो कुछ लोग यह कह कर इसे नकार देते हैं कि परमसत्ता तो आखिर एक ही है। विभिन्न देवी-देवता उसी परमसत्ता के अलग-अलग रूप हैं।

polytomy; polytomous variable (पॉलि'टॅमि; पालिटॅमॅस 'वे़रिअबल्) **बहुभाजन; बहुभाजन चर** : जब किसी चर को हम दो खण्डों में विभक्त करते हैं, तो उसे द्विभाजन चर (**Dichotomous variable**) कहते हैं, जैसे– यौन नामक चर को हमलोग पुरुष और महिला में बाँट सकते हैं। जब हम किसी चर को दो से अधिक खण्डों में विभाजित कर सकते हैं, तो उसे ही बहुभाजन चर कहते हैं, जैसे– शिक्षा के स्तर जैसे चर को कई खण्डों में विभक्त कर अध्ययन किया जाता है।

poor house (पुअर् हाउस्) **दरिद्रालय, निर्बल निकेतन** : ऐसे निवास स्थल जिन्हें सार्वजनिक खर्चे पर निर्धन और घर-बार विहीन लोगों के लिए चलाया जाता है। भारत में सरकार की ओर से निर्बल निकेतन तो नहीं चलाये जाते हैं, लेकिन गैर-सरकारी स्तर पर शहरों में प्रयास चल रहे हैं। सरकार की ओर से इसका प्रयास निश्चित रूप से चलना चाहिए था; क्योंकि विश्व में सबसे अधिक गरीब लोग भारत में ही निवास करते हैं।

poor relief (पुअर् रि'लीफ़्) **निर्धन सहायता** : प्रमुख रूप से आर्थिक आवश्यकताओं की पूर्ति के लिए दी गई सहायता।

pop sociology (पॉप् सोसि'ऑलजि) **लोकप्रिय समाजशास्त्र** : पंडिताई या अकादमिक समाजशास्त्र से भिन्न। पिछले कुछ वर्षों में एक ऐसे समाजशास्त्र का उद्भव हुआ है, जिसका तात्कालिक सम्बन्ध सामान्य रूप से रोज़मर्रा के जीवन से और विशेष रूप में सामाजिक समस्याओं से होता है। इसे ही लोकप्रिय या पॉप समाजशास्त्र का नाम दिया गया है। ज्ञान की अन्य शाखाओं की अपेक्षा समाजशास्त्र का यह विषय लोकप्रियता प्राप्ति का एक अच्छा साधन है। यही कारण है कि इस विषय का बिना किसी प्रकार का औपचारिक शिक्षण या प्रशिक्षण पाये कोई भी व्यक्ति अपने-आपको समाजशास्त्री कहलाने का हकदार बन जाता है (देखें– Vance O. Packard, **The Hidden Persuaders**, 1957 and **The Ultra Rich**, 1989)।

popular culture ('पाप्युलर् 'कल्चर्) **लोकप्रिय संस्कृति, जनप्रिय संस्कृति** : सांस्कृतिक उत्पादों, जैसे– संगीत, नृत्य, साहित्य, कला, फैशन, फिल्म, टी.वी., रेडियो के प्रयोग के ऐसे संग्रहीत भण्डार को लोकप्रिय संस्कृति कहते हैं, जिनका उपभोग प्रमुखत: अभिजन समूहों के अतिरिक्त निम्नवर्गीय कामगार समूह तथा मध्यमवर्ग के एक भाग द्वारा किया जाता है। कुछ-एक ने इसे 'आम जनता' की संस्कृति भी कहा है। लोकप्रिय संस्कृति और उच्च संस्कृति में एक महत्त्वपूर्ण अन्तर यह है कि उच्च संस्कृति में जहाँ शास्त्रीय संगीत, नृत्यकला और गंभीर प्रकृति के उपन्यास, कविताएँ, कहानियाँ तथा अन्य सांस्कृतिक उत्पाद आते हैं, जिनकी सामान्यत: समाज के एक छोटे से शिक्षित वर्ग द्वारा प्रशंसा की जाती है, जबकि लोकप्रिय संस्कृति, जिसे कभी-कभी जन-संस्कृति भी कहते हैं, का अधिक व्यापक क्षेत्र होता है और यह प्रत्येक को आसानी से उपलब्ध होती है। लोकप्रिय संस्कृति का मुख्य कार्य मनोरंजन है और यह अब खेलकूद, दूरदर्शन, फिल्मों और रिकार्ड किये गये लोकप्रिय संगीत द्वारा समाज के सभी तबकों पर अपना प्रभाव जमाये हुए है।

पारम्परिक व्यक्ति लोकप्रिय संस्कृति की, उसके हल्के-फुल्केपन के कारण, आलोचना करते हैं। फ्रैंकफर्ट सम्प्रदाय के लोगों ने भी इसकी आलोचना करते हुए इसे तुच्छ, बाजारू, व्यापाराना और निष्क्रिय संस्कृति कहा है। उन्होंने इसे 'जनता की संस्कृति' के समतुल्य बताया है। जबकि उदारवादी और परिवर्तनवादी (Radical) आलोचक इस संस्कृति का इस आधार पर समर्थन करते हैं कि यह समाज के अधिकांश लोगों की रुचि की असली अभिव्यक्ति है और ये

लोग उच्च संस्कृति के उत्पादों को अभिजनीय कहकर नकारते और तिरस्कृत करते हैं। समाजशास्त्रियों ने लोकप्रिय संस्कृति के उत्पादों के अध्ययन में रुचि प्रदर्शित की है; क्योंकि यह जनचेतना को समझने का एक अच्छा साधन है और विभिन्न वर्गों में एकजुटता और विभाजन पैदा करने का एक महत्त्वपूर्ण कारक है (देखें– James Curran, Michael Gurevitch and Janet Woolacott, **Mass Communication and Society**, 1979; M. Brake, **The Sociology of Youth Culture and Youth Subcultures**, 1980; Ian Chambers, **Popular Culture**, 1986)।

population (पॉप्यु'लेश्न्) **जनसंख्या, समष्टि :** इस शब्द का प्रयोग मुख्यत: दो अर्थों में किया जाता है– (1) किसी भौगोलिक क्षेत्र-विशेष के अन्तर्गत रहने वाले सभी व्यक्ति। (2) सांख्यिकी में समष्टि की संकल्पना का तात्पर्य एक ऐसे समुच्चय से है, जिसमें वस्तुत: अलग-अलग इकाइयाँ, वस्तुएँ, संख्याएँ अथवा घटनाएँ सम्मिलित हो सकती हैं। समष्टियाँ कई प्रकार की हो सकती हैं। आर्थिक समष्टियों में प्रमुखतया उपभोक्ता द्वारा खर्च की गई इकाइयाँ, राष्ट्रीय आय के वार्षिक आँकड़े, वर्षवार जनसंख्या में घट-बढ़ आदि आ जाती हैं। एक समष्टि के अन्तर्गत संख्याएँ निर्धारित प्रायिकता के आधार पर बंटित होती हैं और उन्हें एक फलन के रूप में व्यक्त किया जा सकता है तथा उनके लिए स्थिर प्राचल नियत किये जा सकते हैं। कोई समष्टि परिमित अथवा अपरिमित हो सकती है।

population analysis (पॉप्यु'लेश्न् अ'नैलसिस्) **जनसंख्या विश्लेषण :** जनसंख्या विश्लेषण के अन्तर्गत हम जनसंख्या की मुख्य प्रवृत्तियों, जैसे– प्रजनन, मृत्यु, आयु संरचना, वैवाहिक स्थिति, शैक्षणिक योग्यता तथा व्यावसायिक संरचना आदि का क्रमबद्ध अध्ययन करते हैं। यह अध्ययन सामाजिक विज्ञानों, जैसे– समाजशास्त्र, अर्थशास्त्र, राजनीतिशास्त्र आदि की संगति में किया जाता है और इसके अन्तर्गत यह देखने का प्रयत्न किया जाता है कि इन प्रवृत्तियों का सामाजिक, आर्थिक और राजनीतिक दृष्टियों से क्या प्रभाव पड़ेगा और इन समस्याओं का हल कैसे ढूँढ़ा जाना चाहिए। इस विश्लेषण की प्रमुख विशेषता जनसंख्या सम्बन्धी आँकड़ों और प्रवृत्तियों का निर्वचन, समस्याओं का निदान और हल प्रस्तुत करना है।

population change (पॉप्यु'लेश्न् चेन्ज्) **जनसंख्या परिवर्तन :** इस शब्द का प्रयोग मुख्यत: दो अर्थों में किया जाता है– (1) दो बार की जनगणनाओं में प्राप्त जनसंख्याओं का अन्तर। जब दो देशों की तुलना करनी होती है, तब जनसंख्या-परिवर्तन को प्रतिशत में मापा जाता है और उसकी गणना प्रतिवर्ष के आधार पर की जाती है। (2) किसी जनसंख्या में व्यक्तियों की विशेषताओं के वितरण में परिवर्तन, जो प्रवास अथवा प्राकृतिक घटनाओं के कारण घटित होते हैं।

population composition (पॉप्यु'लेश्न् कॉम्पज़िश्न्) **जनसंख्या संघटन :** जनसंख्या संघटन सम्बन्धी अध्ययन के अन्तर्गत लिंग, आयु, धर्म, जाति, वैवाहिक सम्बन्ध, शिक्षा का स्तर, व्यवसायगत वर्गीकरण और आय वर्गीकरण आदि विशेषताएँ आती हैं। इन चरों का, जनसंख्या सम्बन्धी विशिष्ट अध्ययन में, अलग-अलग महत्त्व होता है और इनके आधार पर जनसंख्या की विशेषताओं का अनुमान लगाया जाता है तथा जनसंख्या सम्बन्धी नीतियाँ बनाई जाती हैं।

population control (पॉप्यु'लेश्न् कन्'ट्रोल्) **जनसंख्या नियन्त्रण :** वह प्रक्रिया, जिसके अन्तर्गत किसी देश की जनसंख्या के आकार, उसकी वृद्धि, वितरण और विशेषताओं पर नियन्त्रण का प्रयत्न किया जाता है। आमतौर पर इससे जनसंख्या-वृद्धि के नियन्त्रण का संकेत मिलता है।

population cycle (पॉप्यु'लेश्न् साइक्ल्) **जनसंख्या चक्र :** ऐतिहासिक दृष्टि से बाँटी गई विभिन्न अवधियाँ, जिनमें जनसंख्या की सामान्य वृद्धि या ह्रास को दिखाया जाता है। जनसंख्या वृद्धि विश्लेषण द्वारा यह पता चलता है कि भिन्न-भिन्न सभ्यताओं में जनसंख्या की वृद्धि (या ह्रास) विशेष प्रकार की अवधियों में अलग-अलग ढंग से कैसे हुई या बिल्कुल रुक गई या बहुत तेजी से हुई। इस प्रकार के चक्र की अवधि वृद्धि-दर के अनुसार छोटी भी हो सकती है और बड़ी भी, नियमित भी और अनियमित भी। जनसंख्या चक्रों के पीछे नैसर्गिक, राजनीतिक, आर्थिक अथवा सामाजिक कई प्रकार के कारण हो सकते हैं।

population density (पॉप्यु'लेशन्'डेन्सटि) **जनसंख्या घनत्व :** निवास क्षेत्र के सन्दर्भ में वहाँ की जनसंख्या का आपेक्षिक आकार । जनसंख्या घनत्व साधारणतः प्रति इकाई क्षेत्र, जैसे– प्रतिवर्ग मील या प्रतिवर्ग किलोमीटर क्षेत्र में निवासियों की संख्या के आधार पर निर्धारित किया जाता है । इसकी गणना कुल जनसंख्या को क्षेत्रफल से भाग देकर की जाती है । कभी-कभी इसको प्रति एकड़ या प्रतिवर्ग मील के पीछे भी आकलित किया जाता है । सूत्र में इसे निम्न प्रकार स्पष्ट किया जा सकता है–

$$\text{जनसंख्या घनत्व} = \frac{\text{किसी विशेष वर्ष में क्षेत्र की कुल जनसंख्या}}{\text{उस क्षेत्र का कुल क्षेत्रफल (वर्ग कि. मी.)}} = \text{...........व्यक्ति प्रति वर्ग कि. मी.}$$

population distribution (पॉप्यु'लेशन् डिस्ट्रि'ब्यूशन्) **जनसंख्या वितरण :** जनसंख्या के स्थानीय आधार पर ऐसा बँटवारा, जिसे भौगोलिक इकाइयों या निर्धारित सीमा-क्षेत्रों के रूप में दिखाया जाता है । ऐसे वितरण के अन्तर्गत सम्पूर्ण देश या राष्ट्र को राज्यों में बाँटा जाता है, जिन्हें राजनीतिक प्रशासनिक इकाई माना जाता है । इस प्रकार के वितरण को स्थानिक वितरण कहा जाता है । स्थान सम्बन्धी इकाइयों में प्रदेश, प्रभाग, क्षेत्र, जिला, नगर, गाँव आदि आते हैं । इसमें नगर क्षेत्र और छावनी क्षेत्र अलग-अलग दिखाये जाते हैं । महानगरों की जनसंख्या के आँकड़े उनकी समस्याओं के विशेष अध्ययन के लिए अलग से तैयार किये जाते हैं । इसी प्रकार उपनगर और ग्रामीण क्षेत्रों की जनसंख्या तथा संस्थागत जनसंख्या को भी अलग-अलग दिखाया जाता है । इस स्तर पर जनसंख्या को ग्रामीण और नगरीय क्षेत्रों में बाँटकर दिखाया जाता है ।

population dynamics (पॉप्यु'लेशन् डाइ'नैमिक्स्) **जनसंख्या गतिकी :** जनसंख्या गतिकी के अन्तर्गत जनसंख्या परिवर्तन की प्रक्रिया का अध्ययन किया जाता है । इस सन्दर्भ में जन्म, मरण, विवाह प्रवसन आदि के प्रभावों का विश्लेषण किया जाता है ।

population explosion or **bomb** (पॉप्यु'लेशन् इक्स्'प्लोशन् ऑर् बॉम्) **जनसंख्या विस्फोट :** इस शब्द का प्रयोग बीसवीं सदी में तेजी से बढ़ती हुई जनसंख्या के परिणामस्वरूप होने वाली समस्याओं के लिए किया जाता है । जब प्रभावी आर्थिक विकास के अभाव में प्रजननता-दर में कमी नहीं आती, किन्तु मृत्यु-दर में तेजी से गिरावट के कारण जनसंख्या वृद्धि की दर बढ़ जाती है । अर्थात् जब आबादी अत्यधिक दर से बढ़ने लगती है, जैसे दो प्रतिशत वार्षिक या और अधिक जनसंख्या अबाध गति से बढ़ने लगती है तो इस स्थिति को जनसंख्या विस्फोट की स्थिति कहते हैं । यह स्थिति तब उत्पन्न होती है, जब मृत्यु-दर तेजी से नीचे गिर जाती है और एक ऐसी स्थिति उत्पन्न हो जाती है, जब मौजूदा आर्थिक संसाधन बढ़ती हुई आबादी के लिए प्रर्याप्त नहीं हो पाता है । जन्म-दर ऊँचे स्तर पर ही बनी रहती है, इसलिए इस अवस्था में देश की जनसंख्या तीव्र गति से बढ़ने लगती है ।

population forecast (पॉप्यु'लेशन्'फॉर्कास्ट्) **जनसंख्या पूर्वानुमान :** देखें– **Population projection** ।

population growth (पॉप्यु'लेशन् ग्रोथ्) **जनसंख्या वृद्धि :** जनसंख्या वृद्धि का आशय जन्म-दर का मृत्यु-दर से अधिक होना है । इसके फलस्वरूप किसी भी देश की जनसंख्या बढ़ती है । इस वृद्धि को प्राकृतिक साधनों, आर्थिक, सामाजिक और राजनीतिक उद्देश्यों के परिप्रेक्ष्य में आँका जाता है । व्यष्टि स्तर पर इसका सम्बन्ध परिवार कल्याण और स्वास्थ्य तथा शिक्षा से होता है । व्यापक स्तर पर इसका सम्बन्ध खाद्य-समस्या तथा आर्थिक विकास से जोड़ा जाता है ।

population growth model (पॉप्यु'लेशन् ग्रोथ्'मॉड्ल्) **जनसंख्या वृद्धि मॉडल :** जनांकिकीय, सामाजिक, सांस्कृतिक

एवं आर्थिक चरों के सन्दर्भ में जनसंख्या वृद्धि की व्याख्या करने के लिए जो मॉडल प्रयोग में लाया जाता है, उसे जनसंख्या वृद्धि मॉडल कहते हैं।

population growth rate (पॉप्यु'लेशन् ग्रोथ् रेट्) **जनसंख्या वृद्धि-दर :** जनसंख्या वृद्धि मापने की एक विधि। जन्म, मृत्यु तथा प्रवास की गणना के आधार पर किसी जनसंख्या में होने वाले परिवर्तन का पता लगाया जाता है। जनसंख्याशास्त्र में वृद्धि-दर ज्ञात करने के लिए दो समय में किसी खास क्षेत्र की जनसंख्या के आकार का अन्तर निकालकर उसे पूर्व के समय की जनसंख्या के द्वारा विभाजित कर परिवर्तन की दर को ज्ञात किया जाता है।

population influencing policy (पॉप्यु'लेशन् इन्फ्लु'अन्सइन्ग् 'पॉलसि) **जनसंख्या प्रभावी नीति :** इसके अन्तर्गत निम्न छः प्रकार की नीतियाँ आती हैं– (1) मृत्यु-दर और रोग-दर को कम करने वाली नीतियाँ, जैसे– स्वास्थ्य तथा चिकित्सा सेवाएँ। (2) प्रत्यक्ष रूप से प्रजननता-दर को कम करने वाली नीतियाँ, जैसे– गर्भपात, बंध्याकरण तथा प्रसवोत्तर चिकित्सा आदि, (3) अप्रत्यक्ष रूप से प्रजनन-दर को कम करने वाली नीतियाँ, जैसे– समाज के भिन्न-भिन्न वर्गों को परिवार नियोजन कार्यक्रम को स्वीकार करने के लिए दिये जाने वाले प्रेरक तथा अवप्रेरक, (4) जनसंख्या संघटन को प्रभावित करने वाली नीतियाँ। इनके अन्तर्गत विभिन्न आयुवर्ग, जातिगत वितरण तथा लिंग अनुपात आदि विशेष नीतियाँ आती हैं, जिन्हें समाजशास्त्री और अर्थशास्त्री जनसंख्या के गुणात्मक चर मानते हैं। इनमें शिक्षा, स्वास्थ्य आदि विशेष रूप से उल्लेखनीय हैं, (5) जनसंख्या वितरण (जिसमें शहरीकरण भी शामिल है) को प्रभावित करने वाली नीतियाँ। इनमें ग्राम विकास, आवास योजनाएँ, विकृत शहरी क्षेत्रों का उन्मूलन आदि अनेक प्रकार के कार्यक्रम शामिल हैं, (6) अन्तर्राष्ट्रीय स्थानान्तरण अथवा प्रवसन को प्रभावित करने वाली नीतियाँ– अन्तर्राष्ट्रीय स्तर पर तीन प्रकार का प्रवसन देखा गया है– (i) कुशल तथा अकुशल नागरिकों का आवागमन, (ii) बलात् प्रवसन तथा और (iii) अस्थायी प्रवसन।

population mobility (पॉप्यु'लेशन् मो'बिलटि) **जनसंख्या गतिशीलता :** मानव-समूहों का एक भौगोलिक क्षेत्र से दूसरे क्षेत्र में स्थानान्तरण। गतिशीलता दो प्रकार की हो सकती है– (1) भौतिक गतिशीलता और (2) सामाजिक गतिशीलता। भौतिक गतिशीलता से तात्पर्य क्षेत्रीय गतिशीलता से है, जबकि सामाजिक गतिशीलता का अर्थ मनुष्य और संस्थाओं के परस्पर सम्बन्धों की व्यवस्था में परिवर्तन का होना है : देखें– **Migration** ।

population pattern (पॉप्यु'लेशन् पैट्र्न्) **जनसंख्या संरूप :** किसी देश की जनसंख्या का ऐसा विवरण, जो निम्न तीन प्रकार से जाना जा सकता है– (1) घनत्व की दृष्टि से भिन्न-भिन्न इलाकों में, (2) जनांकिकी, सामाजिक, आर्थिक विशेषताओं के अनुसार भिन्न-भिन्न वर्गों में, (3) जन्म-दर, मृत्यु-दर और वृद्धि-दर के अनुसार भिन्न-भिन्न खण्डों या प्रदेशों में।

population policy (पॉप्यु'लेशन् 'पॉलसि) **जनसंख्या नीति :** जनसंख्या नीति का तात्पर्य ऐसे उपाय और कार्यक्रम तैयार करने से है, जो समाज कल्याण सम्बन्धी उद्देश्यों की पूर्ति करे। इसके अन्तर्गत क्रांतिक जनांकिकी चरों पर नियन्त्रण करने के लिए, जैसे– जनसंख्या के आकार और वृद्धि की दर, जनसंख्या के भौगोलिक वितरण (राष्ट्रीय और अन्तर्राष्ट्रीय दोनों), जन्म-दर तथा मृत्यु-दर पर नियन्त्रण, मृत्यु-दर, पौष्टिक आहार, परिवार नियोजन, शिशु तथा मातृत्व सेवाएँ, स्वास्थ्य तथा कल्याण आदि सम्बन्धी अनेक प्रकार के कार्यक्रम शामिल किये जा सकते हैं।

population pressure (पॉप्यु'लेशन् 'प्रेशर्) **जनसंख्या-दबाव :** इस पद का प्रयोग कई अर्थों में होता है। माल्थस (T. R. Malthus, 1766-1834) के जनसंख्या-सिद्धान्त के अनुसार, जब किसी देश या क्षेत्र में जीवन-निर्वाह के साधनों के अनुपात में वहाँ की जनसंख्या बढ़ जाती है, तो हम कहते हैं कि इस क्षेत्र में जनसंख्या दबाव बढ़ गया है। दूसरी ओर साधनों के बढ़ने से जनसंख्या में वृद्धि की प्रवृत्ति पैदा होती है। इन दोनों शक्तियों के प्रभाव के अधीन एक जनसंख्या सन्तुलन पैदा होता है, जो फिर से इस दबाव को निर्वाह-स्तर की ओर झुका देता है।

population projection (पॉप्यु'लेशन् प्र'जेक्शन्) **जनसंख्या प्रक्षेपण :** भविष्य में किसी निर्धारित समय पर मृत्यु, प्रजनन एवं प्रवसन की दरों के बारे में किन्हीं निश्चित पूर्वधारणाओं के आधार पर जनसंख्या का आकलन करने की

विधि को जनसंख्या प्रक्षेपण कहते हैं। इससे भिन्न जब जनसंख्या का आकलन जनांकिकीय चरों के अतिरिक्त सामाजिक, आर्थिक चरों में सम्भावित परिवर्तनों के सन्दर्भ में किया जाता है, तो उसे जनसंख्या पूर्वानुमान कहते हैं।

population pyramid (पॉप्यु'लेशन् 'पिर्मिड्) **जनसंख्या सूचीस्तम्भ :** किसी जनसंख्या के अन्तर्गत विभिन्न उम्र और युवा लोगों को दण्डग्राफ के माध्यम से दर्शाया जाता है। इसके अन्तर्गत पुरुषों की आबादी को बायीं तरफ और महिलाओं की आबादी को दायीं तरफ रखा जाता है। आयु एवं लिंग-गठन का आरेखीय चित्रण ही आयु-लिंग पिरामिड या जनसंख्या सूचीस्तम्भ कहलाता है : देखें– **Constrictive population pyramid** ।

population register (पॉप्यु'लेशन् 'रेजिस्टर्) **जनसंख्या पंजी :** कुछ ऐसे भी देश है, जहाँ पर जनसंख्या सम्बन्धी आँकड़ों को इकट्ठा करने के लिए सरकार ने पंजी-व्यवस्था को अपनाया है। इसके अन्तर्गत किसी जनसंख्या में होने वाली विभिन्न किस्म की प्रमुख घटनाओं, जैसे– जन्म, मृत्यु, विवाह, तलाक एवं प्रवास का नित्य प्रतिदिन पंजीकरण किया जाता है। वैसे देशों में डेनमार्क, स्वीडेन और इस्रायल का नाम प्रमुख है।

population structure (पॉप्यु'लेशन्'स्ट्रक्चर्) **जनसंख्या संरचना :** जनसंख्या संरचना में आयु को मुख्य चर माना जाता है। बहुधा इस चर के साथ दूसरे चर जैसे– शिक्षा का स्तर, व्यवसायगत वर्गीकरण आदि भी जनसंख्या संरचना दर्शाते हैं।

population theory (पॉप्यु'लेशन्'थिअरि) **जनसंख्या-सिद्धान्त :** जनसंख्या-सिद्धान्त पद का दो अर्थों में प्रयोग होता है– (1) जनांकिकी विज्ञान के तार्किक और गणितीय आधार के व्यवस्थित नियमों के एक निकाय के रूप में। इसके अन्तर्गत जनसंख्या सम्बन्धी मात्रिक आँकड़ों का अध्ययन, उनका परस्पर सम्बन्ध और उनका विश्लेषण अमूर्त रूप से प्रस्तुत किया जाता है (2) दूसरे अर्थ में यह जनसंख्या सम्बन्धी प्रश्नों, जैसे– इष्टतम जनसंख्या, वृद्धि-दर, जनसंख्या में होने वाले गुणात्मक परिवर्तनों और उनके सामाजिक, आर्थिक तथा राजनीतिक प्रभावों के बारे में अनुमान लगाने का कार्य करता है। इस अर्थ में यह एक अन्तःशास्त्रीय ज्ञान का रूप धारण कर लेता है और इसका ज्यादातर सम्बन्ध उपलब्ध साधनों और वस्तुओं और सेवाओं के उत्पादन से जुड़ा रहता है।

population trend (पॉप्यु'लेशन् ट्रेन्ड) **जनसंख्या प्रवृत्ति :** एक सतत क्रिया, जो जनसंख्या की परिवर्तनशीलता अथवा स्थिरता की दरों को अभिव्यक्त करती है। दूसरे शब्दों में, इसका तात्पर्य उक्त दरों तथा सम्बन्धित जनसंख्या पर पड़ने वाले उनके प्रभावों के संकल्पनात्मक सामान्यीकरण से होता है।

populationist (पॉप्यु'लेशनिस्ट) **जनविस्तारवादी :** ऐसे व्यक्ति, जो जनसंख्या की वृद्धि की नीतियों का समर्थन करते हैं। इन लोगों का विश्वास जनसंख्या को बढ़ाने या विस्तार करने में होता है और आमतौर पर ये ऐसे कार्यक्रमों का समर्थन करते हैं, जिनसे जन्म-दर और बढ़े।

populism (पॉप्यु'लिज़म्) **लोकवाद, लोकप्रियतावाद :** यह एक प्रकार की ऐसी विचारधारा या सामाजिक आन्दोलन है, जो आम आदमी के विवेक और बुद्धि को तरजीह देता है। यह राजनीतिक प्रक्रियाओं में अभिजात वर्ग के विशिष्ट प्रभाव का विरोधी है। इस विचारधारा के अनुसार शासन की शक्तियों को कतिपय शहरी गुटों के हाथों में केन्द्रित नहीं रहने देना चाहिए, बल्कि इन्हें जनसाधारण के हाथों में, विशेषकर ग्रामीण लोगों के हाथों में वापस सौंप देना चाहिए, जो परम्परा से सरल और उत्तम जीवन बिताते हैं (देखें– E. Laclau, **Politics and Ideology in Marxist Theory: Capitalism, Fascism and Populism**, 1977; M. Canovan, **Populism,** 1981)।

position (प'जिशन्) **स्थिति, स्थान :** किसी व्यक्ति या सामाजिक वर्ग की समाज-व्यवस्था अथवा सामाजिक सम्बन्धों की व्यवस्था में स्थान। इस शब्द का प्रयोग प्रायः स्थिति के समानार्थक के रूप में भी होता है। विभिन्न मानदण्डों के अनुसार, समाज व्यक्तियों से किसी आचरण को करने या न करने की अपेक्षा रखता है। समाज में व्यक्तियों का पद अर्जित या प्रदत्त हो सकता है।

positive ('पॉज़िटिव्) **सकारात्मक :** शाब्दिक रूप से सकारात्मक का अर्थ है, कोई भी चीज़, जो हाँ में हो। ऑगस्त कौंत (Auguste Comte, 1798-1857, हिन्दी में इस फ्रांसीसी विद्वान के नाम का शुद्ध उच्चारण मात्र कौंत है) के अनुसार, यह मस्तिष्क के विकास की अन्तिम अवस्था है। यहाँ पर मानव के अस्तित्व के 'मूल स्रोतों' .... 'अन्तिम साध्य' की खोज बन्द हो जाती है। इसके बजाय मानव घटनाओं को देखना तथा इन घटनाओं के बीच विद्यमान नियमित कड़ियों को स्थापित करना प्रारम्भ कर देते हैं। इस प्रकार, सकारात्मक अवस्था में मानव तथ्यों के बीच कड़ी स्थापित करने वाले तथा सामाजिक जीवन को नियन्त्रित करने वाले सामाजिक नियमों की खोज करने लगते हैं।

positive checks ('पॉज़िटिव् चेकस्) **प्राकृतिक निरोध :** इस शब्द का ईज़ाद रॉबर्ट टॉमस माल्थस (Robert Thomas Malthus, 1766-1834) ने किया था। उनका विचार था कि यदि लोग तेजी से बढ़ती हुई जनसंख्या पर नियन्त्रण पाने की कोशिश नहीं करेंगे, तो प्रकृति स्वयं युद्ध, महामारी, अकाल इत्यादि विभीषिकाओं के माध्यम से नियन्त्रण पाने की कोशिश करती है : देखें– **Preventive checks** ।

positive correlation ('पॉज़िटिव् कॉर'लेशन्) **धनात्मक** या **सकारात्मक सहसम्बन्ध :** जब दो श्रेणियों में परिवर्तन एक ही दिशा में होता है, तो उस सहसम्बन्ध को प्रत्यक्ष (Direct) सकारात्मक या धनात्मक सहसम्बन्ध कहते हैं : देखें– **Negative correlation** ।

positive discrimination ('पॉज़िटिव् डि स्क्रिमि'नेशन्) **सकारात्मक विभेद :** देखें– **Affirmative action** ।

positive reinforcement ('पॉज़िटिव् रीइन्'फ़ॉर्स्मन्ट्) **सकारात्मक पुनर्बलन :** देखें– **Conditioning** ।

positive rites ('पॉज़िटिव् राइट्स) **सकारात्मक धार्मिक कृत्य :** पवित्र की ओर जाने से पहले की तैयारियाँ या शुद्धिकरण संस्कार। हिन्दुओं के बीच गंगा-स्नान कर पीतवस्त्र धारण करना सकारात्मक धार्मिक कृत्य है।

positive sanction ('पॉज़िटिव्'सैन्क्शन्) **सकारात्मक दण्ड-विधान :** सामाजिक मानदण्डों एवं आदर्शों के अनुसार व्यवहार करने वाले को समाज पुरस्कृत करता है। खेल में अच्छा प्रदर्शन करने वाले को अर्जुन पुरस्कार, कला और साहित्य के क्षेत्र में विशिष्ट योगदान के लिए पद्मश्री या पद्म विभूषण पुरस्कार दिया जाना सकारात्मक दण्ड-विधान के अन्तर्गत आता है।

positive science ('पॉज़िटिव्'साइन्स्) **तथ्यपरक विज्ञान, वस्तुपरक विज्ञान :** तर्कशास्त्र, नीतिशास्त्र, सौंदर्यशास्त्र आदि नियामक विज्ञानों से भिन्न जो विज्ञान केवल वस्तुस्थिति का अध्ययन करते हैं, उन्हें तथ्यपरक अथवा वस्तुपरक विज्ञान की संज्ञा दी जाती है। उदाहरण के लिए, समाजविज्ञान, भौतिकशास्त्र, रसायनशास्त्र, मानवविज्ञान आदि शास्त्र तथ्यपरक विज्ञान हैं।

positivism ('पॉज़िटि विज़म्) **प्रत्यक्षवाद :** सैन सीमाँ (Henri de Saint-Simon, 1760-1825) के विचारों से प्रभावित होकर फ्रेंच दार्शनिक ऑगस्त कौंत (Auguste Comte, 1798-1857, हिन्दी में इस फ्रांसीसी विद्वान के नाम का शुद्ध उच्चारण मात्र कौंत है) ने दर्शन की जिस नवीन शाखा को जन्म दिया, वही आजकल प्रत्यक्षवाद के नाम से जानी जाती है। कौंत के विचारानुसार ज्ञान का विकास कुछ चरणों में हुआ। प्रथम चरण पर ज्ञान के धर्मशास्त्रीय अथवा काल्पनिक रूप का विकास हुआ। धीरे-धीरे यह रूप तत्त्वमीमांसीय अथवा अमूर्त रूप से गुजरते हुए अपने अन्तिम एवं उच्चतम स्तर पर पहुँचा। कौंत ने ज्ञान के विकास के इस अन्तिम चरण के लिए ही 'पॉज़िटिविज़्म' शब्द का प्रयोग किया है, जिसे आजकल 'विज्ञान' या 'विज्ञानवाद' के नाम से जाना जाता है। यह सिद्धान्त वस्तुओं की तात्त्विक प्रकृति के सम्बन्ध में विचार करने का विरोधी है। प्रत्यक्षवाद एक ऐसा सिद्धान्त है, जो परम सत्य की खोज का परित्याग कर ऐसी घटनाओं के नियमों की खोज में विश्वास करता है, जिन्हें देखा-परखा जाना संभव है तथा उपयोगी भी है। कौंत का विचार था कि प्रत्यक्षवाद अथवा विज्ञान की घटनाओं के अवलोकन एवं वर्गीकरण तक अपने-आपको सीमित रखना चाहिए।

'पॉज़िटिविज़्म' शब्द का प्रयोग कई अर्थों में हुआ है। दर्शनशास्त्रियों का एक सम्प्रदाय जो 'लॉजिकल पॉज़िटिविस्ट' अथवा 'लॉजिकल एम्परिसिस्ट' के नाम से जाना जाता है। इस शब्द का प्रयोग किसी कथन के अर्थ के सत्यापन किए जाने की विधि के रूप में करता है। अतः उनकी दृष्टि में, ऐसे कथन जिनका सत्यापन संभव नहीं है, वे अर्थहीन हैं। धर्मशास्त्र तथा पुरातन तत्त्वशास्त्र के कथनों को यह सम्प्रदाय इसी श्रेणी में सम्मिलित करता है। टैलकॉट पार्सन्स (Talcott Parsons, 1902-1979) ने अपनी पुस्तक **The Structure of Social Action** (1937) में उन सभी सामाजिक सिद्धान्तों को 'पॉज़िटिविस्टिक' कहा है, जिसमें 'कर्त्ता' के रूप में मानव की सभी मानवीय क्रियाओं को कर्त्ता के स्वयं के दृष्टिकोण से निरपेक्ष भाव से समझा जाता है। प्रारम्भिक समाजशास्त्र पर प्रत्यक्षवादी प्रवृत्ति का गहरा असर रहा है (देखें– Anthony Giddens, **Positivism and Sociology**, 1974; Stephen Park Turner and Jonathan H. Turner, **The Impossible Science: An Institutional Analysis of American Sociology**, 1990)।

positivism, neo ('पॉज़िटि विज़म्, नी'ओ) **नव-प्रत्यक्षवाद, नव-वस्तुनिष्ठवाद** : अमरीकी समाजशास्त्र में बीसवीं शताब्दी के प्रारम्भ में उत्पन्न हुआ एक आन्दोलन, जिसमें ज्ञान की तीन धाराओं– परिमाणीकरण, व्यवहारवाद और वस्तुनिष्ठवादी ज्ञानमीमांसा को घुला-मिला दिया गया है। इस आन्दोलन के प्रमुख प्रवर्त्तक एफ. एच. गिडिंग्ज (Franklin Henry Giddings, 1855-1931) और जॉर्ज ए. लन्डबर्ग (George A. Lundberg, 1895-1966) रहे हैं। इस आन्दोलन ने समाजशास्त्र को विज्ञान के रूप में प्रस्थापित करने के लिए मापन और गणितीय प्रयोग पर बल दिया। लन्डबर्ग (लुन्डबर्ग इसका गलत उच्चारण है) ने तो इस सम्बन्ध में प्राकृतिक विज्ञानों के मॉडल पर समाजशास्त्र को विकसित करने की वकालत की और कहा कि मानवीय व्यवहार का अध्ययन भावनाओं, लक्ष्यों, प्रेरणाओं और मूल्यों आदि से परे हटकर सामाजिक स्थितियों के सन्दर्भ में किया जाना चाहिए। इसी आधार पर बाद में अमरीकी समाजशास्त्र में 'गणितीय समाजशास्त्र' (**Mathematical sociology**) की प्रस्थापना हुई। इस सन्दर्भ में रिचर्ड एम. एमर्सन का गणितीय सिद्धान्त और विनिमय सिद्धान्त को जोड़ने का प्रयास विशेष उल्लेखनीय है।

positivist criminology ('पॉज़िटि विस्ट क्रिमि'नॉलजि) **प्रत्यक्षवादी** : देखें– **Criminology, positivist**।

post behaviouralism (पोस्ट् बि'हेव्यर् लिज़म्) **उत्तरव्यवहारवाद** : देखें– **Behaviouralism, post**।

post capitalist (पोस्ट् 'कैपिट्लिस्ट्) **उत्तर-पूँजीवाद** : सामाजिक विकास के क्रम में पूँजीवाद के बाद आने वाला चरण। अमरीका विकास के जिस दौर से गुजर रहा है, उसे उत्तर-पूँजीवादी समाज कहा जा सकता है : देखें– **Post capitalist society**।

post capitalist society (पोस्ट् 'कैपिट्लिस्ट् सॅ'साइअटि) **उत्तर-पूँजीवादी समाज** : पूँजीवाद के विकास की वह अवस्था, जिसमें उसके कुछ परम्परागत लक्षण लुप्त हो रहे हैं और उसमें कुछ नई विशेषताएँ प्रकट हो रही हैं। ब्रिटिश समाजशास्त्री रैल्फ़ डॉरेनडॉर्फ़ ने अपनी चर्चित कृति **Class and Class Conflict in Industrial Society**, 1959 के अन्तर्गत समकालीन समाज में पूँजीवाद के बदलते हुए चरित्र को रेखांकित करने के लिए इसे 'उत्तर-पूँजीवादी समाज' (Post-capitalist society) की संज्ञा दी है।

post colonial state (पोस्ट् कॅ'लोनिअल् स्टेट्) **उत्तर-औपनिवेशिक राज्य** : एक ऐसा राज्य, जो उपनिवेशवाद के शिकंजे से नया-नया मुक्त हुआ हो। सामान्यतः तीसरी दुनिया (**Third world**) के देशों या विकासशील देशों को इस श्रेणी में रखा जाता है। भारत उत्तर-औपनिवेशिक राज्य का एक उदाहरण है।

post-communist state (पोस्ट् कॉम्युनिस्ट स्टेट्) **उत्तर-साम्यवादी राज्य** : ऐसा देश, जिसमें लम्बे समय तक साम्यवादी प्रणाली या समाजवादी प्रणाली प्रचलित रही हो, परन्तु कुछ समय पहले वहाँ इस प्रणाली का त्याग कर दिया गया हो, जैसे– पूर्वी जर्मनी।

post-empiricism (पोस्ट् इम्'पिरि सिज़म्) **उत्तर-अनुभववाद** : वह दृष्टिकोण, जो सामाजिक यथार्थ के अन्वेषण को

अनुभवमूलक ज्ञान तक सीमित नहीं रखता, बल्कि उससे आगे बढ़कर अनुभवातीत (**Transcendental**) प्रश्नों को भी अपने विचार-क्षेत्र का विषय मानता है। दर्शनशास्त्र उत्तर-अनुभववाद से जुड़े प्रश्नों का जवाब ढूँढ़ने का काम करता है।

post enumeration survey (पोस्ट् इ'न्यूमरेशन् सर'वे) **उत्तर-परिगणन सर्वेक्षण** : देखें– **Census follow-up survey**।

post-Fordism (पोस्ट् फ़ारड्'इज़म्) **उत्तर-फोर्डवाद** : उत्तर-आधुनिक समाज में उत्तर-फोर्डवाद (**Post-Fordism**) की प्रधानता होती है, अर्थात् जहाँ फोर्डवाद (**Fordism**) में बड़ी कम्पनियों के द्वारा अर्द्ध-कुशल (Semi-skilled) श्रमिकों कीमदद से वस्तुओं का पुंज उत्पादन होता है, वहाँ उत्तर-फोर्डवाद में बहु-कुशल (Multi-skilled) श्रमिकों के द्वारा छोटे स्तरों पर उद्योगों में उत्पादन होता है। छोटी-छोटी कई औद्योगिक इकाई मिलकर कुछ चीज़ों का उत्पादन करती हैं, अर्थात् उद्योग-धन्धों का भरपूर विकास होता है, लेकिन उसका आकार छोटा हो जाता है और सभी उद्योग समन्वित ढंग से उत्पादन करने लगते हैं।

post-industrial society (पोस्ट् इन्'डस्ट्रिअल् सॅ'साइअटि) **औद्योगिकोत्तर समाज, उत्तर-औद्योगिक समाज** : इस अवधारणा को उन विद्वानों ने विकसित किया है, जो यह मानते हैं कि सामाजिक परिवर्तन हमें औद्योगिक व्यवस्था से परे ले जा रहे हैं। उत्तर-औद्योगिक समाज भौतिक वस्तुओं के उत्पादन पर आधारित न होकर, सूचनाओं के उत्पादन पर आधारित होता है। इस अवधारणा का समर्थन करनेवालों का मत है कि हम सामाजिक परिवर्तन के अनेक क्रमों को वर्तमान में उतनी ही तीव्र गति से प्रभावित कर रहे हैं, जैसा कि दो सौ वर्ष प्राक्-औद्योगिक युग के प्रारम्भिक समय में लोगों ने अनुभव किया था।

इस विचारधारा के समर्थकों का कहना है कि 20वीं सदी के उत्तरार्द्ध में पूँजीवादी देशों के अन्तर्गत उद्योगों से जुड़े कर्मचारियों की भारी बर्ख़ास्तगी हुई है। कहीं-कहीं श्रमिकों की संख्या आधी से भी कम हो गयी है। आदमी की जगह मशीनों ने ले ली है। मेहनतकश श्रमिकों की जगह सफेदपोश कर्मचारियों ने हथिया ली है। तकनीकी शिक्षा प्राप्त लोगों की संख्या उद्योगों में तेजी से बढ़ने लगी है। ऐसी स्थिति में परम्परागत किस्म की आर्थिक, सामाजिक एवं वैचारिक व्यवस्थाओं में बदलाव आया है। इस प्रकार एक नई प्रकार की पूँजीवादी व्यवस्था का जन्म हुआ है। इस सन्दर्भ में विद्वानों ने यह विचार व्यक्त किया कि समाज औद्योगिक युग से आगे निकल चुका है। इस स्थिति को, सर्वप्रथम अमरीका में डैनियल बेल (Daniel Bell, b.1919-) ने 1973 में तथा फ्रांस में अलेन टूरें (Alain Touraine) ने 1974 में उत्तर-औद्योगिक समाज (**Post-industrial society**) कहा। इस अवधारणा पर बेल ने विस्तार से चर्चा अपनी पुस्तक **The Coming of Post-Industrial Society** (1973) में की है। बेल तथा टूरें ने आधुनिकोत्तर समाज को ही औद्योगिकोत्तर समाज (**Post-industrial Society**) कहकर पुकारा है। कुछ लोगों ने इसे बहुलवस्तु समाज (**Post-scarcity Society**) भी कहा है। इस अवधारणा का प्रयोग बहुत सारे विद्वान उत्तर-पूँजीवादी व्यवस्था (**Post-capitalism**) के लिए भी करते हैं (देखें– Krishnan Kumar, **Prophecy and Progress: The Sociology of Industrial and Postindustrial Society, 1978**)।

post-modernism (पोस्ट्'मॉडर् निज़म्) **आधुनिकोत्तरवाद** : वर्तमान समय में कुछ पाश्चात्य समाजविज्ञानी अपने देश के सन्दर्भ में आधुनिकतावाद (**Modernism**) के स्तर से एक कदम आगे बढ़कर आधुनिकोत्तर स्तर की बात कर रहे हैं। उनका कहना है कि पाश्चात्य विकसित देशों में आधुनिकीकरण की प्रक्रिया अब लगभग समाप्त हो चुकी है। उनका समाज विकास की एक नई अवस्था में प्रवेश कर चुका है, जिसे वे 'आधुनिकोत्तर स्तर' की संज्ञा देते हैं। दूसरे शब्दों में, आज पाश्चात्य देश औद्योगिक विकास एवं आधुनिकता की चरम सीमा को लाँघ चुका है। पाश्चात्य देशों की सभ्यता और संस्कृति विकास की उस ऊँचाई पर खड़ी है कि उसे आधुनिक की जगह आधुनिकोत्तर कहना ज्यादा उपयुक्त होगा।

उत्तर-आधुनिकवाद एक अमूर्त अवधारणा है, जबकि उत्तर-औद्योगिक समाज का स्वरूप मूर्त होता है। उत्तर-आधुनिकवाद

उत्तर-औद्योगिक समाज की संस्कृति की तरह है या यह कहा जाये कि इन दोनों के बीच आत्मा एवं शरीर का सम्बन्ध है। अत: ये दोनों ही परस्पर व्याप्त अवधारणाएँ हैं। लेकिन, उत्तर-आधुनिक समाज तथा उत्तर-औद्योगिक समाज पर्यायवाची शब्द हैं। उत्तर-आधुनिकता की अवधारणा का प्रयोग आधुनिकता (**Modernism**) जैसी अवधारणा की विरोधी अवधारणा के रूप में किया जाता है, जिसका अभिप्राय उन्नत औद्योगिक समाज से है। आज का विकसित देश इसका उदाहरण है।

उपर्युक्त विचारधारा के समर्थक मार्क्सवादी की यह कहकर आलोचना करते हैं कि बिना सर्वहारा वर्ग की क्रांति के भी पूँजीवादी समाज में बुनियादी परिवर्तन संभव है, लेकिन मार्क्सवादी इस विचारधारा का विरोध करते हुए यह दलील देते हैं कि उत्तर-पूँजीवादी समाज के सिद्धान्त से कार्ल मार्क्स के पूँजीवादी उत्पादन-प्रणाली के सिद्धान्त (**Theory of capitalist mode of production**) का खण्डन नहीं होता है। उन लोगों का यही मानना है कि पूँजीवादी व्यवस्था में इस तरह के परिवर्तन से विकसित पूँजीवादी व्यवस्था का बोध होता है। यह पूँजीवादी व्यवस्था में कोई युगान्तकारी परिवर्तन नहीं है।

जो विचारक आधुनिकोत्तर समाज के सिद्धान्त की बात करते हैं, उनमें कुछ लोग यह मानते हैं कि आधुनिकोत्तर काल में बहुवादी समाज (**Pluralistic Society**) की स्थापना होगी। बड़े पैमाने पर उत्पादन और खपत (Mass Production and consumption), महानगरों (Metropolises), बृहत् राष्ट्र (Large state), फैली हुई आवास सम्पदा (Sprawling housing estate), राष्ट्र-राज्य (Nation-state) की प्रधानता में कमी होगी और उनकी जगह विभिन्नता (Differentiation), अनेकता (Diversity), लचीलापन (Flexibility), गतिशीलता (Mobility), दूर-संचार के साधनों (Telecommunication), विकेन्द्रीकरण (Decentralization) एवं भूमण्डलीकरण या अन्तर्राष्ट्रीयकरण (Globalization or Internationalization) में वृद्धि होगी (देखें– S. Crook *et al.*, **Postmodernization**, 1929; Jean Baudrillard, **In the Shadow of the Silent Majorities**, 1983; Jean-François Lyotard, **The Post-modern Condition**, 1984; David Harvey, **The Condition of Postmodernity**, 1989)।

post-materialism (पोस्ट् म'टिअरिअलिज़म्) **उत्तर-भौतिकवाद** : एक राजनीतिक दृष्टिकोण, जिसमें हम यह मानकर चलते हैं कि हमें भौतिक सुख-समृद्धि तो प्राप्त हो चुकी है, अत: अब उच्च कोटि के मूल्यों की ओर ध्यान देना ज़रूरी है।

postneonatal mortality rate (पोस्ट् नी'ओनेटल मॉर्'टैलटि रेट्) **जन्मोत्तर शिशु मृत्यु-दर** : प्रति 1000 जन्म में 28 दिन से लेकर एक साल के अन्दर शिशुओं के मरने की दर।

post parole period (पोस्ट् प'रोल् 'पिरिअड्) **पश्च-परोल अवधि** : वह समय या समयावधि, जो परोल अधिकारी के नियन्त्रण और निरीक्षण से छूटने के बाद आरम्भ होती है और व्यक्ति फिर से मुक्त समाज का सदस्य बन जाता है।

post-structuralism (पोस्ट्'स्ट्रॅक्चॅर् लिज़म्) **उत्तर-संरचनावाद** : आलोचनात्मक साहित्य के क्षेत्र में विश्लेषण का यह एक विशिष्ट प्रकार है। फ्रांसीसी दार्शनिक जैक्स डेरिडा (Jacques Derrida) इसके प्रणेता माने जाते हैं। यह विश्लेषण संरचनावाद (**Structuralism**) का विरोधी माना जाता है, लेकिन डेरिडा की कृतियों को देखने से पता चलता है कि वे संरचनावादी सिद्धान्त के विरोधी नहीं थे। उनका मूल विचार यही था कि भाषा के साथ छेड़-छाड़ किये बिना, वास्तविकता को नहीं समभा जा सकता। इसलिए उन्होंने किसी वास्तविकता को समझने के लिए मूलपाठ (Text) के समझने पर बल दिया है। एक मूलपाठ को दूसरे मूलपाठ के सन्दर्भ में ही समझा जा सकता है, ऐसा उनका विचार था। संरचनावाद के अन्तर्गत मान्यता यह है कि शब्द और शब्द द्वारा निर्देशित या बतायी गयी वस्तु के बीच प्रत्यक्ष सम्बन्ध होता है, अर्थात् भाषा के माध्यम से किसी विचार या वस्तु को समझा जा सकता है। उत्तर-संरचनावादियों का मानना है कि कोई शब्द बाह्य यथार्थ को स्पष्ट करने में सशक्त नहीं होता; क्योंकि एक शब्द के माध्यम से दूसरे शब्द को समझा जाता है न कि किसी बाह्य वस्तु या यथार्थ को (देखें– Anthony Giddens and Jonathan Turner (eds.), **Social Theory Today**, 1987)।

postulate ('पॉस्ट्यु लेट्) **पूर्वमान्यता :** ज्ञान के किसी क्षेत्र-विशेष में स्वीकृत सत्य, सिद्धान्त, सूत्र तथा तथ्य, जिनके आधार पर उस क्षेत्र के अन्यान्य प्रत्यय सिद्धान्त एवं विचार-प्रणाली की संरचना की जाती है, यथा– कारणता-सिद्धान्त, प्रकृति की समरूपता का सिद्धान्त आदि।

potlatch ('पॉटलाच) **पॉटलाच :** यह प्रथा अमरीका के उत्तर-पश्चिमी तट में तथा अलास्का और ब्रिटिश कोलम्बिया में निवास करने वाली जिन चार जनजातियों में पायी जाती है, वे हैं– हैडा (Haida), लिंगित (Tlingit), शिमशियन (Tsimsian) और क्वाक्विटल (Kwakiutal)। पॉटलाच एक भोज होता है, जिसमें कई लोगों और यहाँ तक कि दुश्मनों तक को आमन्त्रित किया जाता है। भोज में लोगों को खूब खिलाया-पिलाया जाता है, वस्तुएँ नष्ट की जाती हैं और लोगों में बाँटी जाती हैं। वह कितना समृद्धशाली है और कितना कुछ नष्ट कर सकता है या कितना कुछ दे सकता है, यह दिखाने के लिए ही वह ऐसा करता है। यह भोज समाज में प्रतिष्ठा प्राप्त करने के लिए दिया जाता है। इस प्रकार पॉटलाच द्वारा एक व्यक्ति डंके की चोट पर सम्मानजनक सामाजिक प्रतिष्ठा या पद प्राप्त करता है (देखें– Ruth Benedict, **Patterns of Culture**, 1934) : देखें– **Conspicuous consumption**।

poverty ('पॉव़र्टि) **निर्धनता :** इसकी परिभाषा कई रूपों में दी गई है। आमतौर पर गरीबी रेखा के नीचे रहने वाले व्यक्तियों को निर्धन की श्रेणी में रखा जाता है। समाज का आर्थिक स्तर सामान्यत: समाज के सामान्य जीवन-स्तर से निम्न होता है। निर्धनता वह दशा है, जिसमें कोई व्यक्ति या तो अपनी अल्प आय अथवा अपनी मूर्खतापूर्ण अपव्यय प्रवृत्ति के कारण, अपने जीवन-स्तर को इतना ऊँचा नहीं रख सकता, जिससे कि उसकी शारीरिक और मानसिक कुशलता बनी रहे और वह समाज में उपयोगी काम करने के योग्य हो सके। निर्धनता का बोध समाज-विशेष के जीवन-स्तर, सम्पत्ति वितरण, स्थिति प्रणाली तथा सामाजिक अपेक्षाओं से होता है।

निर्धनता दो प्रकार की होती है– प्राथमिक निर्धनता और द्वितीयक निर्धनता। प्राथमिक निर्धनता आमदनी की कमी के कारण उत्पन्न होती है, जबकि द्वितीयक निर्धनता व्यक्ति की अज्ञानता, अयोग्यता, लापरवाही, आलस्य, अपव्यय तथा कुरीतियों का शिकार होने के फलस्वरूप होती है। मुकदमेबाजी, शराबखोरी, फैशन आदि के फलस्वरूप भी निर्धनता उत्पन्न हो जाती है। निर्धनता का व्यक्तियों के शरीरिक विकास की गति, शिक्षा-स्तर, आचरण, नैतिकता आदि पर बहुत बुरा प्रभाव पड़ता है (देखें– F. Field, **Poverty and Politics**, 1982; D. T. Ellwood, **Poor Support: Poverty in the American Family**, 1988; L. Osberg (ed.), **Economic Inequality and Poverty: International Perspectives**, 1991)।

poverty line ('पॉव़र्टि लाइन्) **गरीबी रेखा, निर्धनता रेखा :** निर्धनता की वह अवस्था, जिसमें व्यक्ति या परिवार अपने लिए भोजन, वस्त्र और शरण-स्थान प्राप्त करने में असमर्थ होता है। गरीबी रेखा अलग-अलग देशों में अलग-अलग किस्म की होती है। उदाहरण के लिए, अमरीका में निर्धनता रेखा भारत में मान्य निर्धनता रेखा से काफी ऊपर है। गरीबी रेखा का निर्धारण विकसित और विकासशील देशों में अलग-अलग ढंग से किया गया है। भारत में 'पौषणिक दृष्टिकोण' के आधार पर 'गरीबी रेखा' तय की गई है। किसी परिवार के लिए वह न्यूनतम आय, जिस पर वह न्यूनतम उपभोग-स्तर को भी प्राप्त करने में अक्षम रहता है, उसे गरीबी रेखा कहते हैं। ग्रामीण और शहरी लोगों के लिए औसत कैलोरी क्रमश: 2435 तथा 2095 कैलोरी निर्धारित की गयी है, जिनके सन्निकट 2400 तथा 2100 कैलोरी किया गया है। जिन लोगों की आय अपनी भोजन सम्बन्धी न्यूनतम आवश्यकताएँ पूरी करने के लिए अपर्याप्त है, वे 'गरीबी की रेखा' से नीचे माने जाते हैं। यह पूर्ण गरीबी का मापदण्ड नहीं है। गरीबी को परिभाषित करने में कपड़ा, आवास, शिक्षा जैसी अनिवार्य आवश्यकताओं को शामिल नहीं किया जाता है। डी. टी. लकड़ावाला की अध्यक्षता में गठित विशेषज्ञ दल ने निर्धनों की पहचान के लिए वैकल्पिक फार्मूले का उपयोग किया, जिसके तहत प्रत्येक राज्य में मूल स्तर के आधार पर अलग-अलग निर्धनता रेखा का निर्धारण किया गया। लकड़ावाला फार्मूले में शहरी निर्धनता के आकलन हेतु औद्योगिक श्रमिकों के उपभोक्ता-मूल्य सूचकांक व ग्रामीण क्षेत्रों में इस उद्देश्य हेतु कृषि श्रमिकों के

उपभोक्ता-मूल्य सूचकांक को आधार बनाया गया है। इस प्रकार लकड़ावाला ने सभी राज्यों के लिए अलग-अलग 32 रेखाएँ खींची। अन्तर्राष्ट्रीय संगठनों में प्राय: विश्व स्तर पर गरीबी के विश्लेषण के लिए प्रति व्यक्ति प्रतिदिन 1 डॉलर या 2 डॉलर न्यूनतम आय की बात की जाती है। 2 डालर से कम आय वाले लोग गरीब तथा 1 डॉलर से कम आय करने वाले लोग बहुत गरीब माने जाते हैं।

poverty trap ('पॉव़र्टि ट्रैप) **निर्धनता-पाश, गरीबी का फंदा :** ऐसी स्थिति, जिसमें निर्धन लोग अपनी निर्धनता से उबरने का कोई रास्ता नहीं ढूँढ़ पाते। जैसे ही उनकी आय का स्तर बढ़ता है, उनसे कल्याणकारी कार्यक्रम के लाभ छिन जाते हैं या उन पर कर का बोझ बढ़ जाता है, जिससे हिसाब बराबर हो जाता है। निर्धन देशों की भी यही हालत हो सकती है। जैसे ही वे विकास के निश्चित स्तर पर पहुँचते हैं, उन्हें अन्तर्राष्ट्रीय सहायता के लिए विशेष तरजीह मिलनी बन्द हो जाती है।

power ('पाउअर्) **सत्ता, शक्ति :** दूसरों पर अपने प्रभाव को डालने की क्षमता या दूसरों को प्रभावित या नियन्त्रित करने की क्षमता (देखें– Max Weber, **Economy and Society**, 1922; Steven Lukes, **Power: A Radical View**, 1974; Dennis H. Wrong, **Power: Its Forms, Bases and Uses**, 1980; Marilyn French, **Beyond Power**, 1985)।

power brokers ('पाउअर् 'ब्रोकर्स) **सत्ता के दलाल :** लोकतन्त्रीय प्रणाली के अन्तर्गत ऐसे लोग, जो मतदाताओं के किसी समूह पर नियन्त्रण रखते हैं तथा किसी उम्मीदवार या दल के लिए उनका समर्थन जुटाने का कार्य करते हैं। ऐसे लोग अपने सेवार्थियों (Clients) के सामूहिक समर्थन के बदले में सत्ताधारियों से उनके लिए कुछ सेवाएँ और सुविधाएँ (बिजली, पानी, परिवहन, राशन कार्ड आदि) प्राप्त करने में दक्ष होते हैं। निर्धन और विकासशील देशों में ऐसे लोगों की बड़ी संख्या पायी जाती है।

power dependence ('पाउअर् डि'पेन्ड्न्स्) **सत्ता निर्भरता :** शक्ति संरचना के साथ शून्य-योगफल (**Zero-sum**) का सिद्धान्त काम करता है। जब एक व्यक्ति को अधिकार प्राप्त होता है या प्रदान किया जाता है, तो दूसरे के अधिकार में कमी आती है, परन्तु हमेशा ऐसा नहीं होता। कभी-कभी अधिकार या सत्ता का वितरण ऐसा देखा जाता है कि एक शक्ति दूसरे पर निर्भर करती है, जैसे– प्रधानमंत्री की शक्ति उसके कैबिनेट पर निर्भर करती है और कैबिनेट भी प्रधानमंत्री से शक्ति प्राप्त कर उस पर अमल करने का प्रयास करता है।

power elite ('पाउअर् ए'लीट्) **सत्ता-सम्भ्रान्तजन :** अत्यधिक प्रभावशाली लोगों का दल, जो प्रमुख राजनीतिक निर्णय लेता है। अमरीका के शासक अभिजनों के सन्दर्भ में सी. राइट मिल्स (C. Wright Mills, 1916-1962) ने इस अवधारणा का विकास किया और इसी नाम से सन् 1956 में उन्होंने एक पुस्तक (**Power Elite**) लिखी। मिल्स के अनुसार व्यापार, सरकार और सेना के अग्रणी लोगों को सत्ता-सम्भ्रान्तजन में शामिल किया जाता है। ये लोग समान सामाजिक पृष्ठभूमि के कारण आपस में बँधे होते हैं। यही नहीं, इन तीनों वर्गों में आपस में अदला-बदली भी होती रहती है। मिल्स की इस पुस्तक ने बाद में ढेर सारी प्रतिक्रियाओं और विवादों को जन्म दिया।

power politics ('पाउअर् पॉलटिक्स्) **सत्ता की राजनीति :** वह राजनीति, जो मूलत: नैतिक सिद्धान्तों पर आधारित न हो, प्रत्युत किसी-न-किसी प्रकार सत्ता प्राप्त करने अथवा उसे बनाए रखने की युक्तियों पर निर्भर हो। नक्सलपन्थियों के द्वारा ग्रामीण क्षेत्रों में दहशतगर्दी फैलाना सत्ता की राजनीति है।

power structure ('पाउअर् 'स्ट्रक्चर्) **सत्ता की बनावट** या **निर्माण :** किसी भी समाज में शक्ति का एक व्यवस्थित या सिलसिलेवार ढाँचा या प्रतिरूप पाया जाता है। इसके अन्तर्गत विभिन्न सदस्यों के बीच अधिकारों का स्पष्ट बँटवारा होता है (देखें– C. Wright Mills, **The Power Elite**, 1956; David Riesman, **The Lonely Crowd**, 1961) : देखें– **Authoritarianism; Elite**।

practical sociology (प्रैक्टिक्ल् सोसि'ऑलजि) **व्यावहारिक समाजशास्त्र :** समाजशास्त्रीय सामान्यीकरणों का सामाजिक

समस्याओं के समाधान में अनुप्रयोग । सामाजिक इंजीनियरी तथा समाज-सुधार में व्यावहारिक समाजशास्त्र उपयोगी हो सकता है : देखें– **Applied sociology** ।

***prada* system पर्दा प्रथा :** हिन्दू व मुसलमान स्त्रियों में कपड़े से अपने चेहरे तथा अन्य अंगों के ढँकने का रिवाज प्रचलित था, जिसे पर्दा कहते हैं । वैदिक व उत्तर-वैदिककाल में स्त्रियाँ खुले रूप में अर्थात् पर्दे के बिना आ-जा सकती थीं, लेकिन कहते हैं कि मुसलमानों के आगमन के बाद जब से उन्होंने हिन्दू स्त्रियों को जबरदस्ती पकड़कर अपनी पत्नियाँ बनाने का प्रयास किया, तब से हिन्दुओं में अविवाहित कन्याओं और विवाहित स्त्रियों को पर्दे में रखने की प्रथा चल पड़ी थी । मुसलमान स्त्रियों के स्वास्थ्य, शिक्षा और ज्ञान के विकास के अवसरों तथा सामाजिक चेतना के विकास में पर्दा-प्रथा एक गंभीर बाधा रही है । आधुनिक सभ्यता के फलस्वरूप, अब यह प्रथा तेजी से समाप्त होती जा रही है । तुर्की में कमालपाशा के काल में जब से पर्दे का बहिष्कार हुआ था, तब से वहाँ की स्त्रियों ने आशातीत प्रगति कर ली है ।

pragmatic (प्रैग्'मैटिक्) **परिणामवादी** : ऐसा दर्शन, जो किसी वस्तु या विचार के परिणाम पर उसका मूल्यांकन करता है । कार्ल मार्क्स का राजनीतिक दर्शन परिणामवादी दर्शन के अन्तर्गत आता है ।

pragmatism, philosophy of ('प्रैग्मॅ टिज़्म्, फ़'लॉसफ़ि ऑव्) **व्यावहारिकतावादी का दर्शनशास्त्र :** बीसवीं शताब्दी में अमरीका में चलाया गया एक वैचारिक आन्दोलन, जिसके नेता पर्स (Charles Sanders Peirce, 1839-1914), जेम्स (William James, 1842-1910) तथा हूक ((Sidney Hook, 1902-1989) थे । तदनुसार किसी भी संप्रत्यय का अर्थ उसके व्यावहारिक प्रभावों में ढूँढ़ा जाना चाहिए । विचार का काम व्यवहार का पथ-प्रदर्शन होता है और सत्य वह है, जो व्यवहारोपयोगी हो । जॉन ड्यूई एवं एफ. सी. एस. शिलर ने भी इस विचारधारा को अग्रसारित किया । उनका तर्क है कि वास्तविक यथार्थ का वास्तविक संसार से 'बाहर' कोई अस्तित्व नहीं होता । इसकी वास्तविक रचना तब होती है, जब हम संसार में और संसार के सन्दर्भ में क्रिया-कलाप करते हैं । जो चीज़ें लोगों के लिए उपादेय नहीं होतीं, वे उसे छोड़ देते हैं : (देखें– Paul Rock, **The Making of Symbolic Interactionism**, 1979) ।

***pratiloma* प्रतिलोम :** यह एक प्रकार का विवाह है, जिसका स्वरूप ऐसा होता है– ऊँची जाति की स्त्री का निम्न जाति के पुरुष से विवाह करना । वर्णाश्रम व्यवस्था में यह अवैध और निषिद्ध माना जाता था ।

praxis ('प्रैक्सिस) **स्वोद्दिष्ट क्रिया, लक्ष्यगर्भित व्यवहार :** वह क्रिया, जिसका लक्ष्य स्वयं वहीं हो । अरस्तू के अनुसार, केवल चिन्तनात्मक व्यवहार को 'प्रैक्सिस' कहा जा सकता है; क्योंकि उसका लक्ष्य स्वयं चिन्तन ही होता है । कलात्मक या उत्पादनात्मक क्रियाओं का उद्देश्य स्वयं उन क्रियाओं में नहीं होता, बल्कि उनसे बाह्य होता है, इसलिए अरस्तू ने चिन्तन की तुलना में उन्हें निकृष्ट स्थान दिया है (देखें– Karl Marx, **The Economic and Philosophical Manuscripts of 1884**, 1964; H. Lefebvre, **The Sociology of Marx**, 1968) : देखें– **Abstracted empiricism** ।

prayer wheel (प्रेअर् वील्) **प्रार्थना-चक्र :** लकड़ी अथवा धातु से बना गोल चक्र, जो धुरी पर घूमता है और जिस पर प्रार्थनाएँ लिखी होती हैं । इन प्रार्थनाओं को तिब्बती बौद्धजन फलदायी मानते हैं । इस चक्र को भक्तजन हाथ से घूमाते हैं ।

pre-adaptation (प्री ऐडैप्'टेशन्) **पूर्वानुकूल :** इस शब्द का प्रयोग मुख्यत: दो अर्थों में किया जाता है– (1) किसी विशिष्ट परिवर्तन अथवा परिस्थिति के साथ समय से पूर्व अनुकूलन । (2) जीव अथवा समूह में उन लक्षणों का होना, जो पूर्व-पर्यावरण से अनुकूलित नहीं हैं । परन्तु किसी दूसरे पर्यावरण में बने रहने में सहायक होते हैं ।

precipitating crisis (प्रि'सिपि टेटिंग 'क्राइसिस्) **आपात् संकट :** समाज में सहसा उत्पन्न कोई ऐसी भयंकर स्थिति, जिसमें व्यक्तिगत और सामाजिक संगठन या सम्बन्ध विच्छिन्न हो जाये । ऐसी स्थिति में समाज की सुरक्षा तथा आक्रांत व्यक्ति एवं समूह की सुरक्षा तथा पुन:स्थापन (पुनर्वास) के लिए सामाजिक प्रयास आवश्यक होता है ।

pre-coding (प्री कोड'इन्ग) **पूर्वसंकेतीकरण :** अनुसन्धान की एक प्रक्रिया, जिसमें व्याख्या के लिए संचित आँकड़े गणना तथा सारणीकरण के लिए वर्गीकृत एवं संहिताबद्ध किये जाते हैं। जैसे– प्रश्नावली द्वारा संगृहीत सामग्री का पूर्व-वर्गीकरण।

predatory class ('प्रेड्ट्रि क्लास्) **लुटेरा वर्ग :** देखें– **Class, predatory**।

pre-destination (प्रीडेस्टि'नेशन्) **पूर्व-नियति :** इस शब्द का प्रयोग मुख्यत: दो अर्थों में किया जाता है– (1) ऐसा सिद्धान्त, जिसके अनुसार ईश्वर को सभी घटनाओं की पहले से जानकारी होती है और इस वजह से वह बिना किसी गलती के उनका मार्गदर्शन करता है, जो मोक्ष के लिए नियत है। (2) एक कैल्विनवादी (प्रोटेस्टैन्ट) विश्वास। इसके अनुसार यह माना जाता है कि व्यक्ति को उसकी मुक्ति के लिए ईश्वर द्वारा चुना जाता है। चुनाव ईश्वर की इच्छा पर आधारित है और व्यक्ति इस सम्बन्ध में कुछ नहीं कर सकता है।

predictor (प्रि'डिक्टॅर्) **व्याख्यात्मक चर :** व्याख्यात्मक चर एक ऐसा नमूना है, जो किसी प्रेक्षित नमूने में दिये गये आँकड़ों का कोई फलन होता है। यह फलन इस दिये गये नमूने के आधार पर प्रागोक्ति करने के किसी नियम की व्याख्या करता है। ऐसी प्रागोक्ति को व्याख्यात्मक चर के मान का परिणाम माना जाता है। कुछ व्याख्यात्मक चर अन्तराल के रूप में और कुछ विशिष्ट बिन्दुओं के रूप में होते हैं। इनमें से जिस चर के बारे में प्रागोक्ति की जानी होती है, उसके वास्तविक प्रेक्षित मूल्यों का भी उल्लेख किया जाता है। इनका प्रयोग प्राक्कल्पना परीक्षण या प्राचलों के आकलन में किया जाता है। इस प्रतिदर्श में प्रायिकता बंटन **(Probability distribution)** का पूर्णत: निर्देश किया जाता है तथा इस बात का स्पष्टत: उल्लेख किया जाता है कि किन अभिगृहीतों के अन्तर्गत प्राक्कल्पना सत्य होगी। समाश्रयण विश्लेषण **(Regression analysis)** के अन्तर्गत किसी मॉडल की जाँच में ऐसे व्याख्यात्मक चर का बहुधा प्रयोग किया जाता है।

preferential marriage (प्रेफ'रेन्शल 'मैरिज्) **अधिमान्य विवाह :** विवाह का एक प्रतिरूप, जिसमें पूर्व सम्बन्धित व्यक्तियों के बीच विवाह को समाज द्वारा अधिमान्यता दी जाती है। जैसे– दक्षिण भारत में मामा-भाँजी विवाह तथा ममेरे-फुफेरे भाई-बहिनों के बीच विवाह।

preferential shop (प्रेफ'रेन्शल शॉप्) **अधिमानी कर्मशाला :** ऐसी कर्मशाला, जहाँ यूनियन से बाहर के कामगारों को तभी काम पर रखा जाता है, जब सम्बन्धित कर्मशाला में रिक्त पड़े पदों के लिए यूनियन-कामगारों में उपयुक्त लोग उपलब्ध न हों।

pregnancy wastage ('प्रेग्नॅन्सि वै'स्ट्इज) **गर्भपात :** गर्भपात का तात्पर्य है प्रति 100 गर्भों के पीछे मृत, प्रसव, गर्भपात और गर्भस्राव की संख्या। इस दर को जनन-क्षमता के परिकलन के लिए एक विशेष चर के रूप में दिखाया जाता है। यह दर विभिन्न सामाजिक स्तरों के व्यक्तियों के लिए अलग-अलग होती है।

pre-industrial city (प्री इन्'डस्ट्रिअल् 'सिटि) **प्राक्-औद्योगिक नगर :** देखें– **City**।

pre-industrial society (प्री इन्'डस्ट्रिअल् सॅ'साइअटि) **प्राक्-औद्योगिक समाज :** ऐसा समाज, जिसमें उत्पादन मुख्यत: कृषि और हस्तशिल्प पर आधारित होता हो, ऊर्जा से चलने वाले यन्त्रों का प्रयोग या तो बिल्कुल न होता हो, या बहुत ही कम होता हो।

prejudice ('प्रेजुडिस्) **पूर्वाग्रह :** पूर्वाग्रह एक प्रकार का निर्णय, दृष्टिकोण अथवा विश्वास है, जिसे लोग वास्तविक तथ्य से परिचित होने से पहले ही (किसी वस्तु, घटना, व्यक्ति अथवा समूह के प्रति) स्वीकार कर लेते हैं। यह पर्याप्त साक्ष्य तथा अनुभवरहित एक अर्जित मनोवृत्ति है, जो सामान्यत: भावात्मक होती है। कोई भी पूर्वाग्रह जन्मजात नहीं होता, यद्यपि अधिकांश व्यक्तियों में पूर्वाग्रह आनुवंशिक हो सकता है। इसका निर्माण सुझाव, अनुकरण, विश्वास तथा सीमित अनुभवों के विभिन्न योग-संयोग द्वारा होता है।

रूढ़धारणाओं की भाँति पूर्वाग्रह भी एक तरह की तर्कहीन अवधारणा है, जिसकी मूल प्रवृत्ति विरोधात्मक होती है, जैसे– कुछ लोगों का मत है कि प्राणीशास्त्रीय दृष्टि से गुर्जर या गुजर निम्न जाति के लोग हैं, चमार गन्दे होते हैं, यहूदी एवं मारवाड़ी कंजूस होते हैं। ये सभी पूर्वाग्रह के उदाहरण हैं। पूर्वाग्रह विकृत अनुभूति तथा बोध की उपज होते हैं। पूर्वाग्रह का प्रयोग अधिकांशतः विश्व-सन्दर्भ में प्रजातीय समूहों और भारतीय सन्दर्भ में जातीय समूहों के बीच असमानताओं और भेदभाव के बर्ताव को लेकर हुआ है (देखें– Gordon W. Allport, **The Nature of Prejudice**, 1954; Albert Memmi, **Dominated Man**, 1964)।

prejudice, social ('प्रेजुडिस्, 'सोश्ल्) **सामाजिक पूर्वाग्रह :** एक समूह के व्यक्तियों द्वारा किसी अन्य समूह के व्यक्तियों के प्रति निर्मित दृष्टिकोण को सामाजिक पूर्वाग्रह कहते हैं। पूर्वाग्रह समूह की प्रमाणीकृत सृष्टि है, जिसे समूह के सदस्यगण अन्य किसी समूह के विरोध में उसी प्रकार ग्रहण कर लेते हैं, जिस प्रकार वे अपने सामूहिक जीवन के अन्य दायित्वों, मूल्यों और पहचानों को स्वीकार कर लेते हैं।

pre-marital license (प्री 'मैरिटल 'लाइसन्स्) **विवाहपूर्व स्वच्छन्दता :** अविवाहित स्त्री-पुरुषों को आपेक्षिक रूप में दी गई अप्रतिबन्धित यौन स्वतन्त्रता। कुछ प्राचीन समाजों तथा आधुनिक समाजों में इस प्रकार की अनुज्ञेयता मिलती है।

premise (प्रि'माइज़) **आधारवाक्य, ज्ञानाधार :** तर्कशास्त्र में वह वाक्य, जिससे अव्यवहित या व्यवहित रूप से कोई वाक्य निष्कर्ष के रूप में प्राप्त किया जा सके।

premodern society (प्री 'मॉडर्न् सॅ 'साइअटि) **प्राक्-आधुनिक समाज :** ऐसा समाज, जिसमें सारे सम्बन्ध प्रचलित परम्परा पर आधारित हों तथा व्यक्तियों की अपनी इच्छा के अनुसार नए सम्बन्ध बनाने या पद-प्रतिष्ठा अर्जित करने की स्वतन्त्रता न हो। ऐसे समाज में प्रचलित नियम भी केवल परम्परा से अधिकृत होते हैं, उन्हें तर्कसंगत आधार पर नया रूप देने या अस्वीकार करने का अधिकार किसी व्यक्ति या संगठन को नहीं होता।

pre-operational stage (प्री ऑप'रेशनल् 'स्टेज्) **प्राक्-संक्रियात्मक स्तर :** दो से सात साल के बीच के बच्चों के जीवनकाल को जे. पियाजे (Jean Piaget, 1897-1980) ने प्राक्-संक्रियात्मक स्तर कहा है। इस स्तर में बच्चे भाषा सीखने तथा बाह्य जगत् से अपना सम्बन्ध बढ़ाने लगते हैं।

prescriptive norm (प्रि'स्क्रिप्टिव़ नॉर्म) **आदेशात्मक मानदण्ड :** देखें– **Norms, prescriptive** ।

pre-sensitive investigation (प्री 'सेन्सिटिव़् इन् वेस्टि'गेशन्) **दण्डपूर्व अन्वेषण :** कोर्ट द्वारा अपराधी के लिए दण्डादेश की प्रकृति का निश्चय करने के लिए की गई जाँच-पड़ताल। यह प्रक्रिया अपराधी के चरित्र और उसकी पृष्ठभूमि के बारे में न्यायाधीश को ऐसे आँकड़े जमा करके देने से सम्बन्धित होती है कि किन परिस्थितियों में उसने अपराध किया है। बहुधा यह खोज प्रोबेशन के द्वारा की जाती है।

present state examination (PSE) (प्रि'जेन्ट् स्टेट् इग्ज़ैमि'नेशन् (पी एस ई) **वर्तमान राज्य परीक्षा** या **जाँच :** मनोवैज्ञानिकों द्वारा विकसित यह एक ऐसी विधि है, जिसके द्वारा किसी व्यक्ति के मानसिक स्तर का पता लगाया जाता है।

presentation of self (प्रेज़न्'टेशन् ऑव् सेल्फ़) **आत्म-प्रस्तुतीकरण :** वह तरीका, जिससे कोई व्यक्ति समाज में अपनी भूमिका के बारे में अपनी धारणा को व्यक्त करता है।

pressure group ('प्रेशर् 'ग्रूप्) **प्रभावक समूह :** ऐसा समूह, जो विधि-निर्माण की प्रक्रियाओं को अथवा प्रशासनिक अभिकरणों आदि को अपने वर्ग या स्वयं अपने विशिष्ट हित में अथवा उस बड़े समुदाय के हितों की रक्षा के लिए प्रभावित करता है, जिसका वह प्रतिनिधित्व करता है। किसी एक विशिष्ट वर्ग (सरकार, जनसमूह या हित समूह) के समूह के हितों का प्रतिनिधित्व करने हेतु आपस में मिलकर व्यक्तियों, मालिकों या अन्य संगठनों के समूहों को दबाव-गुट कहा जाता है। प्रभावक समूह, अन्य प्रकार के सामाजिक समूहों और क्लबों से इस बात में भिन्न होते हैं कि इन समूहों

का व्यक्त प्रयोजन अपने उद्देश्यों की प्राप्ति के लिए जनमत जुटाना और निर्णय लेने वाली संस्थाओं को अपनी माँगों के प्रति समर्थन और स्वीकृति के लिए बाध्य किया जाना होता है। इनकी माँगें विद्यमान दशाओं को ही जारी रखना या उनमें परिवर्तन या संशोधन करना हो सकती हैं। दबाव-समूहों के राजनीतिक दलों से विशेष सम्बन्ध होते हैं। ये दबाव-समूह उस राजनीतिक दल, जिनसे वे जुड़े होते हैं, उन पर अपने हितों की पूर्ति के लिए दबाव डालते हैं।

prestige (प्रे'स्टीश्) **प्रतिष्ठा :** वैसा भाव, जो समाज किसी व्यक्ति को उसकी सामाजिक स्थिति के अनुरूप प्रदान करता है। व्यावसायिक प्रतिष्ठा का निर्धारण, समाज की मूल्य व्यवस्था एवं उस समाज में विभिन्न व्यवसायों के प्रकार्यात्मक महत्त्व से होता है। समाज में किसी की सामाजिक स्थिति को अधिक महत्त्व दिया जाता है तो किसी को कम, किसी काम को अच्छा तो किसी काम को बुरा, किसी व्यक्ति को उन्नतशील तो किसी को शोषित समझा जाता है। इस प्रकार समाज में प्रत्येक स्थिति के प्रति लोगों में आदर एवं श्रद्धा की अलग-अलग मात्रा पायी जाती है, उसे ही उस स्थिति की प्रतिष्ठा कहते हैं। उदाहरण के लिए, समाज में डॉक्टर, इंजीनियर, प्राध्यापक एवं उद्योगपति की प्रतिष्ठा एक अकुशल श्रमिक एवं चपरासी से अधिक होती है (देखें– Donald J. Treiman, **Occupational Prestige in Comparative Perspective**, 1977)।

presupposition (प्रीसॅप'ज़िश्न्) **पूर्व-मान्यता :** दर्शनशास्त्र में, वह विचार अथवा सत्य, जिसकी स्वीकृति किसी वांछित परिणाम की तार्किक उपलब्धि के लिए आवश्यक हो, जैसे– मोक्ष की उपलब्धि स्वीकृत होने पर बन्धन की दशा को अन्तर्वर्ती सत्य के रूप को मानना पड़ता है।

pre-test (प्री टेस्ट्) **परीक्षणपूर्व, प्राक्-परीक्षण :** प्रश्नावली के उपयोग के सम्बन्ध में अन्तिम परीक्षण, जो प्रश्नावली के व्यापक उपयोग से पूर्व किया जाता है। कुछ उत्तरदाताओं के साथ साक्षात्कार कर यह देखने का प्रयास किया जाता है कि प्रश्नावली में किसी प्रकार के संशोधन की आवश्यकता है या नहीं।

prevailing wage (प्रिवेल्'इन्ग वेज) **प्रचलित मज़दूरी :** समुदाय-विशेष में किसी सेवा-वर्ग के अधिकांश कर्मचारियों को दी जाने वाली मज़दूरी।

prevalence rate ('प्रेवलॅन्स् रेट्) **वर्तमान रोग-दर :** एक निर्धारित समय पर किसी क्षेत्र या देश में किसी खास रोग से त्रस्त कुल लोगों की संख्या और उस वर्ष की जनसंख्या का अनुपात, वर्तमान रोग-दर कहलाता है। जनांकिकीय अध्ययन के अन्तर्गत जन-स्वास्थ्य सम्बन्धी कार्यक्रम तैयार करने के लिए इस दर का विशेष महत्त्व होता है।

preventive checks (प्रि'वेन्टिव़् चेक्स्) **निरोधात्मक नियन्त्रण :** इनके अन्तर्गत ऐसे उपाय सम्मिलित होते हैं, जो गर्भाधान को प्रभावित कर जनसंख्या की वृद्धि को रोकते हैं। इस शब्द का ईज़ाद रॉबर्ट टॉमस माल्थस (Robert Thomas Malthus, 1766-1834) ने किया था। उनका मानना था कि तेजी से बढ़ती हुई जनसंख्या पर नियन्त्रण पाने के लिए लोगों को स्वयं प्रयास करना चाहिए, जैसे– ब्रह्मचर्य पालन, देर से विवाह, वेश्यागमन आदि। ऐसा इसलिए आवश्यक है कि प्रकृति द्वारा लगाये गए नियन्त्रण के तरीके ज्यादा दु:खदायी होते हैं : देखें– **Positive checks**।

preventive theory (प्रि'वेन्टिव़् 'थिअरि) **निरोधात्मक सिद्धान्त :** दण्ड का एक सिद्धान्त, जो अपराधियों से समाज की रक्षा करने के लिए अपराधियों को समाज से पृथक् कर देने पर बल देता है। इसके प्रमुख उपाय हैं– आजन्म कारावास, देश निकाला या प्राणदण्ड। यह सिद्धान्त 'न होगा बाँस, न बजेगी बाँसुरी' के विचारों पर आधारित है। इस सिद्धान्त के प्रतिपादक मानते हैं कि यदि अपराधी समाज में ही रहता है, तो वह प्राय: अपराध करेगा ही, अत: इसे रोकने के लिए उसे सामाजिक परिवेश से पूर्णत: काट दिया जाये।

primary conflict ('प्राइमरि'कॉन्फ्लिक्ट्) **प्राथमिक द्वन्द्व :** प्राथमिक समूह के सदस्यों के बीच होने वाले द्वन्द्व बहुधा व्यक्तिगत होते हैं। परिवार के अन्तर्गत होने वाले द्वन्द्व इसी श्रेणी में आते हैं।

primary contact ('प्राइमरि 'कान्टैक्ट्) **प्राथमिक सम्पर्क, प्रमुख सम्पर्क :** सामाजिक सम्पर्क, जिसमें सहभागी प्रत्यक्ष रूप से एक-दूसरे के सम्पर्क में आते हैं तथा उनमें परस्पर वैयक्तिक घनिष्ठता हो जाती है। ऐसे सम्पर्क की प्रथम अनुभूति बच्चे को अपने परिवार के सदस्यों, खेल के साथियों एवं प्रतिवेशियों के साथ होती है।

primary data ('प्राइमरि 'डेटा) **प्राथमिक तथ्य :** देखें– **Data, primary** ।

primary deviance ('प्राइमरि 'डीविअन्स्) **प्राथमिक विचलन :** किसी भी सामाजिक आदर्श की प्रत्यक्ष रूप से अवहेलना करना। भारत में अन्तर्जातीय विवाह करना प्राथमिक विचलन है (देखें– Edwin Lemert, **Social Pathology**, 1951)।

primary effect ('प्राइमरि इ'फ़ेक्ट्) **प्राथमिक प्रभाव :** जिन चीज़ों को हम पहले से जानते और समझते हैं, वे बाद में प्राप्त होने वाली सूचना या ज्ञान प्राप्त करने की प्रक्रिया को प्रभावित करती हैं। प्रथम प्राप्त सूचनाएँ आमतौर पर ज्यादा सही लगती हैं, इसलिए बाद में आनेवाली सूचना को आसानी से स्वीकारने में काफी कठिनाई होती है।

primary group ('प्राइमरि 'ग्रूप्) **प्राथमिक समूह :** देखें– **Group, primary** ।

primary ideal ('प्राइमरि आइ'डिअल्) **मूल आदर्श :** वह आदर्श जो किसी संस्कृति-विशेष द्वारा उस संस्कृति-समूह या व्यक्ति के कल्याण के लिए अनिवार्य माना जाता है, मूल आदर्श कहलाता है। यह साधारणतः परिवार के घनिष्ठ सम्बन्धों से व्युत्पन्न होता है।

primary kin ('प्राइमरि किन्) **मूल सम्बन्धी :** इसके अन्तर्गत वे सम्बन्धी आते हैं, जो किसी व्यक्ति-विशेष से प्रत्यक्ष रूप से सम्बन्ध रखते हों। प्रत्यक्ष रूप से सम्बन्ध रखने वाले सम्बन्धी पति तथा पत्नी हैं, जो कि वैवाहिक सम्बन्धी होते हैं। इसके अलावा, प्रथम श्रेणी के अन्तर्गत माता-पिता के प्रत्यक्ष रक्त-सम्बन्ध को भी रखा जा सकता है। भाई-बहन भी एक-दूसरे के प्रथम श्रेणी के सम्बन्धी माने जाते हैं।

primary labour market ('प्राइमरि 'लेबर् 'मार्किट्) **प्राथमिक श्रम-बाज़ार :** देखें– **Labour market** ।

primary need ('प्राइमरि नीड्) **मूल आवश्यकता, प्राथमिक आवश्यकता :** देखें– **Base need** ।

primary relations ('प्राइमरि रि'लेशन्स) **प्राथमिक सम्बन्ध :** प्रत्यक्ष सम्पर्क पर आधारित चिरस्थायी सम्बन्ध। इन सम्बन्धों में प्रायः व्यक्तिगत घनिष्ठता तथा भावनात्मकता पाई जाती है। ये सम्बन्ध किसी विशेष क्रिया की सम्पन्नता तक ही सीमित न रहकर, सामान्य क्रियाओं तथा हितों की पूर्ति भी करते हैं।

primary relative ('प्राइमरि 'रेल्टिव्) **प्राथमिक सम्बन्धी, सगा-सम्बन्धी :** किसी व्यक्ति के उसके ही मूल परिवार के सम्बन्धी, जैसे– माता-पिता, भाई-बहन और सन्तान : देखें– **Primary kin** ।

primary sector ('प्राइमरि 'सेक्टर्) **प्राथमिक वर्ग :** राष्ट्रीय आय के निर्माण में अर्थव्यवस्था के तीन क्षेत्र होते हैं, जिनमें एक क्षेत्र प्राथमिक क्षेत्र कहलाता है। प्राकृतिक संसाधनों के प्रयोग पर आधारित उद्यम, जैसे– कृषि व उससे सम्बन्धित गतिविधियाँ, वानिकी, मत्स्य, खनन आदि प्राथमिक क्षेत्र के अन्तर्गत आते हैं।

primary sex ratio ('प्राइमरि सेक्स् 'रेशिओ) **प्राथमिक लिंगानुपात :** गर्भावस्था में स्त्री-पुरुष अनुपात। चिकित्सा विज्ञान के अनुसार गर्भावस्था में लिंगानुपात इस रूप में काफी असन्तुलित होता है कि स्त्री-भ्रूण की तुलना में पुरुष-भ्रूण का अनुपात थोड़ा अधिक होता है, जो कि एक विश्वव्यापी सत्य है।

primary source ('प्राइमरि सॉर्स) **प्राथमिक स्रोत :** सूचना-प्राप्ति के प्राथमिक स्रोत से तात्पर्य अनुसन्धान आँकड़ों के मूल अभिलेख अथवा घटनाओं के आँखों देखे विवरण से है। अभिलेखों में मुख्यतः डायरियाँ, जनगणना, लेख, आत्मकथाएँ, पत्र, व्यापार के लेखे-जोखे, लोक अभिलेख, अखबार आदि होते हैं।

primary sterility ('प्राइमरि स्ट'रिलटि) **प्राथमिक बंध्यता :** ऐसी स्त्रियाँ, जो कभी भी गर्भवती न हुई हों, 'प्राथमिक

बंध्यता' की कोटि में आती हैं। अनुमानतः इनकी संख्या कुल जनसंख्या के तीन प्रतिशत से साढ़े चार प्रतिशत तक आँकी गयी है।

primary truth ('प्राइमरि ट्रूथ्) **मूल सत्य :** किसी वस्तु, घटना अथवा तथ्य के सम्बन्ध में वह विचार अथवा निर्णय, जिसका सत्य होना किसी अन्य विचार या निर्णय पर आधारित न हो। इस प्रकार के सत्य को प्रमाणित नहीं किया जा सकता; क्योंकि प्रमाण तभी संभव होता है, जब एक सत्य की दूसरे सत्य पर निर्भरता प्रदर्शित की जा सके। प्राथमिक सत्यों को स्वयंसिद्ध और अनुभव-निरपेक्ष माना जाता है।

primary urbanization ('प्राइमरि अर्‌बनाइ'ज़ेश्न्) **प्राथमिक नगरीकरण :** एक प्रक्रिया है, जो लघु परम्पराओं (**Little traditions**) की क्रिया-प्रणालियों को बृहत् परम्परागत (**Great traditions**) प्रणालियों से जोड़ती है।

prime mover (प्राइम मूवर्) **आदिचालक, आद्य प्रवर्त्तक :** अरस्तू (Aristotle, 384-322 BC) के अनुसार, वह जो सभी परिवर्तनों का आदि कारण है और स्वयं अपरिवर्तित रहता है, जैसे ईश्वर। इस प्रश्न पर अरस्तू के विचार सुव्यवस्थित नहीं हैं। कभी तो ऐसा लगता है कि अरस्तू ईश्वर को ही प्रथम चालक मानता है, लेकिन उसके कुछ वक्तव्य ऐसे हैं, जिनमें चार भौतिक तत्त्वों में गति संचार कराने वाले पाँचवें तत्त्व 'ईश्वर' को प्रथम चालक के रूप में देखा गया है। वर्तमान समय में इस शब्द का प्रयोग बुनियादी कारक के लिए किया जाता है। जैसे– मार्क्सवादी साहित्य में आर्थिक कारक आद्य-चालक माना गया है।

primitial offering (प्राइ'मिशल ऑफ़'रिन्ग) **अग्राशन भेंट, नवान्न भेंट, प्रथम फल-भेंट :** भोजन के पहले कौर को अथवा दिन के प्रथम आखेट को देवता के प्रति भेंट करने की प्रथा। भारत जैसे परम्परागत समाज में, विशेषकर ब्राह्मण लोग, नवान्न भेंट में विश्वास करते हैं। बहुत लोग पहला कौर या निवाला लेने के पूर्व ही अपने भोजन के पात्र से कुछ अन्न और जल भगवान के नाम पर अर्पण करते हैं।

primitive ('प्रिम्‌टिव्) **आदिम :** एक विशेषण, जिसका प्रयोग बहुधा नृविज्ञान में साधारण प्रौद्योगिकी अथवा बाधाग्रस्त सामाजिक आर्थिक स्थिति के कारण खाद्य उत्पादों अथवा हस्तकृतियों के लिए किया जाता है।

primitive communism ('प्रिम्‌टिव् 'कॉम्यु निज़म्) **आदिम साम्यवादी समाज :** कार्ल मार्क्स के अनुसार, मानव सभ्यता के विकास में यह पहला स्तर था, जहाँ जैविकीय श्रम-विभाजन पाया जाता था, लेकिन श्रम का सामाजिक विभाजन नहीं पाया जाता था। इस अवस्था में उत्पादन के साधनों पर समुदाय का पूर्ण नियन्त्रण होता था। व्यक्तिगत सम्पत्ति की अवधारणा (Concept of private property) का अभाव था, इसलिए इस समाज में न तो किसी तरह का शोषण था और न ही वर्ग-व्यवस्था। यह एक वर्गविहीन (Classless) समाज था। इसके बाद धीरे-धीरे समाज ऐशिऐटिक उत्पादन के साधनों के स्तर की ओर अग्रसर हुआ। आदिम साम्यवाद को हम शिकारी और घुमक्कड़ मानव-समूह के रूप में समझ सकते हैं। इसमें उत्पादन पर व्यक्तियों का अधिकार था, यदि अतिरिक्त उत्पादन हुआ, तो वह सभी व्यक्तियों के बीच समानता के सिद्धान्त के आधार पर बाँट दिया जाता था। इसमें राज्य नामक सम्पत्ति नहीं पाई जाती थी। यह राज्य ही समाज था। इसमें वर्ग संघर्ष (**Class struggle**) नहीं पाया जाता था; क्योंकि यहाँ निजी सम्पत्ति तथा सामाजिक श्रम-विभाजन नहीं था : (देखें– F. Engels, **The Origin of the Family**, 1884)।

primitive law ('प्रिम्‌टिव् लॉ) **आदिम विधि :** विधि का वह रूप, जो जनजातीय, सरल तथा असाक्षर समाज में पाया जाता है। इसके अन्तर्गत नियम समाज विनिर्मित नहीं होते, अपितु दैवी माने जाते हैं और प्रशासन का यह कर्त्तव्य होता है कि उन्हें मान्यता दे और दिलवाये। इस पद्धति में न्यायिक व्यवस्था या तो नहीं होती अथवा केवल अपने प्राथमिक तदर्थ रूप में होती है। अति सरल समाजों में व्यक्ति नियम का पालन दैवी भय से करते हैं और उसे भंग करने पर स्वयं को दण्डित करने के उत्तरदायी माने जाते हैं।

primitive religion ('प्रिम्‌टिव् रि'लिजन्) **प्रागैतिहासिक धर्म, आदिम धर्म :** युक्तियुक्त चिन्तन विकसित होने से

पहले जो धार्मिक विचार प्रचलित थे, उन्हें प्रकृतिवाद कहा जा सकता है; लेकिन इस प्रकृतिवाद में किसी स्पष्ट या व्यवस्थित मत की खोज नहीं की जा सकती । इस धर्म का आधार प्राकृतिक शक्तियों और वस्तुओं के प्रति भय और सम्मान की प्रवृत्ति थी । इन शक्तियों को सजीव माना गया और इन्हें आराध्य विषयों के रूप में ग्रहण किया गया । आदिम धार्मिक विचारों में जड़ और चेतन के भेद का स्पष्ट बोध नहीं मिलता और न ऐसी कल्पना मिलती है कि विश्व के पीछे कोई आदि-कारण है । जीवन-तत्त्व को प्राणियों के स्थूल शरीर के भीतर स्थित सूक्ष्म व्यक्तित्व माना गया और उस पर दैवी गुण आरोपित किये गये । पुनर्जन्म की धारणा का अत्यन्त असंस्कृत रूप आदिम धर्म में मिलता है ।

primitive society ('प्रिम्‌टिव् सॅ'साइअटि) **आदिम समाज :** आदिम समाज से तात्पर्य असाक्षर समाज (Pre-literate) से है । परन्तु समाजशास्त्री इस शब्द का प्रयोग बहुधा ऐसी संस्कृति के लिए करते हैं, जिसमें आपेक्षिक रूप से साधारण प्रौद्योगिकी तथा सांस्कृतिक सजातीयता हो और जो व्यापक सांस्कृतिक प्रभावों से आपेक्षिक रूप से पृथक् हो ।

primogeniture (प्राइमो'जेन्‌इचर्) **ज्येष्ठाधिकार :** सम्पत्ति-अधिकार की वह विधि, जिसमें उत्तराधिकार सबसे बड़ी सन्तान पुत्र या पुत्री को प्राप्त होता है । प्राचीन भारत में ज्येष्ठाधिकार की प्रथा पायी जाती थी । इसी नियम के तहत रामचरितमानस के राम को राजगद्दी दी गयी थी । आधुनिक समाज में सभी भाइयों को माता-पिता की सम्पत्ति में समान अधिकार होता है, लेकिन अभी भी अग्रज परिवार के मुखिया माने जाते हैं ।

primordial (प्राइ'मॉर्‌ड्इअल) **आदिकालीन, आद्य :** जो आदिमकाल से विद्यमान हो । अतएव इसे पूर्णतया आधारभूत कहा जाता है, जैसे– किसी वर्ग की पहचान भाषा या नृजातीय वंश आदि के द्वारा हो। इसे 'आदम' कहेंगे; क्योंकि ऐसा प्रतीत होता है कि इसका अस्तित्व हमेशा से है । वर्ण-व्यवस्था एवं जाति-व्यवस्था भारतीय समाज की आद्य व्यवस्था है ।

principle of population ('प्रिन्‌सप्‌ल् ऑव् पॉप्यु'लेशन्) **जनसंख्या का मूलतत्त्व :** इस विषय पर सर्वप्रथम चर्चा टी. आर. माल्थस (Thomas Robert Malthus, 1766-1834) ने की थी : देखें– **Malthusian theory of population** ।

prison ('प्रिज़न्) **कारागार, कारावास :** विधि के विरुद्ध कार्य करने पर न्यायालय द्वारा दण्डित व्यक्ति को बन्दी बना कर रखने का स्थान । यहाँ कैदियों के साथ उनकी विधिक स्थिति के अनुसार बर्ताव किया जाता है ।

prison community ('प्रिज़न् क'म्यूनटि) **कारागार समुदाय :** जेल के अन्तर्गत बन्दी लोगों के बीच पायी जाने वाली सामाजिक संरचना या व्यवस्था को कारागार समुदाय कहा जाता है । बन्दीगृह में लागों के बीच एक प्रकार का सामाजिक सम्बन्ध, स्तरण, अनौपचारिक सामूहिक नेतृत्व, लोकरीतियाँ, विश्वास, सामाजिक नियन्त्रण, विचार प्रणाली, नियम-कानून तथा विभिन्न प्रकार की मान्यताएँ देखने को मिलती हैं, जिन्हें मानने के लिए कैदी विवश होते हैं । इससे एक प्रकार के सामुदायिक जीवन का विकास होता है । यह बात दूसरी है कि सामाजिक समुदायों की तुलना में कारागार समुदाय काफी क्षणभंगुर या अस्थिर होता है ।

prison farm ('प्रिज़न् फार्म्) **कारागार खेत :** ऐसे कृषि क्षेत्र, जो राज्य के कारावासों की सहायता-स्वरूप होते हैं और जहाँ पर विशिष्ट प्रकार के अपराधियों से अलग-अलग काम लिये जाते हैं । इन खेतों से कारावास के रसोई घरों के लिए खाद्य-सामग्री उपलब्ध की जाती है ।

prison labour ('प्रिज़न्‌'लेबर्) **बन्दी श्रमिक, कैदी मज़दूर :** ऐसे कैदी या बन्दी, जिन्हें कारागार के भीतर रोज़गार दिए जाते हैं ।

prison psychosis ('प्रिज़न् साइकोस्'इस) **कारा मनस्ताप :** कारागारों में रहने वाले कुछ बन्दियों में परिलक्षित विशिष्ट व्यवहार, जो कारावास के कड़े अनुशासन के कारण उत्पन्न हो जाता है और जिसके फलस्वरूप बन्दी विद्रोही, उग्र, आलसी और निरुत्साही हो जाते हैं ।

prisoner ('प्रिज़नर्) **बन्दी, कैदी :** वह अपराधी, जिसे विधि-विरुद्ध कार्य करने के लिए दण्डित किया जाये और कारावास में रखा जाये । लेकिन युद्ध में बन्दी (Prisoners of war) बनाये गये सैनिकों के लिए नियम-कानून अलग होते हैं ।

prisoner's aid society (प्रिज़'नरस् ऐड् सॅ'साइअटि) **बन्दी सहायता समिति :** एक प्रकार की गैर-सरकारी संस्था, जिसका काम मुक्त हुए बन्दियों को विभिन्न नौकरियों के लिए सलाह देना और जो ऐसे बन्दियों को नौकरी, रहने का स्थान, निर्देशन और आर्थिक सहायता भी उपलब्ध करती है ।

prisoner's dilemma (प्रिज़'नरस् डि'लेमा) **बन्दी दुविधा :** इस अवधारणा का प्रयोग मुख्यरूप से खेल-सिद्धान्त में होता है । इस सिद्धान्त के अनुसार, व्यक्ति समाज में कभी-कभी अपने स्वार्थों की पूर्ति करने के लिए दूसरे को धोखा दे देता है । आन्दोलनकारी नेता इस प्रकार का आचरण अक्सर करते हैं, जिसका नतीजा सभी के लिए बुरा होता है ।

prisonization (प्रिज़'नाइजेशन्) **बन्दीकरण :** अपराधशास्त्र के क्षेत्र की एक अवधारणा, जिसका विकास सन् 1940 में डोनाल्ड क्लेमर (Donald Clemmer) द्वारा किया गया । कारागार की उपसंस्कृति के बन्दी द्वारा आत्मसात् किये जाने की प्रक्रिया को बन्दीकरण कहते हैं । इस प्रक्रिया द्वारा बन्दी कारागृह की जनरीतियों, रूढ़ियों व प्रथाओं को धीरे-धीरे न्यूनाधिक मात्रा में अपनाने तथा उनके अनुरूप अपने को ढालने का प्रयास करता है ।

private law ('प्राइव़ट् लॉ) **वैयक्तिक विधि :** वैयक्तिक मामलों को शासित करने वाली विधि-व्यवस्था, जो व्यक्तिगत सम्पत्ति, सम्बन्धों तथा लोगों पर लागू होती है । लोकविधि के मामले इसके अन्तर्गत नहीं आते । किसी निजी संस्थान को चलाने के लिए जो नियम-कानून बनाये जाते हैं, वे भी वैयक्तिक विधि की श्रेणी में आते हैं । आदिमजाति के लोगों के बीच व्यक्तियों के आचरण का निर्धारण वैयक्तिक नियम-कानूनों से होता है ।

private religion ('प्राइव़ट् रि'लिजन्) **वैयक्तिक धर्म :** सामान्यत: समाजशास्त्रीय अर्थ में, धर्म को एक ऐसी सार्वजनिक क्रिया माना जाता है, जिसमें सामुदायिक कर्मकाण्ड (जैसे पूजा-पाठ, सांस्कारिक क्रिया-कर्म आदि) तथा सभी के द्वारा माने जाने वाले विश्वासों को सम्मिलित किया जाता है । कुछ समाजशास्त्री यह कहते हैं कि आधुनिक समाज में जहाँ धर्म का लौकिकीकरण हो रहा है, वहाँ धर्म निजी भावनाओं और विश्वासों के एक पुंज के रूप में ही जिन्दा रह सकता है । मैक्स वेबर (Max Weber, 1864-1920) ने अपने एक लेख **Science as a vocation** में लिखा है कि 'धर्म केवल व्यक्तिगत मानवीय स्थितियों में, अत्यन्त मन्द गति से ही जारी रहेगा ।'

private sector ('प्राइव़ट् 'सेक्टर्) **निजी क्षेत्र :** अर्थव्यवस्था का वह क्षेत्र, जिसके अन्तर्गत साधनों पर निजी अधिकार होता है और साधनों का इस्तेमाल उनके निजी प्रबन्धन अथवा देख-रेख में होता है । इस क्षेत्र में आर्थिक क्रियाओं का संचालन मुख्यरूप से निजी लाभ के उद्देश्य से बाज़ारतन्त्र के आधार पर होता है ।

private sphere and public sphere ('प्राइव़ट् स्फ़िअर ऐन्ड् 'पब्लिक् स्फ़िअर्) **निजी क्षेत्र एवं सार्वजनिक क्षेत्र :** देखें– **Public sphere versus private sphere distinction** ।

privatism (प्राइव़'इटिज़्म्) **निजीवाद :** अत्यधिक विकसित औद्योगिक समाजों में आजकल एक नवीन प्रवृत्ति का उद्‌भव हुआ है । इस प्रवृत्ति के अनुसार, लोग अपना जीवन सार्वजनिक संस्थाओं में कम-से-कम और अपने लघु नाभिकीय (एकाकी) परिवार के दायरे में अधिकाधिक व्यतीत करते हैं । दूसरे शब्दों में, हम यह कह सकते हैं कि व्यक्तियों में 'घर-केन्द्रितता' या 'नाभिकीय परिवार केन्द्रितता' की प्रवृत्ति बढ़ती जा रही है और सार्वजनिक संगठनों और कार्यकलापों, जैसे– मठ, मन्दिर, चर्च, मदिरालय, राजनीतिक दल, श्रम-संगठनों आदि में भाग लेने की प्रवृत्ति दिन-प्रतिदिन घटती जा रही है । यह स्थिति निजीवाद की द्योतक है । समाजशास्त्रियों में इसकी मात्रा को लेकर मतभेद है (देखें– Fiona Devine, **Affluent Workers Revisited**, 1992) ।

privatization (प्राइव़िटाइ'जेशन्) **निजीकरण :** आर्थिक क्रियाओं के दायित्वों को राज्य के निजी क्षेत्र में हस्तान्तरण

की प्रक्रिया को निजीकरण कहते हैं। इसके कई रूप हो सकते हैं, जो सम्बन्धित दायित्वों की प्रकृति और हस्तान्तरण किये जानेवालों पर निर्भर करता है।

probability; probability distribution (प्रॉब्'बिलटि; प्रॉब्'बिलटि डिस्ट्रि'ब्यूशन्) **प्रसम्भाव्यता; प्रायिकता बंटन :** किसी घटना के होने की प्रत्याशा को विज्ञान में प्रसम्भाव्यता कहते हैं। किसी घटना को 'प्रसम्भाव्य' तब कहा जाता है, जब उसका घटित होना असम्भव तो नहीं होता, परन्तु अनिवार्य भी नहीं होता। इस प्रकार इस अवस्था में मात्रा-भेद होता है और उसके घटित होने की अनिवार्यता को तथा असम्भाव्यता को जीरो मानते हुए उसे एक भिन्न रूप में व्यक्त किया जा सकता है, जिसका अंश अनुकूल विकल्पों की संख्या तथा हरेक अनुकूल और प्रतिकूल विकल्पों की संख्याओं का योग होता है। सांख्यिकी दृष्टि से इसका गणितीय प्रायिकता सिद्धान्त के आधार पर मापन होता है, जिसमें किसी घटना का घटित होना अवसर-सिद्धान्त से निश्चित होता है। प्रायिकता वक्र घंटा आकार की होती है। एक घटना की आवृत्ति और सम्भावित घटना की आवृत्ति की पूरी संख्या के अनुपात को प्रायकिता अनुपात कहते हैं।

probation (प्र'बेशन्) **परिवीक्षा :** परिवीक्षा अपराधियों के उपचार का वह तरीका है, जिसमें न्यायालय द्वारा लगायी गयी शर्तों के अनुसार सद्व्यवहार करने पर वे मुक्त कर दिये जाते हैं और प्रोबेशन अधिकारी के निरीक्षण में रखे जाते हैं। प्रोबेशन वह अवस्था है जिसमें अपराध प्रमाणित हो जाने पर अपराधी को जेल न भेजकर राज्य द्वारा नियुक्त प्रोबेशन अधिकारी की देखरेख में, समाज में ही इस आशा से रहने दिया जाता है कि वह अपने व्यवहार में सुधार लायेगा। इस पद्धति का प्रयोग बाल अपराधियों तथा वयस्क अपराधियों दोनों के लिए किया जाता है। आजकल यह पद्धति विश्व के प्रायः सभी सभ्य देशों में प्रचलित है।

problem family ('प्रॉब्लम् 'फ़ैमलि) **समस्याजनक परिवार :** इस अवधारणा की अबतक कोई स्पष्ट परिभाषा नहीं दी गयी है। 1950 और 1960 के दशक में पाश्चात्य देशों के परिवार के सन्दर्भ में यह शब्द प्रचलन में आया। इसका तात्पर्य ऐसे परिवारों से था, जिनमें विभिन्न प्रकार की आन्तरिक समस्याएँ थीं तथा परिवार के सदस्यों के लिए अपनी आन्तरिक समस्याओं से निजात पाना कठिन काम था। सरकार चाहकर भी बहुत कुछ नहीं कर पायी।

problematic (प्रॉब्ल'मैटिक) **समस्यात्मक :** समाजशास्त्रीय अवधारणाओं की अपनी कोई स्वतन्त्र हैसियत नहीं होती, बल्कि वे आपस में मिलकर ही किसी सिद्धान्त के अन्तर्गत अस्तित्व में रहते हैं। इसे ही समस्यात्मक की संज्ञा दी गयी है।

production (प्र'डक्शन्) **उत्पादन :** यदि किसी क्रिया-कलाप से किसी वस्तु का निर्माण या कोई सेवा देना संभव होता है तो वैसे सभी आर्थिक कार्य-कलापों को उत्पादन की संज्ञा दी जाती है।

production, petty commodity (प्र'डक्शन्,'पेट्इ क'मॉडिटि) **लघुवस्तु उत्पादन :** देखें– **Petty commodity production**।

productive magic (प्रॉ'डक्टिव 'मैजिक्) **उर्वरक जादू, उत्पादकता जादू :** जादू का एक रूप, जो कृषि, पशुओं अथवा मानव में उर्वरता लाने के लिए किया जाता है, जैसे– उर्वरता संस्कार **(Reproductive rites)**।

productivity (प्रॉडक्'टिविटि) **उत्पादकता, उत्पादन शक्ति :** निवेश के अनुपात में होने वाले उत्पादन को उत्पादकता कहते हैं। परन्तु इसमें कठिनाई यह है कि इसे मापा तो जा सकता है, पर निवेश के मापन में कठिनाई होती है। मोटेतौर पर हम निवेश और उत्पादन के मूल्य को पैसों में मापकर देखने का प्रयास करते हैं।

productivity bargaining (प्रॉडक्'टिविटि 'बार्गनिङ्) **उत्पादकता सौदाकारी :** ब्रिटेन में इस बात की कोशिश की गयी थी कि यदि श्रमिक लम्बे समय तक श्रम देने को तैयार हैं या श्रमिक उत्पादन की मात्रा बढ़ाने के लिए तैयार हैं, तो उद्योगपति उन्हें अधिक पारितोषिक देने के लिए तैयार होते हैं। यह उद्योगपतियों द्वारा श्रमिकों के शोषण की लुभानेवाली कार्यविधि है, ऐसा कुछ लोगों का तर्क है।

profane (प्र'फेन्) **अपावन, लौकिक :** दैनिक जीवन से सम्बन्धित साधारण सांसारिक वस्तुएँ । (1) सामान्यत: यह शब्द अँगरेज़ी के **Sacred** शब्द का विलोम है और इसका सामान्य अर्थ है अपवित्र, अश्रद्धा सूचक अथवा अपावन अथवा वह सब, जो धर्म के विरुद्ध हो । (2) नृविज्ञान तथा समाजविज्ञान में इस शब्द से मुख्यत: सामान्य, लौकिक और धर्मेतर का बोध होता है । इस अर्थ में जो कुछ धर्म से सम्बद्ध नहीं है, वह सभी इस अवधारणा के अन्तर्गत आ जाता है । एमिल डर्कहाइम ((Émile Durkheim, 1858-1917, इस व्यक्ति के नाम का शुद्ध उच्चारण मात्र एमिल डर्कहाइम है) के अनुसार, वह जगत् जो पवित्र का विरोधी है तथा उससे दूर रखा जाता है ।

profane versus sacred distinction (प्र'फेन्'वर्सस् 'सेक्रिड् डि'स्टिङ्क्शन्) **लौकिक बनाम पवित्रता-भेद :** देखें– **Sacred versus profane distinction** ।

professional classes (प्र'फेश्नल् क्लासेस्) **व्यावसायिक वर्ग :** वे व्यावसायिक श्रेणियाँ, जिनके पास शिक्षा, प्रशिक्षण एवं निपुणता जैसी पूर्व-अपेक्षित योग्यताएँ हैं । चिकित्सक, परिचारिकाएँ एवं अधिवक्ता लोग व्यवसायी वर्ग की श्रेणी में रखे जाते हैं ।

professional criminal (प्र'फेश्नल्'क्रिमिनल्) **पेशेवर अपराधी :** देखें– **Criminal, professional** ।

professional differentiation (प्र'फेश्नल् डिफ़रेन्शि'एशन्) **व्यावसायिक विभेदीकरण :** एक व्यवसाय से दूसरे व्यवसाय में भेद या अन्तर करना ।

professions and professionalization (प्र'फ़ेशनस् ऐन्ड् प्र'फ़ेश्नलॉइज़ेशन्) **व्यवसाय एवं व्यावसायीकरण :** व्यवसाय एक प्रकार का पेशा है, जिसमें उच्च स्तर की शिक्षा या प्रशिक्षण की आवश्यकता होती है, जैसे–चिकित्सा, इंजीनियरिंग, कानून, विज्ञान आदि । प्रत्येक व्यवसाय के अपने कुछ नियम-कानून या उसूल होते हैं । दूसरी तरफ, कुछ पेशे गैर-व्यावसायिक भी होते हैं । उद्योगों में लगे कम पढ़े-लिखे श्रमिकों के कार्य को पेशा कहा जायेगा, न कि व्यवसाय । व्यावसायिक कार्य उद्योगों में भी हो सकते हैं और उद्योगों के बाहर भी, उदाहरणस्वरूप– डॉक्टर और वकील भी अपना स्वतन्त्र व्यवसाय चला सकते हैं । यदि कोई श्रमिक अपनी योग्यता और प्रशिक्षण बढ़ाकर अपने पेशे में बढ़ोतरी करता है, तो उसे व्यावसायीकरण कहा जायेगा या फिर दूसरी तरफ, यदि कोई पेशेवर समूह किसी व्यवसाय की जीवन-शैली को अपनाने की कोशिश करता है, तो उस प्रक्रिया को भी व्यावसायीकरण कहा जायेगा (देखें– Eliot Freidson, **Professional Powers: A Study in the Institutionalization of Formal Knowledge**, 1986; George Ritzer and David Walczak, **Working: Conflict and Change**, 1986; Andrew Abbott, **The System of Professions**, 1988) ।

profit ('प्रॉफ़िट्) **लाभ :** किसी वस्तु की बिक्री से प्राप्त राशि यदि उत्पादन में लागत से ज्यादा है या अधिक है, तो उसे लाभ कहा जाता है (देखें– Harry Braverman, **Labour and Monopoly Capital**, 1974) ।

progeny ('प्रॉजिनि) **सन्तति :** एक ही पूर्वज के वंशज या सन्तान । इसका सम्बन्ध इस रूप में परम्परागत समाज से है कि वहाँ प्रवास के परिणामस्वरूप स्थानान्तरण नहीं होता । लोग पुश्त-दर-पुश्त एक ही जगह और एक ही पेशे में जीवनपर्यन्त होते हैं । आधुनिक समाज में सन्तति और वंशज जैसी सामाजिक अवधारणाओं का महत्त्व गौण होता जा रहा है । वैश्वीकरण की प्रक्रिया के परिणामस्वरूप देशान्तरण को बढ़ावा मिल रहा है ।

progress ('प्रोग्रेस्) **प्रगति :** निश्चित लक्ष्य की दिशा में होने वाले परिवर्तन या इच्छित परिवर्तन, जब अच्छाई की दिशा में होते हैं, तो उसे हम प्रगति (Progress) कहते हैं । प्रगति सामाजिक परिवर्तन की एक निश्चित दिशा को दर्शाता है । प्रगति में समाज-कल्याण और सामूहिक हित की भावना छिपी होती है । ऑगबर्न एवं निमकॉफ (William F. Ogburn and M. F. Nimkoff) ने बताया है कि प्रगति का अर्थ अच्छाई के निमित्त परिवर्तन से है । इसलिए प्रगति इच्छित परिवर्तन है । इसके माध्यम से हम पूर्व-निर्धारित लक्ष्यों को पाना चाहते हैं । प्रगति कहने से एक निश्चित दिशा

में विकास का बोध होता है और वह विकास हमेशा इच्छित विकास होता है। समाज के लोग यह चाहते हैं कि किसी विशेष किस्म की प्रगति चलनी चाहिए। वैज्ञानिक शिक्षा का प्रचार-प्रसार होना प्रगति का एक उदाहरण है; क्योंकि इसके माध्यम से समाज को हम एक इच्छित दिशा में ले जाना चाहते हैं। प्रगति एक योजनाबद्ध सामाजिक परिवर्तन (Planned social change) है। मनुष्य के ज्ञान में वृद्धि होना उद्विकास कहा जायेगा। जब हम प्रगति की बात करते हैं, तो इससे हमारा तात्पर्य सिर्फ परिवर्तन की दिशा मात्र से नहीं, बल्कि किसी आखिरी उद्देश्य की दिशा में परिवर्तन से होता है। किसी दिशा में कार्यरत कारकों के वस्तुपरक आधार को ध्यान में रखकर ही नहीं, बल्कि कभी-कभी कुछ दिशाओं का निर्धारण तो काल्पनिक ढंग से भी किया जाता है (देखें– Robert Nisbet, **The History of Progress**, 1980): देखें– **Evolution** ।

prohibition (प्रोइ'बिशन्) **प्रतिषेध, नशाबन्दी, मद्य-निषेध** : (1) प्रतिषेध आदेश एक ऐसा आदेश है, जिसे उच्चतम न्यायालय अथवा उच्च न्यायालय निचले न्यायालय के लिए निकालते हैं और उसे आज्ञा देते हैं कि वह अपने यहाँ ऐसी कार्यवाहियाँ जारी न रखे, जो उसके क्षेत्राधिकार से बाहर हो अथवा वह ऐसा क्षेत्राधिकार धारण न करे, जो उसे विधि की दृष्टि से प्राप्त न हो। प्रतिषेध आदेश और परमादेश में अन्तर यह है कि परमादेश में कार्य करने की आज्ञा दी जाती है, पर प्रतिषेध में कार्य बन्द करने की।

(2) शराब आदि नशीले पदार्थों का निषेध। मद्य-निषेध महात्मा गाँधी के रचनात्मक कार्यक्रमों का एक महत्त्वपूर्ण अंग था। सन् 1936 में जब काँग्रेस ने प्रान्तों में शासनभार सँभाला, तो गाँधीजी ने पूर्ण निषेध की तीन वर्ष की योजना देश के सामने रखी। गाँधीजी मद्य-निषेध के कार्यक्रम को अमली जामा पहनाने के लिए राज्य-कार्य के साथ-साथ गैर-सरकारी प्रयत्नों पर भी जोर देते थे। कानून द्वारा निषेध अर्थात् शराब और अन्य मादक वस्तुओं की दुकानों को बन्द करना मद्य-निषेध की नीति का निषेधात्मक भाग था। इस नीति का विधायक भाग था राष्ट्र की एक प्रकार की प्रौढ़ शिक्षा अर्थात् गैर-सरकारी समुदायों द्वारा मादक वस्तुओं के व्यसन में फँसे व्यक्तियों के सुधार के उद्देश्य से सक्रिय रूप से प्रचार। मद्य-निषेध सम्बन्धी सिद्धान्तों की कड़ी आलोचना होती रही है। कहा जाता है कि पूर्ण निषेध अव्यावहारिक है, उससे मादक वस्तुओं की गैरकानूनी बिक्री और खरीद को प्रोत्साहन मिलता है और सरकार की आय में बहुत कमी हो जाने के कारण शिक्षा में और दूसरे आवश्यक समाज-सेवा के कार्यों में रुकावट पड़ती है। अनेक राज्यों की सरकारों ने मद्य-निषेध की नीति को लागू करने का प्रयत्न किया है, पर वह निषेध सफल नहीं हो सका है।

prohibitive norms (प्र'हिबटिव् नॉर्म्स) **निषेधात्मक प्रतिमान** : ऐसा कोई प्रतिमान जो किसी को कोई कार्य करने से रोकता है, उदाहरणस्वरूप– भारत के कुछ भागों में पति के ज्येष्ठ भाई को छूना मना है।

project problem method ('प्रजेक्ट् 'प्राब्लम् मे'थॅड) **परियोजना समस्या प्रणाली** : सीखने की एक योजना, जिसमें विद्यार्थी को कार्य-सम्पादन के लिए एक निश्चित परियोजना या विषय दिया जाता है और इसका बहुत-सी समस्या सम्बन्धी स्थितियों में विश्लेषण किया जाता है, जिनका समाधान परियोजना के उद्देश्यों के पूर्ण होने तक हो जाना आवश्यक होता है।

projective tests (प्र'जेक्टिव़ टेस्ट्स) **प्रक्षेपीय परीक्षण** : यह एक प्रकार की मनोवैज्ञानिक विधि है, जिसके द्वारा हम किसी व्यक्ति के व्यक्तित्व की जाँच करते हैं। इस विधि का सर्वप्रथम व्यवस्थित रूप में प्रयोग एल. के. फ्रेंक ने सन् 1939 में किया। प्रक्षेपी विधि एक व्यक्ति के व्यक्तित्व के अनुभवों, गुणों, आन्तरिक भावनाओं तथा छुपे हुए पक्षों का खुलासा करने का प्रयास करता है। प्रक्षेपण हेतु कई प्रकार के परीक्षणों एवं उपकरणों का प्रयोग किया जाता है। उनमें से प्रमुख रोशार्क, टी. ए. टी., सी. ए. टी., वाक्य परीक्षण, शब्द-साहचर्य परीक्षण, कार्टून-रेखाचित्र परीक्षण, खेल-परीक्षण, अस्पष्ट ध्वनि परीक्षण, मनोभिनय या समाजोभिनय विधियाँ आदि हैं।

proletarianization (प्रोलि'टेअरिनाइ ज़ेशन्) **सर्वहाराकरण** : सर्वहाराकरण अधोगामी सामाजिक गतिशीलता की

प्रक्रिया है । जमींदारों द्वारा बेदखल कर दिये जाने पर किसानों की जमीन जाती रहती है या वे स्वयं अपनी जमीन बेच कर खेतिहर दिहाड़ी मज़दूरों के वर्ग में आ मिलते हैं । यही कृषिक्षेत्र में सर्वहाराकरण की प्रक्रिया है (देखें– Harry Braverman, **Labour and Monopoly Capital**, 1974; Nicholas Abercrombie and John Urry, **Capital, Labour and the Middle Classes**, 1983) : देखें– **Class consciousness; Embourgeoisement** ।

proletariat (प्रोलि'टेअरिअट्) **सर्वहारा** : 'प्रोलीटेरियट' शब्द मूलतः रोमी नगरों के सबसे गरीब लोगों के लिए प्रयुक्त होता था । आजकल इस शब्द का प्रयोग किसी भी समुदाय के निम्नतम सामाजिक, आर्थिक वर्ग के प्रतिनिधि के लिए होता है । मज़दूर वर्ग को सर्वहारा वर्ग के नाम से जाना जाता है । इस वर्ग के पास उत्पादन के साधनों का स्वामित्व या नियन्त्रण नहीं होता । मज़दूर उत्पादक-श्रम बेचकर अपनी आजीविका कमाते हैं । वे आमतौर पर गरीब और शक्तिहीन होते हैं । वे पूँजीवादी वर्ग के शोषण और दमन के शिकार होते हैं । वे समाज के सबसे निम्न स्तर के लोग होते हैं । इस शब्द का प्रयोग औद्योगिक प्रतिष्ठानों में लगे हुए उन मज़दूरों के लिए होता है, जो अपनी सेवाएँ पूँजीपतियों, उद्योगपतियों, निर्माताओं और उत्पादकों को कुछ विशेष कार्यों के लिए बेच देते हैं । आर्थिक इतिहास के विद्वान्, जिनमें कार्ल मार्क्स भी सम्मिलित हैं, सर्वहारा वर्ग का उद्‌भव औद्योगिक क्रांति के समय से मानते हैं । अपनी आर्थिक, सामाजिक और शैक्षिक अधोगति के कारण सर्वहारा वर्ग लम्बे समय तक अपने हितों तथा अधिकारों की रक्षा के लिए अपना संगठन नहीं बना सका । उसमें समान हितों की चेतना का समाजवाद के बौद्धिक आन्दोलन के फलस्वरूप धीरे-धीरे विकास हुआ । सर्वहारा वर्ग के सभी आन्दोलनों तथा विचारधाराओं पर मार्क्सवाद का प्रचुर प्रभाव पड़ा है ।

promiscuity (प्रॉमि'स्क्यूटि) **स्वच्छन्द सम्भोग**, **स्वैरिता** : एक से अधिक विलिंग साथियों के साथ स्वच्छन्द यौन-सम्बन्ध, जो बहुधा सांस्कृतिक एवं संस्थागत प्रतिरूपों के विपरीत होते हैं । एल. एच. मॉर्गन (Lewis Henry Morgan, 1818-1881) का ऐसा मानना था कि आदिमकाल में स्वच्छन्द सम्भोग की स्थिति रही होगी ।

pronatalist policy (प्रोनेट'लिस्ट 'पॉलसि) **प्रजननपक्षीय नीति** : ऐसी सरकारी या सामाजिक नीति, जो प्रजनन को बढ़ावा देती है । इस नीति को माननेवाले लोग परिवार नियोजन के अभियान का विरोध करते हैं । कुछ ऐसे विकसित राष्ट्र हैं, जहाँ जनसंख्या वृद्धि-दर नकारात्मक हैं, जैसे– जर्मनी, जापान आदि । अतः इन देशों के अन्तर्गत सरकार ने प्रजननपक्षीय नीति अपनायी है ।

propaganda (प्रॉप्'गैन्डा) **प्रचार** : किसी भी मत, विचारधारा, तथ्य अथवा घटना की खबर को प्रसारित करने अथवा फैलाने को ही प्रचार कहते हैं । इसका उद्देश्य आर्थिक लाभ उठाना, किसी विषय के पक्ष अथवा विपक्ष में जनमत तैयार करना अथवा किसी घटना के विषय में लोगों को जानकारी देना या आशंकित करना होता है । इस कार्य में आजकल रेडियो, चलचित्र, समाचारपत्र, वार्तालाप, पत्र-पत्रिकाएँ, पुस्तिकाएँ, खेल-तमाशे आदि को साधन बनाया जाता है । युद्ध के समय में, विशेषकर शत्रु-पक्ष का मनोबल कमजोर करने के लिए, मनोवैज्ञानिक प्रचार की पद्धतियों को काम में लाया जाता है ।

property (प्रॉपर्‌टि) **सम्पत्ति** : व्यक्ति या समूह को किसी वस्तु, साधन या क्रिया पर दिये गए अधिकार, सुविधाएँ और दायित्व जो समाज द्वारा स्वीकृत होते हैं । विश्व की प्रायः सभी जनजातियों, समुदायों या मानव-समूहों में सम्पत्ति संग्रह करने की प्रवृत्ति देखने में आती है । अधिकांश समुदायों में भूमि, मकान, वस्त्र, रुपया-पैसा, गहने और पशु सम्पत्ति के रूप में संगृहीत किये जाते हैं । घुमक्कड़ जनजातियों और पिछड़े समुदायों में सवारी के पशु और सवारी के साधन भी सम्पत्ति में सम्मिलित होते हैं । आधुनिक समाजों में भी मोटर, स्कूटर, मोटरसाइकिल, साइकिल और घोड़ा आदि सवारियाँ सम्पत्ति में सम्मिलित होती हैं । यह भी देखने में आता है कि कई जनजातियों में अपनी सम्पत्ति का प्रदर्शन करने के लिए भव्य दावतें देने, भेंट देने तथा दान-दक्षिणा देने की प्रवृत्तियाँ पायी जाती हैं ।

अमरीका की क्वाक्विटल (Kwakiutal) जनजाति में 'पॉटलाच' (Potlatch) नामक मँहगी दावत खिलानेवाला व्यक्ति सम्पत्तिशाली माना जाता है । कई समुदायों में अपनी सम्पत्ति को सार्वजनिक रूप से व्यय करनेवाले को अधिक

सामाजिक सम्मान मिलता है । सभ्य समुदायों में भी सम्पत्ति का अपव्यय प्रचलित है । आतिथ्य की प्रथाएँ सभ्य और असभ्य सभी समुदायों में किसी-न-किसी रूप में विद्यमान रही हैं । सम्पत्ति को उत्तराधिकार में देने और विभाजित करने के अनेक विचार, सिद्धान्त तथा परम्पराएँ भिन्न-भिन्न समुदायों में प्रचलित हैं (देखें– P. Hollowell (ed.), **Property and Social Relations**, 1982; Andrew Reeve, **Property**, 1986) ।

prophet ('प्रॉफ़िट्) **पैगम्बर, मसीहा :** वह व्यक्ति, जिसे अन्तःप्रेरणा प्राप्त होती है और जो दैविक इच्छाओं को व्यक्त करता है । हिन्दू धर्म में कोई मसीहा नहीं हुआ ।

proposition (प्रॉप'ज़िशन्) **प्रतिज्ञप्ति :** पारम्परिक तर्कशास्त्र में किसी निर्णय (Judgement) की शाब्दिक अभिव्यक्ति को प्रतिज्ञप्ति के नाम से अभिहित किया जाता था, किन्तु आधुनिक तर्कशास्त्र के अनुसार, किसी वाक्य का वह अर्थ, जो यथार्थ अथवा अयथार्थ हो सकता है, उसे प्रतिज्ञप्ति कहते हैं । उदाहरण के लिए, 'आपके शहर में कितने विद्यालय हैं ?' यह एक वाक्य है । किन्तु 'मेरे शहर में पचास विद्यालय हैं ?' एक प्रतिज्ञप्ति है, जो या तो यथार्थ है अथवा अयथार्थ । यद्यपि प्रत्येक प्रतिज्ञप्ति वाक्य है, किन्तु प्रत्येक वाक्य प्रतिज्ञप्ति का रूप धारण नहीं कर सकता ।

proscriptive norm (प्रो'स्क्रिप्टिव़ नॉर्म) **निषेधात्मक मानदण्ड :** देखें– **Norms, proscriptive** ।

proselytization (proselytism) ('प्रॉस्लिटाइ जेशन्) **धर्म परिवर्तन :** किसी धर्मावलम्बी को दूसरे धर्म में दीक्षित करने की प्रक्रिया, जैसे– हिन्दू धर्म त्यागकर ईसाई धर्म अपनाना । धर्म परिवर्तन की सबसे अधिक घटनाएँ हिन्दुओं के बीच घटी हैं; क्योंकि हिन्दू धर्म सापेक्षिक रूप से अन्य धर्मों की तुलना में काफी उदारवादी है ।

pro-slavery group (प्रो 'स्लेव़रि 'ग्रूप्) **दासप्रथा-समर्थक समूह :** ऐसे व्यक्तियों के समूह और वर्ग, जो दासता की प्रथा का सक्रिय रूप में अनुमोदन करते हैं ।

prospective prediction (प्र'स्पेक्टिव़ प्रि'डिक्शन्) **प्रत्याशित पूर्वकथन :** एक समाजशास्त्रीय संकल्पना, जिसमें पूर्वानुमान के संकेत केवल उन घटनाओं के भविष्य-कथन से सम्बन्धित होते हैं, जिनकी बारम्बार आवृत्ति होती है ।

prostitution (प्रॉस्टि'ट्यूशन्) **वेश्यावृत्ति :** धन, वस्तु या सेवा के लाभ के लिए स्त्री का शरीर बेचना । वेश्यावृत्ति में भावुकता, प्यार या लगाव का अभाव होता है ।

prostitution, sociological studies of (प्रॉस्टि'ट्यूशन्, सोसिअ'लॉजिक्ल् 'स्टडिज़ ऑव़) **वेश्यावृत्ति का समाजशास्त्रीय अध्ययन :** आर्थिक लाभ हेतु किसी भी पुरुष के साथ यौनाचार करने की स्वीकृति को वेश्यावृत्ति कहते हैं । इसमें अधिकांशतः पुरुष स्त्रियों द्वारा अपनी कामपिपासा की तुष्टि करते हैं, किन्तु पाश्चात्य देशों में पुरुष-वेश्याओं (Male prostitute) के भी उदाहरण देखने को मिलते हैं, जिसमें स्त्रियों को पुरुषों से या पुरुषों द्वारा पुरुषों से कामेच्छा की तुष्टि की जाती है । कुछ समाजों में वेश्यावृत्ति कानूनी तौर पर स्वीकृत है । चूँकि वेश्यावृत्ति सामाजिक मानदण्डों के खिलाफ वृत्ति है, इसीलिए इस पेशे को इज़्ज़त देने के लिए कई मुल्कों में वेश्याओं को सेक्स वर्कर **(Sex worker)** की संज्ञा दी गयी है । वेश्यावृत्ति एक लम्बे समय से चलने वाली सामाजिक समस्या है, इसलिए समाजशास्त्र के क्षेत्र में इस विषय पर काफी अध्ययन हुए हैं (देखें– Allegra Taylor, **Prostitution,** 1991) ।

protean man ('प्रोटीअन मैन) **परिवर्तनशील व्यक्तित्व :** लिफ्टन (R. J. Lifton) के अनुसार, ऐसा व्यक्तित्व जो स्थितियों में बदलाव के साथ तेजी से बदल जाता है । ऐसे व्यक्तित्व में समायोजन की क्षमता बहुत अधिक होती है । कुछ लोग ऐसे व्यक्तित्व को 'घोर अवसरवादी' की संज्ञा देते हैं । यह राजनीतिक नेताओं की विशिष्टता है कि अवसर पाकर वे दल बदलने में देरी नहीं करते हैं ।

protective custody (प्र'टेक्टिव़् 'कसृटडि) **संरक्षात्मक अभिरक्षा :** पुलिस द्वारा किन्हीं व्यक्तियों पर लगाया गया प्रतिबन्ध, जो अपराध की खोज और दोषी व्यक्ति पर मुकदमा चलाने के लिए ज़रूरी होता है । इसका उद्देश्य प्रतिबन्ध में रखे गये व्यक्ति की प्रतिशोध से सुरक्षा करना भी होता है ।

protective discrimination (प्र'टेक्टिव् डि स्क्रिमि'नेशन्) **संरक्षणात्मक भेदभाव :** जनसंख्या के पिछड़े हितों की सुरक्षा एवं प्रोत्साहन के लिए राज्य की वह नीति, जिसके अन्तर्गत वह इनको अधिमान्य व्यवहार देती है। इसका प्रमाण अनुसूचित जातियों के लिए शिक्षा, नौकरियों व विधायिका में आरक्षण की राज्य-नीति से मिलता है। इसके लिए अनुमोदक क्रिया (**Affirmative action**), विपरीत भेदभाव (**Reverse discrimination**), क्षतिपूर्ति वाला भेदभाव (**Compensatory discrimination**) जैसे शब्दों का भी प्रयोग करते हैं : देखें– **Affirmative action; Reservation policy; Reverse discrimination** ।

Protestant ('प्रॉटिस्टन्ट्) **प्रोटेस्टैन्ट धर्म :** इस शब्द का शाब्दिक अर्थ है, वह जो प्रतिरोध करे। ईसाई के सन्दर्भ में इसका अर्थ है, वे ईसाई जो कैथलिक नहीं हैं और जो पोप को नहीं मानते है। वे केवल बाईबिल को मान्यता देते हैं।

Protestant ethic; Protestant ethic thesis ('प्रॉटिस्टन्ट् ए'थइक; 'प्रॉटिस्टन्ट् ए'थइक'थ़ीसिस्) **प्रोटेस्टैन्ट नैतिकता; प्रोटेस्टैन्ट नैतिकता-सिद्धान्त :** ईसाई धर्म का एक सिद्धान्त, जिससे पूँजीवाद के सांस्कृतिक स्वरूप का प्रमुख अंश बना है, जैसे– व्यक्तिवाद, उपलब्धियों के लिए प्रेरणा, विरासत में मिली सम्पत्ति और विलासिता का विरोध, काम तथा मुनाफे पर जोर, जादू-टोने तथा अन्धविश्वास का विरोध एवं तर्कसंगत संगठन के लिए प्रतिबद्धता। मैक्स वेबर (Max Weber, 1864-1920) का कहना है कि आधुनिक पश्चिमी पूँजीवाद का उदय प्रोटेस्टैन्ट धर्म की आर्थिक नैतिकता के फलस्वरूप ही संभव हुआ है। आधुनिक पूँजीवाद की आत्मा प्रोटेस्टैन्ट और इसके व्यवहार के नियमाचारों एवं व्यावहारिक नैतिकता में संलिप्त है। धर्म पर आधारित मैक्स वेबर के इस विचार से पूँजीवाद की उत्पत्ति के सम्बन्ध में मार्क्सवादी विचारों का स्पष्ट खण्डन होता है (देखें– Max Weber, **The Protestant Ethic and the Spirit of Capitalism**, 1958; G. Marshall, **In Search of the Spirit of Capitalism**, 1982)।

Protestantism ('प्रॉटिस्टन्टिज़म्) **प्रोटेस्टैन्टवाद :** रोमन कैथलिक धर्म के विरोधस्वरूप 1529 में उभरने वाला नया धर्म। इस धर्म का विश्वास था कि पोप और सन्तों की सहायता बिना परमेश्वर और मनुष्य के बीच प्रत्यक्ष सम्बन्ध है।

protocol ('प्रोट कॉल्) **नयाचार, पूर्वसंधि :** इस शब्द का प्रयोग मुख्यतः दो अर्थों में किया जाता है– (1) नयाचार– राजनयिक प्रतिनिधियों के साथ किए जाने वाले औपचारिक व्यवहार के तौर-तरीके। (2) पूर्वसंधि- 'प्रोटोकॉल' फ्रेंच भाषा का शब्द है, जिसका मूल अर्थ है पांडुलिपि के आरम्भ में गोंद से चिपकाया गया पहला पन्ना तथा मूल प्रति। राजनीति में इसका अभिप्राय वह हस्ताक्षरित लेख-पत्र है, जिसमें सन्धि होने के पूर्व सारी बातें लिखी होती हैं, जिन पर सम्बद्ध पक्ष पहले से सहमत हो चुके होते हैं। इस प्रकार यह सन्धि का पूर्ववृत्त है।

psephology (सी'फ़ॉलजि) **मतदान-विश्लेषण :** चुनावों, मतदान-प्रतिमानों तथा मतदान-व्यवहार के अध्ययन के साथ-साथ चुनाव-परिणामों के बारे में भविष्यवाणी करने की विधा को चुनाव-विश्लेषण कहा जाता है। यह राजनीतिक समाजशास्त्र का विशिष्ट अध्ययन-क्षेत्र है।

pseudo-intellectual ('स्यूडो इन्टि'लेक्चुअल्) **छद्म-बुद्धिजीवी :** ऐसा व्यक्ति, जो वस्तुतः बुद्धिजीवी होने की योग्यता नहीं रखता, परन्तु बुद्धिजीवी होने का ढोंग रचकर इससे जुड़े लाभ उठाने की कोशिश करता है।

pseudo-science ('स्यूडो साइ'अन्स) **मिथ्या विज्ञान :** मिथ्या से अभिप्राय किसी वस्तु की तरह प्रतीत होना। अक्सर जादू को मिथ्या विज्ञान कहा जाता है; क्योंकि इसकी कुछ पद्धतियाँ वैज्ञानिक प्रतीत होती हैं, परन्तु वास्तव में वैज्ञानिक नहीं होतीं।

pseudo-statement ('स्यूडो'स्टेट्मन्ट्) **मिथ्या कथन :** कथन जिसे आनुभविक रूप से सत्यापित नहीं किया जा सकता। चूँकि भारत एक धर्म प्रधान देश है, अतः यहाँ सभी लोग धार्मिक हैं, यह एक मिथ्या कथन है।

psyche ('साइकि) **मन, मानस, साइकी :** 'साइकी' ग्रीक भाषा का शब्द है, जिसका अर्थ है आत्मा, विश्वात्मा तथा प्रेतात्मा। प्लेटो के दर्शन में, सृष्टि के आदि में उस एक से जो दूसरा व्यक्त हुआ, उसे इसी नाम से पुकारा गया। अतः मूलतः इसका अर्थ है 'जीवन का सिद्धान्त'। वर्तमान युग में इसे मनोधातु, मन (विशेषकर मनोविश्लेषण में) के पर्याय के रूप में व्यवहार में लाया जाता है।

psyche group ('साइकि 'ग्रूप्) **सम-मनस्क समूह :** ऐसा समूह, जिसके सभी सदस्य एक जैसी मनःस्थिति के होते हैं। ऐसे समूह की सदस्यता व्यक्ति सामाजिक भावना की अपेक्षा अपने निजी हित और रुचि के अनुरूप ग्रहण करता है।

psychiatry (साइ'काइअट्रि) **मनोविकृति-विज्ञान :** इस शब्द की रचना सन् 1808 में जर्मनी में हुई थी, किन्तु सन् 1940 के दशक से इसका प्रयोग यूरोप एवं अमरीका में व्यापक रूप में किया जाने लगा। बीसवीं शताब्दी में जैवकीय मनोचिकित्सा तथा तंत्रिका-विज्ञानों के उदय ने पारम्परिक मनोचिकित्सा के क्षेत्र को प्रभावित कर इसे महत्त्वपूर्ण बना दिया। जिन बीमारियों को पहले कठोर मानसिक रोग समझा जाता था, आजकल उन बीमारियों में से अधिकांश का इलाज तंत्रिका वैज्ञानिकों द्वारा संभव हो गया है। संक्षेप में, यह ज्ञान की वह शाखा है, जिसमें मानसिक विकृतियों के उपचार का अध्ययन किया जाता है।

psychoanalysis (साइकोअ'नैलसिस्) **मनोविश्लेषण :** मनोविज्ञान की एक शाखा, जो विशिष्टतः स्नायुविक प्रवृत्तियों वाले व्यक्तियों के नैदानिक उपचार से सम्बन्धित है। मनोविश्लेषण इस सिद्धान्त पर आधारित है कि हमारी अनेक इच्छाएँ, विशेषकर काम-वासना से सम्बन्धित इच्छाएँ, हमारे प्रारम्भिक जीवन में अचेतन रूप में दबी होती हैं। इन इच्छाओं को स्वच्छन्द साहचर्य तथा स्वप्न-विश्लेषण जैसी विधियों द्वारा पुनः बाहर लाकर स्नायु रोगों से पीड़ित व्यक्ति का उपचार किया जा सकता है। फ्रॉयड, जिन्हें मनोविश्लेषण का जन्मदाता कहा जाता है, ने इस सम्बन्ध में अनेक अवधारणाओं, जैसे-लिबीडो, इड, इगो, सुपर इगो, इरॉज, चेतन-अचेतन मन आदि का विकास कर मानव-व्यवहार की व्याख्या को एक नया आयाम दिया है (देखें- James A. C. Brown, **Freud and the Post-Freudians**, 1964)।

psychohistory (साइको'हिस्टॅरि) **मनो-इतिहास :** किसी ऐतिहासिक व्यक्ति के मनोविश्लेषणात्मक अध्ययन को मनो-इतिहास कहा जाता है। अमरीकी मनोविश्लेषक एरिक एरिक्सन (Erik H. Erikson, **Childhood and Society**, 1950) इस क्षेत्र का जाना-माना नाम है।

psychological community (साइक'लॉजिक्ल् क'म्यूनटि) **मनोवैज्ञानिक समुदाय :** एक ऐसा मानसिक चित्र, जो व्यक्ति के अन्तःसमूह की सीमाओं का निर्धारण करता है। प्रत्येक व्यक्ति के मन में एक मानचित्र होता है कि उसके समुदाय में कौन-कौन से लोग हैं या फिर उसके समुदाय का विस्तार कहाँ तक है। लेकिन, आमतौर पर मनोवैज्ञानिक समुदाय का आकार वास्तविक समुदाय से छोटा होता है।

psychological determinism (साइक'लॉजिक्ल् डि'टर्मि निज़्म्) **मनोवैज्ञानिक नियतिवाद :** मानव-व्यवहार के अध्ययन का एक सिद्धान्त, जिसके अनुसार यह व्यवहार मनोविज्ञान के अटल नियमों से निर्धारित होता है; इसमें मनुष्य के लिए अपनी इच्छा या विवेक से अपना व्यवहार निर्धारित करने या व्यवहार के अनेक विकल्पों में से कोई विकल्प चुन लेने की कोई गुंजाइश नहीं होती।

psychological relativism (साइक'लॉजिक्ल् 'रेलॅटि विज़्म्) **मनोवैज्ञानिक सापेक्षवाद :** एक मनोवैज्ञानिक सिद्धान्त, जिसके अनुसार मन की वर्तमान चेतन अवस्था का स्वरूप, उसके भूतकालीन तथा समकालीन अनुभवों से प्रभावित होता है।

psychological sociology (साइक'लॉजिक्ल् सोसि'ऑलजि) **मनोवैज्ञानिक समाजशास्त्र** या **समाजविज्ञान :** समाजशास्त्र की वह शाखा, जो सामाजिक घटनाओं की व्याख्या करते समय मनोवैज्ञानिक या मानसिक कारकों को प्राथमिक महत्त्व देती है।

psychological theories of deviance (साइक'लॉजिक्ल् 'थिअरिज ऑव् 'डीविअन्स्) **विचलन का मनोवैज्ञानिक सिद्धान्त :** मनोवैज्ञानिकों ने विसामान्य व्यवहारों को व्यक्तित्व के प्रकारों से जोड़ने का प्रयास किया है। सिगमण्ड फ्रॉयड (Sigmund Freud, 1856-1939) ने अपराध जैसे विषय पर कुछ नहीं लिखा है, लेकिन उनके अनुयायियों ने उनके विचारों से प्रभावित होकर यह विचार व्यक्त किया है कि मनोविकृत व्यक्ति (**Psychopaths**) आमतौर पर अन्य लोगों की तुलना में ज्यादा ही अपराधी किस्म के होते हैं; क्योंकि उन्हें ऐसा करने में आनन्द मिलता है। मनोविकृत व्यक्तियों के मन में किसी प्रकार की ग्लानि या दया का भाव नहीं होता है। ऐसा देखा गया है कि वैसे लोगों में इंसानियत की भावना कम पाई जाती है। फ्रॉयड के विचार से प्रभावित होकर जॉन डोलार्ड (John Dollard) ने कुण्ठा-आक्रामकता-सिद्धान्त (**Frustration-aggression Theory**) प्रतिपादित किया है। उनका कहना है कि जब व्यक्ति अपनी उम्मीद या योजनाओं के अनुसार सफल नहीं होता है तो निराशा की स्थिति में वह आक्रामक रुख अपना लेता है। विसामान्य व्यवहार उसका एक प्रतिफल है।

psychologism (साइकॉल्जिज़म्) **मनोविज्ञानवाद, मनोविज्ञानपरता :** वह दृष्टिकोण, जिसके अनुसार दर्शन तथा मानवविज्ञानों का एकमात्र आधार मनोविज्ञान होना चाहिए। अपने अतिवादी रूप में मनोविज्ञान सभी विज्ञानों का आधार है। ह्यूम, मिल, जेम्स आदि दार्शनिकों ने नैतिक, दार्शनिक, तार्किक, सौन्दर्यात्मक तथा आध्यात्मिक समस्याओं के समाधान का आधार मनोविज्ञान माना है और यही मनोविज्ञानवाद कहलाता है। हूसर्ल और जर्मनी के अन्य विद्वानों ने 'मनोविज्ञानवाद' शब्द की कटु आलोचना की है। उन विचारकों ने इस शब्द का प्रयोग अवमानसूचक अर्थ में किया है। उनके अनुसार, इसे स्वीकार करना तार्किक तथा ज्ञान तत्त्वों की अवहेलना करना है और मनोविज्ञान को अनावश्यक अतिवर्धक महत्त्व प्रदान करना है।

psychology (साइ'कॉलजि) **मनोविज्ञान :** मानव-मस्तिष्क अथवा मानसिक दशाओं तथा प्रक्रियाओं का अध्ययन करने वाली ज्ञान की शाखा मनोविज्ञान कहलाती है। इसमें मानव-प्रकृति का अध्ययन किया जाता है (देखें- A. Penner, **Social Psychology**, 1986)।

psychometrics (साइको'मेट्रिक्स) **मनोमिति :** मनोवैज्ञानिक अध्ययनों में मापन, विश्लेषण और उनके प्रस्तुतीकरण में गणितीय पद्धतियों और सांख्यिकी के प्रयोग को मनोमिति विद्या कहते हैं।

psychopath ('साइको पैथ) **मनोरोगी :** एक विशिष्ट प्रकार का व्यक्तित्व, जिसमें नैतिकता का पूरी तरह अभाव होता है और साथ ही उसके दिल में दूसरों के लिए कोई चिन्ता नहीं होती।

psychopathic criminal (साइको'पैथ्इक 'क्रिमिनल्) **मनोविकृत अपराधी :** ऐसा अपराधी, जो मानसिक रूप से अपने व्यवहार पर नियन्त्रण न रख सकने के कारण अपराध करता है। ऐसा अपराधी, जिसकी मानसिक स्थिति सामान्य व्यक्ति से भिन्न होती है। साधारणत: मानसिक रूप से असामान्य व्यक्तियों का कोई विशेष वर्गीकरण नहीं होता, परन्तु जो अपराधी बहुधा तंत्रिकातापी, सदोषमनस्क, दुर्बलमनस्क, मनस्तापी, विक्षिप्त अथवा मनोविकृत होते हैं, वे सभी इस श्रेणी में आते हैं।

psychosexual neutrality (साइको'सेक्स्युअल् न्यू'ट्रैल्इटि) **मनोयौन तटस्थता :** ऐसा विचार कि स्त्री-पुरुष के बीच अन्तर के सम्बन्ध में जो सामाजिक मानदण्ड हैं, वे उतने ही महत्त्वपूर्ण हैं, जितना कि जैविक स्तर पर स्त्री-पुरुष के बीच भेदभाव के सम्बन्ध में है।

psychosis (साइ'कोस्इस) **मनोविक्षिप्ति :** उग्र मानसिक बीमारी को मनोविक्षिप्ति कहते हैं। यह तंत्रिकाताप (**Neurosis**) की तुलना में ज्यादा जटिल रोग है। मनोविक्षिप्ति की अवस्था में व्यक्ति समाज से अपना समायोजन नहीं कर पाता और उसका व्यवहार वास्तविकता से कट जाता है। ऐसा व्यक्ति विभिन्न भ्रमासक्तियों और विभ्रान्तियों से ग्रस्त रहता है।

psychosocial (साइको'सोश्ल्) **मन:सामाजिक :** ऐसी स्थिति अथवा घटना, जो अंशत: मनोवैज्ञानिक तथा अंशत: सामाजिक घटनाओं से मिलकर उत्पन्न होती है, जैसे- आत्महत्या।

psychosocial control (साइको'सोशल् कन्'ट्रोल्) **मनःसामाजिक नियन्त्रण :** शारीरिक शक्ति अथवा हिंसा की अपेक्षा मनोवैज्ञानिक अथवा समाजशास्त्रीय पद्धति के द्वारा व्यक्तियों अथवा सामूहिक व्यवहार को नियन्त्रित करना ।

psychosomatic illness (साइकोसो'मैट्रिक 'इल्नस्) **मनःकायिक रोग :** मनोजन्य विकारों को मनःकायिक बीमारी कहते हैं । मनोकायिकता का विचार 1930 के बाद प्रचलित हुआ । प्रारम्भ में इस बीमारी का एक साधारण कारण मानकर मन, शरीर की अन्तःक्रिया पर जोर दिया गया । इस अवधारणा का सामान्यतः कुछ शारीरिक बीमारियों, जैसे–अल्सर पर प्रयोग कर बताया गया कि ऐसी बीमारियों के मनोवैज्ञानिक कारण होते हैं ।

psychotherapy (साइको'थेरपि) **मनश्चिकित्सा :** किसी भी मनोवैज्ञानिक तकनीक द्वारा व्यक्ति के विभिन्न मानसिक विकारों या व्यवहार सम्बन्धी समस्याओं और कुसमायोजनों के उपचार करने की पद्धति को मनश्चिकित्सा कहते हैं ।

psychotic (साइ'कोटिक) **मनस्तापी :** मानसिक रोग से ग्रसित व्यक्ति । अँगरेज़ी में मानसिक रोग के लिए एक और शब्द है– **Neurotic** (तंत्रिकातापी), लेकिन अँगरेज़ी में Psychotic और Neurotic पर्यायवाची नहीं हैं : देखें– **Neurotic** ।

psy-complex (साइ'कॉम्प्लेक्स) **मनोग्रन्थि, मनोसमष्टि:** मानसिक समस्याओं से जुड़ी सभी विषयों, जैसे– मनोविज्ञान, मनोरोगविज्ञान, मनोविश्लेषण, मनश्चिकित्सा, मनोरोगोपचर्या और सामाजिक कार्य के सम्पूर्ण समूह को मनोसमष्टि कहा गया है ।

puberty dance ('प्यूबर्टि डान्स्) **यौवनारंभ नृत्य :** नृत्य-उत्सव जो तरुण-तरुणियों के यौवनारंभ पर मनाया जाता है । इसमें भाग लेने वाले सदस्य वयस्क होते हैं । इस प्रकार के नृत्य अधिकतर आदिवासियों में प्रचलित हैं ।

puberty rite ('प्यूबर्टि राइट्) **यौवनारंभ संस्कार :** सामाजिक मानवविज्ञान के अन्तर्गत किसी व्यक्ति का वह संस्कार, जो बाल्यकाल से वयस्कता की अवस्था में पहुँचने का संकेत देता है । इससे उसे स्वाभाविक रूप से अपनी नई भूमिका सँभालने में सहायता मिलती है और उसकी नई स्थिति एवं भूमिका को समाज की भी मान्यता प्राप्त हो जाती है ।

public ('पब्लिक्) **जनता :** साधारणतया जनता का अर्थ किसी क्षेत्र में रहने वाले सभी व्यक्तियों से समझा जाता है, जैसे– जापान की जनता, भारत की जनता, अमरीका या रूस की जनता आदि । वास्तव में जनता का यह अर्थ राजनीतिशास्त्र में समझा जाता है, परन्तु समाजशास्त्रीय और मनोवैज्ञानिक अर्थों में ऐसा नहीं है । जनता को एक मनोवैज्ञानिक समूह कहा जा सकता है जिसका निर्माण सामान्य रुचि, सामान्य चेतना, सामान्य परिस्थितियों या सामान्य हितों के द्वारा होता है । जनता एक विस्तृत क्षेत्र में फैला हुआ समूह है । कुछ छोटे समुदायों को छोड़कर, बड़े समुदायों में उसके सदस्य कभी भी एक-दूसरे से प्रत्यक्ष सम्पर्क स्थापित नहीं कर पाते : देखें– **Mass** ।

public administration ('पब्लिक् अड्मिनि'स्ट्रेशन्) **लोक-प्रशासन :** इस शब्द का प्रयोग दो अर्थों में होता है– (1) नौकरशाही पद्धति, जो सरकार की नीतियों एवं विभिन्न कार्यक्रमों के क्रियान्वयन में मददगार होती है । (2) राजनीतिशास्त्र की एक ऐसी शाखा, जिसका उद्देश्य नौकरशाही, विकास की नीतियों, प्रशासनिक पद्धति आदि का विश्लेषण करना होता है ।

public assistance ('पब्लिक् अ'सिस्टन्स्) **सार्वजनिक सहयोग :** वह प्रक्रिया, जिसके द्वारा जनता को राहत दी जाती है अथवा ऐसा कोई संगठन, जो राहत सम्बन्धी कोई भी कार्य करता है ।

public consciousness ('पब्लिक् 'कॉन्शस्नस्) **लोक-चेतना :** सामाजिक प्रवृत्तियों अथवा गतिविधियों को प्राप्त मान्यता, जिसका सम्बन्ध व्यक्ति तथा इकाई के प्रभाव की अपेक्षा सम्पूर्ण समूह से होता है और जिसमें वैयक्तिक इच्छाओं, आकांक्षाओं अथवा आवश्यकताओं की अपेक्षा सम्पूर्ण समूह के हितों को महत्त्व दिया जाता है ।

public defender ('पब्लिक् डि'फेन्ड्र्) **लोक-प्रतिरक्षक :** वह व्यक्ति या संगठन, जो ऐसे निर्धन व्यक्तियों को कानूनी सहायता देता है, जिनपर अपराध करने का आरोप लगाया गया हो ।

public distance ('पब्लिक् 'डिस्टन्स्) **सार्वजनिक दूरी** : जब कोई व्यक्ति किसी सामाजिक समूह के सामने आता है, तो आम लोगों से थोड़ा दूर रहने का ही प्रयास करता है, जैसे– अभिनय के समय कलाकार या भाषण के समय नेता अपने-आपको आम लोगों से दूर रखने का प्रयास करते हैं।

public health ('पब्लिक् हेल्थ्) **लोक-स्वास्थ्य** : इस शब्द का प्रयोग मुख्यत: दो अर्थों में किया जाता है– (1) किसी जनसमूह के स्वास्थ्य की स्थिति या अवस्था। (2) वह कला तथा विज्ञान, जिसमें सामुदायिक प्रयास के द्वारा समुदाय के स्वास्थ्य की रक्षा तथा सुधार किया जाता है। इसमें रोग-निरोधक औषधियों, स्वच्छता तथा सामाजिक विज्ञान का योगदान होता है।

public interest ('पब्लिक् 'इन्ट्रस्ट्) **लोकहित, जनहित** : ऐसा सामूहिक हित, जिसे विभिन्न खण्डों में विभक्त नहीं किया जा सकता, उसे जनहित कहते हैं। सरकार की ओर से जनता के लिए मुफ्त स्वास्थ्य सेवाएँ जनहित कही जायेंगी।

public opinion ('पब्लिक् अ'पिन्यन्) **जनमत** : किसी विषय या विवादास्पद प्रसंग पर एक ही सामाजिक समूह के सदस्यों का दृष्टिकोण या मत। जनमत से तात्पर्य केवल विचारों के उस पुँज से है, जिसे किसी विशेष समस्या के विषय में लोग रखते या अभिव्यक्त करते हैं। जनमत के निर्णय के लिए बहुत बातें आवश्यक होती हैं, जैसे– (1) कोई मूल समस्या या विवाद या प्रसंग होना चाहिए; (2) उसके हल के लिए कुछ तार्किक वाद-विवाद होना चाहिए; (3) जनमत में विचार व पुराने अनुभवों का महत्त्वपूर्ण स्थान होता है; (4) वाद-विवाद के विकास के लिए यह आवश्यक है कि प्रचलित विचारधारा से कुछ भिन्न विचारधारा या अवधारणाएँ भी विद्यमान हों; (5) वाद-विवाद से किसी प्रकार की सहमति पर ही पहुँचना संभव होना चाहिए; (6) सार्वजनिक प्रश्नों से सम्बन्धित जनमत में प्राय: सामाजिक कार्य की भावना छिपी रहती है तथा (7) जनमत के पीछे प्राय: भावनात्मक पक्ष रहता है।

इनके अतिरिक्त प्राय: यह भी देखा जाता है कि इसमें कुछ धारणाएँ, स्वीकृत सिद्धान्त, संवेग आदि भी सम्मिलित होते हैं तथा यह एक प्रकार से सहकारी प्रयास का फल होता है। घटना-विशेष अथवा अवसर-विशेष पर विशेष प्रकार का जनमत उभर जाता है। प्राय: परम्परा से चले आ रहे राग-द्वेष, घृणा आदि इसको उभारने में काफी सहायक होते हैं। अफवाहें, खबरें, घटनाएँ, चित्र, वास्तविक दृश्य आदि जनमत को बनाने या बिगाड़कर बदलने में महत्त्वपूर्ण कार्य करते हैं। आजकल समाचारपत्र, रेडियो, टेलीविजन, विज्ञापन, राजनीतिक व धार्मिक प्रचार जनमतों को बनाने में योग दे रही हैं। इनमें से कई जनमत अस्वस्थ अथवा त्रुटिपूर्ण भी होते हैं। स्वस्थ जनमत समाज की सुव्यवस्था को बनाये रखने और उसमें आवश्यक परिवर्तन लाने के लिए अत्यन्त महत्त्वपूर्ण होता है (देखें– Benjamin Ginsberg, **The Captive Public: How Mass Opinion Promotes State Power**, 1986; W. Russell Neuman, **The Paradox of Mass Politics**, 1986)।

public recreation ('पब्लिक् रेक्रि'एशन्) **लोक मनोविनोद** : सरकार द्वारा जनता के मनोरंजन और आराम के लिए उपलब्ध की गई सुविधाएँ। शहरों के अन्तर्गत विभिन्न प्रकार के उद्यानों की व्यवस्था का प्रायोजन लोक मनोविनोद है।

public sentiment ('पब्लिक् 'सेन्टिमन्ट्) **जन-भावना** : किसी वस्तु के प्रति समाज के अधिकतम व्यक्तियों की अभिवृत्ति। भारत में महात्मा गाँधी पर टीका-टिप्पणी करना जन-भावना विरोधी काम करना है।

public sphere versus private sphere distinction ('पब्लिक् स्फ़िअर 'व़रसस 'प्राइव़ट स्फ़िअर डि'स्टिङ्क्शन्) **सार्वजनिक क्षेत्र बनाम निजी क्षेत्र-भिन्नता** : इन अवधारणाओं की उत्पत्ति का स्रोत ग्रीक दर्शन है, जहाँ राजनीति को सार्वजनिक दुनिया तथा परिवार को निजी दुनिया की श्रेणी में रखा गया है। आधुनिक समाजशास्त्र में इन दो शब्दों का प्रयोग घर और बाहर के कामकाज की दुनिया के बीच के अन्तर को दर्शाने के लिए किया जाता है। लिंग पर आधारित श्रम-विभाजन का सम्बन्ध इन दो अवधारणाओं के बीच के अन्तर से जुड़ा हुआ है (देखें– Eli Zaretsky, **Capitalism, the Family and Personal Life**, 1976; Barrie Thorne (ed.), **Rethinking the Family**, 1982)।

public spirit ('पब्लिक् 'स्पिरिट्) **लोक-सेवा भाव :** किसी व्यक्ति में सेवा करने की इच्छा के साथ-साथ समुदाय के विकास के लिए पाई जाने वाली अभिरुचि ।

public utility services ('पब्लिक् यू'टिलिटि 'सर्विसेस्) **लोकोपयोगी सेवाएँ :** मानव की मूल आवश्यकताओं से सम्बन्धित वे आर्थिक सेवाएँ, जो किसी समाज के सदस्यों के लिए सरकारी या स्थानीय शासन द्वारा जुटाई जाती हैं ।

public utility society ('पब्लिक् यू'टिलिटि सॅ'साइअटि) **लोकोपयोगी समाज :** जनता के हित के लिए निजी रूप में गठित संस्थाएँ, जिनका प्रथम उद्देश्य जनसाधारण और मज़दूरों के लिए घर बनाना होता है । ऐसी संस्थाओं में लाभ या लाभांश सीमित होते हैं ।

public welfare ('पब्लिक् 'वेल्फ़ेअर्) **जन-कल्याण :** समुदाय के ऐसे कार्यक्रम, जो विभिन्न व्यक्तियों और परिवारों की सामाजिक समस्याओं से सम्बन्धित होते हैं । इसमें उनके सुधार के लिए सामाजिक योजनाएँ और सरकारी कार्यक्रम समाविष्ट होते हैं ।

***pucka (pukka)* food** ('पक्अ फ़ूड्) **पक्का भोजन :** घी के माध्यम से आटे व चीनी आदि से बना भोजन, जिसे प्राय: उत्सवों पर खाया जाता है । पक्के भोजन की अपेक्षा कच्चे भोजन के विनिमय के सम्बन्ध में अधिक कठोर नियम हैं । पक्का भोजन; क्योंकि गाय के 'घी' से बनता है, इसलिए हिन्दू इसे शुद्ध मानते हैं ।

pull factor (migration) (पुल् 'फैक्टर्) **अपकर्षक कारक (प्रवसन) :** अन्तर-प्रवसन के सन्दर्भ में ऐसे कारक, जो व्यक्तियों को किसी क्षेत्र या देश से बाहर जाने से रोकते हैं, जैसे– नौकरी के ज्यादा व श्रेष्ठ अवसर, आमदनी बढ़ने के अवसर, वांछित विशिष्ट शिक्षा व प्रशिक्षण के अवसर, अनुकूल जलवायु व आवास सम्बन्धी सुविधाएँ आदि : देखें– **Push factors** ।

pump drill (पम्प 'ड्रिल्) **पंप-बरमा :** एक प्रकार का अग्नि-बरमा, जो अग्नि प्रज्वलित करने के काम आता है । इसमें दण्ड को एक रस्सी लगे धनुष अथवा शलाका द्वारा नीचे-ऊपर घर्षित किया जाता है ।

punishment ('पनिश्मन्ट्) **दण्ड :** दण्ड का अर्थ ऐसे व्यक्ति के अधिकारों को छीनना है, जो अन्य व्यक्तियों अथवा सम्पूर्ण समाज के अधिकारों पर अतिक्रमण करता है । ऐसे व्यक्ति को शारीरिक पीड़ा या यातना देकर उसे अपने किए हुए कर्म की बुराई का अहसास कराया जाता है । संक्षेप में, दण्ड अप्रिय तथा गैरकानूनी क्रियाओं के लिए अपराधी को राज्य द्वारा दी जाने वाली पीड़ा है । दण्ड के प्रमुख स्वरूप निम्न हैं– (1) सामाजिक अपमान (Social degradation); (2) समूह द्वारा बहिष्कार (Segregation); (3) जुर्माना (Fine); (4) शारीरिक दण्ड (Corporal punishment); (5) कारावास (Imprisonment); (6) देश निष्कासन (Deportation) एवं (7) मृत्यु दण्ड (Capital punishment) ।

***purdah* परदा :** चेहरे को ढकने वाला परदा, यहाँ परदा-प्रथा के रूप में समाज में कुछ समुदाय की स्त्रियाँ बड़े-बूढ़ों एवं परपुरुष के सामने परदा करती हैं ।

pure fallacy (प्युअर् फ़ॅलॅसि) **विशुद्ध तर्कदोष :** तर्क का वह दोष, जो केवल तार्किक नियमों के उल्लंघन से पैदा होता है, न कि अनेकार्थक शब्दों के प्रयोग से या अप्रासंगिक बातों के आने से ।

purification rites (प्युअरिफ़ि'केशन् राइट्स) **शुद्धि संस्कार :** ऐसे संस्कार, जो शिशु के जन्म लेने के पश्चात् परिवार के व्यक्तियों के अशौच को दूर करने के लिए किये जाते हैं ।

puritanical (प्यूअरि'टैनिक्ल्) **अतिनैतिक, शुद्धतावादी :** जो व्यक्ति कड़े नैतिक अनुशासन का पालन करता है । जैसे, जैन-मुनि काफी शुद्धतावादी होते हैं ।

puritanism ('प्युअर्इटॅ निज़्म्) **शुद्धाचारवाद, प्यूरिटनवाद :** इंग्लैंड में प्रोटेस्टैन्ट सम्प्रदाय को रोमन कैथलिक

कर्मकाण्ड के तत्त्वों और रूढ़ियों से बिल्कुल मुक्त करवाने के लिए आन्दोलन करनेवाले प्यूरिटनों का सिद्धान्त, जो संयम, ईमानदारी, मितव्ययिता आदि पर बल देता है ।

purity and pollution ('प्युअर्इटि ऐन्ड् प'लूशन्) **छुआछूत :** यह एक अमूर्त धारणा है, जिसके अन्तर्गत जातिगत समाज में कुछ कार्यकलापों, वस्तुओं तथा व्यवसायों को धार्मिक अनुष्ठानों के रूप में शुद्ध अथवा अशुद्ध माना जाता है । उदाहरण के तौर पर मांसाहार की तुलना में शाकाहार को धार्मिक रूप से अधिक शुद्ध माना जाता है । ये दोनों अवधारणाएँ आवश्यक रूप से एक-दूसरे की सापेक्ष हैं ।

purposive sampling ('पर्पसिव साम्प्लिन्ग) **सोद्देश्य नमूना :** देखें– **Sampling, purposive** ।

***purusarth* पुरुषार्थ :** प्राचीन भारतीय विचारकों ने मनुष्य के जीवन को आध्यात्मिक, नैतिक और भौतिक दृष्टि से उन्नतशील बनाने के निमित्त पुरुषार्थ के नाम से अपने दार्शनिक विचारों की व्यख्या की थी । वस्तुत: जीवन में आध्यात्मिक और भौतिक दोनों प्रकार के सुख महत्त्वपूर्ण हैं तथा दोनों का समन्वित रूप जीवन को उन्नतशील बनाता है । जीवन की सार्थकता भी इसी में है कि दोनों का समन्वित और सन्तुलित रूप ग्रहण किया जाये । भारतीय जीवन-दर्शन इन दोनों ही प्रवृत्तियों का समन्वित और सन्तुलित स्वरूप है, जिसे 'पुरुषार्थ' के नाम से जाना जाता है । पुरुषार्थ मानव का वह आधार है, जिसके अनुपालन से वह अपना जीवन व्यतीत करता है तथा विभिन्न कर्त्तव्यों के पालन में प्रतिबद्ध रहता है । पुरुषार्थ के माध्यम से ही मनुष्य का सर्वांगीण विकास होता है । पुरुषार्थ चार प्रकार के हैं, जो निम्न हैं– (1) धर्म; (2) अर्थ; (3) काम एवं (4) मोक्ष । ये चारों पुरुषार्थ, धर्म, काम, अर्थ और मोक्ष वर्तमान जीवन और परलोक दोनों को उन्नत करने और सफल बनाने में महत्त्वपूर्ण स्थान रखते हैं । हिन्दू जीवन दर्शन में चार प्रमुख उद्देश्य बताये गये हैं, ये चारो उद्देश्य ही चार पुरुषार्थ हैं । इन चारो पुरुषार्थों की प्राप्ति के लिए ही, सम्पूर्ण जीवन-क्रियाएँ चलती हैं ।

push factor (migration) (पुश 'फैक्ट्र्) **प्रेरक कारक (प्रवसन) :** बाह्य प्रवसन को बढ़ावा देने वाले आर्थिक तथा सामाजिक कारक । बहुत से विद्वानों का विचार है कि भारत के गाँवों में इतनी गरीबी है कि लोग वहाँ प्रवसन के लिए विवश हो जाते हैं । गाँवों की आर्थिक स्थिति एक प्रकार के प्रेरक कारक का काम करती है : देखें– **Migration** (Push factor)।

pygmalion effect (पिग्'मेलिअन इ'फ़ेक्ट्) **पिगमेलियन प्रभाव :** किसी व्यक्ति की आकांक्षाओं का दूसरे व्यक्ति की उपलब्धि पर प्रभाव । जैसे– यदि कोई व्यक्ति किसी व्यक्ति से ऊँची उम्मीद रखता है, तो उसकी उपलब्धि भी ऊँची होती है और ठीक इसके विपरीत यदि आशाएँ निम्न स्तर की होती हैं, तो उस व्यक्ति की उपलब्धि भी निम्न स्तर की होती है ।

Qq

qualitative change ('क्वॉलिटेटिव़ चेन्ज्) **गुणात्मक परिवर्तन :** नये का प्रादुर्भाव या प्राचीन की विलुप्ति गुणात्मक परिवर्तन है, जैसे– परम्परागत धार्मिक शिक्षा की जगह विज्ञान की शिक्षा की शुरूआत।

qualitative data ('क्वॉलिटेटिव़ 'डेटा) **गुणात्मक आँकड़े :** देखें– **Data, qualitative**।

qualitative trait ('क्वॉलिटेटिव़ ट्रेट्) **गुणात्मक विशेषक :** ऐसी विशेषताएँ जिनकी गुणात्मक अभिव्यक्ति होती हो, जैसे– भारतीय लोगों का धार्मिक होना, आदिवासियों का जादू-टोना में विश्वास करना। संस्कृति के प्रारूपिक विशेषक, जिनमें संस्कृतीकरण द्वारा परिवर्तन धीमी गति से होता है।

qualitative variable ('क्वॉलिटेटिव़ 'वेरिअब्ल्) **गुणात्मक चर :** ऐसे चर, जो अपने गुणों के आधार पर एक-दूसरे से भिन्न होते हैं, जैसे– लोकतन्त्र का अच्छा या बहुत बुरा होना। उसी प्रकार शिक्षा का उच्च, निम्न और नगण्य होना : देखें– **Quantitative variable**।

qualitative versus quantitative debate ('क्वॉलिटेटिव़ 'व़र्सेस् 'क्वॉन्टिटेटिव डिबेट्) **गुणात्मक बनाम मात्रात्मक बहस :** अध्ययन-पद्धति के आधार पर गुणात्मक एवं मात्रात्मक अध्ययन पर समाजशास्त्र में लम्बे समय तक बहस होती रही है। इस विषय पर विद्वान लगभग दो खेमों में विभक्त रहे हैं। कुछ लोगों का कहना है कि समाजशास्त्र की विषय-वस्तु ऐसी है कि गुणात्मक पद्धति ज्यादा उपयुक्त है, तो दूसरी तरफ कुछ लोगों का कहना है कि यदि समाजशास्त्र को एक वैज्ञानिक विषय होना है, तो मात्रात्मक अध्ययन-पद्धति ही ज्यादा उपयोगी होगी। गुणात्मक अध्ययन-पद्धति में हम तथ्यों के अर्थ पर जोर देते हैं, जबकि मात्रात्मक शैली के अन्तर्गत संख्यात्मक आँकड़ों का सांख्यिकी के माध्यम से विश्लेषण करते हैं। इसके प्रयोग के माध्यम से विभिन्न प्रकार की परिकल्पनाओं की ठोस जाँच संभव है। दृश्यघटना-विज्ञान (**Phenomenology**) की उत्पत्ति ने 1970 के दशक में संख्यात्मक विश्लेषण पर प्रश्नवाचक चिह्न लगा दिया। अब प्रश्न यह खड़ा हो गया है कि क्या हम प्राकृतिक विज्ञानों की अध्ययन-पद्धति को समाजशास्त्रीय अध्ययन का आधार बना सकते हैं? अब बात यह की जा रही है कि अध्ययन-पद्धति गुणात्मक है या मात्रात्मक, जबकि यह उतना प्रमुख नहीं है, जितना कि विश्लेषण का तर्क महत्त्वपूर्ण है। अध्ययन-पद्धति कोई भी हो, तर्क ज्यादा प्रमुख है।

quality of life ('क्वॉलिटि ऑव़् लाइफ़्) **जीवन की गुणवत्ता :** प्रत्येक सामुदायिक विकास कार्यक्रम की कोशिश यही होती है कि लोगों के जीवन के स्तर को सुधारा जाये। पर जीवन के स्तर का अर्थ क्या हैं, यह विवाद का विषय है। आमतौर पर जीवन के स्तर को, प्रतिव्यक्ति आय को आधार मानकर, मापा जाता है। यह आर्थिक कसौटी बहुत ठीक नहीं है; क्योंकि आर्थिक दृष्टि से समाज में काफी विभिन्नताएँ एवं असमानताएँ पायी जाती हैं। जीवन-स्तर को मापने की बहुत सारी कसौटियों को प्रयोग में लाया जा रहा है, जैसे– निवास-स्थल की प्रकृति (कच्चा या पक्का मकान), मासिक आमदनी, रोज़गार की स्थिति, शिक्षा की स्थिति, घरों के अन्तर्गत बुनियादी आवश्यकताओं की उपलब्धता का स्तर, प्रति व्यक्ति आवास सम्बन्धी सुविधा, स्वास्थ्य की स्थिति एवं स्वास्थ्य सम्बन्धी सुविधाएँ, घर में उपलब्ध विलासिता के साधनों का स्तर आदि।

quantification (क्वॉनटिफ़ि'केशन्) **परिमाणन :** सामाजिक विज्ञान में इस शब्द का प्रयोग किसी गुणात्मक तथ्य को

मात्रात्मक मूल्य या तथ्य में परिणत करने के लिए किया जाता है, ताकि उसका मापन वैज्ञानिक तरीके से संभव हो सके। तुलनात्मक अध्ययन के अन्तर्गत ऐसा करना नितान्त आवश्यक है। तर्कशास्त्र में, किसी प्रतिज्ञप्ति में उसके परिमाण का बोधक शब्द (जैसे– सभी या कुछ) जोड़ना या किसी प्रतिज्ञप्ति-फलन में उसके परिमाण का व्यंजक प्रतीक लगा देना। नीतिशास्त्र में, सूखों की मात्राएँ निर्धारित करना, ताकि तुलना के लिए उनका योगफल निकाला जा सके।

quantifier ('क्वान्टि फ़ाइअर्) **परिमाणक :** अंक या प्रतीक का वह शब्द (जैसे– सभी, कुछ), जो किसी प्रतिज्ञप्ति के परिमाण का अर्थात् उसके सर्वव्यापी या अंशव्यापी होने का बोध कराता है।

quantitative change ('क्वॉन्टिटेटिव चेन्ज्) **मात्रात्मक परिवर्तन :** किसी भी वस्तु में ऐसा छोटा अथवा बड़ा परिवर्तन, जिसमें वस्तु की पहचान परिवर्तित नहीं होती है, सिर्फ उसकी मात्रा में परिवर्तन होता है, जैसे– किसी देश की साक्षरता का स्तर 50 प्रतिशत से 70 प्रतिशत हो जाना।

quantitative data ('क्वॉन्टिटेटिव 'डेटा) **परिमाणात्मक आँकड़े :** देखें– **Data, quantitative**।

quantitative trait ('क्वॉन्टिटेटिव ट्रेट्) **मात्रात्मक विशेषक :** वैसे विशेषक, जिनमें निरन्तर मात्रात्मक परिवर्तन होते रहते हैं तथा जिन्हें आसानी से मापा भी जा सकता है। दूसरे शब्दों में, यह एक ऐसी विशेषता है कि जिसका वस्तुपरक ढंग से आकलन किया जा सकता है, जैसे देश के विकास के स्तर को प्रति व्यक्ति आय के रूप में देखना। उम्र भी व्यक्ति का मात्रात्मक विशेषक है।

quantitative variable ('क्वॉन्टिटेटिव 'वेरिअब्ल्) **परिमाणात्मक** या **मात्रिक चर :** ऐसे चर, जो संख्या की दृष्टि से एक-दूसरे से अधिक या कम होते हैं, जैसे– उम्र, आमदनी, परिवार का आकार आदि : देखें– **Qualitative variable**।

quasi-caste based society ('क्वाज़्इ कास्ट् 'बेस्ड सॅ'साइअटि) **आभासी जातिमूलक समाज :** ऐसे समाज, जिनका वर्गीकरण स्पष्टतः जातिमूलक नहीं होता, परन्तु उनमें वर्ण-व्यवस्था का प्रभाव लक्षित होता है। भारत के ईसाई तथा मुस्लिम समाज इस प्रकार के उदाहरण हैं।

quasi-groups, occasional or **circumstantial** ('क्वाज़्इ ग्रूप्स्, अ'केजनल् ऑर् सरकम्'स्टैन्शल्) **आकस्मिक** या **परिस्थितिजन्य अर्द्ध-समूह :** समाज में कुछ ऐसे भी समूह होते हैं, जो काफी क्षणभंगुर होते हैं, जो किसी विशेष परिस्थिति में एकाएक उत्पन्न या समाप्त होते हैं। कुछ समाजशास्त्रियों ने इसे समूह कहना स्वीकार नहीं किया है। भीड़, जनसमूह (Public) इत्यादि ऐसे ही समूह के उदाहरण हैं।

quasi-groups, structural ('क्वाज़्इ ग्रूप्स्, 'स्ट्रक्चर्ल) **संरचित अर्द्ध-समूह :** कुछ समूह ऐसे होते हैं, जिनमें स्पष्ट आन्तरिक व्यवस्था नहीं दिखाई पड़ती है। इसका स्वरूप अर्द्ध-समूह जैसा होता है। लेकिन, समूह के सदस्यों के बीच एक तरह की सम्बद्धता होती है। समुदाय, राष्ट्र, वर्ग ये सभी इसके उदाहरण हैं।

quasi-primary group ('क्वाज़्इ 'प्राइमरि ग्रूप्) **आभासी** या **अर्द्ध-प्राथमिक समूह :** कुछ ऐसे भी समूह हैं जिनमें प्राथमिक एवं द्वैतीयक समूहों की मिश्रित विशेषताएँ पायी जाती हैं, जिन्हें चार्ल्स एच. कूली (Charles H. Cooley, 1864-1929, हिन्दी में इस व्यक्ति के नाम का शुद्ध उच्चारण मात्र कूली है) अर्द्ध-प्राथमिक समूह कहते हैं। इन्हें अर्द्ध-प्राथमिक समूह इसलिए कहा जाता है कि ये समूह सदस्यों की संख्या, घनिष्ठता एवं आमने-सामने के सम्बन्धों की दृष्टि से तो प्राथमिक होते हैं, किन्तु संरचना व संगठन की दृष्टि से द्वैतीयक समूहों के निकट होते हैं। ये समूह स्वतः विकसित नहीं होते, वरन् जान-बूझकर इनका निर्माण किया जाता है। इनका लक्ष्य कुछ विशिष्ट हितों की पूर्ति करना होता है।

quasi-religion ('क्वाज़्इ रि'लिजन्) **आभासी या अर्द्धधर्म :** देखें– **Para-religion**।

quaternary period (क्व'टर्नरि 'पिरिअड्) **चतुर्थ काल :** भूवैज्ञानिक काल, जिसका प्रारम्भ वर्तमान से लगभग दस

लाख वर्ष पूर्व हुआ। इस युग में अनेक जलवायु परिवर्तन हुए। मानव तथा अन्य स्तनधारी पशुओं के उद्विकास को इस युग में स्पष्ट दिशा मिली।

questionnaire (क्वेस्च'नेअर्) **प्रश्नावली :** सामान्यतः प्रश्नावली शब्द से तात्पर्य प्रश्नों के उत्तर प्राप्त करने के एक उपकरण से होता है, जिसमें एक प्रपत्र का प्रयोग किया जाता है और जिसे उत्तरदाता स्वयं भरता है।

questionnaire, structured (क्वेस्च'नेअर् 'स्ट्रक्चॅड्) **संरचित प्रश्नावली :** संरचित प्रश्नावली वह होती है, जिसमें निश्चित, ठोस तथा पूर्व-निर्धारित प्रश्नों के अतिरिक्त ऐसे आवश्यक सीमित प्रश्न भी रहते हैं, जो अपर्याप्त उत्तरों के स्पष्टीकरण करने या अधिक विस्तृत प्रत्युत्तर पाने के लिए आवश्यक होते हैं। प्रश्नों का प्रकार चाहे प्रतिबन्धित हो या अप्रतिबन्धित, पर महत्त्वपूर्ण बात यह है कि उन प्रश्नों को पहले से ही, न कि साक्षात्कार के समय, लिखित रूप दे दिया जाता है। इसके अन्तर्गत उत्तरदाता को अपनी ओर से कुछ विशेष कहने की आजादी नहीं होती है। सीमित प्रश्नों के उत्तर भी सीमित ही होते हैं।

questionnaire, unstructured (क्वेस्च'नेअर् अन्'स्ट्रक्चॅड्) **असंरचित प्रश्नावली :** असंरचित प्रश्नावली प्रायः साक्षात्कार पथ-प्रदर्शिका के रूप में प्रयोग की जाती है। इसका प्रयोग किसी निश्चित विषय-वस्तु के ऊपर उत्तरदाता के विचार को गहराई पूर्वक जानने के लिए किया जाता है। इसमें प्रश्न पहले से निश्चित नहीं होते हैं। इस प्रकार की प्रश्नावली का प्रयोग सामान्यतः साक्षात्कार के लिए किया जाता है।

quintessence (क्विन्'टेसॅन्स) **विशुद्ध सार; पंचतत्त्व :** (1) विशुद्ध सार– सार का सबसे अधिक घनीभूत रूप। (2) पंचतत्त्व– अरस्तू के दर्शन में पाँचवाँ तत्त्व (पृथ्वी, जल, वायु और अग्नि के अतिरिक्त), जिससे दिव्य वस्तुएँ बनी हैं।

quota sampling ('क्वोटा साम्प्लिन्ग) **निर्दिष्टांश** या **अभ्यंश प्रतिचयन :** देखें– **Sampling, quota**।

qwl (quality of work life) **movement** (क्यू डब्ल्यू एल ('क्वॉलिटि ऑव् वॅर्क् लाइफ्) मूव्मन्ट्) **गुणवत्तात्मक जीवन कार्य गति :** 1970 के दशक में कुछ ट्रेड यूनियन के नेताओं, पेशेवर मैनेजर तथा समाज-वैज्ञानिकों ने इस आन्दोलन को आगे बढ़ाया था। आगे चलकर इसका स्वरूप अन्तर्राष्ट्रीय हो गया। इस आन्दोलन से जुड़े लोगों का मानना था कि लोगों का कार्य ऐसा होना चाहिए, ताकि उसे करने में लोग आनन्द का अनुभव करें तथा कार्यस्थल पर लोगों के बीच अच्छे सम्बन्ध हों और वहाँ शान्ति भी बनी रहे। काम करनेवाले लोग अपने काम में स्वतन्त्र हों तथा उनके कार्यों का सम्पादन किसी की देख-रेख में न हो, तो बेहतर है। यह एक प्रकार से व्यवसाय में प्रबन्धन की नयी नीति व विधि है।

Rr

race (रेस्) **प्रजाति** या **नस्ल** : प्रजाति मनुष्यों का वह बृहत् समूह है, जिसके सदस्यों में सापेक्षिक रूप से स्थिर कुछ वंशानुगत शारीरिक लक्षण समान होते हैं, जो प्रजनन द्वारा एक पीढ़ी से दूसरी पीढ़ी को हस्तान्तरित होते हुए भी प्राय: उसी रूप में स्थिर बने रहते हैं और जिसके आधार पर एक प्रजातीय समूह को दूसरे से पृथक् किया जाता है । ये शारीरिक अभिलक्षण बहुधा सिर, आँख, कान, नाक तथा होठों के आकार, शरीर के रंग अथवा केश के प्रकार से सम्बन्ध रखते हैं, जिन्हें बदला नहीं जा सकता । आनुवंशिकीय अध्ययन के क्रम में प्रजातियों के जीन्स का भी गहन अध्ययन किया गया है । ए. एल. क्रोबर (Alfred L. Kroeber, 1876-1960) ने भी यही बात कही एवं उसके अनुसार, इस आधार पर प्रजाति शुद्ध रूप से एक जैविक धारणा है । जैविक लक्षणों की यह समानता समान पूर्वज एवं निरन्तर अन्त:प्रजनन (Inbreeding) के कारण होती है । विश्व में तीन प्रमुख प्रजातियाँ मानी गई हैं– श्वेत, पीत और श्याम । विश्व की अधिकांश जनसंख्याएँ, मिश्रित प्रजाति की हैं और यह सर्वमान्य है कि प्रजाति का, मानसिक एवं सांस्कृतिक उपलब्धियों के साथ कोई सम्बन्ध नहीं होता ।

क्रोबर ने वर्तमान प्रजातियों को तीन भागों में वर्गीकृत किया है और प्रत्येक को उप-भागों में बाँटा है, जिनकी संख्या ग्यारह है । इस वर्गीकरण को हम निम्न प्रकार से प्रस्तुत कर सकते हैं– (1) कॉकास्वायड या श्वेत (**Caucasoid** or White) प्रजाति– (i) नॉर्डिक (Nordic); (ii) अल्पाइन (Alpine); (iii) भूमध्यसागरीय (Mediterranean); एवं (iv) हिन्दू (Hindu) । (2) मंगोलायड या पीत (**Mongoloid** or Yellow) प्रजाति– (i) मंगोलियन (Mongolian); (ii) मलेशियन (Malaysian); एवं (iii) अमरीकन इण्डियन (American Indian) । (3) प नीग्रायड या काली (**Negroid** or Black) प्रजाति– (i) नीग्रो (Negro); (ii) मेलानीजियन (Melanesian); (iii) पिग्मी (Pygmy black) ; एवं (iv) बुशमैन (Bushman) । इन प्रजातियों के अतिरिक्त ए. एल. क्रोबर ने चार संदेहास्पद प्रजातियों का भी उल्लेख किया है, जिन्हें उपर्युक्त वर्गीकरण में नहीं रखा जा सकता है, वे हैं– (1) ऑस्ट्रलायड (Australoid), (2) वेड्डायड (Veddoid), (3) पॉलिनीजियन (Polynesian) तथा (4) ऐन्यू (Ainu) (देखें– Stanley Lieberson, **The Debate Over Race: A Study in the Sociology of Knowledge**, 1975; Michael P. Banton, **Racial Theories**, 1987)।

race, sociology of (रेस्, सोसि'ऑलजि ऑव्) **प्रजाति का समाजशास्त्र** : मानवशास्त्री प्रजाति को एक जैविक अवधारणा मानते हैं और उसी आधार पर मानव-समाज को कई खण्डों में विभक्त कर विश्लेषण करने का प्रयास करते हैं । दूसरी तरफ, समाजशास्त्री प्रजाति का विश्लेषण गैर-जैविक स्तर पर एक वर्ग के रूप में करने का प्रयास करते हैं; क्योंकि प्रजाति स्तर पर कई प्रकार के भेदभाव देखे जाते हैं । पाश्चात्य देशों में गोरे लोग काले लोगों को हेयदृष्टि से देखते हैं और उनके विकास में कई प्रकार की अड़चनें पैदा करते हैं, जिसके परिणामस्वरूप वहाँ प्रजातीय संघर्ष की घटनाएँ अक्सर घटती रहती हैं । यही प्रजातिवाद समाजशास्त्र का प्रमुख विषय है (देखें– Philomena Essed, **Understanding Everyday Racism**, 1991) : देखें– **Racism** ।

race antipathy (रेस् ऐन्'टिपथि) **प्रजातीय विरोध** : किसी दूसरी प्रजाति के प्रति अलगाव की भावना प्रजातीय विरोध की सूचक है । इस भावना की अभिव्यक्ति उदासीनता से लेकर कटु विद्वेष द्वारा की जा सकती है । यह भावना प्रजाति आधार पर निर्मित दो या दो से अधिक भिन्न व्यक्तियों अथवा समूहों के कारण उत्पन्न होती है ।

race consciousness (रेस् 'कॉन्शस्नस्) **प्रजाति-चेतना** : भिन्न समूहों के मध्य अपनी शारीरिक विशेषताओं अथवा

भिन्नताओं के कारण जन्मी चेतना, जो इस तथ्य की अवधारणा से सम्बद्ध है कि ये भिन्नताएँ सामाजिक स्थिति की ही द्योतक हैं।

race contact (रेस् 'कॉन्टैक्ट्) **प्रजाति-सम्पर्क :** विभिन्न प्रजाति समूहों का अन्त:सम्बन्ध। वर्तमान समय में पाश्चात्य देशों के महानगरों में समय के साथ प्रजाति-सम्पर्क में वृद्धि हुई है; क्योंकि आधुनिकीकरण के परिणामस्वरूप प्रजाति-पूर्वाग्रह में काफी कमी आयी है।

race differences (रेस् 'डिफ़्रन्सेस्) **प्रजातीय अन्तर :** ऐसे वैयक्तिक अन्तर, जो प्रजाति की विशेषताओं के द्योतक होते हैं तथा जो उनके पूर्वजों से पैतृक देन के रूप में ग्रहण करते हैं। चमड़ी, बाल एवं आँखों के रंग, नाक की बनावट, शरीर की लम्बाई, खोपड़ी की बनावट एवं आकार, चेहरे की लम्बाई-चौड़ाई का सीधा सम्बन्ध प्रजातीय अन्तर से है।

race endogamy (रेस् एन्'डॉगमि) **प्रजातीय अन्तर्विवाह :** देखें– **Endogamy, race**।

race feeling (रेस् 'फीलिइन्ग) **प्रजाति-भावना :** वैसी भावना, जिसका सम्बन्ध प्रजाति-विशेष गुणों अथवा चरित्र से होता है अथवा जो सैद्धान्तिक रूप में शारीरिक एवं वंशागत विशिष्टताओं से सम्बन्धित होती है। इससे एक प्रजाति की दूसरी प्रजाति के प्रति सहानुभूति अथवा विद्वेष प्रकट होता है : देखें– **Racism**।

race prejudice (रेस् 'प्रेजुडिस्) **प्रजाति-पूर्वाग्रह :** किसी दूसरी प्रजाति के लोग, समुदाय या समूह के प्रति, पहले से ही द्वेष-भाव अथवा विरोध की भावना या अभिवृत्ति का होना। ऐसी स्थिति में बहुधा विरोधी समूह के गुणों एवं विशेषताओं की उपेक्षा कर दी जाती है और तब पूर्वाग्रहों की उत्पत्ति होती है। इसका ज्वलंत उदाहरण दक्षिण अफ्रीका की रंग-भेद नीति है : देखें– **Racism**।

race relations (रेस् रि'लेशन्स) **प्रजाति-सम्बन्ध :** विभिन्न प्रजातियों के लोगों के बीच सांस्कृतिक सम्पर्क एवं सम्बन्ध। विभिन्न व्यक्तियों और समूहों की परस्पर क्रियाएँ जो उनके पारस्परिक सम्बन्धों के द्वारा प्रजातीय भावना के रूप में स्वत: ही परिणत हो जाती है।

race riot (रेस् 'राइअट्) **प्रजातीय उपद्रव :** प्रजातीय भेदभाव से अनुप्रेरित घृणाभाव, जिससे भिन्न-भिन्न प्रजातियों में परस्पर संघर्ष एवं विद्वेष उत्पन्न होता है। ऐसे संघर्ष बहुधा श्वेत तथा नीग्रो प्रजाति के बीच पाए गए हैं। आमतौर पर यह पाश्चात्य देश की समस्या है।

race suicide (रेस् 'सूइ साइड्) **प्रजाति-आत्महत्या :** किसी प्रजाति की स्वेच्छा से जन्म-दर को मृत्यु-दर के समकक्ष अथवा उससे कम करने के प्रयास के फलस्वरूप धीरे-धीरे समाप्ति।

racial conflict ('रेशल् 'कॉन्फ्लिक्ट्) **प्रजातीय द्वन्द्व :** दो भिन्न प्रजाति समूहों के बीच द्वन्द्व या संघर्ष की भावना, जो वस्तुत: प्रजातीय चेतना से अभिप्रेरित होती है। जिस प्रकार भारत या अन्य देशों में जातीय या धार्मिक दंगे होते हैं, उसी प्रकार पाश्चात्य देशों में प्रजातीय दंगे होते हैं।

racial discrimination ('रेशल् डि स्क्रिमि'नेशन्) **प्रजातीय भेदभाव :** पाश्चात्य देशों में लम्बे समय से प्रजातीय स्तर पर भेदभाव होते रहे हैं। काले या एशियाई मूल के लोगों को गोरी दुनिया के लोगों ने हेय दृष्टि से देखने का काम किया है। यह सिलसिला आधुनिक काल में दक्षिणी अफ्रीका में रंगभेद नीति के नाम पर चलता रहा। अब इसे दुनिया के अधिकांश देशों में गैरकानूनी करार कर दिया गया है। अमरीका में तो अब यह सकारात्मक विभेदीकरण की नीति बन गई है, जिसे **Positive discrimination** या **Affirmative discrimination** कहा जाता है और जिसके अन्तर्गत काले लोगों को जीवन के कई क्षेत्रों में विशेष सुविधा दी गयी है। जातीय स्तर पर लागू इस नीति को भारत में सामाजिक न्याय कहा जाता है : देखें– **Racism**।

racial segregation ('रेशल् सेग्रि'गेशन्) **प्रजातीय पृथक्करण :** विश्व के कई देशों में, वहाँ की रहनेवाली प्रजातियों

के मध्य परस्पर पृथक्करण या अलगाव की प्रवृत्तियाँ व व्यवहार के प्रतिमान देखने में आते हैं। दक्षिणी अफ्रीका, रोडेशिया, अमरीका तथा ब्रिटेन में इस प्रकार के पृथक्करण, गोरे लोगों द्वारा नीग्रो प्रजाति के लोगों के प्रति अपनाये गये विभेद के रूप में विद्यमान रहे हैं और दक्षिणी अफ्रीका में अब भी विद्यमान हैं। दक्षिणी अफ्रीका में इस प्रजातीय विद्वेष की नीति को **(Apartheid)** शाब्दिक अर्थ में जातीय पृथक्वासन और प्रचलित अर्थ में जातीय भेदभाव की नीति कहा जाता है। वहाँ नीग्रो लोगों का सामाजिक स्तर बहुत निम्न समझा जाता रहा है। उन पर होटलों, पाठशालाओं, सार्वजनिक अवसरों और अन्य ऐसे ही सार्वजनिक स्थानों में जाने पर कई प्रतिबन्ध लगाये गये थे।

raciology (रेश'ऑलजि) **प्रजाति-विज्ञान :** मानव-प्रजाति का जैविक अध्ययन, जिसमें आनुवंशिकता प्रजनन, अथवा जीन प्रभेद के सम्बन्ध में विशेष विवेचना की जाती है।

racism; racialism (रे'शिज़म्; रेशॅ'लिज़म्) **प्रजातिवाद, नस्लवाद :** प्रजातीय पूर्वाग्रह अर्थात् दूसरी प्रजाति या अन्यदेशीय संस्कृति के प्रति द्वेष एवं घृणा तथा अपनी प्रजाति के प्रति अपरिमित लगाव और अपनेपन की भावना। बहुत दिनों से और खासकर औपनिवेशिक युग के आरम्भ होने के बाद बहुत सारे लोगों ने यह मान रखा है कि लोग प्रजातिगत दृष्टि से विशेष लक्षणों वाले, क्षमता वाले, मन्द बुद्धि वाले या तीक्ष्ण बुद्धि वाले होते हैं। मानवशास्त्र की खोजों के विपरीत प्रजातिवाद यह मानता है कि प्रत्येक मानव-समूह की अपनी निजी शारीरिक, मानसिक तथा स्वभाव-सम्बन्धी कुछ पैतृक विशेषताएँ होती हैं, जो सापेक्षिक रूप से सामाजिक, शिक्षा सम्बन्धी तथा अन्य पर्यावरण सम्बन्धी प्रभावों से प्रभावित रहती हैं; जन्मगत उत्तम और अधम प्रजातियाँ तथा उपप्रजातियाँ होती हैं और आनुवंशिक कारक ही मनुष्य के सांस्कृतिक जीवन के प्रत्येक पक्ष को निश्चित करता है। प्रजातियों में बहुधा स्वजाति केन्द्रिकता की भावना होती है और प्रत्येक प्रजाति अपने को दूसरों से श्रेष्ठ समझती है। लोगों ने इतिहास की व्याख्या प्रजातीय लक्षणों के आधार पर की है। उन्होंने ब्लू ब्लड (Blue blood) यानी श्रेष्ठ रक्त का राजनीतिक सिद्धान्त दिया है : देखें– **Racial discrimination**।

racket (रैकिट्) **ठग व्यापार :** ऐसी संगठित क्रियाएँ, जो अवैध और असंस्थागत होती हैं तथा जिनको अनौपचारिक रूप से अधिकांश व्यक्तियों का सहयोग प्राप्त होता है, उदाहरणार्थ– जुआ खेलना, वेश्यावृत्ति आदि।

racketeer (रैकि'टिअर्) **ठग-व्यापारी :** ऐसा व्यापारी, जो अन्य व्यक्तियों से बलपूर्वक, धमकी देकर, धोखे से अथवा उस व्यक्ति की नौकरी या कारोबार में अवैध रूप से हस्तक्षेप करके रुपया व अन्य लाभांश ऐंठ लेता है। ऐसे व्यापारियों को अपराधी संगठनों की सेवाएँ भी उपलब्ध रहती हैं, जिनका वे समय-समय पर उपयोग करते हैं।

radical (रैडिक्ल्) **आमूल परिवर्तनवादी, उग्र उन्मूलनवादी :** ऐसा व्यक्ति, जो यह मानता है कि वर्तमान सामाजिक व्यवस्था न्यायसंगत और उचित नहीं है, अतः इसमें आमूल परिवर्तन की आवश्यकता है। विशिष्ट अर्थ में, यह शब्द उन लोगों के लिए काम में लाया जाता है, जो समाज की राजनीतिक और आर्थिक संरचना में आमूलचूल परिवर्तन में विश्वास करते हैं अथवा लाने के समर्थक हैं। इस परिवर्तन के लिए कुछ व्यक्ति हिंसा को अनिवार्य मानते हैं, जबकि कुछ शान्तिपूर्ण तरीके से समाज को बदलना चाहते हैं।

radical criminology (रैडिक्ल् क्रिमि'नॉलजि) **अतिवादी अपराधशास्त्र :** देखें– **Criminology, critical**।

radical empiricism (रैडिक्ल् इम्'पिरि सिज़म्) **उत्कट इन्द्रियानुभववाद :** विलियम जेम्स (William James, 1842-1910) का सिद्धान्त, जिसके अनुसार (1) दार्शनिकों को वाद-विवाद केवल उन्हीं बातों पर करना चाहिए, जो इन्द्रियानुभव पर आधारित हों; (2) न केवल वस्तुएँ, अपितु उनके सम्बन्ध भी इन्द्रियानुभवगम्य होते हैं तथा (3) बाह्य जगत् के तत्त्वों को जोड़ने के लिए किन्हीं मनोबाह्य या अनुभवातीत आलंबनों की आवश्यकता नहीं है।

radical sociology (रैडिक्ल् सोसि'ऑलजि) **आमूल परिवर्तनवादी या अतिवादी समाजशास्त्र :** लगभग सन् 1960 के आस-पास समाजशास्त्र के क्षेत्र में एक नवीन परिप्रेक्ष्य का उदय हुआ, जिसे विभिन्न समाजशास्त्रियों ने विभिन्न नाम

दिया । अमरीका में अतिवादी या आमूल परिवर्तनवादी समाजशास्त्र के मुख्य प्रवर्त्तक सी. राइट मिल्स (C. Wright Mills, 1916-1962) रहे हैं, तथापि इसके रूप को संवारने का कार्य मुख्यत: इरविंग लुई होरोविज़ (Irving Louis Horowitz) ने 'नवीन समाजशास्त्र' के नाम से किया है । आमूल परिवर्तनवाद बलवान के विरुद्ध कमजोर का, शोषक के विरुद्ध शोषित का तथा वर्गों के अधिकार के विरुद्ध जनता के अधिकारों का समर्थन करता है । इस परिप्रेक्ष्य की रुचि, मुख्यत: गरीबी, प्रजातिवाद, शोषण, शक्तिहीनता, सैनिक-औद्योगिक संस्थान जैसे विषयों में रही है । अतिवादी समाजशास्त्र या आमूल परिवर्तनवाद की जड़ें मूलत: संघर्ष-सिद्धान्त में गड़ी हैं । इसका जन्म समाजशास्त्र की चिर-परिचित संरचना प्रकार्यवादी सिद्धान्त की प्रतिक्रिया स्वरूप हुआ है । अतिवादी समाजशास्त्रियों के मतानुसार, संरचना-प्रकार्यवादी परिप्रेक्ष्य स्थितिवाद का द्योतक है तथा परिवर्तन को नकारता है : देखें– I. L. Horowitz, **The Decomposition of Sociology** (1994)।

radicalism (रैडिक् लिज़म्) **आमूल परिवर्तनवाद, उत्क्रटवाद** : साधारण पारम्परिक तथा रूढ़ि से बिल्कुल ही भिन्न बात का समर्थक अथवा बुनियादी या भौतिक सुधार या क्रांतिकारी परिवर्तन का पक्षपाती मत । इसके द्वारा सामाजिक और राजनीतिक समस्याओं को दूर करने के लिए परम्परावादी विचारों का विरोध कर नवीन मूल्यों के आधार पर परिवर्तन की कल्पना की जाती है ।

rain maker (रेन् मेकअर्) **वर्षाकारक ओझा** : आदिम तथा परम्परागत समाजों में जादुई धर्म का ज्ञाता या अभिचारक, जो मंत्र तथा अन्य जादुई कर्मकाण्डों द्वारा वर्षा का आह्वान करता है ।

random error (रैन्डम् 'एरर्) **यादृच्छिक त्रुटि** : वह त्रुटि, जिसकी प्रकृति विचार की भाँति होती है । वस्तुत: यह त्रुटि वास्तविक मान और प्रेक्षित मान के अन्तर के बराबर होती है और इसका बंटन प्रायिकताओं के आधार पर निर्धारित किया जाता है ।

random sampling (रैन्डम् साम्प्लिन्ग) **यादृच्छिक प्रतिचयन** : देखें– **Sampling, random** ।

random variable (रैन्डम्'वेरिअबल्) **यादृच्छिक चर** : ऐसा चर, जिसका मान भिन्न-भिन्न समयों पर अलग-अलग होता है । इस मान का निर्धारण यादृच्छिक आधार पर इस प्रकार होता है, जैसे पासा फेंकने पर उसका कोई भी तल ऊपर आ सकता है, इस चर के प्रत्येक मान के लिए एक विशिष्ट प्रायिकता होती है । ऐसे चरों को अर्थमिति में ग्रीक अक्षरों ε अथवा μ द्वारा प्रकट किया जाता है तथा इस प्रकार की यादृच्छिक घटना के संभव परिणामों को दिखाने वाली प्रायिकता सूची को, जिसमें प्रत्येक सम्भावना का उल्लेख किया जाता है, 'प्रायिकता बंटन' की संज्ञा दी जाती है ।

range (रेन्ज) **परिसर, पंक्ति श्रेणी** : यह विक्षेपण की सबसे सरल माप है । यह चर के सबसे बड़े तथा सबसे छोटे मान का अन्तर होता है । समष्टि की निम्न सीमा तथा ऊपरी सीमा के बीच के विस्तार को परिसर कहते हैं । इसे दो चरम पदों के बीच का अन्तर भी माना जा सकता है, अर्थात् परिसर=उच्चतम मान-निम्नतम मान । न्यूनतम मान निम्न परिसीमा और अधिकतम मान ऊपरी परिसीमा कहलाती है ।

rank; ranking (रैंक; रैंकइन्ग) **श्रेणी; क्रमविन्यास** : समाज में पायी जाने वाली समान प्रतिष्ठा वाली स्थितियों की समग्रता को श्रेणी कहा जाता है । श्रेणी ही समाज में स्तरीकरण की प्रकृति को तय करती है तथा यह बताती है कि व्यक्ति किस सीमा तक अपनी स्थिति एवं भूमिका में परिवर्तन करने के लिए स्वतन्त्र है ।

ranking; ranking scales (रैंकइन्ग; रैंकइन्ग स्क्ेल्स) **क्रमविन्यास; क्रमविन्यास पैमाना** : देखें– **Scale, ranking** ।

rape (रेप्) **बलात्कार** : किसी स्त्री के साथ उसकी इच्छा के विरुद्ध बलपूर्वक व्यभिचार करना । आदिम समाजों की तुलना में आधुनिक समाजों में बलात्कार की घटनाएँ कुछ ज्यादा ही घटती हैं ।

rapport (रै'पॉर्) **सौहार्द, सामरस्य :** इस शब्द का प्रयोग मुख्यतः दो अर्थों में किया जाता है– (1) अन्वेषक तथा उत्तरदाता के बीच स्थापित सहानुभूति एवं सामंजस्यपूर्ण सम्बन्ध । सामाजिक अनुसन्धान में व्यक्तियों से तथ्य-संकलन की प्रक्रिया, एक सामाजिक अन्तःक्रिया की भी प्रक्रिया है, जिसमें उत्तरदाता एवं शोधकर्ता के बीच न्यूनतम सामाजिक सम्बन्ध आवश्यक हो जाता है । अवलोकन एवं साक्षात्कार विधि में शोधकर्ता और उत्तरदाता या विषय के साथ घनिष्ठ सम्बन्ध की स्थापना, वैध एवं विश्वसनीय तथ्य संकलन के लिए आवश्यक होती है । इसे ही हम घनिष्ठ सम्बन्ध या रैपॉर् कहते हैं । रैपॉर् उत्तरदाता एवं शोधकर्ता के बीच एक विशेष प्रकार का सौहार्द्रपूर्ण सम्बन्ध है, जिसके कारण साक्षात्कारकर्ता उत्तर देने के लिए तत्पर होता है । (2) मुख्यतः सम्मोहित व्यक्ति और सम्मोहनकर्ता का वह सम्बन्ध, जो सम्मोहन की सफलता का मूल होता है ।

rat (रैट) **मुखबिर :** किसी गुप्त समाज का वह सदस्य, जो अधिकारियों को दूसरे गुप्त समाजों की सूचना उन समाजों को समाप्त करने के लिए देता है ।

ratio measurement ('रेशिओ 'मेज़र्मन्ट्) **अनुपात मापन :** इस पैमाने के अन्तर्गत माप शून्य से प्रारम्भ होता है और एक निश्चित दूरी पर माप में उत्तरोत्तर वृद्धि होती रहती है । रोज़मर्रे के जीवन में काम आनेवाला वजन मापने का स्केल इसका एक अच्छा उदाहरण है । समाज में उम्र के आधार पर भी व्यक्तियों को क्रमशः एक स्केल पर रखा जा सकता है : देखें– **Scale, ratio** ।

ratio scale ('रेशिओ स्केल्) **अनुपात पैमाना :** देखें– **Scale, ratio** ।

rational (रैश्नल्) **तर्कसंगतता :** आस्था के स्थान पर समझ-बूझ पर आधारित विचार । जिसे सिद्ध न किया जा सके, उसे अस्वीकार करना, तर्कसंगत माना जाता है । इसका सम्बन्ध चिन्तन के वैज्ञानिक एवं वस्तुपरक आधार से है ।

rational choice theory (रैश्नल् चॉइस् 'थिअरि) **युक्तिमूलक चयन-पद्धति :** समाजशास्त्र के विनिमय-सिद्धान्त के दो प्रमुख रूप हैं– मानवशास्त्रीय विनिमय-सिद्धान्त और युक्तिमूलक चयन-सिद्धान्त । मानवशास्त्रीय विनिमय-सिद्धान्त के अनुसार, सामाजिक व्यवस्था और व्यक्तियों की लाभ-प्राप्ति, दोनों ही विनिमय की गई वस्तु के साथ जुड़े रस्मों-रिवाज और प्रतीकात्मक अभिव्यक्ति के प्रभाव हैं । युक्तिमूलक चयन-सिद्धान्त चिर-परिचित विनिमय-सिद्धान्त का एक नया रूप है, जो दर्शाता है कि व्यक्ति केन्द्रित है और वह इस बात पर बल देता है कि व्यक्ति विनिमय सम्बन्ध बनाने के पूर्व अपनी क्रियाओं से अधिकतम लाभ प्राप्ति की दृष्टि से समस्त विकल्पों पर पूर्ण विवेक से सोच-विचार करता है और अन्ततः अधिक लाभ देने वाले विकल्प का चयन करता है । विवेकशीलता पर आधारित इसी परिप्रेक्ष्य को 'युक्तिमूलक चयन-सिद्धान्त' की संज्ञा दी गई है । इस सिद्धान्त के अनुसार, यह माना जाता है कि सहयोगात्मक विनिमय द्वारा व्यक्ति को निजी लाभ प्राप्त होता है और उससे समाज में व्यवस्था बनी रहती है । यह सिद्धान्त विनिमय सिद्धान्तों से हटकर समाजशास्त्र की अन्य सैद्धान्तिक परम्पराओं, जैसे– 'क्रिया की सन्दर्भ-परिधि' (Action frame of reference) के साथ अपना सम्बन्ध जोड़ता जा रहा है ।

समाजशास्त्र में युक्तिमूलक चयन-सिद्धान्त का प्रयोग दो रूपों में हुआ है– निर्णय-सिद्धान्त (**Decision theory** और खेल-सिद्धान्त (**Game theory**) । सामूहिक व्यवहार और बृहत् संगठनों की समस्याओं के समाधान में निर्णय-सिद्धान्त और विभिन्न सामाजिक परिस्थितियों में सहयोग, प्रतिस्पर्द्धा और संघर्ष की प्रक्रियाओं में चयन करते समय खेल-सिद्धान्त का प्रयोग किया जाता है । इस सिद्धान्त का सर्वाधिक प्रयोग आधुनिक अर्थशास्त्र में किया गया है । युक्तिमूलक चयन-सिद्धान्त की अवधारणाओं का प्रयोग राजनीतिविज्ञान में भी काफी जोश-खरोश से हुआ है (देखें– R. Duncan Luce and Howard Raiffa, **Games and Decisions**, 1957; John Von Neumann and Oskar Morgenstern, **Theory of Games and Economic Behaviour**, 1964; F. C. Zagare, **Game Theory: Concepts and Applications**, 1984) : देखें– **Utilitarianism; Zero sum game** ।

rational-legal authority (रैश्नल् 'लीगल् ऑ'थॉरिटि) **विवेकपूर्ण कानूनी प्राधिकार :** ऐसा प्राधिकार या ऐसी सत्ता, जिसका आधार कोई औपचारिक नियम-कानून हो, जैसे– किसी देश के अन्तर्गत राष्ट्रपति या प्रधानमंत्री का पद।

rational society (रैश्नल् सॅ'साइअटि) **विवेकपूर्ण समाज :** मैक्स वेबर (Max Weber) की विचारधारा के अनुसार, एक समाज जो व्यावहारिक मानकों एवं आदर्शों पर आधारित हो तथा जिसमें परिस्थिति में बदलाव के अनुसार परिवर्तन की क्षमता हो। आधुनिक समाज विवेकपूर्ण समाज है।

rationalism (रैश्न लिज़म्) **विवेकवाद, तर्कबुद्धिवाद, तर्कवाद :** (1) धर्मशास्त्र में वह सिद्धान्त, जो उन्हीं धार्मिक विश्वासों को स्वीकार करने की सलाह देता है, जो बुद्धिसंगत हों या कम-से-कम जो बुद्धि विरोधी न हों। (2) ज्ञानमीमांसा में वह सिद्धान्त, जो बुद्धि को या तो ज्ञान का एकमात्र साधन मानता है या अन्य साधनों से श्रेष्ठ मानता है और कुछ बौद्धिक नियमों द्वारा सभी दर्शन-सम्बन्धी निष्कर्षों को प्राप्त करने का प्रयत्न करता है। (3) एक सिद्धान्त जो इस बात पर बल देता है कि केवल तर्क तथा व्यवस्थित विचार के आधार पर ही सत्य तथा ज्ञान को प्राप्त किया जा सकता है। तर्कवाद मानव को विवेकशील प्राणी मानते हुए समस्त मानवीय समस्याओं के समाधान को तर्कबुद्धि के आधार पर संभव मानता है। इस दृष्टि से यह अनुभव अथवा आनुभविक गवेषणा से श्रेष्ठ है।

rationalist Marxism (रैश्न लिस्ट मा:क्सइज़म्) **विवेकवादी मार्क्सवाद :** विवेकवादी मार्क्सवाद, **Frankfurt School** and **Critical School** सम्प्रदाय के नाम से जाना जाता है। इसके मुख्य विचारकों में मार्कूज़अ तथा हाबर्मैस (Herbert Marcuse and Habermas) आते हैं। इन लोगों ने ऐतिहासिक द्वन्द्ववाद की जगह आलोचनात्मक सिद्धान्त को जन्म दिया है। आलोचनात्मक सिद्धान्त आधुनिक विज्ञान तथा स्टालिनवादियों द्वारा दिये गये राजनीतिक सिद्धान्त, यांत्रिक समाज तथा आधुनिक नौकरशाही विचारों की आलोचना करता है। यह सम्प्रदाय जोसफ स्टॉलिन (Joseph. Stalin, 1879-1953) के समाजवादी सिद्धान्तों को स्वीकार करते हुए व्यक्ति की आन्तरिक क्रांतिकारी भावना को उजागर करता है। यह आधुनिक विज्ञान की भी आलोचना करता है, जो यथार्थ तथा आदर्श में अन्तर मानता है। विवेकवादी मार्क्सवाद सम्प्रदाय जी. डब्ल्यू. हीगल (G. W. F. Hegel, 1770-1831) के दर्शन, कार्ल मार्क्स (Karl Marx, 1818-1883) के दर्शन तथा मनोविज्ञान के सिद्धान्तों के बीच एक प्रकार का समन्वय स्थापित करने का प्रयास करता है। विवेकी मार्क्सवाद सिद्धान्त तथा वस्तुस्थिति के बीच पायी जानेवाली विभाजन रेखा की समाप्ति दो ढंग से करने का प्रयास करता है– (1) क्रांतिकारी तर्क बुद्धि (Revolutionary reason) तथा (2) क्रांतिकारी क्रियाकलाप (Revolutionary praxis)।

rationality (theory of) (रैश'नैलिटि ('थिअरि ऑव़्) **तर्कसंगत, प्रासंगिकता :** यह एक ऐसी वैचारिक व्यवस्था है, जो तर्क को ज्ञान का एकमात्र आधार मानती है। पश्चिमी समाज में विवेकशीलता के उदय के दो कारण थे– पहला वैज्ञानिक, जिसे प्राकृतिक वैज्ञानिक और प्रत्यक्षवादी दार्शनिक महत्त्वपूर्ण मानते हैं। दूसरा कारण सांस्कृतिक है। इस सदर्भ में जर्मनी के समाजशास्त्री मैक्स वेबर (Max Weber, 1864-1920) का योगदान महत्त्वपूर्ण माना जाता है। चूँकि मैक्स वेबर प्रत्यक्षवादी तथा उपयोगितावादी विचारधारा के विरोधी थे, इसलिए उन्होंने विवेकशीलता के उभरने के पीछे ऐतिहासिक तथा धार्मिक प्रक्रियाओं का योगदान माना है, जिसे प्रोटेस्टैन्ट धर्म के रूप में जाना जाता है। चूँकि भारत तथा अन्य वैसे देशों में, जहाँ प्रोटेस्टैन्ट धर्म नहीं था, वहाँ पूँजीवाद का विकास नहीं हुआ। प्रोटेस्टैन्ट धर्म गतिशील व्यक्तिवाद तथा व्यावहारिक एवं वैज्ञानिक विचारधारा का प्रवर्त्तक है। मैक्स वेबर का मानना है कि विवेकीकरण पश्चिमी समाज की एक महत्त्वपूर्ण प्रवृत्ति हो गई है, इसलिए वहाँ पूँजीवाद, नौकरशाही, धर्मनिरपेक्षता, विज्ञान तथा लोकतन्त्र आदि का विकास हुआ है। उन्होंने कहा है कि आधुनिक लोकतन्त्र, राष्ट्रीय राज्य तथा विवेकशील नौकरशाही विवेकशील क्रिया के कारण उभरा है। संक्षेप में, धार्मिक विवेकीकरण के कारण, आधुनिक युग में आर्थिक लोकतन्त्र (Economic democracy) और राजनीतिक लोकतन्त्र (Political democracy) विवेकशील वैधानिक सत्ता (Rational legal authority), विज्ञान एक पेशे के रूप में (Science as a vocation) तथा जीवन एक पेशे के रूप में (Life as a vocation) आदि तत्त्वों का पश्चिमी समाज में उदय हुआ।

rationalization (रैश्नलाइ'जेश्न्) **तर्कसंगतिकरण** : यह वह प्रक्रिया है, जिसके द्वारा कार्य, व्यक्तिगत कर्त्तव्यों तथा सामाजिक संस्थाओं के प्रति तर्कसंगत, व्यक्तिवादी और अभिनव दृष्टिकोण पनपता है अर्थात् विचारों में जादुई तत्त्वों को हटाकर उन्हें एकरूप और व्यवस्थित बनाना। सन् 1908 में अर्नेस्ट जोन्स (मनोविश्लेषक) ने इस धारणा का अन्वेषण किया है। यह 'सेल्फ जस्टीफिकेशन' (Self justification) है, जिसके द्वारा अतीत के व्यवहार का वास्तविक नहीं, युक्तिसंगत कारण दिया जाता है। अंगूर नहीं मिले, तो अंगूर खट्टे हैं। परीक्षा में ऊँची श्रेणी या सफलता न मिल सकी तो इसका कारण रुग्णता है। यह अचेतन मन के भाव-इच्छा-क्रिया के समर्थन का एक अज्ञात बौद्धिक प्रयास भी है और जो सदैव ज्ञात और अचेतन मन में कार्यान्वित होता रहता है।

यह एक ऐसी प्रक्रिया है, जिसके अन्तर्गत व्यक्ति सामाजिक रूप से स्वीकृत तर्क को देकर अपने व्यवहारों को सही साबित करने का प्रयास करता है, लेकिन उसके अपने व्यवहारों की व्याख्या का आधार सही नहीं होता है। जैसे– किसी चोर की पिटाई कर यह तर्क देना कि उसे मारना-पीटना इसलिए ज़रूरी है; क्योंकि कानून वैसे लोगों को सजा देने में हमेशा सक्षम नहीं है (देखें– Max Weber, **Max Weber on Law in Economy and Society**, 1954; S. Lash and Whimster (eds.), **Max Weber, Rationality and Modernity**, 1987)।

reaction formation (रि'ऐक्श्न् फ़ॉर्'मेश्न्) **अभिक्रिया** या **प्रतिक्रिया निर्माण** : यह एक मनोवैज्ञानिक अवधारणा है। यह रक्षायुक्ति **(Defence mechanism)** की तरह काम करता है। जब कोई विचार या भावना इतनी प्रबल हो जाती है कि उससे व्यक्ति संकट में पड़ जाता है, तब व्यक्ति इस स्थिति से बचने के लिए बिल्कुल विरोधी विचार या भावना को अपनाकर अपनी रक्षा के लिए आक्रामक बन जाता है, उदाहरणस्वरूप– जब कोई कर्मचारी अपनी ईमानदारी की मानसिकता से परेशान हो जाता है, तो कभी-कभी प्रतिक्रियास्वरूप रिश्वतखोरी के रास्ते पर भी चल पड़ता है : देखें– **Defence mechanism**।

reaggregation (रिऐग्रि'गेश्न्) **पुनःएकत्रीकरण** : इस शब्द का प्रयोग दो अर्थों में होता है– (1) घर या अपने मूल स्थान पर वापस लौटने की प्रक्रिया तथा (2) जहाँ तीर्थ-यात्रा का समापन होता है, उसे भी पुनः एकत्रीकरण कहा जाता है।

real (रिअ़ॅल) **सत्, वास्तविक** : काल्पनिक या सम्भवमात्र के विपरीत बाह्य जगत् के यथार्थ में अस्तित्व रखने वाला।

real wage (रिअ़ॅल वेज्) **वास्तविक मज़दूरी** : यह वस्तुओं और सेवाओं की मात्रा को बताती है, जिसे एक व्यक्ति अपनी मज़दूरी से प्राप्त करता है। इसमें नकद मज़दूरी से खरीदी जानेवाली वस्तुएँ और सेवाएँ ही नहीं आतीं, वरन् वे सभी सुविधाएँ भी वास्तविक मज़दूरी में शामिल की जाती हैं, जो मज़दूरों को नकद मज़दूरी के अतिरिक्त प्राप्त होती हैं, जैसे– बोनस, मुफ्त मकान, राशन, आदि। दो स्थानों पर समान वेतन पानेवाले के बीच वास्तविक मज़दूरी में अन्तर हो सकता है। मान लीजिए, एक मज़दूर को दिल्ली में 500 रुपया प्रतिमाह वेतन मिलता है और दूसरे को पटना में 500 रु. मिलता है, तो निश्चय ही दिल्ली वाला मज़दूर अधिक महँगाई के कारण अपनी नकद मज़दूरी से उतनी वस्तुएँ और सेवाएँ प्राप्त नहीं कर सकता, जितनी पटना में काम करनेवाला मज़दूर प्राप्त करता है। अतः समान मज़दूरी होने के बावजूद वास्तविक मज़दूरी में अन्तर होता है।

realism ('रिअलिज़्म्) **यथार्थवाद** : (1) ज्ञानमीमांसा का वह सिद्धान्त, जिसके अनुसार ज्ञेय विषय का अस्तित्व वास्तविक है, केवल मानसिक नहीं। (2) विशेष अर्थ में, वह सिद्धान्त जो सामान्यों की स्वतन्त्र सत्ता को स्वीकार करता है। (3) यथार्थवाद, यथार्थ को समझने का एक दार्शनिक दृष्टिकोण है, जो इन्द्रियों द्वारा प्रेक्षण योग्य के साथ-साथ अप्रेक्षणीय घटनाओं के महत्त्व पर बल देता है, उदाहरणार्थ– यदि हम अपने-आपको मात्र उन घटनाओं के प्रेक्षण तक सीमित रखेंगे, जिन्हें प्रत्यक्ष रूप में देखा-परखा जा सकता है, तब हमारा ज्ञान सामाजिक जीवन के अति सतही पक्षों तक ही सीमित रहेगा। हम मानवीय मूल्यों, विश्वासों, उद्देश्यों अथवा समाज के संरचनात्मक पक्षों, जैसे– वर्ग-व्यवस्था का खुली आँखों से प्रेक्षण नहीं कर सकते हैं (देखें– R. Keat and John Urry, **Social Theory as Science**, 1975;

Roy Bhaskar, **Scientific Realism and Human Emancipation**, 1986and **Reclaiming Reality**, 1989) : देखें– **Abstracted empiricism; Hermeneutics; Positivism** ।

realist criminology ('रिअलिस्ट क्रिमि'नॉलजि) **यथार्थवादी अपराधशास्त्र** : देखें– **Criminology, realist** ।

reality principle (रि'एलिटि 'प्रिन्सप्ल्) **वास्तविकता-सिद्धान्त** : मनोविश्लेषण की एक धारणा, जिसके अनुसार अहम् का कार्य वास्तविकता से संचालित होता है । अहम् उन कार्यों के करने की ओर नहीं झुकता, जो नीति पर आधारित न हों या सामाजिक प्रथाओं और परम्पराओं के अनुसार न हों । समाज, संस्कृति, नीति और धर्म की दृष्टि से जो हेय और त्याज्य है, अहम् उसे कभी स्वीकार नहीं करता । अहम् किसी क्रिया को करने के पहले उस पर काफी सोच-विचार कर लेता है ।

reason ('रीज़ॅन्) **तर्क, तर्कबुद्धि** : वस्तुओं के पारस्परिक सम्बन्धों को ग्रहण करनेवाली, अनुभवों को व्यवस्था प्रदान करनेवाली, तुलना, विश्लेषण और संश्लेषण करनेवाली, आधारवाक्यों के निष्कर्ष निकालने वाली, ज्ञात से अज्ञात और विशेषों से सामान्यों का ज्ञान करानेवाली मानसिक शक्ति ।

rebellion (रि'बेलयन्) **विद्रोह** : जो व्यक्ति समाज द्वारा मान्यता प्राप्त उद्देश्यों और साधनों का बहिष्कार करके तथा दूसरे उद्देश्यों और साधनों को अपनाकर, अपने निजी स्वार्थों को पूरा करना चाहता है, उसे विद्रोही कहा जाता है । रॉबर्ट के. मर्टन (Robert K. Merton, 1910-2003) के अनुसार, विद्रोही वह है, जो समाज के कुछ मानदण्डों को मानता है और कुछ का उल्लघंन करता है । जब अधिसंख्य व्यक्ति समाज द्वारा अनुमोदित लक्ष्यों और साधनों दोनों से ही असन्तुष्ट होते हैं, तब वे उनके प्रति विद्रोह कर देते हैं । वे नये आदेशों और नये साधनों की माँग करते हैं जिससे एक नये समाज की रचना की जाती है । यह स्थिति समाज में क्रांति की सूचक है (देखें– T. Barry, **Roots of Rebellion: Land and Hunger in Central America**, 1987) ।

receiving prisons (रि'सीव़इना 'प्रिजन्स) **अभिग्राही कारागार** : कैदियों के रहने के ऐसे स्थान, जहाँ उन्हें उनकी व्यावसायिक रुचियों के आधार पर रखा जाता है ।

recency effect ('रीसन्सि इ'फ़ेक्ट्) **अभिनवता प्रभाव** : ऐसा देखा गया है कि व्यक्ति, जिसे हाल-फिलहाल में सुना या देखा है और उसके बारे में सबसे अधिक ज्ञान रखता है और उसी ज्ञान के मद्देनजर दूसरी चीज़ों के बारे में समझ बनाता है ।

recidivism (रि'सिडविज़म्) **अपराध-व्यसन, व्यसनी अपराधिता** : अपचारी अथवा अपराधी व्यवहार की पुनरावृत्ति अथवा बार-बार दोहराये जाने की प्रवृत्ति, व्यसनी अपराधिता कहलाती है । यह प्रवृत्ति ज्यादातर कारावास का दण्ड भुगतने के बाद देखने में आती है । इसका कारण बहुधा यह होता है कि एक बार अपराध का कलंक लग जाने पर उस व्यक्ति को समाज में दुबारा स्वीकार नहीं किया जाता और तब उसे यह अनुभव होने लगता है कि अब उसके लिए समाज में अपनी जगह बनाने और सम्मानपूर्ण जीवन बिताने का कोई अवसर नहीं रह गया है । इस तरह निराश होकर वह अपराध की दुनिया में लौट जाता है ।

reciprocal modification (रि'सिप्रकल् मॉडिफि'केश्न्) **अन्योन्याश्रित आशोधन** : वह प्रक्रिया, जो दो जीवों अथवा पदार्थों के एक-दूसरे से टकराव के कारण होती है और जिससे दोनों पक्षों में दोतरफा संशोधन हो जाते हैं ।

reciprocal role (रि'सिप्रकल् रोल्) **पारस्परिक भूमिका** : ऐसी भूमिका, जो दूसरों के द्वारा अदा की गई भूमिका पर निर्भर करती है ।

reciprocity (रेसि'प्रॉसिटि) **पारस्परिकता** : सामाजिक सम्बन्धों के अन्तर्गत व्यक्तियों अथवा समूहों के बीच की परस्पर क्रिया एवं प्रतिक्रिया । यह वह अवस्था है, जो एक व्यक्ति के कार्य या गति से दूसरे व्यक्ति या व्यक्तियों में अनुकूलन

क्रिया व गति उत्पन्न होती है। समाजशास्त्रीय परिप्रेक्ष्य में, सामाजिक व्यवहारों में भाग लेने वाले व्यक्तियों के बीच होने वाली पारस्परिक क्रिया-प्रतिक्रिया को पारस्परिकता कहते हैं। यह आदान-प्रदान की एक ऐसी स्थिति है, जिसके अभाव में व्यक्ति सामाजिक अन्तर्क्रिया में रुचि खो देता है और दूर हट जाता है। बी. मैलनॉफस्की (Bronislaw K. Malinowski, 1884-1942, शुद्ध उच्चारण मात्र मैलनॉफस्की है) का विचार है कि सामाजिक सम्बन्धों का विकास, सम्बन्धियों के मध्य के अन्योन्याश्रित कर्त्तव्यों, दायित्वों अथवा विशेषाधिकारों के कारण होता है।

recreation (रेक्रि 'एशन्) **मनोरंजन** : एक ऐसे अवकाशकालीन अनुभव को मनोरंजन कहते हैं, जिसमें मनुष्य को एक प्रकार की क्रिया में भाग लेने से शारीरिक, मानसिक एवं आध्यात्मिक सन्तोष मिलता है।

recreation movement (रेक्रि 'एशन् 'मूवमन्ट्) **मनोविनोद आन्दोलन** : ऐसे सामूहिक प्रयत्न, जो समूह में अवकाश के समय उपयोग करने के लिए और आनन्ददायक क्रिया-कलापों को संगठित रूप में प्रस्तुत करने के लिए किये जाएँ। इन क्रियाओं के सुनिश्चित उद्देश्य और समान लक्ष्य होते हैं, जिनका विशेष उद्देश्य मनोरंजन होता है।

red flag (रेड् फ्लैग्) **लाल झण्डा** : बोल्शेविकवाद अथवा साम्यवादी क्रांति का प्रतीक-ध्वज। उसी को ध्यान में रखकर भारत में वामपंथी दल लाल झण्डा का प्रयोग करते हैं। धार्मिक झण्डा तो यहाँ पहले से ही लाल रहा है।

red tapeism (रेड् टैप् 'इज़म्) **लाल फीताशाही** : अत्यधिक नौकरशाही; स्थिति-विशेष की आवश्यकताओं पर बिना सोचे-विचारे प्रशासनिक प्रक्रिया के नियमों का मशीन की तरह पालन; कायदे-कानूनों और औपचारिकताओं का पूरी तरह पालन करने की आवश्यकता के बहाने निर्णय लेने का उत्तरदायित्व एक से दूसरे के ऊपर टालते रहना, अनावश्यक और लम्बे-लम्बे नोट लिखना और सरकारी प्रक्रिया में प्रशासन के तथा जनता की ज़रूरतों के मामलों में देरी करना। इस सन्दर्भ में 'लाल फीताशाही' अवधारणा के प्रयोग करने का कारण यह है कि पहले इंग्लैंड में कानूनी दस्तावेजों को बाँधने के लिए लाल फीतों का उपयोग किया जाता था। भारत सरकार में भी फाइलों को बाँधन के लिए प्राय: लाल फीतों का ही प्रयोग होता रहा है।

redemptive movement (रि 'डेम्पटिव़ 'मूवमन्ट्) **मुक्ति आन्दोलन** : देखें– **Movement, redemptive**।

redlining (रे 'डलाइन् 'इन्ग) **खतरनाक क्षेत्र** : ऐसी प्रक्रिया, जब बैंक या कर्ज देने वाली संस्था यह निर्णय लेती है कि कोई क्षेत्र अब पूँजीनिवेश करने लायक नहीं रह गया है।

reduction (रि 'डॅक्शन्) **आकृत्यंतरण, अपचयन** : तर्कशास्त्र में द्वितीय, तृतीय और चतुर्थ आकृतियों के किसी भी विश्वास को प्रथम आकृति के किसी विन्यास में बदलना (ऐरिस्टोटेलियन अर्थ) अथवा अधिक विस्तृत अर्थ में, किसी भी आकृति के किसी भी विन्यास को किसी भी अन्य आकृति के किसी विन्यास में बदल देना।

reductionism (रि 'डक्श निज़म्) **अपचयवाद, लघुकरण** : (1) दृश्यघटना-विज्ञान (**Phenomenology**) का एक पारिभाषिक शब्द, जिसके अनुसार हम जीवन की पूर्व-मान्यताओं, प्राक्-कल्पनाओं एवं पूर्वाग्रहों से मुक्त होकर किसी वस्तु के सारतत्त्व (Essence) पर ध्यान केन्द्रित करते हैं। हुसर्ल (Edmund Husserl, 1859-1938) के अनुसार, अपचय-क्रिया के तीन भेद हैं– (क) मनोवैज्ञानिक (Psychological) (ख) मूर्त-कल्पी (Ridetic) (ग) अनुभवातीत (**Transcendental**) (2) ए. जे. एयर, जॉन विज़्डम जैसे अन्य विश्लेषणवादियों के अनुसार, किसी भौतिक वस्तु से सम्बन्धित कथन की सार्थकता इस बात पर आधारित होती है कि उसे इन्द्रिय-प्रदत्तों से सम्बन्धित कथन में, किस सीमा तक घटित किया जा सकता है। (3) समाजशास्त्रीय परिप्रेक्ष्य में, समग्र से सम्बन्धित नियमों को समग्र की सबसे छोटी इकाई पर चरितार्थ करने को संकुचनवाद या लघुकरण कहते हैं, जैसे– यह मानना कि समाज अथवा समूह उन व्यक्तियों का मात्र एक योग है, जिनके द्वारा उसकी रचना हुई है।

reference group ('रेफ़रन्स् 'ग्रूप) **सन्दर्भ-समूह** : सन्दर्भ-समूह वे समूह हैं, जिनसे व्यक्ति अपने-आपको उनके एक अंग के रूप में जोड़ लेता है अथवा मनोवैज्ञानिक रूप से वह उनसे जुड़ने की इच्छा रखता है। रोज़मर्रे की भाषा में

सन्दर्भ समूह वे हैं, जिनके साथ व्यक्ति अपनी एकरूपता स्थापित करता है या एकरूपता स्थापित करने की इच्छा रखता है। कोई भी समूह एक व्यक्ति के लिए सन्दर्भ-समूह हो सकता है चाहे वह समूह, जिसका वह सदस्य है या जिसका वह सदस्य नहीं है; एक अन्त: क्रिया समूह, स्थिति समूह या एक समूह, जिसके सदस्य दूसरों पर अपने प्रभावों के बारे में जानते हैं या वैसे समूह भी, जिसके सदस्यों को इस बात की जानकारी नहीं है कि वह एक सांख्यिकी समूह या एक वास्तविक समूह या यहाँ तक कि एक काल्पनिक समूह है। दूसरे शब्दों में, किसी व्यक्ति का सन्दर्भ-समूह वे समस्त समूह हैं, जिनका वह अपने-आपको हिस्सा मानता है या जिनके साथ वह अपने को मानसिक रूप से जोड़ता है या जिन समूहों की सदस्यता की चाह उसमें होती है। किसी सन्दर्भ-समूह के साथ, रचनात्मक सम्बन्ध और नकारात्मक सम्बन्ध अथवा उसकी अस्वीकृति, दोनों प्रकार से अपना दृष्टिकोण बनाया जा सकता है। इसका प्रयोग सबसे पहले हर्बर्ट हाइमन (Herbert Hyman, **Archives of Psychology**) ने 1942 में किया था। इसका उपयोग उन्होंने स्कूल के बच्चों के एक अध्ययन के सन्दर्भ में किया था। इस अध्ययन में उन्होंने पाया कि निम्नवर्ग से आनेवाले बच्चों का व्यवहार उच्च वर्ग से आने वाले बच्चों से मिलता-जुलता था। निम्नवर्ग के बच्चे अपने समूह के अनुरूप व्यवहार नहीं करके, एक ऐसे समूह के अनुरूप व्यवहार कर रहे थे, जिसके वे स्वयं सदस्य नहीं थे। हाइमन के अनुसार, उच्च वर्ग वाले बच्चों का समूह निम्न-वर्ग के बच्चों के लिए सन्दर्भ-समूह का कार्य कर रहा था। इस तरह हाइमन के शब्दों में, उच्च वर्ग निम्न-वर्ग के बच्चों के लिए सन्दर्भ-समूह हुआ।

reference group, negative ('रेफ़रन्स् 'ग्रूप्, 'नेग्टिव्) **नकारात्मक सन्दर्भ-समूह** : एक ऐसा समूह, जिसके मानदण्डों, मान्यताओं तथा क्रियाओं को एक व्यक्ति अपने व्यवहार के लिए न केवल अस्वीकारता है, अपितु उनके प्रति विरोध भी प्रकट करता है, नकारात्मक सन्दर्भ-समूह कहलाता है। सकारात्मक सन्दर्भ-समूह की भाँति यह समूह भी व्यवहारों को प्रेरित करता है, किन्तु इसकी प्रेरणा समूह-मूल्यों के ठीक विपरीत दिशा में होती है। बहुधा वे व्यक्ति, जिनकी किसी विषय के सम्बन्ध में अनिश्चित धारणा होती है, वे नकारात्मक सन्दर्भ-समूह की 'अशुद्ध' धारणा से प्रेरित होकर अपनी धारणा का निर्माण करते हैं (देखें– Herbert H. Hyman and Eleanor Singer (eds.), **Readings in Reference Group Theory and Research**, 1968)।

reference power ('रेफ़रन्स् 'पाउअर्) **सन्दर्भ-शक्ति** : शक्ति कई प्रकार की होती है। शक्ति के स्रोतों के आधार पर अगर इसका वर्गीकरण किया जाये तो सन्दर्भ-शक्ति भी एक प्रकार की शक्ति होती है। इसका तात्पर्य यह होता है कि एक व्यक्ति दूसरे व्यक्ति को प्रभावित करने की क्षमता रखता है और यह हमेशा इस बात पर निर्भर करता है कि दूसरे व्यक्ति प्रभावित व्यक्ति को कितना जानते हैं। इस विषय पर डी. कार्टराइट (D. Cartwright) की पुस्तक **Studies in Social Power** (1959) में विस्तार से चर्चा की गई है।

referendum (रेफ़'रेन्डम्) **परिपृच्छा** : विधायी प्रस्तावों पर जनता का मत लेने की पद्धति। इस पद्धति के अनुसार, यह आवश्यक होता है कि विधानमण्डलों द्वारा पारित विधेयकों को अन्तिम रूप से तभी स्वीकृत समझा जाये, जबकि राज्य के निर्वाचकों द्वारा उनके पक्ष में मत प्राप्त हो जाये। परिपृच्छा दो प्रकार की होती है– ऐच्छिक और अनिवार्य। यह ऐच्छिक उस समय होती है, जब एक निश्चित संख्या में मतदाताओं की माँग पर मत लिया जाता है। यह अनिवार्य उस समय होती है, जब विधानमण्डल द्वारा स्वीकृत सभी विधियों को जनता के मत के लिए प्रस्तुत करना पड़ता है। स्विट्ज़रलैंड के कैटनों में ऐच्छिक परिपृच्छा का और कुछ में अनिवार्य परिपृच्छा का प्रयोग होता है।

reflex action ('रीफ्लेक्स् 'ऐक्शन्) **प्रतिवर्ती क्रिया** : किसी प्रेरक के प्रभावस्वरूप एक अपेक्षाकृत सरल, जन्मजात तथा स्वचालित होने वाली प्रतिक्रिया को प्रतिवर्ती क्रिया कहते हैं। आँखों पर कार की तेज रोशनी पड़ते ही आँखों का झपकना या किसी स्वादिष्ट वस्तु को देखकर मुँह में पानी आ जाना, प्रतिवर्ती क्रिया के उदाहरण हैं। इस प्रकार की स्वचालित प्रतिक्रियाएँ उपयुक्त उद्दीपनों द्वारा ज्ञानेन्द्रियों के उत्तेजित होते ही अति शीघ्र उत्पन्न हो जाती हैं। सम्भवत: मानव का व्यवहार लगभग उसकी शारीरिक रचना द्वारा निर्धारित होता है। इस प्रकार की प्रतिक्रिया में एकरूपता पाई जाती है, अर्थात् एक विशेष प्रकार की उत्तेजना से सदा एक विशेष प्रकार की ही प्रतिक्रिया प्रकट होती है।

reflexive modernization (रि'फ्लेक्स्इव् मॉडर्नाइ'ज़ेश्न्) **विचारशील या निजवाचक आधुनिकीकरण :** यू. बेक (Ulrich Beck) ने अपनी पुस्तक **Risk Society: Towards a New Modernity** (1992) में बताया है कि औद्योगिक समाज में उत्तरोत्तर विकास के कई नतीजे सामने आ रहे हैं, जैसे– औद्योगीकरण के परिणामस्वरूप व्यक्तिवादिता को बढ़ावा मिल रहा है। व्यक्ति परम्परागत समूहों और सम्बन्धों से कटता जा रहा है। पूरा समाज एक बाज़ार की तरह उभर रहा है और सभी लोग उसी बाजारू सम्बन्धों से जुड़े नजर आ रहे हैं।

reflexivity (रीफ्लेक्'सिविटि) **विचारशीलता : देखें– Other**।

reforestation (रीफॉरि'स्टेश्न्) **पुनर्वनरोपण :** ऐसे क्षेत्र में वनरोपण करना, जहाँ पहले कभी वन थे, लेकिन अब समाप्त हो गए हैं।

reformation (रेफ़'मेश्न्) **धर्मसुधार :** यूरोपीय पुनर्जागरण का प्रभाव धार्मिक जीवन में धर्मसुधार आन्दोलन के रूप में सामने आया। पुनर्जागरण से पहले यूरोप के कैथलिक चर्च का एकछत्र साम्राज्य था। सारा समाज धर्मकेन्द्रित, धर्मप्रेरित तथा धर्म नियन्त्रित था। धर्मसुधार आन्दोलन ने कैथलिक चर्च की बुराइयों को उजागर करते हुए एक नये सम्प्रदाय (प्रोटेस्टैन्ट सम्प्रदाय) को जन्म दिया और फिर कैथलिक चर्च ने आत्मनिरीक्षण के क्रम में धर्मसुधार आन्दोलन चलाया।

reformative movement (रि'फ़ॉर्मटिव़ 'मूव्मन्ट्) **सुधार आन्दोलन :** ऐसा सामाजिक आन्दोलन, जिसका उद्देश्य होता है कुछ व्यावहारिक परिवर्तनों द्वारा सामाजिक परिवर्तन लाने की चेष्टा।

reformatory (रि'फ़ॉर्मटरि) **सुधारालय :** एक प्रकार का दण्ड संस्थान, जिसमें अल्पवयस्क अपराधियों को रखा जाता है और जहाँ दण्ड अथवा दमन चक्र के स्थान पर उन्हें किसी उद्योग की शिक्षा दी जाती है तथा शारीरिक, नैतिक एवं मानसिक क्षमताओं को विकसित किया जाता है।

reformism (रि'फ़ॉर्म्इज़्म्) **सुधारवाद :** सामाजिक व्यवस्था में वैसे परिवर्तन, जो समाज के मूल्यों और मान्यताओं को पुनःस्थापित करने के लिए किये जाते हैं, जैसे– भारत में आर्यसमाज, ब्रह्मोसमाज, सत्यशोधक समाज और प्रार्थना समाज आदि के द्वारा किये गये सामाजिक उत्थान के प्रयास।

refugee (रेफ्यु'जी) **शरणार्थी :** शरणार्थी वह व्यक्ति होता है, जिसे अत्पीड़न अथवा उत्पीड़न के भय के कारण स्वदेश त्यागकर किसी अन्य देश में शरण-ग्रहण करनी पड़े। बीसवीं शताब्दी के पूर्व तक तो जन समुदायों का अत्याचारों से बचने के लिए एक देश से दूसरे देश में चला जाना अथवा नए देश की खोज करना कोई मुश्किल काम न था। लेकिन, बीसवीं शताब्दी में स्वदेश त्यागकर दूसरे देश में चला जाना बहुत मुश्किल हो गया है और उससे भी ज्यादा कठिन हो गया है नए देश में प्रवेश पाना। नाजी जर्मनी और सोवियत रूस में अनेक स्वतन्त्रचेता व्यक्तियों को अपना देश त्याग कर दूसरे देशों की शरण लेनी पड़ी और इस प्रक्रिया में उनकी स्थिति कभी-कभी 'राज्यविहीन व्यक्तियों' जैसी हो गई तथा उन्हें अनेक कठिनाइयों का सामना करना पड़ा। भारत को अगस्त 1947 में स्वतन्त्रता प्राप्ति के पश्चात् देश-विभाजन के फलस्वरूप पूर्वी और पश्चिमी पाकिस्तान से आए हुए लगभग 2 करोड़ शरणार्थियों की समस्या का सामना करना पड़ा।

regeneration (रिजेन'रेशॅन) **पुनर्जन्म :** समाज के पतन और विनाश के कुछ काल बाद नयी सामाजिक संस्थाओं, व्यवस्थाओं, मूल्यों और विश्वासों का उदय।

region ('रीजन्) **क्षेत्र :** लोगों ने क्षेत्र या प्रदेश शब्द की व्याख्या कई अर्थों में की है। क्षेत्र या प्रदेश का तात्पर्य उसकी प्रकृति से लिया जाता है। एक क्षेत्र में लक्षणों की समरूपता **(Homogeneity)** होती है और वह अपने लक्षणों के द्वारा दूसरे क्षेत्रों से भिन्न होता है। क्षेत्र अनिश्चित किन्तु एक समान फैलाव वाला भू-भाग होता है। इसे इस प्रकार परिभाषित किया जा सकता है– क्षेत्र एक ऐसा भाग होता है जिसकी विशिष्ट भौगोलिक सीमा होती है जो किसी प्रकार

के दूसरे भागों से भिन्न होती है तथा जो उतनी ही दूर तक फैला होता है जितनी दूर तक वह भिन्नता या विशिष्टता (Distinctiveness) व्याप्त होती है ।

regional planning ('रीजन्ल् प्लान् इन्ग) **क्षेत्रीय नियोजन :** क्षेत्र की संकल्पना पर आधारित सामाजिक नियोजन । इसमें स्थानीय प्रकार का नियोजन होता है, जो सामाजिक इकाई के रूप में सुविधा से पहचाना जाता है । इस प्रक्रिया में यह ध्यान रखा जाता है कि योजनाएँ वहाँ के स्वीकृत मानकों के अनुरूप हों, जिससे बृहत् समाज के साथ पृथक्करण और निःसंगता की स्थिति उत्पन्न हो जाये ।

regionalism ('रीजन् लिज़्म्) **प्रादेशिकता :** (1) भौगोलिक क्षेत्र को इकाई मानकर उसमें मानव, व्यवहार और उसके प्राकृतिक पर्यावरण के सम्बन्धों का अध्ययन और विश्लेषण करने की प्रवृत्ति अथवा इस पर अतिशय बल देने वाला दृष्टिकोण । समान भाषा या संस्कृति के आधार पर किसी दल का गठन करना या आन्दोलन चलाना और अन्य लोगों के प्रति घृणा का भाव रखना या उसका खुल्लम-खुला विरोध करना भी प्रादेशिकता है, जैसे– महाराष्ट्र में शिवसेना के द्वारा मुसलमानों या हिन्दी-भाषी लोगों को दबाने की चेष्टा ।

भारत में प्रादेशिकता सिर्फ राजनीतिक प्रभाव और शक्ति प्राप्त कर लेने अथवा प्रशासनिक और सरकारी संगठन बनाने का अधिकार पा लेने तक ही सीमित नहीं है, बल्कि यहाँ भौगोलिक स्थिति, ऐतिहासिक परम्परा, जातीय, धार्मिक, भाषायी और नस्ल सम्बन्धी कारणों तथा आर्थिक और वर्गीय हितों ने, न्यूनाधिक मात्रा में मिलकर राष्ट्रीयता की भावना के विरुद्ध प्रादेशिकता और अलगाव की भावना को तथा प्रादेशिक माँगों को जन्म दिया है । राजनीति की दृष्टि से प्रादेशिकता का मुख्य विरोध शक्तिशाली संघ से है । प्रादेशिकता के समर्थक व्यापक विकेन्द्रीकरण तथा पूर्णतः स्वशासन की माँग करते हैं । कभी कुछ उग्रवादी संघ से अलग हो जाने की इच्छा सँजोते हैं । प्रादेशिक भावना के बलवती होने के दुष्प्रभाव न केवल संघ और राज्यों के सम्बन्धों पर पड़ते हैं, अपितु राज्यों के आपसी सम्बन्ध भी बिगड़ते हैं, पड़ोसी राज्यों में भाषा, सीमा आदि प्रश्नों को लेकर विवाद उठ खड़े होते हैं तथा विभिन्न राज्यों की जनता के बीच खाई बढ़ने लगती है ।

(2) अन्तर्राष्ट्रीय क्षेत्र में वह आन्दोलन, जिसका लक्ष्य एक ऐसे अति राष्ट्रीय राजनीतिक संगठन का निर्माण करना है, जिसमें एक ही भाषा बोलने वाले अथवा एक ही क्षेत्र में स्थित राज्य हों, जैसे– दक्षिण एशिया के देशों के द्वारा SAARC का गठन ।

regionalization (रीजन्लाइ जेशन्) **क्षेत्रीकरण :** सामाजिक जीवन को भौगोलिक स्तर पर विभिन्न क्षेत्रों में विभाजित कर देखने की प्रक्रिया ।

regression; regression analysis (रि'ग्रेशन्; रि'गेशन् अ'नैलसिस्) **प्रतिगमन, परावर्तन विश्लेषण :** यह दो चरों के बीच के सम्बन्ध को स्पष्ट करनेवाली सांख्यिकी प्रविधि है । इसके अन्तर्गत स्वतन्त्र और आश्रित चरों के बीच एकरेखीय सम्बन्ध को दिखाया जाता है, जैसे–नारी शिक्षा में वृद्धि होने से प्रजननता-दर में गिरावट आती है (देखें– George W. Bohrnstedt and David Knoke, **Statistics for Social Data Analysis**, 1988) ।

regulate (रेग्यु'लेट्) **विनियमित करना :** कार्य जिससे व्यवस्था स्थापित होती है अथवा जिससे अपेक्षाओं के अनुसार सामंजस्य स्थापित होता है ।

rehabilitation (रीहबिलि'टेशन्) **पुनर्वास :** इस शब्द का प्रयोग मुख्यतः दो अर्थों में किया जाता है– (1) अपराधियों तथा अपचारी बालकों की अभिवृत्तियों और अभिप्रेरणाओं को पुनः निर्देशित एवं शिक्षित करने की वह प्रक्रिया अथवा प्रविधि, जिससे उनके व्यवहार विधिसम्मत और सामंजस्यपूर्ण हो सकें । (2) यह निर्विषयीकरण के बाद की अवस्था है । नशे की आदत पड़ जाने के बाद समाज में जिन अधिकारों और दायित्वों से व्यक्ति वंचित हो गया था, समाज के सक्रिय सदस्य के रूप में, उन्हें फिर से पाने के लिए सहायता देना ।

reification (रीइफि'केश्न्) **वस्तुकरण, पदार्थीकरण :** अ-वस्तु या अमूर्त को वस्तु बना देना; जो केवल मन या विचार में अस्तित्व रखता है, उसे एक वास्तविक वस्तु मान बैठना या मूर्त का आरोप कर देना ही पदार्थीकरण है । मार्क्सवाद के अनुसार, वह प्रक्रिया जिसके अन्तर्गत मानव-श्रम के उत्पाद स्वाधीन वस्तुओं का रूप धारण कर लेते हैं । ये वस्तुएँ न केवल स्वयं अपने नियमों से नियमित होती हैं, बल्कि ये मानव जीवन को भी प्रकृति के निर्विकार नियमों की तरह नियन्त्रित करने लगती हैं (देखें– Georg Lukacs, **History and Class Consciousness**, 1971; Adam Schaff, **Alienation as a Social Phenomenon**, 1980) : देखें– **Alienation** ।

reincarnation (रीइन्कार्'नेश्न्) **पुनर्जन्म :** विभिन्न धर्मों में, मुख्यत: हिन्दू धर्म में, यह विश्वास प्रचलित है कि आत्मा मृत्यु के पश्चात् पुन: देह धारण करती है, अर्थात् आत्मा अमर है और शरीर नश्वर । एक शरीर का अन्त हो जाने पर आत्मा पुन: जन्म लेती है ।

rejected companion (रि'जेक्टिड कम्'पैनिअन्) **अस्वीकृत साथी :** वह व्यक्ति, जिसे समूह की क्रियाओं में सहभागी के रूप में स्वीकृति नहीं मिलती ।

relation (रि'लेश्न्) **सम्बन्ध :** दो या दो से अधिक व्यक्तियों के बीच या दो विभिन्न समूहों अथवा एक व्यक्ति या समूह के बीच कोई रिश्ता या किसी प्रकार का आदान-प्रदान, जो सहचारी या असहचारी, प्रत्यक्ष या अप्रत्यक्ष, वास्तविक या काल्पनिक, निकटतम या दूरस्थ हो सकता है ।

relations of production (रि'लेश्न्स ऑव् प्र'डक्श्न्) **उत्पादन के सम्बन्ध :** जीवन की भौतिक दशाओं के उत्पादन के फलस्वरूप प्रत्यक्ष तथा अप्रत्यक्ष रूप से उभरने वाले सामाजिक सम्बन्ध । सामाजिक विज्ञान में इस विषय पर सर्वप्रथम चर्चा कार्ल मार्क्स (Karl Marx, **Capital**) ने की थी (देखें– B. Hinders and P. Hirst, **Pre-capitalist Modes of Production**, 1975) ।

relative autonomy ('रेलटिव् ऑ'टोनमि) **सापेक्ष स्वायत्तता :** पूँजीवादी समाज के बारे में मार्क्सवादी यह कहते हैं कि राज्य शासीवर्ग के द्वारा नियन्त्रित होता है । लेकिन, वर्तमान समय में मार्क्सवादियों (जैसे– N. Poulanatzas) ने यह कहना प्रारम्भ कर दिया है कि राज्य शासीवर्ग से सापेक्षिक रूप से स्वतन्त्र हो गया है, लेकिन अभी भी यह पूँजीवादी व्यवस्था के चंगुल से पूरी तरह स्वतन्त्र नहीं हो पाया है । राज्य पूँजीवादियों के स्वार्थों की कुछ ज्यादा ही हिफाजत करता है ।

relative chronology ('रेल्टिव् क्र'नॉलजि) **सापेक्ष कालानुक्रम :** पुरातत्त्वीय अवशेषों का एक-दूसरे के सापेक्ष काल-निर्धारण । इसके द्वारा किसी अवशेष की आयु निश्चित वर्षों में ज्ञात नहीं होती ।

relative deprivation ('रेल्टिव् डेप्रि'वेश्न्) **तुलनात्मक वंचन, सापेक्षिक वंचन :** कुछ विशिष्ट स्थितियों तथा अपेक्षाओं के सम्बन्ध में वंचित रहने की अवस्था अथवा अनुभव । सन्दर्भ-समूह के सम्बन्ध में रॉबर्ट के. मर्टन (Robert K. Merton, 1910-2003) की अवधारणा 'तुलनात्मक वंचन या अभाव की दशा' का बहुत ही प्रमुख योगदान है । उन्होंने एस. ए. स्टूफर (S. A. Stouffer, 1900-1960) के अध्ययन (**The American Soldier**) के आधार पर तुलनात्मक अभाव की अवधारणा पर विशेष प्रकाश डाला है । अध्ययन में यह पाया गया कि अमरीका में जो विवाहित सिपाही थे, वे अक्सर यह सोचते थे कि अविवाहित सिपाहियों की तुलना में उन्हें अधिक त्याग करना पड़ता है । उनका ऐसा सोचने का आधार यह था कि वे अपनी पत्नी एवं बच्चों से दूर रहकर देश-सेवा में लगे हुए थे । देश की सुरक्षा के लिए उन्हें कुछ ज्यादा ही अपने पारिवारिक जीवन से वंचित रहना पड़ता था, अर्थात् विवाहित सिपाहियों में एक तुलनात्मक अभाव की दशा की भावना कुछ अधिक ही दिखाई पड़ती थी (देखें– Robert K. Merton, **Social Theory and Social Structure**, 1975; W. G. Runciman, **Relative Deprivation and Social Justice**, 1966) ।

relative poverty ('रेल्टिव् 'पॉवर्टि) **सापेक्षिक निर्धनता :** इस अवधारणा के अनुसार, निर्धनता का आकलन निश्चित समय एवं स्थान के जीवन के स्तर के आधार पर किया जाता है।

relative term ('रेल्टिव् टर्म्) **सापेक्ष पद :** वह पद जिसके अर्थ में कोई सम्बन्ध निहित होता है अथवा जिसमें अनिवार्य रूप से किसी अन्य वस्तु की ओर संकेत रहता है, जैसे– पिता, पुत्र स्वामी इत्यादि। सापेक्ष पदों को स्वतन्त्र ढंग से समझा जा सकता है।

relativism ('रेलॅटि विज़म्) **सापेक्षवाद :** वे सारे सिद्धान्त सापेक्षिक माने जाते हैं, जिनमें तथ्यों का स्वतन्त्र आधार नहीं होता है। सापेक्षिक सिद्धान्त के अन्तर्गत तथ्यों से सिद्धान्त का विश्लेषण होता है, सिद्धान्त से तथ्यों का नहीं। समाजशास्त्र में एक ऐसी मान्यता है कि निरपेक्ष सत्य जैसी कोई चीज़ नहीं है, बल्कि सभी विश्वास, मूल्य और सिद्धान्त, समय और स्थान सापेक्ष होते हैं। अत: परम्पराओं, संस्कृतियों और जीवन-शैलियों का उस समाज और युग के सन्दर्भ में मूल्यांकन किया जाना चाहिए, जिसमें उनकी उत्पत्ति हुई है (देखें– Paul Feyerabend, **Science in Free Society**, 1978 and **Farewell to Reason**, 1987)।

relativism, cultural ('रेलॅटि विज़म्, 'कल्चरल्) **सांस्कृतिक सापेक्षवाद :** देखें– **Cultural relativity**।

reliability (रिलाइअ'बिल्इटि) **विश्वसनीयता :** तथ्य संकलन की किसी भी विधि अथवा पैमाने को तब विश्वसनीय कहा जाता है, जब समान दशाओं में वह एक ही परिणाम या माप प्रस्तुत करे। दूसरे शब्दों में, एक विधि अथवा पैमाना तभी विश्वसनीय होगा, जब एक ही नमूने पर बार-बार प्रयोग करने के उपरान्त भी प्रत्येक बार वह समान परिणाम प्रकट करे (देखें– Robert R. Bales, **Interaction Process Analysis: A Method for the Study of Small Groups**, 1950)।

religion (रि'लिजन्) **धर्म :** इस शब्द का प्रयोग मुख्यत: दो अर्थों में किया जाता है– (1) धर्म का सामान्य अर्थ ऐसी भावना और विश्वास है, जो मनुष्य और अलौकिक शक्ति को परस्पर बाँधता है। (2) किसी अज्ञात, अलौकिक और अतीन्द्रिय शक्ति के प्रति मानव के भय की प्रतिक्रिया धर्म है। धर्म के अन्तर्गत मानव-व्यवहार के वे सब रूप सम्मिलित हैं, जिनके द्वारा मनुष्य अपने नित्य-प्रति के जीवन की अनिश्चितताओं को कम करने एवं उन चरम संकटों के प्रतिकार का प्रयास करता है। सर्वप्रथम धर्म का सम्बन्ध मानव की आशाओं, आकांक्षाओं एवं भय की भावना से था (देखें– Émile Durkheim, **The Elementary Forms of Religious Life**, 1965; Bryan Wilson, **Religion in Sociological Perspective**, 1982)।

religion, invisible (रि'लिजन्, इन्'विज़िवल्) **अदृश्य धर्म :** इस अवधारणा का सम्बन्ध टी. लुकमान (Thomas Luckmann, **The Invisible Religion,** 1963) के विचारों से है। उनका कहना है कि आधुनिक नगरीय और उपभोक्तावादी समाज में व्यक्तिवादिता के चलते धर्म का स्वरूप अदृश्य होता जा रहा है। ऐसा लगता है कि धर्म लुप्त होता जा रहा है, लेकिन बात ऐसी नहीं है, बल्कि धर्म सामाजिक जीवन से कहीं ज्यादा निजी जीवन का हिस्सा बनता जा रहा है। उन्होंने कहा है कि मात्र मन्दिर, मस्जिद और गिरजाघर जाना ही धर्म नहीं है। आधुनिक समाज में धर्म के स्वरूप में परिवर्तन आया है। धर्म का स्वरूप सामुदायिक से व्यक्तिवादी होता जा रहा है (देखें– Bryan Wilson, **Religion in Sociological Perspective**, 1982)।

religion, private (रि'लिजन्, प्राइवेट) **निजी धर्म :** देखें– **Private religion**।

religion, sociology of (रि'लिजन्, सोसि'ऑलजि ऑव्) **धर्म का समाजशास्त्र :** देखें– **New religions; Sociology of religion**।

religiosity (रि लिजि'ऑसइटि) **धार्मिकता :** धार्मिकता एक ऐसी अवधारणा है, जिसे मनोवृत्ति स्केल या मापनी के द्वारा मापा जा सकता है। जी. लेन्सकी (Gerhard Lenski) ने इसके चार आयाम बताये हैं– रूढ़िवादिता और विश्वास, सत्संग (धार्मिक उपस्थिति, मन्दिर आना-जाना), भक्ति (जैसे प्रार्थना या जाप करना) तथा सामुदायिक भाव (धार्मिक

समूह की पृथकता की मात्रा) । लेन्सकी (**The Religious Factor,** 1961) ने यहूदियों, प्रोटेस्टैन्ट और कैथलिक सम्प्रदाय के लोगों के विश्वासों और आचार-व्यवहार का अध्ययन कर, इन धार्मिक समूहों के आर्थिक एवं राजनीतिक विषयों के प्रति भिन्न विचारों को उजागर किया है ।

religious innovation (रि'लिजस् इनो वे़श्न्) **धार्मिक नवाचार :** धार्मिक रीति-रिवाजों, संगठन या विश्वासों में किसी प्रकार का परिवर्तन धार्मिक नवाचार कहलाता है । संसार के मुख्य धर्म, जैसे- इस्लाम और ईसाई की आधारशिला रूढ़िवादी विश्वास, प्रथाओं और परम्परागत व्यवहार पर टिकी हुई है, जिन्हें पवित्र परम्परा का एक हिस्सा माना जाता है । रूढ़िवादिता से विचलन को धार्मिक नवाचार कहा जाता है ।

religious nationalism (रि'लिजस् 'नैश्न लिज़्म्) **धार्मिक राष्ट्रवाद :** राष्ट्रवाद प्रमुख रूप से धर्मनिरपेक्ष जागरूकता का नाम है । लेकिन, बहुत सारे ऐसे राष्ट्र हैं, जिनकी पहचान वहाँ के लोगों के धर्म से जुड़ी हुई है । यह भी कहा जाता है कि कुछ धर्म ऐसे भी हैं, जिनके तत्त्व राष्ट्रवाद में दिखायी पड़ते हैं । इज़रायली राष्ट्रवाद में यहूदी धर्म के तत्त्व दिखायी पड़ते हैं, तो अधिकांश मुस्लिम बहुल देशों में वहाँ के लोगों की धार्मिकता की भावना राष्ट्रवाद में दिखाई पड़ती है ।

religious revival (रि'लिजस् रि'व़ाइव़्ल्) **धार्मिक नवजागरण :** तीव्र धार्मिक उत्तेजना से अनुप्राणित जन आन्दोलनों को धार्मिक नवजागरण के नाम से जाना जाता है । ऐसे आन्दोलन अपने समूह में पुनः लगाव और प्रतिबद्धता के भाव को पैदा करने वाले होते हैं । धार्मिक नवजागरण एक सामान्य घटना है, जो अक्सर कहीं-न-कहीं घटती रहती है । कुछ ही समय पूर्व पंजाब में धार्मिक नवजागरण के परिणामस्वरूप देश में काफी खून-खराबा हुआ । इस्लामी मुल्कों में धर्म के नाम पर हमेशा राजसत्ता के खिलाफ जंग होती रहती है ।

religious sanction (रि'लिजस् 'सैन्क्श्न्) **धार्मिक अनुशास्ति :** ईश्वर और नरक इत्यादि का भय, जो मनुष्य को धर्म-विरोधी क्रिया-कलापों में प्रवृत्त होने से रोकता है तथा परमार्थोन्मुख आचरण को नीतिपरायण बनाता है ।

religious values (रि'लिजस् 'व़ैल्यूज) **धार्मिक मूल्य :** मनुष्य की गहन आध्यात्मिक आवश्यकताओं को सन्तुष्ट करने वाली अवधारणाएँ, जैसे- ईश्वर-प्रेम, भक्ति प्रपत्ति आदि ।

remunerative power (रि'म्यून रेटिव़् 'पाउअर्) **लाभकारी शक्ति :** अमीताई इत्सीऑनी (Amitai Etzioni, इस नाम का शुद्ध उच्चारण यही है) ने व्यवस्था संचालन के सन्दर्भ में तीन प्रकार की शक्तियों की चर्चा की है, जैसे- उत्पीड़क शक्ति (Coercive power), आदर्शक शक्ति (Normative power) एवं लाभकारी शक्ति (Remunerative power) । कभी-कभी किसी व्यवस्था में श्रमिकों का सहयोग प्राप्त करने के लिए नियम-कानूनों या दबाव का रास्ता न अपनाकर, बेहतर वेतन या पारितोषिक का रास्ता अपनाया जाता है । इसे ही लाभकारी शक्ति कहा जाता है ।

Renaissance (रि'नेस्न्स्) **पुनर्जागरण :** इसका शाब्दिक अर्थ है, पुनर्जन्म या पुनरुद्धार, अर्थात् जब कोई समाज किसी काल-विशेष में जागृत होता है और जीवन के सभी क्षेत्रों में महत्त्वपूर्ण उपलब्धियाँ प्राप्त करता है और फिर किसी कारणवश वह समाज अन्धकारमय हो जाता है । कई शताब्दियों के बाद पुनः परिस्थितियाँ समाज के अनुकूल होने लगती हैं और फिर चहुमुखी विकास की सम्भावनाएँ दृष्टिगोचर होने लगती हैं, विचारों में परिवर्तन होने लगते हैं, इसे ही पुनर्जागरण की संज्ञा दी जाती है । इस शब्द का प्रयोग यूरोप में 14वीं, 15वीं और 16वीं शताब्दियों में कला, साहित्य और ज्ञान के पुनर्जागरण या पुनरुत्थान के लिए किया जाता है । यूरोपीय पुनर्जागरण यूनान और रोम की उपलब्धियों से प्रेरित था । इटली से प्रस्फुटित होकर यह धीरे-धीरे लगभग सम्पूर्ण यूरोप और बाद में सम्पूर्ण विश्व में फैल गया ।

Renaissance, Indian (रि'नेस्न्स्, 'इन्ड्यिन) **भारतीय पुनर्जागरण :** 18वीं शताब्दी में यूरोप में एक नवीन बौद्धिक लहर चली, जिसके फलस्वरूप जागृति के एक नये युग का सूत्रपात हुआ । तर्कवाद और अन्वेषण की प्रवृत्ति ने यूरोपीय समाज को प्रगति प्रदान की । भारत का एक नवीन पाश्चात्य शिक्षाप्राप्त वर्ग भी तर्कवाद, विज्ञानवाद तथा मानवतावाद से प्रभावित हुए बिना नहीं रह सका । इन पाश्चात्य शिक्षित भारतीयों ने इस नवज्ञान से प्रभावित होकर सामाजिक एवं

धार्मिक सुधार के कार्य प्रारम्भ किये। भारत में तर्कवाद व नवचेतना के इस आधार पर परिवर्तन की जो प्रक्रिया आरम्भ हुई, उसे भारतीय पुनर्जागरण की संज्ञा दी गई। पुनर्जागरण की इस प्रक्रिया में पुरातन मान्यताओं एवं विश्वासों पर प्रहार किये गये तथा विभिन्न कुरीतियों का परित्याग कर नवज्ञान एवं मान्यताओं को अपनाने पर बल दिया गया। भारत में राजा राममोहन राय इस पुनर्जागरण के अगुआ माने जाते हैं। उन्होंने 1828 ई. में ब्रह्मोसमाज की स्थापना कर भारतीय जनता को जागरूक बनाने का प्रयास किया। इसके अलावा 1867 ई. में प्रार्थना समाज, 1875 ई. में आर्य समाज तथा कुछ अन्य संगठनों ने भारतीय धार्मिक एवं सामाजिक सुधार आन्दोलनों की प्रक्रिया प्रारम्भ की। राजा राममोहन राय ने अनेक पुस्तकें लिखी। आर्य समाज के संस्थापक स्वामी दयानन्द सरस्वती (1824 - 1883) ने नारा दिया 'वेदों की ओर लौटो'। स्वामी विवेकानन्द (1863-1902) ने तो शिकागो में वैदिक संस्कृति की महत्ता को पूरे विश्व में प्रचारित कर दिया।

rentier class (रॉनटि अर् क्लास्) **लगानजीवी वर्ग** : विलफ्रेडो पारेटो (Vilfredo F. D. Pareto, 1848-1923, हिन्दी में शुद्ध उच्चारण मात्र पारेटो है) ने बड़े भू-स्वामियों को लगानजीवी वर्ग कहा है : देखें– **Speculator class**।

renunciation (रि नॅन्सि'एशॅन) **त्याग, संन्यास** : उच्चतर आध्यात्मिक लक्ष्य (जैसे मोक्ष) की सिद्धि के लिए इच्छित सांसारिक वस्तुओं, महत्त्वाकांक्षाओं आदि के प्रति विरक्ति।

repetitive phenomena (रि'पेट्इटिव फ़ि'नॉमिनॉ) **पुनरावर्ती घटनाएँ** : वे घटनाएँ, जो अन्योन्याश्रित अन्त:क्रियाओं, सामाजिक सम्बन्धों एवं प्रक्रियाओं के द्वारा घटित होती हैं, जैसे– संघर्ष, प्रतिस्पर्द्धा, आत्मसात्करण आदि।

replacement level fertility (रि'प्लेस्मन्ट् 'लेवॅल् फ़र्'टिलटि) **प्रजनन प्रतिस्थापन स्तर** : किसी जनसंख्या के अन्तर्गत एक ऐसी वास्तविक स्थिति, जब महिलाएँ अपने सम्पूर्ण प्रजनन-काल में औसतन उतनी ही लड़कियों को जन्म देती हैं, जिससे आगे आने वाली जनसंख्या में उतनी ही माँ बनी रह जाती हैं। यह स्थिति तब उत्पन्न होती है, जब किसी जनसंख्या के अन्तर्गत शुद्ध प्रजननता-दर (**Net reproduction rate**) 1.0 या कुल प्रजननता-दर (**Total fertility rate**) 2.1 होता है। काफी समय पूर्व पाश्चात्य देश और कुछ एशियाई देश भी प्रजनन प्रतिस्थापन स्तर (**Below replacement level fertility**) से भी नीचे चला गया। भारत में इसका उदाहरण मात्र केरल राज्य है।

replication (रेप्लि'केशन्) **प्रत्युत्तर, प्रतिकृति** : अनुसन्धान के क्षेत्र में यह अक्सर कहा जाता है कि प्रतिकृति विज्ञान की सबसे बड़ी विशेषता यह है कि ठोस वैज्ञानिक अध्ययन वही है, जिसे दुहराया जा सके। कभी-कभी किसी वैज्ञानिक अनुसन्धान पर आधारित अनुसन्धान की फिर से जाँच करने की आवश्यकता होती है। यह तभी संभव है, जब उसे अनुसन्धान में दुहराये जाने की क्षमता हो। इस प्रतिकृति विधि को प्रतिचयन दोषों (**Sampling errors**) का पता लगाने के लिए भी प्रयोग में लाया जाता है।

representation (रेप्रिज़ेन्'टेशन्) **प्रतिनिधित्व, प्रतिनिधान** : भाषाविज्ञान, संकेतविज्ञान, मार्क्सवाद एवं नारीवाद के क्षेत्र में प्रतिनिधित्व एक प्रमुख अवधारणा है। इसका तात्पर्य यह होता है कि कैसे कोई चित्र, बिम्ब या विषय अपने मूल का नये सन्दर्भ या क्षेत्र में प्रतिनिधित्व करता है। चित्रकार जो किसी पेड़-विशेष को अपने चित्र के माध्यम से प्रस्तुत करता है, वह कभी भी मूल वृक्ष नहीं होता, पर वह मूल का ही प्रतिनिधित्व करता है। अत: प्रतिनिधित्व की प्रक्रिया सामाजिक प्रक्रियाओं को बनाये रखने में मदद करती है। नारीवादियों को इस सन्दर्भ में कहना है कि विभिन्न प्रकार के मीडिया के माध्यम से महिलाओं का इस प्रकार चित्र प्रस्तुत किया जाता है कि महिलाओं की स्थिति समाज में यथावत बनी रहती है। उसी प्रकार से काले लोगों के बारे में समाज में ऐसे स्वरूप को पेश किया जाता है कि काले लोगों के बारे में समाज में वही स्वरूप बना रहता है। प्रतिनिधित्व की प्रक्रिया से परिवर्तन की सम्भावना में कमी आती है। यह यथास्थिति को बनाए रखने में मदद करती है।

representative control (रेप्रि'जेनट्टिव् कन्'ट्रोल) **प्रतिनिधिक नियन्त्रण** : समूह में से ही चुने गये व्यक्तियों द्वारा समूह के सदस्यों का नियन्त्रण।

representative sample (रेप्रि'जेनट्टिव्'साम्पल्) **प्रतिनिधि प्रतिदर्श :** सही नमूना या नमूना वही है, जो समग्र का पूरी तरह प्रतिनिधित्व करता है। प्रतिनिधि प्रतिदर्श चुनने के कई वैज्ञानिक तरीके हैं, जैसे– यादृच्छिक प्रतिचयन (**Random sampling**), स्तरबद्ध नमूना-चयन (**Stratified sampling**), कोटा नमूना-चयन (**Quota sampling**) आदि।

representativeness (रेप्रि'ज़ेन्टॅटिव्नस्) **प्रतिनिधित्व :** वैज्ञानिक अनुसन्धान की सबसे बड़ी कोशिश यह होती है कि अध्ययन से सम्बन्धित सामान्यीकरण (**Generalization**) ऐसा होना चाहिए कि समग्र के गुणों या वास्तविक समाज के गुणधर्मों का ठीक से प्रतिनिधित्व कर सके। यह तभी संभव है, जब समग्र से चुने गये नमूने समग्र का पूरी तरह से प्रतिनिधित्व करते हों।

repressed drive theory (रि'प्रेस्ड ड्राइव्'थिअरि) **दमित वासनाओं का सिद्धान्त :** सिगमण्ड फ्रॉयड (Sigmund Freud, 1856-1939) ने कहा है कि लोग आम-जीवन में अपनी बहुत-सी इच्छाओं एवं वासनाओं का दमन करते हैं जो उनके अन्दर जमा हो जाती हैं। जब भी उन्हें कोई ऐसा अवसर मिलता है, जिसमें वे कुछ भी करने को स्वतन्त्र हों, तो ऐसी दमित वासनाएँ अभिव्यक्त होने लगती है। भीड़ एक ऐसा ही अवसर है, जब कुछ व्यक्ति गलत कार्य करने को प्रेरित हो जाते हैं।

repression (रि'प्रेशन्) **दमन :** इस शब्द का प्रयोग मुख्यत: दो अर्थों में किया जाता है– (1) प्रबल समूह या समूहों के द्वारा किसी दुर्बल समूह की क्रिया की स्वतन्त्रता को सीमित करना। (2) फ्रॉयड के मनोविश्लेषण की एक अवधारणा, जिसके अनुसार चेतन मनस् के विचार या इच्छाएँ अचेतन मनस् के स्तर पर दबा दी जाती हैं : देखें– **Repressed drive theory**।

repressive desublimation (रि'प्रेसिव डि सॅब्लि'मेशन्) **दमनकारी अनुदात्तीकरण :** समाज में कोई नई समस्या उत्पन्न न हो, इसके लिए कभी-कभी समाज प्रत्यक्ष रूप से व्यक्तियों को उसकी अपनी दमित भावनाओं और इच्छाओं की सन्तुष्टि के लिए समर्थन देता है। यह आधुनिक समाज में एक प्रकार के सुरक्षा-कपाट के रूप में काम करता है।

repressive law (रि'प्रेसिव लॉ) **दण्डात्मक कानून :** इसका प्रयोग एमिल डर्कहाइम (Émile Durkheim, 1858-1917) ने यान्त्रिक एकता को समझाने में किया है। इसका उद्देश्य सामूहिक चेतना अथवा सामूहिक इच्छा के विरुद्ध कार्यों को रोकना है।

repressive state apparatus (रि'प्रेसिव स्टेट् ॲप'रेटॅस) **दमनकारी राज्य-उपकरण :** कुछ राज्य ऐसे होते हैं, जिसके अन्तर्गत विचारों के माध्यम से पूँजीपति वर्ग समस्त समाज पर नियन्त्रण बनाये रखने में सफल होते हैं। इसे वैचारिक राज्य-उपकरण (**Ideological state apparatus**) के नाम से जाना जाता है। दूसरी तरफ कुछ राज्य ऐसे भी होते हैं, जहाँ प्रभावी वर्ग (**Dominant class**) उत्पीड़न के माध्यम से समाज पर नियन्त्रण बनाये रखते हैं, उदाहरणस्वरूप– तानाशाही राज्य, परम्परागत राजतन्त्र या सैनिकों द्वारा शासित राज्य।

reprieve (रि'प्रीव्) **दण्ड-स्थगन :** सामान्यत: राज्य के प्रशासक द्वारा दिया गया आदेश, जिसके जरिए अस्थायी रूप से किसी व्यक्ति की कैद को उसके अपराध के सन्दर्भ में उचित अन्वेषण करने के उद्देश्य से कुछ समय के लिए टाल दिया जाता है।

reproduction rate (रीप्र'डक्शन् रेट्) **प्रजननता-दर :** जनांकिकी में दर का तात्पर्य परिवर्तन घटक है। प्रजननता-दर जनसंख्या में वृद्धि का एक घटक मानी जाती है। प्रजननता-दर के कारण जनसंख्या में होने वाला परिवर्तन, जन्मसंख्या और मृत्युसंख्या को मध्य वर्ष की जनसंख्या से भाग करके निकाला जाता है। शुद्ध प्रजननता-दर (**Net reproduction rate**) वर्तमान प्रजननता-दर व मृत्यु-दर की अनुसूचियों के आधार पर जनसंख्या की दीर्घावधि वृद्धि को दर्शाती है। यदि यह अनुपात एक होता है, तो जनसंख्या केवल अपनी वर्तमान संख्या पर स्थिर मानी जाती है, किन्तु यदि यह अनुपात एक से अधिक होता है तो उसे वर्धमान माना जाता है और यह अनुपात एक से कम होता है, तो उसे ह्रामान माना जाता है।

reproductive mobility (रीप्र'डक्टिव़ मो'बिलटि) **प्रजननता-मूलक गतिशीलता :** ऐसी सामाजिक गतिशीलता, जो उच्च वर्ग के लोगों में प्रजनन की कमी के परिणामस्वरूप उत्पन्न होती है । प्रजनन की कमी के परिणामस्वरूप मध्यवर्ग के लोगों का ऊपर की श्रेणी में जाना आसान हो जाता है ।

reproductive technology (रीप्र'डक्टिव़ टेक्'नॉलजि) **पुनरुत्पादक प्रौद्योगिकी :** नारीवादियों या नारी-अधिकारवादियों ने जनसंख्या नियन्त्रण में प्रयुक्त विभिन्न प्रकार की प्रविधियों को ही प्रजनन प्रौद्योगिकी कहकर पुकारा है ।

reproductive wastage (रीप्र'डक्टिव़ 'वेस्टिज्) **प्रजनन-क्षय :** प्रति 1000 प्रजनन के पीछे मृत-प्रसव या प्रति 1000 गर्भवती स्त्रियों में गर्भपात कराने वाली स्त्रियों की संख्या से है । इन दोनों का परिमाप प्रजनन-क्षय की दर को दर्शाता है । मृत-प्रसवों और गर्भपातों (चाहे ये प्राकृतिक हों या डाक्टरी या अन्य किसी ढंग से) की संख्या को प्रजनन-क्षय माना जाता है । परिवार नियोजन कार्यकर्ता इन सूचकांकों का प्रयोग प्राय: अपने मॉडलों में करते हैं ।

research (रि'सर्च्) **अनुसन्धान :** तथ्यों तथा सिद्धान्तों या किसी भी घटना को ज्ञात करने हेतु सावधानीपूर्वक एवं विवेचनात्मक खोज या निष्ठापूर्वक किये गये अन्वेषण को अनुसन्धान (शोध) कहते हैं ।

research, action (रि'सर्च्, 'ऐक्शन्) **क्रियानिष्ठ अनुसन्धान :** देखें– **Action research** ।

research, applied (रि'सर्च्, अ'प्लाइड) **व्यावहारिक अनुसन्धान :** व्यावहारिक अनुसन्धान का सम्बन्ध उन अध्ययनों से है, जिनके निष्कर्षों का उपयोग तात्कालिक सामाजिक समस्याओं के समाधान के लिए किया जाता है । व्यावहारिक अनुसन्धान की समस्याएँ पूर्णत: सामाजिक भी हो सकती हैं, जैसे– गरीबी, ग्रामीण विकास, अन्तर-जातीय तनाव आदि ।

research, area (रि'सर्च्,'अरिआ) **क्षेत्रीय अनुसन्धान :** विशिष्ट भौगोलिक, सामाजिक एवं सांस्कृतिक क्षेत्र में किया जानेवाला अनुसन्धान, जिसका लक्ष्य एक इकाई के रूप में उस क्षेत्र की वैज्ञानिक व्याख्या करना होता है । इस प्रकार के अध्ययन अन्त:शास्त्रीय भी हो सकते हैं ।

research, evaluative (रि'सर्च्, इ'वैल्यएटिव) **मूल्यांकनात्मक शोध :** किसी विशिष्ट समूह के जीवन में सुधार हेतु बनाये गए कार्यक्रमों अथवा नीतियों की सफलता एवं प्रभावकता को आँकने के उद्देश्य से की गई गवेषणा मूल्यांकनात्मक शोध कहलाती है । यह क्रियान्मुखी शोध का ही एक विशिष्ट रूप है, जो किसी कार्यक्रम के अपेक्षित अथवा अनपेक्षित परिणामों को मालूम करने के लिए किया जाता है ।

research, experimental (रि'सर्च्, इक् स्पेरि'मेन्टल्) **प्रयोगात्मक शोध :** शोध का वह रूप, जिसमें शोधकर्ता एक अथवा अधिक स्वतन्त्र परिवर्त्यों (चरों) को परिचालित अथवा नियन्त्रित कर आश्रित परिवर्त्य पर उनके प्रभावों की जाँच करता है, प्रयोगात्मक शोध कहलाता है ।

research, interdisciplinary (रि'सर्च्, इन्टर्'डिस्'इप्लिनरि) **अन्तर्विज्ञानीय शोध :** देखें– **Interdisciplinary research** ।

research, pure; fundamental or basic research (रि'सर्च्, प्युअर्; फ़न्ड'मेन्ट्ल् ऑर् 'बेसिक् रि'सर्च्) **विशुद्ध अनुसन्धान; मौलिक या बुनियादी अनुसन्धान :** जिस अनुसन्धान का उद्देश्य सामाजिक जीवन के विभिन्न पक्षों के सम्बन्ध में मौलिक नियमों की खोज एवं सिद्धान्तों का प्रतिपादन हो, उसे मौलिक या सैद्धान्तिक अनुसन्धान कहा जाता है । इस प्रकार के अनुसन्धान में नवीन सिद्धान्तों की खोज एवं पूर्वस्थापित सिद्धान्तों का सत्यापन किया जाता है ।

research, social (रि'सर्च्, 'सोशल्) **सामाजिक अनुसन्धान :** जब कोई भी अनुसन्धान सामाजिक जीवन, सामाजिक घटनाओं अथवा सामाजिक जटिलताओं से सम्बन्धित होता है, उसे सामाजिक अनुसन्धान कहते हैं । सामाजिक घटनाओं एवं समस्याओं के सम्बन्ध में नवीन ज्ञान प्राप्त करने के लिए की गयी व्यवस्थित छानबीन या खोज को ही सामाजिक अनुसन्धान कहते हैं । सामाजिक अनुसन्धान की प्रकृति वैज्ञानिक है । इसमें निरीक्षण, परीक्षण, तथ्यों के संकलन,

वर्गीकरण तथा सामान्यीकरण हेतु जिस व्यवस्थित विधि को अपनाया जाता है, उसे वैज्ञानिक पद्धति कहते हैं। यहाँ ज्ञान-प्राप्ति हेतु वैज्ञानिक पद्धति का प्रयोग किया जाता है। इसमें वस्तुनिष्ठता, सत्यापनशीलता, तटस्थता, व्यवस्थितता तथा भविष्योक्ति पर जोर दिया जाता है।

research design (रि'सर्च् डि'ज़ाइन्) **अनुसन्धान अभिकल्प :** घटनाओं के अभिकल्प तथा तथ्यों के एकत्रीकरण, विश्लेषण और मूल्यांकन के लिए योजनाएँ। इसके अन्तर्गत नियन्त्रित प्रयोग और क्षेत्र-अध्ययन आते हैं। अनुसन्धान प्रतिरूप अनुसन्धान की एक योजना, संरचना तथा नीति है, जिसका उपयोग अनुसन्धान से सम्बद्ध प्रश्नों के उत्तर प्राप्त करने एवं विवाद पर नियन्त्रण रखने के लिए किया जाता है।

research ethics (रि'सर्च् 'एथिक्स्) **शोध-नैतिकता :** सामान्य नैतिक नियमों और व्यावसायिक संहिता को ध्यान में रखकर शोध करना शोध-नैतिकता है। एक लम्बे समय से समाजशास्त्र और अन्य सामाजिक विज्ञानों में शोध-नैतिकता का विषय बहस का प्रमुख मुद्दा रहा है। प्रत्येक अनुसन्धान में इस बात की अपेक्षा की जाती है कि अनुसन्धानकर्ता अपने वैयक्तिक मूल्यों एवं आदर्शों को दरकिनार कर वस्तुपरक ढंग से आँकड़ों का संकलन एवं विश्लेषण करे। किसी भी अनुसन्धानकर्ता को बेज़रूरत किसी की निजी ज़िन्दगी में ताक-झाँक करने की आवश्यकता नहीं है (देखें– Gideon Sjoberg (ed.), **Ethics, Politics and Social Research**, 1967)।

research methods (रि'सर्च् मे'थॅडस्) **अनुसन्धान प्रणाली** : देखें– **Methodology**।

reservation policy (रेज़र्'वेशन् 'पॉलसि) **आरक्षण नीति :** इसका अभिप्राय राज्य द्वारा स्वीकृत एवं उल्लिखित उन प्रावधानों से है, जिसके अन्तर्गत निर्बल वर्ग को विभिन्न सरकारी प्रतिष्ठानों में आरक्षण प्रदान किया गया है। सामाजिक और शैक्षणिक रूप से पिछड़े लोगों को संविधान द्वारा प्रदान की गई सुविधाएँ एवं गारन्टी। आरक्षण को शिक्षण संस्थाओं में प्रवेश देने हेतु, छात्रावासों में प्रवेश हेतु, शुल्क में कटौती, सरकारी नौकरियों में भर्ती तथा लोकसभा एवं प्रान्तीय विधान सभाओं में आरक्षण हेतु इस्तेमाल किया जा सकता है। इस आरक्षण का सरकारी क्षेत्रों के अतिरिक्त अन्य क्षेत्रों में भी विस्तार किया गया है। ऐसी नीति को 'संरक्षणात्मक असमानता' की संज्ञा दी जाती है : देखें– **Affirmative action**।

reserve army of labour (रि'ज़र्व् 'आर्मि ऑव् 'लेबर्) **रिज़र्व श्रमिक-सेना** : देखें– **Industrial reserve army**।

residence (rules of) ('रेज़िडन्स्) **आवास** या **निवास** (के नियम) : वे सामाजिक नियम, जिनके अनुसार नवदम्पती अपना आवास स्थापित करते हैं, जैसे– पति स्थानिक, पत्नी स्थानिक, मातुल स्थानिक तथा नवस्थानिक। आवास करने की यही विधियाँ पूरे विश्व में प्रचलित है।

residence, ambilocal ('रेज़िडन्स्, ऐम्बि'लोकल्) **उभयस्थानिक आवास :** एक प्रथा, जिसके अनुसार नवविवाहित दम्पती को आवास के चयन की पूर्ण स्वतन्त्रता होती है। वे पति या पत्नी, किसी के भी माता-पिता के साथ अथवा उनके घर के पास रह सकते हैं।

residence, matrilocal ('रेज़िडन्स्, मेट्रि'लोकल्) **मातृस्थानीय आवास :** विवाहित युगल पत्नी के माता-पिता के घर, पड़ोस या समूह या झुण्ड में ही रहते हों, वह स्थान मातृस्थानीय आवास कहलाता है।

residence, neolocal ('रेज़िडन्स्, निओ'लोकल्) **नवस्थानीय आवास :** ऐसी व्यवस्था तब होती है, जब युगल दम्पती विवाहोपरान्त अपना अलग घर बनाकर या किराये पर लेकर अपने सम्बन्धियों से दूर रहने लगते हैं। आजकल इसी प्रकार की पारिवारिक व्यवस्था को प्राय: पसन्द किया जाता है; क्योंकि यह आधुनिक सामाजिक परिस्थितियों के बिल्कुल अनुकूल है।

residence, patrilocal ('रेज़िडन्स्, पेट्रि'लोकल) **पितृस्थानीय आवास :** विवाहित युगल पति के माता-पिता के घर, पड़ोस या समूह या झुण्ड में ही रहते हों, वह स्थान पितृस्थानीय आवास कहलाता है।

residual-rule-breaking (रि'जिड्यूअल रूल ब्रेक्'इन्ग) **अवशिष्ट-नियम उल्लघंन :** वैसे मानदण्डों का उल्लंघन, जो रोज़मर्रे के जीवन में सामाजिक अन्तःक्रिया को प्रभावित करता है ।

residue ('रेजि ड्यू) **प्रेरक :** वी. पारेटो (V. Pareto, 1848-1923) द्वारा प्रतिपादित इस शब्द का सम्बन्ध उस गुप्त भावना से है, जो व्यक्ति के गैर-तार्किक या गैर-बौद्धिक कार्य को प्रेरित करती है । सामाजिक व्यवस्था के किसी स्थिर पक्ष की व्याख्या के लिए निर्धारित अवधारणा, जैसे– बीमारी के उपचार के लिए कई पद्धतियाँ हैं । इसमें एक ही बात सतत है– वह है बीमारी का उपचार करने का प्रयास । इस स्थिर तत्त्व को अवशेष कहते हैं : देखें– **Derivations** ।

residue and derivations ('रेजि ड्यू ऐन्ड् डेरि'वेशन्स्) **प्रेरक एवं भ्रान्त तर्क :** देखें– **Elite** ।

resource mobilization theory (रि'सॉर्स मोबिलाइ'ज़ेशन् 'थिअरि) **संसाधन लामबन्दी-सिद्धान्त :** सामाजिक आन्दोलन के अध्ययन के सन्दर्भ में समाज-वैज्ञानिकों का कहना है कि किसी आन्दोलन की सफलता जिन बातों पर निर्भर करती है, वे हैं– समय, पैसा, संगठन क्षमता तथा इन सभी चीज़ों के समन्वित ढंग से प्रयोग करने की क्षमता । यह सिद्धान्त आन्दोलन की सफलता में बाह्य तथ्यों पर जोर देता है, जबकि आन्दोलन के क्लासिकी सिद्धान्त में आन्तरिक तत्त्वों पर जोर दिया गया है (देखें– John D. McCarthy and Mayer N. Zald, **The Trend of Social Movements in America: Professionalization and Resource Mobilization**, 1973) ।

respondent (रि'स्पॉन्डन्ट्) **उत्तरदाता :** ऐसा व्यक्ति, जो किसी सर्वेक्षण या आँकड़े एकत्रित करने के प्रयोजन से लिखित या मौखिक रूप से पूछे गये प्रश्नों का उत्तर देता है या कोई प्रश्नावली भर कर देता है ।

response rate (रि'स्पॉन्स् रेट्) **प्रत्युत्तर-दर :** सर्वेक्षण के अन्तर्गत उच्च प्रत्युत्तर-दर की बहुत महत्ता है । उत्तरदाता जितना अधिक सहयोग देंगे, सामान्यीकरण उतना ही ठोस होगा । ऐसा माना जाता है कि 75 प्रतिशत से अधिक प्रत्युत्तर अच्छा होता है । 50 से 75 प्रतिशत प्रत्युत्तर पर आधारित अनुसन्धान संशय के घेरे में होता है और 50 प्रतिशत से कम प्रत्युत्तर वैज्ञानिक अनुसन्धान के लिए अनुपयुक्त माना जाता है (देखें– Royce A. Singleton, Bruce C. Straits and Margaret M. Straits, **Approaches to Social Research**, 1993) ।

restitutive law ('रेस्टि ट्यूटिव लॉ) **क्षति-पूरक कानून :** इस कानून को एमिल डर्कहाइम ने आधुनिक समाज की संरचनात्मक विशेषता को समझाने के लिए प्रयुक्त किया है । इसके द्वारा जिसे हानि हुई है, उसकी क्षति-पूर्ति का अवसर दिया जाता है ।

retainer (रि'टेन्अर्) **आश्रित :** इस शब्द का प्रयोग उस व्यक्ति या व्यक्ति समूहों के लिए किया जाता है, जो या तो किसी बड़ी घर-गृहस्थी से जुड़े हैं अथवा उसमें वंशानुगत रूप से कार्य करते हैं । नायर जातियों के सन्दर्भ में आश्रित शब्द का अर्थ उन नायरों से है, जो नायर प्रमुखों से जुड़े थे और उन पर अपने अस्तित्व के लिए आश्रित थे ।

retirement centre (रि'टाइअमन्ट् 'सेन्टर्) **एकान्तवास केन्द्र :** ऐसे नगरों को अवकाश-प्राप्त केन्द्र कहा जाता है, जहाँ सेवानिवृत्त व्यक्ति अपने जीवन के अन्तिम क्षणों में रहना पसन्द करते हैं । वहाँ उन्हें जीवन में कुछ शान्ति और आराम महसूस होता है । वैसे नगरों में अवकाश गृह की भी बहुलता होती है, जहाँ विभिन्न प्रदेशों से आकर छुट्टियों में या गर्मी के दिनों में लोग निवास करना पसन्द करते हैं ।

retreatism (रि'ट्रीटीज़्म्) **पश्चगमनवाद :** सांस्कृतिक रूप से अनुमोदित उद्देश्यों तथा वैध साधनों का बहिष्कार । पारिवारिक जीवन को त्याग कर साधु-फकीर का जीवन व्यतीत करना, पश्चगमनवाद है : देखें– **Aberrant deviance** ।

retribution (रेट्रि'ब्यूशन्) **प्रतिफल, प्रतिकार :** समाज के किसी सदस्य को किसी व्यक्ति या समाज के विरुद्ध कार्य करने पर दी जाने वाली सजा । यह मूलतः इस मान्यता पर आधारित होता है कि अपराधी को अपराध की प्रकृति के अनुसार दण्ड दिया जाये, जिसके भय के कारण दूसरे व्यक्ति अपराध न कर सकें तथा समाज का सन्तुलन बना रहे ।

retributive theory of punishment (रि'ट्रिब्यूटिव 'थिअरि ऑव़् 'पनिश्मन्ट्) **प्रतिफलात्मक दण्ड-सिद्धान्त, प्रतिकारी दण्ड-सिद्धान्त :** विशेष अपराधों के लिए दी जाने वाली सजा, जिसमें व्यक्ति को उसके अपराध के अनुरूप दण्डित किया जाता है, जैसे– चोरी करने वाले के हाथ काट कर या झूठी गवाही देने वाले की जबान काट कर दण्ड दिया जाता है। यह इस मान्यता पर आधारित होता है कि दण्ड की विभीषिका देख कर दूसरे व्यक्ति अपराध न करें। यह बदले की भावना अर्थात् 'जैसा को तैसा' के आदर्श पर आधारित सिद्धान्त है, जो इस मान्यता पर बल देता है कि अपराधी को दण्ड देना राज्य का नैतिक कर्त्तव्य है। कानून पीड़ित व्यक्ति को अपराधी से बदला लेने की अनुमति नहीं देता, किन्तु राज्य के रूप में संगठित समाज स्वयं अपराधी के प्रतिकार का दायित्व अपने ऊपर ले लेता है। समाज आपराधिक क्रिया के प्रति अपना तिरस्कार व विरोध व्यक्त करने के लिए अपराधी को दण्ड देता है।

retrograde amnesia ('रेट्र ग्रेड् ऐम'नीज़िआ) **पश्चगमन स्मृति-लोप :** किसी दुर्घटना, बीमारी या चोट के पहले याददाश्त खो जाने की समस्या का अन्तराल छोटा या बड़ा कुछ भी हो सकता है।

reverse discrimination (रि'व़र्स डि स्क्रिमि'नेश्न्) **प्रतिकूल भेदभाव :** समानता के सिद्धान्त से जुड़ा हुआ विवाद, जो संयुक्त राज्य अमरीका में विशेष रूप से उठाया गया है। इसका मुख्य मुद्दा यह है कि जब किन्हीं वंचित समूहों को लाभ पहुँचाने के लिए 'सकारात्मक कार्रवाई' की जाती है अर्थात् जब नौकरियों या उच्च शिक्षा के अवसरों के आवंटन में किसी विशेष को तरजीह दी जाती है, तो इसका परिणाम अन्य समूहों के प्रति 'भेदभाव' के रूप में सामने आ सकता है। इससे बहुसंख्यक वर्गों को अपने सामान्य या युक्तिसंगत एवं न्यायसंगत हिस्से से भी वंचित होना पड़ जाता है। अत: यह तर्क दिया जाता है कि यदि समानता का अर्थ 'भेदभाव का निराकरण' है, तो समानता के नाम पर पुराने भेदभाव को विपरीत दिशा में मोड़ देने का कोई औचित्य नहीं है।

अतीत में जाति और लिंग के आधार पर जिन समूहों के साथ भेदभाव बरता गया है, क्या उनकी क्षतिपूर्ति के लिए अब उसी तर्कशून्य आधार पर अन्य समूहों के साथ भेदभाव बरतना उचित होगा? वास्तव में, 'विपरीत भेदभाव' का मुद्दा उन लोगों की ओर से शिकायत के रूप में उठाया जाता है, जिन्हें आज की परिस्थितियों में 'अवसर की समानता' (Equality of opportunity). से वंचित किया जा रहा है : देखें– **Affirmative action**।

reverse flow (migration) (रि'व़र्स फ्लो) **प्रतिलोम प्रवाह (प्रवसन) :** प्रत्येक प्रवसन-प्रवाह (**Migration-flow**) का कोई-न-कोई विपरीत अथवा उलटा या प्रतिवर्ती प्रवाह होता है। प्रवसन का यह एक महत्त्वपूर्ण सिद्धान्त है कि एक स्थान से दूसरे स्थान पर जाने वाले लोगों का प्रवाह केवल एक ही दिशा में नहीं होता। विपरीत दिशा में जाने वाले लोगों में ऐसे व्यक्ति हो सकते हैं, जो नये स्थान पर जाकर न खप सके हों या अपने-आपको वहाँ पर ठीक से स्थिर न कर सके हों। ऐसे लोग नये क्षेत्र से अपने पुराने क्षेत्र को, अर्जित पूँजी और नये शिल्पों के साथ वापस आते हैं। इस प्रकार के प्रवाह के कई कारण हो सकते हैं– भौगोलिक, राजनीतिक, सामाजिक, सांस्कृतिक या आर्थिक।

reverse survival ratio method (रि'व़र्स सर्'वाइव़ल् 'रेशिओ मे'थॅड) **प्रतिलोम उत्तरजीविता अनुपात-विधि :** ऐसी विधि, जिसके द्वारा यह मालूम किया जाता है कि 0-4 और 5-9 वर्ष की आयु के बीच के बच्चों की संख्या 5 वर्ष तक की आयु वाले अथवा दो जनगणना बीच के 5-10 वर्ष की आयु वर्ग में दिखाये गये बच्चों की संख्या का कौन-सा विशिष्ट अनुपात है। ऐसे बच्चों की उत्तरजीविता का अनुपात निकालने के लिए उपयुक्त आयु सारणियों और मॉडल आयु सारणियों की सहायता ली जाती है। जनगणना की दो अवधियों के बीच प्रतिवर्ष पैदा होने वाले बच्चों को इस अवधि के बीच आकलित जनसंख्या के औसत से भाग देकर और 1000 से गुणा करके इस विधि की सहायता से कुल जन्म-दर निकाली जाती है : देखें– **Survival ratio method**।

revisionism (रि'व़िज़्निज़म्) **संशोधनवाद :** समाजवाद की वह धारा, जो मार्क्सवाद की कुछ मान्यताओं और कार्य-प्रणाली में संशोधन करके उससे भिन्न कार्यक्रम का सुझाव देती है। इसके प्रमुख प्रवर्त्तक एडवर्ड बर्नस्टाइन (E.

Bernstein, 1850-1932) और कार्ल कॉट्स्की (Karl Kautsky, 1854-1938) थे। उन्होंने बीसवीं शताब्दी के आरम्भ में इस तरह के तर्क दिए कि मज़दूर वर्ग की हालत खराब नहीं हुई, बल्कि पहले से सुधर गई, इसलिए वर्ग संघर्ष अब हल्का पड़ गया; मध्यवर्ग लुप्त नहीं हो रहा है, बल्कि इसका आकार पहले से बड़ा हो गया है और उद्योग-धन्धे बड़े-बड़े उद्योगों में संकेन्द्रित नहीं हुए, बल्कि अधिकांशत: छोटे-छोटे उद्योगों में फैले हुए हैं। इन सब परिवर्तनों को देखते हुए समाजवाद को केवल एक आन्दोलन के रूप में बढ़ावा देना चाहिए, अन्तिम लक्ष्य के रूप में नहीं। अत: संशोधनवादियों ने सर्वहारा क्रांति को अनावश्यक बताया और सर्वहारा के अधिनायकतन्त्र (Dictatorship of the proletariat) के विचार को अस्वीकार कर दिया। उन्होंने लोकतन्त्र की संस्थाओं को समाजवाद की स्थापना का उपयुक्त माध्यम माना। अत: यह सिद्धान्त विकासात्मक समाजवाद की धारा के साथ जुड़ा है।

revitalization movement (री व़ाइटलाइ'ज़ेशन् 'मूव़मन्ट्) **पुनर्स्थापन आन्दोलन :** समय-समय पर प्राय: सभी धर्म अपने-आपको जीवित रखने के लिए आन्दोलनों का सहारा लेते रहते हैं। जब कभी भी लोग यह महसूस करते हैं कि उनका धर्म किसी कारण से बदलते समय में महत्त्व खो रहा है, तो उसे वे फिर से जगाने की कोशिश करते रहते हैं : देखें– **New religion** ।

revivalism (रि'व़ाइव़ लिज़म्) **पुनरुद्धारवाद, पुनरुत्थानवाद :** अतीत की ऐसी बातों को, जो कालान्तर में अनुपयोगी समझकर छोड़ दी गई हैं, पुन: चलाने का प्रयत्न अथवा इसकी प्रवृत्ति।

revolution (रेव़्'लूशन्) **क्रांति :** हिंसात्मक या अहिंसात्मक अप्रत्याशित सामाजिक परिवर्तन, जो परिस्थिति को मोड़ दे या उसमें आमूल परिवर्तन लाये, उसे क्रांति कहते है। क्रांति को हमलोग राज्य शक्तियों के जन-आन्दोलन के नेताओं के द्वारा हिंसात्मक तरीकों से जबरदस्ती हड़पने के प्रयास के तरीकों के रूप में परिभाषित कर सकते हैं, जहाँ पुन: उस शक्ति का प्रयोग बृहत् सामाजिक सुधार के लिए किया जाता है। सामाजिक आन्दोलन से भी ज्यादा सामाजिक परिवर्तन का सशक्त माध्यम क्रांति है। क्रांति के द्वारा सामाजिक परिवर्तन के अनगिनत उदाहरण मौजूद हैं। लेकिन, पिछली दो-तीन शताब्दियों में मानव इतिहास में काफी बड़ी-बड़ी क्रांतियाँ आयी हैं, जिन क्रांतियों ने कुछ मुल्कों के राजनीतिक, आर्थिक और सामाजिक क्षेत्रों में युगान्तकारी परिवर्तन ला दिया है। इस सन्दर्भ में 1775-83 की अमरीकी क्रांति एवं 1789 की फ्रांसीसी क्रांति विशेष रूप से उल्लेखनीय है। हेना आरेंट (Hannah Arendt, 1906-1975) ने बताया है कि क्रांतियों का मुख्य उद्देश्य परम्परागत व्यवस्था से अपने-आपको अलग करना एवं नये समाज का निर्माण करना है। इतिहास में कभी-कभी इसका अपवाद भी देखने को मिलता है। कुछ ऐसी भी क्रांतियाँ हुई हैं, जिनके द्वारा हम समाज को और भी पुरातन समय में ले जाने की कोशिश करते रहे हैं।

किसी सामाजिक आन्दोलन को क्रांति कहे जाने के लिए तीन शर्तों का पूरा होना अति आवश्यक है, वे हैं– (i) क्रांति कई घटनाओं की एक कड़ी नहीं है, बल्कि यह एक बड़े पैमाने पर विशाल जन-आन्दोलन है। पर यदि कोई आन्दोलन चुनाव के माध्यम से सत्ता के हस्तान्तरण में सफल होता है, तो उसे क्रांति नहीं कहा जायेगा। उसी तरह यदि कोई उच्च सेना-अधिकारी शासन की बागडोर जबर्दस्ती एकाएक छीन लेता है या हथिया लेता है, तो उसे क्रांति की संज्ञा नहीं दी जा सकती है। (ii) क्रांति का मुख्य उद्देश्य बृहत् सामाजिक सुधार या परिवर्तन है। नेताओं में इतनी क्षमता होनी चाहिए कि जिन उद्देश्यों के लिए क्रांति की गई है, उसे बहुत हद तक वे अमली-जामा पहनाने में सफल हों। इस बात की पुष्टि टी. स्कॉकपॉल एवं जॉन डन (T. Skocpol and John Dunn) ने भी की है। (iii) क्रांति एक राजनीतिक परिवर्तन है, जिसका मुख्य आधार हिंसा होता है। समाज में इसकी तभी आवश्यकता पड़ती है, जब समाज में वर्तमान नेता कुछ सही सोचने एवं मानने के लिए तैयार नहीं होते हैं (देखें– Theda Skocpol, **States and Social Revolutions**, 1979; Jack A. Goldstone (ed.), **Revolutions**, 1986; Michael Kimmel, **Revolution: A Sociological Interpretation**, 1990)।

revolution of rising expectations (रेव़्'लूशन् ऑव़् राइज़्'इन्ग एक्स्पेक्'टेश्न्स) **आरोही आकांक्षाओं की क्रांति :**

ऐसी उम्मीद कि भविष्य किसी व्यक्ति या परिवार के लिए बेहतर होने जा रहा है । इस अवधारणा का प्रयोग आमतौर पर विकासशील देशों के सन्दर्भ में किया जाता है ।

revolutionary change (रेव़्'लूशनरि चेन्ज़्) **क्रांतिकारी परिवर्तन :** वह सामाजिक परिवर्तन, जो विभिन्न सामाजिक वर्गों के आपसी सम्बन्धों, विचारों, परम्पराओं और निष्ठाओं को, जिन पर सम्पूर्ण सामाजिक संरचना टिकी हुई है, प्रभावित कर बदल देता है ।

revolutionary class (रेव़्'लूशनरि क्लास्) **क्रांतिकारी वर्ग :** वह वर्ग जो उत्पादन के पुराने तरीकों को नष्ट करने में तथा ऐसी नई पद्धति बनाने में सक्षम है, और जिसपर उसका वर्चस्व है ।

revolutionary movement (रेव़्'लूशनरि 'मूव़मन्ट्) **क्रांतिकारी आन्दोलन :** ऐसा सामाजिक आन्दोलन, जो समस्त सामाजिक संस्थाओं में सर्वांगीण परिवर्तन का समर्थन करता है और पुराने मूल्यों तथा सामाजिक सम्बन्धों के स्थान पर नए मूल्यों और नए सामाजिक सम्बन्धों की स्थापना की माँग करता है । अतः यह सुधारवादी आन्दोलन से भिन्न है ।

revolutionary terror (रेव़्'लूशनरि 'टेर्र) **आतंकी क्रांतिकारी :** क्रांतिकारी नेताओं के द्वारा अपनी नीति को लागू करने के लिए हिंसा या धमकी का व्यवहार करना ।

righteousness (राइचॅस्नेस्) **धर्मपरायणता, नीतिपरायणता :** मनुष्य की स्वभावतः वह श्रेष्ठ विशिष्टता, जिसके फलस्वरूप, वह जीवन में नीति और धर्म का आचरण करता है ।

rightist (राइट्'इस्ट) **दक्षिणपंथी, दक्षिणमार्गी :** वे व्यक्ति अथवा समुदाय, जो परम्परागत सामाजिक व्यवस्था को बनाये रखने के पक्षपाती हों और उसमें कोई आमूल परिवर्तन करने के विरोधी हों : देखें– **Leftist** ।

riot ('राइअट्) **उपद्रव, दंगा :** जब किसी जनसंकुल (**Mob**) का व्यवहार अत्यधिक व्यापक एवं विनाशात्मक रूप धारण कर लेता है, तब यह स्थिति उपद्रव या दंगे के नाम से जानी जाती है । इस स्थिति में एक समूह के सदस्य दूसरे समूह के सदस्यों तथा उनकी सम्पत्ति पर अन्धा-धुन्ध प्रहार करते हैं ।

risky shift-effect (रिस्कि शिफ्ट् इ'फ़ेक्ट्) **जोखिमभरा स्थानिक प्रभाव :** यह समाज मनोविज्ञान का शब्द है । इसका अभिप्राय यह है कि जब कोई व्यक्ति समूह में होता है, तो वह अकेले होने की स्थिति की तुलना में अधिक-से-अधिक जोखिम उठाने की प्रवृत्ति रखता है ।

rite (राइट्) **संस्कार, कर्मकाण्ड, अनुष्ठान :** धार्मिक अथवा जादुई अनुष्ठानों से सम्बन्धित औपचारिक कृत्य या कर्मकाण्ड, जो परम्पराजन्य होते हैं । अनुष्ठान अनेक प्रकार के होते हैं, जैसे– व्यक्ति के जीवन से सम्बन्धित (जन्म, विवाह, अंत्येष्टि), वार्षिक मौसम से सम्बन्धित अथवा कुछ विशिष्ट घटनाओं से सम्बन्धित ।

rite, funeral (राइट्, 'फ्यूनरल) **अंतिम संस्कार, अंत्येष्टि संस्कार :** मानव के मृत शरीर का दहन, अंत्यक्रिया के रूप में अनादि काल से परम्परा के रूप में होता आ रहा है । इसकी सार्थकता के पीछे कई विश्वास काम करते प्रतीत होते हैं । एक तो यह कि अग्नि शुद्धिकरण करनेवाली वस्तु है, इसलिए मृत शरीर से वातावरण को दूषित होने से बचाने के लिए उसे आग में जलाना शुरू हुआ होगा । दूसरे, अग्नि आलोकित करनेवाली वस्तु है, इसलिए इहलोक से परलोक की ओर प्रस्थान करनेवाली मृतात्माओं की यात्रा को तेजस्वी बनाने का उद्देश्य भी इसके पीछे रहा होगा । तीसरे, मृत शरीर को आग में जलाकर नष्ट कर देने के पीछे शायद यह भावना भी रही होगी कि शत्रु-पक्ष के लोग मृतक के शरीर को अपमानित न करें और पशु-पक्षी शव को न खायें । वर्तमान नगरों में स्थलाभाव के कारण भी दफनाने की अपेक्षा दहन को श्रेष्ठतर माना जा सकता है ।

rite, puberty (राइट्, प्यूब'टि) **यौवनारंभ संस्कार :** विश्व की कई जनजातियों और पिछड़ी जातियों में कुछ ऐसी प्रथाएँ प्रचलित हैं, जो लड़के-लड़कियों के जीवनकाल में उस समय की जाती हैं, जब वे यौवन में प्रवेश करते हैं । इन प्रथाओं

का उद्देश्य मूलत: उनको यह बतलाना होता है कि वे अब बचपन को छोड़ चुके हैं और नवयुवक तथा नवयुवती के रूप में युवावस्था में प्रवेश कर रहे हैं। वे अब यौन-क्रियाओं में भाग लेने के लिए न केवल प्राकृतिक रूप से योग्य हो गये हैं, अपितु समाज भी उन्हें इन क्रियाओं में भाग लेने के योग्य समझता है। इस प्रकार की प्रथाएँ लड़कों के सम्बन्ध में लगभग 12 से 14 वर्ष की आयु में होती हैं और लड़कियों के सम्बन्ध में भिन्न-भिन्न समुदायों में भिन्न-भिन्न आयु में, प्राय: 10 से 12 वर्ष की आयु में होती है, जबकि उनमें मासिक धर्म आरम्भ हो चुका होता है या होने को होता है। ऐसे नवयुवक या नवयुवती को इन संस्कारों के अन्तर्गत कई प्रकार के धार्मिक पूजा-पाठ, व्रत, छुआछूत के नियम आदि का पालन करना होता है।

अफ्रीका, अफगानिस्तान और भारत की कुछ जनजातियों में यह प्रथा रही है कि इस संस्कार के समय उस कन्या का किसी एक या एक से अधिक व्यक्तियों से यौनसम्पर्क कराया जाये। कई अफ्रीकी जन-समुदायों में यौवनारंभ संस्कार के अन्तर्गत शरीर को सुन्दर बनाने के लिए शरीर को, किसी कील या पैने औजार से गोदा जाता है। प्राय: सभी जन-समुदायों में यौवनारंभ संस्कार से पूर्व किसी भी लड़के या लड़की को, विशेषकर लड़की को, यौन क्रियाओं में भाग लेने देना उचित नहीं समझा जाता। इस प्रकार के संस्कार का उद्देश्य जन-समुदायों में व्यक्तियों के जीवन में प्रौढ़ता तथा गंभीरता तथा सामाजिक उत्तरदायित्व की भावना उत्पन्न करना होता है।

rites-de-passage (life cycle rituals) (राइट्स डी 'पैसिज्) **जीवन-यात्रा** या **जीवनचक्र संस्कार** : वे अनुष्ठान, जो किसी व्यक्ति के जीवन के उस मोड़ को व्यक्त करते हैं, जब वह एक अवस्था से दूसरी अवस्था में प्रवेश करता है। ये अनुष्ठान धार्मिक प्रकृति के होते हैं तथा एक सामाजिक स्थिति की समाप्ति और दूसरी के आरम्भ को संस्थागतरूप प्रदान करते हैं। यह संस्कार विशेषकर व्यक्ति के जन्म, यौवनारंभ, विवाह तथा मृत्यु पर किए जाते हैं। वैदिक काल के हिन्दू धर्म में जीवन के ऐसे सोलह संस्कारों का उल्लेख है (देखें– Arnold Van Gennep, **The Rites of Passage**, 1960)।

ritual ('रिच्युअल्) **अनुष्ठान** : अनुष्ठान, कर्मकाण्ड, कृत्य उपचार या अनुष्ठान अथवा कर्मकाण्ड से सम्बन्धित उपासना-पद्धति के विभिन्न रूप और प्रकार, जिनका स्वरूप धार्मिक अनुष्ठानों के सन्दर्भ में परम्परा अथवा पुरोहितों द्वारा निर्धारित किया जाता है। मानवीय परिस्थितियों को नियन्त्रित करनेवाला, निश्चित स्वरूप वाला, बार-बार दुहराया जानेवाला कार्य अनुष्ठान कहलाता है (देखें– Erving Goffman, **Interaction Ritual: Essays on Face-to-Face Behaviour**, 1967)।

ritual, marriage ('रिच्युअल् 'मैरिज्) **विवाह-संस्कार** : वह औपचारिक अनुष्ठान, जिसके द्वारा स्त्री और पुरुष विवाह-सूत्र में बँध जाते हैं। विवाह-प्रथा अत्यन्त पुरातन संस्कार है। बर्बर समाजों में भी विवाह के नाम पर कुछ-न-कुछ कर्मकाण्ड किये जाते थे।

ritual continence ('रिच्युअल् कॉन्'टिनन्स) **आनुष्ठानिक संयम** : जादुई, आनुष्ठानिक अथवा जाति से सम्बन्धित कारणों से दम्पती द्वारा काम निग्रह अर्थात् संयम का अनुपालन। आदिम समाजों में पूजा, अनुष्ठान, युद्ध, सामूहिक आखेट, मृत्यु आदि के अवसरों पर निग्रह विहित है।

ritual dance ('रिच्युअल् डान्स्) **आनुष्ठानिक नृत्य** : देखें– **Dance, ritual** ।

ritual kinship ('रिच्युअल् 'किन्शिप्) **आनुष्ठानिक बन्धुत्व** : एक प्रकार का बन्धुत्व-सम्बन्ध, जो रक्त या विवाह-सम्बन्ध की अपेक्षा, किसी अन्य प्रकार के प्रकार्यात्मक सामाजिक सम्बन्ध पर आधारित होता है, जैसे– धर्ममाता या गुरुभाई का सम्बन्ध।

ritual murder ('रिच्युअल् 'मर्डर्) **आनुष्ठानिक हत्या** : देवी-देवताओं को प्रसन्न करने के लिए मानव बलि देने की प्रथा आनुष्ठानिक हत्या है।

ritual pollution ('रिच्युअल् प'लूशन्) **सांस्कारिक अपवित्रता :** यह विश्वास कि अस्वच्छ धन्धे, अछूत व्यक्ति, मृत्यु और शारीरिक उत्सर्जनों के सम्पर्क से व्यक्ति अपवित्र हो जाता है।

ritual union ('रिच्युअल् 'यूनिअन्) **आनुष्ठानिक सहवास, आनुष्ठानिक मैथुन :** विहित अथवा अनिवार्य यौन-सम्पर्क, जो विभिन्न अनुष्ठानों पर किये जाते हैं, उदाहरणार्थ– कृषि-उर्वरता-अनुष्ठान, दीक्षा-समारोह अथवा विवाह-संस्कार के अवसर पर विहित यौन-सम्पर्क ।

ritualism ('रिच्युअ लिज़म्) **कर्मकाण्डवाद, विधिवाद :** (1) विभिन्न धर्मों की वह मान्य संहिता, जो उक्त धर्म के बाह्य पक्ष को नियन्त्रित और निर्देशित करती है। (2) कतिपय धर्मों की वह मान्यता, जिसके अनुसार शास्त्र प्रतिपादित निषिद्ध कर्मों के फलस्वरूप ही सुख, स्वर्ग अथवा नरक प्राप्त होते हैं। (3) कई सामाजिक, सैनिक तथा औपचारिक आधार पर संगठित समूहों में अनेक अवसरों पर एक निश्चित व्यवहार-प्रतिमान का पालन करते देखा जाता है। यह विधिवाद का ही एक उदाहरण है। रॉबर्ट के. मर्टन (Robert K. Merton, 1910-2003) ने इस अवधारणा का प्रयोग व्यक्तिगत अनुकूलन की अपनी योजना में किया है। जब व्यक्ति संस्कृतिसम्मत लक्ष्यों को अस्वीकारते हुए इन लक्ष्यों से जुड़े संस्थागत साधनों, मान्यताओं एवं रीति-रिवाजों का यथावत पालन करता चला जाता है, तो विधिवाद (लक्ष्यों को नकारना और साधनों को स्वीकारना) एक प्रकार के सुरक्षाकवच का कार्य करता है, जो व्यक्तियों को सामाजिक आलोचना व विरोध से बचाए रखता है। आधुनिक नौकरशाही विधिवाद का एक अत्युत्तम उदाहरण है।

rivalry ('राइव़लरी) **प्रतिद्वन्द्विता :** एक प्रकार की प्रतिस्पर्द्धा अथवा संघर्ष, जिसके द्वारा विभिन्न व्यक्ति एवं समूह एक-दूसरे के साथ सम्पर्क में आते हैं और अपने व्यवहार को लगातार विरोधी की विफलता और सफलता के आधार पर समायोजित करते रहते हैं।

role (रोल्) **भूमिका, फ़र्ज़ :** किसी व्यक्ति के द्वारा की जाने वाली वह सामाजिक क्रिया अथवा कार्य, जिसके अन्तर्गत समाज अपने प्रत्येक सदस्य से, सामाजिक क्रम में उसके पद के अनुसार किसी विशेष प्रकार के व्यावहारिक सामाजिक कर्त्तव्य की अपेक्षा करता है। सामाजिक जीवन में हर-एक के उत्तरदायित्व होते हैं। उदाहरण के लिए, पति, पिता, माता, पुत्र आदि का एक-दूसरे के प्रति उत्तरदायित्व । ये दायित्व इन व्यक्तियों की भूमिकाएँ हैं। यह अधिकारों एवं कर्त्तव्यों का योग है। यह स्थिति का गतिशील पहलू है। फ़र्ज़ एवं हैसियत एक ही सिक्के के दो पहलू की तरह हैं। दोनों एक-दूसरे से इस तरह जुड़े हैं कि वे एक-दूसरे से स्वतन्त्र नहीं हो सकते हैं तथा दोनों एक-दूसरे को समानरूप से प्रभावित करते रहते हैं। व्यक्तियों के द्वारा जितने भी प्रकार के कार्य किये जाते हैं, वे सभी भूमिका की श्रेणी में नहीं रखे जा सकते हैं। चोरी-डकैती करना एक प्रकार का कार्य है, भूमिका नहीं। उसी कार्य को भूमिका मानते हैं, जो कोई व्यक्ति सामाजिक नियम-कानूनों एवं आदर्शों की अपेक्षा को ध्यान में रखकर करता है। माता-पिता के द्वारा बच्चों को प्यार करना एक सामाजिक भूमिका है, लेकिन अपने माता-पिता का अपमान करना भूमिका नहीं है। माइकल बैन्टन (Michael Banton) ने भूमिका को तीन भागों में बाँटा है– बुनियादी भूमिका (**Basic role**), सामान्य भूमिका (**General roles**) एवं स्वतन्त्र भूमिका (**Independent role**) (देखें– Ralph Linton, **The Study of Man**, 1936; Bruce J. Biddle, **Role Theory: Expectations, Identities and Behaviour**, 1979; Louis A. Zurcher, **Social Roles**, 1983) : देखें– **Status** ।

role, achieved (रोल्, अ'चीवड्) **अर्जित भूमिका :** वे भूमिकाएँ, जिन्हें व्यक्तिगत प्रयास की बदौलत हासिल किया जाता है, वे अर्जित भूमिकाएँ कही जाती हैं। कोई व्यक्ति डॉक्टर, मंत्री, प्रोफेसर या जज की हैसियत से जो भूमिका निभाता है, उसे अर्जित भूमिका कहा जायेगा।

role, actual (रोल्, 'ऐक्ट्युअल्) **वास्तविक भूमिका :** वास्तविक भूमिका वह है, जो किसी विशेष परिस्थितिवश व्यक्ति अपनी इच्छाओं के अनुसार व्यवहार करता है। वास्तविक भूमिका का सम्बन्ध सामाजिक वातावरण एवं कर्त्ता के व्यक्तित्व से है। जिस व्यक्ति का जैसा व्यक्तित्व होगा, वह वैसा ही व्यवहार करेगा।

role, ascriptive (रोल्, अस्‌क्रिप्टिव) **आरोपित** या **प्रदत्त भूमिका :** जो भूमिकाएँ हमें स्वाभाविक रूप से समाज के सदस्य होने के नाते निभानी पड़ती हैं, वे आरोपित भूमिकाएँ कही जाती हैं, जैसे– किसी व्यक्ति को जो भूमिका भाई या पिता के रूप में, देश के नागरिक के रूप में या एक नवयुवक के रूप में निभानी पड़ती है, वे आरोपित भूमिकाएँ कही जाती हैं।

role, conjugal (रोल्, 'कॉन्जग्ल्) **दाम्पत्य भूमिका :** देखें– **Conjugal role** ।

role, counter (रोल्, 'काउन्टर्) **प्रति-भूमिका :** एक ऐसी भूमिका, जो किसी अन्य भूमिका की पूरक हो, अर्थात् जिस भूमिका द्वारा अन्तर्क्रिया का चक्र पूरा होता है, उसे प्रति-भूमिका कहते हैं। अध्यापक-शिष्य, माता-पिता व सन्तान, दुकानदार-ग्राहक, डॉक्टर-मरीज आदि प्रति-भूमिकाओं के ऐसे जोड़ों के उदाहरण हैं, जो एक-दूसरे की भूमिकाओं के सम्पादन में सहायता करते हैं। इनमें से एक के अभाव में दूसरी भूमिका का सम्पादन असम्भव हो जाता है।

role, ideal (रोल्, आइ'डिअल्) **आदर्श भूमिका :** आदर्श भूमिका वह है, जो समाज के द्वारा किसी व्यक्ति से अपेक्षित है, जैसे– समाज यह अपेक्षा करता है कि लोग अपने माता-पिता के साथ अच्छा व्यवहार करें। उसी प्रकार समाज यह भी अपेक्षा करता है कि विद्यार्थी शिक्षकों के साथ अच्छा व्यवहार करें।

role, joint conjugal (रोल्, जॉइन्ट्'कॉन्जग्ल्) **संयुक्त दाम्पत्तिक भूमिकाएँ :** ऐसी भूमिकाएँ, जिनमें से बहुत-सी क्रियाएँ पति और पत्नी दोनों साथ-साथ मिलकर करते हैं और दोनों के बीच कार्यों में अन्तर और हितों की पृथकता कम-से-कम बरती जाती है, संयुक्त दाम्पत्तिक भूमिकाएँ कहलाती हैं।

role, multiple (रोल्, 'मल्टिप्ल्) **बहुविध भूमिका :** यह इस बात का संकेत करता है कि प्रत्येक पुरुष एवं नारी को अलग-अलग स्थितियों में अलग-अलग भूमिकाएँ निभानी पड़ती हैं। उदाहरण के लिए स्कूल में शिक्षक, मन्दिर में पुजारी।

role, prescribed (रोल्, प्रिस्'क्राइब्ड) **निर्धारित भूमिका :** वह भूमिका, जो सांस्कृतिक मानदण्डों द्वारा परिभाषित होती है, निर्धारित भूमिका कहलाती है। इस अवधारणा का प्रयोग थिओडॉर एम. न्यूकॉम (Theodore M. Newcomb, 1903-1984) ने ऐसे व्यवहारों के पुंज के लिए किया है, जिनकी किसी विशिष्ट भूमिका के सभी धारकों से अपेक्षा की जाती है। निर्धारित भूमिका एक विशिष्ट भूमिका के अन्तर्गत व्यवहारों की सीमाओं को बाँध देती है। न्यूकॉम ने इस अवधारणा का प्रयोग एक अन्य अवधारणा, भूमिका-व्यवहार, से अन्तर बताने के लिए किया है।

role allocation (रोल् ऐल'केशन्) **भूमिका-आबंटन :** वह प्रक्रिया, जिसके अन्तर्गत किसी सामाजिक समूह में लोगों को भिन्न-भिन्न भूमिकाएँ सौंपी जाती हैं ताकि सामाजिक जीवन को सुचारु रूप से चलाया जा सके। व्यक्ति की प्रदत्त भूमिका **(Ascribed role)** और अर्जित भूमिका **(Achieved role)** दोनों इसके विचार-क्षेत्र में आ जाती हैं।

role ambiguity (रोल् ऐम्'बिग्युइटि) **भूमिका-संदिग्धता :** ऐसी दशा, जिसमें किसी व्यक्ति या स्थिति के साथ जुड़ी हुई भूमिकाएँ स्पष्ट न हों। बदलती हुई सामाजिक परिस्थितियों में जब पुराने मूल्य और मान्यताएँ स्थिर नहीं हो पातीं, तब ऐसी स्थिति पैदा हो जाना स्वाभाविक है।

role behaviour (रोल् बि'हेव्यर्) **भूमिका-व्यवहार :** एक विशिष्ट भूमिका में किसी विशिष्ट व्यक्ति द्वारा किये गए व्यवहार को भूमिका-व्यवहार कहते हैं। यह अवधारणा निर्धारित-भूमिका से भिन्न है। भूमिका-व्यवहार एक भूमिका में किसी एक व्यक्ति के व्यवहार को इंगित करता है। टी. एम. न्यूकॉम (T. M. Newcomb, 1903-1984) ने भूमिका-व्यवहार और निर्धारित-भूमिका में अन्तर बताते हुए निर्धारित-भूमिका को एक समाजशास्त्रीय अवधारणा तथा भूमिका-व्यवहार को एक मनोवैज्ञानिक अवधारणा माना है।

role cognition (रोल् कॉग्'निशन्) **भूमिका-संज्ञान :** कर्त्ता द्वारा किसी भूमिका के उचित सम्पादन के सम्बन्ध में बनाई गई धारणा को भूमिका-संज्ञान कहा जाता है।

role complex (रोल् 'कॉम्प्लेक्स्) **भूमिका-पुंज** : सामाजिक जीवन में व्यक्ति की विभिन्न भूमिकाओं का सम्पूर्ण क्रम-विन्यास, उदाहरणस्वरूप– एक ही व्यक्ति यदि परिवार में पति और पिता की भूमिका निभाता हैं, तो कार्यालय में प्रबन्धक की भूमिका निभाता है और किसी समिति में अध्यक्ष की भूमिका निभाता है।

role conflict (रोल् 'कॉन्फ्लिक्ट्) **भूमिका द्वन्द्व, भूमिका संघर्ष** : एक व्यक्ति द्वारा की गयी किसी परिस्थितिवश एक या एक से अधिक भूमिकाओं के बीच पाई गई असंगति। इसमें एक भूमिका दूसरी भूमिका के निष्पादन में बाधक बन जाती है। जब दो या दो से अधिक भूमिकाओं का एकसाथ निभाना इतना कठिन हो जाता है कि हम किसी भी भूमिका को ठीक से निभाने में समर्थ नहीं रह पाते हैं, तो भूमिका-द्वन्द्व की स्थिति उत्पन्न हो जाती है। कामकाजी महिलाओं के लिए कभी-कभी यह समस्या आ जाती है कि वह अपने बच्चों या परिवार के लिए कैसे समुचित समय निकाले। पेशे की भूमिका एवं माँ या पत्नी के रूप में उनकी भूमिका के बीच अक्सर संघर्ष होता रहता है। भूमिका-द्वन्द्व आधुनिक युग की परेशानी है, इसलिए कि औद्योगिक समाज के अन्तर्गत लोगों को अक्सर एक से अधिक भूमिकाओं का निर्वहन करना होता है। भूमिका-तनाव और भूमिका-द्वन्द्व के बीच सिर्फ मात्रा का फर्क है। भूमिका-द्वन्द्व, भूमिका-तनाव की चरमसीमा है या यह कहा जाये कि भूमिका-तनाव भूमिका-द्वन्द्व की प्रारम्भिक सीढ़ी है (देखें– Erving Goffman, **Encounters**, 1961; Robert K. Merton, **Social Theory and Social Structure**, 1968) : देखें– **Backstage and frontstage role**।

role definition, personal (रोल् डेफ़ि 'निश्न्, 'पर्सन्ल्) **वैयक्तिक भूमिका-परिभाषा** : किसी सामाजिक स्थिति में एक व्यक्ति द्वारा अपनी भूमिका के सम्बन्ध में बनाई गई स्वयं की धारणा को डेनियल जे. लेंविनसन (Daniel J. Levinson, 1920-1994) ने वैयक्तिक भूमिका-परिभाषा का नाम दिया है।

role demand (रोल् डि 'मान्ड्) **भूमिका अभियाचन** : किसी स्थिति-विशेष में व्यक्ति के द्वारा भूमिका-निर्वाह के सन्दर्भ में दूसरे व्यक्तियों की प्रत्याशा।

role diffuseness (रोल् डिफ्यूश्ज़्नेस) **भूमिका विमिश्रण** : एकसाथ कई भूमिकाओं में रुचि या भाग लेना, भूमिका विमिश्रण कहलाती है, उदाहरणस्वरूप– जब एक भूमिकाधारक आंशिक रूप से राजनीति में, आंशिक रूप से चिकित्सा-व्यवसाय में और आंशिक रूप से सामाजिक-सांस्कृतिक कार्यों में रुचि लेता है, तब यह स्थिति भूमिका विमिश्रण कहलाती है।

role disposition (रोल् डिस्प् 'जिश्न्) **भूमिका स्ववृत्ति** : किसी विशिष्ट भूमिका के प्रति अन्य भूमिकाओं की अपेक्षा, अधिक लगाव एवं रुचि को भूमिका स्ववृत्ति कहते हैं।

role dispossession (रोल् डिसपज़े 'श्न्) **भूमिका-वंचन** : भूमिकाएँ स्थिर नहीं होतीं। स्थिति में परिवर्तन के साथ उनमें भी परिवर्तन अवश्यंभावी हो जाता है। पुरानी भूमिका को त्यागकर नई भूमिका का ग्रहण किया जाना भूमिका-वंचन कहलाता है।

role distance (रोल् 'डिसट्न्स्) **भूमिका-दूरी** : इरविंग गॉफ़मैन (Erving Goffman, 1922-1982) ने भूमिका के सम्बन्ध में एक नयी अवधारणा का प्रतिपादन किया है। उन्होंने बताया है कि आधुनिक समाज में सामान्य तौर पर लोगों को एक से अधिक भूमिकाओं को निभाना पड़ता है। जब कभी भी कोई व्यक्ति अपनी किसी भूमिका से ऊब जाता है या जब उसे कोई भूमिका अरुचिकर लगती है, तो उससे वह दूर होने की चेष्टा करता है, जैसे– यदि कोई सफल चिकित्सक या वैज्ञानिक जब अपने पेशे से काफी ऊब जाता है, तो कुछ दिनों के लिए वह उस काम से विश्राम ले लेता है और अपना समय परिवार के साथ मनोरंजन में बिताता है। इसे ही भूमिका-दूरी कहा जाता है।

role empathy (रोल् ए 'म्पथि) **भूमिका परानुभूति** : ऐसी प्रक्रिया, जिसके अन्तर्गत व्यक्ति दूसरे के अनुभवों, विचारों और संवेदनाओं को समझने का प्रयास करता है।

role engulfment (रोल् इन्'गॅल्फ़मन्ट) **भूमिका-परिग्रहण** : स्थापित नियम-कानूनों को तोड़नेवाले बदनाम व्यक्तियों की पूरी तरह विचलनकारी भूमिका में डूब जाने की प्रवृत्ति ।

role expectation (रोल् एक्स्पेक्'टेश्न्) **भूमिका-अपेक्षा** : किसी विशिष्ट भूमिका के सन्दर्भ में अनुमानित एवं वांछित सम्पूर्ण अनुक्रियाएँ अथवा व्यवहार । इसमें क्रियाशील व्यक्ति तथा अन्य लोगों की अपेक्षाएँ सम्मिलित होती हैं ।

role failure (रोल् फ़ेल्यर्) **असफल भूमिका** : जब एक व्यक्ति अपनी स्थिति के अनुरूप भूमिका निभाने में असफल रहता है तो उसे असफल भूमिका कहा जाता है । स्थिर एवं संगठित समाजों में जहाँ प्रदत्त भूमिकाएँ अधिक होती हैं, भूमिकाओं का निर्वाह सफलतापूर्वक किया जाता है, किन्तु परिवर्तनशील एवं असंगठित समाजों में जहाँ अर्जित भूमिकाएँ अधिक होती हैं, भूमिका निर्वाह में असफलता भी अधिक पायी जाती है ।

role loss (रोल् लॉस) **भूमिका-ह्रास** : ऐसी परिस्थिति तब उत्पन्न होती है, जब किसी व्यक्ति को किसी खास काम से थोड़ा या पूरी तरह वंचित रखने के लिए प्रेरित या बाध्य किया जाता है । किसी सेवा में तबादले या किसी सेवा से सेवानिवृत्त होने पर ऐसी स्थिति आमतौर पर उत्पन्न होती है ।

role model (रोल्'मॉड्ल्) **भूमिका-प्रतिरूप** : किसी विशेष प्रकार की भूमिका में एक व्यक्ति द्वारा किया जानेवाला व्यवहार, जो अन्य व्यक्तियों के लिए उसी प्रकार की भूमिका में नमूना-स्वरूप होता है । यह ज़रूरी नहीं है कि जिसे कोई व्यक्ति अपनी भूमिका-आदर्श मानता है, उसे वह व्यक्तिगत रूप से जानता ही हो । भूमिका-आदर्श वाला चरित्र वास्तविक, पौराणिक या ऐतिहासिक कुछ भी हो सकता है । भूमिका-आदर्श और सन्दर्भ व्यक्ति **(Referent individual)** में अन्तर होता है । भूमिका-आदर्श में आदर्श व्यक्ति की किसी एक भूमिका या किसी एक विशिष्ट व्यवहार को अपनाया जाता है, जबकि सन्दर्भ-व्यक्ति का प्रयोग सामाजिक जीवन के कई क्षेत्रों के सामान्यीकरण के लिए किया जाता है (देखें– Albert Bandura and Richard H. Walters, **Social Learning and Personality Development**, 1963) ।

role obstacles (रोल् ऑब्स्टक्ल्स्) **भूमिका अवरोध** : किसी भूमिका के सम्पादन में आने वाली अड़चनों को 'भूमिका-बाधा' की संज्ञा दी जाती है ।

role-other (रोल्'अदर) **भूमिका-इतर** : भूमिका-इतर वह व्यक्ति होता है, जिसके साथ व्यक्ति की भूमिका निभाते वक्त वह अन्तःक्रिया करता है । स्थितियों के अनुसार ही व्यक्तियों की भूमिकाएँ होती हैं, इसलिए एक व्यक्ति की जितनी स्थितियाँ होंगी, उतनी ही उसकी भूमिकाएँ भी होंगी । जब किसी व्यक्ति की एक से अधिक स्थितियाँ होती हैं, तो उसी के अनुरूप विभिन्न भूमिकाएँ भी बनती हैं, जिसे भूमिका सेट या समुच्चय कहा जाता है : देखें– **Role-set** ।

role partner (रोल् 'पार्ट्नर्) **भूमिका-सहयोगी** : ऐसे व्यक्ति, जो किसी संस्थात्मक कार्य के निर्वाह के लिए मिल-जुलकर अपनी-अपनी भूमिकाएँ निभाते हैं, जैसे– किसी परिवार के सदस्य, किसी कार्यालय के सहयोगी या किसी टीम के खिलाड़ी (देखें– Robert K. Merton, **Social Theory and Social Structure**, 1968) ।

role perception (रोल् पर्'सेप्श्न्) **भूमिकाबोध** : किसी भूमिका के सम्बन्ध में व्यक्ति द्वारा बनाई गई यह धारणा कि दूसरे व्यक्ति इस भूमिका को मुझसे 'इस' प्रकार निभाने की अपेक्षा रखते हैं, भूमिकाबोध कहलाती है ।

role performance (रोल् पर्'फॉर्मन्स्) **भूमिका-सम्पादन** : किसी सामाजिक स्थिति में एक व्यक्ति जिस तरह वास्तविक रूप में अपनी भूमिका को निभाता है, वह भूमिका-सम्पादन कहलाती है । जहाँ भूमिका किसी स्थिति से जुड़े हुए अपेक्षित कार्य एवं व्यवहार को परिलक्षित करती है, वहाँ भूमिका-सम्पादन की अवधारणा व्यक्ति द्वारा किसी पद-स्थिति पर किये गए वास्तविक व्यवहार एवं कार्यों का संकेत देती है ।

role playing (रोल् प्ले'इन्ग) **भूमिका-निर्वाह** : किसी व्यक्ति द्वारा भूमिका के सामाजिक प्रतिमानों के अनुरूप अपनी-अपनी भूमिका अदा करना ।

role relinquishment (रोल् रि'लिन्ग्क्विशमन्ट) **भूमिका-परित्याग :** एक भूमिका को छोड़कर दूसरी भूमिका को अपनाना, जैसे– किसी चोर का साधु बन जाना ।

role repertoire (रोल्'रेप्ट्वार्) **भूमिका-संग्रह :** जीवन के किसी अमुक समय पर एक व्यक्ति द्वारा सम्पादित सामाजिक भूमिकाओं के सम्पूर्ण योग को भूमिका-संग्रह कहते हैं ।

role self theory (रोल् से'ल्फ़ 'थिअरि) **भूमिका का आत्म-सिद्धान्त :** एक ऐसा सिद्धान्त, जो इस मान्यता पर आधारित है कि समाज में विचलन इस बात का परिणाम है कि व्यक्ति अपने-आपको सही साबित करने के लिए किसी खास प्रकार की भूमिका का निर्वाह करने की कोशिश करता है, लेकिन समाज उस भूमिका को अनुचित समझता है ।

role-set (रोल् सेट्) **भूमिका-पुंज, भूमिका-सेट :** एक विशिष्ट सामाजिक स्थिति के साथ जुड़ी हुई भूमिकाओं का समुच्चय भूमिका-पुंज कहलाता है । किसी भी सामाजिक स्थिति में एक व्यक्ति अनेक सामाजिक सम्बन्धों से घिरा होता है, जो व्यक्तियों के लिए उस सामाजिक स्थितियों में सर्वदा अथवा सामान्यत: आवश्यक होते हैं । इस अवधारणा का प्रयोग रॉबर्ट के. मर्टन (Robert K. Merton, 1910-2003) ने किया है । मर्टन के अनुसार, 'भूमिका-पुंज से तात्पर्य भूमिका-सम्बन्धों के उस ताने-बाने से है, जिसमें एक व्यक्ति एक विशिष्ट सामाजिक स्थिति को धारण करने के कारण बँधा होता है । मर्टन ने इसके लिए एक उदाहरण विद्यालय के अध्यापक का दिया है । एक विद्यालय के अध्यापक के रूप में एक व्यक्ति को कई व्यक्तियों के साथ अपने शिष्यों, सहयोगियों, प्रधानाध्यापक, अध्यापक-संघ, विद्यालय बोर्ड, स्थानीय प्रशासन के व्यक्तियों के साथ कई भूमिकाओं का निर्वाह करना पड़ता है । उसे अपनी अध्यापक की स्थिति में, अध्यापन के साथ-साथ एक सामाजिक कार्यकर्ता, सामाजीकरण के एक अभिकर्ता, एक नेता, एक निर्णायक तथा एक पथ-प्रदर्शक की भूमिकाएँ भी अदा करनी पड़ती हैं ।

role sign (रोल् साइन्) **भूमिका-संकेत :** यह वर्दी या पोशाक की तरह के संकेत होते हैं । ये मूक तौर पर किसी भूमिका के सभी आयामों को बताते हैं, उदाहरण के लिए पुलिस की वर्दी ।

role specificity (रोल् स्पे'सिफ़िसिटि) **भूमिका विशिष्टता :** एक स्थिति के साथ कई भूमिकाएँ जुड़ होती हैं । उन भूमिकाओं में से किसी एक भूमिका के प्रति पूर्णत: प्रतिबद्धता प्रकट करना, भूमिका विशिष्टता के नाम से जानी जाती है ।

role strain (रोल् स्ट्रेन्) **भूमिका-तनाव :** व्यक्ति की अपने भूमिका-निर्वाह के दायित्व के सम्बन्ध में उत्पन्न मानसिक तनाव की अनुभूति । समाज में लोगों को अपनी भूमिकाओं को निभाने में कभी-कभी काफी कठिनाइयों का सामना करना पड़ता है, जैसे– पुलिस का मुख्य काम अपराध पर नियन्त्रण पाना है, लेकिन कभी-कभी नेताओं या अन्य सरकारी उच्चाधिकारियों के दबाव में कुछ अपराधियों के पीछे पड़ने से उन्हें मना किया जाता है । वैसी स्थिति में उनके सामने यह समस्या हो जाती है कि उन्हें कानून के अनुसार काम करना चाहिए या अपने बड़े अधिकारियों को खुश रखने के लिए अपराधियों को गिरफ्तार नहीं करना चाहिए । भूमिका निभाने में इस प्रकार की उधेड़बुन की स्थिति को भूमिका-तनाव कहा जाता है । भूमिका-तनाव और भूमिका-द्वन्द्व के बीच सिर्फ मात्रा का फर्क है । भूमिका-द्वन्द्व, भूमिका-तनाव की चरमसीमा है या यह कहा जाये कि भूमिका-तनाव, भूमिका-द्वन्द्व की प्रारम्भिक सीढ़ी है ।

role structure (रोल् 'स्ट्रक्चर्) **भूमिका-संरचना :** प्रत्येक सामाजिक व्यवस्था में अनेक भूमिकाएँ होती हैं । इन भूमिकाओं के सम्मिलित रूप को भूमिका-संरचना कहते हैं । उदाहरणार्थ, एक परिवार की भूमिका-संरचना में पति-पत्नी, माता-पिता और सन्तान तथा सहोदरों के बीच सम्बन्धों के साथ-साथ नातेदारी के सदस्यों, जैसे– दादा-दादी, नाना-नानी, चाचा-चाची आदि के सम्बन्धों के सम्मिलित रूप को परिवार की भूमिका-संरचना कहा जाता है ।

role taking (रोल् टेक्'इन्ग) **भूमिका-धारण :** किसी अन्य व्यक्ति की वास्तविक भूमिका को काल्पनिक रूप से अपना कर उस भूमिका को निभाने की प्रवृत्ति या प्रक्रिया भूमिका-धारण कहलाती है । छोटे बच्चों में यह प्रवृत्ति विशेष रूप से पायी जाती है ।

role theory (रोल् 'थिअरि) **भूमिका-सिद्धान्त** : समाजशास्त्रीय सिद्धान्त में भूमिका एक प्रमुख अवधारणा है। यह अवधारणा विशिष्ट स्थितियों या सामाजिक पदों के साथ जुड़ी सामाजिक प्रत्याशाओं पर प्रकाश डालती है तथा इन प्रत्याशाओं की कार्यविधि की विवेचना करती है। भूमिका-सिद्धान्त प्रमुखत: बीसवीं शताब्दी के मध्य काफी प्रसिद्ध था, किन्तु बाद में अपनी भारी आलोचना से वह ध्वस्त हो गया। फिर भी, भूमिका की अवधारणा समाजशास्त्रीय समझ प्राप्त करने में आज भी केन्द्रीय महत्त्व रखती है और यह इसका एक आधारभूत उपकरण है।

भूमिका-सिद्धान्त के दो प्रमुख रूप हैं। प्रथम का विकास रैल्फ लिंटन (Ralph Linton, 1893-1953) द्वारा सामाजिक मानवशास्त्र में किया गया। लिन्टन ने किसी भी सामाजिक प्रणाली में पाई जाने वाली भूमिकाओं का एक संरचनात्मक खाका प्रस्तुत किया है। एक स्थिति के साथ-साथ क्या-क्या दायित्व एवं अधिकार हैं, आशाओं-प्रत्याशाओं से भूमिका-साथी जुड़े होते हैं, इनके क्या भूमिका-संघर्ष और भूमिका-तनाव होते हैं, इसका वर्णन-विश्लेषण भूमिका-सिद्धान्त के प्रथम स्वरूप के अन्तर्गत किया जाता है। टैलकॉट पार्सन्स द्वारा किया गया एक बीमार की भूमिका का विश्लेषण, इसका एक सुप्रसिद्ध उदाहरण है। पार्सन्स ने अपने सामाजिक सिद्धान्त में इन भूमिका-प्रतिमानों को अपने तथाकथित परवर्ती प्रतिमानों की योजना में समाहित कर परिभाषित किया है।

role transition (रोल् ट्रान'ज़िशन्) **भूमिका संक्रमण** : एक भूमिका से दूसरी भूमिका में जाने की प्रक्रिया। यह प्रक्रिया अक्सर चलती रहती है; क्योंकि समाज में व्यक्तियों की स्थितियों और भूमिकाओं में परिवर्तन की प्रक्रिया चलती रहती है। किसी सरकारी नौकरी को छोड़कर निजी व्यवसाय चलाना या राजनीति करना भूमिका-संक्रमण है।

romantic myth (रो'मैन्टिक् मिथ) **रूमानी मिथक** : ऐसा विचार कि किसी को कोई खास जीवन साथी मिल जाने पर जीवन में उसे कोई परेशानी नहीं होगी और वे अपने विवाह से आजीवन सन्तुष्ट रहेंगे। इस प्रकार के रूमानी मिथक काफी आम है। तलाक की इतनी अधिक घटनाएँ रूमानी मिथक की सूचक है।

romanticism (रो'मैन्टि सिज़म्) **रूमानीवाद** : हीगल (G. W. F. Hegel, 1770-1 के पश्चात् फ्रांसीसी दर्शन की एक विधा। इस दर्शन में संस्थागत नियम आदि की कट्टरता के विपरीत, मानवीय संवेदनाओं एवं इच्छाओं पर बल दिया गया है।

Rorschach test (रोशॉर्क टेस्ट्) **रोशार्क विधि** या **परीक्षण** : इस विधि का नाम एक स्विस मनोचिकित्सक हर्मन रोशार्क (Hermann Rorschach, 1884-1922) के नाम पर पड़ा है, जिन्होंने इस विधि को विकसित किया था। यह एक ऐसा प्रक्षेपी परीक्षण (**Projective test**) है, जिसमें व्यक्तित्व के अपसामान्य और व्यवहारों में विकृति होने के कारणों को जानने के लिए प्रयोज्य (वह व्यक्ति जिस पर परीक्षण किया जा रहा है) को स्याही के कुछ अव्यवस्थित ढंग से धब्बे दिखा कर उससे इन धब्बों के बारे में अपनी प्रतिक्रिया प्रकट करने के लिए यह पूछा जाता है कि वह इन धब्बों में किस प्रकार की आकृति को देखता है। उसके उत्तर के अनुसार उसके व्यक्तित्व का अनुमान लगाया जाता है।

roti vyavhar **रोटी व्यवहार** : इस अभिव्यक्ति से अभिप्राय है, सामाजिक समूहों के बीच भोजन का आदान-प्रदान करना। सामान्यत: यह समान जाति या उपजाति के बीच होता है।

routinization (रूटीनाइ'ज़ेशन्) **नेमीकरण** : एक प्रक्रिया, जिसमें जन-क्रियाशीलन मात्र एक स्थापित क्रियाविधि बनकर रह जाता है।

routinization of charisma (रूटीनाइ'ज़ेशन् ऑव् क'रिज़्मा) **चमत्कारी व्यक्तित्व का नेमीकरण** : देखें– **Charisma, routinization of**।

rule of law (रूल ऑव् लॉ) **विधि-शासन** : राजनीति-विज्ञान की ब्रिटिश संविधान को एक विशिष्ट देन है 'विधि का शासन'। यह राष्ट्र की देश-विधि पर आधारित है और जन-साधारण के उस संघर्ष का फल है जिसने सैकड़ों वर्षों तक अपने अधिकारों और विशेषाधिकारों की रक्षा के लिए संघर्ष किया। इस अवधारणा के तीन अर्थ हैं– (1) ब्रिटेन में

विधि ही सर्वोच्च है। इंग्लैंड में स्वेच्छाचारी अधिकार नाम की कोई चीज़ नहीं है और यह आवश्यक है कि सरकार राज-काज के लिए जो भी नियम बनाती है, वह विधि के अनुसार होना चाहिए चाहे या तो वह विधि संसद द्वारा पास की गई संविधि के अनुसार होनी चाहिए या देश-विधि के उन प्राचीन सिद्धान्तों के अनुसार, जिन्हें सैकड़ों वर्षों से देश में मान्यता प्राप्त है। (2) प्रत्येक व्यक्ति विधि के अधीन है और कोई यह कहकर अपने-आपको नहीं बचा सकता कि मैंने ऐसा काम किसी अन्य व्यक्ति की आज्ञा से किया। वह प्रत्येक विधि का पालन करे। (3) विधि-शासन का संकल्प है कि शासन संसद का दास हो तथा संसद के माध्यम से सर्व-साधारण का दास ।

rules of incest (रूल्स् ऑव् 'इन्सेस्ट) **अजाचार यौन-सम्बन्ध :** मानव-समाज में प्रचलित ऐसे सार्वभौम नियम, जिनके अनुसार पिता और पुत्री, माता और पुत्र तथा भाई और बहन आदि निकट सम्बन्धियों के बीच वैवाहिक या यौन-सम्बन्धों पर प्रतिबन्ध हो ।

rules of residence (रूल्स् ऑव् 'रेज़िडन्स्) **आवासीय नियम :** आदिम समाजों में नातेदारी के नियमों को निवास के नियम भी नियन्त्रित करते हैं। सामान्यत: पति-पत्नी और बच्चे साथ-साथ रहते हैं और उन्हें किसी स्थान पर निवास बना कर रहना होता है। विवाह के बाद नव-विवाहित जोड़ा कहाँ निवास करता है, इसी आधार पर निवास के नियम बने होते हैं। निकटाभिगमन निषेध के कारण विवाह-साथियों में से किसी एक को अपना परिवार छोड़कर दूसरे परिवार में निवास करना पड़ता है। यद्यपि यह पूर्णत: स्वीकार नहीं किया जा सकता है कि निवास के नियमों का आधार निकटाभिगमन निषेध ही है। परिवार में सदस्यों की संख्या, लिंग, व्यवसाय, स्त्री एवं पुरुष का महत्त्व, सम्पत्ति, पदोत्तराधिकार आदि के कारण भी निवास के नियम प्रभावित होते हैं। जी. पी. मरडॉक (G. P. Murdock, 1897-1985) ने 6 प्रकार के निवासों का उल्लेख किया है– (1) पितृस्थानीय (**Patrilocal**), (2) मातृस्थानीय (**Matrilocal**), (3) मातृ-पितृ स्थानीय (**Matri-patrilocal**), (4) नव-स्थानीय (**Neolocal**), (5) मामा स्थानीय (**Avunculocal**) एवं (6) द्वि-स्थानीय (**Bilocal**) ।

ruling class (रूलिन्ग क्लास्) **शासक-वर्ग :** आर्थिक रूप से शक्तिशाली वर्ग, जो अपनी आर्थिक स्थिति के कारण सामाजिक जीवन के सभी पहलुओं को अपने प्रभुत्व और नियन्त्रण में रखता है।

rumour ('रूमर्) **जनप्रवाद, अफवाह :** एक प्रकार का एक ऐसा सामूहिक व्यवहार, जो गलत या विकृत सूचनाओं पर आधारित होता है तथा जो अनौपचारिक रूप में एक व्यक्ति से दूसरे व्यक्ति को, सामान्यत: मौखिक रूप में सम्प्रेषित किया जाता है। जनप्रवाद सामान्यत: ऐसे व्यक्तियों अथवा घटनाओं के सम्बन्ध में होते हैं, जिनमें जनता की गहरी रुचि होती है : देखें– **Propaganda** ।

rural community ('रुअरल् क'म्यूनटि) **ग्रामीण समुदाय :** किसी स्थानीय क्षेत्र में रहने वाले व्यक्तियों तथा संस्थाओं के बीच साहचर्य-भाव के कारण गठित समुदाय, जिसमें अधिकांश व्यक्ति सामाजिक, आर्थिक, धार्मिक और दूसरी सेवाओं का सामूहिक जीवन में उपयोग करते हैं तथा उनकी मूल प्रवृत्तियों और व्यवहार में सामान्य एकता होती है। ऐसे समुदायों का आकार छोटा, जनसंख्या का घनत्व कम एवं कृषि मुख्य व्यवसाय होता है।

rural community organization ('रुअरल् क'म्यूनटि ऑगनाइ'ज़ेशन्) **ग्रामीण सामुदायिक संगठन :** समुदाय के व्यक्तियों एवं समूहों में ऐसे सम्बन्धों को विकसित करने की प्रक्रिया, जिसके द्वारा व्यक्तियों के कल्याण करने तथा दूसरे अभिकरणों एवं संस्थाओं के प्रयत्नों द्वारा मानव-समुदाय के उच्चतम मूल्यों के स्थापन और सर्जन करने में सहायता मिलती है।

rural family ('रुअरल् 'फ़ैमलि) **ग्रामीण परिवार :** ऐसा सामाजिक समूह, जिसकी जीविका का प्रमुख आधार कृषि हो और जो मुक्त पर्यावरण में निवास करता हो। ऐसे परिवारों में विशेषत: उच्च जन्म-दर, अल्पायु में विवाह, धार्मिक कर्मकाण्डों में आस्था एवं रूढ़िवादिता होती है। इन समुदायों में संयुक्त और विस्तृत परिवारों की प्रधानता रहती है।

rural industrial community ('रुअरल् इन्'डस्ट्रिअल् क'म्यूनटि) **ग्रामीण उद्योगी समुदाय** : ऐसा ग्रामीण समुदाय, जो कृषि के साथ किसी विशेष उद्योग में भी लगा होता है। ग्रामीण समाज में लोग मात्र कृषि और पशुपालन पर ही नहीं निर्भर करते, बल्कि वहाँ छोटे-मोटे कुटीर उद्योग भी चलाये जाते हैं, जैसे– जूता, उपस्कर, मत्स्य-पालन, मुर्गी-पालन, दुग्ध उत्पादन, हथकरघा का काम आदि।

rural non-farm population ('रुअरल् नॉन् फार्म् पॉप्यु 'लेशन्) **ग्रामीण कृषिकेतर जनसंख्या** : ग्रामीण क्षेत्रों में कृषि-कर्म करनेवालों को छोड़कर अन्य सभी लोगों की जनसंख्या। इसमें वे सभी व्यक्ति आते हैं, जिनके पास अपनी भूमि नहीं होती और जो दूसरों के खेतों पर मज़दूरी करते हैं।

rural problem area ('रुअरल् 'प्राब्लम् 'अरिआ) **ग्राम्य समस्या-क्षेत्र** : वह ग्राम-क्षेत्र, जिसमें जनसंख्या, प्राकृतिक साधनों और सांस्कृतिक विकास में सामंजस्य न होने के कारण व्यक्तियों को उचित निर्वाह-स्तर प्राप्त नहीं होता और जिसके परिणामस्वरूप, उन्हें आर्थिक सुरक्षा की उपलब्धि नहीं मिलती।

rural sociology ('रुअरल् सोसि'ऑलजि) **ग्रामीण समाजशास्त्र** : देखें– **Sociology, rural**।

rural-urban continuum ('रुअरल् 'अर्बन् कन'टिन्यूअम्) **ग्राम्य-नगर अविच्छिन्नक या सातत्यक** : ग्राम्य-नगरीय भेद के सम्बन्ध में दो अवधारणाओं ग्राम्य नगरीय द्विभाजन और ग्राम्य-नगर अविच्छिन्नक का प्रयोग किया जाता है। जहाँ प्रथम अवधारणा में ग्राम्य एवं नगरीयता को नितान्त दो विपरीत प्ररूपों (ध्रुवों) में देखा जाता है, वहाँ द्वितीय अवधारणा में ग्राम्य एवं नगरीय अन्तर को दो छोरों के बीच सापेक्षिक अंशों के क्रम में देखा जाता है। प्रत्येक छोर की प्रमुख विशेषता दूसरे छोर में घुली-मिली होती है। यह अवधारणा ग्रामवासियों और नगरवासियों के बीच सामाजिक संरचना, मूल्यों, धर्म तथा दृष्टिकोण आदि की निरन्तरता को प्रकट करता है तथा इस बात पर बल देता है कि नगर एवं गाँव दोनों समूह परस्पर आबद्ध हैं। मूलतः इस धारणा का विकास सोरोकिन एवं जिमरमैन द्वारा किया गया, किन्तु इसे परिष्कृत रूप में प्रस्तुत करने का श्रेय रॉबर्ट रेडफील्ड (Robert Redfield, 1897-1958) को जाता है, जिन्होंने इसे एक निश्चित अर्थ व सन्दर्भ प्रदान किया है।

rurality (रुअ'रैलइटि) **ग्राम्यता, ग्रामीणता** : ग्रामीण विशेषताओं की वह मात्रा, जिसके अनुसार एक समुदाय में ग्रामीण अवस्था दिखाई देती है : देखें– **Urbanism**।

ruralization (रुअरलाइ'जेशन्) **ग्रामीकरण** : वह प्रक्रिया, जिसके द्वारा ग्रामीण अभिवृत्तियाँ एवं पद्धतियाँ नगरीय व्यवहार में स्वीकृत हो जाती हैं। भारत के नगरों की एक समस्या यह है कि शहरों के अन्तर्गत ग्रामीण जीवन-प्रणाली स्पष्ट रूप से दिखायी पड़ती है। जिन शहरों के इर्द-गिर्द गाँवों की घनी आबादी है, उन क्षेत्रों में शहर गाँव में प्रवेश कर गये हैं और गाँव शहर में। ग्रामीकरण इसी का नतीजा है।

rurbanization (रुअर्बनाइ'जेशन्) **ग्रामनगरीकरण** : नगरीय और ग्रामीण जीवन के संयोजन से नगरीय जनसंख्या के द्वारा ग्रामीण क्षेत्रों और छोर के गाँवों का प्रभावित होना और फलतः ग्रामीण और नगरीय विशेषताओं का मिश्रण होना ही ग्रामनगरीकरण है। इस स्थिति में न ग्रामीण और न नगरीय संस्कृति अपने वास्तविक स्वरूप में मिलती है।

ryot ('राइअट) **किसान, रैयत** : वह कृषक, जिसका सरकार के साथ सीधा करार होता था। वह जमींदार के अधीन काश्तकार न होकर राज्य को स्वयं सीधे कर देता था। जमींदारी उन्मूलन के साथ यह समाप्त हो गया है।

ryotwari ('राइअटवारी) **रैयतवाड़ी** : रैयतवाड़ी ऐसी प्रथा या क्षेत्र को कहते हैं, जिसमें रैयत सरकार के साथ सीधे करार करती है। भारत में इस प्रथा को अँगरेज़ों ने प्रारम्भ किया। यह प्रणाली मुख्यरूप से भारत के दक्षिणी क्षेत्र में प्रचलित थी। अब यह इतिहास की बात रह गयी है।

Ss

sacrament ('सैक्रमन्ट्) **संस्कार :** वैसे धार्मिक कृत्य, समारोह अथवा प्रथा, जिसे सामाजिक यथार्थ का प्रतीक समझ कर विशेष रूप से पवित्र तथा पुनीत माना जाता है। इसका सम्बन्ध व्यक्ति के धार्मिक विश्वासों से है। भारत में विवाह, नामकरण, श्राद्ध का स्वरूप धार्मिक है और इन्हें प्रमुख संस्कारों में गिना जाता है : देखें– **Samskar** ।

sacramental meal (सैक्र'मेन्टल मील्) **आनुष्ठानिक भोज :** विशेषकर ईसाई धर्म में प्रचलित भोज, जो ईश्वर के साथ तादात्म्य का प्रतीक होता है। ऐसा माना जाता है कि इसमें सम्मिलित होने वाले व्यक्ति के शरीर में ईश्वर का प्रभावकारी अन्तर्लयन हो जाता है।

sacred ('सेक्रिड्) **पवित्र, पारलौकिक :** यह जीवन के उन क्षेत्रों की ओर संकेत करता है, जो धर्म से सम्बन्धित है। धर्म के सन्दर्भ में इस शब्द का अर्थ कुछ संकीर्ण, किन्तु सुनिश्चित है। किसी संस्कृति के वे विशेषक अथवा पक्ष, जो महत्त्वपूर्ण सांस्कृतिक मूल्यों के प्रतीक स्वरूप होते हैं और उनके प्रति अत्यधिक सम्मान और भय की भावना को उत्पन्न करते हैं। ये विशेषक भौतिक एवं अभौतिक, दोनों ही प्रकार के हो सकते हैं। बी. मैलनॉफस्की (Bronislaw K. Malinowski, 1884-1942, विभिन्न हिन्दी की पुस्तकों में इस व्यक्ति के नाम का उच्चारण गलत है) के विचार में पवित्र के अन्तर्गत जादू-टोने से सम्बन्धित अनुष्ठान भी शामिल हैं, जो धार्मिक अनुष्ठानों से अलग हैं। इस प्रकार मालिनाफॉस्की की इस शब्द की परिभाषा व्यापक कोटि की है : देखें– **Sacred versus profane distinction** ।

sacred society ('सेक्रिड् सॅ'साइअटि) **धर्मरूढ़ समाज, रूढ़िगत समाज :** ऐसा समाज, जो धार्मिक विश्वासों तथा परम्परागत मानदण्डों से संचालित होता है। रॉबर्ट ई. पार्क (Robert E. Park, 1864-1944) ने 1920 में सर्वप्रथम इस शब्द का प्रयोग किया था। तब से यह शब्द समाजविज्ञान और सांस्कृतिक मानवविज्ञान के क्षेत्र में बहुत प्रचलित हो गया है। इसका अर्थ धार्मिक समाज न होकर एक ऐसा समाज होता है, जिसमें सभी व्यक्ति प्रचलित मूल्यों और व्यवहार के प्रतिमानों को ही उचित मानते हैं और उनको बनाये रखने का भरसक प्रयास करते हैं। वे यही चाहते हैं कि कोई भी नयी व्यवस्था, मूल्य, व्यवहार के प्रतिमान आदि उस समाज में न आ जायें, जिनसे कि उनका जीवन परिवर्तित हो जाये। धर्म-निरपेक्ष समाज की अपेक्षा रूढ़िगत समाज में मान्यताएँ तथा सामाजिक सम्बन्ध अधिक व्यापक, प्राकृतिक तथा निर्विरोध माने जाते हैं। प्रायः सभी आदिम तथा परम्परागत समाज धर्मरूढ़ समाज होते हैं। आधुनिकता के इस युग में ऐसे समाजों का स्थान गौण हो गया; क्योंकि आजकल प्रत्येक क्षेत्र में सामाजिक परिवर्तन को लाना उचित माना जा रहा है, भले ही उसका परिणाम कितना ही बुरा क्यों न हो।

sacred versus profane distinction ('सेक्रिड् 'व़र्सस् प्र'फ़ेन् डि'स्टिङ्क्शन्) **पवित्र बनाम लौकिक पृथक्करण :** एमिल डर्कहाइम (Émile Durkheim, 1858-1917, विभिन्न हिन्दी की पुस्तकों में इस व्यक्ति के नाम का उच्चारण गलत है) ने अपने धर्म-सम्बन्धी विचार के सन्दर्भ में पवित्र और अपवित्र अवधारणाओं की व्याख्या की है। इन दोनों अवधारणाओं के बीच अन्तर बताते हुए उन्होंने कहा है कि वे वस्तुएँ पवित्र हैं, जिन्हें धार्मिक निषेध संरक्षित और पृथक् करते हैं तथा अपवित्र वे वस्तुएँ हैं, जिन पर किसी प्रकार के निषेध लागू किये जाते हैं तथा जिन्हें पवित्र वस्तुओं से दूर रखा जाता है। अतः पवित्र घटनाओं को असाधारण मानकर उन्हें अन्य सभी वस्तुओं या घटनाओं से अलग रखा जाता है (देखें– Émile Durkheim, **The Elementary Forms of the Religious Life**, 1912) : देखें– **Profane; Sacred** ।

sadism ('सैडिज़म्) **परपीड़न रति** : मनोविज्ञान के अन्तर्गत एक मानसिक विकृति, जिसमें व्यक्ति दूसरे को पीड़ा पहुँचाकर सुख (विशेषतः यौनसुख) अनुभव करता है। यह आत्मपीड़न रति का विपरीत रूप प्रस्तुत करता है।

sagotra **सगोत्र** : एक ही गोत्र या कुल से सम्बन्ध रखने वाले लोग सगोत्र कहे जाते हैं। इसका सम्बन्ध मूलरूप से हिन्दू सामाजिक व्यवस्था से है।

saliency (सेल्'यन्सि) **सुस्पष्टता** : किसी व्यक्ति अथवा समूह की अभिव्यक्ति की प्रबलता, जिससे व्यक्ति के व्यवहार और विचारों को पहचाना जाता है।

salvation (सैल'वेशन) **मुक्ति, मोक्ष** : पाप या कर्म के फल से, जिसकी शाश्वत नरक-दण्ड, सांसारिक बन्धन, जन्म-मृत्यु के अविच्छिन्न चक्र इत्यादि के रूप में कल्पना की गई है अर्थात् सदा के लिए छुटकारा, जिसे सभी धर्मों ने अपना लक्ष्य बनाया है। हालाँकि उसके स्वरूप और उपायों के बारे में उनमें मतभेद है। हिन्दू एवं बौद्ध धर्म में मोक्ष पर काफी बल दिया गया है।

sample ('साम्पल्) **नमूना, प्रतिदर्श** : एक बृहत् क्षेत्र (समग्र) या समुच्चय का एक ऐसा अंश, जिसका चयन किसी यादृच्छिक अथवा अन्य विधि से समग्र या समुच्चय के बारे में जानकारी प्राप्त करने के उद्देश्य से किया जाता है। एक नमूना एक बृहत् समग्र का लघुतम प्रतिनिधि अभ्यांश होता है। ऐसा अनुमान किया जाता है कि चुनी गई इकाइयों में समग्र की विचाराधीन सभी विशेषताएँ विद्यमान होती हैं (देखें– Leslie Kish, **Survey Sampling**, 1965; Hubert M. Blalock Jr., **Social Statistics**, 1979; M. Straits Margaret, **Approaches to Social Research**, 1993)।

sample, biased ('साम्पल्, 'बाइअसड) **पक्षपातपूर्ण प्रतिदर्श** : देखें– **Biased sample**।

sample, snowball ('साम्पल्, स्नो 'बॉल) **हिमकंदुक नमूना** : असम्भाव्य नमूना का एक ऐसा रूप हिमकंदुक नमूना कहलाता है, जिसमें सूचनादाताओं की संख्या धीरे-धीरे बढ़ती जाती है। इस विधि को तब प्रयोग में लाया जाता है, जब अध्ययन समग्र के बारे में पूरी जानकारी नहीं होती या उत्तरदाताओं से सम्पर्क करना और उनसे जानकारी इकट्ठा करना मुश्किल हो जाता है। यह विधि हिमकंदुक की उपमा पर आधारित इसलिए है कि जिस प्रकार छोटे-छोटे बर्फ के टुकड़ों को बार-बार आपस में मिलाते रहने से उसका आकार बड़ा हो जाता है, उसी प्रकार मुख्य नमूने में इकाई बढ़ाते जाने पर उसका मूल आकार बड़ा होता जाता है।

sample distribution ('साम्पल् डिस्ट्रि'ब्यूशन्) **प्रतिचयन बंटन** : विभिन्न प्रतिदर्शी के माध्य मानों का उनकी बारम्बारताओं के अनुसार वर्गीकरण प्रतिचयन बंटन कहलाता है। प्रतिचयन बंटन दत्त परिमाण के सरल प्रतिदर्शी की एक बड़ी संख्या से परिकलित एक विशेष प्रतिदर्शी के मानों का बारम्बारता बंटन होता है तथा उस प्रतिदर्शी या नमूने में विचरण का वर्णन करता है। यह एक सतत बंटन है तथा समष्टि की प्रकृति तथा नमूने के परिमाण द्वारा निर्धारित होता है (देखें– George W. Bohrnstedt and David Knoke, **Statistics for Social Data Analysis**, 1988)।

sample drawing ('साम्पल् डॉ'इन्ग्) **प्रतिदर्श चयन** : समष्टि में से कुछ प्रतिनिधि इकाइयों के चयन की प्रक्रिया का ही नाम प्रतिदर्श चयन है। इसे बहुधा प्रायिकता **(Probability)** के सिद्धान्तों के अनुरूप लागू किया जाता है। नमूना चुनने की कई विधियाँ प्रचलित हैं, जिनमें एक विधि यादृच्छिक प्रतिचयन **(Random sampling)** की है।

sample size ('साम्पल् साइज़्) **प्रतिदर्श आकार** : नमूना में सम्मिलित कुल इकाइयों की संख्या को प्रतिदर्श आकार कहते हैं। बहुचरणी नमूने में प्रतिदर्श आकार से तात्पर्य अन्तिम चरण पूरा होने तक सम्मिलित कुल इकाइयों की संख्या से होता है। प्रतिदर्श आकार मुख्यरूप से इस बात पर निर्भर करता है कि उस समग्र का स्वरूप कैसा है, जिससे नमूने का चुनाव किया जाना है। यदि समग्र विषम-जातीय है, तो प्रतिदर्श का आकार बड़ा होगा। इसके विपरीत यदि समग्र सजातीय है, तो प्रतिदर्श का आकार काफी छोटा होगा।

sample survey ('साम्पल् सर्'वे) **नमूना सर्वेक्षण :** ऐसा सर्वेक्षण, जो किसी प्रतिचयन विधि का प्रयोग करके किया जाये । नमूना सर्वेक्षण में इस प्रकार की पूरी समष्टि के स्थान पर केवल नमूना की इकाइयों का सर्वेक्षण किया जाता है । भारत में National Sample Survey इसका उदाहरण है ।

sampling (साम्प्लिन्ग) **प्रतिचयन :** सरल शब्दों में समग्र या जनसंख्या से चुनी गई कुछ इकाइयों या अंशों को नमूना कहा जाता है और जिस प्रक्रिया से इन अंशों का चुनाव किया जाता है, उसे प्रतिचयन या प्रतिदर्श कहते हैं । इस चुनाव में यह ध्यान रखा जाता है कि चुना गया अंश समग्र का उचित प्रतिनिधित्व करनेवाला हो । एक विशिष्ट समग्र से निश्चित संख्या में व्यक्तियों, स्थितियों या निरीक्षणों के चुनाव की प्रक्रिया या पद्धति अथवा अध्ययन के लिए सम्पूर्ण समूह से उसके एक अंश का चुनना प्रतिचयन कहलाता है (देखें– Graham Kalton, **Introduction to Survey Sampling**, 1984)।

sampling, accidental (साम्प्लिन्ग, ऐक्सि'डेन्टल्) **आकस्मिक प्रतिचयन :** जब नमूना का चुनाव पूर्णतः सुविधा तथा उपलब्धता के आधार पर किया जाता है तथा प्रतिनिधित्वता पर कोई ध्यान नहीं दिया जाता, तब चुनाव की यह विधि आकस्मिक प्रतिचयन कहलाती है ।

sampling, area (साम्प्लिन्ग, 'अरिआ) **क्षेत्र-प्रतिचयन :** प्रतिचयन की एक विधि, जिसमें समग्र की कुछ व्यक्तिगत इकाइयों को न चुनकर, समग्र के किसी एक क्षेत्र को चुन लिया जाता है तथा चुने गये क्षेत्र की समस्त इकाइयों का अध्ययन किया जाता है, इसे क्षेत्र-प्रतिचयन कहते हैं । इस विधि का प्रयोग मूलतः भौगोलिक तथा कृषि सम्बन्धी विषयों के अध्ययन से प्रारम्भ हुआ, किन्तु आजकल सामाजिक विज्ञानों में भी इसका प्रयोग किया जा रहा है ।

sampling, cluster (साम्प्लिन्ग, क्लस्टर्) **सम्भाग-प्रतिचयन :** 'क्लस्टर' का शाब्दिक अर्थ 'गुच्छा' या 'समूह' है । अतः व्यक्तिगत इकाइयों के एक गुच्छे या समूह के चुनाव की विधि सम्भाग-प्रतिचयन कहलाती है । सम्भाग-प्रतिचयन और क्षेत्र-प्रतिचयन विधियों में विशेष अन्तर नहीं है । अलग-अलग सन्दर्भों में प्रयोग किए जाने के कारण, इनके नाम में अन्तर आ गया है । सम्भाग विधि में सम्पूर्ण जनसंख्या को पहले कुछ सम्भागों में विभाजित किया जाता है, तत्पश्चात् इनमें से एक निश्चित मात्रा में कुछ सम्भागों को यादृच्छिक प्रतिचयन के आधार पर चुन लिया जाता है । इन चुने हुए सम्भागों में से (प्रत्येक से) कुछ इकाइयों को या सभी इकाइयों को यादृच्छिक प्रतिचयन द्वारा चुनकर उनका अध्ययन किया जाता है ।

sampling, multi-stage (साम्प्लिन्ग, 'मॅल्टि स्टेज्) **बहुस्तरीय प्रतिचयन :** जब अन्तिम नमूने का चुनाव कई चरणों में सम्पन्न किया जाता है, तब इसे बहुस्तरीय प्रतिचयन कहते हैं । विशाल समग्र को कई समूहों, उपसमूहों तथा खण्डों आदि में विभाजित करके प्रतिचयन के प्रत्येक चरण में एकाधिक इकाइयों के समूहों के चुनाव की प्रक्रिया ही बहुस्तरीय प्रतिचयन कहलाती है । साधारण यादृच्छिक प्रतिचयन की भाँति इसमें नमूना-इकाइयों का चुनाव एक चरण में नहीं किया जाता है । विशाल समग्र में से इकाइयों का प्रत्यक्ष चुनाव करना न तो संभव है और न ही अपेक्षित । ऐसे समग्र में से प्रतिनिधिक इकाइयों के चुनाव के लिए बड़े समूहों में से कुछ समूहों को, फिर इन चुने हुए समूहों को पुनः उपसमूहों में विभाजित कर इनमें से कुछ उपसमूह चुने जाते हैं । यदि उपसमूह भी अध्ययन की दृष्टि से बड़े होते हैं, तो इन्हें पुनः विभाजित कर कुछ खण्डों को चुना जाता है । चुने हुए इन खण्डों की समस्त इकाइयाँ या फिर इनमें से भी चुनी हुई कुछ इकाइयों का आधारभूत इकाइयों के रूप में प्रयोग किया जाता है । राष्ट्रीय स्तर पर किये जाने वाले सर्वेक्षणों में सामान्यतः इस विधि का प्रयोग किया जाता है, जिसमें सर्वप्रथम प्रान्तों या प्रदेशों का, बाद में जिलों का और इन जिलों में से विकास खण्डों तथा उपखण्डों का चुनाव किया जाता है । भारत में 'नेशनल साम्पल सर्वे' (NSS) संगठन ने अपने कई अध्ययनों में इस विधि का प्रयोग किया है ।

sampling, non-probability (साम्प्लिन्ग, नॉन् प्रॉब्'बिलटि) **अप्रसम्भाव्यता प्रतिचयन :** इसके अन्तर्गत वे प्रविधियाँ आती हैं, जिनमें किसी इकाई के चुने जाने की सम्भावना न तो ज्ञात रहती है और न ही उसकी गणना की जा सकती

है । फलत: इस प्रकार के प्रतिचयन में प्रतिचयन–त्रुटि का भी आकलन नहीं किया जा सकता । इस विधि में यह भी नहीं कहा जा सकता है कि प्रत्येक इकाई के नमूना में सम्मिलित होने की कुछ–न–कुछ सम्भावना अवश्य है, भले ही वह ज्ञात न हो ।

sampling, probability (साम्प्लिन्ग, प्रॉब्'बिलटि) **प्रसम्भाव्यता प्रतिचयन :** जिसमें समग्र की प्रत्येक इकाई चुने जाने की कितनी सम्भावना है, यह ज्ञात रहती है और इसकी गणना की जा सकती है । प्रसम्भाव्यता प्रदर्शन की अनिवार्य विशेषता यह है कि समग्र की प्रत्येक इकाई के नमूने में चुने जाने की सम्भावना की गणना की जा सकती है ।

sampling, purposive (साम्प्लिन्ग, परप्'सिव) **उद्देश्यात्मक** या **निर्णयात्मक प्रतिचयन :** ऐसा नमूना जिसमें इकाइयों का चुनाव किसी उद्देश्य को ध्यान में रखकर किया जाये । शोधकर्ता के निर्णय पर आधारित होने के कारण इस विधि में समग्र की प्रत्येक इकाई को चुने जाने की सम्भावना प्राय: समाप्त हो जाती है, इसीलिए इसे निर्णयात्मक प्रतिचयन भी कहते हैं । उद्देश्यपूर्ण प्रतिदर्श के पीछे यह आधारभूत मान्यता होती है कि उचित निर्णय तथा उपयुक्त कुशलता के साथ व्यक्ति प्रतिदर्श में सम्मिलित करने हेतु उन मामलों को चुन सकता है तथा इस प्रकार ऐसे प्रतिदर्शों का विकास कर सकता है, जो उसकी आवश्यकताओं के अनुसार सन्तोषजनक है ।

sampling, quota (साम्प्लिन्ग, 'क्वोटा) **निर्दिष्टांश** या **अभ्यांश प्रतिचयन :** निर्दिष्टांश प्रतिदर्श का प्राथमिक लक्ष्य ऐसे प्रतिदर्श का चयन करना है, जो ऐसे समग्र का लघु रूप है तथा जिसका सामान्यीकरण किया जाना है । अत: इसे समग्र का प्रतिनिधित्व करनेवाला कहा गया है (देखें– Royce A. Singleton, Bruce C. Straits and Margaret M. Straits, **Approaches to Social Research**, 1993) ।

sampling, random (साम्प्लिन्ग, रैन्डम्) **यादृच्छिक प्रतिचयन :** यादृच्छिक का सामान्य तौर पर अर्थ होता है संयोगवश, लेकिन विज्ञान में इसका एक विशेष अर्थ में प्रयोग होता है, जिसका तात्पर्य पक्षपात की अनुपस्थिति होता है । यादृच्छिक नमूना ऐसा नमूना है, जो जनसंख्या की प्रत्येक इकाई का समान रूप से प्रतिनिधित्व करता है; क्योंकि इसमें समग्र की प्रत्येक इकाई के चुने जाने का समान अवसर होता है । यह सम्भवत: सबसे आधारभूत प्रसम्भाव्यता प्रतिचयन है । वैसे प्रत्येक प्रसम्भाव्यता प्रतिचयन यादृच्छिक सिद्धान्त पर आधारित होता है, किन्तु यादृच्छिक प्रतिचयन प्रसम्भाव्यता प्रतिचयन (**Probability sampling**) का सरलतम एवं मूल स्वरूप है (देखें– Graham Kalton, **Introduction to Survey Sampling**, 1984) ।

sampling, stratified (साम्प्लिन्ग, 'स्ट्रैट्इ फ़ाइड्) **स्तरित** या **वर्गीकृत प्रतिचयन :** यह विधि यादृच्छिक प्रतिचयन और सविचार प्रतिदर्श का मिश्रित रूप है । अत: इसे मिश्रित प्रतिदर्श भी कहते हैं । इस विधि का प्रयोग यादृच्छिक प्रतिचयन और सविचार प्रतिदर्श दोनों के लाभों को एकसाथ प्राप्त करने के लिए किया जाता है । इसमें सर्वप्रथम समग्र को विचारपूर्वक कई सजातीय वर्गों में विभाजित कर दिया जाता है और उसके बाद प्रत्येक वर्ग में से निश्चित संख्या में यादृच्छिक प्रतिचयन विधि से इकाइयों का चुनाव किया जाता है ।

sampling, systematic (साम्प्लिन्ग, सिसट्'मैटिक्) **नियमित प्रतिचयन :** जब किसी समग्र की समस्त इकाइयों की एक विवेकाधीन सूची में से प्रत्येक इकाई का चुनाव किया जाता है, तब इसे नियमित प्रतिचयन कहते हैं ।

sampling bias (साम्प्लिन्ग 'बाइअस्) **पक्षपातपूर्ण प्रतिचयन :** जब किसी नमूने का चुनाव इस ढंग से किया जाता है कि कुछ इकाइयों के चुने जाने या नहीं चुने जाने की सम्भावना अन्य इकाइयों की तुलना में कम या अधिक होती हैं तो उसे पक्षपातपूर्ण प्रतिचयन कहा जाता है । ऐसा नमूना समग्र का ठीक से प्रतिनिधित्व नहीं करता है । यह कई कारणों से संभव होता है । कभी तो प्रतिचयन की पद्धति दोषपूर्ण होती है या कभी अनुसन्धानकर्ता जान–बूझकर पक्षपातपूर्ण ढंग से अपने निहित स्वार्थों की पूर्ति के लिए गलत नमूनों का चुनाव अपने ढंग से करता है ।

sampling efficiency (साम्प्लिन्ग इ'फ़िश्न्सि) **नमूना क्षमता :** यह इस बात को इंगित करता है कि कोई भी

नमूना-युक्ति (**Sample design**) किसी नमूना-आकार (**Sample size**) के लिए कितनी विश्वसनीय है। नमूना-युक्ति वैसी होनी चाहिए कि चुनी गयी इकाई समस्त इकाई का सही-सही प्रतिनिधित्व कर सके। नमूना-युक्ति हमेशा इस बात से प्रभावित होती है कि समग्र या जनसंख्या में कितनी एकरूपता या विभिन्नता है (देखें– Leslie Kish, **Survey Sampling**, 1965; G. Kalton, **Introduction to Survey Sampling**, 1984)।

sampling error (साम्प्लिन्ग 'एरर्) **प्रतिचयन त्रुटि :** किसी जनसंख्या से नमूने के चयन में गलती को प्रतिचयन त्रुटि कहा जाता है। आँकड़ों में बहुत प्रकार की त्रुटियाँ हो सकती हैं। उनमें से एक त्रुटि प्रतिचयन सम्बन्धी है। जब कोई चुनी हुई इकाई अपने समग्र का ठीक से प्रतिनिधित्व नहीं करती है, तो उसे प्रतिचयन त्रुटि कहते हैं। ऐसी स्थिति में नमूना पूरी तरह जनसंख्या का प्रतिनिधित्व नहीं कर पाता है। ऐसी सम्भावना है कि नमूना-आकार (**Sample size**) जितना छोटा होगा, उसमें प्रतिचयन की त्रुटि उतनी ही अधिक होगी। कभी-कभी प्रतिचयन त्रुटि इस कारण भी हो जाती है, जब हम इकाई का चुनाव निष्पक्ष भाव से नहीं करते हैं। अतः चुनाव-पद्धति ऐसी होनी चाहिए कि किसी समग्र से सभी इकाइयों को चुने जाने की पूरी-पूरी सम्भावना रहनी चाहिए। ऐसी कई सांख्यिकी प्रविधियाँ हैं, जिनके द्वारा हम इस प्रतिचयन त्रुटि के स्तर की जानकारी प्राप्त कर सकते हैं (देखें– Leslie Kish, **Survey Sampling**, 1965; Graham Kalton, **Introduction to Survey Sampling**, 1984)।

sampling frame (साम्प्लिन्ग फ्रेम्) **प्रतिचयन रचना :** यह किसी जनसंख्या के समग्र की विभिन्न इकाइयों की एक ऐसी सूची है, जिससे वैज्ञानिक तरीके से नमूने का चुनाव किया जाता है। यह सरलतम प्रकार की प्रतिचयन रचना है। जटिल रचना के अन्तर्गत वैसी प्रविधियों को रखा जाता है, जिसके अन्तर्गत हम समग्र को विभिन्न खण्डों या श्रेणियों में बाँटकर नमूने के प्रत्येक उपखण्डों का इस प्रकार से चुनाव करते हैं कि वह समस्त जनसंख्या का प्रतिनिधित्व करता हो (देखें– Leslie Kish, **Survey Sampling**, 1965; Graham Kalton, **Introduction to Survey Sampling**, 1984)।

sampling reliability (साम्प्लिन्ग रिलाइअबिल्'इटि) **नमूना विश्वसनीयता :** किसी नमूने की अपने समग्र की विशिष्टताओं को पूर्ण रूप से प्रदर्शित करने की क्षमता या सीमा।

sampling unit (साम्प्लिन्ग 'यूनिट्) **प्रतिचयन इकाई :** समग्र का प्रत्येक तत्त्व, जो प्रतिचयन का लक्षण होता है, प्रतिचयन इकाई कहलाता है। प्रतिचयन इकाई का एक अकेला प्रतिचयन-तत्त्व हो सकता है या कई इकाइयों का एक समूह भी हो सकता है। क्षेत्र-प्रतिचयन में चुनी हुई इकाइयों का सम्पूर्ण समूह अथवा भाग प्रतिचयन इकाई होता है। इसके विपरीत, साधारण यादृच्छिक प्रतिचयन में व्यक्तिगत तत्त्व ही प्रतिचयन की इकाई होता है।

sampling universe (साम्प्लिन्ग 'यूनिवर्स) **प्रतिचयन-समग्र :** वह सम्पूर्ण समूह, जिसमें से नमूने का चुनाव किया जाता है, प्रतिचयन-समग्र अथवा जनसंख्या कहलाता है।

samskar **संस्कार** : हिन्दू धर्म में संस्कार शब्द का एक विशिष्ट अर्थ है। संस्कार का अर्थ है– 'विधिवत शुद्धि'। '**Ritual**' या '**Sacrament**' संस्कार का अँगरेजी में सही रूपान्तरण नहीं है। संस्कारों की स्थापना एवं अनुपालन का उद्देश्य-आत्मा का शुद्धिकरण करना, कठिनाइयों एवं बाधाओं को प्रभावहीन करना तथा ईश्वरीय अनुकम्पा एवं आशीर्वाद प्राप्त करना है। संस्कारों के विषय में विस्तृत तथा स्पष्ट सामग्री 'सूत्र' तथा 'स्मृति' ग्रन्थों से प्राप्त होती है। वैदिक युग में संस्कारों के प्रचलन के साहित्यिक प्रमाण हैं। इस काल में संस्कारों का पालन अनिवार्य माना जाता था। धर्मशास्त्रों के अनुसार, संस्कारों की संख्या 16 है, जो इस प्रकार हैं– गर्भाधान संस्कार, पुंसवन संस्कार, सीमतोन्नयन संस्कार, जातकर्म संस्कार, नामकरण संस्कार, निष्क्रमण संस्कार, अन्नप्राशन संस्कार, चूड़ाकर्म संस्कार, कर्णवेधन संस्कार, विद्यारम्भ संस्कार, उपनयन संस्कार, वेदारम्भ संस्कार, केशांत संस्कार, समावर्तन संस्कार, विवाह संस्कार तथा अंत्येष्टि संस्कार : देखें– **Sacrament**।

sanction ('सैन्क्शन्) **दण्ड-विधान, प्रतिबन्ध :** व्यक्ति को नैतिक आचरण के लिए प्रोत्साहित करने वाले सामाजिक

सम्मान आदि के रूप में प्राप्त पुरस्कार अथवा कर्त्तव्य के उल्लंघन या कदाचरण के लिए समाज के कानून द्वारा या प्रकृति या ईश्वर के द्वारा दिये जाने-वाले दण्ड का भय । जो लोग इसका अनुकरण करते हैं, समाज उन्हें शाबाशी देता है और जो लोग इसका उल्लंघन करते हैं, समाज उन्हें विभिन्न प्रकार से दण्डित करने का प्रयास करता है । पहले को सकारात्मक व दूसरे को नकारात्मक प्रतिबन्ध कहते हैं । दण्ड-विधान औपचारिक (Formal) एवं अनौपचारिक (Informal) दोनों हो सकता है । जुर्माना, कैद या फाँसी की सजा औपचारिक नकारात्मक दण्ड-विधान (Formal negative sanction) के उदाहरण हैं । अच्छा काम करनेवालों को कभी कोई उच्च जिम्मेदारी का पद दिया जाता है, तो कभी प्रधानमंत्री या राष्ट्रपति की ओर से किसी खास अवसर पर सम्मानित भी किया जाता है । इसे औपचारिक सकारात्मक दण्ड-विधान (Formal positive sanction) कहा जाता है (देखें– David Garland, **Punishment in Modern Society: A Study in Social Theory**, 1990) ।

sanskritization (सैन्स्क्रिट्'आइ ज़ेश्न्) **संस्कृतीकरण :** इस शब्द का प्रयोग पहली बार मैसूर नरसिम्हाचार श्रीनिवास (M. N. Srinivas, 1916-1999) ने अपनी पुस्तक (**Religion and Society Among the Coorgs of South India**, 1952) में किया था । एम. एन. श्रीनिवास ने 'संस्कृतीकरण' शब्द का प्रयोग कर्नाटक राज्य के अन्तर्गत कूर्ग लोगों के सामाजिक एवं धार्मिक जीवन में होनेवाले परिवर्तनों के विश्लेषण के लिए किया था । श्रीनिवास के अनुसार, यह वह प्रक्रिया है, जिसमें एक निम्नजाति हिन्दू या जनजाति या कोई अन्य समूह, उच्च जाति और प्राय: द्विज जातियों का अनुसरण करते हुए अपनी प्रथाएँ, विचारधारा तथा जीवनशैली परिवर्तित कर लेता है । यह सामाजिक बदलाव की ऐसी प्रक्रिया है, जिसमें हिन्दू जाति या आदि-आदिम जाति उच्च जाति की प्रथाएँ, विचारधारा, धर्मविधियाँ अपने जीवनस्तर में उतारने का प्रयत्न करती हैं, ताकि उनकी जाति का सामाजिक स्तर ऊँचा हो सके (देखें– M. N. Srinivas, **Social Change in Modern India**, 1977) ।

***sanskritization*, de-** (सैन्स्क्रिट्'आइ ज़ेश्न्, डी) **वि-संस्कृतीकरण :** वि-संस्कृतीकरण की अवधारणा का जन्म, वास्तव में, श्रीनिवास की बहु प्रसिद्ध 'संस्कृतीकरण' की अवधारणा के विपर्याय के रूप में हुआ है । इस अवधारणा का प्रयोग दो भिन्न अर्थों में किया जाता है । प्रथम अर्थ में, जब कभी उच्च जातियाँ संस्कृत ग्रन्थों में वर्णित भारतीय संस्कृति के तत्त्वों को छोड़कर पाश्चात्य जीवन-शैली को अपनाती हैं, तो उसे वि-संस्कृतीकरण कहा जाता है । दूसरे अर्थ में, जब कोई संस्कृतीकरण की प्रक्रिया से वापस लौटता है और अपनी जाति या समुदाय की जीवनशैली को बेहतर मानकर उसका अनुसरण करने लगता है, तो उसे भी वि-संस्कृतीकरण कहा जायेगा, उदाहरणस्वरूप– बहुत से दलित लोग ब्राह्मणों या हिन्दू धर्म की संस्कृति को त्यागकर अपने ही समुदाय की जीवनशैली को बेहतर या सम्मानजनक मानकर उसे अंगीकार करते हैं ।

***sanskritization*, westernization and modernization** (सैन्स्क्रिट्'आइ ज़ेश्न्, वेस्टॅर्नाइ ज़ेश्न् ऐन्ड् मॉडर्नाइ'ज़ेश्न्) **संस्कृतीकरण, पश्चिमीकरण एवं आधुनिकीकरण :** इन तीन अवधारणाओं के बीच अन्तर इस प्रकार है– संस्कृतीकरण एक ऐसी प्रक्रिया है, जिसमें निम्न हिन्दू जाति अथवा जनजाति अथवा अन्य समूह किसी उच्च और बहुधा द्विज जाति के अनुरूप अपनी प्रथाओं, कर्मकाण्डीय विचारधारा और जीवन-शैली को परिवर्तित करते हैं । भारतीय समाज और संस्कृति में अँगरेज़ों के एक सौ पचास वर्षों के शासन के फलस्वरूप आए परिवर्तन को पश्चिमीकरण कहा जाता है । इस अवधारणा में प्रौद्योगिकी, संस्थाएँ, विचारधारा और मूल्यों में विभिन्न स्तरों पर आए परिवर्तन शामिल होते हैं, जबकि आधुनिकीकरण में समानता, तर्कवाद एवं धर्मनिरपेक्षता जैसी चीज़ों पर बल दिया जाता है । आधुनिकीकरण का सम्बन्ध पाश्चात्य देशों से न होकर समस्त विश्व से है (देखें– Yogendra Singh, **Modernization of Indian Tradition**, 1973) ।

sanyasa ashrama **संन्यास आश्रम** : देखें– ***Ashrama, sanyasa*** ।

Sapir-Whorf hypothesis (सा'पिअर् हॉ:प हाइ'पॉथसिस्) **सापीर-हॉर्प प्राक्कल्पना :** इसके अन्तर्गत यह मान्यता

है कि भाषा एवं संस्कृति के विभिन्न तत्त्वों का विकास साथ-साथ होता है । लेकिन, भाषा का प्रभाव जीवन में सबसे अधिक होता है । भाषा के अभाव में संस्कृति का विकास लगभग असम्भव है ।

satisficing ('सैटिस्फ़ाइ 'सिन्ग) **सन्तोषजनक :** इस अवधारणा का प्रयोग सामान्यत: अर्थशास्त्रीय सिद्धान्त के अन्तर्गत यह स्पष्ट करने के लिए किया जाता है कि कैसे कोई व्यक्ति किसी चीज़ के बारे में निर्णय लेता है । इस सम्बन्ध में सामान्य विचार यही है कि कोई भी व्यक्ति, जो किसी चीज़ के बारे में निर्णय ले रहा होता है, उसके बारे में उसके पास सभी प्रकार की सूचनाएँ नहीं होतीं । वह आधी-अधूरी सूचनाओं के आधार पर ही निर्णय लेता है । सीमित सूचनाओं को प्राप्त कर लोग खुश हो जाते हैं और किसी चीज़ के बारे में अन्तिम निर्णय ले लेते हैं (देखें– Herbert A. Simon, **Administrative Behaviour**, 1957) ।

savagery ('सैविज़्रि) **असभ्यावस्था, प्राकृतावस्था :** बहुधा आदिम अर्थव्यवस्था वाले लोगों के लिए प्रयुक्त शब्द । मॉर्गन (L. H. Morgan, 1818-1881) के अनुसार, मानव के सांस्कृतिक उद्विकास का प्रथम चरण, जिसमें मानव मत्स्य-आखेट, पशु-आखेट तथा खाद्य संग्रहण से जीवनयापन करता था और उसके उद्योग-धन्धे अत्यन्त आदिम और सरल थे ।

scale, Bogardus social distance (स्केल्, बोगार्ड्स 'सोश्ल् 'डिस्टन्स्) **बोगार्ड्स सामाजिक दूरी पैमाना :** सामाजिक सम्बन्धों में घनिष्ठता व वैमनस्यता, घृणा व प्रेम, निकटता एवं दूरी दोनों विद्यमान होती है । सामाजिक सम्बन्धों की इस निकटता एवं दूरी को मापने के लिए समाजविज्ञानियों ने कुछ पैमाने तैयार किए हैं । इनमें से एक प्रकार का पैमाना प्रजातिक दूरी मापने के लिए इमॉरी एस. बोगार्ड्स (Emory S. Bogardus, 1882-1973) ने तैयार किया । यह एक प्रकार का क्रमांकित पैमाना **(Ordinal scale)** है । उन्होंने अपने पैमाने का एक अनुक्रम तैयार किया, जिसके एक छोर पर घनिष्ठ सामाजिक सम्बन्धों को प्रकट करने वाले कथनों को तथा दूसरे छोर पर विद्वेषपूर्ण सम्बन्धों को दर्शाने वाले कथनों को रखा । इन दोनों छोरों के बीच इस प्रकार के पाँच अन्य कथनों को चुना । बाद में, इन सातों वर्गों से बने हुए पैमाने को व्यक्तियों के सामने रखकर उनकी प्रतिक्रिया को मालूम किया ।

scale, Chapin's social status (स्केल्, चैपिन्स् 'सोश्ल् 'स्टेटस्) **चैपिन की सामाजिक स्थिति मापनी** या **पैमाना :** सामाजिक स्थिति की परिमाणात्मक माप करने के लिए स्टुअर्ट चैपिन (Stuart Chapin, 1888-1974) ने सन् 1928 में जिस पैमाने की रचना की, वह उन्हीं के नाम से प्रसिद्ध हो गया । चैपिन ने सामाजिक स्थिति के चार प्रमुख घटक बताए हैं– सांस्कृतिक उपलब्धियाँ, आय, भौतिक उपलब्धियाँ तथा समूह की क्रियाओं में सहभागिता । इन चारों को मापने के लिए चैपिन ने कई आधारों का प्रयोग किया । इन आधारों को उसने स्वैच्छिक भार प्रदान कर उनके कुल योग को ज्ञात करने का यत्न किया । यह एक प्रकार का क्रमांकित पैमाना **(Ordinal scale)** है ।

scale, interval (स्केल्, 'इन्टर्वल्) **अन्तर्वर्ती पैमाना :** अन्तर्वर्ती पैमाना क्रमांकित पैमाने का संशोधित स्वरूप है । इस पैमाने में वस्तुओं को उनकी किसी प्रमापित विशेषता के आधार पर क्रमबद्ध नहीं किया जाता, अपितु विभिन्न बिन्दुओं के अन्तराल को पैमाने पर समान भी रखा जाता है, अर्थात् माप के बिन्दुओं के मध्य बराबर की दूरी होती है । अत: इस पैमाने के द्वारा प्रमापित विशेषता की दृष्टि से विभिन्न वस्तुओं की दूरी को मालूम किया जा सकता है । थर्मामीटर अन्तर्वर्ती पैमाना का एक अच्छा उदाहरण है, जिसमें शारीरिक तापक्रम की माप सेन्टीग्रेड में की जाती है ।

scale, nominal (स्केल्, 'नॉमिन्ल्) **नामित मापनी :** यह परिमापन का सरलतम स्तर है । इस पैमाने में वस्तुओं, पदार्थों, व्यक्तियों अथवा घटनाओं को उनकी भिन्न विशेषताओं के लिए भिन्न संकेतों (जैसे कोई संख्या, नाम, लेबल आदि) का प्रयोग कर उन्हें वर्गीकृत किया जाता है । लिंग के आधार पर प्राणियों का किया गया वर्गीकरण सांकेतिक पैमाने का एक उदाहरण है । नामित माप वस्तुत: एक वर्गीकरण विधि है । इसमें केवल इतना आवश्यक है कि घटनाओं की एक से अधिक श्रेणियाँ हों, जो एक-दूसरे से पूर्णत: भिन्न एवं अलग हों । वर्गीकरण की दो प्रमुख विशेषताएँ होती हैं– विस्तार या व्यापकता एवं निरन्तरता या भिन्नता ।

scale, ordinal (स्केल्, 'ऑर्‌डिन्ल्) **क्रमांकित पैमाना :** यह पैमाना बहुत हद तक सांकेतिक पैमाने से मिलता-जुलता है । इसमें सांकेतिक पैमाने की भाँति वर्गों को समान स्तर पर प्रदर्शित न करके उनकी विशेषताओं के मूल्यों के अनुरूप क्रमबद्ध किया जाता है । सांकेतिक माप में केवल वर्गों का बोध होता है, जबकि क्रमांकित माप में वर्गों के बोध के साथ-साथ वर्गों की उच्चता-निम्नता का भी बोध होता है । इस पैमाने का प्रयोग घटनाओं को गुणात्मक रूप में क्रमबद्ध करने के लिए किया जाता है । यह श्रेणी-सूचक पैमाने का पर्यायवाची है ।

scale, point (स्केल्, 'पॉइन्ट्) **बिन्दु पैमाना :** इस प्रकार के पैमाने में प्रयोज्यों के मनोभावों को जानने के लिए कुछ शब्द अथवा स्थितियों का प्रयोग किया जाता है । इन चुने हुए शब्दों अथवा स्थितियों को एक-एक अंक प्रदान किया जाता है । प्रयोज्यों से इन शब्दों अथवा स्थितियों के प्रति अपनी प्रतिक्रिया को 'सहमति' अथवा 'असहमति' के रूप में प्रकट करने के लिए कहा जाता है । बाद में सहमति के अंकों को जोड़कर प्रयोज्यों की प्रतिक्रिया का अनुमान किया जाता है ।

scale, ranking (स्केल्, 'रैन्कइन्ग्) **श्रेणीसूचक पैमाना :** युग्ममूलक तुलनात्मक पैमाने का एक रूप, जिसमें स्वयं प्रयोज्यों को इकाइयों के युग्मों में से तुलनात्मक निर्णय के लिए कहा जाता है । इस निर्णय के आधार पर जो क्रमांकित पैमाना तैयार होता है, वही श्रेणीसूचक पैमाना कहलाता है । श्रेणीसूचक पैमाने से तात्पर्य ऐसे पैमानों से है, जो किसी श्रेणी का कुछ अन्य श्रेणियों की तुलना में स्थान निश्चित करते हों । इस प्रकार के पैमाने का एक उदाहरण होरोविज़ (Irving Louis Horowitz) द्वारा प्रजातीय पक्षपात को मापने के लिए अपनाई गई पद्धति है । यह क्रमांकित पैमाना **(Ordinal scale)** का पर्यायवाची माना जाता है ।

scale, ratio (स्केल्, 'रेशिओ) **आनुपातिक पैमाना :** ऐसा पैमाना, जिसके अन्तर्गत विभिन्न चीज़ों या प्रति-उत्तरों को एक निश्चित दूरी पर एक-दूसरे से अलग कर क्रमबद्ध किया जा सकता है । इस पैमाने के अन्तर्गत प्रारम्भिक स्थान शून्य हो सकता है, जिससे गुण एवं विभाजन की प्रक्रिया वस्तुपरक बन जाती है । इसका प्रयोग प्राकृतिक विज्ञानों में विशेष रूप से होता है । लेकिन, किसी जनसंख्या पर विचार करने के लिए लोगों की आयु या किसी वस्तु का भार मापने का पैमाना इसका उदाहरण है ।

scaling method (स्केल् 'इन्ग मे'थॅड) **मापनी प्रविधि :** यह प्रमापन या पैमाइश वस्तुओं की विशेषताओं के शब्दों या अंकों में किसी अन्य प्रतीक द्वारा निर्धारण का एक तरीका है । यह एक ऐसा तरीका है, जिसके द्वारा वस्तुओं अथवा घटनाओं को मापा जाता है, उदाहरणार्थ– मनोवृत्ति को आंकिक मूल्य प्रदान कर रुचियों के आयाम पर उसकी स्थिति को मालूम किया जाता है । इनमें युग्मित तुलना प्रविधि, पदक्रमीय प्रविधि, आँकन प्रविधि तथा समानान्तर बोध प्रविधि प्रमुख हैं । मापदण्ड प्राय: कोई योग्यता होती है अथवा व्यक्तित्व का कोई गुण, भावात्मक मूल्य, विश्वास अथवा प्रवर्तनशीलता आदि कोई मनोस्थिति होती है । लिखाई, रेखांकन अथवा लेख-रचना जैसी कोई योग्यता होती है या नेतृत्व, चातुर्य अथवा सामाजिकता जैसा कोई व्यक्तित्व गुण होता है । अधिकांश मापनी प्रविधियों की उत्पत्ति मनोभौतिकी से हुई है, परन्तु उनका विकास मनोपरीक्षण निर्माण की ओर झुका है ।

scapegoat ('स्केप्गोट्) **बलि का बकरा :** ऐसा व्यक्ति या समूह, जिसे अनुचित ढंग से किसी समस्या के लिए दोषी ठहराया जाता है (देखें– Ryan William, **Blaming the Victim**, 1971) : देखें– **Class consciousness and false consciousness** ।

scattered diagram ('स्कैटर्ड 'डाइअग्रैम्) **प्रकीर्ण आरेख पद्धति :** दो चरों वाले रैखिक सह-सम्बन्ध को दिखाने के लिए बिन्दुओं की विधि से प्रेक्षणों के आधार पर तैयार किया गया आरेख । सह-सम्बन्ध ज्ञात करने की यह विधि बिन्दुरेखा पद्धति से मिलती-जुलती है । इसमें एक चर को x- अक्ष पर और दूसरे चर को y- अक्ष पर रखा जाता है, फिर इन बिन्दुओं का समंजन करके इन्हें एक रेखा पर दिखाया जाता है । जब दो चरों के बीच में कार्यकरण सम्बन्ध स्पष्ट नहीं होता, तब जिस चर का आकलन करना होता है, उसे y अक्ष पर लिया जाता है और स्वतन्त्र चर को x - अक्ष पर ।

scavenging (स्कैव् 'इंजिन्ग) **सफाई सम्बन्धी कार्य (स्कैवैंजिंग) :** मृत पशुओं एवं पक्षियों के शवों को एकत्रित करना। परम्परागत रूप से यह कार्य अस्पृश्य जातियों के लिए निश्चित था।

scepticism; skepticism ('स्केप्टि सिज़म्) **संशयवाद :** यह मत कि पूर्ण, असंदिग्ध या विश्वसनीय ज्ञान की प्राप्ति असम्भव है अथवा किसी क्षेत्र-विशेष में (तत्त्वमीमांसीय, नीतिशास्त्रीय, धार्मिक इत्यादि) या साधन-विशेष (तर्कबुद्धि, प्रत्यक्ष, अन्तःप्रज्ञा इत्यादि) से ऐसा ज्ञान प्राप्त नहीं हो सकता।

schedule ('शेड्यूल) **अनुसूची, तालिका-प्रपत्र :** अनुसूची एक औपचारिक तालिका, एक सूचीपत्र या एक प्रपत्र है, जो परिगणना का एक माध्यम होता है। अनुसन्धान सामग्री को एकत्रित करने के लिए तैयार किए गये तालिका-प्रपत्र, पत्र, कार्ड आदि। इस प्रपत्र में अन्वेषक उत्तरदाता से सूचना पूछकर उसे स्वयं लिखता है।

schedule, document ('शेड्यूल, 'डॉक्युमन्ट्) **प्रलेखीय अनुसूची :** लिखित स्रोतों से प्राप्त मूक तथ्यों के संकलन हेतु जिस तालिका या सूची का प्रयोग किया जाता है, वह प्रलेखीय अनुसूची कहलाती है। व्यक्तिगत इतिहास, आत्मकथा, डायरी, सरकारी, गैर-सरकारी दस्तावेज आदि लिखित स्रोतों के उदाहरण हैं।

schedule, institutional ('शेड्यूल, इन्स्टि'ट्यूशन्ल्) **संस्थात्मक अनुसूची :** संस्थाओं के आन्तरिक एवं बाह्य कार्यकलापों अथवा समस्याओं के अध्ययन में प्रयोग की जाने वाली तालिका संस्थात्मक अनुसूची कहलाती है।

schedule, interview ('शेड्यूल, 'इन्टर् व्यू) **साक्षात्कार अनुसूची :** क्रमबद्ध प्रश्नों की एक ऐसी तालिका, जिसका प्रयोग प्रत्यक्ष साक्षात्कार की स्थिति में शोध-सूचनाएँ एकत्रित करने के लिए किया जाता है, साक्षात्कार अनुसूची कहलाती है। यह ध्यान देने की बात है कि साक्षात्कार अनुसूची, प्रश्नावली (**Questionnaire**) से भिन्न होती है। प्रश्नावली एक अनुसूची है जिसके अन्तर्गत प्रश्नों के उत्तर स्वयं सूचनादाता द्वारा अंकित किये जाते हैं, जबकि साक्षात्कार अनुसूची के अन्तर्गत उत्तर सूचनादाता से पूछकर अनुसन्धानकर्ता द्वारा भरे जाते हैं। अनुसूची प्रश्नों की एक सूची होती है, जबकि निर्देशिका शोध-प्रसंगों तथा निर्देशों की एक बिन्दु-सूची होती है। दोनों की रचना में फर्क होता है।

schedule, observation ('शेड्यूल, ऑब्ज़र्'वेशन्) **अवलोकन अनुसूची :** इस प्रकार की अनुसूची का प्रयोग अध्ययनकर्ता अपने अवलोकन को लिखने के लिए करता है। इसमें वह सूचनादाता से प्रश्न नहीं पूछता है, वरन् घटनाओं का अवलोकन कर स्वयं ही प्रश्नों के उत्तरों को भर देता है। एक प्रकार से यह अवलोकन पथ-प्रदर्शिका का काम करता है।

scheduled area ('शेड्यूल्ड 'अरिआ) **अनुसूचित क्षेत्र :** भारतीय संविधान के अध्यादेश 244 के पाँचवें अनुच्छेद द्वारा निर्दिष्ट क्षेत्र, जिन्हें विशेष प्रशासकीय व्यवस्था एवं सुविधाएँ प्रदान करने के लिए अनुसूचित किया गया था।

scheduled castes ('शेड्यूल्ड कास्ट्स्) **अनुसूचित जातियाँ :** विशेष सुविधा प्रदान करने हेतु भारतीय संविधान के अनुच्छेद 330 के अन्तर्गत निर्दिष्ट जातियाँ। हिन्दू समाज के निम्नतम स्तर की आनुष्ठानिक रूप से निम्न जातियाँ, जिन्हें उच्च जातियाँ अछूत मानती हैं। सामान्यतः अनुसूचित जातियों को अस्पृश्य जातियाँ भी कहा जाता है। अतः इसकी परिभाषा अस्पृश्यता के आधार पर भी की गयी है। साधारणतः अनुसूचित जाति का अर्थ उन जातियों से लगाया जाता है, जिन्हें धार्मिक, सामाजिक, आर्थिक और राजनीतिक सुविधाएँ दिलाने के लिए जिनका उल्लेख संविधान की अनुसूची में किया गया है। इन्हें अछूत जातियाँ, दलित वर्ग, बाहरी जातियाँ और हरिजन आदि नामों से भी पुकारा जाता है, लेकिन वे लोग अपने को दलित कहलाना ही ज्यादा उचित समझते हैं। अनुसूचित जातियों को ऐसी जातियों के आधार पर परिभाषित किया गया है, जो घृणित पेशों के द्वारा अपनी आजीविका अर्जित करती हैं। किन्तु अस्पृश्यता के निर्धारण का यह सर्वमान्य आधार नहीं है। इसका कारण यह है कि अनेक ऐसी जातियाँ भी हैं, जो घृणित व्यवसाय में लगी हुई नहीं हैं, फिर भी उन्हें संवैधानिक रूप से अनुसूचित जाति माना जाता है। अस्पृश्यता का सम्बन्ध प्रमुखतः पवित्रता एवं अपवित्रता की धारणा से है। संविधान में राज्य-सेवाओं में नियुक्तियों, लोकसभा और राज्यों की विधान-सभाओं में स्थानों के आरक्षण के मामलों में अनुसूचित जातियों और अनुसूचित आदिम जातियों के बारे में कुछ विशेष उपबन्ध

किये गये हैं। संविधान में इन वर्गों के लिए कुछ विशेष परित्राणों की व्यवस्था की गई है। इन वर्गों के हितों की रक्षा के लिए एक विशेष आयुक्त की भी व्यवस्था है। उसका प्रतिवेदन संसद के दोनों सदनों के सम्मुख रखा जाता है (देखें– K. S. Singh, **The Scheduled Castes**, 1999) : देखें– ***Dalit***।

scheduled tribes ('शेड्यूल्ड ट्राइबस्) **अनुसूचित जनजातियाँ** : भारतीय संविधान के अनुच्छेद 342 के अन्तर्गत निर्दिष्ट जातियाँ। किसी जनजाति का एक सामान जैविक, पौराणिक पूर्वज होता है। वह एक निश्चित भू-भाग पर रहती है, उसका सामान इतिहास होता है, एक सामान बोली होती है और अपना धर्म होता है। भारत के आदिवासियों के सम्बन्ध में बहुत ही कम जानकारी उपलब्ध है। वेदों में 'द्रविड़' अथवा 'पूर्व द्रविड़' नामक लोगों का उल्लेख मिलता है। बहुत दिनों से इस बात की जानकारी की जा रही है कि जनजातियाँ कौन-कौन से हैं। सन् 1901 की जनगणना से लगातार इसके सम्बन्ध में खोज की जा रही है। उनमें आदिवासियों, आदिम जातियों व आदिम जनजातियों तथा अन्य जनजातियों आदि का तो उल्लेख है, परन्तु उनसे जनजातियों की परिभाषा व वर्गीकरण के सम्बन्ध में कोई निश्चित निष्कर्ष नहीं निकाला जा सकता है। जनजातियाँ यद्यपि भारत के लगभग सभी राज्यों में पायी जाती हैं, परन्तु झारखण्ड, छत्तीसगढ़, असम, उड़ीसा और मध्यप्रदेश में काफी संख्या में हैं। भारत की प्रमुख जनजातियाँ तथा उनका वितरण इस प्रकार है– (1) भील– छत्तीसगढ़, मध्यप्रदेश, महाराष्ट्र, राजस्थान तथा गुजरात; (2) गोंड– छत्तीसगढ़, मध्यप्रदेश, महाराष्ट्र, आन्ध्रप्रदेश, गुजरात व उड़ीसा; (3) संथाल– झारखण्ड, उड़ीसा तथा पश्चिमी बंगाल; (4) ओराँव– झारखण्ड, उड़ीसा, पश्चिमी बंगाल तथा मध्यप्रदेश; (5) मीना– छत्तीसगढ़ तथा राजस्थान; (6) मुन्डा– झारखण्ड, छत्तीसगढ, उड़ीसा तथा पश्चिम बंगााल; (7) खोंड– झारखण्ड, उड़ीसा, छत्तीसगढ़ तथा पश्चिम बंगाल; (8) हो– झारखण्ड, उड़ीसा तथा पश्चिम बंगाल; (9) नागा– नागालैंड तथा अन्य उत्तर-पूर्वी राज्यों में (देखें– K. S. Singh, **The Scheduled Tribes**, 1997)।

schema ('स्कीम्अ॒) **आकार, साँचा** : इस शब्द का प्रयोग मुख्यत: दो अर्थों में किया जाता है– (1) सत्ता मीमांसा में हमारे अनुभवों पर उन आकारों का प्रयोग, जिनसे वस्तुओं का ज्ञान होता है। (2) ज्ञानमीमांसा में उन अवधारणाओं का उपयोग, जिनसे हमारे अनुभव के विषय सुसम्बद्ध और आकारित होते हैं।

schism ('सिज़म्) **मत विभाजन, मतभेद, पृथकता** : इस शब्द का प्रयोग मुख्यत: दो अर्थों में किया जाता है– (1) किसी समुदाय अथवा संस्था में मत का विभाजन, जिससे उपवर्ग और पृथकता की सम्भावना होती है। (2) उपवर्ग का यथार्थ पृथकत्व।

schizophrenia (स्किट्सो 'फ़्रीनिआ) **मनोविदलता, खण्डित मनस्कता** : यह एक प्रकार की मनोविक्षिप्ति है। उग्र विभ्रान्तियाँ और भ्रमासक्तियाँ, विकृत चिन्तन, उग्र उदासीनता, स्वलीनता, एकान्तप्रियता और समाज विमुखता, रागात्मकता का तीव्र अभाव इत्यादि इसकी प्रमुख विशेषताएँ हैं। इसके दो प्रमुख कारण हैं– पहला आनुवंशिक और दूसरा जीवन में कुछ ऐसी परिस्थितियाँ उत्पन्न हो जाती है जिनसे किशोर या किशोरियों में मनोविदलता की समस्या उत्पन्न हो जाती है। आमतौर पर इस रोग का इलाज बहुत कठिन है, लेकिन प्रयास जारी है।

scholasticism (स्कॅ'लैस्टि सिज़म्) **पांडित्यवाद, स्कॉलेस्टिकवाद** : एक वैचारिक आन्दोलन या चिन्तन-पद्धति, जिसका पश्चिमी यूरोप में नौवीं शताब्दी के बाद से सत्रहवीं शताब्दी के पहले तक प्रभाव रहा। इसमें ईसाई धार्मिक सिद्धान्तों की प्रधानता रही और उन्हीं की सीमाओं के अन्दर रहते हुए दार्शनिक समस्याओं का समाधान खोजा गया।

school, kindergarten (स्कूल्, किन्‌डॅगार्टन) **किन्डरगार्टन स्कूल, बालविहार** : किन्डरगार्टन स्कूल का विकास फ्राबेल (Friedrich Wilhelm August Froebel, 1782–1852) ने 1840 था। किन्डरगार्टन का अर्थ बाग है, ऐसा बाग जिसमें पेड़-पौधों के स्थान पर 3 से 7 साल तक के बच्चे फूलते-फलते हैं। फ्रॉबेल छोटे-छोटे बच्चों की शिक्षा के लिए किसी संस्थान को स्कूल का नाम नहीं देना चाहते थे। अत: ऐसे स्कूल को उन्होंने यूरिका किन्डरगार्टन का नाम दिया। फ्रॉबेल के मतानुसार किन्डरगार्टन (बालोद्यान) एक ऐसी शिक्षा संस्था है, जहाँ बालक के क्रिया-कलाप, खोज

तथा निर्माण सम्बन्धी सहज वृत्तियों को सुधारकर उसमें मानवजीवन तथा राष्ट्र के पारिवारिक जीवन का विकास किया जा सके; क्योंकि बालक मानवता तथा राष्ट्र के पारिवारिक जीवन का एक सदस्य होता है। यहाँ स्वयं-प्रशिक्षण, स्वयं-शिक्षण, मानवजाति का स्वयं-सुधार तथा व्यक्ति का बहुमुखी विकास खेल के माध्यम से कराया जाता है।

school, nursery (स्कूल्, 'नर्सरि) **नर्सरी स्कूल :** नर्सरी एक ऐसी भूमि या स्थान को कहते हैं, जहाँ शिशु पौधों को उगाया, सींचा और उनका देख-भाल किया जाता है, जिससे वे कल के स्वस्थ वृक्ष के रूप में बढ़ सकें। जो पौधों के लिए सच है, वही छोटे बच्चों के लिए भी सच है। नर्सरी में पौधों की देख-भाल होती है, तो नर्सरी स्कूल में छोटे बच्चों की। वैसे तो नर्सरी शिक्षा गर्भाधान के समय से ही आरम्भ हो जाती है, जिसे 'भ्रूण शिक्षा' कहते हैं। भ्रूण शिक्षा वास्तव में गर्भिणी की ही शिक्षा होती है। नर्सरी शिक्षा की दूसरी अवस्था शिशु के जन्म से लेकर दो वर्ष तक की समझी जानी चाहिए, जब बालक माता-पिता की गोद से बाहर आ जाता है। दो वर्ष से पाँच छह वर्ष तक नर्सरी स्कूल की आवश्यकता पड़ती है।

school, public (स्कूल्, 'पब्लिक्) **पब्लिक स्कूल :** इस शब्द का प्रयोग आमतौर पर दो अर्थों में होता है। पाश्चात्य देशों में सरकारी विद्यालयों को पब्लिक स्कूल कहा जाता है, जबकि भारत या अन्य देशों में निजी विद्यालयों को पब्लिक स्कूल कहा जाता है। इन स्कूलों में शिक्षाशास्त्रियों को अपने स्वप्न पूरे होते दिखायी देते हैं। नवीनतम शिक्षा साधनों एवं उपकरणों से सुसज्जित इन स्कूलों में शिक्षा-सिद्धान्तों तथा विधियों का उपयोग करने की पूरी सुविधा होने के कारण बालक के शारीरिक, मानसिक एवं नैतिक विकास की समुचित व्यवस्था होती है। यहाँ योग्यतम शिक्षकों को विद्यार्थी की व्यक्तिगत जानकारी रहती है और उसके विकास पर व्यक्तिगत रूप से ध्यान दिया जाता है। स्कूल के अधिकारी पूर्णतया स्वायत्त एवं स्वतन्त्र होते हैं। इमारत, शिक्षा उपकरण, खेल के मैदान, पुस्तकालय, प्रयोगशाला आदि किसी चीज़ का भी अभाव नहीं होता है। फिर भी इन स्कूलों का जैसा नाम है, वैसा स्वरूप नहीं है। ये केवल धनिक वर्गों के लिए ही होते हैं। इनका व्यय इतना होता है कि निर्धन छात्र तो इनमें प्रवेश पा ही नहीं सकता। यहाँ प्रश्न योग्यता का नहीं, खर्च उठाने की क्षमता का होता है।

school class (स्कूल् 'क्लास्) **विद्यालय वर्ग :** विद्यालयों के अन्तर्गत शिक्षा के स्तर पर विद्यार्थियों को कई श्रेणियों में बाँट दिया जाता है। बालक और बालिकाएँ धीरे-धीरे एक वर्ग से दूसरे वर्ग में जाते रहते हैं। इस प्रकार की स्कूली व्यवस्था से बच्चों को सीखने में आसानी होती है तथा ज्ञान के क्षेत्र में कुछ हासिल करने पर एक प्रकार की सन्तुष्टि की भावना होती है।

science ('साइन्स्) **विज्ञान :** प्रेक्षण, अध्ययन तथा परीक्षण से हासिल हुआ व्यवस्थित ज्ञान। वैज्ञानिक ज्ञान का परीक्षण किया जा सकता है, प्रमाणित अथवा सिद्ध किया जा सकता है। विज्ञान का सम्बन्ध पद्धति से है, न कि विषय-वस्तु से। विज्ञान के अन्तर्गत छः प्रमुख प्रक्रियाएँ पायी जाती हैं, जैसे– परीक्षण (Testing), सत्यापन (Verification), परिभाषा (Definition), वर्गीकरण (Classification), संगठन (Organization) तथा अभिविन्यास (Orientation)। विज्ञान का आधार कभी विश्वसनीय नहीं होता है (देखें– Robert K. Merton, **The Sociology of Science: A Selective Review**, 1973; Barry Barnes, **About Science**, 1985)।

science, applied ('साइन्स्, अॅ'प्लाइड) **व्यावहारिक विज्ञान :** ज्ञात वैज्ञानिक सिद्धान्तों का व्यावहारिक समस्या के समाधान में प्रयोग व्यावहारिक अथवा अनुप्रयुक्त विज्ञान कहलाता है। इसमें ज्ञानार्जन उपयोगितावादी दृष्टिकोण से किया जाता है।

science, pure ('साइन्स्, प्युअर्) **विशुद्ध विज्ञान :** 'ज्ञान के लिए ज्ञान' के उद्देश्य से प्रेरित वैज्ञानिक अन्वेषण को विशुद्ध विज्ञान कहते हैं। इस प्रकार के अन्वेषणों का समस्याओं अथवा अन्य व्यावहारिक प्रयोगों के लिए कोई तात्कालिक महत्त्व नहीं होता। विशुद्ध विज्ञान का प्रमुख कार्य ज्ञान के विद्यमान भण्डार में वृद्धि तथा परिष्करण करना है।

science, sociology of ('साइन्स्, सोसि'ऑलजि ऑव्) **विज्ञान का समाजशास्त्र** : देखें– **Sociology of science** ।

scientific communism (साइअन् 'टिफ़िक् 'कॉम्यु निज़म्) **वैज्ञानिक साम्यवाद** : मार्क्सवादियों के अनुसार, साम्यवाद (**Communism**) की निम्न विशेषताएँ बतायी गई हैं– (1) यहाँ राज्य समाप्त हो जाता है, (2) यहाँ वर्ग समाप्त हो जाता है; क्योंकि निजी पूँजी की पूर्ण रूप से समाप्ति हो जाती है, (3) यहाँ प्रत्येक व्यक्ति को उसकी आवश्यकता के अनुसार वस्तुएँ प्राप्त होती हैं, (4) इसमें मनुष्य को सभी क्रियाओं में भाग लेने के लिए प्रेरित किया जाता है, (5) इस समाज की स्थिरता नैतिकता पर आधारित होती है । (6) यहाँ पर प्रत्येक व्यक्ति नैतिक जिम्मेदारी के साथ कार्य करता है, (7) यहाँ पर सभी प्रकार के विरोधाभास समाप्त हो जाते हैं । अतः साम्यवाद का अर्थ है प्रकृतिवाद तथा मानवतावाद । कार्ल पॉपर् (Karl R.Popper, 1902-1994) के अनुसार, साम्यवाद कार्ल मार्क्स का एक सपना है, जो पूरा नहीं हो सकता ।

scientific empiricism (साइअन् 'टिफ़िक् इम्'पिरि सिज़म्) **वैज्ञानिक इन्द्रियानुभववाद** : एक दार्शनिक आन्दोलन, जिसका तार्किक प्रत्यक्षवाद से प्रादुर्भाव हुआ, परन्तु जिसमें कुछ अन्य सम्प्रदाय और व्यक्ति भी शामिल हैं । इसे 'विज्ञान की एकता का आन्दोलन' भी कहा जाता है । इसका तार्किक प्रत्यक्षवाद से पूर्ण मतैक्य है, परन्तु यहाँ विज्ञान की एकता के ऊपर विशेष बल दिया गया है । वह विज्ञान की भाषा में तार्किक एकता मानता है । विज्ञान की विभिन्न शाखाओं के संप्रत्यय मूलतः भिन्न प्रकार के नहीं हैं, बल्कि एक तन्त्र में संगठित हैं । इसका एक व्यावहारिक उद्देश्य विभिन्न विज्ञानों में प्रयुक्त शब्दावलियों में और अधिक सामंजस्य स्थापित करना है तथा विज्ञान का इस प्रकार विकास करना इसका लक्ष्य है कि भविष्य में परस्पर सम्बन्ध आधारभूत नियमों का एक तन्त्र प्राप्त हो सके, जिससे विभिन्न विज्ञानों के विशेष नियम निगमित किये जा सकें ।

scientific explanation (साइअन् 'टिफ़िक् एक्स्प्ल'नेशन्) **वैज्ञानिक व्याख्या** : लोकप्रसिद्ध व्याख्या के विपरीत वह व्याख्या, जो तथ्यों को नियमों के अन्तर्गत तथा नियमों को और अधिक व्यापक और आधारभूत नियमों के अन्तर्गत लाती है तथा अलौकिक बातों का आश्रय नहीं लेती । यह एक ऐसी व्याख्या है, जो इन्द्रियानुभववाद पर आधारित होती है ।

scientific hypothesis (साइअन् 'टिफ़िक् हाइ'पॉथ़िसिस्) **वैज्ञानिक प्राक्कल्पना** : देखें– **Legitimate hypothesis** ।

scientific induction (साइअन् 'टिफ़िक् इन्'डक्शन्) **वैज्ञानिक आगमन** : वह आगमन, जिसमें प्रकृति की एकरूपता और कारण-नियम में विश्वास रखते हुए घटनाओं के प्रेक्षण और प्रयोग के द्वारा कोई वास्तविक सर्वव्यापी प्रतिज्ञप्ति स्थापित की जाती है । यदि कारण-नियम और प्रयोग का आश्रय न लिया जाये, तो आगमन अवैज्ञानिक माना जाता है : देखें– **Inductivemethod** ।

scientific management (साइअन् 'टिफ़िक् 'मैनिज्मन्ट्) **वैज्ञानिक प्रबन्धन** : किसी कार्य को अत्यधिक कुशलता से सम्पादन हेतु कार्य करने के तरीकों का व्यवस्थित रूप में विश्लेषण के प्रयास को वैज्ञानिक प्रबन्धन कहते हैं । इस सिद्धान्त का प्रतिपादन फ्रिडरिक टेलर (Frederick W. Taylor, 1856-1915) ने कारखाना संगठन और मालिक-मज़दूर सम्बन्धों को नवीन आयाम देने के लिए किया था, जो बाद में 'टेलरवाद' (**Taylorism**) के नाम से भी प्रसिद्ध हुआ । टेलर ने मानव-शरीर को एक मशीन की भाँति माना और इसके प्रयोग के अत्यधिक कुशल तरीके मालूम करने के लिए उसने समय और गति का अध्ययन किया । कार्य की इस नवीन प्रणाली के अनुसार, सर्वाधिक कुशल उपलब्ध मज़दूरों का चयन किया जाता है, उन्हें इतना ऊँचा वेतन दिया जाता है कि वे छोड़कर अन्यत्र कहीं न जायें । साथ ही कार्य करने के तरीकों का मानकीकरण किया जाता है तथा कारखाने के सम्पूर्ण कार्यों का योजनाबद्ध रूप में संचालन किया जाता है (देखें– Frederick Winslow Taylor, **The Principles of Scientific Management**, 1911) ।

scientific method (साइअन् 'टिफ़िक् मे'थ़ॅड) **वैज्ञानिक विधि** : ज्ञान प्राप्त करने की एक ऐसी विधि, जिसमें तथ्यों का व्यवस्थित अवलोकन, परीक्षण, सामान्यीकरण तथा सत्यापन किया जाता है, वैज्ञानिक विधि कहलाती है । वैज्ञानिक विधि ज्ञान प्राप्त करने की अन्य सभी विधियों से इस आधार पर भिन्न है कि इसमें ठोस आनुभविक परीक्षणों पर बल

दिया जाता है। वैज्ञानिक विधि की मान्यता है कि प्रत्येक कार्य का एक निश्चित कारण होता है और कारण में अनुभवात्मक ज्ञान से कार्य का निगमन या उसकी भविष्यवाणी की जाती है। वैज्ञानिक विधि एक तदर्थ प्राक्कल्पना से प्रारम्भ होती है, जो किसी घटना की व्याख्या करती है।

scientific revolution (साइअन्'टिफ़िक् रेव्'लूश्न्) **वैज्ञानिक क्रांति :** वैज्ञानिक क्रांति से तात्पर्य एक ऐसी प्रक्रिया से है, जिसमें एक सैद्धान्तिक परिप्रेक्ष्य या वैचारिक रूपांकन को किसी दूसरे परिप्रेक्ष्य द्वारा अस्वीकार या नकार दिया जाता है और उसका स्थान दूसरे परिप्रेक्ष्य/पराडाइम द्वारा ग्रहण कर लिया जाता है। यह तभी संभव होता है, जब इतने नये वैज्ञानिक ज्ञान तथा उपलब्धियाँ एकत्रित हो जाती हैं कि जिनके आधार पर पूर्व संचित ज्ञान सम्बन्धी भ्रान्तियों और विरोधाभासों को गलत सिद्ध किया जा सके या उनपर नया प्रकाश डाला जा सके। सन् 1970 में टी. एस. कुन (Thomas S. Kuhn, 1922-1996– **The Structure of Scientific Revolutions**) ने वैज्ञानिक ज्ञान की प्रक्रिया की अपनी विवेचना में इसका सविस्तार वर्णन किया है।

scientific socialism (साइअन्'टिफ़िक् 'सोश लिज़्म्) **वैज्ञानिक समाजवाद :** समाजवाद का वह रूप, जो ऐतिहासिक विश्लेषण के वैज्ञानिक नियमों पर आधारित है। वस्तुतः मार्क्सवाद के समर्थक अपने सिद्धान्त को वैज्ञानिक समाजवाद की संज्ञा देते हैं; क्योंकि उनका विचार है कि ऐतिहासिक विकास के क्रम में जो वर्ग संघर्ष चलता रहा, उसके परिणामस्वरूप आधुनिक युग की परिस्थितियों में समाजवाद की स्थापना अवश्यम्भावी है।

Scottish enlightenment ('स्कॉटिश् इन्'लाइटॅनमन्ट्) **स्कॉटिश नवजागरण :** 18वीं से 19वीं सदी के बीच स्कॉटलैंड के अन्तर्गत द्रुत गति से आर्थिक प्रगति हुई, जिसके परिणामस्वरूप वहाँ की संस्कृति, नैतिक एवं समाज-दर्शन एवं राजनीतिक अर्थव्यवस्था में भारी परिवर्तन संभव हुआ। स्कॉटिश समाज में एक प्रबोध की लहर दौड़ पड़ी। इसे ही स्कॉटिश नवजागरण के नाम से जाना जाता है।

screening instruments ('स्क्रीन्इन्ग् इ 'न्स्ट्रमनट्स) **पृथक्करण उपकरण, छँटाई उपकरण :** चिकित्साशास्त्र के अन्तर्गत विभिन्न प्रकार की बीमारियों के बारे में तहकीकात करने के लिए कुछ ऐसे उपकरण प्रयोग किये जाते हैं, जिसमें स्वास्थ्य सम्बन्धी काफी प्रश्न दिये रहते हैं। उन प्रश्नों के उत्तर के माध्यम से व्यक्तियों के स्वास्थ्य के बारे में जानकारी प्राप्त की जाती है। सामान्य स्वास्थ्य प्रश्नावली (General Health Questionnaire) इसका एक उदाहरण है।

seasonal employment ('सीज़न्ल् इम्'प्लॉइमन्ट्) **मौसमी रोज़गार :** वह स्थिति है, जिसमें साल के कुछ महीने ही परन्तु नियमित रूप से वार्षिक चक्रों में रोज़गार के अवसर मिलते हैं। प्रत्येक मौसम में श्रमिकों को समान रूप से काम उपलब्ध नहीं होता, जैसे कि गर्मी के मौसम में ग्रामीण क्षेत्रों में मज़दूरों को बेकार बैठना पड़ जाता है और वे काम की तलाश में शहर चले जाते हैं। दूसरे शब्दों में रोज़गार हर साल कुछ महीने ही उपलब्ध होता है और यह मुख्यरूप से कृषि में घटित होता है।

second industrial revolution ('सेकन्ड् इन्'डस्ट्रिअल् रेव्'लूश्न्) **द्वितीय औद्योगिक क्रांति :** प्रथम औद्योगिक क्रांति यूरोप में 18वीं शताब्दी के अन्तिम चरण में तथा 19वीं शताब्दी के आरम्भिक चरण में हुई। द्वितीय औद्योगिक क्रांति की शुरूआत 19वीं सदी के अन्तिम चरण में तथा 20वीं सदी के प्रारम्भिक चरण में अमरीका तथा यूरोप के देशों में हुई। इस क्रांति की प्रमुख विशेषताएँ उद्योग में अधिकाधिक स्वचालित तथा अत्याधुनिक मशीनों का प्रयोग, ऊर्जा के रूप में बिजली तथा अणुशक्ति का प्रयोग, संयुक्त निगमों की स्थापना, व्यापार एवं वाणिज्य में परिष्कृत बाज़ार प्रणाली का प्रयोग आदि शामिल हैं : देखें– **Industrial revolution** ।

second world ('सेकन्ड् वर्ल्ड्) **दूसरी दुनिया :** ऐसे साम्यवादी देश, जो औद्योगिक रूप से काफी विकसित हों, जैसे– रूस, हंगरी, यूगोस्लाविया आदि : देखें– **World, first; World, third** ।

second world societies ('सेकन्ड् वर्ल्ड् सॅ'साइअटिज़्) **दूसरी दुनिया का समाज :** इस प्रकार के समाज की उत्पत्ति

20वीं सदी के दूसरे दशक में मानी जाती है। विद्वानों का कहना है कि इसकी उत्पत्ति 1917 की रूसी क्रांति के बाद हुई। इस अवस्था में जीविकोपार्जन का मुख्य साधन कृषि और उद्योग दोनों है। अर्थव्यवस्था का नियन्त्रण राज्य के हाथ में होता है। राज्य वर्ग-विभाजन को स्वीकार नहीं करता; क्योंकि इसे वर्ग-शोषण और सामाजिक संघर्ष का एक आधार माना जाता है। इसके अन्तर्गत वे तमाम साम्यवादी देश आते हैं, जो विकसित देशों की श्रेणी में शुमार किये जाते हैं। लेकिन, चीन साम्यवादी देश होते हुए भी इस समाज का उदाहरण नहीं माना जाता है; क्योंकि वह अभी उतना विकसित नहीं हो पाया है।

secondary contact ('सेकन्डरि 'कॉन्टैक्ट्) **गौण सम्पर्क** : व्यक्तित्व के समीप पक्ष के आधार पर निर्मित सामाजिक सम्पर्क, जिसमें घनिष्ठता का अभाव होता है।

secondary data ('सेकन्डरि 'डेटा) **द्वितीयक आँकड़े** : देखें– **Data, secondary; Data, primary**।

secondary deviance ('सेकन्डरि 'डीविअन्स्) **द्वितीयक विसामान्यता** : ऐसा विसामान्य व्यवहार, जिसे कोई व्यक्ति भूले-भटके में नहीं अपनाता, बल्कि जान-बूझकर अपनाता है, जैसे– नशीले पदार्थों के सेवन की आदत। जब समाज किसी व्यक्ति के विचलनकारी व्यवहार पर नियन्त्रण रखने की कोशिश करता है या विचलनकारी व्यक्ति का उसपर लेबल लग जाता है, तो वैसी स्थिति में वह विचलनकारी व्यवहार करने लगता है : देखें– **Deviance**।

secondary education ('सेकन्डरि एजु 'केश्न्) **माध्यमिक शिक्षा** : माध्यमिक शिक्षा वह है, जो 14-18 वर्ष की आयु के विद्यार्थियों को उच्च शिक्षा तथा कार्य के संसार में प्रवेश के लिए तैयार करती है। भारत में आठवीं, नौवीं एवं दसवीं कक्षा की शिक्षा को माध्यमिक शिक्षा की श्रेणी में रखा जाता है।

secondary group ('सेकन्डरि ग्रूप्) **द्वितीयक समूह** : देखें– **Group, secondary; Group, primary**।

secondary labour-market ('सेकन्डरि 'लेबर् 'मार्किट्) **द्वितीय श्रम-बाज़ार** : यह ऐसा श्रमिक बाज़ार है, जहाँ सेवाओं का स्वरूप अस्थायी तथा मज़दूरी न्यूनतम होती है। आमतौर पर वे अनौपचारिक श्रमिक की तरह होते हैं, जैसे– टैक्सी ड्राइवर, अस्थायी किरानी, रेस्तराँ कर्मचारी, दुकानों में काम करने वाले श्रमिक, निजी स्कूलों में काम करने वाले शिक्षक, चिकित्सकों के निजी सहायक आदि।

secondary relative ('सेकन्डरि 'रेलटिव्) **द्वितीयक सम्बन्धी** : किसी व्यक्ति के प्राथमिक सम्बन्धी के प्राथमिक सम्बन्धी उसके द्वितीयक सम्बन्धी कहलाते हैं, जैसे– दादा, दादी, चाचा, ताऊ, नाना, नानी, साला, मामा आदि। जी. पी. मरडॉक (G. P. Murdock, 1897-1985) के अनुसार, एक व्यक्ति के 33 अलग प्रकार के द्वितीयक सम्बन्धी हो सकते है : देखें– **Primary kin; Primary relations**।

secondary sector ('सेकन्डरि 'सेक्टर्) **द्वितीयक क्षेत्र** : द्वितीयक क्षेत्र में विनिर्माण क्षेत्र अर्थात् प्राथमिक वस्तुओं के रूप में परिवर्तन कर उसे विनिर्मित वस्तु बनाने वाले उद्योग, जैसे– गैस निर्माण, जल आपूर्ति, वस्तु निर्माण आदि। ये मुख्यरूप से अर्थव्यवस्था के शहरी पैमाने के ग्रामीण उद्योगों (जैसे– लकड़ी के सामान, बर्तन आदि उत्पादन करनेवाले) में भी शामिल होते हैं। द्वितीयक क्षेत्र ऐसी बहुत-सी वस्तुएँ (उर्वरक, कृषि मशीनरी, खनन उपकरण) प्रदान करता है, जो प्राथमिक क्षेत्र में उत्पादन के लिए आवश्यक होती हैं।

secondary source of data ('सेकन्डरि सॉर्स् ऑव् 'डेटा) **आधार सामग्री के द्वितीयक स्रोत** : सामाजिक अनुसन्धान के अन्तर्गत ऐसे आँकड़ों, जानकारी और सूचना के भण्डार, जो मूलतः भिन्न-भिन्न उद्देश्यों से तैयार किए जाते हैं। परन्तु अनुसन्धानकर्ता अपनी समस्याओं का अध्ययन करते समय उन सामग्रियों का उपयोग कर लेता है, हालाँकि यह उसने स्वयं अपने उद्देश्य के लिए उन्हें संकलित नहीं किया था। जनगणना, जन्म-मृत्यु के आँकड़े, गिरफ्तारियों या अन्य मामलों के विवरण आदि इसके उदाहरण हैं।

secondary sterility (ˈसेकन्डरि स्टˈरिलटि) **द्वितीयक बंध्यता :** ऐसी स्त्रियाँ, जो कम-से-कम एक बार गर्भवती हुई हों, परन्तु बाद में फिर कभी गर्भवती न हुई हों, द्वितीयक बंध्यता की कोटि में आती हैं। इस प्रकार की स्त्रियों के बारे में मान्यता है कि वे प्रायः अपने प्रजनन जीवन के प्रारम्भ से जननक्षम्य होती हैं, किन्तु बाद में वे द्वितीयक बंध्यता की कोटि में प्रवेश कर जाती हैं। कुछ जनांकिकीविदों का कहना है कि इस कोटि में आने के लिए कम-से-कम एक जीवित प्रसव होना आवश्यक है : देखें– **Primary sterility** ।

secondary urbanization (ˈसेकन्डरि अर्‌बनाइˈज़ेश्‌न्) **द्वितीयक नगरीकरण :** पंचरंगी विकास की एक प्रक्रिया, जो नगर की औद्योगिक अवस्था से सम्बद्ध है : देखें– **Urbanization** ।

secret association (ˈसीक्रिट् अॅ सोसिˈएश्‌न्) **गुप्त संगठन :** विश्व की कई जनजातियों में ही नहीं, अपितु सभ्य जनसमुदायों में भी यह देखने को मिलता है कि कुछ रहस्यमयी समितियाँ अथवा गुप्त संगठन होते हैं। इन संगठनों के सदस्य, प्रायः पुरुष अथवा लड़के ही होते हैं। वे अपने कार्यों और व्यवहारों को गुप्त रखते हैं। ऐसा करने के लिए वे भरसक यह प्रयास करते हैं कि कोई गुप्त भाषा या लिपिसंकेत बना लिया जाये तथा उसी के माध्यम से परस्पर विचारों का आदान-प्रदान किया जाये। इनमें एक विशेष प्रकार की आचार-संहिता होती है, जिसका कठोरता से पालन करने का समुचित प्रशिक्षण प्रत्येक सदस्य को दिया जाता है और ऐसा करने के लिए उसको बाध्य किया जाता है। गुप्त संगठन तथा गुप्त समाज लगभग पर्यायवाची की तरह प्रयोग किये जाते हैं।

secret society (ˈसीक्रिट् सॅˈसाइअटि) **गुप्त समाज :** ऐसा संवृत्त समूह, जिसकी सदस्यता प्रायः पुरुषों तक सीमित होती है और इसे समुदाय के अन्य सदस्यों से गुप्त तथा अज्ञात रखा जाता है। इसके कुछ क्रिया-कलाप सबके सामने किए जा सकते हैं, परन्तु उस समय इनमें भाग लेने वाले सदस्यों के चेहरे मुखौटों से ढके होते हैं। परन्तु गुप्त के अधिकतर क्रिया-कलाप कर्मकाण्डी होते हैं, जो केवल सदस्यों की उपस्थिति में किए जाते हैं। गुप्त समाज जनजातियों तथा सभ्य समाजों-दोनों में ही पाए जाते हैं। गुप्त संगठन तथा गुप्त समाज का प्रयोग पर्यायवाची की तरह किया जाता है।

sect (सेक्ट्) **पंथ :** किसी संगठित धार्मिक मत के अन्तर्गत एक समूह जिसके अनुयायी धार्मिक सिद्धान्त तथा प्रथाओं में एक विशेष रूप की मान्यता रखते हैं, जैसे– लिंगायत, राधास्वामी, गोरखपंथी आदि। धार्मिक संगठनों में सेक्ट काफी प्रचलित है। पंथविशिष्ट मान्यताओं पर आधारित है, जिसमें सदस्यता अनिवार्य न होते हुए व्यक्ति की इच्छा पर आधारित है। मैक्स वेबर (Max Weber, 1864-1920) ने इनके सम्बन्ध में कहा है कि ये विश्वासों के आधार पर एक-दूसरे से अलग तो होते हैं, परन्तु अलगाव के महत्त्वपूर्ण पक्ष विश्वास न होकर, कर्मकाण्ड अथवा अनुष्ठान ही होते हैं। अनेक धर्मों में जब एक से अधिक सेक्ट होते हैं, तो उनमें आपस में बड़ा वैरभाव होता है। भारत के सिया और सुन्नी ऐसे ही दो सेक्ट हैं (देखें– Max Weber, **Sociology of Religion**, 1922; Reinhold Niebuhr, **The Social Sources of Denominationalism**, 1929; Ernst Troeltsch, **The Social Teachings of the Christian Churches**, 1956; Bryan Wilson, **Religion in Sociological Perspective**, 1982)।

sectarianism (सेकˈट्अरइअ निज़्म्) **सम्प्रदायवाद :** सम्प्रदाय-विशेष के प्रति विशेष आसक्तियुक्त संकीर्ण भावना। जब कभी सम्प्रदायवाद या साम्प्रदायिकता जैसे शब्दों का प्रयोग किया जाता है, तब इनका अर्थ दो समुदायों के बीच विद्यमान विद्वेष, तनाव, सन्देह अथवा संघर्ष के भाव को व्यक्त करना होता है। इस प्रकार का विद्वेष अथवा तनाव धर्म, भाषा अथवा प्रजाति के तत्त्वों पर आधारित होता है। भारत के सन्दर्भ में इस शब्द का प्रयोग विशेषतः विभिन्न धार्मिक समुदायों के बीच अलगाव एवं वैमनस्य के भाव को अभिव्यक्त करता है (देखें– Bryan Wilson, **The Social Dimension of Sectarianism**, 1992) : देखें– **Communalism** ।

sector, primary (ˈसेक्टर्, ˈप्राइमरि) **प्राथमिक क्षेत्र :** अर्थव्यवस्था के प्राथमिक क्षेत्र के दायरे में कृषि, पशुपालन, जंगल, खनिज, बागान और शिकार आदि आते हैं।

sector, secondary ('सेक्टर्, 'सेकन्डरि) **द्वितीयक क्षेत्र :** इसके दायरे में खनन (उत्खनन), निर्माण, गृह उद्योग निर्माण के अलावा अन्य तरह के उद्योग वगैरह शामिल किये जाते हैं।

sector, tertiary ('सेक्टर्, 'टर्शरि) **तृतीयक क्षेत्र :** इसके दायरे में व्यापार तथा वाणिज्य, यातायात, स्टोरेज एवं लोगों के द्वारा विभिन्न प्रकार की दी जाने वाली सेवाएँ आती हैं।

secular society ('सेक्युलर् सॅ'साइअटि) **लौकिक** या **धर्मनिरपेक्ष समाज :** ऐसा समाज, जिसमें उपयोगितावादी तथा तर्कसंगत मूल्यों पर अधिक बल दिया जाता है और जो परिवर्तन एवं नवाचारों को प्रश्रय देता है, लौकिक अथवा धर्मनिरपेक्ष समाज कहलाता है। इस अवधारणा का प्रयोग हॉवर्ड एस. बेकर (Howard S. Becker) ने समाज के प्ररूपों की अपनी योजना के अन्तर्गत 'पवित्र समाज' **(Secular society)** के विपर्याय के रूप में किया है। पवित्र समाज के विपरीत धर्मनिरपेक्ष समाज में अधिदैविक मूल्यों तथा परम्परावाद एवं रूढ़िवाद को हेय दृष्टि से देखा जाता है। इस प्रकार के समाज में धर्म के आधार पर कोई भेदभाव नहीं बरता जाता है।

secular state ('सेक्युलर् स्टेट्) **धर्मनिरपेक्ष राज्य :** भारत के संविधान की एक मुख्य विशेषता देश में धर्मनिरपेक्ष राज्य की स्थापना करना है। कुछ लोगों की धारणा है कि धर्मनिरपेक्ष राज्य धर्म-विरोधी होता है। लेकिन, यह धारणा बिल्कुल निराधार है; क्योंकि धर्मनिरपेक्ष राज्य न धार्मिक होता है, न अधार्मिक अथवा धर्मविरोधी। वस्तुतः वह धार्मिक रूढ़ियों से सर्वथा विमुक्त रहता है और इस प्रकार धार्मिक मामलों में उसके क्रियाकलाप पूर्णतः तटस्थ होते हैं। धर्मनिरपेक्ष राज्य में धर्म एक वैयक्तिक मामला माना जाता है और व्यक्ति के क्या धार्मिक विचार या विश्वास हैं, इस बारे में राज्य कोई हस्तक्षेप नहीं करता। धर्मनिरपेक्ष राज्य का उल्टा थ्योक्रेटिक या साम्प्रदायिक राज्य होता है। यह राज्य एक धर्म-विशेष से सम्बद्ध होता है और इसके कायदे-कानून धर्म-पुस्तकों के आधार पर निर्मित होते हैं।

secularism (से'क्यूलरिज़म्) **धर्मनिरपेक्षता :** एक विचारधारा, जो सभी धर्मों को एक समान स्वीकार करती है अथवा जो धर्म को राजनीति से पृथक् करती है। इस मत के अनुसार राज्य को धर्म में हस्तक्षेप नहीं करना चाहिए। भारतीय सन्दर्भ में इसे सर्वधर्म-समभाव के रूप में लेते हैं : देखें– **Sectarianism**।

secularization (सेक्यूलराइ ज़ेशन्) **लौकिकीकरण, धर्मनिरपेक्षीकरण :** राजनीतिक और नागरिक जीवन से धर्म को अलग करने वाली प्रक्रिया। एक विचारधारा, जो सभी धर्मों को एक समान स्वीकार करती है अथवा जो धर्म को राजनीति से पृथक् करती है। सामाजिक जीवन में धर्म के प्रभाव का घटना, धर्मनिरपेक्षीकरण है। समाज के विभिन्न अंगों का संचालन धार्मिक नियम-कानूनों से न होकर, लौकिक एवं औपचारिक नियम-कानूनों से होता है। धर्मनिरपेक्षीकरण के फलस्वरूप, धर्म प्रभावी सामाजिक विशेषता (Dominant social feature) न होकर, लोगों की वैयक्तिक इच्छाओं की चीज़ होकर रह जाता है। धर्म का सामाजिक जीवन से वैयक्तिक जीवन की ओर सिमटना ही लौकिकीकरण है (देखें– Bryan Wilson, **Religion in Secular Society**, 1966; D. Martin, **Secularization**, 1978, Rodney Stark and William Sims Bainbridge, **The Future of Religion: Secularization, Revival and Cult Formation**, 1985)।

secularization of culture (सेक्यूलराइ ज़ेशन् ऑव् 'कल्चर्) **संस्कृति का धर्मनिरपेक्षीकरण :** यह आधुनिकीकरण की प्रक्रिया का एक महत्त्वपूर्ण आयाम है। इसके अन्तर्गत व्यक्ति अपने सामाजिक व्यवहार में धार्मिक मान्यताओं, संस्थाओं और परम्पराओं की सर्वोच्चता को अस्वीकार करके तर्क पर आधारित सार्वजनीन मानकों की प्रमाणिकता स्वीकार करने लगता है।

sedition (सि'डिशन्) **राजद्रोह :** संस्थापित सरकार के विरुद्ध अवैध रीति से बोलना, लिखना या आचरण करना अथवा अवैध उपायों द्वारा उसे पलटने का प्रयत्न करना।

seditious conspiracy (सि'डिशस कनस्पि'रसि) **राजद्रोही षड्यन्त्र :** दो या दो से अधिक व्यक्तियों के बीच

कार्य-सम्बन्धी वह समझौता, जो सरकार के प्रति निष्ठाहीनता उत्पन्न करने के उद्देश्य से, नियमों का उल्लंघन कर अवैध साधनों से सरकार को बदलने के लिए किया जाता है ।

seduction (सि'डॅक्शन्) **विलोभन :** ऐसा अपराध, जिसमें पुरुष किसी स्त्री को विवाह का प्रलोभन देकर अथवा फुसलाकर उसका शीलभंग करता है ।

segmental religion (सेग्'मेन्टल रि'लिजन्) **खण्डित धर्म :** बृहत् या विश्वव्यापी धर्म का खण्डित अंश । जैसे बहुत सारी जनजाति के लोग अपने ही देवी-देवताओं की पूजा करते हैं, पर वे हिन्दू धर्म के ही एक अंग हैं ।

segmentary (सेग्'मेन्टरि) **पृथक्कृत्, खण्डित :** मानवशास्त्र में वह व्यवस्था, जिसमें जनजाति या उसका एक भाग अपने-आप में पूर्ण माना जाये । समाज के विभिन्न भागों में बँटने को खण्डीकरण की प्रक्रिया कहा जाता है । कई समाजशास्त्री भारत में जाति को भी इसी प्रकार समाज के एक खण्डित भाग की तरह देखते हैं । कोई भी वस्तु जब कई भागों में बँट जाये तो वह खण्डित कहलाती है ।

segmented labour-markets (सेग्'मेन्टड् 'लेबर्'मार्किट्स) **खण्डित श्रम-बाज़ार :** देखें– **Labour market segmentation; Dual labour-market** ।

segregated conjugal roles (सेग्रि'गेटेड् 'कॉन्जगल् रोलस्) **पृथक् दाम्पत्य भूमिका :** ऐसे समाज भी पाये जाते हैं, जहाँ परिवार के अन्तर्गत पति और पत्नी के बीच स्पष्ट श्रम-विभाजन होता है तथा यौन के आधार पर उनकी भूमिकाएँ भी अलग-अलग होती हैं ।

segregation (सेग्रि'गेशन्) **पृथक्करण :** अलग होने की क्रिया या मानसिक दशा, जो कानून, सामाजिक प्रथाओं या अभिवृत्तियों के कारण घटित होती है । एक प्रक्रिया, जिसके द्वारा कुछ व्यक्तियों या समूहों को अलग-थलग कर, उनके साथ बहुत कम अथवा बिल्कुल भी अन्तर्क्रिया नहीं की जाती है । संस्कृति, धर्म, भाषा, राष्ट्रीयता, जाति, प्रजाति, व्यवसाय, आय-स्तर अथवा समूह के सामूहिक हित ऐसे कुछ आधार हैं, जो व्यक्तियों को एक समूह में बाँधते हैं और जिनके आधार पर क्लब, निजी निवासों, व्यापारिक क्षेत्रों, शिक्षण-संस्थाओं, मनोरंजन तथा अन्य कार्यकलापों से अन्य व्यक्तियों को अलग रखा जाता है (देखें– Douglas S. Massey and Nancy A. Denton, **American Apartheid: Segregation and the Making of the Underclass**, 1993) ।

self (सेल्फ़्) **स्व, आत्मन् :** आत्मन् अनुभव या चेतना में कर्त्ता (विषयी या अहम्) के रूप में तथा आत्म-चेतना में कर्त्ता और कर्म के तादात्म्य के रूप में विद्यमान तत्त्व, जिसे प्रायः शरीर से स्वतन्त्र अस्तित्व रखने वाली, परिवर्तन के मध्य अपरिवर्तित बनी रहने वाली, एक अभौतिक सत्ता के रूप में कल्पित किया गया है । मनोविज्ञान में इस शब्द का प्रयोग 'व्यक्तित्व' अथवा 'अहम्' के लिए हुआ है, जो एक अभिकर्ता है और जिसमें अपनी सतत तादात्म्यता की चेतना है । सामान्यतः आत्मन् शब्द का प्रयोग 'अहम्', 'ज्ञात्', 'मैं', 'मम' के प्रसंग में हुआ है, जो वस्तु अथवा वस्तु-संघटन के विपरीत है । आत्मन् में व्यक्तित्व के गुण, परिवर्तन में स्थायित्व भी निहित है, जिससे कोई व्यक्ति अपने को 'मैं' पुकारता है । आत्मन् में विभिन्नता को 'मैं स्व' माईसेल्फ (Myself), 'तुम स्व' योर्सेल्फ (Yourself) के रूप में प्रस्तुत किया गया है ।

दर्शन में यह तत्त्ववादी एकता के सिद्धान्त के लिए है, जो आन्तरिक अनुभूतियों की पृष्ठभूमि में है और जो अवयव पर निर्भर करता है । इस प्रकार स्व शब्द का अर्थ तात्त्विक भाषावादी और मनोवैज्ञानिक दृष्टि से बहुअर्थी हो गया है और यह पृथक्करण स्पष्ट करना आवश्यक है– (1) स्व जिसमें आन्तरिक अनुभूति होती है अथवा भौतिक और शरीरधारी अनुभूति, (2) स्व जो अनुभूति की विषय-वस्तु तथ्य के रूप में प्रयुक्त हुई अथवा मनोवैज्ञानिक स्व जो प्रवैगिकी पूर्णाकार रूप में अनुभूतियों का संघटन है (देखें– Charles Horton Cooley, **Life and the Student**, 1927; George Herbert Mead, **Mind, Self and Society**, 1934; Morris Rosenberg, **Conceiving the Self**, 1979) ।

self, social (सेल्फ़, 'सोशल्) **सामाजिक आत्मन् :** सामाजिक आत्मन् को समझने के लिए जैविक आत्मन् की अवधारणा को समझना ज़रूरी है। सामान्यतया आत्मन् को दो भागों में विभक्त किया जाता है– (1) जैविक आत्मन् **(Biological self)** एवं (2) सामाजिक आत्मन् **(Social self)**। जैविक आत्मन् से नारी या पुरुष, बालक या बूढ़ा, सुन्दर या कुरूप, मोटा या दुबला, तेज या भोंदू जैसी जैविक विशेषताओं का बोध होता है। लेकिन, सामाजिक आत्मन् कहने से यह बोध होता है कि कोई व्यक्ति कितना या किस स्तर का सामाजिक प्राणी है। इससे उसके समाजीकृत होने के स्तर का बोध होता है। सामाजिक आत्मन् का निर्माण वैसी मनोवृत्तियों तथा विचारों के सम्पूर्ण प्रतिरूपों के मिलने से होता है, जिसे कोई व्यक्ति एक अवयव तथा सामाजिक प्राणी के रूप में अपने बारे में निर्मित करता है।

self-alienation (सेल्फ़ एलिअ'नेश्न्) **आत्मपरकीयन :** वह स्थिति, जिसमें व्यक्ति स्वयं को अपने ही परिवेश में अजनबी अनुभव करता है। यह स्थिति किसी व्यक्ति के जीवन में आमतौर पर असामान्य दशा में होती है : देखें– **Alienation**।

self-awareness (सेल्फ़ अ'वेअर्नेस) **आत्म-जागरूकता :** देखें– **Self** ।

self-concept (सेल्फ़ 'कॉन्सेप्ट्) **आत्म-धारणा :** मैं स्वयं कौन हूँ या क्या हूँ का विचार आत्म-धारणा है।

self-consciousness (सेल्फ़ 'कॉन्शस्नस्) **आत्म-चेतना :** चेतना की वह अवस्था जिसमें ज्ञाता ज्ञान और ज्ञेय एकरूप होते हैं और चेतना स्वयं केन्द्रबिंदु होती है।

self-contradiction (सेल्फ़ कॉन्ट्रा'डिक्शन्) **स्वतोव्याघात, आत्म व्याघात :** एक तार्किक गुण जो उस कथन में विद्यमान होता है जिसके उद्देश्य और विधेय परस्पर निषेधक हों, ऐसी प्रतिज्ञप्ति प्रतीकात्मक तर्कशास्त्र में सदैव असत्य होती है।

self-destroying prophecy (सेल्फ़ डिसट्रॉ'इन्ग 'प्रॉफ़सि) **स्वतः विनाशकारी भविष्योक्ति :** यह स्वतः साधक भविष्योक्ति **(Self-fulfilling prophecy)** के विपरीत की स्थिति है। कई बार ऐसा होता है कि लोगों की अपनी ही गलतियों के परिणामस्वरूप कोई भविष्यवाणी या सामान्यीकरण गलत साबित हो जाता है। जैसे कि कभी-कभी उपद्रवी लोगों के द्वारा शरारत में यह प्रचार कर दिया जाता है कि कल खेल के मैदान में भारी उपद्रव होने जा रहा है। वैसी स्थिति में वहाँ काफी संख्या में पुलिस की मौजूदगी हो जाती है और फलस्वरूप स्वयं उपद्रवी लोग खेल के मैदान में कोई उपद्रव नहीं कर पाते : देखें– **Self-fulfilling prophecy**।

self-determinism (सेल्फ़ डि'टर्मि निज़म्) **आत्मनियतत्ववाद :** एक मत, जिसके अनुसार कर्म स्वयं कर्त्ता के चरित्र या आन्तरिक स्वभाव द्वारा निर्धारित होते हैं। यह मत नियतत्ववाद और अनियतत्ववाद का समन्वय करता है। नियतत्ववाद मनुष्य के संकल्प को बाह्य कारणों के द्वारा निर्धारित मानता है, जबकि अनियतत्ववाद उसे किसी भी कारण के द्वारा निर्धारित नहीं मानता और ये दोनों ही कोटियाँ नैतिक दायित्व की समस्या को नहीं सुलझा पातीं।

self discipline (सेल्फ़ 'डिसिप्लिन्) **आत्मानुशासन, स्वानुशासन :** किसी व्यक्ति का सामाजिक व्यवहार के स्वीकृत मानकों तथा अपनी आवश्यकताओं के अनुरूप अपने व्यवहार को नियन्त्रित करना। प्रत्येक महापुरुष आत्मानुशासन की भावना में पूर्ण विश्वास रखते हैं।

self-disclosure (सेल्फ़ डिस्'क्लोज़र) **आत्म प्रकटीकरण :** देखें– **Self** ।

self- employed (सेल्फ़ इम्प्लॉइड) **स्वनियोजित :** वे सभी जो स्वतन्त्र रूप से अपनी-अपनी आर्थिक गतिविधियों में कार्यरत हैं। वे काश्तकार, दस्तकार, हॉकर या टमटम या रिक्शाचालक भी हो सकते हैं। छोटे दुकानदार या व्यापारी भी इस श्रेणी में आते हैं।

self-evidence (सेल्फ़ 'एविडन्स्) **स्वतः प्रामाण्य :** किसी वक्तव्य का ऐसा गुण, जिसके आधार पर उस वक्तव्य के बारे में यह कहा जा सके कि उसके सत्य को स्थापित करने के लिए किसी बाह्य प्रमाण की आवश्यकता नहीं है।

self-existence (सेल्फ़् इग् 'ज़िस्टन्स्) **आत्म-अस्तित्व :** ऐसा अस्तित्व, जो स्वयं के लिए किसी अन्य अस्तित्व की अपेक्षा नहीं रखता।

self-fulfilling prophecy (सेल्फ़् फुल् 'फ़िलइन्ग 'प्रॉफ़िसि) **स्वतः साधक भविष्योक्ति :** यह स्वतः विनाशकारी भविष्योक्ति **(self-destroying prophecy)** के विपरीत की स्थिति है। रॉबर्ट के. मर्टन (Robert K. Merton, 1910-2003) का कहना है कि जब कोई व्यक्ति किसी स्थिति या व्यक्ति के सम्बन्ध में कुछ सही या गलत तथ्य साबित करने का प्रयास करता है, तो वह उससे जुड़ी बहुत सारी ऐसी घटनाओं एवं परिणामों के विश्लेषण को आधार मान कर करता है, जिससे वह अपने विचारों को प्रमाणित करने का प्रयास करता है। जैसे– किसी नेता के ईमानदार या बेईमान होने के सम्बन्ध में उससे जुड़ी बहुत-सी घटनाओं के विश्लेषण के माध्यम से कुछ प्रमाणित करने का प्रयास किया जाना (देखें– Robert K. Merton, **Social Theory and Social Structure**, 1968) : देखें– **Self-destroying prophecy** ।

self-gratification (सेल्फ़् ग्रैटिफि 'केशन्) **आत्म-तुष्टि :** व्यक्ति की बौद्धिक और संवेगात्मक आवश्यकताओं की सन्तुष्टि जो समाज अथवा समूह में स्थान और सम्मान प्राप्त करने से होती है।

self-immolation (सेल्फ़् इमोले 'श्न्) **आत्म बलि, आत्माहुति :** किसी विशेष उद्देश्य से स्वेच्छापूर्वक सबके सामने आत्महत्या करना। सामान्य अनुभवों के आधार पर यही कहा जाता है कि आत्म बलि की घटनाएँ हिन्दू एवं बौद्ध धर्म के अनुयायियों के बीच विशेष रूप से देखने को मिलती हैं : देखें– **Suicide** ।

selfless (सेल्फ़् 'लेस) **निःस्वार्थ :** अपने बारे में सोचे बिना किसी कार्य को करना। अतः 'निःस्वार्थ भक्ति' एक ऐसी भक्ति होगी, जिसमें व्यक्ति केवल ईश्वर का ध्यान करेगा तथा अपने-आपको भुला देगा और यह परवाह नहीं करेगा कि उसे इस भक्ति से क्या हासिल होगा।

self-location method (सेल्फ़् लो 'केशन् मे 'थॅड) **स्व-अवस्थिति विधि :** किसी सामाजिक वर्ग के साथ पहचान बनाने की ऐसी विधि, जिसके अन्तर्गत समाज के कुछ सदस्य अपने-आपको किसी वर्ग-विशेष से जोड़ने का प्रयास करते हैं। यह बात दूसरी है कि समाज उनकी इस धारणा को स्वीकार नहीं करता, जैसे कि भारत में बहुत सारे मुसलमान अपने-आपको मुगलों का वंशज मानकर स्वयं समाज के शासक-वर्ग का हिस्सा मानते हैं।

self-management (सेल्फ़् 'मैनिज्मन्ट्) **स्व-प्रबन्धन :** ऐसी औद्योगिक व्यवस्था, जिसके अन्तर्गत उत्पादन-उद्योग में लगे श्रमिकों के द्वारा विभिन्न कार्यों को नियन्त्रित एवं संचालित किया जाता है। इसे औद्योगिक लोकतन्त्र भी कहा जाता है।

self-perception (सेल्फ़् पर् 'सेप्श्न्) **आत्म-प्रत्यक्षण :** देखें– **Self** ।

self-perpetuation (सेल्फ़् पर् 'पेट्युएश्न्) **स्वस्थायीकरण, स्वतःशाश्वतता :** ऐसे लोकाचार या रीतियाँ, जो सजातीय उत्तरजीविता को पीढ़ी-दर-पीढ़ी बनाए रखने में योगदान करती हैं।

self-preservation (सेल्फ़् प्रेजर् 'वेश्न्) **आत्म-परिरक्षण, आत्म-पूर्णता :** (1) अपने-आपको विनाश अथवा क्षति से बचाने की चेष्टा। (2) व्यवहार की ऐसी प्राकृतिक अथवा नैसर्गिक प्रवृत्ति, जिसमें अपने अस्तित्व को बनाए रखा जाये। (3) वह नैतिक सिद्धान्त जिसके अनुसार नैतिकता का मानदण्ड पूर्णता है।

self-realization (सेल्फ़् रिऑलाइ ज़ेश्न्) **आत्मोपलब्धि, आत्मसिद्धि :** आत्मा की शक्तियों का अथवा व्यक्तित्व का ऐसा सर्वांगीण विकास, जिसमें जीवन के सभी मूल्यों का समन्वय हो। आधुनिक आदर्शवादी नीतिशास्त्र में– विशेषकर ग्रीन (Thomas Hill Green, 1836–1882), ब्राडले (Francis Herbert Bradley, 1846-1924) और म्यूरहेड (J. H. Muirhead, 1855-1940) के नीतिशास्त्र में– 'आत्म-साधना' को नैतिकता का अन्तिम साध्य माना गया है। इन विचारकों के अनुसार, व्यवहार का या विशिष्ट कर्मों का नैतिक औचित्य इस बात पर निर्भर होता है कि वह व्यवहार

(या वे कर्म) आत्म-साधना में कहाँ तक सहायक है। आत्म-साधना व्यक्तित्व के सर्वांगीण विकास का ही नाम है– ऐसा विकास, जिसमें जैव और आध्यात्मिक, व्यक्तिगत और सामाजिक, वर्तमान और आदर्श मूल्यों का समन्वय संभव हो।

self-reflexive behaviour (सेल्फ़् रि'फ्लेक्स्इव् बि'हेव्यर्) **आत्म-कर्तृगामी व्यवहार :** अपने-आपके साथ अन्त:क्रिया करने की प्रक्रिया, जैसे– बहुत सारे साधु-सन्त योग के अन्तर्गत अपने आत्मन् से अन्त:क्रिया करने का प्रयास करते हैं।

self-service economy (सेल्फ़् 'सर्विस् इ'कॉनमि) **स्वयंसेवी अर्थप्रणाली, स्वयंसेवी अर्थव्यवस्था :** एक ऐसी आर्थिक व्यवस्था, जिसके अन्तर्गत अधिक-से-अधिक घरेलू खर्च वैसी टिकाऊ चीज़ों के उत्पादन में किया जाता है, जिनके माध्यम से लोगों को अधिक-से-अधिक सेवाएँ प्राप्त हो सकें। उपभोक्ता अपनी ज़रूरतों का स्वयं उत्पादन कर काम में लाता है। वह बाज़ार की वस्तुओं पर कम-से-कम निर्भर करने की कोशिश करता है।

self -situation (सेल्फ़् सिचु'एशन्) **आत्म-स्थिति, आत्म-परिस्थिति :** व्यक्ति के आचार और व्यवहार का समन्वित रूप, जो विशिष्ट और सामान्य सामाजिक सम्बन्धों की ओर संकेत करता है।

semantic differential (सि'मैन्टिक डिफ़'रेन्शल्) **भयबोध विभेदी :** यह एक प्रकार का मनोवृत्ति मापांक है, जिसके माध्यम से किसी वस्तु, व्यक्ति, राजनीतिक मुद्दे, संस्थान या अवधारणा के अर्थ को कोई व्यक्ति किस रूप में लेता है, यह मापा जाता है (देखें– C. Osgood (ed.), **The Measurement of Meaning**, 1957) ।

semantic reduction (सि'मैन्टिक रि'डॅकशन्) **भयबोध न्यूनीकरण :** देखें– **Reductionism** ।

semantics (सि'मैट्इकस्) **शब्दार्थ विज्ञान :** वह अध्ययन जिसमें (1) प्रतीकों के अर्थ और वे (अर्थ) कैसे बदलते हैं, (2) प्रतीकों के प्रकार (चिह्न, हाव-भाव के शब्द) और वाणी के आकार, जिनका प्रयोग अर्थ-सम्प्रेषण में होता है, (3) इन प्रतीकों के परस्पर सम्बन्ध और (4) मानव व्यवहार पर उनका क्या प्रभाव पड़ता है, यह अध्ययन किया जाता है।

semi-colonialism ('सेमि कॅ'लोनिअ लिज़म्) **अर्द्ध-उपनिवेशवाद :** इस अवधारणा का प्रयोग लेनिन (Vladimir I. Lenin, 1870-1924) एवं माओ-त्से-तुंग (Ze-Dong Mao, 1893-1976) ने वैसे राज्यों के लिए किया था, जिसकी आर्थिक व्यवस्था एवं राजनीतिक प्रक्रियाओं पर भरसक बाह्य शक्तियों का प्रभाव था। वैसे देश सिर्फ न्याय-व्यवस्था की दृष्टि से ही स्वतन्त्र थे। ईरान, चीन, थाईलैंड, अफ़ग़ानिस्तान, अमन, इथीओपिया इसके उदाहरण हैं : देखें– **Colonialism** ।

semi-periphery ('सेमि प'रिफ़रि) **अर्द्ध-परिधि :** विश्व-प्रणाली सम्बन्धी सिद्धान्त के सन्दर्भ में पूँजीवादी राज्यों के लिए केन्द्र **(Centre)** एवं अविकसित गरीब राज्यों के लिए परिधि **(Periphery)** शब्द का प्रयोग हुआ है। बाद में चलकर इन दोनों शब्दों को बहुत उपयुक्त नहीं समझा जाने लगा, इसलिए कि विश्लेषण के दौरान कुछ वैसे भी देश आये, जिन्हें स्पष्ट तौर पर परिधि की संज्ञा नहीं दी जा सकती है। वैसे ही राज्यों के लिए अर्द्ध-परिधि शब्द का प्रयोग किया गया है, उदाहरणस्वरूप– ग्रीस एवं आयरलैंड।

semi-proletariat ('सेमि प्रोलि'टेअरिअट्) **अर्द्ध-सर्वहारा वर्ग :** इस शब्द का प्रयोग वैसे मज़दूरवर्ग के लोगों के लिए किया जाता है, जो किसी मौसम में मज़दूरी कर जीवन-यापन करते हैं, तो किसी अन्य मौसम में खेतों में काम कर जीवन-निर्वाह करते हैं। मौसमी मज़दूर इसी श्रेणी में रखे जाते हैं : देखें– **Proletariat** ।

semi-public property ('सेमि 'पब्लिक् 'प्रॉपर्टि) **अर्द्ध-सरकारी सम्पत्ति :** वह सम्पत्ति, जिसका स्वामित्व तो गैर-सरकारी लोगों के पास रहता है, परन्तु सरकार उसे सर्वसाधारण के उपयोग के लिए सुलभ कराने की गारंटी देती है और इस दृष्टि से उसे विनियमित करती है, जैसे कि ईंधन, प्राइवेट बसें, प्राइवेट बैंक आदि।

seminal reasons ('सेमइनॅल रीज़्न्स) **मूलतर्क, बीजतर्क :** बौद्धिक वीर्य, बीज, समस्त ब्रह्माण्ड में विकीर्ण धातु उत्पत्ति विकास सभी वस्तुओं के परिवर्तन का कारण।

semiology; semiotics (सेमि'ऑलजि, सेमि'ऑटिक्स्) **लाक्षणिकी; संकेतविज्ञान** : यह संकेत एवं संकेत-प्रणाली का अध्ययन करता है । यह संरचनावादी भाषाविज्ञान से जुड़ा विषय है । इसके विकास में फर्डिनंड डी सावस्योर (Ferdinand de Saussure, 1857-1913) का बहुत ही महत्त्वपूर्ण योगदान रहा है । उन्होंने कहा है कि केवल ध्वनियों अथवा कागज़ पर संकेत चिह्नमात्र से ही अर्थ का निर्माण नहीं होता, बल्कि किसी भी ऐसी वस्तु के प्रयोग से अर्थ का निर्माण होता है, जिसे व्यवस्थित रूप से पहचाना जा सकता है, उदाहरणस्वरूप– लाल एवं काले रंग के झण्डे दो भिन्न अर्थ का निर्माण करते हैं । यहाँ लाल और काले रंग अपने में महत्त्वपूर्ण नहीं हैं, बल्कि दो झण्डों के बीच रंग के अन्तर से जिस अर्थ का निर्माण होता है, वह महत्त्वपूर्ण है (देखें– T. Hawkes, **Structuralism and Semiotics**, 1977; Peter Manning, **Semiotics and Fieldwork**, 1987) ।

semiosis (से'मिऑसिस) **प्रतीकशास्त्र** (संकेत-प्रक्रिया) : प्रतीकों के प्रयोग, उनके अर्थ-विज्ञान, निर्देश तथा प्रयोगकर्ता पर उनके प्रभाव आदि का अध्ययन ।

sensate culture ('सेन्सेट'कल्चर्) **इन्द्रियपरक संस्कृति** : पिट्रिम ए. सोरोकिन (Pitirim Alexandrovich Sorokin, 1889-1968) का कहना है कि इन्द्रियपरक संस्कृति का सम्बन्ध अनुभवाश्रित सत्य (**Empirical reality**) से है । इस अवस्था में ज्ञान इन्द्रियों (**Senses**) के द्वारा होता है । इन्द्रियपरक संस्कृति के अन्तर्गत वे वस्तुएँ आती हैं, जिन्हें हम देख, सुन, छू एवं चख सकते हैं । मानव का ध्यान भौतिक, मूर्त एवं स्थूल वस्तुओं पर अधिक केन्द्रित होता है । यह संस्कृति वैज्ञानिक विकास की ओर अधिक अग्रसर होती है । कला, साहित्य और दर्शन की प्रकृति प्रत्यक्षवादी होती है । इससे आर्थिक क्षेत्र में प्रतियोगिता (Competition) बढ़ती है । समाज में प्रौद्योगिक विकास (Technological development) की सम्भावना बहुत बढ़ जाती है । न्याय की प्रकृति भी यथार्थ एवं भौतिकवादी हो जाती है : देखें– **Ideational culture** ।

sensation (सेन्'सेशन्) **संवेदन** : अप्रत्यक्ष तथा साक्षात् बाह्य या आन्तरिक उद्‌दीपकों के द्वारा ज्ञानेन्द्रिय के उद्‌दीपन से उत्पन्न अव्यवहित मानसिक अनुभूति ।

sentiment ('सेन्टिमन्ट्) **मनोभाव** : किसी व्यक्ति, वस्तु अथवा विचार के प्रति व्यक्ति की एक स्थाई उद्वेगात्मक प्रवृत्ति के प्रतिमान को मनोभाव कहते हैं । विलफ्रेडो पारेटो (Vilfredo F. D. Pareto, 1848-1923, विभिन्न हिन्दी की पुस्तकों में इस व्यक्ति के नाम का उच्चारण गलत है) ने इसकी परिभाषा अतार्किक तथा मूलभूत प्रेरक उद्वेगों के रूप में की है । जॉर्ज सी. होमन्स (George C. Homans, 1910-1989) के अनुसार, एक व्यक्ति की आन्तरिक तथा उद्वेगात्मक आलोड़ित ऐसी मनोवैज्ञानिक दशा, जो उसके व्यवहार को प्रभावित करती है, मनोभाव कहलाती है । देशभक्ति तथा रोमांचक प्रेम मनोभाव के उदाहरण हैं ।

sequence analysis ('सीक्वन्स् अ'नैलसिस्) **अनुक्रम विश्लेषण** : आधुनिक समाजशास्त्र के अन्तर्गत बहुत-सी घटनाओं, क्रियाओं एवं प्रतिक्रियाओं का अनुक्रम विश्लेषण किया जाने लगा है । समाजविज्ञानी यह समझने का प्रयास करते हैं कि कोई घटना-विशेष क्रम में क्यों घटती रहती है । मनोविज्ञान के क्षेत्र में सीखने की क्रियाओं के विश्लेषण में अनुक्रम विश्लेषण का विशेष महत्त्व है । इस प्रकार उपभोक्ता के द्वारा किसी वस्तु का एक क्रम में प्रयोग किया जाता है । अत: अर्थशास्त्र में अनुक्रम विश्लेषण का बहुत महत्त्वपूर्ण स्थान है ।

serf (सर्फ्) **कृषिदास** : सामन्तशाही में एक व्यक्ति, जिसके पास कुछ ऐसी जमीन होती है, जिसका स्वामी वह नहीं होता, परन्तु उस भूमि के स्वामी के प्रति उस व्यक्ति को कुछ कर्त्तव्यों तथा सेवाओं का निर्वाह करना पड़ता है । वह क्रीत दास की तरह अपने स्वामी की निजी सम्पत्ति नहीं होता । कृषकदासता सामाजिक हीनता की मध्यवर्त्ती स्थिति है । स्वामी कृषक-दास को संरक्षण प्रदान करता है और उसके बदले में कृषक-दास स्वामी को कुछ सेवाएँ देता है । दासता को प्राचीन यूनानी नगर-राज्यों अथवा दक्षिण अफ्रीका के नीग्रो राष्ट्रों की भाँति संस्थागत रूप भी दिया जा सकता है ।

serfdom (सॅर्फ़्डम) **कृषिदासता, कृषिदास प्रथा** : इस शब्द का सम्बन्ध मुख्यरूप से मध्यकालीन यूरोपीय सामन्ती

समाज से है। यह एक ऐसी व्यवस्था थी, जिसके अन्तर्गत कोई रैयत पुश्त-दर-पुश्त ज़मींदार के अधीन रहकर गुलाम की तरह काम करता था।

serial monogamy (ˈसिअरिअल् मˈनॉगमि) **क्रमिक एकल वैवाहिक प्रथा :** एक ऐसी वैवाहिक प्रथा, जिसके अन्तर्गत तलाकशुदा पुरुष अपनी पिछली पत्नी या तलाकशुदा पत्नी अपने पिछले पति से फिर विवाह करती है।

service industries (ˈसर्विस् ˈइन्डस्ट्रिज़्) **सेवा-उद्योग :** ऐसा व्यवसाय, उद्योग या आर्थिक सेवा का क्षेत्र, जिसके अन्तर्गत अधिक-से-अधिक श्रमिकों को काम में लाया जाता है।

service sector (ˈसर्विस् ˈसेक्टर्) **सेवाक्षेत्र :** यह ऐसा क्षेत्र है, जिसका उद्देश्य आम लोगों को सेवा प्रदान करना होता है, उदाहरणस्वरूप– शिक्षा, स्वास्थ्य, संचार, यातायात सम्बन्धी उद्योग सेवाक्षेत्र के नाम से जाने जाते हैं।

service state (ˈसर्विस् स्टेट्) **सेवाधर्मी राज्य :** (1) ऐसा राज्य, जो समाज के अन्य साहचर्यों की तुलना में अपने नागरिकों को सर्वोत्तम सेवा और सुरक्षा प्रदान करके उनसे सर्वोपरि निष्ठा की माँग करता है। (2) ऐसा राज्य, जो अपने नागरिकों को स्वास्थ्य और शिक्षा जैसी बुनियादी सेवाएँ प्रदान करता है। यह कल्याणकारी राज्य का आरम्भिक रूप है।

settled cultivation (ˈसेटल्ड कल्टिˈवेशन्) **स्थायी कृषि :** आनुपातिक दृष्टि से सरल समाजों की वैसी एक बड़ी संख्या स्थायी कृषि में संलग्न है, जो एक ही जमीन पर लगातार साल-दर-साल खेती करती है। स्थायी कृषि के कारण स्थायी निवास आवश्यक हो जाता है और निजी सम्पत्ति जैसी संस्था अधिक मजबूत हो जाती है। कृषि पर आधारित भारतीय ग्रामीण समाज इसका अच्छा उदाहरण है।

settlement (ˈसेटल्मन्ट) **बस्ती :** छोटे-मोटे मकानों और झोपड़ियों का झुरमुट, जहाँ व्यक्तियों का निवास होता है। यदि वहाँ कोई निवास नहीं करता है, तो उसे भूतहा बस्ती (Ghost settlement) की संज्ञा दी जाती है।

settlement pattern (ˈसेटल्मन्ट् ˈपैट्र्न्) **बस्ती-संरूप :** आवास के वे संरूप, जिनके अनुसार किसी निर्दिष्ट क्षेत्र में मनुष्यों के लिए आवास की व्यवस्था की जाती है। गाँवों का विकास, विघटन एवं उनके स्वरूप का अध्ययन भूगोल एवं समाजशास्त्र में बस्ती-संरूप के अन्तर्गत किया जाता है।

sex, sociological studies of (सेक्स्, सोसिअˈलॉजिकल् ˈस्टडिज़् ऑव्) **यौन का समाजशास्त्रीय अध्ययन :** सर्वप्रथम यह स्पष्ट कर देना आवश्यक है कि सामाजिक विज्ञान के अन्तर्गत यौन एवं लिंग (**Gender**) में भेद किया जाता है। यौन नारी और पुरुष के अन्तर को दर्शाता है, तो लिंग एक सामाजिक एवं सांस्कृतिक अवधारणा है। स्त्री पुरुषों से मनोवैज्ञानिक, सामाजिक एवं सांस्कृतिक दृष्टि से कैसे भिन्न है, यह 'Gender' शब्द के द्वारा इंगित होता है। समाजशास्त्र के क्षेत्र में यौन पर अनुसन्धान बहुत कम हुए हैं। इस विषय पर जो कुछ भी थोड़ा काम हुआ है, वह पाश्चात्य देशों के सन्दर्भ में 20वीं सदी के उत्तरार्द्ध में हुआ है। इस विषय-वस्तु के ऊपर किनसे रपट (**Kinsey Report**) विशेष रूप से उल्लेखनीय है। इस सर्वेक्षण का मुख्य केन्द्रबिंदु यह रहा है कि कौन किसके साथ कब और कहाँ मैथुन करता है। इस सर्वेक्षण में वर्ग, आयु, प्रदेश और लिंग के आधार पर मैथुनिक व्यवहार सम्बन्धी आवृत्तियों का विश्लेषण करने का प्रयास किया गया है। किन्से के बाद जॉन गैगनन (John Gagnon) एवं विलियम साइमन (William Simon, **Sexual Conduct**, 1973) ने मैथुनिक व्यवहार सम्बन्धी अध्ययनों को नवीन दृष्टि प्रदान की है। कामात्मकता सम्बन्धी सिद्धान्त का निर्माण करते हुए गैगनन और साइमन ने कहा है कि अन्य व्यवहारों की तरह मैथुनिक व्यवहार के क्षेत्र में भी जैविक कारण महत्त्वपूर्ण नहीं हैं (देखें– Paul Robonson, **The Modernization of Sex**, 1976): देखें– **Gender**।

sex and gender (सेक्स् ऐन्ड् ˈजेन्डर्) **यौन एवं लिंग :** देखें– **Androcracy**।

sex complex (सेक्स् ˈकॉम्प्लेक्स्) **यौन मनोग्रन्थि :** इसका तात्पर्य किसी पूर्ण अथवा आंशिक रूप से दमित यौन विचार

या विचार-समूह से है । जब किसी प्रकार के विचार अथवा विचार-समूह का केन्द्रबिंदु व्यक्ति की कामुकता अथवा लैंगिक वृत्ति रहती है, तो उसे कामग्रन्थि कहते हैं । अन्य ग्रन्थियों के समान कामग्रन्थि भी निरपेक्ष रूप में व्यक्ति के चेतन व्यवहार को अचेतन रूप से प्रभावित करती रहती है । परन्तु व्यक्ति स्पष्ट रूप में अपने इस व्यवहार को अन्यान्य कारणों की ही उपज मानता है । यथा– किसी स्त्री के अपने अज्ञात मन में पति के प्रति घोर घृणा की ग्रन्थि का, उसके किसी सुहाग-चिह्न के बार-बार खो जाने के रूप में प्रकट होना । कामग्रन्थि की महत्ता और विशद् विवरण का दिग्दर्शन, व्यवहार और व्यक्तित्व के प्रसंग में, सिगमण्ड फ्रॉयड (Sigmund Freud, 1856-1939) की कृतियों में मिलता है ।

sex discrimination (or sexism) (सेक्स् डि स्क्रिमि'नेशन्) **स्त्री-पुरुष भेदभाव :** सामाजिक जीवन की वह दशा, जिसमें विशेष विचारधारा, रूढ़ियों, पारिवारिक संरचनाओं या कानूनों की सहायता से स्त्रियों को पुरुषों पर आश्रित और पराधीन बनाकर रखा जाता है ।

sex distribution (सेक्स् डिस्ट्रि'ब्यूशन्) **स्त्री-पुरुष संख्या :** किसी जनसंख्या में स्त्रियों व पुरुषों की संख्या का अनुपात । जनगणना द्वारा यह अनुपात बहुधा प्रति 100 स्त्रियों के मुकाबले में पुरुषों की संख्या के रूप में दिखाया जाता है ।

sex drive (सेक्स् ड्राइव्) **काम-प्रवृत्ति :** प्रत्येक मनुष्य के अन्तर्गत कामवासना की जैविक इच्छा पाई जाती है । मनोविज्ञान में इसे जीवजन्य अभिप्रेरक (Biogenic motive) कहा जाता है ।

sex ratio (सेक्स् 'रेशिओ) **लिंगानुपात :** लिंग-अनुपात को प्रति 100 या 1000 स्त्रियों में पुरुषों की संख्या या प्रति 100 या 1000 पुरुषों में स्त्रियों की संख्या– दोनों तरीकों से उजागर किया जा सकता है । यहाँ अनुपात आमतौर पर प्रतिशत के रूप में दिया जाता है । लिंगानुपात का प्रजननता-दर, मृत्यु-दर और प्रवसन-दर तीनों से गहरा सम्बन्ध है और इसे जनांकिकीय अध्ययन का महत्त्वपूर्ण चर माना जाता है । सूत्र में इसे निम्न प्रकार से स्पष्ट किया जा सकता है–

$$\text{लिंगानुपात} = \frac{\text{स्त्रियों की कुल संख्या}}{\text{पुरुषों की कुल जनसंख्या}} \times 1000$$

भारतीय जनगणना में लिंगानुपात को, प्रति सहस्र पुरुष की संख्या के पीछे की स्त्रियों की संख्या से मालूम किया जाता है (देखें– Marcia Guttentag and Paul F. Secord, **Too Many Women? The Sex Ratio Question**, 1983)।

sex role (सेक्स् रोल्) **स्त्री-पुरुष भूमिका :** किसी संस्कृति में पुरुष और स्त्री के स्वीकृत व्यवहार के प्रतिरूप । इन प्रतिरूपों में व्यक्तित्व की विशेषताएँ, प्रभुता एवं अधीनस्थता के सम्बन्ध और आर्थिक अथवा घरेलू भूमिकाएँ सम्मिलित होती हैं । समाज में यौन के आधार पर भी भूमिकाओं का बँटवारा होता है, जैसे–भारत में भोजन बनाने का कार्य मुख्यत: महिलाएँ ही करती हैं ।

sex-typed (सेक्स् टाइपड्) **लैंगिक प्ररूप :** बहुत से ऐसे कार्य हैं, जो या तो पुरुषों के लिए या फिर महिलाओं के लिए उपयुक्त माने जाते हैं, जैसे– अस्पतालों में परिचारिकाओं के लिए पुरुषों की तुलना में महिलाएँ अधिक उपयुक्त मानी जाती हैं । रेलवे स्टेशनों पर महिलाओं की तुलना में पुरुष अधिक उपयुक्त माने जाते हैं । इसे लिंग-आधारित भूमिका भी कहते हैं ।

sexism; sexist ('सेक्सइज़्म्; 'सेक्सइस्ट्) **यौनवाद; यौनवादी :** यौन के आधार पर पूर्वाग्रह या भेदभावपूर्ण व्यवहार को यौनवादी कहा जाता है । इस प्रकार की प्रवृत्ति उस समाज में पायी जाती है, जहाँ यह मान्यता है कि किसी विशेष कार्य के लिए एक यौन के लोग दूसरे से श्रेष्ठ हैं : देखें– **Sex discrimination; Gender** ।

sexual division of labour ('सेक्शुअल् डि 'विज़न् ऑव् 'लेबर्) **लैंगिक श्रम-विभाजन :** प्रारम्भ से ही दुनिया के लगभग सभी समाजों में महिलाओं और पुरुषों के लिए अलग-अलग कार्यक्षेत्र रहे हैं । महिलाएँ घर के अन्दर आमतौर

पर भोजन बनाने, बच्चों के लालन-पालन करने एवं सामान्य सफाई और देखभाल की भूमिका निभाती हैं, तो पुरुष घर से बाहर कठिन एवं जोखिम भरे कार्यों का सम्पादन करते हैं। आधुनिकीकरण एवं नगरीकरण के परिणामस्वरूप महिलाओं और पुरुषों के बीच कार्यों के बँटवारे का परम्परागत नियम-कानून टूटता जा रहा है। अब नारी यह स्वीकार करने को तैयार नहीं है कि उनकी भूमिका घरेलू काम-काज तक सीमित हो। महिला और पुरुष की घर और घर से बाहर समान रूप से काम करने की जिम्मेवारी बनती है (देखें– Talcott Parsons, **Family, Socialization and Interaction Process**, 1956)।

shanty towns ('शैन्‌टि टाउनस्) **अस्थायी झोपड़ नगर, अनधिकृत बस्ती :** शहरों के अन्तर्गत बहुत से लोग रेलवे लाइन, नदी-नालों एवं सड़कों के किनारे कामचलाऊ घर बनाकर निवास करते हैं। इस प्रकार के निवास-स्थल तीसरी दुनिया के नगरों में व्याप्त गरीबी के सूचक हैं। अनौपचारिक क्षेत्रों में काम कर के जीवन बसर करने वाले श्रमिकों की आमदनी इतनी कम होती है कि वे खाली पड़े ज़मीनों पर कामचलाऊ घर-बार या झोपड़ी बनाकर शहरों में किसी तरह अपना गुजारा करने की कोशिश करते हैं : देखें– **Squatter settlement** ।

sharecropper ('शेअः क्रॉप्‌र्) **बटाईदार :** वे किसान या किसान-श्रमिक, जो हिस्से या बाँट के आधार पर किसी भूस्वामी के दिए हुए भूमिखण्ड पर खेती करते हैं।

shelter ('शेल्‌टर्) **आश्रय :** वह स्थान, जहाँ पर मनुष्य मौसम आदि के हानिकारक प्रभावों तथा हिंसक पशुओं से सुरक्षित रहता है। यह आमतौर पर अस्थायी कामचलाऊ निवास होता है।

shibboleth (शिब'लेथ) **संकेत :** ऐसे संकेत शब्द या उक्तियाँ, जिनका प्रयोग उनके वास्तविक अर्थ की अपेक्षा, किसी विशेष अर्थ में दल या सम्प्रदाय द्वारा किया जाता है।

shifting cultivation (शिफ्ट्'इन्ग कल्टि'वेश्‌न्) **झूम खेती, अस्थायी कृषि :** यह एक प्रकार की ढलान पर की जाने वाली खेती है। अस्थायी कृषि में प्रत्येक कुछ सालों के बाद नई फसल उगाने के लिए कृषकों द्वारा नया मैदान साफ किया जाता है और पुराने मैदानों को प्राकृतिक उर्वरता के लिए छोड़ दिया जाता है। इस प्रकार की खेती से जंगल जैसी प्राकृतिक सम्पदा का भारत में काफी नुकसान हुआ है। कहीं-कहीं पर यह झूम कृषि के नाम से भी जाना जाता है। अस्थायी कृषि अपनाने वाले लोग एक क्षेत्र में अपेक्षाकृत अधिक लम्बे समय तक नहीं रहते हैं। अफ्रीका की बांतु (Bantu) जनजाति, मेघालय की गारो जनजाति, मध्यप्रदेश की बैगा और अबुझमार मारिया जनजाति, उड़ीसा की सौरा (Saora) जनजाति तथा अरुणाचल प्रदेश की कई जनजातियों में आज भी कहीं-कहीं पर अस्थायी कृषि का थोड़ा बहुत प्रचलन देखने को मिलता है।

shifting group (शिफ्ट्'इन्ग 'ग्रूप्) **अस्थिर समूह :** वह समूह, जिसके सदस्यों का पूर्णरूप से समाजीकरण नहीं हो पाता और इससे स्थायी समूह नहीं बन पाता। ऐसे समूह बहुधा प्राक्पाठशालीय बच्चों के होते हैं, जिनकी विशेषता एक समूह से दूसरे समूह में प्रवेश करने की होती है।

short sentence (शॉर्ट् 'सेन्टन्स्) **अल्पकालिक दण्ड :** बहुत थोड़े समय के लिए दी जाने वाली कारावास की सजा, जो छोटे-छोटे अपराधों के लिए दण्डस्वरूप जुर्माना न देने पर दी जाती है। इसका सम्बन्ध कानून तथा अपराधशास्त्र से है।

sib (सिब) **सगोत्र :** एकपक्षीय बन्धुत्व (बन्धु) समूह को सिब कहते हैं। यह मुख्यरूप से मानवशास्त्र से जुड़ी अवधारणा है।

sign (साइन्) **संकेत :** संकेत संस्कृति का एक प्रमुख तत्त्व है। हम विभिन्न प्रकार के संकेतों के सहारे अपने विचारों और भावों को दूसरे व्यक्ति तक पहुँचाते हैं। संकेतों के माध्यम से भावों और विचारों का मात्र मनुष्यों के बीच ही आदान-प्रदान नहीं होता, बल्कि इसके द्वारा कभी-कभी पालतू जानवरों तक भी विचारों का संचार होता है। धर्म एवं कला के क्षेत्र में तो संकेतों का बहुत ही प्रमुख स्थान है। नृत्य और गायन के क्षेत्र में भी संकेतों का प्रयोग काफी होता

है। सामान्य तौर पर मनुष्य अपनी बातों को तीन तरह के संकेतों के माध्यम से प्रकट करता है– (1) मौखिक माध्यम (Oral medium), (2) लिखित माध्यम (Written medium) और (3) प्रतीक एवं चिह्न माध्यम (Symbols and signals)।

significant others (सिग्'निफ़िकन्ट् 'अदरस्) **महत्त्वपूर्ण अन्य :** जॉर्ज एच. मीड (George Herbert Mead, 1863-1931) ने उन व्यक्तियों को महत्त्वपूर्ण अन्य की संज्ञा दी है, जो किसी व्यक्ति के व्यवहार को पूरी तरह प्रभावित करने की क्षमता रखते हैं। लोग अपने व्यवहार का अच्छा या बुरा होने का निर्णय उन्हीं जैसे व्यक्तियों से प्राप्त करते हैं। बच्चों के लिए माता-पिता तथा शिक्षक महत्त्वपूर्ण अन्य की तरह हैं (देखें– Armistead Maupin, **Significant Others**)।

simple, multiple and partial correlation ('सिम्पॅल,'मल्टिपल् ऐन्ड्'पार्शल् कॉर'लेशन्) **सरल सहसम्बन्ध, बहुसहसम्बन्ध तथा आंशिक सहसम्बन्ध :** दो चरों के बीच पाये जाने वाले सम्बन्ध को सरल सहसम्बन्ध कहते हैं। इनमें एक चर स्वतन्त्र होता है और दूसरा उस पर आश्रित। जब स्वतन्त्र चर दो या दो से अधिक हों और आश्रित चर केवल एक हो, तो उसे बहुगुणी सहसम्बन्धी कहा जाता है। इस प्रकार बहुगुणी सहसम्बन्ध से समस्त स्वतन्त्र चरों (**Independent variables**) का संयुक्त प्रभाव आश्रित चरों (**Dependent variables**) पर पड़ता है। आंशिक सहसम्बन्ध में अध्ययन तो दो से अधिक चरों का किया जाता है, किन्तु सहसम्बन्ध केवल एक स्वतन्त्र और एक आश्रित चर के बीच ही निकाला जाता है और अन्य स्वतन्त्र चर स्थिर रखे जाते हैं।

simple bar diagram ('सिम्पॅल बार् 'डाइअग्रैम्) **सरल दण्ड-आरेख :** देखें– **Bar diagram**।

simple random sampling ('सिम्पॅल रैन्डम् साम्पिलन्ग) **सरल यादृच्छिक प्रतिचयन :** देखें– **Sampling, random**।

simplistic (सिम्'प्लिस्टिक) **सतही और सपाट :** बहुत ही सरल विश्लेषण, जिसमें गहन तथा जटिल पक्षों की अनदेखी कर दी गई है। जैसे– सभी नशीली दवाइयाँ लेने वाले युवक/युवतियाँ टूटे परिवारों से आते हैं, यह सपाट व्याख्या है। इसमें अन्य कारणों, जैसे– दोस्तों के असर, गरीबी आदि कारकों की अनदेखी की गई है।

sine-qua non (साइन क्वे नॉन्) **अपरिहार्य :** वह आवश्यक और अपरिहार्य गुण, जिसके बिना कोई वस्तु, वह वस्तु नहीं है।

sinful ('सिन्फुल्) **गुनाहगार :** वैसे व्यक्ति जो धार्मिक नियमों या शास्त्रों के प्रतिकूल कुछ काम करते हैं, उन्हें गुनाहगार कहा जाता है। अपधर्मी **(Heretic)** एवं धर्मत्यागी **(Apostate)** भी इसी श्रेणी में आते हैं।

situation (सिचु'एशन्) **स्थिति :** वस्तुनिष्ठ वैज्ञानिक विश्लेषण में प्रेक्षक के समक्ष मानव-व्यवहार के लिए विशेष अर्थ रखने वाले आन्तरिक, बाह्य, जैविक एवं पर्यावरणीय कारकों की समग्रता।

situation status (सिचु'एशन् 'स्टेटस्) **परिस्थिति स्थिति :** देखें– **Status**।

situs (सिटस) **लम्बवत विभाजन :** स्तरण के प्रतिरूप के विपरीत समाज में लम्बवत बँटवारा भी पाया जाता है। सामाजिक वर्गों के लम्बवत बँटवारे को **situs** कहा जाता है।

skewness (स्क्यू'नस) **वैषम्य :** यह किसी आँकड़े में मौजूद असममितता की डिग्री या मात्रा को दर्शाता है। इसका प्रयोग सांख्यिकी में आँकड़ों के विश्लेषण के सम्बन्ध में होता है।

skidder (स्किड'अर) **फिसड्डी :** ऐसा व्यक्ति, जो उच्च परिवार में जन्म लेता है, लेकिन वह किसी कारणवश समाज में नीचे खिसक जाता है।

skill (स्किल्) **कौशल, कुशलता :** कुशलता शब्द का प्रयोग इस रूप में होता है कि किसी व्यक्ति में किसी कार्य को अपने हाथों से करने की कितनी दक्षता है। बहुत सारे ऐसे कार्य हाथों से किये जाते हैं, जिन्हें प्रत्येक व्यक्ति आसानी

से नहीं कर सकता है। उस कार्य को करने के लिए कुशलता या प्रशिक्षण की आवश्यकता होती है। कुछ कार्य तो आदमी काम करके सीख लेता है, तो कुछ कार्य ऐसे हैं, जिनके लिए प्रशिक्षण नितान्त आवश्यक हो जाते हैं।

slave society (स्लेव् सॅ'साइअटि) **दासमूलक समाज :** कार्ल मार्क्स (Karl Marx, 1818-1883) के अनुसार, समाज के उद्विकास के प्रारम्भिक स्तर में दास और मालिक जैसे दो वर्गों का उदय हुआ। विकास के इसी स्तर में सामूहिक स्वामित्व (Collective ownership) की जगह व्यक्तिगत स्वामित्व (Private ownership) का विकास हुआ। इसी युग से आर्थिक विकास तीव्र हुआ। व्यापार, नगरों का निर्माण, धातुओं का प्रयोग आदि इस स्तर से ही संभव हुआ। कार्ल मार्क्स के अनुसार, दासयुग के अन्तर्गत निम्न चीज़ें पायी जाती थीं– (1) इसमें राज्य नामक संस्था पाई जाती थी, (2) इस समाज में दो वर्ग पाया जाता था– एक मालिक और दूसरा दास। मालिक को राज्य तथा उत्पादन के साधन पर निजी अधिकार था। समाज में जो भी विशेष अधिकार था, वह मालिक वर्ग के हाथ में था, (3) इस समाज में दास को निजी सम्पत्ति समझा जाता था और उसको बेचने तथा खरीदने का अधिकार मालिक को था, (4) मूलरूप से इस समाज में राजनीतिक तथा कानूनी असमानता पायी जाती थी और राज्य का रूप दमनकारी था और (5) जब दास में चेतना आयी, तो इस शोषित समाज के प्रति आवाज़ उठायी गयी, जिसके कारण सामाजिक परिवर्तन हुआ।

slavery ('स्लेव़रि) **दासप्रथा :** दासता का अर्थ है– एक व्यक्ति की जाति, संस्कृति, विशेषाधिकार-युक्त आर्थिक स्थिति, धर्म, विचारधारा आदि की आड़ में यह निरपेक्ष अधिकार कि वह दूसरे व्यक्ति को अपने अधीन कर ले, उससे राजी या बेराजी, बलपूर्वक काम कराए और उसका वैयक्तिक विधि के अधीन पदार्थों की भाँति क्रय-विक्रय कराए। दासता मनुष्य की एक सामाजिक संस्था है तथा उसका स्वरूप समय-समय पर बदलता रहा है। ऐसा अनुमान है कि उसकी उत्पत्ति प्रागैतिहासिक काल में हो गयी थी। उस समय यदि कोई मनुष्य सबल हो गया (किसी भी आधार पर), तो उसने दुर्बल मनुष्यों को अपने चारों ओर अपनी सेवा या सहायता के लिए रख लिया। उसने इन लोगों से अपने इच्छानुसार कार्य कराया। इसी से दासता की उत्पत्ति हुई। दासप्रथा एक आखिरी किस्म की सामाजिक असमानता का द्योतक है।

विश्व इतिहास के अध्ययन से ज्ञात होता है कि प्राचीन एवं मध्यकालीन युग में दासप्रथा मिस्र, असीरिया, सुमेरिया, बैबिलोनिया, भारत आदि कई मुल्कों में प्रचलित था। पर इस प्रथा में भी काफी भिन्नताएँ थीं। कुछ समाज में दासों को कोई भी आर्थिक और कानूनी अधिकार प्राप्त नहीं था, पर कुछ समाजों में उसे थोड़ा-बहुत इंसानी हक प्राप्त था। इस प्रथा के तहत आर्थिक और कानूनी दोनों प्रकार की असमानताएँ मौजूद थीं। गुलामों की जिन्दगी कहीं जानवरों की तरह थी, तो कहीं कृषि मज़दूरों या घरेलू नौकरों की तरह। यह प्रथा उन्नीसवीं शताब्दी के मध्य तक जीवित रही और अब कानूनी रूप से इसका सभी सभ्य देशों में औपचारिक बहिष्कार हो गया है। अमरीका, दक्षिणी अफ्रीका, अरब, इंग्लैंड, भारत आदि देशों में यह प्रथा पिछले बीस-पच्चीस वर्ष पूर्व तक किसी-न-किसी रूप में प्रचलित रही है। अमरीका के गोरे व्यक्तियों की समृद्धि के पीछे अफ्रीका से आयात किये गये लाखों नीग्रो दासों की भयंकर वेदना व कठोर परिश्रम रहा है। राष्ट्रपति अब्राहम लिंकन (Abraham Lincoln (1809-1865) ने वहाँ दासप्रथा की समाप्ति की। भारतीय संस्कृति के इतिहास को देखने से यह ज्ञात होता है कि वैदिक काल से लेकर उन्नीसवीं शताब्दी तक दासप्रथा का प्रचलन रहा है। मनु, कौटिल्य आदि प्राचीन विद्वानों के ग्रन्थों में समाज में दासप्रथा के विद्यमान होने का उल्लेख मिलता है।

slum (स्लम्) **विकृत शहरी क्षेत्र :** बृहत् रूप से यह ऐसी बस्ती है, जो अपर्याप्त और दयनीय आवासों, दुर्लभ जन-सुविधाओं, अति भीड़-भाड़ युक्त व तंग इलाकों द्वारा परिलक्षित होती है। प्राय: बहुत ही गरीब तथा सामाजिक रूप से पंचरंगी (Heterogeneous) लोगों की निवास-स्थली : देखें– **Ghetto**।

slump (स्लम्प्) **मन्दी :** आर्थिक जीवन की वह स्थिति, जिसमें वस्तुओं की माँग में असाधारण कमी हो जाती है, परन्तु लागत कम न हो पाने के कारण उनकी कीमत कम नहीं की जा सकती। अत: उनकी बिक्री बहुत कम रह जाती है। आमतौर पर यह स्थिति लोगों के खर्च में कटौती का परिणाम होती है। जब बाज़ार में किसी चीज़ की आवक बढ़

जाती है और वेतन व मज़दूरी में इतनी बढ़ोतरी नहीं होती कि उपभोक्ता उस पैमाने पर उसे खरीद सके, तो ऐसी हालत में मन्दी स्वाभाविक रूप से उत्पन्न हो जाती है।

snowballing technique; snowball sample (स्नो बॉलिंग टेक् 'नीक्; स्नोबॉल् 'साम्पल्) **हिमकंदुक तकनीक; हिमकंदुक नमूना** : देखें– **Sample, snowball**।

sociability (सोश'बिल्इटि) **समाजशीलता, सामाजिकता** : किसी विशेष व्यावहारिक उद्देश्य अथवा गंभीर प्रयोजन को ध्यान में न रखते हुए, केवल मानवीय अन्तःक्रिया से आनन्द प्राप्त करने की इच्छा से औरों के सम्पर्क में आने की मनुष्य की प्रवृत्ति।

social ('सोशल्) **सामाजिक** : एक ऐसी स्थिति, जिसमें एक व्यक्ति अपने-आपको किसी समूह के साथ सक्रिय रूप में जुड़ा हुआ अनुभव करता है तथा समूह के हितों के प्रति जागरूक पाता है। एक अन्य परिप्रेक्ष्य में, व्यक्तियों अथवा समूहों के रूप में मानवप्राणियों की अन्तर्क्रियाओं के आधार पर निर्मित पारस्परिक सम्बन्ध। 'सामाजिक' शब्द का प्रयोग किसी भी ऐसी घटना के लिए किया जा सकता है, जो सामाजिक प्रणालियों, उनकी विशेषताओं और व्यक्तियों की उनमें सहभागिता से जुड़ी हुई हों। ध्यान रहे, 'सामाजिक' का अर्थ मात्र यह नहीं है कि किसी घटना में बहुत से सहभागी हों या वह घटना बहुत से व्यक्ति को प्रभावित करती हो, उदाहरणार्थ– सभी मानवप्राणी भोजन करते हैं, किन्तु मात्र उनकी भोजन करने की क्रिया सामाजिक नहीं है। भोजन सम्बन्धी सांस्कृतिक आचार-विचार, जो हमारे भोजन की क्रिया को प्रभावित करते हैं, वे भोजन करने को सामाजिक बनाते हैं, जैसे– क्या खाना, कैसे खाना, कब खाना आदि (देखें– C. Wright Mills, **The Sociological Imagination**, 1959)।

social, anti- ('सोशल्, 'ऐन्टि) **समाजविरोधी** : कोई भी क्रिया, व्यवहार, मनोवृत्ति, मूल्य जो किसी समूह के सदस्यों द्वारा समूह के कल्याण हेतु अहितकर अथवा हानिकारक माना जाता है, उसे समाजविरोधी की संज्ञा दी जाती है। इस दृष्टि से एक बारात को लूटने-पाटने का व्यवहार समाजविरोधी की श्रेणी में आता है।

social, non- ('सोशल्, 'नॉन्) **असामाजिक** : जब एक व्यक्ति में अपने समूह के साथ जुड़ने का कोई चेतन बोध नहीं होता है और न ही वह उस समूह के कल्याण के लिए सचेतन प्रयत्नशील होता है। यही नहीं, वह समूह के कार्यों के प्रति पूर्णतः उदासीन एवं तटस्थ होता है, तो यह स्थिति असामाजिक कहलाती है। ध्यान रहे, असामाजिक, समाजविरोधी और अर्द्ध-सामाजिक में अन्तर है। समाज का परित्याग कर किसी कन्दरा में अकेला रहने वाला संन्यासी असामाजिक व्यक्ति है; क्योंकि वह मात्र अपने लिए जी रहा है, उसका किसी समूह अथवा समाज के साथ कोई उद्देश्यपूर्ण सम्बन्ध नहीं होता है। इसके विपरीत, एक अपराधी व्यक्ति समाज में रहते हुए भी समाजविरोधी है।

social abnormality ('सोशल् ऐब्नॉर् 'मैलिटि) **सामाजिक अपसामान्यता** : एक प्रकार की अपसामान्यता, जो व्यक्ति या समूह में, सामाजिक पर्यावरण के साथ उसके सम्बन्धों अथवा समाज की संरचना और कार्यों के बीच देखने को मिलती है।

social accommodation ('सोशल् अ कॉम 'डेशन्) **सामाजिक समायोजन** : यह एक ऐसी प्रक्रिया है, जिसके अन्तर्गत दो या दो से अधिक व्यक्ति या समूह संघर्ष रोकने, कम करने या समाप्त करने का प्रयास करते हैं। समायोजन एक सहयोगी सामाजिक प्रक्रिया है। समायोजन मुख्यरूप से पाँच प्रकार के हो सकते हैं– विरामसन्धि (Truce), समझौता (Compromise), मध्यस्थता (Arbitration), सर्वोपरि व्यवस्था (Superordination arrangements) एवं बरदाश्त (Toleration) : देखें– **Assimilation**।

social acquisitiveness ('सोशल् अक्विज़िटिव 'नेस) **सामाजिक परिग्रहशीलता** : वह गुण, जिसके द्वारा मनुष्य में सामाजिक स्थिति तथा समूह से सम्बद्ध होने अथवा किसी अन्य रूप में सामाजिक मान्यता प्राप्त करने की तीव्र इच्छा होती है।

social action ('सोश्ल् 'ऐक्श्न्) **सामाजिक क्रिया :** किसी प्रेरणा से प्रेरित होकर अन्य व्यक्तियों से सम्बन्धित या उनसे प्रभावित होते हुए सामाजिक परिस्थितियों में एक व्यक्ति या अनेक व्यक्तियों द्वारा किये गए कार्य को ही सामाजिक क्रिया कहते हैं । जर्मन समाजशास्त्री मैक्स वेबर (Max Weber, 1864-1920) ने चार प्रकार की सामाजिक क्रियाएँ बतलायी थीं– तार्किक, मूल्यांकनात्मक, प्रभावात्मक और परम्परागत। अमरीकी समाजशास्त्री टैलकॉट पार्सन्स (Talcott Parsons, 1902-1979) ने पारेटो (Vilfredo F. D. Pareto, 1848-1923), मैक्स वेबर तथा एमिल डर्कहाइम (Émile Durkheim, 1858-1917) के विचारों को मिलाते हुए सामाजिक क्रिया का सिद्धान्त प्रस्तुत किया है । वे वंशपरम्परा तथा पर्यावरण, साधन और उद्देश्य, शाश्वत मूल्य और उत्साह तथा प्रयास को सामाजिक कार्य के प्रमुख तत्त्व मानते हैं । किसी भी सामाजिक कार्य में कर्त्ता, स्थिति और प्रेरणा आवश्यक आधार होते हैं । पार्सन्स का विचार है कि व्यक्तित्व, संस्कृति और सामाजिक व्यवस्था किसी भी सामाजिक कार्य के अनिवार्य पक्ष या आधार होते हैं : देखें– **Act; Action** ।

social action, affective ('सोश्ल् 'ऐक्श्न्, अ'फेक्टिव्) **भावात्मक सामाजिक क्रिया :** व्यक्ति के मस्तिष्क अथवा मनोदशा द्वारा तत्काल प्रभावित होने वाली क्रिया संवेगात्मक अथवा भावात्मक सामाजिक क्रिया कहलाती है । माँ द्वारा अपने बालक की किसी अशोभनीय क्रिया के कारण उसे थप्पड़ लगाने की क्रिया भावात्मक सामाजिक क्रिया का एक उदाहरण है ।

social action, evaluational ('सोश्ल् 'ऐक्श्न्, इवैल्यु 'एशन्ल्) **मूल्यांकनात्मक सामाजिक क्रिया :** समाज के नैतिक मूल्यों तथा सांस्कृतिक आदर्शों एवं मान्यताओं से प्रेरित क्रिया मूल्यांकनात्मक सामाजिक क्रिया कहलाती है । माता-पिता के प्राणों की रक्षा करते हुए पुत्र के द्वारा अपने प्राण गँवाना तथा हिन्दू विधवा द्वारा अपने पति की चिता पर प्राणोत्सर्ग करने की क्रिया मूल्यांकनात्मक सामाजिक क्रिया के उदाहरण हैं ।

social action, rational ('सोश्ल् 'ऐक्श्न्, रैशनल्) **बुद्धिसंगत सामाजिक क्रिया :** पूर्व-निश्चित किसी बाह्य लक्ष्य तथा सम्बद्ध साधनों को ध्यान में रखकर की गई क्रिया बुद्धिसंगत सामाजिक क्रिया कहलाती है । इसमें कर्त्ता क्रिया के सम्पादन के पूर्व न केवल लक्ष्य प्राप्ति के सभी साधनों पर तुलनात्मक दृष्टि से सोच-विचार करता है, अपितु उनकी उपयोगिता का भी मूल्यांकन करता है ।

social action, traditional ('सोश्ल् 'ऐक्श्न्, ट्र'डिशनल्) **परम्परागत सामाजिक क्रिया :** प्रथाओं, रूढ़ियों, विश्वासों द्वारा चलित क्रियाएँ परम्परागत सामाजिक क्रिया कहलाती है । इस प्रकार की क्रियाओं का सम्पादन साधारणतः इसलिए किया जाता है, क्योंकि ये क्रियाएँ एक लम्बे काल से सम्पादित की जाती रही हैं । हिन्दू विवाह में तोरण-प्रथा इसी क्रिया का एक उदाहरण है ।

social actor ('सोश्ल् 'ऐक्टर) **सामाजिक कर्त्ता :** देखें– **Action theory** ।

social adaptation ('सोश्ल् ऐडैप्'टेश्न्) **सामाजिक अनुकूलन :** किसी व्यक्ति की अपने सामाजिक परिवेश के साथ समायोजन की प्रक्रिया को सामाजिक अनुकूलन कहते हैं ।

social adjustment ('सोश्ल् अ'जस्ट्मन्ट्) **सामाजिक समायोजन :** समूहों और व्यक्तियों में पाए जाने वाले पारस्परिक सामंजस्यपूर्ण सम्बन्ध ।

social administration ('सोश्ल् अड'मिनि'स्ट्रेश्न्) **सामाजिक प्रशासन :** एक अध्ययन-विषय के रूप में इसका सम्बन्ध सामाजिक नीति के विश्लेषण, उसके कार्यान्वयन तथा सामाजिक समस्याओं के समाधान में उनकी सार्थकता की जाँच करने से है ।

social aggregate ('सोश्ल् 'ऐग्रिगट्) **सामाजिक समुच्चय :** एक स्थान पर एकत्रित बहुत सारे व्यक्तियों का समूह । बस-पड़ाव या रेलवे स्टेशन पर एकत्रित जनसमूह को सामाजिक समूह नहीं कहा जा सकता है, उसी तरह से मेले में

आयी हुई भीड़ को सामाजिक समूह नहीं कहा जा सकता है । ये सभी सामाजिक समुच्चय के उदाहरण हैं । ऐसे समूह को टॉम बॉटमोर (Thomas B. Bottomore) ने अर्द्ध-समूह (**Quasi-group**) कहा है ।

social anatomy ('सोशल् अ 'नैट्मि) **सामाजिक रचना :** समाज की संरचना और संगठन, जिसमें विभिन्न सामाजिक समूहों के प्रकार्य, उनकी सापेक्ष स्थिति के अनुरूप होते हैं । उनमें अन्योन्याश्रितता होती हैं तथा वे सम्पूर्ण समाज के साथ प्रकार्यात्मक इकाइयों के रूप में सम्बद्ध होते हैं ।

social anthropology ('सोशल् ऐन्थ्र'पॉलजि) **सामाजिक मानवशास्त्र :** भिन्न प्रकार के मानवसमाजों का तुलनात्मक अध्ययन करते हुए मानवसमाज की प्रकृति की खोज सामाजिक मानवशास्त्र कहलाता है । इसमें आदिम समाजों, वन्य कबीलों अथवा असाक्षर समाजों के अध्ययन पर विशेष ध्यान दिया जाता है । इसे मानवशास्त्र और समाजशास्त्र दोनों का ही अंग माना जाता है । इसमें संस्कृति का वैज्ञानिक अध्ययन होता है, जिसमें अवलोकन या प्रेक्षण प्रमुख पद्धति होती है । रैडक्लिफ-ब्राउन (A. R. Radcliffe-Brown, 1881-1955) सामाजिक मानवशास्त्र को तुलनात्मक समाजशास्त्र ही मानते थे, जो मानव-व्यवहार को नियन्त्रित करने वाले सार्वभौमिक नियमों की खोज करने का प्रयत्न करता है । वे चाहते थे कि यह विज्ञान सामाजिक संरचना का ही अध्ययन बने तथा इसके अन्तर्गत तुलनात्मक अध्ययन-पद्धति का अधिकाधिक प्रयोग हो ।

social areas ('सोशल् 'ऐअरिआज़्) **सामाजिक क्षेत्र :** मानव-परिस्थिति-विज्ञान के अन्तर्गत, किसी नगर के ऐसे क्षेत्र जहाँ एक-जैसा व्यवसाय करने वाले, एक जैसी आर्थिक स्थिति वाले या एक-जैसी पद-प्रतिष्ठा के अधिकारी लोग एकसाथ बस जाते हैं या योजनाबद्ध तरीके से बसा दिए जाते हैं, चाहे जाति, धर्म, भाषा, प्रदेश, संस्कृति इत्यादि के विचार से उनकी पृष्ठभूमि कितनी ही भिन्न क्यों न हो और उनमें परस्पर सम्बन्ध और अन्तःक्रिया कितनी ही कम क्यों न हो । अतः ये प्राकृतिक क्षेत्रों से भिन्न हैं ।

social ascendancy ('सोशल् असे 'न्डन्सि) **सामाजिक प्रभुता, सामाजिक उत्कर्ष :** इस शब्द का प्रयोग मुख्यतः दो अर्थों में किया जाता है– (1) व्यक्तियों, परिवारों तथा समूहों में सम्बन्धित समाज के मानदण्डों के अनुसार प्रतिष्ठा तथा सम्मान में उत्तरोत्तर वृद्धि होना । (2) सामाजिक पद, प्राधिकार, प्रतिष्ठा तथा सम्मान के क्षेत्र में व्यक्तियों अथवा सामाजिक समूहों का उत्तरोत्तर उन्नति करने का प्रयास । यह संकल्पना, प्रभुत्व की संकल्पना से नितान्त भिन्न है ।

social assimilation ('सोशल् असिमि'लेशन्) **सामाजिक आत्मसात्करण :** वह प्रक्रिया, जिसके द्वारा विभिन्न संस्कृतियों अथवा विभिन्न संस्कृतियों का प्रतिनिधित्व करने वाले व्यक्तियों या समूहों का एक समजातीय इकाई में विलय हो जाता है, जैसे– एशियाई मूल के लोगों का अमरीका में ।

social attitude ('सोशल् 'ऐटि ट्यूड्) **सामाजिक मनोवृत्ति :** समाजविशेष के मूल्यों एवं मान्यताओं पर आधारित मनोवृत्ति । वह अभिवृत्ति, जो समाज के अधिकांश सदस्यों को मान्य होती है तथा जो व्यक्ति की अपेक्षा समाज के लिए अधिक हितकर होती है, जैसे– वृद्ध, गरीब व लाचार व्यक्तियों के प्रति सहानुभूति तथा आदर का भाव होना ।

social attribution ('सोशल् ऐट्रिब्यू 'शन्) **सामाजिक गुणारोपण :** देखें– **Attribution theory** ।

social authority ('सोशल् ऑ'थ़ॉरिटि) **सामाजिक प्राधिकारी :** सामान्य समूह आदर्शों के लिए स्थापित मूल्य-प्रणाली की श्रेष्ठता स्वीकार करना, जो संस्थागत रूप धारण कर चुकी हो तथा जिसे सामाजिक नियन्त्रण की मान्यता प्राप्त हो, जैसे– धर्म का व्यक्ति के आचरण पर । समाज में धर्म को सामाजिक प्राधिकार की मान्यता प्राप्त है ।

social aversion ('सोशल् अ 'व़र्शन) **सामाजिक विरुचि :** समाज की संस्कृति से साम्य न होने के कारण समाज के प्रति व्यक्ति का विरोध-भाव । जैसे कि ब्राह्मणों के बीच दलितों के प्रति, मलेशिया में मुसलमानों की हिन्दुओं के प्रति तथा श्रीलंका में सिंघली लोगों की तमिल लोगों के प्रति सामाजिक विरुचि अक्सर सुनने या देखने को मिल जाती है ।

social balance ('सोश्‌ल्‌ 'बैलन्स्‌) **सामाजिक सन्तुलन :** समाज की वह अवस्था, जिसमें समाज के सांस्कृतिक और जनसांख्यिकीय तत्त्वों में निकट साम्य होता है और दोनों स्वतन्त्र रूप से बिना एक-दूसरे पर प्रभाव डाले कार्य करते रहते हैं। व्यवहार में यह शायद ही संभव हो पाता है।

social behaviour ('सोश्‌ल्‌ बि'हेव्‌यर्‌) **सामाजिक व्यवहार :** समूह अथवा समुदाय के सदस्यों का व्यवहार, जो ऐच्छिक हो और जो उस समाज अथवा समुदाय के नियमों और मान्यताओं के अनुकूल हो : देखें– **Behaviour**।

social behaviourism ('सोश्‌ल्‌ बि'हेव्य रिज़्म्‌) **सामाजिक व्यवहारवाद :** समाजशास्त्र की एक सैद्धान्तिक मान्यता, जिसके अनुसार व्यक्ति के निजी व्यवहार तथा उसकी और अन्य व्यक्तियों की परस्पर क्रियाओं को सामाजिक विश्लेषण की आधारभूत इकाई माना जाता है।

social capillarity ('सोश्‌ल्‌ कैपलै'रिटि) **सामाजिक उत्थानशीलता :** स्तरीकृत वर्ग-संरचना वाले समाज में एक स्थिति प्रक्रम, जिसमें निम्नवर्ग के लोग अपनी स्थिति ऊपर उठाने और उच्च स्थिति वाले वर्ग में स्थान पाने के लिए सर्वदा अग्रसित होते हैं।

social capital ('सोश्‌ल्‌ 'कैपिट्‌ल्‌) **सामाजिक पूँजी :** इस अवधारणा का सर्वप्रथम प्रयोग जेम्स कोलमैन (James Coleman, 1926-1995) ने व्यक्ति और परिवार एवं व्यक्ति और समुदाय के बीच के सम्बन्धों के स्वरूप एवं प्रकार को स्पष्ट करने के लिए किया था। व्यक्तित्व के विकास में सामाजिक पूँजी का बहुत ही महत्त्वपूर्ण योगदान होता है। सामाजिक पूँजी का निर्माण समाज में व्याप्त नियम-कानूनों तथा मूल्यों के अनुसार होता है। परिवार, नातेदारी, जाति, स्थानीय संस्कृति, सामुदायिक (ग्राम) भावना के द्वारा सामाजिक पूँजी की रचना होती है, जो लोगों के जीवन को संचालित करती है। संकट के समय नाते-रिश्तेदार, जाति-बन्धु, परिजन और गाँव वाले ही पीड़ितों को सहारा प्रदान करते हैं।

social casework ('सोश्‌ल्‌ केस्‌ वॅर्क्‌) **व्यक्तिगत समाजकार्य :** समाज-सेवा और वैयक्तिक परामर्श द्वारा समाज के लोगों की सहायता करने की विधि, जिसका लक्ष्य उनकी क्षमताओं का विकास करना और परिवार से उनका समायोजन स्थापित करना होता है।

social category ('सोश्‌ल्‌ 'कैटगरि) **सामाजिक श्रेणी :** जब व्यक्तियों के किसी समूह की समान विशेषताएँ हों, तो उसे सामाजिक वर्ग कहा जाता है, जैसे– जाति समूह। सामाजिक श्रेणी एक सांख्यिकी समूह है। लोगों का वर्गीकरण कुछ विशिष्ट विशेषताओं के आधार पर होता है, जो समान रूप से सभी में पाया जाता है, जैसे– आमदनी के स्तर की समानता या फिर समान पेशे का होना। विश्लेषण के ऐसे तरीके, जिनके द्वारा एक जैसी विशेषताएँ रखने वाले लोगों को श्रेणियों में बाँटा जाता है, जैसे– नौकरी करने वाले लोगों का वर्ग, मध्यमवर्ग आदि। किसी समान शिक्षा या आय वाले व्यक्तियों के समूह को सामाजिक श्रेणी कहा जा सकता है, सामाजिक समूह नहीं। व्यक्तियों के किसी समूह को सही अर्थों में सामाजिक समूह कहने की कुछ और भी शर्तें हैं : देखें– **Group**।

social causation ('सोश्‌ल्‌ कॉ:'जेशन्‌) **सामाजिक कार्यकारण सम्बन्ध :** वह प्राक्कल्पना, जिसके अनुसार सामाजिक व्यवहार तथा सामाजिक प्रतिरूप कार्यकारण नियमों पर आधारित होते हैं और जिनकी व्याख्या कारण एवं परिणाम के रूप में की जा सकती है। समाजशास्त्र में इस विषय पर सर्वप्रथम रॉबर्ट एम. मकीवर (Robert M. MacIver, हिन्दी में इस व्यक्ति के नाम का अन्य सभी उच्चारण गलत हैं) ने चर्चा की थी।

social change ('सोश्‌ल्‌ चेन्ज्‌) **सामाजिक परिवर्तन :** वे बदलाव जो सामाजिक संरचना, संस्थाओं, आदतों अथवा किसी भी समाज की रूपरेखा और सामाजिक पद्धति की कार्यप्रणाली में आते हैं। सामाजिक संरचना में निरन्तर परिवर्तन, विकास, अपकर्ष, नवीनीकरण की सम्भावना पायी जाती है तथा बिल्कुल प्रतिकूल परिस्थिति में भी समायोजित होने की क्षमता पायी जाती है। इस प्रकार समय के साथ उसमें भारी परिवर्तन संभव होता है। सामाजिक परिवर्तन समाज के आन्तरिक तथा बाहरी या संरचनात्मक (Structural) दोनों पक्षों में हो सकता है। किसी युग के आदर्श एवं मूल्य में

अगर पिछले युग के मुकाबले कुछ नयापन या परिवर्तन दिखाई पड़े, तो उसे आन्तरिक परिवर्तन कहेंगे और अगर किसी सामाजिक अंग, जैसे– परिवार, वर्ग, जातीय हैसियत, समूहों के स्वरूपों एवं आधारों में परिवर्तन परिलक्षित हो, तो उसे संरचनात्मक परिवर्तन कहेंगे। इस विषय पर समाजशास्त्र में अनगिनत सिद्धान्तों का प्रतिपादन हुआ है (देखें– Neil J. Smelser, **Social Change in the Industrial Revolution**, 1958; Raymond Boudon, **Theories of Social Change**, 1986; Anthony Giddens, **The Constitution of Society**, 1986)।

social circulation ('सोश्ल् सर्क्यु'लेशन्) **सामाजिक परिचलन :** सामाजिक गतिशीलता का वह रूप, जो सामाजिक वर्ग की केवल विषमस्तरीय गतिशीलता से सम्बन्धित होता है अर्थात् जिसमें निम्न श्रेणी अथवा वर्ग का व्यक्ति उच्च स्तर पर और उच्च स्तर का व्यक्ति निम्न स्तर पर आता-जाता रहता है : देखें– **Social mobility**।

social class ('सोश्ल् क्लास्) **सामाजिक वर्ग :** वर्ग का सामान्य अर्थ है समान सामाजिक स्तरवाले व्यक्तियों का एक समूह। सामाजिक वर्ग समुदाय का ऐसा भाग होता है, जो अपने विशिष्ट सामाजिक स्तर के कारण दूसरों से भिन्न होता है। लापियर (Richard T. LaPiere,1899-1986) इस बात पर बल देते हैं कि अपनी विशिष्ट संस्कृति के कारण मनुष्य अन्य व्यक्ति-समूहों से भिन्न होता है तथा एक विशिष्ट सामाजिक वर्ग का निर्माण करता है। वर्ग-निर्माण के दो आधार होते हैं–

(क) **वस्तुगत आधार :** समान आयु, शिक्षा, जाति, कुल, निवास-स्थान, उद्यम या व्यवसाय के आधार पर बने वर्ग वस्तुगत आधार पर निर्मित होते हैं। कार्ल मार्क्स (Karl Marx, 1818-1883) ने उत्पादन के साधनों के आधार पर दो वर्ग बतलाये हैं– (1) पूँजीपति वर्ग और (2) श्रमिक वर्ग।

(ख) **भावात्मक आधार :** विभिन्न आर्थिक, राजनीतिक एवं धार्मिक चेतना रखनेवाले व्यक्ति, अपनी इन विभिन्नताओं के कारण जब अपने को दूसरे व्यक्तियों से पृथक् समझने लगते हैं अथवा उपयुक्त समानताओं के कारण जब वे अपने को दूसरों के समान समझने लगते हैं, तब सामाजिक वर्गों का निर्माण होता है। आर्थिक आधार पर एक और प्रकार का वर्गीकरण होता है– उच्च वर्ग, मध्यवर्ग और निम्नवर्ग।

भावात्मक आधार का दूसरा वर्गीकरण है– कर्मठ वर्ग तथा विलासी वर्ग। कर्मठ वर्ग में वे व्यक्ति आते हैं, जो काम करके अपनी जीविका चलाते हैं, जैसे– कृषक, श्रमिक, व्यवसायी और कारीगर आदि। विलासी वर्ग वह है, जो अपनी पैतृक आय के बल पर दूसरों का शोषण करके विलासी जीवन व्यतीत करते हैं। इसकी चर्चा टी. वेबलन (Thorstein Veblen, 1857-1929) ने की है।

सामाजिक वर्गों के प्रमुख लक्षण हैं– (1) श्रेणीबद्धता, (2) ऊँच-नीच की भावना, (3) वर्गचेतना, (4) व्यक्तियों के लिए वर्ग-परिवर्तन की सुविधा और (5) वर्ग संघर्ष (देखें– Reinhard Bendix and Seymour Martin Lipset (eds.), **Class, Status and Power**, 1966; Erik Olin Wright, **Classes**, 1985)।

social climate ('सोश्ल् 'क्लाइमट) **सामाजिक वातावरण :** किसी भी समुदाय या समाज में प्रचलित उन मनोवैज्ञानिक ढंगों और रूढ़ियों के समग्र को सामाजिक वातावरण कहते हैं, जिनमें मनोवैज्ञानिकों की रुचि होती है। यह एक अमूर्त अवधारणा है।

social climber ('सोश्ल् क्लाइमर्) **सामाजिक आरोही :** ऐसा व्यक्ति, जो समाज में अपने से ऊँचे स्तर के लोगों के साथ सम्पर्क स्थापित कर या अपनी योग्यता या क्षमता में बढ़ोतरी के द्वारा अपना स्तर ऊँचा उठाने की महत्त्वाकांक्षा रखता है और उसके लिए सक्रिय होकर अपने स्तर के लोगों की उपेक्षा करता है।

social clique ('सोश्ल् क्लीक) **सामाजिक गुट :** यह एक स्थानीय इकाई है, जो अपेक्षाकृत छोटी और अनौपचारिक होती है और उसका आधार गुट के सदस्यों के बीच मित्रता तथा स्वार्थों की समानता होती है।

social closure ('सोश्ल् 'क्लोज़र्) **सामाजिक संवरण :** देखें– **Closure, social**।

social code ('सोश्ल् कोड) **सामाजिक संहिता :** किसी समाज के ऐसे नियमों का संग्रह, जिन्हें सामाजिक स्वीकृति प्राप्त हो, जैसे– प्राचीन भारत में वेद एवं मनुस्मृति या मुसलमानों के बीच शरीयत ।

social cohesion ('सोश्ल् को'हीज़न) **सामाजिक संसक्ति :** सामाजिक संगठन की स्थायी स्थिति जिसमें व्यक्ति एक-दूसरे के साथ सामान्य सामाजिक तथा सांस्कृतिक रूप में प्रतिबद्ध होते हैं ।

social competency ('सोश्ल् कॉम 'पिटन्सि) **सामाजिक सक्षमता :** व्यक्ति की, अपने सामाजिक स्तर को स्थिर रखते हुए सामाजिक भूमिका निभाने की क्षमता ।

social competition ('सोश्ल् कॉम्प 'टिश्न्) **सामाजिक प्रतिस्पर्द्धा :** सामाजिक स्थिति अथवा पद को प्राप्त करने के लिए (दूसरे व्यक्तियों के प्रयत्नों को चेतन रूप में ध्यान में रखते हुए) व्यक्ति अथवा समूह द्वारा समाज-व्यवस्था की सीमाओं में किए गए प्रयास सामाजिक प्रतिस्पर्द्धा कहलाते हैं ।

social configuration ('सोश्ल् कन् फ़िग 'रेश्न्) **सामाजिक संविन्यास :** किसी विशेष समय में एक क्षेत्र की संस्कृति का संरूप, जो वहाँ के सांस्कृतिक विशेषकों, संकुलों, मूल्यों तथा अन्य सांस्कृतिक तत्त्वों का संयोजित रूप होता है । सरदारों की अलग वेशभूषा सिक्ख समुदाय के सामाजिक संविन्यास का एक प्रतिरूप है ।

social conflict ('सोश्ल् 'कॉन्फ्लिक्ट्) **सामाजिक संघर्ष :** यह एक सामाजिक प्रक्रिया है, जिसके द्वारा दो या अधिक पक्षों के व्यक्ति एक-दूसरे का बलपूर्वक, धमकी या हिंसा द्वारा विरोध, प्रतिकार या दमन करने का प्रयास करते हैं । एक पक्ष अपने विरोधी पक्ष के मार्ग में बाधाएँ डालने का भरसक प्रयास करता है । इसमें धमकी से भरा हुआ प्रचार या प्रोपेगंडा भी प्रयोग में लाया जा सकता है । कई बार अहिंसात्मक ढंग से भी संघर्ष किया जाता है । हिंसात्मक और धमकीपूर्ण संघर्ष प्राय: मिल-मालिकों व मज़दूरों के झगड़ों, कल-कारखानों की तालाबन्दी, राजनीतिक दलों की परस्पर विरोधी प्रक्रिया, विद्यार्थी-अनुशासनहीनता, पीढ़ियों के मतभेद, पूँजीवादी और साम्यवादी देशों के परस्पर विरोध, ईर्ष्या-द्वेष और धमकीपूर्ण व्यवहार, गोरे और काले लोगों के बीच संघर्ष, सवर्ण और दलितों के परस्पर विरोध तथा विभिन्न धर्मावलम्बियों में पारस्परिक विरोध व सन्देह की भावना के रूप में प्रकट होते हैं । महात्मा गाँधी द्वारा चलाया गया सत्याग्रह आन्दोलन अहिंसात्मक संघर्ष का एक उत्तम उदाहरण था ।

social consciousness ('सोश्ल् 'कॉन्शस्नस्) **सामाजिक चेतना :** व्यक्तियों के बीच अपने आपसी सम्बन्धों के प्रति जागरूकता का भाव सामाजिक चेतना को परिलक्षित करता है, अर्थात् जब व्यक्ति समान अनुभवों में अपने को भागीदार समझता है, तब यह स्थिति सामाजिक चेतना को प्रकट करती है । अनुसूचित जाति के लोग अपने-आपको दलित या मुसलमान अपने-आपको अकलियत या अल्पसंख्यक कहलाना पसन्द करते हैं, यह उनकी सामाजिक चेतना का प्रतिफल या सूचक है ।

social constitution ('सोश्ल् कॉन्स्टि'ट्यूश्न्) **सामाजिक विधान :** वह पद्धति या विधान, जो ऐसी सामाजिक सेवाओं और सामाजिक कार्यों से सम्बन्धित होता है जो कि समाज के जीवन को सामान्य बनाने के लिए अनिवार्य होते हैं, जैसे– हिन्दू समाज में जातिप्रथा के नियम-कानून ।

social constraints ('सोश्ल् कन् 'स्ट्रेन्ट्स) **सामाजिक बाध्यता :** एक प्रकार का निषेधात्मक सामाजिक नियन्त्रण, जो समूह के नाम से अधिकारियों द्वारा लगाया गया है, जैसे– अपराधियों को हिरासत अथवा नियन्त्रण में रखकर अपराधों की रोकथाम करना, ताकि उनकी पुनरावृत्ति न हो । मुस्लिम महिलाओं के द्वारा बुर्का पहनना एक प्रकार की सामाजिक बाध्यता है ।

social constructionism ('सोश्ल् कन्स्ट्रॅक्श 'निज़्म) **सामाजिक रचनात्मकतावाद :** एक सामान्य पद के रूप में सामाजिक रचनात्मकतावाद का प्रयोग कभी-कभी उन सिद्धान्तों के लिए किया जाता है, जो सामाजिक रूप में निर्मित

सामाजिक जीवन की प्रकृति पर बल देते हैं। किन्तु, विशिष्ट रूप में, इस पद से सम्बन्धित विचार को डब्ल्यू. आई. थॉमस (W. I. Thomas, 1863-1947) तथा शिकागो सम्प्रदाय के साथ-साथ घटनाप्रधान (Phenomenological) समाजशास्त्रियों जैसे अल्फ्रेड सूज़ (Alfred Schutz, 1899-1959) आदि की कृतियों में देखा जा सकता है। इन लोगों के दृष्टिकोण इस विचार पर आधारित हैं कि समाज का निर्माण सक्रिय और सृजनात्मक रूप में मानव-प्राणियों द्वारा किया जाता है। ये दृष्टिकोण विश्व को मात्र पूर्व-निर्मित या स्वीकृत की अपेक्षा इसे निर्मित किया हुआ या अविष्कृत रूप में चित्रित करते हैं। इनके अनुसार, सामाजिक जगत् व्यक्तियों और समूहों द्वारा बुना हुआ एक व्याख्यात्मक तानाबाना है। समाजशास्त्रीय शब्दावली में इस अवधारणा के प्रवेश का श्रेय पीटर बर्गर् (Peter Berger, 1929-) और टॉमस लुकमान (Thomas Luckmann, 1927-) को है, जिन्होंने इसे अपनी कृति **The Social Construction of Reality** (1966) में सामाजिक रचनात्मकतावाद का सर्वप्रथम प्रयोग किया। यह पुस्तक ज्ञान के समाजशास्त्र पर लिखी गई एक प्रबुद्ध मीमांसा है।

social contact ('सोश्ल् 'कॉन्टैक्ट्) **सामाजिक सम्पर्क :** व्यक्तियों अथवा समूहों में पारस्परिक सम्बन्ध। सामाजिक सम्पर्क में सामाजिक अन्त:क्रिया (**Social Interaction**) की प्रक्रिया अन्तर्निहित होती है।

social contagion ('सोश्ल् कॅन्टे'जॅन) **सामाजिक संसर्ग :** सामाजिक अन्त:क्रिया, जिसके द्वारा विभिन्न विचार एवं व्यवहार के प्रकार संवेगात्मक रूप से एक व्यक्ति से दूसरे व्यक्ति तक पहुँचते हैं, जैसे– अफवाह एवं फैशन आदि। इस प्रकार की प्रक्रियाएँ भीड़ में अक्सर देखने को मिलती हैं।

social contract ('सोश्ल् 'कॉन्ट्रैक्ट) **सामाजिक समझौता, सामाजिक संविदा :** किसी समूह में विभिन्न व्यक्तियों द्वारा किया गया समझौता, जिसके द्वारा समाज का संगठित स्वरूप बनता है और जो समाज के सदस्यों के पारस्परिक सम्बन्धों और सरकार के साथ उसके सम्बन्धों को नियन्त्रित करता है। व्यक्ति और समाज के सम्बन्ध की व्याख्या के लिए जिन सिद्धान्तों का प्रतिपादन किया गया है, उनमें से एक 'सामाजिक संविदा का सिद्धान्त' या व्यक्ति-रचित समाज का सिद्धान्त है। इसके अनुसार, व्यक्तियों ने अपने स्वार्थ की पूर्ति के लिए समाज का स्वयं निर्माण किया। इस सिद्धान्त के प्रतिपादक थॉमस हॉब्स (Thomas Hobbes, 1588-1679) हैं। उनका कहना है कि मनुष्य के समस्त व्यवहारों का प्रेरक कारण आत्मरुचि होता है। बी. स्पिनोजा (Benedict de Spinoza, 1632-1677) ने भी हॉब्स के विचारों का समर्थन किया और कहा कि समस्त जीवों में जीवित रहने की अदम्य लालसा होती है। वे दूसरों की इच्छाओं और भावनाओं की चिन्ता न करके, अपने व्यक्तित्व के विकास की चिन्ता में लगे रहते हैं। विकासवाद का सिद्धान्त भी हॉब्स के सिद्धान्त का समर्थन करता है। हॉब्स कहते हैं कि मनुष्य अपने आदिम अथवा प्राकृतिक रूप में सदैव संघर्षों में व्यस्त रहता है। प्रत्येक व्यक्ति दूसरों से लड़ता रहता है, इसलिए प्रत्येक व्यक्ति दूसरे के लिए भय का कारण बना रहता है। इस प्राकृतिक अवस्था में न तो सम्पत्ति की रक्षा हो सकती है, न कोई विधान हो सकता है, न न्याय की व्यवस्था ही हो सकती है।

हॉब्स का यह कथन इस अर्थ में प्रसिद्ध हो गया है कि मनुष्य अपनी मूल प्राकृतिक अवस्था में दरिद्र, नीच, जंगली तथा क्षणजीवी था। इस विपत्तिजनक अवस्था से अपनी रक्षा के लिए मनुष्यों ने मिलकर एक समझौता किया और समाज का निर्माण किया। उन्होंने यह समझौता किया कि हम एक-दूसरे के अधिकारों की उपेक्षा नहीं करेंगे, अपने स्वार्थ की पूर्ति करते समय सदैव यह ध्यान रखेंगे कि दूसरों के साथ मिलकर रहेंगे। एकसाथ मिलकर रहने से विचारों के आदान-प्रदान के लिए भाषा का विकास हुआ और इस प्रकार, हमें भयावह एकाकीपन से बचने के लिए एक साधन उपलब्ध हो गया।

ऐडम स्मिथ (Adam Smith, 1723-1790) का कहना है कि मनुष्य ने आर्थिक सहयोग के लिए समाज की रचना की। जब उन्होंने देखा की एकाकी रहकर वे अपने जीवन के लिए आवश्यक वस्तुओं का उत्पादन नहीं कर सकते, तो उन्होंने आपस में समझौता किया कि आर्थिक उत्पादन के लिए वे एक-दूसरे के साथ सहयोग करेंगे। इस सहयोग का प्रथम परिणाम कुटुम्ब (Kinship) के रूप में दिखायी पड़ा। फिर अनेक कुटुम्बों के समुदाय बने, जिनका उद्देश्य

सम्पूर्ण कुटुम्बों के कल्याण को दृष्टि में रखकर आर्थिक उत्पादन में योगदान करना था। इसके बाद समाज बने। अतः समाज के लिए संविदा या समझौता करना पड़ा।

18वीं शताब्दी के व्यक्तिवादियों का कथन है कि प्रकृति ने सभी व्यक्तियों को स्वतन्त्र और समान पैदा किया है। मनुष्य ने अपनी आत्मरक्षा के लिए अपने को सामाजिक नियमों में बाँध लिया। अपने को बाँधने के लिए उसने स्वयं नियम और सामाजिक व्यवस्था बनायी। जॉन लॉक (John Locke, 1632-1702) कहते हैं कि व्यक्ति ने अपनी सुविधा के लिए समाज की रचना की। व्यक्तियों के सम्बन्धों में यदि एकरूपता न हो, तो उनका एकसाथ रहना असम्भव हो जायेगा। हॉब्स एवं लॉक की दृष्टियों में अन्तर यह है कि हॉब्स तो मनुष्य को विवेकहीन, जंगली पशु कहते हैं, किन्तु लॉक उसे विवेकशील प्राणी मानते हैं। वे कहते हैं कि मनुष्य सामान्यतः प्रकृति के नियमों के उल्लंघन करने की प्रेरणा देते हैं। इसलिए व्यक्तियों के बीच संघर्ष छिड़ने की सम्भावना हो जाती है (देखें– Talcott Parsons, **The Structure of Social action**, 1937; Jean Jacques Rousseau, **The Social Contract**, 1950; Thomas Hobbes, **Leviathan**, 1962) : देखें– **Social contract theory** ।

social contract theory ('सोश्‌ल् 'कॉन्ट्रैक्ट 'थ़िअरि) **सामाजिक संविदा-सिद्धान्त** : वह सिद्धान्त, जिसके अनुसार सभी सामाजिक संस्थाएँ नैसर्गिक न होकर सामाजिक समझौते पर आश्रित होती हैं। इस विचारधारा के अनुसार, व्यक्तियों के द्वारा समाज जैसे संगठन का निर्माण जान-बूझकर किया गया है। चूँकि इसका निर्माता स्वयं मनुष्य है, अतः समाज-निर्माण के पीछे मुख्य उद्देश्य मानव के हितों की रक्षा है। इस दृष्टिकोण के समर्थक समाज की तुलना में व्यक्ति को अधिक महत्त्व देते हैं। साथ ही इस दृष्टिकोण के समर्थक यह भी मानते हैं कि व्यक्ति, चूँकि समाज का निर्माता है, अतः सामाजिक निर्णय एवं व्यक्तिगत निर्णय के बीच भेद हो सकता है एवं सामाजिक निर्णय के विरुद्ध व्यक्ति को निर्णय लेने का अधिकार प्राप्त है। प्रमुख विचारक हॉब्स (Thomas Hobbes, 1588-1679), जॉन लॉक (J. Locke, 1632-1702) तथा रूसो (Jean-Jacques Rousseau, 1712-1778) आदि इस दृष्टिकोण के समर्थक थे : देखें– **Social contract** ।

social control ('सोश्‌ल् कन्'ट्रोल्) **सामाजिक नियन्त्रण** : सामाजिक नियन्त्रण समाजशास्त्र की एक प्रमुख अवधारणा है। यह विषय इतना महत्त्वपूर्ण है कि समाजशास्त्र में जो कुछ भी लिखा जा रहा है, वह प्रत्यक्ष एवं अप्रत्यक्ष ढंग से सामान्यतया सामाजिक नियन्त्रण से जुड़ा रहता है। सामाजिक नियन्त्रण की प्रक्रिया का मुख्य उद्देश्य समाज को अव्यवस्था से बचाना एवं भविष्य में उसके अस्तित्व को कायम रखना है। जिस प्रकार राज्य अपने नियमों का उल्लंघन करनेवालों को दण्ड देता है, समाज भी सामाजिक नियम-कानूनों को तोड़नेवालों को दण्ड देता है, जिसके कारण लोगों के व्यवहार में निश्चितता तथा एकरूपता आती है। नियन्त्रण के स्तर पर समाज और राज्य के बीच यही फर्क है कि राज्य लिखित नियमों से चलता है और समाज अलिखित नियमों से संचालित होता है। राज्य के नियम यदि योजनाबद्ध तरीके से निर्मित होते हैं, तो समाज के नियम एवं आदर्श समय के साथ स्वतः विकसित होते रहते हैं। समाजशास्त्री सामाजिक नियन्त्रण शब्द का प्रयोग उन सभी माध्यमों एवं प्रक्रियाओं को व्यक्त करने के लिए करते हैं, जिनके द्वारा एक समूह या एक समाज अपनी अपेक्षाओं के अनुरूप अपने सदस्यों के व्यवहार में अनुकूलन लाने में सफल होता है (देखें– Talcott Parsons, **The Social System**, 1951; Edwin M. Lemert, **Human Deviance, Social Problems and Social Control**, 1951; Helen Lynd, **On Shame and the Search for Identity**, 1958; S. Cohen, **Visions of Social Control**, 1985)।

social control, direct ('सोश्‌ल् कन्'ट्रोल्, डाइ'रेक्ट्) **प्रत्यक्ष सामाजिक नियन्त्रण** : कार्ल मैनहाइम (Karl Mannheim, 1893-1947) ने प्रत्यक्ष एवं अप्रत्यक्ष सामाजिक नियन्त्रणों की चर्चा अपनी पुस्तक **Man and Society in the Age of Social Reconstruction** (1940) में विस्तार से की है। प्रत्यक्ष रूप से नियन्त्रण प्रायः प्राथमिक समूह द्वारा किया जाता है, जैसे– माता-पिता, मित्र, शिक्षक, पड़ोसी इत्यादि। इस नियन्त्रण का प्रभाव व्यक्ति के व्यक्तित्व पर अधिक गहराई से पड़ता है; क्योंकि ये लोग व्यक्ति के समाजीकरण के माध्यम हैं।

social control, formal and **informal** ('सोश्ल् कन्'ट्रोल्, 'फ़ॉर्म्ल् ऐन्ड् इन'फ़ॉर्म्ल्) **औपचारिक एवं अनौपचारिक सामाजिक नियन्त्रण :** औपचारिक नियन्त्रण वह नियन्त्रण है, जो निश्चित लिखित कानूनों के द्वारा सम्पन्न होता है तथा जिसे व्यक्ति या समूह को मानना ही पड़ता है। औपचारिक नियन्त्रण के साधनों का विरोध करने पर दण्ड देने की व्यवस्था होती है, जैसे– अपहरणकर्ता पर मुकदमा चलाकर न्यायालय द्वारा दण्ड दिया जाना इत्यादि। राज्य, पुलिस, न्यायालय या किसी औपचारिक संगठन आदि के द्वारा किया गया नियन्त्रण औपचारिक नियन्त्रण का उदाहरण है। अनौपचारिक नियन्त्रण वह नियन्त्रण है, जिसका विकास कोई सामाजिक समूह अपने कल्याण के लिए करता है एवं उसकी अवहेलना करनेवालों की समाज निन्दा या बहिष्कार करता है। अनौपचारिक नियन्त्रण का सम्बन्ध राज्य से न होकर समाज से होता है। यह औपचारिक नियन्त्रण की तुलना में अधिक प्रभावशाली सिद्ध होता है। प्रथाएँ, लोकरीतियाँ, लोकाचार, नैतिकता, धर्म, परिवार, जनमत, अलिखित नियम इत्यादि अनौपचारिक नियन्त्रण के प्रमुख साधन हैं।

social control, group and **institutional** ('सोश्ल् कन्'ट्रोल्, 'ग्रूप् ऐन्ड् इन्स्टि'ट्यूशन्ल्) **सामूहिक एवं संस्थागत सामाजिक नियन्त्रण :** जे. एच. फिक्टर (J. H. Fichter) ने बताया है कि समाज अनेक क़िस्म के समूहों के मिलने से निर्मित होता है और उन समूहों के द्वारा व्यक्ति का आचरण निर्धारित होता है। व्यक्ति के जीवन पर समूह का प्रभाव इसलिए पड़ता है कि वह किसी-न-किसी समूह का सदस्य अवश्य होता है। सामाजिक नियन्त्रण के सन्दर्भ में विभिन्न प्रकार के समूहों की चर्चा उन्होंने की है, जैसे– परिवार, आर्थिक एवं राजनीतिक समूह, मनोरंजन एवं धार्मिक समूह तथा विभिन्न प्रकार के स्वयंसेवी समूह। उन्होंने यह भी कहा है कि द्वितीयक समूह की तुलना में प्राथमिक समूह के द्वारा सामाजिक नियन्त्रण ज्यादा प्रभावशाली होता है। विभिन्न प्रकार के समूहों की तुलना में परिवार जैसे प्राथमिक समूह की महत्ता नियन्त्रण के साधन के रूप में सबसे अधिक है।

व्यक्तियों के व्यवहार का निर्धारण मात्र समूह जैसी मूर्त व्यवस्था से ही नहीं होती, बल्कि अमूर्त सामाजिक संस्थाओं की भूमिका भी कोई कम नहीं होती है। धार्मिक विश्वास, प्रथाएँ, मानदण्ड, धार्मिक मूल्यों एवं अन्य प्रकार के सांस्कृतिक यथार्थों के द्वारा व्यक्तियों का व्यवहार निर्धारित एवं संचालित होता है। सामाजिक समूह भी व्यक्तियों को इन्हीं अमूर्त नियमों एवं प्रतिमानों के अनुरूप व्यवहार करने के लिए बाध्य करता है। इसी के आधार पर समाज यह तय करता है कि कोई व्यवहार विसामान्य या आदर्श व्यवहार है। सामाजिक संस्थाओं के अलावा व्यक्ति का व्यवहार राजनीतिक एवं आर्थिक संस्थाओं के द्वारा भी निर्धारित होता है। राज्य या किसी राजनीतिक पार्टी द्वारा यदि समाज के लोगों का आचरण निर्धारित होता है, तो उसे राजनीतिक संस्थागत नियन्त्रण कहा जायेगा।

social control, positive ('सोश्ल् कन्'ट्रोल्, 'पॉज़िटिव्) **सकारात्मक सामाजिक नियन्त्रण :** जो सामाजिक नियन्त्रण, अनुनय, सलाह, शिक्षा एवं पुरस्कार के द्वारा सम्पन्न होता है, उसे सकारात्मक सामाजिक नियन्त्रण कहते हैं। परिवार, दोस्तों का समूह एवं शिक्षा संस्थानों द्वारा जो आचरण का नियन्त्रण होता है, वह इसी श्रेणी का सामाजिक नियन्त्रण माना जाता है। व्यक्ति को पुरस्कार व प्रोत्साहन देकर सही व्यवहार करने के लिए प्रेरित किया जाता है, जैसे– अनुशासित छात्र को महाविद्यालय की ओर से पुरस्कार या प्रोत्साहन देना। टैलकॉट पार्सन्स (Talcott Parsons, 1902-1979) के अनुसार, माँ के द्वारा बच्चे को एक चुम्बन देना ही काफी बड़ा पुरस्कार होता है।

social control, positive and **negative** ('सोश्ल् कन्'ट्रोल्, 'पॉज़िटिव् ऐन्ड् 'नेगटिव्) **सकारात्मक एवं नकारात्मक सामाजिक नियन्त्रण :** जो सामाजिक नियन्त्रण अनुनय, सलाह, शिक्षा एवं पुरस्कार के द्वारा सम्पन्न होता है, उसे सकारात्मक सामाजिक नियन्त्रण कहते हैं। परिवार, दोस्तों का समूह एवं शिक्षा संस्थानों द्वारा जो आचरण का नियन्त्रण होता है, वह इसी श्रेणी का सामाजिक नियन्त्रण माना जाता है। नकारात्मक सामाजिक नियन्त्रण के अन्तर्गत नियन्त्रण के लिए आदेश और दण्ड का प्रावधान रहता है, जिसके भय से विसामान्य व्यवहारों पर प्रतिबन्ध लगाया जाता है। फाँसी, कैद, जुर्माना, समाज द्वारा निन्दा या उपहास इत्यादि नकारात्मक सामाजिक नियन्त्रण में सहायक हैं।

social correlation ('सोश्ल् कॉर'लेशन्) **सामाजिक सहसम्बन्ध :** एक या अधिक विशेषताओं वाली सामाजिक

इकाइयों की सांख्यिकीय प्रणालियों से की गई परिशुद्धि तुलना, जैसे– आय और प्रजनन की तुलना के बीच सम्बन्ध की तुलना।

social crisis ('सोशल् 'क्राइसिस्) **सामाजिक संकट :** सामाजिक कार्यों की ऐसी गंभीर अवस्था, जिसमें घटनाओं का क्रम उस बिन्दु तक पहुँच जाता है, जहाँ पर समुदाय अथवा समूह के कल्याण के लिए अच्छे या बुरे परिवर्तन सम्भाव्य होते हैं और सामाजिक नियन्त्रण मार्गदर्शन के लिए सक्षम नहीं होता।

social Darwinism ('सोशल् 'डार्वि निज़म्) **सामाजिक डार्विनवाद :** देखें– **Darwinism, social**।

social defence ('सोशल् डि 'फेन्स्) **सामाजिक प्रतिरक्षा :** सामाजिक प्रतिरक्षा का प्रयोजन ऐसे सामाजिक दोषों से समाज की रक्षा करना है, जो कानून भंग करनेवाले व्यक्तियों की कार्रवाइयों से पैदा होते हैं। अतः प्रतिरक्षा के अन्तर्गत बाल अपराधी, वेश्याएँ, अविवाहित माताएँ, भिक्षुक और वयस्क अपराधी आते हैं। प्रतिरक्षा सम्बन्धी कार्य के दो पक्ष हैं– (1) अपराधियों को पकड़ना और (2) उनका सुधार करना। सामाजिक कार्यकर्ता का सम्बन्ध सुधारात्मक पक्ष से है।

social demography ('सोशल् डि 'मॉग्रफ़ि) **सामाजिक जनांकिकी :** सामाजिक जनांकिकी के क्षेत्र में यह अध्ययन किया जाता है कि कैसे सामाजिक और सांस्कृतिक कारक जनसंख्या-सम्बन्धी विभिन्न पहलुओं एवं प्रक्रियाओं को प्रभावित करते हैं। किसी जगह पर जनसंख्या के घटने-बढ़ने के विभिन्न कारक होते हैं। इनमें सामाजिक, सांस्कृतिक एवं आर्थिक कारकों की महत्त्वपूर्ण भूमिका होती है। सामाजिक जनांकिकी यह भी अध्ययन करता है कि कैसे किसी जनसंख्या के घटने-बढ़ने से विभिन्न प्रकार की सामाजिक व्यवस्थाएँ प्रभावित होती हैं। सामाजिक जनांकिकी का दूसरा नाम सारभूत जनांकिकी **(Substantive demography)** भी है।

social demoralization ('सोशल् डि 'मॉरलाइ ज़ेशन्) **सामाजिक नैतिक पतन :** समूह के मनोबल अथवा व्यक्तिगत सत्यनिष्ठा में होने वाली क्षति, जो एक प्रक्रिया अथवा अवस्था के रूप में होती है और जिसमें रूढ़िगत मान्यताओं, विचारों, स्थितियों एवं भूमिकाओं की संकल्पनाओं का विघटन हो जाता है।

social depletion ('सोशल् डि 'प्लीशन्) **सामाजिक अवक्षय :** समाज की वह स्थिति, जिसमें समाज से दृढ़ सामाजिक तत्त्वों को धीरे-धीरे हटाया जाता है जिससे समाज अप्रभावी हो जाता है, जैसे–समाज में धार्मिक भावना में कमी।

social deterioration ('सोशल् डिटिअरिअ 'रेशन्) **सामाजिक अवह्रास :** किसी समुदाय, समूह, राष्ट्र अथवा अन्तर्राष्ट्रीय संगठनों की वह प्रक्रिया, जिससे पूर्वस्थित मान्यताओं में ह्रास या पतन होने लगता है। ह्रास की यह अवस्था सदस्यों के कल्याण, सामाजिक एकता की मात्रा और समूह के स्वीकृत नियमों के प्रति बाध्यता में हो सकती है।

social deterrence ('सोशल् डिटे 'रन्स) **सामाजिक निवारण :** समूह के प्रभावी अभिकरणों द्वारा व्यक्तियों के व्यवहार पर लगाया गया प्रतिरोध, जैसे– अन्तर्जातीय विवाह करने वाले लोगों का समाज द्वारा बहिष्कार किया जाना।

social deviance ('सोशल् 'डीविअन्स्) **सामाजिक विसामान्यता, सामाजिक विचलन :** देखें– **Deviance, social**।

social differentiation ('सोशल् डिफ़रेन्शि 'एशन्) **सामाजिक विभेदीकरण :** वह प्रक्रिया, जिसके द्वारा समाज में विभिन्न स्थितियों, भूमिकाओं, स्तरों और समूहों का विकास हो जाता है या उनमें स्थायित्व आ जाता है। इस प्रक्रिया का प्रथम स्वरूप स्त्री और पुरुष का वर्ग भेद है, जो समाज को दो प्रक्रियात्मक समूहों में विभाजित करता है।

social direction ('सोशल् डाइ 'रेकशन्) **सामाजिक निर्देश :** परिवर्तन का वह स्वरूप, जिसमें मानव-क्रियाओं का रूपान्तरण किसी एक दिशा में संभव होता है।

social discipline ('सोशल् 'डिसिप्लिन्) **सामाजिक अनुशासन :** व्यक्ति के व्यवहार का नियमन, जो समुदाय अथवा राष्ट्र के द्वारा किया जाता है।

social discrimination ('सोश्ल् डि स्क्रिमि'नेश्न्) **सामाजिक भेदभाव :** मूलत: समान स्थिति वाले समूहों के साथ किया जानेवाला असमान व्यवहार, जैसे– जातीय आधार पर किसी नौकरी में किसी व्यक्ति को विशेष तरजीह देना या किसी को कोई अवसर नहीं देना ।

social disintegration ('सोश्ल् डिस् इन्टि'ग्रेश्न्) **सामाजिक विघटन :** सामाजिक संगठन तथा सामान्य हित की भावना के लोप हो जाने पर किसी समूह का विभिन्न इकाइयों में बँट जाना ।

social disorganization ('सोश्ल् डिस् ऑगनाइ'ज़ेश्न्) **सामाजिक अव्यवस्था, सामाजिक विघटन :** समाज की वह अवस्था, जिसमें प्रभावी सामाजिक नियन्त्रण के भंग होने के परिणामस्वरूप समूहों के प्रकार्यात्मक एकीकरण का अभाव, सामाजिक अभिवृत्तियों में संघर्ष तथा व्यक्तिगत अपसमायोजन हो जाता है । सामाजिक विघटन की अवस्था समाज की असामान्य अवस्था होती है । प्राय: सामाजिक परिवर्तन सामाजिक विघटन का कारण बनता है । परन्तु सामाजिक विघटन भी पूर्ण नहीं होता । विषम परिस्थितियों में भी समाज का कुछ–न–कुछ संगठन अवश्य बना रहता है । जब समाज के विभिन्न सदस्य अपनी–अपनी डफली, अपना–अपना राग अलापने लगते हैं तथा सामाजिक लोकाचारों, आदर्शों, रीति–नीतियों और जीवन के सामान्य लक्ष्यों तथा समाज की प्रथाओं के प्रति लोगों की श्रद्धा कम होने लगती है, तब सामाजिक विघटन फैलने लगता है । सामाजिक विघटन कई कारणों से हो सकता है, यथा– (1) सामाजिक परिवर्तन, (2) सांस्कृतिक पिछड़ापन, (3) सामाजिक अभिवृत्तियाँ, (4) सामाजिक मूल्य, (5) सामाजिक संरचना, (6) सामाजिक संकट, (7) युद्ध, (8) बीमारी, (9) गरीबी, (10) बेकारी और (11) जनसंख्या–वृद्धि ।

social disparity ('सोश्ल् डिस्'पैरिटि) **सामाजिक विषमता :** सामाजिक आचार, व्यवहार अथवा स्थितियों में असमानता का होना । इसे सामाजिक असमानता का पर्यायवाची नहीं समझा जाना चाहिए : देखें– **Social inequality** ।

social dissociation ('सोश्ल् डिसोसिएश्न्) **सामाजिक असाहचर्य :** विभिन्न व्यक्तियों और समूहों की पारस्परिक क्रिया में कमी हो जाना, जिसके कारण प्राय: विरोध और प्रतिशोध की भावना अथवा शत्रुता होती है ।

social distance ('सोश्ल्'डिस्टन्स्) **सामाजिक दूरी :** विभिन्न प्रजातीय, सजातीय अथवा वर्ग समूहों के सदस्यों के बीच सामाजिक अन्त:क्रिया की स्वीकृति अथवा अस्वीकृति की मात्रा । इसका निर्णय इस बात से होता है कि कोई व्यक्ति या समूह किसी व्यक्ति या समूह को किस हद तक स्वीकार या अस्वीकर करता है । इसकी पहचान इस आधार पर होती है कि वह व्यक्ति अन्य प्रकार के व्यक्तियों के साथ किस प्रकार का अर्थात् कितना घनिष्ठ सम्बन्ध स्थापित करने के लिए तैयार है । किसी भी जाति के लोगों से वैवाहिक सम्बन्ध स्थापित करने को तैयार होना उस जाति से न्यूनतम अन्तर का चिह्न समझा गया है । किसी वर्ग के व्यक्तियों को अपने देश से निकालना अथवा यह चाहना कि कोई उन्हें गोली से उड़ा दे, अधिकतम अन्तर का चिह्न समझा जायेगा । इस प्रकार के सामाजिक अन्तर के आधार पर किसी जाति के प्रति भिन्न–भिन्न जातियों के मनोभावों की परस्पर तुलना की जा सकती है और किसी एक ही व्यक्ति के विभिन्न जातियों के प्रति मनोभावों की परस्पर तुलना करना भी संभव हो जाता है । सामाजिक दूरी मापने के लिए इमॉरी एस. बोगार्ड्स (Emory S. Bogardus, 1882-1973) ने एक पैमाना का निर्माण किया, जिसे **Bogardus social distance scale** के नाम से जाना जाता है : देखें– **Bogardus social distance scale** ।

social distance, horizontal ('सोश्ल्'डिस्टन्स्, हॉरि'ज़ॉन्ट्ल्) **समस्तरीय सामाजिक दूरी :** जब व्यक्तियों अथवा समूहों के बीच विद्यमान सामाजिक दूरी समान व्यवस्था पर आधारित होती है तथा आपस में उच्चता–निम्नता का भाव नहीं होता, तब यह समस्तरीय सामाजिक दूरी कहलाती है । समस्तरीय सामाजिक दूरी स्वच्छन्द अन्तर्क्रिया में कम अथवा अधिक बाधाओं का संकेत देती है । उदग्र सामाजिक दूरी की अपेक्षा इसमें घनिष्ठता की कमी होती है ।

social distance, vertical ('सोश्ल्'डिस्टन्स्, 'वर्टिक्ल्) **उदग्र (शीर्ष) सामाजिक दूरी :** असमान सामाजिक स्तर वाले व्यक्तियों अथवा समूहों के बीच वाली सामाजिक दूरी को उदग्र (शीर्ष) सामाजिक दूरी कहते हैं । यह समस्तरीय सामाजिक गतिशीलता के विपरीत की स्थिति का द्योतक है : देखें– **Social distance, horizontal** ।

social drift ('सोश्ल् ड्रिफ्ट्) **सामाजिक बहाव, संवहन** : कई बार ऐसा होता है, जब किसी बीमारी या दुर्घटना के परिणामस्वरूप व्यक्ति के जीवन पर इतना गहरा प्रभाव पड़ता है कि उसकी सामाजिक स्थिति खिसककर नीचे चली जाती है, जिसे सामाजिक बहाव के नाम से जाना जाता है ।

social drive ('सोश्ल् ड्राइव्) **सामाजिक अन्तर्नोद** : मानव-क्रियाओं का व्यापक क्षेत्र, जिसमें उसकी आवश्यकताएँ, इच्छाएँ, महत्त्वाकांक्षाएँ, रुचियाँ, संवेग, अभिवृत्तियाँ, आदतें, भावनाएँ, प्रेरणाएँ तथा मनोवेग सम्मिलित होते हैं, जिनका सामाजिक परस्पर क्रिया के दौरान विकास होता रहता है : देखें– **Drive** ।

social dynamic ('सोश्ल् डाइ'नैमिक) **सामाजिक गतिकी** : सामाजिक भौतिकी **(Social physics)** की एक शाखा जिसमें सभी सामाजिक घटनाओं, नियमों, प्रक्रियाओं आदि में होने वाले परिवर्तनों का अध्ययन किया जाता है । इस अवधारणा का प्रयोग ऑगस्त कौंत (Auguste Comte, 1798-1857, विभिन्न हिन्दी की पुस्तकों में इस व्यक्ति के नाम का उच्चारण गलत है) ने अन्तर्सम्बन्धित सामाजिक प्रक्रियाओं तथा सामाजिक परिवर्तन के क्रमिक स्तरों के सन्दर्भ में समाज के अध्ययन हेतु किया । कौंत ने समाज के विश्लेषण में समाज में स्थिर एवं गतिशील दोनों पक्षों को महत्त्वपूर्ण माना है । सामाजिक गतिकी का मुख्य लक्ष्य समाज के ऐतिहासिक परिवर्तन के नियमों की खोज करना है ।

social dynamics and social statics ('सोश्ल् डाइ'नैमिक्स् ऐन्ड् 'सोश्ल् 'स्टैट्इक्स्) **सामाजिक गतिकी एवं सामाजिक स्थैतिकी** : इस अवधारणा का सम्बन्ध ऑगस्त कौंत (Auguste Comte, 1798-1857) के विचारों से है । उनका कहना था कि समाजशास्त्र सामाजिक गतिकी एवं सामाजिक स्थैतिकी का अध्ययन करता है । सामाजिक गतिकी का सम्बन्ध सामाजिक परिवर्तन की प्रक्रियाओं से है, तो सामाजिक स्थिति का सम्बन्ध सामाजिक स्थैतिकी से है ।

social dysphoria ('सोश्ल् डिस्'फ़ॉरिआ) **सामाजिक दुखाभास** : देखें– **Euphoria, social** ।

social ecology ('सोश्ल् इ'कॉलजि) **सामाजिक पारिस्थितिकी** : विज्ञान की वह शाखा, जो मानव-आवास के स्थान सम्बन्धी प्रकार्यात्मक संरचना क्षेत्रों तथा सामाजिक-सांस्कृतिक संकुलों के स्थान सम्बन्धी वितरण का अध्ययन करती है ।

social eidos ('सोश्ल् आइडो'स्) **सामाजिक प्रज्ञप्ति** : देखें– **Eidos, social** ।

social elements ('सोश्ल् 'एलिमन्ट्स) **सामाजिक तत्त्व** : मानवीय व्यवहार की वे साधारणतम इकाइयाँ, जिनका दूसरे व्यक्तियों में संचरण किया जा सकता है, जैसे– अभिवृत्तियाँ, संस्कृति-विशेषक आदि ।

social energy ('सोश्ल् 'एनर्जि) **सामाजिक ऊर्जा** : समाज की मूलभूत जीवन-शक्ति जो समाज की उपलब्धियों तथा अन्य उपलब्ध सभी संसाधनों पर आधारित होती है ।

social engineering ('सोश्ल् एन्जि'निअरिंग) **सामाजिक इंजीनियरिंग** या **अभियान्त्रिकी** : समाज की विशिष्ट समस्याओं के समाधान तथा मान्य उद्देश्यों की प्राप्ति के लिए समाजशास्त्रीय सिद्धान्तों तथा नियमों का अनुप्रयोग ।

social environment ('सोश्ल् इन्'व़ाइर्न्मेन्ट्) **सामाजिक पर्यावरण** : पर्यावरण का वह हिस्सा, जिसमें व्यक्ति और समूह की अन्तःक्रियाएँ, सामाजिक संगठन का स्वरूप, सामाजिक प्रत्याशाएँ तथा समाज के अन्य सभी पक्ष सम्मिलित होते हैं । व्यक्ति के अकेले होने पर भी उसका अपना एक सामाजिक परिवेश होता है ।

social equality ('सोश्ल् इ'क्वॉलिटि) **सामाजिक समानता** : वह सिद्धान्त जिसके अनुसार मनुष्य होने के नाते प्रत्येक व्यक्ति को सामाजिक जीवन में समान आदर मिलना चाहिए, अर्थात् किसी को जाति, धर्म, संस्कृति, भाषा, क्षेत्र या लिंग के आधार पर छोटा-बड़ा या पवित्र-अपवित्र नहीं मानना चाहिए और सभी लोगों को मिल-जुलकर रहना चाहिए और मुक्त रूप से आपस में अन्तःक्रिया करनी चाहिए : देखें– **Equality** ।

social equilibrium ('सोश्‌ल् ईक्वि 'लिब्रिअम्) **सामाजिक सन्तुलन** : देखें– **Equilibrium, social** ।

social evolution ('सोश्‌ल् ईव् 'लूशन्) **सामाजिक उद्विकास** : (उद्‌विकास अशुद्ध है, तो उदविकास हिन्दी कोष में कोई शब्द ही नहीं है । मात्र 'उद्विकास' ही शुद्ध है ।) सामाजिक विकास का वह सिद्धान्त, जिसके अनुसार मानव-समाज कालान्तर में क्रमबद्ध रूप में उच्चतर विकास की ओर अग्रसरित होता है । उद्विकास का अर्थ नयी दिशाओं को व्यक्त करना है । समाज निरन्तर परिवर्तनशील रहा है और उसमें नयी दिशाएँ प्रकट होती रही हैं । अतः यूनान के दार्शनिकों ने ब्रह्माण्ड के परिवर्तन के विचार को विकसित किया । उन्होंने निष्कर्ष निकाला कि समाज में परिवर्तन सुधार की ओर हो रहा है और समाज की उन्नति हो रही है । पर मध्य युग में विज्ञान के विकास के साथ उद्विकास में अन्धविश्वास का भी ह्रास हुआ और उसके स्थान पर नवीन वैज्ञानिक विचारधारा प्रचलित हुई । ऑगस्त कौंत (Auguste Comte, 1798-1857) का कहना था कि संसार के विभिन्न भाग परस्पर सम्बद्ध हैं । संस्कृति में परिवर्तन विश्वव्यापी और अवश्यंभावी है तथा वह विभिन्न स्तरों पर होता है । लेमार्क (Jean B. Lamarck, 1744-1829) तथा माल्थस (Thomas Robert Malthus, 1766-1834) के सिद्धान्तों ने भी सामाजिक उद्विकास के सिद्धान्त पर प्रभाव डाला, लेकिन इस सम्बन्ध में चार्ल्स डार्विन (Charles Darwin, 1809-1882) और हर्बर्ट स्पेन्सर (Herbert Spencer, 1820-1903) के विचार अत्यन्त महत्त्वपूर्ण हैं ।

परिवर्तन की वह प्रक्रिया उद्विकास के नाम से जानी जाती है, जिसमें प्रत्येक परवर्ती अवस्था का पूर्ववर्ती अवस्था से आवश्यक सम्बन्ध होता है । इसमें वृद्धि, विकास और निरन्तरता की तीनों घटनाएँ सन्निहित होती हैं । उद्विकास परिवर्तन की एक ऐसी प्रक्रिया है, जिसमें किसी वस्तु की अन्तर्निहित विशेषताएँ अपने-आपको धीरे-धीरे प्रकट एवं प्रस्फुटित करती हैं । इस अवधारणा का सर्वप्रथम प्रयोग चार्ल्स डार्विन (Charles Darwin, 1809-1882) ने सन् 1859 में जीवों के विकास को समझने हेतु किया था । डार्विन ने यह सिद्ध किया था कि अस्तित्व के लिए संघर्ष में और पर्यावरण से सामंजस्य स्थापित करने में जिन जीवों ने विजय प्राप्त की, वे ही अन्ततः जीवित रह सके । डार्विन के अनुसार, उद्विकास की प्रक्रिया में जीव की संरचना सरलता से जटिलता (Simple to complex) की ओर बढ़ती है । यह प्रक्रिया प्राकृतिक चयन (**Natural selection**) के सिद्धान्त पर आधारित है । सामाजिक विज्ञानों के क्षेत्र में इस अवधारणा के प्रथम प्रयोगकर्ता हर्बर्ट स्पेन्सर (Herbert Spencer, 1820-1903) रहे हैं, जिन्होंने उद्विकास की व्याख्या करते हुए लिखा है कि इस प्रक्रिया में पदार्थ एक अनिश्चित एवं असम्बद्ध समानता से निश्चित एवं सुसम्बद्ध विभिन्नता की ओर अग्रसर होता है । हर्बर्ट स्पेन्सर ने जैविक परिवर्तन (Biological changes) की भाँति ही सामाजिक परिवर्तन को भी कुछ आन्तरिक शक्तियों (Internal forces) के कारण संभव माना है और कहा है कि उद्विकास की प्रक्रिया धीरे-धीरे निश्चित स्तरों से गुजरती हुई पूरी होती है । हर्बर्ट स्पेन्सर ने सारे ज्ञात ब्रह्माण्ड को उद्विकास की धारणा के अन्तर्गत माना था । पहले उन्होंने ब्रह्माण्ड की घटनाओं के परिवर्तन को लिया, फिर पृथ्वी के इतिहास पर प्रकाश डाला । इसके बाद उन्होंने जीवों की घटनाओं का अध्ययन किया, फिर मस्तिष्क का और अन्त में समाज और नैतिकता की घटनाओं को उद्विकास के अन्तर्गत माना ।

मार्गन, बैकोफन, हैडन और ऐंगल्ज आदि ने यह स्वीकार किया है कि प्रत्येक समाज का उद्विकास वन्यावस्था, बर्बरता और सभ्यता– इन तीन अवस्थाओं में होता है । ये लोग आर्थिक संगठन में विकास की चार अवस्थाएँ मानते है– आखेट, पशुपालन, कृषि तथा उद्योग की अवस्थाएँ । उन्होंने परिवार, धर्म, सम्पत्ति, राज्य आदि के विकास की भी इसी प्रकार की विभिन्न अवस्थाएँ निश्चित की हैं । आधुनिक युग में विकास की ये अवस्थाएँ ठीक प्रतीत नहीं हो रही हैं, इसलिए ये सिद्धान्त व्यर्थ प्रतीत होते हैं ।

उद्विकास की धारणा प्रगति से भिन्न है । प्रगति में मूल्य एवं अच्छाई का भाव निहित होता है । बेहतर स्थिति की ओर हुआ परिवर्तन प्रगति है । उद्विकास एक मूल्य-तटस्थ धारणा है (देखें– Oswald J. Spengler, **The Decline of the West**, 1926; Pitirim A. Sorokin, **Social and Cultural Dynamics**, 1937-1974; Anthony Giddens, **A**

Contemporary Critique of Histc..cal Materialism, 1981; Gerhard E. Lenski, E. Jean Lenski and Patrick Nolan, **Human Societies**, 1991) ।

social exchange ('सोश्‌ल्‌ इक्स्‌ 'चेन्ज्‌) **सामाजिक विनिमय** : एक व्यक्ति यह सोचकर दूसरे के लिए कुछ करता है कि बदले में वह भी उसके लिए कुछ करेगा : देखें– **Exchange theory** ।

social exploitation ('सोश्‌ल्‌ एक्स्‌प्लॉइ 'टेश्‌न्‌) **सामाजिक शोषण** : किसी उच्चवर्गीय समूह के द्वारा अधीनस्थ समूह का अपने हित में उपयोग अथवा शोषण किया जाना, जैसे– भारत में ब्राह्मणों ने पिछड़ी जातियों एवं दलितों का किया ।

social fact ('सोश्‌ल्‌ फ़ैक्ट्‌) **सामाजिक तथ्य** : सामाजिक तथ्य के सम्बन्ध में एमिल डर्कहाइम (Émile Durkheim, 1858-1917, हिन्दी में इस व्यक्ति के नाम का शुद्ध उच्चारण मात्र एमिल डर्कहाइम है) का सर्वप्रथम यह निर्णय है कि सामाजिक तथ्यों को वस्तुओं के समान समझना चाहिए, यद्यपि इस कथन का वास्तविक अर्थ उनकी रचनाओं से अधिक स्पष्ट नहीं होता है । इसका प्रमुख कारण यह है कि डर्कहाइम ने वस्तु शब्द का चार पृथक्‌-पृथक्‌ अर्थों में प्रयोग किया है । ये चार अर्थ इस प्रकार हैं– (1) सामाजिक तथ्य एक ऐसी वस्तु है, जिसमें कुछ विशेष गुण होते हैं, जिन्हें बाहरी तौर पर देखा जा सकता है । (2) सामाजिक तथ्य एक ऐसी वस्तु है, जिसको केवल अनुभव के द्वारा ही जाना जा सकता है । (3) सामाजिक तथ्य एक ऐसी वस्तु है, जिसका अस्तित्व मनुष्य पर बिल्कुल ही निर्भर नहीं है । (4) सामाजिक तथ्य एक ऐसी वस्तु है, जिसको केवल बाहरी तौर पर देखकर ही जाना जा सकता है । चूँकि वस्तु शब्द का प्रयोग अलग-अलग अर्थ में हो सकता है तथा सामाजिक तथ्य वस्तु के समान है, इस कारण सामाजिक तथ्यों का अर्थ भी बदल सकता है । इस दृष्टि से सामाजिक तथ्य कोई स्थिर धारणा नहीं है, बल्कि गतिशील धारणा है । एमिल डर्कहाइम के अनुसार, ये कार्य करने, सोचने या अनुभव करने के वे तरीके हैं, जिनमें व्यक्तिगत चेतना से बाहर भी अस्तित्व को बनाए रखने की उल्लेखनीय विशेषता होती है । डर्कहाइम ने सामाजिक तथ्यों की अवधारणा को समझाने के लिए दो शब्दों बाह्यता (**Exteriority**) तथा बाध्यता (**Constraints**) का प्रयोग किया है ।

social force ('सोश्‌ल्‌ 'फॉर्स्‌) **सामाजिक शक्ति** : ऐसा प्रभावशाली आवेग अथवा मनोवेग, जो सामाजिक क्रिया का कारण बन सके ।

social forecasting ('सोश्‌ल्‌ फ़ॉर्‌कास्टिंग) **सामाजिक पूर्वानुमान** : ऐतिहासिक प्रवृत्तियों को देखकर समाज के अन्तर्गत सम्भावित रूप से घटने वाली घटनाओं से जुड़ी विधा का ही नाम सामाजिक पूर्वानुमान है । पूर्वानुमान विज्ञान की एक प्रमुख विशेषता है । उसी की तर्ज पर सामाजिक विज्ञानों के क्षेत्र में भी सामाजिक घटनाओं का पूर्वानुमान किया जाता है । चूँकि प्राकृतिक विज्ञान की तुलना में सामाजिक विज्ञान की प्रविधियाँ और तकनीक काफी कम सुनिश्चित व सही हैं, इसलिए सामाजिक पूर्वानुमान सापेक्षिक रूप से काफी कमजोर विधा है । सामाजिक पूर्वानुमान एक सीमा तक ही सही हो पाता है (देखें– Daniel Bell, **The Coming of Post Industrial Society**, 1973) ।

social form ('सोश्‌ल्‌ फॉर्म्‌) **सामाजिक स्वरूप** : इस अवधारणा में सामाजिक, राजनीतिक और आर्थिक क्षेत्र में व्यक्तियों की अन्तःक्रिया के ढाँचे के पीछे निहित एकरूपता की ओर संकेत है । उदाहरणस्वरूप– यदि हम किसी निगम की गतिविधियों का विश्लेषण करें, तो उसे हम उस संगठन के ढाँचे में अन्य रूपों के अतिरिक्त उसमें अन्तर्निहित विभिन्न रूप, जैसे– अधीनता, प्रभुता आदि दिखाई देते हैं ।

social formation ('सोश्‌ल्‌ फ़ॉर्'मेश्‌न्‌) **सामाजिक निर्माण, सामाजिक विन्यास** : मार्क्सवाद के अन्तर्गत सामाजिक विन्यास की अवधारणा समाज के उस रूप को व्यक्त करती है, जो किसी विशेष उत्पादन प्रणाली (**Mode of production**) के अन्तर्गत विशेष ढंग से संगठित होता है । परस्पर-विरोधी वर्गों में विभाजित होने के कारण, ऐसी व्यवस्था समाज के सच्चे-स्वाभाविक रूप (**Genuine form**) को व्यक्त नहीं करती । 'सामाजिक विन्यास' शब्द सामाजिक विकास की भिन्न-भिन्न ऐतिहासिक अवस्थाओं का संकेत देता है । प्रत्येक सामाजिक विन्यास अपने वर्गचरित्र (**Class character**) से पहचाना जाता है ।

social functionary ('सोश्ल् 'फ़ङ्क्शनरि) **सामाजिक कार्याधिकारी :** समाज का वह प्रतिष्ठित व्यक्ति, जो समूह या समाज की क्रियाओं, नीति, अनुष्ठान अथवा नेतृत्व का कर्त्ता होता है, जैसे– राजा, पुरोहित, वैद्य, हकीम या न्यायाधीश आदि ।

social genesis ('सोश्ल् 'जेनिसिस्) **सामाजिक उत्पत्ति :** सामाजिक मान्यताओं, संस्थाओं अथवा सम्बन्धों में संवृद्धि और परिवर्तन का होना । परम्परागत वैवाहिक अनुष्ठान में परिवर्तन, जाति–व्यवस्था की जगह वर्ग–व्यवस्था का प्रभावी होना, अन्धविश्वास की जगह वैज्ञानिक चिन्तन का प्रभावी होना आदि इसके उदाहरण हो सकते हैं ।

social gesture ('सोश्ल् 'जेस्चर्) **सामाजिक हावभाव, सामाजिक भंगिमा :** एक संक्षिप्त क्रिया अथवा उसका प्रतीकात्मक स्वरूप, जिसे एक व्यक्ति दूसरे को अपनी बात समझाने के लिए प्रयोग में लाता है ।

social goal ('सोश्ल् गोल्) **सामाजिक लक्ष्य :** वह उद्देश्य, परियोजना अथवा कार्यक्रम, जिसे समाज की आवश्यकताओं और इच्छाओं की पूर्ति के लिए सामूहिक प्रयास द्वारा प्राप्त किया जाता है । यदि कहीं मन्दिर या मस्जिद का निर्माण करना किसी समाज या समुदाय-विशेष के लिए ज़रूरी है, तो उसे सामाजिक लक्ष्य कहा जायेगा ।

social gospel ('सोश्ल् गॉस्पल) **सामाजिक शुभ सन्देश :** ऐसा विश्वास है कि धर्म का सम्बन्ध सामाजिक न्याय से है ।

social gradation ('सोश्ल् ग्र 'डेशन्) **सामाजिक श्रेणीकरण :** एक प्राक्कल्पनिक परिमाप, जिसके द्वारा समाज के सदस्यों को पद, वरीयता तथा सम्मान की दृष्टि से वर्गीकृत किया जाता है ।

social group ('सोश्ल् 'ग्रूप्) **सामाजिक समूह :** सामाजिक संगठन का एक प्रकार, जो सामाजिक वर्गों, समुदायों आदि से भिन्न होता है । यह एक छोटा संगठन होता है, जिसमें ऐसे व्यक्ति सम्मिलित होते हैं, जिनके सम्बन्ध व्यक्तिगत होते हैं और वे एक–दूसरे से भलीभाँति परिचित होते हैं, यथा– समवयसी समूह, कार्य–समूह, छोटे–छोटे आखेटक तथा खाद्य–संग्राहक आदि । सामाजिक समूह का सार भौतिक समीपता नहीं, बल्कि संयुक्त अन्तःक्रिया की जागरूकता है । इस प्रकार के समूह के सम्बन्ध में रॉबर्ट बीयरस्टेट (Robert Bierstedt, 1913-1998) का कहना है कि ये ऐसे समूह हैं, जिनमें सामाजिक समूह की दो विशेषताएँ अर्थात् समता की चेतना एवं सामाजिक अन्तःक्रिया तो पायी जाती है, परन्तु औपचारिक संगठन **(Formal organization)** का अभाव होता है । सहकर्मियों का समूह, परिवार, बच्चों की मित्र–मण्डली, भीड़, श्रोतागण आदि ऐसे ही प्राथमिक समूह इसके उपयुक्त उदाहरण हैं ।

social guidance ('सोश्ल् गाइड 'न्स) **सामाजिक मार्गदर्शन :** प्राधिकारप्राप्त व्यक्तियों, परिवारों, विद्यालयों तथा अन्य दूसरी संस्थाओं द्वारा दिया गया निर्देशन । इनका उद्देश्य समाज के प्रत्येक सदस्य को अपनी शक्तियों का विकास कर आत्म–निर्देशन के योग्य बनाना होता है ।

social heredity ('सोश्ल् ह 'रेडटि) **सामाजिक आनुवंशिकता :** माता–पिता से सन्तान में समाजीकरण के माध्यम से व्यक्तित्व प्रतिमानों तथा सांस्कृतिक परम्पराओं का पीढ़ी–दर–पीढ़ी पारेषण । यह जैविक आनुवंशिकता (Biological heredity) से भिन्न है । जैविक आनुवंशिकता में एक पीढ़ी से दूसरी पीढ़ी तक जनन–कोशिका (Germ cell) द्वारा संक्रमण होता है ।

social hierarchy ('सोश्ल् 'हाइ अराकि) **सामाजिक श्रेणीबद्ध :** सामाजिक श्रेणीबद्धता जाति, वर्ग, लिंग, सत्ता, संजातीयता के आधार पर व्यक्ति या समूहों का एक निश्चित क्रम स्थापित करता है । जाति व्यवस्था सामाजिक श्रेणीबद्धता पर आधारित होती है ।

social history ('सोश्ल् 'हिस्टॅरि) **सामाजिक इतिहास, सामाजिक वृत्त :** इतिहास की वह शाखा, जिसमें मानव की सामाजिक, आर्थिक और सांस्कृतिक संस्थाओं का अध्ययन किया जाता है । इस सन्दर्भ में यह धर्म, राष्ट्रीय अर्थव्यवस्था, नैतिकता, आचार–व्यवहार, भोजन, वस्त्र, कला, संस्कृति का अध्ययन करता है । इसमें राजनीति, वंशीय व संवैधानिक इतिहास की उपेक्षा की जाती है (देखें– Arthur Stinchcombe, **Theoretical Methods in Social History**, 1978) ।

social hygiene ('सोश्ल् 'हाइजीन) **सामाजिक स्वास्थ्य रक्षा :** समाजकार्य की एक शाखा, जिसका उद्देश्य वेश्यावृत्ति और इस प्रकार के अन्य विकारों को दूर करना होता है।

social ideals ('सोश्ल् आइ'डिअल्स) **सामाजिक आदर्श :** सामाजिक कल्याण के मानक, जो कतिपय नैतिक संकल्पनाओं को ध्यान में रखकर निर्धारित किये जाते हैं। समाज के कमजोर या लाचार व्यक्तियों के लिए प्रत्येक सरकार कुछ-न-कुछ कार्यक्रम अवश्य चलाती है। ऐसा वह सामाजिक आदर्श को ध्यान में रखकर ही करती हैं।

social imperative ('सोश्ल् इम् 'पेरटिव्) **सामाजिक आदेश :** सामाजिक संगठन की विभिन्न मूल आवश्यकताएँ, जो पारस्परिक सम्बन्धों की अन्तर्निहित समस्याओं के समाधान को संभव करती हैं और जिनका अनुपालन किसी भी सामाजिक संगठन के अस्तित्व को बनाये रखने के लिए आवश्यक होता है।

social impurity ('सोश्ल् इम्प्युअर् 'इटि) **सामाजिक अशुद्धि :** प्राय: सभी समुदायों में अशुद्धि की धारणा प्रचलित होती है। स्त्रियों (विशेषकर जबकि वे मासिकधर्म व प्रसूता अवस्था में होती हैं) मृतकों, हरिजनों, अछूत जातियों तथा कई जनजातियों के व्यक्तियों को अशुद्ध माना जाता है तथा इनको छूने, इनके साथ खाने-पीने, उठने-बैठने, यौन सम्बन्ध रखने तथा कहीं-कहीं तो लेन-देन करने पर भी परम्परागत निषेध देखने को मिलते हैं। खान-पान, शारीरिक स्वच्छता, वस्त्र, गृहसज्जा आदि के सम्बन्ध में विभिन्न समुदायों में विभिन्न प्रकार की अशुद्धता और शुद्धता के प्रतिमान देखने में आते हैं।

social index ('सोश्ल् 'इनडेक्स्) **सामाजिक सूचकांक :** किसी सामाजिक अथवा वैयक्तिक स्थिति या वैयक्तिक विशेषताओं को जानने का परोक्ष अनुमाप। सामान्यत: किसी व्यक्ति की सामाजिक स्थिति की जानकारी उसके व्यवसाय से की जा सकती है। शिक्षा का स्तर व्यक्ति तथा समस्त समाज के लिए एक प्रकार का सामाजिक सूचकांक है। सामाजिक सूचकांक एवं सामाजिक संकेतक **(Social indicator)** के बीच कोई विशेष फर्क नहीं है।

social indicators ('सोश्ल् इन्डि 'केटर्स) **सामाजिक संकेतक :** किसी समाज की सरलता से ज्ञात की जाने वाली ऐसी विशेषताएँ, जिन्हें मापा जा सकता है तथा जिनमें लम्बे समय में बदलाव आता है और जो सामाजिक यथार्थ के अन्तर्निहित किसी पक्ष को उजागर करती हैं, सामाजिक संकेतक कहलाती हैं, जैसे– शिक्षा का स्तर, नारी-शिक्षा की स्थिति। सामाजिक संकेतक एवं सामाजिक सूचकांक **(Social index)** पर्यायवाची की तरह हैं।

social inequality ('सोश्ल् इन्इ'क्वॉलिटि) **सामाजिक असमानता :** लिंग, आयु, मनोवृत्ति, वर्ग, जाति तथा पद के सामाजिक, आर्थिक स्तरीकरण के आधार पर समाज में असमान स्थिति का होना।

social inertia ('सोश्ल् इन 'र्शिआ) **सामाजिक जड़ता :** समाज में परिवर्तन के प्रति प्रतिरोध अथवा परिवर्तन के प्रति अभिरुचि का अभाव। अन्य समाजों की तुलना में मुस्लिम समाज में सामाजिक जड़ता की समस्या कुछ ज्यादा है। उसी प्रकार पाश्चात्य देशों की तुलना में एशियाई समाजों की सामाजिक जड़ता अधिक है।

social instability ('सोश्ल् इन्स्टबिल्'इटि) **सामाजिक अस्थिरता :** असन्तुलन की वह स्थिति, जिसमें समाज की विभिन्न इकाइयों में सामंजस्य नहीं हो पाता। इस असामंजस्यता के परिणामस्वरूप सामाजिक स्थिति और सत्ता की प्राप्ति के लिए समाज में तनाव और संघर्ष बढ़ जाते हैं।

social institution ('सोश्ल् इन्स्टि'ट्यूशन्) **सामाजिक संस्था :** आम बोलचाल की भाषा में अधिकांश लोग समिति को संस्था कहते हैं, जैसे– महाविद्यालय, विद्यालय, अस्पताल आदि। इस बात से कतई इन्कार नहीं है कि वे संस्था भी हैं, पर जिसे गैर-समाजशास्त्री लोग संस्था समझते हैं, उसे सही मायने में संस्था नहीं कहा जाता है। संस्था का स्वरूप कभी भी मूर्त नहीं होता है। आम लोगों के बीच संस्था के अर्थ के सम्बन्ध में मतभेद तो हैं ही, समाजशास्त्र में भी थोड़ी परेशानी अवश्य है; क्योंकि विभिन्न समाजशास्त्रियों ने इस शब्द का प्रयोग हमेशा एक निश्चित अर्थ में नहीं किया

है । संस्था को रॉबर्ट एम. मकीवर (शुद्ध उच्चारण मात्र मकीवर है) एवं चार्ल्स एच. पेज (Robert M. MacIver and Charles H. Page, **Society**, 1985) ने इस प्रकार परिभाषित किया है– 'सामाजिक समूह की कार्य-प्रणाली के स्थापित स्वरूप या व्यवस्था को हम संस्था कहते हैं ।' समितियों के कार्य करने के कुछ सामान्य नियम तथा कार्य-प्रणाली को भी तय करते हैं । जब इन नियमों को स्थायी रूप दिया जाता है और जब यह कार्य-प्रणाली या कार्यविधि समाज द्वारा स्वीकृत हो जाती है, तब इन नियमों एवं कार्य-प्रणाली को हम संस्था कहते हैं । जो कार्य-प्रणाली निर्धारित होती है, उसे समाज की स्वीकृति भी चाहिए। समिति के द्वारा केवल कार्य-प्रणाली की स्थापना ही काफी नहीं है, बल्कि उसकी कार्य-प्रणाली को भी समाज स्वीकार करे, यह भी आवश्यक है । संस्था का यह एक महत्त्वपूर्ण पहलू है ।

social integration ('सोशल् इन्टि'ग्रेशन्) **सामाजिक एकीकरण :** सामाजिक एकीकरण से तात्पर्य उस सामाजिक स्थिति से है, जिसमें समाज की विभिन्न घटक इकाइयाँ एक-दूसरे पर आश्रित हों और उनके बीच अन्योन्याश्रितता का यह सम्बन्ध किसी सीमा तक स्थायी हो । इससे प्रक्रिया और परिणाम दोनों का ही बोध होता है । एकीकरण की प्रक्रिया समचेतना के भाव पर आधारित होती है, जो विभिन्न समूहों अथवा उपसमूहों को समाजोनुमोदित रचनात्मक प्रयासों द्वारा एक सामान्य लक्ष्य तथा अधिकाधिक मात्रा में सम्बद्धता, तादात्मीकरण तथा सहभागिता को प्राप्त करने का अवसर देती है । अतः सामाजिक एकीकरण मतभेदों के समायोजन की एक ऐसी प्रक्रिया है, जिसमें व्यवहार के विभिन्न रूप, प्रत्येक प्रतियोगी को अपना-अपना मुख्य लक्ष्य प्राप्त करने की स्वीकृति देते हैं । इस दृष्टि से, भारत जैसे बहु-विशेषताओं (धर्म, जाति, भाषा, आचार-विचार) वाले समाज में एकीकरण का तात्पर्य भारत के निवासियों में एक सामान्य सामाजिक चेतना (राष्ट्रीय भावना) के भाव का उदय है ।

social interaction ('सोशल् इन्टर्'ऐक्शन्) **सामाजिक अन्तःक्रिया :** वह मूलभूत सामाजिक प्रक्रिया, जो दो अथवा अधिक व्यक्तियों या समूहों के मध्य पारस्परिक सम्बन्ध तथा सम्पर्क द्वारा अभिव्यक्त होती है । सामाजिक अन्तःक्रिया प्रायः सहयोग, प्रतियोगिता, संघर्ष, समझौता एवं आत्मीकरण के रूप में व्यक्त होती है । सामाजिक अन्तःक्रिया के लिए निम्न तत्त्वों की आवश्यकता होती है– (1) लोग एक-दूसरे के निकट हों । (2) वे अभियोजित करने के लिए तत्पर हों । (3) उनमें भावों के पारस्परिक आदान-प्रदान की क्षमता हो । (4) उनका निर्दिष्ट लक्ष्य हो । (5) उनमें शारीरिक सामर्थ्य हो एवं (6) वातावरण अनुकूल हो ।

social investigation ('सोशल् इन् वेस्टि'गेशन्) **सामाजिक अन्वेषण :** सामाजिक घटनाओं का मौलिक व गहन अध्ययन जो विश्लेषणात्मक समकालीन तथ्यों और विस्तृत सर्वेक्षणों के आधार पर किया जाता है । यह एक प्रकार का प्रारम्भिक सामाजिक अनुसंधान है ।

social invisibility ('सोशल् इन्'विज़इबिलइटि) **सामाजिक अदृश्यता :** एक ऐसी स्थिति, जब समाज का अधिकांश हिस्सा किसी व्यक्ति या चीज़ को नहीं देख पाता है । ऐसे लोग प्रत्येक समाज में होते हैं, जिनके जीवन की कुछ-एक क्षेत्रों में काफी बड़ी उपलब्धि होती है, पर वे जीवनपर्यन्त सामाजिक रूप से अदृश्य होते हैं । साहित्यकारों, कलाकारों एवं चिन्तकों के साथ यह बात अक्सर देखने को मिलती है । बहुतों को उनकी सामाजिक पहचान उनके जीवनकाल में ठीक से नहीं हो पाता है ।

social isolate ('सोशल् 'आइसलेट्) **पृथक्** या **एकल व्यक्ति :** ऐसा व्यक्ति जो समाज के अन्य सदस्यों से कटा हुआ या परित्यक्त है, जैसे– साधु-सन्त, फकीर आदि ।

social isolation ('सोशल् आइस् 'लेशन्) **सामाजिक पृथक्करण :** समाज में व्यक्ति अथवा समूह का एक-दूसरे से अलग हो जाना, जिससे परस्पर अन्तःक्रिया, संचार, सहयोग तथा सामाजिक संवेगात्मक सम्बन्ध स्थापित नहीं हो पाते और परिणामस्वरूप व्यक्ति का पूर्ण विकास नहीं हो पाता ।

social justice ('सोशल् 'जॅस्टिस) **सामाजिक न्याय :** समतावाद का वह सिद्धान्त, जिसमें समाज के प्रत्येक सदस्य को

उन्नति के समान अवसर प्राप्त हों और वे अपनी वास्तविक योग्यताओं के अनुरूप जीवन व्यतीत कर सकें। सरकारी सेवाओं एवं नौकरियों में पिछड़ी एवं अनुसूचित जाति के लोगों को कुछ विशेष छूट प्रदान करना सामाजिक न्याय के सिद्धान्त का ही एक अंग है (देखें– John Rawls, **A Theory of Justice**, 1973; Barrignton Moore, **Injustice: The Social Causes of Obedience and Revolt**, 1978)।

social katabolism (catabolism) (ˈसोश्ल् कॅटैबॅˈलिज़म्) **सामाजिक अपचय :** यह सामाजिक चयापचय (Social metabolism) की विनाशकारी अवस्था है, जिसमें सामाजिक संरचना के अवयवों का धीरे-धीरे ह्रास हो जाता है और उन्हें सामान्य रूप से सामाजिक चय (Social anabolism) द्वारा स्थानापन्न किया जाता है। इस अवधारणा का सम्बन्ध जीवविज्ञान से है, जहाँ जटिल अणु **(Complex molecule)** टूटकर सरल अणु का निर्माण करते हैं।

social lag (ˈसोश्ल् लैग) **सामाजिक पश्चता :** किसी समाज में सामाजिक संस्थाओं तथा अभिवृत्तियों का वहाँ की प्रौद्योगिकी के समकक्ष रहने की विफलता, जिससे समसामयिकता का अभाव हो जाने के कारण कुसमायोजन की स्थिति उत्पन्न हो जाती है : देखें– **Cultural lag**।

social legislation (ˈसोश्ल् लेˈजिस्लेश्न्) **सामाजिक विधान :** सम्पूर्ण समाज अथवा समाज के कुछ विशिष्ट पिछड़े हुए वर्गों की स्थिति में सुधार करने के लिए बनाए गए कानून। उदाहरण के लिए, बालकों, स्त्रियों और मज़दूरों की दशा में सुधार करने के लिए बनाए गए विविध कानून सामाजिक विधान की श्रेणी में आते हैं।

social maladjustment (ˈसोश्ल् मैल् अˈजस्ट्मन्ट्) **सामाजिक अव्यवस्था** या **कुसमायोजन :** ऐसे असंतोषजनक सम्बन्ध, जो विभिन्न व्यक्तियों, समूहों, सांस्कृतिक तत्त्वों और सांस्कृतिक संकुलों के बीच पारस्परिक सामंजस्य न होने के कारण पाये जाते हैं।

social maturity (ˈसोश्ल् मैच्ˈयूअरइटि) **सामाजिक परिपक्वता :** व्यक्ति के अपने पर्यावरण के साथ समायोजन की मात्रा, जो विशेषकर उसकी वयस्क अभिवृत्तियों, समाजीकरण और भावात्मक स्थिरता के सन्दर्भ में होती है। अपने से बड़े लोगों को समुचित सम्मान देना, कमजोर व्यक्तियों की मदद करने की चेष्टा करना आदि व्यक्ति की सामाजिक परिपक्वता का परिचायक है।

social metabolism (ˈसोश्ल् मेˈटाबलिज़म्) **सामाजिक उपचय :** समाज की उन सभी प्रक्रियाओं का योग, जो प्रासंगिक रूप से नष्ट होने पर सामाजिक अवयवों की रचना में सहायक होता है।

social mind (ˈसोश्ल् माइन्ड्) **सामाजिक मानस :** समाजशास्त्र की एक अवधारणा, जो मानव के समूह की मानसिक एकता अथवा संचित मानसिक जीवन को अभिव्यक्त करती है। सामाजिक मानस-सिद्धान्त के अनुसार, व्यक्तिगत मन के संवेदन, प्रत्यक्षण, अनुभूतियाँ, प्रवृत्तियाँ आदि सामाजिक समूह के व्यक्तियों के संवेदनों आदि से मिश्रित होते हैं अर्थात्, एक सामाजिक मानस, जिसकी कुछ अनुभूतियाँ, प्रवृत्तियाँ एवं व्यावहारिक क्रियाएँ ऐसी होती हैं, जिन्हें समाज के व्यक्तियों की व्यक्तिगत अनुभूतियाँ, प्रवृत्तियाँ अथवा व्यावहारिक क्रियाएँ नहीं कहा जा सकता है, और न उन पर निर्भर माना जा सकता है। इस धारणा के अनुसार, व्यक्ति के मानस के ऊपर अपेक्षाकृत उच्चतर स्तर पर एक सामाजिक मानस होता है, यद्यपि सामाजिक मस्तिष्क जैसा कुछ नहीं होता है। जब सामाजिक मानस क्रियाशील होता है, तो समाज के अन्दर के व्यक्तियों का व्यक्तिगत मानस स्थगित-सा हो जाता है और व्यक्ति समाज के ही अनुसरण के लिए अपने को बाध्य समझने लगता है। यह धारणा आधुनिक मनोवैज्ञानिकों को स्वीकार नहीं है और वे इसे केवल संस्कृति का आभ्यान्तरिक और मानसिक पक्ष में विवरण मात्र मानते हैं : देखें– **Social fact**।

social mobility (ˈसोश्ल् मोˈबिलटि) **सामाजिक गतिशीलता :** सामाजिक पदक्रम में व्यक्ति अथवा सामाजिक समूह द्वारा सामाजिक स्थिति बदलने की प्रक्रिया, सामाजिक गतिशीलता कहलाती है। इस दूरी को वस्तुपरक ढंग से (Objectively) भौगोलिक दूरी की तरह नहीं माप सकते हैं; क्योंकि सामाजिक धरातल एक अमूर्त अवधारणा है।

सामाजिक गतिशीलता के अन्तर्गत यह आवश्यक नहीं है कि व्यक्ति की हैसियत में आमूल परिवर्तन हो । एक ही स्थिति में रहकर यदि पेशे या आमदनी में कोई परिवर्तन होता है, तो वह भी सामाजिक गतिशीलता मानी जायेगी, जैसे– यदि कोई व्यक्ति बोकारो स्टील कम्पनी में लेखापाल का पद छोड़कर टाटा स्टील कम्पनी में उसी पद पर जाता है, तो उसे भी गतिशीलता कहेंगे, यद्यपि यहाँ भी उसकी सामाजिक स्थिति में कोई परिवर्तन नहीं होता है । गतिशीलता सिर्फ व्यक्ति के जीवन में नहीं, बल्कि सम्पूर्ण समूह के जीवन में हो सकती है । यदि सामूहिक स्तर पर व्यक्तियों के जीवन में कोई परिवर्तन आता है, तो उस परिवर्तन को भी गतिशीलता कहा जायेगा, जैसे– आजादी के बाद भारत में पंजाब के सिक्खों के जीवन में बिहारियों की तुलना में ज्यादा खुशहाली आयी है । प्रति व्यक्ति आय, शिक्षा के स्तर एवं रहन-सहन के स्तर में काफी वृद्धि हुई है । ऐसे परिवर्तन को भी गतिशीलता कहा जाता है । यह सामाजिक संरचना को लचीला अथवा गत्यात्मक बनाती है । यह दो प्रकार की हो सकती है– समस्तरीय एवं विषमस्तरीय (देखें– Peter M. Blau and Otis Dudley Duncan, **The American Occupational Structure**, 1967; B. Mach and W. Wesolowski, **Social Mobility and Social Structure**, 1986) ।

social mobility, ascending or **upward** ('सोश्ल् मो'बिलटि, अ'सेन्डइन्ग ऑर् 'अप्वर्ड्) **आरोही एवं ऊर्ध्व सामाजिक गतिशीलता :** आरोही गतिशीलता को **Social climbing** या **Mounting social mobility** भी कहा जाता है । जब समाज के निम्न स्तर से कोई व्यक्ति या समूह उच्च स्तर की ओर बढ़ता है, तो उसे आरोही गतिशीलता कहा जाता है । इसके अन्तर्गत व्यक्ति की सामाजिक स्थिति में इजाफा होता है । लॉटरी निकलने पर यदि कोई भिखारी लखपति हो जाता है, तो उसे आरोही गतिशीलता कहेंगे ।

social mobility, descending or **downward** ('सोश्ल् मो'बिलटि, डिसॅ:नड् 'इन्ग ऑर् 'डाउन्वर्ड्) **अवरोही एवं अधोगामी सामाजिक गतिशीलता :** कभी-कभी जीवन में विपरीत परिस्थितियाँ भी उत्पन्न हो जाती हैं, जब लोग अपनी पुरानी प्रतिष्ठा खो बैठते हैं । कई बार ऐसा भी होता है कि कोई व्यक्ति उच्च वर्ग में जन्म लेकर परिस्थितिवश निम्नवर्ग में खिसक जाता है, जिसे हम अवरोही गतिशीलता कहते हैं । इसे ही कई समाजशास्त्रियों ने अवरोही गतिशीलता (**Skidders, Sinking social mobility** or **Downward social mobility**) कहकर पुकारा है ।

social mobility, horizontal ('सोश्ल् मो'बिलटि, हॉरि'ज़ॉन्ट्ल्) **समस्तरीय सामाजिक गतिशीलता :** जब किसी परिवर्तन से व्यक्ति या सामाजिक समूह की सामाजिक स्थिति में कोई परिवर्तन नहीं आता है, तो उसे हम समस्तरीय गतिशीलता कहते हैं । जैसे, यदि नाई अपने यजमानों से सम्बन्ध विच्छेद कर शहर में सैलून के द्वारा जीवनयापन शुरू करता है, तो उसे समस्तरीय सामाजिक गतिशीलता कहा जायेगा; क्योंकि दोनों स्थितियों में वह नाई का ही काम करता है । उसी तरह से यदि किसी राज्यपाल का तबादला एक राज्य से दूसरे राज्य में हो जाता है, तो उसकी सामाजिक स्थिति में कोई परिवर्तन नहीं आता है । अत: उनके इस कार्यक्षेत्र में परिवर्तन को हम समस्तरीय सामाजिक गतिशीलता ही कहेंगे । पेशे में स्थानान्तरण या आमदनी में मामूली कमी और वृद्धि से उत्पन्न परिवर्तन को इसी प्रकार की गतिशीलता की श्रेणी में रखा जाता है इस तरह, जिस किसी भी गतिशीलता के अन्तर्गत व्यक्ति या समूह की सामाजिक स्थिति में कोई बुनियादी परिवर्तन नहीं आता है, तो उसे हम समस्तरीय सामाजिक गतिशीलता कहते हैं ।

social mobility, intra-generational ('सोश्ल् मो'बिलटि, इनट्रॉ जेन'रेशॅनल्) **अन्तरा-पीढ़ी सामाजिक गतिशीलता :** किसी व्यक्ति को एक सामाजिक स्थिति से दूसरी सामाजिक स्थिति में पहुँचने में कितनी पीढ़ी का समय लगता है, इसी आधार पर यह वर्गीकरण किया गया है । यदि कोई व्यक्ति या परिवार अपने ही जीवनकाल में एक स्थिति से दूसरी स्थिति में जाने में सफल हो जाता है, तो उसे हम अन्तरा-पीढ़ी गतिशीलता कहते हैं ।

social mobility, inter-generational ('सोश्ल् मो'बिलटि, इन्टर् जेन'रेशॅनल्) **अन्त:पीढ़ी सामाजिक गतिशीलता :** कभी-कभी कुछ व्यक्तियों को आगे बढ़ने में एक पीढ़ी से ज्यादा का समय लग जाता है । जब हम व्यक्ति की सामाजिक स्थिति की तुलना उसके माता-पिता की सामाजिक स्थिति से करते हैं और यह पाते हैं कि वह अपने माता-पिता की

सामाजिक स्थिति की तुलना में ऊपर उठा या नीचे गिरा है, तो उस गतिशीलता को अन्त:पीढ़ी गतिशीलता (**Inter-generational mobility**) कहते हैं।

social mobility, vertical ('सोशल् मो'बिलटि, 'व़र्टिक्ल्) **विषमस्तरीय** या **लम्ब सामाजिक गतिशीलता** : जब किसी व्यक्ति या सामाजिक समूह के जीवन में दो भिन्न स्तरों के बीच गतिशीलता होती है, तो उसे विषमस्तरीय सामाजिक या लम्ब सामाजिक गतिशीलता कहते हैं। जैसे, यदि कोई व्यक्ति निम्न स्तर में जन्म लेकर अपनी योग्यता या गुणों के आधार पर समाज के उच्च स्तर में पहुँच जाता है या ठीक इसके विपरीत यदि कोई व्यक्ति उच्च कुल में पैदा होकर अपने दुष्कर्मों के चलते समाज के निम्न स्तर में पहुँच जाता है, तो उसे लम्ब सामाजिक गतिशीलता कहते हैं। जिस समाज में जितना अधिक खुलापन होगा, उस समाज में लम्ब गतिशीलता भी उतनी ही अधिक होगी। औद्योगिक रूप से विकसित पाश्चात्य देशों में अधिक खुलापन (Openness) होने के कारण वहाँ लम्ब गतिशीलता काफी पायी जाती है। चूँकि लम्ब सामाजिक गतिशीलता दो विपरीत दिशाओं में संभव है, इसीलिए इसे दो उपभागों में बाँटा जाता है– (1) आरोही सामाजिक गतिशीलता (**Ascending** or **upward social mobility**); (2) अवरोही सामाजिक गतिशीलता (**Descending** or **downward social mobility**)।

social mobilization ('सोशल् मोबिलाइ ज़ेशन्) **सामाजिक संग्रहण, सामाजिक लामबन्दी** : इसकी परिभाषा एक ऐसी प्रक्रिया के रूप में दी जाती है, जिसमें पुराने सामाजिक, आर्थिक और मनोवैज्ञानिक सम्बन्ध टूट जाते हैं अथवा समाप्त हो जाते हैं और लोग समाजीकरण और व्यवहार के नवीन प्रतिमानों के लिए उपलब्ध हो जाते हैं। राजनीति में कभी-कभी किसी विशेष उद्देश्य की प्राप्ति हेतु लोग जाति, धर्म या भाषा के आधार पर नेताओं के द्वारा इकट्ठे किये जाते हैं। इस प्रक्रिया को सामाजिक लामबन्दी की संज्ञा दी गयी है।

social morphology ('सोशल् मॉर्'फा 'लजि) **सामाजिक आकारिकी** : एमिल डर्कहाइम (Émile Durkheim, 1858-1917, हिन्दी में इस व्यक्ति के नाम का शुद्ध उच्चारण मात्र एमिल डर्कहाइम है) का मानना है कि भौगोलिक पर्यावरण या क्षेत्रीय परिस्थिति एवं मानवजीवन के बीच बहुत गहरा सम्बन्ध है। भौगोलिक परिस्थिति सिर्फ व्यक्तियों के जीवन को ही प्रभावित नहीं करती है, बल्कि समस्त सामाजिक जीवन को भी प्रभावित करती है। किसी क्षेत्र की जनसंख्या का आकार, घनत्व, संरचना आदि भी भौगोलिक पर्यावरण से प्रभावित होती है और पुन: सामाजिक व्यवस्था उनसे प्रभावित होती है। अत: समाजशास्त्र का प्रमुख उद्देश्य यह अध्ययन करना होता है कि भौगोलिक पर्यावरण और समाज के बीच किस प्रकार का सम्बन्ध है।

social movement ('सोशल् 'मूव्मन्ट्) **सामाजिक आन्दोलन** : समाज में परिवर्तन लाने या इसका प्रतिरोध करने का एक सामूहिक प्रयास। सामाजिक आन्दोलन व्यक्तियों का एक ऐसा प्रयास है, जिसका एक सामान उद्देश्य होता है और उद्देश्य की पूर्ति के लिए संस्थागत सामाजिक नियमों का सहारा न लेकर, लोग अपने ढंग से व्यवस्थित होकर किसी परम्परागत व्यवस्था को बदलने का प्रयास करते हैं। इन प्रयत्नों का उद्देश्य विशेष रूप से प्राय: किन्हीं वर्तमान सामाजिक संस्थाओं में सुधार करना, उन्हें सुरक्षित रखना, उनके स्थान पर नई संस्थाएँ स्थापित करना या उन्हें समाप्त करना होता है। सामाजिक आन्दोलन में राजनीतिक सुधार, औद्योगिक लोकतन्त्र, प्रजातीय एवं सामाजिक न्याय, धार्मिक तथा नागरिक स्वतन्त्रता सम्बन्धी आन्दोलन आदि आते हैं। वर्तमान सामाजिक तथा आर्थिक संस्थाओं में परिवर्तन अथवा सुधार करने के लिए सामाजिक आन्दोलन एक सामूहिक और शान्तिमय तरीका है, जिसकी आवश्यकता इस कारण होती है कि ये संस्थाएँ अपनी भूमिकाएँ पूरी नहीं कर पातीं और परिणामस्वरूप समाजकार्य के प्रभावी होने में बाधक होती हैं। सामाजिक आन्दोलन द्वारा अनेक समस्याओं को हल करने का प्रयत्न किया जाता है, जैसे– दहेज प्रथा, निरक्षरता, धार्मिक कट्टरता, अन्धविश्वास, बाल-विवाह आदि का विरोध (देखें– Neil J. Smelser, **The Theory of Collective Behaviour**, 1963; Mayer N. Zald and John D. McCarthy, **The Dynamics of Social Movements**, 1979; Ralph H. Turner and Lewis M. Killian, **Collective Behaviour**, 1987)।

social mutation ('सोश्ल् म्यूटे'श्न्) **सामाजिक उत्परिवर्तन :** जैविक उत्परिवर्तन की भाँति ही सामाजिक संरचना में आकस्मिक परिवर्तन का होना, जो साधारणत: सामाजिक संघर्ष एवं व्यवहार-संकट की स्थितियों के कारण घटित होता है। इसमें समाज के पुराने तत्त्वों के विघटन के बाद नवीन संरचना का उदय होता है। इस प्रक्रिया को सामाजिक उत्परिवर्तन की संज्ञा दी गयी है।

social need ('सोश्ल् नीड्) **सामाजिक आवश्यकता :** वह आवश्यकता जो व्यक्ति को सामाजिक अन्त:क्रिया द्वारा अनुभूति होती है। विवाह, परिवार, धार्मिक उत्सव एक प्रकार की सामाजिक आवश्यकता है।

social network ('सोश्ल् ने'ट्वॅर्क्) **सामाजिक जाल :** देखें– **Network, social**।

social nexus ('सोश्ल् ने'क्सस्) **सामाजिक जाल :** ऐसे अन्तर्सम्बन्ध जो विभिन्न व्यक्तियों और समूहों के बीच आपसी सूझ-बूझ, सामाजिक निर्भरता अथवा एक ही वंश के होने के कारण होते हैं। समान परिवार या जाति के सदस्यों के बीच सम्बन्ध इसका उदाहरण है : देखें– **Network, social**।

social norm ('सोश्ल् नॉर्म) **सामाजिक मानदण्ड :** देखें– **Norms**।

social nucleus ('सोश्ल् 'न्यूक्लिअस्) **सामाजिक नाभिक :** समाज की केन्द्रीय इकाई, जिसमें किसी नये विचार, सामाजिक कार्यप्रणाली अथवा नवीन सामाजिक व्यवस्था के अंकुर निहित होते हैं, जैसे– परिवार को सामाजिक नाभिक माना जाता है।

social oppression ('सोश्ल् अप्रे'श्न्) **सामाजिक उत्पीड़न :** जब व्यक्तियों के दो समूहों अथवा श्रेणियों में प्रभुत्व मूलक और मातहत के इस प्रकार के सम्बन्ध होते हैं कि प्रबल समूह मातहत समूह के योजनाबद्ध रूप में दुरुपयोग, शोषण और अन्याय द्वारा लाभान्वित होता है, तब इसे सामाजिक उत्पीड़न कहते हैं (देखें– Albert Memmi, **Dominated Man**, 1964; Franz Fanon, **The Wretched of the Earth**, 1967; Marilyn Frye, **The Politics of Reality: Essays in Feminist Theory**, 1983) : देखें– **Exploitation**।

social order ('सोश्ल् 'ऑर्डर्) **सामाजिक व्यवस्था :** साधारणत: किसी समय अथवा किसी क्षेत्र-विशेष के मानव-व्यवहार के समग्र स्वरूप तथा संस्कृति को सामाजिक व्यवस्था कहते हैं, जैसे कि (क) समाज में संस्थाओं का विन्यास (ख) भूमिकाओं और स्थितियों का विन्यास। (ग) इस ढाँचे का सुचारु, आत्मनियन्त्रित, सन्तुलित और समन्वित ढंग से कार्य करना (देखें– Dennis Wrong, **The Problem of Order: What Unites** and **Divides Society**, 1994)।

social organ ('सोश्ल् 'ऑरगन्) **सामाजिक अंग :** समाज का वह अंग, जिसकी एक विशेष और अनिवार्य भूमिका होती है। धर्म, परिवार, संस्कृति इत्यादि सामाजिक अंग हैं।

social organism ('सोश्ल् 'आर्ग्निज़्म्) **सामाजिक जीव :** समाज अथवा सामाजिक संगठन, जिनका उद्भव और विकास अन्य जीवों के ही समान होता है। व्यक्ति या परिवार को सामाजिक जीव के रूप में देखा जाता है।

social organization ('सोश्ल् ऑगनाइ'ज़ेश्न्) **सामाजिक संगठन :** सामाजिक संगठन एक ऐसी दशा या स्थिति है, जिसमें किसी समाज के विभिन्न अंग अर्थात् संस्थाएँ, समूह तथा समितियाँ आदि अपने स्वीकृत एवं निर्धारित उद्देश्यों के अनुसार कार्य करती है। अर्थात् समाज में सम्बन्धों के ताने-बाने, सामाजिक भूमिकाओं और भूमिका शृंखलाओं के अन्त:सम्बन्धों एवं ऐसे समूहों के संगठन को सामाजिक संगठन की संज्ञा दी जाती हैं, जिन्हें आयु, लिंग, बन्धुत्व, आवास, सम्पत्ति, अधिकार तथा स्थिति के आधार पर संगठित किया जाता है। विभिन्न समाजशास्त्रियों द्वारा समाज के अन्योन्याश्रित भागों को अलग-अलग रूप में देखा-समझा गया है, जैसे– मूल्य, नियमाचार, विश्वास, भूमिकाओं के आपसी सम्बन्ध, किसी बृहत् इकाई के उपसमूह, संस्थाएँ, आदि-आदि। हर्बर्ट स्पेन्सर (Herbert Spencer, 1820-1903) ने इसका प्रयोग समाज के आर्थिक, राजनीतिक तथा अन्य भागों के पारस्परिक सम्बन्धों के लिए किया है। एमिल डर्कहाइम ने इसे

सामाजिक एकीकरण, नैतिकता एवं मूल्यों की मतैक्यता द्वारा व्यक्तिगत नियमाचारों के लिए प्रयुक्त किया है। चार्ल्स एच. कूली (Charles H. Cooley, 1864-1929, हिन्दी में इस व्यक्ति के नाम का शुद्ध उच्चारण मात्र कूली है) ने सामाजिक अन्तर्क्रिया के आवश्यक तत्त्वों के रूप में सहभागी क्रियाओं तथा उनके बोध को सामाजिक संगठन का नाम दिया है। मानवशास्त्री रेमण्ड् फर्थ (Raymond Firth) ने सामाजिक संगठन और सामाजिक संरचना के बीच भेद स्थापित किया है, जो उनके पूर्व की नृवैज्ञानिक कृतियों में नहीं मिलता है। फर्थ के अनुसार, संस्थागत सम्बन्धों के ताने-बाने को सामाजिक संरचना कहा जाना चाहिए। लेकिन, सामाजिक संगठन से तात्पर्य गतिशील और वास्तविक सामाजिक सम्बन्धों से है। इस प्रकार स्पष्ट हो जाता है कि सामाजिक संगठन सामाजिक प्रक्रिया का द्योतक है।

सामाजिक संगठन के स्वरूप और पद्धति को हम भौतिक आँखों से नहीं देख सकते। शहर या नगर से ऊपर उठकर हवाई जहाज में बैठकर भी यदि हम नीचे की तरफ देखें, तो हमें मनुष्यों के रहने के मकान दिखाई देंगे, सड़कें और बाँध दिखाई देंगे और अन्य कई वस्तुएँ दिखाई देंगी जिसे मनुष्यों ने बनाया है। पर हम किसी भी स्थिति में सामाजिक संगठन को नहीं देख सकते। हम समाज को नहीं देख सकते, केवल उसके बाहरी रूप को देख सकते हैं। सामाजिक संगठन कोई आँखों से देखी जाने वाली वस्तु नहीं है। यह तो सामाजिक सम्बन्धों का एक संगठन मात्र है। ये सामाजिक सम्बन्ध बराबर बदलते रहते हैं।

social orientation ('सोश्ल् ऑरिएन्'ट्रेश्न्) **सामाजिक उन्मुखता :** किसी सामाजिक समूह के विचारों और प्रयत्नों की दिशा, जो सम्बन्धित समूह के समाज-कल्याण के दर्शन अथवा उसकी प्रभावी सामाजिक मान्यताओं के द्वारा निर्धारित होती है।

social origin ('सोश्ल् 'ऑरिजिन्) **सामाजिक उद्गम :** मानवसमाज में किसी संस्कृति-विशेषक अथवा मानसिक या प्रकट व्यवहार के प्रतिमानों का समारम्भ, जैसे– किसी अलौकिक शक्ति में विश्वास अथवा सम्पत्ति के निजी स्वामित्व के अधिकार की स्थापना।

social ossification ('सोश्ल् ऑसिफिके'श्न्) **सामाजिक रूढ़िकरण :** समाज की परम्परा, रीति-रिवाज अथवा प्रचलित सामाजिक आचार-व्यवहार के प्रतिमानों का इतना रूढ़ हो जाना कि सामाजिक आवश्यकताओं के अनुकूल न होने पर भी उन्हें परिवर्तित न किया जा सके। धर्म से जुड़े कर्मकाण्डों के साथ कुछ इसी प्रकार की समस्या है।

social parasite ('सोश्ल् 'पैर्साइट्) **सामाजिक पराश्रयी :** वह व्यक्ति जो समाज में अपने कार्यों की अपेक्षा दूसरों पर आश्रित होता है। इस प्रकार का व्यक्ति एक ओर 'अकर्मण्य धनी' और दूसरी ओर 'भिखारी' हो सकता है। ऐसे व्यक्ति प्राय: समाज के ऋणी होते हैं। वे निजी स्वार्थ से प्रेरित होकर समाज की सेवाओं और वस्तुओं का उपयोग करते हैं, परन्तु वे उनका किसी भी रूप में प्रतिदान नहीं देते।

social parity ('सोश्ल् 'पैर्टि) **सामाजिक समता** या **समानता :** सामाजिक स्थिति, अधिकारों, उत्तरदायित्वों और अवसरों में समानता का होना, जिनके आधार पर एक आदर्श सामाजिक संरचना की कल्पना की जा सकती है।

social participation ('सोश्ल् पार् टिसि'पेश्न्) **सामाजिक सहभागिता :** सामाजिक अन्त:क्रिया में व्यक्तियों का सचेत रूप में सक्रिय भाग लेना।

social pathology ('सोश्ल् प'थ़ॉलजि) **सामाजिक विकृति, सामाजिक व्याधिशास्त्र :** इस शब्द का प्रयोग मुख्यत: दो अर्थों में किया जाता है– (1) समाज की वह असन्तुलित अवस्था जिसके कारण सामाजिक विघटन उत्पन्न होता है और जो सामाजिक अपराधों की वृद्धि के लिए उत्तरदायी होती है। (2) समाजशास्त्र की वह शाखा जो समाज की व्याधिग्रस्त अवस्था, जैसे– अपराध, दुर्व्यसन, कुसमंजित व्यवहार तथा अन्य असन्तुलित अवस्थाओं का वैज्ञानिक विश्लेषण करती है।

social perception ('सोश्ल् पर् 'सेप्श्न्) **सामाजिक प्रत्यक्षण :** सामाजिक वस्तुओं, विशेषताओं और सम्बन्धों अथवा घटनाओं का बोध होने की स्थिति। इस प्रक्रिया का सम्बन्ध किसी चीज़ को समझने से है, देखने से नहीं।

social phase ('सोश्ल् फ़ेज़्) **सामाजिक प्रावस्था :** वह अवस्था जिसमें कोई सामाजिक क्रिया साधारण से जटिल में परिवर्तित हो जाये।

social phenomenon ('सोश्ल् फ़ि 'नॉमिनन्) **सामाजिक घटना :** ऐसी घटना, तथ्य या क्रिया जिसका सामाजिक महत्त्व हो और जिसके सम्बन्ध में वैज्ञानिक विवरण और व्याख्या प्रस्तुत की जा सके।

social physics ('सोश्ल् 'फ़िजिक्स्) **सामाजिक भौतिकी :** समाजशास्त्र के जनक ऑगस्त कौंत (Auguste Isidore Marie François Xavier Comte, 1798–1857, हिन्दी में इस फ्रांसीसी विद्वान के नाम का शुद्ध उच्चारण मात्र कौंत है) के अनुसार, यूरोप में वैज्ञानिक क्रांति ने औद्योगिक क्रांति को जन्म दिया जिसके कारण नये समाज का निर्माण हुआ, जो निम्न सिद्धान्तों पर आधारित था– (1) समानता, (2) स्वतन्त्रता, (3) सह-अस्तित्व, (4) व्यक्तिवादिता, (5) लोकतान्त्रिक मूल्य, और (6) पूँजीवाद। इसी समस्या का अध्ययन करने के लिए कौंत ने एक नये विषय का ईजाद किया, जिसका नाम सामाजिक भौतिकी रखा। उन्होंने इसी का दूसरा नाम समाजशास्त्र दिया।

social physiology ('सोश्ल् फ़िज़ि 'ऑलजि) **सामाजिक रचना :** समाज तथा सामाजिक संस्थाओं के आनुभविक सम्बन्धों की अपेक्षा नैतिक मूल्यों के रूप में व्याख्या। एमिल डर्कहाइम (Émile Durkheim, 1858-1917, विभिन्न हिन्दी की पुस्तकों में इस व्यक्ति के नाम का उच्चारण गलत है) ने कहा है कि समाजशास्त्र नैतिकता, धर्म, आर्थिक व्यवस्था एवं कानून जैसे जटिल विषयों का भी अध्ययन करता है; क्योंकि उनका सामाजिक तथ्यों (**Social facts**) से गहरा सम्बन्ध होता है। सामाजिक संरचना के वे सभी प्रमुख तत्त्व हैं।

social planning ('सोश्ल् प्लान् इन्ग) **सामाजिक नियोजन :** सामाजिक नियोजन वांछनीय दशाओं, सम्बन्धों तथा मूल्यों को प्राप्त करने की एक अन्तर-पारस्परिक प्रक्रिया है, जिसमें गवेषणा, विचार-विनिमय, समझौता तथा वास्तविक क्रियाएँ सम्मिलित होती हैं। यह सामाजिक परिवर्तन की बुद्धिसंगत दिशा निश्चित करने का एक प्रयास है।

social policy ('सोश्ल् 'पॉलसि) **सामाजिक नीति :** सामाजिक नियोजन तथा नियन्त्रण की दृष्टि से सामाजिक उद्देश्यों और विधियों के सम्बन्ध में समाज की स्थायी अधिवृत्ति। नीति-निर्माताओं के द्वारा इस अभिवृत्ति की मौखिक रूप से घोषणा की जा सकती है। दलितों, पिछड़ों तथा महिलाओं के सामाजिक स्तर को उठाने के लिए शैक्षिक संस्थाओं तथा नौकरियों में आरक्षण सामाजिक नीति के तहत किया गया प्रयास है।

social position ('सोश्ल् प 'ज़िश्न्) **सामाजिक पद :** किसी सामाजिक तन्त्र अथवा सामाजिक सम्बन्धों की प्रणाली में व्यक्ति अथवा सामाजिक वर्ग का स्थान। प्रत्येक व्यक्ति का समाज में निश्चित रूप से एक अपना पद होता है। यह पद या स्थान किसी को विरासत में मिलता है, तो किसी को अपनी मेहनत या योग्यता की बदौलत प्राप्त होता है। जैसे– प्रत्येक प्राणी इस धरती पर अपने लिए कुछ स्थान बनाता है, वैसे ही व्यक्ति भी सामाजिक धरातल पर स्वाभाविक रूप से कुछ-न-कुछ जगह घेरता है, उसे ही सामाजिक पद कहा जाता है। सामाजिक पद व्यक्तियों के अधिकारों एवं बाध्यताओं का एक जटिल समग्र है।

social potential ('सोश्ल् प 'टेन्श्ल्) **सामाजिक विभव :** सामाजिक क्रिया अथवा सामाजिक परिवर्तन को प्रभावित करने की क्षमता। यह क्षमता भिन्न-भिन्न व्यक्तियों में भिन्न-भिन्न मात्रा में पाई जाती है। परन्तु ऐसा शायद ही कोई व्यक्ति अथवा समूह हो जिसमें इसका पूर्ण अभाव हो।

social pressure ('सोश्ल् 'प्रेशर्) **सामाजिक दबाव :** किन्हीं विशेष लक्ष्यों की प्राप्ति के उद्देश्य से व्यक्तियों तथा समूह के व्यवहार में सुधार करने का सामूहिक प्रयास। व्यक्ति के आचरण निर्धारण में धर्म सामाजिक दबाव का काम करता है।

social problem ('सोश्ल् 'प्रॉब्लम्) **सामाजिक समस्या :** सामाजिक व्यवहार के प्रतिरूप जो स्वीकृत सामाजिक प्रतिमानों के उल्लंघन या शिकायतों के प्रति प्रतिरोध हैं, सामाजिक समस्याएँ कही जाती हैं। किशोर अपचार, अपराध, तलाक, निर्धनता, अस्पृश्यता तथा मानसिक रोग इत्यादि ऐसी ही सामाजिक समस्याएँ हैं (देखें– Howard S. Becker, **Social Problems**, 1966; Robert K. Merton, **The Sociology of Social Problems**, 1972; Malcom Spector and John I. Kitsuse, **Constructing Social Problems**, 1977)।

social process ('सोश्ल् 'प्रोसेस्) **सामाजिक प्रक्रिया :** जब कोई सामाजिक अन्त:क्रिया एक लम्बे काल तक निरन्तर चलती है तथा उसे देखा-परखा जा सकता है, तब वह सामाजिक प्रक्रिया का रूप धारण कर लेती है। सामाजिक प्रक्रिया सामाजिक परिवर्तन को परिलक्षित करती है, जिसमें कुछ स्थाई गुण एवं एक दिशा होती है। एक सामाजिक प्रक्रिया के अन्तर्गत बहुत-सी अन्त:क्रियाएँ होती हैं, जैसे– लड़के-लड़कियों का आपस में मिलना अन्त:क्रिया है, पर बार-बार मिलने से यदि दोनों के बीच प्रेम-विवाह हो जाता है, तो वह एक सामाजिक प्रक्रिया है। सामाजिक प्रक्रिया के सन्दर्भ में ध्यान देने की बात यह है कि इसके अन्तर्गत दो स्थितियों **(Statuses)** एवं भूमिकाओं **(Roles)** के बीच ऐसी अन्त:क्रिया है, जिसके अन्तर्गत दो या दो से अधिक व्यक्तियों का व्यवहार प्रभावित होता है। यह दो भूमिकाओं या दो स्थितियों के बीच अन्त:क्रिया मात्र नहीं है। अन्त:क्रिया तो सिर्फ एक प्रारम्भिक स्थिति है, जो बड़ी प्रक्रिया के लिए पृष्ठभूमि तैयार करती है। सामाजिक प्रक्रिया का अर्थ है निरन्तर परिवर्तन जो परिस्थिति की आन्तरिक शक्तियों के घात-प्रतिघात के फलस्वरूप निश्चित रूप से चलता रहता है। सामाजिक प्रक्रिया के रूपों की संख्या के विषय में समाजशास्त्रियों में मतभेद है। कुछ इनकी संख्या सैकड़ों में बताते हैं, कुछ अन्य केवल दो रूप मानते हैं, यथा– सहगामी और असहगामी, परन्तु आजकल ये दोनों ही मत अमान्य हैं।

सामाजिक प्रक्रियाओं के विभिन्न प्रकारों या स्वरूपों को दो वर्गों में बाँटा जाता है– (1) सहयोगी सामाजिक प्रक्रिया (Associative social process) एवं (2) असहयोगी सामाजिक प्रक्रिया (Disassociative social process)। सहयोगी सामाजिक प्रक्रिया को चार भागों में विभक्त किया जा सकता है– (i) सहयोग **(Co-operation)**, (ii) समायोजन **(Accommodation)**, (iii) आत्मसात्करण **(Assimilation)** और (iv) एकीकरण **(Integration)**। असहयोगी सामाजिक प्रक्रिया को तीन भागों में विभक्त किया जा सकता है– (i) प्रतिस्पर्द्धा **(Competition)**, (ii) प्रतिकूलन **(Contravention)** और (iii) संघर्ष **(Conflict)**।

social progress ('सोश्ल् 'प्रोग्रेस्) **सामाजिक प्रगति :** स्वीकृत एवं वांछनीय लक्ष्य अथवा लक्ष्यों की दिशा में होने वाले सामाजिक परिवर्तन को सामाजिक प्रगति कहते हैं। इस प्रकार का परिवर्तन 'अच्छाई' के लिए होता है। अत: सामाजिक प्रगति में मूल्य-निर्णय का भाव निहित होता है। साामजिक प्रगति की चर्चा बिना मानकों के नहीं की जा सकती है। सामाजिक प्रगति की अवधारणा को एक बेहतर विश्व-समाज की कल्पना को साकार करने की ओर कदम कहा जा सकता है।

social prophylaxis ('सोश्ल् प्रॉफिलैक्'सिस) **रोगनिरोधन, सामाजिक व्याधि-रोधन :** सामाजिक ह्रास तथा नकारात्मक सामाजिक शक्तियों का निवारण।

social protest (सोश्ल् प्र'टेस्ट) **सामाजिक विरोध** या **प्रतिवाद :** देखें– **Civil disobedience; Social movement**।

social protoplasm ('सोश्ल् प्रोटो'प्लाज़्म्) **सामाजिक मूलतत्त्व :** समाज के ऐसे स्वरूपहीन तथा स्थितिहीन तत्त्व, जिनमें विचारों, सामाजिक वृद्धि एवं संगठन निहित होते हैं।

social provision ('सोश्ल् प्र'विशन्) **सामाजिक व्यवस्था :** ऐसी सामाजिक आर्थिक स्थिति जिसमें समाज के सभी व्यक्तियों एवं परिवारों को निर्वाह-स्तर की आवश्यक सुविधाएँ उपलब्ध कराई जाती हैं। यह जनता या सहकारी संगठनों के द्वारा संभव होता है, यथा– सड़कों की सफाई, अग्नि से रक्षा के साधन, जल, पुस्तकालय, खेल के मैदान आदि की सहकारी व्यवस्था।

social psychology ('सोश्ल् साइ'कॉलजि) **सामाजिक मनोविज्ञान :** सामाजिक मनोविज्ञान समाजशास्त्र और मनोविज्ञान दोनों मूल विज्ञानों के विषय-क्षेत्रों से बना एक विज्ञान है, जो व्यक्ति की मानसिक क्रियाओं का अध्ययन उसकी सामाजिक अन्तर्क्रियाओं तथा सामाजिक परिवेश (समूह व्यवहार) के सन्दर्भ में करता है। मनोविज्ञान मूलत: व्यक्ति की जैवकीय सज्जा-मज्जा तथा जैवकीय प्रक्रियाओं पर पड़ने वाले बाद के अनुभवों का अध्ययन करता है। समाजशास्त्र मुख्यत: व्यक्तियों के सामाजिक समूहों तथा उन सामाजिक शक्तियों का अध्ययन करता है, जिन्हें किसी व्यक्ति द्वारा दोनों विज्ञानों से पूर्णत: अलग-थलग करना अत्यन्त कठिन है।

social pyramid ('सोश्ल् 'पिर्मिड्) **सामाजिक शंकु** या **पिरामिड :** सामाजिक स्तर जिसकी रूपरेखा मोटेतौर पर पिरामिड या शंकु की तरह मानी जाती है, जिसके निचले स्तर में निम्न श्रेणी के और ऊपर की ओर उच्च श्रेणी या वर्ग के लोग होते हैं। पिरामिड का निचला हिस्सा काफी फैला हुआ तथा ऊपरी हिस्सा काफी संकीर्ण होता है।

social reality ('सोश्ल् रि'एलिटि) **सामाजिक यथार्थता :** सामाजिक वास्तविकता अथवा सम्बन्धित समूह के मतैक्य द्वारा संस्थापित एवं मान्य पदार्थ की संकल्पना। जाति व्यवस्था, वर्ग-व्यवस्था या धर्म एक प्रकार का सामाजिक यथार्थ है।

social reform ('सोश्ल् रि फ़ॉ:म्) **सामाजिक सुधार :** ऐसा कोई आन्दोलन अथवा प्रयास, जो सम्पूर्ण सामाजिक व्यवस्था अथवा उसके किसी एक भाग के दोषपूर्ण कार्य करने के फलस्वरूप उत्पन्न हुई बुराइयों एवं कुरीतियों को कम करने या उसको दूर करने के लिए किया जाता हो। सतीप्रथा का विरोध या आर्य समाज की स्थापना हिन्दू समाज में सामाजिक सुधार का प्रयास था।

social relationship ('सोश्ल् रि'लेश्न्शिप्) **सामाजिक सम्बन्ध :** दो या दो से अधिक व्यक्तियों के बीच सामाजिक अन्त:क्रिया का प्रतिरूप जिसे सामाजिक विश्लेषण की सरलतम इकाई माना जाता है। इसमें व्यक्तियों के बीच अर्थपूर्ण संचार और उनके सम्भावित व्यवहार का बोध सम्मिलित होता है। सम्बन्ध सहयोगात्मक व असहयोगात्मक दो प्रकार के हो सकते हैं। मानव सम्बन्धों अथवा सामाजिक सम्बन्धों के अन्तर्गत वे ही सम्बन्ध आते हैं, जो ऐसे व्यक्तियों के मध्य स्थापित होते हैं, जो एक-दूसरे के साथ अप्रत्यक्ष या प्रत्यक्ष रूप से विचारों, वस्तुओं और साधारण या विशेष हित-भावना का आदान-प्रदान करते हैं। सामाजिक सम्बन्ध के कई आधार हो सकते हैं, यथा- प्रेम, यौन इच्छा, घृणा, आर्थिक आवश्यकता की पूर्ति की भावना, सुरक्षा-भावना आदि। शारीरिक, मनोवैज्ञानिक और सामाजिक आवश्यकताओं की पूर्ति के लिए व्यक्ति अनेक प्रकार के परस्पर सम्बन्ध स्थापित करता है। सामाजिक सम्बन्धों की संरचना को ही समाज कहा जाता है।

social reorganization ('सोश्ल् रिऑगनाइ'ज़ेश्न्) **सामाजिक पुनर्गठन :** किसी समाज अथवा सामाजिक समूह में, विशेषकर विघटन के बाद, पुनर्गठन अथवा द्रुत परिवर्तन एवं सामाजिक सम्बन्धों का पुनर्निर्माण तथा नवीन मूल्यों की स्थापना। जाति व्यवस्था का विरोध तथा उसकी जगह पर वर्ग-व्यवस्था की स्थापना का प्रयास सामाजिक पुनर्गठन है।

social repression ('सोश्ल् रि'प्रेश्न्) **सामाजिक दमन :** सामूहिक प्रयास द्वारा समाज के सदस्यों के असामान्य एवं अवांछनीय व्यवहार को सुधारने अथवा रोकने की क्रिया। विवाह के लिए दहेज माँगने वाले व्यक्तियों का सामाजिक विरोध करना एक प्रकार का सामाजिक दमन है।

social research ('सोश्ल् रि'सर्च्) **सामाजिक अनुसन्धान :** सामाजिक अनुसन्धान का अर्थ है किसी समस्या का सावधानीपूर्वक गुण-दोषान्वेषण करनेवाला विधिवत अध्ययन। यह एक ऐसा प्रयास है, जिसका उद्देश्य अध्ययन एवं परीक्षण द्वारा नयी जानकारी हासिल करना है। यह एक ऐसा प्रक्रम है, जिसके द्वारा हम सामाजिक कार्य के क्षेत्र में उत्पन्न समस्याओं के हल खोजने का प्रयास करते हैं।

social response ('सोश्ल् रिस् 'पॉन्स्) **सामाजिक अनुक्रिया :** एक व्यक्ति या कर्त्ता के द्वारा दूसरे कर्त्ता के उद्दीपन अथवा सामाजिक दृष्टि से महत्त्वपूर्ण जड़ वस्तु के प्रति प्रतिक्रिया। मन्दिर या गिरिजाघर के सामने सिर झुका लेना या अपने से बड़ों का अभिवादन करना एक सामाजिक अनुक्रिया है।

social restraint ('सोशल् रिस्'ट्रेन्ट) **सामाजिक प्रतिबन्ध :** किसी समूह पर लगाया जानेवाला निषेधात्मक नियन्त्रण जो समूह के सदस्यों पर प्रतिबन्धस्वरूप अध्यारोपित किया जाता है, अथवा एक प्रकार का आन्तरिक नियन्त्रण जो व्यक्ति, समाज की आवश्यकताओं या सदस्यता की अपेक्षाओं के अनुरूप स्वयं पर लगाता है ।

social retrogression ('सोशल् रीट्रग्रे'शन्) **सामाजिक पश्चगमन :** सामाजिक मूल्यों के किसी विशिष्ट माप के सन्दर्भ में साधित स्तर अथवा समूह के द्वारा स्वीकृत उद्देश्य, मानक या मापदण्ड के अनुरूप सामाजिक प्रगति में प्रतिक्रमण । दलितों, पिछड़ों या महिलाओं के नैसर्गिक मानवीय अधिकारों का हनन या अतिक्रमण सामाजिक पश्चगमन कहलायेगा ।

social revolution ('सोशल् रेव़'लूशन्) **सामाजिक क्रांति :** देखें– **Revolution** ।

social rhythm ('सोशल् 'रिद्म्) **सामाजिक लय :** समूह के सदस्यों के क्रमश: एक-जैसे विचारों, भावनाओं तथा क्रियाओं में सामंजस्य एवं समरसता का होना ।

social rites ('सोशल् राइट्स) **सामाजिक कृत्य :** व्यवहार के मानक जो समाज में विधि, रीति-रिवाज अथवा धर्म के द्वारा सही रूप में निर्दिष्ट किए जाते हैं : देखें– **Rites; Rituals** ।

social role ('सोशल् रोल्) **सामाजिक भूमिका :** ऐसे व्यवहार संरूप, जो समूह अथवा सामाजिक संरचना में व्यक्ति की स्थिति या पद से प्रत्याशित विशिष्ट कार्यों एवं अधिकारों से सम्बद्ध होते हैं । बच्चों की समुचित देख-भाल करना माता-पिता की सामाजिक भूमिका है : देखें– **Role** ।

social safety net ('सोशल् 'सेफ्टि नेट्) **सामाजिक सुरक्षा-जाल :** किसी समाज के अन्तर्गत ऐसी व्यवस्था जिसमें ज़रूरतमंद लोगों को सरकार की ओर से सहायता उपलब्ध कराई जाती है ताकि उनके रहन-सहन का स्तर समाज में स्वीकृत न्यूनतम स्तर से नीचे न चला जाये । इसमें असहाय, वृद्धावस्था, बीमारी, विकलांगता और बेरोज़गारी की स्थितियों का विशेष रूप से ध्यान रखा जाता है । इसके अलावा, इसमें अत्यन्त निर्धन लोगों के लिए खाद्य, आवास और स्वास्थ्य सेवा जैसी सुविधाओं की व्यवस्था भी की जा सकती है । पाश्चात्य देशों में सरकारी स्तर पर सामाजिक सुरक्षा जाल बहुत व्यवस्थित एवं सुचारु ढंग से काम करता है, चूँकि यह पूरी तरह सरकार के द्वारा सम्पोषित होता है ।

social sanction ('सोशल् 'सैन्क्शन्) **सामाजिक अनुशास्ति :** सामान्यत: अनुशास्ति या मंज़ूरी का अर्थ अंकुश (Restraints), निषेध (Prohibition) तथा दण्ड (Penalty) है । प्रचलित अर्थ में अनुशास्ति शब्द का प्रयोग नकारात्मक एवं संगठित पक्ष में किया जाता है, अर्थात् जब कोई समाज या समूह अपने सदस्यों को किसी व्यवहार या आचरण को न करने का निर्देश देता है और यदि वह इसका उल्लंघन करता है तो उसे दण्डित किया जाता है । अत: ऐसे निर्देश को सामाजिक अनुशास्ति कहा जाता है । अनुशास्ति में दण्ड और पुरस्कार दोनों ही निहित हैं : देखें– **Sanction** ।

social satisfaction ('सोशल् सैटिस्'फैक्शन्) **सामाजिक सन्तुष्टि :** किसी समाज के सामाजिक संगठन की क्षमता जो उसके समूह और समूह के अधिकांश सदस्यों के द्वारा निर्धारित मानकों की संकल्पनाओं की सहमति और स्वीकृति से व्यक्त होती है ।

social scale ('सोशल् स्केल्) **सामाजिक अनुमाप :** मूल्यांकन की परिकल्पनात्मक माप जिसमें सामाजिक वर्गों की प्रतिष्ठा उनके पद और अग्रता के अनुसार आँकी जाती है, यथा– इमॉरी एस. बोगार्ड्स (Emory S. Bogardus, 1882-1973) की सामाजिक दूरी की माप (**Social distance scale**) ।

social science ('सोशल् 'साइन्स्) **सामाजिक विज्ञान :** ज्ञान-विज्ञान की वह शाखा जो समाज, संस्कृति तथा व्यक्तित्व का समग्र अथवा आंशिक रूप में अध्ययन करती है । इसमें मुख्यत: समाजशास्त्र, मनोविज्ञान, सांस्कृतिक नृविज्ञान, राजनीतिक विज्ञान, अर्थशास्त्र, इतिहास और भूगोल के कुछ पक्ष सम्मिलित होते हैं ।

social security ('सोश्ल् सि 'क्युअरटि) **सामाजिक सुरक्षा :** सरकार की ओर से व्यक्तियों तथा उनके परिवारों के लिए पेंशन, बीमा, शिक्षा आदि समाज-कल्याणकारी सुविधाओं की व्यवस्था के सिद्धान्त या कार्यक्रम । यह विभिन्न देशों में विभिन्न नामों से जाना जाता है । पाश्चात्य देशों में यह व्यवस्था काफी विकसित है ।

social segmentation ('सोश्ल् सेग्मेन् 'टेश्न्) **सामाजिक खण्डीकरण :** एक प्रक्रिया जिसके द्वारा कोई समूह अथवा बृहत् समूह (समाज) अपने में एक-दूसरे उपसमूह को जन्म देता है । ये उपसमूह आपेक्षिक रूप से आपस में अलग होते हैं । इनमें विचारों का संचार नहीं होता । ये आपस में एक-दूसरे के विरोधी भी हो सकते हैं ।

social selection ('सोश्ल् स 'लेक्श्न्) **सामाजिक चयन :** जैविक चयन के अनुरूप ही सामाजिक चयन की प्रक्रिया, जिसके द्वारा अनेक व्यक्तियों, समूहों अथवा सांस्कृतिक विशेषकों का उदय होता है । इनमें से जो सक्षम होते हैं, वे प्रतियोगिता में टिक जाते हैं और जो दुर्बल अथवा सारहीन होते हैं, उनका विलोप हो जाता है । इस अवधारणा का सम्बन्ध जीवविज्ञान के प्राकृतिक चयन (**Natural selection**) की प्रक्रिया से है ।

social self ('सोश्ल् सेल्फ़्) **सामाजिक आत्मन् :** सामाजिक आत्मन् का निर्माण वैसी मनोवृत्तियों तथा विचारों के सम्पूर्ण प्रतिरूपों के मिलने से होता है, जिसे कोई व्यक्ति एक अवयव तथा सामाजिक प्राणी के रूप में अपने बारे में निर्मित करता है । जॉर्ज एच. मीड (George Herbert Mead,1863-1931) का कहना है कि आत्मन् के विकास के माध्यम से ही कोई व्यक्ति अपने-आपको एक स्वतन्त्र व्यक्ति के रूप में देखने में सक्षम होता है । सिगमण्ड फ्रॉयड (Sigmund Freud, 1856-1939) के अनुसार, सामाजिक आत्मन् के अन्तर्गत सुप्तवासना या इदम् (**Id**), अहम् (**Ego**) और पराहम् (**Super Ego**) पाया जाता है । सुप्तवासना एक अचेतन अवस्था है, जो व्यक्तियों की सहजात इच्छाओं (**Instinctive Desires**), विशेषकर वासना एवं आक्रमण का बोध कराता है । यह व्यक्तियों में एक प्रकार की भूख (Appetite) है जो उसे विभिन्न कार्यों के लिए प्रेरित करती रहती है । अहम् की उत्पत्ति इसी इदम् पर नियन्त्रण रखने के लिए हुई है । पराहम् वह है जो व्यक्तियों में सामाजिक मूल्यों और आदर्शों के रूप में व्यक्तित्व का अभिन्न अंग है और वह इसे समाज से सीखता है । फ्रॉयड के अनुसार, सुप्तवासना और पराहम् के बीच हमेशा तनाव की स्थिति बनी रहती है । उस अवस्था में पराहम् व्यक्ति की ऊँची नैतिकता एवं सामाजिक मूल्यों की ओर ध्यान आकृष्ट कराता है । इस परिस्थिति में अहम् दोनों के बीच सन्तुलन बनाने का काम करता है । अहम् का कार्य एक बीच का रास्ता खोजकर इच्छा की पूर्ति करना है ।

social situation ('सोश्ल् सिचु 'एश्न्) **सामाजिक स्थिति :** वे परिस्थितियाँ जिनके द्वारा सामाजिक सम्बन्ध स्थिर रहते हैं अथवा सामाजिक व्यवहार स्थापित होते हैं ।

social solidarity ('सोश्ल् सॉलि 'डैरटि) **सामाजिक एकता** या **एकात्मता :** एमिल डर्कहाइम (Émile Durkheim, 1858-1917, हिन्दी में शुद्ध उच्चारण एमिल डर्कहाइम ही है) ने इस शब्द का उपयोग समाजशास्त्र में किया है, जिसका अर्थ है, मूल्यों की सामूहिक एकता । किसी समूह की उस स्थिति को सामाजिक एकता कहते हैं, जिसमें सामाजिक उद्देश्यों की प्राप्ति के लिए सहयोग, सद्भाव एवं सामूहिकता होती हो तथा जो सामाजिक संगठन को उसके स्थायित्व के माध्यम से दर्शाता हो । समाज का उक्त स्वरूप सामाजिक परिस्थितियों के सन्दर्भ में बदलता रहता है । इसी कारण डर्कहाइम ने दो प्रकार के समाजों में दो प्रकार की एकता की स्थिति की चर्चा की है ।

social solidarity, mechanical ('सोश्ल् सॉलि 'डैरटि, मि 'कैनिक्ल्) **यान्त्रिक सामाजिक एकात्मता :** किसी समष्टि के संघटक इकाइयों द्वारा अपने-अपने पृथक् अस्तित्व को समष्टि में पूर्णत: विलीन कर देने को एमिल डर्कहाइम (Émile Durkheim, 1858-1917) ने यान्त्रिक एकात्मता की स्थिति कहा है । अर्थात् जब व्यक्ति का व्यक्तित्व सामूहिक व्यक्तित्व में समाहित हो जाता है, तब वह स्थिति यान्त्रिक एकात्मता की द्योतक होती है । डर्कहाइम के अनुसार, आदिकालीन लघु तथा अशिक्षित समाजों की सामाजिक व्यवस्था यान्त्रिक एकात्मता को प्रतिबिम्बित करती है, जिनमें अत्यन्त सरल

श्रम-विभाजन, बहुत कम विशेषीकरण और कुछ सामाजिक भूमिकाएँ हुआ करती थीं । ऐसे समाजों में व्यक्ति का व्यक्तित्व सामूहिक व्यक्तित्व में इतना घुल-मिल जाता था कि उसके अपने व्यक्तित्व का अस्तित्व प्राय: समाप्त हो जाता था । वह लोक-प्रथाओं, जनमत, परम्पराओं और धर्म के नियन्त्रण में यन्त्रवत कार्य करता चला जाता था । मूल्यों एवं व्यवहार की समरूपता, कठोर सामाजिक नियन्त्रण तथा परम्परा एवं नातेदारी के प्रति निष्ठा आदि यान्त्रिक एकात्मता की प्रमुख विशेषताएँ हैं : देखें– **Social solidarity, organic** ।

social solidarity, organic (ˈसोश्ल् सॉलिˈडैरटि, ऑर्ˈगैनिक्) **सावयविक सामाजिक एकात्मता :** जब किसी समष्टि के संघटक इकाई समष्टि से मिलकर भी अपना पृथक् अस्तित्व बनाये रखते हैं तथा वे अपना अस्तित्व समष्टि में लोप नहीं होने देते, इस स्थिति को एमिल डर्कहाइम (Émile Durkheim, 1858-1917) ने सावयविक एकात्मता का नाम दिया है । आधुनिक औद्योगिक समाजों की सामाजिक व्यवस्था सावयविक एकात्मता को प्रकट करती है, जिसमें श्रम-विभाजन एवं विशेषीकरण के अनुसार सभी व्यक्ति अपना अलग-अलग कार्य करते हुए भी कार्यों की अन्तर्निर्भर प्रकृति के कारण एक-दूसरे से जुड़े रहते हैं । इसे डर्कहाइम ने सावयविक एकात्मता का नाम इसलिए दिया है; क्योंकि यह एकात्मता प्राणी के शरीर (सावयव) में पाई जाने वाली एकात्मता से मिलती-जुलती है । प्राणी-शरीर के विभिन्न अंग अलग-अलग कार्य करते हुए भी एक-दूसरे से सम्बद्ध होकर एक समष्टि (शरीर) की रचना करते हैं : देखें– **Social solidarity, mechanical** ।

social space (ˈसोश्ल् स्पेस्) **सामाजिक क्षेत्र :** व्यक्ति का अपना सामाजिक क्षेत्र होता है, जिसमें वे सभी व्यक्ति और समूह सम्मिलित होते हैं और जिनके प्रति उसके व्यवहार उन्मुख होते हैं । बहुत से व्यक्तियों के बीच की अन्त:क्रिया से सम्बन्धों का एक अदृश्य जाल का निर्माण होता है, उसे ही सामाजिक क्षेत्र कहा जाता है ।

social stability (ˈसोश्ल् ˈस्टेबिलटि) **सामाजिक स्थायित्व :** किसी समुदाय अथवा समाज में सामाजिक, सांस्कृतिक प्रतिमानों की निरन्तरता, जिसमें समाज के किसी भी बृहत् समूह के प्रमुख प्रतिमानों में आकस्मिक अथवा मूलभूत परिवर्तन नहीं होता ।

social standard (ˈसोश्ल् ˈस्टैन्डॅड) **सामाजिक मानक :** समाज के न्यूनतम एवं अधिकतम प्रतिरूप अथवा वह प्रतिरूप, जिसके अनुसार एक समूह अपने सदस्यों से उनके व्यवहार, वेशभूषा, वस्त्र, आवास और भोजन आदि के सम्बन्ध में अनुरूपता बनाए रखने की प्रत्याशा करता है । इससे सामाजिक मूल्यों का सम्पोषण होता है ।

social statics and social dynamics (ˈसोश्ल्ˈस्टैट्इक्स ऐन्ड्ˈसोश्ल् डाइˈनैमिक्स्) **सामाजिक स्थैतिकी और सामाजिक गतिशीलता :** ऑगस्त कौंत (Auguste Comte, 1798-1857, विभिन्न हिन्दी की पुस्तकों में इस व्यक्ति के नाम का उच्चारण गलत है) ने समाजशास्त्र को दो भागों में बाँटा है– सामाजिक स्थैतिकी और सामाजिक गतिशीलता । इस अवधारणा का प्रयोग ऑगस्त कौंत ने समाज के स्थिर पक्ष अर्थात् सामाजिक संरचना तथा उसके विभिन्न अन्त:सम्बन्धित भागों के पारस्परिक सम्बन्धों के अध्ययन हेतु किया । कौंत के अनुसार, सामाजिक स्थितिकी का अध्ययन सामाजिक गतिकी के अध्ययन का पूरक है । सामाजिक स्थितिकी सह-अस्तित्व के नियमों की खोज का प्रयास करती है ।

social statistics (ˈसोश्ल् स्टˈटिस्टिक्स्) **सामाजिक सांख्यिकी :** सामाजिक सांख्यिकी शब्द का प्रयोग दो अर्थों में किया जाता है– (1) सामाजिक समस्याओं के लिए सांख्यिकीय विधियों का किया गया प्रयोग सामाजिक सांख्यिकी कहलाता है । (2) इसका प्रयोग संकलित किये गये उन वास्तविक आंकिक तथ्यों के लिए किया जाता है, जिनका इन सामाजिक समस्याओं पर कोई प्रभाव होता है । समाजशास्त्रीय सन्दर्भ में, सामाजिक सांख्यिकी से तात्पर्य उन विषयों से सम्बन्धित परिमाणात्मक तथ्यों से है, जिनका समाजशास्त्रियों के लिए विशेष महत्त्व है, जैसे– विवाह, प्रजनन, मृत्यु या परिवार-रचना से सम्बन्धित तथ्य ।

social status ('सोश्‌ल्‌ 'स्टेटस्‌) **सामाजिक स्थिति, सामाजिक हैसियत :** समाज अथवा सामाजिक समूह में व्यक्ति की सापेक्षिक स्थिति, दर्जा अथवा हैसियत । इस शब्द का प्रयोग समाजशास्त्र में मुख्यरूप से दो अर्थों में होता है और वे दोनों अर्थ एक-दूसरे से जुड़े हुए हैं– (1) स्थिति का सम्बन्ध व्यक्ति के सामाजिक पद से है । इस अर्थ में स्थिति से उच्च और निम्न (High and low) स्तर का भाव व्यक्त नहीं होता है । (2) स्थिति शब्द का प्रयोग सामाजिक श्रेणी (Social ranking) के अर्थ में होता है और जब हम समस्त श्रेणीबद्ध व्यवस्था की बात करते हैं, तो उसे ही स्थिति-पद्धति (Status system) कहा जाता है । वर्तमान समय में स्थिति शब्द का प्रयोग समान रूप से दोनों अर्थों में होता है । व्यक्ति की इस स्थिति का निर्धारण प्रायः उसके नेतृत्व गुणों, योग्यता, उपलब्धियों, व्यवसाय, पद, उपाधि, परिधान, व्यवहार तथा ध्यान आकृष्ट करने के अन्य साधनों के आधार पर किया जाता है ।

किसी समूह में व्यक्ति की अथवा समुदाय में समूह की स्थिति आयु, लिंग, अर्जित अथवा प्रदत्त पदों पर आधारित होती है । स्थिति एक संरचनात्मक तथ्य है, तो भूमिका एक व्यावहारिक तथ्य है । हरेक भूमिका को निभाने के लिए व्यक्ति का समाज में एक निश्चित स्थान होता है, उसे ही 'सामाजिक स्थिति' कहा जाता है । नृवैज्ञानिकों ने सामाजिक स्थिति को समाज तथा सामाजिक संरचना की इकाई माना है और उनके अनुसार समाज का वैज्ञानिक अध्ययन सामाजिक स्थितियों के अन्तःसम्बन्धों के अध्ययन द्वारा ही संभव है (देखें– Ralph Linton, **The Study of Man**, 1936; Robert K. Merton, **Social Theory and Social Structure**, 1968) ।

social stigma ('सोश्‌ल्‌ 'स्टिग्‌मा) **सामाजिक लांछन :** इस शब्द का प्रयोग दो अर्थों में किया जाता है– (1) किसी व्यक्ति पर अन्य समूह अथवा व्यक्ति द्वारा दोषारोपण । (2) व्यक्ति की अवांछनीय समानता या भिन्नता, जिसके कारण उसे समाज में पूरी तरह से प्रतिष्ठा नहीं मिल पाती ।

social stimulus ('सोश्‌ल्‌ 'स्टिम्युलस्‌) **सामाजिक उत्तेजक :** ऐसा उद्दीपन भाव जिसमें व्यक्ति, वैयक्तिक रूप की अपेक्षा सम्पूर्ण समूह के सदस्य के रूप में अनुक्रिया करता है । ये उद्दीपन नाना प्रकार की अफवाहें, खबरें, जनसमूह आदि हो सकते हैं ।

social strain theory ('सोश्‌ल्‌ स्ट्रेन्‌ 'थिअरि) **सामाजिक तनाव-सिद्धान्त :** सामाजिक आन्दोलनों के आविर्भाव की यह व्याख्या कि सामाजिक तनाव या असन्तुलन ही प्रभावित समूहों को कार्रवाई करने की ओर प्रेरित करता है ।

social stratification ('सोश्‌ल्‌ स्ट्रैटिफ़ि'केश्‌न्‌) **सामाजिक स्तरण :** सामाजिक स्तरण का अभिप्राय आर्थिक स्थिति, राजनीतिक शक्ति अथवा सामाजिक स्थिति के आधार पर समाज का असमान समूहों में विभाजन है । स्तरण को व्यक्तियों के विभिन्न समूहों के बीच संरचित असमानता के रूप में परिभाषित किया जा सकता है । एक विशेष सामाजिक स्तर दूसरे सामाजिक स्तरों की तुलना में श्रेष्ठ या नीच, विशेष अधिकार प्राप्त या उनसे वंचित, प्रभुत्वशाली या प्रभुत्व के अधीन हो सकता है । इस तरह, सामाजिक स्तरीकरण में विभिन्न सामाजिक स्तरों के बीच संरचित असमानता का व्यवस्थित नियमन शामिल होता है । सामाजिक अध्ययन के अन्तर्गत किसी देश की आबादी को विभिन्न आर्थिक और जैविक वर्गों में बाँटकर दिखाने की प्रक्रिया । आमदनी, व्यवसाय या शिक्षा की दृष्टि से अथवा धर्म, जाति, नस्ल आदि की दृष्टि से वर्ग या समूह बनाकर जनसंख्या का सामाजिक, आर्थिक अध्ययन इसका उद्देश्य होता है । समाज को इस प्रकार के वर्गों, समूहों या स्तरों में बाँटकर इनके विशिष्ट गुणों और इनकी समस्याओं का अध्ययन भी इसके अन्तर्गत समाविष्ट होता है ।

social stratum ('सोश्‌ल्‌ स्ट्रे'टम) **सामाजिक स्तर :** ऐसे व्यक्ति तथा समूह जिनकी स्थिति, पद और अन्य विशेषताएँ लगभग एक जैसी होती है । इस शब्द का प्रयोग जनसंख्या के विभिन्न वर्गों, यथा– जाति, सामाजिक वर्ग आदि के अतिरिक्त सोपानिक आधार पर किए गए विभाजनों के लिए किया जाता है : देखें– **Social stratification** ।

social structure ('सोश्‌ल्‌ 'स्ट्रक्‌चर्‌) **सामाजिक संरचना :** किसी भी समाज की संरचना से तात्पर्य परस्पर सम्बन्धित

संस्थाओं, सामाजिक प्रतिमानों, स्तरों, पदों और कार्यों की अमूर्त या भाववाचक व्यवस्था से होता है। इस प्रकार की व्यवस्था में निरन्तरता, पुनरावृत्ति, स्थायित्व, स्थानीयता व विशिष्टता आदि गुण अवश्य होते हैं। इस सामाजिक संरचना को वास्तविक यथार्थ के रूप में देखा जा सकता है। किन्तु कुछ समाजशास्त्री इस संकल्पना को वास्तविक यथार्थ न मानकर, वास्तविक यथार्थ पर निर्मित प्रतिरूप मानते हैं। कोई व्यक्ति जो समाज के मानदण्डों को ध्यान में रखकर भूमिका अदा करता है, वह सामाजिक संरचना का ही अंग है। हिन्दू समाज के अन्तर्गत जाति व्यवस्था सामाजिक संरचना का उदाहरण है (देखें– Robert K. Merton, **Social Theory and Social Structure**, 1968; Peter M. Blau, **Approaches to the Study of Social Structure**, 1975; Lewis A. Coser (ed.), **The Idea of Social Structure: Papers in Honour of Robert K. Merton**, 1975)।

social surplus ('सोशल् 'सर्प्लस्) **सामाजिक अधिशेष :** प्रचलित नीतियों के अनुसार सामाजिक व्यवस्था को कायम रखने के बाद बच जाने वाले संसाधन, जिनका प्रयोग सत्ताधारी वर्ग अपनी पसन्द से करता है। सामाजिक अधिशेष का उपयोग करने से पहले यह ज़रूरी नहीं होता कि सारी सामाजिक आवश्यकताएँ पूरी कर ली गई हों।

social survey ('सोशल् सर्'वे) **सामाजिक सर्वेक्षण :** व्याख्यात्मक अथवा विस्तृत क्षेत्र अनुसन्धान, जिसमें किसी निश्चित भौगोलिक क्षेत्र की किसी विशेष सामाजिक समस्या एवं अवस्था का मात्रात्मक एवं आँखों देखा विवरण होता है। World Fertility Survey या National Family and Health Survey सामाजिक सर्वेक्षण का जाना-माना उदाहरण है।

social survival ('सोशल् सर्'वाइवल) **सामाजिक उत्तरजीविता :** सामाजिक उपलब्धियों या संचय का परम्पराओं के द्वारा जीवित रहना। भारतीय समाज में जाति व्यवस्था का प्राचीन काल से लेकर वर्तमान समय तक जीवित रहना सामाजिक उत्तरजीविता का एक प्रमाण है।

social synthesis ('सोशल् 'सिन्थिसिस्) **सामाजिक संश्लेषण :** समूह के सदस्यों और सामाजिक तत्त्वों के सम्बन्धों की अधिक सुगठित व्यवस्था, जिससे एक-दूसरे को महत्त्व, मान्यता एवं प्रोत्साहन मिल सके। इसमें परस्पर समझौते और अन्योन्याश्रितता का भाव सम्मिलित रहता है।

social system ('सोशल 'सिस्टम्) **सामाजिक व्यवस्था, सामाजिक पद्धति :** समाज की वह प्रणाली जो समाज की इकाइयों, स्थितियों, भूमिकाओं, मूल्यों तथा मान्यताओं के परस्पर सम्बन्धों, अन्त:निर्भरता और पूर्व-निर्धारित कार्यों का समन्वित स्वरूप होती है। इसमें सामाजिक सामूहिकता एवं गत्यात्मक सन्तुलन निहित होते हैं। टैलकॉट पार्सन्स (Talcott Parsons, 1902-1979), किंगज्ली डेविस (Kingsley Davis, 1908-1997), रॉबर्ट के. मर्टन (Robert K. Merton, 1910-2003), एन. जे. स्मेलसर (Neil J. Smelser) आदि प्रकार्यवादियों ने सामाजिक व्यवस्था को दो स्तरों पर देखने का प्रयास किया है– एक संरचना के स्तर पर और दूसरा प्रकार्य के स्तर पर। सामान्यत: सामाजिक व्यवस्था से तात्पर्य किसी बहुत बड़े सामाजिक समूह की व्यवस्था से है। उसी अर्थ में हम हिन्दू समाज, मुस्लिम समाज या सिक्ख समाज की बात करते हैं। कभी-कभी तो हम उससे भी बड़ी सामाजिक व्यवस्था को ध्यान में रखकर इस शब्द का प्रयोग करते हैं, जैसे– भारतीय समाज, चीनी समाज, अमरीकी समाज आदि। सामाजिक व्यवस्था का यह अर्थ गलत नहीं है, लेकिन मात्र यही अर्थ है, यह भी सही नहीं है। दो व्यक्ति भी सामाजिक समूह का निर्माण कर सकते हैं और उस समूह को भी सामाजिक व्यवस्था कहा जा सकता है, जैसे– मूल परिवार एक सामाजिक व्यवस्था है (देखें– Talcott Parsons, **The Social System**, 1951; Anthony Giddens, **Central Problem in Social Theory**, 1979 and **The Constitution of Society**, 1984)।

social systems, plural ('सोशल् सिस्'टम्स्, 'प्लुअरल्) **बहु-सामाजिक प्रणाली :** संगठनात्मक (औद्योगिक) प्रणाली के सन्दर्भ में आम धारणा यह है कि किसी व्यवस्था का संचालन उसके उद्देश्यों के अनुसार होता है। टॉम बर्न्स (Tom Burns) ने इस विचार का खण्डन करते हुए कहा है कि किसी भी औद्योगिक संगठन में एकसाथ कम-से-कम तीन सामाजिक प्रणालियाँ कार्यरत रहती हैं, उनमें से वैधानिक सत्ता प्रणाली एक है, जिसके अनुसार सभी निर्णय लिए जाते

हैं। इसके अलावा एक रोज़गार प्रणाली भी कार्य करती है, जिसके अन्तर्गत व्यक्ति सेवा में प्रोन्नति के लिए प्रतिस्पर्द्धा करते हैं। इन दोनों प्रणालियों के अलावा तीसरी राजनीतिक प्रणाली भी अस्तित्व में है, जिसके अन्तर्गत व्यक्तिगण और विभाग शक्ति/सत्ता के लिए प्रतियोगिता करते हैं। किसी देश के अन्तर्गत एक से अधिक धार्मिक विश्वासों या संस्कृति के लोगों का बना रहना बहु-सामाजिक प्रणाली के अन्दर ही संभव होता है। भारत या अमरीका बहु-सामाजिक प्रणाली वाला देश है।

social technique ('सोश्ल् टेक्'नीक्) **सामाजिक प्रविधि, सामाजिक तकनीक :** समाज के अध्ययन के लिए विकसित विभिन्न प्रकार के सिद्धान्त, विधियाँ और साधन।

social technology ('सोश्ल् टेक्'नॉलजि) **सामाजिक प्रौद्योगिकी :** अनुपयुक्त सामाजिक विज्ञान एवं समाजकार्य के अन्तर्गत व्यवसाय के रूप में व्यवहृत कलाओं, शिल्पों, सामाजिक इंजीनियरी और सामाजिक योजनाओं का अध्ययन।

social telesis ('सोश्ल् टे'लिसिस) **सामाजिक कार्यविधि, सामाजिक लक्ष्यपूर्ति :** वह गतिविधि जिसमें सामाजिक लक्ष्यों की पूर्ति के उद्देश्य से सूझ-बूझ और सुलझे हुए तरीके से सामाजिक विकास की प्रक्रिया का सचेतन और तर्कसम्मत नियन्त्रण किया जाता है। अमरीकी समाजवैज्ञानिक लेस्टर एफ़. वार्ड (Lester F. Ward, 1841-1913) ने इसका विवेचन करते हुए लिखा है कि मनुष्य सामाजिक लक्ष्यों की पूर्ति के लिए न केवल भौतिक जगत् का, बल्कि सामाजिक जगत् का नियन्त्रण भी कर सकता है। यह सामाजिक नियोजन की अवधारणा से मिलती-जुलती एक धारणा है।

social telics ('सोश्ल् टे'लिक्स) **सामाजिक प्रयोजनपरकता :** समाज के प्रभावशाली वर्ग के मतैक्य पर आधारित सचेतन आदर्श और प्रयास की पद्धति, जिसका लक्ष्य सामाजिक उन्नति होता है।

social tension ('सोश्ल् 'टेन्श्न्) **सामाजिक तनाव :** विभिन्न सामाजिक समूहों में विरोध और दबे हुए वैमनस्य से उत्पन्न हुई भावानात्मक स्थिति, जो साधारणत: दीर्घकाल से उत्पन्न होती है। ऐसी स्थिति या तो हितबद्ध गुटों के दबाव, आपसी अनभिज्ञता, विभिन्न परम्पराओं, अयोग्य नेता के नेतृत्व अथवा प्राकृतिक कारणों से उत्पन्न होती है।

social theory ('सोश्ल् 'थिअरि) **सामाजिक सिद्धान्त :** सामाजिक घटनाओं से सम्बन्धित कोई भी सामान्यीकरण जो समाजशास्त्रीय विश्लेषण के लिए विश्वसनीय आधार होता है और जिसकी वैधता वैज्ञानिक दृष्टि से स्थापित की जाती है। मैक्स वेबर का धर्म सम्बन्धी सिद्धान्त या कार्ल मार्क्स का वर्ग संघर्ष सम्बन्धी सिद्धान्त सामाजिक सिद्धान्त है : देखें– **Social thought; Theory**।

social theory of religion ('सोश्ल् 'थिअरि ऑव् रि'लिजन्) **धर्म का सामाजिक सिद्धान्त :** एमिल डर्कहाइम (Émile Durkheim, 1858-1917, हिन्दी में इस व्यक्ति के नाम का शुद्ध उच्चारण मात्र एमिल डर्कहाइम है) ने धर्म की उत्पत्ति से सम्बन्धित विभिन्न सिद्धान्तों की आलोचना इस आधार पर की है कि धर्म एक सामाजिक तथ्य है और उसकी उत्पत्ति में सामाजिक कारकों का भी हाथ रहा है। अबतक के सभी सिद्धान्तों में सामाजिक कारकों की अवहेलना की गयी है। डर्कहाइम ने अपनी पुस्तक **Elementary Forms of Religious Life** में धर्म की प्रकृति, उत्पत्ति, प्रभाव आदि की विस्तृत विवेचना की है। उन्होंने समाज को ही देवता माना और कहा कि धर्म सामूहिक चेतना का प्रतीक है। धर्म का वास्तविक आधार तो स्वयं समाज है, इसलिए उन्होंने लिखा है कि स्वर्ग का साम्राज्य एक महिमान्वित समाज है। डर्कहाइम का मत है कि धर्म का सम्बन्ध पवित्र वस्तुओं, समाज तथा व्यक्तियों की सामूहिक चेतना से है। पवित्र को अपवित्र से दूर रखने के लिए विभिन्न संस्कारों, उत्सवों एवं आचरणों को जन्म दिया गया जिनके पीछे सम्पूर्ण समूह या समाज की स्वीकृति एवं शक्ति है।

social thought ('सोश्ल् थॉट्) **सामाजिक विचारधारा :** समाज में संघर्ष, निर्माण, मूल्य, आदर्शों आदि के सम्बन्ध में चिन्तकों की विचारधारा। विचारधारा का अर्थ सिद्धान्त की तुलना में थोड़ा अधिक व्यापक या बृहत्तर होता है।

लेकिन, सामाजिक सिद्धान्त (**Social theory**) एवं सामाजिक विचारधारा एक-दूसरे की पर्यायवाची के रूप में प्रयुक्त की जाती है : देखें– **Social theory**।

social traditions ('सोश्ल् ट्र'डिशन्स्) **सामाजिक परम्परा :** किसी सामाजिक समूह में विचारों, विश्वासों, मान्यताओं, रीति-रिवाजों, सूचनाओं तथा ज्ञान का एक पीढ़ी से दूसरी पीढ़ी में अन्तरण (हस्तान्तरण), जो अधिकतर मौखिक कथाओं, उपदेशों अथवा लिखित भाषा की प्रक्रिया द्वारा होता है।

social transformation ('सोश्ल् ट्रैन्स्फ़र्'मेशन्) **सामाजिक रूपान्तरण :** यह एक विस्तृत अवधारणा है जिसमें एक ओर उद्विकास, प्रगति परिवर्तन तथा दूसरी ओर विकास, आधुनिकीकरण और क्रांति का अर्थ सम्मिलित है। इसका शाब्दिक अर्थ सामाजिक जीवन के स्वरूप, आकृति तथा चरित्र में परिवर्तन से है। सामाजिक परिवर्तन की तुलना में इसका अर्थ बहुत ही व्यापक है।

social trend ('सोश्ल् ट्रेन्ड) **सामाजिक प्रवृत्ति :** किसी विशिष्ट कालावधि में सामाजिक व्यवहार तथा सामाजिक संरचना का स्वरूप जिसमें स्पष्ट रूप से परिवर्तन होते रहते हैं। भारत में, 1950-2000 के बीच शिक्षा के स्तर या विवाह की उम्र में वृद्धि सामाजिक प्रवृत्ति का उदाहरण है।

social types ('सोश्ल् टाइप्स) **सामाजिक प्ररूप :** सामाजिक जीवन अथवा उसके किसी एक भाग की विवेकपूर्ण अधिरचना जो समाजशास्त्रीय दृष्टि से विश्लेषित उद्देश्यों के आधार पर निर्धारित की जाती है। जॉर्ज जिमेल (Georg Simmel, 1858-1918– हिन्दी में इस जर्मन नाम का शुद्ध उच्चारण जॉर्ज जिमेल ही है) की यह अवधारणा सामाजिक स्वरूप से सम्बन्धित है। जिमेल ने 'अजनबी', 'साहसी', 'विश्वासघाती' आदि बहुत से प्रारूपों का वर्णन किया है। इस अवधारणा के अनुसार, 'अजनबी' से अभिप्राय एक ऐसे व्यक्ति से नहीं है जो एक जगह से दूसरी जगह पर घूमता-फिरता है, बल्कि ऐसे व्यक्ति से है जिसकी समाज में एक विशेष हैसियत है तथा वह व्यक्ति जिस समाज में शामिल हुआ हो उसका वह पहले कभी सदस्य नहीं था। 'अजनबी' की समाज में नियम-स्थिति है। इस स्थिति के कारण वह समाज में कुछ विशिष्ट भूमिकाएँ अदा कर सकता है, जैसे– वह 'मध्यस्थ' का काम कर सकता है।

social unrest ('सोश्ल् अन्'रेस्ट्) **सामाजिक अशान्ति :** सामाजिक समूहों के सम्बन्धों में पाई जाने वाली कुण्ठा अथवा वैमनस्य की भावना। कभी-कभी यह अशान्ति परस्पर विभ्रान्ति से भी उत्पन्न हो जाती है। ग्रामीण क्षेत्रों में नक्सलवादी या माओवादी आन्दोलन सामाजिक अशान्ति के ठोस प्रमाण हैं।

social values ('सोश्ल् 'वैल्यूज) **सामाजिक मूल्य :** ऐसी मान्यताएँ जो समाज के हित के लिए समाज के मतैक्य द्वारा किसी सजीव, निर्जीव, कृत्रिम, मानवीय, भौतिक, अभौतिक पदार्थ को दी जाती हैं। ये मान्यताएँ नकारात्मक तथा सकारात्मक दोनों ही प्रकार की हो सकती हैं : देखें– **Values**।

social welfare('सोश्ल् 'वेल्फ़ेअर्) **समाज कल्याण :** समाज के पिछड़े, असमर्थ और दरिद्र वर्गों अथवा समुदायों की सहायता के लिए संगठित सरकारी और गैर-सरकारी सामाजिक सेवाएँ।

social wholes ('सोश्ल् होल्स) **सामाजिक समष्टि :** सामाजिक सम्बन्धों की पद्धतियाँ, जैसे– सामाजिक संस्थाएँ जिनमें उनके प्रत्येक उपांग को पहचाना जाता है तथा उनके आपसी सम्बन्धों का अर्थ उनकी अन्योन्य क्रिया के सन्दर्भ में होता है।

social wish ('सोश्ल् विश्) **सामाजिक अभिलाषा :** प्रत्येक समाज की कुछ-न-कुछ सामूहिक आकांक्षाएँ होती हैं जिन्हें समाज इकट्ठा हासिल करना चाहता है। यह दो प्रकार की हो सकती हैं– (1) व्यक्ति की वह इच्छा जिसकी पूर्ति सामाजिक संस्थाओं द्वारा हो और (2) दो या दो से अधिक व्यक्तियों की सम्मिलित इच्छा, जिसकी पूर्ति और सन्तुष्टि केवल सामाजिक परिवेश में ही हो सकती है, उदाहरणस्वरूप– हिन्दू समाज में जातिवाद को समाप्त करना या सामाजिक समरसता कायम करना।

social work ('सोश्ल् वॅर्क्) **सामाजिक कार्य, समाजकार्य-विज्ञान :** व्यावसायिक कार्य का वह क्षेत्र, जिसमें किन्हीं विशेष सामुदायिक समस्याओं के समाधान के लिए और विपदाग्रस्त लोगों के कल्याण के लिए समाज-वैज्ञानिक और मनोवैज्ञानिक सिद्धान्तों और तकनीकों का प्रयोग किया जाता है ।

social worlds ('सोश्ल् वर्ल्डस्) **सामाजिक विश्व :** इस अवधारणा का बहुधा प्रयोग 'विमर्श-जगत' के क्षेत्र में किया जाता है, जिनके द्वारा सामाजिक प्रतीकों, संगठनों और कार्यकलापों का उद्‌भव होता है । इनमें ऐसे सांस्कृतिक क्षेत्रों को सम्मिलित किया जाता है जिनकी कोई भौतिक सीमाएँ नहीं होती हैं, उदाहरणस्वरूप, परिचारिकाओं की सामाजिक दुनिया, वैज्ञानिकों की सामाजिक दुनिया, राजनीतिज्ञों की सामाजिक दुनिया एवं हिजड़ों की सामाजिक दुनिया की बात की जाती है ।

socialism ('सोश लिज़म्) **समाजवाद :** यह राजनीतिक विचारों की एक धारा है, जो आधुनिक औद्योगिक उत्पादन की सहयोगी प्रकृति पर जोर देते हुए समतावादी सामाजिक व्यवस्था बनाने की आवश्यकता पर बल देती है । ऐसी मान्यता है कि 'सोशलिस्ट' शब्द का प्रयोग सर्वप्रथम 1832 ई. में सैन सीमाँ (Saint-Simon, 1760-1825, हिन्दी में इस नाम का शुद्ध उच्चारण यही है) के अनुयायियों के लिए किया गया था । 1840 ई. तक यह शब्द लगभग सम्पूर्ण यूरोप में लोकप्रिय हो गया और साथ ही इस शब्द का प्रचलन भी प्रारम्भ हो गया । इसका अर्थ यह लगाया गया कि उत्पादन के साधनों– भूमि अथवा सम्पत्ति तथा पूँजी पर पूरे समाज का स्वामित्व या नियन्त्रण होना चाहिए और इनका प्रशासन सभी के हितों को ध्यान में रखकर किया जाना चाहिए । पिछले 150 वर्षों से समाजवादी विचारों का प्रसार लगभग सम्पूर्ण विश्व में हो चुका है । समाजवाद की विचारधारा आधुनिक युग की सबसे शक्तिशाली विचारधाराओं में से एक है, जिससे मानवजीवन के सामाजिक, राजनीतिक, आर्थिक जैसे मुख्य क्षेत्रों को ही नहीं, अपितु कलात्मक, साहित्यिक, दार्शनिक एवं सांस्कृतिक जैसे गौण क्षेत्र भी प्रभावित हुए हैं । समाजवाद का मूल उद्देश्य यह होता है कि समाज में एक समुदाय दूसरे समुदाय का, एक वर्ग दूसरे वर्ग का तथा एक व्यक्ति दूसरे व्यक्ति का शोषण न करे । इस विचारधारा के अनुसार, प्रत्येक नागरिक को सर्वांगीण विकास की समान सुविधाओं तथा समान अवसर प्राप्त होने चाहिए । वस्तुतः अपने वर्तमान रूप में समाजवाद, आर्थिक, सामाजिक एवं राजनीतिक संगठन की एक आधुनिक विचारधारा है, जिसके प्रवर्तन का श्रेय कार्ल मार्क्स (Karl Marx, 1818-1883) तथा फ्रिडरिक्स ऐंगल्ज (Friedrich Engles, हिन्दी में इस नाम का शुद्ध उच्चारण यही है) को है । भारत में समाजवादी विचारधारा का प्रवेश राष्ट्रीय आन्दोलन के समय ही हो गया था, बाद में स्वतन्त्रता के पश्चात् उसे संविधान में स्थान दिया गया तथा आज भी सरकार समतामूलक समाज की स्थापना हेतु प्रयासरत है ।

कार्ल मार्क्स के अनुसार, समाजवाद की कुछ विशेषताएँ हैं, जिन्हें पुराने रूसी क्रांति के बाद देखा जा सकता है, जैसे– (1) इसमें उत्पादन के साधन पर राज्य तथा समाज का आधिपत्य होता है । (2) इसमें सर्वहारा की तानाशाही पायी जाती है । (3) इसमें हरेक व्यक्ति को अपनी योग्यता के आधार पर काम मिलता है । (4) इस समाज में एक ही दल पाया जाता है और वह है साम्यवादी दल, जिसे हम केन्द्रीकृत लोकतन्त्र की अवधारणा से जोड़ते हैं ।

socialism, democratic ('सोश लिज़म्, डेम 'क्रैटिक्) **लोकतन्त्रीय समाजवाद :** देखें– **Democratic socialism** ।

socialism, real ('सोश लिज़म्, 'रिअल्) **वास्तविक समाजवाद :** इस अवधारणा का प्रयोग रूसी समाजवाद के सन्दर्भ में किया गया था; क्योंकि रूस के लिए समाजवाद एवं साम्यवाद एक उपयुक्त शब्द नहीं माना जा रहा था । रूसी व्यवस्था को आदर्श समाजवाद और साम्यवाद से भिन्न माना जाता था । वास्तविक समाजवाद जैसी अवधारणा को विकसित समाजवाद (**Developed socialism**) तथा राज्य समाजवाद (**State socialism**) की तुलना में कुछ विशेषज्ञों ने रूसी राजनीतिक एवं आर्थिक व्यवस्था को स्पष्ट या इंगित करने के लिए एक बेहतर शब्द माना है ।

socialist economy ('सोश लिस्ट् इ'कॉनमि) **समाजवादी अर्थव्यवस्था :** ऐसी अर्थव्यवस्था जहाँ उत्पादन के साधनों

एवं वितरण पर सरकार का अधिकार होता है। यहाँ मुख्यत: सार्वजनिक कल्याण को ध्यान में रखकर आर्थिक क्रियाओं का संचालन होता है। इसमें नियोजन की प्रधानता होती है। 'समाजवाद' शब्द का प्रयोग सर्वप्रथम राबर्ट ओवेन (Robert Owen,1771-1858) ने किया था, किन्तु वैज्ञानिक व्याख्या करने का श्रेय कार्ल मार्क्स को है।

socialist society (ˈसोश लिस्ट् सॅˈसाइअटि) **समाजवादी समाज :** वह समाज जिसमें राज्य सम्पत्ति पर स्वामित्व रखता है, उदाहरणार्थ– चीन और सोवियत रूस।

socialization (सोशॅलाइˈज़ेश्न्) **समाजीकरण :** जन्म से ही प्रारम्भ होकर जीवनपर्यन्त चलने वाली एक सतत सामाजिक प्रक्रिया, जो व्यक्ति को समाज का सदस्य बनाती है। बाल्यकाल में इसका प्रभाव सबसे गहरा होता है। समाज-विशेष के विश्वासों, धारणाओं, प्रथाओं और मान्यताओं को व्यक्ति द्वारा ग्रहण करवाना इस प्रक्रिया का मुख्य उद्देश्य है। यह एक ऐसी प्रक्रिया है जिसके द्वारा व्यक्ति सामाजिक और सांस्कृतिक क्षेत्र में प्रवेश करता है, समाज के विभिन्न समूहों का सदस्य बनता है और जिसके द्वारा उसे समाज के मूल्यों और मानकों (Standards) को स्वीकार करने की प्रेरणा मिलती है। सीखने की प्रक्रिया में तीन उप-प्रक्रियाएँ शामिल होती हैं, जो इस प्रकार हैं– नकल **(Imitation)**, सुझाव **(Suggestion)** तथा प्रतियोगिता **(Competition)** (देखें– David A. Goslin, **Handbook of Socialization: Theory and Research**, 1969)।

socialization, adult (सोशॅलाइˈज़ेश्न्, अˈडल्ट्) **वयस्क** या **बालिग समाजीकरण :** वयस्क समाजीकरण की प्रक्रिया से हमारा तात्पर्य वैसे परिवर्तनों से है जो किसी बालिग व्यक्ति के विचारों, मनोवृत्तियों एवं ज्ञान में होता है। यदि कुछ लोगों के संसर्ग से किसी वयस्क व्यक्ति की धार्मिक या राजनीतिक मनोवृत्तियों में किसी कारणवश परिवर्तन आता है, तो उसे वयस्क समाजीकरण कहा जाता है। यह परिवर्तन कभी-कभी व्यक्तियों की सामाजिक स्थिति में परिवर्तन से भी आता है।

socialization, anticipatory (सोशॅलाइˈज़ेश्न्, ऐन्ˈटिसिपेटरि) **प्रत्याशित समाजीकरण :** वह प्रक्रिया जिसके अन्तर्गत लोग किसी भूमिका को इस उम्मीद में निभाते हैं कि भविष्य में उन्हें कुछ वैसा ही करना है, जैसे– छोटे बच्चे कभी सिपाही, कभी सेना के जवान, कभी डॉक्टर की तो कभी शिक्षक की नकल करते हैं। इस अवधारणा का सम्बन्ध सन्दर्भ व्यक्ति **(Reference individual)** एवं सन्दर्भ समूह **(Reference group)** से है।

socialization, de- (सोशॅलाइˈज़ेश्न्, डी) **अ-समाजीकरण :** समाज में कभी-कभी कुछ व्यक्तियों को अ-समाजीकृत (De-socialized) होने की आवश्यकता पड़ती है। यदि कोई भारतीय विदेश जाकर वहाँ स्थापित होने का प्रयास करता है, तो वह अपनी परम्परागत संस्कृति को भूलने का प्रयास करता है। नयी परिस्थिति में सामंजस्य स्थापित करने के लिए कभी-कभी यह ज़रूरी भी हो जाता है। अपनी संस्कृति की बात को भूलना अ-समाजीकरण और विदेशी संस्कृति को ग्रहण करना पुनर्समाजीकरण **(Re-socialization)** कहा जायेगा।

socialization, negative (सोशॅलाइˈज़ेश्न्, ˈनेग्टिव्) **नकारात्मक समाजीकरण :** समाजविरोधी गतिविधियों को सीखना ही नकारात्मक समाजीकरण कहा जाता है। जैसे– यदि कोई विद्यार्थी पढ़ाई का काम छोड़कर पॉकेटमारी, चोरी, डकैती एवं तस्करी का काम सीखता है, तो उसे नकारात्मक समाजीकरण कहा जायेगा। नकारात्मक समाजीकरण का सम्बन्ध ऐसे आचरण से है, जो स्थापित सामाजिक नियमों, मूल्यों और प्रतिमानों के प्रतिकूल होता है।

socialization, participatory (सोशॅलाइˈज़ेश्न्, पार् टिसिˈपेटरि) **सहभागी समाजीकरण :** सहभागी समाजीकरण वह है जिसमें बच्चों को अपनी इच्छा के अनुसार आचरण करने की काफी छूट दी जाती है। माता-पिता अपने बच्चों को डाँट-फटकार या आदेश के माध्यम से नहीं सिखाते। उन्हें गलत आचरण करने के लिए दण्डित भी नहीं किया जाता। बच्चे आमतौर पर स्वेच्छा से ही व्यवहार करते हैं। उनके ऊपर बाह्य नियन्त्रण कम-से-कम होता है। कोशिश यह होती है कि बच्चे अपने व्यक्तिगत अनुभवों से सीखें। इसलिए सहभागी समाजीकरण को सन्तान-केन्द्रित (Child-centred) समाजीकरण भी माना जाता है।

socialization, political (सोशॅलाइ'ज़ेश्न्, प'लिटिक्ल्) **राजनीतिक समाजीकरण :** देखें– **Political socialization** ।

socialization, primary and secondary (सोशॅलाइ'ज़ेश्न्, 'प्राइमरि ऐन्ड् 'सेकन्डरि) **प्राथमिक एवं द्वितीयक समाजीकरण :** प्राथमिक समाजीकरण वह है जिसके द्वारा कोई शिशु जैविक प्राणी से सामाजिक प्राणी बनता है । जो समाजीकरण परिवार, क्रीड़ा मण्डली एवं पड़ोसियों के बीच होता है, उसे ही प्राथमिक समाजीकरण कहा जाता है । कुछ मनोवैज्ञानिकों एवं समाजशास्त्रियों ने इसे ही प्रारम्भिक समाजीकरण (**Early socialization**) कहा है । सामाजीकरण की प्रक्रिया आजीवन चलने वाली प्रक्रिया है । प्रारम्भिक समाजीकरण की प्रक्रिया के बाद चलने वाली समाजीकरण प्रक्रिया को द्वितीयक समाजीकरण कहा जाता है, जैसे– किसी व्यक्ति को सरकारी सेवा में अपने सहकर्मी के साथ कैसा व्यवहार करना चाहिए या किसी नवविवाहिता को अपने नये घर में किस ढंग से कोई कार्य या आचरण करना चाहिए, इत्यादि ।

socialization, re- (सोशॅलाइ'ज़ेश्न्, री) **पुनर्समाजीकरण :** कुछ लोगों के जीवन में ऐसी भी स्थिति आती है जब वे समाज के स्वीकृत नियमों का ठीक से अनुसरण नहीं करते हैं । जब कोई व्यक्ति मानसिक रूप से असन्तुलित हो जाता है या अपराधी हो जाता है, तो वैसी स्थिति में उसे पुराने जीवन में वापस लाने का प्रयास किया जाता है । अपराधियों को कैद में रखने की बजाय उसे फिर से समाज में स्थापित करने के लिए उन्हें समाज के मूल्यों, आदर्शों तथा प्रतिमानों को विभिन्न विधियों के सहारे सिखाया जाता है, ताकि सामाजिक जीवन में वे वापस आ सकें । इसी प्रकार की सीखने की प्रक्रिया का नाम पुनर्समाजीकरण है ।

socialization, repressive (सोशॅलाइ'ज़ेश्न्, रि'प्रेस्इव) **दमनकारी समाजीकरण :** जब कोई व्यक्ति समाज में गलत आचरण करता है, तो समाज उसे दण्डित करने का प्रयास करता है । कभी-कभी माता-पिता सिखाने के लिए बच्चों को कुछ पुरस्कार भी दिया करते हैं, ताकि लोभवश बच्चे अच्छा आचरण कर सकें । जब समाजीकरण का माध्यम दण्ड या भौतिक पुरस्कार होता है, तो उसे दमनकारी समाजीकरण कहा जाता है । अत: दमनकारी समाजीकरण वह सामाजिक प्रक्रिया है, जिसके अन्तर्गत आज्ञाकारिता, अनुशासन एवं प्रभुत्व के प्रति सम्मान का भाव सिखाया जाता है । आदेशों का संचार माता-पिता से बच्चों की ओर होता है । बच्चों का व्यवहार आदेश एवं भय से संचालित होता है । यह समाजीकरण माता-पिता केन्द्रित (Parent-centred) माना जाता है ।

socialization, work (सोशॅलाइ'ज़ेश्न्, वॅर्क्) **कार्य का समाजीकरण :** देखें– **Work socialization** ।

socialized drive ('सोशॅ लाइज़्ड ड्राइव्) **समाजीकृत अन्तर्नोद :** व्यक्ति की मानसिक भावनाएँ जो सामाजिक अनुभवों के द्वारा अनुकूलित होती हैं, जिनसे उनके सामाजिक समायोजन में सहायता मिलती है ।

socialized medicine ('सोशॅ लाइज़्ड 'मेडिसिन्) **समाजीकृत औषध :** ऐसी सार्वजनिक चिकित्सा-सेवा जिसमें प्रत्येक वर्ग के व्यक्ति के लिए चिकित्सा का प्रबन्ध किया जाता है । इसमें व्यय की व्यवस्था परोपकार के लिए निहित धनराशि तथा कर-विधान द्वारा की जाती है ।

sociation (सोसिए'श्न्) **समाजन :** ऐसे सभी अन्तर-मानवीय सम्बन्ध या सामाजिक अन्त:क्रियाएँ जो संगठन, विघटन अथवा दोनों की मिली-जुली विशेषतओं से मुक्त होती हैं । इस अवधारणा का प्रयोग जॉर्ज जिमेल (Georg Simmel, 1858-1918, हिन्दी में इस जर्मन नाम का शुद्ध उच्चारण जॉर्ज जिमेल ही है) ने समूह रचना तथा समाज की आधारभूत संरचना की प्रक्रियाओं के विश्लेषण में किया है । यह अवधारणा अधिकांशत: सामाजिक सम्बन्ध, सामाजिक व्यवहार, सामाजिक प्रक्रिया आदि अवधारणाओं से मिलती-जुलती है ।

societal (स 'साइटल) **समाजीय, सामाजिक :** व्यक्तियों और समूहों की वह सामाजिक क्रिया जो मानवसमाज या समुदाय की संरचनात्मक, क्रियात्मक, संगठनात्मक और संक्रियात्मक सम्बन्धों के रूप में होती है। अस्पृश्यता या दहेज-प्रथा एक समाजीय तथ्य है ।

societal reaction (स 'साइटल रि 'ऐक्श्न्) **समाजीय प्रतिक्रिया, सामाजिक प्रतिक्रिया :** विसामान्यता की घटनाओं को लेकर समाज में औपचारिक एवं अनौपचारकि अभिकरणों की अलग-अलग प्रतिक्रियाएँ होती हैं। कानून, मीडिया, पुलिस एवं परिवार की प्रतिक्रिया एक ही घटना के प्रति अलग-अलग होती है। इस प्रकार की प्रतिक्रियाओं से कुछ विसामान्यताओं में कमी आती है, तो कुछ में वृद्धि भी हो जाती है, उदाहरणस्वरूप– छुआछूत के प्रति समाज की प्रतिक्रिया कानून की प्रतिक्रिया से भिन्न होती है, तो मीडिया की प्रतिक्रिया कुछ और प्रकार की होती है।

society (सॅ 'साइअटि) **समाज :** सामान्य तौर पर समाजशास्त्र को समाज का विज्ञान कहा जाता है, लेकिन खेद की बात यह है कि समाज जैसे महत्त्वपूर्ण शब्द के अर्थ के सम्बन्ध में समाजशास्त्रियों के बीच काफी मतभेद है। अभी तक समाजशास्त्र में समाज की कोई सर्वमान्य परिभाषा उपलब्ध नहीं है। किसी ने 'समाज' शब्द का प्रयोग व्यक्तियों के समूह के लिए किया है, तो किसी ने समुदाय के लिए, तो किसी ने समस्त राष्ट्र के लिए किया है और किसी ने तो समस्त मानव जाति के लिए भी किया है। कुछ लोगों ने समाज को एक अमूर्त व्यवस्था माना है, तो कुछ ने उसे मूर्त। कभी-कभी हमें समस्त मानव सभ्यता के लिए भी समाज शब्द का प्रयोग देखने को मिलता है। कभी तो यह शब्द बहुत ही विशिष्ट अर्थ में प्रयुक्त होता है, तो कभी बहुत ही सामान्य अर्थ में।

रॉबर्ट एम. मकीवर (शुद्ध उच्चारण मात्र मकीवर है) एवं चार्ल्स एच. पेज (Robert M. MacIver and Charles H. Page) का कहना है कि समाज रीतियों एवं कार्य-प्रणालियों, अधिसत्ता एवं पारस्परिक सहयोग, अनेक समूहों एवं विभाजनों, मानव-व्यवहार के नियन्त्रणों एवं स्वतन्त्रताओं की व्यवस्था है। यह सतत परिवर्तनशील जटिल व्यवस्था है, जिसे हम समाज कहते हैं। यह सामाजिक सम्बन्धों का जाल है और यह निरन्तर परिवर्तनशील है। इसका तात्पर्य यह है कि समाज व्यक्तियों का समूह नहीं, बल्कि व्यक्तियों के बीच पाया जानेवाला पारस्परिक सम्बन्ध होता है। समाज कोई मूर्त संगठन नहीं है, अर्थात् इसको देखा या स्पर्श नहीं किया जा सकता है। यह केवल 'सामाजिक सम्बन्धों का एक जाल' है। एच. एम. जॉनसन (H. M. Johnson) ने समाज को मूर्त रूप में परिभाषित किया है। उन्होंने बताया है कि समाज एक ऐसा समूह है, जिसमें चार तत्त्व पाये जाते हैं– (1) निश्चित क्षेत्र (Definite territory), (2) प्रजनन (Sexual reproduction), (3) विस्तृत संस्कृति (Comprehensive culture) तथा (4) स्वतन्त्रता (Independence) (देखें– D. Frisby and D. Sayer, **Society**, 1986)।

society, corporate (सॅ 'साइअटि, 'कॉपरेट्) **निगमित समाज :** देखें–**Corporate group**।

society, industrial (सॅ 'साइअटि, इन् 'डस्ट्रिअल्) **औद्योगिक समाज :** औद्योगिक समाज मूलतः औद्योगिक प्रौद्योगिकी पर आधारित है। जब उत्पादन की प्रक्रिया को निर्जीव ऊर्जा स्रोतों एवं जटिल मशीनों के द्वारा चलाया जाता है और यह अर्थव्यवस्था की प्रभावशाली प्रणाली बन जाती है, तब ऐसे समाज को औद्योगिक समाज कहते हैं। अमरीका या जापान औद्योगिक समाज का उदाहरण है।

society, peasant (सॅ 'साइअटि, 'पेज़न्ट) **कृषक समाज :** देखें– **Peasant society**।

society, post-industrial (सॅ'साइअटि, पोस्ट इन् 'डस्ट्रिअल्) **उत्तर-औद्योगिक समाज :** देखें– **Post-industrial society**।

society, primitive (सॅ 'साइअटि, 'प्रिम्टिव्) **आदिम समाज :** मानवसमाज के विकास का यह आरम्भिक चरण था और इस समाज को आमतौर पर आदिम समाज कहा जाता है। अलग-अलग विद्वानों जैसे कार्ल मार्क्स (Karl Marx, 1818-1883) ने इसे आदिम साम्यवाद, हर्बर्ट स्पेन्सर (Herbert Spencer, 1820-1903) ने इसे आदिम झुण्डों का काल तथा मार्गन (L. H. Morgan, 1818-1881) ने इसे जंगली काल कहा है।

society, socialist (सॅ 'साइअटि, 'सोश लिस्ट्) **समाजवादी समाज :** आमतौर पर औद्योगिक समाज अथवा पूँजीवादी समाज के पश्चात् समाजवादी समाज की धारणा दी गई है। समाजवाद की धारणा कार्ल मार्क्स से भी पुरानी है एवं इसका प्रयोग एक समुचित समाज के रूप में पहले भी विद्वानों ने किया था। इनमें राबर्ट ओवेन (Robert Owen),

फारियर (Charles Fourier), पुरूदाँ (Pierre-Joseph Proudhon), लुई ब्लांक (Louis Blanc) तथा हेनरी सैन सीमाँ (Henri de Saint-Simon) जैसे विद्वानों के नाम काफी प्रसिद्ध हैं। कार्ल मार्क्स की रचनाओं के प्रकाश में आने के बाद लगभग सभी विद्वानों ने यह स्वीकार कर लिया कि पूँजीवादी औद्योगिक समाज के बाद समाजवादी समाज का उदय होता है।

society, stateless (सॅ'साइअटि, 'स्टेट्लिस्) **राज्यविहीन समाज** : देखें– **Stateless society** ।

society, technology (सॅ'साइअटि, टेक्'नॉलजि) **प्रौद्योगिकी समाज** : देखें– **Technological society** ।

society, traditional (सॅ'साइअटि, ट्र'डिशनल्) **परम्परागत समाज** : देखें– **Traditional society** ।

society, tribal (सॅ'साइअटि, 'ट्राइबल) **जनजातीय समाज** : आमतौर पर जनजातीय समाज को आदिम समाज के बाद का समाज माना जाता है। सामाजिक दृष्टि से इनमें से अधिकांश लोग निश्चित स्थानों में बस चुके थे फिर भी अनेक जनजातियाँ घूमन्तु अवस्था में ही थीं। आजकल इस शब्द का प्रयोग वैसे क्षेत्रों या समुदायों के लिए भी किया जाता है, जहाँ जनजातीय लोगों की बहुलता होती है।

society plural (सॅ'साइअटि 'प्लुअरल्) **बहुसामुदायिक समाज** : देखें– **Plural society** ।

sociobiology (सोसिओबाइ'ऑलजि) **सामाजिक जीवशास्त्र** : अभी हाल में विकसित एक नया शैक्षिक विज्ञान, जो विशेषत: अमरीका में काफी लोकप्रिय हो गया है। यह इस विचार पर आधारित है कि समस्त पशु और मानवीय व्यवहार और जीवन-संगठन की जड़ें अन्तत: आनुवंशिक विशेषताओं और जीवशास्त्र में गड़ी हैं। ये चयन की प्रक्रियाओं द्वारा उद्विकासीय इतिहास के माध्यम से निर्मित होती हैं। एडवर्ड ओ. विलसन (Edward O. Wilson) जिन्हें इस पद की रचना का श्रेय जाता है, उन्होंने इस नाम **Sociobiology : The New Synthesis** (1975) से पुस्तक लिखकर इस विषय को स्थापित करने का प्रयत्न किया। विल्सन ने इसे परिभाषित करते हुए लिखा है कि यह समस्त सामाजिक व्यवहार के जैवकीय आधार का व्यवस्थित अध्ययन है। अनेक समाजशास्त्रियों और मानवशास्त्रियों ने इस नये विषय की अवधारणा के प्रति सन्देह प्रकट किया है और उन्होंने मानवीय समाजों की अत्यधिक सांस्कृतिक विविधताओं की ओर ध्यान आकर्षित कर सामाजिक जीवशास्त्र जैसे विषय को चुनौती दी है। मार्शल शालिन्स (Marshall Sahlins) ने तो इस विषय के सैद्धान्तिक आधार को ही स्वीकार नहीं किया है (देखें– Marshall D. Sahlins, **The Use and Abuse of Biology**, 1976; Ann Fausto-Sterling, **Myths of Gender: Biological Theories About Women and Men**, 1985)।

sociodrama (सोसिओड्रामा) **समाजोभिनय** : प्रक्षेपी विधि का एक प्रकार जिसमें प्रयोज्य को एक अथवा अधिक भूमिकाओं को अभिनीत करने के लिए कहा जाता है। यदि वह स्वयं अपनी ही भूमिका अदा करता है, तो इसे 'मनोभिनय' **(Psychodrama)** कहते हैं और यदि वह दूसरों की भूमिका अदा करता है, तो यह 'समाजोभिनय' कहलाता है। प्रयोज्य ने किस भूमिका को चुना है, वह किस प्रकार भूमिका अदा करता है, भूमिका के साथ किस इतिहास को वह जोड़ता है, आदि बातें प्रयोज्य के आन्तरिक मनोभावों को समझने में सहायता करती हैं।

socioeconomic status (सोसिओ ईक'नॉमिक् 'स्टेटस्) **समाजार्थिक स्थिति** : सामाजिक स्तरण की पद्धति में पदों की विभिन्न सामाजिक और आर्थिक अनुक्रमणिकाओं का संयोजन जिनका उपयोग अनुसन्धान-अध्ययनों में किया जाता है (देखें– M. G. Powers (ed.), **Measures of Socioeconomic Status**, 1982)।

sociogenetic (सोसिओजि'नेटिक) **समाजजनिक** : समाज अथवा सामाजिक व्यक्तियों द्वारा उद्‌भूत एवं परीक्षित तत्त्व जो मानवीय पक्षों, विशेषकर सौन्दर्यपरक, आध्यात्मिक तथा बौद्धिक पक्षों से सम्बन्धित होते हैं।

sociogram (सोसिऑग्राम) **समाज-आलेख** : समाजमिति में बनाया जानेवाला किसी समूह के व्यक्तियों की परस्पर स्वीकृति-अस्वीकृति, आकर्षण-विकर्षण आदि के भावों का लेखाचित्र।

sociography (सोसिऑग्रफी) **समाजवृत्त** : किसी सीमित स्थानीय वातावरण में सामाजिक सम्बन्धों की विशिष्ट

समस्याओं का मात्रात्मक रूप से विस्तृत विवरण। उदाहरण के लिए, किसी विशेष क्षेत्र में अपराधों अथवा उनकी दरों का विवरण और वितरण।

sociological determinism (सोसिअ 'लॉजिक्ल् डि 'टर्मि निज़्म्) **सामाजिक नियतिवाद :** वह सिद्धान्त जिसके अनुसार मनुष्य के सारे व्यवहार समूह और संस्कृति के प्रभावों से निर्धारित होते हैं। ऐसा दावा करते समय भौतिक, भौगोलिक, जैविक, मनोवैज्ञानिक तथा अन्य सम्भावित कारणों पर बहुत कम ध्यान दिया जाता है। इस तरह यह एकपक्षीय दृष्टिकोण है, जिसे अन्य किसी भी नियतिवादी सिद्धान्त की तरह अस्वीकार करना ही उपयुक्त होगा।

sociological imagination (सोसिअ 'लॉजिक्ल् इ मैजि 'नेश्न्) **समाजशास्त्रीय कल्पनाशक्ति :** इसकी चर्चा सर्वप्रथम सी. राइट मिल्स (C. Wright Mills, 1916-1962) ने अपनी पुस्तक **The Sociological Imagination** (1959) में की। उन्होंने बताया है कि समाजशास्त्रीय कल्पना एक ऐसी समाजशास्त्रीय दृष्टि है जो व्यक्ति और समाज के सम्बन्धों का मानवीय स्तर पर विश्लेषण करने का प्रयास करती है। मानवीय समाजशास्त्र के अन्तर्गत टैलकॉट पार्सन्स (Talcott Parsons, 1902-1979) जैसे समाजशास्त्रियों द्वारा प्रतिपादित महासिद्धान्तों (**Grand theories**) के लिए जगह नहीं है। व्यक्ति का आचरण या उसकी समस्याओं को समाज, संस्कृति एवं इतिहास से जोड़कर समझने की आवश्यकता है।

sociological intervention (सोसिअ 'लॉजिक्ल् इन्टर् 'वेन्श्न्) **समाजशास्त्रीय हस्तक्षेप :** एक नवीन विचार या तकनीक जो इस बात पर बल देती है कि समाजशास्त्रियों को अपने वैज्ञानिक शोध-कार्य के साथ-साथ उन सामाजिक आन्दोलनों में भी भाग लेना चाहिए, जो प्रत्यक्ष-अप्रत्यक्ष रूप से उनसे सम्बन्धित हैं। ऐसे आन्दोलनों में भाग लेकर वे बिगड़ी हुई दशाओं, स्वीकृत एवं संगठित व्यवहार की गड़बड़ियों के पीछे छुपे हुए 'वास्तविक सामाजिक सम्बन्धों' को उजागर कर पायेंगे। इस विचार को प्रस्तुत करने तथा प्रयोग में लाने का श्रेय फ्रांसीसी समाजशास्त्री अलेन टूरें (Allain Touraine) को दिया जाता है, जिन्होंने अपने सहयोगी शोधकर्ताओं के साथ मिलकर सन् 1960 में 'समाजशास्त्रीय हस्तक्षेप' के अभियान की शुरूआत की। शोधकर्ताओं ने अपने मंतव्य के अनुसार फ्रांसीसी विद्यार्थी आन्दोलन, आणविक विरोधी आन्दोलन, और पोलैंडवासी एकजुटता आन्दोलन में हिस्सा लिया। उन्होंने सहभागिक अवलोकन की विधि के परे जाकर इन समूहों के राजनीतिक विचारों और क्रियाओं में खुलकर भाग लिया ताकि वे अधिक अच्छी तरह से उन्हें समझ सकें। सैद्धान्तिक दृष्टि से, इस प्रकार के कदम को 'सक्रियतावाद' कहा गया है। समाजशास्त्रीय सिद्धान्तों के साथ घालमेल की तकनीक को अत्यन्त विवाद के घेरे में ला खड़ा किया गया। सम्भवत: सन् 1968 के फ्रांसीसी विद्यार्थी और श्रमिक आन्दोलन का अध्ययन इस तकनीक की एक सर्वाधिक सफल निष्पति है (देखें– Allain Touraine, **The Voice and the Eye**, 1978)।

sociological investigation (सोसिअ 'लॉजिक्ल् इन् वेस्टि 'गेश्न्) **समाजशास्त्रीय अन्वेषण :** किसी सामाजिक समस्या, सम्बन्ध अथवा अन्त:क्रिया का, स्वीकृत वैज्ञानिक विधियों के द्वारा अध्ययन। समाजशास्त्र के क्षेत्र में जो भी वैज्ञानिक अध्ययन किये जाते हैं, उन सबों को समाजशास्त्रीय अन्वेषण कहा जाता है।

sociological jurisprudence (सोसिअ 'लॉजिक्ल् जुऑरिस 'प्रूड्अन्स) **समाजशास्त्रीय न्यायशास्त्र :** इस पद की रचना अमरीकी विधिवेत्ता रॉस्को पाउण्ड (Roscoe Pound, 1870-1964) ने कानून के अध्ययन सम्बन्धी अपने दृष्टिकोण में की। पाउण्ड ने यह विचार प्रस्तुत किया कि आधुनिक समाजों में कानून भिन्न हितों और विचारधाराओं को एक-दूसरे के नजदीक लाने का मुख्य साधन है। पाउण्ड ने यह स्पष्ट नहीं किया है कि आखिर इन भिन्न हितों की रचना कैसे होती है और इनमें से कुछेक को दूसरों की अपेक्षा कानूनी व्यवस्था में क्यों अधिक महत्त्व दिया जाता है। यह विषय समाजशास्त्र और कानून को एक-दूसरे से जोड़ता है। कानून का विकास हमेशा समाज के ही सन्दर्भ में होता है। सामाजिक हितों को ध्यान में रखकर ही कानून का निर्माण किया जाता है। कानून का निर्माण ही समाज के लिए होता है। अत: कानून के क्षेत्र में समाजशास्त्रीय न्यायशास्त्र की विशिष्ट महत्ता है (देखें– Alan Hunt, **The Sociological Movement in Law**, 1978)।

sociological law (सोसिअ'लॉजिक्ल् लॉ) **समाजशास्त्रीय कानून :** वैज्ञानिक रूप से संस्थापित एवं प्रमाणित नियम, जिनका उपयोग सामाजिक सम्बन्धों के विश्लेषण के लिए समाजशास्त्र में किया जाता है। औद्योगीकरण एवं नगरीकरण के परिणामस्वरूप समाज में व्यक्तिवाद का बढ़ना एक समाजशास्त्रीय कानून जैसा है।

sociological method (सोसिअ 'लॉजिक्ल् मे'थॅड) **समाजशास्त्रीय पद्धति :** सामाजिक सम्बन्धों, अन्तःक्रियाओं, समस्याओं और घटनाओं के वैज्ञानिक अध्ययन के लिए आँकड़ों के संचयन एवं विश्लेषण में प्रयुक्त प्रणाली।

sociological norm (सोसिअ 'लॉजिक्ल् नॉर्म) **समाजशास्त्रीय मानक :** सामाजिक सम्बन्धों के तार्किक रूप से स्वीकृत मानदण्ड : देखें– **Norms** ।

sociological pluralism (सोसिअ 'लॉजिक्ल् 'प्लुअर् लिज़म्) **समाजशास्त्रीय बाहुल्य, समाजविज्ञानीय बाहुल्यवाद :** समाज की वह अवस्था या दशा जिसमें विभिन्न नृजातीय, प्रजातीय, धार्मिक–सामाजिक समूह एक समान सभ्यता की सीमाओं में रहते हुए अपनी पारम्परिक संस्कृति और अभिरुचियों की विशिष्टता को बनाए रखती है तथा उन्हें विकसित भी करती है।

sociological trend (सोसिअ 'लॉजिक्ल् ट्रेन्ड) **समाजशास्त्रीय प्रवृत्ति :** विभिन्न घटनाओं के सम्बन्ध में होने वाली पुनरावृत्तियों के बारे में दिए गए विवरण, जिनकी सततता अथवा क्रम समाजशास्त्रीय नियमों द्वारा प्रदर्शित होते हैं। किसी विषय पर समाजशास्त्रियों द्वारा निरन्तर चिन्तन से जिन विचारों को बढ़ावा मिलता है, उन्हें समाजशास्त्रीय प्रवृत्ति के नाम से जाना जाता है।

sociological unit (सोसिअ 'लॉजिक्ल् 'यूनिट्) **समाजशास्त्रीय इकाई :** ऐसे तत्त्व जो तार्किक रूप से प्रेक्षणीय और प्रमाणित होते हैं तथा जिनकी समान रूप से व्याख्या की जाती है। इस प्रकार की इकाइयों की अभिव्यक्ति संख्या, सूत्रों और संकेतों के रूप में हो सकती है।

sociologism (सोसि 'ऑलजिज़म्) **समाजशास्त्रवाद :** इस अवधारणा का सम्बन्ध प्रमुखतः एमिल डर्कहाइम (Émile Durkheim, 1858-1917, हिन्दी में इस व्यक्ति के नाम का शुद्ध उच्चारण मात्र एमिल डर्कहाइम है) के नाम से जुड़ा हुआ है, किन्तु डर्कहाइम ने इस पद की कहीं भी स्पष्ट व्याख्या नहीं की है। इस पद का प्रयोग उन समाजशास्त्रियों के विचारों को प्रकट करने के लिए किया जाता है, जो सामाजिक वास्तविकता की सम्पूर्णता में व्याख्या हेतु समाजशास्त्र को एक स्वतन्त्र विज्ञान के रूप में प्रतिष्ठित करना चाहते हैं। स्वयं डर्कहाइम ने इस सम्बन्ध में स्पष्ट कहा है कि सामाजिक तथ्यों की व्याख्या मनोविज्ञान, जीवविज्ञान या दर्शनशास्त्र के आधार पर नहीं की जा सकती है, अपितु सामाजिक तथ्यों की व्याख्या अन्य सामाजिक तथ्यों के सन्दर्भ में ही की जानी चाहिए। समाजशास्त्रवाद के समर्थक व्यक्ति की अपेक्षा समाज को महत्त्व देते हैं। डर्कहाइम ने कहा है कि समाज ने ही हमें पशु प्रकृति की जंजीरों से मुक्त किया है, हमें एक व्यक्तित्व प्रदान किया है, जो हमें मानव बनाता है। अतः समाज एक जीवित वास्तविकता है। अस्तित्ववादियों के विपरीत समाजशास्त्रवादी मानव को एक व्यक्ति नहीं, वरन् एक समूहगत प्राणी मानते हैं।

sociology (सोसि 'ऑलजि) **समाजशास्त्र, समाजविज्ञान :** सामाजिक संस्थाओं तथा सामाजिक सम्बन्धों के विज्ञान को समाजशास्त्र कहते हैं। इसमें विशेष रूप से सामाजिक विकास, संरचना तथा मानव–समूह के प्रकार्यों का, जो सामूहिक व्यवहार के संगठित स्वरूप अथवा अन्तःक्रिया की प्रक्रिया है, व्यवस्थित अध्ययन किया जाता है। कतिपय विद्वानों ने सामाजिक समूहों के वैज्ञानिक अध्ययन को समाजशास्त्र कहा है।

sociology, applied (सोसि 'ऑलजि, अॅ'प्लाइड) **व्यावहारिक समाजशास्त्र :** समाजशास्त्र का वह क्षेत्र, जिसका मुख्य उद्देश्य समस्याओं का निदान ढूँढ़ना होता है। इसे नीतिगत अनुसन्धान (**Policy research**) भी कहा जाता है। व्यावहारिक समाजशास्त्र के अन्तर्गत कभी–कभी किसी योजना के कार्यान्वयन का मूल्यांकन भी किया जाता है, जिसे मूल्यांकन अनुसन्धान (**Evaluative research**) कहा जाता है। व्यावहारिक समाजशास्त्र का प्रयोग सामाजिक सुधार

और सामाजिक इंजीनियरिंग के साधन के रूप में भी किया जा सकता है। व्यावहारिक समाजशास्त्र में अपराध, बेरोज़गारी, बीमारी, वेश्यावृत्ति, भुखमरी, नशीली दवाओं का सेवन, जनसंख्या नियन्त्रण, भिक्षावृत्ति जैसी अनेक सामाजिक समस्याओं को सम्मिलित किया गया है (देखें– M. E. Olsen and M. Micklin, **Handbook of Applied Sociology**, 1981)।

sociology, cognitive (सोसि'ऑलजि, 'कॉग्निटिव) **संज्ञानात्मक समाजशास्त्र** : नृजातीय (लोक) पद्धति का एक रूप जो रोज़मर्रा के जीवन की समस्यात्मक प्रकृति की खोज करता है, संज्ञानात्मक समाजशास्त्र के नाम से जाना जाता है। यह एक ओर नृजातीय पद्धति को भाषाविज्ञान (गहन संरचनाएँ) के साथ जोड़ता है, तो दूसरी ओर पारम्परिक समाजशास्त्र के साथ जोड़ता है। ज्ञान के इस क्षेत्र में अमरीकी समाजशास्त्री ए. वी. सिसोरल का योगदान मुख्यरूप से उल्लेखनीय है, जिन्होंने कई भिन्न घटनाओं, जैसे कि अपराध, बहरापन, शिक्षा और शोध-विधियों का अध्ययन यह जानने के लिए किया कि प्रतिदिन के जीवन में सामाजिक संगठन और समझौतापरक व्यवस्था का क्या रूप रहता है।

sociology, comparative (सोसि'ऑलजि, कम्'पैरटिव़्) **तुलनात्मक समाजशास्त्र** : समाजशास्त्र की वह शाखा या विधा जिसमें भिन्न समाजों तथा समूहों का तुलनात्मक अध्ययन किया जाता है, ताकि यह स्पष्ट हो सके कि उनमें कहाँ तक समानताएँ अथवा असमानताएँ हैं। कुछ लोगों ने विशेषकर मानवशास्त्रियों ने, सामाजिक मानवशास्त्र को ही तुलनात्मक समाजशास्त्र कहा है।

sociology, critical (सोसि'ऑलजि, 'क्रिटिक्ल्) **विवेचनात्मक समाजशास्त्र** : समाजशास्त्र की यह धारा पारम्परिक समाजशास्त्र, विशेषकर प्रकार्यवादी सम्प्रदाय की कटु आलोचना है। विवेचनात्मक समाजशास्त्र, वास्तव में, संघर्ष-सिद्धान्त का ही एक विशिष्ट रूप है। कार्ल मार्क्स के विचारों से अनुप्राणित होते हुए भी इस सिद्धान्त की आधारशिला कार्ल मार्क्स के विचारों की आलोचना पर आधारित है। कुछ-एक विद्वानों ने इसे समाजशास्त्र की एक शाखा मानने से अपनी असहमति प्रकट की है और वे इसके अलग अस्तित्व की बात करते हैं। ज्ञान की इस विधा का जन्म यूरोप के प्रबोध काल में जर्मनी में हुआ। मानववादियों और सुधारवादियों द्वारा स्थापित कपोलकल्पित धार्मिक धारणाओं की आलोचनाओं ने समाजशास्त्र की इस नवीन धारा को जन्म दिया। इस धारा के प्रणेता हर्बर्ट मार्कूज़अ (Herbert Marcuse), थियोडर अडोर्नो (Theodor W. Adorno), मैक्स होखाइमर (M. Horkheimer), लिओ लोनथल (Leo Löwenthal), एरिक फ्रॉम (E. Fromm), जर्गेन हाबर्मैस (Jürgen Habermas) तथा फ्रैंज न्यूमैन (Franz L. Neumann) रहे हैं। पारम्परिक समाजशास्त्र का औद्योगिक-नगरीय समाज के प्रति झुकाव तथा इस पर आधारित समाजशास्त्रीय सिद्धान्त एवं शोध ने विशेषतः हर्बर्ट मार्कूज़अ को इसकी कटु आलोचना के लिए आन्दोलित किया : देखें– **Frankfurt School in Sociology**।

sociology, folk (सोसि'ऑलजि, फ़ोक्) **लोक समाजशास्त्र** : समाजशास्त्र की एक शाखा जो विशेषतः 'लोक' को सामाजिक सम्बन्धों का आधार मानती है। इसमें सांस्कृतिक आधार पर बँधे हुए समूहों के लोकसाहित्य, कला-मिथकों, गाथाओं तथा गीतों आदि का अध्ययन किया जाता है। यह ग्रामीण समाजशास्त्र के बहुत करीब है।

sociology, general (सोसि'ऑलजि, 'जेन्रल्) **सामान्य समाजशास्त्र** : समाजशास्त्र के अन्तर्गत सामाजिक तथ्यों के स्वरूप एवं प्रकारों का अध्ययन किया जाता है, चूँकि इनके अध्ययन से यह मालूम होता है कि व्यक्ति और समाज का जीवन किन-किन तथ्यों से प्रभावित होता है। इसके अलावा सामान्य समाजशास्त्र का प्रमुख उद्देश्य यह पता लगाना होता है कि समाज के विभिन्न निर्धारक तत्त्व एक-दूसरे से किस प्रकार जुड़े हुए हैं और उन तत्त्वों में परिवर्तन के पीछे कौन-कौन से नियम-कानून काम करते हैं।

sociology, rural (सोसि'ऑलजि, 'रुअरल्) **ग्रामीण समाजशास्त्र** : समाजशास्त्र की वह शाखा जिसमें वैज्ञानिक सिद्धान्तों के आधार पर ग्रामीण समाज की घटनाओं, प्रक्रियाओं और सम्बन्धों का व्यवस्थित विश्लेषण एवं अध्ययन किया जाता है। बिना इसकी उत्पत्ति एवं विकास को समझे हुए, अधिकांशतः इस विषय पर ग्रामीण जीवन का विवरण

प्राय: सामान्य रूप से दे दिया जाता है । ग्रामीण समाजशास्त्र का मूल उद्देश्य ग्रामीण सामाजिक संगठन, उनकी संरचना, प्रक्रियाओं और विकास की वस्तुनिष्ठ प्रवृत्तियों का एक वैज्ञानिक, व्यवस्थित और विस्तृत अध्ययन करना तथा इस अध्ययन के आधार पर उसके विकास के नियमों को ज्ञात करना होना चाहिए । वस्तुत: इस प्रकार की अध्ययन-शाखा अनुभवाश्रित ही है; क्योंकि इसकी अधिकतर सामग्री क्षेत्रीय सर्वेक्षणों द्वारा ही उपलब्ध की गयी है । अमरीका में ग्रामीण समाजविज्ञान का सापेक्षिक रूप से कम विकास हुआ है ।

sociology, urban (सोसि'ऑलजि,'अर्बन्) **नगरीय समाजशास्त्र, नागरिक समाजशास्त्र :** समाजशास्त्र की वह शाखा जिसमें नगरीय सामाजिक संरचना, संस्कृति तथा व्यक्तित्व का वैज्ञानिक पद्धतियों द्वारा अध्ययन किया जाता है । समाजशास्त्र की विभिन्न शाखाओं में नगरीय समाजशास्त्र अत्यन्त महत्त्वपूर्ण है; क्योंकि नगर पुरानी सभ्यताओं से लेकर आज तक अत्यन्त आवश्यक और महत्त्वपूर्ण सामाजिक, आर्थिक और राजनीतिक इकाइयों के रूप में बनते रहे हैं और आधुनिक युग में तो इनका विकास अत्यन्त तीव्रतापूर्वक हो रहा है । नगरों की जनसंख्या की सामाजिक तथा आर्थिक पृष्ठभूमियाँ, संरचनाएँ, शिक्षा, राजनीति, मूल्य, दृष्टिकोण, संस्कृति परिवर्तन के आयाम, रिक्त समय की क्रियाएँ, नागरिक संस्थाओं और संघों में व्यक्ति के व्यक्तित्व का विकास आदि– ये सभी पक्ष एक नागरिक समाजविज्ञानी के लिए अत्यन्त रोचक होते हैं ।

sociology of ageing (सोसि'ऑलजि ऑव़्'एजइन्ग) **वृद्धावस्था का समाजशास्त्र :** एक लम्बे समय तक समाजशास्त्र में इस विषय-वस्तु को नजरअंदाज किया गया है । लेकिन, 1960 के दशक से इस विषय की समाजशास्त्र में प्रधानता हो गयी । इसका मुख्य कारण यह है कि मृत्यु-दर में गिरावट के परिणामस्वरूप विकसित देशों की जनसंख्या में वयोवृद्ध लोगों का अनुपात काफी बढ़ता चला गया और वह देश की अर्थव्यवस्था के लिए एक प्रकार का बोझ हो गया । दूसरी तरफ विकसित देशों में श्रमिकों के अनुपात में धीरे-धीरे कमी आने लगी और फलस्वरूप आर्थिक रूप से निर्भर समाज के अभिन्न अंगों पर जनसंख्याशास्त्रियों और समाजशास्त्रियों ने गहन विचार प्रारम्भ कर दिया । जनसंख्या में वयोवृद्ध लोगों का बढ़ता अनुपात विकसित देशों की बड़ी समस्या है । वृद्ध व्यक्तियों की भी अपनी सामाजिक समस्याएँ होती हैं, जिनका अध्ययन इस विषय के अन्तर्गत किया जाता है । वृद्ध बनने की शारीरिक प्रक्रिया के अनेक सामाजिक एवं सांस्कृतिक आयाम हैं, जो बहुधा जैवकीय अपरिहार्यता को भी प्रभावित करते हैं । आयु एक सांस्कृतिक कोटि है और इसके अर्थ और इसकी महत्ता ऐतिहासिक दृष्टि से और विभिन्न संस्कृतियों में (समय और स्थान) बदलती रहती हैं । अभी तक समाजशास्त्र में वृद्धावस्था कोई महत्त्व नहीं रखती थी, किन्तु पिछले कुछ वर्षों में 'लिंग' की भाँति 'आयु' के आधार पर प्राकृतिक विभाजन को भी स्वीकारा जाने लगा है । इस कारण से समाजशास्त्र में गवेषणा की जिस नई शाखा का सूत्रपात हुआ है, उसे ही 'वृद्धावस्था का समाजशास्त्र' नाम दिया गया है । पश्चिमी विकसित समाजों में जनांकिकीय परिवर्तनों जैसे– जन्म और मृत्यु-दर में कमी, आयु में बढ़ोतरी (दीर्घ आयु) तथा जनसंख्या में 65 वर्ष से ऊपर के लोगों की बड़े अनुपात में वृद्धि ने व्यक्तियों के प्रति नैतिक घबराहट के साथ-साथ उनकी राजनीतिक एवं उपभोक्ता के रूप में सम्भावनाओं में रुचि जागृत की है (देखें– Shmuel N. Eisenstadt, **From Generation to Generation**, 1956; N. Foner, **Ages in Conflict: A Cross-cultural Perspective on Inequalities Between Young and Old**, 1984)।

sociology of agriculture (सोसि'ऑलजि ऑव़् 'ऐग्रिकल्चर्) **कृषि–समाजशास्त्र :** देखें– **Agriculture, sociology of** ।

sociology of art (सोसि'ऑलजि ऑव़् आर्ट्) **कला-समाजशास्त्र :** समाजशास्त्र की वह शाखा जो कलाकृतियों, कलाकारों तथा समाज के पारस्परिक प्रभावों के सन्दर्भ में कला का स्वरूप-निरूपण, वर्गीकरण, विवेचन-विश्लेषण करती है, कला का समाजशास्त्र कहलाती है । इसमें क्षेत्रीय, सामाजिक एवं आर्थिक पृष्ठभूमि में कला की शैली, स्वरूप एवं प्रतिरूप का व्यवस्थित ढंग से अध्ययन किया जाता है । एक कलाकार किस प्रकार अपनी कलाकृतियों से समाज को प्रभावित करता है तथा स्वयं किस प्रकार समाज से प्रभावित होकर कलाकृतियों का सृजन करता है, ये कला के समाजशास्त्र के अध्ययन के मुख्य विषय हैं ।

sociology of body (सोसि'ऑलजि ऑव़् 'बॉडि) **शरीर का समाजशास्त्र :** समाजशास्त्र की अनेक विशिष्ट शाखाओं में से यह एक अत्यन्त नवीन शाखा है। इसमें मानव का अध्ययन विवेचन-मूल्यों एवं मनोवृत्तियों से युक्त मात्र कर्त्ताओं की अपेक्षा शरीरयुक्त व्यक्तियों के रूप में किया जाता है। इसमें मानव-शरीर और उसके विभिन्न अंगों से जुड़े हुए सांस्कृतिक अर्थों तथा उनके संचालन, नियन्त्रण और उनके प्रजनन का अध्ययन विशेषत: रुग्णता, कामुकता और बीमारी के सन्दर्भ में किया जाता है। समाजशास्त्र के इस विशेषीकरण पर माइकल फूको (M. Foucault, 1926-1984) के लेखनों की छाप स्पष्ट रूप में देखी जा सकती है : देखें– **Body, sociology of** ।

sociology of consumption (सोसि'ऑलजि ऑव़् कन्'सम्प्श्न्) **उपभोग का समाजशास्त्र :** देखें– **Consumption, sociology of** ।

sociology of development (सोसि'ऑलजि ऑव़् डि'व़ेलप्मन्ट्) **विकास का समाजशास्त्र :** जब से विभिन्न देशों में (विशेषत: तीसरी दुनिया के देशों में) नियोजित आर्थिक परिवर्तन की प्रक्रिया प्रारम्भ की गई, तब से यह ज़रूरत महसूस की गई कि इन परिवर्तनों के सामाजिक प्रभावों का मूल्यांकन किया जाये। तीसरी दुनिया के ऐसे समाज जो पूँजीवादी औद्योगिकीकरण की संक्रमण-प्रक्रिया से गुजर रहे हैं, उनके विश्लेषण हेतु सामाजिक सिद्धान्तों का प्रयोग ही विकास का समाजशास्त्र है। विकास के समाजशास्त्र में वर्ग-सम्बन्धों तथा कृषकों एवं नगरीय दरिद्र व्यक्तियों जैसे सामाजिक समूहों पर विकास के सामाजिक प्रभावों का विश्लेषण किया जाता है।

sociology of disasters (सोसि'ऑलजि ऑव़् डि'जास्ट्र्स) **विपदा-समाजशास्त्र :** बाढ़, भूकम्प, भूस्खलन, भूचाल, समुद्री तूफान, अन्धड़ जैसी प्राकृतिक विपत्तियाँ समाज में भयंकर अस्त-व्यस्तता उत्पन्न कर देती हैं, जिससे उत्पादन और वितरण व्यवस्थाएँ नष्ट हो जाती हैं या चरमरा जाती हैं तथा संसाधनों के लिए तीव्र प्रतिस्पर्द्धा और शरणार्थी समस्या उत्पन्न हो जाती है। मानव-जनित विपत्तियों, जिनसे बचा जा सकता है, के सामाजिक कारण एवं परिणाम भिन्न होते हैं। समाजविज्ञानी इनके सामाजिक और मनोवैज्ञानिक प्रभावों के अध्ययन में रुचि रखते हैं।

रॉबर्ट के. मर्टन (Robert K. Merton, 1910-2003) ने बताया है कि विपत्तियों के स्थल समाजशास्त्रीय शोध एवं समाजशास्त्रीय सिद्धान्त रचना के लिए महत्त्वपूर्ण अवसर प्रदान करते हैं; क्योंकि सामाजिक दबाव से उत्पन्न दशाएँ सामाजिक प्रक्रियाओं को असामान्य लघु समय-काल में उत्पन्न होने के लिए बाध्य कर देती हैं और बहुधा निजी व्यवहार को सार्वजनिक बना देती है। अत: ऐसी क्रियाओं का अध्ययन किया जाना संभव हो जाता है। यही नहीं, विपत्ति-स्थलों का अध्ययन सामाजिक व्यवस्थाओं और प्रक्रियाओं के उन पक्षों को बहुधा उजागर करता है, जिन पर सामान्यत: रोज़मर्रा के रुटीन-जीवन में ध्यान नहीं जाता है।

sociology of drinking and alcoholism (सोसि'ऑलजि ऑव़् ड्रिन्क्'इन्ग ऐन्ड् ऐल्क'हॉलिज़्म्) **मद्यपान और पियक्कड़पन का समाजशास्त्र :** अधिकांश संस्कृतियों (आदिवासियों, ग्रामीण और आधुनिक) में अवकाश के क्षणों में एक अवसादक नशे के रूप में मद्यपान करना एक लोकप्रिय रीति रही है। यही नहीं, कई समाजों में, अनेक धार्मिक और लौकिक उत्सवों तथा संस्कारों में मद्यपान एक मुख्य कृत्य होता है। किन्तु, कुछ समाज धर्म के आधार पर मद्यपान को पूर्णत: वर्जित करते हैं, जैसा कि हम मुस्लिम धर्मावलम्बियों में देखते हैं। कुछ देश ऐसे भी हैं, जहाँ सामाजिक कारणों से इसकी उपलब्धता बनाये रखने के लिए कठोर कानून बने हुए हैं, जैसे फिनलैंड। कई देशों में पूर्ण नशाबन्दी के प्रयास भी किये गये हैं, किन्तु वे असफल ही रहे हैं। भारत में भी कई प्रान्तों, जैसे– सर्वप्रथम गुजरात, बाद में आन्ध्रप्रदेश और हरियाणा में पूर्ण नशाबन्दी के कानून बनाये गये हैं, किन्तु बाद में इन कानूनों को पूर्णत: आंशिक रूप में किन्हीं कारणवश निरस्त करना पड़ा है। चूँकि, यह एक सामाजिक समस्या है इसलिए समाजशास्त्री मद्यपान की समस्या का गहराई से अध्ययन करते हैं।

sociology of economic life (सोसि'ऑलजि ऑव़् ईक'नॉमिक् लाइफ़्) **आर्थिक जीवन का समाजशास्त्र :** आर्थिक

समाजशास्त्र इस बात का अध्ययन करता है कि आर्थिक व्यवस्था एवं सामाजिक जीवन की गैर-आर्थिक व्यवस्था के बीच में किस प्रकार का सम्बन्ध है। निस्सन्देह सामाजिक व्यवस्था और आर्थिक व्यवस्था के बीच इतना गहरा सम्बन्ध है कि दोनों एक-दूसरे को प्रभावित करते हैं। 19वीं सदी के उत्तरार्द्ध और 20वीं सदी के पूर्वार्द्ध में आर्थिक समाजशास्त्र के क्षेत्र में विभिन्न प्रकार के विचार सामने आये। समाजशास्त्र में सामाजिक जगत् के कई पक्षों का अध्ययन होता है, अत: इसकी कई उप शाखाएँ हैं, जैसे- धर्म का समाजशास्त्र, राजनीति का समाजशास्त्र, शिक्षा का समाजशास्त्र आदि। इसी प्रकार, आर्थिक जीवन का समाजशास्त्र भी इसी की एक शाखा है, जो सामाजिक जीवन के आर्थिक और गैर-आर्थिक पक्षों के बीच सम्बन्धों का अध्ययन करती है, अर्थात् कहाँ यह एक-दूसरे को पार कर जाती है और कहाँ यह एक-दूसरे को प्रभावित करती है। इसलिए इस विषय को आर्थिक समाजशास्त्र भी कहा गया है। इस सन्दर्भ में कार्ल मार्क्स (Karl Marx, 1818-1883) एवं मैक्स बेबर (Max Weber, 1864-1920) का योगदान विशेष रूप से उल्लेखनीय है : देखें- **Marxism; Protestant ethics**।

sociology of education (सोसि'ऑलजि ऑव् एजु'केश्न्) **शिक्षा का समाजशास्त्र** : किसी भी समाज की विभिन्न संस्थाओं में शिक्षा एक अत्यन्त महत्त्वपूर्ण संस्था होती है। यह औपचारिक और अनौपचारिक दोनों प्रकार की हो सकती है। केवल शिक्षण संस्थाएँ ही शिक्षा प्रदान नहीं करतीं, बल्कि समाज की विभिन्न संस्थाएँ और संगठन, मनोरंजन के साधन, संचार आदि भी प्रत्यक्ष और अप्रत्यक्ष रूप में व्यक्ति को शिक्षा प्रदान करते हैं। शिक्षा के उद्देश्यों, विषय-वस्तु अथवा पाठ्यक्रमों, शिक्षण-विधियों आदि के विषय में आज के युग में शिक्षक स्वतन्त्र नहीं होते, बल्कि उन्हें समाज की विभिन्न संस्थाओं से प्रभावित होते हुए कार्यों को करना पड़ता है, जिनमें राजनीतिक, आर्थिक और सांस्कृतिक संस्थाएँ प्रमुख भूमिका अदा करती हैं। आज किसी भी समाज में दी जाने वाली शिक्षा को भलीभाँति समझने के लिए यह आवश्यक है कि उसके विविध निर्धारकों को सदैव ध्यान में रखा जाये। शिक्षा का समाजशास्त्र, शिक्षा के विविध सामाजिक, आर्थिक, राजनीतिक और सांस्कृतिक निर्धारकों और कारकों का एक व्यवस्थित अध्ययन है।

sociology of emotion (सोसि'ऑलजि ऑव् इ'मोश्न्) **संवेग का समाजशास्त्र** : देखें- **Emotion, sociology of**।

sociology of everyday life (सोसि'ऑलजि ऑव्'एव्रि डे लाइफ़्) **रोज़मर्रा के जीवन का समाजशास्त्र** : समाजशास्त्र के अन्तर्गत यह एक ऐसा सम्प्रदाय है, जिसके अन्तर्गत रोज़मर्रे के जीवन से जुड़ी घटनाओं, आचरणों, सामाजिक प्रक्रियाओं इत्यादि का गहराई से अध्ययन किया जाता है। यह सूक्ष्म समाजशास्त्र (**Micro-sociology**) की विषय-वस्तु है। अत: इस समाजशास्त्र के अन्तर्गत रोज़मर्रे के जीवन से जुड़ी सांस्कृतिक व्यवस्थाओं, पारस्परिक आदान-प्रदान, विभिन्न पारिवारिक क्रियाकलापों, सामाजिक अलगाव, लोगों का आपस में बात-विचार जैसे विषयों का गहराई से अध्ययन किया जाता है। अल्फ्रेड शूत्ज (Alfred Schutz, 1899-1959) की घटनाशास्त्रीय विधि (**Phenomenology**), इरविंग गॉफ़मैन (Erving Goffman, 1922-1982) का अभिनयशास्त्र (**Dramaturgy**), हैरल्ड गारफिंकल (Harold Garfinkel, 1917-) की नृजाति पद्धति (**Ethnomethodology**) रोज़मर्रा के जीवन के समाजशास्त्र के क्षेत्र की प्रमुख सैद्धान्तिक परिप्रेक्ष्य हैं। इस सम्बन्ध में जैक डगलस (Jack Douglas) की **Understanding Everyday Life** (1970), एंड्रियू विगर्ट (Andrew Weigert) की **Sociology of Everyday Life** (1981), पेट्रिसिया ए. एडलर (Patricia A. Adler) द्वारा सम्पादित **Everyday Life Sociology** (1987) पुस्तकें विशेष उल्लेखनीय हैं।

sociology of family (सोसि'ऑलजि ऑव्'फ़ैमलि) **परिवार का समाजशास्त्र** : मानवसमाज की संस्थाओं में परिवार एक अत्यन्त महत्त्वपूर्ण संस्था है। परिवार की व्यवस्था, आकार, रचना, सीमाओं, कठिनाइयों आदि पर सामाजिक संरचना, संस्कृति, आर्थिक, धार्मिक, राजनीतिक तथा अन्य कारकों का प्रभाव पड़ता है। परिवार में बच्चों के लालन-पालन अथवा समाजीकरण, वयस्क सदस्यों के परस्पर सम्बन्धों, विभाजन, स्त्री-पुरुषों की स्थिति और कार्यों, विवाह तथा विवाह-विच्छेद, पारिवारिक मनोरंजन, पारिवारिक सहयोग, संघर्ष, प्रतिद्वन्द्विता, व्यवसाय और पारिवारिक संरचना, पारिवारिक संस्कृति, नैतिकता आदि अनेक पक्षों की ओर पारिवारिक समाजशास्त्र के विद्यार्थी की रुचि होती

है । उद्योगीकरण और नगरीकरण, जो आधुनिकीकरण के महत्त्वपूर्ण स्तम्भ हैं, के अन्तर्गत आजकल आधुनिक परिवारों में परिवर्तन के कई संकेत दृष्टिगत होने लगे हैं (देखें– Bert N. Adams and Jan Trost, **Handbook of World Families**, 2005) ।

sociology of gambling (सोसि 'ऑलजि ऑव् 'गैम्ब्लिंग) **जुआ का समाजशास्त्र :** जुआबाजी की घटना लगभग सर्वव्यापी है । प्राचीन काल से लेकर आजतक जुआ खेलने के तरीकों में काफी परिवर्तन आया है । यह विभिन्न देशों में विभिन्न तरह से खेला जाता रहा है । यह आधुनिकीकरण के परिणामस्वरूप ग्रामीण समाज से लेकर कसीनो (Casino) तक पहुँचा है । लॉटरी भी एक प्रकार का जुआ ही है । जुआ आज विभिन्न शक्लों में दिखाई पड़ता है । कुछ गैरकानूनी हैं, तो कुछ-एक को कानूनी हैसियत प्राप्त है । जुआ को आमतौर पर शिकारहीन अपराध **(Victimless crime)** माना जाता है । कसीनो केन्द्रित जुआ के सन्दर्भ में तो यह विचार सही हो सकता है, लेकिन लुक-छिपकर गलियों, सड़कों एवं एकान्त घरों में खेला जानेवाला जुआ एक योजनाबद्ध अपराध की तरह है । संक्षेप में जुआ वैयक्तिक लाभ के लिए खेला जानेवाला एक संयोग का खेल है, परन्तु हमेशा ऐसी बात नहीं है । इनसे जुड़ी प्रक्रियाओं, समस्याओं एवं परिणामों में समाजशास्त्रियों की विशेष रुचि रही है । चूँकि जुआरी आमलोगों से थोड़ा भिन्न जीवन बिताते हैं, इसलिए समाजशास्त्रियों की रुचि जुआरियों की जीवन-पद्धति में है । इस विषय पर ब्रेनर एवं ब्रेनर का प्रमुख योगदान है (देखें– O. Newman, **Gambling: Hazard and Reward**, 1972; R. Brenner and G. Brenner, **Gambling and Speculation: A Theory, a History and a Future of Some Human Decisions**, 1990) ।

sociology of health and illness (सोसि'ऑलजि ऑव् हेल्थ् ऐन्ड् 'इल्नस्) **स्वास्थ्य एवं रुग्णता का समाजशास्त्र :** इस शब्द का प्रयोग आमतौर पर चिकित्सा के समाजशास्त्र के लिए किया जाता है । समाजशास्त्र के इस क्षेत्र का उद्देश्य चिकित्सा व्यवसाय न होकर लोगों के स्वास्थ्य एवं उनकी रुग्णता में होता है । स्वास्थ्य एवं रुग्णता का समाजशास्त्र मुख्यरूप से तीन बातों पर विचार करता है– स्वास्थ्य एवं रुग्णता की समस्याओं का आकलन एवं विश्लेषण, विभिन्न प्रकार की बीमारियों का समाज के विभिन्न हिस्सों में प्रसार एवं समाज में व्याप्त विभिन्न प्रकार की स्वास्थ्य सम्बन्धी समस्याओं का समाजशास्त्रीय विश्लेषण । ये सभी बातें इसलिए महत्त्वपूर्ण हैं कि समाज के विभिन्न अंगों में तमाम प्रकार की बीमारियों का प्रकोप समान रूप से नहीं होता है । स्वास्थ्य एवं रुग्णता का सम्बन्ध सिर्फ आर्थिक और पारिस्थितिकीय कारणों से ही नहीं, बल्कि इसका सम्बन्ध सामाजिक और सांस्कृतिक मूल्यों से भी है । इस विषय पर मारग्रेट स्टेसी की कृति विशेष रूप से उल्लेखनीय है (देखें– Margaret Stacey, **Sociology of Health and Illness: A Text Book**, 1988) ।

sociology of housework (सोसि'ऑलजि ऑव् हाउस्वर्क्) **घरेलू कार्य का समाजशास्त्र :** लम्बे समय तक समाजशास्त्र के अन्तर्गत महिलाओं के द्वारा घर के बाहर मज़दूरी या जीवन-यापन के लिए किये गये कार्यों का अध्ययन नहीं किया गया । भारत में आज भी जिन कार्यों से महिलाओं को मज़दूरी प्राप्त नहीं होती है, उन्हें कार्य में शुमार नहीं किया जाता है । लेकिन, 1970 के दशक से नारीवादियों ने अध्ययन के इस समाजशास्त्रीय परिप्रेक्ष्य का यह कहते हुए विरोध किया कि महिलाएँ घर की चारदीवारी के अन्तर्गत पुरुषों से कहीं ज्यादा काम करती हैं । चूँकि उनसे मज़दूरी प्राप्त नहीं होती है इसलिए उस कार्य को नजरअंदाज नहीं किया जाना चाहिए । एक पत्नी या माँ के रूप में महिलाओं को घर के अन्दर पुरुषों की तुलना में अधिक समय तक काम करना पड़ता है । प्रत्येक समाज में घर के अन्दर पुरुष एवं महिलाएँ अलग-अलग काम करते हैं । आज समाजशास्त्र इन तमाम तथ्यों पर विचार करने लगा है (देखें– Ann Oakley, **The Sociology of Housework**, 1974) ।

sociology of knowledge (सोसि'ऑलजि ऑव् 'नॉलिज्) **ज्ञान का समाजशास्त्र :** ज्ञान के समाजशास्त्र का सम्बन्ध ज्ञान की उत्पत्ति और प्रसार के सामाजिक तथा सांस्कृतिक निर्धारकों के वैज्ञानिक अध्ययन से होता है । इसमें यह विवेचन भी किया जाता है कि विचार प्रणालियाँ अन्य सामाजिक तथ्यों से किस प्रकार प्रभावित होती हैं । मैक्स लर्नर (Max

Lerner) के अनुसार, बीसवीं शताब्दी में मानव के कार्यों की प्रेरणा के पीछे कई अतार्किक तथ्य होते हैं। प्रचार तथा अत्यधिक प्रचलित होने वाली धारणाओं और भावनाओं के फलस्वरूप व्यक्ति के स्वयं के कोई विचार नहीं रह जाते। कार्ल मार्क्स (Karl Marx, 1818-1883) की विचारधारा ने भी ज्ञान के समाजशास्त्र के क्षेत्र को समृद्ध किया। वर्नर स्टार्क (Werner Stark) ने इस विचारधारा के समर्थकों के कार्यों की एक उत्तम विवेचना की है। मोटे रूप में यह कहा जा सकता है कि मार्क्सवादी विचारक विभिन्न वर्गों के आधार पर ज्ञान के स्तरों और प्रकारों में भेद मानते हैं। ब्रिटिश समाजशास्त्री कार्ल मैनहाइम (Karl Mannheim) ने ज्ञान के समाजशास्त्र में महान् योगदान दिया। उन्होंने ज्ञान के समाजशास्त्र से सम्बद्ध विचारधाराओं का विशुद्ध विश्लेषण किया है। वे मूलत: मार्क्सवादी विचार को आदर्श मानते हैं। वे केवल उसी विचार को स्वीकार करते हैं, जो व्यक्ति को उसके वर्तमान के साथ सामंजस्य करने में योगदान देता है (देखें– Karl Mannheim, **Ideology and Utopia**, 1936; Werner Stark, **Sociology of Knowledge**, 1958)।

sociology of law (सोसि'ऑलजि ऑव् लॉ) **कानून का समाजशास्त्र** : समाजशास्त्र की विभिन्न शाखाओं में से कानून का समाजशास्त्र एक अत्यन्त रोचक और महत्त्वपूर्ण शाखा है। कानून के अन्तर्गत जो अवधारणाएँ प्रयुक्त की जाती हैं, उनके पीछे प्राय: सदैव कोई-न-कोई आदर्शात्मक बोध या भावना रहती है। किसी कार्य या व्यवहार को समाज में प्रचलित कानून की दृष्टि में हानिकर और दण्डनीय माना जाता है तथा किसी को अहानिकर। लेकिन, समाजशास्त्र मूलरूप से आदर्शों से प्रभावित होने वाला विज्ञान (Normative science) नहीं है, बल्कि यह यथासम्भव सामाजिक कारकों, अवस्थाओं अथवा परिस्थितियों आदि का अध्ययन मूल्यमुक्त (Value free) सामाजिक घटनाक्रम समझते हुए करने का प्रयास करता है। कानून का समाजशास्त्र कानून के वर्णनशास्त्र (Ethnography of law) से भिन्न है। कानून के वर्णनशास्त्र में मूलरूप से बल केवल इसी बात पर दिया जाता है कि कानून के प्रकारों और दण्डविधान का अधिक-से-अधिक विस्तारपूर्वक अध्ययन किया जाये (देखें– R. Bowles, **Law and Economy**, 1982; R. Cotterrell, **The Sociology of Law**, 1984)।

sociology of leisure (सोसि'ऑलजि ऑव्'लेज़र्) **अवकाश का समाजशास्त्र** : अवकाश का अर्थ प्रतिदिन के रुटीन क्रियाओं/कार्यकलापों से छुट्टी और इनके स्थान पर ऐसी मनमौजी, शौकिया एवं आनन्दप्रद क्रियाओं में स्वयं को संलग्न करने से है, जिन्हें व्यक्ति अत्यधिक महत्त्व देता है, जैसे– बागवानी करना, खेलना, सिनेमा देखना आदि। ये क्रियाएँ उत्पादक या लाभकारी ही हों, आवश्यक नहीं। इनके साथ एक व्यक्ति की सामाजिक भूमिकाओं से जुड़े सामाजिक दायित्व नहीं होते। खेलकूद की क्रिया इसी का एक उदाहरण है। इसी प्रकार कोई व्यक्ति दुर्लभ, विलक्षण एवं बहुत पुरानी कारों को सुधारने एवं ठीक-ठाक कर उन्हें सजाने-सँवारने में आनन्द का अनुभव करता है, जो कि उसका धंधा नहीं है, तब इसे भी अवकाश की क्रिया ही कहा जायेगा। संभव है, ऐसी क्रिया में उसे भारी काम करने से थकान भी हो, किन्तु यह थकान उसे आनन्द ही देती है। समाजशास्त्र यह भी अध्ययन कराने का प्रयास करता है कि समाज में कोई वर्ग अपना समय गैरज़रूरी चीज़ों में क्यों लगाता है, तो कोई अपना समय बेकार क्यों बर्बाद करता है। कुछ लोगों के लिए समय मूल्यवान है, तो कुछ के लिए गैरमहत्त्वपूर्ण (देखें– Stanley Parker, **Leisure and Work**, 1983; C. Rojek, **Capitalism and Leisure Theory**, 1985)।

sociology of literature (सोसि'ऑलजि ऑव् 'लिट्रेचर्) **साहित्य का समाजशास्त्र** : कृति, कृतिकार और समाज के बीच होने वाली अन्तर्क्रियाओं के परिणामस्वरूप निर्मित ऐसी संरचनाओं, जिनके आधार पर कोई कृति अपना स्वरूप ग्रहण करती है, उस वस्तुनिष्ठ अध्ययन करने वाली ज्ञान की शाखा को साहित्य का समाजशास्त्र कहा जाता है। साहित्य के समाजशास्त्र का लक्ष्य समाजशास्त्र के सिद्धान्तों और सन्दर्भों के परिप्रेक्ष्य में साहित्य का अध्ययन करना है। साहित्य अपने व्यक्त अथवा मूर्त रूप में एक रचना अथवा कृति है, किन्तु अव्यक्त रूप में कृति के पीछे कृतिकार का व्यक्तित्व और उसके व्यक्तित्व के पीछे उसका सामाजिक परिवेश रहता है। अत: साहित्य के पूर्ण अध्ययन के लिए उसके सामाजिक पहलुओं और सन्दर्भों का अध्ययन आवश्यक है, जो उसके अस्तित्व और महत्ता को प्रभावित करते हैं।

साहित्यकार के कृतित्व का जिन रूपों में विकास होता है तथा जिन दशाओं में वह साहित्य की रचना करता है, वह साहित्यकार का सामाजिक परिवेश होता है। जिन सामाजिक सन्दर्भों को आधार बनाकर और जिन विशेष सामाजिक परिस्थितियों में साहित्यिक कृति का सृजन पूर्ण होता है, वह कृति का सामाजिक परिवेश है। स्वभावत: कृति और कृतिकार दोनों के सामाजिक परिवेश में घनिष्ठ सम्बन्ध होता है, किन्तु दोनों सर्वदा एक नहीं होते। कभी-कभी कृति की रचना-प्रक्रिया कुछ ऐसी परिस्थितियों से होकर गुजरती है, जो कर्त्ता की सामान्य परिस्थितियों से भिन्न होती है। अत: साहित्य के समाजशास्त्र का लक्ष्य साहित्य एवं समाज के पारस्परिक सम्बन्धों का अध्ययन करना है।

sociology of medicine (सोसि'ऑलजि ऑव् 'मेडिसिन्) **चिकित्सा का समाजशास्त्र :** समाजशास्त्र की एक शाखा जो बीमारी के सामाजिक पक्षों का अध्ययन करती है, चिकित्सा का समाजशास्त्र कहलाती है। इसके अन्तर्गत बीमारी के प्रति समाज का दृष्टिकोण, इसका वितरण, बीमार का समाज के संगठन के साथ सम्बन्ध, चिकित्सा-व्यवस्था, विभिन्न सामाजिक भूमिकाएँ (बीमार, चिकित्सक, नर्स, कम्पाउन्डर), चिकित्सक-बीमार के बीच सम्बन्ध जैसे विषयों का अध्ययन किया जाता है। जब कोई व्यक्ति रोग-ग्रस्त हो जाता है, तो मानवीय सम्बन्धों के सम्पूर्ण कलेवर में परिवर्तन की प्रक्रिया का आविर्भाव होता है। बीमारी के दौरान व्यक्ति की सम्पूर्ण व्यक्तित्व-संरचना में भी परिवर्तन होता है। इन सभी विषयों का अध्ययन चिकित्सा के समाजशास्त्र में किया जाता है।

चिकित्सा के समाजशास्त्र को प्रोत्साहित करने में चिकित्सा-व्यवसाय और रोगी की भूमिका सम्बन्धी टैलकॉट पार्सन्स (Talcott Parsons, 1902-1979) के अध्ययन ने महत्त्वपूर्ण भूमिका अदा की है, जिसने चिकित्सा और रुग्णता को समाजशास्त्र के अध्ययन का एक प्रमुख विषय बना दिया। इस क्षेत्र में सन् 1950 के बाद काफी काम हुआ है (देखें– Eliot Freidson, **The Profession of Medicine**, 1971; Emily Mumford, **Medical Sociology**, 1983)।

sociology of occupation (सोसि'ऑलजि ऑव् ऑक्यु'पेशन्) **पेशे का समाजशास्त्र :** व्यवसायों और विभिन्न वृत्तियों के विश्लेषण में समाजशास्त्रीय सिद्धान्तों एवं संकल्पनाओं का अनुप्रयोग। पेशे का चुनाव मात्र पैसे से जुड़ा नहीं होता, बल्कि इसका सम्बन्ध धर्म, जाति, सामाजिक मूल्य एवं व्यक्तिगत क्षमता, योग्यता एवं अभिरुचि से भी होता है। व्यवसाय से व्यक्ति की सामाजिक हैसियत का भी निर्धारण होता है। इन तमाम चीज़ों का अध्ययन पेशे के समाजशास्त्र में किया जाता है।

sociology of politics (सोसि'ऑलजि ऑव् 'पालिटिक्स्) **राजनीतिक का समाजशास्त्र :** राजनीतिक समाजशास्त्र स्पष्ट रूप से समाजशास्त्र का एक उपक्षेत्र है। यह राजनीति का समाजशास्त्रीय मूल्यांकन है, अर्थात् यह राजनीतिक तथ्यों को आश्रित चर मानता है और उसके अन्तर्गत सामाजिक तथ्यों को व्याख्यात्मक चर मानता है। इसकी मूल मान्यता यह है कि मानव केवल एक राजनीतिक प्राणी ही नहीं है, बल्कि एक सामाजिक प्राणी भी है। इसकी राजनीतिक क्रियाओं के अतिरिक्त इसका एक अराजनीतिक क्रिया क्षेत्र भी है और पहला दूसरे से नितान्त असम्बद्ध नहीं है। बल्कि वास्तव में दूसरे के प्रभाव को पूरी तरह समझे बिना पहले को नहीं समझा जा सकता है। राजनीतिक समाजशास्त्र को राजनीतिक व्यवस्था को प्रभावित करनेवाले सामाजिक कारकों का अध्ययन ही नहीं माना जाना चाहिए; क्योंकि राजनीतिक संस्थाएँ भी स्वतन्त्र सामाजिक संरचनाओं की भाँति कई बार कार्य करती हैं : देखें– **Political sociology**।

sociology of religion (सोसि'ऑलजि ऑव् रि'लिजन्) **धर्म का समाजशास्त्र :** समाजशास्त्र की वह शाखा जो धार्मिक संस्थाओं एवं धार्मिक घटनाओं का समाजशास्त्रीय विश्लेषण करती है। इसका सम्बन्ध उन अलौकिक विश्वासों की सार्थकता या सत्य से नहीं होता है, जिन पर धर्म आधारित होता है। प्रमुख सम्बन्ध ऐसे विश्वासों के प्रभाव से होता है, जो मनुष्यों के ऐतिहासिक अनुभव और समुदायों के विकास में समाविष्ट होता है। धर्म के समाजशास्त्र के प्रमुख विचारक फ्रांसीसी समाजशास्त्री एमिल डर्कहाइम (Émile Durkheim, 1858-1917, इस व्यक्ति के नाम का शुद्ध उच्चारण मात्र एमिल डर्कहाइम है) रहे हैं। **The Elementary Forms of the Religious Life** (1912) में उन्होंने बतलाया है कि किस प्रकार धर्म सामाजिक विश्वासों, रीति-रिवाजों तथा परम्पराओं का सामूहिक प्रतिनिधित्व करनेवाला

प्रतीक होता है। धार्मिक रीति-रिवाज समाज की महत्त्वपूर्ण स्थिति को प्रकट करते हैं। एमिल डर्कहाइम, मानवशास्त्री रैडक्लिफ़-ब्राउन (A. R. Radcliffe-Brown, 1881-1955) एवं बी. मैलनॉफस्की (Bronislaw K. Malinowski, 1884-1942) आदि ने प्रकार्यात्मक विचारधारा को जन्म दिया। यह विचारधारा इस बात पर जोर देती है कि धर्म संस्कृति की व्यवस्था को क्या देता है। जर्मन समाजशास्त्री मैक्स वेबर (Max Weber, 1864-1920) ने **The Protestant Ethic and the Spirit of Capitalism,** (1930) में बताया है कि धर्म का आर्थिक विकास से गहरा सम्बन्ध है। उनके अनुसार, हिन्दू धर्म व्यक्तियों को अधिक आर्थिक उत्पादन करने से हतोत्साहित करता था, जबकि प्रोटेस्टैन्ट धर्म आर्थिक विकास को प्रोत्साहित करता है। एमिल डर्कहाइम (Émile Durkheim, 1858-1917), किंगज्ली डेविस (Kingsley Davis, 1908-1997, हिन्दी में शुद्ध उच्चारण मात्र किंगज्ली डेविस है) के धर्म के सिद्धान्त को अस्वीकार करते हैं। उनके अनुसार, पवित्र पदार्थ या वस्तुएँ समाज के प्रतीक होने के स्थान पर अदृश्य संसार के प्रतीक होते हैं। जे. मिल्टन (J. Milton) ने प्रकार्यात्मक सिद्धान्त की सीमाएँ बताते हुए कहा है कि धर्म गड़बड़ी और क्रांति उत्पन्न करनेवाला कारक हो सकता है। इस्लाम इसका एक उदाहरण है। आधुनिक उथल-पुथल के युग में धर्म वह कार्य नहीं कर सकता, जो वह आदिम जातियों, पिछड़े समुदायों या परम्परागत समुदायों में करता रहा है। धार्मिक समाजविज्ञान में धर्म का सम्बन्ध विविध सामाजिक संस्थाओं से होता है तथा धर्म के प्रचारकों, पुरोहितों, धर्मावलम्बियों के कार्यों तथा स्थिति का अध्ययन होता है।

sociology of science (सोसि 'ऑलजि ऑव् 'साइन्स्) **विज्ञान का समाजशास्त्र :** समाजशास्त्र की एक नयी और रोचक शाखा विज्ञान का समाजशास्त्र है, जो एक सामाजिक घटनाक्रम के रूप में विज्ञान का अध्ययन करती है, अर्थात् विज्ञान का समाजशास्त्र विज्ञान और समाजशास्त्र के पारस्परिक सम्बन्ध का अध्ययन करता है। समाजशास्त्र की इस विशिष्ट शाखा की उत्पत्ति अमरीका में हुई। सरल शब्दों में, यह शाखा उस संस्थात्मक और मानदण्डात्मक व्यवस्था का अध्ययन करती है, जिसमें विज्ञान विकसित होता है। रॉबर्ट के. मर्टन (Robert K. Merton, 1910-2003) ने विज्ञान के विकास में आधुनिकता के परिणामों, प्रोटेस्टैन्टवाद और लोकतान्त्रिक आदर्शों के प्रसार के उद्‌भव के प्रभावों के सम्बन्ध में अन्वेषण किया है।

विज्ञान से उद्योग का उद्‌भव कैसे हुआ, समाज का भौतिक पर्यावरण के साथ किस प्रकार समायोजन होता है, इसके द्वारा किन मानवीय समस्याओं का सूत्रपात हुआ, चिन्तन के नये रूपों का विकास किस प्रकार होता है आदि विषय मुख्यरूप से विज्ञान के समाजशास्त्र के अध्ययन के विषय रहे हैं। कार्ल पॉपर् की पुस्तक **Logic of Scientific Discovery** (1959) तथा टी. एस. कुन (Thomas S. Kuhn, 1922-1996) की **The Structure of Scientific Revolution** (1970) नामक पुस्तकों में इन विषयों पर व्यापक रूप से विचार किया गया है (देखें– Robert K. Merton, **Social Theory and Social Structure**, 1968 and **The Sociology of Science**, 1973)।

sociology of sociology (सोसि 'ऑलजि ऑव् सोसि 'ऑलजि) **समाजशास्त्र का समाजशास्त्र :** समाजशास्त्री समाजशास्त्र को एक सामाजिक घटना मानते हैं। एक घटना के रूप में समाजशास्त्र क्या है, इस प्रश्न का उत्तर ही समाजशास्त्र का समाजशास्त्र है। मूलतः समाजशास्त्र समाज के अस्तित्व का सम्पूर्ण सार है। एक घटना के रूप में समाजशास्त्र का जन्म भी अकारण नहीं हुआ, अपितु कुछ विशिष्ट परिस्थितियों ने समाजशास्त्र के उद्‌भव में महत्त्वपूर्ण भूमिका अदा की है। समाजशास्त्री सामाजिक समस्याओं को किस प्रकार देखते हैं या उनका विश्लेषण करते हैं, यह विषय-वस्तु समाजशास्त्र का समाजशास्त्र है।

sociology of time (सोसि 'ऑलजि ऑव् टाइम्) **समय का समाजशास्त्र :** 'समय' सामाजिक जीव को संगठित करने वाले मुख्य तत्त्वों में से एक है। यही कारण है कि यह विषय समाजविज्ञानियों के अध्ययन का उत्तरोत्तर एक महत्त्वपूर्ण विषय बनता जा रहा है। स्थूल स्तर पर भौतिक समय और सामाजिक समय में अन्तर किया जाना लाभप्रद है। भौतिक समय का ज्ञान हमें जीवशास्त्र और पर्यावरण, जैसे चन्द्रमा की कलाओं, ज्वार-भाटा के उतार-चढ़ाव और पिण्डों के अवसान से होता है। सामाजिक समय, जो कि समाजविज्ञानियों के अध्ययन का विषय है, का सम्बन्ध मानवीय क्रियाओं

की प्रकृति, रचना और परिणामों से होता है। ये क्रियाएँ समय को अर्थ प्रदान करने के आसपास संगठित होती हैं। इसमें सप्ताह, पंचांग, दशाब्दियों और त्योहारों का सम्पादन, समय-सारणियों और समय-क्रम की रचना सहित प्रतिदिन होने वाली क्रियाओं का अध्ययन, जीवन के पड़ाव, स्थिति संक्रमण एवं व्यवसायों के वृत्तान्त के रूप में समय का जीवन चरित्रात्मक अनुक्रम सम्मिलित होता है। भारत में इस विषय पर कोई शोधकार्य तो अबतक नहीं हो पाया है, लेकिन इस देश के सन्दर्भ में इसकी विशेष महत्ता है (देखें– R. H. Lauer, **Temporal Man: The Meaning and Uses of Social Time**, 1981; Eviatar Zerubavel, **Hidden Rhythms: Schedules and Calendars in Social Life**, 1981)।

sociology of work (सोसि'ऑलजि ऑव् वर्क्) **कार्य का समाजशास्त्र** : व्यक्ति के व्यक्तिगत और सामूहिक जीवन में 'कार्य' सम्बन्धी ज्ञान का एक महत्त्वपूर्ण स्थान होता है। प्रारम्भ में इसका अध्ययन औद्योगिक समाजशास्त्र के अन्तर्गत ही किया जाता था। औद्योगिक समाजशास्त्र और कार्य के समाजशास्त्र की शुरूआत सन् 1950 और 1960 के फ्रांसीसी समाजशास्त्रियों के लेखन से हुई, जिन्होंने कारखानों पर आधारित तत्कालीन औद्योगिक समाजशास्त्र की मुख्यधारा के परिप्रेक्ष्य की नये सिरे से समीक्षा की। इन लेखनों द्वारा कार्य-संगठन, प्रौद्योगिकी और कार्य-संगठन में परिवर्तन तथा व्यक्तिगत अलगाव, वर्ग और सामाजिक-राजनीतिक सम्बन्धों के बीच सम्बन्धों की पुनर्स्थापना करने का यत्न किया गया। कार्ल मार्क्स (Karl Marx, 1818-1883) ने भी अपने लेखनों में कार्य-संगठन और अलगाव के बीच सम्बन्ध स्थापित किया है। कार्य के समाजशास्त्र के अन्तर्गत व्यक्तियों और समूहों के कार्य के सम्बन्ध में उनके वास्तविक अनुभवों का अध्ययन किया जाता है। इस अध्ययन के कार्य में प्रति अभिमुखन, दृष्टिकोण, प्रेरणाएँ तथा कार्य-सन्तुष्टि के विषय सम्मिलित होते हैं।

sociometry (सोसि'अमिट्री) **समाजमिति** : इस शब्द का प्रयोग पहली बार जेकब एल. मोरेनो (Jacob L. Moreno, 1889-1974) ने किया था। उन्होंने '**Sociometry**' नामक एक पत्रिका का संचालन भी किया था। मोरेनो ने इस पद्धति का विकास समाजवैज्ञानिकों की समस्याओं का अध्ययन करने के लिए किया था। इस पद्धति में संख्यात्मक तथा आदर्शात्मक अध्ययनों को एकसाथ मिला दिया गया है। जीवविज्ञान, मनोविज्ञान तथा अर्थशास्त्र– इन सबों में सामान्यत: संख्यात्मक अध्ययन पाया जाता है, परन्तु समाजविज्ञान की समस्याओं का विशेष रूप से अध्ययन करने के लिए यह आवश्यक था कि सामाजिक स्वरूपों और प्रक्रियाओं को इस प्रकार सीमित तथा विश्लेषित किया जाये कि उनको मापा भी जा सके। इसलिए मोरेनो तथा कुछ अन्य समाजवैज्ञानिकों ने इस प्रकार के अनेक पैमाने बनाये, जिनसे सामाजिक सम्बन्धों, विचारों और व्यवहारों को मापा जा सके। इसके पहले सामाजिक प्रक्रियाओं का विश्लेषण वर्णनात्मक होता था, उसको मापा नहीं जा सकता था। सांख्यिकी पद्धति द्वारा मनुष्य के समूहों का ही अध्ययन किया जा सकता था।

इसका मुख्य लक्ष्य व्यक्तियों के बीच स्वीकृति-अस्वीकृति अथवा आकर्षण-विकर्षण के भावों का अनुसन्धान करके उनके आधार पर अनुमानित स्वाभाविक समूहनों की वैधानिक समूह-रचना से संगति-असंगति देखना होता है। इस विधि में समूह के प्रत्येक व्यक्ति से गुप्त रूप से यह बतलाने को कहा जाता है कि उसे समूह के कौन से अन्य व्यक्ति भले लगते हैं, उसे किसके साथ काम करना, भोजन करना या रहना अच्छा लगता है और कौन उसे अच्छे नहीं लगते, वह किनसे अलग रहना चाहता है। इस प्रकार एकत्रित प्रदत्तों को एक सामाजिक आलेख में संकलित कर लिया जाता है। इस प्रकार के प्राय: सभी लेखाचित्रों में कुछ व्यक्ति अकेले पड़े मिलते हैं, जो समूह में किसी को स्वीकृत नहीं। कुछ जोड़ मिलते हैं, जो परस्पर एक-दूसरे की ओर आकर्षित होते हैं। कुछ तीन-तीन व्यक्तियों के त्रिकोण मिलते हैं, जिसमें एक-दूसरे की ओर, दूसरा तीसरे की ओर और तीसरा पहले की ओर आकर्षित होता है। कुछ सितारे भी होते हैं– ये वो व्यक्ति हैं जिनकी ओर अनेक व्यक्ति आकर्षित होते हैं।

soft loan (सॉफ्ट् लोन्) **उदार ऋण** : ऐसा ऋण जो कम ब्याज-दर पर उपलब्ध होने के साथ-साथ कई किस्तों में लम्बी अवधि तक चुकाने की सुविधा भी उपलब्ध हो।

soft state (सॉफ्ट स्टेट्) **उदार राज्य :** इस संकल्पना का प्रयोग कार्ल जी. मिरडॅल (Karl Gunnar Myrdal, 1898-1987) ने अपनी पुस्तक **Asian Drama: An Enquiry into the Poverty of Nations** में किया है । इस संकल्पना से उनका अभिप्राय नवस्वतन्त्र एशियाई राज्यों की ऐसी कार्यशैली से है, जिससे इन राज्यों को देश के कानून को लागू करने के लिए कठिन निर्णय लेना मुश्किल होता है ।

solidarism (सॉल्'इडॅरिज़्म) **परस्पर निर्भरता :** यह किसी समूह के अन्तर्गत विभिन्न सदस्यों के बीच समान उद्देश्य एवं स्वार्थों की पूर्ति हेतु एकजुट होकर प्रयास करने की भावना है । चूँकि, सभी सदस्यों का हित समान होता है इसलिए लोगों के बीच एकता बनी रहती है और जब कभी भी किसी प्रकार की अड़चन होती है, तो सभी लोग उसका इकट्ठा मुकाबला करते हैं । परम्परागत सामाजिक व्यवस्था के अन्तर्गत इकट्ठा रहकर अपने उद्देश्यों को हासिल करना मुख्य उद्देश्य नहीं था, बल्कि वैसे समूहों के अन्तर्गत इकट्ठा रहना ही अपने-आप में उद्देश्य था ।

solidarity (सॉलि'डैरटि) **एकता :** देखें– **Social solidarity** ।

sophism ('सॉफ़इज़्म्) **कूटतर्क, छलतर्क :** वह आभासी तर्क जिसका प्रयोग धोखा देने, बाद में विजय प्राप्त करने या अपनी बौद्धिक उत्कृष्टता को दिखाने के लिए किया जाता है ।

sorcery ('सॉर्सरि) **जादूटोना :** अलौकिक शक्तियों की मदद से किसी को नुकसान पहुँचाने की क्रिया । इसमें कुछ विशिष्ट सामग्री का इस्तेमाल किया जाता है । आदिम तथा परम्परागत समाजों में ऐसे अभिचार प्रचलित हैं । मध्यकालीन यूरोप में भी इसके प्रमाण मिलते हैं : देखें– **Witchcraft** ।

sororal polygyny (सॉरॉ'रल् पॉ'लिजिनि) **स्वसृक बहुपत्नी प्रथा :** जब एक से अधिक पत्नियाँ आपस में बहनें होती हैं, तो वैसे बहुपत्नी विवाह को स्वसृक बहुपत्नी प्रथा कहा जाता है ।

sororate (सॉरारेट्) **जीजा-साली विवाह :** भारतीय जनजातियों में कभी तो पत्नी की मृत्यु के बाद साली से विवाह कर लिया जाता है, कभी पत्नी के जीवन में ही सालियों से विवाह कर लिया जाता है एवं कभी एक ही साथ अनेक या दो बहनों से विवाह कर लिया जाता है । भीलों में यह प्रथा प्रचलित है । किन्तु यह नियम अनुग्रह रूप में ही लागू होता है, अधिकार रूप में नहीं । इनका निश्चित स्वरूप भारत की जनजातियों में प्रचलित नहीं है । मजुमदार के अनुसार, **Levirate** और **Sororate** नातेदारी सम्पर्कों को बहाल और बढ़ाने के तरीके हैं : देखें– **Levirate** ।

soul (सोल्) **आत्मा, जीवात्मा :** आत्मा के बारे में यह विवरण कि यह एक मानसिक सत्ता है । आदिम निवासियों द्वारा स्वीकृत सिद्धान्त । डेविड ह्यूम (David Hume, 1711-1776) के अनुसार, आत्मा और शरीर दो विभिन्न सत्ताएँ हैं, जिनमें क्रमिक क्रिया-प्रतिक्रिया सम्भावित है; किन्तु अन्ततोगत्वा ये पृथक् सत्ताएँ हैं । प्राचीन रूढ़ि-मनोविज्ञान में यह विश्वास प्रचलित मिलता है कि देहावसान होने पर भी आत्मा जीवित रहती है । आदिम निवासियों में कई एक ऐसी व्यवस्थाएँ प्रचलित हैं, जिनसे यह स्पष्ट है कि आत्मा शरीर को छोड़कर इधर-उधर भ्रमण करती है और पुनः शरीर में लौट आती है । हिन्दू धर्म में भी आत्मा की अमरता की बात कही गयी है ।

soul loss (सोल् 'लॉस्) **गतात्मावाद; जीवात्मा हानि :** रोग का आदिम सिद्धान्त जिसके अनुसार कोई बीमारी शरीर में से आत्मा के चले जाने के कारण होती है । आत्मा का प्रस्थान अथवा हानि जादुई अलौकिक कारणों से होती है ।

spear (स्पिअर्) **भाला, बरछा, बल्लम :** लम्बे दण्ड तथा नुकीले धारदार सिरे अथवा फलक को घोंपने अथवा फेंके जाने या वार करनेवाला अस्त्र । इसका प्रयोग युद्ध अथवा आखेट में किया जाता है ।

species specific ('स्पीशीज् स्पि'सिफ़िक) **प्रजाति विशिष्टता :** ऐसी जैविक शारीरिक क्रिया सम्बन्धी विशेषताएँ और अभिलक्षण जो केवल एक प्रजाति में पाया जाता है । जैसे गोरी और काली प्रजाति के बीच शरीर के रंगों में अन्तर या बालों की बनावट या स्वरूप में अन्तर प्रजाति विशिष्टता के उदाहरण हैं ।

specification (स्पेसिफ़ि'केश्न्) **विनिर्देशन :** सांख्यिकी में दो या दो से अधिक चरों के बीच सम्बन्ध कितना गहरा है, इसका विश्लेषण किया जाता है। लेकिन, कई बार ऐसा होता है कि दो चरों के बीच सकारात्मक सम्बन्ध समान रूप से नहीं पाया जाता है। कहीं यह सम्बन्ध काफी मजबूत, तो कहीं यह सम्बन्ध कमजोर पाया जाता है, जैसे– उच्च शिक्षा के साथ निम्न प्रजनन पाया जाता है, लेकिन हिन्दुओं की तुलना में मुसलमानों के बीच यह सम्बन्ध उतना गहरा नहीं होता है। सांख्यिकी में इसी विश्लेषण का नाम विनिर्देशन है (देखें– Morris Rosenberg, **The Logic of Survey Analysis**, 1968)।

speculator class ('स्पेक्यू लेटर् क्लास्) **सटोरिया वर्ग :** विलफ्रेडो पारेटो (Vilfredo F. D. Pareto, 1848-1923, हिन्दी में शुद्ध उच्चारण मात्र पारेटो है) के अनुसार, एक ऐसा वर्ग जो काफी उद्यमशील है और यही वर्ग लगानजीवी वर्ग **(Rentier class)** को प्रतिस्थापित करता है : देखें– **Rentier class**।

speech codes (स्पीच् कोडस्) **वाक् संकेतकी :** देखें–**Linguistic code**।

spirit ('स्पिरिट्) **आन्तरिक भाव, आत्मा, चित् :** व्यक्तित्व का अभौतिक, अशारीरिक पक्ष। 'स्पिरिट' शब्द का प्रयोग अधिकतर लेखकों ने 'सेल्फ' या 'सोल' के अर्थ में किया है। कभी-कभी, किसी विचार प्रणाली या सांस्कृतिक परम्परा के आन्तरिक भावात्मक सार को व्यक्त करने के लिए इस शब्द का प्रयोग किया जाता है, उदाहरणार्थ– The Spirit of Greek Thoughts (यूनानी चिन्तन का आन्तरिक भाव)। इसके अन्तर्गत तीन प्रकार के तत्त्व सक्रिय रहते हैं– (1) चेतन तत्त्व, (2) मृत्यु के उपरान्त अविशिष्ट चित् तत्त्व, (3) विश्व को अनुप्राणित करने वाले अग्नि सदृश तत्त्व।

spiritualism ('स्पिरिट्यूअ लिज़म्) **अध्यात्मवाद :** भौतिकवाद के विपरीत वह सिद्धान्त कि अन्तिम सत्ता आत्मा है, जो समस्त विश्व में व्याप्त है अथवा वह विश्व में ब्रह्म और आत्माओं के अलावा कुछ भी नहीं है। यह सम्प्रदाय वस्तुवाद का विरोधी है। अध्यात्मवाद से आदर्शात्मक दृष्टिकोण का भी सन्देश मिलता है– (1) यह कि निरपेक्ष आत्मा और परिमित आत्माओं मात्र का अस्तित्व होता है। इस दृष्टिकोण के अनुसार दृश्य-जगत विचार-क्षेत्र मात्र है। कभी-कभी Spiritualism शब्द का प्रयोग बर्कले (George Berkeley, 1685-1753) के दर्शन की ओर विशेष रूप से संकेत करता है; क्योंकि बर्कले ने जड़तत्त्व का निषेध किया और केवल अध्यात्म-तत्त्व **(Spiritual substance)** को स्वीकार किया। (2) प्रेतवाद– मृत्यु के पश्चात् जीवन की निरन्तरता में आस्था रखने वाला सिद्धान्त जो मृतकों से सम्पर्क बनाए रखने की सम्भावना को स्वीकार करता है।

split labour-market (स्प्लिट् 'लेबर् 'मार्किट्) **खण्डित श्रम-बाज़ार :** देखें– **Dual labour market**।

sponsored mobility ('स्पान्सरड् मो'बिलटि) **प्रायोजित गतिशीलता :** सरकार द्वारा समाज की सामाजिक एवं आर्थिक दृष्टि से पिछड़ी जनसंख्या के लिए आरक्षण/सकारात्मक असमानता/संरक्षणात्मक असमानता की नीति द्वारा उत्पन्न अथवा संचालित गतिशीलता। भारत में यह अनुसूचित जाति एवं अनुसूचित जनजातियों के लिए की गयी है।

spurious correlation ('स्प्युअरिअस् कॉर'लेश्न्) **मिथ्या सहसम्बन्ध :** दो ऐसे चरों के बीच सहसम्बन्ध दिखाना, जिनके बीच कोई तार्किक सम्बन्ध न हो, उसे मिथ्या सहसम्बन्ध कहा जाता है, उदाहरणस्वरूप– जैसे-जैसे आबादी बढ़ती है, वैसे-वैसे अपराध की दर में भी वृद्धि होती है। लेकिन, आबादी बढ़ने से यह कोई ज़रूरी नहीं है कि अपराध में भी वृद्धि हो। इसलिए यह एक मिथ्या सहसम्बन्ध है। अपराध-दर हमेशा प्रति 100 या 1000 व्यक्ति पर देखी जाती है (देखें– Morris Rosenberg, **The Logic of Survey Analysis**, 1968)।

squatter settlement ('स्क्वॉट्र 'सेटल्मन्ट) **अनधिकृत बस्ती, अस्थायी झोपड़ नगर :** सरकारी अथवा गैर-सरकारी क्षेत्रों में व्यक्तियों अथवा समूहों द्वारा रहने के लिए बनाए गए अनधिकृत आवासीय क्षेत्र। ऐसे आवासीय क्षेत्र बहुधा शहरों में मिलते हैं। यहाँ निवास करनेवाले लोगों को कोई वैधानिक अधिकार प्राप्त नहीं होता। बड़े शहरों में निर्माण में लगे या कारखानों में काम करने के इच्छुक मज़दूर व कारीगर अनधिकृत ढंग से झोपड़ी बनाकर वैसी जगहों में

निवास करते हैं। इस प्रकार के क्षेत्रों में जनजीवन का स्तर बहुत नीचे होता है और इनकी अनेक मानवीय समस्याएँ होती हैं। इनकी अपनी आर्थिक व सामाजिक समस्याएँ भी नगर के शेष विकसित इलाकों से भिन्न प्रकार की होती हैं। ये बस्तियाँ मूलरूप से तीन प्रकार की होती हैं– (1) शरणार्थियों का आश्रयस्थल (2) ऐसे लोगों का आवास, जिनकी सामाजिक और आर्थिक दिलचस्पी अन्यत्र होती है और (3) विकृत शहरी क्षेत्र : देखें– **Shanty towns**।

S-R (stimulus-response) **models** (एस आर ('स्टिम्यलस् रि 'स्पॉन्स) 'मॉडल्स्) **उद्दीपन एवं प्रतिक्रिया मॉडल :** देखें– **Conditioning**।

stable population ('स्टेबल पॉप्यु'लेशन्) **स्थायी जनसंख्या :** स्थायी जनसंख्या में जन्म–दर तथा मृत्यु–दर लम्बे काल तक स्थिर रहती है तथा इसमें किसी प्रकार का प्रवसन नहीं होता। इसके प्रभावस्वरूप आयु संरचना स्थिर रहती है। ऐसी जनसंख्या की वृद्धि–दर स्थिर रहती है और कभी यह शून्य या ऋणात्मक भी हो सकती है, अर्थात् इस जनसंख्या के आकार में कमी या वृद्धि भी होती है। यह स्थिर जनसंख्या (**Stationary population**) से भिन्न है। इसमें आयु संरचना और जनसंख्या का आकार दोनों स्थिर होता है और इनमें किसी प्रकार की घट–बढ़ नहीं होता (देखें– Henry S. Shryock, Jacob Siegel, **The Methods and Materials of Demography**, 1976)।

Stalinism ('स्टॉलि निज़्म) **स्टॉलिनवाद :** यह जोसफ स्टॉलिन (Joseph. Stalin, 1879-1953) के आर्थिक एवं दार्शनिक विचारों का सूचक है। स्टॉलिन 20वीं सदी के पूर्वार्द्ध में रूस के बहुत बड़े राजनीतिक चिन्तक थे। ऐसा माना जाता है कि 20वीं सदी के द्वितीय और तृतीय दशक में स्टॉलिनवाद रूस में अपनी प्रकाष्ठा पर था। वे कार्ल मार्क्स (Karl Marx, 1818-1883), फ्रिडरिक्स ऐंगल्ज (Friedrich Engels, 1820-1895) और लेनिन(Vladimir I. Lenin, 1870-1924) के साम्यवादी विचारों से काफी प्रभावित थे। लेनिन के मरने के बाद वे सोवियत संघ की कम्युनिस्ट पार्टी के पोलित ब्यूरों के अध्यक्ष चुने गये। उन्होंने पंचवर्षीय योजनाओं के माध्यम से रूस में औद्योगीकरण एवं कृषि के क्षेत्र में सामूहिकीकरण (**Collectivization**) की प्रक्रिया को बढ़ावा दिया। उनके विचारों को बहुत लोग अधिनायकवादी विचार मानते हैं।

standard deviation ('स्टैन्डॅड डीवि'एशन्) **मानक विचलन :** विचलन का ऐसा वर्ग माध्य–मूल जिसमें पदों का विचलन समांतर माध्य से लिया जाता है। मानक विचलन का वर्ग प्रसरण कहलाता है।

standard error ('स्टैन्डॅड 'एरर्) **मानक त्रुटि :** यह किसी प्रतिदर्श के प्रतिचयन बंटन के प्रसरण का घनात्मक वर्गमूल है।

standard population ('स्टैन्डॅड पॉप्यु'लेशन्) **मानक जनसंख्या :** किसी निश्चित काल तथा क्षेत्र की वह जनसंख्या जिसकी किसी अन्य काल या क्षेत्र की जनसंख्या से तुलना करने के काम में लाया जा सके। मानकीकृत जन्म एवं मृत्यु–दरों की गणनाओं में मानक जनसंख्या की सहायता ली जाती है।

standard rate ('स्टैन्डॅड रेट्) **मानक दर :** जनांकिकी के घटकों के रूप में आयु, लिंग व अन्य विशिष्ट दरों की संख्या बहुत अधिक होती है, जिन्हें सम्पूर्ण जनसंख्या पर लागू करना कठिन होता है। इसके लिए अशोधित दरों को प्रत्यक्ष अथवा अप्रत्यक्ष विधियों द्वारा मानकीकृत (**Standardized**) बनाया जाता है, ताकि उन्हें सामान रूप से लागू किया जा सके। ऐसी दरों को मानक दर कहा जाता है।

standard urban area ('स्टैन्डॅड 'अर्बन्'अरिआ) **मानक नगरक्षेत्र :** मानक नगरक्षेत्र ऐसे समस्त नगर क्षेत्रों की समष्टि है, जिनकी जनसंख्या 50000 से अधिक होती है। जनगणना आँकड़ों के लिए यह अभीष्ट माना जाता है कि किसी भी नगरक्षेत्र की लगातार तीन जनगणनाओं के आँकड़ों की परस्पर तुलना की जा सके। इसमें केवल उन्हीं क्षेत्रों को शामिल किया जाता है, जो इन चार बातों में से एक या अधिक शर्तें पूरी करते हैं– (1) जिनकी भूमि का उपयोग नगरीय कार्यों के लिए होता हो, (2) दैनिक कार्यकलापों के लिए जिनका सम्पर्क मुख्य नगर से रहता हो, (3) जिनमें उद्योगों और सम्बन्धित सेवाओं के लिए सम्भावनाएँ हों एवं (4) ऐसे बड़े गाँव, जिनकी अधिकांश जनसंख्या खेती के अलावा अन्य कार्यों में लगी हो।

standardization (स्टैन्डॅडाइ 'ज़ेशन्) **मानकीकरण :** जब दो या उससे अधिक समूहों के बीच तुलना की आवश्यकता पड़ती है, तो विश्लेषण पक्षपातपूर्ण न हो, इसके लिए आवश्यक है कि एक सामान्य मानक ले लिया जाय , उदाहरणस्वरूप– यदि बंगाल और केरल की प्रजननता-दर के बीच तुलना करनी है, तो किसी तीसरे राज्य की उम्र-संरचना को आधार मानकर ही जनसंख्याशास्त्र में दो भिन्न प्रजननता-दरों के बीच तुलना की जाती है ।

Stanford-Binet intelligence test ('स्टानफॅड बीने इन् 'टेलिजन्स् टेस्ट्) **स्टॉनफॉर्ड-बिनेट बुद्धि परीक्षण :** यह बुद्धि परीक्षण की सर्वाधिक लोकप्रिय विधि है । फ्रांसीसी मनोवैज्ञानिक बीने (Alfred Binet, 1857-1911) ने अपने देश के स्कूली बच्चों की बुद्धि परीक्षा के लिए इस विधि का निर्माण किया था । बाद में चलकर अमरीका के स्टॉनफॉर्ड यूनिवर्सिटी में इस विधि पर काम कर इसे और समृद्ध एवं वैज्ञानिक परीक्षण के योग्य बनाया गया । यह आई. क्यू. (**IQ**) परीक्षण के नाम से भी जाना जाता है : देखें– **Intelligence quotient; intelligence tests** ।

state (स्टेट्) **राज्य :** राजनीतिशास्त्र और सार्वजनिक विधि के एक प्रत्यय के रूप में मनुष्यों के उस न्यूनाधिक बहुसंख्यक समुदाय या संगठन को राज्य कहते हैं, जो एक निश्चित भू-भाग में रहता हो और जिसकी ऐसी संगठित सरकार हो जो बाहरी नियन्त्रण से पूरी तरह या प्राय: स्वतन्त्र हो और अधिकांश जनता स्वभाव से ही जिसकी आज्ञा का पालन करती हो (देखें– Talcott Parsons, **Politics and Social Structure**, 1969; Roger King, **The State in Modern Society**, 1986) ।

state capitalism (स्टेट् 'कैपिटलिज़म्) **राज्य-पूँजीवाद :** ऐसी आर्थिक प्रणाली जिसके अन्तर्गत उत्पादन के साधनों पर राज्य का स्वामित्व रहता है । इन साधनों का नियन्त्रण किसी प्रबन्धकवर्ग या सत्तारूढ़ दल के हाथों में रहता है । इस व्यवस्था के अन्तर्गत शासक-वर्ग के सदस्य कामगार वर्ग के साथ पूँजीपतियों जैसा व्यवहार करते हैं । इस दृष्टि से यह समाजवाद से भिन्न है । बहुत लोग आलोचना के रूप में साम्यवादी अर्थव्यवस्था को ही राज्य-पूँजीवाद की संज्ञा देते हैं (देखें– Bob Jessop, **The Capitalist State**, 1982) : देखें– **Socialism** ।

state intervention in childcare (स्टेट् इन्टर् 'वेन्शन् इन् चाइल्डकेअर) **शिशु-संरक्षण में राजकीय हस्तक्षेप :** देखें– **Childcare, state intervention in** ।

state monopoly capitalism (स्टेट् म 'नॉपलि 'कैपिटलिज़म्) **राजकीय एकाधिकारी पूँजीवाद :** बहुत से सामाजिक वैज्ञानिकों ने साम्यवाद को ही राजकीय एकाधिकारी पूँजीवाद कहा है : देखें– **Communism** ।

state socialism (स्टेट् 'सोश लिज़म्) **राज्य समाजवाद :** वह सिद्धान्त जो राज्य के माध्यम से समाजवाद के लक्ष्य को पूरा करना चाहता है । यह सिद्धान्त राज्य को वर्ग-विशेष के हाथ की कठपुतली नहीं मानता, बल्कि यह विश्वास करता है कि भूमि और उद्योग को निजी स्वामित्व से हटाकर राज्य के स्वामित्व और नियन्त्रण में रख देने पर सारे समाज की सम्पत्ति का उपयोग सामाजिक कल्याण और प्रगति के हित में किया जा सकता है : देखें– **Communism; Capitalism** ।

statecraft (स्टेट् क्राफ्ट्) **शासन-कला :** राज्य के कार्यों का कुशल प्रबन्ध और संचालन करने की कला । इसके लिए विशेष निपुणता, सूझ-बूझ और अनुभव की ज़रूरत होती है । इसमें किसी उच्च लक्ष्य की पूर्ति के लिए छल-कपट या मिथ्या आडम्बर का सहारा भी लिया जा सकता है, परन्तु अनैतिक आचरण (Immoral conduct) को उचित नहीं ठहराया जा सकता ।

stateless society ('स्टेट्लिस् स 'साइअटि) **राज्यविहीन समाज :** ऐसा समाज जिसमें सरकार नाम की कोई संस्था नहीं रहती है । प्राचीन काल में इस प्रकार के समाज पाये जाते थे; क्योंकि उस काल में राज्य का विकास नहीं हो पाया था । लेकिन, आज इस प्रकार के समाज की कल्पना शायद संभव नहीं है । यह साम्यवादियों की कोरी कल्पनामात्र ही हो सकती है ।

static civilization ('स्टैट्इक सिविलाइ ज़ेशन्) **स्थिर सभ्यता :** समाज की वह स्थिति जो उच्च सांस्कृतिक स्तर पर पहुँच कर लगभग स्थिर हो जाती है और जिसमें कोई भी महत्त्वपूर्ण सांस्कृतिक परिवर्तन अथवा गतिशीलन नहीं होता है ।

static society ('स्टैट्इक सॅ 'साइअटि) **स्थिर समाज :** वह समाज या समूह जिसमें स्वयं को परिवर्तित करने या गतिशील बनाने की क्षमता नहीं रहती ।

station ('स्टेश्न्) **हैसियत, स्थिति-संकुल :** किंगज्ली डेविस (Kingsley Davis, 1908-1997, हिन्दी में शुद्ध उच्चारण मात्र किंगज्ली डेविस है) ने व्यक्ति की सामान स्थिति को इंगित करने के लिए 'स्टेशन' (Station) शब्द का प्रयोग किया है । स्टेशन अथवा हैसियत व्यक्ति की सामान सामाजिक स्थिति की द्योतक एक विशिष्ट अवधारणा है, जो समाज में व्यक्ति के स्तर अथवा स्थान को प्रकट करती है । इस सामान स्थिति के आधार पर ही समाज की स्तरण व्यवस्था में व्यक्ति के स्थान अर्थात् हैसियत का पता चलता है । मार्शल ने व्यक्ति की सामान स्थिति को इंगित करने के लिए 'स्टेशन' के स्थान पर 'स्टैंडिंग' (Standing) शब्द के प्रयोग का सुझाव दिया है ।

किंगज्ली डेविस ने कहा है कि एक व्यक्ति समाज में केवल एक ही स्थिति या ऑफिस ग्रहण नहीं करता है वरन् अनेक स्थितियाँ एवं ऑफिस प्राप्त करता है । व्यक्ति द्वारा प्राप्त इन विभिन्न स्थितियों एवं ऑफिसों के योग को स्थिति-संकुल कहते हैं । अत: स्थिति-संकुल अनेक स्थितियों एवं ऑफिसों का एक गुच्छा है, जिसपर किसी व्यक्ति का अधिकार होता है और जिसे सार्वजनिक मान्यता प्राप्त होती है ।

stationary population ('स्टेश्नरि पॉप्यु 'लेश्न्) **स्थिर जनसंख्या :** ऐसी जनसंख्या जिसका जन्म तथा मृत्यु-दरों में अन्तर शून्य अर्थात् बराबर होता है और जिनके परिणामस्वरूप सम्बन्धित समुदाय की जनसंख्या में विशेष अवधि में कोई परिवर्तन नहीं होता है : देखें– **Stable population** ।

statistical artefact (स्ट 'टिस्टिक्ल् आर्टि फ़ैक्ट्) **सांख्यिकीय हस्तकृति :** देखें– **Artefact, statistical and methodological** ।

statistical association (स्ट 'टिस्टिक्ल् अॅ सोसि 'एश्न्) **सांख्यिकीय साहचर्य :** दो चरों के बीच यदि किसी प्रकार का मात्रात्मक सम्बन्ध है, तो उसे सांख्यिकीय सहसम्बन्ध कहा जाता है । ये दो प्रकार के होते हैं– (1) एक चर की मात्रा में वृद्धि दूसरे चर की मात्रा में वृद्धि का कारण हो सकती है या (2) समानुपातिक ह्रास (नकारात्मक सहसम्बन्ध) भी संभव है । लेकिन, यह ज़रूरी नहीं है कि दो चरों के बीच किसी प्रकार का तार्किक या कार्य-कारण सम्बन्ध हो ।

statistical effects (स्ट 'टिस्टिक्ल् इ 'फ़ेक्ट्स्) **सांख्यिकीय प्रभाव :** देखें– **Effects, statistical** ।

statistical inference (स्ट 'टिस्टिक्ल् इन् 'फ़ॅरॅन्स) **सांख्यिकीय अनुमति :** इस विधि का प्रयोग कुछ सीमित घटनाओं या पर्यवेक्षणों के आधार पर आगमनिक विधि **(Inductive method)** द्वारा जानकारी प्राप्त करने के लिए किया जाता है । इसमें यह आवश्यक है कि हम आँकड़ों का चुनाव यादृच्छिक प्रक्रिया (Random method) से करें । सांख्यिकीय अनुमिति का प्रयोग भविष्यकथन, विश्लेषण तथा प्राक्कल्पनाओं की जाँच में होता है ।

statistical interaction (स्ट 'टिस्टिक्ल् इन्टर् 'ऐक्श्न्) **सांख्यिकीय अन्त:क्रिया :** जब दो चरों के बीच के सम्बन्ध इस प्रकार स्थापित हों कि एक चर की मात्रा में वृद्धि होने पर दूसरे चरों में समानुपातिक ह्रास या वृद्धि हो, तो उसे सांख्यिकीय अन्त:क्रिया कहा जाता है ।

statistical significance (स्ट 'टिस्टिक्ल् सिग् 'निफिकन्स्) **सांख्यिकीय सार्थकता :** सामाजिक अनुसन्धान के अन्तर्गत वह स्थिति, जिसमें अनुसन्धान के परिणामों पर विश्वास किया जा सके । अर्थात् यह निश्चित हो सके कि भिन्न-भिन्न परिवर्त्यों की जिन विशेषताओं, परस्पर सम्बन्ध या अन्तर का पता लगाया गया है, उनकी बार-बार पुष्टि की जा सकती है; और जो मात्र संयोग के परिणाम नहीं है ।

statistics (स्टॅ'टिस्‌टिक्स्) **सांख्यिकी :** यह गणित की एक व्यावहारिक शाखा है। इस विषय के अन्तर्गत परिमाणात्मक आँकड़ों का संकलन, सारणीकरण, प्रस्तुतीकरण और विश्लेषण किया जाता है, ताकि इस तरह प्राप्त होने वाले तथ्यों को बोधगम्य रूप दिया जा सके और उनके आधार पर सामान्य नियमों और प्रवृत्तियों का वर्णन किया जा सके। आज इस विषय की उपयोगिता विभिन्न सामाजिक विज्ञानों में देखी जा रही है।

statistics, vital (स्टॅ'टिस्‌टिक्स्, 'व़ाइट्‌ल्) **जीवनांक :** देखें– **Vital statistics**।

status ('स्टेटस्) **स्थिति, हैसियत :** देखें- **Social status**।

status, achieved ('स्टेटस्, अ'चीव़्ड्) **अर्जित स्थिति :** अर्जित स्थिति ऐसी स्थिति है, जिसे व्यक्ति अपने व्यवहारों या प्रयासों से जीवन में प्राप्त करता है। अर्जित स्थिति जन्मजात नहीं होती है, जैसे– प्रोफेसर, इंजीनियर या बहुत बड़ा खिलाड़ी होना आदि। प्रतिस्पर्द्धा और प्रतियोगिता इसके विशेष साधन हैं। यह वर्ग-व्यवस्था पर आधारित समाज की विशेषता है। इसके अन्तर्गत समाज की इच्छाएँ कम काम करती हैं और व्यक्ति की अपनी इच्छाएँ प्रमुख होती हैं। अर्जित सामाजिक स्थिति में परिवर्तन आसानी से आता है। कोई भी व्यक्ति आसानी से समाज में एक स्तर से दूसरे स्तर में आ-जा सकता है। आरोपित सामाजिक स्थिति अनैच्छिक (Non-voluntary) होती है, तो अर्जित सामाजिक स्थिति ऐच्छिक (Voluntary) होती है।

status, ascriptive or **ascribed** ('स्टेटस्, अस्'क्रिप्'टिव ऑर् अ'स्क्राइबड्) **आरोपित स्थिति :** आरोपित स्थिति ऐसी स्थिति को कहते हैं, जो हमें जन्म से या जैवकीय आधार पर प्राप्त होती है। इसे प्राप्त करने के लिए हमें अलग से प्रयास नहीं करना पड़ता है, जैसे– किसी जाति या प्रजाति-विशेष की सदस्यता, स्त्री या पुरुष होना, बच्चा या बुजुर्ग होना आदि। जो सामाजिक स्थिति समाज द्वारा प्रदत्त है, उसमें व्यक्ति की अपनी भूमिका कम होती है और समाज की भूमिका अधिक होती है। आरोपित सामाजिक स्थिति का आधार मुख्यरूप से जैविक होता है, जैसे– जाति, प्रजाति, उम्र, यौन आदि।

status, attainment and new structuralism ('स्टेटस्, अ'टेन्मन्ट् ऐन्ड् न्यू 'स्ट्रक्चर् लिज़्म्) **स्थिति प्राप्ति एवं नव-संरचनावाद :** देखें- **Comparable worth**।

status, formal and informal ('स्टेटस्, 'फ़ॉर्म्ल् ऐन्ड् इन'फ़ॉर्म्ल्) **औपचारिक एवं अनौपचारिक स्थिति :** जो स्थिति किसी व्यक्ति को किसी औपचारिक व्यवस्था के अन्तर्गत प्राप्त होती है, उसे औपचारिक स्थिति कहा जाता है। ऐसे पद जिसे समाज ने अपनी मान्यताओं, आदर्शों, प्रथाओं एवं नियम-कानूनों को ध्यान में रखकर सृजित किया है, वे तमाम पद अनौपचारिक स्थिति कहे जाते हैं। जैसे– सचिव, मंत्री, प्राचार्य, कार्यपालक अभियन्ता, प्रोफेसर आदि ऐसे अनगिनत पद आधुनिक समाज में हैं, जिन पर विभिन्न लोग काम कर रहे हैं। औपचारिक स्थिति के ठीक विपरीत अनौपचारिक स्थिति होती है, जैसे– किसी व्यक्ति की स्थिति पिता, भाई, दोस्त या किसी अन्य प्रकार के सम्बन्धी के रूप में हो सकती है।

status, functional ('स्टेटस्, 'फ़ङ्क्शन्ल्) **प्रकार्यात्मक स्थिति :** बहुत सारे औपचारिक संगठनों के अन्तर्गत कुछ ऐसे भी पद हैं, जो अपने प्रकार्यों के लिए विशेष रूप से जाने जाते हैं। प्रतिष्ठा या अधिकार के स्तर पर वह पद छोटा होता है, लेकिन प्रकार्य की दृष्टि से उसका महत्त्व समाज में बहुत अधिक होता है, जैसे– पुलिस विभाग में दारोगा का पद एक साधारण पद है, लेकिन समाज उसे बहुत सारे पदों की तुलना में काफी ऊपर रखता है।

status, generalization ('स्टेटस्, जेन्रलाइ'ज़ेशन्) **स्थिति या हैसियत सामान्यीकरण :** यह एक ऐसी प्रक्रिया है, जिसके अन्तर्गत कोई सामाजिक स्थिति किसी विशेष परिस्थिति में गौण रहती है। लेकिन, जब उसकी भूमिका में कोई परिवर्तन आता है, तो उसकी स्थिति काफी ऊँची हो जाती है, जैसे– अदालत के अन्तर्गत न्यायाधीश, अधिवक्ता एवं न्यायालय से जुड़े अन्य अधिकारियों की स्थिति डॉक्टर से बेहतर होती है। लेकिन, जब कोई डॉक्टर अदालत में एक विशेषज्ञ के रूप में गवाही देता है, तो अदालत में उसकी स्थिति न्यायालय के विभिन्न कर्मचारियों एवं अधिवक्ताओं से

ऊपर हो जाती है। इसे ही स्थिति या हैसियत सामान्यीकरण कहा जाता है। ठीक उसी प्रकार प्रत्येक विश्वविद्यालय की पीएच.डी. की उपाधि की मान्यता बराबर है। लेकिन, जब कोई हार्वर्ड या ऑक्सफोर्ड विश्वविद्यालय से पीएच.डी. की उपाधि प्राप्त कर साक्षात्कार के लिए किसी चयन समिति के सामने आता है, तो उस व्यक्ति की स्थिति भारतीय उपाधि वाले अभ्यर्थियों की तुलना में बेहतर मान ली जाती है।

status, inconsistency and status crystallization ('स्टेटस्, इन्‌कन्'सिस्‌टन्सि ऐन्ड् 'स्टेटस् क्रिस्टलाइ'जेश्‌न्) **स्थिति विसंगति एवं स्थिति क्रिस्टलीकरण** : देखें– **Social status; Social stratification**।

status, key ('स्टेटस्, की) **मूल स्थिति** : किसी भी समाज में तमाम सामाजिक स्थितियाँ समान रूप से समान महत्त्व की नहीं होती हैं। प्रत्येक समाज में कोई स्थिति ज्यादा, तो कोई स्थिति कम महत्त्वपूर्ण होती है। यह इस बात पर निर्भर करता है कि समाज किसी स्थिति को किस रूप में देखता है। इसी तथ्य को ध्यान में रखकर ई. टी. हीलर (E. Theodore Hiller, 1883-1996) ने मूल स्थिति की अवधारणा को स्पष्ट करते हुए बताया है कि अमरीकी समाज में पेशा (**Occupation**) को मूल स्थिति माना जाता है। इसी आधार पर हम कहते हैं कि प्राचीन एवं मध्यकालीन भारत में हिन्दुओं के बीच जातिप्रथा एक प्रकार की मूल स्थिति थी।

status, master ('स्टेटस्, 'मास्टर) **प्रमुख स्थिति** : प्रत्येक व्यक्ति के कई स्थिति-पद होते हैं, इनमें से कुछ प्रदत्त (जैसे– लिंग या जाति) और कुछ अर्जित (जैसे शैक्षणिक स्तर या व्यवसाय) होते हैं। एक व्यक्ति की प्रमुख स्थिति से तात्पर्य ऐसी पद-स्थिति से है, जो अधिकांश या सभी सामाजिक स्थितियों में अन्य सभी स्थितियों से सर्वोपरि, महत्त्वपूर्ण और प्रभुत्वशाली होती है। जहाँ पश्चिमी समाजों में व्यवसाय, लिंग और प्रजाति को प्रभुख प्रस्थितियों के रूप में स्वीकार किया गया है, वहाँ भारत में पारम्परिक जाति को एक व्यक्ति की प्रमुख स्थिति माना जाता रहा है। चूँकि स्थिति का निर्धारण व्यक्तिगत उपलब्धि के आधार पर न होकर, सामाजिक आधार पर होता है। अतः किसी सामाजिक अन्तर्क्रिया विशेष के दौरान व्यक्ति का अपनी प्रमुख स्थिति पर कोई नियन्त्रण नहीं होता है।

status, paired ('स्टेटस्, पे'अर्‌ड) **युग्मित स्थितियाँ** : प्रत्येक समाज में कुछ स्थितियाँ आपस में जुड़ी होती हैं। इन स्थितियों को युग्मित स्थितियाँ कहते हैं। ये ऐसी स्थितियाँ होती हैं कि इनमें से हम एक के बिना दूसरे की बात सोच भी नहीं सकते हैं। पति-पत्नी, माँ-बाप और सन्तान, ग्राहक-दुकानदार ऐसी ही कुछ युग्मित स्थितियों के उदाहरण हैं।

status, scalar ('स्टेटस्, स्के'लर्) **सोपानवत स्थिति** : जब सामाजिक स्थितियों को श्रेणीबद्ध कर देखने का प्रयास करते हैं, तो उसे सोपानवत स्थिति कहा जाता है। बहुत सारे औपचारिक संगठनों के अन्तर्गत सदस्यों को वरीयता और श्रेष्ठता के आधार पर श्रेणीबद्ध किया जाता है। स्थिति की इस संरचना को सोपानवत स्थिति के नाम से जाना जाता है।

status, situational ('स्टेटस्, सिचु'एश्‌न्‌ल्) **स्थितिपरक स्थिति** : यह एक ऐसा अस्थायी पद है, जो किसी विशिष्ट स्थिति में प्रकट होता है तथा वह उस स्थिति के साथ जुड़ी हुई भूमिका को सक्रिय रूप में सम्पादित करता रहता है। स्थितिपरक स्थिति और अन्य सामाजिक स्थितियों, जिन्हें व्यक्ति स्थिति की परवाह किये बिना किसी अवसर पर निभाता है, में फर्क होता है। 'भारतीय', 'विवाहित', 'स्नातक' आदि ऐसे सामाजिक पद हैं कि व्यक्ति जहाँ कहीं भी जाता है, ये पद-स्थितियाँ सामाजिक विशेषताओं के रूप में उसके साथ हरेक समय जुड़ी रहती हैं। इसके विपरीत, यात्री एक ऐसी पद-स्थिति है, जो उसे रेल, बस या हवाई यात्रा के समय मिलती है और जैसे ही यात्रा की स्थिति समाप्त होती है, यह पद-स्थिति भी तत्काल समाप्त हो जाती है।

status, social ('स्टेटस्, 'सोश्‌ल्) **सामाजिक स्थिति** : देखें – **Social status**।

status, transitional ('स्टेटस्, ट्रान'ज़िश्‌न्‌ल) **अन्तरवर्ती स्थिति** : एक ऐसी स्थिति जो पूर्णतः दो अन्य स्थितियों के सेतु के रूप में काम करती है, अन्तरवर्ती स्थिति कहलाती है। 'सगाई' हो जाने की स्थिति अविवाहिता और विवाहिता

की स्थितियों के बीच की ऐसी ही स्थिति है। इसी प्रकार, नौकरी के क्षेत्र में, परिवीक्षा पर रखे गये व्यक्ति की स्थिति भी अन्तरवर्ती स्थिति का ही एक अन्य उदाहरण है।

status attainment, status-attainment theory ('स्टेटस् अ'टेन्मन्ट्, 'स्टेटस् अ'टेन्मन्ट् 'थिअरि) **स्थिति प्राप्ति, स्थिति प्राप्ति सिद्धान्त** : स्थिति प्राप्ति सम्बन्धी विचार इस तर्क पर आधारित है कि सामाजिक विषमता, शिक्षा, व्यवसाय और मानसिक क्षमता सम्बन्धी वैयक्तिक भिन्नताओं का परिणाम है। जो लोग इस विचारधारा को मानते हैं, वे यह भी कहते हैं कि प्रजाति, लिंग, नृजाति एवं वर्ग सम्बन्धी विषमता वैयक्तिक क्षमताओं में अन्तर का परिणाम है। शायद यही कारण है कि गोरे लोग काले लोगों से ज्यादा योग्य, पुरुष नारी से ज्यादा बेहतर और उच्च वर्ग के लोग निम्नवर्ग के लोगों से ज्यादा सक्षम और कुशल माने जाते हैं (देखें– David Featherman and Robert Hauser, **Opportunity and Change**, 1978)।

status consistency ('स्टेटस् कन्'सिस्टन्सि) **स्थिति संगति** : ऐसी स्थिति जिसमें व्यक्तियों का सामाजिक श्रेणीकरण उसकी योग्यता, क्षमता, सम्पत्ति या शक्ति से पूरी तरह तालमेल खाती हो।

status crystallization ('स्टेटस् क्रिस्टलाइ'ज़ेश्न्) **स्थिति क्रिस्टलीकरण** : अमरीकी समाजशास्त्री जी. लेनस्की (Gerhard Lenski) द्वारा प्रयोग की गई एक अवधारणा, जिसके अनुसार यह माना जाता है कि विशेष स्थितियों में असंगति, स्थिति अस्पष्टता की ओर अग्रसर करती है और यह स्थिति बाद में सामाजिक तनाव उत्पन्न करती है। बाद में, जॉर्ज सी. होमन्स (George C. Homans, 1910-1989) जैसे लेखकों ने इस अवधारणा और स्थिति, एकीकरण को 'सापेक्षिक वंचन' **(Relative deprivation)** और 'सन्दर्भ समूह' **(Reference group)** की अवधारणाओं के साथ जोड़कर सामाजिक न्याय सम्बन्धी चर्चा में बृहत् सार्थकता प्रकट की है।

status degradation ceremony ('स्टेटस् डिग्रे'डेश्न् 'सेरमनि) **स्थिति अपकर्ष अनुष्ठान** : देखें– **Degradation ceremony**।

status frustration ('स्टेटस् फ्र'स्ट्रेश्न्) **स्थिति कुण्ठा** या **हताशा** : एक अवधारणा जिसका प्रयोग अल्बर्ट कोइन (Albert Cohen) ने अपनी पुस्तक **Delinquent Boys** (1956) में किया। उन्होंने बताया की श्रमिक वर्ग में पुरुष अपचारिता मध्यमवर्ग की सफलता के मूल्यों के प्रति प्रतिक्रिया के फलस्वरूप उत्पन्न होती है, जैसा कि हमें स्कूल के परिवेश में देखने को मिलता है। अपचारी बालकों को स्थिति सम्बन्धी कुण्ठा या हताशा अनुभव होती है, अतः वे अपचारी संस्कृति की रचना करने के लिए स्कूल के मध्यम वर्गीय मूल्यों को उल्टा कर देते हैं।

status generalization ('स्टेटस् जेन्रलाइ'ज़ेश्न्) **स्थिति सामान्यीकरण** : स्थिति सामान्यीकरण एक ऐसी प्रक्रिया है, जिसकी उत्पत्ति तब होती है जब एक स्थिति जो किसी स्थिति-विशेष में निरर्थक होती है, किन्तु उसका प्रभाव होता है, उदाहरणार्थ– एक न्यायालय के कमरे में न्यायाधीश, वकील, न्यायिक कर्मचारी, गवाह और वादी-प्रतिवादी की स्थितियों को वैध एवं सार्थक माना जाता है, अर्थात् इन पदों के एक-दूसरे के साथ सम्बन्ध अपेक्षाओं के आधार पर बने होते हैं। सामान्य रूप में, एक न्यायालय के कमरे में डॉक्टर की स्थिति सार्थक नहीं होती है जब तक कि उसे एक गवाह के रूप में बुलाया नहीं जाता। जब उसे गवाह के रूप में बुलाया जाता है, तब डॉक्टर की भूमिका अन्य गवाहों से अधिक महत्त्वपूर्ण बन जाती है। यह स्थिति सामान्यीकरण है।

status group ('स्टेटस् ग्रूप्) **स्थिति समूह, हैसियत समूह** : मैक्स वेबर (Max Weber, 1864-1920) ने वर्ग से भिन्न स्थिति समूह की चर्चा की है। उनका कहना है कि समाज में स्तरीकरण सिर्फ वर्ग के आधार पर नहीं किया जा सकता है, बल्कि स्थिति समूह के आधार पर भी यह संभव है, जैसे– भारतीय समाज में जाति के आधार पर स्तरण किया जाता है, जो कोई वर्ग नहीं है। उन्होंने जाति को एक स्थिति समूह की संज्ञा दी है। आमतौर पर स्थिति समूह के सदस्यों की सामाजिक हैसियत तथा उनकी जीवन-शैली प्रायः एक-जैसी होती है।

status inconsistency ('स्टेटस् इन्कन्'सिस्टन्सि) **स्थिति विसंगति** : व्यक्ति के जीवन में ऐसी स्थिति उत्पन्न होती है, जब दो स्थितियों की भूमिका निभानी होती है और जिसके परिणामस्वरूप सामाजिक तनाव या व्यक्ति के जीवन में मानसिक तनाव की स्थिति उत्पन्न होती है। स्थिति असंगतता, विशेषतः उन समाजों में अधिक देखने को मिलती है, जिनमें प्रदत्त स्थितियों, जैसे– जाति, प्रजाति, लिंग या आयु को अधिक महत्त्व दिया जाता है।

status quo ('स्टेटस् क्वो) **यथास्थिति** : जहाँ जैसी स्थिति है, वहाँ वैसी स्थिति बनाए रखने, अर्थात् प्रचलित व्यवस्था को ज्यों-के-त्यों बनाए रखने की प्रवृत्ति को यथास्थिति कहते हैं। इसका समर्थन करनेवालों के हित प्रायः उस व्यवस्था के साथ जुड़े रहते हैं और उसके अस्तव्यस्त होने या बदल जाने से उन हितों को क्षति पहुँचने की सम्भावना रहती है।

status sequence ('स्टेटस् 'सीक्वन्स्) **स्थिति-क्रम** : एक व्यक्ति द्वारा उत्तरोत्तर क्रम में धारण की गई स्थितियों की शृंखला को स्थिति-क्रम कहते हैं। एक व्यक्ति अपने जीवन-काल में एक के बाद एक अनेक स्थितियाँ धारण करता चला जाता है, यह प्रक्रिया ही स्थिति-क्रम की द्योतक है, जैसे– बालक, युवा, प्रौढ़ तथा वृद्ध की स्थितियाँ एक के बाद एक चलती रहती हैं। इसी प्रकार चिकित्साशास्त्र का कोई विद्यार्थी इन्टर्न, रेजीडेन्ट, रजिस्ट्रार तथा स्वतन्त्र चिकित्सक की स्थितियाँ उत्तरोत्तर ग्रहण करता चला जाता है। इस अवधारणा की रचना रॉबर्ट के. मर्टन (Robert K. Merton, 1910-2003) ने की है।

status set ('स्टेटस् सेट्) **स्थिति-समुच्चय** : एक व्यक्ति की एक से अधिक स्थिति संभव है। कोई व्यक्ति एक स्थिति में किसी का पुत्र है, तो दूसरी स्थिति में वह किसी का पति भी। वही व्यक्ति कहीं शिक्षक है, तो कहीं पुजारी भी। जब एक व्यक्ति के साथ एक से अधिक स्थितियाँ जुड़ी होती हैं, तो उसे स्थिति सेट या समुच्चय कहते हैं।

status symbol ('स्टेटस् 'सिम्बल्) **प्रतिष्ठा-प्रतीक** : ऐसी वस्तुएँ और व्यवहार जो आज के उपभोक्तावादी समाज में ऊँची हैसियत और सम्पन्नता के प्रतीक समझे जाते हैं, जैसे कि बंगला, गाड़ी, फोन, मोबाइल, टेलीविजन, वीडियो रिकार्डर, कम्प्यूटर, नौकर-चाकर, बड़ी-बड़ी पार्टियों का आयोजन आदि। जो इन वस्तुओं का जितना अधिक प्रदर्शन करता है, लोगों की नजरों में उसकी प्रतिष्ठा उतनी ही बढ़ जाती है।

stem family (स्टेम् 'फ़ैमलि) **शाखा परिवार** : देखें– **Family, stem**।

stereotype ('स्टेरिअ टाइप) **रूढ़िबद्ध धारणा, रूढ़धारणा** : ऐसा लोक-विश्वास, समूह स्वीकृत कोई अचल विचार या भावना जो सामान्यतः शाब्दिक तथा संवेगयुक्त होती है, रूढ़धारणा कहलाती है। इन विचारों, विश्वासों या भावनाओं का आधार तर्कपूर्ण चिन्तन नहीं होता। अतः इनकी वस्तुनिष्ठता के आधार पर जाँच करना कठिन होता है। साधारणतः हम बनी-बनाई धारणाओं को तर्कहीन रीति से ग्रहण कर लेते हैं। बहुधा हम लोगों से यह कहते-सुनते हैं कि 'मारवाड़ी भारत के यहूदी हैं', 'यहूदी बड़े चालाक व चतुर होते हैं' या 'कायस्थ का बच्चा कभी न सच्चा' आदि-आदि। ये जुमले रूढ़धारणाओं के ही कुछ उदाहरण हैं। इन विचारों या विश्वासों का निर्माण सामाजिक सम्पर्क तथा संस्कृति के प्रभाव के फलस्वरूप होता है। रूढ़धारणाएँ एक व्यक्ति को किसी अन्य व्यक्ति अथवा समूह के प्रतिकूल दृष्टिकोण अपनाने के लिए बाध्य करती हैं (देखें– Gordon W. Allport, **The Nature of Prejudice**, 1954)।

sterilization (स्टेरिलाइ'ज़ेशन्) **बन्ध्याकरण** : शल्यक्रिया अथवा औषधोपचार द्वारा प्राणी को सन्तानोत्पत्ति के अयोग्य बनाने की प्रक्रिया। यह युक्ति ऐसे व्यक्तियों की उत्पत्ति की रोकथाम के लिए निकाली गई है, जिनमें मानसिक हीनता होने की सम्भावना है।

stigma ('स्टिग्मा) **रोग-चिह्न, लांछन** : इसे 'कलंक का धब्बा' या 'लांछन' भी कहते हैं। परन्तु यहाँ पर यह उन विशिष्ट चिह्नों अथवा शरीर की बनावटों के लिए उपयुक्त होता है, जो सामान्यतः ह्रास का चिह्न माना जाता है (देखें– Erving Goffman, **Stigma: Notes on the Management of a Spoiled Identity**, 1963; Edwin M. Schur, **Labelling Women Deviant: Gender, Stigma and Social Control**, 1984) : देखें– **Labelling theory**।

still birth (स्टिल् बर्थ्) **मृत प्रसव :** यदि 28 सप्ताह तक शिशु गर्भ में रह गया हो तथा उसके पश्चात् प्रसव मृतावस्था में होता है, तो ऐसे प्रसव को मृत प्रसव की संज्ञा दी जाती है : देखें– **Live birth** ।

stimulus ('स्टिम्यलस्) **उद्दीपक :** ऐसा कोई कारक या घटना जो एक सावयव में प्रतिक्रिया उत्पन्न करती है, उसे उद्दीपक कहते हैं । व्यापक अर्थ में कोई भी आन्तरिक अथवा बाह्य वस्तु या घटना-घटक का कोई भी पक्ष अथवा उसमें उत्पन्न परिवर्तन, जो किसी अनुभूति को जागृत करते अथवा उसमें परिवर्तन लाते हैं : देखें– **Social stimulus** ।

stimulus, social ('स्टिम्यलस्, 'सोश्ल्) **सामाजिक उद्दीपक :** कोई ऐसा उद्दीपक जो एक अकेले व्यक्ति की अपेक्षा समूह के सदस्य के रूप में व्यक्ति में प्रतिक्रिया उत्पन्न करता है । सामाजिक उद्दीपक व्यक्ति के व्यवहार का एक ऐसा तत्त्व होता है, जो दूसरे व्यक्ति अथवा समूह के व्यवहार को प्रभावित करता है । जनप्रवादों, खबरों, विपत्तियों आदि के रूप में उद्दीपक जनमत तथा भीड़ का निर्माण कर सामाजिक प्रतिक्रिया पैदा करता है : देखें– **Stimulus** ।

stimulus discrimination ('स्टिम्यलस् डि स्क्रिमि 'नेशन्) **उद्दीपन विभेद :** मनोविज्ञान के क्षेत्र में अधिगम सिद्धान्त (Learning theory) के सन्दर्भ में कहा जाता है कि सीखने के दौरान व्यक्ति धीरे-धीरे सामान्य किस्म के उत्तेजकों के बीच सूक्ष्म अन्तर को भी समझने लगता है । सीखने की प्रारम्भिक अवस्था में विभिन्न प्रकार के वाहनों के बीच व्यक्ति कोई अन्तर नहीं करता, लेकिन बाद में वाहनों की आवाज़ मात्र से वह वाहनों के मॉडल तक को भी समझ लेता है ।

stoic ('स्टोइक) **तितिक्षु :** ऐसा व्यक्ति जो दुःख-सुख के प्रति उदासीन हो, स्थिरचित्त और आत्मसंयमी हो और जिसकी आवश्यकताएँ बहुत सीमित हों ।

strain theory (स्ट्रेन् 'थिअरि) **तनाव सिद्धान्त :** यह सिद्धान्त कि कोई भी विचारधारा सामाजिक उथल-पुथल के उत्तर के रूप में पैदा होती है । अतः किसी भी विचारधारा का उदय सामाजिक जीवन में विकृति का लक्षण है । बीसवीं शताब्दी के पूर्वार्द्ध में जर्मनी में फ़ासिस्टवाद का आविर्भाव इसका ज्वलन्त उदाहरण है ।

stratification (स्ट्रैटिफ़ि 'केशन्) **स्तरण :** समाज का स्तरीय विभाजन, जैसे– जाति या वर्ग-व्यवस्था स्तरण का आधार और प्रमाण दोनों है (देखें– Reinhard Bendix and Seymour Martin Lipset, **Class, Status and Power**, 1966; Harold R. Kerbo, **Social Stratification**, 1991) : देखें– **Social stratification** ।

stratified sampling ('स्ट्रैट्इ फ़ाइड् साम्प्लिन्ग) **स्तरित प्रतिचयन :** जब कोई समग्र या जनसंख्या विजातीय हो तो पहले उसे कई सजातीय उपवर्गों या स्तरों में विभाजित किया जाता है और प्रत्येक उपवर्ग या स्तर से उसके परिमाण का अनुपातिक एक यादृच्छिक नमूना (**Random sample**) चुन लिया जाता है । प्रत्येक उपवर्ग से चयन किये गये तत्त्वों को मिलाकर जिस नमूने की रचना होती है, वह उसका प्रतिनिधि माना जाता है । स्तरित प्रतिचयन सोद्देश्य प्रतिचयन तथा यादृच्छिक प्रतिचयन के संयोग का परिणाम है । उपवर्ग या स्तर एक विशिष्ट लक्ष्य को लेकर बनाये जाते हैं और समांगता को सुनिश्चित करने के लिए प्रत्येक उपवर्ग के यादृच्छिक चुने जाते हैं ।

stress (स्ट्रेस) **तनाव :** अर्थ की दृष्टि से यह एक अस्पष्ट अवधारणा है, जिसका आम जीवन एवं शैक्षणिक जीवन में अक्सर प्रयोग होता है । इसमें प्रमुख रूप से दो प्रकार के तत्त्व पाए जाते हैं– दैहिक एवं मनोवैज्ञानिक । जैसे तनाव की स्थिति में हृदय या नाड़ी की गति का तेज हो जाना । मानव समाजशास्त्रियों का सम्बन्ध तनाव के बाह्य क्षेत्र से है । वे लोग यह अध्ययन करते हैं कि कैसे तलाक या बेरोज़गारी जैसी समस्याओं से तनाव की समस्याएँ उत्पन्न होती हैं । तनाव की स्थिति में व्यक्ति का समाज में ठीक से कभी-कभी समायोजन नहीं हो पाता है । आधुनिक जीवन की यह एक विशिष्ट समस्या है कि व्यक्तियों का जीवन नगरीय परिवेश में काफी तनावपूर्ण होता है । तनावपूर्ण जीवन से बहुत तरह की सामाजिक समस्याएँ उत्पन्न होती रहती हैं (देखें– George Brown and Trinil Harris, **Social Origins of Depression**, 1978) ।

***stridhanam* स्त्रीधनम् :** महिलाओं की सम्पत्ति, पिता की सम्पत्ति में से एक औरत का हिस्सा, जो उसे विवाह के समय दिया जाता है । उत्तर भारत की तुलना में दक्षिण भारत में यह चीज़ अधिक देखने को मिलती है ।

strike (general strike) (स्ट्राइक्) **हड़ताल, आम हड़ताल :** वह स्थिति जिसमें किसी कार्यालय या प्रतिष्ठान के कर्मचारी प्रबन्धक वर्ग की किसी नीति, निर्णय या कार्रवाई के प्रति विरोध प्रकट करने या अपनी कुछ माँगें पूरी कराने के उद्देश्य से प्रबन्धक वर्ग पर दबाव डालने के लिए सामूहिक रूप से काम बन्द कर देते हैं । इसके अलावा, सरकार की किसी नीति, निर्णय, कार्रवाई या प्रस्तावित कार्रवाई या किसी सामाजिक बुराई के प्रति विरोध प्रकट करने के लिए या उसके विरुद्ध वातावरण तैयार करने के लिए जब बाज़ार या अन्य सार्वजनिक सेवाएँ बन्द कर दी जाती हैं, तो उसे भी हड़ताल कहा जाता है ।

structural adjustment ('स्ट्रक्चर्ल अ'जस्ट्मन्ट्) **संरचनात्मक समन्वय :** यह व्यवस्था अन्तर्राष्ट्रीय मुद्रा-कोष (International Monetary Fund) तथा विश्वबैंक (World Bank) द्वारा प्रारम्भ एवं प्रेरित की गयी है । इसका उद्देश्य निम्न आय वाले देशों को वित्तीय सहायता प्रदान करना है, जो भुगतान-सन्तुलन की चिरकालीन समस्याओं से जूझ रहे हैं । यह सहायता उन्हीं देशों को दी जाती है, जो अन्तर्राष्ट्रीय विकास संघ से सहायता प्राप्त करने के अधिकारी हैं । इसके अन्तर्गत तीन चीज़ों पर ध्यान दिया जाता है– (1) सरकार के द्वारा कम-से-कम नोट छापकर मुद्रा-स्फीति पर नियन्त्रण, (2) आर्थिक क्षेत्रों में सरकार का उत्पादन में कम-से-कम हिस्सेदारी रखना और निजी उत्पादकों को बढ़ावा देना तथा (3) सरकारी उपक्रमों का निजीकरण करना, ताकि उत्पादन एवं कार्य-कुशलता को अधिक-से-अधिक बढ़ावा मिल सके ।

structural aspect of social systems ('स्ट्रक्चर्ल 'ऐसपेक्ट् ऑव् 'सोशल् सिस्'टम्स्) **सामाजिक व्यवस्था के संरचनात्मक पहलू :** टैलकॉट पार्सन्स (Talcott Parsons) एवं रॉबर्ट के. मर्टन (Robert K. Merton) के विचारों को ध्यान में रखकर एच. एम. जॉनसन (H. M. Johnson) ने बताया है कि जब कभी भी हम संरचना की बात करते हैं, तो इससे यही बोध होता है कि संरचना के अन्तर्गत विभिन्न तत्त्व होते हैं और उन तत्त्वों के बीच एक स्थायी सम्बन्ध होता है; क्योंकि स्थायित्व के अभाव में सामाजिक व्यवस्था की संरचना और उसके प्रकार्यों को खतरा है । समाज जिन तत्त्वों के मिलने से बना है, उन तत्त्वों के बीच सम्बन्ध स्थायी होते हैं । उन तत्त्वों का स्वरूप भी सापेक्षिक रूप से काफी स्थायी होता है । सामाजिक व्यवस्था का निर्माण किन-किन चीज़ों से होता है, इसे जॉनसन ने टैलकॉट पार्सन्स एवं रॉबर्ट के. मर्टन के विचारों को ध्यान में रखकर निम्न ढंग से प्रस्तुत किया है, जिसे सामाजिक संरचना के तत्त्व (Elements or components of social structure) के नाम से जाना जाता है– (1) विभिन्न प्रकार के छोटे सामाजिक समूह (Sub-groups of various types), (2) भूमिका (Roles), (3) नियामक मानदण्ड (Regulative norms) एवं (4) सांस्कृतिक मूल्य (Cultural values) ।

structural assimilation ('स्ट्रक्चर्ल असि'मिलेश्न्) **संरचनात्मक आत्मसात्करण :** ऐसी प्रक्रिया जिसके अन्तर्गत विभिन्न प्रजाति एवं नृजाति समूह के लोग विभिन्न सामाजिक एवं सांस्कृतिक कार्यकलापों में स्पष्ट रूप से हिस्सा लेकर एक-दूसरे के साथ सहयोग करते हैं । इस प्रक्रिया को वैवाहिक सम्बन्धों के द्वारा अधिकतम बढ़ावा मिलता है । यह सामाजिक सौहार्द्र एवं राष्ट्रीय एकता के लिए आवश्यक है ।

structural breakdown ('स्ट्रक्चर्ल ब्रे'कडाउन) **संरचनात्मक विगठन :** इस संकल्पना का प्रयोग टैलकॉट पार्सन्स (Talcott Parsons) ने किया है, जिसका मतलब है– एक ऐसी कठोर प्रणाली, जिसके अन्तर्गत सामाजिक रूपान्तरण का प्रतिरोध करने या उसमें बाधा डालने के लिए प्रयास किया जाता है और जिसके फलस्वरूप सामाजिक ढाँचे में खराबी उत्पन्न होती है । प्रणालीजन्य कठोरता के विरुद्ध लोगों द्वारा सामूहिक प्रयास के रूप में उठाए गए कदमों को मार्क्सवादियों ने 'क्रांति' की संज्ञा दी है ।

structural conduciveness (स्ट्रक्‌चर्‌ल कन्‌'ड्यूसिव्‌नेस्‌) **संरचनात्मक प्रेरकता :** एन. जे. स्मेलसर (Neil J. Smelser) के अनुसार, सामाजिक संरचना की एक ऐसी स्थिति, जिसमें बहुत-से स्वार्थसमूहों के बीच वाद-विवाद, प्रतियोगिता एवं संघर्ष की स्थिति बनी रहती है।

structural crystallization ('स्ट्रक्‌चर्‌ल क्रिस्टलाइ'ज़ेश्‌न्‌) **संरचनात्मक क्रिस्टलीकरण :** स्पष्ट और अपरिवर्तनशील सामाजिक स्थिति या वर्ग-सामाजिक स्थिति। इस प्रकार की सामाजिक व्यवस्था में सामाजिक गतिशीलता की प्रक्रिया नगण्य या धीमी होती है।

structural differentiation ('स्ट्रक्‌चर्‌ल डिफ़रेन्‌शि'एश्‌न) **संरचनात्मक विभेदीकरण :** यह अवधारणा इतिहास में उद्विकासीय सिद्धान्तों और संरचनात्मक प्रकार्यवाद से जुड़ी हुई है। देखा गया है कि समाज संरचनात्मक विभेदीकरण पर आधारित सामाजिक परिवर्तन की प्रक्रिया के माध्यम से सरलता से जटिलता की ओर अग्रसर होता है। इस प्रक्रिया को अपने सरलतम रूप में एमीबा नामक कल्पित जीव में हुए परिवर्तन में देखा जा सकता है, जो विभाजन, पुनर्विभाजन और पुनः पुनर्विभाजन की अनेक प्रक्रियाओं से गुजरते हुए आज के अति विकसित मानवप्राणी तक पहुँचा है। आदिम समाज तथाकथित सरलतम समाजों के उदाहरण हैं, जहाँ सभी कार्य नातेदारी व्यवस्था के दायरे और आधार पर सम्पन्न किये जाते थे। इसके ठीक विपरीत, आधुनिक समाज एक जटिल समाज है, जिसमें सभी कार्यों को सम्पादित करने के लिए लगभग अलग-अलग संस्थाएँ होती हैं और समूह होते हैं (देखें– Anthony Giddens, **The Constitution of Society**, 1984)।

structural-functional method or **approach** ('स्ट्रक्‌चर्‌ल 'फ़ङ्‌क्‌शनूल्‌ मे'थॅड ऑर्‌ अ'प्रोच्‌) **संरचनात्मक प्रकार्यात्मक विधि** या **दृष्टिकोण :** प्रकार्यवादी पद्धति का विकास विकासवादी पद्धति के विरोध में हुआ है। यह विकासवादियों के इस दावे को मानने को तैयार नहीं है कि मानवजाति के पूरे सामाजिक इतिहास की एकसाथ वैज्ञानिक व्याख्या की जा सकती है। सामाजिक प्रकार्य (Social function) की धारणा का प्रयोग 19वीं शताब्दी में होने लगा था। फ्रांसीसी समाजशास्त्री एमिल डर्कहाइम ने सबसे पहले प्रकार्य की सुनिश्चित परिभाषा दी। प्रकार्यात्मक दृष्टिकोण के अन्तर्गत हम वर्तमान का अध्ययन करते हैं; क्योंकि किसी भी घटना के प्रभावों का आनुभविक प्रमाण (Empirical evidence) तभी संभव है, जब घटना या वस्तु विद्यमान हो। इसी दृष्टिकोण से यह दृष्टिकोण अधिक वैज्ञानिक हो सकता है एवं विभिन्न पद्धतियों का उपयोग अधिक आसानी से कर सकता है। मानवशास्त्रियों में रेडक्लिफ-ब्राउन (A. R. Radcliffe-Brown, 1881-1955) एवं बी. मैलनॉफस्की (Bronislaw K. Malinowski, 1884-1942) के नाम तथा समाजशास्त्रियों में मर्टन और पार्सन्स के नाम इस दृष्टिकोण के सम्बन्ध में उल्लेखनीय हैं। इस दृष्टिकोण को माननेवाले समाजशास्त्री यही विश्लेषण करने की कोशिश करते हैं कि किस प्रकार किसी सामाजिक संरचना की विभिन्न इकाई अपने प्रकार्यों के माध्यम से संरचना को बनाए रखने में मदद करती हैं।

structural functionalism ('स्ट्रक्‌चर्‌ल 'फ़ङ्‌क्‌शन्‌ लिज़्म्‌) **संरचनात्मक प्रकार्यवाद :** अध्ययन का एक ऐसा प्रतिरूप जिसमें समाज का विश्लेषण परम्परागत परिपाटियों एवं सामाजिक संस्थाओं की संरचना एवं प्रकार्यों के आधार पर किया जाता है। मानवशास्त्र में रेडक्लिफ-ब्राउन (A. R. Radcliffe-Brown, 1881-1955), बी. मैलनॉफस्की (Bronislaw K. Malinowski, 1884-1942, हिन्दी में इस नाम का शुद्ध उच्चारण यही है), मैसूर नरसिम्हाचार श्रीनिवास (M. N. Srinivas, 1916-1999) आदि के द्वारा किया गया अध्ययन तथा समाजशास्त्र में एमिल डर्कहाइम (Èmile Durkheim, 1858-1917), टैलकॉट पार्सन्स (Talcott Parsons, 1902-1979) एवं रॉबर्ट के. मर्टन (Robert K. Merton, 1910-2003) जैसे विद्वानों के द्वारा किये गये शोध का प्रमुख आधार संरचनात्मक प्रकार्यवाद रहा है।

structural groups (स्ट्रक्‌चर्‌ल ग्रूप्‌स्‌) **संरचनात्मक समूह :** समाज में कुछ ऐसे भी समूह होते हैं, जो स्वतः धीरे-धीरे विकसित होते हैं। ऐसे समूह योजनाबद्ध तरीके से विकसित नहीं होते हैं। इसमें एक किस्म की ऐसी व्यवस्था पायी जाती है, जिसे समाजशास्त्रीय भाषा में संरचना कहा जा सकता है, जैसे– परिवार, जाति, जनजाति, गोत्र या वंश, राज्य आदि।

structural inconsistencies (ˈस्ट्रक्‌चर्‌ल इन्‌कन्‌ˈसिस्‌टन्सिज्) **संरचनात्मक विसंगतियाँ :** इस संकल्पना का अभिप्राय यह है कि एक ही ढाँचे के अन्तर्गत दो विपरीत उप-ढाँचे का होना जो कि एक-दूसरे से असंगत होते हैं। जैसे किसी राजनीतिक दल के अन्तर्गत विरोधियों के लघु समूह का होना।

structural lag (ˈस्ट्रक्‌चर्‌ल लैग) **संरचनात्मक पश्चता :** संरचनात्मक पश्चता की स्थिति तब उत्पन्न होती है, जब समाज के विभिन्न संरचनात्मक तत्त्वों में समान गति से परिवर्तन नहीं होता है। समाज में ऐसा अक्सर देखने को मिलता है कि समाज में कुछ तत्त्व दूसरे तत्त्वों की तुलना में शीघ्र ही कुछ ज्यादा बदल जाते हैं, उदाहरणस्वरूप– जनसंख्या में तेजी से वृद्धि होने के परिणामस्वरूप पढ़े-लिखे लोगों की, देश के अन्तर्गत मौजूद नियोजकों की ज़रूरत से कहीं ज्यादा संख्या बढ़ जाती है। भारत में बेकारी की समस्या संरचनात्मक पश्चता का परिणाम है : देखें– **Cultural lag**।

structural strain (ˈस्ट्रक्‌चर्‌ल स्ट्रेन्) **संरचनात्मक तनाव :** किसी भी समाज में अनुभव किया गया तनाव; क्योंकि उस समाज के प्रचलित मूल्य व प्रतिमान व्यक्तियों की आकांक्षाओं को पूरा नहीं करते। विभिन्न इकाइयों के बीच एक तनाव की स्थिति बनी रहती है, जब सामाजिक व्यवस्था के विभिन्न अंग एकसाथ मिलकर ठीक से काम नहीं कर रहे होते हैं, जैसे– भारत में वर्ग-व्यवस्था एवं जाति-व्यवस्था के तत्त्वों के बीच अक्सर तनाव की स्थिति बनी रहती है।

structural strain theory (ˈस्ट्रक्‌चर्‌ल स्ट्रेन् ˈथिअरि) **संरचनात्मक तनाव-सिद्धान्त :** इसका सरल अर्थ है संरचनात्मक तनाव की व्याख्या सम्बन्धी सिद्धान्त। जब व्यक्ति को उसकी अपेक्षाओं के अनुरूप नहीं मिल पाता, तब वह अपने आसपास की घटनाओं की व्याख्या के लिए अतार्किक विश्वासों का प्रयोग करता है। एन. जे. स्मेलसर (Neil J. Smelser) ने इसी तथ्य को आधार बनाते हुए लिखा है कि समाज में विरोधाभास, संघर्ष और तनावों से चिन्ताएँ और अनिश्चितता की स्थिति उत्पन्न होती है और व्यक्ति इस स्थिति से मुक्ति चाहता है। सामाजिक आन्दोलनों की व्याख्या के लिए कुछ-एक समाजशास्त्रियों ने इस सिद्धान्त का प्रयोग किया है (देखें– Neil J. Smelser, **Theory of Collective Behaviour**, 1962; Doug McAdam, **Political Process and the Development of Black Insurgency 1930-1970**, 1982)।

structural unemployment (ˈस्ट्रक्‌चर्‌ल अनिम्‌ˈप्लॉइमन्ट्) **संरचनात्मक बेरोज़गारी :** ऐसी बेरोज़गारी जो अर्थव्यवस्था की संरचना में स्थायी परिवर्तन का परिणाम होती है। इसमें अधिकांश कामगारों को यह आशा नहीं रह जाती कि आगे चलकर उन्हें उसी स्थान पर उसी उद्योग में दुबारा रोज़गार मिल जायेगा, उदाहरणस्वरूप– मुद्रण-उद्योग में कम्प्यूटरों के बढ़ते हुए प्रयोग के कारण लेटर प्रेस में काम करने वाले बहुत सारे कम्पोज़ीटर बेरोज़गार हो गए हैं। उनकी बेरोज़गारी इसी श्रेणी में आती है।

structuralism (ˈस्ट्रक्‌चर्‌ लिज़म्) **संरचनावाद :** संरचनावाद का उदय फ्रांस में हुआ। इस दृष्टिकोण के मुख्य प्रवर्त्तक मानवशास्त्री क्लॉड लिवी-स्ट्रॉस (Claude Lévi-Strauss, 1908-) हैं। लेकिन, सिद्धान्त की पृष्ठभूमि में सबसे प्रमुख योगदान स्वीटज़रलैंड के भाषाविद् फर्डिनंड सावस्योर (Ferdinand de Saussure, 1857-1913) का है। मानवशास्त्र के क्षेत्र में यह बहुत ही प्रमुख दृष्टिकोण है। चूँकि लिवी-स्ट्रॉस की कृतियों को समझना काफी कठिन है इसलिए उनका यह दृष्टिकोण उतना प्रचलित नहीं हो सका। इसके अन्तर्गत मानवसमाज के सार्वभौमिक तत्त्वों की खोज की चेष्टा की जाती है। इस दृष्टिकोण की उत्पत्ति भाषा के अध्ययन से हुई है। यह संचार **(Communication)** एवं संस्कृति को बारीकी से समझने के लिए काफी उपयोगी है, पर व्यावहारिक सामाजिक समस्याओं के अध्ययन में इसकी उपयोगिता बहुत कम है।

इस सम्प्रदाय का बौद्धिक विकास मार्क्सवाद, मनोविज्ञान, प्रकार्यवाद तथा भाषाविज्ञान के प्रभाव के अन्तर्गत हुआ। संरचनावाद में उपर्युक्त चारों सम्प्रदायों के बीच एक समन्वय खोजते हुए एक नयी विचारधारा का विकास किया गया, जिसको आगे चलकर मार्क्सवादी दार्शनिक लुइ अल्थ्युसर् (Louis Althusser, 1918-90, इस व्यक्ति के नाम का शुद्ध

उच्चारण मात्र लुइ अल्थ्युसर् है) ने भी स्वीकार किया। संरचनावाद का उद्देश्य समाज के सार्वभौमिक तत्त्व का पता लगाना है। टैलकॉट पार्सन्स (Talcott Parsons, 1902-1979) का मानना था कि समाज में स्थिरता तथा एकता सामाजिक मूल्यों और प्रतिमानों पर बना रहता है, लेकिन क्लॉड लिवी-स्ट्रॉस यह पता लगाना चाहते हैं कि वे कौन-से ऐसे तत्त्व हैं, जिनके कारण व्यक्ति की चेतना स्थिर रहती है। संरचनावाद की निम्न विशेषताएँ हैं– यह सामाजिक चेतना पर ध्यान केन्द्रित करता है तथा व्यक्तिगत चेतना की उपेक्षा करता है, यह संरचना के अन्तर्गत विरोधाभास का पता लगाना चाहता है, यह सामाजिक जटिलता को कुछ संरचनात्मक सिद्धान्त के रूप में प्रस्तुत करता है, यह अचेतन स्थिति का पता लगाकर उसके सिद्धान्तों को उजागर करता है, यह सामाजिक संरचना पर बल देता है तथा व्यक्ति के जीवन के इतिहास को नकारता है, यह सामाजिक संरचना पर जोर देता है तथा सामाजिक प्रक्रिया की उपेक्षा करता है। लिवी-स्ट्रॉस यह विश्लेषण करना चाहते हैं कि उन सामाजिक सम्बन्धों के पीछे व्यक्ति द्वारा दिये गये अर्थ तथा विचारधारा क्या है। अत: लिवी-स्ट्रॉस के अनुसार, दो तरह के सिद्धान्त पाये जाते हैं– ऊपरी सतह, जिसका विकास अनुभववादी सिद्धान्तकारों ने किया है तथा छिपी हुई सतह, जिसका विकास सिगमण्ड फ्रॉयड (Sigmund Freud, 1856-1939) ने किया। लिवी-स्ट्रॉस, फ्रॉयड के सिद्धान्त को मानते हुए विचारधारा को समझना चाहते हैं। सरंचनावादी मनोविज्ञान का विचारबिन्दु मानसिक अवस्थाओं और विषय-वस्तुओं की व्यवस्था और मिश्रण है; इस सम्प्रदाय में विषय नहीं रहता है। संरचनावादी मनोविज्ञान (**Structural Psychology**) के अध्ययन की मुख्य योजना निम्न है– (1) चेतन प्रक्रियाओं का मूलतत्त्वों में विश्लेषण; (2) मूलतत्त्वों के निश्चयन की शैली; (3) मूलतत्त्वों के सम्बन्धों के नियमों का निश्चयन (देखें– Anthony Giddens, **Structuralism, Poststructuralism and the Production of Culture**, 1987)।

structuralism, cultural ('स्ट्रक्चर् लिज़म्, 'कल्चरल्) **सांस्कृतिक संरचनावाद :** संरचनावाद के नये रूप, जिसके समाजशास्त्र में प्रमुख प्रणेता पी. बोरड्यू (Pierre Bourdieu, 1930-2002) रहे हैं, को सांस्कृतिक संरचनावाद का नाम दिया गया है। इस नवीन संरचनावाद के अनुसार, संरचना नियमों की एक कड़ी मात्र है। इन नियमों द्वारा ही आनुभविक स्थितियों का अनुमान लगाया जाता है। कुछ व्यक्ति जैसे लिवी-स्ट्रॉस से प्रेरणा प्राप्त करते रहे हैं। ये लोग प्रतीकात्मक व्यवस्था की संरचना पर बल देते हैं, आधुनिक सामाजिक विचारधारा पर सांस्कृतिक संरचनावाद के प्रभाव को स्पष्ट रूप में देखा जा सकता है।

structuralism, post ('स्ट्रक्चर् लिज़म्, पोस्ट्) **उत्तर-संरचनावाद :** संरचनावाद के विकास का सम्पूर्ण इतिहास फ्रांस से जुड़ा हुआ है। इसकी जड़ें भाषा के अध्ययन में हैं। संरचनात्मक भाषा विज्ञान के विकास के सम्बन्ध में फर्डिनंड डी सावस्योर (Ferdinand de Saussure, 1857-1913) का नाम विशेष उल्लेखनीय है, जिन्हें इस विषय का प्रमुख प्रणेता भी माना जाता है। क्लॉड लिवी-स्ट्रॉस (Claude Lévi-Strauss) तथा अन्य मानव वैज्ञानिकों ने भाषाविज्ञान के क्षेत्र में प्रचलित संरचनावाद से प्रेरणा ग्रहण की है। लिवी-स्ट्रॉस ने जिस संरचनावाद को जन्म दिया, वह भाषाई व्यवस्था और नातेदारी व्यवस्था में पाई जाने वाली समानता पर आधारित है। लिवी-स्ट्रॉस ने यह स्थापित किया कि भाषाई व्यवस्था और नातेदारी व्यवस्था (सामाजिक संरचना) अन्ततः व्यक्ति के मस्तिष्क की संरचनाओं की उपज है।

समाजशास्त्र के क्षेत्र में जिस संरचनावाद की चर्चा की जाती है, वह कार्ल मार्क्स के विचारों पर आधारित है। संरचनात्मक मार्क्सवाद पूँजीवादी समाज में छिपी हुई मूल संरचनाओं की खोज पर बल देता है। इस धारा के प्रमुख विचारक लुइ अल्थ्युसर् (Louis Althusser, 1918-1990), पुलेन्ज़ाज (N. Poulantias, 1936-1979), गोडेलियर (Maurice Godelier, 1934-) आदि हैं। मार्क्सवादी मानसिक प्रक्रियाओं और उनसे उत्पन्न संरचनाओं को केन्द्र बनाकर कार्ल मार्क्स का विश्लेषण करते हैं। लुइ अल्थ्युसर् ने यह भी स्थापित करने का यत्न किया है कि कार्ल मार्क्स, सावस्योर से भी पहले के संरचनावादी हैं। संरचनात्मक मार्क्सवाद पूँजीवाद की वास्तविक संरचना को जानना चाहता है। इसके लिए ये विचारक ऐतिहासिक और आनुभविक विधियों को अपर्याप्त मानते हैं।

संरचनावाद के जिस नवीन स्वरूप का पिछले कुछ वर्षों में जन्म हुआ और जिसे 'उत्तर संरचनावाद' या

'नव-संरचनावाद' के नाम से जाना जाता है, वह लिवी-स्ट्रॉस के मानवशास्त्रीय संरचनात्मक सिद्धान्त की पृष्ठभूमि पर ही विकसित हुआ है । नव-संरचनावाद के प्रस्थापकों ने लिवी-स्ट्रॉस के सार्वभौमिक मानसिक संरचनाओं के विचार को पूर्णतः नकार दिया है । उत्तर संरचनावादी विचारकों में एडवीन लीमर्ट (Edwin M. Lemert, 1912-1996), जैक्स डेरिडा (Jacques Derrida, 1930-2004), गिडेन्स (A. Giddens, 1938-) आदि का नाम विशेष उल्लेखनीय है । डेरिडा, जिन्होंने संरचनावाद का डटकर विरोध किया, का कहना है कि हम यथार्थ को भाषा के हस्तक्षेप के बिना नहीं समझ सकते हैं ।

structuration (स्ट्रक्‌च'रेशन्) **संरचनाकरण** : इस अवधारणा का ईजाद ब्रिटिश समाजशास्त्री एन्टनी गिडेन्स (Anthony Giddens, 1938-) ने किया है । संरचनाकरण सिद्धान्त वास्तव में एक सामाजिक सत्तामीमांसा (**Social ontology**) है । संरचनाकरण निर्माण की एक निरन्तर प्रक्रिया है । यह संरचना के बनाने की एक प्रक्रिया है और इस निर्माण की प्रक्रिया में व्यक्तिगत क्रिया की महत्त्वपूर्ण भूमिका होती है । गिडेन्स ने कहा है कि किसी संरचना का निर्माण मनुष्यों द्वारा होता है, किन्तु यही संरचना बाद में मनुष्य की क्रियाओं को निर्धारित करने के साथ-साथ उन क्रियाओं को संभव भी बनाती है । इस प्रकार एन्टनी गिडेन्स ने संरचनाकरण सिद्धान्त में संरचना की नियन्त्रणकारी शक्ति और कर्त्ता की क्रियाओं की स्वतन्त्रता की महत्ता को स्वीकारते हुए इनका समन्वय करने की कोशिश की है । उन्होंने कहा है कि सामाजिक संरचना भौतिक संरचना, जैसे किसी मकान की संरचना, के समान नहीं होती । इनका अस्तित्व मानवीय क्रियाओं से स्वतन्त्र नहीं होता है । सामाजिक संरचनाएँ प्रत्येक क्षण उन्हीं संघटक इकाइयों से बनती रहती हैं, जिनके द्वारा वे बनी हुई हैं, अर्थात् मेरे और आप जैसे मानवप्राणी जिनसे सामाजिक संरचनाएँ बनी हुई हैं, वे ही इसे निरन्तर बनाते रहते हैं । इसे नया रूपाकार देते हैं । भौतिक संरचना (भवन, सड़क आदि) के निर्माण के बाद जिस प्रकार निर्माण प्रक्रिया बन्द हो जाती है, उस प्रकार सामाजिक संरचना की निर्माण प्रक्रिया बन्द नहीं होती, अपितु वह सतत चलती रहती है । भौतिक संरचना के निर्माण की प्रक्रिया में संरचना को मानवीय क्रिया से अलग एक बाह्य वस्तु के रूप में देखा जाता है और उसे कर्त्ता की स्वतन्त्र पहल के बिना एक बाह्यता के रूप में माना जाता है । गिडेन्स ने कहा है कि सामाजिक संरचनाएँ सामाजिक कर्त्ताओं से बाहर की वस्तु नहीं होती, अपितु ये तो वे नियम एवं संसाधन हैं, जो स्वयं कर्त्ताओं द्वारा अपने व्यवहार के दौरान निर्मित एवं पुनर्निर्मित किए जाते हैं । स्वयं संरचनाओं का दोहरा चरित्र होता है, अर्थात् वे माध्य और व्यवहार दोनों के परिणाम होती हैं, जिसके द्वारा सामाजिक प्रणाली की रचना होती है । साधारण शब्दों में संरचना का अर्थ गिडेन्स के अनुसार, उन नियमों और संसाधनों से है, जिन्हें कर्त्तागण अपनी क्रियाओं से संचालित करते हैं । किन्तु साथ ही इनका निर्माण (नियम तथा संसाधन) भी उनकी इन्हीं क्रियाओं से होता है और इस प्रकार समय और स्थान के परे सामाजिक प्रणाली की निरन्तरता बनी रहती है ।

गिडेन्स के संरचनाकरण सिद्धान्त के उपर्युक्त वर्णन को निम्न बिन्दुओं के आधार पर संक्षिप्त रूप में देखा जा सकता है– (1) सामाजिक संरचना भौतिक संरचना के समान नहीं होती है, जैसा कि संरचनावादियों एवं प्रकार्यवादियों ने इसे दृश्यगत प्रतिमा के रूप में माना है, (2) संरचना (सामाजिक संरचना) उन व्यक्यिों से बाहर की कोई वस्तु नहीं होती, जिनके द्वारा इसकी रचना होती है, (3) संरचना को बाह्यता के रूप में नहीं माना जाता है, (4) संरचना की द्वयात्मकता इस सिद्धान्त की आत्मा है, जो इस तथ्य पर जोर देती है कि कर्त्तागण और संरचनाएँ दो अलग-अलग स्वतन्त्र घटना समूह नहीं हैं । उनकी स्थिति द्वैतवाद की नहीं, अपितु द्वयात्मकता (परस्पर निर्भरता) को प्रकट करती है, (5) संरचनाएँ नियमों और संसाधनों के निरन्तर बनने वाले समूह हैं, जिनका निर्माण और पुनर्निर्माण स्थान और समय के परे सुविज्ञ कर्त्ताओं के सामाजिक जीवन के रोज़मर्रा के व्यवहारों द्वारा होता है, (6) संरचना का कर्त्तागणों के ज्ञान से स्वतन्त्र कोई अस्तित्व नहीं होता। कर्त्तागणों को यह ज्ञान रहता है कि वे क्या कर रहे हैं । इस अवधारणा के सन्दर्भ में एन्टनी गिडेन्स की कृतियाँ इस प्रकार हैं– Anthony Giddens, **Central Problems in Social Theory** (1979), **The Constitution of Society** (1984) and **Consensus and Controversy** (1990) ।

structure ('स्ट्रक्चर्) **संरचना :** संरचना विभिन्न भागों के जोड़ की व्यवस्था का नामकरण है। 19वीं शताब्दी में इस शब्द का यही प्रचलित अर्थ था, जबकि मनोविज्ञान में भौतिक विज्ञानों की तरह परमाणु या तत्त्ववादी स्वरूप का था। 20वीं शताब्दी में गस्टाल्ट मनोवैज्ञानिकों (**Gestalt psychologists**) ने, जो तत्त्ववाद के विरोधी थे, मनोविज्ञान का जिस अर्थ में प्रयोग किया, वह उन संगठित इकाइयों का संकेत करता है, जो स्थिति एवं कार्य-विषयक अन्योन्याश्रिता के दृष्टिकोण से अनुभव की इकाइयों का निर्माण करते हैं। 20वीं शताब्दी में संरचना शब्द सम्पूर्ण व्यक्तित्व की इकाई के लिए प्रयुक्त हुआ (देखें– Anthony Giddens, **A Contemporary Critique of Historical Materialism**, 1981)।

structure, formal ('स्ट्रक्चर्, 'फ़ॉर्मल्) **औपचारिक संरचना :** देखें– **Formal structure**।

structure of social action ('स्ट्रक्चर् ऑव् 'सोशल् 'ऐक्शन्) **सामाजिक क्रिया की संरचना :** इसके प्रमुख तत्त्व इस प्रकार हैं– (1) कर्त्ता या किरदार (**Actor**)– सामाजिक क्रिया के अन्तर्गत कम-से-कम दो व्यक्तियों का होना अनिवार्य है। कर्त्ता को **Ego** और जिसके सन्दर्भ में कर्त्ता किसी क्रिया में भाग लेता है, उसे टैलकॉट पार्सन्स (Talcott Parsons) ने **Alter** कहा है; (2) कर्त्ता किसी उद्देश्यवश कोई कार्य करता है। उसके सामने एकसाथ एक से अधिक उद्देश्य हो सकते हैं; (3) कर्त्ता के सामने किसी उद्देश्य को प्राप्त करने के लिए एक से अधिक विकल्प हो सकते हैं; (4) कोई कर्त्ता किसी उद्देश्य की प्राप्ति के लिए किस प्रकार का व्यवहार करेगा, यह इसपर निर्भर करता है कि कर्त्ता के सामने कैसी परिस्थिति है।

structured interview ('स्ट्रक्चॅड् 'इन्टर् व्यू) **संरचित साक्षात्कार :** साक्षात्कार की एक विधि जिसमें साक्षात्कर्ता पात्र से पूर्वनिश्चित प्रश्न पूछकर प्रस्तुत विषय के सम्बन्ध में वांछित जानकारी प्राप्त करता है।

structured question ('स्ट्रक्चॅड् 'क्वेस्चन्) **संरचित प्रश्न :** शोध-प्रक्रिया के ऐसे प्रश्न, जिसके सम्भावित उत्तर पहले से ही तय किये रहते हैं।

structured questionnaire ('स्ट्रक्चॅड् क्वेस्च'नेअर्) **संरचित प्रश्नावली :** देखें– **Questionnaire, structured**।

subaltern ('सबअल्टन्) **उपाश्रित वर्ग :** इस शब्द का मूल अर्थ है– निम्न श्रेणी का व्यक्ति (Of inferior rank)। सामाजिक विज्ञानों के क्षेत्र में यह शब्द उन लोगों के समूह का संकेत है, जो जाति, वर्ग, शारीरिक क्षमता, आयु, लिंग, पद या अन्य किसी आधार पर दूसरों से हीन या उनके अधीन माने जाते हों। इस दृष्टि से निम्न जातियों और निर्धन वर्ग के लोगों, विकलांगों, अनाथ या असहाय बच्चों, स्त्रियों और निम्न श्रेणियों के कामगारों आदि को उपाश्रित वर्ग की श्रेणी में रखा जाता है। प्राय: ये लोग सामाजिक भेदभाव, उपेक्षा और शोषण के शिकार होते हैं।

sub-caste endogamy ('सॅब् कास्ट एन्'डॉगमि) **उपजाति अन्तर्विवाह :** देखें– **Endogamy, sub-caste**।

sub-culture (सॅब्'कल्चर्) **उपसंस्कृति :** देखें– **culture, Sub-**।

sub-employment (सॅब् इम्'प्लॉइमन्ट्) **उपरोज़गार :** उपरोज़गार एवं अपूर्ण रोज़गार समानार्थी शब्द हैं : देखें– **Under-employment**।

sub-family (सॅब्'फ़ैमलि) **उप-कुल :** एक परिवार में रहने वाला दूसरा विवाहित युग्म, जैसे– भाई, पुत्र या पुत्री का परिवार अथवा किसी परिवार में अपने विवाहित बच्चों के साथ रहने वाली माँ या पिता।

sub-group (सॅब्'ग्रूप्) **उपसमूह :** किसी विशाल समूह के अन्तर्गत छोटे समूह। जैसे– किसी राजनीतिक दल के अन्तर्गत भाषा, जाति, धर्म एवं क्षेत्र के आधार पर नेताओं का छोटा-छोटा दबाव समूह (**Pressure group**)।

sub-infeudation (सॅब्'इन्फ्यूडेशन्) **उपसामन्ती प्रथा :** भारत में उपसामन्ती प्रथा औपनिवेशिक व्यवस्था के भू-राजस्व बन्दोबस्ती का महत्त्वपूर्ण परिणाम थी। इस प्रथा के अन्तर्गत जमींदारों को किसानों से भू-राजस्व इकट्ठा करने

का अधिकार था, जिसका एक निर्धारित हिस्सा वे ब्रिटिश शासकों को देते थे और शेष भाग स्वयं रख लेते थे। परन्तु जमींदार राजस्व इकट्ठा करने के अपने अधिकार अन्य लोगों को सौंप देते थे। ये अन्य लोग ऐसा ही अनुबन्ध और नए लोगों से कर लेते थे, जिसमें भू-राजस्व में प्रत्येक का हिस्सा बना रहता था। इस प्रकार, शासक तथा वास्तविक कृषकों के बीच बिचौलियों की एक श्रृंखला विकसित हो जाती थी। इसे उपसामन्ती व्यवस्था कहते थे।

subject, the subject (ˈसब्‌जिक्ट्, दी ˈसब्‌जिक्ट्) **विषय :** संरचनावादी लेखकों ने कर्त्ता (**Actor**) एवं व्यक्ति (Individual) के लिए इसका प्रयोग एक वैकल्पिक शब्द के रूप में किया है।

subjectivity (सब्‌जेक्‌ˈटिव़िटि) **आत्मपरकता, व्यक्तिपरकता :** वह सिद्धान्त जिसमें ज्ञाता के संवेदनात्मक, भावात्मक और क्रियात्मक अवस्थाओं तक का ज्ञान सीमित है– बाह्य सत्य, मानसिक आन्तरिक अवस्थाओं से अनुमानित किया जाता है। इस अवधारणा की वस्तुपरकता के साथ अनिवार्यतः तुलना की जाती है और प्रत्यक्षवादी समाज-वैज्ञानिकों द्वारा इस दृष्टिकोण की निन्दा की जाती है। इसके विपरीत, यह शास्त्रार्थ मीमांसा (**Hermeneutics**) के लिए महत्त्वपूर्ण है। यही नहीं, संरचनावादियों, मार्क्सवादियों और मनोविश्लेषण सिद्धान्तों में यह बताया गया है कि किस प्रकार व्यक्ति की रचना होती है और इस रचना में व्यक्तिपरक दृष्टिकोण का क्या महत्त्व है। मूल्यमीमांसा में, वह मत कि नैतिक तथा अन्य मूल्य व्यक्ति की अनुभूतियाँ और मानसिक प्रतिक्रियाएँ मात्र हैं और बाह्य जगत् में उनके अनुरूप किसी वस्तु का अस्तित्व नहीं है।

sublimation (सॅब्‌लिˈमेशन्) **उदात्तीकरण :** प्रचलित अर्थ में इसका अर्थ है– जो निम्न है उसका उच्च में स्थानापन्न। मनोविश्लेषण में अज्ञात मन की एक वांछनीय कार्य-शक्ति ऐसी दिशा ले लेती है, जो अकामुक हो, सामाजिक दृष्टि से उपयोगी हो, नैतिक हो और सांस्कृतिक और कलात्मक दृष्टि से श्रेयस्कर हो। यह समायोजन की एक मनोवैज्ञानिक प्रक्रिया है, जिसके द्वारा एक व्यक्ति अपने लैंगिक अथवा अन्य शक्तियों या भावनाओं को इनकी मूल अभिव्यक्तियों के स्थान पर कोई अन्य अभिव्यक्ति प्रदान करता है। यह उदात्तीकरण कहलाती है। मनोविश्लेषण के अनुसार, उदात्तीकरण में तीन मुख्य तथ्यों का समावेश है– (1) कामशक्ति का एकत्रीकरण, (2) एकत्रित कामशक्ति का उन्नयन, (3) उन्नयन या परिमार्जित कामशक्ति का सामाजिक उपयोग। उदात्तीकरण का मुख्य प्रयोजन है कि कामशक्ति का ह्रास प्रकृतवर्ग के क्रिया-व्यापार में न होने पावे। जिस व्यक्ति ने बाल्यावस्था से ही उपयुक्त शिक्षा पाई है, उसकी कामशक्ति सहज ही अनजाने परिमार्जित हो जाती है और व्यक्ति सुसंस्कृत अर्थ करता है। इसका प्रमाण कला और धर्म है (देखें– C. Brenner, **An Elementary Textbook of Psychoanalysis**, 1974)।

sub-nationalism (सॅब्‌ˈनैश्‌न लिज़्म्) **उपराष्ट्रवाद :** वह प्रवृत्ति जिसके अन्तर्गत कोई व्यक्ति किसी राष्ट्र के भीतर अपने-आपको किसी छोटी इकाई, जैसे– जाति, भाषाई, सांस्कृतिक या नृजातीय समूह आदि के सदस्य के रूप में पहचानता है और इस आधार पर अन्य समूहों को पराया समझता है।

sub-region (सॅब्‌ ˈरीजन्) **उप-प्रदेश :** किसी बड़े क्षेत्र का एक छोटा भू-भाग। ऐसे छोटे क्षेत्रों में भौगोलिक, सामाजिक, सांस्कृतिक तथा आर्थिक दृष्टि से काफी हद तक समानता या एकरूपता पायी जाती है। प्रायः लोग समान प्रकार के पेशों से अपना जीवन-निर्वाह करते हैं तथा समान प्रकार की भाषा या बोली का प्रयोग करते हैं, जैसे– बिहार में मैथिली एवं भोजपुरी क्षेत्र। उसी प्रकार उत्तर प्रदेश में ब्रजभाषा का क्षेत्र या फिर पश्चिम बंगाल में दार्जिलिंग क्षेत्र उप-प्रदेश की तरह है।

sub-regionalism (सॅब्‌ˈरीजन् लिज़्म्) **उप-क्षेत्रीयतावाद :** यह पृथक् क्षेत्र से सम्बन्धित है, जिसका अभिप्राय प्रदेश की सीमा के अन्दर सामाजिक, सांस्कृतिक, ऐतिहासिक विशेषताओं से है।

subsistence economy (सॅब्‌ˈस्टिन्स् इˈकॉनमि) **जीवन-निर्वाही अर्थव्यवस्था :** ऐसी अर्थव्यवस्था जो विनिमय की अपेक्षा उपभोग के लिए उत्पादन पर आधारित होती है, जीवन-निर्वाही अर्थव्यवस्था के नाम से जानी जाती है। इस प्रकार की अर्थव्यवस्थाओं में उत्पादन जीवन की आधारभूत आवश्यकताओं की पूर्ति के लिए लघु स्तर पर किया जाता

है, जिसमें अधिशेष (बचत) लगभग ना के बराबर होता है । अधिकांश विकास संस्थाएँ तृतीय विश्व के देशों की गरीबी और अल्पविकास का प्रमुख कारण उनकी जीवन-निर्वाही अर्थव्यवस्था को मानती हैं ।

subsistence level (सॅब् 'स्टिन्स् 'लेवॅल्) **जीवन-निर्वाह स्तर :** जीवन-निर्वाह का स्तर, जिसके अन्तर्गत जीवन के पोषण के लिए आवश्यक न्यूनतम भोजन, वस्त्र और शरणस्थान की आवश्यकता होती है । इस स्तर के नीचे व्यक्ति अथवा समूह का जीवन कष्टप्रद और दुःस्साध्य हो जाता है और उसका विकास अवरुद्ध हो जाता है ।

sub-social control (सॅब् 'सोश्ल् कन् 'ट्रोल्) **असामाजिक नियन्त्रण :** ऐसा नियन्त्रण जिसमें व्यक्ति अथवा समूह पर बलपूर्वक दबाव डाला जाता है, परन्तु उसके फलस्वरूप दबाव डाले जाने वाले व्यक्ति में व्यवहार सम्बन्धी कोई अनुक्रिया नहीं हो पाती । शारीरिक अथवा मानसिक यातनाएँ इसी प्रकार के नियन्त्रण हैं ।

sub-social state (सॅब् 'सोशल् स्टेट्) **असामाजिक अवस्था :** समाज के विकास की स्थिति जिसमें समूह का निर्माण पूर्णरूप से नहीं हो पाता, अर्थात् ऐसी सामूहिकता जिसमें कोई निश्चित या जटिल सामाजिक संगठन न होकर, केवल यूथ अर्थात् झुण्ड में रहने की स्थिति होती है । प्राचीन काल या कुछ आदिमजातियों के बीच असामाजिक अवस्था में लोग पाये जाते रहे हैं ।

substitution (सॅब्स्टि 'च्यूशन्) **प्रतिस्थापन :** एक मनो-शारीरिक स्थिति-प्रक्रिया, जिसमें कोई वैकल्पिक तुष्टि-वस्तु को प्राप्त करने अथवा स्वीकार करने का यत्न किया जाता है, प्रतिस्थापन कहलाती है । प्रतिस्थापन द्वारा व्यक्ति अप्राप्य लक्ष्यों अथवा तुष्टियों के स्थान पर ऐसे लक्ष्यों अथवा तुष्टियों को अपना लेता है, जिन्हें प्राप्त करना संभव होता है ।

substratum ('सॅब् स्ट्राटम) **अधिष्ठान, मौलिक तत्त्व, अन्तर्निहित तत्त्व :** वह गुण जो किसी वस्तु के सभी गुणों को निकाल देने के बाद शेष रहता हो, उदाहरणार्थ– यदि पुष्प में गंध, वर्ण, मृदुलता आदि सभी गुणों को निकाल दिया जाये तो जो तत्त्व बचा रहेगा, वह पुष्प के इन गुणों का मौलिक तत्त्व होगा । इस कल्पना को एक विशाल रूप देकर कुछ प्राचीन दार्शनिकों ने समस्त विश्व के मौलिक तत्त्व को ढूँढ़ने का यत्न किया । आधुनिक दर्शन में भाषा का तार्किक विश्लेषण करते हुए कुछ विचारकों ने यह दिखाना चाहा है कि इस प्रकार के मौलिक तत्त्व में विश्वास करने की न तो आवश्यकता है, न इसके लिए कोई आधार है । परम्परागत तर्कशास्त्र में उद्देश्य और विधेय एक-दूसरे के लिए आवश्यक माने जाते हैं । इसी के प्रभाव से यह विचार भी सर्व-स्वीकृत हो गया है कि गुणों का भी कोई मौलिक आधार होना अनिवार्य है ।

sub-structure (सॅब 'स्ट्रक्चर्) **अधोसंरचना :** कार्ल मार्क्स (Karl Marx, 1818-1883) ने सामाजिक संरचना को मोटे रूप में दो भागों में विभाजित किया है । समाज के सम्पूर्ण ढाँचे के ऊपरी भाग को उन्होंने अधिसंरचना (**Super-structure**) तथा निचले भाग अथवा बुनियादी भाग को अधोसंरचना (Sub-structure) की संज्ञा दी है । उत्पादक-शक्ति और उत्पादन सम्बन्धों के योग से निर्मित समाज की आर्थिक संरचना को ही कार्ल मार्क्स ने अधोसंरचना का नाम दिया है । कार्ल मार्क्स का कहना है कि व्यक्ति का धर्म, साहित्य, कला और संस्कृति जो समाज की अधिसंरचना का प्रतिनिधित्व करती हैं, सभी के निर्धारण का कारक बुनियादी रूप से आर्थिक व्यवस्था है । जैसी अर्थव्यवस्था होगी, उसी के अनुरूप धार्मिक, राजनीतिक और कलात्मक चिन्तन होगा ।

suburb ('सबर्ब) **उपनगर, परिनगर :** किसी शहर अथवा उपनगर का परिधीय भाग जिसके निवासी जीविका के लिए सामान्यतः शहर पर निर्भर होते हैं, परन्तु राजनीतिक अथवा प्रशासनिक इकाई के रूप में स्वतन्त्र होते हैं (देखें– K. T. Jackson, **The Suburbanization of the United States**, 1986; J. R. Stilgoe, **Borderland: Origins of the American Suburb**, 1989) ।

suburban area (स 'बर्बन् 'अरिआ) **उपनगरीय क्षेत्र :** ऐसे क्षेत्र जो आकार और स्वरूप में ग्रामीण होते हैं, परन्तु दृष्टिकोण और आदतों में पूर्णतः नगरीय होते हैं । उनका आर्थिक आधार या रोज़गार, कृषि का स्थानीय उद्योग न होकर, पास के नगरीय केन्द्रों में होता है ।

suburban trend (स'बर्बन् ट्रेन्ड) **उपनगरीय प्रवृत्ति** : नगरीय जनसंख्या के केन्द्र अथवा भीड़भाड़ वाले क्षेत्रों से दूर छोटे शहरों या समुदायों में, जो बड़े नगर के पास स्थित होते हैं, जाकर बसने की प्रवृत्ति ।

suburbanism (स'बर्ब निज़्म्) **उपनगरवाद** : कुछ समाजशास्त्रियों का कहना है कि उपनगर के निवासी एक विशेष प्रकार की सामाजिक और सांस्कृतिक विशेषताएँ परिलक्षित करते हैं । ये विशेषताएँ ही उपनगरवाद को प्रकट करती हैं । जीवन-शैली के रूप में उपनगरवाद की विशेषताओं में काफी भिन्नता देखने को मिलती है, किन्तु सामान्यत: उपनगर की मुख्य विशेषताएँ– युवाओं और मध्यमवर्ग के आधिक्य और प्रभुत्व, परिवार अभिमुखी कार्य के स्वरूप तथा सामाजिक जीवन, नातेदारी के तानेबाने की अपेक्षा मित्रता पर आधारित सामाजिक कार्यकलाप, काफी मात्रा में अनुरूपता के भाव तथा जीवन के तौर-तरीकों में भी अनुरूपता प्रचुर मात्रा में देखी जा सकती है (देखें– David C. Thorns, **Suburbia**, 1972) ।

suburbanization (स'बर्बनाइ ज़ेश्न्) **उपनगरीकरण** : महानगरों के केन्द्र से जनसंख्या के उपनगरीय क्षेत्र में जाने की प्रक्रिया । उपनगर (**Suburb**) की उत्पत्ति लैटिन के Sub-urbe शब्द से हुई है, जिसका अभिप्राय ऐसी जगह से है जो किसी नगर के नियन्त्रण में है । एक लम्बे समय तक इस शब्द का प्रयोग लगभग इसी अर्थ में हुआ है । जो क्षेत्र किसी शहर के इर्द-गिर्द अव्यवस्थित था और जहाँ के लोग जीवनयापन के लिए पास के शहरों पर निर्भर रहते थे, उसे उपनगर कहा जाता रहा है । उपनगर ग्रामीण एवं शहरी जीवनपद्धति का सम्मिश्रण हुआ करता था । आज ऐसी जगहों को अर्द्ध-शहरी (**Semi-urban, Peri-urban or Rurban**) कहा जाता है । लेकिन वर्तमान समय में उपनगर उसे कहा जाता है, जो मुख्य शहर की सीमा के ठीक बाहर एक नये शहर के रूप में विकसित हुआ है । यहाँ की जीवनशैली पूरी तरह शहरी होती है और यह पूरी तरह शहर से जुड़ा हुआ होता है । धीरे-धीरे नगरों के विकास के साथ यह नगर की परिधि में चला आता है । मुम्बई में वासी एवं दिल्ली में मयूर विहार को उस शहर का उपनगर माना जाता है । इसे ही कुछ विशेषज्ञों ने शयनागार शहर (**Dormitory Town**) भी कहा है । उपनगरों के विकास से ही मुख्य शहर के सीमा-क्षेत्र का फैलाव होता है । शहर की केन्द्र-परिधि की ओर बढ़ने की प्रक्रिया का नाम उपनगरीकरण है । यह मुख्यरूप से भौगोलिक प्रक्रिया है ।

success proposition (सक्'सेस प्रॉप'ज़िश्न्) **सफलता प्रस्थापना** : व्यवहारवादी-विनिमय सिद्धान्त की रचना करते हुए जॉर्ज होमन्स (George Homans, **Social Behaviour: Elementary Forms**, 1974) ने कहा है कि सामाजिक संरचना का विश्लेषण व्यक्तियों के बीच होनवाले सामाजिक विनियमों के श्रेणीवद्ध समग्र के रूप में किया जा सकता है । व्यक्ति निरन्तर दूसरों से भौतिक और अभौतिक वस्तुओं का विनिमय पाँच अन्त:सम्बन्धित सिद्धान्तों के आधार पर करते हैं । ये सिद्धान्त बहुत कुछ स्कीनरवादी (Skinnerist) मनोविज्ञान पर आधारित हैं । इन सिद्धान्तों में एक सफलता-प्रस्थापना भी है, जिसके अनुसार यह माना जाता है कि व्यक्तियों द्वारा सम्पादित समस्त क्रियाओं में से व्यक्ति द्वारा उस क्रिया के सम्पादन किए जाने की अधिक सम्भावना रहती है, जिसे बहुधा पुरस्कृत किया जाता है । इस प्रस्थापना के अतिरिक्त अन्य चार प्रस्थापनाएँ है, जैसे– उद्दीपक प्रस्थापना (Stimulus proposition), मूल्य प्रस्थापना (Value proposition), वंचन-परितृप्ति प्रस्थापना (Deprivation-satiation proposition) और आक्रामकता-स्वीकृति प्रस्थापना (Aggression-approval proposition) ।

succession (सक्'सेशॅन्) **अनुक्रमण, पदारोहण** : इस अवधारणा का प्रयोग दो अर्थों में किया गया है । प्रथम, पारिस्थितिकी प्रक्रिया के रूप में यह अवधारणा किसी क्षेत्र पर एक नए प्रकार के अधिभोक्ता को किसी अन्य प्रकार के अधिभोक्ता द्वारा जबरदस्ती बाहर निकालकर अधिकार जमाने को इंगित करती है । बाहर निकालने तथा दूसरी प्रजाति द्वारा क्षेत्र-विशेष पर अधिकार जमाने की निरन्तर चलने वाली प्रक्रिया ही अनुक्रमण कहलाती है । अनुक्रमण तब होता है, जब हमलावर किसी क्षेत्र पर प्रबल अधिभोक्ता बन जाते हैं । द्वितीय, इस अवधारणा का प्रयोग अधिकारों के संचरण की प्रक्रिया के लिए भी किया जाता है । यह संचरण वरिष्ठता, चुनाव या नातेदारी सम्बन्धों के आधार पर हो सकता

है। अँगरेज़ी के सक्सेशन शब्द का बहुधा प्रयोग अँगरेज़ी शब्दावली के एक अन्य शब्द Inheritance के पर्याय के रूप में किया जाता है, जो पद के अधिकारों के संचरण की प्रक्रिया को प्रकट करता है। अत: इसे 'पदाधिकार' कहना ही अधिक उपयुक्त होगा। पदाधिकारी का रूप मातृवंशीय अथवा पितृवंशीय दोनों में से कोई एक हो सकता है।

succession, ecological (सक्'सेशॅन्, ईकॉ'लजिक्ल्) **पारिस्थितिक पदारोहण** : देखें– **Ecology**।

successive categories or intervals (सक्'सेसिव़ 'कैटगरिज ऑर्' इन्टर्व़ल्स्) **आनुक्रमिक श्रेणी** या **अन्तराल** : जब हम प्रश्नावली के माध्यम से आँकड़ा इकट्ठा करने की कोशिश करते हैं तो उसके अन्तर्गत उत्तरदाताओं के किसी विषय पर मनोवृत्ति जानने के लिए क्रमसूचक अनुमाप मापनी **(Ordinal scale)** का प्रयोग करते हैं, जिसका स्वरूप आनुक्रमिक श्रेणी या अन्तराल का होता है। इसे उदाहरण के माध्यम से आसानी से समझा जा सकता है। जैसे– लोकतन्त्र भारत के लिए उपयुक्त राजनीतिक व्यवस्था है– पूरी तरह सहमत, थोड़ा सहमत, नहीं कह सकते, थोड़ा असहमत एवं पूरी तरह असहमत। यह एक प्रकार का द्विध्रुवीय अनुमाप **(Bipolar scale)** है, जिसके अन्तर्गत उत्तर पाँच आनुक्रमिक श्रेणियों में विभाजित है।

suddhi **शुद्धि** : इस्लाम या ईसाई धर्म में परिणत हुए हिन्दुओं को हिन्दू धर्म में वापस लिए जाते समय किये जाने वाले धार्मिक अनुष्ठान।

suffrage ('सॅफ्रिज़) **मताधिकार** : लोकतन्त्र का आधार यह विश्वास है कि प्रभुसत्ता सम्पूर्ण जनता में निहित है। इसका स्वाभाविक निष्कर्ष यह निकलता है कि शासन-कार्य में भी प्रत्यक्ष या अप्रत्यक्ष रीति से सम्पूर्ण जनता की भागीदारी रहनी चाहिए। दूसरे शब्दों में यह कहा जा सकता है कि मतदान का अधिकार जाति, धर्म, वंश, लिंग, धन और शिक्षा विषयक भेदभावों के बावजूद सभी वयस्क स्त्री-पुरुषों को मिलना चाहिए। यही सार्वभौम मताधिकार है। बच्चों, पागलों और भयंकर अपराधियों को मतदान का अधिकार नहीं दिया जाता।

suffragist ('सॅफ्रजिस्ट) **नारी मतार्थी** : स्त्रियों के आन्दोलन के वैसे समर्थक जो यह विश्वास करते हैं कि पुरुषों एवं स्त्रियों को मतदान का समान अधिकार मिलना चाहिए।

sufi ('सूफ़ि) **सूफी** : रहस्यवादी सन्त जो इस्लामी परम्परा में उभरकर सामने आये।

sufism ('सूफ़इज़म्) **सूफीमत, सूफीवाद** : इस्लाम की कट्टरता के विरोध-स्वरूप बाह्य (ईसाई और हिन्दू) प्रभाव से इसके अन्दर विकसित एक रहस्यवादी आन्दोलन। इसमें इन्द्रिय-निग्रह, त्याग, दारिद्र्य, धैर्य तथा आस्था मुख्य गुण हैं जो ईश्वर-प्राप्ति के लिए आवश्यक माने गये हैं।

suggestion (स'जेस्चन्) **सुझाव** : एक मनोवैज्ञानिक प्रक्रिया, जिसमें एक व्यक्ति दूसरे के व्यवहार एवं मनोभावों से अप्रत्यक्ष रूप से प्रभावित होकर उन्हें बिना सोच-विचार के ग्रहण कर लेता है, सुझाव कहलाती है। सुझाव सम्प्रेषण की एक ऐसी प्रक्रिया है, जिसमें सम्प्रेषित प्रस्ताव को विश्वास के साथ स्वीकार कर लिया जाता है, चाहे उसकी स्वीकृति के लिए कोई तार्किक आधार न भी हो। सुझाव का प्रयोग अनुकरण की भाँति सीख की एक प्रक्रिया के रूप में भी किया जाता है।

suicide ('सूइ साइड्) **आत्महत्या** : किसी व्यक्ति द्वारा अपने जीवन को स्वयं समाप्त कर देने का कार्य। यह कार्य कुछ स्थानों में विधिक अपराध माना जाता है, जबकि अन्य स्थानों में इसे कानूनी अपराध की सीमा से बाहर समझा जाता है। एमिल डर्कहाइम (Émile Durkheim, 1858-1917, हिन्दी में इस व्यक्ति के नाम का शुद्ध उच्चारण मात्र एमिल डर्कहाइम है) के मतानुसार, आत्महत्या का कारण केवल मनोवैज्ञानिक न होकर सामाजिक एवं सांस्कृतिक भी होता है। डर्कहाइम ने फ्रांस में होनेवाली आत्महत्याओं का विशद् अध्ययन किया तथा **Suicide** नामक ग्रन्थ में अपने महत्त्वपूर्ण निष्कर्ष दिये। उन्होंने आत्महत्या से सम्बन्धित अनेकानेक प्रचलित धारणाओं व सिद्धान्तों का खण्डन किया

और कहा कि मानसिक कारण, वंश-परम्परा, निर्धनता, निराशा, प्रेम में असफलता आदि के आधार पर आत्महत्या की वास्तविक व्याख्या करना संभव नहीं है । उनके विचार से आत्महत्या व्यक्ति पर समाज या समूह के एक अस्वस्थ दबाव का ही परिणाम होती है । उन्होंने आत्महत्याओं के चार कारण बतलाये हैं– (1) स्वार्थवादी आत्महत्या (**Egoistic suicide**)– जब व्यक्ति संसार में अत्यन्त अकेलापन अनुभव करता है, (2) परमार्थवादी आत्महत्या (**Altruistic suicide**)– जब व्यक्ति और समाज का सम्बन्ध इतना अधिक घनिष्ठ हो जाता है कि समाज व्यक्ति के व्यक्तित्व को ही पूरा-का-पूरा निगल जाता है, अर्थात् वह किन्हीं नैतिक और मनोवैज्ञानिक कारणों से समाज के लिए आत्मबलि देने को तत्पर हो जाता है, (3) अस्वाभाविक आत्महत्या (**Anomic suicide**)– सामाजिक जीवन में कोई आकस्मिक या अस्वाभाविक परिवर्तन से जब व्यक्ति के सम्मुख कुछ प्रत्याशित अथवा नयी परिस्थितियाँ उत्पन्न हो जाती हैं, जिनके साथ सामंजस्य न कर पाने से उसे जो तनाव अनुभव होता है, वही उसको आत्महत्या करने के लिए प्रेरित करता है तथा (4) देववादी आत्महत्या (**Fatalistic suicide**)– जब कोई व्यक्ति अपने जीवन की विषम परिस्थितियों के सामने घुटने टेक देता है, तो वह कभी-कभी आत्महत्या करने के लिए विवश हो जाता है, जैसे– बंदीगृह का कैदी, अपाहिज व्यक्ति, अस्पताल में पड़ा कोई असाध्य रोगी आदि (देखें– Émile Durkheim, **Suicide**, 1951; Jack B. Douglas, **The Social Meanings of suicide**, 1967; Whitney Pope, **Durkheim's Suicide**, 1976; J. M. Atkinson, **Discovering Suicide**, 1978) ।

suicide, altruistic ('सूइ साइड्, ऐलट्रु'इस्टिक्) **परमार्थवादी आत्महत्या :** देखें– **Suicide** ।

suicide rate ('सूइ साइड् रेट्) **आत्महत्या-दर :** व्यक्ति द्वारा स्वयं अपने जीवन का अन्त करना । किसी समाज में एक वर्ष में जितनी आत्महत्याएँ हुईं, उनका पूर्ण जनसंख्या से विभाजन करके फलांक को 10,000 से गुणा करने से पता चलता है कि अमुक समाज में प्रतिवर्ष, प्रति 10,000 व्यक्तियों के अनुपात में कितनी आत्महत्याएँ हुईं । इन्हें आत्महत्या की दर से अंकित किया जाता है । विभिन्न समूहों व समाजों में तुलना करने के लिए आत्महत्या की दर का उपयोग किया जाता है ।

sui generis (स्यूआइ जे'नरस) **स्वजातिक, अद्वितीय :** यह शब्द यूरोप की शास्त्रीय भाषा का है । वह, जो अपने वर्ग का एकमात्र प्रतिनिधि हो । वह, जो पूर्णतया मौलिक और अतुलनीय हो । वह जो स्वयं उत्पन्न हो, वह जिसका अस्तित्व स्वयं में हो, वह जो अपने उद्भव तथा अस्तित्व के लिए अन्य वस्तुओं पर निर्भर न हो । अन्ततः, परमसत्ता या ईश्वर को ही अद्वितीय कहा जा सकता है । एमिल डर्कहाइम (Émile Durkheim, 1858-1917) ने समाज को भी 'स्यूआइ जेंनरस' माना है । यह सदैव उपस्थित रहता है तथा इसके उद्भव का कोई बिन्दु नहीं है ।

summation and differentiation of status (सॅ'मेशन् ऐन्ड् डिफ़रेन्शि'एशन् ऑव़् 'स्टेटस्) **स्थिति का संयुक्तीकरण और विभेदीकरण :** स्थिति का संयुक्तीकरण सामाजिक (जाति), आर्थिक और राजनीतिक स्थिति के संयुक्तीकरण का योग है । यहाँ प्रमुख मान्यता यह है कि जातिगत स्थिति किसी भी व्यक्ति की सामाजिक, आर्थिक और राजनीतिक स्थिति को निर्धारित करती है और ये सभी स्थितियाँ जातिगत स्थिति में निहित होती हैं, जबकि स्थिति के विभेदीकरण का तात्पर्य यहाँ पर सामाजिक (जाति), आर्थिक और राजनीतिक स्थिति में असाम्यता और विभेद है ।

summum bonum (समम वॉनम) **परम शुभ, परम हित :** नीतिशास्त्र के अन्तर्गत वह सबसे शुभ जिसे सभी मनुष्य पाना चाहेंगे । वह परम शुभ क्या होना चाहिए, यह निरन्तर अन्वेषण, चिन्तन और चर्चा का विषय है ।

superego (सूपर्'ईगो) **सुप्राहम्, पराहम् :** वह है, जो व्यक्तियों में सामाजिक मूल्यों और आदर्शों के रूप में व्यक्तित्व का अभिन्न अंग है और वह इसे समाज से सीखता है । जिसे सिगमण्ड फ्रॉयड (Sigmund Freud, 1856-1939) ने पराहम् कहा है, उसी को जॉर्ज एच. मीड (George Herbert Mead, 1863-1931) ने 'मुझे' ('Me') कहा है । व्यक्तित्व का वह भाग पराहम् कहलाता है, जो नैतिकता का प्रतिनिधित्व करता है । यह हमारे आदर्शों का प्रतिनिधि होता है,

वास्तविकता का नहीं। नैतिक मन प्राय: बलवान शक्तियों और व्यक्तित्व का प्रमुख निर्धारक होता है। इसका प्रभुत्व व्यक्तित्व के अन्य भागों– इड तथा अहम् पर होता है। इसका विकास अहम् से होता है और यह अहम् की क्रियाओं का ही प्रतिफल है।

नैतिक मन प्राय: बली होता है और व्यक्तित्व का प्रमुख निर्धारक है। इसी से मानव की समस्त क्रियाओं की आलोचना नैतिकता के आधार पर होती रहती है और व्यक्ति अनुचित कार्य करने से दूर भागता है। इसकी नीति की भावना कठिन और कठोर है। इसका प्रभुत्व इदम् और अहम् दोनों पर रहता है। सुप्राहम् का विकास अहम् से होता है। यह अहम् की क्रियाओं का प्रतिफल है। सुप्राहम् के ही कारण व्यक्ति के आभ्यान्तरिक क्षेत्र में अपराध-भाव बनता है; उसे अपनी मातृ-पितृ कामेच्छा (Oedipus desire) के बारे में ज्ञान नहीं हो पाता; न यह कि उसमें अपने सगे-सम्बन्धी के प्रति उभयभाविता (Ambivalence) है, इसका ज्ञान हो पाता है : देखें– **Id**।

superman ('सूपर् मैन) **अतिमानव** : फ्रिडरिक्स नीचअ (Friedrich Wilhelm Nietzsche, 1844-1900– हिन्दी में इस जर्मन नाम का शुद्ध उच्चारण फ्रिडरिक्स नीचअ ही है। 'नित्से' कह कर पुकारना सरासर गलत है) एवं श्री अरबिन्दो घोष आदि के दर्शन में, उस प्रजाति के लिए प्रयुक्त शब्द जो वर्तमान मनुष्य-जाति से श्रेष्ठ होगा और जो विकासक्रम का लक्ष्य भी है।

super natural (सूपर् 'नैच्रल्) **अलौकिक, अतिप्राकृतिक** : प्राकृतिक शक्तियों के परे कुछ अदृश्य शक्तियाँ, जिनका सम्भवत: मानव जीवन पर प्रभाव पड़ता है। एक सिद्धान्त जिसके अनुसार अस्तित्व की वास्तविकता प्रकृति के परे है और एक अदृश्य शक्ति प्रकृति तथा मनुष्य का नियन्त्रण तथा मार्गदर्शन करती है। ई. बी. टॉइलर (Edward B. Tylor, 1832-1917) तथा अन्य कई नृवैज्ञानिकों ने इसे धर्म का मुख्य लक्षण माना है।

supernaturalism (सूपर् 'नेचर् लिज़्म्) **अलौकिकता** : ऐसी शक्तियों के अस्तित्व में विश्वास जो प्रकृति और उसके नियमों के बन्धन से ऊपर है तथा विश्व की उत्पत्ति इत्यादि का कारण है।

superordination (सूपर् 'ऑर्डि नेशन्) **प्रभुता** : यह अधीनता का विरोधी शब्द है। इसका मतलब है दूसरों पर दबदबा रखना अर्थात् सामाजिक व्यवस्था में जो आप से नीचे वर्ग के लोग हैं, उन पर अधिकार जताना।

super organic ('सूपर् ऑर् 'गैनिक्) **अधिजैविक** : समाज का सामाजिक, सांस्कृतिक संगठन अथवा उससे सम्बन्धित रूप जिसमें भाषा, कला, शिल्प और धार्मिक व नैतिक मान्यताएँ शामिल रहती हैं और जो एक अलग वर्ग-स्तर या क्रम में निबद्ध होती हैं। नृविज्ञान की दृष्टि से पशु और मनुष्य में मुख्य अन्तर यह है कि वातावरण से अनुकूलन के लिए पशु के शरीर में वरण की प्रक्रिया द्वारा जैविक भेद उत्पन्न हो जाते हैं, जबकि मनुष्य उसी उद्देश्य की पूर्ति के लिए सांस्कृतिक तत्त्वों की रचना करता है, जो जैविक नहीं होते। इस अर्थ में क्रोबर (Alfred L. Kroeber,1876-1960) ने संस्कृति को अधिजैविक कहा है।

superpower ('सूपर् 'पाउअर्) **सर्वोच्च शक्ति** : अन्तर्राष्ट्रीय राजनीति के अन्तर्गत ऐसा राष्ट्र-राज्य, जिसकी सैन्यशक्ति पूरी दुनिया को आतंकित और भयभीत करने के लिए पर्याप्त हो और जो साधारण युद्ध या न्यूक्लीय युद्ध में बड़ी-से-बड़ी शक्ति का मुकाबला करने में समर्थ हो। अमरीका विश्व की प्रमुख सर्वोच्च शक्ति माना जाता है।

super social control ('सूपर् 'सोशल् कन् 'ट्रोल्) **अतिसामाजिक नियन्त्रण** : सामाजिक नियन्त्रण की स्थितियों में वे कठोर तरीके जिनका प्रयोग व्यक्ति या समूह, जिसके हाथ में सत्ता हो पर जिसकी स्थिति डाँवाडोल हो रही हो, अपनी सत्ता, स्थिति तथा स्थान को बनाए रखने के लिए करता है।

superstition (सूपर् 'स्टिशन्) **अन्धविश्वास** : पहले से चले आ रहे विश्वास अथवा प्रथाएँ जो वैज्ञानिक ज्ञान पर आधारित नहीं होते, परन्तु दैनिक जीवन में व्यक्ति उनके आधार पर कार्य निर्धारित करते हैं। प्राय: यह देखने में आता

है कि परम्परागत समुदायों में कई ऐसी मान्यताएँ अथवा विश्वास होते हैं, जो किसी भी प्रकार से तर्कपूर्ण तथा उपयोगी नहीं माने जा सकते । इनमें मनुष्य में बौद्धिक पिछड़ेपन का भी परिचय मिलता है, उदाहरणार्थ– भारत में कई प्रकार के शकुन और अपशकुन प्रचलित हैं । हिन्दुओं में बिल्ली, गधा, काना आदमी, तेली, भंगी, धोबी, शव, छिपकली, सांप आदि से सम्बन्धित कई प्रकार के शकुनों और अपशकुनों में विश्वास किया जाता है । भारतीय समाज, अफ्रीकी समाज और विश्व के कई अन्य समाजों के पिछड़ेपन का मूल कारण अन्धविश्वास ही रहा है । विज्ञान, शिक्षा तथा आधुनिकीकरण के फलस्वरूप अन्धविश्वासों में कमी होती जा रही है ।

superstructure ('सूपर् स्ट्रक्चर्) **अधिसंरचना :** यह समाज की अधोसंरचना पर टिकी होती है इसके अन्तर्गत समाज की आर्थिक संस्थाओं पर आधारित सभी सामाजिक, राजनीतिक, धार्मिक एव सांस्कृतिक संस्थाएँ आती हैं । ऐसा कार्ल मार्क्स (Karl Marx, 1818-1883) का मानना था (देखें– Karl Marx, **Preface to a Contribution to a Critique of Political Economy**, 1859) ।

supremacy (सू'पर्मॅसि) **प्राधान्य :** किसी व्यक्ति, सामाजिक वर्ग अथवा जनसंख्या का दूसरों की अपेक्षा समाज में आधिपत्य होना, जो सामाजिक क्षेत्र में सफलता का चिह्न होता है ।

surplus value ('सर्प्लस् 'वैल्यू) **अतिरिक्त मूल्य :** जब श्रमिक अपनी श्रमशक्ति कच्चे माल पर खर्च करता है, तो वस्तुओं का निर्माण होता है । इस प्रकार, श्रमिक द्वारा माल के मूल्य में वृद्धि की जाती है । श्रमिक द्वारा पैदा किया गया यह मूल्य उसे दिए गए वेतन से कहीं अधिक होता है । पैदा किए गए मूल्य तथा प्राप्त वेतन के बीच यह अन्तर अतिरिक्त मूल्य कहलाता है । कार्ल मार्क्स (Karl Marx, 1818-1883) के इस सिद्धान्त के अनुसार पूँजीवाद के अन्तर्गत पूँजीपति मज़दूर से उसकी क्षमता के अनुसार काम कराता है और उसके तथा उसके परिवार के निर्वाहमात्र के लिए उसे न्यूनतम मज़दूरी देता है । इस तरह वह उसकी मज़दूरी के जिस हिस्से को स्वयं हड़प लेता है, उसे 'अतिरिक्त मूल्य' के रूप में व्यक्त कर सकते हैं । अत: अतिरिक्त मूल्य मज़दूर के शोषण का प्रतीक है ।

survey (सर्'वे) **सर्वेक्षण :** सामाजिक अनुसन्धान की एक विधि । इसमें विशिष्ट क्षेत्र अथवा इकाइयों के समूह जैसे– सामाजिक समूह आदि का अध्ययन किया जाता है । इसमें क्षेत्र अथवा समूह के किसी पक्ष के आँकड़ों को व्यवस्थित रूप में एकत्रित कर उनका विश्लेषण किया जाता है और उसके आधार पर कोई निष्कर्ष निकाला जाता है । भारत में National Sample Survey इसका उदाहरण है (देखें– Howard Schuman and Stanley Presser, **Questions and Answers in Attitude Surveys**, 1981; P. L. Alreck and R. B. Settle, **The Survey Research Handbook**, 1985) ।

survey, ad-hoc (सर्'वे, 'ऐड्'हॉक) **कार्यवाहक सर्वेक्षण :** जब किसी तात्कालिक आवश्यकता अथवा उद्देश्य की पूर्ति के लिए अस्थायी संगठन बनाकर सर्वेक्षण किया जाता है, तो उसे हम कार्यवाहक सर्वेक्षण कहते हैं । इस प्रकार का सर्वेक्षण किसी योजना को अन्तिम रूप देने से पूर्व महत्त्वपूर्ण प्रश्नों को जानने के लिए किया जाता है ।

survey, cross-cultural (सर्'वे, क्रॉस् 'कल्चरल्) **अन्त:संस्कृति सर्वेक्षण :** जब एक से अधिक संस्कृतियों की पारस्परिक विशेषताओं का अध्ययन करना होता है, तो अन्त:संस्कृति सर्वेक्षण किया जाता है । ये संस्कृतियाँ भिन्न-भिन्न देशों में या एक ही देश में विद्यमान हो सकती हैं । जिन पक्षों से सम्बन्धित जानकारी एकत्र करनी होती है, उनको पहले चुन लिया जाता है, तत्पश्चात् चुनी गयी संस्कृतियों में से प्रत्येक की सम्बन्धित सामाजिक संस्थाओं और व्यवस्थाओं, रीति-रिवाजों और व्यवहार के प्रतिमानों का अवलोकन-विधि या अन्य किसी विधि से सर्वेक्षण कर लिया जाता है । इस प्रकार के सर्वेक्षण के माध्यम से किसी भी पक्ष के सन्दर्भ में ज्ञान बहुत ठोस हो जाता है । तुलनात्मक अध्ययन से विभिन्न संस्कृतियों के बीच प्रचलित जीवन-प्रणाली के अन्तर को स्पष्ट करना सहज हो जाता है ।

survey, evaluative and diagnostic (सर्'वे, इ'वैल्युएटिव् ऐन्ड् डाइअग्'नॉसटिक) **मूल्यांकनात्मक तथा निदानात्मक सर्वेक्षण :** मूल्यांकनात्मक सर्वेक्षण में सामाजिक घटना या समस्या के कारणों के आधार पर समस्या का हल करने के

लिए सुधारात्मक योजना बनायी जाती है, इसलिए इसे परियोजनात्मक सर्वेक्षण भी कहते हैं। निदानात्मक सर्वेक्षण में किसी समस्या के कारणों को जानने का प्रयत्न किया जाता है। उदाहरण के लिए, दहेज-प्रथा के प्रचलन के कारणों को जाँचने के लिए यदि हम किसी सर्वेक्षण का आयोजन करते हैं, तो वह निदानात्मक सर्वेक्षण कहलायेगा।

survey, exploratory (सर्ˈवे, इक्ˈस्प्लॉरट्रि) **अन्वेषणात्मक सर्वेक्षण :** जब किसी समस्या के बारे में प्रारम्भिक जानकारी प्राप्त करने के लिए सर्वेक्षण किया जाता है, तो उसे अन्वेषणात्मक सर्वेक्षण कहा जाता है। इस प्रकार का सर्वेक्षण पूर्वगामी सर्वेक्षण के अनुसार ही होता है।

survey, pilot (सर्ˈवे, ˈपाइलट्) **पूर्वगामी सर्वेक्षण :** पूर्वगामी सर्वेक्षण वह सर्वेक्षण है, जिसे मुख्य या वास्तविक सर्वेक्षण के पूर्व किया जाता है। जिस प्रकार पाइलट मार्गदर्शन का कार्य करता है, उसी प्रकार पूर्वगामी सर्वेक्षण भी मुख्य सर्वेक्षण के मार्ग का निर्देशन करता है। इसलिए मोजर (C. A. Moser) ने इसे मुख्य सर्वेक्षण का लघु रूप (A small replica of the main survey) माना है। इनका उद्देश्य अध्ययन यन्त्रों की पूर्व परीक्षा करना, मुख्य सर्वेक्षण में कितना समय, धन एवं श्रम लगेगा आदि बातों को ज्ञात करना होता है।

survey, sample (सर्ˈवे, ˈसाम्प्ल्) **प्रतिदर्श सर्वेक्षण :** जब समग्र का विस्तार अधिक हो, इकाइयों की संख्या अधिक हो तथा समय, धन एवं श्रम की कमी हो, तो समग्र में से कुछ इकाइयों को प्रतिनिधि के रूप में चुनकर उनका अध्ययन किया जाता है। उन प्रतिनिधि इकाइयों को प्रतिदर्श कहते हैं। अत: प्रतिदर्श इकाइयों का अध्ययन ही प्रतिदर्श सर्वेक्षण कहलाता है। भारत का National Sample Survey (NSS) इसका अच्छा उदाहरण है।

survey, social (सर्ˈवे, ˈसोशल्) **सामाजिक सर्वेक्षण :** सामाजिक सर्वेक्षण एक विशिष्ट भौगोलिक, सांस्कृतिक अथवा प्रशासनिक क्षेत्र में रहने वाले व्यक्तियों से सम्बन्धित तथ्यों को एक व्यवस्थित रूप में संकलित किये जाने की एक विधि है। दूसरे शब्दों में, सामाजिक सर्वेक्षण सामाजिक अनुसन्धान की वह वैज्ञानिक पद्धति है, जिसके द्वारा एक निश्चित भौगोलिक क्षेत्र में रहने वाले लोगों के सम्बन्ध में सामाजिक तथ्यों का संकलन किया जाता है तथा उनकी सामाजिक समस्याओं के बारे में वास्तविक जानकारी प्राप्त की जाती है, ताकि उनका निदान और उपचार किया जा सके।

survival ratio (सर्ˈवाइव्ल् ˈरेशिओ) **उत्तरजीविता अनुपात :** किसी जनसंख्या का ऐसा अनुपात, जिसमें किसी प्रकार का प्रवसन न होने पर x+n आयु का सहगण n वर्ष पहले के x आयु के सहगणों के उत्तरजीवी माने जाते हैं, उदाहरणार्थ–1971 में 20 वर्ष की आयु के उतने ही व्यक्ति होंगे, जो 1961 में 10 वर्ष की आयु के उत्तरजीवी होंगे। उक्त दो सहगुणों के अनुपात को n वर्षों x+n आयु का उत्तरजीविता अनुपात कहते हैं।

survival ratio method (सर्ˈवाइव्ल् ˈरेशिओ मेˈथॅड) **उत्तरजीविता अनुपात-विधि :** इस विधि द्वारा हम विभिन्न क्षेत्रों के लिए शुद्ध प्रवसन का मान ज्ञात करते हैं। इसके लिए प्रत्येक क्षेत्र के लिए दो जनगणनाओं के आयुबंटन का होना आवश्यक है। प्रारम्भिक वर्ष के किसी दिये गये क्षेत्र के विशिष्ट आयुवर्ग पर देश अथवा उस क्षेत्र के लिए बनी जीवन सारणी के उसी आयुवर्ग उत्तरजीविता अनुपात से गुणा करने पर दस वर्ष बाद के आयुवर्ग में जीवित व्यक्तियों की संख्या निकाली जाती है। दूसरी जनगणना के अगले आयुवर्ग से प्राप्त संख्या घटाने पर शुद्ध प्रवसन का परिकलन होता है : देखें– **Reverse survival ratio method**।

sustainable development (सˈस्टेनेबॅल् डिˈवेलप्मन्ट्) **धारणीय विकास, अक्षय विकास, स्वावलंबनमूलक विकास :** इसका विचार पर्यावरणवाद का मुख्य मुद्दा है। इसकी माँग यह है कि विकास-कार्यक्रमों के कारण पर्यावरण की ऐसी क्षति नहीं होने देनी चाहिए, जिसे पूरा न किया जा सके। इस दृष्टिकोण के अनुसार, आधुनिक औद्योगिक समाज प्राकृतिक संसाधनों के लगातार दोहन पर आश्रित है। इस स्थिति ने भौतिक और आध्यात्मिक दृष्टि से मनुष्य को प्रकृति से बहुत दूर कर दिया है। मनुष्य और प्रकृति के इस टूटे हुए सम्बन्ध को फिर से जोड़ने के लिए मनुष्य को अपने पर्यावरण के प्रति शालीनता का रुख अपनाना होगा और धरती के अन्य जीव-जन्तुओं के जीवन के अधिकार को मान्यता

देनी होगी, उदाहरणस्वरूप– मनुष्य अपने उपभोग को कम करके, नए पेड़-पौधे लगाकर और प्रदूषण के स्रोतों को बन्द करके पर्यावरण की रक्षा में योगदान दे सकते हैं। इस विषय पर विस्तृत चर्चा World Commission (1987) की एक रपट **Our Common Future** में देखने को मिलती है।

suzerainty (स्यूज़ॅरैन 'टि) **अधिराजत्व :** वह अवस्था जिसमें कोई शक्तिशाली राज्य अधीन राज्य के वैदेशिक सम्बन्धों पर नियन्त्रण रखता है, लेकिन उसके आन्तरिक मामलों में उसे प्रभुत्व-शक्ति प्रदान करता है, उदाहरण के लिए 1720 के बाद से 1959 तक तिब्बत के ऊपर चीन का अधिराजत्व रहा था।

swinging ('स्विन्ग्इन्ग) **परगमन :** ऐसी प्रक्रिया जिसके अन्तर्गत विवाहित दम्पती खुलकर एक-दूसरे की जानकारी में अन्य लोगों के साथ यौनसम्बन्ध स्थापित करते हैं।

syllogism ('सिलॉ जिज़्म्) **न्यायवाक्य :** गणितीय तर्क के अनुसार दो प्राप्त निर्णयों के आधार पर तीसरे निर्णय अथवा निष्कर्ष निकालने की प्रक्रिया को न्यायवाक्य या सिलॉजिज़्म कहते हैं। प्राप्त निर्णयों में सें एक सामान्य पद होता है, जो साध्यपद या साध्यवाक्य (Major premise) कहलाता है और दूसरा विशिष्ट पद होता है, जिसे लघुपद या लघुवाक्य (Minor premise) कहते हैं। दोनों के आधार पर जो तीसरा निर्णय लिया जाता है, उसे निष्कर्ष कहते हैं। न्यायवाक्य विचारों की प्रामाणिकता के परीक्षण का एक तरीका है। इसका उद्देश्य जटिल विचारों को सरल तार्किक भागों में बाँटकर उन्हें सरल रूप प्रदान करना है।

symbiosis (सिम्बाइ'ओसिस) **सहजीविता, सह-अस्तित्व :** किसी समुदाय में विशिष्ट और असमान समूहों में आपसी निर्भरता के प्रतीकात्मक समन्वय, जो उनके परस्पर लाभ के लिए किए जाते हैं।

symbol ('सिम्बल्) **प्रतीक :** वह कृत्रिम चिह्न या संकेत जो किसी वस्तु, विचार या कल्पना को व्यक्त करे। साधारणत: मानवीय जीवन के बौद्धिक और रचनात्मक पक्षों में ही प्रतीकों का प्रयोग स्वीकार किया जाता है। मेटा स्पेंसर (Metta Spencer) का कहना है कि संस्कृति हमेशा किसी-न-किसी प्रकार के संकेत के रूप में सुरक्षित रहती है। संकेत का स्वरूप कुछ भी हो सकता है, जैसे– किसी प्रकार का हाथ से संकेत, चिह्न, सिगनल, मौखिक या लिखित भाषा इत्यादि। प्रतीक की उपयोगिता सिर्फ इस बात में नहीं है कि इसके माध्यम से संस्कृति का संरक्षण होता है, बल्कि हम प्रतीकों के सहारे अपने भावों और विचारों को भी प्रकट करते हैं और दूसरे व्यक्तियों के भावों और विचारों को जानते हैं। प्रतीक नितान्त व्यक्तिगत नहीं होते। वे ऐसे चिह्न हैं, जिनका अर्थ सामाजिक तथा सांस्कृतिक परम्पराओं पर किसी-न-किसी सीमा तक निर्भर है, यद्यपि वह किसी प्रतीक के अर्थ में क्रांतिकारी परिवर्तन कर सके। प्रतीकों के दो कार्य हैं– (1) किसी जटिल वस्तु या परिस्थिति को संक्षेप में व्यक्त करना और (2) किसी ऐसे विचार या ऐसी मनोवृत्ति को, जो नैतिक दृष्टि से वांछनीय न हो, इस तरह व्यक्त करना कि वह निरीह प्रतीत हो।

symbolic behaviour (सिम्'बॉलिक बि'हेव्यर्) **प्रतीकात्मक व्यवहार :** वह व्यवहार जिसकी अभिव्यक्ति प्रतीकों के माध्यम से होती है और जिसका मूर्त स्वरूप किसी समूह के मूल्यों, मान्यताओं, रीति-रिवाजों, धार्मिक कृत्यों व अनुष्ठानों के माध्यम से व्यक्त होता है।

symbolic communication (सिम् 'बॉलिक कॅ'म्यूनि केशन्) **प्रतीकात्मक संप्रेषण :** भाषा (प्रतीकों) द्वारा भावों, विचारों का संप्रेषण, जो मनुष्य द्वारा ही संभव है।

symbolic contact (सिम् 'बॉलिक 'कॉन्टैक्ट्) **प्रतीकात्मक सम्पर्क :** विभिन्न समूहों के बीच सम्पर्क जो भिन्न प्रतीकों के माध्यम से सम्पन्न होता है, यथा– महत्त्वपूर्ण वस्तुएँ, संकेत, भाषा तथा अन्य साधन।

symbolic interactionism (सिम्'बॉलिक इन्टर् 'ऐक्शनिज़्म्) **प्रतीकात्मक अन्तःक्रियावाद :** जॉर्ज एच. मीड (George Herbert Mead, 1863-1931), टॉमस (W. I. Thomas, 1863-1947), चार्ल्स एच. कूली (Charles H.

Cooley, 1864-1929) एवं हर्बर्ट ब्लूमर (Herbert Blumer, 1900-1987) इस दृष्टिकोण के प्रमुख प्रवर्त्तक एवं समर्थक रहे हैं। समाजशास्त्र के क्षेत्र में तमाम दृष्टिकोणों के अन्तर्गत अध्ययन का केन्द्रबिंदु बृहत् सामाजिक संरचना होती है, लेकिन प्रतीकात्मक अन्त:क्रियावाद एक ऐसा दृष्टिकोण है, जिसके अन्तर्गत समाजशास्त्रीय अध्ययन का केन्द्रबिंदु सामाजिक संरचना या किसी समूह का एक छोटा-सा हिस्सा होता है। इसके अन्तर्गत यह विश्लेषण करने की कोशिश की जाती है कि किसी संरचना के अन्तर्गत कोई व्यक्ति कैसे रोज़मर्रे के जीवन में अन्त:क्रिया करता है। एक समाजशास्त्री का सम्बन्ध किसी समस्या की प्रक्रिया से होता है, न कि किसी समस्या की उत्पत्ति के कारणों या परिणामों से (देखें– Arlie Hochschild, **The Managed Heart**, 1983; Ken Plummer, **Symbolic Interactionism**)।

symbolic pattern (सिम्'बॉलिक'पैट्र्न्) **प्रतीकात्मक प्रतिरूप :** ऐसे प्रतिरूप जो सांस्कृतिक मान्यताओं और अवधारणाओं से जुड़े होते हैं। ये संवेदनात्मक अनुभूतियों तथा ऐन्द्रिक अभिव्यक्तियों द्वारा प्रकट होते हैं। धर्म, नैतिकता, विधि, शिक्षा तथा अन्य सामाजिक नियन्त्रण की विधाओं में इनकी निश्चित भूमिका होती है।

symbolic personality (सिम्'बॉलिक परस'नैलटि) **प्रतीकात्मक व्यक्तित्व :** रूढ़ व्यक्तित्व जो सरकार, आन्दोलन, जनजाति संगठन, विचारधारा अथवा कला या संगीत का प्रतीक बन जाता है। भारतीय राजनीति में महात्मा गाँधी अहिंसात्मक आन्दोलन के प्रतीकात्मक व्यक्तित्व माने जाते हैं।

symbolism ('सिम्ब लिज़म्) **प्रतीकवाद :** यह मुख्यरूप से दो अर्थों में प्रयुक्त होता है–(1) प्रतीकों का प्रयोग करने की कला या अभ्यास, विशेषत: दृश्य अथवा ऐन्द्रिय प्रदर्शनों द्वारा आध्यात्मिक या अदृश्य अथवा अमूर्त को अभिव्यक्त करना या सांकेतिक अर्थों द्वारा किसी बात को बताना। तार्किक प्रतीकीकरण के लिए तीन बातें आवश्यक मानी जाती हैं– संक्षिप्तता, स्पष्टता और व्यवस्थितता। सिगमण्ड फ्रॉयड (Sigmund Freud, 1856-1939) के अनुसार, स्वप्नों में अचेतन मन पहले कुछ प्रतीकों का चुनाव करता है और फिर उन्हें संयुक्त करके दमन की गई इच्छाओं को उनके द्वारा व्यक्त करता है और इस तरह अप्रत्यक्ष रूप से सन्तोष प्राप्त करता है। (2) यह कलादर्शन के एक सम्प्रदाय या आन्दोलन का नाम है, जो सौन्दर्यानुभूति के बाह्यीकरण में प्रतीकों को अत्यन्त महत्त्वपूर्ण समझता है और (अपने उत्कट रूप में) प्रतीकों को कलात्मक अभिव्यक्ति का एकमात्र माध्यम समझता है। इस आन्दोलन का चरम विकास 19वीं शताब्दी में फ्रांस में हुआ और इसने काव्य और चित्रकला की दार्शनिक व्याख्याओं को विशेष रूप से प्रभावित किया।

symbolization (सिम्बलाइ'ज़ेशन्) **प्रतीकीकरण :** वह कार्य-पद्धति जिससे अज्ञात मन की दबी-दबाई इच्छाएँ प्रतीक के रूप में प्रकट होती हैं। यह अचेतन मन की प्रमुख कार्य-पद्धति है। इस पद्धति की सहायता से अचेतन मन की सभी इच्छाएँ, भले ही रूपान्तर में, कैसी भी प्रकृत और वर्जित हों, अभिव्यक्ति पा जाती हैं। किन्तु प्रतीक रूप उनके प्रकृत रूप का ऐसा परिवर्तित रूप होता है कि वास्तविक स्वभाव को पहचानना असम्भव होता है। वस्तुत: प्रतीकीकरण अचेतन मन की इच्छाओं को व्यंजित करने का मुख्य साधन है; अन्य कार्य-पद्धतियाँ इसमें सहयोग मात्र देती हैं। इस निष्कर्ष का प्रचुर प्रमाण **Symbolism: A Psychological Study** नामक ग्रन्थ में मिलता है।

symbols, multi-vocal ('सिम्बल्स, मॅल्'टिवॉक्ल्) **बहुभाषीय प्रतीक :** देखें– **Multi-vocal symbols**।

sympathetic insight (सिम्प्'थेटिक'इन्साइट्) **समानुभूतिक अन्तर्दृष्टि :** किसी स्थिति का प्रत्यक्ष अभिज्ञान, जिसका प्रभाव अन्य लोगों पर भी पड़ता है। इसमें संवेगात्मक कारणों को समझना और उनका मूल्यांकन करना भी सम्मिलित होता है।

syncretism (सिन्'क्रेटिज़्म्) **समन्वयवाद :** इस शब्द का प्रयोग दो अर्थों में किया जाता है– (1) विभिन्न विश्वास मतों में सामंजस्य स्थापित करना या करने का प्रयास करना। (2) विभिन्न प्रणालियों तथा तन्त्रों के विभिन्न तत्त्वों का एक नई इकाई या प्रणाली में संयोजन, जैसे– किसी संस्कृति के रीति-रिवाजों और विश्वासों का अन्य संस्कृति के साथ समन्वय या उसमें पूर्ण अथवा आंशिक विलय। इस पद का प्रयोग सबसे पहले प्लूटार्क ने राजनीतिक अर्थ में किया। उसके

अनुसार, यह आत्मरक्षा की मूल प्रवृत्ति है, जो बाहरी खतरे के समय आपस के भेद मिटाकर एकता स्थापित करती है। बाद में व्यावहारिक प्रवृत्तियों के साथ-साथ विचारों के एकीकरण के अर्थ में भी इस पद का प्रयोग किया जाने लगा। पन्द्रहवीं शताब्दी में कैथलिक विचारक बेसैरिआँ ने प्लेटो और अरस्तू के दार्शनिक सिद्धान्तों में सामंजस्य स्थापित करने का जो प्रयत्न किया, उसे भी समन्वयवाद कहा गया है।

synchronic and diachronic (सिन्'क्रॉन्इक ऐन्ड् डाइअ'क्रॉन्इक) **एककालिक तथा कालक्रमिक :** समसामयिक सन्दर्भ में, ऐतिहासिक पृष्ठभूमि का उल्लेख किए बिना, किये जाने वाले समाज के अध्ययन को एककालिक अध्ययन कहते हैं। कालक्रमिक का अर्थ होता है कि किसी घटना को हम सामान्य समय के सन्दर्भ में समझें।

syndicalism ('सिन्डिकॅ लिज़्म) **श्रमसंघवाद, सिंडिकैलिज्म :** श्रमसंघवाद क्रांतिकारी समाजवाद का एक रूप है, जिसका उदय उन्नीसवीं शताब्दी के अन्तिम दशक में फ्रांस में हुआ था। आज यह सिद्धान्त बहुत कुछ निष्प्राण-सा है। कुछ लोगों का मत है कि श्रमसंघवाद एक विरोधात्मक दर्शन है। यह दर्शन राज्य-विरोधी, देश-प्रेम विरोधी, सैन्यवाद विरोधी, मध्यवर्ग विरोधी और सोवियत विरोधी है। श्रमसंघवाद की परिभाषा करते हुए आर. मैकडानल्ड ने लिखा है कि यह एक ऐसा आन्दोलन है, जो श्रमिक संघों द्वारा चलाया जाता है और इस आन्दोलन का लक्ष्य एक ऐसे समाज की स्थापना करना है, जिसमें उत्पादन और वितरण के साधनों पर श्रमिकों के संघों का अधिकार होगा और वे ही समस्त उद्योग-धन्धों का संचालन करेंगे। श्रमसंघवाद वर्तमान समाज के मार्क्सवादी विश्लेषण को स्वीकार करता है।

इस विचारधारा के अन्तर्गत केवल मज़दूरों के हितों को ही प्रधान माना जाता है, समाज के अन्य वर्गों के हितों की उपेक्षा कर दी जाती है। यह विचारधारा राज्य के समूल उन्मूलन का प्रतिपादन करती है, जबकि राज्य-विहीन समाज की कल्पना असम्भव है क्योंकि राज्य के अभाव में समाज में अशान्ति और अव्यवस्था फैलने का सदैव खतरा रहता है।

syndicated crime ('सिन्डिकेटॅड् क्राइम्) **अभिषद् अपराध :** देखें– **Organised crime** ।

syndrome ('सिन्ड्रोम) **लक्षण-समिष्ट, संलक्षण :** किसी रोग-विशेष में साथ-साथ पाए जाने वाले लक्षण अथवा उसके सूचक लक्षणों का संघात। मलेरिया में तेज बुखार आना उस बीमारी का संलक्षण है।

synecology (सिनी'कॉलजि) **संपारिस्थितिकी, समुदाय पारिस्थितिकी :** पारिस्थितिकी (**Ecology**) की एक शाखा, जिसमें पारिस्थितिकी समुदायों की संरचना, विकास और वितरण का अध्ययन पर्यावरण के सन्दर्भ में किया जाता है।

synergism ('सिनॅ जिज़्म्) **अनेककर्तृत्ववाद :** ईसाई धर्ममीमांसा में वह सिद्धान्त कि मनुष्य की मुक्ति के लिए अनेक कारक क्रियाशील हैं। इस शब्द का प्रचलन सोलहवीं शताब्दी से आरम्भ हुआ, जब मेलेत्थॉन ने इस बात पर बल दिया कि पवित्र आत्मा, ईश्वर का वचन तथा मनुष्य का संकल्प मिलकर मुक्ति का मार्ग प्रशस्त करते हैं।

syntagmatic and paradigmatic (सिन्टैग'मैटिक् ऐन्ड् पैरॅडिग्मैट्इक) **विन्यास क्रमात्मक तथा निर्देशनात्मक :** विन्यास क्रमात्मक का अर्थ यह होता है कि किसी भी तत्त्व का अर्थ दूसरे तत्त्व के अर्थ के सन्दर्भ में समझा जा सकता है, जैसे– Cat। यहाँ पर Cat में A का स्थान मध्य में है। यदि A को शब्द के शुरू में कर दे तो यह Act बन जायेगा। इससे स्पष्ट होता है कि किसी तत्त्व का अर्थ उसके परिप्रेक्ष्य में होता है। निर्देशनात्मक का अर्थ यह होता है कि प्रत्येक इकाई एक समय में एक ही सन्देश व्यक्त करती है, लेकिन एक ही सन्देश विभिन्न प्रकार से व्यक्त किया जा सकता है।

synthesis ('सिन्थ़िसिस्) **संश्लेषण, संवाद, पक्ष-विपक्ष समन्वय :** इस शब्द का प्रयोग दो अर्थों में किया जाता है–
(1) संश्लेषण– विचार के अलग-अलग तत्त्वों को संयुक्त करके एक समन्वित रूप देने की क्रिया या उसका परिणाम।
(2) समन्वय– हीगल (G. W. F. Hegel, 1770-1831) के दर्शन में, द्वन्द्वात्मक प्रक्रिया का तीसरा चरण, जिसमें 'पक्ष' और 'प्रतिपक्ष' का समाहार होता है।

synthetic school (सिन्'थ़ेटिक् स्कूल्) **सांश्लेषिक विचारधारा :** इस विचारधारा के प्रमुख समर्थकों में एमिल

डर्कहाइम (Èmile Durkheim), हॉबहाउस (L. T. Hobhouse, 1864-1929), सोरोकिन (Pitirim A. Sorokin, 1889-1968) तथा एम. गिन्जबर्ग (Morris Ginsberg, 1889-1970) आदि के नाम विशेष रूप से उल्लेखनीय हैं, जो समाजशास्त्र को एक विशिष्ट विज्ञान बनाने की बजाय एक सामान्य विज्ञान बनाने के पक्ष में हैं। इन लोगों के अनुसार समाजशास्त्र का क्षेत्र सम्पूर्ण समाज है।

system integration ('सिस्टम् इन्टि'ग्रेशन्) **व्यवस्था एकीकरण** : देखें– **Social integration** ।

systematic sociology (सिस्ट'मैटिक् सोसि'ऑलजि) **प्रणालीबद्ध समाजशास्त्र** : समाजशास्त्र की एक शाखा, जिसमें समस्त सामाजिक घटनाओं और स्थितियों का लेखा-जोखा स्थिर तथा विस्तृत सिद्धान्तों के अनुसार किया जाता है।

systems analysis ('सिस्टम्स् अ'नैलसिस्) **व्यवस्था-विश्लेषण, प्रणाली विश्लेषण** : मानवसमाज की संस्थाओं के सम्पूर्ण क्रियाकलापों तथा उसके अंग-प्रत्यंगों के समन्वित अध्ययन तथा विश्लेषण की वैज्ञानिक पद्धति। इसका प्रयोग किसी भी वैज्ञानिक विश्लेषण में किया जा सकता है, जहाँ शोधकर्ता इकाइयों या भागों के किसी समूह के बीच पाये जाने वाले प्रतिमान या संरचना का अध्ययन करना चाहता है। अतः एक व्यवस्था से तात्पर्य कई तत्त्वों के बीच पाये जाने वाले संरचनात्मक या प्रतिमानात्मक सम्बन्धों से है, जो इसे एक समग्र का रूप प्रदान करती है। यह माना जाता है कि एक व्यवस्था का एक परिवेश होता है, अतः इसकी सीमाओं के रख-रखाव की आवश्यकता होती है (देखें– Talcott Parsons, **The Social System**, 1951)।

systems theory ('सिस्टम्स् 'थिअरि) **व्यवस्था सिद्धान्त** : देखें– **Systems analysis** ।

Tt

taboo (ट'बू) **निषेध, वर्जना : 'टैबू'** पॉलिनीजियन (Polynesian) भाषा का शब्द है, जो 1777 ई. में सर्वप्रथम कैप्टन कूक को ज्ञात हुआ था। इसका अर्थ है समाज द्वारा आरोपित निषेध अथवा वर्जनाएँ। इन वर्जनाओं का वैधानिक आधार नहीं होता। ऐसा विश्वास किया जाता है कि इनका उल्लंघन करने से व्यक्ति को अपने-आप दण्ड मिलता है। प्रत्येक धर्म में कुछ-न-कुछ बातों का निषेध होता है, जिन्हें निषेधाज्ञाएँ कहते हैं। इसी प्रकार, जनजातियों के धर्म में भी कुछ बातों का निषेध होता है, जिन्हें निषेधाज्ञाएँ कहते हैं। टैबू अथवा निषेध मानवसमाज की सबसे प्राचीन अलिखित विधि है। टैबू का उद्देश्य साधारण तथा अलौकिक, पवित्र तथा अपवित्र दोनों का नकारात्मक अनुष्ठानों द्वारा अनुरक्षण करना है। इसीलिए टैबू को संस्कृति का नकारात्मक अनिवार्य तत्त्व कहा गया है (देखें– Sigmund Freud, **Totem and Taboo**, 1938; Émile Durkheim, **The Elementary Forms of Religious Life**, 1965; Raymond Firth, **Symbols Public and Private**, 1973; W. Arens, **The Original Sin: Incest and its Meaning**, 1986)।

tabula rasa (टैब्युलॅ 'राज़ॲ) **कोरी पट्टिका :** इन्द्रियानुभव को ज्ञान का एकमात्र स्रोत माननेवाले जॉन लॉक (John Locke, 1632-1702) के द्वारा मन के लिए प्रयुक्त और अनुभवों से पहले की उसकी अवस्था का सूचक पद। मन एक ऐसी कोरी पटिया हैं, जिसपर अनुभव से ही संस्कार अंकित होते हैं। लॉक जन्मजात प्रत्ययों को अस्वीकार करते हैं।

tabular presentation ('टैब्युलर् प्रे 'ज़ॅन्टेश्न्) **सारणीबद्ध प्रस्तुति :** सामाजिक विज्ञान के अन्तर्गत मात्रात्मक आँकड़ों को सारणी के माध्यम से भी प्रस्तुत किया जाता है, ताकि दूसरे लोग उसे वस्तुपरक ढंग से समझ सकें। आँकड़ों को सारणीबद्ध करने पर ही सांख्यिकी की विभिन्न प्रविधियों का प्रयोग कर उसका वैज्ञानिक विश्लेषण संभव हो पाता है। आजकल तो गुणात्मक आँकड़ों को भी सारणी के माध्यम से आँकड़ों के विश्लेषण के लिए मात्रात्मक स्वरूप दिया जाता है।

tabulation (टैब्यु 'लेश्न्) **सारणीयन :** सारणीयन का अर्थ है सारणियों की रचना। बिखरी हुई सामग्री को प्राथमिक सारणियों में एकत्रित करने की प्रविधि को सारणीयन कहते हैं। सारणीयन का उद्देश्य मूलरूप से आँकड़ों के प्रमुख लक्षणों को रेखांकित करना है। अतः जब हम उन्हें सारणीबद्ध अर्थात् पंक्तियों व स्तम्भों में प्रस्तुत करते हैं, तो यह उद्देश्य पूरा हो जाता है। सारणीयन वर्गीकृत समंकों को स्तम्भों एवं पंक्तियों में क्रमबद्ध रूप में व्यवस्थित करने की एक प्रक्रिया है, जिससे कि समंको को सरलता से समझा जा सके तथा उनकी तुलना अधिक सुगमता से की जा सके। यह सारणीकरण विश्लेषण की प्रक्रिया का एक प्रमुख एवं प्रारम्भिक चरण है (देखें– Hans Zeisel (ed.), **Say it with Figures**, 1985; George W. Bohrnstedt and David Knoke, **Statistics for Social Data Analysis**, 1988)।

take-off stage (टेक् ऑफ़ 'स्टेज्) **उत्कृष अवस्था :** अमरीकी आर्थिक इतिहासकार डब्ल्यू. डब्ल्यू. रूस्तोव (W. W. Rostow, **Stages of Economic Growth,** 1953) ने अपनी पुस्तक में यह बताया है कि किसी भी देश में आर्थिक विकास प्रमुख पाँच चरणों से गुजरता है– परम्परागत समाज (**Traditional society**), उत्कृष अवस्था (उड़ान) की पूर्व-शर्तें (Pre-conditions for take-off), आर्थिक वयस्कता के लिए उड़ान (Take-off to maturity), वयस्कता की प्रवृत्ति (Drive to maturity) तथा वयस्कता (Maturity)। उन्होंने बताया है कि कोई भी देश अपने आर्थिक विकास को इन्हीं पाँच चरणों के माध्यम से हासिल करता है और वह एक स्तर से दूसरे स्तर पर पहुँचने में सफल होता है। इसमें कोई 20-30 साल का समय लगता है। उन्होंने यह भी कहा है कि जबतक पूँजीनिवेश नहीं होगा तबतक कोई

भी राष्ट्र एक चरण से दूसरे चरण में प्रवेश नहीं कर सकता है। रूस्तोव के इस सिद्धान्त की काफी आलोचना हुई, विशेषकर मार्क्सवादी चिन्तकों के द्वारा। उनलोगों ने यह कहकर इस सिद्धान्त को नकार दिया कि पूँजीवादी देशों के द्वारा तीसरी दुनिया में पूँजीनिवेश के माध्यम से कोई भी देश आर्थिक विकास के लिए उड़ान नहीं भर सकता। रूस्तोव का विचार अमरीकी आर्थिक सहयोग का समर्थक माना जाता है, जो हमेशा तीसरी दुनिया के हक में नहीं हो सकता है।

taliban **तालिबान, तालिबान आन्दोलन** : यह एक सुन्नी इस्लामिक पुनरुज्जीवनवादी आन्दोलन है, जिसकी शुरूआत 1994 में दक्षिणी अफ़गानिस्तान में हुई थी। पश्तो तथा उर्दू में तालिबान का शाब्दिक अर्थ ज्ञानार्थी या छात्र होता है। पाकिस्तान तथा अफ़गानिस्तान के मदरसों में पढ़ने वाले छात्रों को इसकी सदस्यता मिलती थी। तालिबान आन्दोलन को सिर्फ तीन देशों का समर्थन प्राप्त हुआ– पाकिस्तान, साउदी अरब और संयुक्त अरब अमीरात। 1996 में तालिबान ने अफ़गानिस्तान के अधिकतर क्षेत्रों पर अधिकार कर लिया। 2001 के अफ़गानिस्तान युद्ध के बाद यह लुप्तप्राय हो गया। लेकिन, कुछ रूपों में यह आज भी जीवित है और कभी-कभी नरसंहार की घटनाओं का अंजाम दिया करता है।

tangible asset (ˈटैनजिब्ल् ˈऐसेट्) **मूर्त सम्पत्तियाँ** : जिन सम्पत्तियों का भौतिक अस्तित्व होता है, अर्थात् जिसे स्पर्श किया जा सकता है, देखा जा सकता है, जैसे– भवन, भूमि, मशीनरी, माल, फर्नीचर, मोटरकार आदि।

Tao religion; Taoism (ˈटॉओ रि ˈलिजन्; ˈटॉओइज़म्) **ताओ धर्म** (चीनी: दोओ-ज्याओ) : यह चीन का एक मूल धर्म और दर्शन है। असल में पहले ताओ एक धर्म नहीं, बल्कि एक दर्शन और जीवनशैली था। बाद में बौद्ध धर्म के चीन पहुँचने के बाद ताओ ने बौद्धों से कई धारणाएँ उधार लीं और एक 'धर्म' बन गया। बौद्ध धर्म और ताओ धर्म के बीच आपस में समय-समय पर अहिंसात्मक संघर्ष भी होता रहा है। ताओ धर्म और दर्शन, दोनों का स्रोत दार्शनिक लाओ-त्से द्वारा रचित ग्रन्थ दाओ-दे-चिंग और जुआंग-जी है। ताओ धर्म में कई देवी-देवता हैं और यह प्रेतात्माओं में भी विश्वास रखता है। यह एक बहुईश्वरवादी धर्म है। इनके सर्वोच्च देवी और देवता यिन और यांग हैं। देवताओं की पूजा के लिए कर्मकाण्ड किए जाते हैं और पशुओं और अन्य चीज़ों की बलि दी जाती है। चीन से निकली ज्यादातर चीज़ें, जैसे– चीनी व्यंजन, चीनी रसायनविद्या, चीनी कुंग-फू, फ़ेंग-शुई, चीनी दवाएँ, आदि किसी-न-किसी रूप से ताओ धर्म से सम्बन्धित रही हैं। चूँकि ताओ धर्म एक संगठित धर्म नहीं है इसलिए इसके अनुयायियों की संख्या का पता करना मुश्किल है।

tattoo (टˈटू) **गोदन, गोदना** : शरीर पर सुइयों से गोदकर चिह्न तथा रंगों को भरकर तरह-तरह के नमूने बनाना। आदिम समाजों में गोदन शरीर-अलंकरण का विशेष साधन है। ओशेनिया में ऊँचे स्तर के पोलिनेशी प्रमुख बहुधा अपादमस्तक गोदन से सजावट करते हैं। भारत के गाँवों में भी कुछ दिन पहले तक महिलाओं के शरीर पर गोदन दिखाई पड़ता था।

tautology (टॉˈटॉलजि) **पुनरुक्ति** : वह दोषपूर्ण तर्क जिसमें निष्कर्ष किसी नये तथ्य की सूचना नहीं देता, बल्कि आधारवाक्यों में कही गयी बात को ही शाब्दिक हेर-फेर के साथ दोहराता है। कुछ विचारकों, जैसे– मिल (J. S. Mill, 1806-1873) के अनुसार, सम्पूर्ण निगमनात्मक तर्कशास्त्र पुनरुक्ति से दूषित है। निगमन में तर्क सामान्य से विशेष की ओर अग्रसर होता है। सामान्य व्यक्तीकरण में विशेष का व्यक्तीकरण पहले ही हो चुका होता है और कोई नयी बात सामने नहीं आती।

taxonomy (टैक्ˈसॉनमि) **वर्गीकरण, वर्गीकरण-विज्ञान** : वर्णनात्मक वर्गीकरण की व्यवस्था। जीवविज्ञान या प्राकृतिक विज्ञान के साथ-साथ समाजविज्ञान में भी विषयों का वर्णनात्मक वर्गीकरण किया जाता है।

Taylorism (ˈटेलरिज़म्) **टेलरवाद** : देखें– **Scientific management**।

team research (टीम् रिˈसर्च्) **शोध-दल** : जब किसी घटना का अध्ययन अकेले शोधकर्ता द्वारा न करके अनेक शोधकर्ताओं के एक समूह द्वारा मिलकर किया जाता है, तब यह शोध-दल कहलाता है। शोध-समूह के सदस्य किसी एक विज्ञान में ही शिक्षित-प्रशिक्षित होते हैं, तब इसे एकल विज्ञानीय दल अनुसन्धान कहा जाता है। किन्तु जब

शोध-समूह के सदस्य अलग-अलग विज्ञानों में शिक्षित-प्रशिक्षित होते हैं, तब यह अन्तर्विज्ञानी दल अनुसन्धान कहलाता है। अन्तर्विज्ञानी शोध-दल एक ऐसा समूह होता है, जिसके सदस्य विभिन्न उपकरणों के प्रयोग में प्रशिक्षित होते हैं।

technicism (टे'क्निशिज़्म) **प्रौद्योगिकवाद :** अमरीका में एक लम्बे समय तक यह विचार प्रचलित रहा कि देश के विकास के लिए प्रौद्योगिकतन्त्र बहुत ज़रूरी है। इसी विश्वास का नाम प्रौद्योगिकवाद है : देखें– **Technology**।

technique of neutralization (टेक्'नीक ऑव़् न्यू 'ट्रलाइ ज़ेश़न्) **निष्प्रभावन की तकनीक :** किसी विचलनकारी व्यवहार को उचित साबित करने की प्रविधि।

techno-capital ('टेकनो 'कैपिट्ल्) **प्राविधिज्ञ पूँजीवाद :** देखें– **Capital, techno-**।

technocracy (टेक'नॉक्रॅसि) **प्रौद्योगिकीतन्त्र, तकनीकीतन्त्र :** राज्य या समाज की ऐसी व्यवस्था, जिसमें मूल्यवान संसाधनों के आधिकारिक वितरण की शक्ति तकनीशियनों अर्थात् इंजीनियरों, आर्थिक प्रबन्धकों और अन्य विशेषज्ञों के हाथों में रहती है; क्योंकि सार्वजनिक नीतियाँ या तो वे स्वयं बनाते हैं या फिर उनके अनुमोदन से बनाई जाती हैं। आधुनिक युग में विस्तृत उद्योगीकरण के फलस्वरूप समुदाय के प्रबन्ध और प्रशासन में तकनीकी विशेषज्ञों की भूमिका बहुत अधिक महत्त्वपूर्ण हो गई है। सामान्य प्रशासन में भी तकनीकीतन्त्र के लक्षण दिखाई पड़ते हैं। आधुनिक समाज में तकनीशियनों या तकनीकी विशेषज्ञों की महत्त्वपूर्ण भूमिका होती है (देखें– Jürgen Habermas, **Towards a Rational Society**, 1971; Barry Barnes, **About Science**, 1985)।

technological determinism (टेक्नॅ'लॉजिक्ल् डि'टर्मि निज़्म्) **प्रौद्योगिकीय नियतिवाद :** वह सिद्धान्त जिसके अनुसार किसी समाज में प्रौद्योगिकी के विकास का स्तर जो मानव-व्यवहार को नियमित और निर्धारित करने में निर्णायक भूमिका निभाता है। अतः किसी समूह के सदस्यों के व्यवहार की व्याख्या इसी आधार पर करनी चाहिए। अन्य नियतिवादी सिद्धान्तों जैसे कि भौगोलिक नियतिवाद, आर्थिक नियतिवाद, जीववैज्ञानिक नियतिवाद या मनोवैज्ञानिक नियतिवाद की तरह यह सिद्धान्त भी मानव-व्यवहार को प्रभावित करने वाले विविध और जटिल कारणों में से केवल एक तत्त्व को सर्वप्रधान मानते हैं। अतः यह एकपक्षीय है और इसलिए अग्राह्य है।

technological development (टेक्नॅ'लॉजिक्ल् डि'व़ेलप्मन्ट्) **प्रौद्योगिकीय विकास :** बहुमात्र उत्पादन के लिए प्रौद्योगिकीय विकास की आवश्यकता पड़ी। इस पूँजीप्रधान व्यवस्था में श्रम की अपेक्षा मशीनों का अधिक उपयोग होता है। जैसे-जैसे तकनीकी क्षेत्र में विकास ऊपर उठेगा वैसे-वैसे मानवीय श्रम की आवश्यकता घटती जायेगी।

technological society (टेक्नॅ'लॉजिक्ल् सॅ'साइअटि) **प्रौद्योगिकीय समाज :** कुछ लेखकों ने तर्क दिया है कि औद्योगीकरण की प्रक्रिया के परिणामस्वरूप नए किस्म की सामाजिक संस्थाओं को प्रोत्साहन मिला है। प्रौद्योगिकी सामाजिक संस्थाओं के साथ-साथ सामाजिक परिवर्तन का भी निर्धारण करता है। अब यह माना जा रहा है कि प्रौद्योगिकतन्त्र का आधुनिक समाज में कोई विकल्प नहीं है। यह निःसन्देह सही है कि औद्योगिक समाज परम्परागत एवं कृषक समाज से काफी भिन्न है।

technological unemployment (टेक्नॅ'लॉजिक्ल् अनिम्'प्लॉइमन्ट्) **प्रौद्योगिकीय बेकारी :** उद्योग एवं अन्य कार्य स्थानों में तकनीकी परिवर्तनों तथा स्वचालित यन्त्रों का उपयोग आरम्भ करने से उत्पन्न हुई बेरोज़गारी की अवस्था।

technology (टेक्'नॉलजि) **तकनीकी, प्रौद्योगिकी :** समाज के अन्तर्गत पाये जाने वाले ऐसे दस्तूर, औजार, सामान, ज्ञान या प्रविधि, जिसके प्रयोग या माध्यम से किसी समस्या को सुलझाने या प्रकृति के शोषण एवं दोहन में उपयोग किया जाता है (देखें– Jack Goody, **Production and Reproduction**, 1975; Gerhard E. Lenski, Jean Lenski and Patrick Nolan, **Human Societies**, 1991)।

technology, new (टेक्'नॉलजि, न्यू) **नव-प्रौद्योगिकी :** देखें– **New technology**।

teknonymy (टेक्'नोनिमि) **माध्यमिक सम्बोधन, अनुसंतति सम्बोधन :** इस शब्द की रचना मानवशास्त्री ई. बी. टॉइलर (Edward B. Tylor, 1832-1917) ने एक ऐसी प्रथा के लिए की है, जिसके अनुसार कई समाजों में कुछ सम्बन्धियों को इंगित या सम्बोधित करने के लिए किसी अन्य व्यक्ति का माध्यम के रूप में प्रयोग किया जाता है। बन्धुत्व प्रथा की एक परिपाटी जिसमें वयस्क व्यक्तियों को उनके अपने नाम से न पुकारकर उनके बच्चों के नाम से सम्बोधित किया जाता है, जैसे– शीला की माँ अथवा रामू के पिता।

कुछ समाजों में माध्यमिक सम्बोधन का कारण स्त्रियों की निम्न सामाजिक स्थिति है, तो कुछ अन्य समाजों में पुरुषों की निम्न स्थिति। कई समाजों में विकसित भाषा एवं शब्दों में कमी के कारण पृथक्-पृथक् सम्बन्धियों को पुकारने के लिए विभिन्न सम्बन्ध संज्ञाओं की कमी ने इस प्रथा को जन्म दिया।

telecommuting (टेलिक'म्यूटिंग) **दूर-संचार अभिगमन :** कम्प्यूटर एवं दूर-संचार के विकास से कुशल श्रमिकों के लिए घर पर ही काम उपलब्ध हो रहे हैं। आजकल लोग बिना कार्यालय गए घर पर ही काम कर जीवन-यापन कर रहे हैं। दूरभाष (खासकर इन्टरनेट) के माध्यम से काम प्राप्त किया जा रहा है और फिर उसी के माध्यम से किए गए कार्यों को नियोक्ता तक भेजकर सेवा की राशि प्राप्त की जाती है। जैसे-जैसे आर्थिक विकास एवं आधुनिकीकरण के स्तर में बढ़ोतरी होगी, वैसे-वैसे समाज में लोग घर बैठे ही सेवा लेने-देने का काम कर सकेंगे।

teleological argument (टेलि'ऑलजिक्ल् 'आग्युमन्ट्) **उद्देश्यपरक युक्ति, प्रयोजनपरक युक्ति :** वह युक्ति जिसमें विश्व की सप्रयोजनता के आधार पर ईश्वर के अस्तित्व को सिद्ध किया जाता है। इस युक्ति के अनुसार विश्व में हमें सर्वत्र प्रयोजन के प्रमाण प्राप्त होते हैं; प्रयोजन एक चेतनशक्ति के अस्तित्व की ओर संकेत करता है; अतः कोई चेतनशक्ति है, जो किसी प्रयोजन की पूर्ति के लिए विश्व की रचना करती है; वही ईश्वर है (देखें– Émile Durkheim, **The Rules of the Sociological Method**, 1938; A. Ryan, **The Philosophy of the Social Sciences**, 1970; Jonathan H. Turner, **The Structure of Sociological Theory**, 1986) : देखें– **Teleology**।

teleology (टेलि'ऑलजि) **प्रयोजनवाद, सोद्देश्यवाद :** इस शब्द का प्रयोग दो अर्थों में किया जाता है– (1) यन्त्रवाद के विपरीत उद्देश्यों तथा अन्तिम कारणों का अस्तित्व माननेवाला सिद्धान्त। यन्त्रवाद भविष्य तथा वर्तमान को भूत के परिप्रेक्ष्य में देखता है, परन्तु प्रयोजनवाद भूत तथा वर्तमान को भविष्य के परिप्रेक्ष्य में देखता है। (2) प्रयोजनात्मकता सप्रयोजन या उद्देश्यवान् होने की मान्यता। वह सिद्धान्त जिसमें किसी तत्त्व की व्याख्या उसके अन्तिम कारण के द्वारा की जाती है। यह यन्त्रवादी दृष्टिकोण को पूर्णतया अस्वीकार करता है। यह एक ऐसी धारणा है, जिसमें गलती से परिणाम को कारण और कार्य को उद्देश्य के रूप में प्रतिपादित किया गया है। आलोचकों ने प्रकार्यवाद **(Functionalism)** की यह कहकर आलोचना की है कि यह प्रकृति में सोद्देश्यवादी है।

दर्शन में अरस्तू ने सबसे पहले इसे व्यवस्थित रूप दिया और अन्तिम कारण के सिद्धान्त द्वारा इस विश्वास को व्यक्त किया। नीतिशास्त्र में प्रयोजनवादी दृष्टिकोण कर्म के बाह्य या आकारगत औचित्य पर जोर नहीं देता, वरन् कर्म के अन्तिम लक्ष्य को ही नैतिक मानक मानता है। मनोविज्ञान में प्रयोजनवाद उत्कट व्यवहारवाद के विरुद्ध एक प्रतिक्रिया है। मैक्डूगल (जो कि प्रयोजनवाद के प्रमुख प्रतिनिधियों में था) ने वैज्ञानिक तथा धार्मिक प्रयोजन के अन्तर की ओर ध्यान दिलाया। धार्मिक प्रयोजनवाद समस्त विश्व को ईश्वर या परमात्मा की प्रयोजन-सिद्धि का माध्यम समझता है। लेकिन, वैज्ञानिक प्रयोजनवाद यह प्रश्न नहीं उठाता है कि विश्व के अस्तित्व का क्या प्रयोजन है। वह विश्व के अन्तर्गत जो घटनाएँ होती हैं, उनका और विशेषतः जीवधारियों के व्यवहार का अध्ययन करते हुए आदर्शों और लक्ष्यों पर दृष्टि रखता है।

telepathy (टि'लेपथि) **मनःपर्याय, पारेन्द्रिय ज्ञान :** किसी भी दूरी पर स्थित व्यक्ति के मनोभावों को जान लेने की शक्ति या क्षमता, जिसमें इन्द्रिय प्रत्यक्ष माध्यम नहीं होता। व्यक्तियों के बीच विभिन्न विचारों अथवा ज्ञान का अलौकिक आदान-प्रदान कुछ पौराणिक घटनाओं के वर्णन में आता है। अब इसकी सम्भवतः एक मुख्य विषय है। मनःप्रसारण विषयक प्रयोग में सन्देश प्रेषक एक कक्ष में बैठता है और संग्राहक किसी दूसरे कक्ष में।

tenant ('टेनन्ट्) **काश्तकार, खातेदार :** भूस्वामियों से टेन्योर अथवा पट्टे पर भूमि प्राप्त करने वाले किसान काश्तकार कहलाते हैं। कृषिक समाज का यह एक अलग संवर्ग है। ये भूमि का उपयोग भू-स्वामी को नियमित भुगतान (नगद या अन्य किसी रूप में) देकर करते हैं।

tendency ('टेन्डन्सि) **प्रवृत्ति :** मानव की अन्तर्निहित वृत्ति जो उसके व्यवहार-क्रम को निर्धारित करती है।

term marriage (टर्म् 'मैरिज्) **सावधि विवाह :** संविदा विवाह की एक रीति, जिसमें विवाह एक विशेष अवधि के लिए किया जाता है। इस अवधि के बाद विवाह भंग (बातिल) माना जाता है। इथोपिया तथा पूर्व के देशों में यह प्रथा प्रचलित है।

term of reference (टर्म् ऑव् 'रेफ़रन्स्) **निर्देश शब्द** (बन्धुत्व) **:** किसी सम्बन्धी को निर्दिष्ट करने के लिए प्रयुक्त बन्धुत्व शब्द। कानून में इस शब्द का अलग अर्थ है।

terrace cultivation ('टेरिस् कल्टि'वेशन्) **सोपान कृषि :** पर्वतीय क्षेत्रों में पर्वत-श्रेणियों की ढलानों अथवा अनुप्रस्थ स्थलों को सीढ़ियों के आकार में तैयार कर खेती करना। सिक्किम राज्य में सोपान कृषि काफी देखने को मिलती है। यह पर्वतीय क्षेत्रों की विशेषता है।

territorial group (टेरि 'टॉरिअल् ग्रूप्) **क्षेत्रीय समूह :** एक निश्चित भौगोलिक क्षेत्र में रहने के आधार पर संगठित किया गया समूह। समाज, नगर, पड़ोस, समूह आदि को स्थानीय या क्षेत्रीय समूह कहा जा सकता है।

terrorism (टेर'रिज़म्) **आतंकवाद :** आतंकवाद का अर्थ है हिंसा की धमकी अथवा हिंसा के कार्य अथवा भय पैदा करना और माँग मनवाना। यदि कोई व्यक्ति या व्यक्ति-समूह, सरकार या संगठनों की वांछित नीति के क्रियान्वयन में बाधा डालते हैं, तो उनके विरुद्ध आतंकवाद का प्रयोग किया जाता है, जिसके रूप होते हैं- वैयक्तिक क्षति, मृत्यु, सम्पत्ति का विनाश आदि। कभी-कभी आतंकवाद के वातावरण का निर्माण धमकियों और डराने-धमकाने से भी हो जाता है। यद्यपि आतंकवाद किसी भी समाज में संभव हो सकता है, लेकिन वह विशेष रूप से अस्थिर और लोकतन्त्र-विरोधी शासन-व्यवस्थाओं में पाया जाता है। साम्यवादी देशों में सत्तारूढ़ दल के अलावा और किसी को नागरिक या राजनीतिक अधिकार प्राप्त नहीं होते। सत्तारूढ़ दल अपने विरोधियों का नाश करने के लिए आतंकवाद का आश्रय लेता है।

tertiary sector ('टर्शरि 'सेक्टर्) **तृतीय वर्ग :** अर्थव्यवस्था के व्यावसायिक क्षेत्र तथा दफ्तर में काम करने वाले लोगों को इस श्रेणी में रखा जाता है : देखें– **Primary sector; Secondary sector**।

test of hypothesis (टेस्ट् ऑव् हाइ'पॉथ़सिस्) **प्राक्कल्पना परीक्षण :** सांख्यिकी अनुमिति की एक विधि जिसके द्वारा हम किसी प्राक्कल्पना को स्वीकार या अस्वीकार करने के लिए अपने अभिकथन के प्राचलों का परीक्षण करते हैं। यथा जब हम प्रारम्भ में कथन के रूप में यह मानकर चलते हैं कि किसी जनसंख्या का माध्य u है और किसी चुने हुए मान के बराबर है, तो हम इन दत्त अंकों और आनुभविक सूचना को मिलाकर इस निर्णय पर पहुँचना चाहते हैं कि क्या हम इन तथ्यों के आधार पर अपनी प्राक्कल्पना को स्वीकार कर सकते हैं या नहीं। अनुमिति की इस विधि का नाम प्राक्कल्पना परीक्षण है। इस परीक्षण के तीन प्रकार हैं– (1) इसमें परख किये जाने वाले मान के लिए सममित क्षेत्र को दिखाया जाता है, (2) इसमें परिमिति सीमाओं के आधार पर असममित प्रदेश को दिखाया जाता है एवं (3) इसमें असममित बिन्दुओं का मान दिखाया जाता है तथा प्राक्कल्पना को अस्वीकार करने के लिए ह्रास फलनों का आश्रय लिया जाता है।

theism ('थीइज़म्) **ईश्वरवाद :** ईश्वर के अस्तित्व में विश्वास। एक ऐसा धार्मिक विश्वास जिसके अन्तर्गत देवी-देवताओं को मनुष्यों से अधिक शक्तिमान माना जाता है और लोग उसकी पूजा करते हैं।

theistic religion (थी'इस्टिक् रि'लिजन्) **ईश्वरवादी धर्म, नीतिशास्त्रीय धर्म :** देखें– **Animism**।

thematic apperception test (TAT) (थि'मैटिक ऐपसे'पृशन् टेस्ट्) **कथानक संप्रत्यक्षण परीक्षण** : व्यक्तित्व-अंकन की एक प्रक्षेपी विधि, जिसमें प्रयोज्य को सामाजिक स्थितियों के अनेक अस्पष्ट चित्र दिखाकर उसे प्रत्येक चित्र के सम्बन्ध में एक कहानी गढ़ने के लिए कहा जाता है। इन कहानियों के विश्लेषण द्वारा प्रयोज्य के उन मूल्यों, मनोभावों तथा भूमिका-संघर्षों को, जिसे उसने अनुभव किया है अथवा अनुभव कर रहा है, जानने की कोशिश की जाती है; किन्तु वह उन्हें प्रत्यक्ष रूप से बताना नहीं चाहता या बताने में असमर्थ है। इस विधि का प्रयोग मनोवैज्ञानिक परीक्षणों तथा अन्तर-सांस्कृतिक शोध में बहुधा प्रयोज्य के स्वप्निल संसार को जानने हेतु किया गया है। इस विधि को संक्षेप में टी. ए. टी. भी कहते हैं।

themes (थी'मस्) **मान्यताएँ** : मॉरिस ई. ऑपलर (Morris E. Opler, 1907-1996) ने संस्कृति के एकीकरण के सन्दर्भ में मान्यताओं की अवधारणाओं को विकसित किया है। मान्यताएँ ऐसी सामान्य अभिप्रेरक हैं, जो किसी समाज में विभिन्न प्रकार के व्यवहारों के मूल में निहित होती हैं। ऑपलर ने अपनी इस धारणा की पुष्टि अपाचे नामक जनजाति के लोगों की संस्कृति के अध्ययन से की है।

theocentricism (थिअ'सेन्ट्रि सिज़्म्) **ईश्वरकेन्द्रवाद** : ईश्वर को जीवन और जगत् का केन्द्र मानना तथा उसी को चरम एवं अन्तिम महत्त्व देना।

theocracy (थि'ऑक्रसि) **धर्मराज्य, धर्ममूलक राज्य** : वह राजतन्त्र जिसमें ईश्वर को एकमात्र शासक माना जाता है, कानून को दैवी इच्छा माना जाता है और धर्म तथा राज्य का तादात्म्य कर दिया जाता है। जैसे– (1) वह राजनीतिक मत जिसके अनुसार ईश्वर एक मात्र शासक है और राजनीतिक विधान दैवी इच्छा के अधीन है। (2) वह सिद्धान्त जो राज्य-व्यवस्था को संगठित धर्म के प्रतिनिधियों के हाथ में सौंपने का समर्थन करता है। (3) राज्य दर्शन में वह दृष्टिकोण जिसके अनुसार धार्मिक मूल्यों की साधना ही समाज का चरम लक्ष्य है। इस शासन-प्रणाली के अनुसार ईश्वर किसी द्रष्टा अथवा पैगम्बर के माध्यम से लोगों के लिए अपनी विधियाँ प्रकट करता है। कुछ धार्मिक नेता, पुरोहित, पादरी और मुल्ला विकासशील समाज की आवश्यकताओं के अनुरूप इन विधियों की व्याख्या करने की जिम्मेदारी अपने ऊपर ले लेते हैं।

सामाजिक विकास के इतिहास में विशेषकर प्राचीन तथा मध्यकालीन युग में धर्मतन्त्र वह शासन-प्रणाली थी, जिसने अधिकांश स्थितियों में कबाइली शासन-व्यवस्था का स्थान ग्रहण किया और नगर तथा राष्ट्र-राज्यों के उत्थान की राह तैयार की। बेबीलोन तथा मिस्र के राजा अपने-आपको ईश्वर के सेवक अथवा स्वयं को ईश्वर समझते थे। रोम में वैटिकन भी पोप के अधीन एक धर्मराज्य है।

theodicy (थि'ऑड्इसि) **ईशशास्त्र, ईश्वरीय-न्याय-मंडन** : तत्त्वमीमांसा (**Metaphysics**) में यह माना जाता है कि जगत् की रचना ईश्वर ने की है। इस विचार ने बोध की इस विधि को जन्म दिया कि विश्व की कुछ ऐसी विशेषताएँ हैं, जो बहुधा हमारे सामान्य ज्ञान पर आधारित अनुभवों का खण्डन करती हैं। अतः ईश्वर की दयालुता और सर्वव्यापकता के आधार पर यह अर्थ निकाला जा सकता है कि उसके द्वारा रचित विश्व भी अच्छा है, चाहे समय-समय पर इसमें विपदाएँ, दुष्टता और पीड़ाएँ उत्पन्न होती रहती हों।

theological stage (थीअ'लॉजिक्ल् 'स्टेज्) **धर्मशास्त्रीय अवस्था** : इसका शाब्दिक अर्थ है धर्म का अध्ययन, किन्तु ऑगस्त कौंत (Auguste Comte, 1798-1857) के लिए यह मस्तिष्क के विकास की पहली अवस्था है। इस अवस्था में मस्तिष्क घटनाओं को मानवप्राणी के तुलनीय प्राणियों या शक्तियों के द्वारा विवेचित करता है। यहाँ सभी विवेचन प्रेतात्माओं तथा दैविक शक्तियों से सम्बन्धित मिथकों के रूप में होते हैं।

theology (थि'ऑलजि) **ईश्वरमीमांसा, धर्ममीमांसा** : धार्मिक विश्वासों का तार्किक वर्णन। जैसे– (1) ईश्वरमीमांसा– सामान्यतः दर्शनशास्त्र की वह शाखा जिसमें ईश्वर का तथा जगत् और ईश्वर के सम्बन्ध का विवेचन किया जाता है।

(2) धर्ममीमांसा– अब इस शब्द का प्रयोग धर्म-विशेष के सैद्धान्तिक पक्ष के लिए अधिक होने लगा है । तदनुसार ईसाई, हिन्दू, मुस्लिम, यहूदी इत्यादि शब्दों के साथ प्रयुक्त होने पर इसमें अधिक सार्थकता आती है ।

theoretical anthropology (थ़िअ 'रेटिक्‌ल् ऐन्थ्र'पॉलजि) **सैद्धान्तिक नृविज्ञान** : सामाजिक नृविज्ञान की वह शाखा जिसके अन्तर्गत अवधारणाओं एवं सिद्धान्तों का समीक्षात्मक अध्ययन किया जाता है । इस शाखा में तथ्यों के स्थान पर तर्क को अधिक महत्त्व दिया जाता है ।

theories of the middle range ('थ़िअरिज़ ऑव़् द् 'मिड्‌ल् रेन्ज्) **मध्यवर्ती सिद्धान्त** : देखें– **Middle range theory** ।

theory ('थ़िअरि) **सिद्धान्त** : सिद्धान्त शब्द का प्रयोग अत्यन्त सामान्य अर्थ में, व्यावहारिक के विपर्याय के अर्थ में भी कर लिया जाता है । इस दृष्टि में अव्यावहारिक कार्य और सैद्धान्तिक कार्य में भेद प्रदर्शित किया जाता है, किन्तु इस प्रकार का प्रयोग भ्रमपूर्ण है । इसी प्रकार, जब इस शब्द का प्रयोग दार्शनिक अर्थों में किया जाता है जैसा कि प्रारम्भिक राजनीतिक अध्ययनों में राज्य के सिद्धान्त आदि के रूप में किया गया है, तब इसका अर्थ वैज्ञानिक सिद्धान्त से भिन्न होता है । एक वैज्ञानिक सिद्धान्त अनुभवजन्य परीक्षणीय प्रस्थापनाओं के तार्किक रूप में अन्तर्सम्बन्धित समूह को कहते हैं । सिद्धान्त और अनुस्थापन में अन्तर है । सिद्धान्त चरों के बीच सम्बन्धों से बनता है, जिसे सही अथवा गलत सिद्ध किया जा सकता है, किन्तु अनुस्थापन को तर्कपूर्ण तर्कहीन ही माना जा सकता है । यह अन्तर्सम्बन्धित कथनों का एक ढाँचा है, जिसके अन्तर्गत विभिन्न तथ्यों के बीच अवधारणाओं के माध्यम से सम्बन्ध स्थापित किये जाते हैं । यह एक ऐसा सामान्यीकरण है, जिसे तथ्यों के एक बृहत् समूह के प्रमाणीकरण के बाद प्राप्त किया जाता है । सिद्धान्त किसी घटना के सम्बन्ध को 'क्यों' और 'कैसे' सरीखे प्रश्नों के उत्तर देने का एक तरीका है । प्रतिरूप (Model) की तुलना में इसका स्वरूप थोड़ा अधिक सीमित होता है (देखें– C. Wright Mills, **The Sociological Imagination**, 1959; Robert K. Merton, **Social Theory and Social Structure**, 1968; Anthony Giddens and Jonathan Turner, **Social Theory Today**, 1987) : देखें– **Social theory** ।

theory, grounded ('थ़िअरि, ग्राउन्डेड) **बुनियादी सिद्धान्त** : देखें **Grounded theory** ।

theory, social ('थ़िअरि, 'सोशल्) **सामाजिक सिद्धान्त** : देखें– **Social theory** ।

theory-laden ('थ़िअरि लैडॅन) **धारित सिद्धान्त** : यदि विश्व के बारे में कोई कथन किसी अवलोकन पर आधारित नहीं है, तो वैसे विचार को सिद्धान्त धारित कहा जायेगा । टी. एस. कून (Thomas S. Kuhn, 1922-1996) ने अपनी पुस्तक **The Structure of Scientific Revolutions** (1970) में कहा है कि सभी अवलोकन कुछ अर्थों में सिद्धान्त धारित ही होते हैं ।

theory of division of labour ('थ़िअरि ऑव़् डि 'विज़न् ऑव़् 'लेबर्) **श्रम-विभाजन-सिद्धान्त** : देखें– **Division of labour, theory of** ।

theory of leisure class ('थ़िअरि ऑव़् 'लेज़र् क्लास्) **विलासी वर्ग का सिद्धान्त** : विलासी वर्ग से सम्बन्धित सिद्धान्त को टी. वेबलन (Thorstein Veblen, 1857-1929) ने अपनी सर्वप्रथम कृति **The Theory of Leisure Class** (1899) में प्रस्तुत किया है । इसमें विलासी वर्ग की प्रमुख विशेषताओं का विस्तृत विवरण प्राप्त होता है । अत्यन्त ही संक्षेप में, जैसा कि वेबलन ने लिखा है कि इस वर्ग के सदस्यों की पाँच प्रमुख विशेषताएँ होती हैं– उनका व्यवहार विशेष रूप से आर्थिक विचारों द्वारा प्रेरित होता है । उनमें दूसरों को प्रभावित करने के लिए दिखावा करने की प्रवृत्ति होती है । इस उद्देश्य से वे दृष्टि-आकर्षक-उपभोग करते हैं अर्थात्, बाह्य ठाटबाट के लिए फिजूल खर्च करते हैं । इस वर्ग के सदस्य अनुत्पादक, आलसी तथा विलासिताप्रिय व्यक्ति होते हैं । इस प्रकार इस वर्ग के लोगों में दृष्टि-आकर्षक-उपभोग के साथ-साथ दृष्टि-आकर्षक-विलासिता की प्रवृत्ति भी होती है । ये लोग दृष्टि-आकर्षक-उपभोग तथा विलासिता में

इसलिए समर्थ होते हैं, क्योंकि उनका उत्पादन के साधनों तथा प्रचुर निजी सम्पत्ति पर अधिकार होता है। इन पाँच आधारों पर विलासी-वर्ग को अन्य वर्गों से पृथक् किया जा सकता है : देखें– **Leisure class**।

theory of natural selection ('थिअरि ऑव् नैच'रल स'लेक्शन्) **प्राकृतिक चयन का सिद्धान्त :** जीवविज्ञान का एक प्रसिद्ध सिद्धान्त, जिसके अनुसार वे ही प्राणी जीवन के अनवरत संघर्ष में विजयी होते हैं, जिनमें कोई एक विशेषता होती है, जो उन्हें उपस्थित परिस्थितियों से सामंजन स्थापित करने में अन्य प्राणियों से अधिक सुविधा प्रदान करती है। यह चार्ल्स डार्विन (Charles Darwin, 1809-1882) के जैवकीय उद्विकासीय सिद्धान्त का प्रमुख केन्द्रबिंदु है। इस सन्दर्भ में उन्होंने तीन बातें कही हैं– (1) प्रत्येक प्राणी जितना बच सकता है, उससे अधिक प्रजनन करता है, (2) एक ही प्रजाति के प्राणियों के बीच कुछ एक-दूसरे से अधिक ताकतवर या क्षमता रखने वाले होते हैं तथा (3) उनमें सबसे अधिक क्षमता वाले प्राणी ही जीवित रह पाते हैं, जिसे उन्होंने योग्यतम की उत्तरजीविता कहा है। डार्विन के अनुसार जीवों को जीवित रहने के लिए प्राकृतिक पर्यावरण के साथ अनुकूलन स्थापित करना होता है। जो जीव कमजोर एवं अयोग्य होते हैं, वे वातावरण से अनुकूलन करने में अक्षम होते हैं और वे नष्ट हो जाते हैं। वातावरण से अनुकूलन करने के लिए जीवों को शरीर में नवीन लक्षण एवं भिन्नताएँ भी पैदा करनी होती हैं और इन शारीरिक भिन्नताओं के पीढ़ी-दर-पीढ़ी हस्तान्तरित होने पर जीवों की एक नई प्रजाति पैदा हो जाती है प्रकृति भी उन्हीं जीवों को जीवित रहने में सहयोग देती है, जो पर्यावरण से सफल अनुकूलन कर लेते हैं। इसलिए इसे प्राकृतिक प्रवरण का सिद्धान्त कहते हैं। पृथ्वी पर भौगोलिक पर्यावरण की भिन्नता पायी जाती है। जब मनुष्य पृथ्वी के विभिन्न भागों में फैले, तो उन्हें पर्यावरण से अनुकूलन करने के लिए शरीर में नये लक्षण उत्पन्न करने पड़े, जो बाद की आने वाली पीढ़ियों में भी हस्तान्तरित होते रहे और जिससे नई प्रजातियों का जन्म हुआ : देखें– **Darwinism; Natural selection**।

theory of population growth ('थिअरि ऑव् पॉप्यु'लेशन् ग्रोथ्) **जनसंख्या वृद्धि का सिद्धान्त :** आबादी के सिद्धान्त का प्रतिपादन सर्वप्रथम माल्थस (Thomas Robert Malthus, 1766-1834) ने किया था और यह सिद्धान्त उन्हीं के नाम से जाना भी जाता है। इस सिद्धान्त के अनुसार, जीवन-यापन के साधनों (आहार) का उत्पादन गणितीय अनुपात **(Arithmetical progression)** में होता है, जबकि जनसंख्या की वृद्धि ज्यामितीय अनुपात **(Geometrical progression)** में होती है। माल्थस के अनुसार, अलग-अलग विकास की दरों के कारण जनसंख्या और आहार के साधनों में जो असमानता उत्पन्न हो जाती है, वह युद्धों, महामारियों, ज्वालामुखी-विस्फोटों, भूकम्पों, बाढ़ों जैसे प्राकृतिक प्रकोपों से दूर हो जाती है और इस प्रकार जनसंख्या का आहार-उत्पादन के साथ सन्तुलन बना रहता है। जब भी सन्तुलन में गड़बड़ी हो जाती है, प्रकृति उसमें साम्य स्थापित कर देती है। इस सिद्धान्त के मूल में माल्थस का यह विश्वास निहित था कि भूमि से अनाज-उत्पादन करने की एक सीमा होती है और मानव स्वयं जनसंख्या-वृद्धि पर नियन्त्रण नहीं रख सकता तथा प्राकृतिक प्रकोपों पर विजय नहीं प्राप्त की जा सकती। लेकिन विज्ञान के बढ़ते हुए चरणों ने माल्थस के इन तीनों आधारों की अवैज्ञानिकता स्पष्ट कर दी है (देखें– Thomas Robert Malthus, **An Essay on the Principle of Population**, 1979)।

theory of sex communism ('थिअरि ऑव् सेक्स् 'कॉम्यु निज़म्) **यौन साम्यवाद का सिद्धान्त :** इस सिद्धान्त के प्रतिपादकों में एल. एच. मॉर्गन (Lewis Henry Morgan, 1818-1881), जेम्स फ्रेजर (James G. Frazer, 1851-1941) आदि विद्वान प्रमुख हैं। इन लोगों की मान्यता है कि समाज में प्रारम्भिक स्तर में विवाह एवं परिवार जैसी संस्थाएँ नहीं थीं। यहाँ भी वैसी ही स्थिति थी जैसी स्थिति हम पशुओं में देखते हैं। कोई भी पुरुष किसी भी स्त्री से यौनसम्बन्ध स्थापित कर सकता था। इस अवस्था को उन्होंने यौन साम्यवाद **(Sex communism)** या कामाचार **(Promiscuity)** की अवस्था कहा है। विवाह एवं परिवार जैसी संस्थाओं का विकास तो बाद के युगों में हुआ था। अपने मत की पुष्टि के लिए इन्होंने त्यौहारों के अवसर पर स्वेच्छाचार, पत्नी-विनिमय **(Exchange of wife)**, पत्नी उधारी, वर्गात्मक स्वजन शब्दावली **(Classificatory terminology)**, अतिथि सत्कार के लिए पत्नियों को प्रस्तुत करना **(Wife hospitality)** आदि प्रमाणों का सहारा लिया है।

theory X and theory Y ('थ़िअरि 'ऐक्स् 'ऐन्ड् 'थ़िअरि 'वाइ) **सिद्धान्त X और Y सिद्धान्त :** कार्मिक प्रबन्ध (Personnel management) के अन्तर्गत लोगों के बारे में दो परस्पर-विरोधी मान्यताएँ जो भिन्न-भिन्न प्रबन्ध शैलियों (Styles of management) को जन्म देती हैं । सिद्धान्त X यह मानकर चलता है कि अधिकांश लोग काम से घृणा करते हैं; उत्तरदायित्व से मुँह मोड़ते हैं और दूसरों के निर्देशन में काम करना पसन्द करते हैं । अत: उनसे सही काम कराने के लिए उन्हें उपयुक्त नियन्त्रण और बन्धन में रखना ज़रूरी है । इसके विपरीत, सिद्धान्त Y यह मानकर चलता है कि लोग काम करना पसन्द करते हैं; उत्तरदायित्व संभालना चाहते हैं और अपने काम में उपयुक्त कल्पना-शक्ति का परिचय देते हैं । यदि उनके सामने कोई सृजनात्मक और चुनौतीपूर्ण कार्य हो जिसके प्रति वे प्रतिबद्ध हो सकें, तो वे आत्म-निर्देशन (Self direction) में समर्थ सिद्ध होंगे ।

theosophy (थि'ऑसॅफ़ि) **ब्रह्मविद्या, देवविद्या :** सामान्यत: कोई भी ऐसा दर्शन जो योग आदि गुप्ततन्त्र या अन्त:प्रज्ञा के द्वारा ईश्वर के साक्षात्कार में विश्वास करता है । विशेषत: मैडम ब्लावट्स्की (Madame Blavatsky), ऑलकॉट (Henry Steel Olcott) तथा एनी बेसेन्ट (Annie Besant) के नेतृत्व में चलाये गये एक समसामयिक आन्दोलन का नाम है, जो मुख्यरूप से हिन्दू धर्म की लोकप्रिय धारणाओं का और योगियों, महात्माओं और सन्तों की साधन-पद्धति का समर्थन करता था ।

therapeutic community (थेरॅ'प्यूट्इक क'म्यूनटि) **चिकित्सीय समुदाय :** ऐसा रिहायशी इलाका जहाँ पर मानसिक रोगों से ग्रसित लोगों को रखकर इलाज किया जाता है । इस प्रकार का समुदाय प्रथम विश्वयुद्ध के समय सर्वप्रथम विकसित किया गया था और बाद में चलकर एक सामुदायिक व्यवस्था के रूप में कई देशों में विकसित हुआ, ताकि विसामान्य व्यवहार करने वाले व्यक्तियों या मनोरोगियों का समाज में रखकर ही उपचार किया जा सके ।

thesis ('थ़ीसिस्) **पक्ष, स्थापना :** इस शब्द का प्रयोग कई अर्थों में किया जाता है– (1) अरस्तू (Aristotle, 384-322 BC) के अनुसार, वह प्रतिज्ञप्ति जो पहले से सिद्ध न की गई हो और किसी न्यायवाक्य में एक आधारवाक्य के रूप में प्रयुक्त हो । (2) इमैन्युअल काण्ट (Immanuel Kant, 1724-1804) के अनुसार, दो विप्रतिषेधात्मक प्रतिज्ञप्तियों (**Antinomy**) में से वह जो विधानात्मक हो (जैसे– 'विश्व अनादि है और विश्व अनादि नहीं है' में से प्रथम) । (3) हीगल (G. W. F. Hegel, 1770-1831) के अनुसार, द्वन्द्वात्मक प्रक्रिया का पहला स्तर या पद जो अपनी ही अपूर्णता के कारण अपने विरुद्ध प्रतिवाद या प्रतिपक्ष को जन्म देता है और उससे समन्वय-लाभ प्राप्त करता है । (4) मत अथवा विचारधारा : देखें– **Antithesis** ।

they feeling (दे 'फ़ीलिइन्ग) **परायापन, तद्भाव :** अपनी ही जाति, समूह अथवा कबीले के अतिरिक्त अन्य सभी लोगों के प्रति निरपेक्षता अथवा उदासीनता का भाव होना तद्भाव कहलाता है : देखें– **We feeling** ।

they group (दे 'ग्रूप्) **पर समूह :** अपने समूह अथवा समुदाय के अतिरिक्त अन्य सभी के लिए सामुदायिक रूप से प्रयुक्त शब्द । यह **We feeling** का विपर्याय है ।

thick description (थ़िक डि'स्क्रिप्शन्) **सघन वर्णन :** मानवशास्त्र के क्षेत्र में अवलोकन के माध्यम से किसी समुदाय का लघु स्तर पर बहुत ही गहराईपूर्ण ढंग से विश्लेषण करने की कोशिश की जाती है । चित्रण का स्वरूप कुछ वैसा होता है कि पाठक के सामने उस समाज का स्वरूप उभरकर सामने चला आता है । ऐसे ही गहन विश्लेषण को सघन वर्णन की संज्ञा दी जाती है (देखें– Clifford Geertz, **The Interpretation of Cultures**, 1973 and **Local Knowledge**, 1983) ।

think tank (थिन्क टैंक) **प्रज्ञा-कोष :** वैसे बुद्धिजीवियों का समूह जिन्हें कोई सरकार, राजनीतिक दल या अन्य कोई संगठन तरह-तरह की समस्याओं पर विचार करने और उनका समाधान ढूँढ़ने के लिए एकत्र किया जाता है । मूलत: इस शब्द का प्रयोग विज्ञमण्डल (Brain trust) के पर्याय के रूप में होता है ।

third world entrepot (थ़र्ड वर्ल्ड् ऑनट्रेपो) **तीसरी दुनिया का गोदाम :** इस शब्द का प्रयोग उन नगरों के लिए होता है, जहाँ विकासशील देशों से प्रवासी आकर निवास करते हैं। इस प्रकार के नगर सिर्फ विकसित देशों में पाए जाते हैं। विकसित देशों में ऐसे कई नगर हैं, जहाँ विकासशील देशों के लोगों की काफी अच्छी तादाद होती है। जैसे– अमरीका में मायामी एवं लॉस एंजलिस (Los Angeles) और फ्रांस में मारसेल्स (Marseilles– इस नाम का शुद्ध उच्चारण यही है)। यह वर्गीकरण बहुत वैज्ञानिक या तर्कपूर्ण नहीं लगता है।

third world societies (थ़र्ड वर्ल्ड् सॅ'साइअटिज) **तीसरी दुनिया का समाज :** इस प्रकार के समाज का काल 18वीं सदी से लेकर वर्तमान काल तक माना जाता है। इसके अन्तर्गत जीविकोपार्जन का मुख्य साधन कृषि होती है, लेकिन साथ ही यहाँ महानगर और बड़े-बड़े कल-कारखाने भी पाये जाते हैं। विकास का स्तर इतना निम्न होता है कि लोगों के रहन-सहन का स्तर भी निम्न होता है। समाज में काफी असमानताएँ पायी जाती हैं। इस श्रेणी में कुछ देश मिश्रित अर्थ-व्यवस्था, तो कुछ देश पूँजीवादी अर्थ-व्यवस्था का अनुसरण करते हैं। इस श्रेणी के प्राय: तमाम देश उपनिवेशवाद के शोषण में रहे हैं। जापान को छोड़कर एशिया, अफ्रीका और लातिन अमरीका के तमाम देश इसी श्रेणी में आते हैं। चीन, भारत, पाकिस्तान, बांग्लादेश, बर्मा, कोरिया, नेपाल जैसे सैकड़ों देश इस प्रकार के समाज के उदाहरण हैं।

threshold ('थ्रेशोल्ड) **देहली, सीमा :** संवेदन और प्रतिक्रिया उत्पन्न करने में समर्थ उत्तेजना की सीमान्त अर्थात् न्यूनतम अथवा अधिकतम मात्रा। न्यूनतम मात्रा को 'न्यूनतम भेद-बोध सीमा' कहा जा सकता है और अधिकतम मात्रा को 'उच्चतम भेद-बोध सीमा'। व्यवहार में बोधसीमा को उत्तेजना सीमा अथवा स्थिर-बोध-सीमा भी कहा जाता है और उच्चतम बोध-सीमा को सीमान्त उद्दीपन (Terminal stimulus) भी कहा जाता है। इस भेद-बोध सीमा का अध्ययन कम ही हुआ है।

Thurstone's scale (थॅर्स्टन स्केल्) **थर्सटन पैमाना :** लुई थर्स्टन (L. L. Thurstone, 1887-1955) द्वारा चलायी गई एक प्रकार की मनोवृत्ति मापनी जिसमें बहुत-सी बातों का एक क्रम रहता है, जिनके बारे में प्रयोगाधीन व्यक्ति या उत्तरदाता या तो सहमत या असहमत होते हैं अथवा दो या तीन बातें ऐसी चुनते हैं, जिससे वे पूर्णत: सहमत या असहमत होते हैं। यह तकनीक मनोवृत्तियों को मापने का सर्वाधिक रूप से प्रयुक्त किया जानेवाला एक पैमाना है। इस पैमाने में थर्मामीटर की भाँति अनुक्रम में प्रयोग किए जाने वाले सभी बिन्दुओं के बीच बराबर की दूरी रखी जाती है। मनोवृत्ति की माप के लिए इस पैमाने के एक सिरे पर सर्वाधिक अनुकूल मनोवृत्ति सूचक कथन को और दूसरे सिरे पर न्यूनतम अनुकूल मनोवृत्ति सूचक कथन को रखा जाता है। औसत अथवा तटस्थ मनोवृत्ति को इन दोनों सिरों के बीच अवस्थित किया जाता है। इस प्रकार, इस पैमाने में किसी विषय के प्रति मनोवृत्ति के स्तरों के समर्पण विस्तार अर्थात् सर्वाधिक अनुकूल से लेकर न्यूनतम अनुकूल तक अंकित किया जाता है। यह एक प्रकार का अन्तर्वर्ती पैमाना **(Interval scale)** है।

time, sociological study of (टाइम्, सोसिअ'लॉजिक्ल् 'स्टडि ऑव्) **समय का समाजशास्त्रीय अध्ययन :** देखें– **Sociology of time**।

time- budget analysis (टाइम् 'बजिट् अ'नैलसिस्) **समय-बजट विश्लेषण :** बहुत लोग अपने रोज़मर्रे के जीवन के बारे में समय का हिसाब-किताब रखते हैं; क्योंकि उन्हें ऐसा लगता है कि जितना उन्हें काम करना है, उसके लिए पर्याप्त समय नहीं है। समय-बजट की बात आमतौर पर औद्योगिक समाज में की जाती है जहाँ धनोपार्जन के लिए काम ज्यादा और समय कम होता है। समाजशास्त्री समय के सन्दर्भ में व्यक्तियों का अध्ययन यह जानने के लिए करते हैं कि कोई व्यक्ति किसी काम को अपने जीवन में कितना महत्त्व देता है (देखें– Ann Oakley, **Woman's Work: The Housewife, Past and Present**, 1974)।

time-series (data) (टाइम् 'सिअरीज़्) **काल-श्रेणी :** काल-श्रेणी का तात्पर्य कालक्रम के अनुसार दिये गये आँकड़ों की सारणी से है। काल-श्रेणी अध्ययन एक ही देश या क्षेत्र के लिए कालान्तर में इकट्ठे किये गये आँकड़ों के आधार

के लिए हो सकता है । बड़े-बड़े प्रतिष्ठानों में समय-समय पर अलग से प्रशिक्षण-शिविरों, प्रशिक्षण कार्यशालाओं का आयेजन किया जाता है । विद्यालयों में इस प्रकार की कार्यशालाओं का आयोजन दिन-प्रतिदिन बढ़ता जा रहा है । औद्योगिक समाजों में प्रशिक्षण और शिक्षण के सम्बन्धों का स्वरूप काफी भिन्न है । यह तुलनात्मक शोध का एक रुचिकर विषय है; क्योंकि इसे आर्थिक विकास और मानवीय पूँजी के प्रभावक प्रयोग का एक महत्त्वपूर्ण तत्त्व माना जाता है । समाजशास्त्रीय क्षेत्र में प्रशिक्षण से सम्बन्धित कई मुद्दों, जैसे– निपुणता, श्रम-प्रक्रिया तथा श्रम-बाज़ार, कार्य और वर्ग चेतना सम्बन्धी व्यक्तिपरक अनुभव के बीच सम्बन्ध, श्रमिक संगठन, श्रमिक नेतागिरी आदि पर निरन्तर विचार-विमर्श होता रहता है ।

trait complex (ट्रेट् 'कॉम्प्लेक्स्) **विशेषक संकुल :** संस्कृति-विशेषकों का सम्बद्ध समूह, जैसे– जापानी समाज में चाय-पान तथा यूरोपीय समाज में शाम में ही रात्रि भोज करना । हिन्दू समाज में पूजा-अर्चना का विधान । पूजा में प्रयुक्त सारी वस्तुएँ, व्यवहार और आचरण, मंत्र-पाठ, यज्ञ आदि को इकट्ठा विशेषक संकुल कहा जायेगा ।

trans-culturation (ट्रैन्स कल 'चरैशन्) **पारस्परिक संस्कृतिग्रहण :** देखें– **culturation, Trans-** ।

transcendental (ट्रैन्सेन् 'डेन्टल) **इन्द्रियातीत, लोकातीत, पारलौकिक :** मानवीय ज्ञान से परे जिसे व्यावहारिक अनुभव के आधार पर जाना अथवा समझा नहीं जा सकता । आत्मा, परमात्मा, पुनर्जन्म आदि की बात पारलौकिक है ।

transcendental method (ट्रैन्सेन् 'डेन्टल मे 'थॅड) **इन्द्रियातीत विश्लेषण-प्रणाली :** इमैन्युअल काण्ट (Immanuel Kant, 1724-1804) के अनुसार, उन हेतुओं (संवेदन के आकारों, पदार्थों तथा तर्कबुद्धि के आदर्शों) के विश्लेषण की प्रणाली जो अनुभव और ज्ञान को संभव बनाती हैं और स्वयं इनकी पहुँच के बाहर रहती हैं ।

transcendental reality (ट्रैन्सेन् 'डेन्टल रि 'एलिटि) **इन्द्रियातीत वास्तविकता :** ऐसा यथार्थ जो मानवीय अवलोकन से परे है, जैसे– आत्मा, ईश्वरीय शक्ति या चमत्कार ।

transformative movement (ट्रैन्स् 'फार्मटिव 'मूवमन्ट्) **रूपान्तरकारी आन्दोलन :** देखें– **Movement, transformative** ।

transhumance (ट्रैन्ज् 'ह्यूमॅन्स) **क्षेत्रांतरण, ऋतु-प्रवास :** बहुत-सी ययावर जनजातियाँ ऋतुओं के अनुसार अपने पालतू मवेशियों को लेकर एक जगह से दूसरी जगह जीवन-यापन तथा मवेशियों के लिए चारे की तलाश में प्रवास करती रहती हैं । अनुकूल ऋतु के आने पर वे पुन: अपने घर को लौट आती हैं ।

transitional and multinational corporation (ट्रान 'ज़िश्न्ल ऐन्ड् मल्टि 'नैश्नल् कॉर्परेश्न्) **संक्रमणकालीन एवं बहुराष्ट्रीय निगम :** देखें– **Multinational corporation** ।

transitional status (ट्रान 'ज़िश्न्ल 'स्टेटस्) **संक्रमणकालीन स्थिति :** यह दो परिस्थितियों के बीच की स्थिति है । यह दो परिस्थितियों के बीच एक कड़ी का काम करता है, जैसे– तलाकशुदा और विवाहित के बीच की स्थिति स्वतन्त्र रहने की भी होती है ।

transinstitutionalization (ट्रैन्ज़्इन्स्टि 'ट्यूशन्लाइ ज़ेशन्) **परा-संस्थापन :** यह एक ऐसी प्रक्रिया है, जिसका सम्बन्ध मानसिक रूप से बीमार लोगों से है । चिकित्सालयों से छोड़े जाने पर वे अपने घर न पहुँचकर कहीं और पहुँच जाते हैं । जैसे– जेल, वृद्धाश्रम, छात्रावास, उपचर्या गृह आदि । एक संस्थान से दूसरे संस्थान में जा पहुँचने की प्रक्रिया ही परा-संस्थापन कहलाती है ।

transmigration(ट्रैन्ज़्माइ 'ग्रेश्न्) **जन्मान्तरण :** आत्मा का एक शरीर की मृत्यु के पश्चात् दूसरा (मानवीय या मानवेतर) शरीर ग्रहण करना । हिन्दू धर्म इस विचार को पूरी तरह स्वीकार करता है ।

transmitted deprivation (ट्रैन्ज़् 'मिट इड डेप्रि 'व़ेश्न्) **संचारित वंचन :** वंचन की समस्या कभी-कभी एक पीढ़ी से

दूसरी पीढ़ी में चली जाती है, जैसे– किसी गरीब माता-पिता के बच्चे भी गरीब ही होते हैं। गरीबी एक पीढ़ी से दूसरी पीढ़ी में अन्तरित होती रहती है। यह दूसरी बात है कि गरीब के बच्चे अपनी गरीबी के लिए स्वयं जिम्मेवार नहीं होते हैं : देखें– **Culture of poverty; Relative deprivation**।

transsexual (ट्रैन्ज'सेक्शुअल्) **परालिंगी** : एक स्त्री या पुरुष जो शल्य चिकित्सा द्वारा अपना लिंग परिवर्तन करा कर दूसरे लिंग के बन जाते हैं, परालिंगी कहलाते हैं। ऐसे व्यक्ति नये लिंग की सभी भूमिकाओं को सीखकर पूर्णतः उसमें रच-बस जाते हैं। लिंग परिवर्तन की घटनाएँ पिछली शताब्दी में प्रारम्भ हुई हैं : देखें– **Transsexualism**।

transsexualism (ट्रैन्ज'सेक्शुअलिज़म्) **लिंगपरिवर्तन इच्छा** : किसी स्त्री या पुरुष को अपने से विपरीत यौन का होने की इच्छा। कई पुरुष ऐसे होते हैं, जो नारी बनना चाहते हैं, तो कई महिलाएँ पुरुष बनना चाहती हैं : देखें– **Transsexual**।

transvestism (ट्रैन्ज'वेस्टिज़म्) **विलिंगी वस्त्र-धारण रति** : अपने से भिन्न लिंग के लिए उपयुक्त वस्त्रों को पहनने या उसके अनुसार शृंगार-प्रसाधन करने की प्रक्रिया विलिंगी वस्त्र-धारण रति कहलाती है। ऐसे व्यक्ति अपनी ही जाति-लिंग के वस्त्रों को पहनने पर अटपटा अनुभव करते हैं और अपने से भिन्न लिंग के वस्त्रों को पहनकर आनन्द का अनुभव करते हैं। बहुधा इस शब्द का प्रयोग उन पुरुषों के लिए किया जाता है, जो कुछ समय के लिए स्त्रियों की वेशभूषा धारण करने के साथ-साथ उसी प्रकार का बनाव-शृंगार भी करते हैं (देखें– D. Feinbloom, **Transvestites and Transsexuals**, 1975)।

transvestite (ट्रैन्ज'वेस्टाइट्) **विलिंगी वेशधारी** : ऐसे लोग जो अपने यौन के अनुसार विभिन्न कार्यों को स्वीकार करते हैं, लेकिन पोशाक विपरीत लिंग का धारण करते हैं।

tree marriage (ट्री'मैरिज्) **वृक्ष विवाह** : एक धर्मानुष्ठान जो भारत के कुछ भागों में प्रचलित है, जिसमें स्त्री या पुरुष का सांकेतिक रूप में वृक्ष के साथ विवाह संस्कार सम्पन्न किया जाता है। बहुधा यह क्रिया अवश्यंभावी संकट को दूर करने के लिए अथवा अशुभ नक्षत्रों या अपशकुन को दूर करने के लिए की जाती है।

tree worship (ट्री'वर्शिप्) **वृक्ष पूजा** : एक व्यापक मिथक या विश्वास जिसके अनुसार वृक्षों में मनुष्यों और पशुओं की भाँति ही आत्मा या ईश्वर का निवास होता है। वृक्षों का देवता समस्त वनस्पति अर्थात् खाद्य एवं उर्वरता का देवता है। अतः घने वनप्रान्त में निवास करने वाले आर्यों के धर्मों में वृक्षों के पूजन को महत्त्व दिया गया है।

trend change (ट्रेन्ड चेन्ज्) **प्रवृत्ति परिवर्तन** : ऐसा परिवर्तन जो व्यवस्थित एवं अनुमानित है। समाज में इस प्रकार का परिवर्तन उद्विकास, मशीनीकरण और नगरीकरण के माध्यम से संभव होता है, जैसे–भारत में नारी शिक्षा का उत्तरोत्तर विकास या प्रजननता-दर में क्रमशः कमी आना।

triad (ट्राइऐड) **त्रिक्, त्रिमूर्ति** : तीन व्यक्तियों के समूह को त्रिमूर्ति कहा जाता है। समूह में अधिकतम संख्या निश्चित नहीं होती है; क्योंकि लाखों व्यक्तियों का भी समूह संभव है। समूह के अन्तर्गत प्रत्येक व्यक्ति एक-दूसरे से जुड़े हुए होते हैं। पर समूह भीड़ जैसा व्यक्तियों का संकलन नहीं है। हिन्दू धर्म में ब्रह्मा, विष्णु और महेश को त्रिमूर्ति कहा गया है।

trial marriage ('ट्राइअल् 'मैरिज्) **परीक्षण-विवाह** : विवाह की वास्तविक या प्रस्तावित पद्धति जिसमें स्त्री और पुरुष को घनिष्ठ रूप में रहने की स्वीकृति दी जाती है और इस बात का अवसर दिया जाता है कि वे एक-दूसरे को परख लें कि वे अपने सम्बन्धों को चिरस्थायी रखने के लिए एक-दूसरे के योग्य हैं। यदि वे अपने सम्बन्ध तोड़ देते हैं, तो सामाजिक रूप से उन्हें दण्डित या अपमानित नहीं किया जाता और न ही उनकी प्रतिष्ठा को कोई हानि पहुँचती है।

triangulation (ट्राइ ऐन्ग्यू'लेशन) **त्रिकोणीय अध्ययन** : यदि अनुभवाश्रित आँकड़े एक से अधिक पद्धतियों के

माध्यम से इकट्ठे किये जायें तो वे एक पद्धति से इकट्ठे किए गए आँकड़े की तुलना में ज्यादा विश्वसनीय माने जाते हैं। किसी एक विषय-वस्तु का कम-से-कम तीन सैद्धान्तिक परिप्रेक्ष्यों में एकसाथ प्रयोग कर अध्ययन करना या एक विषय-वस्तु पर तीन अनुसन्धानकर्ताओं के द्वारा अलग-अलग आँकड़े इकट्ठा कर अध्ययन करना ज्यादा वस्तुनिष्ठ और वैज्ञानिक माना जाता है। ऐसे अध्ययनों का उद्देश्य अन्य अध्ययनों की कमी को पूरा करना होता है। अध्ययन के इस प्रयोग के ऊपर नॉर्मन डेंजिन (Norman K. Denzin) ने काफी प्रकाश डाला है।

tribal religion (ˈट्राइबल रिˈलिजन्) **जनजातीय धर्म :** सरल समाजों का धर्म जो दार्शनिक विवेचनाओं अथवा तार्किक व्याख्याओं पर आधारित न होकर पूर्वज, आत्मा, ग्राम देवता, भूत-प्रेत तथा परमशक्ति या सर्वोच्च देवता में अगाध विश्वास पर निर्भर होता है।

tribal organization (ˈट्राइबल ऑगनाइˈज़ेशन्) **जनजातीय संगठन :** सामाजिक संगठन की एक व्यवस्था जिसमें परिवार, गण, भिन्न पीढ़ियाँ, वृंद आदि सम्मिलित होते हैं। सामान्यत: एक जनजाति के लोग एक ही भू-भाग के निवासी, समान भाषा-भाषी तथा समान संस्कृति के होते हैं। इनकी अन्तरंग एवं बाह्य प्रशासन व्यवस्था एक ही केन्द्र से संचालित होती है। इनमें परस्पर एकता एवं सामाजिक एकबद्धता होती है। इनकी समान सामाजिक परम्पराएँ, रीति-नीति, वंशानुक्रम और बन्धुत्व प्रणाली होती हैं।

tribal society (ˈट्राइबल सॅˈसाइअटि) **जनजातीय समाज :** वन्यजाति या जनजाति को आदिम, आदिवासी, वनवासी, गिरिजन तथा अनुसूचित जनजाति आदि नामों से सम्बोधित किया जाता है। इन्हें आदिम या आदिवासी इसलिए कहा जाता है कि ये भारत के प्राचीनतम निवासी माने जाते हैं और सम्भवत: भारत में द्रविड़ों के आगमन से पूर्व यहाँ ये ही लोग निवास करते थे। गोविन्द सदाशिव घूरिये (G. S. Ghurye, 1893-1983) इन्हें भारत के आदिवासी नहीं मानते, वरन् वे इन्हें पिछड़े हिन्दू कहते हैं। उन्होंने ऐतिहासिक प्रमाण देकर यह स्पष्ट करने का प्रयत्न किया है कि अधिकांश जनजातियाँ हिन्दू धर्म को मानती हैं। अत: ये हिन्दू समाज के ही अंग हैं। कुछ विद्वान इन्हें भाषा के आधार पर जनजातियाँ कहते हैं; क्योंकि इनके द्वारा बोली जाने वाली भाषाएँ जनजातीय भाषा की श्रेणी में आती हैं।

tribalism (ˈट्राइबॅ लिज़म्) **जनजातिवाद, जनजाति-प्रधानता :** किसी राजनीतिक प्रणाली की ऐसी स्थिति या प्रवृत्ति जिसमें लोग जन-जातियों या कबीलों में बँटे हों और वे अपनी कोई राष्ट्रीय पहचान बनाने के बजाय अपनी-अपनी जनजाति को महत्त्व देते हों। कुछ पिछड़े हुए अफ्रीकी देशों में यह स्थिति देखने को मिलती है (देखें– Henry Maine, **Ancient Law**, 1861) **:** देखें– **Tribe**।

tribalization (ट्राइबलाइ ज़ेशन्) **जनजातीयकरण :** किसी सभ्य मानव समुदाय द्वारा जनजातियों की ऐसी रीति-रिवाजों, कर्मकाण्डों तथा विश्वासों को अपना लेने की प्रक्रिया जनजातीयकरण कहलाती है, जो उनके अपने रीति-रिवाजों एवं विश्वासों से सर्वथा भिन्न होते हैं। एस. एल. कालिया एवं डी. एन. मजूमदार ने उत्तर प्रदेश की जौनसार बावर और मध्यप्रदेश के हिन्दुओं द्वारा वहाँ की जनजातियों की रीति-रिवाजों एवं विश्वासों को अपनाने की इस प्रक्रिया का उल्लेख किया है।

tribe (ट्राइब्) **जनजाति, आदिम जाति :** सांस्कृतिक रूप से समरूप समुदाय जिसका समान भू-भाग, भाषा तथा एक ही पूर्वज वंश होता है। यह एक अन्तर्विवाही समूह है। इसके सदस्यों में सामान्यत: स्तरण नहीं होता और सारे सदस्यों का सामाजिक स्तर एक-सा होता है **:** देखें– **Scheduled tribes**।

tribes, backward (ट्राइब्स, बैक्वर्ड) **पिछड़ी जनजातियाँ, पिछड़े कबीले :** वे लोग जो जंगलों में कबीलों की तरह जीवनयापन करते हैं तथा शैक्षिक और आर्थिक दृष्टि से पिछड़े होते हैं। उनके विश्वास और मान्यताएँ रूढ़िवादी होती हैं।

trickle down theory (ˈट्रिकॅल डाउन् ˈथिअरि) **स्राव सिद्धान्त, मन्दप्रवाह सिद्धान्त :** विकास का यह सिद्धान्त कि सकल राष्ट्रीय उत्पाद और प्रति व्यक्ति आय की वृद्धि से इनका लाभ अपने-आप सर्वसाधारण तक पहुँच जाता है; क्योंकि इससे उन्हें काम (Job) मिलता है और अन्य आर्थिक अवसर प्राप्त होते हैं। अत: नीति-निर्माताओं को केवल आर्थिक

संवृद्धि (**Economic growth**) पर ध्यान केन्द्रित करना चाहिए; निर्धनता, बेरोज़गारी और आय के वितरण (Income distribution) की समस्याओं पर उतना ध्यान नहीं देना चाहिए; क्योंकि ये समस्याएँ कालान्तर में अपने-आप सुलझ जाएँगी।

Trotskyism ('ट्रॉट्स्की इज़्म) **ट्रॉट्स्कीवाद :** ट्रॉट्स्कीवाद का अभिप्राय रूसी क्रांतिकारी और लेनिन के सहयोगी लिओं ट्रॉट्स्की (Leon Trotsky, 1870-1940, इनका असली नाम लेव देविदोविच ब्रोंस्टीन Lev Davidovich Bronshtein था) के राजनीतिक, आर्थिक और सामाजिक सिद्धान्तों से है। उन्नीसवीं शताब्दी के अन्त और बीसवीं शताब्दी के प्रारम्भिक वर्षों में ट्रॉट्स्की ने रूस तथा पश्चिमी यूरोप की क्रांतिकारी गतिविधियों में भाग लिया था, उन्हें बन्दी बना लिया गया था और देश निकाला दे दिया गया था। उन्होंने 1905 की अपूर्ण क्रांति में भी भाग लिया था और वे 1917 की बोल्शेविक क्रांति के प्रमुख नेताओं में से थे।

ट्रॉट्स्कीवाद का मुख्य आधार ट्रॉट्स्की की अनवरत क्रांति का सिद्धान्त है। उनके विचार से कृषकों की स्थिति छोटे बूर्जुआ लोगों जैसी होती है। अपने सम्पत्ति-प्रेम के कारण वे समाजवाद की स्थापना नहीं कर सकते। यद्यपि कृषक-वर्ग क्रांति में थोड़ा-सा योगदान दे सकता है, लेकिन नेतृत्व की बागडोर सर्वहारा-वर्ग के ही हाथ में रहनी आवश्यक है। ट्रॉट्स्की ने द्रुत औद्योगीकरण, व्यापक आर्थिक आयोजन और 'श्रम सेनाओं' के उपयोग का अनुमोदन किया था। रूस के सत्ता-संघर्ष में स्तालिन की विजय के बाद ट्रॉट्स्कीवाद निन्दा और उपहास का शब्द बन गया। ट्रॉट्स्कीवाद ने अनवरत क्रांति के सिद्धान्त का पुनरुत्थान किया। इस सिद्धान्त का मूलमंत्र यह था कि 'रूस में बूर्जुआ क्रांति समाजवादी क्रांति के रूप में परिणत हो जायेगी और एक देश की सर्वहारा क्रांति विश्वव्यापी सर्वहारा क्रांति का रूप धारण कर लेगी।' यह संकल्पना लेनिन के इस सिद्धान्त के विरुद्ध थी कि क्रांति की सफलता के लिए सर्वहारा-वर्ग और कृषक-वर्ग में गठबन्धन होना चाहिए। ट्रॉट्स्की की विचारधारा स्तालिन के 'एक देश में समाजवाद' सिद्धान्त के भी प्रतिकूल पड़ती थी। लेनिन ने ट्रॉट्स्की के सिद्धान्त को अर्द्ध-अराजकतावादी कहा था।

truance ('ट्रूअन्स) **कर्त्तव्य-त्याग, पलायनशीलता :** बच्चों की बिना किसी कारण और बिना अनुमति के लगातार स्कूल से अनुपस्थित रहने की प्रवृत्ति, जो उन्हें किशोर अपचार की ओर ले जाती है।

truth (ट्रूथ) **सत्यता, सत्य :** इस शब्द का प्रयोग दो अर्थों में किया जाता है– (1) सत्यता– कथनों, प्रतिज्ञप्तियों तथा प्रत्ययों की वह विशेषता जो उनकी वस्तु-अनुरूपता, पारस्परिक संगति अथवा अर्थक्रियाकारित्व के फलस्वरूप उत्पन्न होती है। (2) सत्य– सत्य प्रतिज्ञप्ति या वाक्य।

twenty statements test ('ट्वेन्टि 'स्टेट्मन्ट्स टेस्ट्) **बीस कथन जाँच :** उत्तरदाता को किसी एक प्रश्न के उत्तर में 20 वैकल्पिक उत्तर देने के लिए आग्रह किया जाता है। यदि किसी व्यक्ति के व्यक्तित्व को समझना है तो उससे यह प्रश्न किया जाता है कि 'मैं कौन हूँ', इसका 20 जवाब दें। इस प्रकार की अध्ययन-पद्धति का विकास जॉर्ज एच. मीड (George Herbert Mead, 1863-1931) के स्व (**Self**) सम्बन्धी विचारों को ध्यान में रखकर किया गया है।

twice-born caste (*dvija*) (ट्वाइस बॉर्न् कास्ट्) **द्विज जाति :** वह जाति जो उपनयन संस्कार के माध्यम से स्वयं को पवित्र बनाती है। उपनयन संस्कार इस दृष्टि से दूसरे जन्म का संकेत करता है। यह संस्कार केवल उच्च जातियों के लिए स्वीकृत है। यह माना जाता है कि इन जातियों के सदस्यों का शारीरिक के साथ-साथ आध्यात्मिक जन्म भी हुआ है। हिन्दू समाज व्यवस्था में ब्राह्मण, क्षत्रिय तथा वैश्य वर्णों के लोग जिन्हें यज्ञोपवीत संस्कार की शास्त्रीय अनुमति है।

two-career marriage (टू क'रिअर 'मैरिज्) **द्वैध जीविका विवाह :** देखें– **Dual career marriage; Dual career family**।

types of compliance (टाइपस् ऑव् कॅम्'प्लाइअॅन्स) **अनुपालन के प्रकार :** देखें– **Compliance**।

typification (टिपिफ़ि 'केश्‌न्) **प्ररूपण :** इस विश्व के अन्तर्गत जो भी उपलब्ध है, उन्हें विभिन्न खण्डों में विभक्त कर देखा जाता है । उनके वर्गीकरण का आधार कोई विशिष्ट गुण नहीं होता है, बल्कि कुछ समान प्रकार की विशेषताओं के आधार पर वे वर्गीकृत किये जाते हैं । प्रत्येक व्यक्ति स्वाभाविक रूप से अपने इर्द-गिर्द की चीज़ों को एक-दूसरे से अलग कर देखता है, जैसे– व्यक्तियों को जानवरों से अलग करके देखा जाता है और फिर विभिन्न जानवरों को भी अलग-अलग वर्गों में बाँटकर देखा जाता है । उसी प्रकार फल-फूल, दूध, पानी आदि वस्तुओं को भी अलग-अलग कर देखा जाता है । इसी के माध्यम से वर्गीकरण समझने की प्रक्रिया को प्ररूपण कहा जाता है (देखें– Alfred Schutz, **Collected Papers** Vol. 1, 1962-1966) ।

typology (टाइ'पॉलजि) **प्ररूपविज्ञान :** सामाजिक विज्ञानों के अन्तर्गत किसी विषय-वस्तु के विश्लेषण के उद्देश्य से घटनाओं या यथार्थों का वर्गीकरण किया जाता है । वर्गीकरण का कार्य सामाजिक विज्ञान के क्षेत्र में थोड़ा कठिन कार्य होता है; क्योंकि प्राकृतिक चीज़ों की तुलना में विभिन्न सामाजिक यथार्थों को एक-दूसरे से स्पष्ट तौर पर अलग करना थोड़ा कठिन हो जाता है, जैसे– विभिन्न धर्मों के बीच अन्तर करना एक कठिन कार्य है । एमिल डर्कहाइम (Émile Durkheim) का आत्महत्या का वर्गीकरण सामाजिक घटनाओं के वर्गीकरण का एक उदाहरण है ।

tyranny ('टिरॅनि) **अत्याचारी शासन :** प्राचीन यूनान में एक व्यक्ति के शासन अथवा राजतन्त्र (**Monarchy**) का विकृत रूप अत्याचारी शासन माना जाता था । अरस्तू का मत था कि शासन का आदिरूप एकतन्त्र रहा होगा, पर जब वह शासक क्रूर हो गया और उसने प्रजा पर अत्याचार करने आरम्भ कर दिए, तब वह अत्याचारी शासक की भूमिका में आ गया । अत्याचारी शासन का वर्तमान रूप अधिनायकवाद है । अत्याचारी शासन विशिष्ट शासन-प्रणाली नहीं, प्रत्युत् शासन-शक्ति के प्रयोग का वह विशिष्ट ढंग है, जिसमें जनता दण्ड के भय से सरकार की आज्ञा का पालन करती है और सरकार जनता द्वारा जरा-सा विरोध करने पर भी उसे कठोर-से-कठोर दण्ड देती है ।

Uu

ultimate reality ('ऑलटिमट रि'एलिटि) **परमसत्, परमतत्त्व :** वह निरपेक्ष तत्त्व, जो समस्त अस्तित्व का आधार एवं अधिष्ठान है तथा जिससे सम्पूर्ण अस्तित्व उत्पन्न अथवा उद्‌भूत माना जाता है ।

ultimate value ('ऑलटिमट 'वैल्यू) **चरम मूल्य :** सबसे उच्च श्रेणी का मूल्य ।

ultimogeniture (ऑल्टिमो'जेन्इचर्) **कनिष्ठाधिकार :** इस शब्द का अर्थ है उत्तराधिकार की वह व्यवस्था जिसके द्वारा पितृवंश परम्परा या मातृवंश परम्परा वाले समाज में सम्पत्ति का उत्तराधिकार क्रमशः सबसे छोटे पुत्र या पुत्री को प्राप्त होता है : देखें– **Law of primogeniture** ।

umland (ऑम्लैन्ड्) **परिनगर :** यह जर्मन भाषा का शब्द है, जिसका तात्पर्य चारों ओर के क्षेत्र से है । इस शब्द का सबसे पहला प्रयोग आन्द्रे ऐलिक्स ने 1914 में किया था । वह क्षेत्र, जिसमें नगर व प्रदेश आपस में आर्थिक, सांस्कृतिक व राजनीतिक दृष्टि से जुड़े हुए हैं, उस नगर को अमलैंड कहते हैं अर्थात् अमलैंड किसी नगर के चारों ओर का वह भाग है, जिसके साथ उसका सांस्कृतिक तथा आर्थिक सम्बन्ध होता है । इस शब्द का प्रयोग जर्मन व स्कैण्डीनीवियन भूगोलवेत्ताओं द्वारा भी किया गया है । इनके अतिरिक्त अनेक ब्रिटिश, अमरीकी व भारतीय विद्वानों ने इस शब्द का अपने अध्ययनों में अत्यधिक प्रयोग किया है ।

unconscious mind (ऑन्'कॉन्शस् माइन्ड) **अचेतन दिमाग :** सिगमण्ड फ्रॉयड (Sigmund Freud, 1856-1939) के अनुसार मस्तिष्क का वह भाग जिसके अन्तर्गत सभी प्रकार के विचार, यादगार और संवेदनाएँ पायी जाती हैं, लेकिन व्यक्ति उनके बारे में अचेत रहता है ।

underclass ('अन्डर् क्लास्) **निम्नवर्ग :** व्यक्तियों का एक ऐसा वर्ग या समूह जो वर्ग–व्यवस्था के ठीक नीचे रहता है, जैसे किसी नृजातीय समूह के अल्पसंख्यक लोग या यूरोपीय समाज में जिप्सी **(Gypsy)** । इस अवधारणा को अनेक प्रकार से परिभाषित किया गया है (देखें– Anthony Giddens, **The Class Structure of the Advanced Societies**, 1973) ।

under-consumption, theories of ('अन्डर् कन्'सम्प्शन्, 'थिअरिज ऑव्) **अल्पभोगी–सिद्धान्त :** यह सिद्धान्त इस मान्यता पर आधारित है कि जब कोई समाज उपभोक्ता की वस्तुओं का कम–से–कम उपभोग करता है, तो उपभोक्ता की वस्तुओं की माँग में कमी आती है, जिससे यह लगता है कि बाज़ार में वस्तुओं की अधिकता है । इससे पूँजीवादी अर्थव्यवस्था में स्थिरता आती है । ऐसी स्थिति तब उत्पन्न होती है, जब पूँजीपति लोग श्रमिकों की वास्तविक मज़दूरी को नहीं बढ़ने देते हैं । श्रमिक अपने ही द्वारा उत्पादित वस्तुओं के उपयोग से वंचित रह जाता है । इस सिद्धान्त का सम्बन्ध साम्राज्यवाद एवं अल्पविकास सम्बन्धी विचारों से भी जुड़ा हुआ है ।

underdeveloped area (अन्डर्डि'वेलप्ड 'अरिआ) **अल्पविकसित क्षेत्र :** वह क्षेत्र जहाँ औद्योगीकरण तथा तकनीक विकास की प्रक्रिया जनसंख्या के अनुपात में सीमित हो और जो औद्योगिकीकरण और यान्त्रिक कृषि की दृष्टि से पिछड़ा हुआ हो । ऐसे क्षेत्र में प्राकृतिक साधनों का समुचित प्रयोग नहीं किया जाता है । यहाँ साक्षरता, सम्पन्नता तथा आधुनिक चिकित्सा–सुविधाओं का अभाव होता है और मृत्यु–दर अधिक होती है ।

underdeveloped country (अन्डर्डि'वेलप्ड 'कन्ट्रि) **अल्पविकसित देश :** अर्थशास्त्र के नये साहित्य में पूर्व–प्रचलित

शब्द 'पिछड़ा' (**Backward**) की जगह अल्पविकसित शब्द को श्रेयस्कर समझा जा रहा है। संयुक्त राष्ट्रसंघ के सदस्यों को अल्पविकसित शब्द को परिभाषित करने में कुछ कठिनाई हुई है। संयुक्त राष्ट्रसंघ के अनुसार इस शब्द का प्रयोग उन देशों को सम्बोधित करने के लिये किया जाता है, जिनकी प्रति व्यक्ति आय संयुक्त राज्य अमरीका, कनाडा (हिन्दी में इस देश का शुद्ध उच्चारण कैनडा है), ऑस्ट्रेलिया और पश्चिमी यूरोप की प्रति व्यक्ति वास्तविक आय की तुलना में कम है। अत: अल्पविकसित देश सापेक्ष शब्द है। सामान्यतया वे देश जिनकी वास्तविक प्रति व्यक्ति आय संयुक्त राज्य अमरीका की प्रति व्यक्ति आय की 1/4 से कम हो, अल्पविकसित देश कहलाते हैं। हाल ही के वर्षों में अल्पविकसित अर्थव्यवस्थाओं को विकासशील अर्थव्यवस्था के रूप में सम्बोधित किया गया है। इस प्रकार यदि दोनों को एक-दूसरे का पर्यायवाची शब्द माना जाये, तो अल्पविकसित या विकासशील दोनों एक ही हैं, किन्तु दोनों में अन्तर भी माना जाता है। ऐसे देश जहाँ जनसंख्या का उच्च दबाव हो, कृषि की प्रधानता हो, उच्च तकनीक का अभाव हो, पूँजी का अभाव हो, किन्तु औद्योगिक विकास की ओर अग्रसर हो रहे हों, तो उसे विकासशील देश कहते हैं। ऐसे देश जहाँ प्रति व्यक्ति आय कम हो, विकास की दर अत्यन्त धीमी हो, बचत व निवेश के स्तर कम हों, बेरोज़गारी तथा गरीबी सर्वत्र व्याप्त हो तथा उत्पादन की तकनीक कई पीढ़ियों से अपरिवर्तित चली आ रही हो, देश गरीबी के दुश्चक्र में फँसा हो, तो उसे अल्पविकसित देश कहते हैं।

underemployment (अन्डर्‌इम्'प्लॉइमन्ट्) **अल्परोज़गार** : वह स्थिति जिसमें लोग जितना काम करने की योग्यता, क्षमता या इच्छा रखते हैं, उतना काम उन्हें नहीं मिल पाता है। चाहे वह कार्य दैनिक, साप्ताहिक, मासिक या मौसमी ही क्यों न हो। इस तरह उपलब्ध श्रमिकों की कार्यक्षमता का पूरा उपयोग नहीं हो पाता है। इस प्रकार की समस्या कृषि-क्षेत्र में आम है (देखें– D. N. Ashton, **Unemployment Under Capitalism: The Sociology of British and American Labour**, 1986)।

under population ('अन्डर् पॉप्यु'लेशन्) **जन-अल्पता, अल्प-जनसंख्या** : जब किसी क्षेत्र में जनसंख्या की वृद्धि से या कुछ और लोगों के आने से रहन-सहन का स्तर अथवा प्रति व्यक्ति आय बढ़ती है, तो हम कहते हैं कि उस क्षेत्र में जन-अल्पता है। जब इनमें किसी प्रकार की वृद्धि या ह्रास नहीं होता, तब हम यह कहते हैं कि यहाँ की जनसंख्या इष्टतम है : देखें– **Optimum population**।

understanding (अन्डर्'स्टैंडिन्ग) **समझ, बोध** : देखें– **Hermeneutics**।

under-urbanization ('अन्डर् अर्बनाइ'ज़ेशन्) **अल्प-नगरीकरण** : देखें– **Urbanization, under-**।

underworld (अन्डर्'वर्ल्ड्) **अपराधलोक** : वे प्रच्छन्न स्थान जहाँ छिपे रूप में जुआ, नशीली वस्तुओं का व्यवसाय तथा अन्य अवैध क्रियाकलाप चलते हैं। इनकी अपनी अलग भाषा और शब्दजाल होते हैं। ऐसे लोग जो समाज में दिखावे के तौर पर कोई सम्मानित व्यवसाय करते हुए प्रतिष्ठा अर्जित कर लेते हैं; कई बार समाज-कल्याण के कार्यों में भी धन लगाकर लोकप्रियता प्राप्त कर लेते हैं, पुलिस, अधिकार-तन्त्र, राजनीतिज्ञों और शक्ति के अन्य केन्द्रों से भी अच्छे सम्बन्ध बना लेते हैं; परन्तु छिपे तौर पर वे बड़े पैमाने पर गैरकानूनी काम करते हैं और इससे अनाप-शनाप धन अर्जित कर लेते हैं। यह सफेदपोश अपराध का विकसित रूप है।

unearned income (अन्'ॲरन्ड 'इन्कम्) **अनुपार्जित आय** : आय का वह हिस्सा जो चालू वर्ष में प्राप्त हो गया है, किन्तु चालू वर्ष से इसका कोई सम्बन्ध नहीं होता अर्थात् बिना परिश्रम से कमाया हुआ आय का हिस्सा, जैसे– ब्याज, लाभांश आदि अनुपार्जित आय कहलाता है।

unemployment (अनिम्'प्लॉइमन्ट्) **बेरोज़गारी** : जब कोई श्रमिक प्रचलित मज़दूरी-दर पर काम करने के लिए तैयार हो, किन्तु उसे कार्य का अवसर नहीं मिल पा रहा हो, तो उसे बेरोज़गारी कहते हैं। वास्तव में यह वह स्थिति है, जिसमें प्रतिभा पलायन, भ्रष्टाचार आदि अनेक सामाजिक तथा आर्थिक बुराइयाँ पनपती हैं (देखें– Marie Jahoda, **Employment and Unemployment**, 1982; Peter Sinclair, **Unemployment: Economic Theory and Evidence**, 1997)।

unemployment, disguised (अनिम्ˈप्लॉइमन्ट्, डिस्‌गाइज़्ड्) **प्रच्छन्न बेरोज़गारी** : देखें– **Disguised unemployment** ।

unemployment rate (अनिम्ˈप्लॉइमन्ट् रेट्) **बेरोज़गारी दर** : किसी काम पर न लगे हुए बेरोज़गार व्यक्तियों के कुल कार्ययोग्य व्यक्तियों के प्रतिशत को बेरोज़गारी-दर कहा जाता है । कुल बेरोज़गारों की संख्या को श्रमशक्ति की कुल संख्या से भाग करके तथा 100 से गुणा करके यह दर निकाली जाती है ।

uneven development (अन्ˈईव्‌न् डिˈवे़लप्मन्ट्) **असम विकास, विषम विकास** : बाद के मार्क्सवादी चिन्तकों ने इस शब्द का प्रयोग यह दर्शाने के लिए किया है कि पूँजीवाद समस्त विश्व के विकास को प्रभावित करता है । लेकिन, विकास का प्रभाव सभी जगहों पर समान रूप से नहीं पड़ता है । कहीं विकास का स्तर काफी ऊँचा होता है, तो कहीं विकास का स्तर काफी निम्न । यह प्रारम्भिक मार्क्सवादी चिन्तन का इस रूप में खण्डन करता है कि पूँजीवाद सभी मुल्कों को समान रूप से प्रभावित करता है ।

unfocused interaction (अन्ˈफ़ोकस्ड् इन्टर्ˈऐक्शन्) **विकेन्द्रित अन्त:क्रिया** : संकेन्द्रित अन्त:क्रिया का यह उल्टा है : देखें– **Focused interaction** ।

unfulfilled rising expectations (अन्‌फुलˈफ़िल्ड् राइज़्ˈइन्ग एक्स्पेक्ˈटेशन्स्) **अपूर्ण आरोही आकांक्षाएँ** : ऐसी उम्मीद कि भविष्य किसी व्यक्ति या परिवार के लिए बेहतर होने जा रहा है । लेकिन, कभी-कभी हमारी आकांक्षाएँ किसी कारणवश अपूर्ण रह जाती हैं ।

unidimensional scaling (यूनिडाइˈमेन्शन्‌ल् स्केल्ˈइन्ग) **एकविमीय मापनी** : एकविमीय मापनी लिकर्ट पैमाना का एक उदाहरण है : देखें– **Likert scale** ।

unigeniture (यूनिजेन्‌इचर्) **समानाधिकार** : उत्तराधिकार का एक नियम जिसके अनुसार सहोदरों के समूह में कोई एक माता-पिता की सम्पत्ति का उत्तराधिकारी बनता है : देखें– **Law of primogeniture** ।

unilineal descent (यूनिˈलिनिअल् डिˈसेन्ट्) **एकान्वयिक वंशानुक्रम, एकपक्षीय वंशक्रम** : वंशक्रम की गणना जब माँ अथवा पिता दोनों में से किसी एक पक्ष से की जाती है, अर्थात् दो में से एक रेखा की पूर्णत: अनदेखी कर देते हैं तब इसे एकपक्षीय या एकरेखीय वंशानुक्रम कहते हैं । कुल व गोत्र एकपक्षीय वंशानुक्रम के नियम पर आधारित समूह है ।

unilinear evolution (यूनिˈलिनिअर् ईव्ˈलूशन्) **एकरेखीय उद्विकास** : ऐसा सामाजिक उद्विकास जो इस मान्यता पर आधारित है कि विश्व के सभी समाज लगभग समान प्रकार के चरणों से गुजरकर विकास को हासिल करते हैं ।

unintended or unanticipated consequences (अँनिन्ˈटेन्डिड ऑर् अँनˈऐन्टिसिपेटॅड् कॉन्ˈसिक्वॅन्सेज़्) **अप्रत्याशित परिणाम** : समाज में सभी घटनाएँ लोगों की आशाओं के अनुरूप नहीं घटती हैं, बल्कि कुछ ऐसी भी घटनाएँ घट जाती हैं, जिनकी उम्मीद नहीं की जाती है । इनके परिणाम अप्रत्याशित होते हैं । रॉबर्ट के. मर्टन (Robert K. Merton, 1910-2003) ने अनपेक्षित परिणामों के तीन रूपों की चर्चा की है– (1) प्रकार्यात्मक परिणाम (**Functional consequences**)– ऐसे प्रकार्य जो किसी निर्दिष्ट व्यवस्था के लिए प्रकार्यात्मक होते हैं, अत: ये अप्रकट प्रकार्य (**Latent function**) होते हैं, (2) दुष्कार्यात्मक परिणाम (**Dysfunctional consequences**)– ऐसे प्रकार्य जो किसी निर्दिष्ट व्यवस्था के लिए अप्रकट रूप में दुष्कार्यात्मक (विनाशकारी) होते हैं, (3) अप्रकार्यात्मक परिणाम (**Non-functional consequences**)– ऐसे प्रकार्य जो व्यवस्था के लिए निरर्थक होते हैं; क्योंकि उनके कोई भी प्रकार्यात्मक परिणाम नहीं होते हैं । अप्रत्याशित परिणाम लघु (व्यक्तिगत) स्तर पर सामाजिक कर्त्तागण बहुधा किसी स्थिति का पूरी तरह से जायजा लेने या उसकी व्याख्या करने में भूल कर जाते हैं, जिसके कारण उन्हें उनकी क्रियाओं के अप्रत्याशित परिणाम भुगतने पड़ते हैं । इसी प्रकार, बृहत् स्तर पर अप्रत्याशित परिणाम इसलिए महत्त्वपूर्ण होते हैं; क्योंकि घटनाएँ

एकसाथ अनपेक्षित रूप में उपस्थित हो जाती हैं (देखें– Lewis A. Coser, **The Functions of Social Conflict**, 1965; Jon Elster, **Nuts and Bolts for the Social Sciences**)।

unionism ('यूनिअ निज़म्) **संघ निर्माण :** मज़दूरों का एक ऐसा समूह बनाया जाना जो अपने अधिकारों की माँग एवं उनकी रक्षा कर सके।

unit of enquiry ('यूनिट् ऑव् इन् 'क्वाइअरि) **जाँच-पड़ताल की इकाई :** जाँच-पड़ताल की इकाई एक व्यक्ति से लेकर घर-बार तथा एक सम्पूर्ण निकाय भी हो सकती है। कभी-कभी लोग जाँच-पड़ताल की इकाई एवं नमूने की इकाई में अन्तर नहीं करते हैं; जबकि दोनों दो हैं। यहाँ पर जाँच-पड़ताल की इकाई का सम्बन्ध अध्ययन की विषय-वस्तु की समस्त इकाइयों से है, न कि किसी एक इकाई के अन्तर्गत किसी छोटी इकाई से। जाँच-पड़ताल की इकाई एवं विश्लेषण की इकाई (Unit of analysis) दोनों एक-दूसरे की विपरीतार्थक हैं।

univariate analysis (यूनिवे'अरिअॅट अ'नैलसिस्) **एकल चर विश्लेषण :** सांख्यिकी के क्षेत्र में दो चरों के अन्तर-सम्बन्धों के मात्रात्मक विश्लेषण को ही एकल चर विश्लेषण कहा जाता है : देखें– **Multivariate analysis**।

universal conscription (यूनि'व़र्सल् कन् स्क्रिप् श़न्) **सार्वभौमिक अनिवार्य सैनिक सेवा :** राष्ट्रीय सेवा की एक ऐसी पद्धति, जिसमें एक निश्चित उम्र सीमा तक के लोगों को सैनिक-शिक्षा लेनी पड़ती है। अमरीका में प्रत्येक युवक के लिए सेना में भर्ती होना आवश्यक माना जाता रहा है।

universal franchise (यूनि'व़र्सल् 'फ्रैन्चाइज़्) **सार्वभौम मताधिकार :** वह मतदान-प्रणाली जिसमें मत देने का अधिकार जाति, धर्म, वंश, लिंग, धन और शिक्षा विषयक भेदभावों के बिना ही वयस्क स्त्री-पुरुषों को मिला हो। सार्वभौम मताधिकार का सिद्धान्त लोक-प्रभुत्व के सिद्धान्त का ही स्वाभाविक निष्कर्ष है। रूसो (J. -J. Rouseau, 1712-1778) तथा अन्य फ्रांसीसी क्रांतिकारियों की रचनाओं में इस सिद्धान्त का प्रबल प्रतिपादन हुआ है। भारतीय संविधान ने सार्वभौम मताधिकार के सिद्धान्त को स्वीकारा है तथा नाबालिग, पागल और अपराधी आदि कुछ व्यक्तियों को छोड़कर बिना किसी भेदभाव के सभी भारतीयों को मतदान का पूर्ण और समान अधिकार दिया है।

universal law (यूनि'व़र्सल् लॉ) **सार्वभौमिक नियम :** विभिन्न तथ्यों के बीच पाए जाने वाले सम्बन्धों के बारे में सुनिश्चित की गयी नीति, जिसका वैज्ञानिक अनुसन्धानों द्वारा परीक्षण किया जाता है और जो सामान्यतः क्षेत्र-विशेष के विशेषज्ञों द्वारा स्वीकृत होती है।

universal theory (यूनि'व़र्सल् 'थिअरि) **सार्वभौमिक सिद्धान्त :** वह सिद्धान्त जो समूची मानवता पर लागू किया जा सके। सिगमण्ड फ्रॉयड (Sigmund Freud, 1856-1939) का यौन सम्बन्धी विचार मनोविज्ञान के क्षेत्र में एक सार्वभौमिक सिद्धान्त है।

universalising religion (यूनि'व़र्सलाइज़िन्ग रि'लिजन्) **विश्वव्यापी धर्म :** ऐसा धर्म जो किसी विशेष क्षेत्र या नृजाति समूह का नहीं है, बल्कि लोग यह मानते हैं कि वह धर्म विश्व के सभी लोगों के लिए हितकारी है।

universalism (यूनि'व़र्स लिज़म्) **सार्वभौमवाद, सर्वहितवाद :** इस शब्द का प्रयोग कई अर्थों में किया जाता है– (1) सभी लोगों के लिए समान किस्म के नियम-कानूनों की व्यवस्था। (2) समाजशास्त्र का एक सिद्धान्त जिसके अनुसार समाज ही वास्तविकता एवं मानसिक संकल्पना है और इसका अपने किसी भाग की अपेक्षा सर्वाधिक मूल्य है। (3) वह नीतिशास्त्रीय सिद्धान्त कि व्यक्ति का उद्देश्य सभी के हित के लिए काम करना होना चाहिए। सर्वहित व्यक्तिगत हित से श्रेष्ठ है।

universalistic criteria (यूनि व़र्स'लिस्टिक क्राइ'टिअरिआ) **सार्वजनीन कसौटी :** ऐसे मानदण्ड जो एक ही तरह की वस्तुओं, व्यक्तियों या विषयों पर समान रूप से लागू किए जाते हैं और उनमें केवल तर्कसंगत आधार पर ही कोई

भेदभाव बरता जाता है, उदाहरणस्वरूप– किसी पद के लिए उम्मीदवारों का चयन करते समय इस मानदण्ड के अनुसार सब उम्मीदवारों को बराबर माना जाता है, और केवल यह जाँच की जाती है कि योग्यता, अनुभव, सूझ-बूझ और परिश्रम की क्षमता की दृष्टि से कौन अधिक उपयुक्त है ।

universalistic norms (यूनि व़र्स'लिस्टिक नॉर्मस्) **सार्वभौमिक मानदण्ड :** ऐसे मानदण्ड जो सभी स्थितियों, स्थानों एवं सभी प्रकार के लोगों पर समान रूप से लागू होता है ।

universality (यूनि'व़र्सलइटि) **सार्वभौमिकता :** एक ऐसी स्थिति जिसमें सभी लोग, बिना किसी अपवाद के प्रभावित होते हैं ।

universalization (यूनि व़र्सलाइ'ज़ेशन्) **सार्वभौमीकरण :** लघु परम्परा के उन तत्त्वों के फैलने और ऊपरी दिशा में निर्मित होने की प्रक्रिया, जिन्हें जनमानस के स्तर पर अब व्यापक स्वीकृति मिल चुकी है । वह प्रक्रिया जिसमें एक क्षेत्र में पाये जाने वाले मूल्य किसी बड़े समाज की मूल्यपद्धति के अंग बन जायें । जैसे वे किसी राष्ट्र के या पूरे विश्व की मूल्यपद्धति के अंग बन जायें । मानवशास्त्री मकिम मैरियट (McKim Marriott) ने सार्वभौमीकरण की प्रक्रिया का उल्लेख सांस्कृतिक प्रसार (**Cultural diffusion**) की प्रक्रिया को दर्शाने के लिए किया है । मकिम मैरियट की दृष्टि में जब लघु परम्परा के तत्त्वों यथा देवी-देवता, प्रथाएँ, संस्कार आदि का फैलाव क्षेत्र विस्तृत हो जाता है और यह विस्तार बृहत् परम्परा के स्तर तक पहुँच जाता है तथा उसका मौलिक रूप परिवर्तित हो जाता है, तो ऐसी प्रक्रिया को हम सार्वभौमीकरण कहते हैं ।

unobtrusive measures (ॲनॅब्'ट्रूसइव़ 'मेजर्स) **परोक्ष विधियाँ :** तथ्य संकलन की ऐसी विधि जिसके अन्तर्गत उत्तरदाता को यह पता नहीं होता कि उसके बारे में अनुसन्धानकर्ता द्वारा कोई आँकड़ा इकट्ठा किया जा रहा है । अनुसन्धानकर्ता और उत्तरदाता के बीच सामाजिक अन्त:क्रिया की प्रक्रिया का अभाव होता है । इस विधि का प्रयोग दो प्रकार से होता है– (1) गुप्त विधि– इसके अन्तर्गत अनुसन्धानकर्ता असहभागी अवलोकन (**Non-participant observation**) की मदद से सूचना एकत्रित करता है, (2) अप्रत्यक्ष विधि– इसके अन्तर्गत अनुसन्धानकर्ता व्यक्तिगत दस्तावेजों, आलेखों एवं अन्य अप्रत्यक्ष स्त्रोतों से उत्तरदाता के बारे में सूचना एकत्रित करता है (देखें– E. J. Webb, **Unobtrusive Measures: Nonreactive Research in the Social Sciences**, 1966) ।

unsocial (ॲन्'सोशल्) **असामाजिक :** समूह की विभिन्न क्रियाओं में भाग लेने के प्रति अनिच्छा व अरुचि का होना ।

unstructured interview (ॲन'स्ट्रक्चॅड् 'इन्टर् व्यू) **असंरचित साक्षात्कार :** ऐसा साक्षात्कार जिसमें पहले से प्रश्न निश्चित या लिखित नहीं होते हैं, बल्कि खुल्लम-खुल्ला प्रश्न पूछे जाते हैं तथा उसमें कभी-कभी तर्क-वितर्क भी होता रहता है । इसे खुला साक्षात्कार भी कहा जा सकता है ।

untouchability (ॲन् टॅच'बिलइटि) **अस्पृश्यता, छुआछूत :** अस्पृश्यता भारतीय, विशेषकर हिन्दू सामाजिक जीवन की एक भयंकर कुरीति रही है । इस घृणित प्रथा का मूल स्त्रोत वैदिक वर्ण-व्यवस्था में निहित है, जिसके अनुसार समाज में चार वर्ण– ब्राह्मण, क्षत्रिय, वैश्य और शूद्र की रचना की गई थी जिसमें शूद्रों पर समाज के शेष वर्गों की सेवा का कार्य सौंपा गया था । तब के शूद्र ही आज के अस्पृश्य, अछूत अथवा दलित वर्गीय लोग हैं । यह एक ऐतिहासिक तथ्य है कि वर्ण-व्यवस्था के उदय के समय अछूतों को अस्पृश्य नहीं माना जाता था । उस समय तो जाति भी जन्म से नहीं, कर्म से होती थी । किन्तु कालान्तर में जाति जन्म से मानी जाने लगी और शूद्रों पर समाज के सारे घृणित, गन्दे और निन्दनीय काम करने का बोझ आ पड़ा और उनसे घृणा की जाने लगी । धीरे-धीरे इनका स्पर्श तक बुरा समझा जाने लगा । एक समय तो हिन्दू इनकी छाया तक से बचते थे । दलित जाति में जन्म लेना मनुष्य के लिए अभिशाप बन गया । सदियों के इस दृष्टिकोण के कारण अछूतों का जीवन-स्तर भी हरेक दृष्टि से नीचे गिर गया । ये समाज में सबसे गरीब, सबसे गन्दे और सबसे पिछड़े लोग बन गये । ये स्वयं भी अपने-आपको संसार में सबसे अधिक गिरा हुआ समझने लगे । इनके पास आत्म-सम्मान जैसी कोई वस्तु नहीं रह गई।

भारत में ब्रिटिश राज्य की स्थापना के बाद ब्रिटिश सरकार ने अस्पृश्य लोगों को 'अनुसूचित जाति' के अन्तर्गत रखा और इनकी स्थिति को ऊँचा उठाने की कोशिश की। इन लोगों के लिए शिक्षा की सुविधाएँ दी गयीं और इनकी नौकरियों के लिए भी विशेष रूप से व्यवस्था की गयी। भीमराव आम्बेडकर ने जो स्वयं अछूत थे, दलित जातियों की रक्षा के लिए दलित जाति संघ बनाया, किन्तु वर्तमान काल में अछूतोद्धार के कार्य का सबसे अधिक श्रेय महात्मा गाँधी को प्राप्त है। उन्होंने अछूतों को 'हरिजन' नाम दिया और अछूतोद्धार को अपने रचनात्मक कार्यक्रम का एक बुनियादी अंग मानकर उस पर आचरण किया। महात्मा गाँधी के सद्प्रयत्न से अछूतोद्धार कांग्रेस के कार्यक्रम का एक अभिन्न भाग बन गया। यह स्वाभाविक ही था कि स्वतन्त्रता की प्राप्ति के बाद देश के कर्णधारों का ध्यान इस कुरीति की ओर गया और उन्होंने संविधान में इसका अन्त करने के लिए समुचित व्यवस्था की। 'अस्पृश्यता' शब्द की परिभाषा संविधान में अथवा इसके उन्मूलन के लिए बनाए गए अस्पृश्यता अपराध अधिनियम, 1955 में कहीं नहीं दी गई है। ऐसा मान लिया गया है कि इस शब्द को सभी समझते हैं : देखें– **Scheduled castes**।

upper class ('अपर् क्लास्) **उच्च वर्ग :** विशिष्ट आर्थिक-राजनीतिक व्यवस्था वाले समाज का वह वर्ग जो शक्ति, प्राधिकार तथा धन और प्रतिष्ठा में बढ़ा-चढ़ा होने के कारण अपने से निम्नवर्ग के लोगों पर प्रभुत्व रखता है। इस अवधारणा को एक से अधिक ढंग से परिभाषित किया गया है। इस विषय पर बहुत ही विस्तारपूर्वक समाजशास्त्रीय परिप्रेक्ष्य में की गयी चर्चा John Scott की कृति **The Upper Class** (1988) में देखने को मिलती है (देखें– Philip Stanworth and Anthony Giddens (eds.), **Elites and Power in British Society**, 1974; Michael Useem, **The Inner Circle: Large Corporations and the Rise of Business Political Activity in the U.S. and U. K.**, 1984)।

urban ('अर्बन्) **नगर :** नगर किसे कहते हैं, यह सामाजिक विज्ञानों में अभी भी एक विवाद का विषय बना हुआ है। नगर की परिभाषा सिर्फ सामाजिक विज्ञानों के स्तर पर ही अलग-अलग नहीं है, बल्कि देश के स्तर पर भी अलग-अलग है। भारत में भी नगर की परिभाषा एक समस्या है। किसी जगह-विशेष को नगर कहे जाने के लिए बहुत किस्म की शर्तों का इस्तेमाल किया गया है। भारतीय जनगणना में जो नगर की परिभाषा दी गई है, उसी के आधार पर सामाजिक विज्ञानों में भी नगरीकरण की प्रक्रिया का अध्ययन किया जाता है। भारत की जनगणना में नगर को निम्न ढंग से परिभाषित किया गया है– (क) यदि किसी जगह की आबादी एक लाख और उससे अधिक हो तो उसे शहर माना जाता है। (ख) नगरपालिका, नगर निगम, छावनी बोर्ड (Cantonment) अधिसूचित कस्बा क्षेत्र समिति (Notified area town committee) आदि सभी स्थानों को शहर का स्थान प्राप्त है। (ग) निम्न कसौटियों को पूरा करने वाले सभी स्थान शहर माने जाते हैं– (i) जिसकी न्यूनतम जनसंख्या 5,000 हो, (ii) कम-से-कम 75% पुरुष गैरकृषि कार्यों से जुड़े हों तथा (iii) जनसंख्या का घनत्व कम-से-कम 400 व्यक्ति प्रतिवर्ग किलोमीटर (1000 व्यक्ति प्रतिवर्ग मील) हो। यदि किसी जगह की आबादी 5000 से कम है और वह नगर के जैसा क्षेत्र दिखाई पड़ता है, तो जनगणना अधिकारी अपना विवेक इस्तेमाल कर उस स्थान-विशेष को नगर की श्रेणी में रख सकते हैं।

urban agglomeration ('अर्बन अ गलॉम'रेशन्) **नगरीय संकुलन :** वह प्रक्रिया, जिसके द्वारा दो या अधिक नगर एकसाथ विकसित होकर नगरीय समूह का गठन कर लेते हैं। बड़े नगरों की जनसंख्या केन्द्रित न होकर विशाल क्षेत्र में प्रसारित हो जाती है और इसमें अनेक छोटे-बड़े स्वतन्त्र नगर तथा बस्तियाँ सम्मिलित होती हैं।

urban centralization or **concentration** ('अर्बन् से'न्ट्रलाइ ज़ेशन् ऑर् कॉन्सन्'ट्रेशन्) **नगरीय सकेन्द्रीकरण :** नगरीय क्षेत्रों में जनसंख्या का संकेन्द्रण (केन्द्रीभूत) होना। बहुधा इससे नगरीय क्षेत्रों में उद्योग, वाणिज्य, सांस्कृतिक सुख-सुविधाओं का केन्द्रीकरण हो जाता है। शहरों के अन्तर्गत व्यक्तियों या विशेष प्रकार के कार्यों की एक जगह इकट्ठा होने की प्रवृत्ति, जैसे– फल और सब्जी बेचने वाले लोग शहर में किसी निश्चित जगह पर केन्द्रित होना पसन्द करते हैं। इसी प्रकार विभिन्न प्रकार के दुकानदार व्यावसायिक समानता के आधार पर अलग-अलग केन्द्रीकृत होने की प्रवृत्ति रखते हैं।

urban community ('अर्बन् क'म्यूनटि) **नगर समुदाय :** वह समुदाय जिसकी जनसंख्या का उच्च घनत्व, अकृषिकर व्यवसायों का बाहुल्य, अत्यधिक श्रम-विभाजन तथा विशेषीकरण, नियन्त्रण एवं व्यवस्था की औपचारिक संस्थाओं की प्रधानता हो, नगरीय समुदाय कहलाता है । इसका प्रबन्ध निकायों के अनौपचारिक तन्त्र द्वारा किया जाता है । नगरीय समुदाय की जनसंख्या विषमता एवं विजातीयता लिए होती है तथा जीवन-शैली की रचना अवैयक्तिक, द्वितीयक सम्बन्धों द्वारा होती है : देखें- **Rural community** ।

urban decentralization ('अर्बन् डी सेन्ट्रलाइ'ज़ेश्न्) **नगरीय विकेन्द्रीकरण :** नगर के घनी आबादी वाले क्षेत्रों से लोगों का नगर के बाहरी क्षेत्रों की ओर संचालन ।

urban ecology ('अर्बन् इ'कॉलजि) **नगरीय पारिस्थितिकी :** देखें- **Ecology, urban** ।

urban-field ('अर्बन् फ़ील्ड्) **नगर क्षेत्र :** स्मेल्स (G. Smailes) ने नगर क्षेत्र शब्द का प्रयोग उचित समझा है और कहा है कि अमलैंड विदेशी भाषा का शब्द है तथा इस दृष्टि से यह कम आकर्षण रखता है ।

urban fringe ('अर्बन् फ्रिन्ज़्) **नगर उपान्त :** इस शब्द का प्रयोग दो अर्थों में किया जाता है- (1) नगर के संस्थापित उपनगरों के बाहर का क्षेत्र, जहाँ पर ग्रामीण और नगरीय विशेषताओं का विलय होता है । (2) किसी बड़े नगर के आसपास का इमारती इलाका जो नगर में ही सम्मिलित माना जाता है और जिसका औसत घनत्व 200 व्यक्ति प्रतिवर्ग मील के अनुसार होता है ।

urban growth ('अर्बन् ग्रोथ्) **नगर संवृद्धि, नगरीय विकास :** सभी प्रकार की शहरी आबादी की वृद्धि को नगरीय विकास कहा जाता है । लेकिन जनसंख्याशास्त्र के अन्तर्गत यह विचार स्वीकार्य नहीं है । भूगोल एवं अर्थशास्त्र के अन्तर्गत नगर संवृद्धि मात्र नगरों की जनसंख्या में वृद्धि नहीं है, बल्कि जमीन पर शहरों के आकार की वृद्धि या फैलाव को भी उन विषयों में नगरीय विकास माना जाता है । नगरीकरण को नगरों की आबादी की समानुपातिक वृद्धि माना गया है । किसी नगर के सीमा-क्षेत्रों और जनसंख्या में वृद्धि होना नगरीय विकास है । कुछ सामाजिक वैज्ञानिकों ने नगरीय विकास (**Urban growth**) और नगरीकरण (**Urbanization**) का एक ही अर्थ में प्रयोग किया है । ऐसा करने का मुख्य कारण यह रहा है कि उन लोगों ने प्रत्येक नगरीय विकास को नगरीकरण (Urbanization) का एक अंग माना है । यद्यपि यह संभव है कि नगरों के विकास से नगरीकरण की प्रक्रिया को बढ़ावा मिले, इसके बावजूद न सभी नगरीय विकास नगरीकरण हैं और न ही प्रत्येक नगरीकरण की प्रक्रिया में नगरीय विकास छिपा हुआ है । दोनों अवधारणाओं को अलग-अलग देखना ही एक वैज्ञानिक नज़रिया है ।

urban invasion ('अर्बन् इन्'वेज़न्) **नगरीय हमला :** किसी खास क्षेत्र में नये लोगों का प्रवेश या नई आर्थिक क्रियाओं की शुरूआत ।

urban managerialism ('अर्बन् मैनि'जिअरइअ लिज़्म) **नगरीय प्रबन्धवाद :** आर. ई. पॉल (R. E. Pahl) द्वारा प्रस्तावित नगरीय प्रक्रियाओं के अध्ययन का ऐसा परिप्रेक्ष्य, जिसके अन्तर्गत यह देखने की चेष्टा की जाती है कि शहरों के अन्तर्गत शिक्षा, स्वास्थ्य, नगरीय सुख-सुविधाएँ, मनोरंजन, बिजली, पानी व सड़क आदि ऐसी ज़रूरी चीज़ों का कैसे प्रबन्धन होता है । इसके अन्तर्गत शहरों का विकास सम्बन्धी विश्लेषण किया जाता है ।

urban recycling ('अर्बन् रीसाइक्'लिन्ग) **नगरीय पुनःचक्र :** विकृत शहरी क्षेत्रों को फिर से नया बनाने की प्रक्रिया । इस प्रक्रिया में पुराने आवासों को समाप्त कर नए आवास बनाये जाते हैं । नगरीय पुनःचक्र एवं नगर नवीकरण (**Urban renewal**) सामान्य प्रकार की प्रक्रिया है ।

urban recycling or **gentrification** ('अर्बन् रीसाइक्'लिन्ग ऑर् जेन्ट्रिफि'केशन्) **नगर नवीकरण :** पुराने नगरों के अन्तर्गत जब कुछ आवासीय भवन या कोई अन्य किस्म की इमारतें स्वतः टूटने की स्थिति में हो जाती हैं, तो उनका

नवीकरण किया जाता है, ताकि फिर उसका सदुपयोग किया जा सके । कभी तो पुरानी इमारतों को हम पूरी तरह नष्ट कर देते हैं और उसकी जगह पर नये भवन निर्मित किये जाते हैं, पर कभी-कभी उसे ध्वस्त करने के बजाय उसकी मरम्मत कर उसमें नयापन लाने की कोशिश करते हैं । इसी प्रक्रिया को नगर नवीकरण कहा जाता है । इस ढंग की चीज़ें यूरोपीय देशों में तो काफी देखने को मिलती हैं । कभी-कभी भारत में भी विशेषकर कोलकाता, चेन्नई एवं मुम्बई में थोड़ी-बहुत नवीकरण की प्रक्रिया देखने को मिलती है । जिन भवनों का ऐतिहासिक महत्त्व होता है, उनका आमतौर पर सरकार ही नवीकरण कराना पसन्द करती है ।

urban renewal ('अर्बन् रि'न्यूअल्) **नगर नवीकरण :** ऐसी योजना के अन्तर्गत पुराने भवनों को तोड़ना तथा नये भवनों का निर्माण करके शहर का नवनिर्माण करना । नगरीय पुनःचक्र (**Urban recycling**) एवं नगर नवीकरण सामान्य प्रकार की प्रक्रिया है ।

urban-rural classification ('अर्बन् रूअरल् क्लैसिफ़ि'केश्न्) **नगर-ग्राम वर्गीकरण :** समस्त विश्व में भूमि-क्षेत्र को दो वर्गों में बाँटा गया है– (1) नगर क्षेत्र और (2) ग्राम क्षेत्र । इस वर्गीकरण का मूलाधार यह है कि किसी क्षेत्र की अधिकांश जनसंख्या खेती में लगी है या इससे बाहर अन्य धन्धों में । विश्व के अलग-अलग भागों में नगर-ग्राम वर्गीकरण के कुछ दूसरे मानदण्ड भी हैं । भारत में स्थानीय स्वायत्तशासी संस्थाओं के अन्तर्गत सम्मिलित क्षेत्र नगर-क्षेत्र कहलाते हैं । शेष क्षेत्रों का वर्गीकरण करते समय इन बातों का ध्यान रखा जाता है– (1) जनसंख्या-आकार, (2) जनसंख्या का घनत्व, (3) गैरकृषि के कामों में लगे व्यक्तियों का अनुपात । 1961 और बाद में 1971 की जनगणना के समय भारत में जिस वर्गीकरण को मान्यता दी गई है, उसके अनुसार नगर-क्षेत्र के अन्तर्गत निम्न क्षेत्र आते हैं– (i) नगर निगमों, नगर पालिकाओं, छावनी बोर्डों, टाउन एरिया या इसी प्रकार की अन्य स्वायत्तशासी संस्थाओं के अधीन क्षेत्र, (ii) 1916 में जिनकी जनसंख्या 5000 थी और जिनकी कम-से-कम 75 प्रतिशत जनसंख्या गैर-कृषि धन्धों में लगी थी, (iii) कम-से-कम 400 व्यक्ति प्रति वर्ग किलोमीटर (1000 व्यक्ति प्रति वर्गमील) के क्षेत्र एवं (iv) अन्य क्षेत्र जिनमें उक्त लक्षण न हों, किन्तु जो नगर-क्षेत्र घोषित कर दिये गये हों ।

urban social movements ('अर्बन् 'सोश्ल् 'मूवमन्ट्स्) **नगरीय सामाजिक आन्दोलन :** नगर केन्द्रित ऐसा सामाजिक संगठन, जिसका उद्देश्य शहरों में बेहतर सुविधा के लिए सरकार या नगर प्रबन्धन से जुड़े निगमों का विरोध करना होता है । इस शब्द का सर्वप्रथम प्रयोग मैनुअल कॉसेल्स (Manuel Castells) ने ऐसे नगर केन्द्रित आन्दोलन में किया, जिसका उद्देश्य नगरों में बड़े पैमाने पर व्याप्त क्रांतिकारी परिवर्तन मात्र लाना था । लेकिन, नगरीय सामाजिक आन्दोलन जैसी अवधारणा का प्रयोग आज विस्तृत अर्थ में किया जाने लगा है ।

urban society ('अर्बन् सॅ'साइअटि) **नगरीय समाज :** नगरों में रहनेवाले व्यक्तियों के समाज अथवा समुदाय को नगर समाज या नगरीय समुदाय कहा जाता है । इनमें से अधिकतर व्यक्ति व्यापार या नौकरी ही करते हैं । इनमें प्राय: विभिन्न धर्मों, जातियों, वर्गों व व्यवसायों के व्यक्ति सम्मिलित होते हैं । नगर समाज में बड़ी-बड़ी द्वितीयक समीतियों (Secondary associations) का जन्म हो जाता है, जो बड़े-बड़े विभागों, कल-कारखानों, कार्यालयों, व्यावसायिक संस्थानों आदि का रूप धारण कर लेती हैं । इनके आगे प्राथमिक समाज बहुत सीमा तक अपना नियन्त्रण या महत्त्व खो देता है । नगर समाज के सदस्यों में परस्पर सहायता, घनिष्ठता, अनौपचारिकता, नि:स्वार्थ, वास्तविकता आदि मूल्यों और गुणों की बहुत कमी होती है । नगर समाज के मूल्य और मानसिक झुकाव ग्रामीण समुदाय के व्यक्तियों से बहुत भिन्न होते हैं । उनमें शिक्षा, विज्ञान, प्रगति, पद-लोलुपता, धन-लोलुपता, नियमानुसार कार्य करने तथा जटिल व्यवहार करने के प्रति अधिक आकर्षण देखा जाता है । वे स्वतन्त्रता, स्वच्छन्दता, अकेलेपन, परिवर्तन, फैशन, आदि को बहुत अधिक पसन्द करते हैं । नगर समाज में क्षणिक, अस्थायी, परिवर्तनीय व औपचारिक मूल्यों को अधिक महत्त्व दिया जाता है । किसी भी आधुनिक देश की प्रगति उसके नगर समाजों के स्तर पर ही बहुत अधिक सीमा तक निर्भर होती है (देखें– Manuel Castells, **The Urban Question**, 1977; D. T. Herbert and D. M. Smith, **Social Problems and the City**, 1984) ।

urban sociology ('अर्बन् सोसि'ऑलजि) **नगरीय समाजशास्त्र, नागरिक समाजशास्त्र :** देखें– **Sociology, urban** ।

urban sprawl ('अर्बन् स्प्रॉल्) **अव्यवस्थित नगरीय क्षेत्र :** शहर का बदसूरत या अव्यवस्थित ढंग से विकसित क्षेत्र। भारत या दक्षिण एशिया के अधिकांश नगरों की यही समस्या है। चंडीगढ़ इसका अपवाद है।

urban zone ('अर्बन् ज़ोन्) **नगरीय क्षेत्र :** नगर का वह क्षेत्र जिसमें कुछ विशिष्ट समुदाय या किसी वर्ग-विशेष के लोग रहते हैं और जो व्यवसाय तथा उद्योग का केन्द्र होता है। इसके अतिरिक्त शहर के वे हिस्से भी जहाँ अपराधी, निर्धन और बेरोज़गार लोग अधिकांश संख्या में रहते हैं, नगरीय क्षेत्र कहलाते हैं।

urbanism (अर्ब निज़म्) **नगरवाद, नागररूप :** नगरवाद की अवधारणा को समाजशास्त्र में सबसे पहले जर्मन-अमरीकी समाजशास्त्री लूई वर्थ (Louis Wirth, 1897-1952) ने 1938 में प्रतिपादित किया था और तब से यह समाजशास्त्र में चर्चा का एक महत्त्वपूर्ण विषय रहा है। उन्होंने नगरवाद को परिभाषित करते हुए कहा कि नगरवाद जीवन की एक प्रणाली का नाम है। उनका मानना था कि नगरवाद या नागररूप नगरों की प्रमुख विशेषता है (देखें– **American Journal of Sociology**, 1938)।

urbanization (अर्बनाइ'ज़ेशन्) **नगरीकरण :** नगरीकरण एक ऐसा विषय है, जिसने विभिन्न सामाजिक वैज्ञानिकों का ध्यान विशेष रूप से आकृष्ट किया है। इस विषय पर समाजशास्त्र के अलावा भूगोल, इतिहास, अर्थशास्त्र, राजनीतिशास्त्र, सामाजिक मानवशास्त्र एवं जनसंख्याशास्त्र में इतने अधिक अनुसन्धान किये गए हैं कि विभिन्न विषयों का इस विषय पर अलग-अलग नज़रिया है और यही कारण है कि नगरीकरण की कोई सर्वमान्य परिभाषा नहीं है। नगरीकरण से अभिप्राय (i) देशान्तर के द्वारा शहरों की आबादी में वृद्धि, (ii) कृषि केन्द्रित पेशों से निकलकर औद्योगिक पेशों को अपनाना, (iii) कृषि-प्रधान या प्राकृतिक भू-दृश्य का नगरीय भू-दृश्य में परिवर्तित होना, (iv) ग्रामीण आबादी की तुलना में शहरी आबादी के अनुपात में तेजी से वृद्धि, (v) लोगों के द्वारा नगरीय जीवनशैली या नगरीयता (Urban way of life or urbanism) को अपने जीवन में आत्मसात् करना एवं (vi) पुराने शहरों की आबादी में वृद्धि तथा नये शहरों की उत्पत्ति है। ये सभी नगरीकरण की प्रक्रियाएँ हैं (देखें– Manuel Castells, **The Urban Question: A Marxist Approach**, 1977; David Harvey, **Consciousness and the Urban Experience**, 1985)।

urbanization, sub (अर्बनाइ'ज़ेशन्, सब) **उपनगरीकरण :** उपनगर (Sub-urban) की उत्पत्ति लैटिन के Sub-urbe शब्द से हुई है, जिसका अभिप्राय ऐसी जगह से है, जो किसी नगर के नियन्त्रण में है। एक लम्बे समय तक इस शब्द का प्रयोग लगभग इसी अर्थ में हुआ है। जो क्षेत्र किसी शहर के इर्द-गिर्द अव्यवस्थित था और जहाँ के लोग जीवनयापन के लिए पास के शहरों पर निर्भर रहते थे, उसे उपनगर कहा जाता रहा है। उपनगर ग्रामीण एवं शहरी जीवन-पद्धति का सम्मिश्रण हुआ करता था। आज ऐसी जगहों को अर्द्ध-शहरी (Semi-urban, peri-urban or rurban) कहा जाता है। लेकिन वर्तमान समय में उपनगर उसे कहा जाता है, जो मुख्य शहर की सीमा के ठीक बाहर एक नये शहर के रूप में विकसित हुआ है। यहाँ की जीवनशैली पूरी तरह शहरी होती है और यह पूरी तरह शहर से जुड़ा हुआ होता है। धीरे-धीरे नगरों के विकास के साथ यह नगर की परिधि में चला आता है। मुम्बई में वासी एवं दिल्ली में मयूर विहार को उस शहर का उपनगर माना जाता है। इसे ही कुछ विशेषज्ञों ने शयनागार शहर (Dormitory town) भी कहा है।

urbanization, under- (अर्बनाइ'ज़ेशन्, 'अन्डर्) **न्यून नगरीकरण :** इसे कम शहरीकरण कह सकते हैं। इसमें औद्योगिक विकास तो अधिक हो जाता है, परन्तु उद्योगों को चलाने वाले लोगों के लिए नगरीय सुविधाओं का अभाव होता है।

use value (यूज़् 'वैल्यू) **उपयोगिता मूल्यांकन :** वस्तु अथवा सेवा का आन्तरिक मूल्यांकन, जिसका बाज़ार में पैसे के लिए आदान-प्रदान नहीं हो।

utilisation (यूटिलाइ'जेश्न्) **उपयोगिता :** उपभोग की प्रक्रिया में वस्तुओं और सेवाओं का प्रयोग ।

utilitarian approach (यू टिलि 'टेअरिअन् अ 'प्रोच्) **उपयोगितावादी दृष्टिकोण :** यह उस विश्वास की ओर संकेत करता है, जिसके अनुसार समाज में व्यक्ति की आवश्यकताओं की पूर्ति और कष्टों का निवारण तर्कसम्मत अभिप्रेरणों या प्रयोजनों से निर्देशित होता है । सुखवाद (यानी जीवन में सुख ही मूलतत्त्व) उपयोगितावाद में विश्वास का एक भाग है ।

utilitarianism (यू टिलि 'टेअरिअ निज़्म्) **उपयोगितावाद :** विख्यात नैतिक सिद्धान्त, सुखवाद का ही वह प्रतिरूप जिसके अनुसार उपयोगिता नैतिक मानदण्ड है । जॉन स्टुअर्ट मिल (John Stuart Mill, 1806-1873) इसके प्रवर्त्तक हैं । इस सिद्धान्त के अनुसार जिस कार्य को करने में हमें लाभ हो, वह अच्छा है और जिस कार्य को करने में हमें हानि हो, वह बुरा है । राजनीति के क्षेत्र में इस सिद्धान्त का अर्थ है कि राज्य को केवल वैसा ही कार्य करना चाहिए, जिनसे अधिकाधिक लोग लाभान्वित हो सकें । राज्य को ऐसे कार्य नहीं करने चाहिये, जिनसे लोगों को कोई लाभ प्राप्त नहीं होता है । इस प्रकार उपयोगितावाद को भौतिक सुखवाद का परिमार्जित स्वरूप भी कहा जा सकता है ।

हॉब्स (Thomas Hobbes, 1588-1679) को उपयोगितावाद का प्रथम दार्शनिक माना जा सकता है; क्योंकि उनके विचार से राज्य के उद्‌भव का एक प्रधान कारण उसकी उपयोगिता ही है । इस सिद्धान्त को एक तर्कसम्मत और व्यवस्थित विचारधारा के रूप में ढालने का श्रेय मिल और जे. बेन्थम (Jeremy Benthem, 1748-1832) को है । इन दोनों विचारकों के अनुसार, अधिकतम लोगों का अधिकतम सुख ही नैतिकता का आदर्श और नैतिक व्यवहार की कसौटी है । जे. बेन्थम 'सुखों' में केवल परिमाणात्मक अन्तर स्वीकार करते थे । एक सुख दूसरे सुख से अधिक तीव्र, अधिक स्थायी या अधिक निश्चित हो सकता है; लेकिन गुणात्मक दृष्टि से सभी सुख बराबर हैं । इसके विपरीत मिल सुखों में गुणात्मक भेद स्वीकार करते हैं । बौद्धिक प्रयासों से या कलात्मक रचना से जो सुख मिलते हैं, वे निरी शारीरिक इच्छापूर्ति द्वारा प्राप्त सुखों से उच्चतर हैं । केवल सन्तुष्ट होना ही वास्तविक 'सुख' का लक्षण नहीं है । 'सन्तुष्ट सूअर होने से असन्तुष्ट मानव होना श्रेयस्कर है; सन्तुष्ट मूर्ख होने से असन्तुष्ट सुकरात होना श्रेयस्कर है' (देखें– Elie Halevy, **The Growth of Philosophic Radicalism**, 1972; Jonathan H. Turner, **The Structure of Sociological Theory**, 1986) ।

utopia (यू 'टोपिअ) **कल्पनालोक, स्वप्नलोक, आदर्शलोक :** वह कल्पित सामाजिक व्यवस्था जो भविष्य में स्थापित होगी, जिसमें वर्तमान समाज की त्रुटियाँ नहीं होंगी और मानव के सर्वोच्च आदर्श कार्यान्वित होंगे । इस प्रकार के समाज की सर्वप्रथम चर्चा प्लेटो (Plato, 429-347 BC) ने अपनी पुस्तक **The Republic** में की थी । ब्रिटिशराज–मर्मज्ञ सर टॉमस मोर (Thomas Moore) ने अपनी पुस्तक 'यूटोपिया' (Utopia, 1516) में एक आदर्श काल्पनिक राज्य का चित्र प्रस्तुत किया है । इस ग्रन्थ के प्रकाशन के बाद ऐसी सभी कल्पनाओं को 'यूटोपिया' कहा जाने लगा (देखें– Karl Mannheim, **Ideology and Utopia**, 1936; Frank E. Manuel and Frirzie P. Manuel, **Utopian Thought in the Western World**, 1979; Ruth Levitas, **The Concept of Utopia**, 1990) ।

utopian socialism (यू 'टोपिअन 'सोश लिज़्म्) **स्वप्नलोकीय समाजवाद :** सम्भवतः 'स्वप्नलोकीय समाजवाद' अवधारणा का सबसे पहले प्रयोग कार्ल मार्क्स और फ्रिडरिक्स ऐंगल्ज (Friedrich Engels, 1820-1895) (हिन्दी में ऐंगल्स अशुद्ध उच्चारण है) ने साम्यवादी घोषणापत्र (**Communist Manifesto**, 1848) में अपने से पूर्ववर्ती उन समाजवादी विचारकों– विलियम गॉडविन (William Godwin, 1756-1836), हेनरी सैन सीमाँ (Henri de Saint-Simon, 1760–1825), रॉबर्ट ओएन (Robert Owen , 1771-1858), चार्ल्स फूरियर (Charles Fourier , 1772-1837), जीन द सिसमाँदी (Jean Charles Léonard de Sismondi, 1773 - 1842) आदि के लिए किया था, जिनके समाजवादी विचार मुख्यरूप से कल्पना और दया पर आधारित थे । इन विचारकों के पास अपने विचारों को कार्यरूप देने के लिए कोई व्यावहारिक कार्यक्रम नहीं था । इसीलिए इन विचारकों को स्वप्नलोकीय विचारक तथा उनके समाजवाद को स्वप्नलोकीय समाजवाद

कहा गया। कार्ल मार्क्स के अनुसार, इन विचारकों ने भविष्य–समाज के जो चित्र प्रस्तुत किये हैं, वे आदर्शवाद और सच्ची मानवता पर आधारित है; लेकिन सामाजिक विकास को वैज्ञानिक दृष्टिकोण से न समझ सकने के कारण इन लेखकों ने अपने आदर्शों को कार्यान्वित करने के लिए जो सुझाव दिये हैं, वे अव्यावहारिक हैं। अपने पूर्ववर्ती समाजवादियों के विपरीत कार्ल मार्क्स ने न केवल अपने समाजवादी विचारों का क्रमबद्ध रीति से प्रतिपादन ही किया, बल्कि उन्होंने यह भी बताया कि इन विचारों को कार्यरूप में परिणत किस प्रकार किया जाता है। अत: पूर्ववर्तियों के स्वप्नलोकीय समाजवाद के विपरीत कार्ल मार्क्स का समाजवाद वैज्ञानिक समाजवाद माना जाता है।

Vv

valid marriage (ˈवैलिड् ˈमैरिज्) **विधिमान्य विवाह :** ऐसा विवाह जो संस्कार-विधि अथवा लोकविधि के अनुरूप सम्पन्न हो एवं कानून द्वारा मान्य हो ।

validity (व़ˈलिड्इटि) **प्रामाण्य, वैधता :** आधारवाक्य और निष्कर्ष के सम्बन्ध पर आधारित अनुमान का गुण, जिसके अनुसार यदि आधारवाक्य सत्य हो, तो निष्कर्ष असत्य नहीं हो सकता । जब किसी युक्ति में आधारवाक्यों से निष्कर्ष तार्किक नियम के अनुसार निकाला गया हो, तो कहा जा सकता है कि उस युक्ति में 'वैधता' है और वह निष्कर्ष प्रमाणित या सिद्ध है । 'वैधता' और 'सत्यता' में भेद है, इसे ध्यान में रखना सफल तार्किक विवेचक के लिए आवश्यक है, उदाहरणार्थ– इस तर्क में वैधता होते हुए भी सत्यता नहीं है: सभी मनुष्य स्वार्थ चाहते हैं; सभी स्वार्थी बुद्धिमान होते हैं; इसलिए सभी मनुष्य बुद्धिमान् हैं (देखें– R. A. Zeller and E. G. Carmines, **Measurement in the Social Sciences**, 1980) ।

value (ˈवैल्यू) **मूल्य :** मूल्य के विषय में दो अलग-अलग दृष्टिकोण हैं– (1) मूल्य एक सामान्य और अमूर्त गुण है, जो वस्तुओं में निहित होता है । वस्तुएँ 'अपने-आप में' मूल्यवान् या मूल्यहीन होती हैं: मूल्य किसी विशिष्ट प्रकार का हो यह आवश्यक नहीं है । केवल यह कहना कि 'वस्तु में मूल्य है' कोई अर्थ व्यक्त नहीं करता । (2) प्रत्येक मूल्य जीवन के किसी विशेष क्षेत्र या पहलू से सम्बन्धित है । किसी कार्य, तथ्य या सत्ता के विषय में हम यह कह सकते हैं कि उसका नैतिक मूल्य, कलात्मक मूल्य, आर्थिक मूल्य या सामाजिक मूल्य क्या है । समाजशास्त्रीय दृष्टि से मूल्य सामान्य आदर्श है और इसे उच्च स्तरीय मानदण्ड (Higher order norms) कहा जा सकता है । मूल्य सामान्य विचार है, जिसे लोग किसी चीज़ के अच्छा या खराब, सही या गलत, आवश्यक या अनावश्यक होने के रूप में देखते हैं । मूल्य 'जो होना चाहिए' से सम्बन्धित एक विचार का नाम है । यह हमारे विभिन्न प्रकार के व्यवहारों को प्रभावित करता है । मूल्य जीवन के उद्देश्यों और उन्हें प्राप्त करने के साधनों को स्पष्ट करता है । हमारी तमाम सामाजिक गतिविधियाँ मूल्यों से जुड़ी होती हैं । मूल्य एक प्रकार का मानदण्ड है, पर साधारण मानदण्ड को हम मूल्य नहीं कहते हैं । जो उच्च कोटि के मानदण्ड होते हैं, उसे ही एच. एम. जॉनसन (H. M. Johnson) ने मूल्य कहा है । मूल्यों का स्वरूप अमूर्त होता है । मूल्य समाज का आदर्श **(Ideals)** होता है । समाज के तमाम सदस्यों का अपने समाज के मूल्यों के प्रति एक संवेगात्मक सम्बन्ध होता है । मूल्य कभी भी स्थिर नहीं होता है । समय और परिस्थितियों में बदलाव के साथ उसमें परिवर्तन आता रहता है (देखें– Talcott Parsons and Edward A. Shils (eds.), **Towards a General Theory of Action**, 1951; Thomas Burger and Max Weber, **Theory of Concept Formation**, 1976; Milton Rokeach (ed.), **Understanding Human Values: Individual and Societal**, 1979) ।

value, aesthetic (ˈवैल्यू, ईस्ˈथेटिक) **सौन्दर्यपरक मूल्य :** विभिन्न प्रकार की साहित्यिक कृतियों, संगीत, विविध कलाओं, रंग-रूप आदि से सम्बन्धित विचार सौन्दर्यपरक मूल्य कहे जाते हैं । प्रत्येक समाज के अन्तर्गत सौन्दर्य के अलग-अलग पहलू और स्वरूप हैं ।

value, moral (ˈवैल्यू, ˈमॉरल्) **नैतिक मूल्य :** प्रत्येक समाज के अन्तर्गत विभिन्न प्रकार के नैतिक मूल्य पाये जाते हैं । इस नैतिकता का सम्बन्ध उस समाज के धर्म एवं विभिन्न प्रकार की परिस्थितियों से होता है । नैतिक मूल्यों के साथ

कोई वैज्ञानिकता की बात नहीं होती । वे सामूहिक तौर पर ऐसे स्वीकृत मानदण्ड होते हैं, जिनका समाज बहुत ही कड़ाई से पालन करता है । लोगों को उसे अपने स्तर पर स्वीकार करने या न करने की छूट नहीं होती है ।

value, obscurantist ('वैल्यू, ऑब्स्क्युअरैन् 'टिस्ट) **रूढ़िवादी मूल्य :** वे मूल्य जो कि अन्वेषण, सुधार अथवा नये ज्ञान के विपरीत हैं, अर्थात् जो मूल्य समय के साथ अर्थहीन व सन्दर्भहीन हो गये हैं ।

value, orientation ('वैल्यू, ऑरिएन् 'ट्रेशन्) **मूल्यपरक उन्मुखता :** यह सामाजिक क्रिया की उस उन्मुखता की ओर संकेत करती है, जो सामाजिक मानदण्डों और मूल्यों से नियन्त्रित होती हैं । ये सामाजिक मूल्य हैं, जैसे– अपनी ही जाति या वर्ग के व्यक्ति से विवाह करना अथवा किसी औपचारिक पार्टी में औपचारिक पोशाक पहनना ।

value, rational ('वैल्यू, 'रैश्नल्) **बुद्धिसंगत मूल्य :** सामान्यतया सामाजिक मूल्यों का सम्बन्ध विवेक से नहीं होता; क्योंकि समाज अपने अनुभवों से एक लम्बे समय में इसका स्वत: निर्माण करता है । मूल्यों के साथ कोई तर्क की बात नहीं होती है । यह तो एक प्रकार का सामूहिक विश्वास है । लेकिन विज्ञान के विकास के परिणामस्वरूप आधुनिक समाज में धीरे-धीरे विवेकपूर्ण मूल्यों का विकास हो रहा है । शिक्षा के प्रचार-प्रसार से हमारे चिन्तन में वैज्ञानिकता आ रही है ।

value free ('वैल्यू फ्री) **मूल्य-निरपेक्ष :** ऐसा विचार या आचरण जो किसी भी प्रकार के वैयक्तिक पक्षपात से ग्रसित नहीं है ।

value-judgement ('वैल्यू जजमन्ट्) **मूल्य-निर्णय :** क्या यह वांछनीय तथा मूल्यवान है, इस प्रकार का विचार ही मूल्य-निर्णय कहलाता है । हठधर्मिता और मतान्धता को छोड़कर सभी मानवीय क्रिया के लिए मूल्य-निर्णयों का होना आवश्यक है । विज्ञान में भी मूल्य-निर्णय शोध-समस्या के चुनाव तथा वैज्ञानिक उपलब्धियों के व्यावहारिक प्रयोग को निर्धारित करते हैं, किन्तु सामाजिक विज्ञानों में मूल्य-निर्णयों को वस्तुपरक, निष्पक्ष तथा पूर्वाग्रहरहित शोध के लिए अवांछनीय माना जाता है, यदि वे उपलब्ध तथ्यों की प्राप्ति में अवरोध उत्पन्न करते हैं ।

value-laden ('वैल्यू 'लेड्न्) **मूल्य-धारित :** किसी तथ्य के अच्छे-बुरे, उचित-अनुचित को नैतिक मूल्यों के आधार पर रखना ।

value-neutral ('वैल्यू 'न्यूट्रल्) **मूल्य-निरपेक्ष :** किसी तथ्य को, मन में बिना कोई अच्छी-बुरी धारणा बनाए, निरपेक्ष होकर परखना । विज्ञान या वैज्ञानिक खोज को मूल्य-निरपेक्ष होना चाहिए ।

value-proposition ('वैल्यू प्रॉप 'ज़िशन्) **मूल्य-समस्या, मूल्य-प्रस्थापना :** देखें– **Success proposition** ।

value relevance; value freedom and value neutrality ('वैल्यू रे 'लईवन्स; वैल्यू 'फ्रीडम् ऐन्ड् वैल्यू न्यू 'ट्रैलइटि) **मूल्य प्रासंगिता; मूल्यनिरपेक्षता एवं मूल्य तटस्थता :** देखें– **Objectivity** ।

value stretch ('वैल्यू स्ट्रेच्) **मूल्य-विस्तार :** बिना किसी उचित व्यवहार के प्रदर्शन के मूल्यों को मौखिक समर्थन देना । ऐसा आमतौर पर देखा जाता है कि लोग जीवन के उच्च दर्शन की बात करते हैं, लेकिन व्यवहार में वे काफी पीछे होते हैं ।

value system ('वैल्यू 'सिस्टम्) **मूल्य-पद्धति :** साझे सांस्कृतिक मानदण्ड जिनके अनुसार औचित्य-नैतिक, सौन्दर्यबोध-वस्तुओं की, अभिवृत्ति की, आकांक्षा और आवश्यकताओं की तुलना और निर्धारण संभव है ।

vanguard of the proletariat ('वैन्गार्ड ऑफ़ द् प्रोलि 'टेअरिअट्) **सर्वहारा की अग्रपंक्ति :** मार्क्सवादी विचारक वी. आई. लेनिन (Vladimir I. Lenin, 1870-1924) के अनुसार, व्यावसायिक क्रांतिकारियों (Professional revolutionaries) का एक छोटा-सा निष्ठावान विशिष्टवर्ग, जो समाजवाद की स्थापना के लिए क्रांति की दिशा में सर्वहारा का नेतृत्व करेगा । लेनिन के विचार से सोवियत संघ का साम्यवादी दल सर्वहारा की अग्रपंक्ति का प्रतीक था ।

vanprastha ashrama **वानप्रस्थ आश्रम** : देखें– ***Ashrama, vanprastha*** ।

variable ('वे़रिअब्ल्) **चर, परिवर्त्य** : कोई भी अवधारणा (संकल्पना) जो विभिन्न गुणात्मक मूल्यों पर आधारित हो, जैसे– आमदनी, आयु, लिंग, धर्म, जाति आदि (देखें– George W. Bohrnstedt and David Knoke, **Statistics for Social Data Analysis**, 1988; Royce A. Singleton, Bruce C. Straits and Margaret M. Straits (eds.), **Approaches to Social Research**, 1993) ।

variable, dependent ('वे़रिअब्ल्, डि'पेन्डन्ट्) **आश्रित चर** : 'चर' से तात्पर्य परिवर्तनशील अथवा घटने-बढ़ने वाली मात्रा से है । ऐसा चर, जिसका मान स्वतन्त्र चर के दिए गए मान के अनुरूप ज्ञात किया जा सकता है । इसे समीकरण की बायीं ओर दिखाया जाता है । यदि शिक्षा का स्तर आमदनी के ऊपर निर्भर करता है, तो शिक्षा के स्तर को आश्रित चर और आमदनी को स्वतन्त्र चर माना जाता है । स्वतन्त्र चर का प्रभाव जिस पर पड़ता है या देखा जाता है, उसे आश्रित चर कहा जाता हैं । इस चर को 'आश्रित' इसलिए कहा जाता है कि यह अपने परिणामों एवं परिवर्तनों के लिए दूसरे चर में होने वाले परिवर्तनों पर निर्भर करता है । कारक-प्रभाव **(Cause-effect)** योजना के अन्तर्गत आश्रित चर को प्रभाव माना जाता है : देखें– **Independent variable** ।

variable, dummy ('वे़रिअब्ल्, 'डमी) **आभासी चर, मूक चर** : देखें– **Dummy variable** ।

variable, independent ('वे़रिअब्ल्, इन्डि'पेन्डन्ट्) **स्वतन्त्र चर, स्वतन्त्र परिवर्त्य** : एक स्वतन्त्र परिवर्त्य उसे कहते हैं, जिसकी उपस्थिति अथवा उसमें होने वाला परिवर्तन किसी अन्य परिवर्त्य को प्रभावित करता है, जैसे– धूमपान कैंसर को जन्म देता है । इसमें धूमपान (प्रचलन में धूम्रपान है, लेकिन यह एक अशुद्ध शब्द है।) स्वतन्त्र परिवर्त्य है तथा कैंसर का उत्पन्न होना आश्रित परिवर्त्य है । कारक-प्रभाव योजना के सन्दर्भ में इसे कारक माना जाता है । नियन्त्रित प्रयोगों में स्वतन्त्र परिवर्त्य को प्रायोगिक परिवर्त्य कहते हैं, अर्थात् वह परिवर्त्य जिसका प्रायोगिक समूह में प्रयोग किया गया है, किन्तु जिसे नियन्त्रित समूह से दूर रखा गया है : देखें– **Dependent variable** ।

variable, intervening ('वे़रिअब्ल्, इन्ट्वी़न्'इना) **मध्यवर्ती चर** : जब दो परिवर्त्यों के मध्य कारणात्मक सम्बन्धों को प्रकट करने के लिए किसी अन्य परिवर्त्य का प्रयोग एक व्याख्यात्मक कड़ी के रूप में किया जाता है, तब इस तीसरे परिवर्त्य को 'मध्यवर्ती परिवर्त्य' कहते हैं, जैसे– शिक्षित लोग अशिक्षित लोगों की तुलना में विवाह देर से करते हैं, जिसके फलस्वरूप प्रजननता-दर में ह्रास होता है । देरी से विवाह एक स्वतन्त्र चर है, प्रजननता-दर आश्रित चर है तथा शिक्षा का स्तर मध्यवर्त्ती चर है । शिक्षा से प्रजनन का कोई सीधा सम्बन्ध नहीं है, बल्कि शिक्षा का स्तर विवाह की उम्र के माध्यम से प्रजनन को प्रभावित करने में सफल होता है ।

variable, qualitative ('वे़रिअब्ल्,'क्वॉलिटेटिव़्) **गुणात्मक चर, गुणात्मक परिवर्त्य** : संख्यात्मक इकाइयों की अपेक्षा श्रेणियों को प्रदर्शित करने वाले परिवर्त्य को गुणात्मक परिवर्त्य कहते हैं । लिंग, धर्म, जाति, प्रजाति गुणात्मक परिवर्त्य हैं । ऐसे परिवर्त्यों में विभेद के लिए अंकों अथवा संख्याओं का प्रयोग नहीं किया जाता ।

variable, quantitative ('वे़रिअब्ल्,'क्वॉन्टिटेटिव़्) **परिमाणात्मक चर, परिमाणात्मक परिवर्त्य** : एक ऐसा परिवर्त्य जिसमें अनेक संख्यात्मक इकाइयों का प्रयोग किया जाता है, उसे परिमाणात्मक परिवर्त्य कहते हैं । आयु, आय, परिवार का आकार परिमाणात्मक परिवर्त्य के उदाहरण हैं ।

variable, test ('वे़रिअब्ल्, टेस्ट्) **परीक्षण परिवर्त्य** : स्वतन्त्र तथा आश्रित परिवर्त्यों के मध्य के सम्बन्धों की जाँच के लिए जिस परिवर्त्य का प्रयोग किया जाता है, उसे परीक्षण परिवर्त्य कहते हैं ।

variables, pattern ('वे़रिअब्ल्स, 'पैट्र्न्) **परिवर्तनीय प्रतिमान** : देखें– **Pattern variables** ।

variance ('वे़अरिअन्स) **प्रसरण** : बंटन से सम्बद्ध एक मान । इसे Var x द्वारा व्यक्त किया जाता है । यह मानक

विचलन के वर्ग के बराबर होता है अथवा माध्य से वर्गित विचलन मानों के प्रत्याशित मान के बराबर होता है (देखें– George W. Bohrnstedt and David Knoke (ed.), **Statistics for Social Data Analysis**, 1988)।

variation (statistical) (वेरि'एशन् (स्ट'टिस्टिक्ल्) **सांख्यिकीय विभिन्नता :** इसका प्रयोग सांख्यिकी के क्षेत्र में आमतौर पर दो या दो से अधिक समूहों के बीच के सम्बन्ध या अन्तर का विश्लेषण करने के लिए होता है। इसके अन्तर्गत दो-तीन व्यक्तियों का विश्लेषण नहीं होता। सांख्यिकी के क्षेत्र में महत्ता समूह की होती है, न कि व्यक्ति की। केन्द्रीय प्रवृत्ति की माप के अन्तर्गत औसत (**Mean**), माध्यिका (**Median**), बहुलक (**Mode**) एवं विभिन्न प्रकार के विचलन (**Deviation**) का प्रयोग सांख्यिकी विभिन्नताओं के विश्लेषण के लिए होता है।

varna **वर्ण :** प्राचीन हिन्दू ग्रन्थों पर आधारित जाति का अखिल भारतीय प्रतिरूप। हिन्दू समाज की संरचना में वर्ण-व्यवस्था एक वैज्ञानिक व्यवस्था है। इस प्रकार की व्यवस्था संसार में अन्यत्र नहीं मिलती। केवल यूनानी दार्शनिक प्लेटो ने समाज के व्यक्तियों को उनके गुण के आधार पर चार भागों में विभक्त किया है। परन्तु प्लेटो का वर्गीकरण केवल सैद्धान्तिक ही रहा, व्यावहारिक रूप धारण नहीं कर सका। पूरे भारत में सामाजिक समूह वर्णव्यवस्था द्वारा चार श्रेणियों में बँटे हुए हैं। वर्ण-योजना जाति-समूहों के सामाजिक और अनुष्ठान सम्बन्धी अनुक्रम का अखिल भारतीय मॉडल है। वर्ण चार हैं– ब्राह्मण, क्षत्रिय, वैश्य और शूद्र।

दुनिया के अधिकांश समाज में सामाजिक स्तरण का आधार वर्ग रहा है, जबकि प्राचीन काल से भारतीय समाज में वर्ण और जाति रही है। वर्ण-व्यवस्था का उद्भव भारतीय समाज एवं संस्कृति के विकास के आरम्भिक दौर में हुआ। ऐसा अनुमान लगाया जाता है कि भारतीय समाज में कृषि विकास के परिणामस्वरूप जो एक नयी उत्पादन प्रणाली आयी, उसके संचालन के लिए श्रम-विभाजन की आवश्यकता पड़ी होगी, जिससे समाज में वर्ण-व्यवस्था का उदय हुआ होगा। इस तरह हम कह सकते हैं कि वर्ण सम्भवतः स्तरण का प्राचीनतम आधार है। प्रारम्भ में ऋग्वेद के अन्तर्गत दो ही वर्ण की चर्चा मिलती है– आर्य वर्ण एवं दास वर्ण। पर उसी वेद में समाज के तीन स्तरीय विभाजन की भी चर्चा की गयी है– ब्रह्म, क्षात्र एवं विश। शूद्र जो चौथे या सबसे निम्न सोपान पर खड़े हैं, उसकी चर्चा नहीं मिलती है। 'वर्ण' शब्द का शाब्दिक अर्थ 'रंग' होता है। इससे स्पष्ट है कि वर्ण-व्यवस्था में सामाजिक विभाजन का आधार 'रंग' रहा होगा। इस तरह, आरम्भिक काल में गोरे रंग के विजयी या शोषक लोगों का एक वर्ण-समूह तथा श्याम रंग के द्रविड़ एवं काले रंग के मूल निवासियों का दूसरा वर्ण समूह बना।

प्रारम्भ में 'वर्ण' शब्द का प्रयोग भले ही रंग के अर्थ में किया गया हो, परन्तु कालान्तर में यह शब्द श्रम या कार्य के आधार पर व्यक्तियों के विभाजन का द्योतक बन गया और इस प्रकार सामाजिक व्यवस्था में इसका प्रयोग होने लगा। प्रारम्भ में यह व्यवस्था मनुष्य के कार्य के आधार पर थी। अपने कार्य के आधार पर एक मनुष्य दूसरा वर्ण ग्रहण कर सकता था, उदाहरणार्थ– यदि कोई ब्राह्मण शौर्य या शासन का कार्य करता था या युद्ध में भाग लेता था, तो वह क्षत्रिय कहलाने का अधिकारी हो जाता था। परन्तु कालान्तर में वर्ण-व्यवस्था का आधार जन्म हो गया। ब्राह्मण के घर में जन्म लेनेवाला मनुष्य चाहे निरक्षर ही क्यों न हो, पर वह ब्राह्मण ही कहलायेगा। इस प्रकार कालान्तर में इस वर्ण-व्यवस्था ने जाति का रूप धारण कर लिया।

vassal state ('वैसॅल स्टेट्) **आश्रित राज्य, अवराज्य :** वह राज्य जो अपने आन्तरिक मामलों में स्वाधीन हो, परन्तु उसके विदेशी मामलों का नियन्त्रण किसी दूसरे राज्य के हाथों में हो। भूटान भारत का आश्रित राज्य या अवराज्य की तरह है।

vedanta **वेदान्त :** शाब्दिक अर्थ में, यह वेदों के अन्त का हिस्सा है। यह हिन्दू धर्म की वेदों पर आधारित अद्वैतवादी, एक ईश्वर में विश्वास या फिर सर्वेश्वरवादी (अनेक देवताओं में विश्वास रखना), प्रणाली है। हिन्दू धर्म का एक दर्शन जो कि सभी घटनाओं के बीच एकात्मक एकता को ईश्वर की इच्छा के साथ रखते हुए प्रचारित करता है।

vendetta (वेन'डेटअॅ) **हिंसक प्रतिशोध :** सामान्यत: आदिम जनजातियों तथा अन्य मानव समुदायों में अपने कुल या समूह के प्रति किए गए हिंसक व्यवहार का बदला लेना।

verbal test ('वर्बल् टेस्ट्) **शब्दनिष्ठ परीक्षण :** बुद्धिमाप में प्रयुक्त विशेष प्रकार के लिखित अथवा मौखिक परीक्षण, जिनमें भाषा का उपयोग होता है। यथा, अधूरे वाक्यों को पूरा करना, समानता अथवा असमानता बताना, रिक्त स्थानों की पूर्ति करना। इसका प्रयोग मुख्यरूप से मनोविज्ञान में होता है।

verification (वे़रिफ़ि'केश्न्) **सत्यापन :** प्रतिज्ञप्तियों के सत्य या असत्य होने के निश्चिय करने की क्रिया, जिस पर तार्किक प्रत्यक्षवादियों ने वाक्यों की सार्थकता के परीक्षण के लिए बल दिया है।

verificationism (वे़'रिफ़िकेश्निज़म्) **प्रमाणीकरणवाद :** इन्द्रियानुभववादी दर्शन में किसी चीज़ के बारे में ज्ञान के दावे तभी स्वीकृत किए जाते हैं, जब उसकी परीक्षा की जा सके। किसी तथ्य या ज्ञान की परीक्षा का आधार हमेशा ऐसा प्रमाण होता है, जिसका इन्द्रियों से अनुभव किया जा सके। दार्शनिक पहलू के अलावा प्रमाणीकरणवाद का दूसरा क्षेत्र तार्किक अनुभववाद (**Logical empiricism**) है। इसके अन्तर्गत मात्र सत्यापनीय (Verifiable) कथन ही अर्थपूर्ण माने जाते हैं। प्रमाणीकरणवाद विज्ञान की प्रमुख विशेषताओं में से है। वैज्ञानिक विश्लेषण में प्रमाणीकरणवाद की विशिष्ट महत्ता है।

verstehen (फ़े'स्टेअन) **परानुभूति :** अपने-आपको दूसरे के जीवन में मनोवैज्ञानिक रूप से रखकर समझने की प्रक्रिया। 'फ़ेस्टेअन' जर्मन भाषा का एक शब्द है, जिसका अभिप्राय अन्तर्दृष्टि अथवा व्यक्तिगत बोध से है और जो एक व्यक्ति सामाजिक अन्तर्क्रिया तथा दूसरों की भूमिकाओं के निर्वाह द्वारा प्राप्त करता है। किसी तथ्य अथवा घटना को अन्तर्दृष्टि द्वारा समझने के प्रयास को कुछ सीमा तक वेर्स्टहेन कहा जा सकता है। कुछ समाजविज्ञानियों ने प्राकृतिक तथा सामाजिक विज्ञानों की भिन्न विषय-वस्तु के आधार पर यह स्वीकार किया है कि ये ज्ञान की भिन्न विधाएँ हैं। डिल्थे (Wilhelm Dilthey (1833-1911) तथा मैक्स वेबर (Max Weber, 1864-1920) ने इसी आधार पर यह कहा कि प्राकृतिक तथा अन्य समाजविज्ञानियों को भिन्न दृष्टिकोणों तथा शोध विधियों का प्रयोग करना चाहिए। समाजविज्ञानियों को सामाजिक घटनाओं का अध्ययन करते समय मानवीय व्यवहार के ऐतिहासिक आयाम तथा मानवीय अनुभव के व्यक्तिपरक पहलुओं को भी ध्यान में रखना चाहिए। प्राकृतिक वैज्ञानिक के विपरीत एक समाजविज्ञानी को अपनी विषय-वस्तु के आन्तरिक चित्र को प्राप्त करने का भी यत्न करना चाहिए। वह अपनी विषय-वस्तु के अन्दर झांक सकता है, जो कि एक प्राकृतिक वैज्ञानिक के लिए सर्वथा संभव नहीं है। इसी विचारधारा ने वास्तव में, मैक्स वेबर को 'फ़ेस्टेअन' समाजशास्त्र को विकसित करने के लिए प्रोत्साहित किया।

vertical differentiation ('व़र्टिक्ल् डिफ़रेन्शि'एश्न्) **विषमस्तरीय विभेदीकरण :** देखें–**Differentiation**।

vertical integration ('व़र्टिक्ल् इन्टि'ग्रेश्न्) **विषमस्तरीय एकता :** औद्योगिक एकीकरण की प्रक्रिया में विषमस्तरीय एकता की प्रक्रिया चलती है या यह कहा जाये कि औद्योगिक एकता ही विषमस्तरीय एकता है : देखें– **Industrial integration**।

vertical interdependence of caste ('व़रटिक्ल् इन्टडिपे'न्डन्स ऑव़् कास्ट्) **जाति की ऊर्ध्व अन्तर्निर्भरता :** एक ही गाँव या गाँवों के एक झुण्ड में उच्च एवं निम्न जातियों के बीच पाए जाने वाली अन्त:निर्भरता की रीत। ग्रामीण समाजों में एक ओर बढ़ई, नाई एवं लुहार और दूसरी ओर कुर्मी, भूमिहार, राजपूत और ब्राह्मणों के बीच की परस्पर निर्भरता के सम्बन्ध इस तरह के उदाहरण हैं।

vertical mobility ('व़रटिक्ल् मो'बिलटि) **लम्बवत गतिशीलता, उदग्र गतिशीलता :** व्यक्तियों अथवा सम्पूर्ण समूहों का एक सामाजिक स्तर से दूसरे सामाजिक स्तर में संचालन जो या तो ऊर्ध्वमुखी या अधोमुखी होता है, उसे लम्बवत् गतिशीलता कहा जाता है। यह सामाजिक क्रम विन्यास की स्थापित व्यवस्था को प्रभावित करनेवाला बदलाव होता है।

vertical work group (ˈव़रटिक्ल् वॅर्क् ग्रूप) **विषमस्तरीय कार्य-समूह :** कर्मचारियों का ऐसा समूह जिसमें ऐसे व्यक्ति भी सम्मिलित होते हैं, जिनके कार्य, आय, दक्षता, अधिकार और प्रतिष्ठा की स्थिति अलग-अलग होती है। जैसे कि अस्पताल में डॉक्टर, नर्स, चपरासी की दक्षता अलग-अलग प्रकार की होती है।

vicarious participation (वि'केअरइअस पार् टिसि'पेशन्) **अन्यदीय सहभागिता :** किसी व्यक्ति अथवा वस्तु को किसी अन्य व्यक्ति अथवा वस्तु के द्वारा स्थानापन्न कर प्रतिनिधान कराना।

vicious circle of poverty (ˈव़िशॅस 'सर्क्ल ऑव् 'पॉव़र्टि) **निर्धनता का दुश्चक्र :** निर्धनता के दुश्चक्र का तात्पर्य विभिन्न शक्तियों के वर्तुल नक्षत्र (Circular constellation of forces) से है जो, एक-दूसरे पर इस प्रकार क्रिया तथा प्रतिक्रिया करता है कि निर्धन देश में निर्धनता की परिस्थिति बनी रहती है, उदाहरणार्थ– एक गरीब आदमी के पास खाने को पर्याप्त भोजन उपलब्ध न हो और आधा पेट खाने के कारण उसका स्वास्थ्य निर्बल हो सकता है, जिस कारण उसकी कार्य करने की क्षमता कम हो जाती है, जिससे आय कम होती है। परिणाम यह होता हे कि वह गरीब ही बना रहता है। आगे भी उसे पर्याप्त भोजन नहीं मिलेगा और यह क्रम ऐसे ही चलता रहेगा। पूरे देश में सम्बन्ध रखनेवाली इस प्रकार की स्थिति को हम इस घिसे-पिटे कथन द्वारा व्यक्त कर सकते हैं कि 'कोई देश इसलिए निर्धन है; क्योंकि वह निर्धन है।'

victimless crime ('विक्टिमलिस क्राइम्) **शिकाररहित अपराध :** यह एक ऐसा अपराध है, जहाँ पर प्रत्यक्ष रूप से कोई अन्य व्यक्ति हिंसा का शिकार नहीं होता, बल्कि अपराधी स्वयं इसका शिकार होता है, जैसे– नशीली दवा का सेवन करना, जुआ खेलना आदि (देखें– Edwin M. Schur, **Crimes Without Victims**, 1965)।

victimology (विक् 'टिमॉलजि) **पीड़ितजन्य विज्ञान :** अपराधशास्त्र की एक शाखा जो अपराध की उत्पत्ति और विकास में पीड़ितों की भागीदारी की मात्रा और स्वरूप का अध्ययन करती है, पीड़ितजन्य विज्ञान कहलाती है। इसके अतिरिक्त, यह विज्ञान पीड़ित की मदद और लाभ के लिए क्या उचित और उपयुक्त है, इसका मूल्यांकन भी करता है। संक्षेप में, यह विज्ञान अपराधी-पीड़ित के सम्बन्धों का अध्ययन करता है।

Vienna circle (वि'एना सर्क्ल) **वियेना विचार मण्डली :** देखें– **Logical empiricism**।

village (ˈव़िलेज्) **ग्राम :** ऐसा समुदाय है, जहाँ अपेक्षाकृत अधिक समानता, अनौपचारिकता, प्राथमिक समूहों की प्रधानता, जनसंख्या का कम घनत्व तथा कृषि ही मुख्य व्यवसाय हो। गाँव साधारणतया खेतों का एकत्रीकरण मात्र ही नहीं है, बल्कि यह एक निश्चित बस्ती भी है। एक गाँव क्षेत्रीय, प्रजातीय, सांस्कृतिक विशेषताओं से युक्त होता है और साथ ही वह अपनी सामाजिक हस्ती का प्रतिबिम्ब भी होता है।

village exogamy (ˈव़िलेज् एक्'सॉगमि) **ग्राम बहिर्विवाह :** ग्राम बहिर्विवाह उत्तर भारत में प्रचलित एक पारम्परिक व्यवस्था है, जिसके अन्तर्गत वैवाहिक सम्बन्ध एक ही गाँव के अन्दर स्थापित नहीं किए जाते हैं। उसी प्रकार बहिर्गोत्र विवाह भी उत्तर भारत में प्रचलित है। इसके अन्तर्गत अपने ही गोत्र में वैवाहिक सम्बन्ध बनाना निषिद्ध होता है। भारत की कुछ जनजातियों में अपने गाँव से बाहर विवाह करने की प्रथा है। छोटानागपुर की मुण्डा जाति में ग्राम बहिर्विवाह प्रचलित है। असम की नागा जनजातियाँ अनेक खेलों में बँटी हैं। एक स्थान पर रहनेवाले व्यक्तियों को एक 'खेल' के व्यक्ति कहते हैं। प्रत्येक 'खेल' के भिन्न नाम होते हैं। एक 'खेल' के लोग आपस में विवाह नहीं करते। सब अपने 'खेल' के बाहर विवाह करते हैं। गारो जनजातियाँ दो वर्गों में विभक्त हैं। ये दोनों वर्ग बहिर्विवाही हैं। असम की मिकिर जनजाति में पाँच बहिर्विवाही वर्ग हैं। दक्षिण भारत की इरूला जनजाति बहिर्विवाही वर्गों में विभक्त है। बिहार, उत्तर प्रदेश तथा उत्तर भारत के विभिन्न प्रदेशों में ग्राम बहिर्विवाह का प्रचलन है।

vision ('व़िशन्) **अन्तर्दृष्टि :** यह टैलकॉट पार्सन्स (Talcott Parsons) और रॉबर्ट के. मर्टन (Robert K. Merton) के समाजशास्त्र के प्रति मानसिक बिम्ब की ओर संकेत करती है। इसमें समाजशास्त्र के परिप्रेक्ष्य और समाजशास्त्र से उनकी क्या अपेक्षाएँ हैं, ये दोनों बातें सम्मिलित हैं।

visionary experience ('विशनरि इक्स्'पिअरिअन्स्) **दिव्य अनुभूति** : स्वप्न में यथार्थ की अनुभूति होना। अभिचारक बहुधा इन अनुभूतियों द्वारा प्रेरणा प्राप्त करते हैं।

visionary quest ('विशनरि क्वेस्ट्) **दिव्यदर्शन खोज** : दिवास्वप्न, कल्पना अथवा स्वप्न में किसी समस्या का समाधान खोजना। कई विद्यार्थी परीक्षापूर्व की रात अपना प्रश्नपत्र देखने की कल्पना करते हैं। बहुत लोग परीक्षाफल जानने के लिए स्वप्न देखने की भी कोशिश करते हैं।

visual sociology ('विशुअल् सोसि'ऑलजि) **दृष्टिगत समाजशास्त्र** : यह समाजशास्त्र की एक शाखा है, जिसमें चित्रों के माध्यम से समाज का अध्ययन किया जाता है। विभिन्न समाजशास्त्रियों ने छायाचित्रण का एक शोध उपकरण के रूप में प्रयोग कर महत्त्वपूर्ण तथ्यों का संकलन किया है। संस्कृति के समाजशास्त्र के अध्ययन में छायांकन की अपनी विशिष्ट उपयोगिता है। इसमें फिल्म तथा अन्य कलातथ्यों के अध्ययन द्वारा किसी स्थान की संस्कृति का अनुमान लगाया जाता है। बहुत पहले फ्रेडरिक थ्रेशर (Frederic Thrasher) ने अपनी पुस्तक **The Gang** (1927) में शोध तथ्यों को प्रदर्शित करने के लिए चित्रों का प्रयोग किया था। यह एक तथ्य है कि आधुनिक समाजशास्त्र और छायाचित्रण दोनों का विकास 19वीं शताब्दी के शुरूआती दौर में साथ-साथ हुआ, किन्तु ये दोनों ही विधाएँ एक लम्बे समय तक अलग-अलग रहीं। प्रारम्भिक समाजशास्त्रीय अध्ययनों में शोध के उपकरण के रूप में छायांकन का प्रयोग न के बराबर हुआ है। किन्तु, अभी पिछले कुछ वर्षों में समाजशास्त्र की एक शाखा के रूप में दृष्टिगत समाजशास्त्र का काफी विकास हुआ है। अमरीकी अन्त:क्रियावादी समाजशास्त्री हॉवर्ड एस. बेकर (Howard S. Becker) ने अपनी पुस्तक **Doing Thing Together** (1986) में दृष्टिगत समाजशास्त्र के विकास और समाजशास्त्र में इसकी भूमिका पर प्रकाश डाला है। इसी प्रकार, उनकी एक अन्य पुस्तक **Art Words** (1980) में प्रकृति की कलाकृतियों के अवलोकन का विवेचन किया गया है। आजकल उन्नत संचार तकनीकों के कारण समाजशास्त्रीय शोधकर्ता अपने दृष्टिगत एवं बौद्धिक अनुभवों से दूर-दूर फैले हुए अपने दर्शकों एवं श्रोताओं को इसके माध्यम से जानकारी दे सकते हैं।

vital events ('वाइट्ल् 'इवेन्टस्) **जीवनांक** : इसमें जीवित जन्म, मृत्यु, भ्रूण-मृत्यु, विवाह, तलाक, दत्तक ग्रहण, विधि-सम्मतन, विधिमान्यता देना, विवाहोच्छेदन अथवा कानूनी पृथक्करण आदि जीवन सम्बन्धी अनेक विशिष्ट घटनाएँ सम्मिलित हैं। इनमें जन्म तथा मृत्यु को विशेष महत्त्वपूर्ण माना जाता है : देखें– **Vital statistics**।

vital rate ('वाइट्ल् रेट्) **जीवनांक-दर** : ये जैव घटनाओं, जैसे– जन्म, मृत्यु, भ्रूण-मृत्यु, विवाह, तलाक, दत्तक ग्रहण आदि की सहत्र व्यक्तियों की बारम्बारता होती है। जनसंख्याशास्त्र में जीवनांक दरों का अध्ययन किया जाता है।

vital statistics ('वाइट्ल् स्ट'टिस्टिक्स्) **जीवनांक, जन्म-मरण के आँकड़े** : किसी जनसंख्या के सन्दर्भ में जन्म, मृत्यु और विवाहों के आँकड़े जिनसे समाज की प्रजनन शक्ति और मृत्यु-दर इत्यादि का अनुमान किया जा सकता है और प्रस्तुत सन्दर्भ में अन्य समाजों के साथ उसकी तुलना की जा सकती है : देखें– **Vital events**।

vocabularies of motive (व'कैब्यलरिज ऑव् 'मोटिव्) **प्रयोजन की शब्दावली** : दार्शनिक जे. एल. ऑस्टीन (J.L. Austin) ने जिसे सफाई कहा है, उसे ही समाजशास्त्री सी. राइट मिल्स (C. Wright Mills, 1916-1962) ने प्रयोजन कहा है। इस शब्द का अधिकतम प्रयोग विसामान्यता के समाजशास्त्र में होता है। प्रत्येक व्यक्ति अपने विसामान्य व्यवहार के समर्थन में कुछ-न-कुछ अवश्य सफाई देता है, चाहे उसे समाज अस्वीकार ही क्यों न करे। वैसे बहुत-से लोग ऐसे होते हैं, जो अपराध के समर्थन में कुछ-न-कुछ अवश्य सफाई देते हैं। इसी सफाई को प्रयोजन की शब्दावली के नाम से जाना जाता है। इसे ही जी. साइक्स (G. Sykes) एवं डी. मैत्सा (D. Matza) ने Techniques of neutralization की संज्ञा दी है। उनका कहना है कि प्रत्येक विसामान्य व्यवहार करनेवाला व्यक्ति अपने गलत व्यवहार के समर्थन में कुछ-न-कुछ कहकर सफाई देने की कोशिश करता है। कभी-कभी दूसरे लोग भी किसी गलत क्रिया के समर्थन में कुछ-न-कुछ अवश्य कहते हैं, जैसे– यदि किसी व्यक्ति को कोई जान से मार देता है, तो कुछ लोग

यह कह बैठते हैं कि उसके साथ वैसा होना ही चाहिए था । इसे ही प्रयोजन की शब्दावली के नाम से जाना जाता है (देखें– Stanford M. Lyman and Marvin B. Scott, **A Sociology of the Absurd**, 1990) ।

vocational guidance (व़'केशनल् गाइड्'अन्स्) **व्यावसायिक निर्देशन** : राष्ट्रीय मनोविज्ञान संस्थान (National Institute of Psychology) में व्यावसायिक निर्देशन का पहला प्रयोग हुआ। व्यावसायिक निर्देशन का अर्थ है श्रमिक की बुद्धि, अधिक्षमता और अभिरुचि की परख करके यह निर्देशन देना कि वह व्यक्ति विशेषत: किस प्रकार के व्यवसाय की शिक्षा लेने योग्य है अथवा आगे चलकर वह किस व्यवसाय को सफलता से संपादित कर सकता है । निर्देशन व्यक्तिगत निर्णय पर आधारित नहीं होता । इसकी वैज्ञानिक पृष्ठभूमि होती है ।

vocationalism (व़'केशन् लिज़्म्) **व्यावसायिकवाद** : शैक्षणिक दर्शन के क्षेत्र में ऐसा तर्क दिया जाता है कि विद्यार्थियों का पाठ्यक्रम हमेशा इस बात से निर्धारित होना चाहिए कि उस शिक्षा की उनके जीवन में क्या व्यावसायिक उपयोगिता है । यदि किसी शिक्षा की बाज़ार में कोई आवश्यकता नहीं है या जिस शिक्षा से व्यक्ति अपना जीवनयापन नहीं कर सकता है, तो वह गैर-महत्त्वपूर्ण शिक्षा है ।

voice vote (व़ॉइस व़ोट्) **ध्वनि-मत** : संसदीय पद्धति में मत लेने की वह प्रणाली, जिसके अन्तर्गत पीठासीन अधिकारी के आदेश पर सदस्य 'हाँ' या 'न' कहकर किसी प्रस्ताव, विधेयक, संकल्प आदि के प्रति अपनी स्वीकृति या अस्वीकृति प्रकट करते हैं और जिस पक्ष की ओर आवाज़ें अधिक होती हैं, उसी पक्ष के अधिक मत मान लिए जाते हैं । इस पद्धति में मतों को अलग-अलग गिनने की आवश्यकता नहीं होती ।

volition (व़'लिश्न्) **संकल्प-शक्ति** : किसी कार्य को करने अथवा न करने का निर्णय लेने तथा उस निर्णय को क्रियान्वित करने की शक्ति । संकल्प (Will) और संकल्प-शक्ति (Volition) में कुछ विचारकों ने सूक्ष्म भेद दिखाया है । उनके अनुसार, 'संकल्प' को कार्यान्वित करने की प्रवृत्ति को 'संकल्प-शक्ति' कहना चाहिए । लेकिन इन दोनों शब्दों में भेद करना आवश्यक नहीं मालूम होता; क्योंकि 'संकल्प' शब्द में भी क्रियाशीलता की ध्वनि है ।

voluntarism ('व़ॉलन्टॅ रिज़्म्) **संकल्पवाद** : इस शब्द का प्रयोग कई अर्थों में किया जाता है– (1) तत्त्वमीमांसा में, शेपेनहॉवर आदि का सिद्धान्त जो संकल्प को सत्ता का एक महत्त्वपूर्ण अंग मानता है या निरपेक्ष संकल्प को ही परम सत्ता मानता है । (2) मनोविज्ञान में वह प्रवृत्ति जो इच्छा-प्रेरणा, क्रियाशीलता आदि संकल्पात्मक शक्तियों को मानवीय व्यवहार की व्याख्या में सबसे अधिक महत्त्व प्रदान करती है । (3) नीतिशास्त्र में, वह सिद्धान्त जो संकल्प की स्वतन्त्रता पर बल देता है, नियतिवाद का विरोध करता है और शुभ-संकल्प को नैतिकता का अनिवार्य आधार मानता है । संकल्पवाद वह दार्शनिक दृष्टिकोण है, जिसमें सत्य का वास्तविक तथ्य 'संकल्प' माना गया है ।

voluntary acculturation (व़ॉलन्टॅरि अ कल'चॅरेश्न्) **स्वैच्छिक परसंस्कृति-ग्रहण** : परसंस्कृति-ग्रहण की अवस्था, जिसमें एक समाज दूसरे समाज की संस्कृति के विशेषकों को स्वेच्छा से ग्रहण करता है । भारत में पश्चिमीकरण की प्रक्रिया स्वैच्छिक परसंस्कृति-ग्रहण की प्रक्रिया है ।

voluntary action ('व़ॉलन्टॅरि 'ऐक्श्न्) **स्वैच्छिक कर्म** : विभिन्न विकल्पों में चुनाव करके किसी उद्देश्य की पूर्ति के लिए किया जानेवाला कर्म जो कि नैतिक निर्णय का विषय होता है ।

voluntary association ('व़ॉलन्टॅरि ॲ सोसि'एश्न्) **स्वैच्छिक समिति** : सामान्य स्वार्थों की पूर्ति के उद्देश्य से बनाया गया व्यक्तियों का संगठित समूह । भारत में Rotary Club एक स्वैच्छिक समिति है (देखें– Constance Smith and Ann Freedman, **Voluntary Associations: Perspectives on the Literature**, 1972) ।

von Restorff effect (वॉन रेस्ट्रॉफ इ'फ़ेक्ट्) **वॉन रेस्ट्रॉफ प्रभाव** : Hedwig von Restorff (1906-1962) एक मनोवैज्ञानिक थे । उन्होंने यह कहा है कि जो चीज़ें किसी समग्र के अन्तर्गत विचित्र या भिन्न होती हैं, उसे व्यक्ति सबसे

पहले जानने या समझने की कोशिश करता है। उन्होंने बताया है कि काले रंग के शब्दों की सूची में यदि कोई शब्द लाल रंग से लिखा है, तो लोगों की सबसे अधिक निगाहें उस लाल रंग के शब्द पर होती हैं । देखने या समझने की इसी प्रक्रिया का नाम वॉन रेस्ट्रॉफ प्रभाव है।

vote bank (व़ोट् बैंक) **वोट बैंक :** किसी निर्वाचन क्षेत्र के भीतर वैसे लोगों का समूह, जो समग्र रूप से किसी विशेष राजनीतिक दल या नेता को बहुत बड़ी संख्या में समर्थन या वोट देते हैं । इसका एक कारण यह हो सकता है कि इन लोगों को उस दल या नेता की किसी विशेष नीति, कार्यक्रम या कार्य-प्रणाली से कोई विशेष लाभ प्राप्त होता है ।

voting behaviour ('व़ोटिंग् बि 'हेव़्यर्) **मतदान व्यवहार :** समाजशास्त्रीय दृष्टि से कौन व्यक्ति किसको क्यों वोट देता है, इसका अध्ययन ही मतदान व्यवहार कहलाता है । विभिन्न अध्ययनों से मालूम हुआ है कि मतदान व्यवहार को प्रभावित करने वाले प्रमुख कारक, धर्म, जाति, वर्ग, प्रजाति, नस्ल, लिंग, पारिवारिक या दल-सम्बद्धता आदि हैं। इस विषय पर राजनीतिशास्त्र एवं समाजशास्त्र में अनगिनत अध्ययन हुए हैं (देखें– M. Harrop and W. L. Miller, **Elections and Votes: A Comparative Perspective**, 1987; Mark Franklin, Tom Mackie and Henry Valen (eds), **Electoral Change: Responses to Evolving Social and Attitudinal Structures in Seventeen Democracies**, 1991; Richard G. Nieni and Herbert F. Weisberg, **Controversies in Voting Behaviour**, 1993) ।

votive ('व़ोट्इव) **समर्पित, संकल्पित :** किसी इच्छा अथवा कामना की पूर्ति के लिए संकल्पित ।

votive dance ('व़ोट्इव डान्स्) **समर्पण नृत्य :** मनौती की पूर्ति के लिए अलौकिक शक्ति के समक्ष व्यक्ति द्वारा किया गया आनुष्ठानिक नृत्य । गाँवों में भगत व भगतीनी के द्वारा किसी मूर्ति या हवन के समक्ष किया गया नृत्य समर्पण नृत्य है ।

votive object ('व़ोट्इव 'ऑब्जिक्ट्) **संकल्प-अर्पित वस्तु :** किसी इच्छा अथवा कामना की पूर्ति के लिए संकल्पित कोई वस्तु।

votive offering ('व़ोट्इव 'आफ़रिइन्ग) **संकल्प अर्पण, मनौती बलि :** (1) किसी कामना की पूर्ति के लिए आनुष्ठानिक अर्पण। (2) किसी कामना की पूर्ति के लिए बलि भेंट चढ़ाना । दूर्गापूजा के अवसर पर बलि देना या मुसलमानों के द्वारा बकरीद में किसी पशु आदि की कुर्बानी देना इसका उदाहरण है ।

votive tablet ('व़ोट्इव 'टैब्लिट्) **संकल्प-अर्पित पट्ट, मनौती पट्ट :** एक धार्मिक प्रस्तर चिह्नक जो किसी पवित्र शपथ की पूर्ति अथवा श्रद्धा का स्मारक होता है ।

Ww

wage (वेज्) **मज़दूरी :** राष्ट्रीय आय का वह हिस्सा जो श्रमिकों को उनके परिश्रम के लिए दिया जाता है, अर्थात् श्रम के प्रयोग के लिए दी गई कीमत (Price) मज़दूरी कहलाती है । श्रम शारीरिक अथवा मानसिक हो सकता है । निजी क्षेत्रों में काम के बदले जो राशि या कोई वस्तु दी जाती है, वह भी मजदूरी कही जाती है ।

wage earner (वेज् अर्नर्) **श्रमिक, मज़दूर :** जो अपने काम के बदले मालिक से मज़दूरी पाता है, उसे इस श्रेणी में रखा जाता है– जैसे कृषि-श्रमिक आदि ।

wage freeze (वेज् फ्रीज़) **वेतन स्थिरीकरण :** उच्चस्तर पर पहुँचकर मज़दूरों की मज़दूरी में वृद्धि करना समाप्त कर दिया जाता है, तो उस स्थिति को ही वेतन स्थिरीकरण कहते हैं, अर्थात् सरकार की वह नीति, जिसके तहत मज़दूरी वृद्धि पर पूर्ण प्रतिबन्ध लगा दिया जाता है, ताकि कीमतों में आगे वृद्धि रुक जाये ।

wage-labour (वेज् 'लेबर्) **मज़दूरी :** ऐसी सेवा जिसके अन्तर्गत मज़दूरी प्रतिदिन, सप्ताह या महीने के आधार पर दी जाती है तथा इसके अन्तर्गत मज़दूरी तय करने में सबसे महत्त्वपूर्ण भूमिका नियोजक की होती है । इसके अन्तर्गत आमतौर पर श्रमिकों की मज़दूरी अपेक्षाकृत थोड़ी कम होती है ।

war (वॉर्) **युद्ध :** मानवसमाज में युद्ध एक प्राचीन संस्था है । युद्ध सदा से ही होते आये हैं । किम्बॉल यंग (Kimball Young) के शब्दों में, युद्ध मनुष्य के मानवीय संघर्ष का सबसे अधिक हिंसक रूप है । यह प्राचीनतम मानवीय संस्थाओं में से भी एक है । विश्वस्तर पर अबतक दो युद्ध लड़े जा चुके हैं और तीसरे की तैयारी स्वत: चल रही है ।

war dance (वॉर् डान्स्) **युद्धनृत्य :** प्रतीकात्मक रूप से युद्ध का प्रदर्शन करनेवाला नृत्य। यह नृत्य जनजातियों द्वारा युद्ध की तैयारी अथवा विजयोत्सव मनाने के लिए किया जाता है ।

water burial ('वाटर् 'बेरिअल्) **जलसमाधि :** मृतकों के अन्तिम संस्कार करने की एक विधि, जिसमें मृतक को समुद्र अथवा किसी जलाशय या नदी में बहा दिया जाता है । हिन्दू समाज में साधु, संन्यासी या संन्यासिनी के साथ जलप्रवाह की प्रथा देखी जाती है ।

wealth (वेल्थ़) **धन :** प्राय: किसी व्यक्ति के पास वस्तुओं और सेवाओं के मूल्यों को धन कहते हैं, किन्तु ध्यान रहे, अर्थशास्त्र में धन वही कहला सकता है, जिसमें उपयोगिता, दुर्लभता, विनिमय साध्यता, हस्तान्तरणीयता तथा बाह्यता का गुण विद्यमान हो (देखें– Harold R. Kerbo, **Social Stratification and Inequality**, 1991) ।

we-feeling (वी 'फ़ीलिइन्ग) **वयं भावना :** अपनी ही जाति, समूह अथवा कबीले के सभी लोगों के प्रति अपनेपन की भावना का होना । यह '**They feel**' या '**I feeling**' से विपरीत की स्थिति है ।

we group (वी 'ग्रूप्) **वयं समूह :** अपने समूह अथवा समुदाय के लिए सामुदायिक रूप से प्रयुक्त शब्द । परिवार वयं समूह कहलाता है ।

weighted average (वेट्'इड 'ऐव़रिज्) **भारित माध्य :** ऐसे अंक या संख्याएँ, जो विभिन्न पदों के आपेक्षिक महत्त्व को प्रकट करती हैं, भार कहलाती हैं । विभिन्न पदों के लिए उनका आपेक्षिक महत्त्व के अनुसार भार नियुक्त करना भार-बंटन कहलाता है ।

welfare; sociology of welfare ('वेल्फ़ेअर्; सोसि'ऑलजि ऑव् 'वेल्फ़ेअर्) **कल्याण; कल्याण का समाजशास्त्र, लोकहितकारी-समाजशास्त्र** : कल्याण क्या है या क्या नहीं है, यह थोड़ा बहुत विवाद का विषय है । आमतौर पर कल्याण से तात्पर्य ऐसे कार्यों से हैं, जिनसे एकसाथ एक से अधिक व्यक्तियों को लाभ मिलता है । कल्याणकारी नीतियाँ वे होती हैं, जो व्यक्तिगत और समूह की माँगों अथवा ज़रूरतों को पूरा करती हैं । यहाँ ज़रूरतों से तात्पर्य उन ज़रूरतों से है, जो किसी समाज में औचित्यपूर्ण और उपयुक्त जीवन के लिए आवश्यक मानी जाती हैं । इसमें मात्र भोजन और कपड़ों के लिए एक न्यूनतम आय को ही सम्मिलित नहीं किया जाता, बल्कि इसमें उपयुक्त मकान की सुविधा, शिक्षा, स्वास्थ्य-रक्षा तथा रोज़गार के अवसर भी सम्मिलित किये जाते हैं । वर्तमान सदी में विकसित औद्योगिक समाजों के कल्याण की आवश्यकताओं को पूरा करने में राज्य की भूमिका काफी बढ़ गई है और कई स्थानों पर कल्याणकारी राज्य की माँग की जा रही है । समाज-कल्याण का मुद्दा समाजशास्त्र से स्पष्ट रूप से सम्बन्धित है अथवा नहीं, यह विषय वाद-विवाद का है । कुछ लेखकों ने कहा है कि समाज-कल्याण, समाजशास्त्र की अपेक्षा सामाजिक नीति के अधिक निकट है । अत: इसका अध्ययन समाजशास्त्र की मुख्यधारा में नहीं किया जाना चाहिए। इस विषय पर इन पुस्तकों को विशेष रूप से देखने की आवश्यकता है– (F. F. Piven और R. A. Cloward, **Regulating the Poor: The Functions of Public Welfare**, 1971; Anthony Forder et al., **Theories of Welfare**, 1984 एवं John Dixon, **Social Welfare in Developed Market Countries**, 1989) ।

welfare goods ('वेल्फ़ेअर् गुड्स्) **कल्याणकारी वस्तुएँ** : देखें– **Public Good** ।

welfare programme, welfare provision ('वेल्फ़ेअर् 'प्रोग्रैम्, 'वेल्फ़ेअर् प्र'विश़न्) **कल्याण कार्यक्रम, कल्याणकारी व्यवस्था** : देखें– **Welfare state** ।

welfare rights ('वेल्फ़ेअर् राइटॅस्) **कल्याणकारी अधिकार** : कल्याणकारी अधिकार सम्बन्धी आन्दोलन सम्भवत: सर्वप्रथम एक व्यवस्था के रूप में अमरीका में प्रारम्भ हुआ । इसका मुख्य उद्देश्य आमलोगों को उनके अधिकारों के प्रति जागरूक बनाना था । राज्य की यह जिम्मेवारी बनती है कि जो लोग ज़रूरतमंद हैं, उन्हें बुनियादी आवश्यकताओं के क्षेत्र में राज्य मदद करे, ताकि वह एक सामान्य नागरिक या इंसान की हैसियत से जीवन बसर कर सकें ।

welfare state ('वेल्फ़ेअर् स्टेट्) **लोकहितकारी राज्य, कल्याणकारी राज्य** : ऐसी राज्य-व्यवस्था, जिसमें नागरिकों के लिए बहुत सारी सामाजिक सेवाओं की व्यवस्था की जाती है, जैसे कि सामाजिक सुरक्षा, नि:शुल्क शिक्षा, उचित दरों पर परिवहन, ईंधन, खाद्य सामग्री आदि की आपूर्ति, सार्वजनिक स्वास्थ्य, निर्धन-सहायता आदि। कल्याणकारी राज्य का विकास आधुनिक युग में औद्योगिकीकरण और शहरीकरण से पैदा होने वाली परिस्थितियों का सामना करने के लिए हुआ है । राज्य के अपने नागरिकों के प्रति देश की सुरक्षा, शान्ति और प्रशासन के अतिरिक्त कुछ और भी कर्त्तव्य तथा उत्तरदायित्व हैं और वे कर्त्तव्य तथा उत्तरदायित्व हैं– नागरिकों का अधिक-से-अधिक कल्याण करना, इस बात की व्यवस्था करना कि उनके रहन-सहन तथा खान-पान का अच्छा स्तर रहे, उनके भौतिक, बौद्धिक तथा नैतिक विकास के समस्त साधन यथेष्ट मात्रा में सुलभ हों, उनकी तथा उनके बच्चों की शिक्षा का समुचित प्रबन्ध हो । कभी सरकार अपने नागरिकों को मामूली कीमत पर सेवा या वस्तु मुहैया कराती है, तो कभी व्यक्तियों को अपनी ज़रूरतों के मुताबिक स्वयं मुहैया करना होता था या किसी गैरसरकारी लोगों या संस्थाओं के द्वारा पूर्ण मूल्य पर संभव होता था, जैसे– भारत में स्वास्थ्य और शिक्षा की सुविधा (देखें– James O'Connor, **The Fiscal Crisis of the State**, 1973; Claus Offe, **Contradictions of the Welfare State**, 1984; C. Cousins, **Controlling Social Welfare**, 1987) ।

welfarist approach (वेल्फ़ेअ'रिस्ट अ'प्रोच्) **लोकहितकारी अभिगम** : कुछ निश्चित लक्ष्य समूहों के लिए विद्यमान संस्थाओं के माध्यम से कल्याणकारी क्रियाकलाप को शुरू करने के संगठित प्रयास । आम लोगों को सरकार के द्वारा शिक्षा व स्वास्थ्य आदि का मुहैया कराना लोकहितकारी कार्यक्रम है ।

weltanschauung (वेल्टैन् शाऊन्ग्) **विश्व-दृष्टि** : जीवन, समाज और जगत् की समस्याओं के प्रति किसी दार्शनिक या सम्प्रदाय-विशेष का जो व्यापक दृष्टिकोण होता है, उसके लिए प्रयुक्त जर्मन शब्द। संसार और मानव-जीवन की मुख्य समस्याओं के प्रति दृष्टिकोण, शुभाशुभ का साधारण मूल्यांकन, भविष्य के सम्बन्ध में आशावादी या निराशावादी भावना– इन सबको व्यक्त करने के लिए जर्मन शब्द 'वेल्ट' आनशोउन्ग और अँगरेज़ी पद 'वर्ल्ड व्यू' (**World view**) प्रयुक्त होते हैं । दोनों शब्दों का अर्थ करीब-करीब एक ही है, लेकिन कुछ लेखकों ने जर्मन शब्द का और भी अधिक व्यापक रूप में प्रयोग किया है : देखें– **World view** ।

wergild (वर् 'गिल्ड) **हत्या क्षतिपूर्ति, वैर-देय** : समाज में किसी मनुष्य को क्षति पहुँचाने पर अपराधी व्यक्ति द्वारा क्षतिग्रस्त व्यक्ति को हरजाना देने या उसकी क्षतिपूर्ति करने की रीति। क्षतिपूर्ति की मात्रा अपराध की जघन्यता और व्यक्ति की प्रतिष्ठा पर निर्भर करती है ।

westernization (वेस्टॅर्नाइ'ज़ेशन्) **पश्चिमीकरण** : वह प्रक्रिया, जिसमें कोई समुदाय यूरोपवासियों की, विशेषत: अँगरेज़ों की जीवनशैली अपनाता है । इस शब्द का प्रयोग मैसूर नरसिम्हाचार श्रीनिवास (M. N. Srinivas, 1916-1999) ने समाज व संस्कृति में 150 वर्ष से अधिक लम्बे अँगरेज़ी शासन के कारण तकनीकी संस्थाओं, विचारधारा व मूल्यों में आये परिवर्तन के लिए किया है । अँगरेज़ों ने अपने लम्बे शासनकाल में भारत का घनिष्ठ परिचय पश्चिमी संस्कृति से कराया, जिसके प्रभावस्वरूप भारतीय सामाजिक जीवन के सभी पक्षों में परिवर्तन होने लगे। एम. एन. श्रीनिवास ने पश्चिमीकरण की चर्चा करते हुए लिखा है, '150 वर्षों के अँगरेज़ीराज के फलस्वरूप भारतीय समाज एवं संस्कृति में होने वाले परिवर्तनों के लिए अन्यत्र मैंने 'पश्चिमीकरण' शब्द का प्रयोग किया है और यह शब्द औद्योगिक संस्थाएँ, विचारधारा और मूल्य आदि विभिन्न स्तरों पर होने वाले परिवर्तनों को आत्मसात् करता है । स्पष्टत: पश्चिमीकरण से तात्पर्य अँगरेज़ों के शासनकाल में आरम्भ हुए परिवर्तनों एवं प्रभावों की श्रृंखला से है, जिसमें पश्चिमी संस्कृति की अच्छाइयों, आधुनिक एवं प्रगतिशील विचारों से प्रभावित होने के साथ-साथ उस संस्कृति के प्रलोभनों, विकृतियों एवं बुराइयों के सम्पर्क में आना भी शामिल है' (देखें– M. N. Srinivas, **Social Change in Modern India**, 1977) ।

westernization, primary (वेस्टॅर्नाइ'ज़ेशन्, 'प्राइमरि) **प्राथमिक पश्चिमीकरण** : प्राथमिक पश्चिमीकरण वह प्रक्रिया है, जिसके अन्तर्गत लघु परम्पराएँ (**Little traditions**) पाश्चात्य सभ्यता और संस्कृति के संसर्ग में आकर परिवर्तित हो जाती हैं, जैसे– होली, चैता, छठ या भोजपुरी गीत और भजन आधुनिक संचार के माध्यमों के द्वारा प्रचारित और प्रसारित होती हैं, तो उसे प्राथमिक पश्चिमीकरण कहा जायेगा ।

westernization, secondary (वेस्टॅर्नाइ'ज़ेशन्, 'सेकन्डरि) **द्वितीयक पश्चिमीकरण** : द्वितीयक पश्चिमीकरण वह प्रक्रिया है, जिसके अन्तर्गत बृहत् परम्पराएँ पश्चिमी रंग में रंग जाती हैं । रामायण, महाभारत और गीता जैसे पौराणिक धर्मग्रन्थों को यदि दूरदर्शन या सिनेमा जैसे माध्यमों से आधुनिक ढाँचे में पेश कर लोगों के बीच पहुँचाया जाये तो इस प्रक्रिया को द्वितीयक पश्चिमीकरण कहा जायेगा। पाश्चात्य देशों में हिन्दू धर्म अपनाने की प्रक्रिया को भी इसी श्रेणी में रखा जायेगा। मेरा विचार है कि इसे पूर्वीकरण (**Orientalization**) के नाम से जाना जाना चाहिए । द्वितीयक पश्चिमीकरण एक ऐसी प्रक्रिया है, जिसके द्वारा भारत की प्राचीन सभ्यता-संस्कृति की चीज़ें एक आधुनिक परिवेश में परिवर्तित होकर पुनर्जागृत होती हैं । द्वितीयक पश्चिमीकरण एक राष्ट्रव्यापी प्रक्रिया है, जबकि प्राथमिक पश्चिमीकरण एक स्थानीय प्रक्रिया है ।

wet cultivation (वेट् कल्टि'वेशन्) **सिंचन कृषि** : वैसी धरती जहाँ लोग कृषि-कार्य जलाशयों, नदियों, नहरों और प्रपातों के माध्यम से करते हों । वैसे क्षेत्रों में विशेषरूप से धान की खेती की जाती है ।

white-collar crime (वाइट् 'कॉलर् क्राइम्) **सफेदपोश अपराध** : सफेदपोश अपराध की अवधारणा का प्रतिपादन इडविन सदरलैंड (Edwin H. Sutherland, 1893-1950) ने सन् 1939 में अमरीकी समाजशास्त्रीय परिषद् के समक्ष प्रस्तुत

करते हुए अपने एक शोध-पत्र में किया था। इसे परिभाषित करते हुए उन्होंने कहा, 'एक ऐसा अपराध', जो व्यवसाय के वैधानिक क्रियाकलापों के दौरान समाज में उच्च स्थिति एवं प्रतिष्ठा प्राप्त व्यक्तियों द्वारा (आपराधिक कानून के उल्लंघन से) किया जाता है, उसे सफेदपोश अपराध कहते हैं (देखें– Edwin H. Sutherland, **White-Collar Crime: The Uncut Version**, 1983)।

white-collar criminal (वाइट् 'कॉलर् 'क्रिमिनल्) **सफेदपोश अपराधी :** उच्च आर्थिक-सामाजिक वर्ग के व्यक्ति जो कानून को भंग करने का अपराध करते हैं । ऐसे अपराधियों को बहुधा पुलिस या अदालत को सुपुर्द न कर, जाँच कमीशन या ब्यूरो को जाँच-पड़ताल के लिए सौंप दिया जाता है ।

white-collar worker (वाइट् 'कॉलर् वॅर्कर्) **सफेदपोश बाबू :** जो लोग हाथ की मेहनत का काम नहीं करते। श्रम द्वारा आय अर्जन करने वाले श्रमिकों की अपेक्षा शारीरिक श्रमविहीन कार्यों में लगे कर्मचारियों को सफेदपोश बाबू कहते हैं, जैसे– किसी दफ्तर का किरानी या अन्य कर्मचारी । यह वर्ग आर्थिक दृष्टि से मध्यमवर्ग का होता है : देखें– **Blue-collar worker** ।

white flag (वाइट् फ्लैग) **सफेद झण्डा :** समर्पण अथवा शान्ति-वार्ता आरम्भ करने का प्रतीक झण्डा ।

white flight (वाइट् फ़्लाइट्) **गोरे लोगों का उत्प्रवास :** गोरे लोगों का महानगरों से उपनगरों में जाकर बसने की प्रक्रिया । इस प्रकार की प्रक्रिया कुछ अमरीकी नगरों में देखने को मिलती है । संभव है, कुछ लोग शहरी जीवन या काले लोगों से तंग आकर ऐसा करते हैं ।

white goods (वाइट् गुड्स्) **श्वेत वस्तुएँ :** ऐसी वस्तुएँ जो पहले विलासिता की वस्तुएँ मानी जाती थीं, किन्तु अब वे विलासिता की वस्तुएँ नहीं समझी जाती हैं, जैसे– कपड़ा धोने की मशीन, रेफ्रीजरेटर, वातानुकूलक आदि ।

white magic (वाइट् 'मैजिक्) **उपकारी जादू, श्वेत जादू :** एक प्रकार का जादू जिसमें अलौकिक शक्तियों का प्रयोग दूसरों के हित के लिए किया जाता है । यह जादू सार्वजनिक अभिविन्यस्त, सामाजिक रूप में स्वीकृत तथा वैध होता है ।

whiteman's burden (वाइट्'मैन्स 'बर्डन्) **श्वेत जाति का भार :** ब्रिटिश साम्राज्यवाद का एक सिद्धान्त जिसके अनुसार श्वेत जातियों को, विशेषत: ब्रिटिश जाति को यह कर्त्तव्य सौंपा गया है कि वे अशिक्षित अश्वेत जातियों को शिक्षा दें और उन्हीं के कल्याण के लिए उन पर शासन करें। यह सिद्धान्त ब्रिटिश शासन के उत्कर्ष के दिनों में उन्नीसवीं शताब्दी में उभकरकर सामने आया और इसने ब्रिटिश उपनिवेशवाद और साम्राज्यवाद के काले चेहरे पर रेशमी नकाब डालने का काम किया । अँगरेज़ लोग अपने को श्रेष्ठ बताने के लिए भारत को श्वेत जाति का भार बतलाते थे ।

will (विल्) **संकल्प :** देखें– **Volition** ।

wisdom ('विज़्डॅम) **प्रज्ञान, बुद्धिमत्ता :** प्राचीन यूनानियों द्वारा प्रथम मुख्य सद्‌गुण के रूप में स्वीकृत चरित्र की वह सर्वोत्कृष्ट विशेषता, जिसमें बुद्धिमत्ता, विद्यता, दूरदर्शिता, विवेक तथा जीवन को सुचारु रूप से चलाने के लिए साध्यों और साधनों का सम्यक् रूप से चुनाव करने की क्षमता का समावेश होता है ।

witch (विच्) **जादुई अभिचारी :** जादुई विद्या में निपुण व्यक्ति जो उस विद्या का उपयोग मुख्यत: अपकार के लिए करता है ।

witchcraft ('विच्क्राफ्ट्) **डाकिनी विद्या, जादू-टोना :** भावनाओं और विचार प्रक्रियाओं के द्वारा अलौकिक तरीकों से लोगों को नुकसान पहुँचाने की क्रिया ।

witch doctor ('विच् डॉक्टर्) **ओझा :** आदिम समाज में व्यावसायिक अभिचारक जिसकी स्थिति जनजाति में शमन की भाँति होती है; वह मंत्रों, ताबीजों, जड़ी-बूटियों और टोनों-टोटकों द्वारा बीमारी ठीक करता, डाइनों का पता लगाता और अपकारी जादूई प्रभावों को दूर करता है ।

woman's suffrage (वुमन्ज़ 'सॅफ्रिज़) **महिला मताधिकार :** जन-नेताओं को चुनने के लिए पुरुषों की भाँति स्त्रियों को दिए जाने वाले मताधिकार की समानता को महिला मताधिकार के नाम से जाना जाता है ।

women liberation movement ('विमिन् लिब 'रश्न् 'मूव्मन्ट्) **नारी-मुक्ति आन्दोलन :** आधुनिक युग की सजग स्त्रियों का एक जुझारू आन्दोलन जिसका ध्येय स्त्रियों को पुरुषों के बराबर की हैसियत और अधिकार दिलाना है । यह समाज और संस्कृति में ऐसा परिवर्तन लाना चाहता है, जिससे पितृतन्त्र आधारित शक्ति-संरचना का अन्त किया जा सके; स्त्रियों की हीनता और पुरुषों के प्रभुत्व से जुड़े हुए दृष्टिकोण को बदला जा सके और स्त्री को केवल यौनवस्तु समझने की प्रवृत्ति पर रोक लगाई जा सके। कुछ भी हो, अधिकांश नारी-मुक्तिवादी दार्शनिक और सैद्धान्तिक प्रश्नों से उतना सरोकार नहीं रखतीं, बल्कि वे तात्कालिक और व्यावहारिक समस्याओं के समाधान की माँग करती हैं, जैसे कि रोज़गार और वेतन के मामले में स्त्री-पुरुष के बीच भेदभाव का निराकरण, गर्भपात कानूनों में सुधार, सरकारी खर्च पर शिशु-परिचर्या-केन्द्रों की स्थापना और सब तरह के कानूनों के अन्तर्गत स्त्री-पुरुष के साथ समान बर्ताव ।

women's movement ('विमिनज़्'मूव्मन्ट्) **महिला आन्दोलन :** देखें– **Feminism; Women liberation movement** ।

women's studies ('विमिनज़्'स्टडिज़) **महिला-अध्ययन :** यह एक पृथक् विधा भी हो सकती है और वर्तमान पाठ्यचर्या में परिवर्तन करके उसमें स्त्रियों की विभिन्न भूमिकाओं सम्बन्धी आँकड़े जोड़े जा सकते हैं । वर्तमान में, भारत में महिला-अध्ययन को बढ़ावा दिया जा रहा है । कालेज तथा विश्वविद्यालय स्तर पर पाठ्यचर्या और विशेष रूप से समाजविज्ञानों तथा मानविकी की पाठ्यचर्या में संशोधन के प्रयत्न किए जा रहे हैं ।

word association test (वर्ड् अॅ सोसि'एशन् टेस्ट्) **शब्द साहचर्य परीक्षण :** व्यक्तित्व के अध्ययन की एक प्रक्षेपी विधि जिसमें प्रयोज्य को शब्दों की एक सूची देकर यह कहा जाता है कि वह प्रत्येक शब्द के साथ उस शब्द को जोड़े, जो उसके मस्तिष्क में उस शब्द को देखने-पढ़ने के बाद सर्वप्रथम उत्पन्न होता है ।

word salad (वर्ड् सैलॅड) **शब्द सलाद :** मनोविदलता से ग्रसित लोगों के महत्त्वपूर्ण लक्षणों में से एक लक्षण है शब्द सलाद का अर्थात्, विभिन्न तरह के शब्दों का इस ढंग से प्रयोग करना कि सुननेवाले को यह समझ में नहीं आता कि आखिर वह रोगी क्या कह रहा है । सुननेवालों को न तो स्पष्ट रूप से सुनाई पड़ता है ना ही स्पष्ट ढंग से समझ में आता है ।

work (वॅर्क्) **कार्य :** अपने लिए या दूसरों के उपभोग या विनिमय के लिए वस्तुओं और सेवाओं के उत्पादन हेतु शारीरिक, मानसिक और संवेगात्मक प्रयासों की आपूर्ति को कार्य कहा जाता है । उत्पादन-कार्य की तीन मुख्य श्रेणियाँ हैं, अर्थात् क्रिया या नियोजन, नि:शुल्क घरेलू और अवकाश की क्रियाएँ तथा स्वैच्छिक सामुदायिक सेवाएँ। इन तीनों श्रेणियों के बीच सीमा-रेखा खींचना मुश्किल है । सर्वेक्षणों तथा सरकारी आँकड़ों के उद्देश्य से इनका निर्धारण राष्ट्रीय परिपाटियों के आधार पर होता है ।

नियोजन तथा घरेलू श्रम के बीच 'तृतीय व्यक्ति मापदण्ड' के आधार पर भेद किया जाता है । तृतीय व्यक्ति मापदण्ड से तात्पर्य है कि क्या वही क्रिया किसी अन्य व्यक्ति से बिना उपयोगिता में कमी लाये सम्पन्न की जा सकती है। इस आधार पर विद्यालय का कार्य, अध्ययन कार्य, व्यायाम के उद्देश्य से खेल में भाग लेना, आमोद-प्रमोद के लिए भोजन बनाना या बागबानी करना जैसी क्रियाओं को नियोजन या रोज़गारयुक्त कार्य नहीं कह सकते, जबकि इनमें भी बड़ी मेहनत की आवश्यकता होती है । इसी प्रकार शुद्ध रूप से घरेलू उपभोग के लिए वस्तुओं और सेवाओं के उत्पादन सम्बन्धी कार्य को भी नियोजन की परिभाषा में सम्मिलित नहीं किया जा सकता है । स्वैच्छिक सामुदायिक सेवाएँ भी सामुदायिक विकास-कार्य या दूसरों को सेवाएँ देने के उद्देश्य से किये गये उत्पादन-कार्य होते हैं, किन्तु सामान्यत: ये कार्य नि:शुल्क किये जाते हैं, अत: इन्हें भी नियोजन की श्रेणी से अलग रखा जाता है (देखें– John Cook, Susan Hepworth, Toby Wall and Pater Warr, **The Experience of Work**, 1981; Arne Kalleberg and Ivar Berg, **Work and Industry**, 1987) : देखें– **Blue-collar worker; White-collar worker; Workforce participation rate** ।

work, subjective experience of (वर्क्, सॅब्जे'क्टिव इक्'स्पिअरिअन्स् ऑव्) **आत्मपरक कार्यानुभव** : समाजशास्त्र का सम्बन्ध कार्यों की नैतिकता मात्र से ही नहीं है, बल्कि इसका सम्बन्ध इस बात से भी है कि किसी कार्य को कोई व्यक्ति या समाज किस रूप में देखता है । ऐसा इसलिए देखा जाता है कि किसी कार्य के प्रति व्यक्ति की क्या मनोवृत्ति या झुकाव है । यदि किसी कार्य में व्यक्ति की बहुत अधिक रुचि नहीं है, तो उस कार्य से सन्तुष्टि नहीं मिल पायेगी और फलस्वरूप दिये गए कार्य का ठीक से निष्पादन नहीं हो सकेगा । किसी कार्य से व्यक्ति को किस प्रकार का अनुभव होता है, इस विषय पर 1960 एवं 1970 के दशक में शोध-कार्य प्रारम्भ हुआ । गोल्डथॉर्प एवं लॉकउड (John H. Goldthorpe and David Lockwood) एवं अन्य लोगों के द्वारा किये गये अनुसन्धान कार्य विशेष रूप से उल्लेखनीय हैं (देखें– **The Affluent Worker**, 1968) । बाद में इस विषय पर Michael Burawoy (देखें– **Manufacturing Consent**, 1979) ने एक उम्दा काम किया है । किसी कार्य या सेवा-सम्बन्धी लोगों की मनोवृत्ति को समझना समाजशास्त्र और मानवशास्त्र की दृष्टि से काफी महत्त्वपूर्ण है; क्योंकि इसका सीधा सम्बन्ध कार्य-सन्तुष्टि से है और कार्य-सन्तुष्टि का सम्बन्ध सेवा या उत्पादन की गुणवत्ता एवं मात्रा से भी है ।

work ethic (वॅर्क् 'एथ़िक) **कार्य नैतिकता** : इसका तात्पर्य इस बात से है कि कोई श्रमिक किसी कार्य को किस रूप में लेता है । श्रमिकों का किसी काम के प्रति विचार इस बात से काफी हद तक प्रभावित होता है कि वह किस सामाजिक वातावरण से आता है, वह किस धर्म का है तथा उस व्यक्ति की राजनीतिक सोच किस प्रकार की है । किसी देश के आर्थिक विकास, उत्पादन की मात्रा तथा उत्पादन की गुणवत्ता का सम्बन्ध स्पष्ट तौर पर इस बात से है कि श्रमिकों का अपने काम के प्रति क्या नीतिगत विचार है । समाजशास्त्र में इस विषय पर सर्वप्रथम विचार मैक्स वेबर (Max Weber, 1864-1920) ने **Protestant ethic** के सन्दर्भ में दिया था । उन्होंने धर्म के आधार पर विभिन्न समाजों के तुलनात्मक अध्ययन द्वारा यह बात बताने का प्रयास किया कि कार्यों के प्रति प्रोटेस्टैन्ट धर्मावलम्बियों का जीवन कुछ इस प्रकार का है कि अन्य धर्मों की तुलना में उनका विकास सापेक्षिक रूप से अधिक हुआ है । इस विषय पर Michael Rose की कृति **Re-working the Work Ethic** (1985) विशेष रूप से उल्लेखनीय है ।

work groups (वॅर्क् ग्रुपस्) **कार्य-समूह** : लगभग हरेक कार्यक्षेत्र में विशेषकर जहाँ भारी संख्या में श्रमिक काम करते हैं, वहाँ पर लोग औपचारिक एवं अनौपचारिक विभिन्न कार्य-समूहों का निर्माण कर लेते हैं । कार्य-समूहों का निर्माण कई आधार पर हो सकता है, जैसे– वेतन, वैयक्तिक दक्षता, कार्यों का स्वरूप, जाति, धर्म, भाषा, नृजाति आदि। इस प्रकार के कार्य-समूहों का प्रभाव कार्य-कुशलता एवं उत्पादन पर भी पड़ता है ।

work orientation (वॅर्क् ऑरिएन्'टेश्न्) **कार्य उन्मुखता** : ब्रिटिश समाजशास्त्री डेविड लॉकवूड (David Lockwood) ने अपनी पुस्तक **The Blackcoated Worker** (1959) में अपने वर्ग स्थिति सम्बन्धी सिद्धान्त (Theory of class position) के सन्दर्भ में बताया है कि प्रत्येक श्रमिक की अपनी कार्य-परिस्थिति होती है । जहाँ कहीं भी श्रमिक काम करता है, वहाँ पर वह एक प्रकार के सम्बन्धों के जाल से जुड़ा होता है । कार्यक्षेत्र में सम्बन्धों के जाल का स्वरूप वैसा नहीं होता है, जैसा कि उसकी घरेलू स्थिति में होता है ।

work socialization (वॅर्क् सोशॅलाइ'ज़ेश्न्) **कार्य समाजीकरण** : व्यक्ति सिर्फ परिवार में ही नहीं सीखता, बल्कि वह कार्यक्षेत्र में भी सीखता है । कार्यक्षेत्र में श्रमिक सिर्फ कार्य-सम्बन्धी निपुणता ही हासिल नहीं करता, वरन् कार्यस्थल के मानदण्डों, मूल्यों एवं कार्य-संस्कृति के बारे में भी सीखता है । एक श्रमिक को कार्यस्थल की वैचारिक संरचना के अनुसार ढलना पड़ता है, वहाँ की शक्ति एवं सत्ता के सम्बन्ध में तालमेल बैठाना पड़ता है । अत: नियोजकों द्वारा इन सभी बातों को सीखने की प्रक्रिया को ही कार्य-सम्बन्धी समाजीकरण कहा जाता है ।

work to rule (वर्क् टु रूल) **नियमानुसार कार्य :** एक ऐसा तरीका जिसे औद्योगिक या सरकारी क्षेत्र के कर्मचारी अपने क्षेत्र के प्रबन्धकवर्ग के प्रति विरोध प्रकट करने के लिए प्रयोग करते हैं । मूलतः इसका प्रयोग उन उद्योगों के कर्मचारी करते थे, जिनसे जनसाधारण और कर्मचारियों की सुरक्षा के लिए अत्यन्त जटिल कायदे-कानून निर्धारित होते थे। इन नियमों के पालन में कठोरता बरतने से काम की गति धीमी हो जाती थी । आजकल इसका प्रयोग अत्यन्त व्यापक हो गया है । इसका प्रयोग किसी भी संगठन के कर्मचारी कर सकते हैं, लेकिन सेना इसका अपवाद है । नियमानुसार कार्य करने के नाम पर ये कर्मचारी किसी भी मामले में किसी उल्टे-सीधे नियम या प्रक्रिया का हवाला देकर अड़ँगा लगा देते हैं, ताकि काम आगे न बढ़ पाए। वस्तुतः यह तरीका हड़ताल की तरह निश्चित अवधि के लिए अपनाया जाता है और प्रबन्धकवर्ग से समझौता हो जाने पर यह तरीका छोड़कर सामान्य काम-काज शुरू कर दिया जाता है ।

workforce participation rate ('वॅर्क्‌फ़ॉर्स पार् टिसि'पेशन् 'रेट्) **श्रमशक्ति सहभागिता-दर :** कुल जनसंख्या के प्रतिशत के रूप में कुल श्रमिकों का प्रतिशत ही कार्य सहभागिता-दर कहलाता है । 2001 ई. की जनगणना के अनुसार भारत में कार्य सहभागिता-दर 39.2 प्रतिशत है । ऐसी कुल जनसंख्या का जितने प्रतिशत भाग वस्तुतः अर्जक कामों में लगा हुआ होता है, उसे श्रमशक्ति सहभागिता-दर कहते हैं ।

working capital ('वर्‌किन्ग 'कैपिट्‌ल्) **कार्यशील पूँजी :** किसी उद्यम की वर्तमान परिसम्पत्तियाँ जो दीर्घकालीन वित्तीय स्रोतों में उपलब्ध की गई हैं । किसी व्यावसायिक फर्म की पूँजी का वह भाग, जो भूमि, भवन या स्थित उपकरणों से सम्बद्ध नहीं है । इसमें कच्चे माल का क्रय, श्रम व प्रधान के भुगतान, ढुलाई व परिवहन, किराया व्यय आदि का भुगतान करने हेतु तरल रूप में रखी जानेवाली पूँजी शामिल हैं ।

working class ('वर्‌किन्ग क्लास्) **श्रमिक वर्ग, मज़दूर वर्ग :** लोगों का एक ऐसा सामाजिक वर्ग जो मज़दूरी कर अपनी जीविका अर्जित करता है । कार्ल मार्क्स (Karl Marx, 1818-1883) ने इन्हें **'सर्वहारा' (Proletariat)** की संज्ञा दी है ।

working population ('वर्‌किन्ग पॉप्यु'लेशन्) **कार्यशील जनसंख्या :** कार्यशील जनसंख्या में सभी ऐसे व्यक्ति शामिल किये जाते हैं, जो आर्थिक वस्तुओं और सेवाओं के उत्पादन में हिस्सा लेते हैं । इसमें आर्थिक इकाइयों में अवैतनिक कार्य करने वाले पारिवारिक सदस्य भी सम्मिलित किये जाते हैं ।

world bank (वर्ल्ड् बैंक) **विश्वबैंक :** यह विश्व की सबसे प्रमुख मौद्रिक संस्था है, जो विकास के कार्यों के लिए दिशा-निर्देशों को जारी करती है और सदस्य देशों को ज़रूरत के मुताबिक ऋण मुहैया कराती है । भारत भी इसका एक सदस्य देश है । विश्वबैंक पाँच अन्तर्राष्ट्रीय संगठनों का एक ऐसा समूह है, जो देशों को वित्त और वित्तीय सलाह देता है । इसके उद्देश्य निम्न हैं– विश्व को आर्थिक तरक्की के रास्ते पर ले जाना, विश्व में गरीबी को कम करना, अन्तर्राष्ट्रीय निवेश को बढ़ावा देना ।

world-systems theory (वर्ल्ड् सिस्'टम्स 'थिअरि) **विश्व-पद्धति सिद्धान्त :** इस सिद्धान्त के प्रतिपादक इमैन्युअल वॉलर्सटाइन (Immanuel Wallerstein) माने जाते हैं । उनका कहना है कि किसी समाज के विकास की स्थिति को विश्वव्यापी सामाजिक व्यवस्था के सन्दर्भ में देखा जाना चाहिए । मार्क्सवादी चिन्तक इस शब्द का प्रयोग थोड़ा भिन्न अर्थ में करते हैं । उनका कहना है कि पश्चिम के पूँजीवादी राष्ट्रों का विकास तीसरी दुनिया के राष्ट्रों के शोषण और दोहन के द्वारा संभव हुआ है । विश्लेषण में पश्चिम के राष्ट्रों को आंतरक राष्ट्र (Core state) तथा तीसरी दुनिया के देशों को परिधीय राष्ट्र (Peripheral state) की संज्ञा दी गयी है (देखें– Immanuel Wallerstein, **The Modern World System**, 1976, **The Capitalist World-Economy**, 1979 and **The Modern World System II: Mercantilism and the Consolidation of the European World Economy 1600-1750**, 1980; Daniel Chirot, **Social Change in the Modern Era**, 1986) ।

world view (वर्ल्ड् व्यू) **विश्वदृष्टि :** किसी विचारक का विश्व के प्रति व्यापक दृष्टिकोण, जो उसके विशिष्ट सिद्धान्तों

या विश्वासों को पार्श्वभूमि प्रदान करता है । जर्मन भाषा का *Weltanschauung* शब्द इसी अर्थ में प्रयुक्त होता है। सामान्यतया यह माना जाता है कि प्रत्येक सामाजिक समूह, चाहे वह किसी लिंग, जाति, वर्ग, नृजाति या राष्ट्रीयता का हो, विश्व को देखने व समझने का अपना एक अलग दृष्टिकोण रखता है । इसके फलस्वरूप, विश्व के प्रति दृष्टिकोण में समाज एवं विश्व से सम्बन्धित विचार अर्थात् राजनीतिक अभिवृत्ति, धार्मिक विश्वास, सांस्कृतिक आदर्श शामिल हैं, जिससे एक से दूसरे समूह की भिन्नता झलकती है (देखें– H. A. Hodges, **The Philosophy of Wilhelm Dilthey**, 1952) : देखें– ***Weltanschauung*** ।

worldly asceticism ('वर्ल्ड्लि असे'टिसिज़म्) **इहलौकिक आत्मसंयम :** आत्मसंयम का मतलब दैनिक जीवन में कड़े अनुशासन से है । मैक्स वेबर (Max Weber, 1864-1920) के अनुसार, प्रारम्भिक प्रोटेस्टैन्ट धर्म के माननेवालों की यह प्रमुख विशेषता थी। मैक्स वेबर ने हिन्दू-धर्म जैसे पारलौकिक आत्मसंयम (Other worldly asceticism) से इसकी तुलना की है । इस प्रवृत्ति के लोग प्रायश्चित द्वारा विश्व का त्याग करने के लिए स्वयं को संयमित करते हैं।

worship ('वर्शिप्) **पूजा :** ईश्वर या किसी दैवी शक्ति के प्रति श्रद्धा प्रकट करने के लिए किया जानेवाला अनुष्ठान, जिसमें प्राय: प्रार्थना सम्मिलित होती है ।

Xx

xenocentrism (जेनॉ'सेन्ट्रिज़्म्) **गैर-नृजातिकेन्द्रित भावना :** नृजातिकेन्द्रित भावना के विपरीत जो एक दूसरी भावना होती है, उसे गैर-नृजातिकेन्द्रित भावना कहा जाता है । इसका सीधा तात्पर्य विदेशी विचारों, सामानों या लोगों के प्रति विशेष आसक्ति से है । हरेक समाज में कुछ लोग ऐसे होते हैं, जो अपने समाज और संस्कृति को घृणा की दृष्टि से देखते हैं और बाहरी समाज और संस्कृति को बेहतर मानते हैं । अपनी संस्कृति को हेयदृष्टि से देखने और दूसरी संस्कृति को उत्कृष्ट मानने को गैर-नृजातिकेन्द्रित भावना कहा जाता है : देखें– **Ethnocentrism** ।

xenophobia (जेनॅ'फ़ोबिआ) **विदेशी-द्वेष, अज्ञातजन भीति :** विदेशियों या अजनबियों से घृणा या भय। वह प्रवृत्ति, जिसमें किसी देश के लोग विदेशियों से भयभीत होते हैं, उनसे घृणा करते हैं और विदेशी राज्यों की नीतियों तथा उद्देश्यों को सन्देह की दृष्टि से देखते हैं । यह प्रवृत्ति संजातिकेन्द्रवाद **(Ethnocentrism)** और राष्ट्रवाद की पराकाष्ठा से जन्म लेती है । यह भी संभव है कि किसी देश के लोग किसी विशेष देश या देशों के प्रति ऐसा दृष्टिकोण रखते हों तथा सभी विदेशियों के प्रति ऐसा दृष्टिकोण न रखते हों (देखें– D. H. Bennett, **The Party of Fear: From Nativist Movements to the New Right in American History**, 1988) ।

xyy-chromosome theory (एक्स् वाई वाई क्रोमॅ'सोम 'थिअरि) **दोषपूर्ण गुणसूत्र-सिद्धान्त :** इस सिद्धान्त की यह मान्यता है कि कुछ लोग जन्मजात अपराधी होते हैं और जिनके गुणसूत्रों की विशेषता इस प्रकार की होती है कि उसे अपराध के जैविक कारक के रूप में देखा जा सकता है ।

Yy

yellow-dog contract ('येलो डॉग् 'कॉन्ट्रैक्ट्) **हड़ताल विरोधी अनुबन्ध :** एक समझौता जो नौकरी के उम्मीदवार व्यक्ति को नियोक्ता के साथ करना पड़ता है । यह एक प्रकार की शर्त होती है कि प्रार्थी (उम्मीदवार) नौकरी मिलने पर किसी भी संगठन का सदस्य नहीं बनेगा ।

yellow journalism ('येलो 'जर्नलिज़म्) **पीत पत्रकारिता :** पत्र-पत्रिकाओं में ऐसे समाचार छापने या उन्हें प्रमुखता देने की प्रवृत्ति, जिनसे लोगों को चौंका दिया जाए और सनसनी फैला दी जाये । इसका मुख्य उद्देश्य समाचार बेचकर पैसा कमाना होता है ।

young population (यॅन्ग पॉप्यु 'लेश्न्) **युवा जनसंख्या :** ऐसी जनसंख्या जिसके अन्तर्गत बच्चे, किशोर, मध्यम, वयस्क उम्र के लोगों की संख्या सापेक्षिक रूप से अधिक हो। इस प्रकार की जनसंख्या में स्वाभाविक वृद्धि की दर युवा जनसंख्या की सापेक्षिक रूप से तीव्र होती है । पाश्चात्य या विकसित देशों की तुलना में भारत की युवा जनसंख्या औसतन ज्यादा है ।

youth (यूथ्) **युवा :** निर्धारित जनसंख्या में 15-24 वर्ष के आयु वर्ग के व्यक्ति । यह सामाजिक-सांस्कृतिक अथवा सांख्यिकी श्रेणी है ।

youth culture (यूथ् 'कल्चर्) **युवा संस्कृति :** प्रत्येक समाज में नवयुवक अपने समाज की संस्कृति की मुख्यधारा से थोड़ा अलग होकर जीवन-यापन करने का प्रयास करते हैं । वे समाज के बुजुर्ग लोगों से भिन्न विचार रखते हैं । उनका आचरण अपने परिवार तथा पूरे समाज से भिन्न होता है (देखें– Mike Brake, **The Sociology of Youth Cultures and Youth Subcultures**, 1980) ।

Zz

zamindars **जमींदार :** भारत के कुछ क्षेत्रों में स्थायी बन्दोबस्ती के कारण अस्तित्व में आयी जागीरों के स्वामी । भारत के भिन्न क्षेत्रों में, जमींदार शब्द भिन्न-भिन्न अर्थों में प्रयुक्त होता है । जमीन की सबसे ऊँची बोली लगाने वाला भूस्वामी, जिसे पूरा क्षेत्र स्थायी भूस्वामित्व के अन्तर्गत दे दिया जाता है । वह काश्तकारों और बटाईदारों को पट्टे पर जमीन देता है । सामन्ती तथा बहुत बड़े काश्तकारों को भी जमींदार कहा जाता है । जमींदारी प्रथा मध्यकालीन एवं ब्रिटिशकालीन भारत की विशेषता रही है । स्वतन्त्रता के बाद भारत में जमींदारी प्रथा समाप्त कर दी गयी ।

zeitgeist ('साइट्गाइस्ट) **युगधर्म :** जर्मन शब्द **'साइट्गाइस्ट'** या युगधर्म मुख्यत: एक ऐतिहासिक संकल्पना है और इसका सर्वप्रथम प्रयोग जर्मन लेखक जोहान गोटफ्राइड फ्रॉन हर्डर ने अपनी रचना **Briefezur Beforderung der Humanitate** में किया था । इस ग्रन्थ में हर्डर ने बताया था कि युगधर्म युग-विशेष के आचार-विचारों, रीति-रिवाजों, प्रवृत्तियों-प्रथाओं का सामुच्य होता है । यह संकल्पना जर्मन लेखकों में विशेष रूप से प्रिय है और इसके आधार पर विगत युगों को समझने में सहायता मिलती है । युगधर्म की संकल्पना भारतीय दर्शन में भी प्राय: इसी अर्थ में उपलब्ध होती है । फिर भी उसका विशद् विवेचन नहीं किया गया है ।

zero population growth ('ज़िअरो पॉप्यु 'लेशन् ग्रोथ्) **शून्य जनसंख्या वृद्धि :** जब किसी जनसंख्या के आकार में स्वाभाविक वृद्धि की प्रक्रिया थम जाती है, तो उसे शून्य जनसंख्या वृद्धि कहते हैं । यह स्थिति तभी उत्पन्न होती है, जब जन्म एवं अप्रवास **(Immigration)** की दर मृत्यु एवं उत्प्रवास **(Emigration)** की दर के बराबर होती है ।

zero sum game ('ज़िअरो सम् गेम्) **शून्य-योग खेल, शून्य-योग प्रतिस्पर्धा :** किसी व्यवसाय या राजनीति के क्षेत्र में, दो पक्षों के बीच ऐसा मुक़ाबला, जिसमें दोनों के सामने अपनी इज़्ज़त बचाने की समस्या खड़ी हो जाती हो; एक पक्ष की विजय के साथ दूसरे पक्ष की पराजय अनिवार्य हो जाती है । इस खेल में एक पक्ष जो कुछ गँवाता है, वही दूसरा पक्ष हासिल करता है और जब दोनों की उपलब्धियों को जोड़कर देखा जाता है, तो उसका योग शून्य हो जाता है । इसे ही शून्य-योग खेल कहा जाता है ।

zero tolerance ('ज़िअरो 'टॉलरन्स्) **शून्य सहनशीलता :** यह एक ऐसी स्थिति है, जब किसी व्यक्ति की छोटी-से-छोटी गलती समाज में स्वीकार नहीं की जाती हो, जैसे– ट्रेन में कुछ अपमानजनक शब्द लिख देना, सड़कों के किनारे मल-मूत्र त्याग करना, मुसाफिरों को धमकी देना । इस सम्बन्ध में यह तर्क दिया जाता है कि जब समाज में छोटी-छोटी गलतियों को बर्दाश्त नहीं किया जाता है, तो अपराध की बड़ी-बड़ी घटनाओं में कमी आ जाती है अर्थात्, शून्य सहनशीलता के माध्यम से समाज में बड़े-बड़े अपराधों पर काबू पाया जा सकता है ।

zionism (ज़ाइअॅ निज़्म) **यहूदीवाद :** फिलस्तीन में यह यहूदियों के स्वदेश की स्थापना से सम्बद्ध विश्वास और आन्दोलन । आधुनिक काल में इस आन्दोलन का प्रचार मुख्यरूप से हंगेरियाई यहूदी पत्रकार थियोडर हर्जल (Theodor Herzl,1860-1904) ने किया था । हर्जल का विचार था कि जब तक यहूदियों का अपना राज्य स्थापित नहीं होता, तब तक वे सुरक्षित नहीं रह सकते । यद्यपि इजरायल की स्थापना के साथ यहूदीवाद का एक प्रधान लक्ष्य पूरा हो गया है, लेकिन यहूदियों के कल्याण और इजरायल की प्रभाव-वृद्धि के क्षेत्र में यहूदीवाद अब भी एक अन्तर्राष्ट्रीय शक्ति बना हुआ है ।

zone of transition (ज़ोन् ऑव् ट्रान 'ज़िशन्) **संक्रमण क्षेत्र :** बड़े शहरों के अन्तर्गत वह क्षेत्र जो आन्तरिक केन्द्रीय

व्यापारिक क्षेत्र को चारो ओर से घेरे रहता है । इसके अन्तर्गत रिहाइशी क्षेत्र होते हैं तथा जगह-जगह उद्योग व व्यापारिक संस्थान भी होते हैं । यहाँ अधिकांश लोग आन्तरिक क्षेत्र से आकर बसे हुए होते हैं । यह औद्योगिक व व्यापारिक क्षेत्र के मध्य का क्षेत्र होता है, जिसका अतिक्रमण इन दोनों क्षेत्रों द्वारा ही किया जाता है । इसलिए इसे संक्रमण क्षेत्र कहा गया है । इस क्षेत्र को उसके उपयोग व बदली हुई विशेषता के आधार पर आसानी से पहचाना जा सकता है । यहाँ नगर में रहने वाले पुराने लोगों के मकान, पुरानी बनावट के मकान, कमरों का किराये पर सुलभ होना, कम आमदनी वाले लोग, गन्दे-सन्दे मकान व गलियाँ देखने को मिलती हैं । अपराध, वेश्यावृत्ति जैसी विशेषताएँ भी देखने को मिलती हैं । अमरीका के अनेक नगरों में यह क्षेत्र नये अप्रवासियों द्वारा बसाया हुआ मिलता है (देखें– Robert E. Park, Ernest Burgess and Roderick D. McKenzie (eds.), **The City**, 1925; Mark Gottdiener, **The Social Production of Urban Space**, 1985) ।

Zoroastrianism (ज़ॉरो'ऐस्ट्रिअ निज़्म्) **ज़रदुश्त :** वर्तमान ईरान में ईसापूर्व छठी शताब्दी में ज़रदुश्त (Zarathustra, Zartosht or Zoroaster) द्वारा प्रवर्तित धर्म । दर्शन के इतिहास में इस धर्म से सम्बन्धित विचारधारा दो कारणों से महत्त्वपूर्ण है– (1) ज़रदुश्त धर्म का दृष्टिकोण नैतिक है, वह सारे विश्व को शुभ और अशुभ शक्तियों के संघर्ष का क्षेत्र समझता है । (2) ज़रदुश्त धर्म स्पष्ट रूप से द्वैतवादी है । इसके अनुसार, 'ओरमुज्द' या शुभ तत्त्व और 'अहरिमन' या अशुभ तत्त्व दोनों अनादि और अनन्त हैं । इस द्वैतवाद ने इस्लामी दर्शन पर गहरा प्रभाव डाला और जब अरब विचारधारा यूरोप में पहुँची, तब ज़रदुश्त धारणाओं ने अप्रत्यक्ष रूप से पाश्चात्य दर्शन को भी कुछ हद तक प्रभावित किया ।

प्रमुख समाजविज्ञानियों, दार्शनिकों एवं अन्य चिन्तकों की सूची

भारत में आधुनिक शिक्षा का प्रचार-प्रसार अँगरेज़ी हुकूमत के दौरान हुआ, जिसका प्रभाव आज भी देखा जा सकता है । हमारी वैज्ञानिक खोजबीन की जानकारी व चिन्तन का मुख्य माध्यम अँगरेजी भाषा ने ले लिया है । शायद यही कारण है कि हिन्दी माध्यम से पठन-पाठन करने वाले लोग अपनी पाठ्य-पुस्तकों में पाये जाने वाले सभी पाश्चात्य नामों को प्राय: ब्रिटिश या अमरीकी समझ बैठते हैं । यह समस्या काफी गंभीर है । अत: यहाँ वैसे तमाम समाजविज्ञानियों, दार्शनिकों एवं अन्य चिन्तकों की सूची के साथ-साथ उनकी जन्मभूमि व कर्मभूमि को भी दर्शाया जा रहा है, जिनका इस पुस्तक में किसी-न-किसी रूप में उल्लेख हुआ है । साथ ही पाठकों को इस प्रकार की सूची से यह भी जानकारी प्राप्त हो सकेगी कि विभिन्न समस्याओं पर किन-किन देशों में समाजशास्त्रीय परिप्रेक्ष्य में विचार करने का प्रयास किया गया है या किया जा रहा है । इस सूची को सामाजिक समस्याओं पर विचार करने वाले विद्वानों की अन्तिम सूची के रूप में नहीं देखा जाना चाहिए; क्योंकि अधिकांश कार्यरत जीवित लोगों को छोड़ दिया गया है । सभी को यहाँ शामिल करना न ज़रूरी है और न ही संभव ।

इस सूची को देखने से यह स्वत: स्पष्ट हो जाता है कि समाजशास्त्र के क्षेत्र में अमरीकी विद्वानों का योगदान सापेक्षिक रूप से सबसे अधिक रहा है । यूरोपीय देशों, जैसे– फ्रांस, ब्रिटेन एवं जर्मनी का स्थान अमरीका के बाद ही आता है । यहाँ यह भी स्पष्ट होता है कि समाजशास्त्र का विकास अन्य देशों की तुलना में इन देशों में काफी अधिक हुआ है । समाजशास्त्र की पुस्तकों में जितने भी पाश्चात्य नाम आते हैं, उन सबों को पाठक प्राय: समाजशास्त्री मान लेते हैं । यदि कतिपय दार्शनिकों, साहित्यकारों, अर्थशास्त्रियों, जीववैज्ञानिकों व गणितज्ञों ने सामाजिक समस्याओं पर कुछ बहुमूल्य विचार प्रकट किया है, तो उससे वे पेशेवर समाजशास्त्री की श्रेणी में नहीं चले आते हैं । भारत में मानवशास्त्रियों को तो अक्सर समाजशास्त्री मान लिया जाता है, जबकि मानवशास्त्री समाजशास्त्री को मानवशास्त्री मानने की कभी कोशिश नहीं करते हैं । इन्हीं बातों के मद्देनजर इस सूची में विशिष्ट विद्वानों के प्रमुख विषय-क्षेत्र को दर्शाया गया है। जिन लोगों के नाम के सामने मृत्यु का वर्ष रिक्त है, उन्हें 2008 तक जीवित माना जाना चाहिए ।

नाम	**जन्म**	**मृत्यु**	**जन्मभूमि/कर्मभूमि**	**विषय-क्षेत्र**
A				
Aberle, David	1918	2004	कनाडा	मानवशास्त्र
Abrams, Philip	1933	1981	ब्रिटेन	समाजशास्त्र
Addams, Jane	1860	1935	अमरीका	सामाजिक कार्य, समाजशास्त्र
Adorno, Theodor Wiesengrund	1903	1969	जर्मनी, अमरीका	दर्शनशास्त्र, समाजशास्त्र
Allport, Gordon W.	1897	1967	अमरीका	मनोविज्ञान
Almond, Gabriel	1911	2002	अमरीका	राजनीतिशास्त्र, समाजशास्त्र
Althusser, Louis	1918	1990	अल्जीरिया, फ्रांस	दर्शनशास्त्र, राजनीतिशास्त्र, अर्थशास्त्र
Aquinas, St. Thomas	1225	1274	इटली	दर्शनशास्त्र

Ardrey, Robert	1908	1980	अमरीका	नाटककार, मानवशास्त्र
Arendt, Hannah	1906	1975	जर्मनी, अमरीका	दर्शनशास्त्र, राजनीतिशास्त्र
Aron, Raymond	1905	1983	फ्रांस	दर्शनशास्त्र, समाजशास्त्र
Aubert, Vilhelm	1922	1988	नॉर्वे	समाजशास्त्र

B

Bachelard, Gaston	1896	1962	फ्रांस	दर्शनशास्त्र
Bagehot, Walter	1826	1877	ब्रिटेन	अर्थशास्त्र, पत्रकारिता
Balch, Emily Greene	1867	1961	अमरीका	अर्थशास्त्र, समाजशास्त्र
Bales, Robert F.	1916	2004	अमरीका	मनोविज्ञान
Barnard, Chester I.	1886	1961	अमरीका	समाजशास्त्र
Barthes, Roland	1915	1980	फ्रांस	समाजशास्त्र, साहित्य
Bateson, Gregory	1904	1980	अमरीका	सायबरनेटिक्स, मानवशास्त्र
Baudrillard, Jean	1929	2007	फ्रांस	दर्शनशास्त्र, समाजशास्त्र
Beals, Ralph L.	1901	1985	अमरीका	मानवशास्त्र
Beauroir, Simonede	1908	1986	फ्रांस	दर्शनशास्त्र, समाजशास्त्र
Becker, Howard S.	1928	—	अमरीका	समाजशास्त्र
Behrendt, Richard F.	1908	1973	जर्मनी	समाजशास्त्र
Bell, Daniel	1919	—	अमरीका	समाजशास्त्र
Bellah, Robert	1927	—	अमरीका	समाजशास्त्र
Bendix, Reinhard	1916	1991	जर्मनी, अमरीका	समाजशास्त्र
Benedict, Ruth Fulton	1887	1949	अमरीका	मानवशास्त्र
Benjamin, Walter	1892	1940	जर्मनी	साहित्य, दर्शनशास्त्र
Bentham, Jeremy	1748	1832	ब्रिटेन	दर्शनशास्त्र
Berger, Peter	1929	—	ऑस्ट्रिया, अमरीका	समाजशास्त्र
Bergson, Henri	1859	1941	फ्रांस	दर्शनशास्त्र
Bernard, Jessie	1903	1996	अमरीका	समाजशास्त्र
Bernstein, Basil	1924	2000	ब्रिटेन	समाजशास्त्र
Bernstein, Edward	1850	1932	जर्मनी	राजनीतिशास्त्र
Beveridge, William Henry	1879	1963	भारत, ब्रिटेन	अर्थशास्त्र, समाजसुधार
Bierstedt, Robert	1913	1998	अमरीका	समाजशास्त्र
Binet, Alfred	1857	1911	फ्रांस	मानवशास्त्र
Bion, Wilfred	1897	1979	ब्रिटेन, अमरीका	मनोविज्ञान
Blau, Peter M.	1918	2002	ऑस्ट्रिया, अमरीका	समाजशास्त्र

Bloch, Marc	1886	1944	फ्रांस	इतिहास
Blumer, Herbert	1900	1987	अमरीका	समाजशास्त्र
Boas, Franz	1858	1942	जर्मनी, अमरीका	मानवशास्त्र
Bodin, Jean	1530	1596	फ्रांस, कनाडा	दर्शनशास्त्र
Bogardus, Emory S.	1882	1973	अमरीका	समाजशास्त्र
Bonald , Louis de	1754	1840	फ्रांस	दर्शनशास्त्र
Booth, Charles James	1840	1916	ब्रिटेन	व्यापार, सांख्यिकी
Bottomore, Thomas B.	1920	1992	ब्रिटेन, कनाडा	समाजशास्त्र
Bourdieu, Pierre	1930	2002	फ्रांस	समाजशास्त्र
Bowlby, John E.	1907	1990	ब्रिटेन	मनोविज्ञान
Braudel, Fernand	1902	1985	फ्रांस	इतिहास, अर्थशास्त्र, समाजशास्त्र
Broca, P. Paul	1824	1880	फ्रांस	चिकित्सा, मानवशास्त्र
Burgess, Ernest W.	1886	1966	कनाडा, अमरीका	समाजशास्त्र

C

Castells, Manuel	1942	—	स्पेन, फ्रांस, अमरीका	समाजशास्त्र
Castoriadis, Cornelius	1922	1997	ग्रीस	दर्शनशास्त्र, राजनीतिशास्त्र
Chapin, Stuart	1888	1974	अमरीका	समाजशास्त्र
Chase, Stuart	1888	1985	अमरीका	अर्थशास्त्र
Childe, V. Gordon	1892	1957	ऑस्ट्रेलिया, ब्रिटेन	पुरातत्त्वशास्त्र
Chomsky, Avsam Noam	1928	—	अमरीका	भाषाविज्ञान
Claessens, Dieter	1921	1997	जर्मनी	समाजशास्त्र
Cloward, Richard	1926	2001	अमरीका	समाजशास्त्र
Cohen, Percy S.	1928	1999	ब्रिटेन	मानवशास्त्र, समाजशास्त्र
Cohn, Bernard S.	1928	2003	अमरीका	समाजशास्त्र, मानवशास्त्र
Cole, George Douglas Howard	1889	1959	ब्रिटेन	राजनीतिशास्त्र, अर्थशास्त्र, इतिहास
Coleman, James S.	1926	1995	अमरीका	समाजशास्त्र
Collins, Randall	1941	—	अमरीका	समाजशास्त्र
Comte, Auguste Marie Francois Xavier	1798	1857	फ्रांस	दर्शनशास्त्र
Condorcet, Marie-Jean-Antoine Nicolas de Caritat, Marguis de	1743	1794	फ्रांस	दर्शनशास्त्र
Cooley, Charles Horton	1864	1929	अमरीका	मनोविज्ञान, समाजशास्त्र

Coolidge, Mary E. B. R. S.	1860	1945	अमरीका	समाजशास्त्र
Coser, Lewis A.	1913	2003	जर्मनी, अमरीका	समाजशास्त्र
Coser, Rose Laub	1916	1994	अमरीका	दर्शनशास्त्र, समाजशास्त्र
Coste, Adolphe	1842	1901	फ्रांस	समाजशास्त्र
Czarnowski, Stefan	1879	1937	पोलैंड	समाजशास्त्र

D

Dahl, Robert	1915	—	अमरीका	राजनीतिशास्त्र
Dahrendorf, Ralf	1929	—	जर्मनी, ब्रिटेन	समाजशास्त्र
Danilevsky, Nikolai	1822	1885	रूस	दर्शनशास्त्र
Darwin, Charles	1809	1882	ब्रिटेन	जीवविज्ञान
Davis, Kingsley	1908	1997	अमरीका	समाजशास्त्र
Davy, Georges	1883	1976	फ्रांस	समाजशास्त्र
de Beauvoir, Simone	1908	1986	फ्रांस	दर्शनशास्त्र, साहित्य
Deleuze, Gilles	1925	1995	फ्रांस	दर्शनशास्त्र
Derrida, Jacques	1930	2004	अल्जीरिया, फ्रांस	दर्शनशास्त्र
Descartes, René	1596	1650	फ्रांस	दर्शनशास्त्र, गणित
Dewey, John	1859	1952	अमरीका	दर्शनशास्त्र, मनोविज्ञान
Dilthey, Wilhelm	1833	1911	जर्मनी	दर्शनशास्त्र, इतिहास
Dinitz, Simon	1926	2007	अमरीका	समाजशास्त्र, मनोविज्ञान
Dore, Ronald P.	1925	—	ब्रिटेन	मानवशास्त्र
Dreitzel, Hans Peter	1935	—	जर्मनी	समाजशास्त्र
DuBois, W.E.B	1868	1963	अफ्रीका, अमरीका	समाजशास्त्र
Dumont, Louis	1911	1998	फ्रांस	मानवशास्त्र
Duncan, Otis Dudely	1921	2004	अमरीका	समाजशास्त्र
Durkheim, Émile	1858	1917	फ्रांस	समाजशास्त्र

E

Eisenstadt, Shmuel N.	1923	—	इस्त्रायल, अमरीका, ब्रिटेन	समाजशास्त्र
Elias, Norbert	1897	1990	जर्मनी, ब्रिटेन, घाना	समाजशास्त्र
Engles, Friedrich	1820	1895	जर्मनी, ब्रिटेन	समाजवादी, राजनीति
Erikson, Erik H.	1902	1994	जर्मनी	मनोविज्ञान
Etzioni, Amtai	1929	—	जर्मनी, अमरीका	समाजशास्त्र
Evans-Pritchard, Edward Evan	1902	1973	ब्रिटेन	मानवशास्त्र

Eysenck, Hans Jürgen	1916	1997	जर्मनी, फ्रांस, ब्रिटेन	मनोविज्ञान

F

Fauconnet, Paul	1874	1938	फ्रांस	समाजशास्त्र
Fei Xiaotong	1910	2005	चीन	मानवशास्त्र, समाजशास्त्र
Ferguson, Adam	1723	1816	ब्रिटेन (स्कॉटलैंड)	दर्शनशास्त्र
Festinger, Leo	1919	1989	अमरीका	मनोविज्ञान
Feyerabend, Paul Karl	1924	1994	ऑस्ट्रिया, अमरीका	दर्शनशास्त्र
Fortes, Meyer	1906	1983	दक्षिण अफ्रिका ब्रिटेन	मानवशास्त्र
Foucault, Michel	1926	1984	फ्रांस	दर्शनशास्त्र
Frank, Andre Gunder	1929	2005	जर्मनी, अमरीका	इतिहास, समाजशास्त्र
Frazer, James George	1851	1941	ब्रिटेन	मानवशास्त्र
Frazier, Edward Franklin	1894	1962	अमरीका	समाजशास्त्र
Freud, Sigmund	1856	1939	ऑस्ट्रिया	मनोविज्ञान
Freyer, Hans	1887	1969	जर्मनी	समाजशास्त्र, दर्शनशास्त्र
Friedmann, Georges	1902	1977	फ्रांस	समाजशास्त्र
Fromm, Erich	1900	1980	जर्मनी, अमरीका	मनोविज्ञान
Fukuyama, Francis	1952	—	अमरीका	समाजशास्त्र, दर्शनशास्त्र

G

Gadamer, Hans-Georg	1900	2002	जर्मनी	दर्शनशास्त्र, इतिहास
Galbraith, J. K.	1908	2006	अमरीका	अर्थशास्त्र
Galton, Francis	1822	1911	ब्रिटेन	सांख्यिकी
Gandhi, M. K.	1869	1948	भारत	कानून, राजनीति
Gans, Herbert	1927	—	अमरीका	समाजशास्त्र
Garfinkel, Harold	1917	—	अमरीका	समाजशास्त्र
Geddes, Patrick	1854	1932	ब्रिटेन (स्कॉटलैंड), भारत	समाजशास्त्र, जीवविज्ञान
Gehlen, Arnold	1904	1976	जर्मनी	दर्शनशास्त्र, समाजशास्त्र
Geiger, Theodor	1891	1952	जर्मनी, डेनमार्क	समाजशास्त्र
Gellner, Ernest	1925	1995	चेक, ब्रिटेन	मानवशास्त्र, दर्शनशास्त्र
Ghurye, G. S.	1893	1983	भारत	मानवशास्त्र, समाजशास्त्र
Giddens, Anthony	1938	—	ब्रिटेन	समाजशास्त्र
Giddings, Franklin Henry	1855	1931	अमरीका	समाजशास्त्र
Gilman, Charlotte Perkins	1860	1935	अमरीका	समाजशास्त्र, साहित्य, राजनीति
Gini, Corrado	1884	1965	इटली	सांख्यिकी

Ginsberg, Morris	1889	1970	ब्रिटेन	समाजशास्त्र
Glass (nee Durant), Ruth	1912	1990	ब्रिटेन	समाजशास्त्र
Glass, David V.	1911	1978	ब्रिटेन	समाजशास्त्र
Gluckman, Max	1911	1975	दक्षिण अफ्रीका, ब्रिटेन	मानवशास्त्र
Goffman, Erving	1922	1982	कनाडा, अमरीका	समाजशास्त्र
Goldenweiser, Alexander	1880	1940	यूक्रेन, अमरीका	मानवशास्त्र, समाजशास्त्र
Goldmann, Lucien	1913	1970	बेल्जियम	दर्शनशास्त्र, साहित्य
Goldthorpe, John H.	1935	—	ब्रिटेन	समाजशास्त्र
Goring, C. B.	1870	1919	ब्रिटेन	अपराधशास्त्र
Gough, Kathleen	1925	1990	ब्रिटेन, कनाडा	मानवशास्त्र
Gouldner, Alvin Ward	1920	1981	अमरीका	समाजशास्त्र
Gramsci, Antonio	1891	1937	इटली	राजनीति
Gumplowicz, Ludwig	1838	1909	पोलैंड, ऑस्ट्रिया	समाजशास्त्र
Gurvitch, Georges	1894	1965	रूस, फ्रांस	समाजशास्त्र
Guttman, L.	1916	1987	इस्त्रायल, अमरीका	मनोविज्ञान

H

Habermas, Jürgen	1929	—	जर्मनी	दर्शनशास्त्र, समाजशास्त्र
Hadden, Jeffrey K.	1937	2003	अमरीका	समाजशास्त्र
Halbwachs, Maurice	1877	1945	फ्रांस	दर्शनशास्त्र, समाजशास्त्र
Halsey, A. H.	1923	—	ब्रिटेन	समाजशास्त्र
Hauser, P. M.	1909	1994	अमरीका	समाजशास्त्र
Hayek, Friedrich A.	1900	1992	ऑस्ट्रिया, ब्रिटेन, अमरीका	अर्थशास्त्र
Hegel, Georg Wilhelm Friedrich	1770	1831	जर्मनी	दर्शनशास्त्र
Heidegger, Martin	1889	1976	जर्मनी	दर्शनशास्त्र
Heider, Fritz	1896	1988	ऑस्ट्रिया, जर्मनी, अमरीका	मनोविज्ञान
Herskovitz, Melville Jean	1895	1963	अमरीका	मानवशास्त्र
Hiller, E. Theodore	1883	1966	अमरीका	समाजशास्त्र
Hirst, Paul	1947	2003	ब्रिटेन	समाजशास्त्र
Hobbes, Thomas	1588	1679	ब्रिटेन	दर्शनशास्त्र
Hobhouse, Leonard Trelawncy	1864	1929	ब्रिटेन	दर्शनशास्त्र, समाजशास्त्र
Hoebel, E. Adamson	1906	1993	अमरीका	मानवशास्त्र
Hoijer, Harry	1904	1976	अमरीका	मानवशास्त्र

Homans, George C.	1910	1989	अमरीका	समाजशास्त्र
Horkheimer, Max	1895	1973	जर्मनी	समाजशास्त्र, दर्शनशास्त्र
Hoselitz, Bert F.	1913	1995	ऑस्ट्रिया, अमरीका	अर्थशास्त्र
Hotelling, Harold	1895	1973	अमरीका	सांख्यिकी, अर्थशास्त्र
Huber, Joan	1925	—	अमरीका	समाजशास्त्र
Hughes, Helen MacGill	1903	—	अमरीका	समाजशास्त्र
Hume, David	1711	1776	ब्रिटेन (स्कॉटलैंड)	दर्शनशास्त्र, इतिहास
Husserl, Edmund	1859	1938	जर्मनी	दर्शनशास्त्र, समाजशास्त्र
Huxley, Aldous	1894	1963	ब्रिटेन, अमरीका	साहित्य, दर्शनशास्त्र
Hyman, Herbert	1918	1985	अमरीका	समाजशास्त्र

I

Innis, Harold Adams	1894	1952	कनाडा	अर्थशास्त्र, राजनीतिशास्त्र

J

Jacobson, Roman Osipovic	1896	1982	रूस	भाषाविज्ञान
Jahoda, Marie	1907	2001	अमरीका	मनोविज्ञान
James, William	1842	1910	अमरीका	दर्शनशास्त्र
Jameson, F.	1934	—	अमरीका	दर्शनशास्त्र, समाजशास्त्र
Janourtz, Morris	1919	1988	अमरीका	समाजशास्त्र
Jones, Lewis Wade	1910	1979	अफ्रीका, अमरीका	समाजशास्त्र, शिक्षाशास्त्र
Jung, Carl Gustav	1875	1961	स्वीट्ज़रलैंड	मनोविज्ञान

K

Kant, Immanuel	1724	1804	जर्मनी	दर्शनशास्त्र
Kardiner, Abraham	1891	1981	अमरीका	मानवशास्त्र, मनोविज्ञान
Katz, Daniel	1903	1998	अमरीका	मनोविज्ञान
Kautsky, Karl	1854	1938	जर्मनी	राजनीति
Keller, Fred S.	1899	1996	अमरीका	मनोविज्ञान
Kelly, George Alexander	1905	1967	अमरीका	मनोविज्ञान
Keynes, John Maynard	1883	1946	ब्रिटेन	अर्थशास्त्र
Khaldun, A. R. Ibn	1332	1406	ट्यूनिशिया, मिश्र	इतिहास, समाजशास्त्र
Kidd, Benjamin	1858	1916	आयरलैंड, ब्रिटेन	समाजशास्त्र

Kinsey, Alfred	1894	1956	अमरीका	जन्तुविज्ञान
Klein, Melanie	1882	1960	ऑस्ट्रिया, ब्रिटेन	मनोविज्ञान
Klein, Viola	1908	1973	ऑस्ट्रिया, इंग्लैंड	दर्शनशास्त्र, नारीअधिकारवाद
Kluckhohn, Clyde	1905	1960	अमरीका	मानवशास्त्र
Kollontai, Alexandra	1872	1952	रूस	समाजशास्त्र, नारीअधिकारवाद
Kroeber, Alfred Lewis	1876	1960	अमरीका	मानवशास्त्र
Kropotkin, Peter	1842	1921	रूस	दर्शनशास्त्र
Kuhn, Manford	1911	1963	अमरीका	समाजशास्त्र
Kuhn, Thomas S.	1922	1996	अमरीका	भौतिकशास्त्र, दर्शनशास्त्र
Kuznets, Simon	1901	1985	अमरीका	समाजशास्त्र

L

Lacan, Jacques	1901	1981	फ्रांस	मनोविज्ञान
Laing, R. D.	1927	1889	ब्रिटेन	मनोविज्ञान
Lamarck, Jean Baptiste de	1744	1829	फ्रांस	जन्तुविज्ञान
Landes, David S.	1924	—	अमरीका	अर्थशास्त्र
Lasch, Christopher	1932	1994	अमरीका	इतिहास
Laslett, Peter	1915	2001	ब्रिटेन	इतिहास
Lazarsfeld, Paul F.	1901	1976	ऑस्ट्रिया, अमरीका	समाजशास्त्र
Le Play, P. Frederic Guillaume Frederic	1806	1882	फ्रांस	अभियान्त्रिक, समाजशास्त्र, अर्थशास्त्र
Leach, Edmund R.	1910	1989	ब्रिटेन	मानवशास्त्र
Lefebvre, Henri	1901	1991	फ्रांस	दर्शनशास्त्र
Lemert, Charles	1937	—	अमरीका	समाजशास्त्र
Lemert, Edwin	1912	1996	अमरीका	समाजशास्त्र, मानवशास्त्र
Lenin, Vladimir Ilyich Ulyanov	1870	1924	रूस	राजनीति, दर्शनशास्त्र
Lenski, Gerhard	1924	—	अमरीका	समाजशास्त्र
Lévi-Strauss, Claude	1908	—	फ्रांस	मानवशास्त्र
Levitan, Sar A.	1915	1994	लिथुआनिया, अमरीका	अर्थशास्त्र
Levy, Marion J.	1918	2002	अमरीका	समाजशास्त्र
Lévy-Bruhl, Lucien	1857	1939	फ्रांस	दर्शनशास्त्र, समाजशास्त्र
Lewin, Kurt	1890	1947	जर्मनी, अमरीका	मनोविज्ञान
Lewis, Oscar	1914	1970	अमरीका	मानवशास्त्र

Likert, R.	1903	1981	अमरीका	मनोविज्ञान
Linton, Ralph	1893	1953	अमरीका	मानवशास्त्र
Lipset, Seymour Martin	1922	—	अमरीका	समाजशास्त्र
Locke, John	1632	1702	ब्रिटेन	दर्शनशास्त्र
Lockwood, David	1929	—	अमरीका	समाजशास्त्र
Lombroso, Cesare	1836	1909	इटली	अपराधविज्ञान
Lopata, Helen Znaniecki	1925	—	अमरीका	समाजशास्त्र
Lowie, Robert H.	1883	1957	अमरीका	मानवशास्त्र
Luckmann, Thomas	1927	—	स्लोविनिया, जर्मनी	समाजशास्त्र
Luckmann, Niklas	1927	1998	स्लोविनिया, जर्मनी	समाजशास्त्र
Lukacs, Gyorgy	1885	1971	हंगरी	दर्शनशास्त्र, राजनीति
Lundberg, George	1895	1966	अमरीका	समाजशास्त्र
Luxemberg, Rosa	1870	1919	पोलैंड, जर्मनी	राजनीति, दर्शनशास्त्र
Lynd, Helen Merrell	1896	1982	अमरीका	मानवशास्त्र
Lynd, Robert Staughton	1892	1970	अमरीका	समाजशास्त्र
Lyotard, Jean-François	1924	1998	फ्रांस	दर्शनशास्त्र

M

Machiavelli, Niccolo	1469	1527	इटली	दर्शनशास्त्र, राजनीति
MacIver, Robert M.	1882	1970	ब्रिटेन (स्कॉटलैंड), अमरीका	समाजशास्त्र
Maine, Henry James Sumner	1822	1888	ब्रिटेन	मानवशास्त्र, कानून
Maistre, Joseph de	1753	1821	फ्रांस	दर्शनशास्त्र
Malinowski, Bronislaw Kaspar	1884	1942	पोलैंड, ब्रिटेन	मानवशास्त्र
Malthus, Thomas Robert	1766	1834	ब्रिटेन	अर्थशास्त्र, जनांकिकी
Mandelbaum, David	1977	1987	अमरीका	मानवशास्त्र
Mann, Michael	1942	—	ब्रिटेन	समाजशास्त्र, इतिहास
Mannheim, Hermann	1889	1974	हंगरी, जर्मनी, अमरीका	समाजशास्त्र
Mannheim, Karl	1893	1947	हंगरी, ब्रिटेन	समाजशास्त्र, इतिहास
Mao, Ze-Dong	1893	1976	चीन	राजनीति
Marcuse, Herbert	1898	1979	जर्मनी, अमरीका	दर्शनशास्त्र
Marshall, Alfred	1842	1924	ब्रिटेन	अर्थशास्त्र
Marshall, Thomas H.	1873	1982	ब्रिटेन	इतिहास, समाजशास्त्र

Martineau, Harriet	1802	1876	ब्रिटेन, अमरीका	समाजशास्त्र
Marx, Karl	1818	1883	जर्मनी	दर्शनशास्त्र, कानून, अर्थशास्त्र, समाजशास्त्र
Maslow, Abraham H.	1908	1970	अमरीका	मनोविज्ञान
Mauss, Marcel	1872	1950	फ्रांस	दर्शनशास्त्र, मानवशास्त्र
Mayo, Elton	1880	1949	ऑस्ट्रेलिया, अमरीका	मानवशास्त्र
McClelland, David C.	1917	1998	अमरीका	मनोविज्ञान
McKenzie, Robert	1917	1981	कनाडा	राजनीतिशास्त्र, मानवशास्त्र
McLuhan, Herbert Marshall	1911	1980	कनाडा	साहित्य, दर्शनशास्त्र
Mead, George Herbert	1863	1931	अमरीका	मनोविज्ञान, समाजशास्त्र, दर्शनशास्त्र
Mead, Margaret	1901	1978	अमरीका	मानवशास्त्र
Merleau-Ponty, Maurice	1905	1961	फ्रांस	दर्शनशास्त्र, समाजशास्त्र
Merton, Robert K.	1910	2003	अमरीका	समाजशास्त्र
Michels, Robert	1876	1936	जर्मनी, इटली	समाजशास्त्र, इतिहास, अर्थशास्त्र
Mill, John Stuart	1806	1873	ब्रिटेन	दर्शनशास्त्र, अर्थशास्त्र
Millar, John	1735	1801	ब्रिटेन (स्कॉटलैंड)	दर्शनशास्त्र, समाजशास्त्र
Mills, Charles Wright	1916	1962	अमरीका	समाजशास्त्र
Mitchell, J. Clyde	1918	1995	ब्रिटेन	समाजशास्त्र, मानवशास्त्र
Montesquieu, Charles L. S. Baron de	1689	1755	फ्रांस	दर्शनशास्त्र, कानून, इतिहास
Moore, Barrington Jr.	1913	2005	अमरीका	समाजशास्त्र
Moore, Wilbert E.	1914	1987	अमरीका	समाजशास्त्र
More, Thomas	1478	1535	ब्रिटेन	राजनीति, दर्शनशास्त्र
Moreno, Jacob L.	1889	1974	ऑस्ट्रिया, अमरीका	मनोविज्ञान
Morgan, Lewis Henry	1818	1881	अमरीका	मानवशास्त्र
Mosca, Gaetano	1858	1941	इटली	राजनीति
Moynihan, Daniel	1927	2003	अमरीका	समाजशास्त्र, राजनीति
Müller, Max	1823	1900	जर्मनी	साहित्य, धर्म
Mumford, Lewis	1895	1990	अमरीका	समाजशास्त्र, इतिहास
Murdock, G. P.	1897	1985	अमरीका	मानवशास्त्र
Myrdal, Alva Reimer	1902	1986	स्वीडन	समाजशास्त्र, राजनीतिशास्त्र, अर्थशास्त्र
Myrdal, Karl Gunnar	1898	1987	स्वीडन	अर्थशास्त्र

N

Nadel, Siegfried Fredrick	1903	1956	ऑस्ट्रिया, ब्रिटेन	मनोविज्ञान, दर्शनशास्त्र, मानवशास्त्र
Newcomb, T. M.	1903	1984	अमरीका	मनोविज्ञान
Niebuhr, H. Richard	1894	1926	अमरीका	धर्मशास्त्र
Nietzsche, Friedrich W.	1844	1900	जर्मनी	दर्शनशास्त्र
Nisbet, Robert. A.	1913	1996	अमरीका	समाजशास्त्र
Novicow, Jacques	1849	1912	रूस, फ्रांस	समाजशास्त्र

O

Oakley, Ann	1944	—	ब्रिटेन	समाजशास्त्र, नारीअधिकारवाद
Ogburn, William Fielding	1886	1959	अमरीका	समाजशास्त्र
Opler, Morris E.	1907	1996	अमरीका	मानवशास्त्र
Oppenheimer, Franz	1864	1943	जर्मनी	समाजशास्त्र, राजनीतिशास्त्र अर्थशास्त्र
Ossowski, Stanislaw	1897	1963	पोलैंड	दर्शनशास्त्र, समाजशास्त्र

P

Paine, Thomas	1737	1809	ब्रिटेन, अमरीका	राजनीति
Pareto, Vilfredo Federico Damaso	1848	1923	फ्रांस, इटली	अभियान्त्रिक, अर्थशास्त्र, समाजशास्त्र
Park, Robert Ezra	1864	1944	अमरीका	समाजशास्त्र
Parsons, Talcott	1902	1979	अमरीका	समाजशास्त्र
Pavlov, Ivan P.	1849	1936	रूस	शरीरविज्ञान, मनोविज्ञान
Pearl, Raymond	1879	1940	ब्रिटेन, अमरीका	जीवविज्ञान
Pearson, Karl	1857	1936	ब्रिटेन	सांख्यिकी
Peirce, Charles Sanders	1839	1914	अमरीका	दर्शनशास्त्र, भाषाविज्ञान
Piaget, Jean	1897	1980	फ्रांस, स्वीट्ज़रलैंड	मनोविज्ञान
Pitt-Rivers, A Lane-Fox	1827	1900	ब्रिटेन	पुरातत्त्वशास्त्र, मानवशास्त्र
Polanyi, Karl	1886	1964	हंगरी, ऑस्ट्रिया	इतिहास, अर्थशास्त्र
Popper, Karl Raimund	1902	1994	ऑस्ट्रिया, ब्रिटेन, न्यूजीलैंड	दर्शनशास्त्र
Poulantzas, Nicos	1936	1979	ग्रीस, फ्रांस	दर्शनशास्त्र, समाजशास्त्र
Proudhon, Pierre-Joseph	1809	1865	फ्रांस	दर्शनशास्त्र, दर्शनशास्त्र

Q

Quetelet, Lambert Adolphe Jacques	1796	1874	बेल्जियम	सांख्यिकी

R

Radcliffe-Brown, Alfred Reginald	1881	1955	ब्रिटेन, अमरीका, ऑस्ट्रेलिया	मानवशास्त्र
Ratzenhofer, Gustav	1842	1904	ऑस्ट्रिया	सैन्य, दर्शनशास्त्र, समाजशास्त्र
Redfield, Robert	1897	1958	अमरीका	मनवशास्त्र
Reich, Wilhelm	1897	1957	अमरीका	मनोविज्ञान
Rex, John	1928	—	दक्षिण अफ्रिका, ब्रिटेन	समाजशास्त्र
Ricardo, David	1772	1823	ब्रिटेन	अर्थशास्त्र
Rickert, Heinrich	1863	1936	जर्मनी	दर्शनशास्त्र
Riesman, David	1909	2002	अमरीका	समाजशास्त्र
Riley, Matilda White	1911	2004	अमरीका	समाजशास्त्र
Risley, Herbert Hope	1851	1911	ब्रिटेन, भारत	मानवशास्त्र, लोकसेवा
Ritzer, George	1940	—	अमरीका	समाजशास्त्र
Rokeach, Milton	1918	1988	अमरीका	मनोविज्ञान
Rorschach, Hermann	1884	1922	स्वीट्ज़रलैंड	मनोविज्ञान
Rose, Arnold M.	1918	1968	अमरीका	समाजशास्त्र
Ross, Edward Alsworth	1886	1951	अमरीका	समाजशास्त्र
Rossi, Alice S.	1922	—	अमरीका	समाजशास्त्र
Rostow, W. W.	1916	2003	अमरीका	अर्थशास्त्र
Rousseau, Jean-Jacques	1712	1778	फ्रांस	दर्शनशास्त्र
Rowntree, Benjamin Seebohm	1871	1954	ब्रिटेन, अमरीका	समाजशास्त्र, प्रबन्धन
Russell, Bertrand	1872	1970	ब्रिटेन	दर्शनशास्त्र, गणित, इतिहास
Rustow, Dankwart A.	1925	1996	जर्मनी, अमरीका	समाजशास्त्र, राजनीतिशास्त्र

S

Saint-Simon, Claude-Henri de R., Comte de	1760	1825	फ्रांस	दर्शनशास्त्र, राजनीति
Sapir, Edward	1884	1939	रूस, अमरीका	मानवशास्त्र
Sartre, Jean-Paul	1905	1980	फ्रांस	दर्शनशास्त्र
Sassen, Saskia	1949	—	अमरीका	समाजशास्त्र
Saussure, Ferdinand de	1857	1913	स्वीट्ज़रलैंड	भाषाविज्ञान
Schaffle, Albert E. Friedrich	1831	1903	जर्मनी	अर्थशास्त्र, राजनीति

Scheler, Max	1874	1928	जर्मनी	दर्शनशास्त्र
Schorske, Carl E.	1915	—	अमरीका	इतिहास
Schumpeter, Joseph	1883	1950	जर्मनी, अमरीका	इतिहास, अर्थशास्त्र, समाजशास्त्र
Schutz, Alfred	1899	1959	ऑस्ट्रिया, फ्रांस, अमरीका	दर्शनशास्त्र, समाजशास्त्र
Shaw, Clifford	1896	1957	अमरीका	समाजशास्त्र
Sheldon, William Herbert	1898	1977	अमरीका	मनोविज्ञान, मानवशास्त्र
Sherif, Muzafer	1906	1988	तुर्की, अमरीका	मनोविज्ञान
Shils, Eward Albert	1911	1995	ब्रिटेन, अमरीका	मनोविज्ञान
Simmel, Georg	1858	1918	जर्मनी, ब्रिटेन, अमरीका	समाजशास्त्र, दर्शनशास्त्र
Singer, Milton	1912	1994	पोलैंड, अमरीका	मानवशास्त्र
Small, Albion Woodbury	1854	1926	अमरीका	समाजशास्त्र
Smith, Adam	1723	1790	स्कॉटलैंड (ब्रिटेन)	दर्शनशास्त्र, अर्थशास्त्र
Smith, Dorothy E.	1926	—	ब्रिटेन, कनाडा	समाजशास्त्र
Sombart, Werner	1863	1941	जर्मनी	अर्थशास्त्र, समाजशास्त्र
Sorel, Georges	1847	1922	फ्रांस	अभियान्त्रिक, समाजशास्त्र, दर्शनशास्त्र
Sorokin, Pitirim Alexandrovich	1889	1968	रूस, अमरीका	समाजशास्त्र
Spencer, Herbert	1820	1903	ब्रिटेन	दर्शनशास्त्र, समाजशास्त्र
Spengler, Oswald	1880	1936	जर्मनी	इतिहास, दर्शनशास्त्र
Spinoza, Benedict de	1632	1677	पुर्तगाल, नीदरलैंड	दर्शनशास्त्र
Spiro, Melford Elliot	1920	—	अमरीका	मानवशास्त्र
Srinivas, M. N.	1916	1999	भारत	मानवशास्त्र, समाजशास्त्र
Stein, Burton	1926	1996	ब्रिटेन	इतिहास, धर्म
Steward, Julian H.	1902	1972	अमरीका	माानवशास्त्र, पुरातत्त्व-विज्ञान
Stone, Lawrence	1919	1999	ब्रिटेन, अमरीका	इतिहास
Stouffer, Samuel A.	1900	1960	अमरीका	समाजशास्त्र
Strange, Susan	1923	1998	ब्रिटेन	अर्थशास्त्र, राजनीतिशास्त्र
Strauss, Anselm L.	1916	1996	अमरीका	समाजशास्त्र
Sumner, William Graham	1840	1910	ब्रिटेन, अमरीका	अर्थशास्त्र, समाजशास्त्र
Sutherland, Edwin H.	1893	1950	अमरीका	समाजशास्त्र
Szasz, Thomas Stephen	1920	—	अमरीका	मनोविज्ञान

T

Taeuber, Irene B.	1906	1974	अमरीका	जनांनकिकी, समाजशास्त्र

Taft, Jessie	1882	1961	अमरीका	दर्शनशास्त्र, समाजशास्त्र
Tarde, Gabriel de	1843	1904	फ्रांस	मनोविज्ञान, समाजशास्त्र, अपराधशास्त्र
Tawney, Richard Henry	1880	1962	ब्रिटेन	अर्थशास्त्र, इतिहास
Taylor, Frederick Winslow	1856	1915	अमरीका	प्रबन्धन
Taylor, Ian	1944	2001	ब्रिटेन	समाजशास्त्र, अपराधशास्त्र
Thomas, Dorothy Swain	1899	1977	अमरीका	सांख्यिकी, जनांकिकी
Thomas, William Isaac	1863	1947	अमरीका	मनोविज्ञान, समाजशास्त्र
Thurstone, Louis Leon	1887	1955	अमरीका	मनोविज्ञान
Tilly, Charles	1929	—	अमरीका	समाजशास्त्र
Titmus, Richard Morris	1907	1972	ब्रिटेन	समाजशास्त्र
Tocqueville, Alexis Henri Maurice Clerel de	1805	1859	फ्रांस	समाजशास्त्र, इतिहास, राजनीति
Töennies, Ferdinand	1855	1936	जर्मनी	समाजशास्त्र
Toynbee, Arnold J.	1899	1975	ब्रिटेन	इतिहास
Troeltesch, Ernst	1885	1923	जर्मनी	दर्शनशास्त्र, समाजशास्त्र
Trotsky, Leon	1879	1940	रूस	राजनीति
Turgot, Anne-Robert-Jacques, Marquis	1727	1781	फ्रांस	अर्थशास्त्र, राजनीति
Turner, Victor	1920	1983	ब्रिटेन	मानवशास्त्र
Tylor, Edward Burnett	1832	1917	ब्रिटेन	मानवशास्त्र

V

Veblen, Thorstein Bunde	1857	1929	अमरीका	समाजशास्त्र, अर्थशास्त्र
Vico, Giambattista	1668	1744	इटली	दर्शनशास्त्र
Vierkandt, Albert	1867	1953	जर्मनी	समाजशास्त्र, मनोविज्ञान, दर्शनशास्त्र

W

Wallerstein, Immanuel	1930	—	अमरीका	समाजशास्त्र, इतिहास
Wallis, Roy	1945	1990	ब्रिटेन	समाजशास्त्र
Ward, Lester Frank	1841	1913	अमरीका	समाजशास्त्र, वनस्पतिशास्त्र
Warner, William Lloyd	1898	1970	अमरीका	समाजशास्त्र
Watson, John. B.	1878	1958	अमरीका	मनोविज्ञान
Webb, Beatrice	1858	1943	ब्रिटेन	सामाजिक कार्यकर्ता
Webb, Sydney James	1859	1947	ब्रिटेन	इतिहास, अर्थशास्त्र

Weber, Alfred	1868	1958	जर्मनी	अर्थशास्त्र
Weber, Max	1864	1920	जर्मनी	समाजशास्त्र
Weiner, Myron	1931	1999	अमरीका	राजनीतिशास्त्र
Westermarck, Edward Alexander	1862	1939	फ्रांस, फिनलैंड	मानवशास्त्र, दर्शनशास्त्र
Whyte, William H.	1917	1999	अमरीका	समाजशास्त्र, पत्रकारिता
Wiese, Leopold von	1876	1969	जर्मनी	समाजशास्त्र
Wilberforce, William	1759	1833	ब्रिटेन	राजनीति
Wilson, Bryan R.	1926	2004	ब्रिटेन	समाजशास्त्र
Wilson, William Julius	1935	—	अमरीका	समाजशास्त्र
Wirth, Louis	1897	1952	जर्मनी, अमरीका	समाजशास्त्र
Wittfogel, Karl	1896	NA	जर्मनी	समाजशास्त्र
Wittgenstein, Ludwing J. J.	1889	1951	ऑस्ट्रिया	दर्शनशास्त्र, समाजशास्त्र
Woodward, Joan	1916	1971	ब्रिटेन	समाजशास्त्र
Wootton, Barbara	1897	1988	ब्रिटेन	समाजशास्त्र
Worms, René	1869	1926	फ्रांस	अर्थशास्त्र, समाजशास्त्र
Wright, Erik Olin	1947	—	अमरीका	समाजशास्त्र
Wrong, Dennis, Hume	1923	—	अमरीका	समाजशास्त्र

Y

Yinger, J. Milton	1916	—	अमरीका	मानवशास्त्र, समाजशास्त्र
Young, Kimball	1893	1972	अमरीका	समाजशास्त्र

Z

Znaniecki, Florian	1882	1958	पोलैंड, अमरीका	समाजशास्त्र

विशिष्ट सन्दर्भ-ग्रन्थ सूची

Abercrombie, Nicholas, Stephen Hill and Bryan S. Turner, 2006, **The Penguin Dictionary of Sociology**, London: Penguin Books Ltd.

Barfield, Thomas (ed.), 1997, **The Dictionary of Anthropology**, Oxford: Blackwell.

Barnard, Alan, 2002, **Encyclopedia of Social and Cultural Anthropology** (Routledge World Reference), London: Routledge & Kegan Paul.

Black, John, 2003, **The Oxford Dictionary of Economics** (Oxford Paperback Reference), London: Oxford University Press.

Blackburn, Simon, 2007, **The Oxford Dictionary of Philosophy** (Oxford Paperback Reference), London: Oxford University Press.

Bullock, Allan and Oliver Stallybrass (eds.), 1977, **The Fontana Dictionary of Modern Thought**, London: Fontana Books.

Chaplin, J. P., 1985, **Dictionary of Psychology**, New York: Dell Publishing Co.

Christopher, Pass , Bryan Lowes and Leslie Davies, 1988, **Dictionary of Economics**, London: Collins.

Colman, Andrew, 2006, **A Dictionary of Psychology**, London: Oxford University Press.

Elljott, Florence, 1973, **A Dictionary of Politics**, London: Penguin Books Ltd.

Hanson, J. L., 1974, **Dictionary of Economics and Commerce**, London: ELBS.

Haupt, Arthur and Thomas T. Kane, 2004, **Population Handbook**, Washington, D.C.: Population Reference Bureau.

Johnson, Allan G., 2000, **The Blackwell Dictionary of Sociology**, New Delhi: Maya the Blackwell.

Mann, Michael, 1994, **Macmillan Student Encyclopedia of Sociology**, London: Macmillan Press Ltd.

Mitchell, Duncan G. (ed.), 1979, **A New Dictionary of Sociology**, London: Routledge & Kegan Paul.

Moore, W. G., 1973, **A Dictionary of Geography**, London: Penguin Books Ltd.

Nemmers, Erwin E., 1979, **Dictionary of Economics and Business**, New Jersey: Littlefields, Adam & Co.

—— 2002, **Oxford English Reference Dictionary.**

Reber, Arthur S. and Emily S. Reber, 2001, **The Penguin Dictionary of Psychology**, London: Penguin Books Ltd.

Scott, John and Gordon Marshall, 2007, **Oxford Dictionary of Sociology**, London: Oxford University Press.

Scott, William P., 1988, **Dictionary of Sociology**, Delhi: GOYL Saab.

Seymour-Smith, Charlotte, 1995, **Macmillan Dictionary of Anthropology**, London: Macmillan Press Ltd.

Stiegeler, S. E. and Glyn Thomas (eds.), 1976, **A Dictionary of Economics and Commerce**, London: Pan Books Ltd.

Winick, Charles, 1977, **Dictionary of Anthropology**, New Jersey: Littlefields, Adam & Co.

—— 1995, **Wordsworth Encyclopedia**, Vols. 1-5, Denmark, Helican Publications Ltd.

e-Books

—— **Encyclopaedia Britannica, Ultimate Reference Suite 2007**, DVD Version.

—— **Oxford Talking Dictionary,** DVD Version.

—— http://www.**wikipedia.org**